DERECHO ADMINISTRATIVO EN IBEROAMÉRICA

4ª Edición 2024

Colección Derecho Público Iberoamericano.

1. *La Jurisdicción Contencioso Administrativa en Iberoamérica,* Director: Jaime Rodríguez Arana, ISBN: 978-9803652494, Editorial Jurídica Venezolana, Caracas 2014, 542 pp.

2. *Código de Legislación sobre Contratación Pública,* Director: Jaime Rodríguez Arana, ISBN: 978-9803652852, Editorial Jurídica Venezolana, Caracas 2015, 1151 pp.

3. *Leyes de Amparo de América Latina. Con Estudio Preliminar sobre el Amparo en el Derecho Constitucional Comparado Latinoamericano, por* Allan R. Brewer-Carías, 2da Ed. Aumentada y actualizada, ISBN: 978-9803652517, Editorial Jurídica Venezolana, Caracas 2016, 610 pp.

4. *Estudios sobre la Buena Administración en Iberoamérica,* Jaime Rodríguez Arana y José Ignacio Hernández, ISBN: 978-980-365-377-4, Editorial Jurídica Venezolana, Caracas 2017, 450 pp.

5. *Bases y retos de la contratación púbica en el escenario global: Actas del XVI Foro Iberoamericano de Derecho Administrativo,* Director: Jaime Rodríguez Arana, ISBN: 978-980-365-402-3, Editorial Jurídica Venezolana, Caracas 2017, 1196 pp.

6. *Código de la Legislación Local Iberoamericana,* Armando Rodríguez y Antonio Silva, ISBN:978-980-365-409-2, Editorial Jurídica Venezolana, Caracas 2018, 1090 pp.

7. *Leyes de lo Contencioso Administrativo de América Latina. Con Estudio Preliminar sobre La Justicia Constitucional en el Derecho Administrativo Comparado Latinoamericano,* por Allan R. Brewer- Carías, ISBN: 978-9803654481, Editorial Jurídica Venezolana, Caracas 2019, 570 pp.

8. *Tratado de Derecho Público Comparado. Contratos Públicos,* Directores: Jaime Rodríguez Arana Muñoz y José Antonio Moreno Molina, Colección Derecho Público Iberoamericano, ISBN: 9781649214171, Editorial Jurídica Venezolana, Editorial Jurídica Venezolana. Caracas 2021, 560 pp.

9. *Código de Leyes de Procedimiento Administrativo en Iberoamérica. Con Estudio Preliminar sobre El procedimiento administrativo en el derecho administrativo comparado Iberoamericano (Estudio de las leyes de procedimiento administrativo hasta 2020),* por Allan R. Brewer-Carías, Directores: Jaime Rodríguez Arana y José Antonio Moreno Molina. ISBN: 978-1-63625-529-3, Primera edición: Junio 2021. Segunda edición: Agosto 2021. Tercera edición: Octubre 2021. Editorial Jurídica Venezolana. Caracas 2021, 1198 pp.

10. *Derecho Administrativo en Iberoamérica,* Santiago González-Varas Ibáñez (Coordinador), Cuarta edición 2024, Editorial Jurídica Venezolana International, 2024, 1164 pp.

DERECHO ADMINISTRATIVO EN IBEROAMÉRICA

Cuarta edición 2024

Santiago GONZÁLEZ-VARAS IBÁÑEZ
(Coordinador)

Allan R. BREWER-CARÍAS
(Editor)

COLECCIÓN DERECHO PÚBLICO IBEROAMERICANO
N° 10

editorial jurídica venezolana
international

2024

1ª Edición, Instituto Nacional de Administración Pública, Madrid 2005
2ª Edición, Instituto Nacional de Administración Pública, Madrid 2012
3ª Edición e-book, Instituto Nacional de Administración Pública, Madrid 2022
4ª Edición, Editorial Jurídica venezolana International, 2024

ISBN: 979-8-89184-917-4

Impreso por: Lightning Source, an INGRAM Content company
para: Editorial Jurídica Venezolana International Inc.
Panamá, República de Panamá.
Email: ejvinternational@gmail.com

Portada por: Alexander Cano

Diagramación y montaje por: Mirna Pinto
En letra: Times New Roman 10
Interlineado: 10,5, Mancha 14,5 x 20.8

CONTENIDO GENERAL

NOTA INTRODUCTIVA: 9

Santiago GONZÁLEZ-VARAS IBÁÑEZ

ARGENTINA: 11

EL DERECHO ADMINISTRATIVO

Juan Carlos CASSAGNE

BOLIVIA: 63

PANORAMA DEL DERECHO ADMINISTRATIVO EN BOLIVIA

Juan LIXMAR ZOTO

BRASIL: 95

O DIREITO ADMINISTRATIVO NO ORDENAMIENTO JURÍDICO BRASILEIRO

Guilherme Carvalho

CHILE: 135

PANORAMA GENERAL DEL DERECHO ADMINISTRATIVO CHILENO

Alejandro VERGARA BLANCO

COLOMBIA: 127

PANORAMA GENERAL DEL DERECHO ADMINISTRATIVO EN COLOMBIA

Jaime ORLANDO SANTOFIMIO GAMBOA – Andrés Mauricio BRICEÑO CHAVES

COSTA RICA: 249

DERECHO ADMINISTRATIVO COSTARRICENSE

Aldo MILANO S.

CUBA: 299

EL DERECHO ADMINISTRATIVO EN CUBA: PANORAMA GENERAL

Amed RAMÍREZ SÁNCHEZ

ECUADOR: 379

UNA VISIÓN SOBRE EL DERECHO ADMINISTRATIVO EN EL ECUADOR

Joffre CAMPAÑA MORA

EL SALVADOR: 403

PANORAMA GENERAL DEL DERECHO ADMINISTRATIVO SALVADOREÑO

Henry Alexander MEJÍA

ESPAÑA: 469

DERECHO ADMINISTRATIVO EN ESPAÑA

Santiago GONZÁLEZ-VARAS IBÁÑEZ

GUATEMALA: 495

DERECHO ADMINISTRATIVO EN GUATEMALA

Rolando ESCOBAR MENALDO

HONDURAS: 533

El Derecho Administrativo en Honduras.
Edmundo Orellana

MÉXICO: 585

Panorama General del Derecho Administrativo Mexicano
Jorge Fernández Ruiz

NICARAGUA: 639

Derecho Administrativo Nicaragüense
Karlos Navarro

PANAMÁ: 673

Panorama General del Derecho Administrativo en Panama
Carlos Gasnell Acuña

PARAGUAY: 703

Panorama del Derecho Administrativo en el Paraguay
Luis Enrique Chase Plate

PERÚ: 719

Panorama General del Derecho Administrativo en el Perú
Jorge Elías Danós Ordóñez

PORTUGAL: 823

Introdução ao Dirito Administrativo Português
João Caupers

PUERTO RICO: 855

Panorama del Derecho Administrativo en Puerto Rico
William Vásquez Irizarry

REPÚBLICA DOMINICANA: 927

Derecho Administrativo Dominicano
Olivo A. Rodríguez Huertas

URUGUAY: 1011

Panorama general del Derecho Administrativo uruguayo
Carlos E. Delpiazzo

VENEZUELA: 1065

Panorama del Derecho Administrativo en Venezuela
Allan R. Brewer-Carías

NOTA INTRODUCTIVA

Aparece esta nueva cuarta edición del libro "Derecho administrativo en Iberoamérica" gracias, en primer término, al esfuerzo colectivo de los coautores. Es de agradecer su ardua labor de actualización de los contenidos en las distintas ediciones respecto de la edición anterior, teniendo en cuenta especialmente que han transcurrido bastantes años desde que se acometió por vez primera esta empresa y que se han ido produciendo, como es lógico, reformas importantes en el Derecho administrativo de cada uno de estos 22 ordenamientos jurídicos nacionales.

Tras la edición anterior en formato únicamente electrónico, gracias al profesor Allan R. Brewer-Carías se ha conseguido realizar una nueva edición en papel, la cual cuenta con la debida autorización del INAP. No es de extrañar que el profesor Brewer-Carías haya asumido el proceso de edición de esta magna obra a través de la Fundación Editorial Jurídica Venezolana, en sus ediciones internacionales, formando parte de la "Colección Derecho Público Iberoamericano, ya que él estuvo en los inicios de la concepción de la idea de la misma, con ocasión de una visita que hizo a la Universidad de Alicante (España) en octubre de 2004, donde, con nuestro común amigo, el profesor Ricardo Rivero Ortega (quien también ha contribuido decisivamente a lograr esta magnífica empresa), conversamos sobre la unidad cultural de Iberoamérica y la conveniencia de una obra de esta naturaleza. Sin su ímpetu desde el comienzo, a lo largo de los años, y, en especial ahora, habría sido imposible este proyecto.

En esta cuarta edición están presentes todos los países iberoamericanos, ya que se añaden la aportación de Paraguay (que no aparecía en ninguna de las ediciones anteriores) y la de Honduras (que, aunque estaba contenida en las dos ediciones primeras, de 2005 y 2012, sin embargo, no se pudo incluir en la pasada edición electrónica).

Estamos ante una gran obra, que tiene una importancia científica indudable, a la vez que institucional.

En lo científico fue en su día (en la primera edición) una obra pionera, ya que nunca antes se había realizado un libro aglutinando enseñanzas sobre las mismas instituciones jurídico-administrativas, constituyendo un precedente sin igual. De esta manera, en una misma obra podemos consultar cómo es el régimen jurídico del procedimiento administrativo o de la tutela judicial en los procesos contra la Administración, etc. en cada uno de los países iberoamericanos. Estamos ante un libro, pues, de consideración obligada en el marco científico, o incluso para su cita en procesos o para su consulta a nivel legislativo comparado. La fuente de conocimiento jurídico-comparada que puede adquirir el lector sobre unas mismas instituciones es muy relevante y ello se ha logrado a través del uso de un guion común o guía de materias comunes que, aunque orientativo, básicamente se ha seguido por todos los coautores en la elaboración de las diversas contribuciones. Dicho guion orientativo fue el siguiente:

I. Modelo regulativo de la Administración Pública. Base constitucional. Concepto de Derecho administrativo y fuentes

II. Organización administrativa

III. El procedimiento administrativo

IV. El acto administrativo

V. Los contratos de la Administración

VI. Derecho administrativo sancionador

VII. La discrecionalidad administrativa

VIII. Control judicial de la Administración: la jurisdicción contencioso-administrativa

IX. Otras técnicas de control de la Administración

X. La responsabilidad patrimonial de la Administración

XI. El servicio público (mercado, privatización, regulación)

XII. Función pública

XIII. Urbanismo, medio ambiente y ordenación del territorio

XIV. Bienes públicos

Desde una perspectiva o plano institucional, qué duda cabe de que somos todos parte de una misma Comunidad jurídica de valores y de que los países iberoamericanos participamos de una misma cultura y tradición jurídicas, de modo que este libro sirve para aunar fuerzas en un contexto internacional y para el logro de un progresivo acercamiento. El hecho de que todos compartamos una misma lengua o similar (portugués) facilita la comunicación y la transmisión de saberes y nos aporta a todos grandes oportunidades para el desarrollo científico. Esta Comunidad es una realidad de facto, debido al intercambio de conocimiento jurídico existente y, por ejemplo, a la participación de profesores de un determinado país en los actos o eventos jurídicos de otro.

El reto final es que nuestra Comunidad Iberoamericana vuelva a ser, como lo fue en su día, más considerada internacionalmente, tratando así de superar la actual situación en la que, inmerecidamente, no goza de tal reputación. Este libro pretende ser, pues, asimismo, un paso o avance en esta dirección. Hay que conseguir proclamas comunes, instituciones comunes, para que se nos oiga más en el mundo. Es algo desproporcionado el protagonismo, en el mundo Occidental, del componente anglosajón, o de otras potencias como China o Rusia y que el mundo iberoamericano esté relegado a una posición absolutamente insignificante. Una mayor unidad conlleva mayor fuerza. No hay otra vía para que todos mejoremos. La desunión favorece a otros, pero no a los ciudadanos de nuestros 22 países iberoamericanos aquí representados. España (al igual que Portugal) es hoy día un Estado más dentro de esta Comunidad iberoamericana, cuyo poderío y potencialidad está de ese otro lado del Atlántico, al que corresponde el futuro.

Santiago González-Varas Ibáñez
Catedrático de Derecho Administrativo en España
2024

EL DERECHO ADMINISTRATIVO ARGENTINO

JUAN CARLOS CASSAGNE*(**)

I. EVOLUCIÓN Y MODELO REGULATIVO DE LA ADMINISTRACIÓN PÚBLICA, BASE CONSTITUCIONAL Y CONCEPTO DE DERECHO ADMINISTRATIVO Y FUENTES

1. *Base constitucional*

La Constitución estatuye el conjunto de principios y normas supremas del ordenamiento positivo, cuya jerarquía normativa es superior a la ley y al reglamento, imponiéndose a todos los actos que dicta la Administración Pública[1].

Por su jerarquía, es la fuente más importante de todo el Derecho, particularmente para el Derecho Administrativo, cuyos capítulos se nutren en los principios y normas constitucionales. Así los prescribe el texto expreso del artículo 31 de la CN.

La Constitución Nacional, sancionada en el año 1853, con las reformas de los años 1860, 1898, 1957 y 1994 contiene el Preámbulo, que expresa los grandes objetivos y principios que inspiraron a los constituyentes y el articulado, que estatuye las reglas generales que rigen la vida del Estado y los derechos y deberes de los habitantes, aun cuando también, existen artículos que consagran verdaderos principios sin alcanzar la estructura lógica propia de las normas.

La primacía de la Constitución Nacional comprende, según su artículo 31, no solo los principios y normas constitucionales sino también los tratados y las leyes dictadas por el Congreso como consecuencia de las facultades que le atribuye la ley suprema[2].

Tanto las normas como los principios constitucionales tienen operatividad por si mismos, no siendo indispensable que las declaraciones, derechos y garantías, que consagra la Constitución, deban ser reglamentadas[3].

En cuanto a la estructura del gobierno nacional, la Constitución establece en su artículo 1° que "la Nación Argentina adopta para su gobierno la forma representativa republicana federal". En rigor, las formas representativa y republicana son modalidades propias de una estructura gubernamental. En cambio, el federalismo tipifica una especie de Estado que presupone cierto grado de descentralización política, compuesto por una entidad titular del poder soberano (el Estado Nacional) con varias dotadas de autonomía originaria (las provincias, que son veintitrés) y una ciudad dotada de autonomía derivada (la Ciudad Autónoma de Buenos Aires).

El esquema de distribución territorial del poder se completa con el reconocimiento constitucional de los municipios (art. 5 y 123 CN) como entidades autárquicas con autonomía derivada, cuyo ejercicio está organizado por las constituciones provinciales y sujeto al control de las legislaturas de cada provincia.

---

* Profesor Titular Emérito de la Facultad de Derecho de la Universidad Católica Argentina y Consulto de la Facultad de Derecho y Ciencias Sociales de la Universidad de Buenos Aires. Miembro Número y actual Presidente de la Academia Nacional de Derecho y Ciencias Sociales de Buenos Aires.

(**) Agradezco al Dr. Pablo Sanabria la valiosa colaboración que nos ha prestado para la actualización del texto primigenio.

1 La llamada Ciencia del Derecho Constitucional estudia los diferentes significados que se le atribuyen a la Constitución (jurídico-formal, material, normativa, etc.). Véase al respecto García Pelayo, Manuel, *Derecho Constitucional Comparado*, Madrid, 1961, p. 33 y ss.

2 En tal sentido, la Corte Suprema ha dicho que: "...esta Corte ha establecido que las provincias 'carecen de facultades para retardar, impedir o de cualquier manera contralorear' el cumplimiento de las leyes sancionadas por el Congreso Nacional en ejercicio de facultades constitucionales" (*Fallos*, 173:128, consid. 4°; 266:408, consid. 5° y otros), y tal doctrina la ha fundado en el principio de supremacía consagrado en el art. 31 CN, aplicable, toda vez que "estén en juego los planes trazados o la política adoptada por el Congreso teniendo en vista los intereses del país como un todo" (CS, diciembre 22-1987, "Estado Nacional c/ Provincia de Santiago de Estero").

3 Marienhoff, Miguel S., *Tratado de Derecho Administrativo,* t. I, Buenos Aires, 1990, p. 208; Linares Quintana, Segundo, *Tratado de la Ciencia del Derecho Constitucional,* t. V, Buenos Aires, 1955-1963, p. 373 y 374.

2. *Órganos constitucionales*

En la estructura constitucional argentina el ejercicio de las funciones ordinarias del poder está distribuido entre el Congreso, que ejerce la función legislativa, el Presidente de la Nación, quien tiene atribuida la función ejecutiva, y la Corte Suprema de Justicia de la Nación y demás tribunales inferiores, que ejercen la función judicial.

Con la reforma constitucional de 1994 se incorporaron nuevos órganos constitucionales que actúan bajo la órbita de la tradicional estructura tripartita. En el ámbito de Congreso actúan la Auditoría General de la Nación (art. 85 CN) y el Defensor del Pueblo (art. 86 CN). Bajo la órbita del Poder Judicial se encuentra el Consejo de la Magistratura (art. 114 CN) y dentro del Poder Ejecutivo se incorporó la figura del Jefe de Gabinete (art. 100 CN). Finalmente, como órgano extra poder se ubica el Ministerio Público (art. 120 CN).

3. *Los tratados y su jerarquía constitucional*

Una de las principales innovaciones introducidas por la reforma constitucional de 1994 concierne a la jerarquía normativa de los tratados celebrados con las naciones extranjeras y con los organismos internacionales (así como los concordatos suscriptos con la Santa Sede) a los cuales un precepto expreso le asigna una "jerarquía superior a las leyes" (art. 75 inc. 22 CN).

Entre los mencionados, existe una categoría de tratados y convenciones sobre derechos humanos a los que el constituyente les asignó jerarquía constitucional y deben entenderse complementarios de los derechos y garantías reconocidos en el texto de la norma fundamental (art. 75, inc. 22, CN). A su vez, la misma norma prevé la posibilidad de que a nuevos tratados y convenciones sobre derechos humanos se les asigne jerarquía constitucional, debiendo para ello ser aprobados por el Congreso, con el voto de las dos terceras partes de la totalidad de los miembros de cada Cámara.

Los tratados son fuente de Derecho Administrativo cuando obligan a los órganos o entidades administrativas a realizar determinada actividad o cuando contienen disposiciones de Derecho Administrativo aplicables en el ámbito interno del país[4].

En cualquier caso, hay que partir del principio consagrado en el artículo 31 CN, el cual establece que las leyes de la Nación y los tratados con potencias extranjeras son la ley suprema de la Nación. Teniendo en cuenta esta prescripción constitucional, la Corte Suprema de Justicia de la Nación sentó el principio de "que entre las leyes y los tratados no existe prioridad de rango y que rige respecto de ambas clases de normas, en cuanto integrantes del ordenamiento jurídico interno de la República, el principio con arreglo al cual las posteriores derogan a las anteriores"[5].

Con posterioridad, el alto tribunal modificó dicho criterio[6] sosteniendo la primacía de los tratados internacionales sobre la legislación interna del Estado, con fundamento en lo prescripto en el artículo 27 de la Convención de Viena sobre el Derecho de los Tratados, aprobada por ley 19.865.

La reforma constitucional de 1994 ha seguido la línea jurisprudencial adoptada en los últimos fallos por la Corte Suprema de Justicia de la Nación (en los casos "Ekmekdjian", "Servini de Cubría" y Fibracca") consagrando el principio de superioridad de los tratados y concordatos sobre las leyes (art. 75 inc. 22).

Pero, además, con respecto a los denominados tratados de integración ha incorporado el principio de supremacía del derecho comunitario (incluso el derivado) sobre el derecho interno (excepto la Constitución) al prescribir que "las normas dictadas en su consecuencia..." (se refiere a los tratados) "...tienen jerarquía superior a las leyes" (art. 75 inc. 24).

---

4 Altamira, Pedro G., *Curso de Derecho Administrativo,* Depalma, Buenos Aires, 1971, p. 61.

5 *Fallos*, 257:99 y causa "Esso Petrolera Argentina c/ Nación Argentina s/ repetición", resuelta el 5 de junio de 1968. Véase asimismo Diez, Manuel María, *Derecho Administrativo*, t. I, 2° ed., Buenos Aires, 1974, p. 475 y Goldschmidt, Werner, *Introducción al Derecho*, Buenos Aires, 1967, p. 188 y 200.

6 Entre otros, el caso de "Fibracca Constructora SCA c/ Comisión Técnica Mixta de Salto Grande", resuelto con fecha 7 de julio de 1993 (*Fallos*, 433: XIII), considerando 3.

4. *La Ley: caracteres y régimen jurídico*

En sentido material, se entiende por ley todo acto o norma jurídica que crea, modifica o extingue un derecho de carácter general y obligatorio, mientras que, de acuerdo con el criterio formal, la ley consiste en el acto emanado del Órgano Legislativo, conforme a un procedimiento preestablecido.

Para la primera de las concepciones –que es la que se aplica a las funciones estatales- la raíz objetiva o material del acto que es producto de la función legislativa se encuentra tanto en las leyes emanadas del Congreso como en los reglamentos que dicta el Poder Ejecutivo.

De ese modo, los caracteres esenciales de la ley –en su sentido material- están constituidos por la generalidad y la obligatoriedad[7].

Como fuente del derecho, la noción técnica de ley en sentido material debe combinarse con el criterio formal, sin que esta circunstancia implique desconocer la función materialmente legislativa que cumple el Poder Ejecutivo a través de la utilización de la potestad reglamentaria.

En principio, la ley formal solo puede ser derogada o modificada por otra ley, dictada por el Órgano Legislativo de acuerdo al procedimiento previsto salvo que el texto expreso de la ley hubiera autorizado al Poder Ejecutivo a derogarla o modificarla. Así lo exige el principio del paralelismo de las competencias y la llamada preferencia de la ley, como fuente del Derecho[8].

El problema de la prevalencia de las leyes se refleja también en los conflictos que se suscitan entre las distintas leyes del ordenamiento nacional y provincial y entre las leyes posteriores y anteriores, cuando estas últimas tuvieren carácter especial. En el primer supuesto, si se trata de materias atribuidas, en forma privativa al Congreso Nacional, las leyes que dicten las provincias no pueden alterar las leyes de la Nación. Los conflictos de esta naturaleza deben ser resueltos por la Corte Suprema de Justicia de la Nación (arts. 116 y 117 CN). En el segundo caso, las leyes posteriores derogan las leyes dictadas con anterioridad. Pero este principio reconoce una excepción importante cuando las leyes anteriores hubieran sido dictadas para regir una situación especial (*lex posterior generalis, non derogat priori speciali*. Las leyes especiales subsisten, en consecuencia, en tanto no exista una repugnancia efectiva o incompatibilidad con la ley general posterior.

Otro rasgo que suele atribuirse a la ley es el de su irretroactividad, debiendo analizarse si el mismo constituye un principio esencial[9].

Al respecto, la Constitución Nacional establece el principio *nullum crimen,* nulla *pena sine lege* (art. 18), el cual, se ha considerado aplicable en materia de sanciones administrativas, de naturaleza disciplinaria o contravencional.

Pero el Código Civil y Comercial, en uno de sus títulos preliminares, admite la posibilidad de que se dicten leyes retroactivas a condición de que no afecten derechos amparados por garantías constitucionales[10]. Dicho precepto, por pertenecer a la parte general del Derecho, resulta de aplicación directa al Derecho Administrativo, es decir, a las leyes administrativas, no siendo exclusivo del Derecho Civil[11].

---

7 Para Bidart Campos, ley es todo acto del Parlamento que crea Derecho nuevo y originario, no estimando suficiente la caracterización de la ley como norma general y obligatoria (*Cfr.* Bidart Campos, Germán J., *El Derecho Constitucional del Poder*, t. I, p. 352 y 355, Buenos Aires, 1967).

8 El art. 17 CC prescribía, en la redacción anterior a la reforma introducida en el año 1968, que "Las leyes no pueden ser derogadas en todo o en parte sino por otras leyes...". No obstante que este texto fue suprimido con la reforma de aquel año, tal supresión no significa autorizar que las leyes sean derogadas por otros actos, sino que ella obedeció a conflictos existentes entre la ley y la costumbre (*Cfr.* Cassagne, Juan Carlos, *Derecho Administrativo*, T. I, p. 104-105, Buenos Aires, 1977; Borda, Guillermo A., *La Reforma de 1968 en el Código civil*, p. 29, Buenos Aires, 1974; apunta este autor que el art. 17 constituía un resabio del positivismo jurídico y una aplicación exagerada de los arts. 19 y 22 CN).

9 La Corte Suprema ha dicho que, en Derecho Administrativo, la retroactividad no se presume, sino que rige el principio opuesto; véase "Domínguez, Albero c/ UNR" de fecha 15-X1985.

10 Art. 3° CC. La irretroactividad de una norma debe ser declarada expresamente, no procediendo su admisión en forma tácita o presunta. La ley retroactiva no puede alterar situaciones jurídicas ya constituidas o cuyos elementos existentes tienen un valor jurídico propio. (Véase Fallos, 138:47).

11 Cassagne, Juan Carlos, *El Acto Administrativo*, p. 49 y ss.

El estudio del procedimiento legislativo, es decir, de los trámites que es necesario realizar para el dictado de las leyes, corresponde al Derecho Constitucional. En el orden nacional, el procedimiento respectivo se encuentra prescripto en la Constitución (arts. 77 al 84) constando de varias etapas: iniciativa, discusión, sanción, promulgación y publicación.

De todas esas etapas, el Derecho Administrativo le interesan fundamentalmente la promulgación y la publicación.

La promulgación de las leyes que tiene a su cargo el Poder Ejecutivo puede ser expresa o tácita: esto último ocurre cuando no aprueba un proyecto en el término de diez días hábiles (art. 80 CN). El acto de promulgación debe abarcar, en principio, todas las disposiciones de la ley sancionada.

Antes de su promulgación, el Poder Ejecutivo se encuentra posibilitado para ejercer la potestad constitucional de vetar la ley en forma total o parcial siempre que las partes no observadas posean autonomía normativa y su aprobación parcial no altere el espíritu ni la unidad del proyecto sancionado por el Congreso (arts. 80 y 83 CN)[12].

En cuanto a los requisitos de publicidad, el art. 2° del CC -actualmente art. 5° del CCCN- prescribe que "las leyes no son obligatorias sino después de su publicación, y desde el día que determinen. Si no designan tiempo, serán obligatorias después de los ocho días siguientes al de su publicación oficial".

A. *El decreto-ley*

En épocas de anormalidad constitucional, el Poder Ejecutivo ha dictado actos obligatorios de alcance general sobre materias que debían ser reguladas por ley formal mediante instrumentos normativos denominados "Decretos-Leyes".

En la realidad histórica de nuestro país el instrumento "decreto-ley" se ha limitado al proveniente del Poder Ejecutivo *de facto*, llegando a reglar materias que formalmente correspondían a la ley[13], los cuales se distinguen tanto de los reglamentos delegados como de los reglamentos de necesidad y urgencia que emite el Órgano Ejecutivo *de iure*, en ejercicio de la potestad reglamentaria.

B. *El reglamento*

Los reglamentos constituyen fuente del Derecho integrando el bloque de legalidad, al cual los órganos administrativos deben ajustar su cometido. Desde el punto de vista cuantitativo, constituyen la fuente de mayor importancia del Derecho Administrativo, habida cuenta que no solo son emitidos por el Poder Ejecutivo, sino también por los demás órganos y entes que actúan en su esfera.

En lo que concierne a la naturaleza de la actividad reglamentaria la mayor parte de la doctrina, considera que se trata de una actividad administrativa[14], tesis esta que es sostenida aun por quienes participan de la concepción objetiva o material sobre la función administrativa[15].

---

12 La reforma constitucional de 1994 consagró la legitimidad del veto parcial (art. 80). En ocasión de la promulgación parcial que realizó el Poder Ejecutivo respecto de la ley 16.881, que reguló el denominado contrato de trabajo, la Corte Suprema de Justicia de la Nación declaró la invalidez de la promulgación sosteniendo que "el proyecto sancionado por el Congreso Nacional constituía un todo inescindible de modo que las normas no promulgadas no han podido separarse del texto legal sin detrimento de la unidad de este". Sostuvo, también, el alto tribunal que, "como regla las disposiciones de una ley están vinculadas entre si" y "que no cabe asegurar que el Congreso hubiera sancionado el proyecto en caso de excluirse algunas de sus normas capitales. De ahí que el Poder Ejecutivo no pudo, en su momento, proceder como procedió, sin invadir atribuciones propias del Congreso y sin asumir en la especie la calidad de legislador" (*Fallos*, 268:352, LL t. 127, p. 166, con nota de Alberto Robredo).

13 Bidart Campos, Germán J., *Derecho Constitucional del Poder*, t. I, p. 334, Buenos Aires, 1967. Sostiene este autor que el Decreto-Ley no configura una legislación delegada sino asumida por el Presidente de la República a causa de la disolución del Congreso.

14 Benvenutti, Feliciano, *Appunti di Diritto Amministrativo*, p. 36, Padova, 1959.

15 Garrido Falla, Fernando, *op. cit.*, p. 290; Marienhoff, Miguel S., *Tratado de Derecho Administrativo*, t.I, p. 245-246; Waline, Marcel, *Droit Administratif*, p. 117 y ss., Paris, 1963; Alessi, Renato, *Sistema Istituzionale del Diritto Amministrativo Italiano*, p. 255, Milano, 1958.

La actividad reglamentaria traduce una actividad materialmente legislativa o normativa[16], ya que se trata del dictado de normas jurídicas de carácter general y obligatorias por parte de órganos administrativos que actúan dentro de la esfera de su competencia normativa, traduciendo una actividad jurídica de la Administración que se diferencia de la administrativa por cuanto esta es una actividad inmediata, práctica y concreta tendiente a la satisfacción de necesidades públicas, encuadrada en el ordenamiento jurídico.

Los reglamentos se denominan actos de alcance o contenido general; esta es la terminología que utiliza la Ley Nacional de Procedimientos Administrativos, para la cual el reglamento es un acto de alcance general[17], expresión que comprende a los meros actos de alcance general que no integran el ordenamiento jurídico[18].

Sin embargo, la figura del reglamento no agota todas las situaciones que traducen la emisión de actos de alcance o contenido general en sede administrativa.

Las normas generales que solo tienen eficacia interna en la Administración o que están dirigidas a los agentes públicos –instrucciones de servicio, circulares- no producen efectos jurídicos respecto a los particulares. Su principal efecto jurídico se deriva del deber de obediencia jerárquica del inferior al superior[19].

Los reglamentos se encuentran sujetos a un régimen jurídico peculiar que los diferencian de las leyes en sentido formal, de los actos administrativos y de las instrucciones de servicio, circulares y demás reglamentos internos, siendo sus principales características:

(i) Constituyen o integran el ordenamiento jurídico;

(ii) Para que entren en vigencia deben ser publicados produciendo efectos a partir de su publicación oficial y desde el día en que ellos determinen; si no designan tiempo, producirán efectos después de los ocho días computados desde el día siguiente de su publicación oficial[20]. En este aspecto, se asemejan a las leyes (art. 2 CC) y difieren de los actos administrativos, que deben ser objeto de notificación y de las instrucciones, circulares o reglamentos internos de la Administración, que no requieren ser publicados;

(iii) Pueden ser derogados total o parcialmente por la Administración en cualquier momento, no rigiendo el principio de estabilidad del acto administrativo[21];

(iv) Están sujetos a los mismos principios que la ley en cuanto a su irretroactividad[22];

(v) Tienen un régimen de protección jurisdiccional propio. Si bien no modifican situaciones subjetivas sino hasta que son aplicados mediante un acto particular, la LNPA hace posible su impugnación judicial en dos supuestos: 1) Cuando un interesado a quien el acto afecte o pueda afectar en forma cierta e inminente en sus derechos subjetivos haya formulado reclamo ante la autoridad que lo dictó, con resultado negativo. 2) Cuando el acto general se hubiera aplicado y contra tales actos de aplicación se hubieran agotado sin éxito las instancias administrativas. De otra parte, en sede administrativa, el RLNPA faculta a los particulares a impugnar por medio de recursos

---

16 Xifra Heras, Jorge, *Formas y fuerzas políticas*, p. 270, Barcelona, 1958; Cassagne, Juan Carlos, *El Acto Administrativo*, p. 101, postura que ha seguido Linares (*Cfr.* Linares, Juan F., *Derecho Administrativo*, p. 63 y ss., Buenos Aires, 1986).

17 Ley. 19.549, arts. 11, 24 y 25; el decreto reglamentario n° 1759/72 (t.o. ordenado 1883/91) utiliza la misma terminología (art. 103 y ss.).

18 Véase Hutchinson, Tomás, *La Ley Nacional de Procedimientos Administrativos*, p. 447 y ss., Buenos Aires, 1985.

19 La doctrina alemana ha diferenciado los denominados reglamentos jurídicos de los reglamentos administrativos. Véase Forsthoff, Ernst, *Tratado de Derecho Administrativo*, t. I, . 201, Madrid, 1958. Nuestra doctrina en general distingue los reglamentos propiamente dichos de los reglamentos internos. Sayagues Laso, *op. cit., t.* I, p. 120-122 afirma que no es posible diferenciar el reglamento jurídico del administrativo por cuanto todos los actos de alcance general suponen el dictado de normas jurídicas.

20 LNPA, art. 11 y RLNPA, art. 103 (t.o. por decreto 1883/91).

21 RLNPA, art. 83 (t.o. por decreto 1883/91), ver "Estado Nacional c/ Arenera El Libertador SRL", del 29-V-1989, Rev. DF 47, Nov. 1989, n° 497, p. 426, resuelto por la Corte Suprema de Justicia de la Nación, donde se sostuvo que no hay derecho al mantenimiento de leyes o reglamentos (Ver también "Tiendo c/ ENTEL" del 27-II-1986).

22 RLNPA (t.o. por decreto 1883/91), art. 83, Cassagne, Juan Carlos, *op cit.*, p. 105.

administrativos los actos de alcance general –reglamentos- a los que la autoridad hubiera dado o comenzado a dar aplicación[23];

(vi) Dado que el reglamento contiene normas de carácter general y el acto administrativo normas individuales concretas, existe un orden de prelación que determina que el acto administrativo deba ser dictado conforme a las normas generales que contiene el Reglamento[24], lo que deriva del principio de legalidad de la actividad administrativa.

En realidad, la Administración está impedida de modificar o no cumplir el reglamento cuando dicta un acto particular, a fin de tutelar la igualdad de tratamiento entre los administrados, principio este de origen constitucional que solo puede ser reglamentado por ley en sentido formal[25].

El citado principio determina también que los actos concretos de autoridades superiores no pueden vulnerar disposiciones reglamentarias de carácter general dictadas por autoridades inferiores, dentro del límite de su competencia[26].

La inderogabilidad singular no rige en materia legislativa. Una ley formal particular puede derogar o no tener en cuenta las disposiciones de una ley de carácter general, dado que desde el punto de vista jurídico tal proceder constituiría una limitación a la igualdad, siendo el Congreso el poder competente para reglamentar los derechos individuales[27].

La Procuración del Tesoro de la Nación, máximo órgano de asesoramiento jurídico de la Administración ha dictaminado, en forma reiterada, que el principio de legalidad de la actividad administrativa no permite la violación de los reglamentos mediante actos administrativos de carácter individual o singular[28].

5. *Reglamentos ejecutivos o de ejecución*

Son los que dicta el Poder Ejecutivo (art. 99 inc. 2 CN) en ejercicio de facultades constitucionales propias, para asegurar o facilitar la aplicación o ejecución de las leyes, llevando o regulando detalles necesarios para un mejor cumplimiento de las leyes y de las finalidades que se propuso el legislador[29].

Se trata de una actividad normativa secundaria respecto de la actividad primaria que es la ley. Las normas reglamentarias integran la ley, siendo castigada su violación con las sanciones previstas para el caso de incumplimiento de esta[30].

En el orden nacional, la Constitución establece que corresponde al Presidente de la Nación expedir las instrucciones y reglamentos que sean necesarios para la ejecución de las leyes de la Nación, cuidando de no alterar su espíritu con excepciones reglamentarias (art. 99 inc. 2 CN).

---

23 Ley 19.549, art. 24 incs. a) y b) y dec. 1759/72, art. 73 (t.o. por decreto 1883/91). Asimismo, ver Cassagne, Juan Carlos, *op. cit.*, p. 102.

24 García de Enterría, Eduardo, *Legislación Delegada, Potestad Reglamentaria y Control judicial*, p. 279 y ss., Madrid, 1970; y Garrido Falla, Fernando, *op. cit.*, t. I, p. 251 quien recuerda el art. 30 de la Ley de Régimen Jurídico de la Administración del 26 de julio de 1957, que establece: "las resoluciones administrativas de carácter particular no podrán vulnerar lo establecido en una disposición de carácter particular no podrán vulnerar lo establecido en una disposición de carácter general, aunque aquellas tengan grado igual o superior a estas. Sobre su obligatoriedad para la Administración en el Derecho norteamericano y francés, ver Mairal, Héctor A., *La doctrina de los propios actos y la Administración Pública*, p. 97 y ss., Buenos Aires, 1988.

25 Diez, Manuel María, *op. cit.*, t. I, p. 419 y ss.

26 El Derecho Administrativo italiano también acepta el principio; en tal sentido puede verse Zanobini, Guido, *Curso de Derecho Administrativo, Parte General*, t. I, p. 105, trad. del italiano, Buenos Aires, 1954; al respecto Mairal ha puntualizado la necesidad de que el principio no se aplique en forma indiscriminada o irrazonable (*op. cit.*, p. 100 y ss.) en el mismo sentido se ha pronunciado la Corte Suprema en el caso "Arenzón" (*Fallos,* 306:400).

27 Según Parada Vazquez, la prohibición de dispensas singulares injustificadas se fundamenta en el principio de igualdad, vid: *Derecho Administrativo*, t. I, p. 64, Madrid, 1989.

28 *Dictámenes de la Procuración del Tesoro de la Nación*, n° 4, p. 84, que cita los siguientes precedentes de la colección de dictámenes: t. 34, p. 201; t. 87, p. 145; t. 97, p. 241; t. 100, p. 191; t. 102, p. 213; y t. 114, p. 495.

29 *Cfr.* Marienhoff, Miguel S., *op. cit.*, t. I, p. 248.

30 "Los decretos reglamentarios son tan obligatorios para los habitantes como si sus disposiciones se encontraran insertas en la propia ley...y se consideran parte integrante de la misma ley" (*Fallos,* 48:430; 187:449 y 234:166).

6. *Reglamentos autónomos o independientes*

Esta clase de reglamentos se halla constituida por aquellas normas generales que dicta el Poder Ejecutivo y, en general, la Administración sobre materias que pertenecen a su zona de reserva. En su dictado, el gobierno y la Administración no aplican una ley, sino que directamente interpretan y aplican la Constitución[31].

Como ejemplos típicos de reglamentos autónomos pueden mencionarse: el decreto 7520/44 que reglamentó el recurso jerárquico, el decreto 1429/72 sobre régimen de licencias para los agentes públicos e incluso se ha sostenido que el decreto 1759/72 de Procedimientos Administrativos constituyó un reglamento autónomo, por cuanto se refiere a materias que pertenecen a la competencia del Poder Ejecutivo[32].

7. *Reglamentos delegados*

Se trata de normas generales dictadas por la Administración en base a una autorización o habilitación del Poder Legislativo, regulando materias de competencia del legislador.

Como la facultad para dictarlos no emana de la potestad reglamentaria sino de la habilitación legal[33], se trata de una actividad de carácter excepcional de la Administración, conteniendo normas sobre materias que, si bien deben ser reguladas por la ley, el Congreso ha decidido que lo sean por la Administración.

Con anterioridad a la reforma constitucional de 1994, la aceptación de esta clase de reglamentos se hallaba controvertida en la doctrina constitucional. En base a que su dictado altera la competencia de los poderes que instituye la Constitución, se cuestionó la validez de los reglamentos delegados, por cuanto – se sostenía- el Congreso no podría delegar sus atribuciones al Poder Ejecutivo.

La delegación debe estar sujeta a límites y la política legislativa claramente establecida, no pudiendo ser total ni tampoco encomendarse a los órganos administrativos la facultad de crear delitos, contravenciones o impuestos, materias que exigen la presencia de una ley en sentido formal[34]. En consecuencia, la delegación legislativa debe ser siempre expresa y especial, estableciéndose para cada caso y no en forma genérica, a fin de permitir su acotamiento por medio de límites materiales[35].

---

31 El concepto de reglamento autónomo es controvertido: Garrido Falla, Fernando, *op. cit.*, t. I, p. 426; Zanobini, Guido, *op. cit.*, t. I, p. 106; y Diez, Manuel María, *op. cit.*, t. I, p. 426, entienden, entre otros autores, que son los dictados en asuntos cuya competencia le corresponde a la Administración de acuerdo con la distribución de funciones realizada por la Constitución, o para regular el ejercicio de poderes que le han sido conferidos discrecionalmente a la Administración por el ordenamiento jurídico. En cambio, Marienhoff, Miguel S., *op. cit.*, t. I, p. 252, excluye de la noción de reglamento autónomo a los derivados de las facultades discrecionales acordadas por la ley.

32 En tal sentido, Docobo, Jorge José, "El Reglamento de Procedimientos Administrativos", JA, sec. Doctrina, 1972, p. 705. Así se desprende de la propia Exposición de Motivos de la LNPA.

33 Para Bianchi los reglamentos ejecutivos son una especie de reglamentos delegados ubicando su fundamento constitucional en el ex art. 67 inc. 28 CN (*Cfr. La delegación legislativa*, Buenos Aires, 1990, p. 52). No estamos de acuerdo con la tesis que considera a los reglamentos ejecutivos como una especie de reglamentos delegados, pues todos los antecedentes del ex art. 86 inc. 2 (art. 85 inc. 2 del Proyecto de Alberdi, art. 82 de la Constitución de 1826 y la Constitución de Cádiz de 1812) y la tradición anglosajona, indican que la norma se refiere a la función del Poder Ejecutivo relativa a la ejecución de las leyes. La mayor parte de las leyes requieren de una ulterior actividad de la Administración para poderlas aplicar. El argumento de Bianchi según el cual "no resulta aceptable constitucionalmente que el Congreso dicte una ley que acrezca de fuerza ejecutiva por falta de operatividad de sus disposiciones y que sea necesaria la intervención del Presidente, a efectos de sacar a la ley de esa suerte de estado inercial" (Bianchi, Alberto B., *op. cit.*, p. 126) nos parece inconciliable con el sistema previsto por la Constitución y por sus fuentes.

34 Diez, Manuel María, *op. cit.*, t. I, p. 428 y ss. y p. 437 y ss. En el caso "Raúl Oscar Mouviel y otros s/ desórdenes", la Corte Suprema de Justicia de la Nación (*Fallos*, 237:236) afirmó que el art. 18 CN exige indisolublemente la doble precisión por la ley de los hechos punibles y de las penas a aplicar, sin perjuicio de que el Órgano Legislador deje a los Órganos Ejecutivos la reglamentación de las circunstancias o condiciones concretas de las acciones reprimidas y de los montos de las penas dentro de un mínimo y un máximo. En este caso se declaró inconstitucional un reglamento sobre faltas o edictos policiales sancionado por el jefe de la Policía Federal. Cabe destacar que teniendo en cuenta la opinión del Procurador General de la Nación, expuesta con anterioridad al fallo de la Corte, por ley 17.189 del año 1966, se ratificaron todos los edictos policiales vigentes a esa fecha.

35 Garrido Falla, Fernando, *op. cit.*, t. I, p. 281, enseña que en el Derecho español la delegación puede ser general o especial; la primera –afirma- tiene lugar cuando el Parlamento concede al Gobierno los llamados "plenos poderes";

La reforma constitucional de 1994 contempló expresamente la delegación legislativa en el art. 76[36]. En dicha disposición, si bien genéricamente se prohíbe la delegación legislativa en el Poder Ejecutivo seguidamente se la admite respecto de dos materias determinadas: a) de administración y b) de emergencia pública.

Las excepciones son de tanta trascendencia y entidad como las materias que permanecen dentro de la reserva legal, la que asume, en principio, carácter residual (en el sentido de que todo lo no permitido está prohibido), excepto que se produzca la situación de emergencia pública prevista en el artículo 76.

En efecto, tratándose de materias de la Administración va de suyo que la delegación no puede alterar la zona de reserva legal (como el poder impositivo, la legislación común y el otorgamiento de privilegios de exclusividad, para citar algunos supuestos)[37].

En cambio, la situación de emergencia pública configura un supuesto susceptible de quebrar la reserva legal (en algunas circunstancias hasta las denominadas reservas absolutas) y como tal es de interpretación restrictiva. La fórmula, que entraña un verdadero concepto constitucional indeterminado[38], requiere que se produzcan una gravísima situación de emergencia pública susceptible de afectar la subsistencia del Estado y que ella sea reconocida y declarada por el Congreso (vgr. declaración de guerra, situación económica de agua hiperinflación). Dicho concepto constitucional se ha inspirado, evidentemente, en la doctrina sentada por la Corte Suprema de Justicia en el caso "Cocchia"[39] en el que se aceptó la validez constitucional del precepto contenido en el artículo 10 de la ley 23.696 que permitió al Poder Ejecutivo derogar cláusulas monopólicas e, incluso, privilegios establecidos en diversas leyes, a fin de poder llevar a cabo el plan de privatizaciones y de desregulación de la economía.

Según el artículo 76 de la Constitución Nacional, la validez constitucional de la delegación estará siempre subordinada a que se fije un plazo para su ejercicio y se establezcan las bases de la delegación, esto es lo que en la jurisprudencia de la Corte Suprema se denomina "la política legislativa"[40].

El reglamento delegado se encuentra sometido al control parlamentario que *a posteriori* está habilitada a ejercer la Comisión Bicameral Permanente del Congreso (art. 100 inc. 12 CN).

8. *Reglamentos de necesidad y urgencia*

A partir de la reforma constitucional, puede afirmarse que el derecho de necesidad, con todas sus ventajas, pero también con todos sus riesgos e inconvenientes, ha adquirido carta de ciudadanía constitucional, por lo que ya no tiene sentido discutir si la procedencia de esta clase de reglamentos se apoya en el ensanche, o bien, en la superación de las fuentes constitucionales[41]. En tal sentido, su validez constitucional encuentra apoyo expreso en el artículo 99, inc. 3 de la Constitución reformada. Este precepto, después de prohibir al Poder Ejecutivo emitir "en ningún caso" disposiciones de carácter legislativo, bajo pena de nulidad absoluta e insanable, a continuación, lo faculta, en rigor, a emitirlas, cuando se produzcan "circunstancias excepcionales" que "...hicieran imposible seguir los trámites previstos por esta Constitución para la sanción de las leyes y no se trate de normas que regulen materia penal, tributaria, electoral o el régimen de los partidos políticos". A analizar dicha norma, se advierte, por de pronto, que la locución "en ningún caso" se refiere solo a las circunstancias de normalidad. En cambio, la atribución del Poder Ejecutivo para dictar reglamentos de necesidad y urgencia se configura

---

la delegación especial confiere facultades legislativas solo respecto a materias determinadas y señalando las bases o criterios que han de servir de límite al decreto reglamentario. Sobre el tema, véase: Diez, Manuel María, *op. cit.*, t. I, p. 452.

36 Un examen más detallado del art. 76 CN lo efectuamos en nuestro *Derecho Administrativo*, t. I, Lexis Nexis Abeledo Perrot, Buenos Aires, 2002, p. 379 y ss.

37 En este aspecto, la reforma se ha inspirado en Bielsa quien había señalado que, en dichos casos, la delegación limitada no se opone a ningún principio constitucional (*Cfr.* Bielsa, Rafael, *Derecho Administrativo*, t. I, 3° ed., Buenos Aires, 1937, p. 288-290). Ver también: Comadira, Julio Rodolfo, "Reflexiones sobre la regulación de los servicios públicos privatizados y los entes reguladores", en ED 162-1134.

38 Es decir, un "concepto jurídico indeterminado" incorporado a la Constitución Nacional (*Cfr.* sobre conceptos jurídicos indeterminados, Cassagne, Juan Carlos, "La revisión de la discrecionalidad administrativa", en *Revista de Derecho Administrativo*, n° 3, p. 95 y ss.).

39 Publicado en LL 1994-B, 643; ED 156-316.

40 *Fallos,* 246:345; 280:25; 315:1820.

41 Sagués, Néstor Pedro, "Derecho Constitucional y derecho de emergencia", LL, 1990-D, sec. Doctrina, p. 1039 y ss.

como una potestad excepcional y, por tanto, de interpretación restrictiva[42], sujeta a un procedimiento especial de sanción, que debe observarse inexcusablemente para que dichos reglamentos adquieran validez constitucional.

Es evidente también que la configuración de la reserva legal como actividad excluida de la competencia del Ejecutivo, se opera de manera expresa (a diferencia de los supuestos de delegación legislativa) y no tiene, por tanto, carácter residual, con lo que, en principio, se produce una ampliación de la competencia del Poder Ejecutivo para emitir reglamentos de necesidad y urgencia, aunque sometidos, a partir de la Constitución reformada, a una serie de requisitos formales de aprobación.

A su vez, *a posteriori* de su dictado, el perfeccionamiento de la sanción de los reglamentos de necesidad y urgencia por el Poder Ejecutivo demanda la observancia de los siguientes requisitos: a) sometimiento de la medida –por parte del Jefe de Gabinete y dentro del plazo de diez días- a la Comisión Bicameral Permanente; b) elevación del despacho de esta última Comisión al plenario de cada Cámara (dentro del plazo de diez días) para el inmediato tratamiento por las Cámaras.

Pero la Constitución reformada no ha prescripto el trámite ni los alcances de la intervención del Congreso, los que han quedado subordinados al dictado de una ley especial que recién fue dictada a doce años de sancionada la reforma constitucional.

En ese *interregno* cobró trascendencia la doctrina –apoyada por la jurisprudencia de la Corte Suprema- que admitía la ratificación tácita si el Congreso no se pronunciaba[43] a condición de que no se alteren los criterios fundamentales de la política legislativa. En este sentido, se ha opinado que ni siquiera la ley que reglamente el trámite y los alcances de la intervención del Congreso podría prescribir que el silencio implique la aprobación tácita del decreto de necesidad y urgencia, con fundamento en el artículo 82 CN que, al referirse al procedimiento de formación y sanción de las leyes indica que "se excluye, en todos los casos, la sanción tácita o ficta"[44].

Esta norma se refiere a la forma que debe adoptar la sanción de las leyes formales del Congreso[45], mientras que en la hipótesis de los decretos de necesidad y urgencia no se ha cumplido el procedimiento formal ni sancionado ley alguna. De todas maneras, aun cuando no se aceptará la doctrina de la aprobación tácita, la seguridad jurídica exige que se mantenga la vigencia del decreto de necesidad y urgencia hasta tanto él sea derogado formalmente por el Congreso o declarado inconstitucional por el Poder Judicial. De lo contrario, sería prácticamente imposible determinar la fecha de cesación de los efectos mientras dura la inactividad o las demoras del Parlamento en pronunciarse por la aprobación o el rechazo.

En el año 2006 se dictó la Ley 26.122 mediante la cual se creó la Comisión Bicameral Permanente en la órbita del Congreso de la Nación y se reglamentaron los controles que esta y el Poder Legislativo deben efectuar sobre los decretos delegados, los decretos de promulgación parcial de leyes y los decretos de necesidad y urgencia. En el art. 17 de la mencionada norma se prescribe que los decretos a los que se refiere tienen vigencia de acuerdo con lo dispuesto en el art. 2° del Cód. Civil (hoy art. 5° del CCCN); de modo que los decretos analizados rigen después del octavo día de su publicación oficial, o desde el día que en ellos se dispone.

A su vez, en el art. 24 se establece que solo cuando ambas Cámaras del Congreso rechazan el decreto de que se trate implica su derogación, quedando a salvo los derechos adquiridos durante su vigencia. Al consagrarse la aprobación del DNU con la resolución favorable de una sola de las cámaras, el legislador optó por un modelo laxo de control sobre la potestad del presidente para dictar normas con sustancia de ley.

---

42 Ha señalado Bidart Campos que "la práctica abusiva que en la cuestión exhibe el Derecho Constitucional material a partir de 1989 obliga a interpretar y aplicar el art. 99, inc. 3 con extremada severidad y excepcionalidad pese a la jurisprudencia complaciente de la Corte en el caso 'Peralta' de 1990" (Bidart Campos, Germán J., *Tratado Elemental de Derecho Constitucional Argentino*, t. VI, p. 434, Buenos Aires, 1995).

43 *Cfr.* Marienhoff, Miguel S., *op. cit.,* t. I, p. 266-267; Cassagne, Juan Carlos, *Derecho Administrativo*, t. I, 4° ed., Buenos Aires, 1994, p. 136; el criterio sostenido por la Corte en el caso "Peralta" (considerando 29) para validar esta clase de reglamentos señala la necesidad de que no se altere la política legislativa.

44 *Cfr.* Bidart Campos, Germán J., *op. cit.,* t. VI, p. 431-432; en idéntico sentido: Pérez Hualde, Alejandro, *Decretos de necesidad y urgencia*, Buenos Aires, 1995, p. 244.

45 *Cfr.* Comadira, Julio R., *op. cit.,* p. 6-7.

9. *Instrucciones de servicio, circulares y reglamentos de organización*

Las instrucciones de servicio, las circulares y los reglamentos de organización, que para algunos autores constituyen los llamados reglamentos internos de la Administración, se distinguen de los reglamentos en sentido estricto, constituyendo una categoría jurídica propia.

Las instrucciones de servicio, que cuando son de carácter general o dirigidas a varios órganos se denominan también circulares, son órdenes que los órganos superiores dan a los inferiores para dirigir su actividad[46]. Su cumplimiento es obligatorio para los órganos subordinados como consecuencia del deber de obediencia que toda relación jerárquica supone, constituyendo su violación una falta de disciplina[47].

Si bien se trata de una actividad jurídica de la Administración, las circulares no obligan o vinculan jurídicamente a la Administración, no obstante, esta carencia de efectos jurídicos respecto de terceros, constituyen fuente del Derecho Administrativo por cuanto regulan la actividad interna de la Administración, que se desenvuelve de acuerdo a normas y principios jurídicos[48].

Los reglamentos de organización son los dictados para estructurar los organismos o entidades del Estado, atribuyéndoles competencias, delegándoles funciones, creando cargos, etc. Se trata de una actividad que no vincula o carece de efectos respecto de terceros, rigiéndose por los mismos principios jurídicos que las circulares.

Dado que se trata de una actividad interna de la Administración, las circulares y los reglamentos organizativos no requieren de publicación[49].

10. *Convenciones colectivas de trabajo*

Los convenios colectivos de trabajo son acuerdos generales entre asociaciones profesionales de empleados y organizaciones sindicales para regular el contrato que rige las relaciones laborales.

Son fuente del Derecho Laboral por cuanto integran el ordenamiento jurídico[50].

Se ha afirmado que su naturaleza jurídica no es contractual, adquiriendo la categoría de reglamento administrativo en razón de la habilitación de competencia que realiza el Estado mediante la ley 14.250 y a través de la homologación. En nuestra opinión no constituyen reglamentos por cuanto la homologación no se requiere cuando los convenios se celebran ante funcionarios del Ministerio de Trabajo Su naturaleza difiere de la de los reglamentos administrativos dado que estos son solo dictados por órganos o entes estatales[51].

Los convenios colectivos de trabajo no son, en general, fuente del Derecho Administrativo.

---

[46] El RLNPA vigente en el orden nacional –decreto 1759/72 (t.o. por decreto 1883/91)- establece en su art. 2, que los ministros, secretarios de Presidencia y órganos directivos de los entes descentralizados podrán dirigir o impulsar la acción de sus inferiores jerárquicos mediante órdenes, instrucciones, circulares y reglamentos internos a fin de asegurar la celeridad, economía, sencillez y eficacia de los trámites. Cabe destacar que no solo los órganos mencionados pueden dar órdenes de carácter general, sino que ello configura una atribución de todo superior jerárquico.

[47] Diez, Manuel María, *op. cit.*, t. T, p. 462. La Procuración del Tesoro de la Nación reiteradamente ha dictaminado que las circulares o directivas son de cumplimiento obligatorio (*Dictámenes de la Procuración del Tesoro de la Nación*, n° 1, p. 30, 54, 77 y 94).

[48] Marienhoff, Miguel S., *op. cit.*, t. I, p. 311-312, recuerda que el Derecho Administrativo no solo estudia las relaciones entre la Administración y los particulares, sino también lo referente a la organización administrativa y, en particular, las relaciones de la Administración con sus agentes.

[49] El RLNPA, en su actual texto ordenado (decreto 1883/91), solo exige la publicación de actos de alcance individual (art. 39).

[50] La ley 20.744 prevé que el contrato y la relación de trabajo se rigen por las convenciones colectivas o laudos con fuerza de tales (art. 1 inc. c). Goldschmidt, Werner, *op. cit.*, p. 194, considera que son fuentes del Derecho aun cuando se trata de repartos autónomos.

[51] Bidart Campos, Germán J., *Derecho Constitucional*, t. I, Buenos Aires, 1968, p. 780 y "El convenio colectivo de trabajo como fuente contractual y extracontractual", ED, 45-815, sostiene que su naturaleza no es contractual; Barra, Rodolfo C., "Cogestión administrativa y autoadministración", *Universitas*, N° 3, Buenos Aires, 1973, p. 24 y ss.

Si bien los empleados de las empresas y sociedades del Estado regulan sus relaciones de trabajo mediante convenios colectivos, debe tenerse en cuenta que dichos trabajadores no son agentes del Estado y, por lo tanto, la relación de empleo es un contrato regido por el Derecho Privado[52].

La ley de contrato de trabajo establece que sus disposiciones no son aplicables a los empleados de la Administración Pública nacional, provincial o municipal, excepto que por acto expreso se los incluya en la misma o en el régimen de los convenios colectivos de trabajo[53].

Pero si bien el convenio colectivo en general no es fuente del Derecho Administrativo, en algunos casos particulares o excepcionales puede configurar una fuente del ordenamiento jurídico a que se encuentran sometidos los agentes públicos.

11. *Principios generales del Derecho*

Los principios generales del Derecho son el origen o el fundamento de las normas, y participan de la idea básica de principalidad (en sentido ontológico) que les otorga primacía frente a las restantes fuentes del Derecho[54]. Se fundan en el respeto de la persona humana o en la naturaleza de las cosas, y por ello encierran –como apunta Rivero- la concepción del derecho natural[55].

Su auge en el Derecho Administrativo argentino obedece a la morigeración del principio de la primacía de la ley escrita y a la falta de codificación, que hizo imposible extender a dicha disciplina la técnica de generalización creciente de las normas positivas.

Para su clasificación, desde la óptica realista del Derecho, pueden distinguirse dos grandes grupos, según se trate de los principios del derecho natural o de aquellos incorporados al ordenamiento jurídico positivo. Y, además, pueden deslindarse los principios fundamentales de aquellos que revisten carácter sectorial o institucional.

Si su violación quedara al margen de la protección jurisdiccional, ello implicaría una real denegación de justicia.

12. *La equidad*

Dado nuestro sistema normativo, que intenta prever, mediante disposiciones generales y abstractas, todas las situaciones que puedan darse, la equidad es de fundamental importancia para aplicar con justicia, humanidad e igualdad sustancial las normas, adaptándolas a las circunstancias propias y concretas de las relaciones prácticas.

13. *La Costumbre. Clasificación*

La costumbre es el comportamiento uniforme y constante del pueblo, con la convicción de que tal proceder corresponde a una obligación jurídica. Son dos, por lo tanto, los elementos que integran la costumbre.

El primero de carácter objetivo: el *usus*, o sea, el comportamiento constante y uniforme; el segundo, de carácter subjetivo, consistente en la convicción de que tal comportamiento es jurídicamente obligatorio (*opinio iuris vel necessitatis*).

Se sostiene que, si el comportamiento debe ser de la comunidad, no serían costumbres los usos o prácticas de los órganos administrativos o jurisdiccionales[56].

Teniendo en cuenta su adecuación al ordenamiento jurídico positivo las costumbres se clasifican:

(i) costumbre *secundum legem* o sea, cuando la ley hace referencia a ella o cuando la costumbre está de acuerdo con sus normas;

---

52 Ley 13.653 (t.o. año 1955) y *Fallos*, 244:196; 245:271; 250:234, y Plenario de la Cámara Nacional de Apelaciones del Trabajo, "Imperiale c/ YPF", JA, 1961-VI, 325.

53 Ley 20.744, art. 2 inc. a).

54 Para su desarrollo más extenso nos remitimos a nuestro libro *Los principios generales del Derecho en el Derecho Administrativo*, Buenos Aires, 1988, p. 29 y ss.; ver también Altamira Gigena, Julio I., *Los principios generales del Derecho como fuente del Derecho Administrativo*, Buenos Aires, 1972, p. 12 y ss.

55 Ver Barbe Pérez, Héctor, *Los principios generales del Derecho como fuente del Derecho Administrativo en el Derecho Positivo uruguayo*, Montevideo, 1958, p. 9 y ss.

56 Diez, Manuel María, *op. cit.*, t. I, p. 477.

(ii) costumbre *praeter legem*, también denominada supletoria o introductiva, es la que se refiere a materias no reguladas por las leyes;

(iii) costumbre *contra legem*, también denominada abrogatoria; se configura cuando se encuentra en contradicción con el ordenamiento jurídico positivo.

14. *Los precedentes administrativos*

La inutilidad de la distinción entre precedente y práctica administrativa, que postula un sector de la doctrina, viene dada por la circunstancia de que, en ambos casos, se trata de conductas o comportamientos constantes de la Administración de los cuales puede deducirse un beneficio o daño para los derechos subjetivos o intereses legítimos del administrado[57].

El precedente administrativo, cuando tiene una aplicación reiterada por parte de los órganos del Estado, constituye, a nuestro juicio, una fuente del Derecho, ya que se configura una forma peculiar en que se manifiesta la costumbre en el Derecho Administrativo[58].

15. *El papel de la jurisprudencia*

La jurisprudencia es, por lo común, solo fuente material del Derecho, en tanto puede constituir fuente formal en aquellos casos en que la doctrina de los jueces resulta obligatoria por tratarse de jurisprudencia plenaria. Pero los jueces no crean Derecho cuando están obligados a interpretar las leyes de una determinada forma, como en el caso de la obligación de seguir los fallos plenarios de la Cámara de Apelaciones o el deber moral de los tribunales inferiores de adecuar sus decisiones a las de la Corte Suprema de Justicia de la Nación. En estos casos, hay obligación de interpretar las normas de una determinada manera, pero no se crea derecho, sino que se dice el derecho ya existente en leyes, costumbres o principios generales.

Un papel preponderante tiene en Argentina la jurisprudencia contenida en los principios uniformes que surgen de los dictámenes de la Procuración del Tesoro de la Nación, por tratarse del órgano superior de asesoramiento jurídico del Estado que tiene a su cargo la dirección del Cuerpo de Abogados del Estado, en el ámbito nacional. La jurisprudencia o doctrina que emana de sus dictámenes debe ser seguida obligatoriamente por todos los abogados que asesoran al Estado[59].

II. ORGANIZACIÓN ADMINISTRATIVA, EN ESPECIAL EL ESTADO Y LOS MUNICIPIOS

El conjunto de órganos y entes estatales estructurados orgánicamente para desempeñar con carácter predominante la función administrativa conforma la Administración Pública, considerada desde el punto de vista orgánico[60].

Nuestro país ha adoptado el sistema federal de gobierno, el cual supone la coexistencia de dos órdenes de autoridades y distintas organizaciones administrativas. Cada una de las provincias conserva todo el poder no delegado (art. 121 CN) dándose sus propias instituciones y rigiéndose por ellas (arts. 5 y 122 CN).

1. *El gobierno federal y la distribución de competencias según la Constitución Nacional*

La Constitución Nacional distribuye el poder del Estado entre la Nación y las provincias.

---

57 Garrido Falla, Fernando, *op. cit.*, t. I, p. 325-326 (nota 17), Se dice que mientras el precedente consiste en una resolución sustantiva de la Administración, las prácticas administrativas constituyen normas usuales de eficacia interna que observan los agentes públicos en el ejercicio de su actividad.

58 García de Enterría, Eduardo – Fernández, Tomás Ramón, *op. cit.*, t. I, p. 70 y ss.; sostienen que aun cuando el precedente no posea un valor normativo estricto "pueden tener un cierto valor vinculante para la propia administración, en el sentido de que apartarse de él en un caso concreto puede ser índice de un trato discriminatorio, de una falta de buena fe, de una actitud arbitraria".

59 Ley 12.954, art. 6 y dec. 34.952/47, art. 4.

60 Lo apuntado en el texto no implica contradecir la concepción institucionalista sobre la Administración que hemos sostenido antes y que permite visualizar la existencia de un conjunto de órganos permanentes que se diferencian del Gobierno. Ello demuestra que el concepto de Administración es una idea análoga en el sentido de que se aplica a varios objetos de un modo que no es del todo idéntico ni del todo diferente. El sentido subjetivo que usamos en el texto es meramente descriptivo o formal.

Si nos atenemos al ámbito y al modo como han sido asignadas las atribuciones estatales, ellas pueden clasificarse de la siguiente forma[61].

(i) delegadas al gobierno federal (arts. 75, 99 y 100 CN);
(ii) conservadas por las provincias (arts. 5 y 122 CN);
(iii) concurrentes, atribuidas a ambos gobiernos (arts. 75 inc. 18 y 125 CN).

Un criterio similar puede aplicarse respecto de las prohibiciones que estatuye la ley suprema, clasificándolas del siguiente modo:

(i) concernientes al gobierno federal (art. 32 CN);
(ii) relativos a las provincias (arts. 126 y 127 CN y todas las demás atribuciones delegadas en la Nación);
(iii) atinentes a ambos gobiernos (arts. 28 y 29 CN).

2. *El Poder Ejecutivo Nacional*

De acuerdo con la Constitución Nacional el Poder Ejecutivo se halla desempeñado por un ciudadano que ostenta el título de Presidente de la Nación Argentina, quien es el Jefe Suprema de la Nación y responsable político de la administración general del país (CN, arts. 87 y 99 inc. 1).

3. *Competencia del Poder Ejecutivo*

Las atribuciones del Poder Ejecutivo se encuentran expresamente previstas en los distintos incisos del artículo 99 de la Constitución Nacional, aun cuando esta enumeración no es taxativa, ya que la misma se completa con otras disposiciones de la propia Constitución. En tal sentido, no se requiere norma expresa para asignar funciones al Ejecutivo por cuanto las funciones estatales no asignadas a otros poderes le pertenecen[62].

En una sistematización de sus atribuciones, teniendo en cuenta la índole de la actividad material desarrollada, ellas pueden clasificarse en[63]:

(i) facultades de gobierno o políticas: adjudicadas por el artículo 99, inciso 1, de la Constitución Nacional y en otros incisos del mismo artículo (4, 11 y 15) se ejercen en un marco de discrecionalidad en cuanto al poder de iniciativa, no obstante que se trata siempre de una actividad vinculada a la Constitución Nacional[64];

(ii) facultades normativas: se encuentran atribuidas básicamente por el inciso 1 del artículo 99 de la Constitución. Por dicha norma "expide las instrucciones y reglamentos" asignándosele potestad para el dictado de reglamentos de ejecución. La potestad para dictar reglamentos delegados surge del artículo 76 de la Constitución Nacional;

(iii) facultades colegislativas: participa de la actividad tendiente al dictado de leyes por el Congreso. El artículo 99, inciso 3, establece que "participa de la formación de las leyes con arreglo a la Constitución, las promulga, y hace publicar"; puede presentar al Congreso proyectos de leyes, teniendo el derecho de iniciativa[65]. En circunstancias de excepción dicta decretos de necesidad y urgencia.

Al propio tiempo, el Poder Ejecutivo hace anualmente la apertura de las sesiones del Congreso, recomendando las medidas que juzgue necesarias y convenientes (art. 99 inc. 8 CN); prorroga las sesiones ordinarias del Congreso y convoca a extraordinarias (art. 99 inc. 9 CN);

(iv) facultades administrativas: como jefe supremo de la Nación y responsable político de la administración general del país le corresponde la titularidad de la función administrativa (art. 99 inc. 1 CN).

---

61 González Calderón, Juan A., *Curso de Derecho Constitucional*, Buenos Aires, 1943, p. 147-148.

62 Bidart Campos, Germán J., *op. cit.,* t. II, p. 73.

63 Valiente Noailles, Carlos, *Manual de Jurisprudencia de la Corte Suprema de Justicia de la Nación*, T. I, Buenos Aires, 1970, p. 3 y ss.

64 Bidart Campos, Germán J., *op. cit.,* t. II, p. 73.

65 Bidart Campos, Germán J., *op. cit.,* t. II, p. 91, señala que la publicación y promulgación de las leyes no constituyen funciones legislativas.

(v) facultades jurisdiccionales: las funciones jurisdiccionales de los órganos del Poder Ejecutivo han sido aceptadas por nuestro más alto tribunal a condición de que exista un control judicial posterior suficiente[66], con amplitud de debate y prueba.

4. *La Administración descentralizada*

A. *Distintas formas jurídicas que puede revestir la descentralización administrativa*

En nuestra organización administrativa el fenómeno de la descentralización da origen a distintas especies de entidades públicas estatales según los fines que estas persigan y el régimen jurídico que las tipifica.

Por su parte, si nos atenemos a la clasificación tradicional de la descentralización administrativa observamos que el panorama de la llamada descentralización "institucional o funcional"[67] es más rico en materia de formas y regímenes jurídicos, que el existente en la descentralización "territorial".

Descentralización territorial

El caso típico de entidad descentralizada territorial lo constituye, en nuestro sistema, el Municipio. Su competencia no se extiende más allá del territorio que delimita el ámbito geográfico de validez de las normas generales y actos administrativos que emanan de sus órganos. En otros países, como en Italia, se considera también que la región configura una entidad descentralizada, de base territorial[68], pero nuestro ordenamiento no les atribuye personalidad, no obstante hallarse esta figura recogida en la legislación positiva, a efectos de la planificación de los regímenes de promoción industrial[69].

Las entidades descentralizadas territoriales ostentan, por lo común, dentro de la circunscripción en que desenvuelven su accionar, una competencia general para conocer en asuntos administrativos de carácter local[70].

Descentralización institucional

Si se parte de la teoría de las personas jurídicas públicas y del dato central y común de su pertenencia o encuadramiento en la organización administrativa[71] se advierte principalmente la existencia de las siguientes entidades:

a. Entidades autárquicas

Son aquellas que se caracterizan por llevar a cabo cometidos típicamente administrativos (no industriales y comerciales) con un régimen esencial de Derecho Público. Tal es el supuesto, entre nosotros, de las universidades[72].

b. Empresas del Estado

Se trata de una especie peculiar de entidad estatal, llamada por algunos también "empresa pública", que desarrolla una actividad comercial o industrial con un régimen jurídico entremezclado que combina el Derecho Público con el Derecho Privado[73]. Sin desconocer que la finalidad comercial e industrial a cumplir por la entidad constituye la razón de ser que justifica el nacimiento de esta figura jurídica,

---

66 *Fallos,* 247:646, *in re,* "Fernández Arias, Elena c/ Poggio, José s/ sucesión"; Valiente Noailles, Carlos, *op. cit.,* p. 33-34.

67 Garrido Falla, Fernando, *Administración Indirecta del Estado y Descentralización Funcional*, p. 105 y ss.

68 Landi, Guido – Potenza, Giuseppe, *Manuale di Diritto Amministrativo*, ed. Giuffrpe, Milano, 1971, p. 374-384.

69 Cassagne, Juan Carlos, "Problemática y aspectos administrativos de la regionalización industrial", LL, t. 155, p. 1096 y ss.

70 Vitta, Cino, *Diritto Amministrativo*, t. I, UTE, Torino, 1962, p. 164, quien señala que este tipo de entidades se caracterizan por su pluralidad de fines, a contrario, de lo que acontece con las de carácter "institucional" que se constituyen para un fin exclusivo o al menos principal.

71 Nota que por otra parte había señalado, hace ya medio siglo, el gran jurista francés Hauriou (*Cfr. Précis de Droit Administratif et de Droit Public*, París, 1906, p. 105).

72 Luqui, Juan Carlos, *Régimen Jurídico de la Universidad Oficial*, Depalma, Buenos Aires, 1968.

73 Brewer Carías, Allan Randolph, *Las Empresas Públicas en el Derecho Comparado*, Caracas, 1967, p. 65 y ss., especialmente p. 73 y 74.

nuestra legislación ha previsto también la posibilidad de que las actividades comerciales o industriales puedan, a su vez, configurar un servicio público[74].

La denominación de "Empresas del Estado" constituye entre nosotros un tipo jurídico especial instituido por la ley. En Francia, la crisis que se produce en la concepción de establecimiento público condujo a la introducción, en el marco de la organización administrativa, de una nueva entidad que recibió el nombre de "establecimiento público comercial e industrial"[75] y que guarda similitud con nuestra "Empresa del Estado".

c. Entidades descentralizadas atípicas

La realidad demuestra también que en casi todos los países (y él nuestro no ha escapado a este proceso) junto a los dos tipos jurídicos indicados precedentemente coexisten también formas jurídicas intermedias o entidades que ostentan una regulación normativa específica para la entidad que el Estado funda o crea[76].

5. *El procedimiento administrativo*

Si bien el reconocimiento del derecho de los administrados a interponer recursos contra los actos administrativos no requiere que el mismo se encuentre necesariamente reglado en forma expresa[77], en virtud de ser la emanación de prescripciones constitucionales (arts. 14 y 18, CN), existió a partir de la década de 1930 la preocupación, en el orden nacional, por legislar sobre la materia, aun cuando la regulación positiva fue solo fragmentaria, pues solo abarcaba al recurso jerárquico. Los demás recursos tenían carácter no reglado y así lo reconoció la doctrina[78] y la jurisprudencia administrativa que los aceptó.

Hubo que esperar más de cuarenta años para tener una regulación orgánica en el orden nacional que abarcase las normas de Derecho Administrativo de fondo o sustantivo —que se consideraron materias regulables por ley— junto a las normas procedimentales que establecieron recaudos de trámite de todas las actuaciones administrativas en general y las prescripciones en materia de recursos administrativos, que se reservaron al Reglamento. Así se dictaron la ley número 19.549 y el decreto número 1759/72 que constituyen los cuerpos normativos orgánicos de regulación del procedimiento administrativo nacional.

En este aspecto, muchas de las provincias se habían adelantado sancionando, la mayor parte de ellas[79], normas sobre procedimientos administrativos, habiendo continuado este proceso hasta nuestros días[80].

El ámbito de aplicación[81] de las normas de procedimiento de la LNPA[82] y del RLNPA[83] ha quedado circunscripto de la siguiente manera:

---

74 Art. 1, ley 13.653, modificada por las leyes 14.380 y 15.023. En este caso (servicio público de naturaleza comercial o industrial) la norma prescribe que todo lo atinente al "servicio público" se rige por el Derecho Público.

75 Vedel, Georges, *Droit Administratif*, París, 1968, p. 641 y ss.

76 Cassagne, Juan Carlos, "Condición y régimen jurídico de la empresa Ferrocarriles Argentinos", ED 31-1048 y ss.

77 Marienhoff, Miguel S., *op. cit.*, t. I, Buenos Aires, Abeledo-Perrot, 1965, p. 641-642.

78 Marienhoff, Miguel S., *op. cit.*, t. I, p. 642.

79 Santiago del Estero, ley 2296; Buenos Aires, ley 7647; Córdoba, ley 5350; Jujuy, ley 1886.

80 Mendoza, ley 3909; Salta, ley 5348; Tucumán, ley 4537; Chubut, ley 920 (t.o. por decreto 1464/95); Chaco, ley 1140 (modificado por ley 4527); Formosa, ley 971; La Pampa, ley 951; Entre Ríos, ley 7060 (1983); Neuquén, ley 1284; La Rioja, ley 4044.

81 Cabral, Julio E., "Ámbito de aplicación de la ley nacional de procedimientos administrativos", *Acto y Procedimiento Administrativo*, Buenos Aires, 1975, p. 1 y ss.

82 La LNPA fue redactada por una comisión integrada por los doctores Adalberto E. Cozzi, Carlos A. Young y Héctor Jorge Escola, y es evidente que ella ha contribuido a juridizar en grado sumo la actividad de la Administración Pública. En el año 1977 sufrió ajustes parciales por la ley 21.686.

83 Reglamento de la LNPA aprobado por dec. 1759/72. Este Reglamento también fue reformado en el año 1977 mediante el dec. 3700/77, que modificó solo algunos artículos sobre la prueba y los recursos. En el año 1991, el dec. 1883/91 introdujo algunas importantes modificaciones: incorporó el plazo de gracia en el procedimiento administrativo, modificó el sistema recursivo, reformó el régimen de notificaciones, reemplazó algunos artículos atinentes al sistema de vistas, el alegato y la prueba, y aprobó un texto ordenado; véase Canosa, Armando N., *Los recursos administrativos*, Buenos Aires, 1996, p. 42 y ss.

(i) las normas rigen tanto para la Administración Central (inclusive a los órganos desconcentrados o descentralización burocrática) como respecto de las entidades descentra-lizadas (art. 1°, 1ª parte, LNPA);

(ii) la excepción a dicho principio está dada por los procedimientos especiales subsistentes. Sin embargo, en tales supuestos, la ley de procedimientos administrativos continúa aplicándose en forma supletoria y en la medida en que no afecta las normas de fondo de dichos regímenes (conf. art. 2° del dto. 722/96, texto según dto. 1155/97);

(iii) dichas normas de "procedimiento" también se aplican, en principio, respecto de los actos regulados parcialmente por el Derecho Privado siempre que no alteren las normas de fondo (civiles) aplicables al caso[84]. Esta aplicación de las normas de procedimiento a los actos de objeto privado de la Administración se realiza en forma analógica y no por subsidiariedad.

6. *El procedimiento declarativo de impugnación. Recursos, reclamaciones y denuncias*

Una de las sub-especies del procedimiento declarativo está constituida por aquellos procedimientos que tienden a la institución de reglas para la deducción y trámite de las impugnaciones que interponga el administrado, quien actúa en el doble carácter de portador de un interés propio y de colaborador de la legalidad objetiva[85].

El típico medio de impugnación de actos que lesionan un derecho subjetivo o interés legítimo del administrado es el recurso, que debe ser distinguido de la reclamación y de la denuncia.

El recurso es toda impugnación en término de un acto administrativo o reglamento tendiente a obtener del órgano emisor del acto, de su superior jerárquico o de quien ejerce el control llamado de tutela, la revocación, modificación o saneamiento del acto impugnado[86].

La sustancia o naturaleza de los recursos administrativos es propia de la función administrativa[87] y nunca es actividad jurisdiccional[88] ya que técnicamente no puede hablarse de estricta controversia (la Administración actúa como parte y autoridad decisoria) ni tampoco la decisión posee los atributos de la verdad legal (cosa juzgada formal y material).

Las meras reclamaciones no regladas constituyen peticiones que pueden formular los administrados en ejercicio del derecho constitucional de peticionar a las autoridades tendientes a obtener la emisión de un acto favorable o la extinción de un acto administrativo o reglamento. La Administración Pública no está obligada a tramitarlas ni a dictar decisión respecto de ellas, a menos que el particular tuviera un derecho a que se dicte la decisión, pudiendo presentarlas el titular de un interés legítimo y aun el portador de un interés simple. Las reclamaciones pueden hallarse regladas tal como ocurre con la queja[89] y con los procedimientos que se exigen para la habilitación de la instancia judicial[90].

En tales supuestos el administrado tiene a su favor la opción de elegir entre el silencio negativo, en base al procedimiento previsto en el artículo 10 de la LNPA o la obtención de una decisión expresa, que deberá requerir en la sede judicial mediante la interposición de una acción de amparo por mora de la Administración (art. 28, LNPA, modificado por la ley 21.686).

---

84 García de Enterría, Eduardo - Fernández, Tomás Ramón, *op. cit.*, p. 374.

85 *Cfr.* Abad Hernando, Jesús Luis, "Notas sobre las reformas a la ley de procedimiento administrativo", *Comercio y Justicia*, introducción, *in fine*, Córdoba, 1978.

86 Ver y comparar: González Pérez, Jesús, *Los recursos administrativos*, Madrid, 1960, p. 21; García de Enterría, Eduardo - Fernández, Tomás Ramón, *op. cit.*, t. II, p. 418; Bielsa, Rafael, *Derecho Administrativo*, t. V, Buenos Aires, Ateneo, 1956, p. 135; Escola, Héctor Jorge, *Tratado General de Procedimiento Administrativo*, Buenos Aires, Depalma, 1973, p. 254; Sayagués Laso, Enrique, *Tratado de Derecho Administrativo*, t. I, Montevideo, 1963, p. 470-471; Garrido Falla, Fernando, *Régimen de impugnación de los actos administrativos*, Madrid, 1956, p. 288; Gordillo, Agustín A., *Procedimiento y Recursos* Administrativos, p. 89.

87 *Cfr.* García de Enterría, Eduardo - Fernández, Tomás Ramón, *op. cit.*, t. II, p. 419.

88 En contra Bielsa, Rafael, *op. cit.*, t. V, p. 135; Pearson, Marcelo M., *Manual de Procedimiento Administrativo*, Buenos Aires, Abeledo-Perrot, 1976, p. 18 y ss.

89 Art. 71 del RLNPA.

90 Dichos procedimientos son la reclamación administrativa previa (art. 30 y ss., LNPA, texto según ley 25.344) y el llamado reclamo impropio exigido para impugnar directamente reglamentos administrativos en sede judicial (art. 24, inc. a], LNPA).

Las denuncias administrativas pueden ser interpuestas por los titulares de intereses simples, a diferencia de los recursos, en que se requiere una legitimación básica (derecho subjetivo o interés legítimo).

Se trata de poner en conocimiento de la autoridad administrativa la comisión de un hecho ilícito de algún funcionario o particular o la irregularidad de un acto administrativo o reglamento[91]. A diferencia de los recursos la Administración no está obligada a tramitarlas ni decidirlas[92].

Sin embargo, la denuncia puede traer aparejado, en algunos casos, el derecho del administrado a que se tramite como recurso una vez acogida la misma. Tal ocurre con la denominada "denuncia de ilegitimidad" que prescribe el artículo 1°, inciso e), apartado 6° de la LNPA, tema sobre el cual volveremos más adelante.

III. EL ACTO ADMINISTRATIVO, SU EJECUCIÓN, PRINCIPIO DE AUTOTUTELA, LOS RECURSOS ENVÍA ADMINISTRATIVA

El acto administrativo pertenece a la categoría de los actos jurídicos voluntarios. Pero aun partiendo de este presupuesto esencial cabe reconocer diferencias entre el acto administrativo y el acto jurídico privado, las cuales justifican la existencia de una teoría propia para esta importante categoría del Derecho Público.

En el Derecho Privado solo adquiere condición de acto jurídico la declaración encaminada a producir en forma inmediata una modificación del orden jurídico (art. 944, CV), mientras que en el Derecho Público el acto administrativo abarca un espectro más amplio, incluyendo también aquellas declaraciones que no persiguen esa finalidad en forma inmediata sino mediata.

La comparación entre ambas categorías permite sostener que en el Derecho Público se produce el fenómeno por el cual ciertas determinaciones de la autoridad administrativa adquieren existencia formal externa y autónoma bajo la forma de actos que, para el Derecho Privado, carecen de trascendencia jurídica directa, al menos en lo concerniente a su manifestación formal externa[93].

Ahora bien: esa declaración precisa surgir de un órgano del Estado y ser emitida en ejercicio de la función materialmente administrativa (concepción objetiva) puesto que es precisamente tal circunstancia la que va a generar consecuencias en el régimen del acto que se emita (vgr. reglas sobre competencia). En cambio, no es posible que entidades no estatales dicten actos administrativos, ya que aun reconociendo que el Derecho Público pueda regular a veces sus actividades (vgr. personas públicas no estatales) estas no poseen el mismo régimen que los actos administrativos[94].

En definitiva, la noción de acto administrativo comprende toda declaración proveniente de un órgano estatal[95], emitida en ejercicio de la función materialmente administrativa y caracterizada por un régimen exorbitante, que genera efectos jurídicos individuales directos con relación a los administrados destinatarios del acto.

1. *Estructura unilateral o bilateral de la declaración. La unilateralidad o bilateralidad pueden referirse tanto a su formación como a sus efectos*

No existe acuerdo acerca de si la noción de acto administrativo solo comprende aquellas declaraciones unilaterales[96] de volición, cognición, juicio u opinión, o si, también incluye en ella a

---

[91] *Cfr.* Bielsa, Rafael, *Derecho Administrativo*, t. V, Buenos Aires, Depalma, 1964, p. 190.

[92] Zanobini, Guido, *Corso di Diritto Amministrativo*, t. II, Milano, 1958, p. 71; Bielsa, Rafael, *op. cit.,* t. V, p. 136.

[93] Alessi, Renato, *op. cit.,* t. I, p. 242.

[94] Marienhoff, Miguel S., *op. cit.,* t. II, p. 251; sobre la aplicación de la LNPA a las personas públicas no estatales véase: Monti, Laura N. - Muratorio, Jorge I., "La aplicación de la Ley Nacional de Procedimientos Administrativos a los actos de los entes públicos no estatales", *REDA*, nro. 14, p. 517 y ss., Buenos Aires, 1993, señalan que "es útil no atribuir mentalmente un régimen de derecho público a cualquier actividad" (p. 523) al comentar el fallo de la Corte dictado en la causa "Colegio de Abogados de la Cap. Fed. c/ M.E.B. s/ cobro de sumas de dinero".

[95] Garrido Falla, Fernando, *Tratado de Derecho Administrativo*, t. I, 11ª ed., p. 43-47, admite la posibilidad de que los órganos Judicial y Legislativo realicen actuaciones administrativas; planteando la necesidad de superar la idea que afirma la personalidad jurídica de la Administración para reemplazarla por la personalidad jurídica del Estado (*op. cit.,* p. 46).

[96] Rivero, Jean, *op. cit.,* p. 93 y ss., Paris, 1977; ver también García Trevijano Fos, José Antonio, *Los actos administrativos*, p. 95-97, Madrid, 1986.

los actos cuya estructura fuera bilateral[97], en tanto la voluntad del administrado participa en la declaración jurídica. Sin embargo, las diferencias existentes entre los contratos y los actos unilaterales no justifican en el Derecho Administrativo la configuración de géneros diferentes pues, tal como acontece en el Derecho Privado, ambas categorías son especies del acto jurídico administrativo.

En consecuencia, todo contrato celebrado por el Estado en ejercicio de funciones administrativas constituye esencialmente un acto jurídico administrativo[98], dado que el concepto de contrato incluye mediante notas comunes la cualidad del género acto jurídico, sin que a ello obsten las notas propias que disminuyen la universalidad del género[99].

La unilateralidad o bilateralidad del acto administrativo pueden darse tanto en su formación como en los efectos. Así -por ejemplo- el permiso del dominio público constituye un acto de formación bilateral pues la declaración se integra con el concurso de dos voluntades que se funden, aun cuando sus principales efectos o consecuencias sean unilaterales[100].

2. *Efectos del acto administrativo*

A diferencia de lo que ocurre con los llamados actos inter-orgánicos o internos de la Administración, los actos administrativos producen efectos directos en el plano externo, es decir frente a los administrados[101].

En aquellos supuestos en que el acto no incida o afecte la relación jurídica sustancial (ya sea porque se trata de un derecho preexistente o bien, de una mera declaración no fundada en ley o no exigida por el ordenamiento) el acto resultante configura un mero pronunciamiento administrativo carente de presunción de legitimidad y de ejecutoriedad.

En tal caso, la principal consecuencia que se desprende de esta categoría jurídica es que el particular no consiente el acto cuando no lo impugna judicialmente dentro del plazo de caducidad del artículo 25 de la LNPA[102].

3. *Alcance general o individual del acto administrativo*

La utilización del criterio material para acotar el concepto del acto administrativo, encuadrándolo en límites precisos, cuyo contenido y contornos obedecen a la homogeneidad de su régimen jurídico junto a la esencial finalidad que lo nutre, conduce necesariamente a la separación de aquellos actos emitidos por la Administración en ejercicio de funciones materialmente legislativas.

Si se abandona el criterio formal o subjetivo para clasificar las funciones, corresponde excluir del concepto de acto administrativo a los reglamentos, cuyo carácter abstracto y generalidad de efectos, denotan su pertenencia al ámbito de las actividades legislativas en sentido material[103].

Esta circunstancia es la que tipifica y caracteriza todo el régimen jurídico de los reglamentos, acercándolos, en muchas de sus notas peculiares, al régimen de las leyes en sentido formal (vgr. sistema de publicidad).

---

97 Bielsa, Rafael A., *op. cit.*, t. II, p. 171 y ss.; Marienhoff, Miguel S., *op. cit.*, t. II, p. 226 y ss.; Fiorini, Bartolomé A., *Teoría jurídica del acto administrativo*, p. 32 y ss.; posición que entendemos es la correcta en el ordenamiento jurídico argentino en tanto armoniza con la clasificación civilista aplicable analógicamente. Esto es así tanto más si se advierte la bilateralidad que existe en los llamados actos privados de la Administración o actos de objeto privado, los cuales si bien tienen un régimen jurídico distinto poseen las mismas características estructurales en cuanto a los sujetos intervinientes. En el derecho uruguayo se acepta que el acto bilateral y especialmente los contratos forman parte del concepto de acto administrativo (Prat, Julio A., *Derecho Administrativo*, t. III, vol. 2, p. 9, Montevideo, 1978), con apoyo en el derecho positivo.

98 Fiorini, Bartolomé A., *op. cit.*, p. 33.

99 Mans Puigarnau, Jaime M., *Lógica para juristas*, Barcelona, 1969, p. 43-44.

100 Marienhoff, Miguel S., *op. cit.*, t. II, p. 233.

101 Sayagués Laso, Enrique, *op. cit.*, t. I, p. 396-397.

102 *Cfr.* Mairal, Héctor A., "Los meros pronunciamientos administrativos", en *Derecho Administrativo*, obra colectiva en homenaje al profesor doctor Miguel S. Marienhoff, Abeledo-Perrot, Buenos Aires, 1998, p. 651 y ss. En apoyo de la configuración de esta nueva categoría de actos de la Administración -que compartimos- Mairal invoca la doctrina de la Corte expuesta en el caso "Serra" (*LL*, 1995-A-397).

103 Laubadère, André de, *op. cit.*, t. I, p. 65.

4. *Ejecutoriedad del acto administrativo*

El principio de la ejecutoriedad resulta consustancial al ejercicio de la función administrativa. Consiste en la facultad de los órganos estatales que ejercen dicha función administrativa para disponer la realización o cumplimiento del acto, sin intervención judicial, dentro de los límites impuestos por el ordenamiento jurídico[104].

Tal facultad –que algunos autores denominan autoejecutoriedad[105]– es característica de aquellos países como el nuestro, cuyas instituciones y regímenes jurídicos se han modelado –en un proceso natural- bajo la influencia del derecho continental europeo (pese a que la normativa constitucional sea también de inspiración norteamericana). Su ejercicio se desarrolla en un marco donde caben ideas tan opuestas como autoridad y libertad, prerrogativa y garantía, generando entre individuo y Estado una tensión casi permanente -en mérito a la naturaleza y gravitación de la actividad administrativa- que requiere una realización constante y continúa orientada hacia la satisfacción de los intereses públicos.

Sin embargo, la propia flexibilidad de los principios que informan al Derecho Administrativo hace posible integrar de manera equilibrada ideas tan adversas como autoridad y libertad, dentro de una dinámica política, económica y social, que exige una adecuación constante a la realidad influenciando los criterios de justicia de las soluciones que deben adoptase.

Se ha negado que la ejecutoriedad constituya un principio de acto administrativo[106] afirmando que “este es meramente inductivo y contingente. Vale en tanto el derecho positivo del país que lo autoriza y con la extensión y medida que lo consagra”[107].

No obstante que el derecho positivo argentino vigente en el orden nacional ha consagrado la existencia de la ejecutoriedad con categoría de principio de acto administrativo[108] y que, en tal sentido, el debate sobre esta cuestión resultará estéril en el futuro (de mantenerse las normas que lo reconocen) vamos a reiterar los fundamentos del instituto refutando algunas críticas que se nos han hecho al respecto.

El fundamento del principio de la ejecutoriedad[109], en nuestro ordenamiento constitucional, encuentra apoyo en los siguientes argumentos:

(i) Tratándose de una facultad que integra el contenido de la función administrativa (en el sentido con que se ha entendido esta función en nuestro sistema) la ejecutoriedad halla su fundamento en el art. 99, inc. 1°, CN, donde se adjudica la responsabilidad política de la Administración y la Jefatura del Gobierno primordialmente al Poder Ejecutivo.

La objeción que podría surgir como consecuencia de lo dispuesto en el art. 29, CN[110] -cuya raíz histórica se remonta a la época del gobierno de Rosas-, no puede interpretarse en el sentido de que tal norma obsta al ejercicio de facultades “ordinarias” de la administración por parte del Poder Ejecutivo o de los órganos que excepcionalmente ejerzan la función administrativa (judiciales y legislativos). Esta última interpretación, que postula la posibilidad de aceptar la ejecutoriedad de los actos administrativos que dicten excepcionalmente los órganos legislativo y judicial (conforme a la concepción objetiva o material que acogemos), la habíamos reconocido con anterioridad[111]; pero lo cierto es que nuestra tesis se había desenvuelto teniendo por objeto primordialmente el estudio de lo que acontecía en el seno del Poder Ejecutivo.

---

104 En sentido similar, Parada Vázquez, José R., *Derecho Administrativo*, T° O. Pons, Madrid, 1989, p. 145/146.

105 Cretella Junior, José, *Principios fundamentales del Derecho Administrativo,* en *Estudios en homenaje al Profesor López Rodó,* T° I, Universidad Complutense, Madrid, 1972, p. 57.

106 Linares, Juan F., *Efectos suspensivos de los recursos ante la Administración,* LL 85-906 y ss; Gordillo, Agustín, *El acto administrativo,* p. 131.

107 Linares, Juan F., *Efectos..., cit.,* p. 909. Cuadra apuntar que Linares se refiere a la ejecutoriedad coactiva (que la doctrina denomina también ejecutoriedad propia) y que en su obra posterior acepta que constituye una facultad exorbitante cuando lo permite la ley, apoyándose en el art. 12, LNPA, para concluir que no es un principio absoluto (conf. Linares, Juan F., *Derecho Administrativo,* Astrea, Buenos Aires, 1986, p. 148/149).

108 Art. 12, ley 19.549.

109 En nuestra obra: *La ejecutoriedad del acto administrativo, cit.,* p. 68 y ss.

110 Que estatuye: “El Congreso no puede conceder al Ejecutivo nacional, ni las Legislaturas provinciales a los gobernadores de provincia, facultades extraordinarias, ni la suma del poder público, ni otorgarles sumisiones o supremacías por las que la vida, el honor o la fortuna de los argentinos queden a merced de gobiernos o personal alguna. Actos de esta naturaleza llevan consigo una nulidad insanable, y sujetarán a los que los formulen, consientan o firmen, a la responsabilidad y pena de los infames traidores a la patria”.

111 Cassagne, Juan Carlos, *La ejecutoriedad del acto administrativo, cit.,* p. 69.

Se ha afirmado que, si la ejecutoriedad del acto administrativo se funda en las facultades y atribuciones incluidas en la zona de reserva de la Administración, que emana del art. 99 (ex art. 86), CN, carecerían de tal carácter los actos administrativos dictados por los otros poderes en ejercicio de la función administrativa, de lo cual obviamente cabría inferir que la ejecutoriedad sería una nota de determinados actos administrativos, salvo que se opte por una caracterización subjetiva.

En primer término, es del caso aclarar que la ejecutoriedad no se funda en la zona de reserva, sino en el art. 99, inc. 1°, lo cual constituye una cuestión distinta, ya que si bien es cierto que esas facultades reservadas encuentran su apoyo normativo en la interpretación de dicha norma constitucional, no todas las facultades que derivan de la función administrativa pertenecen a la zona de reserva; de lo contrario no se podría admitir la posibilidad de que los órganos judicial y legislativo pudieran dictar actos administrativos. Lo esencial de nuestra tesis sobre la ejecutoriedad radica en sostener que se trata de una atribución "inherente" a la función administrativa y no a la zona de reserva[112], la cual aparece en nuestra concepción solo para explicar el fundamento de la facultad de proceder a la ejecución coactiva de las decisiones estatales que, en casi todos los sistemas constitucionales del mundo. Corresponde exclusivamente al Poder Ejecutivo.

En tal sentido, hemos concluido que debe diferenciarse la ejecución coactiva, es decir, la medida de ejecución, de la facultad de disponerla sin intervención judicial; la ejecución coactiva integra uno de los aspectos de la ejecutoriedad, ya que, como veremos seguidamente, no es imprescindible en todos los casos que el acto se cumpla apelando a la coacción[113].

El hecho de que también los actos administrativos emitidos por los órganos judicial y legislativo posean ejecutoriedad obedece a un particular significación histórica. En efecto, cuando se produjo la transferencia o la aparición de ciertas y limitadas funciones administrativas en los órganos judicial y legislativo –al fraccionarse el ejercicio de la función estatal- los mismo asumieron dichas funciones administrativas hacia o en los órganos legislativo y judicial, el Poder Ejecutivo se ha reservado el uso de la coacción como facultad exclusiva o, al menos, predominante.

(ii) la dinámica constitucional también impone la vigencia del principio de la ejecutoriedad dentro de una interpretación adaptada a la realidad contemporánea caracterizada por la realización de actividades administrativas de singular gravitación en el orden social y económico, que exigen ser desarrolladas en formar intermitente sin obstáculos formales que la paralicen (aunque siempre dentro de la normativa y la justicia).

(iii) Además, la propia sistemática constitucional conduce a tal interpretación en cuanto el sistema que instituye la Constitución, apoyado en un equilibrio logrado a través del establecimiento de frenos y contrapesos, podrá verse alterado en perjuicio del Poder Ejecutivo, al impedirle que cada vez que desee poner en cumplimiento un acto administrativo requiera el acuerdo del particular o administrado o la intervención judicial, en caso de que no fuera posible obtenerlo.

IV. LOS CONTRATOS DE LA ADMINISTRACIÓN

El contrato público que aparece, en punto a la competencia y al procedimiento de contratación, regido por el derecho administrativo, recibe también la injerencia del derecho internacional público o privado, a través de ordenamientos supranacionales como son los tratados internacionales que, a partir de la reforma constitucional de 1994, poseen –como mínimo- una jerarquía superior a las leyes (art. 75 inc. 22 CN) formando parte, en algunos casos determinados, de la Constitución misma, aunque sin alterar su estructura dogmática.

De ese modo, el panorama que ofrece la contratación pública resulta complejo y variado, siendo difícil concebir un régimen jurídico unitario que agrupe y contenga todas las formas contractuales a las que acude el Estado para alcanzar sus fines.

---

112 Cassagne, Juan Carlos, *La ejecutoriedad..., cit.,* p. 68 y ss.

113 Para el desarrollo más extenso nos remitimos a Cassagne, Juan Carlos, *La ejecutoriedad..., cit.,* p. 21 y ss.

Ello no quita que la categoría principal en el campo de la contratación pública, regida por el derecho interno, siga siendo la figura del contrato administrativo[114], sin dejar de reconocer otras especies contractuales, en la que se aplica preponderantemente el derecho internacional y, en menor medida, el derecho administrativo (con la posibilidad de aplicación analógica del derecho privado). Esto acontece con los contratos excluidos del régimen general aplicable a la contratación administrativa, como son "los contratos celebrados con Estados extranjeros, con entidades de derecho público internacional, con instituciones multilaterales de crédito, los que se financien, total o parcialmente, con recursos provenientes de esos organismos" así como "los comprendidos en operaciones de crédito público[115]".

Esa variedad de formas y regímenes se advierte, asimismo, en el ámbito interno, respecto de los contratos que celebran la Administración y los demás órganos del Estado, en ejercicio de la función materialmente administrativa (nos referimos aquí al Poder Judicial y al Congreso) los cuales pueden vincularse contractualmente a través de otras figuras como: a) contratos parcialmente regidos por el derecho privado, con o sin cláusulas exorbitantes expresas, cuyo grado de aplicación del derecho administrativo depende del tipo y régimen jurídico de cada contrato (vgr. el régimen jurídico de los contratos que realiza el Banco Nación, regidos por el derecho mercantil no es igual al que rige los contratos de objeto privado de la Administración Pública Nacional); y b) contratos inter-administrativos, con caracteres diferenciales en punto al ejercicio de las prerrogativas de poder público, si bien hoy día la tendencia mundial apunta a despojar cada vez más a esta categoría de alguno de sus rasgos diferenciales que antes tipificaban el régimen de selección (v.gr. libertad de elección sin sometimiento al principio de concurrencia).

La finalidad sustantiva o de interés público relevante del contrato administrativo se hace patente cuando el acuerdo es celebrado por un órgano del Estado en ejercicio de la función administrativa[116], lo cual conduce a la institución de un régimen jurídico específico y exorbitante del derecho privado (en materia especialmente de ejecución y extinción). Se configuran de esta manera, contratos administrativos en el ámbito de los tres órganos en que se distribuye el poder estatal: ejecutivo, legislativo y judicial y no solo cuando la Administración sea parte

La existencia de cláusulas exorbitantes, que es un hecho dependiente de la voluntad de las partes, especialmente de la Administración, no es de por sí decisiva para caracterizar el contrato administrativo, pues pueden hallarse presentes aun en los contratos parcialmente reglados por el derecho privado (en punto a su objeto), que poseen una regulación jurídica distinta.

El criterio de la función administrativa, en sentido material, como causa fin del contrato que utiliza un régimen jurídico típico y peculiar es el que, precisamente, permite distinguir dicha función de la actividad industrial o comercial del Estado, también llamada gestión económica, donde la Administración acude a los principios y técnicas de la contratación privada (ej.: en la actividad del Banco Nación regida por el derecho mercantil).

Y esa causa fin comprende tanto aquellas contrataciones orientadas a un fin público específico y directo como a las que tienen por objeto cosas o bienes instrumentales pertenecientes al derecho administrativo (v.gr. dominio público).

---

114 Cuya existencia data del legendario *arrêt Terrier*, del 6 de febrero de 1903, cuando el Consejo de Estado francés sostuvo que "todo lo que concierne a la organización y funcionamiento de los servicios públicos, propiamente dichos, ya actúe la Administración por vía de contrato, ya lo haga por vía de autoridad, constituye una operación administrativa, que es, por su naturaleza, del dominio de la jurisdicción administrativa". Ampliar en García de Enterría, Eduardo - Fernández, Tomás-Ramón, *Curso de Derecho Administrativo*, T. I, 10ma. ed., Civitas. Madrid, 2000, p. 677 y ss.

115 *Cfr. Régimen de Contrataciones de la Administración Nacional*, aprobado por Decreto 1023 de 2001, art. 5° incisos c) y d), en adelante RCAN.

116 Se utiliza aquí el concepto material u objetivo sobre función administrativa cuyas notas esenciales son la concreción, continuidad e inmediatez para satisfacer mediante un régimen de derecho público las necesidades de la comunidad y de los individuos que la integran con la finalidad de alcanzar el bien común. Sobre los distintos criterios que se han dado respecto de la noción de Administración pública o función administrativa, nos remitimos a *El Acto Administrativo*, 1° ed., Abeledo Perrot, Buenos Aires, 1981, p. 60 y ss. Al respecto, entendemos que la concepción mixta o residual que algunos autores propician puede considerarse como un buen ejercicio intelectual pero, sin embargo, no proporciona una explicación real ni lógica a la luz de la naturaleza y régimen jurídico de cada función estatal.

De ese modo, los contratos resultan administrativos, en razón de su objeto o fin, cuando su contenido pertenezca a la función administrativa materialmente considerada, criterio que, en definitiva, se ubica en una línea similar a la del servicio público de la doctrina y jurisprudencia francesas (en sentido amplio) o a la del giro o tráfico de la Administración. A su vez, el fin público relevante y asumido por el derecho objetivo es el que determina la pertenencia de un determinado objeto o bien a la función administrativa aunque la contratación no persiga una finalidad pública inmediata (vgr. contratos de uso del dominio público).

Por ese motivo, los distintos tipos y denominaciones de los contratos que se celebran para colaborar con la función administrativa (contratos de colaboración) o para atribuir ventajas propias de la justicia distributiva (contratos de atribución) prácticamente son los mismos que en la concepción del servicio público, elaborada por la jurisprudencia francesa (concesión de servicios públicos, obra pública, suministro, etc.) y así acontece también en la reciente legislación española sobre contratos públicos de 1995[117].

En esa línea, el concepto de función administrativa es esencialmente dinámico e históricamente variable, en cuanto debe graduarse de conformidad al ordenamiento jurídico-legal de cada país, pero ello no quita la utilidad de utilizarlo como centro de referencia, unido a la existencia de un régimen en el cual se reconozcan, en forma orgánica y sistematizada, las prerrogativas de poder público que posee la Administración a su favor (v.gr. modificación unilateral del contrato) que nunca pueden ser prerrogativas implícitas. La presencia o no de este régimen administrativo no depende de la voluntad de las partes, pues existe con independencia de la voluntad de someterse a él, sin perjuicio de que la Administración pueda celebrar, cuando el ordenamiento lo admita, un contrato parcialmente reglado por el derecho privado, donde tal regulación estará ausente, en principio. No se debe confundir, en consecuencia, "régimen exorbitante" con cláusula exorbitante, la cual depende de la voluntad de quienes contratan y no surge directamente del ordenamiento.

1. *El contrato interadministrativo*

La presencia de dos o más sujetos estatales en este tipo de acuerdos le imprime a la contratación una modulación especial, caracterizada por la ausencia de prerrogativas exorbitantes al derecho común, que pueden afectar el principio de unidad de acción, que se vincula, a su vez, con otro principio esencial propio de nuestro Estado Federal: la unidad del poder del Estado.

El régimen jurídico que poseen los contratos interadministrativos se caracteriza por algunas notas diferenciales, tales como: a) excepción al requisito de la licitación pública en el proceso de selección[118]; b) inaplicabilidad de multas o sanciones pecuniarias a entidades estatales[119]; c) un particular sistema de solución de conflictos[120]; d) no rige el principio de la estabilidad del acto administrativo cuando las entidades se hallan en una misma esfera de gobierno (nacional o provincial)[121], lo cual tendrá aplicación con respecto a los actos de ejecución de un contrato interadministrativo.

Por aplicación extensiva de la teoría de la superación de las formas jurídicas, también se regirán por las reglas de los contratos interadministrativos, aquellos que se celebren entre una entidad pública estatal, centralizada o descentralizada[122], con una sociedad comercial en cuya administración o capital tenga participación mayoritaria el Estado.

---

117 Ley 13/95 (Ley de Contratos de las Administraciones Públicas).

118 Ley de contabilidad, art. 56, inc. 3°, ap. i; principio que también se extiende a los contratos administrativos atípicos. Ver Sayagües Laso, Enrique, *Tratado de Derecho Administrativo*, T. I, Talleres Gráficos Barreiro, Montevideo, 1963, p. 590-591.

119 Cassagne, Juan Carlos, *La Ejecutoriedad del Acto Administrativo*, Abeledo Perrot, Buenos Aires, 1970, p. 79-81.

120 Al respecto nos remitimos a *El acto administrativo cit.*, p. 118 y ss., y a nuestro *Derecho Administrativo*, T. II, Abeledo Perrot, Buenos Aires, 1994, p. 62 y ss. Véase, asimismo, la ley 19.983.

121 Ya que no es concebible la existencia de derechos subjetivos en las entidades descentralizadas superiores a los del propio Estado (en sentido estricto, es decir, la persona pública Estado).

122 Sobre el concepto de entidad estatal descentralizada ver nuestro trabajo "Las entidades estatales descentralizadas y el carácter público o privado de los actos que celebran", LL, T. 143, p. 1172 y ss.

2. *Contratos de la administración regidos parcialmente por el derecho privado*

La existencia de contratos de la Administración parcialmente reglados por el derecho privado es por lo general, propugnada por la doctrina nacional[123] y extranjera[124], aun por los sostenedores de la concepción unitaria en materia de actos y contratos administrativos[125].

La característica distintiva de este tipo de contrato es la ausencia de un régimen jurídico exorbitante de derecho común no procediendo la ejecutoriedad, la aplicación y ejecución de multas en sede administrativa, la sustitución directa del contratista, entre otros supuestos.

Su régimen es, pues, de una naturaleza muy peculiar y la competencia para entender en las causas relativas a este tipo de contratos mixtos es la civil y comercial, y no la contencioso-administrativa[126], lo que justifica el interés jurídico de la distinción que supera aun a los argumentos que le atribuyen vinculación con la arcaica doctrina de la doble personalidad del Estado, ya que la circunstancia de que una persona jurídica pública estatal tenga capacidad para celebrar tanto contratos administrativos como contratos parcialmente reglados por el derecho privado, no provoca un desdoblamiento en la personalidad del ente (que siempre tendrá carácter público), al igual de lo que sucede en relación a las personas jurídicas privadas, que pueden realizar tanto contratos civiles y comerciales como administrativos, sin que ello implique fraccionar su personalidad.

3. *Algunas consecuencias que genera la distinción entre los contratos administrativos y los contratos privados*

La adopción de las dos categorías de contratos de la Administración que venimos postulando -enrolados en la posición que afirma una concepción finalista[127] acerca del contrato administrativo-genera una serie de consecuencias en punto a las obligaciones que nacen del acuerdo de voluntades que difieren del régimen establecido en la ley civil, donde las prestaciones son, en principio, equivalentes y deben interpretarse con arreglo a criterios comunes y uniformes para ambas partes. En cambio, en el contrato administrativo al incorporarse la causa fin o finalidad al contrato se introduce el interés público relevante e inmediato como elemento esencial durante las diferentes etapas de la ejecución contractual[128] proyectándose al campo interpretativo y especialmente al plano de la igualdad de los contratistas que resulta una nota típica (la desigualdad proveniente de la posición jurídica de la Administración)[129] de los contratos administrativos.

A. *La interpretación del contrato administrativo*

En materia interpretativa, sin descartar la aplicación analógica de las normas civiles y comerciales, una de las principales diferencias con los contratos de la Administración regidos por el derecho privado radica en la circunstancia de que el interés público relevante e inmediato, incorporado al contrato

---

123 Bielsa, *op. cit.*, T. II, p. 175; Berçaitz, *op. cit.*, p. 240-241; Fiorini, *op. cit.*, T. I, p. 414; Diez, *op. cit.*, T. II, p. 440 y ss.; Marienhoff, *op. cit.*, T. III-A, p. 85 y ss.; señala al respecto Bielsa que la necesidad de distinguir los contratos civiles o comerciales, que celebra la Administración, de los contratos administrativos, es tan evidente e incuestionable, que toda discusión sobre ello es obvia y que "la circunstancia de que el régimen interno (financiero, contable, etc.) sea uno para todos los contratos, administrativos o no, tiene su explicación en el principio de que todos los bienes del Estado están sujetos a un sistema patrimonial uniforme y responsable" (*op. cit.*, T. II, p. 175, nota 24).

124 De Laubadère, *op. cit.*, T. I, p. 29 y ss.; Benoit, Francis Paul, *Le Droit Administratif Français... cit.*, p. 595 y ss.; Sandulli, Aldo M., *Manuale di Diritto Amministrativo*, 10ª ed., Jovene, Nápoles, 1979; Garrido Falla, *op. cit.*, T. II, p. 37 y ss.

125 Gordillo, Agustín A., *Empresas del Estado*, Macchi, Buenos Aires, 1966, p. 84-86.

126 Conf. Marienhoff, *op. cit.*, T. III-A, p. 124 y ss.

127 En España, la denominada sustantividad del contrato administrativo y la admisión correlativa del contrato de la administración regido por el derecho privado viene siendo sostenida por distintos autores: Villar Palasi, José Luis, *Lecciones sobre Contratación Administrativa*, Facultad de Derecho de la Universidad Complutense, Madrid, 1969; Monedero Gil, Oscar, *Doctrina del Contrato del Estado*, Instituto de Estudios Fiscales, Madrid, 1977; Ariño Ortiz, Gaspar, *Contrato del Estado y 'Common Law'*, en el estudio prólogo hecho al libro de Monedero Gil antes citado, y De Solas Rafecas, *op. cit.*, p. 22 y ss., esp. p. 41, nota 46 *in fine*.

128 *Vid.* De Solas Rafecas, *op. cit.*, p. 32-33.

129 Martín-Retortillo Baquer, Sebastián, *El Derecho Civil en la Génesis del Derecho Administrativo y de sus Instituciones*, Civitas, Madrid, 1996, p. 108 y ss.

administrativo, juega un papel esencial y autónomo como criterio sustantivo de interpretación[130]. Para otro sector, en cambio, el interés público no permite configurar un criterio interpretativo autónomo y solo se lo tiene en cuenta al formalizar el contrato o al investigar "la voluntad negocial"[131] no obstante lo cual se reconoce la configuración de una prerrogativa de interpretación unilateral del contrato[132].

En cualquier caso, es evidente que cuando la interpretación no afecta a la causa final o finalidad del contrato administrativo sino al particular contratista (v.gr. prestaciones pecuniarias a cargo de la Administración) el interés público no juega como criterio interpretativo, debiendo acudirse a las normas de la legislación civil o comercial[133].

B. *Un supuesto especial: la procedencia de la exceptio non adimpleti contractus y la rescisión o resolución del contrato administrativo ante el incumplimiento de la Administración*

Como se verá más adelante, el funcionamiento de la *exceptio non adimpleti contractus* en determinados contratos administrativos -como la concesión o licencia de servicio público- difiere del establecido para los contratos regidos por el derecho civil o comercial habida cuenta que la finalidad pública o causa fin que preside el acuerdo de voluntades viene a colocar, en un primer plano, el cumplimiento de la finalidad pública inmediata cuando esta finalidad se encuentra directamente vinculada a la prestación de un servicio público.

Se ha sostenido que esta peculiaridad, típica de la concesión o licencia de servicios públicos, limita las facultades del contratista para ejercer la *exceptio non adimpleti contractus*[134] y, consecuentemente, para suspender la ejecución del contrato administrativo, a los supuestos en que exista una razonable imposibilidad de cumplirlo en las condiciones convenidas.

Desde luego que un atraso en los pagos a cargo de la Administración de cierta magnitud habilita al concesionario o licenciatario para suspender la ejecución y pedir la rescisión o resolución del contrato en sede judicial en tanto que el hecho de la Administración (v.gr. mora en los pagos) provoque una razonable imposibilidad de continuar la ejecución contractual[135] o una mayor onerosidad de significativa importancia. La procedencia de la citada *exceptio* constituye la regla general y se sustenta en un principio de justicia[136] pero, sobre todo, en el principio general de la buena fe, que exige como se ha dicho[137] no solo que los contratos deben celebrarse con arreglo a dicho principio y para ser cumplidos, sino que también han de interpretarse y ejecutarse de buena fe, conforme a lo que las partes entendieron o pudieron entender actuando con cuidado y previsión (art. 961 CCCN).

C. *El poder modificatorio de la Administración en los contratos administrativos*

Otra de las diferencias fundamentales estriba en la potestad que el ordenamiento puede atribuir, de un modo expreso, a la Administración para introducir modificaciones, en forma unilateral, a lo pactado en los contratos administrativos, poder que puede razonablemente ejercer dentro de los límites

---

130 De Solas Rafecas, *op. cit.,* p. 37-38

131 García De Enterría, Eduardo - Fernández, Tomás Ramón, *Curso de Derecho Administrativo*, T. I, Civitas, Madrid, p. 505 y ss.

132 En este sentido, los autores mencionados en la nota precedente (*op. y lugar cit.*) expresan que *"No se trata de que la Administración pueda decidir libremente sobre el alcance real de lo pactado, sino de asegurar una decisión que provisionalmente permita continuar la obra, servicio o suministro contratado sin interrupciones perjudiciales para el interés general"*.

133 Conf. De Solas Rafecas, *op. cit.,* p. 39-40.

134 Marienhoff, *op. cit.,* T. III-A, p. 376 y ss.

135 Esta es la doctrina que fluye del caso "Cinplast I.A.P.S.A. c/EnTel s/ordinario", *Fallos,* 316:212 (1993); en ese fallo, el Alto Tribunal adoptó la tesis sustantiva para considerar que un contrato de suministro celebrado con la ex EnTel revestía carácter administrativo en virtud de su objeto que consistía "en la prestación de un servicio destinado a cumplir el fin público de las telecomunicaciones". En rigor, no se trataba en el caso de un servicio sino de un suministro y el atraso en los pagos fue de bastante magnitud pero esto no cambia el razonamiento jurídico que consideramos correcto, no obstante la injusticia de la sentencia en lo que concierne a los hechos de la causa y su interpretación.

136 Marienhoff, *op. cit.,* T. III-A, p. 377, N°. 730.

137 Mertehikian, Eduardo, "La excepción de incumplimiento contractual y su aplicación al contrato de obra pública", LL 1994-D, 311.

establecidos en cada ordenamiento especial (vgr. obras públicas) y a condición de que no se altere el fin del contrato[138] ni las obligaciones esenciales y que se efectúe la pertinente compensación económica que permita mantener el equilibrio financiero del contrato[139].

Ahora bien, el *ius variandi* puede relacionarse con dos principios fundamentales del contrato administrativo[140]: a) el de la *lex contractus* articulado en el artículo 962 del Código Civil y Comercial, aplicable al derecho administrativo[141] con las peculiaridades de esta disciplina[142] y b) el principio de la inalterabilidad del contrato que tiende a preservar la igualdad de los terceros ante los beneficios públicos.

En el primer supuesto, el *pacta sunt servanda* impide que el poder modificatorio altere la ecuación económico-financiera del contrato administrativo mientras que, en el segundo, el *ius variandi* no se ejerce como una excepción al principio de inalterabilidad del contrato, sino que juega como un supuesto de articulación entre la finalidad y el contenido de las obligaciones concretamente asumidas por ambas partes[143].

Esta compatibilidad entre la potestad modificatoria (ya sea el caso de una modificación unilateral prevista, en forma expresa, en el ordenamiento o pactada entre las partes) y el principio de inalterabilidad es la que permite que la Administración introduzca modificaciones a los contratos ante el cambio de circunstancias para cumplir con la finalidad perseguida, lo cual será lícito y justo en cuanto las modificaciones fueran objetivamente necesarias, esto es, cualquiera hubiera sido el contratista seleccionado en condiciones normales y en la medida que no se suprima el riesgo empresario[144].

4. *Síntesis final*

Se advierte la conformación de tres etapas diferenciadas en la evolución de la teoría del contrato administrativo:

a) una primera etapa, caracterizada por la noción "ius administrativa" rígida del contrato administrativo, con prevalencia de los elementos públicos sobre los privados, sin excluir la posibilidad de celebrar contratos de la Administración regidos por el derecho privado. Sin embargo, una derivación exagerada de esta corriente llevó a considerar que todo contrato celebrado por el Estado era de derecho público, de naturaleza administrativa;

b) en una segunda etapa de la evolución se operó la huida al derecho privado, reflejada en modificaciones legislativas que intentaron producir una suerte de metamorfosis con las empresas públicas transformándolas en privadas para escapar, sobre todo, del campo de la contratación pública, sus procedimientos de selección y los controles estatales. Este proceso, que tuvo un cierto nivel de generalización en el derecho comparado, se encuentra actualmente en retirada descorriéndose el velo del verdadero dueño que está detrás de estas empresas que no es otro que el Estado;

c) finalmente, en una tercera etapa,

(i) se afirma la idea de lo público basada en la conexión entre el interés general o bien común y la función administrativa que si bien tiene como eje al Estado como sujeto se extiende a otros sujetos no estatales que cumplen funciones públicas o regidas por el derecho administrativo.

En esta tendencia, las prerrogativas de poder público no son de la esencia del contrato sino el efecto de la sustancia "ius administrativa", afirmándose una corriente generalizada a promover y estimular la competencia bajo el impulso estatal;

---

138 Marienhoff, *op. cit.*, T. III-A, p. 399-403. Algunos autores como Benoit en Francia y Durán Martínez en Uruguay han negado la configuración, en principio y como regla general, de la *potestas variandi,* véase Durán Martínez, Augusto, "Ejecución de los contratos administrativos", en *Contratación Administrativa*, Montevideo, 1968, p. 64. El principio de la mutabilidad unilateral del contrato administrativo también ha sido sostenido en la doctrina brasileña: Oliveira Franco Sobrinho, Manual de, *Contratos Administrativos*, Saraiva, San Pablo, 1981, p. 50-51.

139 Ariño Ortiz, Gaspar, *Teoría del Equivalente Económico en los Contratos Administrativos*, Instituto de Estudios Administrativos, Madrid, 1968, p. 248 y ss.

140 Distinción que, según De Solas Rafecas, no siempre ha sido puesta de manifiesto con nitidez (*op. cit.*, p. 41).

141 Marienhoff, *op. cit.*, T. III-A, p. 334, 451-452.

142 Véase sobre el punto Brewer Carias, Allan Randolph, *Contratos Administrativos*, Editorial Jurídica Venezolana, Caracas, 1992, p. 160-161.

143 De Solas Rafecas, *op. cit.*, p. 40-43.

144 Véase Ugolini, Daniela B., "El nuevo rol del Estado y los contratos administrativos", ED, 148-870.

(ii) se agudiza la tendencia a celebrar contratos de la Administración con diferente intensidad de elementos propios del derecho privado (que van desde un régimen prevaleciente del derecho civil o comercial hasta un régimen jurídico entremezclado) rigiéndose la competencia, en todos estos supuestos, por normas de derecho público;

(iii) se afirma el principio de la concurrencia en la llamada "zona común de la contratación administrativa", al consagrar los procedimientos de la licitación pública y/o el concurso público como regla general de la selección del contratista;

(iv) se presenta una confluencia entre normas de derecho público interno con disposiciones del derecho internacional tanto público como privado, lo cual se revela en algunas convenciones internacionales específicas cuyas cláusulas se proyectan al plano de los contratos nacionales (vgr. Convención interamericana contra la corrupción firmada en la 3° Sesión Plenaria de la Organización de Estados Americanos el 29 de marzo de 1996, ratificada por la ley 24.759);

(v) junto a la técnica de los contratos excluidos, que no son necesariamente de derecho privado (ej. contratos incluidos en operaciones de crédito público) se incorporan al ordenamiento positivo expresamente las prerrogativas de poder público;

(vi) se reafirma la tendencia a limitar el régimen de los llamados actos interadministrativos procurando estimular la competencia a través de la generalización de la regla de la licitación pública y/o concurso público para elegir el contratante.

En suma, la interrelación entre lo público y lo privado y la injerencia de normas provenientes del derecho internacional confirman la imposibilidad de elaborar una teoría unitaria que, por otra parte, nunca fue factible desarrollar en el plano sustancial ya que su justificación solo hubiera tenido sentido en el aspecto formal.

Esto no implica desconocer que, tanto en el derecho comparado como en el argentino, prevalece una línea favorable a la "iuspublificación" que se caracteriza, esencialmente, por excluir la libertad negocial para elegir al contratante y establecer las bases generales de la contratación, como, asimismo, para reconocer las prerrogativas públicas.

V. EL DERECHO ADMINISTRATIVO SANCIONADOR

1. *Diferentes sanciones que aplica la administración: las sanciones penales administrativas y su trascendencia*

El estudio de las sanciones que aplica la Administración Pública a los particulares, no precisamente en virtud de la llamada supremacía especial emergente de la potestad disciplinaria propia de la relación de empleo público, sino en ejercicio de los poderes que emanan de las potestades que le atribuye el ordenamiento o bien, de un vínculo jurídico convencional concertado en el marco del llamado régimen exorbitante, constituye otro de los capítulos centrales de la dinámica del Derecho Administrativo.

Las sanciones penales-administrativas se pueden clasificar conforme a la materia en que se imponen y así existen desde las sanciones de policía general y especial -incluidas las relativas a la policía que el Estado ejerce sobre los bienes del dominio público- hasta las sanciones de naturaleza tributaria, cuyo estudio se ha independizado actualmente del derecho penal administrativo, aun cuando su naturaleza punitiva[145] torna aplicables una serie de principios penales, especialmente los que emergen de las disposiciones generales del Código Penal.

Lo contrario ocurre en materia de sanciones civiles o patrimoniales aplicadas por la Administración, donde las reglas generales que gobiernan el procedimiento administrativo contienen suficientes garantías para el particular o administrado, compatibles con los intereses cuya tutela procura el ordenamiento.

En lo que respecta a las sanciones disciplinarias, ellas nacen del poder de supremacía especial que posee la Administración en la relación de empleo público, instituida con la finalidad de mantener la

---

[145] Véase: García Belsunce, Horacio, "Régimen penal tributario. Concurso de sanciones", en *LL*, 1990-C, p. 918, sostiene que el ilícito tributario posee naturaleza penal no obstante que la sanción es administrativa.

continuidad del servicio a su cargo y, en general, de proteger su estructura organizativa, tanto personal como patrimonial[146].

Esta peculiaridad explica por qué motivo, si bien las sanciones disciplinarias ostentan también, en algunos casos, una sustancia represiva, no se aplican a ellas, estrictamente, algunos de los principios del derecho penal (vgr. el *non bis in idem*)[147].

2. *La distinción entre delitos y contravenciones o faltas: vigencia y ocaso del llamado derecho penal administrativo*

El eje de la construcción jurídica del denominado derecho penal administrativo, elaborado a partir de la obra de James Goldschmidt y afirmado posteriormente en la escuela alemana por Eberhard Schmidt pasa por la idea de que existe una distinción cualitativa entre delitos judiciales e infracciones administrativas (contravenciones), determinada por la naturaleza de las cosas sobre la base de que, mientras en los primeros el contenido material del injusto se encuentra en el daño (o en la situación de peligro), concreto y mensurable, inferido a un bien jurídico, en las infracciones o contravenciones administrativas se trata de la violación del deber de obediencia o de colaboración por parte de los particulares con la Administración Pública, afectando solamente a intereses de tipo administrativo[148].

En nuestra doctrina, si bien hubo quienes negaron la aludida distinción cualitativa entre delitos y contravenciones[149] y otros que la sostuvieron[150] lo cierto es que, por lo general, se ha admitido siempre la posibilidad de que la Administración aplique las llamadas penas contravencionales, aun cuando sin plantearse a fondo el problema de la despenalización, aspecto este que, en nuestra organización constitucional, adquiere un singular relieve en mérito a la potestad de las Provincias para legislar en materia contravencional[151].

Ahora bien, es evidente que el derecho penal administrativo no configura una disciplina autónoma[152]. Sus fundamentos se encuentran hoy día superados (no hay que olvidar que esta concepción es la sucesora[153] de las teorías que sustentaron el llamado derecho penal de policía) toda vez que, si las sanciones poseen naturaleza represiva, por menos graves que ellas fueran, las contravenciones contienen, en estos casos, idéntica sustancia penal que los delitos, no existiendo un derecho penal subjetivo de la Administración sino del Estado[154].

---

146 Baro, Daysi, *La relación de empleo público*, p. 50, Buenos Aires, 1982; considera que la falta disciplinaria es "todo acto realizado por un funcionario, susceptible de causar daño directa o indirectamente al funcionamiento del servicio público".

147 *Vid:* Villegas Basavilbaso, Benjamín, *Derecho Administrativo*, t. I, Buenos Aires, 1949, p. 122; Diez, Manuel María, *Derecho Administrativo*, t. I, Buenos Aires, 1974, p. 276; Garrido Falla, Fernando, *op. cit.*, t. II, p. 141, nota 81.

148 Ver: Heinz, Mattes, *Problemas de Derecho Penal Administrativo*, trad. del alemán, Edersa, Jaén 1979, p. 229-230 y nota 363, apunta que dicho autor ejerció una notable influencia en la nueva configuración del derecho penal económico, atribuyendo a la Administración el poder de juzgar las llamadas infracciones o contravenciones administrativas, cuya satisfacción considera indispensable para realizar la división de poderes. En esta concepción de Schmidt se advierte un notorio retroceso doctrinario ya que con anterioridad, aun entre los seguidores de Goldschmidt, hubo algunos, como Wolf, que renunciaron "a tratar de concebir el derecho penal administrativo con características conceptuales u ontológicas, considerando el problema como una cuestión de referencia valorativa o normativa" (*op. cit.*, p. 208). Un criterio similar sostuvo entre nosotros Soler (*Derecho Penal Argentino*, t. I, Buenos Aires, 1956, p. 254).

149 Conf. Levene, Ricardo (h.), *Introducción al derecho contravencional*, Buenos Aires, 1968, p. 37 y ss. Jiménez De Asúa, Luis, "Las contravenciones o faltas", *LL*, t. 56, p. 959; Villegas Basavilbaso, Benjamín, *Derecho Administrativo*, t. V, Buenos Aires, 1954, p. 245 y ss. Con todo, en la obra de Villegas Basavilbaso parece haber un resabio de la tesis cualitativa, en cuanto señala que el límite entre ambas figuras se halla en la ilicitud intrínseca y en la peligrosidad, que determinan (si bien relativamente) una mayor magnitud de la pena para el delito (*op. cit.*, t. I, p. 247).

150 Bielsa, Rafael, *Estudios de Derecho Público*, t. I, Buenos Aires, 1950, p. 325.

151 Véase: Marienhoff, Miguel S., *Tratado de Derecho Administrativo*, Buenos Aires, 1987, p. 603 y ss.

152 Conf. Cassagne, Juan Carlos, *Derecho Administrativo*, t. I, Buenos Aires, 1986, p. 181-182.

153 Heinz, Mattes, *op. cit.*, p. 494.

154 Heinz, Mattes, *op. cit.*, p. 205, nota 272.

La consecuencia de todo ello es que, si las contravenciones o faltas poseen naturaleza penal, su diferencia con los delitos constituye, en principio, una cuestión de grado y, por tanto, cuantitativa[155], siendo aplicables en materia contravencional y en los llamados delitos administrativos, las reglas y principios que prescribe el Código penal, máxime cuando para estos últimos existe una disposición expresa del ordenamiento (art. 4° del Cód. Pen.) que así lo estatuye[156]. En tal sentido, si bien puede hablarse de una superación de las bases que hacen a la fundamentación autónoma del derecho penal administrativo y, especialmente, de los postulados de la escuela de Goldschmidt[157], no puede desconocerse que, aun en el ocaso de esta escuela, ella ha influido decisivamente en el proceso de despenalización, ocurrido tanto en nuestro país como en el derecho comparado, proceso que se caracteriza por conferir la atribución de aplicar penas a la Administración, al menos en una suerte de primera instancia y sujeta siempre a la revisión judicial. Ello plantea también entre nosotros la cuestión inherente a la concurrencia de potestades entre la Nación y las Provincias, en materia contravencional.

3. *El fenómeno de la despenalización*

Las aspiraciones de las diferentes administraciones públicas a poseer la titularidad de la potestad punitiva, al menos en la primera fase del procedimiento sancionatorio, se revelan constantemente en el derecho comparado, cuya evolución confirma la tendencia a excluir la figura de la contravención del ordenamiento penal, dejando la aplicación de aquélla a los órganos administrativos, sin perjuicio de la posterior revisión judicial. Sin embargo, dicha tendencia, lejos de soslayar la aplicación de los principios que informan el proceso penal y el derecho penal sustantivo[158] se orienta, significativamente, hacia una regulación análoga para los llamados ilícitos penales administrativos y los delitos, extendiendo a las infracciones penales administrativas las reglas que gobiernan el principio de legalidad, la imputabilidad, el concurso de infracciones, la culpabilidad (dolo o culpa), la tentativa y las causas de exclusión de la responsabilidad criminal[159] (vgr. estado de necesidad y legítima defensa).

Este fenómeno de la despenalización produce la quiebra del sistema que atribuía exclusivamente al poder judicial la aplicación de penas y requiere, para no afectar el principio de la división de poderes, que se cumplan dos requisitos fundamentales: a) un control judicial suficiente[160] a través de la revisión de la sanción penal administrativa ante los tribunales judiciales, con amplitud de debate y prueba, y b) la observancia de las garantías del debido proceso, lo que comporta la no ejecutoriedad o, al menos, suspensión de la pena contravencional hasta tanto se pronuncie la justicia pues, hasta ese instante, rige la presunción de inocencia[161].

4. *La falta o contravención como figura típica del derecho penal administrativo*

La imposibilidad de establecer *a priori* diferencias sustanciales u ontológicas entre delitos y contravenciones conduce a que el problema se resuelva, en definitiva, a través de la política legislativa

---

155 García Belsunce, Horacio, *op. cit.*, p. 58, 61 y 75.

156 *Vid:* Spolansky, Norberto, "Culpabilidad, la responsabilidad solidaria de las sociedades anónimas y la de sus directivos", en *LL*, 1978-D, p. 235.

157 Véase: Aftalion, Enrique R., *Derecho Penal Administrativo*, Buenos Aires, 1955, p. 75 y ss.; este autor sustenta una postura adversa al reconocimiento de la autonomía del derecho penal administrativo y sostiene la unidad fundamental de todo el derecho represivo (*op. cit.*, p. 11 y ss.).

158 Marienhoff, Miguel S., *op. cit.*, t. I, Buenos Aires, 1982, p. 165 y ss.

159 Así lo prescribe, en Alemania Federal, la ley del 24 de Mayo de 1968 sobre ilícitos administrativos, véase al respecto: Parada Vázquez, José Ramón, *Derecho Administrativo*, t. I, Madrid, 1989, p. 349-350; Heinz, Mattes, *op. cit.*, p. 234 y ss.

160 En el *leading case* de la jurisprudencia de la Corte Suprema el conocido caso "Fernández Arias", se estableció que "control judicial suficiente quiere decir: a) reconocimiento a los litigantes del derecho a interponer recursos ante los jueces ordinarios; b) negación a los tribunales administrativos de la potestad de dictar resoluciones finales en cuanto a los hechos y al derecho controvertidos, con excepción de los supuestos en que, existiendo opción legal, los interesados hubiesen elegido la vía administrativa, privándose voluntariamente de la judicial" (considerando 19 de la causa "Fernández Arias Elena y otros c/Poggio José [Sucesión]" publicada en *Fallos de la Corte Suprema de Justicia de la Nación*, t. 247, p. 652 del año 1960).

161 Tal como ocurre en el derecho alemán; en cambio, en Italia el recurso contra una sanción carece de efectos suspensivos. Dice al respecto Parada Vázquez que "en todo caso, hay que destacar críticamente que el sistema italiano ofrece menos garantías que el alemán, ya que el recurso ante el juez no provoca la suspensión de la ejecución de la sanción".

según "la gravedad e importancia que se le dé en momento y lugar determinado, las razones de necesidad y utilidad práctica y el sentimiento general predominante"[162].

La circunstancia de que cada una de las figuras delictivas del Código Penal se configura como una especie de círculo incomunicado, donde no existe propiamente continuidad ni analogía, hace que esas zonas de libertad puedan ser disminuidas o cubiertas mediante la creación de faltas o contravenciones[163]. Esto último, aunque no afecta la naturaleza de la contravención de naturaleza penal, cuya estructura es, en principio, similar a la de los delitos[164] al pertenecer al género común del ilícito penal[165] provoca, sin embargo, algunas diferencias en su régimen jurídico que la separan tanto del delito penal como de la mera infracción administrativa.

En efecto, mientras el juzgamiento de los delitos queda reservado a órganos del poder judicial que actúan conforme a las reglas del proceso penal -entre las que figuran las relativas a la cosa juzgada de la sentencia que dicta el juez- en el caso de las faltas o contravenciones (que algunos denominan delitos administrativos) el órgano administrativo que las aplique no se encuentra ceñido por la citada regla y siempre conserva la potestad revocatoria a favor del particular, que es propia de los actos administrativos. En tal sentido, el órgano administrativo posee competencia, aun después de impuesta una sanción, para reducirla o dejarla sin efecto, ya fuera de oficio o al resolver el recurso administrativo (vgr. de reconsideración o jerárquico) que interponga el sujeto sancionado.

Por esa causa, aun de configurarse un ilícito de naturaleza penal, en el juzgamiento de la contravención se aplican principios y normas del Derecho Administrativo. Esta característica justifica un tratamiento separado para la materia penal administrativa, aun cuando la disciplina no goza de autonomía por las razones que hemos dado[166], lo que no obsta a la aplicabilidad de las garantías y los preceptos generales del Código Penal.

En tal sentido, se aplican -entre otros- los principios de tipicidad, imputabilidad, antijuridicidad y culpabilidad[167].

En cambio, en las infracciones administrativas de autoprotección (vgr. imposición de una sanción con motivo de la ejecución de un contrato de la Administración; sanciones disciplinarias) basta con las garantías del procedimiento administrativo, sin perjuicio de reconocer que, muchas de ellas, encuentran su base de sustentación en principios de naturaleza penal que han tenido recepción en el Derecho Administrativo.

5. *Jurisdicción nacional y provincial para legislar en materia de contravenciones e infracciones administrativas*

En aquellos países -como el nuestro- que han consagrado el sistema federal de gobierno y que al propio tiempo han unificado la legislación penal de fondo, atribuyendo al Congreso Nacional la potestad de legislar en dicho ámbito (art. 75, inc. 2 de la CN), se opera una aparente colisión entre los poderes de la Nación y los que un sector de la doctrina considera que, en materia de faltas y contravenciones, corresponden a las Provincias, por aplicación del artículo 121 de la Constitución Nacional.

Por de pronto, hay que señalar que tanto la doctrina como la jurisprudencia, al ocuparse de esta cuestión, si bien sentaron la tesis de que la competencia pertenece, en principio, a las Provincias como derivación del poder residual que les reconocería el artículo 121 de la Constitución Nacional, lo cierto es que dejaron a salvo que la respectiva potestad corresponde a la Nación cuando esta ejercita las atribuciones que la Constitución le asigna, en forma expresa o implícita, y, especialmente, cuando el ejercicio de los poderes provinciales resulta incompatible con el que efectúa la Nación[168].

---

162 Conf. Levene, Ricardo (h.), *op. cit.,* p. 43-44.

163 *Vid:* Villegas Basavilbaso, Benjamín, *op. cit.,* t. V, p. 257; Soler, Sebastián, *op. cit.,* t. I, Buenos Aires, 1956, p. 247 y ss.

164 Conf. Marienhoff, Miguel S., *Tratado de Derecho Administrativo*, t. IV, Buenos Aires, 1987, p. 591, observa que ambos contienen idénticos elementos constitutivos.

165 Levene, Ricardo (h.), *op. cit.,* p. 44.

166 Cassagne, Juan Carlos, *Derecho Administrativo*, t. I, p. 179-182.

167 La imputabilidad consiste en la atribución de un hecho u omisión a una persona determinada mientras que la antijuridicidad denota la lesión del bien jurídico que genera la ilicitud objetiva de cada conducta. A su vez, la culpabilidad implica un juicio de reproche subjetivo que por una falla o defecto imputable por culpa o negligencia, o bien, por el obrar doloso del agente. Sin embargo, en la doctrina del derecho penal la imputabilidad se asimila a la capacidad de delinquir (véase: Fontan Balestra, Carlos, *Tratado de Derecho Penal*, t. III, Buenos Aires, 1990, p. 139).

168 Conf. Marienhoff, Miguel S., *op. cit.,* t. IV, p. 542.

El sistema de la Constitución Nacional es complejo y la recepción de la regla de la capacidad, construida para ser aplicada a las personas físicas en el marco del Derecho Civil, no puede trasladarse sin más a las personas jurídicas o morales, máxime en el Derecho Público[169], sin resentir el principio de la especialidad[170], según el cual los órganos y entes se hallan limitados en su actuación jurídica por el fin u objeto que motivó su creación, pero pueden llevar a cabo no solamente lo razonablemente implícito en las normas sino también una serie de actos relativos a sus poderes inherentes o resultantes[171], los que se derivan de la naturaleza de las funciones y de la finalidad que les atribuye el ordenamiento.

A una conclusión semejante se llega también por aplicación de la teoría que postula el reconocimiento de una zona de reserva de la Administración[172] y otra de la ley, cuyas facultades son inherentes[173] y, por lo tanto, en alguna medida también residual, habida cuenta que no surgen de preceptos específicos sino de cláusulas genéricas[174] o de principios del sistema constitucional.

De otra parte, si la Constitución Nacional asigna a la Nación una serie de poderes en concurrencia con las Provincias (art. 75, inc. 30 y art. 125, CN) la amplitud del carácter residual que se atribuye al artículo 121 de la Constitución Nacional queda desprovista de sentido, al menos como regla general del sistema de nuestra Constitución, en virtud de que al coincidir dos poderes sobre un mismo objeto no se puede configurar un residuo de facultades a favor de uno de ellos.

De lo hasta aquí expuesto se sigue que dada la identidad sustancial y cualitativa que existe entre los delitos y las contravenciones de naturaleza penal, el sistema que estructura la Constitución Nacional, en lo que concierne al poder de legislación en materia contravencional, se halla sujeto a estas reglas: *1º)* si el Código Penal legisla sobre una determinada figura delictiva las Provincias carecen de competencia para crear contravenciones que tengan por base el tipo penal prescripto para un delito; *2º)* la Nación y las Provincias poseen poderes tanto privativos como concurrentes para legislar en dicha materia[175]; *3º)* las Provincias no pueden crear contravenciones relativas a las competencias implícitamente asignadas a la Nación (art. 75, inc. 32, CN); y *4º)* cuando la Nación legisla sobre alguno de los poderes concurrentes el ejercicio de las respectivas facultades que poseen las provincias será legítimo solo en la medida en que no resulte repugnante o incompatible con la legislación federal.

La jurisprudencia de la Corte Suprema si bien no ha efectuado, como es lógico, la sistematización de todas las reglas aplicables en esta materia para legislar acerca de faltas o contravenciones ha dicho que, para definir el carácter local de una contravención hay que tener en cuenta *las características especiales determinadas por las costumbres de cada localidad, por las necesidades de orden moral o material de los pueblos o por el resguardo de ciertas instituciones locales, cuyo regular funcionamiento les interesa más directamente, o porque existen en cada región muchos y pequeños intereses que hay que contemplar en este género de represión y que lógicamente pueden ser mejor apreciados por los intereses locales*[176].

Finalmente, tratándose de infracciones administrativas de autoprotección[177] (vgr. sanciones disciplinarias, sanciones de tutela del dominio público) o bien, de meras infracciones formales, tengan

---

169 *Vid.* Linares, Juan Francisco, "La competencia y los postulados de la permisión", en *Revista Argentina de Derecho Administrativo*, nro. 2, Buenos Aires, 1971, p. 14 y ss.

170 Conf. Cassagne, Juan Carlos, *op. cit.*, t. I, p. 240.

171 Aja Espil, Jorge A., *op. cit.*, p. 160.

172 Conf. Marienhoff, Miguel S., *op. cit.*, t. I; Buenos Aires, 1977, p. 249 y ss.

173 Véase: Aja Espil, Jorge A. (*op. cit.*, p. 161) quien observa que dicha tesis tiene sustento en lo que denomina facultades propias o inherentes del Poder Ejecutivo.

174 Marienhoff, Miguel S., *op. cit.*, t. I, p. 255, sostiene que la zona de reserva de la Administración encuentra su fundamento en los preceptos contenidos en los incs. 1° y 7° del art. 99 de la CN.

175 *Vid:* Levene, Ricardo, (h.), *op. cit.*, 41, afirma que "existe una verdadera concurrencia de facultades entre la Nación y las Provincias en materia de legislación de faltas".

176 *In re* "Cimadamore Esio Bruno", *Fallos*, t. 191, p. 249-250.

177 García de Enterría, Eduardo - Fernández, Tomás Ramón, *Curso de Derecho Administrativo*, t. II, p. 148 y ss., Madrid, 1981, observan que, en tales casos, la potestad sancionatoria es una potestad doméstica que persigue "la propia protección más que la de otros fines sociales generales". Ver también, del primero de los autores citados, el trabajo que publicó en *Civitas*, N°. 10, p. 399-400, Madrid, 1976, titulado "El problema jurídico de las sanciones administrativas". En nuestra opinión, la categoría de las llamadas sanciones de autoprotección no incluye a las sanciones tributarias, sean estas de naturaleza penal o resarcitoria.

o no naturaleza penal, tanto la Nación como las provincias poseen facultades para legislar sobre ellas como emanación de sus poderes inherentes al cumplimiento de los fines que la Constitución Nacional les asigna.

6. *El procedimiento sancionatorio*

El aumento creciente de la despenalización de la llamada jurisdicción administrativa primaria -como ha sido denominada entre nosotros- plantea una serie de problemas que pueden resumirse en la ausencia real de garantías y en la existencia de vacíos legislativos para resolver diversos aspectos inherentes al procedimiento sancionatorio.

Parece preferible que los organismos administrativos que ejercen funciones jurisdiccionales se transformen en órganos especializados del poder judicial, asegurando así a sus miembros todos los caracteres que hacen a la independencia de los jueces (inamovilidad y, sobre todo, imparcialidad)[178].

En lo que concierne al régimen aplicable al procedimiento sancionatorio hay que advertir que cuando se trata de juzgamiento de infracciones de sustancia penal, frente a la ausencia de preceptos generales que regulen expresamente la cuestión en el orden nacional, corresponde aplicar, por analogía, las disposiciones del Código Procesal Penal[179], sin perjuicio de la aplicación de las normas y principios de la ley 19.549 y su reglamentación.

En este último sentido, al juzgar la aplicación de una multa impuesta por la Junta Nacional de Carnes, la Corte Suprema dejó sin efecto la decisión administrativa que la había decretado porque al haberse denegado la prueba ofrecida por el sancionado se conculcaron las reglas del debido proceso adjetivo que garantizan el artículo 18 de la Constitución Nacional y el artículo 1°, inciso f) de la ley 19.549[180].

7. *Distintas clases de sanciones penales-administrativas*

La ausencia de codificación en esta materia junto a la dispersión legislativa existente, provocada por la falta de criterios normativos uniformes o, al menos, compatibles, dificulta enormemente su sistematización orgánica, objeto este en cierto modo inalcanzable por la intervención de tres órdenes de gobierno diferentes (nacional, provincial y municipal), cuyos productos normativos se vuelcan en leyes, reglamentos y ordenanzas.

Las penas que puede disponer la Administración se clasifican por su modo de aplicación en principales o accesorias, paralelas, alternativas y conjuntas[181]. Otra clasificación finca el distingo en la lesión producida a los bienes jurídicos que se afectan con la aplicación de las sanciones penales, en cuanto ellas puedan implicar la privación de libertad, la disminución del patrimonio y aun su pérdida o la suspensión del ejercicio de determinados derechos personales o sociales. Veamos, a continuación, las diferentes medidas sancionatorias, de naturaleza penal, que aplica la Administración.

La pena de multa

Es la sanción quizás más utilizada en el campo contravencional, habiéndosela considerado como la pena típica en esta materia[182]. Consiste en una obligación de dar sumas de dinero, cuyo pago impone la Administración por la violación de una norma de policía, poseyendo naturaleza penal solo cuando persigue una finalidad preventiva y/o represiva.

---

178 Conf. Guastavino, Elías P., *Tratado de la jurisdicción administrativa y su revisión judicial*, t. I, Buenos Aires, 1987, p. 300-301.

179 Así lo prescriben algunas leyes especiales (*vgr.* art. 28, ley 20.680).

180 *Fallos de la Corte Suprema de Justicia de la Nación*, t. 297, p. 360, publicado en *LL*, 1977-C, p. 129 con nota de Micele, Mario R., titulada "Recursos judiciales contra sanciones aplicadas por órganos de la Administración".

181 Villegas Basavilbaso, Benjamín, *Derecho Administrativo*, t. V, Buenos Aires, 1954, p. 302-303. Son penas principales aquellas que poseen autonomía y que se justifican por sí mismas mientras que hay penas accesorias que mantienen siempre una relación de dependencia con la sanción principal. A su vez mientras el carácter paralelo de una pena alude a una distinta naturaleza aunque con idéntica magnitud (*vgr.* prisión o arresto de un año) las sanciones alternativas permiten la elección entre dos penas de naturaleza y magnitud diferentes (ej. infracción reprimida con multa o prisión). Por supuesto, las penas conjuntas se configuran en aquellos supuestos en que la norma prescribe que deben aplicarse conjuntamente, tal como sería una contravención para la que se establezca una pena de multa y de arresto, simultáneamente.

182 Conf. Bielsa, Rafael, "Naturaleza jurídica de la multa administrativa", *JA*, t. 60, p. 25.

La pena de multa se ha extendido en demasía en los últimos tiempos desempeñando un papel sustitutivo de las penas privativas de libertad de breve duración y también se aplica para reemplazar las penas aplicadas a delincuentes primarios, tal como acontece con la función que cumple la figura de la condena de ejecución condicional[183].

Si bien la pena de multa es susceptible de afectar significativamente el patrimonio de una persona, esa lesión patrimonial no puede ser confiscatoria, toda vez que el instituto de la confiscación general de bienes ha sido objeto de una prohibición expresa en el artículo 17 de la Constitución Nacional[184].

La prisión y el arresto

La prisión y el arresto son penas de idéntica naturaleza que afectan la libertad ambulatoria y que solo difieren en punto a la posibilidad de exigirle al condenado a una pena de prisión algún trabajo obligatorio[185], lo que no se justifica en el mero arresto[186] cuya duración suele ser menor que la pena de prisión.

Inhabilitación

Otra figura sancionatoria que viene a limitar la autonomía personal, aunque con otro alcance que las penas privativas de la libertad, es la denominada inhabilitación, que incide sobre la autonomía para realizar las propias actividades que venía ejerciendo el autor de una falta o contravención. A diferencia de otras penas, la inhabilitación opera para el futuro, pues su fundamento radica en la protección de la sociedad frente al riesgo de que el sancionado pueda volver a cometer infracciones que afecten desde el orden público hasta cargos profesionales inherentes a los servicios públicos. En otras ocasiones, la pena de inhabilitación se impone como medida accesoria para castigar un delito penal y evitar la producción de daños directos a las personas, tal como ocurre con las inhabilitaciones para conducir, a raíz de la comisión de un delito.

Existen diferentes clases de inhabilitación variando su régimen en tanto ellas comporten una limitación general o especial de derechos, o bien, su duración sea perpetua o temporal.

Otras penas: amonestación, clausura, retiro de la personería jurídica, decomiso y caducidad

Aparte de las sanciones que se han expuesto la Administración puede aplicar una variada gama de penas que van desde la mera amonestación para castigar infracciones que no revisten gravedad, el decomiso, la clausura de un establecimiento industrial o comercial, el retiro de la personería al ente que hubiera cometido una grave infracción hasta la caducidad, como pena accesoria a la inhabilitación (v.gr. caducidad de un permiso de uso del dominio)[187].

8. *Extinción de las sanciones penales de policía administrativa*

Como principio general rigen en materia de extinción de sanciones de naturaleza penal que impone la Administración Pública las reglas y principios prescriptos en el Código Penal, según lo ha reconocido desde antiguo la jurisprudencia de la Corte Suprema[188]. En este sentido, las penas se extinguen por la muerte del infractor, la amnistía y la prescripción[189]. A estas causales cabe añadirle otras provenientes del derecho constitucional -como el indulto o condonación-[190] y del Derecho Administrativo, que

---

183 Fontan Balestra, Carlos, *op. cit.*, t. III, Buenos Aires, 1990, p. 375-376.

184 La jurisprudencia de la Corte Suprema de Justicia de la Nación (*Fallos*, t. 179, p. 54 y ss.) ha considerado que la confiscatoriedad se refiere a cada infracción y no al conjunto de infracciones que haya cometido el particular.

185 Villegas Basavilbaso, Benjamín, *op. cit.*, t. IV, p. 303-304.

186 En contra: Marienhoff, Miguel S., *op. cit.*, t. IV, nro. 1557, p. 602, considera que se trata de penas similares, no aceptando la exigencia del trabajo obligatorio en las penas contravencionales. En nuestra opinión y tal como es utilizado en distintos Estados norteamericanos, el trabajo obligatorio, en el caso de faltas o contravenciones, cumple una función preventiva de gran ejemplaridad social.

187 Marienhoff, Miguel S., *op. cit.*, t. IV, nros. 1561-1562-1563, p. 604-605.

188 *Fallos de la Corte Suprema de Justicia de la Nación*, t. 185, p. 25, en el caso "Soc. Anón. Frigorífico Anglo V. Junta Nacional de Carnes" donde se señaló que "dado el carácter penal de las multas y no existiendo disposición especial alguna sobre la prescripción de la acción ni de las penas son de aplicación los principios generales del Código Penal".

189 Art. 59 del Cód. Pen.

190 Véase: Lozano, Blanca, *La extinción de las sanciones administrativas y tributarias*, Madrid, 1990, p. 185; apunta esta autora que la condonación administrativa al igual que el indulto penal, traduce una potestad "esencialmente discrecional en cuanto a la oportunidad de la concesión y la extensión del beneficio".

interfiere en este ámbito con su propia regulación como, por ejemplo, cuando mediante el dictado de un acto administrativo se extinguen los efectos de las sanciones penales como consecuencia de una revocación dispuesta por razones de ilegitimidad.

VI. LA DISCRECIONALIDAD ADMINISTRATIVA

1. *Distintos tipos de discrecionalidad*

A su vez, la discrecionalidad administrativa puede asumir distintas modalidades, a saber: a) casos en que el margen de arbitrio o libertad no se encuentra limitado por conceptos jurídicos determinados o indeterminados y en los cuales el órgano administrativo está habilitado para escoger una solución entre otras posibilidades igualmente justas (discrecionalidad típica); b) supuestos donde la discrecionalidad se halla acotada por un concepto jurídico indeterminado de valor que si bien, en principio, admite una única solución justa puede en algunas circunstancias suponer un cierto margen de valoración entre varias posibilidades justas (v.gr. la regla de que las tarifas de una concesión sean justas y razonables) aun cuando el concepto jurídico indeterminado viene a limitar el margen de libertad (discrecionalidad atípica)[191], y c) por último, están aquellos casos donde el espacio de libertad está constreñido a los supuestos predeterminados por la norma objetiva (v.gr. la transacción prevista en el art. 55, inc. b), ley 23.696) donde la discrecionalidad se limitó a la facultad de elegir alguna de las soluciones ya previstas en la ley (discrecionalidad atenuada o restringida).

2. *Los conceptos jurídicos indeterminados como técnica de reducción de la discrecionalidad*

La técnica de los conceptos jurídicos indeterminados, que se afirma en la Alemania de la posguerra, viene a limitar la doctrina de la discrecionalidad, como ámbito exento del control judicial, al permitir el juzgamiento pleno de ciertas decisiones administrativas que consistían en aplicar conceptos definidos genéricamente por el ordenamiento positivo tales como "oferta más conveniente", "enfermedad contagiosa" etc. A diferencia de la discrecionalidad, esta técnica no implica una libre elección entre dos o varias posibilidades sino un problema de aplicación del Derecho que consiste, esencialmente, en reducir el marco de decisión a una única solución justa[192].

Por esta circunstancia, si se parte del reconocimiento de que todos los conceptos (sean determinados o indeterminados) presentan un halo de certeza y una zona de penumbra, que contiene siempre algún grado de indeterminación, hay que concluir en que la interpretación se torna siempre necesaria a través del control que realiza el Poder Judicial, puesto que no existe diferencia cualitativa entre ambos[193]. Esto ocurre tanto con los llamados conceptos empíricos como con respecto a los conceptos de valor[194].

La aparición de esta categoría de los conceptos jurídicos indeterminados responde al afianzamiento de la concepción que postula que en el Estado de Derecho la Administración debe hallarse siempre vinculada por la ley y controlada por los jueces con las menores lagunas posibles[195].

---

191 Forsthoff, Ernst, *Tratado de Derecho Administrativo,* trad. del alemán, Centro de Estudios Constitucionales, Madrid, 1958, p. 132, sostiene que si bien frente a los llamados conceptos de valor no es dable, en principio, ninguna potestad discrecional (p. 126) algunos de ellos "son de naturaleza tan general, que su aplicación empírica y, por lo tanto, su interpretación solo es posible dentro de determinados límites y en el marco de normalidades dadas ya como presupuestas. Aquí no hay que eliminar completamente la facultad discrecional. Conceptos de valor de esta especie son, por ejemplo, el interés público, el interés del Estado, el bien común, etc.". En cambio, el grupo de conceptos –referidos a hechos, situaciones y circunstancias empíricas- no admiten nunca la discrecionalidad sino que aumenta la densidad del control judicial.

192 García de Enterría, Eduardo – Fernández, Tomás R., *Curso de Derecho Administrativo,* 9ª ed., T° I, Civitas, Madrid, 1999, p. 451 y ss.; Sainz Moreno, Fernando, *Conceptos jurídicos, interpretación y discrecionalidad administrativa,* 1ª ed., Civitas, Madrid, 1976, esp. p. 234 y ss.: García de Enterría, Eduardo, *La lucha contra las inmunidades del poder en Derecho Administrativo*", Rap N° 38, Instituto de Estudios Políticos, Madrid, 1962; Garrido Falla, Fernando, *Tratado de Derecho Administrativo,* 10ª ed., T° I, Tecnos, Madrid, 1987, p. 183/185; Entrena Cuesta, Rafael, *Curso de Derecho Administrativo,* 9ª ed., T° I-1, Tecnos, Madrid, 1986, p. 176/177.

193 Sainz Moreno, Fernando, *Conceptos..., cit.,* p. 249.

194 Forsthoff, Ernst, *Tratado..., cit.,* p. 124/132.

195 Bullinger, Martín, "La discrecionalidad de la Administración Pública. Evolución, funciones, control judicial", *Revista Jurídica Española La Ley*, del 30/10/1987. *Derecho Público y Derecho Privado*, trad. del alemán, Madrid, 1976.

Hay que advertir, sin embargo, que las posibilidades de una actividad conformadora (aunque subsidiaria) del orden socio-económico que lleva a cabo la Administración Pública encuentran actualmente un campo propicio para el desarrollo de la discrecionalidad a fin de mantener la vigencia del interés público y proteger los derechos de los particulares. Esto puede notarse en la evolución de la jurisprudencia del tribunal Constitucional Federal de Alemania que, a través de la aplicación de la "teoría de la esencialidad", actúa en un doble sentido: por una parte, amplía la reserva de ley a nuevos campos de la Administración Pública y, por la otra, restringe su alcance, al exigir directivas generales del Parlamento[196].

Algunos han pensado que esta categorización perdería su interés si se sometieran a la revisión judicial todas las decisiones dictadas en el marco de la discrecionalidad, cosa que no creemos[197]. A lo sumo, lo que puede cambiar es la densidad del control y sus consecuencias, ya que frente a un concepto jurídico indeterminado la Administración se encuentra obligada a la adopción de una única decisión justa posible[198], al menos, en principio. Y aun cuando se acepte que ciertas decisiones sobre conceptos jurídicos indeterminados admiten dos o más soluciones justas (v.gr. en materia de planificación o en la determinación estatal de la tasa de interés bancaria), es evidente que este marco (el de la solución justa) viene a operar como límite de reducción de la discrecionalidad administrativa, aunque, al propio tiempo, permita un cierto margen de elección en la búsqueda de la solución que impone la justicia.

3. *La llamada discrecionalidad técnica*

Un intento similar al perseguido por la teoría de los conceptos jurídicos indeterminados para reducir el ámbito de la discrecional fue el surgimiento, en Italia, de la llamada discrecionalidad técnica, que se configura cuando la norma exige adoptar un juicio científico o técnico por parte de la Administración.

El concepto de discrecionalidad técnica es empleado con gran amplitud por la doctrina italiana y comprende tanto las cuestiones relativas a las ciencias exactas (medicina, ingeniería civil, agronomía, etc.) como aquellas donde la norma exige aplicar cánones provenientes de ciencias no exactas (economía, sociología, etc.). En todos los casos se trata siempre de juicios técnicos jurídicamente distingos de los juicios sobre la oportunidad y de la misma elección que realiza el órgano administrativo en el momento de adoptar una decisión[199].

En rigor, habida cuenta de que la causa por la que se emplea el concepto de "discrecionalidad técnica" deriva de un error histórico[200] y que ella no comporta una verdadera discrecionalidad sino más bien su negación por cuanto como se ha dicho, a lo sumo, la técnica solo puede subordinarse a la elección de un método, sistema o procedimiento científico (ya que el juicio técnico no traduce discrecionalidad) creemos que asiste razón a quienes sostienen que no existe tal discrecionalidad técnica[201].

---

196 Bullinger, Martin, *La discrecionalidad..., cit.*, p. 1.

197 Sainz Moreno, Fernando, *Conceptos..., cit.*, p. 250.

198 El primero que propició, entre nosotros, la doctrina de los conceptos jurídicos indeterminados fue Carlos Manuel Grecco ("La doctrina de los conceptos jurídicos indeterminados y su fiscalización judicial", LL 1980-D-1306 y ss.), siendo luego sostenida por nosotros (Cassagne, Juan Carlos, *Derecho Administrativo,* 7ª ed., Tº I, LexisNexis – Abeledo-Perrot, Buenos Aires, 2002, p. 236 y ss) y, más tarde, por Barra (Barra, Rodolfo C., *Contrato de obra pública,* Tº II, Ábaco, Buenos Aires, 1986, p. 23º y ss.); Bianchi (Bianchi, Alberto B., *El writ of certiorari* en nuestra Corte Suprema como concepto jurídico indeterminado, ED 125-857), Gambier (Gambier, Beltrán, *El concepto de 'oferta más conveniente' en el procedimiento licitatorio público (La doctrina de los conceptos jurídicos indeterminados y el control judicial),* LL 1988-D-744, y Tawil (Tawil, Guido S., *El proceso de capitalización de deuda. Cuestiones y perspectivas,* ED 129-915 y ss., esp. P. 921).

199 Giannini, Máximo S., *Diritto Administrativo*, Tº I, Giuffrè, Milán, 1970, p. 489.

200 Giannini, Máximo S., *Diritto Administrativo, cit.*, p. 488.

201 Marienhoff, Miguel S., *Tratado de Derecho Administrativo,* Tº II, 4ª ed. act., Abeledo-Perrot, Buenos Aires, 1993, p. 435; Gordillo, Agustín, *Tratado de Derecho Administrativo,* Tº I, Macchi, Buenos Aires, 1974, p. X-23 y ss.; Gambier, Beltrán, El *concepto..., cit.* p. 752; Sesín, Domigno J., *Administración Pública. Actividad reglada, discrecional y técnica,* 2ª ed. actual. y ampl.., LexisNexis, Buenos Aires, 1994, p. 184/187; Fiorini, Bartolomé A., *Derecho Administrativo,* Ts. I y II, 2ª ed., act., Abeledo-Perrot, Buenos Aires, 1976, p. 274 y ss. Afirma este autor que: "la concepción de la discrecionalidad administrativa como manifestación inherente a la función administrativa destruye la división que se hace entre discrecionalidad técnica y discrecionalidad administrativa, pues ambas son manifestaciones de apreciación valorativas de la facultad determinativa de la Administración. La discrecionalidad administrativa no se manifiesta en estos casos en forma distinta en su acción de creación y de juicio apreciativo, y

Por lo demás, se la locución "discrecionalidad técnica" resulta contradictoria y confusa pues evoca la aplicación de la antigua concepción de la discrecionalidad como ámbito exento de la revisión y si esto es precisamente lo que esta teoría pretende superar, creemos que resulta mucho más útil entre nosotros utilizar, en su lugar, la doctrina de los conceptos jurídicos indeterminados[202].

4. *La admisión de un círculo o bloque de discrecionalidad y el control de los tribunales judiciales sobre los actos de contenido parcialmente discrecional*

La existencia de actos de contenido discrecional plantea dos interrogantes básicos que consisten en determinar: a) si los jueces pueden controlar tal tipo de actos y b) hasta qué punto es posible que penetren en la revisión de la discrecionalidad.

En nuestro sistema jurídico rige el principio de la plena judiciabilidad de las causas en que son parte las diferentes administraciones públicas (arg. 116 y 117, CN) particularmente cuando se trata del juzgamiento de controversias cuyo objeto central es la revisión de actos y reglamentos administrativos. De otro modo, no existiría la tutela o protección judicial efectiva, que, en nuestro sistema constitucional, constituye una verdadera garantía constitucional innominada con fundamento en el precepto contenido en el art. 33, CN. Esta garantía resultaría conculcada si se permitiera la configuración de ámbitos exentos del control judicial (fuera de aquellos supuestos excepcionales donde solo procede el control político sobre los llamados actos institucionales).

Resuelto este primer interrogante corresponde examinar lo concerniente a la medida o densidad del control que ejercen los tribunales judiciales.

Por lo pronto, los jueces conservan siempre una amplia potestad para penetrar en el análisis de todos los elementos que hacen a la validez del acto administrativo cuyos requisitos se encuentran prescriptos en el art. 7°, LNPA, y también, como es obvio, poseen competencia para examinar si el acto sometido a su control contiene alguna dosis de discrecionalidad (en su forma, objeto o finalidad) o bien, si se trata de enjuiciar aspectos de carácter reglado.

Hay que advertir que la configuración de un círculo o bloque de discrecionalidad (cualquiera sea su extensión) incide sobre la densidad del control el cual se circunscribe a la comprobación de si se configura o no en el caso, el ejercicio del margen de apreciación o libertad preceptuado por la norma, ya que la elección de una posibilidad entre dos o más igualmente justas no compete a los jueces sino a la Administración.

Sin embargo, subsisten los poderes de los tribunales judiciales para penetrar en el juzgamiento de la discrecionalidad cuando los órganos administrativos se apartan del círculo o bloque de discrecionalidad e incurren en el vicio de irrazonabilidad o arbitrariedad pues va de suyo que, en tales casos, no se habría elegido entre dos o más posibilidades igualmente justas (ya fuera que el defecto aparezca en forma ostensible o manifiesta, o que requiera de alguna investigación de hecho)[203].

---

aun cuando acontece que uno de los objetos de esta actividad determinante tenga carácter técnico. Si debe apreciarse la clausura de un inmueble por su inseguridad; si debe clausurarse un lugar público por plaga contagiosa; si debe decomisarse un alimento peligroso para la salud humana; o si debe suspenderse, por ser peligrosa, la forma de construir un puente, etc., es indiscutible que los elementos que el administrador tomará en cuenta para decidirlo deberán sustentarse en datos de carácter técnico científico. Estos antecedentes de carácter técnico los apreciará por medio de patrones jurídicos, en cuanto a estos manifiesten equidad, proporcionalidad y justicia. La apreciación discrecional está en función del fin; no hay discrecionalidad técnica sino apreciación técnica y toda apreciación es producto de la razonabilidad. Aquí se repetía el mismo error de antes entre acto y apreciación discrecionales.

202 Por todo ello, discrepamos con el criterio que ha sustentado la Sala 4ª de la Cámara Nacional de Apelaciones en lo Contencioso Administrativo Federal (integrada por los Dres. Hutchinson, Galli y Miguens) acerca de la mentada discrecionalidad técnica en un caso donde se impugnó la arbitrariedad del puntaje que definió la adjudicación (la oferta más conveniente) en una licitación pública (*in re* "Ipesa, Guía de la Industria SA v. ENTEL s/ordinario" del 15/10/1985). Allí se expresó que: "Cabe decidir, como principio, que el juzgamiento de los méritos de los participantes en un procedimiento de selección y la fijación de su orden de prioridad es materia insusceptible de revisión judicial, pues pertenece al ámbito de la discrecionalidad técnica del Poder Administrador que escapa al control del Poder Judicial".

203 La Corte Suprema, en el caso "Solá, Roberto y otros v. Estado nacional – Poder Ejecutivo s/empleo público" (Fallos 320:2509 (1997) y en ED 178-224) reconoció la amplitud del control judicial sobre los actos administrativos discrecionales admitiendo tanto la verificación de la legalidad respecto de los elementos reglados del acto discrecional como el juicio acerca de la razonabilidad o arbitrariedad de la decisión, ver: Cassagne, Juan Carlos, *Una sentencia trascendente de la Corte que declara la nulidad en un decreto del Poder Ejecutivo,* ED 178-687.

En el terreno práctico, la irrazonabilidad o arbitrariedad constituye una cuestión de grado directamente vinculada al caso concreto pero lo cierto es que, en este juzgamiento, donde habrá que revisar casi siempre cuestiones de hecho, radica la verdadera función de fiscalización que realizan los jueces sobre la actividad administrativa.

VII. EL CONTROL JUDICIAL DE LA ADMINISTRACIÓN: CONTENCIOSO-ADMINISTRATIVO Y OTROS MODOS DE SOLUCIÓN DE CONTROVERSIAS, EN ESPECIAL LOS ARBITRAJES

En Argentina, el contencioso-administrativo suele abordarse como una materia separada del derecho administrativo de fondo utilizándose la denominación más precisa de Derecho Procesal Administrativo, siguiendo –en líneas generales- la tendencia procesalista que sustenta GONZÁLEZ PÉREZ en la doctrina española.

Básicamente, se distinguen dos grandes ordenamientos de lo contencioso-administrativo: el nacional y los códigos provinciales.

El Estado Nacional carece de un Código en la materia y su regulación positiva se circunscribe a unas pocas prescripciones de la ley de procedimientos administrativos que prescriben los requisitos de admisibilidad para las pretensiones de impugnación de actos administrativos (v.gr. el agotamiento de la vía administrativa y los plazos de caducidad para demandar) y el recaudo de un reclamo administrativo previo para las restantes pretensiones (ej. Daños y perjuicios). El Estado, puede promover la acción contencioso-administrativa dentro de los plazos de prescripción pues no está sujeto a plazos de caducidad (art. 25 LNPA).

Los Códigos provinciales, entre los que se destaca el de la Provincia de Buenos Aires como el más avanzado en la materia, suelen regular una sola acción contencioso-administrativa con pluralidad de pretensiones con los requisitos clásicos de admisibilidad, aunque con una tendencia hacia la demandabilidad directa de los actos de alcance general (CPCA art. 14 inc. 2) y de cese de las vías de hecho administrativas (art. CPCA art. 21), entre otros casos.

A su vez, en todos los ordenamientos positivos se han instituido procesos de amparo, de carácter sumarísimo, para la protección de los derechos afectados por actos que adolecen de inconstitucionalidad o ilegalidad manifiestas.

En lo que concierne al arbitraje mismo, salvo en los casos de controversias relativas a tratados de protección de inversiones, constituye un sistema poco utilizado por el Estado para la solución de controversias.

VIII. OTRAS TÉCNICAS DE CONTROL DE LA ADMINISTRACIÓN

Existen otras técnicas de control externo de la actividad de la Administración que pueden ejercer organismos dotados de autonomía y que tienen vinculación, por el origen de su nombramiento, con el Parlamento. Mientras la Auditoria General de la Nación tiene por función auditar la actividad del Ejecutivo y sus entidades en los aspectos inherentes a la contabilidad, finanzas y, en general, en la gestión del presupuesto, el Defensor del Pueblo de la Nación, debe velar por la protección de los derechos de los ciudadanos y la marcha de los servicios públicos, así como por la legalidad de la actuación administrativa. En el ejercicio de sus funciones tiene reconocida independencia y capacidad procesal para actuar de juicio.

En la misma dirección, mediante la reforma de la C.N. de 1994 se le otorgó autonomía e independencia al Ministerio Público para actuar *"en defensa de la legalidad de los intereses generales de la sociedad"* (art. 120 de la CN) y se definió como ataque contra el orden democrático, los delitos dolosos que conlleven enriquecimiento ilícito, instruyendo al Congreso a sancionar *"una ley sobre ética pública para el ejercicio de la función"* (art. 36 CN).

A su vez, en el nivel infra constitucional también se sancionaron leyes y se ejecutaron actos profundizando este nuevo cariz del Estado incorporado con la mencionada reforma constitucional, a saber: (i) se aprobaron convenciones internacionales contra la corrupción[204]; (ii) se dictaron normas consagrando reglas de ética en la función pública[205] e incorporando una agenda de políticas públicas en la lucha contra la corrupción[206]; (iii) se sancionaron leyes de protección de datos personales[207], de acceso a la información pública[208], de prevención de lavado de activos[209], y de responsabilidad penal de las personas jurídicas[210] que, entre otras cosas, establece medidas contra los casos de sobornos en los que intervengan funcionarios públicos; y, finalmente, (iv) se dictaron normas que buscan fortalecer líneas de acción para el buen gobierno[211] y la modernización del Estado[212].

IX. LA RESPONSABILIDAD ADMINISTRATIVA

1. *La regulación de la responsabilidad del Estado en la Argentina*

Argentina hasta hace no mucho tiempo formaba parte del extenso grupo de países, tanto europeos como latinoamericanos, cuyo régimen de responsabilidad patrimonial del Estado es de origen esencialmente jurisprudencial[213].

---

204 En particular, la "Convención Interamericana contra la Corrupción", aprobada por la Ley 24.759 (1996); la "Convención sobre la Lucha contra el Cohecho de Funcionarios Públicos Extranjeros en las Transacciones Comerciales Internacionales", aprobada por la Ley 25.319 (2000); y la "Convención de las Naciones Unidas contra la Corrupción", aprobada por la Ley 26.097 (2006).

205 El Congreso sancionó la Ley 25.188 de Ética en el Ejercicio de la Función Pública (1999), que luego fue reformada por la Ley 26.857 (2013) tuvo sucesivas reformas y fue reglamentada mediante los Decretos PEN 164/1999 y 895/2013. A su vez, el PEN dictó el Decreto 41/1999 que aprobó el Código de Ética en la Función Pública. El mencionado corpus normativo establece, entre otras cosas, un régimen de deberes, prohibiciones, incompatibilidades y regulación de conflicto de intereses para quienes se desempeñen en la función pública, como así también, un sistema de declaraciones juradas patrimoniales para aquellas personas que ejerzan funciones en cualquiera de los poderes del Estado.

206 Ley 25.233 (1999) que creó a la Oficina Anticorrupción en el ámbito del Ministerio de Justicia y de Derechos Humanos de la Nación; Decreto PEN 201/2017 sobre Integridad en Juicios contra el Estado; Decreto PEN 202/2017 sobre Conflicto de Intereses e Integridad en las Contrataciones Públicas; Decreto PEN 1179/2016 sobre Régimen de Obsequios a Funcionarios Públicos; Decreto PEN 258/2019 que aprobó el "Plan Nacional Anticorrupción 2019-2023".

207 Ley 25.326 (2000) de Protección de los Datos Personales, reglamentada por el Decreto PEN 1558/2001.

208 Ley 27.275 (2006) sobre el Derecho de Acceso a la Información Pública, reglamentada por el Decreto PEN 206/2017.

209 Ley 25.246 (2000) que crea a la Unidad de Información Financiera (UIF) con autonomía y autarquía financiera bajo la órbita del Ministerio de Justicia y Derechos Humanos (actualmente fue pasada a la órbita del Ministerio de Economía) para prevenir e impedir el Lavado de Activos y Financiamiento del Terrorismo; Resolución UIF N° 30/2017 que regula el destino de los fondos públicos que se operan a través de entidades financieras; y Resolución UIF N° 134/2018 que regula el régimen de los PEP (personas expuestas políticamente).

210 Ley 24.471 (2017) sobre "Responsabilidad Penal de las Personas Jurídicas" y Resolución OA N° 27/2018 sobre "Lineamientos de integridad para el mejor cumplimiento de lo establecido en los artículos 22 y 23 de la Ley N° 27.401".

211 Decreto PEN 1172/2003 sobre "Reglamentos Generales de Audiencias Públicas, para la Publicidad de la Gestión de Intereses, Elaboración Participativa de Normas, del Acceso a la Información Pública y de Reuniones Abiertas de los Entes Reguladores de los Servicios Públicos"; y Decisión Administrativa del Jefe de Gabinete de Ministros N° 85/2018 sobre "Lineamientos de Buen Gobierno para Empresas de Participación Estatal Mayoritaria de Argentina".

212 Decreto PEN 434/2016 y sus modificatorios. En términos de gobernanza, buen gobierno y buena administración resultan relevantes, a su vez, los lineamientos de la "Carta Iberoamericana de los Derechos y Deberes del Ciudadano en relación con la Administración Pública", aprobada el 10 de octubre de 2013 por el Consejo Directivo de Centro Latinoamericano de Administración para el Desarrollo (CLAD) y adoptada por la XXIII Cumbre Iberoamericana de Jefes de Estado y de Gobierno Ciudad de Panamá, Panamá 18 y 19 de octubre de 2013. Se trata de un estatuto del ciudadano en relación con la Administración Pública que está compuesto por el derecho fundamental a la buena administración y sus derechos componentes, como así también por los deberes que definen la posición jurídica del ciudadano (ver Galli Basualdo, 2019: 111).

213 Ver: Reiriz, María Graciela, *Responsabilidad del Estado*, Eudeba, Bs. As., 1969, p. 83 y ss.; Cassagne, Juan Carlos, *Curso de Derecho Administrativo*, 10ª ed. La Ley, Bs. As., 2011, t. I, cap. V, p. 439 y ss; Uslenghi, Alejandro J., *Lineamientos de la responsabilidad del Estado por actividad ilícita*, obra colectiva *Responsabilidad del Estado y del funcionario público*, Ciencias de la Administración, Bs. As., 2001, p. 49 y ss. y Perrino, Pablo E. La responsabilidad extracontractual en el derecho argentino, R.A.P. n° 237, p. 9/14.

A diferencia de lo que acontece en otros sistemas jurídicos que han regulado expresamente la responsabilidad estatal, en nuestro ordenamiento jurídico (tanto en el ámbito nacional como en el local) hasta el dictado de la Ley 26.944 en el año 2014, no existía -al menos con carácter general- una regulación orgánica sobre este instituto.

Solo mediaban previsiones normativas en áreas específicas y respecto de cuestiones muy puntuales de esta materia, como ocurría por ejemplo con los daños ocasionados en el marco de relaciones contractuales[214] y de empleo público[215]; frente al error judicial en la órbita penal[216]; y los generados por requisiciones de bienes por razones de seguridad nacional[217].

Sin embargo, esa falta de legislación y también de normas constitucionales que consagraran la responsabilidad estatal[218], no constituyó un valladar para que por vía pretoriana se sentaran las bases de una doctrina judicial que reconociera ampliamente el resarcimiento de los daños causados injustamente por cualquiera de los poderes del Estado[219].

Dicho régimen se construyó, básicamente, sobre la base de las cláusulas de la Constitución Nacional que garantizan la inviolabilidad del derecho de propiedad[220] (arts. 14 y 17 de la Constitución Nacional) y los principios de igualdad ante las cargas públicas (art. 16 de la Constitución Nacional[221]) y *alterum nom laedere* (art. 19 de la Constitución Nacional[222]).

Y también en las normas del anterior Código Civil para la responsabilidad por actuación ilegítima y de la legislación expropiatoria para la responsabilidad por actividad legítima

En ese marco y en un proceso evolutivo, que tiene como punto de partida el año 1933, se fue consolidando una jurisprudencia que admitió la responsabilidad estatal cuando concurría algunos de los siguientes factores o títulos de atribución: a) falta de servicio, b) la existencia de un sacrificio especial que el afectado no tenía el deber de soportar derivados de leyes o de reglamentos, actos y hechos administrativos, c) por el riesgo o vicios de las cosas y d) anormal funcionamiento de la justicia y condenas judiciales erróneas.

Pero la situación se modificó a mediados de 2014. En dicho año se aprobó el nuevo Código Civil y Comercial y se dictó la Ley nacional 26.944, de responsabilidad del Estado y de los funcionarios y agentes públicos[223].

La Ley 26.944 supone un hito sumamente relevante en la historia jurídica argentina, ya que constituye la primera regulación legislativa en la que se aborda de manera general y orgánica la responsabilidad estatal. Sin embargo, muchas de las soluciones que allí se establecen acarrean un retroceso respecto de los criterios sentados en la jurisprudencia de la Corte Suprema de Justicia de la Nación ya que acotan irrazonablemente el alcance del deber de responder estatal; y conspiran con la finalidad principal de la responsabilidad que no es otra que la de reparar los perjuicios que injustamente sufren las víctimas.

---

214 Arts. 62, inc. a, art. 64, inc. b de la ley 6021 (t.o. por decreto 536/95), Obras Públicas de Públicas de la Provincia de Buenos Aires; art. 71 del decreto 3300/72, Reglamento de Contrataciones de la Provincia de Buenos Aires; art. 9, incs. a y c de la ley 9254, Concesión de obras públicas provinciales, Provincia de Buenos Aires, y art. 11, incs. a y b) ley 9645, Concesión de obras públicas municipales, Provincia de Buenos Aires.

215 Ley 19.101, modificada por la ley 22.511, orgánica de las Fuerzas Armadas; ley 19.349, modificada por ley 22.534 Orgánica de la Gendarmería Nacional y ley 12.992, con sus modificatorias, leyes 20.281 y 23.028, orgánica de la Prefectura Naval; ley 11.757, Estatuto del empleado municipal (arts. 9, inc. b.2, último párrafo; y 24), Ley 11.758, Sistema provincial de la profesión administrativa (art. 30); decreto-ley 9550 (t.o. 1995), del personal de la policía de la Provincia de Buenos Aires bonaerense, (art. 116, inc. e).

216 Art. 488 del Código Procesal Penal de la Nación (Ley 23.984) y art. 347 del Código Procesal Penal (Ley 27.063).

217 Art. 34 de la Ley 23.554, de Defensa Nacional.

218 Salvo el singular supuesto previsto en el art. 15 de la Constitución Nacional en el cual se contempló un claro supuesto de responsabilidad por actividad estatal normativa (BIANCHI, Alberto B., *Responsabilidad del Estado por su actividad legislativa,* Abaco, Bs. As., 1999, p. 44).

219 En antiguos pronunciamientos la Corte Suprema de Justicia de la Nación fundó también la responsabilidad estatal en postulados de justicia y equidad (Fallos: 111:339, 129:5 y 180:339).

220 Conf. Fallos: 253:316; 274:432; 277:225; 300:143; 301:403, 302:159; 305:1045 entre otros,

221 Fallos: 315:1892; 321:3363; conf. Fallos: 293:617, voto concurrente del Dr. Levene.

222 308: 1118; 320:1996; 325:11; 327: 857 y 327: 3753; 331:1488, 335:2333, entre otros.

223 BO 8 de agosto de 2014.

2. *Ámbito de aplicación de la Ley 26.944*

Es importante advertir que, dentro del esquema federal de distribución territorial del poder de la República Argentina –integrado por 23 provincias, una ciudad autónoma y 1298 municipios–, solo están sujetos al régimen de la Ley 26.944 los daños causados por cualquier órgano del Estado Nacional, es decir que alcanza a los tres poderes del Estado, quedando excluidos de su ámbito de aplicación los perjuicios ocasionados por las Provincias, la Ciudad Autónoma de Buenos Aires y los municipios. Sin embargo, La mencionada ley reconoce la facultad que las Provincias y la Ciudad Autónoma de Bs. As. tienen para legislar en la materia y en el art. 11 las invita a adherir a sus disposiciones.

3. *Lineamientos generales de la Ley 26.944*

En sustancial síntesis, los lineamientos más relevantes de la ley 26944 son los siguientes.

Carácter iuspublicístico de la responsabilidad estatal. La inaplicación del Código Civil

El legislador se enrola en la postura de la doctrina mayoritaria de los autores de derecho administrativo que postula que la responsabilidad del Estado es un instituto de derecho público, cuya regulación no corresponde, como principio, a la legislación civil.

En ese entendimiento, el art. 1° párrafo 3° de la ley, con una redacción criticable, dispone: "las disposiciones del Código Civil no son aplicables a la responsabilidad del Estado de manera directa ni subsidiaria".

Concorde con ello el nuevo Código Civil y Comercial aprobado pocos meses después del dictado de la Ley 26.944 dispone que *"la responsabilidad del Estado"* (arts. 1765) y la *"de los funcionarios públicos en el ejercicio de sus funciones por no cumplir sino de una manera irregular las obligaciones legales que les están impuestas"* (arts. 1766) se rigen *"por las normas y principios del derecho administrativo nacional o local según corresponda."* (arts. 1765 y 1766) y que *"Las disposiciones del Capítulo 1 de este Título no son aplicables a la responsabilidad del Estado de manera directa ni subsidiaria"* (art. 1764).

Sin embargo, dado que no toda la actividad estatal se sujeta a su derecho propio o común que es el derecho público, sino que también en numerosos supuestos ella se rige por las disposiciones del derecho civil o comercial[224], consideramos desafortunada la redacción del art. 1764 antes citado y del art. 1°, 3° párrafo de la ley que genéricamente descarta la aplicación de las normas de la legislación civil.

De todos modos, la inaplicación de las disposiciones de la normativa civil no puede significar que no se pueda acudir a aquella para cubrir las lagunas existentes en la materia ya sea a fin de aplicar principios generales u otras soluciones allí consagradas a través de la técnica de la interpretación analógica[225].

La responsabilidad estatal es objetiva y directa

Al igual que ya lo había reconocido la Corte Suprema de Justicia a partir de 1984, en el art. 1°, 2° párrafo de la Ley 26.944 se determina que la responsabilidad estatal es objetiva y directa.

Que sea objetiva significa que no es necesario indagar en la subjetividad del empleado o funcionario estatal para que aquella se configure[226], ya que la culpa o dolo del empleado o funcionario no constituyen elementos determinantes de la responsabilidad estatal[227].

---

224 Conf. García de Enterría, Eduardo y Fernández, Tomás Ramón, *Curso de Derecho Administrativo,* 6ª Ed., Madrid, 1993, T. I, p 46 y SS., em especial os. 53/54; Marienhoff, Miguel S. *Tratado de Derecho Administrativo,* 3ª ed. actual, Abeledo-Perrot, Bs. As. 1980, t. IV, p. 719. y Cassagne, Juan Carlos, *Curso de Derecho Administrativo*, t. I, p. 392/393.

225 Conf. Cassagne, Juan Carlos, El fundamento constitucional de la responsabilidad del Estado y su regulación por el Código Civil o por leyes administrativas, LL, 2014-C, 885.

226 Así lo han señalado respecto de la falta de servicio: Cassagne, Juan Carlos, "Reflexiones sobre los factores de atribución en la responsabilidad del Estado por la actividad de la Administración", Mertehikian, Eduardo, *La responsabilidad pública*, Abaco, Bs. As., 2001, p. 63 y ss; y Reiriz, María Graciela, "Responsabilidad del Estado" en la obra colectiva *El Derecho Administrativo hoy*, Ciencias de la Administración, Bs. As, 1996, p. 226.

227 Al igual que ocurre en el derecho francés, la falta de servicio entraña la supresión del elemento culpa como factor de atribución de la responsabilidad, como la innecesariedad de individualizar al autor del daño. Asimismo sostiene que "si por una parte la figura no se atiene a la culpa del agente sino al incumplimiento irregular de una obligación legal

A su vez se la califica como directa porque la responsabilidad estatal no funciona como un sistema de cobertura de los perjuicios causados por el comportamiento de los funcionarios o agentes públicos.

Ello es así puesto que la imputación de las actuaciones de los funcionarios o empleados al Estado se explica a través de la teoría del órgano, la cual postula que las entidades estatales manifiestan su actividad y su voluntad a través de sus órganos.

Clases de responsabilidad estatal reguladas en la Ley 26.944

En la Ley 26.944 se regula la responsabilidad estatal por su actuación ilegítima (art. 3) como legítima[228] (arts. 4 y 5). La primera sustentada en el factor de atribución falta de servicio, y la segunda en el sacrificio especial que el afectado no está obligado a soportar.

La responsabilidad del Estado en su faz contractual también está alcanzada por la ley comentada. Así se desprende del art. 10 de la norma que dispone la aplicación supletoria de las disposiciones de la LRE en dicho campo ante la ausencia de *"normas específicas"*.

Responsabilidad de los empleados y funcionarios públicos

En el artículo 9 de la ley se regula la responsabilidad patrimonial de los agentes y funcionarios públicos dependientes del Estado Nacional[229] por los daños causados por su actuación ilegítima en el ejercicio de sus funciones respecto de terceros, como así también por los perjuicios causados al Estado con motivo de una sentencia judicial de condena.

A tal efecto y, como acontece en diversas legislaciones comparadas, se exige la concurrencia del factor de atribución subjetivo culpa o dolo.

Dos son los legitimados para reclamar la responsabilidad de los funcionarios y empleados estatales: a) las víctimas directas de su actuación irregular, terceros ajenos al estado; y b) el Estado en caso de haber sido condenado en un proceso en el cual el funcionario o agente no fue demandado, quien tiene a su disposición una acción de repetición, cuyo plazo de prescripción recién comienza a correr a los 3 años desde la sentencia firme de condena al Estado.

X. EL SERVICIO PÚBLICO, LOS MERCADOS DE INTERÉS GENERAL (LIBERALIZACIÓN, PRIVATIZACIÓN, REGULACIÓN) Y SU RÉGIMEN DE COMPETENCIA

1. *La técnica del servicio público. La publicatio y la concepción objetiva como ejes de la noción jurídica*

La noción de servicio público aparece, en el campo del Derecho Administrativo, sin que preexista una definición legal que la tipifique y sin que se establezcan sus caracteres de una manera precisa[230]. Por obra de la doctrina y jurisprudencia francesas, se fue perfilando una institución, con un régimen jurídico peculiar de Derecho Público, destinada a regir las actividades de prestación tendientes a satisfacer necesidades de interés general que asumió el Estado y que este pasó a prestar, a partir del siglo pasado, en forma directa o indirecta.

El concepto de servicio público fue objeto de trascendentes debates doctrinarios, habiéndose señalado la existencia de una profunda crisis institucional en la noción, la cual, sin embargo, subsiste en

---

y si una de esas obligaciones fundamentales está constituida por el deber de no dañar (que constituye un principio general del derecho) y de cumplir en forma regular (es decir, con arreglo a las leyes y reglamentos) las obligaciones del servicio, va de suyo que aun cuando no pueda individualizarse al autor concreto del incumplimiento que provoca el daño (si este fuera imputable materialmente a un órgano del Estado) se genera la consiguiente responsabilidad, siempre que concurran los demás requisitos establecidos para que la misma se configure" (Cassagne, Juan Carlos, "Reflexiones sobre los factores de atribución en la responsabilidad del Estado por la actividad de la Administración", LL, 2005-D, 1268).

228 Ver: Perrino, Pablo E., "Responsabilidad por actividad estatal legítima. Proyecto de ley de responsabilidad del Estado y de los agentes públicos", LL, 2014-C, 1078 y "La regulación de la responsabilidad por actividad estatal legítima en la Ley 26.944", Rev. de Resp. Civ. y Seg. La Ley, nº 12, p. 31 y ss.

229 El art. 9 de la ley no alcanza a los funcionarios y empleados públicos de los gobiernos locales, pues, como ya lo explicamos, se trata de una ley de naturaleza federal.

230 Waline, Marcel, "La noción de servicio público", en *LL*, t. 75, p. 945, señala que "con la misma expresión servicio público, se designan, según el día, la ocasión o las circunstancias cosas muy diferentes", sobre el concepto de servicio público; véase: Silva Cencio, Jorge A., *Servicio Público y Concesión de Servicios Públicos*, Montevideo, 1980, p. 15 y ss.

la mayor parte de Europa Occidental. Desde aquellos autores vinculados a la Escuela de Burdeos que llegaron a propiciar que toda la actividad estatal debía ser considerada servicio público (Duguit, Jèze, Bonnard, etc.) hasta quienes, en el otro extremo, propusieron suprimir radicalmente el concepto[231], han sido numerosos los criterios doctrinarios elaborados para caracterizar el servicio público.

El servicio público, ateniéndonos a una concepción objetiva que se basa en la naturaleza material de la actividad, se circunscribe, a una parte de la actividad administrativa del Estado[232] quien puede, a su vez, encomendar, conceder o atribuir el ejercicio de los correspondientes cometidos a los particulares, ya fuera a través de la figura de la concesión o por otros medios jurídicos como la gestión concertada, el permiso, etcétera[233].

Esas actividades, cuando son prestadas por los particulares, se encuentran regidas por un régimen que es el común de la función administrativa, instituido para asegurar la continuidad, igualdad, regularidad y obligatoriedad de las prestaciones que satisfacen primordiales necesidades públicas. El particular, no obstante ser -en estos casos- un colaborador de la Administración Pública se halla sujeto a las potestades de esta y, especialmente, a la fiscalización o control de la actividad que presta, sin perjuicio de lo cual, también suele recibir, por alguna de las técnicas de transferencia (siempre que la función sea delegable o transferible por su naturaleza), determinados poderes públicos que pertenecen *jure propio* a la Administración[234].

La adopción de un criterio técnico jurídico para caracterizar la noción de servicio público implica que este se traduce en una actividad distinta a la regida por el Derecho Privado y, por lo tanto, extraña a la esfera de libertad o franquía individual, importando la declaración como pública de una determinada función (*publicatio*)[235] lo cual determina, a partir de ese momento, que el ejercicio de la correspondiente actividad es servicio público y pasa a ser regulada por el Derecho Administrativo.

Tal criterio supone desechar la noción subjetiva u orgánica ya que no hay interdicción alguna de principio para que los particulares presten materialmente los servicios públicos, no solo a título propio sino como colaboradores de la Administración Pública, o bien, *jure propio* en aquellas actividades cuya titularidad les pertenece (como son los llamados servicios públicos impropios: taxis y farmacias).

El requisito de la existencia de ley (formal y material) como presupuesto *sine qua non* de la configuración del servicio público[236], puede surgir en forma expresa o tácita, lo cual no implica postular la tesis de la omnipotencia legislativa ya que si se atribuye calidad de servicio público a una actividad que no puede revestir tal condición, ello no restringe la facultad que poseen los jueces para desconocer su configuración mediante la interpretación del ordenamiento positivo[237] y de los principios generales del Derecho Administrativo. La declaración legislativa resulta también imprescindible para que se configure un servicio público impropio por las razones que más adelante se exponen.

---

231 De Corail, Jean Louis, *La crise de la notion juridique de service public en droit administratif français*, Paris, 1954, p. 1 y ss.; en nuestro país: Gordillo, Agustín A., *Tratado de Derecho Administrativo*, t. 2, Buenos Aires, cap. XIV, p. 12-14.

232 Concepción que, sin embargo, no se observa en materia contractual en aquellos países, como Francia, que han montado la noción de contrato administrativo, en razón del objeto, sobre la base de un concepto amplísimo de servicio público que equivale, en los hechos, a la propia función administrativa. Sin embargo, ello no trastrueca la noción técnica estricta pues aquella concepción extensiva solo tiene sentido como cláusula general determinante de la naturaleza del contrato y de la competencia jurisdiccional para resolver las controversias que se suscitan con motivo de la celebración, ejecución, modificación o extinción de los contratos administrativos.

233 Maiorano, Jorge Luis, "Algunas reflexiones acerca de la noción de servicio público", en *RADA*, N° 14.

234 La Procuración del Tesoro de la Nación ha dicho que "la concesión de un servicio público importa atribuir a una persona de derecho privado una función que es propia del Estado y, a fin de asegurar el funcionamiento del servicio y otorgar una cierta estabilidad económica a su prestación, el concesionario se subroga a los poderes públicos en un conjunto de potestades y privilegios" (*Dictámenes*, t. 112, p. 177).

235 Véase: De la Cuetara, Juan Miguel, *La actividad de la Administración*, Madrid, 1983, p. 169-170.

236 Canasi, José, *Derecho Administrativo*, t. 2, Buenos Aires, p. 12.

237 Conf. Oyhanarte, Julio, *La expropiación y los servicios públicos*, Buenos Aires, 1954, p. 55. Afirma este autor que "la presencia o la ausencia del servicio público depende por entero de una decisión legal, *lato sensu*, que puede ser expresa o tácita. Cuando es expresa, por supuesto el texto de la ley suprime las dificultades interpretativas. Incluso debe tenerse en cuenta que, si una ley positiva erróneamente atribuye de modo expreso el carácter de servicio público a determinada actividad, pese a que, en principio, no cabría discutir tal calificación legal, la realidad prevalecerá tarde o temprano sobre la decisión del legislador".

2. *La configuración de un concepto sobre el servicio público*

La idea objetiva del servicio público[238] se combina con dos aspectos complementarios que permiten configurar el llamado servicio público propio a saber: *a)* la declaración legislativa que una actividad de prestación configura un servicio público (*publicatio*) y *b)* las notas que perfilan los caracteres de su régimen jurídico (regularidad, continuidad, igualdad, obligatoriedad y prerrogativas de poder público). En rigor, todo servicio público (ya sea propio o impropio) consiste en una prestación obligatoria y concreta[239], de naturaleza económica-social, que satisface una necesidad básica y directa del habitante (correos, transportes, electricidad, etc.)[240].

De lo expuesto se sigue -en primer término- que la noción de servicio público propio se limita a los que presta el Estado directa o indirectamente -ya sea por concesión o atribución legislativa (vgr. las sociedades del Estado)- sin que influya la forma jurídica que posea la entidad prestataria.

En segundo lugar, hay que advertir que, ante la insuficiencia de la iniciativa privada, el Estado suele realizar también -en concurrencia con los particulares- actividades de interés público, de titularidad privada (por ejemplo: enseñanza y salud pública). En tal caso, aparece una virtual coincidencia entre el régimen del servicio público propio y el que corresponde a las actividades de interés público que lleva a cabo el Estado ya que, en ambos supuestos, se aplica el régimen común y propio de la función administrativa.

En definitiva, la reducción del concepto del servicio público[241] a la prestación individualizada[242] de actividades tendientes a satisfacer necesidades primordiales y directas de los habitantes cuya titularidad el Estado asume como propias implica separar aquellas actividades de interés público que los particulares pueden ejercer *jure propio*, en concurrencia o no con la Administración Pública, habida cuenta que estas pueden regularse mediante las técnicas de policía o limitación. Lo contrario implicaría forzar un régimen como el que tipifica al servicio público, que prevé mecanismos de acceso, intervención y control que resultan notoriamente distintos e inaplicables a las actividades particulares (vgr. la igualdad de acceso a la enseñanza privada).

En lo que concierne a la utilidad de la noción de servicio público, si bien no presenta el interés que tiene en el derecho francés como delimitador de la competencia de los tribunales administrativos[243] y pieza central de la definición del contrato administrativo[244], ella implica en Argentina, aún para el concepto restringido que se ha adoptado, la aplicación del régimen jurídico peculiar y específico del servicio público a determinadas actividades que prestan el Estado o los particulares.

---

238 Seguida, en general, por nuestra doctrina: Marienhoff, Miguel S., *op. cit.*, t. II, Buenos Aires, 1981, p. 21 y ss.; Diez, Manuel María, *Manual de Derecho Administrativo*, t. 2, Buenos Aires, 1979, p. 16 y ss.

239 Linares, Juan Francisco, *Derecho Administrativo*, Buenos Aires, 1986, p. 510-511. Del carácter obligatorio de la prestación derivan importantes consecuencias jurídicas tanto en punto al derecho de los usuarios a reclamar el cumplimiento efectivo del servicio como en lo que respecta a su exigibilidad por parte de la Administración Pública cuando las prestaciones se encuentran a cargo de personas privadas y, al importar una restricción al principio de la libertad, la noción de servicio público debe ser excepcional.

240 La concepción objetiva no ha sido aceptada por Laubadère para quien no existen servicios públicos por naturaleza sino criterios subjetivos que emanan de la intención de los gobernantes (*Traité de Droit Administratif*, t. I, nro. 997 y ss, Paris, 1970, p. 547), lo que ha merecido la crítica de la doctrina (Vedel, Georges, *Derecho Administrativo*, traducción de la 6ª ed. francesa, Madrid, 1980).

241 La noción restringida del servicio público ha sido postulada por la jurisprudencia de la Cámara Comercial -Sala III- en el caso "Inversor S.C.P.A." publicado en *LL*, 1980-D-558, con nota de Horacio P. Fargosi, sosteniendo que la actividad bancaria no configura un servicio público sino una mera actividad de interés general.

242 Apunta Linares que "...el servicio público debe consistir en prestaciones específicas y determinadas. Aunque reconocemos que la cuestión es opinable nos decidimos a excluir del concepto los servicios *uti universi* es decir los de defensa, seguridad y otros indeterminados frente a muchos destinatarios. De lo contrario, toda función pública sería servicio público, debido al hecho de que el administrado tenga derecho a recibir beneficio y que se las tenga que cumplir con respeto a la regla de igualdad y en forma regular" (*op. cit.*, p. 511).

243 Sin embargo, el criterio del servicio público como delimitador de la competencia de la justicia federal en lo contencioso administrativo de la Capital Federal, ha sido postulado aun respecto de aquellos servicios públicos de utilización facultativa para atribuir dicha competencia en el juzgamiento de las cuestiones que se planteen en torno a ellos, sosteniendo que "aun cuando se admita que el vínculo entre el usuario y la empresa es contractual ello no implica excluir el sometimiento del primero al *status* reglamentario fijado por la Administración, cuya facultad de modificar dicho *status* no queda afectada por la conclusión del contrato" (C.N.Federal en pleno *in re*, "Uriburu de Aldao, María C. c/ENTel" de fecha 4-XII-75, publicado en *LL*, 1976-A, p. 357-358).

244 Laubadère, André De, *Traité Théorique et pratique des Contrats Administratifs*, t. I, Paris, 1956, p. 59 y ss.

3. *Los servicios públicos impropios. Las actividades de interés público. Los llamados servicios sociales*

Se ha dicho que la importancia del debate producido alrededor de la noción de servicio público se advierte en la revisión total operada en las categorías del Derecho Administrativo para encuadrar en la nueva realidad[245].

Como esta realidad se apoya en elementos históricos evolutivos, de cada país, no hay realmente una fórmula universal en cuanto a los cometidos que configuran servicios públicos lo que no es óbice para acudir a las categorías fundamentales elaboradas por la doctrina y jurisprudencia comparadas, en la medida que fueren compatibles con los principios y reglas (legales o jurisprudenciales) de nuestro Derecho Público.

En ese marco, la categoría del servicio público impropio permite excepcionalmente extender el régimen jurídico de dicha institución a determinadas actividades que prestan los particulares que constituyen un servicio virtual[246] u objetivo.

Lo curioso es que el servicio público impropio[247] no aparece como una excepción al principio de la titularidad privada de la pertinente actividad sino como una mera extensión del régimen jurídico del servicio público propio, cuya fuerza expansiva no llega, sin embargo, a producir una verdadera *publicatio*. Por ese motivo, el servicio público impropio existe solo por extensión, al faltarle una de sus notas centrales[248], situación que conduce a prescindir del sistema de la concesión o permiso como presupuesto del otorgamiento del derecho a ejercerlo, para sustituirlo por la autorización.

Del carácter excepcional que particulariza a esta figura se desprende la necesidad de que exista declaración legislativa que establezca que una determinada actividad, de titularidad originaria privada, se convierta en servicio público y pase a regirse por su régimen jurídico, especialmente en lo que atañe a las reglas, a las que deberá ceñirse la pertinente actividad, que exigen una prestación obligatoria, regular, igualitaria y continua del servicio por parte de los particulares.

El Estado puede asumir también la realización de actividades de interés público de titularidad privada como son la enseñanza[249] y la actividad bancaria[250] entre otras, pero, en tal caso, si bien el régimen de tales actos puede ser, en algunas circunstancias, el que es propio de la función administrativa, ello no provoca una mutación o extensión del régimen jurídico del servicio público, cuando las actividades son prestadas por los particulares. De ese modo, no rigiendo la obligatoriedad se mantiene el principio de la libertad, el cual prevalece también sobre la regla de la igualdad que veda el acceso a la prestación en condiciones discriminatorias, principio que configura un verdadero derecho subjetivo de admisión, reservado al particular que realiza la prestación[251].

Tratándose de actividades de titularidad privada originaria el derecho a ejercerlas por parte de los particulares es pleno, lo que no significa, sin embargo, que sea absoluto ya que, en principio, todo derecho subjetivo tiene que ejercerse conforme a las leyes que lo reglamentan (art. 14, Cont. Nac.),

---

245 Vidal Perdomo, Jaime, *Derecho Administrativo General*, 2ª ed., Bogotá, 1966, p. 261.

246 Véase: Vedel, Georges, *op. cit.*, trad. del francés, p. 645 y ss.

247 Véase: Maiorano, Jorge Luis, *op. cit.*, p. 15 y ss.

248 En Argentina existen actividades que configuran servicios públicos impropios, como el servicio de taxis. Un concepto más amplio de servicio público impropio es sostenido por Marienhoff incluyendo algunas actividades como el expendio de pan, carne y leche (*op. cit.*, t. II, p. 39-40) que para nosotros constituyen actividades privadas que el Estado puede reglamentar en ejercicio del poder de policía.

249 Conf. Estrada, Juan Ramón de, "Enseñanza privada y servicio público", *ED*, t. 119, p. 955 y ss., especialmente p. 964-967, y Barra, Rodolfo Carlos, "Hacia una interpretación restrictiva del concepto jurídico de servicio público", *LL*, 1983-B-363.

250 Conf. Manzanedo, J.A. - Hernando, J. - Gómez Reino, E., *Curso de Derecho Administrativo Económico*, p. 485, Instituto de Estudios de Administración Local, Madrid, 1970; Fargosi, Horacio P., *La actividad financiera privada ¿Servicio público impropio?*, en Estudios en Homenaje a Isaac Halperin, p. 739. En contra: Labanca, Jorge, *Actividad bancaria como servicio público y autorización para funcionar como banco*, en *JA*, 1967-VI, Sec. Doc. p. 811.

251 La jurisprudencia -en el caso "Fundación San Martín de Tours"- ha considerado que los colegios privados no se encuentran obligados a aceptar a todos los aspirantes a ingresar e hizo lugar a una acción de amparo tendiente a anular la intervención dispuesta por el Ministerio en el registro de inscripciones (conf. Sala IV de la Cám. Nac. de Apelaciones en lo Contencioso Administrativo Federal, sentencia de fecha 15-IX-81 publicada en *LL*, 1982-B-364, con nota de Barra).

teniendo en cuenta, además, que reglamentar un derecho no es degradarlo ni suprimirlo o limitarlo irrazonablemente, sino hacerlo compatible con el derecho de los demás, y en este caso, con el interés general o público[252].

En cambio, la realización de servicios públicos está dentro de la finalidad[253] que asume el Estado a través de la *publicatio* (cuando son propios o en el caso de los llamados impropios, mediante la respectiva declaración legal), supone siempre la observancia de reglas que implican la obligatoriedad de la prestación con prevalencia de la igualdad sobre la libertad, lo que se justifica en virtud del carácter primordial que reviste la atención de determinadas necesidades colectivas.

En definitiva, salvo que se configure la *publicatio* tales actividades no son de titularidad estatal ni su otorgamiento se rige por las técnicas de la concesión de servicios públicos[254] ni del permiso.

4. *Régimen jurídico: reglas generales relativas al funcionamiento de los servicios públicos*

Las necesidades colectivas que se satisfacen por el procedimiento del servicio público y que justifican la *publicatio* o, en su caso, la declaración legislativa de una determinada actividad que desarrollan los particulares como "servicio público impropio", conducen a la institución de un régimen jurídico peculiar, que no es otra cosa que un aspecto del llamado "régimen exorbitante" o típico del Derecho Administrativo, constituido por una serie de prerrogativas, obligaciones y garantías[255]. Cuando el servicio público se encuentra prestado por el propio Estado en forma directa, ese régimen es parte de la función administrativa, aun cuando dentro de esta posee caracteres específicos que lo tipifican y lo distinguen de otras formas de acción de la Administración Pública (vgr. policía). Lo peculiar, es aquí, la extensión del régimen administrativo del servicio a los particulares que prestan un servicio público (vgr. servicio de taxis o de transporte colectivo).

Importa advertir también que, en virtud de que las reglas generales que rigen el funcionamiento de los servicios públicos no se encuentran muchas veces legisladas de un modo expreso, el régimen jurídico se configura igualmente sobre la base de determinados principios generales del derecho[256], como el de la continuidad del servicio público, el cual se desprende de la naturaleza de la propia actividad que hay que satisfacer de un modo intermitente.

Veamos, en lo que sigue, algunos[257] de esos principios fundamentales:

El principio de la continuidad del servicio público. Las huelgas en los servicios esenciales

Si la causa que legitima la existencia de un servicio público es una necesidad colectiva de tal entidad que no puede satisfacerse de otra manera que mediante la técnica de esta institución, el modo de asegurar que la prestación se haga efectiva es, precisamente, la regla de la continuidad.

Según este principio, el servicio público ha de prestarse sin interrupciones; sin embargo, ello no implica en todos los supuestos, la continuidad física de la actividad pues solo se requiere que sea prestada cada vez que aparezca la necesidad (v.gr. servicio público de extinción de incendios).

La continuidad del servicio público se protege por dos medios, a saber:

---

252 *Fallos de la Corte Suprema de Justicia de la Nación*, t. 136, p. 161 y ss., en el conocido caso "Ercolano c/Lantieri Renshaw".

253 Oliveira Franco Sobrinho, Manoel de, *Os Servicios de Utilidade Pública*, Curitiba (Brasil), 1940, p. 9.

254 Conf. Diez, Manuel María, *op. cit.*, t. 2, p. 13.

255 En sentido similar: Benoit, Francis Paul, *Droit Administratif*, Paris, 1968, p. 775-777. La doctrina de nuestro país considera que estas reglas y principios constituyen los caracteres del servicio público: Bielsa, Rafael, *Derecho Administrativo*, t. I, 3ª ed. Imprenta de la Universidad del Litoral, Santa Fe, 1937, p. 118; Marienhoff, Miguel S., *op. cit.*, t. II, p. 62 y ss.; Villegas Basavilbaso, Benjamín, *op. cit.*, t. III, p. 56; Gordillo, Agustín A., *Estudios de Derecho Administrativo,* Buenos Aires, 1963, p. 35; mencionando como tales a la continuidad, regularidad, igualdad y generalidad. Algunos autores incluyen, con razón, también, a la obligatoriedad (Sayagues Laso y Marienhoff), lo que tiene trascendencia en punto al derecho del usuario para reclamar la prestación.

256 Ver: Cassagne, Juan Carlos, *Los principios generales del derecho en el derecho administrativo*, Buenos Aires, 1988, p. 91, y Diez, Manuel María, *Derecho Administrativo*, t. III, Buenos Aires, 1967, p. 207.

257 Tales principios son, para nosotros, básicamente cuatro y se refieren a la continuidad, la regularidad, la igualdad y la obligatoriedad de la prestación de la respectiva actividad. En cuanto a la llamada uniformidad ella no es otra cosa que una faceta de igualdad. A su vez, no creemos que la generalidad deba ser ni sea un principio en esta materia, toda vez que cabe admitir la prestación de servicios parciales en determinados lugares sin lesión a la igualdad.

a) por la posibilidad de que la Administración proceda a la ejecución directa del servicio cuando este sea prestado por particulares, y

b) por la reglamentación del derecho de huelga en los servicios públicos[258] sobre la base de que, en principio, la huelga se encuentra limitada por las leyes que reglamentan el ejercicio de los derechos[259] al igual que los paros patronales. En este sentido, tanto el ordenamiento positivo de Argentina como el de otros países han instituido el arbitraje obligatorio como un modo de solucionar los conflictos colectivos que puedan ocasionar la suspensión, paralización y negación de los servicios públicos esenciales[260].

La regularidad del servicio público

Si bien para un sector de la doctrina la regularidad constituye una consecuencia del principio de la continuidad del servicio público[261] lo cierto es que son dos reglas diferentes. En efecto, si la regularidad se refiere a la prestación del servicio de acuerdo con las reglas que surgen del reglamento que rige el servicio o del contrato de concesión (en su caso), bien puede ocurrir que dicha prestación se lleve a cabo de manera continua pero irregular. Por ese motivo, el llamado impropiamente "trabajo a reglamento" que practican determinados sindicatos (que consiste en una interpretación literal o rigurosa de ciertas normas o en interpretarlas de mala fe) configura una afectación del principio de la regularidad[262].

El principio de la igualdad

La igualdad, entre nosotros, se encuentra reconocida en el artículo 16 de la Constitución Nacional que prescribe que todos los habitantes son iguales ante la ley; sin embargo, vinculado con el principio general del derecho que constituye la base del citado precepto, dicha igualdad se extiende ante la Administración[263] y frente a los prestatarios del servicio público que al colaborar con la función administrativa se someten a su régimen exorbitante.

De ese modo, la igualdad juega como una garantía para los usuarios del servicio en el sentido del derecho que poseen a que se les dispense igual tratamiento, jurídico y económico, sin efectuar discriminaciones, a menos que estas se funden en la desigual condición o situación en que objetivamente se encuentra cada usuario.

La igualdad se refiere tanto al acceso al servicio como al precio o tasa que perciba el prestatario.

En general, la aplicación del principio de igualdad, que no presenta mayores inconvenientes cuando se trata de actividades regidas por un estatuto o reglamento, suele plantear algunos problemas cuando el vínculo entre el usuario y quien presta el servicio es de naturaleza contractual. En tales casos, la igualdad no debe considerarse conculcada cuando se pactan precios diferentes en función de la magnitud de las prestaciones, lo que suele ocurrir en el servicio de energía eléctrica[264].

La obligatoriedad

La configuración del régimen jurídico del servicio público quedaría desprovista de sentido si no se asegurara la prestación efectiva del mismo y la consecuente satisfacción de las necesidades colectivas.

---

258 *Vid* y ampliar en Cassagne, Juan Carlos, *La reglamentación del derecho de huelga en los servicios esenciales*, *ED*, diario del 13-8-90, p. 1 y ss.

259 Marienhoff, Miguel S., *op. cit.*, t. II, p. 64 y ss. En tal sentido, la interpretación razonable del art. 14 bis, CN, no implica consagrar el derecho de huelga de un modo absoluto pudiendo la ley reglamentar su procedencia limitándola a fin de no afectar el funcionamiento de los servicios públicos.

260 El arbitraje obligatorio fue instituido por decreto 8946/62, derogado por la ley 16.936, y finalmente restablecido a través de la ley 20.638. A su vez, la ley 17.183 faculta a las autoridades a sancionar a los agentes que prestan servicios públicos que recurran a medidas de fuerza. Sobre la ineficacia de la actual legislación para garantizar la continuidad de los servicios públicos: Véase: Vivot, Julio, "La huelga de los empleados públicos y en los servicios públicos", en *Derecho del Trabajo*, t. XLIV-B, Sección Doctrina.

261 Vedel, Georges - Delvolve, Pierre, *op. cit.*, p. 1110; Chapuis, René, *Droit Administratif Général*, t. I, Paris, 1986, p. 444.

262 Villegas Basavilbaso, Benjamín, *op. cit.*, t. III, p. 61.

263 Ver: Cassagne, Juan Carlos, "La igualdad en la contratación administrativa", en *Cuestiones de Derecho Administrativo*, Buenos Aires, 1987, p. 97.

264 Esto ocurre, en general, en los llamados servicios públicos industriales o comerciales. En el caso del servicio público de electricidad, en Argentina al igual que en otros países, suelen pactarse condiciones especiales cuando se trata de empresas que consumen grandes cantidades de energía eléctrica, lo que no se ha considerado violatorio, en Francia, del principio de igualdad (véase: Vedel, Georges - Delvolve, Pierre, *op. cit.*, p. 1113).

A ello tiende, precisamente, el principio de obligatoriedad que predica no solo una vinculación entre el Estado y el prestatario (en los supuestos de los llamados servicios públicos impropios) sino el derecho de los usuarios que utilizan el servicio para reclamar ante quienes lo prestan (ya sea el Estado o los particulares) su realización efectiva[265].

XI. EL RÉGIMEN DE PARTICIPACIÓN PÚBLICO – PRIVADA PARA EL DESARROLLO DE INFRAESTRUCTURAS PÚBLICAS

En Argentina, el sistema para financiar y construir las infraestructuras públicas que requiere el progreso de la Nación se ha basado siempre en los dos modelos tradicionales, conocidos como "obra pública" y "concesión de obra pública", ambos regulados por el Congreso Nacional, en las leyes 13.064 y 17.520, respectivamente.[266]

Se trata de dos modelos que han fracasado en el cumplimiento de dicho fin. De hecho, tanto el contrato de obra pública, como el de concesión de obra pública han quedado notoriamente condicionados por las limitaciones de financiación a cargo del Tesoro Nacional y las pocas garantías que prevén para incentivar una inversión privada especializada y eficiente, y con el amplio alcance que se necesita.

En el modelo clásico de obra pública, el Estado paga la obra con sus propios recursos (tributos o crédito público), a medida que esta avanza. De tal forma, en la etapa de ejecución del contrato, el contratista debe financiar solo pequeñas fracciones de la obra, hasta el momento en que se le abonan los certificados de avance de obra, cualquiera sea la modalidad de remuneración pactada: precio unitario, ajuste alzado o coste y costas. A su vez, para garantizar la buena construcción de la obra, el Estado deduce de cada certificado un monto determinado, que pasa a integrar el fondo de reparos, que se libera con la recepción definitiva de la obra, e implica la conformidad del Estado. Este modelo también admite la inserción de financiación privada por parte de terceros (ej.: consorcio de bancos), siendo el contratista un mero constructor que recibe los pagos de los financistas del proyecto, quienes luego se cobran su acreencia del Estado[267].

Debe destacarse que la obra pública conlleva el riesgo de que el financiamiento estatal sufra restricciones presupuestarias impuestas por circunstancias sobrevinientes legales y políticas, lo que a veces determina que las obras se extiendan de manera indefinida, y por tal motivo, se encarezcan[268].

En la concesión de obra pública, por su parte, el contratista asume la obligación de financiar, construir y mantener una obra, percibiendo como contraprestación por las tareas efectuadas el peaje que a su respecto abonen los usuarios de la obra[269]. La característica principal de este modelo es que el concesionario asume todos los riesgos técnicos y económicos, tanto en la fase de la construcción de la obra cuanto en la de ejecución, así como aquellos relativos a la viabilidad comercial del proyecto. No obstante, ello existe técnicas que morigeran ese riesgo, como ser la aportación de fondos por el Estado Nacional a modo de subvención, o bien el establecimiento de una garantía mínima de rentabilidad, pero para que ello ocurra debe estar contemplado en el contrato.

Si bien el contratista asume en el contrato de concesión de obra pública los riesgos antes mencionados, en rigor no se encuentra del todo desprotegido, dado que, como todo contrato administrativo, resulta plenamente aplicable el principio del mantenimiento de la ecuación económica

---

265 Véase: Vedel, Georges - Delvolve, Pierre, *op. cit.*, p. 1114, y entre nosotros: Marienhoff, Miguel S., *op. cit.*, t. II, Buenos Aires, 1981, p. 78 y ss. Diez, Manuel María, *Manual de Derecho Administrativo*, t. II, p. 23.

266 Cassagne, Ezequiel, "El régimen de participación público-privada", *RDA* 2018-117, 385.

267 *Cfr.* Cassagne, Juan Carlos, *Curso de Derecho Administrativo*, Ed. La Ley, Buenos Aires, 2011, 10ª ed. act., t. II, p. 530/31.

268 Parte de la doctrina ha sostenido que la falta de presupuesto verificada durante la marcha del contrato, e impeditiva del pago del precio de la locación de obra en los plazos pactados, habilita a la Administración a suspender la obra, siendo responsable la Administración con relación a los derechos del contratista a que se le indemnicen todos los gastos y perjuicios que la suspensión le ocasione. *Cfr.* Druetta, Ricardo - Guglielminetti, Patricia, "Ley 13.064 de Obras Públicas", Ed. Abeledo Perrot, Buenos Aires, 2008, p. 59.

269 Fanelli Evans aclara que en la concesión de obra pública "el particular ofrece al comitente construir la obra si se le permite cobrar a los clientes usuarios una determinada tarifa por un determinado tiempo". *Cfr.* Fanelli Evans, Guillermo, *La Concesión de Obra Pública*, Ed. Ciencias de la Administración, Buenos Aires, 1989, p. 18.

financiera, que protege al concesionario de contingencias, ya sean imputables al concedente o derivadas de la economía general, y siempre que no sean consecuencia del riesgo empresario[270].

Al ser la concesión de obra pública un sistema de financiamiento privado en el que el repago se obtiene a lo largo de la explotación comercial de la obra, es en los hechos una alternativa muy costosa para la construcción de obras de infraestructura, aunque debe precisarse que no produce mengua fiscal directa, toda vez que los costos de la obra terminan siendo afrontados, en primer lugar, por el propio contratista, quien luego de construida recupera su inversión cobrándose de los usuarios de la misma.

Por otra parte, el modelo de concesión de obra pública -que internacionalmente se conoce como un típico contrato BOT, por sus siglas anglosajonas *Build, operate & transfer* (construir, operar y transferir)- requiere que la explotación de la obra sea viable comercialmente, para que pueda obtenerse el repago de la inversión a través de su uso tarifado.

Ciertamente, no es un secreto que la Argentina, al igual que muchos países de Latinoamérica, sufre un evidente déficit en lo concerniente a las obras necesarias para su desarrollo económico y social. El mayor problema radica en que la necesidad de dotar al país de infraestructura básica se enfrenta con la insuficiencia de recursos estatales para llevar a cabo las grandes inversiones que se requieren para la construcción de obras de tales características. A su vez, los Estados no pueden postergar la satisfacción de necesidades básicas de la población (como la nutrición, la vivienda, el empleo, la salud, la educación y la seguridad) que no están cubiertas en forma digna y adecuada[271].

Por tal motivo, resultaba necesario implementar nuevas instituciones de derecho público que promueven las posibilidades de la participación privada, de cara a las necesidades del país. La circunstancia de constituir un *ius novum* y la necesidad de contar con la participación privada para el crecimiento económico plantean un verdadero desafío a la creatividad jurídica y la innovación tecnológica de los proyectos, cuya sustentabilidad se encuentra favorecida por el hecho de que, como se verá, los nuevos institutos participativos crean un marco abierto y variado de posibilidades.

En ese contexto, a fines del año 2016 se dictó la Ley 27.328[272], que prevé un modelo de contrato de Participación Público Privada, mediante la cual el particular interviene con el Estado en la plasmación de proyectos asociados a la prestación de servicios y desarrollo de infra y superestructuras de gran envergadura, incentivando la intervención del sector privado para la realización de emprendimientos relevantes para el interés general[273].

1. *Principales características de la ley 27.328*

Las principales características de la Ley 27.328 son las siguientes:

En primer término, la ley establece que los contratos de PPP, además de infraestructura pueden abarcar todo tipo de actividades y servicios, inversión productiva, investigación aplicada y/o innovación tecnológica, y servicios conexos a los mismos. Por su parte, los proyectos pueden contemplar tanto la construcción de una obra, como la ampliación, mejora, mantenimiento, suministro de equipamiento de bienes, explotación u operación y financiamiento.

En segundo lugar, en la ley no se establece que deberá aplicarse un contrato determinado. En efecto, la ley indica que los contratos podrán adaptar su estructura a las exigencias particulares de cada proyecto y a las de su financiamiento. En definitiva, cada proyecto requerirá considerar cuál contrato es el más apto para ese desarrollo determinado, sin la necesidad de predeterminarlo a una regulación general. Y en cada caso concreto se verán cuáles han de ser los instrumentos más eficientes para la consecución del interés público que se persigue (cfr. art. 1).

---

270 *Cfr.* Cassagne, Juan Carlos, *Curso de Derecho Administrativo*, Ed. La Ley, Buenos Aires, 2011, 10ª ed. act., t. II, p. 555/56.

271 Cassagne, Ezequiel, *El régimen de participación público-privada*, *ob. cit.*

272 En el ámbito nacional, previo a la sanción de esta norma, existieron antecedentes normativos de Participación Público Privada, ninguno de los cuales fue utilizado. En efecto, se dictaron los Decretos Nº 1299/00, 677/01, y 228/01 sobre el Régimen para la Promoción de la Inversión Privada en el Desarrollo de la Infraestructura, y en el año 2005, los Decretos 967/05 sobre el Régimen Nacional de Asociación Pública-Privada, y el 966/05 sobre el Régimen Nacional de Iniciativa Privada. Con la Ley 27.328 se buscó superar estas experiencias, reafirmando la necesidad de contar con un esquema de APP que resulte idóneo y cuyos lineamientos permitan brindar las herramientas jurídicas que permitan el desarrollo de obras de infraestructura como las que requieren el progreso y la prosperidad del país.

273 Guiridlian Larosa, Javier D., "La obra pública como objeto prestacional de la contratación pública: las técnicas colaborativas en pos de su concreción", en *Tratado General de los Contratos Públicos*, Ed. La Ley, T. III, 2013, p. 377.

Asimismo, se establece que las bases de la contratación respectiva podrán contemplar la constitución de una sociedad de propósito específico, de fideicomisos, otros tipos de vehículos, o esquemas asociativos, que tendrán a su cargo la suscripción y ejecución hasta su total terminación del contrato de participación público-privada. Esa sociedad de propósito específico deberá constituirse como sociedad anónima en los términos y condiciones previstos en la Ley General de Sociedades, pudiendo ser también una sociedad anónima en la cual el Estado tenga participación. En el caso de creación de fideicomisos a estos fines, deberán constituirse como fideicomisos financieros en los términos del Código Civil y Comercial de la Nación (cfr. arts. 7 y 8).

Por otra parte, la ley contempla un método amplio de selección del contratista, el cual podrá hacerse mediante el procedimiento de licitación o concurso público, nacional o internacional según la complejidad técnica del proyecto, la capacidad de participación de las empresas locales, razones económicas y/o financieras vinculadas a las características del proyecto, la capacidad de contratación disponible, y/o el origen de los fondos cuando se trate de proyectos que cuenten o requieran financiamiento externo.

La adjudicación deberá recaer en la oferta que sea considerada la más conveniente para el interés público, siendo conforme con las condiciones establecidas en las bases de la licitación o concurso y previo dictamen de la unidad de participación público-privada (cfr. arts. 12 y 15).

Las obligaciones de pago asumidas por la contratante podrán ser solventadas y/o garantizadas mediante: a) La afectación específica y/o la transferencia de recursos tributarios, bienes, fondos y cualquier clase de créditos y/o ingresos públicos, con la correspondiente autorización del Congreso de la Nación; b) La creación de fideicomisos y/o utilización de los fideicomisos existentes (cfr. art. 18).

XII. FUNCIÓN PÚBLICA

En materia de función pública, la ley 25.164 constituye el régimen jurídico básico que prevalece debido a su naturaleza y jerarquía, sobre otros regímenes generales (ya sean anteriores o posteriores). Esta ley, con su reglamentación[274], regula el contrato de empleo público estableciendo los derechos, garantías y deberes de los funcionarios, su ámbito de aplicación, los requisitos para el ingreso, el régimen disciplinario y de incompatibilidades, las personas y sectores excluidos y otras instituciones que completan el marco de la regulación básica.

En lo que concierne al personal abarcado por la ley 25.164 prescribe que comprende a todo el que se desempaña en el ámbito del Poder Ejecutivo (administración central y descentralizada), excluyendo de su aplicación al Jefe de Gabinete, Ministros, Secretarios, Subsecretarios y autoridades máximas de los entes descentralizados, al personal militar y de las fuerzas policiales y de seguridad, personal diplomático, al clero y al personal incluido en los convenios colectivos del sector privado.

A su vez, también se halla excluido el personal de determinados entes reguladores[275], que se rige por la ley de contrato de trabajo 20.744. Cabe, asimismo, advertir que a los empleados de las empresas y sociedades del estado la ley básica se les aplica en forma limitada[276].

Una muestra de la complejidad que exhibe el régimen argentino del empleo público lo proporciona la propia ley básica al prescribir la posibilidad que el personal alcanzado por la LCT o convenios colectivos del sector privado (ley 14.250) pueda incorporarse al régimen del empleo público, con motivo de la celebración de convenios colectivos de trabajo[277].

---

274 Decreto 1421/2002.

275 *Cfr.* Art. 60 Ley 24.076 (Ente Nacional Regulador del Gas) y art. 64 Ley 24.065 (Ente Nacional Regulador de la Electricidad).

276 En la medida en que resulten aplicables los capítulos relativos al ingreso, deberes y prohibiciones, conforme a las cláusulas convencionales homologadas por Decreto 66/1999.

277 Ley 25.164, art. 3°, in fine.

Por su parte, tampoco se aplica directamente la ley 25.164 (sin perjuicio de su aplicación analógica) al personal que se desempeña en los poderes Legislativo y Judicial, el cual se rige por los respectivos ordenamientos especiales[278].

Entre los derechos de los agentes el ordenamiento básico de la función pública prescribe la estabilidad (de la que antes nos ocupamos), el derecho a una retribución justa, igualdad de oportunidades en el desarrollo de la carrera, capacitación permanente, libre afiliación sindical, licencias, renuncias y participación en los procedimientos de calificaciones y disciplinarios.

En cuanto a los deberes los funcionarios públicos, además de los expresamente tipificados en la ley[279], tales como la obligación de prestar el servicio en forma personal, observar las normas y obedecer las órdenes del superior con competencia y fines legítimos, junto a los deberes de fidelidad, excusarse en supuestos de parcialidad, existen otros, de carácter inherente o implícito, que derivan de principios generales, como el principio de continuidad de la prestación que, en principio, implica un valladar para el ejercicio libre e ilimitado del derecho de huelga en los servicios esenciales. Esta limitación o interdicción se impone aun cuando el ordenamiento hubiera guardado silencio al respecto.

Asimismo, la ley básica regula las garantías y el procedimiento del régimen disciplinario, el cual se rige por un conjunto de principios que encuadran en el derecho al debido proceso adjetivo[280], que integra una garantía más amplia que conforma una tutela administrativa efectiva, entre cuales prescribe que:

a) el procedimiento respete el derecho de defensa;

b) el agente no pueda ser sancionado dos veces o más, por un mismo hecho;

c) la sanción debe graduarse según la gravedad del hecho y los antecedentes del agente;

d) la sustancia del procedimiento disciplinario es independiente del proceso penal, lo que no obsta la posibilidad de que, como consecuencia del proceso penal, el Estado pueda sustituir la sanción aplicada por otra de mayor gravedad;

e) la imposición de sanciones menos graves (apercibimiento y suspensión hasta cinco (5) días;

f) los plazos de prescripción serán de seis meses a dos años (según la gravedad del hecho), computándose a partir del momento de su comisión;

g) el término para la resolución del sumario no podrá exceder de seis meses, contados a partir de la comisión de la falta que se le impute al agente.

Las sanciones aplicables van desde el apercibimiento y suspensión de treinta (30) días a un (1) año hasta, en los casos más graves, la cesantía y la exoneración. Contra la resolución que aplica las sanciones disciplinarias la ley básica mantiene el antiguo recurso directo ante la Cámara Nacional de Apelaciones en lo Contencioso Administrativo Federal, el cual debe interponerse dentro del plazo de noventa (90) días computados a partir de la notificación de la resolución sancionatoria[281].

En resumidas cuentas, el régimen de la ley 25.164 contempla cuatro clases de funcionarios:

1. aquellos subjetivamente excluidos (Jefe de Gabinete, Ministros, etc.) sin perjuicio de la aplicación analógica de los principios generales del instituto;
2. los empleados permanentes;
3. los agentes públicos contratados por un plazo fijo; y,
4. los asesores y agentes ad-honorem

XIII. EL URBANISMO, MEDIO AMBIENTE Y ORDENACIÓN DEL TERRITORIO

La materia ambiental en la Argentina se encuentra regulada en el art. 41 de la Constitución Nacional, que dispone: “Todos los habitantes gozan del derecho a un ambiente sano, equilibrado, apto para el desarrollo humano y para que las actividades productivas satisfagan las necesidades presentes sin comprometer las de las generaciones futuras; y tienen el deber de preservarlo.

---

278 Los agentes administrativos que se desempeñan en el ámbito del Poder Judicial están sujetos de un régimen integrado por una acordada de la Corte Suprema de 1952 (*Cfr.* Decreto 1285/58), la Ley 24.946 (Ministerio Público y 24.937 (Consejo de la Magistratura)), mientras que los empleados del Poder Legislativo se rigen por la Ley 24.600.

279 Ley 25.164, art. 23.

280 Canosa, Armando N., *El debido proceso adjetivo en el procedimiento administrativo,* Lexis-Nexis, Buenos Aires, 2005, p. 57 y ss.

281 Ley 25.164, ats. 39, 40 y 41.

El daño ambiental generará prioritariamente la obligación de recomponer, según lo establezca la ley. Las autoridades proveerán a la protección de este derecho, a la utilización racional de los recursos naturales, a la preservación del patrimonio natural y cultural y de la diversidad biológica, y a la información y educación ambientales.

Corresponde a la Nación dictar las normas que contengan los presupuestos mínimos de protección, y a las provincias, las necesarias para complementarlas, sin que aquéllas alteren las jurisdicciones locales. Se prohíbe el ingreso al territorio nacional de residuos actual o potencialmente peligrosos, y de los radiactivos."[282].

En función de lo previsto en el art. 41 CN, el Congreso de la Nación está facultado a dictar la normativa ambiental mínima para todo el territorio nacional (presupuestos mínimos de protección) y su aplicación les corresponde a los gobiernos locales (quienes cuentan con las responsabilidades primarias y fundamentales)[283].

Desde luego, tal reparto de competencias amerita un entendimiento a través de políticas de coordinación, concertación y armonización entre las autoridades nacionales y locales (provinciales y municipales).

Sobre tales bases, el gobierno argentino ha dictado la "Ley de Política Ambiental Nacional" N° 25.675.

Por aplicación del mencionado bloque normativo se reconoce la legitimación para el requerimiento de la recomposición y reparación del daño ambiental (individual y colectivo). Para obtener la recomposición del ambiente dañado, están facultados a accionar el afectado, el Defensor del Pueblo y las asociaciones no gubernamentales de defensa ambiental, conforme lo prevé el artículo 43 de la CN, y el Estado nacional, provincial o municipal; y en cuanto a la acción de indemnización pertinente, la persona directamente damnificada por el hecho dañoso acaecido en su jurisdicción[284].

El derecho urbanístico en la Argentina nos muestra una legislación dictada por las autoridades locales de cada provincia, las cuales son manifestaciones del ejercicio del poder de policía provincial o municipal (leyes u ordenanzas) en materia de aprovechamiento del uso del suelo, alturas de las construcciones, limitaciones dominiales, etc.

De tal modo, no hay una normativa nacional que regule y direccione la planificación urbana y territorial a nivel federal.

En cuanto a la ordenación territorial tampoco existe una legislación de índole nacional, sino que encontramos distintas leyes provinciales dictadas sobre la materia.

A título ilustrativo, cabe señalar que la Provincia de Buenos Aires sancionó una "Ley de Ordenamiento Territorial y Uso del Suelo" (Ley 8912, del año 1977), una de las primeras legislaciones dictadas en materia de planificación territorial[285].

Por su parte, la Ciudad de Buenos Aires (capital de la República Argentina) cuenta, desde hace unos años, también con un Código de Planeamiento Urbano.

XIV. BIENES PÚBLICOS

Al igual que en Chile[286], la distinción entre bienes públicos y privados fue impuesta por el Código Civil (arts. 2340 y ss) –y que se mantiene en el actual Código Civil y Comercial (arts. 235, 238 y cctes)– y si bien hay que reconocer otras categorías jurídicas como los recursos naturales regulados en leyes

[282] Este precepto constitucional fue incorporado con motivo de la reforma constitucional del año 1994. Hasta ese momento, la competencia estatal para regular sobre esta cuestión no había sido delegada por las provincias a la Nación, quedando reservada a la esfera local.

[283] Gelli, María Angélica, *Constitución de la Nación Argentina. Comentada y concordada,* T° I, La Ley, Buenos Aires, 2008, p. 572.

[284] Ley 25.675, art. 30.

[285] Uslenghi, Alejandro, "Problemática del Derecho urbanístico actual", en *Servicio Público, Policía y Fomento,* Rap, Buenos Aires, 2005, p. 742.

[286] Ver al respecto: Vergara Blanco, Alejandro, "El novísimo derecho de bienes y recursos naturales en Chile. *Publicatio* y derechos reales administrativos", *REDA* N° 49, Lexis-Nexis, Buenos Aires, 2004, p. 576 y ss.

específicas lo cierto es que, pese a la crítica que ha recibido la clasificación, ella se mantiene incólume. A su vez, como lo indica la evolución acontecida en el derecho francés, la categorización clásica es susceptible de compatibilizarse con las grandes transformaciones que precisa incorporar la dogmática tradicional.

En ese contexto, no hay que perder de vista que, la regulación del dominio público por el Código Civil y Comercial corresponde a la competencia del Congreso de la Nación (art. 75 inc. 12 CN) toda vez que dado el carácter complejo de nuestro sistema federal, basado en el principio de unidad de legislación, resultaba necesario establecer en ese ordenamiento de fondo la línea divisoria en varias materias (v. g. condición jurídica de las personas y de las cosas) para evitar colisiones con el derecho local o provincial.

En todos los casos, el titular de los bienes del dominio público deber ser el Estado, en las diversas formas jurídicas que asume según su estructura constitucional (Estado Nacional, Provincias, Ciudad Autónoma de Buenos Aires, Municipios, entidades descentralizadas).

La definición del concepto de dominio público dependerá de la naturaleza del bien. Si se trata de un bien natural su caracterización corresponde a la ley mientras que la adscripción de un bien de dominio público artificial que demande el esfuerzo del hombre es necesario que se reúnan, aparte de la definición legal y la titularidad estatal, la finalidad pública de su disfrute directo o indirecto por el pueblo.

Los bienes del dominio público natural (v.gr. un río navegable) solo pueden desafectarse por ley mientras que los bienes artificiales que fueron afectados al dominio público se desafectan por un acto administrativo.

Una característica típica del régimen del dominio público es la de su inenajenabilidad, inembargabilidad e imprescriptibilidad (art. 237 CCCN).

PANORAMA DEL DERECHO ADMINISTRATIVO EN BOLIVIA

JUAN LIXMAR ZOTO*

I. EVOLUCIÓN Y MODELO REGULATIVO DE LA ADMINISTRACIÓN PÚBLICA, BASE CONSTITUCIONAL Y CONCEPTO DE DERECHO ADMINISTRATIVO Y FUENTES

El 7 de febrero de 2009 fue promulgada en la República de Bolivia[1] una nueva Constitución Política del Estado (Constitución)[2]; una de las más recientes, aunque no así lastimosamente una de las más modernas. Su elaboración, redacción, razonabilidad y forma con la que fue aprobada y posteriormente proclamada han suscitado grandes controversias en la sociedad boliviana, situación que incluso generó el amago civil de grandes enfrentamientos armados; no obstante ese contexto y de forma similar a la esencia de las demás Constituciones de los países iberoamericanos, la Constitución boliviana –para lo que respecta el Derecho Administrativo- no solo se abstrae en reseñar un listado nominal de derechos y garantías, tampoco se reduce a delimitar una estratificación de organismos y Poderes del Estado, sino que también revela un conjunto de principios, valores y fines jurídicos (Arts. 7-9 Constitución.) que vinculan a la sociedad con los poderes públicos y por ende con su organización y funcionamiento. La sistemática jurídica sobre la que se erigió la Constitución boliviana posee una variedad de preceptos que si bien pueden ser aplicables a diversas ramas del Derecho lo son con mayor preeminencia al Derecho Administrativo, puesto que de ella dimanan una serie de regulaciones sobre lo que se constituye el Gobierno, la Administración, su actividad, límites y responsabilidades.

No queremos denotar con lo señalado que el contenido de las bastas instituciones del Derecho Administrativo boliviano estén íntegramente configuradas en función a su Constitución puesto que sus propios preceptos contienen políticas de equidad y libertad que permiten a la Administración operar legítimamente en opciones distintas sobre su organización, funcionamiento y actuar; pero ello tampoco significa que se actúe al margen de la Constitución[3], pues el principio de legalidad, refuerza la posición constitucional de la Administración y orbita su posición en la aplicación de primacía de la norma constitucional; sin embargo de toda esta situación, hasta hace no hace muchos años[4], no cabe duda que en Bolivia -debido a los regímenes dictatoriales de gobierno- pudo haberse escrito un texto de Derecho Administrativo sin incluir una palabra del Derecho Constitucional[5].

La sistemática jurídica en la que se basa nuestra Constitución, determina que el Estado debe servir con objetividad a los intereses sociales, generales; esto es que existe un fin social, lo que determinará para

---

* Juan Lixmar Zoto, es Doctor en Derecho por la Universidad de Zaragoza (España); ha realizado, cursos de especialización en Derecho Administrativo en la Universidad de Roma "*La Sapienza*" (Italia), posee Diploma de Estudios Avanzados en Derecho Administrativo español, es Máster en Especialización e Investigación en Derecho mención Derecho Administrativo por la Universidad de Zaragoza; además de haber cursado la Maestría en Derecho Administrativo en la Universidad Andina Simón Bolívar (La Paz - Bolivia). Ha sido Letrado y Secretario General del Tribunal Constitucional Plurinacional de Bolivia; Director de Asuntos Jurídicos, Consultor y Servidor Público en distintas entidades de la Administración pública. Fue docente de pre y post grado en diferentes universidades de Bolivia, entre ellas la Universidad Mayor de San Andrés de La Paz, Tomas Frías de Potosí, Universidad Andina Simón Bolívar.

1 Mediante Decreto Supremo N° 48 de 18 de marzo de 2009 se dispone a utilizar la denominación "Estado Plurinacional de Bolivia" para referirse al Estado boliviano; sin embargo, nosotros, nos limitamos a utilizar la acepción "República de Bolivia", por que es el único término que se registra en la Constitución.

2 Constitución Política del Estado, aprobada a través de Referéndum en fecha 25 de enero de 2009 y promulgada el 7 de febrero de 2009.

3 Sobre la concepción constitucional y del Derecho Administrativo léase a Sánchez Morón, él no concibe posible contemplar el Derecho Administrativo vigente, su evolución e interpretación al margen de la Constitución. Sánchez Morón, Miguel: *Derecho Administrativo. Parte General*, Ed. Tecnos, Madrid, 2009, p. 73-75.

4 A inicios de la década de 1980 se instaura nuevamente en Bolivia un régimen democrático, después de haber sufrido una cadena de gobiernos de dictatoriales que desestimaron un sistema Constitucional.

5 Esta es una afirmación efectuada por el tratadista francés Vedel, G. y también reconocida por Muñoz MACHADO, situación que fue plenamente identificable a la historia de Bolivia. Vedel, Georges: "*Les Bases Constitutionnelles Du Droit Administratif*", EDCE, Paris, 1980, p. 21-51. Muñoz Machado, Santiago: *Tratado de Derecho Administrativo y Derecho Público General I*, Tercera ed., Iustel, 2011, Madrid, p. 735-738.

su cumplimiento la existencia de una Administración pública que legitime estos intereses, entonces -por lo menos formalmente-, el servicio hacia los interés generales es lo que define la esencia y actividad de la Administración pública boliviana; pues la Administración no puede buscar intereses particulares o privados sino solo generales con la mayor objetividad posible; por ello, debe actuar con la mayor eficacia y eficiencia, prescindiendo de interferencias en beneficio propio, partidistas, favoritismos o discriminaciones [6].

En otro orden de cosas y en lo que respecta la conceptualización del Derecho Administrativo, somos conscientes de los innumerables esfuerzos que se han realizado para precisarlo y definirlo de manera cabal; sin embargo, por más empeño que se haya puesto en ese fin, sabemos que los resultados no han sido del todo uniformes y por el contrario han sido dispares, no aportando mayor claridad; es por ello que para nosotros, como punto de partida nos adscribimos a la teoría definitoria del Derecho Estatutario, ya que el Derecho Administrativo no es ni el Derecho propio de algunos órganos o de un poder, como tampoco el Derecho propio de una función, sino que es un "Derecho de naturaleza estatutaria, en cuanto se dirige a la regulación de las singulares especies de sujetos que se agrupan bajo el nombre de Administración Pública, sustrayendo a estos sujetos del Derecho común"[7].

II. FUENTES DEL DERECHO ADMINISTRATIVO

Hechas ya estas aclaraciones podemos pasar a reseñar las fuentes del Derecho Administrativo boliviano, las cuales las dividimos en formales y materiales.

Las fuentes formales, para el Derecho Administrativo boliviano provienen de un acto emanado por órgano formal del Estado o un ente superior de Derecho público internacional[8], entre ellos conforme señala el parágrafo II del artículo 410 de la Constitución, están la propia Constitución, los Tratados y Convenios internacionales[9], las Leyes, Decretos Supremos, Estatutos Autonómicos, las Cartas Orgánicas y el resto de legislación departamental, municipal e indígena originaria campesina. Este tipo de fuentes tienen carácter directo e inmediato por que sirven de fundamento en la toma de decisiones del servidor público para el cumplimiento de los fines de la Administración.

Las fuentes materiales, provienen del acto creador de otros sujetos distintos al de los entes que dan origen a las disposiciones antes mencionadas; las fuentes materiales están constituidas por principios que en alguna forma inspiran al dimanar de nuestro derecho, entre ellas están la jurisprudencia, la costumbre, la doctrina jurídica, el uso de la práctica administrativa, y los actos de expresión de valoraciones jurídicas de sujetos que no son órganos estatales.

Este tipo de fuentes tiene un carácter mediato o subsidiario, ya que el administrador al momento de tomar una decisión, utiliza, ante la ausencia de una norma concreta por analogía la principios generales del derecho, la doctrina, etc.; más bien diferente es la situación de la jurisprudencia ya que la tendencia de nuestro Tribunal Constitucional le otorga un lugar esencial como fuente directa del Derecho, por lo que se constituye en vinculante y obligatoria para el resto de los órganos del poder público (STC 1781/2004-R de 16 de noviembre de 2004)[10].

---

6 En palabras de Sánchez Morón, "la Administración es una institución servicial o vicarial. No tiene jurídicamente hablando intereses propios". Sánchez Morón, Miguel: "Derecho Administrativo…", ob. *cit.,* p. 74.

7 El criterio general es emitido por el Profesor García de Enterría, quien para arribar a ese lineamiento hace una distinción entre derechos generales y Derechos estatutarios. García de Enterría, Eduardo y Fernández Rodríguez, Tomas-Ramón: *Curso De Derecho Administrativo. I*, Ed. Thomson Reuters – Civitas, 15ª Ed., Navarra, 2011, p. 48-57.

8 Sobre el particular, en el Derecho Administrativo boliviano, Revilla Quezada, Alfredo: *Curso de Derecho Administrativo Boliviano*, Ed. Ferrari Hermanos, Bolivia, 1945.

9 Verbigracia, señalamos, la Convención Interamericana Contra la Corrupción (Responsabilidad Administrativa), suscrita en Caracas el 29 de marzo de 1996, de la cual Bolivia es signataria, habiendo sido esta adopción ratificada por el Congreso Boliviano el 15 de enero de 1997.

10 El fundamento jurídico III.2. de la STC 1781/2004-R de 16 de noviembre de 2004; señala que "… La posición de la jurisprudencia constitucional en el sistema de fuentes del Derecho (…) se constituye en vinculante y obligatoria para el resto de los órganos del poder público, particularmente para jueces y tribunales que forman parte del poder judicial, cuya base y fundamento es la fuerza de la cosa juzgada constitucional que le otorga el Constituyente a las sentencias proferidas por la jurisdicción constitucional, tanto en su parte resolutiva o *decisum*, como en sus fundamentos jurídicos que guarden una unidad de sentido con la parte resolutiva, de forma que no se pueda entender esta sin la alusión a aquéllos, es decir la *ratio decidendi* o razón de la decisión".

III. ORGANIZACIÓN ADMINISTRATIVA, EN ESPECIAL EL ESTADO Y LOS MUNICIPIOS

Lograda la independencia del entonces Alto Perú[11], se da origen como forma consecuente al nacimiento de un nuevo Estado que se erige inicialmente adoptando para sí de algunos conceptos y sistemas que han sido difundidos por el pensamiento ilustrado del siglo XVIII y promovidos desde luego a partir de 1789 por la República francesa; es así que la nueva República de Bolivia tal como dispuso el artículo 4 de su Constitución de 1826 (Constitución Bolivariana), adopta para su organización administrativa territorial, una división constituida por departamentos, provincias y cantones, de forma similar a lo previsto por el artículo 1 del Título II de la Constitución francesa de 1791.

No serán pocas las modificaciones que se realizaron a partir de ese entonces, pero siempre tomando como esencia la base de esa estratificación. Actualmente Bolivia se constituye en un Estado de carácter unitario social de derecho plurinacional comunitario, libre, independiente, soberano, democrático, intercultural, descentralizado y con autonomías (Art. 1 Constitución), el sistema de nuestra división geográfica marcará una tendencia orgánica de administración territorial o primaria[12] que se clasificará en base a unidades territoriales; es decir en "departamentos, provincias, municipios y territorios indígena originario campesinos (Art. 269, Par. I Constitución) con carácter de "gestión autonómica"; dirigimos nuestra explicación a este rumbo puesto que la clasificación emitida es el punto cardinal sobre el que orbitan las leyes generales vigentes, en especial la "Ley Marco de Autonomías y Descentralización. "Andrés Ibáñez" (LMAD)[13] y la Ley N° 1178 de Administración y Control Gubernamentales (Ley 1178)[14]; pero también para otros criterios[15] relativos la esencia de cada entidad como sus costumbres, personalidad y los fines general inmanentes que persigue.

Como señalamos, el territorio es para la organización administrativa boliviana un elemento constitutivo ya que sobre él se definen, las unidades de convivencia política y democrática puesto que se gobierna por instituciones administrativas representativas de la ciudadanía, por una "Entidad Territorial"[16]; los entes que administran una unidad territorial (departamento, municipio, etc.) gozan de una personalidad jurídica propia y con ella una alternativa de poderes o prerrogativas propias del Derecho Administrativo, ya que están investidas de autogobierno, potestades reglamentarias, organización, programación, planificación, poder expropiatorio, ejecutividad de sus actos, control social, etc. (Arts. 2 y 270 Constitución y Art. 7 Ley 1178 y Art. 13 Ley de Autonomías).

De acuerdo con la legislación vigente, empero con un fin didáctico, nosotros esquematizamos la organización administrativa del Estado boliviano, en Administración General del Estado; Administraciones de las Unidades Territoriales; y, Administraciones Regionales e Indígenas Originarias Campesinas[17].

1. *Administración General del Estado*

A la cabeza de la organización de estas entidades territoriales se encuentra, la Administración General de Estado (Art. 165 Constitución), que está constituido por la columna vertebral del Poder Ejecutivo, es decir por, la Presidencia, Vicepresidencia y Ministerios del Estado. Las formas de elección, nombramiento, atribuciones, competencias, responsabilidades y cesación de funciones están previstas

[11] Cabe recordar que hasta ese entonces Bolivia no existía como tal y lo que existía era el Alto Perú.

[12] Sobre los principios de organización administrativa y sus sistemas de administración territorial, no territorial o instrumental; diferencias y compatibilidades; se recomienda en la obra dirigida por Bermejo Vera, José: *Derecho Administrativo Básico Parte General*, Ed. Aranzadi. Thomson – Civitas, séptima edición, 2007, p. 123-130.

[13] Ley N°31 de 19 de julio de 2010, "*Ley Marco De Autonomías y Descentralización"*. Andrés Ibáñez.

[14] Ley N°1178 de 20 de julio de 1990, "Ley de Administración y Control Gubernamentales".

[15] Como las normas relativas a la esencia de cada entidad, por ejemplo, las "Normas Básicas del Sistema de Organización Administrativa", aprobada por Resolución Suprema N° 217055 de 30 de mayo de 1997.

[16] Entidad Territorial.- Es la institucionalidad que administra y gobierna en la jurisdicción de una unidad territorial, de acuerdo a las facultades y competencias que le confieren la Constitución Política del Estado y la ley (Art.6 par. II Ley de Autonomías...).

[17] Estructuración realizada conforme lo determinado por el artículo 13 de la Ley de autonomías....

por los Arts. 166 al 177 de la Constitución, por la Ley 1178, y por el Decreto Supremo N° 29894 de 7 de febrero de 2009[18].

2. *Administraciones de las Unidades Territoriales*

En cuanto refiere la Administración de las Unidades Territoriales; estas están conformadas por los "gobiernos autónomos departamentales", en el caso de los departamentos; y "gobiernos autónomos municipales", en el caso de los municipios.

Los gobiernos autónomos departamentales tienen como función impulsar el desarrollo económico productivo y social en la jurisdicción territorial del departamento que les corresponde, su funcionalidad radica en que los ciudadanos pertenecientes a su jurisdicción territorial pueden elegir mediante voto universal y directo a las autoridades que encabezarán la administración del Departamento; este tipo de gobiernos representados por una autoridad denominada Gobernador –en substitución a la clásica denominación de Prefecto desde 1826-, tienen potestad legislativa con efectos en su jurisdicción, pueden a través de sus normas crear, recaudar y/o administrar tributos, e invertir sus recursos; así también gozan de una facultad netamente administrativa puesto que pueden determinar las políticas y estrategias de su gobierno, tienen la facultad de planificación, programación y ejecución de su gestión política, administrativa, económica y financiera.

Los gobiernos autónomos departamentales se constituyen por dos órganos; por una "Asamblea Departamental" constituida por "asambleístas departamentales" elegidos por sufragio universal y directo, y; por "asambleístas representantes de las naciones y pueblos indígenas originarios" que son elegidos de acuerdo a normas y procedimientos propios de estos pueblos. Por debajo de la Asamblea Departamental está el otro órgano representativo del Departamento, el "Gobernador del Departamento" cuya elección también es dada de forma democrática a través de sufragio directo y universal (Art. 30 - 32 Ley de Autonomías).

Como segunda categoría dentro de las Administraciones de las Unidades Territoriales, citamos a los "gobiernos autónomos municipales" que tienen jurisdicción dentro la unidad territorial del municipio. Para los efectos de este estudio, la autonomía municipal consiste en la cualidad gubernativa irrenunciable que tienen todos los municipios existentes en el país y aquellos que vayan a crearse y fusionarse de acuerdo a la ley, esta cualidad consiste en una potestad normativa, fiscalizadora, ejecutiva, administrativa y técnica ejercida por el Gobierno Municipal en el ámbito de su jurisdicción territorial y de las competencias establecidas por ley. La autonomía municipal solo podrá modificarse en el caso de conversión a la condición de autonomía indígena originaria campesina.

Los gobiernos municipales a diferencia de los gobiernos departamentales van gozando de autonomía por más de 30 años[19], lo que les ha permitido cumplir las funciones del Estado desde un nivel primario y directo con la población. En la actualidad Bolivia cuenta con 340 municipios[20], cada municipio está direccionado por un gobierno autónomo municipal el cual se encuentra constituido por un "Concejo Municipal" y por un órgano ejecutivo representado por el "Alcalde"; el Concejo Municipal está conformado por concejales y por representantes de naciones y pueblos indígena originario campesinos; el concejo municipal, tiene facultades deliberativas, fiscalizadoras y legislativas en el ámbito de sus competencias, los concejales son elegidos mediante criterios democráticos acordes a la población, territorio y equidad, mediante sufragio universal, mientras que los representantes de naciones y pueblos indígena originario campesinos son elegidos mediante normas y procedimientos propios de los pueblos indígenas (Arts. 34, Par. I, y 35 de la Ley de Autonomías). El Órgano Ejecutivo, está presidido por un Alcalde (Art. 34, Par. II de la Ley de Autonomías) y por demás autoridades municipales encargadas de la administración, cuyo número y atribuciones son establecidos en normativa especial denominada "carta orgánica o normativa municipal", el Alcalde será elegido por sufragio universal de una lista separada a los candidatos para concejales, su elección procede por mayoría simple.

---

18 Decreto Supremo N° 29894 de 7 de febrero de 2009. "Estructura Organizativa Del Órgano Ejecutivo Del Estado Plurinacional".

19 El artículo 1 de la Ley N° 1113, 19 de octubre de 1989 "Ley Orgánica de Municipalidades", ya reconocía el carácter autonómico de las municipalidades.

20 Datos registrados en la Federación de Asociaciones de Municipalidades de Bolivia, ver: http://www.fam.bo/portal/default.asp?cg2=220 (última visita, mayo de 2021). De estos 340, 11 municipios han optado por la Autonomía indígena originario campesina.

La carta orgánica de la autonomía municipal es la norma en que se plasman un conjunto de disposiciones desarrolladas para regir la vida institucional, política y económica del municipio (Art. 36 Ley de Autonomías), además que declara los principios que regirán el sistema, su modelo de organización, de crecimiento y de distribución de recursos. Así, se constituye en la norma político y jurídica que posibilita la fijación de una serie de derechos, organizando poderes y determinando atribuciones y funciones de los gobiernos municipales, por otra parte, esta norma también definirá la organización del espacio territorial del municipio en distritos municipales, o la creación de subalcaldías, con el fin de desconcentrar la administración municipal.

3. *Administraciones regionales e indígenas originarias campesinas*

El artículo 280 de la Constitución, señala que la región, está conformada por varios municipios o provincias con continuidad geográfica y sin trascender límites departamentales, la región podrá constituirse en autonomía regional, a iniciativa de los municipios que la integran, vía democrática a través de un referendo en sus jurisdicciones. El gobierno de cada autonomía regional está constituido por una Asamblea Regional con facultad deliberativa, normativo-administrativa y fiscalizadora, en el ámbito de sus competencias, y por un órgano ejecutivo representado por un Vicegobernador. Los miembros de la Asamblea Regional serán elegidos en cada municipio junto con las listas de candidatos a concejales municipales, de acuerdo a criterios poblacionales y territoriales.

Por último, dentro de la categorización que proponemos, está la administración autonómica indígena originaria campesina, que se constituye en un "autogobierno que surge como el ejercicio de la libre determinación de las comunidades y pueblos originarios, indígenas, campesinos"; cuya población comparte el mismo territorio, y tiene singularidad de cultura, historia, lenguaje. Este sistema autonómico se sustenta en base a lo determinado por los artículos 2, 30, 289 a 296, 303 y 304 de la Ley de Autonomías, el Convenio 169 de la Organización Internacional del Trabajo ratificado por Ley N° 1257 de 11 de julio de 1991, la Declaración de Naciones Unidas sobre Derechos de los Pueblos Indígenas ratificada por Ley N° 3760 de 7 de noviembre de 2007, las normas y procedimientos propios de los pueblos indígena originario campesinos, y los estatutos de cada autonomía indígena originaria campesina. El gobierno de las autonomías indígena originario campesinas se ejercerá a través de sus propias normas y formas de organización, con la denominación que corresponda a cada pueblo, nación o comunidad, establecidas en sus estatutos y en sujeción a la Constitución.

IV. EL PROCEDIMIENTO ADMINISTRATIVO

Todo el dimanar de la Administración pública se centra en la realización de actos administrativos, su planificación, materialización y ejecución se encuentra regulada por procedimientos y formalidades que figuran en la legislación "Ley 1178 y en la Ley de Procedimiento Administrativo (LPA)"[21]. El procedimiento en sí tiene como objetivo determinar las normas que regulan la actividad administrativa, haciendo efectivo el ejercicio del derecho de petición del ciudadano ante la Administración, regulando la impugnación de las actuaciones administrativas cuando estas afecten derechos subjetivos o intereses legítimos de los administrados (Art.1 LPA). Para realizar estas actuaciones, el procedimiento tiene como actores a las entidades públicas, a los servidores y a los interesados administrados que tienen la posibilidad de realizar una serie de trámites técnicos y formales, personales y conjuntos en post de lo que pretensionan.

En razón a la vital importancia que conlleva poner en marcha la actividad de la administración, es necesario que la competencia exclusiva para determinar y reglamentar sea del Estado, es así que, los órganos administrativos tendrán competencia para conocer y resolver un asunto administrativo, la competencia que se les atribuya es irrenunciable, inexcusable y de ejercicio obligatorio (Art. 5 LPA), habida cuenta de que debe garantizarse a los administrados un procedimiento común y fiable. Bajo esa circunstancia la Ley de Procedimiento Administrativo en Bolivia es de aplicación plena y general, abarca a todos los entes de la Administración pública, entendiéndose por esta; al Órgano Ejecutivo, que comprende la administración nacional, las administraciones departamentales, las entidades descentralizadas o desconcentradas y los Sistemas de Regulación especial; los Gobiernos Municipales y Universidades Públicas; y las entidades que cumplan función administrativa por delegación estatal (Art.

21 Ley N° 2341 de 23 de abril de 2002. "Ley de Procedimiento Administrativo".

2 LPA); por el otro lado la LAP, con carácter excepcional no se aplicará a aquellos actos de la Administración que tengan salvedad expresa en la Ley, entre ellos están; los actos de Gobierno referidos a las facultades de libre nombramiento y remoción de autoridades, los actos del Defensor del Pueblo, los del Ministerio Público, los actos emitidos dentro los regímenes agrario, electoral y del sistema de control gubernamental, las demás actuaciones de la Administración pública que por su naturaleza se encuentren reguladas por normas de derecho privado; y los procedimientos internos militares y de policía que se exceptúen por ley expresa (Art.3 LPA). Las entidades administrativas de los órganos constitucionales, Poder Judicial y Legislativo desempeñan sus funciones conforme procedimientos especiales.

1. *Principios del Procedimiento Administrativo y sus fases de desarrollo*

Toda organización política se apoya necesariamente en una concepción axiológica del Derecho y actúa en virtud de la misma, la actividad administrativa como parte de la expresión de esa organización política estatal, se apoya también en concepciones valorativas estructurales[22], nuestra LPA no es ajena a esta situación ya que regula en su artículo 4, varios principios de la actividad administrativa, esta situación revela un avance en la cultura jurídica del Derecho administrativo boliviano, puesto que gran parte de su desarrollo histórico ha estado contaminado por una actitud negativa, la extrema discrecionalidad ejercida por el administrador que en más de las veces rayó en la arbitrariedad, ha causado merma en las gestiones del administrado[23], imposibilitando la consideración de sus pretensiones. Resaltan dentro los principios señalados por el artículo 4; el Principio de Legalidad; el Principio de Verdad Material en oposición al de Verdad Formal que rige el procedimiento civil; el Principio de Informalismo y de inobservancia a exigencias formales no esenciales solicitadas al administrado, ya que estas pueden ser cumplidas posteriormente o podrán ser excusadas y ello no interrumpiría ni enervaría el procedimiento administrativo; el Principio de Economía, Simplicidad y Celeridad, los procedimientos administrativos deben ser desarrollados con economía, simplicidad y celeridad, evitando la realización de trámites, dilatorios, formalismos o diligencias innecesarias.

En cuanto a las fases del procedimiento, la LPA tiene estructurado un esquema básico dividido en tres fases:

a) Fase de iniciación. Los procedimientos administrativos podrán iniciarse de oficio o a solicitud de persona interesada. En ocasiones puede suceder que se inicien varios procedimientos de forma simultánea cuyo contenido tenga identidad sustancial o estrecha relación, pudiendo según el caso aconseje acumularse. La iniciación se da por escrito, debiendo señalar el interesado sus generales de ley y el requerimiento que efectúa, a ello la Administración califica el procedimiento o caso contrario lo devuelve al peticionario para la subsanación de defectos (Arts. 39-44 LPA).

b) Fase de tramitación del procedimiento. Los procedimientos una vez iniciados se impulsan de oficio en todas sus etapas y se tramitan de acuerdo con los principios que expresa la LPA. En el desarrollo del procedimiento, en cualquier etapa, los interesados podrán formular argumentaciones y aportar documentos, hacer prevalecer pruebas, solicitar informes u otros elementos de juicio, los cuales deberán ser tenidos en cuenta por el órgano competente al redactar la resolución de conclusión del proceso. Sin embargo, antes de esta etapa la Administración otorgará la posibilidad al administrado para que efectúe alegatos dejando para él, el acceso al expediente.

Asimismo, dentro de la fase de tramitación de procedimiento, los hechos relevantes podrán acreditarse por cualquier medio probatorio legalmente permisible, otorgándose para tal fin un plazo de 15 días los cuales podrán ser prorrogados hasta 10 días más (Arts. 46-50 LPA).

---

[22] Sobre el principio de la legalidad de la administración y su aplicación singular en la ley y la doctrina García de Enterría, Eduardo y Fernández Rodríguez, Tomas-Ramón: *Curso De Derecho Administrativo. I, ob. cit.*, p. 455-468. En lo que específicamente refiere a los principios en el procedimiento administrativo, el Profesor Bermejo Vera, José: *Derecho Administrativo…, ob. cit.*, p. 276-279.

[23] Es de suma importancia que, en la Administración pública boliviana, los servidores públicos no solamente conozcan, sino apliquen estrictamente en el dimanar de sus actividades, los principios contenidos en la Ley, este proceder generará un cambio positivo en el desarrollo de la relación cada vez más compleja entre Estado y ciudadanos. La base de este criterio es emitido por Gerke Mendieta, Carlos y Gerke Siles, Marcela: "La nueva ley de procedimiento Administrativo en Bolivia", *Revista de administración pública*, España, N° 159, 2002, p. 467 y 468. Se recomienda esta lectura puesto que los autores también efectúan una síntesis histórica del procedimiento administrativo boliviano.

c) Fase de resolución o terminación del procedimiento. Una vez instruido el procedimiento y habiendo seguido un proceso con la presentación de pruebas de cargo, de descargo y habiendo agotado plazos, se preparará la resolución o acto definitivo que declare la aceptación o rechazo total o parcial de la pretensión del administrado; la aceptación de informes o dictámenes sirven de fundamentación y motivación para emitir la resolución (Arts. 51-53 LPA). Desde luego existen otras formas de concluir el procedimiento administrativo como el desistimiento, la renuncia y extensión del derecho, incluso puede concluir por causas sobrevinientes que imposibiliten materialmente la continuidad del proceso.

2. *Los sujetos del procedimiento*

En todo procedimiento administrativo intervienen varios sujetos, por una parte, obviamente desarrolla un papel cardinal, motivo de la inexistencia del proceso ante su ausencia, la Administración pública, pues a los entes que la componen les corresponde gestionar, impulsar y desarrollar hasta su conclusión el procedimiento.

Por la otra parte, se encuentran el ciudadano individual o colectivo con representación, las personas jurídicas privadas e incluso otra entidad pública que en virtud a sus pretensiones jurídicas estén legitimadas para reclamar determinados derechos o solicitar la reparación de derechos subjetivos afectados. Podrán también ser parte del procedimiento los terceros que debido a la causa del desarrollo del procedimiento vean comprometidos sus intereses.

En cuanto refiere la Administración pública, esta se encuentra representada por un servidor público, -una autoridad administrativa-, que gestionará el desarrollo del proceso, este servidor público tiene la facultad de delegar su ejercicio y competencia para conocer determinados asuntos administrativos, siempre que sea por causa justificada y mediante resolución expresa, motivada y pública, esta delegación se efectuará únicamente dentro de la entidad pública a su cargo, teniendo como efecto la responsabilidad solidaria entre delegante y el delegado. (Arts. 5-7 LPA); por otra parte, los titulares de los órganos administrativos podrán ser sustituidos temporalmente en el ejercicio de sus funciones en casos de vacancia, ausencia, enfermedad, excusa o recusación, como así también la autoridad administrativa jerárquicamente superior podrá avocar para sí la competencia de conocer determinados asuntos que correspondan ser tratados por los órganos o autoridades administrativas dependientes (Arts.7-9 LPA).

3. *La inactividad de la Administración. El silencio administrativo*

La Administración Pública está obligada a dictar resolución expresa en todos los procedimientos, cualquiera que sea su forma de iniciación, el plazo máximo que tiene para manifestarse desde la iniciación del procedimiento es de seis meses, salvo plazo distinto establecido conforme a reglamentación especial (Art. 16 LPA); transcurrido este plazo sin que la Administración pública hubiera dictado la resolución expresa, la persona debe considerar desestimada su solicitud, por operar un "silencio administrativo negativo", pudiendo con ello deducir la interposición del recurso administrativo que corresponda.

Desde el otro lado, el responsable, es decir, el servidor público designado para la gestión del procedimiento que en el plazo determinado no haya dictado la resolución expresa que resuelva el proceso, podrá ser objeto de la aplicación del régimen de responsabilidad por la función pública.

El silencio de la administración solo puede ser considerado como positivo, exclusivamente en aquellos trámites expresamente previstos en disposiciones reglamentarias especiales (Art.17 de la LPA). El silencio de la administración será considerado como una decisión positiva, exclusivamente en aquellos trámites expresamente previstos en disposiciones reglamentarias especiales, debiendo el interesado actuar conforme se establezca en estas disposiciones". En cuanto a su configuración jurisprudencial, el Tribunal Constitucional Boliviano a través de la SCP 0353/2012, indicó que el silencio administrativo: "Constituye una verdadera garantía constitucional en virtud de la cual, se da certeza jurídica al administrado, toda vez que las peticiones realizadas, no quedan en incertidumbre de manera indefinida. En ese sentido, en el orden jurídico interno, como regla general opera el silencio administrativo negativo, salvo que la normativa especial, de manera específica reconozca el silencio administrativo positivo, así lo determinó la SC 0032/2010-RDN. En este orden de ideas, debe precisarse que el silencio administrativo negativo, genera para el administrado dos efectos jurídicos esenciales: 1) Se considera que la petición realizada fue negada de manera inmotivada; y, 2) Una vez que opera el silencio administrativo negativo, el administrado o peticionante, se encuentra facultado para activar los mecanismos de impugnación reconocidos en el bloque de legalidad imperante, entre los cuales en materia administrativa se encuentran los recursos de revocatoria y jerárquico".

V. EL ACTO ADMINISTRATIVO, SU EJECUCIÓN, PRINCIPIO DE AUTOTUTELA, LOS RECURSOS EN VÍA ADMINISTRATIVA

La tendencia que Bolivia adopta sobre el acto administrativo surge como consecuencia de las corrientes teóricas clásicas francesas que se inspiraron en la división de los poderes del Estado y la exención de la Administración de la justicia; esto es, que la Administración al emitir un acto jurídico se encontraba exento de revisión del Poder Judicial, ya que el actuar jurídico de la autoridad administrativa solo sería factible de revisión por la misma Administración[24]. Esta tendencia que virtualmente sigue presente en Francia, fue desarrollada y ampliada por distintas corrientes, unas que consideran al acto jurídico como expresión de cada una de las funciones del Estado, otras que formulan a la teoría del acto administrativo como modelo de sentencia judicial individual y otras que identifican al acto administrativo con el acto propio de la Administración con especial fuerza al súbdito[25], la concepción que otorga el artículo 27 de la LPA parece encuadrarse en esta última corriente, puesto que considera al acto administrativo "...toda declaración, disposición o decisión de la Administración Pública, de alcance general o particular, emitida en ejercicio de la potestad administrativa, normada o discrecional, cumpliendo con los requisitos y formalidades establecidos en la presente Ley, que produce efectos jurídicos sobre el administrado. Es obligatorio, exigible, ejecutable y se presume legítimo". Esta concepción a nuestro criterio está acentuada por un corte extremadamente individualista puesto que identifica solo un nexo entre la Administración y el administrado dejando de lado otras posibilidades de actuación como las actividades conjuntas de entes administrativos, esto es, los actos interadministrativos como también los actos internos que producen efectos jurídicos en el seno propio de la administración emisora[26].

1. *Elementos del acto administrativo*

La conformación del acto administrativo se produce a partir de la configuración de ciertos componentes de carácter subjetivo, objetivo y formal; el artículo 28 de la LPA distingue estos elementos esenciales.

En cuanto al elemento de carácter subjetivo, el sujeto que emite el acto administrativo tiene que ser una autoridad competente, es decir una entidad pública reconocida como tal y que tenga competencia (Art. 2 LPA y Art. 3 Ley 1178), revisten esta calidad en la estructura jurídica boliviana: El Poder Ejecutivo, que comprende la administración nacional, las administraciones autonómicas departamentales, regionales, las entidades descentralizadas o desconcentradas, los sistemas de regulación, los Gobiernos Municipales, Universidades Públicas, entidades que cumplan función administrativa por delegación estatal[27], y por último consideramos también a las Administraciones indígenas originarias campesinas.

En cuanto al elemento de carácter objetivo están la: causa, el objeto y la finalidad. El acto administrativo deberá sustentarse en hechos y antecedentes que le sirvan para fundamentar su decisión, puede ser una situación claramente detectable o una situación de difícil apreciación; en cuanto el objeto del acto debe ser cierto, lícito y materialmente posible, el objeto justifica en sí mismo la existencia del acto administrativo y que por ello debe ser siempre público, el objeto del acto administrativo, es pues, la causa o su razón de ser.

La formalidad del acto administrativo radica en que necesariamente debe estar precedida por un procedimiento, que en la mayor medida garantice su le legalidad, la exigencia del procedimiento es

---

24 Se sugiere un estudio analítico a la obra de García de Enterría, Eduardo: *Revolución Francesa y Administración Contemporánea,* Ed. Civitas, cuarta edición, 2005, España. Leer en especial el epígrafe: "La interpretación de la división de los poderes como exención del ejecutivo. Exención de la justicia: Los antiguos Parlamentos".

25 Sobre las corrientes que surgen a partir de la escuela francesa, sus impulsores, teorías y críticas; léase a García de Enterría, Eduardo y Fernández Rodríguez, Tomas-Ramón: *Curso De Derecho Administrativo. I, ob. cit.,* p. 567-582.

26 Estamos convencidos de las críticas que realiza García de Enterría a esta tendencia jurídica (p. 568, 569); empero no estamos de acuerdo con la concepción que otorga sobre el acto administrativo (p.571) García de Enterría, Eduardo y Fernández Rodríguez, Tomas-Ramón: *Curso de Derecho Administrativo. I, ob. cit..* En este escrito solo nos limitamos a señalar, que el acto de la Administración busca un fin, un efecto meditado, previsible y razonado; la Administración no solo expresa una voluntad, un juicio o un deseo en el ejercicio de una potestad como indica el Maestro.

27 Sobre el sistema de organización administrativa y la Administración pública boliviana nos remitimos al subtítulo II de este trabajo.

consustancial a la propia existencia de la Administración por ser personificaciones jurídicas que igualmente se encuentran constituidas por un previo procedimiento, el acto deberá ser fundamentado, expresándose en forma concreta las razones que inducen a emitir la decisión.

2. *Los recursos en vía administrativa*

Los recursos administrativos proceden contra toda clase de resolución de carácter definitivo o actos administrativos que tengan carácter equivalente, siempre que dichos actos administrativos a criterio de los interesados afecten, lesionen o pudieren causar perjuicio a sus derechos subjetivos o intereses legítimos.

La interposición de cualquier recurso no suspenderá la ejecución del acto impugnado, no obstante, el órgano administrativo competente para resolver el Recurso podrá suspender la ejecución del acto recurrido de oficio o a solicitud del recurrente por razones de interés público o para evitar grave perjuicio al solicitante. La resolución de un recurso podrá confirmar o revocar total o parcialmente la resolución impugnada, o en su caso, desestimar el recurso si este estuviese interpuesto fuera de término o no cumpliese algunas formalidades señaladas por la LPA (Arts. 56 - 61 LPA).

La LPA reconoce dos tipos de recursos, el Recurso de Revocatoria y el Recurso Jerárquico. El Recurso de Revocatoria deberá ser interpuesto por el interesado ante la autoridad administrativa que pronunció la resolución impugnada, dentro del plazo de diez días siguientes a su notificación. Una vez interpuesto el recurso, el órgano autor de la resolución recurrida tendrá para sustanciar y resolver el recurso de revocatoria un plazo de veinte días, si vencido el plazo no se dictare resolución, el recurso se tendrá por denegado pudiendo el interesado interponer Recurso Jerárquico (Arts. 64 - 66 LPA).

Contra la resolución que resuelva el Recurso de Revocatoria, el interesado o afectado únicamente podrá interponer el Recurso Jerárquico ante la misma autoridad administrativa competente que resolvió el de revocatoria, dentro del plazo de diez días siguientes a su notificación o al día en que se venció el plazo para resolver el recurso de revocatoria. En el plazo de tres días de haber sido interpuesto, el Recurso Jerárquico y sus antecedentes deberán ser remitidos a la máxima autoridad ejecutiva del ente administrativo para que él, previo su conocimiento emita resolución en el plazo de noventa días, si vencido dicho plazo no se dicta resolución, el recurso se tendrá por denegado, bajo responsabilidad de la autoridad pertinente (Arts. 66-68 LPA).

VI. LOS CONTRATOS DE LA ADMINISTRACIÓN

Bajo el título de "Normas Básicas del Sistema Administración de Bienes y Servicios", Decreto Supremo N° 0181(NB-SABS)[28], se aprobó en Bolivia un nuevo marco regulatorio en el ámbito de la contratación pública, materia que en su momento revistió máxima relevancia no solo por las novedades de índole jurídica que trajo consigo sino, especialmente, por los objetivos de incidencia que busca en la efectividad de las políticas públicas del Estado. Las referidas NB-SABS intentaron dar respuesta a las demandas de transparencia, competitividad y libre concurrencia exigidas por el conjunto de la sociedad boliviana, buscando –por lo menos nominalmente- que los procedimientos de contratación sean celebrados de forma incólume, transparente, con mayor celeridad y simplicidad, buscando mecanismos de apoyo a la producción nacional, mayores oportunidades para todos los actores económicos de modo que se incluyan sistemáticamente en el mercado de la contratación administrativa a micro y pequeños empresarios, organizaciones económicas campesinas y asociaciones de pequeños productores[29].

La categoría del contrato público a lo largo de su historia en el Derecho Administrativo boliviano ha sido la más de las ocasiones, motivo de polémica, y en muchas otras, catalizador de vicisitudes que han discordado con algunos principios de la contratación, especialmente el de la transparencia, y con otras instituciones del Derecho Administrativo como el servicio público. Nuestro ordenamiento que inicialmente –época republicana- ha sido erigido en función a la órbita del sistema de contratación francés, ha estado vinculado a un ámbito de perspectiva civilista y con ello receptivo a alguna de sus instituciones, las cuales puestas en práctica se opusieron a la aplicación de una doctrina *iusadministrativista* -hasta recientemente

---

28 Decreto Supremo N° 0181 de 28 de junio de 2009, "Normas Básicas del Sistema de Administración de Bienes y Servicios" (NB-SABS).

29 Parte considerativa del Decreto Supremo N°181.

poco estudiada en el Derecho boliviano- ¿Cómo puede haber contratos si las partes no están en igualdad de condiciones? ¿Cómo puede la Administración unilateralmente resolver un contrato? ¿Cómo el contrato de la Administración puede ser de adhesión y no de convención? Las respuestas a estos planteamientos han sido otorgadas más por inercia y fuerza de la norma que por una doctrina nacional conformada[30], pues la realidad práctica ha demostrado a lo largo del tiempo, así no haya habido una respuesta teórica-científica, que (la potestad del Estado, la presencia subjetiva de la Administración como requisito *sinequanum*[31], la identidad sustancial de la Administración, la exorbitancia, el distinto actuar de la Administración en convenios y conciertos, etc.), la necesidad de garantizar el control financiero del Estado en sus contrataciones, la igualdad de concurrencia de los operadores económicos ante las licitaciones y la necesidad de afrontar y combatir –por cierto, nada infrecuentes- espectros de favoritismo y corrupción, hicieron necesaria la emisión de normas específicas de contratación administrativa y su sometimiento a un régimen jurídico público competente.

Los primeros contratos tuvieron importancia en el campo de la defensa nacional; el suministro de equipos militares fue vital para la hegemonía independista y a posteriori para la defensa ante amenazas bélicas externas[32]. Inmediatamente después repercutió la ejecución de obras públicas; más adelante el desarrollo de los servicios públicos que alcanzó relativo apogeo a mediados del siglo XX; además como es de lógica, la Administración pública boliviana ha necesitado adquirir inmuebles, muebles; concesionarlos, enajenarlos, adquirir empréstitos, contratar personal y servicios distintos, privatizarlos, etc. Las modalidades de contratación en la coyuntura jurídica actual son de lo más variadas, habida cuenta de los cambios diametrales que se suscitaron en las tendencias y sistemas políticos en menos de una década.

1. *Legislación, ámbito de aplicación y exclusiones*

Establecer con precisión cual es el ámbito de aplicación de las normas de contratación de bienes y servicios, es una gesta complicada, puesto que las mismas normas de contratación conforman parte de un sistema más amplio denominado "Normas Básicas Del Sistema De Administración De Bienes Y Servicios" (NB-SABS), y estas a su vez pertenecen a un contexto mucho mayor regulado por la Ley 1178 de Administración y Control Gubernamentales.

La Ley 1178, establece un conjunto de normas de administración y control que buscan regular el funcionamiento de la Administración pública boliviana, a través de un enfoque de modelo sistémico que agrupa las actividades de la Administración pública en tres sectores: programación y organización de las actividades, ejecución de las actividades programadas, y control a la gestión del sector público (Art. 2 Ley 1178), cada una de estas actividades a su vez se subdivide en distintos sistemas de programación, ejecución y fiscalización[33]. Inmerso en el segundo grupo, sistemas de ejecución, se encuentran las NB-

---

30 No obstante, ante la carencia de escritores nacionales, se suplió esa ausencia con Tratadistas extranjeros, destacando a los argentinos por su proximidad geográfica y más recientemente los españoles, debido al idioma y su incidencia sobre la cuestión.

31 Sobre la presencia de la Administración, como requisito inexcusable en la contratación administrativa. Léase a García de Enterría, Eduardo y Fernández Rodríguez, Tomas-Ramón: *Curso De Derecho Administrativo. I*, ob. *cit.*, p. 723-726.

32 Bolivia fue una de las primeras colonias españolas en rebelarse. Las revueltas se multiplicaron y fue finalmente después de la victoria de Sucre en Ayacucho que la región obtuvo su independencia, el 6 de agosto de 1825, y tomó el nombre de Bolivia el 11 de agosto del mismo año. Desde el comienzo de su existencia como Estado independiente, Bolivia tuvo períodos de inestabilidad política y asedio de otras naciones. Sufrió conflictos bélicos con los países limítrofes, como Argentina, Perú, Chile, Brasil y Paraguay. Se recomienda al lector interesado en la historia de Bolivia, leer a Mesa Gisbert, Carlos Diego: *Historia de Bolivia*, Ed. Gisbert, 7ª ed., 2011, Bolivia.

33 El artículo 2 de la Ley 1178, agrupa las actividades de la Administración pública en tres sectores, constituidos por sistemas:

a) Para programar y organizar las actividades:

- Programación de Operaciones. - Organización Administrativa. - Presupuesto.

b) Para ejecutar las actividades programadas:

- Administración de Personal. - Administración de Bienes y Servicios. - Tesorería y Crédito Público.
- Contabilidad Integrada.

c) Para controlar la gestión del Sector Público:

SABS que tiene por objeto regular sectores tan sensibles como la contratación administrativa de obras, bienes y servicios; y por otra parte, regular el manejo y la disposición de patrimonio de las entidades públicas.

En lo que corresponde a este epígrafe, debemos señalar que las NB-SABS regulan en su Título I (Arts. 12 - 111), a un conjunto interrelacionado de principios, elementos jurídicos, técnicos y administrativos, que norman los procesos de contratación de bienes, obras, servicios generales y servicios de consultoría; los cuales son de uso y aplicación obligatoria por todas las entidades del sector público, sin excepción; precisamente uno de los objetivos de la Ley 1178 ha sido ampliar dicho ámbito, para evitar que la formación de algunos entes instrumentales del sector público, puedan suponer una huida al régimen de fiscalización de la contratación; es por ello que objetivamente se entienden incluidas en el ámbito de aplicación, la Presidencia y Vicepresidencia de la República, Ministerios, Contraloría General de la República, Cortes Electorales, Banco Central de Bolivia, Superintendencias de Bancos y de Seguros, entidades estatales de intermediación financiera, Corporaciones de Desarrollo, Fuerzas Armadas y Policía Nacional, gobiernos departamentales y municipales, universidades; todas las instituciones, organismos y empresas de los gobiernos nacionales, departamentales y locales, como así también de toda otra persona jurídica donde el Estado tenga la mayoría del patrimonio.

Por otra parte, las referidas normas también son de aplicación obligatoria en los Poderes Legislativo y Judicial (Art. 6 NB-SABS y Arts. 3 y 4 de la Ley 1178).

Por otra parte, no ingresarán o más bien quedan excluidos del ámbito de aplicación de las NB-SABS aquellos convenios de colaboración interadministrativa, siempre que su naturaleza no constituya verdaderos contratos[34], tampoco los contratos de contratación de personal laboral que se rige por normativa especial[35]. Además, tampoco se someten a las NB-SABS las aquellas contrataciones públicas que sean realizadas mediante convenios de financiamiento externo refrendados por Ley, en este caso se estará a lo expresamente previsto en dichos convenios[36].

2. *Clases de contratos*

Analizada la situación de los contratos excluidos de las NB-SABS, debe advertirse que en la legislación nacional al hablar de contratación pública o contratos administrativos, exclusivamente nos referimos a los contratos que celebra la Administración pública y que en Bolivia a diferencia de otros sistemas[37], solo tiene una única naturaleza la "administrativa" (Arts. 5, inc. j, y 85). Amén de esta situación las NB-SABS establecen una serie de tipos contractuales que pertenecen a un orden clásico; es así que el inc. a) del parágrafo I del artículo 1 establece que el subsistema de contratación de bienes y servicios, regula la contratación de obras, bienes, servicios generales y servicios de consultoría[38]; por

- Control Gubernamental, integrado por el Control Interno y el Control Externo Posterior. El lector interesado sobre la descripción y composición de cada una de estas categorías puede consultar el compendio didáctico oficial del Estado. Contraloría General del Estado – CENCAP: "Ley N°1178 Compendio Didáctico", cuarta ed., 2010, Bolivia, p. 11, 23-128.

34 Sobre la teoría general de distinciones, naturaleza y clases de contratos; léase la obra de García de Enterría, Eduardo y Fernández Rodríguez, Tomas-Ramón: "Curso De Derecho Administrativo. I", ob. *cit.*, p. 699- 710.

35 Así, por ejemplo, la Ley N°2027 de 27 de octubre de 1999. "Ley del Estatuto del Funcionario Público"; el Decreto Supremo N° 26115 de 16 de marzo de 200. "Normas Básicas de Administración de Personal".

36 Cabe mencionar que muchas de las contrataciones públicas en Bolivia, son realizadas con financiamiento externo, destacando créditos y donaciones efectuadas por el Banco Interamericano de Desarrollo, y Banco Mundial. Estas entidades económicas para operar con los distintos países regulan sus contrataciones en el caso del BID con sus "Políticas Básicas Y Procedimientos De Adquisiciones Del BID de 1995", y en el caso del BM con las "Normas: Selección y Contratación de Consultores por Prestatarios del Banco Mundial" Versión revisada en Octubre de 2006 y Mayo de 2010, y con las "Normas Adquisiciones con Prestamos del BIRF y Créditos de la AIF" de mayo 2004.

37 Este es el caso del Reino de España en el que se cernió gran polémica sobre la distinción entre contratos administrativos y privados. Sobre el particular puede leerse a Gimeno Feliu, José María: *Contratos Públicos: Ámbito de Aplicación y Procedimiento de Adjudicación. La incidencia de las Directivas comunitarias en el Ordenamiento jurídico español*, Ed. Cívitas, 2003, España, p. 92-103. Así también del mismo autor léase *Novedades de la Ley de Contratos del Sector Público de 30 de octubre de 2007 en la Regulación de la Adjudicación de los Contratos Públicos*", Ed. Civitas-Thomson Reuters, 2010, p. 179-181.

38 En el entendido que esta obra tiene más un carácter descriptivo que de cuestionamiento teórico, nos limitamos entretanto a enunciar los tipos contractuales, derivando su estudio específico a futuras obras, no obstante, nos detendremos en aquellos que por su situación revisten novedoso interés.

otra parte se añade a esta lista otro tipo de figuras contractuales, como los contratos de concesión administrativa (Arts. 5, inc. e, y 78) y otros que revisten especial interés por el objeto de su contratación, es el caso de la contratación con financiamiento del proponente, donde se permite que el proponente oferte la provisión de bienes o ejecución de obras con una propuesta de financiamiento parcial o total, para cubrir la inversión por sí mismo o mediante compromiso de terceros (Art. 75 NB-SABS)[39]; la contratación llave en mano, por la cual el operador económico adjudicado se compromete a la entrega de una obra terminada, que contempla desde el diseño, ejecución de la obra, su puesta en marcha, su equipamiento, capacitación, transferencia intelectual y tecnológica (Art.76 NB-SABS)[40]; el contrato de leasing, por el que las entidades públicas de acuerdo a la naturaleza de sus actividades y para el logro de sus objetivos específicos, pueden contratar, mediante un leasing financiero u operativo, el arrendamiento y/o adquisición de bienes (Art.84 NB-SABS)[41].

3. *Modalidades de contratación y adjudicación*

El aspecto central en el sistema de contratación pública boliviana ha sido y será el que se refiere a las modalidades de contratación y adjudicación, a la par de estos aspectos se erigen los principios y valores[42] característicos de la contratación –transparencia, integridad, justicia, verdad y ética- que las NB-SABS quieren garantizar frente a una posible utilización irregular de las normas; en este lineamiento las normas nacionales de contratación pública, distinguen y regulan distintas modalidades de contratación, algunas de las cuales dependen de la cuantía del contrato.

Son modalidades de contratación, la Contratación Menor, el Apoyo Nacional a la Producción y Empleo, la Licitación Pública, la Contratación por Excepción, la Contratación por Emergencia y la Contratación Directa de Bienes y Servicios; las tres primeras son procedimientos ordinarios, mientras que los últimos son considerados excepcionales[43].

En el procedimiento de contratación menor (De Bs. 1.- a Bs. 50.000.-), la contratación carece de cualquier solemnidad y formalidad, la contratación se realiza de forma directa (Arts. 52 – 54 NB-SABS); sin embargo, es importante mencionar que, bajo este margen, conforme las modificaciones efectuadas por el reciente DS. 4453 de 14 de enero de 2021[44]; las condiciones para la Contratación Menor deberán ser reglamentadas por cada entidad pública en sus reglamentos internos; debiendo considerarse los siguientes aspectos:

---

39 En las contrataciones con financiamiento del proponente, la entidad debe especificar en el contrato, el momento a partir del cual se crea la obligación de reembolso del financiamiento recibido, determinando el documento de respaldo que lo sustenta. El contrato deberá señalar con precisión el monto financiado y la fecha a partir de la cual se devengarán los intereses y aplicarán las condiciones financieras de la propuesta adjudicada (Art. 75 NB-SABS).

40 Las contrataciones llave en man o podrán realizarse en proyectos donde sea racionalmente más económico otorgar a un mismo contratante el diseño, la ejecución de la obra y la puesta en marcha referida a instalaciones, equipamiento, capacitación, transferencia intelectual y tecnológica.

41 El contrato de leasing es aquel mediante el cual, el arrendador traspasa el derecho a usar un bien a cambio del pago de rentas de arrendamiento durante un plazo determinado al término del cual el arrendatario tiene la opción de comprar el bien arrendado pagando un precio determinado, devolverlo o renovar el contrato (Art.5, inc. r NB-SABS).

42 La norma señala valores, sin embargo, para referirnos a una nomenclatura de la teoría general de la contratación administrativa, nosotros haremos referencia a principios.

43 Desde un punto de vista del derecho comparado, resulta por demás provechoso un análisis sobre las modalidades y procedimientos de contratación efectuados en la Unión Europea a través de su" Directiva 2004/18 CE DEL PARLAMENTO EUROPEO Y DEL CONSEJO de 31 de marzo de 2004 sobre coordinación de los procedimientos de adjudicación de los contratos públicos de obras, de suministro y de servicios" y su implementación en el derecho español. Sobre el particular resulta indispensable referirse a algunas de las obras de los que consideramos máximos representantes teóricos del Derecho de la contratación pública en España: González-Varas Ibáñez, S.: *El contrato administrativo*, Ed. Civitas, Madrid, 2003; Gimeno Feliu, José María: *Contratos Públicos: Ámbito de Aplicación y Procedimiento de Adjudicación…*, ob. *cit.*, del mismo autor *Novedades de la Ley de Contratos del Sector Público…, ob. cit.*. Moreno Molina, José Antonio: *Contratos públicos: Derecho Comunitario y Derecho español*, Ed. McGraw-Hill, Madrid, 1996. Moreno Molina, José Antonio, y Pleite Guadamillas, Francisco: *La nueva Ley de Contratos del Sector Público. Estudio sistemático*. Ed. La ley, primera reimpresión de la edición primera, Madrid, 2008.

44 El referido Decreto, tuvo dos objetivos claros: a) Establecer la Subasta Electrónica y el Mercado Virtual Estatal; b) Realizar modificaciones e incorporaciones al Decreto Supremo Nº 0181, de 28 de junio de 2009, Normas Básicas del Sistema de Administración de Bienes y Servicios NB-SABS.

a) Los bienes y servicios contratados deben reunir condiciones de claridad para cumplir con efectividad los fines para los que son requeridos.

b) Deben efectuarse considerando los criterios de economía para la obtención de los mejores precios de mercado.

c) Deben efectuarse a través de acciones inmediatas ágiles y oportunas.

Mientras que en la modalidad de contratación de Apoyo Nacional a la Producción y Empleo (ANPE) (De Bs 50.000.- a Bs1.000.000.-) la contratación permite la libre participación de un número indeterminado de operadores económicos, beneficiando claro está a micro y pequeñas empresas con el objeto de que generen empleo y producción nacional, el procedimiento de contratación se realiza mediante solicitud de cotizaciones, publicando la convocatoria "Documento Base de Contratación" (DBC) en Mesa de Partes y en la página oficial del Sistema de Contrataciones Estatales (SICOES).

Por otra parte, en el caso de la Licitación Pública (De Bs 1.000.000.- adelante) esta puede ser con convocatoria pública nacional, para contrataciones mayores a Bs 1.000.000.- hasta Bs70.000.000.-, o mediante convocatoria pública internacional, para contrataciones mayores a Bs70.000.000.-; en ambos casos el procedimiento de contratación guarda las más amplias solemnidades de publicación y participación, determinándose plazos, notificaciones, sub procedimientos, recursos administrativos, etc.

En el caso de las contrataciones por Excepción, Desastres y/o Emergencia, y Directa de Bienes y Servicios; no tienen cuantía, por lo que las adjudicaciones pueden ser realizadas de forma directa, previa manifestación de ciertas causales; a continuación señalamos algunas que consideramos más relevantes; verbigracia, en las contrataciones por excepción debe existir un único proveedor para la contratación de bienes, obras y servicios generales y siempre que el servicio que se quiera contratar requiera una especialización de modo que solo pueda ser realizada por un consultor, compra de alimentos frescos y perecederos, cuando se requiera la adquisición de equipo militar para la defensa y seguridad del Estado, así también cuando anteriormente se han procedido a dos licitaciones públicas internacionales o tres nacionales y estas han sido declaradas desiertas (Arts. 63-65 NB-SABS).

Por otra parte, la modalidad de contrataciones por Desastres y/o Emergencias, permite a las entidades públicas contratar bienes y servicios, única y exclusivamente para enfrentar los desastres y/o emergencias nacionales, departamentales y/o municipales que sean declaradas conforme la Ley de Gestión de Riesgos (Arts. 67 – 69 NB-SABS).

En la que refiere la modalidad de contratación directa de bienes y servicios pueden adquirirse bienes que tengan una tarifa única la cual ha sido previamente regulada por el Estado, es el caso de los hidrocarburos o algunos servicios públicos como energía eléctrica, agua, comunicaciones o transportes (Arts. 70 – 72).

VII. EL DERECHO ADMINISTRATIVO SANCIONADOR

Para garantizar el cumplimiento de la legalidad y tutelar los intereses generales que le corresponde, la Administración no solo cuenta con las potestades inherentes a su condición, sino que, también goza de la potestad de poder sancionar las infracciones que los administrados realicen al orden jurídico-administrativo[45]. Esta potestad sancionadora tiene una gran amplitud en nuestro Derecho además que tiene incidencia en la esfera patrimonial de los administrados, en las actividades económicas profesionales y también como no, repercusión en el erario nacional.

Mediante la facultad de imponer sanciones en contra de quienes quebrantan la norma administrativa, se logra garantizar el respeto, observancia y cumplimiento de la misma y de las actuaciones y deberes que se imponen a los administrados por la normas jurídicas y actos administrativos (revocatoria de licencias, multas, destitución de personal perteneciente a la función administrativa, etc.), mucho mayor efecto obviamente es conseguido a través de la imposición de penas en el marco de la legislación penal; empero el peso jurisdiccional en el ámbito penal, como también las formalidades que se deben cumplir conforme a un debido proceso, ralentizan el objetivo práctico que busca el régimen sancionador administrativo.

---

[45] Significativo resulta al respecto el libro de San Miguel Rodríguez, Walker: *El Derecho Administrativo Sancionador en Bolivia*, Plural Editores, Bolivia 2005. Un texto muy básico, empero pionero no duda cabe, en la investigación jurídica sobre esta temática en Bolivia.

Si las determinaciones de la Administración son incumplidas se mermaría la eficacia de la actuación administrativa y también la seguridad jurídica "pues una obligación legal cuyo incumplimiento carece de consecuencias jurídicas desfavorables para el infractor acaba por perder su valor". Sin embargo, no todas las medidas o actos de gravamen que adopta la Administración constituye una medida de sanción, sino que muchas de estas medidas se limitan ha restablecer, restaurar la ilegalidad infringida, dejando el estado de las cosas a la situación previa de ser alteradas ilegalmente, verbigracia en materia municipal, están las demoliciones a edificaciones realizadas en suelo no urbanizable[46].

La Constitución boliviana por su parte, reconoce la potestad sancionadora de la Administración en distintas áreas, que van desde sanciones por afectar políticas del medio ambiente (Art. 345 Constitución), sanciones por el despido injustificado de personal (Art. 49 Constitución), sanciones por el incumplimiento de obligaciones de la función pública (Art. 237 Constitución), hasta sanciones contra los servidores públicos que manifiesten conductas racistas (Arts. 16-23 Constitución). No obstante lo indicado y si bien reconoce la potestad sancionadora de la Administración, también establece limitaciones en cuanto a su regulación y ejercicio otorgando al administrado de medios y recursos excepcionales que paralizan determinaciones arbitrarias de los servidores públicos especialmente en cuanto aquellas que implican directa o indirectamente la privación de libertad (Art. 114 Constitución); la acción de "Amparo Constitucional "contra actos u omisiones ilegales o indebidos de los servidores públicos, o de persona individual o colectiva, que restrinjan, supriman o amenacen restringir o suprimir los derechos reconocidos por la Constitución y la ley" (Art. 128 Constitución); y la "Acción Popular" que procede contra todo acto u omisión de las autoridades o de personas individuales o colectivas que violen o amenacen con violar derechos e intereses colectivos, relacionados con el patrimonio, el espacio, la seguridad y salubridad pública, el medio ambiente y otros de similar naturaleza reconocidos por la Constitución (Art. 135 Constitución).

1. *Legislación aplicable, principios y procedimiento*

Un gran problema con el que se atraviesa es que, la legislación administrativa sancionadora establece una pluralidad de normas jurídicas a diferencia de lo que ocurre con el Código Penal. Sobre esta situación y con un afán sistematizador el primer paso lo dio la Ley 1178 al regular aspectos generales relacionados con la responsabilidad por la función pública; sin embargo, la norma que se preocupa de forma directa sobre esta situación es la Ley del Procedimiento Administrativo que introduce en su Capítulo VI una regulación que abarca desde principios a las etapas del procedimiento sancionador (Arts. 71 – 84 LPA).

Es así que el aspecto subjetivo que debe contener la determinación de una sanción administrativa emitida por autoridad competente debe estar inspirada en los principios de legalidad, tipicidad, presunción de inocencia, proporcionalidad, procedimiento punitivo e irretroactividad (Arts. 71-79 LPA).

El procedimiento sancionador se rige por las normas y etapas que corresponden al procedimiento administrativo en general y sobre el cual ya hicimos mención anteriormente; empero habrá que añadir que en forma previa al inicio de los procedimientos sancionadores, los funcionarios determinados expresamente para el efecto por la autoridad administrativa, organizarán y reunirán todas las actuaciones preliminares necesarias, donde se identificarán a las personas individuales o colectivas presuntamente responsables de los hechos susceptibles de iniciación del procedimiento, las normas o previsiones expresamente vulneradas y otras circunstancias relevantes para el caso, cuando así esté previsto en las normas que regulen los procedimientos sancionadores particulares, se podrá proceder mediante resolución motivada a la adopción de medidas preventivas que aseguren la eficacia de la resolución final que pudiera dictarse (Art. 81 LPA).

La etapa de iniciación se formalizará con la notificación a los presuntos infractores con los cargos imputados, advirtiendo a los mismos que de no presentar pruebas de descargo o alegaciones, se podrá emitir la resolución correspondiente.

Los presuntos infractores en el plazo de quince días a partir de su notificación podrán presentar todas las pruebas, alegaciones, documentos e informaciones que crean convenientes a sus intereses, pudiendo aceptarse todos los medios de prueba legalmente establecidos. Vencido el término de prueba, la autoridad administrativa correspondiente en el plazo de diez días emitirá resolución que imponga o desestime la sanción administrativa. Contra la resolución de referencia procederán los recursos administrativos a los que ya hicimos referencia en la parte correspondiente.

---

[46] *Vid.* para todo, Sánchez Morón, Miguel: "Derecho Administrativo...", *ob. cit.*, p. 669-674.

VIII. LA DISCRECIONALIDAD ADMINISTRATIVA

El asedio a la inmunidad judicial de la discrecionalidad resume uno de los capítulos más importantes en la evolución general del Derecho Administrativo, esta situación no fue ajena para Bolivia, sin embargo, con condiciones distintas a las que se dieron en Francia con la acción del "exceso de poder"[47]. A lo largo de la historia de Bolivia, la discrecionalidad ha estado equiparada a los actos de imperio –categoría opuesta a los de gestión- y es que, gran parte de la vida Republicana de Bolivia, ha estado dirigida por gobiernos inconstitucionales, autoritarios y soslayantes de la Constitución, los cuales en el campo de la función pública tomaron decisiones alejadas de una discrecionalidad reglada y más bien se enfrascaron en decisiones que rayaron la arbitrariedad; el grave retraso de nuestro Derecho Administrativo queda en su esplendor cuando por Decreto Ley de 6 de agosto de 1975 se promulga -bajo uno de los gobiernos más tiranos y sangrientos de Sudamérica-, el Código de Procedimiento Civil[48] (vigente a la fecha) cuyo capítulo VI regula sobre el "Contencioso Administrativo ante Resoluciones del Poder Ejecutivo", como se podrá apreciar, el legislador utilizó los términos "Resoluciones del Poder Ejecutivo", expresiones típicas de gobiernos dictatoriales que obvian la actuación de la función pública que se inspira en principios constitucionales, los cuales ya estaban plasmados en el entonces Art. 43 de la Constitución Boliviana de 1967[49].

La posterior "estabilidad" democrática de Bolivia que se da a partir de la década de 1980 da inicio al paradigma propio del orden constitucional que ayuda a comprender que el ejercicio del poder público debe ser practicado conforme a los estrictos principios y normas derivadas del imperio de la Ley, no existiendo por tanto, actividad pública o funcionario que tenga pleno albedrío de ejercer sus funciones ya que estas se encuentran regladas por normativa; sin embargo, debido al rasgo heterónomo de las actividades de la Administración, que no pueden ser todas y cada una regladas, el ordenamiento jurídico boliviano atribuye a la Administración de potestades administrativas regladas y discrecionales para su funcionamiento; es así que el artículo 27 de la LPA, permite que las declaraciones, disposiciones o decisiones de la Administración pública; sean emitidas en ejercicio de sus potestades administrativas, normadas[50] o discrecionales, estas últimas también consideradas en el marco de la norma[51] ya que caso contrario las actuaciones de los servidores públicos serían declaradas nulas, por no emerger sus decisiones de potestad que se origine en la ley (Art. 122 Constitución) (STS. 170/2008)[52].

---

47 Sobre el desarrollo histórico del control jurisdiccional de la actividad discrecional, léase a García de Enterría que efectúa un análisis destacado desde la perspectiva del Derecho francés. García de Enterría, Eduardo y Fernández Rodríguez, Tomas-Ramón: *Curso de Derecho Administrativo. I, ob. cit.,* p. 488, 491. Por otra parte, y con igual mérito, desde la perspectiva del Derecho de los Estados Unidos de Norte América, Muñoz Machado, Santiago: *Tratado de Derecho Administrativo…-, ob. cit.,* p. 469-473.

48 Código de Procedimiento Civil aprobado por Decreto Ley 12760 de 06 de agosto de 1975, elevado a rango de Ley por Ley 1760 de 28 de febrero de 1997.

49 Constitución Política de la República de Bolivia de 1967. Con reformas introducidas por la Ley Nº 1585 del 12 de agosto de 1994, Texto Concordado de 1995 sancionado por Ley Nº 1615 del 6 de febrero de 1995, y reformas introducidas por Ley Nº 2410 del 8 de agosto de 2002.

50 Las potestades regladas (normadas) son aquellas en las que el órgano administrativo se limita al encuadramiento de un hecho concreto al presupuesto previsto tipificado en una norma, sin margen de apreciaciones o consideraciones del fuero interno del servidor público.

51 La potestad discrecional otorga un margen de libertad de apreciación de la autoridad, quien realizando una valoración un tanto subjetiva ejerce sus potestades en casos concretos. Ahora bien, el margen de libertad del que goza la Administración en el ejercicio de sus potestades discrecionales no es extra legal, sino por el contrario remitido por la ley y en la medida en que la ley haya dispuesto; es por ello, a decir de Bermejo Vera, que quizás habría que referirse "*más propiamente a la discrecionalidad existente en el seno de las potestades regladas*" por ello, para él, y para nosotros, siguiendo ese criterio, la discrecionalidad administrativa no consiste en la posibilidad de interpretar las normas de una forma más o menos flexible, sino en la posibilidad reconocida a la Administración de optar entre varias soluciones igualmente correctas e indiferentes para el Derecho, entre las cuales la Administración opta con arreglo a criterios de oportunidad, mérito y conveniencia. Ideas centrales de Bermejo Vera, José: *Derecho Administrativo Básico…, ob. cit.* p. 241-243.

52 "…el principio de legalidad administrativa, supone la total sumisión a las leyes vigentes de carácter general, de manera que se constituye en un verdadero límite a la discrecionalidad de los servidores públicos, quienes no pueden interpretar y aplicar arbitrariamente las normas, dicho principio y todo el accionar de la Administración Pública, se delimita además en que *los actos administrativos deben enmarcarse necesaria e ineludiblemente en el marco de las*

Ahora bien, la nulidad de estas actuaciones es más que complicada resolverlas por el control judicial, puesto que los ámbitos de desenvolvimiento de la Administración para determinados aspectos restringen la libertad de ejercitar facultades de control judicial sobre las actuaciones administrativas; este el lineamiento del Tribunal Supremo de Justicia al considerar:

> "Que en torno a la difícil cuestión del control judicial de la discrecionalidad es que la función de la jurisdicción contenciosa administrativa consiste, tanto en el control de la legalidad de la actividad administrativa, como en evitar que se generen conflictos de intereses entre el sector público y los particulares; entonces *no quepa ninguna duda que ese control se proyecta hacia la adecuación de las decisiones administrativas al ordenamiento jurídico*, tutelando efectivamente los derechos e intereses perjudicados de los ciudadanos o entes por una actuación antijurídica de la administración pública.
>
> Bajo esta premisa el Tribunal contencioso administrativo, puede y debe anular aquellas resoluciones o decisiones discrecionales que vulneren el ordenamiento jurídico; por cuanto la jurisdicción contenciosa debe actuar, pues como un administrador negativo, *controlando y eliminando aquellas decisiones contrarias a derecho y que vulneran derechos e intereses de los particulares, pero sin imponer, en positivo, el criterio metajurídico que considere más idóneo, anulando una resolución conforme con el orden jurídico o condenando a la administración a escoger una alternativa frente a otras subsistentes*; *es decir, que la fuente de la decisión no puede ser otra que la Ley* o el contrato vigente..." (STS. Sala Plena 308/2007, EXP. N°165/2004, cursiva nuestra).

No obstante, la posibilidad del control judicial sobre el ejercicio de las potestades discrecionales y sobre la columna de lo que constituye el acto jurídico, la jurisprudencia constitucional ha determinado técnicas de control sobre la discrecionalidad lo que, sumado al respeto de los principios generales de la actividad administrativa, constituyen a nuestro parecer las aristas en las que se deben desenvolver las actuaciones administrativas. Los principios generales de la actividad administrativa que a nuestro parecer tienen mayor relevancia son: El Principio fundamental, Principio de autotutela, Principio de sometimiento pleno a la ley, Principio de verdad material, Principio de legalidad y presunción de legitimidad, Principio de publicidad, Principio de proporcionalidad (Art. 4 LPA), mientras que la técnica de control judicial orbita en razón a los límites de los derechos fundamentales de las personas (STC 0431/2011-R)[53].

IX. EL CONTROL JUDICIAL DE LA ADMINISTRACIÓN: CONTENCIOSO ADMINISTRATIVO Y OTROS MODOS DE SOLUCIÓN DE CONTROVERSIAS

Sin perjuicio de los antecedentes históricos del Derecho francés[54], la Jurisdicción contencioso-administrativa se instauró en Bolivia a partir de la promulgación de la Constitución Política del Estado de 1861[55], cuyo artículo 42 dispuso la conformación de un "Tribunal Supremo *contencioso-administrativo" compuesto de* siete consejeros; sin embargo más allá de la disposición legal, este Tribunal nunca llego a funcionar y por el contrario su institucionalidad fue eliminada del texto constitucional siete años después con la promulgación posterior de la Constitución de 1868.

---

atribuciones que la ley confiere a los agentes del Estado." (STS Sala Plena: 170/2008, EXP. N° 156/2004, cursiva nuestra).

53 Así también la Sentencia Constitucional 1038/2006-R, ha establecido que: "...*la discrecionalidad tiene como límite los derechos fundamentales*, a cuyo respeto se encuentran comprometidos todos los Estados. Es así, que en ningún caso las autoridades administrativas, respecto de los extranjeros pueden desconocer la vigencia y alcance de los derechos fundamentales ni los inherentes a la persona humana, garantizados en la Constitución Política del Estado y en los Tratados Internacionales, así se encuentren en condiciones de permanencia irregular..." (cursiva nuestra).

54 Sin perjuicio y de la forma más sintética (ya que no corresponde a la estructura de esta obra) nos alineamos al criterio del Profesor García de Enterría, el Contencioso-administrativo tiene su origen en el pensamiento político occidental francés y en la consideración de los principios de legalidad y libertad, cuya protección estuvo a cargo del Consejo de Estado, creado por la Constitución napoleónica el año VIII. Sobre los antecedentes históricos y fundamentos del Contencioso-administrativo, léase a García de Enterría, Eduardo y Fernández Rodríguez, Tomas-Ramón: *Curso de Derecho Administrativo. II*, onceava edición, 2008, p. 573-585.

55 Constitución Política del Estado de Bolivia, promulgada el 5 de agosto de 1861.

Este es el primer sistema contencioso-administrativo de Bolivia, aunque como está claro, refleja la poca relevancia que le dieron los gobernantes de la época al desarrollo de esta institución, situación que no creemos fue casual, ya que pese la precariedad de la institución y la ausencia de sus normas reguladoras, el contencioso-administrativo constituía un medio de control y fiscalización contra los actos autoritarios de los administradores públicos -mayormente militares- de la época.

Posterior a la Constitución de 1861 ninguna otra norma fundamental regulará la formación de un Tribunal contencioso-administrativo, sin embargo, serán varias otras[56] que le asignen un tratamiento configurativo de dependencia entre las atribuciones de la Corte Suprema de Justicia. En este afán la Constitución de 1967 marca un hito en la historia boliviana, puesto que pese ha ser promulgada por un gobierno de facto; su diseño jurídico se sienta en una estructura basada en el principio de la legalidad y respeto a los derechos fundamentales; entonces, será a partir de estos fundamentos que se erija en Bolivia una sistemática institucional que establezca que todas las actuaciones del poder público deban estar encuadradas en la legalidad y depuradas por mecanismos de control administrativos y jurisdiccionales tales como la Contraloría General de la República (Art. 154 Constitución de 1967) y el proceso contencioso-administrativo (Art. 127 Constitución de 1967) –entre otros-, sin embargo de todo ello, el limitado tratamiento normativo que se le ha asignado al contencioso-administrativo y del otro lado los otros medios constitucionales otorgados al ciudadano para hacer prevalecer sus derechos frente a la Administración –como el Amparo Constitucional o el Recurso Directo de Nulidad-, han generado desorientación e inseguridad en su aplicabilidad tanto para los administrados como para la propia Administración pública.

Sobre la base de esta Constitución, pero en un periodo posterior, se procede a la instauración efectiva del sistema que tendrá lugar con la emisión del Código de Procedimiento Civil de 1976 (CPC)[57], cuyo Título VII, Capítulo VII, artículos 778 al 780 conforman la estructura del contencioso-administrativo. Es así, en estos tres artículos que paradójicamente pertenecen al cuerpo normativo procedimental del derecho privado, se establecen las bases fundamentales y se describen las principales características del contencioso-administrativo boliviano, es evidente como se podrá apercibir *a priori* que el tratamiento normativo limitado que se da a esta institución limita y dificulta su aplicación.

La confrontación entre los intereses públicos con los privados y el desmedro o lesiones que creyere experimentar un administrado en sus derechos privados; constituirán las condiciones esenciales y de fondo para la interposición del proceso contencioso-administrativo, siempre y cuando previamente ante la Administración el interesado haya tratado de hacer prevalecer sus derechos como objeto de reclamo en vía administrativa hasta su agotamiento (Art. 778 CPC); una vez, agotada la vía administrativa el interesado podrá interponer demanda en el plazo de noventa días a contar de la fecha en que se notificare la resolución denegatoria, ante la Corte Suprema de Justicia o excepcionalmente ante una de las nueve Cortes Superiores de Distrito cuando se trate de cuestiones de municipalidades[58], indicando las razones que motivan el recurso y señalando concretamente el acto que se impugnare. La acción deberá ser dirigida contra la autoridad jerárquicamente superior de la entidad que presuntamente afectó a los derechos del pretensionista[59] (Arts. 779, 780 CPC y disposición final quinta de la Ley Orgánica del Ministerio Público).

---

56 De forma posterior a la Constitución de 1861, se dieron otros intentos constitucionales por erigir la institución del contencioso-administrativo; empero sometiendo su tratamiento a las funciones de la Corte Suprema de Justicia y no a un ente independiente como el Tribunal Supremo *contencioso-administrativo. Las futuras constituciones que regularon al contencioso-administrativo son la Constitución de 1878 en su* artículo *11, Constitución de 1880 en su artículo 111, Constitución de 1938 en su artículo 111, Constitución de 1945 en su artículo 143, Constitución de 1947 en su artículo 145, Constitución de 1967 en su artículo 127, Constitución de 1995 en su artículo 116, Constitución de 2004 en sus Arts. 116-118, Constitución de 2005 en sus Arts.116-118.*

57 "Código de Procedimiento Civil", aprobado por Decreto Ley N° 12760 de 06 de agosto de 1975, elevado a rango de Ley por Ley N°1760 de 28 de febrero de 1997 y modificado por la Ley N° 018 de 16 de junio de 2010.

58 Hasta hace pocos años el recurso contencioso-administrativo exclusivamente era una atribución que correspondía resolver a la Corte Suprema de Justicia; empero debido a la cantidad de procesos que se sustanciaban en los distintos gobiernos municipales, el artículo 10 de la ley N° 3324 de 18 de enero de 2006, "Reformas a la ley de Organización Judicial", facultó a las Cortes Superiores de Distrito en Sala Plena, el conocimiento y resolución de los procesos contencioso-administrativos señalados en la Ley de Municipalidades, correspondientes a los municipios de todo el departamento o distrito judicial.

59 La versión inicial del Código de Procedimiento Civil disponía que la autoridad demandada en los procesos contencioso-administrativo debía ser el Fiscal General de la República; sin embargo la Ley N° 2175 de 13 de febrero

A parte de la regulación básica contenida en el Código de Procedimiento Civil, la legislación nacional prevé algunas disposiciones legales que tienen concordancia con la aplicación de esta institución, entre ellas destacan la Ley de Municipalidades, la Ley del Procedimiento Administrativo y el Estatuto del Funcionario Público.

La Ley de Municipalidades, dispone en su artículo 143 la facultad del administrado de recurrir un acto administrativo acudiendo a la impugnación judicial por vía del proceso contencioso-administrativo, sin mencionar ningún otro aspecto que permita precisar los alcances y efectos que genera en su procedimiento.

Así también, el artículo 70 de la Ley del Procedimiento Administrativo, faculta al administrado impugnar judicialmente un determinado acto administrativo por vía del proceso contencioso-administrativo, ante la Corte Suprema de Justicia. De similar forma a lo ocurrido en el texto de la Ley de Municipalidades, este precepto solo se limita a enunciar la facultad del administrado de hacer prevalecer sus derechos vía contencioso-administrativa; empero sin precisar procedimientos, alcances y efectos.

Por último, en esta gama de leyes, la Ley N° 2027 del Estatuto del Funcionario Público, y su Reglamento Decreto Supremo N° 26319[60] contemplan en sus artículos 66 y 39 respectivamente, los procedimientos administrativos de impugnación referidas a las decisiones de ingreso, promoción y retiro a la carrera administrativa, entre los cuales prevé el mecanismo de impugnación judicial por vía del proceso contencioso-administrativo, sin enunciar otras particularidades.

1. *El Contencioso-administrativo en la Constitución Política del Estado de 2009. La incertidumbre sobre su permanencia*

La realidad actual sobre esta materia es la que mencionamos en la primera parte, no obstante, ello y pese que la dinámica en el ejercicio del contencioso-administrativo es cotidiana y la jurisprudencia sobre esta materia cada vez se genera más amplia y fortalecida; nuestra Constitución de forma contraria a su evolución, le ha consignado un tratamiento limitado y no del todo coherente con su configuración. Es así, la inclusión textual del contencioso-administrativo en su "sentido más amplio" desaparece de la norma fundamental, limitando su campo de acción solamente a materia "agroambiental"; esto es, que la nueva Constitución boliviana sustrae –por lo menos nominalmente- de las atribuciones del Tribunal Supremo el conocimiento de las causas contencioso-administrativas; creando por el contrario un nuevo órgano judicial, el "Tribunal Agroambiental" que tiene jurisdicción sobre todas aquellas cuestiones en materia agroambiental, entre ellas el conocer y resolver en única instancia los procesos contencioso-administrativos que florezcan de los contratos, negociaciones, autorizaciones, otorgación, distribución y redistribución de derechos de aprovechamiento de los recursos naturales renovables, y de los demás actos y resoluciones administrativas (Art. 189, núm. 3 Constitución).

Queremos entender que la inclusión de esta especialidad del contencioso-administrativo en el texto constitucional, obedece exclusivamente a las nuevas políticas de Estado en relación a la descolonización y tratamiento del agro (Art. 9 Constitución) y de ninguna manera en la eliminación de sus otras facetas de la esfera jurisdiccional boliviana, tenemos fe en ello, puesto que hasta la fecha no se ha emitido ninguna norma que disponga la derogación del Código de Procedimiento Civil –que es, como señalamos, la matriz donde se regula el contencioso-administrativo-; sin embargo y por el otro lado, esta situación de inercia legislativa también comprenderá siquiera se encomiende la elaboración de un proyecto serio y específico sobre la temática.

Debido a lo señalado y ante una caótica diversidad de líneas procedimentales para la resolución de los procesos contenciosos y contenciosos administrativos; mediante Acuerdo de Sala Plena 27/2019 de 28 de noviembre, el Tribunal Supremo de Justicia, aprueba un "Protocolo Sobre Aplicación de Procedimiento en Materia Contenciosa y Contenciosa Administrativa", que tiene por objeto delinear y validar las actuaciones de los servidores judiciales, abogados y mundo litigante, delineando los parámetros necesarios para la actuación al momento de promover y resolver los procesos de esas materias, por los Tribunales determinados al efecto; es decir, Tribunal Supremo de Justicia como ente rector y sus Salas Plena y la especializada en la materia Contenciosa, Contenciosa Administrativa y de similar manera en las Salas que corresponden a los Tribunales Departamentales de Justicia.

---

de 2001, "Ley Orgánica del Ministerio Público" al modificar el artículo 779 del CPC substituyó al Fiscal General de la República por la autoridad jerárquicamente superior.

60 Decreto Supremo N° 26319 de 15 de septiembre de 2001 "Reglamento de Recursos Jerárquicos para la Carrera Administrativa".

X. OTRAS TÉCNICAS DE CONTROL DE LA ADMINISTRACIÓN

1. *Técnicas de control constitucional*

Una de las causas por las que en Bolivia no se hizo un uso continuo del proceso contencioso-administrativo; es por que el ciudadano contaba alternativamente de otros medios constitucionales para hacer prevalecer sus derechos frente a la Administración pública. Así por ejemplo y mirando un poco atrás en la historia constitucional, vemos que el lesionado en sus derechos gozaba del "Recurso Directo de Nulidad"; que fue instaurada por vez primera en la Constitución Política del Estado de 1861 (Art. 65 Constitución de 1861)[61], este recurso que fue sistematizado posteriormente en el artículo 140 de la Constitución de 1938 otorgó a la justicia ordinaria, la facultad de resolver recursos directos de nulidad que se deduzcan, contra todo acto o resolución de autoridad pública que no fuese judicial, es decir del funcionario público que se hubiese excedido en sus facultades.

Posteriormente, la Constitución Política del Estado de 1967 incorpora en el texto de su artículo 19 el "Recurso de Amparo Constitucional" que estuvo establecida contra todos los actos ilegales o las omisiones indebidas de los funcionarios públicos o particulares que restrinjan, supriman o amenacen restringir o suprimir los derechos y garantías de la persona.

Actualmente, la Constitución de 2009 otorga al ciudadano una pluralidad de acciones constitucionales como medidas tutelares ante la vulneración de sus derechos por actos ilegítimos de la Administración. Dentro de esta gama de acciones están la "Acción de Amparo Constitucional", la "Acción de Protección de Privacidad", "Acción de Cumplimiento" y la Acción Popular.

2. *La Acción de Amparo Constitucional*

La Acción de Amparo Constitucional prevista por el artículo 128 de la Constitución, tiene lugar contra aquellos actos u omisiones ilegales o indebidos de los servidores públicos, o de persona individual o colectiva, que restrinjan, supriman o amenacen restringir o suprimir los derechos reconocidos por la Constitución y la ley. Esta Acción se interpone por la persona que se crea afectada, o por otra a su nombre con poder suficiente o incluso por la autoridad correspondiente de acuerdo con la Constitución, ante cualquier juez o tribunal competente, siempre que no exista otro medio o recurso legal para la protección inmediata de los derechos y garantías restringidos, suprimidos o amenazados. Para la interposición de ese tipo de acción el pretensionista tendrá el plazo de seis meses computables a partir de la comisión de la vulneración alegada o de notificada la última decisión administrativa.

Una vez recepcionada conforme procedimiento, el tribunal tiene el plazo máximo de cuarenta y ocho horas desde la presentación de la Acción para emitir la resolución, la cual se pronunciará en audiencia pública inmediatamente recibida la información de la autoridad o persona demandada y a falta de esta lo hará sobre la base de la prueba que ofrezca la persona accionante. La autoridad judicial examinará la competencia del servidor público o de la persona demandada y, en caso de encontrar cierta y efectiva la demanda, concederá el amparo solicitado. La decisión que se pronuncie se elevará, de oficio, en grado de revisión ante el Tribunal Constitucional Plurinacional en el plazo de las veinticuatro horas siguientes a la emisión del fallo (Art. 129 Constitución).

3. *Acción de Inconstitucionalidad*

Otra acción de control frente a los actos ilegales de la administración es la Acción de Inconstitucionalidad prevista por el Artículo 132 de la Constitución. Esta acción si bien tiene una connotación general ya que está otorgada como un medio fundamental para guardar el respeto y la incolumidad de la Constitución ante cualquier ley que vaya en su contra; también puede ser accionada ante contra decretos o cualquier otro género de resolución no judicial emitidos por la Administración pública que afecte a una persona individual o colectiva.

La sentencia que declare la inconstitucionalidad de una ley, decreto o cualquier género de resolución no judicial, hace inaplicable la norma impugnada y surte plenos efectos respecto a todos (Art. 133 Constitución).

---

[61] En el mismo sentido lo hicieron las Constituciones de 1868, artículo 79; Constitución de 1871, artículo 82, Constitución de 1878, artículo 111, Constitución de 1880, artículo 111.

4. *Acción de Cumplimiento*

La Acción de Cumplimiento procede en caso de que los servidores públicos den incumplimiento a disposiciones constitucionales o de la ley. Esta acción tiene por objeto garantizar la ejecución de la norma omitida por parte de los personeros de la Administración pública. La acción se interpondrá por la persona individual o colectiva afectada o por otra a su nombre con poder suficiente ante Juez o Tribunal competente, y se tramitará de la misma forma que la Acción de Amparo Constitucional. La resolución final se pronunciará en audiencia pública, inmediatamente recibida la información de la autoridad demandada y a falta de esta, lo hará sobre la base de la prueba que ofrezca el demandante.

La autoridad judicial examinará los antecedentes y si encuentra cierta y efectiva la demanda, declarará procedente la acción y ordenará el cumplimiento inmediato del deber omitido (Art. 134 Constitución).

5. *Acción Popular*

La Acción Popular procederá contra todo acto u omisión de las autoridades o de personas individuales o colectivas que violen o amenacen con violar derechos e intereses colectivos, relacionados con el patrimonio, el espacio, la seguridad y salubridad pública, el medio ambiente y otros de similar naturaleza reconocidos por esta Constitución. La Acción Popular podrá interponerse durante el tiempo que subsista la vulneración o la amenaza a los derechos e intereses colectivos. Para interponer esta acción no será necesario agotar la vía judicial o administrativa que pueda existir. Además, que la acción la podrá interponer cualquier persona, a título individual o en representación de una colectividad y con carácter obligatorio la interpondrán, el Ministerio Público y el Defensor del Pueblo, cuando por el ejercicio de sus funciones tengan conocimiento de estos actos. El procedimiento será el mismo que el de la Acción de Amparo Constitucional (Arts. 135 y 136 Constitución).

6. *Técnicas de control legislativas y administrativas*

El control sobre los actos de la Administración pública boliviana no están limitados exclusivamente al recurso contencioso-administrativo o a las acciones constitucionales señaladas precedentemente, sino que también existe un control legislativo sobre las distintas acciones que realiza la Administración pública, así por ejemplo el artículo 158 de la Constitución otorga entre una variedad de atribuciones de la Asamblea Legislativa Plurinacional: Aprobar la contratación de empréstitos que comprometan las rentas generales del Estado y autorizar a las universidades la contratación de empréstitos; aprobar el Presupuesto General del Estado presentado por el Órgano Ejecutivo; aprobar los contratos de interés público referidos a recursos naturales y áreas estratégicas, firmados por el Órgano Ejecutivo; aprobar la enajenación de bienes de dominio público del Estado; controlar y fiscalizar los órganos del Estado y las instituciones públicas, etc.

Cabe resaltar que el control parlamentario de la Administración pública se desarrolla de una forma más acuciosa a través de la interpelación y cuestionamientos, ante la presencia de los Ministros de Estado, individual o colectivamente, pudiendo acordar su censura por dos tercios de los miembros de la Asamblea (incs. 17 y 18 del Art. 158 Constitución).

Por otra parte, la Constitución también prevé instituciones públicas que pueden supervisar a través de un control posterior externo las acciones y funciones administrativas; como también del otro lado velar por la defensa de los ciudadanos ante arremetidas de la Administración.

Para el primero de los casos la Constitución establece que la Contraloría General del Estado es una institución técnica que ejerce la función de control de la administración de las entidades públicas y de aquéllas en las que el Estado tenga participación o interés económico. La Contraloría está facultada para determinar indicios de responsabilidad administrativa, ejecutiva, civil y penal; tiene autonomía funcional, financiera, administrativa y organizativa (Art. 213 Constitución), es responsable de la supervisión y del control externo posterior de las entidades públicas y de aquéllas en las que tenga participación o interés económico el Estado. La supervisión y el control se realizarán asimismo sobre la adquisición, manejo y disposición de bienes y servicios estratégicos para el interés colectivo (Art. 217 Constitución, y Arts. 3 y 23 Ley 1178).

Por otra parte en defensa y resguardo de los intereses del Estado, la Constitución boliviana ha creado a la Procuraduría General del Estado (Art. 229 Constitución) que tiene entre algunas de sus funciones, defender judicial y extrajudicialmente los intereses del Estado, asumiendo su representación jurídica e interviniendo como sujeto procesal de pleno derecho en todas las acciones judiciales y administrativas, evaluar y velar por el ejercicio de las acciones diligentes de las unidades jurídicas de la Administración pública en los procesos que se sustancien ante autoridades jurisdiccionales o administrativas. En caso de acción negligente, debe instar al inicio de las acciones que correspondan contra los funcionarios públicos, requerir a la máxima autoridad ejecutiva de las entidades públicas el enjuiciamiento de los servidores públicos que, por negligencia o corrupción, ocasionen daños al patrimonio del Estado (Art. 231 Constitución).

En cuanto a la defensa de los ciudadanos ante arremetidas de la Administración, está la Defensoría del Pueblo que velará por la vigencia, promoción, difusión y cumplimiento de los derechos humanos, individuales y colectivos, que se establecen en la Constitución, las leyes y los instrumentos internacionales. La función de la Defensoría alcanza a la actividad administrativa de todo el sector público. Entre algunas de sus atribuciones están, interponer las acciones de Inconstitucionalidad, de Amparo Constitucional, de Cumplimiento y el Recurso Directo de Nulidad, sin necesidad de mandato (Arts. 218 y 223 Constitución).

XI. LA RESPONSABILIDAD ADMINISTRATIVA

Es frondoso y destacado el estudio que a lo largo de los últimos años han venido desarrollando científicos del Derecho Administrativo respecto a la responsabilidad patrimonial del Estado; esta situación no es casual ya que en pocas instituciones jurídicas como en esta se ha visto una evolución diametral de las reivindicaciones de la persona frente al Estado. Basta remontarnos un poco en el pasado y observar las fases que transcurrieron para concebir el papel que asume actualmente un Estado frente a sus súbditos; fases que abarcaron desde la "total irresponsabilidad del soberano" como en el Reino Unido en aplicación del principio *the King can do not wrong;* la "responsabilidad patrimonial indirecta" de la Administración Alemana como consecuencia de los actos ilícitos de los funcionarios y agentes públicos[62]; o las autorizaciones que debía efectuar el Consejo de Estado Francés para que alguna de sus administraciones públicas sea procesada en la vía jurisdiccional civil, por la "falta de servicio" de alguno de sus funcionarios públicos y que concluirá con el célebre *Arrêt Blanco* de 1873.

Lastimosamente a diferencia de otros países –especialmente de Europa-, el desarrollo que ha surtido la responsabilidad patrimonial del Estado en Bolivia, aún no ha llegado a un nivel óptimo y su evolución es muy lenta –pero entendemos por buen camino-; este hecho no debe sorprendernos, ya que el dogma de la irresponsabilidad del Estado sumado a la carencia de normativas que reconozcan esta situación y la cadena de gobiernos inconstitucionales que sucedieron en el país, fueron frenando el desarrollo de esta institución en Bolivia.

Es así, durante casi toda la historia republicana no ha existido la posibilidad legal o procesal de solicitar al Estado una indemnización por los daños derivados de algunas de sus actuaciones a excepción de las limitaciones al derecho propietario privado que fueron reguladas por la Ley de Expropiación por Causa de Utilidad Pública de 30 de diciembre de 1884[63]; y por acciones en defensa de la patria donde el Estado boliviano indemnizó a ciudadanos que sufrieron perjuicios como efecto de guerras internacionales, como por ejemplo la Ley de 12 de diciembre de 1900 a los afectados por la Guerra del Pacífico; y el Decreto Supremo de 16 de septiembre de 1935 a los damnificados por la Guerra del Chaco[64].

En consecuencia, en Bolivia no existió la posibilidad legal o real de reclamar indemnizaciones frente a la Administración, lo único que se va admitiendo es la responsabilidad civil del servidor público por daños derivados de sus actuaciones (Art. 57 Código Civil, Art. 31 Ley 1178), se aplica por consiguiente a este tipo de situaciones el régimen de responsabilidad personal, propio del Derecho civil.

---

62 La Constitución de Weimar, formuló en su artículo 131 el principio de "si en el ejercicio de la potestad pública a él confiada el funcionario infringe los deberes que el cargo le impone frente a terceros, la responsabilidad alcanza por principio al Estado o a la Corporación a cuyo servicio se hallase el funcionario".

63 Ley que aprobó el Decreto del Poder Ejecutivo de 4 de abril de 1879, sobre expropiación por causa de necesidad y utilidad pública.

64 Aparte del Decreto citado, el gobierno también se hizo responsable de este tipo de afectados a través Decreto Ley N° 7614 de 3 de mayo de 1967.

No obstante esta situación y por las características que se otorgan en nuestras leyes (Art. 32 Ley 1178, Art. 101 de la Ley Orgánica del Ministerio Público[65], y Art. 113 de la Constitución) consideramos que en Bolivia opera un sistema de responsabilidad directa por culpa, ello en virtud de que una actuación ilegal del servidor público o no plenamente conforme a derecho o por lo menos negligente –por acción u omisión- (Art. 31 Ley 1178 y Arts. 50 y 51 del Decreto Supremo N° 23318-A Reglamento de la Responsabilidad por la Función Pública[66]) cause un perjuicio económico a la Administración, la cual si es condenada judicialmente al pago de daños y perjuicios a favor de otras entidades públicas o de terceros repetirá el pago contra el servidor público responsable del suceso (Art. 32 Ley 1178), esto quiere decir que en el caso que el Estado sea condenado a la reparación patrimonial de daños y perjuicios, la Administración deberá interponer la acción de repetición contra la autoridad o servidor público responsable de la acción u omisión que provocó el daño (Art. 113 Constitución).

No obstante que el camino legal está llano, no existe hasta la fecha una norma adjetiva, es decir, no existe un procedimiento legal por el cual el afectado efectivice el reclamo por sus derechos infringidos, es por ello que no hace muchos años el órgano central del Estado, verbigracia a efectos de reparar económicamente a familiares de personas fallecidas y heridos sobrevivientes de hechos que han tenido como consecuencia daños materiales y morales producidos por acción de agentes del Estado, ha creado un Fondo de Reparación económica para el damnificado, a través del Decreto Supremo N° 24793[67] y aún con más reciente data se promulgó la Ley N° 3955 de 6 de noviembre de 2008 con similares efectos de reparación económica.

El actuar formal de la Administración que está presente en todas y cada una de las manifestaciones de la vida colectiva lleva consigo una inevitable secuela incidental de daños residuales y una permanente y alta creación de riesgos que es preciso evitar que damnifiquen el patrimonio de un particular ocasionada por injusticias amparadas por el poder de la Administración; de ello es plenamente consiente el Estado boliviano, por eso deducimos que en la etapa de redacción de la actual Ley del Procedimiento Administrativo N° 2341, se tuvo previsto la inserción de un Título referente a la responsabilidad del Estado frente a los reclamos de los administrados, esta situación fue objeto de un largo debate por parte de las autoridades del Poder Ejecutivo, Poder Judicial y representantes de las Superintendencias; quienes, salvo algunas excepciones, rechazaron la inclusión de dicha responsabilidad en la Ley de Procedimiento Administrativo, manifestando que ella comprometería seriamente al Estado y (pese a la amplia *vacatio legis* que establecía el Proyecto para este tipo de responsabilidad) que la Administración y el país aún no estaban preparados para ello[68].

La Constitución actual a diferencia de la anterior bajo cuya vigencia fue promulgada la Ley de Procedimiento Administrativo, reconoce textualmente el derecho a la indemnización, reparación y resarcimiento de daños y perjuicios en forma oportuna por la vulneración de derechos a los ciudadanos; por ello se hace necesario insistir que la institución de la responsabilidad patrimonial del Estado, recién estará completa cuando se promulgue un procedimiento para efectivizar la pretensión jurídica del administrado; lo indicado es más que necesario ya que el país además del precepto constitucional indicado, cuenta también con normas específicas sobre la responsabilidad ejecutiva, penal y administrativa por la función pública la Ley 1178 (Arts. 28-36 Ley 1178) y el Decreto Supremo 23318-A (Arts. 13-62 del DS 2318-A)[69].

---

65 Ley N°2175 de 13 de febrero de 2001, "Ley Orgánica del Ministerio Público".

66 Decreto Supremo N°23318-A de 3 de noviembre de 1992, "Reglamento de la Responsabilidad por la Función Pública".

67 Decreto Supremo N° 24793 de 4 de agosto de 1997.

68 Sobre el particular, *Vid.* a Gerke Mendieta, Carlos y Gerke Siles, Marcela. *La nueva Ley de procedimiento…*, ob. *cit.*, p. 471.

69 Este Decreto Supremo describe los diferentes tipos de responsabilidades que pueden atribuirse a los servidores públicos, los clasifica en responsabilidad administrativa, responsabilidad ejecutiva, responsabilidad civil y responsabilidad penal.

XII. EL SERVICIO PÚBLICO, LOS MERCADOS DE INTERÉS GENERAL (LIBERALIZACIÓN, PRIVATIZACIÓN, REGULACIÓN) Y SU RÉGIMEN DE COMPETENCIA

1. *Evolución de los mercados de interés general, privatización, capitalización, regulación y nacionalización*

Para comprender la situación actual en la que se encuentran los servicios públicos y los mercados de interés general en Bolivia, resulta necesario hacer una retrospectiva siquiera mínima a los procesos de reformas política, económica y jurídica que sucedieron en el país[70].

En la década de 1950, se consolida en Bolivia un modelo de crecimiento económico sustentado en una fuerte intervención estatal. La acción del Estado fue concebida como inductora de la inversión privada se buscó regular los mercados, los precios y el sector externo; posteriormente, la inversión pública en infraestructura, servicios, energía y otros desempeñó un rol crucial en el estilo de crecimiento. Finalmente, se evolucionó en dirección a lo que posteriormente fue conocido como el "Estado benefactor"; es decir, el desarrollo de la política social, creación de la seguridad social, y la educación, salud, vivienda pública gratuita y la prestación básica de los servicios públicos estuvieron a cargo del Estado.

Entre 1982 y 1985 la economía boliviana presentó profundos desequilibrios macroeconómicos, que desembocaron en un proceso hiperinflacionario jamás advertido –hasta ese entonces- en ningún otro país. Ha finales de ese periodo crítico y luego de la dimisión del gobierno, se aplicaron varias medidas económicas, en procura de la estabilización financiera del país, es así que se emitió una nueva política económica la cual consistió básicamente en un programa de ajuste y estabilidad monetaria con el propósito de detener el proceso hiperinflacionario, restableciendo los equilibrios macroeconómicos, para ello se buscaba reducir la demanda agregada a través de políticas fiscales y monetarias restrictivas, reformas tributarias, liberalización de precios y a la aplicación de medidas de ajuste estructural, como ser la apertura de la economía, reestructuración y racionalización del aparato productivo y administrativo del Estado[71]. Los efectos generales de estas medidas significaron la abdicación del papel paternalista del Estado y por primera vez, los servicios públicos no fueron totalmente subvencionados por el Estado, las tarifas de agua potable y telefonía dejaban de tener un precio estándar mínimo y se ajustaban a un precio por consumo.

A partir de la década de 1990, con la emisión de la Ley de Privatización[72] se inicia en Bolivia una segunda fase de reformas estructurales que afectan a los servicios públicos, puesto que se autoriza a las instituciones, entidades y empresas del sector público enajenar los bienes, valores, acciones y derechos de su propiedad y transferirlos a personas naturales y colectivas nacionales o extranjeras. El proyecto de privatización general en Bolivia había seleccionado a 159 empresas para ser privatizadas, clasificadas en empresas municipales, regionales, nacionales y mixtas, de las distintas prefecturas y las Fuerzas Armadas. La primera fase de este proyecto, iniciado con el Decreto Supremo N° 22836[73] de 11 de diciembre de 1992, estableció la transferencia al sector privado de 60 empresas públicas, empero ninguna que tenga como giro de trabajo la minería e hidrocarburos, ello debido a las restricciones constitucionales; y por otra parte también estaban limitadas las empresas que operaban en situaciones de servicios públicos de monopolio natural; la razón básica para esta segunda exclusión sería que el país no contaba con una estructura de supervisión o de regulación que contribuya para que el sector privado actúe de una forma eficiente respecto a la sociedad. En el caso de estas empresas el gobierno de ese entonces optó por buscar realizar contratos de rendimiento y/o buscar sociedades con capitales privados bajo la modalidad de contratos *"joint ventures"* o de riesgo compartido.

---

70 Para todo, resulta destacable el estudio realizado por Chávez Álvarez, Gonzalo: "Macroeconomía de la Privatización en Bolivia" Documento de Trabajo No. 07/91. Instituto de Investigaciones Socio Económicas.

71 Las bases legales de estas reformas fueron el Decreto Supremo 21060 de estabilidad macroeconómica y la Ley N° 843 de Reforma Tributaria.

72 Ley N° 1330 de 24 de abril de 1992, "Ley de Privatización".

73 Decreto Supremo N° 22836 de 14 de junio de 1991, posterior a este Decreto también se emitió el Decreto Supremo N° 23358 de 11 de diciembre de 1992.

La Ley de Capitalización de 1994[74], autorizó al Poder Ejecutivo a aportar los activos o los derechos de las empresas públicas, para la integración del capital pagado en la constitución de nuevas sociedades de economía mixta; autorizó y aprobó los acuerdos requeridos para la conversión en sociedades de economía mixta de Yacimientos Petrolíferos Fiscales Bolivianos, Empresa Nacional de Electricidad, Empresa Nacional de Telecomunicaciones, Empresa Nacional de Ferrocarriles, Lloyd Aéreo Boliviano, y la Empresa Metalúrgica Vinto (Arts. 1 y 2 Ley de Capitalización).

El 20 de octubre de 1999 se emite la Ley 2029 de Servicios de Agua Potable y Alcantarillado Sanitario, que además de las regulaciones para la prestación del servicio de agua potable y alcantarillado (Art. 1 Ley 2029), estableció regulaciones para el acceso y aprovechamiento de las fuentes del agua. Con esta Ley se permitió a través de la "concesión", el desplazamiento de la exclusividad en la prestación de los servicios de agua potable y alcantarillado sanitario, a manos del sector privado (Arts. 18 y 19 Ley 2029).

Con la capitalización, privatización[75] y la concesión descrita anteriormente, se cierra un ciclo de transferencias de las principales funciones del Estado en lo que refiere servicios públicos a capitales privados, esta situación significa, -claro está- que ante una transferencia de esta magnitud, se deben establecer medidas de control y limitación en la gestión de las directrices y operaciones de las empresas privadas, así se crean marco regulatorios sectoriales que permiten buscar un equilibrio entre los intereses del usuario, las empresas y el Estado. Posteriormente se promulgan leyes específicas relativas a algunos de los sectores regulados, como son las leyes de electricidad[76], telecomunicaciones[77] e hidrocarburos[78].

Mediante Ley N° 1600 se crea el Sistema de Regulación Sectorial SIRESE[79] que es creado para regular monopolios naturales, promover y defender la competencia en el mercado y defender al consumidor, buscando contribuir al desarrollo económico y social del país, los campos de intervención del SIRESE son los sectores de telecomunicaciones, electricidad, hidrocarburos, transportes y saneamiento básico[80].

Como consecuencia de estas medidas y otras de carácter impopular relacionadas sobre todo con la exportación de hidrocarburos, se generaron escisiones en el ejecutivo que determinaron la dimisión de los gobernantes de la época, lo que permitió la ascensión del Sr. Evo Morales a la Presidencia de la República el año 2006, desde ese entonces y conforme a su programa político, el Gobierno actual, ha restituido al derecho propietario del Estado las principales empresas privatizadas, para este fin se han emitido, el Decreto Supremo N° 28701 de Nacionalización de los Hidrocarburos[81]; el Decreto Supremo N° 29026[82] por el que se revierte al dominio del Estado boliviano el Complejo Metalúrgico Vinto; el Decreto Supremo N° 29544[83] por el que se decide nacionalizar el paquete accionario de la empresa ETI EUROTELECOM INTERNATIONAL NV en Empresa Nacional de Telecomunicaciones SA. ENTEL S.A; el Decreto Supremo N° 493[84] por el que se nacionaliza a favor de la Empresa Nacional de Electricidad ENDE el paquete accionario de las plantas generadoras de energía eléctrica. Sin embargo, cabe mencionar que como consecuencia de las nacionalizaciones y ante la

---

74 Ley N° 1544 de 21 de marzo de 1994, "Ley de Capitalización".

75 Existe una gran confusión con los conceptos capitalización y privatización. La privatización es un proceso mediante el cual las tareas son transferidas del sector público al sector privado. Este proceso permite a los actores no gubernamentales intervenir cada vez más en la financiación y prestación de servicios asistenciales, y conlleva la introducción de cambios en las funciones y responsabilidades públicas y privadas. Mientras que la capitalización es un proceso en el cual se venden a inversionistas privados una parte de las acciones, que no está definido cuánto debe ser pero en la mayoría de los casos no debe pasar el 50% de las acciones, para que el Estado asuma el control de la empresa.

76 Ley N° 1604 de 21 de diciembre de 1994, "Ley de Electricidad".

77 Ley N° 1632 de 5 de julio de 1995, "Ley de Telecomunicaciones".

78 Ley N° 1689 de 30 de abril de 1996, "Ley de Hidrocarburos".

79 Ley N° 1600 de 28 de octubre de 1994, "Ley SIRESE".

80 Sobre la regulación en Bolivia, puede leerse a Otero Canedo, María Alejandra: "El sistema de regulación sectorial en Bolivia", en "http://www.monografias.com/trabajos/sirese.shtml (última visita el 1 de agosto de 2011).

81 Decreto Supremo N° 28701 de 1 de mayo de 2006, "Héroes del Chaco".

82 Decreto Supremo N° 29026 de 7 de febrero de 2007.

83 Decreto Supremo N° 29544 de 1 de mayo de 2008.

84 Decreto Supremo N° 493 de 1 de mayo de 2010.

insatisfacción económica de las empresas afectadas, actualmente el Estado boliviano soporta seis procesos de arbitraje internacional, por el que las empresas afectadas solicitan indemnizaciones superiores a las previstas por el gobierno[85].

XIII. LA FUNCIÓN PÚBLICA

La preocupación del Estado boliviano por la estabilidad del funcionario público paradójicamente no tiene origen en una norma sobre la función pública, sino que surge como una medida de carácter penal regulada por nuestro primer Código Penal de 1834[86]. Actualmente la Constitución boliviana le dedica un capítulo (Arts. 232-240 Constitución) y entra en sintonía con un complejo de normas encabezadas por la Ley 1178, las Normas Básicas de los Sistemas de Programación de Operaciones, las Normas Básicas de Organización Administrativa, el Estatuto del Funcionario Público, las Normas Básicas del Sistema de Administración de Personal y otras disposiciones complementarias, en materia de personal para el sector público. Empero si un ánimo para nada desdeñable y más bien funcional con el objeto de hacer una aproximación lo más realista posible al funcionamiento de los recursos humanos que utiliza la Administración pública boliviana, resulta indicado referirse especialmente a la Ley 2027 "Estatuto del Funcionario Público"[87].

La Constitución de 2009 otorga el denominativo de servidores públicos a todas aquellas personas que desempeñan funciones públicas, consagrando para estas el derecho de pertenencia a la carrera administrativa exceptuando a las personas que desempeñen cargos electivos, los designados, y quienes ejerzan funciones de libre nombramiento (Art. 233 Constitución), es así, el Estado boliviano reconoce cinco categorías de servidores públicos; los funcionarios electos, que son aquellas personas cuya función pública se origina en un proceso eleccionario; los funcionarios designados, que son aquellas personas cuya función pública emerge de un nombramiento directo a cargo público, estos funcionarios no están inmersas en la Carrera Administrativa; los funcionarios de libre nombramiento, que son servidores que realizan funciones administrativas de confianza y asesoramiento técnico especializado para los funcionarios electos o designados; los funcionarios de carrera, que son aquellos que forman parte de la Administración pública y cuya incorporación y permanencia se ajusta a las disposiciones de la Carrera Administrativa; y por último los funcionarios interinos, que son aquellos que, de manera provisional y por un plazo máximo e improrrogable de 90 días, ocupan cargos públicos previstos para la carrera administrativa, en tanto no sea posible su desempeño por funcionarios de carrera.

Para acceder al desempeño de funciones públicas se requiere el cumplimiento de varios requisitos, entre los más preponderantes están, poseer la nacionalidad boliviana, ser mayor de edad, haber cumplido con los deberes militares, no tener pliego de cargo ejecutoriado, ni sentencia condenatoria ejecutoriada en materia penal, pendientes de cumplimiento, no estar comprendida ni comprendido en los casos de prohibición y de incompatibilidad establecidos en la Constitución, estar inscrita o inscrito en el padrón electoral y hablar al menos dos idiomas oficiales del país.

Por otra parte los servidores públicos tienen incompatibilidad en sus gestiones, que devienen no tanto por razones de índole política, sino más bien por razones estrictamente funcionariales y de

---

85 Información que puede ser consultada en: http://www.mirabolivia.com/foro_total.php?id_foro_ini=16317 &linksorden=2&pag=1

86 "Los Funcionarios Públicos no podrán ser privados de sus empleos, sino por delito que merezca esta pena, y después de haber sido oídos y juzgados". (Art. 343 del Código Penal Boliviano de 1834).

Sobre la evolución histórica que tuvo la normativa boliviana sobre la función pública, resulta interesante la sinopsis que realizó Serrate Paz, José Mario: "El Control De La Administración Pública En Bolivia" en http://www.bibliojuridica.org/libros/5/2396/25.pdf. (última visita 30 de julio 2011), a lo que habrá que agregar que la regulación de la función pública en el Código Penal, resulta lógica debido a que la sistemática jurídica de nuestros primeros códigos "penal, civil, procesal" (Códigos Santa Cruz), tuvieron un profuso acento francés, debido a que nuestros primeros legisladores –comisión de juristas bolivianos de la época- se constituyeron en Europa con el propósito de estudiar el Derecho francés y así elaborar la redacción de un sólido cuerpo de normas legales acorde a la coyuntura de la época. Lo mencionado no tendría trascendencia si dejamos de mencionar que, para el sistema francés, la Administración pública debía estar exenta de cualquier tipo de injerencia, inclusive la judicial, por lo que cualquier acto que atentara contra los *fonctionnaires* era considerado como un atentado y una interferencia contra la Administración.

87 Ley N° 2027 de 27 de octubre de 1999, "Estatuto Del Funcionario Público".

parentesco, pues se está ante razones de eficacia administrativa que deben prevalecer y no de imparcialidad o neutralidad política[88], es así que el artículo 11 del Estatuto del Funcionario Público prohíbe ejercitar más de una actividad remunerada en la Administración pública, realizar negocios o celebrar contratos privados, estrechamente relacionados o contratos con el desempeño de sus tareas en la función publica; además de estas incompatibilidades los funcionarios de carrera no podrán ejercer funciones en la misma entidad, cuando exista una vinculación matrimonial o grado de parentesco hasta segundo grado de consanguinidad y segundo de afinidad; sin embargo, los funcionarios de carrera docente del Servicio de Educación Pública, los de salud en el área rural y servicio exterior, quedan excluidos de la incompatibilidad a que se refiere el las incompatibilidades por parentela.

La excepción a estas incompatibilidades es dada a los docentes universitarios, maestros del magisterio fiscal, médicos y paramédicos, dependientes del servicio de salud, así como aquellas personas que realicen actividades culturales o artísticas, podrán cumplir funciones remuneradas en diversas entidades de la administración pública, siempre que mantengan su compatibilidad horaria.

XIV. EL URBANISMO, MEDIO AMBIENTE Y ORDENACIÓN DEL TERRITORIO

Los procesos de conurbación que se dieron en América Latina obedecieron ha un estado continuo de cambios en las estructuras económicas, políticas, sociales y culturales. Bolivia no ha sido ajena a los efectos de estos procesos, que, en términos ecológicos y demográficos, han significado un potencial crecimiento de los numerosos centros urbanos, la concentración de habitantes y una gran dinámica del mercado privado como también del desarrollo en la otorgación de los principales servicios públicos. Sin embargo, a diferencia de otros países de América Latina, el crecimiento que se dio en las ciudades bolivianas tiene troqueles de estructuración incaica tanto en la organización del espacio económico como también en la formación de sus centros urbanos con las características de ciudades tipo mercado, fortaleza.

Otra peculiaridad histórica en la formación del proceso de urbanización, ha estado dada por la marcada división técnica y social del trabajo entre campo y ciudad, así como un incremento de las desigualdades interregionales; la urbanización de la sociedad boliviana se ha visto afectada por la acción del aparato del Estado, tanto en términos de conducción política, como de su dinámica interna, asociada a su condición de gran empleador por parte de la Administración pública en los centros urbanos principales[89].

En la actualidad y desde que se sentaron las bases de operación autonómica de las municipalidades (Art. 200 Constitución de 1967 y Art. 283 de la vigente Constitución)[90]; el desarrollo de la institución que tratamos, ha estado confiada a los distintos gobiernos municipales (Art. 12 Ley de Municipalidades y Art. 33 de la LMAD), los cuales basados en sus necesidades de desarrollo humano sostenible y atendiendo sus realidades geográficas y demográficas, han conformado una diversidad de disposiciones normativas urbanísticas las cuales son disímiles de un municipio a otro; esto es así, por que las distintas

---

[88] Hemos querido sustraernos totalmente de las tendencias político partidistas que se dan en nuestro país, sin embargo como explicamos al inicio de este acápite también es nuestro principal objetivo hacer una aproximación lo más realista posible al funcionamiento de la función pública; esto determina ineludiblemente hacer mención a algunos aspectos que caracterizaron la vida institucional del país, pero que sin duda se han vuelto mucho más latentes y crónicos en los últimos años; nos referimos a que se utiliza el poder para crear cargos innecesarios y llenar de militantes las oficinas públicas, sin que se califique -en la mayor parte de los casos- la capacidad de los contratados; la posesión de idoneidad y de méritos para el acertado desempeño de la función pública, en virtud de un principio básico de administración, es una quimera; tampoco parece importar de dónde provienen los recursos para el pago de salarios, limitando con ello la asignación de fondos para obras y servicios, en desmedro de los planes de desarrollo y los requerimientos de la población. Por otro lado, han sido muchas las denuncias públicas de coacción ya que se exige a los pocos funcionarios apartidistas inscribirse en la agrupación política al que pertenece la máxima autoridad ejecutiva de una institución, y a la par de ello, se obliga al funcionario efectuar contribuciones económicas mensualmente bajo amenaza de destitución en caso contrario.

[89] *Vid.* para todo, el trabajo de Ledo García, Carmen: "Urbanización, Pobreza Y Redistribución Espacial De La Población Boliviana", en el número extraordinario dedicado al I Coloquio Internacional de Geocrítica (Actas del Coloquio). Iberoamérica ante los retos del siglo XXI. Scripta Nova, *Revista Electrónica de Geografía y Ciencias Sociales.* Universidad de Barcelona N° 45, 1 de agosto de 1999.

[90] La anterior Constitución Política del Estado de 1967, en su artículo 200, fue la que reconoció el carácter autónomo de las municipalidades.

administraciones municipales[91] con autonomía funcional y de gestión, han emitido disposiciones normativas -ordenanzas y resoluciones municipales- (Art. 12 Ley de Municipalidades) que regulan aspectos específicos de su jurisdicción, estas disposiciones están enmarcadas a las disposiciones de la aún vigente Ley de Municipalidades 2028[92].

La Ley de Municipalidades, otorga los lineamientos básicos para que los gobiernos autónomos municipales puedan aprobar su Plan de Desarrollo Municipal y su Plan de Ordenamiento Urbano y Territorial, incorporando delimitaciones de su radio urbano y rural; aprobar planos de zonificación y valuación zonal o distrital, tablas de valores según calidad de vía del suelo, calidad y tipo de construcciones, servicios y calzadas, así como la delimitación literal de cada una de las zonas urbanas y zonas rurales detectadas en el proceso de zonificación; fiscalizar la administración del catastro urbano y rural, de acuerdo con las normas catastrales y técnico – tributarias; garantizar que aquellas áreas calificadas de riesgo para la construcción no sean ocupadas con fines de vivienda ni equipamiento; ejecutar las expropiaciones aprobadas por el Concejo Municipal; elaborar procedimientos sancionadores para a las personas individuales y colectivas, públicas o privadas que infrinjan las disposiciones de preservación del patrimonio nacional, dominio y propiedad públicas, uso común, normas sanitarias básicas y de uso del suelo; ordenar la demolición de los inmuebles que no cumplan con las normas de servicios básicos, de uso del suelo, subsuelo y sobresuelo, normas urbanísticas y normas administrativas especiales, por sí mismo o con la cooperación de las autoridades nacionales centrales, departamentales y reguladoras; así como la reasignación del uso del suelo que corresponda; (Arts. 12, 44, 79, 126, 129, 136 Ley de Municipalidades).

Al trabajo señalado que vinieron efectuando las municipalidades en materia urbanística, se suma el rol nuevo que desarrolla nuestra Constitución, cabe mencionar que esta tanto en su proclamación como en su difusión se ha mostrado como reconocedora y firme propulsora de la institucionalidad autonómica de las distintas esferas administrativa y territoriales del Estado, especialmente de municipios y unidades indígenas originario campesinas, sin embargo, aunque parezca contradictorio, la Administración General del Estado, toma estratégico partido y se imbuye en los aspectos esenciales de la distribución territorial y de la regulación urbana, ya que de manera concreta introduce normas estructurales sobre la conformación de la organización territorial (Arts. 277-296 Constitución), regulando aspectos sobre su conformación, modificación y delimitación; la Constitución crea nuevos sistemas de organización territorial como la creación de regiones metropolitanas, regula aspectos sobre la creación de autonomías indígenas las cuales pueden afectar directamente en la modificación de los límites de distritos municipales acordando nuevas delimitaciones (Art. 293 Constitución).

Como norma complementaria a las disposiciones constitucionales referentes a esta temática, opera la LMAD que regula aspectos referentes al ordenamiento territorial, otorgando atribuciones al nivel central del Estado, gobiernos departamentales, municipales y de las autonomías indígena originarias campesinas, para el diseño y ejecución de políticas de planificación, ordenamiento y planes de uso del suelo (Art. 94 LMAD).

Por otra parte y en cuanto corresponde a la normatividad administrativa sobre el medio ambiente, esta tiene como fuente directa a la Constitución Política del Estado, a la Ley del Medio Ambiente[93] y a la LMAD, que comprometen como uno de los fines y funciones esenciales del Estado, promover y garantizar el aprovechamiento responsable y planificado de los recursos naturales, e impulsar su industrialización, a través del desarrollo y del fortalecimiento de la base productiva en sus diferentes dimensiones y niveles, así como la conservación del medio ambiente, para el bienestar de las generaciones actuales y futuras (Art. 9 Constitución), sin afectar el desarrollo que requiere el país, así también reconoce como derechos específicos a los ciudadanos a cohabitar en un medio ambiente saludable, protegido y equilibrado.

El ejercicio de este derecho debe permitir a los individuos y colectividades de las presentes y futuras generaciones, además de otros seres vivos, desarrollarse de manera normal y permanente, facultándose por tanto a cualquier persona, a título individual o en representación de una colectividad, ejercitar

[91] Bolivia en la actualidad cuenta con 337 Gobiernos Autónomos Municipales.

[92] Señalamos que aún está vigente puesto que tenemos conocimiento que en el nuevo paquete de normas complementarias de la Constitución Política del Estado y la LMAD, se va proyectando una nueva Ley de Municipalidades.

[93] Ley N°1333 de 27 de abril de 1992, "Ley del Medio Ambiente".

acciones legales en defensa del derecho al medio ambiente, sin perjuicio de la obligación de las instituciones públicas de actuar de oficio frente a los atentados contra el medio ambiente (Arts. 30, 33 y 34 Constitución).

La Ley del Medio Ambiente de Bolivia, tiene más de 19 años y pocos fueron los esfuerzos para asegurar su cumplimiento, por el contrario, se ha sabido de polémicas intervenciones de empresas privadas que han tratado de modificarla para disminuir sus exigencias. En esa circunstancia creemos que las instituciones públicas deben asumir su compromiso de adoptar políticas de desarrollo sostenible, creando instituciones y mecanismos adecuados para cumplir la ley y sus reglamentos. En esta línea se tiene conocimiento que el Gobierno boliviano está trabajando la redacción de una nueva ley, de la cual se desprenderán aspectos especiales que regulen aspectos como aguas, bosques, biodiversidad y áreas protegidas.

En cuanto refiere a la LMAD, esta propugna como finalidades de las instituciones autonómicas territoriales, la preservación, conservación y promoción en lo que corresponda, del medio ambiente y los ecosistemas, contribuyendo a la ocupación racional del territorio y al aprovechamiento sostenible de los recursos naturales en su jurisdicción, para este efecto dispone en su artículo 88 que el nivel central del Estado tiene la competencia exclusiva de diseño, aprobación y ejecución del régimen general de gestión de biodiversidad y medio ambiente.

Así también, elaborar y ejecutar el régimen de áreas protegidas, así como las políticas para la creación y administración de áreas protegidas en el país; administrar áreas protegidas de interés nacional en coordinación con las entidades territoriales autónomas y territorios indígena originario campesino cuando corresponda.

XV. BIENES PÚBLICOS

Para los filósofos representantes del Derecho natural, entre ellos John Locke, la propiedad es un elemento fundamental sobre el cual se yerguen básicamente todos los demás derechos, la *property* como él la denominó era un continente que abarcaba además de la propiedad -en su sentido estricto- a una serie de derechos y libertades, incluido el derecho a la libertad y a la vida misma[94].

Estas aportaciones teorías junto a otras corrientes filosóficas, sucesos históricos y algunos preceptos que se constituyeron de carácter universal como la Declaración de Derechos del Hombre y el Ciudadano, han sido cruciales para la consolidación subjetiva de las leyes, pero especialmente la base fundamental, *sine qua non,* para la redacción de todas las Constituciones; la Constitución boliviana no escapa a esta situación y por el contrario funda su contenido en una visión de carácter cosmogónico (Preámbulo de la Constitución) ya que genera un vínculo indisociable entre la propiedad de todos los recursos naturales con la titularidad del pueblo boliviano.

En el marco de lo señalado, el artículo 339, parágrafo II de la Constitución, distingue dos tipos de bienes públicos; unos que pertenecen al "patrimonio del Estado" y otros que pertenecen a "las entidades públicas"; unos son de dominio público y tienen un régimen especial de aprovechamiento, mientras que los otros son de dominio privado y pertenecen a los distintos establecimientos administrativos[95].

La protección que se dispensa a estos bienes consiste, en el primero de los casos, en asignarle una categoría jurídica de inviolables, inembargables, imprescriptibles e inexpropiables; mientras que en el segundo de los casos la Constitución dispone su reserva legal, para que el Estado mediante ley establezca las condiciones que regulen ese patrimonio desde su adquisición hasta su disposición.

1. *Bienes de dominio público*

Los bienes de dominio público o también llamados demaniales o dominiales por la doctrina en acepción a su origen italiano "*demanio*", -por cierto acogida por la jurisprudencia del Tribunal

[94] Locke, John: *Segundo Tratado Sobre el Gobierno Civil. Un ensayo sobre el verdadero origen, alcance y fin del Gobierno Civil. Salus Populi Suprema Lex Esto,* Ed. Alianza, 2002, p. 55 -76.

[95] Para los propósitos que busca esta obra, solo nos limitaremos a indicar esta distinción de bienes públicos, absteniéndonos en considerar otras clasificaciones que nos reservamos para futuros trabajos.

Constitucional-[96], son bienes de propiedad pública que están sometidos a una utilidad común o a un fin público y que por su peculiar afectación están adscritos a un régimen jurídico especial de Derecho público; lastimosamente, la Constitución boliviana no se encarga de sistematizarla de forma concreta y en aquellos lugares que le otorga atención, consideramos, lo hace con una apreciación difusa y hasta contradictoria puesto que sus preceptos no van del todo acordes con la doctrina contemporánea más calificada, como tampoco han coincidido con la línea jurisprudencial constitucional sentada sobre la materia.

El parágrafo II del artículo 339 de la Constitución[97], consideramos que es el precepto que mayor trascendencia tiene sobre los rasgos definitorios de la tipología de los bienes públicos, ya que en la primera parte de su enunciado hace una distinción entre bienes de "patrimonio del Estado" y bienes de las "entidades públicas", los cuales –ambos- constituyen propiedad del pueblo boliviano. Consideramos que el legislador al referirse a bienes de patrimonio del Estado quiso hacer referencia a los bienes de dominio público, puesto que la segunda parte de este parágrafo le concede caracteres definitorios exclusivos que pertenecen a los bienes dominiales, es decir que, el precepto en análisis le concede a los bienes patrimonio del Estado, un estatus jurídico de inviolables, inembargables, imprescriptibles e inexpropiables[98].

Sobre los términos inembargables e imprescriptibles no hacemos mayor referencia; sin embargo, no está muy claro el uso que el legislador constitucional hace de los términos "inviolables e inexpropiables"; para el caso del primer término, el Tribunal Constitucional ya anteriormente se había manifestado tratando de establecer sus alcances indicando que "...la inviolabilidad de la propiedad significa "el carácter absoluto del dominio sobre un bien (..) la intangibilidad del derecho de propiedad (que no debe o puede tocarse), sin otra excepción que la de la expropiación forzosa por utilidad pública". De lo referido se puede inferir que la intención del Constituyente, al consignar esta norma, fue la de otorgar una garantía a los bienes del patrimonio de la Nación frente a los particulares o personas privadas para que los mismos no sean afectados o tomados en propiedad por estos, salvo ser usados o aprovechados en las formas y condiciones previstas por la Constitución y las leyes que regulan la materia; ello implica también que dichos bienes no pueden ser objeto de embargos o secuestros a instancia de particulares o empresas privadas."[99] Del otro lado está el término inexpropiable, cuya elocución la entendemos de la forma más básica, como aquella imposibilidad material y jurídica del Estado y de sus distintos organismos para expropiar un bien.

Con el uso de estos términos el legislador constitucional cierra una situación de carácter absoluto sobre el dominio de los bienes de patrimonio del Estado, otorgándoles condiciones de incolumidad e inalienabilidad; generando con ello una prohibición rigurosa de desafectación de este tipo de bienes, como también del cambio de titularidad de la propiedad al régimen privado. Sin embargo, causa confusión por no demás extrañeza que el legislador en el único lugar que de manera expresa se refiera

---

96 Verbigracia la STC N° 0055/2006 de 28 de junio de 2006, STC 0019/2005 de 7 de marzo de 2005, STC 0014/2010 de 20 de septiembre de 2010, etc.

97 El parágrafo II del artículo 339 de la Constitución, señala: "Los bienes de patrimonio del Estado y de las entidades públicas constituyen propiedad del pueblo boliviano, inviolable, inembargable, imprescriptible e inexpropiable; no podrán ser empleados en provecho particular alguno. Su calificación, inventario, administración, disposición, registro obligatorio y formas de reivindicación serán regulados por la ley".

98 La doctrina es uniforme en considerar a la imprescriptibilidad, inalienabilidad e inembargabilidad como rasgos esenciales de los bienes demaniales, a continuación, señalamos como ejemplo a algunos autores de Sudamérica y Europa que confirman lo indicado:

La inembargabilidad e imprescriptibilidad son parte de los elementos subjetivos del dominio público, ver a Dromi, Roberto: *Derecho Administrativo*, Ed. Ciudad Argentina, 2001, p.7 56-758. Los principios de inalienabilidad, inembargabilidad e imprescriptibilidad; constituyen una clara pauta para determinar los tipos de bienes que al legislador estatal le corresponde. Ver Martín Rebollo, Luis: *Leyes Administrativas*, Ed. Thomsom-Aranzadi, 2007, p. 174 y 175. Véase un estudio más profundo de García de Enterría, Eduardo: "Sobre el principio de inembargabilidad, sus derogaciones y límites constitucionales y sobre la ejecución de sentencias condenatorias de la Administración", en *Revista Española de Derecho Administrativo (REDA)* N° 52, octubre-diciembre 1986. El dominio público está caracterizado por sus notas de imprescriptibilidad, inalienabilidad e inembargabilidad. Ver a Bermejo Vera, José: *Derecho Administrativo. Parte Especial,* Ed. Thomsom–Civitas, 2006, p. 335. Los bienes de dominio público son *res extracomercium* su régimen jurídico s inspira en los principios de inalienabilidad, imprescriptibilidad e inembargabilidad. Sánchez Morón, Miguel: *Derecho Administrativo…*, *ob. cit.* p. 745.

99 STC N° 0019/2005 de 7 de marzo de 2005, fundamento jurídico III.3.5.

al término bienes de dominio público, sea en el numeral 13 del artículo 158, señalando que es una atribución de la Asamblea Legislativa Plurinacional, "Aprobar la enajenación de bienes de dominio público del Estado"[100], de lo indicado puede entenderse que la desafectación del régimen jurídico de dominio público, como también la enajenación de los bienes que componen esta categoría, solo puede efectuarse a través de Ley; por otra parte, también hay que tener en cuenta que las expropiaciones que se realicen por una entidad pública a otra, deberán declarar la expropiación por causa de necesidad y utilidad pública mediante Ley de la República, es decir que la expropiación tendrá que ser legislativa.

Cabe acotar que indistintamente de la elocución "inviolable" la Constitución boliviana en los artículos 359 y 374 utiliza el término "inalienable" para hacer referencia a la propiedad del pueblo boliviano sobre los hidrocarburos y los recursos hídricos; la vulneración para el caso de los hidrocarburos (Art. 359 Constitución) constituirá delito de traición a la patria.

Siguiendo con el análisis de la tipología de bienes de la Constitución boliviana, pertenecerían al rasgo de bienes de dominio público aquellos bienes que pertenecen a la propiedad y dominio directo del pueblo boliviano, ingresando dentro de ellos todos los recursos naturales, los minerales en todos sus estados, los hidrocarburos (Art. 359 Constitución), el agua (Art. 374 Constitución), el aire, el suelo y el subsuelo, los bosques, la biodiversidad, el espectro electromagnético y todos aquellos elementos y fuerzas físicas susceptibles de aprovechamiento. La administración que se efectúe sobre estos bienes corresponde al Estado en función al interés colectivo y considerando su situación de indivisibilidad e imprescriptibilidad[101] (Arts. 348 y 349 Constitución); de otro lado resulta importante señalar que el Tribunal Constitucional ha considerado dentro de la gama de este tipo de bienes dominiales a los que devienen del dominio original de la Nación y que tienen su fundamento en la soberanía del Estado; dentro de este grupo se ubican los bienes de "dominio público aéreo, los de dominio público marítimo, los de dominio público terrestre, dentro de este último grupo de bienes se ubican determinadas riquezas nacionales de carácter estratégico como los minerales, o los hidrocarburos; las riquezas históricas y culturales del Estado" (STC N° 0019/2005)[102].

El otro ámbito donde el concepto de dominio público se desarrolla con más prontitud y repetición es en la Ley de Municipalidades, que considera a estos bienes dentro lo que corresponde al Gobierno Municipal a las calles, aceras, cordones, avenidas, pasos a nivel, puentes, pasarelas, pasajes, caminos vecinales, túneles y demás vías de tránsito, plazas, parques, bosques declarados públicos y otras áreas verdes y espacios destinados al esparcimiento colectivo y a la preservación del patrimonio cultural; ríos hasta veinticinco metros a cada lado del borde de máxima crecida, riachuelos, torrenteras y quebradas, con sus lechos, aires y taludes hasta su coronamiento; y por otra parte también a bienes declarados vacantes por autoridad competente en favor del Gobierno Municipal (Arts. 84, 85 Ley de Municipalidades).

2. *Bienes de dominio privado*

La naturaleza jurídica de este tipo de bienes pertenece al ámbito privado, su titularidad corresponde a las distintas entidades públicas y su propósito está encaminado a la realización de las distintas funciones públicas, empero a diferencia de los de categoría de dominio público no están afectados a la utilidad común o a un fin público.

La jurisprudencia constitucional registrada en la STC N°0019/2005 considera que los bienes de dominio privado o dominicales integran el patrimonio privado del Estado, por lo mismo son prescriptibles, embargables y disponibles, es decir, susceptibles de sustracción del destino de uso público para que ingrese al dominio privado, por lo tanto, son transferibles según los mecanismos y procedimientos previstos por la Constitución y las leyes. En este grupo de bienes se encuentra los bienes inmuebles, muebles, enseres que son ocupados y utilizados por los órganos del poder central,

---

100 Lastimosamente en ninguna parte del texto constitucional se señala qué y cuáles son los bienes de dominio público, es por ello conforme las características que se establecen en el parágrafo II del artículo 339 que son bienes de dominio público, los bienes que pertenecen al patrimonio del Estado, y los bienes que pertenecen a las entidades públicas.

101 Un ejemplo claro del régimen jurídico al que están adscritos los bienes demaniales, lo otorga el artículo 357 de la Constitución que establece que "ninguna persona ni empresa extranjera, ni ninguna persona o empresa privada boliviana podrá inscribir la propiedad de los recursos naturales bolivianos en mercados de valores, ni los podrá utilizar como medios para operaciones financieras de titularización o seguridad".

102 STC N° 0019/2005 de 7 de marzo de 2005, fundamento jurídico III.3.5.

regional o gobiernos locales autónomos, las entidades descentralizadas, autónomas, autárquicas y las empresas estatales[103].

Nos quedamos con la concepción que otorga el Tribunal Constitucional, puesto que nuestra Constitución no se encarga de ello de manera específica, no obstante que el parágrafo II de su artículo 339 le otorga cierta atención, la cual consideramos de apreciación difusa, puesto que pareciera confundir los bienes dominiales con dominicales.

La distinción entre bienes de dominio público y dominio privado que en la doctrina tardó bastantes años en estabilizarse, se debió a que solo los bienes dominiales gozaban de protección frente a su disponibilidad, no así los bienes de categoría dominical; la compatibilidad ideológica y política entre el reconocimiento y consagración de la propiedad privada, los procesos de desvinculación y venta de algunas clases de bienes, solo pudo obtenerse permitiendo que los bienes públicos no dominiales puedan ser enajenados[104].

En la legislación boliviana, la disposición legal encargada de regular este tipo de bienes es el Decreto Supremo N° 181 de 28 de junio de 2009 que aprueba las "Normas Básicas del Sistema de Administración de Bienes y Servicios"[105]. Este Decreto Supremo que excluye específicamente de su ámbito de aplicación a los bienes de dominio público (Arts. 114 y 175 NB-SABS) se encargada a través de dos subsistemas[106] del "manejo de los bienes de propiedad de la entidad y los que se encuentran bajo su cuidado o custodia" (Art. 112 NB-SABS); y de la toma de decisiones para la "disposición y destino de los bienes de uso de propiedad de la entidad, cuando estos no son ni serán utilizados por la entidad pública" (Art. 171 NB-SABS).

Para el primer subsistema, es decir, para la administración de los bienes -activos fijos- se regula la función administrativa que comprende actividades y procedimientos inherentes al uso, conservación, salvaguarda, registro y control de muebles e inmuebles, buscando lograr la racionalidad en el uso y conservación de todos los bienes, empero en especial de aquellas instalaciones e inmuebles de las entidades públicas, preservando su integridad, seguridad y derecho propietario.

Para el segundo subsistema, es decir el que regula la disposición de bienes, el artículo 177 de las NB-SABS, establece que la disposición que se haga de ellos puede ser temporal o definitiva; para el caso de la disposición temporal, el bien podrá ser arrendado o dado bajo la modalidad de préstamo de uso o comodato. Del otro lado, las referidas NB-SABS establecen que, para los casos de disposición definitiva, su procedencia se dará cuando la entidad determine la existencia de bienes que no son ni serán útiles y necesarios para sus fines, dispondrá de estos afectando su derecho propietario a través de las modalidades de enajenación y permuta (Art. 177 NB-SABS).

BIBLIOGRAFÍA

BERMEJO VERA, José: *Derecho Administrativo Básico Parte General*, Ed. Aranzadi. Thomson – Civitas, séptima edición, 2007.

________ *Derecho Administrativo. Parte Especial*, Ed. Thomson–Civitas, sexta edición, 2006.

CONTRALORÍA GENERAL DEL ESTADO BOLIVIA– CENCAP: "Ley N° 1178 Compendio Didáctico", cuarta edición., 2010, Bolivia.

CHÁVEZ ÁLVAREZ, Gonzalo: "Macroeconomía de la Privatización en Bolivia" Documento de Trabajo No. 07/91. Instituto de Investigaciones Socio Económicas.

DROMI, Roberto: *Derecho Administrativo*, Ed. Ciudad Argentina, novena edición, 2001.

103 STC N° 0019/2005 de 7 de marzo de 2005, fundamento jurídico III.3.5.

104 *Vid.* a Muñoz Machado, Santiago: "Tratado de Derecho Administrativo…", ob. *cit.*, p. 250.

105 En el campo municipal, la Ley de Municipalidades 2028 considera como bienes patrimoniales municipales, sujetos a régimen jurídico privado, aquellos que no están destinados a la prestación de un servicio público y que son administrados conforme a los principios del derecho privado, estos bienes comprenden al activo de las empresas municipales; y las inversiones financieras en acciones, bonos y otros títulos valores similares (Art. 86 Ley de Municipalidades).

106 Las Normas Básicas de Administración de Bienes y Servicios, pertenecen a la sistemática de la Ley 1178, y están encargadas de establecer la forma de contratación, el manejo y la disposición de bienes y servicios.

GARCÍA DE ENTERRÍA, Eduardo: *Revolución Francesa y Administración Contemporánea,* Ed. Civitas, cuarta edición, 2005.

________: "Sobre el principio de inembargabilidad, sus derogaciones y límites constitucionales y sobre la ejecución de sentencias condenatorias de la Administración", en *Revista Española de Derecho Administrativo* (REDA) N° 52, octubre-diciembre 1986.

GARCÍA DE ENTERRÍA, Eduardo y FERNÁNDEZ RODRÍGUEZ, Tomas-Ramón: *Curso De Derecho Administrativo. I*, Ed. Thomson Reuters – Civitas, quinceava edición, 2011.

________: *Curso De Derecho Administrativo. II*, onceava edición, Navarra, 2008.

GERKE MENDIETA, Carlos; y GERKE SILES, Marcela:" La nueva ley de procedimiento Administrativo en Bolivia", *Revista de administración pública*, N° 159, España, 2002.

GIMENO FELIU, José María: "Contratos Públicos: Ámbito de Aplicación y Procedimiento de Adjudicación. La incidencia de las Directivas comunitarias en el Ordenamiento jurídico español", Ed. Cívitas, 2003.

________: "Novedades de la Ley de Contratos del Sector Público de 30 de octubre de 2007 en la Regulación de la Adjudicación de los Contratos Públicos", Ed. Civitas – Thomson Reuters, 2010.

GONZALEZ-VARAS IBAÑEZ, Santiago: *El contrato administrativo*, Ed. Civitas, 2003.

LEDO GARCÍA, Carmen: "Urbanización, Pobreza y Redistribución Espacial De La Población Boliviana", en el número extraordinario dedicado al I Coloquio Internacional de Geocrítica (Actas del Coloquio). Iberoamérica ante los retos del siglo XXI. *Scripta Nova* Revista Electrónica de Geografía y Ciencias Sociales. Universidad de Barcelona N° 45, 1 de agosto de 1999.

LOCKE, John: "Segundo Tratado Sobre el Gobierno Civil. Un ensayo sobre el verdadero origen, alcance y fin del Gobierno Civil. *Salus Populi Suprema Lex Esto",* Ed. Alianza, 2002.

MARTÍN REBOLLO, Luis: *Leyes Administrativas*, Ed. Thomson – Aranzadi, 13va edición, 2007.

MESA GISBERT, Carlos Diego: *Historia de Bolivia*, Ed. Gisbert, séptima edición, 2011.

MORENO MOLINA, José Antonio: *Contratos públicos: Derecho Comunitario y Derecho español*, Ed. McGraw-Hill, 1996.

MORENO MOLINA, José Antonio, y PLEITE GUADAMILLAS, Francisco: "La nueva Ley de Contratos del Sector Público. Estudio sistemático". Ed. La Ley, primera reimpresión de la edición primera, 2008.

MUÑOZ MACHADO, Santiago: *Tratado de Derecho Administrativo y Derecho Público General I*, tercera edición, Iustel, 2011.

OTERO CANEDO, Maria Alejandra: "El sistema de regulación sectorial en Bolivia", en "http://www.monografias.com/trabajos/sirese.shtml.

REVILLA QUEZADA, Alfredo: "Curso de Derecho Administrativo Boliviano", Ed. Ferrari Hermanos, Bolivia, 1945.

SAN MIGUEL RODRÍGUEZ, Walker: *El Derecho Administrativo Sancionador en Bolivia*, Plural Editores, 2005.

SÁNCHEZ MORÓN, Miguel: *Derecho Administrativo. Parte General*, Ed. Tecnos, 2009.

SERRATE PAZ, José Mario: "El Control De La Administración Pública En Bolivia" en http://www.bibliojuridica.org/libros/5/2396/25.pdf

VEDEL, Georges: *Les Bases Constitutionnelles Du Droit Administratif*, EDCE, Paris, 1980.

O DIREITO ADMINISTRATIVO NO ORDENAMENTO JURÍDICO BRASILEIRO

GUILHERME CARVALHO*

Resumo: *O Direito administrativo no Brasil tem sofrido grandes modificações nos últimos anos, especialmente em decorrência de novas legislações que aproximam o Direito público a alguns institutos do Direito privado. Por tal razão, mudanças significativas na relação da Administração pública com o administrado têm revigorado os primários conceitos de ato e processo administrativo, alterando a estrutura e o funcionamento da Administração pública no Brasil. Nesse sentido, são perceptíveis recentes alterações nos instrumentos e normas de contratação pública, bem como substanciais modificações no Direito administrativo sancionador. Diante desse cenário, há um redirecionamento dos conceitos de discricionariedade administrativa e intenso controle dos atos administrativos, com a crescente massificação do controle externo e novas técnicas de controle dos atos administrativos, notadamente os métodos alternativos de solução de controvérsias, concedendo novos rumos a sensíveis temas, como a responsabilidade administrativa, os serviços públicos e tendências de desestatização. No mesmo caminho, vislumbram-se novas perspectivas positivas sobre as políticas de ordenação do espaço urbano, especialmente sob a abordagem de novas legislações relacionadas ao meio ambiente urbano.*

Descritores: *Direito administrativo. Administração pública. Direito público. Processo administrativo*

Abstract: *Administrative law in Brazil has undergone major changes in recent years, especially as a result of new legislation that brings public law closer to some private law institutes. For this reason, significant changes in the relationship between the public administration and the administered subjects have reinvigorated the primary concepts of administrative act and lawsuit, changing the structure and functioning of public administration in Brazil. Therefore, recent changes in the instruments and rules of public procurement are perceptible, as well as substantial changes in the sanctioning administrative law. Under this scenario, there is a redirection of the concepts of administrative discretion and intense control of administrative acts, with the growing massification of external control and new techniques for controlling administrative acts, notably alternative methods of resolving disputes, giving new directions to sensitive issues, such as administrative responsibility, public services and privatization trends. In the same way, new positive perspectives on urban space ordering policies are glimpsed, especially under the approach of new legislation related to the urban environment.*

Descriptors: *Administrative Law. Public administration. Public right. Administrative process.*

I. EVOLUÇÃO E MODELO REGULATÓRIO DA ADMINISTRAÇÃO PÚBLICA, BASE CONSTITUCIONAL, CONCEITO DE DIREITO ADMINISTRATIVO E FONTES

A base constitucional do Direito administrativo no Brasil é, inquestionavelmente, complexa, notadamente porque parte da doutrina defende a ideia de que tal ramo do Direito tem suas bases o Direito administrativo francês. Desde já, saliente-se que nossa opinião é em sentido contrário, justamente porque não se faz possível comparar dois sistemas tão distintos, em que em um deles há dualidade de jurisdição, ao passo em que, no outro, prevalece jurisdição una.

A forma pela qual fora concebido o Direito administrativo francês não deixa margem para entender esse ramo do Direito como autônomo e exorbitante, implicando não somente a sujeição a normas próprias

---

* Doutor em Direito Administrativo e Mestre em Direito e Políticas Públicas. Ex-Procurador do Estado do Amapá e advogado do escritório Guilherme Carvalho & Advogados Associados. Bacharel em Administração. Palestrante e professor em várias faculdades do Brasil e no estrangeiro. Articulista e parecerista, com quase duzentos trabalhos publicados, especialmente sobre o tema das contratações públicas e Direito administrativo sancionador. professorguilhermecarvalho@gmail.com. guilherme@guilhermecarvalho.adv.br . Telefone + 55 61 981200964

que se deslocam do Direito civil, mas também a sujeição a uma jurisdição exorbitante, apartada que é da jurisdição civil e comum. Em outro sentido, segundo esta visão, o Direito Administrativo foi formado uito mais por decorrência da dualidade de jurisdição do que propriamente pela incompatibilidade de normas ditas públicas e privadas.

A cisão jurisdicional, não encontrada no ordenamento Pátrio[1], enfraquece a teoria segundo a qual o Direito administrativo é, por concepção, único, autônomo e exorbitante. Portanto, a inexistência, no Brasil, de uma jurisdição administrativa, própria e excludente da jurisdição comum, torna a teoria monista mais amortecida.

É que na França existe dualidade de jurisdição, ao contrário do sistema brasileiro, em que prepondera a jurisdição unificada. É dizer, não existe, no Brasil, tribunais administrativos. Logo, na ausência de um sistema minimamente similar, é inviável, sob nosso ponto de vista, assimilar que o modelo francês é a base do Direito administrativo brasileiro.

Para melhor compreensão da matéria, abordaremos, detalhadamente, alguns pontos essenciais à compreensão do tema.

1. *Conceito de Direito Administrativo*

A definição do Direito administrativo escapa das conceituações mais simplistas. Várias são as razões que explicam essa dificuldade, a começar pela incipiente formação desse ramo do Direito, um tanto recente, remontando a pouco mais de duzentos anos, ao contrário do que se observa, por exemplo, no Direito das obrigações, cujas origens, milenares, solidificaram a formação de uma estrutura jurídica mais sedimentada. Nesse sentido:

> Em comparação com os multicentenários ramos da Ciência do Direito, o Direito administrativo, com pouco mais de dois séculos de existência, é ainda relativamente recente. Por outro lado, sua elaboração, em vez de ter sido lenta, cuidada e repensada e, como o ramo Privado, trabalhada a partir de um direito costumeiro milenarmente sedimentado, foi improvisada, por vezes apressada e, sobretudo, sempre conturbada pelos acontecimentos políticos, econômicos e sociais que agitaram esses duzentos anos de grandes transformações históricas. (Moreira Neto, 2010: 43)

Alfonso Masucci (2011), em análise à formação do Direito administrativo na França e na Alemanha, chama a atenção para o fato de que, na reconstrução das origens do Direito Francês, é destacável o mito da *puissance publique*, pondo-se as bases para a formação de um Direito administrativo que reforçasse com vigor a autoridade do Estado e a eficácia proeminente da ação administrativa, dando-se vida a um Direito administrativo unilateral e privilegiado. (Masucci, 2011: 10)

De se ver que a categorização do Direito administrativo como ramo do Direito público parece ser assente na doutrina, em especial por tratar esse ramo do Direito da organização da função administrativa. «Ao Direito administrativo cumpre traduzir na ação prática do Estado a efetividade das prestações, como das sujeições, que exprimem o conteúdo das relações de administração». (Tácito, 1986: 663)

É o Direito administrativo um fenômeno de coeva aparição e que nasce, após a separação dos poderes, para facilitar a tarefa do Poder Executivo, sendo, portanto, um conjunto de normas que existem para organização e funcionamento da função administrativa, inspirada, sempre, no atendimento do interesse público primário. Interessante notar, portanto, que o Direito administrativo, fincado na sujeição, nasce justamente como um contraponto ao Direito privado, teoria que já não mais se sustenta com a mesma intensidade.

As concepções doutrinárias tradicionais sobre o Direito administrativo, em que pese pequenas variâncias, não andam destoantes umas das outras, focando-se, quase sempre, em duas premissas centrais: a inclusão desse ramo do Direito na seara pública, além de eleger como seu fim último o desenvolvimento da chamada função administrativa. Esses dois pressupostos são decorrentes da existência da Administração pública.

Ocorre que, atualmente, vários são as fontes de Direito privado que se irradiam na concepção do Direito administrativo. Cite-se, como um dos exemplos mais significativos, a utilização de métodos

---

1 O Brasil adota, constitucionalmente, o princípio da unidade jurisdicional, inclusive com a possibilidade de nítido controle dos atos administrativos pelo Poder Judiciário, conforme prevê, textualmente, o art. 5.º, XXXV, da Constituição Federal, segundo o qual «a lei não excluirá da apreciação do Poder Judiciário lesão ou ameaça a Direito». (1988).

alternativos de solução de controvérsias para a solução dos litígios envolvendo a Administração pública, o que afasta, pragmaticamente, a concepção da suposta indisponibilidade do interesse público, categorizando direitos patrimoniais disponíveis na Administração.

A disponibilidade dos chamados direitos patrimoniais disponíveis da Administração pública reforça, sem qualquer esforço interpretativo, a ideia de que o Direito privado é cada vez mais presente no contexto da Administração pública.

Afora isso, a fuga para o Direito privado, por intermédio da privatização formal. Ou seja, a Administração deve reger-se pelo Direito Público (senão direta, ao menos indiretamente, nos casos em que a Constituição permite), sempre que cumpra uma de suas competências administrativas. O fato de o Estado realizar atividades jurídico-privadas não leva à afirmação de um outro sujeito junto ao mesmo Estado.

2. *Base constitucional do Direito Administrativo no Brasil*

A base constitucional do Direito Administrativo no Brasil é encontrada, prioritariamente, no art. 37[2] da Constituição Federal Brasileira (1988), em capítulo específico que trata da Administração Pública. Todavia, a Constituição Brasileira (1988) não possui um título ou um artigo destinado expressamente à função administrativa, ao contrário do que prevê a Constituição colombiana, que reserva um capítulo – contendo três artigos -, dentro do Título destinado ao Poder Executivo, somente à função administrativa, de onde se depreende:

> Artículo 209. La función administrativa está al servicio de los intereses generales y se desarrolla con fundamento en los principios de igualdad, moralidad, eficacia, economía, celeridad, imparcialidad y publicidad, mediante la descentralización, la delegación y la desconcentración de funciones. (Colombia, 1991).

Na Constituição (1988), a função administrativa ganha outro relevo, emergindo da separação dos Poderes, previsto no art. 2° combinado com a previsão trazida pelo art. 37 da Constituição, trata-se de um conceito amplo, porque não se restringe apenas ao Poder Executivo, mas a todos os Poderes (Legislativo e Judiciário), de quaisquer das esferas da Federação. Bem assim, importa no exercício para além das pessoas politicas, porque também possível pelos entes integrantes da Administração indireta, inclusive das pessoas jurídicas desta parcela da Administração que se valem, prioritariamente, do Direito privado.

Em perfeita análise sobre o Direito administrativo e a Administração pública e suas consequentes relações, Pedro Collado (1983), após desmistificar o conceito reducionista de Administração pública ao Poder Executivo, pondera que «El Derecho administrativo continúa siendo el ordenamiento jurídico peculiar y propio de las Administraciones públicas en cuanto personas, dentro de una organización estatal compleja pero delimitada funcional y orgánicamente.» (Escribano Collado, 1983: 184).

Eduardo Garcia de Enterría e Tomás-Ramón Fernández (2013) tratam o Direito administrativo como o Direito comum das Administrações públicas, entendo-o como um microcosmo jurídico cuja tendência é cobrir toda as possíveis áreas em que se movimentam as Administrações públicas, «inclusive aquelas que constituem objeto de regulamentação de outros Direitos.» (Garcia Enterría y Fernández, 2013: 60).

Schmidt-Assmann (2003), abordando o Direito administrativo como sistema, ao se referir às empresas públicas, comunga da mesma visão. Supera o autor a ideia de que não se lhes pode aplicar unicamente o Direito Administrativo, tal como para a Administração Direta: «el ajuste del régimen jurídico de las empresas públicas en el Derecho de la organización administrativa no puede llevar, naturalmente, a aplicarles mecánicamente las normas desarrolladas para los órganos y entidades administrativas». Porém, é enfático ao afirmar que a Administração não tem, nem mesmo no campo da Administração Instrumental, a autonomia privada de que disfrutam os particulares que atuam no mercado (Schmidt-Assmann, 2003: 280-282).

Sabino Cassese (2009) fala da impropriedade quanto à nomenclatura 'Direito Administrativo', salientando que se trata de um verdadeiro e próprio Direito da Sociedade. Parte da ideia de que esse

2 «Art. 37. A administração pública direta e indireta de qualquer dos Poderes da União, dos Estados, do Distrito Federal e dos Municípios obedecerá aos princípios de legalidade, impessoalidade, moralidade, publicidade e eficiência e, também, ao seguinte: [...]». (1988).

ramo do Direito, se antes unitário, é, atualmente, deveras pluralista e que, nada obstante possuir uma filiação nacional, é também um instrumento de cooperação supranacional e global, e luta para se livrar dos paradigmas por ele mesma construídos, que garantiram seu desenvolvimento bissecular[3].

O Direito administrativo é, portanto, o ramo do Direito voltado ao cumprimento da chamada função pública administrativa. E se por função administrativa entende-se o pleno exercício das atividades administrativas com vistas à eficiência eficácia, razão maior para que se possa entender compatível a utilização do Direito privado pela Administração pública.

3. *Fontes do Direito Administrativo*

Segundo acima mencionado, significativa parte da doutrina brasileira parte do pressuposto de que o Direito administrativo tem como fonte principal o Direito público, sendo a utilização do Direito privado indevida ou quase nulificada para a regulação da Administração pública.

Os conceitos até aqui utilizados traduzem que o Poder público tem por preponderância normas de Direito público, mas pode se valer de normas de Direito privado, desde que necessárias para o cumprimento da função administrativa.

Sebastián Baquer (1996: 24) afirma que as figuras jurídico-administrativas têm suas raízes nas linhas básicas que o Direito privado lhe proporcionou, asseverando, inclusive, que o Direito administrativo foi (e é) um Direito secundário em relação ao Direito civil, e de certo modo filho do ordenamento privado.

Todavia, partindo de uma indagação mais profunda, é importante mensurar se o Direito administrativo se vale apenas do Direito público. A resposta à perquirição tem sido cada vez mais no sentido de que as fontes do Direito privado são extremamente necessárias à formação do Direito administrativo, à medida que tal ramo do Direito importa para a regulação da atividade administrativa.

Em atenção às discussões acima, a ideia aqui defendida arrima-se no pressuposto de que o Direito Administrativo, no modelo brasileiro, é formado tanto por normas de Direito público quanto por normas de Direito privado.

II. ORGANIZAÇÃO ADMINISTRATIVA NO BRASIL

A organização administrativa é a parte do Direito administrativo que estuda a estrutura da Administração pública e dos órgãos e pessoas jurídicas que a compõem. No Direito administrativo brasileiro, a noção de organização administrativa do Estado passa pela divisão da Administração pública em Administração direta (composta de órgãos públicos sem personalidade jurídica) e Administração indireta (composta de entidade dotadas de personalidade jurídica própria).

Há, contudo, de se destacar a diferença entre organização administrativa e organização política, tendo em vista que a primeira se refere aos órgãos públicos e entidades da Administração pública, enquanto que a organização política cuida das entidades políticas que integram a Federação (União, Estados, Distrito Federal e Municípios).

As entidades políticas nada mais são que os entes políticos previstos na Constituição Federal (União, Estados, Distrito Federal e Municípios). Tais entidades detêm uma parcela do poder político, sendo dotadas de autonomia e prioritariamente regidas pelo Direito constitucional.

Assim como a União, os Estados, Distrito Federal e Municípios podem possuir suas Administrações indiretas, é dizer, podem exercer a função administrativa, prestando serviços públicos ou explorando a atividade econômica. O Brasil segue a estrutura desenhada no Decreto-Lei nº 200 (1967), o qual divide a Administração Pública em Administração direta e Administração indireta. A Administração pública direta é composta pelos entes federativos e pelos órgãos no qual estes são divididos. As entidades administrativas são as pessoas jurídicas que compõem a Administração indireta, sendo elas: autarquias, empresas públicas, sociedades de economia mista e fundações públicas de Direito público.

[3] «La scienza del diritto amministrativo, dal canto suo, fatica a liberarsi dei paradigmi da essa stessa costruiti, e che ne hanno assicurato il bisecolare sviluppo. È fondata su postulati positivisti anche ora che il monopolio della legalità statale vacilla. continua a coltivare l'idea della statalità del suo oggetto, mentre questa è erosa sia all'interno, sia all'esterno. [...]. Insegue temi tradizionali e limitati, perdendo di vista le connessioni tra di essi e le nuove problematiche che si affacciano.» (Cassese, 2009: 880).

No contexto da Administração direta, ocorre a centralização, quando as atividades são desempenhadas pelos órgãos e agentes de um único ente federativo. Já a descentralização pode ocorrer de duas formas: por serviço, outorga e legal ou por delegação, negocial e colaboração.

As autarquias são serviços públicos descentralizados, ao passo que as fundações são um patrimônio público descentralizado. Imperioso destacar que as fundações podem ser públicas ou privadas, sendo que, quando públicas, possuem natureza jurídica próxima às autarquias, por isso sendo chamadas de fundações autárquicas.

Há igualmente no Brasil, também pertencentes à Administração indireta, as agências reguladoras, que são autarquias em regime especial, bem assim as agências executivas, que são uma qualificação que as autarquias e fundações podem assumir.

O objetivo de instituir uma agência reguladora é que ela atue em determinados setores de regulação, com aumento de sua autonomia e poder. Por sua vez, o escopo de instituir uma agência executiva é aumentar sua eficiência e produtividade, mas, para qualificarem-se como tal, as autarquias e fundações devem firmar contratos de gestão com o respectivo ministério superior, bem assim ter um plano estratégico de reestruturação e desenvolvimento.

Por outro lado, as empresas estatais, empresas públicas e sociedades de economia mista, são mais presas a normas de Direito privado. Tais entidades podem ser exploradoras de atividade econômica ou prestadoras de serviço público. Se exploradoras de atividade econômica, não podem atuar no mercado com benefícios fiscais, trabalhistas, creditícios que não sejam extensíveis às concorrentes privadas. Quando prestadoras de serviço público, o regime tende a ser mais regulado por normas de Direito público, por força do disposto no art. 175 da Constituição Federal Brasileira (1988).

Importante destacar que há um só normativo para as empresas públicas e sociedades de economia mista, é dizer, o regulamento para ambas é o mesmo, independentemente de prestarem serviços públicos ou explorarem atividade econômica. Trata-se da Lei n.º 13303 (2016), que «dispõe sobre o estatuto jurídico da empresa pública, da sociedade de economia mista e de suas subsidiárias, no âmbito da União, dos Estados, do Distrito Federal e dos Municípios» (2016), regulamentada pelo Decreto n.º 8945 (2016).

Tema polêmico diz respeito ao teto remuneratório aplicado às empresas públicas e as sociedades de economia mista. Tais entidades não estão sujeitas ao teto remuneratório constitucional, exceto se a entidade receber recursos públicos para pagamento das despesas. (Sousa, 2018).

Portanto, pelo que se percebe, a estrutura da Administração pública brasileira é complexa, contemplando, para além da Administração direta e indireta, entidades Paraestatais que, apesar de não integrarem a estrutura da Administração pública como um todo, colaboram com o Estado no desempenho de atividade de interesse público.

III. O PROCEDIMENTO ADMINISTRATIVO

No cenário nacional, não existe contencioso administrativo. Prevalece no Brasil, segundo já referenciado, a jurisdição unificada, vigorando o princípio da inafastabilidade do controle jurisdicional (art. 5, XXXV, da Constituição Federal [1988]), o que revela a importância do processo administrativo no âmbito e competência da própria Administração pública.

Como atividade da Administração pública que tem por objetivo alcançar fins específicos previstos em lei, a processualidade exprime o 'ir e vir' de um fenômeno, como o encadeamento sucessivo de atos, por intermédio de um esquema processual abrangente, composto de atividades provindas de muitas pessoas físicas, quer sejam ou não representantes de órgãos da entidade que emite o ato final. «A partir desse núcleo comum, irradiam-se pontos de diversidade entre os vários tipos de processo, em grande parte decorrentes das características da função a que se ligam e do ato final a que tendem.» (Medauar, 2009: 166).

O procedimento administrativo no Brasil, no plano federal, somente foi regulamentado no ano de 1999, com a edição da Lei nº 9784 (1999). Trata-se, inquestionavelmente, de um significativo avanço, uma vez que, embora houvesse outras normas que contivessem, em seu texto, partes procedimentais, inexistia uma norma geral atinente ao tema.

Assim sendo, muito embora a Lei federal nº 9784 (1999) somente tenha sido promulgada em 1999, outros entes federativos já dispunham de normas regulamentando o processo administrativo, seja no âmbito da Administração pública estadual ou municipal.

Impera, no cenário jurídico nacional, um vácuo normativo quanto à inexistência de leis em alguns entes federativos. Isso porque alguns Estados da Federação e a quase totalidade dos 5570 (cinco mil, quinhentos e setenta) municípios brasileiros não possuem um núcleo de ordenamento jurídico dentro da Administração do Estado apto a definir um estatuto da cidadania administrativa.

O desapego ao processo administrativo, no Brasil, e a proeminência da cultura do ato administrativo, visto de forma isolada, contribuem para o excesso de judicialização, tornando o Brasil um dos países com maior número de demandas judiciais.

Inexiste, todavia, também por parte da Administração pública, uma vocação quanto à definição de soluções em vias administrativas, proporcionando um cenário de litigiosidade exagerado no Poder Judiciário. A inafastabilidade do controle jurisdicional, princípio vinculado na Constituição Federal (art. 5º, XXXV, Constituição [1988])[4], proporciona uma cultura de se socorrer do Judiciário em todo e qualquer caso, alijando-se da benfazeja política conciliatória.

A Lei de Processo Administrativo (1999) é segmentada em 18 capítulos que elucidam como são realizados os procedimentos e processos administrativos, estipulando competências, prazos e etapas, com o objetivo de proteger os direitos da sociedade e de padronizar o cumprimento dos fins dos procedimentos.

É forte na doutrina a diferenciação entre processo e procedimento administrativo. O processo administrativo, dessa forma, para além da lei, possui significados distintos, que fazem sentido dentro do contexto em que o termo se encontra dentro do órgão específico da Administração pública que o mesmo se encontra.

> Processo administrativo é o instrumento formal que, vinculando juridicamente os sujeitos que dele participam, através da sucessão ordenada de atos e atividades, tem por fim alcançar determinado objetivo, previamente identificado pela Administração Pública (Carvalho Filho, 2013: 21)

Já o procedimento administrativo é analisado como o método utilizado para realizar os processos administrativos. Na prática, são as formalidades e as legalidades das ações que embasam as decisões administrativas dentro do processo administrativo.

> Procedimento consiste numa sequência predeterminada de atos, cada qual com finalidade específica, mas todos dotados de uma finalidade última comum, em que o exaurimento de cada etapa é pressuposto de validade da instauração da etapa posterior e cujo resultado final deve guardar compatibilidade lógica com o conjunto dos atos praticados. (Justen Filho, 2013: 33).

A Lei nº 9784 (1999), seguindo o texto da Constituição Federal (1988), carreia um plexo de princípios administrativos que garantem não apenas formalidade ao processo, mas direitos e garantias a serem observadas dentro de cada processo administrativo. Repetindo o texto constitucional, a lei de processo administrativo se refere ao devido processo legal, ao contraditório e à ampla defesa. Por igual, devem-se destacar os princípios da legalidade, da motivação, da oficialidade e da gratuidade, reitores do curso do processo administrativo.

Convém também enfatizar que a Lei Federal de Processo Administrativo (1999) contempla direitos e deveres do administrado. O atropelamento dos direitos do administrado por qualquer parte da Administração pública é um ato ilegal, que pode levar o agente ou órgão envolvido a ser cobrado judicialmente pelos seus atos, por meio do controle da Administração pública, tema a ser explorado nos tópicos que discorrerão sobre o controle dos atos administrativos.

Por outro lado, a Lei de Processo Administrativo (1999) também delega deveres aos administrados ao lidar com partes administrativas do Estado, com o objetivo de manter a legalidade dos processos e da relação entre os administradores e os administrados.

---

4 «Art. 5º Todos são iguais perante a lei, sem distinção de qualquer natureza, garantindo-se aos brasileiros e aos estrangeiros residentes no País a inviolabilidade do direito à vida, à liberdade, à igualdade, à segurança e à propriedade, nos termos seguintes: XXXV - a lei não excluirá da apreciação do Poder Judiciário lesão ou ameaça a direito.». (1988).

IV. O ATO ADMINISTRATIVO, SUA EXECUÇÃO, PRINCÍPIO DA AUTOTUTELA, OS RECURSOS NA VIA ADMINISTRATIVA

O ato administrativo constitui um dos modos de expressão das decisões tomadas por órgãos e autoridades da Administração pública, dependendo, exclusivamente, da vontade desta ou da vontade dos particulares que estejam exercendo a atividade administrativa.

Os atributos dos atos administrativos (presunção de veracidade e legitimidade, imperatividade, autoexecutoriedade e tipicidade) não são absolutos e têm sido cada vez mais relativizados no contexto nacional, sobretudo pelo excessivo controle que vem sendo exercido por quem realiza o controle externo.

Logo, tendo-se em conta os elementos do ato administrativo (competência, finalidade, forma, motivo e objeto) tem sido frequentes no contexto nacional a avaliação, pelo Poder Judiciário, dos elementos não objetivos, notadamente a análise sobre a finalidade e o motivo do ato administrativo, tema que será melhor explorado quando da análise da discricionariedade e do controle judicial da Administração.

A execução do ato administrativo independe, usualmente, da aquiescência do administrado, sendo suficiente, para tanto, a validade dos elementos do próprio ato, bem como a existência dos atributos a ele inerentes. Mesmo assim, a execução do ato não está esvaziada do dever de motivação, priorizando a existência de um devido processo legal, concedendo direito ao administrado, à luz dos princípios do contraditório e ampla defesa, objetar-se quanto aos critérios utilizados pela Administração para a autoexecutoriedade do ato.

Tal contexto decorre, sobretudo, do avanço experimentado pelo Direito administrativo brasileiro quanto ao processo administrativo. Isso porque a Lei de Processo Administrativo (Lei nº 9784 [1999], acima mencionada) conferiu significativa validade aos princípios a que a Administração pública está adstrita, dentre eles a devida motivação[5].

Logo, a execução do ato administrativo não pode ser distraída do contexto procedimental que a lei lhe confere. É dizer, não é possível a execução de um ato administrativo praticado com excesso ou abuso de poder e, mais grave ainda, desobedecendo às formas exigidas em lei para a autoexecutoriedade do ato.

Exemplificativamente, a Lei de Licitações e Contratos (2021) 'tema a ser tratado no próximo tópico' possibilita a revogação ou anulação de um processo licitatório, desde que existente motivo para a execução do ato. Em qualquer das hipóteses, é garantida ao interessado a prévia declaração, sob pena de manifesta nulidade (§ 3º do art. 71 da Lei nº 14 133 [2021]).

No que se refere ao princípio da autotutela dos atos administrativos, em que a Administração pública exercer controle sobre seus próprios atos, há um posicionamento solidificado na jurisprudência do Supremo Tribunal Federal, por meio da Súmula nº 473 (1969), que dispõe:

> A Administração pode anular seus próprios atos, quando eivados de vícios que os tornem ilegais, porque deles não se originam direitos; ou revogá-los, por motivo de conveniência ou oportunidade, respeitados os direitos adquiridos, e ressalvada, em todos os casos, a apreciação judicial (2012).

Com a promulgação da Lei de Processo Administrativo (Lei nº 9784 [1999]), o princípio da autotutela passou a ser cada vez mais relativizado, estipulando-se para a Administração um prazo decadencial de 05 (cinco) anos para o exercício da autotutela[6], posicionamento chancelado pelo Supremo Tribunal Federal (STF), o qual entende que, embora seja facultado ao Estado a revogação de atos que repute ilegalmente praticados, se de tais atos já tiverem decorridos efeitos concretos, seu desfazimento deve ser procedido de regular processo administrativo[7].

Quanto aos recursos na via administrativa, há de se ressaltar que a Lei de Processo Administrativo (1999) prevê a possibilidade de, no mínimo, um recurso hierárquico. Todavia, não são incomuns a

---

[5] «Art. 2.º A Administração pública obedecerá, dentre outros, aos princípios da legalidade, finalidade, motivação, razoabilidade, proporcionalidade, moralidade, ampla defesa, contraditório, segurança jurídica, interesse público e eficiência». (1999).

[6] «Art. 54. O direito da Administração de anular os atos administrativos de que decorram efeitos favoráveis para os destinatários decai em cinco anos, contados da data em que foram praticados, salvo comprovada má-fé». (1999).

[7] Tese definida no Recurso Extraordinário 594 296 (2012)

prática de atos administrativos, com prejuízos concretos para os interessados, perpetrados pela autoridade máxima competente, inviabilizando, na prática, a interposição de recurso, fato este que oportuniza o manejo de lenitivo processual diretamente no Judiciário[8].

V. OS CONTRATOS DA ADMINISTRAÇÃO

O regime de contratação da Administração pública brasileira pode ser analisado sobre os mais variados vieses. Isso porque, para a Administração pública direta, autárquica e fundacional de todos os entes da federação, vigora um regime de contratação e, consequentemente, um regramento próprio, com normas mais específicas e uma rigidez contratual mais alinhada às normas típicas de Direito público.

Para a Administração pública indireta, notadamente empresas públicas e sociedades de economia mista, independentemente de prestarem serviços públicos ou explorarem atividade econômica, há outro marco normativo, a seguir explorado.

Deve-se levar em consideração, ainda, que as entidades paraestatais, denominadas como terceiro setor, possuem um regime diferenciado de contratação, menos hermético, alinhado, quase sempre, com suas próprias resoluções internas e normativos próprios.

Para melhor compreensão do tema, serão feitas abordagens sobre cada tipo de contratação em separado, permitindo uma análise mais profunda (embora não terminativa) sobre esse valioso campo do Direito administrativo e que ocupa significativa parte da rotina administrativa.

1. *O regime de contratação da Administração Pública Direta, Autárquica e Fundacional*

Sem se aprofundar no historicismo das contratações públicas no Brasil, o atual marco normativo é a Lei Geral de Licitações e Contratos Administrativos, Lei n.° 8666 (1993), ainda vigente, conforme se explanará logo à frente.

Paralelamente à Lei n° 8666 (1993), o legislador editou outras leis, que complementaram a Lei Geral de Licitações e Contratos Administrativos (2021), como, por exemplo, a Lei n° 10 520 (2002), a qual trata, especificadamente, de uma modalidade de licitação bastante utilizada no Brasil, o Pregão, tanto na forma presencial, como também na forma eletrônica, possuindo regulamentações próprias.

Avizinhando-se dos grandes eventos desportivos (Copa das Confederações em 2013, Copa do Mundo de Futebol em 2014 e dos Jogos Olímpicos de 2016), surgiu a necessidade de editar um novo marco normativo para a contratação de grandes obras no Brasil, que concedesse, às aludidas contratações, maior eficiência e celeridade, não encontradas no regime previsto na Lei n° 8666 (1993). Nessa toada, foi editada a Lei n° 12 462 (2011), que instituiu o Regime Diferenciado de Contratações Públicas (RDC). Sem adentrar no mérito quanto à corrupção e malversação de verbas públicas quando da construção de obras de infraestrutura para a realização dos grandes eventos desportivos no Brasil, pode-se afirmar que, sem a existência do regime diferenciado de contratações, não haveria espaço e tempo suficientes para a contratação das referidas obras.

Passaram então a conviver, praticamente de forma simultânea, três normativos de contratação pública no cenário nacional, sendo que dois deles (o regime previsto na Lei n° 10 520 [2002] e o Regime Diferenciado de Contratações, previsto na Lei n° 12 462 [2011]) foram utilizados em mais larga escala, face ao engessamento das normas previstas na Lei n.° 8666 (1993).

A modalidade de licitação conhecida como Pregão (eletrônico ou presencial), previsto na Lei n° 10 520 (2002), utilizado para a aquisição de bens e serviços comuns, tornou-se prática cotidiana no cenário da Administração pública brasileira, notadamente pela forma menos burocrática de proceder à finalização do procedimento licitatório, com a conhecida inversão de fases, em que primeiro são julgadas as propostas para, somente em fase posterior, passar à fase dos requisitos de habilitação, lógica esta não encontrada na Lei n° 8666 (1993).

Logo, no regime geral previsto na Lei n° 8666 (1993), a inversão de fases inexistia, o que comprometia a celeridade e a própria finalização do processo de contratação pública. Isso porque, utilizando-se do normativo geral, era necessário, primeiramente, analisar todos os requisitos de

[8] Deve-se rememorar que o Brasil não possui dualidade de jurisdição, razão pela qual os recursos na via administrativa são julgados pela própria Administração, que é parte e, ao mesmo tempo, autoridade julgadora do processo.

habilitação e, posteriormente, apreciar a proposta vencedora, demandando um excesso de tempo para análise das documentações e qualificações (técnica, fiscal, trabalhista, econômica e jurídica) de todas as licitantes antecipadamente ao julgamento das propostas.

Todavia, a modalidade Pregão, pelo teor da própria lei que a instituiu (Lei nº 10 520 [2002]), somente poderia ser utilizada na contratação de bens e serviços comuns, sem incluir grandes projetos e, destacadamente, amplas obras de engenharia e infraestrutura, necessárias para a concretização dos grandes eventos desportivos no Brasil. Por essa razão, o legislador estabeleceu um regime diferenciado para tais contratações, instituído ainda no ano de 2011 e regulamentado pelo Decreto nº 7581 (2011).

Inicialmente previsto apenas para a realização das obras relacionados aos eventos desportivos que ocorreram no Brasil por ocasião da Copa das Confederações, da Copa do Mundo de Futebol e das Olimpíadas, o RDC (2011) teve seu objeto bastante ampliado, reduzindo a excessiva burocracia ínsita à finalização de qualquer contratação pública de grande vulto.

Portanto, nos últimos dez anos, o sistema de contratação pública no Brasil foi regido pelos mais variados normativos legais, incluindo normas infralegais decorrentes dos mais diversos órgãos integrantes da estrutura administrativa federal e, até mesmo, decisões de corte de contas, que, ao ensejo de analisarem situações tópicas, acabavam por instituir novos regramentos no cenário das contratações.

Digno de nota que, por ocasião pandemia ocasionada pela Covid-19, o Brasil instituiu um regime temporário e transitório de contratação pública, extremamente flexível, presumindo, no próprio texto normativo, a situação emergencial, norma esta que abriu margem para as mais variadas contratações diretas, distraídas de competitividade[9]. Trata-se da Lei nº 13 979 (2020), que «dispõe sobre as medidas para enfrentamento da emergência de saúde pública de importância internacional decorrente do coronavírus responsável pelo surto de 2019».

Nesse mesmo intervalo de tempo, onde vigoravam os três principais normativos de contratação pública acima citados (Lei nº 8666 [1993], Lei nº 10 520 [2002] e Lei nº 12 462 [2011]), tramitavam no Congresso Nacional variados projetos de lei para a instituição de um novo e único marco normativo de contratação pública no Brasil, é dizer, uma nova lei que aglomerasse, em um único normativo, todas as espaças leis a que se fez referência logo acima. Nesse cenário, foi promulgada, em 01 de abril, a Lei nº 14 133 (2021), Lei de Licitações e Contratos Administrativos, estabelecendo normas gerais de licitação e contratação para as Administrações Públicas diretas, autárquicas e fundacionais da União, dos Estados, do Distrito Federal e dos Municípios.

A Lei nº 14 133 (2021) revoga, expressamente, as demais leis que tratam de contratação pública no Brasil, acima mencionadas (Lei nº 8666 [1993], Lei n.º 10 520 [2002] e Lei n.º 12 462 [2011]), criando um sistema único de contratação. Porém, não se aplica à Administração pública indireta, que, segundo será mencionado no seguinte subtópico, possui um regime próprio de contratação, regrado pela Lei nº 13 303 (2016).

A Nova Lei de Licitações e Contratos Administrativos, Lei nº 14 133 (2021), unifica o processo de contratação pública no Brasil, derrogando as demais leis, mas com uma peculiaridade completamente inovadora na prática legislativa nacional, que reside no fato de entrar em vigor na data de sua publicação (art. 19410), mas com a possibilidade de somente ser aplicada após o transcurso de dois anos, seguindo a literalidade do art. 193, II[11]. Trata-se de uma concessão conferida pelo legislador para melhor adaptação à nova Lei (2021), ou seja, é necessário destacar que a sua aplicabilidade pode ser imediata, mas é franqueada à Administração utilizar-se do período de dois anos de ajustamento às novas regras trazidas pelo novo ordenamento jurídico.

Logo, no atual cenário, compreendido entre 01 de abril de 2021 a 01 de abril de 2023, faz-se possível a convivência de múltiplos regimes de contratação, fato este que vem ocasionando sérias polêmicas, seja pela divergência doutrinária quanto à aplicação parcial da nova Lei (2021), seja pela dificuldade de implementação dos requisitos previstos no novo normativo legal.

---

9 Carvalho, Guilherme y Maffini, Rafael; AGI, Samer (2020). *Lei do Coronavírus*: Lei nº 13.979/2020 (comentada artigo por artigo). Brasília: CPIuris.

10 «Art. 194. Esta Lei entra em vigor na data de sua publicação». (2021).

11 «Art. 193. Revogam-se: I – os arts. 89 a 108 da Lei nº 8.666, de 21 de junho de 1993, na data de publicação desta Lei; II – a Lei nº 8.666, de 21 de junho de 1993, a Lei nº 10.520, de 17 de julho de 2002, e os arts. 1º a 47-A da Lei nº 12.462, de 4 de agosto de 2011, após decorridos 2 (dois) anos da publicação oficial desta Lei». (2021)

Decerto, a Lei nº 14 133 (2021) possui inovações qualitativas em relação aos outros normativos que abordam o tema da contratação pública no Brasil, possuindo amplas inovações que, ao tempo em que possibilitam margens de atuação mais eficiente e eficaz por parte da Administração pública, igualmente obstaculizam a prática e implementação de alguns institutos, sobremaneira quando o ente contratante são os pequenos Municípios brasileiros.

Em face da impossibilidade de abordar todos os temas e inovações trazidos na Lei nº 14 133 (2021), elegeremos alguns temas que, seguindo nosso ponto de vista, são as principais inovações previstas pelo legislador, sendo o ponto mais importante a contextualização entre todas as fases do processo de contratação pública, concedendo grande ênfase à fase de planejamento, que passa a ser vinculada à fase de execução dos contratos.

É de fácil identificação que significativa parte dos problemas relacionados às contratações públicas no Brasil decorrem da ausência de planejamento. O tema do planejamento do Brasil é assaz delicado, não sendo incomuns a existência de obras inacabadas, projetos mal concluídos, compras e aquisições acima do quantitativo necessário, dentre outras tantos sérios obstáculos, que, desafortunadamente, ganham proeminência no cenário nacional, gerando má administração de verbas públicas.

A Lei nº 14 133 (2021) detalhou, cuidadosamente, da fase do planejamento, concedendo, porém, em certa medida, um exagero ao dever de planejar, o que, pragmaticamente, tende, em determinadas ocasiões, a obstaculizar a finalização do processo licitatório[12]. Há, inegavelmente, uma tendência normativa em concretizar o liame existente entre a fase do planejamento da licitação e a fase de execução dos contratos, evitando a realização de licitações indesejadas e impassíveis de serem cumpridas, o que justifica o enaltecimento quanto ao planejamento estratégico, que contextualiza o estabelecimento de metas e o empreendimento de ações, com a melhor mobilização dos escassos recursos, por meio de metodologias que objetivam a consecução do sucesso do processo como um todo, especialmente do processo licitatório.

Definitivamente, houve significativo avanço da legislação nesse sentido. A problemática reside em hiperbolizar o planejamento, na busca incessante de uma programação demasiada, inclusive no que concerne às contratações públicas cujo objeto dispensa um excesso de idealização, a qual, se não passível de aplicabilidade prática, tende a distorcer o escopo normativo.

Outro ponto positivo da nova lei é a separação do processo licitatório da fase de contratação pública e consequente execução do contrato. No contexto das outras legislações, a licitação era vista como uma fase da contratação, um procedimento e não um processo. Ao ensejo da Lei nº 14 133 (2021), a licitação é desenhada como um processo, finalizando, usualmente, com a homologação e a adjudicação do objeto licitado.

É igualmente importante salientar que, no contexto da nova Lei de Licitações e Contratos Administrativos (2021), há uma preferência normativa para a concretização da eficiência, separando a burocracia que sempre freou a finalização dos processos administrativos no Brasil e que, por decorrência do excesso de formalismo, deságua em francos atos de corrupção.

Nesse compasso, cite-se como exemplo o art. 71[13] da Lei nº 14 133 (2021), o qual prioriza, antes da declaração de nulidade do processo licitatório, a sanatória das irregularidades que possam ser convalidadas, priorizando a eficiência nos processos licitatórios e consagrando o princípio do formalismo moderado.

No mesmo contexto, a preferência pela não declaração de nulidades na Lei nº 14 133 (2021) é uma das mais importantes inovações normativas. Comparativamente à Lei nº 8666 (1993), há, na Lei nº 14

---

[12] Nesse sentido, já tivemos a oportunidade de nos manifestar (Carvalho, 2021a).

[13] «Art. 71. Encerradas as fases de julgamento e habilitação, e exauridos os recursos administrativos, o processo licitatório será encaminhado à autoridade superior, que poderá: I - determinar o retorno dos autos para saneamento de irregularidades; II - revogar a licitação por motivo de conveniência e oportunidade; III - proceder à anulação da licitação, de ofício ou mediante provocação de terceiros, sempre que presente ilegalidade insanável; IV - adjudicar o objeto e homologar a licitação. § 1º Ao pronunciar a nulidade, a autoridade indicará expressamente os atos com vícios insanáveis, tornando sem efeito todos os ubsequentes que deles dependam, e dará ensejo à apuração de responsabilidade de quem lhes tenha dado causa. § 2º O motivo determinante para a revogação do processo licitatório deverá ser resultante de fato superveniente devidamente comprovado. § 3º Nos casos de anulação e revogação, deverá ser assegurada a prévia manifestação dos interessados. § 4º O disposto neste artigo será aplicado, no que couber, à contratação direta e aos procedimentos auxiliares da licitação». (2021).

133 (2021), uma patente opção legislativa quanto à sanatória dos vícios apontados no processo licitatório, como também uma manifesta prioridade pela manutenção dos contratos, alçando a nulidade como opção derradeira, declarada apenas e tão somente quando inexistir a possibilidade de manutenção da relação contratual[14].

Outro aspecto bastante positivo foi a aproximação do Direito público e do Direito privado em vários dispositivos legais, como, por exemplo, a destinação de um capítulo próprio para métodos alternativos de solução de controvérsias. Diferentemente da Lei nº 8666 (1993), a nova Lei de Licitações (2021) dedica exclusivo capítulo para tratar «dos meios alternativos de resolução de controvérsias» (Carvalho, 2021b), aderindo à benfazeja política conciliatória, além de oportunizar às partes contratantes não se submeterem à morosa resolução dos litígios pelo Poder Judiciário[15].

Como se percebe, a Lei nº 14 133 (2021) é auspiciosa quanto às inovações normativas tendentes à implementação de boas práticas de contratação pública, conferindo maior integridade e governança ao arquétipo contratual moldado pela Administração pública brasileira. No que concerne à integridade, a principal característica da lei é estabelecer critérios claros quanto às políticas de governança, criando, quanto ao controle das contratações públicas, três linhas de defesa, ao deferir aos agentes públicos, servidores e demais autoridades que atuam no controle das contratações públicas o dever de se responsabilizarem por práticas contínuas e permanentes de gestão de riscos e de controle preventivo das contratações, na conformidade do art. 169 da Lei (2021)[16].

Não é demais ressaltar que, entre os princípios do processo licitatório (previstos no art. 11 da Lei) há o envolvimento da alta administração do órgão ou da entidade nos planos, processos e estruturas de contratação, com respeito ao planejamento estratégico e às Leis Orçamentárias, evitando contratações antieconômicas e ineficientes

Houve, portanto, um direcionamento normativo quanto às políticas públicas de ESG na nova Lei de Licitações e Contratos Administrativos (2021). Mesmo que o preço ainda continue sendo um fator preponderante para as contratações, já não mais possui a mesma proeminência contida na Lei nº 8666 (1993), importando outros fatores, que devem ser satisfatoriamente atendidos, notadamente os que envolvem políticas de contratações sustentáveis, cuja vantajosidade para a Administração é desejável.

Por outro lado, críticas mais severas também podem ser realizadas em relação à Lei n.º 14 133 (2021), sobretudo no aspecto relacionado às cláusulas exorbitantes. Isso porque as pujantes prerrogativas da Administração pública, que concretizam e solidificam, segundo literatura clássica do Direito

---

[14] Mais sobre o tema: Carvalho, Guilherme e (2021b). Do saneamento das nulidades no processo de contratação pública. *Revista Consultor Jurídico*.

[15] Ainda sobre o tema: Carvalho, Guilherme e (2021c). As medidas conciliatórias da nova Lei de Licitações. *Revista Consultor Jurídico*.

[16] «Art. 169. As contratações públicas deverão submeter-se a práticas contínuas e permanentes de gestão de riscos e de controle preventivo, inclusive mediante adoção de recursos de tecnologia da informação, e, além de estar subordinadas ao controle social, sujeitar-se-ão às seguintes linhas de defesa: I - primeira linha de defesa, integrada por servidores e empregados públicos, agentes de licitação e autoridades que atuam na estrutura de governança do órgão ou entidade; II - segunda linha de defesa, integrada pelas unidades de assessoramento jurídico e de controle interno do próprio órgão ou entidade; III - terceira linha de defesa, integrada pelo órgão central de controle interno da Administração e pelo tribunal de contas. § 1º Na forma de regulamento, a implementação das práticas a que se refere o **caput** deste artigo será de responsabilidade da alta administração do órgão ou entidade e levará em consideração os custos e os benefícios decorrentes de sua implementação, optando-se pelas medidas que promovam relações íntegras e confiáveis, com segurança jurídica para todos os envolvidos, e que produzam o resultado mais vantajoso para a Administração, com eficiência, eficácia e efetividade nas contratações públicas. § 2º Para a realização de suas atividades, os órgãos de controle deverão ter acesso irrestrito aos documentos e às informações necessárias à realização dos trabalhos, inclusive aos documentos classificados pelo órgão ou entidade nos termos da Lei nº 12.527, de 18 de novembro de 2011, e o órgão de controle com o qual foi compartilhada eventual informação sigilosa tornar-se-á corresponsável pela manutenção do seu sigilo. § 3º Os integrantes das linhas de defesa a que se referem os incisos I, II e III do **caput** deste artigo observarão o seguinte: I - quando constatarem simples impropriedade formal, adotarão medidas para o seu saneamento e para a mitigação de riscos de sua nova ocorrência, preferencialmente com o aperfeiçoamento dos controles preventivos e com a capacitação dos agentes públicos responsáveis; II - quando constatarem irregularidade que configure dano à Administração, sem prejuízo das medidas previstas no inciso I deste § 3º, adotarão as providências necessárias para a apuração das infrações administrativas, observadas a segregação de funções e a necessidade de individualização das condutas, bem como remeterão ao Ministério Público competente, cópias dos documentos cabíveis para a apuração dos ilícitos de sua competência» (2021).

administrativo, o denominado regime jurídico-administrativo, ecoam como reforço para salvaguarda do interesse público, cujo rótulo (e conteúdo), nas mais variadas vertentes, deságuam em um privilégio descomunal, criando, pragmaticamente, confusas barreiras aparentemente difíceis de serem superadas.

Acomodar as cláusulas exorbitantes no tão valoroso espaço que ocupa o interesse público simboliza a vulgarização desse mesmo interesse, tornando-o lugar comum em que repousam coisas desimportantes, além de afugentar os bons contratantes, que, no assombro da desproporcionalidade contratual, tendem a preferir a incitativa privada, espaço em que a paridade é a regra no trato contratual.

Importante esclarecer, contudo, que a nova Lei de Licitações e Contratos Administrativos (2021) não revogou a Lei nº 13 303 (2016), que trata da contratação públicas nas empresas estatais.

2. *O regime de contratação da Administração Pública Indireta*

Somente no ano de 2016 foi promulgado o Estatuto Jurídico das empresas estatais. Trata-se da Lei nº 13 303 (2016), que dispõe sobre o estatuto jurídico da empresa pública, da sociedade de economia mista e de suas subsidiárias, no âmbito da União, dos Estados, do Distrito Federal e dos Municípios.

É inegável que a referida lei é decorrente de um clamor popular, que ganhou espaço no cenário nacional a partir de 2013, com o início da Operação Lava-Jato, o maior esquema de corrupção mundial. A ausência de um método transparente de contratação pública nas empresas estatais, maiormente nas empresas públicas e sociedades de economia mista exploradoras de atividade econômica, desaguou na necessidade de estabilizar, por meio de normas jurídicas claras, um regime de contratação para as referidas empresas.

Assim como ocorre em outros países, a atuação do Estado brasileiro na atividade econômica é bastante presente e encontra guarida no texto constitucional, à luz da norma prevista no art. 173[17], da Constituição Federal Brasileira (1988). Por igual, nossa Constituição permite ao Estado prestar serviços públicos por meio de empresas estatais, ou seja, empresas públicas e sociedades de economia mista (art. 175[18], da Constituição Federal [1988]).

Embora a Constituição Federal já previsse a necessidade de regulamentação das atividades das empresas estatais, o regramento a que se referem os artigos 173 e 175, isto é, a Lei nº 13 303 (2016), somente foi promulgado quase 30 (trinta) anos após a publicação da Constituição Federal (1988).

Assim sendo, anteriormente à Lei nº 13 303 (2016), a contratação nas empresas estatais decorria de regulamentos próprios, à míngua de uma lei específica relacionada ao assunto. Por outro lado, parte das empresas estatais contratava tendo por base a Lei Geral de Licitações, a então vigente Lei nº 8666 (1993), cuja rigidez não era compatível com a flexibilidade de contratação exigível das empresas em mãos públicas.

Com o surgimento da Lei n.º 13 303 (2016), o sistema de contratação pública para as empresas estatais restou mais claro e definido em uma série de dispositivos legais encontrados na referida lei, cujo texto, em quase sua totalidade, refere-se às normas de contratação.

A Lei nº 13 303 (2016) é inovadora em vários pontos, destacando-se, acima de tudo, a paridade contratual entre a Administração contratante e o contratado, com a horizontal incidência de normas de Direito privado, textualmente prevista no art. 68[19].

3. *O regime de contratação do Terceiro Setor*

A discussão acerca do Terceiro Setor, incluindo o que se chama no Brasil de Sistema "S", prepondera em grande parte da doutrina administrativista, na medida em que essas entidades possuem natureza jurídica não facilmente identificáveis. Induvidoso que não fazem parte da Administração Pública; inquestionável, de igual modo, que não integram o mercado, tal como as demais empresas e organizações que podem ser denominadas "iniciativa privada".

---

17 «Art. 173. Ressalvados os casos previstos nesta Constituição, a exploração direta de atividade econômica pelo Estado só será permitida quando necessária aos imperativos da segurança nacional ou a relevante interesse coletivo, conforme definidos em lei». (1988).

18 «Art. 175. Incumbe ao Poder Público, na forma da lei, diretamente ou sob regime de concessão ou permissão, sempre através de licitação, a prestação de serviços públicos». (1988).

19 «Art. 68. Os contratos de que trata esta Lei regulam-se pelas suas cláusulas, pelo disposto nesta Lei e pelos preceitos de direito privado». (2016).

O Tribunal de Contas da União (TCU [órgão de controle da Administração pública federal brasileira]) já se posicionou, em várias oportunidades, sobre as contratações públicas no terceiro setor, afirmando que, sobre elas, não recaem as regras da contratação do Poder Público, cujas enlaças encontram-se fincadas, notadamente, na Lei Geral de Licitações (1993).

Seguindo a mesma trilha, os órgãos de controle afirmam a possibilidade de as entidades integrantes Terceiro Setor adotarem seus regulamentos próprios, mas que devem estar pautados nos princípios gerais do processo licitatório e consentâneos ao contido no art. 37, *caput*, da Constituição Federal (1988)[20].

VI. O DIREITO ADMINISTRATIVO SANCIONADOR

Inegável que, após a promulgação da Constituição Brasileira (1988), o denominado Direito administrativo sancionador tem sofrido forte expansão, transformação, reconfiguração e revigoramento. Outrora fora fonte de abusos de poder no período do Regime Militar (1964-1985), tal parcela da ordem jurídica foi redesenhada com o advento do Estado social e democrático de Direito.

A normatividade principiológica decorrente da Constituição Federal (1988), com princípios e valores constitucionais, foi, paulatinamente, se disseminando no campo sancionatório extrapenal, influenciando na estruturação progressiva do Direito administrativo sancionador, tendo por base, especialmente, os postulados do devido processo legal e da ampla defesa.

Tal incisão principiológica recebe, também, impactos do pragmatismo, espraiando-se pelo sistema do direito posto, notadamente o art. 20[21], da Lei de Introdução às Normas do Direito brasileiro (1942), bem assim com base no consensualismo previsto no art. 26[22] da mesma Lei.

Essa expressão do efetivo poder de punir estatal, que se direciona a movimentar a prerrogativa punitiva do Estado, efetivada por meio da Administração pública e em face do particular ou administrado, encontra espaço em variados documentos normativos. Nessa senda, no âmbito do Direito administrativo sancionador, destacam-se, no Brasil, alguns marcos normativos importantes, os quais serão objeto de estudos de forma apartada.

1. *A Improbidade Administrativa*

A Constituição Federal Brasileira (1988) estabelece, como um dos princípios reitores da Administração pública, a moralidade administrativa. Não se trata, todavia, de moral comum, isto é, não é qualquer valor moral que pode ser associado ao princípio da moralidade administrativa.

A probidade dos agentes públicos, bem como dos particulares que possuem relação contratual com a Administração pública, é um fim a ser perseguido pelo Estado, evitando-se, portanto, atos ímprobos, corruptivos ou, minimamente, que distorcem o conteúdo de moralidade a que faz alusão o texto constitucional.

Nesse sentido, o § 4º do art. 37 da Constituição Federal Brasileira (1988) estabelece que «os atos de improbidade administrativa importarão a suspensão dos direitos políticos, a perda da função pública, a indisponibilidade dos bens e o ressarcimento ao erário, na forma e gradação previstas em lei, sem prejuízo da ação penal cabível».

Em 1992, foi promulgada a Lei nº 8429 (1992), dispondo sobre as sanções aplicáveis aos agentes públicos nos casos de enriquecimento ilícito no exercício do mandato, cargo, emprego ou função no

---

20 «Art. 37. A administração pública direta e indireta de qualquer dos Poderes da União, dos Estados, do Distrito Federal e dos Municípios obedecerá aos princípios de legalidade, impessoalidade, moralidade, publicidade e eficiência e, também, ao seguinte: [...]». (1988).

21 «Art. 20. Nas esferas administrativa, controladora e judicial, não se decidirá com base em valores jurídicos abstratos sem que sejam consideradas as consequências práticas da decisão. Parágrafo único. A motivação demonstrará a necessidade e a adequação da medida imposta ou da invalidação de ato, contrato, ajuste, processo ou norma administrativa, inclusive em face das possíveis alternativas». (1942).

22 «Art. 26. Para eliminar irregularidade, incerteza jurídica ou situação contenciosa na aplicação do direito público, inclusive no caso de expedição de licença, a autoridade administrativa poderá, após oitiva do órgão jurídico e, quando for o caso, após realização de consulta pública, e presentes razões de relevante interesse geral, celebrar compromisso com os interessados, observada a legislação aplicável, o qual só produzirá efeitos a partir de sua publicação oficial». (1942).

âmbito da Administração pública. Muito embora tenha pecado na técnica legislativa, tal lei fora utilizada de forma desordenada, distorcendo a sua própria finalidade e criando um ambiente tenebroso para o exercente da função administrativa ou para quem mantinha relação com a Administração pública.

Logo, à míngua da banalização da ação, esparziu-se, nos mais diversos rincões desse país, éditos judiciais que mais justificavam a existência da demanda do que, propriamente, o enfrentamento dos argumentos que dela (da demanda) poderiam exsurgir como ímprobos. Isso se justifica, sobretudo, quando se percebe a utilização desenfreada, e sem qualquer pejo, das condenações lastreadas, exclusivamente, na suposta ofensa a princípios. Pragmaticamente, na dúvida, sempre foi mais cômodo condenar que absolver, seja pelo menor esforço de fundamentação, seja, dentre outros, pela 'satisfação social' decorrente da reprovação das condutas tangenciadas no corpo da decisão.

A exprobração social e midiática, que decorria tão somente da propositura da ação, nem sempre era desfeita quando da absolvição do demandado, cuja vitória se concretizava, tão apenas, em se ver livre da demanda, uma vez que, dentre outras mazelas, a improcedência da ação não oportunizava, normalmente (como sói ocorrer em quase todas as querelas judiciais), os benefícios decorrentes da sucumbência pela outra parte. Em outras palavras, para os propositores da ação era o melhor dos mundos, pois incogitável a constatação da má-fé capaz de ensejar, em tese, qualquer ônus financeiro que, minimamente, reparasse as perdas pecuniárias suportadas.

Por meio de ações mal motivadas e decisões judiciais igualmente sem fundamentos, em boa parte dos casos, houve uma utilização equivocada da lei, em demandas aventureiras, as quais distorceram as finalidades do Direito administrativo sancionador. Por essa razão, a Lei nº 8429 (1992) foi radicalmente modificada pela Lei nº 14 230 (2021), conhecida como a nova Lei de Improbidade Administrativa.

A principal alteração produzida pela nova Lei de Improbidade Administrativa (2021) foi a tipificação precisa do conceito de dolo, evitando as mais diversas interpretações antagônicas que poderiam surgir nos tribunais, cenário evidentemente não recomendável quando se trata de Direito administrativo sancionador. Para além, a Lei nº 14 230 (2021) ratifica que o dever de motivação dos atos públicos deverá ser plenamente fundamentado, não bastando, portanto, a sua mera declaração.

A nova redação atribuída, pela Lei nº 14.230 (2021), à Lei de Improbidade Administrativa não é, sob qualquer ótica, um salvo-conduto para que se perpetrem atos que atentem contra a probidade administrativa, porquanto permanece a reprovação normativa à prática dos sobreditos atos.

Entretanto, parece que não mais existe espaço para o aforamento de demandas inconsideradas, expondo às raias da persecução jurisdicional os atos das pessoas (físicas e jurídicas) que, flagrantemente, não se enquadram como ímprobos. O avanço alcançado pelo legislador é aplaudível e, imbuído nesse novo espírito, é chegada a hora de repensar o manejo das ações de improbidade, que, por imposição constitucional, jamais poderia haver sido encarado como regra, mas sim como manifesta exceção.

2. *A Lei Anticorrupção*

Igualmente no espectro do Direito administrativo sancionador, a Lei nº 12 846 (2013), denominada Lei Anticorrupção, dispôs sobre a responsabilização administrativa e civil de pessoas jurídicas pela prática de atos contra a Administração pública.

Os fins perseguidos pela Lei Anticorrupção são valiosos, mas o procedimento instituído pelo legislador, supostamente em decorrência do clamor popular, compromete a segurança jurídica dos atos praticados e minimiza a potencialidade de seus efeitos positivos.

A Lei Anticorrupção (2013) previu um processo próprio e específico para apuração da responsabilidade das pessoas jurídicas supostamente envolvidas em casos de corrupção. Todavia, por não aderir aos mais simbólicos direitos que devem ser garantidos às partes em qualquer processo, notadamente os processos de conteúdo sancionatório, a lei é criticada sob os mais variados aspectos.

A Lei nº 12.846 (2013), depois de tecer um capítulo sobre responsabilização administrativa, inicia, logo em seu art. 8º, o Capítulo IV, intitulado «Do Processo Administrativo de Responsabilização» (PAR). Claramente, a lei não trata especificadamente da natureza jurídica deste tipo de processo, cuidando mais da parte inerente à deflagração e forma como será conduzido e apreciado. Tampouco menciona algo sobre o direito ao recurso administrativo, finalizando, no que toca a essa parte, no seu art. 12, ao estabelecer que «O processo administrativo, com o relatório da comissão, será remetido à autoridade instauradora, na forma do art. 10, para julgamento».

Simploriamente, a Lei Anticorrupção (2013) limita-se a abordar a fase de instauração, condução e julgamento, que se dará após o oferecimento de Defesa Prévia, somente isso. No Decreto nº 8.420 (2015), que regulamenta a lei no âmbito federal, nada é mencionado sobre o direito ao recurso, resumindo-se o legislador a orientar um prazo fatal para finalização do PAR, que é de 180 (cento e oitenta) dias.

A par da precariedade normativa neste quesito anticorrupção – uma lei para atender clamor social, distraída que é das achegas jurídico-normativas que irradiam um Estado Democrático, sobremais de Direito, é possível, à luz de uma construção dogmático-doutrinária, abstrair alguns conceitos sobre a natureza jurídica do PAR.

Inegável que, como todo e qualquer processo, o Processo Administrativo de Responsabilização, previsto na Lei Anticorrupção (2013), é um processo de conteúdo sancionador, possuindo um cunho disciplinar, com vistas à apuração da responsabilidade de pessoas jurídicas que tenham realizado alguma das condutas tipificadas no art. 5° da lei.

Muito se assemelha ao Processo Administrativo Disciplinar (PAD), que visa à apuração da responsabilidade de servidores públicos. Nesse sentido:

> O *PAR* possui características de verdadeiro processo disciplinar, muito semelhante àqueles que tratam da apuração da responsabilidade dos servidores públicos. Tanto que a autoridade responsável por inaugurar e impulsionar o referido procedimento, no caso, pode promover, previamente, a abertura de investigação preliminar, o que, guardadas as devidas proporções, tem similitude à sindicância promovida para colher dados e provas à subsidiar o processamento de um agente estatal. (Heinen, 2015:186, grifo do autor.).

Logo, por ser um processo administrativo de conteúdo disciplinar, tem por objeto a apuração de irregularidades ou situações ilegais, que, se comprovadas, dão margem à abertura destes processos com conteúdo punitivo. Dito de outro modo, para a existência do PAR, necessária a comprovação da infração ou ilícito administrativo, que deve contar com prévia previsão normativa.

> Vale a pena sublinhar, neste passo, que o processo punitivo reclama o pressuposto da infração administrativa. Embora não seja conceituada no plano normativo, a infração administrativa somente se consuma quando há previsão legal. Assim, é de destacar-se o fato de que, sem um tipo legal e específico, não haverá infração e, consequentemente, sanção a ser aplicada. (Carvalho Filho, 2013: 27).

Dentre tantas críticas passíveis de serem construídas, o processo indicado no corpo normativo para apuração de responsabilidade, PAR, não prevê, por exemplo, o direito a recurso, ofendendo evidente garantia constitucional sobre a matéria, que assegura, em processos administrativos ou judiciais, o direito ao duplo grau de jurisdição.

3. *O Processo Administrativo Disciplinar*

Para apuração das faltas funcionais dos servidores públicos, a legislação brasileira prevê o denominado PAD, instrumento pelo qual a Administração pública exerce seu poder-dever para apurar as infrações funcionais e aplicar penalidades aos seus agentes públicos e àqueles que possuem uma relação jurídica com a Administração.

Sobressai mencionar que o PAD foi criado com o desígnio de investigar, mas, igualmente, de proteger a estabilidade do servidor público, que tem a possibilidade de efetuar a ampla defesa das acusações que lhe são impostas. Contrariamente ao Processo Administrativo de Responsabilização (PAR), previsto na Lei Anticorrupção (2013), ao PAD é garantido o direito ao contraditório e à ampla defesa em seus mais variados significados, especialmente no que concerne ao direito ao recurso contra decisão condenatória.

No âmbito federal, o Processo Administrativo Disciplinar é regulamentado na Lei nº 8112 (1990), que dispõe sobre o regime jurídico dos servidores públicos civis da União, das autarquias e das fundações públicas federais, sendo dividido em três grandes fases: instauração, com a publicação do ato que cria a comissão do processo; inquérito, fase realizada pela comissão, que inclui instrução, defesa e relatório; julgamento, a ser realizado pela autoridade competente.

VII. A DISCRICIONARIEDADE ADMINISTRATIVA

Certamente, esse é o tema mais polêmico no hodierno cenário jurídico brasileiro. De forma antecipada, é imperioso realçar que o conceito de discricionariedade tem sido substancialmente mitigado no Brasil, com a massiva intervenção do Poder Judiciário, de forma cada vez mais incisiva, no controle dos atos administrativos, conforme será discorrido no próximo tópico.

Essa liberdade de ação administrativa, dentro dos limites permitidos em lei, franqueando ao administrador público escolher entre mais de uma opção tracejada pelo legislador, já não mais encontra o mesmo significado, sobretudo em razão da exponencial valorização dos princípios e valores abstratos.

> A discricionariedade significa uma condição de liberdade, mas não liberdade ilimitada: trata-se de liberdade onerosa, sujeita a vínculo de natureza peculiar. É uma liberdade-vínculo. Só vai exercer-se com base na atribuição legal, explícita ou implícita, desse poder específico a determinados órgãos ou autoridades.
>
> Por outro lado, o poder discricionário sujeita-se não só às normas específicas para cada situação, mas a uma rede de princípios que asseguram a congruência da decisão ao fim de interesse geral e impedem seu uso abusivo (Medauar, 2009: 114).

No mesmo sentido, precisas as lições de Celso Antônio Bandeira de Melo (2012), para quem:

> Discricionariedade é a margem de liberdade que remanesça ao administrador para eleger, segundo critérios consistentes de razoabilidade, um, dentre pelo menos dois comportamentos, cabíveis perante cada caso concreto, a fim de cumprir o dever de adotar a solução mais adequada à satisfação da finalidade legal, quando, por força da fluidez das expressões da lei ou da liberdade conferida no mandamento, dela não se possa extrair objetivamente uma solução unívoca para a situação vertente. (Mello, 2012: 988-989).

Distendendo os elementos dessa definição, algumas notas básicas são destacáveis em relação à discricionariedade: trata-se de uma amostra de liberdade de escolha, de eleição entre mais de uma solução possível em tese, ainda que, diante do caso concreto, só uma possa ser aplicada; tal liberdade é sempre conferida pela lei, mesmo que de forma implícita; ao administrador cabe exercer a sua apreciação subjetiva com o fito de buscar a vontade legal, sempre tendo em vista o melhor atendimento ao interesse privilegiado pela norma.

Irrecusável que se trata de modo de atuar da Administração pública, quer por ter havido uma impossibilidade prática absoluta de a lei prever objetivamente o modo de satisfazer o interesse a que visava, quer por ter a lei considerado a situação do administrador mais apta a identificar o melhor modo de fazê-lo. É dizer, se assim não fosse, ter-se-ia recorrido à vinculação, traçando por completo a conduta a ser adotada pelo administrador.

No Brasil, também ganha espaço o conceito de discricionariedade técnica, oriundo do Direito italiano. O referido conceito foi desenvolvido pelo italiano Renato Alessi (1974), para quem a discricionariedade técnica não guarda qualquer relação de semelhança com a discricionariedade administrativa, sendo muito mais uma vinculação. O autor sustenta que existem casos em que a apreciação do interesse público exige a utilização de critérios técnicos e a solução de questões técnicas, tendo a Administração que encontrar a solução correta segundo critérios técnicos.

No campo das agências reguladoras, a discricionariedade técnica ganha mais espaço, limitando-se o Judiciário à apreciação de alguma deficiência formalística do ato praticado. Logo, o controle judicial dos atos perpetrados no contexto técnico das mencionadas autarquias especiais avulta com maior robustez, uma vez que, ao contrário da discricionariedade administrativa, a discricionariedade técnica contém um perfil de julgamento mais restrito, no qual se resolvem os fatos, mas sem valoração de interesse.

Revolvendo ao tema do controle do ato discricionário, é importante ressaltar que tal fato decorre de uma exacerbação do controle jurisdicional sobre o ato administrativo, na suposta ideia de que a decisão decorrente do controle externo é necessariamente melhor produzida do que as decisões proferidas no cenário administrativo. Há uma desconfiança extremada sobre o ato administrativo no cenário brasileiro, o que agudiza a crise de separação dos poderes.

Esse poder de escolha, com opções múltiplas deferidas ao exercente da função pública, dentro dos limites estabelecidos pelo ordenamento jurídico (não necessariamente pela lei), tem sido combatido pelo controle externo à luz de uma visão, em certa medida, distorcida de princípios múltiplos.

Muito embora seja pacífico o entendimento de que o Poder discricionário tem sua legitimidade e validade tão apenas quando a ação estatal é exercida dentro das fronteiras do ordenamento jurídico, a má utilização dos princípios jurídicos, espalhados em diversas fontes normativas, propicia a sobreposição da vontade final do controle externo em substituição à tomada de decisão pelo verdadeiro exercente da função administrativa.

Sendo assim, existem atuações do Judiciário no controle de políticas públicas que, manifestamente, ferem a razoabilidade, seja porque desconsidera a limitação orçamentária do Poder público, seja porque tolhe o planejamento da máquina estatal, seja, por fim, porque beneficia somente o autor individual da ação em detrimento da coletividade ou ainda seja porque deslegitima o caráter democrático de elaboração das políticas públicas pelo Executivo e Legislativo, dentre tantos outros fatores.

VIII. O CONTROLE JUDICIAL DA ADMINISTRAÇÃO: MÉTODOS ALTERNATIVOS DE SOLUÇÃO DE CONTROVÉRSIAS

Cumpre realçar, uma vez mais, que o Brasil não possui dualidade de jurisdição, não havendo contencioso administrativo, razão pela qual o controle dos atos administrativos, quando não realizados pela própria Administração pública, por intermédio dos recursos administrativos e pedidos de reconsideração dos atos, ocorre na via judicial.

Todavia, tem sido cada vez mais recorrentes a utilização de métodos alternativos de solução de controvérsias, como a mediação, as câmaras de solução de conflitos, a arbitragem, *dispute boards*, dentre outros. Há um caminho legislativo quanto ao estabelecimento de cânones em relação à prática de uma política de anteposição bélica, condecorando a conciliação.

Na última década, houve o incremento da legislação em tal sentido, evitando a provocação do Poder Judiciário quando o conflito possa ser solucionado por decorrência de métodos alternativos que não necessariamente o litígio submetido ao âmbito do Poder Judiciário.

A cultura do Direito administrativo brasileiro, presa ao princípio da legalidade, parece tornar a solução alternativa da controvérsia mais fácil quando há previsão normativa que estabeleça, textualmente, a possibilidade de utilização de normas do Direito privado.

Veja-se, nesse sentido, as alterações relacionadas à arbitragem. A Lei nº 13 129 (2015a), deu nova redação à Lei nº 9307 (1996) (Lei de Arbitragem): «a administração pública direta e indireta poderá utilizar-se da arbitragem para dirimir conflitos relativos a direitos patrimoniais disponíveis». (2015).

Outro exemplo de controle, conferido por alteração legislativa, é encontrado na Lei nº 13 140, (2015b), que dispõe sobre a mediação entre particulares como meio de solução de controvérsias e sobre a autocomposição de conflitos no âmbito da Administração pública.

Quanto à arbitragem, percebe-se, no cenário brasileiro, um caminho espaçoso e cada vez mais utilizado. Exemplificativamente, segundo mencionado quando da abordagem do tema da contratação pública, a Lei nº 14 133 (2021) carreou, de forma inovadora, um capítulo próprio abordando os métodos alternativos de solução de controvérsias, estabelecendo, inclusive, em rol não taxativo, a exemplificação de alguns direitos patrimoniais disponíveis, como o equilíbrio econômico-financeiro dos contratos, o cálculo de indenizações, dentre outros.

Ainda é incipiente no Brasil a utilização de arbitragem como método alternativo de solução de controvérsias, sobretudo para as menos aparelhadas Administrações (notadamente as Administrações municipais). Todavia, tem-se caminhado cada vez mais para a utilização da arbitragem[23], sobretudo porque há autorização legislativa e, prioritariamente, porque o avanço normativo não é isolado, encontrando respaldo nos mais variados instrumentos normativos, agregando-se mais valor à gestão pública e reforçando os laços de confiança legítima entre Administração e administrado.

---

[23] Para melhor estudo sobre o tema: Oliveira, Gustavo Justino de y Estefam, Felipe Faiwichow (2019). *Curso prático de arbitragem e administração pública*. São Paulo: Revista dos Tribunais.

IX. OUTRAS TÉCNICAS DE CONTROLE DA ADMINISTRAÇÃO

À luz do que fora mencionado nos dois tópicos anteriores, o exercício do controle externo sobre o ato administrativo ganhou espaço mais contundente nos últimos anos, especialmente após a promulgação da Constituição Federal (1988), cujos valores sociais de conteúdo principiológico propiciam uma margem substancialmente aberta ao exercício do controle externo.

Entretanto, o descomedido controle exercido por agentes estranhos a quem desempenha a função administrativa determinou, com o passar dos tempos, que houvesse uma reação normativa apta a guarnecer a validade e higidez dos atos praticados pela Administração Pública. Nesse contexto, a Lei nº 13 655 (2018), alterando a Lei de Introdução às Normas do Direito Brasileiro (LINDB), Decreto-Lei nº 4.657 (1942), incluiu alguns dispositivos legais dispondo sobre segurança jurídica e eficiência na criação e na aplicação do Direito Público.

Embora todos os dispositivos legais acrescidos ao Decreto-Lei nº 4657 (1942)sejam auspiciosos, vale destacar, especialmente, o conteúdo da norma contida no art. 20, segundo a qual «nas esferas administrativa, controladora e judicial, não se decidirá com base em valores jurídicos abstratos sem que sejam consideradas as consequências práticas da decisão» (1942), exigindo uma devida motivação concreta, que, segundo parágrafo único do mesmo dispositivo legal, «deverá demonstrar a necessidade e adequação da medida imposta ou da invalidação do ato, contrato, ajuste, processo ou norma administrativa, inclusive em face de políticas alternativas» (1942).

Há, inegavelmente, uma tendência quanto à mitigação do controle externo, impondo-lhe circunscritos limites encontrados dentro da própria norma, exigindo um dever de motivação para a declaração de invalidade do ato, o que vai ao encontro de outro dispositivo legal, também previsto na mesma lei, que trata da segurança jurídica, ao explicitar que "as autoridades públicas devem atuar para aumentar a segurança jurídica na aplicação das normas [...]"[24].

A alteração promovida pela Lei nº 13 655 (2018) na LINDB conferiram maior protagonismo ao controle interno, seja por meio da possibilidade de ajustes, seja pela proeminência deferida pelo legislador ao exercente da função administrativa. O conteúdo da norma inserta no art. 26 é, notoriamente, uma demonstração clara e substancialmente definida de boas práticas do controle interno. Apesar de já existirem outras legislações autorizativas de ajustes administrativos, como acima destacado, é notável que o artigo 26 da LINDB (2018) é mais robusto, mais preciso, de maior alcance, abrindo uma verdadeira margem de negociação ínsita à Administração pública.

A concessão contida no artigo 26 da LINDB (2018) volve-se à concretização de bons ajustes para a Administração Pública, que, via de regra, vivencia as peculiaridades idiossincráticas decorrentes de um gerir administrativo cada vez mais complexo e exigente. O concerto, dessa forma, pode despontar como a solução mais viável e, por isso, a que deva (por imposição constitucional) ser alcançada[25].

Logo, tudo leva a crer que a desconfiança com o controle interno vem submergindo em face dos mais variados documentos normativos sucessivos às alterações promovidas na LINDB. Exemplo contundente quanto à projetação do controle interno também é encontrado na recente Lei de Licitações e Contratos Administrativos (Lei nº 14 133 [2021]), em que o controle interno é enaltecido.

De fato, ao ensejo da previsão anunciada na LINDB (2018), nomeadamente o artigo 26, que exalta as convenções administrativos após oitiva do controle interno, revela-se, na Nova Lei de Licitações e Contratos Administrativos (2021), um caminho legislativo no mesmo compasso, protegendo a atividade administrativa por intermédio de quem, naturalmente, detém maior expertise quanto ao conteúdo do ato a ser controlado[26].

---

24 Segue artigo por completo: «Art. 30. As autoridades públicas devem atuar para aumentar a segurança jurídica na aplicação das normas, inclusive por meio de regulamentos, súmulas administrativas e respostas a consultas. Parágrafo único. Os instrumentos previstos no *caput* deste artigo terão caráter vinculante em relação ao órgão ou entidade a que se destinam, até ulterior revisão.» (2018).

25 Mais sobre o tema: Sousa, Guilherme Carvalho e (2019). Uma análise do artigo 26 da LINDB: o controle externo e a administração. *Revista Consultor Jurídico*

26 Mais sobre o tema em Sousa, Guilherme Carvalho e y Cabral, Flavio Garcia (2021). Controle das contratações públicas: diversas linhas de frente. *Revista Consultor Jurídico*.

Em bom momento, portanto, a Lei nº 14 133 (2021) marcha no sentido de priorizar o controle interno, permitindo um exame mais efetivo por quem vivencia as peculiaridades idiossincráticas decorrentes de um gerir administrativo cada vez mais complexo e exigente, com contratações sofisticadas não apenas quanto ao objeto, mas, sobretudo, no que diz respeito à forma de realização, envolta num quadro de incertezas e de permanentes mudanças.

Por outro lado, nada obstante o percurso normativo em larga deferência ao controle interno, inquestionável que remanescem no Brasil outras técnicas de controle da Administração, notoriamente por órgãos alheios aos exercentes da função administrativa. Nesse sentido, os Tribunais de Contas realizam papel importante no controle posterior, apreciando a higidez e validade (sob todos os vieses) do ato administrativo praticado[27].

Cumpre ressaltar que, no contexto brasileiro, há tribunais de contas no âmbito da União, Estados e Distrito Federal, sendo que alguns Municípios também possuem tribunais específicos, a exemplo dos Municípios de São Paulo e Rio de Janeiro.

Quanto ao controle externo, a principal fonte é o controle praticado perante o Poder Judiciário. Nesse ponto em específico, há de se destacar o princípio da inafastabilidade do controle jurisdicional, previsto no art. 5º, XXXV, da Constituição Federal (1988).

Muito se tem discutido sobre o avanço do controle jurisdicional, em especial quando o controle se refere aos atos de governo. Isso porque o alargamento do controle ganhou maior espaço após a Constituição Federal (1988), cujo texto está impregnado de um espírito geral de priorização dos direitos e garantias ante o Poder público, ocasionando consequências das quais decorrem medidas que repercutem no âmbito da Administração, a exemplo da suspenção de atos ou atividades, anulações, imposições de fazer, imposição de se abstenção, imposição de pagar e, por fim, de indenizar ou ressarcir.

Quanto às formas de controle, a mais usual é o Mandado de Segurança (*writ*), remédio heroico, garantia constitucional destinada a proteger direito líquido e certo, não amparado por habeas corpus ou habeas data, lesado ou sob ameaça de lesão por ato ou omissão da autoridade pública ou de agente no exercício de atribuições do poder público (inciso LXIX do art. 5° da Constituição Federal [1988]).

Impende realçar que o Mandado de Segurança é impetrável tanto em relação a atos comissivos como também em relação a atos omissivos da Administração, sendo que a lei determina que o manejo de tal lenitivo processual exige a inexistência de recurso com efeito suspensivo. De regra, para a impetração do Mandado de Segurança, é necessário o esgotamento da via administrativa, a menos que o recurso administrativo não possua efeito suspensivo[28].

Outro instrumento de controle da Administração Pública, igualmente usual, é a Ação Popular, uma medida processual posta à disposição de qualquer cidadão que visa a invalidar ato lesivo ao patrimônio público ou de entidade de que o Estado participe, à moralidade administrativa, ao meio ambiente e ao patrimônio histórico e cultural (inciso LXXIII do art. 5° da Constituição Federal [1988][29]).

Quanto às outras formas de controle, usualmente constantes no contexto europeu, não possuem tanta aderência na sistemática brasileira, a exemplo do ouvidor geral. São cada vez mais comuns a criação de canais de atendimento em todos os níveis e searas das mais diversas Administrações públicas, mas de poucos efeitos práticos, em face, sobretudo, da cultura de litigiosidade que vigora no Brasil.

X. A RESPONSABILIDADE ADMINISTRATIVA

O sistema da responsabilidade da Administração pública no ordenamento jurídico brasileiro encontra-se previsto, centralmente, no § 6º do art. 37 da Constituição Federal Brasileira (1988)[30], que

---

27 Cumpre ressaltar que, no contexto brasileiro, há tribunais de contas no âmbito da União, Estados e Distrito Federal, sendo que alguns Municípios também possuem tribunais específicos, a exemplo dos Municípios de São Paulo e Rio de Janeiro.

28 O Mandado de Segurança é regulamentado pela Lei 12.016/2009.

29 «LXXIII - qualquer cidadão é parte legítima para propor ação popular que vise a anular ato lesivo ao patrimônio público ou de entidade de que o Estado participe, à moralidade administrativa, ao meio ambiente e ao patrimônio histórico e cultural, ficando o autor, salvo comprovada má-fé, isento de custas judiciais e do ônus da sucumbência». (1988).

30 «§ 6º As pessoas jurídicas de direito público e as de direito privado prestadoras de serviços públicos responderão pelos danos que seus agentes, nessa qualidade, causarem a terceiros, assegurado o direito de regresso contra o responsável nos casos de dolo ou culpa» (1988).

adota a Teoria do Risco Administrativo, segundo a qual o Estado responderá pelos danos causados a terceiros nos casos de dolo ou culpa.

No sistema brasileiro, a responsabilidade civil do Estado, que consiste no dever de compensar os danos materiais e morais sofridos por terceiros em virtude de ação ou omissão antijurídica imputável ao Poder público, é fincada na responsabilização objetiva, sendo suficientes a demonstração da conduta, do dano e do nexo causal entre a conduta e o dano provocado à vítima.

Seguindo tal teoria (Risco Administrativo, conforme § 6º do art. 37 da Constituição Federal [1988]), o Estado somente se eximirá do dever de reparar o dano caso comprove alguma das hipóteses de exclusão da responsabilidade civil: força maior ou caso fortuito, culpa exclusiva da vítima ou fato exclusivo de terceiro.

Notório nomear que o Estado pode ser responsabilizado tanto por atos comissivos como, igualmente, por atos omissivos. Há, todavia, com relação aos atos omissivos estatais, a adoção da Teoria da Culpa Administrativa, sendo necessária a demonstração da culpa praticada pelo Estado, não sendo suficientes apenas os elementos objetivos, como a culpa em sentido lato, o dano e o nexo de causalidade.

Juarez Freitas (2005) postula a responsabilidade extracontratual do Estado por condutas omissivas a partir da consagração da aplicabilidade imediata dos direitos fundamentais (Constituição Federal [1988], art. 5º, § 1º), a qual «é um dos argumentos mais robustos contra a teoria segundo a qual não poderia o Estado ser responsabilizado por omissões». (Freitas, 2005: 28).

> Em outras palavras, a omissão também pode ser causa de dano anômalo e injusto, sem enquadrá-la, com a devida vênia de eminentes pares, como simples condição para o evento danoso, nem vê-la como mera situação propiciatória. A omissão, em termos mediatos, sempre traz, por assim dizer, o frustrado 'princípio ativo' do dever estatal não-cumprido. Assim, se se cuidar de omissão determinada ou determinável, produtora de nexo causal direto – em razão do descumprimento do dever positivo -, o ônus da prova das excludentes incumbem às pessoas jurídicas de direito público e de direito privado prestadoras de serviços públicos, inexistindo diferença apreciável no cotejo com os atos comissivos, ainda que evidentes as peculiaridades. (Freitas, 2005: 32).

Ocorre que, mesmo no que toca à responsabilidade por omissão, existem duas categorias da disciplina jurídica da omissão estatal, não sendo possível unificar o tratamento jurídico inerente a ambas. Nos casos em que o direito estabelecer que a omissão estatal é, em si mesmo, ilícita (omissão própria), o tratamento jurídico será semelhante ao adotado para a atuação estatal ativa. Por outro lado, nas hipóteses em que existir um comando genérico autorizando o Estado atuar (omissão imprópria), será descabido reputar que a mera e simples inação produzirá a responsabilidade civil do Estado.

Um dos aspectos mais contraproducentes na sistemática da responsabilização administrativa no Brasil é a ausência de escopo na reparação do dano. Isso porque a vítima deve transcorrer todo o curso de um duradouro e cansativo trâmite jurisdicional, com os mais variados recursos a serem interpostos pelo Poder público (incluindo a Corte Suprema), para, quando finalizada a ação, submeter-se à reparação por meio de precatório, na sistemática do art. 100, da Constituição Federal (1988), estendendo ainda mais o prazo para a reparação.

> Embora se pude cogitar de reparação de dano pela via administrativa, mediante requerimento formulado pela vítima, cônjuge, parentes ou herdeiros, trata-se de forma rara de ressarcimento: ainda que evidente sua responsabilidade, a Administração em geral propõe ressarcimento vil ou rejeita o pedido, para que a vítima se dirija à via jurisdicional.
>
> A vítima ou seu cônjuge, companheiro, herdeiros ingressam com ação para obter reparação do dano, interposta, de regra, contra pessoa jurídica de direito público ou pessoa jurídica de direito privado prestadora de serviço público (Medauar, 2009: 381).

Dito de outro modo, inexiste no Brasil uma tendência de reparação imediata do dano, tampouco a possibilidade de deferir, à vítima, o manejo da ação judicial diretamente contra o agente causador da lesão. Em verdade, o retrocesso jurisprudencial brasileiro é fecundo, pois impossibilita, inclusive, ampliar o polo passivo da lide, com a devida inclusão do agente estatal causador do dano, que somente será responsabilizado em hipotética ação de regresso a ser perseguida pelo Estado.

É evidente, portanto, que o sistema de responsabilização administrativa no Brasil carece de urgente reforma, permitindo uma solução mais célere quanto à reparação do dano causado à vítima, eis que o fundamento da responsabilidade do Estado é o bem comum, ou seja, o bem de toda a comunidade, não sendo possível afirmar que tal sociedade pode se satisfazer se um membro ou um grupo de seus membros sofre os danos produzidos pela atividade da Administração.

Por outro lado, alguns avanços no sistema de reparação já despontam, como, por exemplo, a possibilidade de reparação pela quebra do dever de confiança legitimamente depositada no Poder público. Considerando a atual tendência da responsabilização civil, sempre no sentido da proteção eficaz da vítima de um dano, parece não restarem dúvidas quanto à possibilidade da pretensão indenizatória em desfavor do Estado. Se há dano, o Estado responde. Não importa se a conduta estatal é ou não ilícita. Importa a existência de um dano efetivo. Havendo depósito de confiança e este guardando nexo de causalidade com a atuação estatal, não há porque o Estado não responder, variando, em cada caso, o valor da indenização.

Evidente, contudo, que a apreciação da matéria não é das mais tranquilas. Diante do operador do direito, paira certo desconforto quando se trata de responsabilização do Estado, seja pela limitação de recursos, seja pela vedação, no ordenamento brasileiro, da responsabilidade integral e irrestrita do Poder Público.

Muito embora seja incipiente na doutrina e, mais ainda, na jurisprudência, já se nota uma tendência quanto ao dever de reparação das vítimas em decorrência do rompimento do princípio da confiança legítima[31]. Acredita-se que, no Brasil, a solução, ainda que tópica, deve buscar apoio no princípio da proporcionalidade, adequando-se a uma atuação razoável da própria Administração, em um primeiro momento, ou do Poder Judiciário, em momento posterior, ressaltando a total compatibilidade quanto a este último controle, haja vista a superação parcial da intangibilidade do 'mérito' administrativo[32] pelo Judiciário.

XI. O SERVIÇO PÚBLICO, OS MERCADOS DE INTERESSE GERAL (LIBERALIZAÇÃO, PRIVATIZAÇÃO) E SEU REGIME DE COMPETÊNCIA

Serviços públicos propriamente ditos são os que a Administração pública presta diretamente à sociedade, por reconhecer sua essencialidade e necessidade para a sobrevivência do grupo social. Como atividade prestacional, realizada no âmbito das atribuições da Administração, inserida, usualmente, no Executivo, consequências advêm, em especial quanto ao regime jurídico, mesmo que fornecido por particulares.

No cenário brasileiro, a possibilidade de delegação de serviços públicos, a serem prestados por particulares, encontra registro na Carta Maior, destacadamente em seu art. 175. Ocorre que, nas últimas décadas, a prestação de serviços públicos por particulares atingiu maiores escalas.

Interessante notar que o primeiro caminho para a descentralização dos serviços públicos ocorreu por meio de empresas estatais, com maior flexibilidade quanto ao regime jurídico, alijado do denominado regime jurídico administrativo. De forma prática, por possuírem maior maleabilidade quanto à contratação, ao regime de pessoal e à fiscalização, as empresas estatais passaram a atuar de forma cada vez mais significativa na prestação dos serviços públicos, caracterizando uma fuga para o Direito privado.

Quando o próprio Estado presta o serviço público, seja flexibilizando a forma de prestação, seja por meio da Administração indireta (Estado empresário[33]), há uma privatização formal, com utilização mais contundente de regras de Direito Privado. O movimento de privatização e de reforma do Estado trouxe a necessidade de se reformular os conceitos do Direito regente da atividade administrativa. A incessante

---

31 Sobre o tema: Sousa, Guilherme Carvalho e (2014). *Responsabilidade do Estado e o princípio da confiança legítima:* experiência para o Direito Brasileiro. Rio de Janeiro: Lumen Juris.

32 Ainda existe preocupação doutrinária quanto ao controle da discricionariedade administrativa pelo Poder Judiciário. Federico Castillo Blanco não olvida que o problema é sempre latente nas relações entre os três poderes. O autor chega a questionar se a Administração pode ser substituída por um poder judicial e discute o alcance e jogo que o juiz pode fazer quando do controle da discricionariedade administrativa. Há, por parte do autor, um receio da perversão do Estado de Direito em Estado Judicial. Contudo, em conclusão, assevera que a discussão sobre o sentido e o alcance do princípio da confiança legítima assenta-se, precisamente, sobre um debate mais amplo, mais antigo, mas, sempre vigente, que é a relação entre os poderes do Estado e o sistema de freios e contrapesos entre os mesmos tendentes a garantir um melhor serviço ao cidadão. Castillo Blanco, 1998, 111-114).

33 No Brasil, mais sobre o tema em: Schwind, Rafael Wallbach (2017). *O Estado acionista*: empresas estatais e empresas privadas com participação estatal". São Paulo: Almedina.

busca por maior agilidade impõe o uso do Direito Privado como um "toque de midas", conformando a atuação administrativa aos resultados que dela se espera.

Assim sendo, a doutrina espanhola empreende significativa diferenciação entre privatização material, quando há uma transferência de atividades para a iniciativa privada, e a privatização formal, quando, mantendo-se na titularidade da prestação dos serviços, a Administração Pública passa a se utilizar de regras de Direito Privado, num movimento denominado 'La huida del derecho administrativo'.

Dentro dessa mesma linha, Santiago González-Varas (2008), com o objetivo de evitar confusões no âmbito conceitual quando se trata de termos como privatização, liberalização, colaboração etc., traça os distintos tipos de privatização, relacionando, substancialmente, a privatização material, a privatização formal, a privatização funcional e privatização indireta mediante colaboração.

A privatização formal, segundo o autor, é decorrente da liberdade de escolha e fenômeno ligado ao Direito Administrativo Privado, que, segundo a doutrina alemã, trata-se do uso cada vez mais frequente, pela Administração pública, de formas jurídico-privadas para o cumprimento de suas funções.

A um passo mais largo caminha a privatização material. Inegável que a ideia de privatização começou a se desenvolver quando os Estados atravessaram um período de grande dificuldade em sua atividade empresarial. O modelo de Estado paternalista, até então com níveis elevados de intervenção, sobretudo na economia, deflagra falhas visíveis, em especial por não poder acompanhar os avanços tecnológicos decorrentes dos tempos modernos, despontando, de tal modo, a privatização como medida útil e mais vantajosa.

Arino Ortiz (1999) destaca que a palavra privatização resume um processo de modificações, mas que encerra significados e fenômenos diversos. O autor parte de um significado político, de uma perspectiva jurídica e de uma justificação econômica. Cumpre-nos explicar, segundo suas concepções, cada um deles.

A privatização ocupa, portanto, um plano não meramente jurídico, mas, acima de tudo, político, eis que concretiza um modelo de Estado a ser perseguido. Essas peculiaridades inerentes à forma de atuação segundo padrões privados, que não encontra respaldo apenas na privatização em si, mas também no uso pelo Estado de normas mais flexíveis, é objeto de estudo cada vez mais presente na doutrina brasileira.

Paulo Otero (2001) fala nos limites da privatização, indagando até que ponto pode ir a privatização da Administração Pública. Com base na ordem jurídica portuguesa, o autor estabelece três principais grupos de limites à privatização da Administração Pública: «a) limites gerais de toda a privatização da Administração Pública; b) Limites específicos da privatização da Administração Pública de natureza econômica; c) Limites específicos da privatização da Administração Pública sem natureza econômica» (Otero, 2001: 52).

Já não mais se discute a privatização ou a utilização das formas de Direito Privado pela Administração Pública, mas as restrinjas em que se perfaz a privatização e os limites com que pode a Administração abstrair-se das normas de Direito Público.

Quanto ao regime utilizado na prestação dos serviços públicos, se prestados pela própria Administração Pública, usualmente se valem de regras de Direito Público. É inquestionável que, mesmo se utilizando de regras menos rígidas na condução das funções públicas, é dizer, mais moldado ao Direito Privado, não se faz possível o desborde absoluto das amarras que são inerentes à Administração Pública, as quais encontram seu ponto de partida – e de coadunação – no núcleo essencial do Direito administrativo.

O modelo econômico da Constituição Federal (1988) é pautado em um Estado subsidiário, modulando-se a presença do Estado na economia. Mesmo havendo o constituinte ampliado a possibilidade de atuação direta do Estado no domínio econômico, «o trespasse de funções estatais relevantes para execução pelo particular deve se dar em condições reguladas, de forma que quanto menor o grau de intervenção estatal direta, tanto maior deve ser o controle normativo» (Bicalho, 2019: 235).

XII. A FUNÇÃO PÚBLICA

Função pública, como atividade em si mesma, é sinônimo de atribuição e corresponde às inúmeras tarefas que constituem o objeto dos serviços prestados pelos servidores públicos. Logo, o exercício da função administrativa veio a reboque do princípio da separação dos poderes. Utiliza-se o conceito de que é administrativo aquilo que não compete à típica função de legislar ou de julgar. E por mais que seja uma função inerente, ainda que atipicamente, a outros Poderes, é típica do Executivo.

No Brasil, a função pública é, preferencialmente, exercida por servidores públicos, aprovados mediante concurso público de provas ou de provas e títulos. Os servidores públicos, se pertencentes à Administração Pública Direta, Autárquica ou Fundacional, possuem um regime estatutário próprio, sendo estáveis em seus cargos, após três anos em seus cargos e avaliação especial de desempenho. Logo, são servidores públicos aqueles que ocupam cargos públicos.

Quando se trata de Administração indireta, ou seja, empresas estatais, sejam exploradoras de atividade econômica, sejam prestadoras de serviços públicos, os exercentes da função pública são regidos pela Consolidação das Leis do Trabalho (CLT), mesmo normativo que rege os empregados das empresas privadas. Ainda assim, a admissão no emprego público também ocorre por meio de concurso público. Logo, os servidores estatais podem ser classificados em servidores públicos, empregados públicos e contratados.

Vale ressaltar que não são apenas os contratados que ocupam função pública. Isso porque todo cargo ou emprego público tem função, mas pode haver função sem cargo e sem emprego. A função sem cargo e sem emprego é denominada de função autônoma, que, na forma da Constituição (1988), abrange a função temporária (art. 37, IX[34], da Constituição Federal [1988]) e a função de confiança (art. 37, V[35], da Constituição Federal [1988]), sendo que esta é exercida exclusivamente por servidores públicos de cargos efetivos e que se destinam a apenas às atribuições de direção, chefia e assessoramento.

Tema polêmico diz respeito à possível garantia no emprego de empregados públicos, é dizer, dos empregados que laboram nas empresas estatais. A jurisprudência do Tribunal Superior do Trabalho é firme no sentido de que estes servidores (empregados públicos) não possuem estabilidade, mas somente podem ser demitidos com direito a um processo em que sejam garantidos o contraditório e a ampla defesa.

Ainda consta na jurisprudência brasileira a adoção da possibilidade de dispensa imotivada de empregados públicos pertencentes às sociedades de economia mista e empresas públicas, independentemente de prestarem serviços públicos ou explorarem atividade econômica. Tal posicionamento encontra-se inserido na Orientação Jurisprudencial nº 247 (2001), do Tribunal Superior do Trabalho, ainda vigente:

> 247. SERVIDOR PÚBLICO. CELETISTA CONCURSADO. DESPEDIDA IMOTIVADA. EMPRESA PÚBLICA OU SOCIEDADE DE ECONOMIA MISTA. POSSIBILIDADE (alterada – Res. nº 143/2007) - DJ 13.11.2007
>
> I - A despedida de empregados de empresa pública e de sociedade de economia mista, mesmo admitidos por concurso público, independe de ato motivado para sua validade;
>
> II - A validade do ato de despedida do empregado da Empresa Brasileira de Correios e Telégrafos (ECT) está condicionada à motivação, por gozar a empresa do mesmo tratamento destinado à Fazenda Pública em relação à imunidade tributária e à execução por precatório, além das prerrogativas de foro, prazos e custas processuais (2001).

O que se faz interessante indagar são as relações de trabalho[36] em que há a presença de normas de Direito privado, ou seja, as relações que estão submetidas a um regime de trabalho privado, tal qual ocorre com os demais empregadores privados, *v.g.*, a CLT.

Não se pode falar em perda de competitividade à Administração, no ato de demissão, se, para contratar, também se submeteu a um processo de igual modo dificultoso, como o concurso público. Não

---

34 «Art. 37. *Omissis*. IX - a lei estabelecerá os casos de contratação por tempo determinado para atender a necessidade temporária de excepcional interesse público». (1988).

35 «Art. 37. *Omissis*. V - as funções de confiança, exercidas exclusivamente por servidores ocupantes de cargo efetivo, e os cargos em comissão, a serem preenchidos por servidores de carreira nos casos, condições e percentuais mínimos previstos em lei, destinam-se apenas às atribuições de direção, chefia e assessoramento». (1988).

36 O autor utiliza-se do termo relação de trabalho no sentido mais genérico possível, incluindo, neste rótulo, todas as formas de contratação de pessoas pela Administração Pública. A finalidade de se utilizar de uma denominação tão simplista é, exclusivamente, permitir uma maior facilidade na utilização dos termos.

é a possibilidade de demitir nos moldes que procedem as empresas de capital inteiramente privado[37] que permite maior agilidade na tomada de decisões, bem como no atingimento dos objetivos das empresas estatais. Longe disso!

Prioriza-se, com isso, manter a higidez do entendimento constitucionalmente assegurado pelo legislador constituinte originário, que não deixou escapar, a qualquer das entidades que compõem a Administração Pública, as garantias mínimas que lhe são correlatas, tudo em homenagem aos princípios que irradiam a Administração pública, sobremais a indisponibilidade do interesse público e a supremacia do interesse público sobre o privado.

XIII. O URBANISMO, MEIO AMBIENTE E ORDENANAÇÃO DO TERRITÓRIO

A política urbana no ordenamento jurídico brasileiro encontra-se definida, em capítulo próprio, na Constituição Federal Brasileira (1988). Basicamente, há dois artigos (art. 182[38] e art. 183[39]) do texto constitucional (1988) que abordam o tema, mas que somente foram regulamentados em 2001, com a edição da Lei nº 10 257 (2001), conhecida como Estatuto da Cidade, que estabelece diretrizes gerais da política urbana e dá outros provimentos.

A ordenação do espaço urbano brasileiro sempre foi um dos grandes desafios para o Poder público, designadamente porque o Brasil possui, segundo já referido nesse texto, um número elevado de Municípios (5570), com realidades completamente díspares, sobretudo quando se leva em consideração que o país possui dimensão continental, com diversos domínios morfoclimáticos, culturas e particularidades diversas.

Cite-se, por exemplo, a disparidade existente entre as regiões sul e norte do Brasil, com Índices de Desenvolvimento Humano (IDH) completamente diversos, o que contribui para aumentar, ainda mais, as diferenças quanto ao planejamento e ordenamento do espaço urbano, considerando que se trata de uma só norma legal abordando a matéria. Dito de outro modo, a mesma lei aplica-se, indistintamente, a todos os Municípios brasileiros.

Para além das desigualdades e dessemelhanças regionais, também se deve levar em consideração que, na totalidade dos mais de cinco mil Municípios no Brasil, as populações são igualmente diversas, havendo quase uma centena de municipalidades com população na faixa de um milhão de habitantes e, por outro lado, cidades cuja densidade demográfica e número de habitantes são significativamente reduzidos.

---

37 Importante frisar que, até mesmo para as empresas de capital nitidamente privado, existem limitações quanto ao ato demissional. A esse respeito, salienta-se as impossibilidades de demissão de dirigentes sindicais, gestantes, dentre outros.

38 «Art. 182. A política de desenvolvimento urbano, executada pelo Poder Público municipal, conforme diretrizes gerais fixadas em lei, tem por objetivo ordenar o pleno desenvolvimento das funções sociais da cidade e garantir o bem-estar de seus habitantes.

§ 1º O plano diretor, aprovado pela Câmara Municipal, obrigatório para cidades com mais de vinte mil habitantes, é o instrumento básico da política de desenvolvimento e de expansão urbana.

§ 2º A propriedade urbana cumpre sua função social quando atende às exigências fundamentais de ordenação da cidade expressas no plano diretor.

§ 3º As desapropriações de imóveis urbanos serão feitas com prévia e justa indenização em dinheiro.

§ 4º É facultado ao Poder Público municipal, mediante lei específica para área incluída no plano diretor, exigir, nos termos da lei federal, do proprietário do solo urbano não edificado, subutilizado ou não utilizado, que promova seu adequado aproveitamento, sob pena, sucessivamente, de:

I - parcelamento ou edificação compulsórios; II - imposto sobre a propriedade predial e territorial urbana progressivo no tempo; III - desapropriação com pagamento mediante títulos da dívida pública de emissão previamente aprovada pelo Senado Federal, com prazo de resgate de até dez anos, em parcelas anuais, iguais e sucessivas, assegurados o valor real da indenização e os juros legais». (1988).

39 «Art. 183. Aquele que possuir como sua área urbana de até duzentos e cinquenta metros quadrados, por cinco anos, ininterruptamente e sem oposição, utilizando-a para sua moradia ou de sua família, adquirir-lhe-á o domínio, desde que não seja proprietário de outro imóvel urbano ou rural.

§ 1º O título de domínio e a concessão de uso serão conferidos ao homem ou à mulher, ou a ambos, independentemente do estado civil.

§ 2º Esse direito não será reconhecido ao mesmo possuidor mais de uma vez.

§ 3º Os imóveis públicos não serão adquiridos por usucapião.» (1988).

O Estatuto da Cidade (Lei nº 10 257 [2001]) é, inegavelmente, um significativo avanço no que tange às políticas públicas de ordenação do espaço urbano, notadamente porque estipulou a obrigatoriedade para cada Município dispor sobre a organização urbana por meio de uma lei, denominada Plano Diretor.

Logo, muito embora a Constituição Federal (1988) haja conferido à União competência material para a edição de diretrizes para o desenvolvimento urbano, cabe aos poderes públicos municipais a edição de planos diretores como instrumentos de política urbana. Nesse sentido, leia-se recente julgado do Supremo Tribunal Federal sobre o tema:

> A Constituição, em matéria de Direito Urbanístico, embora prevista a competência material da União para a edição de diretrizes para o desenvolvimento urbano (art. 21, XX, da CF) e regras gerais sobre direito urbanístico (art. 24, I, c/c § 1º, da CF), conferiu protagonismo aos Municípios na concepção e execução dessas políticas públicas (art. 30, I e VIII, c/c art. 182, da CF), como previsto na Lei Federal 10.257/2001, ao atribuir aos Poderes Públicos municipais a edição dos planos diretores, como instrumentos de política urbana (2019).

O Plano Diretor é um projeto de cidade no que tange aos seus aspectos físico-territoriais, elaborado pelo Poder Executivo Municipal, com participação multidisciplinar, em um processo de planejamento participativo, com vistas a garantir à propriedade imóvel urbana o cumprimento de sua função social.

É imprescindível destacar que, embora a Constituição Federal (1988) afiance o direito de propriedade[40] como uma de suas garantias fundamentais, igualmente condiciona o exercício do direito de propriedade ao cumprimento da sua função social[41], que, no contexto do planejamento urbanístico, está relacionado ao atendimento das políticas de ordenamento do solo urbano contidas no plano diretor elaborado por cada Município.

De tal modo, o planejamento urbano deve ir além dos aspectos físicos e territoriais, encarando o ordenamento do território como um meio para cumprimento de objetivos maiores, em que se destacam: a moradia e o transporte; a oferta de equipamentos comunitários adequados às necessidades da população, dentre outros.

O plano diretor é o instrumento básico de ordenação das cidades. É a lei municipal que deve tratar de todo o processo de desenvolvimento urbano. Nele estão definidos os pilares sobre a função social da propriedade urbana, englobando todo o território do Município.

Tem por função prática atenuar os problemas urbanos, conferindo às cidades crescimento ordenado e sustentável, com qualidade de vida e justiça social. Por outras palavras, é possível afirmar que o plano diretor visa minimizar os problemas sociais existentes no ambiente citadino.

Por tal razão, o Estatuto da Cidade (2001) criou ferramentas para a correta ordenação do espaço territorial urbano, como o parcelamento, a edificação ou utilização compulsórios, visando ao correto aproveitamento do espaço imóvel urbano. Por igual, instituiu, em caráter extrafiscal, o imposto predial e territorial urbano, com alíquotas progressivas, visando ao cumprimento da função social da propriedade. Na Lei 10 257 (2001):

> Art. 7º Em caso de descumprimento das condições e dos prazos previstos na forma do caput do art. 5º desta Lei, ou não sendo cumpridas as etapas previstas no § 5º do art. 5º desta Lei, o Município procederá à aplicação do imposto sobre a propriedade predial e territorial urbana (IPTU) progressivo no tempo, mediante a majoração da alíquota pelo prazo de cinco anos consecutivos.
>
> § 1º O valor da alíquota a ser aplicado a cada ano será fixado na lei específica a que se refere o caput do art. 5º desta Lei e não excederá a duas vezes o valor referente ao ano anterior, respeitada a alíquota máxima de quinze por cento.
>
> § 2º Caso a obrigação de parcelar, edificar ou utilizar não esteja atendida em cinco anos, o Município manterá a cobrança pela alíquota máxima, até que se cumpra a referida obrigação, garantida a prerrogativa prevista no art. 8º.
>
> § 3º É vedada a concessão de isenções ou de anistia relativas à tributação progressiva de que trata este artigo.

---

[40] «XXII - é garantido o direito de propriedade». (1988).

[41] «XXIII - a propriedade atenderá a sua função social». (1988).

O Estatuto da Cidade (2001) determina que somente em caso de descumprimento das condições e dos prazos legalmente previstos para que seja dado cumprimento à função social da propriedade, o Município poderá impor o Imposto Territorial e Predial Urbano (PITU) progressivo no tempo com majoração de alíquota pelo prazo de cinco anos. Todavia, a quase totalidade dos mais de cinco mil Municípios no Brasil não se utiliza dessa ferramenta, seja por ausência de previsão normativa, seja pela incapacidade prática de proceder à cobrança.

Além dos instrumentos acima mencionados, é importante mencionar que a Lei n.º 10 257/2001 também previu a possibilidade de desapropriação da propriedade imóvel urbana no caso de não cumprimento da função social a que faz alusão o respectivo plano diretor municipal, com justa indenização a ser paga em títulos da dívida pública.

De tal modo, é possível assegurar que o Estatuto da Cidade (2001) permite a gestão democrática das cidades, com a justa distribuição dos ônus e dos benefícios decorrentes do processo de urbanização, recuperando os investimentos do Poder público que tenham auxiliado no incremento e valorização dos imóveis urbanos, propiciando um direito às cidades sustentáveis.

A gestão democrática das cidades pode ser conceituada como o instrumento urbanístico capaz de viabilizar a participação da população e das associações representativas dos mais diversos setores da comunidade na elaboração, realização e monitoramento de programas, planos e projetos que tratem da expansão do espaço urbano.

No que concerne ao meio ambiente urbano, é essencial mencionar a promulgação, em 2010, da Lei nº 12 305, que instituiu a Política Nacional de Resíduos Sólidos e, igualmente, a Lei nº 14 026 (2020), que altera o marco legal do saneamento básico no Brasil.

A legislação sobre a gestão dos resíduos sólidos urbanos foi criada com a intenção de proteger o meio ambiente e a saúde pública. Além disso, reduzir ao mínimo as consequências adversas que os resíduos são capazes de provocar quando não gerenciados adequadamente. Trata-se de verdadeira tratativa de logística reversa, que contribui para o melhoramento da qualidade de vida da população local.

> O novo marco regulatório do saneamento básico, introduzido por meio da Lei nº 14.026 (2020), traz algumas relevantes inovações: prevê a obrigatoriedade de os contratos preverem metas de desempenho e de universalização dos serviços; adota como princípio a regionalização dos serviços de saneamento; promove mudanças substanciais na sua regulação; e estimula a concorrência e a privatização das empresas estatais de saneamento, entre outras.
>
> A nova Lei busca atrair investimentos privados e permitir o aumento gradual da desestatização do setor. Impõe aos titulares dos serviços a necessidade de celebração de contrato de concessão, mediante licitação, para a prestação dos serviços públicos de saneamento básico por entidade que não integre a administração do titular (novo art. 10 da Lei nº 11.445/2007). É uma mudança de paradigma: a lei prevê agora a obrigatoriedade de concorrência para a seleção da proposta mais vantajosa para a prestação dos serviços de saneamento básico, obrigando as empresas estatais do setor a competir em igualdade de condições com as empresas privadas por esses contratos (Oliveira, 2020: 2)

Tais marcos normativos priorizam a qualidade de vida nas cidades, reduzindo o volume de rejeito nos aterros sanitários e incentivando os mecanismos de reutilização, recuperação e reciclagem de materiais, o que permite uma redução dos impactos negativos sobre o meio ambiente e a saúde pública.

Além do mais, deve-se destacar que a quase totalidade dos Municípios brasileiros não possuem uma infraestrutura adequada de saneamento e tratamento dos resíduos sólidos. Ambas as leis permitiram que a iniciativa privada possa alavancar investimentos de base para a consolidação destas políticas públicas, em cumprimento ao disposto no art. 225, da Constituição Federal Brasileira (1988), que assegura o direito a todos ao meio ambiente ecologicamente equilibrado, impondo-se ao Poder Público o dever de preservá-los para as presentes e futuras gerações[42].

---

[42] «Art. 225. Todos têm direito ao meio ambiente ecologicamente equilibrado, bem de uso comum do povo e essencial à sadia qualidade de vida, impondo-se ao Poder Público e à coletividade o dever de defendê-lo e preservá-lo para as presentes e futuras gerações». (1988).

XIV. BENS PÚBLICOS

Nem todos os bens pertencentes à Administração pública no Brasil podem ser classificados como bens públicos. Isso porque os bens pertencentes às empresas públicas e sociedades de economia mista são classificados, via de regra, como bens privados, mormente se tais empresas estatais exploram atividade econômica.

Logo, a conceituação de bens públicos no Brasil é um tanto simplista, entendendo-se como bens públicos todos aqueles pertencentes às pessoas jurídicas de Direito público, isto é, Administração direta, autárquica e fundações de Direito público.

Por outro lado, a jurisprudência segue o entendimento de que, nada obstante pertencerem às empresas estatais (empresas públicas e sociedades de economia mista), os bens podem ser classificados como bens públicos se afetados à prestação de serviços públicos, à luz do art. 175, da Constituição Federal brasileira (1988).

Quanto à titularidade, os bens públicos podem ser federais, estaduais e municipais. Embora não se trate de rol taxativo, os bens públicos federais são os que se encontram previstos no art. 20[43] da Constituição Federal, ao passo em que são estaduais e distritais os bens a que fazem alusão o art. 26[44] da Constituição Federal.

Assim sendo, em relação aos Municípios, não há menção expressa no corpo constitucional sobre quais seriam os bens municipais, remanescendo uma classificação por exclusão. Logo, não sendo bens públicos das União, dos Estados e do Distrito Federal, os bens são, teoricamente, municipais.

Outra classificação bastante importante sobre os bens públicos no Brasil diz respeito à destinação. Seguindo essa categorização, os bens podem ser de uso comum do povo, especiais ou dominiais. Os bens de uso comum do povo (praças, ruas, dentre outros) estão à disposição da comunidade para seu uso indiscriminado, não dependendo, via de regra, de qualquer autorização. Os bens de uso especial constituem o patrimônio administrativo, sendo os bens utilizados para a prestação de serviços públicos (escolas, hospitais etc.). Por fim, os bens dominiais são os bens que não tem uma finalidade específica e que se encontram desafetados, podendo ser alienados, porquanto disponíveis para alienação, face à ausência de uma específica destinação.

Tema polêmico diz respeito ao regime jurídico dos bens públicos, sobretudo no que concerne à inalienabilidade. De antemão, importa mencionar que para se proceder à alienação de bens públicos se faz necessária a desafetação. Logo, somente os bens públicos desafetados podem ser alienados. Quanto à afetação, pairam sérias discussões e divergências. Para alienação dos bens públicos, além da condição de desafetação, é exigido o atendimento à Lei Geral de Licitações e Contratos Administrativos e, em se tratando de bens imóveis pertencentes às pessoas jurídicas de Direito público, há outras condições para a alienabilidade, como a autorização legislativa, uma declaração de interesse público, avaliação prévia e licitação.

---

[43] «Art. 20. São bens da União: I - os que atualmente lhe pertencem e os que lhe vierem a ser atribuídos; II - as terras devolutas indispensáveis à defesa das fronteiras, das fortificações e construções militares, das vias federais de comunicação e à preservação ambiental, definidas em lei; III - os lagos, rios e quaisquer correntes de água em terrenos de seu domínio, ou que banhem mais de um Estado, sirvam de limites com outros países, ou se estendam a território estrangeiro ou dele provenham, bem como os terrenos marginais e as praias fluviais; IV - as ilhas fluviais e lacustres nas zonas limítrofes com outros países; as praias marítimas; as ilhas oceânicas e as costeiras, excluídas, destas, as áreas referidas no art. 26, II; IV as ilhas fluviais e lacustres nas zonas limítrofes com outros países; as praias marítimas; as ilhas oceânicas e as costeiras, excluídas, destas, as que contenham a sede de Municípios, exceto aquelas áreas afetadas ao serviço público e a unidade ambiental federal, e as referidas no art. 26, II; V - os recursos naturais da plataforma continental e da zona econômica exclusiva; VI - o mar territorial; VII - os terrenos de marinha e seus acrescidos; VIII - os potenciais de energia hidráulica; IX - os recursos minerais, inclusive os do subsolo; X - as cavidades naturais subterrâneas e os sítios arqueológicos e pré-históricos; XI - as terras tradicionalmente ocupadas pelos índios». (1988).

[44] «Art. 26. Incluem-se entre os bens dos Estados: I - as águas superficiais ou subterrâneas, fluentes, emergentes e em depósito, ressalvadas, neste caso, na forma da lei, as decorrentes de obras da União; II - as áreas, nas ilhas oceânicas e costeiras, que estiverem no seu domínio, excluídas aquelas sob domínio da União, Municípios ou terceiros; III - as ilhas fluviais e lacustres não pertencentes à União; IV - as terras devolutas não compreendidas entre as da União». (1988).

As noções de afetação e desafetação estão presentes no tema dos bens públicos. A afetação é a atribuição, a um bem público, de sua destinação específica. [...]. Implicitamente, a afetação de dá quando o poder público passa a utilizar um bem para certa finalidade sem manifestação formal, pois é uma conduta que mostra o uso do bem [...].

A desafetação é a mudança da destinação do bem. De regra, a desafetação visa a incluir bens de uso comum do povo ou bens de uso especial na categoria de bens dominicais para possibilitar a alienação. A desafetação pode advir de manifestação explícita, como no caso de autorização legislativa para venda de bem de uso especial, na qual está contida a desafetação para bem dominical; ou decorre de conduta da Administração, como na hipótese de operação urbanística que torna inviável o uso de uma rua próxima como via de circulação (Medauar, 2009: 249):

Por fim, deve-se referir que os bens públicos são impenhoráveis, não admitindo restrição judicial em ações de execução, arresto e sequestro. O respaldo à impenhorabilidade é o regime de precatórios, previsto no art. 100, da Constituição Federal (1988)[45].

BIBLIOGRAFÍA

Ação Direta de Inconstitucionalidade 5696 Minas Gerais (2019). Relator: Min. Alexandre de Moraes. Constitucional. Administrativo e urbanístico. Federalismo e respeito às regras de distribuição de competência. Emenda 44/2000 à constituição do estado de minas gerais. Dispensa de exigência de alvará ou licenciamento para os funcionamentos de templos religiosos. Proibição de limitações de caráter geográfico à instalação de templos. Competência concorrente para legislar sobre política urbana, ordenamento e ocupação do solo. Lei federal 10.257/2001 e diretrizes gerais da política urbana. Atribuição dos poderes públicos municipais. Autonomia municipal. Poder de polícia e reserva de administração. Procedência da ação direta. Brasília. Disponível em: https://redir.stf.jus.br/ paginadorpub /paginador.jsp?docTP=TP&docID =751355433.

ALESSI, Renato (1974). *Principi di diritto amministrativo.* Milano: Giufré.

BICALHO, Alécia Paolucci Nogueira (2019). *Desestatizações:* privatizações, delegações, desinvestimentos, parcerias. Belo Horizonte: Fórum.

CARVALHO Filho, José dos Santos (2013). *Processo administrativo federal:* comentários à lei n. 9.784. 5 ed. São Paulo: Atlas.

CARVALHO, Guilherme e (2021a). O mito do planejamento exorbitante na Lei nº 14.133/2021. *Revista Consultor Jurídico.* Disponível em: https://www.conjur.com.br/2021-out-01/licitacoes-contratos-mito-planejamento-exorbitante-lei-141332021.

______ (2021b). Do saneamento das nulidades no processo de contratação pública. *Revista Consultor Jurídico.* Disponível em: https://www.conjur.com.br/2021-ago-06/licitacoes-contratos-saneamento-nulidades-processo-contratacao-publica.

______ (2021c). As medidas conciliatórias da nova Lei de Licitações. *Revista Consultor Jurídico.* Disponível em: https://www.conjur.com.br/2021-abr-30/licitacoes-contratos-medidas-conciliatorias-lei-licitacoes.

CARVALHO, Guilherme y MAFFINI, Rafael; AGI, Samer (2020). *Lei do Coronavírus*: Lei nº 13.979/2020 (comentada artigo por artigo). Brasília: CPIuris.

CASSESE, Sabino (2009). Le droit puissant et unique de la société. Paradossi del diritto amministrativo. *Rivista Trimestrale di Diritto Pubblico*, 4, 879-902.

CASTILLO BLANCO, Federico A (1998). *La protección de confianza en el Derecho Administrativo.* Prólogo de Luciano Parejo Alfonso. Madri: Marcial Pons.

Constitución Política de Colombia. (1991). Disponível em: http://www.procuraduria. gov.co/guiamp/media/file/Macroproceso%20Disciplinario/Constitucion_Politica_de_Colombia.htm.

45 «Art. 100. Os pagamentos devidos pelas Fazendas Públicas Federal, Estaduais, Distrital e Municipais, em virtude de sentença judiciária, far-se-ão exclusivamente na ordem cronológica de apresentação dos precatórios e à conta dos créditos respectivos, proibida a designação de casos ou de pessoas nas dotações orçamentárias e nos créditos adicionais abertos para este fim». (1988).

Lei nº 10 520, de 17 de julho de 2002. (2002). Institui, no âmbito da União, Estados, Distrito Federal e Municípios, nos termos do art. 37, inciso XXI, da Constituição Federal, modalidade de licitação denominada pregão, para aquisição de bens e serviços comuns, e dá outras providências. Brasília. Disponível em: http://www.planalto.gov.br/ccivil_03/leis/ 2002/l10520.htm.

Lei nº 12 462, de 4 de agosto de 2011. (2011). Institui o Regime Diferenciado de Contratações Públicas - RDC; altera a Lei nº 10.683, de 28 de maio de 2003, que dispõe sobre a organização da Presidência da República e dos Ministérios, a legislação da Agência Nacional de Aviação Civil (Anac) e a legislação da Empresa Brasileira de Infraestrutura Aeroportuária (Infraero); cria a Secretaria de Aviação Civil, cargos de Ministro de Estado, cargos em comissão e cargos de Controlador de Tráfego Aéreo; autoriza a contratação de controladores de tráfego aéreo temporários; altera as Leis nºs 11.182, de 27 de setembro de 2005, 5.862, de 12 de dezembro de 1972, 8.399, de 7 de janeiro de 1992, 11.526, de 4 de outubro de 2007, 11.458, de 19 de março de 2007, e 12.350, de 20 de dezembro de 2010, e a Medida Provisória nº 2.185-35, de 24 de agosto de 2001; e revoga dispositivos da Lei nº 9.649, de 27 de maio de 1998. Brasília. Disponível em: http://www.planalto.gov.br/ccivil_03/_ato2011-2014 /2011/lei/l12462.htm.

Lei nº 13.129, de 26 de maio de 2015. (2015a). Altera a Lei nº 9.307, de 23 de setembro de 1996, e a Lei nº 6.404, de 15 de dezembro de 1976, para ampliar o âmbito de aplicação da arbitragem e dispor sobre a escolha dos árbitros quando as partes recorrem a órgão arbitral, a interrupção da prescrição pela instituição da arbitragem, a concessão de tutelas cautelares e de urgência nos casos de arbitragem, a carta arbitral e a sentença arbitral, e revoga dispositivos da Lei nº 9.307, de 23 de setembro de 1996. Brasília. Disponível em: http://www.planalto.gov.br /ccivil_03/_ato2015-2018/ 2015/lei/l13129.htm.

Lei nº 13.140, de 26 de junho de 2015. (2015b). Dispõe sobre a mediação entre particulares como meio de solução de controvérsias e sobre a autocomposição de conflitos no âmbito da administração pública; altera a Lei nº 9.469, de 10 de julho de 1997, e o Decreto nº 70.235, de 6 de março de 1972; e revoga o § 2º do art. 6º da Lei nº 9.469, de 10 de julho de 1997. Brasília. Disponível em: http://www.planalto.gov.br/ccivil_03/_ato2015-2018/2015/lei/l13140.htm

Lei nº 13.303, de 30 de junho de 2016. (2016). Dispõe sobre o estatuto jurídico da empresa pública, da sociedade de economia mista e de suas subsidiárias, no âmbito da União, dos Estados, do Distrito Federal e dos Municípios. Brasília. Disponível em: http://www. planalto.gov.br/ccivil_03/_ato2015-2018/2016/lei/l13303.htm.

Lei nº 13.655, de 25 de abril de 2018. (2018). Inclui no Decreto-Lei nº 4.657, de 4 de setembro de 1942 (Lei de Introdução às Normas do Direito Brasileiro), disposições sobre segurança jurídica e eficiência na criação e na aplicação do direito público. Brasília. Disponível em: http://www.planalto.gov.br/ccivil_03/_ato2015-2018/2018/lei/l13655.htm.

Lei nº 13 979, de 6 de fevereiro de 2020 (2020). Dispõe sobre as medidas para enfrentamento da emergência de saúde pública de importância internacional decorrente do coronavírus responsável pelo surto de 2019. Brasília. Disponível em: http://www. planalto.gov.br/ccivil_03/_ato2019-2022/ 2020/lei/l13979.htm.

Lei nº 14 133, de 1.º de abril de 2021 (2021). Lei de Licitações e Contratos Administrativo. Brasília. Disponível em: http://www.planalto.gov.br/ccivil_03/_ato2019-2022/2021/lei/L14133.htm.

MASUCCI, Alfonso (2011). Formación y evolución del derecho administrativo en Francia y Alemania. *Revista de Administración Pública*, 184, 09-39.

MEDAUAR, Odete (2009). *Direito administrativo moderno.* 13 ed. São Paulo: Saraiva.

MELLO, Celso Antônio Bandeira de (2012). *Curso de direito administrativo.* 29. ed. São Paulo: Malheiros.

MOREIRA Neto, Diogo de Figueiredo (2010). *Curso de direito administrativo.* 15 ed. Rio de Janeiro: Forense.

OLIVEIRA, Gustavo Justino de y ESTEFAM, Felipe Faiwichow (2019). *Curso prático de arbitragem e administração pública.* São Paulo: Revista dos Tribunais.

OLIVEIRA, Rafael Daudt D' (2020). R*eflexões sobre o novo marco regulatório do saneamento básico.* São Paulo: EPBR. Disponível em: https://epbr.com.br/reflexoes-sobre-o-novo-marco-regulatorio-do-saneamento-basico-por-rafael-daudt-doliveira/

Constituição da República Federativa do Brasil de 1988. (1998). Brasília. Disponível em: http://planalto.gov.br/ccivil_03/constituicao/constituicao.htm.

Decreto nº 7.581, de 11 de outubro de 2011. (2011). Regulamenta o Regime Diferenciado de Contratações Públicas - RDC, de que trata a Lei nº 12.462, de 4 de agosto de 2011s. Brasília. Disponível em: http://www.planalto.gov.br/ccivil_03/_ato2011-2014/2011/decreto/d7581.htm.

Decreto nº 8.420, de 18 de março de 2015. (2015). Regulamenta a Lei nº 12.846, de 1º de agosto de 2013, que dispõe sobre a responsabilização administrativa de pessoas jurídicas pela prática de atos contra a administração pública, nacional ou estrangeira e dá outras providências. Brasília. Disponível em: http://www.planalto.gov.br/ccivil_03/_ato2015-2018/2015/decreto/ d8420.htm

Decreto nº 8.945, de 27 de dezembro de 2016. (2016). Regulamenta, no âmbito da União, a Lei nº 13.303, de 30 de junho de 2016, que dispõe sobre o estatuto jurídico da empresa pública, da sociedade de economia mista e de suas subsidiárias, no âmbito da União, dos Estados, do Distrito Federal e dos Municípios. Brasília. Disponível em: http://www. planalto.gov.br/ccivil _03/_ato2015-2018/2016 /decreto/d8945.htm

Decreto-Lei nº 200, 25 DE FEVEREIRO DE 1967. (1967). Dispõe sôbre a organização da Administração Federal, estabelece diretrizes para a Reforma Administrativa e dá outras providências. Brasília. Disponível em: http://www.planalto.gov.br/ccivil_03/decreto-lei/del0200. htm.

Decreto-Lei nº 4.657, de 4 de setembro de 1942. (2016). Lei de Introdução às normas do Direito Brasileiro. Brasília. Disponível em: http://www.planalto.gov.br/ccivil_03/ decreto-lei/del4657compila do.htm.

ESCRIBANO COLLADO, Pedro (1983) ¿Crisis de los conceptos de administración pública y de derecho administrativo*? Revista Española de Derecho Administrativo*, 37, 165-184.

FREITAS, Juarez (2005). A responsabilidade extracontratual do Estado e o princípio da proporcionalidade: vedação de excesso e de omissão. *Revista de Direito Administrativo* 241, 21-37.

GARCÍA ENTERRÍA, Eduardo y FERNÁNDEZ, Tomás-Ramón (2013). *Curso de direito administrativo*. São Paulo: Revista dos Tribunais.

GONZÁLEZ-VARAS IBÁNEZ, Santiago (2008). *Tratado de derecho administrativo*. Pamplona: Aranzadi.

HEINEN, Juliano (2015). *Comentários à Lei Anticorrupção*: Lei nº 12.846/2013. Belo Horizonte: Fórum.

JUSTEN FILHO, Marçal (2013). Curso de direito administrativo. 9 ed. São Paulo: Revista dos Tribunais.

Lei nº 8112, de 11 de dezembro 1990 (1990Dispõe sobre o regime jurídico dos servidores públicos civis da União, das autarquias e das fundações públicas federais. Brasília. Disponível em: http://www.planalto.gov.br/ccivil_03/leis/l8112cons.htm.

Lei nº 8666, de 21 de junho de 1993 (1993). Regulamenta o art. 37, inciso XXI, da Constituição Federal, institui normas para licitações e contratos da Administração Pública e dá outras providências. Brasília. Disponível em: http://www.planalto.gov.br/ccivil_03/leis/ l8666cons.htm

Lei nº 9.307, de 23 de setembro de 1996. (1996). Dispõe sobre a arbitragem. Brasília. Disponível em: http://www.planalto.gov.br/ccivil_03/leis/l9307.htm#:~:text=LEI%20N%C2%BA%209.307% 2C %20DE%2023,Disp%C3%B5e%20sobre%20a%20arbitragem.&text=Art.,relativos%20a%20direitos % 20patrimoniais%20dispon%C3%ADveis.

Lei nº 9.784, de 29 de janeiro de 1999. (1999). Regula o processo administrativo no âmbito da Administração Pública Federal. Brasília. Disponível em: http://www. planalto.gov.br/ccivil_03 /leis/l9784.htm.

Lei nº 10.257, de 10 de julho de 2001. (2001).

Regulamenta os arts. 182 e 183 da Constituição Federal, estabelece diretrizes gerais da política urbana e dá outras providências. Brasília. Disponível em: https://www.planalto.gov.br/ccivil_03/leis/ leis_2001/l10257.htm.

Orientação Jurisprudencial 247 (2007). Disponível em: http://www3.tst.jus.br/ jurisprudencia/ OJ_SDI_1/n_s1_241.htm.

ORTIZ, Gaspar Arino (1999). El retorno a lo privado: ante una nueva encrucijada histórica. *Anuario de la Facultat de Derecho de la Universidad Autónoma de Madrid* 3, 19-38.

OTERO, Paulo (2001). Coordenadas jurídicas da privatização da Administração Pública. *In:* Colóquio Luso-Espanhol De Direito Administrativo, 4., Coimbra, 2001. *Os Caminhos da Privatização da Administração Pública*. Coimbra: Ed. Coimbra.

Recurso Extraordinário 594 296 Minas Gerais (2012). Relator: Min. Dias Toffoli. Recurso extraordinário. Direito administrativo. Exercício do poder de autotutela estatal. Revisão de Contagem de tempo de serviço e de quinquênios de Servidora pública. Repercussão geral reconhecida. Brasília. Disponível em: https://redir.stf.jus.br/paginadorpub/paginador.jsp?docTP =TP&docID=1729772.

RETORTILLO BAQUER, Sebastián Martín (1996). *El derecho civil en la génesis del derecho administrativo y de sus instituciones*. Madrid: Civitas.

SCHWIND, Rafael Wallbach (2017). *O Estado acionista*: empresas estatais e empresas privadas com participação estatal". São Paulo: Almedina.

SCHMIDT-ASSMANN, Eberhard (2003). *La teoría general del derecho administrativo como sistema*. Madrid: Marcial Pons.

SOUSA, Guilherme Carvalho e (2014). *Responsabilidade do Estado e o princípio da confiança legítima*: experiência para o Direito Brasileiro. Rio de Janeiro: Lumen Juris.

________ (2018). O teto salarial nas empresas estatais e a síndrome da porta giratória. *Revista Consultor Jurídico*. Disponível em: https://www.conjur.com.br/2018-mar-13/ guilherme-carvalho-teto-estatais-sindrome-porta-giratoria.

________ (2019). Uma análise do artigo 26 da LINDB: o controle externo e a administração. *Revista Consultor Jurídico*. Disponível em: https://www.conjur.com.br /2019-mar-31/guilherme-carvalho-analise-artigo-26-lindb.

SOUSA, Guilherme Carvalho e y CABRAL, Flavio Garcia (2021). Controle das contratações públicas: diversas linhas de frente. *Revista Consultor Jurídico*. Disponível em: https://www.conjur.com.br/2021-set-03/licitacoes-contratos-controle-contratacoes-publicas-diversas-linhas-frente.

Súmula n. 473. (1969). A administração pode anular seus próprios atos, quando eivados de vícios que os tornam ilegais, porque deles não se originam direitos; ou revogá-los, por motivo de conveniência ou oportunidade, respeitados os direitos adquiridos, e ressalvada, em todos os casos, a apreciação judicial. Disponível em: https://www.stf.jus.br/portal/ jurisprudencia/menuSumarioSumulas.asp?sumula=1602.

TÁCITO, Caio (1986). Bases constitucionais do direito administrativo. *Boletim de Direito Administrativo*, São Paulo, 2 (9), 663-667.

PANORAMA GENERAL DEL DERECHO ADMINISTRATIVO CHILENO

ALEJANDRO VERGARA BLANCO*

Contiene este trabajo una visión panorámica de la evolución y actual contenido de los temas fundamentales del Derecho Administrativo chileno, siguiendo ordenadamente la pauta concebida para esta colectánea hispanoamericana[1]. No nos detendremos en una exposición general del sistema o parte general de la disciplina, ni revisaremos la bibliografía comparada. Esta exposición es en lo posible sintética, mostrando la evolución legislativa, en su caso, jurisprudencial y doctrinaria, y la actual situación ante tales fuentes de los temas correspondientes. En algunos casos, por su relevancia, el desarrollo ha sido menos breve. Junto a estos desarrollos, en cada caso, se ofrece una referencia básica de la legislación y de la doctrina chilena atinente.

I. MODELO REGULATIVO DE LA ADMINISTRACIÓN PÚBLICA, BASE CONSTITUCIONAL. CONCEPTO DE DERECHO ADMINISTRATIVO Y FUENTES

1. Base constitucional del derecho Administrativo. En la Constitución de 1980, se destaca como principio jurídico y como fin de la acción administrativa, la necesidad de mejorar la calidad de vida de los habitantes de la República, a través de políticas, planes, programas y acciones de desarrollo social, cultural y económico, tanto a nivel nacional, regional y local; ello en un marco de acción estatal al servicio a la persona humana, con el fin de promover el bien común.

Así, a partir de la Constitución de 1980, podemos afirmar que un principio básico del Derecho Administrativo, que se ha visto alcanzado por los fines que la Constitución consagra para la acción estatal, es de carácter valorativo, consiste en la necesidad de una gestión al servicio de la persona humana y para la promoción del bien común. En efecto, la Constitución sujeta a la Administración a una serie de finalidades, en base a principios contenidos, entre otros, en los artículos 1° incisos 4°, 5° y 19 N° 26.

a) La servicialidad y la persona humana. Dice la Constitución: «el Estado está al servicio de la persona humana y que su finalidad es promover el bien común, como asimismo son deberes del Estado resguardar la seguridad nacional, dar protección a la población y a la familia, propender al fortalecimiento de esta, promover la integración armónica de todos los sectores de la Nación y asegurar a las personas el derecho a participar con igualdad de oportunidades en la vida nacional» (artículo 1° incisos 4 y 5)[2].

b) Principio democrático. Precisa el texto constitucional que «la soberanía reside esencialmente en la Nación. Su ejercicio se realiza a través del plebiscito y elecciones periódicas y, también, por las autoridades que esta Constitución establece» (artículo 5° Constitución),

c) Garantías constitucionales y esencia de los derechos. En el listado de derechos fundamentales que el constituyente estimó necesario cautelar cerrando con la siguiente prescripción: *"La seguridad de que los preceptos legales que por mandato de la Constitución regulen o complementen las garantías que esta establece o que las limiten en los casos en que ella lo autoriza, no podrán afectar los derechos en su esencia, ni imponer condiciones, tributos o requisitos que impidan su libre ejercicio"* (artículo 19 N° 26 Constitución).

---

* Profesor titular de Derecho Administrativo. Pontificia Universidad Católica de Chile

[1] La primera versión de este texto fue elaborada para el *Coloquio sobre Derecho Administrativo Iberoamericano* celebrado en la Universidad de Alicante, Alicante, en octubre de 2004, organizado por el profesor Santiago González-Varas Ibáñez. Para su redacción se ha seguido el "guión" propuesto por el equipo coordinador entonces, y ahora se ofrece una tercera versión actualizada a mayor de 2022. Solo se han realizado actualizaciones necesarias del texto original, el que sigue ofreciendo una visión panorámica de la regulación del derecho administrativo en el país. En caso de que en Chile cambie, a finales de 2022 la Constitución, varios de los aspectos aquí indicados sufrirán modificaciones en el corto plazo.

[2] La Comisión de Estudio de la Nueva Constitución estimó necesario *"establecer en el artículo 1° los valores con los cuales la sociedad chilena se siente identificada"* es más el Tribunal Constitucional destacó en su fallo rol N° 53 de 1988 que *"el artículo 1° de la Carta Fundamental constituye uno de los artículos más fundamentales en que se basa la institucionalidad, ya que por su profundo y rico contenido doctrinario, refleja la filosofía que inspira nuestra Constitución y orienta al intérprete en su misión de declarar y explicar el verdadero sentido y alcance del resto de la preceptiva constitucional"*.

Las consecuencias prácticas de esta constitucionalización se traducen en los siguientes principios de la actuación administrativa:

i) enmarcar el accionar de toda la administración nacional en función del servicio a la persona humana, funcionalidad que implica sancionar como ilícita no solo la actividad ilegal, sino también aquella que sea arbitraria, o voluntarista de un ente público, y que no persiga tales fines,

ii) propender a la promoción del bien común, lo cual habilita al particular para tener acceso a la información administrativa, otrora reservada para los funcionarios públicos; y

iii) exigir a todos los órganos del Estado el respeto a la legalidad en los términos establecidos en los artículos 6° y 7° de la Constitución[3], en que se consagra el principio de juridicidad.

2. Principio de juridicidad. Mención especial cabe realizar sobre el principio de juridicidad, pues en lo que respecta a la *organización* administrativa, bajo cuyo manto se cubre a la Administración Pública en todos sus aspectos: *(i)* todo servicio público cualquiera sea su naturaleza, requiere ser creado por ley; *(ii)* las funciones de estos servicios deben ser determinadas por ley; *(iii)* su dotación de cargos permanentes, la planta de servicio, debe ser fijada por ley; *(iv)* las atribuciones de estos cargos, deben igualmente establecerse por ley; y *(v)* las remuneraciones de los cargos públicos también han de ser fijadas por ley.

En cuanto a la *actuación* administrativa, su validez se ve condicionada a la concurrencia de tres requisitos:

i) la existencia de una previa investidura regular de sus integrantes, es decir, que accedan a sus cargos a través de elección o nombramiento,

ii) a la competencia, esto es, que la actuación de que se trate se encuadre dentro de las atribuciones asignadas por ley; y,

iii) que se ejerza en la forma prescrita por la ley, es decir, debe ajustarse tanto exigencias de formación del acto, como las de carácter externo o solemnidades.

3. Organización administrativa. Desde un punto de vista orgánico, la «Administración Pública» es un «conjunto de autoridades y servicios públicos» y, como actividad, desde un punto de vista material, es «aquella función del Estado orientada a prestar servicios y a promover el desarrollo sustentable de la nación, de la región o de la comuna, según se desprende del contexto de nuestra Constitución Política»[4].

La Constitución dispone en su artículo 24° que "el gobierno y la administración del Estado corresponden al Presidente de la República, quien es el Jefe del Estado". Acto seguido, el artículo 33 de la Constitución indica a los Ministros de Estado como "colaboradores directos e inmediatos del Presidente de la República en el gobierno y administración del Estado", y los ministerios de los cuales ellos son titulares son los órganos entre los cuales se distribuye sectorialmente la competencia administrativa atribuida de un modo general al Presidente de la República. A ellos les corresponde el estudio y la proposición de las políticas, planes, programas y proyectos relacionados con la materia de su respectivo sector competencial y también la elaboración de las normas destinadas a asegurar su cumplimiento.

En síntesis, la Administración del Estado ha de estar, pues, estructurada, en nuestro ordenamiento, bajo la autoridad superior del Presidente de la República, con el cual se relacionarán todos los órganos administrativos, por intermedio del respectivo ministerio, ya por la jerarquía, si son servicios dependientes, ya por la supervigilancia, si la ley les da autonomía.

Excepcionalmente, como veremos *infra*, la Contraloría General de la República, a pesar de ser un órgano de la Administración del Estado, escapa de la órbita administrativa presidencial, pues el

---

[3] **Art. 6°.** *Los órganos del Estado deben someter su acción a la Constitución y a las normas dictadas conforme a ella./ Los preceptos de esta Constitución obligan tanto a los titulares o integrantes de dichos órganos como a toda persona, institución o grupo./ La infracción de esta norma generará las responsabilidades y sanciones que determine la ley.* **Art. 7°.** *Los órganos del Estado actúan válidamente previa investidura regular de sus integrantes, dentro de su competencia y en la forma que prescriba ley. /Ninguna magistratura, ninguna persona ni grupo de personas pueden atribuirse, ni aún a pretexto de circunstancias extraordinarias, otra autoridad o derechos que los que expresamente se les hayan conferido en virtud de la Constitución o las leyes. /Todo acto en contravención a este artículo es nulo y originará las responsabilidades y sanciones que la ley señale.*

[4] Este es concepto contenido en el art. 3° de la Ley N° 18.575, de 1986, *Orgánica Constitucional de Bases Generales de la Administración del Estado*.

Presidente no puede ni dirigirla, ni mandarla, ni dictarle normas obligatorias, ni responsabilizar disciplinariamente a su personal, ni revisarle sus actos (solo con limitaciones, puede insistir en decretos y resoluciones objetadas por el Contralor). A su vez tampoco es posible ubicar a la Contraloría bajo la tutela o supervigilancia presidencial, pues ningún poder de esta especie se prevé sobre el órgano de control.

La razón, está en que ha sido establecido como un organismo autónomo[5], conforme lo define el artículo 87 de la Constitución y por tanto se rige por esta última y su propia Ley Orgánica.

Dada la analizada regulación constitucional, es que se ha señalado por la doctrina nacional, con razón, que se ha producido una «constitucionalización» de la Administración Pública.

4. Perspectiva y prospectivas de la Administración. Este modelo de Administración es tributario en esencia del Gobierno Militar que rigió desde 1973 a 1990, lo que quedó plasmado en la Constitución de 1980 y, en especial, en la Ley N° 18.575, de 1986.

En la década de los noventa, los gobiernos siguientes, intentan modernizar la administración chilena[6]:

a) Para el período 1990-1994 se elaboró en 1989 el "Programa de Gobierno Concertación de Partidos por la Democracia", teniendo como objeto fundamental, la democratización del aparato estatal y la descentralización de la Administración del Estado. El año 1994 se crea el Comité Interministerial de Modernización de la Gestión Pública, para dar impulso a un ámbito hasta entonces olvidado: la "gestión".

b) Con el segundo gobierno de la Concertación se dictan nuevas bases programáticas llamadas "Un Gobierno para los Nuevos Tiempos" (1995-1999) a través de las cuales se hace énfasis en la necesidad de modernizar el aparato público.

c) En el gobierno de Ricardo Lagos Escobar (1999-2005), reemplazó el Comité Interministerial de Modernización de la Gestión Pública por el "Proyecto de Reforma y Modernización del Estado, bajo la tutela de la División de Modernización del Ministerio Secretaría General de la Presidencia.

d) Actualmente, los trabajos de un órgano denominado Convención Constitucional están dirigidos a la elaboración, propuesta e implementación de una nueva Constitución para Chile, derogando así la Constitución Política de la República vigente. Este proceso inició en el año 2019 y se espera que en septiembre de 2022 se convoque un plebiscito destinado a la aprobación o rechazo del nuevo texto constitucional.

Los resultados son bastante disímiles: algunas leyes importantes se han dictado; otras esperan su lento trámite parlamentario... En efecto, estos últimos gobiernos han impulsado la dictación de importantes leyes administrativas, de las que se dará cuenta *infra*; entre ellas, por ejemplo, las leyes sobre bases de los procedimientos administrativos, y de contratos de suministro, las que le han dado aires de cambio a la escena quieta de nuestro Derecho Administrativo[7]. Otras leyes, como la creación de los Tribunales de lo contencioso administrativo, esperan, lentamente, la flojera legislativa y gubernamental.

---

5 Esta misma naturaleza tiene el Banco Central, según lo declara el artículo 97 de la Constitución Política de 1980. Sus funciones propias de la administración activa o ejecutiva son las indicadas en el artículo 13 de su ley orgánica (Ley N° 18.840), esto es "propender al desarrollo ordenado y progresivo de la economía nacional, mediante las políticas monetarias, crediticia, de mercado de capitales, de comercio exterior y cambios internacionales, del ahorro y demás que le sean encomendadas por la ley"

6 En este sentido se puede citar un fragmento del Mensaje Presidencial de Patricio Aylwin, al comienzo de la legislatura ordinaria del Congreso Nacional el 21 de mayo de 1993: "Tengo la convicción que la Administración Pública chilena es honesta y proba. Podrá tildársela de lenta, engorrosa, tramitadora a veces y aún, en muchos casos, ineficiente; pero no de falta de honradez...Es indudable que el aparato administrativo del Estado chileno requiere una modernización, para ponerlo más a tono con las necesidades y urgencias del mundo contemporáneo y hacerlo más ágil, capaz, responsable y eficiente...Desburocratizar no es solo disminuir funcionarios, que en muchos casos son menos de los que se requieren. Es necesario, sobre todo, agilizar la función pública, dignificar, estimular el mérito y la iniciativa, agilizar los procedimientos y establecer parámetros estrictos de responsabilidad". Citado por Ramírez Alujas, Álvaro, en: "Modernización de la Gestión Pública. El caso chileno (1994-2000)", Universidad de Chile, 2001, p. 13.

7 Una panorámica de las leyes administrativas chilenas, *Vid.* en nuestros: *Código Administrativo General* (Santiago, LexisNexis, 2005) y *Código Administrativo Económico* (Santiago, LexisNexis, 2005).

TEXTOS NORMATIVOS FUNDAMENTALES:

Constitución Política del Estado, arts. 1° (incisos 4 y 5), 5, 6°, 7°, 19N° 26, 24, 33, 87.

Ley N° 18.575, de 1986, Orgánica Constitucional de Bases Generales de la Administración del Estado.

BIBLIOGRAFÍA BÁSICA:

CALDERA DELGADO, Hugo, "Principios fundamentales y técnicos de los órganos públicos que intregran la Administración del Estado", *Revista de Derecho Público* N° 41/42, 1987, p. 165

DANIEL ARGANDOÑA, Manuel, *La Organización Administrativa en Chile. Bases fundamentales*, (Editorial Jurídica de Chile, segunda edición actualizada, 1985). 167 pp.

OELCKERS CAMUS, Osvaldo. "Nuevos roles de la administración pública y su regulación por el derecho administrativo", en: *Revista Chilena de Derecho*, Vol. XI, 1984, pp. 471-477.

PANTOJA BAUZÁ, Rolando, *Manual de Derecho Administrativo* (Santiago, Editorial Jurídica de Chile, 1996). 111 p.

_______ "El concepto del Derecho Administrativo en el Derecho Chileno", en *Revista de Derecho Público* (Universidad de Chile) N° 64, 2002, p. 189.

RAMÍREZ ALUJAS, Álvaro Vicente, *Modernización de la gestión pública. El caso chileno (1994-2000)*, (Universidad de Chile, 2001). 51 pp.

SILVA CIMMA, Enrique, *Derecho Administrativo Chileno y Comparado* (Editorial Jurídica de Chile, Santiago, 1962) Tomo II, 323 pp.

SOTO KLOSS, Eduardo, *Derecho Administrativo. Bases Fundamentales* (Santiago, Editorial Jurídica de Chile, 1996) 2 tomos, 359 y 480 pp.

II. ORGANIZACIÓN ADMINISTRATIVA

1. Gobierno y Administración del Estado. La función administrativa del Estado está radicada en el Presidente de la República (artículo 24 Constitución). A él le corresponde el "gobierno y la administración del Estado", extendiéndose su autoridad "a todo cuanto tiene por objeto la conservación del orden público en el interior y la seguridad externa de la República, de acuerdo con la Constitución y las leyes". A su vez el artículo 38 inciso 1° de la Constitución se encarga de señalar que la función administrativa la realiza el órgano "Presidente de la República", cuya organización básica es materia de ley orgánica constitucional.

En relación con lo anterior el artículo 62 inciso 4 N° 2 de la Constitución, referente a la formación de la ley (párrafo 8, capítulo V: Congreso Nacional) al establecer la iniciativa para legislar de órganos con facultades legislativas, dispone que corresponde al Presidente de la República "la iniciativa exclusiva para (...) Crear nuevos servicios públicos o empleos rentados, sean fiscales, semifiscales, autónomos, de las empresas del Estado o municipalidades; suprimirlos y determinar sus funciones o atribuciones".

2. Centralización, descentralización y desconcentración. La Constitución ha establecido en el Capítulo I "Bases de la Institucionalidad", artículo 3°, dos principios que constituyen una atenuación al principio jurídico organizativo de centralización: la descentralización y la desconcentración.

Además, en el capítulo XIII, la Constitución establece las normas fundamentales sobre el "Gobierno y Administración Interior del Estado"; señalando que para este efecto el territorio de la República se divide en Regiones y estas en Provincias, las que a su vez se dividirán en Comunas. Dispone además la Constitución que la administración comunal reside en la Municipalidad.

La regionalización en nuestro país se ha planteado como un sistema de organización administrativa descentralizada, que tiene por objeto permitir el desarrollo armónico de Chile dentro de las distintas realidades regionales existentes. Los primeros ejemplos de esfuerzos regionalizadores a nivel nacional lo constituyen la división territorial, el establecimiento de secretarías regionales ministeriales, la creación de consejos regionales, la creación del Fondo Nacional de Desarrollo Regional, la dictación del D.L.

1.289 Orgánico de Municipalidades, todos entre los años 1980 y 1990. Luego en 1991, con la reforma constitucional efectuada por la Ley N° 19.097 y, luego, la Ley Orgánica Constitucional sobre Gobierno y Administración regional, ley N° 19.175, se producirá un enorme avance en este proceso de regionalización, acercándonos a un sistema de organización parcialmente descentralizado en el nivel regional y a uno descentralizado en los niveles locales.

En el año 2017 entró en vigencia la Ley N° 20.990 que Dispone La Elección Popular Del Órgano Ejecutivo Del Gobierno Regional del País, cuya misión es fomentar la descentralización y otorgar nuevas competencias y atribuciones a los gobiernos regionales. Se introduce con esta ley la figura del Gobernador Regional, cargo de elección popular facultado para dictar normas generales que regulen materias de su competencia, asesorar a las municipalidades en la formulación de sus planes y programas de desarrollo, tomar medidas en situaciones de emergencia y catástrofe, participar en acciones de cooperación internacional en la región, y mantener relación con el gobierno central y organismos para armonizar el ejercicio de funciones, entre otras.

Se implementan, además, por esta ley dos figuras adicionales: i) el Delegado Presidencial Regional y ii) el Delegado Presidencial Provincial. Al primero, le corresponde la representación del Presidente de la República en la región respectiva, también se encarga de la coordinación, supervigilancia o fiscalización de los servicios públicos creados por ley para el cumplimiento de las funciones administrativas que operen en la región que dependan o se relacionen con el Presidente de la República a través de un Ministerio. El segundo, es el encargado del gobierno y administración superior de la provincia. En el ejercicio de sus funciones está subordinado al delegado presidencial regional.

3. Bases Generales de la Administración del Estado. La regulación sustancial de la Administración del Estado, está contenida en la Ley N° 18.575, de 1986, *Orgánica Constitucional de Bases Generales de la Administración del Estado.* El título I de esta ley (Normas Generales, arts. 1 a 17) consagra una serie de principios jurídicos aplicables a toda la Administración del Estado, la cual está conformada por los organismos que señala su art. 1°. Ellos son: Ministerios, Intendencias, Gobernaciones, órganos y servicios públicos creados para el cumplimiento de la función administrativa, incluidos la Contraloría General de la República, el Banco Central, las Fuerzas Armadas y Fuerzas de Orden y Seguridad Pública, Municipalidades y Empresas Públicas creadas por ley. A estos últimos órganos, es decir, la Contraloría General de la República y los siguientes enumerados, no se le aplican las normas del Título II de la Ley N° 18.575 y se rigen por las normas constitucionales pertinentes y por sus respectivas leyes orgánicas constitucionales o de quórum calificado, según corresponda.

De los órganos mencionados y que dicen directa relación con el proceso de regionalización descrito en párrafos anteriores merecen especial mención las Intendencias y las Municipalidades.

a) Gobierno y Administración Regional. El gobernador regional y el consejo regional constituyen el «gobierno» de cada región. Al gobernador regional le corresponde presidir el Consejo Regional y ejercer las funciones y atribuciones que la ley orgánica constitucional determine, en coordinación con los demás órganos y servicios públicos creados para el cumplimiento de la función administrativa. Asimismo, le corresponderá la coordinación, supervigilancia o fiscalización de los servicios públicos que dependan o se relacionen con el gobierno regional. Para el ejercicio de estas funciones goza de personalidad de derecho público y patrimonio propio.

El consejo regional es un órgano de carácter normativo, resolutivo y fiscalizador, dentro del ámbito propio de competencia del gobierno regional, encargado de hacer efectiva la participación de la ciudadanía regional y ejercer las atribuciones que la ley orgánica constitucional respectiva le encomiende.

Por su parte, el delegado presidencial regional es el representante natural e inmediato, en el territorio de su jurisdicción, del Presidente de la República y será nombrado y removido libremente por él. Le corresponde la coordinación, supervigilancia o fiscalización de los servicios públicos creados por ley para el cumplimiento de las funciones administrativas que operen en la región que dependan o se relacionen con el Presidente de la República a través de un Ministerio.

b) Gobierno y Administración Provincial. En cada provincia existe una delegación presidencial provincial, que es un órgano territorialmente desconcentrado del delegado presidencial regional, y está a cargo de un delegado presidencial provincial, el cual es nombrado y removido libremente por el Presidente de la República.

Corresponde al delegado presidencial provincial ejercer, de acuerdo a las instrucciones del delegado presidencial regional, la supervigilancia de los servicios públicos existentes en la provincia.

c) Las Municipalidades. Constituyen personas jurídicas de derecho público que se encuentran funcional y territorialmente descentralizadas de la Administración[8]. Están constituidas por el Alcalde, que es su máxima autoridad, por el Concejo[9] y cuentan además con un Consejo Económico y Social comunal de carácter consultivo[10]. Destacan entre sus funciones privativas por ejemplo: *(i)* aplicar disposiciones sobre transporte y tránsito públicos en la comuna, conforme a las leyes y a las normas técnicas dadas por el Ministerio respectivo, *(ii)* aplicar disposiciones sobre construcción y urbanización, conforme a las leyes y a las normas técnicas dadas por el Ministerio respectivo, *(iii)* planificación y regulación urbana de la comuna y confección del plan regulador, de acuerdo a las leyes vigentes, *(iv)* aseo y ornato, *(v)* promoción del desarrollo comunitario y *(vi)* la elaboración, aprobación y modificación del plan de desarrollo comunal.

TEXTOS NORMATIVOS FUNDAMENTALES

Constitución Política del Estado, arts. 3°, 24, 38 (inciso 1°), 62, 107 (inciso 1), 111, 113 y 116.

Ley N° 18.575, de 1986, Orgánica Constitucional de Bases Generales de la Administración del Estado.

Ley N° 18.685, de 1988, Orgánica Constitucional de Municipalidades. Reformada por Ley N° 19.130, Diario Oficial del 19 de marzo de 1992.

Ley 19.175 de 1993, Orgánica Constitucional sobre Gobierno y Administración Regional.

Ley 21.074 de 2018, Fortalecimiento de la Regionalización del País.

BIBLIOGRAFÍA BÁSICA:

CEA EGAÑA, José Luis, "Hacia el estado regional en Chile", en *Revista Chilena de Derecho* Vol. 24 N° 2, mayo-agosto de 1997, pp. 337-351.

_______ "Contribución al estudio de la ley orgánica sobre la Administración del Estado", *Revista Chilena de Derecho,* Vol. 10, 1983, pp. 639-647.

ARGANDOÑA, Manuel Daniel, *La organización administrativa en Chile. Bases fundamentales.* (Editorial Jurídica de Chile, 2da. edición, Santiago, 1985).

OELCKERS CAMUS, Osvaldo, "Descentralización administrativa y regionalización", en: *Revista Chilena de Derecho*, Vol. 24 N° 2 (1997), pp. 353-367.

SOTO KLOSS, Eduardo, "La desconcentración en el derecho administrativo chileno", en: *Revista de Derecho Público*, Universidad de Chile, N° 51/52 (1992), pp. 103-125.

_______ "La organización de la administración del Estado un complejo de personas jurídicas", en: *Gaceta Jurídica* N° 73 (1986), pp. 18-23.

VERGARA BLANCO, Alejandro: "Marco jurídico de la descentralización administrativa", en: *Revista Chilena de Derecho,* XVIII, N° 3 (Santiago, 1991) pp. 411-449.

_______ "Reforma constitucional y descentralización administrativa", en: *Revista Chilena de Derecho,* XVIII, N° 2 (Santiago, 1991) pp. 339-344 (discurso en el Senado).

---

8 El artículo 107 de la Constitución en sus incisos 1° y 2° y el artículo 1° de la Ley N° 18.695 definen las Municipalidades como "corporaciones autónomas de derecho público, con personalidad jurídica y patrimonio propio, cuya finalidad es satisfacer las necesidades de la comunidad local y asegurar su participación en el progreso económico, social y cultural de las respectivas comunas".

9 Este Concejo es de carácter normativo, resolutivo y fiscalizador, encargado de hacer efectiva la participación de la comunidad local y de ejercer las atribuciones que le indica la ley. El número de concejales es conforme al número de electores de cada comuna. Su elección se realiza por votación directa, conforme un sistema de representación proporcional (Ver art. 62 Ley N° 18.695) .

10 El Consejo Económico y Social Comunal, está compuesto por representantes de la comunidad local organizada y es un órgano de consulta de la Municipalidad.

III. EL PROCEDIMIENTO ADMINISTRATIVO

1. La forma de los actos administrativos en el derecho legal chileno. El 29 de mayo de 2003 fue publicada en el Diario Oficial la Ley N° 19.880 de Bases de los Procedimientos Administrativos que rigen los Actos de la Administración Pública. Esta ley era objeto de antigua aspiración y necesidad las que se arrastraban desde hace muchos años. De hecho, desde 1992 descansaba en el Congreso un proyecto de ley.

El antecedente mediato de esta ley es un Anteproyecto de Ley de Procedimiento Administrativo redactado por la Comisión Nacional de Reforma Administrativa (CONARA), que trabajó sostenidamente en el tema entre los años 1974 a 1980[11].

En todo caso, existían en Chile disposiciones constitucionales, legales y abundante jurisprudencia de la Contraloría general de la República sobre la materia, pero se carecía de un cuerpo sistemático.

a) El procedimiento administrativo en la Constitución. Entre otros, en el artículo 7°, a propósito del principio de juridicidad, se hace expresa mención respecto de la «forma» como uno de los requisitos a que debe ajustar su actuación todo órgano del Estado; también hay referencia al procedimiento en el artículo 19 N° 13 inciso 5° de la Constitución, al establecer el principio del debido proceso; y, finalmente el artículo 60 N° 18 establece que el procedimiento administrativo es una de aquellas materias que deben quedar reservadas al tratamiento exclusivo del legislador.

b) El procedimiento administrativo en la Ley de Bases de la Administración del Estado. En la Ley N° 18.575, de Bases de la Administración se contienen diversas normas relativas al procedimiento administrativo, las que no han perdido su vigencia con la dictación de la nueva Ley N° 19.888 de 2003. En efecto, en especial, se refiere esa Ley a la: (i) eficiencia administrativa: «procurar la simplificación y rapidez de los trámites» (art. 5 inc. 1°); (ii) al principio de la coordinación administrativa (art. 5 inc. 2°); (iii) al principio inquisitivo (art. 8 inc. 1°); (iv) expresamente señala que «los procedimientos administrativos deberán ser ágiles y expeditos, sin más formalidades que los que establezcan las leyes y reglamentos» (art. 8 inc. 2°); (v) en fin, a los recursos (impugnibilidad de los actos administrativos): reposición y jerárquico (art. 9). Esta nueva ley N° 19.880 viene a complementar tales normas.

c) La nueva ley de procedimiento administrativo. La Ley N° 19.880 establece, mediante una técnica legislativa de supletoriedad, un procedimiento básico para todos los órganos administrativos, para todas las categorías de actos que puedan afectar a los ciudadanos en su relación con los particulares. Cuenta con cinco capítulos que se estructuran así:

i) capítulo I, "Disposiciones generales", en que fija conceptos y principios que inspiran al procedimiento administrativo[12];

ii) capítulo II, "El Procedimiento Administrativo", en que lo define[13], como asimismo establece quienes intervienen en él, las reglas relativas a los plazos y el procedimiento mismo;

iii) capítulo III, "De la publicidad y ejecutividad de los actos administrativos", establece la obligación de publicar todo acto administrativo en el Diario Oficial, y su no retroactividad por regla general;

iv) capítulo IV, "Revisión de los actos administrativos", consagra distintos recursos en sede administrativa; y, en fin,

v) capítulo V, unas "Disposiciones Finales" en que se establece la técnica del silencio administrativo, positivo y negativo.

---

11 El resultado de este trabajo de CONARA está en su: *Informe Final: Seminario nacional sobre procedimientos administrativos* (Tomo I) e *Informe sobre procedimientos administrativos. Comisión Nacional de la Reforma Administrativa* (Tomo II), Santiago, Chile. 1980. Cabe destacar que en este trabajo participó como consultor el Catedrático de Derecho Administrativo español, Profesor Francisco González Navarro, quien fue precursor en muchas ideas y desarrollos en la materia. Desde estas páginas le brindamos un merecido recuerdo y homenaje.

12 Los principios que consagra esta ley son la escrituración, la gratuidad, la celeridad, la economía procedimental, el principio de contrariedad, de imparcialidad, de abstención, de la no formalización y de la inexcusabilidad, impugnabilidad y de la transparencia y publicidad. Ver artículos 5 al 16.

13 Define la ley N° 19.880 el procedimiento administrativo en su artículo 18 inciso 1° en los siguientes términos: "*Es una sucesión de actos trámites vinculados entre sí, emanados de la Administración y, en su caso, de particulares interesados, que tiene por finalidad producir un acto administrativo terminal*". Agrega en su inciso 2° "*El procedimiento administrativo consta de las siguientes etapas: iniciación, instrucción y finalización*".

2. Lineamientos básicos y aportes de la nueva ley de procedimiento. Son materias básicas de esta ley las siguientes:

a) El hecho que solo un procedimiento puede *conducir jurídicamente a la dictación de un acto*, y asegurar al mismo tiempo que este sea legítimo, racional y razonable.

b) El procedimiento es *garantía formal de los derechos de los ciudadanos*, ya que el concepto del debido proceso no agota su aplicabilidad en sede judicial, sino que su eficacia también se extiende ante la Administración.

c) El procedimiento es un mecanismo de *ordenación de la actividad administrativa*, es decir, de una actuación uniforme de cada órgano de la administración pública, esto en la presente ley en comento se concreta a través de la exigencia de cumplimientos de plazos, de un expediente administrativo de tramitación, etc.

d) El procedimiento administrativo también sirve de base para la *composición de intereses*. Es así como esta nueva ley contempla por ejemplo etapas de audiencia previa a la iniciación del procedimiento (artículo 29), un periodo de información pública (art. 39) y publicidad obligatoria de actos administrativos generales (artículo 48 letra a).

Cabe destacar los dos siguientes aportes de esta nueva ley N° 19.880:

a) Por primera vez un texto con rango legal define el «acto administrativo». El artículo 3° inciso 2 señala "Para efectos de esta ley, se entenderá por acto administrativo las decisiones formales que emitan los órganos de la Administración del Estado en las cuales se contienen declaraciones de voluntad, realizadas en el ejercicio de una potestad pública". De este concepto, destaca Cordero Vega[14], se pueden extraer las siguientes conclusiones: 1° Para la ley N° 19.880, solo existe acto administrativo cuando se decide; 2° El acto administrativo solo puede abarcar decisiones de la Administración que se expresan o que deben expresarse por escrito; 3° El acto se concibe como una decisión formal; 4° Solo dictan actos administrativos los órganos de la administración el Estado, y 5° El acto administrativo, constituye en si decisiones que justamente corresponden al ejercicio de potestades públicas.

b) Destacable además es que se legisla de un modo general sobre el «silencio administrativo». Con anterioridad el tema estaba más bien relegado a lo que la doctrina o jurisprudencia determinasen, salvo algunas excepciones consagradas en legislaciones de carácter especial[15]. En lo esencial la ley delineó: el concepto[16], los requisitos[17] y la clasificación de este silencio en positivo y negativo. Ahora solo queda esperar el resultado práctico…

3. Aplicación de la ley: supletoriedad. Lamentablemente la puesta en ejecución de esta ley no ha estado exenta de problemas, registrándose una cierta «resistencia» de la Administración Pública nacional para ajustarse a lo dispuesto por esta nueva normativa; esto, fundamentalmente en razón de su declarado carácter «supletorio», que se ha mal entendido por los órganos de la administración. Existe la tendencia a asumir que esta nota de supletoriedad se traduce en que la Ley no es aplicable toda vez que la ley regula para las distintas entidades públicas un procedimiento especial, por incompleto que sea. El sentido correcto de esta supletoriedad se traduce en que importa aplicar la ley 19.880 cuando sea necesario integrar un procedimiento en el cual falte algún aspecto de la regulación básica en la tramitación de un procedimiento administrativo en particular, como se explica en seguida.

---

[14] Cordero Vega, Luis, *El Procedimiento Administrativo* (Editorial Lexis Nexis, Santiago de Chile, 2003), pp. 50 y 51.

[15] Ver D.L. 1.289 de 1976, Orgánica de Municipalidades, art. 5° transitorio letra c] y Ley N° 18.695, art. 82.

[16] "Presunción o ficción legal por virtud de la cual, transcurrido cierto plazo sin resolver la administración, y producidas además determinadas circunstancias, se entenderá o podrá entenderse denegada u otorgada la petición o el recurso formulado por los particulares".

[17] (i) Debe haber una disposición expresa que prevea el silencio administrativo. (ii) Debe haber una solicitud dirigida a la administración. (iii) Debe existir una "inactividad" de la administración. (iv) En la práctica esta inactividad se traduce en una falta de servicio. Puede ser *material*, que se traduce en un no hacer de la Administración dentro del marco de su competencia ordinaria, o *formal* que es la pasividad de la Administración dentro de un procedimiento y que significa la no contestación a una petición. (v) La inactividad puede estar originada en: -causas estructurales, -orgánicas o -negligencia por parte de la administración para dar cumplimiento a las obligaciones que son inherentes a su cargo. (vi) La inactividad debe darse durante un cierto lapso de tiempo. (vii) Debe existir la posibilidad de resolver para la administración.

El art. 1, inc. 3° LBPA, señala, bajo el subtítulo «*procedimiento administrativo*», PA, lo siguiente: «*En caso de que la ley establezca procedimientos administrativos especiales, la presente ley se aplicará con carácter supletorio.*». Por lo tanto, incorpora la ley dos técnicas normativas: la derogación tácita (mediante el establecimiento de «bases» regulatorias nuevas; y la supletoriedad.

Me detengo a analizar las dos interesantes técnicas legislativas que aplica esta nueva ley, para lo cual cabe analizar, entonces, en relación al PA, qué significa: (i) una ley de «bases», cuyo efecto normativo, según se dirá, es la derogación tácita; y, (ii) la supletoriedad.

a) Sobre la derogación. Al respecto, la derogación (como efecto) cumple la función de salvar las antinomias (contradicciones entre dos preceptos vigentes), en especial el caso de la derogación tácita[18]. El Código Civil en su artículo 52 al respecto señala que: «*La derogación de las leyes podrá ser expresa o tácita./Es expresa, cuando la nueva ley dice expresamente que deroga la antigua./Es tácita, cuando la nueva ley contiene disposiciones que no pueden conciliarse con las de la ley anterior* ». Agrega en su artículo 53 lo siguiente: «*La derogación tácita deja vigente en las leyes anteriores, aunque versen sobre la misma materia, todo aquello que no pugna con las disposiciones de la nueva ley*».

En la LBPA está presente la técnica de la derogación, en este caso tácita: y la derogación tácita se produce respecto: a) de todas las leyes pre-existentes, en aquellas partes en que no se entienden especiales (y, por ende aplicable la técnica de la supletoriedad), sino en aquellas partes en que contradicen los nuevos estándares "básicos" de todo PA; y b) de todos los reglamentos, de ejecución o autónomos, que a la fecha de la publicación de esta LBPA, regulan materias que: o quedan fuera de las bases de todo PA legítimo (como reflejo de la derogación tácita de las leyes que tales reglamentos ejecutaban); o que ahora son reguladas por la LBPA, en virtud de la supletoriedad.

En efecto, si la LBPA establece las «bases» regulatorias de todo PA, en aplicación del art. 60 N°18 CP, cabe entender que, a partir de ahora, toda regulación que contradiga estas bases queda derogada tácitamente, salvo que rija la supletoriedad, por especialidad; pero en ningún caso podrá considerarse válida una regulación de PA que no es meramente especial de la general supletoria de la LBPA, sino que derechamente es contradictoria a los principios de certeza y seguridad que ahora se establecen.

El efecto derogatorio de una ley de bases surge, entonces, de esta premisa: la nueva regulación «básica», opera al mismo tiempo como un mínimo y un máximo legal. A partir de ahora todas leyes han de cumplir los estándares fijados en la nueva LBPA, y:

1° Las leyes preexistentes que contienen regulaciones que contradicen los principios de certeza y seguridad que fijan estas bases a través de los estándares, se entienden derogadas tácitamente, derogación en la que arrastran a los reglamentos que las ejecutaban;

2° Las leyes pre-existentes que simplemente no contenían regulaciones relativas a los nuevos estándares, son «completadas» por la nueva ley (y su posible reglamento, que se dicte en el futuro). Si esas leyes contenían regulaciones relativas a los estándares (siempre que no contradigan sus principios: pues serán derogadas tácitamente), siguen rigiendo, por especialidad.

Esto se explica y complementa en seguida.

b) El criterio de la especialidad y la supletoriedad. En general, es el criterio de la especialidad el que determina la ley que prevalece en los casos de derogación tácita, y usualmente prima sobre el criterio estrictamente cronológico; pero siempre que se trate de normas generales y especiales las antinómicas. Pero la situación es distinta cuando ambas normas antinómicas son especiales.

En la LBPA, la técnica de la supletoriedad permite la aplicación general de la nueva regulación del PA, «completando», en todas las demás leyes pre-existentes, los estándares sobre PA que consagra ahora, la PA. Estas dos técnicas normativas son las que articulan la aplicación de todos los nuevos estándares que establece y regula la nueva LBPA. Y estos estándares operan, así de doble modo: (i) produciendo la derogación tácita de toda regulación preexistente sobre PA que pugne con los principios que establece la nueva LBPA; y, (ii) constituyendo un "complemento" normativo, por la vía de la supletoriedad, de todas las leyes preexistentes que no contengan los nuevos estándares de PA.

---

[18] *Vid.* en general sobre derogación: Vidal, Alvaro, "Las leyes modificatorias y la derogación de las leyes", en: V.V.A.A., *La técnica legislativa ante la elaboración de la ley* (Valparaíso, CEAL-UCV, 1998), pp. 237-288; y sobre antinomias, *Vid.* pp. 265-267.

3. Ley N° 21.180 Sobre Transformación Digital del Estado. Esta ley se origina con el objetivo primero y general de efectuar una transformación digital del Estado, a través de la modificación de diversos cuerpos legales, especialmente la LBPA, para que este se convierta en un Estado ágil y eficiente, cuyo actuar se condiga con los tiempos actuales y se beneficie de las ventajas inconmensurables del desarrollo electrónico y digital, principalmente en relación a ahorro de tiempo, costos y calidad de vida de la sociedad entera.

Una manifestación concreta de lo anterior es el artículo 1° inciso 2 de la LBPA, estableciendo que: «*Todo procedimiento administrativo deberá expresarse a través de los medios electrónicos establecidos por ley, salvo las excepciones legales.*». Promueve una adaptación de todo el aparato administrativo orientado hacia la digitalización de los procedimientos administrativos. Asimismo, en el artículo 19 de la LBPA se consagra una exigencia para la Administración en este sentido, señalando: «*Uso obligatorio de plataformas electrónicas. Los órganos de la Administración estarán obligados a disponer y utilizar adecuadamente plataformas electrónicas para efectos de llevar expedientes electrónicos, las que deberán cumplir con estándares de seguridad, interoperabilidad, interconexión y ciberseguridad.*».

Es destacable el esfuerzo legislativo y operacional que implica la transformación digital de la Administración del Estado, la cual propende a una modernización que se espera pueda mejorar la calidad de vida de los administrados, especialmente en lo que dice relación con sus relaciones diarias con la Administración. Esta actualización legislativa en el mejor de los casos eliminará en gran porcentaje la amplia burocracia administrativa derivada de los arcaicos trámites en expedientes físicos, mejorando así la inversión de los recursos y otorgando respuestas eficaces a las solicitudes de los administrados.

TEXTOS NORMATIVOS FUNDAMENTALES:

Constitución Política de 1980, arts. 7º, 19 Nº 3 (inciso 5), 60 Nº 18.

Ley Nº 18.575, de 1986, Orgánica Constitucional de Bases Generales de la Administración del Estado.

Ley N° 19.880, de Bases de los Procedimientos Administrativos que rigen los Actos de la Administración Pública, Diario Oficial de 29 de mayo de 2003.

Ley N° 21.180, de Transformación Digital del Estado, Diario Oficial de 11 de noviembre de 2019.

BIBLIOGRAFÍA BÁSICA:

CORDERO VEGA, Luis, *El Procedimiento Administrativo* (Editorial Lexis Nexis, Santiago, Chile, 2003). 227 p.

_______ "Limitando la Ley de Procedimiento Administrativo. Una interpretación intolerable", en *Revista Chilena de Derecho*, Vol. 30 Nº 3, 2003, pp. 549-552.

_______, *Nuevo procedimiento administrativo chileno* (Documentos Universitarios, Universidad Andrés Bello, Editorial Biblioteca Americana, 2003), 88 pp.

_______, *El Procedimiento Administrativo* (Editorial Lexis Nexis, Santiago de Chile, 2003), 228 pp.

MONTT OYARZÚN, Santiago, "El procedimiento administrativo: Una tarea esencial aún pendiente para el Congreso", *Revista de Derecho Público*, Nº 65, año 2003, pp. 18 –33.

SOTO KLOSS, Eduardo, "Estado de derecho y procedimiento administrativo", *Revista de Derecho Público*, Nº 28, año 1980, pp. 101-124.

_______, "El procedimiento administrativo", *Revista de Derecho y Jurisprudencia*, tomo 79 Nº 3, 1982, pp. 79-87.

VERGARA BLANCO, Alejandro: "Procedimientos administrativos especiales y supletoriedad de la ley de bases", en: *Revista Chilena de Derecho*, vol. 32 N° 1 (2005).

VVAA: *Ley N° 19.880, sobre procedimientos administrativos* (Conferencias Santo Tomás de Aquino, Universidad santo Tomás, Santiago, 2003) 234 pp.

IV. EL ACTO ADMINISTRATIVO

1. Definición legal de acto administrativo. Hasta la dictación de la Ley N° 19.880 de Bases de los Procedimientos Administrativos que rigen los actos de la Administración Pública, el acto administrativo no había sido objeto de tratamiento legal sistemático, lo cual no es menor si consideramos que este acto es el objeto sobre el cual descansa el procedimiento administrativo[19] Esta nueva normativa definió el acto administrativo como "*...las decisiones formales que emitan los órganos de la Administración del estado en las cuales se contienen declaraciones de voluntad, realizadas en el ejercicio de una potestad pública*"[20]. Luego, hay acto administrativo solo en tanto implique decisiones, concebidas como formales, como una expresión de potestades públicas, emanadas de cualquier órgano de la Administración.

El antecedente directo de la definición contenida en la Ley N° 19.880, es el Decreto Supremo N° 26 de 2001, del Ministerio Secretaría General de la Presidencia, que fijó el reglamento que regula el secreto y reserva de los actos y documentos administrativos, y por el cual se restringía el concepto de acto administrativo a una declaración de voluntad vinculada a una potestad pública[21]. Los demás aspectos del acto administrativo, como son sus requisitos y sus efectos, fueron delineados en el tiempo por la doctrina y jurisprudencia nacionales.

2. Requisitos conformadores del acto administrativo. A grandes rasgos, lo constituyen su estricto apego a los principios de legalidad y legitimidad. El principio de legalidad administrativa, en razón de su relevancia, irradia todo el espectro jurídico y muy especialmente, el del derecho público. Así lo entendió tras su consagración en el artículo 6° de la Constitución[22], con lo cual de paso resguardó la vigencia real de los derechos individuales, últimos que sin este principio tendrían solo un mero valor semántico. Por otro lado, la legitimidad administrativa, ha sido perfilada como el fundamento político que sirve de base a la autoridad llamada a ejercer las potestades públicas. En otras palabras, será «legítima» b la autoridad cuya investidura derive del ordenamiento constitucional, a condición que su instalación en el poder se haya verificado en conformidad con los requisitos y el procedimiento preestablecidos en aquél, así se desprende del artículo 7° de la Constitución que dispone en su inciso 1°: "*Los órganos del Estado actúan válidamente previa investidura regular de sus integrantes, dentro de su competencia y en la forma que prescriba la ley*".

3. Efectos del acto administrativo. Al respecto, la doctrina nacional ha identificado los siguientes: (i) la presunción de validez, (ii) la imperatividad, (iii) la irretroactividad, (iv) la ejecutoriedad, (v) la estabilidad; y (vi) la impugnabilidad. Los primeros cinco se caracterizan porque siempre se producen mientras que el último es eventual o potencial.

i) La presunción de validez, es una consecuencia práctica del supra-principio de legalidad administrativa, establecido por cierto a favor de la Administración y configurado como una especie de fuero administrativo y jurisdiccional del acto administrativo. En otras palabras, reviste al acto de una regularidad jurídica, admitiendo prueba en contrario, es decir, permitiendo su impugnación.

ii) La imperatividad del acto administrativo, es una consecuencia del ejercicio de la soberanía, ejercida por la Administración en conformidad a lo dispuesto en la Constitución y las leyes[23]. Consecuentemente el acto administrativo es imperativo a condición de que esté relacionado o fundamentado en una norma de derecho público, en atención a que esa norma de derecho público, base del acto administrativo, es una expresión de la soberanía, al igual que el acto que la pone en actividad.

---

[19] En este sentido el máximo tribunal de nuestro país la Corte Suprema ha señalado "*la Administración Pública actúa por medio de actos administrativos, y para que estos alcancen su real efecto y proyección, es necesario que tales actos emanen de autoridad responsable, que se concreten en un contenido bien determinado y que se les dé a conocer debidamente, pues solo así resultarían obligatorios y permitirían ser cumplidos y acatados*". Corte Suprema, sentencia en: *Revista de Derecho y Jurisprudencia,* T. LXXIX (1982), N° 3, sección 5ª.

[20] Artículo 3° inciso 2 de la Ley N° 19.880.

[21] Otras posturas a nivel nacional han sido considerar el acto administrativo como sinónimo de actividad de la Administración, ver Pantoja B., Rolando, *Concepto de Acto Administrativo*, Editorial Jurídica de Chile, 1960, o como una declaración de contenido variado, ver Caldera Delgado, Hugo, *El Acto Administrativo, legalidad, efectos, impugnación* (Editorial Jurídica de Chile), 1981.

[22] Artículo transcrito *supra* nota 4.

[23] Ver artículo s 1° inciso 4, 6° inciso 1, 7° y 32 N° 8 de la Constitución.

iii) La irretroactividad del acto administrativo, guarda en si un aspecto «garantístico» de protección a los particulares, esto, fundamentalmente si consideramos que a través del acto administrativo se imparten órdenes, cuyo contenido, de ordinario, será el poner cargas o limitaciones a la actividad de los administrados.

iv) La ejecutoriedad es consecuencia de la imperatividad. Esta se entiende como una propiedad del acto administrativo, en virtud de la cual se cumplen las órdenes expresadas en él[24]. Su fundamento directo lo encontramos en el artículo 6° de la Constitución de 1980, que señala: "Los preceptos de esta Constitución obligan tanto a los titulares o integrantes de dichos órganos como a toda persona, institución o grupo". Su aspecto relevante es que le permite a la Administración adoptar medidas como, imposición de multas, hacer ejecutar un acto por cuenta y cargo del administrado, etc., sin necesitar la intervención de ningún órgano ajeno a ella.

v) La estabilidad del acto administrativo, dice relación con la persistencia de los efectos de este, como elemento indispensable para la seguridad jurídica. Por cierto, que no está concebido como un elemento absoluto, pues las condiciones que generaron el acto pueden variar en el tiempo, luego por esto es que la administración está dotada de la potestad revocatoria, como facultad discrecional. A nivel de nuestra legislación nacional esté efecto está consagrado en el inciso 3° del N° 24 del artículo 19 de la Constitución Política del Estado.

vi) Finalmente la impugnabilidad de los actos administrativos puede realizarse ante la propia Administración, esto es, por vía administrativa, a través de los denominados recursos administrativos o bien por vía jurisdiccional, ante los tribunales ordinarios de justicia. Es importante señalar que en esta materia la nueva Ley N° 19.880, distingue entre actos terminales y actos trámites: (a) Los primeros ponen fin al procedimiento, al resolver la cuestión de fondo; y, (b) los segundos sirven como antecedente o requisito para la dictación del acto final. En cuanto a la impugnabilidad, resulta que los «actos trámites» solo son susceptibles de ser impugnados cuando impliquen la imposibilidad de continuar con el procedimiento o produzcan indefensión[25].

TEXTOS NORMATIVOS FUNDAMENTALES:

Constitución Política de 1980 arts. 1° incisos 4, 6, 7°

Decreto Supremo N° 26, de 2001, Fija reglamento que regula el secreto y reserva de los actos y documentos administrativos.

Ley 19.880 de Bases de los Procedimientos Administrativos que rigen los Actos de la Administración Pública. Diario Oficial de 29 de mayo de 2003

BIBLIOGRAFÍA BÁSICA:

ARÓSTICA MALDONADO, Iván, "La extinción de los actos administrativos y la jurisprudencia reciente de los tribunales de justicia", en: *Revista Chilena de Derecho*, Vol. XI, N°s 2/3, 1983, pp. 433-448.

CALDERA DELGADO, Hugo, *El acto administrativo, legalidad, efectos e impugnació*n (Editorial Jurídica de Chile 1981). 185 p.

CORDERO VEGA, Luis, *El procedimiento administrativo* (Editorial Lexis Nexis, Santiago, Chile, 2003). 228 pp.

JARA SCHNETTLER, Jaime, *La nulidad de derecho público ante la doctrina y la jurisprudencia* (Santiago, Editorial Libromar, 2004) 285 pp.

OELCKERS CAMUS, Osvaldo, "Suspensión de los efectos del acto administrativo por orden de no innovar en el contencioso administrativo", en: *Revista Chilena de Derecho*, Vol. XX, 1993, pp. 763-768.

---

[24] Caldera Delgado, Hugo, *El acto administrativo, legalidad efectos e impugnación*, *cit.*, p. 72.

[25] Artículo 15 inciso 2° la Ley N° 19.880.

PANTOJA BAUZÁ, Rolando, *Concepto de acto administrativo* (Editorial Jurídica de Chile, 1960), 192 pp.

SOTO KLOSS, Eduardo, "La noción de acto administrativo en el derecho chileno", en: *Revista de Derecho Público,* N° 60, 1996, pp. 86-97.

URZÚA RAMÍREZ, Carlos Fernando, *Requisitos del acto administrativo* (Editorial Jurídica de Chile, 1971).112 p.

V. LOS CONTRATOS DE LA ADMINISTRACIÓN

1. Definiciones y principios generales de la contratación administrativa. Los contratos en la Administración pública constituyen una importante herramienta por la cual satisface el interés público, con el fin de la ejecución de un servicio público, de la construcción de una obra pública o la adquisición de bienes o la prestación de servicios.

En estos contratos, a diferencia de lo que ocurre en materia civil donde el principio básico es la «igualdad contractual», opera el principio de la «desigualdad» entre las partes contratantes, lo que en la práctica se traduce en una subordinación del particular o cocontratante a las decisiones de la Administración. Además, como estos contratos le es aplicable el Derecho Administrativo, la Administración goza de una serie de prerrogativas en razón de la finalidad pública del contrato.

Los principios que rigen esta contratación administrativa son:

i) principio de legalidad, que se traduce en la obligación que tiene la Administración de actuar conforme a lo que la ley señala (ver art. 1° del Reglamento de Contratos de Obra Pública (RCOP),

ii) principio de equilibrio financiero, que constituye una garantía para el co-contratante particular respecto de la mantención de condiciones pactadas en el acuerdo original con la Administración, dado que esta última puede modificar las condiciones originales en razón del interés público,

iii) principio de mutabilidad del contrato, del cual se deriva que la Administración puede introducir modificaciones en el objeto mismo del contrato, tendientes a asegurar una mejor realización del servicio público, o una mejor adaptación a sus fines. Indudablemente y en razón del principio de la seguridad jurídica se mantendrán inmutables los aspectos relativos al equilibrio económico y el fin mismo del contrato,

iv) principio de la colaboración, en virtud del cual la Administración considera al particular que contrata con ella, como un colaborador voluntario cuyos intereses no son totalmente opuestos y que coinciden en el interés de llevar adelante el contrato; y,

v) principio general de la ejecución de buena fe[26].

Las principales consecuencias jurídicas derivadas de tales principios, son las siguientes: a] la inalterabilidad de la oferta por parte de la Administración, b]la aceptación o rechazo en bloque de la oferta por parte del cocontratante, c] el ejercicio de la potestad disciplinaria por parte de la Administración sobre el cocontratante, d] modificaciones unilaterales al contrato realizado por la Administración, e] posibilidad de poner término al contrato unilateralmente por la Administración, etc.

2. Contrato de obra pública. Es el más tradicional en la normativa chilena, y en su regulación se trasluce claramente el interés público, que explica, por ejemplo, la protección que se le da al cocontratante al ser este un colaborador de la actividad administrativa. Por ejemplo, el art. 34 del Reglamento de Contratos de Obra Pública (RCOP), Decreto Supremo N° 1340/65, del Ministerio de Obras Públicas, declara la inamovilidad del precio o valor convenido para los precios unitarios de las obras contratadas, pero señalando además las posibles bonificaciones o castigos que se otorgan al contratista en el caso de un aumento de jornales, materiales, gastos variables, derechos de aduana y leyes sociales.

3. Contratos de suministro y prestación de servicios. Una novedad en materia de contratación administrativa constituye la Ley N° 19.886, *Sobre contratos administrativos de suministro y prestación*

---

[26] Conforme lo indica el artículo 1546 del Código Civil, *"Los contratos deben ejecutarse de buena fe y por consiguiente obligan no solo a lo que en ellos se expresa, sino a todas las cosas que emanan precisamente de la naturaleza de la obligación, o que por la ley o la costumbre pertenecen a ella",* de lo cual se deriva un principio general de derecho.

de servicios", conocida en la práctica como "Ley de Compras Públicas". Según el artículo 2° de esta Ley N° 19.886: *"Para los efectos de esta ley se entenderá por contrato de suministro el que tiene por objeto la compra o el arrendamiento, incluso con opción de compra, de productos o bienes"*.

En los hechos, toda la Administración, esto es, los órganos y servicios indicados en el artículo 1° de la Ley N° 18.575 de Bases de la Administración del Estado, salvo las empresas públicas creadas por esta y demás casos que señale la ley, queda sujeta a esta Ley, para toda contratación que supere las 1.000 unidades tributarias debiendo entonces efectuarse una licitación pública. Para aquellos casos en que los montos involucrados sean inferiores la adjudicación se podrá realizar a través de licitación privada o bien a través de la vía de contratación directa.

La normativa en comento es una contribución a la transparencia y probidad de la Administración. En la práctica y en cumplimiento del artículo 19 de la Ley N° 19.886, fue creado el "Sistema Electrónico de Información de Compras Públicas", vigente y disponible en el sitio web www.compraschile.cl, con 11 servicios en línea. Su proyección operativa es dar lugar a un mercado de más de US$ 7 mil millones, con más de 400 mil transacciones potenciales y ahorros por más de US$ 200 millones para el Estado[27]. Luego, gracias a la incorporación de tecnologías de la información a la gestión estatal, cualquier ciudadano puede a través de internet, conocer los datos de todas las licitaciones y condiciones del contrato, información sobre el organismo contratante y la empresa adjudicada; el objeto, precio, plazos del contrato y tipo de bienes o servicios que se licitan, además del procedimiento de contratación empleado.

TEXTOS NORMATIVOS FUNDAMENTALES:

Ley N° 19.886, de 2003, sobre Contratos administrativos de suministro y prestación de servicios.

Ley N° 18.575, de 1986, Orgánica Constitucional de Bases Generales de la Administración del Estado.

Decreto Supremo del Ministerio de Obras Públicas N° 900, de 1996, fija texto refundido, coordinado y sistematizado del DFL MOP N° 164, de 1991 Ley de concesiones de obras Públicas.

BIBLIOGRAFÍA BÁSICA:

BRITO, Mariano, "Problemas actuales de las licitaciones y contratos administrativos", en: *Ius Publicum*, N° 2, 1999, pp. 183-191.

OELCKERS CAMUS, Osvaldo, "Los principios informadores de la contratación administrativa", *Revista de Derecho* (Universidad Católica de Valparaíso), N° VII, año 1993, pp. 151-165.

RAMÍREZ ALUJAS, Álvaro, *Modernización de la gestión pública. El caso chileno (1994-2000).* (Universidad de Chile, 2001). 51 pp.

SOTO KLOSS, Eduardo: *La contratación administrativa* (Apuntes de clases, Facultad de Derecho, Universidad de Chile, 1996). 26 pp.

VI. DERECHO ADMINISTRATIVO SANCIONADOR

1. Ius puniendi administrativo y Constitución. La potestad sancionatoria de la Administración surge de la potestad de administrar, dado que la Administración puede imponer directamente sanciones, las que legalmente no se reputan "penas" en virtud del art. 20 del Código Penal, pero cuyo ejercicio puede ser revisado por los Tribunales[28].

---

27 Datos estadísticos extraídos de: Ramírez Alujas, Álvaro: *Modernización de la gestión pública. El caso chileno (1994-2000),* Universidad de Chile, 2001.

28 Esquema que se sigue, igualmente, en nuestro libro: *Derecho Eléctrico* (Santiago, Editorial Jurídica de Chile, 2004), pp. 317- 327. de ahí que los ejemplos que utilizo en este escrito son de la normativa eléctrica, pero aplicables a toda potestad sancionatoria.

En muchos textos legales nacionales vigentes, se le otorga a la Administración la potestad sancionatoria[29], potestad cuya legitimidad rara vez se discute[30], pues en definitiva su ejercicio siempre queda vinculado a la juridicidad y al posterior control jurisdiccional, siendo esto último algo ineludible en todo acto de la Administración.

En la práctica las sanciones de tipo administrativo se traducen en multas y sanciones en general de carácter patrimonial, cuya aplicación corresponde a los propios órganos administrativos, sin perjuicio de la revisión jurisdiccional ulterior. En esta materia son esenciales los incisos 6°, 7° y 8° del art. 19 N° 3 de la Constitución Política de 1980, relativo a *"la igual protección de la ley en el ejercicio de sus derechos"*, según los cuales: *"La ley no podrá presumir de derecho la responsabilidad penal. / Ningún delito se castigará con otra pena que la que señale una ley promulgada con anterioridad a su perpetración, a menos que una nueva ley favorezca al afectado. / Ninguna ley podrá establecer penas sin que la conducta que se sanciona esté expresamente descrita en ella"*.

Al respecto, por su texto tan expresivo, solo nos basta con transcribir lo que ha señalado la Sentencia de Tribunal Constitucional, Rol N° 244, 26/8/1996 (a propósito de la Ley de Caza), en sus considerandos 9°, 10°, 11° y 12°:

"9°. Que, los principios inspiradores del orden penal contemplados en la Constitución Política de la República han de aplicarse, por regla general, al derecho administrativo sancionador, puesto que ambos son manifestaciones del ius puniendi propio del Estado;

10°. Que, entre ellos, es necesario destacar los principios de legalidad y de tipicidad, los cuales no se identifican, sino que el segundo tiene un contenido propio como modo de realización del primero. La legalidad se cumple con la previsión de los delitos e infracciones y de las sanciones en la ley, pero la tipicidad requiere de algo más, que es la precisa definición de la conducta que la ley considera reprochable, garantizándose así el principio constitucional de seguridad jurídica y haciendo realidad, junto a la exigencia de una ley previa, la de una ley cierta;

11°. Que, en este sentido, ambos principios se encuentran consagrados en los incisos séptimo y octavo del N° 3° del artículo 19, de la Carta Fundamental, de acuerdo con los cuales "Ningún delito se castigará con otra pena que la que señale una ley promulgada con anterioridad a su perpetración, a menos que una nueva ley favorezca al afectado", y "Ninguna ley podrá establecer penas sin que la conducta que se sanciona esté expresamente descrita en ella";

12°. Que, de esta forma, la Constitución precisa de manera clara que corresponde a la ley y solo a ella establecer al menos el núcleo esencial de las conductas que se sancionan, materia que es así, de exclusiva y excluyente reserva legal, en términos tales, que no procede a su respecto ni siquiera la delegación de facultades legislativas al Presidente de la República, en conformidad con lo que dispone el artículo 61, inciso segundo, de la Constitución Política"[31].

De lo anterior podemos desprender claramente que el *ius puniendi* del Estado, ya sea en su manifestación penal o administrativa, dada la evidente naturaleza común, en su ejercicio debe respetar los mismos principios de legalidad y tipicidad, y sus derivados. En otras palabras, aunque exista una dualidad de sistemas represivos del Estado, en ambos casos, por su unidad material, aunque el procedimiento sea distinto, se han de respetar estos principios de fondo: es el mismo *ius puniendi* del Estado. Entonces, los principios conocidos generalmente como del derecho penal, hay que considerarlos como principios generales del derecho sancionador, y el Tribunal Constitucional ha señalado claramente que tales principios tradicionales del derecho penal se aplican a la esfera sancionatoria administrativa[32].

A nivel nacional, se dan algunos casos, como por ejemplo en materia eléctrica, donde la Administración, siguiendo un texto legal algo escueto (art. 15 Ley 18.410/1985, citada), impone sanciones a partir de un "reglamento" incurriendo por cierto en una práctica inconstitucional, si

---

29 Por ejemplo, los artículos 15 y ss. de la Ley 18.410 que crea en 1985 la Superintendencia de Electricidad y Combustibles.

30 No obstante, ver: Soto Kloss, Notas, *cit.*, y Aróstica, *Algunos…*, *cit.*, aceptan con reservas esta potestad de la Administración.

31 El énfasis agregado.

32 Si bien con algunos "matices", como señala la doctrina más autorizada (*Vid.* García de Enterría y Fernández, *Curso de Derecho Administrativo*, II, p. 170).

consideramos que conforme el artículo 19 N° 3 en su considerando 7° sienta el principio que solo la ley puede establecer delitos y sus penas. Lamentablemente esta tipicidad vía reglamentaria es usual, y más lamentable aún es que con esto se quebrante el principio de legalidad al carecer de fundamento legal. Tampoco se da cumplimiento al principio de la tipicidad, en tanto muchas de las conductas sancionadas están establecidas de manera genérica[33], siendo que se requiere "la precisa definición de la conducta que la ley considera reprochable".

Quizás la explicación de esta práctica de la Administración nacional haya que buscarla en el ámbito económico. Para Ferrada, el modelo estatal que a su juicio sería «abstencionista y neutral» propugnado por la Constitución de 1980 y "*...habiendo quedado claramente demostrado en las dos últimas décadas la incapacidad de autorregulación de los propios agentes del mercado y la insuficiente respuesta a los nuevos requerimientos que impone el propio modelo económico*"[34], ha dado paso a habilitaciones genéricas por parte del legislador, a los órganos de la Administración del Estado de un conjunto de potestades más o menos amplias de intervención y gestión de los diversos sectores (económico relevantes), dentro de las que se destacan las directivas, resolutivas, fiscalizadoras, sancionadoras y consultivas, pretendiendo velar así por los intereses públicos comprometidos[35].

2. Principios de derecho administrativo sancionador. Otros principios a considerar por el derecho administrativo sancionador son:

a) principio de la *culpabilidad*, es decir, no cabe en ningún caso imponer una sanción, en este caso, administrativa, a quien no pueda dirigírsele un reproche personal por la ejecución de la conducta prohibida[36],

b) principio de la *proporcionalidad*, por el cual se supone una correspondencia entre la infracción y la sanción impuesta, con el fin de impedir que la ley autorice y que la autoridad tome medidas innecesarias y excesivas. Este principio impone escalas de graduación de las sanciones, basados en diversos criterios, incluso derivados de otros principios, como la intencionalidad, la reiteración, los perjuicios causados, la reincidencia en la misma sanción, pero en períodos de tiempo acotados. En nuestro sistema constitucional surge del art. 19 nº 3 inc.7°, dado que todo lo que «favorezca al afectado» debe ser considerado, y una ley aplicada sin la racional proporcionalidad puede ocasionar una «desproporción» en su aplicación, lo que impide este principio.

c) También es aplicable a nivel administrativo el *derecho a la presunción de inocencia.* Este principio está consagrado en el art. 19 nº 3 inc. 6° de la Constitución, en una formulación *in extremis*: prohibiendo la presunción de derecho de la responsabilidad penal, y tiene como base el sistema de protección general de la libertad. Esta presunción de inocencia, que tiene rango constitucional no solo para la responsabilidad penal, sino para todo tipo de responsabilidad, y en especial para la responsabilidad sancionatoria administrativa, supone que solo sobre la base de pruebas efectivas, y cuyo aporte es carga de quien acusa, podrá alguien ser acusado y sancionado[37].

3. Procedimiento administrativo sancionatorio. Finalmente, y en lo que respecta al procedimiento legal a seguir para aplicar las sanciones administrativas, baste señalar que hoy en Chile, a partir del 29 de mayo de 2003, ningún acto de la Administración debe dictarse sin el cumplimiento de lo señalado en la Ley N° 19.880, de esa fecha, la que *"establece bases de los procedimientos administrativos que rigen*

33 En materia eléctrica, por ejemplo, cabrá revisar si el tipo que se establece en el art. 15 inc. 1° de la Ley N° 18.410/1985 cumple medianamente este principio, al referirse a *"infracciones de las leyes... "*, de un modo tan genérico, que debe ser precisado y graduado en cuanto a sus sanciones, según la gravedad de sus resultados, establecidos en los incs. 3° y 4° de tal disposición legal.

34 Ferrada B., Juan Carlos, "Los órganos reguladores de actividades económicas relevantes en Chile: Una visión panorámica", en *Revista Chilena de Derecho*, Vol. 30 N° 2, pp. 271-286 (2003).

35 Ejemplo de ello, han sido a nivel nacional las reformas legislativas introducidas en el sector eléctrico para fortalecer las atribuciones de los órganos administrativos reguladores, que permitan prever y enfrentar adecuadamente procesos de crisis energética como la vivida en el año 1999 (Ley N° 19.613/99), o las atribuciones más amplias de la Subsecretaría de Telecomunicaciones [Subtel] en materia de interconexión y defensa de los usuarios del servicio público telefónico (Ley N° 19.302/1994).

36 *Cfr.*: Cury, *op. cit.*, p. 80.

37 Este principio de la presunción de la inocencia quiere decir, entonces, que en un procedimiento sancionatorio administrativo, como el procedimiento que la Superintendencia de Electricidad y Combustibles [SEC] puede llevar adelante, es la propia Administración [la SEC], en la fase de instrucción del procedimiento sancionatorio, la que debe aportar las pruebas que implican responsabilidad de quienes soporten una sanción.

los actos de los órganos de la Administración del Estado" (LBPA). Esta ley rige plenamente en los casos en que no hay procedimiento especial alguno; en caso contrario, el procedimiento especial preexistente se completa de modo "supletorio" con esta nueva ley. En esta ley se establecen una serie de principios relativos al procedimiento administrativo que deben ser respetados en la emisión de los actos sancionatorios de la Administración, so pena de posible invalidación (art. 53 LBPA), u otros recursos administrativos y jurisdiccionales.

Este es un tema en el que cabe avanzar en Chile, pues no existe una arraigada conciencia, en especial de la jurisprudencia, sobre la necesidad de hacer respetar por la Administración los principios desarrollados de un sano ejercicio de la potestad administrativa sancionatoria.

TEXTOS NORMATIVOS FUNDAMENTALES:

Constitución Política de 1980, arts. 6°, 7°, 8° y 19 N° 3.

Código Penal, artículo 20.

Ley N° 19.880 sobre Bases de los procedimientos administrativos que rigen los actos de los órganos de la Administración del Estado.

BIBLIOGRAFÍA BÁSICA:

ALCALDE RODRÍGUEZ, Enrique, *Los principios generales del derecho. Su función de garantía en el derecho público y privado chileno* (Santiago, Ediciones Universidad Católica de Chile, 2003). p. 278

ARÓSTICA MALDONADO, Iván, "Algunos problemas del derecho administrativo penal", en: *Revista de Derecho* (Universidad de Concepción), Nro. 182 (1987) pp. 71-81.

BERMÚDEZ SOTO, Jorge, "Elementos para definir las sanciones administrativas", en: *Revista Chilena de Derecho* (Número Especial), (1998), pp. 323-334.

CORRAL TALCIANI, Hernán, *Lecciones de responsabilidad civil extracontractual* (Santiago, Editorial Jurídica de Chile, 2003), pp. 18-19.

CURY URZÚA, Enrique, "Algunas reflexiones sobre la relación entre penas penales y administrativas", en: *Boletín de Investigaciones* (Facultad de Derecho Pontificia Universidad Católica de Chile), Nos. 44 y 45 (1979/1980) pp. 86-94, luego ampliado en su: *Derecho penal.* Parte General (2da. ed., Santiago, Editorial Jurídica de Chile, 1992) pp. 69-93.

FERRADA B., Juan Carlos. "Los órganos reguladores de actividades económicas relevantes en Chile: Una visión panorámica", en *Revista Chilena de Derecho*, Vol. 30 N° 2, Sección Estudios (2003), pp. 271-286

SOTO KLOSS, Eduardo, "Notas para el estudio de la potestad sancionatoria de la Administración", en: *Boletín de Investigaciones* (Facultad de Derecho Pontificia Univer-sidad Católica de Chile), Nos. 44 y 45 (1979/1980) pp. 95-103.

VERGARA BLANCO, Alejandro: "Esquema de los principios del derecho administrativo sancionador", en: *Revista de Derecho* (Universidad Católica del Norte, Sede Coquimbo), 2004.

VII. LA DISCRECIONALIDAD ADMINISTRATIVA

1. Límites a la discrecionalidad. Hoy en alguna doctrina nacional[38] se ha renovado la siempre presente e ineludible discusión sobre las «*potestades juzgadoras*» de los órganos de la Administración. Este asunto tiene directa relación con aquellas potestades de naturaleza discrecional de que está dotada la Administración, esto es, aquellas que le dan a esta la posibilidad, dentro de ciertos límites, de apreciar

[38] Cordero Vega, Luis, "Limitando la Ley de Procedimiento Administrativo. Una interpretación intolerable", *Revista Chilena de Derecho* Vol. 30 N° 3, año 2003, pp. 549-552; y Ferrada Bórquez, Juan Carlos y Bordalí Salamanca, Andrés, "Facultades Juzgadoras de la administración, una involución en relación al principio clásico de la división de los poderes", en: *Revista de Derecho* (Universidad Austral de Chile), Vol. XIII-2002, pp. 189-205.

libremente la oportunidad o la conveniencia de la acción administrativa[39]. Los órganos de la Administración suelen pretender que, por el hecho de estar investidos de estas potestades, pueden hacerlas extensivas hasta el punto de juzgar ellos mismos las materias que son propias de su conocimiento.

En todo caso cada vez que pretenda la Administración arrogarse una potestad discrecional, para en definitiva justificar si obra o no, si lo hace de una o de otra forma, o si obra cuando lo crea oportuno, siempre esta discrecionalidad está sujeta a los límites que le marcan los siguientes principios:

i) el *principio de la razonabilidad*, es decir, que el actuar administrativo sea proporcionado a la finalidad que se persigue por la autoridad,

ii) el *principio de la proporcionalidad*, en tanto la administración para satisfacer necesidades públicas debe actuar de un modo eficiente, con medidas idóneas y en definitiva tomando la medida adecuada según las circunstancias imperantes; y,

iii) por sobre todo sujetarse al *principio de la juricidad*, pues cualquier acción contraria a este principio, significará que la actuación adolece de un vicio, que acarreará la nulidad de derecho público.

Así, cualquiera sea el grado de discrecionalidad que la ley haya conferido a la acción de una autoridad administrativa, nunca el acto que ella emita podrá dejar de regularse por normas legales, que han de referirse, cuando menos a la competencia del órgano, para actuar dentro de la órbita que le haya sido señalada y a la finalidad del acto. La Administración, pues, ha de someterse a la ley, entendida esta, naturalmente, en su concepto amplio, comprensivo de la Ley Fundamental, de modo que, si de ella se aparta y realiza una acción ilegal, operarán los resguardos previstos por la ley.

2. Discrecionalidad y control judicial. En la actualidad, en nuestro país se ha instaurado como mecanismo de control judicial de las acciones u omisiones discrecionales, derivadas en arbitrarias, de la Administración del Estado en el ejercicio de sus funciones, una acción constitucional extraordinaria: el *«Recurso de Protección»*, establecido en el artículo 20 de la Constitución, cuyo objeto es el *"reestablecimiento del imperio del derecho"*[40].

Históricamente esta acción constitucional de amparo de garantías patrimoniales surge como una respuesta a la imperiosa necesidad de contar con un mecanismo que resguardara adecuadamente tales «garantías individuales», con el fin de asegurar el buen funcionamiento de un auténtico régimen democrático, esto a la luz del quebrantamiento del Estado de Derecho, que culminó con la crítica situación del Pronunciamiento Militar de 1973. Luego y a partir de esta realidad la Comisión de Estudios de la Constitución de 1980 decidió crear un mecanismo de protección que en definitiva se perfilaba como una ampliación del recurso de Amparo existente en la época, es decir, que protegiese otros derechos y garantías que este no cubría. Además, el nuevo recurso debía caracterizarse por *"ser un procedimiento de emergencia, ...que tiene por objeto lisa y llanamente, mientras se discute ante la justicia ordinaria en forma lata el problema planteado, restablecer el imperio del derecho que ha sido afectado"*[41]. Así se consagró en la Constitución de 1980 y su regulación jurídica se estableció por un Auto Acordado de la Corte Suprema sobre *"Tramitación y fallo del recurso de protección"* de 24 de junio de 1992, sobre lo que se trata en un acápite posterior de este trabajo.

En todo caso, el tema teórico y práctico de la discrecionalidad administrativa, de sus límites y técnicas de control, es un tema abierto a la discusión doctrinaria, y con constantes decisiones legislativas y jurisprudenciales. En los hechos, la técnica legislativa de conformación de potestades puede acrecentar el fenómeno de la discrecionalidad, en aquellos casos complejos y técnicos, en que no se establezcan parámetros o reglas básicas del accionar administrativo (un ejemplo de ello ha sido la discusión prelegislativa de la modificación del Código de Aguas, desde 1990 hasta ahora).

---

39 En este mismo sentido se han pronunciado los Tribunales superiores de justicia, principalmente a través de numerosos fallos de recursos de protección, desatacándose nociones de la potestad discrecional como: *"Facultad en que el administrador debe optar razonablemente por la elección más conveniente"*(1982), *"Facultad ejercida por la autoridad sujeta a los límites de la razonabilidad, de la buena fe y de la ordenación del poder"*(1984).

40 El artículo 20 de la Constitución consagra esta acción para el evento en que cualquier persona por causa de actos u omisiones arbitrarios o ilegales sufra privación, perturbación o amenaza en el legítimo ejercicio de los derechos y garantías de contenido patrimonial establecidas en el artículo 19 de la Constitución.

41 Opinión del comisionado Sr. Waldo Ortúzar, en *Acta de sesiones de la Comisión Constituyente,* N° 214.

TEXTOS NORMATIVOS FUNDAMENTALES:

Auto Acordado de la Corte Suprema, de 1992, sobre "*Tramitación y fallo del recurso de protección*".

Constitución Política de 1980, arts. 19 y 20.

Ley N° 18.575, de 1986, *Orgánica Constitucional de Bases Generales de la Administración del Estado.*

BIBLIOGRAFÍA BÁSICA:

CALDERA DELGADO, Hugo, "Límites constitucionales de la discrecionalidad administrativa", en: *Revista Chilena de Derecho,* Vol. N° 16, 1989, pp. 423- 428.

FERRADA BÓRQUEZ, Juan Carlos; BORDALÍ SALAMANCA, Andrés; CAZOR ALISTE, Kamel. "El Recurso de Protección como mecanismo de control jurisdiccional ordinario de los actos administrativos: Una respuesta inapropiada a un problema jurídico complejo", *Revista de Derecho*, (Universidad Austral), Vol. XIV, Julio 2003, pp. 67-81.

GUZMÁN SUÁREZ, Lionel, *El control de la discrecionalidad administrativa en Chile* (Tesis, Universidad de Chile, 2001).

MONTERO RODRÍGUEZ, Osvaldo, *Recurso de Protección una forma de Control de la Administración. Análisis Jurisprudencial* (Universidad de Concepción, noviembre de 2002).

PIERRY ARRAU, Pedro, "El control de la discrecionalidad administrativa", en *Revista Chilena de Derecho*, N° XI, año 1984, pp. 479 – 491.

VERGARA BLANCO, Alejandro: "Discrecionalidad administrativa y nuevas limitaciones a los derechos de agua", en: *Puntos de Referencia*, Centro de Estudios Públicos, N° 276, diciembre de 2004, 8 pp.

VIII. CONTROL JUDICIAL (JURISDICCIONAL) DE LA ADMINISTRACIÓN. EL CONTENCIOSO ADMINISTRATIVO

Introducción. Situación general del contencioso administrativo en Chile. Desde el punto de vista de los órganos que realizan o ejecutan algún grado de control respecto de la Administración podemos distinguir: a] Control parlamentario, que compete al Congreso Nacional, b] control que ejerce la propia Administración, a través de servicios u órganos que forman parte de su estructura, como por ejemplo las Superintendencias, c] control ejercido por la Contraloría General de la República y; d] el control jurisdiccional, que corresponde a los Tribunales de justicia, sean estos ordinarios o especiales.

El control jurisdiccional respecto de la Administración en el sistema chileno existe, y según lo indica el Ferrada Bórquez, "*en los últimos 25 años se ha reformulado casi completamente la doctrina clásica administrativa en esta materia a partir de la creación legal (recurso de protección) y jurisprudencial de nuevos instrumentos de control de la actividad administrativa (acción de nulidad de derecho público), así como del reconocimiento de plena competencia de los tribunales ordinarios de justicia para conocer de las acciones que entablen los particulares en contra de la Administración del Estado (contencioso administrativo).*

Lo anterior permite afirmar hoy día que la nota común de la actividad administrativa es la plenitud jurisdiccional de los tribunales ordinarios de justicia para conocer de los conflictos contenciosos administrativos, no existiendo órganos ni materias exceptuadas de este control jurisdiccional"[42].

Respecto de los tribunales de lo contencioso administrativo, estos son un antiguo plan de la Constitución de 1925 la cual en su artículo 87 consagraba "*Habrá Tribunales Administrativos, formados con miembros permanentes, para resolver las reclamaciones que se interpongan contra los actos o disposiciones arbitrarias de las autoridades políticas o administrativas y cuyo conocimiento no esté*

[42] Ferrada Bórquez, Juan Carlos, "El principio del control en la Administración del Estado. El principio de control en la década 1990-2000", en: *La Administración del Estado de Chile. 1990-2000* (Santiago, EdiarConoSur, 2001) p. 621.

entregado a otros Tribunales de justicia por la Constitución o las leyes. Su organización y atribuciones son materia de ley".

En la Constitución de 1980 fueron nuevamente establecidos en los artículos 38 inciso 2° y 79 respectivamente. Después de tantos años de su establecimiento constitucional, en la práctica no han sido creados, ante lo cual, para precaver que no se produjesen en la práctica situaciones de denegación de justicia como las ocurridas bajo la vigencia de la Constitución de 1925[43], introdujo una modificación constitucional en el año 1989[44], radicándose entonces la competencia de los asuntos contenciosos administrativos en los *"Tribunales que determine la ley"*, esto es, los tribunales ordinarios de justicia.

Efectivamente, actualmente son los Tribunales Ordinarios de justicia, los llamados a conocer de los asuntos contenciosos administrativos, lo que no ha estado exento de problemas, principalmente por la lentitud y porque notoriamente los jueces no poseen los conocimientos técnicos ni la experiencia que muchas de las materias administrativas requieren.

Como se verá, en la práctica, ante la falta de los tribunales contencioso administrativos y la lentitud de los Tribunales Ordinarios, se ha recurrido al Recurso de Protección[45], de un modo preferente y creciente, para impugnar las actuaciones de la Administración, desvirtuando el objeto inicial de este recurso como es el "reestablecimiento del derecho", utilizándose un *"procedimiento inadecuado, que no da garantías procesales ni a la autoridad recurrida, ni a los terceros interesados en la mantención del acto, ni tampoco al propio recurrente, que no tiene criterios estables o permanentes en que fundar su acción..."*[46]

Dicho lo cual, explicamos a continuación la realidad del contencioso administrativo, a través de un desarrollo más amplio que las otras materias, por su relevancia en el sistema administrativo chileno.

1. Órdenes de jurisdicción y contencioso administrativo. ¿Cómo está determinada la competencia jurisdiccional en materia de derechos fundamentales y administrativa en Chile? Si es difícil usualmente identificar el juez habilitado para resolver un conflicto, en nuestro país ello tiene dificultades irritantes, pues en el caso de la jurisdicción administrativa, esta no existe orgánicamente, y cabe recabarla en los tres órdenes de jurisdicción existentes.

En efecto, funcionalmente, la justicia chilena comprende tres órdenes de jurisdicción:

a) el orden constitucional: la justicia constitucional. Le corresponde tanto al Tribunal Constitucional (juez a priori y control concentrado: declaración de inconstitucionalidad de los proyectos de ley) como a la Corte Suprema reunida en Pleno (juez a posteriori: declaración de inaplicabilidad por inconstitucionalidad de las leyes para causas específicas, sin efectos generales).

En el primer caso (del TC) se trata de contencioso anulatorio de leyes, y en virtud de la sentencia el proyecto de ley no se podrá convertir en ley. En el segundo caso, la sentencia solo tiene efectos relativos para la causa en que se invoca y declara la inaplicabilidad; la ley sigue vigente.

b) el orden administrativo: la justicia contenciosa administrativa. No hay organicidad alguna; más bien una gran dispersión, como analizamos *infra*. Le corresponde tanto al Tribunal Constitucional, como a los Tribunales ordinarios y especiales de justicia, que integran el poder judicial, como a otros tribunales que no forman parte del poder judicial.

El TC ejerce la función de jurisdicción contencioso administrativa al resolver la constitucionalidad de los decretos y reglamentos (art. 82 n°s. 3, 5, 6 y 12 CP).

---

43 La situación generada bajo la Constitución de 1925 consistió fundamentalmente en que los Tribunales Ordinarios, sistemáticamente se excusaron de conocer reclamos de ilegalidad o arbitrariedad de los actos de la Administración, alegando en su favor la existencia de tribunales "especiales", ante lo cual se declaraban incompetentes para conocer de estos asuntos. Esta situación alcanzó graves ribetes entre los años 1967 a 1973, en razón de la Reforma Agraria y tribunales especiales constituidos solo para efectos de las expropiaciones ejecutadas al amparo de ella.

44 Ley de Reforma Constitucional N° 18.825, del 17 de agosto de 1989, artículo único N° 17. reforma aprobada por plebiscito de 30 de julio de 1989.

45 Establecido en el artículo 20 de la Constitución Política de 1980.

46 Pierry Arrau, Pedro. "Conferencia Inaugural: Lo Contencioso Administrativo y el Recurso de Protección"., *Revista Chilena de Derecho*, Vol. XIV (1991-1992), pp. 159.

Los tribunales que integran el poder judicial ejercen la plenitud de la jurisdicción contenciosa administrativa, de modo supletorio y general, ante la inexistencia de tribunales especiales de lo contencioso administrativo con competencia general.

En fin, existen órganos de la Administración y otros que no forman parte ni de la Administración ni del poder judicial, con potestad jurisdiccional en el orden contencioso administrativo. Es el caso especial del Panel de Expertos de la Ley General de Servicios Eléctricos.

En todo caso, el sistema de control de la juridicidad también incorpora un órgano independiente de la Administración que ejerce la supervigilancia: la Contraloría General de la República (que se analiza en el capítulo siguiente).

c) El orden judicial ordinario y especial. Está confiado a los Tribunales que integran el Poder Judicial, y que están sujetos a la Superintendencia directiva, correccional y económica de la Corte Suprema.

Son en general estos tribunales los que conocen todo tipo de conflictos, civiles y criminales; tienen otorgada la plenitud jurisdiccional común; y en especial a ellos también les están confiados los recursos extraordinarios relativos a las garantías fundamentales, en dos órdenes de materias:

1°) el tradicional hábeas corpus, que en Chile se denomina *Recurso de Amparo*. En virtud del cual "todo individuo que se halle arrestado, detenido o preso con infracción de lo dispuesto en la Constitución o en las leyes" puede ocurrir ante los tribunales en busca de protección de su libertad (art. 21 CP).

2°) pero, para las garantías fundamentales de contenido patrimonial la CP creó un recurso especial denominado *"Recurso de Protección"*, en virtud del cual "el que por causa de actos u omisiones arbitrarios o ilegales sufra privación, perturbación o amenaza en el legítimo ejercicio de los derechos y garantías" que enumera la CP (propiedad, libre empresa, igualdad y otras), puede ocurrir a la Corte de Apelaciones respectiva (no a un juez de 1ra. instancia, sino al Tribunal de 2da. instancia), la que según la CP: "adoptará de inmediato las providencias que juzgue necesarias para restablecer el imperio del derecho y asegurar la debida protección del afectado, sin perjuicio de los demás derechos que pueda hacer valer ante la autoridad o los tribunales correspondientes" (art. 20 CP).

No obstante, este origen del recurso de Protección, inserto en el orden judicial ordinario, dirigido a garantizar la propiedad, la igualdad y otros derechos fundamentales, ha devenido, según veremos, en un orden administrativo.

Este es el esquema fundamental.

2. Historia de la ausencia de un contencioso especializado de general aplicación. Aún a riesgo de difundir algo ya muy conocido, para los efectos de este trabajo panorámico, es necesario señalar los hitos fundamentales de la ausencia de contencioso administrativo especializado en Chile.

a) La CP de 1925 contenía una disposición, que se tornó de aquellas que dramáticamente hubo que llamar "programáticas", en virtud de la cual se previó la creación de tribunales administrativos. Al mismo tiempo la ley limitaba la jurisdicción del Poder Judicial a las causas civiles y criminales que establecía la ley. A raíz de eso la doctrina y la jurisprudencia judicial de la época mayoritariamente entendieron que, en virtud del principio de la separación de poderes, tales tribunales no tenían la competencia para conocer causas de la materia contenciosa administrativa.

En virtud de ello se concluía que se trataba de un vacío legal y que mientras el legislador no actuara, los Tribunales ordinarios debían abstenerse de llevar a juicio a la Administración.

Esto produjo una gran indefensión de los particulares en sus pretensiones de frente a la Administración, en aquellos casos en que esta lesionaba sus derechos; sin perjuicio del papel limitado que cabe reconocer a la Contraloría General de la República47.

b) El texto primigenio de la CP de 1980, sin embargo, persistió en la idea de la creación especializada de estos tribunales de lo contencioso administrativo. Así, en su art. 38 inc. 2° reiteró la necesidad de creación de los "tribunales contencioso-administrativos que determine la ley"; y, en seguida, en el art. 79 CP restringió la potestad del poder judicial solo a los "negocios de su competencia", fórmula que excluía, entonces, a la materia contenciosa administrativa.

---

47 *Vid.* Soto Kloss, *Derecho Administrativo, cit.,* 1996, t. 1, p. 357; y Silva Cimma, *Derecho Administrativo, cit.,* 1994, p. 192.

Todo parecía indicar que esta vez los tribunales especiales administrativos no quedarían solo en el texto desnudo de la CP, sino que serían creados. Pero ello no ocurrió así...

c) En 1989, mediante plebiscito, la CP de 1980 fue modificada en variados aspectos, y en la materia se incluyeron las dos siguientes modificaciones: 1°) se suprimió la frase "contencioso-administrativo" del art. 38 inc. 2° CP, quedando la frase genérica, dirigida a los "tribunales que determine la ley"; y 2°) en el art. 79 se eliminó la referencia explícita a los tribunales contencioso-administrativos.

A raíz de estas modificaciones constitucionales, en todo caso no se ha concluido, ni por la doctrina ni por la jurisprudencia (como antaño), que la Administración tendría inmunidad jurisdiccional por virtud del sacrosanto principio de separación de poderes. Sino que se ha impuesto la sana doctrina de la plenitud jurisdiccional de los Tribunales que integran el Poder Judicial, dada la inexcusabilidad a que están sujetos48.

Este es el contexto.

3. La búsqueda de justicia administrativa en medio de la anarquía chilensis. Entonces, cabe preguntarse, ante qué jurisdicción pueden recurrir los particulares que se sientan lesionados por actos de la administración, tanto para solicitar la anulación de tales actos (contencioso de anulación o de *excés de pouvoir*) y la consiguiente indemnización (contencioso indemnizatorio o de responsabilidad; o de plena jurisdicción). Debemos recordar que en Chile no existe, como se ha señalado, ni una jurisdicción ni un procedimiento especial o de efecto general supletorio para las contiendas contencioso administrativas.

La respuesta lógica sería la siguiente: que se recurriese ante el Poder Judicial respecto de las causas contra actos de la Administración. Pero ello envuelve nuevos inconvenientes, a raíz de la falta de un procedimiento general. ¿Qué actitud han tomado los justiciables en Chile? Sin perjuicio de una serie de contenciosos especializados establecidos en diversas materias especiales (amparo económico; reclamaciones a la autoridad sanitaria; a la autoridad eléctrica, y otros), cabe referirse al contencioso de general aplicación.

4. Las vías ordinarias (ante el lento juez judicial) en un país sin contencioso-administrativo

a) La nulidad (el exceso de poder chileno: el contencioso anulatorio). Una primera vía es la del contencioso anulatorio general, ante un tribunal de 1ra. instancia, mediante el procedimiento civil, supletorio, y ante los Tribunales ordinarios que forman parte del Poder Judicial. Es el llamado juicio de "nulidad de Derecho público", que se ha intentado recurrentemente, para obtener una primera declaración anulatoria, y en seguida indemnizatoria, mediante la cesación de los efectos del acto anulado. El intento permanente es producir un contencioso de plena jurisdicción, y no una sentencia meramente declarativa. Es una acción muy utilizada, con algunos excesos, por ejemplo, el intento de la imprescriptibilidad de la acción, lo que ha venido recientemente a ser zanjado en contrario por la nueva ley de procedimiento administrativo.

b) La plena jurisdicción: responsabilidad del Estado Administrador. Una segunda vía, ante los mismos tribunales, es la relativa a los juicios de responsabilidad de la administración, por actos de sus agentes, de plena jurisdicción podríamos decir. Son contenciosos bastante generalizados, en que se ha impuesto una jurisprudencia muy sólida de frente a la Administración, pasando por una época de acogimiento al menos formal de una teoría de la responsabilidad objetiva, con algún apoyo doctrinario; hasta la actual época de acogimiento de una tesis de responsabilidad subjetiva, con un apoyo mayoritario de la doctrina y la jurisprudencia.

5. Una vía extraordinaria (y rápida) en un país sin contencioso-administrativo: el recurso de protección de garantías constitucionales patrimoniales. Las dos vías anteriores, podríamos decir, son las ordinarias en un sistema que carece de una jurisdicción especializada de lo contencioso administrativo de general aplicación. Pero es indudable que este cauce tiene todas las dificultades de la justicia ordinaria, su lentitud y la falta de remedios urgentes, o de verdaderas medidas cautelares.

Y ante la falta de esa jurisdicción, cada vez que un particular se enfrenta con la Administración y no es posible recurrir a otras vías de reclamo (administrativas: ante la Contraloría General de la República; o jurisdiccionales: ante la no existencia de un recurso especial de los contencioso administrativo, como es el caso municipal, o eléctrico, o de aguas, u otros; en fin, ante la respuesta inadecuada de los juicios de primera instancia señalados en el párrafo anterior: nulidad y responsabilidad), la vía de acción más utilizada, desde su creación en 1976-1980, es el recurso de protección.

---

[48] *Vid.* Soto Kloss, *El recurso de protección*, 1992, p. 397 ss.; Silva Cimma, *Derecho administrativo, cit.*, 1994, p. 193.

Pero ¿qué ha ocurrido? Que este recurso de protección de las garantías constitucionales no fue creado como un sustituto de la jurisdicción contencioso-administrativa; pero a pesar de eso, dada la fuerte presión de los justiciables, y la laxa interpretación que las Cortes han dado a algunas garantías constitucionales, en gran medida esta vía se ha convertido en una jurisdicción doble:

a) por una parte, sigue respondiendo al molde primigenio de la CP, como amparo de garantías constitucionales de contenido patrimonial, y al respecto hay una nutrida, notable y valiosa jurisprudencia; y,

b) por otra parte, encontramos aquí el cauce por donde los justiciables que se enfrentan a lesiones en sus derechos provenientes de actos de la Administración, han convertido, con algún éxito, esta acción en un contencioso no solo cautelar sino con sentencias claramente anulatorias, con el mismo efecto de un proceso de exceso de poder.

6. Situación actual y análisis del recurso de protección. Sin perjuicio de la clara situación de justicia concreta a que ha llevado el recurso de protección, que con razón se la ha calificado de «revolución silenciosa» (Soto Kloss), no podemos considerar a este remedio como permanente, y claramente solo es la solución para el mejor amparo de los derechos y garantías patrimoniales; pero no es la solución a la ausencia del contencioso administrativo.

a) Pero esta situación, al no estar claramente regulada, ni al ser la jurisprudencia muy uniforme, dista de ser siquiera una solución ideal permanente para las garantías fundamentales de orden patrimonial.

Lo más grave es que este recurso de protección, a pesar de dar lugar a un verdadero juicio, que es el marco insoslayable en que se realiza la jurisdicción[49], no siempre se tramita a través de un proceso en que se cumplan los más mínimos cánones o estándares de un debido y racional proceso, como lo exige para todo proceso el art. 19 N° 3 CP.

Dado lo escueto de la CP, cabe una intervención legal, pues los auto-acordados de la CS no han dado una solución medianamente aceptable, fijando plazos nada razonables y una ausencia de garantías procesales mínimas para los justiciables.

b) En el caso del recurso de protección como sustituto del contencioso-administrativo, ha sido, es verdad, la palanca desesperada de los particulares lesionados por actos de la administración, motivados por la ausencia de un contencioso administrativo especial y de efectos generales[50].

Pero en un tipo de recurso en que no se debiera esperar más que la cautela extraordinaria de derechos, se ha llegado a un verdadero anulatorio de actos (recurso de *excés de pouvoir*), a través de sentencias que a pesar de lo extraordinario y cautelar del recurso (a la espera del juicio de lato conocimiento posterior en el plan de la propia CP), en algunas ocasiones producen no solo cosa juzgada formal sino la nulidad para siempre de actos de la Administración. En algunos casos ese remedio ha sido notable en cuanto a justicia concreta, pero dado el zigzagueo constante de la jurisprudencia, no hay criterios seguros a los cuales atenerse.

c) Una de las características más notables de la jurisprudencia del recurso de protección es la concentración de casi todas las protecciones a solo dos garantías constitucionales: propiedad e igualdad.

1°) A través de la garantía de la igualdad, y a través de alguna dialéctica asociada, se llega al principio de la legalidad o de la juridicidad; esto es, el amparo de la garantía de la igualdad se transforma en el contencioso del exceso de poder, anulatorio.

2°) A través de la garantía de la propiedad (y aún, de la "propietarización" de los derechos[51]) se llega al principio de la potestad invalidatoria; y al amparo de la garantía de la propiedad se transforma igualmente en contencioso del exceso de poder, invalidatorio.

d) Conclusiones:

1° El recurso de protección es una acción rápida y eficaz establecida por el constituyente chileno para la protección y cautela de las garantías constitucionales de orden patrimonial. Debe seguir prestando ese servicio; pero reconducido a través de un verdadero proceso, con garantías de racional y justo.

---

49 *Cfr.*: Ferrada, Bordalí y Cazor, *cit.*, 2003, p. 74

50 *Vid.* Ferrada, Bordalí y Cazor, *cit.*, 2003, p. 77

51 *Vid.* Vergara, *La propietarización…*, *cit.*, 1990.

2° El recurso de protección, ante la ausencia de un tribunal o de una jurisdicción de lo contencioso administrativo, se ha transformado en un sustituto de tal jurisdicción administrativa especial, de un modo inorgánico, incompleto y que no llena en ningún caso los estándares mínimos de justiciabilidad ante los abusos administrativos.

Cabe esperar que este fenómeno de desorden jurisprudencial se mantenga incólume e impune una buena parte de la acción administrativa arbitraria hasta que no se establezca en Chile una justicia administrativa de general y supletoria aplicación.

TEXTOS NORMATIVOS FUNDAMENTALES:

Constitución Política de 1925, artículo 87.

Constitución Política de 1980, arts. 38 (inciso 2°) y 79.

BIBLIOGRAFÍA BÁSICA:

ARÓSTICA MALDONADO, Iván, "Sobre el recurso de protección y la representación del contralor" en *Revista Chilena de Derecho*, Vol. 20, año 1993, p. 745.

BAÑADOS, Felipe, "¿Constituye el recurso de protección la vía más adecuada para proteger y promover el medio ambiente?". en *Revista de Derecho y Jurisprudencia*, Tomo 85 N°, año 1988, p. 125.

BERTELSEN REPETTO, Raúl, "El recurso de protección y el derecho a vivir en un medio ambiente libre de contaminación: exámen de quince años de jurisprudencia" en *Revista Chilena de Derecho*, Vol. 25 N° 1 (enero-marzo de 1998), pp. 139-174.

BRUNA CONTRERAS, Guillermo, "Los autoacordados de la Corte Suprema sobre recurso recursos de protección". *Revista Chilena de Derecho*, número especial, 1998, pp. 131-135.

BULNES ALDUNATE, Luz, "El recurso de protección y las atribuciones exclusivas del Senado y la Cámara de Diputados", en *Revista Chilena de Derecho*, Vol. 16 N° 2 (junio-agosto de 1989), pp. 199-205.

CÁMARA DE DIPUTADOS DE CHILE, *Proyecto de Ley sobre lo Contencioso Administrativo*, 6 de mayo de 1992.

DANIEL ARGANDOÑA, Manuel, "Sobre el proceso contencioso administrativo de general aplicación", *Revista de Derecho Público*, Vol. 63, año 2000, pp. 191-198.

DÍAZ CRUZAT, Andrés, "Esquema del recurso de protección". *Gaceta Jurídica* N° 106, año 1989, p. 3.

FERMANDOIS VOHRINGER, Arturo, "Recurso de protección contra entes constitucionales autónomos: crítica a una errada interpretación". *Revista Chilena de Derecho*, Vol. 25 N° 3 (junio-septiembre 1998) pp. 657-664.

FERNÁNDEZ GONZÁLEZ, Miguel Ángel, "Recurso de protección y jurisdicción doméstica: un principio de solución". *Revista Chilena de Derecho*, Vol. 26 N° 3 (julio-septiembre 1999), pp. 761-181.

FERRADA BÓRQUEZ, Juan Carlos, "El principio del control en la Administración del Estado". (El principio del control en la década 1990-2000), en "La Administración del Estado de Chile. 1990-2000".

JUNTA DE GOBIERNO (consultor: Rolando PANTOJA BAUZÁ), *Los Tribunales Contencioso Administrativos. Antecedentes para su estudio* (Santiago, 1982) 440 pp. Es posible encontrar en esta útil recopilación los textos de doctrina, jurisprudencia y proyectos relativos a la materia de todo el siglo XX.

MOHOR ABUAUAD, Salvador y VARAS, Paulino: "Documentos oficiales y cronología del autoacordado sobre tramitación y fallo del recurso de protección dictado por la Corte Suprema el 27 de junio de 1992" en *Gaceta Jurídica* N° 149, año 1992, p. 7.

________, "El recurso de protección", en *Gaceta Jurídica* N° 44, año 1984, p. 8.

NAVARRO BELTRÁN, Enrique, "Recurso de protección y derecho a vivir en un medio ambiente libre de contaminación". *Revista Chilena de Derecho*, Vol. 20, N° 02 y 03 (1993), pp. 595–601.

OELCKERS C., Osvaldo; PIERRY A., Pedro; PITTO D., Hernán; DANIEL A., Manuel. "Lo Contencioso Administrativo", en: *Jornadas sobre lo Contencioso Administrativo Escuela de Derecho*, Universidad Católica de Valparaíso, noviembre de 1975 (Ediciones Universitarias de Valparaíso, 1976).

OLAVE ALARCÓN, Cristián Manuel, *Recurso de protección: derechos emanados de contratos, derechos emanados de actos administrativos, derechos de funcionarios públicos, derechos previsionales, otros derechos* (Santiago, Editorial Jurídica Conosur, 1996).

ORTÚZAR LATAPIAT, Waldo, *El recurso de protección y las resoluciones judiciales*. Colegio de Abogados de Chile, Santiago, 1994.

PAILLÁS, Enrique, *El recurso de protección ante el derecho comparado: una acción en busca de una justicia rápida* (Santiago, Editorial Jurídica de Chile, 2002).

PANTOJA BAUZÁ, Rolando, *La organización administrativa del Estado* (Editorial Jurídica de Chile, Santiago, 1998).

PFEFFER U., Emilio, "Recurso de protección entre comuneros", *Gaceta Jurídica* N° 35, 1983, p. 19.

RÍOS ALVAREZ, Lautaro, "El recurso de protección y sus innovaciones procesales" en *Revista Chilena de Derecho*, Vol. 20 N°s. 2 y 3 (1993), pp. 453-466.

SAENGER GIANONI, Fernando, "La lenta agonía del recurso de protección" en *Revista Chilena de Derecho*, número especial, 1998, pp. 259-271.

SALAS V., Julio y OBERG, Héctor: "Naturaleza jurídica del recurso de protección y del Autoacordado que lo reglamenta", en: *Revista de Derecho* (Universidad de Concepción), N° 179, 1986, p. 55.

SALAS V., Julio, "El recurso de protección y las decisiones judiciales. Comentario de jurisprudencia", en: *Revista de Derecho* (Universidad de Concepción), N° 187, 1990, p. 93.

SILVA CIMMA, Enrique, *Derecho Administrativo chileno y comparado. El control público* (Editorial Jurídica de Chile, Santiago, 1994.)

SOTO KLOSS, Eduardo, "Acerca del llamado control de mérito de los actos administrativos", en: *Revista de Derecho Público*, N°s 43-44, enero-diciembre de 1988.

_______, "Diez años del recurso de protección (1976-1986). Una revolución silenciosa", en: *Revista de Derecho y Jurisprudencia*, tomo 83 N° 3, 1986, p. 157.

_______ "El recurso de protección. Aspectos fundamentales" en *Revista Chilena de Derecho*, Vol. XI, año 1984, pp. 365 372.

_______ "Recurso de protección y tribunal competente. Cuál es la Corte de Apelaciones respectiva?, en: *Revista de Derecho Público*, 37 / 38, 1985, p 187.

_______ *El recurso de protección: orígenes, doctrina y jurisprudencia* (Santiago, Editorial Jurídica de Chile, 1982).

TAVOLARI OLIVEROS, Raúl, "Recurso de protección: en busca del alcance perdido", en: *Gaceta Jurídica* N° 54, 1984, p. 44.

VERGARA BLANCO, *Alejandro: "La propietarización de los derechos", en:* Revista de Derecho (Universidad Católica de Valparaíso), vol. 14, (1992), pp. 281-291.

_______ "Sobre el plazo para interponer el recurso de protección", en: *Gaceta Jurídica* (Santiago, 1992) pp. 7-10

ZÚÑIGA V., Francisco, "Recurso de protección: algunas notas sobre sus antecedentes históricos en el siglo XIX", en: *Gaceta Jurídica* N° 198, 1996, p. 7.

IX. OTRAS TÉCNICAS DE CONTROL DE LA ADMINISTRACIÓN: "LA CONTRALORÍA GENERAL DE LA REPUBLICA"

1. Historia del órgano de control. La Contraloría General de la República es el fruto de una larga evolución que se inicia en 1541, con el primer Cabildo de la ciudad de Santiago, con cuatro oficiales encargados de velar por el correcto uso de las Cajas Reales. En 1967, esta función y otras se radican en la Real Audiencia, que ejercía la administración financiera de la Capitanía General, velaba por el comportamiento de los agentes reales y garantizaba el ejercicio regular de sus atribuciones públicas. Con la Independencia nacional, las funciones contables, fiscalizadoras, consultivas y normativas se radican en la llamada Contaduría mayor y el Tribunal de Cuentas.

En 1839, este último concentraría todas las funciones concernientes a la fiscalización de los actos de la Administración del Estado que comprometen la Hacienda Pública, además de representar al Presidente de la República la inconstitucionalidad o ilegalidad de determinadas medidas, a través del trámite de toma de razón.[52]

En 1925 la llamada Misión Kemmerer, contratada por el Gobierno de Chile, propone la creación de la Contraloría General de la República. La propuesta fue sometida a una Comisión Revisora, entonces presidida por el Superintendente de Bancos. Luego de algunas indicaciones, nace la Contraloría General de la República, por el Decreto con Fuerza de Ley N° 400 de fecha 26 de marzo de 1927. En 1943 se otorga rango constitucional a este órgano contralor y en 1953 se dicta su Ley Orgánica[53], que en 1964 se sistematiza en un texto refundido y coordinado[54]

2. *Su función de control de la Administración. En la documentación oficial de este organismo, se dice que "La Contraloría General de la República es un Organismo Superior de Control de la Administración y que, sobre la base del principio de juricidad, está destinado a garantizar el cumplimiento del ordenamiento jurídico, la preservación y fortalecimiento de la probidad administrativa y fidelidad y transparencia de la información financiera*"[55].

El control es la función y razón de ser de la Contraloría, la que, si bien no es el único órgano estatal encargado de ejercer esta función, sí es la más preponderante, con la característica de estar acotada a la Administración Pública; y, dado el crecimiento en las potestades de esta, día a día impone a este órgano contralor el desafío de ejercer un control efectivo y no meramente nominal.

Cabe destacar que, a la Contraloría, además de su función contralora, le compete resguardar la probidad, la corrección y moralidad que los servicios y funcionarios públicos deben emplear normalmente en el desempeño de sus funciones, objetivo para el cual prima como criterio rector dar primacía al interés público por sobre el interés privado.

Esencial resulta destacar que la Contraloría es el único organismo del Estado que puede interpretar las disposiciones de derecho público que rigen la conducta de los agentes de Gobierno y afectan a los particulares, así como también el único que puede fiscalizar su cumplimiento con fuerza obligatoria. En la práctica, este monopolio contralor para interpretar disposiciones de esta naturaleza, ha sido impuesto y ratificado a lo largo del tiempo por la actuación de la Contraloría frente a los servicios públicos, a través de la llamada *«jurisprudencia administrativa»*, caracterizada precisamente por ser vinculante y obligatoria para estos servicios.

En síntesis, la Contraloría hoy ejerce las siguientes funciones bien determinadas:

1° La *toma de razón*, como control previo de legalidad de los actos de la Administración.

2° La *emisión de dictámenes*, a través de los cuales se ha logrado uniformar la interpretación y aplicación de las normas de índole administrativa, de don emana un notable aporte de este organismo a la cultura jurídico-administrativa.

3° Llevar a cabo *auditorías*, que este órgano realiza, por la vía de la interpretación de la expresión *«examen de cuentas»*, empleado por la Constitución y la ley; y también por la vía interpretativa, principalmente de expresiones usadas en la Ley Orgánica Constitucional de Bases Generales de Administración del Estado.

TEXTOS NORMATIVOS FUNDAMENTALES:

Ley N° 10.336, Orgánica Constitucional de la Contraloría General de la República, Diario Oficial, 29 de mayo de 1952.

---

52 La toma de razón se ha definido como "*un trámite de control de la juricidad de la declaración orgánica unilateral de un ente dotado de potestades administrativas, declaración que formalizada en decretos o resoluciones según disponga la ley, no es sino un proyecto de acto administrativo*", vid.: Soto Kloss, Eduardo, *La Contraloría General de la República. 50 años de vida institucional (1927-1977).* Departamento de Derecho Público (Facultad de Derecho de la Universidad de Chile, 1977), pp. 175.

53 Ley N° 10.336 Orgánica Constitucional de la Contraloría General de la República.

54 Decreto N° 2421, que fija el texto "Coordinado, sistematizado y refundido de la Ley de Organización y Atribuciones de la Contraloría General de la República", 1964.

55 Contraloría General de la República, *Doctrina Institucional* (Documento aprobado por resolución exenta N° 1556, de 25 de octubre de 2000).

Decreto N° 2421, fija texto coordinado, sistematizado y refundido de la ley de organización y atribuciones de la Contraloría General de la República. Diario Oficial 10 de julio de 1964.

BIBLIOGRAFÍA BÁSICA:

CONTRALORÍA GENERAL DE LA REPÚBLICA, *La Contraloría General de la República y el Estado de Derecho.* Conmemoración por su 75° aniversario de vida institucional (Santiago de Chile, año 2002.) 482 pp.

CONTRALORÍA GENERAL DE LA REPÚBLICA, *Doctrina Institucional* (Documento aprobado por resolución exenta N° 1556, de 25 de octubre de 2000).

RÍOS A., Lautaro, "La Contraloría General de la República en el Estado de Derecho", *Revista de Derecho* (Universidad de Concepción), N° 178, 1985, pp. 87-90.

RUIZ SANTIBÁÑEZ, Cristián, *Naturaleza y control de los dictámenes de la Contraloría General de la República, tesis para optar al grado de licenciado en derecho* (Pontificia Universidad Católica de Chile), 1992.

SILVA CIMMA, Enrique, *La Contraloría General de la República, memoria para optar al grado de Licenciado en Derecho* (Universidad de Chile), 470 p.

UNIVERSIDAD DE CHILE. FACULTAD DE DERECHO, *La Contraloría General de la República. 50 años de vida institucional* (1927-1977) (Santiago, 1977) 351 pp.

X. LA RESPONSABILIDAD ADMINISTRATIVA

Un diagnóstico en esta materia, lo expresa certeramente Ferrada al señalar que "*en efecto, a las circunstancias anteriores [construcción jurisprudencial accidentada y contradictoria y la diversidad de actividades que desarrollan actualmente los órganos de la Administración Pública que ha supuesto nuevos riesgos y daños para los ciudadanos] se une una acusada carencia en nuestra legislación y doctrina de respuestas adecuadas al problema de los daños derivados de la actividad administrativa del Estado, transitando –con algunas excepciones- desde un principio de irresponsabilidad general a un sistema de responsabilidad objetiva, sin fundamento normativo expreso y con una cláusula legal de responsabilidad por falta, traída de la jurisprudencia francesa, pero con un alcance limitado respecto de la organización administrativa. Ello ha dado pie a una jurisprudencia caótica y contradictoria, que siguiendo irreflexivamente los planteamientos doctrinales de algunos autores, han aplicado las reglas jurídicas de otros ordenamientos, sin medir las consecuencias jurídicas que ellos involucra*"[56].

Sirva el texto anterior como frontispicio del que surgen los principales aspectos en esta materia:

1. Una responsabilidad administrativa indiscutida. La responsabilidad del Estado administrador es un asunto indiscutido tanto legal, doctrinaria como jurisprudencialmente. A partir de lo dispuesto en los artículos 6° y 7° de la Constitución se afirma claramente la obligación de todos los órganos del Estado y de las personas privadas, de someter toda su actividad a lo dispuesto en la misma y las demás normas de ella derivadas, fijándose que correlativamente, las infracciones y contravenciones a esta obligación, generará las responsabilidades y sanciones que determine la ley.

2. Naturaleza de la responsabilidad del Estado administrador. Este aspecto es fuente de discusión doctrinaria y de variaciones jurisprudenciales.

a) Un sector de la doctrina[57], a partir del artículo 38[58] de la Constitución, estima que se encuentra consagrado en nuestro derecho una opción general por un determinado tipo de responsabilidad [la

---

[56] Ferrada B., Juan Carlos. "La responsabilidad patrimonial de la Administración del Estado de Chile: una breve revisión del estado actual de la discusión", en: *La responsabilidad patrimonial del Estado* (compilador: Marín González, Juan Carlos, México, Editorial Porrúa, 2004) pp. 107-135.

[57] Ver, entre otros, Fiamma, Gustavo, "La acción de constitucionalidad de responsabilidad y la responsabilidad por falta de servicio", en: *Revista Chilena de Derecho*, Vol. 16 N° 2, 1989, pp. 434 y ss.

[58] El artículo 38 inciso 2° CP señala: "*Cualquier persona que sea lesionada en sus derechos por la Administración del Estado, de sus organismos o de las municipalidades, podrá reclamar ante los tribunales que determine la ley, sin perjuicio de la responsabilidad que pudiere afectar al funcionario que hubiere causado el daño*".

objetiva] por parte del Estado, en la medida que no se condiciona el origen de esta a la naturaleza de la actividad estatal ni a ninguna otra consideración adicional que no sea la propia actividad, el daño y la relación de causalidad entre ambas.

En todo caso, cabe precisar que el artículo 38° en comento, lo que efectivamente constituye es una habilitación general a las personas para accionar ante los tribunales de justicia, en el caso de cualquier lesión de derechos derivadas de la actividad estatal, sin perjuicio de la responsabilidad personal del funcionario que hubiere causado el daño. Sin embargo, quienes sustentan la tesis de la responsabilidad objetiva del Estado, realizan una interpretación extensiva, dado que suponen en el artículo 38° una norma general de responsabilidad, cuando en realidad lo que pretende es la habilitación del acceso a la jurisdicción civil o administrativa, según sea el caso, de todas las personas.

b) Otro sector de la doctrina, hoy claramente mayoritario, postula la responsabilidad del Estado administrador en caso de falta de servicio; trátase de la responsabilidad subjetiva, extracontractual, en la clave usual de derecho civil. Esta posición se basa en diferentes disposiciones de la legislación nacional, además de las contenidas en la Constitución, tales como el artículo 4° de la Ley N° 18.575 Orgánica Constitucional de Bases Generales de la Administración del Estado[59]; el artículo 42 de la misma ley, que dispone una regulación específica en esta materia, aplicable a los órganos de la Administración central del Estado y sus instituciones derivadas[60].

3. La ineludible falta de servicio. Finalmente, es importante señalar que la «falta de servicio» es el elemento determinante de la responsabilidad de la Administración Estatal, similar en esto al sistema francés, y al civil extracontractual y que en la práctica implica que no basta acreditar la actividad d la administración estatal, el daño y la relación de causalidad, sino que es necesario probar además la antijuricidad de la primera, manifestada en el incumplimiento total o parcial de los deberes jurídicos que el ordenamiento jurídico impone a la Administración: en toda hipótesis, la falta de servicio.

Esta es una discusión académica abierta y con claro reflejo en la activa jurisprudencia sobre la materia.

TEXTOS NORMATIVOS FUNDAMENTALES:

Constitución Política de 1980, arts. 6°, 7° y 38.

Ley N° 18.575 de 1986, Orgánica Constitucional de Bases de la Administración del Estado.

BIBLIOGRAFÍA

CORDERO VEGA, Luis, *La responsabilidad de la administración del Estado* (Santiago, LexisNexis, 2003) 202 pp.

CORRAL TALCIANI., Hernán, *Lecciones de responsabilidad civil extracontractual*, (Editorial Jurídica de Chile, Santiago, 2003), 300 p.

FERRADA BÓRQUEZ, Juan Carlos, "La responsabilidad patrimonial de la Administración del Estado de Chile: una breve revisión al estado actual de la discusión" en: *La responsabilidad patrimonial del Estado* (compilador: Marín González, Juan Carlos, México, Editorial Porrúa, 2004) pp. 107-135.

FIAMMA, Gustavo, "La acción constitucional de responsabilidad y la responsabilidad por falta de servicio", en *Revista Chilena de Derecho*, Vol. 16, N° 2, julio-agosto de 1989.

HERNÁNDEZ PUSCHEL, Roberto, *Responsabilidad extracontractual objetiva del Estado a la luz de la jurisprudencia judicial entre los años 1992 y 2002*, Tesis para optar el grado de Licenciado en Derecho de la Pontificia Universidad Católica de Chile, Santiago, octubre de 2003.

[59] Este artículo establece un principio general de responsabilidad de la administración estatal y señala: "*El Estado será responsable por los daños que causen los órganos de la Administración en el ejercicio de sus funciones, sin perjuicio de las responsabilidades que pudieren afectar al funcionario que los hubiere ocasionado*"

[60] El artículo 42 dispone: "*Los órganos de la Administración serán responsables del daño que causen por falta de servicio. No obstante, el estado tendrá derecho a repetir en contra del funcionario que hubiere incurrido en falta personal*".

PIERRY A., Pedro. "Algunos aspectos de la responsabilidad extracontractual del Estado por falta de servicio", en *Revista de Derecho y Jurisprudencia*, tomo XCII (1995), N° 2.

Sanhueza Acosta, Ricardo, *Teoría general de la responsabilidad patrimonial extracontractual del estado administrador* (Santiago, LexisNexis, 2005).

SOTO KLOSS, Eduardo, "La responsabilidad pública (Un retorno a la idea clásica de restitución)", en *Revista de Derecho Público*, N° 27, año 1980, pp. 133-171.

SOTO KLOSS, Eduardo, *Derecho Administrativo. Bases Fundamentales* (Santiago, Editorial Jurídica de Chile, 1996) 2 tomos, 359 y 480 pp.

XI. EL SERVICIO PÚBLICO (MERCADO, PRIVATIZACIÓN, REGULACIÓN)

Hablar de servicio público implica en lo esencial referirse a una actividad que posee el carácter de indispensable para la comunidad, que consiste en una actividad económica prestada de manera continua y regular, donde existe una declaración expresa (una *publicatio*) a través de una norma con rango de ley y que además su prestación por parte de la administración tiene un carácter monopólico y excluyente.

Lo anterior es dentro de la visión clásica de servicios de naturaleza pública, pues hoy la tendencia legislativa no es publificar actividades completas, sino a veces solo fases o sectores de ella[61] a través principalmente de la concesión y además atribuirle a esta nueva administración facultades juzgadoras para que puedan resolver determinados conflictos que se producen en sectores económicos relevantes.

1. Desregulación y mercado. De especial interés son los sectores de telecomunicaciones, sanitario y eléctrico[62], rubros que constituyen actividades económicas relevantes, abiertas a la competencia, donde la Administración cumple un papel activo; en estos sectores la Administración no realiza la actividad prestacional misma, entendida como la actividad técnica por la cual se satisface directa y concretamente necesidades colectivas[63], sino solo regula, juzga e interviene decidiendo conflictos entre usuario y administración. Este papel lo lleva adelante a través de las *Superintendencias* (órganos reguladores) que, si bien surgen como un mecanismo de control de la calidad del servicio público prestado, en nuestra legislación sus facultades han sido muy potenciadas, al punto de poder imponer sanciones consistentes en elevadas multas en dinero[64].

En esencia, este nuevo modelo de servicio público constituye el resultado de la desregulación del mercado y la redefinición del rol del Estado en la economía, lo cual ha traído aparejado el imperio de un sistema político económico basado principalmente en la libre iniciativa privada, un rol subsidiario del Estado en la actividad económica empresarial, y de hecho sujetándolo a una prohibición general para ejercer tales actividades empresariales. Solo podría el Estado realizar tales actividades en virtud de una autorización del legislador, cualificada y excepcional[65]. Esto trae aparejado, además, un amplio reconocimiento al derecho de propiedad.

En la práctica el rol del Estado se ha traducido en un instrumento de mero ordenamiento del ejercicio del derecho a desarrollar la libre iniciativa empresarial. Además, a estos órganos reguladores se les ha dotado de amplias atribuciones y potestades, a través de las cuales pueden "regular" los distintos sectores.

2. Sectores desregulados: servicios públicos abiertos a la competencia. Los tres sectores de servicio público más caracterizados, por su apertura a la competencia, son:

a) El *sector eléctrico.* Actualmente está regulado por el Decreto con Fuerza de Ley N° 1/1982 que fija el texto de la ley general de Servicios Eléctricos, y junto a ella se encuentran el Decreto Ley N°

---

61 En el caso de la electricidad, solo el sector de la distribución (desde 1982) y el transporte (desde 2004) son considerados servicio público, quedando desregulada la generación.

62 Sobre el servicio público eléctrico y temas relativos al tema, ver: Vergara Blanco, Alejandro: *Derecho Eléctrico* (Editorial Jurídica, Santiago Chile, año 2004).

63 Carmona Santander, Carlos: *Derecho Administrativo Avanzado: La Actividad Prestacional o Servicio Público* (Apuntes de Clases, Facultad de Derecho, Magíster de Derecho Público, Pontificia Universidad Católica de Chile), p. 40.

64 *Vid.* la publicación del Ministerio de Economía, *Experiencias regulatorias de una década y propuestas para el futuro* (Santiago, LOM ediciones, 2000).

65 Ver artículo 19 N° 21 de la Constitución.

2.224/1978 que establece la Comisión Nacional de Energía (CNE) , la Ley N° 18.410/1985 que crea la Superintendencia de Electricidad y Combustible (SEC), más recientemente la ley N° 19.940 de fecha 12 de marzo de 2004, llamada *Ley Corta*, que fija procesos tarifarios del sector y crea un órgano denominado *Panel de Expertos*, dotado de competencia en materia contencioso administrativa en los conflictos entre empresas eléctricas y la Administración.

b) El *sector telecomunicaciones*. Aquí ocurre algo similar: tenemos la Ley N° 18.168/1982 General de Telecomunicaciones, el Decreto Ley N° 1.762/1977 relativo a la Subsecretaría de Telecomunicaciones, además de la distinta normativa técnica como Decreto N° 425 que "Aprueba el Reglamento del Servicio Público Telefónico", Decreto N° 189 que aprueba "Reglamento para el sistema de multiportador discado y contratado del servicio telefónico de larga distancia nacional e internacional" de 1994 y dictámenes de la Comisión Preventiva Central con el fin de prevenir conductas monopólicas en el sector.

c) El *sector sanitario*. Está regulado por el Decreto con Fuerza de Ley N° 382/1988 Ley General de Servicios Sanitarios, Ley N° 18.902/1990 que crea la Superintendencia de Servicios Sanitarios, el Código de Aguas y el Decreto con Fuerza de Ley N° 70/1988 que establece la Ley de Tarifas de los Servicios Sanitarios.

3. Características comunes de estos servicios públicos. Cabe destacar algunos elementos comunes de estos servicios públicos, derivados del ineludible principio de subsidariedad: a) están abiertos a la competencia; b) existe libre acceso, por la vía concesional, para los particulares que deseen prestarlos; c) son autónomos, d) son descentralizados, y, e) la Administración solo puede llevar adelante su supervigilancia, a través de órganos reguladores.

Finalmente es posible observar que es necesario introducir reformas a la institucionalidad chilena, ya que su heterogeneidad y su falta de sistematización atentan contra una ordenación eficiente de la actividad económica, lo cual por decir lo menos es una paradoja, considerando que justamente es una actividad económica en particular la que cada uno de estos órganos pretende regular.

TEXTOS NORMATIVOS FUNDAMENTALES:

Decreto con Fuerza de Ley (D.F.L.) N° 1 de 1982, fija texto de la Ley General de Servicios Eléctricos.

Decreto con Fuerza de Ley (D.F.L.) N° 382 de 1988, fija Ley General de Servicios Sanitarios.

Ley 18.168 de 1982 General de Telecomunicaciones

Ley N° 18.410 de 1985 crea la Superintendencia de Electricidad y Combustible (SEC).

Ley N° 18.575 de 1986, Orgánica Constitucional de Bases de la Administración del Estado.

Ley N° 18.902 de 1990, crea la Superintendencia de Servicios Sanitarios.

BIBLIOGRAFÍA

CARMONA SANTANDER, Carlos: *Derecho Administrativo Avanzado: La Actividad Prestacional o Servicio Público* (Apuntes de Clases, Facultad de Derecho, Pontificia Universidad Católica), pp. 40.

FERRADA BÓRQUEZ, Juan Carlos, "Los órganos reguladores de actividades económicas relevantes en Chile: Una visión panorámica", en: *Revista Chilena de Derecho*, Vol. 30 N° 2, pp. 271-286 (2003).

MOGUILLANSKY, Graciela: *Las Reformas del sector de telecomunicaciones en Chile y el comportamiento de la inversión* (Serie Reformas Económicas, Naciones Unidas, Comisión Económica para América Latina y El Caribe, Santiago Chile, 1998).

SILVA CIMMA, Enrique, *El servicio público en el derecho chileno y comparado* (Editorial Jurídica de Chile, Santiago, 1996).

Vergara Blanco, Alejandro: "El nuevo servicio público abierto a la competencia: De la publicatio al libre acceso. Coherencia de las viejas técnicas concesional y autorizacional" en: Revista de Derecho Administrativo Económico, vol. VI (2004) N°1.

VERGARA BLANCO, Alejandro, *Derecho Eléctrico* (Santiago, Editorial Jurídica de Chile, 2004) 439 pp.

XII. FUNCIÓN PÚBLICA

1. Bases de la función pública. Están consagradas en la Constitución, en la Ley N° 18.575 de Bases de la Administración del Estado y en el Estatuto Administrativo66. El inciso 1° del artículo 38 de nuestra Constitución Política señala "*Una ley orgánica constitucional determinará la organización básica de la Administración Pública, garantizará la carrera funcionaria y los principios de carácter técnico y profesional en que deba fundarse y asegurará tanto la igualdad de oportunidades de ingreso a ella como la captación y el perfeccionamiento de sus integrantes*". A partir de este artículo es posible señalar que la función pública en nuestro país posee una estructura que obedece al sistema de carrera, el que consiste en un sistema de promoción que permite a los funcionarios ascender en sus respectivos escalafones, de acuerdo con ciertos requisitos objetivos que indica le ley.

Además, el mismo artículo 38[67] es fuente de otros principios en materia de función pública tales como: a) de la administración técnica-profesional, b) igualdad para el ingreso, c) igualdad para la capacitación y perfeccionamiento y d) de la responsabilidad funcionaria.

A su vez, la Ley Orgánica Constitucional N° 18.575 contiene otros principios que son la base del sistema chileno como: a) principio de la jerarquía, b) de la apertura o generalidad, c) de la dignidad, d) de la responsabilidad en su triple aspecto [civil, penal y disciplinaria], e) de la apoliticidad y f) de la probidad.

2. Estatuto administrativo. Básico en el sistema normativo relativo a la «función pública» es el Estatuto Administrativo, encargado de regular las relaciones jurídicas que se producen entre los funcionarios y los órganos administrativos del Estado, esto es, la naturaleza del vínculo de función pública, los deberes, derechos, responsabilidad y cesación de funciones entre el personal que se desempeña en cargos de planta y en cargos a contrata. En nuestro país estas relaciones jurídicas estatutarias, son de índole contractual, tienen carácter vinculante y obligatorio, generando derechos y deberes para ambas partes de la relación, esto es, para el funcionario y para el órgano público en el que los primeros presten servicio.[68]

3. La probidad administrativa. Especial mención merece este tema, dado que en el año 1999, comienza a regir en nuestro país la Ley N° 19.653 sobre *Probidad administrativa aplicable a los órganos de la Administración del Estado*, la que junto con establecer la obligación legal para los funcionarios de la administración del Estado de observar el principio de probidad administrativa, procede a definir esta como *"la exigencia de observar una conducta funcionaria intachable y un desempeño honesto y leal de la función o cargo, con preeminencia del interés general, sobre el particular"*[69].

4. Tutela laboral y dictación de la Ley N° 21.280.

Según lo dispuesto en el Código del Trabajo, los trabajadores que vean vulneradas sus garantías fundamentales en el contexto de una relación laboral pueden deducir una demanda de tutela laboral, establecida en el art. 485 y ss. del mencionado código y son los juzgados de letras del trabajo los competentes para conocer de dichos asuntos. No obstante, lo anterior, antiguamente existía incertidumbre en aquellos casos en que se verificaban vulneraciones de garantías fundamentales a los funcionarios públicos. Lo anterior, debido a que el Estatuto Administrativo y el Estatuto Municipal no contaban con una regulación de la acción de tutela laboral, por ende, la jurisprudencia se vio en la necesidad de determinar la competencia de los juzgados laborales para conocer de tales acciones.

Posteriormente, en el año 2020 se dictó la Ley N° 21.280, sobre el ámbito de aplicación del procedimiento de tutela laboral, reinterpretando en su artículo 1° el inciso 1° del artículo 485 del Código del Trabajo, haciendo extensible a los funcionarios públicos la aplicación del procedimiento de tutela laboral.

---

66 El Estatuto Administrativo, corresponde a la Ley N° 18.834, Diario Oficial de 23 de septiembre de 1989.

67 Se vinculan también en el orden constitucional los artículos 24, 33, 60 N° 1 en relación al art. 38, 62 N° 2 y 4 y art. 19 N° 17, 32 N°s 9,12,18 y 22 parte final.

68 Ver artículo 1° Ley N° 18.834.

69 Nuevo artículo 54, inciso 2° de la Ley N° 18.575, Orgánica Constitucional de Bases Generales de la Administración del Estado.

TEXTOS NORMATIVOS FUNDAMENTALES

Constitución Política de 1980, arts. 24, 32 Ns. 9,12, y 18, 33, 38, 60 y 62 Ns° 2 y 4.

Ley N° 18.575 de 1986, Orgánica Constitucional de Bases de la Administración del Estado

Ley N° 18.834 de 1989, que fija el Estatuto Administrativo.

Ley N° 19.563 de 1999, sobre Probidad Administrativa en los órganos de la Administración del Estado.

Ley N° 21.280 de 2020, sobre el Ámbito de Aplicación del Procedimiento de Tutela Laboral.

BIBLIOGRAFÍA

BARRA GALLARDO, Nancy, *Probidad Administrativa* (Santiago, Editorial Lexis Nexos, 2002).

CALDERA DELGADO, Hugo, *Tratado de Derecho Administrativo, Tomo I* (Ediciones Parlamento Ltda. Pröschle, Infante & Fierro Editores. 2001).

CALDERA DELGADO, Hugo, "Función de gobierno y función administrativa", en: *Revista de Derecho Público*, N° 49, 1991, pp. 205-215.

JORQUERA HERRERA, Norberto, *La Ley N° 19.653 y el principio de probidad administrativa: perfeccionando el marco de la regulación ética en la Administración Pública, en el Derecho Positivo Chileno*, tesis para optar al grado de Licenciado en Derecho de la Pontificia Universidad Católica de Chile, Octubre de 2000.

OJEDA OJEDA, Bernardo, *Estatuto Administrativo y normas complementarias* (Santiago, Lom Ediciones, 2004).

XIII. URBANISMO, MEDIO AMBIENTE Y ORDENACIÓN DEL TERRITORIO

1. Urbanismo. En materia urbanística existen algunos hitos en nuestra legislación, como por ejemplo: *La Ley General de Construcciones y Urbanismo*[70] que a la fecha ha sufrido varias modificaciones[71] y que a sido llevada a su aplicación práctica a través de la dictación de su correspondiente Ordenanza contenida en el D.S. 47, Diario Oficial del 19 de mayo de 1992. Destaca también la dictación de la ley N° 16.391 por la cual se crea el Ministerio de Vivienda y Urbanismo[72], a través del cual se puso fin a la dispersión institucional en la materia[73] y se dio paso a cinco instituciones autónomas relacionadas con la cartera, que fueron La Corporación de la Vivienda, la Corporación de Servicios Habitacionales, la Corporación de Mejoramiento Urbano, y la Corporación de Obras Urbanas y la Caja Central de Ahorros y Préstamos. Con la llegada del gobierno militar este Ministerio sufrirá una restructuración mayor pues de aquí al futuro su accionar será desconcentrado a través de las llamadas Secretarías Regionales Ministeriales (SEREMIS) una por región (13 en total), más trece Servicios Regionales de la Vivienda Urbanismo, conocidos como SERVIU, que se encargarían de las tareas originalmente radicadas en las corporaciones anteriormente señaladas. Otro antecedente importante en la materia lo constituyó en el año 1979 la Política Nacional de Desarrollo Urbano, que en lo esencial establecía la no escasez del suelo urbano y pregonaba más bien la expansión de las áreas urbanas.

2. Urbanismo y medio ambiente. En la actualidad la legislación urbanística nacional va de la mano con la legislación ambiental. Efectivamente tras la dictación de la Ley N° 19.300 de Bases del Medio Ambiente[74], comienza a exigirse la evaluación ambiental de planes y proyectos inmobiliarios y también han debido adecuarse los instrumentos de planificación, léase «planes reguladores». Efectivamente, por

---

[70] DFL 224 en Diario Oficial de fecha 05 de agosto de 1953.

[71] Decreto Supremo N° 1.050 (Diario Oficial del 9 de julio de 1960) fija el texto "definitivo" del D.F.L. N° 224. Tres años después se dicta el Decreto Supremo N° 880 (Diario Oficial del 16 de mayo de 1963) que vuelve a fijar el texto del D.F.L. N° 224, esta vez incluyendo normas de la Ley N° 6.071 sobre propiedad horizontal.

[72] La fecha exacta de nacimiento de este Ministerio fue el 16 de diciembre de 1965.

[73] Hasta antes de la creación del señalado Ministerio existían alrededor de 23 instituciones que se dedicaban a la vivienda social.

[74] Decreto Supremo N° 30/97, Diario Oficial de 3 de abril de 1997.

ejemplo, se han incluido dentro de las obligaciones del urbanizador las de ejecutar plantaciones y obras de ornato del terreno[75], implementar obras de desagüe de aguas lluvias, es decir, colectores[76].

Quizás donde la relación obligada entre urbanismo y medioambiente sea más patente, sea la necesidad imperiosa que todo instrumento de planificación territorial, llámese plan regional de desarrollo urbano, planes intercomunales, planes reguladores comunales y los planes seccionales, para ser aprobado requiere necesariamente antes ser evaluado a través del Sistema de Evaluación de Impacto Ambiental, (SEIA) donde la autoridad competente, esto es, CONAMA (Comisión Nacional del Medioambiente), está llamada a recabar todos los antecedentes de las distintas instancias administrativas que hagan o no viable ambientalmente un proyecto.

En la práctica la tarea de armonizar el interés ambiental con el envuelto en cada proyecto urbanístico no ha sido fácil, pues una vez más se ven enfrentados el interés público versos el privado. Un ejemplo patente de esta situación lo constituye el Decreto ley N° 3.516[77] en virtud del cual se permite la subdivisión de terrenos rústicos[78], hasta en paños de 0,5 hectáreas, que usado en conjunto con el artículo 55 de la Ley General de Construcciones y Urbanismo que permite el cambio de uso de suelo, resulta generar una situación de ciudad fuera de la ciudad, pues la urbanización comienza justamente fuera de lo que la ley ha definido como límite urbano, naciendo así lo que conocemos como «parcelas de agrado» que constituyen una segunda vivienda para el habitante de ciudad y que en la práctica se ha traducido en un doblamiento no regulado del sector rural. Consecuencias de lo anterior hay muchas, desde pérdida de suelos agrícolas, contaminación, doblamiento inorgánico, etc. Causas también pueden esgrimirse varias, pero justamente una de ellas se radica en la falta de una política de ordenamiento del territorio.

3. Ordenación del territorio. Efectivamente, zonas como las descritas anteriormente están definidas como rurales y ubicadas en sectores que por ejemplo genéricamente se comprenden bajo el nombre de "Borde Costero"[79]. Esta área extensa en nuestro país en atención a los más de 4.000 kilómetros de costa no cuenta con una normativa orgánica, coordinada y sistematizada que defina, por ejemplo, usos preferentes en área determinadas o que asuma la zonificación como una herramienta eficaz de ordenación territorial.

En síntesis a nivel nacional, la legislación urbanística y medioambiental, se ha caracterizado por ir en constante evolución , sin embargo, carece muchas veces de la necesaria difusión y de una correcta armonización, lo que deja a los particulares en ciertos niveles de indefensión, que de alguna manera ha sido suplida por la participación ciudadana promovida por la Ley de Bases del Medioambiente y su reglamento, al hacer públicos los distintos proyectos y permitir realizar observaciones y oposiciones al mismo por parte del ciudadano común.

La administración de cada uno de los distintos bienes públicos situados a lo largo del territorio nacional no está exenta de dificultades, dadas esencialmente por la frondosa normativa respecto de las zonas o espacios definidos como públicos, su dispersión y la falta de coordinación en la acción y gestión que llevan a cabo las autoridades competentes[80]. Competencia por cierto que muchas veces se yuxtapone y que trae aparejado conflictos en el uso de estas áreas, especialmente sensibles por ser muchas de ellas recursos naturales no renovables. El punto parece ser la falta de «unidad administrativa», en virtud de la cual se supone la necesidad que exista armonía en las atribuciones de dirección de cada servicio, para evitar que las responsabilidades se diluyan y los controles se hagan ineficaces, siendo esencial que el ámbito de acción de cada órgano del Estado, es decir, su competencia, esté perfectamente definido, de no ser así de seguro se presentarán conflictos.

---

75 Ley N° 19.057, Diario Oficial del 3 de mayo de 1991).

76 Ley N° 19.525, Diario Oficial del 10 de noviembre de 1997.

77 Diario oficial del 1 de diciembre de 1980.

78 Se entiende por terreno rústico todo aquel que tenga una *aptitud agrícola, ganadera o forestal.*

79 Ver *Política Nacional de Uso del Borde Costero.*

80 Por ejemplo y solo en lo que respecta a la zona definida como Borde Costero, dentro de la cual se comprenden las playas (definidas como bienes nacionales de uso público): (i) la Subsecretaría de Marine tiene a su cargo las concesiones marítimas, (ii) la Dirección de Obras Portuarias la implementación de obras como defensas ribereñas, habilitación de muelles, (iii) el Ministerio de Vivienda y Urbanismo la aplicación de planes reguladores en zonas costeras, (iv) el Ministerio de Bienes Nacionales tiene a su cargo la regularización de la propiedad de las caletas de pescadores, (v) la Secretaría Ejecutiva de la Comisión de Planificación de Inversiones en Infraestructura y Transporte (Sectra) que define y estudia las nuevas inversiones portuarias, etc. La enumeración por cierto es larga.

TEXTOS NORMATIVOS FUNDAMENTALES

Planes Decreto con Fuerza de Ley N° 458 de 1976, aprueba nueva Ley General de Urbanismo y Construcciones.

Decreto Supremo N° 47, de 1992, fija nuevo texto de la Ordenanza de la ley general de Urbanismo y Construcciones.

Ley N° 19.300 de 1994, aprueba Ley sobre Bases Generales del Medio Ambiente.

Decreto Supremo N° 95 de 2001, fija el Reglamento del Sistema de Impacto Ambiental.

Decreto Ley N° 1.939 de 1979, establece Normas sobre Adquisición, Administración y Disposición de Bienes del Estado.

Decreto Supremo N° 166 de 1999, fija el Reglamento del Consejo Consultivo de la Comisión Nacional y Comisiones Regionales del Medio Ambiente.

Decreto Supremo N° 94 de 1995, establece el Reglamento que fija el procedimiento para establecer de prevención y descontaminación.

BIBLIOGRAFÍA BÁSICA:

BARRA GALLARDO, Nancy, *Ley N° 19.300: Historia y perspectiva actual*, Memoria para optar al grado de Licenciado en Derecho de la Pontificia Universidad Católica de Chile, 1995.

CALDERA DELGADO, Hugo, "La garantía constitucional del derecho de propiedad y la propiedad", *Revista Chilena de Derecho*, Vol. VI, 1979, pp. 312-335.

CAMUS ROCUANT, Lucía y SIMPSON ORELLANA, Edith, *Análisis de algunos aspectos de la legislación habitacional y urbanística chilena. Pautas para una reforma urbana habitacional*. Memoria de prueba para optar al grado de Licenciado en Ciencias Jurídicas y Sociales. Universidad Católica de Valparaíso, 1971.

CONAMA, *Políticas, instrumentos, educación e investigación ambientales. Competencias Ambientales*, Documento N° 8 Serie Jurídica, Noviembre 1996.

FERNÁNDEZ GONZÁLEZ, Miguel Angel, "Instrumentos jurídicos para una política urbana", *Revista Chilena de Derecho*, Vol. XX, 1993, pp. 261-270.

FOXLEY, Juan Cristóbal, *Protección eficaz del medio ambiente aspectos jurídicos de la preservación ambiental*, Memoria para optar al grado de Licenciado en Derecho de la Pontificia Universidad Católica de Chile, 1991.

JARA AMIGO, Rony, "Instrumentos jurídicos para una política urbana", *Revista Chilena de Derecho*, Vol. 20 N°s 2 y 3, 1993, pp. 261-270.

RAJEVIC MOSLER, Enrique, "Derecho y legislación urbanística en Chile", *Revista de Derecho Administrativo Económico*, Facultad de Derecho Pontificia Universidad Católica, Vol II, N° 2 (2000) pp. 527 a 548.

XIV. BIENES PÚBLICOS

1. Los bienes públicos en el Código Civil y su explicación clásica. Nuestro Código Civil dispone: "Se llaman bienes nacionales aquellos cuyo dominio pertenece a la nación toda. / Si además su uso pertenece a todos los habitantes de la nación como el de las calles, plazas, puentes y caminos, el mar adyacente y sus playas, se llaman bienes nacionales de uso público o bienes públicos"[81].

La enumeración contenida en la definición anterior es solo ejemplar, no taxativa pues conforme otras disposiciones del mismo Código podemos señalar también como bienes públicos los ríos y lagos

[81] Artículo 589 del Código Civil chileno.

navegables por buques de más de cien toneladas[82-83]. Luego también son consideradas dentro de esta clase de bienes las aguas según lo declara el Código de aguas en su artículo 5°[84].

Conforme nuestra doctrina nacional, y en atención a la definición contenida en el Código Civil se consideran como características esenciales de estos bienes las siguientes:

(i) *Su uso pertenece a todos los habitantes de la nación*, por ende, estamos frente a un uso también de naturaleza pública, subsecuentemente libre[85], gratuito[86] e igualitario[87].

(ii) Son *incomerciables,* es decir, res extra comercium. Es de hacerse notar que en nuestro país no existe disposición legal expresa que reconozca este principio, sin embargo, existen disposiciones en nuestro Código Civil que permiten concluirlo, como por ejemplo el artículo 1464 que prescribe objeto ilícito en la enajenación de las cosas que no están en el comercio[88].

(iii) *Inalienables*, característica por la cual se garantiza la afectación de estos bienes a una utilidad general, lo cual se logra en la medida que impide la transferencia de estos bienes del patrimonio público a otro de una naturaleza distinta[89].

(iv) *Imprescriptible* en razón de la defensa y protección de estos bienes frente a eventuales usurpaciones que puedan hacer los particulares en razón de la posesión de los mismos durante cierto lapso de tiempo[90].

(v) Finalmente son *inembargables,* característica que es consecuencia de su nota de incomerciabilidad. Luego, y como consecuencia de cada una de las características enunciadas resulta impeditivo para la autoridad correspondiente otorgar respecto de estos bienes de naturaleza pública permisos y/o concesiones, que posibilitaren un uso privativo sobre ellos.

2. Aporte de la Constitución de 1980: una summa divisio *nueva de los bienes públicos.* Cabe en esta materia un análisis más detenido, pues la CP fue claramente original. En efecto, contiene la CP (es la novedosa disposición del art. 19 nº23) que tiene la virtualidad de: (i) realizar una *summa divisio* que modifica y reconfigura el ordenamiento jurídico chileno a este respecto; e (ii) incorpora una garantía constitucional que limita el régimen legal a que pueden ser sometidas las cosas o los bienes,

A partir de los términos de la Constitución se precisa una antigua clasificación, describiendo ahora el texto constitucional las posibilidades de acceso de los particulares al dominio de los bienes y, de paso, dejando claramente eliminadas las posibilidades de que el Estado pueda llegar a ostentar un papel de

---

82 Artículo 595 del Código Civil Chileno.

83 Existe a nivel nacional un catastro realizado por la Subsecretaría de Marina perteneciente al Ministerio de Defensa Nacional, a través del cual se ha fijado un listado de cuáles son los ríos y lagos navegables por buques de más de cien toneladas en razón de las distintas Gobernaciones Marítimas o Capitanías de Puerto. Ver Decreto Supremo N° 11 y 12 de 1998.

84 Artículo 5° del Código de Aguas: "*Las aguas son bienes nacionales de uso público...*"

85 *Libre*, en tanto cualquier persona, nacional o extranjera puede desarrollar en estos espacios toda actividad no prohibida por la ley, contraria a la moral o las buenas costumbres, sin necesidad de una autorización por parte de la administración pública y sin necesidad de una cualificación especial.

86 *Gratuito*, en tanto a unidades adicionales en el uso del bien se les puede atribuir costo cero. Por ejemplo tratándose de una playa pública, su acceso es gratuito independientemente que la visite una persona o cien.

87 *Igualitario*, en tanto sea libre, pues el libre uso se realiza justamente garantizando la igualdad real y efectiva de los ciudadanos.

88 También hay otros artículos en el mismo cuerpo legal como el 1810 por el cual se dispone que no pueden venderse aquellas cosas cuya enajenación está prohibida por ley o el art. 2498 que establece que se gana por prescripción el dominio de los bienes raíces o muebles, que están en el comercio humano, y que se han poseído con las condiciones legales.

89 Esta característica tiene como excepción que opere la desafectación del bien respectivo como bien nacional de uso público, dejando de prestar la utilidad a la cual estaba destinado, pudiendo entonces ser enajenado. Un caso reconocido por la doctrina nacional es el que puede presentarse respecto de la "playa de mar" por el fenómeno conocido como "degradación". Este ocurre cuando se retira el mar y aquella zona terrestre que las olas bañaban y desocupaban alternativamente hasta las más altas mareas pasa a ser una franja de tierra sobrante, quedando en consecuencia desafectada como bien nacional de uso público y pasando a ser un bien nacional fiscal, por tanto, enajenable, comerciable y transferible conforme las reglas del derecho privado.

90 Nuestro Código Civil dispone en su artículo 2.498 "*...se gana por prescripción el dominio de los bienes corporales, raíces o muebles, que están en el comercio humano*", por tanto, a contrario sensu, las *res extra comercium*, no pueden ganarse por prescripción, es más ni siquiera son susceptibles de posesión.

titular de los bienes no privados. Así, según veremos (dejando de lado los bienes comunes a todos los hombres) las cosas en Chile, hoy: o son públicas (nunca estatales, a raíz de la clara contraposición Estado/Nación que articula la Constitución en esta materia) o son privadas.

A la dualidad público/privado (*publicatio/apropriatio*), que hemos reseñado antes (y que es la que tiene una real operatividad práctica), la Constitución ha antepuesto las *res communis omnium*; por lo que la *summa divisio* de las cosas que resulta de la CP es la siguiente: bienes comunes a todos los hombres (i), públicos (ii) y, en fin, privados (c). Desarrollaré algunas ideas básicas sobre el estatuto jurídico de cada una de estas clases de bienes.

A/ Los bienes comunes a todos los hombres. Usualmente se considera en tal categoría al aire [no el espacio geográfico] y el alta mar [y la estratosfera]. El régimen de estos bienes es de la no apropiabilidad. Son los llamados bienes "libres". Su régimen jurídico consiste precisamente en su no-regulación.

B) Los bienes públicos o nacionales. En una situación claramente definida han quedado los bienes públicos o nacionales de uso público o "que deban pertenecer a la Nación toda", concepto este cercano a "pueblo", en quien reside la soberanía, y que por eso mismo los aleja de cualquier titularidad estatal. Por lo tanto, estos bienes que deban pertenecer a la "Nación toda" no corresponden ni pertenecen al Estado, ni a alguno de sus órganos. Debe recordarse que el Estado es un concepto al que la propia Constitución le da expresamente un contenido diferente a "Nación"; aclaración esta que podrá parecer trivial, pero que en el habla común suele confundirse o teñirse de confusiones, lo que hace al tema algo ambiguo; así, se suele decir que existirían bienes "nacionales del Estado", como si decir que un bien "es" de la Nación fuese lo mismo que decir que un bien "es" del Estado.

Son bienes públicos los que la legislación denomina "bienes nacionales de uso público", como las "calles, plazas, puentes y caminos"; o las aguas; o los álveos o lechos de ríos o lagos, el mar adyacente, entre otros.

Y esta inapropiabilidad o impedimento general para adquirir rige no solo para todo tipo de personas, naturales o jurídicas (particulares) y otras personas de derecho público (como el Estado/fisco, los Gobiernos regionales y las municipalidades, que actúan en materia de bienes igual que los "particulares"), sino que también para el propio Estado, en ese sentido genérico que los anteriores textos constitucionales lo han entendido. Por lo que, a partir de la vigencia de la Constitución de 1980, el Estado no es una "entidad" habilitada para ser titular, en bloque, de bienes o categorías de bienes de alto interés social; solo quedarán para la "Nación toda", al uso "del público".

Lo que sí puede suceder con estos bienes es dejar de ser nacionales o públicos, ya sea por una desafección genérica (cuando desaparezca el "interés nacional" a que se refiere la Constitución, y se realice por ley de quórum calificado), o por una excepcionalísima desafectación particular (un trozo de camino público abandonado).

C) Los bienes privados (o sometidos a su régimen). Trátase del régimen general de los bienes de las personas, naturales o jurídicas (particulares), y de las otras personas jurídicas de derecho público (como el Estado/fisco, los Gobiernos regionales, las municipalidades y otras entidades con personalidad jurídica propia, distinta del fisco, que actúan en materia de bienes igual que los "particulares"). Todos los bienes no publificados (esto es, que no son públicos) están sometidos al régimen de los bienes privados, o a la "legislación común aplicable a los particulares". Estos bienes son todos los que no son "comunes a todos los hombres" o "que deban pertenecer a la Nación toda", y al respecto existen varias clases: los de los particulares; los fiscales; los regionales, los municipales y, en fin, los de personas jurídicas de derecho público con estatutos especiales.

Podemos decir que estos bienes son todos aquellos que no son públicos, o sea, todos aquellos "cuyo uso no pertenece generalmente a los habitantes", y que pertenecen directamente a una persona, ya sea un particular, o a personas jurídicas de derecho privado o de derecho público; o, entre estas últimas, están destinados por el Estado a uno de sus organismos fiscales o son regionales y municipales.

Todos estos bienes se rigen por el derecho común (esto es, el derecho civil), y cualquier alteración de su estatuto de adquisición está regulado por el art. 19 nº 23 CP.

1º Los bienes privados (o propios) de los particulares. Tradicionalmente han estado regulados en un texto codificado, en donde se establece una legislación aplicable a todos los bienes de particulares (ya sea personas naturales o jurídicas, de las que llamamos de derecho privado). Tales bienes privados de un particular (artículo 582 del Código Civil) se rigen por el derecho llamado *"común"* creado para ello; pero, es en el fondo el régimen que corresponde solo a los bienes de tales personas, y que es común supletorio solo respecto de los bienes de otros titulares sometidos al régimen privado, que se enumeran en seguida (pero tal régimen privado no podrá ser en ningún caso supletorio del régimen de los bienes públicos: hay una incompatibilidad de naturaleza y principios, *ab origine*: es la consecuencia de la dualidad *publicatio/apropriatio*).

2º Los bienes privados (o propios) del Estado/fisco. También llamados "fiscales", están sometidos a este mismo régimen general de bienes privados, por lo que sobre ellos el Estado/fisco tendrá propiedad; se los ha podido apropiar, por su naturaleza. El "Estado", como fisco, es una verdadera persona jurídica de derecho público, a cuyos órganos se les destinan algunos bienes. Así los órganos del Estado, para llevar adelante sus tareas (arts. 6 y 7 CP) deben adquirir bienes, con los fondos que obtiene por la vía tributaria (obviamente que históricamente el fisco ya tiene un patrimonio).

Los bienes fiscales o bienes del Estado se rigen por el "derecho común", al igual que todo otro bien privado. La propia legislación vigente es explícita: tienen la misma naturaleza de un bien privado; lo que ocurre es que su titular es una persona jurídica de derecho público: el fisco. Además, según la ley estos bienes del Estado *"se someterán a las normas del derecho común",* y a lo que señalen, en cuanto a su uso y goce a favor de los particulares, las leyes especiales. De este modo, por ejemplo, la Ley de Servicios Eléctricos, pone en un pie de igualdad a los bienes fiscales con los demás bienes de particulares, pues ambos están sometidos al régimen jurídico de los bienes "privados".

En todo lo que no se diga en estatutos legales especiales, estos bienes del Estado quedan sometidos a la legislación "civil" o "común" de los demás dominios; así, por ejemplo, todos los bienes fiscales son perfectamente prescriptibles (art. 2497 CC); pues la imprescriptibilidad no es un privilegio de los bienes fiscales; y ello difícilmente podría establecerse por ley, dada la necesaria igualdad de régimen con los bienes de particulares.

3º Los bienes privados (o propios) de los gobiernos regionales. Son aquellos que conforman el "patrimonio propio" de la persona jurídica de derecho público denominada "Gobierno Regional" (art. 100 inc.3º CP). A su respecto rigen las mismas apreciaciones señaladas para los bienes fiscales, salvas las reglas especiales establecidas en la ley respectiva.

4º Los bienes privados (o propios) de las municipalidades. Los llamados bienes municipales son los propios de cada municipalidad; esto es, son los que conforman el "patrimonio propio" de la persona jurídica (corporación autónoma) de derecho público denominada municipalidad (art. 107inc. 2º CP). Los bienes municipales, por expresa disposición de la Ley Nº 18.695, Orgánica Constitucional de Municipalidades (artículo 27), se rigen por el derecho llamado *"común".*

La legislación sectorial municipal también es explícita, al señalar que estos "se sujetan a las normas de derecho común", y, en seguida, que estos *"solo podrán ser enajenados, gravados o arrendados en caso de necesidad o utilidad manifiesta"* (artículo 28 inciso 1º, Ley nº 18.695).

De acuerdo a lo anterior, la naturaleza jurídica de los bienes privados o propios del fisco (fiscales), de los gobiernos regionales (regionales) y de las municipalidades (municipales) se ha de estudiar en general a la luz de los principios del derecho privado, pues estos bienes son, en efecto, una propiedad estatal, cuya titularidad está asignada a los servicios o reparticiones fiscales o a los gobiernos regionales o a las municipalidades, respectivamente, a las que está destinada.

3. Reparto de competencias administrativas en materia de bienes públicos. En fin, en cuanto a los servicios públicos, en sentido orgánico, llamados a supervigilar y con competencia respecto de la conservación y del buen uso público de estos bienes, podemos señalar a:

(i) la Subsecretaría de Marina[91] del Ministerio de Defensa Nacional que en términos generales ejerce competencia sobre todo el dominio público «marítimo», constituido por el *mar adyacente* (que a

---

91 Este Ministerio tiene el control, fiscalización y supervigilancia de toda la costa y mar territorial de la República, y de los ríos y lagos navegables por buques de más de cien toneladas. Facultad consagrada en Decreto con Fuerza de Ley Nº 340 de 1960 sobre "Concesiones Marítimas", artículo 1º . Decreto Supremo Nº 660 de 1988 que aprobó nuevo Reglamento sobre Concesiones Marítimas, art, 2º.

su vez comprende el mar territorial[92], la zona contigua[93] y la zona económica exclusiva[94]), *sus playas* y la *plataforma continental.*

(ii) la Dirección de Vialidad del Ministerio de Obras Públicas, que ejerce a nivel nacional la supervigilancia del llamado dominio público «terrestre» conformado por calles[95], plazas, puentes y caminos (públicos)[96-97]. A nivel comunal quien ejerce esta función es la municipalidad respectiva.

(iii) La Dirección General de Aguas[98] perteneciente al Ministerio de Obras Públicas, cuyo rol fundamental es administrar y regular el uso del recurso agua y la concesión de los derechos de aprovechamiento que puedan recaer sobre estas y en definitiva velar por el dominio público «fluvial y lacustre» nacional. Interesante es señalar que las aguas adquirieron en nuestro país la calidad de bienes nacionales de uso público con dictación de la Ley de Reforma Agraria N° 16.640, que además de declararlas como tales agregó que *"que para el solo efecto de incorporarlas al dominio público, declárense de utilidad pública y exprópiense todas las aguas, que a la fecha de vigencia de la mencionada ley, eran de dominio particular*"; con esto los particulares podrían continuar usando las aguas pero solo en tanto titulares de un derecho de aprovechamiento sobre ellas[99].

(iv) La Dirección General de Aeronáutica que ejerce competencia en todo lo relativo al espacio público "aéreo", entendido como aquel que está constituido por el espacio atmosférico que se superpone al territorio marítimo-terrestre nacional.

(v) Finalmente, cabe apuntar que la Contraloría General de la República en sus dictámenes N°s 43.468 de 1964 y 41.443 de 1995, ha radicado el control superior sobre los bienes nacionales de uso público en el Ministerio de Bienes Nacionales señalando "*el control superior consiste en cuidar que los bienes nacionales de uso público se respeten y conserven para el fin a que están destinados, impedir que se ocupe todo o parte de ellos y que se realicen obras que hagan imposible o dificulten el uso común, siendo entonces su sentido y alcance el de preservar la característica esencial de esos bienes"*[100].

---

92 El mar territorial es *"aquella parte de la superficie marítima que baña la costa de un Estado, extendiéndose hasta la distancia de las doce millas"* (art. 593 del Código Civil). En este espacio se entiende que el país tiene plenitud de soberanía y su objetivo general es de defensa nacional.

93 La zona contigua es *"aquella faja marítima situada más allá del límite externo del mar territorial y que se extiende hasta las 24 millas"* (art. 593 del Código Civil).

94 La zona económica exclusiva, también llamado mar patrimonial es *"aquella parte del mar adyacente sobre el cual el estado ribereño goza del derecho de conservar y explotar las riquezas del mar, de su suelo y subsuelo"* (art. 596 del Código Civil).

95 La calle conforme lo define la Ordenanza General de Urbanismo y Construcciones es "*una vía vehicular de cualquier tipo que comunica con otras vías y que comprende tanto las calzadas como las ceras entre dos propiedades privadas o dos espacios de uso público o entre una propiedad y un espacio de uso público"*.

96 Camino público es *"toda vía de comunicación terrestre destinada al libre tránsito, situada fuera de los límites urbanos de una población y cuyas fajas son bienes nacionales de uso público"*. Definición del Decreto con Fuerza de Ley N° 206 de 1960 cuyo texto refundido, coordinado y sistematizado fijó el Decreto con Fuerza de Ley N° 850 del Ministerio de Obras Públicas, publicado en Diario Oficial del 25 de febrero de 1988.

97 El Código Civil en el art. 592 define lo que entiende como caminos "privados" *como aquellos construidos a expensas de personas particulares en tierras que les pertenecen, no son bienes nacionales, aunque los dueños permitan su uso y goce a todos.*

98 Esta Dirección fue creada por el Decreto N° 1037 del Ministerio de Obras Públicas en 1969 en cumplimiento de la Ley N° 16.640 de Reforma Agraria.

99 Conforme al artículo 6° del Código de Aguas "*El derecho de aprovechamiento es un derecho real que recae sobre las aguas y consiste en el uso y goce de ellas, con los requisitos y en conformidad a las reglas que prescribe este Código. Este derecho es de dominio de su titular, quien podrá usar, gozar y disponer de él en conformidad a la ley"*. Otras características de este derecho de aprovechamiento lo constituyen que: (i) es un de*recho real mueble* por naturaleza, pero si las aguas estuvieren destinadas al uso, cultivo o beneficio de un inmueble entonces se reputará inmueble por destinación. (ii) Se expresa en *volumen por unidad de tiempo*. (iii) Es de libre disposición. (iv) Puede hipotecarse. (v) Puede ser embargado y ser objeto de medidas precautorias. (vi) No es de ejercicio obligatorio, ni tampoco está afecto a una finalidad ni cantidad determinada. (vii) Comprende la concesión de los terrenos de dominio público necesarios para hacerlo efectivo. (viii) Conlleva la facultad de imponer las servidumbres necesarias para su ejercicio.

100 Citado en: Álvarez Torres, Sandra, *El Borde Costero y su uso*, Tesis en Derecho, Santiago, Pontificia Universidad Católica de Chile, 2001, p. 127.

La misma Contraloría agrega en su dictamen N° 43.468 *"...cuando a juicio del Ministerio de Bienes Nacionales se vea gravemente afectado el uso común de un bien nacional de uso público deberá, esa Secretaría de Estado, en ejercicio de su función de control superior, dar a conocer dicha circunstancia al órgano encargado de su administración, a fin que esta autoridad adopte las medidas que sean procedentes para el debido respeto al uso común de aquellos bienes".*

TEXTOS NORMATIVOS FUNDAMENTALES

I. Código Civil, arts. 589 y 595

Código de Aguas, art. 5°.

Constitución Política de 1980, artículo 19 N° 24, inciso 6 al 10

Decreto Supremo N° 11 y 12 de 1998, que establece el catastro a nivel nacional de los ríos y lagos navegables por buques de más de cien toneladas.

Decreto con Fuerza de Ley N° 850 de 1998 sobre Administración de Obras Públicas y Caminos Públicos, fija texto refundido, coordinado y sistematizado de la Ley N° 15.840, de 1964 y el Decreto con Fuerza de Ley N° 206, de 1960.

BIBLIOGRAFÍA BÁSICA:

CARMONA S. Carlos. "Derecho de Acceso y Uso de Playas; y Concesiones Marítimas", en: *Seminario Lagos de Chile: Políticas para el uso sustentable de sus riberas* (Universidad Austral–Ministerio de Vivienda y Urbanismo. Puerto Varas, 18-19 de noviembre de 1993).

CLARO DEL SOLAR, Luis, *Derecho Civil Chileno y Comparado. "De los Bienes"* (Imprenta Nascimiento, Santiago, Chile, 1940).

GUZMÁN ALCALDE, Alberto y RAVERA HERRERA, Ernesto, *Estudio de las Aguas en el derecho chileno* (Ediciones Jurídicas "La Ley", Santiago, 1993).

MONTT OYARZÚN, Santiago: El Dominio Público. Estudio de su régimen especial de protección y utilización (Santiago, ConoSur-LexisNexis, 2002) 421 pp.

ROZAS VIAL, Fernando, *Derecho Civil. "De los Bienes"* (Editorial Jurídica de Chile, 1984.).

VERGARA BLANCO, Alejandro: *Principios y sistema del derecho minero. Estudio histórico-dogmático* (Santiago, Editorial Jurídica de Chile) 433 pp.

_______ "Tres problemas actuales sobre bienes del dominio público: caminos privados de uso público; acceso a playas de mar y a orillas de ríos y lagos; y, subsuelo de bienes públicos", en: *Revista de Derecho* (Universidad Católica de Valparaíso), vol. 18, (1996, 2).

_______ *Derecho de Aguas* (Santiago, Editorial Jurídica de Chile), 2 tomos.

_______ "Naturaleza jurídica de los "bienes nacionales de uso público", en: *Ius publicum*, N° 3, (1999) pp. 73-83.

_______ "El novísimo derecho de los bienes públicos y recursos naturales en Chile. Publicatio y Derechos Reales administrativos", en: *Derecho Administrativo. Revista de Doctrina, legislación y Jurisprudencia* (Buenos Aires) 2004.

_______ "La summa divisio de bienes y recursos naturales en la Constitución de 1980". *Ius Publicum* N° 12 (2004) 105-126.

_______ "Público y privado ante la dogmática y la teoría del derecho. En especial, las disciplinas de bienes públicos, minas y aguas", en: *Revista de Derecho Público*, vol. 66 (2004) pp. 495-524.

PANORAMA GENERAL DEL DERECHO ADMINISTRATIVO EN COLOMBIA

Jaime Orlando Santofimio Gamboa*
Andrés Mauricio Briceño Chaves**

I. EVOLUCIÓN Y MODELO REGULATIVO DE LA ADMINISTRACIÓN PÚBLICA, BASE CONSTITUCIONAL Y CONCEPTO DE DERECHO ADMINISTRATIVO Y FUENTES

1. *Evolución del modelo de administración pública en Colombia*

Desde el mismo momento del descubrimiento la mayor preocupación de los reyes de Castilla fue la de dotar a los territorios incorporados a la Corona de un régimen jurídico que les permitiera administrar, gobernar, ejercer justicia y garantizar la seguridad y la hacienda de estos enormes territorios. Para estos efectos se hicieron extensivas al nuevo continente las leyes e instituciones del reino de Castilla y se implementaron, con el transcurso del tiempo y las necesidades que creaban la conquista y la colonia, normas especiales e instituciones novedosas.

Son muchas las imprecisiones que se cometen cuando se pretende describir la organización territorial y el gobierno de los territorios americanos bajo el dominio español. Se tiene la idea que la división territorial y de gobierno comprendían un sistema en cuya cabeza estaba el rey, con la inmediata colaboración del Consejo de Indias, del que se desprendían los virreinatos, los cuales se subdividían, a su vez, en audiencias, y estas en gobernaciones; las gobernaciones, por su parte, en corregimientos o alcaldías mayores, que venían de esta forma a constituir una especie de nivel local.

Sin embargo, esta concepción que tradicionalmente presentan los historiadores no es cierta desde el punto de vista jurídico. Un análisis de la organización española desde esta perspectiva nos señala que la división territorial y el gobierno de los territorios españoles en América correspondió a una proyección de la concepción absolutista del ejercicio del poder que comenzaba a decantar responsabilidades según sus afinidades. De esta forma identificaba como funciones básicas del soberano que ameritaban el auxilio de órganos y servidores especiales las conocidas como: gubernativa, de justicia, militar y de hacienda, a las que posteriormente se agregaría la política en cuanto acercamiento del rey a los súbditos americanos.

De esta forma se desarrolló en lo político una división territorial básica: el virreinato, con el que se pretendió integrar aquellos territorios sujetos a los grandes imperios indígenas sometidos por la barbarie conquistadora (azteca e inca) y que desde los inicios mismos de la conquista habían sido integrados bajo el concepto de provincias, en que desde el comienzo se dividió el territorio americano. El nivel político de la organización española en América implicaba para su ejercicio un estricto orden jerárquico a cuya cabeza se encontraba el rey con la colaboración inmediata del denominado Consejo de Indias. En América la función estaba a cargo del virrey, lugarteniente general del rey, a cuyo cargo se encontraba en el territorio asignado la alta dirección de la política real.

Se trataba del más importante cargo en la América española que implicaba para su titular llevar la representación personal del monarca. En palabras de GARCÍA GALLO, el virrey era para el rey un *alter ego*; y para el reino al que se le enviaba, la encarnación del monarca: "*los poderes del virrey son los mismos del rey –aunque, como recibidos de este y ejercidos en su representación, están supeditados a las órdenes e instrucciones que el monarca pueda darle–, con excepción de las que este se haya reservado personalmente.*

Se extienden incluso a la facultad de legislar dictando provisiones en nombre del monarca aunque firmadas por él y a la facultad suprema de gracia que no tienen otros oficios"[1].

---

* Profesor Emérito Departamento de Derecho Administrativo. Profesor de Derecho Administrativo Universidad Externado de Colombia.

** Profesor Universidad Externado de Colombia

1 García Gallo, Alfonso. *Principios Rectores de la Organización Territorial Indiana en el Siglo XVI.* AHDE T I 1924, p. 341.

La función gubernativa se vinculaba desde el punto de vista de la organización territorial al concepto de provincia, y desde la perspectiva del oficio al cargo de gobernador. Lo gubernativo, dentro de los intentos españoles de diferenciar las funciones del soberano, está en directa relación con lo que actualmente conocemos como administración, en contraposición a la función de justicia. Las provincias fueron las primeras divisiones territoriales de la América española que se formaron a partir del descubrimiento y población de los nuevos territorios. En el siglo XVI constituyeron las unidades básicas del gobierno territorial en las Indias. Las provincias o gobernaciones, como también se las llamó por estar a cargo de un gobernador, al principio dependían directamente del rey. Del rey también dependía su gobernador, que dentro del derecho castellano correspondía a la figura del corregidor. Sus funciones se enmarcaban dentro del concepto de gobierno ordinario; esto es, los asuntos propiamente administrativos del territorio a su cargo, que no eran políticos o generales ni de justicia. Se trataba, en síntesis, de la actividad cotidiana de la cosa pública, en lo que se dio en llamar en términos castellanos como "*las cosas menudas de la administración*"[2].

Las funciones de justicia y militares estaban a cargo de las reales audiencias, las primeras, y de las capitanías generales, las segundas. Se caracterizaban desde el punto de vista territorial porque tenían asignado un territorio para el ejercicio de sus competencias o jurisdicción, que no necesariamente debía corresponder con los límites territoriales de una provincia. En la práctica, las audiencias y capitanías ejercían sus funciones sobre dos o más provincias, independientemente por lo tanto de la circunscripción de los gobernadores. Este aspecto organizativo es el que utiliza GARCÍA GALLO O para descartar el estricto orden jerárquico en que tradicionalmente se quiere colocar a las audiencias y capitanías dentro de la organización política administrativa de la América española. Se trataba de dos organismos con funciones especiales y diferentes de las políticas y de gobierno, con un marco territorial diverso. Ahora bien, en algunos casos la audiencia o capitanía podía coincidir en su jurisdicción con el territorio de la provincia, aspecto que el autor no descarta, pero como un fenómeno del todo accidental[3].

Las audiencias, como lo señalamos, constituían los cuerpos administrativos de la justicia real. Sus competencias comprendían la totalidad de los asuntos contenciosos, civiles y criminales que se suscitaban en sus territorios, e incluso, como lo estudiaremos más adelante, tenían importantes funciones consultivas para con el virrey y especiales atribuciones de naturaleza contencioso administrativa en cuanto se les había encomendado el control sobre los actos individuales del virrey que pudieren causar algún agravio a los súbditos en América. En este sentido, el aporte español al desarrollo posterior del control judicial sobre la administración pública, en especial en el caso colombiano, con la implantación de un régimen eminentemente judicialista, tiene, sin duda, una de sus bases en estos mecanismos que la influencia directa castellana había trasladado a territorio americano a través de las audiencias.

Las audiencias, destaca GARCÍA GALLO, son para esta época de la conquista y de la colonización, en España, los tribunales superiores de justicia. Su proliferación en América, por lo tanto, correspondió a la necesidad de acercar la justicia al Nuevo Mundo en razón de que en los primeros años los litigios y contenciones tenían que ser enviados a España, a la Real Cancillería de Valladolid, único tribunal superior entonces existente, y desde 1494 a la nueva audiencia que entonces se crea en Ciudad Real; y en 1505 se traslada a Granada. Las audiencias, como advertimos, se establecieron en razón de la necesidad de administrar justicia y tramitar los pleitos y causas criminales, tarea para la cual tenían la colaboración de los llamados alguaciles o justicias mayores, que eran los encargados de ejecutar y hacer cumplir sus decisiones o sentencias judiciales.

Por necesidades distintas a las gubernativas y de justicia se crearon las capitanías generales, a las cuales les correspondía el ejercicio de funciones o necesidades estrictamente militares, de guerra o propiamente de defensa. Constituían la base del sistema militar expansivo de la conquista y defensivo durante la colonia, con la advertencia, ya hecha, de que la jurisdicción militar podía o no coincidir con la de las provincias; al final, lo que correspondía con su creación era solucionar un problema militar que podía o no comprometer el territorio de una o más provincias; al igual que la justicia, el militar era un asunto global que no reconocía eventualmente fronteras. La capitanía general estaba a cargo de un militar denominado precisamente capitán general, cuyas funciones se circunscribían a encauzar, dirigir y organizar la acción militar.

---

2 *Ibíd.*

3 Ots Capdequí, José María. *Historia del Derecho Español en América y el Derecho Indiano*. Madrid, Aguilar, 1969.

Por último, este esquema funcional generaba otro tipo de organización básica y fundamental para los intereses reales: la que más susceptibilidades creaba por su naturaleza. Se trataba de la llamada hacienda pública, la cual tenía todo un régimen diverso de jurisdicción y organización respecto del gubernativo, judicial y militar. El manejo de estos asuntos correspondía a los oficiales reales de hacienda que dependían directa y exclusivamente del rey. La hacienda pública, como lo indicamos a propósito de los virreyes, era lo único que el rey no les atribuía. La función principal de los oficiales reales de hacienda fue la del recaudo de los impuestos y demás sumas e imposiciones fiscales en los territorios americanos; para finales del siglo XVI tenían atribuidas funciones jurisdiccionales especiales en materia de hacienda, en una especie de jurisdicción especializada que le sustrajo el conocimiento de estos asuntos a la justicia ordinaria de las reales audiencias. Jerárquicamente tenían relaciones con la Casa de Contratación de Sevilla y con el Consejo de Indias[4].

Ahora bien, este esquema de funciones, organismos y oficios no implicaba más que una incipiente tendencia a la identificación de acciones similares en la gestión pública del rey, que de por sí significó un gran avance para el derecho público de la época. Sin embargo, la ocupación de oficios estaba sujeta a un principio práctico de acumulación de poderes propios del absolutismo real, que la doctrina ha identificado como principio o política de "*acumulación de cargos*", consistente en que a quien ejercía uno de los oficios propios de una función se le podía atribuir, por razones de política de Estado, esto es, con la discrecionalidad del rey, el ejercicio de otros oficios de los que correspondían a otras autoridades. Esta política común y generalizada en el Nuevo Mundo ha llevado a algunos estudiosos a sostener la existencia de una ostensible falta de claridad en el manejo de los oficios públicos por parte del rey español.

No compartimos esta opinión: la administración pública española en América hay que entenderla con sujeción al pensamiento político predominante en la época, es decir, el absolutismo, que se basaba precisamente en la acumulación y centralización del poder como mecanismo idóneo de manejo y mantenimiento del poder político. Solo a partir de estas razones podemos entender cómo se estructuraba una regla general, la de acumulación de oficios. Para GARCÍA GALLO, esta política tenía un elemento de conveniencia importante: el de evitar "roces y recelos entre las distintas autoridades que intervenían en un mismo territorio", y esto se consigue "acumulando frecuentemente en una misma persona los distintos cargos de gobierno, justicia y guerra, y en su caso de política. Únicamente los negocios de hacienda se mantenían siempre fuera de cualquier posible acumulación". No es difícil encontrar en la historia de los virreyes, por ejemplo, que a la persona nombrada en dicho oficio se le nombrara también gobernador de la misma provincia en que residía o de otras de su mismo virreinato que no tuvieren gobernador, o también presidente de la audiencia con sede en dicha provincia y capitán general de la circunscripción militar que le correspondiera: "*virrey, gobernador, presidente y capitán general*"; no se trataba de un ostentoso título, sino de la suma de oficios en una misma persona.

La situación podía eventualmente presentarse respecto de los gobernadores, que podían acumular oficios de justicia y militares: "*gobernador, presidente y capitán general*", generalmente respecto de una misma provincia, o simplemente "*gobernador y capitán general*", o "*gobernador y presidente*"; todo dependía de las necesidades y de la discrecionalidad del rey. Incluso, sostiene GARCÍA GALLO, la posibilidad de "gobernador y alguacilazgo o justicia mayor"; lo mismo sucedió con las audiencias, en donde su presidente o incluso el conjunto de sus integrantes podían recibir responsabilidades de gobierno. Situación que ha llevado a algunos historiadores a atribuir a las audiencias el carácter de órgano de gobierno, razonamiento este carente de exactitud si se tiene en cuenta que sus obligaciones de justicia las cumplían en estos eventos separadamente de las de gobierno. "*Cuando el presidente de una audiencia ejercía oficios de gobierno, los desempeñaba por sí solo, sin intervención alguna de la audiencia*"; en estos eventos en el lenguaje común se le otorgaba el nombre de presidencia, tal como ocurrió entre nosotros de los años 1554 a 1604, cuando los presidentes de la audiencia acumularon oficios de gobernador. Cuando la función se acumulaba con los miembros de la audiencia, esto es, con los oidores conjuntamente, se decía que la "*audiencia gobierna*", tal como ocurrió en la Nueva Granada entre 1548 y 1554[5].

En el nivel local, el municipio castellano constituye la base a partir de la cual se organiza la vida social en las provincias americanas. En opinión de OTS CAPDEQUI, a la par del trasplante de las

[4] Sánchez Bella, Ismael. *La Jurisdicción de Hacienda en Indias*. AHDE T. XXIX 1959, p. 85.

[5] García Gallo, Alfonso. *Principios Rectores de la Organización Territorial Indiana en el Siglo XVI*, ob., *cit.*, p. 336.

instituciones españolas prosperó "*una sabia política realista cuidadora de recoger en la ley las modalidades particularísimas que imponían las nuevas condiciones de vida de aquellos territorios tan alejados y tan diferentes a los nuestros*"[6]. La estructura municipal y la de oficios en este período son recogidas por este investigador a partir de la recopilación de 1680 (Ley II, título VII, libro IV) que diferencia entre ciudades principales o villas metropolitanas y villas o lugares. Las primeras tenían los siguientes oficios: "*un juez con título de adelantado, o alcalde mayor, o corregidor, o alcalde ordinario que ejercía la jurisdicción in solidum, y juntamente con el regimiento tenía la administración de la república; dos o tres oficiales de la hacienda real; doce regidores; dos fieles executores; dos jurados de cada parroquia; un procurador general; un mayordomo; un escribano de concejo; dos escribanos públicos; uno de minas y registro; un pregonero mayor; un corredor de lonja; dos porteros; y si diocesana o sufragánea, ocho regidores y los demás oficiales perpetuos: para las villas y lugares: alcalde ordinario; cuatro regidores; un alguacil; un escribano de concejo público; y un mayordomo*"[7].

Paralelamente a estos pueblos o ciudades villas de blancos o españoles, por razones culturales fue preocupación la de crear pueblos de indios o reductos donde debían concentrarse los indígenas habitantes de los territorios conquistados. En estos pueblos se procuraba la formación cristiana; de aquí que se le encomendaba su manejo a un cura doctrinero, "*cuyo sostenimiento corría a cargo de los tributos que los indios estaban obligados a pagar*". Si el pueblo estaba habitado por más de cien indios, su burocracia se aumentaba en dos o tres cantores, un sacristán y uno o dos fiscales. En la recopilación de 1680 se dispuso la presencia de alcaldes y regidores de indios o dos alcaldes y regidores según el número de indios de la reducción[8].

La ruptura que implicó la independencia americana no significó un abandono inmediato de instituciones y principios que eran básicos en el funcionamiento de determinados aspectos del gobierno y de la justicia. Integrados los Estados independientes y soberanos de Iberoamérica, esas instituciones se incorporaron a los nuevos ordenamientos o sirvieron incluso de orientadoras de las nuevas figuras normativas que se desarrollaron como consecuencia de la Independencia.

Por otra parte, la experiencia constitucional norteamericana y el proceso revolucionario francés aportaron de igual manera elementos importantes en la trayectoria del derecho público americano. En el caso colombiano, las marcas de estas tres corrientes de influencia resultan innegables al momento de analizar nuestras instituciones. El viejo derecho español se perpetuó otorgando impulso a gran parte de la actividad cotidiana de la administración pública. Las normas sustanciales sobre minerales, policía, salubridad, procedimientos, continuaron intactas, constituyendo así la dinámica misma de la administración pública; incluso se observa que en la determinación de las competencias del ejecutivo algunas de las primeras constituciones provinciales hacían responsables a los presidentes y gobernadores del ejercicio de funciones que eventualmente reproducían los contenidos de la ciencia de la policía, que el gobierno español consideraba como consustanciales a su existencia, en especial durante los últimos años del siglo XVIII.

2. *Organización del Estado y de la administración. El Estado unitario en Colombia*

La Constitución Política de 1991 reiteró el principio constitucional de la organización del Estado, establecido en la Constitución de 1886 y que dio al traste con el sistema federal, que desde 1853 dominaba el ámbito de la organización territorial y de las decisiones fundamentales del Estado. A este respecto indica el artículo 1.° constitucional que Colombia es una "*República unitaria, descentralizada con autonomía en sus entidades descentralizadas*"[9]. Por su parte, el artículo 115 superior,

---

6 Ots Capdequí, José María. *Apuntes para la Historia del Municipio Hispanoamericano del Período*, ob., *cit.*, pp. 94 y 95.

7 *Ibíd*, p. 96.

8 Ibíd, p. 122.

9 Norma constitucional que en la actualidad está concordada con las Leyes 388 de 1997 (artículos 1, 6, 7, 10 y 63 en materia de ordenamiento territorial), 590 de 2000, 905 de 2004, 986 de 2005, 1374 de 2010, 1436 de 2011, 1469 de 2011. Sobre esta norma la Corte Constitucional se ha pronunciado en las siguientes sentencias: C-221 de 192; C-478 de 1992; C-479 de 1992; C-517 de 1992; C-541 de 1992; C-543 de 1992; C-544 de 1992; C-546 de 1992; C-556 de 1992; C-561 de 1992; C-575 de 1992; C-587 de 1992; C-588 de 1992; C-590 de 1992; C-263 de 1996; C-284 de 1997; C-702 de 1999; C-727 de 2000; C-1187 de 2000; C-244 de 2001; C-540 de 2001; C-837 de 2001; C-920 de 2001; C-1064 de 2001; C-034 de 2003; C-041 de 2003; C-068 de 2003; C-102 de 2003; C-127 de 2003; C-128 de

complementando la idea unitarista, ubica a los organismos propios de las entidades territoriales dentro del ámbito de la rama ejecutiva nacional; al respecto señala que "*Las gobernaciones y las alcaldías ... forman parte de la rama ejecutiva*"[10]. En esta misma línea de ideas, el artículo 209 constitucional amplía el marco de instrumentos señalados para la función administrativa del Estado al indicar que "*La función administrativa ... se desarrolla ... mediante la descentralización, la delegación y la desconcentración de funciones*"[11].

Por otra parte, al referirse en estricto sentido a la organización territorial, el constituyente, en el artículo 287 de la Carta, reconoce a las entidades territoriales, dentro de los marcos de la Constitución y la ley, autonomía para gobernarse por sus propias autoridades, ejercer las competencias que le correspondan, administrar los recursos y establecer los tributos necesarios para el cumplimiento de sus funciones, y participar en las rentas nacionales[12].

Este marco normativo nos permite sostener que en derecho colombiano domina históricamente el principio del Estado unitario[13], el cual debe servir de referencia para cualquier interpretación de los

---

2003; C-129 de 2003; C-151 de 2003; C-152 de 2003; C-181 de 2003; C-356 de 2003; C-402 de 2003; C-408 de 2003; C-450 de 2003; C-572 de 2003; C-1003 de 2003; C-1017 de 2003; C-022 de 2004; C-038 de 2004; C-047 de 2004; C-105 de 2004; C-150 de 2004; C-151 de 2004; C-157 de 2004; C-171 de 2004; C-176 de 2004; C-224 de 2004; C-227 de 2004; C-314 de 2004; C-352 de 2004; C-355 de 2004; C-369 de 2004; C-379 de 2004; C-431 de 2004; C-432 de 2004; C-457 de 2004; C-458 de 2004; C-459 de 2004; C-474 de 2004; C-508 de 2004; C-512 de 2004; C-513 de 2004; C-448 de 2005; C-822 de 2005; C-121 de 2006; C-319 de 2007; C-272 de 2016.

[10] Norma constitucional que en la actualidad está concordada con la Ley 179 de 1994 (artículo 66). Sobre esta norma la Corte Constitucional se ha pronunciado en las siguientes sentencias: C-557 de 1992; C-599 de 1992; C-027 de 1993; C-227 de 1993; C-333 de 1993; C-537 de 1993; C-170 de 2001; C-199 de 2001; C-503 de 2001; C-737 de 2001; C-992 de 2001; C-1172 de 2001; C-022 de 2004; C-910 de 2007.

[11] Norma constitucional que en la actualidad está concordada con la Ley 1066 de 2006.

[12] Corte Constitucional. Sentencia C-004 de 14 de enero de 1993. "(...) *la introducción del concepto de autonomía, que implica un cambio sustancial en las relaciones centro-periferia, debe en todo caso ser entendida dentro del marco general del Estado unitario. De esta forma, a la ley corresponderá definir y defender los intereses nacionales, y para ello puede intervenir en los asuntos locales, siempre que no se trate de materias de competencia exclusiva de las entidades territoriales. En cualquier caso, hay que tener en cuenta que de lo que se trata es de armonizar los distintos intereses, y no simplemente delimitarlos y separarlos. En síntesis, el municipio que antes aparecía relegado en un tercer plano, después de la nación y los departamentos, es hoy la célula fundamental de la estructura política y administrativa del Estado; lo que significa que el poder central no puede injerir en las gestiones y decisiones que se asuman a nivel local, de acuerdo con las competencias establecidas, pues si tal ocurre se compromete la autonomía administrativa, patrimonial y fiscal que la Constitución reconoce a los entes territoriales descentralizados con las limitaciones señaladas en la Constitución y la ley*". Corte Constitucional. Sentencia C-506 de 16 de octubre de 1995. "*El modelo actual de la organización del Estado colombiano responde a una concepción diferente a la del Estado unitario centralizado. El punto fundamental de este cambio se encuentra en el concepto de autonomía, que se atribuyó de manera explícita -entre otras- a las entidades territoriales, a través de las cuales se busca hacer efectivo el respeto a la identidad comunitaria local y a su capacidad de autodeterminarse, sin que se ignore por eso la necesidad de que ciertas actividades sean coordinadas y planeadas desde el poder central*". Corte Constitucional. Sentencia C-643 de 2012. "*Según reiterada jurisprudencia de esta Corporación, la autonomía territorial no es absoluta y se relaciona en forma armónica con el principio de unidad nacional. Indefectiblemente, la autonomía de las entidades territoriales se ejerce dentro de los límites de la Constitución y la ley (C.P. artículo 287) y encuentra su límite constitucional en lo dispuesto por el artículo 288*". Corte Constitucional. Sentencia C-072 de 4 de febrero de 2014. Corte Constitucional. Sentencia C-123 de 5 de marzo de 2014. Corte Constitucional. Sentencia C-145 de 6 de abril de 2015. Corte Constitucional. Sentencia C-035 de 8 de febrero de 2016. Corte Constitucional. Sentencia C-053 de 13 de febrero de 2019. Corte Constitucional. Sentencia C-353 A de 2021.

[13] Corte Constitucional. Sentencia C-889 de 2012. "*4. La Constitución Política, al definir el modelo de Estado (Art. 1º C.P.) parte de dos supuestos definidos. En primer término, se concibe a Colombia como un Estado organizado en forma de República unitaria, lo que de suyo excluye modalidades federales de ejercicio del poder político. Así, como lo ha señalado la jurisprudencia de la Corte, el principio de Estado unitario opera como factor de justificación y articulación de las políticas públicas de carácter nacional, siendo las más importantes las leyes que adopta el Congreso. En términos de este Tribunal, "... la naturaleza del Estado unitario presupone la centralización política, lo cual, por un lado, exige unidad en todos los ramos de la legislación, exigencia que se traduce en la existencia de parámetros uniformes del orden nacional y de unas competencias subordinadas a la ley en el nivel territorial y, por otro, la existencia de competencias centralizadas para la formulación de decisiones de política que tengan vigencia para todo el territorio nacional (se cita la sentencia C-579 de 2001). Del principio unitario también se desprende la posibilidad de intervenciones puntuales, que desplacen, incluso, a las entidades territoriales en asuntos que de ordinario se desenvuelven en la órbita de sus competencias, pero en relación con los cuales existe un interés nacional*

fenómenos que sobre organización del territorio y la distribución de funciones y competencias se hagan respecto de nuestro Nación. Igualmente, y como complemento lógico deducible de la anterior normatividad, que el unitarismo se encuentra sujeto a precisas limitaciones y reglas de excepción, que hacen que no se configure como un sistema puro. El régimen colombiano resulta ser, entonces, atemperado, en donde la centralización, como fenómeno de ejercicio del poder típico del sistema, presenta precisas excepciones en beneficio de los organismos periféricos.

La Corte Constitucional, al identificar el tipo o modelo de Estado unitario regulado por nuestra Carta, en especial el papel del centralismo dentro del mismo, sostuvo que el mismo "*supone el principio de la centralización política, que se traduce en unidad de mando supremo en cabeza del Gobierno Nacional, unidad en todos los ramos de la legislación, en cabeza de un Congreso y, en general, unidad en las decisiones de carácter político que tienen vigencia para todo el espacio geográfico nacional; la centralización también implica la unidad en la jurisdicción. La centralización política no es otra cosa, pues, que una jerarquía constitucional reconocida dentro de la organización jurídica del Estado. Pero la centralización política no es incompatible con la descentralización administrativa, ni con la autonomía de las entidades regionales*"[14].

Conforme lo expuesto por la Corte, y en sintonía con la historia política patria podemos sostener sin lugar a discusión que nuestro sistema unitario, que niega el federalismo, se resume en la fórmula de la centralización política y la descentralización administrativa, en donde las grandes decisiones del Estado se conservan en los poderes centrales, y donde el único de los poderes que se abre de manera descentralizada (territorial y por servicios) con relativa autonomía, aunque sujeto también a fenómenos de desconcentración y delegación, es el administrativo. Esto nos permite sostener, entonces, que la gran limitante al régimen del unitarismo colombiano se encuentra en la existencia de niveles de decisión autónomos, obviamente bajo la tutela del poder central pero con posibilidades de acción independiente de este; lo anterior sin desconocer que la Constitución admite que este esquema se conjugue con instrumentos tradicionales y propios del centralismo; nos encontramos, por lo tanto, ante una típica fórmula mixta de distribución del poder sobre el territorio que juega acorde a las coyunturas políticas y los intereses variables de los detentadores del poder; en otras palabras, el régimen colombiano no se matricula en estricto sentido en una fórmula determinada: por el contrario, juega con todas ellas[15].

Por otra parte, desde el punto de vista exclusivo de las entidades territoriales, el sistema acepta la posibilidad de la existencia de regiones con un régimen jurídico prácticamente indefinido después de diez años de vigencia de la Constitución. Los artículos 306 y 307 de la Carta incorporan esta interesante modalidad de organización territorial, en primer lugar, como entidad estrictamente administrativa y, en segunda instancia, como un modelo de entidad político territorial con los mismos derechos y prerrogativas de las otras formas de distribución territorial tipificadas en el texto constitucional, generando una especie de alternativa para la división del territorio colombiano[16]. VIDAL PERDOMO encuentra, a partir de la particular redacción de la Constitución en esta materia, una especie de puerta abierta para que Colombia pase de país unitarista al de nación regional, en lo que denomina "un tercer modelo de organización territorial" al cual se puede llegar si la voluntad política se inclina en este sentido[17].

3. *Concepto de derecho administrativo.*

Abordar el concepto y la definición del derecho administrativo ha sido uno de los más complejos problemas de la doctrina en todos los tiempos. Los grandes puntos de divergencia de teóricos en apariencia homogéneos en las concepciones ius administrativistas se centran precisamente en la

---

de superior entidad (se cita la sentencia C-149 de 2010)". Corte Constitucional. Sentencia SU 095 de 11 de octubre de 2018. "

14 Corte Constitucional. Sentencia C-497 del 3 de noviembre de 1994.

15 *Ibid.*

16 En su momento el artículo 17 del Acto Legislativo 1 de 2003 incorporó dos incisos a la norma, con los que se permitía que el Distrito Capital, el Departamento de Cundinamarca y los departamentos contiguos podrían asociarse en una región administrativa y de planificación especial con personería jurídica, autonomía y patrimonio propio. Sin embargo, la Corte Constitucional a través de la sentencia C-313 de 11 de mayo de 2004 declaró inexequible dicha norma.

17 Vidal Perdomo, Jaime. *La Región en la Organización Territorial del Estado*. Bogotá, Universidad del Rosario, 2001, p. 12

definición que adoptan de la disciplina. Esta calamitosa situación, calificada como de *crux iuris* para los estudiosos del llamado derecho administrativo, obedece al carácter dialéctico y cambiante de los contenidos y las materias propios en cada momento de la historia de la administración y del derecho administrativo, asunto este que los hace heterogéneos y mutables, de imposible conceptualización única.

El derecho administrativo no ha sido el mismo en todos los tiempos y lugares. En cada país, y según los parámetros constitutivos del objeto que se hubiere utilizado, adquiere connotaciones diversas e incluso tendencias divergentes.

Por esta razón, nuestro estudio parte de una presentación sistemática de los más importantes criterios sobre la materia. De ese estudio concluimos la imposibilidad del monismo conceptual y la aceptación del pluralismo como criterio sincrético en donde se conjugan los criterios orgánicos, funcionales y teleológicos en procura de una noción universal.

Tratándose del derecho colombiano, anotábamos que ese juego simultáneo de los criterios tradicionales de conceptualización del derecho administrativo están irremediablemente inmediatizado por el carácter teleológico que le imprime la Constitución de 1991. En este sentido, el concepto de derecho administrativo debe comprender, como parte de su descripción, el cumplimiento de los cometidos propios del Estado social y democrático de derecho, el interés general y el bien común. De aquí que resulte imposible un concepto que no se nutra de esta constante ideológica, que busca la consolidación del Estado social de derecho.

Es así como, operativamente y dentro de esta concepción, entendemos el derecho administrativo como el subsistema normativo o rama del derecho positivo que tiene por objeto el conocimiento y la regulación jurídica de los órganos, sujetos, funciones y finalidades de la administración pública y de sus relaciones con los asociados y la comunidad.

De la definición propuesta se deducen varios elementos que ameritan ser considerados individualmente en procura de mayor claridad. En este sentido se distinguen cuatro importantes aspectos de la definición: el ser un derecho de la administración pública; el constituir un subsistema normativo; el ser una rama del derecho positivo, lo que genera de inmediato inevitables discusiones sobre el derecho público y el derecho privado; y, por último, las características de las relaciones con los asociados, los ciudadanos y la comunidad en general.

4. *Fuentes del derecho administrativo colombiano*

A. *La Constitución Política como fuente del derecho administrativo colombiano*

En el caso de la Constitución colombiana de 1991, este planteamiento no nos deja duda alguna: no solo se declara su carácter normativo, sino que se incluyen disposiciones que llaman a la aplicación y eficacia de tales normas como fuerza jurídica, es decir, reguladora de la vida cotidiana. El preámbulo de la Constitución empieza determinando el contexto normativo como un "marco jurídico", expresión que no deja abierta discusión alguna sobre las intenciones y sentimientos del constituyente respecto de este tema de nuestro derecho constitucional. Similar conclusión se puede extraer del artículo 4.° superior que de modo expreso define a la Constitución como "norma jurídica", es decir, le imprime específicamente la fuerza vinculante necesaria de regulación y ordenación del Estado y de coacción para que sus disposiciones no se agoten en meros postulados programáticos: "*la Constitución es norma de normas. En todo caso de incompatibilidad entre la Constitución y la ley u otra norma jurídica, se aplicarán las disposiciones constitucionales*".

Algunas otras disposiciones reafirman este carácter vinculatorio jurídico de la Constitución; así, por ejemplo, el inciso 2° del artículo 4° superior obliga a todas las personas a someterse al sistema jurídico colombiano a cuya cabeza se encuentra la Constitución: "*Es deber de los nacionales y extranjeros en Colombia acatar la Constitución y las leyes, y respetar y obedecer a las autoridades*". Se reafirma en esta disposición la fuerza no solo de la Constitución como norma jurídica, sino también de todo el sistema que de ella se desprende; se pretende, de esta manera, fortalecer su eficacia normativa. Algunas otras disposiciones reafirman este carácter; por ejemplo, el artículo 95 contiene dos expresas referencias a este carácter obligatorio y generador de efectos jurídicos de la Constitución: "*El ejercicio de los derechos y libertades reconocidos en esta Constitución implica responsabilidades*"; y en el inciso 2° reafirma: "*Toda persona está obligada a cumplir la Constitución y las leyes*".

Frente al ejercicio de los poderes se presenta la situación de una directa sujeción de las disposiciones constitucionales, que no solo las instituye, sino que determinan en buena parte su régimen de competencias. Igualmente se observa este mismo carácter respecto de los servidores públicos, los cuales, según lo dispuesto en el artículo 121 constitucional, se encuentran vinculados en primer grado de manera funcional a lo que la Constitución Política disponga: "*Ninguna autoridad del Estado podrá ejercer funciones distintas de las que le atribuyen la Constitución y la ley*"[18].

En diferentes oportunidades la Corte Constitucional se ha pronunciado reafirmando el carácter de la norma jurídica del texto constitucional; en sentencia de mayo de 1992 indicó la corporación que al instituir el ordenamiento estatal la Constitución "funda" el ordenamiento jurídico de este. "*La Constitución se erige en el marco supremo y último para determinar tanto la pertenencia al orden jurídico como la validez de cualquier norma, regla, o decisión que formulen o profieran los órganos por ella instaurados*"[19]. En sentencia de junio del mismo año se ratificó este concepto, indicando que la Constitución es una norma directamente aplicable; de aquí que una de sus características sea su obligatoriedad y eficacia[20]. Y en pronunciamiento de 1993, que se ha venido ratificando por la Corte: "*La Constitución es norma de normas, pero en modo alguno es norma ordinaria que solo se distingue de las demás en razón de su jerarquía formal. La Constitución es el eje central del ordenamiento jurídico ... La Constitución como eje central del ordenamiento debe ser acatada por todas las personas y órganos del Estado*"[21].

Al interior del sistema se han tipificado algunas reglas que consolidan el principio de jerarquía normativa en derecho colombiano: el artículo 93 constitucional, que incluye en nuestro régimen positivo la regla de la prevalencia de los tratados y convenios internacionales aprobados por Colombia y referentes a los derechos fundamentales sobre las normas internas, incluso las que tratan estados de excepción[22]; el artículo 20 del Código Sustantivo del Trabajo al darle preferencia al subsistema normativo laboral sobre todo aquel subsistema del mismo nivel que lo contradiga; el artículo 240 del Código de Régimen Político y Municipal, que establece la jerarquía normativa en materias nacionales, territoriales y locales[23]; el artículo 10° de la Ley 57 de 1887, que instituyó la jerarquía normativa a partir del texto constitucional; y el artículo 12 de la Ley 153 de 1887[24], que se refiere al principio de las normas reglamentarias.

---

18 Corte Constitucional. Sentencia C-159 de 2021. "*Por lo tanto, en lo que respecta a la supresión, simplificación o reforma de trámites innecesarios existentes en la Administración pública, el Presidente de la República desbordó las facultades legislativas excepcionales y transitorias. Ello conduce a la declaratoria de inexequibilidad de las normas demandadas, considerando que en la Constitución Política "Ninguna autoridad del Estado podrá ejercer funciones distintas de las que le atribuyen la Constitución y la ley" (artículo 121) y que, en el presente caso (Ley 1955 de 2019), el desbordamiento de las facultades legislativas extraordinarias contraviene lo previsto en el artículo 150.10 de la norma superior*".

19 Corte Constitucional. Sentencia T-006 del 12 de mayo de 1992.

20 Corte Constitucional. Sentencia C-434 del 25 de junio de 1992.

21 Corte Constitucional. Sentencia C-531 del 11 de noviembre de 1993.

22 Norma constitucional que en la actualidad está concordada con las Leyes 1408 y 1418 de 2010.

23 Dicho artículo fue declarado inexequible por la Corte Constitucional mediante la sentencia C-037 de 26 de enero de 2000.

24 Corte Constitucional. Sentencia C-037 de 2000. "*El ordenamiento jurídico colombiano supone una jerarquía normativa que emana de la propia Constitución. Si bien ella no contiene disposición expresa que determine dicho orden, de su articulado puede deducirse su existencia, así no siempre resulte sencilla esta tarea. En efecto, diversas disposiciones superiores se refieren a la sujeción de cierto rango de normas frente a otras. Además de ser evidente que las normas constitucionales ocupan, sin discusión, el primer lugar dentro de la jerarquía del ordenamiento jurídico, dentro de la propia Carta, no todas las normas son igualmente prevalentes. Pero más allá de la supremacía constitucional, de la propia Carta también se desprende que las leyes expedidas por el Congreso dentro de la órbita de competencias que le asigna la Constitución, ocupan, en principio, una posición prevalente en la escala normativa frente al resto del ordenamiento jurídico. Así las cosas, tenemos que los actos administrativos de contenido normativo, deben tener por objeto el obedecimiento y cumplimiento de la ley, de donde se deduce su sujeción a aquella. Tenemos entonces que, de manera general, la normatividad jurídica emanada de autoridades administrativas o de entes autónomos, debe acatar las disposiciones de la ley, tanto en su sentido material como formal. Aunque existe una jerarquía normativa que se desprende de la Constitución, ella no abarca, de manera completa, la posición de todas y cada una de las disposiciones que conforman el orden jurídico; es decir el orden de prevalencia normativa no ha sido señalado en su totalidad por el constituyente*".

Dentro del contexto de la Constitución normativa se desprenden, pues, en el derecho colombiano, cinco importantes cláusulas o supra principios rectores de la totalidad de su actividad y continente de algunos otros que los confirman; de esta forma podemos decantar de la Constitución de 1991: "*base o supra principio del Estado de derecho*", "*base o supra principio del Estado democrático*", "*base o supra principio del Estado social*"; "*base o supra principio del Estado unitario*"; y "*base o supra principio de la integración*"; los cuales, a su vez, son portadores de principios y valores que orientan y determinan la acción de los poderes públicos y de las relaciones entre el Estado y los asociados. Todos estos contenidos son parte indiscutible de la Constitución normativa sustancial, que es, a no dudarlo, la columna conductora de todo lo político y social.

B. *La ley como fuente del derecho administrativo colombiano*

Entendido el derecho como sistema y realizada una primera aproximación al principal de sus elementos, esto es, a la Constitución Política, e identificados los supra principios que sustentan al Estado colombiano y constituyen los parámetros para el análisis de la administración pública y del derecho administrativo, corresponde a esta altura de la investigación abordar el segundo de los elementos jerárquicamente considerado. En este sentido, debemos ocuparnos del papel que cumple la ley dentro del sistema como elemento sustentador de la administración pública y de su régimen jurídico, al igual que de las relaciones jurídicas que eventualmente la ley genera frente al subsistema del derecho administrativo.

Si bien es cierto que la Constitución establece los parámetros y conceptos básicos que apuntalan y direccionan los senderos finalísticos de la administración pública, la ley, en su carácter de normatividad dependiente, tiene papel importante en cuanto al desarrollo y determinación de las pautas que han de seguirse en cumplimiento de los preceptos superiores. De aquí la necesidad de hacer una aproximación en el derecho nacional sobre su concepto y características.

En el derecho colombiano, de tiempo atrás, pero a nivel de la misma ley, el legislador se preocupó por definir su principal mecanismo de manifestación. Acudiendo a la concepción clásica francesa se acoge el criterio de la generalidad. El artículo 4.° de la ley del 26 de mayo de 1873, que adoptó el Código Civil para los Estados Unidos de Colombia, estableció que "*la ley es la declaración de la voluntad soberana manifestada en la forma prevenida en la Constitución nacional. El carácter general de la ley es mandar, prohibir, permitir o castigar*".

No obstante, la definición legal de lo que es la ley en derecho colombiano, la misma resulta insuficiente desde el punto de vista de su contenido ante las diferentes hipótesis en que ella se estructura. En la realidad jurídica colombiana el concepto de ley del artículo 4° tiene evidentes fisuras prácticas. Tan ley es aquella que goza de ser una declaración de voluntad de carácter general, esto es, que contiene decisiones que crean, modifican o extinguen situaciones jurídicas para los asociados de manera general, como aquellas declaraciones de voluntad creadoras de situaciones individuales pero que son el producto del ejercicio de la función legislativa. Incluso, podemos afirmar que en el sistema colombiano también se podría denominar como ley cualquier declaración de quien ejerza función legislativa que propiamente no cree situaciones jurídicas, como pueden ser los actos de honores o conmemorativas a que nos tiene acostumbrados el Congreso.

Por estas razones, consideramos que la afirmación del Código Civil no es del todo válida para identificar el concepto de ley. Con independencia de los criterios históricos sobre la generalidad, lo material o lo formal, en derecho colombiano predomina básicamente el ejercicio de la función legislativa para la identificación del fenómeno como ley. Todo aquello que revista carácter de manifestación general o individual de voluntad, que no resulte ser del ejercicio de la función legislativa, pero se asimile a ella en cuanto a los efectos, nos sitúa invariablemente en la teoría del acto administrativo, sobre el cual nos referiremos en el literal siguiente.

Otro elemento que destaca el artículo 4° del Código Civil es el de que, para que exista una ley, la manifestación o declaración soberana de carácter general debe ser expresada en la forma prevista en la Constitución nacional. Esto es, que para que exista una ley debe ser el producto final de los procedimientos legislativos establecidos en la Constitución y en la misma ley.

Insistimos en que se trata de una manifestación o declaración de quien ejerce funciones legislativas, porque conforme a la estructura constitucional colombiana la función legislativa no es exclusiva del Congreso Nacional. Entre nosotros existe una regla general en materia legislativa asignada al Congreso, y una clara regla de excepción que habilita eventualmente al Presidente de la República para que ejercite la función legislativa. Fuera de estos órganos, en razón del mismo carácter unitario del Estado, es imposible hacer referencia a normas con fuerza de ley. Las demás normas, como lo indicamos, que se produzcan con características similares a las de la ley por órganos o sujetos que no ejerzan la función legislativa no podemos calificarlas más que de administrativas.

Conforme al régimen constitucional colombiano, el Congreso de la República obtiene competencia para proferir manifestaciones o declaraciones con fuerza de ley a partir de la conjugación de un estricto sistema de adscripción constitucional de materias legislativas que se expresa básicamente en el listado del artículo 150 constitucional y en las demás normas constitucionales que le entregan el desarrollo concreto de ciertas materias. Este sistema de adscripción es conjugado por vía jurisprudencial con la denominada cláusula general de competencia legislativa que le es reconocida al Congreso por la Corte Constitucional. Como punto de partida para este reconocimiento se toma el artículo 114 superior que indica que en Colombia corresponde "*al Congreso ... hacer las leyes*".

Al respecto sostiene la Corte que, a diferencia de otros ordenamientos jurídicos como el francés, en donde el Ejecutivo tiene una regla general de competencia normativa, "*en Colombia, en cambio, el órgano que tiene la potestad genérica de desarrollar la Constitución y expedir las reglas de derecho es el Congreso, puesto que a este corresponde 'hacer las leyes', por lo cual la enumeración de las funciones establecidas por el artículo 150 de la Constitución no es taxativa. No es entonces legítimo considerar que si el Congreso expide una ley que no encaja dentro de las atribuciones legislativas específicas del artículo 150 superior entonces tal norma es, por ese solo hecho, inconstitucional, ya que ello implicaría desconocer que en el constitucionalismo colombiano la cláusula general de competencia está radicada en el Congreso*"[25].

Lo anterior no significa que el Congreso pueda desconocer el ámbito de atribuciones constitucionales de otros órganos del Estado ni las restricciones que expresamente el constituyente le hubiere establecido. Debemos recordar que, en Colombia, si bien es cierto que el Congreso tiene la regla general de competencia legislativa, no significa esto que otros órganos del Estado por autoridad de la Constitución puedan proferir normas jurídicas vinculantes de carácter general. Ahora bien, lo que sí puede el Congreso válidamente es reformar sus leyes e interpretarlas.

En este sentido la Corte ha sido clara en esta competencia de la corporación emanada de la misma naturaleza de lo legislativo ordinario: "*Corresponde al Congreso, como titular de la función legislativa, la cláusula general de competencia para expedir las normas interpretativas de la ley, de modo que, por este aspecto –la invocación de la competencia para interpretar normas legales por vía de autoridad–, la rama correspondiente ha actuado dentro de la órbita constitucional de sus atribuciones.*

La interpretación toca necesariamente la materia tratada en las normas que se interpretan, de modo que, si la Constitución ha señalado ciertos trámites y exigencias para que el Congreso legisle acerca de un tema, ellos son aplicables tanto a la norma básica que desarrolla la función correspondiente como a las disposiciones que se dicten para desentrañar su sentido por vía de autoridad. La expedición de una norma que dice interpretar otras, si de veras responde a ese propósito, no es ni puede ser, sin que pierda tal carácter, la ocasión para modificar o adicionar la legislación preexistente, ni para introducir excepciones a reglas generales ya establecidas, menos todavía si mediante aquella denominación se pretende eludir el cumplimiento de los requisitos constitucionales para la expedición de normas sobre la materia abordada. En esta última hipótesis la ley sería, además, inconstitucional"[26].

C. *El Reglamento o acto administrativo de carácter general como fuente del derecho administrativo colombiano*

El tercer nivel dentro de los elementos del sistema normativo aplicables al subsistema del derecho administrativo corresponde al denominado "acto administrativo". Si bien es cierto que en la doctrina el asunto se trata como un problema referido directamente al reglamento, en derecho colombiano el término genérico que comprende aquellas manifestaciones normativas de carácter general que eventualmente generan situaciones jurídicas tanto para la administración como para los administrados es el acto administrativo.

---

[25] Corte Constitucional. Sentencia C-527 del 18 de noviembre de 1994.

[26] Corte Constitucional. Sentencia C-270 del 13 de julio de 1993.

En este sentido, consideró necesario ajustar las elaboraciones jurisprudenciales colombianas al entendimiento de los conceptos de administración pública y derecho administrativo, señalando como base determinante de la estructura de la legalidad del subsistema normativo al acto administrativo. Ahora bien, no en una perspectiva de equiparación a la norma constitucional, ni mucho menos legal, todo lo contrario, como fuente de normatividad dependiente que circunscribe igualmente el comportamiento de la administración y de los asociados.

Como facultad normativa el acto administrativo de carácter general que sirve de fuente a la administración pública y al derecho administrativo, conforme a la estructura constitucional colombiana, no es desde el punto de vista de su fuente una manifestación exclusiva del Presidente de la República. La Constitución de 1991 establece un sistema difuso de producción normativa general o actos administrativos de efectos generales de carácter reglamentario.

Estamos, por lo tanto, en presencia del principal instrumento mediante el cual se manifiesta y se confirma el papel preponderante de la función administrativa del Estado en el proceso de cumplimiento de las finalidades señaladas constitucionalmente.

D. *Los principios generales del derecho como fuente del derecho administrativo*

Los principios generales del derecho constituyen base coadyuvante especial y trascendente del derecho administrativo en cuanto proporcionan los criterios de interpretación y aplicación de las normas jurídicas administrativas. La Constitución Política, al postular en el preámbulo de su codificación los sustentos ideológicos del sistema político y jurídico nacional, nos remite necesariamente a los principios generales del ordenamiento, entre los cuales inevitablemente encontramos los del sistema jurídico que nos rige. Por otra parte, la redacción de los artículos 2° y 209 constitucionales en lo relativo a la administración pública adopta conceptos básicos del régimen que emanan de postulados genéricos del sistema, lo cual hace indispensable la consideración de los principios generales para cualquier aproximación al derecho administrativo de nuestros días.

Esta situación se repite en el derecho colombiano a partir del contenido de los artículos 3.° de la Ley 58 de 1982 y 1° del Código de Procedimiento Administrativo y de lo Contencioso Administrativo (Ley 1437 de 2011), los cuales en nuestra opinión expresamente hacen referencia a propósitos fundamentales de la temática de principios rectores del derecho.

Siendo por lo tanto los principios generales del derecho de aplicación irremediable al derecho administrativo con el propósito de sustentarlo y fundamentarlo, en la medida en que constituyen la base ideológica del mismo, el problema fundamental de su manejo al nivel que nos ocupa es el de la identificación o individualización de esos principios generales, puesto que, como lo señala LEGUINA VILLA, "*sigue cerniéndose sobre los mismos, si no la mayor oscuridad, sí al menos grandes dosis de opacidad, porque ciertamente, en la medida en que parecen no formar una categoría jurídica unitaria, los principios jurídicos generales siguen siendo para muchos un concepto complejo, oscuro, huidizo (BOBBIO), de significación multívoca o ambigua (MORANGE), susceptible por lo mismo de albergar productos o mercancías de diferente naturaleza, y cuya utilización en la práctica jurídica acusa a menudo una cierta falta de rigor técnico*"[27].

Las anteriores inquietudes doctrinales, sin embargo, no deben ofrecernos mayor dificultad si entendemos que el derecho no es un simple sistema normativo, sino que comprende igualmente principios y valores de fácil identificación a partir del contexto ideológico, político, económico y social en que se inspira la Constitución, en lo que denomina la doctrina como principios dimanantes de las instituciones positivas y de las reglas de construcción, organización y estructura de cada ordenamiento jurídico.

El derecho, como lo señala GARCÍA DE ENTERRÍA, no puede agotarse en la simple ley, en el sentido del positivismo legalista: "La tipificación de supuestos de hecho por el legislador no puede jamás agotar la variable y proteica riqueza de situaciones capaces de presentarse en la vida social, cuya evolución nada detiene". En este sentido, el sustrato complejo de la estructura jurídica debe ser advertido del entendimiento sistemático de las razones ideológicas, políticas, sociales, etc. en que se funda. Es decir, a partir de la deducción de los principios y valores edificantes nos ubicamos en los propios del

[27] Leguina Villa, Jesús. "Principios Generales del Derecho y Constitución", en *Revista de Administración Pública (RAP)*. No 114 septiembre- diciembre de 1987, p. 7.

derecho aplicables al sistema del derecho administrativo. Se trata, pues, de una visión material y dinámica con consistencia propia, identificable y palpable, que resulta básica para el cabal entendimiento de nuestro Estado social de derecho[28].

La Corte Constitucional en sentencia del 6 agosto de 1992, a través de la cual se le reconocieron efectos jurídicos al preámbulo de la Carta, insiste en que las normas constitucionales, que son el fundamento de la administración pública y del derecho administrativo, no se encuentran todas en el simple texto fundamental. El contexto constitucional hay que entenderlo, por lo tanto, con todos aquellos principios y valores que han servido para su inspiración. Bajo esta perspectiva, los principios generales del derecho resultan básicos en el momento de analizar el subsistema del derecho administrativo colombiano. Estos principios, como se admite pacíficamente por la doctrina, pueden o no estar contemplados en norma alguna.

La Ley 153 de 1887, en su artículo 8.° incorpora como criterio de interpretación, esto es, coadyuvante del proceso integrador de la normatividad nacional, el de las reglas generales del derecho. Concepto legislativo que, no obstante, lo antiguo de su incorporación al ordenamiento, permite vislumbrar el alcance que la cultura jurídica le puede brindar a la normatividad administrativa.

E. *La Jurisprudencia como fuente del derecho administrativo colombiano*

No obstante, su calificación de criterio auxiliar de la actividad judicial, y consecuentemente de la actividad contenciosa administrativa, la realidad del derecho administrativo colombiano es la de que sus instituciones han sido el producto de la interpretación y de la adaptación doctrinal que por vía jurisprudencial el Consejo de Estado ha hecho en los últimos años. En este sentido no podemos más que calificarla de edificante, integradora y fundamentadora de los trabajos legislativos que han construido la base normativa del derecho administrativo en Colombia.

Podemos sostener que la jurisprudencia le otorga fundamentos al sistema jurídico administrativo en la medida en que configura normas interpretativas que atribuyen consistencia al principio de legalidad y permiten articular los principios generales del derecho con el contexto simplemente positivo. En este sentido no estamos abordando el carácter supletorio que la Constitución le otorga a esta fuente frente a la administración de justicia. Lo que buscamos es destacar su papel frente al simple ejercicio de la función pública administrativa donde se integra con el alcance mismo del orden positivo. Por lo menos las providencias de constitucionalidad adquieren este valor jurídico indiscutible. Frente a ellas destaca la Corte Constitucional ese valor fundamental dentro de nuestro sistema interpretativo: "*La Constitución, con el objeto de imponer sus preceptos y de dar a estos carácter normativo, ha confiado a la Corte Constitucional la guarda de su integridad y supremacía, labor que realiza específicamente a través de su función interpretativa, gracias a la cual se actualiza en cada momento histórico el correcto entendimiento de la Carta. Las sentencias de la Corte, por consiguiente, ofrecen a los demás órganos del Estado, y a los miembros de la comunidad en general, la visión dinámica de lo que la Constitución concretamente prescribe. La interpretación que lleva a cabo la Corte no es externa al texto de la Carta, como que esta demanda de la misma para poder actualizarse en el espacio y en el tiempo históricos. Las sentencias de la Corte Constitucional, en este sentido, por ministerio de la propia Constitución, son fuentes obligatorias para discernir cabalmente su contenido. La interpretación de la Corte Constitucional, a diferencia de la jurisprudencia de los demás jueces, en cuanto desentraña el significado de la Constitución, no puede tener valor opcional o puramente ilustrativo, puesto que sirve de vehículo insustituible para que ella adquiera el status activo de norma de normas, y como tal se constituya en el vértice y al mismo tiempo en el eje del entero ordenamiento jurídico. De otro lado, las tareas que cumple la Corte Constitucional son únicas, en cuanto que ningún otro órgano podría realizarlas. Frente a la interpretación de la Constitución plasmada en una sentencia de la Corte Constitucional no puede concurrir ninguna otra, ni siquiera la del Congreso de la República. Por el contrario, esta corporación está llamada a revisar la congruencia constitucional de la actuación del último. A diferencia de lo que acontece con los demás órganos judiciales, las sentencias de la Corte Constitucional tienen la virtualidad de desplazar la ley o incluso de excluirla del ordenamiento, cuando no la mantienen dentro de ciertas condiciones, todo en razón de su calidad de juez del Congreso*"[29].

---

28 García de Enterría, Eduardo. *Reflexiones Sobre la Ley y los Principios Generales*. Civitas, Madrid, 1986, pp. 17 a 69

29 Corte Constitucional. Sentencia SU 640 del 5 de noviembre de 1998.

F. *La costumbre y el precedente administrativo como fuentes del derecho administrativo colombiano*

Al precedente se le tiene bajo la construcción jurídica del sistema del common law, como una fuente formal de creación del derecho, diferente de la ley, y originada en las decisiones judiciales, específicamente en las razones que le sirvieron de sustento a la mismas -*ratio decidendi*-, esto es, en la solución jurídica a una situación fáctica especifica, la cual por efectos de la evolución del sistema pasa a convertirse en un antecedente vinculante, en una especie de paradigma de solución frente a casos similares o semejantes que puedan ocurrir con posterioridad -*stare decisis*-configurando de esta manera, dentro del ordenamiento jurídico, una clara regla o norma de contenido jurídico, demarcando un principio o definiendo un concepto adecuado y propio en materia jurídica.

El concepto de *precedente administrativo* en el sistema del derecho positivo nacional no ha tenido mayor desarrollo doctrinal. Prácticamente, se puede sostener sin lugar a equívocos, que el tema se encuentra ausente de la discusión doctrinal ordinaria en relación con las materias básicas de nuestro subsistema del derecho administrativo[30], habiéndole correspondido su desarrollo básicamente a la jurisprudencia constitucional a partir de la remisión a los elementos estructuradores del concepto de precedente judicial, que de vieja data ya se habían incorporado a la legislación nacional, pero que a partir de la entrada en vigencia de la constitución de 1991 se fortalecieron con la adopción por la corporación de la doctrina anglosajona en la materia.

Como lo advertía, las escasas referencias al concepto de precedente administrativo, por lo demás recientes entre nosotros, devienen, de la generalización y extrapolación a la gestión y actividad administrativa, de los trabajos jurisprudenciales de la Corte Constitucional en relación con el concepto de *precedente judicial o jurisprudencial* derivados del concepto de doctrina probable latente en el marco material de la Constitución Política de 1991, institución retomada de los desarrollos judiciales anglosajones, y que fundada entre nosotros en los principios constitucionales de legalidad, igualdad, buena fe, pretende ofrecer seguridad jurídica a los asociados, reconociendo fuerza vinculante a la jurisprudencia constitucional en los eventos en que un caso o asunto a ser resuelto por la autoridad judicial coincida en sus razones fácticas con otro ya resuelto por la Corte Constitucional, sin que dicho precedente sea inmutable, ya que la propia Corte Constitucional ha reconocido que "*por razones de justicia material y adecuación de sus fallos a los cambios históricos y sociales*" puede "*modificar un precedente constitucional*".

La construcción jurisprudencial de la Corte Constitucional en relación con el precedente judicial, entendiéndolo como un instrumento material y sustancial del Estado de derecho, para la consolidación de la seguridad jurídica, la igualdad, la buena fe y la confianza legítima en el ejercicio de la función judicial, constituye en el derecho colombiano el fundamento teórico y doctrinal para la predica y sustentación de la existencia, también, de una teoría sobre el *precedente administrativo,* construido a partir de una particular evolución de la jurisprudencia constitucional, en donde se considera que la figura no es de exclusiva predica de la actividad judicial del Estado, sino que envuelve y cobija, también, a otras autoridades determinadas, que deban proferir o dictar decisiones, como es el caso indiscutible de las autoridades administrativas.

Se trata de una clara y evidente aplicación horizontal del contenido sustancial de la concepción del precedente, que se invoca de manera directa en la jurisprudencia de la Corte Constitucional, no en relación, propiamente, con la actividad decisoria de los jueces, sino con las decisiones de las autoridades investidas de potestades públicas administrativas, tendiente a garantizar similares principios de los predicados en la sustentación del precedente judicial, pero que ahora buscan dotarle de entidad, cuerpo, fuerza y sobre todo estabilidad a las relaciones propias de la administración y los asociados, procurando y buscando siempre el respeto a las derechos e intereses tanto subjetivos como colectivos, sin desconocer el principio de legalidad material característico de toda organización sujeta a los marcos del Estado social y democrático de derecho.

Se fundamenta este traslapo conceptual, y de principios, en la imperiosa necesidad de reconocer algo vital y connatural a nuestro modelo de Estado Social de Derecho, como es, el papel vital que cumple la organización administrativa del Estado en la generación de condiciones de estabilidad y seguridad suficiente para el sistema jurídico positivo, por lo tanto, a la plenitud de los asociados.

[30] Alguna referencia en nuestro *Tratado de Derecho Administrativo*, T.I., Universidad Externado de Colombia. Bogotá. 2003, p. 445. *Compendio de Derecho Administrativo*, Universidad Externado de Colombia, Bogotá, 2017.

En consecuencia, lo que se busca con la elaboración de un concepto de precedente administrativo es que a través de decisiones administrativas sujetas a la legalidad, pero también, respetuosas de los principios constitucionales de igualdad y buena fe, se ofrezca plena seguridad jurídica a los asociados, para lo cual inevitablemente se le debe reconocer fuerza vinculante a las decisiones administrativas que fijen de manera consistente el alcance y aplicación de las normas, principios y valores a las que se encuentra sujeta la administración en relación con un evento determinado, de manera tal, que un caso o asunto administrativo a ser resuelto por la autoridad administrativa correspondiente, y que coincida en sus razones fácticas con otro ya resuelto por el mismo reparto o dependencia administrativa, le sea aplicada la misma concepción jurídica y solución en derecho, no por la vía de la costumbre o de prácticas históricas de la administración, sino, por el contrario, por la reiteración de sólidos y razonables argumentos jurídicos que han hecho vivencial el sistema jurídico garantizando plenamente la igualdad y la legalidad. La ley 1437 de 2011 por la cual se adoptaron los códigos de procedimiento administrativo y contencioso administrativo incorpora en su artículo 10° la figura del precedente administrativo[31].

De acuerdo a lo anterior, resulta claro que en el derecho nacional el precedente administrativo no es el producto o resultado de la costumbre o de la simple y reiterada práctica administrativa. En estricto sentido, dentro de un contexto de legalidad formal, la costumbre no puede generar norma de derecho público. Una afirmación en este sentido podría ser violatoria del principio de legalidad. No obstante, su valía como criterio auxiliar para medir el alcance de las normas es indiscutible. La ley 153 de 1887, en su artículo 13, establece a este respecto, en concordancia con el artículo 230 constitucional, que "... *la costumbre, siendo general y conforme con la moral cristiana, constituye derecho, a falta de legislación positiva*..."[32], predicado este perfectamente válido para las relaciones entre particulares, pero que en tratándose de las relaciones e intereses públicas, en donde predomina el interés público y general y sobre todo en donde reina el principio de legalidad, lo consideramos inaplicable y carente de cualquier tipo de fuerza para una vinculación valida y constitucional de quienes ejercen funciones público administrativas.

Conforme los designios de este planteamiento, no se podría predicar la costumbre en la base del precedente en cualquiera de sus modalidades, sea este judicial o administrativo, en cuanto el precedente está vinculado de manera directa con problemas de legalidad y no con la especulación arbitraria propia de la aplicación sistemática de una conducta. El precedente conforme a las construcciones jurídicas de la Corte Constitucional configura reglas emanadas de la interpretación de una norma superior para la solución de un caso concreto, y no propiamente de la aplicación de la etérea, subjetiva, inmaterial y metafísica de la moral cristiana.

Tratándose de un problema vinculado al principio de legalidad, el precedente genera en consecuencia contenidos vinculantes -*ratio decidendi*- aplicables en las decisiones posteriores de los jueces, configurando, tal como lo resaltamos de conformidad con los desarrollos de la jurisprudencia constitucional, reglas -prohibición, orden o autorización- determinantes para resolver el caso, dados unos hechos y un problema jurídico, o una cuestión de constitucionalidad específica semejante, de aquí que las decisiones previas -precedente- determinen el derrotero de la interpretación de las norma y principios constitucionales hacia el futuro.

G. *El derecho internacional como fuente del derecho administrativo colombiano*

El ordenamiento jurídico internacional y sus principios ejercen influencia indubitable en el ámbito del derecho administrativo interno de las naciones. Negar esta realidad significa cercenar los canales comunicantes y vinculantes de estos sistemas jurídicos en un mundo que, como lo expusimos a propósito del supra principio de la integración, se concentra en grandes bloques de naciones, en donde cada una de ellas cede espacios de soberanía quedando sometida, incluso en cuanto al régimen administrativo, a

---

31 Ley 1437 de 2011. Artículo 10. Deber de aplicación uniforme de las normas y la jurisprudencia. Al resolver los asuntos de su competencia, las autoridades aplicarán las disposiciones constitucionales, legales y reglamentarias de manera uniforme a situaciones que tengan los mismos supuestos fácticos y jurídicos. Con este propósito, al adoptar las decisiones de su competencia, deberán tener en cuenta las sentencias de unificación jurisprudencial del Consejo de Estado en las que se interpreten y apliquen dichas normas.

32 Corte Constitucional. Sentencia C-224 de 5 de mayo de 1994. *"En tratándose de la costumbre, es ostensible que su fuerza obligatoria viene directamente de la comunidad, es decir, del pueblo, sin que pueda hablarse de que este delega su poder. Así como los hechos sociales llevan al legislador a dictar la ley escrita, esos mismos hechos, en ocasiones, constituyen la ley por sí mismos. No tendría sentido a la luz de la democracia reconocerle valor a la ley hecha por los representantes del pueblo, y negársela a la hecha por el pueblo mismo, que es la costumbre".*

parámetros, principios, normas y reglas desarrolladas por instituciones suprana-cionales que inciden en la estructuración y legalidad de las decisiones de quienes ejercen funciones administrativas en cada uno de los Estados miembros.

RAMELLI ARTEAGA, al estudiar la trascendencia incontenible del derecho internacional sobre el derecho administrativo, destaca precisamente que después de la Segunda Guerra Mundial el fenómeno adquirió proporciones significativas en materias como los derechos fundamentales, el trabajo, la economía, e incluso en la misma legalidad de los actos administrativos.

En Colombia, no obstante, los adelantados sobre la materia durante la vigencia de la Constitución de 1886, el tema adquiere sustento material innegable con la entrada en vigencia de la Carta de 1991, en donde se admite expresamente la vinculación jurídica del derecho interno de la república a las previsiones del ordenamiento internacional. En otras palabras, la legalidad internacional se convirtió en determinante y orientadora del ejercicio de competencias de las autoridades administrativas y de las contencioso administrativas[33].

La Corte Constitucional le ha otorgado respaldo doctrinal a esta concepción interpretativa de los ordenamientos internacional y público interno del Estado colombiano. Al respecto sostuvo que, "*De igual forma, resulta primordial señalar, para efectos del asunto bajo examen, lo dispuesto en el artículo 9° superior, según el cual las relaciones exteriores del Estado se basan 'en el reconocimiento de los principios del derecho internacional aceptados por Colombia'.*

Esta máxima fundamental –consagrada así por el constituyente– significa ni más ni menos que nuestro país se acoge en un todo a los principios del derecho internacional que han sido aceptados, no solo dentro de los parámetros de los tratados públicos, ya sean estos bilaterales o multilaterales, o de los acuerdos suscritos dentro del marco de los organismos internacionales a los cuales el Estado ha adherido –en particular, la Organización de la Naciones Unidas, ONU–, sino también a aquellos que se derivan de los usos y costumbres internacionalmente consagrados"[34].

En el caso del derecho administrativo colombiano son variados los campos donde el derecho internacional es base indiscutible. Las regulaciones supranacionales en derechos humanos, los convenios de la Organización Internacional del Trabajo, los acuerdos de carácter económico son, entre otros, ejemplos palpables de esta vinculación al ordenamiento internacional. Sin embargo, el campo donde con mayor profundidad se observa un futuro énfasis en el tema está dado por los tratados y convenios sobre integración, particularmente el conocido como derecho comunitario andino, el cual constituye, a todas luces, no solo un elemento coadyuvante del sistema normativo, sino también fuente directa y de efectividad inmediata dentro del subsistema del derecho administrativo.

Es más, las decisiones o normatividad general reguladora de las relaciones jurídicas entre los países miembros de la Comunidad Andina y de los asociados comunitarios pueden ser objeto de regulación normativa en cada uno de los países; en el caso colombiano por el Presidente de la República a través de la potestad reglamentaria. Según el Consejo de Estado, las decisiones de la Comunidad Andina "*tienen un carácter legal, y por tal razón es perfectamente posible y jurídico que el Presidente de la República pueda ejercer la potestad reglamentaria que le confiere el artículo 189 de la Carta*".

En este sentido no cabe la menor duda que el derecho internacional se torna en fuente normativa del subsistema jurídico propio de la administración pública y del derecho administrativo colombiano[35].

II. ORGANIZACIÓN ADMINISTRATIVA, EN ESPECIAL EL ESTADO Y LOS MUNICIPIOS

1. *Organización administrativa del Estado*

Colombia de conformidad con el artículo 1 constitucional es un Estado organizado en forma de República unitaria, descentralizada, con autonomía de sus entidades territoriales, pero también con

---

33 Ramelli Arteaga, Alejandro. "El derecho Internacional como fuente del Derecho Administrativo: Análisis comparativo entre los Regímenes Jurídicos Colombiano y Francés". Ponencia Jornadas Internacionales de Derecho Constitucional y Administrativo. Universidad Externado de Colombia, Bogotá DC, 2000, p. 2.

34 Corte Constitucional. Sentencia C-170 del 20 de abril de 1995. Corte Constitucional. Sentencia de 25 de abril de 2007.

35 Consejo de Estado. Sala de lo Contencioso Administrativo. Sección Primera. Sentencia del 10 de noviembre de 1992. Consejo de Estado. Sala de Consulta y Servicio Civil. Concepto 11001-03-06-000-2016-00074 (2293) de 24 de octubre de 2016. Consejo de Estado. Sala de lo Contencioso Administrativo. Sección Primera. Sentencia de 2 de diciembre de 2021.

importantes grados de desconcentración según lo define el artículo 209 de la misma codificación. Bajo este modelo en el artículo 113 constitucional se adoptó desde el punto de vista organizativo, una especial división de poderes según la cual el poder público se ejerce por tres ramas, la legislativa, la ejecutiva y la judicial, pero dejando las puertas abiertas para que otros órganos autónomos e independientes, también cumplan especiales funciones públicas, las cuales esencialmente, conforme a los desarrollos del sistema son de estricto carácter administrativo. Esto es que, analizando objetivamente el modelo, se observa que este Estado unitario, dispone de funciones legislativas, judiciales y administrativas a través del poder ejecutivo y de los órganos autónomos e independientes. Los diferentes órganos del Estado tienen funciones separadas, pero colaboran armónicamente para la realización de sus fines.

Ahora bien, desde la perspectiva del poder ejecutivo del Estado, que es el que llama la atención para efectos de nuestro estudio, el régimen jurídico constitucional y legal ha determinado, en la práctica, que es el único de los poderes que funciona de manera descentralizada a través de la existencia de entidades territoriales, es decir el nivel territorial o descentralizado territorial a que se refiere el artículo 1 constitucional, y de entidades descentralizadas por servicios, conservando en todo caso un nivel central de la administración importante para efectos de la articulación de todo el sistema.

La ley básica de la estructura y organización de la administración pública es la 489 de 1998, según la cual en su artículo 38 determina que la Rama Ejecutiva del Poder Público en el orden nacional, está integrada por los siguientes organismos y entidades: 1.- Sector Central. La Presidencia de la República; La Vicepresidencia de la República; Los Consejos Superiores de la administración; Los ministerios y departamentos administrativos; Las superintendencias y unidades administrativas especiales sin personería jurídica. 2.- Sector descentralizado por servicios: Los establecimientos públicos; Las empresas industriales y comerciales del Estado; Las superintendencias y las unidades administrativas especiales con personería jurídica[36]; Las empresas sociales del Estado y las empresas oficiales de servicios públicos domiciliarios[37]; Los institutos científicos y tecnológicos; Las sociedades públicas y las sociedades de economía mixta[38]; Las demás entidades administrativas nacionales con personería jurídica que cree, organice o autorice la ley para que formen parte de la Rama Ejecutiva del Poder Público. La Administración Pública se integra por los organismos que conforman la Rama Ejecutiva del Poder Público y por todos los demás organismos y entidades de naturaleza pública que de manera permanente tienen a su cargo el ejercicio de las actividades y funciones administrativas o la prestación de servicios públicos del Estado colombiano.

La Presidencia de la República, los ministerios y los departamentos administrativos, en lo nacional, son los organismos principales de la Administración. Así mismo, los ministerios, los departamentos administrativos y las superintendencias constituyen el Sector Central de la Administración Pública Nacional. Los organismos y entidades adscritos o vinculados a un Ministerio o un Departamento Administrativo que gocen de personería jurídica, autonomía administrativa y patrimonio propio o capital independiente conforman el Sector Descentralizado de la Administración Pública Nacional y cumplen sus funciones en los términos que señale la ley. Las gobernaciones, las alcaldías, las secretarías de despacho y los departamentos administrativos son los organismos principales de la Administración en el correspondiente nivel territorial. Los demás les están adscritos o vinculados, cumplen sus funciones bajo su orientación, coordinación y control en los términos que señalen la ley, las ordenanzas o los acuerdos, según el caso. Las asambleas departamentales y los concejos distritales y municipales son corporaciones administrativas de elección popular que cumplen las funciones que les señalan la Constitución Política y la ley.

2. *Organización territorial. Las entidades territoriales*

Tratándose de las entidades territoriales, según lo definido por el artículo 286 constitucional, estamos frente a organismos de Derecho público con capacidad suficiente dentro de los términos de la Constitución y la Ley para ser depositario de competencias y funciones que deben ser desarrolladas con el grado de autonomía que la misma norma fundamental y el legislador le otorguen, en un ámbito territorial predefinido.

---

36 La que fue objeto de declaratoria de exequibilidad. Corte Constitucional. Sentencia C-727 de 21 de junio de 2000.

37 La que fue objeto de declaratoria de exequibilidad. Corte Constitucional. Sentencia C-736 de 19 de septiembre de 2007.

38 La que fue objeto de declaratoria de exequibilidad. Corte Constitucional. Sentencia C-910 de 31 de octubre de 2007.

La entidad territorial debe ser necesariamente autónoma. En este sentido la mencionada disposición constitucional se interrelaciona indubitablemente con lo dispuesto en el artículo 1 Constitucional que establece como principio fundamental de la organización del Estado el de la autonomía de las entidades de esta naturaleza[39].

Así mismo, como conclusión lógica, tratándose de entidades autónomas, gozan de los derechos y prerrogativas que la Constitución le reconoce a todas las entidades territoriales de la República en el artículo 287 constitucional y demás disposiciones concordantes. Siendo entonces en Derecho colombiano el concepto "Entidad territorial", un término complejo ligado a los fenómenos de capacidad de acción, y de autonomía, implica necesariamente el de ser poseedor de instrumentos legales para su actuación en el mundo jurídico como es el de la personalidad jurídica. Dentro de este contexto, es decir, el de la Entidad territorial como un órgano capacitado, autónomo y facultado de acción y representación, identificamos a los departamentos, municipios, distritos, regiones, territorios indígenas y las provincias[40]. En la realidad actual de estas entidades tan solo tienen existencia funcional las tres primeras. Las demás están pendientes de los correspondientes desarrollos legales.

Desde la perspectiva de sus atributos al acoger la Constitución Política en el artículo 1° de su codificación los principios fundamentales de la descentralización y la autonomía, redujo aparentemente el alcance absoluto que teóricamente podría alcanzar la república unitaria, reconociendo de acuerdo con el artículo 287, entes con capacidad suficiente para gobernarse a través de autoridades propias, ejercer y desarrollar las competencias y servicios que le sean asignados, administrar sus recursos, establecer los tributos indispensables para el cumplimiento de sus objetivos y obtener la participación adecuada en las rentas nacionales, todo conforme a los principios constitucionales y a los desarrollos legales pertinentes.

3. *Los municipios*

El municipio es una división político-administrativa de un Estado, establecida con el fin de ejercer en un determinado territorio y sobre una población, funciones de gobierno local, dentro de los parámetros, limitaciones y autonomía, fijados constitucional o legalmente. En el caso colombiano no

---

39 Corte Constitucional. Sentencia C-1112 de 24 de octubre de 2001. "*La autonomía territorial se consolida dentro de un esquema de descentralización política y administrativa. Con ello se pretende fortalecer el manejo libre e independiente pero responsable de las políticas administrativas y fiscales; de tal suerte que, con la administración de los recursos y bienes públicos se busca la optimización de su uso y la racionalización del gasto público. El objetivo principal es la satisfacción de las necesidades de la población colombiana, el mejoramiento de la calidad de vida y la prosperidad general, según lo indiquen los intereses regionales y locales, definidos mediante una deliberación surgida desde estos mismos ámbitos. Constituyen, así, la autonomía territorial y la descentralización política y administrativa dos conceptos distintos que convergen en forma complementaria dentro del ámbito de acción de las entidades territoriales. La Corte ha manifestado que "(...) [m]ientras la descentralización busca una mayor libertad de las instancias periféricas -territoriales y funcionales- en la toma de decisiones y, como consecuencia de ello una mayor eficiencia en el manejo de la cosa pública, la autonomía encauza sus propósitos hacia la mayor libertad de los asociados en aras de un mayor bienestar y control de sus propios intereses*"". Corte Constitucional. Sentencia C-1051 de 4 de octubre de 2001. "*Existe una correlación entre autonomía y descentralización, de manera que todo órgano autónomo es también descentralizado, empero no todo órgano descentralizado es autónomo. La autonomía de las entidades territoriales hace referencia entonces a la libertad que les es otorgada para ejercer las funciones que les son asignadas en virtud de la descentralización, de modo que tienen un alto grado de independencia en la administración y manejo de sus intereses (...) El carácter de entidad territorial implica pues, el derecho a gobernarse por autoridades propias, a ejercer las competencias que les correspondan, administrar los recursos y establecer los tributos necesarios para el cumplimiento de sus funciones y, por último, participar en las rentas nacionales. De esta forma, tal reconocimiento se traduce en autonomía política, esto es, la capacidad de elegir a sus gobernantes (alcalde, concejales, ediles, personero y contralor), autonomía administrativa, es decir, la facultad de manejar los asuntos de su jurisdicción, tales como la organización de los servicios públicos, la administración de sus bienes y la solución de todos los problemas que surjan en desarrollo de sus actividades y, finalmente, autonomía fiscal, que implica la potestad para fijar tributos, participar en las rentas nacionales y administrar sus recursos*"

40 Corte Constitucional. Sentencia C-353 A de 15 de octubre de 2021. Corte Constitucional. Sentencia C-035 de 8 de febrero de 2016. "*El núcleo esencial de la autonomía está constituido en primer término, por aquellos elementos indispensables a la propia configuración del concepto, y especialmente por los poderes de acción de que gozan las entidades territoriales para poder satisfacer sus propios intereses. En segundo lugar, encontramos, la inviolabilidad por parte del legislador, de la facultad de las entidades territoriales de gobernarse por autoridades propias. Debe protegerse el derecho de cada entidad territorial a auto dirigirse en sus particularidades a través del respeto de la facultad de dirección política que ostentan*"

existe un concepto integral de municipio. La Constitución lo entiende como la "entidad fundamental (sobre este elemento volveremos más adelante al tratar el municipio como una entidad territorial) de la división política-administrativa del Estado", prestataria de los servicios y obras que le encomiende la misma norma fundamental y la ley (art. 311 C. P.).

Sin embargo, en algunas otras disposiciones encontramos elementos característicos que nos permiten diseñar operativamente una aproximación conceptual del fenómeno municipal. En este sentido tenemos que se le entiende como entidad territorial de la República (art. 286 C. P.); con personería jurídica (art. 4° Decreto 1333 de 1986); creado por norma administrativa departamental de carácter general (art. 300 N° 6 C. P.); que desarrollan las competencias y funciones asignadas por norma superior (art. 311 C. P., y 11 del Decreto 1333 del 86); en un territorio y para una población bajo la jurisdicción de un alcalde (art. 8° Decreto 1333 del 86); que tiene por finalidad, prestar los servicios, construir las obras que demande el progreso local, ordenar el desarrollo de su territorio, promover la participación comunitaria, el mejoramiento social y cultural de sus habitantes, todo conforme a los parámetros y disposiciones constitucionales o legales (art. 311 C. P.).

En el caso colombiano, observábamos al analizar el concepto de municipio, que no existe un criterio normativo único para su identificación y ubicación. Tanto el constituyente como el legislador nos proporcionan una serie de elementos que unidos delinean la idea de lo que podría ser la institución municipal. No obstante, se han incluido en el nuevo texto dos disposiciones constitucionales que definen perfectamente la naturaleza del municipio: son estos los artículos 286 y 311. Estas normas desde un punto de vista teórico-conceptual, al hablar de municipio, se refieren a una "entidad territorial fundamental", de la organización política del Estado colombiano.: es decir, además de las prerrogativas que le otorga el hecho de compartir el carácter de Entidad territorial, se le pretende destacar dentro del conglomerado de entidades, como la primera entre ellas. Esta situación no es más que el reconocimiento al antiguo postulado municipalista, que pretendía encontrar en la Institución el vínculo directo entre el Estado y los ciudadanos. El punto de encuentro primario, inmediato o más cercano entre la población y sus instituciones.

El lugar inevitable de todo ser humano en todos los instantes de su existencia. No existe persona que no habite un municipio y, por lo tanto, que dicho ente, como institucionalización inmediata del poder público, deba ofrecerle respuestas permanentes a sus necesidades como miembro de dicha comunidad.

La identificación como entidad territorial fundamental, implica necesariamente la interrelación política permanente del hombre con el Estado en procura de resolver problemas básicos de manera solidaria y armoniosa.

Sin embargo, por vía constitucional, este pensamiento tiene una clara limitante: la ley. Es esta la que viene, en últimas a medir el mayor o menos alcance autonómico de la Institución; la posibilidad de prestar los servicios públicos, ejercer las competencias, construir las obras que demande el progreso local, ordenar el desarrollo de su territorio, proponer la participación comunitaria y el mejoramiento social y cultural de sus habitantes, depende de los términos en que el legislador, es decir, el poder central del Estado le imprima al municipio.

El nuevo esquema municipal depende del legislador. Su mayor o menor grado de acción depende de las consideraciones del Estado central. Carece, salvo en aspectos de participación política, de instrumentos propios reconocidos constitucionalmente, como en el caso de los departamentos.

Conforme la estructura constitucional del municipio. El cumplimiento de sus cometidos, la gestión adecuada de sus obligaciones públicas y la plena realización de su desarrollo se logra mediante la integración de planes que reflejen las necesidades de servicios de la entidad, generen respuestas presupuéstales y encuentren en sus autoridades, es decir, el concejo y el alcalde, voluntad política suficiente para alcanzarlas, dentro de los marcos que el legislador le establezca.

III. EL PROCEDIMIENTO ADMINISTRATIVO

1. *Justificación de su existencia en el derecho administrativo colombiano*

La idea de un procedimiento aplicable a la actividad administrativa, - en especial a la formación del acto administrativo-, símbolo indiscutible de la garantía de seguridad, defensa y contradicción, en un ámbito de respeto al ordenamiento jurídico y como sinónimo de participación y debate entre interesados y administración en procura de decisiones administrativas sustanciales y respetuosas de los derechos fundamentales, es reciente en el orden jurídico: prácticamente se relaciona con la evolución del Estado de derecho, que tiene como punto de partida el código austriaco de los procedimientos administrativos de 192541 y no propiamente la conceptualización clásica francesa en relación con el concepto de acto administrativo de contenido individual.

Con anterioridad a 1925, incluso ya en marcha el Estado constitucional, resultaba extraño y exótico referirse al procedimiento administrativo como presupuesto inevitable del acto administrativo de contenido individual, en cuanto pugnaba con las concepciones clásicas del ejercicio de la función administrativa. La administración se ubicaba en posición de superioridad y exorbitancia respecto de los asociados. Sus pronunciamientos se caracterizaban por la unilateralidad en su formación, ausencia de controversia, réplica o argumentación por parte de los sujetos pasivos de sus decisiones.

A partir de los aportes del positivismo y principalmente de la legislación austriaca referenciada[42], el viejo concepto de acto administrativo individual o concreto, cambia de sentido y posición dentro del a dogmática del derecho administrativo, pasa de ser, la decisión inicial de toda actuación, o punto impulsor de cualquier actuación y operación de las autoridades administrativas, a constituirse, en el producto final de un procedimiento debido y adecuado a la ley, plenamente garantístico, en donde previo debate y participación de los posibles destinatarios del accionar administrativo[43], se adopta una decisión creadora, modificadora, transformadora en alguna forma del ordenamiento jurídico específicamente aplicable al interesado, o como el moderno constitucionalismo lo acepta, también al conjunto de interesados o colectividad en general, cuando pueda ser objeto de una decisión administrativa que aborde

41 Schäffer, Heinz. "El procedimiento administrativo en Austria. Origen, desarrollo, situación actual y efectos expansivos en la codificación austriaca de 1925", en *Anuario Iberoamericano de Justicia Constitucional.* No 9, Madrid, 2005, pp. 423 a 424. *"... Austria en 1925, tras muchos años de trabajos preliminares y con aprovechamiento de cincuenta años de jurisprudencia continuada del Tribunal Contencioso-Administrativo Superior, efectuó una codificación de su Derecho procedimental administrativo, que marcaría en Europa nuevas perspectivas en lo que se refiere a las acciones judiciales. Esta codificación ha sido, sobre todo, una vía para su claridad, concisión y caracterización interna, y posteriormente también se ha convertido en modelo para diferentes países. Ello tenía en 1925 el sentido, y también el efecto práctico, de una unificación y simplificación radical del proceso administrativo, es decir, también en aquel tiempo se procedía bajo la regla de reducir la proliferación normativa, lo que llevaría a un estatuto jurídico transparente y consolidado de cada uno de los procedimientos. Asimismo, cada cuestión jurídica concerniente a las partes quedaba sujeta a una verificación de control y a una garantía legal a través de la Jurisdicción contencioso-administrativa..."*

42 Nieto, Alejandro. "El procedimiento administrativo en la doctrina y legislación alemanas", en *Revista de Administración Pública* (RAP), n° 32, mayo-agosto 1960, Madrid, p. 76. Austria fue el primer país europeo que estableció un régimen sistemático de procedimientos administrativos a través de la Ley del 21 de julio de 1925 sobre procedimientos administrativos generales fruto de las influencias jurídico positivistas kelsenianas. La influencia austriaca se dejó ver en las posteriores legislaciones sobre la materia en Polonia en 1926 y en Checoslovaquia y Yugoslavia en 1928. Carbonell Porras, Eloísa. "Los procedimientos administrativos en Estados Unidos", en Muga Muñoz, José Luis (et al). *Agencias y procedimiento administrativo en Estados Unidos de América*, Madrid, Marcial Pons, 1996, p. 53 y ss. La influencia de la legislación austriaca en materia de procedimientos administrativos es evidente en el ordenamiento administrativo norteamericano: en 1946 el Congreso expidió la *Federal Administrative Procedure Act* (apa), aplicable a las agencias administrativas federales. Por su parte, las agencias estatales poseen sus propias leyes de procedimientos administrativos emanadas de un modelo general (*Model State Administrative Procedure Act*) aprobado por la American Bar Association y la National Conference of Commissioners of Uniform State Laws. Sandulli, Aldo. "Il procedimento", en *Trattato di diritto amministrativo*, Milano, Giuffré, 2000, pp.928 y ss. Para el autor la introducción del procedimiento para el ejercicio de los poderes públicos ha significado un alto desarrollo en el proceso de civilización de las relaciones entre los ciudadanos y la administración pública en cuanto significa abandonar el carácter absoluto del ejercicio del poder. Bajo este contexto, sostiene Sandulli, el procedimiento no solo representa la forma sino también la sustancia de la función administrativa.

43 Merkl, Adolfo. *Teoría general del derecho administrativo*, Granada, Comares, 2004, p. 284.

de alguna maneras sus derechos subjetivos, al igual que los colectivos[44]. La decisión así vista como efecto de un procedimiento puede abordar derechos subjetivos y colectivos[45].

No se puede perder de vista, dentro de una concepción moderna de la institución, es decir, la vinculada a un Estado constitucional y social de derecho, que el acto administrativo no puede seguir entendiéndose como una creación espontánea y aislada, simple resultado del ejercicio arbitrario o prepotente de la fuerza, o de sus atribuciones, por parte de los órganos administrativos, sino, por el contrario, como producto de un poder público aconductado y sometido al derecho, ejercido a través de unos procedimientos garantísticos previamente definidos.

Por este sendero doctrinal el acto administrativo, general o particular, en la hora actual del derecho administrativo, se reconduce como el producto final del debate, la controversia y la participación[46].

De esta manera, se acepta para el derecho administrativo, en especial para la actividad de las autoridades que ejerzan funciones administrativas, la necesidad de incorporar para el cabal cumplimiento de los preceptos, principios y valores del ordenamiento jurídico un elemento adicional, que consolida la seguridad jurídica en la actividad administrativa: se trata del proceso, institución desarrollada para el ejercicio de otras actividades estatales, como la judicial, y que no puede ser extraña para el eficaz encauzamiento y organización de la actividad administrativa como instrumento garante del Estado social de derecho para los asociados[47].

---

44 Son, en consecuencia, intereses de esta naturaleza aquellos que se relacionan con el provecho o los beneficios a la colectividad, a la generalidad, al pueblo en sí mismo y no a un sujeto determinado, desbordando de esta manera la concepción eminentemente clásica de derecho subjetivo de corte individualista. Se trata, por lo tanto, de un fenómeno colectivo, ligado al concepto de lo público, que nos lleva, desde la perspectiva de la pertenencia, a entenderlo como propio de todos, de cada uno de los miembros de una colectividad sin distinción alguna por el solo hecho de estar en comunidad, reconduciéndose, por lo tanto, por los senderos de una especie de derecho subjetivo común, por lo tanto objeto de protección mediante la intervención policiva previa del poder administrativo del Estado, mediante las actuaciones administrativas. Puede consultarse: López Calera, Nicolás. *¿Hay derechos colectivos? Individualidad y socialidad en la teoría de los derechos*, Barcelona, Ariel, 2000, pp. 167 y 168. Lozano-Higuero y Pinto, Manuel. *La protección procesal de los intereses difusos*, Madrid, Rufino García Blanco, 1983, p. 148. Corte Constitucional. Sentencia C- 569 del 8 de junio del 2004. "[...] *Los intereses difusos y colectivos, protegidos por las acciones populares, hacen referencia a derechos o bienes indivisibles, o supraindividuales, que se caracterizan por el hecho de que se proyectan de manera unitaria a toda una colectividad, sin que una persona pueda ser excluida de su goce por otras personas. Estos derechos e intereses colectivos se asemejan entonces, mutatis mutandis, al concepto de "bien público", que ha sido profusamente estudiado y debatido en la literatura económica, en la medida en que los intereses colectivos y los bienes públicos tienden a caracterizarse porque en ellos no existe rivalidad en el consumo y se aplica el principio de no exclusión. Esto significa que el hecho de que una persona goce del bien no impide que otros puedan gozar del mismo (ausencia de rivalidad en el consumo), y por ende el goce de ese bien por otras personas no disminuye su disponibilidad. y de otro lado, esos bienes se caracterizan porque se producen o salvaguardan para todos o no se producen o salvaguardan para nadie, ya que no es posible o no es razonable excluir potenciales usuarios o consumidores (principio de no exclusión). Por consiguiente, si el bien público o el interés colectivo se encuentran en buen estado, todos los miembros de la colectividad pueden gozar de ellos en forma semejante; en cambio, una afectación del bien público o del interés colectivo tiene impacto sobre toda la comunidad, pues todos se ven afectados por ese deterioro. (…)*".

45 Se hace esta claridad en la medida en que el antecedente tanto el concepto de acto administrativo, como posteriormente el de procedimiento administrativo se produce en el contexto del individualismo jurídico. La teoría del acto administrativo de contenido individual según los trabajos de los teóricos franceses del derecho administrativo y luego la del procedimiento administrativo surgen, por lo tanto, en este escenario económico, que no puede desconocerse en cuanto determina las razones filosóficas y de principios que se exponen por los juristas para el desarrollo y la consolidación de estas figuras trascendentes para el derecho administrativo bajo los designios de un individualismo acentuado. El concepto de acto administrativo de contenido individual, no así el de con- tenido general, surge, por lo tanto, según lo reiterado, como esencialmente protector de los derechos subjetivos individuales, lo cual se acentúa con los aportes de la doctrina alemana al acudir para su consolidación sustancial a los desarrollos del negocio jurídico. Lo anterior implica que los conceptos de procedimiento administrativo y de acto o decisión administrativa de carácter individual, personal o concreta estén arraigados a elementos jurídicos restrictivos que hacen que el mundo del proceso y de la decisión se circunscriban al contexto exclusivo del sujeto directamente interesado en las resultas de la actuación, en cuanto titular de un derecho subjetivo característicamente individualista, según las construcciones civilistas sobre la materia, sin que se admita, en manera alguna, la presencia deliberativa de otros intereses que no sean los estrictamente relacionados con el derecho subjetivo central en discusión.

46 Beladiez Rojo, Margarita. *Validez y eficacia de los actos administrativos*, Madrid, Marcial Pons, 1994, pp. 118 y ss.

47 Brewer Carías, Allan R. *El derecho administrativo y la ley orgánica de procedimientos administrativos*, Colección

En este sentido, en tratándose del ejercicio de la función administrativa, se plantea por la doctrina la necesidad de la presencia previa del sujeto pasivo de futuras decisiones, como un presupuesto indispensable para la defensa de sus intereses frente a las autoridades, para lo cual se hace indispensable consolidar el principio de legalidad y acatamiento del orden jurídico por parte de las autoridades a través de procedimientos verdaderamente garantísticos y participativos[48].

La administración abandona en consecuencia cualquier plano de arbitrariedad y de ejercicio de poder unilateral para colocarse en posición garantística, admitiendo que por su naturaleza las personas que se le relacionen tienen derechos que pueden reclamar ante ella, y que por lo tanto su participación y contradicción resulta vital para la consolidación de instituciones verdaderamente democráticas[49]. "(...) *Ya no es un particular indefenso el que la administración va a tener en frente, en las relaciones jurídicas, sino un particular bien armado con muchos derechos legales y con muchos mecanismos jurídicos para garantizar esos derechos y controlar cualquier actitud que signifique la desmejora de esas garantías*"[50-51].

La importancia del acercamiento de la administración al proceso es tan grande que en la práctica la legalidad, al igual que los demás principios, reglas y valores del ordenamiento jurídico solo podría garantizarse en la medida del establecimiento de mecanismos claros sobre el comportamiento de los órganos y de los servidores del Estado con la participación armoniosa de los ciudadanos y demás sujetos y personas interesadas, en procura de adoptar las decisiones que correspondan, de lo contrario las decisiones correspondientes estarían viciadas por violación del debido proceso en especial del derecho de audiencia y defensa[52].

En otras palabras, el proceso aplicado a la administración pública constituye el elemento dinámico y cotidiano que garantiza decisiones conforme a un ordenamiento jurídico ligado estrechamente al derecho y a la democracia.

Estudios Jurídicos, nº 16, Caracas, Jurídica Venezolana, 1992, p. 13. Durante los primeros años del Estado institucionalizado, el ejercicio de la función administrativa se incorporaba dentro de una especie de oscurantismo que negaba cualquier posibilidad de discusión previa, con la administración, por parte de las personas que pudieren resultar afectadas con sus decisiones de carácter individual. La administración se había hecho depositaria de todos los poderes, potestades y derechos, quedando el particular simplemente en situación de deber, sujeción y subordinación, sin tener realmente derechos ni disponer de mecanismos para exigir la garantía de su derecho. La reacción del Estado de derecho frente a estas concepciones, que implicaban una prolongación de la ideología de injustificable poder público en el ejercicio de la función administrativa, no tardó en consolidarse en la doctrina y en el pensamiento jurídico de quienes depuraban a la luz de los preceptos democráticos y hallaban en su esencia la necesidad permanente de garantizar los derechos ciudadanos en cada una de las manifestaciones del poder.

48 Ley 1437 de 2011. Artículo 42. Contenido de la decisión. Habiéndose dado oportunidad a los interesados para expresar sus opiniones, y con base en las pruebas e informes disponibles, se tomará la decisión, que será motivada. La decisión resolverá todas las peticiones que hayan sido oportunamente planteadas dentro de la actuación por el peticionario y por los terceros reconocidos.

49 *Vid.* Corte Constitucional, sentencia T – 018 de 2009. "(...) *Se concluye entonces que la discrecionalidad con la que puede contar la administración en determinados eventos no puede confundirse de manera alguna con arbitrariedad, ya que dicha discrecionalidad no es absoluta, sino que se circunscribe a unos fines específicos y a la proporcionalidad entre la decisión de la Administración y los hechos que le dan fundamento a la misma; además, por cuanto la decisión adoptada por la Administración debe encontrar fundamento en motivos suficientes que permitan diferenciar la actuación administrativa discrecional de la arbitraria y del abuso de las facultades otorgadas*".

50 Brewer Carías, Allan R. *El derecho administrativo y la ley orgánica de procedimientos administrativos*, *cit.*, p. 14.

51 Cassese, S. *Las bases del derecho administrativo,* Map, Madrid, 1994, p. 237: "*El procedimiento resulta importante en cuanto establece límites a la actividad administrativa...*". "...*Como sostiene Cassese, la ciencia jurídica administrativa venía ignorando este aspecto fundamental del proceso, interesándose solo por los actos finales y no por los aspectos anteriores a las decisiones administrativas, quizás un poco influenciada por las elaboraciones iusprivatistas, en donde los actos preparatorios escasamente son de alguna importancia, e igualmente por criterios inmediatistas que hacían más importante la decisión final para efectos jurisdiccionales...*"

52 Ley 1437 de 2011. Artículo 137. Nulidad. Toda persona podrá solicitar por sí, o por medio de representante, que se declare la nulidad de los actos administrativos de carácter general. Procederá cuando hayan sido expedidos con infracción de las normas en que deberían fundarse, o sin competencia, o en forma irregular, o con desconocimiento del derecho de audiencia y defensa, o mediante falsa motivación, o con desviación de las atribuciones propias de quien los profirió...

Desde esta perspectiva, los procedimientos administrativos encauzan la actividad pública a través de reglas y principios que buscan en esencia otorgar garantías a los asociados, tal como lo hemos reiterado, pero también imprimir eficacia a las actuaciones públicas. Resulta, por lo tanto, indispensable que se adopten procedimientos que faciliten los medios para el efectivo ejercicio de las normas sustanciales. De aquí que el procedimiento administrativo resulte ser la herramienta más idónea para reasegurar la ausencia de arbitrariedad en el obrar de la administración[53-54].

2. *El derecho positivo de los procedimientos administrativos. Procedimiento general*

La incorporación en el Código Contencioso Administrativo de un procedimiento en estricto sentido administrativo, como fenómeno anterior a lo jurisdiccional, obedeció a elementales razones de necesidad jurídica del país[55]. La parte primera del Decreto 01 de 1984 vino a llenar el vacío existente en la legislación anterior -Decreto ley 2733 de 1959- en materia de actuación administrativa, no solo cuando ella es el producto del ejercicio del derecho de petición de un particular sino también en cumplimiento de un deber legal o, como sucede en la gran mayoría de los casos, de oficio. En nuestro concepto, las normas contenidas en los títulos de la primera parte del Decreto 01 de 1984 son generales y aplicables con dicho carácter a todo proceso formativo de un acto, sin importar cuál sea el origen del mismo: sea una petición, el cumplimiento de un deber legal o no deber de oficio.

Los motivos que llevaron al legislador a estructurar un procedimiento de carácter general se ubican básicamente en el vacío evidente de esta clase de reglamentación que hacía dificultosa en muchos casos la marcha de la Administración Pública. Ante esta ausencia se hizo imperiosa la búsqueda de un procedimiento de carácter general que reglara la actividad de la administración, y que fundamentalmente le señalara el camino para expedir cualquier clase de decisión.

Las normas de procedimiento administrativo contenidas en el decreto 01 de 1984 estarían vigentes hasta el 1 de julio de 2012, esto en virtud de que la ley 1437 de 2011 derogó aquellas disposiciones y expidió con vigencia a partir del 2 de julio de 2011 un nuevo código de procedimientos administrativos y contencioso administrativo.

En la nueva legislación se regula en el artículo 34 procedimiento administrativo común y principal, que configura en el derecho colombiano la regla general de procedimientos administrativo, o

---

53 Nieto, Alejandro. "*El procedimiento administrativo en la doctrina y legislación alemanas", cit., p. 78. El procedimiento administrativo no se justifica únicamente en cuanto factor importante para imprimir a las administraciones públicas la eficiencia necesaria para el cumplimiento de sus propósitos; es de su naturaleza también, y de gran importancia, su carácter garantístico*". Gallego Anabitarte, Alfredo (et al). *Acto y procedimiento administrativo*, Madrid, Marcial Pons, 2001, p. 135. En este contexto debemos destacar la definición intentada por el autor en torno al procedimiento administrativo, donde juega de manera importante tanto con la eficacia como con la garantías que el mismo debe ofrecer a los asociados; señala al respecto que "*El procedimiento administrativo se presenta como una garantía de la adecuación de la actividad administrativa a criterios de objetividad y eficacia, y, también, como una garantía del pleno respeto de los derechos de los ciudadanos en sus relaciones con la administración pública...*". Parejo Alfonso, Luciano. *Eficacia y administración*, Madrid, MAP y BOE, 1995, pp. 89 y ss. La eficacia en la administración pública se relaciona con el cumplimiento real y efectivo de los cometidos estatales.

54 González Pérez, Jesús. "Las prerrogativas de la administración en el procedimiento administrativo", en *Procedimiento administrativo*, Tucumán, Uasta, 1982, p. 91. Fraga. *Derecho administrativo*, *cit.*, p. 254: "*El acto administrativo requiere normalmente para su formación estar precedido de una serie de formalidades y otros actos intermedios que den al autor del propio acto la ilustración e información necesarias para guiar su decisión [...] al mismo tiempo que constituyen una garantía de que la resolución se dicta, no de un modo arbitrario, sino de acuerdo con las normas legales...*". Jesús González Pérez es más explícito al justificar la existencia de un proceso y de un procedimiento administrativo. Traslada el fenómeno a los estadios de la autodefensa y la autocomposición, para demostrar cómo estos mecanismos encausadores no son otra cosa que el freno institucional a la arbitrariedad. El procedimiento administrativo, sostiene, surgió como una garantía del administrado frente al ejercicio de la autodefensa administrativa: "*Ya que la administración ostenta esos privilegios exorbitantes, se dijo, sometamos al menos a unas normas formales su ejercicio. De aquí que se haya hablado de una autodefensa procesalizada...*"

55 El profesor Jaime Vidal Perdomo, entonces Senador de la República, sostuvo en la ponencia para primer debate al proyecto de ley, "por el cual se concedían facultades extraordinarias, al Presidente de la República, para reformar el Código Contencioso Administrativo" lo siguiente: "*... no ha existido en Colombia una ley sobre este procedimiento gubernativo o administrativo general; es claro que disposiciones con fuerza de ley –y leyes propiamente dichas– y decretos reglamentarios, se han dictado para los llamados procedimientos especiales; así aparecen los complejos y detallados en cuestiones de impuesto de renta, aduanas, extensión del dominio o adquisición de bienes para programas de reforma agraria, para citar algunos ejemplos*".

procedimiento administrativo general aplicable a toda hipótesis en la cual no exista procedimiento administrativo especial. Establece la disposición que las actuaciones administrativas se sujetarán al procedimiento administrativo común y principal que se establece, sin perjuicio de los procedimientos administrativos regulados por leyes especiales. En lo no previsto en dichas leyes se aplicarán las disposiciones de esta parte primera del código, esto es, se instituye el principio de subsidiariedad y complementariedad en relación con los procedimientos especiales.

Determina el artículo 35 los procedimientos administrativos se adelantarán por escrito, verbalmente, o por medios electrónicos de conformidad con lo dispuesto en este Código o la ley[56].

Cuando las autoridades procedan de oficio, los procedimientos administrativos únicamente podrán iniciarse mediante escrito, y por medio electrónico solo cuando lo autoricen este Código o la ley, debiendo informar de la iniciación de la actuación al interesado para el ejercicio del derecho de defensa.

Las autoridades podrán decretar la práctica de audiencias en el curso de las actuaciones con el objeto de promover la participación ciudadana, asegurar el derecho de contradicción, o contribuir a la pronta adopción de decisiones. De toda audiencia se dejará constancia de lo acontecido en ella.

3. *Procedimientos especiales*

Desde otra perspectiva se debe aclarar que el régimen positivo colombiano de las actuaciones administrativas se caracteriza por la existencia de gran diversidad de procedimientos especiales –en su mayoría anterior a las disposiciones generales sobre la materia– y un régimen de carácter general, que constituye la regla básica ante la inexistencia de procedimiento especial o la advertencia de vacío en la normatividad específica. Este procedimiento es el contenido en los artículos 34 y siguientes de la ley 1437 de 2011, al señalar que los procedimientos administrativos regulados por leyes especiales se regirán por estas, en lo no previsto en ellas se aplicarán las normas de esta primera parte que sean compatibles.

Ahora bien, conforme lo ha señalado la Corte Constitucional, salvo los procedimientos especiales de orden departamental y municipal, solo la ley puede establecer procedimientos especiales en derecho colombiano, en cuanto estos constituyen parte integrante del Código Contencioso Administrativo.

En nuestro ordenamiento, entre otros, son procedimientos especiales aquellos de carácter tributario que se siguen ante la Administración de Impuestos Nacionales; los agrarios que se siguen ante el Instituto Colombiano de la Reforma Agraria y ante el Instituto Colombiano de Hidrología, Meteorología y Adecuación de Tierras, de acuerdo con las leyes 200 de 1936, 135 de 1961, 4 de 1973 y 160 de 1994; los referentes a la propiedad industrial que se adelantan ante la Superintendencia de Industria y Comercio de acuerdo con lo estipulado en el Código de Comercio y las decisiones del Acuerdo de Cartagena, adoptadas por las normas internas colombianas; los mineros que se adelantan ante el Ministerio de Minas y Energía; los de Registro de Instrumentos Públicos que se surtan ante las oficinas de registros del país; los disciplinarios adelantados por las entidades públicas o la Procuraduría General de la Nación, al igual que los de naturaleza fiscal adelantados por las Contralorías General de la República, departamentales y municipales, en donde existieran.

Además del gran número de procedimientos especiales, existentes en normas diversas, la ley 1437 de 2011, que se ocupa adicionalmente de establecer algunas disposiciones concretas para tres tipos de procedimientos especiales. Son estos los siguientes:

- El procedimiento administrativo sancionatorio. De conformidad con lo previsto en el artículo 47 los procedimientos administrativos de carácter sancionatorios no regulados por leyes especiales o por el

56 La Ley 2213 de 2022 en su artículo 7° debe ser objeto de consideración en la interpretación de este precepto. "***ARTÍCULO 7º. AUDIENCIAS.*** *Las audiencias deberán realizarse utilizando los medios tecnológicos a disposición de las autoridades judiciales o por cualquier otro medio a disposición por una o por ambas partes y en ellas deberá facilitarse y permitirse la presencia de todos los sujetos procesales, ya sea de manera virtual o telefónica. No se requerirá la autorización de que trata el parágrafo 2 del artículo 107 del Código General del Proceso.*

No obstante, con autorización del titular del despacho, cualquier empleado podrá comunicarse con los sujetos procesales, antes de la realización de las audiencias, con el fin de informarles sobre la herramienta tecnológica que se utilizará en ellas o para concertar una distinta.

Cuando las circunstancias de seguridad, inmediatez y fidelidad excepcionalmente lo requieran, serán presenciales las audiencias y diligencias destinadas a la práctica de pruebas. La práctica presencial de la prueba se dispondrá por el juez de oficio o por solicitud motivada de cualquiera de las partes (...)".

código disciplinario único se sujetarán a las disposiciones de esta Parte Primera de la ley 1437 de 2011. Las actuaciones administrativas de naturaleza sancionatoria podrán iniciarse de oficio o por solicitud de cualquier persona. \Cuando como resultado de averiguaciones preliminares, la autoridad establezca que existen méritos para adelantar un procedimiento sancionatorio, así lo comunicará al interesado. Concluidas las averiguaciones preliminares, si fuere del caso, formulará cargos mediante acto administrativo en el que señalará, con precisión y claridad, los hechos que lo originan, las personas naturales o jurídicas objeto de la investigación, las disposiciones presuntamente vulneradas y las sanciones o medidas que serían procedentes. Este acto administrativo deberá ser notificado personalmente a los investigados. Contra esta decisión no procede recurso.

Los investigados podrán, dentro de los quince (15) días siguientes a la notificación de la formulación de cargos, presentar los descargos y solicitar o aportar las pruebas que pretendan hacer valer. Serán rechazadas de manera motivada, las inconducentes, las impertinentes y las superfluas y no se atenderán las practicadas ilegalmente.

- El procedimiento especial para la producción de normas generales. En los términos del artículo 8, numeral 8 de la ley 1437 de 2011, constituirá deber de las autoridades informar de manera completa y oportuna a todos los interesados de los proyectos específicos de regulación y la información en que se fundamenten, con el objeto de recibir opiniones, sugerencias o propuestas alternativas. Para el efecto, deberán señalar el plazo dentro del cual se podrán presentar observaciones, de las cuales se dejará registro público. En todo caso la autoridad adoptará autónomamente la decisión que a su juicio sirva mejor el interés general.

- Procedimiento administrativo de cobro coactivo. Según lo dispone el artículo 98 de la ley 1437 de 2011 las entidades públicas definidas en el parágrafo del artículo 104 es decir, toda entidad pública todo órgano, organismo o entidad estatal, con independencia de su denominación, al igual que, las sociedades o empresas en las que el Estado tenga una participación igual o superior al 50% de su capital; y los entes con aportes o participación estatal igual o superior al 50%. deberán recaudar las obligaciones creadas en su favor, que consten en documentos que presten mérito ejecutivo. Para tal efecto, están revestidas de la prerrogativa de cobro coactivo o podrán acudir ante los jueces competentes[57].

- Procedimiento de extensión de la jurisprudencia del Consejo de Estado. Se trata de un novedoso procedimiento administrativo a través del cual se reivindica el precedente jurisprudencial del Consejo de estado y se busca que, a iniciativa de interesado, las *ratio decidendi*, obtenidas en procesos anteriores y similares se extiendan a casos similares. Al respecto establece el artículo 102 de la ley 1437 de 2011 (modificado por el artículo 17 de la Ley 2080 de 2021) las autoridades deberán extender los efectos de una sentencia de unificación jurisprudencial dictada por el Consejo de Estado, en la que se haya reconocido un derecho, a quienes lo soliciten y acrediten los mismos supuestos fácticos y jurídicos. Para tal efecto el interesado presentará petición ante la autoridad legalmente competente para reconocer el derecho, siempre que la pretensión judicial no haya caducado[58].

La autoridad decidirá con fundamento en las disposiciones constitucionales, legales y reglamentarias aplicables y teniendo en cuenta la interpretación que de ellas se hizo en la sentencia de

---

57 Ley 1437 de 2011. Artículo 99. Documentos que prestan mérito ejecutivo a favor del Estado. Prestarán mérito ejecutivo para su cobro coactivo, siempre que en ellos conste una obligación clara, expresa y exigible, los siguientes documentos: 1. Todo acto administrativo ejecutoriado que imponga a favor de las entidades públicas a las que alude el parágrafo del artículo 104, la obligación de pagar una suma líquida de dinero, en los casos previstos en la ley. 2. Las sentencias y demás decisiones jurisdiccionales ejecutoriadas que impongan a favor del tesoro nacional, o de las entidades públicas a las que alude el parágrafo del artículo 104, la obligación de pagar una suma líquida de dinero. 3. Los contratos o los documentos en que constan sus garantías, junto con el acto administrativo que declara el incumplimiento o la caducidad. Igualmente lo serán el acta de liquidación del contrato o cualquier acto administrativo proferido con ocasión de la actividad contractual. 4. Las demás garantías que, a favor de las entidades públicas, antes indicadas, se presten por cualquier concepto, las cuales se integrarán con el acto administrativo ejecutoriado que declare la obligación. 5. Las demás que consten en documentos que provengan del deudor.

58 La Corte Constitucional declaró la exequibilidad condicionada del primer inciso del artículo 102 de la Ley 1437 de 2011 que no fue modificada por el artículo 17 de la Ley 2080 de 2021. Corte Constitucional. Sentencia C-816 de 1 de noviembre de 2011. "(…) *entendiéndose que las autoridades, al extender los efectos de las sentencias de unificación jurisprudencial dictadas por el Consejo de Estado e interpretar las normas constitucionales base de sus decisiones, deben observar con preferencia los precedentes de la Corte Constitucional que interpreten las normas constitucionales aplicables a la resolución de los asuntos de su competencia*".

unificación invocada, así como los demás elementos jurídicos que regulen el fondo de la petición y el cumplimiento de todos los presupuestos para que ella sea procedente[59].

Contra el acto que reconoce el derecho no proceden los recursos administrativos correspondientes, sin perjuicio del control jurisdiccional a que hubiere lugar. Si se niega total o parcialmente la petición de extensión de la jurisprudencia o la autoridad guarda silencio sobre ella, no habrá tampoco lugar a recursos administrativos ni a control jurisdiccional respecto de lo negado. En estos casos, el solicitante podrá acudir dentro de los treinta (30) días siguientes ante el Consejo de Estado en los términos del artículo 269 de la ley 1437 de 2011[60].

La solicitud de extensión de la jurisprudencia suspende los términos para la presentación de la demanda que procediere ante la Jurisdicción de lo Contencioso Administrativo[61].

Los términos para la presentación de la demanda en los casos anteriormente señalados se reanudarán al vencimiento del plazo de treinta (30) días establecidos para acudir ante el Consejo de Estado cuando el interesado decidiere no hacerlo o, en su caso, de conformidad con lo dispuesto en el artículo 269 de la ley 1437 de 2011 (modificado por el artículo 77 de la Ley 2080 de 2021).

4. *Relaciones entre las normas del código de procedimientos administrativos, el procedimiento general de la ley 1437 de 2011 y los múltiples procedimientos especiales que rigen para diversas materias*

El procedimiento administrativo y las normas generales del mismo contenidas en la ley 1437 de 2011 como lo advertíamos constituye la regla general de los procedimientos administrativos en el derecho colombiano, es decir operan en la medida en que la función correspondiente carezca de un trámite procesal especifico. En el evento de haberse adoptado un procedimiento administrativo especial para determina función pública, este debe privilegiarse frente al procedimiento general del código contencioso administrativo. Opera en consecuencia en nuestro derecho, para esta relación de procedimientos, el llamado principio de especialidad normativa regulado en la ley 153 de 1887 según el cual, para resolver incompatibilidades en la interpretación de los códigos, "*La disposición relativa a un asunto especial prefiere a la que tenga carácter general*".

En materia administrativa este divorcio entre la especialidad y la generalidad no es de mayor profundidad. De conformidad con lo dispuesto en el inciso 3° del artículo 2 de la ley 1437 de 2011, el respeto a la especialidad no implica negación de la integración y la complementariedad normativa entre las normas generales de la primera parte de la ley 1437 de 2011 y los procedimientos especiales. Las falencias normativas de estos últimos, que coloquen en peligro las garantías del debido proceso y el derecho de defensa o la preservación de los principios básicos de las actuaciones administrativas, postulados en la constitución política, deben ser llenadas con las disposiciones de la primera parte de la ley 1437 de 2011.

5. *Competencia para la expedición de procedimientos administrativos*

En cuanto respecta a la competencia para el establecimiento de procedimientos administrativos, sean generales o especiales, en virtud de lo dispuesto en el artículo 150 numeral 2° constitucional es del Congreso de la República en cuanto depositario del privilegio para la expedición de códigos, en el entendido de que los procedimientos administrativos constituyen un componente importante del código

---

[59] Corte Constitucional. Sentencia C-588 de 25 de julio de 2012. La Corte Constitucional declaró constitucional la expresión "sentencia de unificación".

[60] Debe tenerse en cuenta lo consagrado por el artículo 614 de la Ley 1564 de 2012 (Código General del proceso).

[61] Este apartado de la norma fue declarado condicionalmente constitucional. Corte Constitucional. Sentencia C-816 de 1 de noviembre de 2011. "*Las sentencias de los órganos judiciales de cierre y unificación de las diferentes jurisdicciones, además del valor de cosa juzgada propio de ellas frente al caso sub judice, posee fuerza vinculante como procedente respecto de posteriores decisiones judiciales que examinen casos similares, sin perjuicio de la posibilidad de apartamiento e inaplicación del mismo que tiene el juez, a partir de argumentaciones explícitas al respecto. Y tal fuerza vinculante del precedente de las denominadas altas cortes puede ser extendida a la autoridad administrativa por el Legislador. El deber legal de extensión jurisprudencial, dispuesto en la norma demandada, no desconoce la preeminencia de la Legislación como fuente de derecho para ejercer su función conforme a la Ley, al punto que la misma se halla en posibilidad de abstenerse de aplicar el precedente contenido en la sentencia de unificación del Consejo de Estado y negarse a la extensión de tal jurisprudencia -conforme a la ley-, apartamiento administrativo que tendrá que ser expreso y razonado*".

contencioso administrativo. Por lo tanto, es esta corporación la llamada a su expedición, modificación, derogación etc[62].

Es de advertir, que conforma al numeral 10 inciso 3° de este mismo artículo esta competencia no puede ser objeto de facultades extraordinarias al presidente de la república. Así las cosas, por regla general, solo por ley podrían expedirse normas relativas a procedimientos administrativos[63]. No obstante, este planteamiento, en desarrollo de sus competencias constitucionales y legales las corporaciones departamentales y municipales de elección popular, asambleas y concejos pueden expedir procedimientos administrativos por vía de Actos Administrativos de carácter general. En su momento el Código Contencioso Administrativo (Decreto 01 de 1984) recogía esta concepción en su artículo 81[64], posición avalada por la Corte Constitucional[65], lo que deja entonces que en Colombia los procedimientos administrativos podían surgir o de la ley prácticamente en todos los asuntos de nivel nacional o, por acto administrativo de contenido general para los asuntos relativos a los órdenes departamentales y municipales. Dicha norma por virtud del artículo 308 de la ley 1437 de 2011 dejó de estar vigente a partir del 2 de julio de 2011.

6. *Excepciones a la aplicación de los procedimientos administrativos para la expedición de actos administrativos*

No se aplican los procedimientos generales de la ley 1437 de 2011 a las hipótesis determinadas por el mismo legislador las cuales son radicalmente excepcionales en nuestro derecho. El inciso 2° del artículo 2 del Código de Procedimiento Administrativo y de lo Contencioso Administrativo son claro ejemplo de estas situaciones de excepción en materia de procedimientos administrativos. Se indica en estas disposiciones que carecen de procedimiento previo y formativo las decisiones de aplicación inmediata, para evitar o remediar una perturbación de orden público, en los aspectos de defensa nacional, seguridad, tranquilidad, salubridad y circulación de personas y cosas o el ejercicio de la facultad de libre nombramiento o remoción. Las excepciones a la aplicación de los procedimientos para la adopción de decisiones son de estrictos caracteres excepcional y por lo tanto de naturaleza restrictiva. Operan por razones de interés general concretándose muchas veces en la adopción de medidas cautelares de carácter policivo, como ocurre en materia ambiental, urbanística, de orden público, disciplinaria etc.

62 Corte Constitucional. Sentencia C-269 de 28 de julio de 2022. "*Particularmente, en relación con la última prohibición dedicada a la restricción para expedir códigos a través del ejercicio de facultades extraordinarias, la jurisprudencia de esta Corte se ha ocupado al respecto. Como primera medida, ha dicho que esa imposibilidad evita que el legislador se despoje del ejercicio de su competencia de regulación sistemática trasladándola habitual y frecuentemente al Ejecutivo. Sobre esto, la Corte sostuvo que, "la Carta Política de 1991 erradicó definitivamente la posibilidad de que el Congreso se deshaga de la función de 'expedir códigos en todos los ramos de la legislación y reformar sus disposiciones', para transferirla al Gobierno Nacional por la vía de las facultades extraordinarias"*

En consonancia con ese propósito, la Corte ha comprendido que "la interdicción para la expedición de códigos en ejercicio de facultades extraordinarias se circunscribe fundamentalmente a la prohibición de expedir cuerpos normativos sistemáticos y completos, es decir, dotados de una pretendida integralidad respecto de la regulación de un fenómeno jurídico. Así las cosas, de cara a establecer los límites de la prohibición, la Corte señaló que un "código" es aquel conjunto "de normas que regulan de manera completa, metódica, sistemática y coordinada, las instituciones constitutivas de una rama del Derecho y se extiende a la adopción de reglas especiales en aspectos puntuales claramente determinados como propias de lo que hace parte un código."

63 Corte Constitucional. Sentencia C-092 de 3 de marzo de 2020.

64 Código Contencioso Administrativo. Artículo 81. "*Procedimientos Especiales. En los asuntos departamentales y municipales, se aplicarán las disposiciones de la parte primera de este código, salvo cuando las ordenanzas o los acuerdos establezcan reglas especiales en asuntos que sean de competencia de las asambleas y concejos.*"

65 Corte Constitucional, Sentencia C-252 de mayo 26 de 1994: "... Estima la Corte, que a partir de la expedición de la Constitución de 1991, con la salvedad hecha en relación con los procedimientos especiales que pueden existir en el orden distrital, departamental y municipal, todo Procedimiento Administrativo Especial debe regularse a través de la ley, e incorporarse al Código Contencioso Administrativo, como lo exige, con fines de sistematización, el aparte final del artículo 158 de la Constitución Política [...] los procedimientos administrativos especiales constituyen materia esencial y básica de la primera parte del Código Contencioso Administrativo, que regula los procedimientos administrativos [...] un nuevo Procedimiento Administrativo Especial que se establezca, a partir de la Constitución Política de 1991, necesariamente debe hacerse por el legislador y no a través de facultades extraordinarias [...] un conjunto normativo de esta naturaleza, necesariamente incorpora regulaciones específicas que constituyen excepciones en relación con el procedimiento general ordinario establecido en el mencionado Código...".

7. *El procedimiento administrativo y la tecnología*

La administración pública no está exenta de vinculación con las bases rectoras y principios que deben asumirse en una ordenación electrónica. El ejercicio de funciones públicas administrativas conlleva en su esencia los elementos materiales de la revolución tecnológica y al de su objeto -la información-lo que se concreta de manera inevitable en la consolidación reciproca entre sociedad y administración; en la prestación de servicios públicos; en el acceso a la información; el adelantamiento garantístico y con sujeción al debido proceso de actuaciones y procedimientos administrativos de toda índole; gobierno y administraciones participativas, eficiencia y eficaces; al igual que la efectividad del aparato burocrático y de las gestiones públicas; disminución de costos y tiempo. Todo lo anterior permite concluir que la administración pública y sus agentes al incorporarse a los medios electrónicos buscan, ante todo, la consolidación de los propósitos y finalidades públicas a través del buen uso del concepto de ordenanza pública electrónica[66].

En tratándose del ordenamiento jurídico colombiano, estas ideas fuerza centrales, surgen de la ardua tarea integradora de la normativa constitucional en torno a derechos tan vitales para la vida de la colectividad y del individuo mismo, como el de información y comunicación, con los desarrollos legislativos en relación con las tecnologías de la información y las comunicaciones contenidas en la ley en la ley 1341 de 2009 que constituye el marco jurídico básico para el entendimiento y ubicación conceptual de toda esta problemática de la incorporación de la sociedad, el Estado, y fundamentalmente de la administración pública a los causes de la ciencia y la tecnología.

Se indica claramente, en el artículo 6 de la ley 1341 de 2009, que los actores públicos para el cumplimiento de sus propósitos y finalidades también deben acudir a las tecnologías de la información y las comunicaciones entendidas estas, como el conjunto de recursos, herramientas, equipos, programas informáticos, aplicaciones, redes y medios, que permiten la compilación, procesamiento, almacenamiento, transmisión de información como voz, datos, texto, video e imágenes, sin los cuales, en nuestra opinión, no puede entenderse al Estado moderno, a sus instituciones y a una sociedad actuante y participativa.

De manera concreta, la ley 1341 de 2009, determina en varias de sus disposiciones la obligatoriedad de sujeción de las entidades administrativas a los destinos de la tecnologías de la información y las comunicaciones, demarcándose de esta manera, una clara e inobjetable política de Estado en la materia, derivada precisamente del entendimiento de que todo lo relativo a las tecnologías de la comunicación y del conocimiento constituyen asuntos y materias de interés público y general -Art.- 2 inciso primero-. Idea imperativa que se reitera en los numerales 1 y 8 del artículo 2 y en 5 de la mentada ley, al establecer como principios rectores, para los propósitos indicados, los siguientes:

Principio de prioridad en el acceso y uso de las tecnologías de la información y las comunicaciones, que involucra invariablemente la actividad pública administrativa.

Principio de la masificación del gobierno en línea que de manera directa obliga a las entidades públicas a utilizar y aprovechar de la mejor manera los instrumentos de las tecnologías de la información y el conocimiento a favor de los intereses públicos.

Y el que entendemos como principio de la promoción, coordinación y ejecución de las tecnologías de la información y las comunicaciones en cabeza de las entidades públicas. Principio que si bien no está en la lista del artículo 2 de la ley 1341 de 2009 se deduce sin mayores dificultades del análisis y lectura del artículo 5 de la misma, cuando determina que las entidades del orden nacional y territorial promoverán, coordinarán y ejecutarán planes, programas y proyectos tendientes a garantizar el acceso y uso de la población, las empresas y las entidades públicas a las tecnologías de la Información y las comunicaciones.

La anterior preceptiva y de principios se adicionan con lo indicado en el numeral 3° del artículo 4° de la ley en cuestión, que, al determinar las causales de la intervención económica del Estado en el sector de las tecnologías y las comunicaciones, establece de manera clara que lo hará el Estado para promover el desarrollo de contenidos y aplicaciones, la prestación de servicios que usen tecnologías de la Información y las comunicaciones y la masificación del gobierno en línea.

Complementa este esquema normativo la ley 527 de 1999 por medio de la cual se define y reglamenta el acceso y uso de los mensajes de datos, del comercio electrónico y de las firmas digitales,

---

[66] Aibar, Eduard; Urgell, Ferran. *Estado, burocracia y red,* Ariel, Barcelona, 2007, pp. 23 a 55.

y se establecen las entidades de certificación y se dictan otras disposiciones, y que se ocupa a su vez, de la incorporación de la administración pública, con un papel actuante en cuanto sujeto vivencial de estos instrumentos de la tecnología.

Con la expedición de la ley 1437 de 2011 que incorpora modificaciones a los códigos de procedimientos administrativos y de lo contencioso administrativo, se afianza y profundiza la vinculatoriedad de la administración y de los poderes públicos en general y de la colectividad, a los presupuestos básicos de la sociedad de la información y del conocimiento, por lo tanto a la ciencia, la tecnología y la información, estableciéndose al respecto normas especiales en relación con los procedimientos administrativos electrónicos, en concordancia con las reglas y principios incorporados en la ley 527 de 1999.

La ley 2080 de 2021, con la que se modifica la ley 1437 de 2011, vino consolidar la idea del uso de medios tecnológicos en los procedimientos, actuaciones y diligencias administrativas y contenciosas administrativas. En ese sentido, se adiciona al Código de Procedimiento Administrativo y de lo Contencioso Administrativo un artículo 53 A (a través del artículo 8°) en el que se establece el uso de los medios electrónicos cuando las autoridades habiliten los canales digitales para comunicarse entre ellas y ejercer sus competencias. Así mismo, se dispone que las personas naturales y jurídicas podrán usar los canales digitales cuando se determine así en el proceso, trámite o procedimiento. Así mismo, se asigna al Ministerio de Tecnologías de la Información y las Comunicaciones reglamentar en cuáles procedimientos, trámites o servicios será obligatorio el uso de medios electrónicos por las personas y las entidades públicas, en los que en todo caso se deberá garantizar el acceso a todas las personas que no puedan hacerlo.

En la misma ley 2080 de 2021 el artículo 9° modifica los incisos primero y segundo del artículo 54 de la ley 1437 de 2011 en cuento al registro para el uso de medios electrónicos, así como con el artículo 10° se modifica el artículo 56 de la misma ley respecto a la. Notificación electrónica, con el 11 el artículo 59 en cuanto al expediente electrónico y con el 12 el artículo 60 que dispone la sede electrónica.

Se adiciona con el artículo 13 de la ley 2080 de 2021 el artículo 60 A de la ley 1437 de 2011 sobre la sede electrónica compartida, esto es, el "Portal Único del Estado colombiano" a través del cual todas las personas podrán acceder a los contenidos, procedimientos, servicios y trámites que estén a disposiciones de las autoridades públicas, cuya titularidad, gestión y administración estará a cargo del Ministerio de Tecnologías de la Información y las Comunicaciones. Con base en la existencia de esta sede electrónica compartida, toda entidad pública deberá integrar su dirección electrónica oficial a esta, acogiendo los lineamientos de integración que expida el mencionado Ministerio.

No cabe pues la menor duda el enorme esfuerzo del legislador en relación con la incorporación de la administración y la sociedad por estos nuevos y futuristas senderos, desarrollando un marco normativo y de principios, que en la realidad de las cosas, demarca un moderno ordenamiento jurídico para el uso de los instrumentos electrónicos en favor de la sociedad y de la democracia, en lo que se ha dado en llamar por algunos sectores como la ordenanza electrónica, la cual no se puede en manera alguna, desmarcar de las estructuras y principios de nuestro ordenamiento constitucional y legal, principalmente de los sustenta-dores de las cláusulas del Estado social y democrático de derecho, si realmente se les quiere reivindicar como instrumento eficaz de gobierno transparente y de participación material de la sociedad en los asuntos públicos.

8. *El Concepto de acto administrativo en el derecho administrativo colombiano*

En el derecho administrativo colombiano debemos diferenciar entre el acto administrativo de contenido individual, el contenido general y el mixto este ultimo de reciente creación jurisprudencial.

A. *El Acto administrativo de contenido individual. Concepto.*

El concepto de Acto Administrativo de contenido individual, personal o concreto constituye uno de los aspectos de mayor dificultad en la teoría general del Acto Administrativo. Las diversas corrientes doctrinarias han producido una amplia y antagónica gama de interpretaciones de este fenómeno jurídico administrativo. Algunos autores para su identificación genérica acuden al método de la exclusión para identificarlo como todo acto jurídico expedido por la administración y sometido al derecho administrativo que ni es reglamento ni mucho menos contrato[67]. Sin embargo, dentro de un proceso de enflaquecimiento del objeto del concepto, tendiente a darle mayor precisión, la doctrina se adentra en múltiples, apreciables y notables discusiones con el propósito de reducirlo a lo esencial desde diferentes perspectivas. Aunque el objeto de este trabajo no es entrar en controversias interminables, de manera operacional y básicamente acudiendo a los trabajos de la jurisprudencia y doctrina nacionales hemos adoptado, para efectos de nuestro estudio, el criterio clásico sustancial que se fundamenta en la teoría de la voluntad para conceptuar el Acto Administrativo aunque en esta edición, el carácter voluntario del acto administrativo individual lo reconducimos a una simple regla general en cuanto se advierten ciertas situaciones administrativas que sin ser propiamente emanaciones de voluntad, por simple disposición normativa producen efectos jurídicos.

Entendemos, en este sentido, por Acto Administrativo toda manifestación unilateral, por regla general de voluntad, de quienes ejercen funciones administrativas, tendiente a la producción de efectos jurídicos[68].

a. *Elementos del concepto de acto administrativo de contenido individual*

Desde esta perspectiva son, entonces, los siguientes elementos las claves para poder llegar a la conclusión de que existe un Acto Administrativo de contenido individual.

El primero de ellos hace referencia, por regla general, a la existencia de la figura a partir de un acto positivo, consistente en una expresión o manifestación concreta o específica, proveniente de quienes ejercen funciones administrativas. De ahí que el acto se consolida como el principal mecanismo de actuación de la administración, en la medida en que debe contener las respuestas permanentes de la administración para con los asociados. Se trata del medio idóneo y eficaz a través del cual se materializa la legalidad. Desde este punto de vista, constituye una forma institucional de expresión de la administración.

Ahora bien, por vía de excepción, el Acto Administrativo también puede consistir en una omisión, tal y como lo expusimos en el capítulo primero de este tomo y se desarrollara en capitulo posterior.

El segundo consiste en la manifestación realizada por quienes ejercen funciones administrativas, esto es, la expresión de lo querido o deseado conforme a derecho, la cual debe ser de naturaleza unilateral. En el Acto Administrativo se trata de expresar tan solo la voluntad de un sujeto, de aquel que

67 García de Enterría, Eduardo y Fernández, Tomás Ramón. *Curso de derecho administrativo,* Volumen I, Madrid, Civitas, 1999, p. 533.

68 Consejo de Estado, Sala Plena de lo Contencioso Administrativo, Sentencia del 14 de julio de 1993, expediente AC-853. "*... en los oficios que se acaban de transcribir, está contenida una declaración de voluntad de una entidad pública (Consejo Nacional de Televisión) cuyos efectos son los de impedirle al demandante la transmisión del Programa Recreativo Dramatizado Extranjero Telenovela "CARA SUCIA", por los motivos allí señalados. Estas declaraciones de voluntad reúnen los requisitos que la doctrina y la jurisprudencia demandan para que exista acto administrativo 1. declaración de voluntad. 2. De origen administrativo y 3. Que proyecte sus efectos en el ámbito jurídico...Esta Corporación, por su parte, ha sostenido que el acto administrativo es esencialmente una declaración de voluntad destinada a producir efectos de derecho. Tiene entre otras consecuencias la de estar sometido al control jurisdiccional (Sentencia de abril 20 de 1983. Consejero Ponente Dr. Joaquín Vanin Tello)...En esas condiciones, se desvirtúa la argumentación del accionante, según la cual no existe "acto administrativo de ninguna naturaleza, ni siquiera oral por parte de Inravisión o del Ministerio de Comunicaciones, o notificación de ninguna especie en su condición de programador de televisión...Existiendo pues acto administrativo, el accionante puede impugnarlo mediante la vía gubernativa inicialmente y posteriormente mediante la acción judicial correspondiente*." El concepto voluntarista para la determinación del contenido de acto administrativo individual denota seria influencia de los desarrollos materiales del concepto según los trabajos de la doctrina alemana que incorporo para el estudio de la institución la teoría del negocio jurídico. Consejo de Estado, Sala de lo Contencioso Administrativo, Sección Primera, Sentencia del 16 de febrero de 2001, Exp 3531 "*actos administrativos, "conductas y abstenciones capaces de producir efectos jurídicos y en cuya realización influyen de modo directo o inmediato la voluntad o la inteligencia",... Los actos administrativos constituyen la expresión unilateral de la voluntad de la Administración por medio de la cual se crea, en forma obligatoria, una situación jurídica de carácter general, impersonal o abstracta, o bien, de carácter subjetivo, individual y concreto, es decir, que se trata de una decisión capaz de producir efectos jurídicos y, en consecuencia, de vincular a los administrados...*". En similar sentido Consejo de Estado, Sala de lo Contencioso Administrativo, Sección Primera, Sentencia del 14 de octubre de 1999, Exp 5064. Consejo de Estado. Sala de lo Contencioso Administrativo. Sección Primera, Sentencia de 31 de julio de 2014, Exp. 2012-00338. Consejo de Estado. Sala de lo Contencioso Administrativo. Sección Primera, Sentencia de 18 de junio de 2015, Exp. 2011-00271. Consejo de Estado. Sala de lo Contencioso Administrativo. Sección Segunda, Subsección A, Sentencia de 14 de mayo de 2020, Exp. 5554-18

ejerce funciones administrativas. Expresión que la doctrina viene explicando exclusivamente por una sola vía, como es la de la administración, sin cruzarla con la del administrado. En este sentido, el Acto Administrativo se torna en una manifestación de voluntad y no de consentimiento. En esto radica precisamente su carácter de unilateral; no significa sin embargo esta expresión que el administrado no tenga participación previa en el procedimiento de formación del Acto Administrativo. En virtud de la garantía constitucional del debido proceso, establecida en el artículo 29 constitucional, todo sujeto respecto del cual quien ejerce funciones administrativas debe pronunciarse, tiene derecho a hacerse parte en la respectiva actuación, a controvertir las pruebas allegadas y solicitar las que considere oportunas. Lo unilateral es, única y exclusivamente, la decisión final, aquella a través de la cual se resuelve de fondo la actuación; aquella que se pueda calificar como Acto Administrativo.

El tercero señala que el Acto Administrativo debe ser, básicamente, expresión de voluntad[69]. La voluntad constituye el querer, la intención, la actitud consciente y deseada que se forma en el órgano administrativo de acuerdo con los elementos de juicio que le son aportados o que la administración recopila en el ejercicio de su función y las normas jurídicas que corresponda aplicar al caso concreto. La declaración de voluntad debe provenir del ejercicio de la función administrativa, realizada por la administración o por quien haga sus veces. En este sentido, la voluntad de la administración es un problema vinculado al principio de legalidad, a las normas de competencia que atribuyen específicas materias a quienes ejercen funciones administrativas. La voluntad de la administración no puede ser otra que la establecida en la norma constitucional, legal o reglamentaria y que es desarrollada por el intérprete y ejecutor de la administración, para el caso concreto el servidor público o el particular con funciones administrativas. La voluntad de la administración no puede confundirse con la voluntad del servidor público o del particular que ejerce funciones administrativas. Se trata de dos conceptos de voluntad de contenido y materia diferentes. La voluntad de la administración es institucional, normativa, regulada, emana del derecho[70]. La voluntad del servidor como persona es subjetiva y corresponde a su querer y autonomía y no guarda relación de ningún género con las funciones públicas que le corresponde ejercer.

Advertimos a propósito de la voluntad, que la hemos incorporado en la definición operacional propuesta a título de regla general, es decir, que de manera excepcional determinadas manifestaciones de la administración sean meramente objetivas productoras de efectos jurídicos por disposición legal. El asunto es fácil de entender en la legislación colombiana. Estaríamos frente a la regla general en relación con la voluntad en los eventos en que la administración debe reconocer un derecho, imponer una sanción, decidir una controversia, otorgar un permiso o una licencia, en fin, cuando se trate de poner término a un procedimiento administrativo[71]. Sin embargo, por vía de expresa definición normativa determinadas

---

69 Consejo de Estado, Sala Plena de lo Contencioso Administrativo, Auto del 9 de marzo de expediente 1725. "*Voluntad administrativa.- Otro elemento esencial del acto administrativo es la existencia de una voluntad estatal válida exteriorizada en una declaración expresada en forma legal. El acto administrativo se aprecia a través de esa declaración, pero lo esencial es la voluntad real del órgano administrativo*".

70 Duguit, León. *Manual de Derecho Constitucional,* Madrid, Francisco Beltrán Librería Española y Extranjera, 1926, p. 99. Duguit es supremamente claro en este aspecto. Sostiene precisamente que, si el acto administrativo individual es manifestación de voluntad, en cuanto ostenta doctrinalmente el carácter de acto jurídico, esa voluntad no puede estar distanciada en un Estado de derecho de la ley y del derecho objetivo. Se trata de una condición fundamental para deslindar esta voluntad de la personal del servidor público.

71 Consejo de Estado, Sala de lo Contencioso Administrativo, Sección Primera, Sentencia del 16 de febrero de 2001, Exp 3531 "*...También por vía de doctrina se han efectuado importantes aportes orientados a puntualizar la* existencia *de un acto administrativo y, a distinguirlo de otro tipo de actos, como las llamadas circulares de servicio, cuyo alcance es el de instruir, orientar o coordinar a la administración, pero, jamás tienen la virtualidad de obligar, ejemplo los conceptos de los asesores jurídicos; los certificados de tiempo de servicio. Puede ocurrir, que por extralimitación de funciones, o por error de técnica administrativa, a través de un acto de servicio, trátese de una circular o de una carta de instrucción, se expidan decisiones, que son verdaderos Actos Administrativos, evento en el cual, sin duda alguna pueden ser demandables por vicios en su formación, ante la jurisdicción en lo contencioso administrativo...*" En similar sentido Consejo de Estado, Sala de lo Contencioso Administrativo, Sección Primera, Sentencia del 14 de octubre de 1999, Exp 5064. Consejo de Estado. Sala Plena de lo Contencioso Administrativo, Sentencia del 24 de julio de 2020, Exp. 2020-01522. "*En punto a las instrucciones y circulares de servicio, que corresponde al acto objeto de examen, el Consejo de Estado se ha pronunciado (...) para señalar que si estas tienen la virtualidad de contener decisión son actos administrativos y en consecuencia son demandables ante la jurisdicción contenciosa administrativa, de lo contrario, por carecer de la vinculatoriedad, están excluidas del control judicial (...) Existe una disparidad conceptual en el Consejo de Estado, sobre el alcance y la noción de acto administrativo,*

situaciones jurídicas adquieren vida por simples actuaciones de las autoridades en donde no interviene en absoluto la voluntad. El ejemplo lo traía el inciso 3 del artículo 84 del código contencioso administrativo (norma derogada por el artículo 309 de la ley 1437 de 2011), que considera para todos los efectos acto administrativo de carácter individual a los de certificación y registro. En este sentido actos como los de mera certificación o simple conocimiento, actos de información o de comunicación siempre y cuando creen situaciones jurídicas o impongan obligaciones.[72]

El cuarto determina que las manifestaciones unilaterales de voluntad no solo pueden provenir de los órganos de la rama ejecutiva del poder público, sino también, de cualquier autoridad de los otros poderes u órganos autónomos e independientes, e incluso de los particulares, a los que les hubieren sido atribuidas funciones administrativas. El ejercicio de otras funciones –legislativas o judiciales–así estén atribuidas a órganos que por naturaleza sean administrativos, no serían actos administrativos, y lo contrario, si la función administrativa es desarrollada por cualquiera de los otros órganos del poder público o por particulares producirá por excepción actos administrativos. Se trata, sin duda alguna, del mejor ejemplo de articulación entre los criterios material y formal al interior del concepto de Acto Administrativo. En esta perspectiva, el Acto Administrativo podría ser producido, por regla general, por los órganos del poder ejecutivo, y por regla de excepción, por las autoridades legislativas, judiciales o de las entidades autónomas e independientes e incluso por los particulares, cuando les hubieren sido atribuidas funciones administrativas.

El quinto caracteriza al Acto Administrativo por su naturaleza decisoria, esto es, por poseer la fuerza suficiente para crear situaciones jurídicas a partir de su contenido[73]. En consecuencia, si la manifestación de voluntad no decide ni crea situación jurídica, no es un Acto Administrativo. En este sentido se ha pronunciado el Consejo de Estado al indicar: "... *El acto en la doctrina general, en forma simple, es una manifestación de voluntad de un ente de derecho. Es una decisión que produce efectos jurídicos. La noción de decisión es entonces un concepto central dentro de esta materia, y se infiere que para que la jurisdicción intervenga a modo de control se requiere que el objeto sobre el cual actúa constituya, en materia de manifestación intencional, la voluntad de una decisión que en el lenguaje del derecho comparado se denomina a veces providencia, otras veces resolución o decreto, pero cuyo elemento central, al lado de otros que integran su esencia, es la virtualidad de producir efectos en derecho. Así, el Acto Administrativo, a la luz de la ley colombiana, es una manifestación de voluntad, mejor se diría de la intención, ya que esta supone aquella, en virtud de la cual se dispone, se decide, se resuelve una situación o una cuestión jurídica, para como consecuencia crear, modificar o extinguir una relación de derecho...*"[74]. Si la manifestación de quien ejerce funciones administrativas no es decisoria, no está llamada a producir efectos en el mundo jurídico. Podría ser entonces un acto de la administración, pero no un Acto Administrativo de contenido individual. La manifestación de

en lo que respecta a las instrucciones o circulares del servicio, lo cual se evidencia por los elementos tratados en sus providencias, en el sentido de que algunas expresiones de voluntad, como las contenidas en los memorandos, instructivos o circulares internas, pese a tener un valor meramente orientativo, instructivo o informativo, se les atribuye el carácter de acto administrativo enjuiciable, en todos los casos. Sin embargo, en una línea de tiempo, la tesis que mayor vigencia y reiteración, ha sido la de sostener que estos pronunciamientos de la administración solo son enjuiciables si tienen la virtud de producir efectos jurídicos"

72 García de Enterría, Eduardo; Fernández, Tomás Ramón. *Curso de derecho administrativo*, ob., *cit.*, p. 537. El autor otorga un tratamiento no absoluto al elemento de la voluntad en el acto administrativo individual, sostiene, retomando los trabajos de Zanobini, que también el acto puede ser la manifestación de juicio, conocimiento o deseo de la administración.

73 Forsthoff, Ernest. *Tratado de Derecho administrativo,* Madrid, Instituto de Estudios Políticos, 1958, p. 282 "... *el acto administrativo es un concepto jurídico, que tiene que cumplir una función dentro del derecho. Por eso solo puede comprender aquellos actos de los que emana directamente un efecto jurídico*...".

74 Consejo de Estado, Sala de lo Contencioso Administrativo, Sección Cuarta, Sentencia de enero 22 de 1987, Exp. 549. En igual sentido, Consejo de Estado. Sala de lo Contencioso Administrativo. Sección Primera, Sentencia de agosto 5 de 1991, Exp. 1588: "... es elemento esencial el carácter decisorio que lo haga capaz de producir efectos jurídicos; de crear, modificar o extinguir una situación jurídica. Solo entonces, dicho acto, se coloca en condiciones de ser susceptible de control jurisdiccional...". Consejo de Estado. Sala de lo Contencioso Administrativo. Sección Segunda, Sentencia de diciembre 18 de 1991, Exp. 3936. Consejo de Estado, Sala de lo Contencioso Administrativo, Sección Primera, Sentencia del 16 de febrero de 2001, Exp 3531. "...La producción de efectos en el plano externo, esto es, frente a los particulares, constituye precisamente el punto medular que perfila la existencia del acto administrativo, y que lo diferencia de los llamados actos Interorgánicos..." En similar sentido Consejo de Estado, Sala de lo Contencioso Administrativo, Sección Primera, Sentencia del 14 de octubre de 1999., Exp 5064.

voluntad debe provocar alteraciones jurídicas en el mundo exterior, modificando o extinguiendo las existentes o creando nuevas situaciones de relevancia ante el derecho, esto como efecto directo de su carácter decisorio.

En sexto lugar, la consecuencia directa y caracterizadora del Acto Administrativo de contenido unilateral, surgida a partir de la exigencia decisoria que emana de su concepto, es la de que se traduce en una manifestación de voluntad con fuerza ejecutiva, lo que implica para las autoridades, la generación por consecuencia, de obligaciones unilaterales o de realización de las operaciones materiales indispensables, con el propósito de hacer eficaz o ejecutorio en el ámbito externo de la administración lo dispuesto en el acto correspondiente.

Esta prerrogativa de poder, desarrollada en el derecho francés, básicamente a partir de los trabajos de Hauriou[75] como una acción de oficio de la administración, se ubica modernamente, en nuestra opinión, en las razones sustentadoras del principio de autotutela que rige a la administración pública[76]. La administración no se puede satisfacer exclusivamente con la simple existencia del Acto Administrativo. La decisión no puede quedar al interior de la administración. Los potenciales efectos jurídicos creados por el Acto Administrativo deben hacerse eficaces, para lo cual el ordenamiento le reconoce suficientes poderes de ejecución a la administración, no solo para que los dé a conocer, sino también, y de manera principal, para que los haga efectivos y eficaces unilateralmente, a través de los procesos o procedimientos operativos coherentes con lo dispuesto en ellos.[77]

Para que el Acto Administrativo sea eficaz se requiere que la administración agote, previamente, los procedimientos dirigidos a su exteriorización, con el fin de producir efectos en el mundo del derecho. En este sentido, la exteriorización no es otra cosa que el ánimo de declarar, trasladar al mundo exterior, por los medios legales, lo decidido. Se lleva a cabo, de esta forma, la tarea publicitaria necesaria para lograr que los efectos queridos en el ordenamiento jurídico por el Acto Administrativo se cumplan frente a sus destinatarios, en caso contrario, nace irremediablemente la obligación de imponerlos unilateralmente por la administración, en virtud de la fuerza ejecutoria que de ellos emana[78].

Significa esto, que lo ejecutorio del acto depende de su firmeza y publicidad. Las decisiones administrativas carentes de esta característica esencial para su eficacia no pueden ser sometidos de manera valida a procedimientos u operaciones ejecutorios.

El debido proceso se encontraría comprometido frente a actitudes como estas, en cuanto que, lo que se observa de las operaciones tendientes a lograr la firmeza de los actos administrativos no es otra cosa, que la consolidación de un amplio campo de garantías para la debida defensa y contradicción de la decisión adoptada. Por lo manos esto es lo que se deduce de la redacción de los artículos 65, 66, 67, 87 y 88 del código de procedimiento administrativo y de lo contencioso administrativo, cuando no obstante establecer en la última de las disposiciones las hipótesis de firmeza de los Actos Administrativos, determina en los primeros que el efecto de los mismos depende de haberse satisfecho plenamente la publicidad de los mismos, so pena, conforme al contenido del artículo 72 de la misma codificación, de que la decisión no produzca ningún tipo de efectos.

El carácter ejecutivo del Acto Administrativo en el derecho procesal administrativo colombiano y las consecuentes obligaciones de ejecución del mismo, en lo que entiende como el carácter ejecutorio de las decisiones administrativas o la consecuente acción administrativa de imponer unilateralmente lo dispuesto en ellos, se desprende de la redacción del artículo 89 del código de procedimiento administrativo y de lo contencioso administrativo, según el cual "... *Salvo disposición legal en contrario, los actos en firme serán suficientes para que las autoridades, por sí mismas, puedan ejecutarlos de inmediato. En consecuencia, su ejecución material procederá sin mediación de otra autoridad. Para tal efecto podrá requerirse, si fuere necesario, el apoyo o la colaboración de la Policía Nacional ...*".

---

75 Betancor Rodríguez, Andrés. *El Acto Ejecutivo,* Madrid, Centro de Estudios Constitucionales, 1992, pp. 337 y ss.

76 García de Enterría, Eduardo y Fernández, Tomás Ramón. *Curso de derecho administrativo*, ob., *cit.,* pp. 481 y ss.

77 Cassagne, Juan Carlos. *La Ejecutoriedad del Acto Administrativo*, Buenos aires, Abeledo-Perrot, 1971, pp. 49 a 55.

78 *Ibíd*, p. 52.

9. *El acto administrativo de contenido general. Reglamento*

Al referirnos al Acto Administrativo de contenido general estamos haciendo mención a una especial modalidad de expresión del poder público administrativo, que comprende todas aquellas manifestaciones normativas, sean reglamentarias o reguladoras, provenientes de cualquier autoridad administrativa, caracterizadas por su generalidad y que tienen como fundamento directo la Constitución Política o la ley[79]. Bajo estos presupuestos recogemos para el derecho colombiano la teoría del reglamento administrativo al que tradicionalmente se le considera una fuente del sistema normativo. En Colombia, a diferencia de otros ordenamientos, el reglamento es acto administrativo de carácter general. Se instituye como el principal mecanismo de proyección normativa en cabeza de los órganos y personas con funciones administrativas, creador de situaciones jurídicas generales, impersonales y objetivas, diferentes a la ley o a los actos con fuerza de ley, pero coincidente con esta, en cuanto contiene reglas de derecho y no decisiones individuales o concretas.

Como lo advertíamos, el tema del llamado Acto Administrativo de carácter general surge para la teoría del acto de manera tangencial, a partir del desarrollo del concepto material de ley[80], de donde se desprende la hipótesis de que las autoridades administrativas pueden expedir actos de contenido general similares a la ley pero ausentes de los procedimientos y de la base democrática de esta. Este asunto que, en algunos ordenamientos jurídicos, se resuelve por la vía de la concepción, según la cual, estas manifestaciones constituirían verdaderas expresiones legislativas. En otros como el nuestro, rechazamos estas posturas calificando a las mismas, como fenómenos propios y exclusivos de la administración en ejercicio de sus poderes y atribuciones de carácter público, es decir, orgánica y funcionalmente diferentes a la ley, por lo tanto, manifestaciones generales y abstractas propias de la administración y de ninguna manera del legislador.

Es de aceptación que los órganos ejecutivos, para el debido cumplimiento de la ley e incluso de la misma constitución, profieran actos similares a la ley en cuanto a su generalidad e impersonalidad. Por lo tanto, actos administrativos de carácter general, a los que la doctrina ius-publicista denomina reglamentos en cuanto a diferencia del acto administrativo tradicional no producen situaciones jurídicas particulares o concretas, sino que contiene normas de aplicación abstracta[81].

Las principales manifestaciones de los Actos Administrativos de carácter general las encontramos en los actos expedidos a partir del ejercicio de la potestad reglamentaria de todas las leyes sin limitación

---

[79] Consejo de Estado, Sala de Consulta y Servicio Civil, concepto de marzo 11 de 1968. Consejo de Estado. Sala de Consulta y Servicio Civil, concepto de 5 de marzo de 2019, N° 2403.

[80] Kelsen, Hans. *Teoría Pura do Direito, versao Condensada pelo Autor,* Sao Paulo, Editora Revista dos Tribunais, 2002, p. 105.

[81] Gallego Anabitarte, Alfredo (et al). *Acto y procedimiento administrativo*, ob., *cit.,* p.29.

alguna[82] atribuida por la Constitución al Presidente de la República[83] al igual que en las potestades reglamentarias de otras normas diferentes a las leyes, como los acuerdos u ordenanzas por parte de los alcaldes y gobernadores en ejercicio de sus atribuciones legales. Así mismo, por mandato constitucional las corporaciones administrativas de elección popular en ejercicio de sus competencias expiden normalmente actos de carácter general de contenido normativo[84]. En esta misma dirección la gran

[82] Este tema no ha sido pacífico en la jurisprudencia nacional. En algunos pronunciamientos el Consejo de Estado ha expresado que no es posible reglamentar determinado tipo de leyes, argumentación que en nuestra opinión carece en absoluto de una base cierta y definida. Sobre este aspecto en decisión de la sala de Negocios Generales del 25 de septiembre de 1944 expreso lo siguiente: "*Al precisar esta tesis sobre el ejercicio normal y regular de la potestad reglamentaria, conviene afirmar que el Jefe del Estado carece de competencia constitucional para reglamentar las leyes que versan sobre materia civil o penal, organización judicial y normas procesales en general. Se justifican estas excepciones en el ejercicio de la potestad reglamentaria, porque las relaciones jurídicas que origina el derecho privado contractual, la institución de la propiedad, las acciones civiles para ejercitar los derechos en juicio, el derecho de castigar y las formas de proceder, no pueden ser del resorte del poder administrativo, sino de competencia privativa de la ley.*" "*Esta jurisprudencia está acorde con las enseñanzas de los tratadistas. Para Maurice Hauriou, los reglamentos 'tienen por fin asegurar la organización y funcionamiento de los servicios públicos'. Y, como es sabido, el funcionamiento normal de los servicios públicos es lo que constituye la actividad regular de la administración. La tesis de que la potestad reglamentaria solo puede versar sobre las leyes administrativas se funda en la consideración de que si la potestad reglamentaria tiene por objeto habilitar al Gobierno para que pueda dictar las medidas necesarias 'para la cumplida ejecución de las leyes', mal puede extenderse a los Códigos Civil, Penal, Judicial, etc., respecto de los cuales no cabe el concepto de ejecución por parte del Gobierno, sino el de aplicación por parte de las autoridades jurisdiccionales, y para la cumplida aplicación de dichos códigos lo que tiene cabida es la interpretación, la cual con autoridad solo corresponde al legislador, según el precepto de la Constitución: ejus est interpretari cujus est legem condere.*" En providencias posteriores la corporación ha rechazados esta tesis limitativa aceptando la posibilidad de que el presidente se ocupe por vía reglamentaria de todo tipo de leyes. Puede en efecto consultarse auto del 17 de febrero de 1962en donde se expresó lo siguiente: "*...El artículo 120, ordinal 3, de la Carta no establece distinciones de naturaleza alguna en relación con los códigos. De consiguiente, a la jurisprudencia le está vedado hacer clasificaciones y consagrar diferencias que el mandato constitucional repele. La distinción solo se consagra en función de la necesidad de la reglamentación, y de la competencia del órgano encargado de hacerla. El enunciado dogmático de que todos los códigos y leyes que los modifican caen fuera de la órbita de la potestad reglamentaria, carece de soporte constitucional si se plantea de manera absoluta;... " En sentencia de 10 de octubre de 1.962, se reitera lo anterior al indicar que, " el grado de la reglamentación lo señala tácitamente y en cada caso el propio cuerpo legislativo. Tanta será la materia reglamentable por el ejecutivo, cuanta determine la necesidad de realizar el estatuto expedido por las cámaras. En la sentencia 24 de mayo de 1.973, el Consejo de Estado advirtió, enfáticamente, que era reglamentable "en primer término y por definición constitucional, la ley, cualquiera ella sea, incluidos los códigos*".

[83] Consejo de Estado, Sala Plena de lo Contencioso Administrativo, Sentencia de febrero de 2000, Exp S-7018 "*La potestad de reglamentar las leyes es atribución solo del Presidente de la República, y no de otras autoridades administrativas, que ha de ejercer, desde luego, con la colaboración del ministro del ramo o director de departamento administrativo correspondiente, según lo establecido en el artículo 115 de la Constitución; Los límites de la potestad reglamentaria están señalados en cada caso por la necesidad de que sea cumplida debidamente la ley de que se trate, de manera que si la ley suministra todos los elementos indispensables para su cumplimiento, nada habrá de agregársele y, por consiguiente, no habrá oportunidad para el ejercicio de la potestad reglamentaria; pero si faltan en ella detalles necesarios para su correcta aplicación habrá lugar a proveer a la regulación de esos detalles, en ejercicio de la potestad reglamentaria. En otros términos, tanta será la materia reglamentable cuanta determine la necesidad de dar cumplimiento a la ley, y La potestad reglamentaria de las leyes está referida a cualesquiera leyes, sin distinciones, que no las establece la norma constitucional... El poder reglamentario lo otorga directamente la Constitución al Presidente de la República como suprema autoridad administrativa, con la finalidad de que expida normas de carácter general para la correcta ejecución de la ley. Por ser una atribución propia que le confiere la Carta Política, no requiere de una norma legal que expresamente la conceda y se caracteriza además por ser atribución inalienable, intransferible e inagotable, no tiene un plazo para su ejercicio y es irrenunciable, aunque no es un poder absoluto pues se halla limitado por la Constitución y la ley, ya que al ejercerla el Presidente de la República no puede alterar o modificar la ley que reglamenta.*" En similar sentido: Consejo de Estado. Sala de lo Contencioso Administrativo. Sección Primera, Sentencia de 2 de diciembre de 2021, Exp. 2007-00356-2007-00357. Consejo de Estado. Sala de lo Contencioso Administrativo. Sección Cuarta, Sentencia de 15 de octubre de 2021, Exp. 24049. Consejo de Estado. Sala de lo Contencioso Administrativo. Sección Segunda, Subsección A, Sentencia de 9 de septiembre de 2021, Exp. 0410-17. Consejo de Estado. Sala Plena de lo Contencioso Administrativo, Sentencia de 2 de julio de 2021, Exp. 2020-004468. Corte Constitucional. Sentencia C-1005 del 5 de octubre de 2008.

[84] Consejo de Estado, Sala Plena de lo Contencioso Administrativo, Sentencia de febrero de 2000, Exp S-7018. "*Distinta de esa potestad para reglamentar la ley, es la facultad de las asambleas departamentales para administrar recursos y para establecer tributos que le atribuyen los artículos 287, numeral 3, y 338 constitucionales. Se trata no de la potestad de reglamentar la ley para hacer posible su adecuado cumplimiento, que eso es reglamentar la ley, sino de*

mayoría de las autoridades administrativas cuando expresamente se encuentren habilitadas por la ley para dictar normas generales lo hacen por la vía de actos de esta naturaleza, como los ministros, jefes de departamentos administrativos superintendentes, en fin todos aquellos que deban crear derecho o reglas vinculantes con fuerza genérica, eventos en los cuales técnicamente no estamos ante el ejercicio de la potestad reglamentaria, sino del cumplimiento normal y ordinario de atribuciones a través de actos administrativos generales[85].

Similar situación se presenta cuando el legislador atribuye a determinadas autoridades administrativas la facultar de regular por su especialidad determinadas materias, esto es, expedir normas generales vinculatorias para las mismas o los sectores de su influencia en estos casos estamos no ante facultad reglamentaria, ni mucho menos legislativa, sino por el contrario de estricta naturaleza administrativa por vía de acto de esta clase es decir administrativos, ejemplo claro el de las comisiones de regulación en materia de servicios públicos[86]. Por último, por mandato constitucional, algunas autoridades, mediante atribución directa de la carta expiden actos de carácter general en los asuntos de sus competencias, el ejemplo lo encontramos el contralor general de la nación, las autoridades del Banco de la República, el Consejo Nacional Electoral, entre otros.

10. *El acto administrativo de contenido mixto*

El Acto Administrativo de contenido mixto corresponde a una especial calificación jurídica efectuada a determinadas manifestaciones de las autoridades administrativas caracterizadas por su doble naturaleza de normativas, generales, abstractas e impersonales, y a la vez generadoras de situaciones jurídicas personales, individuales y concretas. Se trata de actos que rompen la dogmática tradicional de construcción de decisiones administrativas en los términos indicados en los literales anteriores; que se estructuran de manera compleja en el sentido de compartir en su objeto tanto decisiones propiamente dichas como elementos normativos. Esta modalidad surge sin duda sobre la base de ofrecer respuestas procesales a situaciones creadas por la administración que no lograban obtener respuestas en las interpretaciones tradicionales de la teoría del Acto Administrativo, y que en muchas ocasiones llevaban a indefiniciones jurídicas o incluso a claras hipótesis de inseguridad y ausencia de control para la administración productora este tipo de actos administrativos.[87]

---

cumplir una función propia, la de administrar recursos y establecer tributos, y ello mediante actos de carácter general." En similar sentido: Consejo de Estado. Sala de lo Contencioso Administrativo, Sección Cuarta, Sentencia de 30 de julio de 2020, Exp. 2016-00199.

85 Consejo de Estado, Sala de lo Contencioso Administrativa, Sección Primera, Sentencia de 29 de octubre de 1976. "*Esta competencia tiene, como se ve, origen legal y no es desarrollo de la potestad reglamentaria que, en principio, solo le corresponde al Gobierno, ni tampoco constituye el desarrollo de una delegación. Una cosa es la reglamentación de la ley, cometido que no requiere texto legal que lo autorice o reitere; y otra, muy diferente, la adscripción de competencia a un ministerio para que cumpla o ejecute una misión determinada, aspecto que debe estar expresamente señalado en la ley. El hecho de que esta facultad deba traducirse, de ordinario, en decretos de carácter general o abstracto no la asimila a la citada potestad, causa de los reglamentos que para la cumplida ejecución de las leyes debe dictar el Gobierno, dentro de los marcos o límites que implícita o explícitamente se deriven de la ley reglamentada, pero no más...*". En similar sentido: Consejo de Estado. Sala de lo Contencioso Administrativo, Sección Segunda, Subsección A, sentencia de 10 de junio de 2021, Exp. 0822-14. Consejo de Estado. Sala de lo Contencioso Administrativo. Sección Primera, Sentencia de 21 de mayo de 2021, Exp. 2009-00366. Consejo de Estado. Sala de lo Contencioso Administrativo. Sección Tercera, Subsección A, sentencia de 23 de abril de 2021, Exp. 56307

86 Corte Constitucional. Sentencia C-1162 del 6 de septiembre de 2000. Corte Constitucional. Sentencia C-263 de 8 de mayo de 2013. Corte Constitucional. Sentencia C-172 de 19 de marzo de 2014. Consejo de Estado. Sala de lo Contencioso Administrativo, Sección Primera, Sentencia de 18 de octubre de 2019, Exp. 2012-00317. Consejo de Estado. Sala de lo Contencioso Administrativo, Sección Primera, sentencia de 19 de noviembre de 2018, Exp. 20009-00613.

87 Consejo de Estado, Sala de lo Contencioso Administrativo, Sección Primera, Sentencia del 6 de abril de 2000, Exp 5373. "*El acto acusado, en cuanto contiene decisiones con efectos particulares y generales, a la vez, resulta ser un acto administrativo mixto, según lo ha reconocido la Sala en providencias anteriores. También ha expresado la Sala que este tipo de actos, en cada una de las disposiciones de efectos individuales o concreto, viene a constituir "una disposición propia de un acto condición, o dicho de otro modo, legal y reglamentario, en tanto coloca o inserta a cada uno de los inmuebles por ellos relacionados en el régimen general contenido en los mencionados decretos, del cual, por lo tanto, pueden ser excluidos en cualquier época. El carácter mixto de este tipo de actos permite que sean demandables tanto en acción de simple nulidad, como de nulidad y restablecimiento del derecho. Sin embargo, quien*

IV. LOS CONTRATOS DE LA ADMINISTRACIÓN. LOS LLAMADOS CONTRATOS ESTATALES EN EL DERECHO ADMINISTRATIVO COLOMBIANO

1. *El dilema del derecho público y del privado en el contrato estatal colombiano*

Intentar aproximarse al régimen jurídico de los contratos estatales en el derecho administrativo colombiano, conforme a lo dispuesto en las leyes 80 de 1993 y 1150 de 2007 y en las demás disposiciones legislativas que de manera especial se refieren a la contratación de algunas entidades públicas (régimen compilado en la actualidad en el Decreto Único Reglamentario 1082 de 2015), constituye tema de dificultad y controversia en el derecho nacional; en efecto, implica retomar y articular a la vez conceptos fundamentales tanto de derecho público como privado en materias neurálgicas para el cumplimiento de las funciones públicas y la satisfacción de los intereses generales, como son las propias de los contratos que las entidades estatales pueden celebrar en el tráfico jurídico ordinario.

Se trata de abordar una problemática poco pacífica para la doctrina y la jurisprudencia colombianas, no solo en razón de los intereses que la materia involucra, sino también en virtud de las radicales transformaciones que se han consolidado en el derecho colombiano en los últimos años. El régimen jurídico nacional ha pasado por casi todas las posturas ideológicas en materia contractual. De un régimen poco interventor, donde dominaba el derecho privado[88] desde el punto de vista sustancial y procesal, se pasó paulatinamente, en menos de 40 años, a un sistema que incorporaba principios y procedimientos de derecho público para la escogencia de contratistas por el Estado, a la vez que trasladaba sus litigios al juez contencioso administrativo (Decreto 150 de 1973 y, posteriormente, Decreto 222 de 1983[89]), y de allí a un sistema mixto, que sustancialmente acepta el derecho público tanto como el privado. Precisamente Carlos H. Pareja, en 1937, al describir las características jurídicas del contrato celebrado por las entidades públicas en todos sus niveles, se quejaba de su absoluta sujeción al derecho privado y a la jurisdicción ordinaria. Al respecto sostenía que "*No se ha formado en Colombia, como ya observamos, una teoría de los actos administrativos, y menos un criterio uniforme y seguro sobre esa clase especial de actos de la Administración Pública que se conocen con el nombre de concesiones y contratos administrativos…*"[90].

En su descripción del sistema dominante este autor resalta que la ley de la jurisdicción de lo contencioso administrativo no había incorporado plenamente los principios y reglas del derecho francés sobre el control judicial contencioso administrativo[91]. Profundamente influenciado por la escuela de los

pretenda algo más que la simple desaparición de los efectos jurídicos del acto, como sería el caso de indemnizaciones por perjuicios, necesariamente debe acudir a la acción de nulidad y restablecimiento, dentro del término de caducidad". Esta providencia es reiteración de las sentencias de fechas 21 de marzo de 1996, Exp. 3575; 18 de marzo de 1999, Exp. 5253 y 12 de agosto de 1994, Exp. 5500. En similar sentido: Consejo de Estado. Sala de lo Contencioso Administrativo, Sección Primera, sentencia de 13 de mayo de 2020, Exp. 2012-00080. Consejo de Estado. Sala de lo Contencioso Administrativo. Sección Primera, Sentencia de 15 de agosto de 2019, Exp. 2005-00461 ("*Lo es el que efectúa el acotamiento de la zona de influencia de un humedal afectando un inmueble*"). Consejo de Estado. Sala de lo Contencioso Administrativo. Sección Primera, Sentencia de 11 de octubre de 2018, Exp. 2008-00069.

88 Vidal Perdomo, Jaime. "La noción de contrato estatal", *ponencia.*, ob., *cit.,* p. 2. Señala este autor que la característica fundamental del régimen jurídico aplicable a la Administración Pública en materia de contratos, durante muchos años, fue la de acudir al Código Civil para su regulación. Se presentaba una especie de identidad entre los contratos del Estado y los de los particulares: "*Por ello en el Código Contencioso Administrativo de 1941 (Ley 167 de aquel año), se prohibía que fueran acusadas ante esa jurisdicción las resoluciones de las autoridades que tuvieran origen en un contrato...*". La reforma constitucional de 1945 abrió las puertas para que el Consejo de Estado comenzara a conocer de estos litigios, al suprimir del conocimiento de la Corte Suprema de Justicia "*los negocios contenciosos en que tenga parte la Nación*". Consejo de Estado, Sala de lo Contencioso Administrativo, Sección Tercera. Sentencia del 17 de febrero de 1977: "*Hasta la vigencia del Decreto 528 de 1964, era claro que toda controversia contractual en que fuera parte el Estado era de competencia de la justicia ordinaria…*".

89 Jiménez Salgado, Gabriel; López Ramírez, Benjamín. *Contratos de la Administración Pública. Compilación y notas*, Bogotá, Ministerio de Gobierno, 1974. Para efectos de entender la gran cantidad de normas que se comenzaron a expedir en el derecho nacional en materia de contratación, a partir de los años 30 y hasta la entrada en vigencia del Decreto 150 de 1976, se puede consultar con provecho esta obra.

90 Pareja, Carlos H. *Curso de derecho administrativo. Teórico y práctico*, Bogotá, Edit. A. B. C., 1937, p. 161.

91 Archivo del Congreso. Senado, Leyes autógrafas, 1913, fls. 213 y ss. Del estudio del proyecto de ley sobre la creación de la jurisdicción contencioso administrativa en Colombia, presentado a consideración del Congreso Nacional en

servicios públicos, Pareja reclama, por esta época, sujetar el contrato del Estado a la concepción bipartita de contratos administrativos y de derecho privado de la Administración, con base en la idea de que el Estado, por principio, debe preservar el interés general que involucra todo servicio público.

Ahora bien, solo entrada la década del sesenta del siglo pasado, los trabajos de Pareja tienen recibo jurisprudencial y legal, con lo que entra la contratación del Estado en un claro proceso de sustantividad. Como consecuencia de esta consolidación doctrinal se incorpora la clásica división francesa de contratos de derecho administrativo y de derecho privado, que implica la presencia irremediable del derecho privado en los contratos del Estado; de esta manera la tesis de la sustantividad viene a consistir, en esencia, en una regla general. Si este sistema estuviera hoy en día vigente, puede pensarse que estaría en situación crítica, frente a la profunda influencia del derecho privado que actualmente rige el contrato estatal; esto daría pie, sin duda, para pensar en un régimen mixto o de unidad del contrato estatal con el privado[92].

La situación de innegable influencia del derecho privado en el contrato del Estado que hemos delineado se desprende, sin duda alguna, de los inmensos procesos de reforma política y económica que se comenzaron a vivir en el país a finales de la década del ochenta y que implicaron una revisión total, filosófica e ideológica, en el manejo del Estado, a la vez que invitaron a reconsiderar el régimen contractual del Estado y la consolidación del sistema de la unidad o identidad del contrato administrativo y el privado en el régimen colombiano.

Estos cambios básicos comenzaron a ser impulsados a partir de la política neoliberal, que sumida en el principio de la libre competencia económica consideraba que los actores públicos no podían ser un obstáculo para el ejercicio de dicha libertad. Y que el Estado, al igual que los particulares, por regla general debía actuar en el tráfico jurídico ordinario en condiciones de igualdad; por lo tanto, resultaba inevitable abandonar las rígidas estructuras que sobre contratación estatal el Estado intervencionista había montado a partir de los años sesenta, en pretendida sustantividad del contrato administrativo, y abrirle paso a un sistema mucho más coherente con los fenómenos de la economía y la globalización, frente a los cuales los entes públicos no podían estar ausentes, ni mucho menos excluidos; con todas las consecuencias que este planteamiento implicaba desde el punto de vista jurídico, en la medida que llamaba a modificar las estructuras sustentadas en los principios y dogmas de estricto derecho administrativo.

Precisamente en uno de los sectores jurídicos donde con mayor trascendencia se reflejaba esta transformación conceptual del Estado era en el de la contratación. El neoliberalismo se apoya en el derecho civil para el logro de sus propósitos contractuales, pues se supone que gran parte de las responsabilidades públicas deben ser asumidas por los particulares; por otra parte, el Estado debe dejar de ser un ejecutor directo de sus cometidos, los cuales deberán ser contratados con los particulares, y el sector público asumirá en adelante, en especial, responsabilidades de interventoría y control.

Bajo estos presupuestos, en el país se inició la más amplia discusión sobre los procedimientos y el régimen sustancial del contrato del Estado, debate que no solo ocupo la atención del poder ejecutivo sino también y de manera principal al Congreso de la República como directo competente para introducir las

---

1911 y que pasó a constituir en la Ley 130 de 1913, se concluye sin mayor dificultad que el tema de los contratos celebrados por el Estado no fue preocupación ni del Gobierno ni mucho menos del legislador. Básicamente en razón de lo que señala Pareja (*Curso de derecho administrativo*, *cit.*, p. 161), en el sentido de que por aquella época la influencia extraordinaria de los estudios de derecho romano y derecho civil en nuestras facultades hacía que nuestros juristas, estadistas y presidentes se formaran en la creencia errónea de que el Estado, "*al disponer por concesión de sus petróleos, de sus minas, de sus tierras, etc., lo hace como persona privada, sujeto únicamente a las reglas del Código Civil, y allí se ha originado la disposición que asigna a la Corte Suprema de Justicia el conocimiento de todos los litigios provenientes de contratos que celebra el Estado*".

92 En cuanto se refiere a la incorporación en el derecho nacional de los contratos de derecho público y de derecho privado de la Administración, esta clasificación fue aceptada en un comienzo por vía doctrinal; posteriormente por la legislación, a partir del artículo 16 del Decreto 222 de 1983, teniendo importancia en especial para la determinación de la jurisdicción competente para el juzgamiento de las controversias surgidas del contrato estatal. Con la entrada en vigencia de la Ley 80 de 1993, artículos 32 y 75, se termina en el derecho colombiano con la diferencia entre contratos de derecho público y de derecho privado, surgiendo la figura del contrato estatal, el cual se sujeta a principios de derecho público y de derecho privado, aunque debe anotarse que el legislador para ciertas entidades ha diseñado un contrato estatal sujeto, por regla general, al derecho privado, y excepcionalmente al derecho administrativo.

normas contractuales generales de la administración pública.[93] Los iniciales proyectos hacían prevalecer el derecho privado sobre el público, y reconocían flexibilidad a las diferentes entidades públicas para establecer sus propios procedimientos de escogencia de contratistas, sin la perentoria obligación de incorporar procedimientos licitatorios. Estas ideas fueron prontamente debilitadas por los defensores de la sustantividad del contrato estatal, para quienes, por elementales razones de seguridad jurídica y de defensa del patrimonio público, el contrato del Estado debería necesariamente estar sujeto a estrictos principios de derecho público, sobre todo en materia de escogencia de contratistas.

El producto de este debate histórico fue la ley 80 de 1993, que de manera expresa incorporó al contrato del Estado, dentro de un contexto mixto, tanto principios de derecho público como de derecho privado, donde lo público predomina sobre lo privado pese a que importantes componentes del contrato se sujetan ampliamente a las reglas civiles y comerciales.[94] Se instauró así un sistema donde las normas y principios del derecho administrativo constituyen la regla general, y de manera complementaria, en ciertos casos y frente a determinadas circunstancias del contrato, se aplican las normas del derecho privado, sin que el contrato pierda su naturaleza de público.

La aplicación del derecho civil tiene el propósito de garantizar la libre economía y la apertura globalizadora, al igual que la libre empresa. Al respecto el Consejo de Estado ha indicado precisamente que "*... lo anterior es perfectamente comprensible, por cuanto las grandes tareas y responsabilidades que el Estado, en materia social y económica, está llamado a cumplir, los desafíos del desarrollo tecnológico y comercial, las políticas económicas de globalización, exigen del Estado una respuesta ágil, oportuna y ética, que no podría producirse convenientemente dentro de los procedimientos del derecho público, por lo cual se ve precisado a acudir a instituciones de derecho privado que le permiten cumplir tales propósitos...*"[95].

Este resultado es el producto de la influencia neoliberal sobre el contrato del Estado. En particular, esta mixtura ideológica se deduce de la lectura de los artículos 13, 32, 40, 60 y 68 de la Ley 80 de 1993. Así, el artículo 13 de manera expresa señala que "*Los contratos que celebren las entidades a que se refiere el artículo 2° del presente estatuto se regirán por las disposiciones comerciales y civiles pertinentes, salvo en las materias particularmente reguladas en esta ley...*". Disposición que al parecer

---

93 Corte Constitucional. Sentencia C- 949 del 5 septiembre de 2001. "*De conformidad con lo dispuesto en el último inciso del artículo 150 de la Constitución Política, al Congreso de la República compete "expedir el estatuto general de contratación de la administración pública y en especial de la administración nacional", cláusula que puede suscitar algunas inquietudes, particularmente en lo que concierne al sentido de la expresión "estatuto general" que si bien a primera vista parece estar aludiendo a determinada tipología legislativa -las leyes estatutarias o las leyes marco-, realmente no tiene otra connotación que la de reflejar el querer del constituyente de que exista un estatuto que regule toda la actividad contractual del Estado con arreglo a unos principios universales... Por lo anterior cree la Corte que el mandato establecido en el artículo 150 Fundamental, para que el Congreso dicte un estatuto general de contratación de la administración pública y en especial de la administración nacional, implica el reconocimiento de una amplia libertad de configuración del legislador para diseñar un régimen legal cuya finalidad sea la de propender al logro de los objetivos constitucionales del Estado Social de Derecho, toda vez que el cumplimiento de estas metas requiere del aprovisionamiento de bienes y servicios por parte de los órganos públicos mediante la contratación. En este orden de ideas, es innegable el carácter instrumental que ostenta el contrato estatal, puesto que no es un fin en sí mismo sino un medio para la consecución de los altos objetivos del Estado*".

94 Corte Constitucional. Sentencia C- 949 del 5 septiembre de 2001. "*Con fundamento en la autorización contemplada en el canon 150 Superior para regular los contratos del Estado, el legislador dictó la Ley 80 de 1993, que está apuntalada filosóficamente sobre dos premisas fundamentales: la autonomía de la voluntad y la incorporación de los principios del derecho privado, con las cuales se pretende combatir la ineficiencia administrativa que en este campo de la actividad estatal había originado para esa época el exceso de trámites y la abundancia de procedimientos. Igualmente, el estatuto contractual se fundamenta en los principios de transparencia, economía y responsabilidad (art. 23 de la Ley 80 de 1993), en el postulado de la buena fe establecido en el artículo 83 de la Carta Política, y de conformidad con los principios que rigen la función administrativa consagrados en el artículo 209 Fundamental.*"

95 Consejo de Estado, Sala de lo Contencioso Administrativo, Sección Tercera. Auto del 20 agosto de 1998, Exp. 1042. En similar sentido: Consejo de Estado. Sala de lo Contencioso Administrativo, Sección Tercera, Subsección B, sentencia de 11 de octubre de 2021, Exp. 50377. Consejo de Estado. Sala de lo Contencioso Administrativo, Sección Tercera, Subsección C, sentencia de 28 de febrero de 2020, Exp. 36207. Consejo de Estado. Sala de lo Contencioso Administrativo, Sección Tercera, Subsección A, Sentencia de 20 de febrero de 2020, Exp. 63866. Consejo de Estado. Sala de lo Contencioso Administrativo, Sección Tercera, Subsección A, Sentencia de 16 de mayo de 2019, Exp. 43306. Consejo de Estado. Sala de lo Contencioso Administrativo., Sección Tercera, Subsección A, Sentencia de 11 de junio de 2014, Exp. 34649.

establece una regla general donde el derecho privado predominaría sobre el administrativo en los contratos del Estado; más esta idea se rompe al estudiar en contexto el fenómeno de la contratación estatal. En efecto, en realidad el derecho nacional de los contratos públicos comparte naturaleza privada y pública, pero con ostensible y evidente predominio de normas y principios de estricto derecho administrativo. En este sentido debe entenderse el contenido del artículo 13 de la Ley 80 de 1993[96].

Esta posición se reitera en el artículo 32, cuando se indica que son contratos estatales, entre otros, los "*previstos en el derecho privado o en disposiciones especiales, o derivados del ejercicio de la autonomía de la voluntad...*"; así como en el artículo 40 del mismo ordenamiento, cuando acepta que el contenido de los contratos estatales puede provenir del ejercicio de la autonomía de la voluntad[97] surgida entre Estado y contratista[98].

No obstante, lo anterior, el debate sobre esta materia no ha terminado en el derecho nacional. Diferentes disposiciones de naturaleza especial han invertido el principio de la Ley 80 de 1993 y trasladado al derecho privado la regla general en materia de contratación de ciertas entidades que, sin lugar a dudas, no son solo administrativas, sino que en muchos casos cumplen funciones públicas y prestan servicios públicos. Casos ejemplares y que merecen destacarse los tenemos en el régimen jurídico de los servicios públicos domiciliarios, contenido en las leyes 142 y 143 de 1994, y en las disposiciones dictadas a propósito de las universidades públicas (ley 30 de 1992).

---

96 Vidal Perdomo, Jaime. "La noción de contrato estatal", *cit.*, p. 11. Destaca este autor que el artículo 13 de la Ley 80 de 1993 lo que hace es una simple remisión al Código Civil y al mercantil, sin desconocer que de todas maneras el legislador mantiene un importante componente de derecho público en el texto mismo de la ley al cual se refiere precisamente el artículo 13 en su inciso 1°. Por otra parte, la interpretación de esta disposición sostiene Vidal Perdomo, debe hacerse en un sentido útil con el fin de evitar retrocesos históricos en el análisis contractual del Estado. Una indebida lectura de la disposición podría llevar a equívocos: "*No todos los contratos que pueda celebrar el Estado se encuentran contemplados en el Código Civil o el Código de Comercio*...". Existen contratos, como el de obras públicas, típicamente administrativo, que no puede ser reemplazado, por ejemplo, por el de arrendamiento de obra regulado en el Código Civil, "*Lo cual no sería un avance del derecho sino un retroceso*...". En nuestra opinión, en casos como estos prevalecería el principio de especialidad, en la medida en que el contrato de obra pública es de los pocos tipificados en la ley contractual estatal colombiana, y por lo tanto de aplicación preferente y restrictiva, por lo que haría imposible acudir a figura contractual con objeto similar establecida en otros estatutos o códigos.

97 Corte Constitucional. Sentencia C- 949 del 5 septiembre de 2001. "*Particularmente, en cuanto atañe al postulado de la autonomía de la libertad entiende la Corte que su objetivo consiste en otorgarle un amplio margen de libertad a la administración para que, dentro de los límites que impone el interés público, regule sus relaciones contractuales con base en la consensualidad del acuerdo de voluntades, como regla general. La consecuencia obvia de este principio es la abolición de los tipos contractuales, para acoger en su lugar una sola categoría contractual: la del contrato estatal, a la cual son aplicables las disposiciones comerciales y civiles pertinentes, salvo en las materias reguladas particularmente en dicha ley*"

98 Consejo de Estado, Sala de lo Contencioso Administrativo, Sección Tercera. Auto del 20 de agosto de 1998, Exp. 1402. Sobre la problemática del derecho público y privado en la ley de contratación del Estado expuso el Consejo: "*Como ya lo ha expresado la Corporación, mediante la Ley 80 de 1993 la actividad contractual del Estado quedó bajo la denominación del contrato estatal, caracterizado por tener un régimen jurídico mixto, integrado por normas de derecho público y de derecho privado. En efecto, el precitado artículo 32 prescribe que los actos generadores de obligaciones que celebren las entidades a que se refiere dicho estatuto se encuentran 'previstos en el derecho privado o en disposiciones especiales, o derivados del ejercicio de la autonomía de la voluntad', así como los que, a título enunciativo, allí se establecen. Lo anterior significa que el estatuto contractual reconoce e incorpora regímenes provenientes de otras áreas diferentes del derecho público, como son el derecho civil y comercial o de naturaleza especial, e igualmente lo pactado en ejercicio del principio de la autonomía de la voluntad de las partes contratantes, siempre y cuando no vayan contra la ley o derecho ajeno. Sin menoscabo del interés público y de los fines estatales que todo acto contractual está llamado a cumplir, razón por la cual la entidad contratante está investida de una posición especial y privilegiada en la relación contractual; el contrato estatal es en esencia una institución que se inscribe dentro de los negocios jurídicos bilaterales: estos se constituyen en fuentes generadoras de derechos y obligaciones, en ejercicio del principio de autonomía de la voluntad de las partes para obligarse recíprocamente. Por esta razón le son aplicables principios y regulaciones provenientes del derecho privado, siempre y cuando no entren en contradicción con el régimen público. Así, por ejemplo, el artículo 14 de la Ley 80 de 1993 establece de manera expresa en cuáles contratos se deberán pactar las cláusulas exorbitantes al derecho común de terminación, interpretación y modificación unilaterales, de sometimiento a las leyes nacionales y de caducidad, en cuáles contratos se prescindirá de dicha utilización, como sucede con los que se celebren con personas públicas internacionales, en los de empréstito, donación, arrendamiento, etc. Por otra parte, existen contratos estatales que por disposición legal son regulados por el derecho privado sin perder tal condición, por ejemplo, el contrato de fiducia pública, al cual, por virtud del numeral 5 artículo 32, del estatuto contractual, 'le serán aplicables las normas del Código de Comercio sobre fiducia mercantil', en cuanto sean compatibles con dicho estatuto*".

La misma situación jurídica se predica del régimen aplicable a los contratos de algunas otras entidades que, sin discusión alguna, son verdaderas entidades públicas (caso concreto de los hospitales y de los contratos que celebren las entidades públicas con organismos sin ánimo de lucro), eventos en los cuales, por expresa disposición de sus correspondientes normatividades, se aplica el derecho privado como el régimen jurídico principal.

La jurisprudencia colombiana ha venido atenuando la intensidad del derecho privado y -con fundamento en el principio del interés general, de indiscutible origen constitucional, y como efecto de la aplicación de las normas protectoras de los intereses de la comunidad- obliga a las entidades públicas que deban regirse por el derecho privado en materia de contratación a que se sujeten a los principios de la contratación estatal, correspondiéndoles desarrollar procedimientos de orden público y en algunos casos, para ciertos contratos, remitiendo en forma expresa a las disposiciones de la ley 80 de 1993, sin que por esto se pierda su carácter de contratos sujetos al derecho privado[99].

A este respecto, vale la pena destacar que, conforme a lo dispuesto en la ley 80 de 1993, se ha abandonado en el derecho nacional la histórica clasificación proveniente de las teorías francesas sobre la sustantividad del contrato del Estado, que sostenían la existencia de estrictos contratos de derecho administrativo y de contratos de derecho privado de la Administración, clasificación que perduró en el ordenamiento jurídico colombiano y que caracterizó a los anteriores estatutos contractuales, principalmente al Decreto 222 de 1983.

Con la entrada en vigencia de la ley 1150 de 2007, se establecieron algunas excepciones a la aplicación de la ley de contratación pública a ciertas entidades que en la realidad de las cosas competían con los actores privados de conformidad con las reglas del mercado. Los artículos 14 (modificado por el artículo 93 de la ley 1474 de 2011, que suprimió el inciso final referido al régimen contractual de las empresas que no se encontraban exceptuadas), 15 y 16 son claro ejemplo de esta situación[100].

---

[99] En la actualidad existen normas que responden a este criterio y determinan exigencias precisas a los contratos de sujetos de derecho público sometidos a normas de derechos privado: (i) la ley 816 de 2003 en su artículo 1° (no aplicable a las empresas de servicios públicos) para efectos de los criterios de evaluación y desempate de las ofertas determina la adopción de criterios objetivos con los que se incentive y apoye a la industria nacional; (ii) la ley 996 de 2005 prohíbe la contratación directa dentro de los cuatro (4) meses anteriores a la elección presidencial; (iii) la ley 1150 de 2007 dispone que las entidades que manejan este régimen de contratación están sometidas a los principios de la función administrativa y de la gestión fiscal previstos en los artículos 209 y 267 de la Carta Política, en cuanto al manejo de los recursos públicos; (iv) la ley 1474 de 2011 en los artículos 83, 84 y 85 determinar reglas aplicables a la supervisión e interventoría, en tanto que el 9 sobre la administración de los anticipos en contratos de obra, concesión y salud; (v) la ley 1712 de 2014 exige la publicación de la información acerca de la adjudicación y ejecución de los contratos; y (vi) el decreto 1082 de 2015 compila normas sobre el régimen especial.

[100] Ley 1150 de 2007. Artículo 14. Del régimen contractual de las empresas industriales y comerciales del Estado, las sociedades de economía mixta, sus filiales y empresas con participación mayoritaria del Estado. Las Empresas Industriales y Comerciales del Estado, las sociedades de economía mixta en las que el Estado tenga participación superior al cincuenta por ciento (50%), sus filiales y las Sociedades entre Entidades Públicas con participación mayoritaria del Estado superior al cincuenta por ciento (50%), estarán sometidas al Estatuto General de Contratación de la Administración Pública, con excepción de aquellas que se encuentren en competencia con el sector privado nacional o internacional o desarrollen su actividad en mercados monopolísticos o mercados regulados, caso en el cual se regirán por las disposiciones legales y reglamentarias aplicables a sus actividades económicas y comerciales, sin perjuicio de lo previsto en el artículo 13 de la presente ley. Se exceptúan los contratos de ciencia y tecnología, que se regirán por la Ley 29 de 1990 y las disposiciones normativas existentes. El régimen contractual de las empresas que no se encuentren exceptuadas en los términos señalados en el inciso anterior, será el previsto en el literal g) del numeral 2 del artículo 2o de la presente ley. Artículo 15. *Del régimen contractual de las entidades financieras estatales.* El parágrafo 1o del artículo 32 de la Ley 80 de 1993, quedará así: "Artículo 32.(...) "Parágrafo 1°. Los Contratos que celebren los Establecimientos de Crédito, las compañías de seguros y las demás entidades financieras de carácter estatal, no estarán sujetos a las disposiciones del Estatuto General de Contratación de la Administración Pública y se regirán por las disposiciones legales y reglamentarias aplicables a dichas actividades. En todo caso, su actividad contractual se someterá a lo dispuesto en el artículo 13 de la presente ley". Artículo 16. *De las entidades exceptuadas en el sector defensa.* Los contratos que celebren Satena, Indumil, El Hotel Tequendama, la Corporación de Ciencia y Tecnología para el desarrollo de la industria naval, marítima y fluvial –Cotecmar– y la Corporación de la Industria Aeronáutica Colombiana –CIAC–, no estarán sujetos a las disposiciones del Estatuto General de Contratación de la Administración Pública y se regirán por las disposiciones legales y reglamentarias aplicables a su actividad. En todo caso su actividad contractual se someterá a lo dispuesto en el artículo 13 de la presente ley.

2. *El concepto de contrato estatal*

Con la entrada en vigencia de la ley 80 de 1993 se incorpora al derecho nacional un concepto único de contrato, como es el de contrato estatal, donde no se discute si hay contratos de derecho administrativo o de derecho privado de la Administración sino que, por el contrario, se impone una sola modalidad de contrato, por regla general, que es el llamado "contrato estatal", cuya característica fundamental es la de que en su celebración interviene de manera directa una entidad estatal a través de sus representantes. Se trata de una regla general, porque hay hipótesis permitidas por el legislador, tal y como lo veremos a propósito del principio de la transparencia, donde los contratos en que interviene la entidad del Estado no son contratos estatales propiamente dichos, sino de derecho privado: es el caso concreto de las empresas oficiales de servicios públicos, las empresas sociales del Estado, las universidades públicas, etc. La disposición penal, sin embargo, no hace distinción, y por lo tanto comprendería a todos estos contratos, sean simples contratos estatales o contratos sujetos al derecho privado de una entidad estatal: lo fundamental es que los hubiere celebrado un servidor público de dichas entidades.

De otra parte, resulta así mismo claro que en derecho colombiano se rompió el criterio de la tipificación contractual estatal. Conforme a la estructura conceptual del Decreto 222 de 1983, el legislador se preocupó por entregar un listado taxativo de contratos de derecho administrativo, que podían celebrar las entidades públicas a la par de los llamados contratos de derecho privado de la Administración. Esta estructura restrictiva en materia negocial del Estado desapareció con la entrada en vigencia de la ley 80 de 1993, en especial de su artículo 32 que señala como regla general que "*Son contratos estatales todos los actos jurídicos generadores de obligaciones que celebren las entidades a que se refiere el presente estatuto, previstos en el derecho privado o en disposiciones especiales, o derivados del ejercicio de la autonomía de la voluntad...*".

Con esta fórmula se permite que la Administración acuda a cualquier tipo de contratos señalados en los diversos códigos, en particular civil o comercial, y si es del caso diseñe el tipo contractual que más se adecua a sus necesidades; de esta manera se abren las puertas a los denominados contratos atípicos o innominados, que se caracterizan por no tener unas normas específicas en la ley: de ahí que prácticamente su regulación depende de lo pactado entre la Administración y el contratista[101].

Esta modalidad de contratos se sustenta ante todo en la aplicación del principio de la autonomía de la voluntad, autorizado en el mismo artículo 32 de la ley 80 de 1993. Ahora bien, el ejercicio de la autonomía de la voluntad no implica arbitrariedad, ni la más remota posibilidad de que la Administración desconozca el interés general en la elaboración de un contrato atípico o innominado. En esto la ley 80 de 1993 es en extremo exigente, conforme a lo dispuesto en el inciso 2º de su artículo 40: cuando la Administración celebre contratos o acuerdos con base exclusiva en el principio de la voluntad deberá tener en cuenta que los mismos realmente se requieran para el cumplimiento de los fines estatales.

Por otra parte, en el mismo artículo 32 en comento el legislador, en virtud de especiales consideraciones de política legislativa y de protección al interés general, se preocupó por definir y darle contenido a unos especiales tipos de contratos, como son los de obra pública, consultoría, prestación de servicios, concesión, encargo fiduciario y fiducia pública, los cuales, cuando se deban celebrar, para satisfacer las finalidades de la Administración Pública deben sujetarse a las especiales descripciones del legislador; además, se deben cumplir, en estricto sentido, los requisitos establecidos para su configuración; de no ser así podría configurase otro tipo de contrato, de aquellos que permite la autonomía de la voluntad para la Administración o, en casos como la fiducia o el encargo fiduciario, sencillamente violarse el principio de legalidad por el operador del contrato.

Debemos aclarar que, conforme al parágrafo del artículo 39 de la ley 80 de 1993, los contratos estatales pueden celebrarse con formalidades plenas o sin formalidades plenas, dependiendo del valor de los mismos; estos últimos son aquellos respecto de los cuales, puesto que requieren necesariamente del texto escrito para su existencia, el legislador quiere que en su redacción sean en grado sumo sencillos y que contengan tan solo los elementos indispensables para identificar las partes, el objeto y el valor.

---

[101] Sobre los contratos atípicos o innominados puede consultarse, entre otros, Arruda Fraça, Pedro. *Contratos atípicos*, Río de Janeiro, Edit. Forense, 1985; Escobar Sanín, Gabriel. *Negocios civiles y comerciales*, T. II, "Los contratos", Medellín, Biblioteca Jurídica Diké, 1994, p. 373.

Los contratos de esta modalidad vulgarmente se denominan órdenes de servicios, de suministros, etc., de acuerdo con el objeto que se pretende realizar[102].

3. *El sistema de compra pública moderno*

En la actualidad con ocasión de la expedición del decreto 4170 de 3 de noviembre de 2011 (modificado por el decreto 1822 de 2019) se ha creado la Agencia Nacional de Contratación Pública - Colombia Compra Eficiente- con el objeto de estructurar un ambicioso sistema de compra pública que hasta la fecha se ha desarrollado.

Dicho sistema de compra pública está organizado para la adopción de decisiones de gasto público con las que se permite a todas las personas poner a su disposición bienes, servicios y obras a cargo de las entidades públicas. El sistema lo conforma los actores del mercado, la regulación y los procedimientos aplicables al mercado y a aquellos. Así mismo, existe una estructura institucional (con Colombia Compra Eficiente como eje), un sistema de información (SECOP) y un modelo de relacionamiento entre los actores, las autoridades públicas y las entidades públicas (con ascendencia por el modelo de demanda agregada, denominada Acuerdos Marco de Precios, Tienda Virtual y la estandarización de los procesos).

Para poder cumplir con las exigencias de la OCDE, el sistema de compra pública ha venido optimizándose para permitir depurar las problemáticas de corrupción, faltas a la libre competencia y debilidades en la selección objetiva de los contratistas. Una de estas expresiones se tuvo con el artículo 4° de la ley 1882 de 2018 por virtud de la cual se empieza a desarrollar los pliegos de condiciones tipo, cuyo desarrollo de produjo con el decreto 342 de 2019 y fue objeto de consideración constitucional por la Corte Constitucional en la sentencia C-119 de 2020, así como de regulación em la ley 2022 de 2020.

Además de este instrumentos, dentro del mismo sistema han aparecido otros instrumentos con los que se pretende resolver problemáticas constantes del sistema de compra pública, como el de la inhabilidades sobrevenidas y la cesión del contrato (regulada por la ley 2014 de 2019), la aparición del Registro Nacional de Obras Civiles Inconclusas (regulado por la ley 2020 de 2020) y normas en materia de anticorrupción aplicables al sistema (ley 2195 de 2022, en especial en los contratos de alimentación escolar).

4. *El Derecho administrativo sancionador*

El derecho administrativo sancionador colombiano se encuentra ampliamente desarrollado no solo para punir a los servidores públicos, sino también a los particulares cuando infringen el orden jurídico, urbanístico, ambiental, financiero, societario, etc. Constituye un instrumento invaluable de la actividad administrativa de policía. Comprende el conjunto de normas, sustanciales y procesales, en virtud de las cuales el Estado asegura la obediencia, la disciplina y el comportamiento ético, la moralidad y la eficiencia de los servidores públicos, y de los particulares con miras a asegurar el buen funcionamiento de los diferentes servicios a su cargo.

La titularidad de la potestad sancionadora administrativa del Estado está atada indisolublemente a la titularidad de la acción disciplinaria, pero tales conceptos se entienden a partir de tres ideas centrales: la primera, el concepto mismo de titularidad; la segunda, por el contenido del derecho sancionador y la tercera, relacionada con la naturaleza jurídica de este derecho. El derecho sancionador está integrado por todas aquellas normas mediante las cuales se exige a los servidores públicos y a los particulares un determinado comportamiento en el ejercicio de sus funciones, o en la actividad privada con incidencia en el interés público.

---

[102] Consejo de Estado, Sala de lo Contencioso Administrativo, Sección Tercera, Exp. 16862. "*Ahora bien, en relación con la forma y solemnidades propias de los contratos que celebran las entidades públicas, los artículos 39 la Ley 80 de 1993 y 25 del Decreto 679 de 1994 contienen la exigencia de que tales acuerdos deben constar siempre por escrito y, así mismo, prevén que solo en casos excepcionales se permite que la contratación estatal pueda efectuarse sin el lleno de las formalidades plenas; sin embargo, debe siempre existir orden escrita en la cual conste el objeto del contrato y la contraprestación...*". En similar sentido: Consejo de Estado. Sala de lo Contencioso Administrativo, Sección Tercera, Subsección A, sentencia de 9 de marzo de 2016, Exp. 35458. Consejo de Estado. Sala de lo Contencioso Administrativo, Sección Tercera, Subsección A, sentencia de 24 de febrero de 2016, Exp. 46185 (contrato de suministro). Consejo de Estado. Sala de lo Contencioso Administrativo, Sección Tercera, Subsección C, sentencia de 12 de agosto de 2014, Exp. 28565. Consejo de Estado. Sala de lo Contencioso Administrativo, Sección Tercera, Subsección A, sentencia de 3 de octubre de 2012, Exp. 26140.

Las actuaciones sancionatorias adelantadas por las autoridades del poder ejecutivo son, actuaciones administrativas con características propias que hacen parte del llamado derecho administrativo disciplinario, que puede resultar semejante al derecho penal, en la medida en que ambos son manifestaciones del ius puniendi del Estado, es un sistema autónomo, con objetivos y características propias. Ello hace parte de las condiciones mínimas inherentes a la actividad oficial, que resultan imprescindibles para la eficiente atención de los asuntos a cargo del Estado, motivo por el cual su mantenimiento, merced a un ordenamiento jurídico especial de reglas y sanciones, no solamente constituye derecho, sino que es ante todo deber del Estado. El derecho sancionatorio es, pues, consustancial a la organización política y tiene lugar preferente dentro del conjunto de instituciones jurídicas.

El Estado es titular de la potestad y de la acción disciplinaria toda vez que dentro del modelo contractualista se optó porque el Estado, en el ámbito de disciplinar a los servidores públicos, gozara de la legitimidad de ejercer el ius puniendi, en el entendido que no solo tiene el derecho de determinar las conductas constitutivas de falta y las sanciones que se deben imponer por tales comportamientos (actividad del legislador en atención a lo normado en los numerales 2 y 23 del artículo 150 constitucional), sino que impone tales sanciones a través de los órganos de control interno disciplinario y de la Procuraduría General de la Nación, mediante el procedimiento disciplinario que se señale para el efecto; o respecto de los particulares a través de otros órganos especializados como las superintendencias, o los órganos de control urbanístico etc. Para el caso de los servidores públicos estos últimos aspectos corresponden al desarrollo constitucional previsto en los artículos 6, 118, 124 y 277 numeral 6 de la Carta Política.[103]

Las faltas disciplinarias dentro del derecho disciplinario colombiano son definidas con anterioridad y por vía general por el legislador y estas atienden a descripciones abstractas de comportamientos que entorpecen la buena marcha de la función pública en cualquiera de sus formas, lo que hace que las mismas disposiciones normativas estatuyan, previamente, las sanciones aplicables a quienes incurran en aquéllas.[104]

El procedimiento disciplinario, establece las reglas que se deben observar en el curso de la actuación disciplinaria para establecer la verdad de lo ocurrido. Las reglas deben respetar los principios y garantías de carácter sustancial y procesal reconocidas para el derecho administrativo sancionador, concretamente para el derecho disciplinario como una especie del mismo. Se trata de que las reglas permitan establecer si efectivamente se incurrió en una conducta que la ley haya previsto como falta disciplinaria, quien fue el autor y las circunstancias dentro de las cuales se realizó la conducta; pero así mismo, el procedimiento debe asegurar los fines y funciones del Estado en el sentido de no convertirse en obstáculo para la buena marcha de la administración.

A través del proceso, como una de las formas tradicionales de desarrollar la función pública de administrar justicia, justicia disciplinaria para el caso, no solo se debe sancionar al servidor público que infringe las normas de disciplina, sino que debe proveer lo indispensable para que la prestación de la función sea continua e ininterrumpida. Esto significa que las formas y las reglas no pueden erigirse en obstáculo para la prevalecida del derecho sustancial, salvo que contengan el mínimo de las garantías reconocidas porque en tal supuesto se deben observar rigurosamente.

---

[103] El poder disciplinario preferente de la Procuraduría General de la Nación está consagrado en los artículos 118 y 277 numeral 6 de la Carta Política, al consagrar que corresponde al Ministerio Público "*la vigilancia de la conducta oficial de quienes desempeñan funciones públicas*" y "*Ejercer vigilancia superior de la conducta oficial de quienes desempeñan funciones públicas, inclusive las de elección popular; ejercer preferentemente el poder disciplinario; adelantar las investigaciones correspondientes; e imponer las respectivas sanciones conforme a la ley*".

[104] "*En múltiples decisiones, esta Corporación ha estudiado la naturaleza y finalidad del derecho disciplinario y ha concluido que este es consustancial a la organización política y absolutamente necesario en el Estado de Derecho (C.P., art. 1°), por cuanto de esa manera se busca garantizar la buena marcha y el buen nombre de la administración pública, así como asegurar a los gobernados que la función pública será ejercida en beneficio de la comunidad y para la protección de los derechos y libertades de los asociados (C.P., arts 2° y 209). Por ello, el derecho disciplinario "está integrado por todas aquellas normas mediante las cuales exige a los servidores públicos un determinado comportamiento en el ejercicio de sus funciones, ya que los servidores públicos no solo responden por la infracción a la Constitución y a las leyes sino también por la omisión o extralimitación en el ejercicio de sus funciones (C.P., art. 6°).*"

Todo lo anterior ha tenido un profundo impacto con la sentencia proferida por la Corte Interamericana de Derechos en el caso Petro Urrego vs Colombia de 8 de julio de 2020 y la entrada en vigencia de dos normas la ley 1952 de 2019 y la 2094 de 2021, dado que la facultad de disciplinar a los servidores públicos de elección popular quedó condicionada al estándar definido por la Corte en los siguientes términos: "… la Corte concluye que la vigencia de las normas que facultan a la Procuraduría a imponer sanciones de inhabilitación o destitución de funcionarios democráticamente electos previstas en general en el ordenamiento jurídico colombiano, y en particular el Código Disciplinario Único, así como las normas que pueden tener como efecto que las decisiones de la Contraloría produzcan inhabilidad para el ejercicio de los derechos políticos, y que fueron mencionadas en el presente capítulo, constituyen un incumplimiento del deber de adoptar disposiciones de derecho interno" (párrafo 137).

5. *La discrecionalidad administrativa*

El concepto de discrecionalidad tiene operancia en nuestro derecho administrativo. Bajo los presupuestos del moderno derecho administrativo, el sustentado en la cláusula del Estado social y democrático de derecho se viene entendiendo a partir de una reconsideración del fenómeno discrecional, como la presencia de un habilitación a la administración para la concreción del derecho y no tanto un fenómeno de libertad de selección, más bien un asunto ligado de manera estrecha con las metodologías constitucionales de la proporcionalidad y ponderación[105], en procura de la obtención de decisiones administrativas de profundo contenido material verdaderamente razonadas, justificadas, motivadas en todos sus aspectos.

La discrecionalidad la hemos referido en el concepto propuesto en relación con la potestad decisoria para la cual está habilitada legalmente la administración en el marco jurídico estatal, en este sentido, reconocemos que estas actividades no están absoluta o plenamente regladas en la normatividad[106].

El legislador está radicando en cabeza de las autoridades una relativa libertad de estimación conformadora para adoptar las soluciones de configuración y contenido de la decisión, bajo los presupuestos que consideren mejores y más apropiadas para atender los intereses públicos, conforme los marcos de la norma que la autoriza, decisiones que necesariamente para deslindarlas radicalmente de cualquier aproximación a la arbitrariedad, deben ser razonadas y motivadas, expresando las razones que le sirven de fundamento a la decisiones contractuales adoptadas y objetivamente justificadas, esto es, conforme a las exigencias doctrinales, respaldada y justificada en los datos y pruebas objetivas que de manera concreta justifican la medida o decisión escogida[107-108].

---

105 Arroyo Jiménez, Luis. "Ponderación, proporcionalidad y derecho administrativo", en Ortega Álvarez, Luis; Sierra, Susana de la. *Ponderación y derecho administrativo*, Marcial Pons, Madrid, 2009, p. 48.

106 La potestad es reglada en los casos del cumplimiento estricto de las exigencias normativas completas, determinadas agotadoramente por las normas superiores. La norma determina al extremo, agotando el contenido y supuestos de su operancia, constituyendo un supuesto normativo completo y una potestad aplicable, absolutamente definible en términos y consecuencias. En tratándose de las autorizaciones producto de este ejercicio del poder administrativo, la administración reduce significativamente su capacidad de apreciación subjetiva, limitándose a la mera constatación o verificación del cumplimiento de las exigencias, definidas agotadoramente y con carácter imperativo en la norma. Tendientes a liberar el ejercicio de una actividad o derecho en las condiciones vinculantes y obligatorias de la norma correspondiente, por el particular-administrado. La doctrina expone como caso tipo de las licencias sujetas a potestades regladas, las de carácter urbanístico en especial las de construcción, que están sujetas a la legalidad estricta, contenida en las normas superiores territoriales, urbanísticas y en especial en los planes de ordenamiento territorial, en donde la actividad de la administración se agota exclusivamente en la confrontación de la mismas, con el proyecto a ser desarrollado por el interesado, con el propósito de verificar y controlar el respeto y acatamiento de las condiciones requeridas en dichas normas.

107 Fernández, Tomás Ramón. *De la arbitrariedad de la administración*, Madrid, Civitas, 1994, pp. 82 a 89.

108 Rodríguez de Santiago. *La ponderación de bienes e intereses en el derecho administrativo*, Marcial Pons, Madrid, 2000, pp. 31 y ss. Puede consultarse del mismo autor: Rodríguez de Santiago. *Ponderación y actividad planificadora de la administración*, en Ortega Álvarez, Luis; Sierra, Susana de la. *Ponderación y derecho administrativo, cit.*, p. 118. Lo anterior es natural en todo proceso administración que implique planificación. De manera clara sostiene el profesor Rodríguez de Santiago que "[…] *El punto de partida es, por una parte, que no es concebible la planificación (en la ordenación del territorio, el urbanismo, las carreteras, o las aguas continentales, etc.) sin que se otorgue a quien ha de decidir sobre ella un amplio margen de libertad conformadora. Por otra parte, sin embargo, es evidente que libertad conformadora y sujeción a la ley se encuentran en una tensión de principio* […]". El sometimiento a la ley de la administración conformadora, es decir, la administración poseedora de habilitación para actuar a través de la discrecionalidad se hace no a partir de una base normativa reglada, sino mediante normas que simplemente orientan

Así vista, la discrecional opera en los eventos, en que por permisión normativa el operador estima, en los procesos de aplicación de las normas, las condiciones y el contenido del cuadro de exigencias normativas y adicionalmente todas aquellas otras necesarias para que la decisión adicionalmente se adecue a los propósitos y finalidades de los principios rectores del Estado social de derecho.

La norma determina algunas de las condiciones para el ejercicio de la potestad, permitiéndole a la administración que configure el resto de las condiciones, o bien en lo relacionado con la integración última de los supuestos de hecho para su operancia, o en cuanto a su contenido conforme a los presupuestos indicados en ella misma, o en ambas hipótesis.

La estimación permitida a la administración debe ser necesariamente de origen normativo y no extra jurídico, de carácter parcial, que no implique un traslado total de la facultad configuradora de la potestad administrativa discrecional a la administración.

En esta dirección, para la procedencia de la autorización correspondiente, debe la norma como mínimo haber definido la existencia de la potestad a ser desarrollada por la administración, su extensión, el marco de la competencia de la administración para desarrollarla y la finalidad de su ejercicio bajo estas condiciones.

La discrecionalidad, en consecuencia, no es otra cosa que una hipótesis de remisión normativa, a criterios adicionales de la administración, para efectos de complementar el cuadro regulatorio y de condiciones para el ejercicio completo de la potestad en cada caso concreto, de acuerdo a las circunstancias y condiciones que lo rodean y tipifican, siempre dentro de los senderos del derecho[109].

En palabras de García de Enterría y de Fernández, la facultad discrecional de la administración no es otra cosa que, "... *un compositum de elementos legalmente determinados y de otros configurados por la apreciación subjetiva de la administración ejecutora...*"[110]

En la actividad discrecional, la administración tiene a su disposición una habilitación para la concreción del derecho, que le permite estructurar la decisión más adecuada al caso concreto, decisión posible y justa, derivada del método de estimación subjetiva que se adopte, muchas veces nutrido con elementos de oportunidad y conveniencia, que permite escoger la alternativa que considere prudente y adecuada, sin negar que todas las demás alternativas tengan la posibilidad de ser igualmente catalogadas y justificadas, siempre actuando dentro de los marcos del derecho y con proscripción absoluta de la arbitrariedad, y con la posibilidad clara en nuestro ordenamiento, de que tanto estas

---

el ejercicio de esa competencia en procura de los fines esperados, normas orientadoras –principios– que generalmente se encuentran en tensión unas con otras.

109 Corte Constitucional. Sentencia C-734 de 2000. "[...] *La discrecionalidad absoluta entendida como la posibilidad de adoptar decisiones administrativas sin que exista una razón justificada para ello, puede confundirse con la arbitrariedad y no es de recibo en el panorama del derecho contemporáneo. La discrecionalidad relativa, en cambio, ajena a la noción del capricho del funcionario, le permite a este apreciar las circunstancias de hecho y las de oportunidad y conveniencia que rodean la toma de la decisión, concediéndole la posibilidad de actuar o de no hacerlo, o de escoger el contenido de su determinación, siempre dentro de las finalidades generales inherentes a la función pública y las particulares implícitas en la norma que autoriza la decisión discrecional* [...]".

110 García de Enterría, Eduardo; Fernández, Tomás Ramón. *Curso de derecho administrativo*, ob., *cit.*, pp. 446 a 450.

decisiones, como las que lo fueren de la valoración propia de los conceptos jurídicos indeterminados, deberán estar siempre motivadas[111] y, en consecuencia, sujetas a control judicial pleno[112].

---

111 Atienza, Manuel. "Sobre el control de la discrecionalidad administrativa. Comentarios a una polémica", en *REDA*, nº 85, marzo de 1995. "[...] *La consecuencia de la idea regulativa del Estado democrático de Derecho es que las decisiones de los órganos públicos no se justifican simplemente por razón de quienes las han dictado, pues ello iría, al menos en ocasiones, en contra de las exigencias de la racionalidad práctica. El que esto sea así, se encuentra estrechamente conectado con un extremo que aparece justamente remarcado en la obra de Tomás R. Fernández: el poder público es un poder funcional, otorgado en consideración a fines ajenos a los de su titular y que, por tanto, debe justificarse en su ejercicio (p. 163). No cabe por eso establecer ningún paralelismo con lo que ocurre con los contratos entre particulares, es decir, a propósito de los poderes privados (Cfr. Parejo, p. 38 y ss.). Lo que hace que la posición del juez, en uno y otro caso, sea distinta es precisamente que los particulares, salvo casos excepcionales, no tienen por qué justificar (en términos jurídicos) su comportamiento. Dicho de otra forma, la autonomía –en cuanto valor moral– solo puede predicarse de los individuos. [...]". "[...] Una consecuencia de lo anterior es que la motivación de los actos administrativos (en particular, de los actos discrecionales) no puede verse como un simple requisito de forma. Lo que justifica la actuación discrecional de un órgano administrativo no es simplemente el haber cumplido unos ciertos requisitos de forma; por ejemplo, en el caso del planeamiento urbanístico, el haber confeccionado una Memoria que contenga referencias a una serie de aspectos, de manera semejante a cómo, en una sentencia judicial, el aspecto formal viene dado por la existencia de antecedentes de hecho, fundamentos de Derecho y parte dispositiva. Lo que justifica verdaderamente son las razones de fondo que se dan en favor de una determinada opción; por ejemplo, las razones para otorgar a un terreno una determinada calificación urbanística, que vendrían a ser el equivalente de las razones, los argumentos, esgrimidos en una sentencia para considerar como probado un hecho o para interpretar una norma en un determinado sentido. Esas razones (insisto: razones justificativas) pueden adoptar un grado mayor o menor de explicitud pero, obviamente, una simple decisión (o su resultado: un acto administrativo) en favor de la cual no se aporta ninguna razón es un acto no motivado, como lo sería una resolución judicial que careciera de antecedentes de hecho y de fundamentos de Derecho o que se limitara a enunciar una serie de hechos y de normas sin dar, por ejemplo, ninguna razón de porqué se considera como probado un determinado hecho. Como es bien sabido, existen resoluciones judiciales que no necesitan ser motivadas, debido a su escasa trascendencia y a razones de economía; es decir, en el fondo, debido a razones de la propia racionalidad práctica: no cabría un discurso racional si hubiera que fundamentarlo todo, sin ninguna excepción, en cada momento. Pero este no es el caso de los actos discrecionales de la Administración, por lo que me parece que, en este contexto, no es ninguna exageración afirmar que «lo no motivado es ya, por este solo hecho, arbitrario» (Tomás R. Fernández, p. 82), si con ello quiere decirse que las razones justificativas deben tener, en relación con los actos discrecionales de la Administración, un mínimo grado de explicitud* [...]"

112 Fernández, Tomás Ramón. *De la arbitrariedad de la administración, cit.* El profesor Tomas Ramón Fernández, quien retoma radicalmente el problema, sostiene la necesidad de controlar integralmente los actos producto de la discrecionalidad cuando los mismos desdibujen los marcos que el derecho les concede a las autoridades para su expedición. En concreto, plantea que todas las decisiones de la administración son susceptibles de control judicial, dentro de las cuales necesariamente están incluidos los actos discrecionales, que de ninguna manera se admite que puedan ser arbitrarios. Para estos efectos, incluso este tipo de acto debe caracterizarse por estar motivado, es decir, debe estar basado en razones y no ser la mera expresión de la voluntad del servidor público que lo produce. La discrecionalidad no puede confundirse con el deseo personal o subjetivo del agente público. Los argumentos que justifiquen la decisión discrecional no deben ser contrarios a la realidad, es decir, no pueden contradecir los hechos reales que llevan a la adopción de la misma. Las razones y la decisión administrativa discrecional deben ser coherentes entre ellas, las primeras deben corresponder materialmente a lo que se decide. Agrega Tomas Ramón Fernández que los anteriores aspectos deben servir de marco para que el juez administrativo controle los actos de carácter discrecional, no solo frente a la simple ley, sino básicamente, y en esto la tesis del autor se ha considerado radical, frente al derecho mismo, por lo que se trata de un control contencioso de juridicidad y no de simple legalidad. Es importante que el juez verifique si realmente se dieron o existieron las razones que la administración invoca para la expedición de un acto discrecional y de ser ciertas que las mismas sean reales y además congruentes con la decisión que se está adoptando. La decisión judicial puede llevar a la nulidad del acto correspondiente o, excepcionalmente, a la sustitución de la decisión administrativa discrecional por una decisión judicial, si no es posible otra solución. De esta forma, reacciona este autor contra la posibilidad de confundir discrecionalidad con arbitrariedad; destaca que si bien es cierto que históricamente se dio esta posibilidad, en la actualidad es totalmente inadmisible. Discrecionalidad no solamente no es arbitrariedad, sino que implica igualmente la posibilidad de ejercer, como lo advertimos, control sobre cualquier acto fundado en el ejercicio de facultades discrecionales, incluso en cuanto impliquen análisis de oportunidad para la adopción de decisión. "[...] *Si en el principio, como hemos visto, fue la excepción, el principio ahora es el sometimiento pleno de toda la actuación administrativa a la ley y al derecho, sometimiento que corresponde verificar, también en toda su plenitud y sin limitación alguna* [...]".

V. EL CONTROL JUDICIAL DE LA ADMINISTRACIÓN: CONTENCIOSO-ADMINISTRATIVO Y OTROS MODOS DE SOLUCIÓN DE CONTROVERSIAS, EN ESPECIAL LOS ARBITRAJES

1. *El modelo colombiano de lo contencioso administrativo*

A la Jurisdicción de lo Contencioso Administrativo además de sus atribuciones ordinarias de control judicial a la administración pública se le confía un permanente control a la Constitución a través de todas las acciones posibles ante ella, lo cual la convierte también en un juez de la carta fundamental del Estado[113]. Un acercamiento al ordenamiento jurídico colombiano permite visualizar que si bien es cierto que el Constituyente de 1991 creó la llamada Corte Constitucional, no concentró la totalidad del control de constitucionalidad en este organismo, dejando las puertas institucionales abiertas para que esta función primordial del Estado de Derecho fuera igualmente ejercida por otros órganos judiciales y administrativos, en especial a la Jurisdicción de lo Contencioso Administrativo, quien se ocupa de esta función frente a la actividad y actuaciones de quienes ejercen las funciones públicas administrativas, generando en consecuencia una modalidad de control amplia y democrática, de fácil acceso que se proyecta más allá del simple análisis o constitucionalidad de las leyes, para situarse en el más amplio espectro de la constitucionalidad y legalidad de los actos jurídicos y de todas las actuaciones públicas, en una especie de manto garantizador del Estado de Derecho. De todas maneras, a la Corte Constitucional se le reserva un innegable papel protagónico y determinador en la orientación e interpretación de la Carta, lo que la coloca en posición privilegiada en la construcción de la doctrina constitucional[114].

Desde esta perspectiva, para el cabal conocimiento de la problemática del control de constitucionalidad y legalidad por la Jurisdicción Contenciosa Administrativa, se hace indispensable conocer los alcances que sobre esta tiene la jurisprudencia de la Corte Constitucional en los términos expuestos, esto bajo el entendido de que si bien es cierto la jurisdicción contenciosa es autónoma para el ejercicio de sus competencias de todas maneras la carta asigna a la corte un papel estelar en la definición del alcance de las normas constitucionales. Esta tesis sin embargo no ha sido acogida por el Consejo de Estado para quien en los asuntos de su competencia es plenamente autónomo y la corte salvo reforma constitucional no puede entrometerse ni determinar el alcance de sus decisiones[115].

---

113 Consejo de Estado. Sala Plena de lo Contencioso Administrativo. Sentencia del 4 de marzo de 2003, Exp. 11001032400019990568302.

114 Estatuto de la Administración de Justicia, Ley 270 de 1996, Artículo 43, "*Estructura de la Jurisdicción Constitucional.* La Corte Constitucional ejerce la guarda de la integridad y supremacía de la Constitución en los estrictos y precisos términos de los artículos 241 al 244 de la Constitución Política. El Consejo de Estado conoce de las acciones de nulidad por inconstitucionalidad de los decretos distados por el gobierno, cuya competencia no corresponda a la Corte Constitucional. También ejercen jurisdicción constitucional, excepcionalmente, para cada caso concreto, los jueces y corporaciones que deban proferir las decisiones de tutela o resolver acciones o recursos previstos para la aplicación de los derechos constitucionales..." .

115 Consejo de Estado. Sala Plena de lo Contencioso administrativo. Sentencia del 4 de marzo de 2003, Exp. 11001032400019990568302 "*Establecido así el hecho de que en el ordenamiento jurídico colombiano existe un control difuso de constitucionalidad, cuyos titulares son la Corte Constitucional y el Consejo de Estado, forzoso es concluir que ambos son órganos límites en el ejercicio de sus propias competencias, a menos que uno de ellos no respete los estrictos y precisos términos que le impone la Constitución en el cumplimiento de su función de control, caso en el cual su decisión se torna ilegítima. De otra parte, el Consejo de Estado, por disposición del constituyente, tiene la calidad de "tribunal supremo de lo contencioso administrativo", según mandato vinculante del numeral 1 del artículo 237 de la Constitución Política. En esa condición de tribunal supremo, no tiene superior que pueda interferir en el ejercicio de sus funciones en la administración de justicia, por la elemental razón de que dejaría de ser supremo, si sus fallos pudieran ser determinados por otra autoridad judicial o política. Solamente en el evento de que se reforme la Constitución en dicha materia, ello sería posible. Existe una única hipótesis en el ordenamiento jurídico colombiano, en donde las decisiones del Consejo de Estado y de la Corte Suprema de Justicia pueden ser revisadas por la Corte Constitucional. Se trata de las sentencias de tutela que, de ser seleccionadas, pueden ser confirmadas o revocadas por dicho organismo. Cuando la Constitución quiere que ello sea así, lo dice expresamente, como sucede con los fallos de tutela. En los demás casos, en el ejercicio de su labor de interpretación de la ley o de la Constitución, cuando se tiene competencia para ello, el único control posible, si el Consejo de Estado o la Corte Suprema de Justicia violan la Constitución es el juicio de responsabilidad política que debe adelantar el Congreso de la República. Habida cuenta, entonces, de su calidad constitucional de "tribunal supremo de lo contencioso*

Hecha esta aclaración básica y fundamental para entender el sistema colombiano, debemos anotar que en tratándose del control de constitucionalidad y de legalidad por parte de los órganos de la Jurisdicción Contenciosa Administrativa, se puede sostener válidamente que en Colombia, a diferencia de lo ocurrido en Francia[116], el control a los actos y demás actuaciones de la administración pública, por parte de una Jurisdicción independiente de los organismos judiciales ordinarios, no surgió como consecuencia de la profunda desconfianza del ejecutivo frente a la los jueces ordinarios[117], ni mucho menos de la idea revolucionaria de que "*juzgar a la administración implica necesariamente administrar*".

El desarrollo de la Jurisdicción Contenciosa Administrativa en nuestro país corresponde a necesidades meramente formales y coyunturales de adecuar el control de los actos y actuaciones de la administración a las "modernas instituciones" que algunos países europeos habían desarrollado para estos propósitos, por lo menos esta es la idea que se desprende de la exposición de motivos de la que pasó a ser la ley 130 de 1913[118]. La ruptura por lo tanto del tradicional sistema judicialita con que Colombia recibió el Siglo XX en materia de control de la administración pública, de ninguna manera puede motivarse en la ineficacia o ineptitud de la justicia ordinaria para controlar el ejercicio del poder público administrativo, sino por el contrario, a la tendencia muy común en América Latina de copiar instituciones que han florecido en otras latitudes en razón de sus particularidades históricas, que obviamente no son las nuestras[119].

---

administrativo", sus decisiones no son susceptibles de cuestionamiento posterior por órgano alguno. Sería necesario una reforma constitucional para que ello fuera posible y como esta no ha tenido lugar, cualquier pretensión de interferencia en la autonomía que debe caracterizar el cumplimiento de su función jurisdiccional, es inaceptable y le es inoponible en la toma de sus decisiones. Es principio incontrovertible que en la producción de su jurisprudencia el Consejo de Estado es autónomo."

116 García de Enterría, Eduardo. *Revolución Francesa y Administración Contemporánea*, Civitas, Madrid, 1998, pp. 41 y ss.

117 Los franceses definitivamente rompieron con los principios teóricos de su revolución, en especial al pensamiento de Montesquieu, y lograron fundar los principios de una supremacía del poder ejecutivo, desde los inicios mismos de la revolución, que se materializaron en la Ley 16 del 24 de agosto de 1790, que estableció la independencia definitiva entre el ejecutivo y el judicial, prohibiendo expresamente a los jueces inmiscuirse en los asuntos del poder ejecutivo e incluso estableciendo penas para quienes lo intentaran, "... *las funciones judiciales son distintas y permanecen siempre separadas de las funciones administrativas. Los jueces no podrán, so pena de prevaricato, perturbar, de modo alguno, las operaciones de los cuerpos administrativos, ni citar ante ellos a los administradores en razón de sus funciones...*". Principio que posteriormente fue recogido en la Constitución de 1791 y consolidado en la napoleónica del año VIII. Estos hechos son considerados por la doctrina como los determinantes del nacimiento de la concepción continental o de régimen administrativo, que habría de influir profundamente en la justicia administrativa continental.

118 Sobre las razones para incorporar al derecho colombiano el concepto de dualidad de jurisdicción, creando la Contenciosa Administrativa de manera paralela a la ordinaria, puede consultarse nuestra obra Tratado de Derecho Administrativo, Tomo I, Universidad Externado de Colombia, 2003, capítulo tercero. Así mismo la obra de: Arguello, Alcibíades; Buenahora, Luis. *Derecho Administrativo*, Talleres de Ediciones Colombia, Bogotá, 1927, pp. 45 y ss.

119 Durante casi 100 años, todo el Siglo XIX y los primeros años del Siglo XX, nuestra justicia administrativa fue de competencia de los tribunales ordinarios de la República, en razón de la influencia colonial española quien siempre la asignó a las reales audiencias, de aquí nuestra tesis de que la influencia francesa de la justicia especializada no es más que una extraña imposición, por lo demás tardía, en el derecho colombiano. Negamos, en consecuencia, la posición de quienes sostienen un desarrollo paralelo de la justicia administrativa colombiana y la francesa. El artículo 42 del acto legislativo N° 3 de 1910 estableció la obligación perentoria para el legislador de establecer la jurisdicción contenciosa administrativa: "... *la ley establecerá la jurisdicción contencioso administrativa...*". Mandato que ejecutó a través de la Ley 130 de 1913, que la instituyó con dos específicos órganos el "tribunal supremo de lo contencioso administrativo" y los "tribunales seccionales de lo contencioso administrativo". De esta forma nacía por primera vez en Colombia, el sistema continental de control jurisdiccional especializado en las contenciones subjetivas y objetivas de la administración pública. Sin embargo, el sistema no quedó perfeccionado sino hasta el año siguiente por tres explícitas razones: la primera, porque la Ley 130 de 1913 determinó en su artículo 112 que tan solo comenzaría a regir a partir del 1° de marzo de 1914; la segunda, porque en septiembre de 1914 mediante acto reformatorio de la Constitución Política se restableció el Consejo de Estado, atribuyéndosele en el artículo 6° núm. 3, el desempeño de "...*las funciones del tribunal supremo de lo contencioso administrativo*"; y la tercera, porque en noviembre 5 de 1914 se expide la Ley 60 orgánica del Consejo de Estado, que fijó el período de los consejeros de Estado a partir del 1° de diciembre de ese año, fecha está a partir de la cual quedaba suprimido el tribunal supremo de lo contencioso

Bajo esta perspectiva, esto es, de implantación y no de desarrollo natural de esta institución en nuestro derecho, la jurisdicción especializada de lo contencioso administrativo no solo ha logrado consolidar conceptos y principios fundamentales del derecho francés, sino que también ha desarrollado por vía de la adscripción de competencias y del entendimiento doctrinal tanto de las diferentes acciones que ante ella se pueden intentar, al igual que a partir del contenido obvio y natural de las causales de nulidad de los actos administrativos, un particular concepto de legalidad y de necesario sometimiento de la administración pública al ordenamiento jurídico que involucra irremediablemente las normas constitucionales[120], al igual que los principios y valores en que esta se sustenta, a lo anterior debemos agregar, que por los senderos de la excepción estas autoridades también podrían cumplir los supremos cometidos de hacer prevalecer la Constitución Política del Estado en todo momento y lugar.

En este sentido, el tradicional principio de legalidad de estirpe francesa[121] se transforma en Colombia frente a las nuevas necesidades del Estado Constitucional, consolidando en consecuencia el

---

administrativo, asumiendo efectivamente sus funciones el Consejo de Estado. No obstante, el establecimiento de la Jurisdicción de lo Contencioso Administrativo no significó la desposesión funcional total de la jurisdicción ordinaria en asuntos contenciosos administrativos; pues litigios subjetivos de naturaleza contractual, responsabilidad extracontractual del Estado, algunos asuntos declarativos y ejecutivos, quedaron bajo el conocimiento de los tribunales ordinarios. De aquí que calificamos este período como mixto; la razón de esta continuidad con dos jurisdicciones prácticamente conociendo de litigios de la administración pública, nos demuestra el arraigo del sistema judicialista colombiano y la imposibilidad de ruptura total frente a la importación francesa.

120 La idea de incorporar en la cúspide de nuestro principio de legalidad a la Constitución Política no es nueva en el derecho Colombiano, desde los mismos inicios del control Jurisdiccional Contencioso Administrativo, el legislador ordenó sistemáticamente que el control jurisdiccional de los actos administrativos debía inicialmente hacerse a partir de la Carta Fundamental. Por ejemplo, el artículo 110 del Código de Régimen Político y Municipal de la Ley 4 de 1913 dispuso respecto de las ordenanzas departamentales que, "... *Es nula toda ordenanza que sea contraria a la Constitución y a las leyes, o cuando viole derechos particulares legalmente adquiridos..." Sin embargo, con anterioridad, desde la vigencia de la Ley 153 de 1887, ya se hacía referencia a la jerarquía normativa con cabeza en la Constitución Política, en el artículo 12 de esta codificación se indicaba que: "... Las órdenes y demás actos ejecutivos del Gobierno, expedidos en ejercicio de la facultad reglamentaria, tienen fuerza obligatoria, y serán aplicados mientras no sean contrarios a la Constitución, a las leyes ni a la doctrina legal más probable*...".

121 Ahora bien, el principio de legalidad en la versión revolucionaria de la supremacía de la ley es sustancialmente una consecuencia de la soberanía nacional, en cuanto voluntad general emanada del pueblo o Nación. La ley determina el sendero para el ejercicio de los poderes públicos. Las autoridades se deben, a partir de la revolución, a la ley; y actúan dentro de los marcos y limitaciones que esta determine. Se trata en consecuencia del alumbramiento de un régimen de legalidad, en donde la libertad de los ciudadanos se obtenía a través del ejercicio de la actividad pública, conforme a los postulados generales determinados por la voluntad general y contenidos en la ley. En esto, la influencia de Rousseau resulta significativa. En la práctica es el punto de partida de la institucionalización del poder. Indicaba precisamente este autor que: "*... llamo, pues, república a todo Estado regido por leyes, bajo cualquier tipo de administración que pueda hallarse, porque entonces solamente gobierna el interés público*...". Esta concepción es recogida en la declaración de 1789 en sus artículos 5º, 6º, 7º y 8º, que encierran en su conjunto la idea esencial de la legalidad del poder: de la legalización del ejercicio del poder. La sujeción permanente y cotidiana del poder a los mandatos de la ley. Su adecuación para evitar cualquier abuso o desbordamiento. Tratándose de las relaciones entre la legalidad y la constitucionalidad, el desarrollo de los postulados sobre la supremacía de la ley, nos ofrece en el caso francés unas peculiaridades que tradicionalmente apartan a los continentales de la concepción norteamericana respecto de la supremacía de la Constitución política. Si bien es cierto que las tres Constituciones se expidieron en el período revolucionario (1791, 1793 y 1795), constan de una parte dogmática donde se hace énfasis en la declaración de derechos de los ciudadanos, y por otra, la parte instrumental sobre la distribución del poder; un problema se notaba latente frente al carácter de voluntad general que le atribuía la ley, y que en los procesos interpretativos llevaron a serias discrepancias sobre la teoría de la supremacía de la Constitución y la negación de su control. Los postulados de supremacía se desvanecían en Francia ante la contundencia y dinámica del carácter que la legalidad había adquirido, gracias a la teoría roussoniana. Si bien es cierto que la declaración francesa pretendió tener un valor supralegal, esto es, de límite al ejercicio de los poderes, entre ellos el legislativo, al establecer que una de las finalidades de su promulgación era "*...que los actos del poder legislativo [...] puedan ser comparados en cada instante con el fin de toda institución política*...", por otra parte, y en complemento de lo anterior, la Constitución de 1791 expresamente estableció su supremacía al indicar que, "*...el poder legislativo no podrá hacer ninguna ley que produzca agravio o ponga obstáculo al ejercicio de los derechos naturales y civiles consignados en el presente Título I*", lo cierto es que el predominio de la voluntad general hizo que se olvidara durante muchos años la supremacía constitucional en Francia. Hasta 1971, y eso en un proceso que se inicia con la Constitución de 1958, se admitió por el Consejo constitucional, el control de constitucionalidad de las leyes. En estos aspectos, la Constitución norteamericana y sus interpretaciones se adelantaron al constitucionalismo francés. Esta postura interpretativa revolucionaria descansa en el concepto de voluntad general, que se constituye con sus manifestaciones (ley) en el

principio de la prevalencia del derecho sobre la simple legalidad formal, en donde aquel se conforma de elementos no estrictamente normativos.

Así las cosas, el ejercicio de las funciones de control de la Jurisdicción Contenciosa Administrativa respecto de quienes ejercen funciones administrativas es coherente con esta posición doctrinal e implica siempre referencia directa al texto constitucional, en consecuencia el control de la carta fundamental es permanente por parte de los organismos de esta Jurisdicción, no solo por vía general a través del claro Contencioso Objetivo de algunas de sus acciones, sino también, y en esto el sistema es bondadoso y amplio en la protección al ordenamiento, en todos los conflictos de carácter particular o propios del Contencioso Subjetivo, o incluso en el contencioso mixto[122]. En otras palabras, cada decisión de la Jurisdicción Contenciosa Administrativa colombiana involucra siempre, quiérase o no, la Constitución Política, sus normas, fuentes, principios y bases sustentadoras.

Esta realidad de nuestro sistema de control Contencioso Administrativo surge de la especial evolución de la institución, por fuera de las presiones doctrinales de origen francés y principalmente de los trabajos que respecto de la supremacía de la Constitución y del valor jurídico de la misma y de sus cimientos doctrinales se han desarrollado en los últimos años sobre la base de consolidar un verdadero Estado de Derecho, en donde los conceptos edificadores de la juridicidad adquieren valor y preponderancia, además de la influencia originariamente norteamericana de supremacía constitucional[123] y del control difuso a la administración pública, que invita a garantizar en todo Estado Democrático, en un esquema abierto y participativo, el control judicial de la administración con el propósito de evitar la arbitrariedad y el autoritarismo, sin perder en todo caso de vista la necesidad de mantener criterios definidos sobre el alcance de la Carta, a fin de garantizar la seguridad jurídica.

El control de constitucionalidad y de legalidad por parte de la Jurisdicción Especializada de lo Contencioso Administrativo se advierte en el desarrollo de los Contenciosos Objetivos, Subjetivos, Mixtos y por la vía de la excepción de inconstitucionalidad. Es decir, accionado por los sujetos jurídicos interesados o a iniciativa de la misma institución cuando advierta la necesidad de hacer prevalecer la Constitución Política como lo prevé el artículo 4 de la Carta[124].

---

centro del sistema mismo. La ley, como tal, no solo articula derechos, sino que también se constituye en el instrumento idóneo a través del cual se impone el único poder legítimo de la sociedad política. De esta forma, ante el evidente antagonismo entre Constitución y ley, la voluntad general impone la segunda, convirtiéndose en el punto de referencia efectivo para la determinación del principio de legalidad.

122 Wiel, Prosper. *Derecho Administrativo*, Civitas, Madrid, 1994, p. 45 y siguientes. García de Enterría, Eduardo. "Contencioso administrativo Objetivo y Contencioso administrativo Subjetivo a finales del Siglo XX. Una Visión Histórica y comparativista", en *RAP*, No 152, mayo- agosto 2000, p. 93.

123 El control de constitucionalidad, que emana indiscutiblemente de la ideología constitucional norteamericana, influye en el derecho administrativo moderno de manera decisiva y complementaria del clásico principio francés de la legalidad y del control de la legalidad. El mismo carácter de norma jurídica suprema que se le reconoce a la Constitución, implica que se generen los mecanismos necesarios para la preservación de esa inmensa construcción y que no sea deteriorada con su incumplimiento o desconocimiento por parte de los poderes. En los Estados Unidos, los desarrollos constitucionales tomaron unos rumbos diversos a los del derecho europeo. El Congreso de los Estados Unidos no está concebido con la misma omnipotencia de los Parlamentos. La soberanía parlamentaria impedía pensar que sus decisiones pudieran ser objeto de control alguno. Organizar un control de la constitucionalidad de las leyes hubiera significado en Francia ir contra la revolución y la *volonté genérale*. Sin embargo, esta tara no la padecía el Congreso estadounidense. Por esta razón, la Constitución de los Estados Unidos siempre fue considerada como ley superior que sometía sus postulados a la totalidad de sus poderes. La jurisprudencia de la Corte Suprema de los Estados Unidos reconoció desde 1803 esta característica y la existencia de controles para su preservación. En el famoso y renombrado caso de *Marbury vs. Madison*, el juez Marshall sostuvo precisamente que "*... la Constitución controla cualquier acto legislativo que se le oponga [...], un acto legislativo contrario a la Constitución no es ley [...], una ley del Congreso que contradiga la Constitución debe considerarse inexistente [...] los tribunales deben tener en cuenta la Constitución; la Constitución es superior a toda ley ordinaria del legislativo [...], la Constitución, y no dicha ley ordinaria, tiene que regir en aquellos casos en que ambas serían aplicables [...]. Una ley contraria a la Constitución es nula y los tribunales están obligados por dicha Constitución...*".

124 Consejo de Estado. Sala Plena de lo Contencioso administrativo. Sentencia del 4 de marzo de 2003, Exp. 11001032400019990568302. "*La Constitución Política de 1991 fortaleció el papel del Consejo de Estado como órgano de control de la actividad estatal no solamente en el campo del tradicional y clásico control de legalidad sino también en materia de control de constitucionalidad, ya que además de las competencias de que gozaba de acuerdo con las normas de la Constitución anterior, las cuales se conservan, hoy cuenta con nuevas competencias de naturaleza constitucional. Un primer elemento que debe tenerse presente es el hecho de que la propia Constitución Política consagra como*

Al entenderla como evidente emanación soberana del Estado, debemos advertir que la jurisdicción se caracteriza por su independencia y unidad. Independiente por cuanto al tratarse de una función estatal se ejerce con presencia y exclusión de otros órganos, poderes o particulares. En cuanto a su unidad, se advierte que la jurisdicción no puede ser sino una sola, aunque por razones técnicas tendientes a una adecuada prestación existen diversas especialidades, entre las cuales se destaca la contenciosa administrativa, la cual constituye un medio técnico- jurídico para el control de la actividad administrativa por el poder jurisdiccional en procura del restablecimiento y la defensa del orden jurídico y la solución de los conflictos surgidos entre la administración y los administrados o los demás sujetos de derecho relacionados con ella.

De acuerdo con este concepto tenemos que la base indiscutible de la razón de ser de la Jurisdicción Contenciosa Administrativa, al igual que la de la existencia de órganos y funcionarios especializados en el juzgamiento de actos, hechos, acciones, omisiones y negocios de la administración, además de las razones historias expuestas, radica en el control de la arbitrariedad que el mismo poder. En otras palabras, la Jurisdicción Contenciosa Administrativa se sustenta en la necesidad de mantenimiento del orden constitucional, la legalidad, los derechos subjetivos y principalmente los intereses generales de la comunidad.

2. *Acciones contenciosas administrativas. Medios de control. Evolución*

Del texto de la Constitución Política se observa el diseño de un interesante sistema en materia de acciones, dirigidas a establecer instrumentos efectivos de controles y garantías en manos de la jurisdicción contenciosa administrativa, lo cual amplía de manera significativa el objeto tradicional de esta jurisdicción especial, en favor de los asociados y sobre todo del interés general y de los derechos colectivos. El nuevo sistema constitucional de las acciones integra los modernos mecanismos procésales de control judicial, con las clásicas acciones individuales o subjetivas y objetivas o de anulación dispuestas igualmente en el artículo 89 de Carta, lo cual permite sostener que nuestro marco de acciones es ante todo integral, complementario, y de naturaleza diversa, dirigido a la efectividad de los derechos fundamentales, los derechos, subjetivos, la legalidad, el interés general y el orden constitucional.

El constituyente en el artículo 89 de la Carta dejó establecida la posibilidad para que el legislador regulara los demás recursos, acciones y procedimientos necesarios con el fin de que se puedan hacer valer los derechos de los asociados no enunciados en las acciones a que se refieren los artículos 86 a 88 de su codificación. En este sentido se le otorgó base constitucional a los mecanismos procesales tradicionales de acceso a la Jurisdicción Contenciosa Administrativa. En otras palabras, la Constitución le entregó al legislador el privilegio de determinar los senderos procesales jurisdiccionales garantísticos de los derechos subjetivos de los asociados en sus relaciones con la administración, al igual que las vías necesarias para el mantenimiento y preservación del ordenamiento jurídico y del principio de legalidad.

---

mecanismo autónomo, diferente de la acción de simple nulidad, la acción de inconstitucionalidad. De acuerdo con el numeral 2 del artículo 237 constitucional, "Son atribuciones del Consejo de Estado: "Conocer de las acciones de nulidad por inconstitucionalidad de los decretos dictados por el Gobierno Nacional, cuya competencia no corresponda a la Corte Constitucional". De otra parte, el numeral 9 del artículo 37 de la Ley 270 de 1996 le asigna a la Sala Plena de lo Contencioso Administrativo la función de "Conocer de las acciones de nulidad por inconstitucionalidad de los decretos expedidos por el Gobierno Nacional, cuya competencia no corresponda a la Corte Constitucional". En el mismo orden de ideas, el numeral 7 del artículo 33 de la Ley 446 de 1998 modificó y adicionó el artículo 97 del Código Contencioso Administrativo en el sentido de asignarle a la Sala Plena de lo Contencioso Administrativo el conocimiento "*De las acciones de nulidad por inconstitucionalidad que se promuevan contra los Decretos de carácter general dictados por el Gobierno Nacional, que no correspondan a la Corte Constitucional, cuya inconformidad con el ordenamiento jurídico se establezca mediante confrontación directa con la Constitución Política y que no obedezca a función propiamente administrativa". Se observa, de acuerdo con las normas que vienen de citarse, que en materia de control de constitucionalidad el Consejo de Estado tiene una cláusula general de competencia en relación con los decretos que el gobierno expida en el cumplimiento de los cometidos estatales, mientras que la Corte Constitucional tiene en la misma materia una competencia de excepción. Además de la acción de nulidad por inconstitucionalidad contra los decretos del Gobierno Nacional, así como de la acción de simple nulidad, en donde se plantean, por regla general, problemas directos de legalidad, sin que ello excluya confrontaciones directas con la norma constitucional, existen otros casos en los que el juez administrativo interpreta y aplica las normas constitucionales, como sucede en las acciones de pérdida de investidura, de tutela y populares y de grupo. Puede concluirse, entonces, que el derecho colombiano consagra un sistema de control difuso de constitucionalidad, en donde el Consejo de Estado como tribunal supremo de lo contencioso administrativo tiene un papel en el control de constitucionalidad, así como unas competencias plenamente autónomas, cuyo ejercicio no es susceptible de control ulterior por órgano estatal alguno.*"

Significa lo anterior que las tradicionalmente denominadas acciones contenciosas adminis-trativas, sean estas objetivas (simple nulidad, electoral) o subjetivas (nulidad o restablecimiento del derecho, reparación directa, contractual, de lesividad), tienen sus raíces en el texto constitucional correspondiéndole su desarrollo normativo al legislador, quien se ha apoyado para estos efectos en la doctrinas extranjera, primordialmente en la francesa para establecerlas y darles la identidad que con el transcurso de los años se han adquirido de acuerdo a nuestras realidades políticas y judiciales. Podría decirse que nuestro modelo clásico de acciones contencioso administrativas constituye una versión avanzada de las originales acciones francesas de plena jurisdicción y de anulación, pero con contenidos y variantes significativas que las hacen muy particulares y especificas dentro de nuestro administrativo.

El conjunto de acciones contenciosas administrativas, o medios de control como las denomina la ley 1437 de 2011, no han sido el producto de la arbitrariedad del legislador, ni mucho menos de una conformación propia y autónoma de la justicia contenciosa administrativa en Colombia. Las raíces de nuestro régimen de control jurisdiccional a la Administración Pública han sufrido diferentes y sustanciales transformaciones históricas producto de las influencias, en especial del régimen de control conocido como continental o europeo de evidente inspiración francesa, que indujo a nuestros pensadores jurídicos en los inicios del siglo XX a incorporar para efectos del control a la administración los conceptos y principios propios del régimen de dualidad de jurisdicción, lo que llevó a la institucionalización de la denominada en la doctrina nacional como la Jurisdicción Especializada de lo Contencioso Administrativo o jurisdicción de carácter especial en el conocimientos de los litigios público, paralela a la ordinaria

No obstante lo anterior debemos insistir en que, si bien es cierto que a partir del presente siglo en Colombia se adoptaron instituciones de control jurisdiccional de influencia francesa, de todas maneras la experiencia española, en especial del derecho indiano, proporcionó instrumentos jurídicos valiosos, suficientes como para admitir en nuestra historia administrativa y judicial, un largo trecho de influencia con este tipo de control a quienes ejercían funciones de gobierno durante la Colonia y posteriormente en la República. En este aspecto vale la pena retomar la discusión histórica planteada por algunos estudiosos de nuestro derecho indiano como Alfonso García Gallo, para quien las más profundas raíces de una cultura de control a la Administración Pública, en el caso de los países latinoamericanos, no provinieron inicialmente de los desarrollos jurídicos franceses, sino de las instituciones jurídicas propias del derecho indiano, ideadas por los juristas españoles para atender las necesidades de los inmensos territorios descubiertos y conquistados por la corona española. Las Audiencias fueron los organismos llamados a ejercer el control necesario sobre la actividad de virreyes y gobernadores cuando desconocían o violentaban los derechos de los súbditos. A través del denominado recurso de agravio se incorporó a los incipientes controles de la época un mecanismo de naturaleza individual o subjetiva, que proporcionaba a los ciudadanos los medios necesarios para acudir ante la audiencia y reclamar sus derechos. Se trata sin lugar a dudas de un antecedente indiscutible, no solo del control por autoridad depositaria de funciones de justicia a quienes ejercían las de gobierno, sino también de las denominadas posteriormente por los juristas franceses como acciones subjetivas o de plena jurisdicción.

Como lo hemos sostenido, los antecedentes del derecho indiano fueron tan significativos que durante todo el siglo pasado y hasta los inicios del presente los diferentes controles jurisdiccionales a la Administración Pública se hicieron por la justicia ordinaria, dentro de lo que doctrinalmente es conocido como un régimen judicialista. Tan cierta, ostensible y marcada fue la influencia jurídica española que cuando el legislador, en desarrollo de las normas constitucionales de 1886, se vio en la obligación de instituir por primera vez algunos mecanismos de protección al ordenamiento jurídico, la única idea posible que encontró jurídicamente viable fue la de asignar su conocimiento a la justicia ordinaria.

Obsérvese que con la entrada en vigencia de la ley 88 de 1910, que en su artículo 38 creaba una acción de carácter objetivo para la protección del principio de legalidad frente a actos de las asambleas que pudieren afectar a una persona, se asignaba su conocimiento a los tribunales ordinarios, o a la primera autoridad judicial del distrito donde habitara el ciudadano agraviado. La norma indicaba lo siguiente: "*... Todo individuo que se crea agraviado por actos de las asambleas, por considerarlos contrarios a la Constitución o a la ley, que violen derechos civiles, puede pedir su anulación ante el tribunal del respectivo distrito judicial. Al efecto presentará un escrito en el cual enumere las disposiciones que acuse de nulidad. Este escrito se presentará personalmente al secretario del tribunal, si el peticionario reside en el mismo lugar, o a la primera autoridad judicial del distrito de su residencia en caso contrario...*".

Ahora bien, lo cierto es que quienes lograron sistematizar la evolución europea de las instituciones de control a la administración fueron los juristas franceses, que se imponen con su dogmática organizadora de los conceptos jurídicos y mecanismos de garantía de los derechos a partir del impulso ideológico brindado por la revolución de su país, que se expandió inevitablemente impregnando la cultura jurídica de Occidente. Como producto de estas circunstancias se desarrollaron los denominados recursos contenciosos administrativos de anulación y de plena jurisdicción. El primero de ellos conformado en el derecho francés por un gran número de recursos de naturaleza objetiva que pretenden el restablecimiento del orden jurídico y no los derechos de los particulares, entre los cuales se ha destacado por su importancia el denominado recurso por exceso de poder, posible contra toda decisión administrativa con el fin de hacer prevalecer el principio de legalidad.

El recurso de plena jurisdicción, que se venía formando históricamente con anterioridad a la Revolución francesa, se destaca por su naturaleza subjetiva, garantía procesal de derechos individuales, que pretende el restablecimiento de los mismos cuando hubieren sido desconocidos por las autoridades públicas. En el derecho francés se agrupa bajo este concepto una pluralidad de pretensiones que tienen relación con diferentes actividades de la administración. En este sentido se entiende que hacen parte del recurso de plena jurisdicción las pretensiones contractuales de reparación, electorales y tributarias.

En derecho colombiano, la técnica de los recursos contenciosos administrativos es recibida parcialmente, con el título de acciones contenciosas administrativas en la ley 130 de 1913, bajo la doble modalidad de acción objetiva y de cuasi subjetiva; la primera tendiente al restablecimiento del orden jurídico y denominada acción de nulidad o ciudadana, y la segunda dirigida exclusivamente a obtener la nulidad de los actos violatorios de los derechos civiles, que no tenía una denominación específica en la ley 130 de 1913, y a la cual la doctrina de la época calificó como de acción privada, que si bien es cierto tenía un actor cualificado, que lo era todo ciudadano agraviado con una ordenanza departamental o un acuerdo municipal, tan solo podía obtener del tribunal una declaratoria de nulidad y no un restablecimiento de sus derechos. A través del artículo 4° de la ley 80 de 1935 esta deficiencia de la acción privada se subsanó al autorizar a la Jurisdicción Contenciosa Administrativa para que, una vez anulados los actos violatorios de los derechos civiles, se repararan los agravios sufridos por las personas como consecuencia del acto declarado nulo. Desde esta perspectiva, se incorporó por primera vez a la legislación colombiana la concepción teórica del recurso de plena jurisdicción.

Esta dualidad de acciones es recogida por la ley 167 de 1941 en sus artículos 66 a 68, denominándolas acciones de nulidad y de plena jurisdicción, agregando algunas otras de carácter especial como las de revisión de reconocimientos, definición de competencias administrativas, revisión de cartas de naturaleza, revisión de impuestos, revisión de los juicios de cuentas y la acción electoral. Esto es, un amplio esquema desagregado de asuntos, que dentro de la óptica francesa bien pudieron quedar incorporados en las dos acciones históricas. Lo que se advierte en la evolución del régimen jurídico de las acciones contenciosas administrativas colombianas es la tendencia, no a su agrupamiento de acuerdo con las finalidades de cada una de ellas, sino a una proliferación en razón de objetos específicos que llevan, en la práctica, a que predomine un esquema formal sobre la verdadera protección sustancial de los derechos. Con la existencia de cada una de las acciones se procedimentalizan las garantías a los derechos ciudadanos, creándose inconvenientes y talanqueras estrictamente procesales. La tendencia moderna consiste en reclamar en lo posible la existencia de la acción única contenciosa administrativa, con pluralidad de pretensiones.

Por desgracia el legislador, al momento de revisar el Código Contencioso Administrativo en los años de 1984 y 1998, no acogió esta necesidad de nuestro Estado de derecho, y prefirió continuar con el sistema de la individualización de acciones para conflictos específicos de carácter contencioso administrativo. Igual situación se observa con la nueva estructura procesal que estableció la ley 1437 de 2011, en donde se recogen como medios de control lo que antes eran simplemente acciones contenciosas administrativas.

En este sentido, a partir del artículo 135 de la mencionada ley se señalan un gran número de acciones contentivas de pretensiones especiales, o mejor, como la ley las denomina medios de control, aunque en nuestra opinión son la misma cosa, las cuales por sus afinidades se agrupaban de la siguiente manera: acciones o medios de control objetivas dentro de las cuales podemos ubicar la de simple nulidad, nulidad por constitucionalidad y la electoral; acciones o medios de control subjetivas, que comprenden a las de nulidad y restablecimiento del derecho, reparación directa; acción mixta, caso típico de la acción de lesividad y contractual; y, acciones especiales, dentro de las cuales quedarían incluidas las de solución de conflictos de competencias administrativas. Adicional a lo anterior, se incorporan en la ley las acciones o medios de control de repetición, perdida de investidura, las viejas acciones populares ahora denominada como de protección a los derechos e intereses colectivos, las de grupo, cumplimiento de norma con fuerza material de ley o de actos administrativos conocida anteriormente como de cumplimiento, nulidad de cartas de naturaleza y de las resoluciones de autorización de inscripción y el control por la vía de excepción.

Además de lo anterior, por vía del artículo 104 de la ley 1347 de 2011, la Jurisdicción Contenciosa Administrativa es la competente para adelantar los procesos ejecutivos originados en una relación contractual del Estado. Por otra parte, a esta jurisdicción también se le ha asignado el trámite de algunas actuaciones de naturaleza jurisdiccional tendiente a esclarecer la legalidad y constitucionalidad de algunos actos administrativos de carácter departamental y municipal. A continuación, nos ocuparemos de cada una de estas hipótesis.

En reciente unificación jurisprudencial de la Sección Tercera del Consejo de Estado de 3 de septiembre de 2020125 en cuanto a la definición de la jurisdicción respecto de las empresas prestadoras de servicios públicos se fijan los siguientes criterios: "- *Cuando no exista norma expresa legal sobre la jurisdicción que debe conocer de controversias en las que haga parte un prestador de servicios Públicos domiciliarios, deberá acudirse a la cláusula general de competencia de la jurisdicción de lo contencioso administrativo (artículo 82 del CCA, hoy 104 del CPACA) para resolver el vacío normativo; si, con base en ello, no se desprende el conocimiento de esta jurisdicción, corresponderá a la jurisdicción ordinaria. – Salvo las excepciones expresamente establecidas en la ley vigente, los actos precontractuales de los prestadores de servicios Públicos domiciliarios no son actos administrativos y se rigen por la normatividad civil y comercial, así como, de resultar aplicables, por los principios que orientan la función administrativa. – Salvo las excepciones expresamente establecidas en la ley vigente, las controversias relativas a actos precontractuales de prestadores de servicios Públicos domiciliarios de conocimiento de esta jurisdicción, que no correspondan a actos administrativos, deberán tramitarse a través de la acción (medio de control en el CPACA) de reparación directa. – Como garantía del derecho de acceso a la administración de justicia, el juzgador de conocimiento de este tipo de controversias, en relación con las demandas presentadas antes de la notificación de esta providencia, resolverá la controversia de fondo, aunque no se haya empleado la acción (medio de control) que corresponda, en el marco del régimen jurídico aplicable a este tipo de actos*".

La regulación en concreto de cada uno de estos medios de control es como sigue:

ARTÍCULO 135. Nulidad por inconstitucionalidad. Los ciudadanos podrán, en cualquier tiempo, solicitar por sí, o por medio de representante, que se declare la nulidad de los decretos de carácter general dictados por el Gobierno Nacional, cuya revisión no corresponda a la Corte Constitucional en los términos de los artículos 237 y 241 de la Constitución Política, por infracción directa de la Constitución.

También podrán pedir la nulidad por inconstitucionalidad de los actos de carácter general que por expresa disposición constitucional sean expedidos por entidades u organismos distintos del Gobierno Nacional[126].

---

125 Consejo de Estado. Sala de lo Contencioso Administrativo. Sección Tercera, unificación jurisprudencial de 3 de septiembre de 2020, Exp.42003.

126 Inciso que fue declarado condicionalmente exequible. Corte Constitucional. Sentencia C-400 de 3 de julio de 2013. "*A partir de los criterios expuestos, la Corte Constitucional ejerce control de exequibilidad sobre decreto o actos atípicos o especiales, diferentes a los indicados en los artículos 241 y 10° transitorio de la Constitución, que por mandato de la carta política también contienen fuerza material de ley, como los del siguiente listado, que no pretende ser taxativo sino meramente enunciativo: (i) Decretos con fuerza de ley, expedidos con anterioridad a la vigencia de la Constitución de 1991; (ii) decretos compilatorios de normas con fuerza de ley;: (iii) decretos que declaran un estado de excepción; (iv) decretos expedidos con base en disposiciones constitucionales transitorias diferentes al artículo 10° transitorio; (v) decretos que corrigen yerros de normas con fuerza de ley; etc. Adicionalmente, esta corporación también ha reconocido su competencia para conocer, en específicas circunstancias de control, la exequibilidad de (i) decretos de ejecución de la convocatoria de referendo; (ii) acto electoral que determina el censo en el marco de una reforma constitucional mediante referendo; (iii) acto electoral que declara la aprobación de un referendo; (iv) actos de gestores de una iniciativa popular para el trámite de una ley que convoca a referendo; (v) decretos de convocatoria al Congreso a sesiones extraordinarias; (vi) decretos o actos adoptados en cumplimiento*

Parágrafo. El Consejo de Estado no estará limitado para proferir su decisión a los cargos formulados en la demanda. En consecuencia, podrá fundar la declaración de nulidad por inconstitucionalidad en la violación de cualquier norma constitucional. Igualmente podrá pronunciarse en la sentencia sobre las normas que, a su juicio, conforman unidad normativa con aquellas otras demandadas que declare nulas por inconstitucionales[127].

ARTÍCULO 136. Control inmediato de legalidad. Las medidas de carácter general que sean dictadas en ejercicio de la función administrativa y como desarrollo de los decretos legislativos durante los Estados de Excepción, tendrán un control inmediato de legalidad, ejercido por la Jurisdicción de lo Contencioso Administrativo en el lugar donde se expidan, si se tratare de entidades territoriales, o del Consejo de Estado si emanaren de autoridades nacionales, de acuerdo con las reglas de competencia establecidas en este Código.

Las autoridades competentes que los expidan enviarán los actos administrativos a la autoridad judicial indicada, dentro de las cuarenta y ocho (48) horas siguientes a su expedición. Si no se efectuare el envío, la autoridad judicial competente aprehenderá de oficio su conocimiento.

ARTÍCULO 137. Nulidad. Toda persona podrá solicitar por sí, o por medio de representante, que se declare la nulidad de los actos administrativos de carácter general.

Procederá cuando hayan sido expedidos con infracción de las normas en que deberían fundarse, o sin competencia, o en forma irregular, o con desconocimiento del derecho de audiencia y defensa, o mediante falsa motivación, o con desviación de las atribuciones propias de quien los profirió.

También puede pedirse que se declare la nulidad de las circulares de servicio y de los actos de certificación y registro.

Excepcionalmente podrá pedirse la nulidad de actos administrativos de contenido particular en los siguientes casos:

1. Cuando con la demanda no se persiga o de la sentencia de nulidad que se produjere no se genere el restablecimiento automático de un derecho subjetivo a favor del demandante o de un tercero.

2. Cuando se trate de recuperar bienes de uso público.

3. Cuando los efectos nocivos del acto administrativo afecten en materia grave el orden público, político, económico, social o ecológico.

---

de un acto legislativo; y (vii) acuerdos internacionales simplificados reguladores de materias propias de un tratado internacional (...) corresponderá al Consejo de Estado el conocimiento de los mismos conforme a la regla, según la cual, compete al tribunal supremo de lo contencioso administrativo conocer de la nulidad por inconstitucionalidad de los decretos o actos que no están atribuidos a la Corte Constitucional (arts.237-2 superior y 135 de la Ley 1437 de 2011). Tampoco encuadran en el contenido material de ley, los reglamentos del Presidente de la República que pretendan modificar o adicionar una ley, en cuanto la incompetencia advertida del Jefe de Estado habrá de ventilarse a través de la acción de nulidad de actos administrativos de carácter general (art. 137 de la Ley citada), dado que esa irregularidad no será porque haya vulnerado la materialidad de ley, sino, propiamente, los límites sobre los cuales se edifica la potestad reglamentaria (art. 189-11 Const.). Adicionalmente, cabe destacar los decreto o actos que desarrollan las leyes marco o cuadro, previstas en el artículo 150-19 constitucional, acerca de los cuales existe consenso en advertir que carecen de contenido material de ley, al ser "actos administrativos derivados de una suerte de potestad reglamentaria ampliada", es decir, en ámbito mayor al señalado para los expedidos en desarrollo del artículo 189-11 ib. Así también lo ha explicado el Consejo de Estado, al establecer que "si bien no es un decreto reglamentario común pues tiene un campo de acción mucho más amplio, no tiene naturaleza legislativa y no puede per se, alcanzar a derogar leyes o decretos con fuerza de ley". Ello, en cuanto las leyes marco no reportan una delegación al Ejecutivo de facultades extraordinarias de tipo legislativo, de manera que tales decretos no ostentan rango de ley, sino que constituyen decretos ejecutivos".

[127] El parágrafo fue declarado exequible. Corte Constitucional. Sentencia C-415 de 6 de junio de 2012. "*El parágrafo del artículo 135 de la Ley 1437 de 2011, no viola el preámbulo ni los artículos 2, 29 y 229 de la Constitución. Por el contrario, al preceptuar que el Consejo de Estado en los juicios de nulidad por inconstitucionalidad no estará limitado para proferir su decisión a los cargos formulados en la demanda y que, en consecuencia podrá fundar la declaración de nulidad por inconstitucionalidad en la violación de cualquier norma constitucional, al igual que podrá pronunciarse en la sentencia sobre las normas, que a su juicio, conforman unidad normativa con aquellas otras demandadas que declare nulas por inconstitucionales, está reafirmando los principios superiores de supremacía e integridad de la Carta Fundamental, consagrados en los artículos 4 y 241 de la Constitución y el principio de configuración normativa del legislador en materia de acciones y procesos (art. 150 CP)*".

4. Cuando la ley lo consagre expresamente.

***Parágrafo. Si de la demanda se desprendiere que se persigue el restablecimiento automático de un derecho, se tramitará conforme a las reglas del artículo siguiente*[128].**

ARTÍCULO 138. Nulidad y restablecimiento del derecho. Toda persona que se crea lesionada en un derecho subjetivo amparado en una norma jurídica podrá pedir que se declare la nulidad del acto administrativo particular, expreso o presunto, y se le restablezca el derecho; también podrá solicitar que se le repare el daño. La nulidad procederá por las mismas causales establecidas en el inciso segundo del artículo anterior.

Igualmente podrá pretenderse la nulidad del acto administrativo general y pedirse el restablecimiento del derecho directamente violado por este al particular demandante o la reparación del daño causado a dicho particular por el mismo, siempre y cuando la demanda se presente en tiempo, esto es, dentro de los cuatro (4) meses siguientes a su publicación. Si existe un acto intermedio, de ejecución o cumplimiento del acto general, el término anterior se contará a partir de la notificación de aquél.

ARTÍCULO 139. Nulidad electoral. Cualquier persona podrá pedir la nulidad de los actos de elección por voto popular o por cuerpos electorales, así como de los actos de nombramiento que expidan las entidades y autoridades públicas de todo orden. Igualmente podrá pedir la nulidad de los actos de llamamiento para proveer vacantes en las corporaciones públicas.

En elecciones por voto popular, las decisiones adoptadas por las autoridades electorales que resuelvan sobre reclamaciones o irregularidades respecto de la votación o de los escrutinios, deberán demandarse junto con el acto que declara la elección. El demandante deberá precisar en qué etapas o registros electorales se presentan las irregularidades o vicios que inciden en el acto de elección.

***En todo caso, las decisiones de naturaleza electoral no serán susceptibles de ser controvertidas mediante la utilización de los mecanismos para proteger los derechos e intereses colectivos regulados en la Ley 472 de 1998*[129].**

ARTÍCULO 140. Reparación directa. En los términos del artículo 90 de la Constitución Política, la persona interesada podrá demandar directamente la reparación del daño antijurídico producido por la acción u omisión de los agentes del Estado.

***De conformidad con el inciso anterior, el Estado responderá, entre otras, cuando la causa del daño sea un hecho, una omisión, una operación administrativa o la ocupación temporal o permanente de inmueble por causa de trabajos públicos o por cualquiera otra causa imputable a una entidad pública o a un particular que haya obrado siguiendo una expresa instrucción de la misma*[130].**

Las entidades públicas deberán promover la misma pretensión cuando resulten perjudicadas por la actuación de un particular o de otra entidad pública.

En todos los casos en los que en la causación del daño estén involucrados particulares y entidades públicas, en la sentencia se determinará la proporción por la cual debe responder cada una de ellas, teniendo en cuenta la influencia causal del hecho o la omisión en la ocurrencia del daño.

ARTÍCULO 141. Controversias contractuales. Cualquiera de las partes de un contrato del Estado podrá pedir que se declare su existencia o su nulidad, que se ordene su revisión, que se declare su incumplimiento, que se declare la nulidad de los actos administrativos contractuales, que se condene al responsable a indemnizar los perjuicios, y que se hagan otras declaraciones y condenas. Así mismo, el interesado podrá solicitar la liquidación judicial del contrato cuando esta no se haya

---

[128] El inciso 41°, los numerales y el parágrafo fueron declarados exequibles. Corte Constitucional. Sentencia C-260 de 6 de mayo de 2015.

[129] Consejo de Estado. Sala de lo Contencioso Administrativo, Sección Quinta, unificación jurisprudencial de 24 de mayo de 2018, Exp. 2017-00191. "*En elecciones por voto popular, las decisiones adoptadas por las autoridades electorales que resuelvan sobre reclamaciones o irregularidades respecto de la votación o de los escrutinios, deberán demandarse junto con el acto que declara la elección. El demandante deberá precisar en qué etapas o registros electorales se presentan las irregularidades o vicios que inciden en el acto de elección. En todo caso, las decisiones de naturaleza electoral no serán susceptibles de ser controvertidas mediante la utilización de los mecanismos para proteger los derechos e intereses colectivos regulados en la Ley 472 de 1998*".

[130] El último apartado de este inciso fue declarado exequible. Corte Constitucional. Sentencia C-644 de 31 de agosto de 2011.

logrado de mutuo acuerdo y la entidad estatal no lo haya liquidado unilateralmente dentro de los dos (2) meses siguientes al vencimiento del plazo convenido para liquidar de mutuo acuerdo o, en su defecto, del término establecido por la ley.

Los actos proferidos antes de la celebración del contrato, con ocasión de la actividad contractual, podrán demandarse en los términos de los artículos 137 y 138 de este Código, según el caso.

El Ministerio Público o un tercero que acredite un interés directo podrán pedir que se declare la nulidad absoluta del contrato. El juez administrativo podrá declararla de oficio cuando esté plenamente demostrada en el proceso, siempre y cuando en él hayan intervenido las partes contratantes o sus causahabientes.

ARTÍCULO 142. Repetición. Cuando el Estado haya debido hacer un reconocimiento indemnizatorio con ocasión de una condena, conciliación u otra forma de terminación de conflictos que sean consecuencia de la conducta dolosa o gravemente culposa del servidor o ex servidor público o del particular en ejercicio de funciones públicas, la entidad respectiva deberá repetir contra estos por lo pagado.

La pretensión de repetición también podrá intentarse mediante el llamamiento en garantía del servidor o ex servidor público o del particular en ejercicio de funciones públicas, dentro del proceso de responsabilidad contra la entidad pública.

Cuando se ejerza la pretensión autónoma de repetición, el certificado del pagador, tesorero o servidor público que cumpla tales funciones en el cual conste que la entidad realizó el pago será prueba suficiente para iniciar el proceso con pretensión de repetición contra al funcionario responsable del daño.

ARTÍCULO 143. Pérdida de Investidura. A solicitud de la mesa directiva de la Cámara correspondiente o de cualquier ciudadano y por las causas establecidas en la Constitución, se podrá demandar la pérdida de investidura de congresistas.

Igualmente, la Mesa Directiva de la asamblea Departamental, del concejo Municipal, o de la junta administradora local, así como cualquier ciudadano, podrá pedir la pérdida de investidura de diputados, concejales y ediles.

ARTÍCULO 144. Protección de los derechos e intereses colectivos. Cualquier persona puede demandar la protección de los derechos e intereses colectivos para lo cual podrá pedir que se adopten las medidas necesarias con el fin de evitar el daño contingente, hacer cesar el peligro, la amenaza, la vulneración o agravio sobre los mismos, o restituir las cosas a su estado anterior cuando fuere posible.

Cuando la vulneración de los derechos e intereses colectivos provenga de la actividad de una entidad pública, podrá demandarse su protección, inclusive cuando la conducta vulnerante sea un acto administrativo o un contrato, sin que en uno u otro evento, pueda el juez anular el acto o el contrato, sin perjuicio de que pueda adoptar las medidas que sean necesarias para hacer cesar la amenaza o vulneración de los derechos colectivos[131].

Antes de presentar la demanda para la protección de los derechos e intereses colectivos, el demandante debe solicitar a la autoridad o al particular en ejercicio de funciones administrativas que adopte las medidas necesarias de protección del derecho o interés colectivo amenazado o violado. Si la autoridad no atiende dicha reclamación dentro de los quince (15) días siguientes a la presentación de la solicitud o se niega a ello, podrá acudirse ante el juez. Excepcionalmente, se podrá prescindir de este requisito, cuando exista inminente peligro de ocurrir un perjuicio irremediable en contra de los derechos e intereses colectivos, situación que deberá sustentarse en la demanda.

ARTÍCULO 145. Reparación de los perjuicios causados a un grupo. Cualquier persona perteneciente a un número plural o a un conjunto de personas que reúnan condiciones uniformes respecto de una misma causa que les originó perjuicios individuales, puede solicitar en nombre del conjunto la declaratoria de responsabilidad patrimonial del Estado y el reconocimiento y pago de indemnización de los perjuicios causados al grupo, en los términos preceptuados por la norma especial que regula la materia.

---

131 El último apartado de este inciso fue declarado exequible. Corte Constitucional. Sentencia C-644 de 31 de agosto de 2011.

Cuando un acto administrativo de carácter particular afecte a veinte (20) o más personas individualmente determinadas, podrá solicitarse su nulidad si es necesaria para determinar la responsabilidad, siempre que algún integrante del grupo hubiere agotado el recurso administrativo obligatorio[132]***.***

ARTÍCULO 146. Cumplimiento de normas con fuerza material de ley o de actos administrativos. Toda persona podrá acudir ante la Jurisdicción de lo Contencioso Administrativo, previa constitución de renuencia, para hacer efectivo el cumplimiento de cualesquiera normas aplicables con fuerza material de ley o actos administrativos.

ARTÍCULO 147. Nulidad de las cartas de naturaleza y de las resoluciones de autorización de inscripción. Cualquier persona podrá pedir que se declare la nulidad de cartas de naturaleza y de resoluciones de autorización de inscripción dentro de la oportunidad y por las causales prescritas en los artículos 20 y 21 de la Ley 43 de 1993.

Proferida la sentencia en la que se declare la nulidad del respectivo acto, se notificará legalmente y se remitirá al Ministerio de Relaciones Exteriores dentro de los diez (10) días siguientes a su ejecutoria copia certificada de la misma. Igualmente, si fuere del caso, en la sentencia se ordenará tomar las copias pertinentes y remitirlas a las autoridades competentes para que investiguen las posibles infracciones de carácter penal.

ARTÍCULO 148. Control por vía de excepción. En los procesos que se adelanten ante la Jurisdicción de lo Contencioso Administrativo, el juez podrá, de oficio o a petición de parte, inaplicar con efectos interpartes los actos administrativos cuando vulneren la Constitución Política o la ley.

La decisión consistente en inaplicar un acto administrativo solo producirá efectos en relación con el proceso dentro del cual se adopte."

3. *Las controversias contractuales ante la justicia arbitral*

Las controversias contractuales no constituyen, en cuanto a su conocimiento, un privilegio de la jurisdicción contenciosa administrativa. Precisamente, con el ánimo de garantizar a los asociados, la resolución pronta de los conflictos derivados de las relaciones negóciales del Estado, y con el propósito de obtener, la seguridad jurídica necesaria para mantener la suficiente fluidez en el tráfico jurídico y la confiabilidad indispensable en las instituciones, se ha desarrollado de tiempo atrás en nuestra legislación[133], pero sobre todo acentuado sobre todo con la entrada en vigencia de la constitución política

---

132 Inciso declarado exequible. Corte Constitucional. Sentencia C-407 de 24 de noviembre de 2021.

133 Consejo de Estado. Sala de lo Contencioso Administrativo. Sección Tercera. Sentencia de Febrero 26 de 1998, Exp. 11477. "*La antigua institución de la jurisdicción arbitral, que Laubadere define como aquella por la cual, y por ministerio de la ley, las controversias jurídicas son resueltas, no por los órganos jurisdiccionales del Estado, sino por árbitros que, para el caso controvertido son designados por las partes, fue acogida por la legislación colombiana en diferentes momentos de nuestra evolución procesal, concretamente por el Título XLVII del Libro 2° del Código Judicial de 1.931 (Ley 105 de ese año) y por la Ley 2ª de 1.938, y luego, en forma más detallada por los actuales Códigos de Procedimiento Civil (Decreto 1400 y 2019 de 1.970) y de Comercio (Decreto 410 de 1.971). Por referirse esa normatividad no solo a personas privadas sino también, eventualmente, a actos y conflictos en que uno de los intervinientes podía ser una persona pública, la aplicación de las disposiciones sobre arbitramento a los conflictos de una y otras fue unánimemente aceptada por la doctrina y la jurisprudencia y se cumplió corrientemente en la práctica." Mediante una de estas remisiones expresas (fuera de las analógicas y supletorias) en que el derecho administrativo echa mano de la normatividad civil y comercial, la Ley 4ª de 1.964 sobre contratos administrativos, expresamente reguló la materia de la cláusula compromisoria en dichas convenciones, mediante la siguiente norma: "Artículo 13.- Las entidades a que se refiere la presente ley quedan facultadas para someter a arbitramento, en los términos de la ley 2ª. de 1.938, las diferencias que se presenten con los contratistas. "Despejando toda posible duda sobre el uso de la institución arbitral en los contratos administrativos, el derecho administrativo colombiano por la norma transcrita no solo admite la solución arbitral sino que remite a los términos, vale decir al procedimiento y formas en que debe efectuarse el arbitramento, a la Ley 2ª de 1.938, que no es de la órbita de aquel derecho sino de la órbita del derecho comercial." Esta remisión subsiste hasta hoy, y continúa subsistente mientras no haya un procedimiento arbitral específico para los conflictos surgidos de los contratos administrativos. El reenvío a la legislación comercial y civil sobre el procedimiento arbitral se mantiene tácitamente en el artículo 66 del Decreto 150 de 1.976 y en el 76 del Decreto 222 de 1.983. Este último, además, prescribe que la designación de los árbitros será "en la forma prevista en el Código de Comercio", y en ambos se ordena que "el fallo será siempre en derecho*". En similar sentido: Consejo de Estado. Sala de lo Contencioso Administrativo, Sección Tercera, Subsección A, Sentencia de 20 de noviembre de 2020, Exp. 65494. Consejo de Estado. Sala de lo Contencioso Administrativo,

de 1991, un complejo sistema de justicia alternativa, que en materia de litigios contractuales, se caracteriza por la incorporación de la cultura de la prioridad en la utilización de mecanismos de solución directa de las diferencias y discrepancias surgidas entre las partes, con ocasión de la actividad contractual y, de la utilización de ser del caso, de alternativas diferentes a las tradicionalmente judiciales, como las de la conciliación, amigable composición, transacción y cualquiera otra de los previstas en la ley, siendo entre estas la más importante la del arbitramento, a través de la estipulación de la cláusula compromisoria o la celebración de compromisos para dirimir las diferencias surgidas del contrato estatal[134].

Esta orientación se deduce sin mayores dificultades de la redacción de los artículos 68 y 69 de la ley contractual del Estado, disposiciones incorporadas en los artículos 226 y 227 del decreto 1818 de 1998, al disponer precisamente que las entidades estatales y los contratistas buscarán solucionar en forma ágil, rápida y directa las diferencias y discrepancias surgidas de la actividad contractual, acudiendo a cualquiera de los mecanismos anteriormente señalados, o incorporando en los contratos, estipulaciones que privilegien este tipo de soluciones, frente a los conflictos y discrepancias que surjan de la relación contractual.

Esta decisión del legislador, de retomar los senderos de la solución directa y pacífica de las diferencias contractuales, se acentúa en la redacción del artículo 69 del mencionado estatuto, al indicar, que las autoridades, no podrán establecer prohibiciones a la utilización de los mecanismos de solución directa de las controversias nacidas de los contratos estatales, ni establecer prohibiciones en torno a la posibilidad de acudir al arbitramento, para resolver los conflictos que se presenten en todo lo relacionado con los contratos del Estado. Esto es, se abren todas las posibilidades para que las partes, en ejercicio de la autonomía de la voluntad, acuerden cuando lo consideren, habilitar árbitros para que diriman las diferencia o litigios emanados de la relación contractual.

4. *Otras técnicas de control a la administración*

A. *Las acciones constitucionales como instrumentos de la Jurisdicción Contenciosa Administrativa*

En Colombia, la protección constitucional a los derechos y libertades públicas fluye, al igual que en otros ordenamientos, como respuesta histórica del Estado de derecho al absolutismo político, estatal y jurídico. Significa la consagración a nivel de norma fundamental de instrumentos procesales suficientemente efectivos para garantizar el respeto, mantenimiento y restablecimiento de los derechos y libertades propios del ser humano, cuando hayan sido violentados o desconocidos de manera individual (subjetiva) o colectiva (en interés plural), por agentes de los poderes públicos o particulares.

El Estado no puede ser otra cosa que la personificación del orden jurídico, no un poder extra jurídico, incontrolable o incontrolado. El Estado no puede ser más que generador de derecho, creador de orden jurídico al cual se encuentra sujeto y por él limitado. Entendido de esta manera, su papel principal frente a las personas asociadas se circunscribe en primera instancia al reconocimiento de los derechos y libertades que le son inherentes y a ofrecer la protección que se requiera para su preservación y respeto. Esta idea de institucionalización del poder, consecuentemente del control a su ejercicio, ha sido uno de los grandes objetivos de las democracias liberales que encuentran en el reconocimiento de los derechos fundamentales la finalidad de su existencia. Estos principios, inspirados en las más profundas concepciones del Estado de derecho, pretenden impedir la expansión totalitaria, intentando realizar simultáneamente el orden y la libertad.

Sección Tercera, Subsección C, Sentencia de 28 de febrero de 2020, Exp. 41411. Consejo de Estado. Sala de lo Contencioso Administrativo. Sección Tercera, Subsección B, Sentencia de 29 de junio de 2017, Exp. 35870.

134 Corte Constitucional. Sentencia C-1436 del 25 de octubre de 2000. "*La Constitución de 1991, facultó expresamente a los particulares para administrar justicia en forma transitoria en calidad de árbitros o conciliadores, con la capacidad de dictar fallos en derecho o equidad cuando las partes involucradas en el conflicto así lo dispongan y según las prescripciones señaladas por la ley, como una forma no solo de descongestionar los despachos judiciales sino de lograr que en forma pacífica las partes pongan fin a sus controversias. En términos generales, el Constituyente dejó en cabeza del legislador, la facultad de desarrollar los institutos de la conciliación y el arbitramento, como mecanismos alternos de solución de conflictos, teniendo como único parámetro, el conservar la orientación, los principios y valores que inspiran la Carta fundamental*". En el mismo sentido: Corte Constitucional. Sentencia C-538 de 5 de octubre de 2016.

En este sentido, el control jurisdiccional de la Administración Pública colombiana se caracteriza por su amplitud y complementariedad. Los instrumentos procesales que el sistema constitucional consagra comprenden los más variados aspectos de la actividad administrativa, lo que hace que el marco de las tradicionales acciones establecidas por el legislador para la Jurisdicción Contenciosa Administrativa, sean parte importante del engranaje de garantías y no mecanismos exclusivos. El constituyente ha desarrollado precisos, instrumentos procesales, algunos de ellos en cabeza de las autoridades de esta jurisdicción que amplifican el clásico esquema de control sobre la Administración Pública, procurando que a través de su efectividad se logre la protección y aplicación de los derechos de los asociados.

Lo anterior resulta ser así en cuanto que el constituyente de 1991 reconoció que uno de los principales inconvenientes del sistema jurídico emanado de la Carta política de 1886, consistía esencialmente en la carencia de instrumentos lo suficientemente fuertes para garantizar la debida protección de los derechos fundamentales, lo que lo obligó a consagrar precisas disposiciones tendientes a regular de manera concreta la protección constitucional de los residentes en Colombia.

Se trataba de ubicar en las normas rectoras del ordenamiento positivo mecanismos efectivos para hacer real el cumplimiento de los derechos reconocidos en la Carta, garantizando de esta forma la total integridad de las personas en un verdadero Estado de derecho, rompiendo no solo la arbitrariedad en el ejercicio de los poderes, sino también las formas de "autodefensa" y "auto composición" generadas por el sistema de 1886. En este sentido se articularon acciones para la defensa, protección y aplicación de los derechos fundamentales, que aunadas a las que por mandato legal existen para ciertos asuntos administrativos, constituyen un marco amplio para la defensa de los intereses ciudadanos al igual que una forma de participación directa en el control de la actividad pública.

El ejemplo más claro, a estas transformaciones lo encontramos en las llamadas acciones constitucionales, establecidas en los artículos 86 a 90 de la Carta, que pretenden, que aquellos aspectos de los derechos de los asociados, que eventualmente quedaban a la deriva jurídica, dentro del clásico sistema contencioso, en cuanto a la insuficiencia de los medios procesales ordinarios instituidos en la ley administrativa para su protección, cuenten con una atención adecuada, oportuna, eficiente y eficaz, que hagan realidad la justicia que la persona requiere, o el interés general demanda, en el momento que se le exija, y de manera sustancial.

En este sentido, los más variados objetos se advierten dentro de este novedoso sistema de protección constitucional: protección inmediata de los derechos fundamentales, protección de los derechos colectivos, el patrimonio, el espacio, la seguridad y la salubridad pública, la moral administrativa, el ambiente, la libre competencia económica, el cumplimiento de las normas constitucionales y administrativas, indemnizaciones por los daños ocasionados a un número plural de personas, protección de los derechos individuales, repetición por detrimento patrimonial etc. Obsérvese que en cualquiera de estas hipótesis y dentro de los términos establecidos por el legislador la actividad de la administración es objeto de un especial control jurisdiccional, que consolida el concepto de Estado de Derecho en cuanto proscribe la arbitrariedad y no deja espacios libres a la impunidad personal o institucional en detrimento de los intereses individuales, colectivos y populares, e incluso respecto de los intereses generales. Como se observa el tradicional contencioso, aquel derivado de los desarrollos del derecho francés al que hicimos especial referencia en el tomo primero de este tratado y en el capítulo anterior, resulta ostensiblemente aumentado y reforzado a partir de instrumentos procesales ágiles y adecuados con las nuevas condiciones de nuestra sociedad.

Por lo expuesto y como preludio al examen de las acciones contenciosas clásicas se hace indispensable estudiar las acciones constitucionales básicas de tutela, cumplimiento, populares y de grupo.

a. *La acción de tutela*

La acción de tutela constituye el instrumento básico, de origen constitucional, garantizador de los derechos subjetivos fundamentales de los asociados colombianos, por consiguiente de la convivencia humana, sustento indispensable y estructural en toda sociedad que se pretenda desarrollada en el plano político y jurídicamente organizada. En este sentido, es decir, en el de salvaguardar los destinos individuales reconocidos en la Carta Fundamental, la tutela complementa oportunamente en el devenir de nuestra nacionalidad el amplio espectro de instituciones y mecanismos legales existentes en la búsqueda del equilibrio cotidiano de las relaciones del ciudadano, el Estado y el universo de lo civil.

Con su establecimiento el constituyente introduce el más amplio sendero de gestión directa de los asociados ante los órganos judiciales del Estado, en búsqueda de perentorias soluciones de los conflictos suscitados respecto de sus derechos fundamentales; litigios que otrora resultaban insolutos, por las tortuosas vías tradicionales impregnadas de excesivo ritualismo e instancias costosas y en muchos casos de imposible acceso. Con la vigencia de la Carta Política de 1991 se ha estructurado en la raíz misma de los derechos ciudadanos una acción de carácter judicial, a través de la cual se puede reclamar del Estado la protección de los derechos constitucionales fundamentales, de manera rápida y eficiente.

5. *La responsabilidad administrativa*

Congruente con el ejercicio del poder institucionalizado, el Estado de derecho proclama la inevitable necesidad de hacer a los organismos públicos y a las personas a ellos vinculadas responsables de manera general frente al ordenamiento jurídico, y de manera personal cuando hubiesen desbordado los parámetros definidos para el ejercicio de sus funciones. Esta responsabilidad lleva las condenas patrimoniales a cargo de unos y otros en caso de generarse daños de carácter antijurídico que hicieren necesario restablecer en sus derechos o indemnizar a los asociados.

Constitucionalmente el principio de la responsabilidad se encuentra determinado a partir del artículo 6.° de la Carta fundamental cuando de manera expresa respecto de las autoridades públicas indica que ellas son responsables por infringir la Constitución y las leyes y "*por omisión o extralimitación en el ejercicio de sus funciones*". Este artículo se encuentra en relación directa con el 124 constitucional que le traslada al legislador la obligación de determinar el régimen para la responsabilidad de los servidores públicos y la manera de hacerla efectiva. Este régimen se encuentra desarrollado en diferentes disposiciones de carácter normativo: Código General Disciplinario ley 1952 de 2019, Código Penal, Código Civil, Ley 610 de 2000 (modificada por la Ley 1474 de 2011, el acto legislativo 04 de 2019 y el Decreto legislativo 403 de 2020), Código de Procedimiento Administrativo y de lo Contencioso Administrativo (Ley 1437 de 2011 y ley 2080 de 2021), Estatuto Contractual de la Nación Ley 80 de 1993, entre otros.

En materia disciplinaria las normas atinentes a la responsabilidad de los servidores públicos se encuentran en la ley 1952 de 2019 y en la ley 2094 de 2021. Ahora bien, como complemento de este planteamiento de responsabilidad personal el legislador ha desarrollado otro tipo de responsabilidades, como son las establecidas en el Código Penal cuando en el ejercicio de funciones administrativas se tipifiquen algunas de las conductas valoradas como hechos punibles; igualmente la responsabilidad fiscal de la que habla la Ley 610 de 2000, cuando en el cumplimiento de sus deberes el servidor público por su acción u omisión hubiere causado detrimento patrimonial al Estado. Se complementa esta cadena de responsabilidades con las que civilmente puedan desprenderse para el servidor público con ocasión de los hechos punibles, o de manera conexa con la responsabilidad patrimonial del Estado cuando los daños que judicialmente le sean imputables al mismo hubieren sido el producto de la "*conducta dolosa o gravemente culpable de un agente suyo*".

El Código de Procedimiento Administrativo y de lo Contencioso Administrativo desarrolla en el numeral 7° del artículo 31 que en "*virtud del principio de responsabilidad, las autoridades y sus agentes asumirán las consecuencias por sus decisiones, omisiones o extralimitación de funciones, de acuerdo con la Constitución, las leyes y los reglamentos*". A su vez en el numeral 7° del artículo 5° se dispone "*Exigir el cumplimiento de las responsabilidades de los servidores públicos y de los particulares que cumplan funciones administrativas*", como derecho de las personas ante las entidades públicas.

Ahora bien, desde el otro extremo, la responsabilidad en el Estado de derecho comprende igualmente al Estado y sus organismos. En este sentido el artículo 90 constitucional, en su inciso 1°, establece que "*El Estado responderá patrimonialmente por los daños antijurídicos que le sean imputables, causados por la acción u omisión de las autoridades públicas*". En este sentido se observa que para que exista materialmente el concepto de responsabilidad patrimonial del Estado colombiano se requiere de la presencia articulada de tres claros elementos: la acción u omisión de unas autoridades, un daño o daños de carácter antijurídico, y una inevitable relación de causalidad entre la acción u omisión de las autoridades públicas y los daños antijurídicos que generan obligaciones de carácter patrimonial para el Estado. El elemento conceptual que por mandato constitucional configura la existencia del daño, y como consecuencia el de la indemnización de perjuicios, es a todas luces el denominado *daño antijurídico*. La jurisprudencia colombiana no ha sido unánime en su evaluación; como lo señala en algunas ocasiones ha acudido al concepto de la doctrina extranjera, en especial la española, entendiendo por tal "*aquel que la víctima no tiene el deber jurídico de soportar*".

La responsabilidad patrimonial del Estado en la actualidad ha tenido una profunda influencia de los estándares convencionales, por lo que el alcance del daño antijurídico, la delimitación de los fenómenos procesales y la tasación y reconocimiento de los perjuicios se han orientado con base en estos, desde una visión de víctima.

Debe decirse, también, que en la actualidad existe cierta controversia por la unificación jurisprudencial de la Sección Tercera del Consejo de Estado en la sentencia de 29 de enero de 2020[135] al haber adoptado una postura rígida y posiblemente inconvencional de la aplicación del fenómeno procesal de la caducidad del medio de control de reparación directa, que puede estar en colisión con el derecho de acceso a la administración de justicia consagrado por el artículo 229 de la Carta Política, en concordancia con el artículo 25 de la Convención Americana de Derechos Humanos[136].

Por otra parte, se reconoce en la actualidad la reparación de los perjuicios inmateriales y materiales en diferentes unificaciones jurisprudenciales. En cuanto a los perjuicios inmateriales (en las modalidades morales, daño a la salud y daños a bienes constitucional y/o convencionalmente amparados) la unificación jurisprudencial de la Sección Tercera del Consejo de Estado de 28 de agosto de 2014[137] determinó los baremos para la liquidación en los eventos de muerte, lesiones y privación injusta de la libertad[138], definiendo un tope máximo y topes de excepción a reconocer como compensación económica.

En materia de perjuicios materiales (daño emergente y lucro cesante) la Sección Tercera del Consejo de Estado ha unificado su jurisprudencia en los siguientes aspectos para el reconocimiento y liquidación: (i) el acrecimiento de los perjuicios materiales en la modalidad de lucro cesante mediante la sentencia de 22 de abril de 2015[139]; (ii) la dependencia económica y su demostración cuando se reclama el lucro cesante de los hijos a los padres y de estos a los hijos en la sentencia de 6 de abril de 2018[140]; (iii) las exigencias probatorias para la demostración del daño emergente y del lucro cesante en los eventos de responsabilidad patrimonial del Estado por privación injusta de la libertad en la sentencia de 18 de julio de 2019[141].

6. *El servicio público, los mercados de interés general (liberalización, privatización, regulación) y su régimen de competencia*

Las grandes discusiones políticas, jurídicas y sociales en torno al papel del estado en la economía y el papel de la iniciativa privada conforme a los desarrollos en el viejo continente no se dieron en Colombia de manera simultánea, ni con su misma intensidad a la que se dio en la historia europea. El

[135] Consejo de Estado. Sala de lo Contencioso Administrativo. Sección Tercera, unificación jurisprudencial de 29 de enero de 2020, Exp. 61033 A.

[136] En la jurisprudencia interamericana se destaca la siguiente sentencia: Corte Interamericana de Derechos Humanos. Caso Órdenes de Guerra y otros vs Chile, sentencia de 29 de noviembre de 2018, Fondo, reparaciones y costas. "*83. Asimismo, tal como indicó la Comisión, existen algunos desarrollos en la materia en el derecho comparado en ciertos países. Por ejemplo, el Consejo de Estado de Colombia ha emitido múltiples sentencias en que ha inaplicado el plazo de dos años de caducidad de acciones reparación directa contra el Estado, cuando se trata de daños ocasionados por la comisión de un crimen de lesa humanidad, ponderando entre la seguridad jurídica -que buscan proteger los términos de caducidad- y el imperativo de brindar reparación del daño ocasionado en este tipo de delitos (...) 85. Asimismo, (...), la jurisprudencia de los últimos años de la Corte Suprema de Justicia chilena ha variado sustancialmente, declarando en numerosos casos concretos la imprescriptibilidad de la acción civil indemnizatoria por daños derivados de delitos de lesa humanidad, integrando para ello argumentos de Derecho Internacional de los Derechos Humanos (...) 89. (...) En la medida en que los hechos que dieron origen a las acciones civiles de reparación de daños han sido calificados como crímenes contra la humanidad, tales acciones no deberían ser objeto de prescripción*".

[137] Consejo de Estado. Sala de lo Contencioso Administrativo. Sección Tercera, unificación jurisprudencial de 28 de agosto de 2014, Exps. 32988, 27709, 31170, 28832, 36149, 26251, 31172, 28804.

[138] Recientemente esta unificación fue actualizada por otra. Consejo de Estado. Sala de lo Contencioso Administrativo. Sección Tercera, unificación jurisprudencial de 29 de noviembre de 2021, Exp. 46681.

[139] Consejo de Estado. Sala de lo Contencioso Administrativo. Sección Tercera, unificación jurisprudencial de 22 de abril de 2022, Exp. 19146.

[140] Consejo de Estado. Sala de lo Contencioso Administrativo, Sección Tercera, unificación jurisprudencial de 6 de abril de 2018, Exp. 46005.

[141] Consejo de Estado. Sala de lo Contencioso Administrativo, Sección Tercera, unificación jurisprudencial de 18 de julio de 2019, Exp. 44572.

capitalismo industrial y el libre mercado, no obstante, el carácter pasivo del Estado colombiano en materia de intervención social y económica, no lograron penetrar las incipientes estructuras sociales y económicas colombiana del Siglo XIX, con la misma característica que se dieron en el viejo continente. La realidad agrícola y minera de nuestras estructuras económicas retardaron los efectos del capitalismo libertino en la sociedad colombiana, a pesar del predominio del modelo liberal de desarrollo que culturalmente se arraigaba bajo la concepción de que el desarrollo económico era en esencia responsabilidad de los particulares. Lo anterior, sin embargo, no fue óbice para que se dieran algunas situaciones de intervención del Estado en la economía, no dentro de los marcos ideológicos expuestos anteriormente, sino por el contrario, sobre la base de situaciones coyunturales y particulares más de carácter político-paternalista que económicos.[142]

Lo anterior explica la inclusión en los textos constitucionales de la República de atribuciones relativas a servicios públicos bajo la responsabilidad de los entes públicos, generando en consecuencia una especie de régimen mixto para su prestación, en cuanto era factible que algunos de ellos fueran asumidos por la iniciativa privada, sin embargo, los de gran envergadura como las obras públicas, de fomento o de comunicación terminaban siendo financiados por el Estado, en razón de sus altos costos y la falta de capitales nacionales suficientes para sufragarlos. El Estado creó así mismo incentivos, estímulos y apoyos a la iniciativa privada mediante subsidios, concesión de monopolios, adjudicación de baldíos, etc., buscando que estos se hicieran cargo de algunos servicios u obras de impacto en la comunidad. En esta misma dirección, el servicio de la educación elemental que en parte lo asumió la iniciativa privada religiosa, pero que por aquella época nunca fue suficiente frente a las necesidades reales de la población.[143]

La Constitución Política de 1886 en su versión original no se caracterizó precisamente por su naturaleza interventora y reguladora de la actividad privada, industrial o comercial, ni mucho menos de la economía de mercado. Su contextura ideológica era la del liberalismo clásico del *laissez faire,* aspecto este que comparte con todas las anteriores cartas fundamentales del Estado. Por esta razón, no son muchas las referencias que en ella se hacen a los servicios públicos en el sentido de prestaciones al interés general y comunal[144]. A título de servicios, objeto de fomento y como responsabilidad de las asambleas departamentales, esta Constitución se pronuncia en el artículo 185 sobre la instrucción primaria, la beneficencia, la industria, la apertura de caminos y canales navegables, la construcción de vías férreas, la canalización de ríos, entre otros. Respecto de la educación primaria, la declara obligatoria si es prestada con cargo al presupuesto público, de todas maneras, la totalidad de la educación la supedita a la organización y dirección de la iglesia católica.

Dentro de este contexto histórico e ideológico institucional del Estado colombiano, resulta difícil sostener que respecto del tema de los servicios públicos el legislador, la doctrina o la jurisprudencia nacional hubieren abierto el debate sobre el régimen jurídico aplicable a los mismos. El carácter de Estado pasivo e individualista, en que se sumió la organización política nacional hasta bien entrado el Siglo XX, con dependencia endémica de una concepción liberal de la economía y del manejo de lo público-social hacia imposible un debate de esta naturaleza, quedando planteada en consecuencia una

---

[142] Melo, Jorge Orlando. "La Evolución Económica de Colombia", Publicado en *Nueva Historia de Colombia*, Tomo II, Planeta Colombiana Editorial S.A., Bogotá, 1989, p. 84. Si bien es cierto que la característica económica dominante de la Colombia del Siglo XIX fue la de una comunidad sumida en el modelo liberal, que dejaba las puertas abiertas a la iniciativa privada, fue común que el Estado interviniera y participara en la actividad económica que había existido durante la época del gobierno español. Así mismo, se justificaba este tipo de actuaciones unilaterales, con el propósito de obtener mayores recaudos para el fortalecimiento de los ejércitos a través de políticas aduaneras y de tarifas en el comercio exterior, al igual que para efectos de la beneficencia pública, que daba dividendos políticos e impedía que se pudiera objetar el papel del Estado en razón de su debilidad. *"...Esto explicaba la resistencia de los primeros gobiernos, pese a las explícitas manifestaciones de fe en lo que podríamos llamar un modelo liberal de desarrollo, a reducir las tarifas aduaneras, los impuestos internos y sobre todo a entregar a los intereses privados monopolios tan productivos y atractivos como los del tabaco y el aguardiente... "*.

[143] Melo, Jorge Orlando. *La Evolución Económica de Colombia*, ob., *cit.,* p. 86. La realidad económica de los particulares que se caracterizaba por la carencia de capitales significativos fue unas de las grandes frustraciones a la iniciativa privada en muchos sectores de la vida económica nacional y local.

[144] Debe advertirse que la Constitución de 1886 cuando se refirió a los servicios públicos lo hizo en un sentido diferente al que actualmente le damos al mismo. El constituyente de 1886 se acercó a un concepto de servicio público influido por la obra de J.J.Rousseau, en donde se relacionaba con todos los asuntos del común en contraposición a los asuntos de interés privado.

especie de regla general, según la cual si los particulares asumían la prestación de un servicio público, lo hacían bajo las reglas, principios y normas propias del derecho al cual naturalmente se sujetaban como lo era el privado.

Lo anterior, sin embargo, no constituyó limitación alguna para que la realidad fáctica de la ausencia de servicios públicos generara la reacción de las autoridades administrativas, en especial las locales[145], obligándolas a la adopción de respuestas a esta problemática a partir del esfuerzo propio y con cargo a sus limitados presupuestos públicos, dando lugar así al surgimiento de las primeras manifestaciones de una vinculación entre función administrativa y servicio público, que el sistema se negaba a aceptar como una realidad económica y política. Por otra parte, en el ámbito nacional, se produjeron algunos pronunciamientos legislativos hacia finales de la década de los años veinte, que buscaba intervenir en aspectos fundamentales de los servicios públicos; disposiciones de carácter imperativo de estricto derecho administrativo, diseñadas en época de conflicto aunque sin una base constitucional de intervención definida y cierta, en cuanto el sistema no ofrecía alternativas o instrumentos de acción efectiva, los cuales se vinieron a dar con la primera gran reforma a la Constitución en el año de 1936.[146]

La ausencia de una definición jurídica sobre los servicios públicos básicos para la población y de políticas administrativas frente a su prestación, producto del desinterés ideológico del pensamiento liberal del *laissez faire,* colocaron en situación precaria y prácticamente de inexistencia su prestación a la creciente población urbana del país[147]. Los particulares que asumieron algunas de estas responsabilidades sociales, principalmente bajo la modalidad de concesión, lo hicieron de manera rudimentaria y dirigidos a sectores de la población que podían generarles lucro con su prestación, lo cual propició el fenómeno de la "prestación clasista o de elite", en servicios que por su naturaleza debían llegar sin distinción a todos los sectores de la población, como en la mejor época del Imperio Romano.

La vigencia de este orden constitucional hacía que la prestación de los servicios públicos quedara prácticamente bajo el control y dirección de los particulares, muchas veces asociados al capital extranjero. En cuanto al vínculo jurídico de la concesión, con el que generalmente se vinculaba el operador al servicio, no les otorgaba a las autoridades la exorbitancia y los demás instrumentos de derecho administrativo indispensables para imponer y hacer respetar el interés general sobre los intereses de los contratistas. El sistema definitivamente se caracterizaba por la ausencia de intervención, regulación, control o inspección de carácter significativo por parte de las autoridades administrativas nacionales o locales. El régimen de tarifa, ampliación de redes y coberturas quedaban en muchos casos a la iniciativa de los prestadores particulares, sin ninguna injerencia estatal y sí dependiendo de sus intereses y deseos de lucros significativos con su actividad privada[148].

Las grandes transformaciones ideológicas durante la vigencia de la Constitución de 1886 se produjeron partir de la Reforma Constitucional de 1936, que le abrió las puertas al Estado intervencionista y activo frente a la problemática social y económica, lo cual generó efectos inmediatos en la política y manejo de los servicios públicos, sobre todo si se tiene en cuenta que esta reforma tuvo como gran ideólogo al maestro Darío Echandía[149], por entonces Ministro de Gobierno del Presidente

---

145 Unidad de Investigaciones Jurídico-Sociales "Gerardo Molina", Universidad Nacional de Colombia, Servicios Públicos Domiciliarios Publicado por el Ministerio de Justicia y el Derecho, Bogotá D.C., 1997, pp. 27. Se destaca en esta investigación como ante la insatisfacción general de tarifas, cobertura, eficiencia en la prestación, algunas entidades locales asumieron con la colaboración de los departamentos, la prestación de ciertos servicios básicos para la población, en algunos casos directamente y, en otros, a través de figuras mixtas.

146 Ley 113 de 1928 sobre utilidad pública en materias de aguas y regulación de tarifas.

147 Melo, Jorge Orlando. *La Evolución Económica de Colombia*, ob., *cit.,* p. 70. La ausencia de unos servicios públicos debidamente organizados y eficientes llevó a la proliferación de epidemias y enfermedades durante el Siglo XIX. La característica de nuestras ciudades era por aquella época la de centros urbanos acumulados de desechos, basuras y sin tratamiento alguno de aguas y alcantarillados. Solo a finales del Siglo comenzaron los centros urbanos más importantes a introducir servicios públicos con ostensible abandono de los sectores rurales. Sostiene este investigador retomando a Hettner " Viaje por los Andes", p. 66, que en ciudades como Bogotá, Capital de la República, por 1880 *"... las cloacas eran todavía canales abiertos que corrían por la mitad de la calle. El agua se obtenía en fuentes públicas... "* ¿ Qué pensar entonces de otros menos importantes?

148 Unidad de Investigaciones Jurídico Sociales " Gerardo Molina", *Op. cit.,*, p. 25 a 27.

149 Véase la exposición de motivos al proyecto de reforma constitucional puesto a consideración del Congreso Nacional por el Ministro de Gobierno Darío Echandía, en septiembre de 1934. Anales de la Cámara de Representantes, No. 55, sep. 25 de 1934.

Alfonso López Pumarejo y seguidor directo del pensamiento del decano de Burdeos León Duguit. Precisamente la exposición de motivos presentada por el gobierno para sustentar el abandono del Estado individualista[150], vigilante e indiferente, por la de un Estado actuante y decisorio en materias económicas y sociales se funda sustancialmente en los trabajos de Duguit y su particular concepto del interés general como dominante de toda actuación pública y administrativa, en especial como determinante de los servicios públicos en la base de toda decisión estatal.[151]

El proyecto de reforma se consolida con la expedición del Acto Legislativo No. 1 del 6 de agosto de 1936, que dio un giro sustancial al carácter individualista del Estado, consolidando el interés general como determinante de la actuación y decisiones públicas: Art.10 -. Se autoriza la intervención del Estado en la explotación industrial o en las empresas públicas o privadas con el fin de racionalizar la producción, distribución y consumo de las riquezas, con el propósito de dar a los trabajadores una justa protección – Art. 11-. Se garantizó la libertad de educación trasladándole al Estado, funciones administrativas de inspección y vigilancia con el fin de que cumpliera con sus propósitos – Art. 14-. Se estableció como obligación del Estado el de asistencia a los menos favorecidos- Art. 16-. Como puede observarse, las bases para un régimen coherente en servicios públicos para la población bajo la óptica de constituir los mismos fenómenos propios del poder administrativo de Estado, quedaron determinados con la reforma a la decadente Constitución de 1886, obviamente sin que esto impidiese que la ley determinara los criterios, oportunidades e incluso régimen con que los particulares podían colaborar en el desarrollo de esta función que por regla general se radicaba en el poder público.

Con fundamento en la nueva concepción intervencionista del Estado colombiano, se expidieron inicialmente y ante la crisis de los servicios públicos las Leyes 65[152] y 109 de 1936[153], que en su conjunto constituyeron el inicio en Colombia de la concepción administrativa de los servicios públicos, en cuanto determinó las responsabilidades nacionales y locales en la materia y en consecuencia la conformación de todo un acervo de disposiciones legales fundamentadoras del ejercicio de los servicios públicos, al igual que un conjunto de disposiciones reglamentarias complementarias de estas funciones. A estas primeras decisiones sistematizadoras del derecho administrativo de los servicios públicos siguieron otras que fortalecieron esta línea de acción institucional y que se concretaron en el diseño de todo un sector descentralizado nacional[154] y local por servicios[155], que asumieron el manejo de los servicios públicos en todo el territorio nacional y en los principales conglomerados urbanos.

Esta tendencia a fortalecer el papel del Estado en la prestación de los servicios se intensificó con los Actos Legislativos 1 del 16 de febrero de 1945 y 1 del 11 de diciembre de 1968, en especial en esta última reforma constitucional en la que se le puso orden a la reglamentación de todo el sector descentralizado por servicios, esto es, al principal instrumento orgánico del Estado para hacer frente a las necesidades públicas en la materia. Precisamente con estas nuevas bases constitucionales, se rediseñaron los sectores descentralizados nacionales, departamentales y municipales. Se expidió la reforma administrativa de 1968 -Decretos 1050 y 3130-, que definió el marco conceptual y el papel en la prestación de servicios de los establecimientos públicos, empresas industriales y sociedades de economía mixta, reforma que permaneció hasta la entrada en vigencia de la Ley 489 de 1998, no

150 Vidal Perdomo, Jaime. *La Reforma Constitucional de 1936, un Programa Liberal*, Prólogo, en Tirado Mejía, Álvaro; Velásquez, Magda, *La Reforma Constitucional de 1936*. Editorial Oveja Negra, Bogotá D.E., 1982, pp. 8 a 11. *"... Echandía, conocedor de las tesis de León Duguit y de las nuevas instituciones, lo advierte explicando que el proyecto sustituye la concepción excesivamente individualista de los derechos privados que distingue a la Constitución de 1886 por otra que considera que el derecho individual debe ejercitarse como una función social y debe tener como límite la conveniencia pública...".*

151 Álvaro Tirado Mejía y Magdala Velásquez. *La Reforma Constitucional de 1936*, Editorial Oveja Negra, Bogotá D.E., 1982, p. 313 a 314. Puede consultarse las interesantes discusiones que se dieron en el Congreso de la República durante el trámite de la reforma en torno al pensamiento de León Duguit, debate de la Sesión Plenaria del 9 de enero de 1936.

152 Le asignó atribuciones al Estado y a los municipios en asuntos relativos al agua potable. Creó un fondo de participación departamental y municipal, con el fin de garantizar la financiación pública de infraestructura relativa al agua potable: consagró al Ministerio de Obras Públicas como el órgano de inspección y vigilancia del sector.

153 Sobre suministro de energía eléctrica.

154 Surgen entidades nacionales de carácter descentralizado como INSFOPAL, INAGUAS, ICT, entre otros.

155 Se crean en la gran mayoría de los municipios del país, las famosas empresas de servicios públicos o empresas de servicios varios, en donde se concentraban la totalidad de funciones y sectores relativos a los servicios públicos fundamentales y principalmente a los que hoy denominamos domiciliarios.

obstante, la vigencia de la Constitución Política de 1991. El gran aporte de las transformaciones constitucionales y administrativas de 1968 radican precisamente en que lograron consolidar el aparato administrativo de los servicios públicos en el territorio nacional, en otras palabras, el concepto de servicios públicos como una función administrativa[156].

La Constitución Política de 1991, inmersa en la configuración del Estado como social y democrático de derecho, determina las bases para la construcción del régimen general de los servicios públicos, a partir de su aceptación expresa como un fenómeno ligada de manera concreta a las finalidades sociales del Estado, esto es, le otorga a la disciplina y en consecuencia a su modalidades de ejecución y prestación consistencia constitucional de vinculación comunitaria, es decir, aceptando para el servicio público, su naturaleza de fenómeno ligado a los intereses y derechos de la colectividad, reconociendo para estos propósitos no solo titularidades, funciones y atribuciones en cabeza del Estado, para su ejecución directa, o indirecta a través de mecanismos concesionales, conforme lo disponga discrecionalmente la administración.

El modelo incorporado en la Constitución Política, le abre las puertas a sí mismo a la comunidad organizada para estos mismos propósitos; y lo que resulta aún más importante y trascendente, reconoce a los particulares como sujetos prestatarios de los mismos, sea por vía del acceso de estos a la prestación de servicios liberalizados o privatizados –caso en el cual se sujetan a las prescripciones constitucionales sobre la libertad de empresa– o como colaboradores de la administración mediante la concesión administrativa cuando sean convocados para estos efectos a través de los mecanismos públicos y participativos correspondientes[157], hipótesis está en las cuales obviamente estarán sometidos por mandato constitucional a los mandatos imperativos del respeto a la libertad de empresa e iniciativa privada, pero con sujeción indiscutible a los marcos del contrato correspondiente y sobre a las disposiciones rectoras del servicio público que se les encomiende.

En los términos del artículo 365 constitucional, los servicios públicos son inherentes a la finalidad social del Estado[158]; es deber del Estado asegurar su prestación eficiente a todos los habitantes del territorio nacional[159]. Los servicios públicos estarán sometidos al régimen jurídico que fije la ley, podrán

---

156 Vidal Perdomo, Jaime. *Historia de la Reforma Constitucional de 1968 y sus Alcances Jurídicos*, Universidad Externado de Colombia, Bogotá, 1970, pp. 218 y 219.

157 Corte Constitucional. Sentencia C-353 de 2006. "*El contenido social de los fines del Estado se desarrolla de manera particular en los servicios públicos domiciliarios, en la medida en que se orientan a satisfacer las necesidades básicas esenciales de las personas. Por lo tanto, la idea de tales servicios no puede concebirse en otra forma, teniendo en cuenta el inescindible vínculo existente entre la prestación de los mismos y la efectividad de ciertas garantías y derechos constitucionales fundamentales de las personas, que constituyen razón de la existencia de la parte orgánica de la Carta y de la estructura y ejercicio del poder público. Indudablemente, una ineficiente prestación de los servicios públicos puede acarrear perjuicio para derechos de alta significación como la vida, la integridad personal, la salud, etc.*".

158 Corte Constitucional. Sentencia C-741 de 2003. "*El ejercicio de esta potestad está orientado por varios deberes relevantes a la hora de regular los servicios públicos domiciliarios: (i) el deber de asegurar su prestación eficiente a todos los habitantes del territorio nacional; (ii) el deber de dar solución a las necesidades básicas insatisfechas de saneamiento ambiental y de agua potable; (iii) el deber de garantizar la universalidad de la cobertura y la calidad en la prestación de los servicios públicos domiciliarios; y (iv) el deber de garantizar los derechos y deberes de los usuarios. [...] Estos criterios constitucionales evidencian que el alcance de la potestad de configuración del Legislador en materia de servicios públicos si bien es suficiente, –pues se extiende a todos los aspectos de su prestación, vigilancia y control–, no es ilimitado, porque el ejercicio de dicha potestad debe estar encaminado a la consecución de los fines superiores que establece la Carta y orientado por los principios constitucionales de eficiencia, universalidad y solidaridad, entre otros. Por ello, las limitaciones que establezca el Legislador a derechos como la libertad de asociación, el derecho a la participación, la libertad de empresa y la libre competencia, deben ser examinadas a la luz de tales fines y principios.*"

159 Corte Constitucional. Sentencia C-305 de 30 de marzo de 2004. "*De conformidad con lo establecido por la jurisprudencia constitucional, la adecuada prestación de los servicios públicos esenciales compromete la satisfacción de ciertos derechos fundamentales, del bienestar general y del mantenimiento de la calidad de vida de la población, y en tal virtud constituye un fin esencial del Estado. Por ello, a él corresponde garantizar su prestación regular, continua y eficiente, ya sea directamente o a través de los particulares, reservándose en todo caso la competencia para regular, controlar, inspeccionar y vigilar su adecuada prestación*". En similar sentido: Corte Constitucional. Sentencia T-055 de 4 de febrero de 2011.

ser prestados por el Estado, directa o indirectamente, por comunidades organizadas o por particulares[160]. La prestación de los servicios públicos a tenor del artículo 366 superior debe procurar el bienestar general y la mejora en la calidad de vida de los ciudadanos[161]. En todo caso el Estado mantendrá la regulación, el control y la vigilancia de dichos servicios[162]. El artículo 367 superior agrega, de manera específica, que la ley fijará las competencias y responsabilidades relativas a la prestación de los servicios públicos domiciliarios, su cobertura, calidad y financiación, y el régimen tarifarlo que tendrá en cuenta, además de los criterios de costos, los de solidaridad y redistribución de ingresos.

Sobre estas bases normativas de carácter constitucional y principalmente con su referencia a los postulados económicas de la misma, artículo 333, 334 y 336, se adoptó en nuestro país un régimen evidentemente mixto, que parcialmente abandona la caracterización de servicio público como sinónimo de titularidad y función exclusiva del Estado y se adentra nuestro sistema por las vías de la aceptación para el Estado de una posición, no de habilitación absoluta, sino relativa, la de un habilitado más para la prestación de servicios públicos, al lado de la comunidad organizada y de los particulares; con el ingrediente, de que en algunas hipótesis su posición, es la de un mero y excepcional garante, como ocurre en las hipótesis del servicios público universal, en donde la regla general prestacional la tiene la iniciativa privada, Inclusive rigiéndose su actividad prestacional, en algunas ocasiones prefijadas por el legislador, por el derecho civil o comercial[163].

---

160 Corte Constitucional. Sentencia C-353 de 2006. "*Según la Constitución, la prestación de los servicios públicos puede hacerla el Estado, directa o indirectamente, por comunidades organizadas, o por particulares, esta previsión está en consonancia con lo previsto en el artículo 333 Superior, que garantiza el libre ejercicio de la actividad económica y la iniciativa privada dentro de los límites del bien común, asegurando la libre competencia económica como un derecho, correspondiendo al Estado impedir la obstrucción o restricción de la libertad económica. Actividad que además está sujeta a unos determinados límites como son: el ejercicio libre dentro del bien común, la libre competencia implica también responsabilidades, la empresa tiene una función social que conlleva obligaciones, el Estado evitará o controlará cualquier abuso que las empresas o personas realicen por su posición dominante en el mercado y la ley delimitará el alcance de la libertad económica cuando lo exija el interés social, el ambiente y el patrimonio cultural de la Nación.*"

161 Corte Constitucional. Sentencia C-186 de 1 de junio de 2022. "*Este mandato se lee de la mano con el artículo 366 constitucional, el cual prevé que son finalidades sociales del Estado el bienestar general y el mejoramiento de la calidad de vida de la población. En desarrollo de este principio, esta Corte determinó que la prestación de los servicios públicos está esencialmente ligada al thelos estatal, como fórmula constitucional destinada a fomentar el desarrollo humano de todos los habitantes del país. La Corte Constitucional también ha destacado que uno de los fundamentos de la obligación Estatal de velar por la prestación de los servicios públicos se deriva de su deber de proteger la dignidad humana. Así, la realización de los derechos fundamentales está supeditada de manera intrínseca a la adecuada prestación de los servicios públicos de agua, salud, saneamiento básico, energía, combustible, transporte, gas, telecomunicaciones, entre otro. Tener acceso continúo y de calidad a estos servicios le permite al ser humano llevar una vida digna*".

162 Corte Constitucional. Sentencias C-1162 de 2000 y C-741 de 2003. "*En materia de libertad de empresa en la prestación de servicios públicos domiciliarios, esta Corte ha resaltado que 'en el Estado social de derecho la libertad económica no es de carácter absoluto, pues debe recordarse que, además de la empresa, la propiedad también es una función social (art. 58 CP) y que la libertad económica y la iniciativa privada tienen su garantía y protección supeditadas al predominio del interés colectivo (art. 333 CP)', y en consecuencia su ejercicio está sometido no solo a las pautas generales que fije el legislador, a las políticas generales de administración y control de eficiencia de los servicios públicos domiciliarios que dicte el Presidente, sino también a las directrices que les señalen las comisiones de regulación. [...] Lo anterior evidencia que el ejercicio de los derechos de asociación, de participación, de libertad de empresa y de libre competencia en materia de servicios públicos puede ser objeto de limitaciones orientadas a garantizar, entre otros fines, la eficacia de su prestación, la calidad del servicio y la ampliación de la cobertura a los sectores más necesitados en aras del principio de solidaridad. Con el fin de examinar la limitación a las organizaciones solidarias para poder prestar servicios públicos domiciliarios, pasa la Corte a recordar el régimen legal de la participación de las organizaciones solidarias y de las empresas de servicios públicos en la prestación de los mismos.*"

163 Corte Constitucional. Sentencia C-150 de 2003. "*Esta Corporación ha sostenido que 'en cabeza del Estado radica la obligación de garantizar que la prestación de los servicios públicos sea eficiente, pero tal imperativo constitucional no puede llevarse hasta el extremo de afirmar que tenga que prestarlos directamente. La Constitución no establece tal compromiso, pues prevé la posibilidad de que los mismos sean prestados no solo por el Estado sino también por comunidades organizadas o por particulares (art. 365 de la C. P). De manera tal que todos tienen igual vocación'. Precisamente, atendiendo dicho presupuesto, la Ley 142 de 1994 contempló en su artículo 10 el derecho de las personas a organizar y operar empresas que tengan por objeto la prestación de los servicios públicos domiciliarios, las cuales deben cumplir con los requisitos allí señalados. Tal previsión es un reflejo del principio de*

En este sentido se observa, teniendo en cuenta además los trabajos de la Corte Constitucional, que la regla general, en torno a la actividad prestacional, está compartida entre el Estado, la comunidad organizada y la iniciativa privada, en este último caso, no mediante fórmulas estrictamente concesionales, sino básicamente aprovechando los espacios generados a través de las liberalización y privatización de actividades en otrora públicas, sin más títulos, en algunos casos, que los de la libertad que sustenta a la empresa y la iniciativa privada en nuestro ordenamiento constitucional[164].

En definitiva, lo que se observa es el avance de las doctrinas neoliberales sobre la administración pública, con afectación directa y consecuencial en las normas y principios del derecho administrativo, con una clara y evidente ruptura del mito histórico de la escuela de los servicios públicos en el derecho colombiano[165-166].

La evolución por lo tanto del derecho aplicable a algunas de estas actividades se modifica en lo sustancial. El derecho administrativo sufre en consecuencia un cambio cualitativo en su papel rector de la actividad pública, dejando las puertas abiertas a que el derecho privado ocupe espacios novedosos en actividades que de todas maneras se relacionan de manera directa con los intereses generales, y sobre todo, se desliga de manera definitiva la convivencia entre función pública y servicio público que durante décadas domino el panorama de nuestro derecho administrativo a partir de 1936.

No obstante esta caracterización y en discrepancia con algunos sectores de la doctrina nacional, el esquema diseñado en la constitución de 1991, en nuestra opinión, deja abiertas las puertas para no pensar en un esquema de los servicios públicos estrictamente económico y sujeto al derecho privado, sino más bien mixto, en donde la administración y el derecho administrativo, aún mantienen papeles importantes en la regulación[167] e incluso en la gestión misma de ciertos servicios[168], sea por la vía de la prestación directa o indirecta –concesiones administrativas– de los servicios y actividades de las cuales aún es titular el Estado, o como garante de los servicios públicos en desarrollo del mecanismo del servicio universal, que como lo hemos venido sosteniendo en este trabajo, es en nuestro ordenamiento, una verdadera puerta de entrada a la prestación del servicio público por el Estado, permitiéndole incluso para estos efectos acudir al mecanismo concesional.

---

participación y de la libre actividad económica e iniciativa privada, garantizadas en el artículo 333 de la Carta, dentro de los límites del bien común."

164 Corte Constitucional. Sentencia C-616 de 2001. "*La intervención estatal en la economía tiene distinta modulación según el sector económico sobre el cual recaiga, pues mientras en determinadas actividades o servicios públicos considerados estratégicos puede ser muy intensa al punto de eliminar la iniciativa privada (art. 365 Constitución Política), en otros sectores tiene un menor grado en forma tal que se faculta a los particulares para desarrollar determinadas actividades económicas con un permiso, autorización o licencia por parte del Estado, e incluso, en algunos casos no se requiere ningún permiso o autorización previa para el ejercicio de una determinada actividad, industria u oficio, pues allí opera como regla general la libre iniciativa sin permisos previos (art. 333 Constitución Política)*".

165 Palacios Mejía, Hugo. *El derecho de los servicios públicos*, Bogotá, Derecho Vigente, 1999, p. 22.

166 Vidal Perdomo, Jaime. "Mito y realidad del servicio público", ponencia en el Congreso Internacional "El derecho administrativo ante el nuevo siglo", Madrid, 2000.

167 Corte Constitucional. Sentencia C-955 de 2007. "*El régimen constitucional de los servicios públicos prevé una actividad específica de regulación que puede ser llevada a cabo por órganos diseñados ad hoc por el legislador para ello, a través de los cuales se cumplen funciones de intervención económica por mandato de la ley, y que buscan lograr el objetivo constitucional de que la adecuada prestación de los servicios públicos y las finalidades sociales inherentes a la misma no queden libradas únicamente a las fuerzas económicas del mercado. [...] En ciertas ocasiones la función de regulación socio económica adquiere especial trascendencia, por cuanto mediante ella se normativiza una actividad o un servicio cuyo cumplimiento o prestación involucra la efectividad de derechos fundamentales, como sucede en el ámbito de la prestación de los servicios públicos. [...] Las funciones de regulación son específicas de intervención socio económica, por lo cual se revisten de un carácter técnico, sectorial y permanente, y están llamadas a ser ejercidas de conformidad tanto con la Constitución como con la ley y las disposiciones gubernamentales, y en todo caso sujetas a las formalidades previstas en el Código Contencioso Administrativo y los controles pertinentes de carácter administrativo y judicial*".

168 Palacios Mejía, Hugo. *El derecho de los servicios públicos*, *cit.*, pp. 4 a 6. Para el autor, a partir de la constitución Política de 1991 se abandonó en Colombia definitivamente la concepción clásica de los servicios públicos, estructurándose una base economicista para su conformación jurídica y por lo tanto las referencias legislativas a las actividades prestacionales y asistenciales a la comunidad deben hacerse a partir de los principios y conceptos derivados de esta nueva visión del fenómeno, que por lo demás implican reflexionar sobre los servicios públicos desde la perspectiva de sus costos de transacción.

Bajo los postulados de la Constitución de 1991, el concepto de servicio público tiene una naturaleza diversa a la de la simple función administrativa. Se trata, por lo tanto, de categorías conformadas por sustancia diferente, lo que significa e implica dentro del Estado de Derecho, simplemente que quien ejerce atribuciones propias de la función pública administrativa, no necesariamente este desarrollando actividades prestacionales y a la inversa, si el particular cumple actividades materialmente de servicio público, no necesariamente ejerce funciones públicas administrativas, rompiéndose con este postulado la concepción clásica de servicio público, en la dirección expuesta por León Duguit y adoptada por nuestro ordenamiento en 1936[169].

La función pública materialmente está referida al desarrollo de la actividad de poder, al cumplimiento de las competencias o atribuciones propias de los diferentes órganos y dependencias de la administración pública. El servicio público en cambio es sustancialmente actividad prestacional, y asistencial a la comunidad, que no conlleva por regla general el ejercicio de poder, salvo que la autoridad que lo desarrolle deba acudir al poder para apoyar al servicio y su debida prestación, o que el legislador hubiere considerado prudente y oportuno asignar algunas funciones administrativas al particular para la materialización efectiva del servicio.

Es claro, de frente al texto constitucional, que no todo servicio público entraña o lleva implícito el ejercicio de funciones públicas administrativas[170]; para que esto sea así, se requiere expresa manifestación del legislador, de que quien desarrolla el servicio debe además cumplir precisas funciones de la administración. El Consejo de Estado así lo ha reconocido. En auto de noviembre de 1999 admitió la corporación que las universidades privadas no cumplen funciones públicas en cuanto que el concepto de servicio público es radicalmente diferente al de función pública administrativa, que sería él que habilitaría a la jurisdicción administrativa para conocer de determinados asuntos conforme al artículo 104 del código de procedimiento administrativo y de lo contencioso administrativo[171]. Para esto es necesario tener en cuenta la unificación jurisprudencial de la Sección Tercera del Consejo de Estado de 3 de septiembre de 2020[172] que fija los criterios aplicables para la definición de la jurisdicción cuando se trata de empresas prestadoras de servicios públicos domiciliarios.

Bajo las anteriores consideraciones, los actos producidos en desarrollo de servicios públicos como pueden ser los académicos o cualesquiera otros, no son ni material, ni mucho menos formalmente actos

---

169 *Ibid.*, p. 22.

170 Consejo de Estado. Sala de lo Contencioso Administrativo. Sección Tercera. Sentencia del 5 de agosto de 1999. Exp. acu 798. "[...] *función pública es toda actividad ejercida por los órganos del Estado para la realización de sus fines y, excepcionalmente, por expresa delegación legal o por concesión, por parte de los particulares; pero, es de señalar que la función pública significa una actividad de Estado que no puede jamás concebirse como análoga a la de un particular, aun cuando se trate de una empresa; por manera que no resulta acertado deducir que toda prestación de un servicio público comporta el ejercicio de función pública, aunque, en ocasiones, bien puede existir coincidencias entre el ejercicio de esta y la prestación de aquel [...] puede decirse que la función pública participa en todo caso del poder del Estado, y que es de carácter siempre jurídico, mientras que el servicio público es de carácter material y técnico y en muchas de sus manifestaciones no puede utilizar el poder público* [...]". Consejo de Estado. Sala de lo Contencioso Administrativo. Sección Tercera, Subsección B, sentencia de 18 de noviembre de 2021, Exp. 49870. Consejo de Estado. Sala de lo Contencioso Administrativo, Sección Tercera, Subsección A, sentencia de 22 de octubre de 2021, Exp. 56313.

171 Consejo de Estado. Sala de lo Contencioso Administrativo. Sección Tercera, Auto del 18 de noviembre de 1999. Exp. acu 1016. "[...] *El servicio público es una actividad que desarrolla la administración, en forma directa o delegada, con el objeto de satisfacer las necesidades de los administrados, esto es: el interés general. Por lo tanto, son diferentes los conceptos de función pública y servicio público. Así lo ha señalado reconocida parte de la doctrina. En efecto, Roberto Dromi sobre el punto dice: 'Funciones públicas. Atañen a la defensa exterior, para resguardo de supremas necesidades de orden y de paz y a la actuación en derecho, para la tutela de los propios valores jurídicos como orden, seguridad y justicia [...] servicio público: se refieren a prestaciones o servicios de interés comunitario, que no son de forzosa ejecución estatal directa'. De conformidad con lo expuesto, resta concluir que la prestación del servicio público de educación por los particulares no comporta el ejercicio de funciones públicas, en cuanto no corresponde al desarrollo de competencias atribuidas a los órganos o servidores del Estado. Por consiguiente, las universidades particulares prestadoras del servicio público de educación no ejercen funciones públicas, y por lo mismo, no pueden ser demandadas en ejercicio de la acción de cumplimiento [...]*". [sic]

172 Consejo de Estado. Sala de lo Contencioso Administrativo. Sección Tercera, unificación jurisprudencial del 3 de septiembre de 2020, Exp.42003.

administrativos[173] y por lo tanto no pueden ser objeto de control Jurisdiccional Contencioso Administrativo, en cuanto realmente no son el producto de función pública administrativa[174]. El Servicio público, no implica irremediablemente el ejercicio de función pública[175], situación está que fue resuelta definitivamente para el derecho nacional por la Corte Constitucional.

VI. LA FUNCIÓN PÚBLICA

1. *Las bases constitucionales de la función pública*

La función pública en cuanto componente importante del derecho administrativo se caracteriza en el derecho nacional por su estrecha vinculación con el orden constitucional. En la practica la dinámica de las normas y principios constitucionales han consolidado el verdadero derecho administrativo en esta materia. Bajo este contexto las normas rectoras de la función pública nacional emanan de los siguientes postulados:

- Ninguna autoridad del Estado podrá ejercer funciones distintas de las que le atribuyen la Constitución y la ley.

- No habrá empleo público que no tenga funciones detalladas en ley o reglamento y para proveer los de carácter remunerado se requiere que estén contemplados en la respectiva planta y previstos sus emolumentos en el presupuesto correspondiente.

- Ningún servidor público entrará a ejercer su cargo sin prestar juramento de cumplir y defender la Constitución y desempeñar los deberes que le incumben.

- Antes de tomar posesión del cargo, al retirarse del mismo o cuando autoridad competente se lo solicite deberá declarar, bajo juramento, el monto de sus bienes y rentas.

- Sin perjuicio de las demás sanciones que establezca la ley, el servidor público que sea condenado por delitos contra el patrimonio del Estado, quedará inhabilitado para el desempeño de funciones públicas.

- La ley determinará el régimen aplicable a los particulares que temporalmente desempeñen funciones públicas y regulará su ejercicio.

- Los servidores públicos están al servicio del Estado y de la comunidad; ejercerán sus funciones en la forma prevista por la Constitución, la ley y el reglamento.

- La ley determinará la responsabilidad de los servidores públicos y la manera de hacerla efectiva.

- Los servidores públicos no podrán nombrar como empleados a personas con las cuales tengan parentesco hasta el cuarto grado de consanguinidad, segundo de afinidad, primero civil, o con quien estén ligados por matrimonio o unión permanente. Tampoco podrán designar a personas vinculadas por los mismos lazos con servidores públicos competentes para intervenir en su designación. Se exceptúa los nombramientos que se hagan en aplicación de las normas vigentes sobre ingreso o ascenso por méritos.

- Los servidores públicos no podrán celebrar, por sí o por interpuesta persona, o en representación de otro, contrato alguno, con entidades públicas o con personas privadas que manejen o administren recursos públicos, salvo las excepciones legales.

- A los empleados del Estado y de sus entidades descentralizadas que ejerzan jurisdicción, autoridad civil o política, cargos de dirección administrativa, o se desempeñen en los órganos judicial, electoral,

---

173 Corte Constitucional. Sentencia T-218 de 1995. "[...] *La Corte no atribuye a las decisiones del colegio el carácter de actos administrativos. El ejercicio del servicio público educativo, por sí mismo, no equivale al desempeño de función pública ni al despliegue de una potestad administrativa. Los actos y omisiones del establecimiento así tengan relevancia jurídica, en principio no tienen la naturaleza de actos administrativos [...]*".

174 Corte Constitucional. Sentencia T-052 de 1996. "[...] *los actos académicos son objeto de tutela en razón a que no están sujetos al control jurisdiccional por parte de la justicia contencioso-administrativa [...]. Por consiguiente, dice la Corte Constitucional: si no son susceptibles de control contencioso-administrativo, el único medio de defensa que tiene la persona frente a actos académicos será el de control constitucional ante los casos de violación de derechos fundamentales [...]*".

175 Tribunal Administrativo de Cundinamarca. Sección Primera. Subsección A. Sentencia del 9 de febrero de 2006. Exp 2001-0509.

de control, les está prohibido tomar parte en las actividades de los partidos y movimientos y en las controversias políticas, sin perjuicio de ejercer libremente el derecho al sufragio. Los empleados no contemplados en esta prohibición podrán participar en dichas actividades y controversias en las condiciones que señale la ley. La utilización del empleo para presionar a los ciudadanos a respaldar una causa o campaña política constituye causal de mala conducta.

- Nadie podrá desempeñar simultáneamente más de un empleo público ni recibir más de una asignación que provenga del tesoro público, o de empresas o de instituciones en las que tenga parte mayoritaria el Estado, salvo los casos expresamente determinados por la ley.

Entiéndese por tesoro público el de la Nación, el de las entidades territoriales y el de las descentralizadas.

- Los servidores públicos no podrán aceptar cargos, honores o recompensas de gobiernos extranjeros u organismos internacionales, ni celebrar contratos con ellos, sin previa autorización del Gobierno.

2. *El concepto de servidor público*

La denominación de Servidor Público en el derecho colombiano se utiliza para caracterizar a quienes tienen una vinculación de naturaleza permanente con la Administración. En nuestro ordenamiento colombiano y a nivel Constitucional, solamente surge esta concepción a partir de la reforma constitucional del año de 1991. Así las cosas, el Servidor Público, tal como está establecido hoy en la Constitución Política colombiana de 1991, hace referencia a la Persona Natural que de manera permanente desempeña, ejecuta o realiza funciones públicas, funciones administrativas, o presta servicios públicos.

Es decir, el concepto de servidor Público dentro del derecho colombiano está ligado a una vocación de permanencia de la persona que desempeña una Función Pública, Administrativa, o ejecuta o realiza actividades de servicios públicos.

Constitucionalmente, el artículo 123 establece la clasificación de los Servidores Públicos en Colombia y establece la disposición lo siguiente: "*Son servidores públicos los miembros de las* corporaciones públicas, los empleados y trabajadores del Estado y de sus entidades descentralizadas territorialmente y por servicios". Agrega además que estos están al servicio del Estado y de la comunidad y ejercerán sus funciones en la forma prevista por la Constitución, la ley y el reglamento. La ley determinará el régimen aplicable a los particulares que temporalmente desempeñen funciones públicas y regulará su ejercicio.

La disposición constitucional advierte que quienes presten o quienes desarrollen actividades y funciones públicas, o funciones administrativas o presten servicios públicos con carácter permanente y sean personas Naturales recibirán el nombre de Servidores Públicos. Así las cosas, los Servidores Públicos se van a clasificar en 3 categorías: Los Miembros de las Corporaciones Públicas. Los Empleados del Estado; Los trabajadores del Estado. Las categorías en las cuales se clasifican los Servidores del Estado van a ser aplicables a todos los Servidores Públicos de todas las Ramas del Poder Público de todos los Organismos y Entidades del Estado, incluidos los Órganos u Organismos y Entidades de Control, los organismos que tengan el carácter de órgano electoral y los Organismos y Entidades Autónomos Constitucionales, independientemente del vínculo que tengan y del Organismo, Entidad o Rama del Poder Público del que se trate.

3. *La carrera administrativa*

En los términos del artículo 125 constitucional los empleos en los órganos y entidades del Estado son de carrera. Se exceptúan los de elección popular, los de libre nombramiento y remoción, los de trabajadores oficiales y los demás que determine la ley. Los funcionarios, cuyo sistema de nombramiento no haya sido determinado por la Constitución o la ley, serán nombrados por concurso público.

El ingreso a los cargos de carrera y el ascenso en los mismos, se harán previo cumplimiento de los requisitos y condiciones que fije la ley para determinar los méritos y calidades de los aspirantes. El retiro se hará: por calificación no satisfactoria en el desempeño del empleo; por violación del régimen disciplinario y por las demás causales previstas en la Constitución o la ley.

En ningún caso la filiación política de los ciudadanos podrá determinar su nombramiento para un empleo de carrera, su ascenso o remoción.

El Congreso Nacional expidió la ley 909 de 2004 **por la cual se expiden normas que regulan el empleo público, la carrera administrativa, gerencia pública y se dictan otras disposiciones. Esta nueva legislación** sobre carrera administrativa establece un sistema para evaluar a los funcionarios, tanto a los del sistema de carrera como los que no están en esta situación, sujetos a la administración que ejerce la Comisión Nacional del Servicio Civil[176].

VII. EL URBANISMO, MEDIO AMBIENTE Y ORDENACIÓN DEL TERRITORIO

1. *El urbanismo y la ordenación del territorio en Colombia*

La evolución de las instituciones urbanísticas colombianas, en especial de su régimen jurídico, ha sido el producto del trabajo silencioso de nuestras autoridades municipales. Correspondió históricamente a los concejos y alcaldes, la elaboración de un auténtico derecho urbanístico a partir de sus experiencia y necesidades locales en torno al crecimiento urbano y a la disposición de elementos adecuados para el desarrollo humano a través de la disposición de espacios públicos útiles y adecuados para la satisfacción de necesidades de la comunidad y el establecimiento de parámetros para la construcción ordenada y el desarrollo de la actividad urbanizadora, actuaciones estas, que a través de los años llevaron a la consolidación de un sui generis régimen jurídico local, que se concretó en la expedición de una gran multiplicidad de disposiciones normativas de carácter general, reguladoras de las más variadas actividades urbanísticas, bajo conceptos doctrinales o académicos disímiles y muchas veces simplemente dependientes de la lógica de autodidactas y expertos en asuntos de la vida local desconectados por completo de las grandes corrientes doctrinarias en estas materias.

Este derecho, por lo demás apasionante por su arraigo a lo nuestro y a la cotidianidad de los municipios se consolido, en la mayoría de los casos, en los llamados códigos urbanísticos municipales, complementados por infinidad de disposiciones sobre obras, paramentos, calles, parques, usos del suelo, servicios públicos, etc, conformando para cada entidad territorial un cuerpo disperso pero autentico de disposiciones relativas al urbanismo, en muchos casos fundadas en disposiciones del código civil y en ejercicio de la actividad de policía y de ordenación de los asuntos locales reconocidos por el legislador a las autoridades municipales, en lo que la doctrina nacional ha conocido como el derecho local colombiano, que nos ha legado un importante acervo normativo, incomprensible dentro de un Estado históricamente moldeado bajo parámetros propios del unitarismo y del centralismo, pero explicables dentro de un modelo de Estado que poca atención le brindaba a estos aspectos básicos de la vida ciudadana. En la práctica, a través de la lectura de los textos constitucionales y en especial de los códigos de régimen municipal, se llegó a aceptar como propio de la competencia local la expedición de este tipo de normatividad, en donde la presencia del Estado central interventor no resultaba palpable ni mucho menos determinante.

Las transformaciones filosóficas y conceptuales de la actividad urbanística y del papel del Estado en ellas, corren paralelas, aunque parezca contradictorio, con el reconocimiento institucional de mayor autonomía a la actividad municipal y a la vida democrática local. Dentro de estos procesos el poder central retoma su papel protagónico en la regulación del urbanismo. Los primeros intentos de adentrarse en esta disciplina se comienzan a vislumbrar en los años sesenta con la expedición de normas reguladoras de la actividad constructora, acrecentados posteriormente, con las normas sobre autonomía, derivadas de los actos legislativos N° 1 de 1986, N° 2 de 1987, y las leyes 14 de 1983 y 12 de 1986.

De manera concreta se observan ya normas estructuradas en la materia en la ley 11 de 1986, que introdujo fundamentales reformas al anterior Régimen Municipal: modificó, las condiciones para la creación de municipios; reguló aspectos importantes en materia de inspecciones de policía, asociaciones de municipios, juntas administradoras locales; autorizó a los concejos para dividir los territorios municipales en comunas y corregimientos; instituyó la participación comunitaria en los servicios públicos; dictó normas sobre entidades descentralizadas municipales, personal, contratos, control fiscal, etc.; otorgó facultades extraordinarias al ejecutivo, y en esto para codificar la normatividad dispersa sobre el municipio lo que se concretó en la expedición de los decretos 1222 y 1333 de 1986 que son la base en nuestra opinión de un régimen legal de clara intervención estatal en los asuntos urbanísticos, que se fortalece y especializa posteriormente con las Leyes 9 de 1989, 232 de 1995, 388 de 1997, 400 de

---

[176] Corte Constitucional. Sentencia C-1230 de 29 de noviembre de 2005.

1997, 810 de 2003 y multiplicidad de decretos reglamentarios que han definido el marco de toda actuación local urbanística y que conforman la fuente normativa del denominado derecho urbanístico que ahora en lo local se reorienta a través de los planes de ordenamiento territorial POT y los planes de desarrollo y demás instrumentos locales para la ejecución de estos.

Bajo estos presupuesto se abandona, pues, en el derecho colombiano la construcción local aislada y autónoma del derecho urbanístico y se reorienta la disciplina a través de unas bases legales precisas y claras que sirven de fundamento a la construcción normatividad local, que no desparece sino que por el contrario se fortalece, en la medida en que es a través de las autoridades municipales, que el nuevo derecho urbanístico se fortalece mediante la expedición actos administrativos de carácter general ordenadores e interventores efectivos de la problemática urbana y territorial local.

El principio de legalidad obtiene en consecuencia una nueva visión en tratándose de las actuaciones relacionadas con el derecho urbanístico, en este sentido, se rompen las barreras de las simples finalidades estrictamente urbanas y se consolida como un área del derecho administrativo de inobjetable contenido territorial, mucho más compresivo y coherente con las realidades integrales de las municipalidades. El derecho urbanístico así construido, es dominado por un régimen normativo tendiente a la plena aplicación de todas las disposiciones relacionadas con la función pública del urbanismo y con la consolidación de un ordenamiento del territorio municipal lógico, donde se respeten la seguridad jurídica y los intereses individuales bajo el entendido de la prevalencia de los intereses generales, para lo cual juegan papel importante y permanente no solo las disposiciones de carácter legal, sino también aquellas expedidas por las autoridades locales y que se evidencia en la existencia de planes de ordenamiento territorial, planes básicos de ordenamiento territorial y esquemas de ordenamiento territorial, de acuerdo con la categoría y tipo de municipio, al igual que con los instrumentos que las autoridades expidan para la debida ejecución de estas normas.

Precisamente, al definirse los objetivos de la ley 388 de 1997, se indicó que el papel fundamental de este instrumento legislativo era el de armonizar la Constitución Política, las normas nacionales sobre urbanismo y las locales expedidas por todos los municipios del país para la promoción del ordenamiento de su territorio, lo anterior con un propósito claramente definido: el de establecer un sistema normativo, que a partir de las necesidades locales en materia urbana, determinara las bases para la actuación de todas las autoridades públicas competentes para adoptar decisiones en esta materia. Es decir que, sobre la base de reconocimiento de necesidades urbanas y territoriales locales, contenidas en un plan de ordenamiento territorial, quedaron las autoridades correspondientes habilitadas para adoptar decisiones urbanísticas.

Lo interesante de este sutil derecho urbanístico colombiano, es que opera bajo un sistema complejo, en donde la definición específica de utilidad pública o interés social definida por el legislador, es viable y procedente siempre y cuando la necesidad correspondiente y concreta esté perfectamente definida en un plan de ordenamiento territorial; de lo contrario, las autoridades administrativas al aplicar los mecanismos urbanísticos, estarían obrando por fuera del principio de legalidad propuesto por el legislador en esta materia, en donde insisto, la base de su operancia depende fundamentalmente del contenido del plan de ordenamiento territorial. Así las cosas, la dinámica de nuestro derecho urbanístico se obtiene a través de una interesante interrelación entre la regulación legal y la norma local.

Por ejemplo, para el adecuado ejercicio de un instrumento jurídico vital para el urbanismo como lo es la expropiación, el artículo 60 de la ley 388 de 1997, que modificó el artículo 12 de la ley 9 de 1989, señala expresamente que "...*Toda adquisición o expropiación de inmuebles que se realice en desarrollo de la presente ley se efectuará de conformidad con los objetivos y uso del suelo establecidos en los planes de ordenamiento territorial*...", concepto que se reitera en el artículo 8 (modificado por el artículo 27 de la ley 2079 de 2021) de la misma ley, cuando al referirse a las actuaciones urbanísticas, entre ellas las de determinar espacios libres para parques, áreas verdes públicas y la expropiación de terrenos y mejoras, indica que "... *Las acciones urbanísticas deberán estar contenidas o autorizadas en los Planes de Ordenamiento Territorial o en los instrumentos que los desarrollen o complementen*...". Significa lo anterior, que no podría promoverse ningún tipo de adquisición o expropiación de terrenos para efectos de desarrollar proyectos de utilidad pública o interés social, que no estén contenidos o autorizados por las autoridades locales que expiden los planes de ordenamiento territorial.

Es más, que si se profiere algún instrumento administrativo que desarrolle los planes de ordenamiento territorial, por ejemplo, para la determinación de espacios libres para parques (artículo 8 numeral 4 de la ley 388 de 1997, modificado por el artículo 27 de la ley 2079 de 2021) y, consecuentemente, autorice la adquisición o expropiación de los mismos (artículo 8 numeral 10 de la ley 388 de 1997, modificado por el artículo 27 de la ley 2079 de 2021), sin estar reglados en la norma local, la conducta y decisiones correspondientes de la autoridad estarían viciadas en su legalidad. Dichas actuaciones deben estar previamente por lo menos mencionadas, señaladas o de alguna manera contenidas o autorizadas en el correspondiente plan de ordenamiento territorial, con el fin de que el instrumento las desarrolle. De esta forma, por lo menos para el ejemplo expuesto, el legislador le ha otorgado al derecho local un poder vinculante importante, consolidándolo como componente importante de nuestro derecho urbanístico.

De no ser así, se desconocería incluso el objeto mismo de la ley de ordenamiento territorial (artículo 6 de la ley 388 de 1997, cuyo inciso 1° fue modificado por el artículo 2° de la ley 2037 de 2020), cuando señala que de los grandes propósitos de la existencia de los planes de ordenamiento territorial, esto es, de la intervención de las autoridades locales sobre el territorio, es no solo el de orientar su desarrollo y aprovechamiento, sino también, el de la definición previa de necesidades o prioridades como principio de orden, con el propósito de evitar la improvisación en las futuras actuaciones de las autoridades en definir "*...los programas y proyectos que concreten estos propósitos...*" (artículo 6 numeral 3 de la ley 388 de 1997).

Este principio, de la integración normativa local con la norma general de la ley tiene su fundamento en la preservación de las bases sustentadoras del Estado de derecho, como son las del respeto a la seguridad jurídica, a los derechos de los asociados y, sobre todo, al respeto de la realidad local por encima de la abstracta descripción normativa legal. Se busca que las autoridades competentes en materia urbana o territorial no actúen arbitrariamente, de manera subjetiva, emotiva o pasional, para aplicar a un asunto determinado, razones de utilidad pública o interés social, cuando las corporaciones de representación popular no hubieren señalado este asunto como prioritario o necesario para el desarrollo territorial en el correspondiente plan de ordenamiento, o sencillamente, como lo indica el inciso final del artículo 8 de la ley 388 de 1997 (modificado por el artículo 27 de la ley 2079 de 2021), no hubieren autorizado dicho asunto de manera directa.[177]

Adquiere tal importancia para el legislador la preservación de esta correlación, que llevó al grado de prohibición a las autoridades públicas cualquier decisión o actuación que desconozca el contenido del plan de ordenamiento territorial, a través de la promoción de acciones urbanas por fuera de sus marcos normativos. Señala precisamente el inciso 2 del artículo 20 de la ley 388 de 1997 que "*... Ningún agente público o privado podrá realizar actuaciones urbanísticas que no se ajusten a las previsiones y contenidos de los planes de ordenamiento territorial, a su desarrollo en planes parciales y a las normas estructurales del plan o complementaria del mismo...*". Es decir, cualquier decisión administrativa que desconozca los planes de ordenamiento territorial o sencillamente sea el producto de un desarrollo inadecuado del mismo, estaría viciada de nulidad absoluta por desconocer el derecho público de la Nación colombiana, dentro del cual indubitablemente se encuentran las normas de intervención urbana contenidas en los correspondientes planes de ordenamiento territorial. Pero, es más, estaría comprometida la responsabilidad personal, tanto disciplinaria como penal, de los servidores públicos que actúen desconociendo esta prohibición.

De igual manera, los contratos que se llegaren a realizar o los actos de expropiación sobre inmuebles que se produzcan con desconocimiento del anterior principio, estarían igualmente incursos en situación de nulidad absoluta, insubsanable. Una actuación pública incursa en la prohibición del artículo 20 inciso 2 podría eventualmente considerarse como manifiestamente contraria a la ley. De aquí la necesidad de que la administración pública, cuando se encuentre frente a situaciones como estas, adopte de inmediato los correctivos pertinentes, revocando los actos correspondientes.

---

[177] Corte Constitucional, Sentencia C-216 del 9 de junio de 1993. "*... Se hace posible el excepcional procedimiento de la expropiación y se afecta mediante este el derecho del propietario no para dar satisfacción a intereses privados, sino por razones que favorecen el beneficio colectivo, lo cual hace legítimo y constitucional que el propietario pierda su derecho para contribuir a los fines sociales siempre y cuando se cumpla en su integridad con los presupuestos y requisitos que la Carta exige. En las normas demandadas no se plasma una posibilidad de expropiación por interés distinto al público, ni se produce la situación descrita en la demanda, según la cual unos particulares expropiarían a otros...*".

Así las cosas, el plan se torna entonces en el elemento central de nuestro derecho urbanístico[178], básicamente en lo local, como lo hemos visto. Constituye a todas luces el complemento ideal de una legislación general y abstracta en asuntos urbanísticos, para el caso colombiano de la contenida en las leyes 9ª de 1989 y 388 de 1997. El legislador ha depositado en el plan, para ser desarrolladas por las autoridades locales, la más amplia y variada gama de atribuciones tendientes a establecer regulaciones y expedir normas en materia urbanística que se caracterizan por su concreción, especialidad e individualización de la materia, que hacen que este conjunto normativo, sin perder su carácter de reglamento, no pueda asimilarse a un simple conjunto normativo ordinario general y abstracto, como tradicionalmente se entiende al reglamento en los ordenamientos jurídicos.

Someter el plan a un tratamiento conceptual clásico dentro de la categorización de reglamentos impediría cumplir los propósitos y finalidades esperados de un plan normativo urbanístico, cual es el de referirse en concreto al problema urbano adoptando soluciones dentro del amplio esquema de posibilidades y alternativas recomendadas para tratar los conflictos territoriales y urbanos. Si bien es cierto, el plan por su naturaleza constituye un claro ejemplo de reglamento, sin perder su papel estelar en la defensa y protección del interés general, difiere sustancialmente de los reglamentos tradicionales o clásicos en el carácter especial y específico de sus disposiciones, que no obstante su vigencia genérica para la comunidad determinan condiciones directas y limitativas de derechos como el de propiedad, constitutivas de obligaciones y deberes, llegando incluso a prefijar el contenido mismo del concepto de propiedad.[179]

Una simple aproximación a la ley de ordenamiento territorial nos permite visualizar la magnitud de los asuntos que en concreto deben estar tratados en el plan y de paso la enorme discrecionalidad de que las autoridades locales son investidas en cuanto a lo genérico de las materias asignadas. Un simple repaso a los instrumentos de acción urbanística definidos en el artículo 8 de la Ley 388 de 1997 (modificado por el artículo 27 de la ley 2079 de 2021) permitiría concluir que el contenido del plan estaría dado por materias significativas para el interés general municipal[180].

---

[178] Ley 388 de 1997, "*Artículo 9º. Plan de ordenamiento territorial El plan de ordenamiento territorial que los municipios y distritos deberán adoptar en aplicación de la presente ley, al cual se refiere el artículo 41 de la Ley 152 de 1994, es el instrumento básico para desarrollar el proceso de ordenamiento del territorio municipal. Se define como el conjunto de objetivos, directrices, políticas, estrategias, metas, programas, actuaciones y normas adoptadas para orientar y administrar el desarrollo físico del territorio y la utilización del suelo. Los planes de ordenamiento del territorio se denominarán: a) Planes de ordenamiento territorial: elaborados y adoptados por las autoridades de los distritos y municipios con población superior a los 100.000 habitantes; b) Planes básicos de ordenamiento territorial: elaborados y adoptados por las autoridades de los municipios con población entre 30.000 y 100.000 habitantes; c) Esquemas de ordenamiento territorial: elaborados y adoptados por las autoridades de los municipios con población inferior a los 30.000 habitantes.*"

[179] Delgado Barrio, Javier. *El Control de la Discrecionalidad del Planeamiento Urbanístico*, Madrid, Civitas, 1993. p. 17 y 18.

[180] "*1. Clasificar el territorio en suelo urbano, rural y de expansión urbana. 2. Localizar y señalar las características de la infraestructura para el transporte, los servicios públicos domiciliarios, la disposición y tratamiento de los residuos sólidos, líquidos, tóxicos y peligrosos y los equipamientos de servicios de interés público y social, tales como centros docentes y hospitalarios, aeropuertos y lugares análogos. 3. Establecer la zonificación y localización de los centros de producción, actividades terciarias y residenciales, y definir los usos específicos, intensidades de uso, las cesiones obligatorias, los porcentajes de ocupación, las clases y usos de las edificaciones y demás normas urbanísticas. 4. Determinar espacios libres para parques y áreas verdes públicas, en proporción adecuada a las necesidades colectivas. 5. Determinar las zonas no urbanizables que presenten riesgos para la localización de asentamientos humanos, por amenazas naturales, o que de otra forma presenten condiciones insalubres para la vivienda. 6. Determinar las características y dimensiones de las unidades de actuación urbanística, de conformidad con lo establecido en la presente Ley. 7. Calificar y localizar terrenos para la construcción de viviendas de interés social. 7. <sic> Calificar y determinar terrenos como objeto de desarrollo y construcción prioritaria. 8. Dirigir y realizar la ejecución de obras de infraestructura para el transporte, los servicios públicos domiciliarios y los equipamientos públicos, directamente por la entidad pública o por entidades mixtas o privadas, de conformidad con las leyes. 9. Expropiar los terrenos y las mejoras cuya adquisición se declare como de utilidad pública o interés social, de conformidad con lo previsto en la ley. 10. Localizar las áreas críticas de recuperación y control para la prevención de desastres, así como las áreas con fines de conservación y recuperación paisajística. 11. Identificar y caracterizar los ecosistemas de importancia ambiental del municipio, de común acuerdo con la autoridad ambiental de la respectiva jurisdicción, para su protección y manejo adecuados. 12. Determinar y reservar terrenos para la expansión de las infraestructuras urbanas. 13. Todas las demás que fueren congruentes con los objetivos del*

Por otra parte, en su elaboración se deben respetar claras normas de carácter superiores, lo que condiciona inevitablemente a las autoridades locales al momento de definir su contenido. Es decir, existe un principio de determinación legal para la elaboración de la norma local o propiamente del reglamento urbanístico local, que hace imposible su estructuración sobre la idea de libertad absoluta de la autoridad local. La vinculación por lo tanto entre las decisiones adoptadas en el plan y el ordenamiento superior es ostensible, clara y vinculante.[181]

En conclusión, si bien es cierto que el plan local corresponde en cuanto a su elaboración a una instancia inferior a la ley, su contenido prácticamente está definido por el legislador, no con carácter reglado sino más bien discrecional, dejando a las autoridades márgenes interesantes para su concreción teniendo como base la realidad local, pero de todas maneras obligándolas al respeto profundo de todo el orden jurídico superior, esto es, cerrando cualquier puerta a la arbitrariedad.

2. *El medio ambiente*

La normatividad administrativa sobre el medio ambiente tiene una configuración preconstitucional con la ley 23 de 1973, el decreto 2811 de 1974 (Código Nacional de Recursos Naturales Renovables), el decreto 1541 de 1978 y otras normas que vigentes en la actualidad permitieron la estructuración de un sistema legal de protección ambiental.

Con la Carta Constitucional de 1991 se compromete al estado en el respeto y protección del ambiente en cuanto que este se eleva a la categoría de derecho de todas las personas habitantes del territorio nacional, bajo la doble connotación de ser un derecho que implica para su ejercicio el carácter de participativo, de aquí que los desarrollos administrativos impliquen permanentemente la consulta de la comunidades y la convocatoria de todos los interesados en la preservación del mismo en cuanto asunto de interés general. Así mismo, es deber del Estado proteger la diversidad e integridad del ambiente, conservar las áreas de especial importancia ecológica y fomentar la educación para el logro de estos fines. (Art.- 79 Constitucional).

---

ordenamiento del territorio. 14. Identificar y localizar, cuando lo requieran las autoridades nacionales y previa concertación con ellas, los suelos para la infraestructura militar y policial estratégica básica para la atención de las necesidades de seguridad y de Defensa Nacional".

181 Ley 388 de 1997, "*Artículo 10. Determinantes de los planes de ordenamiento territorial. En la elaboración y adopción de sus planes de ordenamiento territorial los municipios y distritos deberán tener en cuenta las siguientes determinantes, que constituyen normas de superior jerarquía, en sus propios ámbitos de competencia, de acuerdo con la Constitución y las leyes: 1.-Las relacionadas con la conservación y protección del medio ambiente, los recursos naturales y la prevención de amenazas y riesgos naturales, así: a) Las directrices, normas y reglamentos expedidos en ejercicio de sus respectivas facultades legales, por las entidades del Sistema Nacional Ambiental, en los aspectos relacionados con el ordenamiento espacial del territorio, de acuerdo con la Ley 99 de 1993 y el Código de Recursos Naturales, tales como las limitaciones derivadas del estatuto de zonificación de uso adecuado del territorio y las regulaciones nacionales sobre uso del suelo en lo concerniente exclusivamente a sus aspectos ambientales; b) Las regulaciones sobre conservación, preservación, uso y manejo del medio ambiente y de los recursos naturales renovables, en las zonas marinas y costeras; las disposiciones producidas por la Corporación Autónoma Regional o la autoridad ambiental de la respectiva jurisdicción, en cuanto a la reserva, alindamiento, administración o sustracción de los distritos de manejo integrado, los distritos de conservación de suelos, las reservas forestales y parques naturales de carácter regional; las normas y directrices para el manejo de las cuencas hidrográficas expedidas por la Corporación Autónoma Regional o la autoridad ambiental de la respectiva jurisdicción; y las directrices y normas expedidas por las autoridades ambientales para la conservación de las áreas de especial importancia ecosistémica; c) Las disposiciones que reglamentan el uso y funcionamiento de las áreas que integran el sistema de parques nacionales naturales y las reservas forestales nacionales; d) Las políticas, directrices y regulaciones sobre prevención de amenazas y riesgos naturales, el señalamiento y localización de las áreas de riesgo para asentamientos humanos, así como las estrategias de manejo de zonas expuestas a amenazas y riesgos naturales. 2.- Las políticas, directrices y regulaciones sobre conservación, preservación y uso de las áreas e inmuebles consideradas como patrimonio cultural de la Nación y de los departamentos, incluyendo el histórico, artístico y arquitectónico, de conformidad con la legislación correspondiente. 3.-El señalamiento y localización de las infraestructuras básicas relativas a la red vial nacional y regional, puertos y aeropuertos, sistemas de abastecimiento de agua, saneamiento y suministro de energía, así como las directrices de ordenamientos para sus áreas de influencia. 4.-Los componentes de ordenamiento territorial de los planes integrales de desarrollo metropolitano, en cuanto se refieran a hechos metropolitanos, así como las normas generales que establezcan los objetivos y criterios definidos por las áreas metropolitanas en los asuntos de ordenamiento del territorio municipal, de conformidad con lo dispuesto por la Ley 128 de 1994 y la presente ley.*"

El Estado planificará el manejo y aprovechamiento de los recursos naturales, para garantizar su desarrollo sostenible, su conservación, restauración o sustitución, para lo cual la normativa básica establecida en la ley 99 de 1993 determina todo un sendero de políticas y prioridades para estos efectos, en este sentido y para una acción coherente de las autoridades administrativas al respecto se ha creado el SINA o Sistema Nacional Ambiental, el cual constituye el conjunto de orientaciones, normas, actividades, recursos, programas e instituciones que permiten la puesta en marcha de los principios generales ambientales contenidos en la ley 99 de 1993. De conformidad con el artículo 4 de esta ley este sistema estará integrado por los siguientes componentes: 1) Los principios y orientaciones generales contenidos en la Constitución Nacional, en esta Ley y en la normatividad ambiental que la desarrolle. 2) La normatividad específica actual que no se derogue por esta Ley y la que se desarrolle en virtud de la ley. 3) Las entidades del Estado responsables de la política y de la acción ambiental, señaladas en la ley. 4) Las organizaciones comunitarias y no gubernamentales relacionadas con la problemática ambiental. 5) Las fuentes y recursos económicos para el manejo y la recuperación del medio ambiente. 6) Las entidades públicas, privadas o mixtas que realizan actividades de producción de información, investigación científica y desarrollo tecnológico en el campo ambiental. El Gobierno Nacional reglamentará la organización y funcionamiento del Sistema Nacional Ambiental, SINA.

Las disposiciones básicas no solo establecen el régimen sustancial aplicable a la problemática del ambiente, sino que también como lo dispone el artículo 80 constitucional regulan un especial régimen de policía administrativa, habilitando a las autoridades para iniciar las actuaciones administrativas o judiciales tendientes a la reparación de los daños causados al ambiente por cualquier actor público o privado. Así se entiende cuando la disposición constitucional preceptúa que además el Estado, deberá prevenir y controlar los factores de deterioro ambiental, imponer las sanciones legales y exigir la reparación de los daños causados. Así mismo, cooperará con otras naciones en la protección de los ecosistemas situados en las zonas fronterizas[182].

En el año 2009 se incorporó al ordenamiento jurídico la ley 1333 que define como instrumento de protección del ambiente al procedimiento administrativo sancionador, el cual determinar un régimen objetivo de responsabilidad (al disponer una presunción de dolo o culpa) y la posibilidad de adopción de medidas preventivas, que han sido objeto de validación constitucional[183].

---

182 Ley 99 de 1993. TITULO I FUNDAMENTOS DE LA POLÍTICA AMBIENTAL COLOMBIANA ARTICULO 1° Principios Generales Ambientales. La política ambiental colombiana seguirá los siguientes principios generales: 1. El proceso de desarrollo económico y social del país se orientará según los principios universales y del desarrollo sostenible contenidos en la Declaración de Rio de Janeiro de junio de 1992 sobre Medio Ambiente y Desarrollo. 2. La biodiversidad del país, por ser patrimonio nacional y de interés de la humanidad, deberá ser protegida prioritariamente y aprovechada en forma sostenible. 3. Las políticas de población tendrán en cuenta el derecho de los seres humanos a una vida saludable y productiva en armonía con la naturaleza. 4. Las zonas de páramos, subpáramos, los nacimientos de agua y las zonas de recarga de acuíferos serán objeto de protección especial. 5 . En la utilización de los recursos hídricos, el consumo humano tendrá prioridad sobre cualquier otro uso. 6. La formulación de las políticas ambientales tendrá en cuenta el resultado del proceso de investigación científica. No obstante, las autoridades ambientales y los particulares darán aplicación al principio de precaución conforme al cual, cuando exista peligro de daño grave e irreversible, la falta de certeza científica absoluta no deberá utilizarse como razón para postergar la adopción de medidas eficaces para impedir la degradación del medio ambiente. 7. El Estado fomentará la incorporación de los costos ambientales y el uso de instrumentos económicos para la prevención, corrección y restauración del deterioro ambiental y para la conservación de los recursos naturales renovables. 8. El paisaje por ser patrimonio común deberá ser protegido. 9. La prevención de desastres será materia de interés colectivo y las medidas tomadas para evitar o mitigar los efectos de su ocurrencia serán de obligatorio cumplimiento. 10. La acción para la protección y recuperación ambientales del país es una tarea conjunta y coordinada entre el Estado, la comunidad. las organizaciones no gubernamentales y el sector privado. El Estado apoyará e incentivará la conformación de organismos no gubernamentales para la protección ambiental y podrá delegar en ellos algunas de sus funciones. 11. Los estudios de impacto ambiental serán el instrumento básico para la toma de decisiones respecto a la construcción de obras y actividades que afecten significativamente el medio ambiente natural o artificial. 12. El manejo ambiental del país, conforme a la Constitución Nacional, será descentralizado, democrático y participativo. 13. Para el manejo ambiental del país, se establece un Sistema Nacional Ambiental, SINA, cuyos componentes y su interrelación definen los mecanismos de actuación del Estado y la sociedad civil. 14. Las instituciones ambientales del Estado se estructurarán teniendo como base criterios de manejo integral del medio ambiente y su interrelación con los procesos de planificación económica, social y física".

183 Corte Constitucional. Sentencia C-595 de 27 de julio de 2010. Corte Constitucional. Sentencia C-703 de 6 de septiembre de 2010. Corte Constitucional. Sentencia C-632 de 24 de agosto de 2011. Corte Constitucional. Sentencia

En la actualidad la protección del ambiente ha sido objeto de debates constitucionales en temas como la (i) condición de sujetos de derechos de bienes ambientales[184]; (ii) el alcance del principio de precaución[185]; (iii) las competencias de las autoridades ambientales y el principio de rigor subsidiario; (iv) la consulta previa, entre otros.

3. *Bienes públicos*

No obstante, las múltiples críticas que la doctrina nacional, en especial la civilista, efectúa en el sentido de la falta de técnica legislativa en cuanto al tratamiento de los bienes de públicos en el código civil, lo cierto es que este ordenamiento continúa en la hora actual de nuestra evolución constituyendo el punto básico o piedra angular de cualquier referencia que se haga en torno a los bienes del común y de los diferentes entes públicos. Herencia esta proveniente del código civil francés y más directamente del chileno, que es la fuente inmediata del nuestro.

En este sentido el artículo 674 del código en referencia señala que se llaman bienes de la unión aquellos cuyo dominio pertenece a la República, entendiéndose por unión, bajo los actuales parámetros constitucionales los bienes de la nación, esto en el entendido de que hemos abandonado históricamente el concepto de Estado federal y nos hemos perpetuado en la modalidad de Estado unitario según lo explicado en los numerales anteriores. Ahora bien, estos bienes pueden ser de dos clases: de uso público y fiscales. Para estos efectos agrega el inciso segundo del artículo 674 del estatuto civil que "*...Si además su uso pertenece a todos los habitantes de un territorio, como el de calles, plazas, puentes y caminos, se llaman bienes de la unión de uso público o bienes públicos del territorio...*".

Así las cosas, si el bien reúne estas dos características, la pertenecer a una entidad de derecho público y adicionalmente estar destinado al uso por igual de todos los habitantes del territorio nacional, el bien es indiscutiblemente de aquellos que la ley civil califica como de uso público, lo que implica adicionalmente lo siguiente: que son de propiedad pública; su uso es común y general, lo que imposibilita la generación de derechos subjetivos particulares; son imprescriptibles; son inembargables; son inalienables. Dentro de esta modalidad pueden ubicarse el mar jurisdiccional del Estado colombiano, los ríos, las lagunas, los humedales, las vías públicas, calles, plazas, puentes, caminos, el espacio aéreo, el espectro electromagnético, etc. Según lo dispuesto por el artículo 678 del código civil, el uso y goce que, para el tránsito, riego, navegación y cualesquiera otros objetos lícitos, corresponden a los particulares en las calles, plazas, puentes y caminos públicos, en ríos y lagos, y generalmente en todos los bienes de la Unión de uso público, estarán sujetos a las disposiciones de este código y a las demás que sobre la materia contengan las leyes.

En el inciso tercero del artículo 674 se establece una categoría diferente de bienes contrapuesta a los de uso público y son los conocidos como bienes de contenido económicos del Estado. Indica la disposición que "*...Los bienes de la unión cuyo uso no pertenece generalmente a los habitantes, se llaman bienes de la unión o bienes fiscales.*" Estos bienes se caracterizan por estar en el comercio y en tráfico jurídico conforme a las reglas de orden público que los rijan. De conformidad con su conceptualización son bienes esencialmente enajenables; imprescriptibles; por lo general embargables; entre los principales bienes de esta categoría tenemos los siguientes: edificios públicos, oficinas públicas; predios del Estado o de las diferentes entidades públicas como cuarteles, fincas, minas; los dineros públicos, impuestos etc.

Adicional a los anteriores existen otros tipos de bienes como los baldíos que son únicamente aquellos rurales de propiedad de la nación y sujetos a un régimen especial de interés general, estos bienes se encuentran sujetos a lo dispuesto en la ley 160 de 1994 o ley de reforma agraria. Subsisten en algunas partes del país la herencia colonial de los bienes ejidos o bienes de propiedad de la comunidad, no del estado. Entre nosotros estos bienes estar sometidos a un régimen especial a partir de la ley 41 de 1948 y destinados básicamente a atender necesidades de vivienda para personas desposeídas.

C-364 de 16 de mayo de 2012. Corte Constitucional. Sentencia C-403 de 3 de agosto de 2016. Corte Constitucional. Sentencia C-219 de 19 de abril de 2017.

[184] Corte Constitucional. Sentencia T-622 de 10 de noviembre de 2016.

[185] Corte Constitucional. Sentencia C-494 de 26 de noviembre de 2020. Corte Constitucional. Sentencia T-614 de 16 de diciembre de 2019. Corte Constitucional. Sentencia T-733 de 2017. Corte Constitucional. Sentencia C-389 de 27 de julio de 2016.

Por otra parte, a partir de la vigencia de las leyes básicas sobre urbanismo, como lo son la 9 de 1989 y 388 de 1997, se ha incorporado el concepto de espacio público que puede comprender tanto bienes públicos como privados[186].

En la actualidad son múltiples los debates que se suscitan sobre la protección de los bienes públicos en sus diferentes categorías, en especial por los procesos administrativos que con ocasión del Acuerdo Final de Paz de noviembre de 2016 se adoptaron para la solución al problema del despojo con ocasión del conflicto armado y con la creación de ciertas figuras, como por ejemplo las zonas de interés de desarrollo rural, económico y social (ZIDRES)[187].

Bogotá D.C., Colombia, 26 de diciembre de 2022

BIBLIOGRAFIA

AIBAR, Eduard; URGELL, Ferran. *Estado, burocracia y red,* Ariel, Barcelona, 2007.

ARGUELLO, Alcibíades; BUENAHORA, Luis. *Derecho Administrativo*, Talleres de Ediciones Colombia, Bogotá, 1927

ARROYO JIMÉNEZ, Luis. "Ponderación, proporcionalidad y derecho administrativo", en ORTEGA ÁLVAREZ, Luis; SIERRA, Susana de la. *Ponderación y derecho administrativo*, Marcial Pons, Madrid, 2009, p. 48

ARRUDA FRAÇA, Pedro. *Contratos atípicos*, Río de Janeiro, Edit. Forense, 1985.

ATIENZA, Manuel. "Sobre el control de la discrecionalidad administrativa. Comentarios a una polémica", en REDA, n.º 85, marzo de 1995.

BELADIEZ ROJO, Margarita. *Validez y eficacia de los actos administrativos*, Madrid, Marcial Pons, 1994.

BETANCOR RODRÍGUEZ, Andrés. *El Acto Ejecutivo,* Madrid, Centro de Estudios Constitucionales, 1992

BREWER CARÍAS, Allan R. *El derecho administrativo y la ley orgánica de procedimientos administrativos*, Colección Estudios Jurídicos, nº 16, Caracas, Jurídica Venezolana, 1992

CARBONELL PORRAS, Eloísa. "Los procedimientos administrativos en Estados Unidos", en MUGA MUÑOZ, José Luis (et al). *Agencias y procedimiento administrativo en Estados Unidos de América*, Madrid, Marcial Pons, 1996, pp. 53 y ss.

CASSAGNE, Juan Carlos. *La Ejecutoriedad del Acto Administrativo*, Buenos Aires, Abeledo-Perrot, 1971

CASSESE, S. *Las bases del derecho administrativo,* Map, Madrid, 1994.

186 Ley 9 de 1989 Artículo 5.- Entiéndese por espacio público el conjunto de inmuebles públicos y los elementos arquitectónicos y naturales de los inmuebles privados, destinados por su naturaleza, por su uso o afectación, a la satisfacción de necesidades urbanas colectivas que trascienden, por tanto, los límites de los intereses individuales de los habitantes. Así, constituyen el espacio público de la ciudad las áreas requeridas para la circulación, tanto peatonal, como vehicular, las áreas para la recreación pública, activa o pasiva, para la seguridad y tranquilidad ciudadana, las franjas de retiro de las edificaciones sobre las vías, fuentes de agua, parques, plazas, zonas verdes y similares, las necesarias para la instalación y mantenimiento de los servicios públicos básicos, para la instalación y uso de los elementos constitutivos del amoblamiento urbano en todas sus expresiones, para la preservación de las obras de interés público y de los elementos históricos, culturales, religiosos, recreativos y artísticos, para la conservación y preservación del paisaje y los elementos naturales del entorno de la ciudad, los necesarios para la preservación y conservación de las playas marinas y fluviales, los terrenos de bajamar, así como la de sus elementos vegetativos, arenas y corales y, en general, por todas las zonas existentes o debidamente proyectadas en las que el interés colectivo sea manifiesto y conveniente y que constituyen por consiguiente zonas para el uso o el disfrute colectivo. PAR.- Adicionado. L. 388/97, art. 117. El espacio público resultante de los procesos de urbanización y construcción se incorporará con el solo procedimiento de registro de la escritura de constitución de la urbanización en la Oficina de Instrumentos Públicos, en la cual se determinen las áreas públicas objeto de cesión y las áreas privadas, por su localización y linderos. La escritura correspondiente deberá otorgarse y registrarse antes de la iniciación de las ventas del proyecto respectivo.

187 Corte Constitucional. Sentencia C-028 de 2 de mayo de 2018. Corte Constitucional. Sentencia C-077 de 8 de febrero de 2017.

DELGADO BARRIO, Javier. *El Control de la Discrecionalidad del Planeamiento Urbanístico*, Madrid, Civitas, 1993

DUGUIT, León. *Manual de Derecho Constitucional,* Madrid, Francisco Beltrán Librería Española y Extranjera, 1926.

ESCOBAR SANÍN, Gabriel. *Negocios civiles y comerciales*, T. II, "Los contratos", Medellín, Biblioteca Jurídica Diké, 1994.

FERNÁNDEZ, Tomás Ramón. *De la arbitrariedad de la administración*, Madrid, Civitas, 1994.

FORSTHOFF, Ernest. *Tratado de Derecho administrativo,* Madrid, Instituto de Estudios Políticos, 1958

GALLEGO ANABITARTE, Alfredo (et al). *Acto y procedimiento administrativo*, Madrid, Marcial Pons, 2001

GARCÍA DE ENTERRÍA, Eduardo. *Reflexiones Sobre la Ley y los Principios Generales*. Civitas, Madrid, 1986.

GARCÍA DE ENTERRÍA, Eduardo; FERNÁNDEZ, Tomás Ramón. *Curso de derecho administrativo,* Volumen I, Madrid, Civitas, 1999.

________. *Revolución Francesa y Administración Contemporánea*, Civitas, Madrid, 1998.

________. "Contencioso administrativo Objetivo y Contencioso administrativo Subjetivo a finales del Siglo XX. Una Visión Histórica y comparativista", en *RAP*, No 152, mayo- agosto 2000, p. 93.

GARCÍA GALLO, Alfonso. *Principios Rectores de la Organización Territorial Indiana en el Siglo XVI.* AHDE T I 1924.

GONZÁLEZ PÉREZ, Jesús. "Las prerrogativas de la administración en el procedimiento administrativo", en *Procedimiento administrativo*, Tucumán, Uasta, 1982, p. 91.

JIMÉNEZ SALGADO, Gabriel; LÓPEZ RAMÍREZ, Benjamín. *Contratos de la Administración Pública. Compilación y notas*, Bogotá, Ministerio de Gobierno, 1974

KELSEN, Hans. *Teoría Pura do Direito, versao Condensada pelo Autor,* Sao Paulo, Editora Revista dos Tribunais, 2002.

LEGUINA VILLA, Jesús. "Principios Generales del Derecho y Constitución", en Revista de Administración Pública (RAP). No 114 septiembre- diciembre de 1987, p.7

LÓPEZ CALERA, Nicolás. ¿Hay derechos colectivos? Individualidad y socialidad en la teoría de los derechos, Barcelona, Ariel, 2000

LOZANO-HIGUERO Y PINTO, Manuel. *La protección procesal de los intereses difusos*, Madrid, Rufino García Blanco, 1983.

MELO, Jorge Orlando. *La Evolución Económica de Colombia*, Publicado en Nueva Historia de Colombia, Tomo II, Planeta Colombiana Editorial S.A., Bogotá, 1989

MERKL, Adolfo. *Teoría general del derecho administrativo*, Granada, Comares, 2004

NIETO, Alejandro. "El procedimiento administrativo en la doctrina y legislación alemanas", en *Revista de Administración Pública* (RAP), n.° 32, mayo-agosto 1960, Madrid, p. 76

OTS CAPDEQUÍ, José María. *Historia del Derecho Español en América y el Derecho Indiano*. Madrid, Aguilar, 1969.

PALACIOS MEJÍA, Hugo. *El derecho de los servicios públicos*, Bogotá, Derecho Vigente, 1999.

PAREJA, Carlos H. *Curso de derecho administrativo. Teórico y práctico*, Bogotá, Edit. A. B. C., 1937

PAREJO ALFONSO, Luciano. *Eficacia y administración*, Madrid, MAP Y BOE, 1995.

RAMELLI ARTEAGA, Alejandro. El derecho Internacional como fuente del Derecho Administrativo: Análisis comparativo entre los Regímenes Jurídicos Colombiano y Francés. Ponencia Jornadas Internacionales de Derecho Constitucional y Administrativo. Universidad Externado de Colombia, Bogotá DC, 2000.

RODRÍGUEZ DE SANTIAGO. *La ponderación de bienes e intereses en el derecho administrativo*, Marcial Pons, Madrid, 2000.

SÁNCHEZ BELLA, Ismael. *La Jurisdicción de Hacienda en Indias*. AHDE T XXIX 1959

SANDULLI, Aldo. "Il procedimento", en *Trattato di diritto amministrativo*, Milano, Giuffré, 2000, pp.928 y ss

SANTOFIMIO GAMBOA, Jaime Orlando. *Tratado de Derecho Administrativo*, T.I., Universidad Externado de Colombia. Bogotá. 2003, p. 445. *Compendio de Derecho Administrativo*., Universidad Externado de Colombia, Bogotá, 2017.

SCHÄFFER, Heinz. "El procedimiento administrativo en Austria. Origen, desarrollo, situación actual y efectos expansivos en la codificación austriaca de 1925", en *Anuario Iberoamericano de Justicia Constitucional*. No 9, Madrid, 2005, pp.423 a 424

VIDAL PERDOMO, Jaime. *La Región en la Organización Territorial del Estado*. Bogotá, Universidad del Rosario, 2001.

________. "La Reforma Constitucional de 1936, un Programa Liberal, Prólogo, en TIRADO MEJÍA, Álvaro; VELÁSQUEZ, Magda, La Reforma Constitucional de 1936. Editorial Oveja Negra, Bogotá D.E., 1982, pp. 8 a 11.

________, Jaime. Historia de la Reforma Constitucional de 1968 y sus Alcances Jurídicos, Universidad Externado de Colombia, Bogotá, 1970.

________. "Mito y realidad del servicio público", ponencia en el Congreso Internacional "El derecho administrativo ante el nuevo siglo", Madrid, 2000.

WIEL, Prosper. *Derecho Administrativo*, Civitas, Madrid, 1994.

DERECHO ADMINISTRATIVO COSTARRICENSE*

DR. ALDO MILANO S.**

I. INTRODUCCIÓN

El Derecho administrativo costarricense muestra una alta dosis de influencia del Derecho administrativo europeo y, en especial, del español.

Las principales leyes de la materia, es decir, la hoy derogada Ley Reguladora de la Jurisdicción Contencioso Administrativa que rigió entre el 1 de marzo de 1966 hasta el 1 de enero de 2008 y la Ley General de la Administración Pública, muestran claras evidencias de tal circunstancia.

La primera se inspiró en la ley española de la materia de 1956 hoy igualmente derogada. Más aún, no menos de un ochenta por ciento de sus normas eran idénticas. La segunda, por su parte, muestra grandes coincidencias con el modelo español en el trato de los grandes temas del Derecho administrativo. Un claro ejemplo es el modelo de responsabilidad administrativa, que incorpora al medio costarricense, con pequeños ajustes, el régimen de la Ley de Expropiación Forzosa de España de 16 de diciembre de 1954.

A esta situación, debe agregarse la gran empatía con los grandes juristas españoles cuyas obras son seguidas con gran atención por la comunidad jurídica nacional. No puede desmerecerse, por todo ello, el gran aporte y profunda influencia de la doctrina y legislación española en el medio costarricense y debe por ello dejarse patente tal circunstancia. Otro de los aspectos que es preciso señalar a modo de introducción, es que la praxis jurídica costarricense muestra un fuerte protagonismo de la jurisprudencia de la Sala Constitucional de la Corte Suprema de Justicia[1] que ha alcanzado, sin duda, al Derecho administrativo. La debilidad de la jurisdicción contencioso administrativa costarricense, ha debido ser compensada por una protagónica jurisdicción constitucional que ha intervenido en todos los grandes temas del Derecho administrativo.

Como se verá al cubrir cada uno de los temas de este ensayo, la intervención de ese Tribunal, en muchos casos, ha sido la que, en detrimento de la jurisdicción contencioso-administrativa, ha definido los lineamientos a partir de los cuales se sustentan los institutos jurídicos de que se compone el ordenamiento jurídico administrativo.

Se trata, con todo, de una nueva evidencia del débil protagonismo que afectó la jurisdicción contencioso-administrativa hasta inicios del año 2008, fecha en la cual entró a regir el Código Procesal Contencioso Administrativo (CPCA), debilidad que no ha logrado superarse a pesar de la referida reforma procesal que representa un antes y un después en vista de su revolucionaria impronta.

II. MODELO REGULATIVO DE LA ADMINISTRACIÓN PÚBLICA COSTARRICENSE, BASE CONSTITUCIONAL, CONCEPTO DE DERECHO ADMINISTRATIVO Y FUENTES

1. *Costa Rica, un Estado Constitucional de Derecho*

La Constitución Política costarricense, postula como ideario fundamental la construcción de un Estado Constitucional de Derecho, lo cual permea de forma transversal el Ordenamiento Jurídico. Así

* Tabla de Abreviaturas: ARESEP: Autoridad Reguladora de los Servicios Públicos; CP: Constitución Política; CPCA: Código Procesal Contencioso Administrativo; ICE: Instituto Costarricense de Electricidad; INVU: Instituto Nacional de Vivienda y Urbanismo; AYA: Instituto de Acueductos y Alcantarillados; LCA: Ley Contratación Administrativa; LGAP: Ley General de la Administración Pública; RJCA: Ley Reguladora de la Jurisdicción Contencioso Administrativa; MINAE: Ministerio de Ambiente y Energía; MOPT: Ministerio de Obras Públicas y Transporte; RECOPE: Refinadora Costarricense de Petróleo; SETENA Secretaría Técnica Nacional del Ambiente.

** Doctor en Derecho ULACIT, Costa Rica. Doctor en Derecho UNED, España. San José, Costa Rica

1 De conformidad con lo establecido por el artículo 10 de la Constitución Política, corresponde a *"una Sala especializada de la Corte Suprema de Justicia declarar, por mayoría absoluta de sus miembros, la inconstitucionalidad de las normas de cualquier naturaleza y de los actos sujetos al Derecho Público. (...)"*. El artículo 48 constitucional le asigna la competencia para conocer, además, de los recursos de *habeas corpus* y de amparo.

lo ha entendido la Sala Constitucional de la Corte Suprema de Justicia en sus fallos, cuya eficacia es vinculante por disposición de ley[2].

Conforme al artículo 9 de la Constitución Política, "*El Gobierno de la República es popular, representativo, alternativo y responsable. Lo ejercen tres Poderes distintos e independientes entre sí: Legislativo, Ejecutivo y Judicial. Ninguno de los Poderes puede delegar el ejercicio de funciones que le son propias*".

Se ha encontrado en esa norma, entre otras cosas, el sustento constitucional de la división de poderes, noción jurídica que ha sido objeto de evaluación por parte de la Sala Constitucional, en múltiples ocasiones. Así, para el aludido Tribunal, la división de poderes no puede entenderse como un mecanismo rígido que define, de una forma químicamente pura, las funciones de cada uno de los Poderes del Estado. Se decanta el Alto Tribunal, por la idea de una "*...separación de funciones, es decir, de la distribución de ellas entre los diferentes órganos estatales*"[3].

Se ha considerado legítimo, por ello, que el Poder Ejecutivo entre a regular normativamente en materia de policía, materia resguardada, por principio, a la reserva de ley[4]. También, se ha admitido que una norma reglamentaria, "*complete*" una norma legal, "*...siempre que el Ejecutivo se mantenga dentro del marco propio de sus atribuciones constitucionales y que la ley que remite establezca con suficiente claridad los presupuestos de la punibilidad, así como la clase de extensión de la pena*"[5].

La doctrina ha entendido que el diseño constitucional costarricense, en lo que a distribución de funciones entre los Poderes se refiere, ha conducido a "*una concentración excesiva de poder en manos del Ejecutivo*", lo cual hace recomendable, en procura de un mayor balance entre Poderes, el reforzamiento del control político a cargo de la Asamblea Legislativa[6].

Con todo, no se observa en la realidad jurídico constitucional del Estado costarricense, continuas colisiones entre poderes, al grado que la Sala Constitucional, a quien le corresponde resolver conflictos de competencia entre los Supremos Poderes, conoció y resolvió, tan solo, veintidós conflictos de constitucionalidad, entre 1989 y el 2021, muchos de los cuales, en realidad, resultaron inadmisibles[7].

Esto deja ver, en alguna medida, el grado de madurez institucional y de acople entre los Supremos Poderes, en ejercicio de sus respectivas funciones, sin perjuicio de una ciertamente protagónica intervención del Poder Ejecutivo que ha visto ensanchadas algunas de sus potestades, en especial, la reglamentaria.

2. *Fuentes del Derecho Administrativo Costarricense*

A. *Normas escritas*

Según lo establece el artículo 6 de la LGAP, el ordenamiento jurídico administrativo está constituido por la Constitución Política, como norma de normas, los tratados internacionales, las leyes y demás actos con valor de ley, los decretos del Poder Ejecutivo que reglamentan las leyes, así como los de los demás Supremos Poderes en materia de su competencia; los reglamentos autónomos y de servicio del Poder Ejecutivo y los reglamentos de los demás entes descentralizados.

---

2 Así resulta de lo dispuesto por el artículo 13 de la Ley de la Jurisdicción Constitucional No. 7135 del 5 de octubre de 1989.

3 Sala Constitucional de la Corte Suprema de Justicia, Sentencia No. 6829-93 de las ocho y treinta y tres horas del veinticuatro de diciembre de mil novecientos noventa y tres. En el mismo sentido véanse, entre otras, las Sentencias No. 1011-95 de las quince horas cincuenta y un minutos del veintiuno de febrero de mil novecientos noventa y cinco; No. 3939-95 de las quince horas cincuenta y cuatro minutos del dieciocho de julio de mil novecientos noventa y cinco; No. 3575-96 de las once horas dieciocho minutos del doce de julio de mil novecientos noventa y seis y No. 1018-97 de las catorce horas con cuarenta y cinco minutos del dieciocho de febrero de mil novecientos noventa y siete, entre otras.

4 Sala Constitucional de la Corte Suprema de Justicia, Sentencia No. 6579-94 de las a las quince horas doce minutos del ocho de noviembre de mil novecientos noventa y cuatro

5 Sala Constitucional de la Corte Suprema de Justicia, Sentencia No. 1876-90 de las dieciséis horas del diecinueve de diciembre de mil novecientos noventa y la 2527-94 de las quince horas con treinta minutos del treinta y uno de mayo de mil novecientos noventa y cuatro, entre otras.

6 Hernández Valle, Rubén, en *Temas Claves de la Constitución Política*, Investigaciones Jurídicas, S.A., San José, 1999, p. 80 y 81.

7 Sala Constitucional de la Corte Suprema de Justicia, *Evolución Histórica desde su Creación 1989-2003*, p. 6.

Como se ve, la norma citada descarta, de plano, cualquier duda en torno al valor normativo y de aplicación directa de la Constitución, como también su consabida supremacía en la pirámide normativa.

En lo que a los Tratados internacionales se refiere, interesa destacar el hecho de que la jurisprudencia contencioso-administrativa ha visto en estos, también, una fuente normativa de aplicación directa, con supremacía por encima de la ley8.

La Ley, en su concepto formal, de acuerdo con el régimen jurídico costarricense, es la norma que resulta del procedimiento legislativo que compete a la Asamblea Legislativa conforme al artículo 121 constitucional. Para su plena eficacia, la ley requiere sanción del Ejecutivo y su publicación. Por otra parte, de conformidad con lo dispuesto por el artículo 129 de la Constitución, la Ley *"no queda abrogada ni derogada, sino por otra posterior"*, lo cual alude al concepto de la fuerza de ley, directamente relacionado con el de la jerarquía normativa.

Aunque excepcionales, los actos con valor de ley son admitidos en el régimen jurídico costarricense. Pueden distinguirse al menos dos distintos tipos: los de facto, algunos de ellos vigentes, y que fueron adoptados por la Junta Fundadora de la Segunda República a mediados del siglo pasado, entre los cuales destaca el que creó una entidad autónoma a la cual se delegó, monopólicamente, la prestación del servicio de energía eléctrica y de telecomunicaciones[9], y además, aquellos que se adopten con ocasión de calificadas circunstancias de urgencia administrativa (Art. 180 párrafo 3 de la CP). JINESTA LOBO, distingue en el ordenamiento jurídico costarricense, dos distintos supuestos de estado de urgente necesidad: el estado de sitio (art. 141.4 CP) y el estado de defensa nacional (art. 121,6) y 147 1) CP)[10].

En cuanto a los reglamentos, existe una expresa o implícita autorización constitucional para adoptar reglamentos ejecutivos y autónomos, sean estos de organización o de servicio. En el caso de los ejecutivos, su adopción corresponde, exclusivamente, al Poder Ejecutivo. En el caso de los reglamentos autónomos, se ha admitido que tanto los demás Poderes de la República, como las entidades autónomas, están en posibilidad jurídica de adoptarlos en la materia de su competencia y como resultado de una potestad que les resulta inherente en beneficio de la mejor prestación del servicio público –en sentido amplio- a su cargo.

B. *Normas no escritas*

La insuficiencia del derecho escrito para cubrir la totalidad de supuestos de hecho que la realidad social genera ha sido manejada por la LGAP –art. 7- a partir de la incorporación al Bloque de Legalidad, de las normas no escritas –la costumbre, la jurisprudencia y los principios generales-, a las cuales se asigna la tarea de *"interpretar, integrar y delimitar el campo de aplicación del ordenamiento escrito"*, asignándoseles *"...el rango de la norma que interpretan, integran o delimitan"*. En el caso de que deban suplir la ausencia o insuficiencia de normas escritas, dice el párrafo segundo del citado artículo, que dichas fuentes *"tendrán el rango de ley"*[11].

Interesa destacar, en el manejo de las normas no escritas que realiza la LGAP, el papel que asigna a los principios generales de Derecho, ya no solo como integradores del Ordenamiento Jurídico, sino, además, como fuente para la autorización implícita de los actos de la Administración, tal y como resulta de lo dispuesto por el artículo 14 párrafo 1 de la citada ley[12].

---

8 Tribunal Contencioso Administrativo, Sección Primera, Sentencia No. 202-99 de las dieciséis horas del quince de junio de mil novecientos noventa y nueve.

9 Se trata del Decreto-Ley de la Junta Fundadora de la Segunda República No. 499 de 9 de abril de 1949.

10 Jinesta Lobo, Ernesto, *Tratado de Derecho Administrativo*, p. 154 y 155.

11 En efecto, explica Ortiz Ortiz, que "*Cuando el principio suple la ley en el supuesto de laguna, su rango debe ser el de la ley. En esta hipótesis el principio es fuente primaria, como la ley, dada la ausencia total de regulación expresa. Y como la ley, debe reputarse subordinada únicamente a la Constitución que confiere la fuerza de aquella a toda fuente primaria por naturaleza. Pero se trata de una ley sui generis. Pues por su propia función, si bien puede ser modificada y derogada por la ley formal, no puede modificar y derogar la ley, porque entonces desaparecería, por definición, la hipótesis de laguna (ausencia de ley).*" Ortiz Ortiz, Eduardo, *Tesis de Derecho Administrativo,* Tomo I, p. 321 y 322.

12 Señala la disposición: *"Los principios generales de derecho podrán autorizar implícitamente los actos de la Administración Pública necesarios para el mejor desarrollo de las relaciones especiales creadas entre ella y los particulares por virtud de actos o contratos administrativos de duración"*.

A esta consideración, cabe agregar la acogida de los Principios de Autosuficiencia y Autointegración del Ordenamiento Jurídico Administrativo que postula el artículo 9 *ibídem*, lo cual ha ratificado el Tribunal Contencioso Administrativo, Sección Segunda13. Efectivamente, no solo se reconoce la posibilidad de acudir a normas no escritas para suplir la insuficiencia de las normas escritas, sino que, además, conforme a la disposición citada, se declara la independencia del ordenamiento jurídico administrativo, por lo que el Derecho privado o común y sus principios, solo podrán servir para integrar el Derecho administrativo, en caso de ausencia de norma escrita o no escrita del Derecho público.

La misma consideración se ha planteado en materia procesal. En efecto, según lo establecido por el artículo 220 del CPCA, *"Para lo no previsto expresamente en este Código, se aplicarán los principios del Derecho público y procesal, en general"*.

Con todo, la especial importancia que se ha atribuido a las normas no escritas que integran el ordenamiento jurídico administrativo, termina ratificándose en lo establecido, precisamente, por el recién citado CPCA, según el cual, el recurso de casación procederá *"por violación de normas sustantivas"*, *"Cuando la sentencia viole las normas o los principios del Derecho constitucional, entre otros, la razonabilidad, proporcionalidad, seguridad jurídica e igualdad"* -art. 138 inciso d)-

Como se aprecia, uno de los parámetros de legalidad de las sentencias deriva de las normas escritas, así como de las no escritas que conforman el Derecho de la Constitución, es decir, principios constitucionales como los que la norma de reciente cita detalla ilustrativa y no taxativamente.

III. ORGANIZACIÓN ADMINISTRATIVA, EN ESPECIAL EL ESTADO Y LOS MUNICIPIOS

1. *Del estado central*

Según las disposiciones de la Constitución Política costarricense, dentro de los distintos centros de acción de que está compuesto el Estado central, se encuentran el Presidente de la República (A), el Poder Ejecutivo (B) y el Consejo de Gobierno (C).

A. *El Presidente de la República*

El Presidente de la República, de elección popular cada cuatro años, posee tanto deberes y atribuciones de su exclusivo resorte[14], como otros que comparte con el Ministro del ramo[15].

En la primera hipótesis, la Presidencia de la República adopta competencias en calidad de órgano administrativo simple, mientras que la segunda lo hace, más bien, como uno de los centros de acción que compone el Poder Ejecutivo, órgano administrativo de carácter complejo desigual[16].

Además de las atribuciones que le confiere la Constitución Política, el Presidente de la República, como órgano simple, posee las definidas por el artículo 26 de la LGAP. Dentro estas facultades, destaca la de *"dirimir en vía administrativa los conflictos entre los entes descentralizados y entre estos y la Administración Central del Estado"*[17]. Dicha facultad fue oportunamente objeto de un cuestionamiento de constitucionalidad, al estimarse que podría quebrantar la autonomía de los entes descentralizados o autónomos. La tesis no fue, sin embargo, acogida por el Tribunal Constitucional, para el cual *"no existe inconstitucionalidad alguna en la medida en que el conflicto de competencia verse sobre las atribuciones asignadas por ley al ente en cuanto a sus fines y propósitos, en relación con la obligada coordinación que debe existir con la Administración Pública central, es decir, materia de gobierno"*[18].

---

13 Tribunal Contencioso Administrativo, Sección Segunda, Sentencia No. 459-2003 de las diez horas treinta minutos del veintiséis de setiembre del dos mil tres.

14 Se trata de las establecidas por el artículo 139 constitucional.

15 Son las previstas por el artículo 140 de la Carta Magna.

16 En ese sentido, Ortiz Ortiz, Eduardo, *Tesis de Derecho Administrativo,* Tomo II, Biblioteca Jurídica DIKE-Editorial Stradtmann, edición 2002, p. 66.

17 Los artículos 78 a 80 de la LGAP, regulan el procedimiento a seguir para la resolución de conflictos de competencia por parte del Presidente de la República, entre un Ministerio y una entidad descentralizada, o entre estas.

18 Ver Sala Constitucional de la Corte Suprema de Justicia, Sentencia No. 1948-90, de las 9:15 horas del 11 de agosto de 1993.

B. *Del Poder Ejecutivo*

El Poder Ejecutivo está compuesto por el Presidente de la República y el Ministro del ramo19. El artículo 140 constitucional detalla una larga lista de tareas a su cargo, de la cual interesa resaltar la potestad reglamentaria prevista en el inciso 3) y 18), de las cuales deriva la potestad de reglamentación ejecutiva, incluyendo la de determinar, mediante reglamentos autónomos -de servicio y organización-, la distribución interna de sus competencias y creación de centros de acción, en su caso.

Se ha entendido que tal está sujeta a tres distintos límites: la reserva legal; el ámbito material de la potestad reglamentaria y la imposibilidad de que el Reglamento viole la Ley[20].

La potestad de autoorganización del Poder Ejecutivo carece de un sustento constitucional explícito[21], circunstancia que en nada ha afectado su legítimo ejercicio.

Además de las aludidas potestades del Poder Ejecutivo regidas por la citada norma constitucional, cabe agregar las previstas en el artículo 27 de la LGAP, dentro de las que destaca la potestad de *"...dirigir y coordinar la Administración, tanto central como, en su caso, descentralizada, del respectivo ramo..."* prevista en el primer párrafo de la norma.

Al alcanzar tal potestad de dirección del Poder Ejecutivo no solo el Estado Central, sino además, a las entidades descentralizadas, se llegó a discutir en torno a una posible lesión de la autonomía que la Carta Política le atribuye a estas últimas. Tal cuestionamiento fue resuelto señalándose que, desde la óptica constitucional, una potestad como la descrita resultaba legítima, siempre y cuando no se excedieran los límites implícitamente establecidos por la Carta Política[22].

C. *Del Consejo de Gobierno*

El Consejo de Gobierno es un órgano colegiado compuesto por el Presidente de la República y sus Ministros. A ese órgano, la Constitución Política le asigna funciones concretas en el artículo 147[23], a las cuales debe agregarse las previstas en el artículo 29 de la LGAP, dentro de las cuales se encuentran las relativas al ejercicio de la autotutela administrativa -resolución de recursos en vía administrativa y declaratoria de lesividad de los actos de la Administración Central-.

La misma LGAP regla los procedimientos a seguir por tal órgano colegiado, para adoptar sus decisiones en los artículos 49 a 58.

2. *De la administración descentralizada*

En cada cantón que conforma la República, una Corporación Municipal ha de administrar los intereses y servicios locales. Se habla así, de una administración descentralizada en razón del territorio (A).

Además, se dispone en la propia Carta Política, la posibilidad de conformar instituciones autónomas del Estado, las cuales gozarán de independencia administrativa y estarán sujetas en materia de gobierno a lo dispuesto por la Ley. Habrá en cada una de ellas, una especialidad funcional y servicial debido a la materia que les resulta atribuida en su respectiva ley constitutiva (B).

A. *Las Corporaciones Municipales*

La República está conformada por un total de 83 cantones repartidos por todo el territorio nacional. Hay quien, con tino, ha estimado que se trata de una repartición territorial que no resulta eficiente para la distribución de las competencias, por involucrar muy pequeñas circunscripciones territoriales,

19 Cabe aclarar que el Ministro actúa, también, en calidad de órgano simple. Se le reconocen, mediante el artículo 28 de la LGAP, atribuciones cuyo ejercicio le concierne *"exclusivamente"*, al decir de esa misma norma, las cuales están referidas a su posición de superior jerárquico supremo del Ministerio de que se trate.

20 Ortiz Ortiz, Eduardo, *Tesis de Derecho Administrativo*, Tomo I, p. 277.

21 Ortiz Ortiz, Eduardo, *Tesis de Derecho Administrativo,* Tomo I, p. 273.

22 Sala Constitucional de la Corte Suprema de Justicia, Sentencia No 6345-97 de las 8:33 hrs. del 6 de octubre de 1997 de la Sala Constitucional.

23 Entre ellas, solicitar a la Asamblea Legislativa la declaratoria de estado de defensa nacional, ejercer el derecho de gracia, nombrar y remover los funcionarios diplomáticos, nombrar los directores de las instituciones autónomas, etc.

condición que las hace en muchos casos, incapaces de contar con los recursos financieros necesarios para la mejor atención de los asuntos locales[24].

A pesar de ese riesgo, lo cierto es que, lejos de reducirse el número de cantones, se decidió aumentarlo[25].

La Constitución costarricense, al igual que la generalidad de las constituciones que se han ocupado del tema, implantó un régimen municipal autónomo[26]. Tal autonomía alcanza tanto la administrativa como la de política o gobierno, consideración que se hace derivar de los términos en que se expresó el Constituyente en el artículo 170 constitucional[27].

Al respecto, la Sala Constitucional ha encontrado en tal autonomía, el fundamento de la potestad tributaria municipal[28], además ha juzgado inconstitucional una norma que atribuía la competencia a la Contraloría General de la República de designar el auditor municipal, en detrimento de la propia Corporación Municipal[29]. En contraste, no se estimó violatorio de la autonomía municipal, el sometimiento de las Municipalidades al control de legalidad en el manejo de la hacienda pública, por parte del aludido órgano contralor[30].

La definición de las materias de competencia municipal ha sido tratada tanto por la doctrina como por la jurisprudencia, sin perjuicio de que el artículo 169 de la Constitución Política define como "locales" los intereses y servicios que atienden las municipalidades.

Para ORTIZ ORTIZ son de competencia municipal los "*i) servicios públicos; ii) policías especiales, con exclusión de la general sobre el orden, la seguridad y la tranquilidad, que es monopolio estatal; iii) planificación edilicia y urbanística; iv) administración de la zona marítimo-terrestre; v) participación en la unión educativa propia del Estado.*"[31]

Por su parte, para la Sala Constitucional, son de competencia municipal las materias relativas a orden público (ver sentencias No. 2306-91; No. 1677-94 y No. 2984-94); otorgamiento de licencias, patentes y permisos (sentencias No. 530-94, No. 896-96, No. 6469-97, No. 139-98 y No. 1477-98); protección del medio ambiente y la salud pública (sentencias No. 5141-94, No. 941-96 y No. 726-98); planificación urbana local (sentencias No. 4857-96 y No. 423-97), control, inspección, administración y vigilancia sobre las calles, aceras, plazas, parques o caminos públicos entre otras (sentencias No. 3981-94, No. 5024-94, No. 5195-94, No. 3362-95 y No. 6464-97); el manejo de basura (sentencias No. 2001-8137, 1221-99) y policía municipal (sentencia No. 2000-3895), entre otras.

Lo cierto, sin embargo, es que las enumeraciones no podrán considerarse taxativas, toda vez que, como lo ha planteado LEIVA POVEDA, se trata de competencias que no se han atribuido de modo exclusivo o excluyente con relación al Estado -ente mayor- y que, en todo caso, parten de una atribución definida por el Constituyente a partir de un concepto jurídico indeterminado, a saber, "*intereses y servicios locales*" -art. 169 CP-[32].

B. *Las Instituciones Autónomas*

La Constitución Política también define las líneas generales en que las Instituciones Autónomas asumirían su competencia especializada. Dichas instituciones forman parte del sector público estatal,

---

24 Ortiz Ortiz, Eduardo, *La Municipalidad en Costa Rica,* Madrid, 1987, p. 37

25 Mediante Ley No. 9440 del 20 de mayo de 2017, se creó el cantón XVI Río Cuarto de la provincia de Alajuela. Además, con base en la Ley No. 10019, se creó el cantón de Monteverde, cantón XII de la provincia de Puntarenas.

26 Jiménez Meza, Manrique, *Constitución Política Comentada de Costa Rica*, McGraw Hill, p. 694.

27 Jinesta Lobo, Ernesto, *Tratado de Derecho Administrativo*, p. 99.

28 Sala Constitucional de la Corte Suprema de Justicia, Sentencia No. 1613-91 de las catorce horas seis minutos del veintiuno de agosto de mil novecientos noventa y uno.

29 Sala Constitucional de la Corte Suprema de Justicia, Sentencia No. 2934-93 de las quince horas veintisiete minutos del veintidós de junio de mil novecientos noventa y tres.

30 Sala Constitucional de la Corte Suprema de Justicia, Sentencia No. 2934-93 de las quince horas veintisiete minutos del veintidós de junio de mil novecientos noventa y tres.

31 Ortiz Ortiz, Eduardo, *La Municipalidad en Costa Rica,* p. 66 y 67

32 Leiva Poveda, Jorge, *La elusiva definición de "lo local" que de existir perjudicaría a las Municipalidades,* en Memoria V Congreso Jurídico Nacional Municipal, Competencias Municipales: ¿qué es lo local?, San José, 2016, pp. 17-27.

aunque no así del Estado Central, como resultado, precisamente, de la autonomía que se les asegura en el texto constitucional.

Es claro, sin embargo, que la definición de los alcances de dicha autonomía es un tema intrínsecamente convulso, lo cual queda en evidencia en la amplia jurisprudencia constitucional que ha debido pronunciarse al respecto. Como resultado de esos antecedentes, se han sentado las líneas generales en que han de desenvolverse las relaciones de dirección y coordinación entre el Poder Ejecutivo y las autónomas.

De esta forma, se ha entendido que resulta congruente con el Derecho de la Constitución, que las instituciones autónomas se sometan a directrices definidas por el Poder Ejecutivo, siempre que no se vulneren ciertos límites, precisamente los intrínsecos a aquellas, es decir, su abstracción y una virtualidad operativa tal que no agote la capacidad de autogobierno de las entidades autónomas a que irían dirigidas[33]. Así, la directriz del Ejecutivo debe dar al ente la oportunidad de apreciar la conveniencia u oportunidad de una concreta decisión. En suma, se ha dicho que "*...es esencial a la autonomía administrativa, que el ente pueda cumplir o incumplir las directrices por su cuenta, sin perjuicio de ser sancionados los personeros y de que los actos guarden su valor y eficacia*" (Sentencia No 3309-94 antes citada).

Las entidades autónomas, por prescripción constitucional, solo pueden ser creadas por la Asamblea Legislativa mediante votación de mayoría calificada. Por otra parte, una vez creada una entidad autónoma, todo proyecto de ley que pueda afectar su ámbito de competencia, deberá serle consultado en el curso del procedimiento legislativo, so pena de incurrirse en un vicio formal que haría inconstitucional la norma finalmente aprobada.

Por último, cabe destacar que mientras algunas de las instituciones autónomas son de creación constitucional, como es el caso de los Bancos Estatales (art. 189 inciso 1), el Instituto Nacional de Seguros (art. 189 inciso 2); el Patronato Nacional de la Infancia (art. 55); la Caja Costarricense del Seguro Social (art. 73) y la Universidad de Costa Rica y en general, las instituciones dedicadas a la enseñanza superior universitaria del Estado (art. 84), otras lo han sido mediante disposiciones de ley que les atribuyen la atención de sectores tales como las enseñanza técnica (Instituto Nacional de Aprendizaje), la ayuda social a los sectores menos favorecidos de la población (Instituto Mixto de Ayuda Social) o bien, al sector de la vivienda y urbanismo (Instituto Nacional de Vivienda y Urbanismo), entre otros.

En la actualidad, según registros del Ministerio de Planificación Nacional y Política Económica, existe un total de treinta y cinco entidades de esta naturaleza.

IV. EL PROCEDIMIENTO ADMINISTRATIVO

1. *Procedimiento Administrativo y Constitución*

El procedimiento administrativo ha sido objeto de miles y miles de pronunciamientos de la Sala Constitucional, si bien a mi juicio interesa resaltar la Sentencia No. 15-90 de de las dieciséis horas con cuarenta y cinco minutos del cinco de enero de mil novecientos noventa.

En efecto, estimo que el fallo, a pesar de su reducida extensión, logra regular de forma precisa, las distintas garantías instrumentales que cabe derivar del Derecho de la Constitución, de modo que vino a definir las formalidades esenciales que deben ser respetadas en un procedimiento administrativo por parte de la Administración, a saber, "... *a) Notificación al interesado del carácter y fines del procedimiento; b) derecho de ser oído, y oportunidad del interesado para presentar los argumentos y producir las pruebas que entienda pertinentes; c) oportunidad para el administrado de preparar su alegación, lo que incluye necesariamente el acceso a la información y a los antecedentes administrativos, vinculados con la cuestión de que se trate; ch) derecho del administrado de hacerse representar y asesorar por abogados, técnicos y otras personas calificadas; d) notificación adecuada de la decisión que dicta la administración y de los motivos en que ella se funde y e) derecho del interesado de recurrir la decisión dictada.*" "*... el derecho de defensa resguardado en el artículo 39 ibídem, no solo rige para los procedimientos jurisdiccionales, sino también para cualquier*

[33] Sala Constitucional de la Corte Suprema de Justicia, Sentencia N° 3309-94 de las 15:00 hrs. del 5 de julio de 1994.

procedimiento administrativo llevado a cabo por la administración pública; y que necesariamente debe dársele al accionante si a bien lo tiene, el derecho de ser asistido por un abogado, con el fin de que ejercite su defensa...".

Con esa fórmula, el Alto Tribunal acoge la definición del debido proceso en vía gubernativa que sentara una vieja sentencia de lo contencioso administrativo, confirmada por la antigua Sala de Casación[34] y que se inspirara en la doctrina argentina, concretamente, en la obra de Héctor Jorge ESCOLA.

Posteriormente, miles de resoluciones de la Sala Constitucional han considerado ese pronunciamiento como base para estimar o desestimar la violación del debido proceso administrativo en la vía de amparo. Sin embargo, el haz de garantías fundamentales que intervienen en el procedimiento administrativo, no se reduce a tales formalidades o garantías instrumentales.

Con posterioridad, un fallo de la misma Sala Constitucional sistematizó los principios rectores que rigen los procedimientos administrativos desde la óptica constitucional. Efectivamente, en ese fallo, posteriormente reiterado por muchos más, se estableció que *"El Derecho a una justicia pronta y cumplida del ordinal 41 de la Constitución Política no se limita, en el Derecho Administrativo, al ámbito jurisdiccional, esto es, a los procesos que conoce la Jurisdicción Contencioso Administrativa creada en el artículo 49 del mismo cuerpo normativo supremo, sino que se proyecta y expande con fuerza, también, a la vía administrativa o gubernativa previa a la judicial, esto es, a los procedimientos administrativos. De modo y manera que es un imperativo constitucional que los procedimientos administrativos sean, igualmente, prontos, oportunos y cumplidos en aras de valores constitucionales trascendentales como la seguridad y la certeza jurídicas de los que son merecidos acreedores todos los administrados. Precisamente por lo anterior, los procedimientos administrativos se encuentran informados por una serie de principios de profunda raigambre constitucional, tales como los de prontitud y oportunidad (artículo 41 de la Constitución Política), más conocido como de celeridad o rapidez (artículos 225, párrafo 1°, y 269, párrafo 1°, de la Ley General de la Administración Pública), eficacia y eficiencia (artículos 140, inciso 8, de la Constitución Política, 4°, 225, párrafo 1°, y 269, párrafo 1°, de la Ley General de la Administración Pública), simplicidad y economía procedimentales (artículo 269, párrafo 1°, ibidem). Estos principios rectores de los procedimientos administrativos, le imponen a los entes públicos la obligación imperativa de substanciarlos dentro de un plazo razonable y sin dilaciones indebidas, es decir, sin retardos graves e injustificados para evitar la frustración, la eventual extinción o la lesión grave de las situaciones jurídicas sustanciales invocadas por los administrados por el transcurso de un tiempo excesivo e irrazonable. El privilegio sustancial y posicional de las administraciones públicas, denominado autotutela declarativa y que, a la postre, constituye una pesada carga para los administrados, no debe invertirse y ser aprovechado por estas para causarle una lesión antijurídica al administrado con la prolongación innecesaria de los procedimientos administrativos"*[35].

De esta forma, además de la garantía instrumental del debido proceso, el particular goza de la garantía a un derecho a un procedimiento administrativo pronto y cumplido, lo cual se ve plasmado en los aludidos principios que gobiernan el procedimiento administrativo común regido por el Libro Segundo de la LGAP.

Estos precedentes constitucionales, deben complementarse con lo establecido por la Corte Interamericana de Derechos Humanos, cuya interpretación de la normativa internacional aplicable en la materia, vincula a los Estados parte del Sistema.

Concretamente -aunque no exclusivamente-, interesa aludir a la sentencia del 8 de julio de 2020 (Excepciones Preliminares, Fondo, Reparaciones y Costas) en el caso Petro Urrego Vs. Colombia, en la cual la Corte se refirió a que la concentración de las facultades investigativas y sancionadoras en una misma entidad, lo cual es común en los procedimientos administrativos disciplinarios, es incompatible con el artículo 8.1 de la Convención Americana de Derechos Humanos. Específicamente, indicó lo siguiente:

> *"129. (...) La Corte advierte que la concentración de las facultades investigativas y sancionadoras en una misma entidad, característica común en los procesos administrativos disciplinarios, no es sí misma incompatible con el artículo 8.1 de la Convención, siempre que*

---

34 Sala de Casación, Corte Suprema de Justicia, Sentencia No. 110 de las diez horas del diecisiete de noviembre de mil novecientos setenta y ocho.

35 Sala Constitucional de la Corte Suprema de Justicia, Sentencia No. 2003-14690 de las trece horas con cincuenta y cuatro minutos del doce de diciembre del dos mil tres.

dichas atribuciones recaigan en distintas instancias o dependencias de la entidad de que se trate, cuya composición varíe de manera que tal que los funcionarios que resuelvan sobre los méritos de los cargos formulados sean diferentes a quienes hayan formulado la acusación disciplinaria y no estén subordinados a estos últimos. Párrafo 129".

Si bien es cierto el fallo recién citado no ha sido aún considerado en fallos como parámetro de legalidad, lo cierto es que debería ser un asunto de tiempo nada más, puesto que, constantemente, los procedimientos administrativos sancionadores se tramitan mediante órganos directores -instructores- que carecen de independencia con respecto a los órganos decisores.

2. *Tipología y régimen jurídico*

La jurisprudencia constitucional explica que es posible distinguir entre los procedimientos administrativos de naturaleza *"constitutiva"* y aquellos *"de impugnación"*[36]. Entre los primeros, dejando de lado los regulados por normas dispersas por el ordenamiento, la LGAP distingue entre el ordinario y sumario.

En ambos casos, conforme a lo dispuesto por el artículo 214.1 de la LGAP, *"su objeto más importante es la verificación de la verdad real de los hechos que sirven de motivo al acto final"*. Por otra parte, solo ocasionará nulidad de lo actuado, *"la omisión de formalidades sustanciales"*, por las cuales ha de entenderse aquellas *"cuya realización correcta hubiera impedido o cambiado la decisión final en aspectos importantes, o cuya omisión causare indefensión"* -art. 223-.

El procedimiento ordinario administrativo, se ha reservado -art. 308- para aquellos casos en que el acto final pueda causar "*perjuicio grave al administrado, sea imponiéndole obligaciones, suprimiéndole o denegándole derechos subjetivos, o por cualquier otra forma de lesión grave y directa a sus derechos o intereses legítimos*". También, es el procedimiento por seguir, cuando haya "*contradicción o concurso de interesados frente a la Administración dentro del expediente*", esto es, para el caso de procedimientos de tipo triangular. Finalmente, es el procedimiento por aplicar, tratándose de procedimientos disciplinarios "*...cuando estos conduzcan a la aplicación de sanciones de suspensión o destitución, o cualesquiera otras de similar gravedad*".

El procedimiento está diseñado de forma tal que sea célere sin sacrificar las garantías instrumentales antes aludidas. Orgánicamente, corresponde a un "*órgano director*" la instrucción del procedimiento. Dicho órgano puede ser colegiado o unipersonal -art. 234-.

Una vez iniciado el procedimiento, sea de oficio o a petición de parte -art. 284-, se citará a las partes con un plazo de quince días hábiles de antelación -art. 311- a una comparecencia oral y privada -arts. 218, 309 y 312-, en la cual la parte tendrá *"el derecho y la carga"* de *"a) ofrecer su prueba; b) obtener su admisión y trámite cuando sea pertinente y relevante c) pedir confesión a la contraparte o testimonio a la Administración, preguntar y repreguntar a testigos y peritos, suyos o de la contraparte d) aclarar, ampliar o reformar su petición o defensa inicia e) proponer alternativas y sus pruebas y f) Formular conclusiones de hecho y de derecho en cuanto a la prueba y resultados de la comparecencia"* -art. 317-, todo lo cual deberá hacerse oralmente.

Al finalizar la audiencia, el asunto quedará listo para ser resuelto por el "*órgano competente*" -art. 319-, decisión que será susceptible de los recursos administrativos respectivos, según se verá de seguido.

En el caso del procedimiento sumario, se trata del que resulta de aplicación *"cuando no se esté en los casos previstos por el artículo 308"*. En vista de tal circunstancia, las formalidades exigidas son de menor intensidad -arts. 320 a 326-.En general, el Libro Segundo de la LGAP define los principios que rigen al procedimiento -celeridad, formalismo moderado, oficiosidad-.

---

[36] Se dijo en el fallo: "*En materia de procedimientos administrativos, es menester distinguir entre el de naturaleza constitutiva y el de impugnación. El primero tiene como principal propósito el dictado de un acto administrativo final que resuelva el pedimento formulado por el gestionante o parte interesada -en un sentido favorable o desfavorable-, y el segundo está diseñado para conocer de la impugnación presentada contra el acto final que fue dictado en el procedimiento constitutivo -fase recursiva-. El procedimiento constitutivo puede ser, a modo de ejemplo, los procedimientos ordinario y sumario normados en la Ley General de la Administración Pública o cualquier otro especial por razón de la materia regulado en una ley específica y que sea posible encuadrarlo dentro de las excepciones contenidas en el numeral 367, párrafo 2°, de la Ley General de la Administración Pública y en los Decretos Ejecutivos números 8979–P del 28 de agosto y 9469–P del 18 de diciembre, ambos de 1978*".

Se ocupa también de establecer reglas en torno a la abstención y recusación, con lo cual se procura la independencia de los órganos que intervienen en el procedimiento. Se definen, además, las formas de comunicación de los actos, tanto el final como los de trámite, entre las que destaca la definida en el artículo 245, conforme al cual *"la notificación contendrá el texto íntegro del acto con indicación de los recursos procedentes, del órgano que los resolverá, de aquél ante el cual deban interponerse y del plazo para interponerlos"*. En lo que a legitimación se refiere, el artículo 275 acoge una concepción amplia, al estimar legitimado a *"todo el que tenga interés legítimo o un derecho subjetivo que pueda resultar directamente afectado, lesionado o satisfecho, en virtud del acto final. El interés de la parte ha de ser actual, propio y legítimo y podrá ser moral, científico, religioso, económico o de cualquiera otra índole."*

La normativa, en vista del surgimiento de los procedimientos de carácter triangular requeridos para ejercer la potestad administrativa arbitral, así como el carácter electrónico, requiere, con urgencia, una actualización, incorporando, además, para el caso de los procedimientos sancionadores administrativos, las garantías instrumentales que la Corte Interamericana de Derechos Humanos interpreta que derivan de la Convención Americana de Derechos Humanos (Pacto de San José), en la referida sentencia del 8 de julio de 2020 (Excepciones Preliminares, Fondo, Reparaciones y Costas) en el caso Petro Urrego Vs. Colombia.

V. EL ACTO ADMINISTRATIVO, SU EJECUCIÓN, PRINCIPIO DE AUTOTUTELA, LOS RECURSOS EN VÍA ADMINISTRATIVA

1. *Generalidades del régimen jurídico del acto administrativo en Costa Rica*

La normativa vigente en esta materia, si bien evidencia una muy cuidadosa elaboración, a mi juicio, requiere de una actualización a la realidad actual.

La redacción de esta normativa data de mediados de la década de los sesenta del pasado siglo, si bien entró a regir hasta mil novecientos setenta y ocho.

De este modo, es imposible esperar que, dentro de sus regulaciones, se haya previsto lo que hoy día se ha dado en llamar el acto administrativo electrónico y el acto administrativo automatizado.

De este modo, como se verá, en la clasificación de los actos administrativos que se hace en la LGAP, es claro que no se incluye mención alguna de esos dos tipos de actos administrativos, omisión que es preciso superar, dado que, en la práctica, se ha venido adoptando actos administrativos en plataformas electrónicas, aún en ausencia de normativa común que los regule.

En el caso de los actos administrativos automatizados, si bien aún no se adoptan, no hará falta que transcurra mucho tiempo para que esto suceda por lo que la introducción de las reglas mínimas necesarias para definir su régimen jurídico empieza a ser de marcado interés.

Como primer criterio de clasificación de los actos administrativos, el artículo 120 de la Ley alude a los actos administrativos externos e internos *"según que vayan destinados o no al administrado"*. También se alude al caso de los actos administrativos concretos y generales, *"según que vayan destinados o no a un sujeto identificado"*. Esta distinción, para la jurisprudencia contencioso-administrativa, genera *"relevantes repercusiones jurídicas"* que suponen *"un régimen jurídico diferenciado"*[37].

Por otra parte, el artículo 121 establece una nomenclatura según la cual, se denominará *"decretos"* a aquellos actos de alcance general, mientras que serán *"acuerdos"*, los concretos. En el caso de los primeros, cuando tengan contenido normativo, se llamarán también *"reglamentos o decretos reglamentarios"*. En lo que corresponde a los segundos, cuando decidan un recurso o reclamo administrativo, se les denominará *"resoluciones"*.

A los actos internos, la Ley en comentario les niega valor *"ante el Ordenamiento general del Estado en perjuicio del particular, pero no en su beneficio"* -art.122.1-, lo cual deja ver una especial distinción considerada desde la óptica de la producción de efectos en que está en capacidad el acto de generar.

---

[37] Tribunal Contencioso Administrativo, Sección Tercera, Sentencia No. 600-2002 de las nueve horas y quince minutos del veintiuno de junio del dos mil dos.

Así, el acto interno solo podrá innovar de forma positiva en la situación jurídico-administrativa del particular, mientras que el externo podrá también innovar de forma negativa, sea modificando o bien extinguiendo derechos subjetivos y demás situaciones jurídico-administrativas.

Interesa examinar un aspecto de especial importancia, como es la recta interpretación de lo dispuesto por las citadas normas en cuanto a los actos generales.

Como bien explica JINESTA LOBO[38], en realidad, no debe caerse en el error de entender que, vistas las aludidas disposiciones de la LGAP, el régimen jurídico a que se sujeta el reglamento[39] en el Ordenamiento Jurídico Administrativo costarricense, es idéntico al del acto administrativo.

Para acreditar su dicho, el citado autor acude a dos líneas de argumentación que este estudio comparte en un todo. La primera, se reduce a subrayar lo que la propia LGAP entendió al respecto, es decir, lo dispuesto por el artículo 6 párrafo 3, según el cual, *"En lo no dispuesto expresamente, los reglamentos estarán sujetos a las reglas y principios que regulan los actos administrativos"*. Por obvia que sea la disposición de la LGAP en comentario, interesa destacar su contenido y efectos, para un recto entendimiento del régimen jurídico del reglamento en Costa Rica.

Acto seguido, JINESTA LOBO identifica un total de once diferencias en el régimen jurídico del reglamento respecto del acto administrativo puro y simple. Entre estas, incluye diferencias importantes en los mecanismos de impugnación –art. 10.1 b) de la LRJCA, hoy art. 37.3 del CPCA-; posibilidad de revocación, jerarquía normativa, publicidad, fines, contenido típico, efectos jurídicos, etc.

Es posible entonces señalar, sin asomo de duda, que el reglamento, como acto de aplicación general con contenido normativo, presenta múltiples peculiaridades en el tratamiento jurídico que le confiere el Ordenamiento Jurídico Administrativo costarricense, sin perjuicio de que le resulten aplicables algunas de las disposiciones de la LGAP referidas a los actos administrativos concretos, en especial, las referidas a sus vicios y nulidades.

En cuanto a los elementos del acto administrativo, el art. 129 de la LGAP señala que "*el acto debe dictarse por el órgano competente y por el servidor regularmente designado al momento de dictarlo previo cumplimiento de los trámites sustanciales y de los requisitos indispensables para el ejercicio de la competencia*". Además, se alude a la necesidad de que el acto sea una evidencia formal de la voluntad "*...libre y consciente, dirigida a producir el efecto jurídico deseado para el fin querido por el ordenamiento*" -art. 130.1-.

La mención al fin o varios fines como elemento del acto administrativo, también se plantea de forma expresa -art.131.1-. Se atribuye, sin embargo, la definición de ese fin o fines, al Ordenamiento Jurídico, sin perjuicio de que en ausencia de norma expresa, pueda inferirse de otros elementos del acto.

Se alude también al contenido, el cual se dice "*deberá ser lícito, posible, claro y preciso y abarcar todas las cuestiones de hecho y derecho surgidas del motivo...*" -art.132.1-. Se admite, además, la inserción discrecional de "*condiciones, términos y modos*", imponiendo como condición de validez, que "*...sean legalmente compatibles con la parte reglada*" del acto -art.132.4-.

En cuanto al motivo, se dispone que siempre "*...deberá ser legítimo y existir tal y como ha sido tomado en cuenta para dictar el acto*" -art.133.1-. En ausencia de regulación expresa, deberá "*...ser proporcionado al contenido y cuando esté regulado en forma imprecisa deberá ser razonablemente conforme con los conceptos indeterminados empleados por el ordenamiento*".

De acuerdo con lo establecido por el artículo 136, la exigencia de la motivación es especialmente importante en el caso de actos ablatorios, resoluciones administrativas, aquellos que se separen de criterios seguidos en actuaciones precedentes o del dictamen de órganos consultivos y los de suspensión de actos objeto de recurso.

Finalmente, para la jurisprudencia contencioso-administrativa debe distinguirse entre el "*motivo*" del acto y su "*motivación*", asignando a la primera noción un papel interno y a la segunda un papel a lo externo del acto. De esta forma, la exigencia contenida en el artículo 136 antes citado, se ha relacionado

[38] Jinesta Lobo, Ernesto, *Tratado de Derecho Administrativo*, Tomo I, p. 305 a 309.

[39] Entiéndase, según la semántica de la LGAP, un decreto con contenido reglamentario.

con la carga de la Administración de expresar formal y externamente, al menos de forma sucinta, los fundamentos en que sustenta su decisión[40].

La LGAP contiene también disposiciones relativas a la eficacia y ejecutoriedad del acto. Como regla de partida, conforme al artículo 140, la eficacia del acto dependerá de su comunicación al administrado, salvo en el caso de que este derive derechos, circunstancia en la cual, los efectos se producirán desde el propio momento de su adopción.

Se establece, además, producto del principio constitucional de irretroactividad, que tal eficacia será siempre hacia el futuro, salvo casos de excepción, como es el apuntado por el párrafo segundo del artículo 142, según el cual, la retroactividad en beneficio del administrado operará siempre que *"... desde la fecha señalada para el inicio de su efecto existan los motivos para su adopción, y que la retroacción no lesione derechos o intereses de terceros de buena fe".*

SABORÍO VALVERDE[41] ha identificado, conforme al régimen jurídico costarricense, diversos supuestos en los cuales se produce el cese de la eficacia del acto administrativo. Así, distingue dos casos de cesación temporal de la eficacia del acto, a saber, cuando se decida su suspensión en vía administrativa[42] o bien, cuando esta se decida en vía jurisdiccional[43]. Además, identifica dos supuestos en los cuales se produce la cesación de la eficacia de forma definitiva, se trata del caso en que el propio acto agota sus efectos con su emisión o cumplimiento[44] o bien, los supuestos en que se presentan causas sobrevinientes[45].

En cuanto a la cesación de la eficacia por causas sobrevinientes, el artículo 152 de la Ley citada, establece que la revocación podrá darse *"por razones de oportunidad, conveniencia o mérito... "*, con lo cual se deja ver que se trata de un mecanismo reservado a los actos discrecionales, tal y como lo confirma luego el Art. 156.1 de la misma Ley, al disponer la imposibilidad de revocar actos reglados.

La revocación de actos administrativos es competencia, tan solo, del superior jerarca supremo del ente respectivo. Se requiere, para decidir la revocación, de un dictamen favorable de la Contraloría General de la República -art. 155.1-, aspecto este último que fuera considerado constitucionalmente admisible por el Tribunal de la materia46.

Además, al propio momento en que se decide la revocación de un acto discrecional del cual un particular ha derivado derechos, deberá establecerse el monto de la indemnización, *"so pena de nulidad absoluta"* -art.155.2-.

Distinto es el supuesto de la anulación del acto administrativo del cual ha derivado derechos un particular. En esos supuestos, se admite la anulación en vía administrativa por parte de la propia Administración Pública, de forma excepcional, cuando el acto esté viciado de nulidad absoluta, evidente y manifiesta, previo procedimiento administrativo ordinario y dictamen favorable de la Procuraduría General de la República -art. 173 LGAP-. Se admite también, la anulación del acto en vía judicial, mediante el proceso de lesividad para el caso en el cual la nulidad no es absoluta y manifiesta -art.10.5 y 34 del CPCA-.

---

40 Tribunal Contencioso Administrativo, Sección Primera, Sentencia número 348-98 de 11 horas del 14 de octubre de 1998. En el mismo sentido, Tribunal Contencioso Administrativo, Sección Segunda, Sentencia número 232 de las doce horas del diecisiete de julio del 2002.

41 Saborío Valverde, Rodolfo, *Eficacia e invalidez del acto administrativo*, Editorial Alma Mater, San José, 1986, p. 51 a 53.

42 Se trata del supuesto previsto por el artículo 148 de la LGAP que establece que la regla según la cual, el recurso administrativo no tiene efectos suspensivos automáticos, por regla general, sin perjuicio de que, por estarse frente a la posibilidad de que se causen perjuicios graves o de imposible o difícil reparación, la autoridad que decide el recurso, decida suspender los efectos del acto impugnado.

43 El CPCA admite la suspensión del acto impugnado, como la de cualquier otra medida cautelar, *"cuando la ejecución o permanencia de la conducta sometida a proceso, produzca graves daños o perjuicios, actuales o potenciales, de la situación aducida, y siempre que la pretensión no se temeraria o, en forma palmaria, carente de seriedad"* -art. 21-.

44 Saborío Valverde, Rodolfo, *Eficacia e invalidez del acto administrativo,* p. 53.

45 Se trata del caso en que el acto es revocado –art. 152 y ss de la LGAP-, anulado –art.159 LGAP-, por desaparición de las causas que dieron lugar a su adopción –art. 159- o bien por renuncia del particular de los derechos derivados del acto. Saborío Valverde, Rodolfo, *Eficacia e invalidez del acto administrativo*, p. 53.

46 En ese sentido, véase Sala Constitucional de la Corte Suprema de Justicia, Sentencia No. 5120–95 de las veinte horas treinta y nueve minutos del trece de setiembre de mil novecientos noventa y cinco.

Tanto para el caso de la revocación se establece en la LGAP un plazo de caducidad de cuatro años (art. 156.4), mientras que, para el caso de la anulación de actos administrativos por parte de la propia Administración, se impone un plazo de un año contado a partir del día siguiente de su comunicación y de tratarse de un acto de efectos continuados, de un año a partir del cese de sus efectos -art. 175 LGAP-.

En lo que a la ejecutoriedad del acto se refiere, el Derecho Administrativo costarricense solo le confiere tal característica al acto válido o anulable, que además sea eficaz, según resulta de la relación de lo dispuesto por los artículos 146.1 y 3 y 169 de la LGAP.

Se habla así de una *"... ineficacia congénita del acto nulo"*[47], la cual a su vez ocasiona la imposibilidad jurídica, que no material, de su ejecución por parte de la propia Administración, al grado que se declara la responsabilidad solidaria de aquella y del funcionario que haga ejecutar un acto viciado de nulidad -arts. 146.1 y 3 y 170.1 de la LGAP-[48].

En caso de ser ejecutorio, la LGAP -art.149- pone a disposición de la Administración, diversos medios de ejecución administrativa, a saber:

- la ejecución forzada mediante apremio sobre el patrimonio del particular, para aquellos casos en que exista un crédito líquido de la Administración;
- la ejecución sustitutiva, para el caso de obligaciones susceptibles de ser cumplidas por un tercero y
- el cumplimiento forzoso, para el caso de que la obligación sea personalísima, de dar, hacer o tolerar o no hacer, pudiendo convertirse en daños y perjuicios según el criterio prudencial de la Administración.

Al respecto, se ha dicho que se trata de medios que han sido reconocidos a la Administración, como producto de la "autotutela ejecutiva administrativa (que exime de la necesidad de acudir al auxilio judicial para que la coacción legítima pueda ponerse en servicio de la ejecución práctica de los derechos de un sujeto desconocido, resistidos o atropellados por los demás."[49]

Resta referirse a las nulidades del acto administrativo, tema al que se dedica atención en diversos niveles del Ordenamiento Jurídico Administrativo. Así, por ejemplo, conforme a lo establecido por el artículo 49 constitucional, *"la desviación de poder será motivo de impugnación de los actos administrativos"*, con lo que se deja de manifiesto el especial interés de que el acto administrativo atienda, como requisito de validez, los fines fijados por el Ordenamiento Jurídico.

El CPCA, por su parte, alude en el artículo 1 párrafo 2, también de forma expresa, a los vicios del acto administrativo, si bien lo hace formulando una definición amplia de los motivos de ilegalidad: *"...comprenden cualquier infracción, por acción u omisión, al ordenamiento jurídico, incluso la desviación de poder"*.

Antes, la LGAP había venido a desarrollar con mayor detalle tales patologías. De esta forma, el artículo 129 regula el vicio de incompetencia, mientras que el quebrantamiento de formalidades esenciales se regula en el artículo 223.1, por ejemplo.

Finalmente, la desviación de poder como vicio del acto administrativo, es también objeto de atención en ese cuerpo legal, tal y como resulta de lo establecido por los artículos 128 *in fine*, 130.3 y 131.3 de la LGAP.

Cabe señalar, también, que la LGAP, como bien explica SABORÍO VALVERDE, afronta el tema a partir de dos distintas categorías de infracción al Ordenamiento Jurídico, las *"...sustanciales e insustanciales"*[50]. Efectivamente, la LGAP plantea como punto de partida, que será válido el acto administrativo *"que se conforme sustancialmente con el ordenamiento jurídico..."*. A partir de esa consideración, a *contrario sensu*, se establece que *"será inválido el acto sustancialmente disconforme con el ordenamiento jurídico"* -art. 158.2-, para plantear, sucesivamente, que las *"infracciones insustanciales no invalidará el acto"* -art. 158.4-.

---

47 Ortiz Ortiz, Eduardo, *La vía de hecho en Costa Rica*, en Estudios en Honor de Pedro J. Frías, Volumen X de la Academia Nacional de Derecho y Ciencias Sociales de Córdoba, Junio de 1994, p. 535.

48 Ortiz Ortiz, Eduardo, *Tesis de Derecho Administrativo*, Tomo II, p. 511 y 512.

49 González Camacho, Óscar, *Consideraciones prácticas en torno al proceso ejecutivo*, San José, 1995, p. 112.

50 Saborío Valverde, Rodolfo, *Eficacia e invalidez del acto administrativo*, p. 83.

De esta forma, solo las infracciones sustanciales causan, entonces, la invalidez -nulidad absoluta- del acto administrativo. Dentro de las infracciones sustanciales expresamente señaladas por la propia LGAP, se encuentran *"cualesquiera infracciones sustanciales del ordenamiento, incluso las de normas no escritas"* -art. 158.3-; la contradicción del acto a *"...las reglas técnicas y científicas de sentido unívoco y aplicación exacta"* -arts. 16.1 y 158.4-; *"... cuando falten totalmente uno o varios de sus elementos constitutivos, real o jurídicamente"* -art. 166-; la *"omisión de formalidades sustanciales del procedimiento"* -art. 223.1- y para el caso del acto discrecional, *"...cuando viole reglas elementales de lógica, de justicia o de conveniencia, según lo indiquen las circunstancias del caso"* -arts. 16.1 y 160-.

En suma, la invalidez del acto administrativo, conforme al artículo 165 de la LGAP, puede manifestarse sea como nulidad absoluta o como una nulidad relativa.

Con tino señala ORTIZ ORTIZ que la nulidad absoluta, en el Derecho Administrativo costarricense, "conduce a una privación total y necesaria (jurídicamente obligatoria) de los efectos del acto que así nace intrínsecamente ineficaz", mientras que, en el caso de la nulidad relativa, "...se produce una privación parcial y posible (en el doble sentido de incierta y facultativa) de los efectos del acto, que así nace eficaz, pero puede dejar de serlo."[51]

2. *De los recursos en vía administrativa*

Al decir de la Sala Constitucional, los procedimientos recursivos "... comprenden los recursos ordinarios (revocatoria, apelación y reposición) y los extraordinarios (revisión)"[52].

Efectivamente, conforme a las reglas de la LGAP, en lo que a los recursos ordinarios administrativos se refiere, según sea la naturaleza del acto –final o de trámite- o bien, dependiendo de la jerarquía del órgano de que emana directamente el acto final, así corresponderá uno u otro recurso administrativo.

Por regla general, los recursos no tienen efecto suspensivo de conformidad con el artículo 140 de la LGAP.

Por su parte, según el artículo 344.2 de la misma Ley, en caso de que el acto emane del inferior, solo cabrá el recurso de apelación, mientras que, de emanar del jerarca, solo cabrá el de revocatoria o reposición -arts. 344.3 LGAP.

En cuanto a los actos de mero trámite, según el artículo 345.1 de la LGAP, "... *cabrán los recursos ordinarios únicamente contra el acto que lo inicie, contra el que deniega la comparecencia oral o cualquier prueba*".

Los recursos ordinarios deberán ser interpuestos en el término de tres días hábiles contados a partir del siguiente al de la notificación, para el caso del acto final. De tratarse de recursos en contra de actos de trámite, el término será de veinticuatro horas -art.346-.

El recurso extraordinario de revisión se encuentra regulado por los artículos 353 y 354 de la LGAP. El primero regula las causales en que procede plantearlo, mientras que el segundo se refiere a los plazos en que deberá plantearse.

Finalmente, debe indicarse que el agotamiento de la vía administrativa dejó de ser un presupuesto formal del proceso contencioso administrativo aún antes de la reforma procesal contencioso administrativa, conforme a lo dispuesto por la Sala Constitucional de la Corte Suprema de Justicia, según la cual, tal exigencia resultaba contraria al Derecho de la Constitución.

Al respecto, la Sala Constitucional señaló:

"*V.- INCONSTITUCIONALIDAD DEL CARÁCTER PRECEPTIVO DEL AGOTAMIENTO DE LA VÍA ADMINISTRATIVA. Actualmente, sobre todo a la luz de los principios de la supremacía de la Constitución y de la vinculación más fuerte de los derechos fundamentales, así como de su eficacia expansiva y progresiva e interpretación más favorable, se entiende que el carácter obligatorio o preceptivo del agotamiento de la vía administrativa riñe con el derecho fundamental de los administrados a obtener una justicia pronta y cumplida ex artículos 41 y 49 de la Constitución Política (tutela judicial efectiva) y con el principio de igualdad, puesto que, solo en*

[51] Ortiz Ortiz, Eduardo, *Tesis de Derecho Administrativo,* Tomo II, p. 520.

[52] Sala Constitucional de la Corte Suprema de Justicia, Sentencia No. 2003-14690 de las trece horas con cincuenta y cuatro minutos del doce de diciembre del dos mil tres.

el proceso contencioso-administrativo –y no así en el resto de las jurisdicciones- se le obliga al justiciable, antes de acudir a la vía jurisdiccional, agotar todos los recursos administrativos ordinarios procedentes. La infracción al derecho fundamental a una justicia pronta y cumplida deviene de los siguientes aspectos: a) Normalmente, cuando el administrado interpone los recursos ordinarios de revocatoria, apelación o de reposición –entendido este último como el recurso horizontal que cabe contra los actos del jerarca o superior jerárquico supremo-, no logra que el propio órgano o su superior lo modifique o anule, de modo que el agotamiento de la vía administrativa es como sacar agua de un pozo seco, al no lograrse obtener nada de la interposición de los recursos, transformándose así en una pesada carga o especie de via crucis para el administrado; b) es sabido que el procedimiento administrativo y su etapa recursiva o de revisión, suele prolongarse más allá de los plazos legales y de lo que puede concebirse como un plazo razonable, con lo cual se prolonga indefinidamente, incluso por años, el acceso a la tutela judicial efectiva, sin tener posibilidad de hacerlo inmediatamente y cuando lo estime oportuno; c) la sumatoria del plazo necesario para agotar la vía administrativa con el requerido por la jurisdicción contencioso-administrativa, provoca que los administrados obtengan una justicia tardía, la cual, eventualmente, puede transformarse –según su prolongación y las circunstancias particulares de los administrados justiciables- en una denegación de justicia; lo anterior constituye una clara y evidente ventaja relativa para los entes públicos de la cual, en ocasiones, se prevalen, puesto que, el administrado o ciudadano pasa –por su condición ordinaria de persona física- y la administración pública permanece prolongadamente en el tiempo. En lo que atañe a la vulneración del principio de igualdad, debe indicarse que el agotamiento preceptivo de la vía administrativa, derivado del privilegio de la autotutela declarativa, expone al justiciable que litiga contra una administración pública a una situación discriminatoria, puesto que, no existe un motivo objetivo y razonable para someterlo a ese requisito obligatorio, a diferencia del resto de los órdenes jurisdiccionales. Debe tenerse en consideración que, incluso, la libertad de configuración o discrecionalidad legislativa al diseñar los diversos procesos tiene como límite infranqueable el principio de igualdad. Lo anterior, queda reforzado si se considera que las administraciones públicas son un sujeto de Derecho más que no tienen por qué gozar de tales privilegios o prerrogativas y que el eje central en una administración prestacional o en un Estado Social y Democrático de Derecho lo es la persona, esto es, el usuario o consumidor de los bienes y servicios públicos. En esencia, los intereses públicos y la satisfacción de las necesidades colectivas no pueden tenerse como cláusulas de apoderamiento para enervar los derechos fundamentales de los administrados o, sencillamente, como el altar para ser sacrificados."[53]

De este modo, al entrar a regir el CPCA, se ratificó por expresa disposición legal que el agotamiento de la vía administrativa será facultativo -art.31.1-, sin perjuicio de que se introdujeron algunas actuaciones interlocutorias en vía administrativa que simulan una figura cercana al agotamiento de la vía tal y como lo comentó JINESTA LOBO oportunamente[54].

VI. LOS CONTRATOS ADMINISTRATIVOS

1. El régimen jurídico del contrato administrativo está sustentado, en el caso costarricense, en disposiciones constitucionales potenciadas, tal vez en exceso, por la jurisprudencia constitucional en la materia.

De conformidad con lo establecido por el artículo 182 constitucional, "*Los contratos para la ejecución de obras públicas que celebren los Poderes del Estado, las Municipalidades y las instituciones autónomas, las compras que se hagan con fondos de esas entidades y las ventas o arrendamientos de bienes pertenecientes a las mismas, se harán mediante licitación, de acuerdo con la ley en cuanto al monto respectivo*". Por otra parte, conforme al artículo 183, se confía la vigilancia de la Hacienda Pública, a una "*institución auxiliar de la Asamblea Legislativa*", es decir, la Contraloría General de la República, a la cual se asegura "*...total independencia funcional y administrativa en el desempeño de sus labores*". Dentro de sus deberes, dispone el artículo 184 constitucional, se encuentra "*Fiscalizar la ejecución y liquidación de los presupuestos ordinarios y extraordinarios de la República*".

---

[53] Sala Constitucional de la Corte Suprema de Justicia, Sentencia No. 3669-06 de las quince horas del quince de marzo de 2006.

[54] Jinesta Lobo, Ernesto, en *El Nuevo Proceso Contencioso-Administrativo,* Escuela Judicial, San José, 2006, p. 127 y 128.

A partir de esas disposiciones, jurisprudencialmente se ha elevado a rango constitucional principios tales como el de la libre concurrencia; igualdad de trato entre todos los posibles oferentes; publicidad; legalidad o transparencia de los procedimientos; seguridad jurídica; formalismo de los procedimientos licitatorios; equilibrio de intereses; buena fe; mutabilidad del contrato; intangibilidad patrimonial y control de los procedimientos[55].

El Alto Tribunal, además, ha identificado en la licitación un *"procedimiento de garantía" para el interés público"*, lo cual sustenta en su capacidad, en cuanto al interés del Estado, de *"conseguir mayores posibilidades de acierto en el cumplimiento del servicio público, en la calidad de la prestación que se brinda a los usuarios, y, según la naturaleza de cada caso, de las condiciones económicas, tanto definir la economía de la operación que realiza el contratista, como también el costo que implica para los usuarios"*. En cuanto al interés de los particulares, se estima que este procedimiento tiene una directa conexión con la garantía de la igualdad, *"en tanto caracterizado por el principio de publicidad que lo informa, busca garantizar a los administrados la más amplia garantía de libre concurrencia, en condiciones de absoluta igualdad..."*[56]

La contratación administrativa costarricense ha estado regida, en lo fundamental, por la Ley de Contratación Administrativa, Ley No. 7494 de 2 de mayo de 1995 y sus reformas, así como por el Reglamento General a la Ley de Contratación Administrativa, Decreto Ejecutivo No. 33411-H de 27 de setiembre de 2006 y reformas.

No obstante, a partir del mes de noviembre de 2022 entrará a regir la Ley General de Contratación Pública (LGCP), Ley No. 9986 mediante la cual se deroga la Ley No. 7494 y, por consecuencia, su reglamento.

La ley optó por definir su ámbito de aplicación señalando que serán aplicables sus disposiciones a *"toda la actividad contractual que emplee total o parcialmente fondos públicos"* -art.1 § 1o de la LGCP-.

La nueva normativa no innova, al menos de modo sustantivo, en materia de procedimientos de contratación pública. En efecto, además del cambio de denominación, no se logra apreciar ninguna novedad sustantiva con respecto al régimen anterior. Podría decirse que, en gran medida, se eleva a rango legal muchas de las disposiciones del Reglamento a la Ley de Contratación Administrativa, con algunos ajustes no muy significativos.

La reforma, no obstante, sí es más significativa y representa un punto de inflexión -al menos de corte normativo- en el tanto introduce reglas en materia de contratación pública estratégica a la cual se dedica el capítulo IV del título I de la ley, determinándose así, como designio del legislador, la regla conforme a la cual *"las contrataciones públicas servirán a la consolidación de políticas públicas tendientes al desarrollo social equitativo nacional y local y a la promoción económica de sectores vulnerables, a la protección ambiental y al fomento de la innovación"* -art. 20 § 1°-

Otra de las innovaciones más sustantivas consiste en la regulación -no muy feliz, sin embargo- de la gobernanza de la contratación pública, para lo cual se regula la creación de la Autoridad de Contratación Pública, la cual *"fungirá como rector exclusivamente para la materia de contratación para toda la Administración Pública"* -art. 128 § 2°-, así como una Dirección de Contratación Pública *"órgano ejecutor"*, *"con capacidad técnica consultiva"*, a la cual le corresponderá *"Elaborar y proponer a la Autoridad de Contratación Pública el Plan Nacional de Compras Públicas"*, entre otras funciones -art.129-.

Por otra parte, se establece que todo sujeto público al cual le resulte aplicable la ley deberá contar con *"una dependencia encargada de los procedimientos de contratación pública, con la organización y las funciones que se determinarán vía reglamentaria"* -art.131 § 1°-, órganos que deberán contar con personal "idóneo".

Precisamente, para asegurar esa idoneidad, el artículo 132 establece como tarea de la Autoridad de la Contratación Pública, *"definir una estrategia que promueva la profesionalización, la certificación de idoneidad y la capacitación continua de los funcionarios encargados de la contratación pública, así como de la acreditación de las unidades de compra institucionales"* -art.132 § 1°-

[55] Sala Constitucional de la Corte Suprema de Justicia, Sentencia No. 998-98 de las once horas treinta minutos del dieciséis de febrero de mil novecientos noventa y ocho.

[56] Sala Constitucional de la Corte Suprema de Justicia, Sentencia No. 2633-93 de las dieciséis horas tres minutos del nueve de junio de mil novecientos noventa y tres.

En cuanto a los institutos sustantivos propios de la contratación administrativa, la nueva legislación no plantea mayores innovaciones.

Conforme al artículo 113 de la LGCP se reconoce como potestad exorbitante de la Administración, la de *"resolver, unilateralmente los contratos por motivo de incumplimiento grave imputable al contratista"*. Por su parte, el artículo 115 regula la potestad de rescisión contractual de la Administración, la que podrá ejercer con relación a contratos "*no iniciados o en curso de ejecución, por razones de interés público, caso fortuito o fuerza mayor debidamente acreditadas*" Se reconoce al contratista, en esos supuestos, el derecho a ser resarcido por los daños y perjuicios que se le ocasione.

El artículo 43 reconoce el derecho del contratista al mantenimiento del equilibrio económico del contrato, para lo cual se regula el mecanismo de reajuste de precios, en especial, para el caso de contratos de obra pública, derecho que se ha vinculado al Derecho de la Constitución, en vista del carácter de garantía fundamental del derecho de propiedad y a la intangibilidad patrimonial[57]. La LGCP reconoce, además, como principio, la intangibilidad patrimonial, principio conforme al cual, *"la Administración está obligada a observar el equilibrio financiero del contrato y evitar, para ambas partes, una afectación patrimonial, por lo que la Administración podrá hacer un ajuste en los términos económicos del contrato cuando la causa no sea atribuible al contratista, o bien, medien causas de caso fortuito o fuerza mayor, de conformidad con lo regulado en esta ley"* -art. 8 inciso i)-.

En cuanto al régimen jurídico del contrato administrativo, la LGCP profundiza poco o muy poco. Así, conforme al artículo 7, "*El régimen de nulidades de la Ley 6227, Ley General de la Administración Pública, de 2 de mayo de 1978, se aplicará a la actividad contractual pública*", regla que se importa de la Ley de Contratación Administrativa derogada, desaprovechándose la oportunidad de desarrollar las reglas propias de la patología negocial de las Administraciones Públicas que dista de reducirse a las reglas de nulidad de los actos administrativos. En suma, se ha replicado una medida que no parece ser la más adecuada desde el punto de vista técnico jurídico, por razones obvias. La regla en comentario se ve complementada al señalarse, en el artículo 100 que "*Es válido el contrato administrativo sustancialmente conforme al ordenamiento jurídico*" -párrafo primero-, señalamiento que no aporta nada en lo que realmente interesa, es decir, la definición de los parámetros de legalidad que harían que un contrato sea o no sustancialmente conforme al ordenamiento jurídico, ámbito que, como sucedía en la anterior legislación, queda en el olvido y sujeto a las reglas de la contratación privada que habrá que aplicar de modo supletorio con las dificultades que ello trae consigo.

Los procedimientos ordinarios de contratación pública previstos en la nueva legislación sonla licitación mayor -regulada por los artículos 55 a 59-; la licitación menor –vid. arts. 60 y 61-así como la licitación reducida -arts. 62 y 63-.

El criterio para definir cuál es el trámite aplicable para cada caso concreto, es enteramente cuantitativo[58]. De este modo, en la definición del procedimiento aplicable, influirá si se está o no en una compra del régimen ordinario o del diferenciado.

El *"régimen diferenciado"* aplica en el caso de las empresas públicas no financieras nacionales, empresas públicas no financieras municipales, las instituciones públicas bancarias y las instituciones públicas financieras no bancarias, mientras que el ordinario para el resto de administraciones.

Por otra parte, se discrimina, cualitativamente, entre procedimientos iniciados para contrataciones de obras públicas de aquellos que no lo son.

De este modo, se han definido umbrales para determinar en qué casos procede la licitación mayor, la menor o la reducida mediante umbrales que difieren en el caso de los contratos de obra pública y según se trate del régimen ordinario o del diferenciado.

Todas esas variables inciden, también, en materia recursiva, en la cual la nueva legislación presenta algunas novedades, todas dirigidas al estrangulamiento de ese mecanismo de control de legalidad.

---

[57] Sala Constitucional de la Corte Suprema de Justicia, Sentencia No. 6432-98 de las diez horas con diez minutos del cuatro de setiembre de mil novecientos noventa y ocho.

[58] El artículo 36 de la LGCP establece los umbrales que regirán a partir de la vigencia de la ley, los que deberán ser actualizado por la Contraloría General de la República anualmente.

Así, se admiten dos recursos: el de objeción al pliego de condiciones y el dirigido a la impugnación del acto final de adjudicación o bien la que declara desierta o infructuosa la licitación, que podrá ser de apelación o de revocatoria.

En el caso del primero de los recursos, es decir, el de objeción al pliego de condiciones podrá plantearse ante la Contraloría General de la República en los casos de licitaciones públicas mayores. Deberá plantearse ante la propia Administración en el caso de las licitaciones menores y reducidas.

Por su parte, el recurso de apelación cabrá para impugnar la decisión de adjudicación o bien la que declara desierta o infructuosa la licitación, para el caso de las licitaciones mayores, lo que se puede deducir por exclusión, dado que el artículo 97 de la LGCP no lo precisa. Es más bien el artículo 99 ibídem el que señala que el recurso de revocatoria *"procederá contra el acto final de la licitación menor"*.

En el caso del recurso de apelación, lo conoce y resuelve la Contraloría General de la República, mientras que el recurso de revocatoria lo conoce y resuelve la propia Administración.

Como se ha señalado con razón "*...al igual que en la normativa actual, no procede el recurso de revocatoria con apelación en subsidio, como se regula en la Ley General de la Administración Pública, sino que dependiendo del procedimiento corresponde interponer uno o el otro*"[59].

La LGCP presenta algunas regulaciones en lo que a la ejecución contractual se refiere, si bien no son de mayor trascendencia, por lo que, como en el régimen anterior, deberá acudirse al Derecho privado para integrar tal laguna normativa, según lo ha entendido la Sala Primera de la Corte Suprema de Justicia[60].

VII. EL DERECHO ADMINISTRATIVO SANCIONADOR

Se ha estimado por parte del Tribunal Constitucional que la potestad administrativa sancionatoria es una manifestación del *ius puniendi* del Estado, potestad que debe discriminarse de la atribuida a los Tribunales de Justicia en materia penal -art. 153 de la CP-. Se estimó en ese sentido, que *"Dentro de las facultades propias del Estado -y de la Administración Pública en general- se encuentra la facultad sancionatoria"*, potestad en la cual discrimina la Sala una de carácter correctivo y otra de carácter disciplinario[61].

Por la primera entiende el Tribunal aquella potestad sancionatoria "*que tiene por objeto sancionar las infracciones a las ordenes o mandatos de la Administración Pública, es decir, a las acciones u omisiones antijurídicas de los individuos, sean o no agentes públicos y el contenido a las normas que la regulan constituyen el derecho penal administrativo*"[62], mientras que se ha caracterizado la potestad disciplinaria como aquella que "*...ejerce el Estado sobre los sujetos ligados a una relación especial de poder*", se trata, dice la Sala, de un *"...instrumento para la eficacia del principio de jerarquía*"[63].

---

59 Rodríguez Cubero, Lindsay, "De la contratación administrativa a la contratación pública", en *Tribunal Contencioso-Administrativo y Civil de Hacienda: 50 aniversario,* San José, 2020, p. 204.

60 Sala Primera de la Corte Suprema de Justicia, Sentencia 1019-F-2006 de las dieciséis horas veinticinco minutos del veintiuno de diciembre. Ver concretamente el Considerando VII.

61 Sala Constitucional de la Corte Suprema de Justicia, Sentencia No. 1265-1995 de las quince horas treinta y seis minutos del siete de marzo de mil novecientos noventa y cinco.

62 *Idem.*

63 Sala Constitucional de la Corte Suprema de Justicia, Sentencia No. 2000-8193 de las quince horas con cinco minutos del trece de setiembre del dos mil.

Se ha entendido, también, que buena parte de los principios y derechos fundamentales que rigen en materia penal[64], se aplican en materia sancionatoria administrativa[65].

Dentro de tales principios, se ha incluido, tanto por la doctrina[66] como por la Jurisprudencia[67], el Principio de Legalidad. Solo se entiende legítimo el ejercicio de una potestad de sanción, cuando previamente ha sido atribuida esa facultad por una norma de rango legal.

El principio también se proyecta mediante la imposición de una absoluta reserva de ley en la definición de conductas sancionables y de las sanciones atribuibles a estas, así como en exigencias en cuanto a la tipicidad y la garantía del *non bis in idem*[68].

Así, en cuanto a la tipicidad, se ha entendido que "*no debería existir sanción sin previa infracción, como tampoco debiera haber infracción sin la previa tipificación específica*". Se alude en ese sentido, a una "*causalidad entre la infracción cometida y la obligada sanción*", causalidad que solo una norma escrita anterior a la conducta sancionable puede establecer, esto sin perjuicio de una "*cierta elasticidad en el desenvolvimiento administrativo*" con relación a la rigidez imperante en el Derecho Penal[69].

La jurisprudencia constitucional, a propósito de la apuntada elasticidad, ha admitido tanto un desarrollo reglamentario de las disposiciones de la ley respectiva, como el recurso a conceptos jurídicos indeterminados70, especialmente en materia disciplinaria[71].

En cuanto al *non bis in idem*, se ha admitido, tanto en la doctrina[72] como en la jurisprudencia[73], que debe ser considerado como un principio de clara aplicación en materia sancionatoria administrativa. Se trata de una garantía de expresa mención en la Carta Política, conforme a la cual, *"Nadie podrá ser juzgado más de una vez por el mismo hecho punible"* -art.42 CP-.

En lo que al procedimiento se refiere, al decir del Tribunal Constitucional, "*el debido proceso genera exigencias fundamentales respecto de todo proceso o procedimiento, especialmente en tratándose de los de condena, de los sancionadores en general, y aun de aquellos que desembocan en una denegación, restricción o supresión de derechos o libertades de personas privadas, o aún de las públicas en cuanto que terceros frente a la que actúa*"[74].

---

64 Entre ellos, el "Derecho General a la Justicia", el "Derecho General a la Legalidad", el "Derecho al Juez Regular"; los "Derechos de Audiencia y Defensa", implementados mediante garantías como el derecho a la intimación, a la imputación de cargos y de audiencia; el Principio de Inocencia; el "Principio in dubio pro reo"; los "Derechos al Procedimiento", entre ellos, el de amplitud de la prueba; la legitimidad de la prueba; la inmediación de la prueba; la identidad física del juzgador; la publicidad del proceso; el impulso de oficio; la comunidad de la prueba y su valoración razonable; el "Derecho a una Sentencia Justa", traducido en las garantías del Principio Pro Sententia y de Congruencia de la Sentencia; el "Principio de Doble Instancia"; la "Eficacia formal de la Sentencia (cosa juzgada) y la "Eficacia material de la Sentencia", todos los cuales fueron caracterizados en la sentencia de la Sala Constitucional de la Corte Suprema de Justicia, No. 1739-1992 de las once y cuarenta y cinco horas del primero de julio de mil novecientos noventa y dos.

65 Sala Constitucional de la Corte Suprema de Justicia, Sentencia No. 2000-8193 de las quince horas con cinco minutos del trece de setiembre del dos mil.

66 Jiménez Meza, Manrique, *Justicia Constitucional y Administrativa*, San José, 1999, p. 103.

67 Sala Constitucional de la Corte Suprema de Justicia, Sentencia No. 7203-1998 de las dieciocho horas del siete de octubre de mil novecientos noventa y ocho.

68 Sala Constitucional de la Corte Suprema de Justicia, Sentencia No. 7203-98 de las dieciocho horas del siete de octubre de mil novecientos noventa y ocho.

69 Jiménez Meza, Manrique, *Justicia Constitucional y Administrativa*, p. 71 a 73.

70 Sala Constitucional de la Corte Suprema de Justicia, Sentencia No. 2000-8193 de las quince horas con cinco minutos del trece de setiembre del dos mil.

71 Sala Constitucional de la Corte Suprema de Justicia, Sentencia No. 2002-6514 de las catorce horas con cincuenta minutos del tres de julio del dos mil dos. En sentido similar, ver Sentencias No. 5287-93, No. 7491-94, No. 5799-96, No. 6687-96, No. 5946-97 y No. 5276-99 de la misma Sala.

72 En ese sentido, Jiménez Meza, Manrique, *Justicia Constitucional y Administrativa*, p. 113 a 133.

73 Sala Constitucional de la Corte Suprema de Justicia, Sentencia No. 6211-1993 de las diecisiete horas del veinticuatro de noviembre de mil novecientos noventa y tres.

74 Sala Constitucional de la Corte Suprema de Justicia, Sentencia No. 1739-1992 de las once y cuarenta y cinco horas del primero de julio de mil novecientos noventa y dos.

Tal consideración se ve satisfecha, para el aludido tribunal[75-76], por las disposiciones del Libro Segundo de la LGAP ya aludido atrás, cuyas formalidades permiten el pleno goce de las apuntadas garantías de tipo instrumental.

VIII. LA DISCRECIONALIDAD ADMINISTRATIVA

Una revisión del régimen constitucional costarricense en lo contencioso-administrativo, permite evidenciar que contiene, a diferencia del modelo constitucional español o italiano -que tan solo contienen una garantía constitucional genérica relativa a la tutela judicial efectiva- y al igual que el modelo constitucional alemán, una referencia específica a la garantía constitucional de la justicia contencioso-administrativa. Es decir, el Constituyente optó por reforzar las garantías ciudadanas en ese ámbito, no contento con las garantías genéricas ya establecidas en relación con la tutela judicial efectiva[77].

La norma -art. 49- fue objeto de una reforma constitucional operada mediante Ley No. 3124 de 21 de junio de 1963, ampliando el ámbito, extensión y límites de la jurisdicción, en específico, en cuanto al control de la discrecionalidad administrativa tal y como consta en la misma Exposición de Motivos[78], en el tanto la redacción original redujo el control judicial a la actividad administrativa de carácter reglado.

Una vez puesta en evidencia tal limitante, se propuso "...modificar el sobredicho texto de la Constitución Política. Y al efecto se le debe dar una redacción amplia, a fin de que el legislador no encuentre obstáculos al desarrollarlo."[79]

Entre otras reformas, se decidió eliminar la expresión "en uso de facultades regladas" que aparecía en la norma, toda vez que "Se afirma, según las modernas corrientes del pensamiento doctrinario, que toda la actividad del estado es reglada, por cuanto cualquier acto tiene al menos su <u>fin</u> reglado y que lo que existe es <u>discrecionalidad administrativa</u>, en la que se actúa en diversos sentidos, porque la <u>ley</u> señala un concepto facultativo. Esos supuestos que otorgan al órgano administrador provienen de expresa disposición jurídica y no de una libre actividad, sobre o fuera de la concepción legalista; además, determinar los límites de la discrecionalidad en la actuación administrativa, es cuestión de fondo, de procedencia y no de admisibilidad del reclamo, como erróneamente está hoy día establecido en Costa Rica. En concordancia con lo expuesto, se afirma que en todo acto, por más reglado que sea, existe un poder discrecional de mayor o menor grado; y que todos los actos dictados en uso de la discrecionalidad, por más libres que se supongan, derivan de una actividad más o menos reglada"[80]

Aprobada la reforma constitucional, al decir de ORTIZ ORTIZ, se hizo posible la recepción en nuestro ordenamiento jurídico de los "*...principios e instituciones fundamentales del proceso administrativo español, inspirado en el francés*[81]".

Con posterioridad, mediante la LGAP se introducen disposiciones dirigidas a regular el ejercicio de potestades con contenido discrecional.

Se trata de los artículos 15, 16, 158 y 160 de dicha disposición legal, de los cuales, su redactor deriva como efecto, la definición de límites al ejercicio de la potestad discrecional, a saber, la obligada "*observancia de los principios de racionalidad, de justicia y de utilidad (o conveniencia), con la presuposición o bajo el supuesto de que existen otras reglas de conducta, no jurídicas, ni decretadas,*

75 Sala Constitucional de la Corte Suprema de Justicia, Sentencia No. 2000-8193 de las quince horas con cinco minutos del trece de setiembre del dos mil.

76 Sala Constitucional de la Corte Suprema de Justicia, Sentencia No. 2001-11830 de las once horas con veintidós minutos del dieciséis de noviembre del dos mil uno. En el mismo sentido, véase Sala Constitucional de la Corte Suprema de Justicia, Sentencia No. 2001-10198 de las quince horas con veintinueve minutos del diez de octubre del dos mil uno.

77 En específico, las que derivan de los artículos 39 y 41 constitucionales.

78 "*...al hacer uso de esa discrecionalidad puede incurrir la Administración en defectos o vicios de forma, de procedimiento o de desviación de poder, que ineludiblemente deben estar sometidos al control jurisdiccional, para que la justicia administrativa sea lo que debe ser en un Estado de Derecho como el nuestro.*" Asamblea Legislativa, Expediente No. 300, folio 1.

79 Asamblea Legislativa, Expediente No. 300, folio 2.

80 Asamblea Legislativa, Expediente Legislativo No. 300, folio 12, p. 6 del Dictamen.

81 Ortiz Ortiz, Eduardo, "Espíritu y Perspectivas de una Reforma de la Justicia Administrativa en Costa Rica", *Revista Judicial* No. 49, Año XV, marzo de 1990, p. 110.

fundadas en la realidad social y natural, que vienen incorporadas a la norma y a su aplicación al caso, para hacerla posible y compatible con aquellas y con los valores y principios de un Estado de Derecho"[82].

La Sala Primera de la Corte Suprema de Justicia, ha entendido que "La labor jurisdiccional consiste en determinar la oportunidad del acto, revisando para ello si la Administración escogió bien y adecuadamente el motivo y el contenido para la realización del fin, y que tenga las condiciones mínimas requeridas para lograrlo", lo cual ha dado lugar, por ejemplo, a anular un acto que no estaba logrando el fin propuesto debido a que la Administración no acertó en "la determinación correcta del motivo y en el escogimiento del mejor contenido para realizar de la mejor manera los objetivos o fines que se persiguen"[83].

Es claro que la entraba en vigor del CPCA, ha permitido al justiciable contar con instrumentos de corte procesal para hacer valer los límites a la discrecionalidad impuestos por la norma de fondo, es decir, la LGAP.

De esta forma, según lo establecido por el citado Código, es posible pretender el control del ejercicio de las potestades discrecionales -art.36 inciso b)- mediante pretensiones que incluyan no solo la típica declaración de nulidad de la conducta discrecional, sino además, "*La fijación de los límites y las reglas impuestos por el ordenamiento jurídico y los hechos, para el ejercicio de la potestad administrativa*" -arts. 42.2.f) y 122 f)-. Según el artículo 122 inciso f), dentro de los poderes del juez, se encuentra "*Fijar los límites y las reglas impuestos por el ordenamiento jurídico y los hechos, para el ejercicio de la potestad administrativa, sin perjuicio del margen de discrecionalidad que conserve la Administración Pública*".

GONZÁLEZ CAMACHO estima, con razón, que "*En efecto, el control amplio de la discrecionalidad administrativa se extrae con facilidad de los artículos 20, 36. b), 42.f), 122.f), 127 y 128, todos el Código. Ello implica que, en esta materia el Juez no habrá de quedarse en la fiscalización jurisdiccional externa o de forma. Superado está el límite irreal creado alrededor del mal llamado "principio de separación de poderes", que en realidad constituye distribución de funciones. El Juez, por serlo, puede y debe, garantizar la juricidad plena de cualquier conducta pública, incluyendo por supuesto, la que tenga tintes o porciones de discrecionalidad*"[84].

Ahora bien, como lo expone LEIVA POVEDA, el control de la discrecionalidad administrativa no se reduce al judicial contencioso-administrativo. Para el autor, la discrecionalidad puede ser evaluada, también mediante el control jerárquico en sede administrativa, doctrina de los artículos 102, 180 y 342 de la LGAP.

También cabe el control del ejercicio de la discrecionalidad administrativa, mediante un control no jerárquico, a pesar de que, conforme a los artículos 180 y 181 de la LGAP, dicho control se debe limitar a "*revisar solo la legalidad*". Para el autor, a pesar de haberse acotado de ese modo el alcance del control no jerárquico, debido a que la discrecionalidad administrativa está sujeta a límites jurídicos o no jurídicos, "*la determinación de la existencia de una violación a alguno de ellos, sí puede ser declarada en aquella vía, pero únicamente anulándose el acto impugnado mediante el recurso correspondiente, DEVOLVIENDO el expediente para que el órgano controlado adopte un nuevo acto de contenido discrecional, dentro de los límites que debe atender en ese caso concreto*"[85].

Finalmente, el mismo autor alude a "*regímenes especiales de control*" previstos en leyes especiales. Así, menciona el caso de la Ley de la Defensoría de los Habitantes de la República, Ley No. 7319, cuyo artículo 1, entiende el autor, no limita el control a aspectos de legalidad, control que se podrá traducir, sin embargo, no en anulaciones de actos de contenido discrecionalidad, pero sí "*para hacer*

---

82 Ortiz Ortiz, Eduardo, "Límites y contralor de la discrecionalidad administrativa en Costa Rica", *Revista Judicial* No. 28, Año VIII, marzo de 1984.

83 Sala Primera de la Corte Suprema de Justicia, Sentencia No. 283, de las catorce y quince horas del veintiuno de setiembre de mil novecientos noventa.

84 González Camacho, Óscar, en *El Nuevo Proceso Contencioso-Administrativo*, *op. cit.*, p. 485.

85 Leiva Poveda, Jorge, "Breve introducción a la discrecionalidad administrativa en Costa Rica y su monstruosa problemática en la práctica forense", en *Tribunal Contencioso-Administrativo y Civil de Hacienda: 50 aniversario*, San José, 2020, p. 118.

recomendaciones respecto de la inconveniencia o inoportunidad de conductas administrativas con contenido discrecional, lo cual se desprende claramente de su ley constitutiva"[86].

Finalmente, también alude el autor al caso del control no jerárquico que se le atribuye a la Contraloría General de la República en materia de contratación pública, el que estima que *"va más allá de la fiscalización de la sola legalidad"* considerando lo establecido en el artículo 6 de la Ley Orgánica de la Contraloría General de la República, Ley No. 7428[87].

En efecto, en particular, al conocer de los recursos de objeción al pliego de condiciones, el Órgano Contralor examina el ejercicio de la discrecionalidad administrativa que dio lugar a las cláusulas objetadas, pudiendo anularlas y ordenar su enmienda previa determinación de los límites a que está sujeta la Administración.

IX. EL CONTROL JUDICIAL DE LA ADMINISTRACIÓN: CONTENCIOSO ADMINISTRATIVO Y OTROS MODOS DE SOLUCIÓN DE CONTROVERSIAS, EN ESPECIAL, LOS ARBITRAJES

1. *Del Contencioso Administrativo*

Como se ha dicho, la Constitución Política costarricense contiene una referencia específica a la jurisdicción contencioso-administrativa. Es decir, el Constituyente optó por reforzar las garantías ciudadanas en ese ámbito, no contento con las garantías genéricas ya establecidas en relación con la tutela judicial efectiva[88], lo cual ha ocasionado una marcada atención doctrinal al tema[89].

El proceso contencioso administrativo costarricense estuvo regido por la Ley Reguladora de la Jurisdicción Contencioso Administrativa, Ley No. 3667 de 12 de marzo de 1966. Se trata de una normativa que mimetizó la española de 1956.

Tal disposición fue derogada por el actual Código Procesal Contencioso Administrativo, Ley No. 8508 que entró en vigencia en enero del año 2008.

Conforme al Transitorio IV, los procesos interpuestos con anterioridad a esa última fecha, "*...continuarán sustanciándose en todos sus trámites y recursos, por las normas que regían a la fecha de inicio...*".

Hasta este momento, una única jurisdicción ubicada en la ciudad capital, conoce y resuelve todos los procesos en la materia así como los de carácter civil de hacienda, a pesar de que mediante el CPCA se pretendió, mediante el Transitorio II, que la Corte Plena pusiera en funcionamiento *"...en cada provincia o zona territorial que ella determine, los tribunales de lo contencioso-administrativo y civil de hacienda que estime pertinentes, tomando en cuenta en índice de litigiosidad, las necesidades de los usuarios y la actuación de los entes u órganos administrativos en el ámbito provincial, regional o cantonal."*

Se trata, sin duda, de un obstáculo en el acceso a la justicia contencioso administrativa que, a partir de la introducción de la justicia electrónica, podría verse paliado ofreciéndole al justiciable acceso remoto mediante los distintos centros de gestión judicial repartidos por todo el país.

En contraste con el contenido del examinado artículo 49 constitucional, durante la vigencia de la LRJCA se redujeron sustancialmente las alternativas para el justiciable al optarse por un rígido modelo de pretensiones anulatorias –de mera nulidad o plena jurisdicción-, dejando por lado las pretensiones de condena[90]. Esta situación, sin embargo, fue corregida mediante el CPCA, cuyas disposiciones dieron lugar a una amplia apertura en lo que a las pretensiones se refiere. En efecto, conforme a los ordinales

---

86 *Ibidem*, p. 118.

87 *Ibidem*.

88 En específico, las que derivan de los artículos 39 y 41 constitucionales.

89 Véase, *in totum*, Jinesta Lobo, Ernesto, *La Dimensión Constitucional de la Jurisdicción Contencioso-Administrativa*, Editorial Guayacán, San José, 1999, pp. 216.

90 Esto ha hecho que como explica Ortiz Ortiz, se produzca una *"clara discrepancia entre el texto constitucional y el legal en punto al objeto de la misma jurisprudencia: el artículo 49 garantiza "la legalidad de la función administrativa", en tanto que el artículo 1.1.* –de la LRJCA- *limita aquélla a conocer de la "legalidad de los actos y disposiciones de la Administración Pública sujetos al Derecho Administrativo"* Ibid.

42 y 122 de ese Código, el justiciable ha quedado habilitado para *"formular cuantas pretensiones sean necesarias conforme al objeto del proceso"*, lo cual incluye aquellas que, de modo abierto enumera el párrafo segundo de esa misma norma, dentro de las cuales destacan la pretensión de *"g) Que se condene a la Administración a realizar cualquier conducta administrativa específica impuesta por el ordenamiento jurídico."* A modo de espejo, en el artículo 122 ibídem, el Tribunal queda habilitado para realizar los pronunciamientos que lo pretendido impliquen, dentro de los cuales se encuentra la posibilidad de *"g) Condenar a la Administración a realizar cualquier conducta administrativa específica impuesta por el ordenamiento jurídico"*.

De esta forma, con la reforma integral operada mediante la citada Ley No. 8508, se logró dar el paso hacia un contencioso, ya no objetivo al acto en exclusivo, sino más bien mixto, al incluirse pretensiones de condena[91] según se ha visto.

Mediante la reforma se decidió, decididamente, optar por un modelo que, inspirado en la VwGO alemana y otros aportes doctrinales[92], sin calcarles, lograra abrir alternativas al justiciable frente a la gran diversidad de situaciones fáctico-jurídicas que se presentan en la materia, entre ellas y en especial, las relativas a las omisiones de la Administración frente a las cuales se ha reconocido la inexistencia de remedios procesales bajo el actual modelo[93-94].

Se dio el paso, además, hacia un proceso marcadamente oral y no ya escrito, lo cual ha dado muy valiosos resultados.

Los años han transcurrido y, lamentablemente, la celeridad que se buscaba por medio de la reforma, poco a poco se fue perdiendo, alcanzándose tiempos de resolución de los procesos más allá de lo razonable, principalmente, debido a retardos en la resolución de los recursos de casación por parte de la Sala Primera de la Corte Suprema de Justicia, así como por la atribución pretoriana -es decir, no legal- de funciones a la jurisdicción contencioso-administrativa para las cuales no estaba preparada y sigue sin estarlo[95].

De este modo, se impone un remozamiento de la normativa del CPCA mediante el cual se introduzcan medidas de aceleración de los procesos, replanteando las cargas de los distintos despachos, se implemente una reorganización de los distintos órganos jurisdiccionales -uno de ellos de creación meramente administrativa- y que se reduzca el acceso a la casación en aquellos casos en que, excepcionalmente, existe interés casacional.

También resulta de interés regular un proceso abreviado de lo contencioso-administrativo que se tramite ante juez unipersonal en el cual se admita, tan solo, el recurso de apelación, proceso dedicado a materias que ocasionan mucho tráfico, pero que son de baja complejidad[96].

Por otra parte, la introducción de mecanismos telemáticos en el trámite del proceso requiere regulación normativa y no tan solo meramente administrativa como ha sucedido hasta ahora. Es preciso

---

91 La iniciativa se tramite en el Expediente Legislativo No. 15134. Puede consultarse el texto de la propuesta de reforma en www.racsa.co.cr/asamblea/proyecto/buscar/exped12.htm

92 González Varas Ibáñez, Santiago, *Problemas procesales actuales de la jurisdicción contencioso-administrativa*, Consejo General del Poder Judicial, Madrid, 1993.

93 Se ha dicho al respecto, "*En síntesis, (...) pareciera haber marcada sujeción de lo contencioso-administrativo latinoamericana al modelo anulatorio francés, por virtud de lo cual, ni en sentencia, ni en ejecución, es posible en L.A. condenar a la Administración a la realización de actos que han dejado de ser discrecionales en el caso (aunque lo sean en la ley) o, al menos, a la observancia de límites y determinaciones específicas en el ejercicio de discrecionalidad residual posterior al fallo anulatorio, en beneficio del fin público de la respectiva potestad administrativa y, sobre todo, de la satisfacción de las pretensiones del acto victorioso.*" Ortiz Ortiz, Eduardo, *Espíritu y Perspectivas de una Reforma de la Justicia Administrativa en Costa Rica*, p. 117.

94 Se señala en el proyecto, en su art. 18.2, en relación con las pretensiones que se estiman admisibles, lo siguiente:

"2.- También será admisible: contra las actuaciones de la Administración Pública; contra las omisiones de naturaleza administrativa, una vez transcurrido el plazo de un mes, luego del requerimiento efectuado a la Administración Pública; en lo que respecta a las relaciones jurídico-administrativas, así como de su existencia, inexistencia o contenido, y para el control del ejercicio de la potestad administrativa, discrecional y reglada."

95 Véase, para más detalle, Milano Sánchez. Aldo, A diez años del Código Procesal Contencioso Administrativo, *Informe Estado de la Justicia 2020*, San José, 2020.

96 Al respecto, véase Milano Sánchez, Aldo, Proceso abreviado contencioso-administrativo, en: *10 años de vigencia del Código Procesal Contencioso: 50 aniversario*, San José, 2019, pp. 259-289.

introducir, además, reglas en lo que a la conformación electrónica del expediente administrativo se refiere, ámbito en el cual no existe una regla que unifique las prácticas de las distintas administraciones.

Por último, es claro que, como se ha señalado, es preciso introducir desde ahora, algunas reglas para afrontar la inminente llegada de la actividad administrativa automatizada, conducta administrativa cuyo control exigen la puesta al día de algunas disposiciones del actual CPCA[97].

2. *Del arbitraje y otros modos de solución de controversias*

De forma lenta, aunque decidida, al menos desde el punto de vista normativo, el régimen costarricense ha dado oídos a la tendencia internacional de generar aperturas en el arreglo de diferencias de los particulares con el Estado o alguna de sus instituciones.

Como evidencia de la evolución apuntada, cabe reseñar una serie de disposiciones legales que al final de la década de los noventa, abrieron de par en par las puertas del Derecho Administrativo a la resolución alterna de conflictos, debiendo sustraer el estudio del análisis doctrina y jurisprudencial, en vista de las ya excedidas limitaciones de espacio.

A. *La Ley sobre Resolución Alterna de Conflictos y Promoción de la Paz Social Nº 7727 del nueve de diciembre de mil novecientos noventa y siete*

Si bien existe una multiplicidad de críticas a esta ley, es lo cierto que uno de sus aportes fue ampliar el ámbito en que se admite la resolución alterna de conflictos en el Derecho Administrativo.

Esa consideración deriva del contenido de diversas de sus normas, en especial, de lo establecido en los artículos 1, 298 y 18 relacionados con el artículo 27 de la LGAP.

Según se resalta en el texto del artículo 2 citado al pie, cuando el legislador dispone reconocer el derecho a recurrir a los métodos alternos para la resolución de conflictos, con el objeto de solucionar sus diferencias patrimoniales, lo hace en beneficio de *"Toda persona"*, es decir, no discrimina entre personas de derecho público o privado, sino que lo admite sin distingos, en razón de lo cual, no pudiéndose distinguir donde la ley no lo hace, es claro que la habilitación incluye las personas de derecho público.

Ahora bien, en lo que se refiere al arbitraje en concreto, es el artículo 18, párrafo último[99], en el cual se encuentra el fundamento legal expreso, para entender habilitada a la Administración Pública a someter sus litigios a este método de resolución alterna de conflictos. A esta norma debe relacionarse el artículo 27 de la LGAP[100], precisamente reformado a propósito de esta impronta legislativa.

Como puede verse con claridad, estas normas conforman en su conjunto, la base normativa exigida por el Principio de Legalidad, para que la Administración pueda someter sus litigios a arbitraje. Nótese que la cláusula general contenida en el párrafo último del artículo 18 de la LRAC, no hace distinción ni exclusión alguna de materias, razón por la cual, al no existir distinción en la ley, no podrá el intérprete introducirlas sin violar la norma legal, por indebida interpretación y aplicación.

B. *La Ley de Expropiaciones No. 7495*

Como muestra del decidido rumbo definido hacia la ruptura del dogma de la proscripción del arbitraje en Derecho Administrativo, el legislador costarricense quiso insistir en materias especialmente delicadas y en las cuales el conflicto de intereses entre el Estado y los ciudadanos requiere, por su naturaleza, una pronta y justa resolución.

---

97 Al respecto, véase Milano Sánchez, Aldo, Inteligencia artificial y contencioso-administrativo, en *Tribunal Contencioso-Administrativo y Civil de Hacienda: 50 aniversario*, San José, 2022, pp. 443-464.

98 Dispone el artículo 2, textualmente, lo siguiente: *"Toda persona tiene el derecho de recurrir al diálogo, la negociación, la mediación, la conciliación, el arbitraje y otras técnicas similares, para solucionar sus diferencias patrimoniales de naturaleza disponible."*

99 Señala dicha disposición, en lo que interesa: "*…Todo sujeto de derecho público, incluyendo el Estado, podrá someter sus controversias a arbitraje, de conformidad con las reglas de la presente ley y el inciso 3), del artículo 27 de la Ley General de la Administración Pública."*

100 *"Artículo 27. 1. Corresponderá a los Ministros conjuntamente con el Presidente de la República las atribuciones que les señala la Constitución y las leyes, y dirigir y coordinar la Administración, tanto central como, en su caso, descentralizada, del respectivo ramo. 2. Corresponderá a ambos también apartarse de los dictámenes vinculantes para el Poder Ejecutivo. 3.* ***Corresponderá a ambos, además transar y comprometer en árbitros los asuntos del ramo.****"*

La potestad expropiatoria, es decir, la potestad ablatoria que más graves efectos jurídicos puede generar en vista de ir dirigida al derecho de propiedad genera grandes conflictos al momento de ser ejercida.

Como es de esperar, la tardanza en la resolución de dichos conflictos ocasiona perjuicios tanto al particular expropiado, como a la Administración expropiante, que verá retrasada la obra pública que precisa del bien inmueble expropiado, en un todo o en parte.

En vista de esa situación, el legislador decidió incluir en la Ley bajo estudio, específicamente en su artículo 27[101], una disposición mediante la cual se habilitó a la Administración para resolver tales conflictos por la vía arbitral.

Interesa destacar de la norma en comentario, lo que ha identificado como materia arbitrable en este campo. Se ha resaltado por ello sus párrafos segundo y último, en los cuales se regulan dos distintos tipos de arbitrajes, para dos distintos objetos arbitrales.

Como se ve, la norma entiende autorizada la posibilidad de que sea discutida en la vía arbitral, no solo la determinación del justiprecio, como sería admitido por una tesis restrictiva, sino que además se estima posible, que si "*la diferencia versa sobre la naturaleza, el contenido, la extensión o las características del derecho o bien por expropiar*" esta sea resuelta mediante un arbitraje de derecho, dándosele un carácter preclusivo a dicha discusión, en relación con la que pueda sobrevenir en cuanto al justiprecio de la expropiación.

Más claro: se admite sin límites la posibilidad de someter a arbitraje la legalidad del ejercicio de la potestad de expropiación y no tan solo su justiprecio, lo cual supone un paso agigantado en procura de la apertura de alternativas instrumentales para el particular expropiado.

C. *La Ley de la Contratación Administrativa Nº 7494 del dos de mayo de mil novecientos noventa y cinco*

La materia contractual ha sido, tal vez, el campo del Derecho Administrativo en el cual, con más intensidad y amplitud, se ha admitido la resolución arbitral de los conflictos entre la Administración contratante y el particular contratista.

Desgraciadamente, la LCA en realidad se quedó corta en la previsión de esta alternativa de resolución de conflictos, siendo que es tan solo en la fase de recibo de obra en la cual incluyó una previsión expresa del arbitraje como medio de resolución de conflictos[102].

Esta limitante, sin embargo, cabe entender que queda de lado al considerar los términos del antes referido artículo 18 párrafo último de la LRAC, siendo que se trata de la cláusula general que admite, sin otras restricciones que las del mismo derecho común, la posibilidad del arbitraje en todo litigio en que sea parte algún sujeto de Derecho Público.

---

[101] Dice la norma, "*ARTÍCULO 27.- Arbitraje. En cualquier etapa de los procedimientos, las partes podrán someter a arbitraje sus diferencias, de conformidad con las regulaciones legales y los instrumentos vigentes del derecho internacional.* ***Cuando la diferencia verse sobre la determinación del precio justo y el diferendo se rija por la legislación procesal costarricense, el arbitraje será de peritos y los gastos correrán por cuenta del ente expropiador****. Los peritos deberán ajustarse a los criterios de valoración establecidos en el artículo 22 y a los honorarios indicados en el artículo 37, ambos de esta Ley. Cuando se recurra a mecanismos de arbitraje estipulados en instrumentos internacionales vigentes en Costa Rica, se estará a las regulaciones allí contenidas.* ***Si la diferencia versa sobre la naturaleza, el contenido, la extensión o las características del derecho o bien por expropiar, la discrepancia se resolverá antes de determinar el justo precio, mediante un arbitraje de derecho, con los gastos a cargo de ambas partes.***"

[102] Dispone el artículo 61 de la LCA, lo siguiente: "*Artículo 61 Recibo de la Obra.- La Administración recibirá oficialmente las obras, después de contar con los estudios técnicos que acrediten el cumplimiento de los términos de la contratación, lo cual hará constar en el expediente respectivo, sin perjuicio de las responsabilidades correspondientes a las partes, sus funcionarios o empleados, o a las empresas consultoras o inspectoras. El recibo de la obra se acreditará en un acta firmada por el responsable de la Administración y el contratista, en la cual se consignarán todas las circunstancias pertinentes.* ***En caso de discrepar sobre las condiciones de la obra, la Administración podrá recibirla bajo protesta y así lo consignará en el acta de recibo. La discrepancia podrá resolverse mediante arbitraje, de conformidad con las regulaciones legales*** *y los instrumentos de derecho internacional vigentes, sin perjuicio de las acciones legales que procedan.*"

D. *La Ley General de Concesión de Obras Públicas con Servicios Públicos Nº 7762 del catorce de abril de mil novecientos noventa y ocho y su reglamento*

Uno de los aspectos que ha influenciado en la promoción de mecanismos de resolución alterna de los conflictos en Derecho Administrativo, es, sin duda, el modelo de Estado y de Economía que los flujos económicos internacionales han ido desplegando en los distintos países del planeta.

La Inversión Extranjera Directa y los modelos contractuales de delegación de servicios públicos con obras públicas, han ido reafirmando que el interés público puede resultar satisfactoriamente garantizado, mediante la intervención del particular en el desarrollo de infraestructuras públicas.

El modelo de la concesión de obra pública regido en nuestro medio por la Ley General de Concesión de Obra Pública con Servicios Públicos es la expresión autóctona de este proceso de transformación.

Interesa destacar de dicha legislación, lo señalado por el artículo 4[103], norma que viene a establecer la obligada consideración en el cartel, de una cláusula arbitral.

Por su parte, el artículo 39[104] de la misma ley, ratifica tal mecanismo de resolución de conflictos, al estimar que se trata de una cláusula a considerar en el contrato que habrán de suscribir las partes.

Debe resaltarse de las dos normas, la expresa admisión del arbitraje como mecanismo de resolución de conflictos, autorización que es abierta y no restrictiva en cuanto a la materia arbitrable.

Ahora bien, es preciso hacer ver una inconsistencia en la regulación. Como se ve, el artículo 4 indica, textualmente, que "*El cartel del concurso* ***deberá*** *autorizar la vía del arbitraje como solución alterna a los tribunales de justicia*", mientras que, por su parte, el artículo 39 *ibídem* establece que "*En el contrato* ***podrán*** *fijarse cláusulas de resolución alterna de conflictos*".

Como se ve, la acogida, al menos de parte del legislador, de la vía arbitral para la resolución de conflictos, ha sido contundente. Queda ahora la tarea a la jurisprudencia de confirmar esa vía, mediante pronunciamientos que vengan a ratificar la amplitud con que se ha querido introducir este mecanismo alterno de solución de conflictos.

E. *Ley General de Contratación Pública No. 9986 del 27 de mayo de 2021*

Aunque dice dedicar todo un capítulo de título quinto, en realidad la LGCP no innovó en la materia, pero al menos tampoco redujo la posibilidad de acudir a mecanismos no jurisdiccionales de resolución de conflictos en materia de contratación pública.

En efecto, la única innovación que aporta la ley se encuentra en su extenso artículo 117 dedicado a regular la resolución de controversias durante la ejecución del contrato en sede administrativa.

Lo hace introduciendo la figura sajona de los Dispute Boards que denomina "*Comités de Expertos*".

Dice la norma que, en caso de que durante la ejecución contractual surjan "*una o varias controversias no susceptibles de solución por negociación directa entre las partes, dicha controversia podrá ser sometida a un comité de expertos sin que la ejecución del contrato se vea suspendida*" -ver párrafo segundo-.

La misma disposición establece que dichos comités serán previstos "*preceptivamente, en los pliegos de condiciones de licitaciones mayores de obra pública y deberá ser parte del contrato respectivo*" -ver párrafo tercero-, siendo posible que los comités sea ad hoc, permanentes, colegiados o unipersonales.

---

[103] Se dispone al efecto: *"Artículo 4.- Normas Aplicables.- 1.- Las concesiones referidas en esta ley se regirán por lo siguiente: a) La presente ley y su reglamento. b) El cartel de la licitación y sus circulares aclaratorias. c) La oferta del adjudicatario, aprobada en el proceso de evaluación. d) El contrato de concesión. 2. La legislación costarricense será aplicable a toda relación jurídica originada con fundamento en la presente ley. Asimismo, los tribunales nacionales serán los únicos competentes para conocer de las situaciones jurídicas derivadas de las concesiones y dirimir los conflictos que puedan surgir durante la vigencia de los contratos.* ***El cartel del concurso deberá autorizar la vía del arbitraje como solución alterna a los tribunales de justicia.****"*

[104] Señala la norma: *"Artículo 39 Cláusula Arbitral En el contrato podrán fijarse cláusulas de resolución alterna de conflictos para resolver controversias o diferencias producidas con motivo de la interpretación o aplicación del contrato de concesión o surgidas de su ejecución. Esta cláusula se regirá por la legislación vigente sobre la materia."*

Se dispone, además, que la decisión del comité deberá ser "motivada". Si alguna de las partes no está conforme con lo resuelto, "podrá plantear ese diferendo ante la jurisdicción contencioso-administrativa o en la sede arbitral, si así fuere acordado en el contrato" -párrafo octavo-.

Como se aprecia, en este caso, el legislador ha introducido un nuevo mecanismo para resolver disputas sin acudir al juez togado y sin que por ello deba suspenderse la ejecución contractual, que es al final de cuentas el principal objetivo de este instituto de solución de conflictos para beneficio del interés público.

La figura no es, claramente, excluyente de la conciliación, mediación o del arbitraje, sino más bien, diría yo, complementaria.

No se trata de una innovación en realidad, dado que ya se han venido incluyendo en los contratos administrativos de obra amparados a empréstitos internacionales del Banco Interamericano de Desarrollo, por ejemplo, aunque con no muy buen suceso quizá por la carencia de una norma como la comentada que le diera mayor soporte normativo y certeza jurídica a las partes.

X. OTRAS TÉCNICAS DE CONTROL DE LA ADMINISTRACIÓN

Al margen de los controles de tipo judicial que recaen sobre la actividad administrativa, se reconoce en el medio costarricense, otros controles, específicamente, el control político, asignado al Poder Legislativo (1), el control de la Hacienda Pública en el cual es competente un órgano de relevancia constitucional y auxiliar de la Asamblea Legislativa (2), así como un control de legalidad ejercido mediante la modalidad de la magistratura de influencia, por medio de otro auxiliar de la Asamblea Legislativa, la Defensoría de los Habitantes (3).

1. *Del control político*

La Constitución Política determina en su artículo 121 inciso 23), como una de las funciones del Poder Legislativo, la conformación de *"Comisiones en su seno para que investiguen cualquier asunto que la Asamblea les encomiende..."* Dispone la norma, además, que tales comisiones tendrán *"...libre acceso a todas las dependencias oficiales para realizar las investigaciones y recabar los datos que juzguen necesarios. Podrán recibir toda clase de pruebas y hacer comparecer ante sí a cualquier persona, con el objeto de interrogarla..."*.

La Sala Constitucional de la Corte Suprema de Justicia ha debido pronunciarse al respecto en diversas ocasiones. Así, se ha señalado que dicho control está sometido a tres distintas limitaciones: i) se trata de un control político del cual está excluido todo sujeto de derecho privado; ii) en el ejercicio del control político, las comisiones legislativas no podrán invadir ni entorpecer la función jurisdiccional, de modo que no pueden erigirse como tribunales especiales y finalmente, iii) el ejercicio de las potestades de investigación y fiscalización legislativa no puede, en modo alguno, debilitar los derechos y libertades fundamentales[105].

Se ha establecido, además, que la función primordial del control político se relaciona con el esclarecimiento de determinados hechos, lo cual podría finalmente redundar en simples recomendaciones y no sanciones en sentido jurídico[106]. Se busca mediante tales recomendaciones, al decir del Tribunal constitucional, *"...orientar acciones futuras en la materia de que se trate, pero son apenas aspiraciones de un cuerpo político, que, por su misma condición, incluso pueden no llegar a cristalizar dentro de su propio seno."*[107]

2. *Del control de la Hacienda Pública*

De conformidad con lo establecido por el artículo 183 constitucional, la Contraloría General de la República *"es una institución auxiliar de la Asamblea Legislativa en la vigilancia de la Hacienda Pública; pero tiene absoluta independencia funcional y administrativa en el desempeño de sus labores"*.

---

[105] Sala Constitucional de la Corte Suprema de Justicia, No. 1618-91 de las catorce horas y dieciséis minutos del veintiuno de agosto de mil novecientos noventa y uno.

[106] Sala Constitucional de la Corte Suprema de Justicia, No. 1953-97 de las quince horas seis minutos del ocho de abril de mil novecientos noventa y siete.

[107] Sala Constitucional de la Corte Suprema de Justicia, No. 1322-91, de las ocho horas cincuenta y ocho minutos del diez de julio de mil novecientos noventa y uno.

Se trata, como se ve, de un órgano y no un ente que, aunque auxilia a la Asamblea Legislativa, no depende de esta, al definir la propia Constitución, un alto grado de independencia -tanto funcional como administrativa-.

Según dispone el artículo 184 constitucional, dentro de los deberes y atribuciones de la Contraloría, se encuentran la fiscalización y liquidación de presupuestos ordinarios y extraordinarios y aprobar o improbar los presupuestos de los gobiernos locales y entidades autónomas, cuya ejecución y liquidación queda bajo su vigilancia.

Conforme a su ley orgánica[108], la Contraloría asume el papel del control superior de la Hacienda Pública y rector del sistema de fiscalización., para lo cual se le ha investido de potestades de diversa naturaleza, entre ellas, la del control de eficiencia -art. 17-, control presupuestario -art.18-; aprobación de actos y contratos -art. 20-; de realizar auditoría -art. 21-; de investigación -art. 22-; reglamentaria -art. 23-; dirección en materia de fiscalización -art. 24-; control de ingresos y exoneraciones -art. 25-; fiscalización de auditorías internas; declaración de nulidad de actos o contratos administrativos -art. 28-; consultiva -art. 29-, entre otras.

Además, como se ha comentado. la LGCP le reconoce a la Contraloría la potestad de resolver los recursos de objeción al cartel y de apelación en materia de contratación pública para el caso de las licitaciones mayores, supuesto en el cual asume el papel de superior jerarca impropio de la Administración activa que agota la vía administrativa.

3. *La Defensoría de los Habitantes. Una magistratura de influencia*

Mediante la Ley No. 7319 de 17 de noviembre de 1992, se crea la Defensoría de los Habitantes, a la cual se atribuye una serie de potestades sobre el sector público del Estado costarricense. Se busca así verificar que su actuación se ajuste a la moral, la justicia y el ordenamiento jurídico (art. 1).

Según lo dispone el artículo 12 de dicha Ley, dentro de las potestades de la Defensoría de los Habitantes se encuentra la de "*iniciar, de oficio o a petición de parte, cualquier investigación que conduzca al esclarecimiento de las actuaciones materiales, de los actos u omisiones de la actividad administrativa del sector público*".

En cuanto al papel de la Defensoría, la Sala Constitucional[109] ha entendido que le corresponde tutelar los intereses de los habitantes de la República, lo cual no le permite, sin embargo, evaluar la oportunidad de las decisiones de la administración activa.

Los medios con los cuales cuenta la Defensoría para cumplir con tal tarea tutelar consisten en su potestad de control del poder del Estado en función de la defensa de los derechos de los habitantes. Esto no implica que, en ejercicio de ese control, pueda llegar a anular actos administrativos o declarar la ilegalidad de omisiones de la Administración activa.

El resultado concreto de esa labor de control de la actividad administrativa se manifiesta, más bien, mediante el dictado de recomendaciones, a las cuales el Tribunal Constitucional les ha negado reiteradamente[110], como el propio legislador lo hizo también, carácter vinculante.

Se ha estimado así que las recomendaciones tienen el peso que la opinión pública les otorgue, reduciéndose la sanción al jerarca respectivo, en caso de su inobservancia, a la censura política o social que sea del caso.

En ese marco, conviene aludir al párrafo 3 del artículo 14 de la Ley de creación de la Defensoría, norma según al cual, "3.- *El no acatamiento injustificado de las recomendaciones de la Defensoría de los Habitantes de la República, puede ser objeto de una amonestación para el funcionario que las incumpla o, en caso de incumplimiento reiterado, de una recomendación de suspensión o despido, sin perjuicio de lo señalado en el párrafo segundo de este artículo*".

---

108 Ley No. 7428 del 7 de setiembre de 1994.

109 Sala Constitucional de la Corte Suprema de Justicia, Sentencia No. 7730-2000 de las catorce horas con cuarenta y siete minutos del treinta de agosto de 2000.

110 Sala Constitucional de la Corte Suprema de Justicia, Sentencia No. 4079-1995 de las diez horas con cincuenta y siete minutos del veintiuno de julio de 1995. En el mismo sentido, véase la Sentencia No. 4078-95 de las diez horas con cincuenta y cuatro minutos del veintiuno de julio de 1995.

Para el Tribunal Contencioso-Administrativo, Sección Primera, esta norma da base para señalar que, "*Ciertamente los actos de la Defensoría no son actos de imperio. Sus decisiones, aunque no vinculantes, tienen efecto disciplinario sobre el servidor público no jerarca*"[111].

XI. LA RESPONSABILIDAD ADMINISTRATIVA

Corresponde a la doctrina, en concreto a don Eduardo Ortiz Ortiz, el haberse cuestionado antes que la jurisprudencia, las bases constitucionales de la responsabilidad administrativa.

Así, a nivel constitucional encontró dicho autor una consagración expresa y tácita[112]. Al definirse a nivel constitucional -art. 9 CP- al gobierno de la República como un gobierno popular, representativo, alternativo y responsable, entendió el autor que dicha norma *"claramente sienta como directa la responsabilidad patrimonial del Estado... "*[113]

2. El tema no había sido objeto de atención del Tribunal Constitucional costarricense, al menos de forma expresa y vertical, sino hasta fecha reciente, en que mediante la Sentencia No. 2004-05207 de las catorce horas con cincuenta y cinco minutos del dieciocho de mayo del dos mil cuatro redactada por la Magistrado Jinesta Lobo, se examinó una demanda de inconstitucionalidad en contra de una norma legal que exoneraba, objetivamente, de toda responsabilidad al prestatario del servicio público de agua potable, en caso de la prestación defectuosa o insuficiente de dicho servicio. A propósito de esa impugnación, la Sala Constitucional construyó la noción del Principio Constitucional de la Responsabilidad Administrativa[114-115].

A nivel legal, el ánimo codificador de la LGAP hizo que se incluyera en su articulado, la temática de la responsabilidad administrativa, la cual vino a regular partiendo de una concepción que ahora puede decirse, resultó en líneas generales, congruente con el parámetro de constitucionalidad definido en el fallo que viene de citarse.

---

[111] Tribunal Contencioso Administrativo, Sección Primera, Sentencia No. 289-2001 de dieciséis horas del doce de setiembre de 2001.

[112] En cuanto a la tácita, se trata de la construida a partir de una interpretación sistemática de los artículos 11 –Principio de Legalidad-; 45 –Inviolabilidad de la Propiedad Privada- y 46 –Libertad de Empresa-, *"conjunto de normas que viene rematado por el artículo 41, que garantiza que "ocurriendo a las leyes, todos han de encontrar reparación conforme a ellas de todos los daños o injurias inferidas por el Estado a la persona, a su propiedad o a sus intereses morales", imponiendo así al legislador tutelar la integridad patrimonial, personal y espiritual del individuo, ante cualquiera ."* Ortiz Ortiz, Eduardo, *Tesis de Derecho Administrativo,* Tomo III, p. 274 y 275.

[113] Ortiz Ortiz, Eduardo, *Tesis de Derecho Administrativo*, Tomo III, Editorial Stradtmann- Biblioteca Jurídica Diké, edición 2002, p. 273.

[114] Para la Sala, a diferencia de lo indicado por Ortiz Ortiz, la Constitución no consagra explícitamente el principio de responsabilidad patrimonial de la administración pública, aunque si se encuentra implícitamente contenido en el Derecho de la Constitución, *"siendo que puede ser inferido a partir de una interpretación sistemática y contextual de varios preceptos, principios y valores constitucionales"*. Se refiere el fallo a las disposiciones de los artículos 9 párrafo 1°, el 11, 34, 41, 45, 49 párrafo 1°, párrafo final del 50, 148, 188. Se alude además, complementariamente, a la *"consagración constitucional del principio de igualdad en el sostenimiento de las cargas públicas (artículos 18 y 33) que impide imponerle a los administrados una carga o sacrificio singular o especial que no tienen el deber de soportar y el principio de la solidaridad social (artículo 74), de acuerdo con el cual si la función administrativa es ejercida y desplegada en beneficio de la colectividad, es esta la que debe soportar las lesiones antijurídicas causadas a uno o varios administrados e injustamente soportadas por estos"*

[115] Interesa resaltar del aludido fallo, el calificativo de *"pieza clave y esencial del Estado social y democrático de Derecho"* que se le da al Principio de Responsabilidad Administrativa, calificativo que se sustenta en "*los fines a los que propende un régimen de responsabilidad administrativa*". Entre los fines que resalta el fallo, se encuentra el de *"servir de control o garantía para las situaciones jurídicas sustanciales de los administrados"*, así como la de asumir la tarea, junto con la jurisdicción contencioso administrativa, de defender *"a los administrados frente a las prerrogativas y privilegios formales y materiales con que la propia Constitución provee a los entes públicos para el cumplimiento de sus cometidos"*. A propósito de tal finalidad, el fallo se adentra en la definición al legislador de un valladar en adelante insalvable, a saber: la normativa infralegal en materia de responsabilidad administrativa debe *"adecuarse al parámetro constitucional de una responsabilidad administrativa objetiva y directa, estándole vedado establecer conductas administrativas exentas o inmunes a este y menoscabando los derechos fundamentales resarcitorio y al buen funcionamiento de los servicios públicos de los que son titulares todos los administrados."*

Como explicara oportunamente su principal redactor, el articulado de la LGAP en esta materia, se inspiró en gran medida, en la Ley de Expropiación Forzosa de España de 16 de diciembre de 1954[116].

Así las cosas, el resultado final de tal regulación, dio pie para que tanto en la Jurisprudencia[117], la doctrina[118], como en los antecedentes administrativos de tipo consultivo de la Procuraduría General de la República[119], se haya entendido que, conforme al régimen de responsabilidad administrativa definido por la LGAP, la responsabilidad del Estado y sus instituciones es objetiva y directa[120].

Esto hace que la culpa grave o dolo en la conducta del funcionario que instrumenta la conducta administrativa solo tiene interés que se evalúe, para acreditar su responsabilidad personal y solidaria, según lo establece el artículo 199.1 *ibídem* en relación con los artículos 211 al 213 y lo ha entendido la jurisprudencia[121].

Por otra parte, es preciso señalar que la responsabilidad administrativa, según dispone la Ley de cita, puede originarse en el *"...funcionamiento legítimo o ilegítimo"* o bien, en el funcionario *"normal o anormal"*[122] de la Administración, siendo únicamente causas de exculpación, la "*...fuerza mayor, culpa de la víctima o hecho de un tercero"* -art.190.1-, en el tanto rompen la relación de causalidad exigible entre la conducta administrativa y la lesión irrogada.

En lo que a las reglas de responsabilidad por conducta ilícita se refiere, es el artículo 191 de la Ley, el que viene a establecer el deber de la Administración de reparar *"...todo daño causado a los derechos subjetivos ajenos por faltas de sus servidores cometidas en el desempeño de los deberes del cargo o con ocasión del mismo, utilizando las oportunidades o medios que ofrece, aun cuando sea para fines o actividades o actos extraños a dicha misión"*.

Como se deja en evidencia, la norma alude a la "falta" como el agente lesivo, lo cual permite entender que dicha falta podrá provenir de una conducta administrativa del tipo activo u omisivo, tal y como lo ha admitido la jurisprudencia y la misma Procuraduría General de la República[123].

---

116 Ortiz Ortiz, Eduardo, *Tesis de Derecho Administrativo*, Tomo III, p. 271.

117 Entre otras, véase la Sentencia No. 81 de 1984 la Sala Primera de la Corte Suprema de Justicia, reiterada por la misma Sala, en diversos fallos, entre ellos, el No. 132 de las quince horas del catorce de agosto de 1991 y el No. 113 de las dieciséis horas del once de octubre de 1995.

118 Como explica Ortiz Ortiz, antes de la vigencia de la LGAP, *"...la jurisprudencia y la ley de CR regulaban como indirecta la responsabilidad del Estado, pues contemplaban y hacían efectiva también la del servidor público autor del daño (...) Esto fue rectificado por los artículos 194.3, 199.4 y 201 de la LGAP..."* Ortiz Ortiz, Eduardo, *Tesis de Derecho Administrativo*, Tomo III, p. 278. En cuanto a la naturaleza objetiva de la responsabilidad administrativa, el mismo autor señaló: *"Con el advenimiento de la responsabilidad objetiva, por acto legítimo o funcionamiento normal de la Administración, que crea la LGAP, ha cesado la importancia del caso fortuito como causa de exoneración de la responsabilidad civil de la Administración, pues en tal régimen la culpabilidad del autor es también irrelevante o innecesaria. Solo exonera la ausencia de un vínculo de causalidad entre el daño y la conducta del accionado o eventual responsable."* Ortiz Ortiz, Eduardo, *Tesis de Derecho Administrativo*, Tomo III, p. 296.

119 Entre otros, véase el dictamen C-059-93 de 3 de mayo de 1993.

120 Desde este punto de vista, como lo ha estimado la Jurisprudencia, *"Para que surja el deber de indemnizar deben darse tres elementos, a saber, la existencia de un daño o lesión (que debe ser cierto, real y efectivo –no meramente eventual o hipotético-, y evaluable en dinero), una actuación u omisión de una autoridad pública y un nexo causal entre ambas, de forma que el daño causado le sea imputable al Estado..."* Tribunal Contencioso Administrativo, Sección Segunda, Sentencia No. 449-2003 de las quince horas del doce de setiembre del dos mil tres.

121 En ese sentido, Tribunal Contencioso Administrativa, Sección Segunda, Sentencia No. 30-2004 de las trece horas y treinta minutos del veintiséis de abril de dos mil cuatro.

122 Para la Procuraduría General de la República, *"...los conceptos de normalidad y anormalidad hacen referencia a los estándares de calidad que se exijan en un determinado momento histórico y tendrán que analizarse de acuerdo con una específica realidad social. Se trata entonces de conceptos jurídicos indeterminados que para su concreción se necesitará recurrir a la legalidad técnica, es decir, a criterios estadísticos, históricos, científicos y reglas de la experiencia. Es importante rescatar también que dentro del concepto de anormalidad –siguiendo la doctrina antes citada- se encuentran comprendidas aquellas situaciones en que el servicio ha funcionado mal, no ha funcionado o ha funcionado deficientemente, cubriendo estos dos últimos supuestos lo que es la inactividad de la Administración por omisión, o sea, cuando existiendo un deber funcional de actuar o una necesidad de diligencia funcional, no se actúa causándose un daño. Consecuentemente, cuando el numeral 190 determina que la Administración responde por funcionamiento normal o anormal está incluida la posibilidad de hacerla responsable por inactividad administrativa, siempre que conforme al ordenamiento jurídico exista un deber funcional de actuar o el cumplimiento de una conducta debida."* Dictamen C-052-1999, de 16 de marzo de 1999.

123 En ese sentido, véase el citado Dictamen C-052-1999.

A diferencia de lo ocurrido con la responsabilidad por actuación legítima, la indemnización exigible al Estado derivada de una conducta ilegítima alcanza tanto los daños como los perjuicios[124].

Efectivamente, el régimen de la responsabilidad por conducta lícita y normal del Estado, conforme al artículo 194.1, presenta variables respecto del regulado para el caso de la conducta ilícita.

Como se adelantó, en el caso de la responsabilidad por conducta lícita, conforme al artículo 194.2 de la LGAP, *"...la indemnización deberá cubrir el valor de los daños al momento de su pago, pero no el lucro cesante"*.

Por otra parte, la responsabilidad administrativa por actos lícitos y por funcionamiento normal, será exigible siempre que "*...causen daño a los derechos del administrado en forma especial, por la pequeña proporción de afectados o por la intensidad excepcional de la lesión*". Es decir, conforme a esta disposición, en estos casos, la responsabilidad administrativa resulta exigible en aquellos supuestos en que se genere una lesión a una pequeña proporción de afectados –"*especialidad del daño*"- y cuando la lesión presenta una excepcional intensidad –"*anormalidad del daño*"-.

Esta circunstancia fue justificada por su redactor, en consideraciones relacionadas con la solvencia financiera del Estado, no así en consideraciones del tipo dogmático[125] en lo que a la especialidad del daño se refiere, tesis que sería oportuno revisar, a propósito de los términos de la citada sentencia de la Sala Constitucional, No. 2004-05207.

La anormalidad del daño, para Ortiz Ortiz, se produce siempre que "... *implique un trato desigual frente al resto de los consociados que se encuentren en situaciones de hecho y jurídica sustancialmente iguales; y esa desigualdad solo se dará cuando el daño sufrido exceda claramente del nivel de sacrificio que debe soportar todo ciudadano en esa situación, en aras de la solidaridad social*"[126].

Con referencia a este mismo tema, uno de los supuestos previstos por el párrafo tercero de la misma norma, es el de la responsabilidad por daños causados por una ley formal –art. 194.3-, el cual ha sido objeto de atención de parte de la Jurisprudencia. Interesa destacar, en ese sentido, lo dispuesto en la Sentencia de la Sala Primera de la Corte Suprema de Justicia No. 108-91 de las 14:15 horas del 3 de julio de 1991, en que se declaró la obligación de indemnizar *"los daños y perjuicios cuando se ejerce"* la potestad de legislar. Cabe destacar que, al menos en ese caso, la indemnización fue plenaria, es decir, no se limitó a reconocer los daños irrogados, sino que además se reconocieron los perjuicios, lo cual, podría pensarse, obedeció a que los hechos son anteriores a la vigencia de la LGAP, si bien el juzgamiento se produjo estando ya en plena vigencia.

La misma tesis fue esgrimida por la Sala Constitucional, por ejemplo, al estimar que en aquellos casos en que, por medio de un Tratado internacional, se reconoce inmunidad jurisdiccional a una determinada organización de esa misma índole[127].

En lo que se refiere a los presupuestos que han de presentarse para estimar exigible la responsabilidad administrativa con ocasión de la abrogación de disposiciones legales, se ha establecido que *"...la reparación civil por acto legislativo está sujeta a que el reclamante tenga un derecho consolidado, real o personal, y no una mera expectativa de derecho..."*128. Es decir, de acuerdo con esta tesis jurisprudencial, para entender exigible una indemnización por actividad legislativa, el daño ocasionado debe consistir en la afectación –causal- de una situación jurídica consolidada, de modo que pueda decirse que el daño es cierto, real y efectivo. Se excluye así, aparentemente, la hipótesis de la indemnización por daño a un interés legítimo, que admite el artículo 195 *contrario sensu* de la LGAP, según se verá de seguido.

Precisamente, el artículo 195 de la LGAP excluye la responsabilidad cuando "*...causen un daño especial en los anteriores términos, cuando el interés lesionado no sea legítimo o sea contrario al orden público, a la moral o a las buenas costumbres, aún si dicho interés no estaba expresamente prohibido antes o en el momento del hecho dañoso*".

---

124 Sala Primera de la Corte Suprema de Justicia, Sentencia No. 435-F-03 de las diez horas del veintitrés de julio del dos mil tres.

125 Ortiz Ortiz, Eduardo, *Tesis de Derecho Administrativo*, Tomo III, p. 285 y 286.

126 Ortiz Ortiz, Eduardo, *Expropiación y Responsabilidad Públicas*, San José, 1996, p. 74.

127 Sala Constitucional de la Corte Suprema de Justicia, Sentencia No. 141-94 de las catorce horas cincuenta y cuatro minutos del once de enero mil novecientos noventa y cuatro.

128 En ese sentido, véase Sala Primera de la Corte Suprema de Justicia, Sentencia No. 54 de 12 de julio de 1989.

Dos comentarios caben formular. El primero, se refiere a la interpretación que, *contrario sensu*, es posible plantear: será indemnizable, entonces, aquel *"daño especial"* que se ocasione a todo interés que sea legítimo[129].

Por otra parte, cabe resaltar que la norma releva de responsabilidad a la Administración, en caso de lesión a un interés ilegítimo, lo cual ha sido considerado por la jurisprudencia, al momento de rechazar pretensiones de indemnización basadas, ya sea en una intención de beneficiarse de un incentivo laboral no autorizado por el Ordenamiento[130], o bien, por pretenderse la nulidad de un acto que resultó ser legítimo[131].

Por último, es posible señalar que conforme a la reforma del artículo 198 de la LGAP operada mediante Ley No. 7611 del 28 de julio de 1996, el ejercicio del derecho para reclamar la responsabilidad de la Administración está sujeto a un plazo de prescripción de cuatro años "*contados a partir del hecho que motiva la responsabilidad.*"

Cabe subrayar, por los efectos jurídico de tal circunstancia, que el regulado, es un plazo de prescripción, que no de caducidad.

XII. EL SERVICIO PÚBLICO Y LOS MERCADOS DE INTERÉS GENERAL

La temática de los servicios públicos en Costa Rica, debe encuadrarse, preliminarmente, a partir de la consideración de algunos aspectos de orden general, entre ellos, su tratamiento constitucional y la regulación legal que de este instituto se hace a nivel general, para luego evaluar el régimen de los más representativos "mercados de interés general"[132], como son la energía eléctrica, las telecomunicaciones, caracterización que, como se verá, podría no ser la más adecuada en vista de la realidad de estos mercados en Costa Rica en la cual aún pervive la presencia protagónica del Estado.

1. *Generalidades*

3. En el marco constitucional, son pocas las disposiciones que se refieren al servicio público. Entre ellas, destaca el último párrafo del artículo 46 incluido por reforma constitucional operada mediante la Ley No. 7607, en el cual se plantea una enumeración de derechos del "*usuario*" y del *"consumidor"*, con lo cual se alude, en su orden, a las relaciones de servicios públicos[133] y de consumo de bienes y servicios en el mercado privado.

La Sala Constitucional, aún prescindiendo de lo dispuesto por esa norma, ha entendido, en un fallo ya citado a propósito de la responsabilidad administrativa, es decir, el No. 2004-5207, que existe un *"derecho fundamental innominado al buen y eficiente funcionamiento de los servicios públicos, con elevados estándares de calidad".* El citado tribunal infiere tal derecho fundamental, "*... a contrario sensu, de los supracitados artículos 140, inciso 8º, 139, inciso 4º y 191 constitucionales".*

4. De esta forma, desde la propia Constitución, es posible encontrar como punto de partida, la definición de una garantía fundamental aún sea "atípica e innominada", conforme a la cual, el usuario ha sido investido de derechos fundamentales con el ánimo de equilibrar una relación tendencialmente desequilibrada, en la cual suele ser la parte débil.

Ahora bien, cabe cuestionarse ¿cómo se puede establecer, en el régimen jurídico costarricense, ¿cuándo se está o no frente a un servicio público?

---

129 Procuraduría General de la República, Dictamen C-081-98 de 5 de abril de 1998.

130 Sala Primera de la Corte Suprema de Justicia, Sentencia No. 806-F-03 de las quince horas cinco minutos del veintiocho de noviembre de dos mil tres.

131 Tribunal Contencioso Administrativo, Sección Segunda, Sentencia No. 130-2000 de las diez horas quince minutos del doce de mayo del dos mil.

132 La expresión es de González-Varas Ibáñez, Santiago, *Los mercados de interés general: telecomunicaciones y postales, energéticos y de transportes*, Granada, 2001, p. 1 a 10.

133 Se ha dicho sobre el tema que *"La reforma que adicionó un nuevo párrafo al art. En estudio, amplía el alcance de sus efectos, al incorporar dentro de ese marco garantista, la figura del consumidor –relaciones de consumo- y del usuario –relaciones de servicio público-..."* Echandi Gurdián, María Lourdes, "Artículo 46 de la Constitución Política" en *Constitución Política Comentada de Costa Rica*, McGraw Hill, México, 2001, p. 190.

El tema ha sido objeto de cuestionamiento de parte de la Procuraduría General de la República en diversas ocasiones. Para ese órgano superior consultivo de la Administración Pública, uno de los criterios fundamentales para definir una determinada actividad como servicio público, es su "*publicatio*". Es decir, será servicio público aquella actividad que ha sido incorporada al quehacer del Estado y excluida entonces del mercado privado, de modo que, cuando el Estado no lo asume directamente, solo podrá prestarse el servicio mediante una concesión otorgada por la entidad administrativa competente[134].

Por otra parte, tal actividad debe ser de interés general, visto su carácter esencial y su capacidad de satisfacer necesidades colectivas[135].

Ahora bien, como termina concluyéndose por parte de la Procuraduría General de la República, al fin y al cabo, ambas circunstancias, es decir, la *publicatio* y el calificativo de actividad de interés general, terminan siendo materia sometida al arbitrio del legislador, con lo cual se acoge un criterio de definición de servicio público, acorde con las tesis de la Escuela Clásica del Servicio Público de Bordeaux, promovidas por Gaston JEZE a principio del Siglo XX y que la doctrina caracteriza como la concepción subjetiva.

Y es que así lo ha entendido también la Sala Constitucional en el fallo que se cita en el aludido dictamen C-373-2003, conforme a la cual, *"...la determinación de si una necesidad es de interés público no es una cuestión jurídica, sino de hecho y circunstancial, que obliga –como ya se dijo- a un juicio de oportunidad y conveniencia. No existen actividades que por "naturaleza" o imperativos del Derecho Constitucional sean propias del servicio público, sino que eso dependerá de cada sociedad, sus necesidades y en el ámbito -privado o público- en que estas se satisfagan de mejor manera..."*[136].

En esa resolución, la Sala alude expresamente al artículo 3, inciso a) de la Ley No. 7593, conforme al cual, se entiende por servicio público *"el que por su importancia para el desarrollo sostenible del país sea calificado como tal por la Asamblea Legislativa..."*

Para la Procuraduría, en el dictamen de cita, lo establecido en esa disposición legal, sin embargo, "*no significa que solo existe servicio público si expresamente la ley indica que se trata de un servicio público o bien, si expresamente está contemplado en el artículo 5° de la Ley de la ARESEP. En efecto, aparte de que dicho artículo es una disposición de rango legal que no vincula al legislador, cabe recordar que comúnmente el legislador crea servicios públicos sin señalar expresamente que la actividad que regula y atribuye a la Administración es servicio público, lo que no desdice de la naturaleza jurídica de esa actividad. Basta, al efecto, que la actividad haya sido legalmente considerada de interés público. Se cumple, así, el principio de que la publicatio, acto de declaración de una actividad como de interés público, se realiza a través de la ley, en virtud del principio de reserva legal*".

Ahora bien, como es sabido, conforme a la Escuela Clásica del Servicio Público, en toda prestación de un servicio de esa naturaleza, media un interés general que se ve así satisfecho. De ahí que el régimen jurídico que rige la actividad del prestatario deba ser de Derecho Público según doctrina del Arrêt BLANCO de febrero de 1873, régimen que ocasiona la salida de la actividad del mercado de los hombres, para quedar su prestación a cargo del Estado, sea de forma directa o indirecta. Para el segundo caso, una vez conferida la respectiva concesión, el prestatario quedará sometido a las conocidas "lois Rolland", (principios de continuidad, igualdad y adaptación del servicio público), así como a una relación jurídica con respecto a la autoridad competente, en la cual, queda a cargo de esta última, además de la vigilancia de la actividad, la fijación de la tarifa o precio por la prestación del servicio, conforme a los principios de igualdad, causalidad, certeza, irretroactividad y de razonabilidad.

El régimen costarricense del servicio público acoge, en un todo, ese modelo, como resulta de lo establecido por el artículo 4° de la LGAP, conforme al cual toda la actividad de los entes públicos debe estar sujeta a *"...los principios fundamentales del servicio público para asegurar su continuidad, su eficiencia, su adaptación a todo cambio en el régimen legal o en la necesidad social que satisfacen y la igualdad en el trato de los destinatarios, usuarios o beneficiarios"*.

---

134 Procuraduría General de la República, Dictamen C-169-99 de 22 de agosto de 1999. En el mismo sentido, véase el Dictamen C-373-2003 de 26 de noviembre de 2003.

135 Procuraduría General de la República, Dictamen C-152-2000 de 7 de julio del 2000. En el mismo sentido, consúltese el Dictamen C-373-2003 de 26 de noviembre de 2003.

136 *Sala Constitucional de la Corte Suprema de Justicia, Sentencia No. 517-98 de 14:32 hrs. del 26 de agosto de 1998.*

Cabe destacar que la norma no distingue, en su regulación, entre los servicios públicos del tipo comercial o industrial, según la expresión francesa, de los llamados servicios públicos *régaliens* y de los meramente administrativos, por lo cual es posible entender que se ha querido irradiar el alcance de los principios aludidos, a la actividad administrativa como un todo.

Ahora bien, el régimen de Derecho Público de los servicios públicos no tiene una regulación uniforme. Se ha intentado, sin embargo, mediante la Ley No. 7593, desarrollar un modelo aplicable a una buena cantidad de servicios públicos[137]. En dicho régimen, interviene una entidad autónoma, denominada Autoridad Reguladora de los Servicios Públicos, con competencia para regular la prestación del servicio mediante la fijación de precios y tarifas, y asegurando "*el cumplimiento de las normas de calidad, cantidad, confiabilidad, continuidad, oportunidad y prestación óptima*" -art. 5°-.

La autorización para prestar el servicio público, sin embargo, no corresponde a esta entidad, sino a los respectivos Ministerios o municipalidades según se trate. Corresponde a estos órganos o entes, otorgar la respectiva "*concesión o permiso*", salvo en el caso de entidades autónomas y empresas públicas que, por disposición legal, han sido autorizadas para su prestación, según se verá.

Corresponde a la ARESEP, como se explicó, la definición de las tarifas de los servicios públicos, lo cual deja en evidencia, que el modelo no ha dado el paso a la libre competencia aún en cuanto a la definición de los precios. Se distingue así entre *"fijaciones tarifarias"* de *"carácter ordinario o extraordinario"*[138].

Para el caso de fijaciones ordinarias, solicitudes de autorización de generación de fuerza eléctrica, formulación y revisión de las normas técnicas aplicables a los servicios públicos y para la formulación o revisión de modelos de fijación de precios y tarifas, la ley define un procedimiento que incluye una audiencia pública en que podrán participar quienes ostenten un "*interés legítimo para manifestarse*" -art.36-, la cual se celebrará luego de la publicación de la hora y fecha para su celebración[139].

Adicionalmente, se ha atribuido a la ARESEP una potestad sancionatoria que incluye, conforme al artículo 38, la posibilidad de imponer multas sancionatorias –por irregularidades en la prestación del servicio-; multas por mora en el pago de los cánones establecidos a cargo de los prestatarios -art.39- y hasta la "*revocatoria de concesión o permiso*", para el caso de las conductas tipificadas por el artículo 41.

Esta potestad sancionatoria puede ser ejercida, ya sea de oficio o bien a propósito de denuncia, caso en el cual se deberá tramitar un procedimiento ordinario administrativo, cuyo acto final podrá disponer *"...todas las medidas necesarias para corregir la anomalía, y en caso que así lo haya pedido el quejoso,*

---

137 En concreto, el de los servicios públicos de suministro de energía eléctrica en todas sus etapas; telecomunicaciones; acueductos y alcantarillados; combustibles derivados de hidrocarburos; riego y avenamiento cuando es prestado por una empresa pública o por medio de concesión o permiso; transporte público remunerado, salvo el aéreo, que se reserva a lo establecido en la normativa especial de la materia; los servicios marítimos y aéreos en los puertos nacionales; transporte de carga por ferrocarril; recolección y tratamiento de desechos sólidos e industriales.

138 Según dispone el artículo 30 de la Ley de la ARESEP, *"Serán de carácter ordinario aquellas que contemplen factores de costo e inversión"*. Estas peticiones deberán presentarse *"al menos una vez al año"*. En el caso de las fijaciones extraordinarias, se trata de aquellas "*que consideren variaciones importantes en el entorno económico, por caso fortuito o fuerza mayor y cuando se cumplan las condiciones de los modelos automáticos de ajuste"*.

139 En torno a este procedimiento, la Sala Constitucional ha considerado que ***"II.-** El procedimiento administrativo especial establecido en la Ley 7593 para la fijación de tarifas de los servicios públicos tiene como fin garantizar la transparencia en las decisiones de la entidad reguladora y la posibilidad de dar participación a los consumidores y usuarios en el trámite. La petición tarifaria se somete a la audiencia pública en la cual pueden participar aquellos ciudadanos que presenten una oposición fundamentada en criterios técnicos, oposición que debe presentarse de conformidad con los requisitos que estipula el reglamento, dándole al interesado de defender su interés en el asunto. El procedimiento pretende que, a través de sus varias etapas, se emita un acto administrativo dictado a la luz de los principios propios de la filosofía de la regulación y contenidos en la Ley 7593, entre los que pueden citarse el servicio al costo, el respeto al equilibrio entre los intereses del usuario y del prestatario, el evitar fijaciones contrarias al equilibrio financiero de los prestatarios, así como la exclusión de los costos no aceptables, conforme a los principios de la regulación de los servicios públicos. En el presente caso, según informa el Regulador General y se constata por la lectura de la resolución impugnada, las amparadas no participaron en su oportunidad como opositores en el procedimiento de fijación tarifaria cuyo acto final ahora se impugna; no acudieron a defender sus intereses de acuerdo al procedimiento especialmente establecido para ello en la Ley 7593, por lo que resulta improcedente su pretensión de que se anule en la vía de amparo la resolución cuestionada."* Sala Constitucional de la Corte Suprema de Justicia, Sentencia No. 2002-07029 de las catorce horas con cincuenta y dos minutos del dieciséis de julio del dos mil dos.

y correspondiere de acuerdo con el mérito de los autos y fuere cuantificable, se establecerá la indemnización que deberá pagar el prestatario" -art. 40 del Reglamento a la Ley No. 7593, Decreto Ejecutivo No. 29732-MP.-

Para el cumplimiento de sus atribuciones, la ARESEP ha sido investida por el legislador de una serie de prerrogativas tales como la fiscalización contable, financiera y técnica de las empresas prestatarias de servicios públicos –art.6 a)-, lo cual hace posible que requiera información financiera y contable de esas mismas empresas con capacidad vinculante –arts. 24 y 31-, lo cual fue objeto de cuestionamientos a nivel constitucional.

Para el Tribunal Constitucional, sin embargo, no existen roces de constitucionalidad en las citadas normas, al entenderse que "de lo contrario el control que se le encomienda carecería de sentido, pues entre otras funciones debe fijar los precios, tarifas y tasas de los servicios públicos regulados por la ley..."140 Es decir, se estimó que el medio elegido por el legislador para satisfacer el fin resultaba apropiado y razonable, vista la actividad de regulación de tal ente.

A propósito de esa misma impugnación, el Tribunal Constitucional estimó que la ARESEP, al ejercer su potestad sancionatoria, actúa en calidad de tribunal administrativo, ejerciendo por ello, función administrativa, con lo cual se descarta el alegato según se el cual, al ejercer potestades sancionatorias e inquisitiva, se estaba frente a una delegación inconstitucional de funciones propias del Poder Judicial.

De paso, se deja en evidencia así por parte de la Sala Constitucional, que las decisiones adoptadas en tales procedimientos, una vez agotada la vía administrativa, son susceptibles de ser impugnadas en la vía de lo contencioso administrativo, como en efecto sucede.

2. *¿Mercados de Interés General? El caso de la energía eléctrica y las telecomunicaciones*

El régimen jurídico del servicio público de suministro de energía eléctrica y de telecomunicaciones, está conformado por disposiciones de rango constitucional y legal.

Hasta la entrada en vigencia de la Ley No. 8642 de Telecomunicaciones, lejos de conformar un mercado en competencia, estos sectores han estado rígidamente estructurados en función de una intervención prácticamente monopólica del Estado, en especial, por medio del Instituto Costarricense de Electricidad, entidad autónoma originalmente creada desde 1949, para el desarrollo y aprovechamiento de las fuerzas hidráulicas de la Nación, a la cual, con posterioridad, se encargó también el desarrollo de las telecomunicaciones.

La rigidez de ambos modelos empieza por lo dispuesto en la Constitución Política, para la cual, es función del Poder Legislativo, *"Decretar la enajenación o la aplicación a usos públicos de los bienes propios de la Nación. No podrán salir definitivamente del dominio del Estado: a) Las fuerzas que puedan obtenerse de las aguas del dominio público en el territorio nacional...c) Los servicios inalámbricos"*.

Dice además la norma de cita, que "*Los bienes mencionados en los apartes a), b) y c) anteriores solo podrán ser explotados por la administración pública o por particulares, de acuerdo con la ley o mediante concesión especial otorgada por tiempo limitado y con arreglo a las condiciones y estipulaciones que establezca la Asamblea Legislativa*".

Al respecto, la Sala Constitucional ha estimado que "*Para un elenco de bienes, servicios y recursos han sido constitucionalmente definidos los límites del mercado y del tráfico económico. La Constitución no establece una uniforme intensidad de demanialidad ni de reserva al sector público de servicios o recursos esenciales. Según el artículo 121 inciso 14, el que ahora nos ocupa, los servicios inalámbricos [al igual que las fuerzas que puedan obtenerse de las aguas del dominio público] "no podrán salir definitivamente del dominio del Estado". Pública es la titularidad; han sido constitucionalmente vinculados a fines públicos y su régimen es exorbitante del derecho privado. No obstante, cabe la explotación por la administración pública o por particulares, de acuerdo con la ley o mediante concesión especial otorgada por tiempo limitado y con arreglo a las condiciones y estipulaciones que establezca la Asamblea Legislativa*"[141].

---

[140] Sala Constitucional de la Corte Suprema de Justicia, Sentencia No. 2002-1485 de las catorce horas con cuarenta minutos del trece de febrero del dos mil dos.

[141] Sala Constitucional de la Corte Suprema de Justicia, Sentencia No. 5386-93, de las dieciséis horas del veintiséis de octubre de mil novecientos noventa y tres.

A partir de esa consideración, solo es posible la prestación de los servicios públicos de suministro de energía eléctrica y de telecomunicaciones, en el caso de que una disposición legal –ley marco-atribuya a un órgano o ente público a otorgar concesiones o bien, mediante una concesión especial otorgada por la Asamblea Legislativa.

Como se verá, la ausencia de esas "leyes marco" en ambos sectores fue superada, hasta ahora tan solo en el ámbito de las telecomunicaciones. Esta omisión legislativa, con tino, ha sido calificada como una inactividad legislativa viciada de inconstitucionalidad, por quebrantar el derecho a la libre elección que declara en beneficio de los usuarios, el artículo 46 párrafo último de la Constitución Política[142].

A. *Del servicio público de suministro de energía eléctrica*

De conformidad con lo establecido por el artículo 5° inciso a) de la citada Ley No. 7593, el *"Suministro de energía eléctrica en las etapas de generación, transmisión, distribución y comercialización"*, es un servicio público.

Así las cosas, para el caso de la etapa de generación, salvo en el supuesto excepcional de la generación de energía eléctrica para el autoconsumo mediante fuentes que no sean de carácter hídrico[143], la actividad solo será legítima, cuando se haya logrado obtener una concesión que autorice tal actividad.

De forma reiterada, la Procuraduría General de la República ha establecido que, efectivamente, la etapa de generación de energía eléctrica, precisamente por ser un servicio público por disposición legal, exige para su prestación, una concesión otorgada por el Ministerio de Ambiente y Energía, exigencia a la cual debe agregarse la de contar con una concesión para el uso de las aguas, en caso de tratarse de un proyecto hidroeléctrico[144].

La dificultad que se presenta, en ese sentido, es que no ha sido interés del legislador abrogar las normas secundarias que exige el artículo 121 inciso 14) para permitir la incorporación del sector privado en esta actividad, de modo que se propicie una amplia apertura basada en el principio de libre competencia.

La tesis más bien ha sido admitir tan solo, una participación mínima de los particulares, lo cual se dio a propósito de la Ley No. 7200 que vino a regular lo que se denominó, *"...la generación autónoma o paralela"*, es decir, *"...la energía producida por centrales eléctricas de capacidad limitada, pertenecientes a empresas privadas o cooperativas que puedan ser integradas al sistema eléctrico nacional"*. Se trata de centrales con capacidad de generación no mayor de 20 Megavatios que, forzosamente, deben vender la energía generada, al ICE. Para lograr una concesión para la generación de energía eléctrica, resulta exigible, conforme a las disposiciones de la ley de cita, la previa declaratoria de elegibilidad del proyecto por parte del ICE -art.6-, lo cual será posible *"...siempre y cuando la potencia, por concepto de generación paralela, no llegue a constituir más del quince por ciento (15%) de la potencia del conjunto de centrales eléctricas que conforman el sistema eléctrico nacional."*

Mediante una reforma posterior a la citada Ley No. 7200, se introdujo un modelo de compra de energía bajo régimen de competencia. Sin embargo, en realidad lo que se hizo fue autorizar al ICE a promover licitaciones públicas para oír ofertas de interesados en construir, explotar y traspasar luego, proyectos de generación de energía eléctrica de fuente hidráulica, geotérmica, eólica y de cualquier otra no convencional, en bloques de no más de 50 megavatios. Así, una vez cumplido el trámite de licitación pública, se suscriben contratos de compraventa de energía con una vigencia no mayor de veinte años y en el entendido de que los activos de la planta eléctrica deberán ser traspasado al término del contrato, a propiedad del ICE libres de todo gravamen.

Más recientemente, se aprobó la Ley No. 8345, mediante la cual se vino a autorizar la participación de cooperativas de electrificación rural y de empresas de servicios públicos municipales, en la generación de energía de fuente hidroeléctrica, con capacidad no mayor de sesenta megavatios. En caso de exceder tal cantidad, *"será necesaria una autorización legislativa especial"*, según lo dispone el artículo 11 de la Ley citada.

---

142 En ese sentido, se ha dicho que *"...a partir de la citada reforma del artículo 46 constitucional, ha desaparecido la discrecionalidad política del Estado de aprobar o no aprobar una legislación como esa. Hoy, desde el punto de vista jurídico constitucional, el Estado está obligado a cumplir con su deber de aprobar dicha normativa. De no hacerlo, incurrirá en una conducta inconstitucional, como está sucediendo ahora."* Echandi Gurdián, María Lourdes, "Apertura en telecomunicaciones: Obligación jurídica del Estado", *El Financiero*, No. 417, 23-29 de junio del 2003, p. 36.

143 Procuraduría General de la República, Dictamen C-069-97 de 7 de mayo de 1997.

144 Procuraduría General de la República, Dictamen C-348-2001 de 17 de diciembre de 2001.

En lo que, a la etapa de transmisión de energía, es preciso señalar que está, en lo fundamental, sometida a la intervención monopólica del ICE, entidad que ha desarrollado la infraestructura necesaria para cumplir con esa tarea.

En lo que, a las etapas de distribución y comercialización de la energía, además de esa entidad, participan tan solo algunos pocos prestatarios, en sectores geográficos de la Nación claramente definidos[145], en vista de las aludidas limitaciones para la entrada de más competidores.

B. *De las telecomunicaciones*

Como se ha señalado, a propósito de lo establecido por el artículo 121 inciso 14), los servicios inalámbricos solo podrán ser explotados por particulares o la propia Administración, si así lo dispone una concesión especial otorgada por la Asamblea Legislativa, o bien, si se obtiene una concesión de carácter administrativo, otorgada por el órgano o ente que autorice una "ley marco".

En concreto, con relación a los servicios inalámbricos y el espectro electromagnético, la Sala Constitucional se ha pronunciado en diversas ocasiones, estableciendo que se trata de bienes demaniales[146] cuya explotación solo es lícita, en caso de estar autorizada mediante una concesión especial otorgada por tiempo limitado y de acuerdo con las condiciones y estipulaciones que establezca la Asamblea Legislativa, o bien, de acuerdo con la ley.

Así las cosas, examinado el ordenamiento jurídico, es posible establecer que, si bien no se puede hablar de una concesión exclusiva o de carácter monopólico[147], es lo cierto que durante décadas y hasta muy recientemente, únicamente se encontraban autorizados para intervenir como prestatarios de servicios de telecomunicaciones, dos entidades, el ICE y una empresa de su propiedad, Radiográfica Costarricense, S.A.

5. Así resulta del examen del Decreto-Ley No. 449 del 8 de abril de 1949, que crea el ICE, cuyo artículo 2 inciso h) establece como una de las finalidades del Instituto, *h) Procurar el establecimiento, mejoramiento, extensión y operación de los servicios de comunicaciones telefónicas, telegráficas, radiotelegráficas y radiotelefónicas, para lo cual tendrá de pleno derecho la concesión correspondiente por tiempo indefinido".*

6. Adicionalmente, cabe señalar que conforme al artículo 1° de la Ley No. 3293 del 18 de junio de 1964, "*El Instituto Costarricense de Electricidad explotará a partir de la promulgación de esta ley, los servicios de telecomunicaciones a que se refiere la ley No. 47 del 25 de julio de 1921, por tiempo indefinido, en las condiciones establecidas*", lo cual, dice la ley en su artículo 2, podrá hacer por medio de una sociedad anónima mixta denominada Radiográfica Costarricense, S.A.

7. En definitiva, la ya citada Ley No. 7593, en su artículo 5, incluye los servicios de telecomunicaciones entre los servicios públicos sujetos a tal normativa, si bien no puntualiza autoridad alguna que esté en capacidad de otorgar concesiones para su prestación.

---

[145] Se trata de la Compañía Nacional de Fuerza y Luz, para el sector central de San José. Dicha entidad es propiedad en un cien por ciento, del ICE. Para el caso de la provincia de Cartago, se ha autorizado a la Junta Administrativa del Servicio Eléctrico de Cartago JASEC, actualmente regida por la Ley No. 7799 del 29 de mayo de 1998. En la provincia de Heredia, interviene en la distribución y comercialización de energía, la Empresa de Servicios Públicos de Heredia, hoy regida por la Ley No. 7789. En otras zonas del país, participan en la prestación de estos servicios públicos, diversas cooperativas de electrificación rural, a saber, la Cooperativa de Electrificación Rural de Alfaro Ruiz, R.L., Cooperativa de Electrificación Rural de San Carlos, R.L, Cooperativa de Electrificación Rural de los Santos, R.L., Cooperativa de Electrificación Rural de Guanacaste, R.L. y el Consorcio Nacional de Empresas de Electrificación de Costa Rica, R.L. (CONELÉCTRICAS, R.L.).

[146] Sala Constitucional de la Corte Suprema de Justicia, Sentencia No. 2002-6053 de las catorce horas con treinta y ocho minutos del diecinueve de junio del dos mil dos.

[147] *"El decreto-ley no. 449 de 1949 otorgó una concesión al Instituto Costarricense de Electricidad (ICE) para la explotación de los servicios de telecomunicaciones "telefónicas, telegráficas, radiotelegráficas, radiotelefónicas". Interesa destacar, sin embargo, que contrariamente a lo que se cree, tal concesión no otorgó una condición exclusiva o monopolística al ICE, como tampoco lo hizo luego la Ley No. 3226 de 1963, todo lo cual ha ratificado la propia Sala Constitucional en la sentencia No. 9542 del 2002.*" Echandi Gurdián, María Lourdes, "Competencia en telecomunicaciones", *La Nación*, p. 31 A.

8. De esta forma, durante la ausencia de una ley marco que habilitara a la Administración Pública, por medio de cualquiera de sus agentes, a otorgar concesiones para el servicio de telecomunicaciones, únicamente el ICE y RACSA, contaron con autorización legal para prestar estos servicios.

Esta situación se vio alterada al entrar a regir la citada Ley de Telecomunicaciones, mediante la cual se abrió de la posibilidad de otorgar concesiones *"...para el uso y la explotación de las frecuencias del espectro radioeléctrico que se requieran para la operación y explotación de redes de telecomunicaciones. Dicha concesión habilitará a su titular para la operación y explotación de la red. Cuando se trate de redes públicas de telecomunicaciones, la concesión habilitará a su titular para la prestación de todo tipo de servicio de telecomunicaciones disponibles al público. La concesión se otorgará para un área de cobertura determinada, regional o nacional, de tal manera que se garantice la utilización eficiente del espectro radioeléctrico."*

9. Los operadores y proveedores de telecomunicaciones han de ajustarse a los objetivos fundamentales del sistema detallados en el artículo 32 de la Ley de cita, dentro de los cuales se encuentran la promoción de servicios de calidad a *"precios asequibles y competitivos"*, así como la reducción de la brecha digital.

10. La Ley le atribuye al Poder Ejecutivo la función de definir las metas y las prioridades necesarias para el acceso universal que se define como objetivo fundamental.

11. A la fecha, el mercado de las telecomunicaciones se encuentra en una fase de iniciación, en donde dos nuevos operadores de telefonía celular apenas se aprestan a iniciar la prestación de servicios en competencia.

XIII. LA FUNCIÓN PÚBLICA

El régimen de la función pública está regido, en Costa Rica, por diversas disposiciones de rango constitucional y algunas otras de rango legal y reglamentario, que, de forma atomizada, entran a regular distintos ámbitos de la Administración Pública.

En la Carta Política, se ha dispuesto la inclusión, dentro de las atribuciones del Poder Ejecutivo, la de "*...nombrar y remover libremente a los miembros de la Fuerza Pública, a los empleados de confianza, y a los demás que determine, en casos muy calificados, la Ley de Servicio Civil*" –art. 140 inciso 1) de la CP-. Además, se dispone en el inciso 2) de la misma norma, que corresponderá al mismo órgano de relevancia constitucional, "*nombrar y remover, con sujeción a los requisitos prevenidos por la Ley de Servicio Civil, a los restantes servidores de su dependencia*".

Por su parte, los artículos 191 y 192 de la misma Constitución, vienen a establecer, en su orden, la naturaleza estatutaria de las relaciones *"...entre el Estado y los servidores públicos con el propósito de garantizar la eficiencia de la administración"*, así como la sujeción del Estado a criterios de idoneidad comprobada para realizar nombramientos y la inamovilidad de los funcionarios, salvo supuestos de despido justificado o *"reducción forzosa de servicios"* sea esta por razón de carencias presupuestarias o para una *"mejor organización"* de los servicios.

La Sala Constitucional, a propósito de tales disposiciones, ha establecido que "*Los principios constitucionales que inspiran el Régimen del Servicio Civil y que resultan de aplicación plena durante toda la relación del servidor público con el Estado, son los de idoneidad comprobada y eficiencia*[148]".

En cuanto al artículo 191 constitucional, existe un cierto grado de discusión en torno a lo que en realidad debe interpretarse de la expresión ahí contenida, conforme a la cual, *"Un estatuto de servicio civil regulará las relaciones entre Estado y los servidores públicos"*.

Se discute si ello implica que un solo estatuto deberá regir la totalidad de las relaciones de empleo público o bien, si es admisible que el legislador ordinario regule tales relaciones, mediante una diversidad de disposiciones legales.

La doctrina que se ha pronunciado al respecto[149], luego de comprobar con un detallado estudio el sinuoso manejo del vocablo "Estado" en que incurrió el Constituyente, termina por estimar imposible

148 Sala Constitucional de la Corte Suprema de Justicia, Sentencia No. 19-95 de las quince horas cincuenta y cuatro minutos del tres de enero de mil novecientos noventa y cinco

149 Murillo Arias, Mauro, *Ensayos de Derecho Público,* San José, 1988, p. 165.

"sostener una tesis definitiva". Se estima que, como mínimo, debe incluirse dentro de una relación estatutaria, al Poder Ejecutivo y sus funcionarios, por así dejarlo en claro el artículo 140 incisos 1) y 2), sin dejar de lado el caso de las relaciones entre el Poder Judicial y sus servidores, expresamente involucrado en un marco estatutario por el artículo 156 de la CP. Por último, se analiza una *"tesis amplísima"*, conforme a la cual se podría sostener que el Servicio Civil debe cubrir a todos los servidores públicos, tesis que, para Murillo Arias, tiene sustento histórico, a propósito del proyecto de Constitución en que así se establecía. Tal postura parece ser la aceptada por el Tribunal Constitucional[150-151].

Así las cosas, conforme al régimen constitucional, la totalidad de las relaciones de empleo del "sector público" deben regirse por una relación de Derecho público, lo cual incluye, según lo ha establecido la jurisprudencia de la Sala Segunda de la Corte Suprema de Justicia, al sector descentralizado[152].

Muy a pesar de lo establecido por la Asamblea Constituyente, es decir, su afán de ver regidos a los servidores públicos, en su totalidad, por una relación de Derecho público de carácter estatutario con la Administración, como la propia Sala Constitucional y la Sala Segunda de la Corte Suprema de Justicia lo han establecido en los fallos citados, en realidad, eso no sucede así.

Aún hoy día, luego de varias décadas de la vigencia de la Constitución, no existe una regulación sistemática de las relaciones de empleo público, que logre satisfacer la demanda del Constituyente, lo cual ha sido calificado como una circunstancia inconstitucional[153].

Solo se ha logrado hasta el momento, la abrogación de diversas disposiciones sectoriales[154], entre las que resaltan el Estatuto del Servicio Civil que rige, tan solo en parte, las relaciones de los servidores públicos con el Poder Ejecutivo[155]. Adicionalmente, la LGAP introdujo una serie de normas[156] en la materia con la intención de reglar el empleo público.

De estas disposiciones, derivan algunas consecuencias de marcado interés. La primera se refiere a lo que MURILLO ARIAS califica como la *"generalización del régimen público de empleo"*, dispuesta por el artículo 112.1. Efectivamente, al prescribir la norma que *"El derecho administrativo será aplicable a las relaciones de servicio entre la Administración y sus servidores públicos"*, se viene a satisfacer el empeño del Constituyente antes referido y ratificado por la jurisprudencia tanto de la Sala Constitucional como de la Sala Segunda de la Corte Suprema de Justicia.

Y es que el término Administración utilizado en la norma, debe relacionarse con el definido por el artículo 1 de la misma Ley, según el cual, aquella estará conformada por *"el Estado y los demás entes públicos..."*. Es decir, se incluye de esa forma, tanto a los entes descentralizados como a los entes públicos no estatales.

Este nivel de generalización es objeto de cuestionamiento de parte de MURILLO ARIAS, para quien no parece ser útil someter las relaciones de servicio de entidades tales como colegios profesionales y otro tipo de entes de Derecho público, al Derecho administrativo[157].

Otra consecuencia de lo dispuesto por la aludida normativa, también criticada por MURILLO ARIAS, estriba en el hecho de que, conforme al párrafo 3 del artículo 111, *"...no se consideran servidores*

---

[150] Sala Constitucional de la Corte Suprema de Justicia, Sentencia No. 1696-92 de las quince horas treinta minutos del veintitrés de agosto de mil novecientos noventa y dos.

[151] Sala Constitucional de la Corte Suprema de Justicia, Sentencia No. 4788-93 de las ocho horas cuarenta y ocho minutos del treinta de setiembre de mil novecientos noventa y tres.

[152] Sala Segunda de la Corte Suprema de Justicia, Sentencia No. 0036-98 de las diez horas del seis de febrero de mil novecientos noventa y ocho. En idéntico sentido, aunque para el caso de las relaciones de los servidores del ICE con entidad, véase Sala Segunda de la Corte Suprema de Justicia, Sentencia No. 149-99 de las quince horas del dos de junio de mil novecientos noventa y nueve.

[153] Sala Constitucional de la Corte Suprema de Justicia, Sentencia No. 1696-92 de las quince horas treinta minutos del veintitrés de agosto de mil novecientos noventa y dos.

[154] Se trata, entre otras, de la Normativa de Relaciones Laborales (CCSS) publicada en la Gaceta Nº 137 de 16 de julio de 1998; Ley del Personal de la Asamblea Legislativa Nº 4556 y sus reformas; Estatuto del Servidor Judicial, Ley Nº 5155 y Ley de la Carrera Judicial Nº 7338. Además, el Código Municipal, Ley No. 7794, incluye dentro de sus disposiciones, el Título V, relativo a "El Personal Municipal".

[155] Ortiz Ortiz, Eduardo, *Tesis de Derecho Administrativo*, Tomo II, p. 147.

[156] Se trata de las dispuestas en el artículo 111 párrafo 3 y 112 de dicha Ley.

[157] Murillo Arias, Mauro, *Ensayos de Derecho Público*, p. 192.

públicos los empleados de empresas o servicios económicos del Estado encargados de gestiones sometidas al derecho común". La crítica del citado autor estriba en que estima inconveniente la exclusión, dado que por esa vía tales servidores quedarían excluidos del régimen de responsabilidad administrativa interna que la misma LGAP desarrolla en su articulado.

Para sortear tal dificultad y demás inconvenientes por él apuntados, en consideración de la Exposición de Motivos, el autor estima "*... que la intención de la norma es excluir a los servidores de las actividades de empresa de la Administración, cuando estas actividades estén regidas por el Derecho Privado. Ejemplo típico: servidores bancarios*158.*"*

Esta última consideración, que comparte este estudio, viene a contradecir la citada jurisprudencia de la Sala Segunda de la Corte Suprema de Justicia, según la cual, la relación de servicio de funcionarios de bancos estatales está regida por el Derecho Administrativo y no por el Derecho Laboral. Es claro que el afán generalizador, aún de la LGAP, como se ha vista, no llega tan lejos. También se ha visto que la Sala Constitucional ha admitido, en circunstancias especiales, la definición legislativa de ámbitos en que se prescinde de una relación estatutaria, optándose por una del tipo privado.

Maniatar a los entes públicos con actividades de tipo comercial o industrial, como es el caso del ICE y los bancos estatales, no parece haber sido el interés del Constituyente, quien siempre tuvo en mente la regulación de relaciones de servicio entre un servidor investido en calidad de tal, para el ejercicio de potestades administrativas, no así, para el ejercicio de actividades típicamente sometidas al Derecho común.

Al respecto, la propia Sala Constitucional159 ha validado decisiones del legislador como la que consta, por ejemplo, en la Ley de Correos, de anterior cita, conforme a la cual, Correos de Costa Rica, empresa pública, *"no estará sujeta"* a las disposiciones del Estatuto de Servicio Civil (art.16 e)), razón por la cual, verá regidas las relaciones con sus servidores por el Código de Trabajo -art.3 párrafo primero-

Finalmente, baste señalar en cuanto al régimen establecido por el Estatuto de Servicio Civil que la relación de servicio administrativa por este regulada implica: (i) un procedimiento de ingreso por concurso; (ii) la nomenclatura y remuneración de los cargos en norma general y (iii) la inamovilidad, con las señaladas excepciones160.

Con todo, se han presentado, recientemente, novedades de corte normativo que interesa reseñar.

La primera se relaciona con una reforma al Código de Trabajo mediante la Ley No. 9343 del 25 de enero de 2016. En dicha normativa se introdujo al referido código, el Título Undécimo denominado "Régimen laboral de los servidores del Estado y de sus instituciones, cuyo artículo 682 aborda quién puede considerarse persona trabajadora del Estado. Dice la norma, en ese sentido, lo siguiente:

> **"Artículo 682.-** Trabajadora del Estado, de sus instituciones u órganos, es toda persona que preste a aquel o a estos un servicio material, intelectual o de ambos géneros, en virtud del nombramiento que le fue expedido por autoridad o funcionario competente o en virtud de un contrato de trabajo en los casos regidos por el derecho privado.
>
> Los servidores de naturaleza pública se rigen por las normas estatutarias correspondientes, leyes especiales y normas reglamentarias aplicables y por este Código, en todo lo no contemplado en esas otras disposiciones. Las relaciones con las personas trabajadoras en régimen privado se regirán por el derecho laboral común y disposiciones conexas, salvo que la ley disponga otra cosa. También, podrán aplicarse conciliaciones, convenciones colectivas y laudos, siempre y cuando se concluyan o dicten con respeto a lo dispuesto en este Código y las limitaciones que resulten de este título".

Como se puede apreciar, la norma mantiene la dualidad de regímenes: el de carácter estatutario, por un lado y el regido por el Derecho privado.

Posteriormente, se establece que serán válidos en los conflictos económicos y sociales y de las convenciones colectivas en el sector público, las conciliaciones y los laudo arbitrales -art.688-, con exclusión de miembros de los Supremos Poderes, jerarcas de la Contraloría General de la República, Procuraduría General de la República, Defensoría de los Habitantes, así como de las entidades descentralizadas, inclusive, quienes funjan como integrantes de sus juntas directivas.

---

158 Murillo Arias, Mauro, *Ensayos de Derecho Público*, p. 193.

159 Sala Constitucional de la Corte Suprema de Justicia, Sentencia No. 2002-314 de las diecisiete horas con ocho minutos del veintidós de enero del dos mil dos.

160 Ortiz Ortiz, Eduardo, *Tesis de Derecho Administrativo*, Tomo II, p. 150 y 151.

También está exceptuados los miembros de las juntas de educación y "*en general, todos los miembros directivos de juntas, entidades u organismos, dependientes o relacionados con los Poderes del Estado*". -art. 683-

Otro tema abordado por la reforma, siempre polémico, es la posibilidad de negociaciones colectivas en el sector público, para lo cual se ha dado legitimación a "*los sindicatos que demuestren tener la mayor cantidad de afiliados en cada institución, empresa o dependencia de que se trate...* " -art. 696-.

Interesa resaltar lo dispuesto en la reforma, con relación a los efectos de las convenciones colectivas en el sector público, concretamente, la regla prevista en el párrafo segundo del artículo 711, según el cual, "*En el caso de normas que por su naturaleza y su afectación del principio de legalidad presupuestario requieran aprobación legislativa, la eficacia de lo negociado quedará sujeta a la inclusión en la respectiva ley de presupuesto general de la República o extraordinario que se promulguen. La autoridad pública no podrá utilizar sus prerrogativas en materia financiera en perjuicio de lo convenido*"

Otro de los eventos normativos de interés en esta materia, cuya vigencia aún está pendiente debido a la *vacatio legis* prevista en el transitorio XV (entrará a regir el 9 de marzo de 2023), es la Ley marco de empleo público No. 10159 de 8 de marzo de 2022, normativa adoptada para regular de modo más uniforme la materia de la función pública.

En efecto, según el artículo 1 de la Ley, su objetivo consiste en "*Regular las relaciones estatutarias, de empleo público y de empleo mixto, entre la Administración Pública y las personas servidoras públicas, con la finalidad de asegurar la eficiencia y eficacia en la prestación de los bienes y servicios públicos, así como la protección de los derechos subjetivos en el ejercicio de la función pública en el estado social y democrático de derecho, de conformidad con el imperativo constitucional de un único régimen de empleo público que sea coherente, equitativo, transparente y moderno. Establecer, para igual trabajo, idénticas condiciones de eficiencia, puesto, jornada y condiciones, igual salario, que les procure bienestar y existencia digna a las personas servidoras públicas*".

La norma es aplicable para los servidores que laboren para los Poderes de la República, las instituciones autónomas, semiautónomas y empresas públicas estatales, así como a las municipalidades públicos "*bajo el principio de Estado como patrono único*", -art. 2-

Como parte de las medidas de la ley, se entra a regular la "gobernanza del empleo público" mediante la creación del "sistema general de empleo público", cuya rectoría se asigna al Ministerio de Planificación y Política Económica. Además, se establece un "*único régimen general de empleo público*" -art. 13- conformado por varias "*familias*", -art. 13-

La ley fue aprobada luego de un muy intenso control previo de constitucionalidad. En efecto, se produjeron un total de cinco consultas legislativas facultativas atendidas por la Sala Constitucional[161], en las cuales se detectaron diversos vicios de fondo de constitucionalidad en el proyecto de ley, todos los cuales fueron atendidos por la Asamblea Legislativa, hasta la aprobación definitiva de la ley.

Aún sin haber entrado en vigor, ya se debate con relación a reformas a la ley, lo que deja en evidencia que se trata aún de un modelo por armar cuyos efectos y beneficios finales son todavía un acertijo.

XIV. URBANISMO Y MEDIO AMBIENTE

1. *Breves notas del Derecho Urbanístico Costarricense*

De conformidad con lo establecido por el artículo 45 constitucional, mediante la cual se regula la propiedad privada como garantía fundamental, la propiedad privada es inviolable; se admite la expropiación por razones de utilidad pública, previa indemnización plenaria, salvo supuestos de emergencia nacional y autoriza la posibilidad de imponer limitaciones de interés social, para lo cual impera una reserva legal, reforzada por una exigencia de mayoría calificada en su trámite de aprobación legislativa, sin que se mencione la necesidad, en esos supuestos, de indemnizar al afectado[162].

---

[161] Para mayor detalle, véanse las sentencias de la Sala Constitucional números 15105 de 02 de julio de 2021, 15137 de 02 de julio de 2021, 15240 de 02 de julio de 2021, 27974 de 14 de diciembre de 2021, 02872 de 08 de febrero de 2022 y 00653 de 07 de enero de 2022.

[162] Ortiz Ortiz, Eduardo, *Expropiación y Responsabilidad Públicas*, p. 134.

En el caso del Derecho Urbanístico, es claro el papel protagónico de las limitaciones a la propiedad por interés social, en este caso, relativo al ordenamiento territorial y uso sostenible de la tierra.

Para ORTIZ ORTIZ, las notas esenciales de las limitaciones, desde una óptica de justicia distributiva, según *"aparecen todas en el art. 45 de la Carta o las de la doctrina prodigada en su examen"*, son las siguientes: (i) tienen origen legislativo, de modo que son legítimas solo frente a ley formal, que requiere votación de dos tercios de la totalidad de los votos de la Asamblea Legislativa, que las impongan; (ii) más que de un sacrificio particular, se trata de una *"prohibición, que crea un deber jurídico (...) de no hacer o, a lo sumo, de soportar la inmisión del Estado en la propiedad para fines públicos, deber que se agrega a los poderes o facultades del propietario, sin desnaturalizarlos ni destruirlos"*; (iii) están sustentadas en fines de interés social, esto es, fines "externos", entiéndase *"extraño y prevalente en relación con los fines de la propiedad como entidad al servicio del propietario"*; (iv) *"no pueden ser concretas ni singulares"*; (v) son *"una reserva de la ley, relativa y perforable por la delegación en reglamentos autorizados, bajo la guía y dentro del marco que la ley indique"* característica que reputa el autor como esencial[163].

Ahora bien, a propósito del cambio de perspectiva a que alude el autor, manifestado en la noción del papel o función social de la propiedad, se ha venido admitiendo la sujeción de ese derecho real, a servicios en bien de la colectividad, mediante varios medios, entre ellos, (i) *"la previsión legal de la conducta del propietario"* mediante la imposición legal de "*prohibiciones (absolutas o sujetas a dispensa)*" o deberes de hacer y no hacer, según sea el caso; (ii) la atribución de poderes a la Administración Pública que la habilitan para "*disponer, en lugar del propietario y sin que este pueda evitarlo*"; (iii) *"sujeción del propietario a una potestad de regulación y ordenación de la Administración, la cual, en lugar de disponer y decidir en su lugar, lo obliga a actuar según órdenes de instrucciones"*; (iv) el contenido del derecho de propiedad y en especial, su modo de ejercicio, viene a ser regulado mediante *"una autorización de motivo y contenido discrecionales, que juego como hecho permisivo, cuya denegación es impediente de ese mismo ejercicio"* y, finalmente, (v) se produce, a partir de la autorización, "*una sujeción especial a una autoridad administrativa con potestades abiertas de regulación sobre una forma de propiedad, según el tipo de bien o de fin que se persiga con ella o a través de ella*"[164].

Esta tesis fue acogida en pleno por la Sala Constitucional en su jurisprudencia, de lo cual es fiel testimonio por todas las demás, la Sentencia No. 4205-96 de las catorce horas treinta y tres minutos del veinte de agosto de mil novecientos noventa y seis.

Efectivamente, en su jurisprudencia el Alto Tribunal ha atribuido a la propiedad, una función social que justifica disposiciones legales prohibitivas o que imponen directamente, deberes de hacer o no hacer al propietario[165]. Se ha admitido, también, que las limitaciones a la propiedad urbana no solo son limitaciones fundadas en un interés social[166], sino además, que resultan imprescindibles para la convivencia de la ciudadanía[167], lo que las hace claramente congruentes con el Derecho de la Constitución.

Ahora bien, la acogida a las limitaciones urbanísticas no ha estado libre de ataduras o límites. El Tribunal ha establecido, en ese sentido, dos distintos valladares, a saber: (i) el contenido esencial del derecho de propiedad[168] y (ii) la apuntada generalidad de que debe caracterizarse toda limitación[169].

[163] Ortiz Ortiz, Eduardo, *Expropiación y Responsabilidad Públicas*, p. 145 a 149.

[164] Ortiz Ortiz, Eduardo, *Expropiación y Responsabilidad Públicas*, p. 151 a 155.

[165] Sala Constitucional de la Corte Suprema de Justicia, Sentencia No. 5097-1993 de las diez horas con veinticuatro minutos del quince de octubre del mil novecientos noventa y tres.

[166] En ese sentido, Sala Constitucional de la Corte Suprema de Justicia, Sentencia No. 1167-1992 de las quince horas y treinta minutos del seis de mayo de mil novecientos noventa y dos 5305-93 de las diez horas seis minutos del veintidós de octubre de mil novecientos noventa y tres.

[167] Sala Constitucional de la Corte Suprema de Justicia, Sentencia No. 4205-96 de las catorce horas treinta y tres minutos del veinte de agosto de mil novecientos noventa y seis.

[168] Sala Constitucional de la Corte Suprema de Justicia, Sentencia No. 5097-93 de las diez horas veinticuatro minutos del quince de octubre de mil novecientos noventa y tres. Véase además, de la misma Sala, la Sentencia No 2345-96 de las nueve horas veinticuatro minutos del diecisiete de mayo de mil novecientos noventa y seis.

[169] Sala Constitucional de la Corte Suprema de Justicia, Sentencia No. 4205-96 de las catorce horas treinta y tres minutos del veinte de agosto de mil novecientos noventa y seis.

En lo fundamental, podría decirse que lo urbanístico es tarea municipal, en consideración de lo establecido por los artículos 169 y 170 constitucionales. Es claro que la ordenación del suelo y del desarrollo urbano, es un asunto local, lo cual, sin embargo, no desmerece la intervención de autoridades nacionales que vengan a introducir una visión holística del desarrollo urbano nacional.

Todas esas consideraciones fueron tomadas en cuenta por el legislador ordinario, al momento de adoptar la Ley de Planificación Urbana No. 4240 del quince de noviembre de mil novecientos sesenta y ocho. Efectivamente, conforme a las estipulaciones de esa norma legal, la intervención de las corporaciones municipales en el manejo de lo urbanístico es prioritaria y prevalece por encima de cualquier intervención de entidades estatales a las cuales se le relega a una intervención a nivel "*nacional o regional*" -art.2-. Así resulta, en especial, de lo dispuesto por su artículo 15, según el cual se reconoce "*...la competencia y autoridad de los gobiernos municipales para planificar y controlar el desarrollo urbano, dentro de los límites de su territorio jurisdiccional.*"

Es de lamentar, sin embargo, el débil desarrollo de las corporaciones municipales, sus notables carencias financieras y la aludida atomización que deriva a la gran cantidad de cantones en que se ha decidido fraccionar el territorio nacional, han impedido que el sector municipal haya asumido, en pleno, la tarea de regular el desarrollo urbano.

A partir de esa circunstancia, el protagonismo de los gobiernos locales ha sido, más bien, subsidiario, de modo que el INVU, por medio de su Dirección de Urbanismo, ha debido asumir tareas de ordenación del territorio primariamente asignadas a las corporaciones municipales.

En el ámbito de la ordenación del territorio desde la óptica nacional o regional, la situación no ha sido tampoco, la deseada por el legislador. Efectivamente, la participación del Estado central en la ordenación del territorio ha sido exigua cuando no, prácticamente inexistente, muy a pesar de la atribución de competencia que consta en el artículo 2 de la Ley de Planificación Urbana, al hacer mención de la "*Oficina de Planificación*", hoy Ministerio de Planificación y Política Económica, como uno de los centros de acción a quienes corresponde, en conjunto con el INVU, la planificación urbana nacional o regional.

Cabe destacar que la planificación urbana nacional o regional, según dispone el artículo 3 de la Ley de cita, ha de estar definida a partir del Plan Nacional de Desarrollo Urbano, cuya preparación, revisión y puesta al día corresponde al INVU y al Ministerio de Planificación y Política Económica. Así, corresponde a la Junta Directiva del INVU proponer al Poder Ejecutivo los términos del citado Plan -art.4- para su aprobación, el cual, en asocio con el aludido Ministerio, deberá mantener en constante renovación.

Es de lamentar que, hasta la fecha, desde la puesta en vigencia de la Ley en comentario, nunca ha sido aprobado un Plan Nacional de Desarrollo Urbano, lo cual ha generado un desarrollo urbano carente de planificación y divorciado de un desarrollo sostenible. No es sino recientemente, que se ha iniciado el trabajo para el diseño del primer Plan Nacional de Desarrollo Urbano[170].

Es tarea también de la Dirección de Urbanismo, de conformidad con lo establecido por la Ley de Planificación Urbana, fungir como órgano asesor consultivo de las municipalidades en la preparación de los planes reguladores, así como la de dictar "*...normas de desarrollo...*" y Podrá además, "*confeccionar los planes reguladores y delimitar los distritos urbanos y demás áreas sujetas a control urbanístico, en tanto las municipalidades no hubieren promulgado en la respectiva materia, o parte de ella, sus propias disposiciones locales con ajuste a esta ley*" -Transitorio II-

Se sustenta así una intervención residual del citado Instituto que permita de alguna forma, regular el desarrollo urbano mediante una reglamentación en materias como el fraccionamiento y urbanización de terrenos y en la construcción de desarrollos habitacionales, incluyendo las normas de diseño de las vías, retiros de construcción y demás aspectos típicos de estas regulaciones.

[170] Véase el detalle de los avances de los trabajos hasta ahora desarrollados en www.mideplan.go.cr/pndu /presentacion.htm

Tales potestades fueron, todas, validadas por la Sala Constitucional en el citado fallo No. 4205-96, estimándose, en cuanto a la competencia del INVU para desarrollar regulaciones en ausencia de las municipales, que se trata de una competencia "*transitoria*"[171].

Además de las disposiciones constitucionales referidas a la propiedad privada -art. 45- y a las competencias de las corporaciones municipales -arts. 169 y 170-, el Derecho Urbanístico costarricense presenta una serie de disposiciones de rango legal y reglamentario que interesa destacar. Se trata de la Ley de Planificación Urbana[172]; el Reglamento para el Control Nacional de Fraccionamientos y Urbanizaciones[173] y los Planes Reguladores Cantonales[174-175].

En cuanto a los últimos, se ha considerado posible que sea por medio que se incorporen las concretas limitaciones exigidas por un ordenamiento territorial, circunstancia cuya constitucionalidad se ha hecho depender de los parámetros de razonabilidad y proporcionalidad[176].

Típicamente, los planes reguladores deben incluir, según lo establece el artículo 21 de la Ley de Planificación Urbana, una serie de reglamentos, entre ellos, el de zonificación, el de fraccionamientos y urbanización, el de Mapa Oficial, el de Renovación Urbana y el de Construcciones.

Lamentablemente, en vista de las limitaciones a que están sujetas las corporaciones municipales costarricense, la cantidad de planes reguladores debidamente aprobados y en vigencia, contrasta con el número de cantones de que está compuesta la Nación.

2. *Líneas generales del Derecho Administrativo Ambiental Costarricense*

El Derecho administrativo ambiental costarricense lo corona el artículo 50 constitucional que reconoció, oportunamente, el derecho ciudadano a un ambiente sano y ecológicamente equilibrado.

Más recientemente, una reforma constitucional incluyó a dicha norma, el siguiente párrafo:

"*Toda persona tiene el derecho humano, básico e irrenunciable de acceso al agua potable, como bien esencial para la vida. El agua es un bien de la nación, indispensable para proteger tal derecho humano.*

---

171 Sala Constitucional de la Corte Suprema de Justicia, Sentencia No. 4205-96 de las catorce horas treinta y tres minutos del veinte de agosto de mil novecientos noventa y seis.

172 Se trata de la norma que, con un ánimo de regulación sistemática, viene a definir la organización administrativa de lo urbanístico, compuesta, como se vio, por las Municipalidades, el Ministerio de Planificación y Política Económica y el Instituto Nacional de Vivienda y Urbanismo. Por otra parte, define como principal instrumento de ordenación del suelo, los planes reguladores y sus reglamentos –arts.15, 19 y siguientes-. Se dispone también el procedimiento a seguir para su aprobación, lo cual incluye la consulta pública de su contenido, de previo a ser aprobado mediante acuerdo del Concejo Municipal respectivo, siendo exigible, para su eficacia, su posterior publicación en el Diario Oficial La Gaceta –art.17-. La norma incluye también la definición directa de ciertas limitaciones para el desarrollo de urbanizaciones y de fraccionamientos.

173 En ejercicio de la competencia que le atribuye al INVU el citado Transitorio II de la Ley de Planificación Urbana, la Junta Directiva de esa entidad aprobó el 23 de marzo de 1983, el aludido Reglamento, mediante el cual se viene a introducir reglas precisas en torno a los fraccionamientos –Capítulo II-; Urbanizaciones –Capítulo III- y disposiciones relativas a desarrollos habitacionales. Discutida su constitucionalidad, en vista de su carácter meramente reglamentario, a pesar de la cual incluye la definición de cargas al propietario para el desarrollo de urbanizaciones, entre ellas, la cesión gratuita de áreas para uso comunal, la Sala Constitucional estimó que en realidad, en este caso, "*no se está frente a una disposición de carácter general emanada por el Instituto Nacional de Vivienda y Urbanismo sin fundamento de disposición legal, sino que se trata del desarrollo reglamentario de disposiciones legales específicas, por lo cual no puede afirmarse que las normas impugnadas impongan limitaciones al derecho de propiedad, sino que las mismas fueron definidas específicamente en la ley calificada, tal como lo exige la Constitución Política*". Se validó, así, la constitucionalidad de esta disposición reglamentaria, que resulta de aplicación tan solo, en ausencia de un plan regulador en el cantón respectivo.

174 Se trata de disposiciones reglamentarias dirigidas a reglar el desarrollo urbano a nivel cantonal. Es competencia del Concejo Municipal su aprobación, previa consulta en audiencia pública, según se dijo. La Sala Constitucional ha tenido oportunidad de pronunciarse en torno a estos instrumentos del desarrollo urbano. Así, se ha entendido congruente con la Constitución, la imposición de limitaciones a la propiedad mediante planes reguladores.

175 Sala Constitucional de la Corte Suprema de Justicia, Sentencia No. 5097-93 de las *diez horas veinticuatro minutos del quince de octubre de mil novecientos noventa y tres.*

176 Sala Constitucional de la Corte Suprema de Justicia, Sentencia número 5305-93 de las diez horas seis minutos del veintidós de octubre de mil novecientos noventa y tres.

Su uso, protección, sostenibilidad, conservación y explotación se regirá por lo que establezca la ley que se creará para estos efectos y tendrá prioridad el abastecimiento de agua potable para consumo de las personas y las poblaciones". (Así adicionado el párrafo anterior por el artículo 1° de la ley N° 9849 del 5 de junio del 2020, "*Reconocer y garantizar el derecho humano de acceso al agua*")[177].

A nivel infralegal, el Derecho administrativo ambiental costarricense está compuesto por una amplia gama de disposiciones normativas de índole general algunas (Ley General de Salud No. 5395 y Ley Orgánica del Ambiente, No. 7554), y otras de tipo sectorial.

En lo que al régimen jurídico de las aguas corresponde, se ha apuntado su gran "dispersión normativa", al grado que representa "... *un conjunto fragmentado, caótico y ambiguo de normas sectoriales que regulan aspectos puntuales quedando serias lagunas y antinomias, todo lo cual también dificulta, seriamente, la gestión ambiental por parte de los entes públicos encargados de la materia*"[178], consideración que estimo cabe ampliar al resto de los campos en que se han incorporado regulaciones de tipo ambiental.

Se ha optado, en ese sentido, por una regulación normativa fragmentada y que responde a distintas estrategias que de tiempo en tiempo, elige sin criterio sistemático, ya sea el legislador o bien el Poder Ejecutivo.

La más dificultosa tarea de quien evalúa este campo del Derecho administrativo costarricense será entonces la definición de sus fuentes normativas.

Un breve examen de la normativa ambiental costarricense permite detectar normas legales de carácter general basadas en filosofías de regulación diversas -Ley General de Salud y Ley Orgánica del Ambiente- así como un sin fin de normas reglamentarias de carácter sectorial, que hacen prácticamente imposible para su destinatario, conocer el derecho ambiental que lo regula.

La misma dificultad se presenta, inclusive, para los propios funcionarios públicos competentes para hacer valer tales disposiciones. En contraste, en ámbitos de vital importancia como el de los controles de inmisión y emisión de contaminantes atmosféricos, se mantuvo una laguna normativa durante varios decenios, hasta una muy reciente reglamentación. A esta situación debe agregarse otra gran dificultad: las diversas épocas en que se dictaron las normas y las distintas filosofías regulatorias que profesan, ha ocasionado que sean múltiples los órganos administrativos del Estado central y descentralizado, los que participan en el ejercicio de potestades de regulación ambiental.

Por otra parte, existe una inadecuada centralización de potestades en unos pocos órganos, obviándose la descentralización territorial.

Así las cosas, si bien aún permanecen sectores sin la regulación requerida, en general, es posible señalar que los factores ambientales a los cuales, modernamente se ha entendido debe someterse a regulación, efectivamente la presentan.

Por ejemplo, en lo que a la gestión del aire se refiere, se han desarrollado normas que regulan los límites de emisiones desde fuentes móviles y fijas. Existen también normas para el control del ruido por actividades antrópicas.

Se han desarrollado, además, disposiciones relativas a la gestión del agua, tanto superficial como subterránea, según se ha visto a propósito de lo señalado por la Sala Constitucional en el antecedente citado.

La gestión del suelo y de los desechos sólidos no ha faltado. Existen disposiciones relativas a su uso y conservación, manejo de la zona marítimo terrestre, manejo de desechos sólidos ordinarios y especiales, sistemas de tratamientos de desechos sólidos, etc.

Se ha avanzado también en la gestión de las amenazas, sean estas naturales o antrópicas, lo cual se ha hecho mediante disposiciones en materia de prevención de incendios forestales, derrames de sustancias tóxicas peligrosas, plaguicidas, sustancias radioactivas, etc.

---

177 Sobre el tema, véase con mayor detalle: Milano Sánchez, Aldo, "El 2020 y el derecho ambiental en Costa Rica", en *Observatorio de Políticas Ambientales 2021*, Madrid: CIEMAT, 2021, pp. 205-215.

178 Sentencia de la Sala Constitucional de la Corte Suprema de Justicia, No. 2004-1923 de las catorce horas con cincuenta y cinco minutos del veinticinco de febrero del dos mil cuatro.

En lo que a la gestión de la flora y fauna (biotopos), existe regulación en torno a las categorías y manejos de áreas de protección, humedales, uso y explotación de la flora y fauna silvestre, pago de servicios ambientales del bosque y finalmente, se han dispuesto regulaciones en el campo del paisaje y recursos culturales, relativas a la protección de recursos paisajísticos, sitios arqueológicos y de patrimonio cultural e histórico.

La filosofía de la evaluación de impacto ambiental ha permeado, profundamente, el régimen ambiental costarricense a partir de la vigencia de la Ley Orgánica del Ambiente.

El proceso de Evaluación de Impacto Ambiental (EIA) abarca tres etapas principales, que son:

1. Evaluación Ambiental Inicial (EAI)
2. Estudio de Impacto Ambiental (EsIA)
3. Gestión Ambiental del proyecto en ejecución (SG)

Las primeras dos etapas se realizan de previo al inicio de actividades del Proyecto, es decir, durante una fase "ex – ante". Su objetivo principal, es que el Proyecto incorpore todas las medidas ambientales dentro de su diseño final, de forma tal que su desarrollo implique una situación de equilibrio ambiental o ecológico con su entorno.

De acuerdo con los procedimientos establecidos en el Reglamento de Evaluación de Impacto Ambiental de Costa Rica (Decreto Ejecutivo No. 31.849 – MINAE – S – MOPT – MAG – MEIC, publicado en La Gaceta No. 125, del 28 de junio del 2004), la etapa de la EAI tiene como finalidad identificar la situación de Significancia de Impacto Ambiental (SIA) de la actividad, obra o proyecto en cuestión. Si dicha SIA es de tipo alto, el proyecto califica como de tipo A y por tanto deberá pasar a la etapa del Estudio de Impacto Ambiental (EsIA). En este caso, la etapa de EAI genera dos resultados adicionales:

1. Otorgamiento de la Viabilidad Ambiental Potencial (VAP), y
2. Establecimiento de los Términos de Referencia (TER) para la elaboración del EsIA.

Para otro tipo de proyectos, que no califican como de tipo A, la ruta de decisión que define el Reglamento indicado es diferente[179].

La obtención de la Viabilidad Ambiental Potencial (VAP) representa la consecución de una importante meta para el Proyecto, debido a que la misma representa un primer visto bueno que otorga el Estado, por medio de la Secretaría Técnica Nacional Ambiental (la SETENA) respecto al sitio en donde se plantea, y también las características generales de este. Con la Resolución que otorga la VAP, el Proyecto puede iniciar otros procedimientos de autorización de la actividad ante otras autoridades del Estado.

Por su parte, el disponer de los TER permitirá conocer el alcance que la SETENA desea que tenga el Estudio de Impacto Ambiental (EsIA) y por tanto el grado de detalle y profundidad debe tener el mismo.

Una vez definidos tales alcances, según lo dispone el artículo 45 del citado Reglamento, el interesado deberá confeccionar el respectivo EsIA, y someterlo a revisión técnica de la SETENA, procedimiento en el cual se debe cumplir con una consulta pública mediante la comunicación del inicio de esta fase del procedimiento, para que todo interesado que así lo desee, se pronuncie en torno la proyecto.

Cumplido el procedimiento de revisión técnica, la SETENA deberá adoptar una resolución administrativa en la cual se decidirá en forma definitiva, en torno a la viabilidad ambiental del proyecto. De decidirse positivamente, la resolución deberá detallar los lineamientos y directrices ambientales de compromiso, entre ellos, el cumplimiento del Código de Buenas Prácticas Ambientales, desarrollo e implementación de los Instrumentos de Control y Seguimiento Ambiental, lo que incluye el nombramiento de un responsable ambiental, registro del proceso ambiental por parte de este y la preparación de informes ambientales.

---

179 Según el artículo 6 del Reglamento, existen las categorías B, B1, B2 y C, según sea el nivel de impacto ambiental potencial.

Se define, además, en su caso, el monto de una garantía ambiental que cubre eventuales daños ambientales generados por la actividad y en el caso de los proyectos de tipo A, se exige además la conformación de una Comisión Mixta de Monitoreo y Control Ambiental.

En cuanto a la fase ex post, dispone el Reglamento la necesidad de someter los proyectos a medidas de control y seguimiento ambiental de las actividades. Esto comporta inspecciones ambientales de cumplimiento -art.48-, auditorías ambientales -art.49- y una calificación de la calidad ambiental de las actividades, obras o proyectos -art.50-.

Como se ve, se ha diseñado un complejo procedimiento de control ambiental que incluye medidas de tipo preventivo -ex ante- y de vigilancia -ex post- tendientes a asegurar que el desarrollo de actividades, obras o proyectos se haga de forma sostenible con el ambiente.

XV. BIENES PÚBLICOS

Ante la ausencia de una disposición normativa que determine, desde la perspectiva del Derecho administrativo, ¿qué es dominio público?, es preciso acudir a la jurisprudencia de la Sala Constitucional, tribunal que en forma reiterada ha entendido que está integrado por aquellos bienes a los cuales el legislador ha definido un destino especial de servicio a la comunidad[180].

Se trata por ello, de bienes salidos del comercio de los hombres de carácter inalienable, imprescriptible, inembargable, susceptibles de ser puestos a disposición de los particulares, únicamente, mediante un derecho precario de aprovechamiento.

Otra de las particularidades de estos bienes, consiste en la posibilidad de que su posesión sea recuperada mediante la acción administrativa directa, es decir, es posible que la Administración adopte medidas por sí misma, con el objeto de despojar la posesión ilegítima de estos bienes[181].

Ahora bien, en el marco de esa definición jurisprudencial, cabe hacer distinciones. Es decir, no todo bien estatal cae dentro de la noción de bien del dominio público. Esto a su vez hace que, no todos los bienes del Estado son "*inalienables, imprescriptibles, inembargables*".

Así lo ha entendido la Procuraduría General de la República, al establecer, en diversos pronunciamientos, una distinción conceptual conforme a la cual, existe un dominio público necesario y un dominio público accidental. El primero, es aquel caracterizado por la inalienabilidad, imprescriptibilidad e inembargabilidad ya apuntadas. En el caso del segundo, se trata de aquellos bienes que no resultan indispensables para la acción administrativa y que integran el dominio privado de la Administración[182].

A nivel constitucional, es posible encontrar disposiciones referidas al dominio público necesario. Se trata de lo señalado por el artículo 121 inciso 14), norma que establece procedimientos de tipo legislativo agravado, para admitir la explotación por particulares, de las fuerzas de las aguas de dominio público, yacimientos de carbón, petróleo y todo tipo de sustancias hidrocarburadas, así como los servicios inalámbricos[183].

---

180 Sala Constitucional de la Corte Suprema de Justicia, Sentencia No. 2306-1991, de las 14:45 horas del 6 de noviembre de 1991.

181 Sala Constitucional de la Corte Suprema de Justicia, Sentencia No. 2725-94 de las 15:18 horas del 9 de junio de 1994.

182 Procuraduría General de la República, Dictamen C-077-1999 de 21 de abril de 1999. En el mismo sentido, véase OJ.002-2002 de 9 de enero de 2002.

183 Dice la norma, *"Artículo 121. Además de las otras atribuciones que le confiere esta Constitución, corresponde exclusivamente a la Asamblea Legislativa: 14) Decretar la enajenación o la aplicación a usos públicos de los bienes propios de la Nación. No podrán salir definitivamente del dominio del Estado: a) Las fuerzas que puedan obtenerse de las aguas del dominio público en el territorio nacional; b) Los yacimientos de carbón, las fuentes y depósitos de petróleo, y cualesquiera otras sustancias hidrocarburadas, así como los depósitos de minerales radioactivos existentes en el territorio nacional; c) Los servicios inalámbricos. Los bienes mencionados en los apartes a), b) y c) anteriores solo podrán ser explotados por la administración pública o por particulares, de acuerdo con la ley o mediante concesión especial otorgada por tiempo limitado y con arreglo a las condiciones y estipulaciones que establezca la Asamblea Legislativa. Los ferrocarriles, muelles y aeropuertos nacionales estos últimos mientras se encuentren en servicio no podrán ser enajenados, arrendados ni gravados, directa o indirectamente, ni salir en forma alguna del dominio y control del Estado."*

A nivel infraconstitucional, la regulación es escasa. De hecho, se extraña una regulación integral en el tema. Es tan solo en el decimonónico Código Civil, de clara inspiración napoleónica, donde se encuentra disposiciones relativas al dominio público. Se trata de los artículos 261 y 262[184].

No se conoce, en el medio, procedimiento alguno de desafectación, se ha entendido por ello, que existe una clara reserva legal en la materia. De esta forma, si corresponde al legislador afectar al dominio público un determinado bien, solo el legislador ordinario podrá decidir su desafectación, producto del Principio del Paralelismo de las Formas.

En medio de esa deficiente regulación, han surgido otras manifestaciones del dominio público caracterizadas bajo el concepto aún indeterminado del Patrimonio Natural del Estado el cual se alude, normativamente, en el artículo 13 de la Ley Forestal en estos términos:

"El patrimonio natural del Estado estará constituido por los bosques y terrenos forestales de las reservas nacionales, de las áreas declaradas inalienables, de las fincas inscritas a su nombre y de las pertenecientes a municipalidades, instituciones autónomas y demás organismos de la

Administración Pública, excepto inmuebles que garanticen operaciones crediticias con el Sistema Bancario Nacional e ingresen a formar parte de su patrimonio.

El Ministerio del Ambiente y Energía administrará el patrimonio.

Cuando proceda, por medio de la Procuraduría General de la República, inscribirá los terrenos en el Registro Público de la Propiedad como fincas individualizadas de propiedad del Estado.

Las organizaciones no gubernamentales que adquieran bienes inmuebles con bosque o de aptitud forestal, con fondos provenientes de donaciones o del erario, que se hayan obtenido a nombre del Estado, deberán traspasarlos a nombre de este."

Como se puede apreciar, la definición normativa del PNE vincula los bosques y terrenos forestales en las reservas nacionales y de aquellas fincas inscritas a nombre de una administración pública, aunque se consideran incluso inscribibles a nombre del Estado.

Como la definición lo establece, se trata de bienes inalienables, como en general lo son los que forman parte del demanio público, en este caso, en virtud de su importancia y utilidad ambiental.

Ahora bien, mediante la interpretación de esa norma, se ha llegado a considerar lo siguiente:

"De esta forma, el PNE lo integran dos componentes importantes:

a) Las Áreas Silvestres Protegidas, cualquiera sea su categoría de manejo, declaradas por Ley o Decreto Ejecutivo: reservas forestales, zonas protectoras, parques nacionales, reservas biológicas, refugios nacionales de vida silvestre, humedales y monumentos naturales (Ley Forestal 7575, artículo. 1°, párrafo. 2°, 3° inciso i; Ley Orgánica del Ambiente 7554, artículo 32; Ley de Biodiversidad N° 7788, artículos. 22 y siguientes. y 58; Ley del Servicio de Parques Nacionales N° 6084, artículo 3° incisos d y f, en relación con la Ley Orgánica del MINAE N° 7152 y su Reglamento; Ley de Conservación de la Vida Silvestre N° 7317, artículo 82, inciso a).

b) Los demás bosques y terrenos forestales o de aptitud forestal del Estado e instituciones públicas (artículo 13 de la Ley Forestal), que tienen una afectación legal inmediata. Para la zona marítimo terrestre, la misma Ley 6043 (artículo 73) excluye de su ámbito las Áreas Silvestres Protegidas y las sujetas a su propia legislación.

El resto de áreas boscosas y terrenos de aptitud forestal de los litorales están también bajo la administración del Ministerio del Ambiente y Energía y se rigen por su normativa específica (Ley Forestal, artículo 13 y concordantes) y el Voto de la Sala Constitucional # 4587-97)"[185]

---

[184] Dicen las normas: "*Código Civil N° 63 del 28/10/1887. Artículo 261.- Son cosas públicas las que, por ley, están destinadas de un modo permanente a cualquier servicio de utilidad general, y aquellas de que todos pueden aprovecharse por estar entregadas al uso público. Todas las demás cosas son privadas y objeto de propiedad particular, aunque pertenezcan al Estado o a los Municipios, quienes para el caso, como personas civiles, no se diferencian de cualquier otra persona.*" *Artículo 262.- Las cosas públicas están fuera del comercio; y no podrán entrar en él, mientras legalmente no se disponga así, separándolas del uso público a que estaban destinadas."*

[185] Cabrera Medaglia, "La problemática jurídica del patrimonio natural del Estado (PNE) y la ocupación irregular de la zona marítimo-terrestre (ZMT)" *Revista Judicial* No. 117, setiembre, 2015, San José, p. 34.

Adicionalmente, se ha llegado a considerar, por parte de la Sala Constitucional186, lo siguiente:

"El Patrimonio Natural del Estado es un bien jurídico, definido e individualizado en nuestro ordenamiento jurídico, cuyos terrenos que lo conforman según la legislación ambiental, no necesitan de una declaratoria de área silvestre protegida para ser objeto de protección por parte de la Administración. Lo anterior no obsta la obligación de la Administración competente de darles las clasificaciones que científica y técnicamente correspondan, para su debida protección y preservación como áreas silvestres protegidas. Esto es materia de interés público y nacional que urge y no puede quedarse indefinidamente sin resolver. Con base en lo expuesto se declara inconstitucional del artículo 2 del Decreto Ejecutivo No. 35803-MINAET la frase "son aquellos que cuenten con una declaratoria de Área Silvestre Protegida"; en adición, para que la norma preserve su sentido se elimina la conjunción "que", luego de la palabra "continentales". También se declara inconstitucional del artículo 3 del Decreto supracitado la frase "son aquellos que cuenten con una declaratoria como Área Silvestre Protegida"; en adición, para que la norma preserve su sentido también se elimina la conjunción "que", luego de la palabra "marinos". De esta manera se preserva la voluntad del Poder Ejecutivo en el sentido que los citados humedales forman parte del Patrimonio Natural del Estado. En relación con el ordinal 3° se deja la frase "los cuales serán administrados por el MINAET a través del Sistema Nacional de Áreas de Conservación", porque todos los ecosistemas de humedales marinos son áreas inalienables de la zona marítimo terrestre, de dominio público y bienes de la Nación, por lo que solo pueden ser administrados por el Estado a través de los órganos que indique la ley..."

En suma, es claro que el PNE forma parte del dominio público en vista de su uso ambiental, noción cuya integración ha sido objeto de pronunciamientos judiciales para esclarecerla.

Lo cierto es que, al margen de las dificultades para la aplicación de la norma antes referida, el carácter demanial del PNE está fuera de dudas.

[186] Sala Constitucional de la Corte Suprema de Justicia, Sentencia No. 16938-2011 de las 14:37 horas del 7 de diciembre de 2011.

EL DERECHO ADMINISTRATIVO EN CUBA: PANORAMA GENERAL*

AMED RAMÍREZ SÁNCHEZ**

I. INTRODUCCIÓN

El desenvolvimiento histórico de Cuba, en los últimos dos siglos y algo más (siglos XIX, XX y XXI), ha estado singularizado por cambios vertiginosos e interesantes, que han impregnado la vida de nuestro país de una serie de matices y experiencias vividas en lo social, político, económico, jurídico y cultural, en general, que no hacen sino reforzar la riqueza y peculiaridad del proceso de formación, desarrollo y subsistencia de la nación cubana. Todo ese proceso de vida ha tenido su lógico reflejo en los distintos planos que ha abarcado el desenvolvimiento de la sociedad cubana; y el Derecho no ha escapado a la fuerza de los acontecimientos, ni al influjo de los diversos momentos por los que ha pasado la historia de Cuba dentro de ese espacio temporal que señalábamos al inicio.

El Derecho Administrativo cubano, y con él todo el universo de las instituciones jurídicas que alcanza, ha marchado también con el desarrollo de nuestra sociedad (no podría ser de otro modo); y cada una de las diferentes etapas históricas que ha vivido nuestro país, ha determinado una manera de ser y de asumir dicha rama jurídica. Si algo ha acompañado al Derecho Administrativo cubano, desde el siglo XIX hasta los días actuales, ha sido la riqueza de las condiciones objetivas y subjetivas sobre las que ha tenido que desenvolverse. Períodos diversos, y hasta contradictorios entre sí en su esencia y contenido, han abonado el proceso de vida del Derecho Administrativo cubano, en una línea evolutiva interesante, cuyo saldo fundamental –a nuestro entender– ha sido el de propiciar y cimentar la conciencia del valor de lo histórico como base de ese proceso; al punto de que la aprehensión consecuente y coherente de dicha marcha debe pasar –ineludiblemente– por asumir que nuestro Derecho Administrativo, y las instituciones jurídicas que encierra, son un producto esencialmente histórico, que resultan condicionados y arrastrados por una realidad social determinada, de la que vienen a ser, también a su vez, expresión. Por lo tanto, espacio, tiempo y realidad, son los componentes de base de la amalgama de la que se forman las partes y los engranajes que sostienen esa pieza de ingeniería jurídica que es el sistema de Derecho Administrativo.

Lo dicho hasta aquí, en nuestra visión, debe ser una premisa que opere como advertencia inicial a los efectos de adentrarnos hoy en cualquier tópico relativo al Derecho Administrativo cubano, pues en ello radica la clave general para la adecuada compresión del mismo, tanto en su perspectiva pasada, cuanto en su manifestación actual. De ahí que tal advertencia, siempre que recurramos a ella, no nos parecerá reiterativa, sino todo lo contrario: debe ser el pórtico necesario en toda empresa de este tipo. Apreciación que se nos refuerza si tomamos en consideración que lo que ha acontecido y acontece en nuestra rama jurídica administrativa, especialmente en los últimos cincuenta años, es prácticamente desconocido más allá del espacio físico del territorio nacional e incluso –forzoso es reconocerlo y vaya en esto un inevitable lamento– dentro de la propia realidad patria.

Siempre hemos estado inclinados a pensar que es en el espacio señalado por el Derecho Administrativo donde se puede percibir –desde el prisma jurídico, obviamente-, al ser humano en su completa y real dimensión como eje central de la mecánica social. No se olvide que el hombre es, a su vez, entidad individual y ser social; y que en su existencia y desarrollo pleno como ser humano deben marchar en armonía su naturaleza como individuo y su naturaleza social. El Derecho Administrativo – en cuanto regulador de la organización y funcionamiento de la Administración Pública y del ejercicio de la función administrativa– es el plano donde esas dos dimensiones del hombre (la individual y la social) pueden apreciarse de manera palpable y clara, en y desde la dinámica de relaciones sociales que

---

* El presente trabajo toma como base el de la autoría del profesor Andry Matilla Correa, publicado bajo el título: "Panorama del Derecho Administrativo en Cuba", publicado en la obra colectiva *Derecho Administrativo en Iberomérica*, INAP, Madrid, 2012. Dicho trabajo se ha respetado en gran medida y – con la autorización del profesor Matilla Correa - ha sido actualizado, adicionado y modificado, en lo pertinente, para su publicación en esta nueva obra; por lo que aparece bajo nuestra autoría.

** Doctor en Ciencias Jurídicas (Universidad de La Habana). Profesor Titular de Derecho Administrativo de la Facultad de Derecho de la Universidad de La Habana.

dicha rama tutela jurídicamente, en un proceso de interacción de ambas perspectivas, no en enfrentamiento sino en complementación: por un lado, está la Administración Pública como la estructura del grupo social políticamente organizado encargada de actuar a los fines de garantizar la satisfacción del interés público (general, común, colectivo, no viene ahora al caso la precisión terminológica), de lo cual depende la subsistencia y marcha de ese grupo social en cuanto tal; y, del otro lado, está el administrado o ciudadano (cualificación del individuo), alcanzado directamente como integrante de la comunidad por el funcionamiento de la Administración Pública –e involucrado también en él-, pero significando, asimismo, que esa comunidad no está compuesta, así no más, por una sumatoria de individuos, sino por la coexistencia, integración e interacción de los mismos en ese marco dinámico, con la premisa de dejar a salvo su espacio vital como individuo, cuya realización es indispensable respetar y garantizar igualmente. Sin dudas, es desde esa vinculación entre la Administración Pública y los administrados (ciudadanos) al amparo de la función administrativa, donde se hace posible calar mejor la dinámica funcional hombre-sociedad, poder público-libertad individual, intereses públicos-intereses privados (individuales); pues en ella opera la realización del interés público (arista social), pero con la impostergable exigencia de no desproteger y desconocer la esfera de libertad individual de los administrados (arista individual). El Derecho Administrativo es, pues, el campo jurídico por excelencia donde debe conciliarse, en la operatividad, la actuación de intereses públicos (poder público) con la observancia de los derechos y libertades propios del individuo (del hombre, como unidad básica de la sociedad), para, por ese medio, proveer verdaderamente a la buena marcha del grupo social y dar respuesta adecuada a sus requerimientos vitales en cuanto tal. Esta reflexión es punto de partida para entender que las diversas técnicas de actuación (en lo sustancial y en lo formal) a las que se recurran en el desenvolvimiento de la función administrativa, deben tender a garantizar la coherencia en la correlación impostergable entre el ejercicio del poder público (y la consecución del interés público) y el respeto a los derechos individuales y a la esfera de libertad de los administrados (ciudadanos).

Poco o casi nada se conoce del Derecho Administrativo cubano fuera de sus fronteras. Causas que no viene al caso explicar ahora –pues son múltiples los factores, en lo subjetivo y lo objetivo, siendo verdaderamente difícil determinar en qué medida cada uno de ellos ha influido en esa situación– han determinado esas circunstancias de poco conocimiento; que, lamentablemente, en ocasiones se han visto reforzadas por el hecho de algunos trabajos que han visto la luz fuera de Cuba, con el objetivo de tratar de acercar al lector –en la medida que fuera– al universo *iusadministrativo* cubano, han resultado empresas poco felices, cargadas de imprecisiones históricas y técnicas en lo jurídico-administrativo, que no han hecho justicia al Derecho Administrativo cubano, más allá de las carencias y de las urgencias de transformación y perfeccionamiento del régimen jurídico-administrativo que aquí se configura, cuya concurrencia aún nos alejan de contar con las condiciones necesarias para una adecuada funcionalidad de dicho régimen en lo que este debe implicar conceptualmente.

Solo esperamos que esta iniciativa, abierta desde la edición anterior para participar en esta obra colectiva, sea un espacio desde donde podamos coadyuvar a promover el interés por el conocimiento y el acercamiento a la realidad jurídico-administrativa cubana, que ha emprendido desde el proceso constituyente que colmó en la Constitución de 2019 un camino de transformación, pero en la que no está exento de las lógicas contradicciones de las etapas de cambio, que ya van dando sus primeros frutos y deben irse materializando en un régimen jurídico administrativo garante y pleno para el desarrollo de la actividad administrativa. Así, solo aspiramos aquí a esa promoción de acercamiento e interés por las cuestiones *iusadministrativas* cubanas; no como curiosidad o en busca de reafirmar recelos políticos, sino desde la convicción de que, como parte del espacio iberoamericano, y como herederos de una cultura jurídica similar, con nuestras peculiaridades patrias, hay mucho más en la forma de ver y de ser del Derecho Administrativo en Cuba que le une a la comunidad de su entorno geográfico, histórico y cultural, que aquello que le puede separar.

II. EVOLUCIÓN HISTÓRICA DEL DERECHO ADMINISTRATIVO EN CUBA

Seguir el tracto histórico del Derecho Administrativo en Cuba, no es otra cosa que seguir desde un prisma más individualizado, una parte del desenvolvimiento del Derecho Público, del Estado, la política y la sociedad, desde el siglo XIX hasta hoy en esta tierra antillana. El itinerario de vida de subsistema jurídico aquí se revela muy interesante y variado en matices; porque así ha sido el desarrollo de la nación cubana en los últimos doscientos años. Cuba ha vivido diversas etapas históricas, con marcadas diferencias entre sí y muy intensas y ricas en acontecimientos; dejando cada uno de ellos su impronta en el quehacer administrativo jurídico-administrativo. Por lo tanto, juntando todos esos períodos –no en mera sumatoria, sino en unidad-, considerándolos en su totalidad y sin perder la noción de sus individualidades y lo que cada uno ha representado, es que podemos intentar marchar por ese laberinto de realidad, ideas políticas, ideas científicas, normas y fallos, que han sustanciado el tráfico jurídico administrativo cubano, y captarlo en su perspectiva histórica más cercana a la realidad.

A los efectos de unas líneas de este tipo señalar que debe dividirse la historia de nuestro país, tomando como punto inicial el siglo XIX, por lo que esa centuria vino a significar para la conformación del Derecho Administrativo, tanto en los países que así lo acogieron, como Cuba en particular, en cuatro grandes períodos, pues cada uno de ellos -por las especificidades que han presentado- ha planteado un momento de ruptura con lo que se había vivido en la etapa anterior y ha determinado características propias en la organización y la actuación administrativas en Cuba. Sin embargo, debe reconocerse que, en su gran mayoría, esos períodos no se comportan linealmente en su interior, sino que, a su vez, encierran diversos momentos y matices en la realidad histórica vivida, que también muestran sus singularidades en relación con el funcionamiento administrativos del país.

Partiendo de esas consideraciones, podemos referir esa división temporal aludida de la siguiente manera: 1-) etapa colonial (hasta 1898); 2-) etapa de la primera ocupación militar norteamericana (desde enero de 1899 hasta mayo de 1902); 3-) etapa republicana prerrevolucionaria (de mayo de 1902 hasta diciembre de 1858); etapa revolucionaria hasta 2019 (desde el triunfo de la Revolución cubana en enero de 1959 hasta 2019) y la actual etapa que se inicia en 2019, con un nuevo ciclo constitucional.

El régimen jurídico administrativo moderno sentó sus bases en Cuba de la mano del régimen jurídico administrativo español, pues hasta finales del siglo XIX (1898), el archipiélago cubano constituyó una colonia de España, con *status* de provincia o territorio de Ultramar. En cuanto tal, "la siempre fiel Isla de Cuba" estaba integrada dentro del territorio español, estaba bajo soberanía española y respondía al diseño político-jurídico trazado desde Madrid donde se hacía valer un *status* jurídico especial que respondía a los intereses metropolitanos en la isla; por lo que, al respecto, no puede decirse que Cuba seguía paso a paso la suerte que se vivía en España. Toda esa dependencia colonial determinó las características de la organización y el funcionamiento de la Administración Pública cubana en el período.

Este es un dato importante a tomar en cuenta cuando se trata de trazar la línea evolutiva de alguna cuestión del Derecho Público patrio, especialmente en lo que atañe a nuestro Derecho Administrativo y al Derecho Procesal Administrativo, pues sus bases históricas iniciales, para nosotros, se encuentran en el régimen jurídico-administrativo español de aquél período - con sus influencias externas (especialmente francesa) y su desarrollo propio -, determinando nuestra adscripción a un modelo de régimen jurídico-administrativo que nos ha llegado hasta hoy, salvando la consecuente evolución que el mismo ha tenido a lo largo del siglo XX y lo que va del XXI.

De esta etapa bajo dominio colonial español, imposible como las otras de resumir en breves líneas, en sede de Derecho Administrativo, nos quedaron varios elementos que van a formar parte de las bases históricas de un modelo de ordenación de la Administración Pública que se traduce, precisamente, en la configuración de un Derecho Administrativo con el sentido con el que comenzó a practicarse –salvando las singularidades que concurrieron–por Francia y otros países, en que resalta el caso español, que recibieron su influencia primigenia al respecto en ese etapa decimonónica.

En esta etapa aparece tempranamente la enseñanza del Derecho Administrativo en Cuba, de acuerdo al primer plan de estudios que vino con la modernización de la enseñanza del Derecho, en la recién secularizada Universidad de La Habana y su Facultad de Jurisprudencia. A su primer catedrático, José María MORILLA se deberá la primera obra de Derecho Administrativo en Cuba: *Breve tratado de Derecho Administrativo español general del Reino y especial de la Isla de Cuba*, Tipográfica de Don Vicente de Torres, Habana, 1847. Tanto esa enseñanza, como dicha obra, fueron las primeras expresiones docente y científica del Derecho Administrativo en Cuba;[1] pero también,

1 Sobre Morilla y su primera obra de Derecho Administrativo puede verse en Cuba: Lancís y Sánchez, Antonio, "La primera obra cubana de Derecho Administrativo", en *Anuario de la Facultad de Ciencias Sociales y Derecho Público. 1950*, Facultad de Ciencias Sociales y Derecho Público, Universidad de La Habana, La Habana, p. 167 y ss.; y Matilla Correa, Andry, *Los primeros pasos de la ciencia del Derecho Administrativo en Cuba. José María Morilla y el Breve*

propiamente consideradas, en América Latina, dato este último que ha pasado inadvertido para la comunidad *iuadministrativista* iberoamericana.[2]

Otros profesores seguirían la senda abierta por MORILLA luego de que, en 1857, por Real Orden de 5 de agosto, se aprobara la permuta de cátedras entre José María MORILLA y José Domingo GUERRERO, pasando el primero a ocupar entonces la cátedra de *Economía Política y Derecho Mercantil* y el segundo la de *Derecho Administrativo y Público Español y de Indias*. Así, luego de GUERRERO, vendrían a relacionarse con la enseñanza del Derecho Administrativo -que ya había dejado de ser asignatura independiente y se había unido con la enseñanza del Derecho Político-, interinamente o como titulares, por ese orden, José RAMÍREZ OVANDO, José Antonio GALARRAGA, Francisco CAMPOS Y RIVEROL y, ya en las postrimerías mismas del siglo XIX, Antonio GOVÍN Y TORRES.

También en esta época ven la luz otras obras generales del Derecho Administrativo escritas en Cuba, y que conforman el bloque bibliográfico principales de este momento de desarrollo científico del mismo en nuestro país: MORILLA, José María, *Tratado de Derecho Administrativo español*, Tomo I y Tomo II, *Sobre la Administración de la Isla de Cuba*, 2da edición aumentada con arreglo a las últimas disposiciones, Imprenta de la Viuda de Barcina y comp., Habana, 1865; DOMINGO GUERRERO, José, *Programa de las materias correspondientes a la asignatura de Derecho Político y Administrativo español*, Real Universidad de La Habana, La Habana, s/a; GOVÍN Y TORRES, Antonio, *Elementos teórico-prácticos del Derecho Administrativo vigente en Cuba*, 3 Tomos, La Habana, 1882 (Tomo I) y 1883 (Tomos II y III); MORENO, Francisco, *La Administración y sus procedimientos*, Imprenta de EL ECO MILITAR, Habana, 1886; GOVÍN Y TORRES, Antonio, *Apéndice a los Elementos teórico-prácticos de Derecho Administrativo*, Editor: M. Alorca, Librería "La Enciclopedia", Habana, 1887.

Hacia los últimos tres lustros del siglo XIX se harán extensivas a Cuba por parte de España un grupo importante de normas jurídico administrativas que van a pasar a conformar un núcleo importante de la ordenación de la actividad administrativa cubana, y que van a alcanzar una larga vigencia dentro del ordenamiento positivo cubano (junto a alguna otra que venía en su vigencia de una etapa anterior como la norma sobre expropiación forzosa hecha extensiva en la década de 1840): aguas, minas, puertos, procedimiento administrativo y la muy importante ley de lo contencioso-administrativo (Ley SANTAMARÍA DE PAREDES), pueden mencionarse entre esos hitos normativos.

Con el cese del dominio español y el inicio de lo que se ha dado en llamar en la historiografía patria la "Primera Intervención norteamericana" (1899-1902), Cuba quedó sujeta a un gobernador militar estadounidense mientras no se efectuara su constitución como Estado independiente. Fácil es imaginar que sobrevendrían cambios estructurales, que afectaron sobre todo a la organización de los poderes públicos, y donde buena parte de la normativa de factura española relacionada con la actividad administrativa mantuvo su vigencia, aunque con las adecuaciones correspondientes a la nueva realidad socio-política cubana, y también surgieron otras al calor de esa nueva realidad. En este orden resaltan cambios en materia sanitaria, en la enseñanza (a través de los llamados "Plan Lanuza" y "Plan Varona", con interesantes transformaciones en la enseñanza del Derecho Administrativo), en los ferrocarriles y otros aspectos de interés.

En materia procesal, alcanzando lo procesal administrativo, se dieron cambios visibles con la creación en 1899 del Tribunal Supremo de Cuba y la emisión de algunas órdenes militares que afectaron ese orden. En lo cual identificamos las bases iniciales del modelo judicialista y de unidad de jurisdicción, que ha primado en nuestro país hasta los días actuales en cuanto a la organización y funcionamiento del contencioso-administrativo. Para ese tiempo, a pesar de esos cambios de organización jurisdiccional, el contencioso-administrativo cubano continuaba ordenado sobre la base de la ley española que había entrado en vigor en este territorio a finales de 1888, y que tendría un largo reinado en Cuba.[3]

En 1902, finalmente, los cubanos pueden contar con sumarse al concierto de Estados independientes bajo los auspicios de una Constitución de tardío aliento liberal (Constitución de 1901),

---

tratado de Derecho Administrativo... (1847), Universidad Carlos III de Madrid, Madrid, 2011 (de este texto hay también versión disponible en e-Archivo: http://hdl.handle.net/)

2 Véase lo que desarrollamos al respecto en: Matilla Correa, Andry, *Los primeros pasos de la ciencia del Derecho Administrativo en Cuba. José María Morilla y el Breve tratado de Derecho Administrativo... (1847)*, Universidad Carlos III de Madrid, Madrid, 2011 (de este texto hay también versión disponible en e-Archivo: http://hdl.handle.net/).

3 Sobre este tema ver nuestra obra en preparación: *Breve historia de la justicia administrativa en Cuba*.

dando inicio así a la marcha republicana del país. A partir de ese momento se abre una etapa interesante e intensa para la vida cubana, y por supuesto para la de la Administración Pública y su régimen jurídico. En un primer momento aparecen normas como la ley de municipios, la del poder ejecutivo, la del servicio civil, y -sin ser este un tiempo de mucha profusión normativa- otras disposiciones normativas que, con mayor o menor rango, se van a ir incorporando al complejo orden positivo regular de la Administración Pública cubana.

En este primer tiempo del siglo XX, las figuras más prominentes del Derecho Administrativo cubano han de ser Antonio GOVÍN Y TORRES, quien dejará la enseñanza universitaria a finales del primer lustro del siglo para ir al Tribunal Supremo; y Enrique HERNÁNDEZ CATAYA, quien sustituirá a aquél en la misma y se mantendrá en ella por varios lustros. A las que debe sumarse la del primer gran maestro del municipalismo cubano y, para esa época, titular de la cátedra de Gobierno Municipal e Historia de las Instituciones Locales, Francisco CARRERA JÚSTIZ.

A GOVÍN Y TORRES, en este nuevo momento, se deben unos *Elementos de Derecho Administrativo*, Tomo I y Tomo II, Imprenta Avisador Comercial, Habana, 1903-1904 (con una segunda edición como Tomo I, Parte I, en 1910 y Tomo II, en 1914, donde el tomo I y el tomo II de la segunda edición de los *Elementos de Derecho Administrativos* corresponden al contenido del Tomo I de esa obra en su primera edición). Esta obra, a nivel de sistematización general, significa la superación del método exegético o legalista que había primado en las obras del siglo XIX y la incorporación del método jurídico que venía ocupando espacios importantes en el Derecho Administrativo de la época por influencia alemana e italiana, fundamentalmente. Y aunque HERNÁNDEZ CARTAYA no dejó una obra general escrita propiamente, sus lecciones de clase sirvieron de base al *Tratado de Derecho Administrativo*, 2 Tomos, cuya primera edición, publicada en el año 1918, apareció como una coautoría de José A. MESTRE y Eduardo R. NÚÑEZ Y NÚÑEZ y a partir de la segunda edición el texto se editó solo bajo la autoría de NÚÑEZ Y NÚÑEZ, alcanzando una 13era edición, en 1926.[4]

En la década de 1920 aparecen ya como profesores auxiliares Julián Modesto RUIZ Y GÓMEZ y Rafael Santos JIMÉNEZ Y FERNÁNDEZ; quienes, para la década de 1930, con la salida de HERNÁNDEZ CARTAYA de la universidad, ocuparán las posiciones de profesores titulares de Derecho Administrativo I y Derecho Administrativo II, respectivamente, en la Facultad de Ciencias Sociales y Derecho Público de la Universidad de La Habana. Además, también se va dando a conocer Antonio LANCÍS Y SÁNCHEZ, quien más adelante sería auxiliar de la catedra de Derecho Administrativo II y titular de Derecho Electoral en la propia casa de altos estudios.

Las transformaciones que hubo de vivir Cuba en la convulsa década de 1930 concluyeron con la elaboración de la Constitución de 1940, considerada una de las más avanzadas de su tiempo; y por la que se trastocaban los fundamentos constitucionales del Estado cubano hacia un sentido más intervencionista y social, en contraste con la liberal e individualista Carta Magna de 1901. La Constitución de 1940 vería interrumpida su vigencia por los Estatutos Constitucionales de 1952, derivados del golpe militar de Fulgencio BATISTA Y ZALDÍVAR, que serían una adecuación a los intereses derivados de esa asonada golpista del texto constitucional de 1940; texto fundamental este último que luego sería retomado cuando el tirano BATISTA tenía ya garantizado a su favor el juego de los intereses políticos.

Para el tiempo que comenzaba a correr desde la década de 1930 en adelante, y hasta la llegada del triunfo revolucionario de 1959, continuó evolucionando el orden jurídico-administrativo según el ritmo del nuevo contexto que iba animando las concepciones entorno al universo ordenador de la Administración Pública. Aparecían nuevas realidades administrativas que era necesario regular; se adecuaban otras normas de las existentes; y la jurisprudencia desplegaba con intensidad su labor, a la luz de una retocada en detalles y cada vez devenida en antigua ley de lo contencioso-administrativo, de factura finisecular decimonónica española.

---

4 De la década de 1920 han de ser también la siguientes obras: Lancís y Sánchez, Antonio y Martínez Saenz, Joaquín, *Ensayos de Derecho Administrativo*, Tomo I, Imprenta y Papelería de Rambla, Bouza y CA, Habana, 1922; Lancís y Sánchez, Antonio, *Sumarios de las lecciones de Derecho Administrativo explicadas en la Academia de Derecho*, Recopiladas por Juan Antonio Mendoza, Habana, 1923; Segura Cabrera, Andrés, "Derecho Administrativo", en Segura Cabrera, Andrés, *Programa para los ejercicios teórico y práctico para la provisión de notarías*, Librería "La Moderna Poesía", La Habana, 1924; Dacosta, Arístides M. y Smith, Carlos J., *Apuntes de Derecho Administrativo* (Adaptados a las explicaciones de clase), Ipm. y Papelería "La Universal", Habana, 1927; Lancís y Sánchez, Antonio, *Notas de Derecho Administrativo. Segundo Curso*, Tomadas Taquigráficamente por el alumno Aurelio Espinosa en las clases del Dr. Antonio Lancís y Sánchez, Imp. y Lib. "La Propagandista", Habana, 1928.

Desde nuestro punto de vista, ese será el tiempo de mayor desarrollo científico del Derecho Administrativo en Cuba. Durante el que desarrollan su obra fundamental autores como los ya mencionados Julián Modesto RUIZ Y GÓMEZ, quien en 1935 da a la luz un completo texto sobre el régimen jurídico del personal de la Administración Pública,[5] y que para nosotros es, quizás, el texto más completo sobre es materia que para ese tiempo existía en lengua hispana; Rafael Santos JIMÉNEZ Y FERNÁNDEZ, quien en 1945 publicó un magnífico *Tratado de Derecho Electoral*; y Antonio LANCÍS Y SÁNCHEZ, autor del más internacional y conocido de los manuales cubanos escritos, al menos hasta los últimos dos decenios del siglo XX.[6] Estos tres autores van a reunir una importante obra -de corte general, en especial- en materia de Derecho Administrativo, derivada sobre todo de su experiencia docente en las aulas universitarias[7].

Pero, en este período que nos ocupa, junto a ellos han de colocarse otros nombres imprescindibles del *iusadministrativismo* cubano de ese tiempo. Así, hay que mencionar como destacados a: Adriano CARMONA Y ROMAY (uno de los nombres cumbres del municipalismo cubano, que llegó a ser profesor titular de la cátedra de Gobierno Municipal en la Facultad de Ciencias Sociales y Derecho Público de la Universidad de La Habana); Enrique HERNÁNDEZ CORUJO (que alcanzaría renombre como constitucionalista y fue profesor titular de Historia Constitucional en la universidad habanera);[8] y a Fernando ÁLVAREZ TABÍO, un magistrado judicial que en la década de 1950 se convirtió en el más destacado autor cubano en materia de Derecho Procesal Administrativo.[9] Aunque, ciertamente la lista

---

5 Ruiz y Gómez, Julián Modesto, *Principios Generales de Derecho Administrativo. El personal de la Administración Pública*, 1era edición, Cultural, S.A., Habana, 1935.

6 Lancís y Sánchez, Antonio, *Derecho Administrativo. La actividad administrativa y sus manifestaciones*, 3era edición, Cultural, S.A., La Habana, 1952 (las dos ediciones anteriores son de 1942 y 1945).

7 Repasemos aquí solo los textos generales de Derecho Administrativo debidos a estos tres autores: Lancís y Sánchez, Antonio, *Conferencias de Derecho Administrativo*, 2° Curso, Versión mimeográfica de Aurelio Espinosa, Habana, 1939; Lancís y Sánchez, Antonio, *Derecho Administrativo*, *Segundo Curso*, Primera Parte y Segunda Parte, Departamento de Publicaciones, Facultad de Derecho, Universidad de La Habana, La Habana, 1941; Ruiz y Gómez, Julián Modesto, *Derecho Administrativo*, *Primer curso*, Conferencias mimeografiadas, Departamento de Publicaciones, Facultad de Derecho, La Habana, s/a. (este formato respondía a las reproducciones mimeográficas que se hacían de las conferencias dictadas por el autor al impartir la asignatura durante el curso académico; hay varias reproducciones que corresponden a cursos académicos diferentes); Jiménez y Fernández, Rafael Santos, *Derecho Administrativo (Segundo curso)*, Departamento de Publicaciones, Facultades de Derecho, Ciencias Sociales y Derecho Público, Universidad de La Habana, La Habana, s/a. (este formato respondía a las reproducciones mimeográficas que se hacían de las conferencias dictadas por el autor al impartir la asignatura durante el curso académico; hay varias reproducciones que corresponden a cursos académicos diferentes); Ruiz y Gómez, Julián Modesto, *Derecho Administrativo (Primer curso)*, Copias de clases, Editado por el Centro de Estudios Profesionales Universitarios, Departamento de Publicaciones, Facultades de Derecho y Ciencias Sociales y Derecho Público, Universidad de La Habana, La Habana, s/a.; Ruiz y Gómez, Julián Modesto, *Elementos de Administración Pública*, Instituto de Administración Pública, Facultad de Ciencias Sociales y Derecho Público, Universidad de La Habana, La Habana, s/a.; Ruiz y Gómez, Julián Modesto, *Derecho Administrativo. Primer curso*, Copias de clases, Departamento de Publicaciones, Facultades de Derecho y Ciencias Sociales y Derecho Público, Universidad de La Habana, La Habana, Curso 1950-1951; Ruiz y Gómez, Julián Modesto, *Principios de Derecho Administrativo. Primero y segundo semestres,* Material de clases, 4ta edición, Escuela de Ciencias Comerciales, Universidad de La Habana, La Habana, 1955 (la 1era edición de este texto es de 1947; la 2da edición es de 1950; la 3era edición es de 1954; en todos los casos editado por la Escuela de Ciencias Comerciales de la Universidad de La Habana; también es posible encontrar esta obra separa en los fascículos correspondientes al primer y segundo semestres que incluía); Ruiz y Gómez, Julián Modesto, *Procedimientos administrativos*, Copias de clase, Departamento de Publicaciones, Facultades de Derecho, Ciencias Sociales y Derecho Público, Universidad de La Habana, s/a.

8 V.gr.: Hernández Corujo, Enrique, *Derecho Administrativo para oposiciones a Registros de la Propiedad*, Versión mimeográfica, Habana, 1943; Hernández Corujo, Enrique, *Programa de fundamentos y medios jurídicos de la Administración Pública*, Habana, 1946; Hernández Corujo, Enrique, *Procedimientos administrativos internos*, 2da edición, Editorial Lex, La Habana, 1960.

9 Por ejemplo Álvarez Tabío, Fernando, *El Proceso Contencioso-Administrativo (Doctrina, Legislación, Jurisprudencia)*, Editorial Librería Martí, La Habana, 1954; Álvarez Tabío, Fernando, *Función política de lo contencioso-administrativo*, Conferencia pronunciada en el Colegio de Abogados de Güines el 23 de marzo, Editorial Librería Martí, Habana, 1956; Álvarez Tabío, Fernando, "La cosa juzgada en el Derecho Administrativo", en *Anuario de la Facultad de Ciencias Sociales y Derecho Público*, Universidad de La Habana, La Habana, 1955-1956 (publicado también en Álvarez Tabío, Fernando/ Márquez de la Cerra, Miguel F. y Moré Benítez, Juan Bautista, *Sobre lo Contencioso-Administrativo (Ciclo de conferencias dictadas en la Universidad de La Habana)*, Editorial Librería Martí, La Habana, 1956); Álvarez Tabío, Fernando, "El acto confirmatorio en la jurisprudencia cubana", en

de autores con obra escrita relacionada con tópicos del Derecho Administrativo es más extensa; sin olvidar un todavía joven Héctor GARCINI GUERRA que, ya en la década de 1950, estaba como profesor agregado de Derecho Administrativo I,[10] bajo la titularidad de RUIZ Y GÓMEZ.

Es necesario advertir que, en el segundo lustro de la década de 1940, surge la Universidad de Oriente, en la ciudad de Santiago de Cuba, donde se incluye la enseñanza del Derecho; e incluso existían universidades privadas con la de Villanueva que también asumían dicha enseñanza (estas universidades privadas fueron eliminadas luego del advenimiento de la Revolución cubana); pero sin que en este tiempo alcanzaran significación en el quehacer científico en materia de Derecho Administrativo.

Con el triunfo revolucionario de enero de 1959, bajo el liderazgo de Fidel CASTRO RUZ, se abre para Cuba una nueva era histórica que determinó una ruptura política, económica y social, con el estado de cosas que había venido desenvolviéndose en el país antes de esa fecha. Con la subida al poder de una nueva visión política, desconocida como ejercicio práctico en la realidad interna hasta ese tiempo, comenzó un movimiento transformador (con todo lo que ello implica) en todas las esferas de la dinámica social nacional; agudizado además por el enfrentamiento con los Estados Unidos y la necesidad de supervivencia y consolidación de la Revolución cubana como proyecto y realidad socio-política. Como es lógico suponer, esos cambios alcanzaron al sistema jurídico y muy especialmente dentro de él, por sus características, a la rama administrativa. Si bien es cierto que ese movimiento transformador de la realidad cubana alcanza el poder con el nacimiento de 1959, no puede decirse que este se ha manifestado en una línea homogénea – que ha tenido una única etapa, con la carencia de matices en su realización – desde ese momento hasta hoy; sino todo lo contrario.

En el año 1961 se declara el carácter socialista de la Revolución cubana y se decide abiertamente el comienzo de la construcción del modelo de sociedad socialista, contando además con el apoyo económico e ideológico de la entonces comunidad de países socialista que lideraba la URSS. El inicio de la etapa de construcción del socialismo supuso para Cuba la necesidad de una transformación sustancial, radical y profunda de las concepciones económicas, políticas, sociales e ideológicas de típica orientación capitalista.

Para el Estado cubano, este enrumbamiento hacia el socialismo –sirviéndose de los cambios graduales que en todas las esferas de la sociedad cubana se venían operando desde el triunfo de enero de 1959– implicó también -como es dable suponer un cambio teórico y práctico en las concepciones jurídicas que fundamentaban toda la actuación estatal, en las finalidades que un Estado de nuevo tipo debía cumplir, y en las formas para alcanzar esas finalidades. Por supuesto que ello también representó para la Administración Pública cubana un nuevo enfoque jurídico integral de su actividad, de las nuevas necesidades que la Administración Pública socialista debía satisfacer, y de los medios jurídicos a utilizar para responder a esas finalidades.

Demás está decir que esa situación no solo hizo eco en las normas jurídicas administrativas, sino, especialmente, en la concepción y papel a desempeñar por muchas de las instituciones jurídicas administrativas. Asimismo, ello conllevó el inicio de un cambio en la manera de concebirse y de ser de nuestro Derecho Administrativo, pues comenzaron rápidamente a ser abandonadas buena parte de las tradicionales ideas que, con sus necesarias mutaciones, habían imperado en nuestro ordenamiento jurídico administrativo, en su desarrollo desde el siglo XIX y la primera mitad y algo más del XX, y que nos habían llegado, básicamente, de España, Francia, Italia, Alemania, España, y algunos países de Latinoamérica (es decir, ideas forjadas y propias del catalogado como "Derecho Administrativo burgués"); para abrazar de lleno, y aplicar en la práctica, las que se formaron al amparo del sistema socialista de Europa del Este, y que hasta ese momento eran ajenas como soporte teórico y experiencia real a nuestro sistema jurídico.

Revista de Administración Pública, Año VII, No. 20, Mayo-Agosto, 1956, Instituto de Estudios Políticos, Madrid (una versión se publicó también en *Repertorio Judicial*, Año XXXIII, No. 4, Abril de 1957, 1957, Imp. Habana 553, Habana; Álvarez Tabío, Fernando, *Procedimiento contencioso-administrativo. Ley y reglamento vigentes y proyecto de Ley de Enjuiciamiento Administrativo*, Editorial Librería Martí, La Habana, 1958.

10 Ver: Garcini Guerra, Héctor J., *Programa de Derecho Administrativo. Primer Curso*, (Cátedra "F" de la Facultad de Ciencias Sociales y Derecho Público de la Universidad de La Habana), Contiene: Derecho Administrativo. Primer Curso, Procedimientos Administrativos, Ciencia de la Administración, Bibliografía, Mecanografiado, La Habana, septiembre de 1951.

La expresión del primer momento de esas transformaciones socialistas, en lo conceptual y en lo objetivo, en relación con la concepción sistémica del Derecho Administrativo entre nosotros, puede vislumbrarse en la obra general que se escribe en ese período inicial, el *Manual de Derecho Administrativo*, de la autoría de Héctor GARCINI GUERRA y Miguel REYES SALIÁ.[11] En este nuevo tiempo, y luego de los resultados que se derivaron de la reforma universitaria que se promovió unos pocos años después del triunfo revolucionario de 1959, Héctor GARCINI GUERRA asumió la responsabilidad de llevar las riendas de la enseñanza del Derecho Administrativo en la primera universidad cubana (Universidad de La Habana), y emergió como la figura más importante del quehacer científico en el *iusadministrativismo* cubano en lo que restaba del siglo XX, aún luego de su fallecimiento a finales de los años de 1980.

La cristalización jurídica de todo ese largo proceso de transformaciones que se vivió en Cuba a lo largo de la década de 1960 y la primera mitad de 1970, tuvo lugar con la adopción de la Constitución cubana de 1976; a la que siguieron, en lo que restaba de esos años de 1970 y los de 1980 la adopción de importantes disposiciones normativas sobre temas de organización administrativa y algunas relativas a la actividad administrativa, aunque aún quedaban algunas normas vigentes –aunque con cierto grado de desuso– facturadas en la época prerrevolucionaria, incluso desde el tiempo colonial.

Previamente a la promulgación del nuevo texto constitucional, en lo Procesal Administrativo se había adoptado una nueva norma rectora para este orden, la Ley No. 1261 de 1974; realmente una norma que para nada hubo de cubrir y albergar los adelantos y las necesidades que el desarrollo teórico y práctico del control jurisdiccional de la Administración Pública –máxime de una Administración Pública socialista como la cubana y sus particularidades–, en pos de su efectiva funcionalidad, había puesto al descubierto en más de siglo y medio de evolución al respecto. Pocos después, esa Ley No. 1261 hubo de ser sustituida por la Ley No. 4 de 1977, Ley de Procedimiento Civil, Administrativo y Laboral, ajustada al nuevo orden constitucional, pero que no varió sustancialmente lo que había introducido su predecesora; con lo que el Derecho Procesal Administrativo ha quedado atrofiado hasta hoy entre nosotros, en lo práctico y en lo conceptual. Atrofia que, incluso, hubo de reforzarse con no pocas disposiciones normativas que han venido después y con el magro desenvolvimiento que ha tenido la jurisprudencia al respecto.

En definitiva, se hace necesario reconocer que, luego del triunfo de la Revolución en 1959, y en contraste con lo que venía aconteciendo en los lustros anteriores, el Derecho Administrativo en Cuba ha sufrido la falta de atención científica durante todos estos años. No ha sido un lugar al que se han acercado muchos estudiosos (con sus lógicas excepciones, que tuvieron en los profesores Fernando ÁLVAREZ TABÍO y Héctor GARCINI GUERRA a sus más altos y eminentes exponentes en la etapa posterior a 1959) y por ello adolece del desarrollo alcanzado por otras especialidades como el Derecho Penal, el Civil o el Laboral, por solo citar algunas. Esa desatención teórica no solo se manifiesta en el plano académico y científico; es un mal de fondo que tiene en el orden positivo administrativo su muestra más palpable.

Desde el punto de vista académico y científico en lo jurídico-administrativo, en este tiempo, la figura más importante, entre las muy pocas que pueden contarse con propiedad, continúa siendo la de Héctor GARCINI GUERRA, quien da a la luz un interesante manual de Derecho Administrativo, al uso universitario,[12] que es sin dudas un magnífico espejo donde conocer la realidad teórica y práctica de la rama *iusadministrativa* cubana entre la segunda mitad de la década de 1970 y el decenio que discurre a lo largo de los años de 1980.[13] En esa obra del profesor GARCINI GUERRA que puede apreciarse además

---

[11] Garcini, Héctor y Reyes, Miguel, *Manual de Derecho Administrativo*, Tomo I, *Parte General*, Escuela de Ciencias Jurídicas, Facultad de Humanidades, Universidad de La Habana, La Habana, 1963.

[12] Guerra, Héctor, *Derecho Administrativo*, 2da edición corregida y ampliada, Editorial Pueblo y Educación, La Habana, 1986. (la 1era edición es de 1981, con reimpresión en 1982 y 1984).

[13] De esta época pueden verse, además, como obras generales de Derecho Administrativo: Garcini, Héctor/ Reyes, Miguel y Cabrera, Marta, *Derecho Administrativo I*, Fascículo I, *Principios Generales (primera parte)*, 1era edición, Edición Revolucionaria, Editorial Pueblo y Educación, Instituto Cubano del Libro, La Habana, 1976. (de este texto hay una impresión posterior que responde a los siguientes datos: *Derecho Administrativo I*, Fascículo I, *Principios Generales (primera parte)*, Imprenta de la Dirección de Instrucción, Sección de B.M.E., Ministerio del Interior, La Habana, 1979; también hay otra reproducción por los Talleres Universitarios de Camagüey, Camagüey, 1981); Garcini, Héctor, *Derecho Administrativo*, *Segunda parte*, Facultad de Derecho, Universidad de La Habana, La Habana, 1978; Dirección de Instrucción, *Derecho Administrativo*, Dirección de Instrucción, Ministerio del Interior,

una clara influencia del pensamiento y quehacer *iuspúblico* de sello soviético, y de otros países europeos orientales;[14] amalgamada con planteamientos y referencias a la doctrina del Derecho Administrativo de Francia, Alemania, Italia, España y otros países europeos, además de latinoamericana.

La década de los años noventa del siglo pasado fue una década importante para Cuba, en la que se vio sumergida una crisis económica originada, principalmente, por la desaparición del campo socialista y otros factores de peso, tanto internos como externos (especialmente el recrudecimiento del bloqueo norteamericano). Para hacerle frente a la situación, se promovieron algunas reformas en el orden socio-económico cubano y se hizo necesario reformular algunos presupuestos del desarrollo social y económico que hasta ese momento habían operado en la práctica socialista que imperaba en Cuba.

Las transformaciones jurídicas ante esa situación tuvieron como evidente punto de partida la reforma de la Constitución acaecida en 1992, la más intensa de las que hasta tres realizadas hasta este momento.

El plano jurídico administrativo sintió con especial fuerza los nuevos cambios. La Administración Central del Estado asumió algunos readecuaciones, la Administración local también, se adoptaron nuevas disposiciones legales –algunas de ellas vinieron a derogar vetustas normativas que databan todavía del finales del siglo XIX, con dudosa eficacia y efectividad entre nosotros- en materia, por ejemplo, de minas, puertos, pesca, medio ambiente; aparecieron las concesiones administrativas luego de caer estas en desuso en el tráfico jurídico cubano desde la década de 1960; y se abrió mayor espacio a la inversión extranjera y a las formas de actuación económica a partir de empresas mixtas. Además, se permitió –no sin restricciones importantes- la presencia del sector privado cubano en algunas actividades productivas y prestacionales en una pequeña escala, a partir de la figura que en este tiempo se acuñó bajo el nombre de "trabajador por cuenta propia".

En la primera década y poco más de lo que va se siglo, otras decisiones legales se han adoptado que han repercutido en el universo *iusadministrativo* cubano; en especial ante la coyuntura que ha vivido Cuba a partir del segundo lustro de la misma. Nuevas adecuaciones en el plano de la organización de la Administración Central del Estado, un decreto-ley sobre "Patrimonio estatal", la creación de la Contraloría General de la República, el decreto-ley sobre organización y funcionamiento del Consejo de Ministros; medidas de relanzamiento de la participación del sector privado cubano en algunos espacios productivos y prestacionales, aún bajo la figura del "trabajador por cuenta propia".

Todo lo cual nos dice que hay configurado hoy un momento muy interesante para el Derecho cubano, con necesarias e insoslayables perspectivas de transformación en las que el Derecho Administrativo ha de ocupar un espacio importante. A nuestro entender, los principales retos que para Cuba se abren hoy, se plantean, en buena medida, en el campo del régimen jurídico de su Administración Pública y del funcionamiento administrativo, de las relaciones Estado-individuo y de la necesidad de proveer a la satisfacción del interés común, pero bajo la inexcusable premisa del equilibro entre el ejercicio del poder público y el respeto y salvaguarda de los derechos de los ciudadanos.

Luego del fallecimiento del profesor Héctor GARCINI GUERRA en las postrimerías de la década de 1980, hubo de pasar a ocupar la condición de profesor principal de la asignatura de Derecho Administrativo en la primera facultad de Derecho del país (Universidad de La Habana) el profesor Armando CASTANEDO ABAY; desempeñándose en esa condición hasta la actualidad.

Imprenta de la Dirección de Instrucción, Sección de B.M.E., MININT, La Habana, 1979. (este texto es en esencia un breve resumen de la obra de Héctor Garcini); Garcini Guerra, Héctor, *Elementos del Derecho Administrativo*, Primera y Segunda partes, Selección de los aspectos básicos del texto destinado al curso dirigido de la enseñanza superior, Elaboración y revisión a cargo de Pío Arnoldo Parada A. y Lidia Paredes V., Curso para técnicos medios en Derecho Laboral, Dirección de Capacitación, CETSS, Ciudad de La Habana, 1983; Rodríguez Pérez, Homero, *Derecho Administrativo*, Texto único, Edición Provisional, Dirección de Capacitación, MINJUS-CETSS, La Habana, 1989; Valdivia Onega, Marisabel/ Vizoso García, María de los Ángeles y Castanedo Abay, Armando, *Separata de Derecho Administrativo*, Facultad de Derecho, Universidad de La Habana, La Habana, 1989.

14 Varias fueron las obras de Derecho Público de los países socialistas de Europa del Este, en especial la extinta URSS, que circularon en los medios académicos y científicos de nuestro país en ese tiempo. Varias de ellas contenían cuestiones o segmentos propios del Derecho Administrativo; y en especial sobre la rama jurídico administrativa, se tradujo en Cuba: Vasilenkov, P. T. y otros, *Derecho Administrativo soviético*, Traducción de José D. Peraza Chapeaux, Tomado de la edición original en ruso, Editorial Pueblo y Educación, Ciudad de La Habana, 1989.

También otras facultades de Derecho, ubicadas en importantes ciudades del país, aparecen gradualmente a partir de finales de la década del 1940 y lo que hubo de restar del siglo XX, consolidándose algunas que habían surgido para esas fechas prerrevolucionarias y otras que nacen luego del triunfo de la Revolución como centros docentes de consideración en el desarrollo de la enseñanza del Derecho (en especial las facultades de Derecho de las Universidades de Oriente -Santiago de Cuba-, de la Universidad Central de Villa Clara y de la Universidad de Camagüey). A ese panorama universitario hay que sumar además otras facultades de Derecho, de nueva formación en universidades de otras provincias del país (hoy en casi todas, incluido el municipio especial Isla de la Juventud) en el primer decenio de este siglo XXI. Pero, lo cierto es que en todo este tiempo no ha cuajado en esos otros recintos docentes distintos a los de la universidad habanera, un movimiento científico, mínimamente visible, en torno al Derecho Administrativo, que se sume a los aportes que tradicionalmente se potenciaron desde la casa de altos estudios capitalina; una tradición que, aunque menguada desde lustros antes, no está apagada del todo.

Con la pérdida de la influencia que la antigua URSS y el antiguo bloque socialista de Europa del Este ejercía sobre Derecho cubano, el Derecho Administrativo en Cuba, como espacio de quehacer científico menguado pero no ausente del todo, puede decirse que ha entrado, desde la década de 1990 pero con mayor visibilidad a partir de este inicio del siglo XXI, en otra etapa en su desarrollo, en el cual el tiempo y los avances han sido capaces de mostrar en el plano de la elaboración científica han de señalado las características de la misma.[15]

En las primeras décadas del presente siglo, a tono con los cambios de las dinámicas de perfeccionamiento del Estado y el Gobierno, y los programas de políticas públicas desarrolladas, se ha entrado en una fase de ascenso en el estudio del Derecho Administrativo. El perfeccionamiento de los planes de estudio y la lucha por una mayor presencia de esta asignatura como materia de un perfil no solo básico para la comprensión de todo el sistema jurídico, sino igualmente con salidas en los modos de actuación del profesional han marcado unos primeros pasos en un renovado pensamiento iusadministrativista, liderado por la escuela de la Habana, y la dirección del profesor Andry Matilla Correa, un padre "refundador" de las esencias de esta ciencia en el contexto actual.

Ello se ha visto materializado de igual modo por el incremento de programas de estudio de postgrados y diplomados, en concreto, la concepción y generalización a varias Facultades de Derecho del país del programa de la Habana de la maestría en Derecho Constitucional y Administrativo, que ya cuenta con varias ediciones con calidad contrastada e interés creciente por los organismos del sector jurídico, y en especial, por el Sistema de Tribunales Populares, la Fiscalía General de la República, la Organización Nacional de Bufetes Colectivos, los Ministerios e Institutos de la Administración del Estado y sus órganos locales, así como profesores de las Universidades del país, en su mayoría jóvenes que han ido formando sobre las nociones del rescate de las instituciones del Derecho Administrativo.

Como expresión de dicha renovación del Derecho Administrativo, en las últimas dos décadas se ha ido sistematizado el estudio de un grupo de instituciones claves para el desarrollo del Derecho Administrativo: el acto administrativo, los procedimientos, recursos, la discrecionalidad, la función pública, las técnicas de control, la responsabilidad patrimonial y el proceso administrativo han estado en las miras de investigaciones doctorales cuyos aportes han servido de base al legislador en los procesos de creación normativo asumidos a partir del programa legislativo de la Constitución de 2019; y en la propia concepción de sus bases constitucionales, que pueden considerarse como la esencia del punto de partida para este nuevo periodo.

El periodo de 1976-2019 experimentó un régimen jurídico cuyo énfasis estuvo centrado en el establecimiento de sistemas de control previo, con preponderancia a la técnica autorizatoria, que en las últimas décadas incorporó con mayor presencia la utilización de la concesión como título habilitante; expresó del reacomodo de la intervención de sujetos no estatales en el desarrollo de la actividad administrativa. De igual modo, se desarrolló un sistema de controles posteriores sobre técnicas de control

---

[15] Al respecto puede ser ilustrativo ver las siguientes obras: AA.VV., *Estudios de Derecho Administrativo cubano*, Editorial "Félix Varela", Ciudad de La Habana, 2002; y AA.VV., *Temas de Derecho Administrativo cubano*, 2 Tomos, 2da reimpresión de la 1era edición, Editorial "Félix Varela", Ciudad de La Habana, 2010 (la 1era edición es de 2004, del mismo sello editorial, con una primera reimpresión en 2006). Sintomático en lo que aquí reflejamos es el hecho de que se haya realizado en Cuba una impresión del importante texto español: García de Enterría, Eduardo y Fernández, Tomás-Ramón, *Curso de Derecho Administrativo español*, 2 tomos, 4 partes, Editorial Félix Varela, La Habana, 2006.

de legalidad como las inspecciones, auditorías y supervisiones; las cuales dieron paso al establecimiento de diversos y muy dispersos regímenes sancionadores, cuyos procedimientos limitaban en muchos casos la justiciabilidad de dichas actuaciones ante el juez administrativo.

La regulación de actividades prestacionales constituyó una tercera tendencia, aunque en esta dirección, quedaron inconclusos los esfuerzos del legislador y de la administración pública por regular determinados sectores concretos. La falta de leyes que organizaran el funcionamiento de la Administración Pública, sus procedimientos, así como de instituciones tan relevantes como los servicios públicos de forma general, la expropiación forzosa y la responsabilidad patrimonial constituyeron limitaciones importantes a la realización de las dinámicas entre el Estado y los ciudadanos.

A día de hoy, el momento actual del Derecho Administrativo en Cuba vive un contexto de transformaciones, con varios factores que dinamizan las dinámicas del sector público. Por un lado, las políticas públicas de desarrollo legislativo han colmado en la nueva ordenación de leyes del proceso administrativo, que como se verá más adelante, devuelve una parte importante de la autonomía formal a esta ciencia, desde la visión procesal. De igual modo, la aprobación de leyes y decretos leyes en materia de patrimonio cultural, recursos naturales, urbanismo, y del sistema de función pública han ido adelantando pasos a otras normas próximas a valoración en el proceso legislativo, que sin dudas impactarán positivamente en la coherencia y plenitud del régimen jurídico administrativo.

Entre tales iniciativas legislativas, han de señalarse los proyectos de regulación previstos en el cronograma legislativo de la Asamblea Nacional del Poder Popular, en el cual sobresalen las normas para el procedimiento administrativo, los bienes del patrimonio del Estado, el control administrativo de los recursos públicos, el sistema de infracciones administrativas, la transparencia, el acceso a la información pública, la expropiación forzosa, así como de actividades prestacionales *vgr.* la salud pública, el deporte y la educación. De esa perspectiva, la aprobación de tales normas, de conjunto con las que yan han sido aprobadas, en especial, el renovado proceso administrativo, pondrán en las manos del juez especializado, las posibilidades de ir construyendo de a poco las líneas generales de desarrollo de esta ciencia.

III. CONCEPTO DE DERECHO ADMINISTRATIVO

Desde las primeras expresiones científicas del Derecho Administrativo en Cuba no ha faltado la aproximación de los autores a la definición de dicha rama jurídica; como manera de expresar compactadamente el alcance e implicación de ese régimen jurídico-administrativo. No pocas han sido las definiciones planteadas en estos años de evolución del Derecho Administrativo en Cuba, y si apreciamos cada una de ellas en sucesión histórica, podemos percatarnos perfectamente, desde es ángulo estrecho, de la marcha del proceso de definición del Derecho Administrativo en Cuba –tal y como se ha dado también a nivel comparado– en la búsqueda de un criterio preciso y definitivo al respecto; las aportaciones insuficiencias de los puntos de vistas que se han planteado y han primado al respecto; y las influencias doctrinales externas que han operado al respecto según el momento histórico y el grado de desarrollo, científico y práctico, que ha presentado el subsistema jurídico-administrativo en estos siglos de evolución.

De tal suerte, en las definiciones del Derecho Administrativo que se han enarbolado desde suelo cubano, no hay faltado los primeros enfoques legalistas (José María MORILLA -1847 y 1865-; y Antonio GOVÍN Y TORRES -1882-); los que han seguido las influencias de la escuela alemana e italiana (orlandina en esencia esta última) de fines del siglo XIX y principios del XX (Antonio GOVÍN Y TORRES -1903-, Enrique HERNÁNDEZ CARTAYA, y Eduardo R. NÚÑEZ Y NÚÑEZ); la recepción de las ideas de la Escuela del Servicio Público (Julián Modesto RUIZ Y GÓMEZ -década de 1920-); la superación conceptual de esas ideas del servicio público (Julián Modesto RUIZ Y GÓMEZ -década de 1950-, Rafael Santos JIMÉNEZ, Antonio LANCÍS Y SÁNCHEZ). Todas esas -y otras definiciones que pueden constatarse-, involucrando además ya la a perspectiva subjetiva de la Administración Pública; ya una funcional; o con un planteamiento más electivo entre ambas.

En las últimas décadas del siglo XX, el concepto de referencia en el Derecho Administrativo cubano ha sido el expuesto por el profesor GARCINI GUERRA: "el Derecho Administrativo abarca en su estudio las normas jurídicas reguladoras de las funciones y actividades ejecutivas y dispositivas que las leyes atribuyen como competencia a los órganos estatales encargados de las tareas que requieren la obtención de los fines de la sociedad; de las relaciones entre esos órganos y los demás órganos del Estado, así como con las organizaciones de masas y los administrados, relaciones que determinan los derechos, deberes y responsabilidades de los órganos, de las organizaciones y de los ciudadanos, todo ello dentro de una unidad de dirección económica y política y con la finalidad general de lograr la construcción del socialismo y el comunismo. Esas normas del Derecho Administrativo determinan en primer lugar los principios de organización y actividad generales para todos los órganos ejecutivos y administrativos, así como los jurisdiccionales y después la aplicación de esos principios generales en las ramas concretas de la Administración Pública".[16]

En opinión del profesor Matilla Correa, el Derecho Administrativo es el subsistema jurídico que regula la organización y funcionamiento de la Administración Pública y el ejercicio de la función administrativa.

Sin embargo, es de destacar, más allá de opiniones personales sobre la percepción de un fenómeno jurídico como este, que lo cierto es que a la luz de la realidad cubana actual, antes el universo funcional público que se proyecta en nuestra Constitución, así como la ordenación jurídica del funcionamiento administrativo, la manifestación real de ese régimen y su funcionalidad, y la protección jurisdiccional frente al mismo, el alcance del ámbito jurídico administrativo no aparece dibujado con mucha nitidez ni con amplitud en Cuba como pudiera pensarse o quererse, sino que, más bien, aparece anclado y ceñido, principalmente, a la Administración Pública como aparato organizado, y dentro de ella a su núcleo principal, que en lo central se incardina a partir de la estructura jerárquica que encabeza el Consejo de Ministros, y en la esfera local en torno a los órganos locales de administración provinciales y municipales. Algo que quizás no es de extrañar si tomamos en cuenta que en Cuba existe una preeminencia real de lo ejecutivo y lo administrativo en el plano de la funcionalidad pública; y que, frente a una realidad de ese tipo, se potencia el lado subjetivo de la Administración Pública, en su consideración más estricta, como eje central para ubicar el objeto de regulación del Derecho Administrativo.

En un plano presente y de futuro inmediato, ha de tomarse esta reforma del sector público y de la renovación de sus bases sustantivas como una muestra de la expansión del alcance ordenador del Derecho Administrativo a realidades del tráfico jurídico administrativo cubano, superando gradualmente las cerradas concepciones que han imperado en las normas positivas cubanas al respecto. Normas positivas esas que, a día de hoy, resultan incongruentes a la nueva realidad constitucional y a la nueva dinámica del control en vía procesal de ese tráfico jurídico que nos ocupa en este trabajo, y elevan a un plano jurídico formal en proceso de perfeccionamiento a una realidad que se manifiesta mucho más rica y necesaria de ordenación por los cauces del orden jurídico-administrativo, que lo que el régimen positivo, con sus insuficiencias, ha estado de amparando.

IV. BASE CONSTITUCIONAL DEL DERECHO ADMINISTRATIVO CUBANO

El momento actual del Derecho Administrativo se encuentra signado por la entrada en vigor de la Constitución de la República de 2019, que vino a sustituir la que estuviera vigente en Cuba desde 1976, con sus modificaciones de 1978, 1992 y 2002.[17] El régimen jurídico administrativo en Cuba, tiene sus bases generales en el marco constitucional vigente. La Constitución no solo contiene preceptos que afectan directamente, en un sentido u otro, la ordenación jurídica de la organización y la actuación administrativa; sino además que tiñen de contenido y legitimidad ese funcionamiento y lo configuran y determinan en sus bases jurídicas más generales, de un modo directo o indirecto. Como epicentro del ordenamiento jurídico y su valor en la configuración, ordenación y limitación del ejercicio de poder público -entre lo que lo administrativo es una arista importante- y sus proyecciones sobre la comunidad políticamente organizada y los individuos que la integran, la Constitución es algo más que una fuente normativa o positiva del Derecho Administrativo, pues se convierte en el más encumbrado de los pilares

---

[16] Guerra, Héctor, *Derecho Administrativo*, 2da edición corregida y ampliada, Editorial Pueblo y Educación, La Habana, 1986, p. 27

[17] En 1978, en que se acordó reformar el artículo 10, inciso a) de la Constitución, a los efectos de que en lo sucesivo la Isla de Pinos pasara a llamarse Isla de la Juventud; en 1992, que ha sido la modificación más amplia e intensa que ha sufrido el texto constitucional hasta hoy; y en 2002, en que se adoptó por unanimidad el Acuerdo No. V-74, por el que se aprobó la Ley de Reforma Constitucional el 26 de junio del 2002.

de configuración jurídica del aparato y el tráfico iusadministrativo, y en el primero de los componentes de su entramado positivo ordenador, aplicable directamente y supremo entre otras normas del ordenamiento jurídico como criterio de interpretación, determinación de reglas aplicables y solución de conflictos.

No es este el espacio más propicio, por lo estrecho del paginado con el que contamos, para explayarnos, *in extenso*, sobre esta cuestión de las bases constitucionales del Derecho Administrativo cubano (mientras repasamos ideas para estas líneas nos vienen a la mente las conocidas ideas de Georges VEDEL y Charles EISENMANN, dos grandes del *iusadministrativismo* del siglo XX, sobre esta cuestión en particular). Por lo pronto, nos contentaremos con dar una apurada idea de esas bases en el contexto cubano actual.

Desde los primeros artículos, contenidos en el Capítulo I, "Fundamentos Políticos", aparecen ya disposiciones que van configurando y determinando el contenido y alcance de lo administrativo en Cuba. El artículo 1 dispone: "Cuba es un Estado socialista de derecho y justicia social, democrático, independiente y soberano, organizado con todos y para el bien de todos como república unitaria e indivisible, fundada en el trabajo, la dignidad, el humanismo y la ética de sus ciudadanos para el disfrute de la libertad, la equidad, la igualdad, la solidaridad, el bienestar y la prosperidad individual y colectiva"; lo que se complementa, entre otros, por el párrafo tercero, del artículo 4 que prefija: *"El sistema socialista que refrenda esta Constitución, es irrevocable."*. Aquí hay un claro presupuesto que determina la orientación y el contenido socialista del Estado cubano, y por supuesto de la Administración Pública, con las simplificaciones que de eso puedan derivarse en los planos político y jurídico a nivel público, que es el que nos interesa aquí, en el momento histórico concreto que corresponda.

La *Lex Fundamentalis* cubana nos apunta el carácter y proyección, en una perspectiva general, del funcionamiento administrativo y las ideas que subyacen en su guía y determinación. De su articulado se extrae una visión global del alcance que tiene dicho funcionamiento y de la presencia de la Administración Pública en diversas relaciones jurídicas que se originan. Nuestro Estado, al asumir y garantizar funciones como la salud, la educación, la seguridad social y otras, y tener una fuerte intervención en el tráfico jurídico privado, extiende su accionar directo más allá de los límites que conocen otros ordenamientos, y ese perímetro de actuación resulta configurado en sus líneas generales por la Constitución. Además, de esta última podemos derivar el acentuado papel intervencionista -en el sentido que le imprime el socialismo que se practica, y en la forma en que se practica en nuestro país (valoraciones de otro tipo a un lado ahora)- que se le asigna a la Administración cubana en la prestación de los servicios públicos y en la realización de otras actividades (determinado por los fundamentos políticos sobre los que descansa el Estado cubano), lo que condiciona su acción inmediata y grafica la prevalencia de las formas de actividad administrativa directa por encima de las indirectas.

En la Constitución aparecen trazados además los presupuestos jurídicos esenciales de la dinámica de relación entre los principales aparatos funcionales públicos que operan para el país; lo que debe llamarse la atención en lo relativo a las estructuras administrativas, y su relación con el resto de los elementos orgánicos que configuran el Estado cubano y que asumen funciones diferentes a la administrativa.

Por demás, nuestro texto constitucional instituye, de modo general, quién es el máximo órgano administrativo central (el Consejo de Ministros) y sus principales atribuciones; aunque remite otros elementos suyos a la determinación de la ley, así como el resto de los órganos, organismos, su número, denominación y funciones, que integrarán la Administración Central estatal.

También se refiere a las Administraciones Locales, bajo una de las señas de identidad más grandes de este texto constitucional. El nuevo texto constitucional dedica un Título (VIIII) a la regulación de los órganos locales del poder popular. La definición de autonomía municipal como esencia del ejercicio del poder público caracteriza este nuevo modelo de distribución del poder, con la lógica traslación de competencias hacia el ámbito municipal y la transformación de estructuras en la Provincia; sustituyéndose el Consejo de la Administración Provincial por el Gobernador y su Consejo, que cumplen funciones de organización y coordinación. Con este diseño, la Administración Pública municipal (artículo 201), resulte el eje de actuación de la función administrativa en este nuevo escenario constitucional.

Por este motivo, puede observarse que la Constitución se eleva a la cúspide de las normas jurídicas que regulan el complejo orgánico que conforma la Administración Pública nacional. Ese aspecto no es nada irrelevante, y para ejemplificar cuán significativo es su rol para la teoría orgánica de la Administración, traemos a colación una de las clasificaciones en que se agrupan esos órganos: atendiendo a su origen – y con ello a si se refrendan o no en la Ley Fundamental – estos se distinguen en constitucionales y en no constitucionales.

Dicha clasificación pudiera parecer trivial, pero significa la variada procedencia de los órganos administrativos, su rango y el carácter distinto que presentan.

La Ley de Leyes cubana únicamente no se limita a fijar los órganos administrativos superiores y sus facultades esenciales, sino que, en igual sentido, encierra preceptos que le señalan a la Administración Pública verdaderas reglas de conducta de forma imperativa. Quizás por su trascendencia para las relaciones Administración-administrado, para el actuar del ente administrativo, y por ende para el Derecho Administrativo, dentro de esos señalamientos una primera idea que ha de ser ponderada resulta el fortalecimiento del criterio de la legalidad como brújula de la actuación administrativa, sobre la declaración de supremacía constitucional (artículo 7) y la recepción e integración de los tratados internaciones de los cuáles Cuba es parte signataria, y el principio de legalidad (artículo 8 y 9).

De tal forma, el valor del artículo 7 de la supremacía constitucional impone para el Derecho Administrativo un nuevo instrumento de garantizar un régimen jurídico cuyo punto de partida y punto de llegada comienza en el propio epicentro de la declaración de norma suprema. El texto reconoce que: *"La Constitución es la norma jurídica suprema del Estado. Todos están obligados a cumplirla. Las disposiciones y actos de los órganos del Estado, sus directivos, funcionarios y empleados, así como de las organizaciones, las entidades y los individuos se ajustan a lo que esta dispone".* Ello impone como criterio que la actuación administrativa fortalece el principio de legalidad hacia un canon de constitucionalidad, que le informa a los efectos de interpretación y aplicación. Esta cuestión conecta directamente con otro añadido a la regulación constitucional: el valor del reconocimiento de la recepción e integración de los tratados internacionales, aspecto que viene a elevar el rango de constitucionalidad y su potencial aplicación para el Derecho Administrativo.

Con vistas en estos dos fundamentos, el principio de legalidad queda regulado sobre la base del artículo 9. Sobre este artículo descansa uno de los preceptos principales que consagran expresamente el principio de legalidad en el ordenamiento nacional.[18] Su formulación no deja lugar a dudas en este punto, pues recoge que: *"Cumplir estrictamente la legalidad socialista es una obligación de todos. Los órganos del Estado, sus directivos, funcionarios y empleados, además, velan por su respeto en la vida de toda la sociedad y actúan dentro de los límites de sus respectivas competencias"*

La consagración del principio de legalidad en ese artículo es de marcada importancia para el papel que desempeña la Constitución como fuente jurídico administrativa; dicho principio es uno de los resortes primordiales que mueven y determinan la existencia de la rama administrativa. Es de destacar la presencia de tal principio dentro del capítulo I denominado "Fundamentos Políticos", pues realza formalmente su fuerza y repercusión al elevarse a la categoría de fundamento político de nuestro Estado, por encima de una declaración de simple principio que rige el funcionamiento de los órganos estatales. Entendemos, con la inclusión del principio de legalidad en la letra del texto constitucional y la ubicación en el capítulo en que se encuentra, que se está exaltando y apuntalando la posición primordial de ese texto en el sistema de fuentes del Derecho Administrativo cubano, además de ser consecuente con el rol que esta norma superior debe desempeñar. Al llevar en sí una disposición que impone a los órganos y agentes de la Administración una obligación de tal envergadura, no solo está refrendando una conducta que ellos deben cumplir, sino también una garantía formal para evitar arbitrariedades en el actuar administrativo y para el respeto a los Derechos Fundamentales de los administrados frente a los mismos. Y, por si fuera poco, se le está imprimiendo una condición superior a esa obligación por figurar dentro de la Norma Suprema y en el interior de un capítulo que, por su contenido, es cualitativamente relevante.

---

[18] Sobre el principio de legalidad en relación con la Administración Pública en Cuba, puede verse: Matilla Correa, Andry, "Notas sobre la ley y el principio de legalidad en el ordenamiento jurídico cubano", en AA.VV., *Memorias del VI Foro Iberoamericano de Derecho Administrativo. VIII Jornadas de Derecho Constitucional y Administrativo*, Universidad Externado de Colombia, Bogotá, 2007, p. 430 y ss.; y Arias Gayoso, Grethel, "La significación del principio de legalidad en la Administración Pública", en Matilla Correa, Andry (Coordinador), *Panorama de la Ciencia del Derecho en Cuba. Estudios en homenaje al profesor Dr. C. Julio Fernández Bulté*, Facultad de Derecho, Universidad de La Habana, Leonard Muntaner, Editor, Palma de Mallorca, 2009, p. 165 y ss.

Si seguimos el hilo del articulado constitucional encontramos también en el capítulo V, Derechos, Deberes y Garantías a presencia del principio de legalidad al señalarse en su capítulo de disposiciones generales tres aspectos que modulan el alcance de este principio y su configuración en las relaciones Estado-ciudadano: la consagración de la dignidad humana como valor esencial del sistema de derechos, la observación de la legalidad en la adopción de políticas públicas y el establecimiento de límites al ejercicio de los derechos, fundados sobre la base de la legalidad y la constitucionalidad.

De tal forma, el artículo 40 que: "*La dignidad humana es el valor supremo que sustenta el reconocimiento y ejercicio de los derechos y deberes consagrados en la Constitución, los tratados y las leyes*", regulando lo concerniente a la dignidad humana. Por su parte, el segundo párrafo del artículo 44, en lo relativo al derecho de igualdad, sostiene que "*El Estado hace efectivo este derecho con la implementación de políticas públicas y leyes para potenciar la inclusión social y la salvaguarda de los derechos de las personas cuya condición lo requieran*". Como cierre de este trinomio de fundamentos de los derechos constitucionales, el artículo 45 reconoce que: "*El ejercicio de los derechos de las personas solo está limitado por los derechos de los demás, la seguridad colectiva, el bienestar general*, el respeto al orden público, a la Constitución y a las leyes".

La presencia expresa del principio de legalidad en los artículos 9 y 90 b), responde a su formulación como un deber jurídico. De tal forma, reconoce la norma constitucional que el ejercicio de los derechos y libertades previstas en esta Constitución implican responsabilidades. Son deberes de los ciudadanos cubanos, además de los otros establecidos en esta Constitución y las leyes, determinado como uno de ellos en un apartado segundo el de cumplir la Constitución y demás normas jurídicas. En ese orden, la Carta Magna cubana representa la constitucionalización del mismo y su elevación a la categoría de precepto con rango superior por insertarse en el contenido de la disposición jurídica rectora del sistema de Derecho.

Desde nuestra perspectiva, su ubicación en el interior de la Constitución realza formalmente la trascendencia jurídica del principio para el orden positivo vigente; aspecto de profundiza incluso con la determinación de irretroactividad contenida en el artículo 100, cuando reconoce que en el ordenamiento jurídico rige el principio de irretroactividad de las leyes, salvo en materia penal cuando sean favorables a la persona encausada o sancionada, y en las demás leyes, cuando así lo dispongan expresamente, atendiendo a razones de interés social o utilidad pública.

Ahora bien, es importante notar, en el caso del artículo 9 de la *Lex Superior cubana*, que en su redacción se menciona a los órganos estatales y a sus directivos, funcionarios o empleados; lo cual significa, como bien se observa por la presencia del vocablo todos, que el imperativo de la actuación conforme al principio que nos ocupa no se refiere a un conjunto específico de órganos sino a la totalidad de los que integran el aparato estatal. Es decir, que el deber de observancia de la legalidad que se impone alcanza y vincula, en este supuesto, a la generalidad de los órganos y agentes del Estado, ya sean los que cumplan la función legislativa, la de gobierno, la administrativa o la judicial. Resulta muy oportuno hacer ver que el artículo 9 nada más involucra a los órganos del Estado, elemento que añade un punto más en la manera en que es tratado aquí el principio de legalidad pues, al referirse única y exclusivamente a tales entes, está patentizado con mayor destaque el deber de observancia que especialmente se les impone; y a la vez es reflejo de la importancia formal que el constituyente cubano le asignó a la necesidad de que esos sujetos cumplan con dicho principio como requisito indispensable para la buena marcha de la sociedad políticamente organizada. Súmele a esa valoración un aspecto que dice mucho, y es el hecho de que este artículo 9, y por ende el principio, no se incluye dentro del capítulo destinado a los principios de organización y funcionamiento de los órganos estatales, sino que se coloca dentro del capítulo cuya finalidad es determinar los "Fundamentos Políticos". Lo que puede traducirse en que formalmente va más allá de construir una idea directriz de necesario cumplimiento para el adecuado desarrollo de la vida estatal, para erigirse en fundamento político de esa vida, arista esta que nuevamente cualifica su existencia y acentúa su repercusión jurídica. Claro está, estamos hablando solo de la expresión formal de ese principio en dicho magno texto, sustrayéndonos a su realización práctica que, congruencias e incongruencias a un lado, lleva otro tipo de análisis.

Igualmente, interesante es la ubicación del artículo 90 inciso b) de la Constitución, regulador del deber inexcusable de cumplir estrictamente la Constitución y las leyes, en el Título de los Derechos, Deberes y Garantías, pues automáticamente catapulta al cumplimiento de la legalidad a la condición de deber y garantía jurídica formal fundamental de los derechos con ese carácter. Es una muestra de que nuestros constituyentes de 2019 –como en su día los de 1976- estaban conscientes de lo que ello representa para el pleno ejercicio, y la propia existencia, de los derechos fundamentales. El modo en que se ha redactado ese artículo 90 b), permite concluir que es mucho más general y abarcador de que al artículo 9, y sienta al principio de legalidad, no solamente como un principio de actuación del Estado, sino como principio que debe regir la conducta todos los actores de la sociedad cubana. Su presencia en el interior de la Ley Fundamental completa los dos sentidos de extensión subjetivos que este puede tener: el sentido absoluto, que exige que todos los sujetos actúan conforme a las normas jurídicas vigentes; el sentido amplio que prefija ese proceder para los órganos del Estado; y el restringido que destaca tal deber para la Administración Pública en especial.

Otros artículos de la Constitución refuerzan la existencia positiva del principio de legalidad en el texto constitucional. En esa dirección ha de señalarse los fundamentos relativos a la organización del Estado y en concreto de la Administración Pública. Un primer aspecto que resulta necesario abordar desde esta perspectiva resulta la relativa a los principios de organización y funcionamiento de los órganos del Estado (artículo 101), previendo en su inciso e) que las disposiciones de los órganos estatales superiores son obligatorias para los inferiores.

Así, entre las atribuciones del Consejo de Ministros que refrenda 137, se reconoce que corresponde al Consejo de Ministros: cumplir y velar por el cumplimiento de la Constitución y las leyes (inciso a); ejecutar las leyes y acuerdos de la Asamblea Nacional del Poder Popular, así como los decretos-leyes y disposiciones del Consejo de Estado, los decretos presidenciales y, en caso necesario, reglamentar lo que corresponda (inciso ñ); dictar decretos y acuerdos sobre la base y en cumplimiento de las leyes vigentes y controlar su ejecución (inciso o); proponer al Consejo de Estado la suspensión de los acuerdos de las asambleas municipales del Poder Popular que contravengan las leyes y demás disposiciones vigentes, o que afecten los intereses de otras comunidades o los generales del país (inciso p); suspender los acuerdos y demás disposiciones de los consejos provinciales y de los consejos de la administración municipal que no se ajusten a la Constitución, las leyes, decretos-leyes, decretos presidenciales, decretos y demás disposiciones de los órganos superiores, o cuando afecten los intereses de otras localidades o los generales del país, dando cuenta al Consejo de Estado o a la Asamblea Municipal del Poder Popular, a los efectos que proceda según corresponda (inciso q); revocar total o parcialmente las disposiciones que emitan los gobernadores provinciales, cuando contravengan la Constitución, las leyes, los decretos-leyes, decretos presidenciales, decretos y demás disposiciones dictadas por órganos competentes, o los que afecten los intereses de otras localidades o los generales del país (inciso r); revocar total o parcialmente las disposiciones de los jefes de organismos de la Administración Central del Estado, cuando contravengan las normas superiores que les sean de obligatorio cumplimiento (inciso s).

Como complemento de esta mirada, hacia los órganos locales del poder popular, la consagración del principio de legalidad en las funciones constitucionales de coordinación y articulación para el desarrollo de la provincia, reconoce en el artículo 172 que el Gobierno Provincial del Poder Popular coadyuva al desarrollo de las actividades y al cumplimiento de los planes de las entidades establecidas en su territorio que no le estén subordinadas, conforme a lo dispuesto en la Constitución y las leyes; aspecto que refuerza en el artículo siguiente cuando establece que el Gobierno Provincial del Poder Popular en el ejercicio de sus funciones y atribuciones no puede asumir ni interferir en las que, por la Constitución y las leyes, se les confieren a los órganos municipales del Poder Popular. Con esta última regla en concreto, se delimitan los ámbitos de actuación de las dos estructuras fundamentales del nivel local a nivel administrativo, como técnica para evitar y solucionar los posibles conflictos de competencia que puedan generarse. En este nivel intermedio, las competencias del Gobernador (artículo 179), Vicegobernador (artículo 181) y del Consejo Provincial (artículo 184) van en la línea de los artículos precedentes. Como cierre de esta panorámica del principio de legalidad en la estructura administrativa, los artículos del 201 al 203, regulan las bases de la Administración Municipal, bajo la influencia de tales reglas de organización y funcionamiento.

Por otro lado, la Constitución regula otros aspectos que importan inmediatamente a la rama administrativa, como las reglas que se refieren a los principios de organización y funcionamiento de los órganos estatales, y que expresan la obligatoriedad para los órganos inferiores de las disposiciones de los órganos superiores y la responsabilidad de los primeros ante los segundos. Puede añadirse igualmente el derecho que se reconoce a los ciudadanos frente a la Administración Pública de dirigir quejas y peticiones y recibir la atención o respuestas pertinentes y en plazo adecuado, conforme a la ley (artículos 10, 61).

Siguiendo el sentido de esto último, hay que incluir como importante el artículo 98 que refrenda que toda persona que sufriere daño o perjuicio causado indebidamente por directivos, funcionarios y empleados del Estado con motivo del ejercicio de las funciones propias de sus cargos, tiene derecho a reclamar y obtener la correspondiente reparación o indemnización en la forma que establece la ley.

Nuestra Carta Magna se convierte también en norma máxima autorizante y legitimadora de ciertas acciones que concluye el ente administrativo y que se traducen en afectaciones para los individuos. Así las cosa, autoriza la expropiación de bienes por razones de utilidad pública o interés social y con la debida indemnización (artículo 58.2); la confiscación de bienes como sanción (artículo 59). Predetermina los bienes que constituyen propiedad estatal (artículo 24) y su administración directa por parte del Estado, la excepcionalidad de la transmisión parcial o total de los mismos, previa aprobación del Consejo de Ministros o su Comité Ejecutivo, cuando se destinen a los fines del desarrollo del país y no afecten los fundamentos políticos, sociales y económicos del Estado; además prevé la transmisión de otros derechos sobre esos bienes a las entidades autorizadas, conforme a lo establecido legalmente, lo que permite entender que, en este último caso, se convierte en normativa superior permisiva de figuras como las concesiones administrativas o el arrendamiento. Igualmente establece la intervención directa del Estado en la actividad económica, el comercio exterior, la salud, la educación, el deporte, la cultura, la protección del medio ambiente, la seguridad social, etc.

Al reconocer las garantías de la inversión extranjera que se constituyen conforme a la ley (artículo 28), está reconociendo y permitiendo formas de actividad administrativa como las empresas (sociedades) mixtas y los contratos de asociación económica. De igual modo, como novedad, el reconocimiento nítido del derecho de propiedad personal (artículo 58 primer párrafo), abre un marco de actuación y legitimidad a las nuevas formas de gestión de la actividad económica en Cuba, que interactúan en el desarrollo de la actividad administrativa; aunque ello cuenta con un límite constitucional relativo a la concentración de la propiedad, cuando en su artículo 30 se reconoce que la concentración de la propiedad en personas naturales o jurídicas no estatales es regulada por el Estado, el que garantiza además, una cada vez más justa redistribución de la riqueza, con el fin de preservar los límites compatibles con los valores socialistas de equidad y justicia social.

Como una de las novedades que han de ser señaladas con mayor atención de este texto constitucional resulta la regulación de un grupo de principios que ordenan el funcionamiento de los órganos del Estado, e impactan directamente en la dinámica jurídico-administrativa. Entre ellos cabe destacar el principio de transparencia (artículo 101 inciso h), articulado al derecho de acceso a la información pública (artículo 53), articulado a la protección de datos personales (artículo 97) como una exigencia del funcionamiento administrativo.

Por último, no puede dejarse se soslayar la impronta que ha tenido el capítulo VI dedicado las Garantías de los Derechos. En concreto, un primer artículo que ha resultado paradigma para toda la reforma procesal como una de las grandes señas de identidad ha sido el contenido del artículo 92, regulando que "el Estado garantiza, de conformidad con la ley, que las personas puedan acceder a los órganos judiciales a fin de obtener una tutela efectiva de sus derechos e intereses legítimos. Las decisiones judiciales son de obligatorio cumplimiento y su irrespeto deriva responsabilidad para quien las incumpla". Este precepto en al ámbito del Derecho Administrativo ha supuesto, por medio de la Ley del Proceso Administrativo el derrumbe de los muros de inmunidad jurisdiccional con que tradicionalmente, los órganos de la Administración Pública venían atribuyendo a sus decisiones o estados de inactividad. De igual modo, el acceso a la justicia sin limitaciones ha supuesto el derecho a la ejecución de las decisiones judiciales, dando paso a un sistema coherente de ejecución de sentencias, carentes anteriormente en el ámbito del Derecho Administrativo.

Pero el artículo estrella en este nuevo modelo de tutela de los derechos de los ciudadanos frente a la Administración Pública emana de la regulación del precepto. Cuando regula que toda persona, como garantía a su seguridad jurídica, disfruta de un debido proceso tanto en el ámbito judicial como en el administrativo y, en consecuencia, goza de los derechos siguientes: a) disfrutar de igualdad de oportunidades en todos los procesos en que interviene como parte; b) recibir asistencia jurídica para ejercer sus derechos en todos los procesos en que interviene; c) aportar los medios de prueba pertinentes y solicitar la exclusión de aquellos que hayan sido obtenidos violando lo establecido; d) acceder a un tribunal competente, independiente e imparcial, en los casos que corresponda; e) no ser privada de sus derechos sino por resolución fundada de autoridad competente o sentencia firme de tribunal; f) interponer los recursos o procedimientos pertinentes contra las resoluciones judiciales o administrativas que correspondan; g) tener un proceso sin dilaciones indebidas, y h) obtener reparación por los daños materiales y morales e indemnización por los perjuicios que reciba.

Probablemente existan pocos artículos en el texto constitucional que generen una impronta tan destacada para los fundamentos del Derecho Administrativo como este. Aunque el marco de estas valoraciones no resulta el mejor espacio para analizar con profundidad el valor del artículo 94, si existen algunas ideas claves que precisan ser destacadas. En primer lugar, las exigencias del debido proceso "administrativo" que emanan de su interpretación y aplicación resultan no solo aplicables a la configuración y funcionamiento del proceso administrativo- como bien han quedado contenidas en ley- sino que informan de igual modo los aspectos esenciales y principios que informan la ordenación del procedimiento administrativo. En segundo lugar, la concepción del artículo hace referencia a los requerimientos mínimos que deben informar la ordenación y práctica de estas garantías de los ciudadanos frente al ejercicio de las potestades públicas. En concreto, el tratamiento del derecho a las resoluciones motivadas, el derecho a un proceso y procedimiento sin dilaciones indebidas, el derecho a practicar pruebas, el derecho a interponer recursos y el derecho a obtener una reparación por los perjuicios materiales y morales constituyen aspectos novedosos que sin dudas influencian un nuevo escenario no solo normativo, sino práctico para el Derecho Administrativo.

En ese contexto, no es posible cerrar la idea de este capítulo sin una mirada mínima a la regulación del artículo 98 del texto constitucional en relación con la responsabilidad patrimonial del Estado, cuya aplicación deriva en la propia de la Administración Pública, como se verá más adelante, y los límites que a día de hoy se establecen desde el diseño constitucional, por la regulación "accidental del constituyente" del artículo que habilita el recurso de amparo con una configuración normativa que se sobrepone en un alto sentido con el propio artículo 98; cuestión que potencialmente resultará en un grupo de limitaciones prácticas a las cuales la Ley del proceso administrativo y la Ley de Amparo de los Derechos Constitucionales tendrán que dar salida desde los escenarios de su aplicación.

Por último, no puede cerrarse este apartado sin una remisión mínima a la idea del servicio público como una noción potente que transversaliza el texto constitucional y se enmarca concretamente en un grupo de derechos que se satisfacen desde competencias atribuidas por el constituyente al Estado para su gestión. Caben destacar entre ellos, aquellas cuyos ribetes han sido bandera de los resultados del proyecto social que defiende el texto constitucional (salud, educación, deportes y educación física, cultura, derecho de los consumidores) y se apoya en la Empresa Estatal socialista como el modelo sobre el cual el Estado crea y organiza entidades empresariales estatales con el objetivo de desarrollar actividades económicas de producción y prestación de servicios (artículo 26 y 27)

Por supuesto que con las referencias anteriores no se agota en extremo la conexión entre la Constitución y el orden jurídico-administrativo en Cuba; pero, lo dicho aquí es, sin dudas, un referente mínimo que permite insinuar, de inicio, el anclaje de elementos fundamentales de dicho orden jurídico-jurídico administrativo desde el propio espacio normativo constitucional en nuestro país.

V. FUENTES DEL DERECHO ADMINISTRATIVO CUBANO[19]

El problema de determinar las fuentes del Derecho Administrativo cubano se subsume, en parte, dentro de la determinación de las fuentes del Derecho cubano en general. No obstante, la Constitución de la República, si bien no estableció un sistema de fuentes tasado, si reconoce en su artículo 9, algunas de sus expresiones positivas, cuando reconoce en su artículo 108, inciso e), que corresponde a la Asamblea Nacional del Poder Popular, la de ejercer el control de constitucionalidad sobre las leyes, decretos-leyes, decretos presidenciales, decretos y demás disposiciones generales, de conformidad con el procedimiento previsto en la ley.

Esta norma brinda un orden taxativo aunque no jerárquico de las expresiones positivas de las fuentes del Derecho, aplicables al régimen jurídico Administrativo, hecho que si se pone en tono articulado con lo previsto en los artículos 7, 8 y 9, relacionados a la supremacía Constitucional, la recepción y aplicación de los Tratados Internacionales y la vigencia del principio de legalidad en la actuación del los órganos del Estado, brinda un panorama general del cual se puede extraer algunas conclusiones.

Con las novedades procesales generadas por la reforma procesal acaecida en Cuba, la promulgación del Código de Procesos (Ley 141/2021), tuvo a bien, a los efectos de lograr una debida interpretación y aplicación de las normas del régimen jurídico, regular por medio de su artículo 4.1, que en la tramitación

---

19 Para Cuba, ver especialmente: Guerra, Héctor, *Derecho Administrativo*, 2da edición corregida y ampliada, Editorial Pueblo y Educación, La Habana, 1986, p. 57 y ss.; y nuestro trabajo: "Comentarios sobre las fuentes del Derecho Administrativo cubano (Excepto el reglamento)", en AA.VV., *Temas de Derecho Administrativo*, Tomo I, 1era reimpresión de la 1era edición, Editorial "Félix Varela", La Habana, 2006, p. 33 y ss.

y decisión de los casos sometidos a su conocimiento, los tribunales resuelven de conformidad con lo dispuesto en: a) La Constitución de la República; b) los tratados internacionales en vigor para el país; c) las leyes y otras disposiciones normativas; d) las interpretaciones y otros pronunciamientos que, sobre las leyes, realicen la Asamblea Nacional del Poder Popular y el Consejo de Estado; e) las disposiciones dictadas por el Consejo de Gobierno del Tribunal Supremo Popular para establecer una práctica judicial uniforme en la interpretación y aplicación de la ley; f) los principios generales del Derecho y otros establecidos en el presente Código.

Además, en su apartado segundo estipula que los tribunales tienen en cuenta, además, las resoluciones judiciales recaídas en los asuntos de las materias que regula este Código, contentivas de criterios reiterados emitidos por las salas del Tribunal Supremo Popular, las que no tienen fuerza vinculante, pero pueden ser invocadas por las partes en apoyo de sus pretensiones.

Esta regulación, si bien es cierto que se realiza en el ámbito de eficacia del derecho procesal, sirve de aplicación directa a la resolución de procesos administrativos, y por ende, de una potencial aplicación a resolución de conflictos entre la Administración Pública y las personas. De tal forma, estos referentes permiten acercarnos a la enumeración de las fuentes del Derecho, y así despejar el espectro de las fuentes jurídico-administrativas. Se nos impone entonces una suerte de navegación en disímiles disposiciones (en origen y contenido), para poder llegar a conformar una enumeración feliz de las fuentes del Derecho Administrativo cubano; siempre arrastrando la falta de una opinión indubitada de nuestro legislador al respecto. Por lo pronto, podemos mencionar como fuentes del Derecho Administrativo en Cuba:

a) La Constitución

Como ya mencionamos, la Constitución vigente en Cuba es la aprobada en el año 2019. Ella constituye una disposición jurídica -en su caso de carácter superior- contentiva de preceptos esenciales para el Derecho Administrativo cubano, que conjugan su papel de legitimadores con el de disposiciones básicas en relación con ciertos aspectos concernientes a la Administración Pública, su organización y funcionamiento, y su vinculación con los administrados. Así, la Constitución cubana ha de operar como fuente positiva determinante de cuestiones esenciales de la organización y el funcionamiento administrativos; y además como límite al funcionamiento administrativo.

b) La ley

El artículo 103 de la Constitución refrenda que la Asamblea Nacional del Poder Popular es el único órgano con potestad constituyente y legislativa en la República. De su regulación inequívoca se comprende que solo a esa Asamblea le corresponde la facultad generadora de leyes y es exclusivamente ella, por ende, el órgano legislativo. El artículo 108 del propio texto constitucional establece las competencias del máximo órgano constitucional en materia legislativa: acordar reformas de la Constitución, conforme a lo establecido en el Título XI (inciso a); aprobar, modificar o derogar las leyes y someterlas previamente a la consulta popular cuando lo estime procedente, en atención a la índole de la legislación de que se trate (inciso c); adoptar acuerdos en correspondencia con las leyes vigentes y controlar su cumplimiento (inciso d); y leyes vigentes y controlar su cumplimiento; e) ejercer el control de constitucionalidad sobre las leyes, decretos-leyes, decretos presidenciales, decretos y demás disposiciones generales, de conformidad con el procedimiento previsto en la ley;

En Cuba, conforme al artículo 164 del texto constitucional, la iniciativa legislativa la tienen, por prescripción constitucional: los diputados de la Asamblea Nacional, los Consejos de Estado y de Ministros (en cuanto órganos colegiados y no cada uno de sus integrantes, aunque en el caso del primero sus miembros también son diputados, por lo que gozan individualmente de la iniciativa en tanto tales y no por ser integrantes del aludido Consejo); las comisiones de la Asamblea Nacional del Poder Popular; el Comité Nacional de la Central de Trabajadores de Cuba y las Direcciones Nacionales de las demás organizaciones de masas y sociales; el Tribunal Supremo Popular, en materia de administración de justicia; la Fiscalía General de la República, en materia de su competencia; y los ciudadanos, que, como requisito indispensable, deben ejercitarla diez mil ciudadanos, por lo menos, que tengan la condición de electores.

c) Los decretos-leyes

De conformidad con el artículo 120, el Consejo de Estado tiene carácter colegiado, es responsable ante la Asamblea Nacional del Poder Popular y le rinde cuenta de todas sus actividades. Los decretos-leyes y acuerdos que adopte el Consejo de Estado se someten a la ratificación de la Asamblea Nacional en la sesión más próxima. Con la irrupción en la dinámica del sistema político de la Presidencia de la República en 2019, el Consejo de Estado mantiene del texto anterior la representación del órgano legislativo entre periodo de sesiones, pero la representación del Estado pasa al Presidente de la República (artículo 125).

Ahora bien, entre las atribuciones que la Constitución le asigna al Consejo de Estado, en virtud del artículo 122, se encuentra regulada en el inciso c, la de dictar decretos-leyes. Partiendo de lo anterior, podemos definir, en el marco de la realidad jurídica que ha operado en Cuba bajo el amparo de la Constitución de 1976, al *decreto-ley* como la norma jurídica emanada del Consejo de Estado en el ejercicio de la potestad normativa que se le atribuye por la Constitución.

La ANPP está facultada para revocar en todo o en parte los decretos-leyes que haya dictado el Consejo de Estado; y como decide también acerca de la constitucionalidad de las leyes, decretos-leyes, decretos y demás disposiciones generales, puede revocar los decretos-leyes de ese Consejo que contradigan la Constitución.

Las opiniones entre algunos de los estudiosos nacionales no han sido del todo unánimes respecto a la cuestión la jerarquía normativa de los decretos-leyes tal y como aparecen hoy en el ordenamiento jurídico cubano. Lo que ha dado lugar, quizás, a la controversia jurídica -de las muy pocas que han aflorado durante estos años de marcha jurídica bajo los auspicios de la Revolución- más interesante que han tenido lugar en el Derecho cubano a tenor del orden constitucional erigido por el magno texto de 1976.

Así, algunos autores han considerado (Fernando ÁLVAREZ TABÍO, Hugo AZCUY) que los decretos-leyes del Consejo de Estado no tienen igual rango que las leyes de la Asamblea Nacional, sino que son inferiores a estas y no pueden modificar o derogar las leyes. Otros, en cambio, sostienen (Dictamen de la Comisión presidida por Osvaldo DORTICÓS presentado en 1979, Juan VEGA VEGA, Domingo GARCÍA CÁRDENAS) que los decretos-leyes han de tener un rango equiparado al de las leyes, por lo que estos podían modificar o derogar a aquellas. Alguna otra opinión visible se ha movido entre estas dos líneas, incluso con algún matiz (V.gr.: José PERAZA CHAPEAUX, Vicente RAPA ÁLVAREZ, Julio FERNÁNDEZ BULTÉ, Josefina MÉNDEZ LÓPEZ, Martha PRIETO VALDÉS).

En definitiva, en la práctica jurídica cubana ha operado la segunda de las soluciones, lo que no significa que se haya cerrado del todo el círculo de discusión teórica al respecto, a la luz del propio ordenamiento jurídico cubano.

d) Los reglamentos[20]

Por reglamento entendemos la norma jurídica emitida por la Administración Pública u otro ente en el ejercicio de la potestad reglamentaria que se le atribuye.

Aunque para el caso cubano prácticamente carecemos de pronunciamientos doctrinales al respecto, debemos recordar que sobre la naturaleza jurídica de los reglamentos se han planteados algunas posiciones diversas, ya porque un sector los considera un tipo de un acto administrativo, particularmente una especie de acto administrativo general; ya porque otros ven en ellos instituciones jurídicas esencialmente diferentes. Este ha sido un tema muy debatido en la doctrina, en el que lamentablemente poco se ha incursionado por el pensamiento jurídico-administrativo cubano.

En nuestra opinión, tanto el reglamento como el acto administrativo, a pesar de ser expresiones del funcionamiento administrativo, trasuntan una sustancia jurídica diversa (algo que una doctrina autorizada ha puesto bien en evidencia, v gr.: ZANOBINI, GARCÍA DE ENTERRÍA), en tanto el primero es una norma jurídica (un acto ordinamental, de creación o innovación en el ordenamiento jurídico); mientras que el segundo es un acto ordenado, de aplicación del ordenamiento jurídico.

En cuanto a los órganos que pueden ostentan la potestad reglamentaria en Cuba, y los que pueden emitir, por tanto reglamentos, podemos enunciar, entre los principales, al Consejo de Ministros, pues el artículo 137, inciso ñ), de la Constitución, establece entre las atribuciones de este órgano la de ejecutar las leyes y acuerdos de la Asamblea Nacional del Poder Popular, así como los decretos-leyes y disposiciones del Consejo de Estado, los decretos presidenciales y, en caso necesario, reglamentar lo

---

20 Para Cuba, en los últimos tiempos, puede verse: Guerra, Héctor, *Derecho Administrativo*, 2da edición corregida y ampliada, Editorial Pueblo y Educación, La Habana, 1986, p. 63 y ss.; y Cañizares Abeledo, Diego Fernando, "Acerca de la facultad reglamentaria de la administración estatal", en en AA.VV., *Temas de Derecho Administrativo*, Tomo I, 1era reimpresión de la 1era edición, Editorial "Félix Varela", La Habana, 2006, p. 220 y ss.

que corresponda. Lo que debe verse complementado con lo dispuesto al respecto en la Ley No. 134/2020 "Ley de Organización y Funcionamiento del Consejo de Ministros", donde en su articulado desarrolla los puntos fundamentales relativos a la potestad reglamentaria de este ente y su formalización. Asimismo, por ser el Comité Ejecutivo del Consejo de Ministros el órgano que, puede decidir sobre las cuestiones atribuidas al Consejo de Ministros, durante los períodos que median entre una y otra de sus reuniones (artículos 46 y 47 de la Ley), también debe enterarse que puede ejercer la potestad reglamentaria que se le atribuye al Consejo de Ministros, durante el tiempo que media entre una y otra de sus reuniones.

Igualmente, el artículo 145, inciso d, de la norma constitucional cubana dispone, entre las atribuciones de los miembros del Consejo de Ministros, la de dirigir los asuntos y tareas del ministerio u organismo a su cargo, dictando las resoluciones y disposiciones necesarias; así como también, inciso b, la de dictar, cuando no sea atribución expresa de otro órgano estatal, las disposiciones que se requieran para la ejecución y aplicación de las leyes, decretos-leyes y otras disposiciones que les conciernen. De este segundo inciso no debe entenderse que todos los miembros del Consejo de Ministros (considerados unipersonalmente), fuera de la competencia al efecto que se le atribuye a ese Consejo como órgano colegiado, tienen atribuido el ejercicio de la potestad reglamentaria, sino que esto se ha de referir solo a aquéllos que son titulares de otras estructuras administrativas (y en cuanto tal son miembros del Consejo de Ministros) y que ostenten en el marco de las competencias que se le atribuyen, en tanto titulares de esos órganos unipersonales, la potestad reglamentaria (los ministros son el caso típico). Lo dicho debe complementarse con las normas vigentes en materia de Administración Central del Estado (según la nomenclatura legal que opera en Cuba). Sobre ello hay que decir que hay otros organismos de la Administración Central del Estado que no son ministerios, en este caso estamos hablando de los institutos que tienen tal consideración, a cuyos titulares (presidentes) también se les atribuye la potestad reglamentaria en el marco de sus competencias administrativas

Otras entidades administrativas, que no son propiamente consideradas dentro de la Administración Central del Estado, tienen también atribuidas la potestad reglamentaria.

En el ámbito local (provincial y municipal), la potestad reglamentaria de los Consejos de la Administración Municipal o del Gobierno Provincial ha ido en direcciones en contrario. Por un lado, a tenor de la reforma constitucional, la planta local apostó en el diseño por la descentralización y la autonomía municipal como seña de identidad. Por ello, la Ley 139/2020, De organización y funcionamiento del Consejo de la Administración Municipal, regula en su artículo 29.1, los actos del Consejo de la Administración Municipal, sosteniendo que el Consejo de la Administración Municipal emite sus actos y disposiciones reglamentarias mediante acuerdos, a lo que desarrolla con posterioridad, en el procedimiento reglamentario del Consejo de la Administración Municipal (artículos del 33-43). Por su parte, acorde con los roles constitucionales de la provincia en el diseño de distribución del poder, la Ley 138/2020, para regular la organización y funcionamiento del Gobierno Provincial del Poder Popular no reconoce las competencias para el ejercicio de la potestad reglamentaria a los órganos provinciales (Gobernador y Consejo Provincial),

e) Los acuerdos, instrucciones y dictámenes del Consejo de Gobierno del Tribunal Supremo Popular

En Cuba, la función de impartir justicia dimana del pueblo y es ejercida en su nombre por el Tribunal Supremo Popular, los Tribunales Provinciales Populares, los Tribunales Municipales Populares y los Tribunales Militares. De conformidad con el artículo 147 párrafos 1 y 2 de la Constitución, complementado por los artículos 1, párrafo 1, y 15, apartado 1, de la Ley Ley 138/2020 De los Tribunales de Justicia, los tribunales constituyen un sistema de órganos estatales, estructurado con independencia funcional de cualquier otro.

El punto hacia el que nos interesa dirigir la atención es el Consejo de Gobierno del Tribunal Supremo Popular, integrado por el Presidente del Tribunal, quien lo encabeza, los Vicepresidentes del órgano superior de justicia y los presidentes de las Salas. El origen del interés viene dado porque mediante tal Consejo, el Tribunal Supremo ejerce la iniciativa legislativa y la potestad reglamentaria; toma decisiones y dicta normas de obligado cumplimiento para todos los tribunales y, sobre la base de la experiencia de estos, imparte instrucciones de carácter obligatorio para establecer una práctica judicial uniforme en la interpretación y aplicación de la Ley (artículo 147 de la Constitución, en relación con el artículo 28.1. de la Ley 138/2020).

De lo anterior se evidencia, como se señala en el artículo 29, apartado 1, inciso h, de la Ley de los Tribunales Populares, que entre las funciones y atribuciones del Consejo de Gobierno del Tribunal Supremo está la de impartir instrucciones generales de carácter obligatorio para los tribunales, a los efectos de establecer una práctica judicial uniforme en la interpretación y aplicación de la Ley. En consecuencia, puede afirmarse que, además de la función judicial que le es propia y característica al Tribunal Supremo de Cuba, así como la potestad reglamentaria que se le atribuye en el marco de sus competencias este Tribunal ejerce (a través de su Consejo de Gobierno) también una función normativa derivada, que le viene otorgada expresamente por la Constitución y sus normas complementarias. Elemento que resalta visiblemente la singularidad de la estructura y funcionamiento de los órganos del Estado cubano.

Este no ha sido un tema pacífico en la doctrina; pero consideraciones propias a un lado, lo cierto es que no puede desconocerse su presencia en la realidad jurídica cubana y eso marca el por qué de su inclusión en una referencia de este tipo. La existencia de esta potestad, en relación con la perspectiva cubana, encuentra su antecedente más inmediato en la legislación del antiguo campo socialista (especialmente en la de la U.R.S.S.), donde se les otorgaba a los tribunales supremos una facultad similar.

De igual forma, se le atribuye al Consejo de Gobierno del Tribunal Supremo Popular la función de evacuar las consultas de carácter general que le formulen sus propias Salas, los tribunales, el Fiscal General de la República y el Ministro de Justicia (artículo 29, apartado 1, inciso g, de la Ley 138/2020. Estas consultas son respondidas a través de dictámenes; esos dictámenes vienen contenidos, regularmente, en los acuerdos que adopta el Consejo y tienen fuerza obligatoria para el complejo de tribunales que se le subordina al Supremo.

El Consejo de Gobierno, además, adopta acuerdos, que son instrumentos jurídicos emitidos por él y que pueden contener, entre otras, disposiciones jurídicas generales de obligatorio cumplimiento para los demás tribunales. Es muy frecuente, como dejamos entrever, aunque no siempre ocurre así, que su contenido normativo derive de los dictámenes que el Consejo emite empleando los acuerdos como medios jurídicos para darlos a conocer. La base positiva de la facultad general que se le concede al Consejo de Gobierno del Tribunal Supremo para adoptar esos acuerdos, debe extraerse del artículo 148, párrafo tercero, del texto constitucional cuando plantea que dicho Consejo "ejerce la iniciativa legislativa y la potestad reglamentaria, toma decisiones y dicta normas de obligado cumplimiento por todos los tribunales y, sobre la base de la experiencia de estos, imparte instrucciones de carácter obligatorio para establecer una práctica judicial uniforme en la interpretación y aplicación de la ley"; precepto que se complementa con el artículo 29, apartado 1 inciso h) de la Ley de los Tribunales.

La condición de fuente directa de los acuerdos, instrucciones y dictámenes del Consejo de Gobierno del Tribunal Supremo Popular, para el Derecho Administrativo cubano, o mejor para el Derecho Procesal Administrativo, viene respaldado, por añadidura por lo establecido en el Código de Procesos (Ley No. 141/2021), que resulta norma supletoria para el Proceso Administrativo y desarrolla de forma uniforme para las materias no penales el sistema casacional. Esta norma que caracteriza uno de los ejes medulares de la reforma procesal desarrollada para implementar el sistema de garantías jurisdiccionales de la Constituciones de 2019, reconoce en su sistema de fuentes a tales instrumentos, cuando regula que en la tramitación y decisión de los casos sometidos a su conocimiento, los tribunales resuelven de conformidad con lo dispuesto, explicitando en su inciso e) las disposiciones dictadas por el Consejo de Gobierno del Tribunal Supremo Popular para establecer una práctica judicial uniforme en la interpretación y aplicación de la ley. Ello ha de sumarse a la regulación expresa de esta fuente como motivo –ante su quebrantamiento- de recurso casacional ante la Jurisdicción del Tribunal Supremo. De tal forma, el artículo 432, inciso c regula que procede Recurso de casación, ante la infracción, con trascendencia al fallo, de la interpretación y aplicación de las fuentes legales previstas en el Artículo 4 del Código de Procesos.

f) Las disposiciones internas de la Administración

Bajo el nombre genérico de disposiciones internas de la Administración Pública se reúnen en una única rúbrica varios instrumentos jurídico administrativos que han mostrado su presencia a lo largo de los años en los diferentes ámbitos nacionales y que tienen una trascendencia inocultable para el Derecho Administrativo.[21] Básicamente, podemos denominar a esas disposiciones como instrucciones, órdenes y circulares; y la cuestión esencial a dilucidar aquí es si son o no fuente de dicho Derecho.

[21] En Cuba, el principal esfuerzo al respecto, podemos cifrarlo en: Hernández Corujo, Enrique, *Procedimientos administrativos internos*, 2da edición, Editorial Lex, La Habana, 1960, p. 47 y ss.

Las instrucciones, órdenes y circulares son disposiciones emanadas de una autoridad administrativa dirigidas a sus subordinados y su finalidad es la de crear una uniformidad respecto al desenvolvimiento de un determinado aspecto de la actividad administrativa que los mismos desempeñan. Son instrumentos jurídicos provenientes de las autoridades administrativas contentivos de prescripciones que deben ser observadas por los subordinados jerárquicos de esas autoridades, por las que les establecen determinada conducta o forma de actuación a seguir ante ciertas circunstancias previstas legal o reglamentariamente, buscando homogeneizar el actuar de los agentes públicos en un punto dado de su actividad; su función primordial es instrumental y uniformadora. Hay que destacar que las circulares pueden ser empleadas también como mero medio de información del superior a sus subordinados.

En no pocas ocasiones las instrucciones, órdenes y circulares llevan en sí disposiciones jurídicas reglamentarias, por lo que se consideran, en tal caso, como reglamentos y solo se distinguen de estos formalmente. Pero lo más común es que contengan disposiciones que se circunscriben en sus efectos al marco interno de la Administración Pública y no trascienden esos límites para vincular a los administrados (de ahí el nombre de disposiciones internas) en el plano exterior de las relaciones que los últimos y los primeros tienen.

La importancia de las disposiciones internas de la Administración Pública es algo a considerar en el Derecho Administrativo. Su presencia numérica es apreciable, pero más que la perspectiva cuantitativa, la que interesa es la cualitativa.

En definitiva, pensamos que las disposiciones internas de la Administración Pública sí constituyen fuente del Derecho Administrativo, y que se especifican y caracterizan por el fundamento jurídico-funcional del cual emanan, y, en consecuencia, su círculo de efectividad objetiva y subjetiva y la finalidad que llevan; lo que las diferencias de otras manifestaciones normativas. Tienen un valor subordinado a la ley y al reglamento; y al igual que los últimos, son instrumentos característicos de la Administración y del Derecho Administrativo.

En las principales preceptivas relacionadas con nuestra organización administrativa hay una alusión expresa (ya genéricamente hablando, ya con formulaciones más precisas) a las disposiciones internas, las cuales juegan un importante papel en el desempeño de la actividad administrativa por parte de la Administración Pública criolla y su condición obligatoria se hace patente en el actuar cotidiano de los agentes a los que se dirigen.

g) Los acuerdos y disposiciones del Gobernador, el Consejo Provincial y de las Asambleas Municipales del Poder Popular

Conforme la renovación de la planta local en la organización y distribución del poder en Cuba, a partir del texto Constitucional de 2019, ha de sostenerse que la mirada sobre este aspecto en relación con las fuentes del Derecho Administrativo resulta uno de los que mayor calado ha tenido.

Una primera muestra de esta cuestión se pone en evidencia resulta la atribución del Consejo Provincial, un órgano que entra en la dinámica del nivel intermedio de organización, a partir de la eliminación de las Asambleas Provinciales del Poder Popular y de los Consejos de Administración Provincial. Dichos órganos tienen reconocidos, entre sus competencias previstas en el artículo 184 del texto constitucional la de c) adoptar acuerdos en el marco de la Constitución y las leyes;

Por su parte, la Ley 138, en su artículo 25.1 inciso ñ) reconoce la competencia del Gobernador de firmar los acuerdos adoptados por el Consejo Provincial y demás disposiciones en materia de su competencia, disponer la notificación a las partes interesadas, a las vinculadas con su cumplimiento, su publicación e información cuando se considere necesario. Ello se complementa con las competencias resolutivas reconocidas a este órgano en el artículo 26.1, cuando reconoce que el Gobernador, en el ejercicio de sus atribuciones, emite Resoluciones e Instrucciones.

De igual modo, la Ley No. 132/2019, de organización y funcionamiento de las Asambleas Municipales del Poder Popular y de los Consejos Populares, a nivel legislativo, desarrolla el mandato constitucional del artículo 191, inciso g), que reconoce la competencia de adoptar acuerdos y dictar disposiciones normativas en el marco de su competencia, sobre asuntos de interés municipal y controlar su cumplimiento. En tal sentido, el artículo 16 inciso g, de la ley 132, regula como competencia de la Asamblea Municipal del Poder Popular, la de adoptar acuerdos y dictar disposiciones normativas en el marco de su competencia, sobre asuntos de interés municipal y controlar su cumplimiento.

El lector familiarizado con la edición anterior de esta obra podrá denotar el giro Copérnico de este aspecto, motivado por la reforma de la planta local y la redistribución de sus competencias hacia el eje municipal, como atributo de la autonomía proclamada en el texto constitucional y desarrollada en la ley 132/2019.

h) La jurisprudencia

En un clásico cubano del tema, el *Discurso leído en la solemne apertura de los Tribunales el día dos de septiembre de 1918*, destacaba el profesor de la Universidad de La Habana José Antolín DEL CUETO (quien también fuera Presidente del Tribunal Supremo de Cuba) en los inicios del siglo XX: "(...) A las relaciones actuales de la Ley con la jurisprudencia cuadra aquella frase con que Thiers definió la situación del Rey Constitucional: *La Ley reina y no gobierna. La Ley manda, pero quien gobierna en su nombre el vasto campo de las actividades jurídicas, es la jurisprudencia.*"[22] Así, DEL CUETO acuñaría su famosa frase "la ley reina, pero la jurisprudencia gobierna", como excelente resumen sobre el papel de la jurisprudencia dentro del Derecho.[23]

El tratamiento que se le ha dado a la jurisprudencia como fuente de nuestro ordenamiento jurídico administrativo ha pasado por varios momentos históricos, en los cuales los condicionamientos que fundamentan las distintas posiciones adoptadas presentan variaciones, provocando entonces el cambio de esas opiniones con el decursar del tiempo.

Si tomamos a la jurisprudencia como la regla de Derecho sentada directamente durante el proceso de aplicación de la ley (vista en sentido material) por el órgano judicial superior, queda claro que en nuestro país la misma no resulta hoy una fuente directa del Derecho, porque no se le reconoce fuerza vinculante a esas reglas que puedan crearse. No adquiere el carácter de tal, porque no se reconoce por el orden jurídico que de la actividad propiamente jurisdiccional del mencionado órgano puedan emanar inmediatamente normas jurídicas. Dentro del entramado de disposiciones nacionales no existe ningún precepto jurídico que le asigne a la jurisprudencia, *per se*, efectos vinculantes inmediatos como norma jurídica en el plano nacional.

Sin embargo, el hecho de considerar que la misma carece de fuerza directa o inmediata, no debe (ni puede) conducirnos (con un saldo negativo absoluto) a cerrar el análisis sobre su presencia dentro del conjunto de fuentes jurídico-administrativas, pues sería asumir una visión poco realista o material y sí muy formalista y limitada. La realidad cotidiana de la función judicial en nuestro país demuestra el valor de facto que van teniendo las reglas de Derecho contenidas en los fallos judiciales al resolver los asuntos que se le someten a su consideración, y que, ante una identidad esencial, reciben soluciones jurídicas semejantes también.

Por otro lado, si bien su papel de fuente directa no es ponderable en razón de la realidad del ordenamiento jurídico cubano, su condición de fuente indirecta y material de la jurisprudencia sí puede enarbolarse también como trasfondo que subyace en la sustanciación de las instrucciones dictadas por el Consejo de Gobierno del Tribunal Supremo Popular. Consideramos que la jurisprudencia es fuente indirecta (porque a través de las instrucciones del Consejo de Gobierno del Tribunal Supremo Popular se le da carácter obligatorio a las reglas extraídas de las sentencias de los órganos judiciales nacionales, en especial de ese órgano supremo) y fuente material (porque aporta la sustancia de las tantas veces aludidas instrucciones) del sistema de Derecho cubano en general y del Derecho Administrativo cubano en particular para los casos en que la misma sea de contenido jurídico-administrativo.

Nos parece evidente que solo un criterio puramente formalista puede sostener que la jurisprudencia no es fuente del Derecho cubano, ni, por extensión, del Derecho Administrativo. Si descorremos los detalles externos de la instrumentación jurídica de las normas creadas por el Consejo de Gobierno del Tribunal Supremo Popular en forma de instrucciones, tendremos descubierto frente a nosotros, en esencia, a ese fenómeno al que por mucho tiempo se le ha negado en Cuba la presencia y el reconocimiento *de iure*: la jurisprudencia. En consecuencia, y siguiendo el razonamiento expuesto, esta manifestación del Derecho se encuentra entre nosotros instrumentada a través de las instrucciones del mencionado Consejo. Más allá de esquemas formales, lo que importa es su presencia esencial y esa se

---

22 Ver: del Cueto, José A., *Discurso leído en la solemne apertura de los Tribunales el día dos de septiembre de 1918*, Librería e Imprenta "La Moderna Poesía", La Habana, 1918, p. 3 y 14 y 15.

23 Otro texto importante en el Derecho cubano es: Sánchez de Bustamante y Montoro, Antonio, *La jurisprudencia en la jerarquía de las fuentes del Derecho positivo cubano*, 2da edición, Jesús Montero, Editor, La Habana, 1937.

hace patente. Por consiguiente, tendremos aquí una expresión jurisprudencial que despliega dentro del sistema jurídico, y del subsistema jurídico-administrativo, su validez y efectos directamente. Desde nuestra perspectiva, y basándonos en este enfoque, se hace prácticamente insostenible, en buena técnica jurídica, la idea de desconocer la existencia y fuerza de la jurisprudencia en el ámbito jurídico cubano.

Si bien el texto constitucional de 2019 no optó por una delimitación formal del sistema de fuentes del Derecho -*aunque puede colegirse sus expresiones positivas en varios artículos vgr.el 9-,* no puede argumentarse que esta fuente quedara reconocida constitucionalmente de forma concreta. Ahora bien, el Código de Procesos, que ha asumido de forma innovadora dicha la determinación de un catálogo de fuentes del derecho a los fines de su invocación, interpretación y determinación de regla aplicable, en su artículo 4.2 ha regulado que los tribunales tienen en cuenta, además, las resoluciones judiciales recaídas en los asuntos de las materias que regula este Código, contentivas de criterios reiterados emitidos por las salas del Tribunal Supremo Popular, las que no tienen fuerza vinculante, pero pueden ser invocadas por las partes en apoyo de sus pretensiones.

Ello constituye un paso de avance en el reconocimiento de la jurisprudencia para el Derecho Administrativo, máxime si se tiene en cuenta las lagunas y antinomias que a día de hoy existen en el ordenamiento jurídico administrativo en Cuba y el carácter histórico del desarrollo de esta Ciencia, sobre bases eminentemente pretorianas. De tal forma, el Código de Procesos abre una muy interesante ventana, no solo a los jueces, sino a todos los sujetos que concurren al proceso administrativo, de argumentar sus posiciones sobre líneas de desarrollo jurisprudenciales. Este efecto configurador del Código de Procesos se ha trasladado a la dinámica del proceso administrativo, que toma de este el sistema de fuentes enarbolado, y en cuestiones concretas. Por encima de todas, en estas líneas conviene destacar el artículo 122, relativo a la extensión de los efectos de la sentencia. De tal forma, en el apartado primero se determina que la sentencia que reconoce una situación jurídica individualizada produce efectos entre las partes, los que pueden extenderse a quienes demuestren encontrarse en idéntica situación, previa solicitud a la entidad administrativa, dentro del año siguiente a la última notificación de la sentencia.

Como complemento, el aparatado segundo determina que, si la solicitud de la extensión de los efectos de la sentencia se desestima por la entidad administrativa o no es respondida en el plazo de treinta días naturales, el asunto puede promoverse ante el tribunal que la dictó, en trámite de ejecución, por la vía de los incidentes, dentro de los treinta días siguientes, acompañando los documentos que acrediten la identidad jurídica con el contenido de la sentencia.

i) El precedente administrativo

El precedente administrativo es una forma de precedente que, como su nombre lo indica, proviene de la esfera orgánica y funcional de la Administración Pública y opera en el ámbito administrativo; por lo que su relación con el Derecho Administrativo, en cuanto posible manifestación de este, es palpable.

Se entiende por precedente administrativo la regla establecida en el procedimiento de solución de controversias administrativas por los órganos administrativos (o por los órganos administrativos superiores jerárquicamente considerados) con competencias para la solución de tales controversias en el marco del funcionamiento administrativo. Generalmente, es el órgano jerárquicamente superior, dentro de un sector orgánico de la Administración Pública, con competencia para la solución de conflictos que se susciten en la vía administrativa, quién establece o sienta ese criterio o regla. Al precedente administrativo se le denomina también, por algunos autores, como jurisprudencia administrativa o gubernativa.

En el seno del Derecho Administrativo nacional, articulado luego del 1 de enero de 1959, resulta llamativo ver que prácticamente no se incluye ninguna mención particular a este tipo de precedente en las pocas obras escritas referentes a esta rama. Sin embargo, la posición mantenida en todo este tiempo, de la que viene a ser un nítido signo el mutis hecho por nuestras obras teóricas administrativas, es la de no otorgarle ningún valor jurídico como fuente del ordenamiento administrativo, desconociendo su presencia o su influencia en él por cualquier vía (incluso en la vida práctica cubana, donde el valor de este tipo de disposiciones es notablemente visible).

Desde nuestra perspectiva, el precedente administrativo tiene para el Derecho Administrativo cubano un carácter de fuente material y de fuente indirecta (aunque ese carácter indirecto se acentúa pues no existe en el orden jurídico interno un precepto normativo que permita sostener algún tipo de interpretación que conlleve su incorporación *de iure*, más o menos evidente, dentro del grupo de fuentes jurídico-administrativas nacionales).

j) Los tratados

El artículo 8 del texto constitucional de 2019 reconoce que lo prescrito en los tratados internacionales en vigor para la República de Cuba forma parte o se integra, según corresponda, al ordenamiento jurídico nacional. La Constitución de la República de Cuba prima sobre estos tratados internacionales. Ello encuentra complemento en lo regulado en el artículo 122, inciso ñ), en el cual figura como una las atribuciones del Consejo de Estado la de ratificar y denunciar tratados internacionales; y en el artículo 137, inciso d, que es atribución del Consejo de Ministros aprobar y someter a la ratificación del Consejo de Estado los tratados internacionales. En esto sin dudas se aprecia el carácter de norma principio de la Constitución cubana.

El precitado artículo 4 del Código de Proceso, en su apartado segundo reconoce, por debajo de la Constitución, los Tratados Internacionales en vigor para el país. Aunque este no es el espacio para apreciar en su justa medida el valor normativo de los Tratados Internacionales, a los efectos del Derecho Administrativo, en el desarrollo de los procesos que regula la ley, puede interpretarse que el legislador opta por concederle un valor infraconstitucional y supralegal.

Pero ello no puede considerarse sino como un debate necesario, pues La norma básica nacional sobre tratados es el Decreto-Ley No. 191, de los Tratados Internacionales, de 8 de marzo de 1999. El mismo regula en su capítulo I las definiciones; en el capítulo II el trámite inicial, la firma y la custodia de los tratados; en el capítulo III la aprobación y ratificación nacional de los tratados; en el IV la denuncia de ellos y en el V su publicación; cuenta además con una disposición especial única, al igual que una transitoria y dos finales. Con buen ojo avizor y un pequeño análisis somero, se puede ver que esa norma también hace mutis en relación con la eficacia interna de los tratados y no plantea directamente desde qué momento y cómo se integrarán al orden positivo cubano

En el Decreto-Ley No. 67, de Organización de la Administración Central del Estado, de 19 de abril de 1983, modificado por el Decreto-Ley No. 147, de la Reorganización de la Administración Central del Estado, de 21 de abril de 1994, y por otras normas jurídicas del mismo rango, se refrenda que los organismos de la Administración Central del Estado tienen como deber, atribución y función común la de establecer, acorde a las regulaciones existentes, relaciones económicas, científico-técnicas y culturales con organismos extranjeros y garantizar el cumplimiento de las obligaciones derivadas de los convenios establecidos (artículo 52, inciso u).

Nuevamente tropezamos con la imprecisión del orden positivo nacional, que produce una niebla desfavorable en torno a un punto de regulación jurídica. Su falta de claridad hace difícil el arribo a una conclusión; será necesario, en consecuencia, apoyarnos en lo visto y en otras circunstancias ya esbozadas como la práctica al respecto, la influencia que han tenido en la esfera administrativa los instrumentos jurídicos internacionales en los que Cuba es parte y la proyección que tiene la Nación en todo el proceso globalizador actual, entre otros elementos. A partir de ahí, y es la opinión que sostenemos, los tratados son fuente indirecta del Derecho Administrativo cubano; además de constituir una fuente eventual del mismo; ahora con mayor preminencia a partir de sus bases constitucionales y el desarrollo del Código de Procesos al ámbito del proceso Administrativo.

k) Las disposiciones del Partido Comunista de Cuba

Por las características políticas de nuestro país, se hace imperioso incluir en cualquier análisis que involucre al Estado y su accionar, sobre todo en aquel que se refiere a la satisfacción de las necesidades colectivas, la valoración del papel que desempeñan las disposiciones del Partido Comunista de Cuba (PCC) dentro de la sociedad, y en especial en las relaciones donde interviene la Administración Pública. Para nosotros, es necesario el tratamiento de esas disposiciones a partir del rol que tienen para el Derecho Administrativo y de la influencia real que ejercen en su sistema normativo.

La Constitución cubana refrenda en el artículo 5 que el Partido Comunista de Cuba, único, martiano, fidelista, marxista y leninista, vanguardia organizada de la nación cubana, sustentado en su carácter democrático y la permanente vinculación con el pueblo, es la fuerza política dirigente superior de la sociedad y del Estado. Organiza y orienta los esfuerzos comunes en la construcción del socialismo y el avance hacia la sociedad comunista. Trabaja por preservar y fortalecer la unidad patriótica de los cubanos y por desarrollar valores éticos, morales y cívicos

Con la regulación constitucional del PCC y el señalamiento en ese texto de las líneas generales que marcan la función del mismo, se está dando un respaldo jurídico y político muy importante al papel que le viene asignado en la sociedad cubana. Esa referencia constitucional es un signo nítido a tener en consideración cuando se trata de seguir detenidamente las fuerzas que influyen en la creación de las normas jurídicas cubanas.

En resumen, podemos decir que las disposiciones del PCC no pueden obviarse al tiempo de estudiar nuestro Derecho Administrativo. Aunque no constituyen, por el ente del que provienen y por las características que revisten entonces, fuente formal y directa de la rama jurídico-administrativa, sí son hechos que motivan la creación posterior de normas jurídicas cuando se refieren a la Administración Pública, su actividad y su relación con los administrados. Por ello juegan un papel material, indirecto y eventual en cuanto a fuentes jurídicas del sector administrativo se refiere.

l) La costumbre

El estudio de la costumbre como fuente del Derecho Administrativo cubano, y del sistema jurídico nacional en general, no está libre de encontrar fluctuaciones en los planteamientos que se han mantenido a lo largo del tiempo sobre el valor jurídico que ella ostenta.

Antes de la vigencia en Cuba del Código Civil español de 11 de mayo de 1888, hecho extensivo a la entonces colonia en 1889, la opinión sostenida por los principales doctrinantes de la rama administrativa era la de ver a la costumbre como fuente jurídico-administrativa de carácter subsidiario o complementario.

Con la entrada en vigor en el país del Código Civil de 1889, y hasta 1988 en que fue abrogado (por la Ley No. 59 de 1987), la costumbre, merced al articulado de esa disposición, se reconoció formalmente como la primera de las fuentes supletorias en el ordenamiento interno. En efecto, el artículo 6, párrafo segundo, de ese cuerpo normativo, prefijaba que cuando no hubiera ley exactamente aplicable al punto controvertido, se aplicaría la costumbre del lugar y, en su defecto, los principios generales del Derecho.

Sin embargo, y a despecho de la regulación normativa referida, la cuestión de la eficacia de la costumbre como fuente jurídica no era tan simple y no fue del todo lineal, adquiriendo una fisonomía diferente después del triunfo revolucionario de enero de 1959.

Para el Derecho Administrativo cubano, la costumbre no integra formalmente hoy el bloque de fuentes que lo informan y sostener otra cosa es incurrir, a la luz de los planteamientos del sistema positivo vigente, en una equivocada apreciación.

Con independencia de ello, creemos en la posibilidad de que la realidad devele prácticas de los administrados que materialmente se relacionan con el actuar de la Administración Pública, y en función de esa materialidad es que tal vez puedan trascender hacia el Derecho Administrativo cubano, si bien con una menor intensidad que en otras ramas más propicias a esa trascendencia, por las propias características del Derecho Administrativo y también con una repercusión más atenuada que la que acompaña a otras fuentes como la jurisprudencia o el precedente administrativo.

No descartamos que la vida social de la comunidad propicie conductas de sus miembros que se reflejan en todos los ámbitos de esa existencia. Para nosotros, pues, en nuestro país la costumbre puede ser fuente jurídica-administrativa material (no hay nada que objetivamente excluya esta idea); así como también lo pueden ser las prácticas administrativas.

En resumidas cuentas, este es un tema muy poco explorado en Cuba y que merece una mayor atención de la que aquí le damos. Una conclusión al respecto que pretenda ser definitiva y que sea mal enfocada y apresurada, pudiera pecar de seguir viejas ideas dogmáticas descontextualizadas o de querer abrir una nueva brecha tozudamente y poco ajustada al Derecho y a la misma vida jurídica.

m) Los principios generales del Derecho

En resumidas cuentas, y con diferentes argumentaciones según la etapa histórica vivida, los principios generales del Derecho no han sido vistos históricamente por los teóricos cubanos como una fuente formal de la rama administrativa.

Sin embargo, el sistema positivo cubano, como cualquier otro, necesariamente se erige sobre una serie de principios cardinales que devienen en el núcleo duro que sustenta su arquitectura. No es sistema construido *a priori*, sino que toma como punto de partida determinadas reglas que sirven como patrón para la edificación del ordenamiento jurídico (léase aceptación o no y formulación de instituciones jurídicas); detrás de cada norma cubana, y del conjunto de ellas, hay un principio al que responden como base para concebir esas normas o ese conjunto. En consecuencia, los principios generales del Derecho son fuente material del sistema positivo.

Para el círculo específico del Derecho Administrativo cubano, en una situación que marca fisonomías diferentes a las que existían antes de 1959 y en los variados períodos por los que internamente ha navegado la Revolución, es palpable como la aceptación o no de instituciones administrativas y su formulación o adecuación, responden a convicciones precisas, que no son más que formas de ver el desenvolvimiento de la función administrativa y el de la Administración Pública, y que son consideradas por el legislador como criterios bases para la creación de sus normas. La presencia y vida de las instituciones administrativas cubanas dependen estrechamente de verdaderos principios que sigue el legislador en su labor. Esa circunstancia se hace patente por sí misma, sobre todo por la gran dispersión normativa que impera en nuestro ordenamiento administrativo y la imperfección que abunda en él, permitiendo que no se pierda la unidad de ese ordenamiento. En ocasiones, solo la determinación de ciertos principios que quiso seguir el legislador o reglamentador cubano es lo que permite entender el sentido de las normas administrativas, pues por la imperfección que revisten se hace harto difícil su asimilación técnica. Sin dudas, los principios generales juegan un importante papel como fuente material y medio de orientación del Derecho Administrativo en Cuba; más allá de que no se quiera ver ese papel superficialmente, por la poca existencia de cuestiones verdaderamente administrativas en la vida jurisdiccional cubana. Tal vez, donde realmente se evidencia la importancia de esos principios como fuente administrativa es en la actividad normativa más que en la jurisdiccional, por esa condición material y orientadores que ellos adquieren; y nos atrevemos aseverar que junto con la jurisprudencia y el precedente administrativo son de las fuentes materiales que adquieren mayor significación para nosotros a la luz del ordenamiento positivo cubano y la realidad que día a día se vive en nuestro mundo jurídico interno.

Para el Derecho Administrativo de la actualidad en Cuba, el rol de los principios generales del Derecho ha constituido un peldaño importante en la construcción de este nuevo edificio de sistemas y subsistemas normativos, donde el rol de los principios como mandatos de optimización brindan espacios de reflexión para modular el contenido y alcance de la actuación del Estado y la Administración Pública. La propia constitución de 2019 impulsa una vocación principalista por la concepción de las bases de las relaciones Estado-ciudadano como reglas de aplicación y solución de conflictos. Los campos de desarrollo con miras en la legalidad, eficiencia, calidad, responsabilidad, precaución, transparencia, resultan ejemplos de principios que a día de hoy se tejen con más fuerza en el entramado de la función administrativa y serán técnicas efectivas en mano del juez administrativo, en aquellos justiciables en la búsqueda por el restablecimiento de sus derechos y en la de los funcionarios, por sobre todos, en aras de establecer prácticas administrativas signadas bajo los imperativos que tales principios representan.

VI. ORGANIZACIÓN ADMINISTRATIVA, EN ESPECIAL EL ESTADO Y LOS MUNICIPIOS

Las cuestiones de organización administrativas han sido uno de los terrenos menos desarrollados por los estudiosos del Derecho Administrativo cubano de finales del siglo XX y lo que va del XXI;24 aun y cuando no se deja de reconocer la importancia capital de este segmento dentro del universo jurídico administrativo.

Una primera cuestión que resulta necesario dejar por sentado es la referente al hecho de que en Cuba la regulación de la organización administrativa ha sido fragmentada, insuficiente y por mucho tiempo carente de una articulación con las condiciones reales del desarrollo de las relaciones Administración Pública-ciudadano. Hemos carecido de una Ley de organización de la Administración Pública. Los mejores intentos de regulación han estado en el nivel central, no sin las sombras de la sistematicidad y la incongruencia.

---

24 En el caso cubano, luego de la entrada en vigor de la Constitución de 1976, puede ver: Guerra, Héctor, *Derecho Administrativo*, 2da edición corregida y ampliada, Editorial Pueblo y Educación, La Habana, 1986, p. 168 y ss.; García Cárdenas, Domingo, *La organización estatal en Cuba*, Editorial de Ciencias Sociales, La Habana, 1981; Garcini Guerra, Héctor, "El sistema de Gobierno y de Administración en la República de Cuba", en *Revista Jurídica*, No. 1, 1983, Departamento de Divulgación del Ministerio de Justicia de la República de Cuba, La Habana; Fernández Paz, Juan A., "El sistema jurídico del Gobierno", en *Revista Cubana de Derecho*, Año XVI, No. 28, Enero-Marzo, 1987, Órgano de la Unión Nacional de Juristas de Cuba, La Habana; Montes de Oca Ruíz, René G., "La Administración estatal en Cuba revolucionaria", en *Revista Cubana de Derecho*, No. 4, 1991, Editada por la Unión Nacional de Juristas de Cuba, Ciudad La Habana; Fernández Paz, Juan Antonio, "El Gobierno Central y los Gobiernos Locales", en *Revista Cubana de Derecho*, No. 7, 1992, Unión Nacional de Juristas de Cuba, Ciudad de La Habana; Lezcano Calcines, José Ramón, "La organización de la Administración Pública", en AA.VV., *Temas de Derecho Administrativo*, Tomo II, 1era reimpresión de la 1era edición, Editorial "Félix Varela", La Habana, 2006.

La Constitución de 2019 supera el estándar de regulación de la organización del Estado, y en concreto, de la organización Administrativa. El Título dedica un título (VII) a la estructura del Estado, a diferencia de la regulación precedente, que dedicaba un capítulo a esta cuestión. Y una de las primeras señas de identidad, lo constituye el capítulo I a los principios de organización y funcionamiento de los órganos del Estado. En el mismo se regulan la elección y renovación de los cargos en órganos representativos (inciso a), control del pueblo sobre la actividad de los órganos estatales, de sus directivos y funcionarios, de los diputados y de los delegados (inciso b), rendición de cuentas (inciso c), eficiencia (en un sentido amplio, inciso d), vinculación de las disposiciones de los órganos superiores sobre los inferiores (inciso e), control y rendición de cuentas (inciso f) y transparencia (inciso h).

De acuerdo con lo que se dispone por la vigente Constitución en materia de organización administrativa, el Consejo de Ministros es el máximo órgano ejecutivo y administrativo y constituye el Gobierno de la República (artículo 133), cuestión que se corresponde con el artículo 7.1 de la Ley 134/2020 Ley de Organización y Funcionamiento del Consejo de Ministros.

El fundamento constitucional de su estructura se integra por el Primer Ministro, los Viceprimeros Ministros, los Ministros, el Secretario y los otros miembros que determine la ley (artículo 134). De tal forma, quedan incluidos los Presidentes de Institutos dentro de los otros miembros, aspecto que se articula a lo establecido en el 146 del texto constitucional, remitiendo a la Ley su conformación. El desarrollo legal de tales preceptos viene de la mano del artículo 9.1 de la ley 134/2020, que establece que el Consejo de Ministros está integrado por el Primer Ministro, los viceprimeros ministros, el Secretario, los ministros, el Ministro-Presidente del Banco Central de Cuba y los presidentes de los institutos que constituyen organismos de la Administración Central del Estado. Como complemento, el aparatado segundo establece que el número de viceprimeros ministros se determina por el Presidente de la República, previa consulta al Primer Ministro.

En la conformación del Consejo de Ministros, su Comité Ejecutivo resulta una estructura esencial, compuesta por el Primer Ministro, los Viceprimeros Ministros, el Secretario y otros miembros del Consejo de Ministros que determine el Presidente de la República. Se reconoce en el artículo 135 de la Constitución que el Comité Ejecutivo puede decidir sobre las cuestiones atribuidas al Consejo de Ministros, durante los períodos que medien entre una y otra de sus reuniones. Por su parte, la ley 134/2020, en su artículo 46 reconoce que el Comité Ejecutivo es el órgano que puede decidir sobre las cuestiones atribuidas al Consejo de Ministros, durante los períodos que medien entre una y otra de sus reuniones; a lo que ha de añadirse, conforme lo establecido en el artículo 47.1 que es un órgano colegiado integrado por el Primer Ministro, que lo dirige, los viceprimeros ministros, el Secretario y otros miembros del Consejo de Ministros que determine el Presidente de la República. Se reconoce de igual modo, que el Secretario del Consejo de Ministros es a su vez el Secretario del Comité Ejecutivo.

Las atribuciones del Consejo de Ministros aparecen refrendadas en el artículo 137 de la Constitución, de la siguiente forma: a) cumplir y velar por el cumplimiento de la Constitución y las leyes; b) organizar y dirigir la ejecución de las actividades políticas, económicas, culturales, científicas, sociales y de la defensa acordadas por la Asamblea Nacional del Poder Popular; c) proponer los objetivos generales y metas para la elaboración de los planes a corto, mediano y largo plazos en función del desarrollo económico y social del Estado, y una vez aprobados por la Asamblea Nacional del Poder Popular, organizar, dirigir y controlar su ejecución; d) aprobar y someter a la ratificación del Consejo de Estado los tratados internacionales; e) dirigir y controlar el comercio exterior y la inversión extranjera; f) elaborar el proyecto de Presupuesto del Estado y, una vez aprobado por la Asamblea Nacional del Poder Popular, velar por su ejecución; g) implementar y exigir el cumplimiento de los objetivos aprobados para fortalecer los sistemas monetario, financiero y fiscal; h) elaborar proyectos legislativos y someterlos a la consideración de la Asamblea Nacional del Poder Popular o del Consejo de Estado, según proceda; i) proveer a la defensa nacional, al mantenimiento de la seguridad y orden interior, y a la protección de los derechos ciudadanos, así como a la salvaguarda de vidas y bienes en caso de desastres; j) dirigir la administración del Estado, así como unificar, coordinar y fiscalizar la actividad de los organismos de la Administración Central del Estado, de las entidades nacionales y de las administraciones locales; k) evaluar y adoptar decisiones sobre los informes de rendición de cuenta que le presenten los gobernadores provinciales; l) crear, modificar o extinguir entidades subordinadas o adscriptas al Consejo de Ministros y, en lo que le corresponda, a los organismos de la Administración Central del Estado; m) orientar y controlar la gestión de los gobernadores provinciales; n) aprobar o autorizar las modalidades de inversión extranjera que le correspondan; ñ) ejecutar las leyes y acuerdos de la Asamblea Nacional del Poder Popular, así como los decretos-leyes y disposiciones del Consejo de Estado, los decretos presidenciales y, en caso necesario, reglamentar lo que corresponda; o) dictar decretos y acuerdos sobre la base y en cumplimiento de las leyes vigentes y controlar su ejecución; p) proponer al Consejo de Estado la suspensión de los acuerdos de las asambleas municipales del Poder Popular que contravengan las leyes y demás disposiciones vigentes, o que afecten los intereses de otras comunidades o los generales del país; q) suspender los acuerdos y demás disposiciones de los consejos provinciales y de los consejos de la administración municipal que no se ajusten a la Constitución, las leyes, decretos-leyes, decretos presidenciales, decretos y demás disposiciones de los órganos superiores, o cuando afecten los intereses de otras localidades o los generales del país, dando cuenta al Consejo de Estado o a la Asamblea Municipal del Poder Popular, a los efectos que proceda según corresponda; r) revocar total o parcialmente las disposiciones que emitan los gobernadores provinciales, cuando contravengan la Constitución, las leyes, los decretos-leyes, decretos presidenciales, decretos y demás disposiciones dictadas por órganos competentes, o los que afecten los intereses de otras localidades o los generales del país; s) revocar total o parcialmente las disposiciones de los jefes de organismos de la Administración Central del Estado, cuando contravengan las normas superiores que les sean de obligatorio cumplimiento.

Por su parte, el artículo 145 de la Constitución cubana, ampara que son atribuciones de los miembros del Consejo de Ministros: representar al Consejo de Ministros o a su Primer Ministro en las circunstancias que así se disponga; b) cumplir los acuerdos y demás disposiciones del Consejo de Ministros y su Comité Ejecutivo que les correspondan e informar al respecto al Primer Ministro; c) cumplir con las tareas que les asigne el Primer Ministro y ejercer las atribuciones que, en cada caso, este les delegue; d) dirigir los asuntos y tareas del ministerio u organismo a su cargo, dictando las resoluciones y disposiciones necesarias; e) dictar, cuando no sea atribución expresa de otro órgano estatal, las disposiciones que se requieran para la ejecución y aplicación de las leyes, decretos-leyes y otras disposiciones que les conciernen; f) asistir a las sesiones del Consejo de Ministros, con voz y voto, y presentar a este proyectos de leyes, decretos-leyes, decretos, resoluciones, acuerdos o cualquier otra proposición que estimen conveniente; g) designar o sustituir a los directivos y funcionarios de acuerdo con las facultades que les confiere la ley, y h) cualquier otra atribución que les asignen la Constitución y las leyes

En el mapa orgánico de la Administración estatal cubana, luego del Consejo de Ministros y su Comité Ejecutivo, encontramos los llamados Organismos de la Administración Central del Estado (OACE). El régimen jurídico de estos organismos está integrado, fundamentalmente, por el aún vigente Decreto-Ley No. 67, "De organización de la Administración Central del Estado", de 19 de abril de 1983, en todo aquello que no ha sido modificado por el Decreto-Ley No. 147, "De reorganización de la Administración Central del Estado", de 21 de abril de 1994, y por otras normas de igual rango normativo que han introducido modificaciones de carácter más específico en la letra de ese vetusto Decreto-Ley No. 67 y que por el número de tales modificaciones y lo disperso de ellas –y la naturaleza esencialmente descriptiva de la organización administrativa cubana que asumimos en estas líneas- no es oportuno referir aquí en toda su amplitud.

Por lo pronto, hay que advertir que de acuerdo con lo que formula el artículo 27 del Decreto-Ley No. 67, modificado en lo correspondiente por el Decreto-Ley No. 147, el ejercicio de la actividad ejecutiva y administrativa corresponde, en la esfera de la Administración Central y dentro del marco de sus respectivas competencias, a los Ministerios, Institutos y a otros órganos y organismos creados por el orden legal vigente. De igual forma, se señala en el artículo 22 del Decreto-Ley No. 67, modificado en lo correspondiente por el Decreto-Ley No. 147 que los organismos de la Administración Central del Estado están subordinados al Consejo de Ministros, y se clasifican en: *ministerio*, cuando tienen a su cargo la dirección y administración de una o varias ramas o subrayas de la economía, o de actividades políticas, económicas, culturales, educacionales, científicas, sociales, de seguridad o defensa; e *instituto*, cuando se trata de un organismo de la Administración Central del Estado cuyo jefe no forma parte del Consejo de Ministros. Aunque, debe precisarse que existen organismos administrativos denominados *Institutos* que no constituyen organismos de la Administración Central del Estado, sino que presentan diversas posiciones institucionales que reviste de condición variopinta entre nosotros, la presencia de tales entidades bajo ese nombre.

Siempre siguiendo el orden legal vigente, debe tenerse en cuenta que se considera que son organismos rectores de una rama, subrama o actividad, aquellos que la tienen como responsabilidad principal. Los organismos rectores participan, de acuerdo con la metodología establecida y en los casos que se determine, en la planificación de la producción o actividad de las empresas y demás dependencias de la rama, subrama o actividad dada, aunque no le estén directamente subordinadas. Los organismos rétores ejercen la inspección de las actividades de los cuales son rectores; se ocupan de las cuestiones relacionadas con el perfeccionamiento del nivel técnico de la producción o actividad señalada; elaboran normas y proponen su aprobación a los organismos correspondientes; llevan a cabo una política tecnológica única en la rama, subrama o actividad a su cargo y velan por la introducción de los nuevos logros de la ciencia y la técnica y la experiencia de avanzada. Los organismos rectores elaboran propuestas para el mejoramiento de la legislación en la rama, subrama o actividad a su cargo y las someten al Consejo de Ministros, tomando en cuenta la experiencia de la aplicación de dicha legislación.

En Cuba podemos mencionar entre los Ministerios que actualmente existen: Ministerio de la Agricultura; Ministerio de Ciencia, Tecnología y Medio Ambiente Ministerio del Comercio Exterior y de la Inversión Extranjera; Ministerio del Comercio Interior Ministerio de la Informática y las Comunicaciones; Ministerio de la Construcción; Ministerio de Cultura; Ministerio de Economía y Planificación; Ministerio de Educación; Ministerio de Educación Superior; Ministerio de Finanzas y Precios; Ministerio de las Fuerzas Armadas Revolucionarias; Ministerio de Industrias; Ministerio de la Industria de Energía y Minas; Ministerio del Interior; Ministerio de Justicia; Ministerio de Relaciones Exteriores; Ministerio de Salud Pública; Ministerio de Trabajo y Seguridad Social; Ministerio del Transporte; Ministerio de Turismo.

En relación con los institutos que constituyen organismos de la Administración Central del Estado, podemos enumerar a: Instituto de Aeronáutica Civil de Cuba; Instituto Cubano de Radio y Televisión; Instituto Nacional de Deportes, Educación Física y Recreación; Instituto Nacional de Recursos Hidráulicos.

Igualmente, en virtud del orden legal vigente, la creación, modificación, disolución, clasificación y denominación de los organismos de la Administración Central del Estado, así como la asignación, segregación, traslado o consolidación de las funciones de estos, se determinan por la Asamblea Nacional del Poder Popular o, en su caso, por el Consejo de Estado. Para dirigir cada uno de los organismos de la Administración Central del Estado, se designa un Presidente (*v. gr.:* Institutos) o un Ministro (Ministerios), según sea el caso. Se nombran, además, un Vicepresidente Primero o un Viceministro Primero y, según se determine, otros Vicepresidentes o Viceministros del organismo.

Claro está, la realidad de la organización administrativa en nuestro país no se agota en los elementos estructurales anunciados, sino que es un panorama mucho más complejo, fragmentado y disperso, en el que confluyen otras piezas organizadas con diversa posición institucional dentro del mapa de la organización administrativa del poder público en Cuba. En lo anterior, como botón de muestra mínimo y ajustándonos a las ideas que nos guían en este trabajo en específico, solo hemos querido ilustrar una parte del universo organizado de la Administración Pública cubana, en especial aquel que constituye su núcleo principal a nivel central; pero ese no es, ni mucho menos, la expresión acabada de los órganos u organismo administrativos que existen en el panorama al respecto a nivel nacional.

A nivel local en Cuba, también se plantean cuestiones de sumo interés e importancia en tema de organización administrativa.[25] En especial porque en el ámbito local cubano, del modo en que se plantea

---

[25] Para Cuba, al respecto puede verse, en los últimos lustros, entre otros: Fernández Paz, Juan Antonio, "El Gobierno Central y los Gobiernos Locales", en *Revista Cubana de Derecho*, No. 7, 1992, Unión Nacional de Juristas de Cuba, Ciudad de La Habana; Pérez Hernández, Lissette y Prieto Valdés, Martha, "La descentralización de las decisiones a favor de los Municipios. Un reto y una necesidad para los pueblos", en Pérez Hernández, Lissette y Prieto Valdés, Martha (Compiladoras) *et al*, *Temas de Derecho Constitucional cubano*, 2da reimpresión, Editorial "Félix Varela", Ciudad de La Habana, 2004; también se publicó en Dávalos Domínguez, Roberto (Compilador), *Desarrollo local y descentralización en el contexto urbano*, III Taller de Desarrollo Urbano y Participación, diciembre de 1998, Departamento de Sociología, Facultad de Filosofía e Historia, Universidad de La Habana, La Habana, 2000; Pérez Hernández, Lissette y Prieto Valdés, Martha, "Valoración del Municipio en la organización del Estado en función de un Proyecto de ley de los Municipios para la República de Cuba", en Pérez Hernández, Lissette (Compiladora), *Selección de lecturas sobre el Estado y el Derecho*, Curso de Formación de Trabajadores Sociales, s/e, Ciudad de La Habana, 2000; Villabella Armengol, Carlos, "El municipio cubano y el modelo estatal. Estudio teórico-funcional", en *Anuario del Centro de Investigaciones Jurídicas. 2004*, Centro de Investigaciones Jurídicas, Ministerio de Justicia, Ciudad de La Habana, 2005; Pérez Hernández, Lissette, "¿Gobierno y Administración municipal en Cuba?", en *AÍDA. Ópera Prima de Derecho Administrativo*, Año 4, OPUS No. 7, Enero-Junio 2010, *Revista de la Asociación Internacional de Derecho Administrativo*, México, D.F.

y opera el aparato de gobierno y administración, históricamente ha faltado en el ciclo constitucional anterior una articulación congruente con las necesidades de la organización del ejercicio del funcionamiento gubernativo y administrativo en esa escala. Sin embargo, el contexto de la organización de la planta local de 2019, con su sello más paradigmática- la autonomía municipal-, plantean un escenario diferente a tales relaciones.

Al efecto, debemos partir de lo que acoge la Constitución cubana, en su Título VIII "Órganos Locales del Poder Popular", dedicando su capítulo primero al Gobierno Provincial. En este sentido, es necesario comprender la lógica que ha incorporado la nueva Constitución de 2019, al eliminar las Asambleas Provinciales del Poder Popular y los Consejos de la Administración Provincial como máximas figuras ejecutivas en el ámbito local. Ello se comprende con los nuevos roles de la Provincia y el municipio en la dinámica municipal.

En el nuevo diseño constitucional, la provincia resulta el eje intermedio de actuación del poder del Estado, cuya finalidad resulta la coordinación, armonización y articulación de los intereses de los diferentes municipios de su demarcación. El artículo 2 de la ley 138 establece que la Provincia tiene personalidad jurídica propia a todos los efectos legales y se organiza como nivel intermedio entre las estructuras centrales del Estado y los municipios, con una extensión superficial equivalente a la del conjunto de municipios comprendidos en su demarcación territorial, bajo la dirección del Gobierno Provincial del Poder Popular. Como continuación de esta idea, el artículo 5 reconoce que el Gobierno Provincial del Poder Popular representa al Estado y tiene como misión fundamental el desarrollo económico y social de su territorio, conforme a los objetivos generales del país, y actúa como coordinador entre las estructuras centrales del Estado y los municipios, para lo cual contribuye a la armonización de los intereses propios de la Provincia y sus municipios, y ejerce las atribuciones y funciones reconocidas en la Constitución y las leyes.

De tal forma, desaparece la Asamblea Provincial del Poder Popular y el Consejo de la Administración Provincial, dejando su paso al Gobernador (artículo 170) y al Consejo Provincial. Las funciones y visión del Gobierno Provincial quedan delimitadas en coadyuvar al desarrollo de las actividades y al cumplimiento de los planes de las entidades establecidas en su territorio que no le estén subordinadas, conforme a lo dispuesto en la Constitución y las leyes. (artículo 172). Sobre esa base, en el ejercicio de sus funciones y atribuciones no puede asumir ni interferir en las que, por la Constitución y las leyes, se les confieren a los órganos municipales del Poder Popular (artículo 173).

En esa dinámica de poder administrativo y gobernativo, el Gobernador es el máximo responsable ejecutivo-administrativo en su provincia (artículo 174), elegido por los delegados de las asambleas municipales del Poder Popular correspondientes, a propuesta del Presidente de la República, por el período de cinco años y de conformidad con el procedimiento establecido en la ley. De tal forma, organiza y dirige la Administración Provincial para lo cual se asiste de la entidad administrativa correspondiente (artículo 178), para lo cual tiene reconocidas las siguientes competencias: a) cumplir y hacer cumplir, en lo que le concierne, la Constitución y las leyes; b) convocar y presidir las reuniones del Consejo Provincial; c) dirigir, coordinar y controlar la labor de las estructuras organizativas de la Administración Provincial y, en el marco de su competencia, dictar disposiciones normativas y adoptar las decisiones que correspondan; d) exigir y controlar el cumplimiento del plan de la economía y la ejecución del presupuesto de la provincia, conforme a la política acordada por los órganos nacionales competentes; e) exigir y controlar el cumplimiento de los planes de desarrollo y de ordenamiento territorial y urbano; f) designar y sustituir a los directivos y funcionarios de la Administración Provincial, y someter a la ratificación del Consejo Provincial aquellos casos previstos por la ley; g) presentar al Consejo de Ministros, previo acuerdo del Consejo Provincial, las propuestas de políticas que contribuyan al desarrollo integral de la provincia; h) poner en conocimiento del Consejo de Ministros, previo acuerdo del Consejo Provincial, aquellas decisiones de los órganos de superior jerarquía que afecten los intereses de la comunidad o considere extralimitan las facultades de quien las adoptó; i) suspender los acuerdos y disposiciones de los consejos de la Administración Municipal, que no se ajusten a la Constitución, las leyes, decretos-leyes, decretos presidenciales, decretos y demás disposiciones de los órganos del Estado, o cuando afecten los intereses de otras localidades o los generales del país, dando cuenta a la respectiva Asamblea Municipal del Poder Popular en la primera sesión que celebre después de dicha suspensión; j) revocar o modificar las disposiciones que sean adoptadas por las autoridades administrativas provinciales a él subordinadas, que contravengan la Constitución, las leyes y demás disposiciones vigentes, o que afecten los intereses de otras comunidades o los generales del país; k) crear comisiones o grupos temporales de trabajo.

Además de las competencias del Gobernador reconocidas en el texto constitucional y refrendadas en el artículo 24 de la ley 138, el artículo 25 de esta norma incluye otro grupo de competencias que resultan de a) Representar al Gobierno Provincial del Poder Popular; b) coordinar, implementar y controlar la ejecución de las políticas, programas y planes aprobados por los órganos superiores del Estado para la provincia, dentro de los marcos fiados por la Ley; c) cumplir y hacer cumplir los acuerdos del Consejo Provincial; d) dirigir el diseño, actualización y regulación del Sistema de Control Interno en el ámbito de su competencia; e) impartir indicaciones en el ejercicio de la actividad ejecutivo-administrativa que desarrolla; f) proponer al Consejo Provincial, en el marco de su competencia, proyectos de acuerdos; g) coordinar y contribuir a la realización de las actividades de los diputados en los territorios; h) proponer al Consejo Provincial los proyectos del Plan de la Economía y Presupuesto de la provincia y su liquidación; i) conocer, evaluar y decidir sobre los informes que le presenten las unidades y entidades que conforman la Administración Provincial; j) velar por la protección, cuidado y conservación del patrimonio estatal, cultural y natural bajo su responsabilidad, y el control de las fianzas públicas del territorio; k) invitar o convocar a las reuniones del Consejo Provincial a directivos, funcionarios y otras personas, cuando los temas objeto de análisis así lo requieran; l) conocer y evaluar, en el marco de su competencia, informes de entidades de otra subordinación sobre asuntos que influyen en el desarrollo económico-social del territorio; coordinar la presentación de propuestas para la solución de asuntos de interés de la provincia por entidades no subordinadas a la Administración Provincial, radicadas en su demarcación; n) suspender provisionalmente de su cargo a los máximos directivos de las estructuras de dirección administrativa y demás entidades provinciales que le correspondan cuando resulte necesario, hasta que se concluyan las investigaciones u otras causas que lo ameriten para el pronunciamiento definitivo; ñ) firmar los acuerdos adoptados por el Consejo Provincial y demás disposiciones en materia de su competencia, disponer la notificación a las partes interesadas, a las vinculadas con su cumplimiento, su publicación e información cuando se considere necesario; o) cumplir las tareas relacionadas con la defensa, la defensa civil y el orden interior que le correspondan; p) emitir criterios, cuando se le soliciten o así lo considere, sobre propuestas de los jefes de organismos de la Administración Central del Estado y entidades nacionales, sobre promoción, liberación o aplicación de medidas disciplinarias a directivos y funcionarios de entidades de otras subordinaciones radicadas en la demarcación; q) conocer el resultado de los procesos y demás actividades que desarrollan los órganos locales del Poder Popular en la provincia, en lo que le compete; r) aprobar el Sistema de Información del Gobierno en lo que le corresponda; s) autorizar la consulta de las actas del Consejo Provincial a personas interesadas, cuando las circunstancias así lo aconsejen; t) controlar el cumplimiento de actividades y tareas de prevención y atención social; u) dirigir y controlar la Política de Cuadros en la esfera de su competencia, conforme a lo establecido; v) aprobar la plantilla orgánica de la Administración Provincial sobre la base de la estructura organizativa y cifra límite de cargos aprobada por acuerdo del Consejo de Ministros; w) atender y controlar, en lo que le corresponda, lo relativo al enfrentamiento a las indisciplinas sociales, las ilegalidades, las manifestaciones de corrupción y el delito, y evaluar periódicamente la eficacia de las medidas adoptadas, en el ámbito de su competencia; x) controlar el cumplimiento del Plan de Reducción de Riesgo de Desastre de la provincia, su aseguramiento multisectorial y actualización permanente; y y) elaborar, implementar, evaluar y actualizar, en lo que le corresponda, la Estrategia de Desarrollo Provincial.

El segundo órgano de relevancia en este nuevo diseño lo constituye el Consejo Provincial, regulado en el artículo 182 del texto constitucional y 43 y 44 de la ley 138, como el órgano colegiado y deliberativo que cumple las funciones previstas en esta Constitución y las leyes. Sus decisiones son adoptadas por el voto favorable de la mayoría simple de sus integrantes. El Consejo Provincial es presidido por el Gobernador e integrado por el Vicegobernador, los presidentes y vicepresidentes de las asambleas locales del Poder Popular correspondientes y los intendentes municipales

El artículo 184 de la Constitución de 2019, reconoce, tal cual lo hace el artículo 46 de la ley 138 las siguientes competencias a los Consejos Provinciales a) Cumplir y hacer cumplir, en lo que le concierne, la Constitución, las leyes y demás disposiciones de carácter general, así como sus acuerdos; b) aprobar y controlar, en lo que le corresponda, el Plan de la Economía y el Presupuesto de la provincia; c) adoptar acuerdos en el marco de la Constitución y las leyes; orientar y coordinar en el territorio las actividades políticas, económicas, culturales, científicas, sociales, de la defensa y el orden interior, que por el Estado se dispongan; e) evaluar los resultados de la gestión de las administraciones municipales y aprobar las acciones a realizar; f) aprobar las propuestas de políticas que contribuyen al desarrollo integral de la

Provincia, antes de su presentación al Consejo de Ministros; g) pronunciarse, a solicitud del Gobernador, sobre aquellas decisiones de los órganos competentes que afectan los intereses de la comunidad o considere extralimitan la facultad de quien las adoptó; h) analizar periódicamente la atención brindada por las entidades radicadas en su territorio a los planteamientos de los electores, y las quejas y peticiones de la población; i) hacer recomendaciones al Gobernador sobre su informe de rendición de cuenta y otros temas que este le consulte; j) proponer al Consejo de Estado la suspensión de los acuerdos o disposiciones de las asambleas municipales del Poder Popular de su demarcación, cuando contravengan las normas legales superiores o afecten los intereses de la comunidad; k) proponer a la Asamblea Nacional del Poder Popular la revocación o modificación de los acuerdos o disposiciones de las Asambleas Municipales del Poder Popular de su demarcación, cuando contravengan las normas legales superiores o afecten los intereses de la comunidad; l) crear comisiones o grupos temporales de trabajo; las demás atribuciones que la Constitución o las leyes le asignen.

Como desarrollo propio de la norma de organización, la ley 138 en su artículo 47 igualmente reconoce a este órgano las siguientes competencias: a) Corresponde además al Consejo Provincial: a) Adoptar acuerdos, en el marco de su competencia, sobre la prestación de servicios públicos y ejecución de obras de interés provincial; b) ratificar o no la designación y sustitución de los máximos directivos de las estructuras de dirección administrativa de la Administración Provincial; c) aprobar y controlar, en lo que le corresponda, la estrategia de desarrollo provincial; d)aprobar y conocer el estado de la implementación de los programas para la gestión integrada de la ciencia, la tecnología, la innovación y el medio ambiente en el territorio; e) conocer el resultado de las acciones de control, auditorías internas, comprobaciones e inspecciones que se efectúen en el territorio; f) conocer y evaluar sobre los informes que le presenten las estructuras de dirección administrativa y entidades subordinadas; g) conocer el resultado de los procesos y demás actividades que desarrollan los órganos locales del Poder Popular en la Provincia, en lo que le compete; h) aprobar el Plan de Reducción del Riesgo de Desastre del territorio y, en lo que le corresponda, controlar su cumplimiento; i) evaluar, en lo que le corresponda, los resultados de las medidas adoptadas para el enfrentamiento a las indisciplinas sociales, las ilegalidades, las manifestaciones de corrupción y el delito; y j) aprobar las prioridades para el empleo y uso de sus recursos financieros destinados al desarrollo territorial, armonizando los intereses propios de la provincia y de sus municipios

Si bien esto comporta hacia la dinámica del nivel intermedio una restricción del ejercicio de competencias con respecto al texto constitucional precedente, el efecto más importante de ello resulta la traslación de dichas competencias hacia el eje municipal. A día de hoy, la estructura municipal asume un rol protagónico en el diseño político y jurídico de la organización territorial del poder que debe ser valorado en la justa medida de lo que ello significa. La traslación de dichas competencias supone un renacer de los conceptos de autonomía municipal, de la cual Cuba era un referente en Iberoamérica antes de 1959. De tal forma, la consagración de la autonomía municipal como una de las grandes señas de identidad de la Constitución de 2019 supone una reconfiguración en las dinámicas de la localidad.

La Constitución de la República, en su artículo 168, regula en los mismos términos que la Ley 139, en su artículo 5, y la ley 132 en su artículo 7, que el Municipio es la sociedad local, organizada por la Ley, que constituye la unidad político-administrativa primaria y fundamental de la organización nacional; goza de autonomía y personalidad jurídica propias a todos los efectos legales, con una extensión territorial determinada por necesarias relaciones de vecindad, económicas y sociales de su población e intereses de la nación, con el propósito de lograr la satisfacción de las necesidades locales. Cuenta con ingresos propios y las asignaciones que recibe del Gobierno de la República, en función del desarrollo económico y social de su territorio y otros fies del Estado, bajo la dirección de la Asamblea Municipal del Poder Popular.

Como esencia de su fisionomía, en el artículo 169 reconoce que la autonomía del municipio comprende la elección o designación de sus autoridades, la facultad para decidir sobre la utilización de sus recursos y el ejercicio de las competencias que le corresponden, así como dictar acuerdos y disposiciones normativas necesarias para el ejercicio de sus facultades, según lo dispuesto en la Constitución y las leyes. En tal sentido, el alcance de dicha autonomía se ejerce de conformidad con los principios de solidaridad, coordinación y colaboración con el resto de los territorios del país, y sin detrimento de los intereses superiores de la nación (segundo párrafo y artículo 7.1 de la Ley 139 y artículo 8 de la ley 132).

En tal sentido, la organización local encuentra dos grandes ejes de actuación, la Asamblea Municipal del Poder Popular y la Administración Municipal. En relación al primero, el artículo 185 de la Constitución establece que la Asamblea Municipal del Poder Popular es el órgano superior del poder del Estado en su demarcación y, en consecuencia, está investida de la más alta autoridad en su territorio; para ello, dentro del marco de su competencia, ejerce las atribuciones que la Constitución y las leyes le asignan. (Artículo 11 de la Ley 132).

Emanadas del artículo 191 del texto constitucional de 2019 y recogidas en la ley 132, se reconoce que corresponde a este órgano a) cumplir y hacer cumplir la Constitución, las leyes y demás disposiciones normativas de carácter general; b) aprobar y controlar, en lo que le corresponda, el plan de la economía, el presupuesto y el plan de desarrollo integral del municipio; c) aprobar el plan de ordenamiento territorial y urbano, y controlar su cumplimiento; d) elegir, designar, revocar o sustituir al Presidente, al Vicepresidente y al Secretario de la propia Asamblea, según corresponda; e) designar o sustituir al Intendente Municipal, a propuesta del Presidente de la propia Asamblea; asignar o sustituir al resto de los miembros del Consejo de la Administración Municipal, a propuesta de su Intendente; g) adoptar acuerdos y dictar disposiciones normativas en el marco de su competencia, sobre asuntos de interés municipal y controlar su cumplimiento; h) controlar y fiscalizar la actividad del Consejo de la Administración del Municipio, auxiliándose para ello de sus comisiones de trabajo, sin perjuicio de las actividades de control a cargo de otros órganos y entidades; i) organizar y controlar, en lo que le concierne y conforme a lo establecido por el Consejo de Ministros o el Gobierno Provincial, el funcionamiento y las tareas de las entidades encargadas de realizar, entre otras, las actividades económicas, de producción y servicios, de salud, asistenciales, de prevención y atención social, científicas, educacionales, culturales, recreativas, deportivas y de protección del medio ambiente en el municipio; j) exigir y controlar el cumplimiento de la legalidad, así como el fortalecimiento del orden interior y la capacidad defensiva del país, en su territorio; k) proponer al Consejo de Ministros o al Gobernador, según el caso, la revocación de decisiones adoptadas por órganos o autoridades subordinadas a estos; l) revocar o modificar las decisiones adoptadas por los órganos o autoridades que le están subordinados, cuando contravengan las normas legales superiores, afecten los intereses de la comunidad, o extralimiten las facultades de quien las adoptó; m)aprobar la creación de los consejos populares del municipio, previa consulta al Consejo de Estado; n) coadyuvar, de conformidad con lo previsto en la ley, a la ejecución de las políticas del Estado en su demarcación, así como al desarrollo de las actividades de producción y servicios de las entidades radicadas en su territorio que no les estén subordinadas; ñ) crear comisiones de trabajo y aprobar los lineamientos generales para su labor, y o) cualquier otra atribución que le asigne la Constitución y las leyes.

Por su parte, el otro elemento relevante de esta dinámica municipal resulta el Consejo de la Administración Municipal, el cual tiene como objetivo esencial satisfacer, entre otras, las necesidades de la economía, de salud, asistenciales, educacionales, culturales, deportivas y recreativas de la colectividad del territorio a que se extiende su jurisdicción, así como ejecutar las tareas relativas a la prevención y atención social (artículo 201 de la Constitución). Es designado por la Asamblea Municipal del Poder Popular, a la que se le subordina y rinde cuenta. (Artículo 202 de la Constitución) y es presidido por el Intendente, tiene carácter colegiado, desempeña funciones ejecutivo-administrativas y dirige la Administración Municipal (artículo 203 de la Constitución)

Con desarrollo en la ley 139/2021 de los contenidos que regulan su mandato constitucional, el artículo 8 regula que el Consejo de la Administración Municipal es designado por la Asamblea Municipal del Poder Popular a la que se le subordina y rinde cuenta. Es presidido por el Intendente Municipal, tiene carácter colegiado, desempeña funciones ejecutivo-administrativas y dirige la Administración Municipal (artículo 9) y se integra por el Intendente Municipal, los Viceintendentes, el Secretario y otros miembros no profesionales que, a propuesta del Intendente Municipal, son designados por la Asamblea Municipal del Poder Popular (artículo 10.1)

Conforme a al artículo 14 de la ley, corresponde al Consejo de la Administración Municipal: a) Cumplir y hacer cumplir la Constitución de la República, las leyes y demás disposiciones normativas, así como los acuerdos y ordenanzas de la Asamblea Municipal del Poder Popular correspondiente; b) dirigir la Administración Municipal y la ejecución de las actividades económicas, de servicios, culturales, deportivas, recreativas, científicas, sociales, de la defensa, la defensa civil, de protección, la seguridad y el orden interior que le corresponda; c) elaborar y proponer a la Asamblea Municipal del Poder Popular y por medio de esta a quien corresponda, los proyectos del Plan de la Economía y del Presupuesto y una vez aprobados, dirigir la ejecución, controlar su cumplimiento y presentar su liquidación; d)proponer los objetivos generales y metas para la elaboración de los planes a corto, mediano y largo plazos, en función del desarrollo económico y social del Municipio; una vez aprobados por la Asamblea Municipal del Poder Popular, organizar, dirigir y controlar su ejecución; e) coordinar y adoptar las decisiones que correspondan en lo relativo a la prevención y atención social; f) atender y controlar, en lo que le corresponda, lo relativo al enfrentamiento al delito, a las indisciplinas, ilegalidades y manifestaciones de corrupción y evaluar periódicamente la efectividad de las medidas adoptadas; g) presentar a la Asamblea Municipal del Poder Popular el Plan de Ordenamiento Territorial y Urbano; una vez aprobado, exigir y controlar su cumplimiento; h) proponer a la Asamblea Municipal del Poder Popular y por medio de esta a quien corresponda: h.1.) la organización de Distritos Administrativos, acorde con lo que se establezca; h.2.) aprobar la creación, modificación, extinción o categorización, conforme a lo establecido, de entidades municipales para la satisfacción de las necesidades y el desarrollo de la localidad; h.3.) el establecimiento de relaciones de solidaridad y colaboración con otros municipios; para la realización de fines comunes; h.4.) solicitar la revocación, modificación o suspensión de las decisiones adoptadas por entidades o autoridades subordinadas al Consejo de Ministros o al Gobernador, o las adoptadas por el Consejo Provincial, el Gobernador y los consejos de la Administración de otras localidades, que contravengan normas legales, afecten los intereses de su comunidad o extralimiten las facultades de quien las adoptó; i) coordinar, controlar y fiscalizar la ejecución en su demarcación de las políticas, programas y planes aprobados por los órganos estatales e implementar y evaluar el cumplimiento de las políticas nacionales en lo que le competa; j) elaborar, proponer y una vez aprobadas, ejecutar y controlar políticas públicas en el Municipio; k) dictar acuerdos y otras disposiciones normativas dentro de los límites de sus atribuciones; l) emitir el Reglamento Interno del Consejo de la Administración Municipal, conforme a lo establecido en la Constitución y la presente Ley; y m) rendir cuenta a la Asamblea Municipal del Poder Popular de su gestión al menos una vez al año y de aspectos específicos en las ocasiones que a la misma le interese, por medio de su Intendente Municipal.

De igual modo, se regulan otras competencias de vital importancia para su funcionalidad (artículo 15), dadas a partir de las potestades de: a) Designar y sustituir a los directivos y funcionarios de las estructuras de dirección administrativa y las entidades municipales, en atención a la relación de cargos que le corresponde, según los procedimientos establecidos en la legislación vigente sobre la materia; b) aprobar, a propuesta del Intendente Municipal, la relación de cargos correspondientes a los máximos directivos de las estructuras de dirección administrativa y entidades que se le subordinan; c) aprobar, a propuesta del Intendente Municipal, la plantilla de la administración que dirige, conforme a lo establecido; d) suspender, a propuesta del Intendente Municipal, en el ejercicio de su cargo a los Viceintendentes, el Secretario y en su condición a los demás miembros del Consejo de la Administración Municipal, e informar a la Asamblea Municipal del Poder Popular por medio de su Presidente.

Visto en esta perspectiva, ha de realizarse un balance sobre la organización administrativa en Cuba, y en ello, una primera –y muy potente idea- resulta la adaptación del régimen de organización administrativa a las exigencias del diseño constitucional y de la reforma de la planta local en Cuba, con el nuevo rol del nivel intermedio del poder (provincial) como eje de coordinación y gestión del interés colectivo de los municipios en su demarcación, por un lado, y el rol activo y dinámico propio de la autonomía municipal, emanado del proceso de descentralización acaecido y garantizado por la declaración constitucional de la autonomía municipal.

En lo orgánico, si bien estos cambios ya han comenzado a modificar la dinámica entre el Estado y los ciudadanos a estos niveles, todavía tiene como reto alejar el "provincianismo" inherente del actuar de las Administraciones Públicas, devenida de la tradición centralizadora del anterior ciclo constitucional.

La otra nota distintiva del este contexto resulta el proceso codificador de normas de organización administrativa, para regular la organización y funcionamiento del Consejo de Ministros, la Administración provincial y la municipal, bajo las miradas del nuevo enfoque asumido por el texto constitucional de 2019. En este enfoque resalta la carencia sostenida de una ley de organización administrativa, que de forma general ordene los principios configuradores de la potestad organizadora de la Administración Pública y las múltiples relaciones entre los sujetos del sector público, más allá de su estatus público o privado, propendiendo a la eliminación de normas del ordenamiento jurídico que tienen a día de hoy una larga data y varias décadas de escaza virtualidad, así como la sistematización del régimen jurídico en general.

VII. EL ACTO ADMINISTRATIVO, SU EJECUCIÓN, PRINCIPIO DE AUTOTUTELA, LOS RECURSOS EN VÍA ADMINISTRATIVA

Sobre el acto administrativo en Cuba poco se ha teorizado desde la segunda mitad del siglo XX hasta la actualidad.[26] A lo cual debe añadirse que no existe en nuestro país una norma sobre régimen jurídico de la Administración Pública, que configure el régimen positivo general de los actos administrativos como técnica jurídica; o que al menos prevea algunos indicios necesarios en lo que a ese orden jurídico respecta. En este sentido, tampoco la jurisprudencia contencioso-administrativa ha jugado un papel importante a los efectos del desarrollo jurisprudencial de esta cuestión.

Más allá de esa ausencia del desarrollo doctrinal y jurisprudencial de una teoría del acto administrativo entre nosotros, y de su falta de consagración en el orden positivo, lo cierto es que, a la luz de la realidad cubana del último tercio del siglo XX y lo que corre del XXI, y por las características que asume la proyección de la Administración Pública cubana en el tráfico jurídico, no es difícil asumir que el acto administrativo (junto con el reglamento) resalta como la principal técnica de actuación administrativa en nuestro tráfico jurídico-administrativo; y que ha de ser, por tanto, la actividad unilateral de la Administración Pública, la que mayores espacios formales cubra dentro del funcionamiento administrativo patrio. Es así que, en el Derecho Administrativo cubano, el acto administrativo guarda aún importantísimos ámbitos de protagonismo en su aplicación como técnica jurídica; y es visto todavía como categoría central del Derecho Administrativo,[27] con independencia de que la realidad en el Derecho Comparado a demostrado que su importancia se ha atenuado, frente a los espacios que han ido ganando dentro del funcionamiento administrativo las técnicas jurídicas convencionales.

Según consideraba el profesor GARCINI GUERRA: "La integración del concepto del acto administrativo requiere conjugar los puntos de vista formal y material, el órgano de quien emana y su contenido. (...)"; para él: "El acto administrativo, como categoría jurídico-administrativa, ha de emanar de un órgano de la administración del Estado, ser una manifestación de voluntad de su potestad administrativa y contener una declaración concreta que produzca un efecto jurídico-administrativo inmediato. Esto excluye del concepto a aquellas actividades administrativas jurídicamente irrelevantes, como son las alocuciones o exhortaciones de las autoridades en relación con algún suceso, la actividad técnica e intelectual que interviene en la prestación de los servicios estatales y los actos materiales preparatorios o ejecutorios de los propios actos administrativos." Para este profesor: "En resumen, la nota conceptual determinante de un acto administrativo es que, al producirse, se objetivicen su función administrativa."[28]

Por lado, el profesor CASTANEDO ABAY ha señalado que el acto administrativo es (aquella exteriorización de la voluntad administrativa sea expresa o presunta, con el objetivo de producir efectos jurídicos en relación con determinadas personas.[29]

---

26 Sobre el acto administrativo en Cuba, en los últimos tiempos, puede verse: Guerra, Héctor, *Derecho Administrativo*, 2da edición corregida y ampliada, Editorial Pueblo y Educación, La Habana, 1986, p. 109 y ss.; Castanedo Abay, Armando, "Reflexiones acerca del acto administrativo", en *Revista Jurídica*, No. 27, Año VIII, Abril-Junio, 1990, Departamento de Divulgación del Ministerio de Justicia de la República de Cuba, La Habana (una versión de este trabajo se publicó además en AA.VV., *Estudios de Derecho Administrativo cubano*, Editorial "Félix Varela", Ciudad de La Habana, 2002; y en AA.VV., *Temas de Derecho Administrativo*, Tomo I, 1era reimpresión de la 1era edición, Editorial "Félix Varela", La Habana, 2006); López Álvarez, Valentín F., "La nulidad del acto administrativo", en *Revista Cubana de Derecho*, No. 8, 1992, Unión Nacional de Juristas de Cuba, Ciudad de La Habana.

27 Por ejemplo, veamos cómo se expresaba el profesor Armando Castanedo Abay: "La necesaria existencia del acto administrativo no se debe única y exclusivamente a que la Administración pública tenga que tener algún medio para hacer válidas, legales y ejecutorias sus decisiones, sino por algo mucho más importante aún, "el acto administrativo es el nexo imprescindible entre la Administración y la consecución de gran parte de sus fines", es realmente quien permite su actividad, quien genera la relación jurídico administrativa externa y práctica de la Administración pública hacia aquellos de quienes ella protege sus intereses." ; y decía luego: "(...) El acto administrativo constituye la vía idónea de la exteriorización de la voluntad administrativa del Estado, "el vector que lleva la intención administrativa a su destino".". Ver: Castanedo Abay, Armando, "Reflexiones acerca del acto administrativo", AA.VV., *Temas de Derecho Administrativo*, Tomo I, 1era reimpresión de la 1era edición, Editorial "Félix Varela", La Habana, 2006, p. 248 y ss.

28 Garcini Guerra, Héctor, *Derecho Administrativo*, 2da edición corregida y ampliada, ob. *cit.*, p. 110 y 111.

29 Castanedo Abay, Armando, "Reflexiones acerca del acto administrativo", AA.VV., *Temas de Derecho Administrativo*, Tomo I, 1era reimpresión de la 1era edición, Editorial "Félix Varela", La Habana, 2006, p. 248 y ss.

Por su parte, en la letra del Dictamen No. 61, contenido en el Acuerdo No. 204 de 30 de abril de 1979 del Consejo de Gobierno del Tribunal Supremo Popular[30], se reflejó una noción amplia de los actos administrativos, reuniendo bajo el manto de implicaciones esa noción jurídica tanto a los reglamentos, cuanto a los actos administrativos en sentido más estricto.

Para nosotros, en el Derecho Administrativo cubano se debe ganar mucho más en claridad sobre la idea de acto administrativo a los efectos de promover una ordenación jurídica mucho más adecuada del mismo como técnica jurídico-administrativa a la que recurre la Administración Pública en el ejercicio de la función administrativa. Por lo pronto, entendemos que la noción que debiera operar al respecto no debe confundir dentro de una misma categoría a los reglamentos con los actos administrativos, por cuanto estos son técnicas diversas y diferentes entre sí, que operan desde fundamentos jurídicos diversos, y que solo en el plano más global y externo presentan algunas semejanzas.

En nuestra opinión, la noción de acto administrativo involucra la idea de declaración o manifestación unilateral emanada de la Administración Pública o de otra entidad en ejercicio de la función administrativa, que produce efectos jurídicos subjetivos de manera directa o inmediata. Por lo tanto, se ha de distinguir el acto administrativo, estrictamente hablando, de otras categorías como son los reglamentos y los contratos administrativos, que presentan elementos propios y distintivos en el régimen jurídico que ordena cada una de esas técnicas jurídico-administrativas.

También en el ordenamiento jurídico administrativo cubano, al acto administrativo le acompaña, como derivación directa del principio de legalidad que sujeta al funcionamiento administrativo, la nota de presunción de validez. Y, como en otros ordenamientos jurídicos, aparece también operando el planteamiento que encierra el principio de autotutela, de desarrollo doctrinal en la doctrina comparada; al que la escasa doctrina cubana no le ha dedicado espacios de análisis, pero sí se acogen en este plano doctrinal planteamientos sobre este principio de autotutela como los del español GARCÍA DE ENTERRÍA, una de las plumas de habla hispana que resultan imprescindibles en este tema.[31] Como ha sostenido GARCÍA DE ENTERRÍA: "(…) la Administración está capacitada como sujeto de derecho para tutelar por sí misma sus propias situaciones jurídicas, incluso sus pretensiones innovativas del *status quo*, eximiéndose de este modo de la necesidad, común a los demás sujetos, de recabar una tutela judicial. (…)."[32] En este sentido, recordemos que la autotutela de la Administración puede ser tanto declarativa, como ejecutiva;[33] lo que se relaciona con los caracteres de ejecutividad y ejecutoriedad de los actos administrativos.

Entre nosotros, el profesor GARCINI ha dicho: "La actividad administrativa es de acción directa, lo que equivale a expresar que la Administración es esencialmente ejecutiva y para lograr los efectos jurídicos que con sus actos se propone, lleva a cabo por sí misma sus decisiones, realizando a ese fin cuanto estime indispensable para que los servicios a su cargo tengan adecuada gestión."; para continuar escribiendo: "Un acto de la Administración significa para su destinatario un deber jurídico y para aquella la atención a un interés social y de ahí que deba, para lograr que se ejecute el acto, vencer las resistencias que a su efectividad puedan oponerse y de este modo alcanzar de manera rápida y precisa la finalidad estatal que el acto encierra"; señalando además: "El interés general que persigue toda la actuación administrativa motiva que jurídicamente se presuma su legitimidad y por ello sus actos deben ser llevados por la propia Administración a su más inmediata ejecución, sin interferencias que la retarden, esto es, sin intervención de órganos estatales ajenos a ella ni previa declaración jurisdiccional."[34]

Para hacer ejecutorios los actos administrativos, la Administración Pública cuenta con determinados medios coactivos que el ordenamiento jurídico pone a su disposición. Cuatro, han sido los

---

30 *Boletín del Tribunal Supremo Popular*, Edición ordinaria, Año 6, No. 1, 1979, Tribunal Supremo Popular, La Habana, p. 26 y 27.

31 Puede verse, por ejemplo: Lezcano Calcines, José Ramón, "El procedimiento administrativo", en AA.VV., *Estudios de Derecho Administrativo cubano*, Editorial "Félix Varela", Ciudad de La Habana, 2002, p. 268 y ss. (publicado también en AA.VV., *Temas de Derecho Administrativo*, Tomo II, 1era reimpresión de la 1era edición, Editorial "Félix Varela", La Habana, 2006).

32 García de Enterría, Eduardo y Fernández, Tomás-Ramón, *Curso de Derecho Administrativo*, Tomo I, 14ta edición, Thomson-Civitas, Editorial Aranzadi, S.A., Cizur Menor (Navarra), 2008, p. 517.

33 Ver: García de Enterría, Eduardo y Fernández, Tomás-Ramón, *Curso de Derecho Administrativo*, Tomo I, *ob. cit.*, p. 521 y ss.

34 Garcini Guerra, Héctor, *Derecho Administrativo*, 2da edición corregida y ampliada, ob. *cit.*, p. 255.

principales medios o mecanismos coactivos a los que ha aludido principalmente la doctrina cubana en este tiempo, en la figura del profesor GARCINI, quien afirmaba que en caso necesario, la Administración puede emplear normalmente las formas de coacción siguientes: la ejecución subsidiaria, la sanción coercitiva, la coacción inmediata y la exacción o cobranza; para seguidamente acotar: "La enumeración de los medios no debe entenderse en el sentido de una gradación. El medio debe emplearse en relación adecuada al resultado que se aspire por la Administración. La que -llegado el caso- puede verse obligada a emplear esos medios coercitivos para que la imperatividad de sus disposiciones no se vea desconocida. Ese empleo ha de ser siempre en forma conveniente, oportuna y sobre todo proporcionada al fin impuesto, para lograrlo rápida y eficazmente y debe utilizar el medio que sea más a propósito en relación a la medida que ha de cumplimentarse con la posibilidad de combinar los medios y aplicar al propio tiempo más de uno o el más grave en subsidio del más leve, si con este no se vence la resistencia del particular."[35]

Sobre los recursos en vía administrativa en Cuba, resulta curioso constar como en este tópico, luego de traer un interesante desarrollo doctrinal en las décadas de 1940 y 1950, donde aparecieron importantes obras al respecto,[36] hubo una declinación en el interés por su tratamiento, una vez rebasados los primeros momentos de la década de 1960, y que se extiende hasta hoy; al punto de que hubo de llegar a desaparecer de los principales manuales de referencia en materia jurídica-administrativa que se escribieron en este tiempo, y que ha ocupado solo un espacio limitado en alguno de los estudios de Derecho Administrativo de los últimos años.[37]

Sin embargo, que haya declinado el interés teórico al respecto no significa que en la práctica los recursos en vía administrativa hayan perdido importancia, pues se hacen presentes en nuestro ordenamiento jurídico-administrativo como medios de impugnación de los actos administrativos en sede administrativa. Además de que nuestro orden procesal administrativo, sujeto aún a viejos dogmas, exige (artículo 670, apartado 2, de la ley procesal administrativa vigente) que para poder promover un proceso administrativo, la resolución contra la que se promueva el mismo no ha de ser susceptible de ulterior recurso en la vía administrativa, ya sean definitivas o de trámite, si estas deciden directa o indirectamente el fondo del asunto de tal modo que pongan término a dicha vía o hagan imposible su continuación. De ahí que el agotamiento previo de la vía administrativa surja como un requerimiento necesario para acceder luego al contencioso-administrativo, configurando como obligatoria y no como potestativa la utilización por el administrado, allí donde operen, de los recursos en vía administrativa que al efecto se dispongan para completar ese camino procedimental administrativo cuya culminación abra entonces el mecanismo judicial. En este sentido, puede ser de respaldo, a los efectos de trafico jurídico cubano, lo dispuesto en el Acuerdo 204, Dictamen 61, de 30 de abril de 1979, del Consejo de Gobierno del Tribunal Supremo Popular,38 cuando partía de entender en su letra –en una solución a cuestionable hoy desde el punto de vista conceptual– que: "Los principios fundamentales que informan el régimen administrativo impiden la admisión de pretensiones ante los tribunales frente a la Administración Pública, sin la existencia de una manifestación de voluntad de la Administración en relación a la cual la pretensión dc formula (...)"; y acogían entonces: "(...) obvio resulta que será necesaria la existencia previa de una disposición o resolución que no sea susceptible de recurso alguno en la vía administrativa, conforme a lo establecido en el artículo 60 de la –entonces– Ley de Procedimiento –procesal, recordamos nosotros– Civil, Administrativo y Laboral."

Incluso, en algunos casos –que no son pocos, por cierto– los recursos en la vía administrativa se configuran como los únicos mecanismos de impugnación de los actos administrativos y, en este sentido,

---

35 Garcini Guerra, Héctor, *Derecho Administrativo*, 2da edición corregida y ampliada, ob. *cit.*, p. 260 y 261.

36 V. gr.: Ruiz y Gómez, Julián Modesto, *Procedimientos administrativos*, Copias de clase, Departamento de Publicaciones, Facultades de Derecho, Ciencias Sociales y Derecho Público, Universidad de La Habana, La Habana, s/a; Lancís y Sánchez, Antonio y Estrada y Zayas, Edmundo, *El Recurso de Alzada ante el Presidente de la República,* 2da edición revisada y adicionada por los autores, Editorial Lex, La Habana, 1951; Hernández Corujo, Enrique, *Procedimientos administrativos internos*, 2da edición, Editorial Lex, La Habana, 1960.

37 Es el caso de: Lezcano Calcines, José Ramón, "El procedimiento administrativo", en AA.VV., *Estudios de Derecho Administrativo cubano*, Editorial "Félix Varela", Ciudad de La Habana, 2002, p. 270 y ss. (publicado también en AA.VV., *Temas de Derecho Administrativo*, Tomo II, 1era reimpresión de la 1era edición, Editorial "Félix Varela", La Habana, 2006).

38 *Boletín del Tribunal Supremo Popular*, Edición ordinaria, Año 6, No. 1, 1979, Tribunal Supremo Popular, La Habana, p. 26 y 27

de protección del administrado frente al actuar de la Administración Pública, por cuanto la propia legislación impide el acceso a la vía judicial como mecanismo de control y protección de los derechos de los administrados (y del interés público) frente al funcionamiento administrativo.

Y no nos referimos aquí a ventilar cuestiones en materia administrativa cuya cuantía no convierte en oportuno la apertura de la vía judicial para ventilarlas; sino a controversias en las que están en juego aspectos importantes con afectaciones a los derechos de los administrados y del propio interés general que debe protegerse y garantizarse.

Realmente, parece ser que aún conserva cierta vigencia entre nosotros el Reglamento del Procedimiento Administrativo, de factura española decimonónica, dictado por el Real-Decreto de 23 de septiembre de 1888, vigente en Cuba por Real Orden de 25 de septiembre de 1888, y modificado por Real-Decreto de 26 de agosto de 1893; pues –hasta donde conocemos- esa norma no ha sido expresamente abrogada por ninguna otra disposición posterior, aunque parcialmente ha sufrido modificaciones y derogaciones. En su largo iter de vida, además de las modificaciones que le han sobrevenido en más de un siglo de vigencia, y la desaparición del contexto objetivo al que la misma hubo de responder o al que ella se adecuó en las primeras seis décadas del siglo XX, que hacen inaplicable parte de sus disposiciones, está el caso que dicho reglamento procedimental administrativo entró en franco desuso en algún momento luego del triunfo revolucionario de enero de 1959, y después se recordó su vigencia. Ante tan accidentado proceso de vida de esta norma jurídica, el cambio de circunstancias de la vida administrativa en Cuba en las últimas décadas del siglo pasado, y lo dudoso de la operatividad actual de algún sector de su articulado que conserve vigencia, resulta sorprendente que este reglamento conserve cierto aliento vital -aunque sea mínimo- dentro del tráfico jurídico-administrativo cubano actual, y que el legislador patrio no haya tomado conciencia de ello y que no haya actuado en ese sentido normando bajo nuevas condiciones y exigencias los aspectos fundamentales que han de operar como carácter común sobre el régimen jurídico del procedimiento administrativo; máxime cuando este tema revista capital importancia dentro del régimen jurídico-administrativo en general.

Ciertamente, en nuestro país no existe, con carácter general, una norma jurídica adecuada que ordene este tema de los recursos administrativos; sino que los mismos se encuentran regulados sectorialmente, en diversas normas que ordenan cuestiones procedimentales y de recursos administrativos, de acuerdo con la materia específica a que se refieren. Esta dispersión favorece la disparidad con que se regulan en uno u otro sector recursos administrativos de igual índole (disparidad que parte desde el nombre mismo que se le asigna al recurso) y su proyección necesaria y acabada como mecanismos de garantía y protección jurídica.

En nuestro panorama jurídico-administrativo aparecen, no siempre con igual denominación incluso, recursos como el *de reforma*, que se interpone ante la propia autoridad que emitió el acto que por esa vía se impugna; el *de queja* que se interpone ante ciertas autoridades superiores a la autoridad que emitió el acto impugnado; el *de alzada*, que algunas normas cubanas lo configuran para presentarse ante cierta autoridades administrativas superiores; otras veces aparece configurado nominalmente este recurso de alzada o jerárquico como recurso *de apelación*. Asimismo existe el procedimiento *de revisión*, que aparece con cierto carácter excepcional, básicamente en algunos supuestos en que la ley no permite el acceso a la vía judicial ante el agotamiento de determinados procedimientos administrativos (en materia de sanciones disciplinarias o de vivienda, por ejemplo), y el mismo sirve para que el órgano administrativo superior pueda revisar, ante nuevas circunstancias que concurran, el pronunciamiento administrativo objeto de impugnación por ese medio.

En definitiva, en el marco de la realidad jurídico-administrativa cubana, hace algo de tiempo ya que se impone tomar conciencia de la necesidad de repensar y reordenar el estado actual de los recursos en vía administrativa. Es necesario homogeneizar el régimen de los recursos a partir de una norma jurídica general que actualice esta materia entre nosotros, sin perjuicio de que luego se acojan en otras disposiciones normativas las especificidades que el tráfico jurídico haga necesario asumir de acuerdo con el sector del funcionamiento administrativo que así lo amerite.

Es necesario tomar conciencia de la necesidad de ir superando, entre nosotros, la desfasada visión de que esos recursos operan como privilegios de la Administración a los que ella debe aferrarse irremediablemente para no perder terreno frente al ciudadano, para configurarlos como garantías jurisdiccionales del interés público y los derechos e intereses de los administrados en la medida en que sean funcionales para conseguir los fines a los que han de servir como técnica jurídica.

VIII. EL CONTRATO ADMINISTRATIVO Y EL DERECHO ADMINISTRATIVO CUBANO[39]

Si se observa el *íter* vital del *contrato administrativo* dentro del ordenamiento jurídico-administrativo nacional, se podrá apreciar que el mismo no ha sido lineal, ni en una evolución sostenida y ascendente hasta nuestros días; sino que se presenta dividido en dos grandes momentos, con saldos opuestos si se contrasta globalmente uno con otro.

Ciertamente, no resulta nada aventurado sostener que el *contrato administrativo* ha sido una de las instituciones jurídico-administrativas que con más intensidad ha sentido sobre sí las consecuencias de las transformaciones que han operado en el sistema jurídico cubano, desde el período decimonónico hasta los tiempos actuales -y, por ende, su situación también ha sido un reflejo de ello-, si contrastamos los rumbos que se descubren en su proyección antes y después del triunfo revolucionario de enero de 1959. Y el peso de las circunstancias sobre esa figura se ha manifestado de un modo tal, que se ha visto afectada en su propia existencia como técnica jurídica de uso y valor efectivos dentro del tráfico jurídico-administrativo cubano luego de los primeros sesenta años del siglo XX. Así, de técnica jurídica con carta de naturaleza dentro del Derecho Administrativo cubano, desde el siglo XIX, y en un proceso de vigencia y evolución durante las seis primeras décadas de la centuria siguiente, pasaría a ser una realidad en liquidación a partir de ese período, porque no se avenía, como vía de actuación de intereses públicos, con las nuevas circunstancias objetivas y subjetivas que habrían de regir el funcionamiento administrativo luego del cambio político de enero de 1959, y dejaría de tener virtualidad como medio jurídico de ordenación y consecución de intereses públicos por parte de nuestra Administración Pública. Para, finalmente, desaparecer del universo institucional, ordenado y efectivo, que ha cubierto el tráfico jurídico-administrativo criollo desde la última etapa del siglo pasado y lo que va de este. Por lo tanto, una precisión de inicio que debe hacerse, y que condiciona toda disquisición actual, es la de advertir que, en este momento, la figura del *contrato administrativo* no tiene vigencia ni en el ordenamiento positivo, ni en la realidad jurídico-administrativa cubanos.

Un segundo presupuesto a identificar es que, mientras tuvo presencia y operatividad, el modelo de *contratación pública* que se entronizó y se desenvolvió en el Derecho cubano, ha correspondido con el arquetipo de procedencia franco-española. Modelo que se introdujo efectivamente en nuestro país mediante la normativa española decimonónica -introducción determinada por la entonces condición de territorio colonial de España que tenía Cuba-, y que echó a andar, primigeniamente, sobre esa base. Dicho sistema contractual tuvo un esquema estructural y funcionalmente característico signado por varias notas distintivas, entre las que cabe destacar: su conexión directa con el interés público como causa y fin del vínculo; la presencia de la Administración Pública, al menos, como uno de los sujetos contratantes; la naturaleza pública del objeto al que se refería el contrato; la presencia en el contenido del contrato de cláusulas exorbitantes del Derecho Civil a favor de la entidad pública contratante; la regulación jurídica de dicho nexo por normas de Derecho Administrativo y la sumisión del conocimiento de los litigios que de él se derivan a la competencia de la jurisdicción administrativa. Asimismo, es necesario añadir que las relaciones obligacionales entre la Administración Pública y los particulares centraban el supuesto característico de ese tipo contractual; aunque, no lo agotaban -ni mucho menos-, pues en él se incluían además los casos en que ambos contratantes podían ser entidades públicas desenvolviéndose dentro del tráfico económico *iuspúblico*.

Otra cuestión a significar se refiere a la arquitectura normativa general sobre la que se asentó la articulación en nuestro país de la *contratación administrativa*. En este sentido, ha de verse que, dentro del ordenamiento positivo cubano, no llegó a cristalizar una disposición normativa relativa a esa contratación, que significara una sistematización orgánica y unitaria de ese sector de la actuación administrativa. Por lo tanto, si bien existieron algunas disposiciones legales, con orientación objetiva limitada, que desplegaron cierto valor normativo general, no se dio una norma verdaderamente nuclear

---

[39] Ampliar en nuestro trabajo: "Sobre el contrato administrativo y el Derecho Administrativo cubano", en Moreno Molina, José Antonio y Matilla Correa, Andry (Coordinadores), *Contratos públicos en España, Portugal y América Latina. Un estudio de Derecho comparado*, Grupo Difusión, Difusión Jurídica y Temas de Actualidad S.A., Madrid, 2008, p. 131 y ss. Sobre el contrato administrativo recientemente, también se han publicado en Cuba, del profesor Armando Castanedo Abay: "Ideas acerca del contrato de gestión de servicios públicos", en AA.VV., *Estudios de Derecho Administrativo cubano*, Editorial "Félix Varela", Ciudad de La Habana, 2002; y "Volvamos sobre el contrato de gestión de servicios públicos", en AA.VV., *Temas de Derecho Administrativo cubano*, Tomo II, 1[era] reimpresión de la 1[era] edición, Editorial Félix Varela, La Habana, 2006.

que operara como estatuto básico y aglutinador del régimen jurídico general en lo atinente a ese grupo de relaciones contractuales. De ahí que ese ámbito objetivo se mostrara regido por normas sectoriales y en una composición reguladora fragmentada.

Finalmente, la cuarta anotación que creemos oportuno realizar es la de que, hasta los días que corren -más allá del hecho de la inaplicación actual del *contrato administrativo*-, se echa en falta entre nosotros un estudio científico con cierto acabado que asuma y presente, desde lo nacional y en ese plano científico, una visión sistematizada de la categoría contractual o de las cuestiones esenciales que involucra en cuanto tipo jurídico general. También hay que apuntar la "sequía" en el completamiento de trabajos científicos de alcance objetivo más específico, igualmente con cierto acabado y con una perspectiva de generalidad, sobre las principales especies de contratos administrativos que han tenido anclaje en la vida jurídica cubana. Aunque, justo, es decir, la *contratación administrativa* no ha sido un punto ausente del interés de la ciencia criolla del Derecho Administrativo, y su tratamiento ha estado presente dentro de obras generales o en ensayos monográficos, pero que no alcanzan a cubrir la deuda científica que tenemos con dicha institución jurídica-administrativa.

Los orígenes conceptuales y funcionales del sistema de *contratación administrativa* en Cuba -como de toda la base jurídica histórica relativa a la actividad administrativa-, y el acercamiento primigenio a esa institución jurídica-administrativa, hay que cifrarlos en el modelo español del período, cuyo diseño presentaba puntos de relación con el que se desenvolvía también en Francia; país este último que ha tenido en su haber un rol fundamental en la construcción jurídica del *contrato administrativo*, a través de su Consejo de Estado y de su doctrina científica.

Por lo tanto, la base jurídica histórica de la *contratación administrativa* en nuestro país se planteó y comenzó a desarrollarse a partir del modelo de *contrato administrativo* que nos llegó a través de las disposiciones normativas que se emitían, al respecto, para la colonia, desde la Península Ibérica; así como en las ideas de la ciencia *iusadministrativa* francesa y la española que servían de referente al efecto.

La conclusión más importante que se puede derivar, en lo jurídico, del balance sobre la situación del *contrato administrativo* dentro del contexto nacional decimonónico, es el hecho de que cobró carta de asentamiento y operatividad efectiva dentro del tráfico jurídico-administrativo cubano, traído de la mano de la metrópolis; y que la mecánica legal y conceptual sobre la que se posicionó el mismo, fijó, para Cuba, su adscripción al modelo de *contratación administrativa* de hechura franco-española. De tal suerte, el principal legado que para nosotros trascendió del siglo XIX al XX, en lo relativo a la *contratación administrativa*, fue su presencia y uso real como técnica de ordenación de relaciones jurídicas administrativas entre la Administración Pública y los particulares, referente básicamente a obras y servicios públicos, a través de un grupo de normas jurídicas de procedencia española, donde no pocas de esas disposiciones prolongaron su vigencia temporal hasta bien entrada la centuria siguiente.

Cuando se hace un balance general del régimen jurídico de la contratación administrativa en Cuba desde finales del siglo XX y lo que corrió del siglo XX hasta 1959, surgen algunas ideas a destacar en un trabajo como este cuyo fin es esencialmente de ilustración panorámica al respecto. En esa dirección, tenemos que apuntar que ese fue el período de anclaje en el ordenamiento jurídico cubano de la figura contractual administrativa, desde las tres dimensiones jurídicas fundamentales en que puede manifestarse: la normativa, la jurisprudencial y la doctrinal; fue también el período de mayor desarrollo práctico –normativo, jurisprudencial y desde el desenvolvimiento en específico de las relaciones jurídicas que ordena– de esa especie contractual y marcaba un ascenso gradual –que luego quedaría trunco, como veremos– de su evolución dentro del pensamiento *iusadministrativo* criollo.

El *contrato administrativo* tuvo en ese tiempo un espacio de identidad propio y de funcionalidad real -bien extendido en su utilización durante la época señalada-, como técnica de ordenación de relaciones jurídicas administrativas individualizadas, consensuadas voluntariamente, entre la Administración Pública y los particulares (esencialmente), cuyo objeto se inserta dentro del tráfico patrimonial del sector público enmarcado dentro del ejercicio de la función administrativa. Aunque, no se concretó un cuerpo de ordenación legal que asumiera de forma orgánica, sistémica y unitaria, la regulación normativa de la contratación administrativa; y con ello, que no apareciera, dentro del ordenamiento positivo cubano, una norma jurídica que operara como disposición básica, general y común, para la contratación administrativa, más allá de la normativa que ya se refería particularmente a los típicos vínculos contractuales de naturaleza *iusadministrativa*, específicamente considerados.

Fue también un instrumento clave de política económica y de acción social, desde los cánones característicos del capitalismo subdesarrollado, que sirvió al enfoque imperante de responder a los fines públicos sobre la base de concepciones más o menos liberales, pero donde la actuación directa de particulares en esa esfera era tenida ciertamente siempre como un elemento constitutivo –con más o menos protagonismo– de la acción pública orientada a proveer la satisfacción de las necesidades colectivas. No nos cabe dudas de que, en aquél período, el *contrato administrativo* fue una técnica jurídica estrechamente vinculada al progreso social –con las limitaciones y lastres que revelaba una sociedad como la cubana de entonces– en importantes sectores de la vida pública del país: ferrocarriles, transportes en general, teléfonos, electricidad, comunicaciones, acueductos, obras públicas, por solo mencionar las más visibles al efecto; aunque debido a lo que la contratación administrativa significaba para la mecánica funcional y existencial *iuspública*, también en la historia de Cuba han quedado ejemplos a su alrededor de acciones fraudulentas y corruptas, contrarias a su esencia como instrumento jurídico-administrativo.

Ahora bien, con el advenimiento del triunfo revolucionario de enero de 1959, se produce la apertura de una nueva etapa en la historia de Cuba. No pocas de las instituciones jurídicas administrativas se vieron afectadas y reflejaron sobre sí el cambio que supuso el triunfo de la Revolución cubana. Pero, es el *contrato administrativo*, probablemente, una de las instituciones sobre las que de modo más marcado insidió el viraje revolucionario, hasta el punto de verse alcanzado por este en su existencia misma; descubriendo así una situación totalmente apuesta y distinta a la que enseñaba antes del advenimiento al poder de las nuevas fuerzas. En otras palabras, que de técnica jurídica administrativa con presencia cotidiana en el orden normativo *iusadministrativo* criollo y en el quehacer de la jurisprudencia patria, antes de 1959, pasó a ser, a partir de esa fecha, una realidad en liquidación que vería desaparecer su espacio existencial y vital, hasta convertirse en el recuerdo de una etapa superada y en la evocación de una "técnica jurídica capitalista" que ha sido vista, además, con desconfianza –infundada, creemos nosotros– por no avenirse con los rumbos socio-políticos –y las ideas que los soportaban– que adoptó el país bajo la guía del Gobierno revolucionario.

No nos es posible en este marco, ni siquiera en apretada síntesis, detenernos adecuadamente en las particularidades que rodearon el proceso de declinación y crisis del *contrato administrativo* en nuestro país luego de enero de 1959 –tampoco es ese nuestro objetivo aquí-, pues, de por sí, es un aspecto complejo en el que se entrecruzan muchas cuestiones, de diversa naturaleza, a tener en cuenta.

Desde un enfoque global y monocromático, hay que decir que, en los momentos iniciales del Gobierno revolucionario provisional, se mantuvo la vigencia del instituto contractual administrativo, como técnica formal que respondía al tráfico jurídico público. Vigencia que puede ser constatada, especialmente, tanto en el plano práctico (de la subsistencia objetiva de relaciones contractuales *iusadministrativas*), como en el terreno de la dimensión normativa relativa a esa institución. Sobre esta última dimensión, en ese primer momento histórico, hay que decir que el núcleo esencial de las regulaciones normativas vigentes al respecto provenía, o tenía su base directa en disposiciones emitidas en el período anterior al triunfo revolucionario.

Ahora bien, esa lectura de subsistencia es válida desde la apreciación del marco general; pero, cuando constatamos las acciones particularizadas que se integran dentro de ese marco, y nos detenemos en la carga de matices que subyacen en las mismas, podemos vislumbrar que era otro el objetivo que se perfilaba en su interior y que pronto aflorarían definitivamente. En la adopción de la orientación que al respecto se iría revelando, determinaron tanto los objetivos políticos, económicos y sociales que el nuevo Gobierno se proponía, como la situación política en general que, en lo interno y lo externo, rodeó el desempeño del mismo.

El año 1961 marca formalmente la orientación abierta de la Revolución cubana por el camino de la construcción del sistema socialista de la sociedad, contando con el respaldo político, económico e ideológico de la entonces comunidad de países socialistas (cuyo núcleo fundamental se ubicaba geográficamente en Europa Oriental) que lideraba la Unión de Repúblicas Socialistas Soviéticas (URSS). Ello significaría, a su vez, que, en esa construcción, Cuba se adscribiría a un sistema social cuya base ideológica, filosófica y conceptual se sustentaba, esencialmente, sobre las concepciones marxistas-leninistas; y su referente real inmediato al respecto era el ejercicio práctico de ese tipo de sistema que se llevaba a cabo en el bloque de naciones socialistas europeorientales.

Para el Estado cubano, este camino hacia el socialismo implicaría también un cambio teórico y práctico en las concepciones jurídicas que fundamentaban toda la actuación estatal, en las finalidades que un Estado de nuevo tipo (léase Estado socialista) debía cumplir, y en las formas para alcanzar esas finalidades. Por supuesto que ello representó para la Administración Pública cubana la asunción de un nuevo enfoque jurídico integral de su actividad, de las necesidades que la Administración Pública socialista debe satisfacer, y de los medios jurídicos a utilizar para responder a esas necesidades. Demás está decir que esta situación no solo hizo eco en las normas jurídicas administrativas, sino, especialmente, en la concepción y papel a desempeñar por muchas de las instituciones jurídicas administrativas.

En un plano más general, ello conllevó el inicio de un cambio en la manera de concebir y de ser de nuestro Derecho Administrativo, pues comenzaron, rápidamente, a ser abandonadas las tradicionales ideas que, con su aplicación a la realidad cubana, habían imperado en nuestro ordenamiento jurídico administrativo en su desarrollo desde el siglo XIX y la primera mitad y algo más del XX, y que nos habían llegado o conectaban directamente con el pensamiento jurídico, básicamente, de Francia, España, Alemania (antes de la división a raíz de la Segunda Guerra Mundial), Italia y de algunos países de Latinoamérica (es decir, ideas forjadas, abonadas y propias de lo que a partir de entonces sería llamado entre nosotros, en tono de contraste, como "el Derecho Administrativo burgués" o "el Derecho Administrativo capitalista"); para abrazar de lleno, y aplicar en la práctica, la construcción conceptual sistémica que, sobre el Derecho Administrativo, se desarrolló bajo el sistema socialista de Europa del Este, y que hasta ese momento era ajena –como soporte teórico y experiencia real, más allá de posibles puntos de contacto– a nuestro sistema jurídico, según se planteaba y se desarrollaba antes de la era socialista.

Así las cosas, el Estado cubano se orientaría, desde el punto de vista económico, hacia una mecánica funcional caracterizada por la propiedad socialista sobre los medios de producción, la centralización, la estatización, la dirección y planificación estatal de la economía, entre otros rasgos; es decir, donde el Estado –en abstracto– se convertía en el principal agente económico y con un elevado grado de intervención en la gestión económica, al asumirla como parte del contenido de sus funciones. Ese panorama alcanzó su mayor respaldo jurídico en la Constitución cubana de 1976, particularmente en sus artículos 14, 15, 16, 17 y 18.

Esa concepción, en principio, planteaba la premisa de prescindir de la participación de privados como un elemento típico o a considerar dentro de la gestión económica desarrollada por el Estado en el perímetro del ejercicio de su función administrativa.

Lo cual condujo a que las relaciones consensuadas entre la Administración Pública y los particulares perdieran virtualidad dentro del conjunto de vínculos jurídicos que se integraba en el espacio funcional donde se desarrollaba el tráfico económico del sector público (sector que vio ensanchado sus límites en buena medida), y que otrora estuvieron sometidos, esos vínculos, a ordenación jurídica a partir de formas características del Derecho Administrativa (entiéndase, específicamente, la *contratación administrativa*). Igualmente, ese telón de fondo objetivo determinaría, en nuestro país, la decadencia – al punto de su eliminación– de la utilidad –y utilización–, según los criterios de conveniencia que juegan en una valoración de ese tipo, de la técnica contractual *iusadministrativa*, para ordenar determinadas relaciones de contenido patrimonial y de carácter consensuado entre la Administración Pública y los particulares, vinculadas objetivamente con el ejercicio de la función administrativa de la primera.

En definitiva, la reconsideración y el replanteo –tanto en su alcance objetivo, cuanto en su percepción conceptual, no sin estar determinadas por consideraciones de índole política e ideológica-, que, a partir de la década de 1960 y como consecuencia de la construcción del socialismo, se produjo en lo atinente al contenido y alcance de la función administrativa en Cuba, así como las formas jurídicas a partir de las cuales la Administración Pública cubana respondería al cumplimiento de sus fines, provocó el "escape" o la "huida" de la técnica contractual del Derecho Administrativo cubano.

De esa manera, la contratación administrativa, como institución jurídica, dejaría de tener presencia y vida –más allá de la subsistencia de alguna regulación normativa en desuso originada en el período prosocialista- dentro del tráfico *iusadministrativo* nacional –situación esta que se mantiene hasta los momentos actuales-; y perdería su espacio real y formal dentro del sistema científico del Derecho Administrativo criollo.

Esto último quiere decir, que a lo largo de lo que restaba del siglo XX, la ciencia del Derecho Administrativo cubano excluyó por completo de su atención al *contrato administrativo*, completando así su destierro efectivo del conjunto de instituciones jurídicas que conformaban el ámbito objetivo de estudio de dicha ciencia.

Frente a los comentarios anteriores, pudieran surgir, quizás, dos preguntas: ¿hacia dónde se produjo el "escape" o "huida" de la regulación jurídica de la actuación contractual de la Adminis-tración Pública cubana, que antes se realizaba bajo el manto formal del *contrato administrativo*? y ¿qué pasa hoy en Cuba –si es que algo ocurre al respecto– en relación con el contrato administrativo como categoría jurídica, más allá de su inaplicación objetiva y formal, dentro del Derecho Administrativo nacional? Mas, las respuestas a esas interrogantes configuran, de por sí, otra "historia" a la que habrá que referirse en otro momento, pues está cargada de matices y de una complejidad que es imposible resumir consecuentemente en el corto espacio con el que aquí contamos.

Baste decir, en relación con la primera pregunta -en lo que no toca a los vínculos jurídico contractuales entre las entidades administrativas y los particulares, pues estos se eliminaron de la práctica o quedaron bajo la técnica contractual privada fundamentalmente en aquellos casos en que no había conexión directa con el interés público- que, en el Derecho socialista cubano, tomaría operatividad la interpretación –también nos llegaría por la vía del antiguo bloque socialista, sobre todo de la URSS y la República Democrática Alemana (RDA); dato este que hay que tener en cuenta en lo atinente al tema que nos mueve aquí, por la posición histórica que respecto a la contratación pública había imperado en el ordenamiento jurídico alemán desde antes de la división en las dos Alemania– de que las relaciones económicas derivadas directamente del funcionamiento administrativo del Estado eran objeto del Derecho Económico, rama jurídica entendida –no sin polémica- como distinta del Derecho Administrativo;[40] y que fue referida, entre otras definiciones, de la siguiente manera: "(…) el Derecho Económico regula las relaciones que se establecen entre las organizaciones socialistas y sus subdivisiones con ocasión de la dirección de la actividad económica y de la realización de la misma. Estas relaciones se denominan relaciones económicas, y las mismas surgen en el proceso de la reproducción socialista.

No obstante, en el proceso de la reproducción socialista se establecen no solo relaciones económicas, sino también relaciones laborales y relaciones dirigidas a la satisfacción de las necesidades materiales de los ciudadanos. El objeto del Derecho Económico está formado no por todas las relaciones vinculadas a la reproducción socialista, sino solamente por una parte de las mismas: las relaciones económicas."[41]

De tal suerte, surge a la luz categoría del *contrato económico* (propia del Derecho Económico) que, entre otras formas, ha sido referido como "acuerdo de carácter planificado entre organizaciones socialistas, orientado a fijar sus derechos y deberes económicos".[42] La principal recepción normativa en Cuba de esa categoría (el *contrato económico* fue un tema que suscitó una importante atención en la literatura jurídica cubana luego de la década de 1960, especialmente entre los años 70 y 80 del siglo pasado), tuvo lugar a través del - hoy derogado-, Decreto-Ley No. 15 de 1978, "Normas básicas para los contratos económicos"; donde su Sección Tercera se denomina "Del contrato de suministros", la Sección Quinta "Del contrato de ejecución de obras" y la Sección Séptima "Del contrato de servicio". Con la modificación del 2012, a partir de la aprobación del Decreto Ley 304 "De la Contratación Económica", las tendencias aludidas anteriormente preservan las bases conceptuales del régimen jurídico del sistema de contratación económica, en el cual se integra una amplia dimensión de la contratación pública.

---

40 En Cuba se llegó a afirmar – véase Rodríguez Grillo, Luisa (Colectivo de autores bajo la dirección de) *et al, Apuntes de Derecho Económico*, Facultad de Derecho, Universidad de La Habana, Ministerio de Educación Superior, Ciudad de La Habana, 1984, p. 16 – que: "El Derecho Administrativo regula las relaciones administrativas, es decir, a las relaciones de dirección y no a las patrimoniales." Agregándose: "El Derecho Económico regula las relaciones económicas en las que los elementos organizativos y de planificación se combinan con los elementos patrimoniales. Además de las diferencias de carácter entre las relaciones reguladas por el Derecho Económico y el Derecho Administrativo, existe la diferencia entre los sujetos, ya que en las relaciones económicas participan fundamentalmente las organizaciones socialistas y sus unidades estructurales, mientras que los sujetos de las relaciones administrativas pueden ser ciudadanos individuales.".

41 Láptev, V. (Redactor responsable) *et al, Derecho Económico*, Traducido del ruso por Lic. René Gómez Manzano, Editorial de Ciencias Sociales, La Habana, Editorial Progreso, Moscú, 1988, p. 32.

42 Láptev, V., Capítulo VI "Derecho económico", en ob. *cit.*, p. 212.

Contrato de Suministro (artículo 32), prestación de servicios (artículo 45). De igual forma, en relación a los contratos de ejecución de obras, se establece una amplia gama de figuras concretas, investigación ingeniera aplicada (artículo 151 y siguientes), documentación de proyectos (artículo 154 y siguientes), ejecución de obras (159 y siguientes), control técnico (artículo 190 y siguientes).

Por lo pronto, y a partir de las circunstancias vividas por el país a partir de los años noventa del siglo pasado, nos limitaremos a decir que, para nosotros, queda al descubierto la artificialidad del *contrato económico* -que parte desde su nombre mismo, pues, al menos cabe cuestionarse: qué contrato no es económico- y su disfuncionalidad como técnica jurídica para ordenar relaciones bilaterales voluntarias vinculadas directamente con la actividad administrativa y con el interés público.

En relación con la segunda interrogante esbozada líneas arriba, igualmente nos limitaremos a comentar que hoy en el ámbito académico cubano -aunque los esfuerzos al respecto solo quedan en ese ámbito, sin trascendencia efectiva a otros, y sin un alcance numéricamente extendido- se está considerando y preconizando, por un sector, la posibilidad de una *vuelta al contrato administrativo*; a partir de la realidad que nuestro país ha estado viviendo desde la última década del siglo XX, y que ha planteado ciertos cambios dentro del funcionamiento de la Administración Pública cubana y en los modos de dar respuesta al cumplimiento de sus fines, en relación con el período histórico anterior a esa fecha.

Algunas ideas en ese sentido han tenido concreciones en materia de procedimientos de selección de contratistas en sectores muy concretos como el arrendamiento de locales para el ejercicio de actividades comerciales, bajo la idea de licitaciones, sin que ello haya implicado el establecimiento pleno de un régimen contractual propio del Derecho Administrativo, sino que se articula a la propia concepción de lo establecido en la norma que regula la contratación económica.

En paralelo, la Contraloría General de la República, ha venido emitiendo indicaciones sobre la prevención de la corrupción en materia de contratación, vinculantes a los sujetos comprendidos en su ámbito de actuación (aquellos a los cuales se les asigna, ejecutan o reciben recursos públicos con motivo de su actividad), vinculando gradualmente a sujetos no estatales que a día de hoy se han insertado en el mercado. Tales exigencias de realización de procedimientos de contratación, que el Decreto Ley 304 y su reglamento no desarrollan, exigen que los sujetos contratantes, por medio de sus Comités de Contratación Económica, valoren varias ofertas, determinando con criterios objetivos la que satisfaga de mejor forma el interés público y la ejecución del presupuesto.

Aun así, a día de hoy el camino sobre la eficiencia en esta actividad se cierne sobre la necesidad de armonizar en primer lugar las reglas del mercado y fomentar la competitividad, tanto por vías de desarrollo normativo, como por la puesta en funcionamiento de órganos de regulación y control sobre estas prácticas, en el seno del Ministerio de Economía y Planificación, a fin de evitar las potenciales –y muchas veces presentes– prácticas anticompetitivas que se generan en torno a dichas compras en el sector público, y que impacta a toda la actividad comercial en general.

Sobre dicha idea, ha de pensarse en un régimen diferenciado de contratos mercantiles, a tono con la nueva jurisdicción establecida desde hace varios meses, con la aprobación del Código de Procesos, y de un régimen de contratos administrativos, que deberían atribuirse a la jurisdicción administrativa, como expresión del avance de su autonomía procesal. En esta idea, el cumplimiento del principio de transparencia Administrativa como eje de acción del Estado debe pautar un sistema de técnicas de selección de contratistas que permitan la plena participación de los sujetos del mercado en sus relaciones con el Estado, potenciando el control sobre la misma y evitando prácticas que potencien fenómenos de corrupción.

En resumidas cuentas, cuando miramos en retrospectiva el *via crucis* seguido en Cuba por el *contrato administrativo* como institución jurídica, particularmente luego de enero de 1959, no podemos dejar de percatarnos que se nos refuerza en la mente una percepción ya observada por los más agudos científicos del Derecho Administrativo: que la técnica contractual *iusadministrativa* es un producto histórico, pues su existencia y desarrollo como instrumento de ordenación de relaciones jurídicas administrativas, están condicionados por las circunstancias históricas que determinan el ejercicio de la función administrativa por parte de la Administración Pública en un momento y en un espacio dados.

IX. EL DERECHO ADMINISTRATIVO SANCIONADOR[43]

Como en otros ordenamientos jurídicos, en Cuba opera el Derecho Administrativo sancionador, entendido como sector configurado a partir de la posibilidad de actuación punitiva que se encuadra objetivamente dentro del marco funcional administrativo. Directamente, el Derecho Administrativo sancionador no encuentra una referencia expresa en el texto constitucional vigente.

La potestad sancionadora de la Administración Pública en Cuba se hace presente actualmente en ámbitos diversos. Si se tienen en cuenta los diferentes espacios donde la Administración Pública cubana despliega su función y el ejercicio de sus potestades -la sancionadora y la disciplinaria-, no resulta difícil ver que el Derecho Administrativo Sancionador se materializa a través de un número considerable de disposiciones normativas de rango diverso (leyes, decretos-leyes y reglamentos) que regulan pluralidad de contravenciones con diversos procedimientos para el ejercicio de ese poder jurídico de sanción. Saltando a la vista la falta de un procedimiento administrativo común en esta materia, que coadyuve a enfrentar los efectos de la gran dispersión y fragmentación que existe al respecto, y la falta de organicidad en la ordenación de esta materia entre nosotros.

Asimismo, en el panorama cubano relacionado con el poder punitivo del aparato público y relacionado con el tema sancionador administrativo, se hace presente la variante establecida en los criterios sobre la multa administrativa establecida en el recién aprobado Código Penal y en la aplicación de los criterios de oportunidad desarrollados en la Ley del Proceso Penal.

Como se ha hecho notar entre nosotros,[44] el Derecho Administrativo sancionador en Cuba, adolece de una lamentable falta de sistematicidad, fruto de la dispersión legislativa que se ha producido, en lo que ha prevalecido el principio de oportunidad. En la esfera científica esta materia ha resultado escasamente tratada y no existe un desarrollo doctrinal apreciable; aún cuando los esfuerzos tampoco han sido nulos en sentido absoluto.

El punto de desarrollo más significativo en el momento actual radica en el efecto que el canon de tutela judicial efectiva establecido en la Constitución de 2019 ha impuesto sobre esta materia, pues el régimen vigente en su mayoría, cerraba el acceso a la justicia administrativa de tales cuestiones, o cuando lo previa, establecida la carga de la obligación "*solve et repete*", que obligaba al previo pago de la sanción administrativa como presupuesto de acceso, convirtiéndose en otro supuesto de denegación de acceso a la jurisdicción.

Con la aprobación de la Ley 142/2021, regulado el proceso administrativo, los Tribunales Populares, en virtud de la aplicación directa del mandato constitucional, han inaplicado tales limitaciones al acceso, conociendo de tales cuestiones y valorando la justa aplicación de los principios del debido procedimiento administrativo contenidos en el artículo 94 constitucional.

---

[43] Para Cuba, en los últimos lustros, puede verse, principalmente: Vega Vega, Juan, *La legislación penal y algunas regulaciones administrativas*, Editorial de Ciencias Sociales, Ciudad de La Habana, 1984; Vega Vega, Juan, *El sistema jurídico de la disciplina social*, Colección de Estudios Jurídicos, Unión Nacional de Juristas de Cuba, Ciudad de La Habana, s/a; Gómez Treto, Raúl, "La nueva legislación cubana de infracciones administrativas", en *Revista Jurídica*, No. 9, Año III, Octubre-Diciembre, 1984, Departamento de Divulgación del Ministerio de Justicia de la República de Cuba, La Habana; Vega Vega, Juan, "Las contravenciones", en *Revista Cubana de Derecho*, Año XVII, No. 33, Abril-Junio, 1988, Órgano de la Unión Nacional de Juristas de Cuba, La Habana; La penalización, la despenalización y el sistema de contravenciones (Conferencia-Tipo), Divulgación popular del Derecho, Editado por el Órgano de Divulgación del Ministerio de Justicia, Ciudad de La Habana, 1989; Valdivia Onega, Marisabel/ Vizoso García, María de los Ángeles y Castanedo Abay, Armando, Separata de Derecho Administrativo, Facultad de Derecho, Universidad de La Habana, La Habana, 1989; Fernández Paz, Juan Antonio, "Las contravenciones", en *Revista Jurídica*, No. 26, Año VIII, Enero-Marzo, 1990, Departamento de Divulgación del Ministerio de Justicia de la República de Cuba, La Habana; Gómez Pérez, Ángela, *El principio non bis in idem. Sanciones penales y sanciones administrativas*, Fondo Editorial, Colegio de Abogados de Cochabamba, Cochabamba, 2001; Gómez Pérez, Ángela, "Tutela legal a las contravenciones y los delitos paralelos en Cuba", en *AA.VV., Temas de Derecho Administrativo*, Tomo II, 1era reimpresión de la 1era edición, Editorial "Félix Varela", La Habana, 2006; Gómez Pérez, Ángela, "El principio non bis in idem. Sanciones penales y sanciones administrativas", en *Anuario del Centro de Investigaciones Jurídicas*. 2004, Centro de Investigaciones Jurídicas, Ministerio de Justicia, Ciudad de La Habana, 2005; Gómez Pérez, Ángela, "Tutela legal a las contravenciones y los delitos paralelos en Cuba", en Pérez Gallardo, Leonardo B. (Coordinador) et al, *Perspectivas del Derecho Cubano Actual*, Tomo I, 1.ª edición, Editorial Reus, Madrid, 2006.

[44] Ver: Gómez Pérez, Ángela, *El principio non bis in idem. Sanciones penales y sanciones administrativas*, Fondo Editorial, Colegio de Abogados de Cochabamba, Cochabamba, 2001, p. 35.

Este impulso en vía de garantías procesales al ejercicio de la potestad sancionadora, y su consecuente control, convida hoy más que nunca, bien por medio de la regulación de un procedimiento administrativo, o bien por medio de una norma general en concreto con naturaleza codificadora, el desarrollo de los principios que configuran la actuación de la potestad sancionadora, la delimitación de la categoría infracción administrativa como concepto propio del Derecho Administrativo, alejado de la categoría Contravención, de arraigo en las influencias del Derecho Socialista y su sistemas de Derecho Administrativo, que a día de hoy se desarticulan con la realidad y los desarrollos de este sector en la doctrina, legislación y jurisprudencia en otros referentes comparados.

De igual modo, queda al molde del legislador, la necesaria delimitación sobre la objetividad jurídica de la regulación de estos sistemas de Derecho Administrativo Sancionador, máxime con el rediseño que ha supuesto la entrada en vigor del nuevo Código Penal. A día de hoy se erige como una necesidad urgente el deslinde de los respectivos campos de actuación, evitando así la regulación en paralelo de figuras con una misma objetividad normativa y sanción en regímenes jurídicos deferentes.

X. LA DISCRECIONALIDAD ADMINISTRATIVA[45]

Uno de los puntos más trascendentales en especial desde el punto de vista práctico, que se ha planteado en el Derecho Administrativo cubano a lo largo del siglo XX y lo que va del XXI ha sido el de la discrecionalidad administrativa, y en especial la cuestión de su control. Si bien es cierto que entre nosotros no habido grandes trabajos de teorización sobre la cuestión de la discrecionalidad, esta no ha dejado de ser un tópico cuyo valor ha sido advertido por la doctrina.

A lo largo del siglo XX cubano, en especial luego de superado sus primeros momentos, una de las anotaciones que se vuelve recurrente en el panorama en materia de control judicial de la Administración, fue la de la incongruencia de que en Cuba no se sometiera a control judicial en lo administrativo, por prescripción legal, los actos emanados del ejercicio de la potestad discrecional, cuando las concepciones que habían amparado un postulado como el de su no revisión en vía judicial administrativa estaban ya superadas en los ordenamientos de avanzada dentro del Derecho Comparado.

En este orden de ideas, el recurso por exceso de poder (*excès de pouvoir*) –de origen francés durante el período decimonónico mismo– había sido uno de los grandes aportes al control jurisdiccional de la Administración Pública, como técnica que propicia dicho control sobre los actos derivados de la potestad discrecional. Pero en nuestra práctica jurisdiccional que nos venia del siglo XIX seguía siendo –y hasta hoy lo es- desconocido tal recurso o algo parecido que cumpliera su función; incluso otras técnicas de control de la discrecionalidad que se potenciaron durante el siglo XX. Por lo tanto, gran parte de los actos de la Administración Pública, por ser consecuencia directa del ejercicio de la potestad discrecional, quedaban al margen del control judicial en materia administrativa. Algo que realmente no ha variado hasta hoy.

En relación con lo anterior, una interesante jurisprudencia del Tribunal Supremo, fechada inicialmente en la década de 1930, había considerado: "La potestad discrecional es jurídica y no arbitraria, debiendo encontrar apoyo en un precepto legal y ejercerse por autoridad competente, utilizando el procedimiento adecuado, sin que baste la referencia a la necesidad de conservar o restablecer la paz para comprender en la aludida potestad las determinaciones de la Audiencia, cuando

[45] Para Cuba, en los últimos tiempos, puede verse: López Álvarez, Valentín, "La discrecionalidad administrativa. La discrecionalidad y el coadyuvante de la Administración. Necesidad de su perfeccionamiento en el ordenamiento cubano", en *Revista Cubana de Derecho*, No. 15, Enero-Junio, 2000, Unión Nacional de Juristas de Cuba, Ciudad de La Habana; Cañizares Abeledo, Fernando Diego, "Lo reglado y lo discrecional en lo administrativo", en *AA. VV.*, *Estudios de Derecho Administrativo cubano*, Editorial "Félix Varela", Ciudad de La Habana, 2002 (publicado también en Fernando Diego, "Lo reglado y lo discrecional en lo administrativo", en *AA. VV.*, *Temas de Derecho Administrativo*, Tomo I, 1era reimpresión de la 1era edición, Editorial "Félix Varela", La Habana, 2006); Arias Gayoso, Grethel, "Reflexiones en torno al principio de legalidad y la potestad discrecional de la Administración Pública", en *Revista Jurídica*, Tercera época, Año 1, No. 2, Julio-Diciembre, 2008, Ministerio de Justicia, Ciudad de La Habana, 2009; Marcheco Acuña, Benjamín, "El control judicial de la potestad discrecional de la administración pública en Cuba", en *Revista Facultad de Derecho y Ciencias Políticas*, vol. 39, No. 110, Enero-Junio de 2009, Medellín; Arias Gayoso, Grethel, "A vueltas con la discrecionalidad administrativa", en *Novum jus*, Volumen 4, No. 1, Enero-Junio, 2010, *Revista de la Facultad de Derecho*, Universidad Católica de Colombia, Bogotá, D.C.; y además en *Revista de Derecho*, No. 5, diciembre, 2010, Publicación arbitrada de la Universidad Católica del Uruguay, Konrad Adenauer Stiftung, Universidad Católica, Montevideo.

la naturaleza del acto o de la materia sobre que versa la cuestión, no pertenezca al orden político o de Gobierno, al orden público o a la defensa del territorio, de lo que se deduce que donde existen normas preestablecidas, el acto es siempre reglado y procede la vía Contencioso-administrativa, aunque las resoluciones se inspiren en los fines y propósitos indicados y se invoquen para cohonestarla el artículo 68 de la Constitución, que en ningún caso autoriza a actuar con abstracción o infracción de la ley". Ello puede evidenciarse en otras sentencias como: la No. 20 de 30 de enero de 1933; la No. 76 de 9 de marzo de 1933; la No. 89 de 16 de marzo de 1933.

Un importante autor del Derecho Administrativo y Procesal Administrativo Cuba, con una destacada obra al respecto antes del triunfo revolucionario de 1959, Fernando ÁLVAREZ TABÍO, ante la pregunta de si debían existir actos que escaparan al contencioso jurisdiccional, haciendo suyo lo escrito por el francés Gastón JÈZE y por el español Cirilo MARTÍN RETORTILLO, explicaba que era sabido que la tendencia del Estado de Derecho era responder negativamente a esa pregunta y que ningún acto jurídico repugnaba naturalmente al control jurisdiccional. Recalcaba que la aspiración era reducir la omnipotencia de la Administración a límites jurídicos y concretar la esfera de acción libre e incontrovertible que a ella se le reconocía, robusteciendo así las garantías ciudadanas solemnemente proclamadas en las Constituciones, aunque no siempre respetadas por los órganos activos del Poder Público.[46]

Después del triunfo revolucionario de 1959, la situación práctica en torno a la discrecionalidad administrativa no dio un vuelco a favor de su mejor construcción y compresión, mucho menos en lo atiente a su control judicial.

De hecho, ya con la vigencia de una nueva ley procesal cubana, la Ley de Procedimiento (Proceso) Civil, Administrativo y Laboral de 1977 (posteriormente denominada Ley de Procedimiento Civil, Administrativo, Laboral y Económico), contentiva del proceso administrativo, mantuvo expresamente la exclusión de los actos emanados del ejercicio de la potestad discrecional del contencioso-administrativo cubano. Situación que se vio respaldada cuando el Consejo de Gobierno del Tribunal Supremo Popular emitió (en nuestra opinión) un desafortunado dictamen –por las consideraciones conceptuales que encierra y las consecuencias prácticas que ha implicado–, el No. 284, contenido en el Acuerdo No. 30 de 1988, a raíz de una consulta elevada por el Tribunal Provincial Popular de Villa Clara, en el que hubo de señalar: "La potestad discrecional y la reglada por el contrario de la que la Sala consultante estima, son facultades antagónicas. La primera consistió en la libre decisión, sin sujeción a norma alguna, del órgano que la disfruta, mientras que la reglada, constituyó que un acto de ejecución de la ley, vale decir, que el órgano que decidía tenía que ajustarse a lo que en la legislación vigente en la materia se encontraba estatuido (...)". Esta declaración constituyó el fundamento de sucesivos pronunciamientos de la Sala de lo Civil y lo Administrativo del Tribunal Supremo Popular, encontrando sustento para la negación al conocimiento de los asuntos generados por el ejercicio de la potestad discrecional. Sin embargo, en las primeras dos décadas del siglo XXI, ha manifestado la propia Sala, a pesar de la imposibilidad de conocimiento, la determinación en el ejercicio de la potestad discrecional, de un poder libre, pero, jurídico y no arbitrario, con lo cual evoluciona el tratamiento ofrecido a la institución.

Así las cosas, hay que reconocer que, con la nueva regulación del control de los actos administrativos, emanados del ejercicio de la potestad discrecional, se ha logrado imponerse en la realidad jurídico-administrativa cubana el necesario salto cualitativo en relación con la configuración de la discrecionalidad administrativa y sus implicaciones. Ello supone una superación definitiva con algunos autores cubanos de finales del siglo XX e inicios del siglo XXI, (por fortuna resultan cada vez una rareza entre nosotros) que, en sus ideas al respecto, mostraban rezagos conceptuales en torno a la noción de discrecionalidad, atada todavía a vetustas consideraciones que, a la luz del estado actual del pensamiento jurídico-administrativo, no dejan de verse como desconfiguradoras de lo que es realmente la discrecionalidad administrativa, o como retrasadas en el tiempo y plenamente superadas.[47]

---

46 Álvarez Tabío, Fernando, *El Proceso Contencioso-Administrativo…*, *ob. cit.*, p. 380 y 381.

47 Es el caso de los pronunciamientos que realizara Diego Fernando Cañizares Abeledo cuando acogía: "LA discrecionalidad tiene lugar cuando falta una norma administrativa, cuando la norma deja libre al órgano estatal para la solución de un asunto, cuando la norma existente hace depender la determinación o el objeto del acto de elementos que la administración debe apreciar, (...).". Más adelante decía: "Existe discrecionalidad cuando el mandato de la ley y el

El artículo 46 de la Ley 142/2021, que regula el Proceso Administrativo, establece que cuando se impugnen actos que impliquen el ejercicio de potestades discrecionales, el tribunal controla que se hayan ejercido en la forma y dentro de los marcos establecidos por el ordenamiento jurídico, sin que ello signifique sustituir a la entidad administrativa en la valoración del mérito, conveniencia u oportunidad de la decisión. Esta regulación que denota el referido salto cualitativo del régimen anterior debe verse como expresión del canon de tutela judicial efectiva que consagra el texto constitucional, y supone para su materialización el establecimiento de criterios objetivos vinculantes para el juez en su valoración y control del ejercicio de dicha potestad. De tal forma, los criterios de mérito, conveniencia u oportunidad se desarrollan en el artículo 47, con el establecimiento de un test de proporcionalidad, que van desde la valoración de requisitos de legitimidad y validez, hasta juicios de ponderación y adecuación en sentido estricto.

En esa idea, el artículo 47 sostiene que a los efectos del artículo anterior, el tribunal controla: a) La competencia de la autoridad emisora por razón de la materia, el grado, el territorio o el tiempo; b) los hechos en los que se funda la decisión y su calificación jurídica; c) la motivación, con la debida exposición de las razones de fondo que justifican la decisión; d) la adecuación de la decisión a los fines específicos para los cuales el ordenamiento jurídico concede la potestad ejercida; e) la proporcionalidad entre el fin perseguido con la decisión adoptada y los medios empleados para su consecución; f) la correspondencia de la decisión con otras adoptadas en circunstancias análogas, de manera que no se produzcan tratos desiguales o discriminatorios ante supuestos similares.

Dicha regulación puede ser considerada, en términos técnicos como una de los signos de identidad más importantes del nuevo proceso administrativo, pues no solo prevé el conocimiento expreso y sin limitaciones de los actos administrativos derivados del ejercicio de la potestad discrecional, sino que sirve como pauta de valoración, no solo para el juez administrativo, sino para los profesionales del derecho dedicados a la asesoramiento jurídico, en primer lugar, pues de sus manos salen los actos administrativos que se suscriben por los órganos competentes.

De igual modo, dicha regulación resulta una guía metodológica para los abogados, que, en su rol de defensa de los justiciables, pueden advertir y argumentar las falencias de los actos administrativos que intentan combatir. De tal forma, las reglas del artículo 47 de la Ley 142/2021 resultan uno de los puntos más fuertes y vinculantes para el sector jurídico en esta nueva ley, y una renovación en la concepción del ejercicio de la potestad discrecional, ahora articulada con la proporcionalidad de una forma más coherente y adecuada para el cumplimiento de sus fines en el ordenamiento jurídico.

En definitiva, se hace necesario entre nosotros, por todas las implicaciones que ello trasunta para el propio ejercicio del poder administrativo, la consecución efectiva de los intereses general, y las garantías de los derechos de los administrados, llevar a vías de hecho la reconfiguración acaecida en el orden procesal del universo que rodea a la discrecionalidad administrativa en el ordenamiento jurídico-administrativo nacional, y las posibilidades de su control, hacia una proyección congruente y consecuente con su esencia como fenómeno jurídico y con los imperativos que revela el adecuado ejercicio del poder público y la garantía de los intereses generales sin afectación ni menoscabos de los derechos e intereses de los administrados.

No debe perderse de vista la pertinencia y necesidad del ámbito de actuación discrecional de la Administración Pública, pero excluyendo de ello todo vestigio de arbitrariedad que no debe tener cabida dentro del universo existencial de dicho ente (por los efectos desnaturalizadores que sobre el funcionamiento de este tiene); ni hacer de esa actuación un espacio con límites mal proyectados y disfuncionales.

---

actuar administrativo se encuentran en intimo ligamen, o cuando la relación es más amplia, es decir, cuando existe libertad de opción en el actuar, según la oportunidad económica, política y social, lo que deja bien claro que la discrecionalidad obliga a la autoridad que hace uso de ella, a tener en cuenta hechos, normas de derecho y calificación de los hechos, elementos que constituyen, sin duda alguna, límites al capricho.". Y además sostenía: "(…) la discrecionalidad (…), es libertad de opción entre alternativas igualmente justas, no incluidas en el texto de la ley y, por ello, dejadas en la decisión al juicio subjetivo de la administración.". Ver: Cañizares Abeledo, Fernando Diego, "Lo reglado y lo discrecional en lo administrativo", en AA.VV., *Temas de Derecho Administrativo*, Tomo I, 1era reimpresión de la 1era edición, Editorial "Félix Varela", La Habana, 2006, p. 238 y 239 (publicado también en AA. VV., *Estudios de Derecho Administrativo cubano*, Editorial "Félix Varela", Ciudad de La Habana, 2002).

La discrecionalidad administrativa se ha de traducir para la Administración Pública en el ejercicio de una potestad o poder jurídico, sometido en todo momento a las exigencias de la juridicidad y la proporcionalidad, aun cuando haya un margen de libertad de actuación subjetiva a favor del ente administrativo dentro de ese marco de sujeción para adecuarse mejor a los fines que debe conseguir en la situación de que se trate.

Como actuación sujeta al Derecho, la discrecionalidad administrativa solo puede ser entendida dentro de los marcos que el Derecho le fija, y en función de los fines que al respecto se le asignan.

La reducción en el alcance de su ejercicio no debe ser entendida como un modo de enfrentarla, sino de proveer un mejor ejercicio de la misma y llegar a la mejor decisión o actuación posible en razón de la situación a la que sirve y de las finales que la animan. Por lo tanto, el control del ejercicio de la discrecionalidad administrativa no es una categoría antagónica a esta, sino que es un complemento necesario e indispensable para garantizar un adecuado ejercicio de la misma según los criterios que el Derecho le impone al funcionamiento administrativo.

XI. EL CONTROL JUDICIAL DE LA ADMINISTRACIÓN: CONTENCIOSO-ADMINISTRATIVO[48]

En cuanto a los orígenes del contencioso-administrativo para el caso cubano, debe reconocerse que dichos orígenes no han sido fijados con total claridad por los autores nacionales que se han ocupado de su estudio a lo largo de este tiempo. De hecho, las referencias en torno a la normativa anterior a la vigencia de la Ley española de 13 de septiembre de 1888 (Ley Santamaría de Paredes), cuando se han hecho, han sido muy someras; y no necesariamente con el interés de precisar y reconstruir, en extenso, los antecedentes del contencioso-administrativo en Cuba, a partir de un enfoque que permita apreciar la línea evolutiva que ha presentado la ordenación jurídica del proceso administrativo entre nosotros, antes del "reinado" de esa ley española de 1888. Por otro lado, los análisis han quedado fundamentalmente elaborados durante las seis primeras décadas del siglo XX, ante la muy escasa existencia de estudios sobre los temas propios del proceso administrativo que se puede constatar desde que se abre la etapa revolucionaria en enero de 1959 y que se extiende hasta los días actuales.

El año 1888 fue decisivo para el régimen jurídico del contencioso-administrativo en el caso cubano – todavía de la mano del poder colonialista español-, pues ese año se inaugura el largo reinado en Cuba de la española Ley de 13 de septiembre de 1888, Ley de lo contencioso-administrativo, que se extendería entre nosotros en su vigencia hasta las puertas del tercer cuarto del siglo XX, salvando las modificaciones que en ese camino se le introdujeron. La importancia que esa ley tuvo para el Derecho Procesal Administrativo en Cuba, su larga vigencia dentro del ordenamiento jurídico nacional, y la falta de esclarecimiento sobre el

---

[48] Al respecto en Cuba, puede verse, últimamente: Grillo Longoria, Rafael/ de Vera Sánchez, Guillermo y Grillo González, Carlos R., *Derecho Procesal Civil III (Medios de impugnación y Procesos especiales)*, Reimpresión, Impresión en los Talleres Gráficos de Publicaciones y Materiales Educativos del Instituto Politécnico Nacional, México D. F., 1997. (De este texto hay reimpresión posterior); López Álvarez, Valentín, "La discrecionalidad administrativa. La discrecionalidad y el coadyuvante de la Administración. Necesidad de su perfeccionamiento en el ordenamiento cubano", en *Revista Cubana de Derecho*, No. 15, Enero-Junio, 2000, Unión Nacional de Juristas de Cuba, Ciudad de La Habana; Lezcano Calcines, José Ramón, "El procedimiento administrativo", en *AA. VV.*, *Estudios de Derecho Administrativo cubano*, Editorial "Félix Varela", Ciudad de La Habana, 2002 (publicado también en AA.VV., *Temas de Derecho Administrativo*, Tomo II, 2da reimpresión de la 1era edición, Editorial "Félix Varela", La Habana, 2010); Carrasco Casí, María, "Acceso a la justicia en el Derecho Administrativo", en *Justicia y Derecho*, No. 7, Año 5, Diciembre, 2006, Tribunal Supremo Popular, Ciudad de La Habana; Marcheco Acuña, Benjamín, "El control judicial de la potestad discrecional de la administración pública en Cuba", en *Revista Facultad de Derecho y Ciencias Políticas*, vol. 39, No. 110, Enero-Junio de 2009, Medellín; Arredondo Suárez, Inés y García González, Orlando, "La revisión civil y administrativa conforme al Decreto-Ley 241-06", en *Justicia y Derecho*, No. 13, Año 7, Diciembre, 2009, Tribunal Supremo Popular, Ciudad de La Habana; Pérez Urquiza, Yalenni, "La solución de los conflictos tributarios en el siglo XIX. Breves apuntes para su historia", en Matilla Correa, Andry (Coordinador), *Panorama de la Ciencia del Derecho en Cuba. Estudios en homenaje al profesor Dr. C. Julio Fernández Bulté*, Facultad de Derecho, Universidad de La Habana, Leonard Muntaner, Editor, Palma de Mallorca, 2009; Pérez Urquiza, Yalenni y Arias Gayoso, Grethel, "Arbitraje vs. Administración. Reflexiones en torno a la práctica arbitral en la conflictividad tributaria", en Cobo Roura, Narciso / Dávalos Fernández, Rodolfo y Victoria-Andreu, Francisco (Coordinadores) *et al*, *Arbitraje internacional & medios alternativos de solución de conflictos: retos y realidades*, Association Andrés Bello des Juristes Franco-Latino-Américains, Unión Nacional de Juristas de Cuba, Impreso en Artes Gráficas Buschi, S.A., Buenos Aires, 2010. Y, en especial, nuestra obra en preparación: *Breve historia de la justicia administrativa en Cuba.*

origen y evolución del orden contencioso-administrativo para los cubanos, ha llevado a algunos escritores a identificar en esa norma procesal administrativa el primer antecedente legislativo sobre la organización de la jurisdicción contencioso-administrativo en el Derecho cubano o el comienzo de la práctica procesal administrativo en Cuba. Sin embargo, el régimen contencioso-administrativo comenzó a introducirse en nuestro país un tiempo antes (Real Cédula de 30 de enero 1855 y Reales Decretos de 4 julio de 1861), y ya para 1888 ese régimen tenía un primer tiempo de evolución, si bien con la ley procesal administrativa que España ponía a regir entre nosotros en ese año, dicho régimen entraría en un nuevo tiempo y con ella comenzaría su consolidación dentro del orden jurídico patrio.

Cuando Cuba dejó de ser territorio ultramarino bajo soberanía de España, y se inició el período de la primera intervención norteamericana en nuestro país (enero de 1899 - mayo de 1902), previo al surgimiento de Cuba como Estado independiente, se genera entonces la necesidad de adecuar el orden institucional público interno, ante la nueva situación de pérdida de los lazos funcionales político-jurídicos con la antigua Metrópoli. Por supuesto, esa adecuación afectará también la realidad entonces imperante en el Derecho cubano en general. Como podrá entenderse sin mayor esfuerzo, la organización del sistema jurisdiccional cubano, en general, entró en ese proceso de reconfiguración de planteamiento, y en ello fue arrastrado también el contencioso-administrativo en sus presupuestos organizacionales.

El punto clave dentro del proceso de organización judicial que se llevó a cabo durante la primera intervención norteamericana, estuvo constituido por la Orden Militar No. 41, de 14 de abril de 1899, por la que se creaba "(...) un Tribunal que se denominará Supremo, que ha de residir en la Capital de la Isla y que ejercerá su jurisdicción en todo el territorio cubano, sin que pueda haber otro con igual título, ni carácter ni categoría" (artículo I). El Tribunal Supremo quedó organizado también por esa orden militar, disponiéndose en ella (artículo VII) que funcionaría constituido en Sala de Justicia (única) o en Sala de Gobierno. Dentro de la competencia de la Sala de Justicia se comprendían los asuntos relativos a los "recursos de revisión así en materia civil como criminal o contencioso-administrativo" (artículo VII, apartado 14); y "las apelaciones de sentencias dictadas por la Audiencia de la Habana en asuntos contencioso-administrativos, así como también de los recursos de queja contra los autos en que se deniegue la admisión de una apelación interpuesta en estos asuntos" (artículo VII, apartado 18). Con la creación del Tribunal Supremo se llenaba el vacío que en el orden estructural y funcional de lo judicial había originado la separación de España, también para lo contencioso administrativo. Específicamente para este último ámbito de justicia, se daba un primer acabado a su ordenación, completando -con la incorporación del nivel superior- el modelo judicialista y la puesta en práctica de la unidad de jurisdicción.

En relación con el Tribunal Supremo, hubo posteriormente una nueva disposición que afectó internamente la organización de dicho órgano judicial, y con ello la del contencioso-administrativo en esa estructura. La Orden Militar No. 95, de 10 de abril de 1901, modificó la organización del Tribunal Supremo, dividiéndolo ahora en tres Salas de Justicia: una para conocer de los asuntos civiles, otra para los asuntos criminales y otra para los asuntos contencioso-administrativos (artículo III); refrendando en el artículo VIII que la Sala de lo Contencioso-administrativo conocería de los asuntos de esta clase conforme a las disposiciones que separadamente se dictarían y mientras esas disposiciones no se dictaran, conocería de los recursos de casación y queja que la legislación vigente atribuía al conocimiento de la Sala de Justicia del Tribunal Supremo en materia contencioso-administrativa.

En la línea de la organización judicial, el 15 de junio de 1899 se emite la Orden Militar No. 80, relativa a la organización de las Audiencias. En ella se establecía (artículo II) que habría seis Audiencias en la Isla (Pinar del Río, Habana, Matanzas, Santa Clara, Puerto Príncipe -luego Camagüey- y Santiago de Cuba); todas esas audiencias, dentro de los límites territoriales de las provincias a que correspondían, tendrían jurisdicción civil y criminal, y la de la Habana tendría además la jurisdicción contencioso-administrativo. Además, la Audiencia de la Habana tendría una Sala de lo Civil y Contencioso-administrativo y otra Sala de lo Criminal (artículo III); la Sala de lo Civil y Contencioso-administrativo de la Audiencia de la Habana estaría presidida por el Presidente del Tribunal y tendría además cuatro magistrados (artículo IV). Esta Orden Militar No. 80, vino a seguir el camino trazado por la Orden No. 33, en cuanto a establecer en la Audiencia de La Habana una Sala de lo Civil y lo Contencioso-administrativo.

En órdenes militares del Gobierno norteamericano de la primera ocupación, como la No. 33, No. 41, No. 80, No. 95 y la No. 111, puede cifrarse la base normativa originaria más directa de la organización del orden contencioso-administrativo en Cuba, que recibimos hoy representada por las

Salas de lo Civil y de lo Administrativo en los Tribunales Provinciales Populares y en el Tribunal Supremo Popular; más allá de que aquellas normas y estas últimas estructuras respondan a momentos histórico-concretos, legales, de organización y de funcionamiento estatales, e ideológicos, claramente distintos entre sí.

Con la Constitución de 1901 se redondeaba o se incorporaba una pieza de acabado en la organización del sistema judicial de control de la Administración Pública, al consagrar, con rango constitucional, el principio de unidad de jurisdicción y el carácter ordinario de la jurisdicción contencioso-administrativa, al señalarla, estructural y funcionalmente, dentro del Poder Judicial y del contenido de la función judicial. Con la vigencia de la Constitución de 1901, comenzó a correr un nuevo tiempo para el sistema jurídico nacional, esta vez con todos los resortes de la creación y realización jurídicas colocados en manos cubanas.

Para el contencioso-administrativo, el avance del siglo XX no traería cambios estructurales, de principios o de esencia, en su diseño y realización, que afectaran los fundamentos al efecto heredados de la última etapa del colonialismo español y del primer período de intervención norteamericana. El nervio central del sistema procesal administrativo continuaría siendo la Ley de 3 de septiembre de 1888, y su reglamento de 1890, con las correspondientes modificaciones introducidas por el Gobierno de la primera intervención estadounidense, y con las necesarias reformas que, directa o indirectamente, se le introdujeron a ese régimen jurídico, en la medida en que la vida republicana iba revelando sus requerimientos jurídicos, y el desarrollo del Derecho Público en Cuba iba escalando nuevos peldaños.

Con el avance del siglo XX y de las circunstancias en que iba operando el tráfico jurídico-administrativo a la luz de los nuevos requerimientos históricos que el desarrollo de ese siglo iba poniendo al descubierto, la realidad del contencioso-administrativo en Cuba clamaba cada más por la necesidad de actualización a los efectos de que se convirtiera en un mecanismo de control jurisdiccional del funcionamiento administrativo que cumpliera con mayor coherencia y consecuencia su rol al respecto; algo que la doctrina cubana más aguda no dejó de advertir en diversas etapas de las primeras seis décadas del siglo pasado.

Sin embargo, a pesar de algún que otro esfuerzo, más en el plano de la propuesta de ideas que en las acciones legislativas concretas, se hizo patente –con saltos desiguales- para intentar modificar el régimen jurídico del control juridicial de la Administración Pública en cubana; realmente no ha llegó a concretarse esa transformación. En este sentido, muy ilustrativas son las palabras de Fernando ÁLVAREZ TABÍO, quien al inicio mismo de su importante obra *El Proceso Contencioso-Administrativo*, escribía hace más de medio siglo: "*Muy poco ha interesado hasta ahora a nuestros juristas lo contencioso-administrativo. El profundo desprecio que le demuestran ha motivado que la institución haya ido degenerando más y más, adquiriendo vicios de tal índole que en gran parte han suprimido su eficacia.*"; en el párrafo siguiente alegaba: "*Nuestro llamado recurso contencioso-administrativo -viviendo en una zona neutral, donde no le alcanza la atención de los procesalistas ni de los investigadores del derecho administrativo- está muy lejos de ser aquella "garantía efectiva del ciudadano frente a los abusos del Gobierno", de que nos hablan los maestros del derecho público.*"[49]

De hecho, tal panorama trascendió a la nueva realidad político-jurídica que amparaba el triunfo de la Revolución cubana en 1959; y puede decirse incluso que mal parado salió el tema procesal administrativo en este nuevo contexto -diversos factores de índole política, ideológica y jurídica operaron en torno a esas consecuencias-, pues no solo no se llegó a una profunda transformación del mismo en pos de su actualización y mejor funcionalidad como mecanismo de protección del interés común y los derechos e intereses de los administrados; sino que incluso vio mermado a un más su valor como tal mecanismo a tener de las concepciones que se impusieron en el orden positivo que habría de configurarlo.

En 1974 entró en vigor de la Ley No. 1261 de 4 de enero de 1974, Ley de Procedimiento Civil y Administrativo (nótese el uso del vocablo Procedimiento y no Proceso en la denominación formal de esa ley, para referirse al ámbito procesal civil y administrativo), que pasó a ser la norma central del régimen procesal administrativo en Cuba, en sustitución de la vetusta Ley de 1888, y la primera reordenación positiva de ese régimen procesal en Cuba, en su integralidad, luego de la mencionada ley

[49] Álvarez Tabío, Fernando, *El Proceso Contencioso-Administrativo. (Doctrina, Legislación, Jurisprudencia)*, Editorial Librería Martí, La Habana, 1954, p. 7.

decimonónica. Con posterioridad, la Ley No. 7 de 19 de agosto de 1977, estableció la Ley de Procedimiento Civil, Administrativo y Laboral, que realmente poco representó a los efectos de la contencioso-administrativa cubana, en relación con la ley procesal anterior. El periodo de vigencia de esta norma, que ordenó procesalmente la tutela de las personas en sus relaciones con el Estado, y en concreto de la Administración Pública, estuvo signado por la propia concepción del legislador, de restringir el acceso a la justicia administrativa, otorgando un rol preponderante a la Administración Pública en la protección y garantía de los derechos de las personas. De tal forma, la Administración Pública construyó altos muros de inmunidad, que venían marcados por una amplia gama de supuestos de exclusión de la jurisdicción (solo revisables en vía de responsabilidad patrimonial), anudado a una jurisdicción reducida desde una visión subjetiva; así como a límites establecidos extramuros por el legislador ordinario e incluso por la propia Administración Pública, denegando dicho acceso. En definitivo, tal y como constatan Matilla Correa y Marcheco Acuña, el proceso administrativo en Cuba durante el ciclo constitucional precedente siguió viviendo en una zona muy gris –aludiendo a la frase de Álvarez Tabío- mientras otros procesos se beneficiaban de la luz propia de la modernidad impregnada por las tendencias comparadas de las reformas procesales.

Con el texto constitucional de 2019, se abrió una nueva etapa en la tutela judicial de los derechos constitucionales en Cuba, marcando las pautas para una posterior reforma procesal. Este hecho incidió directamente en la concepción del régimen del proceso administrativo, quien se ha beneficiado de los fundamentos constitucionales que inspiran el canon de la tutela judicial efectiva, y concretamente, de los principios del debido proceso y procedimiento administrativo establecidos en el artículo 94.

De tal forma, el artículo 147 de la Constitución de la República establece que la función de impartir justicia dimana del pueblo y es ejercida a nombre de este por el Tribunal Supremo Popular y los demás tribunales que la ley instituye. Como complemento, señala que establece los principales objetivos de la actividad judicial y regula la organización de los tribunales; la jurisdicción y la extensión de su competencia; la forma en que se constituyen para los actos de impartir justicia; la participación de los jueces legos; los requisitos que deben reunir los magistrados del Tribunal Supremo Popular y demás jueces; la forma de elección de estos y las causas y procedimientos para la revocación o cese en el ejercicio de sus funciones. De acuerdo con el principio de *unidad de poder* que rige la organización y funcionamiento del aparato estatal en Cuba, los Tribunales constituyen un sistema de órganos estatales, estructurado con independencia funcional de cualquier otro y subordinado jerárquicamente a la Asamblea Nacional del Poder Popular y al Consejo de Estado (artículo 148).

Oportuno es hacer nota que la Constitución, en tanto norma fundamental, no incorpora expresamente entre los principios de funcionamiento del Estado el control judicial del funcionamiento administrativo. La organización específica del sistema de tribunales en nuestro país, se ordena a partir de la Ley 140/2021 "De los Tribunales de Justicia", de 28 de octubre de 2021. Esta norma jurídica establece en su artículo 9 que la función de impartir justicia dimana del pueblo y es ejercida en su nombre por: a) el Tribunal Supremo Popular; b) los Tribunales Provinciales Populares; c) los Tribunales Municipales Populares; y b-) los Tribunales Militares. Más adelante, esta disposición legal (artículo 35) establece que las Salas del Tribunal Supremo Popular son las siguientes: a) Sala de Amparo de los Derechos Constitucionales; b) Sala de lo Penal; c) Sala de los Delitos contra la Seguridad del Estado; d) Sala de lo Civil y de lo Familiar; e) Sala de lo Administrativo; f) Sala del Trabajo y de la Seguridad Social; g) Sala de lo Mercantil; h) Sala de lo Militar.

Mientras que por el artículo 35.1 la aludida ley dispone que en los Tribunales Provinciales existen las salas siguientes: las salas de justicia del Tribunal Supremo Popular son las siguientes: a) Sala de Amparo de los Derechos Constitucionales; b) Sala de lo Penal; c) Sala de los Delitos contra la Seguridad del Estado; d) Sala de lo Civil y de lo Familiar; e) Sala de lo Administrativo; f) Sala del Trabajo y de la Seguridad Social; g) Sala de lo Mercantil; h) Sala de lo Militar. Por su parte el artículo 49, apartado 3, de la ley prescribe que los tribunales municipales populares pueden integrarse por secciones que conozcan de las materias especializadas, cuando lo demande la densidad de población, el volumen o la naturaleza de los asuntos, o el ámbito de competencia. Por lo tanto, ha de ser en esa legislación donde debe buscarse el elemento normativo que completa el régimen jurídico ordenador de la organización judicial del orden administrativo nacional.

En la actualidad, como expresión de la reforma procesal acaecida con motivo del desarrollo de las garantías procesales de los derechos previstos en la Constitución de 2019, el proceso administrativo quedó regulado en lo general por medio de la Ley N° 142 del Proceso Administrativo, de fecha 28 de octubre de 2021, publicada en Gaceta Oficial Ordinaria 2021-1072-O139, de fecha 7 de diciembre de ese propio año, con algunos criterios de supletoriedad en el Código de Procesos, la norma procesal de naturaleza no penal con sentido sistematizador de las instituciones procesales. (Ley 141/2021 "Código de Procesos", publicado en Gaceta Oficial 2021-1071-O138). Estas normas vinieron a poner fin al periodo de vigencia de la *Ley de Procedimiento Civil, Administrativo, Laboral y Económico* (LPCALE), Ley No. 7 de 19 de agosto de 1977, modificada, por el Decreto-Ley No. 241 de 23 de septiembre de 2006; que regulaba lo correspondiente al proceso administrativo en la Segunda Parte, "Del procedimiento administrativo", artículos 654 al 695, vigente por más de cuarenta años.

De tal forma, el momento actual supone con esta nueva ley, un retorno a una de las ideas más fuertes del desarrollo de la autonomía del Derecho Administrativo: la autonomía formal y material del proceso administrativo como vía de solución de conflictos en las relaciones entre el Estado y las personas. Este hecho debe ponerse en una perspectiva histórica, pues rescata la tradición hispánica de la Ley de Santamaría Paredes de 1888, que estuvo vigente en Cuba hasta la década los años 70 del siglo anterior, por casi un siglo, a pesar de las reconocidas distancias en las realidades políticas y jurídicas de España y Cuba, primero en el siglo XIX y posteriormente, con los regímenes constitucionales previos a 1959 y durante el periodo de provisionalidad política y administrativa hasta el año 1974. De tal forma, el actual régimen jurídico del proceso administrativo vive nuevos aires, inspirados en un sentido histórico de las tradiciones procesales de nuestro modelo judicial, pero de igual modo, arropado de las tendencias que a día de hoy destacan en las reformas del proceso administrativo, expresadas en muchos aspectos en los Códigos Modelos de Justicia Administrativa.

Y aunque es imposible evaluar en las presentes reflexiones la impronta de la entrada en vigor y los efectos que suponen su vigencia en la tutela de las relaciones entre la Administración Pública, y el Estado en sentido amplio, con las personas, resulta necesario centrarse en algunos aspectos que vislumbran los signos de identidad con mayor visibilidad desde la primera lectura de esta norma. En esa idea, resultan tres los aspectos de una lectura inicial que convienen ser destacados en este espacio: la jurisdicción, la competencia y el objeto del proceso. En esa idea, si se empleara un recurso literario a efectos de una comparación, aquella frase histórica entre los estudiosos del tema del proceso administrativo en Cuba, acerca de su pervivencia en una zona gris, alejado del interés de cultores del derecho procesal civil y de los administrativistas, puede esbozarse como un antiguo edificio en términos urbanísticos. Se trataba de una construcción rústica, con materiales de poco acabado, grado de terminación muy baja y estado constructivo apuntando a la ruina, si nos enfocáramos en su eficiencia.

De ahí que la nueva ley reguladora del proceso administrativo resulta, incluso dentro del ámbito de todas las leyes procesales promulgadas con posterioridad a la Constitución, la que mayor logra dar un salto cualitativo y cuantitativo con respecto a la situación anterior, siendo también la más urgida de todas (proceso penal, código de procesos, garantías constitucionales), pues siendo la relación jurídica administrativa, la de más alta intensidad y frecuencia, de las que la persona puede verse envuelto en la sociedad, resultaba la regulación menos lograda, y por ende, donde menores garantías para la protección de los derechos se exigía. La nueva ley supone, desde la propia denominación, una transformación radical, superando la denominación decimonónica de "procedimiento contencioso administrativo" "proceso administrativo". De tal forma, cuando nos referimos a la nueva ley del proceso administrativo, lo hacemos pensando en un nuevo edificio, con todas las características de combinar la modernidad con los conceptos históricos más relevantes, cuyos mayores -y no los únicos evidentemente- signos de identidad resultan la jurisdicción (el largo), la competencia (el ancho) y el objeto del proceso (la altura).

La propia norma, desde su artículo primero adelanta que la Ley regula el proceso para el conocimiento por los tribunales de las pretensiones en relación con los actos administrativos, disposiciones reglamentarias, actuaciones materiales y omisiones de la Administración pública, y de otras entidades y personas en el ejercicio de la función administrativa, y en consecuencia, como atributo del principio de unidad de jurisdicción, el ejercicio de la jurisdicción, en materia administrativa, corresponde, exclusivamente, al sistema de tribunales de justicia (Artículo 5).

Ahora bien, desde el criterio de la jurisdicción, su configuración descansa sobre dos tendencias fundamentales, el reconocimiento de un grupo de sujetos que desarrollan la actividad, como criterio objetivo de atribución de jurisdicción (emulando una fórmula de pleno acceso), y un criterio restrictivo de determinadas materias que se encuentran indispuestas al conocimiento de esta jurisdicción, por su naturaleza procesal o por su carácter de acto de gobierno; las cuales, solo pueden ser revisadas de forma parcial en algunos supuestos previstos bajo el proceso de responsabilidad patrimonial.

De tal forma, en relación a la jurisdicción, el artículo 6 regula los principales sujetos, cuyas acciones en el ámbito de las relaciones jurídicas administrativas pueden ser revisadas. A tales efectos, establece que corresponden a la jurisdicción en materia administrativa las demandas que se establecen en relación con los actos administrativos, las disposiciones reglamentarias, actuaciones materiales y omisiones de: a) El Consejo de Ministros, en el ámbito de sus competencias ejecutivo-administrativas, su Comité Ejecutivo y sus dependencias o las entidades subordinadas o adscritas; b) los organismos de la Administración Central del Estado, sus entidades subordinadas o adscritas y, en lo correspondiente, sus delegaciones o direcciones territoriales; c) las entidades y empresas nacionales, provinciales o municipales que prestan servicios públicos, realizan alguna función pública o ejercen potestades públicas; d) los gobernadores, en el ámbito de sus competencias ejecutivo-administrativas y las estructuras de la Administración provincial, así como sus dependencias y entidades subordinadas o adscritas; e) los Consejos de la Administración municipal y demás estructuras de la Administración municipal, sus dependencias y entidades subordinadas o adscritas; f) la Contraloría General de la República; g) la Fiscalía General de la República, salvo en lo dispuesto en el Artículo 9, inciso h), de esta Ley; h) las organizaciones y entidades de base asociativa de carácter profesional y con fines públicos.

La sola lectura de este particular adelanta la superación del modelo subjetivo de jurisdicción asumido en la ordenación anterior, la cual se restringía en puridad de términos a la administración Central del Estado (Consejo de Ministros, Ministerios y entidades adscriptas) y Administraciones Locales. En este último supuesto, la impronta de la Constitución de 2019 y de las normas de organización de la provincia y del municipio ha eliminado con Consejos de Administración Provincial por el Gobernador y su Consejo Provincial, así como del Intendente y su Consejo de Administración Municipal. Pero no solo debe destacarse el alcance de este artículo en la transformación.

Desde las novedades más relevantes se encuentra la regulación del inciso c), relativo a las entidades y empresas nacionales, provinciales o municipales que prestan servicios públicos, realizan alguna función pública o ejercen potestades públicas. En este supuesto, se logra un anhelo muy reclamado de la práctica cubana, unificando los regímenes procesales de los servicios públicos, que en la ordenación anterior radicaban en la jurisdicción civil (para personas naturales) y en la jurisdicción económica (hoy mercantil) para las personas jurídicas. Esta cuestión, que aun a día de hoy no puede mirarse sino con el asombro de la ineficiencia de un sistema que ponderaba una tutela judicial más pronta, profunda y expedita para las personas jurídicas y una más lenta y ritualista, propia del proceso civil, para las personas naturales. De tal forma, se rescata la idea de un contencioso de los servicios públicos agrupados bajo la idea de actividad y no del sujeto en sí, razón de su exclusión en el régimen anterior.

Otra nota distintiva de este artículo resulta el hecho de que el proceso administrativo se convierte, no solo en jurisdicción para la administración Pública, sino de otros órganos del Estado, al quedar reconocidos la Contraloría General de la República y la Fiscalía como sujetos cuyas acciones puedan quedar encuadradas bajo las reglas de las relaciones jurídicas administrativas. Este representa uno de los grandes signos de identidad de este proyecto, pues en reiteradas ocasiones, las denegaciones de acceso a la justicia establecidas en los regímenes jurídicos de las acciones de control en el orden administrativo limitaban la posibilidad de valorar en sede judicial aspectos relevantes sobre acciones de control, que luego generaban mecanismos de pruebas preconstituidas que no podían ser rebatidas en procesos disciplinarios de exigencia de responsabilidad penal.

Por su parte, el artículo 7 extiende las reglas de la jurisdicción a las demandas que se establecen en relación con: a) La actividad en materia de personal funcionarial y de gestión de bienes o de contenido económico, de la Asamblea Nacional del Poder Popular y el Consejo de Estado, la Presidencia de la República, los gobiernos provinciales, las asambleas municipales del Poder Popular, los consejos electorales y los tribunales populares; b) las infracciones electorales, de conformidad con lo dispuesto en la legislación electoral; c) los servicios públicos o las funciones o potestades administrativas prestados o ejercidas por cualquier otra entidad o persona, habilitada de conformidad con las disposiciones normativas, en el ámbito de esa prestación o realización.

En este artículo, se cierran las ideas del artículo precedente, extendiendo en su inciso c) el ámbito de la jurisdicción a otra entidad o persona habilitada. En un contexto de actualización de modelo económico y la apertura del mercado a sujetos no estatales que intervienen en el desarrollo de actividades administrativas, esta regla resulta una garantía que evita el establecimiento de velos corporativos y huidas de la jurisdicción por la forma de organización, de sujetos que materialmente comienzan a incidir de forma relevante en el desarrollo de la actividad administrativa, bien en actividades prestacionales u otras de diversa naturaleza. De igual modo, el reconocimiento del contencioso electoral (acotado a su sistema de infracciones), representa un paso de avance de igual modo de la regulación anterior y pone bajo la lupa de la jurisdicción el sistema electoral nacional desde sus Consejos a los diversos niveles territoriales. Por último, el inciso a) del artículo 7 reconoce de la actividad en materia de personal funcionarial y de gestión de bienes o de contenido económico, de un grupo amplio de sujetos del Estado, desde órganos constitucionales del nivel central (Presidente, Asamblea Nacional, Consejo de Estado) así como del nivel local (ales, las asambleas municipales del Poder Popular) y otros presentes a todos los niveles de la estructura del Estado (Consejos Electorales y Tribunales Populares). Desde esa mirada, ha quedado muy poco fuera del ámbito de regulación de la jurisdicción del proceso administrativo.

Aun así, la ley, siguiendo la tendencia de su predecesora, reconoce un sistema de supuestos sobre los cuales no puede someterse sus casos a la jurisdicción administrativa. Esta cuestión, que en la ley anterior venía articulada a un sistema de garantía indirecta, con su regulación del artículo 657, articulada al 658, hacía una previsión que siempre que tales supuestos generaran responsabilidad patrimonial, podría ventilarse sus casos ante la jurisdicción administrativa, bajo los estrictos conductos de este proceso. Por ello, en trabajos anteriores, se había defendido incluso la idea de que el artículo 658 de la LPCALE representaba un sistema de jurisdicción diferente al estándar del artículo 656, pues permitía que cualquier actuación, no solo de la Administración Pública, sino del Estado pudiera ser valorada por el juez administrativo bajo el hilo de la exigencia de responsabilidad patrimonial.

Esta tendencia se ha mantenido en el actual texto, cuando en el artículo 10 se regula que la jurisdicción reconoce tanto los supuestos que se generen por los actos previstos en el artículo 6, como por los del artículo 8. De tal forma, los supuestos comprendidos en el artículo 7 quedan limitados de esta garantía de segundo grado o especie de cajón de sastre para estos supuestos excluidos de la jurisdicción. De tal forma, como quiebre de la tendencia de la ley anterior, la ley regula un sistema de actos sobre los cuales la jurisdicción no puede conocer de forma absoluta y otros que, de forma indirecta, bajo el juicio de responsabilidad podrían ser conocidas; sin que ello afecte la naturaleza de actos de gobierno y de atribución de repartos de jurisdicciones establecidas por el legislador.

De tal forma, las cuestiones atribuidas a la jurisdicción en las materias constitucional, civil, de familia, penal, del trabajo y la seguridad social, y mercantil; las de índole militar, la defensa nacional, la seguridad del Estado y las medidas adoptadas en situaciones excepcionales y de desastres para salvaguardar los intereses generales; las relaciones exteriores; las políticas monetaria, cambiaria, financiera, fiscal y bancaria y la planificación de la economía nacional no pueden ser revisadas ni siquiera bajo la exigencia de responsabilidad patrimonial. (artículo 8).

En tanto, los acuerdos de la Asamblea Nacional del Poder Popular y del Consejo de Estado; la actuación del Presidente y el Vicepresidente de la República y el Primer Ministro; la actuación del Consejo de Ministros como Gobierno de la República; la actuación de los gobernadores en el ámbito de su función gubernativa provincial y los consejos provinciales; las ordenanzas y acuerdos de las asambleas municipales del Poder Popular; las normas de obligado cumplimiento para todos los tribunales, dictadas por el Consejo de Gobierno del Tribunal Supremo Popular, así como las instrucciones de carácter obligatorio que imparte ese órgano para establecer una práctica judicial uniforme en la interpretación y aplicación de la ley; la función electoral y el control de la investigación penal y el ejercicio de la acción penal pública en representación del Estado por parte de la Fiscalía General de la República pueden ser revisadas desde la exigencia de responsabilidad patrimonial. (artículo 9).

Esta cuestión no tiene ninguna lógica del camino seguido por el legislador, y apunta incluso a pensar en algún ajuste en el articulado de la norma en su redacción y estilo, que desarticuló el artículo 8 de las reglas de la responsabilidad patrimonial del artículo 10. La otra posición que podría argumentarse consiste en que el legislador optó por cerrar una serie de supuestos como actos sin posibilidades de tutela judicial en el orden administrativo, dejando su posible valoración en la norma del recurso de amparo constitucional, que fue la última en ser aprobada en el bloque de la reforma procesal. Pero visto el texto de esta última norma, extraña ver que su sentido no va en la lógica de estos supuestos, de modo que acaba siendo una restricción al artículo 92 de la Constitución, que consagra el derecho de acceso a la justicia como lleva de acceso de la tutela judicial efectiva que defiende el texto constitucional. De tal forma, olvido o razonamiento en el sentido restrictivo, resulta una cuestión apremiante a tener en cuenta en la revisión del año venidero que por mandato de ley debe realizarse a la norma reguladora del proceso administrativo.

Vista la cuestión de la jurisdicción, resulta necesario detenerse brevemente en el segundo elemento distintivo de esta reforma procesal, relativo a la competencia. Bajo el modelo anterior, el proceso administrativo resultaba un sistema de corto recorrido, pues todo iniciaba en la instancia provincial, y en ese mismo nivel terminaba, a resultas de una eventual casación y sus bajos índices de admisibilidad y de casos que prosperaron. En el presente sistema, se asegura por sobre todas las cosas de una forma más integral del denominado derecho a segunda instancia, pues los procesos previstos se extienden a todos los niveles territoriales del poder, comenzando en el municipio y terminando en el Tribunal Supremo, que para determinados sujetos se constituye como juez de primera instancia incluso.

De tal forma, conforme al artículo 12.1, corresponde al Tribunal Municipal Popular conocer de las demandas en materia de contravenciones, sancionadas por autoridades municipales o provinciales, salvo las que impongan la confiscación como sanción; dirigidas contra actos administrativos, disposiciones reglamentarias, actuaciones materiales y omisiones que adopten o corresponda adoptar a entidades municipales en primera instancia, con independencia del nivel jerárquico de la autoridad que haya dictado la disposición de última instancia; de contenido económico cuya cuantía sea limitada; de entrada e inspección en domicilios u otros inmuebles privados dispuestos por las autoridades administrativas cuando el propietario, morador u ocupante, o el encargado, se niega a ello.

Solo esta mirada preliminar hacia la competencia en el escenario municipal asegura formalmente la denominada justicia de proximidad al ciudadano y devuelve la esencia de la justicia administrativa en la tradición histórica hispánica, a tono con las claves de descentralización y autonomía municipal, que ha desplazado el ejercicio de competencia de la plata local hacia el municipio como epicentro de la actividad administrativa. De tal forma, la regulación de tales supuestos abarca prácticamente más de un setenta por ciento de los posibles conflictos que puedan derivarse ante la jurisdicción administrativa.

A un segundo nivel, la competencia en materia provincial asegura un derecho a doble instancia, que viene dado desde la exigencia constitucional del artículo 94, relativo al derecho a recursos tanto en el proceso como en el procedimiento administrativo. Además, se ratifica como primera instancia de determinados supuestos, conforme se reconoce en el artículo 13.1 De tal forma, corresponde al Tribunal Provincial Popular conocer, en primera instancia, de las demandas en materia de contravenciones, sancionadas por autoridades nacionales; contra actos administrativos, disposiciones reglamentarias, actuaciones materiales y omisiones de entidades provinciales o nacionales, en primera instancia, con excepción de las determinadas en el Artículo 16, incisos a) y b), de esta Ley; de la reparación o indemnización de daños y perjuicios por responsabilidad patrimonial de la Administración pública o derivada de lo dispuesto en el Artículo 7 de esta Ley; de contenido económico cuya cuantía sea considerable, inestimable o indeterminable; para la expropiación forzosa por razones de utilidad pública o interés social; derivadas de confiscación; las que surjan con motivo del incumplimiento de las regulaciones sobre protección al medio ambiente y los recursos naturales, o relacionadas con los daños ambientales en el territorio nacional, comprendidas las aguas interiores, el mar territorial, la zona económica exclusiva y la plataforma continental; las pretensiones resarcitorias o de cumplimiento para la preservación del medio ambiente y la protección de los recursos naturales; en materia de infracciones electorales, cualquiera que sea la autoridad sancionadora; así como los demás asuntos que no estén atribuidos por esta Ley a otro tribunal.

Por su parte, la competencia del Tribunal Supremo se mantiene como reservorio casacional e instancia de revisión, pero se agrega en esta reforma unas fórmulas por medio de las cuáles se convierte este órgano en primera instancia para para conocer, en primera instancia de las demandas contra los actos administrativos, las disposiciones reglamentarias, actuaciones materiales y omisiones que adoptan o corresponda adoptar a los órganos relacionados en el Artículo 6, inciso a) de esta Ley (Consejo de Ministros), así como al Contralor General de la República y el Fiscal General de la República; las reclamaciones relacionadas con la actividad en materia de personal funcionarial y de gestión de bienes o de contenido económico de la Asamblea Nacional del Poder Popular y el Consejo de Estado, la Presidencia de la República, el Consejo Electoral Nacional y el Tribunal Supremo Popular; la responsabilidad patrimonial derivada de lo previsto en los incisos anteriores; cualquier otro asunto que le sea expresamente atribuido por las leyes. El conocimiento de tales cuestiones se articula con el diseño de recursos ante salas especiales constituidas en el propio tribunal.

Visto desde esta perspectiva, la amplitud de este aspecto del proceso administrativo resulta determinante en la valoración del salto cualitativo con respecto a la anterior regulación. Todos los niveles de competencia han sufrido transformaciones en pos de su ampliación; de modo que constituye este otro de los grandes signos de identidad de la actual regulación del proceso administrativo; cuestión que se articula al tercer elemento de mayor importancia en las notas de esta regulación: el objeto del proceso administrativo.

En esa idea, la sola enunciación de los tipos de pretensiones que pueden deducirse de las demandas del proceso administrativo (artículo 35) dan cuenta del reconocimiento de la anulación total o parcial de disposiciones reglamentarias; la anulación de actos administrativos; el reconocimiento o restablecimiento del derecho reclamado; d) la reparación de daños e indemnización de perjuicios; la condena a la Administración pública o entidad demandada al cumplimiento de sus deberes y obligaciones; el cese de las actuaciones materiales contrarias a derecho; la expropiación forzosa por razones de utilidad pública o interés social. Más allá del desarrollo de cada uno de los tipos de pretensiones concretas que se pueden exigir como objeto del proceso administrativo, su expansión se denota con el aumento del estándar de regulación de la ley anterior, donde solo se regulaba la revisión de actos administrativos, disposiciones reglamentarias y exigencia de responsabilidad patrimonial.

El resto de miradas sobre esta norma se localiza en la regulación de los sujetos legitimados, con la superación de la limitación de pretensiones indemnizatorias sobre los intereses legítimos, con la ampliación de pretensiones colectivas sobre determinados aspectos (consumo, urbanismo y medio ambiente como sectores de referencia), la regulación de un sistema de medidas cautelares con carácter mixto, entre medidas nominadas e innominadas (artículo 69 y siguientes), la disminución de los términos procesales, el rol de la audiencia como etapa de plantear controversias, ampliar hechos no contenidos en la demanda, fijar el objeto y pretensiones del proceso y practicar pruebas. De igual modo, debe ser destacado el hecho de la regulación de varias formas de terminación del proceso, que incluye la extensión de los efectos de una sentencia sobre eventuales casos futuros con identidad de hechos, sujetos y objeto, mecanismos de satisfacción extraprocesal, de acuerdo o transacción. Por último, cumpliendo la idea de una tutela judicial efectiva, la regulación de un sistema de ejecución de decisiones administrativas resulta otro de los puntos fuertes de esta nueva norma, previendo el acompañamiento del juez hasta la ejecución de la decisión, con su control, conminando incluso a los sujetos condenados al cumplimiento efectivo de las mismas.

En definitiva, mucho de lo que involucra hoy como cuestiones esenciales el perfeccionamiento insoslayable del sistema jurídico cubano, tiene su campo de anclaje en el régimen jurídico-administrativo patrio y en la necesidad de desplegar una arquitectura de control jurídico al respecto, desde los avances alcanzados en el diseño normativo del control judicial –según el modelo imperante en nuestro país en este sentido– ha de pasar a ocupar una posición mucho más protagónica y potenciada que la que ha desempeñado hasta ahora. En esto, no es ocioso recordar las palabras de Fernando ÁLVAREZ TABÍO, en la "Exposición de motivos" del *Proyecto de Ley de Enjuiciamiento Administrativo* que diera a la luz en 1958, cuando afirmaba: "Pero cuando se habla de justicia administrativa como instrumento adecuado para someter a la Administración a la Ley, hay que pensar en un proceso administrativo que constituya un verdadero sistema de garantías jurisdiccionales, porque el proceso es el más eficaz instrumento del Estado de Derecho para realizar la Justicia".[50]

XII. OTRAS TÉCNICAS DE CONTROL DE LA ADMINISTRACIÓN

Uno de los sempiternos problemas que plantea el ejercicio de la función administrativa y la relación entre la Administración Pública y los administrados en los marcos de realización de esa función pública, es el del necesario control del funcionamiento administrativo, como mecanismo orientado a identificar, evitar y contrarrestar, excesos o defectos de la entidad administrativa actuante en esa esfera, que vulneren el interés general y los derechos de los administrados y distorsionen el fin último al que responde el establecimiento de las aludidas relaciones jurídicas y el ejercicio de la mencionada función. Por esa vía del control, se provee a una adecuada realización de la función administrativa, así como se tiende a la corrección de las fallas funcionales de la Administración Pública.

El control, más que un mecanismo de simple constatación de correspondencia entre lo actuado y lo exigido al efecto por el orden jurídico que determina y rige esa actuación, significa un medio de protección de los derechos de los administrados, una vía para respaldar la eficacia jurídica de las relaciones que se derivan del funcionamiento de la Administración Pública y, especialmente, una forma

[50] Álvarez Tabío, Fernando, *Procedimiento contencioso-administrativo. Ley y reglamento vigentes y proyecto de Ley de Enjuiciamiento Administrativo*, Editorial Librería Martí, La Habana, 1958, p. 263.

para defender la satisfacción del interés público como fin último al que responde el referido funcionamiento. Es por ello que el control sobre la Administración Pública debe extenderse por todas y cada una de las formas de comportamiento y actuación de esa entidad, incluso la inacción.

El contenido de la función administrativa es dinámico, contingente y heterogéneo, por lo que el control de la misma debe responder, en los modos que adopte, a esa realidad, para cumplir, a su vez, con el imperativo de la eficacia como requisito de fondo para apreciar y sostener la utilidad de ese control. De ahí podemos intuir, entonces, que el control de la Administración Pública tendrá diversas maneras de ser en su ejecución (el político, el administrativo, el jurisdiccional, el popular; o control previo o posterior; por solo mencionar las más conocidas de las posibles clasificaciones de ese control) y cada una de ellas tendrá como punto de mira un aspecto específico del actuar administrativo. De ahí que solo combinando y juntando todas esas maneras, podremos tener bajo un prisma total la generalidad del funcionamiento de la Administración Pública. Es de advertir que no debe menospreciarse ninguna de las formas de control posible, ni –contrariamente– debe ponerse una confianza ciega –o sobreestimarse– un tipo de control en detrimento de otros, pues esa visión, al tener un alcance limitado por la naturaleza objetiva a la que responde, solo conduciría a una implementación inacabada o disminuida de la propia idea del control.

En Cuba, se articula un conjunto de mecanismos de control del funcionamiento administrativo que, especificidades y valoraciones de efectividad a un lado -de las que no nos es posible ocuparnos en este reducido espacio-, tienden a realizar el principio de control que debe estar presente en el marco de funcionamiento del aparato público. Si bien la realidad nacional deja patente la necesidad de perfeccionamiento de esos mecanismos, particularmente en el área de la Administración Pública, así como la necesidad de consolidarlos a partir del presupuesto de que cada uno constituye una pieza perteneciente a un sistema.

En el acápite anterior nos referimos al control judicial, por eso nos circunscribiremos ahora a enunciar alguno de los otros medios de control del funcionamiento administrativo que se hacen presenten en el espectro jurídico nacional.

Ciertamente, el texto constitucional cubano proyecta la presencia del control en su articulado. Así, el artículo 101 constitucional acoge que los órganos del Estado se integran y desarrollan su actividad sobre la base de los principios de la democracia socialista que se expresan en las reglas que en el se enuncian, entre las que figuran: el pueblo controla la actividad de los órganos estatales, de sus directivos y funcionarios, de los diputados y de los delegados, de conformidad con lo previsto en la ley; c) los elegidos tienen el deber de rendir cuenta de su actuación periódicamente y pueden ser revocados de sus cargos en cualquier momento; d) los órganos estatales de acuerdo a sus funciones y en el marco de su competencia desarrollan las iniciativas encaminadas al aprovechamiento de los recursos y posibilidades locales y la incorporación de las organizaciones de masas y sociales a su actividad; e) las disposiciones de los órganos estatales superiores son obligatorias para los inferiores; f) los órganos estatales inferiores responden ante los superiores y les rinden cuenta de su gestión; los órganos del Estado, sus directivos y funcionarios actúan con la debida transparencia. Mas, las referencias al control sobre funcionamiento no se circunscriben a la letra de este precepto, que solo hemos tomado como ilustración de inicio.

Entre nosotros, existe el control político sobre la Administración Pública, de ordinario representado por el control que ejerce la Asamblea Nacional del Poder Popular (este tipo de control en específico es conocido igualmente como control parlamentario) como órgano supremo del poder del Estado cubano (artículo 102 de la Constitución), a tenor del artículo 108, inciso q), del texto constitucional vigente, que establece como atribución de dicho órgano la de ejercer la más alta fiscalización sobre los órganos del Estado y del Gobierno; también, en el inciso s) del mencionado artículo 108, se dispone como atribución de la Asamblea Nacional, la de conocer, evaluar y adoptar las decisiones pertinentes sobre los informes de rendición de cuenta que le presenten el Consejo de Estado, el Consejo de Ministros, el Tribunal Supremo Popular, la Fiscalía General de la República y las Asambleas Provinciales del Poder Popular. Con la eliminación de las Asambleas Provinciales del Poder Popular, en el ámbito local, la Constitución (artículo 191, inciso h), entre otras atribuciones, le asigna a las Asambleas Municipales del Poder Popular la controlar y fiscalizar la actividad del Consejo de la Administración del Municipio, auxiliándose para ello de sus comisiones de trabajo, sin perjuicio de las actividades de control a cargo de otros órganos y entidades.

Además, como particularidad del caso cubano, no debe olvidarse que el artículo 5 reconoce: "El Partido Comunista de Cuba, único, martiano, fidelista, marxista y leninista, vanguardia organizada de la nación cubana, sustentado en su carácter democrático y la permanente vinculación con el pueblo, es la fuerza política dirigente superior de la sociedad y del Estado." De ahí que no es difícil comprender que junto al juego de los controles que opera dentro del aparato estatal, pueda colocarse el control que ejerce el Partido Comunista de Cuba (PCC) sobre dicho aparato, y en especial sobre el funcionamiento administrativo.

Dentro de los mecanismos de control que operan actualmente en la realidad cubana, ocupa un lugar importante la actividad que al respecto desarrolla la Fiscalía, un complejo organizado que, tributario en su configuración y funcionamiento de las ideas provenientes del antiguo campo socialista europeo oriental al respecto, es definido constitucionalmente (artículo 156, primer párrafo) de la siguiente manera: "La Fiscalía General de la República es el órgano del Estado que tiene como misión fundamental ejercer el control de la investigación penal y el ejercicio de la acción penal pública en representación del Estado, así como velar por el estricto cumplimiento de la Constitución, las leyes y demás disposiciones legales por los órganos del Estado, las entidades y por los ciudadanos". La Ley No. 83, de 11 de julio de 1997, con el nombre "De la Fiscalía General de la República", es la que desarrolla las cuestiones básicas esenciales de la organización y el funcionamiento de la Fiscalía, complementada por el reglamento de dicha norma legal.

Desde su creación en nuestro país hace más de 10 años, la Contraloría General de la República ocupa un papel preponderante en el control de la Administración Pública. El artículo 160 de la Constitución reconoce que "la Contraloría General de la República es el órgano del Estado que tiene como misión fundamental velar por la correcta y transparente administración de los fondos públicos y el control superior sobre la gestión administrativa". Su desarrollo, que parte de su reciente constitucionalización, cuenta con un régimen jurídico – en proceso de reforma legislativa-, que en lo fundamental se regula por la Ley No. 107, "De la Contraloría General de la República", de 1 de agosto de 2009. Por definición legal (artículo 1, apartado 1), ese ente es un órgano estatal, estructurado verticalmente en todo el país, que se le subordina jerárquicamente a la Asamblea Nacional del Poder Popular, al igual que al Consejo de Estado de la República de Cuba. En el apartado 3 de ese mismo artículo primero se indica que el objetivo y misión fundamental de la Contraloría General de la República es auxiliar a la Asamblea Nacional del Poder Popular y al Consejo de Estado, en la ejecución de la más alta fiscalización sobre los órganos del Estado y del Gobierno; en razón a ello propone la política integral del Estado en materia de preservación de las finanzas públicas y el control económico-administrativo, una vez aprobada, dirigir, ejecutar y comprobar su cumplimiento, así como, dirigir metodológicamente y supervisar el sistema nacional de auditoría; ejecutar las acciones que considere necesarias con el fin de velar por la correcta y transparente administración del patrimonio público; prevenir y luchar contra la corrupción. Según el artículo 3, apartado 1, de la referida ley No. 107, la Contraloría General de la República posee autonomía orgánica, funcional y administrativa respecto a las demás instituciones del Estado y orienta su actuación a dirigir, regular, organizar, controlar y ejecutar de manera directa y reglada, las acciones de auditoría, supervisión y control que se requieran, según lo que al respecto se regule en esa ley y sus disposiciones complementarias.

Además de estos últimos elementos de control externo de la Administración Pública en Cuba, debemos ver, como mecanismos de control desde la propia Administración Pública lo reconocido en el artículo 137 de la Constitución, inciso j), que le atribuye al Consejo de Ministros la competencia de dirigir la administración del Estado, así como unificar, coordinar y fiscalizar la actividad de los organismos de la Administración Central del Estado, de las entidades nacionales y de las administraciones locales. En el ámbito local, el artículo 179 inciso c) reconoce al Gobernador Provincial la facultad de dirigir, coordinar controlar la labor de las estructuras organizativas de la Administración Provincial y, en el marco de su competencia, dictar disposiciones normativas y adoptar las decisiones que correspondan. Hacia el municipio, el artículo 201 de la Constitución habilita la competencia de control prevista en la Ley 139 "De la organización y funcionamiento del Consejo de la Administración Municipal", en su artículo 14 regula diversas facultades de control de dicho órgano.

Junto al control externo de la Administración Pública, que no se agota en los ejemplos anteriormente esbozados, hay que señalar igualmente dentro del sistema de control al que esta se ve sometido, al control interno. El cual es definido positivamente (valoraciones de ese definición a un lado) por el artículo 3 de la Resolución No. 60 de 2011, de la Contralora General de la República, como: "(...)

el proceso integrado a las operaciones con un enfoque de mejoramiento continuo, extendido a todas las actividades inherentes a la gestión, efectuado por la dirección y el resto del personal; se implementa mediante un sistema integrado de normas y procedimientos, que contribuyen a prever y limitar los riesgos internos y externos, proporciona una seguridad razonable al logro de los objetivos institucionales y una adecuada rendición de cuentas".

Además de los mecanismos de control de índole política, administrativa y jurisdiccional (de ellos hemos hablado en acápites anteriores), es menester referirse al control popular o ciudadano, elevado a la categoría de principio de organización y funcionamiento de los órganos estatales, con rango constitucional (artículo 101 inciso b) ya enunciado). Este control tiene varias formas de manifestación, como puede ser lo que ampara el artículo 63 de ese propio texto jurídico superior al refrendar que las personas tienen derecho a dirigir quejas y peticiones a las autoridades, las que están obligadas a tramitarlas y dar las respuestas oportunas, pertinentes y fundamentadas en el plazo y según el procedimiento establecido en la ley. A lo que han de sumarse como otros elementos al efecto las consultas populares, las asambleas de rendición de cuentas, las audiencias públicas, la opinión pública (a través de los medios masivos de comunicación, encuestas y lo que se da en llamar entre nosotros "el levantamiento de estados de opinión").

XIII. LA RESPONSABILIDAD ADMINISTRATIVA

A pesar de su importancia en el marco del Estado de Derecho, y como principio e institución jurídica en el plano *iusadministrativo*, la responsabilidad administrativa, y de la Administración Pública en general, ha sido un tema que, históricamente, ha estado desatendido entre nosotros desde el punto de vista de las inquietudes científicas; y los principales tratamientos al respecto han quedado en los estrechos márgenes de las obras generales de Derecho Administrativo con la que contamos, o en algunos trabajos en particular –no siempre desde el prisma propiamente jurídico-administrativo- que, incluso sumados entre sí,[51] no proyectan un panorama alentador en términos de ciencia y de pensamiento *iusadministrativista* patrio en lo que a este tópico respecta.

A lo anterior debe sumarse que no hay una clara proyección sistémica en el ordenamiento jurídico cubano de la responsabilidad administrativa (de la Administración, de los funcionarios), dándose interesantes colisiones entre diversos subsistemas del ordenamiento jurídico (el Laboral o el Administrativo, por solo mencionar un solo ejemplo), y donde aparece latente la necesidad de su perfeccionamiento para ir hacia mayores niveles de coherencia y funcionalidad en este sentido, actualizando criterios y soluciones como manera de respaldar, en este contexto, la consecución de los intereses generales y el respeto y realización de los derechos de los individuos.

---

[51] Brito y Mederos, Lincoln E., *El Estado y su responsabilidad*, Monografía jurídica, s/e, La Habana, 1952; Carmona Romay, Adriano G., *Mis dictámenes en el Ministerio de Estado*, Editorial Librería Martí, La Habana, 1953; León Gigato, Teresa C./ García Henríquez, Francisco E./ Pérez Torres, Francisco y Valdés Lobán, Eurípides, "Trascendencia jurídico-económica de la responsabilidad material", en *Revista Jurídica*, No. 7, Año III, Abril-Junio, 1985, Departamento de Divulgación del Ministerio de Justicia de la República de Cuba, La Habana; Fernández-Nespral, Ulises, "La responsabilidad materiales de dirigentes, funcionarios y demás trabajadores", *AA.VV.*, *Memorias. Evento Científico de Derecho Laboral*, Delegación de Base UNJC-CETSS, Comité Estatal de Trabajo y Seguridad Social, La Habana, Diciembre, 1986; Hidalgo Pérez, Martha J., "El Decreto-Ley No. 92, "Sobre la responsabilidad material de los dirigentes, funcionario y demás trabajadores", en *Revista Jurídica*, No. 11, Año IV, Abril-Junio, 1986, Departamento de Divulgación del Ministerio de Justicia de la República de Cuba, La Habana; Guillén Landrián, Francisco, "Significado y contenido de la actual revisión de los reglamentos disciplinarios", en *Revista Jurídica*, No. 15, Año V, Abril-Junio, 1987, Departamento de Divulgación del Ministerio de Justicia de la República de Cuba, La Habana; Fernández-Nespral, Ulises, "Responsabilidad material y responsabilidad penal", en *Revista Cubana de Derecho*, Año XVII, No. 33, Abril-Junio, 1988, Órgano de la Unión Nacional de Juristas de Cuba, La Habana; Ley Gutiérrez, Letisia Hilaria/ Bertot Montano, Magalys/ Borras Escalona, Esther Balbina/ Rivera Levis, Jorge Emilio/ López-Chávez Aguilera, Néstor Isidro/ Tamayo Verdecia, María Estrella y Adad Capote, Lourdes E., "La responsabilidad material", en *AA.VV.*, *Ponencias. Derecho Laboral y otros*, Conferencia Jurídica Nacional, Organización Nacional de Bufetes Colectivos, La Habana, 1989; López González, Carmen, "Consideraciones generales sobre aplicación del Decreto ley No. 92", en AA.VV., *Ponencias. Derecho Laboral y otros*, Conferencia Jurídica Nacional, Organización Nacional de Bufetes Colectivos, La Habana, 1989; Castanedo Abay, Armando, "Notas acerca de la responsabilidad administrativa. Instituciones y figuras jurídicas afines", en *AA.VV.*, *Estudios de Derecho Administrativo cubano*, Editorial "Félix Varela", Ciudad de La Habana, 2002; publicado también en *AA.VV.*, *Temas de Derecho Administrativo*, Tomo II, Editorial "Félix Varela", La Habana, 2004.

Uno de los principales límites que opera al día de hoy en la realización de la Responsabilidad Patrimonial de la Administración pública en Cuba deviene de la necesidad de una ley de procedimientos administrativos que regule el desarrollo de las bases constitucionales de su regulación y permitan articularla a la garantía de acceso a la justicia desarrollada en la jurisdicción administrativa. Por ende, al día de hoy las bases fundamentales del régimen jurídico a los efectos de su exigencia vienen dadas por la misma situación que denotara Fernando Álvarez Tabío hace varias décadas: la regulación constitucional y el proceso administrativo. La aplicación de las normas contenidas en el Código Civil en esta etapa no resulta conteste con la propia idea de esta garantía constitucional. De tal forma, la exigencia de responsabilidad parte, en gran medida por la interpretación y aplicación de las bases constitucionales de la responsabilidad patrimonial, hecho que merece un acercamiento más detallado acerca de sus fundamentos constitucionales.

La Constitución de 2019 está marcada por un contexto de trasformación del artículo 26 en el anteproyecto, hacia un artículo (el 94), que trasladó desde un primer momento su concepción como principio del Estado socialista de Derecho y justicia social a garantía de los derechos. Su configuración más amplia se encaminó en la habilitación de un procedimiento expedito, concreto y específico en materia constitucional. A pesar de que esta garantía preveía un mecanismo de responsabilidad del Estado, el mismo resultaba la consecuencia indirecta de una violación a los derechos constitucionales previstos en el texto de 2019. Luego del proceso de consulta popular, los resultados de la consulta popular promovieron la inclusión del artículo 26 en los términos cercanos a los originales de su redacción, de conjunto con el artículo 94. En tal sentido Cfr. Capítulo VI: Garantías jurisdiccionales de los derechos. Artículo 94. La persona a la que se le vulneren sus derechos y sufriere daño o perjuicio por órganos del Estado, sus directivos, funcionarios y empleados, con motivo de la acción u omisión indebida de sus funciones, tiene derecho a reclamar, ante los tribunales, la restitución de los derechos y obtener, de conformidad con la ley, la correspondiente reparación o indemnización. La ley establece la pertinencia y el procedimiento preferente, expedito y concentrado para su cumplimiento.[52]

La sistemática de la versión definitiva del nuevo texto constitucional incluyó en el título de las garantías constitucionales la RPAP y un procedimiento de garantías constitucionales, respectivamente, en los artículos 98 y 99. De tal forma, la Constitución de 2019 configura dos normas jurídicas de responsabilidad patrimonial del Estado con una técnica cuyo acabado merece críticas, pues a pesar de su objetividad normativa diversa, tienden al solapamiento y colisión de sus contenidos. De tal forma, la responsabilidad que ahora aparece en el artículo 98 pasa, de ser un principio configurador del Estado Socialista en el artículo 26 de la Constitución de 1976, a convertirse –al menos en la posición de la sistemática constitucional- en una garantía procesal de los derechos. Esta configuración, si bien puede aportar a la eficacia de la norma, se distancia de las tendencias de su regulación constitucional y supone teleológicamente una regresión de su reconocimiento como principio esencial del Estado Socialista, pues la RPAP no agota su configuración y práctica en el proceso administrativo, el cual constituye, solo una de las dimensiones de su configuración.[53]

A partir de ello debe considerarse la idea de las condiciones del daño. La interpretación desde un criterio amplio permite al juez administrativo valorar todas las posibles consecuencias jurídicas de los daños, sin limitar, o ponderar unas sobre otras con vistas a su reparación. Sin embargo, el quiebre frecuente del principio de unidad de jurisdicción ha condicionado que una vez conocido por el juez civil algún supuesto de RPAP, ha interpretado en modo restrictivo tales cuestiones, sin la vocación general emanada del texto constitucional, cuya máxima expresión, aunque no la única, lo constituye las restricciones a la reparación del daño moral.[54]

Ahora bien, si las técnicas de apertura y cierre han heredado del periodo constitucional precedente, ciertas limitaciones a la funcionalidad del artículo 98, por la pervivencia de limitaciones prácticas en el actuar de los sujetos legitimados y de los propios jueces, se debe reconocer que las mayores polémicas

---

52 Asamblea Nacional del Poder Popular, *Proyecto de Constitución de la República de Cuba*, Impreso en Empresa de Artes Gráficas Federico Engels, La Habana, 2019, p. 14

53 *Cfr.* "La responsabilidad patrimonial del Estado: una primera lectura general del artículo 98 del texto constitucional cubano de 2019", en Lledó Yagüé, Francisco, Benítez Ortúzar, Ignacio, y Mendoza Díaz, Juan (Directores), *Garantías de los Derechos en el nuevo panorama Constitucional cubano*, DYKINSON, S.L Madrid, 2020, pp. 299-324.

54 Pérez Veliz, Alie, "El Derecho al honor en Cuba. Fundamentos para su reforma", en *Cuestiones Constitucionales*, UNAM, México DF, pp. 151-197

que expresan esta disfuncionalidad se han constatado en las técnicas intermedias, de legitimación y validez. En esa la línea se debe tomar por sentado que el artículo 98 brinda un fundamento constitucional a la responsabilidad del Estado en el ejercicio de todas sus funciones.

Como concreción, la RPAP resulta una aplicación de tal fundamento, el cual resulta aplicable tanto para supuestos de responsabilidad contractual como de responsabilidad extracontractual o RPAP propiamente, conforme a su denominación. Este resulta un criterio común si se piensa en las actuales tendencias de la unificación de los sistemas de RPAP. Sin embargo, dadas las diferencias de ambos mecanismos, el carácter estricto del primero sobre el segundo, así como las carencias en el país de un régimen pleno de contratación administrativa, el análisis de la RPAP de este capítulo debe verse como un primer intento de ubicar los fundamentos y elementos generales en torno a una construcción jurídica desde esta perspectiva metodológica.

Cuando el artículo 98 reconoce a directivos, funcionarios y empleados del Estado, puede inferirse que algunos sujetos no resultaban imputables de los resultados perjudiciales por su actuación, si ello se contrasta con el artículo 10. La falta de regulación de los órganos del Estado en artículo 98, siguiendo la configuración precedente, genera dudas sobre la imputación directa. Cuando el artículo 10 establecía en 1976 -*y mantiene en 2019*- que los órganos del Estado actuaban en el ámbito de sus competencias, y respetaban la legalidad socialista, se declaraban imputables en un primer nivel, de atribución.

Desde la idea del personal al servicio de la Administración Pública, ha de destacarse que el actual artículo 98 supera una tensión con el artículo 26 precedente y el artículo 10, en tanto no se recogía la categoría de cuadros (como un funcionario de alto perfil), a pesar de que sobre su régimen se basara buena parte del sistema de función pública. La formulación de artículo 98, si bien supera omisiones más amplias del texto precedente, sigue siendo contradictoria al no superar la ausencia de los órganos del Estado; y por el contrario, pone miras en los directivos, funcionarios y empleados del Estado.

La imputación se encuadra directamente –en el sentido de atribución de competencia– en el personal, no en la organización administrativa, creando una duda acerca de los sujetos imputables, en el sentido propiamente del deber de responder, omiso en la estructura normativa del artículo. Ahora bien, esta compatibilización más cercana entre los artículos 10 y 98 del texto de 2019 ha supuesto un paso de retroceso, el eliminar la categoría agente por la de Empleado del Estado y en concreto, de la Administración Pública. La figura de los agentes resulta más amplia, pues no depende en exclusiva de una relación de empleo, por su carácter eventual (colaboradores necesarios) o indirecto (sujetos que obran bajo diversos títulos habilitantes). A ello, súmese el hecho de que la regulación que se inserta en el artículo 99, además de contener a los órganos del Estado como no lo hace el artículo 98, incluye a particulares o entes no estatales, que encuadran en la noción eliminada de agente en un sentido amplio. Esta resulta una de las tensiones más visibles de los dos mecanismos de responsabilidad patrimonial del Estado previstos (artículos 98 y 99), pues la norma específica y complementaria desborda el contenido y objetividad jurídica de la norma general de tutela ordinaria.

Dicha duda científica puede esclarecerse sobre la base de esta cuestión. Una primera posibilidad razonable es que, desde una perspectiva indirecta, sean los propios directivos, funcionarios y empleados, los sujetos responsables de cumplir con el deber de responder. Sin embargo, el artículo brinda algunas pistas cuando establece que los actos imputables deben ser propios de las funciones que desarrollan agentes y funcionarios. Desde ese enfoque puede fundamentarse que existe configurado un régimen de imputación que genera una duda acerca del deber de responder a las obligaciones reparatorias por el personal del Estado y específicamente de la Administración pública.

Una segunda interpretación razonable es que, sobre la base de la omisión, la delimitación del agente o funcionario configura una condición a los efectos de enmarcar los actos propios de las funciones del Estado, y en particular, de las funciones administrativas. En esa línea de pensamiento, a pesar de la omisión del deber de responder, se puede colegir que el Estado y la Administración pública en concreto deben responder de las imputaciones que se realicen sobre los hechos propios de la función acometidos por sus agentes y funcionarios. Ponderando esta interpretación, por su razonabilidad y adecuación a los fines garantistas de la RPAP, puede asumirse un criterio interpretativo de imputación directa. Ello no obsta que en el desarrollo del artículo 98 se produzca una ampliación aún más garantista, en la cual la Administración pública responda en primer término y determine luego la procedencia a una posible acción de regreso contra el personal. Esta cuestión genera otra sospecha teórica, acerca de la ausencia del mecanismo de repetición del Estado, y en concreto de la Administración Pública, cuando considere que debe exigirle responsabilidad al agente o funcionario. En tal sentido, la falta de delimitación de una regla de repetición, con desarrollo procedimental, resulta otro de los aspectos importantes en torno a la disfuncionalidad de concebir la imputación del artículo 98 como supuestos de falta de servicio o supuestos de falta personal.

La orientación de la imputación a directivos, funcionarios y empleados es una variable contenida en el artículo 98 de la Constitución de 2019, cuyas primeras impresiones acusan un régimen de responsabilidad personal por actos propios de la función administrativa, hecho que pudo –y puede– ser salvado desde la construcción del deber de responder del Estado, omitido en la estructura normativa del artículo de referencia. Ahora bien, si puede solventarse este criterio, las cuestiones relativas a la imputación conforme a la legalidad resulta el punto de mayor conflicto. En este aspecto se debe contextualizar el análisis a partir del criterio de los primeros intérpretes de la norma de 1976. Los debates precedentes sobre el criterio de licitud tuvieron la influencia civilista impregnada, especialmente, del Derecho civil soviético,[55] base de su Derecho administrativo,[56] criterios que influyen a los autores del Derecho administrativo cubano en ese periodo.[57]

Esta configuración divide la responsabilidad en subjetiva y objetiva, tomando como eje el elemento volitivo de la actuación del personal al servicio del Administración Pública, a diferencia de las referencias de otros contextos como el francés y el alemán, donde la idea de la responsabilidad por falta y sin falta resulta un criterio de mayor generalización, como hemos abordado. En esa clave puede comprenderse la ausencia de los órganos del Estado en la imputación tanto del artículo 26 de 1976 como del actual artículo 98 en 2019, dado que el "causado indebido" apunta a la actuación del personal al servicio de la Administración pública, en sus culpas, imprudencias, negligencias, impericias.

Este hecho adquiere mayor notoriedad si se tiene en cuenta que el artículo 99, como contraste del artículo 98, prescinde de la formulación del "causado indebido", por una posición objetiva del resultado contenido en la vulneración de los derechos constitucionales.

Por ello, si se toma partida en el criterio originalista de uno de los primeros comentaristas de la Constitución de 1976, ÁLVAREZ TABÍO, se pueden obtener unas primeras pistas sobre el alcance de la imputación contenida en el artículo 26 en 1976, llevado al artículo 98 en 2019. En criterio del profesor TABÍO, constituía "[...] un desacierto que la Administración Pública tuviera que responder patrimonialmente por haber actuado conforme a Derecho".[58]

Desde esa posición, en una interpretación originalista, la imputación del viejo artículo 26, hoy en el artículo 98 del texto constitucional vigente, resulta una responsabilidad pensada en la actuación de directivos, funcionarios y empleados, por las funciones propias del ejercicio de sus funciones, o sea, una responsabilidad de matriz subjetiva por falta de servicio. Lo que proyectó el constituyente de 1976 y ratificó el de 2019 fue un sistema donde las personas puedan reclamar y obtener indemnización solo en supuestos en que la actuación indebida se verifique; por lo cual este se constituye como un mecanismo intermedio de validez del sistema de RPAP a partir de la verificación del daño o del perjuicio. Calificar un hecho como causado indebido significa que se ha generado de forma antijurídica. El artículo 98 reconoce el actuar antijurídico de directivos, funcionarios y empleados del Estado, que genera un daño o un perjuicio. Por consiguiente, desde un argumento en contrario pueden ser causados a las personas daños o perjuicios, sin que se generen indebidamente, o sea, en cumplimiento de la legalidad, por lo cual no se valida la imputación. Si se toma nota de las normas de los referentes europeos o latinoamericanos, se puede aunar un elemento que profundiza en este criterio interpretativo. Las normas de RPAP en particular o del Estado en General, asumen la perspectiva de la víctima para caracterizar un resultado.

---

[55] *Cfr.* Serebrovski, V. y Jalfina, R. "Derecho Civil Soviético" en *Fundamentos del Derecho Soviético*, Editorial en Lenguas Extranjeras, Moscú, 1962, p. 260 y ss;

[56] *Cfr.* AAVV, *Derecho Administrativo Soviético*, trad pos. José Peraza Chapeau, Pueblo y Educación, La Habana, 1989, p. 78 y ss; pp. 120-133

[57] Garcini Guerra, Héctor, *Derecho Administrativo*, 2da edición corregida y ampliada, Editorial Pueblo y Educación, La Habana, 1986, p. 265, Valdivia Onega, Marisabel, Vizoso García, María de los Ángeles y Castanedo Abay, Armando, *Separata de Derecho Administrativo*, Facultad de Derecho, Universidad de la Habana, La Habana, 1989, p. 16

[58] *Cfr.* Álvarez Tabío, Fernando, *Comentarios a la Constitución Socialista"*, Ed Pueblo y Educación, 1988, p. 123, En igual sentido, *Cfr.* Vega Vega, Juan, *Derecho constitucional revolucionario en Cuba*, Editorial de Ciencias Sociales, La Habana, 1988, p. 163; Vega Vega, Juan, *Cuba. Su historia constitucional. Comentarios a la Constitución cubana reformada en 1992,* Ediciones Endymion, Madrid, 1997, pp. 191- 193.

La RPAP se activa ante la vulneración de los derechos de las personas. En ello la antijuridicidad se traslada hacia una perspectiva general sobre la cuestión del deber jurídico de soportar el daño. Ello significa que se produce un cambio en la lectura de la estructura normativa, ponderando en primer lugar, el resultado antijurídico de la víctima caracterizado por el daño o perjuicio sufrido por la víctima (lesión antijurídica).

En tanto, en segundo lugar, queda el enfoque de la legalidad como delimitador de la falta de servicio. Por ello se vuelve un régimen amplio, que asume tanto las modalidades por falta de servicio como de responsabilidad si falta.

A pesar de la falta de estudios concretos sobre el tema durante la vida del texto de 1976, las primeras décadas del presente siglo han avivado –en alguna medida– el debate científico sobre la RPAP. Las tendencias sobre la interpretación han estado, por un lado, en la defensa del criterio originalista defendido,[59] y por el otro, con un talante más actual, en una interpretación progresiva de esta norma que garantice, desde un enfoque objetivo, la imputación de todos los supuestos en que las personas sufran daños o perjuicios derivados de la Administración pública.[60]

En ese marco se debe situar el trabajo de MATILLA CORREA en unas primeras lecturas al actual artículo 98 constitucional, que valora la necesidad de una interpretación progresiva conforme al ámbito de los derechos reconocidos en la Constitución de 2019. En tal sentido, sostiene que "'daño o perjuicio causado indebidamente' debe leerse como que la actuación que genere el daño o perjuicio tiene o trae 'causa indebida', en tanto la persona que sufre ese daño o perjuicio (daño o perjuicio indebido) no tiene la obligación jurídica de soportarlo".[61]

Empero, debemos hacer un llamado de atención. Si se valora la actual regulación constitucional, desde la perspectiva de quien suscribe esta investigación, no se aprecia el cambio de mirada en la interpretación. La imputación sigue radicando en la causa en sí y no en el estado de la víctima en concreto. El punto de vista de la víctima, por tanto, resulta un elemento determinante para poder defender este tipo de interpretación, pues una cosa es el deber jurídico de no causar daño, emanado del derecho a no sufrir un daño causado de forma indebida, y otro, por el contrario, el deber jurídico de soportar un daño, que conlleva al derecho a no soportar un daño.[62] Si miramos el actual artículo 98 y su precedente de 1976 (artículo 26), la fórmula de imputación se sigue sosteniendo bajo un criterio de responsabilidad por actividad ilícita o "indebida", porque la idea que subyace es la del derecho de las personas y el deber de los agentes y funcionarios del Estado de no sufrir/causar –respectivamente– un daño de forma indebida.

---

59 *Cfr.* sobre todos, Ramírez Sánchez, Amed y Rizo Pérez, Nilda Haydeé, "La exigencia de responsabilidad patrimonial de la Administración Pública en Cuba. Limitaciones en su acceso a la justicia administrativa", *en Revista de Estudios de la Justicia (REJ)*, Centro de Estudios de la Justicia, Facultad de Derecho de la Universidad de Chile núm. 27, Chile, 2017, pp. 104-105, De igual forma, Prieto Valdés, Martha, "La Constitución, el Código Civil y las interconexiones necesarias", en Pérez Gallardo, Leonardo B., (Coord.), *El Código Civil cubano…, 30 años después*, Ediciones ONBC, La Habana, 2018, p. 50, Rizo Pérez, Nilda Haydée; Rodríguez Saif, María Julia; Ramírez Sánchez, Amed, "Responsabilidad Patrimonial de la Administración Pública", *Revista Equipo Federal del Trabajo*. No. 76, 2011. En esa misma línea, *Cfr.* Cedeño Guerra, Nora y Moreno Tamayo, Fernando, "La responsabilidad patrimonial de la administración pública ¿garantía en la actividad administrativa del transporte terrestre no estatal en Cuba?", tomado de https://international.vlex.com/vid/responsabilidad-patrimonial-administracion-publica; Ramírez Thomas, Dayamis, Lamas Bertrán, Gretcher y Mendoza Pérez, Juan Carlos, "La responsabilidad patrimonial de la administración pública en Cuba. Perspectiva de cambio", en *Revista Caribeña de Ciencias Sociales* (diciembre 2017), tomado de http://www.eumed.net/rev/caribe/2017/12/administracion-publica-cuba.html

60 *Cfr.* sobre todos Marcheco Acuña, Benjamín, *Fundamentos de la Justicia Administrativa*, UNIJURIS, La Habana, Cuba, 2017, p 83, Pérez Hernández, Lissette y Aragón Pérez, Daniel, "Un acercamiento jurídico con visión constitucional y ciudadana a la inactividad de la Administración Pública", en Matilla Correa, Andry (Coord), *Tendencias Actuales del Derecho Administrativo. Homenaje al profesor Dr. Héctor J. Garcini Guerra*, Editorial UNIJURIS, La Habana, 2017, p 292

61 Matilla Correa, Andry, *La responsabilidad patrimonial del Estado: Una primera lectura general del artículo 98 del texto constitucional cubano de 2019, en* Mendoza Díaz, *Juan, et. al.* Garantías de los Derechos en el nuevo panorama constitucional cubano, Editorial Dykinson, S.L., 2020, p. 319.

62 *Cfr.* Domenech Pascual, Gabriel, "Responsabilidad patrimonial de la Administración por actos jurídicos ilegales ¿Responsabilidad objetiva o por culpa?", *Revista de Administración Pública*, núm. 183, Centro de Estudios Políticos y Constitucionales, Madrid, España, 2010, pp. 179-231, pp. 179-231, Díaz Sastre, Silvia, Culpa vs. ilegalidad: de nuevo sobre el fundamento de la responsabilidad por acto administrativo, en *Revista española de Derecho Administrativo,* núm. 153/2012, Editorial Civitas, SA, BIB 2012\235

Ello no desdice la vocación compartida con el profesor MATILLA CORREA, cuando sostiene que una imputación objetiva abriría "[...] un espectro hasta ahora desconocido en la realidad teórica y práctica del Derecho cubano –pues en su criterio– [...] tal apertura permitiría que esa responsabilidad pueda cumplir con mucha mejor vocación y efectividad sus fines existenciales".[63] A día de hoy, ello es más una meta a alcanzar en el paradigma de una actividad administrativa responsable y una práctica procesal eficiente, que una manifestación concreta de su aplicación. Lamentablemente, el espacio de los tribunales en este aspecto no ha logrado abrir –como un rezago del periodo constitucional precedente– una línea jurisprudencial en la aplicación de este precepto constitucional que coadyuve a una práctica más amplia, coherente con el principio de unidad de jurisdicción y la interpretación más favorable a la cual nos induce el profesor MATILLA CORREA.

Puestos sobre este contexto, a día de hoy, debe defenderse la idea de que las bases constitucionales de la RPAP permiten el desarrollo de un sistema amplio y coherente, más allá de las limitaciones que arrastran del texto de 1976 y las que se agregan al de 2019, en especial por la conexión al artículo 99. En ese orden, debe sostenerse la idea de que el artículo 98 establece implícitamente el deber de responder del Estado, y específicamente de los sujetos que desarrollan la actividad administrativa. La realización del texto constitucional, más allá de su propia garantía de aplicabilidad directa, precisa una impregnación de su contenido, tanto en una norma general, como en las diversas normas que regulan la actividad administrativa. Siguiendo la filosofía del fallo fundante, que ha animado el desarrollo propio de la institución, deben valorarse las características propias de cada actividad, de modo que la RPAP no resulte ni general ni absoluta, pero que brinde cobertura a la protección de los derechos de los ciudadanos en sus relaciones con el poder público.

Ante ello, se debe hacer una referencia a los intentos del Tribunal Supremo por guiar el desarrollo de unas líneas jurisprudenciales sobre la materia. Como la idea adelanta, se debe retomar la idea de la ordenación del Código civil y su desconexión con la justicia administrativa que fue regulada en la etapa precedente en la Ley de Procedimiento Civil Administrativo, Laboral y Económico; y cuya regulación actual descansa en la Ley Nº 142 "Del Proceso Administrativo". La regulación de estas últimas normas constituye a nivel legal el punto más alto de la autonomía –acotada a la esfera procesal– de la RPAP, aunque como se ha sostenido, su realización práctica ha sido limitada. En ese contexto, ante la pervivencia del Código civil, el impacto mediato del texto constitucional desde la visión del proceso administrativo ha calado –en cierta medida– en la voluntad del Consejo de Gobierno de Tribunal Supremo, con el propósito de uniformar la práctica procesal de la institución. A tales fines fue dispuesta la Instrucción Nº 245, hecho que emula con las disposiciones de los años 1979 y 1981, con la que se vino a ratificar procesalmente la exigencia del agotamiento de la vía administrativa previa y su articulación con el silencio administrativo, construyendo una especie de procedimiento de reclamación administrativa, ante la falta de una regulación administrativa de esta cuestión. Este hecho se complementa con una regla de cierre, en la cual el tribunal impone que aun en los supuestos en que los procesos se hayan tramitado conforme al artículo 96 del Código Civil, la jurisdicción administrativa será la competente, reiterando la importancia del principio de unidad de jurisdicción en la materia.[64] Este hecho no es un resultado aleatorio, propio de las tendencias de la reforma procesal. La atribución de la competencia administrativa constituye la confirmación de la autonomía procesal de la RPAP, bajo la regla del principio de unidad de jurisdicción, declarada como una conquista –ya histórica– desde el referente de la ley procesal de 1974 que, no obstante, ha sido transgredida frecuentemente por los jueces ordinarios al conocer en vía civil de la RPAP.

---

63 Matilla Correa, Andry, *La responsabilidad patrimonial ... ob. cit.*, p. 320.

64 SEGUNDO: Las salas competentes en materia administrativa darán curso a las demandas que se presenten por las personas legitimadas, a fin de obtener la reparación por los daños materiales y morales e indemnización por los perjuicios que reciban, por un actuar indebido en cumplimiento de sus deberes funcionales por directivos, funcionarios y empleados del Estado, en virtud de lo dispuesto en el artículo 658 de la Ley de procedimiento civil, administrativo, laboral y económico y del artículo 96 del Código civil. En ambas situaciones deberán agotarse, previamente, las reclamaciones que procedan en la vía administrativa.

TERCERO: Se entenderá por agotada la vía administrativa cuando la resolución emane de los organismos de la Administración Central del Estado, así como de sus delegaciones territoriales, los órganos provinciales y municipales del Poder Popular o en quienes estos deleguen; o cuando la autoridad facultada no resuelva dentro del plazo legal o el de 45 días, conforme lo establece el artículo 672 de la citada ley de procedimiento

Ahora bien, si procesalmente la Instrucción Nº 245 pretendió adaptar de una mejor forma el texto de 2019 a la por entonces vigente LPCALE, su aporte –tal vez– más notable puede ubicarse en la configuración material de la RPAP. El Consejo de Gobierno reconoce el principio de reparación integral cuando define que la sentencia estimatoria dispondrá la reparación del daño y la indemnización de los perjuicios, de modo que las cosas vuelvan al estado en que se encontraban antes del acto reclamado.[65] Sin embargo, vistos los primeros tres años de aplicación de la Constitución de 2019 y de la entrada en vigor de la Instrucción Nº 245,[66] no se aprecia un cambio en el paradigma de los procesos de RPAP.[67]

De tal forma, a la carencia de una ley de procedimientos administrativos y de una ley de organización de la Administración Pública, el punto de desarrollo más actual y coherente con la regulación constitucional debe observarse en La Ley Nº 142 "Del Proceso Administrativo" del año 2021, una norma jurídica que ha introducido nuevos aires al proceso administrativo cubano, con la mirada en las tendencias comparadas y en las propias demandas históricas de esta técnica de garantía de los administrativos y control externo de la Administración Pública.

Aunque este no es el espacio propicio para valorar en su integridad la influencia de esta norma sobre el desarrollo de la responsabilidad patrimonial, en esa dirección ha referenciarse el artículo 10 de la Ley, el cual reconoce en su apartado primero, como lo hiciera la LPCALE en su artículo 358, que la jurisdicción administrativa conoce en todos los casos de supuestos de responsabilidad patrimonial de la Administración Pública. Incluso, manteniendo la lógica del legislador de la anterior ley, extiende ese ámbito a un grupo de actividades reservadas (actos de gobierno), que a priori están reservados del acceso a la jurisdicción administrativa. En este sentido ha de destacarse que con la inclusión de los supuestos del artículo 9, puede exigirse responsabilidad patrimonial al Estado por los Acuerdos de la Asamblea Nacional y del Consejo de Estado, la actuación gubernativa del Presidente Vicepresidente de la República y Primer Ministro, la actuación gubernativa del Consejo de Ministros, los Gobernadores y Consejos Provinciales, así como ordenanzas y acuerdos de las Asambleas Municipales del Poder Popular. De tal forma, la Responsabilidad patrimonial regulada en esta ley extiende su aplicación como mecanismo de exigibilidad a todos los órganos del Estado.

En esa idea, el propio artículo regula las normas emitidas por el Consejo de Gobierno del Tribunal Supremo, la función electoral y el control de la investigación penal y el ejercicio de la acción penal pública por parte de la Fiscalía General. De tal forma, puede comprenderse el potencial aplicativo de esta norma, no solo ya como mecanismo de exigencia de la responsabilidad de aquellos sujetos que desarrollen actividades administrativas, sino de la vinculación de otros órganos del Estado con este principio de Responsabilidad en actividades legislativas y judiciales.

Aun así, el peso de la competencia en materia de responsabilidad no se beneficia por completo de las reformas en materia de competencias ya aludidas anteriormente en el acápite del proceso administrativo, pues conforme el artículo 13.1 c) de la Ley, el Tribunal Popular conoce en primera

---

65 Marcando una línea de distancia con el Código Civil, estableció el reconocimiento, tanto de daños materiales como morales. De igual modo, en materia de ejecución de sentencias, reconoce la facultad del tribunal de establecer los términos de cumplimiento de las obligaciones reparatorias e indemnizatorias, sus mecanismos de control, así como las consecuencias punibles de su incumplimiento para los responsables patrimonialmente. El por cuanto CUARTO estipula que : Cuando el tribunal considere que le asiste razón al demandante, la sentencia dispondrá que las cosas vuelvan al estado en que se encontraban antes del acto reclamado, la reparación por los daños materiales y morales, y la indemnización por los perjuicios contra el responsable y, además, acordará la actuación que deberá seguir la administración y el plazo para hacerlo, bajo el apercibimiento de que, de no cumplimentarlo, podrá incurrir en responsabilidad de carácter penal

66 *Cfr* al respecto, Peña Pérez, Libia y Díaz Galindo, Yurina, "La responsabilidad patrimonial de la Administración a la luz de la Constitución de 2019 y su desarrollo por medio de la Instrucción No. 245 de 2019 del CGTSP", en *Revista Electrónica de Estudios Jurídicos Cubalex,* enero diciembre, Nº 39, Año 22, Tercera Época, Editorial UNIJURIS, La Habana, 2019, pp. 352-369.

67 Las sentencias de la Sala de lo Administrativo del Tribunal Supremo dan cuenta de una práctica jurídica que no se muestra eficientes, pues las partes legitimadas no cumplen con los requerimientos establecidos en la propia instrucción, o las Administraciones Públicas imputadas no desarrollan las actuaciones procedimentales exigidas a fin de garantizar los derechos constitucionales previstos en el artículo 94 de la Constitución de la República. *Cfr.* sobre todas, Tribunal Supremo Popular, Sala de lo Civil y de lo Administrativo, Sentencia Número trescientos siete de 31 de julio de 2020, Juez ponente Carlos Manuel Díaz Tenreiro, Tribunal Supremo Popular, Sala de lo Civil y de lo Administrativo, Sentencia número doscientos veintiuno, de 10 de julio de 2020, Juez ponente Carlos Manuel Díaz Tenreiro, Tribunal Supremo Popular, Sala de lo Civil y de lo Administrativo, Sentencia número trescientos ocho, de 31 de julio de 2020, Juez ponente Carlos Manuel Díaz Tenreiro.

instancia de las demandas de reparación o indemnización de daños y perjuicios por responsabilidad patrimonial, manteniendo tales cuestiones en el mismo ámbito competencial. Aun así, debe tenerse en cuenta que la regulación de la competencia se expande hacia la estructura jerárquica, y de ello se beneficia la responsabilidad patrimonial del Consejo de Ministros, el Contralor General y el Fiscal General, así como de la Asamblea Nacional del Poder Popular y el Consejo de Estado, la Presidencia de la República, el Consejo Nacional Electoral y el Tribunal Supremo Popular.

En tercer lugar, ha de destacarse lo relativo al objeto del proceso. En el artículo 52 de la nueva ley se reconoce este objeto como una pretensión del proceso administrativo, en los términos que se configura el artículo 98 del texto constitucional. La novedad más importante en este aspecto, más allá de la propia idea de la ampliación del objeto del proceso, resulta la articulación con el sistema de responsabilidad civil derivada del delito configurado en el artículo 53. En tal sentido, la ley viene a zanjar una vieja duda interpretativa, acerca de los pronunciamientos sobre responsabilidad civil derivada de los delitos cometidos por agentes, funcionarios o cuadros del Estado. En este caso, la ley determina que resultan –la penal y la patrimonial- responsabilidad independientes y con diferentes jurisdicciones, y que esta –la patrimonial- debe ser exigida -al órgano- con tal independencia. Ahora bien, esta regla solo tiene como excepción, el supuesto de que sea necesaria la determinación de los hechos en el proceso penal.

Sin embargo, esta nueva regla de reparto de jurisdicciones aún tendrá que sortear un largo camino para su establecimiento, si bien viene a delimitar una serie de supuestos en los que la responsabilidad patrimonial de la administración resultaba anulada por la responsabilidad civil derivada del delito. El juez penal debe tener en cuenta tales circunstancias y, por otro lado, las propias víctimas deben determinar con claridad los enfoques de la imputación hacia los sujetos que desarrollan la actividad administrativa y no contra las figuras personales de agentes, funcionarios o empleados del Estado y en concreto de la Administración Pública. Los ejemplos de sistemas como la actividad médica y la responsabilidad que surge en dicha actividad resultan el mejor ejemplo de tales observaciones.

En líneas generales, la nueva ley del proceso administrativo, de conjunto con los aspectos abordados, y el fortalecimiento de los aspectos para un logro de una tutela judicial efectiva, permiten que la exigencia de la responsabilidad patrimonial, desde el nuevo diseño de un régimen cautelar robusto, de una actividad probatoria más abierta y dinámica, de formas de terminación del proceso más heterogéneas y ajustadas a las diversas situaciones y con un nuevo sistema de ejecución de sentencias administrativas asegura que la responsabilidad patrimonial de la Administración Pública pueda vivir desde enero de 2022 en unos nuevos aires, como ha señalado el profesor Matilla Correa.[68]

Sin embargo, una vista a la jurisprudencia casacional de los primeros meses del año, dan cuenta del bajo efecto de esta norma en la radicación de demandas administrativas en general y en concreto, de la Responsabilidad patrimonial. Hasta donde se ha llegado en el estudio de las sentencias de casación del periodo de enero a julio del año 2022, no han sido conocidos recursos con tales propósitos. Incluso, a nivel de Tribunales Provinciales, las experiencias de diversos intercambios, conferencias y cursos sobre esta nueva ley en los meses anteriores dejan la sensación de que aún no se conocen bien las nuevas herramientas procesales y que la carencia de una ley de procedimientos administrativos o de una ley propiamente de responsabilidad patrimonial, hacen muy difíciles los intentos de exigencias.

XIV. EL SERVICIO PÚBLICO

Luego de superados los primeros momentos del triunfo revolucionario de 1959, el Estado cubano se orientaría abiertamente por la senda socialista (Declaración del carácter socialista de la Revolución cubana en 1961); comenzando, en general, la construcción de un modelo socio-económico y político que –matices a un lado- se hubo de colocar dentro de la línea que al respecto se practicaba por el bloque de los países socialistas de Europa del Este. Todo lo cual implicó un necesario replanteo de los fundamentos del espacio iuspúblico patrio.

Desde el punto de vista económico, hubo una orientación hacia una mecánica funcional caracterizada por la propiedad socialista sobre los medios de producción, la centralización, la estatización, la dirección y planificación estatal de la economía, entre otros rasgos. Es decir, donde el

68 Matilla Correa, Andry, "Los Nuevos aires del proceso administrativo en Cuba", en *Revista Cubana de Derecho, Nueva Época, Vol. 2, N°1, UNIJURIS, La Habana, enero-junio, 2022, pp. 518-560.*

Estado –en abstracto– se convertía en el principal agente económico y con un elevado grado de intervención en la gestión económica, al asumirla como parte del contenido de sus funciones. Ese panorama alcanzó su mayor respaldo jurídico en la Constitución cubana de 1976, particularmente en sus artículos 14, 15, 16, 17 y 18.

Al amparo de esas circunstancias, escribían tempranamente Héctor GARCINI y Miguel REYES, a inicios de la década de 1960, en clara recepción de la teoría socialista europeo oriental del Derecho Administrativo y en evidente expresión de las nuevas tendencias político-económicas que animaban el funcionamiento de la Administración Pública cubana: "(...) un Estado socialista constituye un todo homogéneo con la sociedad, conformada según las nuevas relaciones de producción y ambos, Estado y sociedad, poseen todos los medios de producción y los bienes materiales obtenidos se destinan en su totalidad a satisfacer el pleno de los intereses colectivos. No existe, pues, aspecto alguno de las múltiples necesidades que al ser humano afectan, que sea indiferente a la Administración Pública y a su cargo está la acción organizativa y dispositiva para todas esas necesidades sean satisfechas. Al desaparecer el capital, la empresa privada se extingue y la atención por ella de un interés social se hace imposible."[69] Además, agregaban: "Por tanto, denominar "público" a un servicio de clase es un dislate jurídico y el clásico "Servicio Público" hay que sustituirla por el "Servicio Estatal"."[70] También añadían: "Como categoría jurídica el "Servicio Estatal" es objeto de estudio del Derecho Administrativo. Su integración se desprende de las relaciones sociales que se forman en el proceso del ejercicio de la Administración del Estado y como esta se extiende a todos los ámbitos de la vida social en la forma más ampliada de la actividad del Estado, su expresión es, en gran parte, "Servicio Estatal"."[71] Y continuaban: "De lo expuesto se desprende su primera nota conceptual: su gestión por parte de la Administración del Estado, ya directamente, esto es, por los órganos a cargo de alguna de sus ramas o por un organismo estatal dotado de personalidad jurídica propia para la atención del servicio. Delimitan también el concepto su finalidad: la satisfacción de un interés general y su régimen jurídico organizado por la técnica jurídico-administrativa para cumplimentar las exigencias de la prestación del servicio."[72]

Como expresión de la instauración de esa noción en la doctrina nacional, GARCINI GUERRA, cerrando el último cuarto del siglo, ratifica las ideas preliminares de 1963 cuando en relación al servicio estatal sostenía que: "Su integración se desprende de las relaciones sociales que se forman en el proceso del ejercicio de la Administración del Estado y como esta se extiende en su actuar a todos los ámbitos de la vida social, en la forma más amplia de la actividad del Estado, su proyección es, en gran parte, servicio estatal (...) Un Estado socialista tiende a ampliar sin tregua la prestación de esos servicios que podemos llamar asistenciales y que se distinguen por su gratuidad"[73].

Siguiendo a GARCINI, de la nueva generación de administrativistas en Cuba de fines de siglo VALDIVIA ONEGA, VIZOSO GARCÍA y CASTANEDO ABAY, en relación a las características de esta concepción del servicio público, adaptadas a la realidad del sistema socialista en Cuba, se determinaron las siguientes notas conceptuales.[74]

a) Gestión directa de la Administración del Estado, y a bien por el complejo de Administraciones Sectoriales (Organismos de la Administración Central del Estado), o por sus entes instrumentales (Empresas estatales Socialistas), o entes prestacionales (Entidades de prestación de servicios).

b) Tiene como finalidad la satisfacción de un interés general definido con una vocación prestacional hacía las "principales conquistas del proceso revolucionario", consagradas en su mayoría como derechos fundamentales.

c) Su régimen jurídico organizado como una técnica jurídico-administrativa de regulación y ejecución directa.

---

69 Garcini, Héctor y Reyes, Miguel, *Manual de Derecho Administrativo*, Tomo I, *Parte General*, Escuela de Ciencias Jurídicas, Facultad de Humanidades, Universidad de La Habana, La Habana, 1963, p. 49 y 50.

70 Garcini, Héctor y Reyes, Miguel, ob. *cit.,* p. 50.

71 Garcini, Héctor y Reyes, Miguel, ob. *cit.,* p. 50.

72 Garcini, Héctor y Reyes, Miguel, ob. *cit.,* p. 50.

73 Garcini Guerra, *ob. cit.,* nota 67, *Ibídem* p. 207.

74 Valdivia Onega, Marisabel, Vizoso García, María de los Ángeles y Castanedo Abay, Armando, *"Separata de Derecho Administrativo"* Facultad de Derecho, Universidad de la Habana, La Habana, 1989, pp. 90-91.

d) La acción de la prestación del Servicio Estatal genera el nacimiento de una relación jurídico administrativa entre la entidad prestadora (La Administración) y el usuario (el administrado)

e) La relación jurídica administrativa genera por su parte, la creación de situaciones jurídicas en relación al servicio estatal.

Sin embargo, acerca de esta concepción teórica no existió un reconocimiento positivo expreso como institución jurídica, al no concebirse dentro de la regulación constitucional, ni legal, ni reglamentaria, ni siquiera aun en el caso de las normas de desarrollo de la denominada contratación económica. En definitiva, al amparo del contexto en que se vivía, y hasta la década de los años de 1990, entre nosotros la propia idea de servicio público fue desdibujándose del debate *iusadministrativo*, y así como sus implicaciones objetivas; frente a la idea de un Estado que hace frente a un amplísimo diapasón de actividades publificadas, en especial aquellas con implicaciones económicas de mayor o menor envergadura.

Sin dudas este es un tema apasionante y muy interesante, que amerita entre nosotros estudios detenidos para poder determinar las implicaciones exactas de lo que, luego del triunfo de la Revolución ha acontecido con el servicio como institución jurídico-administrativa. Algo que, de por sí, es una empresa de gran envergadura, pero necesaria.

Luego de la reforma constitucional de 1992, y ante la nueva situación internacional y nacional que rodeaba a Cuba y la supervivencia del proyecto socio-político revolucionario, hubo de surgir un nuevo contexto donde ya se fue dejando en evidencia la renovada pertinencia y necesidad del debate sobre las implicaciones de un fenómeno jurídico-administrativo como lo es el servicio público. En especial, cuando desde la década de 1990 comenzaron a abrirse a la participación extranjera en la gestión de ciertos sectores de titularidad pública (telecomunicaciones y servicio de acueductos, son los ilustrativos) que se traducen en la realización de actividades prestacionales tendientes directamente a la satisfacción de necesidades generales bajo un régimen de Derecho Público; y a retomarse figuras jurídicas que habían caído en desuso por varios lustros como son las concesiones administrativas.[75] En esto, la aparición de la Ley No. 77, Ley de la Inversión Extranjera, fue un paso importante.

En definitiva, el derrumbe del campo socialista impactó en la realidad económica de los años 90 en Cuba, y con ello, un grupo de transformaciones que llegaron a adquirir dimensión constitucional, entre las cuales destacó el fortalecimiento y apuesta por la inversión extranjera; hecho que trajo aparejado un rediseño en las fórmulas tradicionales de la actividad administrativa, y consecuentemente, una imperceptible pero lógica desaparición de la noción de servicio estatal.[76] De este proceso en el ámbito *ius-administrativista* da cuenta MATILLA CORREA: cuando al comentar los cambios estructurales de los años 90 define como rasgo distintivo: "(...) la participación extranjera en la gestión de ciertos sectores de titularidad pública (telecomunicaciones y servicio de acueductos, son los ilustrativos) que se traducen

[75] Sobre concesiones administrativas puede verse, recientemente, en nuestro país: Lanza López, María Teresa, "La concesión administrativa de servicio público", en *AA.VV.*, *Estudios de Derecho Administrativo cubano*, Editorial "Félix Varela", Ciudad de La Habana, 2002; publicado también en AA.VV., *Temas de Derecho Administrativo cubano*, Tomo II, Editorial Félix Varela, La Habana, 2004; Matilla Correa, Andry, "Aproximación teórico-práctica a los procedimientos de selección del concesionario", en *RAP. Revista Argentina del Régimen de la Administración Pública*, Año XXVI, No. 304, 2004, Ediciones RAP, S.A., Buenos Aires. Argentina; publicado también en *Doctrina Pública*, XXVI-1, Ediciones RAP, S.A., Buenos Aires, 2004; y en AA.VV., *Temas de Derecho Administrativo cubano*, Tomo II, Editorial Félix Varela, La Habana, 2004; Matilla Correa, Andry, *Introducción al régimen jurídico de las concesiones administrativas en Cuba*, Centro de Estudios de Administración Pública, Universidad de La Habana, Editorial Universitaria, La Habana, 2009; Matilla Correa, Andry, "La naturaleza jurídica de la relación del concesionario con los beneficiarios directos de la concesión administrativa", en Molina Betancur, Carlos Mario y Rodríguez Rodríguez, Libardo (Coordinadores académicos), *El Derecho Público en Iberoamérica: Evolución y perspectivas. Libro homenaje al profesor Jaime Vidal Perdomo*, Tomo II, Universidad de Medellín, Editorial Temis S.A., Bogotá-Colombia, 2010; Matilla Correa, Andry, "Base conceptual de la concesión administrativa", en *Revista Brasileira de Direito Administrativo e Regulatório*, No. 3, 2011, MP Editora, São Paulo; Matilla Correa, Andry, "La teoría de León Duguit sobre la naturaleza jurídica de la concesión administrativa (La teoría de la convención de carácter complejo)", en Matilla Correa, Andry/ Prado Maillard, José Luis y Rodríguez Lozano, Luis Gerardo (Coordinadores), *Ensayos de Derecho Público en conmemoración del sesquicentenario del natalicio de León Duguit*, Lazcano Garza Editores, Monterrey, Nuevo León (México), 2011

[76] Al respecto *Cfr.* Cobo Roura, Narciso, "El régimen jurídico del sistema empresarial cubano. Derecho Económico y cambios en el marco jurídico", en *AA.VV.*, *Temas de Derecho Económico*, Editorial Félix Varela, La Habana, Cuba, 2006, p 1 y ss.

en la realización de actividades prestacionales tendientes directamente a la satisfacción de necesidades generales bajo un régimen de Derecho Público; y a retomarse figuras jurídicas que habían caído en desuso por varios lustros como son las concesiones administrativas (...)"[77].

Así, iniciando el siglo XX la idea del servicio estatal, ha quedado superada en el debate teórico, volviéndose a restaurar la noción clásica de la escuela francesa del Servicio Público. Al decir de LANZA LÓPEZ, "(...) el servicio público requiere de una ordenación de elementos y actividades para concretar un fin, que este fin es la satisfacción de una necesidad pública, que implica la acción de una personalidad pública, y que esta acción cristaliza en una serie de relaciones jurídicas constitutivas de un régimen jurídico especial, distinto, por tanto, del régimen jurídico general de los servicios privados. (...) no es correlativo a la existencia de la libre concurrencia para su prestación por parte de los particulares. De ser así, la realidad nos podría ofrecer el doloroso contraste de una congestión de servicios en ciertas ramas y de una anemia en otras tan necesitadas como las primeras (...)"[78].

Sin embargo, esta vuelta con la concepción tradicional del servicio público, a la luz de las transformaciones del sector público y del modelo económico cubano de los últimos años, han acentuado las crecientes preocupaciones por la pervivencia de otras categorías prestacionales de naturaleza análoga, a partir de diversos factores que han redefinido la noción de servicio público. Así, la intensidad cada vez mayor de particulares en actividades prestacionales definidas como de servicio público, no solo han pasado a un régimen de concurrencia, sino que han comenzado a operar bajo las reglas del mercado oferta y demanda, sin regulación suficiente de los principios configuradores de tal actividad, ni de una adecuada configuración estatutaria de los deberes y derechos de usuarios y prestadores del servicio, que incluso, se visualizan en determinadas actividades complementarias a servicios públicos garantes de derechos fundamentales de carácter social como la protección a la salud y la educación, sin que se han precisado adecuados límites que protejan la figura del usuario de tales servicios, los cuáles han dejado de ser públicos por concepción para ser privados por ejecución, al margen de las reservas de *publicatio* que se establecen para algunas modalidades como el transporte terrestre, sin mayores resultados en concreto.

Desde esa perspectiva, no han sido receptados las nuevas mutaciones del servicio público llevadas a cabo en los últimos 30 años, aunque bien pudiera pensarse en lo adelante acerca de la introducción de categorías como los servicios de interés general, los principios de servicio público, y de los servicios universales, que más allá de resultar una importación ajena a nuestra concepción de sistema político y jurídico, partieron en su configuración y desarrollo de causas y factores socioeconómicos muy parecidos, a pesar de la distancia geográfica y del tiempo, realidad social y económica de los aires de reforma que se viven en nuestro país, y que ineludiblemente, acabarán por traer grandes transformaciones en del Derecho Público cubano.[79]

A día de hoy, con la impronta del texto constitucional de 2019 y la impronta de las reformas del sector público, con la apertura al mercado de sujetos privados desarrollando actividades administrativas el contexto de reconstrucción de la categoría de servicio público se erige como una necesidad impostergable. El mandato constitucional del entramado de derechos constitucionales como la protección de la salud pública, la educación, el deporte, la cultura, la protección del medio ambiente, por solo citar algunos de los más relevantes, configuran el deber de actividades prestacionales bajo principios de esta institución.

---

77 Matilla Correa, Andry, "Panorama General del Derecho Administrativo en Cuba", en *Derecho Administrativo en Iberoamérica* (2ª edición) Santiago González-Varas Ibáñez (coordinador), Instituto Nacional de Administración Pública, Madrid, 2012, p.497

78 Lanza López, María Teresa, "La concesión administrativa de servicio público", en *AA.VV., Temas de Derecho Administrativo*, Tomo II, 2da reimpresión de la 1era edición, Editorial "Félix Varela", La Habana, 2010, p. 390 y ss.

79 Sobre servicios públicos, puede verse: Lanza López, María Teresa, "La concesión administrativa de servicio público", en AA.VV., *Temas de Derecho Administrativo*, Tomo II, 2da reimpresión de la 1era edición, Editorial "Félix Varela", La Habana, 2010, p. 390 y ss. (publicado también en AA.VV., *Estudios de Derecho Administrativo cubano*, Editorial "Félix Varela", Ciudad de La Habana, 2002); y Matilla Correa, Andry, "Derecho administrativo y servicio público. Trazos inconclusos desde una perspectiva histórica", en *Derecho Administrativo, Revista de Doctrina, Jurisprudencia, Legislación y Práctica*, No. 63, Enero-Marzo, 2008, LexisNexis Argentina, S.A., Buenos Aires (publicado además en Cienfuegos Salgado, David y Rodríguez Lozano, Luis Gerardo (Coordinadores), *Actualidad de los servicios públicos en Iberoamérica*, Instituto de Investigaciones Jurídicas, Universidad Nacional Autónoma de México, México D.F., 2008).

Y aunque no sea este el espacio para ahondar en las bases constitucionales de esta forma de la actividad administrativa, resulta necesario ponderar por su valor, la ordenación del artículo 78, el cual regula que todas las personas tienen derecho a consumir bienes y servicios de calidad y que no atenten contra su salud, y a acceder a información precisa y veraz sobre estos, así como a recibir un trato equitativo y digno de conformidad con la ley. Si bien la denominación resulta genérica, la presencia de este artículo en la magna carta garantiza una lectura en clave de derechos y garantías a acceder y disfrutar de servicios públicos de calidad, uno de los nuevos principios del servicio público articulado al de eficiencia.

Por lo demás, la impronta del proceso administrativo ya señalada con anterioridad, resulta uno de los puntos salientes en la concepción de esta nueva etapa de los servicios públicos en el régimen administrativo cubano, al devolver la idea de la solución de los conflictos de servicio público sobre la base del denominado "contencioso de los servicios públicos", que ha devuelto al ámbito de la jurisdicción el conocimiento de los servicios que han estado siendo conocidos bajo la ordenación del proceso mercantil –antes económico- y del proceso civil. Probablemente, en la defensa del principio de unidad de jurisdicción encuentre el juez los argumentos para justificar la necesidad de una ley de servicios públicos, que devuelva la autonomía robada a esta institución por la desconstrucción sufrida bajo los efectos del Derecho de Europa del Este. Hoy adquiere mayor firmeza las palabras de hace una década del profesor Matilla Correa, pues de toda esta nueva realidad, se: "(…) vuelve a poner en insoslayable actualidad la necesidad de detenernos a pensar en Cuba sobre el servicio público, en cuanto realidad dentro de nuestro tráfico jurídico-administrativo, y como técnica jurídica (…)"[80].

XV. LA FUNCIÓN PÚBLICA

El tema de la función pública en Cuba ha sido uno de los aspectos que, en parte de la doctrina cubana del siglo XX prerrevolucionario, ocupó importantes espacios de atención científica;[81] y adquirió

---

80 Sobre servicios públicos, puede verse: Lanza López, María Teresa, "La concesión administrativa de servicio público", en *AA. VV.*, *Temas de Derecho Administrativo*, Tomo II, 2da reimpresión de la 1era edición, Editorial "Félix Varela", La Habana, 2010, p. 390 y ss; y Matilla Correa, Andry, "Derecho administrativo y servicio público. Trazos inconclusos desde una perspectiva histórica", en Cienfuegos Salgado, David y Rodríguez Lozano, Luis Gerardo (Coordinadores), *Actualidad de los servicios públicos en Iberoamérica*, Instituto de Investigaciones Jurídicas, Universidad Nacional Autónoma de México, México D.F., 2008.

81 Además de las obras generales, al respecto puede verse, por ejemplo: Colón, Eduardo, *Ley del Retiro Civil de 25 de junio de 1919 y modificaciones introducidas por la de 23 de junio de 1921 con apéndice que le afecta*, 2da edición, corregida y aumentada, Habana, 1924; Sánchez Beato, Carlos, *Manual de funcionarios y empleados*, Imp. Arroyo, Fernández, CA, Habana, 1925; Llaca y Argudín, Francisco, *Legislación sobre jubilaciones y pensiones de funcionarios y empleados públicos,* Compilación de disposiciones oficiales, concordadas y anotadas, Tomo I, La Habana, 1926; Ruiz y Gómez, Julián Modesto, "La toma de posesión del cargo", en *Revista Cubana de Derecho*, Año V, No. 2, 1928, Sección doctrinal, Imprenta de F. Verdugo, Habana; Hernández Corujo, Enrique, *La edad constitucional para cargos públicos*, Estudio de los incisos segundos de los artículos 46, 49, 65 y 82 de la Constitución, Imprenta y Papelería de Rambla, Bouza y CA, Habana, 1932; Hernández Corujo, Enrique, *Los cargos técnicos y prácticos en las Administraciones democráticas*, Imprenta y Papelería de Rambla, Bouza y CA, Habana, 1933; Ruiz y Gómez, Julián Modesto, *Principios Generales de Derecho Administrativo. El personal de la Administración Pública*, 1era edición, Cultural, S.A., Habana, 1935; Llaca y Argudín, Francisco, *Legislación sobre jubilaciones y pensiones de funcionarios y empleados públicos,* Compilación de disposiciones oficiales, concordadas y anotadas, Tomo II, La Habana, 1936; Bufete Ruiz-Sierra Fernández, *Legislación vigente en materia de jubilaciones y pensiones de funcionarios y empleados públicos de la República de Cuba*, Anotada y concordada hasta el día 30 de noviembre de 1936, Publicación del Bufete Ruiz-Sierra Fernández, La Habana, 1936; Lancís y Sánchez, Antonio, "La renuncia de los cargos públicos", en *Revista del Colegio de Abogados de La Habana*, Año II, Vol. II, Nos. 9-10, Julio-Diciembre, 1939, Colegio de Abogados de La Habana, La Habana. (de este trabajo hay publicación como folleto independiente); Álvarez Mena, Máximo, *Servicio Civil. Leyes, decretos, sentencias, resoluciones, formularios y comentarios en relación con la Administración Pública*, Tomo I, Editado por Seoane, Fernández y Cía., La Habana, 1942; Álvarez Mena, Máximo, *Servicio Civil. Leyes, decretos, sentencias, resoluciones, formularios y comentarios en relación con la Administración Pública*, Tomo II, Editado por Seoane, Fernández y Cía., La Habana, 1943; Lazcano y Mazón, Andrés María, *Ley de jubilación de funcionarios y empleados públicos de 25 de junio de 1919 y sus modificaciones*, Editorial Lex, Habana, 1943; Lazcano y Mazón, Andrés María, *Ley de Jubilación de Funcionarios y Empleados Públicos*, Editorial Librería Selecta, La Habana, 1948; D'Estéfano Pisani, Miguel A., *Servicio y retiro civil*, Jesús Montero, Editor, La Habana, 1951; Diez del Valle, Manuel, *La Administración Pública en Cuba. Principales problemas y posibles soluciones*, Editorial Lex, La Habana, 1953; Álvarez Castellón, Wilfredo

en ese tiempo ribetes visibles, en especial a tenor del debate sobre el establecimiento de la carrera administrativa entre nosotros.[82]

En la actualidad, y como resultado de los cambios y tendencias operados a lo largo del periodo revolucionario, en el marco de ordenación jurídica de la función pública cubana el Derecho Laboral, y la laboralización de las relaciones empleo público (véase la Ley N° 116, Código del Trabajo), tienen una marcada presencia, en ocasiones desdibujando esa relación del ámbito jurídico-administrativo y produciendo confusiones y falta de nitidez al tiempo de percibir y ordenar tales relaciones.

A lo anterior hay que sumar que no existe en Cuba, propiamente, un Estatuto de la Función Pública o del Funcionario Público, lo que ha favorecido muy poco la percepción y compresión de la función pública cubana desde el prisma jurídico-administrativo. Situación esa que se ha visto respaldada por los pocos estudios que han tenido lugar sobre el tema en la última etapa del siglo pasado y lo que va de este. Sin dudas, el Derecho Administrativo cubano contemporáneo tiene con el Derecho de la Función Pública, una importante deuda científica que saldar; incluso, a los efectos del ordenamiento positivo vigente en este sentido.

En la Constitución vigente se manifiesta el empleo de denominaciones para designar a los agentes que integran la función pública: directivos, funcionarios, empleados del Estado y agentes del Estado, que dan inicio a la diversidad de conceptos, incluso, con no pocas imprecisiones jurídicas en otras disposiciones legales que se refieren específicamente a ellos. Por otro lado, en el artículo 65 se refrenda los ciudadanos tienen acceso, según la calidad y cantidad, expresión de la capacidad a todos los cargos y empleos del Estado, de la Administración Pública y de la producción y prestación de servicios; y ascienden a todas las jerarquías de las fuerzas armadas revolucionarias y de la seguridad y orden interior. Se elimina en régimen constitucional actual los elementos de méritos, desempeño y trayectoria, que animaban la esencia de las relaciones empleo del texto constitucional anterior sobre la base de la configuración del derecho al trabajo.

El profesor GARCINI GUERRA recordaba la legislación vigente entre nosotros distingue, clasificándolos, a los agentes de la Administración Pública y para ello atiende a los efectos jurídicos producidos al ejercer las funciones que desempeñan en virtud del oficio público de que son titulares.[83]

A lo largo de nuestro ordenamiento jurídico, no solo en lo que al Derecho Administrativo respecta, se proyectan diversas denominaciones o categorías en relación con los agentes de la Administración. Así, en nuestro orden positivo se habla de cuadros del Estado, de dirigentes, de funcionarios, de empelados o demás trabajadores del Estado o la Administración. Aunque, en verdad existen en nuestro

---

y García González, Antonio (Editores), *Deberes y derechos de funcionarios y empleados públicos*, 3[era] edición (ampliada), P. Fernández y CIA, S. en C., La Habana, 1957; D'Estéfano Pisani, Miguel A., *Retiro Civil*, Jesús Montero, Editor, La Habana, 1959; Córdova y Álvarez, Luis, *Nueva Legislación del Retiro Civil*, Editorial Librería Selecta, La Habana, 1960.

82 Ver, por ejemplo: Ruiz y Gómez, Julián Modesto, "La Carrera Administrativa en Cuba", en *El Abogado*, Año I, No. I, 7 de agosto de 1939, La Habana; López Rovira, Guillermo, *Homenaje a la futura ley de la carrera administrativa*, Imp. Belascoaín, Habana, 1942; Moré, Armando P., Discurso "La Carrera Administrativa", en *Revista del Colegio de Abogados de La Habana*, Año VI, Vol. VI, No. 39, Septiembre, 1943, Colegio de Abogados de La Habana, La Habana; Hernández Cartaya, Enrique, Discurso "La Carrera Administrativa", en *Revista del Colegio de Abogados de La Habana*, Año VI, Vol. VI, No. 39, Septiembre, 1943, Colegio de Abogados de La Habana, La Habana; Martínez, José Agustín, Discurso "La Carrera Administrativa", en *Revista del Colegio de Abogados de La Habana*, Año VI, Vol. VI, No. 39, Septiembre, 1943, Colegio de Abogados de La Habana, La Habana; Fernández Superville, Manuel, "La Carrera Administrativa", en *Revista del Colegio de Abogados de La Habana*, Año VII, Vol. VII, No. 43, Enero, 1944, Colegio de Abogados de La Habana, La Habana; De Castro-Palomino Molins, Rafael, "La Carrera Administrativa y los Graduados Universitarios", en *Revista del Colegio de Abogados de La Habana*, Año VII, Vol. VII, No. 49, Julio, 1944, Colegio de Abogados de La Habana, La Habana; Colegio Nacional de Doctores en Ciencias Sociales y Derecho Público, *Conferencias y debates sobre la carrera administrativa*, Editorial Lex, La Habana, 1949; "Anteproyecto de la Ley de la Carrera Administrativa y del Tribunal de Oficios Públicos", en *Revista Cubana de Derecho Público*, Vol. 1, No. 1, Enero-Marzo, 1951, La Habana (bajo ese nombre se publicó independiente en 1944 la ponencia de la Ley por Antonio Lancís y Sánchez); Sehwerert, Arnaldo, "Breves ideas en torno a la implantación de la Carrera Administrativa", en *Revista Cubana de Derecho*, Año XXXI (Nueva Serie), No. I (110), Enero-Marzo, 1959, La Habana; Sehwerert, Arnaldo y Dorticós, Osvaldo, *Carrera Administrativa*, Una contribución de la Universidad del Aire del Circuito CMQ, La Habana, Febrero de 1959; Carmona y Romay. Adriano G., *La carrera administrativa. Proyecto de Ley de Oficios Públicos*, Imprenta de la Universidad de La Habana, Facultad de Ciencias Sociales y Derecho Público, Universidad de La Habana, La Habana, 1959.

83 Garcini Guerra, Héctor, *Derecho Administrativo*, 2da edición corregida y ampliada, *ob. cit.*, p. 156.

ordenamiento jurídico definiciones de funcionario público con imprecisiones jurídicas, con bases conceptuales incoherentes respecto a la naturaleza jurídica de esta categoría, en algunos casos muy amplias y en otras restrictivas, y con alcances diferentes.

En cuanto al modo de ingreso de los funcionarios a la función pública, tenemos como fundamentales la elección o el nombramiento. El segundo es el más común o típico, pues la elección ha quedado reservada a pocos cargos públicos dentro del la organización administrativa (al presidente del Consejo de Ministros y los Presidentes de los Consejos de la Administración Local, como ejemplos ilustrativos).

Otras cuestiones propias de las relaciones de empleo de los funcionarios públicos -y de acuerdo con la categoría que opere positivamente- se regulan en diversas disposiciones de rango legal y reglamentario. Y aunque en materia procesal, la Ley 142, del proceso administrativo vino a establecer en su artículo 7, la atribución de la jurisdicción para las cuestiones relacionadas para la materia funcionarial, lo cierto es que la realidad normativa con posterioridad a la Constitución de 2019 cuenta con una norma preconstitucional en el Decreto Ley 197/99, sobre los funcionarios públicos, que resulta restrictivo no solo al canon de tutela judicial efectiva instaurado por la Constitución y desarrollado por la Ley 142/2021, sino que no contiene los elementos concretos para la conformación adecuada de un sistema de función pública. Iguales consideraciones se pueden realizar acerca del Decreto ley 13, del año 2021, el cual regula el sistema de trabajo con los cuadros del Estado y el Gobierno, una especie de categoría superior de funcionario (funcionario directivo, a diferencia del funcionario técnico o especialista del Decreto Ley 197). A ello ha de agregarse alguna legislación complementaria que regula en materia laboral las relaciones laborales entre empleados al servicio de la Administración Pública y estos sujetos.

De modo general, la carencia de una ley de función pública, que identifique los elementos esenciales de su noción jurídica resulta a día de hoy una necesidad ante un contexto de confusión de varias categorías que orbitan en torno a la función pública. La necesidad de su diferenciación como concepto, diferenciado del asumido por el Derecho Penal para la protección de los bienes jurídicos relativos a la función pública y la economía nacional resulta un primer paso importante en este camino. El establecimiento de un sistema que pondere la presencia del cuerpo de funcionarios, el régimen jurídico estatutario y su carrera resultan aspectos relevantes en torno a su concepción, que implica aspectos medulares como el nivel de escolaridad y especialización, la evaluación del desempeño, la planificación estratégica de los objetivos y metas del ejercicio de la función, el ejercicio de derechos de acceso, promoción y estabilidad; así como un régimen de garantías procedimentales que se articule con las normas procesales vigentes constituyen ideas necesarias a ser tenidas en cuenta en dicho perfeccionamiento.

XVI. EL URBANISMO, MEDIO AMBIENTE Y ORDENACIÓN DEL TERRITORIO

Urbanismo y ordenación del territorio

Los *iuspublicista*s cubanos no han estado de espaldas a las cuestiones que plantea, para el universo jurídico, el tema urbanístico. De hecho, desde inicios del siglo XX, es posible encontrar interesantes acercamientos al respecto, desde aristas diversas.[84] Si bien entre nosotros el tema aún no ha alcanzado

[84] Así, por ejemplo, puede verse: Valladares y Morales, Ángel Luis, *Condicionales de los repartos en los terrenos urbanizados del Término Municipal de La Habana*, Imp. y Pap. "La Universal", Habana, 1923; Carmona y Romay, Adriano G., *El Urbanismo en Cuba. Programa*, La Habana, 1929; Carrera Jústiz, Francisco, "Doctrina del Urbanismo", en *Revista de Derecho y Administración Municipal*, No. 74, Abril, 1936, Buenos Aires; Angulo Pérez, Andrés, *Temas Municipales. Compilación de artículos*, Imprenta Cuba Intelectual, Habana, 1936; Carmona y Romay, Adriano G., *Una Tesis Polémica: El Urbanismo en la Docencia Universitaria*, Imp. "H C", La Habana, 1937; Carmona Romay, Adriano G. (Ponente)/ Capablanca, Ramiro/ Angulo, Andrés/ Martínez Inclán, Pedro y Fernández de Castro, Miguel, *La enseñanza del urbanismo en la República de Cuba*, (Informe presentado al XVI Congreso Internacional de Planificación y Habitación, celebrado en Ciudad México, del 13 al 27 de agosto), P. Fernández y CA, S. en C., Habana, 1938; Duque, Francisco M. y Bellver, Julio G., *Jurisprudencia en materia de policía urbana*, Habana, 1939; de Vega Ramonteu, Ignacio, *Ordenanzas de construcción para la Ciudad de La Habana y pueblos de su Término Municipal*, Habana, 1940; Martínez Inclán, Pedro, *Código de urbanismo. Carta de la Atenas – Carta de La Habana*, (Una contribución a la promulgación de la Carta de América, tomando como base

la fuerza científica que presenta en otros países; algo que llama la atención, sobre todo si tenemos en cuenta la realidad que ha rodeado el tema urbanístico y el de vivienda luego del triunfo revolucionario de 1959.

En la actualidad, existe en Cuba una profusa legislación urbanística y sobre las cuestiones de vivienda en particular. Revelándose este como uno de los sectores jurídicos en general, y jurídico-administrativo en particular, más sensibles por las implicaciones sociales e individuales que ha tenido en el plano nacional; y porque en la práctica (factores de todo orden han influido en ello) aún no se han logrado dar respuesta a todas las exigencias insoslayables e impostergables que ese ámbito objetivo ha demandado, y está latente como un cometido que la actuación púbica en Cuba –por la manera en que jurídicamente se ha asumido el tema de vivienda en nuestro país luego de 1959 (un sector en que la intervención administrativa ha resultado e ordinario muy intensa)– debe fortalecer.

Entre nosotros, existe la Ley No. 65, Ley General de la Vivienda, de 23 de diciembre de 1988, que, con diversas modificaciones y una política para su modificación en proceso, algunas tan recientes como en los propios días en que redactamos estas líneas, es norma ordenadora principal de las cuestiones generales sobre ese tema de vivienda y sus implicaciones urbanísticas; con una gran cantidad de normativa reglamentaria complementaria y relacionada con ello que hace realmente laberíntico y complejo el ordenamiento positivo vigente al respecto.

En relación con lo anterior, existe como organismo administrativo adscrito hoy al Ministerio de la Construcción, el Instituto Nacional de la Vivienda que, junto al instituto Nacional de Ordenamiento Territorial y Urbanismo, a tenor del Decreto Ley 42/2021, son las dos entidades administrativas en el orden central con las principales competencias relacionadas con la materia urbana y de ordenación del territorio.

La Constitución de la República de 2019 reconoce en su artículo 71 que se reconoce a todas las personas el derecho a una vivienda adecuada y a un hábitat seguro y saludable. El Estado hace efectivo este derecho mediante programas de construcción, rehabilitación y conservación de viviendas, con la participación de entidades y de la población, en correspondencia con las políticas públicas, las normas del ordenamiento territorial y urbano y las leyes. Con base a este artículo, que de forma más nítida señala el derecho a una vivienda digna de las personas, ha sido aprobada desde el año 2021 la Ley de Ordenamiento Territorial y Urbano, articulada a los compromisos asumidos por Cuba con los Objetivos de Desarrollo del Milenio y la Agenda 2030 de la Organización de Naciones Unidas. De igual forma, se

---

la de Atenas, del grupo del CIAM francés, la cual, constituye ya un cuerpo organizado de doctrina urbanística), Imp. P. Fernández y CIA., S. en C., La Habana, 1949; Valladares y Morales, Ángel Luis, *Urbanismo y construcción*, 2da edición, Impresores: P. Fernández y CIA., S. en C., La Habana, 1955; Sánchez Roca, Mariano, *Edificación, urbanismo e higiene*, Conforme a los textos oficiales, Anotadas, comentadas y puestas al día con sentencias del Tribunal Supremo, 3era edición, Editorial Lex, La Habana, 1956; Franco, José Luciano, *Instituciones locales. Urbanismo*, Publicaciones del Instituto Interamericano de Historia Municipal e Institucional, La Habana, 1959; Sánchez Roca, Mariano, *Estudio y orientaciones sobre la Ley Constitucional de Reforma Urbana. Texto Íntegro y Sumario Alfabético*, Folletos de Divulgación Legislativa, Cuaderno Extraordinario, Octubre de 1960, Editorial Lex, La Habana, 1960; Vega Vega, Juan, *La Reforma Urbana de Cuba y otras leyes en relación con la vivienda*, Empresa Consolidada de Artes Gráficas, Habana, s/a; Ministerio de Justicia, *Exposición de la legislación sobre inmuebles urbanos y sugerencias de modificaciones*, Ministerio de Justicia, La Habana, Noviembre, 1977; Vega Vega, Juan, "La Revolución cubana y la cuestión de la vivienda", en *Revista Cubana de Derecho*, Año XIV, No. 24, Enero-Junio, 1985, Órgano de la Unión Nacional de Juristas de Cuba, Ediciones Cubanas, Ciudad de La Habana; Vega Vega, Juan, "La Ley General de la Vivienda", en *Revista Jurídica*, No. 10, Año IV, Enero-Marzo, 1986, Departamento de Divulgación del Ministerio de Justicia de la República de Cuba, La Habana; Vega Vega, Juan, *Comentarios a la Ley General de la Vivienda*, Editorial de Ciencias Sociales, La Habana, 1986; Dávalos Fernández, Rodolfo, "La nueva Ley General del Vivienda", *Revista Cubana de Derecho*, Año XVIII, No. 38, Julio-Septiembre, 1989, Órgano de la Unión Nacional de Juristas de Cuba, La Habana; Fernández Núñez, José Manuel, "Derecho Urbanístico y Ordenamiento Urbano en Cuba", en *Revista Cubana de Derecho*, No. 12, Enero 1997 - Diciembre 1998, Unión Nacional de Juristas de Cuba, Ciudad de La Habana; Dávalos Fernández, Rodolfo, *La Nueva Ley General de la Vivienda*, 2da edición, Editorial Félix Varela, Ciudad de La Habana, 2003 (la primera edición de esta obra data del año 1990 y salió bajo el sello de la Editorial de Ciencias Sociales); Rivero Valdés, Orlando, "La vivienda en Cuba", en Matilla Correa, Andry (Coordinador), *Introducción al Estudio del Derecho*, Editorial "Félix Varela", Ciudad de La Habana, 2003; Espinosa Jiménez, Melquiades M. y Hernández Martínez, Rebeca, *Ley General de la Vivienda. Concordada y anotada con las disposiciones complementarias del Instituto Nacional de la Vivienda, las provenientes del Consejo de gobierno del Tribunal Supremo Popular y las sentencias de la Sala de la Especialidad del propio máximo órgano de justicia, así como comentada con criterios de la doctrina científica*, Colección De Iuris, Ediciones ONBC, Organización Nacional de Bufetes Colectivos, Ciudad de La Habana, 2009.

encuentra en etapa de elaboración la política pública que presentará la nueva Ley General de la Vivienda. Aunque el contexto en que se mueven estas líneas no aporta todos los elementos para ofrecer un balance más profundo de la cuestión, se puede mirar con perspectiva esperanzadora el desarrollo que ha tenido esta actividad a propósito de su ordenación reciente y sus perspectivas de perfeccionamiento.

XVII. BIENES PÚBLICOS

En el Derecho Administrativo cubano, el tema de los bienes públicos, y del dominio público en general, ha tenido sus espacios de tratamiento en el marco de las obras generales de Derecho Administrativo, también en obras generales sobre Derecho de Bienes; y en algunos trabajos y artículos de corte monográfico. Incluso desde los ordenamientos sectoriales (minas, puertos, bosques, aguas, etc.), también han estado presente los trabajos bibliográficos. Si bien después del triunfo de la Revolución se echan en falta los estudios sobre esta materia -los que han sido muy escasos y limitados, y no siempre desde el prisma ius administrativo propiamente entendido85-, a pesar de lo interesante y medular de la misma dentro del universo jurídico-administrativo, y por los matices que la realidad cubana (teórica y práctica) bajo los auspicios revolucionarios, ha dejado al descubierto en este ámbito.

Más allá del ángulo científico, no debe perderse de vista que en Cuba existe un conjunto de bienes que están sometidos a un régimen jurídico-público; aun cuando en el orden positivo, no siempre se emplean expresiones de este tipo, ni dicho régimen jurídico no tenga un acabado técnico-jurídico como el que requiera su adecuada y coherente ordenación en pos del cumplimiento de sus finalidades existenciales en cuanto tal.

De acuerdo con el texto constitucional (artículo 11) el Estado ejerce su soberanía: a) sobre todo el territorio nacional, integrado por la Isla de Cuba, la Isla de la Juventud, demás islas y cayos adyacentes, las aguas interiores y el mar territorial en la extensión que fija la, el espacio aéreo que sobre estos se extiende y el espectro radioeléctrico; b) sobre el medio ambiente y los recursos naturales del país; c) sobre los recursos naturales, tanto vivos como no vivos, del lecho y de las aguas suprayacentes a este, y el subsuelo del mar de la zona económica exclusiva de la República, en la extensión que fija la ley, de conformidad con el Derecho Internacional, y d) sobre la plataforma continental en la extensión que fija la ley y conforme al Derecho Internacional. Asimismo, ejerce jurisdicción en la zona contigua en correspondencia con el Derecho Internacional.

Luego define en el (artículo 18) que en la República de Cuba rige un sistema de economía socialista basado en la propiedad de todo el pueblo sobre los medios fundamentales de producción como la forma de propiedad principal, y la dirección planificada de la economía, que tiene en cuenta, regula y controla el mercado en función de los intereses de la sociedad. Con base en ello, el artículo 23 regula que son de propiedad socialista de todo el pueblo: las tierras que no pertenecen a particulares o a cooperativas integradas por estos, el subsuelo, los yacimientos minerales, las minas, los bosques, las aguas, las playas, las vías de comunicación y los recursos naturales tanto vivos como no vivos dentro de la zona económica exclusiva de la República. Especial significación reviste este artículo en su segundo párrafo, cuando reconoce que Estos bienes no pueden trasmitirse en propiedad a personas naturales o jurídicas y se rigen

85 En este orden de ideas, después del triunfo revolucionario, puede verse: Álvarez Tabío, Fernando, "La propiedad socialista", en *Revista Cubana de Jurisprudencia*, Año I, No 11, Noviembre de 1962, La Habana. (publicado además en Álvarez Tabío, Fernando, *Política y legalidad*, Editorial de Ciencias Sociales, La Habana, 1977); Garcini, Héctor y Reyes, Miguel, *Manual de Derecho Administrativo*, Tomo I, *Parte General*, Escuela de Ciencias Jurídicas, Facultad de Humanidades, Universidad de La Habana, La Habana, 1963; Hernández Más, Orestes, *Derecho sobre bienes*, Fascículo I, Editorial Pueblo y Educación, Instituto Cubano del Libro, La Habana, 1973; Garcini, Héctor, *Derecho Administrativo*, *Segunda parte*, Facultad de Derecho, Universidad de La Habana, La Habana, 1978; Cantón Blanco, Luis E., *Conferencias de Propiedad y Derechos Reales*, Curso Dirigido, Ministerio de Educación Superior, Editora de la ENPES, La Habana, 1982; Mir Pérez, Juan, *Derecho de Propiedad*, 2 tomos, Facultad de Derecho, Universidad de Oriente, ENSPES, Santiago de Cuba, 1984; Garcini Guerra, Héctor, *Derecho Administrativo*, 2da edición corregida y ampliada, Editorial Pueblo y Educación, La Habana, 1986; Pérez-Anay Santiesteban, Carlina Alejandra/ Pons Lara, Alfredo Porfirio/ Pérez Díaz, Olga Lidia/ Álvarez Gil, Ana Luisa y Lantarón Pérez, Araceli, "El régimen jurídico de la propiedad en Cuba", en *I Concurso Provincial de Temas de Derecho*, Editado por el Órgano de Divulgación del Ministerio de Justicia, Ciudad de La Habana, 1988; Rodríguez Pérez, Homero, *Derecho Administrativo*, Texto único, Edición Provisional, Dirección de Capacitación, MINJUS-CETSS, La Habana, 1989; Rapa Álvarez, Vicente, *Propiedad y otros derechos sobre bienes*, Facultad de Derecho, Universidad de La Habana, Ministerio de Educación Superior, La Habana, 1990.

por los principios de inalienabilidad, imprescriptibilidad e inembargabilidad. Los principios anteriormente referidos dotan a fundamentos constitucionales a la concepción de los bienes del Estado, y en concreto habilita el desarrollo de un régimen de bienes de dominio público.

Como desarrollo de esta declaración de principios, se estipula que la trasmisión de otros derechos que no impliquen transferencia de propiedad sobre estos bienes, se hará previa aprobación del Consejo de Estado, conforme a lo previsto en la ley, siempre que se destinen a los fines del desarrollo económico y social del país y no afecten los fundamentos políticos, económicos y sociales del Estado.

Desde esta perspectiva se puede asumir que, si bien la Constitución no apuesta por el reconocimiento directo de la teoría de los bienes de dominio público, utilizando la expresión de propiedad socialista de todo el pueblo, su contenido se articula a las bases conceptuales que caracterizan los principios y contenidos de los regímenes de dominio público, y por ende han de ser apreciados en este sentido y alcance en el desarrollo del su régimen jurídico.

Esta idea toma realce cuando en el artículo 24 se sostiene que la propiedad socialista de todo el pueblo incluye otros bienes como las infraestructuras de interés general, principales industrias e instalaciones económicas y sociales, así como otros de carácter estratégico para el desarrollo económico y social del país. Estos bienes son inembargables y pueden trasmitirse en propiedad solo en casos excepcionales, siempre que se destinen a los fines del desarrollo económico y social del país y no afecten los fundamentos políticos, económicos y sociales del Estado, previa aprobación del Consejo de Ministros. En cuanto a la trasmisión de otros derechos sobre estos bienes, así como a su gestión, se actuará conforme a lo previsto en la ley. Las instituciones presupuestadas y las entidades empresariales estatales cuentan con otros bienes de propiedad socialista de todo el pueblo, sobre los cuales ejercen los derechos que le corresponden de conformidad con lo previsto en la ley.

Como cierre de estos fundamentos, el artículo 25 regula que el Estado crea instituciones presupuestadas para cumplir esencialmente funciones estatales y sociales. Por su parte, el artículo 26 reconoce dicha potestad para entidades empresariales estatales con el objetivo de desarrollar actividades económicas de producción y prestación de servicios. Estas entidades responden de las obligaciones contraídas con su patrimonio, en correspondencia con los límites que determine la ley. El Estado no responde de las obligaciones contraídas por las entidades empresariales estatales y estas tampoco responden de las de aquel.

Sugerentes cuestiones, en relación con el debate sobre los bienes públicos y su régimen jurídico, pueden extraerse de esos preceptos constitucionales. Algo de lo que tampoco escapan otras normas jurídicas que resultan de necesaria atención para ir ganando en percepción sobre el panorama que rige en Cuba en relación con el régimen jurídico de los bienes públicos, y el análisis del acabado técnico-jurídico de dicho régimen y su estado y funcionalidad en cuanto tal.

Con la vigencia del Código Civil de 1988 se mantienen las referencias a los bienes públicos, en sentido similar a los pronunciamientos constitucionales anteriormente aludidos. Lo que puede constatarse en artículos como el 128, el 136, 137 de esa norma jurídica civil.

Además, en el Código Civil aparecen otras disposiciones que relativas al régimen jurídico de los bienes públicos entre nosotros, al destacarse (artículo 138, apartado 1) que los bienes del patrimonio estatal no pueden transmitirse en propiedad a personas naturales o jurídicas salvo los casos excepcionales en que la transmisión parcial o total de algún objetivo económico se destine al desarrollo del país y no afecten los fundamentos políticos, sociales y económicos del Estado, previa aprobación de los órganos competentes o que así se disponga expresamente en la legislación especial(esta redacción, que resulta una modificación de la letra original del precepto, fue establecida en virtud del del Decreto-Ley N° 227, Del patrimonio estatal, de 8 de enero del 2002). En el apartado 2 de ese artículo 138 se dice que en cuanto a la trasmisión de dichos bienes a empresas estatales u otras entidades autorizadas para el cumplimiento de sus fines, se está a lo previsto en las disposiciones legales correspondientes; y en el apartado 3 que los bienes a que se refiere el apartado 1 de este artículo no pueden ser ofrecidos en garantía ni embargados, excepto que la ley disponga otra cosa.

En razón del artículo 139 del Código Civil, los bienes estatales asignados a las empresas y otras entidades se encuentran bajo la administración de estas, las que, dentro de las limitaciones establecidas en la ley, en consonancia con sus fines y las tareas de planificación, ejercen el derecho de posesión, disfrute y disposición de dichos bienes.

El Estado puede conceder derechos de usufructo o superficie sobre tierras de propiedad estatal. También puede conceder en usufructo o arrendamiento medios de producción, terrenos, edificaciones, instalaciones industriales, turísticas o de cualquier tipo, de conformidad con lo dispuesto en la ley (artículo 140 del Código Civil).

En un sentido más intenso, las referencias que podemos desgajar del Código Civil, en relación con los bienes públicos, no se agotan en los preceptos mencionados, pero con ellos queda una idea de la realidad al efecto en Cuba.

A día de hoy, con posterioridad a 2019, pervive aun entre nosotros el Decreto-Ley No. 227, Del Patrimonio Estatal, de 8 de enero de 2002, una norma que por primera vez luego de la entrada en vigor de la Constitución de 1976, entraba a regular algunas de las necesarias cuestiones patrimoniales públicas, y que requerían una norma positiva que se ocupara propiamente de ello (aunque sea de un modo imperfecto como lo hace como esta, pero su sola existencia tiene ya cierto mérito).

En este Decreto-Ley No. 227, sujeto a actualmente a un proceso de reforma legislativa, se establece (artículo 1, apartado 1) que el patrimonio estatal es el conjunto de bienes y derechos sujetos al régimen de propiedad estatal socialista de todo el pueblo y los adquiridos, construidos o creados por el Estado; también forman parte del patrimonio estatal los bienes y derechos que no son propiedad de alguna otra persona (apartado 2); no prescriben las acciones del Estado para reivindicar sus bienes y derechos (apartado 3).

De acuerdo con el artículo 2, apartado 1, de esa disposición legal, los bienes que integran el patrimonio estatal son: a) de uso público, los que por su naturaleza o fines se permite el libre acceso y disfrute de todas las personas en el territorio nacional; b) de servicio público, los que por su naturaleza o destino sirven al desempeño de las funciones del Estado. Además, son bienes del patrimonio estatal los asignados a la defensa nacional y a la seguridad y el orden público, con independencia de su naturaleza, los que están sujetos a un régimen especial según lo dispuesto en la legislación vigente (artículo 2, apartado 2). En las disposiciones complementarias al este Decreto-Ley se establecerá el régimen de los bienes que se relacionan en los incisos a) y b) del apartado anterior.

Según el artículo 3 del Decreto-Ley No. 227, los bienes y derechos del patrimonio estatal se adquieren por: a) título oneroso o gratuito a favor del Estado cubano; b) comiso y decomiso; c) nacionalización; d) expropiación; e) confiscación; f) usucapión; y g) cualquier otro concepto dispuesto por ley. Ninguna persona puede adquirir por usucapión bienes del patrimonio estatal.

Entre nosotros, igualmente operan otras normas que tienen que ver con los bienes públicos desde sectores específicos (de aguas, de minas, de puertos, forestal, costas, etc.), y que deben considerarse al tiempo de recorrer como un todo el régimen jurídico de los mismos.

UNA VISIÓN SOBRE EL DERECHO ADMINISTRATIVO EN EL ECUADOR

JOFFRE CAMPAÑA MORA*

HACIA UN CONCEPTO DE DERECHO ADMINISTRATIVO. EL SISTEMA DE FUENTES

La Constitución de la República del Ecuador, promulgada luego de su aprobación en referéndum, en 2008, establece en sus artículos 424 y 425 el sistema de fuentes del derecho y especialmente del Derecho Público:

"Art. 424.- La Constitución es la norma suprema y prevalece sobre cualquier otra del ordenamiento jurídico. Las normas y los actos del poder público deberán mantener conformidad con las disposiciones constitucionales; en caso contrario carecerán de eficacia jurídica. La Constitución y los tratados internacionales de derechos humanos ratificados por el Estado que reconozcan derechos más favorables a los contenidos en la Constitución, prevalecerán sobre cualquier otra norma jurídica o acto del poder público".

"Art. 425.- La Constitución; los tratados y convenios internacionales; las leyes orgánicas; las leyes ordinarias; las normas regionales y las ordenanzas distritales; los decretos y reglamentos; las ordenanzas; los acuerdos y las resoluciones; y los demás actos y decisiones de los poderes públicos. En caso de conflicto entre normas de distinta jerarquía, la Corte Constitucional, las juezas y jueces, autoridades administrativas y servidoras y servidores públicos, lo resolverán mediante la aplicación de la norma jerárquica superior. La jerarquía normativa considerará, en lo que corresponda, el principio de competencia, en especial la titularidad de las competencias exclusivas de los gobiernos autónomos descentralizados".

Adicionalmente, la Constitución señala en el Art. 426 que:

"Art. 426.- 1. Todas las personas, autoridades e instituciones están sujetas a la Constitución. Las juezas y jueces, autoridades administrativas y servidoras y servidores públicos, aplicarán directamente las normas constitucionales y las previstas en los instrumentos internacionales de derechos humanos siempre que sean más favorables a las establecidas en la Constitución, aunque las partes no las invoquen expresamente. 2. Los derechos consagrados en la Constitución y los instrumentos internacionales de derechos humanos serán de inmediato cumplimiento y aplicación. 3. No podrá alegarse falta de ley o desconocimiento de las normas para justificar la vulneración de los derechos y garantías establecidos en la Constitución, para desechar la acción interpuesta en su defensa, ni para negar el reconocimiento de tales derechos".

Este sistema de fuentes se complementa con la capacidad que tiene la Corte Nacional de Justicia de dictar normas generalmente obligatorias a partir de la expedición de fallos de triple reiteración, que en el caso del Derecho Administrativo ha sido efectivamente ejercida por la Sala de lo Administrativo de la Corte en varias ocasiones, con incidencia directa en aspectos medulares tales como el de la caducidad de la potestad de los organismos de control para efectuar exámenes de auditoría gubernamental. Así por ejemplo, la Resolución 10-2021 de 19 de septiembre de 2021, en la que señaló que "- Que el término previsto en el artículo 26 de la Ley Orgánica de la Contraloría General del Estado para la aprobación de los informes de auditoría gubernamental es un plazo o término fatal, según corresponda, que determina la caducidad de la facultad de control; - Que la aprobación de dichos informes fuera del término en mención está viciada de nulidad absoluta, toda vez que el funcionario público que lo apruebe ha perdido competencia en razón del tiempo; y, - Que hacerlo dentro del término de la referencia constituye una garantía ciudadana para la mejor aplicación del derecho y del principio de seguridad jurídica constante en el artículo 82 de la Constitución de la República, por lo que la misma Contraloría General del Estado y los Tribunales de lo Contencioso Administrativo están obligados a declararla de oficio o a petición de parte."

Este sistema de fuentes del Derecho Administrativo, junto con los derechos y garantías que la Constitución reconoce de forma transversal, permiten afirmar, en línea con Rodríguez-Arana, que esta rama del Derecho Público se caracteriza o define por regular las actuaciones del Poder para la Libertad. O, en otras palabras, el Derecho Administrativo es el Derecho del Poder para la Libertad.

---

* Director General de Goberna y Derecho. Miembro del Foro Iberoamericano de Derecho Administrativo.

I. LA ORGANIZACIÓN ADMINISTRATIVA - EL ESTADO, LOS CONSEJOS PROVINCIALES, LOS MUNICIPIOS Y LAS JUNTAS PARROQUIALES

El Ecuador es un Estado unitario y plurinacional, en el cual coexisten varios niveles de gobierno. La Administración Pública Central, de nivel nacional, integrada por la Función Ejecutiva, conformada por la Presidencia de la República, Vicepresidencia, Ministerios, Gobernaciones y Órganos adscritos a ellos. La Administración Pública Institucional, dependiente también de la Función Ejecutiva, conformada por las personas jurídicas del sector público adscritas a la Presidencia de la República, a la Vicepresidencia de la República o a los ministerios de Estado; y, las personas jurídicas del sector público autónomas cuyos órganos de dirección estén integrados en la mitad o más por delegados o representantes de organismos, autoridades, funcionarios o servidores que integran la Administración Pública Central.

En la Constitución de 1998, se hacía referencia que las únicas funciones que existían era la Ejecutiva, Legislativa y Judicial. Sin embargo, en la Constitución del 2008 se crean dos funciones más. Estas son la Función Electoral y la Función de Transparencia y Control Social.

El Art. 217 de la Constitución señala que, la Función Electoral buscará garantizar el ejercicio de los derechos políticos a través del sufragio, así como los referentes a la organización política de la ciudadanía.

Por otro lado, el Art. 204 de la constitución señala que, la Función de Transparencia y Control Social promoverá e impulsará el control de las entidades y organismos del sector público, y de las personas naturales o jurídicas del sector privado que presten servicios o desarrollen actividades de interés público, para que los realicen con responsabilidad, transparencia y equidad; fomentará e incentivará la participación ciudadana; protegerá el ejercicio y cumplimiento de los derechos; y prevendrá y combatirá la corrupción.

En cuanto a la Administración Pública Central e Institucional, el artículo 45 del Código Orgánico Administrativo ha otorgado al Presidente de la República la facultad de decidir su integración, organización y procedimientos mediante Decretos Ejecutivos. Esta facultad le permite crear, modificar, e incluso suprimir entidades públicas que integran la Función Ejecutiva.

Al respecto, el artículo 45 del Código Orgánico Administrativo establece lo siguiente:

> "Art. 45.- Administración Pública Central. El Presidente de la República es responsable de la administración pública central que comprende:
>
> 1. La Presidencia y Vicepresidencia de la República
> 2. Los ministerios de Estado
> 3. Las entidades adscritas o dependientes
> 4. Las entidades del sector público cuyos órganos de dirección estén integrados, en la mitad o más, por delegados o representantes de organismos, autoridades, funcionarios o servidores de entidades que integran la administración pública central.
>
> En ejercicio de la potestad de organización, la o el Presidente de la República puede crear, reformar o suprimir los órganos o entidades de la administración pública central, cualquiera sea su origen, mediante decreto ejecutivo en el que se determinará su adscripción o dependencia."

En los últimos años ha existido la tendencia a la creación de numerosas entidades que dotadas de personalidad jurídica se han convertido en verdaderos entes de regulación y control por sectores que en algunos casos han sido delegados al sector privado y que en otros han permitido el ejercicio de la potestad estatal, cuyas funciones no siempre son fáciles de encasillar y de excluir de lo que significa administración pública.

Ejemplos los tenemos con el Servicio de Rentas Internas, con el Servicio Nacional de Aduana o con la Corporación Nacional de Electricidad, los cuales tienen facultad de regulación en los sectores que intervienen. Por ejemplo, el Servicio Nacional de Aduanas tiene su regulación establecida en el Código Orgánico de la Producción, Comercio e Inversiones, COPCI.

El artículo 212 del COPCI establece la naturaleza jurídica del Servicio Nacional de Aduana del Ecuador. Al respecto, dicho artículo señala lo siguiente:

"Art. 212.- Del Servicio Nacional de Aduana del Ecuador.- El Servicio Nacional de Aduana del Ecuador es una persona jurídica de derecho público, de duración indefinida, con autonomía técnica, administrativa, financiera y presupuestaria, domiciliada en la ciudad de Guayaquil y con competencia en todo el territorio nacional.

Es un organismo al que se le atribuye en virtud de este Código, las competencias técnico-administrativas, necesarias para llevar adelante la planificación y ejecución de la política aduanera del país y para ejercer, en forma reglada, las facultades tributarias de determinación, de resolución, de sanción y reglamentaria en materia aduanera, de conformidad con este Código y sus reglamentos."

En cuanto a la administración del Servicio Nacional de Aduana, el COPCI en su artículo 213 señala lo siguiente:

"Art. 213.- De la administración del Servicio Nacional de Aduana del Ecuador.- La administración del Servicio Nacional de Aduana del Ecuador corresponderá a la Directora o el Director General, quien será su máxima autoridad y representante legal, judicial y extrajudicial, en razón de lo cual ejercerá los controles administrativos, operativos y de vigilancia señalados en este Código, a través de las autoridades referidas en el artículo anterior en el territorio aduanero."

El Director del Servicio Nacional de Aduana según el artículo 223 del COPCI tiene la potestad de establecer su estructura orgánica y administrativa así como las atribuciones de sus unidades administrativas. Al respecto, el artículo 223 señala lo siguiente:

"Art. 223.- Estructura Orgánica y Administrativa.- La estructura orgánica y administrativa del Servicio Nacional de Aduana del Ecuador será establecida por la Directora o el Director General, así como las atribuciones de sus unidades administrativas."

Sin perjuicio de que el Director del Servicio Nacional de Aduana establece la estructura orgánica y administrativa, el COPCI en su artículo 217 establece la creación de Direcciones Distritales y el artículo 218 describe sus competencias.

Actualmente, el Servicio Nacional de Aduana del Ecuador tiene la siguiente estructura orgánica y administrativa:

- Director General
- Direcciones Nacionales
- Direcciones Distritales
- Subdirecciones Nacionales
- Atención al Usuario

De otra parte, el artículo 225 de la Constitución incluye entre las entidades del Estado a aquellas que integran el régimen autónomo descentralizado.

El artículo 238 de la Constitución señala que, los Gobiernos Autónomos Descentralizados serán ejercidos por las juntas parroquiales rurales, los concejos municipales, los concejos metropolitanos, los consejos provinciales y los consejos regionales.

Los Gobiernos Autónomos Descentralizados gozarán de autonomía política, administrativa y financiera, y se regirán por los principios de solidaridad, subsidiariedad, equidad interterritorial, integración y participación ciudadana. En ningún caso el ejercicio de la autonomía permitirá la secesión del territorio nacional.

La Constitución de la República del Ecuador señala en el artículo 242 que "El Estado se organiza territorialmente en regiones, provincias, cantones y parroquias rurales. Por razones de conservación ambiental, étnico-culturales o de población podrán constituirse regímenes especiales."

Dentro del mismo artículo señala que, los distritos metropolitanos autónomos, la provincia de Galápagos y las circunscripciones territoriales indígenas y pluriculturales serán regímenes especiales.

Destaca dentro de la organización administrativa el régimen especial de las Islas Galápagos. Así, el artículo 258 de la constitución dispone que:

"Art. 258.- La provincia de Galápagos tendrá un gobierno de régimen especial. Su planificación y desarrollo se organizará en función de un estricto apego a los principios de conservación del patrimonio natural del Estado y del buen vivir, de conformidad con lo que la ley determine.

Su administración estará a cargo de un Consejo de Gobierno presidido por el representante de la Presidencia de la República e integrado por las alcaldesas y alcaldes de los municipios de la provincia de Galápagos, representantes de las juntas parroquiales y los representantes de los organismos que determine la ley.

Dicho Consejo de Gobierno tendrá a su cargo la planificación, manejo de los recursos y organización de las actividades que se realicen en la provincia. La ley definirá el organismo que actuará en calidad de secretaría técnica.

Para la protección del distrito especial de Galápagos se limitarán los derechos de migración interna, trabajo o cualquier otra actividad pública o privada que pueda afectar al ambiente. En materia de ordenamiento territorial, el Consejo de Gobierno dictará las políticas en coordinación con los municipios y juntas parroquiales, quienes las ejecutarán.

Las personas residentes permanentes afectadas por la limitación de los derechos tendrán acceso preferente a los recursos naturales y a las actividades ambientalmente sustentables."

No obstante la estructura administrativa antes señalada, lo cierto es que la estructuración del sistema de Regiones Autónomas jamás prosperó, al punto de que jamás se inició ningún proceso para su conformación.

II. EL PROCEDIMIENTO ADMINISTRATIVO

El 7 de julio del 2017, mediante publicación en el Registro Oficial 31 se expidió el Código Orgánico Administrativo (COA) con la finalidad de poder tener una normativa especialmente para regular este fundamental factor de la actividad pública. Este Código Orgánico Administrativo, según su disposición final, entró en vigencia doce meses después contados a partir de su publicación en el Registro Oficial.

El COA tiene como finalidad regular el ejercicio de la función administrativa de los organismos que conforman el sector público. Con ello, se sistematizaron principios fundamentales del derecho para la correcta aplicación de esta normativa en el sector público.

Estos principios se fundamentan en la eficiencia, eficacia, calidad, jerarquía, desconcentración, descentralización, coordinación, planificación, participación y transparencia.

El Art. 42 del COA señala su ámbito y limitaciones. Al respecto, el artículo 42 señala lo siguiente:

"Art. 42.- Ámbito material. El presente Código se aplicará en:

1. La relación jurídico administrativa entre las personas y las administraciones públicas.
2. La actividad jurídica de las administraciones públicas.
3. Las bases comunes a todo procedimiento administrativo.
4. El procedimiento administrativo.
5. La impugnación de los actos administrativos en vía administrativa.
6. La responsabilidad extracontractual del Estado.
7. Los procedimientos administrativos especiales para el ejercicio de la potestad sancionadora.
8. La impugnación de los procedimientos disciplinarios salvo aquellos que estén regulados bajo su propia normativa y apliquen subsidiariamente este Código.
9. La ejecución coactiva.

Para la impugnación de actos administrativos, en vía administrativa y, para el procedimiento coactivo, se aplicarán únicamente las normas previstas en este Código."

El COA ha establecido también principios, órganos administrativos, órganos de dirección, ejercicio de competencias de la administración, actividades de la administración pública, el procedimiento administrativo, los recursos para impugnaciones y otras instituciones jurídicas. Al normar al sector público y establecer principios y lineamientos generales para el procedimiento administrativo, el COA ha definido de manera clara la relación entre la administración y los administrados.

El Código Orgánico Administrativo en línea con lo que establece la Constitución de la República, reconoce y garantiza a los ciudadanos el cumplimiento de las garantías del debido proceso. Además, el COA ha establecido mecanismos de impugnación de forma sistemática e integradora, que introduce innovaciones que promueven el desarrollo del procedimiento administrativo y su optimización.

Al respecto, el artículo 219 del COA señala lo siguiente:

"Art. 219.- Clases de recursos. Se prevén los siguientes recursos: apelación y extraordinario de revisión.

Le corresponde el conocimiento y resolución de los recursos a la máxima autoridad administrativa de la administración pública en la que se haya expedido el acto impugnado y se interpone ante el mismo órgano que expidió el acto administrativo.

El acto expedido por la máxima autoridad administrativa solo puede ser impugnado en vía judicial.

Se correrá traslado de los recursos a todas las personas interesadas."

El COA también contiene disposiciones que determinan su ámbito de aplicación y los principios rectores, así como las que señalan la responsabilidad de la Administración Pública, las partes en el proceso administrativo, los plazos para las correspondientes actuaciones, el contenido de los actos administrativos, la necesidad de motivación, los efectos de los actos, las notificaciones, el sistema de nulidades, la conversión, la conservación y la convalidación de los actos administrativos.

El Art. 134 del COA señala lo siguiente:

"Las reglas contenidas en este Título se aplican al procedimiento administrativo, a los procedimientos especiales y a los procedimientos para la provisión de bienes y servicios públicos, en lo que no afecte a las normas especiales que rigen su provisión. No se aplicarán a los procedimientos derivados del control de recursos públicos.

Los reclamos administrativos, las controversias que las personas puedan plantear ante las administraciones públicas y la actividad de la administración pública para la que no se prevea un procedimiento específico, se sustanciarán en procedimiento administrativo.

Los procedimientos para el ejercicio de la potestad sancionadora y la ejecución coactiva son especiales y se regulan en el Libro Tercero de este Código."

Ya en el procedimiento propiamente dicho, encontramos disposiciones respecto a su iniciación, medidas provisionales, actuación de los interesados, desistimiento, renuncia, caducidad, imposibilidad material de continuar el proceso por causas sobrevenidas, entre otras.

Siguiendo la misma línea, a partir del Art. 183 hasta el Art. 216 del Código Orgánico Administrativo, se regula todas las actuaciones, fases, etc., sobre el inicio del procedimiento administrativo. Este se puede iniciar de oficio o a solicitud de la persona interesada. En los artículos siguientes, encontramos también disposiciones sobre la ejecución de los actos administrativos, su revisión de oficio, las reclamaciones y recursos extraordinarios de revisión y la impugnación del acto administrativo.

Es de especial interés mencionar que el antecedente de este Código fue el Estatuto del Régimen Jurídico y Administrativo de la Función Ejecutiva, cuya última estructuración en cuanto al procedimiento administrativo correspondió al ex Presidente de la República Dr. Gustavo Noboa Bejarano.

III. EL ACTO ADMINISTRATIVO, SU EJECUCIÓN, PRINCIPIO DE AUTOTUTELA Y LOS RECURSOS EN VÍA ADMINISTRATIVA

El Código Orgánico Administrativo define al Acto Administrativo como "la declaración unilateral de voluntad, efectuada en ejercicio de la función administrativa que produce efectos jurídicos individuales o generales, siempre que se agote con su cumplimiento y de forma directa", que se puede expedir por cualquier medio documental, físico o digital y quedará constancia en el expediente administrativo.

Para que el acto administrativo tenga validez y efecto jurídico debe cumplir con los siguientes requisitos de validez: competencia, objeto, voluntad, procedimiento y motivación, los cuales deben ser concurrentes.

En cuanto a la motivación del acto administrativo, el Código Orgánico Administrativo especifica que para que un acto administrativo esté debidamente motivado deberá contener: el señalamiento de la norma jurídica o principios jurídicos aplicables y la determinación de su alcance; la calificación de los hechos relevantes para la adopción de la decisión, sobre la base de la evidencia que conste en el expediente administrativo y la explicación de la pertinencia del régimen jurídico invocado en relación con los hechos determinados.

Para motivar un acto administrativo se puede hacer remisión a otros documentos, siempre que la referencia se incorpore al texto del acto administrativo y conste en el expediente al que haya tenido acceso la persona interesada. Si la decisión que contiene el acto administrativo no se deriva del procedimiento o no se desprende lógicamente de los fundamentos expuestos, se entenderá que no ha sido motivado. La Corte Constitucional en su sentencia 1158-17/EP del 20 de octubre del 2021 realizó un balance de la jurisprudencia en cuanto a la motivación y se alejó del test de motivación convencional, señalando nuevos parámetros de deficiencias motivacionales como la inexistencia, la insuficiencia y la apariencia, y señalando también nuevos vicios de motivación como la incoherencia, la atinencia, la incongruencia y la incomprensibilidad. Estos nuevos parámetros de motivación deben estar contenidos en las Resoluciones y Actos Administrativos para cumplir con la garantía de la debida motivación.

En cuanto a la eficacia del acto administrativo, el Código Orgánico Administrativo en su artículo 101 señala que este será eficaz una vez notificado al administrado. Al ser la notificación del acto administrativo un requisito imprescindible para que sea eficaz, el COA claramente señala que la ejecución de un acto administrativo que no ha sido debidamente notificado se entenderá como un hecho administrativo viciado.

Al respecto, el artículo 101 del Código Orgánico Administrativo señala lo siguiente:

> "Art. 101.- Eficacia del acto administrativo. El acto administrativo será eficaz una vez notificado al administrado. La ejecución del acto administrativo sin cumplir con la notificación constituirá, para efectos de la responsabilidad de los servidores públicos, un hecho administrativo viciado."

La notificación es el acto por el cual se comunica a la persona interesada o a un conjunto, el contenido de un acto administrativo. La notificación de la primera actuación de las administraciones públicas se realizará personalmente, por boleta o a través del medio de comunicación, ordenado por estas. La notificación de las actuaciones de las administraciones públicas se practica por cualquier medio, físico o digital, que permita tener constancia de la transmisión y recepción de su contenido.

Además de la eficacia, el Código Orgánico Administrativo contiene también la figura de la retroactividad del acto administrativo, esto es la posibilidad de que la administración pública expida con efecto retroactivo, un acto administrativo, solo cuando produzca efectos favorables a la persona y no se lesionen derechos o intereses legítimos de otra. Es muy importante señalar que para que el acto administrativo pueda ser expedido con efecto retroactivo, los supuestos de hecho deben existir en la fecha a la que el acto se retrotraiga.

Los actos administrativos al presumirse válidos y legítimos, una vez notificados producen los efectos jurídicos para los que han sido expedidos, estos efectos jurídicos pueden ser ejecutados forzosamente por la administración pública. Los medios de ejecución forzosa se emplean, únicamente, cuando el destinatario del acto administrativo no cumpla voluntariamente con la obligación derivada del mismo.

En la aplicación de los medios de ejecución deben respetarse los derechos constitucionales de las personas y el principio de proporcionalidad, optando, en todo caso, por el medio menos gravoso que sirva para cumplir un acto administrativo.

Si para la ejecución del acto administrativo es necesario entrar en el domicilio del afectado, las administraciones públicas deben obtener el consentimiento del mismo o la autorización judicial.

Según el artículo 237 Código Orgánico Administrativo, los medios de ejecución forzosa del acto administrativo son: la ejecución sobre el patrimonio, la ejecución sustitutoria, mediante la multa compulsoria, y mediante coacción sobre las personas.

Si una persona debe satisfacer una obligación de su patrimonio o de dar dinero a la administración, esta ejecutará dicha obligación mediante el procedimiento coactivo establecido en el Código Orgánico Administrativo.

En cuanto a la ejecución sustitutoria, el Código Orgánico Administrativo señala que cuando se trate de un acto administrativo que implique una obligación de hacer que pueda ser realizado por persona distinta de la obligada, las administraciones públicas, por sí o a través de otros, pueden ejecutar en forma sustitutoria, los actos que la obligada no ha cumplido. Cuando este tipo de ejecución ocurre, la persona obligada debe pagar los gastos generados por esta actividad de ejecución, con un recargo del 20% más el interés legal hasta la fecha del pago y la indemnización por los daños derivados del incumplimiento de la obligación principal.

En cuanto a las multas compulsorias, el Código Orgánico Administrativo señala que la administración pública puede imponer multas compulsorias, así como clausurar establecimientos, a efecto de exigir el cumplimiento del acto administrativo. Aquellas multas se aplican de forma proporcional y progresiva hasta lograr el cumplimiento efectivo del acto administrativo. Ni las multas compulsorias ni la clausura podrán considerarse como sustitución del acto administrativo por ejecutarse. La multa compulsoria es independiente de las sanciones que puedan imponerse con tal carácter y compatible con ellas.

Por último, en cuanto a la coacción a las personas, el Código Orgánico Administrativo señala que el acto administrativo, que imponga una obligación de no hacer o de soportar, puede ser ejecutado por compulsión directa en los casos en que la ley lo autorice, con el debido respeto a la dignidad de la persona ejecutada y los derechos reconocidos en la Constitución.

El acto administrativo puede dejar de generar efectos jurídicos cuando se extingue, la causas de extinción son: razones de legitimidad, cuando se declara su nulidad; revocatoria, en los casos previstos en este Código; cuando se da su cumplimiento, cuando se trata de un acto administrativo cuyos efectos se agotan; cuando se da la caducidad, que es cuando se verifica la condición resolutoria o se cumple el plazo previsto en el mismo acto administrativo o su régimen específico y cuando se da la ejecución de los derechos o cumplimiento de las obligaciones que se deriven de él, de conformidad con la ley, si no se ha previsto un régimen específico.

Una de las causales de extinción del acto administrativo, es la nulidad, pero se mantiene la presunción de validez mientras no se declare su nulidad. La nulidad puede ser declarada de manera parcial o total y puede referirse a uno, varios o a todos los actos administrativos contenidos en un mismo instrumento.

Para que un acto administrativo sea declarado nulo debe cumplirse cualquiera de las siguientes causales: cuando el acto administrativo sea contrario a la Constitución y a la ley; cuando el acto administrativo viole los fines para los que el ordenamiento jurídico ha otorgado la competencia al órgano o entidad que lo expide; cuando el acto administrativo se dictó sin competencia por razón de la materia, territorio o tiempo; cuando el acto administrativo se dictó fuera del tiempo para ejercer la competencia, siempre que el acto sea gravoso para el interesado; cuando el acto administrativo determine actuaciones imposibles; cuando el acto administrativo resulte contrario al acto administrativo presunto cuando se haya producido el silencio administrativo positivo, de conformidad con este Código; cuando el acto administrativo se origine en hechos que constituyan infracción penal declarada en sentencia judicial ejecutoriada; y cuando el acto administrativo se origine de modo principal en un acto de simple administración. Especial importancia tiene la declaración de nulidad por caducidad, al punto de que la Corte Nacional de Justicia ha dictado la Resolución 10-2021 con especial implicación para las facultades de control gubernamental a través de la Contraloría General del Estado.

El acto administrativo nulo no es convalidable. Cualquier otra infracción al ordenamiento jurídico en que se incurra en un acto administrativo es subsanable. El acto administrativo expreso o presunto por el que se declare o constituyan derechos en violación del ordenamiento jurídico o en contravención de los requisitos materiales para su adquisición, es nulo.

La declaración de nulidad de un acto administrativo puede ser realizada de oficio o a petición de parte. Las administraciones públicas anularán de oficio el acto administrativo, mediante el ejercicio de la potestad de revisión, mientras que la persona interesada puede solicitar la declaración de nulidad del acto administrativo a través de la interposición de una reclamación o un recurso administrativo.

Cuando el interesado se crea lesionado en un derecho subjetivo amparado en el ordenamiento jurídico, puede solicitar la declaración de nulidad del acto administrativo, aunque no haya comparecido al procedimiento administrativo, previamente.

Cuando un acto administrativo es declarado nulo, la declaración de nulidad tiene efecto retroactivo a partir de la fecha de expedición del acto declarado nulo, salvo que la nulidad sea declarada con respecto a los vicios subsanables.

La declaración de nulidad con respecto a los derechos de terceros, adquiridos de buena fe, genera efectos desde su expedición. La declaración de nulidad de un acto administrativo afecta exclusivamente al acto viciado, salvo en los casos en que el procedimiento administrativo deba también ser declarado nulo de conformidad con este Código.

Cuando se trata de la declaración de nulidad del procedimiento administrativo, este debe reponerse al momento exacto donde se produjo el acto administrativo viciado.

El órgano que declare la nulidad del procedimiento administrativo debe disponer la conservación de aquellos actos administrativos, diligencias, documentos y más pruebas cuyo contenido se ha mantenido igual de no haberse incurrido en el vicio que motiva la declaración de nulidad del procedimiento.

Cuando se declara la nulidad del acto administrativo las personas no están obligadas a su cumplimiento y los servidores públicos deben oponerse a su ejecución de manera motivada.

La declaratoria del acto administrativo es intransmisible en parte del acto administrativo o de alguna que integre un mismo instrumento, dicha declaratoria no afecta a las otras partes que resulten independientes de aquella nula, salvo que sea su consecuencia o la parte viciada sea de tal importancia, que sin ella no se haya dictado el resto.

La nulidad del acto administrativo no impide la producción de efectos para los cuales el acto pueda ser idóneo, salvo disposición legal en contrario. Los actos nulos que contengan los elementos constitutivos de otro distinto producen los efectos de este, en cuyo caso la conversión se efectúa mediante acto administrativo con efectos desde su notificación.

El Código Orgánico Administrativo prevé también la autotutela de la legalidad y la corrección de los actos de la administración y para ello esta puede realizar la revisión de oficio de los actos administrativos y con independencia de los recursos previstos en el Código Orgánico Administrativo, el acto administrativo nulo puede ser anulado por la máxima autoridad administrativa, en cualquier momento, a iniciativa propia o por insinuación de persona interesada.

En cuanto a la subsanación del acto administrativo que contiene vicios subsanables este puede ser convalidado cuando habiendo rectificado los vicios, consta en el expediente la declaración de la administración pública en este sentido o por preclusión del derecho de impugnación.

El acto administrativo con vicios convalidables no puede anularse en vía administrativa cuando la persona interesada o el tercero que resultarían afectadas presentan oposición. En tal supuesto, la anulación únicamente se efectuará en vía judicial

En cuanto a la revocatoria de los actos favorables, el Código Orgánico Administrativo señala que en cualquier momento, las administraciones públicas pueden revocar el acto administrativo desfavorable para los interesados, siempre que tal revocatoria no constituya dispensa o exención no permitida por el ordenamiento jurídico o sea contraria al principio de igualdad, al interés público o al ordenamiento jurídico. La revocatoria de estos actos corresponde a la máxima autoridad administrativa y se efectúa siguiendo el procedimiento administrativo ordinario previsto en el mismo Código Orgánico Administrativo.

Para que un acto administrativo deje de generar efectos jurídicos, los administrados que se crean afectados pueden usar los mecanismos de impugnación previstos en el Código Orgánico Administrativo, estos son el Recurso de Apelación y el Recurso Extraordinario de Revisión, ambos recursos en vía administrativa. Le corresponde el conocimiento y resolución de los recursos a la máxima autoridad administrativa de la administración pública en la que se haya expedido el acto impugnado y se interpone ante el mismo órgano que expidió el acto administrativo. El acto expedido por la máxima autoridad administrativa solo puede ser impugnado en vía judicial.

IV. LOS CONTRATOS DE LA ADMINISTRACIÓN

El régimen de contratación de la administración pública en el Ecuador está regulado por la Ley Orgánica del Sistema Nacional de Contratación Pública que fue publicada el 4 de agosto del 2008 en el Registro Oficial, suplemento 395. Dicha Ley regula los procedimientos de contratación para la adquisición o arrendamiento de bienes, ejecución de obras y prestación de servicios, incluidos los de consultoría que realicen los Organismos y dependencias de las Funciones del Estado; los Organismos

Electorales; los Organismos de Control y Regulación; las entidades que integran el Régimen Seccional Autónomo; los Organismos y entidades creados por la Constitución o la Ley para el ejercicio de la potestad estatal, para la prestación de servicios públicos o para desarrollar actividades económicas asumidas por el Estado; las personas jurídicas creadas por acto legislativo seccional para la prestación de servicios públicos.

Así mismo, la Ley Orgánica del Sistema Nacional de Contratación Pública regula la contratación de las corporaciones, fundaciones o sociedades civiles que estén integradas o se conformen mayoritariamente con cualquiera de los organismos y entidades descritas en el párrafo anterior; de las corporaciones, fundaciones o sociedades civiles que posean o administren bienes, fondos, títulos, acciones, participaciones, activos, rentas, utilidades, excedentes, subvenciones y todos los derechos que pertenecen al Estado y a sus instituciones, sea cual fuere la fuente de la que procedan, inclusive los provenientes de préstamos, donaciones y entregas que, a cualquier otro título se realicen a favor del Estado o de sus instituciones, siempre que su capital o los recursos que se le asignen, esté integrado en el cincuenta (50%) por ciento o más con participación estatal; y en general toda contratación en que se utilice, en cada caso, recursos públicos en más del cincuenta (50%) por ciento del costo del respectivo contrato.

De igual manera, la Ley Orgánica del Sistema Nacional de Contratación Pública regula las compañías mercantiles cualquiera hubiere sido o fuere su origen, creación o constitución que posean o administren bienes, fondos, títulos, acciones, participaciones, activos, rentas, utilidades, excedentes, subvenciones y todos los derechos que pertenecen al Estado y a sus instituciones, sea cual fuere la fuente de la que procedan, inclusive los provenientes de préstamos, donaciones y entregas que, a cualquier otro título se realicen a favor del Estado o de sus instituciones; siempre que su capital, patrimonio o los recursos que se le asignen, esté integrado en el cincuenta (50%) por ciento o más con participación estatal; y en general toda contratación en que se utilice, en cada caso, recursos públicos en más del cincuenta (50%) por ciento del costo del respectivo contrato. Se exceptúan las personas jurídicas a las que se refiere el numeral 8 del artículo 2 de esta Ley, que se someterán al régimen establecido en esa norma.

Adicionalmente, como régimen especial, la Ley Orgánica del Sistema Nacional de Contratación Pública regula los procedimientos de contratación de: adquisición de fármacos y otros bienes estratégicos determinados por la autoridad sanitaria nacional que celebren las autoridades que presten servicios de salud, incluidos los organismos públicos de seguridad social. Cuando su adquisición se realice a través de organismos internacionales y optimice el gasto público, garantizando la calidad, seguridad y eficacia de los bienes, podrá ser privilegiada por sobre los procedimientos nacionales de adquisición de bienes; las dispuestas por el Presidente de la República como necesarias para la seguridad interna y externa del Estado, y cuya ejecución esté a cargo de las Fuerzas Armadas o de la Policía Nacional; aquellas cuyo objeto sea la ejecución de actividades de comunicación social destinadas a la información de las acciones del Gobierno Nacional o de las Entidades Contratantes; las que tengan por objeto la prestación de servicios de asesoría y patrocinio en materia jurídica requeridas por el Gobierno Nacional o las Entidades Contratantes; aquellas cuyo objeto sea la ejecución de una obra artística literaria o científica; las de adquisición de repuestos o accesorios que se requieran para el mantenimiento de equipos y maquinarias a cargo de las Entidades Contratantes, siempre que los mismos no se encuentren incluidos en el Catálogo Electrónico del Portal de COMPRAS PUBLICAS; los de transporte de correo internacional y los de transporte interno de correo, que se regirán por los convenios internacionales, o las disposiciones legales y reglamentarias dictadas para el efecto, según corresponda; los que celebren el Estado con entidades del sector público, estas entre sí, o aquellas con empresas públicas o empresas cuyo capital suscrito pertenezca, por lo menos en el cincuenta (50%) por ciento a entidades de derecho público o sus subsidiarias; y las empresas entre sí; los que celebran las instituciones del sistema financiero y de seguros en las que el Estado o sus instituciones son accionistas únicos o mayoritarios; y, los que celebren las subsidiarias de derecho privado de las empresas estatales o públicas o de las sociedades mercantiles de derecho privado en las que el Estado o sus instituciones tengan participación accionaria o de capital superior al cincuenta (50%) por ciento, exclusivamente para actividades específicas en sectores estratégicos definidos por el Ministerio del Ramo, y los de contratación que requiera el Banco Central del Ecuador.

Los procesos de concesión de servicios públicos, en cambio, son regulados por la Ley Orgánica de Incentivos para las Asociaciones Público Privada, expedida en el mes de diciembre del 2015.

El régimen de contratación del personal al servicio de la administración se regula por la Ley Orgánica del Servicio Público, expedida en el mes de octubre del 2010.

Ciertas instituciones sujetan su contratación a leyes y/o reglamentos especiales, tales como el Instituto Ecuatoriano de Seguridad Social, o las empresas estatales petroleras, que se someten a su Reglamento Especial.

Adicionalmente y para casos puntuales, las instituciones del Estado están facultadas, en virtud de las disposiciones de la Ley Orgánica de la Procuraduría General del Estado para contratar asesoría técnica específica, de conformidad con la disposición transitoria cuarta de la mencionada ley.

V. EL DERECHO ADMINISTRATIVO SANCIONADOR

La Constitución de la República del Ecuador, regula los derechos y garantías de los ciudadanos y especialmente las garantías del debido proceso, el artículo 76 señala que "En todo proceso en el que se determinen derechos y obligaciones de cualquier orden, se asegurará el derecho al debido proceso que incluirá las siguientes garantías básicas: 1. Corresponde a toda autoridad administrativa o judicial, garantizar el cumplimiento de las normas y los derechos de las partes. 3. Nadie podrá ser juzgado ni sancionado por un acto u omisión que, al momento de cometerse, no esté tipificado en la ley como infracción penal, administrativa, o de otra naturaleza; ni se le aplicará una sanción no prevista en por la Constitución o la ley. Solo se podrá juzgar a una persona ante un juez o autoridad competente y con observancia del trámite propio de cada procedimiento".

Estas garantías básicas, son una consecuencia del principio de legalidad prevista en el artículo 11, numeral 3, el cual señala que: "Los derechos y garantías establecidos en la Constitución y en los instrumentos internacionales de derechos humanos serán de directa e inmediata aplicación por y ante cualquier servidora o servidor público, administrativo o judicial, de oficio o a petición de parte.

Para el ejercicio de los derechos y las garantías constitucionales no se exigirán condiciones o requisitos que no estén establecidos en la Constitución o la ley. Los derechos serán plenamente justiciables. No podrá alegarse falta de norma jurídica para justificar su violación o desconocimiento, para desechar la acción por esos hechos ni para negar su reconocimiento". Que luego adquiere su desarrollo en el Código Orgánico Administrativo.

El Código Orgánico Administrativo contempla los principios generales entre los cuales se encuentran: El principio de responsabilidad: "1. El Estado responderá por los daños como consecuencia de la falta o deficiencia en la prestación de los servicios públicos o las acciones u omisiones de sus servidores públicos o los sujetos de derecho privado que actúan en ejercicio de una potestad pública por delegación del Estado y sus dependientes, controlados o contratistas. 2. El Estado hará efectiva la responsabilidad de la o el servidor público por actos u omisiones dolosos o culposos. No hay servidor público exento de responsabilidad"; El principio de proporcionalidad: "1. Las decisiones administrativas se adecúan al fin previsto en el ordenamiento jurídico y se adoptan en un marco del justo equilibrio entre los diferentes intereses. 2. No se limitará el ejercicio de los derechos de las personas a través de la imposición de cargas o gravámenes que resulten desmedidos, en relación con el objetivo previsto en el ordenamiento jurídico"; El principio de transparencia: "1. Las personas accederán a la información pública y de interés general, a los registros, expedientes y archivos administrativos, en la forma prevista en este Código y la ley".

Adicionalmente, el Código Orgánico Administrativo establece principios del procedimiento administrativo entre los cuales se establecen: El principio de tipicidad: 1. Son infracciones administrativas las acciones u omisiones previstas en la ley. 2. A cada infracción administrativa le corresponde una sanción administrativa. Las normas que prevén infracciones y sanciones no son susceptibles de aplicación analógica, tampoco de interpretación extensiva"; El principio de irretroactividad: 1. Los hechos que constituyan infracción administrativa serán sancionados de conformidad con lo previsto en las disposiciones vigentes en el momento de producirse. 2. Las disposiciones sancionadoras producen efecto retroactivo en cuanto favorezcan al presunto infractor".

El Código establece también garantías especiales respecto del procedimiento: "1. El ejercicio de la potestad sancionadora requiere procedimiento legalmente previsto. 2. En ningún caso se impondrá una sanción sin que se haya tramitado el necesario procedimiento".

Respeta los derechos de los presuntos responsables: "El presunto responsable por ser notificado de los hechos que se le imputen, de las infracciones que tales hechos puedan constituir y de las sanciones que, en su caso, se le pueda imponer, así como de la identidad del instructor, de la autoridad competente para imponer la sanción y de la norma que atribuya tal competencia. Toda persona mantiene su estatus jurídico de inocencia y debe ser tratada como tal, mientras no exista un acto administrativo firme que resuelva lo contrario".

Refiere también el Código que el ejercicio de la potestad sancionadora prescribirá en los siguientes plazos: "1. Al año para las infracciones leves y las sanciones que por ellas se impongan. 2. A los tres años para las infracciones graves y las sanciones que por ellas se impongan. 3. A los cinco años para las infracciones muy graves y las sanciones que por ellas se impongan". Además, señala que por regla general "los plazos se contabilizan desde el día siguiente al de comisión del hecho. Cuando se trate de una infracción continuada, se contará desde el día siguiente al cese de los hechos constitutivos de la infracción". Establece también que en caso de ocurrir una infracción oculta "se contará desde el día siguiente a aquel en que la administración pública tenga conocimiento de los hechos".

En este Código se contempla la prescripción de las sanciones indicando que: "Las sanciones administrativas prescriben en el mismo plazo de caducidad de la potestad sancionadora, cuando no ha existido resolución. Las sanciones también prescriben por el transcurso del tiempo desde que el acto administrativo ha causado estado". Además, se establecen también los plazos para la prescripción cuando el acto ha causado estado y señala que: "1. El plazo de prescripción comienza a contarse desde el día siguiente a aquel en que el acto administrativo ha causado estado. 2. El cómputo del plazo de prescripción se interrumpe por el inicio del procedimiento de ejecución de la sanción. 3. Si las actuaciones de ejecución se paralizan durante más de un mes, por causa no imputable al infractor, se reanudará el cómputo del plazo de prescripción de la sanción por el tiempo restante". Prohíbe la concurrencia de penas estableciendo que "Nadie puede ser sancionado administrativamente dos veces, en los casos en que se aprecie identidad de sujeto, objeto y causa".

El Código también señala que en el acto administrativo que resuelve el procedimiento sancionador deberá cumplirse con los requisitos de validez que son los siguientes: "1. Competencia 2. Objeto 3. Voluntad 4. Procedimiento 5. Motivación". Además, deberán incluirse los siguientes requisitos dentro de la resolución "1. La determinación de la persona responsable. 2. La singularización de la infracción cometida. 3. La valoración de la prueba practicada. 4. La sanción que se impone o la declaración de inexistencia de la infracción o responsabilidad. 5. Las medidas cautelares necesarias para garantizar su eficacia".

El Código a su vez también contiene disposiciones respecto a la caducidad de la potestad sancionadora y señala que "1. La potestad sancionadora caduca cuando la administración pública no ha concluido el procedimiento administrativo sancionador en el plazo previsto por este Código. Esto no impide la iniciación de otro procedimiento mientras no opere la prescripción. 2. Transcurrido el plazo de caducidad, el órgano competente emitirá, a solicitud del inculpado, una certificación en la que conste que ha caducado la potestad y se ha procedido al archivo de las actuaciones. 3. En caso de que la administración pública se niegue a emitir la correspondiente declaración de caducidad, el inculpado la puede obtener mediante procedimiento sumario con notificación a la administración pública".

Finalmente, la Corte Constitucional en sentencia No. 33-20-IN/21 del 5 de mayo de 2021 ha señalado que: "La potestad administrativa sancionadora se diferencia de la potestad punitiva penal de acuerdo a su finalidad, mientras las sanciones penales buscan garantizar el orden social, las sanciones administrativas tienen como objetivo el adecuado funcionamiento de la administración pública".

VI. LA DISCRECIONALIDAD ADMINISTRATIVA

Es indudable que los funcionarios públicos aun cuando actúan en ejercicio de potestades regladas, es decir, consideradas de forma previa por el ordenamiento, lo hacen con un margen de discrecionalidad. La deficiencia no radica en que exista tal discrecionalidad, la cual es inevitable, sino más bien en que no existe un adecuado entendimiento de lo que ella significa y en la ausencia de mecanismos de control y de pautas para determinar cuando el ejercicio de esa discrecionalidad es coherente con el funcionamiento del Estado de derecho.

Con anterioridad en nuestro país existía la creencia errada de que discrecionalidad es sinónimo de arbitrariedad, de actuación sin parámetros y sin límites y consecuente con ello, de inexistencia de mecanismos de control. Sin embargo, con el transcurso de los años se crearon medidas de control que están contempladas en la Constitución de la República del Ecuador publicada en el año 2008.

Es por ello que en el Art. 76 de la Constitución menciona que, en todo proceso en el que se determinen derechos y obligaciones de cualquier orden, se asegurará el derecho al debido proceso. Esto quiere decir que, le corresponde a cualquier autoridad administrativa o judicial, garantizar el cumplimiento de las normas y los derechos de las partes. Así mismo, siempre se presume la inocencia de cualquier persona, y será tratada como tal, mientras que no se declare su responsabilidad mediante sentencia ejecutoriada.

Dentro del artículo mencionado en el párrafo anterior, en su numeral 5 menciona que, en caso de que exista algún tipo conflicto entre dos leyes de la misma materia que contemplen sanciones diferentes para un mismo hecho, se aplicará la menos rigurosa, aún cuando su promulgación sea posterior a la infracción. En caso de duda sobre una norma que contenga sanciones, se aplicará en el sentido más favorable a la persona infractora. Aquí se puede evidenciar como existe el margen de discrecionalidad dentro de la Constitución para las autoridades que le correspondan sancionar cualquier acto en contra de las normas.

Sin embargo, hay que tener claro un punto muy importante. La existencia de un margen de discrecionalidad, dentro de un Estado de Derechos tiene sus limitaciones. Siguiendo con el artículo mencionado de la Constitución en su numeral 1 señala que, las resoluciones de los poderes públicos deberán ser motivadas. No habrá motivación si en la resolución no se enuncian las normas o principios jurídicos en que se funda y no se explica la pertinencia de su aplicación a los antecedentes de hecho.

El Art. 89 del Código Orgánico General de Procesos señala lo siguiente sobre la motivación:

> "Art. 89.- Motivación. Toda sentencia y auto serán motivados, bajo pena de nulidad. No habrá tal motivación si en la resolución no se enuncian las normas o principios jurídicos en que se funda y no se explica la pertinencia de su aplicación a los antecedentes de hecho. Las sentencias se motivarán expresando los razonamientos fácticos y jurídicos, que conducen a la apreciación y valoración de las pruebas como a la interpretación y aplicación del derecho. La nulidad por falta de motivación única y exclusivamente podrá ser alegada como fundamento del recurso de apelación o causal del recurso de casación." Con esto, se aprecia que existe un control procesal para toda autoridad que tenga la potestad sancionadora. La motivación de los actos administrativos o sentencia, son de carácter obligatorio. Esto quiere decir que, bajo ningún concepto la autoridad competente que realizó el acto administrativo o tomó una decisión dentro de una sentencia, puede omitir motivar de manera correcta. Esto conlleva a una idea de arbitrariedad de las autoridades del Estado.

Siguiendo con la idea del párrafo anterior, la motivación no es un requisito de carácter meramente formal, sino que lo es de fondo e indispensable, porque solo a través de los motivos pueden los interesados conocer las razones que justifican el acto, porque son necesarios para que pueda controlarse la actividad de la administración, y porque solo expresándose puede el interesado dirigir contra el acto las alegaciones y pruebas que correspondan según lo que resulte de dicha motivación que, si se omite, puede generar la arbitrariedad e indefensión prohibidas por la Constitución.

La motivación se constituye como la necesaria justificación de la discrecionalidad reglada administrativa, que opera en un contexto diferente al de la propia decisión. Aquella será atacable en materialidad a través de la desviación de poder o la falta de causa del acto administrativo, pero en el caso de los actos discrecionales encontrará su principal instrumento de control en la justificación, precisamente por la atenuación de la posible fiscalización sobre los otros elementos del acto administrativo.

El Art. 18 del Código Orgánico Administrativo señala que, los organismos que conforman el sector público deberán emitir sus actos conforme a los principios de juridicidad e igualdad y no podrán realizar interpretaciones arbitrarias.

El ejercicio de las potestades discrecionales observará los derechos individuales, el deber de motivación y la debida razonabilidad.

Sin perjuicio de lo anterior, la Corte Constitucional en su sentencia 1158-17/EP del 20 de octubre del 2021 realizó un balance de la jurisprudencia en cuanto a la motivación y se alejó del test de motivación convencional, señalando nuevos parámetros de deficiencias motivacionales como la inexistencia, la insuficiencia y la apariencia, y señalando también nuevos vicios de motivación como la incoherencia, la atinencia, la incongruencia y la incomprensibilidad. Estos nuevos parámetros de motivación deben estar contenidos en las Resoluciones y Actos Administrativos para cumplir con la garantía de la debida motivación.

VII. EL CONTROL JUDICIAL DE LA ADMINISTRACIÓN: CONTENCIOSO-ADMINISTRATIVO Y OTROS MODOS DE SOLUCIÓN DE CONTROVERSIAS, EN ESPECIAL LOS ARBITRAJES

El Código Orgánico General de Procesos establece en el artículo 173 que los actos administrativos de cualquier autoridad del Estado podrán ser impugnados, tanto en la vía administrativa como ante los correspondientes órganos de la Función Judicial.

El mismo código señala que se pueden tramitar en procedimiento contencioso administrativo las siguientes acciones: La de plena jurisdicción o subjetiva que ampara un derecho subjetivo de la o del accionante, presuntamente negado, desconocido o no reconocido total o parcialmente por hechos o actos administrativos que produzcan efectos jurídicos directos. Procede también esta acción contra actos normativos que lesionen derechos subjetivos; la de anulación objetiva o por exceso de poder que tutela el cumplimiento de la norma jurídica objetiva, de carácter administrativo y puede proponerse por quien tenga interés directo para deducir la acción, solicitando la nulidad del acto impugnado por adolecer de un vicio legal; la de lesividad que pretende revocar un acto administrativo que genera un derecho subjetivo a favor del administrado y que lesiona el interés público.

También, mediante el procedimiento contencioso administrativo pueden tramitarse las siguientes acciones especiales: El pago por consignación cuando la o el consignador o la o el consignatario sea el sector público comprendido en la Constitución de la República; la responsabilidad objetiva del Estado; la nulidad de contrato propuesta por el Procurador General del Estado, conforme con la ley; las controversias en materia de contratación públicas; y las demás que señale la ley.

Por su parte, la Ley Orgánica de Incentivos para Asociaciones Público Privadas señala que le corresponde a la jurisdicción contencioso-administrativa la resolución de las controversias que se susciten respecto de contratos de gestión delegada cuando no se haya pactado arbitraje nacional o internacional regional en el contrato de gestión delegada o en los casos que corresponda, si transcurrido el plazo previsto para la notificación al interesado con la resolución que agota la vía administrativa, no se ha ejercido la acción ante la jurisdicción arbitral pactada en el correspondiente contrato de gestión delegada.

La misma Ley señala que las partes podrán pactar arbitrajes o dictámenes técnicos de conformidad con términos y estipulaciones previstos en el contrato de gestión delegada para resolver controversias puramente fácticas surgidas durante la ejecución o liquidación del respectivo contrato.

Además del conocimiento de la impugnación de los actos administrativos y de los actos normativos, el Tribunal de la Contencioso Administrativo es competente para conocer las controversias derivadas de la contratación pública.

En ese sentido, La Ley Orgánica del Sistema Nacional de Contratación Pública señala que, en materia de contratación pública, de surgir controversias en que las partes no concuerden someterlas a los procedimientos de mediación y arbitraje y decidan ir a sede judicial, el procedimiento se lo sustanciará ante los Tribunales Distritales de lo Contencioso Administrativo.

Por otro lado, la Constitución Política de la República reconoce el arbitraje como un medio alternativo para la resolución de conflictos, en su artículo 190.

La Ley de Arbitraje y Mediación, publicada en el Registro Oficial N° 417 de 14 de diciembre del 2006, señala en el artículo 4 la facultad para que el Estado y sus instituciones puedan someter sus conflictos contractuales al procedimiento arbitral en ella previsto:

> "Art. 4.- Podrán someterse al arbitraje regulado en esta Ley las personas naturales o jurídicas que tengan capacidad para transigir, cumpliendo con los requisitos que establece la misma.

Para que las diferentes entidades que conforman el sector público puedan someterse al arbitraje, además de cumplir con los requisitos que establece esta Ley, tendrán que cumplir los siguientes requisitos adicionales:

a) Pactar un convenio arbitral, con anterioridad al surgimiento de la controversia; en caso de que se quisiera firmar el convenio una vez surgida la controversia, deberá consultarse al Procurador General del Estado, dictamen que será de obligatorio cumplimiento;

b) La relación jurídica a la cual se refiere el convenio deberá ser de carácter contractual;

c) En el convenio arbitral deberá incluirse la forma de selección de los árbitros; y,

d) El convenio arbitral, por medio del cual la institución del sector público renuncia a la jurisdicción ordinaria, deberá ser firmado por la persona autorizada para contratar a nombre de dicha institución.

El incumplimiento de los requisitos señalados acarreará la nulidad del convenio arbitral."

La facultad de sometimiento a tribunales arbitrales, nacionales e internacionales se ratifica y amplía en la Ley Orgánica de la Procuraduría General del Estado, publicada en el Registro Oficial N° 312 del 13 de abril de 2004:

"Art. 11.- Del arbitraje y la mediación.- Los organismos y entidades del sector público podrán someterse a procedimientos de arbitraje de derecho y a la mediación nacional o internacional, de acuerdo a lo establecido en la Ley de Arbitraje y Mediación, o en instrumentos internacionales que los faculte, previa la suscripción del respectivo convenio.

Surgida la controversia, los organismos y entidades del sector público pueden someterse a arbitraje de derecho o mediación, de conformidad con las leyes pertinentes. Para someterse al arbitraje internacional requerirán además la autorización de la Procuraduría General del Estado."

Finalmente, es necesario señalar que la posibilidad de que los Estados sometan sus diferencias a estos Centros Internacionales de Arbitraje comporta una forma moderna de huir del Derecho Administrativo y de la jurisdicción estatal, situación que podrá ponerse de moda en mucho en la medida en que los Estados no ofrezcan garantías de una Función Judicial seria e imparcial.

La Ley de Arbitraje y Mediación y su Reglamento establecen la capacidad que las instituciones públicas tienen para acudir a los mecanismos extrajudiciales de solución de conflictos como el arbitraje y mediación.

Al respecto, el artículo 4 de la La Ley de Arbitraje y Mediación señala lo siguiente:

"Art. 4.- Podrán someterse al arbitraje regulado en esta Ley las personas naturales o jurídicas que tengan capacidad para transigir, cumpliendo con los requisitos que establece la misma.

Para que las diferentes entidades que conforman el sector público puedan someterse al arbitraje, además de cumplir con los requisitos que establece esta Ley, tendrán que cumplir los siguientes requisitos adicionales:

a) Pactar un convenio arbitral, con anterioridad al surgimiento de la controversia; en caso de que se quisiera firmar el convenio una vez surgida la controversia, deberá consultarse al Procurador General del Estado, dictamen que será de obligatorio cumplimiento;

b) La relación jurídica a la cual se refiere el convenio deberá ser de carácter contractual;

c) En el convenio arbitral deberá incluirse la forma de selección de los árbitros; y,

d) El convenio arbitral, por medio del cual la institución del sector público renuncia a la jurisdicción ordinaria, deberá ser firmado por la persona autorizada para contratar a nombre de dicha institución.

El incumplimiento de los requisitos señalados acarreará la nulidad del convenio arbitral."

De igual forma, el artículo 4 del Reglamento a la Ley de Arbitraje y Mediación establece lo siguiente:

"Art. 4.- Arbitraje del Estado y entidades del sector público.-

1. El Estado y las entidades del sector público definidas en el artículo 225 de la Constitución de la República, podrán someterse a arbitraje nacional o internacional: a. Celebrando un convenio arbitral antes del surgimiento de la controversia; b. Celebrando un convenio arbitral luego del surgimiento de la controversia; o, c. Cuando la ley o un tratado internacional así lo permitan.

2. Con arreglo a lo dispuesto en el artículo 190 de la Constitución de la República, se requerirá aprobación previa del convenio arbitral por parte del Procurador General del Estado para el caso referido en el numeral 1) literal b) del presente artículo; o cuando el arbitraje a pactar sea internacional, de conformidad con el artículo 3 de este Reglamento.

3. Si el Estado o una entidad del sector público hubiese pactado arbitraje, los árbitros tendrán competencia exclusiva para resolver cualquier disputa sobre los hechos, actos o demás actuaciones administrativas que tengan relación o surjan con ocasión de la relación jurídica sometida a su conocimiento, incluyendo los actos de terminación, caducidad, o sancionadores expedidos en el marco de la relación jurídico contractual, indistintamente del órgano administrativo que los emita."

Estas disposiciones de La Ley de Arbitraje y Mediación y su Reglamento son concordantes con lo establecido el artículo 104 de la Ley Orgánica del Sistema Nacional de Contratación Pública en cuanto a la relación contractual de los particulares con las instituciones del Estado. Al respecto el artículo 104 de la Ley Orgánica del Sistema Nacional de Contratación Pública señala lo siguiente:

"Art. 104.- Métodos Alternativos de Solución de Controversias. De existir diferencias entre las partes contratantes no solventadas dentro del proceso de ejecución, podrán utilizar los procesos de mediación y arbitraje en derecho, que lleven a solucionar sus diferencias, de conformidad con la cláusula compromisoria respectiva."

VIII. OTRAS TÉCNICAS DE CONTROL DE LA ADMINISTRACIÓN

Adicionalmente a la jurisdicción contencioso-administrativa, la legislación ecuatoriana contempla la jurisdicción constitucional para hacer frente a los actos de la administración.

El artículo 436 de la Constitución de la República del Ecuador, dispone que:

"Art. 436.- La Corte Constitucional ejercerá, además de las que le confiera la ley, las siguientes atribuciones:

1. Ser la máxima instancia de interpretación de la Constitución, de los tratados internacionales de derechos humanos ratificados por el Estado ecuatoriano, a través de sus dictámenes y sentencias. Sus decisiones tendrán carácter vinculante.

2. Conocer y resolver las acciones públicas de inconstitucionalidad, por el fondo o por la forma, contra actos normativos de carácter general emitidos por órganos y autoridades del Estado. La declaratoria de inconstitucionalidad tendrá como efecto la invalidez del acto normativo impugnado.

3. Declarar de oficio la inconstitucionalidad de normas conexas, cuando en los casos sometidos a su conocimiento concluya que una o varias de ellas son contrarias a la Constitución.

4. Conocer y resolver, a petición de parte, la inconstitucionalidad contra los actos administrativos con efectos generales emitidos por toda autoridad pública. La declaratoria de inconstitucionalidad tendrá como efecto la invalidez del acto administrativo.

5. Conocer y resolver, a petición de parte, las acciones por incumplimiento que se presenten con la finalidad de garantizar la aplicación de normas o actos administrativos de carácter general, cualquiera que sea su naturaleza o jerarquía, así como para el cumplimiento de sentencias o informes de organismos internacionales de protección de derechos humanos que no sean ejecutables por las vías judiciales ordinarias.

6. Expedir sentencias que constituyan jurisprudencia vinculante respecto de las acciones de protección, cumplimiento, hábeas corpus, hábeas data, acceso a la información pública y demás procesos constitucionales, así como los casos seleccionados por la Corte para su revisión.

7. Dirimir conflictos de competencias o de atribuciones entre funciones del Estado u órganos establecidos en la Constitución."

Por su parte, el artículo 88 ibidem, al consagrar la Acción de Protección señala que:

"Art. 88.- La acción de protección tendrá por objeto el amparo directo y eficaz de los derechos reconocidos en la Constitución, y podrá interponerse cuando exista una vulneración de derechos constitucionales, por actos u omisiones de cualquier autoridad pública no judicial; contra políticas públicas cuando supongan la privación del goce o ejercicio de los derechos constitucionales; y cuando la violación proceda de una persona particular, si la violación del derecho provoca daño grave, si presta servicios públicos impropios, si actúa por delegación o concesión, o si la persona afectada se encuentra en estado de subordinación, indefensión o discriminación."

El artículo 94 ibídem, al consagrar la Acción Extraordinaria de Protección indica que:

"Art. 94.- La acción extraordinaria de protección procederá contra sentencias o autos definitivos en los que se haya violado por acción u omisión derechos reconocidos en la Constitución, y se interpondrá ante la Corte Constitucional.

El recurso procederá cuando se hayan agotado los recursos ordinarios y extraordinarios dentro del término legal, a menos que la falta de interposición de estos recursos no fuera atribuible a la negligencia de la persona titular del derecho constitucional vulnerado."

Así mismo, sobre la Acción Extraordinaria de Protección, la Constitución de la República del Ecuador señala lo siguiente:

"Art. 437.- Los ciudadanos en forma individual o colectiva podrán presentar una acción extraordinaria de protección contra sentencias, autos definitivos y resoluciones con fuerza de sentencia. Para la admisión de este recurso la Corte constatará el cumplimiento de los siguientes requisitos:

1. Que se trate de sentencias, autos y resoluciones firmes o ejecutoriados.

2. Que el recurrente demuestre que en el juzgamiento se ha violado, por acción u omisión, el debido proceso u otros derechos reconocidos en la Constitución."

Otro mecanismo de control a las actuaciones de la Administración Pública, es a través de la Contraloría General del Estado goza de facultad privativa para establecer indicios de responsabilidad administrativa, civil o penal por las actuaciones de los funcionarios, tal como lo ha previsto el artículo 212 de la Constitución:

"Art. 212.- Serán funciones de la Contraloría General del Estado, además de las que determine la ley:

1. Dirigir el sistema de control administrativo que se compone de auditoría interna, auditoría externa y del control interno de las entidades del sector público y de las entidades privadas que dispongan de recursos públicos.

2. Determinar responsabilidades administrativas y civiles culposas e indicios de responsabilidad penal, relacionadas con los aspectos y gestiones sujetas a su control, sin perjuicio de las funciones que en esta materia sean propias de la Fiscalía General del Estado.

3. Expedir la normativa para el cumplimiento de sus funciones.

4. Asesorar a los órganos y entidades del Estado cuando se le solicite."

Del mismo modo, en determinadas circunstancias, la Procuraduría General del Estado puede adoptar decisiones correctivas de carácter mandatorio, según lo indicado en la Ley Orgánica de la Procuraduría General del Estado que señala lo siguiente:

"Séptima: El Procurador General del Estado podrá solicitar de las autoridades, funcionarios, organismos, entidades, o dependencias del sector público, la rectificación o modificación de los actos o contratos que se hubieren adoptado con violación de la Constitución Política de la República o de la ley".

Ya en el ámbito político, la Asamblea Nacional está facultada para controlar y supervisar la actuación de los funcionarios públicos, a través de la Comisión de Fiscalización, a quienes puede incluso llamar a juicio político, según el artículo 120 de la Constitución de la República del Ecuador, que señala:

"Art. 120.- La Asamblea Nacional tendrá las siguientes atribuciones y deberes, además de las que determine la ley:

9. Fiscalizar los actos de las funciones Ejecutiva, Electoral y de Transparencia y Control Social, y los otros órganos del poder público, y requerir a las servidoras y servidores públicos las informaciones que considere necesarias.

10. Autorizar con la votación de dos terceras partes de sus integrantes, el enjuiciamiento penal de la Presidenta o Presidente o de la Vicepresidenta o Vicepresidente de la República, cuando la autoridad competente lo solicite fundadamente."

IX. LA RESPONSABILIDAD ADMINISTRATIVA

El ejercicio de dignidades y funciones públicas constituye un servicio a la colectividad, que exigirá capacidad, honestidad y eficiencia. El artículo 52 de la Constitución de la República del Ecuador indica:

"Art. 52.- Las personas tienen derecho a disponer de bienes y servicios de óptima calidad y a elegirlos con libertad, así como a una información precisa y no engañosa sobre su contenido y características.

La ley establecerá los mecanismos de control de calidad y los procedimientos de defensa de las consumidoras y consumidores; y las sanciones por vulneración de estos derechos, la reparación e indemnización por deficiencias, daños o mala calidad de bienes y servicios, y por la interrupción de los servicios públicos que no fuera ocasionada por caso fortuito o fuerza mayor."

En línea con lo anterior, el artículo 53 ibídem señala:

"Art. 53.- Las empresas, instituciones y organismos que presten servicios públicos deberán incorporar sistemas de medición de satisfacción de las personas usuarias y consumidoras, y poner en práctica sistemas de atención y reparación.

El Estado responderá civilmente por los daños y perjuicios causados a las personas por negligencia y descuido en la atención de los servicios públicos que estén a su cargo, y por la carencia de servicios que hayan sido pagados."

Según lo mencionado, el artículo 54 ibídem indica lo siguiente:

"Art. 54.- Las personas o entidades que presten servicios públicos o que produzcan o comercialicen bienes de consumo, serán responsables civil y penalmente por la deficiente prestación del servicio, por la calidad defectuosa del producto, o cuando sus condiciones no estén de acuerdo con la publicidad efectuada o con la descripción que incorpore.

Las personas serán responsables por la mala práctica en el ejercicio de su profesión, arte u oficio, en especial aquella que ponga en riesgo la integridad o la vida de las personas."

De igual manera, el artículo 55 de la Constitución de la República del Ecuador indica:

"Art. 55.- Las personas usuarias y consumidoras podrán constituir asociaciones que promuevan la información y educación sobre sus derechos, y las representen y defiendan ante las autoridades judiciales o administrativas. Para el ejercicio de este u otros derechos, nadie será obligado a asociarse."

No obstante, esta declaración, existen dos casos en que no es posible establecer responsabilidad por el ejercicio de funciones públicas. Es el caso de los asambleístas y de los miembros de la Corte Constitucional. Los artículos 128 y 431 de la Constitución Política de la República, establece al respecto:

"Art. 128.- Las asambleístas y los asambleístas gozarán de fuero de Corte Nacional de Justicia durante el ejercicio de sus funciones; no serán civil ni penalmente responsables por las opiniones que emitan, ni por las decisiones o actos que realicen en el ejercicio de sus funciones, dentro y fuera de la Asamblea Nacional.

Para iniciar causa penal en contra de una asambleísta o de un asambleísta se requerirá autorización previa de la Asamblea Nacional, excepto en los casos que no se encuentren relacionados con el ejercicio de sus funciones. Si la solicitud de la jueza o juez competente en la que pide la autorización para el enjuiciamiento no se contesta en el plazo de treinta días, se entenderá concedida. Durante los periodos de receso se suspenderá el decurso del plazo mencionado. Solo se les podrá privar de libertad en caso de delito flagrante o sentencia ejecutoriada.

Las causas penales que se hayan iniciado con anterioridad a la posesión del cargo continuarán en trámite ante la jueza o juez que avocó el conocimiento de la causa."

"Art. 431.- Los miembros de la Corte Constitucional no estarán sujetos a juicio político ni podrán ser removidos por quienes los designen. No obstante, estarán sometidos a los mismos controles que el resto de autoridades públicas y responderán por los demás actos u omisiones que cometan en el ejercicio de sus funciones. Sin perjuicio de la responsabilidad civil, en caso de responsabilidad penal únicamente serán acusados por la Fiscal o el Fiscal General de la Nación y juzgados por el pleno de la Corte Nacional de Justicia, para cuyo efecto se requerirá el voto conforme de las dos terceras partes de sus integrantes.

Su destitución será decidida por las dos terceras partes de los integrantes de la Corte Constitucional. El procedimiento, los requisitos y las causas se determinarán en la ley."

X. EL SERVICIO PÚBLICO, LOS MERCADOS DE INTERÉS GENERAL (LIBERALIZACIÓN, PRIVATIZACIÓN, REGULACIÓN) Y SU RÉGIMEN DE COMPETENCIA

La Constitución del Ecuador no contiene una definición de lo que deba entenderse por servicio público. Tampoco lo hace ninguna ley. Sin embargo, luego de señalar el artículo 52 de la Constitución Política de la República que constituye un derecho el disponer de servicios, públicos y privados, de óptima calidad; a elegirlos con libertad, así como a recibir información adecuada y veraz sobre su contenido y características, sí enumera una serie de actividades que se consideran servicios públicos y establece algunos principios, tales como el de su no interrupción o paralización.

"Art. 85.- La formulación, ejecución, evaluación y control de las políticas públicas y servicios públicos que garanticen los derechos reconocidos por la Constitución, se regularán de acuerdo con las siguientes disposiciones:

1. Las políticas públicas y la prestación de bienes y servicios públicos se orientarán a hacer efectivos el buen vivir y todos los derechos, y se formularán a partir del principio de solidaridad.

2. Sin perjuicio de la prevalencia del interés general sobre el interés particular, cuando los efectos de la ejecución de las políticas públicas o prestación de bienes o servicios públicos vulneren o amenacen con vulnerar derechos constitucionales, la política o prestación deberá reformularse o se adoptarán medidas alternativas que concilien los derechos en conflicto.

3. El Estado garantizará la distribución equitativa y solidaria del presupuesto para la ejecución de las políticas públicas y la prestación de bienes y servicios públicos.

En la formulación, ejecución, evaluación y control de las políticas públicas y servicios públicos se garantizará la participación de las personas, comunidades, pueblos y nacionalidades."

En cuanto a la forma de prestación, el artículo 316 de la Constitución de la República del Ecuador indica: "El Estado podrá delegar la participación en los sectores estratégicos y servicios públicos a empresas mixtas en las cuales tenga mayoría accionaria. La delegación se sujetará al interés nacional y respetará los plazos y límites fijados en la ley para cada sector estratégico. El Estado podrá, de forma excepcional, delegar a la iniciativa privada y a la economía popular y solidaria, el ejercicio de estas actividades, en los casos que establezca la ley."

En el mismo sentido, la Constitución de la República del Ecuador indica:

"Art. 314.- El Estado será responsable de la provisión de los servicios públicos de agua potable y de riego, saneamiento, energía eléctrica, telecomunicaciones, vialidad, infraestructuras portuarias y aeroportuarias, y los demás que determine la ley.

El Estado garantizará que los servicios públicos y su provisión respondan a los principios de obligatoriedad, generalidad, uniformidad, eficiencia, responsabilidad, universalidad, accesibilidad, regularidad, continuidad y calidad. El Estado dispondrá que los precios y tarifas de los servicios públicos sean equitativos, y establecerá su control y regulación."

Para el efecto, la Constitución prevé en el Art. 335 lo siguiente:

"Art. 335.- El Estado regulará, controlará e intervendrá, cuando sea necesario, en los intercambios y transacciones económicas; y sancionará la explotación, usura, acaparamiento, simulación, intermediación especulativa de los bienes y servicios, así como toda forma de perjuicio a los derechos económicos y a los bienes públicos y colectivos.

El Estado definirá una política de precios orientada a proteger la producción nacional, establecerá los mecanismos de sanción para evitar cualquier práctica de monopolio y oligopolio privados, o de abuso de posición de dominio en el mercado y otras prácticas de competencia desleal."

No obstante, la ley reconoció la existencia de otros procedimientos de desmonopolización y privatización establecidos en leyes especiales como la Ley de Hidrocarburos.

Finalmente, en cuanto a los mecanismos para llevar a efecto la delegación y privatización, se contempló en la Ley Orgánica de Incentivos para Asociaciones Público Privadas la delegación de servicios públicos a la iniciativa privada mediante los procedimientos de contratación previstos en la Ley Orgánica del Servicio Nacional de Contratación Pública.

Frente a la posibilidad de interrupción de los servicios públicos, no originada en situaciones eximentes de responsabilidad, la Constitución señala lo siguiente:

"Art. 52.- Las personas tienen derecho a disponer de bienes y servicios de óptima calidad y a elegirlos con libertad, así como a una información precisa y no engañosa sobre su contenido y características.

La ley establecerá los mecanismos de control de calidad y los procedimientos de defensa de las consumidoras y consumidores; y las sanciones por vulneración de estos derechos, la reparación e indemnización por deficiencias, daños o mala calidad de bienes y servicios, y por la interrupción de los servicios públicos que no fuera ocasionada por caso fortuito o fuerza mayor."

La Constitución consagra la gratuidad de ciertos servicios públicos, como los de salud y educación y establece la acción de protección para proteger su efectiva prestación.

Así mismo, la Constitución faculta al Defensor del Pueblo, según lo indicado en el Art. 215:

"Art. 215.- La Defensoría del Pueblo tendrá como funciones la protección y tutela de los derechos de los habitantes del Ecuador y la defensa de los derechos de las ecuatorianas y ecuatorianos que estén fuera del país. Serán sus atribuciones, además de las establecidas en la ley, las siguientes:

1. El patrocinio, de oficio o a petición de parte, de las acciones de protección, hábeas corpus, acceso a la información pública, hábeas data, incumplimiento, acción ciudadana y los reclamos por mala calidad o indebida prestación de los servicios públicos o privados.

3. Investigar y resolver, en el marco de sus atribuciones, sobre acciones u omisiones de personas naturales o jurídicas que presten servicios públicos."

Finalmente, en el artículo 225 de la Constitución se contempla la existencia de personas jurídicas especialmente para la prestación de servicios públicos.

"Art. 225.- El sector público comprende:

3. Los organismos y entidades creados por la Constitución o la ley para el ejercicio de la potestad estatal, para la prestación de servicios públicos o para desarrollar actividades económicas asumidas por el Estado."

XI. LA FUNCIÓN PÚBLICA

El titulo IV, capítulo séptimo, sección primera de la Constitución de la República del Ecuador entre los artículos 225 y 234 describen el funcionamiento de la Administración pública y el funcionamiento del ejercicio de la función pública y los servidores públicos.

Señalan estos artículos que "las instituciones del Estado, sus organismos, dependencias, las servidoras o servidores públicos y las personas que actúen en virtud de una potestad estatal pueden ejercer solamente las competencias y facultades que les sean atribuidas en la Constitución y la ley y que tienen el deber de coordinar acciones para el cumplimiento de sus fines y hacer efectivo el goce y ejercicio de los derechos reconocidos en la Constitución".

Disponen también estos artículos que: "la administración pública constituye un servicio a la colectividad que se rige por los principios de eficacia, eficiencia, calidad, jerarquía, desconcentración, descentralización, coordinación, participación, planificación, transparencia y evaluación."

En cuanto al ejercicio de los puestos públicos señala la Constitución que: "el ingreso al servicio público, el ascenso y la promoción en la carrera administrativa se realizarán mediante concurso de méritos y oposición, en la forma que determine la ley, con excepción de las servidoras y servidores públicos de elección popular o de libre nombramiento y remoción. Su inobservancia provocará la destitución de la autoridad nominadora."

Señalan también que: los servidores públicos son todas las personas que en cualquier forma o a cualquier título trabajen, presten servicios o ejerzan un cargo, función o dignidad dentro del sector público y que estos tienen derechos que son irrenunciables."

Dentro de los artículos a los que se ha hecho referencia en párrafos anteriores, constan las siguientes prohibiciones a los servidores públicos en el ejercicio de sus funciones: "Desempeñar más de un cargo público simultáneamente a excepción de la docencia universitaria siempre que su horario lo permita; el nepotismo; las acciones de discriminación de cualquier tipo, y las demás que determine la Ley".

La Constitución de la República ha previsto también, que los servidores públicos deben: "sin excepción, presentar, al iniciar y al finalizar su gestión y con la periodicidad que determine la ley, una declaración patrimonial jurada que incluirá activos y pasivos, así como la autorización para que, de ser necesario, se levante el sigilo de sus cuentas bancarias."

Además, expresamente señala la Constitución que: "la Contraloría General del Estado examinará y confrontará las declaraciones e investigará los casos en que se presuma enriquecimiento ilícito. La falta de presentación de la declaración al término de las funciones o la inconsistencia no justificada entre las declaraciones hará presumir enriquecimiento ilícito".

Así mismo, se han establecido prohibiciones expresas a los servidores públicos, al respecto se señala que: "No podrán ser funcionarios ni miembros de organismos directivos de entidades que ejerzan la potestad estatal de control y regulación, quienes tengan intereses en las áreas que vayan a ser controladas o reguladas o representen a terceros que los tengan. Las servidoras y servidores públicos se abstendrán de actuar en los casos en que sus intereses entren en conflicto con los del organismo o entidad en los que presten sus servicios".

Finalmente, al haber prohibiciones, si estas se violan evidentemente existe la determinación de las posibles responsabilidades que los servidores públicos deben enfrentar. Al respecto, la Constitución señala que: "Ninguna servidora ni servidor público estará exento de responsabilidades por los actos realizados en el ejercicio de sus funciones o por omisiones, y serán responsable administrativa, civil y penalmente por el manejo y administración de fondos, bienes o recursos públicos".

XII. MEDIO AMBIENTE, URBANISMO Y ORDENACIÓN DEL TERRITORIO

La Constitución señala en el artículo 3 que "Son deberes primordiales del Estado... 7. Proteger el patrimonio natural y cultural del país."

En el art. 10 la Constitución menciona que, la naturaleza será sujeto de aquellos derechos que le reconozca la Constitución. Es decir, se reconoce que la naturaleza tiene derechos y están consagrados en la constitución.

El art. 14 de la Constitución hace referencia a lo mencionado en el párrafo anterior y dispone que es deber del Estado proteger el derecho de la población a vivir en un medio ambiente sano y ecológicamente equilibrado, que garantice un desarrollo sustentable. Velará para que este derecho no sea afectado y garantizará la preservación de la naturaleza. Para el efecto, declara de interés público la preservación del medio ambiente, la conservación de los ecosistemas, la biodiversidad y la integridad del patrimonio genético del país. La prevención de la contaminación ambiental, la recuperación de los espacios naturales degradados, el manejo sustentable de los recursos naturales y los requisitos que para estos fines deberán cumplir las actividades públicas y privadas. El establecimiento de un sistema nacional de áreas naturales protegidas, que garantice la conservación de la biodiversidad y el mantenimiento de los servicios ecológicos, de conformidad con los convenios y tratados internacionales. Dispone que se tipifiquen las infracciones y determinen los procedimientos para establecer responsabilidades administrativas, civiles y penales que correspondan a las personas naturales o jurídicas, nacionales o extranjeras, por las acciones u omisiones en contra de las normas de protección al medio ambiente.

En el Art. 15 de la Constitución se le ordena al Estado tomar medidas orientadas a la consecución de los siguientes objetivos: 1. Promover en el sector público y privado el uso de tecnologías ambientalmente limpias y de energías alternativas no contaminantes. 2. Establecer estímulos tributarios para quienes realicen acciones ambientalmente sanas. 3. Regular, bajo estrictas normas de bioseguridad, la propagación en el medio ambiente, la experimentación, el uso la comercialización y la importación de organismos genéticamente modificados. Se prohíbe la fabricación, importación, tenencia y uso de armas químicas, biológicas y nucleares, así como la introducción al territorio nacional de residuos nucleares y desechos tóxicos.

Establece la responsabilidad por daños ambientales: "Art. 397. En caso de daños ambientales el Estado actuará de manera inmediata y subsidiaria para garantizar la salud y la restauración de los ecosistemas. Además de la sanción correspondiente, el Estado repetirá contra el operador de la actividad que produjera el daño las obligaciones que conlleve la reparación integral, en las condiciones y con los procedimientos que la ley establezca. La responsabilidad también recaerá sobre las servidoras o servidores responsables de realizar el control ambiental."

El Código Orgánico de Organización Territorial faculta a los Gobiernos Autónomos Descentralizados, la recuperación y conservación de la naturaleza y el mantenimiento de medio ambiente sostenible y sustentable.

En cuanto al urbanismo y ordenación del territorio, el COOTAD regula las facultades que tienen los Gobiernos Autónomos Descentralizados para dictar políticas destinadas al derecho regional al hábitat y a la vivienda.

XIII. BIENES PÚBLICOS

La propiedad demanial en el Ecuador no tiene un tratamiento uniforme en la legislación. La terminología es en ocasiones confusa o contradictoria, fruto de permanentes modificaciones no realizadas con la mejor técnica jurídica. Sin embargo, es posible extraer los siguientes principios básicos.

La Constitución del Ecuador señala en su artículo 3 numeral 4 que es un deber primordial del Estado proteger el patrimonio natural y cultural del país.

En línea con lo anterior, la Constitución señala en su artículo 408 lo siguiente sobre los recursos del Estado:

> "Art. 408.- Son de propiedad inalienable, imprescriptible e inembargable del Estado los recursos naturales no renovables y, en general, los productos del subsuelo, yacimientos minerales y de hidrocarburos, substancias cuya naturaleza sea distinta de la del suelo, incluso los que se encuentren en las áreas cubiertas por las aguas del mar territorial y las zonas marítimas; así como la biodiversidad y su patrimonio genético y el espectro radioeléctrico. Estos bienes solo podrán ser explotados en estricto cumplimiento de los principios ambientales establecidos en la Constitución."

El Estado participará en los beneficios del aprovechamiento de estos recursos, en un monto que no será inferior a los de la empresa que los explota.

El Estado garantizará que los mecanismos de producción, consumo y uso de los recursos naturales y la energía preserven y recuperen los ciclos naturales y permitan condiciones de vida con dignidad."

Así mismo, señala la Constitución en su artículo 317 que: "Los recursos naturales no renovables pertenecen al patrimonio inalienable e imprescriptible del Estado. En su gestión, el Estado priorizará la responsabilidad intergeneracional, la conservación de la naturaleza, el cobro de regalías u otras contribuciones no tributarias y de participaciones empresariales; y minimizará los impactos negativos de carácter ambiental, cultural, social y económico":

De igual manera, señala la Constitución sobre el patrimonio cultural del Estado lo siguiente:

> "Art. 379.- Son parte del patrimonio cultural tangible e intangible relevante para la memoria e identidad de las personas y colectivos, y objeto de salvaguarda del Estado, entre otros:
>
> 1. Las lenguas, formas de expresión, tradición oral y diversas manifestaciones y creaciones culturales, incluyendo las de carácter ritual, festivo y productivo.
>
> 2. Las edificaciones, espacios y conjuntos urbanos, monumentos, sitios naturales, caminos, jardines y paisajes que constituyan referentes de identidad para los pueblos o que tengan valor histórico, artístico, arqueológico, etnográfico o paleontológico.
>
> 3. Los documentos, objetos, colecciones, archivos, bibliotecas y museos que tengan valor histórico, artístico, arqueológico, etnográfico o paleontológico.
>
> 4. Las creaciones artísticas, científicas y tecnológicas.
>
> Los bienes culturales patrimoniales del Estado serán inalienables, inembargables e imprescriptibles. El Estado tendrá derecho de prelación en la adquisición de los bienes del patrimonio cultural y garantizará su protección. Cualquier daño será sancionado de acuerdo con la ley."

Estas disposiciones no tratan de manera esquemática el concepto de bienes públicos y utilizan expresiones tales como "bienes nacionales", "bienes del Estado", "bienes de su dominio exclusivo", etc.

La tendencia actual en el Ecuador es utilizar una nueva categoría para incluir a los bienes del Estado, independientemente de su naturaleza: se trata de los "recursos públicos". Así, la Ley Orgánica de la Contraloría General del Estado señala en el artículo 3 lo siguiente:

"Para efecto de esta Ley se entenderán por recursos públicos, todos los bienes, fondos, títulos, acciones, participaciones, activos, rentas, utilidades, excedentes, subvenciones y todos los derechos que pertenecen al Estado y a sus instituciones, sea cual fuere la fuente de la que procedan, inclusive los provenientes de préstamos, donaciones y entregas que, a cualquier otro título realicen a favor del Estado o de sus instituciones, personas naturales o jurídicas u organismos nacionales o internacionales.

Los recursos públicos no pierden su calidad de tales al ser administrados por corporaciones, fundaciones, sociedades civiles, compañías mercantiles y otras entidades de derecho privado, cualquiera hubiere sido o fuere su origen, creación o constitución hasta tanto los títulos, acciones, participaciones o derechos que representen ese patrimonio sean transferidos a personas naturales o personas jurídicas de derecho privado, de conformidad con la ley".

Por otra parte, el Código Civil define como bienes nacionales aquellos cuyo dominio pertenece a la Nación toda. Si además su uso pertenece a todos los habitantes de la Nación, como el de las calles, plazas, puentes y caminos, el mar adyacente y sus playas, se llaman bienes nacionales de uso público o bienes públicos. Asimismo, los nevados perpetuos y las zonas de territorio situadas a más de 4.500 metros de altura sobre el nivel del mar. Los bienes nacionales cuyo uso no pertenece generalmente a los habitantes se llaman bienes del Estado o bienes fiscales.

Son bienes del Estado, todas las tierras que, estando situadas dentro de los límites territoriales, carecen de otro dueño. Las plataformas o zócalos submarinos, continental e insular, adyacentes a las costas ecuatorianas, y las riquezas que se encuentran en aquellos, pertenecen al Estado, el que tendrá el aprovechamiento de ellas y ejercerá la vigilancia necesaria para la conservación de dicho patrimonio y para la protección de las zonas pesqueras correspondientes. Se considera como plataforma o zócalo submarino las tierras sumergidas, contiguas al territorio nacional, que se encuentran cubiertas hasta por doscientos metros de agua como máximo.

El Estado es dueño de todas las minas y yacimientos que determinan las leyes especiales respectivas, no obstante, el dominio de las corporaciones o de los particulares, sobre la superficie de la tierra en cuyas entrañas estuvieren situados. Pero se concede a los particulares la facultad de catar y cavar en tierras de cualquier dominio, para buscar las minas a que se refiere el precedente inciso, la de labrar y beneficiar dichas minas, y la de disponer de ellas como dueños, con los requisitos y bajo las reglas que prescriben las leyes de minería.

El mar adyacente, hasta una distancia de doscientas millas marinas, medidas desde los puntos más salientes de la costa continental ecuatoriana y los de las islas más extremas del Archipiélago de Colón y desde los puntos de la más baja marea, es mar territorial y de dominio nacional. El mar adyacente comprendido entre la línea de base mencionada en el párrafo anterior y la línea de más baja marea, constituye aguas interiores y es de dominio nacional.

Si por tratados internacionales que versen sobre esta materia se determinaren para la policía y protección marítima zonas más amplias que las fijadas en los incisos anteriores, prevalecerán las disposiciones de esos tratados.

Por Decreto Ejecutivo se determinarán las zonas diferentes del mar territorial, que estarán sujetas al régimen de libre navegación marítima o al de tránsito inocente para naves extranjeras. Son también bienes de dominio público el lecho y el subsuelo del mar adyacente.

Es igualmente de dominio nacional el espacio aéreo correspondiente al territorio del Estado, incluido en este el mar territorial. Los ríos y todas las aguas que corren por cauces naturales, así como los lagos naturales, son bienes nacionales de uso público.

También son bienes nacionales de uso público las vertientes que nacen y mueren dentro de una misma heredad. El propietario de dicha heredad tendrá derecho al uso y goce de las aguas, en proporción necesaria al requerimiento del respectivo predio.

Pertenecerán al Estado las nuevas islas que se formen en el mar territorial y en los ríos y lagos de dominio público. Sobre las obras que, con permiso de la autoridad competente, se construyan en sitios de propiedad nacional, no tienen los particulares que han obtenido este permiso, sino el uso y goce de ellas y no la propiedad del suelo.

Abandonadas las obras, o terminado el tiempo por el cual se concedió el permiso, se restituyen ellas y el suelo, por el ministerio de la ley, al uso y goce privativo del Estado, o al uso y goce general de los habitantes, según lo prescriba la indicada autoridad. Pero no se entiende lo dicho si la propiedad del suelo ha sido concedida expresamente por el Estado.

XIV. A MANERA DE CONCLUSIÓN

La Constitución de 2008, consecuencia de la Asamblea Constituyente, introdujo notorios cambios en el régimen estatal y en sus relaciones con los particulares. De una parte, la enorme defensa de los derechos de las personas, que ha provocado que sea calificada como una Constitución en exceso garantista. Por otra parte, modificó sustancialmente la estructura del Estado, especialmente con la conformación del Consejo de Participación Ciudadana y Control Social, órgano encargado de la designación de altos e importantes cargos, entre ellos el Fiscal General del Estado, el Procurador General del Estado, los Superintendentes de Bancos y Compañías, así como el Contralor General del Estado. Significó también el reforzamiento del Régimen Presidencial, lo cual ha sido objeto de numerosas críticas. Finalmente, abrió la puerta para la modificación de las estructuras de Poder Territorial, en un modelo similar al de la Autonomía Española, el cual no obstante no ha sido desarrollado durante estos primeros 14 años de su efectiva aplicación. Como es evidente, esta transformación tuvo también un gran impacto en el Derecho Administrativo. Sin embargo, el principal problema para lograr un Estado verdaderamente eficiente y garantista se encuentra en el sistema judicial, el cual no ha estado a la altura de los nuevos procesos de cambio. Aún queda, por lo tanto, mucho camino por recorrer.

PANORAMA GENERAL DEL DERECHO ADMINISTRATIVO SALVADOREÑO

HENRY ALEXANDER MEJIA*

I. EVOLUCIÓN Y MODELO REGULATIVO DE LA ADMINISTRACIÓN PÚBLICA, BASE CONSTITUCIONAL Y EL SISTEMA DE FUENTES

1. *Instituciones administrativas coloniales*

En los tiempos de la Colonia el territorio salvadoreño se encontraba sometido a las instrucciones dictadas por la Corona española, entre estas se encontraban las relativas a la Administración Pública, la que fue establecida principalmente sobre la base instituciones peninsulares transportadas a suelo centroamericano, como las Audiencias, los Cabildos y las intendencias. La organización administrativa de este periodo encontraba la cúspide en el propio Rey, quien repartía competencias en los territorios indianos. Debajo de este se tenían la Casa de Contratación de Sevilla, organismo rector del comercio peninsular y detentaba atribuciones de orden fiscal; el Consejo Real y Supremo de las Indias, cuya competencia fundamental era nombrar servidores de la Corona y conocía de los asuntos del *Consejo de Indias.* Por su parte, la Organización de las Indias, se estableció en torno a las Audiencias y Virreyes. Las primeras tenían competencias para ejercer funciones judiciales y los segundos tenían a cargo el establecimiento de ciudades, hacer obras públicas y hasta el mantenimiento del orden público.

Para cumplir su cometido estos nombraban a gobernadores, corregidores y alcaldes mayores. El régimen municipal estaba a cargo de los Alcaldes y Cabildos. El Alcalde era el funcionario más importante de los Cabildos, les correspondía en primera instancia el ejercicio de la jurisdicción civil y militar. Eran una especie de gobierno urbano, tenía funciones de policía, higiene, salud entre otras[1], estas instituciones constituyeron el génesis de la Administración Local.

En el istmo centroamericano la Corona española ejercía su poder, por medio del Virreinato de México, y específicamente a través de la Gobernación de la Capitanía General que se encontraba en Guatemala, que comprendía las provincias que posteriormente se independizaran en 1821, y que constituyeran la República Federal de Centroamericana por medio de la Constitución en noviembre 1824 (conformada por Guatemala, Honduras, Nicaragua, Costa Rica y El Salvador). La Constitución Federal estableció una estructura bajo las influencias liberales, (basadas en la división de poderes), que fueron proclamados en los Estados Unidos de América en 1776, Francia en 1789 y España 1812. Creándose el Poder Ejecutivo, como la Administración Federal, quien era presidido por el Presidente electo por el pueblo de todos Estados de la Federación. El Poder Legislativo que tenía la función elemental de promulgar la Constitución de cada provincia, y Poder Judicial residía en los tribunales y los juzgados que se establezcan.

Sin embargo, la pugna entre las elites económicas -liberales y conservadores-, y el poco desconocimiento de la población del federalismo, entre otras causas, hizo que sucumbiera la República Federal de Centroamérica, conllevando su disolución en 1838, y en consecuencia cada Estado se constituye como Estado unitario e independiente. En virtud de lo anterior, El Salvador decreta su primera Constitución como tal en 1841, e inicia una de las páginas oscuras para el Constitucionalismo salvadoreño, ya que los Gobernantes provenientes de la oligarquía y de la estirpe militar, con el afán de perpetuarse en el poder son los protagonistas de Golpes de Estados que conllevó a que se dictaran una diversidad de Constituciones, así tuvimos las de 1864, 1871, 1872, 1880, 1883, 1886, 1939, 1945, 1950, 1962, hasta llegar a la actual Constitución de 1983, que datan ya veintisiete años de vigencia[2].

---

* Doctor en Derecho por la Universidad Autónoma de Barcelona, catedrático de Derecho Administrativo en la Universidad de El Salvador, abogado consultor y especialista en Derecho Administrativo, Magistrado Suplente de la Corte Suprema de Justicia de El Salvador. Miembro del Foro Iberoamericano de Derecho Administrativo.

[1] Véase Rodríguez Ruíz, Napoleón. (p) (2006), *Historia de las Instituciones jurídicas salvadoreñas*, Publicación de la Corte Suprema de Justicia, San Salvador, 2006, P. 51 y ss. En igual sentido FORTIN Magaña, René., Constituciones Iberoamericanas, El Salvador, Universidad Nacional Autónoma de México, México DF, 2005.

[2] *Vid.* Méndez, J. M., *El* Constitucionalismo *y la vida Institucional centroamericana*, Ponencia en el marco del Seminario de historia contemporánea de Centro América, Editorial Universitaria, El Salvador, 1960, p. 9.

2. *Evolución de la legislación administrativa salvadoreña y su estado actual*

Nuestro país, pese a que se dictó la Constitución de 1841 y haberse consolidado las nuevas instituciones administrativas que se estructuraban por medio del Poder Ejecutivo. En un inicio existió un retraso en la promulgación de leyes, aplicándose el Derecho indiano, hasta la promulgación del Código Civil en 1860, donde se instauran instituciones nuevas instituciones jurídicas y administrativas vigentes hasta la fecha como la regulación jurídica de los bienes de dominio públicos.

Como resultado de lo anterior, se crean las primeras leyes administrativas, -bajo la influencia del Derecho común-, así tenemos la Ley de Policía de 1879 que determinó las contravenciones administrativas (las cuales fueron derogadas por la reciente Ley Marco para la Convivencia Ciudadana y Contravenciones Administrativas de 2011). Asimismo la Ley Única del Régimen Político de 1885, que reguló los Gobiernos Locales (actualmente está vigente únicamente para la regulación de la Gobernaciones), la Ley de sobre Reclamaciones Pecuniarias de Extranjeros y Nacionales contra la Nación de 1910 el cual fue derogada por el artículo 163 de la Ley de Procedimientos Administrativos que entró en vigencia en 2919), Ley de Expropiación y de Ocupación de Bienes por el Estado de 1939, (vigente a la fecha y que regula el proceso de expropiación bajo el régimen del Derecho Privado) y, la Ley del Servicio Civil de 1960, que regula el empleo público (vigente a la fecha, y con muchas adiciones y como resultado de la ratificación de los Convenios de la OIT, sobre libertad sindical en el 2006). Además, tenemos un elenco leyes especiales que regulan el empleo público, en la que se destacan: Ley de Carrera Administrativa Judicial de 1990, Ley de Carrera Administrativa Municipal de 2006, y Ley de la Garantía de Audiencia a los Empleados no Comprendidos en la Carrera Administrativa de 1990, entre otras.

Se estableció un régimen judicialista con la primera Ley Jurisdicción Contenciosa Administrativa, vigente desde 1979 que crea la Sala de lo Contenciosa Administrativo (SCA), con el fin de controlar juridicialmente los actos de la administración, derogada por la actual de 2018 el cual descentralizó la justicia administrativa.

También, pos acuerdos de paz se dictaron la Ley del Medio Ambiente y sus reglamentos (1998), Ley de Adquisiciones y Contrataciones de la Administración Pública que data de 2000, y algunas leyes que derivaron de los procesos de privatización de los servicios públicos, tales como: Ley de Protección al Consumidor, Ley de la Superintendencia de Electricidad y Telecomunicaciones, Ley de Superintendencia de Competencia; finalmente se dictó en el 2018, vigente desde el 13 de febrero de 2019 la Ley de Procedimientos Administrativos, en el mismo año se han dictado la Ley de Mejora Regulatoria y la Ley de Eliminación de Trámites Burocráticos.

En el 2020, con motivo de la pandemia del Covid 19, se dictó la *Ley de Regulación del Teletrabajo* para implementar esa modalidad de trabajo para los privados y los funcionarios públicos, basada en el uso de las nuevas tecnologías para la prestación de los servicios administrativos.

Y finalmente, en el 2021 se realizan sendas reformas a la Administración pública municipal, se dicta la Ley de creación la Dirección Nacional de Obras Municipales (LDOM), como un *súper ente regulador* encargado de aprobar, contratar y ejecutar las diferentes inversiones en los municipios; la Ley Simplificada de Adquisiciones de Obras Municipales (LSAOM), y para hacer efectivas las expropiaciones de bienes inmuebles erige la Ley del Dominio Eminente de Inmuebles para Obras Municipales e Institucionales, las cuales derogaron parcialmente una buena parte del contenido de la LACAP y del Código Municipal.

Para tal efecto, también se dictó la Ley de Liquidación y Disolución del Instituto Salvadoreño de Desarrollo Municipal (ISDEM), para su extinción y absorción de las competencias administrativas de parte de la DOM.

3. *Bases constitucionales y principios de la Administración Pública*

La Administración pública por ser parte de la estructura del Estado tiene sus bases en la Constitución de la República, que constituye la principal fuente del derecho salvadoreño en general, por tanto, constituye la norma hegemónica y jerárquicamente superior a todo el ordenamiento jurídico (artículo 246 principio de supremacía constitucional). Es el soporte elemental donde se estructura todo el Estado y sus órganos fundamentales (Órgano Legislativo, Ejecutivo y Judicial).

Del mismo modo les otorga a ellos, las principales atribuciones para el ejercicio del poder público, que dentro de estas se encuentran la función administrativa, que por excelencia la ejerce la Administración central representada por medio del Órgano Ejecutivo, sin perjuicio que los demás Órganos de Gobierno y organismos la realicen, a pesar de que tiene encomendadas otras funciones.

La Constitución salvadoreña, manda a que los entes que componen la Administración se sometan a ella, ya que no podrán ejercer más potestades que la ley les confiere, es decir se encuentran sometidas al principio de legalidad[3], prohibiendo la arbitrariedad de los poderes públicos (artículo 86 de la Constitución). Aunque el ordenamiento salvadoreño reconoce que la Administración puede actuar con potestades discrecionales, pero no debe apartarse del fin propuesto por la norma jurídica, de lo contrario, estaría a sujeto a control ante la SCA, por incurrir en desviación de poder.

Además, tenemos el principio de responsabilidad de los funcionarios públicos (artículo 245 de la Constitución), ante cualquier acción u omisión de los servidores estatales, deberán de responder patrimonialmente, por los daños materiales y morales que realicen; ambos principios son pilares fundamentales del Estado de Derecho salvadoreño.

En igual sentido, cuando cualquier sujeto de la Administración antes de dictar un acto que implique la limitación de un derecho subjetivo de los particulares, tales como sanciones administrativas deberán de respetar un cumulo de Derechos y garantías que configuran el debido procedimiento, por lo cual tendrá el administrado la oportunidad efectiva de ser oído y vencido en un procedimiento correspondiente, según los artículos 11, y 14 de la Constitución, respectivamente.

4. *Sistemas de fuentes formales del derecho administrativo salvadoreño*

El ordenamiento salvadoreño reconoce el sistema de fuentes formales desde la perspectiva, que la Constitución de la República establece las bases elementales del Derecho Administrativo, tal como lo hemos reflejado en el apartado anterior, manda a los entes de la Administración Pública, a que se sometan a sus preceptos constitucionales[4].

Según la jerarquía de las fuentes[5], tenemos los Tratados Internacionales[6], que constituyen fuente del Derecho Administrativo, cuando obligan a las entidades administrativas a realizar determinada actividad, o bien cuando contengan disposiciones de Derecho Administrativo, aplicable al ámbito interno, donde se destacan los tratados de integración en materia aduanera a nivel centroamericano y las normas provenientes de los Tratados de Libre Comercio.

---

[3] El principio de legalidad constituye uno de los pilares del sistema liberal democrático, introducida por los revolucionarios franceses a finales del siglo XVIII, consistía en establecer la idea según la que: "*toda acción singular del poder debe estar justificada y amparada en una ley previa*". Se propósito era oponerse al régimen absolutista donde no estaba sujeto limitaciones en el ejercicio del poder. Es así que prescribió la constitución francesa de 1791 que: "*que no existe autoridad superior a la de ley. El rey no reina más que por ella, y solo en nombre de la ley puede exigir obediencia*". De igual manera, la Declaración de Derechos del Hombre y del Ciudadano de 1789, sostuvo en el art. 5 "*todo lo que no está prohibido por la ley no puede ser impedido y nadie puede ser forzado a hacer lo que ella no ordena*". Desde entonces los funcionarios actuaban en el ejercicio de sus potestades, siempre que la ley no se los prohibiera. A este sistema se le llamó "sistema de vinculación negativa. Este sistema se ve modificado, por ideas *Kelsenianas* introducidas en la Constitución Austriaca de 1920, donde dispuso en su art. 18 que la administración no puede actuar, sino sobre el fundamento de una disposición de la ley que establecía una atribución precedente, esto hace más rígido el accionar de los gobernantes, dado que no podrán actuar si la ley no se los permite, es decir todo lo que no está permitido se le es prohibido, distinto al anterior sistema, que los funcionarios podían actuar, si la ley no se los prohibía, este sistema se le llama "sistema de vinculación positiva", que es que rigen en el ordenamiento salvadoreño. Sobre un amplio desarrollo del tema. *Vid.* por todos: García de Enterría, E., y Ramon Fernández, T., *Curso de Derecho administrativo*, Vol. 2, octava edición, Civitas, Madrid, 1998, P. 423 y ss.

[4] Así lo ha manifestado la SCA en reiterada jurisprudencia, para mencionar alguna *Vid.* la Sentencia del 29 de febrero de 2008, ref. 30-2005.

[5] *Vid.* en la doctrina salvadoreña a Soriano, S., "La constitucionalización de las Fuentes del Derecho Salvadoreño", en *AA.VV., "Teoría de la Constitución Salvadoreña"*, Publicación de la CSJ, en Cooperación con la AECID, 2000, P. 180 y ss. De manera específica en el sistema de fuentes del Derecho Administrativo *Vid.* Mena Guerra, R., *Una aproximación a las fuentes del derecho administrativo: desde la óptica del ordenamiento salvadoreño*, Editorial Guanaxia- Centro de Estudios Jurídicos, San Salvador, 2009.

[6] El art. 145 de la Constitución estipula que no podrán ratificarse tratados internacionales que contravengan la Constitución salvadoreña, y el art. 149 de la misma, otorga la potestad a los jueces de declarar inaplicable, aquellos tratados que tengan disposiciones contrarias al texto constitucional.

Por debajo de la Constitución y los Tratados Internacionales está la Ley[7] que contiene un amplio espectro innegable de disposiciones de Derecho Administrativo.

Luego se tienen los Reglamentos Administrativos, reconocidos por la Constitución, tales como: El Reglamento de ejecución, que según el artículo 168 ordinal 14 constitucional, son dictados por el Presidente de la República, y tienen la finalidad de desarrollar o facilitar la aplicación de una ley. y Reglamento Autónomo e independiente, los dicta la Administración en el ejercicio de una potestad constitucional, sin que exista relación alguna con ley formal, de ahí su denominación de independiente. Dentro de estos Reglamentos tenemos: El Reglamento de Interior de la Asamblea Legislativa (artículo 131.1) Reglamento Interno del Concejo de Ministros y Reglamento Interno del Órgano Ejecutivo (artículo 167 ordinal 1). En el igual sentido, pero con diferente finalidad están las Ordenanzas municipales, las cuales son dictadas por los Concejos Municipales para normar aspectos propios de sus competencias según lo prescriben los artículos 204 ordinal 4 de la Constitución. y 4 del Código Municipal respectivamente.

Asimismo, el ordenamiento salvadoreño reconoce a la costumbre como fuente del Derecho, solo cuando la Ley se remita a ella, según prescribe el artículo 2 del Código Civil, y pese a que algunos ordenamientos la contemplan se remiten a ella[8]; esta ha quedado en desuso por la poca sistematización de la misma conllevado a su nula aplicación. Por otra parte, se le reconoce un valor elemental a la jurisprudencia, emanada de la SCA y de la Sala de lo Constitucional (en adelante SC), en la construcción y desarrollo del Derecho Administrativo salvadoreño por la labor pretoriana que realiza fundamentalmente la SCA, teniendo el carácter de fuentes subsidiarias en el sistema de fuentes formales en el orden salvadoreño.

II. LA ORGANIZACIÓN ADMINISTRATIVA, EN ESPECIAL EL ESTADO Y LOS MUNICIPIOS

La forma de Gobierno del Estado salvadoreño, según prescribe el art 85 de la Constitución es: "Republicana, democrática y representativa", constituida el Gobierno por tres órganos fundamentales: Legislativo, Ejecutivo y Judicial, con el propósito de ejercer las funciones elementales del Estado. Pese a que, nuestra Constitución regula un verdadero "pesos y contrapesos entre los referidos órganos, nos encontramos ante un sistema de Gobierno Presidencialista con características propias de los países latinoamericanos.

Además, dentro de la estructura del poder público, la Constitución erige otros órganos independientes, con potestades administrativas específicas, y que la jurisprudencia salvadoreña les denomina como *"Órganos Constitucionales"*. En este marco se encuentran: La Corte de Cuenta de la República (artículo 195); el Tribunal Supremo Electoral (artículo 208); el Ministerio Público (artículos 191-194), que se encuentra integrado por la Fiscalía General de la República, la Procuraduría General de la República y la Procuraduría para la Defensa de los Derechos Humanos; el Consejo Nacional de la Judicatura (artículo 187). Lo cual todos ellos, se encuentran regulados por una Ley Orgánica, que desarrolla y amplia sus atribuciones, dadas por la Constitución.

Además, la Constitución le otorga el carácter de un órgano constitucional a la Fuerza Armada (artículos 212-216). Aunque bajo una estructura diferente, ya que es parte integrante el Órgano Ejecutivo, y está regida por una Jurisdicción especial que conocen de los delitos y faltas puramente militares. Siendo el Presidente de la República es el Comandante General de las Fuerzas Armadas como una forma de la sumisión del poder militar hacia el civil.

Por otra parte, dentro de los fines del Estado, según prescribe el artículo 1 de la Constitución, le corresponden velar primordialmente por el bien común, seguridad, salud, educación, es decir la prestación y vigilancia de los servicios públicos, con el propósito de satisfacer necesidades de interés general de la colectividad. Por tanto, la Constitución determina esa organización de la Administración Pública, para el cumplimiento de tales fines, así tenemos:

---

7 El art. 1 del Código Civil, define la Ley "*...una declaración de la voluntad soberana que, manifestada en la forma prescrita en la Constitución, manda prohíbe o permite*."

8 La Ley General Marítimo Portuaria en los arts. 145,147 y 156, expresa remisiones a la Costumbre, en cuanto a los contratos de carga y transporte de personas. En igual sentido el art. 5 de la Ley Orgánica de Aeronáutica Civil.

1. *Órgano Ejecutivo*

El Órgano Ejecutivo constituye la Administración central, es presidido por el Presidente de la República, y el Vicepresidente, quienes son electos popularmente, por un periodo de cinco años, y comenzará y terminará el 1 de junio (artículo 154). En defecto del Presidente (por muerte, renuncia, incapacidad o remoción u otra causa), lo sustituirá el Vicepresidente y a falta de este, serán los dos designados a la Presidencia, en su orden de denominación. Estos son electos por la Asamblea Legislativa por una terna propuesta por el Presidente, quienes duraran en sus funciones, el mismo periodo presidencial. Y a falta de todos los anteriores la Asamblea Legislativa nombrará un Presidente provisional para que termine el periodo por el cual fueron electos.

Para la realización de los negocios públicos, se crearán las Secretarias de Estados, que fueren necesarias entre los cuales se distribuirán los diferentes ramos de la Administración Pública. Cada una de ellas estará precedida por un Ministro, que podrá actuar bajo la colaboración de uno o más Viceministros (artículo 159). Estos serán nombrados y removidos por el Presidente de la República (artículo 162) y se le prohíbe nombrar en este cargo a los parientes dentro del cuarto de consanguinidad y segundo de afinidad del Presidente (artículo 161). Los Ministerios y Vice ministerios estarán estructurados en Direcciones o dependencias, y aquellos podrán dictar sus reglamentos organizativos.

El Presidente y Vicepresidente y los Ministros y Viceministros, constituyen el Gabinete de Gobierno, que nuestra Constitución le llama "Consejo de Ministros", que tiene el carácter de organismo colegiado. Nuestra Constitución bifurca las competencias entre el referido Consejo y el Presidente de la República. Para el caso es el Consejo de Ministros quien tiene la potestad de dictar el Reglamento Interno del Órgano Ejecutivo (RIOE) y su Reglamento Interno que lo regula. Además, se le confiere de manera excepcional decretar la suspensión de las garantías constitucionales, en los determinados por la misma Constitución, teniendo nada más la facultad dentro de las facultades normativas decretar los Reglamentos de Ejecución.

Según el (artículo 46 y siguientes del RIOE), erige las Secretarías de la Presidencia de la República, presididos por un secretario, los cuales son nombrados por el Presidente y que forma parte del Órgano Ejecutivo, pero trabajan en apoyo al cumplimiento de las funciones del Presidente de la República, que también tienen sus subsecretarías al respecto. Así también, el (artículo 159, 162 de la constitución en relación al artículo 28 del RIOE), divide al Órgano Ejecutivo en Secretaria de Estados o Ministerio con sus respectivos Viceministerios.

2. *La descentralización dentro de la Administración pública salvadoreña*

A. *La descentralización Institucional*

Este tipo de descentralización se manifiesta por medio de las *"Instituciones Oficiales Autónomas"*, las cuales son creadas en virtud del artículo 225 de la Constitución, donde el Estado relega de la masa patrimonial de la Hacienda Pública, para constituir una entidad con patrimonio específico y con personalidad jurídica propia, distinta a la del Estado. Son entes creados y extintos en virtud de la ley formal, lo cual puede ser a iniciativa del Presidente de la República. Son entidades con autonomía administrativa, los cuales son independiente del Órgano Ejecutivo, tiene un presupuesto especial y su propio sistema de salario lo cual son aprobados por el órgano Legislativo (artículo 227).

Aunque no todos los entes de este tipo, tienen el mismo nivel de autonomía administrativa y financiera, ya que la gran mayoría el Director o el Presidente que preside dicha Institución, son nombrados por el Presidente de la República, tales como: Asociación de Acueductos y Alcantarillados (ANDA); Instituto Salvadoreño del Seguro Social (ISSS), la Comisión Hidroeléctrica del río Lempa (CEL); Fondo Social para la Vivienda (FSV), Fondo Nacional para la Vivienda Popular (FONAVIPO), Comisión Ejecutiva Portuaria Autónoma, y las diferentes Superintendencias que fueron creadas en virtud de los cambios impulsados por la privatización de los Servicios Públicos, como los entes regulados de las entidades prestatarias de tales servicios; tales como la Superintendencia de Competencia, Superintendencia de Electricidad y Telecomunicaciones, (SIGET) y Defensoría de Protección al Consumidor, entre otras.

Dentro de las anteriores entidades autónomas se exceptúa la Universidad de El Salvador, cuyo Rector y demás autoridades son electos, según la normativa interna de la Universidad, no teniendo injerencia sobre la política educativa de educación superior el Órgano Ejecutivo, salvo en materia presupuestaria que depende del Ramo de Educación como todas las Instituciones Oficiales Autónomas.

B. *Descentralización Territorial: Los Municipios*

En todas las Constituciones de El Salvador ha sido reconocida la división del territorio nacional en demarcaciones territoriales. Esas demarcaciones fueron denominadas "departamentos", y los funcionarios, "gobernadores"- aspecto que es regulado en la actual Constitución, en los artículos 200-202-. Del mismo modo, los departamentos son conformados en demarcaciones, menores por medio de los municipios, cuyo gobierno fue encomendado a los Consejos Municipales.

La actual Constitución de la República de 1983 en el artículo 203 introdujo cambios sustanciales en el régimen de los gobiernos de los municipios, otorgándoles autonomía en sus dimensiones política, económica, administrativa y técnica.

En consecuencia, de la autonomía municipal con relación al poder central del Estado se establecen en el artículo 204 de la Constitución, atribuciones tales como: la facultad para crear, modificar o suprimir tasas y contribuciones públicas para la realización de obras determinadas dentro de los límites que una ley general establezca; decretar su propio presupuesto de ingresos y egresos; nombrar y remover a los funcionarios y empleados de sus dependencias, decretar las ordenanzas y reglamentos locales y elaborar sus tarifas de impuestos y las reformas a las mismas para proponerlas como ley a la Asamblea Legislativa. Esto no implica que no pueda coordinar con el Órgano Ejecutivo, para realizar obras de interés general (artículo 206).

El Código Municipal (CM) que fue aprobado entró en febrero de 1986, tal como lo establece en el artículo 1, este tiene por objeto desarrollar los principios constitucionales referentes a la organización, funcionamiento y ejercicio de las facultades autónomas de los municipios. En este sentido define al municipio en el artículo 2 de la manera siguiente:

> "*El Municipio constituye la Unidad Política Administrativa primaria dentro de la organización estatal, establecida en una territorio determinado que le es propio, organizado bajo un ordenamiento jurídico que garantiza la participación popular en la formación y conducción de la sociedad local, con autonomía para darse su propio gobierno, el cual como parte instrumental del Municipio está encargado de la rectoría y gerencia del bien común local, en coordinación con las políticas y actuaciones nacionales orientadas al bien común general, gozando para cumplir con dichas funciones del poder, autoridad y autonomía suficiente.*
>
> *A esta unidad política administrativa se le concede además personalidad jurídica, con jurisdicción territorial determinada y se establece que su representación la ejercerán los órganos La creación, fusión, incorporación o definición de los límites de municipios corresponde exclusivamente al órgano Legislativo.*"

En El Salvador, según lo establece el CM en sus artículos 20 y siguientes, para la creación de un municipio deben concurrir las siguientes condiciones:

- Una población no menor de diez mil habitantes constituidos en comunidades inadecuadamente asistidas por los órganos de gobierno del municipio al que pertenezca;
- Un territorio determinado;
- Un centro de población no menor de dos mil habitantes que sirva de asiento a sus autoridades;
- La posibilidad de recursos suficientes para atender los gastos de gobiernos, administración y prestación de los servicios públicos esenciales; y,
- Conformidad con los planes de desarrollo nacional.

En la actualidad (2022) existen 262 Municipios en todo el territorio de la República salvadoreña, no habiendo ninguna iniciativa de creación, ni fusión de los municipios. Por otra parte, el concejo municipal ejerce el gobierno municipal y tiene un carácter deliberante y normativo. Está integrado por un alcalde, un síndico y el número de regidores o concejales, que pueden ser desde dos hasta doce, según la cantidad de habitantes del municipio y según lo prescribe la Constitución y CM. Según la Constitución son funcionarios de elección popular, y su mandato es para tres años, pudiendo ser reelectos cuantas veces quieran.

El artículo 24 del CM, establece que el Concejo Municipal es la autoridad máxima del municipio y que el alcalde lo preside. Es importante mencionar que El Salvador no permite la participación de las minorías de oposición en los concejos municipales. El alcalde municipal cumple una doble función; por un lado, es miembro del concejo municipal, y por el otro es presidente del mismo. Como miembro del concejo tiene los mismos derechos y obligaciones que el resto de regidores, así como derecho a un voto al igual que los demás (salvo en caso de empate, donde según el artículo 43 del CM tiene doble voto), y puede abstenerse cuando lo considere conveniente. El CM, determina al Alcalde, como presidente del concejo municipal, tiene una serie de atribuciones especiales, que a continuación brevemente se enuncian: convocar al concejo para celebrar sesiones ordinarias y extraordinarias, presidir las sesiones, someter a conocimiento del consejo los asuntos que sean de su competencia según lo establece el Código Municipal, supervisar la actuación del secretario del concejo y autorizar certificaciones, entre otras.

El síndico es otro miembro del concejo con iguales derechos y obligaciones que los demás, pero la legislación salvadoreña le encomienda algunas funciones de fiscalización dentro de la municipalidad, representación judicial y extrajudicial, etcétera. Entre las principales están las siguientes: de acuerdo con el artículo 51, letra a) del CM, representa judicial y extrajudicialmente al municipio, y por consiguiente al gobierno municipal en todo lo relacionado con los bienes, derechos y obligaciones municipales, de conformidad con la ley y con las instrucciones del concejo. No debe confundirse la representación judicial del síndico con la representación legal administrativa del alcalde. Podemos entender que el síndico en la legislación salvadoreña juega el papel del "abogado" del alcalde y del concejo. Otras de sus atribuciones son las de velar por que los contratos que celebre la municipalidad se ajusten a las prescripciones legales artículo 51,letra b) del CM.

Los regidores o concejales tienen la prioritaria función de concurrir a formular políticas públicas generales del gobierno local, que fundamentarán la orientación social, política y económica de la sociedad local y la actividad administrativa a desplegar por el alcalde. De acuerdo con el artículo 53 del CM, corresponde a los regidores o concejales concurrir con voz y voto a las sesiones, integrar y desempeñar las comisiones para las que sean designados y las demás que les correspondan por ley, ordenanzas o reglamentos. El Consejo Municipal, puede nombrar a un secretario que tiene ante todo la misión de autenticar, de dar fe de los hechos y actos del concejo y de algunos actos del alcalde.

Por su naturaleza política, al municipio le corresponde un normar por medio de las ordenanzas aspectos de interés local, como el ornato, salubridad, moralidad pública, urbanismo, los usos de suelo, el tránsito del transporte público, el medio ambiente, las actividades comerciales, industriales y de servicio, el uso de bienes públicos (plazas y parques), tasas y contribuciones, etcétera.

Además, es de mencionar que el Municipio tiene su propia "Hacienda Municipal", es decir su propio régimen de bienes municipales y su propio sistema tributario. Los municipios no tienen competencias para iniciar un proceso de expropiación, con la reforma de 2021, corresponde a la Dirección de Obras Municipales hacerlo.

III. EL ACTO ADMINISTRATIVO, SU EJECUCIÓN, PRINCIPIO DE AUTOTUTELA, LOS RECURSOS EN VÍA ADMINISTRATIVA

1. *Delimitación Conceptual*

El acto administrativo[9] es, una de las principales categorías jurídicas del Derecho administrativo. Esto porque todas las potestades administrativas, y prerrogativas de la Administración, vienen a coincidir y concretarse en un acto administrativo. Por eso se dice que constituye la piedra angular del derecho administrativo, porque es el instrumento vital para el ejercicio de la función administrativa[10].

---

9 La expresión de acto administrativo surgió después de la Revolución Francesa. No obstante, antiguamente, se le denominaban "actos del rey o actos del fisco". El primer texto legal que empleó la expresión de acto administrativo es la ley francesa del 16 de agosto de 1790 que prohibía a los tribunales judiciales el conocimiento de operaciones de los órganos administrativos. La misma prohibición se instauró en la ley de 16 Fructidor del año III relativa a los actos de la Administración de cualquier especie. *Vid.* DIEZ, M. M., *Manual de Derecho Administrativo*, t 1, Plus Ultra, Buenos Aires, 1980, p. 172.

10 Esto justificaría la abrumadora literatura dedicada al tema, en este sentido los países que más han destacado en la ciencia del Derecho administrativo desde el siglo pasado Alemania, Francia, Italia y España, en América Latina, tenemos Argentina, Colombia, México, Venezuela y Costa Rica, como a su vez, tan ingente "producción bibliográfica" tenía que provocar una variedad casi ilimitada de conceptos, nociones, definiciones, del acto administrativo. Para mencionar algunos, aparte de los que citaremos en el desarrollo de nuestro trabajo, *Vid.*: Boquera Oliver, J. M., *Estudios sobre el acto administrativo*, Civitas, Madrid. 1993, p. 16 y ss.; Cocuella Montaner, L., *Curso de Derecho Administrativo*, Vol. 1, Civitas, Madrid 1999, p. 345 y ss.; Delgadillo, Gutiérrez, L. H., *Elementos de*

Es la principal manifestación de la Administración, productoras de efectos jurídicos, que pueden trascender de acuerdo a su naturaleza, tanto fuera o dentro del la propia Administración Pública[11], como dice GAMERO CASADO[12], es el principal eslabón de la cadena de legalidad de la Administración.

En el mismo orden de ideas CANASÍ, manifiesta que el acto administrativo constituye "*la base esencial y fundamental de la actividad jurídica del Estado, en sentido lato, y regula la función administrativa, ya sea en forma de actos jurídicos o de actos materiales, dando origen por su complejidad doctrinal a la llamada teoría del acto administrativo, regulada ampliamente por el Derecho Administrativo, y que es una de las ramas esenciales del Derecho Público*[13]".

En la ciencia del Derecho administrativo, es la doctrina la que se ha encargado de definir de manera innumerable el acto administrativo, teniendo su representación clásica por medio del jurista italiano ZANOBINI, lo cual lo definido como aquella "*Declaración de voluntad, de juicio, de conocimiento o de deseo realizada por la administración en el ejercicio de una potestad administrativa*[14]*.*" que luego ha sido corregida por GARCÍA DE ENTERRÍA, donde se le agrega a la anterior definición la frase: *"distinta a la potestad reglamentaria"*. Es la misma línea doctrinal que siguen los artículos 21 de la LPA en relación al artículo 20 del Código Tributario.

Además, tenemos una definición dada por la SCA de nuestro país; que podríamos decir, que, si bien no se aparta inicialmente de los fundamentos tradicionales doctrinales de la anterior definición, es más amplia y precisa, y que reza de la manera siguiente:

> "*Es una declaración unilateral de conocimiento, juicio o voluntad, emanada de una entidad administrativa actuando en su faceta de Derecho Público, bien tendente a constatar hechos, emitir opiniones, crear, modificar o extinguir relaciones jurídicas entre los administrados o con la administración, o bien con simples efectos dentro de la esfera administrativa*[15]".

2. *Características de acto administrativo*

Las definiciones robustecen el por qué el acto administrativo, es una de las principales manifestaciones de la Administración, dado que con su emisión es productor del efecto jurídico, que pueden consistir en crear, modificar y extinguir una situación de derecho determinada, que afecta de una manera directa o indirecta la condición jurídica del administrado. En este sentido, se determinan las connotaciones que lo hacen diferentes a las demás actuaciones de la Administración Pública[16], siendo los siguientes:

Derecho Administrativo, Primer Curso, Limusa Editores, México, 1998, p. 167 y ss.; Dromi, R., *El acto administrativo*, Ediciones, Buenos Aires, 1997, p. 16 y ss.; Entrena Cuesta, R., *Curso de Derecho Administrativo*, Vol. 1, Tecnos Madrid, 1999, p. 171 y ss.; y Guaita, A., "El concepto de Acto Administrativo", en *REDA*, N° 24, p.1; Parada Vázquez, R., *Derecho Administrativo, Parte General*, Marcial Pons, 1999, p. 92 y ss.

11 El concepto surge en Francia, como manifestación del principio de separación de poderes entre la Administración y Justicia, en virtud de que se trataba de un acto jurídico exento de poder jurisdiccional del juez en cuanto el producto de la autoridad administrativa y es por ello, sometido al control de los tribunales contenciosos- administrativos en su primera configuración. *Vid.* García de Enterría, E., *Curso de Derecho administrativo*, Vol. 1, Civitas, Madrid, 1997, p. 534.

12 Gamero Casado, E. y Fernández Ramos, S., *Manual de Derecho Administrativo*, cuarta edición, Tecnos, Madrid, 2007, p. 359 y ss.

13 Citado por Calderón Morales, H. H., *Manual de derecho administrativo: una perspectiva de Guatemala y España,* en AA. VV., "Los Recursos Administrativos en Guatemala" Manuel Ballbé y Martha Franch Saguer (Directores), Publicación de la Agencia Española de Cooperación Internacional, y la Universidad Autónoma de Barcelona, Barcelona, 2002, p. 189.

14 Zanobini, G., *Curso de Derecho Administrativo*, Vol. 1, Arayú, Buenos Aires, 1954, sp.

15 *Vid.* al respecto Sentencias del 28 de octubre de 1998, ref. 134-M-97 y del 16 de octubre de 1998, ref. 109- A-96.

16 Es de notar que, la Administración Pública, realiza otras actuaciones, que no constituyen actos administrativos, dentro de estos se tienen: Los contratos administrativos y convenios administrativos, el acto político de Gobierno, los reglamentos, las operaciones materiales, y las actuaciones de la Administración sujetas al Derecho Privado. *Vid.* en este sentido a GAMERO CASADO, E., *Derecho administrativo*, en la monografía "El acto administrativo", Publicación del Consejo Nacional de la Judicatura y de la Escuela de Capacitación Judicial, San Salvador, 2001, p. 9 y ss.

a. **Declaración:** Los actos administrativos son declaraciones en cuanto son manifestaciones con trascendencia interna y externa de la Administración Pública, es importante aclarar que tales declaraciones pueden ser de voluntad, de deseo, de juicio, de conocimiento.

b. **Unilateralidad:** Esto lo hace diferente con los contratos administrativos que constituyen una actuación de la Administración Pública, el acto siempre será unilateral, aunque concurra la voluntad del administrado, esto no le quita tal connotación.

c. **Emana de un órgano de la Administración Pública:** Para que constituyan **como** tal, siempre debe ser dictados por un ente de la Administración Pública. En El Salvador, a diferencia de otros ordenamientos jurídicos, la Administración no posee personalidad jurídica única, sino que se constituye como una pluralidad de órganos, algunos con personalidad jurídica y otros sin ella, que realizan función administrativa (...) como claramente se aprecia nos encontramos ante una diversidad de órganos de carácter públicos, en tanto realizan función administrativa formarán parte de la Administración Pública. Sin embargo, no son actos administrativos los dictados por los particulares, aun actuando con **potestades** conferidas por la propia administración, como sucede con los concesionarios, no obstante, estos últimos se encuentran sometidos al derecho administrativo[17], pero en el orden salvadoreño solo puede impugnarse de manera indirecta.

d. **El acto administrativo se encuentra regulado por el Derecho Administrativo:** En este sentido debe notarse que cualquier acto **administrativo**, para que sea válido debe tener el funcionario o autoridad emisora la potestad administrativa regulada por una norma jurídica de carácter administrativa, de hecho, el citado Código Tributario se refiere a esta connotación y que debe de entenderse como tal.

e. **El acto administrativo está sujeto a control** Sobre la base del principio de separación de poderes y el principio de legalidad, enmarcado en nuestra **Constitución** en el artículo 86, todo acto administrativo dictado por la Administración Pública debe estar sujeto a control, tanto en sede administrativa y por los tribunales contenciosos administrativos. Incluso en el ordenamiento salvadoreño cuando un acto vulnere algún derecho consagrado en la Constitución puede interponerse la Acción de Amparo contra la autoridad o funcionario emisor, tal como lo prescribe la Constitución salvadoreña en el artículo 247, lo cual en alguna medida le quita el ámbito de litigiosidad a la Jurisdicción Contenciosa Administrativa.

3. *Efectos del acto administrativo*

Uno de los principales aspectos del acto administrativo, es productor de efectos jurídicos, las cuales pueden crear, modificar, transmitir, reconocer, registrar o extinguir derechos y obligaciones, según la conceptualización dado por el ordenamiento jurídico salvadoreño. Donde los actos administrativos pueden ser de trámite o definitivos; del mismo modo su exteriorización se ostente de manera tácita, expresa o presunta[18], ya que estos últimos no habiendo manifestación del ente administrativo tienen sus propios efectos.

Esto es una consecuencia con fuerza jurídica vinculante dada por el ordenamiento jurídico. Tales efectos son directos e inmediatos, es decir surgen del acto mismo, no están sujetos a la emisión de un acto posterior, y por regla general dichos efectos serán, concretos e individuales. Solo de manera muy excepcional podría tener efectos generales, como ocurriría con los actos de convocatoria pública para ingresar a la Universidad de El Salvador, y la convocatoria para participar en un procedimiento de Licitación Pública, los cuales estaría dirigido a sujetos indeterminados.

---

17 *Vid.* al respecto la auto Interlocutoria de la SCA, del 22 de mayo de 2000, ref. 230-C-2002.

18 La denegación presunta de una petición es una figura que surge para habilitar la interposición de la acción contenciosa administrativa ante la pasividad o falta de respuesta de la Administración, bajo la presunción legal de que el silencio de la misma equivale a una denegación de lo solicitado. La LJCA, establece que la denegación presunta se configura cuando: "la autoridad o funcionario no haga saber su decisión al interesado en el plazo de sesenta días, contados desde la fecha de presentación de la solicitud" (Art. 3 b) de LJCA. Dado que la ficción legal es precisamente que la solicitud del administrado le ha sido negada, cuando la demanda se base en esta disposición, la revisión judicial se contrae a confrontar el acto desestimatorio presunto, con las razones -de hecho y de Derecho- por las cuales el demandante considera que lo solicitado le ha sido ilegalmente denegado. *Vid.* Sentencia de SCA, ref. del 8 de septiembre de 2003, ref. 136-P-2002.

Los efectos se extienden a terceros, los cuales tienen la obligación de respetar la decisión tomada por la Administración Pública, como ocurre con los actos certificatorios tales como: la inscripción de Marcas, inmuebles, empresas en el Centro Nacional de Registro o la autorización de tarifas de a las empresas privadas que prestan servicios públicos, por los entes regulatorios como sucede en El Salvador. Además, los efectos jurídicos son directos, e inmediatos surgen de la naturaleza del acto mismo, sin que estén supeditados a la emisión de un acto posterior, aunque ese efecto no sea inmediato en el tiempo, por ejemplo, cuando se trate de aquellos actos que tendrán sus efectos a partir de una fecha determinada[19]. Por tanto, queda claro que el acto administrativo, es productor de efectos jurídicos, y consecuentemente creador de derechos subjetivos a favor de los administrados en "estricto sentido", esto queda evidenciado en los casos donde la Administración Pública, otorga permisos, autorizaciones, concesiones administrativas o licencias para el ejercicio de un derecho reconocido por la Constitución, por la ley, o por un reglamento determinado.

4. *Estabilidad de acto administrativo*

La estabilidad del acto está ligada al derecho fundamental de la seguridad jurídica. Consiste en que el funcionario o autoridad administrativa, no puede, ni debe, -dependiendo el tipo de acto y bajo ciertos requisitos- extinguir por sí mismo los efectos productores de derechos de los actos dictados por él o por ella. No obstante, nada impide que el acto sea impugnado por un particular que afecte a sus intereses legítimos.

Algunos autores, prefieren utilizar el término irrevocabilidad o inmutabilidad, sin embargo, nos adherimos a GORDILLO[20], que resulta inapropiado, dado que el acto administrativo estable puede ser anulable por los tribunales Contenciosos Administrativos, incluso extinguirse o modificarse independiente de sus efectos jurídicos.

La estabilidad del acto administrativo no es absoluta, este puede ser retirado del mundo jurídico, para tales efectos debe cumplirse aspectos formales impuesto por el ordenamiento jurídico. La jurisprudencia salvadoreña, en cuanto a la revocación, sostiene es el retiro unilateral (de los efectos del acto) efectuado por la autoridad administrativa; su fundamento se encuentra en la finalidad que tiene dicha autoridad de satisfacer en la mejor forma los intereses públicos y de observar la ley; si el acto administrativo demuestra ser inadecuado, ya sea porque posteriormente a su emisión las circunstancias o intereses generales en que se fundó se han modificado; o porque fueron mal apreciados las circunstancias o intereses generales en el momento de su emanación, la Administración que tiene la autoridad administrativa de satisfacer en la mejor forma los intereses públicos y de observar la ley.

Si el acto administrativo demuestra ser inadecuado, ya sea porque posteriormente a su emisión las circunstancias o intereses generales en que se fundó se han modificado; o porque fueron mal apreciados las circunstancias o intereses generales en el momento de su emanación, la Administración tiene la facultad de sustituirlos con otro más idóneo, pero siempre observando los preceptos contenidos en la normativa fundamental[21].

La revisión de los actos dictados por la propia Administración Pública es sobre la base sólida del principio de legalidad según los artículos 118 y 119 de la LPA, para determinar si este se ajusta a dicho principio, como un mecanismo de control. Sin embargo, la posibilidad que la dicha Administración deje sin efecto por iniciativa propia está sujeta a limitantes,[22] que tengan el estado de

---

19 Gamero Casado, E., *op. cit.*, p. 112 y 113, sostiene que, en la doctrina salvadoreña, los actos administrativos tienen en algunas ocasiones efectos retroactivos en los casos siguientes: 1) actos que se dicten en sustitución de otros que hayan sido anulados y 2) actos que produzcan efectos favorables y no lesionen derechos de terceros. Esto está consonancia con el art. 21 de nuestra Constitución que se refiere a las excepciones de la retroactividad de la ley.

20 *Vid.* Gordillo, A., *Tratado de Derecho Administrativo*, Volumen III, octava edición, Depalma, Buenos Aires, 2003, p. 2 y ss.

21 Sentencia de la SCA, del 12 octubre de 2003, ref. 113-R-99.

22 La SC, en Sentencia de Amparo del 27 de noviembre de 2003, ref. 421-2002, estableció que dependiendo de la incidencia de los actos administrativos en la esfera jurídica de un particular, aquéllos pueden bifurcarse en actos favorables, cuando declaran, reconocen o amplían la esfera jurídica del particular; y actos desfavorables o de gravamen, cuando inciden privando o restringiendo derechos o intereses jurídicamente protegidos, o colocan al particular en situación de desventaja. La primera clase de actos es inmutable en sede administrativa, porque adquieren estado de firmeza, la única opción que tiene la Administración Pública es la denominada "Acción de Lesividad" ante la jurisdicción contenciosa administrativa para desechar el acto del ámbito jurídico.

firmeza y que no fueron recurridos en sede administrativa o judicial[23] y que sean generadores de derechos subjetivos a favor de algún particular.

5. *Presunción de legalidad*

La presunción de Legitimidad, también llamada de legalidad, de validez o de juridicidad, consiste en suponer que el acto administrativo ha sido dictado "conforme a derecho". Dicho de otra manera, todo acto que es perfecto y eficaz se presume legítimo[24]. Es decir que su manifestación responde a las reglas normativas, formales y materiales, que condicionan el ejercicio de una potestad administrativa impuestas por el orden jurídico. Por tanto, se encuentra ligado al principio de legalidad de la Administración consagrado en nuestra constitución en el artículo 86.

La doctrina señala que el fundamento de la presunción de legalidad radica en las garantías subjetivas y objetivas que preceden a la emanación de los actos administrativos[25]. En efecto, son actos que son dictados por funcionarios que tiene la obligación de respetar la Constitución y las leyes de la república; que deben de observar determinadas formalidades en la preparación de la voluntad administrativa y antes de ser eficaces están supeditas a una serie de controles, que requieren la intervención de distintos organismos.

La presunción de legalidad instituye la presunción de validez que acompañan todos los actos estatales en el ejercicio del poder público; por ejemplo, toda ley se presume constitucional hasta que la SC en Sentencia de Inconstitucionalidad, resuelva que es inconstitucional y sus efectos serán de carácter general y obligatorio. Del mismo modo, toda sentencia se considera válida y todo acto se presume legal, todos ellos constituyen la expresión del poder soberano. Este principio surge necesario, porque de no existir, toda la actividad de la Administración seria objetable desde que comience a surtir efectos el acto administrativo[26], llegaría al absurdo como dice PEREZ DAYAN[27], de dictar otro acto de igual naturaleza para refirmar la autoridad de la Administración. Por tanto, conllevaría a la obstaculización del cumplimiento del fin propuesto del acto dictado, y consecuentemente resultando contraproducente al interés general.

6. *Ejecutoriedad y principio de autotutela*

La Administración Pública ostenta, para la consecución de sus fines y de los cometidos que le compete cumplir, un medio que le es natural e indispensable: el poder público. En consecuencia, coloca a la Administración en una especial posición frente a los particulares, ya que no tiene la carga de acudir al Juez para dotar de fuerza ejecutoria sus actos o resoluciones ni para hacerlos exigibles frente a los administrados.

El privilegio de autotutela o autodefensa administrativa consiste, en síntesis, en la capacidad que tiene la Administración Pública para tutelar por sí misma sus propias situaciones jurídicas, eximiéndose de este modo de la necesidad de acudir al campo de la jurisdicción para dictar decisiones y hacerlas valer con fuerza de ley. La utilización de ese poder jurídico inherente de la administración para aplicar la sanción que sea su consecuencia claro está, dentro del marco que la legalidad exige y establece.

Siguiendo el mismo patrón de razonamiento previo, tanto los procedimientos administrativos como las formas que deben guardar los actos administrativos son simples instrumentos destinados a contribuir en que la exteriorización de la voluntad de la Administración se haga en forma válida. Es decir, ni el procedimiento administrativo ni las formalidades de los actos administrativos son fines en sí mismos,

---

23 El acto administrativo se vuelve firme, cuando existiendo un recurso administrativo este no se interpone o se interpone fuera del plazo; cuando de acuerdo a la ley no admiten recurso y no se ejerce la acción contenciosa dentro del plazo legal de sesenta días; o cuando habiendo hecho uso del recurso administrativo, una vez resuelto, no se ejercita la acción contenciosa en dicho plazo. *Vid.* Sentencia de la SCA, de 2 mayo de 2005, ref.127-G-2002.

24 Sobre este tema es la doctrina argentina quien ha tratado ampliamente el tema *Vid* por todos a: *AA. VV.*, *Manual de Derecho Administrativo*, Ismael Farrando (h) y Patricia R. Martínez (Directores), Depalma, Buenos Aires, 2000. P. 227 y ss.

25 Calderón Morales, H. H., *op. cit.*, p. 22, manifiesta que el acto se presume legitimo cuando se ha cumplido con todas las formalidades del procedimiento administrativo y los requisitos de fondo y de forma que señala la ley, se produce el acto que se presume legítimo y comienza a producir efectos jurídicos, por supuesto a partir de su notificación.

26 Sentencia Definitiva de la SC en sentencia de Amparo del 1 de septiembre de 2005, ref. 383-2005

27 Pérez Dayan, A., *Teoría General del Acto Administrativo*, Porrúa Pérez, México, 2006, p. 62

sino canales a través de los cuales son dictados los actos administrativos y a través de los cuales se manifiesta el poder público de la administración; y es que, oportuno resultará aclarar que en un sistema jurídico de autotutela administrativa como el nuestro, la Administración Pública está capacitada como sujeto de derechos para tutelar por sí misma sus propias situaciones jurídicas, así como para hacer respetar las conductas infraccionarías que a su orden jurídico se produzcan por actos de los administrados.

7. *Los recursos en vía administrativa*

A. *Aspectos básicos*

Siguiendo las directrices doctrinales del reconocido jurista mexicano GABINO FRAGA[28], establece que el recurso administrativo "*constituye un medio legal de que dispone el particular afectado en sus derechos o intereses por un acto administrativo determinado, para obtener en términos legales de la autoridad administrativa una revisión del propio acto, a fin de que dicha autoridad lo revoque, lo anule o lo reforme en caso de encontrar la ilegalidad del mismo*"[29].

La jurisprudencia de la SCA[30], en cuanto a la naturaleza jurídica, la ha fijado desde una doble perspectiva: como garantía para el administrado, en virtud de estar afectados por actos de la administración, en la medida que les asegura la posibilidad de reaccionar ante ellas, y eventualmente de eliminar el perjuicio; asimismo representan la oportunidad para la propia administración de corregir sus actos.

El otro matiz de la SCA, es que constituye un medio para el ejercicio del derecho de defensa que establece la ley a favor del administrado, para deducir ante un órgano administrativo una pretensión de modificación o revocación de un acto administrativo dictado por ese órgano o por un inferior jerárquico.

B. *Elementos de los recursos administrativos*

La incoación de un recurso administrativo da lugar un procedimiento, a fin de resolver la pretensión planteada por el administrado, ante la administración pública. Dentro de tal procedimiento, siguiendo a García De Enterría y Ramon Fernández[31], se debe cumplir algunos elementos en la tramitación de los recursos administrativos.

a. *Elemento Subjetivo: La autoridad competente y el recurrente*

En todo recurso administrativo hay que tener en cuenta, dos tipos de sujetos: los que deciden el recurso y los que lo interponen, aparte de otros tipos de sujetos posibles que tendrán el carácter de interesado que podrán intervenir dentro del procedimiento administrativo. En este sentido habrá dos tipos de sujetos: la Administración Pública y el recurrente. Veamos cuales son los requisitos para que cada uno de ellos intervenga.

En lo que se refiere a la autoridad competente, los recursos administrativos se tramitan en el marco de la propia administración: se interponen ante ella, y son resueltos por la misma administración. En nuestro orden jurídico puede identificarse desde dos puntos de vista: la entidad competente ante quien se interpone el recurso y la autoridad que lo resuelve.

En términos generales, para que la administración conozca sobre un recurso administrativo, debe tratarse sobre asuntos que sean de su competencia en razón de la materia, grado o territorio, esto en virtud del principio de legalidad de la Administración Pública consagrado en el artículo 86, "*in fine*" de la Constitución. Esto deviene que un Estado de Derecho, se exige que los actos de la administración sean realizados conformidad a las atribuciones que la ley les ha conferido a los funcionarios. De lo contrario, puede provocar que el acto sea ilegal o nulo, tal como se interpreta el art. 164 de la Constitución de la República.

---

[28] Fraga, G., *Derecho Administrativo*, edición vigésimo cuarta, Ed. Porrua Pérez, México, 1985, p. 404, y ss.

[29] De la misma manera la SCA, ha manifestado que los recursos administrativos son la vía por el cual los administrados legitimados, piden la revocación, modificación de una resolución administrativa que se reputa ilegal. *Vid.* sentencia del 22 de enero de 1998, ref. 27- T-97.

[30] *Vid.* Sentencia del 22 de enero de 1998, ref. 38-F-97.

[31] *Vid.* García de Enterría, E. y Ramon Fernández, T., *Curso de Derecho administrativo II*, octava edición, Civitas, Madrid, 1998, p. 517 y ss.

Respecto, al recurrente deberá de reunir ciertos requisitos para la interposición del recurso, para el caso puede hacerlo por sí, o por medio de su representante legal o apoderado, lo cual también deberá ser una persona legalmente capaz conforme al derecho común.

Dentro del procedimiento administrativo le corresponderá acreditar el interés legítimo y directo[32]; es decir, únicamente podrá interponer el recurso el administrado que se ha visto afectado en sus derechos subjetivos o en sus intereses legítimos por el acto que recurre. En caso que carezca de legitimación no podrá actuar como parte dentro del procedimiento administrativo.

b. *Elemento objetivo: El acto administrativo*

El objeto de un recurso administrativo, tal como lo hemos dejado de manifiesto, es impugnar un acto administrativo que haya ocasionado agravio a uno o varios administrados por la decisión dada de parte de la administración. Para tales efectos los requisitos formales en la interposición del recurso, doctrinalmente, varían según el cual sea la clase de recurso que se quiera plantear, siendo los que regula la LPA, tales como: los recursos de apelación, reconsideración y extraordinario de revisión.

En consecuencia, para que un acto administrativo sea impugnable, es necesario que se faciliten dos condiciones: que el acto administrativo a impugnar no haya causado estado y que no sea firme. Es por ello, que una vez sea notificado el acto que se pretende impugnar, el recurso deberá plantarse en tiempo y forma tal como la LPA, los prescribe, o en su caso la ley sectorial aplicable. De lo contrario cierra la posibilidad que el recurso sea admitido por el órgano administrativo correspondiente; de la misma manera ocurriría la inadmisión de parte de los tribunales contenciosos administrativos, por falta de agotamiento de los recursos administrativos estatuidos en la LPA, según lo artículos 121 y siguientes. vía administrativa en legal forma, según el art. 7 de la LJCA.

c. *El procedimiento del recurso administrativo*

Para la interposición y tramitación del recurso administrativo, si bien es necesario hacerlo en los plazos que la ley estipula, debe cumplirse ciertos requisitos, para que la propia administración lo resuelva. Para la presentación del recurso la regla general es que se plantee por escrito, deberá plasmar requisitos formales en la interposición de los mismos, los requisitos podrían variar, dependiendo del recurso que se trate, para el caso cuando se plantea un recurso de apelación, en virtud que produce instancia, se podrá solicitar la presentación de nuevas pruebas, tales como: testigos, nuevos informes, fundamentalmente cuando se trate de procedimientos administrativos sancionadores. Lo que conllevará a la práctica de audiencias, dentro del procedimiento administrativo, a fin de que la prueba sea recibida.

En caso de que el recurso sea admitido por el órgano competente, a pesar de ello no suspende por sí misma la eficacia del acto impugnado, salvo que exista alguna disposición expresa que lo establezca, tal como sucede con las sanciones administrativas, fundamentalmente con las multas[33]. Otros de los aspectos, que deben de considerar el órgano competente, es que tiene que resolver dentro del plazo que el ordenamiento jurídico[34] señala, con el propósito de tutelar el derecho supuestamente infringido; y en consecuencia el derecho de petición, consagrado en el art. 18 de la Constitución de la República. En caso de que la autoridad administrativa no resuelva dentro del plazo de sesenta días hábiles, a partir de la fecha de la presentación del recurso, se configura la denegación presunta, tal como lo prescribe el art. 3, b) de la LJCA. En efecto, el administrado le queda expedito para que concurra directamente a la SCA, a fin de que le resuelvan sus pretensiones.

d. *La resolución del recurso: la motivación y la reformatio in pejus*

Una vez, realizado el trámite correspondiente el órgano competente resolverá el recurso planteado, lo cual dictará un nuevo acto administrativo donde expondrá si el acto recurrido se revocará, modificará o se confirmará. Dentro de la resolución administrativa se debe examinar las razones planteadas en el recurso,

---

32 Sobre la teoría del interés legítimo, puede verse la sentencia del 24 de marzo de 1998, ref., 106-M-95.

33 Como paradigma a seguir la ley española 30/1992 del Régimen Jurídico de las Administraciones Públicas y del Procedimiento Común, estipula de forma expresa en el art. 111 que los recursos administrativos pueden suspender la ejecución del acto recurrido, cuando concurra algunas de las siguientes circunstancias: a) que la ejecución pudiera causar perjuicios de imposible o difícil reparación, b) que la impugnación de fundamente en una de las causas de nulidad de pleno derecho.

34 El recurso de revisión que estipula la LACAP, en el art. 77 establece quince días para que se resuelva, de no ser así, da como resultado el silencio administrativo de carácter positivo a favor del peticionario.

sobre la base del principio de congruencia, para lo cual no podrá pronunciarse sobre lo no pedido salvo que estemos en presencia de una nulidad de pleno derecho[35], pues estas según la doctrina del derecho administrativo, pueden resolverse de oficio, tanto en sede administrativa como judicial.

Esta resolución administrativa, como requisito de validez deberá de motivarse. La motivación consiste en exponer de manera justificada los motivos que indujeron a la administración pública a la emisión del acto. Lo anterior implica que de no existir una resolución administrativa en estos términos nos encontraríamos ante un motivo de ilegalidad, ya que la motivación funge como un elemento del acto administrativo que, como tal, condiciona su validez[36]. Además, la motivación de la resolución le sirve a la administración para reafirmar ante el recurrente, que sus actos se encuentran apegados al principio de legalidad, y le garantiza el derecho de defensa, ya que el administrado puede controvertir los argumentos jurídicos plasmados en la resolución de parte de la administración, cuando plantee el recurso administrativo ante el superior jerárquico.

Por otra parte, al resolver el recurso, el administrado no puede ser desmejorado en el acervo de sus derechos o intereses legítimos, de una forma más gravosa en relación a la resolución que recurre. Así por ejemplo si una persona pide la ilegalidad de una sanción administrativa de suspensión del cargo sin goce de sueldo, no puede el órgano superior modificar la resolución imponiéndole la sanción de destitución, aun encontrando razones de mérito, por tanto, queda proscrita la *reformatio in pejus.*

IV. EL PROCEDIMIENTO ADMINISTRATIVO EN EL SALVADOR

1. *Consideraciones generales*

En el Derecho administrativo moderno el procedimiento constituye una manifestación clara del derecho a la seguridad jurídica, ya que obliga a la Administración a ajustarse al orden jurídico; lo cual tiene un rol orientador al ciudadano sobre el camino que debe de *seguir* para el ejercicio de un derecho subjetivo o para las limitaciones que deba *sufrir* a causa del ejercicio de las potestades administrativas. El desarrollo del procedimiento administrativo, como dice SANTAMARÍA PASTOR[37], está vinculado al crecimiento orgánico que la Administración pública ha experimentado a lo largo de los siglos XIX y XX. En virtud de lo anterior, los poderes públicos, promulga leyes[38] a fin de establecer de manera uniforme los procedimientos administrativos que deberán de seguir las Administraciones Públicas, para

---

[35] Al respecto sobre las nulidades *Vid.* Gamero Casado, E., *Derecho administrativo*, en la monografía "El acto administrativo", Publicación del Consejo Nacional de la Judicatura y de la Escuela de Capacitación Judicial, San Salvador, 2001, P. 81 y ss. En la jurisprudencia salvadoreña puede consultarse la sentencia de la SCA pronunciada el 20 de junio de 2005, ref., 87-V-02, donde establece la forma en que pueden impugnarse actos administrativos nulos de pleno derecho.

[36] *Vid.* al respecto Sentencia del 20 de marzo de 98, ref. 75-A- 95.

[37] Santamaría Pastor, J. A., *op. cit.* Vol. II, p. 55-56.

[38] Santofimio Gamboa, J. O., sostiene que el proceso de creación de las leyes de procedimientos administrativos, lo inició Austria como primer país europeo que estableció un régimen sistemático de procedimientos administrativos, por medio de la Ley de 21 de julio de 1925, esto como fruto de la influencia positivista *kelseniana* de la época. Luego siguió Polonia en 1926, las extintas Checoslovaquia y Yugoslavia en 1928 respectivamente. La influencia austriaca influenció el sistema estadounidense, ya que su Congreso Federal expidió en 1946 la *Federal Administrative Act*, aplicables a las Agencias Federales de Procedimientos Administrativos. (*Tratado de Derecho Administrativo*, Tomo II, 4ª edición, Universidad Externado de Colombia, Bogotá, 2004, p. 174). Por otra parte, García De Enterría, E., y Ramón Fernández, T., *op. cit.*, p. 439-450, manifiesta que el ordenamiento español, tiene su cuota de influencia en este proceso histórico de gran envergadura, y se consideran pioneros en la ordenación legal de los procedimientos administrativos. Es a partir del 19 de octubre de 1889, se promulgó su primera Ley de Bases de Procedimientos Administrativos (conocida como Ley de Azcarate en honor al congresista que la propició). Lo cual se limitó a fijar unos pocos procedimientos, donde obligaba a Ministerio a crear sus propios reglamentos. Luego en 1958 se crea una Ley de Procedimiento Administrativo, era mucho más completa, reguló todos los aspectos generales de los procedimientos, sin embargo, subsistían otros procedimientos sectoriales que llegaron a desplazar a dicha Ley. En 1993 entra en vigor la *Ley 30/1992 del Régimen Jurídico de las Administraciones Públicas y del Procedimiento Común,* hasta que fue derogada por las leyes 39/2015 y 40/2015, la primera sobre el *Procedimiento Común* y la segunda del *Régimen Jurídico Sector Público*, que entraron en vigor un año después de su publicación en el Boletín Oficial Español.

la emisión de actos jurídicos administrativos[39]. En el Derecho administrativo salvadoreño, los procedimientos administrativos han transitado en tres etapas, a saber:

1) *etapa de multiplicidad de procedimientos*. Esta es la que prevaleció durante mucho tiempo, en donde no teníamos un estatuto jurídico uniforme que regulara a la Administración, predominando la dispersión procedimental regulada por diversidad de leyes administrativas[40];

2) *etapa de la transición*. Que se suscita con la vigencia de las Disposiciones Transitorias del Procedimiento Administrativo y del Régimen de la Administración Pública vigentes desde el 31 de enero de 2018, que reguló aspectos como los supuestos de nulidad absoluta del acto administrativo, los efectos del silencio administrativo y el agotamiento de la vía administrativa. Esta etapa se suponía que sería el acomodamiento de la Administración al umbral de la LPA, pero resultó poco útil porque las regulaciones respecto a los plazos del decreto fueron diferentes a los que se regulan en la LPA.

3) *etapa de la sistematización*. Es la actual y se origina con la vigencia la Ley de Procedimientos Administrativos el 13 de febrero el 2019. Por otro lado, en el presente capítulo analizaremos las diversas instituciones administrativas que contiene la Ley de Procedimientos Administrativos, con el propósito de puntualizar algunas ideas de cómo los servidores públicos deben aplicarla, según los principios informadores regulados en el artículo 3 de la Ley, apoyándonos de la jurisprudencia dictada por los tribunales contenciosos administrativos, Sala de lo Constitucional[41] y la doctrina *iusadministrativista* hispano-americana.

2. *La Ley de Procedimientos Administrativos: de necesidad imperiosa a su implementación efectiva*

Una de las grandes dificultades que afrontó el Derecho administrativo salvadoreño fue la inexistencia de una Ley de Procedimientos Administrativos que regulara de manera uniforme el actuar la Administración pública y las formalidades a seguir para dictar un acto administrativo. El primer intento de promulgarla fue en 1994, promovido por el Ministerio de Justicia, quien presentó un "*Proyecto de Ley de Procedimientos Administrativos*" cuyo contenido era esencial para dar un giro al funcionamiento de la Administración pública salvadoreña después de los Acuerdos de Paz en 1992[42].

El Proyecto contenía el establecimiento de un procedimiento administrativo marco, los derechos de los administrados, principios generales y especiales del procedimiento, partes del procedimiento administrativo, régimen de notificaciones, nulidades de pleno Derecho, sistematización de los recursos administrativos, entre otros aspectos. Pese a que se hicieron talleres de difusión y discusión en la Administración pública y con diversos sectores de la sociedad, el esfuerzo fue infructuoso, dicha iniciativa quedó en el olvido. Este esfuerzo de sistematización de los procedimientos administrativos se retomó 20 años más tarde por la Sala de lo Contencioso Administrativo, a través de su presidente de ese entonces, quien presentó un segundo anteproyecto en el marco del segundo Congreso Internacional de

---

39 Es de aclarar, que varios países han ido más allá, no solo promulgando leyes de procedimientos administrativos, sino hacer regulaciones generales del funcionamiento de la Administración Pública, tal como ha sucedido en España y Costa Rica.

40 En esta etapa el legislador salvadoreño hizo leyes para uniformar algunos procedimientos, a través de la Ley de Procedimientos Uniformes para la Presentación, Trámite y Registro o Depósito de Instrumentos en los Registros de la Propiedad Raíz e Hipotecas, Social de Inmuebles, de Comercio y de la Propiedad Intelectual, vigente desde de junio de 2004, y la Ley Especial de Agilización de Trámites para el Fomento de Proyectos de Construcción de 2013.

41 La Constitución de la república reconoce el enjuiciamiento de los actos administrativos, cuyo contenido vulneren derechos y garantías consagrados en la Constitución de la República en los artículos 11 y 247, respectivamente.

42 La nota escrita por el otrora Ministro de Justicia doctor Rubén Hernández Valiente, dirigida a la Presidencia de la República solicitándole iniciativa de ley del Proyecto de Ley de Procedimientos Administrativos, manifestó en el contenido de la nota que lo que se pretende conseguir un doble objetivo:

1) Se pretende agilizar el desarrollo de los procedimientos administrativos para una mayor realización de las pautas de actuación de la Administración, en orden al cumplimiento de los fines públicos y al efectivo respeto de los derechos de los ciudadanos;

2) Se pretende establecer una regla de uniformidad en la actuación de la Administración, y en la consideración de los conceptos fundamentales que intervienen en este campo y sus características. Lo último no solo sirve para evitar las lagunas que en determinados ámbitos del actuar de la Administración se producían, sino también para evitar la dispersión de las normas que generan confusión por parte de los destinatarios produce ineficacia de los mandatos del legislador. (Véase el texto completo del *Proyecto de Ley de Procedimientos Administrativos*, Ediciones Último Decenio, Ministerio de Justicia, San Salvador, 1994).

Derecho Administrativo celebrado entre el 8 y 9 de diciembre de 2014. Este anteproyecto regulaba los principios y derechos de los ciudadanos, la teoría del acto administrativo y su anulación, ejecución de los actos administrativos, reglas generales sobre el procedimiento administrativo, los recursos administrativos y la potestad sancionadora.

Dicho Anteproyecto de ley sirvió de base para el tercer Anteproyecto presentado en 2016 por el presidente de la República, a través del Ministro de Economía como proyecto de LPA a la Asamblea Legislativa, instalándose en marzo de 2017 una Comisión Ad hoc para iniciar el estudio, análisis y mejora de dicho Anteproyecto. Una de las mejoras al Anteproyecto fue la inclusión de la potestad normativa de la Administración y los principios de la buena regulación, como exigencia del cumplimiento del compromiso del Convenio del Reto del Milenio suscrito entre los Estados Unidos y El Salvador en 2014, que tiene como fin modernizar a la Administración pública.

El proyecto de LPA fue consensuado y votado por el pleno de la Asamblea Legislativa en el mes de diciembre de 2017, decreto al cual hizo observaciones el presidente de la República, mismas que fueron aceptadas parcialmente por la Asamblea Legislativa en enero de 2018, quedando sancionada el 12 de febrero del mismo año con una *vacatio legis* de doce meses, según su artículo 168, con vigencia desde el trece de febrero de 2019.

3. *Sistematización de los procedimientos administrativos al entrar en vigencia la LPA*

Un aspecto fundamental de la LPA está en el artículo 2, que prescribe y extiende su ámbito de aplicación material y procedimental a todos los órganos que realizan función administrativa y, que consecuentemente, conforman la Administración pública. Además, de forma importante la extiende a los particulares que tengan la calidad de *concesionarios* de servicios públicos o bienes de dominio público, según la LACAP y la LEAPP, en lo que fuere pertinente. En Efecto, la LPA en el artículo 163 hace derogaciones expresas[43] y de forma tácita a todas aquellas leyes administrativas que se opongan a su esencia y finalidad, también hace exclusiones de su aplicación referente a las formalidades y plazos de los procedimientos en materias especiales, tales como: tributaria, aduanas, seguridad social, expropiación forzosa, procedimientos del fuero militar, procedimientos de selección de contratistas y procedimientos relativos al medio ambiente.

Estas exclusiones deben entenderse que son respecto a sus procedimientos y plazos especiales regulados en dichas materias, pero tratándose de aspectos sustantivos o materiales, como los derechos y deberes del ciudadano, los principios fundantes de la LPA, requisitos de validez del acto administrativos, causas de nulidades de pleno Derecho y los procedimientos para declararlas, reglas para resolver los conflictos de competencia, causas de abstención y excusa, en tales caso, insisto, la LPA tendrá aplicación plena -y no supletoria como la denomina erróneamente la misma LPA-, por tratarse del estatuto jurídico fundamental que rige a toda la Administración pública.

También la LPA reconoce las reglas de transitoriedad en el artículo 167, en donde todos los procedimientos administrativos iniciados con leyes anteriores a la vigencia la LPA terminaran con ellas; para garantizar el derecho constitucional a la seguridad jurídica. No obstante, podrán aplicárseles las reglas de la LPA a aquellos actos administrativos que se dictaron antes de su vigencia, tales como: procedimientos de recursos administrativos, revisión de oficio de actos administrativos y procedimientos de ejecución forzosa.

Por otra parte, el artículo 164 reconoce la prevalencia de las leyes especiales que, en razón de la materia, estipulen trámites adicionales y las que autoricen la omisión de fases procedimentales, siempre que no se vulneren derechos y garantías constitucionales. Esta excepción es plausible, porque resulta que en el ordenamiento jurídico administrativo ya existían leyes especiales, como la Ley de Acceso a la Información Pública y la Ley Disciplinaria Policial, que reconocen procedimientos adicionales, como audiencias orales de diversa índole, formas convencionales de terminar los *procedimientos trilaterales* que estipula la Ley de Protección al Consumidor, entre otros trámites que no fueron regulados dentro de la LPA. De igual manera, la prevalencia de las leyes especiales también es dada respecto a los plazos para computar la prescripción administrativa regulada en el artículo 148 de la LPA, ya que solo serán aplicadas dichas reglas cuando en ellas no esté prevista.

---

43 Se derogaron expresamente: a) Ley de Procedimiento para la Imposición del Arresto o Multa Administrativos de 1990; b) Ley de Reclamaciones Pecuniarias de Extranjeros y Nacionales contra la Nación de 1910; c) El inciso final del artículo 30 de la Ley de la Comisión Ejecutiva Hidroeléctrica del Río Lempa de 1948 y, d) Artículo 102 de la Ley del Seguro Social de 1953.

Finalmente, el artículo 166 de la LPA dispone un mandato imperativo a todas las Administraciones públicas, de promover las armonizaciones y adaptaciones normativas procedimentales correspondientes en un plazo de dieciocho meses, con el propósito de evitar *confusiones o antinomias* innecesarias al momento de aplicar de forma sistemática tanto la LPA con las leyes especiales que rige las competencias de los distintos entes administrativos. Es de hacer hincapié que la falta de adaptación normativa no es óbice para sistematizar los preceptos legales de las leyes especiales con la LPA, ni dictar disposiciones que determinen reglas diferentes sin justificación alguna, porque resultaría ir en contra de la finalidad propuesta por el objeto de la LPA. Al respecto, surge la pregunta ¿qué pasa si una Administración no emite esa armonización en el plazo correspondiente? ¿Impedirá eso la aplicación directa de la LPA? La negativa se impone.

4. *Tipología de procedimientos administrativos*

La LPA contiene una diversidad de procedimientos administrativos, que podríamos clasificarlos en función de las características de los actos administrativos que se pretenden dictar. El propósito de clasificarlos tiene dos fines eminentemente prácticos: *a)* la explicación didáctica de la disciplina y *b)* la determinación de las reglas jurídicas aplicables a cada una de los procedimientos. Evidentemente para una explicación didáctica se hace necesario agrupar los múltiples procedimientos que permitan su enseñanza, identificación y aprendizaje para todos los operadores[44]. Solo así podrán comprender las semejanzas y diferencias que existen entre los diversos procedimientos.

Pero lo más importante es que la clasificación nos permite identificar la naturaleza de cada procedimiento para apreciar la aplicación de determinadas categorías administrativas dentro de ellos. Así, por ejemplo, entender que el silencio administrativo tiene relación con los procedimientos iniciados por el interesado, y que la caducidad con los procedimientos iniciados de manera oficiosa -aunque no *per se*-, según el artículo 114 de la LPA. Dentro de estas clasificaciones reguladas en el ordenamiento jurídico salvadoreño, tenemos:

a) Procedimientos constitutivos de derechos subjetivos. Son los de carácter rogado por los particulares, en los cuales la Administración realiza una potestad administrativa, para otorgar el ejercicio de un derecho subjetivo; así, por ejemplo, el procedimiento donde se otorgan una autorización, permiso y licencias, entre otros;

b) Procedimientos de ejecución de actos administrativos. Son los que pretenden hacer valer el poder de *autotutela ejecutiva de la administración*, con el propósito de satisfacer por sí o por medio de los tribunales de justicia, los actos administrativos dictados por ella misma (artículos 31 y 32 de la LPA).

c) Procedimientos incidentales. Tienen como propósito resolver un incidente dentro de cualquier procedimiento administrativo, entre ellos, los procedimientos para tramitar las excusas y recusaciones y los conflictos de competencia entre órganos administrativos.

d) Procedimientos de anulación de actos administrativos. Son los que se siguen para declarar la invalidez absoluta de un acto administrativo que adolece de un vicio radical, según los artículos 118 y 119 de la LPA.

De la misma manera, el artículo 120 de la referida LPA determina las reglas previas para iniciar el procedimiento para declarar lesivo un acto administrativo que contenga un vicio de nulidad relativa.

e) Procedimientos impugnativos. Son aquellos que están vinculado a un procedimiento previo, en virtud que la decisión adoptada por la Administración ocasiona un agravio a una persona y es impugnada por ella por medio de los recursos administrativos. La tipología de recursos administrativos está regulada a partir de los artículos 132 y siguientes de la LPA.

f) Procedimientos de selección. En ellos varios interesados presentan solicitudes a para adjudicar un contrato administrativo o una plaza como servidor público, y la Administración selecciona o nombra según las reglas y bases de licitación o concurso establecidos en el orden jurídico, a guisa de ejemplos tenemos los contenidos en la *Ley del Servicio Civil, Ley de Adquisiciones y Contrataciones de la Administración Pública y su Reglamento,* entre otras leyes especiales.

---

44 Morón Urbina, J.C., "Los procedimientos administrativos: contribución para su útil clasificación", en *AA.VV.*, la *Ley de Procedimiento Administrativo General. Diez años después*, Palestra, Lima, p. 2011.

g) Procedimientos sancionadores. En la LPA determina las reglas elementales a seguir para imponer sanciones administrativas, sean estas externas e internas dentro de la Administración. También estipula dentro de la misma un procedimiento simplificado para imponer infracciones leves.

h) Procedimientos administrativos de reclamación de daños patrimoniales. Está comprendido en el artículo 62 de la LPA, que prevé un procedimiento específico para reclamar responsabilidad civil a los funcionarios o directamente a la Administración, cuando sean afectados por daños materiales y morales por el (a)normal funcionamiento de la Administración pública o de sus servicios públicos. Ver capítulo XIV.

j) *Procedimiento de elaboración de normas administrativas*. Tiene como finalidad cumplir los principios de buena regulación y participación ciudadana de parte de la Administración en el trámite de creación de reglamentos u otras normas *infralegales*, según los prescriben los artículos 159 al 162 de la LPA y la Ley de Mejora Regulatoria.

Aclárese que existen otras categorías de procedimientos administrativos fuera del contenido de la LPA, a los que podríamos denominar de especiales, tales como: los procedimientos tributarios, aduaneros, ambientales y los *procedimientos trilaterales* que siguen en las leyes de Protección al Consumidor, de la Competencia, de Convivencia Ciudadana y Contravenciones Administrativas, entre otras, donde la Administración no tiene el *carácter resolutivo* sino de mediador de conflictos administrativos entre la ciudadanía[45].

En síntesis, debemos entender que existen en el ordenamiento jurídico salvadoreño procedimientos generales dentro de la LPA y específicos regulados en leyes especiales. Donde la LPA es el fundamental estatuto jurídico que rige a los procedimientos que se siguen en las Administraciones públicas.

5. *Silencio administrativo*

El silencio administrativo se configura como una *ficción legal* que trata de garantizar a los ciudadanos el legítimo ejercicio de sus derechos en el caso de que la Administración no cumpla con la *obligación legal de resolver* o dictar el acto definitivo en los procedimientos, ya sea por la falta total de tramitación o por tramitación parcial; al no haber sido notificada su resolución dentro del plazo legalmente determinado. Nace de manera *automática*, por ministerio de la ley, desde el vencimiento del plazo máximo para dictar y notificar la resolución expresa sin que la misma se haya producido.

Esta técnica del Derecho administrativo constituye un instrumento para garantizar la tutela administrativa consagrada implícitamente en los artículos 2 y 11 de la Constitución, además de garantizar paralelamente otros derechos fundamentales, como el "*derecho de petición*", ya que el hecho de no resolver la petición presupone la violación de un derecho constitucional. Del mismo modo, garantiza el *derecho a la seguridad jurídica*, pues el hecho de establecer el legislador un efecto concreto como resultado de la inactividad de la Administración, el interesado sabe cuál es la consecuencia jurídica, pese a que no exista un acto expreso. Dentro del silencio administrativo pueden darse dos efectos, a saber: negativo (*negativa ficta*) y (*afirmativa ficta*). Veamos cómo se regulan:

A. *Silencio positivo*

El silencio administrativo se produce por el incumplimiento de la Administración de su obligación de resolver y notificar en el plazo a las personas interesadas, tanto en procedimientos iniciados a instancia de los interesados como de manera oficiosa.

En consecuencia, genera esa *ficción jurídica* de considerar la existencia de un acto administrativo *presunto*, en este caso de carácter estimatorio por la regla general, salvo en los casos enumeraremos *infra*.

Como lo señala el artículo 89 de la LPA, el plazo para su configuración dependerá de la naturaleza del contenido de la solicitud. Esto significa que si la solicitud debe resolverse sin trámite -entiéndase instrucción exhaustiva- el plazo para resolver será de *veinte días* hábiles.

---

[45] González Pérez, J. y González Navarro, F., *Régimen jurídico de las Administraciones Públicas y Procedimiento Administrativo Común (Ley 30/1992, de 26 de noviembre)*, Madrid, Civitas S.A., 1993, pp. 48-49.

Al contrario, en aquellas solicitudes donde es necesario seguir un procedimiento que implique la aportación de documentos e informes, inspecciones, entre otros, en estos casos -instrucción exhaustiva- el plazo para resolver y notificar es de nueve meses, contados de fecha a fecha, como lo prescribe el artículo 82 de la LPA.

Por tanto, los actos administrativos producidos por silencio positivo tienen efectos desde el vencimiento del plazo máximo para resolver y notificar, y la Administración solo podrá dictar el acto administrativo en el mismo sentido del generado por los efectos del silencio administrativo, de lo contrario el acto tendría un vicio de *nulidad absoluta*. Según el artículo 113 de la LPA, los actos presuntos por silencio administrativo se podrán hacer valer ante la Administración como ante cualquier persona natural y jurídica, y la acreditación del silencio se hace dos maneras, a saber:

1) su existencia puede ser acreditada por cualquier medio de prueba admitido en el Derecho, por ejemplo, el recibo de presentado de la solicitud o por acta notarial;

2) el certificado acreditativo del silencio, a esta segunda posibilidad la LPA señala que dicho certificado se expedirá de oficio o instancia del interesado en el plazo de quince días, desde que expire el plazo máximo para resolver.

En esta última forma resulta curiosa, ya que, si no ha podido o estimado resolver en el plazo de ley, sería extraño que lo haga para la expedición de la certificación. En este sentido, cabe relacionar que el artículo 22 letra b) de la LEBB prescribe como una infracción administrativa el hecho de desconocer los efectos del silencio administrativo, lo cual resulta ser una forma para presionar al funcionario competente para el reconocimiento de los derechos originados por el silencio positivo, *so pena* de incurrir en una infracción y consecuente una sanción administrativa.

No obstante, el silencio administrativo positivo es una forma para garantizar los derechos constitucionales ya referidos *supra,* tiene sus riesgos para el cumplimiento del principio de legalidad, porque puede resultar el reconocimiento de derechos para el ciudadano peticionario contrarios a la ley.

En este caso, la Administración pública debe recurrir a la prerrogativa de anular sus propios actos que contienen el vicio de nulidad absoluta, iniciando el procedimiento de *revisión de oficio* estipulado en los artículos 118 y 119 de la LPA.

Y cuando se trate de actos con vicios de nulidad relativa, podrá proceder a iniciar el proceso de lesividad regulados en los artículos 120 de la LPA y 93 de la LJCA; por cual los efectos nocivos del silencio administrativo positivo están sujeto a control de la propia Administración, o de un interesado que resulte afectado por el contenido del acto.

B. *Silencio negativo*

El silencio negativo no constituye un acto administrativo, tal como lo concibió el artículo 3 letra b) inciso 2 de la derogada LJCA[46], que daba el carácter de acto denegatorio presunto. En consecuencia, para la LPA constituye una regla procedimental que permitir al ciudadano afectado por la falta de resolución expresa en el plazo de ley, determinar que sus pretensiones o intereses legítimos fueron desestimados y posibilitar a los afectados la interposición de los recursos administrativos que fuere procedente o en su caso, el recurso contencioso administrativo.

En efecto, el silencio administrativo negativo opera de forma excepcional en los casos previstos en el artículo 113 del inciso 3, y en los casos específicos de los artículos 62, 114 y 119 de la LPA, enunciémoslos a continuación:

1) Las solicitudes planteadas en el ejercicio del *derecho petición* previsto en el artículo 18 constitucional; o sea, aquellas solicitudes que no tienen regulación *infraconstitucional* del procedimiento que se pretenda seguir. Es acá donde reviste importancia la *diferencia entre solicitud y petición*. En la primera se presenta una pretensión amparada en Derecho, esto es, no hay una petición en sentido propio, pues lo que se hace es exigir la aplicación del ordenamiento jurídico; mientras que a través de la segunda se formula una petición en el sentido más estricto, esto es, se pretende de la Administración un acto graciable o precario.

---

[46] Dicha disposición disponía que: *"hay denegación presunta cuando la autoridad o funcionario no haga saber su decisión al interesado en el plazo de sesenta días, contados a la fecha de presentación de la solicitud"*.

Lo que determina, a su vez, que la primera exigirá una respuesta que resuelva acerca de dicha pretensión, mediante la aplicación del ordenamiento jurídico; mientras que la segunda tan solo exige una respuesta de la Administración, que no tiene que estar necesariamente fundada en algún derecho[47].

2) Cuando la solicitud contenga la transferencia al solicitante o a terceros de facultades relativas al dominio público[48] o al servicio público. En el primero supuesto cuando los ciudadanos solicitan el ejercicio facultades en bienes públicos como plazas, parques, calles, aceras, bienes de carácter ambiental como ríos y lagos. En el segundo en aquellos casos que una persona natural o jurídica pretenda realizar una actividad que constituya servicios públicos liberalizados o impropios, tales como autorizaciones para el funcionamiento de colegios, universidades, institutos de formación profesional, entre otros.

3) En los casos de peticiones dirigidas a impugnar actos administrativos, es decir, recursos administrativos. Sobre esta causa en particular sus efectos puedes resultar inversos, en el caso que se interponga recurso de reconsideración o apelación contra la desestimación por silencio administrativo, se revierten los efectos silencio positivo, si cumplido el plazo no hay una resolución expresa al respecto.

4) Siempre que una norma con rango de ley así lo establezca. Acá abre la posibilidad de crear otros supuestos que el legislador considere oportuno, y nunca podrá ser por vía reglamentaria, por la *congelación de rango* que hace la ley en esta disposición.

En los supuestos del 1) y 2), el plazo para la configuración del silencio negativo serán de nueves meses, al tenor del artículo 89 de la LPA, mientras que los plazos para la impugnación serán de un mes, contados de fecha a fecha por ser el plazo para resolver los recursos administrativo.

El artículo 113 de la LPA no es taxativo, y contiene otros supuestos de silencio negativo, a saber:

1) En los procedimientos de responsabilidad patrimonial de las Administraciones públicas, cuando hay transcurrido sesenta días hábiles contados al día siguiente de la reclamación de daños, se tendrá por desestimada (artículo 63 numeral 3 de la LPA); y despliega el derecho al solicitante de acudir a los tribunales contenciosos administrativos para plantear las pretensiones de reclamación.

2) El contenido en el artículo 114 numero 2, según el cual, en los procedimientos iniciados de oficio, que pudiera derivar en el reconocimiento o la constitución de derechos u otras situaciones jurídicas individualizadas, si la Administración no resuelve en el plazo de ley, deberán entenderse que las pretensiones fueron desestimadas como resultado del silencio administrativo.

3) En el caso que un ciudadano solicite la anulación de acto administrativo a la Administración pública, de conformidad a los artículos 118 y 119 número 6) de la LPA, si la Administración no se pronuncia en el plazo de dos meses, también se tendrá por desestimada y habilitará a los tribunales contenciosos administrativos para conocer de la anulación del acto.

V. POTESTAD SANCIONADORA DE LA ADMINISTRACIÓN

1. *Orígenes*

En su devenir histórico el Estado ha sido concebido como un ente convergente de diferentes potestades. Poderes de actuación que, ejercitándose de acuerdo con normas jurídicas, producen

47 En el mismo sentido la jurisprudencia de la Sala de lo Constitucional, en Sentencia de Amparo, referencia 78-2011, prescribe que "…el derecho de petición, que este constituye un poder de actuación de los ciudadanos de dirigir sus requerimientos a las distintas autoridades que señalen las leyes sobre materias que sean de su competencia. Tales requerimientos pueden realizarse –desde la perspectiva del contenido material de la situación jurídica requerida– sobre dos puntos específicos: a) sobre un derecho subjetivo o interés legítimo del cual el peticionario es titular y que, en esencia, pretende ejercer ante la autoridad; y b) respecto de un derecho subjetivo, interés legítimo o situación jurídica de la cual el solicitante no es titular pero de la cual pretende su declaración, constitución o incorporación dentro de su esfera jurídica mediante la petición realizada.

48 Al respecto véase los artículos 83 y 84 letra a) de la Ley General de Recursos Hídricos que de forma expresa determina el silencio administrativo en sentido negativo sobre permisos de aguas de diferente naturaleza como bienes de uso público.

situaciones jurídicas en las que otros sujetos resultan obligados. En este sentido el *ius puniendi* en una de las potestades más importantes que monopoliza o reserva el poder de imponer sanciones, en caso que una persona incurra un ilícito, sea penal o administrativo.

Hay que hacer una *reminiscencia* para explicar por qué al Estado se reservó el poder de imponer sanciones. No cabe duda que con la concentración del poder político, iniciada claramente desde el siglo XIII, la aptitud sancionatoria del Estado sobre los ciudadanos fue reconocida como atributo propio de la *potestad monárquica* de policía.

Los planteamientos teóricos que se hicieron al respecto se limitaron a los aspectos procedimentales de la aplicación de las penas. En ese período la potestad sancionatoria se presentaba como un poder de reacción para la conservación del poder ante el delito, lo cual era entendido *como ruptura de la paz*. Esto se asociaba directamente con el poder del soberano. En la Edad Media también la represión canónica se ejercía en *nombre de la divinidad*, desconociéndose el principio de *nullum crimen sine lege* y atribuyéndose a las autoridades un poder extraordinario y de intensidad poco común[49].

La *Revolución Francesa* que trajo consigo la Declaración de los *Derechos del Hombre y del Ciudadano de 1789,* implicó la concreción institucional de la doctrina de los *frenos, pesos y contrapesos* e introdujo un planteamiento esencial en el ámbito de la potestad de sancionar, a saber: el de la atribución monopólica de la potestad sancionatoria al poder judicial. Una de las expresiones típicas de la Revolución fue abolir el sometimiento del ciudadano a la policía monárquica, afirmando su sujeción a la ley y exclusivamente a las decisiones de los jueces. Sin embargo, no todos los ámbitos de la actividad estatal del nuevo régimen adoptaron los principios antes expuestos, pues al menos en Francia la Administración mantuvo en sus manos un poder sancionatorio directo y expedito, que en algunos lugares adquirió una autonomía indiscutible al amparo del viejo principio del siglo XVII, según el cual: "*La administración de policía contiene el uso de autoridad para la justicia*", tal como lo sostienen García de Enterría y Ramón Fernández[50].

Es así que se registra la aparición y la continuidad de una categoría de sanciones creadas e impuestas por la Administración que recibieron el nombre de "*infracciones administrativas*", "*faltas*" o "*contravenciones*, con el afán de separarlas del ámbito de las sanciones penales. Todo esto para no exhibir tan atrevidamente la contradicción con los principios jurídicos generalmente aceptados en la época, especialmente, como todos saben, porque se pretendía forma un nuevo Derecho, alejado de las arbitrariedades del *Ancien Régime.*

Lo anterior conllevó a reconocer la permanencia de esa potestad de la Administración, que más tarde Otto Mayer justificó en el renacimiento de la d*octrina de la Policía* o *Estado de Policía*[51]. Esa constatación fáctica hizo necesario admitir al *ius puniendi* estatal como uno solo, pero materializa en dos vertientes, a saber: 1) la potestad penal, y 2) la potestad sancionatoria administrativa.

Los primeros indicios del origen del poder sancionador de la Administración pública se sitúan aproximadamente en los siglos XVII y XVIII, pero no por ello negamos la posibilidad de que con anterioridad a estas fechas ya se apreciaban muestras de las mismas. No obstante, no es sino hasta los siglos XIX y XX en que se reconoce la existencia de una potestad sancionadora de la Administración pública propiamente dicha, y junto ella, la de un Derecho administrativo sancionador[52], que al igual que ha experimentado variaciones hasta llegar a dos subsistemas: *ad extra* y *ad intra*. Es decir, el sistema sancionador externo y el disciplinario o interno. Por tanto, la potestad sancionadora de la Administración

---

[49] Maier, J. B., "Sistema penal y sistema contravencional", en *Revista Actualidad en Derecho Público*, número 13, año 2000, p. 27.

[50] García de Enterría E., y Fernández Rodríguez, T. R., *op. cit.,* Tomo II, p. 164.

[51] En un carácter primigenio Sócrates, concibió el *poder de policía* como: el alma de la ciudad, siendo la que piensa en todo, la que regula todas las cosas, la que hace o procura todos los bienes necesarios a los ciudadanos, y la que aleja de la sociedad a todos los males y todas las calamidades que son de temer". Por otra parte, Aristóteles la considera como el buen orden, el gobierno de la ciudad, el sostén de la vida del pueblo, el primero y más grande de los bienes. Finalmente, Platón la vida apegada a la ley que por excelencia mantiene la ciudad.

[52] García Pullés, F., "Sanciones de policía: la distinción entre los conceptos de delito y faltas y contravenciones y la potestad sancionatoria de la Administración", en *AA.VV., Servicio público, policía y fomento*, Jornadas de Derecho Administrativo organizadas por la Universidad Austral, Ediciones RAP, Buenos Aires, 2003, p. 751 y ss.

se fue consolidando porque, según PARADA VÁZQUEZ[53], la insuficiencia del sistema penal para dar respuesta a todas las conductas merecedoras de castigo permitió conservar en las autoridades administrativas importantes funciones sancionadoras, comprendiendo en ellas la represión de las acciones menos perjudiciales para el bienestar general; lo que unido a la proliferación de corrientes despenalizadoras -fundadas en la existencia del Derecho penal de mínima intervención[54]- favorecieron al afianzamiento de un proceso que se venía gestando desde el Estado Liberal hasta los días del Estado Constitucional de Derecho. Es así como la Administración pública fue concediéndosele, al igual que los tribunales de justicia, un poder sancionador.

2. *Evolución en El Salvador*

En el ordenamiento jurídico salvadoreño ha existido la dualidad según la cual el Órgano Judicial y la Administración pública imponen sanciones administrativas, pese a que las Constituciones de 1841, 1864, 1871, 1872, 1880, 1883 y 1886, no determinaron constitucionalmente dicha potestad para la Administración.

Es a nivel de leyes administrativas donde se reconoce el *poder policía* de la Administración, al promulgarse la *Ley de Policía* de 1879 y la *Ley Única del Régimen Político* de 1885, que facultan al Poder Ejecutivo, por medio de las Gobernaciones y a las Municipalidades, a imponer sanciones administrativas. También el poder de policía fue regulado por el *Código de Instrucción Criminal de 1904*, y se hizo extensivo también en las materias: sanitaria, limpieza, urbanística y Hacienda Pública.

Pero el origen de la potestad sancionadora en estricto sentido surge en el artículo 167 de la Constitución de 1950, que reconoció la exclusividad de Órgano Judicial para imponer penas y excepcionalmente facultó a las autoridades administrativas a imponer sanciones de multas y arrestos hasta por *treinta días*, por contravenir leyes, reglamentos y ordenanzas. Esta disposición fue transcrita de forma literal en el artículo 167 constitucional de 1962.

En el texto original de la Constitución de 1983 se reconoció dicha potestad en el artículo 14, modificándose la sanción de arresto, la cual no excedería de *quince días*. En julio de 1996 se realizó una reforma al referido artículo 14, determinando que la Administración podría imponer sanciones, pero respetando el debido proceso legal -*hoy debido procedimiento administrativo sancionador*-. Además, se redujo la sanción administrativa de arresto a *cinco días*, así como la posibilidad de permutar la multa de parte de la Administración con servicios sociales prestados a la comunidad. En consecuencia, se configura en El Salvador un sistema del ejercicio de la potestad sancionadora, por medio del trinomio: *infracción-debido procedimiento-sanción administrativa*[55].

Es de aclarar que esta reforma estuvo fundamentada en que la Administración pública ejercía *ius puniendi* sin un procedimiento administrativo sancionador. Incluso, si había procedimiento, en muchas ocasiones no se respetaban las garantías del debido procedimiento administrativo sancionador. Esto en virtud que dichas leyes administrativas eran *pre-constitucionales* y no establecían dicha exigencia. Nótese que dicha práctica fue fomentada por la inexistencia de la aplicación directa de la Constitución de parte de la Administración. Podríamos decir que El Salvador, al igual que en España, transitamos por la *etapa prebecariana*[56] del Derecho Administrativo sancionador, en el cual se prescindía o se aplicaban de manera irregular los principios y garantías del debido procedimiento[57].

---

53 Parada Vázquez, J. R., *Derecho administrativo I*, parte general, 18ª edición, Marcial Pons, Madrid-Barcelona-Buenos Aires, 2010, p. 434.

54 Zaffaroni, E. R., *Tratado de derecho penal*, Tomo I, Ediar, Buenos Aires, 1987, p. 238.

55 Es incuestionable que las sanciones administrativas han constituido siempre una simple manifestación de la Policía, de tal manera que donde hay policía aparecen las sanciones y hasta puede afirmarse que las sanciones son el pilar sobre el que se asienta la Policía, sin ellas no podría ser efectiva. En El Salvador, como todos los países del *civil law* las sanciones administrativas tendrían su origen en dicho poder en una paulatina evolución, dio lugar a diversas formas de intervención administrativa, siendo una de ellas la potestad sancionadora. Véase sobre un amplio análisis, según diversas perspectivas, por todos: Nieto, A. *Derecho administrativo sancionador*, 5ª edición, Tecnos, Madrid, 2012, p. 56.

56 Al respecto, véase el planteamiento de Silva de la Puerta, M. (coordinadora), *Manual de Derecho administrativo sancionador*, Thomson Reuters Aranzadi, Tomo I, Madrid, 2013, p. 67.

57 Fue hasta en la sentencia de inconstitucionalidad del 26 de agosto de 2015, referencia 123-2012, donde resolvió que la aplicación de la sanción de suspensión sin goce de sueldo del artículo 42 de la Ley del Servicio Civil no responde

De hecho, en 1990 se promulga la *Ley de Procedimientos Administrativos para la Imposición de Multas y Arrestos Administrativos*, para que la Administración, en caso de no existir un procedimiento administrativo en una ley, reglamento u ordenanza, aplicara dicha ley como *Derecho supletorio*.

En su momento debió ser una ley marco para uniformar la diversidad de procedimientos administrativos sancionadores.

Un aspecto relevante a considerar son los precedentes jurisprudenciales[58] sobre el artículo 14 de la Constitución. En principio determinó, en 1992[59], que la potestad de sancionar se limitaba con la imposición de las sanciones de multa o de arresto administrativo, no pudiéndose ampliar por la vía *infraconstitucional* otras sanciones administrativas, como el cierre de establecimientos, porque el precedente concebía que solo era posible por medio de una autoridad judicial competente.

Pero la evolución de la sociedad y sus valores, así como la compresión general del Derecho, modificaron esta línea interpretativa. Esto fue inicialmente percibido por la jurisprudencia de la Sala de lo Contencioso Administrativo[60] en el año 2000, donde la referida Sala sostuvo que existe una amplia gama de posibilidades sancionatorias *-entre ellas las disciplinarias-* que la Administración puede imponer siempre que se respeten los principios constitucionales, de legalidad, tipicidad, reserva de ley y culpabilidad. Dicho cambio de criterio fue posible gracias a una interpretación sistemática entre los artículos 68, 182, 186, 218 y párrafo segundo del 240, todos de la Constitución. Este precedente sirvió de fundamento para que la Sala de lo Constitucional[61] realizara una interpretación más amplia de la potestad sancionadora de la Administración. Ese cambio consiste en reconocer la posibilidad que la Administración imponga otras sanciones administrativas, aparte del artículo 14 de la Constitución.

La LPA de 2019 sistematiza los principios y las reglas procedimentales generales aplicables a la potestad sancionadora, pero no determina un procedimiento sancionador marco para tal sanción. Aunque no lo expresa, lo remite a leyes especiales que los contienen.

Entretanto, determinó la derogación expresa de la *Ley de Procedimientos Administrativos para la imposición de Multas y Arrestos Administrativos* en el artículo 163 parte final de la LPA.

Como resultado de lo anterior, es muy lamentable que la LPA no acogiera la regulación del arresto, o como lo dice la letra d) del artículo 32 de la LPA, *los medios de compulsión directa*. Como mecanismo de ejecución el arresto no fue previsto, tal como lo concebía el artículo 15 de *Ley de Procedimientos Administrativos para la imposición de Multas y Arrestos Administrativos*[62]. Entonces se genera la pregunta, ante el artículo 14 constitucional que sí mandata al legislador secundario desarrollar tal medio de ejecución o cumplimiento de los actos administrativos de dicha naturaleza, ¿se ha creado una omisión

---

a los principios de la potestad sancionadora administrativa, ello implica una restricción a los derechos del destinatario; de tal manera, su imposición debe precederse de un proceso o procedimiento que respete el derecho de audiencia y sus otras manifestaciones. (…) En consecuencia, visto que el artículo 42 inciso 3° de la LSC establece la posibilidad de aplicar la sanción de suspensión sin goce de sueldo hasta por cinco días, sin la realización de un procedimiento previo, tal precepto contradice el derecho de audiencia, que exige que toda limitación a las posibilidades de ejercer un derecho sea precedida del proceso que dé a todos los intervinientes la oportunidad de exponer sus razonamientos y de defender sus pretensiones de manera plena.

58 Véase sentencia de inconstitucionalidad del 23 de marzo de 2001, referencia 8-97.

59 Además, la sentencia citada en *supra,* determinó que: "este tribunal cambia el precedente contenido en la resolución de inconstitucionalidad de 3-92, dictada el día 17 de diciembre de 1992. Y es que, si bien conforme a los principios de igualdad y de seguridad jurídica, la jurisprudencia debe tener un adecuado seguimiento y apego por parte del respectivo tribunal que la dicta, esto no es óbice para que los criterios jurisdiccionales sean modificados parcial o incluso totalmente, pues si bien dichos criterios deben ser firmes y sostenidos, no pueden por ello revestir un carácter pétreo y de absoluta invariabilidad. Es así como se varía la jurisprudencia constitucional citada, dado que, transcurridos casi diez años desde la misma, y tal como se dijo en la sentencia dictada en el proceso de amparo del 24 de enero de 2000, referencia 383-2000, se atiende a un depurado criterio de interpretación de la Constitución, en el sentido de armonizar la aplicación derivada de la misma interpretación, ya que la Constitución debe entenderse como un todo coherente, cuyos artículos no pueden ser interpretados aisladamente, sino de conformidad con el todo".

60 Véase la Sentencia de la Sala de lo Contencioso del 19 de diciembre de 2000, referencia 149-M-99.

61 Véase la sentencia de amparo del 9 de septiembre de 2001, referencia 330-2000.

62 El artículo prescribía que: "transcurrido el término legal, si no se interpusiere ningún recurso contra la resolución que impone el arresto o la multa, se declarará ejecutoriada. El sancionado tendrá ocho días para presentarse a cumplir el arresto (…). Si el sancionado con arresto no se presentare al cumplimiento en el plazo indicado, se ordenará su captura; efectuada esta se le pondrá en un recinto especial por el término establecido en la resolución. El término se contará a partir de la captura".

constitucional parcial sobrevenida? ¿Se debe reformar la LPA para incorporar el arresto como medio de ejecución? ¿Pueden los jueces, en aplicación de la Constitución, usa la técnica de la reviviscencia de la ley abrogada? Ojalá la jurisprudencia determine los mejores designios sobre esta *anomia* ocasionada por el legislador.

3. *Facetas de la potestad sancionadora. Sistemas ad extra y ad intra*

La doctrina mayoritaria ha reconocido que las potestades sancionadoras de la Administración se dividen en dos facetas, a saber:

1) La primera dirigida a proteger el orden social en su conjunto o denominada de *heterotutela*, y tienen como referente las *relaciones de sujeción general* de los ciudadanos respecto a la Administración. En esta faceta están las infracciones administrativas relativas a la protección de la convivencia pública y comunitaria, que son denominadas las de policía especial. Allí encontramos por antonomasia las sanciones que se encuentran regulas en la *Ley de Convivencia Ciudadana y Contravenciones Administrativas* de 2011, que derogó la antigua *Ley de Policía* de 1879.

Asimismo, otras leyes administrativas se enmarcan en este ámbito, por ejemplo: las leyes de protección de medio ambiente, salud, consumidores, regulación del derecho de la competencia, y servicios públicos nacionales y municipales (transporte, pensiones, seguridad social, mercados, sistemas financieros), y leyes tributarias que imponen sanciones a los contribuyentes por incumplimientos de obligaciones formales. A esta potestad sancionadora la jurisprudencia, le denomina sistema sancionador externa o *ad extra*[63].

2) Las segundas conocidas como *autoprotección* o *autotutela*, en las que se aplican sanciones administrativas por el incumplimiento de relaciones sujeción especial entre particulares, y/o servidores públicos con la Administración[64]. En esta modalidad quedan comprendidos usuarios de servicios públicos, estudiantes de centro escolares públicos o estudiantes de la Universidad de El Salvador, internos en Centros Penitenciarios. También quedan comprendidas las sanciones que se aplican a los servidores públicos sujetos a régimen disciplinario general y especial. En el primer régimen -el general- están sometidos los servidores públicos sujetos a la Ley de Servicio Civil, Ley de la Carrera Administrativa Municipal, Ley de Ética Gubernamental.

En el segundo régimen -el especial- tenemos los que se encuentran sujetos a la Ley de la Carrera Militar, Ley Disciplinaria Policial y Ley de la Carrera Judicial y su reglamento, entre otros.

Esta faceta sancionadora de la Administración la jurisprudencia le denomina como *ad intra*[65], o *Derecho administrativo disciplinario* que deriva de una especie de titularidad natural, donde la Administración en virtud de su actividad interna o de disciplina, sanciona las conductas que afectan el orden y el funcionamiento de la actividad administrativa. En palabras de IVANEGA la "potestad disciplinaria de la Administración encuentra su fundamento en la preservación y autoprotección de la organización administrativa, en el correcto funcionamiento de los servicios administrativos, siendo específica de la relación que vincula a los agentes públicos con la Administración pública. La Administración se protege a sí misma, a su orden interno y a las personas que trabajan a sus servicios, lo que hace que se justifique que sean objeto de un tratamiento distinto"[66].

Además, el régimen disciplinario tiene una especial justificación porque los servidores públicos, por la naturaleza de la función pública, tiene una serie de deberes y prohibiciones cuyo incumplimiento trascienden al interés interno y externo de la Administración.

4. *Principios constitucionales que rigen la potestad sancionadora de la Administración*

La potestad sancionadora de la Administración se enmarca en los principios correspondientes a los que rigen en materia penal, pero con las particularidades o *modulaciones* propias de la actividad realizada por la Administración.

---

63 Véase sentencia de la Sala de lo Contencioso Administrativo del 5 de mayo de 2005, referencia 110-P-2001.

64 Santamaría Pastor, J.A. *op. cit.* p. 330-381

65 Véase sentencia de la Sala de lo Contencioso Administrativo, referencia 110-P-2001, citada en *supra*.

66 Ivanega, M. M., *Cuestiones de potestad disciplinaria y derecho defensa*, ediciones Rap, Buenos Aires, 2010, p. 43.

Ello porque existen distinciones importantes entre la actividad penal y la actividad administrativa, en razón de las distintas funciones que cumplen en un Estado de Derecho; aunque ello no veda a la Administración de aplicar los *principios rectores* del *ius puniendi* al ámbito administrativo sancionador[67]. Puede afirmarse sin equívocos que en el ordenamiento administrativo sancionador salvadoreño son aplicables los principios que rigen en materia penal, encauzando la actuación sancionadora en beneficio del cumplimiento de los fines del Estado y en garantía de los derechos de los administrados[68]. Estos principios fueron incorporados en el artículo 139 de la LPA, en los que se encuentran: legalidad, tipicidad, irretroactividad, reserva de ley relativa, prohibición de doble juzgamiento, responsabilidad, proporcionalidad, presunción de inocencia, prescripción, entre otros.

5. *Sanciones administrativas*

A. *Ámbito conceptual*

Para definir la sanción administrativa existen dos vertientes doctrinales, a saber: la primera que la caracteriza como "un mal infligido por la Administración hacia el administrado como consecuencia de una conducta ilegal[69]", mientras la segunda, que a nuestro juicio es la más adecuada, la define como "un acto de gravamen que disminuye la esfera jurídica de una persona, sea consistiendo en una restricción o suspensión de determinados derechos o bienes jurídicos, sea imponiendo un deber económico al responsable de la infracción[70]".

En esta última línea doctrinal, tanto la jurisprudencia de la Sala de lo Constitucional[71] como la de la Sala de lo Contencioso Administrativo de El Salvador, son uniformes en definir la sanción administrativa como: "un acto de gravamen, a través del cual se afecta negativamente la esfera jurídica de los particulares, ya sea mediante la privación de un derecho o de una determinada actividad, o mediante la imposición de un deber antes inexistente"[72].

Para que la Administración imponga una sanción administrativa, el ordenamiento jurídico administrativo debe prever que determinado hecho es constitutivo de infracción administrativa por vulnerar un bien jurídico relacionado al quehacer de la Administración.

De la misma manera, la infracción debe ser atribuida y comprobada mediante un procedimiento administrativo sancionador, respetando todos los principios, derechos y garantías constitucionales del presunto infractor. De tal forma que se otorgue al administrado la posibilidad de defenderse exponiendo sus razonamientos jurídicos y fácticos, controvertir la prueba que le permitan el ejercicio pleno del derecho de defensa conforme a la Constitución de la República y a la Convención Americana sobre Derechos Humanos.

---

67 Señala De Palma del Teso, A., que el objetivo del Derecho administrativo sancionador "es la prevención de las conductas que ponen en peligro o lesionan los bienes jurídicos, para lo cual se da un paso atrás y se lleva más allá la prevención. Es decir, mientras que en el derecho administrativo se sancionan las conductas menos graves, que ponen en riesgo el respectivo bien, en el Derecho penal se sancionan las conductas que dañan o afectan de una manera más gravosa el mismo bien jurídico. De lo que se colige que el derecho administrativo tiene una competencia anterior que el derecho penal, correspondiéndole a aquél una misión preventiva y disuasoria de la conducta del sujeto, pues de persistir en su actuación tendría que rendir cuentas no ya ante una autoridad administrativa, sino también ante la justicia penal". (*El principio de culpabilidad en el derecho administrativo sancionador*, Tecnos, Madrid, 1996, p. 78). En el mismo sentido la jurisprudencia salvadoreña en sentencia de inconstitucionalidad del 23 de marzo de 2001, referencia 8-97, ha determinado que:"...las penas judiciales están orientadas hacia la reeducación y reinserción social del infractor, buscando asimismo la prevención de delitos... las sanciones administrativas buscan una finalidad represiva más pragmática, el cumplimiento coactivo de la regulación policíaca y de control social a cargo de la Administración; este criterio es más coherente con lo prescrito en los artículos 27 inciso 3 y 14 de la Constitución».

68 Véase las sentencias de la Sala de lo Contencioso Administrativo del 5 de julio de 2005, referencia 110-P-2001, y sentencia del 29 de julio de 2005, referencia 184-M-2000.

69 García de Enterría, E., y Fernández, T. R., *op. cit.*, p. 163. En el mismo sentido véase Carretero Pérez, A. y Carretero Sánchez, A., *Derecho administrativo sancionador*, 2ª edición, Editoriales reunidas, Madrid, 1995, p. 172

70 Suay Rincón, J., *Sanciones administrativas*, Publicaciones del Real Colegio de España, Madrid, 2000, p. 221, y Bermejo Vera, J., *Derecho Administrativo, parte especial,* cuarta edición, Madrid, Civitas, 1999, p. 81.

71 Sentencia de amparo del 23 de mayo de 2005, referencia 130-P-2002.

72 Sentencia de la Sala de lo Contencioso Administrativo del 12 de febrero de 2002, referencia 183-A-2000.

B. *Distinción con otras medidas que imponen gravámenes*

Las sanciones administrativas deben diferenciarse de otras medidas restrictivas de derechos individuales que no responden a una finalidad *punitiva y represiva* fundantes de la sanción[73] sino a otros fines, tales como: la coerción, medidas de policía, ejecución de actos administrativos o el estímulo para cumplimiento de las leyes administrativas, que implican actos de gravámenes o desfavorables[74].

Siguiendo la doctrina chilena[75], la distinción entre los actos desfavorables en general y las sanciones viene dado por dos elementos centrales: *a)* la sanción administrativa es consecuencia de una conducta ilícita o infracción; y *b)* la sanción administrativa tiene una finalidad esencialmente represiva o de castigo. De esta forma, la sanción administrativa es un acto desfavorable que afecta la esfera jurídica de un particular con una finalidad represora a raíz de una conducta ilícita.

A diferencia de otras medidas que tienen un fin diferente, entre las cuales encontramos las siguientes:

a) Medidas para restablecer la legalidad. No tienen el carácter de sanción administrativa, son calificadas como "medidas de policía", donde la Administración, ante la realización de una conducta prohibida por la Ley, frecuentemente la ejecución de una determinada actividad sin licencia o permiso legalmente exigible restablece el orden vulnerado ordenando su paralización.

Algunas de estas medidas son preventivas, podemos citar: clausura de una instalación que carece de medidas obligatorias de seguridad contra incendios; y otras se dirigen a la reparación, es decir a eliminar los efectos de una conducta ilegal, por ejemplo: demolición de un edificio contrario al planeamiento urbanístico, derribo de vallas publicitarias que vulneran las normas de vías y carreteras, y deportación de un extranjero que haya entrado de forma ilegal al país).

Pero en ningún caso imponen una sanción al particular. El objetivo de estas medidas es restablecer, como dice Blanquer[76], el *status quo* del ordenamiento jurídico, es decir *el restablecimiento de la legalidad* que ha sido vulnerado. En este caso la Administración actúa bajo las potestades de la técnica de *autorizatoria* y ordenación. Por ello, no se requiere seguir un procedimiento administrativo para ejecutar el cierre -es una realidad o simple actividad o mero hecho administrativo-, porque como ya lo dijimos no se trata de una sanción, sino al poder de ordenación y mando en que se encuentra investida la Administración[77].

Es de aclarar que es posible que la medida de cierre se vuelva reversible por el cambio de circunstancias así, por ejemplo, porque el dueño del establecimiento solicite en legal forma las autorizaciones a las autoridades administrativas correspondientes[78] y otorgada se reabra, pero en este caso con arreglo al Derecho. Y la imposición de un nuevo cierre del establecimiento debe ser en virtud del cometimiento de una infracción administrativa estipulada como sanción, bajo las reglas del debido procedimiento administrativo sancionador.

b) Multas coercitivas. Un caso especial resulta distinguir las denominadas *multas coercitivas*, propias del Derecho administrativo europeo -escasamente reconocidas en las leyes administrativas

---

73 Véase al respecto González Pérez, J. y González Navarro, F., *Comentarios a la Ley de Régimen Jurídico de las Administraciones Públicas y Procedimiento Administrativo Común*, 2ª edición, Civitas, Madrid, 1999, p. 2673.

74 Véase a Ramírez Torrado, M. L, "La sanción administrativa y su diferencia con otras medidas que imponen cargas a los administrados en el contexto español", en *Revista de Derecho*, Barranquilla, número 27, 2007.

75 Véase por todos: Osorio Vargas, C. S., *Manual de procedimiento administrativo sancionador, parte general*, 2ª edición, Thomson Reuter, 2017, p. 30.

76 Blanquer, D., *op. cit.*, p. 610.

77 La Sala de lo Constitucional se ha referido que: "la *técnica autorizatoria* constituye una forma de limitación de la esfera jurídica de los particulares; y ello en el sentido de que, el legislador veda a estos el ejercicio de determinadas actividades, que solo pueden llevarse a cabo, previa intervención de la Administración pública, encaminada a constatar el cumplimiento de las condiciones previstas por el ordenamiento, al efecto." (...). Es así como la potestad de conceder autorizaciones lleva imbíbita la posibilidad de que la Administración pública impida el ejercicio de las actividades reguladas, en los casos en que no exista la autorización debida, y, en general, en todos aquellos en que esas actividades se ejerciten al margen de los lineamientos definidos por el ordenamiento. De lo contrario, no se alcanzaría el fin que persigue la norma que instituye las autorizaciones en cada caso". (Sentencia de amparo del 10 de octubre de 2002, referencia 278-2001).

78 Véase al respecto, la sentencia de amparo del 14 de enero de 2015, referencia 393-2014.

salvadoreñas-[79], para ejecutar las sanciones. La multa coercitiva no castiga el incumplimiento ya realizado, sino que la Administración la anuncia previamente al particular ofreciéndole la opción entre poner fin a su conducta, para ejecutar la obligación desatendida hasta ese momento[80].

La diferencia esencial con la sanción administrativa consistente en su carácter marcadamente represivo. En cambio, las multas coercitivas buscan forzar al individuo a cumplir cierta obligación, se aplican en el marco del ejercicio de los poderes de ejecución o de *autotutela ejecutiva* que tiene la Administración para que sus actos sean cumplidos de manera forzosa.

De ahí concluye la doctrina alemana que la multa coercitiva es no es una sanción, sino un mecanismo de presión de la Administración hacia el particular.

Veamos lo anterior con lo regulado en el inciso 5 del artículo 38 de la Ley de Competencia, según la cual, "Cuando el agente económico a quien se le condicionó la solicitud de concentración económica *no cumpla con lo ordenado en la resolución final* dictada en esta clase de procedimiento de autorización, o lo haga de manera incompleta, incorrecta, falsa o engañosa, la Superintendencia podrá imponer una multa de hasta cinco mil salarios mínimos mensuales urbanos en la industria por cada día hábil que transcurra *sin que se cumpla con lo ordenado*".

c) Imposibilidad de acceder ayudas o subsidios del erario público. Esta es otra de las medidas que se contemplan en las legislaciones para los infractores de la normativa. Por ejemplo, las leyes relativas a la prestación del servicio del transporte establecen disposiciones encaminadas a que los individuos, en general personas jurídica, se les prohíban obtener cualquier tipo de ayudas o subsidios, si no cumplen con las exigencias de la normativa administrativa.

Siempre siguiendo con el ejemplo de los transportistas, cuando no se sometan al *sistema de caja única*[81] o que el cobro del servicio se haga por medio de *tarjeta electrónica*[82]. Se entiende que el objetivo de la norma administrativa es el de no premiar a aquellas personas que no se sujetan al orden normativo y no el de sancionar determinada conducta, aunque con ello se imponga un determinado perjuicio al concesionario.

Para definir la sanción administrativa existen dos vertientes doctrinales, a saber: la primera la caracteriza como "un mal infligido por la Administración hacia el administrado como consecuencia de una conducta ilegal[83]", mientras la segunda, a nuestro juicio la más adecuada, la define como "un acto de *gravamen* que disminuye la esfera jurídica de una persona, sea consistiendo en una restricción o suspensión de determinados derechos o bienes jurídicos, sea imponiendo un deber económico al responsable de la infracción[84]".

En este sentido, tanto la jurisprudencia de la Sala de lo Constitucional[85] como la de la Sala de lo Contencioso Administrativo, son uniformes en definir la sanción administrativa como: "un acto de gravamen, a través del cual se afecta negativamente la esfera jurídica de los particulares, ya sea mediante la privación de un derecho o de una determinada actividad, o mediante la imposición de un deber antes inexistente"[86].

d) descuentos salariales. Los descuentos realizados por incumplimiento de jornada laboral de forma no justificada de parte de los servidores públicos no podrán calificarse como sanción, sino como una facultad legítima de la Administración pública de reingresar fondos del Estado por labores no prestadas

---

79 A manera de ejemplo está el artículo 50-A, estipula que: "el Tribunal Sancionador, sin perjuicio de la adopción de otras medidas de ejecución forzosa previstas en el ordenamiento jurídico, para la ejecución de las actuaciones que se mencionan a continuación, podrá imponer, previo requerimiento del cumplimiento a los proveedores, *multas coercitivas* de hasta cien salarios mínimos mensuales urbanos en la industria con el fin de obligarlos a cumplir…".

80 Huergo Lora, A., *Las sanciones administrativas*, Iustel, Madrid, 2007, p. 173.

81 Véase la Ley Transitoria para la Estabilización de las Tarifas del Servicio Público de Transporte Colectivo de Pasajeros y su reglamento.

82 Véase las Disposiciones para la determinación, ejecución e implementación del nuevo sistema de recaudo, a través de la tarjeta prepago, por la prestación del servicio público de transporte de 2012.

83 García de Enterría, E., y Fernández, T. R., *op. cit.*, p. 163. En el mismo sentido véase Carretero Pérez, A. y Carretero Sánchez, A., *Derecho administrativo sancionador*, 2ª edición, Editoriales reunidas, Madrid, 1995, p. 172

84 Suay Rincón, J., *Sanciones administrativas*, Publicaciones del Real Colegio de España, Madrid, 2000, p. 221, y Bermejo Vera, J., *Derecho Administrativo, parte especial,* cuarta edición, Madrid, Civitas, 1999, p. 81.

85 Sentencia de amparo del 23 de mayo de 2005, referencia 130-P-2002.

86 Sentencia de la Sala de lo Contencioso Administrativo del 12 de febrero de 2002, referencia 183-A-2000.

y con ello evitar enriquecimientos indebidos. En consecuencia, en este último supuesto -que no agrava o perjudica aún más la situación jurídica del sujeto incumplidor- no se está frente a una verdadera sanción de tipo disciplinario.

e) Responsabilidad civil. Aunque parezca muy obvia la distinción es necesario hacer hincapié que esta se deriva en muchos casos a consecuencia de la sanción administrativa. En la misma línea, debemos entender que las medidas de compensación impuestas por la misma Administración tampoco constituyen sanciones administrativas.

Así, por ejemplo, los reembolsos a consumidores de servicios públicos, determinados por las Superintendencias de Electricidad y Telecomunicaciones y del Sistema Financiero, respectivamente[87].

C. *Clases de sanciones administrativas*

Como lo hemos expresado *supra,* el ordenamiento jurídico administrativo salvadoreño reconoce la aplicación de diferentes sanciones administrativas siempre que se encuentren determinadas por las leyes, reglamentos y ordenanzas, respetando los principios y el debido procedimiento administrativo sancionador y los derechos y garantías del inculpado. En el sistema sancionador *ad extra* se reconocen sanciones, tales como la multa, arresto administrativo, revocación de permisos, cierre de establecimientos e inhabilitaciones. Por otro lado, en el sistema *ad intra,* se han determinado amonestaciones -verbales o escritas-, suspensiones sin goce de sueldo, destituciones o despidos, expulsiones temporales y sanciones accesorias como inhabilitaciones, entre otras. Sin embargo, para efecto de nuestro estudio nos circunscribiremos a las sanciones siguientes:

a) *Multa.* Es una *sanción pecuniaria* consistente en la imposición de la obligación de pago de una cantidad determinada de dinero[88]. Es básicamente la sanción *prototipo* en el Derecho administrativo sancionador salvadoreño, al igual que muchos países de Iberoamérica. De hecho, es la sanción administrativa que tiene expresamente raigambre constitucional en el artículo 14. A fin de cumplir el *principio de proporcionalidad,* las diferentes leyes administrativas tienden a dividir las mismas en graves, menos graves y algunos casos hasta leves. La cuantía se encuentra cimentadas en el salario mínimo, generalmente en los sectores comercio, industria y servicios. Pero como expresamos *supra,* las sanciones administrativas también deben de estar sujetas a los principios de tipicidad y reserva de ley relativa, *non bis in ídem*, y no podrán ejecutar i una vez prescritas.

b) Arresto administrativo. Otra sanción administrativa que gozan de fundamento constitucional desde la Constitución de 1950 es el arresto administrativo. Básicamente es una restricción a la libertad personal por tiempo determinado. Al igual que cualquier sanción administrativa su aplicación requiere el debido procedimiento administrativo.

En caso de que exista abuso o un vejamen de la persona que se haya impuesta dicha, sanción está sujeta al control jurisdiccional fundamentalmente con la garantía de *habeas corpus* que señala los artículos 11 y 247 de la Constitución, ante la Sala lo Constitucional o Cámaras de Segunda Instancia Mixtas o en materia penal, que tengan competencia territorial fuera de la capital de la República.

Fue la reforma constitucional de 1996 la que determinó el máximo de arresto en cinco días, que al igual que la multa podrá ser permutado por trabajo de utilidad social, según el artículo 14 constitucional.

Dicho trabajo debe ser vigilado y regulado de forma expresa por el ordenamiento jurídico administrativo, lastimosamente no se encuentra previsto en la LPA como se dijo arriba. Actualmente son pocas las leyes administrativas que estipulan el arresto y quizás su aplicación se circunscriben básicamente al orden disciplinario en el ámbito policial y militar[89]. Aunque el Código Tributario también lo estipula en los artículos 245 letra a), 260, pero su nivel aplicación es nugatoria.

---

[87] Véanse las sentencias de amparo del 3 de febrero de 2006, referencia 28-2005 y 5 de julio de 2006, referencia 255-2004.

[88] Gamero Casado, E., y Fernández Ramos, S., *op. cit.,* p. 638.

[89] Sobre este particular tema del arresto puede consultarse la sentencia de inconstitucionalidad del 27 de agosto de 2014, referencia 79-2011, donde declara inconstitucional el artículo 168 del Código de Justicia Militar que data de 1958, que establecía la imposición de la sanción disciplinaria del arresto hasta 30 treinta días.

VI. LA CONTRATACIÓN PÚBLICA EN EL SALVADOR

1. *Ideas iniciales*

La Administración pública, como se dijo antes, dicta *actos unilaterales* productores de efectos jurídicos que se concretizan en actos administrativos. Como nos recuerda el profesor colombiano Libardo RODRÍGUEZ[90] ella no solo actúa de forma unilateral, sino también bilateralmente.

En efecto, al igual que los particulares la Administración pública celebra contratos por la necesidad de obtener servicios, obras e insumos materiales para ejecutar los diferentes objetivos que el ordenamiento jurídico prevé y que normalmente están identificados para cumplir el interés general y los demás *fines* fijados constitucionalmente para la actividad de la Administración.

Pero la gran diferencia entre la contratación privada con la administrativa es que la segunda está sujeta a un *régimen jurídico especial*, según se desprenden de los artículos 23 y 234 de la Constitución. Esto en virtud de que el contrato administrativo[91] no solo es una de las *formas jurídicas* por las que se exterioriza la actividad administrativa, sino una actividad importantísima e indispensable para el funcionamiento de entes administrativos, porque a través de la adquisición de bienes, servicios y obras se materializan o concretan los diversos *servicios públicos esenciales* que satisfacen las necesidades de interés general de los ciudadanos[92].

No obstante la anterior particularidad, debe tenerse en cuenta que la regulación legal de los contratos administrativos también participa del Derecho común, esto es, del Código Civil y, en su caso, del Código de Comercio, complementándose con regulación propia en la LACAP, LEAPP y la LSAOM, que constituyen las leyes de contratación administrativa en El Salvador, sin perjuicio de las regulaciones contractuales dadas por los organismos internacionales de carácter financiero, tales como el Banco Mundial, Fondo Monetario Internacional, entre otros.

Por parte del Código Civil, este define al contrato en el artículo 1309 como una *convención en virtud del cual una o más personas se obligan para con otra u otras, o recíprocamente, a dar, hacer o no hacer alguna cosa*. Esa definición del Derecho privado también es útil para los contratos regulados por el Derecho público, porque en todo caso concurren la voluntad de dos sujetos de Derecho, además, en el Derecho administrativo salvadoreño, como otros ordenamientos, las instituciones jurídicas, tales como: el dominio público o la responsabilidad patrimonial del Estado, tienen raigambre en el Derecho civil. Sin embargo, existen características propias y específicas de Derecho público a las cuales se hará alusión posteriormente.

Se reconoce históricamente que los contratos en que participa un ente de la Administración pública son de dos tipos, a saber:

a) contratos de Derecho común. Son aquellos en que la Administración pública actúa bajo las reglas del Derecho privado, como cualquier sujeto particular, por ejemplo, en el arrendamiento de inmuebles o edificios para el funcionamiento y prestación de servicios públicos en los órganos administrativos o cualquier otro contrato que carezca de nominación. No obstante, la LACAP y el RLACAP, en sus respectivos artículos 24, regulan que estos contratos deberán regirse por sus disposiciones de Derecho público, esto en virtud de los intereses públicos que contienen el objeto de esos contratos; y,

---

90 Rodríguez Rodríguez, L., *op. cit.*, p. 431 y ss.

91 Canasí, sostiene que la teoría del contrato administrativo nace en Francia con la famosa decisión "*Terrier*", la cual fue dictada por el Consejo de Estado el 6 de febrero de 1903, donde se acogió la opinión de un abogado del Estado quien señaló: que todo lo relacionado con la organización y el funcionamiento de los servicios públicos propiamente dichos, nacionales o locales eran de naturaleza administrativa, por lo tanto, le correspondía el conocimiento a la jurisdicción contencioso administrativa. Esta famosa decisión resolvió la controversia presentada a raíz de un contrato verbal celebrado entre la Administración francesa con todo aquel que contribuyera a la caza de serpientes, sería recompensado con una cantidad de dinero por cada serpiente eliminada. El abogado del Estado solicitó su remuneración por las serpientes que había presentado y la Administración le negó el pago alegando razones presupuestarias. En tal sentido, el Consejo de Estado consideró que este asunto era de su competencia ya que estaba relacionado con la ejecución de un servicio público. Esta noción de servicio público para distinguir los contratos administrativos fue abandonada por el Consejo de Estado en decisión de fecha 31 de julio de 1912 por la noción de las cláusulas exorbitantes, la cual fue abandonada nuevamente por el mismo, en la decisión "*Epoux Bertín*" en 1956, retomando nuevamente el criterio de servicio público como elemento característico de los contratos administrativos. (*Derecho administrativo, op. cit.*, p. 453 y 454).

92 Rotondo Tornaria, F., *Manual de derecho administrativo*, 7ª edición, El Foro, Montevideo, 2009, p. 382.

b) contratos administrativos propiamente dichos. Son reconocidos principalmente por la LACAP[93], LEAPP y LSAOM, que instituyen un régimen de Derecho público con características especiales; las cuales analizaremos en este capítulo *grosso modo.*

2. *Noción conceptual*

En virtud de las notas conceptuales de los contratos administrativos, nos permitimos construir nuestra propia definición para fines didácticos, siendo la siguiente: son aquellos contratos celebrados por un sujeto de la Administración pública en el ejercicio de la potestad administrativa de adquirir, bienes, servicios u obras *con otro sujeto de Derecho*, sea un persona natural o jurídica, cuyo objeto contiene el cumplimiento de intereses públicos, conforme a las prerrogativas soberanas que otorgan el ordenamiento jurídico al Estado, que colocan al contratista en una situación asimétrica respecto a la formación, formalización y ejecución dentro de la relación jurídica contractual.

Analicemos cada una de las partes del concepto.

A. *Acto jurídico bilateral*

En primer lugar, es un acto jurídico donde concurren, por una parte, una Administración investida de potestades (sea centralizada, descentralizada o municipal), inclusive empresas públicas que utilizan fondos públicos para el cumplimiento de las cláusulas contractuales; por otra, una persona natural o jurídica, que no tiene la calidad de ente administrativo, a quien se denomina contratista[94]. Aunque, nada impide legalmente que una empresa pública pueda tener el carácter de contratista, al igual que otra institución administrativa; a nuestro juicio debe ceñirse como cualquier otra empresa, respetando los principios de igualdad, legalidad y libre competencia.

Por otra parte, algunos autores incluyen dentro de la calidad de contratos administrativos los convenios interadministrativos, criterio no compartido por el artículo 4 de la LACAP, que los excluye de su regulación y aplicación, lo cual resulta justificable porque son acuerdos de colaboración o cooperación entre Administraciones, los cuales tienen un fin público diferente, donde no está de por medio el pago de un precio por un servicio o la compra de un bien, obra o servicio, característica esencial de los contratos públicos[95].

Pero el artículo 5 del RLACAP hace hincapié, no obstante, que su exclusión no se extiende a las compras públicas derivadas de la ejecución de obras para cumplir el contenido del convenio interadministrativo.

Respecto a la bilateralidad, siguiendo a FERNÁNDEZ RUIZ[96] pareciera poco importante hacer hincapié en esta característica; pero hace varias décadas existieron posturas negatorias de la categoría de los contratos administrativos desde la doctrina italiana expresada por RONELLETI y ALESSI quienes sostenían que los contratos administrativos eran "*meros actos unilaterales*", o las teorías negativas alemanas protagonizadas por Otto MAYER, quien negó la posibilidad de que existan contratos

---

[93] Sobre algunos comentarios a la Ley y su reglamento, puede consultarse Barriere, Ayala, J. R., *El marco legal de los contratos públicos en El Salvador*, 2011.

[94] Véase a Dromi, R., *op. cit.*, p. 475.

[95] Al respecto, véase la sentencia definitiva de amparo de 12 de enero de 2018, referencia 405-2016, en el cual expresa que los convenios interadministrativos son acuerdos adoptados por al menos dos administraciones públicas con el propósito de realizar, de manera conjunta y dentro de sus competencias, un fin determinado. Esta especie de convenios, conocidos también como convenios de colaboración o cooperación interinstitucional, son figuras que aplican a menudo las administraciones públicas para realizar las complejas tareas (...) cuya realización requiere de esfuerzos mancomunados. (...). La ausencia de una regulación no significa que los convenios interadministrativos estén al margen del ordenamiento jurídico o que sean islotes sin conexión normativa. Si bien hay un margen de configuración más o menos ancho, la administración al producir los convenios debe observar, entre otras normas, los principios del Estado Constitucional de Derecho. El artículo 4 letra b) de la LACAP no regula los convenios interadministrativos, pero alude a ellos y los distinguió de los contratos propios de la LACAP. De manera que puede afirmarse que, en el ordenamiento jurídico nacional, los convenios interadministrativos son declaraciones bilaterales de voluntad de las administraciones públicas que deben diferenciarse de los contratos y adquisiciones de la administración pública en razón de su objeto y fin de cada uno de ellos, no obstante, las compras públicas que se derivan de su aplicación no están excluidas de su aplicación.

[96] Fernández Ruiz, Jorge, *Derecho Administrativo (Contratos)*, 3ª edición, Porrúa, México DF., 2009, p. 57 y siguientes.

administrativos, señalando también no eran más que actos unilaterales, pero que resultaban eficaces con el consentimiento del particular, lo que no configuraría un contrato ya que no existe un plano de igualdad entre los otorgantes.

Pero estas concepciones teóricas han sido superadas por dos motivos: *a)* por haberse diferenciado entre libertad de contratación y libertad contractual y *b)* porque los contratos administrativos son *sinalagmáticos*, dado que existen derechos y obligaciones reciprocas, aun teniendo carácter asimétrico el contratista frente al ente administrativo contratante.

B. *La finalidad de interés público*

Uno de los caracteres esenciales del contrato administrativo es la *primacía del interés público* sobre el particular (artículo 246 *in fine* de la Constitución), que orienta teleológicamente el contenido del contrato administrativo. La Administración pública para cumplir su cometido adquiere bienes, servicios; asimismo, pacta la construcción de obras públicas, para adquirir bienes de uso y dominio públicos, para la prestación eficaz de los servicios, todo con el propósito de satisfacer necesidades de interés general[97].

Esta posición es robustecida por el profesor español David BLANQUER[98] quien manifiesta que, a diferencia de los contratos realizados entre sujetos privados, en los contratos administrativos el ente administrativo no puede elegir al contratista a su antojo, sino que debe hacerlo a través de un procedimiento especial de selección -llamado licitación o concurso, según sea el caso-, para elegir al contratista idóneo según la oferta técnica y económica pertinentes, quien tendrá cumplir servicios u obras encomendadas para la satisfacción del "*interés público*", a cambio de un precio proveniente de los presupuestos nacional o municipal, según sea el objeto del negocio jurídico proyectado convenir.

C. *Prerrogativas exorbitantes de la Administración*

Esta característica es esencial para diferenciarlos de los contratos regulados por el Derecho privado. En el contrato administrativo los principios de la autonomía de la voluntad e igualdad jurídica de los otorgantes queda subordinado al objeto del contrato. En principio, la libertad de los otorgantes queda supeditada a la norma jurídica que fija el procedimiento para elegir al contratista, que no tiene la facultad de disentir respecto a las condiciones del contrato estipuladas inicialmente en las bases de licitación, solo puede aceptarlas o no presentar oferta. Básicamente por los intereses que se encuentran en el objeto del contrato, existe una situación de desigualdad hacia el particular, condición que permanece desde la etapa de formación de la voluntad contractual hasta la ejecución del mismo. Incluso la Administración tiene la prerrogativa de suspender o cancelar procedimientos de selección por razones de interés público, debidamente motivado.

Asimismo, tiene las prerrogativas de dirección y ejecución del contrato, la facultad de interpretar unilateralmente las cláusulas oscuras o dudosas vinculantes al contratista, dar por terminado el contrato, por causas preestablecidas e imponer sanciones administrativas por incumplimiento de algunas de las cláusulas contractuales, siguiendo el debido procedimiento. De manera privilegiada la facultad de modificar sustancialmente los contratos, algo que desde el punto de vista del Derecho privado no tiene cabida, pues ha imperado hasta hace poco el dogma de la *incoercibilidad de las obligaciones*[99].

D. *Sistematización de la regulación jurídica de los contratos administrativos*

Los programas de ajuste estructural impulsados por el Gobierno del periodo 1989-1994, conllevan a la Asamblea Legislativa a realizar una reforma sustancial en el sistema de contratación administrativa, reformando en 1990 la *Ley de Suministros*.

Con dicha reforma se otorgó a cada institución de la Administración central, incluyendo a las instituciones oficiales autónomas, la potestad de realizar compras y abastecerse de bienes indispensables

[97] Berçaitz, M. A., *Teoría general de los contratos administrativos*, Depalma, Buenos Aires, 1980, p. 308-309.

[98] Blanquer, D., *Derecho administrativo*, Volumen 1, Tirant lo Blanch, Valencia, 2010, p. 618.

[99] Cassagne J. C., *La contratación pública*, Tomo I, Hammurabi, Buenos Aires, 2008, p. 66, expone que las cláusulas exorbitantes son aquellas que resultan ser inusuales en el Derecho privado, y al incorporarlas en el contenido de ellos resultarían ilícitas.

para su funcionamiento de *manera directa*, sin necesidad de intervención de la Proveeduría General de la República quien, recuérdese, centralizaba las compras públicas[100].

Posteriormente, después de casi tres años de elaboración y discusión de un nuevo marco jurídico de contratación administrativa que respondiera a las necesidades de una reforma adecuado al modelo económico del gobierno de turno, dio como resultado la LACAP que entró en vigencia el 1 de enero del año 2000.

De esa manera se consolidó en el Derecho salvadoreño un sistema integral en la regulación jurídica de las contrataciones de la Administración, pues se derogaron todas las leyes sectoriales que propiciaban una regulación dispersa de los contratos administrativos.

Nótese que se solicitó la primera reforma de la LACAP para extender la *vacatio legis* a las municipalidades, para que su aplicación fuera a partir de enero del 2001, para adecuar toda la infraestructura administrativa que exigía la LACAP. Para complementar el ordenamiento jurídico de la contratación administrativa, en octubre de 2005 el presidente de la República dictó el reglamento de ejecución, RLACAP.

La LACAP y el RLACAP significaron un avance sistemático en el ordenamiento jurídico administrativos de adquisiciones y contrataciones de obras, bienes y servicios de la Administración pública. Sin embargo, tiene regímenes contractuales excluidos, a saber:

a) Como todas leyes de Iberoamérica el artículo 4 determinó la exclusión, de todas las compras públicas de bienes, servicios y obras, cuya financiación proviniese de empréstitos públicos voluntarios con organismos internacionales financieros, tales como: Banco Mundial, Banco Interamericano y Desarrollo, Banco Internacional de Reconstrucción y Fomento, Banco Centroamericano de Integración Económica, en los cuales se establezcan procedimientos especiales de selección, ejecución y formas de resolver conflictos derivados de los contratos, que de forma privativa se ventilan por medio del arbitraje internacional[101].

b) Quedan excluidos de la LACAP, los procedimientos de selección cuya aplicación provenga de obligaciones contraídas por tratados internacionales, como ocurre con el capítulo IX CAFTA-DR, que desarrollaremos al final de este capítulo[102].

c) Los contratos derivados de los Asocios Públicos y Privados (APP), por tener una ley especial de regulación que contiene reglas con mayores niveles de inversión y competitividad del sector privado, también están excluidos de su aplicación, por tener una ley especial de regulación.

d) Los contratos administrativos y las modalidades de compras públicas que se deriva de la aplicación de la Ley de Simplificada de Adquisiciones de Obras Municipales, las cuales trataremos *infra.*

Volviendo a lo anterior, en el 2011 la Asamblea Legislativa hizo las principales reformas sustanciales a la LACAP, siendo ochenta disposiciones en total, que persiguieron las finalidades siguientes:

1) ampliar el ámbito de aplicación a las *contrataciones del mercado bursátil* que realicen las instituciones de bolsas legalmente establecidas, de conformidad al artículo 2 de la *Ley de Bolsas de Productos y Servicios de 2005,* con el fin de organizar un mercado eficiente en la adquisición de bienes y servicios por medio de los mercados bursátiles.

2) extender las exclusiones hacia los servicios bancarios financieros que no sean contratos de seguros celebrados por la Administración, con el fin de agilizar los procesos de contratación administrativa, la concesión de derechos de imagen y patentes que son propiedad del Estado; las operaciones de colocación de títulos en el mercado internacional, las adquisiciones del servicio exterior; el servicio de distribución de energía eléctrica y agua potable; y, las obras de construcción bajo el sistema de administración que realicen las municipalidades.

---

[100] La ley fue impulsada como parte de los Acuerdos y compromisos generados en Washington en 1990. Véase Cardoza Ayala, M. A., "La contratación pública en El Salvador", en *Contratación pública*, Volumen II, XII Foro Iberoamericano de Derecho Administrativo, Arequipa, 2013, p. 703.

[101] Sobre un estudio detallado del Derecho internacional de las contrataciones, véase a Moreno Molina, J. A., *et al*; *Derecho Internacional de la Contratación Administrativa*, Konrad Adenauer, San José, 2011.

[102] Así por ejemplo tenemos los contratos públicos que se han derivado de los Fondos del Milenio (FOMILENIO) en sus diferentes etapas, y cualquier otro tratado internacional, así lo disponga.

Todas estas reformas sustanciales motivaron decretar un nuevo RLACAP que entró en vigencia en abril de 2013, para armonizarlas con las reformas de la LACAP del 2011.

3. *Instituciones administrativas que gestionan las compras públicas*

La LACAP establece un elenco de órganos administrativos encargados de realizar todos los procedimientos de compras públicas, los cuales son:

a) Ministerio de Hacienda. Por ser el órgano que administra las finanzas públicas, según los artículos 226 constitucional, 6 de la LACAP y 14 de la RLACAP, propone la política anual de las adquisiciones y contrataciones de las instituciones de la Administración pública, con exclusión de los Órganos Legislativo, Judicial y municipalidades, a los que corresponde determinar independiente-mente su propia política de compras públicas, en virtud de la independencia orgánica y administrativa de que gozan estos órganos constitucionales.

b) Unidad Normativa de Adquisiciones y Contrataciones (UNAC). Es un órgano que forma parte del Ministerio de Hacienda y tiene competencias de dictar lineamientos generales para el diseño, implementación, funcionamiento y coordinación del Sistema de Adquisiciones y Contrataciones de la Administración pública, como emitir instructivos, manuales y demás instrumentos de carácter técnico-jurídico que faciliten el cumplimiento de los objetivos de la LACAP y su reglamento.

c) Unidades de Adquisiciones y Contrataciones Institucional (UACI). Su competencia principal es la responsabilidad de la operatividad de todas las actividades relacionadas con la gestión de adquisiciones y contrataciones de obras, bienes y servicios.

Esta unidad está organizada según las necesidades y características de cada entidad e institución y depende directamente de la institución correspondiente. Por tanto, es una *entidad desconcentrada de forma operacional* en cada institución administrativa.

d) El Sistema Integrado de Adquisiciones y Contrataciones (SIAC). Es creado con el propósito de interrelacionar todos los organismos administrativos relacionadas a la contratación administrativa. Este sistema está integrado por la UNAC, UACIS y los sistemas electrónicos de compras públicas, que se complementan con el *Registro Nacional de Adquisiciones y Contrataciones de la Administración Pública.*

Este registro, además de manejar el expediente consolidado de todas las adquisiciones y contrataciones, dispone de la información sobre potenciales oferentes y contratistas, con el fin que las instituciones tengan un banco de ofertantes y de las personas inhabilitadas por consiguiente imposibilitados para ser contratista, según los artículos 13 y 14 de la LACAP y artículo 9 del RLACAP.

4. *Tipos de contratos administrativos regulados en la LACAP*

La ley hace una clasificación de los contratos administrativos, lo cual no debe entenderse que sea taxativa, porque jurídicamente nada impide que la Administración celebre otros contratos, los cuales les podemos denominar como *atípicos*.

De hecho, los artículos 22 y 24 de la misma LACAP determinan que cuando se pretenda contratar conforme a las reglas del Derecho común, el procedimiento sobre la preparación, adjudicación y cumplimiento siempre se regirán por los principios y reglas prescritos en la misma LACAP. También la Ley Especial de Asocio Público y Privado (LEAPP), en el artículo 4, regula otras modalidades contractuales administrativas a desarrollar *infra*.

A. *Contrato de adquisición de bienes*

Es un contrato que no tiene un apartado especial en la LACAP, pero de forma implícita se encuentra regulado en su contenido, por los fines que persigue la Ley. La Administración no podría funcionar, ni siquiera existir físicamente, sin adquirir bienes muebles e inmuebles por el mecanismo de compraventa para consumo institucional, o para uso y disfrute de los ciudadanos usuarios de las instalaciones o edificios del ente administrativo.

Podríamos decir que es el contrato mayormente utilizado por la Administración pública, de hecho, la LACAP, en el artículo 16, obliga a hacer un plan de compras públicas a todos los entes administrativos que tenga como propósito cumplir los objetivos y fines para el funcionamiento de cada una de las instituciones administrativas.

B. *Contrato de suministro*

Es un contrato que fue regulado por primera vez por las extintas Leyes de Suministros de 1939 y 1945. También es regulado en el artículo 1055 del Código de Comercio, que lo define como aquel en que "una parte se obliga, a cambio de un precio, a realizar en favor de la otra, prestaciones periódicas o continuadas".

Se distingue de la compraventa en que es un contrato de tracto sucesivo, mientras aquel es de carácter instantáneo; también el contrato de suministro puede tener por objeto la prestación de servicios y la compraventa solo la transacción de bienes muebles e inmuebles, esto se desprende de la interpretación del artículo 119 de la LACAP que estipula: *tendrá por objeto la adquisición o arredramiento de bienes muebles mediante una o varias entregas por el contratista*, en relación al artículo 88 letra b) del RLACAP.

También en este contrato queda comprendido el suministro de bienes, servicios técnicos, profesionales y de mantenimiento relacionado con el patrimonio de las instituciones, así como los servicios de vigilancia, limpieza u otros similares. Además, el artículo 89 letra a) del RLACAP estipula estarán en dicho objeto los bienes muebles que deben de destinarse para la complementación de obras públicas.

Estos contratos se celebran de acuerdo con la política anual de adquisiciones y contrataciones y el plan anual de compras públicas y suministros, presentados por la UACI de cada institución pública, según lo establece el artículo 119 de la LACAP.

C. *Contrato de obra pública*

Es aquel que tiene por objeto la realización de obras, construcciones de beneficio o interés general, sea mediante la alteración del terreno o del subsuelo, edificación, remodelación, reparación, demolición o conservación, o por cualquier otro medio. También constituyen obras públicas las *obras preventivas*[103] o aquellas para atender las necesidades en caso de *estados de emergencia*, que busquen mitigar riesgos, restablecer conexiones viales o realizar cualquier obra o construcción necesaria para reducir la vulnerabilidad frente a fenómenos naturales, esto de conformidad a los artículos 104 de la LACAP y 87 del RLACAP.

En las obras públicas que la Administración deba construir o reparar se deben contar por lo menos con tres componentes: *a)* el diseño; *b)* la construcción; y *c)* la supervisión. Por regla general cada fase de la obra deberá realizada por personas naturales o jurídicas diferentes, por excepción, la Administración podrá acordar que las dos primeras fases sean ejecutadas por el mismo empresario, previa licitación. Pero nunca debe concertarse la ejecución con la empresa que haya realizado el diseño la ejecución de la obra, *"so pena de nulidad"*, según lo dispone el artículo 106 de la LACAP.

En el contrato de obra pública se acordará a precio firme toda la obra o, en casos complejísimos, se podrá establecer a precio firme la superestructura y a precio unitario la subestructura o las obras a ejecutarse en el subsuelo.

En el primer caso se prohíbe la introducción de órdenes de cambio y ajustes de precio, salvo en los casos de fuerza mayor y caso fortuito. Respecto en lo pactado a precio unitario se pagará por obra ejecutada, donde tampoco podrá modificarse por órdenes de cambio y no excederá del veinte por ciento de lo pactado a precio unitario (artículo 105 de la LACAP).

En cada proyecto, previo a formalizar el contrato, el contratista deberá obtener los permisos del Ministerio del Medio Ambiente, Ministerio de Salud Pública y de la municipalidad correspondiente donde se desarrollará la obra pública, entre otros que fuesen necesarios. Además, de un estudio previo de factibilidad y cualquier otro requisito establecido en las bases de licitación.

El contratista queda obligado a cumplir con la programación aprobada para la ejecución de la obra prevista en las diferentes etapas del proyecto, las cuales serán supervisadas por el administrador del contrato; siendo una facultad de la Administración otorgar o no las prórrogas necesarias para finalizarla.

---

[103] A manera de ejemplo, es interesante señalar lo que establece artículo 35 letra e), de la *Ley de Protección Civil, Prevención y Mitigación de Desastres*, en cuanto a que establece como un derecho de las personas ante los desastres naturales, el solicitar a la Administración Pública, la construcción de obras necesarias para la prevención de siniestros que afecten sus vidas y su patrimonio.

Terminada y con las especificaciones técnicas correspondiente contenidas en las bases, adendas y en las cláusulas del contrato, la institución contratante procederá a la recepción provisional.

Transcurrido el plazo máximo de sesenta días puede producirse la recepción definitiva de la obra, siempre que se constate que no existen defectos o vicios ocultos, ante lo cual se levantará acta al efecto. Al acto deben concurrir los supervisores, administrador de contrato y funcionarios designados de conformidad a las bases de licitación y cláusulas contractuales. Practicada la recepción definitiva de la obra, la Administración devolverá al contratista la garantía de fiel cumplimiento, previa presentación de la garantía de buena obra, la cual será también liquidada una vez se compruebe en plazo correspondiente que no existen defectos, lo anterior según los artículos 111, 114, 116 y 117 de la LACAP.

D. *Contrato de consultoría*

El objeto de este contrato, según el artículo 123 de la LACAP, es adquirir servicios altamente especializados cuyo fin está centrado hacia el desarrollo de actividades eminentemente intelectivas, con la particularidad que los servicios están orientados al cumplimiento de cometidos vinculados a proyectos técnico, desarrollo y de inversión.

Entre tales servicios tenemos:

a) toma de datos, investigaciones y estudios para realizar cualquier trabajo técnico;

b) estudio y asistencia en la redacción de proyectos, anteproyectos modificación y otros, dirección, supervisión y control de ejecución de obras e instalaciones;

c) servicios de carácter intelectual no permanente, y;

d) cualquier servicio técnico, económico, industrial, comercial o cualquier otro análogo.

Para que la institución pueda contratar a una persona natural o jurídica en el carácter de consultor, el contratista deberá acreditar la capacidad académica, profesional, científica y experiencia de la persona quien prestará los servicios de consultor, según las especificaciones de las bases del concurso. Existe una limitación respecto a estos contratos cuando tenga por objeto el diseño, supervisión, control y dirección de la ejecución de obras e instalaciones, la Administración no podrá adjudicarla a las mismas personas naturales que estuvieren ejecutando contratos de obra pública, ni a las empresas vinculadas jurídicamente a estas, o en las que el contratista pueda ejercer directa o indirectamente una influencia dominante por razón de su calidad de propietario, accionista, y otras similares, *"so pena de nulidad"* de acuerdo a los artículos 123, 124 y 125 de la LACAP.

Al igual que el contrato de suministro el consultor responde por los daños y perjuicios provenientes de defectos e insuficiencias técnicas del proyecto o por errores materiales, omisiones e infracciones de normas técnicas o preceptos legales y reglamentarios, cuestiones técnicas establecidas en las bases del concurso correspondiente (artículo 129 de la LACAP).

E. *Contratos de concesión*

La concesión constituye una técnica administrativa que permite la participación del sector privado en el desarrollo de actividades tradicionalmente identificadas, por su finalidad de aprovechamiento general, como tareas del Estado, pero que Administración pública no puede cumplir en forma directa, sobre todo por razones financieras.

Su objeto es de interés general, donde manda a que un contratista por su cuenta y riesgo y en sustitución del Estado preste un servicio público o pueda usar, aprovechar y explotar bienes del dominio público, de acuerdo con el régimen específico respectivo, a cambio del cobro a los usuarios de una remuneración que puede consistir en las tarifas o beneficios que perciba por la utilización del bien[104].

En sentido estricto, por concesión se entiende el acto jurídico mediante el cual se transmite a un particular, en casos de interés general y por tiempo determinado, una habilitación para que por su cuenta y riesgo y en sustitución del Estado preste un servicio público o pueda usar, aprovechar y explotar bienes de dominio público. En ese mismo sentido, la Sala de lo constitucional expresa que es un acto de naturaleza contractual que no puede ser modificado de manera unilateral por la Administración, destinado a establecer ciertas ventajas económicas personales, asegurar la remuneración del

---

[104] Así lo expresa la Sentencia de inconstitucionalidad del 27 de julio de 2012, referencia 28-2008.

concesionario, propiciar nuevas inversiones para mejorar el servicio o bien concesionado y proteger los intereses legítimos del particular, aunque sin dejar de subordinar los poderes de este a las obligaciones que en la materia impone la ley[105].

Analicemos cada uno de los contratos de concesión que se encuentran regulado por la LACAP.

a. *Contrato de concesión de obra pública*

Este contrato tiene por objeto que la institución administrativa correspondiente concede a una persona natural o jurídica, para que, por su cuenta y riesgo, proceda a construir, edificar, mejorar, reparar, remediar, mantener u operar cualquier bien inmueble a cambio de la explotación de un servicio público a que fuere destinada.

Respecto a este tipo de concesiones el ordenamiento jurídico constitucional implícitamente reconoce dos tipos, a saber:

1) la concesión para explotar bienes de uso público. Que habilita un uso privativo o especial del dominio público, de modo que el acto concesional permite al concesionario la utilización del bien e impone la correlativa prohibición a los demás de aprovecharse de él en forma directa.

Esta concesión busca compatibilizar el interés público en la conservación y protección del dominio con el interés privado de su explotación, tal como se pretendía con el Sistema de Transporte del Área Metropolitana de San Salvador (SITRAMSS)[106].

2) concesión de obras públicas. En esta no se otorga la explotación de un mero bien público, sino una remodelación, construcción, instalación, equipamiento de infraestructura, que puede o no estar radicada en un bien de uso público y haber sido construida o no por el mismo particular, dicho de otra manera, su objeto es la ejecución de la construcción de la obra pública, pero no una concesión de obra, pues lo relevante es la habilitación para la gestión económica de esa obra.

También es de aclarar que las obras en que puede recaer esta modalidad de concesiones se extienden al uso del subsuelo y los derechos de construcción en el espacio, sobre los bienes nacionales de uso público o municipal destinados a ello. Finalizado el plazo de la concesión, la persona concesionaria se obliga a entregarla al Estado, a través de la institución correspondiente, la propiedad de la obra en las condiciones adecuadas para la prestación del mismo servicio, según el artículo 131 de la LACAP.

Los artículos 120 y 131 ordinal 30° de la Constitución establecen requisitos que deben cumplirse para determinar la validez de las concesiones de puertos, ferrocarriles y aeropuertos y otras obras análogas. Se exige una intervención directa y singular de la Asamblea Legislativa, de modo que no es admisible una aprobación anticipada, general y abstracta de las condiciones de concesión. Deben ser temporales o sujetas a un plazo definido tal como lo manda la constitución.

Además, han de desarrollarse taxativamente sus aspectos elementales, atendiendo a la naturaleza de la obra y de las inversiones requeridas, de ahí que para fijar dichas circunstancias debe observarse el principio de proporcionalidad y razonabilidad.

Estos requerimientos reciben una autorización legislativa en el artículo 134 de la LACAP, dado que se prevé que en las concesiones de obra pública las bases deberán ser presentadas a la Asamblea Legislativa para su aprobación y contendrá como mínimo las condiciones básicas de la concesión y el plazo correspondiente. Estas especificaciones suelen hacerse por medio de una ley, así como aconteció con la "*Ley de Concesión de la Terminal Portuaria Multipropósito Especializada en Contenedores, Fase I, del Puerto de la Unión Centroamericana*", departamento de La Unión.

Por otro lado, en la ejecución del contrato, si sucede la muerte o quiebra del concesionario o de extinción de la sociedad concesionaria, antes del vencimiento del plazo contractual, la Administración tiene el derecho prioritario de adquirir la obra mediante el pago por el del valor de la obra a precio corriente de mercado, una vez deducida la depreciación de la misma y el retorno de la inversión de acuerdo a los registros en los libros contables, este pago deberá hacerse a plazos.

Finalmente, cuando la obra no hubiera sido terminada por culpa imputable al concesionario, la institución tendrá la opción de terminarla o de otorgar la concesión a otra persona natural o jurídica, a través de licitación pública según el artículo 145 de la LACAP.

---

105 Véase sentencia de inconstitucionalidad citada en la nota anterior, referencia 28-2008.

106 Véase al respecto, la sentencia de inconstitucionalidad del 5 de junio de 2019, referencia 37-2015.

b. *Contrato de concesión de servicio público*

Es el contrato de concesión donde un ente de la Administración encomienda a una persona natural o jurídica (que no sea de Derecho público) la gestión de un servicio público, de forma temporal, bajo la vigilancia y control del ente concesionario. Más bien es un acto jurídico de Derecho público por el que las Administraciones Públicas encomiendan a una persona, natural o jurídica, la prestación de una actividad técnica dirigida a satisfacer necesidades colectivas de interés general, gestión que se regulará por la ley y las disposiciones especiales del referido servicio.

En este contrato la Administración otorga *actividades prestacionales* a sujetos privados, donde ellos actúan como concesionarios de los servicios públicos. Estas actividades suelen ser de recolección de desechos sólidos, sanitarias asistenciales, de transporte, entre otras. En este sentido, la Sala de lo Constitucional ha expresado, en el caso del SITRAMSS, que la prestación de servicios públicos en ocasiones está precedida de forma coetánea del aprovechamiento de bienes de uso público, como las carreteras, en donde se involucra la gestión del servicio de transporte de pasajeros, con independencia de su naturaleza pública o privada, máxime si lo hace obteniendo una ventaja por el uso preferente de una vía pública, tal como sucedió con el SITRAMSS[107].

Por otro lado, el artículo 112 constitucional estipula que, cuando los servicios concesionados no se presten en buena forma, podrán ser asumidos por el Estado y, en consecuencia, extinguir el contrato como forma de *rescatar* el servicio público. Es con base en esa facultad que la Administración puede proceder, cuando el servicio de transporte público no es prestado por los concesionarios de forma debida, o cuando estos incumplan las condiciones de la concesión, como subir el precio o la tarifa del pasaje de transporte, a su cancelación o revocación.

Nótese que en estos casos los concesionarios no actúan explotando un servicio propio, sino que colaboran con la Administración pública para poder movilizar a la población de los distintos lugares de destino. Finalmente, los plazos y demás condiciones se determinan de acuerdo al contrato correspondiente, según el artículo 131- bis de la LACAP.

5. *Contrato de concesión de recursos naturales y subsuelo*

En este tipo de concesiones la LACAP, determinó que la regulación se haría por medio de leyes especiales, por ejemplo: Ley General de Electricidad; Ley de Minería; Ley del Medio Ambiente y su reglamento, y la Ley Forestal y su reglamento. Cuando se trate de concesionar el subsuelo para fines de explotación energética o para otros fines de interés general, siempre respetando los principios ambientales de prevención, precaución y desarrollo sostenible.

Esta concesión tiene como finalidad otorgar a los contratistas la explotación de un bien de uso público, ya sea para la prestación de un servicio público o para fines de utilidad general. En principio, en virtud de las leyes antes referidas, se entendía que entes administrativos, por ejemplo, la Superintendencia General de Electricidad y Telecomunicaciones era la faculta para dar dichas concesiones, tal como prescribía la *Ley General de Electricidad* (artículo 5) y su reglamento (artículo 12).

Esta interpretación errónea fue corregida a raíz de la declaratoria de inconstitucionalidad de parte de la Sala de lo Constitucional de las disposiciones antes referidas, que regulaban la competencia de la referida Superintendencia, para concesionar el subsuelo para explotación de energía geotérmica. La referida sentencia reafirmó que el subsuelo tiene el carácter de bien de uso público, según el artículo 103 constitucional y determinó que, para su explotación, aprovechamiento o usufructo debe ser autorizado por la Asamblea Legislativa en virtud que es destinado a la utilidad general. Por lo cual, hizo una interpretación sistemática con el artículo 233 de la Constitución, equiparando las concesiones de obra pública o de dominio público reguladas en el artículo 120 y 131 ordinal 38 de la Constitución, por contener análogas finalidades.

En consecuencia, por encontrarse en las mismas condiciones las concesiones del subsuelo que otorga el Ministerio de Economía la explotación y aprovechamiento de la minería o hidrocarburos deberán seguir el mismo procedimiento estatuido en los referidos artículos constitucionales[108].

---

107 Sentencia citada en nota anterior, referencia 37-2015.

108 Véase la sentencia de inconstitucionalidad de 27 de junio de 2012, referencia 28-2008.

F. *Contrato de arrendamiento de bienes muebles*

Haciendo una interpretación sistemática con el artículo 2 de la *Ley de Arrendamiento Financiero*, puede definirse "como aquel contrato, donde el arrendador concede el uso y goce de determinados bienes, muebles e inmuebles, por un plazo de cumplimiento forzoso al arrendatario, obligándose este último a pagar un canon de arrendamiento y otros costos establecidos por el arrendador." Al final del plazo estipulado el arrendatario tendrá la opción de comprar el bien a un precio predefinido. Según el artículo 18 de la LACAP, el monto base de la contratación se establece de acuerdo al precio del mercado local y, además, cuando se trate de arrendamiento de bienes muebles con opción de compra, el plazo del contrato debe estar dentro de los límites del ejercicio presupuestario. Al finalizar el contrato, es potestad de la institución contratante ejercer la opción de compra por el valor inicialmente pactado o devolver el bien.

Los objetos amparados por estos contratos deben estar sujetos a las estipulaciones del buen uso de los bienes del Estado, según los artículos 145 de la LACAP, los criterios técnicos para la evaluación, entre los que se encuentran: precios de mercado, condiciones de pago, condiciones de mantenimiento y reparación, cantidades disponibles o facilidad de movilización o transporte, según los artículos 92 y 93 del reglamento de la LACAP.

6. *Formas para resolver conflictos derivados de los contratos administrativos*

A. *Consideraciones previas*

La denominada crisis de la justicia por la lentitud de los procesos judiciales que se tramitan ante las diversas jurisdicciones ordinarias ha conllevado a un quebrantamiento del derecho constitucional de *"tutela judicial efectiva"*. Esto ha traído la necesidad de introducir *medios alternos de solución de conflictos*, entre los que figura el *trato directo* y *el arbitraje*, con el fin de obtener una mayor celeridad y prontitud en la solución de una controversia.

En El Salvador la institución jurídica del arbitraje en principio no tenía aceptación como método para solucionar sus litigios, siendo muy pocos los casos que fueron sometidos y resueltos, –salvo en materia laboral– y de manera especial los conflictos derivados de los contratos administrativos generalmente se sometían a la jurisdicción ordinaria.

El arbitraje estaba regulado en el extinto *Código de Procedimientos Civiles*, en el *Código de Comercio* y en la *Ley de Procedimientos Mercantiles*, teniendo como requisito indispensable la intervención judicial desde el nombramiento y juramentación de los árbitros hasta la ejecución del laudo arbitral, existiendo demoras y no siendo un estímulo para las partes.

La LACAP fue pionera en impulsar el arbitraje como mecanismo para resolver las controversias, en el Título VIII, Capítulo I, de la misma determinó el arreglo directo y el arbitraje de "árbitros arbitradores", como mecanismos para resolver disputas derivadas de la ejecución de los contratos administrativos. Este arbitraje estaba sujeto a algunas reglas especiales, pero en concordancia con la extinta normativa de los *Códigos de Procedimientos Civiles y Comercio, y la Ley de Procedimientos Mercantiles*.

Posteriormente en el año 2002 al crearse *la Ley de Mediación, Conciliación y Arbitraje*, se consolida el arbitraje, caracterizándose por ser un procedimiento privado e informal, por el que las partes acuerdan someter determinada disputa a una o varias personas imparciales -árbitros- a las que autorizan para que resuelvan la controversia mediante una decisión definitiva y obligatoria para las partes[109]. La referida ley propuso como los principales objetivos modernizar los procedimientos de resoluciones alternas de conflictos (RAC), de acuerdo con las normas internacionales buscando su eficacia.

Con la referida ley se consolidó la *justicia arbitral*, fundamentalmente en el ámbito administrativo porque la mayoría de conflictos se sometían como regla general a los medios alternos de resolución de conflictos, llevándolos a ser expeditos para solucionar los problemas presentes en la ejecución de los contratos administrativos, no solo porque se deslindó de la jurisdicción ordinaria, sino también porque su control estaba excluido de la jurisdicción, salvo cuando se tratare de pedir la nulidad del *"laudo arbitral"*, a través del respectivo recurso. En principio, de la LACAP se desprendía que cuando una

[109] Jinesta Lobo, E., y Milano Sánchez, A., *El arbitraje en el derecho público (análisis del arbitraje desde el derecho constitucional y administrativo)*, Editorial jurídica continental, San José de Costa Rica, 2008, p. 15.

disputa se sometiese al arbitraje, era imprescindible el consentimiento de ambas partes, según el artículo 23 de la Constitución, sobre el ejercicio del *derecho a la libertad contractual*. Una vez que las partes habían pactado el sometimiento a arbitraje, cada parte estaba vinculada en virtud de la *cláusula compromisoria*.

En efecto, al arbitraje se sometía a los puntos sin avenencia con el "trato directo" o bien todos los puntos si existiere acuerdo parcial. Para ello era necesario determinar el tipo de arbitraje en el convenio correspondiente, según el artículo 165 de la LACAP.

B. *Modificación de los mecanismos alternos para resolver conflictos*

Pese al avance de la justicia arbitral en materia administrativa, en el año 2009, de forma inesperada, la Asamblea Legislativa realizó reformas a la regulación del arbitraje, adicionando el artículo 66-A al contenido de la Ley de Mediación, Conciliación y Arbitraje, además reformó el artículo 161 de la LACAP. Se prescribió en ambas disposiciones que los "laudos arbitrales", fuesen apelables ante las cámaras de segunda instancia en materia civil del territorio donde se dictaba el laudo, esta competencia se modificó con la entrada en vigencia de la nueva LJCA de 2018, que dispuso en el artículo 13 que los Laudos Arbitrales serán "apelables" ante las Cámaras de lo Contencioso Administrativo.

También en el año 2011 se determinó como regla general que las disputas provenientes de los contratos administrativos se sujetarían a sede judicial (en aquel momento a la jurisdicción civil, hoy contencioso administrativo) y que, salvo pacto en contrario, por compromiso de las partes podrán sujetarse a las reglas del *arbitraje de Derecho*. Teniendo el arbitraje su regulación de manera optativa, la Administración puede incluir la cláusula compromisoria en el contenido de los contratos administrativos.

Todas estas reformas fueron impugnadas por el sector empresarial ante la Sala de lo Constitucional, aduciendo que vulneraba el contenido del artículo 23 de la Constitución, ya que la reforma alteraría la Ley Conciliación, Mediación y Arbitraje y, como consecuencia, dejaría de ser un cuerpo unificado, sistemático y coherente de los principios y elementos que desarrollan la garantía de la opción voluntaria de someterse al arbitraje. Señalando, además, que el convenio arbitral implicaba la renuncia de las partes a iniciar un proceso judicial sobre las materias o controversias sometidas al arbitraje.

De igual forma, se argumentó que lo prescrito en los artículos 161 y 165 LACAP, transgredían el contenido del artículo 3 de la Constitución en lo atinente al derecho de igualdad, porque los arbitrajes involucrando al Estado serían exclusivamente de Derecho, lo cual suponía ir más allá de la sola vulneración al artículo 23 Constitucional, toda vez que trascendía a la afectación del derecho de igualdad en la formulación de la norma, dado que no se creaba un parámetro de diferenciación válido que ubique a los particulares cuando contratan con el Estado.

En consecuencia, la Sala de lo Constitucional[110] determinó que: "el derecho regulado en el artículo 23 de la Constitución se establece por antonomasia la libertad de elegir la modalidad o la tipología de árbitros que habrán de resolver la controversia actual o eventual que surja entre ellas.

Naturalmente dicha libertad no es absoluta, puesto que, por razones de trascendencia constitucional, puede estar justificada su limitación. De esta forma, y atendiendo a la diversidad de circunstancias en que el arbitraje puede funcionar, de ahí sostiene la justificación del *arbitraje de derecho*, en materia administrativa".

Además de lo anterior, en el caso de los actos llevados a cabo en el ejercicio de una aplicación no judicial del Derecho, entiéndase "arbitral", que no fuese controlable *ex post* por los jueces, sería incompatible con lo prescrito por el artículo 172 inciso 1 de la Constitución debido a que una decisión irrevocable solo puede dictarla un juez a quien se le asegura un *status* de imparcialidad e independencia. Finalmente, acotó que, en el caso del arbitraje, institución influida por el principio de autonomía de la voluntad -artículo 23 de la Constitución-, la revisión de los laudos está sujeta a lo que las mismas partes hayan acordado en el convenio en referencia, al haberlo aceptado como alternativa para solucionar su controversia.

En síntesis, el arbitraje en materia administrativa debe ser *Derecho y/o técnico*, siendo potestativo para la Administración su inclusión en el contenido del contrato. Aunque, existe la posibilidad, cuando se

110 Véase la sentencia de inconstitucionalidad del 30 de noviembre de 2011, referencia 11-2010.

excluya, según el artículo 4, literal b) de la LACAP, fundado en un empréstito voluntario internacional que establezca la *obligatoriedad* que los conflictos derivados de la ejecución del contrato administrativo sean resueltos por el arbitraje u otra forma alterna de resolverlo.

VII. CONTROL CONTENCIOSO ADMINISTRATIVO DE LOS ACTOS, ACTUACIONES Y OMISIONES DE LA ADMINISTRACIÓN

1. *Ideas generales*

El sistema de justicia administrativa, contencioso-administrativo, Derecho procesal administrativo, como suele denominarse en los diversos trabajos y documentos doctrinales, siempre ocupa un lugar importante en todos los manuales de Derecho administrativo y, por tanto, en el nuestro tampoco será la excepción. Es por ello que en el presente capítulo nos referiremos a cómo se ha construido y evolucionado los diversos sistemas contenciosos administrativos, como mecanismos de control jurisdiccional de los actos, actuaciones u omisiones de la Administración gravosos a los derechos subjetivos de los ciudadanos[111].

En este sentido, en este capítulo desarrollaremos principalmente cómo el Derecho procesal administrativo se ha construido en la justicia salvadoreña desde sus primeros resabios, pasando por la promulgación de la primera LJCA de 1979 que suscitó la conformación de la Sala de lo Contencioso Administrativo en 1980 que por medio de su jurisprudencia, fundamentalmente posterior a los Acuerdos de Paz de 1992, produjo significativas líneas interpretativas coadyuvantes a la consolidación del Derecho administrativo en las principales escuelas de Derecho en El Salvador.

Posteriormente, haremos hincapié de los cambios introducidos desde la segunda LJCA en vigencia el 2018, que organizó y estructuró una nueva jurisdicción contencioso administrativa, ampliando el ámbito de competencia de la referida jurisdicción, instituyendo un nuevo modelo procesal adversativo oral y mixto. Que, no obstante, no agilizó la justicia administrativa, después de par de años, revelando la necesidad de hacer cambios importantes para optimizar y agilizar el proceso contencioso administrativo y cumplir con el derecho de protección jurisdiccional.

2. *Sistemas contenciosos administrativos*

A. *Consejo de Estado francés*

Al proclamarse la Revolución francesa y decretarse la "*Declaración de Derechos del Hombre y del Ciudadano en 1789*", que contendría los principios elementales del nuevo sistema de libertades públicas vedadas en el régimen de absolutista, se planteó la necesidad de controlar los actos dictados por la Administración. Aunque en principio predominó la idea de que los actos de la Administración fueran controlados por ella misma, por la desconfianza que existía hacia los tribunales de la época, que no estaban a favor del nuevo sistema.

Por ello se creó el Consejo de Estado el cual ha transitado por dos etapas principales, a saber: *a) sistema de competencia retenida* (1789-1872), aquí el Consejo de Estado se organiza como dependencia del Poder Ejecutivo y como un organismo consultivo de este[112]. No constituyó un sistema de control

---

[111] Barnes, J., *Transformaciones del Derecho Administrativo contemporáneo y el control judicial de la administración pública*, en *AA. VV., Justicia contenciosa administrativa*, obra coordinada por don Jorge Fernández Ruiz, Publicación del Instituto de Investigaciones Jurídicas/UNAM, Ciudad de México, 2014, p. 339, sostiene que la justicia administrativa es el broche de cierre de la división de poderes, representa la coronación del Derecho a la tutela judicial efectiva según los sistemas contenciosos, porque permite hacer frente a la soberanía del Ejecutivo, de hecho su verdadera razón es embridar el poder con el Derecho, porque la defensa de los derechos de los ciudadanos depende de su defensa judicial en caso de los diversos conflictos con los órganos administrativos.

[112] Las normas legislativas que crearon la jurisdicción *contencioso-administrativa provenían del Decreto del 22 de diciembre de 1789, que establecía lo siguiente: "las administraciones de departamentos de distrito no podrán ser perturbadas, en el ejercicio de sus funciones administrativas, por ningún acto del poder judicial"*. A su vez, esta norma fue consagrada en el artículo 3° de la Constitución francesa de 1791, que estipulaba: "Los tribunales no pueden intervenir en las funciones administrativas o citar ante ellos a los agentes de la Administración, por razón de sus funciones*"*. Posteriormente, estas directrices fueron ratificados por la *Ley del 16 de Fructidor del año III* (2 de septiembre de 1795), donde se dispuso, que: *"Se prohíbe intervenir a los tribunales de conocer los actos de la*

judicial sino un simple autocontrol administrativo, por ello se llamó *justicia retenida*, pues quedó en manos de la Administración (retuvo) lo que era objeto de enjuiciamiento, aunque ello resultara ser una contradicción en virtud que "*nadie puede ser juez de su propia causa*".

Es hasta el año 1872 que se implementa el *sistema de justicia delegada*; ahí el Consejo de Estado cambia su competencia, a fin juzgar plena y soberanamente en materia contenciosa administrativo[113]. Se transforma en un tribunal de naturaleza imparcial y sus potestades se vieron mejoradas con las reformas de 1953 y 1987. En tales reformas se sustituyeron los "*Consejos de Prefectura*" por tribunales administrativos, añadiéndose Tribunales de Apelación. Aunque no se encontraban integrados orgánicamente al Poder Judicial francés, el sistema contencioso administrativo quedó jerarquizado con preeminencia del Consejo de Estado[114]. Resáltese que uno de los grandes aportes ineludibles del Consejo de Estado francés debe al aporte jurisprudencial y doctrinal en la construcción científica del Derecho administrativo[115].

B. *Modelo anglosajón*

Este modelo se caracteriza porque es la jurisdicción ordinaria la que otorga solución a las controversias contra la Administración pública, utilizando los mismos procedimientos y Derecho material aplicables a los conflictos entre los particulares. Es el que predomina en los países anglosajones que pertenecen al sistema de Derecho inglés o del *common law,* y tiene su fundamento histórico en el hecho de que en estos países -a diferencia de los que siguieron la tradición francesa- no se desarrolló un derecho material propio para la Administración[116]. El modelo se ha visto atenuado por la aparición de auténticas jurisdicciones administrativas, lo que permite constatar un quiebre del tradicionalismo anglosajón y un acercamiento al sistema de justicia administrativa. Resulta que los tribunales administrativos británicos, a inicios del siglo XX, tenían como función solucionar litigios en determinadas materias, como los impuestos, inmigración, seguridad social, pensiones y educación, y durante mucho tiempo funcionaron no como verdaderos órganos jurisdiccionales, sino más bien integrados dentro de la propia Administración. Es hasta que la *Tribunals and Courts Enforcement Act de 2007,* los reconoció como parte integrante del sistema judicial[117] generando un sistema de control diferente.

---

administración de cualquier especie que ellos sean". Por tanto, los litigios en los cuales la Administración estaba interesada escapaban del conocimiento de los tribunales judiciales. Véase Arauz Sánchez, H., *Curso de derecho procesal administrativo: la jurisdicción contenciosa administrativa en panamá*, Universal Books, Panamá, 2004, p. 61-64.

113 La expresión contencioso-administrativa procede desde los orígenes de la Revolución Francesa, el término une dos conceptos opuestos: contencioso y administrativo. El vocablo "contencioso" significa contienda -cuando se comenzó a utilizar en Francia se le entendía como litigio-. La palabra *administrativo*, sustantivación de la Administración, significa dirección ejecutiva de personas y cosas -cuando comenzó a usarse en Francia representaba la materia correspondiente a esta clase de litigio-. Por ello, en su origen, la prenombrada expresión significó *"litigio administrativo"*, pero, como debían tramitarse ante órganos que formaban parte de la administración pública, se llamó "contencioso administrativo". La denominación es confusa, pero ha sido aceptada por los diferentes ordenamientos jurídicos administrativos. Al respecto, consúltese al profesor argentino Hutchinson, T., *Derecho Procesal Administrativo*, Tomo I, Rubinzal-Culzoni, Santa Fe, 2009, p. 44, determina los diferentes sentidos del término "contencioso administrativo". a) sentido orgánico: conjunto de tribunales contenciosos administrativos; b) sentido funcional: actividad desarrollada por los tribunales contenciosos administrativos; c) sentido material: como sinónimo de materia o competencia contenciosa administrativa; d) sentido instrumental: medios procesales que la persona pueden utilizar para hacer valer sus derechos, y e) sentido normativo: como sistema de normas que regula los procesos jurisdiccionales para resolver conflictos sometido a la competencia contenciosa administrativa.

114 Véase la insigne obra del profesor colombiano Guecha Medina, C. N., *Derecho procesal administrativo*, Ibáñez, Bogotá, 2016, p. 36.

115 Véase al respecto García de Enterría, E., y Ramón Fernández, T., *op. cit.*, p. 83; Santamaría Pastor, J. A, *op. cit.*, Volumen I, p. 166-167; Vedel, G., *op. cit.*, 1980, p. 46. En la doctrina latinoamericana Cassagne, J. C., *Derecho administrativo…cit*, p. 174. Manifiestan todos estos autores que la jurisprudencia administrativa dictada por el Consejo de Estado francés en la formación del Derecho Administrativo, ha jugado una función preponderante en la formulación de las principales instituciones, tales como: servicios públicos, responsabilidad del Estado, contratos administrativos, nulidades del acto administrativo, entre otras instituciones administrativas.

116 Véase Iturbe Rivas, A., *Elementos de Derecho procesal administrativo*, Porrúa, Ciudad de México, 2007, p. 68.

117 Véase Hutchinson, T., *Derecho procesal administrativo*, Tomo I, Rubinzal-Culzoni, Santa Fe, 2009, p. 64-84.

C. *Modelo judicialista*

Es el más acogido de los sistemas de justicia administrativa y tiene su origen en el Derecho alemán, con la creación de los primeros tribunales administrativos de los *Länders* en los años 60 del siglo decimonono. Dentro de este modelo pueden distinguirse dos subsistemas, a saber:

1) *Sistema judicialista dual.* Propugna la existencia de dos órdenes judiciales con similar jerarquía e independientes entre sí. Por un lado, el de jurisdicción común u ordinaria, encargada de resolver las controversias entre particulares, y una jurisdicción contencioso-administrativa competente para conocer y resolver los litigios que involucran a la Administración pública.

Los ejemplos típicos de este tipo de sistema son Alemania, Italia, Finlandia, Austria, Portugal, Grecia y Colombia, aunque en el caso italiano los tribunales ordinarios también conocen de los conflictos contra la Administración, en el supuesto de que el objeto del proceso se refiera a la vulneración de los derechos subjetivos, reservándose la jurisdicción de los tribunales administrativos para la protección del interés legítimo.

2) *Sistema judicialista monista.* Prevalece la unidad de jurisdicción y los conflictos jurídicos administrativos se encuentran atribuidos a los propios tribunales ordinarios, pero a través de salas o juzgados especializados en lo contencioso administrativo. En estos casos, la solución de los conflictos administrativos se aplica el derecho sustantivo propio de la Administración y existen, asimismo, reglas de Derecho procesal administrativo[118]. Es el modelo establecido en España, El Salvador, y en la mayor parte de Latinoamérica[119], a excepción de México que tiene un sistema mixto de tribunales administrativos adscritos a los Poderes Ejecutivos estaduales -salvo el Tribunal Federal de Justicia Administrativa, que es un órgano autónomo-, que posteriormente son fiscalizados por medio de tribunales judiciales y en otras ocasiones por medio del amparo constitucional[120].

3. *Desarrollo de la jurisdicción contencioso administrativa en El Salvador*

A. *Antecedentes*

El surgimiento de la jurisdicción contenciosa administrativa en El Salvador es tardío, a pesar de que la Constitución de 1824, que da vida al Estado salvadoreño, aludía a la creación de los tribunales administrativos, pero no se erigió ninguno al respecto. Más de un siglo después, en la Constitución de 1939 promulgada en la dictadura militar del general Maximiliano Hernández Martínez, se estableció en el artículo 77 ordinal 17 como atribución de la Asamblea Nacional erigir jurisdicciones y elegir funcionarios que, a nombre de la república, conocieran, juzgaran y sentenciaran en toda clase de asuntos administrativos, es decir, tribunales administrativos[121].

Seguidamente con la Constitución de 1950 se estatuyó en el artículo 46 ordinal 13 que correspondía al Poder Judicial conocer en toda clase de asuntos administrativos. Esa disposición fue retomada exactamente igual en el artículo 47 ordinal 13 de la Constitución de 1962. La necesidad de la jurisdicción contenciosa administrativa para el constituyente era evidente, porque el quehacer de la Administración se multiplicaba cada día al crecer la necesidad de satisfacer los fines estatales y estaba sujeta a arbitrariedades. Lo anterior, aunado a los regímenes dictatoriales militares, donde era frecuente el quebrantamiento de la ley en detrimento de los derechos de los ciudadanos y, consecuentemente la imposibilidad de un verdadero Estado Constitucional Democrático de Derecho[122], hizo imperioso crea un tribunal competente en materia Administrativa.

---

118 Véase de manera amplia la obra de Marchego Acuña, B., *Fundamentos de la justicia administrativa*, UNIJURIS, La Habana, 2017, p. 27.

119 Véase González Pérez, J., *Evolución de la Jurisdicción Contenciosa Administrativa*, en "Revista de Administración Pública", número 150, 1999, p. 209 y ss.

120 Véase Durán Martínez, A., *Contencioso administrativo*, 2ª edición, Fundación de Cultura Universitaria, Montevideo, 2015, p. 15.

121 Véase la monografía para adquirir el grado de doctor en Jurisprudencia y Ciencias Sociales en la Universidad de El Salvador de Tenorio, J. E., *El Contencioso Administrativo en El Salvador*, 1970, otrora presidente de la Corte Suprema de Justicia en el periodo de 1997 al 2000.

122 El Salvador no se escapó de la influencia del modelo francés, ya que en 1960 se crea el Tribunal del Servicio Civil, -existente a la fecha- como un ente competente para ventilar los conflictos administrativos derivados de la función

B. *Ley de 1979*

Con la iniciativa del Ministerio de Justicia[123], el Poder Judicial de la época y el apoyo de las Federaciones de Abogados se presentaron varias propuestas de Proyectos de Ley de la Jurisdicción Contenciosa Administrativa[124]. Después de estudiar las mismas la Asamblea Legislativa dictó la Ley de la Jurisdicción Contenciosa Administrativo el catorce de noviembre de 1978, con vigencia desde el uno de enero de 1979. Se erigió la Sala de lo Contencioso de lo Administrativo adscrita a la Corte Suprema de Justicia, conformada desde sus inicios por tres Magistrados. Al entrar en vigencia la actual Constitución de 1983 el artículo 172 ratificó el modelo al expresa que la "*potestad del Órgano Judicial de juzgar y hacer ejecutar lo juzgado en materia (...) de lo contencioso administrativo (...).*

La creación de la Sala de lo Contencioso administrativo constituyó por vez primera una jurisdicción especializada pero centralizada, por ser el único tribunal jurisdiccional donde los administrados podían impugnar los actos administrativos que consideren ilegales y gravosos. Se constituyó como el único tribunal con competencia exclusiva de resolver de manera estricta sobre la legalidad y anulación de actos administrativos[125].

Por ello podríamos afirmar que la jurisdicción contencioso administrativo inicialmente fue de *carácter dual*, porque la mayoría de las actuaciones y omisiones estaban sujetas a la jurisdicción civil, tales como: contratos administrativos y la responsabilidad patrimonial del Estado, mientras que la inactividad material de la Administración y la vía de hecho, entre otras actuaciones y omisiones, en su momento fueron controlados por la jurisdiccional constitucional por medio del amparo. Actualmente existen muy pocos asuntos excluidos, por ejemplo, los actos derivados de aplicación de normas constitucionales, como lo desarrollaremos en *infra*. El proceso instaurado por la primera LJCA era de carácter estrictamente escrito, el trámite era muy lento, hasta algunos llegaron a tardar hasta de diez años para dictar sentencia definitiva; además solo reguló la suspensión del acto administrativo como única medida cautelar y tuvo que ser la jurisprudencia la que ampliase la tutela cautelar hasta el año 2014.

---

pública. Cuando se crea la derogada LJCA en el artículo 4, letra d), excluía que sus actos no fueran sometidos a la Sala de lo Contencioso Administrativo, conformándose una especie de *justicia administrativa retenida*. Es hasta que la referida Sala declara inaplicable en virtud del artículo 185 constitucional en el año 1998 dicha disposición, por considerar que sus actos tenían que estar sujeto a control jurisdiccional. Posteriormente la Sala de lo Constitucional declara la referida disposición inconstitucional de manera general y obligatoria en 2004, haciéndola extensiva, también, a los actos del Consejo Superior de Salud Pública.

123 Véase Cuestas, H. G., *Breve reseña histórica del establecimiento del tribunal contencioso administrativo*, en "Sentencias. Quince años de la Jurisdicción Contenciosa Administrativa", Publicaciones de la Corte Suprema de Justicia, San Salvador, 1995, p. I-IX.

124 Al respecto Oliva de la cotera, R., *Derecho administrativo*, S. E., 2013, p. 154, hace referencia a que existió un anteproyecto de LJCA, que acogía el modelo francés de Consejo de Estado, elaborado por el abogado Dr. Oscar Gómez Campos, los cual no tuvo aceptación en la Asamblea Legislativa, al final la incidencia de la LJCA española de 1958, redactada por los profesores Jesús González Pérez y Manuel Ballbé padre se impuso en el modelo salvadoreño, acogiendo un modelo judicialista centralizado. Para un mayor detalle puede verse la monografía para adquirir el grado de doctor en Jurisprudencia y Ciencias Sociales en la Universidad de El Salvador, intitulada: *El control jurisdiccional de la administración pública*, presentada por Oscar Gómez Campos en 1961.

125 En 1994 se reforma la LOJ, y se aumenta el número de Magistrados de la Corte Suprema de Justicia de catorce a quince, se recompone de cuatro magistrados-un presidente y tres vocales- para que constituyan la Sala de lo Contencioso de lo Administrativo (artículo 4 inciso 2 de la LOJ). En principio para que la Sala emitiera sentencia interlocutoria o definitiva se necesitaban los votos unánimes de los cuatro magistrados (artículo 14 inciso 2 de la LOJ). El magistrado que no estaba de acuerdo con la decisión debía razonar su voto y la Sala mandará a llamar a uno de sus magistrados suplentes para que conozca y resuelva sobre el asunto, a fin de que obtenga la unanimidad. Esto generaba el incidente de discordia, conforme a los artículos 12 y 14 de la LOJ, y artículos 197 y 220 del CPCM. (Como caso relevante véase sobre el tema, el auto interlocutorio de la Sala de lo Contencioso Administrativo del 13 de julio de 2007, referencia 164-P-2003, donde para decidir se mandó a llamar hasta tres suplentes, habiendo existido siete votos en una resolución interlocutoria, los Magistrados suplentes adujeron que conformaron Sala, queriendo hacer valer su criterio) Esto se modificó con la jurisprudencia constitucional, donde declara inconstitucional el artículo 14 inciso 2 de la referida LOJ, en virtud que la regla de la unanimidad, carece de justificación suficiente en relación con el carácter pluralista, deliberativo de la decisión judicial colegiada y con el derecho a una decisión judicial fundada y oportuna, lo cual contradice los artículos 2 y 186 inciso 3 de la Constitución. Por tanto, la regla de votación de la Sala de lo Contencioso de lo Administrativo cambia a tres votos para dictar una decisión de trámite y de fondo, y el Magistrado que no concurra con su voto tendrá que razonarlo, y solo deberá de llamarse a los suplentes cuando, no concurran los tres votos para deliberar como tribunal. (véase el contenido de la sentencia de inconstitucionalidad del 1 de marzo de 2013, referencia 8-2011).

C. *Ley de 2018*

Después de un largo valladar en mejorar la justicia administrativa en El Salvador, en el año 2017, es decir treinta y nueve años después de la primera LJCA, la Asamblea Legislativa promulgó una nueva, vigente desde el 31 de enero de 2018. El proceso paso de ser de escrito a un proceso mixto adversativo, porque se implementaron las audiencias orales y la aplicación de todos los principios que la regulan. Asimismo, se erigen una jurisdicción contencioso administrativa desconcentrada, creando inicialmente una Cámara de lo contencioso administrativo con la competencia territorial a nivel nacional y cuatro tribunales contenciosos administrativos, dos de los cuales tiene la competencia territorial en la zona paracentral y los otros dos en la zona oriental y zona occidental respectivamente. Posteriormente en el 2022, se crearon dos tribunales más de primera instancia para integrarse a la zona paracentral y la segunda Cámara de lo Contencioso Administrativo, con competencia a nivel nacional.

Por otra parte, las fuentes de donde el legislador tomó para elaborar el anteproyecto de 2017 son básicamente:

a) Ley de Reguladora de la Jurisdicción Contencioso Administrativo de 1998 de España, fundamentalmente en la extensión de la competencia material, ampliando el conocimiento del elenco de actuaciones y omisiones estipuladas en el artículo 3 de la LJCA, entre las que se encuentran: la actividad contractual; las actuaciones materiales constitutivas de vías de hecho; responsabilidad patrimonial por acciones u omisiones de los funcionarios públicos; la inactivad material de la Administración, y las actuaciones y omisiones de los particulares en calidad de concesionario, las cuales desarrollaremos en *infra.* Asimismo, extendió su competencia a las cuestiones prejudiciales e incidentales con el objeto del proceso contencioso administrativo que se ventilen, con excepción de las cuestiones de índole penal, según el artículo 2 de la LJCA;

b) Código Modelo de Derecho Procesal Administrativo de 2002 para Iberoamérica, que contiene en la actualidad los modelos procesales a seguir en los países para garantizar la tutela judicial efectiva, este documento fue elaborado y redactado por el profesor y jurista español Dr. Jesús GONZÁLEZ PÉREZ, que ha servido de base para muchas leyes en América Latina;

c) Principios procesales que acogen los procesos orales por audiencias propias del *Código Modelo de Derecho Procesal para Iberoamérica*, que viene trabajándose desde 1988 en Uruguay mismo que, junto con la Ley de Enjuiciamiento Civil española de 2000, sirvieron de base para el actual CPCM de 2010.

d) La LJCA en el artículo 123 hace un reconocimiento a la supletoriedad del CPCM, en cuanto fuere compatibles y no contraríe la naturaleza ni los fines del proceso contencioso administrativo. Esto implica que los jueces contenciosos administrativos no deberán de aplicar las reglas excesivamente formales del CPCM a la LJCA, sobre todo en el ejercicio al derecho a la jurisdicción y cualquier interpretación contraria al principio *pro actione.*

4. *Organización y competencia de la jurisdicción contencioso administrativo en El Salvador*

A. *Tribunales de Primera Instancia*

Los tribunales contenciosos administrativos conocerán de las cuestiones relacionadas personal del servicio de la Administración, extranjería y cuestiones municipales. En cuanto a la competencia de los servidores públicos, estarán sometidas las impugnaciones de actos administrativos sobre procedimientos de selección y nombramientos de empleados públicos, sanciones administrativas de diversa naturaleza aplicadas a estos. Los cuales pueden estar regulados por la Ley del Servicio Civil y otras muchas normativas especiales que regulan de forma dispersa a los servidores públicos. No estarán comprendidos al control contencioso los servidores públicos sujetos a la jurisdicción laboral, sea por contrato individual o colectivo de trabajo, en virtud del artículo 2 del Código de Trabajo, es decir, los que estén contratados por el sistema de planilla o jornal.

De igual manera, las resoluciones jurisdiccionales que se deriven de la aplicación de la Ley de la Garantía de Audiencia de los Empleados no Comprendidos en la Carrera Administrativa, por estar sujetas a la jurisdicción civil. Finalmente, respecto a los empleados públicos municipales, la jurisprudencia constitucional, resolvió el conflicto de competencia otorgándola inicialmente a los tribunales laborales y eventualmente a la Sala de lo Contencioso Administrativo[126]. Entretanto, los asuntos de migración y extranjería son todas las actuaciones y omisiones concernientes a la aplicación de la Ley de Migración y Extranjería de 2018, tales como: las denegatorias de permisos de residencias temporales o definitivas a extranjeros, denegaciones de otorgamientos de nacionalidades, según el artículo 92 de la Constitución; denegación de expedición o renovación de pasaporte, distintas sanciones administrativas relacionadas a la materia, entre otros.

En relación al ambiento municipal, están sometidos a los tribunales de primera instancia todos los asuntos de carácter administrativo relacionados a las competencias administrativas municipales, otorgadas según los artículos los artículos 204 de la Constitución y 4 del Código Municipal, respectivamente.

También conocerán en proceso abreviado sobre pretensiones relativas a otras materias en cuestiones que no excedan de doscientos cincuenta mil dólares de los Estados Unidos de América (USD $250,000.00) o su equivalente en colones; en proceso común conocerán de cualquier pretensión cuyo monto no exceda de quinientos mil dólares de los Estados Unidos de América (USD $500,000.00).

Finalmente, se extiende su competencia para otorgar autorizaciones de registro con prevención de allanamientos a autoridades administrativas, tales como: Defensoría de Protección al Consumidor, Dirección General de Medicamentos o la Superintendencia de Competencia, cuando deban ejecutar forzosamente el acto administrativo cuyo contenido sea investigar establecimientos comerciales o bodegas con el fin de probar la presunta responsabilidad del cometimiento de una infracción administrativa en el marco de un procedimiento administrativo sancionador, con el fin de garantizar la tutela al derecho a la inviolabilidad de la morada previsto en el artículo 20 constitucional (artículo 12 de la LJCA).

B. *Cámaras de Segunda Instancia*

Conocerán en proceso común cuando la cuantía exceda a quinientos mil dólares de los Estados Unidos de América (USD $500,000.00). Y en aquellas pretensiones de cuantía indeterminadas, así, por ejemplo, las diversas resoluciones administrativas dictadas por el Instituto de Acceso a la Información Pública. De la misma manera, conocerán en proceso común, indistintamente de la materia en los procesos cuya pretensión sea incoada, contra las actuaciones y omisiones en el ejercicio de su función administrativa de funcionarios de elección de segundo grado, según el artículo 131 ordinal 19 constitucional. Es decir, los Magistrados de la Corte de Cuentas de la República, Tribunal Supremo Electoral, Procurador General de la República, Fiscal General de la República, Procurador para la Defensa de Derechos Humanos y el Pleno del Consejo Nacional de la Judicatura.

Por otra parte, tienen competencia para conocer los recursos de apelación de las sentencias definitivas o autos que pongan fin al proceso, que inadmita o declara improcedente la demanda. Además, es competente en los recursos de nulidad y apelación de los laudos arbitrales pronunciados donde la Administración haya sido parte como resultado de la aplicación de la LACAP y LEAPP (artículo 13 de la LJCA).

Actualmente existen dos cámaras de lo contencioso administrativo (Cámara Primera y Cámara Segunda de lo Contencioso Administrativo) que conocen los asuntos anteriormente mencionados en razón del criterio administrativo de distribución por la oficina competente. Lo anterior de conformidad con los Decretos Legislativos números: 761, de fecha 28/08/2017 y 233, de fecha 07/12/2021.

---

126 Sobre la competencia de los empleados públicos municipales la sentencia de inconstitucionalidad del 14 de diciembre de 2020, referencias acumuladas 159-2015/67-2018/10-2019/36-2018/17-2019, resolvió que los Jueces de lo Laboral o los jueces con competencia en esa materia, conocerán del proceso de *autorización y nulidad de remoción o despido de los servidores públicos municipales*; las Cámaras de Segunda Instancia en materia laboral serán las competentes para conocer del recurso de revisión que se interpongan en contra de las sentencia emitidas por los jueces en materia laboral en los procesos de autorización y de nulidad de remoción o despido; y que la Sala de lo Contencioso Administrativo es la autoridad competente para conocer, en única instancia, de los procesos iniciados en contra de las decisiones emitidas por las referidas Cámaras de Segunda Instancia. Esta última *competencia atípica* debe ser entendida como una competencia especial a las que el artículo 14 de la LJCA confiere. En virtud de los anterior, debe de entenderse que los actos que dicten los Concejos Municipales y el alcalde, según sea el caso, sobre la supresión de plazas de empleados públicos municipales, será competencia de los tribunales de primera instancia de lo contencioso administrativo por tratarse de verdaderos actos administrativos.

C. *Sala de lo Contencioso Administrativo*

En principio la Sala ejercerá competencia primigenia, en el sentido que seguirá tramitando los procesos pendientes incoados con la derogada LJCA de 1978 hasta depurarlos por completo, emitiendo sentencia definitiva u otra resolución de forma anormal de terminar el proceso (artículo 124 LJCA). Referente a la competencia el artículo 14 de la nueva LJCA, lo instituye en tribunal de única instancia, se aplicarán las reglas al proceso común en las actuaciones u omisiones, a saber:

a) Actos emitidos por el presidente y vicepresidente de la República;

b) Actos dictados por el presidente de la Corte Suprema de Justicia y del Pleno de la Corte Suprema de Justicia, según las atribuciones administrativas del artículo 182 ordinal 12 de la Constitución;

c) Actos o actuaciones del presidente, Junta Directiva de la Asamblea Legislativa y su pleno, cuando se trate de actividad estrictamente administrativa, tales como: nombramientos de servidores públicos, sanciones administrativas y disciplinarias, actividad contractual, entre otras funciones estrictamente administrativas y no legislativas, ni políticas. Como tribunal de segunda instancia tendrá competencia en los recursos de apelación contra las sentencias definitivas y autos con fuerza definitiva dictados por la Cámara de Segunda Instancia. De igual manera, conocerá sobre las homologaciones o rechazos de acuerdos conciliatorios (artículo 44 de la LJCA), revocación de actos desfavorables de parte del ente que lo dictó (artículo 72 de la LJCA) y transacciones con el ente administrativo, donde el Fiscal auxiliar de la República adscrito al tribunal se oponga, provocando el incidente correspondiente para que la Sala resuelva con solo el análisis (vista de autos, según antigua terminología) en un plazo de diez días hábiles.

Finalmente, también tendrá competencia[127] de conocer el recurso extraordinario de revisión de sentencia, siguiendo las reglas procesales del artículo 540 del CPCM en los casos que amerite, sin desnaturalizar o sobreponerse a la finalidad del proceso contencioso administrativo.

Es de hacer hincapié que, en la organización jurisdiccional del contencioso administrativo, no se erigió la Casación como recurso extraordinario, desconociendo las razones materiales de la equivocación legislativa, porque existe la necesidad de armonizar y sistematizar la jurisprudencia contencioso administrativa que solo se logra con la labor con las sentencias de casación, o al menos con un sistema eficiente de respeto al precedente obligatorio para lograr la coherencia del sistema, sin embargo al no existir ambas instituciones se seguirá aplicando un Derecho incoherente, donde un juzgado o cámara resuelva un asunto y otro juzgado o cámara resuelta igual asunto, pero con precedentes contradictorios, con graves efectos para la Administración de justicia.

5. *Ámbito material de la jurisdicción contencioso administrativo en El Salvador*

El proceso contencioso administrativo *constituye una garantía con el fin de tutelar los derechos y libertades de los ciudadanos*, cuando estos son afectados por decisiones y omisiones de carácter arbitrario o ilegal de cualquier sujeto de la Administración. El control se extiende a todas las actuaciones e inactividades incluso a entes que no forman parte de la misma, pero que se encuentran vinculados por relaciones emanadas del Derecho administrativo, como sucede con los concesionarios de servicio u obra pública, incluyendo además a otros sujetos que tenga una relación contractual de Derecho Público.

A. *Actuaciones y omisiones sujetas al proceso contencioso administrativo*

a. *Actos administrativos*

La competencia natural de la jurisdicción contencioso administrativa, con la que inicialmente se originó en la mayoría de países iberoamericanos, ha sido la impugnación de actos administrativos, sean estos definitivos, de trámite[128]; expresos, tácitos, la inactividad formal que se deriven de los efectos del

---

[127] También, el artículo 75 inciso 3 de la Ley de la Carrera Docente otorga una *competencia atípica* a la Sala de lo Contencioso Administrativa, en el sentido de darle las potestades sancionatorias para seguir el trámite de remoción de los miembros del Tribunal de la Carrera Docente, aplicando un procedimiento administrativo sancionador para la destitución de los mismos.

[128] Los artículos 4 inciso 2 de la LJCA y 123 de la LPA, determinan que pueden ser impugnados ante los tribunales contenciosos administrativos, pero previo el agotamiento de la vía administrativa, los actos de trámite a saber: a) los

silencio administrativo (positivo y negativo), reglados o discrecionales, cuando estos incurren en desviación de poder y de actos nulos de pleno Derecho. De hecho, así lo regulaba la derogada LJCA de 1978[129]; en la actual LJCA el artículo 4 estipula que los actos administrativos es una actividad impugnable más y el artículo 10 letras a), b) y f), desarrolla la procedencia de las pretensiones a plantear.

No obstante, las normas administrativas en países como Colombia, Venezuela y Argentina, los consideran como actos administrativos de naturaleza general, incluso en España tienen un proceso especial contencioso administrativo para determinar la ilegalidad de los mismos. En El Salvador por regla general están excluidos del control contencioso administrativo, por estar sometido al control de constitucionalidad, según el artículo 183 de la norma fundamental. Pero los actos administrativos producidos en aplicación de aquellos cuerpos normativos administrativos, cuya fundamentación no esté conforme a Derecho, podrán impugnarse, pero de manera indirecta, por tanto, al declararse la ilegalidad o anulación del acto deberá de aplicarse en igual sentido a todas aquellas personas que se encuentren en la esfera jurídica de la aplicación de la disposición ilegal por la fuerza obligatoria del precedente.

Lo anterior sufre una excepción al tratarse de alegaciones basadas en la mejora regulatoria, según se dijo en el ítem, 12.4.2., lo cual es aplicable, *mutatis mutandis*, a la pretensión contenciosa administrativa.

b. *Actividad contractual*

Los contratos celebrados por la Administración pública se caracterizan por ser negocios jurídicos con una finalidad orientada a la consecución de intereses generales, según el espíritu del artículo 234 constitucional (ver capítulo VII). Por tanto, es importante controlar por medio de la jurisdicción contencioso administrativo que esa actividad administrativa esté sujeta al principio de legalidad. Es por ello que los artículos 3 y 5 de la LJCA determinan que dicha actividad es impugnable desde los actos preparatorios, por ejemplo, las bases de licitación o del concurso, acto que determina la modalidad de contratación directa, precalificaciones contractuales... Seguidamente son impugnables los actos administrativos de adjudicación, o el que declara desierto el procedimiento de contratación, toda vez que deba interponerse el recurso preceptivo de revisión que estipula el artículo 77 de la LACAP y 68 de la LSAOM, cuando considere el oferente que la Administración vulneró sus intereses legítimos al no adjudicarle el contrato respectivo o, en su caso, por declarar desierto el procedimiento licitatorio[130].

De igual manera, son impugnables sus consecuentes pretensiones derivadas las controversias que provengan de la interpretación o incumplimiento del objeto del contrato administrativo, artículo 10 letra d) de la LJCA, y los actos de ejecución, tales como: multas por incumplimiento contractual, actos de modificación de los contratos, y los actos de extinción de la relación jurídica contractual, es decir los que den por terminado el contrato de manera anticipada, como la caducidad, rescate y revocación[131]. Finalmente, se extiende a la impugnación directa del contrato administrativo, cuando sobrevenga un

que deciden directa indirectamente, el fondo del asunto; b) los que generen una situación de indefensión o un perjuicio irreparable a derechos o intereses legítimos) los que impiden continuar el procedimiento. Tal postura ha sido congruente con la doctrina y el Derecho comparado, que sostiene que los actos de trámite son recurribles de forma autónoma por excepción, cuando: "*aún bajo la apariencia de actos procedimentales no resolutorios del fondo del asunto, de hecho vienen a decidirlo, por poner término al procedimiento o suspender o hacer imposible su continuación...*", acotando que el resto de actos de trámite no son impugnables separadamente, y habrá que esperar a que se produzca la resolución final del procedimiento para impugnarla y plantear entonces todas las irregularidades o vicios de los actos de trámite, así lo expresó la sentencia de la Sala de lo Contencioso Administrativo del 14 de octubre de 2003, referencia 199-A-2001).

129 Sobre un análisis muy detallado donde ponía en relieve la necesidad de una nueva LJCA en El Salvador en el años 2000 y 2003, respectivamente, están las obras de Gamero Casado, E., *Monografías de Derecho Administrativo: La Jurisdicción Contenciosa Administrativa y El acto administrativo*, Publicación del Consejo Nacional de la Judicatura y Escuela de Capacitación Judicial, San Salvador, 2001, y Ayala, J. M., *et al.*, *Manual de Justicia Administrativa*, Publicación del Consejo Nacional de la Judicatura y Escuela de Capacitación Judicial, San Salvador, 2003.

130 La Sala de lo Constitucional, en sentencia de inconstitucionalidad del 22 de octubre de 2004, referencia 9-2003, determinó que los contratos realizado por la administración pública, sujetos al Derecho privado, están excluidos del control contencioso administrativo, pero tratándose de los actos de convocatoria, preparación y adjudicación de contratos privados, donde el Estado actúa con prerrogativas soberanas, si estarán sometidas al contencioso administrativo, por considerarse verdaderos administrativos, en virtud de la aplicación de la teoría francesa de los actos separables.

131 Véase sentencia de la Sala de lo Contencioso Administrativo del 21 de diciembre de 2004, referencia 19-J-2001.

vicio que constituya una causa de nulidad absoluta, determinada en la LACAP y en el Derecho común que implique un examen jurisdiccional del procedimiento de selección del contratista o de las formalidades intrínsecas del contrato administrativo.

c. *Vía de hecho*

El concepto de vía de hecho es una construcción del Derecho administrativo francés que distingue dos modalidades, según que la Administración haya usado un poder del que legalmente carece o lo haya hecho sin observar el procedimiento establecido por la norma atributiva de ese poder o potestad. Dicho de otra manera y *siguiendo a Pablo COMADIRA*[132]*, se hace de parte de un ente administrativo un comportamiento material, de quien tiene a su cargo el ejercicio de la función administrativa, realizada gravemente ilegítima que afecta derechos o garantías constitucionales. En efecto,* la vía de hecho no posee ejecutoriedad, porque existe un hecho consumado de forma grosera y gravemente repudiable para los derechos de los administrados. Por tanto, no es necesario agotar la vía administrativa previo a interponer la demanda y su consecuente pretensión contencioso administrativa, artículo 10 letra c) de la LJCA, lo cual también puede derivar en daño de carácter patrimonial como resultado del actuar ilegítimo, que también deberá de plantear acumulada con la pretensión originaria.

En consecuencia, en virtud del artículo 7 de la LJCA y 34 de la LPA, la vía de hecho comprende:

a) la actuación material de las Administraciones públicas producida sin haber adoptado previamente una decisión administrativa declarativa que sirva de fundamento jurídico *(manque de droit)*. Por ejemplo, la administración sanitaria cierra un restaurante, sin que exista ningún acto, ni procedimiento que lo ampare; cuando un municipio ocupa un terreno para instalar maquinarias para la realización de obras de interés general, u ocupa un espacio distinto al expropiado, de conformidad a la sentencia de mérito.

b) Por otro lado, también constituirá vía de hecho una actividad material de ejecución que, si bien es consecuencia de un procedimiento y acto preexistentes, la *ejecución excede* de forma evidente y notoria el ámbito de cobertura del acto administrativo dictado *(manque de procédure)*. Por ejemplo, ocupar más allá de la superficie de terreno expropiado, según los alcances de la sentencia respectiva, la imposición de una sanción con alcances de gravamen del contenido del acto administrativo sancionador.

d. *Inactividad material de la administración*

La inactividad material es aquella que se traduce en el incumplimiento por parte de la Administración de sus competencias administrativas ordinarias, donde existe la pasividad de los entes administrativos para ejecutar o llevar a cabo los objetivos que son propios, por mandato de una norma de carácter general o por el contenido de un acto administrativo, en el cual se deriven obligaciones concretas de carácter individualizables con trascendencia externa[133].

En el tenor del artículo 6 de la LJCA, consiste en la omisión o falta de realización de una actividad técnica, material o física de trascendencia externa a la Administración. Se traduce en un incumplimiento del deber de hacer efectivo el contenido de prestaciones o derechos reconocidos en virtud de disposiciones legales o actos administrativos.

Es decir, lo que el ciudadano pretende es que la Administración realice una actividad o dicte un acto que viene impuesto *ex lege y ex acto*[134]. No se incluyen incumplimiento de disposiciones

---

[132] Comadira, J. P., *Estudios de derecho administrativo*, Cathedra Jurídica, Buenos Aires, 2019, p. 252 y ss.

[133] Véase sentencia de la Sala de lo Contencioso Administrativo del 28 de julio de 2010, referencia 295-2007, se pronunció sobre las omisiones del Director del Instituto Salvadoreño del Seguro Social, por falta la falta de prestación de servicios farmacéuticos, médicos hospitalarios y de laboratorio de algunos usuarios, que dicho Instituto hospitalario no lo prestaba, aduciendo falta de medicamentos en algunas de sus farmacias y no realizar exámenes y operaciones quirúrgicas. Esta jurisprudencia en aplicación de la derogada LJCA, sentó las bases para que la Jurisdicción Contencioso Administrativa, determine el control de las omisiones concretas que conllevan la no prestación de servicios públicos esenciales y consecuentemente la violación de los derechos a la salud y la vida de los derechohabientes, por lo cual es aplicable para la actual LJCA.

[134] García Pérez, M., *El objeto del proceso Contencioso-Administrativo*, Aranzadi, Navarra, 1999, p. 95

contractuales, porque en todo caso la omisión está incluidas en las que establece el artículo 5 de la LJCA, a diferencia de lo que estipula el artículo 29 de la LJCA española de 1998[135].

En consecuencia, estaríamos ante una pretensión de inactividad material, artículo 10 letra e) de la LJCA, por la falta de prestación de los servicios públicos de recolección de desechos sólidos en alguna colonia o barrio de un municipio u otros servicios públicos municipales, de igual manera la falta de prestación del servicio de agua potable, en el cual el o los ciudadanos afectados deben hacer la reclamación administrativa, previo a plantear la pretensión contencioso administrativo (artículo 88 LJCA).

De igual manera, el incumplimiento de los efectos derivados del silencio administrativo positivo una vez realizada la solicitud a la Administración de entrega de la certificación de los efectos del acto y la administración no la expide, habilita la vía jurisdiccional ante el contencioso administrativo. Por ello es procedente plantear pretensiones ante los tribunales contenciosos administrativo, previa reclamación ante la autoridad que ha ocasionado la inactividad y la afectación ilegítima hacia la ciudadanía concretamente afectada.

e. *Responsabilidad patrimonial de la Administración*

El instituto de la responsabilidad patrimonial de la Administración pública existe desde la célebre y emblemática sentencia del Consejo de Estado francés conocida como *Arrêt Blanco* de 1873, en donde determinó que las pretensiones sobre la responsabilidad de los funcionarios públicos y del Estado, son competencia de los jueces contencioso administrativos y no del juez civil. Ver capítulo XIV.

Este es el camino trazado por el artículo 9 de la LJCA, que determina que los tribunales contenciosos administrativos conocerán de las pretensiones de responsabilidad patrimonial en los términos establecidos en el artículo 3 de la Ley. Donde podrán plantearse la pretensión de condena forma autónoma o de forma conjunta con otras pretensiones derivadas de actuaciones u omisiones administrativas.

También podrán deducirse pretensiones de responsabilidad patrimonial a los particulares que tengan la calidad de concesionarios, cuando por actuaciones u omisiones ocasionen daños en el patrimonio de un ciudadano, y aquellas acciones u omisiones que realicen los contratistas de obras públicas, en ocasión a daños patrimoniales a terceros al momento de realizar dicha obra.

Se excluyen las pretensiones, en primer lugar, de los daños morales que provengan de *forma exclusiva de la vulneración de derechos constitucionales*, y en segundo término la responsabilidad por daños al medio ambiente, por estar sujeto a la jurisdicción especializada ambiental, según los artículos 3 *in fine* y 11 letra d) de la LJCA.

Lo anterior no excluye la competencia por daños morales a consecuencia de violación a derechos legales, ya que la ley especial de la materia solo atribuye competencia civil a los daños morales por violación a derechos constitucionales, sobre todos los derechos de honor.

f. *Actuaciones y omisiones de los concesionarios*

Las actuaciones y omisiones por sujetos privados como los concesionarios se encuentran sometidas al control contencioso administrativo; siempre que estos emitan verdaderos actos de autoridad, es decir, cuando ejerzan una actividad que nace del ejercicio de una potestad pública, derivada de la ley o del contrato de concesión.

Así, por ejemplo, los cobros excesivos de servicios públicos o de uso de obra pública dados en concesiones, en virtud de la LACAP y LEAPP, tales como: las multas impuestas en virtud del atraso del pago de los servicios prestados y diversas actuaciones de policía administrativa del servicio o de bienes públicos o cualquier acto de gravamen que afecten cualquier derecho subjetivo a cualquier ciudadano[136].

---

135 Sobre un amplio desarrollo de la inactividad en todos sus ámbitos, puede verse la monografía del profesor catalán Aguado I Cudola, V., *El recurso contra la inactividad de la administración en la Ley de la Jurisdicción Contencioso Administrativa*, Marcial Pons, Barcelona, 1999.

136 Un comentario amplio sobre el control de los actos de los concesionarios véase el comentario de Roberto Oliva de la Cotera y Mejía, H. A., (directores), *Comentarios a la Ley de la Jurisdicción Contencioso Administrativa*, Cuscatleca, San Salvador, 2018.

B. *Actividad no impugnable*

Existe actividades, actos, omisiones administrativas imposibles de conocer ante los tribunales contencioso administrativo, porque contienen *vicios o patologías* procesales que hacen imposible el conocimiento de la pretensión. Así tenemos en el artículo 11 letra a) de la LJCA, que no podrán impugnarse los *actos consentidos expresamente*. Esto ocurre por dos casos, a saber: 1) cuando existe aquiescencia por el administrado, 2) cuando interpone el recurso respectivo y posteriormente presenta la renuncia del Derecho, ver ítem, 5.14.

En el artículo 11 letra b) de la LJCA estipula inimpugnabilidad de actos administrativos sin agotar los recursos administrativos pertinentes en tiempo y forma, según la LPA, o en su caso por la ley sectorial respectiva. Los actos que adquieran esta calidad son considerados *actos consentidos tácitos* porque su impugnación es impedida por la perención de los plazos establecidos en la LPA.

Finalmente, el artículo 11 letra c) de la LJCA se refiere a los actos reproductores de actos anteriores que hayan obtenido la calidad de firmes. En estos casos, lo que se busca es evitar conocer peticiones que previamente fueron resueltas. El fundamento de esta exclusión es evitar que se reviva una cuestión decidida en el acto definitivo, para tal caso debe existir la misma identidad del sujeto en que recae el acto, motivos y causa fundantes del contenido del acto administrativo primigenio, caso contrario podríamos estar ante otro acto administrativo.

C. *Asuntos atribuidos a otras jurisdicciones administrativas especiales*

Fue la derogada LJCA la que determinó en su artículo 4 la existencia de *materias excluidas*, que por mandato constitucional pertenecía a otro tipo de control y que denominaba de tribunales, en claro resabio de la *justicia retenida* que imperó en los primeros modelos de control.

La actual LJCA no determinó dichas exclusiones, pero han sido los precedentes de los tribunales contenciosos administrativos los que nuevamente han determinado las exclusiones de la actividad jurisdiccional encomendada a la Corte de Cuentas de la República (artículo 196 de la Constitución)[137]. También los actos derivados de la potestad jurisdiccional del Tribunal Supremo Electoral, y demás organismos electorales (Juntas Departamentales, Juntas Municipales y Mesas Receptoras de Votos) en la que se encuentran la cancelación o denegatoria de inscripción de partidos políticos y decisiones electoral sobre escrutinios electorales[138].

Sin embargo, para verificar la imposición de multas administrativas de parte del Tribunal Supremo Electoral, se ha determinado que la Cámara de lo Contencioso administrativa es competente para conocer la legalidad de las mismas[139]. El fundamento jurídico de seguir con excluir ambas jurisdicciones administrativas especializadas del control contencioso administrativo está basado en que sus actos u omisiones estarían sujetos a la jurisdicción constitucional (artículos 195 y 208 inciso 4, de la Constitución).

---

[137] El precedente de la Cámara de lo Contencioso Administrativo, del 16 de abril de 2018, referencia, 00016-18-ST-COPC-CAM, determinó que la Corte de Cuentas de la República es un órgano independiente, cuyo origen y competencias fundamentales se encuentran en la Constitución, que tiene a su cargo la fiscalización de la Hacienda Pública -fiscalización propiamente dicha y enjuiciamiento contable-; por lo tanto, no pueden ser controladas por la jurisdicción contenciosa administrativa. Sin embargo, en el caso de la imposición de multas, este si es una función propiamente administrativa, regulada fundamentalmente por el artículo 14 constitucional. En tal sentido, la Jurisdicción Contencioso administrativa si es competente para conocer de los actos administrativos sancionatorios impuestos por la Corte. Además, que en la nueva LJCA, ya no existe la restricción que sobre este punto imponía el artículo 4 letra Ch) de la derogada LJCA. Y desde el punto de vista material, la Sala también tendría competencia cuando la controversia se suscite sobre revisar las sanciones administrativas, en tanto el debate no se trate de la "Fiscalización de la Hacienda Pública".

[138] Véase la sentencia de la Sala de lo Contencioso Administrativo del 4 de junio de 2019, referencia 10-19-RA-SCA, donde determina que la cancelación de un partido político no es una función administrativa *per se*, considerando, además, que las decisiones del Tribunal Supremo Electoral tienen un carácter jurisdiccional especial, según el artículo 208 inciso 4 de la Constitución, por lo cual no están sometidas al control contencioso administrativo. Nótese, que este precedente modificó los precedentes 350-2011 y 351-2011, donde la Sala de lo Contencioso Administrativo había admitido el control contencioso administrativo para asuntos estrictamente administrativos dictados por el Tribunal Supremo Electoral.

[139] Véase el precedente de la Cámara de lo Contencioso Administrativo, del 25 de julio de 2018, referencia 00003-18-ST-COPC-CAM

D. *Exclusiones de actuaciones que se derivan de aplicación directa de la Constitución*

Existen otras exclusiones que se han fundado a partir de la jurisprudencia de la Sala de lo Constitucional. Se trata precisamente de actos decretados por los Órganos del Estado que se manifiestan por medio de una ley o decreto, y que también nacen en virtud de actos que se originan, no solo de la ejecución potestad, constitucional, sino de la aplicación directa de normas constitucionales[140]. Y es que por su naturaleza, de cómo se manifiestan, y por el contenido político de cumplimiento de la norma constitucional, están sujeto al control de la constitucionalidad abstracta[141], los actos siguientes:

1) Órgano Legislativo: a) designación del Pleno Legislativo de Comisiones Políticas[142]; b) elección de funcionarios de segundo grado (artículo 131 ordinal 19): Magistrados del TSE [143], Magistrados de la CCR[144], Magistrados de la Corte Suprema de Justicia[145], incluyendo la elección del Presidente de la Corte Suprema de Justicia[146], Miembros del Consejo Nacional de la República[147] (artículo 186), c) elección de designados a la presidencia, d) indultos (artículo 131 ordinal 18) y e) la amnistía (artículo 131 ordinal 26).

2) Órgano Ejecutivo: a) designación de embajadores (artículo 171), b) nombramientos políticos de ministros y viceministros de Estado, director de la PNC[148] presidentes de las instituciones oficiales autónomas (artículo 162), y c) gobernadores departamentales (artículo 200) y d) conceder asilo político a extranjeros, según el artículo 28 constitucional.

---

140 El ilustre profesor iberoamericano Brewer Carías, A., *La Justicia administrativa en el Derecho comparado latinoamericano, Colección Derecho público iberoamericano*, N° 7, Editorial Jurídica Venezolana International, Caracas / New York, 2019, p. 17, se refiere que el principio de universalidad de jurisdicción en el control contencioso administrativo con el tiempo ha tenido una reducción o eliminación de los llamados "actos políticos" como supuestos "actos administrativos" excluidos de control contencioso administrativo, y a la superación de toda la polémica que se desarrolló en Europa durante tantas décadas, particularmente en Francia, España e Italia, la cual puede decirse que no contaminó a la doctrina en América Latina. En razón de ello, los actos de gobierno o actos políticos en América Latina no fueron considerados como actos administrativos, sino como actos estatales dictados en ejecución de la Constitución, y que si bien no está sometidos a control de la Jurisdicción Contencioso Administrativa (porque no son actos administrativos), si están sometidos al control de la constitucionalidad por parte de la Jurisdicción Constitucional y precisamente la tendencia que la jurisprudencia constitucional impuso en El Salvador.

141 Esta línea interpretativa fue sostenida en la Sentencia de la Sala de lo Contencioso Administrativo, del 21 de mayo de 2021, referencia 19-21-PC-SCA, en afirmar que la elección de magistrados para la Corte Suprema de Justicia *es producto del ejercicio de una potestad constitucional autónoma -no administrativa- y enmarcada en la función legislativa que se rige por los principios particulares del derecho constitucional y, por lo tanto, susceptible de control mediante una acción de constitucionalidad ante el tribunal competente en tal materia, y no ante la Sala de lo Contencioso Administrativo.*

142 Véase la sentencia de la Sala de lo Constitucional, inconstitucionalidad del 1 de diciembre de 1998, referencia 16-98, donde se impugna el Acuerdo Legislativo N° 342, de dos de julio de 1998 presente año, publicado en el Diario Oficial N° 132, Tomo 340, correspondiente al día 16 de diciembre de 1998, donde se designa una *Comisión Especial, para investigar:* a) la resolución proveída por la Corte Plena, en el caso del suplicatorio librado por un Juez de instrucción, en la investigación de secuestros imputados a miembros de la Fracción que ahora integra el principal partido de izquierda, b) Que además se le faculte para investigar las implicaciones de otros fallos de la Corte Suprema de Justicia, que hayan puesto en grave riesgo la institucionalidad del estado, la seguridad jurídica y el fortalecimiento del estado de derecho y c) Que también investigue si los fallos de la Corte Suprema de Justicia, a partir de su elección, han sido o son motivados por intereses particulares de cualquier tipo, de los magistrados del máximo tribunal, para el estudio de las implicaciones al Estado de Derecho. De igual manera, la Sala de lo Constitucional, inconstitucionalidad del 11 de noviembre de 2003, referencia 17-2001, declaró inconstitucional por su forma el Acuerdo Legislativo N° 199, de 20 de diciembre de 2000, publicado en el Diario Oficial n° 241, tomo 349, de 22 de diciembre 2000, a través del cual se conforma una Comisión Especial que investigue y aporte soluciones con relación al relleno sanitario que utilizan los municipios de San Salvador.

143 Véase las sentencias de la Sala de lo Constitucional inconstitucionalidad del 21 de diciembre de 2007, causas acumuladas, referencia 29-2004/1-2005, sobre la petición de inconstitucionalidad de la elección de la Asamblea Legislativa del tercer Magistrado del Tribunal Supremo Electoral.

144 Véanse las sentencias de inconstitucionalidad del 26 de junio de 2013, referencia 49-2011, y sentencia de inconstitucionalidad del 27 de julio de 2020, inconstitucionalidad referencia 116-2017.

145 Véase la sentencia de inconstitucionalidad ambas del 5 de junio de 2012, referencia 19-2012 y referencia 23-2012, respectivamente.

146 Véase la sentencia de inconstitucionalidad del 14 de octubre de 2013, referencia 77-2013.

147 Véase la sentencia de Inconstitucionalidad del 11 de enero de 2021, referencia 24-2017

148 Véase la sentencia de inconstitucionalidad del 16 de mayo de 2013, referencia 4-2012.

3) Actos de inscripción de candidatos a funcionarios de elección popular ante el Tribunal Supremo Electoral, tales como: a) candidatos a la presidencia a la República[149], b) candidatos a diputados de la Asamblea Legislativa[150], y c) candidato a diputado al PARLACEN[151]. Sobre estos casos la Sala de lo Constitucional ha considerado que los actos de inscripción del TSE constituyen actos de aplicación directa de la Constitución, porque se trata de verificar que la persona postulante cumple con los requisitos que prevén las disposiciones constitucionales que regulan el cargo al que aspira. En tal sentido, el objeto de la impugnación es evitar que dichos actos estén exentos de control y la jurisprudencia determinó que sea por medio del control constitucional.

VIII. EL SERVICIO PÚBLICO, LOS MERCADOS DE INTERÉS GENERAL (LIBERALIZACIÓN, PRIVATIZACIÓN, REGULACIÓN) Y SU RÉGIMEN DE COMPETENCIA

1. *Inicios de la privatización*

El proceso de privatización en El Salvador inició en 1989, con la "reprivatización de la banca". Esta se presentó como una exigencia indispensable para liberalizar el sistema financiero, condición que pretendía alcanzar adecuados niveles de crecimiento económico nacional. Así, con la privatización de la banca nacionalizada se inauguró la primera generación en los procesos de reforma económica, como resultado de lo anterior surgió la necesidad de crear una Superintendencia del Sistema Financiero, con el fin de vigilar a las empresas bancarias y financieras.

En este contexto, y desde el enfoque que desarrollaron los Presidentes Cristiani (1989-1994) y Calderón (1994-1999), la privatización se proponía reducir el tamaño del Estado, disminuir el déficit fiscal, prestar mejores servicios y proveer al Estado recursos inmediatos, los cuales serían utilizados para cancelar la deuda a corto plazo e invertir en infraestructura social o gasto social. La segunda generación de reformas (entre 1990 y 1993) aparece con la venta de empresas del Estado que no producían estrictamente servicios públicos, tales como las cementeras, los hoteles y los ingenios, entre otras[152].

2. *Reforma Constitucional y privatización de algunos servicios Públicos*

La privatización de los servicios públicos necesitaba de un marco constitucional que permitiera impulsar, dicha medida. Así en el 1994, se reforma el art 110 de la Constitución, inciso 4, donde prescribe:

> "*...El Estado podrá tomar a su cargo los servicios públicos cuando los intereses sociales así lo exijan, prestándolos directamente, por medio de las instituciones oficiales autónomas o de los municipios. También le corresponde regular y vigilar los servicios públicos prestados por empresas privadas y la aprobación de sus tarifas, excepto las que se establezcan de conformidad con tratados o convenios internacionales; las empresas salvadoreñas de servicios públicos tendrán sus centros de trabajo y bases de operaciones en El Salvador...*".

Cuando el texto original de la anterior disposición disponía que las prestaciones de los servicios públicos debían de ser prestados por el Estado de manera directa o indirecta por medio de las

---

149 Véase la sentencia de inconstitucionalidad del 25 de junio de 2014, referencia 163-2013. En donde se pronunció sobre la inscripción de parte del Tribunal Supremo Electoral, de la planilla de candidatos a Presidente y Vicepresidente de la República, para las elecciones a celebrarse el dos de febrero de dos mil catorce, postulados por la coalición Movimiento Unidad, señalando que existió inconstitucionalidad de la inscripción por no haber cumplidos con los requisitos que mandan los artículos 127 ordinal 6 y 152 y 154 de la Constitución.

150 Véase la sentencia de inconstitucionalidad del 26 de enero de 2021, referencia 5-2021.

151 Véase la sentencia de inconstitucionalidad del 10 de marzo de 2021, referencia 15-2021.

152 Las privatizaciones en El Salvador se inscriben en el conjunto de reformas institucionales contenidas en los Programas de Estabilización Económica y de Ajuste Estructural, desde los cuales se buscaba la liberalización de la economía a través de la desregulación de precios y la apertura externa, y la redefinición del papel del Estado mediante un proceso de privatización y de focalización del gasto público. Merece destacar una curiosa coincidencia en el interés expresado por las compañías transnacionales –especialmente en el ámbito de las telecomunicaciones y energía-- en la adquisición de las empresas públicas salvadoreñas, y el énfasis puesto en los organismos financieros multilaterales (Banco Mundial, Fondo Monetario Internacional y Banco Interamericano de Desarrollo) en la necesidad de privatizar dichos servicios. Informe de SAPRIN, el impacto de los Programas de Ajuste Estructural y Estabilización Económica en Cap. II. Liberalización del Sistema Financiero, San Salvador, 2000, p. 3 y 5.

concesiones. Con esta reforma permite que los servicios públicos sean prestados por empresas privadas y vigilados por los llamados entes reguladores.

En consecuencia, se impulsa la tercera generación del proceso de privatización de los servicios públicos como la distribución de energía eléctrica, que a manera de precedente, en 1986 La Ley Transitoria de la Administración de Empresas Eléctricas determinó a favor de la devolución de las empresas distribuidoras de energía eléctrica al Sector Público (CEL) después de 50 años de haber estado concesionadas a empresas privadas; sin embargo, ocho años después la misma CEL prepara las bases para la reconversión de la administración del servicio de distribución de energía eléctrica, a través de un la creación de un Plan Integral de Gestión del Servicio Público de Distribución, el cual establecía la necesidad de que las empresas retornasen al sector privado y se establecía el mecanismo a través del cual se podría transferir a los trabajadores, empleados y funcionarios del sector, parte del capital de las sociedades distribuidoras. Esto se plasmó en las posteriores legislaciones para legitimar la participación accionaria de los/as trabajadores/as del sector.

En este contexto, la Central Hidroeléctrica del Río Lempa (CEL En este contexto, la Central Hidroeléctrica del Río Lempa (CEL), constituía el principal ente generador, transmisor y distribuidor de energía eléctrica en el país, seguido por la Compañía de Alumbrado Eléctrico de San Salvador (CAESS) - cuya función básica era la distribución de energía eléctrica-. Los pasos fundamentales para llevar a cabo la privatización del servicio se iniciaron con la reestructuración de CAESS, que consistió en la creación de dos empresas: la Empresa Eléctrica de Oriente (EEO) y Del Sur, que inicialmente se desarrollaron sin activos propios y subsidiados desde CAESS, hasta finales de 1996 que se crearon condiciones para que estas se independizaran.

3. *Entes reguladores y servicios públicos*

Paralelamente a lo anterior, va realizando la liberación y privatización de las telecomunicaciones con la venta del ANTEL (Asociación Nacional de Telecomunicaciones), prestando el servicio de telefonía fija y el surgimiento de la telefonía móvil. Por tanto, se crea la Superintendencia General de Electricidad y Telecomunicaciones (SIGET), como el ente público responsable de asegurar el cumplimiento de las leyes aplicables y regulaciones relacionadas con los sectores electricidad y telecomunicaciones en el país. Este proceso concluye con creación de la Ley General de Electricidad que también establece un “esquema de competencia abierta” para desarrollar la generación termoeléctrica en El Salvador.

Otros de los servicios públicos que fueron privatizados es el Sistema de Ahorro para pensiones que originalmente era prestado por el Instituto Pensiones de los Empleados Públicos y el Instituto Salvadoreño de Seguridad Social, -y lo sigue prestando para aquellos mayores de 36 años que la ley les dio a escoger quedarse con el sistema administrado por estas entidades o por las AFP-. Por tanto, se creó la Ley del Sistema de Ahorro para Pensiones en diciembre de 1996, por la cual se autorizaba el reparto del sistema público de pensiones a manos de la empresa privada (llamadas Administradoras de Fondos de Pensiones), con la promesa de mejorar los servicios de los trabajadores públicos y privados. Como ente regulador se crea la Superintendencia de Pensiones, cuya función es vigilar el servicio público prestado por las Administradoras de Fondos, que en la actualidad son prestados por Empresas: AFP CRECER y AFP CONFIA.

Se pretendió privatizar otros servicios públicos como la seguridad social, la salud pública y la distribución del agua potable, aspecto que los movimientos sociales salvadoreño no ha permitido hasta el momento.

En año 2011 con el propósito del Estado de unificar los entes que vigilan la prestación de los servicios financieros, se ha creado la *Ley de Supervisión y Regulación del Sistema Financiero*, donde la Superintendencia del Sistema Financiero, estará integrada al Banco Central y tendrá las atribuciones de fiscalizar las operaciones bancarias y financieras propiamente tal, el mercado de valores y el sistema de ahorro de pensiones, en consecuencia todas atribuciones de las Superintendencias del Sistema de Ahorro para Pensiones y el Mercado de Valores, quedan en la nueva Superintendencia del Sistema Financiero. Por tanto, quedan derogadas las Leyes Orgánicas de creación de las referidas superintendencias del Sistema Financiero para fundar una sola

Por otra parte, nuestra constitución por estar sustentada en la filosofía de un Estado intervencionista, contiene disposiciones que obligan a los poderes públicos, con el fin de garantizar la libertad empresarial y proteger a los consumidores, se prohíben las prácticas monopolísticas, salvo a favor del Estado y de los municipios, por lo cual la competencia en los mercados puede ser asimétrica, pero cuando es prestada por entes Públicos (art. 110.1 y 2). En efecto, se promulga la ley de la competencia en el 2004, creando la Superintendencia de la Competencia, para sancionar a las empresas que realicen prácticas monopolísticas y contrarias al libre juego de la oferta y de la demanda en los mercados salvadoreños. Posteriormente, crea una nueva ley de Protección al Consumidor, con el propósito de instaurar un marco moderno que vele por consumidores y usuarios; por medio de una Defensoría de Protección al Consumidor, en un sistema servicios públicos prestados por empresas privadas.

IX. REGULACIÓN JURÍDICA DEL EMPLEO PÚBLICO

1. *Fundamento constitucional de la carrera administrativa*

La Constitución en el Título VII "Régimen Administrativo", Capítulo I "Servicio Civil (art. 218-222). Estableciendo la carrera administrativa, que tiene un ámbito de regulación de carácter general, en tanto que establece los componentes esenciales y básicos que deberán regir en todas aquellas áreas en las que el servicio personal al Estado se encuentre sometido a un régimen de carrera; por ello, cuando las demás carreras concurren a regular, a través de la ley, tales aspectos de forma más concreta a como lo hace la carrera administrativa, ello conduce a que las mismas no se conciban como carreras ajenas e independientes a la carrera administrativa, puesto que los parámetros que sirven de base a estas otras carreras, son los mismos que se han sentado por aquella. De lo dicho, cabe afirmar que, tanto las carreras reconocidas en los arts. 67, 186 y 214 de la Constitución (sanitarias, hospitalarias, paramédicas, judicial y militar), como las establecidas por ley (policial, docente, diplomática, consular, municipal entre otras), son carreras que forman parte de un solo género, es decir la carrera administrativa, ya que persiguen un mismo fin: conseguir la eficiente realización de las funciones estatales por el elemento humano que presta servicios personales a la Administración en un régimen de supra-subordinación.

Por otra parte, cabe mencionar sobre las personas no comprendidas en la carrera administrativa, ha sostenido la Jurisprudencia Constitucional: *que se encuentran los funcionarios públicos de elección popular, los funcionarios políticos y los de confianza, como además los empleados públicos de confianza, los trabajadores vinculados por una relación laboral y las personas que contratan con el Estado para la prestación de un servicio técnico o profesional, siempre que el servicio prestado no sea de aquellos que forman parte de la organización y funcionamiento normal del órgano estatal o ente público respectivo*"[153].

En todo caso, si un servidor público no se encuentra regulado por ninguna ley, se les aplica en cuanto a los derechos y prohibiciones de la Ley del Servicio Civil, pero para efectos de destitución o despido se les aplica la *Ley reguladora de los empleados no comprendidos en la carrera Administrativa* de 1990, pero esta ley solo les aplica a empleados y si tiene el carácter de funcionario debe remitirse al régimen jurídico aplicable como sucede con los miembros de los Consejos Municipales.

La regulación del ingreso a la función pública ha sido reglamentada por la Ley de Servicio Civil, que data de 1960, cuya finalidad especial- al menos desde el punto de vista formal-, es regular las relaciones de la administración con sus funcionarios y empleados; garantizar la protección de estos y la eficiencia de la propia administración, organizando la carrera administrativa mediante la selección y promoción del personal sobre la base del mérito y la aptitud (art 1). Para su aplicación, la ley crea como organismos competentes las Comisiones de Servicio Civil y el Tribunal de Servicio Civil (art 6). El artículo 7 dispone que, exista en cada una de las dependencias de la Administración Pública una Comisión de Servicio Civil, la cual, entre otras facultades, seleccionará los candidatos que sean elegibles para ingresar a la carrera administrativa (art 12).

En cuanto al Tribunal de Servicio Civil, este gozará de las atribuciones que le confiere el art 13, entre las cuales se encuentra la de conocer, en recurso de revisión y de nulidad, las resoluciones definitivas pronunciadas por las Comisiones de Servicio Civil, así como las reclamaciones que se presenten contra las demás resoluciones de las Comisiones o de los jefes de dependencia.

El art. 20 de la Ley establece que la selección de personal para ingresar a la carrera administrativa se hará mediante pruebas de idoneidad, en las que se admitirán únicamente a los solicitantes que reúnan

[153] Sentencia Definitiva de la SC, Inc. del 20 de junio de 1999, ref. 4-88.

los requisitos del art 18, excepto para los cargos expresamente determinados por la ley. Además, el artículo 68 de la Ley establece la nulidad de cualquier nombramiento hecho en contravención a sus disposiciones, siendo el Tribunal de Servicio Civil el órgano competente.

2. *Regulación sectorial de los servidores públicos*

Tal como hemos apuntado la ley del Servicio Civil, tiene como propósito regular el estatuto de la función pública, pero en virtud de las excepciones del art 4 que la Ley, prescribe, ha creado regímenes especiales de ordenación. Teniendo leyes específicas que regulan a la función pública, para mencionar algunos tenemos los siguientes:

a. La Ley de la Carrera Administrativa Municipal, cuyas disposiciones, aplicables a todas las municipalidades del Estado (art 4), tienen como uno de sus objetivos garantizar el ingreso de personal idóneo a la administración pública municipal sobre la base del mérito y la aptitud, así como a través de procedimientos que permitan la participación en igualdad de condiciones de quienes aspiren a desempeñar cargos públicos municipales (art 23).

Esta ley es quizás

b. *La Ley de la Carrera Judicial*, cuyo objetivo, entre otros, es regular la forma y requisitos de ingreso de los funcionarios y empleados judiciales a la carrera con base en el mérito y la aptitud, que en sus arts. 15 y 16 establece que los aspirantes a cargos con jurisdicción o sin esta serán sometidos a procedimientos de selección técnica, los cuales deberán garantizar la objetividad. Tales procedimientos comprenderán concursos de oposición y el paso por la Escuela de Capacitación Judicial.

c. *La Ley de la Corte de Cuentas de la República*, que en su art 7, dispone que el Presidente de la Corte nombrará, removerá, concederá licencias y aceptará renuncias a los funcionarios y empleados de la misma, también contratará en forma temporal, profesionales o técnicos con conocimientos especializados para efectuar labores específicas o dar apoyo en funciones propias de la Corte, salvo lo dispuesto en el art 196.3 de la Constitución.

d. *La Ley Orgánica de la Fiscalía General de la República,* que en su artículo 46 establece la Carrera Fiscal para regular las relaciones de servicio entre la Institución y sus funcionarios, así como el art 49 que dispone que la reglamentación de la Carrera Fiscal deberá normar fundamentalmente aspectos tales como la selección, ingreso y contratación del personal mediante concurso público de oposición.

e. Existen otros regímenes especiales de regulación de los servidores públicos como las reguladas en la normativa de la Universidad de El Salvador.

X. RESPONSABILIDAD PATRIMONIAL DE LOS FUNCIONARIOS PÚBLICOS Y DEL ESTADO

1. *Responsabilidad patrimonial de la administración*

A. *Ideas iniciales*

La responsabilidad patrimonial del Estado, como principio del Estado constitucional de Derecho, está referido a la sumisión del poder al Derecho. Dentro de esta sumisión comprende de manera principal el control de legalidad de los actos de los Órganos de Gobierno que ejercen el poder público -*interdicción de la arbitrariedad*-, consecuentemente, pero no por ello menos importante, la obligación de responder patrimonialmente por los daños causados por los servidores públicos por su actividad ilícita y lícita.

Desde un inicio señaló Hauriou que el sentimiento del colectivo respecto al poder público se expresa en dos axiomas a saber*: 1) que actué, pero que obedezca la ley, y, b) que actúe pero que pague el perjuicio*[154].

[154] Hauriou, M., *Principios elementales de Derecho administrativo*, Librería de la Sociedad "*Du Recueil Sirey*", París, 1923, p. 45.

En este contexto, la circunstancia de que la responsabilidad sea un mecanismo de control del poder público explica la necesidad de reglas jurídicas especiales en consideración al interés público que la actividad de la Administración desarrolla[155].

En concordancia, con lo anterior en siglo XXI se ha consolidado el derecho a la buena administración, reconocido implícitamente en los artículos 1, 11, 18, 235 y 245 constitucionales y de forma expresa en el artículo 16 inciso 1 de la LPA, que exige a los servidores públicos a actuar con estándares de calidad, eficacia, imparcialidad, objetividad, y que a sean responsables patrimonialmente en caso que sus actuaciones u omisiones ocasionen daños patrimoniales o morales a los ciudadanos, los cuales merecen una indemnización justa.

Por otra parte, respecto a la competencia de los tribunales para dilucidar pretensiones de contenido resarcitorio, deberán ser los tribunales contenciosos administrativos y no los tribunales de lo civil, esto por la sencilla razón del "*principio de la especialidad*". Y sobre este particular tema los artículos 3 y 9 de la LJCA de 2018 dan un giro de tuerca ineludible en el ordenamiento salvadoreño, para estar acorde a las corrientes procesales del Derecho administrativo. Sin embargo, no es óbice que, por razones excepcionales, la competencia para resolver algunas pretensiones especiales sea dada a los tribunales civiles, como resulta ser con las pretensiones resarcitorias de expropiación de bienes por razones de utilidad pública e interés social, pero siempre en ellos se aplicará derecho material administrativo, recuérdese siempre.

Para puntualizar las fuentes originarias de la responsabilidad de la Administración, en principio se determina la responsabilidad civil[156]. La responsabilidad civil ha sido definida por la doctrina mayoritaria *"como la obligación de asumir las consecuencias patrimoniales y económicas de un hecho, acto u omisión de persona*[157]*"*. Es una institución jurídica elemental propia del Derecho civil, con matices y adecuaciones a la naturaleza del Derecho administrativo, como se sabe, puede ser de dos tipos:

a) extracontractual, es la que emana a consecuencia de la violación de deberes genéricos de comportamiento, sin necesidad de la preexistencia de una relación jurídica entre el sujeto productor del daño y la víctima que origina esos deberes, y,

b) contractual, es la que se origina por incumplimiento de una obligación concreta, previa a la actuación dañosa, que un sujeto estaba obligarlo a satisfacerla.

La responsabilidad extracontractual, a su vez puede ser de dos tipos:

1) directa, esto es, aquella producida por hecho propio, y;

2) indirecta, es aquella producida por hechos de personas o cosas cuya dirección o custodia ejerce el sujeto responsable[158].

En este argumento, con el reconocimiento de la personalidad jurídica del Estado, se presenta la dualidad de su función, por cuanto es el administrador de la cosa pública y a la vez actúa, como sujeto de Derecho en sus distintas actividades.

De esto se desprende que el Estado en sus diversas actuaciones u omisiones administrativas puede ocasionar daños patrimoniales o morales, de los cuales deba responder como cualquier persona.

En la actualidad la doctrina del Derecho administrativo ha fijado la teoría la responsabilidad patrimonial de la Administración pública, sujeta a reglas de Derecho público en diversos ordenamientos jurídicos, y en otros a remisiones doctrinales de Derecho privado, tanto por la vía legislativa como la

---

155 Sobre un amplio panorama moderno de la responsabilidad patrimonial del Estado, debe consultarse los Libros del Foro Iberoamericano de Derecho Administrativo, 2 Tomos, Espress, Ciudad de México, 2014.

156 La palabra responsabilidad etimológicamente deviene del latín "*respondere*" que significa estar obligado. Véase la voz, en Cabanellas, G., *Diccionario Enciclopédico de derecho usual*, Heliastra, Tomo I, Buenos Aires, 1989, p. 499.

157 Véase por todos: Martínez Rave, G., y Martínez Tamayo, C., *Responsabilidad civil extracontractual*, 11ª edición, Temis, Bogotá, 2003, p. 6.

158 En ambas responsabilidades, el ordenamiento jurídico salvadoreño fija para que sea exigible deben concurrir, a los menos tres elementos: 1) la existencia de un daño cierto, material o moral que es antijurídico por atentar contra el patrimonio de una persona; 2) la culpa o negligencia, es decir que el daño se haya producido por imprudencia de su autor o bien el daño se haya producido con la intención de producirlo, a título de dolo, (artículos 42 y 1428 del Código Civil). Si el hecho es cometido por una o varias personas, cada una ellas serán responsables solidariamente de todo daño producido, salvo las excepciones legales (artículo 2068 del Código Civil); y 3) la relación de culpabilidad, esto es, que el daño sea el efecto del comportamiento culposo o doloso del agente.

jurisprudencial. Este soporte doctrinal nace en virtud que el Estado no solo es responsable cuando *administra* de forma normal o anormal, sino, además, cuando *legisla y juzga*, ya también eso casos puede producir daños a los ciudadanos en el ejercicio del poder público, tal como prescribe el artículo 86 de la Constitución.

2. *Sistemas de responsabilidad patrimonial de la administración*

A. *Responsabilidad subjetiva y directa para el funcionario*

Como lo expresamos inicialmente de este capítulo, en un Estado constitucional de Derecho es necesario que cualquier alteración al contenido esencial, a derechos, garantías fundamentales y bienes de los ciudadanos ocasionada por funcionarios públicos en el ejercicio de sus cargos, tenga como resultado la correspondiente responsabilidad patrimonial del trasgresor.

Es por ello que la jurisprudencia constitucional sostiene que: "*...la responsabilidad de los funcionarios del Estado, es uno de las grandes conquistas de la democracia y de inexorable existencia en el Estado Constitucional de Derecho, pues significa que la sujeción del poder público al imperio del derecho...*"[159]. Y esto deviene por el contenido del artículo 245 constitucional que prescribe: "*Los funcionarios y empleados públicos responderán personalmente y el Estado subsidiariamente, por los daños materiales o morales*[160] *que causaren a consecuencia de la violación a los derechos consagrados en esta Constitución*". En este orden de ideas, la jurisprudencia constitucional[161] destaca los aspectos siguientes:

a) responden los servidores públicos, en consecuencia, se trata de una responsabilidad personal, no institucional;

b) en cuanto es personal, siempre es una responsabilidad subjetiva, excepcionalmente nunca objetiva;

c) se trata de una responsabilidad patrimonial, que abarca todo tipo de daños materiales o morales; y

d) solo procede cuando se esté ante una vulneración de derechos constitucionales, no de otro tipo de derechos.

Como podemos observar se instituye un régimen de responsabilidad extracontractual del Estado, pero de forma subsidiaria y directa para el funcionario público basado en la responsabilidad subjetiva, porque el deber resarcitorio de las actuaciones u omisiones productoras de los daños materiales o morales de parte de los funcionarios, por la violación de los derechos constitucionales, se erige sobre la base de la *culpa*. Por tanto, la responsabilidad para el Estado es de carácter subsidiario. Además, otro de los aspectos que destacó la jurisprudencia constitucional[162] es que en el sistema subjetivo, para hacer exigible la responsabilidad, supone la concurrencia de tres elementos a saber:

a) la producción del daño de carácter material o moral[163] que afecte la esfera jurídica de un gobernado; el cual requiere para su materialización que sea susceptible de valuación patrimonial;

---

159 Véase la sentencia de amparo del 24 de mayo de 1999, referencia 40-98.

160 Un aspecto importante para el derecho y de forma específica para la responsabilidad del Estado por daños morales, es que la Sala de lo Constitucional en sentencia de inconstitucionalidad de 23 de enero de 2015, referencia 53-2012, determinó la omisión total de la Asamblea Legislativa por no haber emitido la regulación que desarrolle el contenido del art. 2 inciso 3, que establece la indemnización, conforme a la ley, por daños de carácter moral. En consecuencia, en el fallo concluyó que la Asamblea Legislativa deberá emitir a más tardar el 31 de diciembre del 2015 la ley por la que se fijen las condiciones de ejercicio del derecho a la indemnización por daño moral. Esto se tradujo de la Ley de Reparación por Daño Moral, que entró en vigencia en enero de 2016.

161 Véase la sentencia de amparo del 15 de febrero de 2013, referencia 51-2011.

162 Véase la sentencia de amparo del 4 de febrero de 2011, referencia, 228-2007.

163 El daño moral se constituye cuando se vulnera la interioridad del individuo, no deja señales físicas, como la lesión corporal que es virtualmente comprobable una vez inferida, pero los efectos perniciosos del primero pueden perturbar el ánimo y la voluntad de quien lo recibe de manera casi permanente sustrayéndolo del cotidiano hacer e impidiéndole que lleve una vida normal. Dentro de algunos parámetros para cuantificar cuando se refiere a destitución de servidores públicos tenemos: a) alta jerarquía de un cargo público desempeñado, b) tiempo desempeñado en el cargo, c) la forma legal y violatoria en que es destituido, d) los títulos obtenidos por el agraviado, y e) grave escándalo generado por la remoción. (véase la sentencia de Casación de la Sala de lo Civil, del 13 de junio de 2003, referencia 1316-S. S).

b) que la persona sobre la que recaiga el menoscabo no tenga el deber jurídico de soportarlo; y,

c) que el acto o la omisión sea imputable a un servidor público.

Sin embargo, pese a configurarse un sistema subjetivo de responsabilidad la misma jurisprudencia creó un elenco de casos donde la responsabilidad se trasladaba al Estado, convirtiéndose en una responsabilidad objetiva y directa para el mismo, pero de forma excepcional.

Así, por ejemplo: 1) cuando el funcionario declarado responsable, ya no se encontraba fungiendo en el cargo; 2) cuando el funcionario cometió la vulneración por un *error excusable*, como el caso de una interpretación incorrecta de la ley, o cuando el legislador no desarrolle con la ley secundaria una norma constitucional, o bien cuando la ley a aplicar se preste a una falaz interpretación, que hace imposible apreciar por sí la posibilidad de la violación constitucional[164].

Lo anterior se justificaba porque el concepto de responsabilidad no podía formarse sobre la base unilateral de la relación *causa-efecto*, pues ello conduciría a decisiones absurdas e injustas, como sería el caso de obligar a responder por daños y perjuicios al funcionario que procede con sujeción a una ley y en cumplimiento de sus disposiciones legales[165]. En efecto, la aceptación de un cargo público, según el artículo 235 de la Constitución, implica la obligación de desempeñarlo ajustado a las normas constitucionales. Pero no debe extremarse hasta el punto de no admitir *errores excusables -que el funcionario actuará con la debida diligencia-*, que lo excluyan de la responsabilidad directa y la traslade al Estado, quien la asumirá con su patrimonio[166].

En efecto, este es el criterio que adoptó la LPA en el artículo 60 al establecer las *tres reglas* para exigir la responsabilidad patrimonial según el artículo 245 de la Constitución, siendo las siguientes:

1) La responsabilidad es subjetiva y recae directamente sobre el servidor público, se extiende en los supuestos donde haya podido existir un error excusable y no se extingue por el hecho de haber cesado en el cargo;

2) La reclamación de daños y perjuicios no depende de una sentencia estimatoria de amparo, por ello las fuentes de las obligaciones para exigir la responsabilidad son múltiples, en concordancia por la variedad de actuaciones y omisiones administrativas constitutiva de daños resarcibles, y;

3) La responsabilidad será subsidiaria para el Estado, municipalidad[167], institución oficial autónoma o cualquier otro ente administrativo, y solo podrá asumir el pago de cantidades líquidas y económicas, cuando se comprueba la insolvencia del servidor público, la cual podrá realizar los procesos judiciales o administrativos correspondientes contra el responsable para recuperar lo pagado.

Este criterio data de 2013, donde la Sala de lo Constitucional modificó la línea jurisprudencial[168] y determinó que era incorrecto que el Estado respondiera de forma objetiva por violación de derechos constitucionales, según el espíritu del artículo 245 de la Constitución. En consecuencia, preciso que el Estado responderá subsidiariamente cuando se trate de los casos de insuficiencia de bienes o patrimonio del funcionario responsable, pero debe demostrarse tal circunstancia en el proceso judicial correspondiente, para tener la habilitación legal el afectado de plantear su pretensión resarcitoria contra el Estado de manera directa. Asumiendo el pago de la obligación en virtud de la posición de garante que en principio no le correspondía. Esto sin perjuicio que posteriormente cobre la deuda al funcionario cuando posea bienes o patrimonio con que responder.

B. *Responsabilidad solidaria*

Por otra parte, la Constitución ha establecido reglas especiales de responsabilidad. En cuanto al Órgano Ejecutivo establece en el artículo 171 que: “El Presidente de la República, el Vicepresidente de

---

164 Véase la sentencia de Amparo del 26 de agosto de 1998, referencia 317-97.

165 Véase la sentencia de amparo del 26 de abril de 2000. referencia 453-98.

166 Véase también las sentencias de amparo del 10 de octubre 2000, referencia 589-2001 y del 4 de febrero de 2011, referencia 228-2007.

167 Véase la sentencia de amparo del 16 de febrero de 2006, referencia 391-2004. Donde determina la subsidiariedad de la responsabilidad del municipio en caso de que exista insolvencia del Concejo Municipal, y cualquier otro funcionario municipal.

168 Véase la sentencia de amparo del 15 de febrero de 2013, referencia 51-2011.

la República, los Ministros y los Viceministros de Estado, son responsables solidariamente por los actos que autoricen. De las resoluciones tomadas en Consejo de Ministros, serán responsables los Ministros presentes o quienes hagan sus veces, aunque hubieren salvado su voto, a menos que interpongan su renuncia inmediatamente después de que se adopte la resolución".

En consecuencia, frente a un acto administrativo, vía de hecho, inactividad material, entre otras, realizados por cualquiera de los funcionarios anteriormente referidos, en el ejercicio de sus potestades políticas y administrativas conferidos por la Constitución y los *Reglamentos Interno del Órgano Ejecutivo y del Concejo de Ministros*, deberán responder solidariamente por los daños y perjuicios ocasionados y el Estado con su patrimonio a cargo del Presupuesto General de la Nación de manera subsidiaria ante la insolvencia patrimonial de los miembros que conforman el Consejo de Ministros o quienes hayan dictado el acto o realizado la omisión. Por otra parte, la LPA regula más que responsabilidad estatuida por el texto del artículo 171 constitucional, en el sentido que determina la *responsabilidad concurrente*, es decir, que cuando las producciones de los daños intervengan varios entes públicos. Al respecto, la responsabilidad será solidaria entre todos los entes declarados responsables de forma solidaria, sin perjuicio del posterior ejercicio de la pretensión de regreso con el fin de recuperar lo pagado (artículo 59 LPA).

C. *Responsabilidad objetiva y directa para la Administración*

En el año 2013 la jurisprudencia constitucional[169] cambió el criterio interpretativo y determinó que las instituciones administrativas son responsables de *manera objetiva* de los daños ocasionados a una persona o a la colectividad por el normal o anormal funcionamiento de los servicios públicos, en virtud que no se puede dejar desamparados a los ciudadanos que sufran eventualmente los daños, al margen de cuál sea el grado de voluntariedad e incluso de previsión del agente. Bastaba comprobar de parte del ciudadano afectado el hecho, daño y nexo de causalidad entre el acto y daño originado.

Además, aclaró que dicha responsabilidad es distinta y autónoma respecto a la contemplada en el artículo 245 de la Constitución, puesto que: 1) el obligado es el Estado como tal, no un funcionario público; y 2) tiene como causa el funcionamiento normal o anormal de la Administración, no la conducta dolosa o culposa de un funcionario. A diferencia de la responsabilidad personal regulada en el referido artículo 245, la responsabilidad patrimonial del Estado es de carácter institucional, predominantemente objetiva y no se limita a los supuestos de vulneración de derechos constitucionales.

Precisamente este la concepción que acogió el artículo 55 de la LPA, donde la finalidad es garantizar el patrimonio de toda persona y se centra en la existencia de un daño antijurídico que los ciudadanos no tienen el deber jurídico de soportar, ni cuando los daños se deriven de hechos o circunstancias que no hubiese permitido prever, ni evitar, según el estado de conocimiento de la ciencia o de la técnica existente en el momento que se han producido.

Su fundamento del derecho *que toda persona tiene frente al Estado*, a una indemnización por los daños de carácter material, físico y moral causados por el normal o anormal funcionamiento de la Administración. En este sentido, la jurisprudencia constitucional ya se había adelantado al texto del artículo 63 de la LPA, que avalaba las interpretaciones de los tribunales de lo penal que habían determinado la responsabilidad patrimonial de carácter objetiva y directa de las instituciones oficiales autónomas, en los casos siguientes:

a) de los daños patrimoniales causados a una comunidad del "*bajo lempa*", en virtud del delito de estragos provocados por servidores públicos de la Comisión Hidroeléctrica del Rio Lempa, y,

b) los daños corporales en virtud de mala praxis en cirugías por médicos del Instituto Salvadoreño del Seguro Social, incurriendo en el delito de lesiones culposas a un paciente por un médico tratante[170].

Finalmente, hacemos la reflexión sobre las preguntas siguientes: ¿puede responder el Estado subsidiariamente si las instituciones oficiales autónomas y los municipios, no tienen fondos suficientes para responder por sus acciones u omisiones de sus agentes públicos?, ¿puede responder una entidad pública por los daños ocasionados por los entes concesionarios en la prestación de los servicios públicos?

169 Así prescribió la sentencia de amparo del 15 de febrero de 2013, referencia 51-2011.

170 Así lo prescribieron las sentencias de Amparo del 10 de octubre 2000, referencia 589-2001 y del 4 de febrero de 2011, referencia 228-2007.

En el primer caso nuestra respuesta es sí, siempre que sea determinado por un tribunal que establezca la insolvencia económica de la entidad administrativa. De hecho, esto es posible según el artículo 147 de la Constitución que reconoce que el Estado puede ser avalista en los empréstitos voluntarios internacionales, no vemos por qué no pueda ser garante de la deuda de dichos entes.

En el segundo caso la respuesta es no, pues la responsabilidad patrimonial se puede extender solo si el daño es cometido por cualquiera de sus agentes, no obstante, siguiendo las nuevas tendencias del Derecho administrativo moderno, podría ser responsable la Administración por omisión o por falta de supervisión en no controlar la potestad conferida por medio de un contrato administrativo.

XI. REGULACIÓN JURÍDICA DE LOS BIENES PÚBLICOS

1. *Concepto*

La propiedad de los bienes ha sido una materia históricamente desarrollada por el derecho privado, pero cuando las administraciones públicas empezaron ser titulares de bienes, era necesario cambiar de régimen jurídico, es decir al derecho público, ya que su destinación y su uso es para el interés general.

En este orden de ideas, para efectos de nuestro ordenamiento jurídico podemos definir a los bines públicos, "*como aquellos que forman un conjunto bienes cuya titularidad es del Estado, de los municipios o entes de carácter descentralizados, afectados al uso público de manera directa e indirecta para todos los habitantes sometido a un régimen de derecho público regulado por la Constitución, el Código Civil y leyes especiales que regulan su uso y su protección*".

2. *Regulación y protección de los bienes nacionales*

En un primer término, es el art 571 del Código Civil, que hace alusión a los bienes nacionales, estableciendo que son aquellos que pertenecen a la nación toda y cuyo uso y goce le pertenece a todos los habitantes, como la calles, plazas, puentes y caminos, el mar adyacente y sus playas. Además el art 575, consigna la definición de playa como la extensión de tierra que las olas bañan y desocupan alternativamente hasta donde llegan en las más altas mareas, acá debe entenderse que se refieren a las playas marítimas, lacustres y fluviales que existan en el territorio de la República; por otra parte los arts. 576 y 577, estipula que; los ríos y todas las aguas que corren por cauces natural y los lagos y lagunas que puedan navegarse por buques de más de cien toneladas, son bienes nacionales de uso público.

Además, deben incluirse como parte del acervo de los bienes de uso público, de conformidad a la Ley del Patrimonio Cultural, los sitios arqueológicos y museos públicos, y según la ley de Libro, las bibliotecas y hemerotecas públicas.

Por lo tanto, esta clase de bienes se caracterizan por estar fuera del comercio y efecto son bienes: inalienables, imprescriptible e inembargables, según nuestro Código Civil. (arts. 1488 y 2232) y respecto a los bienes de uso público del Municipio el art. 62 del CM.

Sin embargo, el mismo cuerpo normativo distingue en el referido art 571, que el Estado tiene bienes nacionales que su uso no está afectó al uso público, como sucede con el mobiliario de la oficina, vehículos, maquinaria, entre otros bienes muebles que sirven para el funcionamiento de la Administración, por lo tanto, se encuentran sujetas a un régimen de protección, ya que no están afectan al uso público. La afectación es un mecanismo jurídico que se destina el uso del bien, por eso un bien de dominical puede dejar de serlo si desafecta, ya sea por acto administrativo como puede ocurrir con las municipalidades (art. 62 del CM) y por ley como ocurrió con la emisión de la *Ley Especial para la desafectación y traspasos de los terrenos del tramo ferroviario en desuso desde la Estación de Santa Lucia en el Municipio de Santa Ana, hasta la Antigua estación de Cutumay Camones del mismo municipio* de 2000. Esta tuvo el propósito de transferir los bienes estatales del ferrocarril a familias de bajos recursos para que habitaran en dichos inmuebles.

Respecto a los mecanismos de protección de los bienes de uso público el Código Civil, en los arts. 580 y 581, establecen una serie de medidas tendientes a proteger los bienes de usos públicos. Que nadie podrá construir sino por permiso especial de autoridad competente, obra alguna sobre las calles, plazas puentes, playas. Asimismo, no podrán construirse columnas, pilastras, gradas, umbrales y cualquiera de otras construcciones que sirvan para la comodidad u ornato de los edificios o hagan parte de ellos, no podrán ocupar ningún espacio, por pequeño que sea, de la superficie de las calles, plazas, puentes, caminos y demás lugares de propiedad nacional que fueran. Los dueños de las tierras contiguas a la playa no podrán poner cercos, ni hacer edificios o construcción alguna dentro de la distancia de diez varas de la playa.

De las anteriores limitaciones, que se imponen es para garantizar el uso pleno de todos los habitantes, y el hecho de realizar construcciones menoscabarían la finalidad para la cual han sido destinados los bienes de uso público. En consecuencia, la SCA declaró ilegal la autorización otorgada por el Ministerio de Obras Pública, y mandó a demoler el edificio donde se encontraba construido el restaurante "Mundo Marino", ya que dicha construcción se hizo en la playa de Puerto de la Libertad[171].

No obstante, la Administración podrá bajó los requisitos de los ordenamientos autorizar o dar en concesión de tales bienes con el carácter de uso privativo a los particulares, pero no debe vulnerarse la finalidad de la domanialidad de los bienes para lo cual han sido afectos, así también esa prerrogativa será de forma temporal.

Otras de las protecciones de los bienes de uso público, es la que estipula nuestra Constitución en el art 233 que dice: "*Los bienes de la Hacienda Pública y los de uso público solo podrán donarse o darse en usufructo. Comodato o arrendamiento, con autorización del Órgano Legislativo, a entidades de interés general*". Implicando que para celebrar este tipo de contratos válidamente se requiere de dos requisitos ineludibles: la autorización del Órgano Legislativo y la especial naturaleza del sujeto con quien ha de celebrarse el contrato, una entidad que no persiguen fines de lucro o particulares.

XII. URBANISMO, MEDIO AMBIENTE Y ORDENACIÓN DEL TERRITORIO

1. *Derecho urbanístico y ordenación del territorio*

El primer ordenamiento que encontramos en nuestro país, es la *Ley de Urbanismo y Construcción* promulgada en 1951, y tenía como propósito regular las urbanizaciones en el país, ya que se encontraban se realizaban sin ningún control de la Administración, y con ello obligaría que todas la urbanizaciones se hicieran bajo la vigilancia del Viceministerio de Vivienda y Desarrollo Urbano, quien tendría la Política Nacional de establecer los planes de las construcciones, parcelaciones y urbanizaciones en todo el territorio salvadoreño.

Posteriormente a esta, en 1973, se dicta el Reglamento de la Ley de Urbanismo y Construcción con el fin de hacer operativa la aplicación de la ley, clasificando a las urbanizaciones en comerciales, industriales y complejos habitacionales.

En 1993 se decreta la Ley de Desarrollo y Ordenamiento Territorial del Área Metropolitana de San Salvador y Municipios Aledaños, esto como respuesta del desorden desenfrenado provocado por la guerra civil salvadoreña donde en la década de los ochenta, hubieron emigraciones de la zona rural a la zona metropolitana de San Salvador, proliferándose la zonas marginales y el desmedido urbanización en zonas de riesgo, por cuanto estas construidas sobre fallas geológicas y cerca de lugares que constituyen zonas de recarga acuífera. Esta obliga a constituir un organismo supramunicipal conformados por los Concejo Municipales de la Zona Metropolitana (COAMSS), con el propósito de darles atribuciones, a fin de crear un plan de ordenamiento territorial en la zona y evitar las construcciones sin ningún parámetro técnico urbanístico. Creándose la Oficina Planificadora del Área Metropolitana de San Salvador (OPAMMS), como un organismo técnico del COAMSS), encargado de evaluar los planes de las personas interesadas en realizar construcciones y urbanizaciones en la zona metropolitana y con ello otorgarle el permiso correspondiente.

Pero con el fin de modernizar la regulación urbanística, en marzo de 2011 la Asamblea Legislativa aprobó la nueva *Ley de Ordenamiento y Desarrollo Territorial*, con propósito de modernizar el ordenamiento jurídico en materia urbanística y que se realice una verdadera política a nivel nacional del ordenamiento y las realizaciones de urbanizaciones del territorio en todo en el país. La presente ley tiene por finalidad, fortalecer la capacidad institucional del Estado para ordenar el uso del territorio y orientar las inversiones públicas y privadas necesarias para alcanzar el desarrollo sostenible; así como normar, un espacio intermedio de coordinación entre los niveles de gobierno nacional y local (art. 2)

---

[171] *Vid.* la Sentencia Definitiva de la SCA, del 15 de diciembre de 1997, ref. 32-F-96.

Además el art 4 establece que el ordenamiento territorial es la política de Estado que tiene por finalidad orientar el marco de referencia espacial, mediante procesos de planificación y gestión territorial de manera integral y concertada, para la inversión pública y el desarrollo de las distintas actividades humanas en el territorio con énfasis en la conectividad y los servicios a ser brindados a los asentamientos humanos, a las actividades productivas y a la protección de los recursos naturales; con enfoque de cuencas, sistema de ciudades, desarrollo económico y socio cultural, teniendo como centro el desarrollo y bienestar de la persona humana. Así mismo, define que el desarrollo territorial es el proceso que propicia la armonía entre el bienestar de la población, el uso del territorio, la conservación y protección de los recursos naturales y de la promoción de las actividades productivas, que tiene como objetivo principal el mejoramiento en la calidad de vida de la población, bajo un enfoque de sostenibilidad.

Como aspecto a destacar la Ley, determina los ámbitos para la planificación del ordenamiento y desarrollo territorial, así se tendrá un ámbito nacional, el ámbito departamental y el ámbito local; comprendiendo estos últimos, los municipios y las microrregiones como producto de la Asociatividad municipal. Los diferentes niveles de la Administración Pública y Municipal tienen por obligación cumplir y velar por la oportuna y debida implementación de los instrumentos de ordenamiento y desarrollo territorial (art 6).

2. *Derecho del medio ambiente*

A. *Reconocimiento del Derecho a un medio ambiente sano*

En el desarrollo del constitucionalismo salvadoreño la preocupación de proteger el medio ambiente de manera directa ha sido tardía, sin embargo, ha sido regulado de manera indirecta, bajo la tutela del Derecho a la salud en las constituciones de 1841 en el art. 62; Constitución Federal de 1821 en el art. 86; Constitución de 1939 con sus reformas de 1944, del mismo modo en las constituciones de 1950 y de 1962, dispusieron que la salud es un bien público.

Es la Constitución de 1983, la estipuló por vez primera, en el art. 117, a obligación estatal de la protección, conservación y restauración de los recursos naturales, lo cual el constituyente la separa de la tutela del Derecho a la salud. Del mismo modo, ha establecido, otras disposiciones, que alguna medida, determinan la protección del medio ambiente, tales como el art. 60 inciso segundo que establece "*En todos los centros docentes (...) será obligatoria la enseñanza de (...) la conservación de los recursos naturales*"; el art. 65 "*la Salud de los habitantes de la República constituye un bien público...* "; el art. 113 "*será fomentadas y protegidas las asociaciones de tipo económico que tiendan incrementar la riqueza nacional mediante un mejor aprovechamiento de los recursos naturales...*". Sin embargo, tal como se observa no estipuló de manera expresa el derecho a un medio ambiente sano, tal como lo hizo España, con su constitución en 1978.

No obstante, en 1998 en la sentencia de inconstitucionalidad, del 2 de julio de 1998, del "Decreto Legislativo N° 432, de catorce de enero de mil novecientos noventa y tres, publicado en el Diario Oficial N° 22, Tomo 318, correspondiente al dos de febrero del mismo año, y del Decreto Legislativo N° 433, emitido y publicado en las mismas fechas que el anterior; por medio de los cuales la Asamblea Legislativa establece *como zona protectora* del suelo y declara como zona de reserva forestal una porción del inmueble denominado "El Espino", y emite disposiciones relativas al aprovechamiento, desarrollo y ordenamiento de tal inmueble", SC expuso, al respecto "que si bien nuestra constitución no enuncia expresamente dentro del catálogo de derechos fundamentales el Derecho a un medio ambiente sano, es imprescindible reconocer que las obligaciones prescritas en el art. 117 y otras disposiciones de la ley suprema no importan un contenido prestacional a favor de los recursos naturales -lo cual es jurídicamente imposible-sino de las personas que conforman la colectividad, es decir quienes satisfacen sus necesidades materiales, mediante el aprovechamientos de tales recursos naturales".

En consecuencia, los limites prescritos a esa actividad, son establecidos a favor de la persona humana, lo que conlleva ineludiblemente al reconocimiento de que tal derecho a gozar a un medio ambiente sano, tiene rango constitucional y consecuentemente es obligación del Estado proteger a las personas en la conservación y defensa del mismo, todo ello porque el derecho a la vida, analizando en su relación con el principio de dignidad de la persona humana y la concepción personalista que inspira la constitución salvadoreña, no significa una simple existencia psico-biológica, sino que implica una existencia propia de su calidad humana, en la que obviamente el entorno ambiental o ecológico desempeña un papel primordial[172].

---

172 *Vid.* Sentencia de Inconstitucionalidad, ref. Inc. 5/93.

Así también, en la Sentencia de Amparo pronunciada el 26 de junio de 2003[173], reafirma que el Derecho a un medio ambiente tiene un carácter implícito, dentro del texto constitucional, además sostiene que es un Derecho que nace de las exigencias ético-jurídicas derivadas de la dignidad, la libertad y la igualdad inherentes a la persona humana; que, tanto la doctrina como el derecho comparado enlazan el Derecho al medio ambiente con la dignidad de la persona en el sentido que el ser humano tiene derecho a habitar y disfrutar su entorno vital en un régimen de armonía entre lo útil y lo grato y de acuerdo con sus características naturales y culturales[174].

Por tanto, es claro que la finalidad de las medidas protectoras del medio ambiente persigue el libre desarrollo de la personalidad de los individuos, así como el mejoramiento en la calidad de vida.

B. *Legislación básica protectora del medio ambiente*

A principios de la década de los noventa, la problemática ambiental se aborda desde una perspectiva a nivel centroamericano, y los gobiernos suscriben el Convenio Constitutivo de la *Comisión Centro Americana de Ambiente y Desarrollo*, como consecuencia de este, surge el compromiso de crear en cada uno de los países un organismo responsable de la protección, conservación y mejoramiento del medio ambiente, por tanto nuestro país en 1990, se instituye el *Consejo Nacional del Medio Ambiente* (CONAMA), encargado de velar por la coordinación y seguimiento de la gestión ambiental, así como la elaboración, desarrollo y cumplimiento de la estrategia nacional del medio ambiente.

Para un mejor cumplimiento de sus fines, el CONAMA, en 1994 crea la *Secretaría Nacional del Medio Ambiente*, encargada ejercer la política ambiental (conservación y restauración del medio ambiente) en nuestro país, lo cual tuvo vida hasta, el año de 1997 donde el Consejo de Ministros haciendo uso de su potestad reglamentaria reforma el Reglamento Interno del Órgano Ejecutivo y crea el *Ministerio del Medio Ambiente y Recursos Naturales.* Por tanto, todas estas funciones administrativas de protección del medio ambiente pasan a formar parte al referido Ministerio.

Un año más tarde, tras cuatro años de discusión en la Asamblea Legislativa, en mayo de 1998, entra en vigencia la Ley del Medio Ambiente (LMA), lo cual tiene como propósito normar la gestión ambiental, como obligación básica del Estado, los municipios y los habitantes en general, así como asegurar la aplicación de los tratados internacionales, celebrados y suscritos por El Salvador. Además de afrontar la problemática de la degradación ambiental de forma integral, y define las distintas atribuciones del Ministerio del Medio Ambiente y Recursos Naturales, para salvaguardar el medio ambiente en El Salvador.

En el mes de marzo de 2000 el Presidente de la República haciendo uso de su potestad reglamentaria, conforme al art. 168 ordinal 14 emite el Reglamento General de la LMA, a fin de garantizar la aplicación y ejecución de la LMA. en mayo del mismo año el Presidente dicta los Reglamentos siguientes: Reglamentos Especiales de Ejecución de la LMA, los cuales son: Reglamento Especial sobre el Control de las Sustancias Agotadoras de la Capa de Ozono; Reglamento Especial de Aguas Residuales; Reglamento Especial de Normas Técnicas de calidad ambiental; Reglamento Especial en Materia de Sustancias, Residuos, y Desechos Peligrosos; Reglamento Especial Sobre Manejo Integral de los Desechos Sólidos. Finalmente, en el año 2004, decretó el Reglamento Especial sobre la Compensación Ambiental, teniendo como propósito el de dictar normas que reconozcan formas directas de compensación ambiental, las cuales faciliten el desarrollo de un sistema de cobros y pagos por servicios ambientales y el marco que corresponde a las actuaciones de los Agentes Especializados, coadyuvando al apoyo a las actividades productivas ambientales sanas y mecanismos de financiamiento de la gestión ambiental.

---

173 *Vid* Sentencia de Amparo ref. 242-2001.

174 Actualmente existe una fuerza expansiva de la doctrina constitucional y jurisprudencia extranjera en reconocer además el Derecho al agua como derecho fundamental por ejemplo por parte de la jurisprudencia emanada de la Sala Constitucional de la Corte Suprema de Justicia de Costa Rica, la cual en la Sentencia 4654-2003 de las 15:44 hrs. del 27 de mayo de 2003, que al efecto dispuso: "*...la Sala reconoce, como parte del Derecho de la Constitución, un derecho fundamental al agua potable, derivado de los derechos fundamentales a la salud, la vida, al medio ambiente sano, a la alimentación y la vivienda digna, entre otros, tal como ha sido reconocido también en instrumentos internacionales sobre Derechos Humanos aplicables en Costa Rica, fundamentalmente en el Sistema Interamericano de Derechos Humanos, donde el país se encuentra particularmente obligado en esta materia por lo dispuesto en el artículo 11.1 del Protocolo Adicional a la Convención Americana sobre Derechos Humanos en Materia de Derechos Económicos.*" *Vid.* al respecto a Peña Chacón, M., "El Derecho al agua", en *Medio Ambiente y Derecho, REDAM*, núm. 17, Universidad de Sevilla. http//www.sica.es/aliens/gimadus.

En el año 2002 se promulga la Ley Forestal, la cual tiene por objeto establecer disposiciones que permitan el incremento, manejo y aprovechamiento en forma sostenible de los recursos forestales y el desarrollo de la industria maderera. Esta ley declara de interés económico el desarrollo forestal del país desde el establecimiento de la población hasta el aprovechamiento final y todas sus formas de valor agregado, y busca establecer las condiciones para estimular la participación del sector privado en la reforestación del territorio nacional con fines productivos, quedando fuera de esta regulación las Áreas Naturales Protegidas y los Bosques Salados.

Esto en virtud, que a inicios de febrero de 2005 se emite la Ley de Áreas Naturales Protegidas, cuyo objeto es uniformar el régimen legal de administración, manejo e incremento de las áreas naturales protegidas, con el propósito de conservar la diversidad biológica y asegurar el funcionamiento de los procesos ecológicos y perpetuando así los sistemas naturales, a través del manejo sostenible para beneficio de los habitantes.

BIBLIOGRAFÍA

AA. VV., *Manual de Derecho Administrativo*, (Ismael Farrando h. y Patricia Martínez) Directores, Ed. Depalma, Buenos Aires, 2000.

_______, *Conmemoración de 20 años de la Constitución de la República de El Salvador*, Publicación de la Comisión Coordinadora del Sector Justicia, El Salvador, 2005.

_______, *Manual de Derecho Administrativo: Desde una Perspectiva de Guatemala y España*, Manuel Ballbé y Martha Frach (Directores), Publicación de la AECI, Girona, 2003.

AYALA, J. M., *et al.*, *Manual de Justicia Administrativa*, Publicación del Consejo Nacional de la Judicatura y Escuela de Capacitación Judicial, San Salvador, 2003.

ARAUZ SÁNCHEZ, H., *Curso de Derecho Procesal Administrativo: La Jurisdicción contenciosa Administrativa en Panamá*, Ed. Universal Books, Panamá, 2004.

BARRIERE AYALA, J. R., *Ley de Adquisiciones y Contrataciones de la Administración Pública y su Reglamento Comentados*, FESPAD ediciones, El Salvador, 2009.

CASSAGNE, J. C., *Derecho administrativo*, Tomo I, 1ª reimpresión, 7ª edición, Ed. Lexis Nexis Abeledo-Perrot, Buenos Aires, 2000.

COMADIRA, J. R., *Derecho Administrativo*, Abeledo-Perrot, Buenos Aires, 1996.

CUESTAS, H. G., "Breve reseña histórica del establecimiento del tribunal contencioso administrativo", en *Sentencias. Quince años de la Jurisdicción Contenciosa Administrativa*, Publicaciones de la Corte Suprema de Justicia, San Salvador, 1995.

DELGADILLO GUTIÉRREZ, L. H., *Elementos de Derecho Administrativo*, primer y segundo curso, Limusa Noriega Editores, México, 1998.

DIEZ, M. M., *Manual de Derecho Administrativo*, Tomo II, Ed. Plus Ultra, Buenos Aires, 1980.

DROMI, R., *Derecho Administrativo*, 11ª edición, Ciudad Argentina, Buenos Aires, 2006.

ECHANDÍA D., *Teoría General del Proceso*, 3ª edición, Ed. Temis, Bogotá, 1985.

ESCOBAR MENALDO, R., "Manual de derecho administrativo: una perspectiva de Guatemala y España", en *AA. VV.*, "Los Recursos Administrativos en Guatemala", Manuel Ballbe y Martha Franch (Directores), Publicación de la Agencia Española de Cooperación Internacional, y la Universitat Autónoma de Barcelona, Barcelona, 2002.

FRAGA, G., *Derecho Administrativo*, edición vigésimo cuarta, Ed. Porrúa, México, 1985.

FERNÁNDEZ RUIZ, J., *Derecho Administrativo: Contratos*, 3ª edición, Porrúa-UNAM, México DF, 2009.

FORTÍN MAGAÑA, R., *Constituciones Iberoamericanas*, El Salvador, Universidad Nacional Autónoma de México, México DF, 2005.

GAMERO CASADO, E., *Monografías de Derecho Administrativo: La Jurisdicción Contenciosa Administrativa y El acto administrativo*, Publicación del Consejo Nacional de la Judicatura y Escuela de Capacitación Judicial, San Salvador, 2000.

GAMERO CASADO, E., y FERNÁNDEZ RAMOS, S., *Manual Básico de Derecho Administrativo*, 4ª edición, Tecnos, 2007.

GARCÍA DE ENTERRÍA, E., *La batalla por las medidas cautelares*, Ed. Civitas, 2ª edición, Madrid, 1995.

GARCÍA DE ENTERRÍA, E., y RAMÓN FERNÁNDEZ T., *Curso de Derecho administrativo*, Tomo I, 9ª edición, Ed. Civitas, Madrid, 1999.

GIMENO SENDRA, V., et al., *Derecho Procesal Administrativo*, Ed. Tirant lo Blanch, Valencia, 1993.

GÓMEZ CAMPOS, O., El Control Jurisdiccional de la Administración Pública, Tesis de grado presentada en la Universidad de El Salvador, 1961.

GONZÁLEZ PÉREZ, J., *Derecho Procesal Administrativo Hispanoamericano*, Ed. Temis, Bogotá, 1985.

_______. *Responsabilidad Patrimonial de las Administraciones Públicas*, 4ª edición, Thompson-Civitas, Navarra, 2005.

_______. *Derecho Procesal Administrativo Hispanoamericano*, Temis, Bogotá, 1985.

_______. Evolución de la Jurisdicción Contenciosa Administrativa, en *Revista de Administración Pública*, N° 150, 1999.

GONZÁLEZ-VARAS IBÁÑEZ, S. *Tratado de Derecho administrativo*, 8 Tomos, Civitas, Madrid 2009.

GORDILLO, A., *Tratado de Derecho Administrativo*, 4 Volúmenes, 8ª edición, Depalma, Buenos Aires, 2003.

Ley de Procedimientos Administrativos, Ediciones Último Decenio, Ministerio de Justicia, San Salvador, 1994.

MARTIN MATEO, R. *Manual de Derecho Administrativo*, Aranzadi, Navarra, 2005.

MEJÍA, H. A., "Los Recursos Administrativos: una referencia a la normativa universitaria", en *Revista de Derecho*, Universidad de El Salvador, N° 1, época VI, 2006.

_______. "La tutela del Derecho Ambiental salvadoreño", en *Medio Ambiente y Derecho*, *REDAm*, N° 19, Universidad de Sevilla. http: www.sica.es/aliens/gimadus.

MÉNDEZ, J. M., "El Constitucionalismo y la vida Institucional centroamericana", Ponencia en el marco del Seminario de historia contemporánea de Centro América, Editorial Universitaria, El Salvador, 1960.

MENA GUERRA, R., *Una aproximación a las fuentes del derecho administrativo: desde la óptica del ordenamiento salvadoreño*, Editorial Guanaxia-Centro de Estudios Jurídicos, San Salvador, 2009.

NIETO, A., *Derecho administrativo sancionador*, edición totalmente reformada, Tecnos, Madrid, 2005.

PADROS, R. S., *La tutela cautelar en la jurisdicción contenciosa administrativa*, Ed. *Lexis Nexis*, Buenos Aires, 2005.

PARADA VÁZQUEZ, R., *Derecho Administrativo, Parte General*, Marcial Pons, 1999.

PÉREZ DAYAN, A., *Teoría General del Acto Administrativo*, Porrrúa Pérez, México, 2006.

PEÑA CHACÓN, M., "El Derecho al agua", en *Medio Ambiente y Derecho, REDAm,* N° 17, Universidad de Sevilla. http: www.sica.es/aliens/gimadus.

RACIONERO CARMONA, F., *Temas de Derecho Administrativo I*, Texto de Apoyo 3, Publicación del Consejo Nacional de la Judicatura y Escuela de Capacitación Judicial, San Salvador, 2004.

RODRÍGUEZ ARANA-MUÑOZ, J., "Funcionalidad de las medidas Cautelares en el sistema contencioso administrativo (Especial referencia al Derecho Español", en *Congreso Iberoamericano de derecho administrativo (Discrecionalidad, Justicia Administrativa y entes reguladores)*, Vol. I, Panamá 2009.

RODRÍGUEZ RUÍZ, N. (p), *Historia de las Instituciones jurídicas salvadoreñas*, Publicación de la Corte Suprema de Justicia, San Salvador, 2006.

SANTAMARÍA PASTOR, J. A., *Principios de Derecho Administrativo*, 2 Volúmenes 2ª y 4ª edición, Centro de Estudios Ramón Aceres, S.A., Madrid, 2000.

SÁNCHEZ MORÓN, M., *Derecho Administrativo: Parte General*, 5ª edición, Tecnos, Madrid, 2009.

SANTOFIMIO GAMBOA, J. O., *Tratado de Derecho Administrativo*, Tomo II, 4ª edición, Universidad Externado de Colombia, Bogotá, 2004.

SENDIN GARCÍA, M. A., "La concurrencia del proceso penal con el procedimiento sancionador en el Derecho Administrativo español", en *Revista Iberoamericana de Derecho Público y Administrativo*, Año 9, N° 9, San José de Costa Rica.

SERRÁ ROJAS, A., *Derecho Administrativo*, 12ª edición, Porrúa, México, 1983.

SORIANO, S., "La constitucionalización de las Fuentes del Derecho Salvadoreño", en *AA.VV., Teoría de la Constitución Salvadoreña*, Publicación de la CSJ, en Cooperación con la AECID, 2000.

VEDEL, G., *Derecho administrativo*, (traducido al castellano por Rincón Jurado), España Aguilar, 6ª edición, 1980.

VESCOVÍ, E., *Teoría General del Proceso*, Ed. Temis, Santa Fe, Bogotá, 2ª edición, 1999.

ZANOBINI, G., *Curso de Derecho Administrativo*, Vol. 1, Arayú, Buenos Aires, 1954.

DERECHO ADMINISTRATIVO EN ESPAÑA*

SANTIAGO GONZÁLEZ-VARAS IBÁÑEZ**

I. EVOLUCIÓN Y MODELO REGULATIVO DE LA ADMINISTRACIÓN PÚBLICA, BASE CONSTITUCIONAL Y CONCEPTO DE DERECHO ADMINISTRATIVO Y FUENTES

En España puede seguirse una "concepción funcional" del Derecho administrativo que profundiza en la concepción subjetivista del maestro D. Eduardo García de Enterría, a quien se deben las contribuciones más relevantes del Derecho administrativo del siglo XX[1].

Según dicha concepción funcional que se impone además en la moderna legislación administrativa por influencia del Derecho europeo, y que sirve para resolver problemas prácticos aplicativos, y contar con un criterio que aporta seguridad y certeza, el Derecho administrativo es el "Derecho regulador de la Administración y de sus entidades dependientes o vinculadas cuando ejercen funciones administrativas", con un sentido determinado que seguidamente se expone.

Este concepto gravita sobre la idea de "función administrativa" y con ello sobre la aplicación de unos criterios funcionales. Pero no es suficiente la identificación de una función administrativa para que entre en aplicación el Derecho administrativo; la función ha de ejercitarse por la Administración o por una entidad que depende de -o está vinculada a- dicho poder público conforme a su delimitación en la ley aplicable.

La virtualidad de este concepto estaría en ajustarse a los criterios que la legislación vigente establece en este mismo sentido. En efecto, este concepto logra la necesaria coherencia con el nuevo articulado de las leyes principales vigentes de Derecho español (procedimiento, contencioso, contratación, organización, etc.) y de las reglamentaciones comunitarias europeas, donde con toda sencillez se concreta qué es una entidad dependiente o vinculada y se afirma que tales leyes se aplican cuando se desarrolle una función administrativa.

Afirmando que el tipo de función administrativa lleva consigo la aplicación del Derecho administrativo se pretende evitar que las funciones administrativas se realicen conforme al Derecho privado, ya que esto último significaría eludir el sistema de garantías jurídicas que requiere el Estado de Derecho, considerando que dicho Derecho administrativo es el ordenamiento que contiene, en efecto, el nivel adecuado de garantías jurídicas en el ámbito de la Administración Pública o sus entidades.

En este contexto pueden manifestarse dos fenómenos. Primero, que el legislador o la Administración respete o siga esta concepción funcional, en cuyo caso se produce con normalidad la lógica aplicación del Derecho administrativo en este tipo de situaciones comunes del mundo jurídico-administrativo y con ello se consigue el deseado nivel de garantías aceptable en favor de los ciudadanos. Segundo, que el legislador o la Administración se resista a seguir esta definición. Podemos decir que, en tal caso, nos encontramos ante una situación patológica jurídicamente.

Ante este tipo de posibles resistencias referidas en último lugar (a aplicar el Derecho administrativo siempre que una entidad realice una función administrativa), cabe *lege ferenda* en todo momento insistir doctrinalmente en la necesaria aplicación del Derecho administrativo. Ahora bien, con esta afirmación o deseo no se resolverá el problema. Si persiste dicha resistencia o patología deben existir remedios, deben arbitrarse soluciones que compensen el déficit de garantías que se ha ocasionado, partiendo en todo caso de que, cuando se cumplen funciones administrativas por la Administración o sus entidades dependientes, el Derecho regulador que defina el legislador no puede, por definición, diferir esencialmente del Derecho administrativo si el legislador ha optado por la regulación del Derecho privado. En suma, en estos casos de resistencia (afirmando el Derecho privado cuando se cumplen

---

* Dedico este trabajo al profesor Ricardo Rivero Ortega, y a la Universidad de Salamanca en general.

** Catedrático de Derecho Administrativo.

1 En todo caso, en España se manifiesta claramente la distinción entre Derecho administrativo y Derecho privado en sentido jurídico material y procesal. Es difícil situar el origen del Derecho administrativo ya que encontramos regulaciones de este tipo desde siempre, pero en sentido moderno su origen suele situarse en el siglo XIX, al igual que en otros muchos Estados. El Derecho administrativo ha ido evolucionando desde entonces.

funciones administrativas por la Administración o sus entidades) cabe justificar una apertura de la vía jurisdiccional contencioso-administrativa a efectos de enjuiciar los posibles fraudes de ley administrativa. Puede hablarse de una necesidad de iuspublificación del Derecho privado de la Administración o de sus entidades dependientes en tanto en cuanto persista esta resistencia del legislador o de la Administración a la aplicación ordinaria del Derecho administrativo dentro de su ámbito propio. La vía jurisdiccional se declarará, en consecuencia, abierta, en estos casos, pese a la aplicación inicial del Derecho privado, evitando la inaplicación de la ley administrativa. La justificación del control de la jurisdicción (y, en particular, de la contencioso-administrativa) estará en que el tipo de "función", administrativa, requiere una regulación de Derecho administrativo porque el Estado de Derecho *de primer grado* no puede consentir que estas funciones se realicen conforme al Derecho privado rector de las actuaciones privadas de los particulares. Es una genuina función judicial el evitar situaciones de indefensión. Esta actitud judicial es semejante a aquella otra, histórica, en virtud de la cual jueces de una determinada jurisdicción (así, la civil) entraban a conocer de materias administrativas, porque el nivel de garantías jurídicas de la jurisdicción administrativa era inadecuado.

Es cierto que no es exigible a la jurisdicción contencioso-administrativa la solución completa del problema que estamos comentando, pero también lo es que la intervención judicial en este tipo de situaciones patológicas puede llegar a ser fundamental en el caso concreto. Convencionalmente, puede hablarse en este sentido de *"Derecho administrativo privado"* como Derecho administrativo que se aplica (en especial judicialmente) en aquellos casos en que el legislador o la Administración ha optado inicialmente por el Derecho privado partiendo de que el tipo de función administrativa exige dicha aplicación, por los motivos expuestos. Dicho Derecho tiene en España tres técnicas fundamentales: el fraude de ley administrativa, el levantamiento del velo y los actos separables y consigue la aplicación de una norma de Derecho administrativo de obligado cumplimiento. Son muy numerosas las sentencias que aplican estas técnicas integradoras del "Derecho administrativo privado" en nuestro país, de vocación judicial ante resistencias en la aplicación del Derecho administrativo cuando resulte injustificada la aplicación del Derecho privado, por ejercitar la entidad en cuestión una función administrativa. En todo caso, con un nombre u otro, lo importante es que la jurisdicción contencioso-administrativa pueda cumplir su papel de otorgar justicia a los particulares que sufran indefensión por la aplicación de un Derecho privado de la Administración o sus entidades *cuando estas cumplan funciones públicas*. En último término, también ha de conocer la justicia constitucional cuando excepcionalmente una ley pretendiera que la Administración o sus entidades, en ejercicio de sus funciones estrictamente públicas o soberanas, se regulara por un Derecho deficiente desde el punto de vista garantista (es decir, el Derecho privado).

Antes de seguir avanzando en estos razonamientos, es preciso concretar las referencias anteriores, explicando los criterios funcionales. Es preciso distinguir tres tipos de funciones:

Primero, distinguimos las actividades genuina o propiamente administrativas, de autoridad o imperio. La Administración, al desempeñarlas, habrá de regirse por el Derecho administrativo.

Segundo, en el extremo opuesto pueden diferenciarse las actividades mercantiles, financieras o análogas. Cuando la Administración o sus entidades sean el sujeto que las desempeñe será válida la aplicación del Derecho privado. El control de legalidad (tema que preocupa al Derecho público) será conseguido fundamentalmente por la aplicación del Derecho de la competencia y, en particular, por la sujeción a ciertos principios de igualdad, proporcionalidad, transparencia que conlleva la técnica del abuso de posición dominante. Este control desde el Derecho privado, consiguiendo un criterio de legalidad pública, se ha revelado más efectivo e incluso más correcto que aquel otro de la aplicación de los derechos fundamentales en este tipo de situaciones. En torno a este segundo grupo de funciones o actividades el problema podrá ser el de la extensión o posibilidad de la iniciativa pública de mercado y no solo el referido al control de la actividad misma, pero este es otro tema.

Tercero, las actividades administrativas prestacionales o serviciales. A diferencia del primer grupo de funciones públicas estas actividades de prestación o servicio no necesariamente han de desarrollarse por una Administración o sus entidades. Es posible que sea así, pero también que se desarrollen por el sector privado, tal como corrobora la nueva legislación de telecomunicaciones, energética, transportes, etc.

Eso sí, cuando las desarrolle la Administración o sus entidades, el régimen jurídico no debe o puede diferir en esencia del Derecho administrativo. Lo lógico y correcto es que se aplique este Derecho (se cumple así el concepto de Derecho administrativo y lo que ello representa desde el punto de vista de las garantías jurídicas). Pero si se aplica el Derecho privado no cabe, al menos, eludir las normas o principios esenciales del Derecho público. Para lograr la debida iuspublicación de las relaciones jurídicas y conseguir que no se eluda una norma de Derecho administrativo de necesario cumplimiento se manifiestan distintas técnicas aplicables que conjuntamente pueden designarse como "Derecho administrativo privado", principalmente actos separables y levantamiento del velo y el fraude de ley administrativa, pero en general el control judicial que obliga a cumplir leyes y principios de Derecho administrativo.

Son "técnicas" en gran parte de vocación judicial y garantista, que se presentan como remedios en un plano de efectividad o como soluciones inmediatas al referido problema que conlleva la opción a favor del Derecho privado y la ruptura del sistema o equilibrio de garantías, siempre partiendo de que no cabe duda de que la solución más correcta no es otra o debería ser otra que la aplicación directamente del Derecho administrativo. Los juristas en general, así como los órganos jurisdiccionales del orden contencioso-administrativo, por definición, son sensibles a la tutela de los derechos de los particulares y garantizarán a estos frente a posibles fraudes de ley administrativa de obligado cumplimiento que protagonice la Administración o sus entidades.

Durante los últimos años la legislación administrativa ha conseguido confirmar que este tipo de leyes (de contratos públicos, de procedimiento o jurisdicción...) se aplican a la Administración o a sus entidades *cuando estas cumplan funciones administrativas.* Este hecho significa, primero, la confirmación de la concepción funcional del Derecho administrativo anteriormente expuesta. Significa, segundo, *y principalmente la innecesaridad del Derecho administrativo privado en tanto en cuanto se logra que toda entidad administrativa que cumpla funciones de carácter público está sujeta sin mayores condicionantes a la legislación administrativa. La aplicación de dicho Derecho queda latente para los casos de excepción en los que en la práctica jurídica existiera alguna resistencia para la aplicación del Derecho administrativo en casos en que este d*ebe aplicarse. En suma, lo esencial es el logro actualmente de la concepción funcional. Lo correcto es que el Derecho administrativo privado (es decir, los actos separables y el fraude de ley administrativa) tenga una posición residual.

En efecto, por un lado, la legislación administrativa vigente va consiguiendo que las entidades que cumplen funciones administrativas respeten la legislación administrativa (ley de contratos del sector público, Estatuto Básico de la Función Pública considerando su base claramente "funcional" para la delimitación de la reserva de las actuaciones que deben desempeñarse por funcionarios; ya antes la LRJAP-PAC, la propia LJCA, etc.).

Y, por otro lado, en virtud de otro grupo de leyes administrativas (así de liberalización de sectores económicos o monopolios) también ha sido característico la conversión de la función prestacional en mercantil y que esta se por entidades puramente privadas, en un contexto general privatizante y liberalizador. En tal caso, deja de plantearse un problema de Derecho administrativo, ya que la función no se ejercita por la Administración o sus entidades, sino por agentes privados. Deja de haber, en consecuencia, un problema de legalidad pública.

No nos preocupa, como puede apreciarse, que las funciones públicas no estrictamente públicas o prestacionales puedan realizarse por los particulares. *Nos preocupa, como puede apreciarse, que, cuando la Administración o sus entidades realicen funciones públicas, se aplique el Derecho administrativo.* Para algunos incluso el *desideratum* es que este tipo de funciones no se realicen por la Administración y sus entidades, sino por simples agentes privados, sin perjuicio de las funciones estrictamente públicas o de autoridad (sanciones, autorizaciones, etc.) que corresponden siempre a la Administración. En todo caso, en este ámbito funcional posiblemente administrativo, de tipo prestacional o público "de segundo grado", es posible la realización de este tipo de funciones por los particulares o empresarios estrictamente privados, tal como la realidad jurídica ha venido a confirmar sin que quepa discusión al respecto actualmente. Es decir, ni el monopolio de lo público lo tiene la Administración, ni, por contrapartida, la Administración puede quedar al margen de lo público.

Puede también apreciarse que, para esta definición del Derecho administrativo, el quid no es si las entidades dependientes de la Administración son o no Administración en sentido subjetivo. *Una vez delimitado esto, lo decisivo será el criterio funcional.*

Importante es el ajuste del concepto de Derecho administrativo a la realidad de los nuevos tiempos; también lo es que se consiga aplicar la legislación administrativa cuando ello sea necesario desde el punto de vista de las exigencias que implica el Estado de Derecho y su sistema de garantías.

Por tanto, el concepto propuesto tiene, pues, un contenido positivo, que es lo importante, pero también una serie de técnicas que consiguen su afirmación cuando exista alguna resistencia a su efectiva aplicación (es decir, las técnicas referidas del levantamiento del velo, los criterios funcionales... evitando fraudes de ley administrativa, en casos excepcionales en que se pretende eludir el concepto referido y lo que ello materialmente implica).

Este concepto de Derecho administrativo combina lo subjetivo, de lo que parte, y lo funcional, que añade. La aplicación del Derecho administrativo deja de ser el derecho regulador de entidades por el hecho de ser Administración o por el hecho de tener forma jurídico-pública, ya que la forma jurídica deja de ser el quid.

Por otro lado, el propio concepto de Derecho administrativo, por tanto, el propio Derecho administrativo, determina qué actuaciones de la Administración o sus entidades han de regularse por sus regulaciones jurídico-administrativas y cuáles pueden regularse por el Derecho civil.

2. Siguiendo con temas conceptuales, *el objeto principal del Derecho administrativo es "la relación jurídica administrativa*" que el *ciudadano* entabla con la Administración Pública o sus entidades.

En estas relaciones jurídicas pueden diferenciarse dos tipos de posiciones jurídicas de los ciudadanos. En la primera tiene una posición de destinatario de actos o actuaciones de la Administración, ya que la Administración inicia la relación jurídica; en estos casos aquél podrá ejercitar un derecho reaccional contra el acto administrativo que inicia la relación jurídica.

En la segunda situación que distinguimos la relación jurídica se inicia por el propio particular directamente instando o solicitando una determinada prestación, concepto este que, conforme a la doctrina general, se entiende como cualquier acto o actuación que interesa al particular de la Administración.

A mi juicio, la relación jurídica enmarca la posición que ha de corresponder al acto y a las actuaciones de la Administración. El acto pasa a ser una simple forma de "concreción" de una relación jurídica administrativa, al igual que lo son las actuaciones materiales, fácticas, reales o técnicas. Estas actuaciones materiales pueden ser de gravamen o favorables. Tradicionalmente todo este mundo jurídico se ha enfocado desde el punto de vista del acto administrativo que era preciso crear en todo caso para poder acceder a la garantía jurisdiccional. El punto de partida, por contrapartida, es la relación jurídica, no el acto, ya que este es una simple forma de *concreción* de aquélla, al igual que lo son otras actuaciones, las disposiciones o el contrato.

Las relaciones jurídicas pueden ser bilaterales (es decir entre particular y Administración o su entidad) o triangulares, pues la Administración a veces es destinataria de una petición de actuación contra un tercero obligado a cumplir una determinada disposición administrativa. Relaciones jurídicas triangulares típicas son aquellas que se manifiestan en relaciones de vecindad, por ejemplo, aquellos casos en que un vecino pide a la Administración que actúe frente a un establecimiento molesto.

3. El Derecho administrativo español es un Derecho continental o legislado. Pero juegan un papel importante los principios generales del Derecho administrativo

En la práctica jurídica administrativa los principios generales del Derecho administrativo encuentran una constante aplicación. En el fondo, muchos de los procesos judiciales se resuelven sobre la base de la aplicación de principios. El fundamento o *quid* de la sentencia estará en la preselección de uno u otro principio por parte del órgano jurisdiccional. Una vez seleccionado aquél, la conclusión jurídica siempre será congruente con el mismo. El quid está, por lo tanto, en la determinación del principio aplicable. Es esta una labor que a diario caracteriza la práctica jurídica.

Como ha puesto de manifiesto la mejor doctrina, de necesaria invocación en este contexto, "hay razones más específicas para asignar un valor más relevante que en otros sectores a la técnica de los principios generales del Derecho en el Derecho administrativo (...)". En este, en efecto, "se producen, necesariamente, problemas de justicia, o, si se prefiere, de ajuste entre situaciones, intereses y derechos (...). Si la Administración, sujeto de relaciones jurídico-administrativas, tiene calidad para producir por sí misma normas jurídicas, no será excepcional que en estas normas se sobrevaloren los intereses propios de la Administración como sujeto (...). En fin, la posición jurídica de la Administración está en buena parte construida sobre las llamadas potestades discrecionales, que supone en alguna medida una libertad respecto de la Ley. También el sistema de los principios generales se hace inevitable para que esa libertad no se traduzca en arbitrariedad pura y simple"[2].

"En resolución, pues, todo el Derecho, pero de manera muy particular el Derecho administrativo, se constituye necesariamente sobre un sistema de principios generales del Derecho *que no solo suplen a las fuentes escritas, sino que son los que dan a estas todo su sentido* y presiden toda su interpretación como hoy recoge ya el artículo 1.4 CC. Esos principios generales no proceden por deducción de primeras verdades morales, sino que sin principios técnicos que articulan sobre todo el mecanismo básico del Derecho que son las instituciones; y su desarrollo y perfección es un fruto de la vida jurídica, un hallazgo a través del manejo de problemas concretos, y es la obra por excelencia de la jurisprudencia y de la doctrina, actuando en recíproca interrelación" (E. García de Enterría/T.R. Fernández Rodríguez, *Curso de Derecho administrativo*, 12 edición Madrid 2004 p. 91).

II. ORGANIZACIÓN ADMINISTRATIVA, EN ESPECIAL EL ESTADO Y LOS MUNICIPIOS

En sentido jurídico-administrativo la potestad organizatoria, es la capacidad conferida a los distintos poderes públicos para intervenir en el diseño de la organización. L*a actividad organizativa se lleva a cabo a través de normas jurídicas de distinto rango, a veces también a través de planes o programas y de otros instrumentos jurídicos,* como acuerdos o convenios bilaterales o multilaterales. La potestad organizatoria está esencialmente repartida entre la práctica totalidad de los niveles de gobierno y entre las propias Administraciones públicas, a las que el ordenamiento jurídico reconoce -en unos casos más en otros menos- *notables márgenes de libertad de decisión para adaptar la organización a sus funciones y necesidades. El Derecho de la organización debe ser lo suficientemente flexible para que cada Administración pueda alcanzar sus objetivos con eficacia*, pues ya se ha dicho también que la organización tiene un carácter instrumental. Esto no significa, sin embargo, que el ejercicio de esa potestad carezca de límites jurídicos específicos. Al contrario, esos límites existen y son operativos[3]. El primero de ellos es el que deriva de la *reserva de ley* en esta materia y de las propias leyes sobre la organización. La potestad organizatoria se reparte también entre el legislador y el Poder Ejecutivo.

A nivel local los artículos 137 y 140 de la Constitución garantizan la autonomía de los municipios para la gestión de sus intereses y diseñan los rasgos esenciales de su organización sobre la que se ha pronunciado el Tribunal Constitucional (SSTC 4/1981, 32/1981, 84/1982, 32/1985, 27/1987, 259/1988 y 214/1989, entre otras)[4].

Tanto la doctrina de estas sentencias del supremo intérprete de la Constitución, como la jurisprudencia de la Sala del TS han señalado que, en materia de organización municipal, el orden constitucional de distribución de competencias se funda en la existencia de tres ámbitos normativos diferentes correspondientes a la legislación básica del Estado (art. 149.1.18 CE), la legislación de desarrollo de las Comunidades Autónomas, según los respectivos Estatutos, y la potestad reglamentaria de los municipios inherente a la autonomía que la Constitución les garantiza en el citado artículo 140.

Es claro, que la potestad de autoorganización [art. 4.1 a) LBRL], ha de ejercitarse en el marco de los límites establecidos en la legislación estatal y en las legislaciones de desarrollo de las Comunidades Autónomas

III. EL PROCEDIMIENTO ADMINISTRATIVO

Las funciones públicas, eje de la actuación de la Administración o sus entidades, se realizan a través de un procedimiento administrativo. Tal como advierte la STS de 28 de octubre de 2004 RJ 6594 "el procedimiento administrativo se desarrolla en función de un principio de garantía de los administrados y otro de eficacia de la Administración en una tensión dialéctica que en materia de notificaciones se manifiesta con especial intensidad". Según esta sentencia de esta doctrina se desprende por ejemplo que "la primordial garantía de los interesados es tener conocimiento directo de las resoluciones que les afecten pero, a su vez, constituyendo la notificación de los actos administrativos que afectan a los

---

2 E. García de Enterría/ T.R. Fernández Rodríguez, *Curso de Derecho administrativo*, 12 edición Madrid 2004 p. 87.

3 M. Sánchez Morón, *Derecho administrativo, Parte General*, Madrid 2010, pp. 226 y ss.

4 J.E. Soriano/C. Romero Rey, *Legislación básica de régimen local*, Madrid 2009.

interesados presupuesto para su eficacia, el legislador ha adoptado los mecanismos que en cada caso considera adecuados para vencer las situaciones derivadas de la imposibilidad de proporcionar a los interesados ese conocimiento".

El "procedimiento" se regula en la importante Ley de Procedimiento Administrativo Común 39/2015. Se regula el *derecho de acceso a Archivos y Registros*, la obligación de la Administración de resolver y el régimen del silencio administrativo.

Según la STSJ de Castilla y León (Burgos) de 12 de noviembre de 2003 (RJCA 2004\330): "el silencio positivo tiene por finalidad que ante la pasividad e indiferencia de la Administración el solicitante pueda interpretar el silencio como ficción a su favor para poder empezar a ejercitar el derecho que pretendía fuera reconocido. Es decir, el silencio opera en sentido positivo sustituyendo la actividad de la Administración porque la situación es diáfana, clara e indiscutible, de tal manera que solo la falta de voluntad del órgano, o su irregular funcionamiento, han impedido la concesión de licencia que de otra manera nunca se hubiera denegado".

La estimación por silencio administrativo tiene la consideración de acto administrativo finalizador del procedimiento. En este sentido, lo propio es que, cuando se produce el silencio (siendo positivo en caso de que la norma así permita deducirlo), el acto despliegue sus efectos propios debiendo la Administración acudir a la revisión de oficio en caso de que considere dicho acto *contra legem*.

Pero no podemos pasar por alto que la interpretación de si el acto es o no legal puede plantear problemas interpretativos entre las partes que en último término habrán de resolver los órganos jurisdiccionales del orden contencioso-administrativo. Y el quid pasa a estar en la responsabilidad administrativa cuando, pese al silencio, el acto se ha ejecutado y ha de anularse (tras revisarse de oficio o declararse lesivo) prevaleciendo en todo caso siempre la legalidad sobre el silencio, debiendo entonces indemnizarse al particular si el acto creado es ilegal y se anula, pese a que las indemnizaciones se modularán muy esencialmente en función el caso concreto, sobre todo cuando se evidencia posible mala fe del interesado.

Las fases del procedimiento son iniciación, instrucción y terminación o finalización y posterior ejecución de la resolución dictada.

El procedimiento administrativo puede iniciarse de oficio o a solicitud de persona interesada. Rige la regla de subsanación, de modo que todo intento de inadmisibilidad de los posibles escritos por parte de la Administración solo podrá ser decretada tras conceder al particular un período de subsanación del vicio formal que acuse dicha Administración. La jurisprudencia ha ligado oportunamente esta regulación con el principio *pro actione* y con el de proporcionalidad (STSJ de Madrid de 11 de junio de 2002 recurso num.427/1996 y STSJ de Madrid de 4 de mayo de 2006 JUR 230785). Pero, evidentemente, el derecho se agota cuando el propio interesado no cumple con el requerimiento de subsanación en plazo, como ocurre en el caso de la sentencia del TSJ de Extremadura de 25 de enero de 2007, sent. Nº31; STSJ de Canarias, Las Palmas, de 20 de septiembre de 2006, recurso nº 1215/2003, JUR 294224).

Pueden decretarse medidas provisionales para asegurar la eficacia de la resolución que pudiera recaer, tema este importante y al mismo tiempo delicado porque puede llevar aparejadas responsabilidades administrativas por los daños causados por este tipo de medidas provisionales, como por ejemplo la paralización de un establecimiento, si finalmente se pone de manifiesto su improcedencia. La lógica de estas medidas es la propia de las medidas cautelares: provisionalidad, necesidad para asegurar bienes jurídicos, proporcionalidad, posibilidad de modificación a lo largo del procedimiento.

El procedimiento se impulsa de oficio. Y ha de respetarse el criterio de orden de prioridad para el despacho de los asuntos y rige, igualmente, la regla de celeridad. La instrucción del procedimiento tiene como temas centrales el derecho a alegar, el derecho de prueba y la petición y emisión de informes.

Las alegaciones podrán hacerse en cualquier momento del procedimiento anterior al trámite de audiencia, aportando documentos u otros elementos de juicio. La prueba tiende a acreditar los hechos relevantes para la decisión de un procedimiento. Podrán acreditarse por cualquier medio de prueba admisible en Derecho, tema que como es sabido remite a la LEC.

Para la resolución de determinados asuntos son preceptivos informes de otras Administraciones.

La caducidad del procedimiento tiene su fundamento en la necesidad de evitar su pendencia indefinida, en aras de la certeza y seguridad jurídica, y en la consideración de las normas de procedimiento como normas de orden público. La caducidad, como cualquier otro vicio de procedimiento, es una cuestión de orden público que puede ser apreciada de oficio por la propia Administración. Su efecto más inmediato es la terminación del procedimiento por perención y el consecuente archivo de las actuaciones. El procedimiento deja de existir con todos sus efectos.

Es clásica la exigencia de un título para que las Administraciones Públicas puedan iniciar válidamente una actuación material de ejecución de resoluciones que limite derechos de los particulares. Dicho título sirve entonces de fundamento jurídico. El título no es siempre un acto.

De no actuar así, dicha Administración incurre en vía de hecho. La ejecución forzosa por las Administraciones Públicas se efectuará, respetando siempre el principio de proporcionalidad. Si fueran varios los medios de ejecución admisibles se elegirán el menos restrictivo de la libertad individual. Los medios de ejecución son: A) Apremio sobre el patrimonio. B) Ejecución subsidiaria. C) Multa coercitiva. D) Compulsión sobre las personas.

IV. ACTOS Y DISPOSICIONES

Las disposiciones se rigen por los principios de jerarquía y de competencia y por la regla de publicidad y de inderogabilidad singular.

El reglamento, en cuanto norma jurídica de carácter general emanada de la Administración, tiene valor subordinado a la Ley, a la que complementa.

Los preceptos de las disposiciones reglamentarias pueden ser derogados por disposiciones del mismo rango emanadas de la misma autoridad que dictara las primeras. Lo que no cabe es que un precepto reglamentario pueda ser derogado por un acto singular. La razón de lo último es la siguiente: que la Administración en el ejercicio de sus competencias está vinculada a la legalidad (arts. 9.1 y 103.1 de la Constitución); y que la derogación de un precepto reglamentario mediante acto singular representaría una arbitrariedad, lo que está expresamente prohibido por el art. 9.3 de la Constitución.

El acto administrativo puede definirse como una medida soberana de Derecho público dictada por la Administración para la regulación de un caso concreto con efectos externos.

El acto administrativo es una forma de "concreción" de una relación jurídico-administrativa, como lo son los contratos, las disposiciones o las actuaciones materiales o reales o técnicas.

Los actos pueden ser, para sus destinatarios (en especial los particulares), de limitación o gravamen o de contenido favorable. El acto se puede dictar ante una solicitud de un interesado (en obtener un beneficio o en que se obligue a un tercero a respetar la ley) o de oficio.

Por su parte, podrán existir "simples actuaciones" o actuaciones materiales, reales o fácticas. El acto se distingue de las simples actuaciones por su contenido regulativo y por poder afectar legítima y directamente los derechos de los particulares. Las "actuaciones" tienen en cambio un carácter ejecutorio de actos o, en todo caso, se realizarán o dictarán sin limitar los derechos de los particulares si no cuentan con un acto de cobertura. Si afectan a los derechos de los particulares, limitándolos, sin acto de cobertura estaremos ante una vía de hecho.

Los actos se benefician de la regla de ejecutividad, idea que lleva a recordar el principio de autotutela administrativa.

La eficacia del acto se produce a raíz de que el acto se notifica a su destinatario. Tras la nueva legislación de procedimiento administrativo de 2015 se insiste de forma especial en la Administración electrónica. Las relaciones con personas jurídicas se realizan por dicho medio, así como las comunicaciones o notificaciones. La publicación sustituirá a la notificación surtiendo sus mismos efectos en determinados casos previstos en dicha legislación.

En cuanto a los supuestos de nulidad de pleno derecho rige un sistema de casos tasados:

a. Los que lesionen los derechos y libertades susceptibles de amparo constitucional.

b. Los dictados por órgano manifiestamente incompetente por razón de la materia o del territorio.

c. Los que tengan un contenido imposible.

d. Los que sean constitutivos de infracción penal o se dicten como consecuencia de esta.

e. Los dictados prescindiendo total y absolutamente del procedimiento legalmente establecido o de las normas que contienen las reglas esenciales para la formación de la voluntad de los órganos colegiados.

f. Los actos expresos o presuntos contrarios al ordenamiento jurídico por los que se adquieren facultades o derechos cuando se carezca de los requisitos esenciales para su adquisición.

g. Cualquier otro que se establezca expresamente en una disposición de rango legal.

También serán nulas de pleno derecho las disposiciones administrativas que vulneren la Constitución, las leyes u otras disposiciones administrativas de rango superior, las que regulen materias reservadas a la Ley, y las que establezcan la retroactividad de disposiciones sancionadoras no favorables o restrictivas de derechos individuales.

Por su parte, son anulables los actos de la Administración que incurran en cualquier infracción del ordenamiento jurídico, incluso la desviación de poder. No obstante, el defecto de forma solo determinará la anulabilidad cuando el acto carezca de los requisitos formales indispensables para alcanzar su fin o dé lugar a la indefensión de los interesados. La realización de actuaciones administrativas fuera del tiempo establecido para ellas solo implicará la anulabilidad del acto cuando así lo imponga la naturaleza del término o plazo.

En relación con los actos administrativos y su eficacia se han desarrollado algunos principios que han terminado por formar parte del articulado de la legislación procedimental administrativa. Primero, puede citarse el principio de conservación de los actos administrativos (sentencia del TS de 31 de marzo de 2005, RJ 6341). Asimismo pueden citarse los principios de no transmisión de la invalidez, el principio de nulidad *parcial,* según el cual «la nulidad o anulabilidad en parte del acto administrativo no implicará la de las partes del mismo independientes de aquélla salvo que la parte viciada sea de tal importancia que sin ella el acto administrativo no hubiera sido dictado», el de conversión de los actos irregulares ya que «los actos nulos o anulables que, sin embargo, contengan los elementos constitutivos de otro distinto producirán los efectos de este» y finalmente, el principio de convalidación, aplicable solo a los actos anulables mediante la subsanación de los vicios en que hubieran incurrido.

La revisión de los actos por la propia Administración lleva a considerar dos temas. El primero, la revisión de oficio por la Administración de sus disposiciones y actos nulos y el segundo, la declaración de lesividad de actos anulables.

En cuanto a lo primero, las Administraciones públicas, en cualquier momento, por iniciativa propia o a solicitud de interesado, y previo dictamen favorable del Consejo de Estado u órgano consultivo equivalente de la Comunidad Autónoma, si lo hubiere, declararán de oficio la nulidad de los actos administrativos que hayan puesto fin a la vía administrativa o que no hayan sido recurridos en plazo, en los supuestos legales previstos de nulidad de pleno derecho de los actos administrativos.

Asimismo, en cualquier momento, las Administraciones públicas de oficio, y previo dictamen favorable del Consejo de Estado u órgano consultivo equivalente de la Comunidad Autónoma si lo hubiere, podrán declarar la nulidad de las disposiciones administrativas en los mismos supuestos.

Las Administraciones públicas, al declarar la nulidad de una disposición o acto, podrán establecer, en la misma resolución, las indemnizaciones que proceda reconocer a los interesados. Ahora bien, en la práctica jurisprudencial no son infrecuentes los casos en que termina imputándose al propio particular la causación del error cometido, o se aplica la concurrencia de culpas; o tampoco es infrecuente que la apreciación de responsabilidad administrativa quede reducida a una simple indemnización por el gasto de tramitar de nuevo la licencia conforme a Derecho.

En cuanto a la declaración de lesividad de actos anulables, las Administraciones públicas podrán declarar lesivos para el interés público los actos favorables para los interesados que sean anulables, a fin de proceder a su ulterior impugnación ante el orden jurisdiccional contencioso-administrativo.

La declaración de lesividad no podrá adoptarse una vez transcurridos cuatro años desde que se dictó el acto administrativo y exigirá la previa audiencia de cuantos aparezcan como interesados en el mismo.

La revisión de oficio de actos anulables conlleva las pertinentes exigencias procedimentales y de responsabilidad patrimonial administrativa por los daños y perjuicios causados al particular afectado (STS de 17 de octubre de 1988, RJ 7760, afirmando la responsabilidad administrativa derivada de la revisión de oficio de un Plan Parcial ante la vulneración del Plan General; STS de 19 de abril de 1979 RJ 1586; STS de 11 de mayo de 1979, RJ 2450; STS de 3 de abril de 1990, RJ 3579).

Tal como argumenta la sentencia del Tribunal Supremo de 22 de marzo de 2005 (RJ 2005, 3375) "la acción de revisión de oficio cumple los requisitos del artículo 102 de la Ley 30/92 y la existencia de un acto nulo de pleno derecho exige la reacción enérgica de las Administraciones Públicas, que están obligadas a eliminarlo del mundo jurídico, haciendo desaparecer sus efectos y dictar un acto en sustitución del anulado que se ajuste a Derecho. La existencia de una sentencia declarando la nulidad del acto o actos objeto de revisión de oficio, puede entenderse como el punto de partida del procedimiento de nulidad, pero nunca como un impedimento, cuando el acto sigue produciendo efectos y como además, en este caso, lo que se pide es la estricta aplicación de la ley, es decir, la revisión de un acto nulo de pleno derecho."

Por contrapartida, la Administración no puede desentenderse de sus actos, dictando otros posteriores en sustitución de los primeros. Esta elemental doctrina puede explicarse a la luz de la STS de 10 noviembre 2006, RJ 2006\9062:

> "Esa pretendida propuesta de resolución, después degradada a la condición de borrador, no puede desnaturalizar lo que era ya un Acuerdo dictado por el órgano competente para ello y que resolvía un concurso previamente convocado (...).
>
> Así las cosas, es claro que el Acuerdo recurrido no pudo dictarse prescindiendo del anterior mediante un acto de contrario imperio. El Acuerdo de cinco de julio del órgano de contratación había culminado un procedimiento y perfeccionado un contrato mediante la adjudicación del mismo, de modo que había adoptado como bases tipo de legislación y jurisprudencia las incluidas en el Anexo de aquél, para su utilización posterior mediante un acto individual de elección de los miembros de la Carrera Judicial de aquellas que entre las incluidas se adaptasen mejor a sus necesidades o preferencias profesionales. Mientras que el nuevo acto de veintinueve de julio que lo dejaba sin efecto al desconocer su existencia alteraba sustancialmente su contenido en detrimento y beneficio contrapuesto para unas y otras de las Editoriales que ofertaron sus productos.
>
> *Una actuación como la descrita no la pueden realizar las Administraciones Públicas sino sometiéndose a las normas que el Ordenamiento Jurídico ha previsto para ello tanto en la Ley 30/1992, de 26 de noviembre, en la redacción dada por la Ley 4/1999, de 13 de enero, como en este caso en la Ley de Contratos de las Administraciones Públicas*".

En estos casos el particular que cuenta con el acto favorable sujeto a revisión de la Administración actuará como demandado en el proceso judicial frente a la Administración demandante que invocará la ilegalidad de su acto.

> La revisión puede producirse a instancia de tercero interesado. Los interesados podrán formular solicitudes para lograr esta revisión. Por su parte, el órgano competente para la revisión de oficio podrá acordar motivadamente la inadmisión a trámite de las solicitudes formuladas por los interesados, sin necesidad de recabar dictamen del Consejo de Estado u órgano consultivo de la Comunidad Autónoma, cuando las mismas no se basen en alguna de las causas de nulidad o carezcan manifiestamente de fundamento, así como en el supuesto de que se hubieran desestimado en cuanto al fondo otras solicitudes sustancialmente iguales.
>
> *En estos casos el tercero será demandante en el proceso, de llegar la contienda a los tribunales y oponerse la Administración a tal revisión, y la Administración actuará como demandada y el titular del acto como codemandado. Si la Administración accede a la revisión de tercero, el destinatario del acto será demandante y la Administración demandada y el tercero interesado podrá ser codemandado.*

En este sentido, la decisión de inadmitir la solicitud de revisión tiene que motivarse (STSJ Región de Murcia núm. 99/2005, de 24 febrero, RJCA 2006\846). La STSJ las Islas Canarias, Las Palmas, núm. 1291/2000, de 13 octubre declara la obligación de la Administración de dictar un pronunciamiento expreso al ser una auténtica acción de nulidad a favor del administrado.

Así, la STSJ las Islas Canarias, Las Palmas, núm. 1085/2000, de 18 septiembre, JUR 2001\17490, afirma que el hecho de que la Administración «pueda», declarar de oficio la nulidad no puede hacer pensar que estemos ante una facultad.

No obstante, la falta de fundamentación de la solicitud de revisión del recurrente será motivo de desestimación del recurso (STS de 25 enero 2005 RJ 2005\1936; STSJ de Murcia de 15 de febrero de 2002, JUR 115335; JUR 2001\23281).

Ello es así siempre que no se trate de simples vicios formales (STSJ de la Comunidad Valenciana núm. 208/2003, de 24 febrero, JUR 2004\22607) o por supuesto que la solicitud tenga especial fundamento (STSJ de Andalucía, Sevilla, de 1 de junio de 2002 JUR 4823).

Por lo que se refiere a la revisión de las disposiciones reglamentarias, actualmente (desde el año 1999) solo se prevé de oficio. Es decir, solo podrá iniciarse por la propia Administración la revisión de oficio de las disposiciones administrativas, lo que supone que no se podrá instar con éxito de la Administración el inicio de un procedimiento de estas características ante la nulidad absoluta de una disposición general dictada por aquélla (STS de 22 de noviembre de 2006 (rec. núm. 4084/03); STSJ del País Vasco de 8 de febrero de 2007 (JUR 2007\126969); STS de 28 de noviembre de 2001; STS de 22 de diciembre de 1999 RJ 804).

Además de la revisión en el sentido expuesto, "las Administraciones públicas podrán revocar en cualquier momento sus actos de gravamen o desfavorables, siempre que tal revocación no constituya dispensa o exención no permitida por las leyes, o sea contraria al principio de igualdad, al interés público o al ordenamiento jurídico".

La revisión de oficio debe distinguirse finalmente de la rectificación de errores, ya que "las Administraciones públicas podrán, asimismo, rectificar en cualquier momento, de oficio o a instancia de los interesados, los errores materiales, de hecho o aritméticos existentes en sus actos".

El error generalmente no significa una simple habilitación para la rectificación de errores, ya que si se declaran derechos por la Administración debe hacerse uso de la declaración de lesividad (STS de 4 de mayo de 1993 RJ 3687). No han faltado, no obstante, fallos flexibles en la utilización o interpretación de la "corrección de errores" (STS de 26 de febrero de 1987, RJ 3376). Puede seleccionarse la STS de 23 octubre 2001 RJ 2002\128 donde se ponen de manifiesto este tipo de limitaciones jurídicas

Ponen fin a la vía administrativa:

-Las resoluciones de los recursos de alzada.

-Las resoluciones de los procedimientos de impugnación.

-Las resoluciones de los órganos administrativos que carezcan de superior jerárquico, salvo que una Ley establezca lo contrario.

-Las demás resoluciones de órganos administrativos cuando una disposición legal o reglamentaria así lo establezca.

-Los acuerdos, pactos, convenios o contratos que tengan la consideración de finalizadores del procedimiento.

Los recursos administrativos deben interponerse siguiendo las indicaciones formales legales.

Actos impugnables son las resoluciones, no así los actos de trámite si no deciden directa o indirectamente el fondo del asunto, no determinan la imposibilidad de continuar el procedimiento, o no producen indefensión o perjuicio irreparable a derechos e intereses legítimos. La oposición a los actos de trámite propiamente dichos (es decir, no cualificados) podrá alegarse por los interesados para su consideración en la resolución que ponga fin al procedimiento (Auto del TSJ de la Comunidad Valenciana de 8 de febrero de 2007, Auto de 24 de noviembre de 2006; STS de 3 de enero de 2001 RJ 2001\3644 considerando que la aprobación provisional de un Plan es un acto de trámite y por lo tanto no impugnable separadamente; STS de 1 de febrero de 2005 RJ 2005\1530).

Los recursos son, primero, de alzada cuando el acto no pone fin a la vía administrativa, y se interpone ante el órgano superior que dictó el acto; segundo, de reposición, que es potestativo y se interpone ante el mismo órgano que lo dictó; y tercero de revisión, como recurso extraordinario que se puede interponer en presencia de los presupuestos de la LPAC 39/2015.

La regla general es que el recurso no consiga la suspensión del acto (STSJ de Andalucía de 20 de enero de 2006, núm. de recurso 2058/2003, Sala de Sevilla). En el recurso de revisión es aplicable la regla de suspensión cautelar del acto administrativo recurrido (STSJ del País Vasco de 13 de febrero de 2004, sentencia 130/04).

Los "vicios y defectos que hagan anulable un acto no podrán ser alegados por quienes los hubieren causado". En principio, esta regulación afirma la aplicación de un viejo principio ("*nemo auditur propriam turpitudinem allegans*") para los particulares recurrentes, pero en la práctica acaso el punto de mayor interés de este principio o doctrina está cuando se aplica a la Administración misma, pudiéndose entender que el precepto citado es simple expresión de un principio general más amplio.

V. LOS CONTRATOS DE LA ADMINISTRACIÓN

En el Estado español las dos claves de la nueva regulación europea de contratación administrativa ya estaban presentes tradicionalmente, a diferencia de la mayor parte de los Estados actualmente miembros de la Unión Europea:

Primero, la publicidad y la concurrencia y la vinculación a la mejor oferta eran reglas más que conocidas y bastante bien articuladas en la legislación tradicional de contratación administrativa, pese a que pudieran existir problemas de aplicación práctica ("problemas" estos relativos esencialmente a ciertos abusos en cuanto a la adjudicación directa y, más recientemente, en cuanto a la personificación de entidades de Derecho privado). La esencia del sistema español de contratos administrativos se ha mantenido e incluso perfeccionado, pese a que se hayan podido introducir cambios significativos.

Segundo, el control sobre las adjudicaciones contractuales era también posible según la legislación procesal y sustantiva española en materia de control de adjudicaciones contractuales. También pudieron en este contexto manifestarse algunos problemas. En esencia el licitador que vencía en juicio podía tener dificultades a la hora de lograr una ejecución de la sentencia en sentido adecuado a su interés real. Pero resolver este problema en realidad no es fácil siquiera para las nuevas directivas europeas. Más bien es acaso el reto principal ante el que se sitúan.

El caso es que a nivel europeo se ha impuesto el *contrato administrativo*. Aunque los Estados miembros puedan (por motivos históricos) no usar esta expresión, lo cierto es que, materialmente, se ha extendido esta figura jurídico-administrativa por Europa considerando que todo modelo legislativo nacional ha de seguir los tres principios que definen la esencialidad de este contrato frente al contrato civil (publicidad, concurrencia y vinculación a la mejor oferta), principios que expresan tanto una máxima concurrencial como una regla de legalidad pública.

Si el contrato administrativo y no el civil de la Administración se ha impuesto en un contexto europeo e internacional ello se debe a que el mercado interior se realiza solo si se cumplen las reglas propias del contrato administrativo de publicidad, concurrencia y vinculación a la mejor oferta, ya que de lo contrario se contrataría en clave nacional siempre que el adjudicador así lo quisiera y no se realizaría tal mercado.

Esta puesta en valor del contrato administrativo en un contexto comparado se refuerza, además, si se considera que el dato de la paridad entre las partes (propio del contrato civil) no se ha manifestado como se piensa habitualmente en tales modelos de contrato civil de la Administración, al ser constantes e inevitables las prerrogativas de la Administración y así lo atestigua un conocimiento de la realidad contractual de Derechos como el británico o el alemán.

En lo procesal, el modelo español consiste tradicionalmente en un control de la jurisdicción contencioso-administrativa. De este modo, se consigue en principio el mejor de los posibles modelos de control de las adjudicaciones contractuales, ya que el modelo judicial es el que mayores garantías otorga tanto por su imparcialidad como por su neutralidad y calidad del control. Además, se desarrolla dicho control por una jurisdicción adecuada a los intereses llamados a enjuiciar en los procesos en cuestión. Históricamente este modelo significa precisamente la superación de posibles sistemas anteriores de control de jurisdicciones especiales sin las garantías propias de un órgano judicial, que acaban de exponerse. Es claro que en la mayor parte de los Estados europeos no se contaba con un sistema tan avanzado de garantías al menos en los años en que estuvo vigente la Ley de jurisdicción de 1956.

Este modelo judicial está previsto desde el origen de la regulación procesal de las directivas europeas de recursos aunque, ante la realidad existente en la mayor parte de los Estados, dichas directivas de recursos abrieron la posibilidad de instaurar un modelo alternativo de control regido por autoridades administrativas siempre que reunieran las garantías de independencia que constaban en el articulado de las propias directivas y en la jurisprudencia del Tribunal de Justicia de Luxemburgo.

En definitiva, en Europa el seguimiento de un régimen jurídico materialmente público basado en las reglas de publicidad, concurrencia y vinculación a la mejor oferta en la fase de adjudicación ha venido acompañado de un régimen también materialmente público de control sobre las adjudicaciones contractuales. El hecho de controlar una adjudicación manifiesta por sí mismo una *ratio* de Derecho público. En un contrato civil puro no se controlan las adjudicaciones. La iuspublificación se produce por tanto en lo material como en lo procesal aunque buena parte de los Estados europeos hayan intentado obviar este componente inevitable a las características de la nueva regulación europea.

Por contrapartida, ocurre que en aquellos Estados que han tenido que instaurar prácticamente *ex novo* el sistema procesal (y donde en verdad se ha sufrido una revolución jurídica en el ámbito contractual de la Administración y sus entidades dependientes: Alemania, Austria, etc.) se ha tenido la oportunidad de instaurar un nuevo modelo sin el lastre de condicionantes históricos.

El debate de interés actualmente a nivel europeo es el de la elección por el sistema judicial de control de las adjudicaciones, o por el sistema de jurisdicción administrativa no judicial; o por un sistema mixto o intermedio donde conviven ambos, pero otorgando más peso y garantías al control por órganos puramente administrativos.

Es claro que lo ideal y más perfecto es en principio el control judicial donde el grueso de la supervisión de las adjudicaciones recae en jueces. La calidad del control aumenta si además tales jueces pertenecen al orden contencioso-administrativo, al ser este adecuado al carácter o naturaleza de los asuntos que tienen que ser resueltos.

Pero con el devenir de los tiempos se ha manifestado un problema de operatividad de la jurisdicción contencioso-administrativa que no consigue resolver lo prioritario o más elemental en esta materia, es decir, la adecuación entre el fallo y el interés *real* del sujeto. En definitiva, todos sabemos que la jurisdicción contencioso-administrativa, pese a gozar en principio de las mayores garantías, es decir, las inherentes a su carácter judicial y adecuación a la naturaleza de los asuntos enjuiciados, sin embargo, no siempre consigue satisfacer el interés *real* del recurrente cuando vence en juicio (la obra estará terminada, el suministro ejecutado, etc.). Y se convierte en "regla general" la posible conversión de la justicia primaria en secundaria, mediante el otorgamiento de indemnizaciones compensatorias tras la anulación de la adjudicación (es decir, un porcentaje legalmente establecido por beneficio industrial o lucro cesante), con la desventaja asimismo del sobrecoste para el erario público. Tampoco las medidas cautelares son una solución plenamente satisfactoria para resolver este problema, pues además de que pueden perjudicar el interés público, su concesión puede ser excepcional y además implican muchas veces problemas de fianzas y contra cautelas de notoria complejidad en la práctica para el recurrente.

En este contexto se entiende que finalmente, a modo de una rendición de principios, pero con sentido práctico, se introduzca finalmente en España el Tribunal Administrativo Central de Recursos contractuales y tribunales similares a nivel regional.

Este nuevo sistema refuerza la vía administrativa que, tradicionalmente, venía siendo, en términos prácticos, un pasatiempo en el sistema de control de las adjudicaciones, ya que resolvía el mismo órgano que dictaba el acto. En definitiva, un modelo bien conocido por todos, por sus insuficiencias, y cuyo sentido no era otro que el de abrir paso a la vía judicial, sobre la que recaía, con sus grandezas y limitaciones, el peso del control jurídico de la adjudicación y la tutela de los intereses legítimos de los licitadores.

Las referencias o conexiones del actual "Tribunal" son, pues, claras. Primeramente, las propias directivas de recursos: desde su primera versión han contemplado esta alternativa. Las cada vez mayores exigencias que en lo procesal impone el Derecho europeo (vid. la nueva directiva 2007/66/CE de 11 de diciembre de 2007) terminan provocando la creación de un órgano más adecuado, en su funcionamiento, a las exigencias de la justicia administrativa de los licitadores y del interés público, con plazos más adecuados, cortos y matizados y con un régimen de suspensión cautelar general e incluso con la previsión de medidas preventivas, que se imponen desde Europa.

En segundo lugar, otro punto de referencia puede ser el de las instancias administrativas de control del Derecho de la competencia o de mercados o servicios de interés general, dentro pues del propio Derecho español. El Tribunal de Recursos contractuales puede llegar a tener un desarrollo similar en materia de control de las adjudicaciones, tendencia que es irremediable, a no ser que el arraigo histórico de lo contencioso-administrativo en la materia contractual pueda terminar pesando, manteniéndose en lo contractual un mayor protagonismo del contencioso que en aquellas otras áreas. En el Derecho de la competencia el peso del control recae en la CNC, teniendo las sentencias de la jurisdicción contencioso-administrativa (a través de la Audiencia nacional o del Tribunal Supremo), un valor a veces puramente testimonial o reiterativo de lo resuelto por aquella otra instancia de control. En cambio, todavía actualmente, conforme al modelo tradicional de las Leyes jurisdiccionales de 1956 y 1998, en sede contenciosa se enjuician todos los elementos de juicio, incluidos los aspectos técnicos, con la ayuda de pruebas periciales que, como es notorio, a veces pueden protagonizar el escenario de la justicia, optando muchas veces el juzgador (en especial cuando existe pericial judicial) por una remisión a tal informe.

En tercer lugar, otra referencia es, a nivel jurídico comparado, la que aportan los Estados de Centroeuropa. Como antes advertíamos en tales Estados la ausencia de tradición histórica ha podido favorecer la pronta instauración de este tipo de modelos (de control no judicial de las adjudicaciones contractuales) que pretenden lograr una mayor adecuación con el interés real del sujeto y con ello una justicia primaria y no secundaria.

Otra solución distinta habría sido la de instaurar un "proceso especial" dentro de los procesos especiales de la jurisdicción contencioso-administrativa, en este ámbito del control de las adjudicaciones contractuales; pero es discutible, como ya hemos comentado, que la jurisdicción contencioso-administrativa pueda cumplir por entero, por sí sola, las distintas exigencias que imponen las directivas europeas.

Esta tendencia de instaurar un Tribunal español Administrativo Central de Recursos contractuales se advierte en distintos Estados y no solo europeos, como ilustran perfectamente los casos de Panamá y de Perú, donde ha mermado el peso del control judicial y se ha trasladado en gran medida a instancias de control próximas al actual Tribunal español Administrativo Central de Recursos contractuales.

La consideración del contrato administrativo bajo la lógica del Derecho de la competencia no hace cambiar el sistema jurídico administrativo tradicional existente entre nosotros. Es claro que en España, al igual que en el resto de Europa, siempre ha estado presente que el Derecho europeo es ante todo un Derecho de la competencia. Pero no hemos llegado a reflexionar sobre la posibilidad de ordenar los contratos administrativos (y menos su sistema de control) bajo esta ratio. Desde luego, Europa no obliga a esta consideración de los contratos bajo el Derecho de la competencia, si bien, como es sabido, sí obliga a respetar principios que materialmente hablando son también propios del Derecho de la competencia: es decir, las directivas pretenden tanto la concurrencia efectiva entre licitadores como indirectamente la legalidad de la adjudicación contractual. El caso es que lo primero (la concurrencia), en Derechos como el español, queda a cubierto incidiendo en lo segundo (la legalidad).

En el caso del Derecho español podemos reconocer "interferencias" del Derecho de la competencia en un ámbito jurídico-administrativo dominado por la ratio de la legalidad pública. Sin embargo, también cabría ordenar los contratos (su fase esencial de adjudicación) desde la ratio de la competencia para llegar a un mismo resultado. No deja de ser singular esta posible impronta reguladora -del sistema contractual- por parte del Derecho de la competencia. Para nosotros es innecesario este enfoque porque el desarrollo del Derecho administrativo cubre perfectamente los mismos intereses que cubre el Derecho de la competencia allí donde no había tradición jurídico-administrativa en el ámbito de los contratos de la Administración. Es decir que de este modo se consigue evitar reconocer abiertamente algo que es irremediable, es decir, la iuspublificación de los contratos. El tema es propio de la competencia.

Todo esto no impide para que en el Derecho español el Tribunal de Defensa de la Competencia -TDC-, primeramente, y la Comisión de Defensa de la Competencia –CNC-, con posterioridad[5], hayan realizado incursiones en la materia jurídico-administrativa contractual, afectando a la propia fase de adjudicación.

En consecuencia, la concurrencia efectiva, que es la idea de sistema de las directivas europeas y, más allá de un Derecho europeo basado en el quid de la competencia, se realiza en el Derecho español, fundamentalmente, por el Derecho administrativo y, en lo procesal, por la jurisdicción contencioso-administrativa o los nuevos tribunales igualmente administrativos de control de adjudicaciones contractuales.

---

5 La Ley de Defensa de la competencia (LDC) de 3 de julio de 2007, que entró en vigor el 1 de septiembre de 2007, sustituye o deroga la precedente de 17 de julio de 1989, reformada sensiblemente por la Ley 52/1999, de 28 de diciembre. La Comisión Nacional de la Competencia presenta una estructura piramidal centrada en la existencia de dos órganos separados, la Dirección de Investigación y el Consejo, que realizan con independencia sus respectivas funciones de instrucción y resolución bajo la supervisión y coordinación del Presidente, apoyado en un conjunto de servicios comunes.

Son muy numerosos los posibles ejemplos de cómo la jurisdicción contencioso-administrativa resuelve asuntos con marcado carácter concurrencial. En el fondo es muy común que en este tipo de asuntos de adjudicaciones contractuales estén presentes de manera más o menos intensa aspectos de este tipo concurrencial o de Derecho de la competencia. Esto ocurre por ejemplo en los casos de posibles exclusiones indebidas a licitadores en los procedimientos de licitación. Asimismo, la concurrencia efectiva obliga a la tutela de quienes han sido licitadores pero también de los llamados "licitadores potenciales" que, si no lo han sido, es porque se les ha impedido indebidamente participar en la licitación. Suelen ser casos en que se obvia el procedimiento debido privando a un potencial licitador de un derecho a recurrir la adjudicación. Casos de ausencia de competencia de base. En general es preciso prestar atención a cuándo un licitador ha de ter un derecho de subsanación de errores de la oferta o cuándo se le da una oportunidad de mejorarla.

Como decimos, todo esto en el Derecho español se soluciona a través del Derecho administrativo, pese a su posible relación incluso esencial con el Derecho de la competencia alentado por la Unión Europea.

VI. EL DERECHO ADMINISTRATIVO SANCIONADOR

En el derecho español se regula la "potestad sancionadora" en la legislación de procedimiento administrativo. Primeramente, los principios de la potestad sancionadora. Son estos:

-Principio de legalidad: "la potestad sancionadora de las Administraciones públicas, reconocida por la Constitución, se ejercerá cuando haya sido expresamente reconocida por una norma con rango de Ley, con aplicación del procedimiento previsto para su ejercicio y de acuerdo con lo establecido en este título y, cuando se trate de entidades locales, de conformidad con lo dispuesto en el título XI de la Ley 7/1985, de 2 de abril, Reguladora de las Bases del Régimen Local (...)".

-Principio de irretroactividad: "serán de aplicación las disposiciones sancionadoras vigentes en el momento de producirse los hechos que constituyan infracción administrativa. Las disposiciones sancionadoras producirán efecto retroactivo en cuanto favorezcan al presunto infractor".

-Principio de tipicidad: "solo constituyen infracciones administrativas las vulneraciones del ordenamiento jurídico previstas como tales infracciones por una Ley, sin perjuicio de lo dispuesto para la administración local en el título XI de la Ley 7/1985, de 2 de abril, Reguladora de las Bases del Régimen Local. Únicamente por la comisión de infracciones administrativas podrán imponerse sanciones que, en todo caso, estarán delimitadas por la Ley (...)".

-Principio de responsabilidad: "solo podrán ser sancionadas por hechos constitutivos de infracción administrativa las personas físicas y jurídicas que resulten responsables de los mismos aun a título de simple inobservancia (...)". Seguidamente se menciona la obligación de reparar el daño. No obstante, se admite la responsabilidad solidaria y subsidiaria.

-Principio de proporcionalidad: "las sanciones administrativas, sean o no de naturaleza pecuniaria, en ningún caso podrán implicar, directa o subsidiariamente, privación de libertad (...)".

-Prescripción: "las infracciones y sanciones prescribirán según lo dispuesto en las leyes que las establezcan. Si estas no fijan plazos de prescripción, las infracciones muy graves prescribirán a los tres años, las graves a los dos años y las leves a los seis meses; las sanciones impuestas por faltas muy graves prescribirán a los tres años, las impuestas por faltas graves a los dos años y las impuestas por faltas leves al año (...)".

-Concurrencia de sanciones: "no podrán sancionarse los hechos que hayan sido sancionados penal o administrativamente, en los casos en que se aprecie identidad del sujeto, hecho y fundamento".

En segundo lugar, se regulan los principios del procedimiento sancionador:

-Garantía de procedimiento: "el ejercicio de la potestad sancionadora requerirá procedimiento legal o reglamentariamente establecido".

-Derechos del presunto responsable a ser notificado de los hechos que se le imputen, de las infracciones que tales hechos puedan constituir y de las sanciones que, en su caso, se les pudieran imponer, así como de la identidad del instructor, de la autoridad competente para imponer la sanción y de la norma que atribuya tal competencia. Y a formular alegaciones y utilizar los medios de defensa admitidos por el Ordenamiento Jurídico que resulten procedentes.

-Presunción de inocencia: "los procedimientos sancionadores respetarán la presunción de no existencia de responsabilidad administrativa mientras no se demuestre lo contrario".

-Los hechos declarados probados por resoluciones judiciales penales firmes vincularán a las Administraciones Públicas respecto de los procedimientos sancionadores que sustancien.

Junto a las sanciones puede estudiarse la reparación de daños causados a la Administración. En principio, los daños a la Administración o a bienes jurídico-públicos no habrían de presentar especificidad alguna, debiendo la Administración ejercitar las acciones de reparación de daños ante la jurisdicción civil siguiendo las pautas propias del Derecho común. Y en este contexto puede situarse también el tema de la indemnización civil a favor del Estado derivada de delito o falta.

Ocurre, sin embargo, que la legislación administrativa logra establecer un régimen específico cuando los daños se causan a la Administración, esencialmente el régimen de autotutela administrativa ejecutoria para la reparación de daños, sin perjuicio de otras peculiaridades de la legislación sectorial que parten de la forma en la que se presentan específicamente los daños causados a la Administración.

Por otra parte, el régimen ejecutorio para la reparación de daños se presenta como un apéndice o consecuencia del Derecho administrativo sancionador, ya que la referida ejecutoriedad proviene del hecho de la acumulación entre la sanción y la reparación que prevé la legislación administrativa[6].

Lejos de ser un supuesto excepcional, dicho régimen se ha convertido en la tónica general en nuestros días de modo que la reparación de daños se hace sin salir de la órbita administrativa con todos los privilegios y exorbitancias que ello conlleva a efectos de imponer ejecutoriamente -al causante de los daños- las medidas que este debe adoptar para su reparación efectiva.

VII. LA DISCRECIONALIDAD ADMINISTRATIVA

El artículo 71.2 de la Ley de la jurisdicción contencioso-administrativa 29/98 nos informa del criterio que el Legislador propugna frente al problema del límite del control judicial frente a la discrecionalidad administrativa.

El criterio legal es el siguiente: "los órganos jurisdiccionales no podrán determinar la forma en que han de quedar redactados los preceptos de una disposición general en sustitución de los que anularen ni podrán determinar el contenido discrecional de los actos anulados".

La Exposición de Motivos, en consonancia con el planteamiento procesal del artículo 71.2, apunta que "la Ley recuerda la naturaleza de control en Derecho que tiene el recurso contencioso-administrativo y de ahí que precise que no pueden los Jueces y Tribunales determinar el contenido discrecional de los actos *que anulen*. Como es lógico, esta regla no pretende coartar en absoluto la potestad de los órganos judiciales para extender su control de los actos discrecionales hasta donde lo exija el sometimiento de la Administración al derecho, es decir mediante el enjuiciamiento de los elementos reglados de dichos actos y la garantía de los límites jurídicos de la discrecionalidad".

No es inoportuno recordar los criterios generales a través de los cuales puede desarrollarse un control judicial en estos casos: principio de igualdad, interdicción de la arbitrariedad, exigencia de motivación en la resolución administrativa, principio de proporcionalidad, desviación de poder, principios generales del Derecho, precedente administrativo, etc. (STS de 7 de mayo de 1996 RJ 4220; STS de 10 de febrero de 1997 RJ 1137: "esta facultad discrecional tiene un fundamento que al mismo tiempo es su límite, y que asimismo señala el indicado precepto: el interés público. En otro caso, el ejercicio del *ius variandi* que se reconoce a la Administración constituiría un abuso de derecho o como sostiene la parte actora, un verdadero supuesto de desviación de poder, al implicar el ejercicio de potestades administrativas para fines distintos de los fijados por el Ordenamiento jurídico".

Sobre el alcance del control judicial en materia de discrecionalidad técnica de la Administración existen sentencias con contenidos no siempre coincidentes entre sí. Un ejemplo puede ser la sentencia del TSJ Cataluña núm. 462/1999, de 19 de mayo (JT 1999\1237).

---

6 En este contexto, un gráfico ejemplo de la acumulación entre las sanciones y la reparación de daños es la STS de 14 de marzo de 1996 RJ 2561: la Administración había decretado "tres providencias de apremio, dictadas a consecuencia de resoluciones, de 19.1.1982, 8.2.1982 y 9.3.1982 referidas las dos primeras a sendas multas y la tercera a fijación de indemnización por daños".

Durante los últimos tiempos se ha hablado largamente de este tema de la discrecionalidad en relación con los pronunciamientos anulatorios. La introducción de las pretensiones procesales prestacionales y la consiguiente previsión legal de sentencias de condena plantea también la cuestión de los límites del control judicial cuando la Administración tenga (en virtud del ordenamiento jurídico) discrecionalidad para actuar o no actuar en el caso concreto. Un caso paradigmático puede ser el ámbito del Derecho de policía, ya que es generalmente discrecional la decisión acerca de si debe actuarse en defensa de bienes jurídicos individuales o colectivos.

En principio, las acciones procedentes para lograr la realización por parte de la Administración, de una actuación o prestación, son las que se prevén en los artículos 29 y 32 de la LJCA. En este sentido, es claro, como recuerda por otra parte la Exposición de Motivos de la LJCA de 1998, que, en estos casos, la obligación ha de estar suficientemente concretada, a efectos de que el órgano jurisdiccional pueda decretar dicha orden de actuación frente a la Administración.

No obstante, los Juzgados y Tribunales habrán de comprobar si la inicial discrecionalidad administrativa (para actuar o permanecer inactiva) puede o no reducirse o eliminarse judicialmente.

Para ello es preciso aplicar ciertos criterios de interpretación a efectos de poder extraer un interés legítimo cuyo ejercicio obligue a la Administración a realizar una prestación aun cuando tenga inicialmente discrecionalidad para ello.

En este sentido, puede justificarse en el caso concreto dicha reducción judicial de la potestad discrecional, a efectos entonces de poder obligar a la Administración a actuar (por ejemplo, tomando las medidas oportunas contra la causación de ruidos o contra un establecimiento insalubre) aplicando el criterio de la "puesta en peligro de bienes jurídicos esenciales" o cuando la inactividad causara la "lesión de un derecho fundamental" (por ejemplo, la vida, la integridad física, la intimidad, etc.).

Igualmente, el Tribunal o Juzgado podrá constatar una "desviación de poder por el no ejercicio de la potestad administrativa", concretamente cuando la Administración no actúa, incumpliendo o separándose del fin previsto en la norma.

Estos criterios de reducción de la discrecionalidad pueden tener una especial utilidad, procesalmente, a efectos de tutelar debidamente las posiciones jurídicas de terceros. Se trata concretamente de las pretensiones prestacionales en favor de terceros. Tras la LJCA de 13 de julio de 1998 existen cauces procesales aptos para tutelar estos intereses o derechos. No solo la pretensión prestacional de los artículos 29 y 32, sino también las medidas cautelares positivas del artículo 136.

Procesalmente, en relación con estos casos de discrecionalidad administrativa y pretensiones prestacionales pueden distinguirse dos tipos de sentencia de condena: primero, las sentencias que consiguen reducir la discrecionalidad a una única solución o decisión jurídica. Segundo, las sentencias que se limitan a establecer un marco dentro del cual ha de moverse la decisión administrativa discrecional.

VIII. EL CONTROL JUDICIAL DE LA ADMINISTRACIÓN: CONTENCIOSO-ADMINISTRATIVO Y OTROS MODOS DE SOLUCIÓN DE CONTROVERSIAS, EN ESPECIAL LOS ARBITRAJES

El proceso administrativo español no puede considerarse desde luego como un proceso esencialmente objetivo, ya que la jurisdicción contencioso-administrativa además de controlar el cumplimiento de la legalidad administrativa es un medio de satisfacción procesal de los derechos de los recurrentes.

Si el artículo 24 de la Constitución proclama un derecho a la tutela de los derechos e intereses legítimos, la función esencial de la jurisdicción contencioso-administrativa tendrá que ser la averiguación de si el recurrente hace valer un derecho o interés legítimo (concepción subjetiva del proceso administrativo).

Esta concepción implica la necesaria correspondencia procesal entre los distintos tipos de derechos e intereses legítimos (de anulación, de obligación de dictar un acto o realizar una actuación, etc.), las distintas pretensiones y los concretos pronunciamientos de la sentencia.

Conforme a esta orientación subjetiva la idea de control de legalidad de la actuación administrativa (el *contenido objetivo* innato a todo proceso administrativo, artículo 106 de la Constitución) pasa a encajarse o integrarse dentro de la *ratio* general subjetiva basada en la tutela de los derechos e intereses legítimos, concibiendo concretamente el control de legalidad de la actuación administrativa como un elemento conceptual de una lesión jurídico-subjetiva que fundamenta el ejercicio de una pretensión procesal.

La LJCA de 1998 afirma una concepción de índole o carácter subjetivo, reconociendo nuevas pretensiones procesales y procurando ajustar estas a los distintos tipos de derechos o intereses que pueden tener los ciudadanos en sus relaciones jurídicas con la Administración (artículos 1 y 25 a 32).

Se advierte fácilmente, además, que el procedimiento contencioso-administrativo está basado en la lógica de la pretensión.

En este sentido, si bien la LJCA de 1998 no prevé distintos procedimientos en función de la pretensión ejercitada (a salvo de la notoria excepción del artículo 29.2, donde la pretensión determina un procedimiento -abreviado-), dicha LJCA contiene, de forma significativa, especialidades muy notables en función de la pretensión ejercitada (artículos 41; 45.2.c; 46; 29.2 y 78; 51.1; 51.2 y 3; 71; 72 y 73; 106; 107; 108 y 110). De este modo, la identificación de la pretensión sobre la que versa el proceso es un requisito procesal primario a efectos de determinar los preceptos aplicables.

En general, la LJCA de 1998 habría roto con el eje del criterio objetivista del proceso administrativo, en virtud del cual la pretensión procesal, en cuanto tal, tiene como fin impugnar un acto administrativo a efectos de que, anulado este, el órgano jurisdiccional decrete las medidas oportunas para restablecer la posición jurídica del sujeto. *Se orienta* en cambio hacia un sistema procesal basado en diferentes acciones o pretensiones, de cuyo ejercicio se deriva un pronunciamiento necesariamente acorde con la pretensión ejercitada.

Dicho sistema trae consigo una mejora de la "calidad" de la tutela de los derechos e intereses legítimos de los ciudadanos, especialmente desde el punto de vista de los principios de congruencia y de seguridad jurídica del recurrente, en la línea de lo que se ha dado en llamar el "Estado de Derecho perfecto", sin perjuicio de que esta orientación de la LJCA de 1998 en favor de un modelo diferenciado de pretensiones procesales (y por tanto subjetivo) podría mejorarse.

Los arbitrajes en el derecho administrativo español no tienen por el momento especial relevancia, aunque, primero, algún supuesto se ha manifestado en la práctica en relación con materias contractuales o económicas y, segundo, existe un debate al respecto sobre el posible reconocimiento de tal sistema de arbitraje.

IX. OTRAS TÉCNICAS DE CONTROL DE LA ADMINISTRACIÓN

Como acabamos de decir, otras técnicas se control, considerando el arraigo social y jurídico de la jurisdicción contencioso-administrativa, no se conciben con tal alcance. No obstante, es muy significativo el avance que durante los últimos años han experimentado entidades tales como la comisión del mercado de las telecomunicaciones o en especial la Comisión Nacional de la Competencia. Son entidades de carácter administrativo pero sus decisiones tienen mucho peso en la práctica en relación con las cuestiones que deciden.

Pese a la revisión final del contencioso-administrativo en estos ámbitos puede hablarse del desarrollo de un sistema de control administrativo. Similar es el caso de la contratación administrativa y la instauración de nuevos tribunales que no son tales, pero a los que no puede negarse un protagonismo importante en cuando al control de las adjudicaciones contractuales. Finalmente, quedarían por estudiar los controles administrativos internos o del Tribunal de Cuentas que en la práctica son fundamentales.

X. LA RESPONSABILIDAD ADMINISTRATIVA

Los particulares tendrán derecho a ser indemnizados por las Administraciones Públicas correspondientes, de toda lesión que sufran en cualquiera de sus bienes y derechos, salvo en los casos de fuerza mayor, siempre que la lesión sea consecuencia del funcionamiento normal o anormal de los servicios públicos.

De esta forma se proclama en nuestro Derecho la regla de responsabilidad objetiva, al no ser necesaria la concurrencia de dolo o culpa para poder exigir dicha responsabilidad.

En todo caso, el daño alegado habrá de ser efectivo, evaluable económicamente e individualizado con relación a una persona o grupo de personas.

Solo serán indemnizables las lesiones producidas al particular provenientes de daños que este no tenga el deber jurídico de soportar de acuerdo con la Ley.

En cuanto a los "procedimientos de responsabilidad patrimonial" interesa conocer las reglas siguientes:

1. La anulación en vía administrativa o por el orden jurisdiccional contencioso-administratívo de los actos o disposiciones administrativas no presupone derecho a la indemnización, pero si la resolución o disposición impugnada lo fuese por razón de su fondo o forma, el derecho a reclamar prescribirá al año de haberse dictado la Sentencia definitiva, no siendo de aplicación lo dispuesto en el punto 5 (STS de 13 de junio de 2007, rec. 9070/2003).

2. El derecho a reclamar prescribe al año de producido el hecho o el acto que motive la indemnización o de manifestarse su efecto lesivo. En caso de daños, de carácter físico o psíquico, a las personas el plazo empezará a computarse desde la curación o la determinación del alcance de las secuelas.

3. La resolución administrativa de los procedimientos de responsabilidad patrimonial, cualquiera que fuese el tipo de relación, pública o privada, de que derive, pone fin a la vía administrativa.

4. Si no recae resolución expresa se podrá entender desestimada la solicitud de indemnización.

5. Se prevé la "responsabilidad de Derecho Privado" y la responsabilidad de las autoridades y personal al servicio de las Administraciones Públicas.

El sistema es básicamente el siguiente: los particulares exigirán directamente a la Administración pública correspondiente las indemnizaciones por los daños y perjuicios causados por las autoridades y personal a su servicio. Y la Administración, cuando hubiere indemnizado a los lesionados, exigirá de oficio de sus autoridades y demás personal a su servicio la responsabilidad en que hubieran incurrido por dolo, o culpa o negligencia graves, previa instrucción del procedimiento que reglamentariamente se establezca.

Interesa también incidir en la responsabilidad del Estado legislador, ya que las Administraciones Públicas indemnizarán a los particulares por la aplicación de actos legislativos de naturaleza no expropiatoria de derechos y que estos no tengan el deber jurídico de soportar, cuando así se establezcan en los propios actos legislativos y en los términos que especifiquen dichos actos.

El tema de la imputación del daño tiene una dimensión subjetiva (determinación de la Administración responsable) y otra objetiva (determinación de cuándo se produce dicha imputación). Es frecuente la "responsabilidad concurrente de las Administraciones Públicas".

Existen igualmente numerosos casos de responsabilidad administrativa por hecho de terceros: STS de 11 de octubre de 1975 (por "omisión de la actividad administrativa obligada" en la evitación de la contaminación de un río), STSJ de la Comunidad Valenciana, de 7 de marzo de 1997, declarando la responsabilidad patrimonial de un Ayuntamiento por autorizar la apertura de un establecimiento y no vigilar su nivel de ruidos y vibraciones; STS de 26 de diciembre de 1995 RJ 9209 responsabilizando al Ayuntamiento por los daños ocasionados por el derrumbamiento de un edificio. La STS de 17 de marzo de 1993 exige, en este sentido, "prudencia en los casos en que los daños se achacan a la pura inactividad de la Administración". En este sentido, no puede llegarse a una suerte de "responsabilidad universal del Estado que garantizara toda clase de daños".

Interesa advertir la posible aplicación del principio de "*resarcimiento de la pérdida de oportunidad*", con el solo límite de que la pérdida de la ventaja aparezca como incierta o meramente hipotética y no como un daño. En estos casos, para que pueda plantearse la responsabilidad administrativa, ha de poder decirse que el hecho ilícito ha provocado la pérdida de la utilidad; la responsabilidad surge no por la pérdida de la ventaja sino por la "pérdida en sí de la oportunidad." La lesión es injusta porque la víctima no tiene el deber de soportarla. De este modo, el Consejo de Estado se ha pronunciado a favor de la responsabilidad denominada de pérdida de oportunidad procesal (Dictámenes 35/1999, 1582/1999, 343/1999, 3425/2000, 1671/2001, 857/2001, 2043/2002, 2752/2002).

La superación del plazo de resolución es asimismo un posible caso de incumplimiento de la Administración que origina responsabilidad[7]. En la sentencia de la Audiencia Nacional de 15 de abril de 2004 (JUR 146954) se declara la indemnización por daños y perjuicios por demora de la actuación de la Administración en la iniciación de los trámites para dar cumplimiento a una orden ministerial relativa a un expediente de inutilidad física. En la STSJ de Cataluña de 30 de abril de 2003 RJCA 99 se obliga a la Administración a indemnizar por los daños sufridos por contagio de enfermedad en el ganado, por retraso de la Administración en adoptar las medidas normativas para prevenir y erradicar la enfermedad (igualmente STSJ de Cataluña de 11 de noviembre de 2003 JUR 27285 o STSJ de Cataluña de 30 de mayo de 2003 JUR 34761). O han de indemnizarse todos los daños ocasionados por el retraso en el otorgamiento de una subvención (STSJ de Andalucía de 23 de julio de 2001 JUR 106709). Tal como declara la STSJ de Cataluña de 14 de septiembre de 2000 JUR 17027 han de indemnizarse los daños causados por el retraso de la Administración en la determinación del centro para impartir enseñanza teórica de contrato de aprendizaje que impidió su realización, etc.

Ilustrativa es la STS de 16 de septiembre de 2004 (RJ 6453) cuando no duda en responsabilizar a la Administración por todos y cada uno de los perjuicios ocasionados en el particular, como consecuencia *de la no aprobación de un Plan*, ante la publicación de la Ley 6/92 que declaraba Reserva Natural las Marismas de Santoña y de Noja suspendiendo las actividades en la zona y supeditando las medidas resarcitorias o compensatorias a la aprobación de un Plan de Ordenación de los Recursos Naturales que "hasta la fecha, que sepamos, no ha sido elaborado ni publicado".

Es claro que la responsabilidad administrativa es tanto por actuación como por omisión (STS de 26 de mayo de 1995, RJ 4031[8]). Ha de tenerse en cuenta que, a pesar de que no cabe la indemnización por daños futuros, procede indemnizar las *lesiones patrimoniales de futuro acaecimiento, siempre que estas sean de "anticipada certeza de su acaecimiento en el tiempo"*, tal como pone de manifiesto la STSJ de La Rioja de 23 de marzo de 2001 (JUR 178778): "Cabe integrar dentro del concepto del daño efectivo también aquellas *lesiones patrimoniales de futuro acaecimiento, siempre que estas sean de "anticipada certeza de su acaecimiento en el tiempo"*.

XI. EL SERVICIO PÚBLICO, LOS MERCADOS DE INTERÉS GENERAL (LIBERALIZACIÓN, PRIVATIZACIÓN, REGULACIÓN) Y SU RÉGIMEN DE COMPETENCIA

Para resolver un mismo problema social (la necesidad de que todos los ciudadanos tengan cubiertas necesidades básicas por un precio asequible que puede ser inferior al coste de prestación) surgen dos sistemas posibles, el de servicio público y el de mercado o servicio de interés general.

Ciertas actividades han de realizarse, por imperativos sociales, por un precio inferior al coste real de prestación o de mercado (por ejemplo, a la hora de llevar una carta desde un pueblo remoto de montaña a otro igualmente incomunicado). Es decir, por exigencias sociales de elemental comprensión existen ciertas actividades cuya prestación ha de realizarse a un precio inferior respecto del precio que representaría su coste real de prestación, es decir, un precio similar al que abonan otros usuarios o ciudadanos por la misma actividad considerada objetivamente en las áreas o zonas del servicio más rentables.

Este tipo de circunstancias están en la base misma del servicio público. Tradicionalmente se ha venido entendiendo que para resolver este "problema" el sistema que se impone es aquel en cuya virtud el Estado, responsable último de resolver el problema o reto expuesto, se reserva las distintas áreas y zonas y ramas de prestación.

---

7 Nos explica R. Rivero (en VARIOS AUTORES, *El silencio administrativo, urbanismo y medio ambiente*, Valencia, 2006 p. 278) que en casos de inactividad administrativa además del silencio positivo "otra consecuencia, consagrada por el Tribunal Constitucional, es la incompatibilidad con la tutela judicial efectiva de toda posición de ventaja que adquiera la Administración como consecuencia del incumplimiento de su obligación de resolver (sentencias del Tribunal Constitucional 6/1986 y 204/1986). Una vez que la Administración no ha actuado como es debido pierde su legitimidad para exigirle al interesado que siga correctamente los pasos procedimentales rigurosamente". "El incumplimiento de la obligación de resolver es un supuesto de mal funcionamiento de la Administración". De manera que los perjuicios derivados de la mala administración no deben ser asumidos por los propios perjudicados".

8 *Vid.* J. González Pérez, *Comentarios a la LRSV 6/1998*, 1998, pp. 703.

De esta manera, reservándose el Estado el completo de estas áreas y ramas de prestación, se justifica que aquello que obtiene el Estado en las partes rentables lo destine a financiar la parte no rentable del servicio en favor de otros colectivos que abonan menos de lo que sería el precio real de prestación.

Esta lógica se reflejó abiertamente en la sentencia Corbeau del TJCE, sentencia que respondió a una cuestión prejudicial de un órgano jurisdiccional penal belga (se acusaba de delito de atentar contra los monopolios públicos) en el sentido de considerar posible que el Estado belga se reservara en exclusiva las distintas líneas de prestación del servicio postal (estaba en cuestión la línea rentable entre Lieja y Bruselas) porque con el beneficio de prestación en esta línea de prestación (cuyo coste, en efecto, era superior al posible coste de mercado) el poder público se permitía sufragar el déficit de prestación de zonas o líneas no rentables.

Pero a los pocos años comenzó la liberalización del servicio postal. Y por eso el valor de esta sentencia es testimonial o histórico, al servir para explicar la lógica del servicio público en su quid financiero esencial antes de la liberalización posterior.

Junto a esta vía de financiación se impone aquella otra del presupuesto público, que puede llevar a asumir (conforme esta lógica del servicio público) el déficit público, si ello es necesario, con tal de lograr resolver el problema apuntado.

Ocurre que, más *recientemente* se argumenta que no es este el modelo único concebible para dar solución a este problema. Se ha descubierto otra opción posible. Podrá esta convencer más o menos que aquella otra (no se desea por mi parte entrar en este debate jurídico-político, pues tan solo se trata solo de afirmar la posibilidad misma de otro sistema alternativo para resolver este problema apuntado).

Me refiero al modelo alternativo de mercado, que incide en los conceptos de liberalización, del Derecho de la competencia, de regulación-desregulación y de privatización. El problema referido financiero, que origina el servicio público, se resolvería aplicando otras técnicas diferentes de aquellas que aporta el servicio público: en vez de las técnicas de las subvenciones cruzadas y de la asunción del déficit vía presupuesto público, el problema apuntado, lejos de ser ignorado por este sistema alternativo, tiene respuesta a través de otras claves diferentes de aquellos que aporta el servicio público. En primer lugar, es preciso citar el servicio universal. Según esto, se definen primero las áreas o prestaciones deficitarias y se calcula el coste financiero de prestación. Segundo, se nombra a un operador que preste este servicio. Tercero, se repercute entre todos los operadores de mercado el coste del déficit de prestación. Este sistema se impone en los ámbitos de los servicios de telecomunicación y postales. Como podemos comprobar, en este sistema, el problema social queda resuelto conforme a la propia lógica de mercado. En segundo lugar, otra clave del sistema de mercado, para resolver el "problema social" referido de asunción de servicios de prestación exigible pero no rentables, es la técnica de las "obligaciones de servicio público" que se impone en el ámbito de los transportes. Según esto, el poder público define las líneas de transporte de obligada prestación, pero no rentables, para un determinado operador. El operador obligado tiene, entonces, un derecho subjetivo ora a que se suprima la obligación, ora a ser compensado con la parte deficitaria del servicio prestado a través del presupuesto público.

Otra de las claves del servicio público es la libertad de organización del servicio, que tiene tres manifestaciones. La primera, la libertad de la Administración de optar por una forma de gestión directa o indirecta (por ejemplo, respectivamente, un organismo autónomo o un concesionario). La segunda, la libertad de la Administración de optar por una forma de Derecho público (por ejemplo, un organismo autónomo) o de Derecho privado (una sociedad mercantil). La tercera, cuando sea posible el monopolio, la libertad de optar por un operador único o por varios operadores, ya que la posibilidad legal del monopolio no implica la obligación del monopolio. Puede haber servicio público con varios concesionarios. El ejemplo de la televisión es claro. Cuando existe un servicio público, el número de operadores lo fija el Estado: aunque hubiera técnicamente posibilidad para varios operadores, el dueño del servicio (el Estado) define el número de operadores posibles en todo caso, siempre que exista un servicio público.

Las distintas libertades mencionadas anteriormente no son absolutas, pues existen límites jurídicos en estas decisiones de organización de los servicios públicos, ya que, no es lógico ni comprensible que por optar la Administración por una u otra forma de gestión (en el sentido expuesto), pueda cambiar sustancialmente el régimen jurídico de la entidad operadora. Más bien, si se cumplen funciones administrativas hay que cumplir el Derecho administrativo (criterios funcionales) o al menos el Derecho administrativo privado, es decir, el levantamiento del velo y los actos separables, evitando fraudes posibles de ley administrativa de obligado cumplimiento conforme al carácter público de la función, independientemente de la forma jurídica de la entidad de referencia.

También estos principios del servicio público pueden ser contrapuestos mediante los correlativos del régimen de mercado de interés general. Frente al posible monopolio al que puede tener del servicio público se sitúa la liberalización que impone la libre entrada de operadores en la prestación del servicio, y la regla de autorización como título habilitante. De este modo, siempre que exista disponibilidad técnica y económica se podrá prestar la actividad. La liberalización se realiza por norma. Depende principalmente de que la Unión Europea dice normas aplicándola. Lo que ha hecho en infinidad de sectores.

Y encontrará genuino sentido el Derecho de la competencia, es decir, el Derecho que se aplica a los operadores de mercado por realizar una función mercantil. Sin embargo, el Derecho de la competencia es *per se* compatible con los monopolios (aunque incompatibles con la liberalización si esta se produce). Así, por ejemplo, en estos casos, el abuso de posición dominante se aplica al monopolista y consigue evitar posibles abusos en las relaciones jurídicas entre el monopolista y los usuarios del servicio o proveedores al monopolista.

También podrá manifestarse la "privatización". A diferencia de la liberalización, no estamos tanto ante una exigencia de Derecho como ante una decisión política. Si se privatiza es por motivos políticos internos de cada Estado. No obstante, es cierto que la liberalización provoca un efecto privatizante porque, tras liberalizar el mercado, es difícil que la empresa pública soporte el empuje y modos de actuar de sus competidores privados.

Finalmente, la "regulación" explica la nueva función de la Administración, más reguladora que interventora o gestora.

En conclusión, existen dos modelos en términos explicativos o ideales. Primero el de servicio público, pero en el sentido expuesto. Y el de mercado, basado en los conceptos expuestos (liberalización...) y en las técnicas que lo componen (destacamos "servicio universal" e "interconexión").

Ahora bien, este sistema referido en último lugar no es ni puede ser un simple régimen de mercado. Es un mercado, sí. Pero de interés general. El término mercado parece conveniente porque, en efecto, estamos ante mercados, siguiendo el propio tenor literal de las leyes reguladoras de los mismos. Pero sin olvidar los condicionantes públicos, que son infinitos en estos sectores que acaban aglutinando a veces formas y caracteres de ambos modelos ideales que conviene tener claros conceptualmente.

Otro principio del servicio público, que encuentra igualmente respuesta en el régimen alternativo de mercado, es el de equiparación entre red única y operador único. En todo caso se piensa, en tiempos del servicio público, que es más económico, y por tanto lógico, que exista una red única con operador único porque, de construirse dos redes, el coste del servicio sería mayor considerando que debería repercutirse entonces el coste de realización de la obra o infraestructura en los usuarios. Es decir, conviene a estos, y por tanto a todos, red única con operador único.

Para otros, la práctica ha llevado a demostrar que, a pesar de esta lógica, no es necesariamente este el planteamiento. Más bien, el sistema de mercado se basa, primero, en un posible derecho de libre creación de redes. Segundo, en un posible derecho de uso compartido de las infraestructuras (otorgando aviso a posibles interesados de la obra que va a realizarse para que pueda ejercitarse este derecho). Y tercero y fundamentalmente en un derecho a interconectar con las redes existentes.

XII. LA FUNCIÓN PÚBLICA

La Ley 7/2007, de 12 de abril, del Estatuto Básico del Empleado Público representa la legislación básica estatal sobre el empleo público en los términos del artículo 149.1.18 de la Constitución. Este Estatuto trae causa, en efecto, de la propia Constitución, ya que el artículo 103.3 de la misma dispone que la ley regulará, entre otras cuestiones, el Estatuto de los funcionarios públicos. Dicho Estatuto conseguiría al fin cumplir con este designio constitucional.

Aunque no es el Estatuto, no obstante, la única norma básica estatal (lo es también la Ley 53/1984, de Incompatibilidades, que subsiste tras el Estatuto, o la Ley 31/1995, de 8 de noviembre, de Prevención de riesgos laborales, según su disposición adicional tercera) lo cierto es que es la Ley básica por antonomasia y, de hecho, deroga los preceptos básicos de la fundamental Ley 30/1984, de 2 de agosto, de Medidas para la reforma de la Función Pública, parcialmente vigente, por lo tanto, tras la promulgación del Estatuto.

La Ley 30/1984 fue modificada en el aspecto esencial de la regulación de las relaciones de Puestos de Trabajo (reforma de 23/1988, de 28 de julio y STC 99/1987), en el sentido de que la Ley misma y no las referidas RPT ha de determinar qué puestos habían de ser desempeñados por personal laboral.

Esta Ley de 1984 se basó en un modelo de ordenación basado en los puestos de trabajo, pero no derogaba más que parcialmente la Ley anterior de funcionarios civiles del Estado de 7 de febrero de 1964, con reconocido carácter básico (a pesar de los sustanciales matices de la STC 37/2002).

Junto a las leyes de Medidas, y de Incompatibilidades, y una vez derogada por el Estatuto prácticamente la totalidad de la Ley 9/1987, de 12 de julio, de órganos de representación de las condiciones de trabajo y participación al servicio de las AAPP, el sistema de fuentes actualmente se integra con los reglamentos de desarrollo de la Ley de Medidas y con Ley 31/1995, de 8 de noviembre, de prevención de riesgos laborales.

El problema jurídico principal del Estatuto deriva en parte de su propia condición de norma básica, en el sentido de supeditar la aplicación de no pocos elementos esenciales de su regulación más relevante al desarrollo posterior de los mismos mediante ley estatal o autonómica. Se dictan regulaciones con principios nuevos que a veces llegan a chocar con las regulaciones existentes en el momento de su promulgación y cuya escueta referencia en el Estatuto parece estar supeditada al mentado desarrollo normativo. El problema es, pues, de transitoriedad hasta que se dicten –en especial por las CCAA- las normas de desarrollo del Estatuto, considerando además el problema comentado de posibles contradicciones entre dicho Estatuto y la regulación actualmente vigente que está presente en leyes de función pública o sectoriales que aún están vigentes.

De hecho, la Disposición Final Cuarta. Entrada en vigor del Estatuto afirma que "hasta que se dicten las Leyes de Función Pública y las normas reglamentarias de desarrollo *se mantendrán en vigor en cada Administración Pública las normas vigentes sobre ordenación, planificación y gestión de recursos humanos en tanto no se opongan a lo establecido en este Estatuto*".

En este sentido se afirma, por ejemplo, que hay aspectos que no han sido mencionados y que sin embargo es claro que no se aplica directamente el Estatuto. Por ejemplo, el régimen del llamado personal directivo que depende de lo que establezca el Gobierno conforme a las pautas genéricas que el artículo 13 establece y que suponen, como ya se ha dicho, una auténtica deslegalización. Así pues, no todos los aspectos de la Ley 7/2007 tienen aplicabilidad inmediata. En unos casos porque tienen carácter básico e informador de la legislación de desarrollo. En otros, porque la propia Ley difiere su entrada en vigor hasta que se aprueben esas leyes de desarrollo".

Aunque todo el Estatuto es básico, existen algunos preceptos de aplicación directa (títulos I y II, y IV y V, así como capítulos I, IV, V y VI, y artículo 25.2 del capítulo III del Título III; DF 3ª), otros que producirán efectos a partir de la entrada en vigor de la Ley de Función Pública de la AGE (capítulo II del Título III, capítulo III del Título V) y, finalmente, otros que, en virtud de la DF 4ª del Estatuto, continúan vigentes hasta que se apruebe la ley de la Función Pública de la AGE en tanto no se opongan al Estatuto (artículos 29 de la Ley de Medidas, 68 y 71 de la Ley de 1964). Por su parte el artículo 9.2 del Estatuto (reserva del ejercicio de funciones públicas a los funcionarios) es de aplicación inmediata y directa en la Administración estatal.

Todo este galimatías explica que, con posterioridad al Estatuto, tuvieran que dictarse unas relevantes Instrucciones para la aplicación de aquél (Resolución de 21 de junio de 2007) que van informando sobre la concreta aplicación de sus contenidos.

El Estatuto Básico del Empleado Público define las clases de empleados públicos -funcionarios de carrera e interinos, personal laboral, personal eventual- regulando la nueva figura del personal directivo. Este último (según afirma la Exposición de Motivos del Estatuto) "está llamado a constituir en el futuro un factor decisivo de modernización administrativa, puesto que su gestión profesional se somete a criterios de eficacia y eficiencia, responsabilidad y control de resultados en función de los objetivos. Aunque por fortuna, no han faltado en nuestras Administraciones funcionarios y otros servidores públicos dotados de capacidad y formación directiva, conviene avanzar decididamente en el reconocimiento legal de esta clase de personal, como ya sucede en la mayoría de los países vecinos".

Según la Exposición de Motivos del Estatuto básico del empleado público, "en cuanto al régimen disciplinario, el Estatuto, de conformidad con su carácter básico, se limita a ordenar los principios a que debe someterse el ejercicio de esta potestad pública respecto de los empleados públicos, tipifica las infracciones muy graves y amplía el abanico de posibles sanciones. Por lo demás se remite ampliamente a la legislación que, en su desarrollo, dicten el Estado y las Comunidades Autónomas en el ámbito de sus respectivas competencias".

En el citado Estatuto, en el Título VII se regula el "régimen disciplinario". En efecto, "los funcionarios públicos y el personal laboral quedan sujetos al régimen disciplinario establecido en el presente Título y en las normas que las Leyes de Función Pública dicten en desarrollo de este Estatuto" (artículo 93: "Responsabilidad disciplinaria"). Las sanciones pueden consultarse en el artículo 96 del Estatuto.

XIII. EL URBANISMO, MEDIO AMBIENTE Y ORDENACIÓN DEL TERRITORIO

Aludiremos primero a la ordenación del territorio y después al urbanismo.

De forma aproximada, la ordenación del territorio puede caracterizarse como la dimensión del espacio por encima del tradicional enfoque municipal del suelo, a efectos de lograr el progreso económico y el desarrollo sostenible y equilibrado del territorio, la consideración del medio ambiente, la superación de los desequilibrios zonales, la mejor coordinación entre el campo y la ciudad, etc.

El primer problema que plantea la ordenación del territorio de las Comunidades Autónomas es que esta puede representar una ordenación indirectamente urbanística que corresponda ser hecha a los Ayuntamientos.

En principio, la vinculación urbanística procedente de un plan de ordenación territorial se compensaría mediante la necesaria participación, de las entidades locales afectadas por los planes de ordenación, en los procedimientos de elaboración y aprobación de dichos planes territoriales. De hecho, es este el enfoque de la jurisprudencia más relevante dictada hasta el momento, en esta materia de ordenación territorial, es decir insistir en la validez de las regulaciones territoriales que afectan directamente a los municipios, como consecuencia de la participación de las Administraciones locales en los procedimientos de elaboración de los planes territoriales (STS de 20 de febrero de 2003 y STS de 16 de julio de 2002, entre otras).

Junto a este criterio formal o procedimental surge la conveniencia de fijar también otros criterios materiales u objetivos que nos sirvan para precisar el límite de la ordenación territorial, en favor de la ordenación urbanística local.

También pueden plantearse problemas competenciales entre Estado y Comunidades (acerca de por ejemplo la localización de los proyectos de infraestructuras que afecten a una determinada región), que tendrán que resolverse aplicando una fórmula de cooperación entre ambas Administraciones para la solución de diferencias.

En definitiva, el reto de la ordenación del territorio es aportar a la sociedad una mejor ordenación del espacio, a través de una actuación coordinada de diferentes Administraciones públicas. El territorio es el lugar de encuentro de distintas esferas de poder.

Tampoco Europa ha querido desaprovechar la "ocasión del territorio" para desarrollar su influencia. La ordenación del territorio, a este nivel europeo, pasa a asentarse en cuatro "pilares": primero, la cooperación transfronteriza; segundo, los documentos y programas de la Unión Europea en materia de ordenación del territorio; tercero, las competencias sectoriales de la Unión Europea que interfieren en la ordenación del territorio. Y cuarto, la posible competencia de la Unión Europea en materia de ordenación del territorio conforme a las más recientes tendencias.

Puede decirse que "la ordenación territorial persigue fijar los destinos y usos del espacio físico en su totalidad, así como ordenar y distribuir valoradamente las acciones públicas sobre el territorio e infraestructuras, reservas naturales, extensiones o áreas de influencia de los núcleos de población, comunicaciones, etc.".

Los instrumentos de ordenación tienen por finalidad la perspectiva integral del territorio, quedando fuera de la misma los instrumentos de ordenación urbana.

Dicha ordenación urbana o urbanismo, por su parte, "se centra en la acción pública sobre el *hecho ciudad,* el racional destino y aprovechamiento del espacio físico en el núcleo poblacional". "La ordenación territorial tiene una visión integral del territorio; resulta de indudable complejidad; ofrece un mayor roce o fricción competencial al contemplar otras percepciones del territorio desde puntos de vista sectoriales; y, en fin, se admite como orientadora y directora de la ordenación urbana" (STC 149/1998).

No obstante, ordenación del territorio y urbanismo tienen en común ser funciones públicas "que tienen por objeto la actividad consistente en la delimitación de los diversos usos a que puede destinarse el suelo o espacio físico territorial" (STC 77/1984, FJ 2).

Las distintas leyes regionales de ordenación del territorio mantienen diferentes instrumentos de ordenación. No obstante, en todas ellas, como no puede ser de otra forma, se parte de una misma *ratio* a la hora de regular y establecer dichos instrumentos. Se parte concretamente de la previsión de un instrumento genérico de ordenación global del territorio, donde se sintetiza y orienta la política territorial de la Comunidad, definiendo una serie de objetivos y estrategias de política territorial que sirvan de marco general a los demás instrumentos de ordenación del territorio.

Donde la tipología es más variada es, lógicamente, en torno a un segundo nivel descendente de ordenación (los "demás instrumentos de ordenación del territorio"). Por ejemplo, la Ley citada de Castilla y León prevé como instrumentos las Directrices de Ordenación de ámbito subregional, los Planes y Proyectos Regionales y los Planes de Ordenación de los Recursos Naturales (art. 5).

La ordenación territorial ha venido estando inmersa en el articulado general de la legislación urbanística, aunque el tema protagonista ha venido siendo el urbanismo.

Sobre urbanismo: a partir de la Ley del Suelo de 12 de mayo de 1956 (Ley de Régimen del Suelo y Ordenación Urbana) el Derecho urbanístico español se caracteriza por ser un Derecho basado en la "legislación". El origen de este modelo de "legislación" se hace coincidir con el origen de la especial consideración del suelo urbanizable. La legislación se identifica esencialmente con el planeamiento y, en torno a este, giran los derechos y deberes de los propietarios y el capítulo de la gestión urbanística, es decir la ejecución de los planes y la reparcelación.

Este "modelo" se superpone, por otra parte, al histórico "no legislado" en el cual priman las disposiciones de "policía urbanística" en suelo urbano, al margen de la reparcelación.

La Exposición de Motivos de la citada Ley afirma, igualmente, su intención de superar tanto la "perspectiva puramente local y circunscrita a su reducido ámbito" como la primacía de la "autonomía de voluntad y libertad de tráfico".

Con esta Ley, las ideas de racionalidad y ordenación que se revelan intrínsecas a la noción de urbanismo encuentran su pleno sentido a través de la posición central y determinante que ocupa *el "planeamiento como base necesaria y fundamental de toda ordenación urbana" por referencia al suelo urbanizable.*

A partir de entonces el núcleo del Derecho urbanístico (o si se prefiere de la legislación del suelo) viene representado por el planeamiento urbanístico y los temas que son propios de dicho planeamiento: tipos de planes, elaboración de los planes, efectos y contenido del planeamiento, ejecución del planeamiento y sistemas de gestión, etc.

En directa relación con este planteamiento, se insiste en que la propiedad, si bien ha de ser reconocida y amparada por el poder público, debe armonizarse con los intereses de la colectividad. En consonancia, el régimen jurídico del suelo encaminado a asegurar su utilización *conforme a la función social que tiene la propiedad* resulta el cometido más delicado y difícil que ha de afrontar la ordenación urbanística. Puede, pues, ponerse de manifiesto que el surgimiento de una legislación del Estado, en materia urbanística, aparece ligado esencialmente al planeamiento urbanístico y al ejercicio del derecho de la propiedad.

Desde entonces el urbanismo ha venido siendo una materia identificada con el desarrollo urbanístico, el plan parcial y el suelo urbanizable. También han sido protagonistas la Administración local y el Estado en el plano de la supervisión y aprobación del planeamiento o de la legislación y los propietarios gestionando "su suelo".

Esta herencia se ha alterado solo recientemente en parte, cuando las CCAA, la Unión Europea y los empresarios urbanizadores han irrumpido en el urbanismo, compartiendo escenario con los actores mencionados. Por otra parte, la nueva LS estatal de 2007 sigue la concepción estatutaria de esta vieja ley, aunque matiza sus clases de suelo y hace hincapié en la idea de sostenibilidad.

Se otorga en todo caso a los propietarios el protagonismo de la gestión urbanística, en el fondo ante la ausencia de una alternativa más capaz *en el plano financiero del urbanismo*, que ha venido influyendo los desarrollos posteriores. La financiación de los fines públicos se realizará a través de las cesiones de suelo y la reparcelación.

Así pues, en España el Estado venía regulando con normalidad la materia urbanística (y también la territorial) hasta la STC 61/1997 que le negó esta posibilidad. A partir de entonces "España es diferente" del resto de Europa, incluyendo en esta valoración al Estado *federal* de Alemania. En Alemania, por ejemplo, el Estado regula el planeamiento urbanístico, el suelo, la gestión urbanística. Es decir, es el modelo clásico español de las leyes de 1956 y 1976 parece ajustarse mejor a la realidad jurídica europea que el modelo actual de las regiones.

En relación con el medio ambiente, siempre han existido disposiciones de tal carácter, así en la Novísima Recopilación. Pero es claro que solo en los últimos tiempos han cobrado especial protagonismo. El medio ambiente afecta distintas actividades públicas. Cualquier actividad empresarial se verá afectada por reglamentaciones de este tipo, desde su propio origen, es decir, la solicitud de las licencias, hasta su funcionamiento y posible extinción.

Por destacar algunas materias importantes dentro del medio ambiente podemos mencionar la necesidad de evaluación de impacto ambiental para obras pero también proyectos (tema de especial actualidad y cuenta con normativa legal propia además de reglamentación comunitaria europea), el régimen de actividades clasificadas (es decir, el régimen de establecimientos que pueden ser peligrosos, insalubres, nocivos o peligrosos), la protección de espacios naturales (con una reglamentación cada vez más exigente donde se imponen planes de ordenación de recursos naturales y otros planes rectores de usos y gestión de tales parques delimitados administrativamente para su protección de valores ambientales), la introducción de nuevas categorías que limitan el espacio (ZEPAS, LIC, ZECONS), la regulación de la contaminación (así también de los suelos), del ruido, etc.

XIV. BIENES PÚBLICOS

En España todos los bienes públicos tienen un régimen especial. Sin embargo, es clásica y oportuna la diferenciación entre bienes de dominio público y bienes patrimoniales. En los primeros de dan las exorbitancias más notables que, en el caso español, incluso se plasman en la propia Constitución (artículo 132), ya que los demaniales son imprescriptibles, inalienables e inembargables. No obstante, cualquiera de estas tres reglas podría debatirse, ya que han dejado de ser dogmas absolutos. En el ámbito estatal la normativa la encontramos principalmente en distintas leyes sectoriales, de aguas, de costas, de carreteras, etc., lo mismo que en el ámbito regional. En cambio, en el local se encuentra una normativa propia, de considerable precisión dedicada a regular exclusivamente los bienes locales, tanto mediante preceptos de rango legal como reglamentario.

La utilización puede ser, básicamente, general o especial En este último caso se impondrá la concesión demanial. La protección de estos bienes implica la posible imposición de sanciones para la salvaguarda de fines públicos inherentes a tales bienes.

DERECHO ADMINISTRATIVO EN GUATEMALA

ROLANDO ESCOBAR MENALDO*

I. EVOLUCIÓN DEL DERECHO ADMINISTRATIVO EN GUATEMALA

Los orígenes del Derecho administrativo formal lo encontramos en Francia, en la propia teoría de división de funciones que describiera en forma clásica Charles Louis de Secondat, señor de la Bréde y barón de Montesquieu; en los propios efectos de la revolución francesa, entre los que destacan la primacía de la ley, la división de poderes, la separación de autoridades administrativas y judiciales, el liberalismo político y la igualdad de los ciudadanos, elementos que con el tiempo fueron adquiriendo especiales matices, resultado de la propia modernización del Estado e incorporados como verdaderos dogmas en las constituciones del mundo, incluyendo la nuestra, que divide el ejercicio del poder en tres organismos, entre ellos el ejecutivo, detentador nato de la actividad administrativa del Estado.

En Guatemala embrionarios aspectos del Derecho administrativo se encuentran en la época anterior a la colonia, específicamente en los mayas que alcanzaron un desarrollo pre-estatal, no formal, donde existió un gobierno fundamentado en la jerarquía basada en la dinastía.

Con la conquista de España que inicia en 1523, se introduce la actividad administrativa propiamente dicha, que se fundamenta en la monarquía, la Casa de Contratación de Sevilla, el Consejo de Indias y la Junta de Guerra, empleando como documentos de carácter administrativo, las ordenanzas, las órdenes, las cartas y los autos reales. La organización administrativa estaba dividida en dos estrados muy bien identificados, representados por la Administración central y la territorial o local; en el caso del primero, el poder político se centra en el monarca y su representante en el territorio nacional.

También es importante tener en consideración entre los antecedentes del Derecho Administrativo, a Constitución de Cádiz dado que en la misma se organiza internamente la Nación, privilegiando la administración territorial centralizada y la representación política ciudadana. Establece las Cortes y su forma de integración y funcionamiento, así como el proceso de formación de las leyes. Determina la creación de las juntas electorales. Regula el funcionamiento de los Secretarios de Estado y del Consejo de Estado, del Supremo Tribunal de Justicia y de los tribunales en materia civil y mercantil, las provincias y de la fuerza militar nacional. Establece también, el sistema de contribuciones y de instrucción pública. En las constituciones históricas de Guatemala se han reconocido derechos y libertades que previamente fueron consignados en la Constitución de Cádiz, y que actualmente están incorporados en la Constitución vigente de 1985.[1]

Posteriormente a la independencia (15 de septiembre de 1821), se pone fin a la organización colonial, concibiéndose una nueva organización estatal basada en la división de funciones y en el ámbito administrativo específicamente, que se constituye con base en los ministerios.

Sin embargo, esa división de funciones fue relativa, porque privó el caudillismo. Fue en la época liberal en que se encuentra una estructura administración más consistente, que busca con interés el bien común, siempre prevaleciendo la figura del caudillo. En los años siguientes se fue consolidando la Administración Pública y su organización.

Las disposiciones que regulan dicha actividad hoy día se fundamentan en las propia Constitución Política de la República (1985), así como en las leyes ordinarias que desarrollaron las disposiciones constitucionales.

II. CARACTERÍSTICAS Y FUNDAMENTO JURÍDICO DE LA ADMINISTRACIÓN PÚBLICA

Guillermo Cabanellas señala que la Administración Pública tiene las siguientes características: "La autoridad, sin la cual, nada se puede ordenar, exigir e imponer. La responsabilidad, para no ser un poder

* Catedrático de Derecho Administrativo. Decano de la Facultad de Ciencias Jurídicas y Sociales de la Universidad Rafael Landívar. Guatemala.

1 Meléndez, Florentín. Las Cortes de Cádiz y su influencia en Centro América. Presentaciones para el "Diálogo sobre Integración Centroamericana" Secretaría General del Sistema de la Integración Centroamericana – SICA- p. 23.

tiránico o arbitrario. La independencia, porque no solo ejecuta, si no que dispone y organiza. La generalidad en sus principios, aun cuando se concrete su acción en grupos o personas determinadas; la permanencia, por la naturaleza de sus fines. La energía, que ratifica su autoridad. La prontitud, que refuerza la confianza que suscita. La capacidad, basada en los conocimientos y dotes de carácter de los miembros en que encarna".[2]

En la vida del Estado tiene que haber actividades imprescindibles que no pueden faltar, pues si desaparecen se destruye su misma existencia, porque a través de estas se llegan a realizar los fines y objetivos que lo originan y justifican. Para realizar esos fines el Estado tiene que desarrollar actividades de distinta índole, entre las que encontramos la actividad administrativa, la cual requiere de una serie de disposiciones que la regulen como indica Rafael Martínez Morales[3], tanto para normas las acciones propias de esta actividad, de los órganos que la efectúan, los entes dependientes del poder ejecutivo, de estos con otros, como la relación de la Administración con los administrados, principalmente, aspectos que día a día vemos han inspirado un mayor interés del legislador, porque debe señalarse que en nuestro entorno jurídico se reconoce un marcado predominio en el ejercicio de esta función, lo cual en algunos casos puede poner en peligro el equilibrio deseado entre dichas funciones.

Para lograr esa armonía se hace necesaria una normativa que regule la vida misma del Estado, y en el caso que nos interesa, que norme la actividad administrativa de este. En Guatemala, el artículo 140 de la Constitución Política de la República, dispone que el régimen de Gobierno es republicano, democrático y representativo y, que, por consiguiente, es necesario que el ordenamiento jurídico propicie la participación ciudadana como aquel proceso por el cual los ciudadanos se involucren en la toma de decisiones sobre políticas y acciones públicas y en la provisión de servicios de su interés, así como en la fiscalización ciudadana de la Administración Pública.

La Constitución Política de Guatemala, opta por un sistema de división de poderes atenuado, por la existencia de una mutua coordinación y de controles entre los diversos órganos, que, al desempeñar las funciones estatales, se limitan y frenan recíprocamente; no implica una absoluta separación sino una recíproca colaboración y fiscalización entre tales órganos, con el objeto de que el Estado se enmarquen dentro de una unidad jurídico-constitucional, tal y como lo ha interpretado dicha norma la Corte de Constitucionalidad guatemalteca.[4]

Otra norma que constituye la base constitucional de la Administración Pública es el artículo 224 de la Carta Magna, indica que esta debe ser descentralizada, entendiéndose por descentralización el proceso mediante el cual el Gobierno central delega la ejecución y el control administrativo de ciertas funciones a entes distintos de sí mismo o a sus entidades autónomas y descentralizadas.

Por su parte, la Ley del Organismo Ejecutivo[5] desarrolla los preceptos constitucionales sobre la organización, atribuciones y funcionamiento del Organismo Ejecutivo, señalado que las competencias de este se encuentran en el ejercicio de la función administrativa y la formulación y ejecución de las políticas de gobierno con las cuales deben coordinarse las entidades que forman parte de la Administración.

Dicha Ley también dispone sobre los principios que rigen la función administrativa, entre los que destacan los de solidaridad, subsidiariedad, transparencia, probidad, eficacia, descentralización y participación ciudadana. Por lo que, básicamente en la Constitución Política de la República y la Ley del Organismo Ejecutivo se encuentra el fundamento jurídico de la Administración Pública, de la cual se desarrollan otras leyes que contribuyen a facilitar el ejercicio de esta función estatal, y, como indica la propia normativa constitucional, contribuyen a obtener como fin supremo el bien común y garantizar a los habitantes de la República la vida, la libertad, la justicia, la seguridad, la paz y el desarrollo integral de la persona.

---

2 Cabanellas. Guillermo. *Diccionario enciclopédico de derecho usual*. p. 171.

3 Martínez Morales, Rafael, agrega además que este derecho regula de manera fundamental las actividades o tareas que realizan esos órganos del poder ejecutivo. *Derecho Administrativo*, 2ª edición. México, 2001, p. 1.

4 *Corte de Constitucionalidad*, Gaceta N° 26, Expediente N° 290-91, Editorial Serviprensa, Guatemala, 2001, p. 11.

5 Decreto N° 114-97 del Congreso de la República.

III. FUENTES DEL DERECHO ADMINISTRATIVO

Concepto. El vocablo «fuente» según el diccionario de la Real Academia Española significa «principio, origen, fundamento». Las fuentes en el campo del Derecho son los actos, sucesos, eventos o hechos de los que deriva la creación, modificación o extinción de normas jurídicas. Con el término «fuentes del Derecho» entendemos el acto concreto creador u origen del Derecho y la forma de manifestación de la norma jurídica. En Guatemala la Ley de Organismo Judicial cuando hace referencia a las fuentes del Derecho, indican en sus artículos 2 y 3 que «La ley es la fuente del ordenamiento jurídico. La jurisprudencia, la complementará. La costumbre regirá solo en defecto de ley aplicable o por delegación de la ley, siempre que no sea contraria a la moral o al orden público y que resulte probada. Contra la observancia de la ley no puede alegarse ignorancia, desuso, costumbre o práctica en contrario»[6]. En el Derecho administrativo encontramos una lista de fuentes, y muchos autores las han enumerado atendiendo a especiales motivaciones.

Clasificación. La clasificación más usual que encontramos de las fuentes son las que las agrupan en *fuentes formales*, constituidas por los diferentes tipos de textos normativos como son la Constitución, leyes, tratados, reglamentos, acuerdos, circulares, es decir, son las formas en que se expresan las normas jurídicas en la sociedad. En cuanto a las *fuentes reales o materiales*, estas están conformadas por los acontecimientos culturales de cualquier tipo, que determinan el contenido del Derecho positivo; estudia los fenómenos sociológicos, así como información que se tiene en cuenta y que concurren para producir la norma, por ejemplo, datos de carácter social, económico, cultural, político, geográfico, etc. Algunos autores las identifican con los propios órganos de los cuales emana la norma jurídica.

En el ámbito administrativo las fuentes formales tienen una trascendencia especial y su identificación varía, encontrándose de acuerdo a nuestra legislación las siguientes: la Constitución, la ley, los tratados internacionales, los reglamentos, la costumbre, la jurisprudencia, la analogía, los principios generales del Derecho y la doctrina.

IV. ORGANIZACIÓN ADMINISTRATIVA: EL ORGANISMO EJECUTIVO Y LOS MUNICIPIOS

1. *Organismo Ejecutivo*

La Ley del Organismo Ejecutivo de Guatemala establece que corresponde a este el ejercicio de la función administrativa, la formulación y ejecución de las políticas de gobierno con las cuales deben coordinarse las entidades que forman parte de la Administración. La misma ley preceptúa en su artículo 5. que el Organismo Ejecutivo se integra con los órganos que dispone la propia Constitución Política, esa y otras leyes, además que se compone de los Ministerios, Secretarías de la Presidencia, dependencias, gobernaciones departamentales y órganos que administrativa y jerárquicamente dependen de las Presidencia de la República. Forman parte además de este organismo, las comisiones temporales, los comités temporales de la Presidencia y los gabinetes específicos, siendo el Presidente de la República la autoridad administrativa superior del Organismo Ejecutivo, quien actuará siempre con los ministros, en Consejo de Ministros o separadamente con uno o más de ellos, en todos los casos en que de sus actos surjan relaciones jurídicas que vinculen a la Administración Pública. El desarrollo de las funciones y atribuciones de dichos órganos se encuentra dispuesto en la Ley del Organismo Ejecutivo, antes citada.

El despacho de los negocios de Organismo Ejecutivo se hace a través de catorce ministerios, siendo estos los siguientes:

- Ministerio de Agricultura, Ganadería y Alimentación
- Ministerio de Comunicaciones, Infraestructura y Vivienda
- Ministerio de Cultura y Deportes

---

[6] Ley del Organismo Judicial, Decreto 2/89 del Congreso de la República. El artículo 9 de dicha ley dispone además sobre la supremacía de Constitucional, indicando que los Tribunales observarán siempre el principio de jerarquía normativa y supremacía de la Constitución Política de la República, sobre cualquier ye o tratado, salvo los tratados o convenciones sobre derechos humanos, que prevalecen sobre el derecho interno. Las leyes o tratados prevalecen sobre los reglamentos. Carecen de validez las disposiciones que contradigan una norma de jerarquía superior.

- Ministerio de Desarrollo Social
- Ministerio de Economía
- Ministerio de Energía y Minas
- Ministerio de Finanzas Públicas
- Ministerio de Gobernación
- Ministerio de la Defensa Nacional
- Ministerio de Relaciones Exteriores
- Ministerio de Salud Pública y Asistencia Social
- Ministerio de Trabajo y Previsión Social
- Ministerio de Ambiente y Recursos Naturales
- Ministerio de Desarrollo Social.

Consejo de Ministros

El Consejo de Ministros de Guatemala es un órgano constitucional del Organismo Ejecutivo conformado por el Presidente, Vicepresidente y los ministros de Estado, reunidos en sesión, quienes conocen de los asuntos sometidos a su consideración por el Presidente de la República, quien lo convoca y preside. (Art. 189 de la Constitución Política de la República). En dicha norma también se dispone que las decisiones que toma el Consejo de Ministros, estos serán solidariamente responsables de las mismas, salvo que hubieren dejado constancia de su voto adverso.

Tiene especial relevancia administrativa, es un cuerpo deliberante que conoce cuestiones de esa naturaleza.

Gobernadores Departamentales

Es importante mencionar que en Guatemala el gobierno de los departamentos conforme la Ley del Organismo Ejecutivo (Decreto 114-97 del Congreso de la República) está a cargo de un Gobernador nombrado por el Presidente de la República, representa por delegación expresa al mismo y no goza por su naturaleza de autonomía.

Como antecedentes de la figura de los gobernadores departamentales en la estructura administrativa del Estado, puede mencionarse a los Adelantados o los Merinos en la Edad Media, con atribuciones políticas, administrativas, económicas, judiciales y militares; posteriormente fueron los corregidores en la época de los Reyes Católicos. En la Constitución de Cádiz citada anteriormente, dispuso que el gobierno de las provincias radicase en el Jefe Superior, nombrado por el Rey, denominándosele como Jefes Políticos, con cuyo nombre se les conoció por muchos años en Guatemala. Después de la revolución de octubre de 1944, se les conoció ya con el nombre de Gobernadores Departamentales.

A la fecha son delegados del Organismo Ejecutivo, el propio texto constitucional (Art. 227) indica que, deben reunir las mismas calidades que un Ministro de Estado y gozará también de las mismas inmunidades, debiendo haber estado domiciliado durante cinco años anteriores a su designación el departamento para el que fue nombrado. De acuerdo a la Ley de los Consejo de Desarrollo Urbano y Rural[7], el Gobernador del departamento, preside y coordina el Consejo Departamental de Desarrollo, que entre otras funciones tiene la formulación de las políticas, planes, programas y proyectos de desarrollo del departamento, tomando en consideración los planes de desarrollo de los municipios y enviarlos a los Consejos Nacional y Regional de Desarrollo Urbano y Rural para su incorporación en la Política de Desarrollo de la Nación y de la región.

Debe mencionarse que, en la organización administrativa estatal, además de la centralización que es la forma de organización en la que las funciones de administración se encuentran concentradas en los órganos superiores, encontramos a las entidades autónomas, descentralizadas y empresas públicas no financieras.

Entidades autónomas, descentralizadas y empresas públicas no financieras

Las entidades autónomas son aquellas instituciones a las que la propia Constitución Política de la República les otorga esta naturaleza y que han sido creadas por esta; como ejemplo podemos citar a las

---

7 Ley de Consejo de Desarrollo Urbano y Rural, Decreto 11-2002 del Congreso de la República. Artículos 9 y 10.

Municipalidades, la Universidad de San Carlos de Guatemala, el Comité Olímpico Guatemalteco, el Instituto Guatemalteco de Seguridad Social, la Contraloría General de Cuentas, el Banco de Guatemala, entre otras. Estas instituciones gozan de cierta independencia de decisiones y se rigen por leyes propias y específicas, con personalidad jurídica y patrimonio propio, cuyo objetivo es que puedan operar con mayor flexibilidad en el manejo de los recursos, para el mejor cumplimiento de las funciones para lo que fueron creadas.

Por su parte, hay entidades descentralizadas que tienen un nivel intermedio entre la centralización y la descentralización, porque, aunque se deleguen ciertas competencias y funciones, no tienen concentrado el poder de decisión. Estas entidades son aquellas que actúan bajo la autoridad del Gobierno central, con cierto grado de independencia, en cuanto a su condición jurídica, responsabilidad y manejo de los recursos, en funciones gubernamentales especializadas.

En atención a la Política Nacional de Descentralización regulada en la Ley General de Descentralización, Decreto número 14-2002 del Congreso de la República, define la desconcentración como: «el traslado de funciones desde un nivel superior a otro inferior de la misma organización. Es un mecanismo para acercar la prestación de los servicios a más ciudadanos y ciudadanas o en más territorios distintos de la sede territorial de la Administración central». Ejemplo de estas pueden citarse: la Superintendencia de Administración Tributaria, el Instituto Guatemalteco de Turismo, Instituto Nacional de Estadística, Oficina Nacional de Servicio Civil, el Instituto Técnico de Capacitación y Productividad, etc. Por consiguiente, estas son entidades creadas por la ley o autorizadas por ella y que cumplen funciones administrativas. Son creados por el Congreso, o por el Presidente de la República, previa delegación del órgano legislativo y cuya función primordial es la prestación de servicios públicos.

Las empresas públicas no financieras son las empresas cuya propiedad y control corresponden al Gobierno central o al Gobierno local; estas venden al público los bienes y servicios que generan y les corresponde el manejo de activos y pasivos financieros, así como llevar sus registros contables completos, que distinguen los gastos de producción y los gastos de formación de capital. Ejemplo de esta organización la encontramos: el Cuerpo Voluntario de Bomberos; el Instituto de Fomento Municipal, el Fondo de Tierras, Comisión Nacional de Energía Eléctrica, etc.

Todas tienen como finalidad logar el bien común o el bienestar general de la población.

2. *Del municipio*

El municipio como parte importante de la organización territorial del Estado ha constituido a través de la historia una célula democrática, un marco de la convivencia y un espacio privilegiado de poder local, convirtiéndose en opción para el desarrollo y la participación ciudadana.

La forma en que los gobiernos locales han asumido sus competencias tiene una relación directa con la configuración de los Estados que les sirve de marco. En el caso específico del municipio de nuestros países latinoamericanos, la historia de los períodos coloniales ha dejado un profundo impacto en lo que hoy son los regímenes municipales, como comentaremos más adelante en el caso de Guatemala.

En Guatemala, el ayuntamiento, nombre colonial del municipio, tuvo su origen por voluntad y disposición del conquistador Don Pedro de Alvarado, quien venía actuando como teniente del gobernador Hernán Cortés. Señala el historiador Díaz Vasconcelos que Cortés ordenó a Pedro de Alvarado que en cada una de las villas fundadas hubiese dos alcaldes y cuatro regidores, todos los cuales debían ser nombrados. El 24 de julio de 1524 surge el primer ayuntamiento (nombrado) integrado por el alcalde, el regidor, el oficial de hacienda, el fiscal, el escribano real, el escribano público y el pregonero. Este primer municipio, en 1527 se traslada al valle de Almolonga, ejerciendo funciones de organización territorial, recaudación de impuestos y control militar.

Durante la época colonial el municipio constituía la unidad política menor en la organización del gobierno colonial, por lo tanto, los gobiernos locales no poseían autonomía ni capacidad para elegir a sus miembros. Posterior a la independencia, las municipalidades asumieron un papel importante en los espacios políticos. Las peticiones de autonomía municipal implícitas en los movimientos independentistas se convirtieron en una necesidad política de afirmar los valores democráticos dentro del ideario de construir la república independiente.

La constitución del Estado de Guatemala, promulgada el 11 de octubre de 1825, tres años después de declarada la independencia con España, estableció tres niveles para la administración territorial: departamentos, distritos y municipios. Se ordenaba además que todo pueblo con más de 200 habitantes tendría una municipalidad de elección popular e integrada por un máximo de 3 alcaldes, 10 regidores y 2 síndicos. La mayor parte de los municipios guatemaltecos nacieron a la vida independiente dotados de grandes extensiones de tierra ejidales, ya que la Corona española le garantizaba a cada pueblo un mínimo de 1.700 hectáreas, aunque muchos municipios, por compra o merced real, incrementaron significativamente sus ejidos.

El 28 de septiembre de 1836, en la Ley 11ª Decreto de la Asamblea Legislativa, se fijan las atribuciones del gobierno y tranquilidad interior de sus respectivos pueblos y la seguridad de las personas y propiedades. Para evitar conflictos de competencia con niveles intermedios, especialmente con las asambleas de distritos, se declaró que las municipalidades les concernían lo que es propio y peculiar de cada pueblo y a las asambleas lo que es del interés de más de uno de los pueblos del circuito. En cada municipio había un gobernador designado por el magistrado de distrito a propuesta de la respectiva municipalidad, quien ejercía las funciones de ejecutor de las disposiciones de la municipalidad y de juez de paz.

En el período liberal, el gobierno surgido de la revolución liberal de 1871 emite una nueva normativa para los gobiernos locales, denominada «Ley para las municipalidades de los pueblos de la República» (Decreto 242), que les asignó competencias similares a las de la Ley 11ª. Se elimina el cargo de gobernador y las funciones de juez de paz fueron asignadas al alcalde. Sin embargo, puede apreciarse de dicho texto que las funciones municipales sufrieron importantes recortes, debido sin duda alguna a la fuerte tendencia centralista del gobierno de Justo Rufino Barrios. El principal efecto de la reforma liberal en los municipios fue el virtual desmantelamiento de la propiedad ejidal, emitida con el objeto de acelerar el proceso de privatización de la tierra a favor de los productores de café. Las autoridades municipales fueron siempre de elección popular, aun cuando generalmente se trataba de elecciones con muy escasa participación, con base en listado de electores manejados por los jefes políticos departamentales.

Con la revolución de octubre de 1945, surge como principio importante la descentralización del poder ejecutivo, la autonomía del poder judicial y de la Universidad de San Carlos de Guatemala y la organización democrática de las municipalidades mediante elección popular de sus miembros. La Constitución de 1845 recoge ese principio, estableciendo así mismo que «los municipios se rigen por corporaciones municipales autónomas». Posteriormente, en 1964 surge la Ley de Municipalidades, que contempla entre las atribuciones de la Administración municipal mantener las vías urbanas y regular las urbanizaciones y otros servicios públicos.

En la Constitución de 1956 se da un retroceso con relación a la autonomía y competencias municipales, ya que la autonomía se limita a aspectos técnicos y se ordena que las municipalidades se clasifiquen por categorías para fijar los alcances de su régimen. Como avance aparece que el ejecutivo destine un porcentaje de presupuesto general (sin especificar monto) para invertirlo en las principales demandas de los municipios. En 1957 se emite el Código Municipal, en el que se establece de forma clara lo relativo a las potestades de las municipalidades de regular y atender los servicios públicos clasificados como esenciales y discrecionales.

La Constitución de 1965 señala que el régimen autónomo de las municipalidades comprende la facultad de disponer de sus propios recursos y la administración de los servicios públicos locales. Por su parte la Constitución de 1985 (vigente), con el objeto de garantizar la autonomía de las municipalidades, especialmente en lo relativo a su patrimonio, regula con más claridad lo referente a la asignación del porcentaje del presupuesto de ingresos y egresos del Estado, fijando en un 10% con destino exclusivo para la realización de obras de infraestructura y servicios públicos que beneficien a la población. En esta Constitución se suprimen las categorías municipales.

El 20 de octubre de 1988 entra en vigor el Decreto 58-88 del Congreso de la República, Código Municipal, que tiene como fin adecuar las disposiciones relativas a las municipalidades a la Constitución Política de la República, así como dar una mayor y mejor definición y organización del régimen municipal, respaldando en forma absoluta el concepto de su autonomía y su independencia económica y funcional. Posteriormente se deroga este y se emite un nuevo Código Municipal[8] (el vigente), que como señala su normativa tiene por objeto desarrollar los principios constitucionales referentes a la organización, gobierno, administración y funcionamiento de los municipios y demás entidades locales determinadas en este Código y el contenido de las competencias que correspondan a los municipios en

[8] Decreto 12-2002 del Congreso de la República de Guatemala.

cuanto a las materias que estas regulen. Dispone así mismo de aspectos importantes propios del municipio guatemalteco, otorgándole una importancia fundamental al considerarlo como la unidad básica de la organización territorial del Estado y espacio inmediato de participación ciudadana en los asuntos públicos. Se caracteriza primordialmente por sus relaciones permanentes de vecindad, multietnicidad, pluriculturalidad y multilingüismo, organizado para realizar el bien común de todos los habitantes de su distrito.

3. *Marco legal de la organización municipal*

En este aparado analizaremos la forma en que se encuentra organizada la Administración municipal de Guatemala. Para Guatemala, tomaremos como referencia la Constitución Política de la República, el Código Municipal, Decreto 12-2002 del Congreso de la República, y la Ley de los Consejos de Desarrollo Urbano y Rural, Decreto 52-87 del Congreso de la República.

El territorio de la República se divide para su administración en departamentos, y estos en municipios. La Ley Preliminar de Regionalización (Decreto 70-86 del Congreso de la República) indica que para el ordenamiento territorial y el funcionamiento de los Consejos Regionales de Desarrollo Urbano y Rural, se establecen ocho regiones, las cuales deben integrarse preferentemente en razón de la interrelación entre centros urbanos y rurales y potencial de desarrollo del territorio. Así: Región metropolitana, integrada por el departamento de Guatemala; Región Norte, por los departamentos de Alta y Baja Verapaz; Región Nororiental, por los departamentos de Izabal, Chiquimula, Zacapa y El Progreso; Región Suroriental, por los departamentos de Jutiapa, Jalapa y Santa Rosa; Región Central, por los departamentos de Chimaltenango, Sacatepéquez y Escuintla; Región Suroccidental, por los departamentos de San Marcos, Quetzaltenango, Totonicapán, Sololá, Retalhuleu y Suchitepéquez; Región Noroccidental, por los departamentos de Huehuetenango y Quiche, y, Región Petén, por el departamento del Petén. Guatemala tiene un total de 431 municipios.

Organización

En Guatemala, el municipio está considerado como el conjunto de personas individuales que, caracterizadas primordialmente por sus relaciones permanentes de vecindad y asentadas en determinado territorio, están organizadas en institución de derecho público, para realizar el bien común de todos los habitantes de su distrito.

El municipio como institución autónoma de derecho público tiene personalidad y capacidad jurídica para adquirir derechos y contraer obligaciones y, en general, para el cumplimiento de sus fines en los términos legalmente establecidos.

Su organización tradicional comprende cantones, barrios, aldeas y caseríos. En Guatemala no existen las comarcas, lo que existe son las comunidades indígenas y campesinas. La organización de su gobierno tampoco varía en ningún municipio, en todos es la misma. Integran el municipio los elementos básicos siguientes, establecidos en el artículo 8 del Código Municipal:

a. La población,

b. El territorio,

c. La autoridad ejercida en representación de los habitantes, tanto por el Concejo Municipal como por las autoridades tradicionales propias de las comunidades de su circunscripción,

d. La comunidad organizada,

e. La capacidad económica,

f. El ordenamiento jurídico municipal y el derecho consuetudinario del lugar, y

g. El patrimonio del municipio.

Consejo Municipal

Corresponde con exclusividad al Concejo Municipal el ejercicio del gobierno del municipio, velar por la integridad de su patrimonio y garantizar sus intereses en base a los valores, cultura y necesidades planteadas por los vecinos, conforme a la disponibilidad de recursos. Lo integra el alcalde, los síndicos y los concejales, todos electos directa y popularmente en cada municipio de conformidad con la ley de la materia. Tiene su sede en la cabecera del distrito municipal, y es el órgano superior deliberante y de decisión de los asuntos municipales.

Entre algunas de sus atribuciones que la ley le asigna podemos mencionar las siguientes: la iniciativa, deliberación y decisión de los asuntos municipales; el ordenamiento territorial y control urbanístico de la circunscripción municipal; la convocatoria a los distintos sectores de la sociedad del municipio para la formulación e institucionalización de las políticas públicas municipales y de los planes de desarrollo urbano y rural del municipio, identificando y priorizando las necesidades comunitarias y propuestas de solución a los problemas locales; el control y fiscalización de los distintos actos del gobierno municipal y de su administración; el establecimiento, planificación, reglamentación, programación, control y evaluación de los servicios públicos municipales, así como las decisiones sobre las modalidades institucionales para su prestación, teniendo siempre en cuenta la preeminencia de los intereses públicos; la aprobación, control de ejecución, evaluación y liquidación del presupuesto de ingresos y egresos del municipio, en concordancia con las políticas públicas municipales; la aceptación de la delegación o transferencia de competencias; el planteamiento de conflictos de competencia a otras entidades presentes en el municipio; la emisión y aprobación de acuerdos, reglamentos y ordenanzas municipales; etc.

El alcalde

El alcalde representa a la municipalidad y al municipio; es el personero legal de la misma, sin perjuicio de la representación judicial que se le atribuye al síndico; es el jefe del órgano ejecutivo del gobierno municipal; miembro del Consejo Departamental de Desarrollo respectivo y presidente del Concejo Municipal de Desarrollo.

Las atribuciones del alcalde son amplias y su desempeño está sometido al control y fiscalización del pleno de la corporación. Entre esas atribuciones destacan las siguientes: dirigir la administración municipal; representar a la municipalidad y al municipio; presidir las sesiones del Concejo Municipal y convocar a sus miembros a sesiones ordinarias y extraordinarias de conformidad con este Código; velar por el estricto cumplimiento de las políticas públicas municipales y de los planes, programas y proyectos de desarrollo del municipio; dirigir, inspeccionar e impulsar los servicios públicos y obras municipales; disponer gastos, dentro de los límites de su competencia; autorizar pagos y rendir cuentas con arreglo al procedimiento legalmente establecido; desempeñar la jefatura superior de todo el personal administrativo de la municipalidad; nombrar, sancionar y aceptar la renuncia y remover de conformidad con la ley, a los empleados municipales; ejercer la jefatura de la policía municipal, así como el nombramiento y sanción de sus funcionarios; ejercitar acciones judiciales y administrativas en caso de urgencia; adoptar personalmente, y bajo su responsabilidad en caso de catástrofe o desastres o grave riesgo de los mismos, las medidas necesarias, dando cuenta inmediata al pleno del Concejo Municipal; sancionar las faltas por desobediencia a su autoridad o por infracción de las ordenanzas municipales, salvo en los casos en que tal facultad esté atribuida a otros órganos; contratar obras y servicios con arreglo al procedimiento legalmente establecido, con excepción de los que corresponda contratar al Concejo Municipal; etc.

El alcalde es electo en forma directa por elección popular conforme lo dispuesto en la Ley Electoral y de Partidos Políticos.

Los concejales y síndicos

Los síndicos y los concejales, miembros del Consejo Municipal, tienen las diversas atribuciones. Proponen las medidas que tiendan a evitar abusos y corruptelas en las oficinas y dependencias municipales. Los concejales sustituirán, en su orden, al alcalde en caso de ausencia temporal, teniendo el derecho a devengar una remuneración equivalente al sueldo del alcalde cuando ello suceda. Emiten dictamen en cualquier asunto que el alcalde o el Concejo Municipal soliciten; el dictamen debe ser razonado técnicamente y entregarse a la mayor brevedad. Integran y desempeñan con prontitud y esmero las comisiones para las cuales son designados por el alcalde o el Concejo Municipal.

Los síndicos representan a la municipalidad ante los tribunales de justicia y oficinas administrativas y, en tal concepto, tienen el carácter de mandatarios judiciales, debiendo ser autorizados expresamente por el Concejo Municipal para el ejercicio de facultades especiales de conformidad con la ley. No obstante, lo anterior, el Concejo Municipal puede, en casos determinados, nombrar mandatarios específicos, fiscalizar la acción administrativa del alcalde y exigir el cumplimiento de los acuerdos y resoluciones del Concejo Municipal, interrogar al alcalde sobre las medidas que hubiere adoptado en uso o extralimitación de sus funciones y, por mayoría de votos de sus integrantes, aprobar o no las medidas que hubiesen dado lugar a la interrogación.

En Guatemala también se encuentran las *alcaldías indígenas,* cuyo gobierno del municipio debe reconocer, respetar y promover cuando estas existan, incluyendo sus propias formas de funcionamiento. Los orígenes de las alcaldías indígenas se remontan a mediados del siglo XVI como una forma de gobierno local, las cuales existen en varios municipios del interior del país; realizan funciones judiciales, administrativas y culturales, siendo una de sus principales características la forma de integrarse: los principales del pueblo, o sea los líderes tradicionales indígenas, escogen entre aquellas personas capaces, que hayan prestado servicio civil a la comunidad en diversos cargos comunitarios (religiosos y civiles)[9], características que no se encuentran reguladas ya que en forma expresa aparecen hasta ahora en el actual Código Municipal, tienen una regulación muy escasa.

Las alcaldías comunitarias o alcaldías auxiliares

En el caso de estas últimas, el Concejo Municipal, de acuerdo a los usos, normas y tradiciones de las comunidades, reconocerá a las alcaldías comunitarias o alcaldías auxiliares como entidades representativas de las comunidades, en especial para la toma de decisiones y como vínculo de relación con el gobierno municipal.

Otras entidades locales

Las áreas metropolitanas

En Guatemala no existe en el Código Municipal este tipo de ente. Ha habido intentos de incluirlo, especialmente para el caso de la capital, que constituye un área metropolitana que abarca por lo menos doce centros urbanos; uno de ellos, por ejemplo, concentra una población equivalente a la ciudad de Quetzaltenango (segunda ciudad en importancia después de la capital). Solamente la Ley Preliminar de Regionalización hace referencia a la Región Metropolitana, integrada por el departamento de Guatemala.

Las mancomunidades

En Guatemala, conforme el Código Municipal, las mancomunidades son asociaciones de municipios que se instituyen como entidades de Derecho público, con personalidad jurídica propia, constituidas mediante acuerdos celebrados entre los concejos de dos o más municipios, de conformidad con este Código, para la formulación común de políticas públicas municipales, planes, programas y proyectos, así como la ejecución de obras y la prestación eficiente de servicios municipales. Podrán también cumplir aquellas competencias que le sean descentralizadas a los municipios, siempre que así lo establezcan los estatutos y los concejos municipales así lo hayan aprobado específicamente. Los órganos de gobierno de las mancomunidades son: a) la Asamblea General, integrada por alcaldes, los concejales y/o síndicos que determine cada Concejo Municipal de los municipios que forman la mancomunidad, teniendo derecho cada municipio mancomunado a un voto; b) la Junta Directiva electa por la Asamblea General y que actuará conforme a las disposiciones de esta última.

V. EL PROCEDIMIENTO ADMINISTRATIVO

Los cambios políticos, sociales y económicos de los pueblos han logrado el establecimiento del Estado de Derecho que disfrutamos, en el que tanto la Administración como el administrado están sometidos a la ley, ley que entre otros elementos establece la regulación de la forma en que se producen la emisión de sus actos. En Guatemala no hay unificación de los procedimientos administrativos; están dispersos en las distintas leyes que regulan la actividad administrativa del Estado, y solamente en materia de los procedimientos de impugnación de los actos de dicha naturaleza se encuentran agrupados en la Ley de lo Contencioso-Administrativo. Sin embargo, debe señalarse que ha habido cambios significativos que hacen menos engorrosos los trámites y en varios casos se han reducido el excesivo número de etapas y plazos largos, pero hay que enfatizar que se hace necesario que los cambios continúen, sin menoscabo de los principios que deben orientarlos.

1. *Concepto*

El procedimiento administrativo es un modo de producción de los actos administrativos, configurado por una serie de formalidades y trámites que establece el orden jurídico para poder emitir una decisión sobre determinado asunto. Por medio del procedimiento administrativo se asegura la

---

9 Barrios, Lina. *La Alcaldía Indígena en Guatemala: de 1944 al presente*. Instituto de Investigaciones Económicas y Sociales, Universidad Rafael Landívar, Impresiones Técnicas-Gráficas, Guatemala, 1998, p. 141.

participación del administrado en la toma de decisiones en la Administración. Es por lo tanto el procedimiento de esta naturaleza un medio de aplicación de ley. Para Vicente Gimeno Sandra, el procedimiento administrativo «tiene una función capital de garantía de la objetividad y legalidad de la de las actuaciones administrativas y de aseguramiento del acierto de las decisiones»[10]. Para Jorge Mario Castillo González el procedimiento administrativo se considera como «la vía legal que conduce a la resolución de una cuestión administrativa, ofreciendo tanto a la Administración como a los administrados la posibilidad de poder hacer valer sus derechos o intereses»[11].

2. *Características*

El procedimiento tiene características particulares, entre las cuales pueden destacarse: la sencillez, la rapidez, la informalidad, son escritos regularmente (aunque hay ciertas etapas que se están automatizando) públicos y culminan con una declaración de voluntad.

3. *Principios*

Para mantener el equilibrio entre la Administración y el administrado, el procedimiento administrativo debe basarse en los siguientes principios: legalidad, generalidad, igualdad, inicio de oficio o por los interesados y antiformalista, entre otros. Sobre el particular la Ley de lo Contencioso-Administrativo guatemalteca indica que los expedientes administrativos deberán impulsarse de oficio y se formalizarán por escrito, observándose el derecho de defensa y asegurando la celeridad, sencillez y eficacia del trámite. Agrega que la actuación administrativa será gratuita.

4. *Desarrollo del procedimiento*

Con el objeto de conocer su sustanciación del procedimiento administrativo en Guatemala, señalaremos las etapas del procedimiento que en general se tramitan en la mayor parte de expedientes en la administración, las cuales incluyen: la iniciación, las audiencias, el período de prueba, la resolución y la notificación. Debe indicarse que hay ciertos actos que por sus propias características no desarrollan todas y cada una de las etapas citadas, por ejemplo, el otorgamiento de ciertas licencias, permisos, registros, etc.

Esta parte la estimamos de vital importancia porque su análisis permitirá no solamente identificarlas, sino destacar que en cualquiera de ellas pueden cometerse vicios sustanciales o defectos u omisiones, que dan origen a decretar ya sea la nulidad de las actuaciones o su enmienda, según el caso.

Encontramos que en Guatemala en general existen dos grupos de procedimientos: los procedimientos de producción de los actos administrativos y los segundos, constituidos por los medios de impugnación de las resoluciones de la Administración, cuya sustanciación se efectúa tanto en el ámbito administrativo como en el judicial.

Sin duda una de las materias de extraordinaria importancia del Derecho administrativo es el aspecto procesal, por ser este la parte dinámica que impulsa y da eficacia al ordenamiento jurídico sustantivo. Sin la existencia del procedimiento administrativo, que contiene los principios y normas que regulan las relaciones Administración-administrados, carecería del objeto, de utilidad práctica el Derecho administrativo, abriendo un cauce discrecional en la adopción de medidas y decisiones de la Administración, en perjuicio de los administrados, que verían disminuidas sus posibilidades de defensa ante el uso omnímodo de las facultades de aquella.

La estructura del procedimiento administrativo como indicamos no es uniforme, sino variado y cambiante, no solo por la diversa regulación de las gestiones ante la Administración, sino también por las vicisitudes propias de cada procedimiento en concreto, que pueden influir aparte de la normativa legal, la discrecionalidad administrativa e incluso la propia iniciativa del particular.

Sin embargo, en general podemos identificar las siguientes etapas:

---

[10] Gimeno Sendra, Vicente, *Ley de régimen jurídico de las administraciones y el procedimiento común, concordancia, comentarios y jurisprudencia*. Madrid, 1997, p. 186.

[11] Castillo González, Jorge Mario, *Derecho Procesal Administrativo*, Centro de Impresiones Gráficas, Guatemala: 1984, p. 281.

Iniciación

Los procedimientos pueden iniciarse como es sabido de oficio, es decir, los inicia la propia Administración en el ejercicio de las atribuciones que le son propias. El interés público exige que los órganos administrativos puedan dar inicio al procedimiento para garantizar el buen orden administrativo cuyo objetivo también es la satisfacción de una necesidad general, los cuales deben ser en forma sencilla, rápida, que sean eficientes y oportunos. Ese interés general reclama por consiguiente que los procedimientos puedan iniciarse de oficio, procedimientos que dada la variedad de problemas y necesidades colectivas existen un gran número de estos.

También puede iniciarse a instancia de parte interesada, con fundamento en el derecho de petición que establece la Constitución Política de la República y la Ley de lo Contencioso-Administrativo[12] en cuya normativa se encuentran una serie de normas que regulan las actuaciones de la Administración previo a la etapa judicial representada en nuestro caso en el proceso contencioso-administrativo.

Audiencia

Dependiendo de la gestión que se trate se le da audiencia al interesado de los resuelto por la administración a efecto que presente sus argumentaciones y ofrezca los medios de prueba que justifiquen su oposición y defensa. Si no se evacuare la audiencia, se dictará la resolución correspondiente. Se puede también dar audiencia a los órganos legales o técnicos de las entidades administrativas para que se pronuncien sobre el asunto que se trata.

Período de prueba

La palabra prueba puede tomarse en su acepción de fin (prueba en sí misma) o en su acepción de medio (medios de prueba). En la primera, el término hace referencia a la demostración de la exactitud de un hecho, del cual depende la existencia del Derecho. En la segunda, se llama medio de prueba a cada una de las formas que pueden utilizarse para obtener dicha demostración. En materia administrativa, nuestro Derecho positivo regula que podrán utilizarse todos los medios de prueba admitidos en Derecho común. Para ello, aplicamos los que norma el Código Procesal Civil y Mercantil, aunque en la práctica se utiliza especialmente la prueba documental.

Diligencias para mejor resolver

Esta es una figura utilizada en la tramitación judicial que se ha incluido en la práctica administrativa, por lo que alguna normativa sobre el particular aparece en determinadas leyes. Mediante dicha diligencia se pretende que la Administración cuente con más elementos de juicio antes de resolver. Esta medida puede efectuarse de oficio a petición de parte, se haya o no evacuado la audiencia.

A través de esta medida, la Administración, puede acordar lo siguiente: que se tenga a la vista cualquier documento que crea conveniente; que se practique cualquier diligencia que se considere necesaria o que se amplíen las que ya se hubiesen hecho, o que se tenga a la vista cualquier actuación que sea pertinente.

Resolución

La resolución como efecto primordial, la exigibilidad y ejecutoriedad de los dispuesto por la Administración. En esta fase del procedimiento, la Administración ha concluido la etapa de obtener toda la información necesaria para poder emitir su declaración. El administrado también ha tenido la oportunidad de aportar los argumentos, pruebas y justificaciones sobre lo manifestado por la Administración.

La Administración procede entonces a emitir una resolución cuyas características fundamentales son las siguientes: es un acto administrativo de naturaleza definitiva, es impugnable por medio de los recursos según corresponda, pone fin al procedimiento administrativo y hace por lo tanto exigible y ejecutable según el caso la misma. Esta resolución como la indica la Ley de lo Contencioso-Administrativo debe ser emitida por la autoridad competente, con cita de las normas legales y reglamentarias en que se fundamente. Es prohibido tomar como resolución los dictámenes que haya emitido un órgano de asesoría técnica o legal.

---

12 El artículo 1 de la misma cuando hace referencia al derecho de petición señala que las peticiones se dirigirán a funcionarios o empleados de la Administración Pública y deberán ser resueltas y notificadas dentro del plazo de treinta días, contados a partir de la fecha en que haya concluido el procedimiento administrativo.

De esta forma la Administración se ha pronunciado expresamente, empleando su forma más usual: una resolución. Sin embargo, puede presumirse la existencia de la declaración de la Administración cuando pasado el plazo que fija la ley, esta no expresa su decisión, entendiéndose según los casos la petición denegada o resuelta favorablemente. En nuestro Derecho positivo, estaríamos refiriéndonos al *silencio administrativo*. Ejemplo del mismo lo encontramos en el artículo 160 de la Ley de lo Contencioso-Administrativo.

Notificación

Es el acto por el cual se informa o da noticia al administrado de lo resuelto por la Administración. Para que las resoluciones produzcan el efecto primordial que les es propio, es decir, la ejecutoriedad del acto es preciso que sea notificada. La fecha de notificación es muy importante en esta etapa puesto conlleva la iniciación del cómputo del plazo para ejercitar los medios de impugnación correspondiente en el supuesto que no se esté de acuerdo con lo resuelto. El artículo 3 de la Ley de lo Contencioso-Administrativo señala sobre esta obligación de la Administración[13].

VI. EL ACTO ADMINISTRATIVO, SU EJECUCIÓN, PRINCIPIO DE AUTOTUTELA, LOS RECURSOS EN LA VÍA ADMINISTRATIVA

1. *Acto administrativo*

La actividad administrativa se realiza a través de los órganos administrativos; esa actividad se traduce en actos a los se le llama actos administrativos, caracterizados por constituir una manifestación de voluntad destinada a producir consecuencias jurídicas. Para Rafael Bielsa es una «decisión general o especial de una autoridad administrativa en ejercicio de sus propias funciones sobre derechos, deberes e intereses de las entidades administrativas o de los particulares respecto de ella»[14]. Para ciertos autores, como Gabino Fraga, estos son «actos que determinan situaciones jurídicas para casos individuales»[15]. Teniendo en cuenta lo anterior, conceptualizamos como acto administrativo a la declaración de voluntad concreta y unilateral de un órgano público que toma decisiones en ejercicio de su potestad administrativa, dirigida a producir determinados efectos jurídicos.

Los actos administrativos están sujetos por lo general a un régimen de Derecho público, teniendo en cuenta que quien lo emite es un órgano de esa naturaleza. De dicho concepto podemos precisar algunos de sus elementos básicos, entre los que destacan los elementos subjetivos, como el órgano y la competencia (por razón de la materia, del territorio y del grado); los elementos objetivos, como la declaración misma de voluntad, su contenido y objeto, el fin y motivo, y los elementos formales, el procedimiento y la forma. Sobre el particular Gabino Fraga señala que los elementos esenciales que pueden identificarse del acto administrativo son el sujeto, la voluntad, el objeto, el motivo, el fin y la forma[16].

Distintos han sido los autores que han desarrollado una clasificación de los actos administrativos, quienes los agrupan en relación con determinados puntos de vista. Así por ejemplo, Eric Meza Duarte los concentra atendiendo a características comunes de este: por la forma en que se dicta y los efectos del acto, en preparatorios, principales, complementarios y de ejecución; apreciando la manera en que se manifiesta la voluntad del órgano que los dicta, en simples y compuestos; por la forma en que el ordenamiento jurídico regula la actividad de la Administración, en reglados y discrecionales; atendiendo

---

13 La norma aludida indica que las resoluciones serán notificadas a los interesados personalmente citándoles para el efecto, o por correo que certifique la recepción de la cédula de notificación. Para continuar con el trámite deberá constar fehacientemente que el o los interesados fueron debidamente notificados con referencia expresa del lugar, forma, día y hora. Algunas entidades tienen sus propios medios de notificación, incluyendo los informáticos, pero siempre asegurando la recepción de lo notificado.

14 Bielsa, Rafael, *Derecho Administrativo*, t. II, Ediciones Roque de Palma, Buenos Aires, Argentina: 1955, p. 3.

15 Fraga, Gabino, *Derecho Administrativo*: Editorial Porrúa Pérez, México 1952, p. 148. Para él mismo, la actuación administrativa es tan variada que la definición que hace de los actos administrativos no alcanza a dar una idea adecuada de los diversos actos en la Administración, ni de los motivos de sus diferencias, por lo que considera importantes hacer una caracterización de los más importantes.

16 Fraga, *op. cit.*, p. 176.

el ámbito de eficacia del acto, en internos y externos, generales y especiales o particulares, y considerando el contenido del acto, de aprobación, autorización, admisión, concesión, renuncia, etc.[17]

La forma de expresión del acto administrativo puede ocurrir de dos formas la primera es el pronunciamiento expreso del órgano administrativo empleando las formas usuales para ello. Ejemplo típico lo encontramos en una resolución escrita, como se establece en el artículo 3 de la Ley de lo Contencioso Administrativo guatemalteco. La otra se da cuando no se emite en esa forma y se presume la existencia de una declaración de voluntad por no haber sido declarado expresamente, a lo cual se le llama silencio administrativo. Es una presunción legal que hace presumir la emisión de una declaración de la Administración, la cual de acuerdo a ley puede ser positiva o negativa. La positiva se produce cuando la Administración no resuelve en el plazo que fija la ley y la petición se considera resuelta favorablemente, mientras que en la negativa la petición formulada cuya declaración no se haya dado por la Administración se considera resuelta en forma negativa.

2. *Su ejecución*

El carácter ejecutivo de los actos administrativos, estimamos proviene de la misma naturaleza del organismo ejecutivo al que pertenecen los entes que dictan estos. El poder Ejecutivo realiza una de las tres facultades básicas del Estado, cuya función es hacer cumplir y sancionar las leyes que regulan el comportamiento social. También se conoce como Ejecutivo al segmento del Gobierno que se encarga de la gestión diaria del Estado que se concretiza a través de actos que deben cumplirse. Ejecutivo deriva del latín, *executio* y permite nombrar a la acción y efecto de ejecutar. Una ejecución puede ser, por lo tanto, una acción que se concreta, como sucede con los actos de la Administración.

Como se ha indicado, en la Administración Pública se dan una serie de actos con características muy diversas, que responden a la actividad propia de esta. Entre esos actos encontramos aquellos que deben ejecutarse, de llevarse a cabo, hacerse, cumplir. Una vez emitido y notificado este, surge la facultad de la Administración de ejecutar sus propios actos y disponer de las potestades de imperio que le otorga la propia ley.

Gran discusión doctrinaria ha ocasionado la utilización de los términos ejecutividad y ejecutoriedad de los actos administrativos, los cuales el legislador en muchos casos no ha atendido y nosotros por cuestiones de espacio no entraremos a su análisis. Solamente traemos a cuenta por estimarlo importante, lo señalando por Rodríguez Moro, citado por Javier Barcelona Llop, que indica que «el acto administrativo es ejecutivo, pero no todo acto administrativo es ejecutorio, lo será en función de su contenido obligacional»[18]. También estimamos necesarios indicar que un acto de la administración es ejecutivo cuando, como se ha citado, tiene fuerza obligatoria, una vez este haya cumplido con todos los requisitos que establece la propia ley y se hace saber al interesado, para haga uso de sus derechos de defensa a través de los recursos administrativos, es decir, los actos imponen por ellos mismos su cumplimiento sin intervención de otros entes. Constituye por lo tanto una característica especial de estos, resultado de su propio impulso obligatorio.

Respecto a esta característica, encontramos que se la ha dividido en dos clases: una ejecución directa o administrativa y otra indirecta o judicial. La primera, está constituida por el modo propio de ejecución de los actos administrativos, correspondiéndole a la propia Administración los ejecute; esas decisiones imponen por sí solas su respectivo cumplimiento ya que nacen con la presunción de legalidad. La segunda se refiere a los actos que también emanan de la Administración, pero su cumplimiento compete a los órganos jurisdiccionales.

En Guatemala, por ejemplo, existe un proceso denominado proceso económico coactivo, que se ha conceptualizado como el conjunto de actos procedimentales que se suceden entre sí, de orden ejecutivo, cuyo objeto es el cobro de los adeudos firmes, líquidos y exigibles a favor de la Administración, ante jueces específicos que conocen de esta materia. El proceso económico coactivo es un proceso judicial de jurisdicción privativa, cuyo ejercicio del mismo incumbe exclusivamente a los funcionarios judiciales que la ley determina; tiene como objetivo último ejecutar una resolución emitida por la propia Administración, y sale de la esfera administrativa para su ejecución y cumplimiento.

---

17 Meza Duarte, Eric, *Derecho Administrativo guatemalteco*, Guatemala: Tipografía Nacional, 1970.

18 Barcelona Llop, Javier, *Ejecutividad, ejecutoriedad y ejecución forzosa de los actos administrativos*, Servicio de publicaciones de la Universidad de Cantabria, España: 1995, p. 56.

Otro ejemplo de acuerdo a nuestra legislación es la declaratoria de lesividad, la que es declarada por la Administración, pero su revisión cuando hay desacuerdo de los afectados, está a cargo de un órgano jurisdiccional, el Tribunal de los Contencioso Administrativo, quien confirma o revoca esa declaratoria. En la vía judicial también se pueden ejecutar actos de la Administración en el ámbito penal, civil, laboral, etc.

3. *Principio de autotutela*

Considerada esta como la potestad que permite articular los medios de ejecución que garanticen la eficacia de la actividad administrativa, sujeta a los límites que establece la propia Constitución Política de la República. La autotutela administrativa es de carácter general y posee por esencia autonomía de las decisiones de los órganos jurisdiccionales, sus decisiones son ejecutoriadas por la propia autoridad, impuestas incluso en forma coactiva, de conformidad con lo que para el efecto establezca la misma ley, siempre teniendo en cuenta el fin supremo, el bien común, el interés de la generalidad.

En atención a este principio, la Administración puede revisar sus propias actuaciones, sus propios actos, inclusive revocarlos como veremos más adelante, siempre insistimos, resguardando el derecho constitucional de defensa de los administrados. La autotutela se manifiesta de determinadas formas, distinguiéndose fundamentalmente dos: una declarativa y otra ejecutiva. La primera se refiere a la prerrogativa de la Administración de emitir actos que permitan crear, modificar, revocar derechos de los administrados, sin la intervención de los tribunales de justicia y sin contar además con la aquiescencia del destinatario de la resolución.

La ejecutiva o forzosa, como también se le ha llamado, es aquella que permite la ejecución obligada de los actos de la Administración cuyos destinatarios se resistan a su cumplimiento en forma voluntaria; su ejecución puede ser incluso coactiva.

Como antes mencionamos, no puede ser la autotutela ilimitada, sino que tiene sus demarcaciones que fija la propia Constitución Política de la República y las leyes respectivas.

4. *Los recursos en la vía administrativa*

Dentro del estudio del Derecho administrativo, como señalamos al referirnos al procedimiento administrativo, existen dos clases de procedimientos. El primero está constituido por los procedimientos de producción de los actos administrativos, configurado por una serie de formalidades y trámites que el orden jurídico establece para poder emitir una decisión sobre determinado asunto; y los otros, constituidos por los medios de impugnación de los actos administrativos.

Al emitirse un acto administrativo, surge a favor del administrado el derecho de impugnar la decisión de la propia Administración y ante sus propios órganos e instancias. De continuar la inconformidad del administrado con esa decisión, le da la oportunidad de accionar a través de los órganos jurisdiccionales a efecto que se revise el acto. El vocablo recurso es utilizado como sinónimo de impugnación, proviene del latín *recursus,* que significa acción y efecto de recurrir, vuelta y retorno de una cosa al lugar que salió. Este acto de expresar inconformidad se encamina a provocar un nuevo examen de la cuestión que dio lugar a la misma para obtener una nueva decisión, distinta de aquella que se estimó gravosa a los intereses de quien la ha expresado.

En sentido jurídico amplio, el recurso es entendido como «la acción que se deriva de la ley a favor de la parte que se considera perjudicada por una resolución judicial o administrativa, para pedir al mismo juez, tribunal o autoridad, que la ha proferido, quede sin efecto o sea modificada en determinado sentido, o para acudir a otro juez, tribunal o autoridad competente, en solicitud de que sea revocado, suspendido o mejorado el fallo que se reputa perjudicial» (Enciclopedia Jurídica Española). En el contexto antes relacionado encontramos la posición de los siguientes tratadistas que, al referirse al recurso administrativo, expresan lo siguiente:

Para Georges Videl «un recurso es una vía de derecho que permite obtener nueva decisión conforme a derecho». Por su parte, Marienhoff, citado por José Roberto Dromi, indica que el recurso es «un medio de impugnar la decisión de una autoridad administrativa, con el objeto de obtener su reforma o extinción». Para Gabino Fraga, el recurso administrativo «constituye un medio legal de que dispone el particular, afectado en sus derechos o intereses por un acto administrativo determinado, para obtener en términos legales de la autoridad administrativa una revisión del propio acto, a fin de que dicha autoridad revoque, lo anule o lo reforme en caso de encontrar comprobada la ilegalidad o la oportunidad del mismo».

De las citadas posiciones encontramos que en el fondo todos coinciden en que los recursos administrativos constituyen un derecho subjetivo del administrado, que utiliza con el fin de obtener la revisión, anulación o modificación de un acto administrativo. Los recursos surgen de la necesidad de control por parte del administrado, de la actividad de la Administración, la que esta cargo de funcionarios, que como hombres, tal como lo expresa Ibáñez Frocham, su actuar está expuesto al error, que ocasiona algún gravamen, algún perjuicio, alguna lesión a los intereses de una de las partes, por lo que el Estado, para equipar la relación Administración-administrado, tiene interés en que el error se repare, que la parte agraviada tenga el derecho de gestionar la reparación de ese error. Lo expresado constituye, por lo tanto, el fundamento jurídico de los recursos administrativos.

Consecuentemente, podemos afirmar que los recursos administrativos en nuestra legislación se sustancian a través de un procedimiento fijado por la ley y se deducen ante la propia Administración, quien revisará sus mismos actos; su objeto es manifestar la inconformidad con una decisión de esta para que sea examinada de nuevo, pronunciándose sobre la procedencia de revocar, modificar, anular o confirmar la misma, como presupuesto, como requisitos previo para impugnar la decisión de la Administración en la vía jurisdiccional.

Los autores de esta rama del Derecho señalan diferentes presupuestos generales de los recursos administrativos como le llaman unos, elementos, requisitos o caracteres generales como los identifican otros. Por fines didácticos agruparemos en este apartado los presupuestos que consideramos son característicos de los recursos administrativos.

Existencia de una resolución administrativa impugnable

En la legislación guatemalteca, las resoluciones definitivas son las únicas impugnables, excluyendo por consiguientes de esta materia la impugnación de las providencias o resoluciones de trámite, los dictámenes y los informes. Como excepción a lo indicado, la Ley de lo Contencioso-Administrativo deja fuera del ámbito de impugnación a través del recurso de reposición las resoluciones del Presidente y Vicepresidente de la República (artículo 9).

Para que el acto administrativo sea impugnable este debe ser definitivo; con él se resuelve la gestión realizada ante un órgano administrativo, determinándose la imposibilidad de continuar el procedimiento, en consideración a que se ha emitido una decisión negando un derecho o determinado una obligación, por ejemplo.

En este sentido debe tenerse especial cuidado con lo resuelto por algunas dependencias administrativas que ponen fin al procedimiento a través de providencias de trámite, pretendiendo con ello la Administración eludir una decisión final o confundir al administrado para que este no haga uso de su derecho de impugnación en los plazos que señala la ley. Puede ser también que se resuelva en esa forma, por desconocimiento de los principios fundamentales del Derecho administrativo.

Es conveniente mencionar que contra las resoluciones definitivas notificadas y no impugnadas dentro del término legal, por tener la categoría de firmes, no procederá ningún recurso administrativo.

Que se afecten derechos o intereses

Los recursos administrativos podrán ser deducidos por quienes aleguen un derecho o un interés legítimo. Significa que necesariamente el recurrente debe ser titular de alguna de las situaciones jurídicas subjetivas referidas. El *interés jurídico*, exclusivo o concurrente, se exhibe como un presupuesto para poder impugnar el acto administrativo que lesiona, disminuye, restringe o excluye la satisfacción de una situación jurídica que es amparada por la norma.

El acto administrativo que se impugna debe afectar un derecho o intereses del administrado. Significa que el afectado puede interponer los recursos administrativos porque la resolución que cuestiona afecta, daña, perjudica sus intereses o sus derechos, debido entre otras causas a que ha habido una interpretación errónea de la ley, por exceso en el cumplimiento de funciones de quien la dicta o por arbitrariedades, o puede también que se haya emitido conforme la ley, pero él simplemente no está de acuerdo en la forma como se está resolviendo.

Que sea interpuesto por la persona interesada o por su representante

Nuestra legislación identifica como legitimación (artículo 10 de Ley de lo Contencioso-Administrativo) al derecho que tienen de interponer los recursos administrativos quienes hayan sido parte en el expediente o aparezcan con interés en el mismo. Por lo tanto, si el recurso no es presentando por los mismos o su representante, se declara improcedente. Con posterioridad analizaremos la figura del recurrente cuando tratemos lo referente a los elementos subjetivos de los recursos administrativos.

Un plazo para la interposición

El plazo es el tiempo o lapso fijado por la ley para que el administrado ejercite su derecho de impugnar. La fijación del plazo también es importante para la Administración, porque si el administrado no hace uso de ese derecho, la resolución queda firme y procederá según el caso a su ejecución.

Establecimiento de un procedimiento determinado

En el estudio del Derecho administrativo encontramos que el administrado no siempre figura como un sujeto pasivo en su relación con la Administración, sino que es también titular de derechos e intereses. Para regular esas relaciones jurídicas, surge el procedimiento administrativo como árbitro entre los intereses contradictorios, el cual está configurado por una serie de formalidades y trámites que establece la ley. A través de este procedimiento se examina nuevamente la declaración de la Administración, emitiendo una nueva, en donde a juicio de la propia Administración se determinará la procedencia de confirmar, revocar o modificar la resolución impugnada.

La Ley de lo Contencioso-Administrativo citada establece el procedimiento que debe seguirse para la tramitación de los dos únicos medios de impugnación ordinarios (revocatoria y reposición) en toda la Administración Pública centralizada y descentralizada o autónoma. Sin embargo, por las razones que indicaremos cuando nos referiremos a la clasificación de recursos administrativos, veremos que no se cumple en forma general la norma relacionada con el ámbito de los recursos citados y se siguen tramitando los recursos de conformidad con los procedimientos que señalan las leyes específicas. En este apartado, solamente queremos resaltar la importancia de la existencia del procedimiento para la tramitación de los recursos, en los cuales debe incluirse la procedencia, audiencias y la resolución. Con la existencia del mismo, estaremos asegurando la participación del administrado en la decisión de la Administración, aportando los elementos fácticos y legales, sus pruebas, etc. a efecto que la Administración decida.

Que se emita una nueva resolución

La autoridad administrativa, previo el examen de la juridicidad de la resolución impugnada, queda obligada a emitir una resolución dentro del plazo que establece la ley, revocando, confirmando o modificando la misma. Esta resolución que puso fin al procedimiento debe ser notificada y a partir de ello abre la posibilidad al administrado, en caso de continuar su inconformidad, de iniciar ante los tribunales de justicia, específicamente ante el Tribunal de lo Contencioso-Administrativo, el proceso contencioso-administrativo.

Elementos del recurso administrativo

Los autores los denominan con otros nombres (circunstancias o requisitos) a lo que nosotros llamamos elementos que deben concurrir en este procedimiento, entre los cuales identificamos los siguientes elementos:

Subjetivos

a) El recurrente:

Como indicáramos, el recurrente es quien interpone el recurso, el cual debe haber sido parte del expediente o aparecer con interés en el mismo. Debe tener legitimación para actuar, es decir, debe tener la aptitud para interponer el recurso, por haberse visto afectado en sus derechos o en sus intereses por el acto que impugna. El recurso no podrá ser interpuesto por una persona que no tenga ese legítimo interés, que no sea titular de derechos subjetivos. Por lo tanto, esa legitimidad de intervenir en el recurso administrativo supone el reconocimiento por parte del ordenamiento jurídico al recurrente, otorgándole la facultad de iniciar el procedimiento.

El recurrente puede comparecer en lo personal o a través de su representante legal de conformidad con el artículo 11 de la Ley de lo Contencioso-Administrativo, que norma como otro de los requisitos del memorial de interposición de los recursos que estos deben estar firmados por el recurrente o su representante legal.

Es importante destacar que con relación al recurrente se aplican normas de derecho privado, específicamente lo dispuesto en los artículos 44, 45 y 46 del Código Procesal Civil y Mercantil, que en su orden disponen lo relativo al hecho de que para gestionar en estos casos, deben las personas ser capaces (vale decir las normas del Código Civil que regulan lo relativo a la capacidad), es decir, deben tener el libre ejercicio de sus derechos; las personas que no la tengan, no podrán actuar sino representadas. Las personas jurídicas lo harán por medio de sus representantes legales, quienes deberá justificar su personería en la interposición de los recursos, acompañando el título de su representación, requisito último que el artículo 11 de la Ley de lo Contencioso-Administrativo antes citado no lo contempla; sin embargo, la administración con base en las disposiciones del Código Procesal Civil y Mercantil, lo exigen. El recurrente puede comparecen también por medio de mandatario.

b) Autoridad competente:

Los recursos administrativos se desenvuelven en el marco de la propia Administración, se interponen ante ella y es resuelta por la misma. En atención a nuestra legislación, este elemento subjetivo se puede identificar desde dos puntos de vista: la entidad competente donde se interpone el recurso y la entidad competente que resuelve el recurso; en algunos casos puede ser la misma.

En términos generales es competente una entidad cuando tiene la aptitud conferida por la ley para actuar en determinado sentido. En los estados modernos el principio de legalidad exige que los actos del Estado sean realizados dentro de las normas legales. Dentro de esa esfera, se encuentra la competencia de los órganos administrativos, porque de faltar esta da lugar a que el acto resulte viciado.

La Ley de lo Contencioso-Administrativo establece que los recursos de revocatoria se interpondrán ante el «órgano administrativo que la hubiere dictado» y los de reposición, dice, «se interpondrán directamente ante la autoridad recurrida». En el primero de los casos, por tratarse de un recurso jerárquico, se interpone ante un órgano y es resuelto por otro. La interposición ante el órgano competente que dictó la resolución que se impugna es un requisito que no puede soslayarse; la ley no acepta que el recurso de revocatoria se interponga directamente ante el órgano que resolverá. Este órgano debe ser competente para que reciba el recurso y eleve las actuaciones al respectivo ministerio o entidad superior jerárquica que lo resolverá.

En el caso de los recursos de reposición, por la naturaleza de los mismos, la autoridad que emitió la resolución recurrida tiene competencia para que el recurrente lo interponga directamente ante ella y es competente, además, para dictar la resolución final, revocando, confirmando o modificando la resolución cuestionada.

c. Acto impugnable:

Solamente son impugnables las resoluciones definitivas, es decir, cuando estas han puesto fin a un asunto y han sido debidamente notificadas, cuando ya no se admite por ello una revisión de oficio, cuando la autoridad no pueda por sí modificar su propia decisión.

De las normas de la Ley de lo Contencioso-Administrativo (artículos 3 y 4) podemos establecer que estas resoluciones deben reunir determinados requisitos tales como haber sido emitidas por la autoridad competente, estar razonadas, atender al fondo del asunto, ser redactadas con claridad y precisión, citar la base legal en que se fundan y ser notificadas a los interesados personalmente. Se prohíbe expresamente tomar como resolución los dictámenes que haya emitido un órgano de asesoría técnica y legal. Descarta también cualquier posibilidad de interponer los recursos contra las providencias de trámite, informes, etc.

En la doctrina y en otras legislaciones existe cierta discusión respecto a cuándo es una resolución definitiva y cuándo una resolución que ha causado estado. Indican que una resolución que causa estado es aquella que no es susceptible de recurso administrativo, mientras que una resolución definitiva es un acto que constituye la manifestación final de un asunto. Nuestra legislación en ese sentido establece que las resoluciones objeto de impugnación a través de los recursos administrativos son aquellas que atienden el fondo del asunto, que han puesto fin al mismo y han sido notificadas.

En lo que respecta a resoluciones que han causado estado, la ley toma este aspecto como un requisito que debe reunir la resolución administrativa que será objeto de revisión en un proceso contencioso administrativo. Para el efecto el artículo 20 de la Ley de lo Contencioso-Administrativo norma que «causan estado las resoluciones de la Administración que decidan el asunto, cuando no sean susceptibles de impugnarse en la vía administrativa, por haberse resuelto los recursos administrativos».

Procedimiento del recurso administrativo

El procedimiento es un modo de sucesión, un orden y forma de proceder, es una pauta que debe seguirse para alcanzar un resultado práctico. Estimamos que esa conceptualización del procedimiento que hace López Rodó, citado por Jesús González Pérez en su obra *Derecho procesal administrativo mexicano*, es aplicable también al procedimiento que se sigue en la tramitación de los recursos administrativos. Entre los presupuestos de los recursos administrativos debe existir un procedimiento establecido, en cuyo desarrollo encontramos las fases siguientes:

La interposición y sus efectos

La interposición del mismo requiere solamente la presentación de un memorial por quien esté legitimado para ello. Este memorial, de acuerdo a la Ley de lo Contencioso-Administrativo (artículo 11), exige los siguientes requisitos:

- Se dirija a la autoridad competente (órgano administrativo que la hubiere dictado, último párrafo del artículo 7).
- El nombre del recurrente y lugar en donde recibirá notificaciones.
- Exposición de los motivos por los cuales se recurre.
- Sentido de la resolución que según el recurrente deba emitirse, en sustitución de la impugnada.
- Lugar, fecha y firma del recurrente o su representante; si no sabe o no puede firmar imprimirá su huella digital de su dedo pulgar derecho u otro que especificará.

Estimamos que en este sentido son mucho más claras las disposiciones del Código Tributario, que establecen que la omisión de uno o varios de los requisitos no será motivo para rechazar la solicitud; que cuando la solicitud se dirigió a funcionario, autoridad o dependencia que no tiene competencia para conocer el asunto planteado, de oficio y a la mayor brevedad posible la cursará a donde corresponda, bajo su responsabilidad; que si del escrito que se presente, se desprende la inconformidad o impugnación de la resolución, se tramitará la revocatoria, aunque no se mencione expresamente este vocablo.

En la práctica, en algunas dependencias de la Administración se da trámite al recurso, aunque no llene los requisitos que establece la ley y al final se declara sin lugar por no haber cumplido con los mismos, originando con ello un costo para la Administración y para el administrado.

En la Ley de lo Contencioso-Administrativo no se hace referencia a la presentación de las pruebas en una etapa específica del procedimiento. En varias de las resoluciones administrativas se ha observado que declaran sin lugar los recursos presentados, indicando que el administrado no probó, cuando es el caso, los hechos expuestos. Se ha argumentado que el término de cinco días para interponer los recursos en muchas ocasiones no es suficiente para reunir las pruebas adicionales para acompañar al memorial de interposición del recurso. Sin embargo, el legislador no lo deja regulado, entendiéndose que solamente las presentadas al momento de interponer el recurso son las que deben tomarse en consideración al momento de resolver.

Plazo

La ley señala que el plazo para la interposición del recurso es de cinco (5) días siguientes al de la notificación de la resolución impugnada. Estos días son hábiles, de conformidad con lo regulado en la Ley del Organismo Judicial, aplicable en atención al artículo 28 de la Ley de lo Contencioso-Administrativo. En materia impositiva el plazo para interposición del recurso de revocatoria es de 10 días hábiles contados a partir del día siguiente de la última notificación de la resolución (Art. 154 del Código Tributario).

Entre los efectos que encontramos de la interposición de los recursos, está el hecho de que la interposición no suspende por sí misma la eficacia del acto impugnado, salvo en los concretos supuestos en que una disposición así lo establezca expresamente con carácter excepcional (por ejemplo, la imposición de multas). Además, el plazo tiene como efecto principal el de interrumpir el proceso de firmeza del acto recurrido, es decir, hace que la resolución de mérito no cause estado, por haber sido susceptible de impugnación a través de un recurso administrativo, obligando asimismo a la administración a pronunciarse.

Las audiencias

Sobre las audiencias en algunas legislaciones han estimado que no es necesario repetir un trámite que ya tuvo lugar en el procedimiento de elaboración de la decisión recurrida, lo cual pareciera ser justificado. Sin embargo, es necesario, puesto que permite a los interesados y otros entes asesores de la administración conocer nuevos elementos que servirán a esta para decidir con más equidad.

En el caso de los recursos de revocatoria y reposición, cuyo trámite se encuentra establecido en la Ley de lo Contencioso-Administrativo, se corren audiencias en el orden siguiente:

1. A todas las personas que hayan manifestado su interés en el expediente administrativo y hayan señalado lugar para ser notificadas.

2. Al órgano asesor, técnico o legal, que corresponda, según la naturaleza del expediente. Esta audiencia se omitirá cuando la organización de la institución que conoce del recurso carezca de tal órgano.

3. A la Procuraduría General de la Nación; esta audiencia se omitió recientemente en aspectos de carácter tributario.

Las audiencias antes citadas se concederán por el plazo de cinco días en cada caso. Dichos plazos son perentorios y no podrá prorrogarse. Con el objeto de que tales plazos se cumplan, la ley indica que causa responsabilidad (no dice de qué clase y qué sanción debe aplicarse) a los funcionarios del órgano administrativo asesor y de la Procuraduría General de la Nación cuando no evacuen dichas audiencias en el plazo antes citado.

Omisión de las audiencias

La omisión del trámite de las audiencias de acuerdo a las normas expuestas constituye un vicio en el procedimiento, que dará lugar a la impugnación del acto que resuelva el recurso, especialmente en el caso apuntado en el numeral 3.

Las diligencias para mejor resolver

Esta es una figura utilizada en el ámbito judicial que aparece en la Ley de lo Contencioso-Administrativo como la facultad que tiene la autoridad que conoce del recurso de ordenar previo a emitir la resolución y con posterioridad a la evacuación de las audiencias respectivas o transcurrido su plazo (cuando no se hubieren evacuado) de practicar las diligencias que se estimen convenientes para mejor resolver, diligencias que deberán efectuarse en un plazo de diez (10) días. La ley de lo Contencioso-Administrativo no dice si esta diligencia podrá hacerse de oficio a petición de parte como lo norma expresamente el Código Tributario (artículo 144).

La resolución

Concluidas las diligencias anteriores (audiencias y diligencias para mejor resolver), dentro de los quince (15) días siguientes deberá dictarse la resolución final, no encontrándose limitada la autoridad a lo que haya sido expresamente impugnada o cause agravio al recurrente, sino que deberá examinar en su totalidad la juridicidad de la resolución cuestionada, pudiendo revocarla, confirmarla o modificarla.

La resolución contiene una declaración de voluntad por medio de la cual la Administración resuelve o decide sobre un asunto una vez concluidos los trámites del procedimiento administrativo. La Ley de lo Contencioso-Administrativo en su artículo 3 establece, como comentamos, que estas resoluciones deben ser emitidas por la autoridad competente, con cita de las normas legales o reglamentarias en se fundamente, y deben ser notificadas personalmente a los interesados, lo cual deberá hacerse constar fehacientemente.

Es importante destacar que las resoluciones de los recursos administrativos como otro tipo de resoluciones en varios órganos administrativos no son motivadas, es decir, no se consignan las circunstancias de hecho y de derecho que han llevado a la emanación del acto, lo que denominamos como «los considerandos». Esa explicación razonada de las circunstancias por las cuales se accede o no a lo solicitado es un requisito importante de tomar en consideración en el momento de decidir, de resolver en definitiva un recurso.

En el caso de la resolución de los recursos de revocatoria y reposición como medios de impugnación genéricos regulados en la Ley de lo Contencioso-Administrativo, no cabe ningún otro recurso en la vía administrativa; se agota esta, causa estado la resolución impugnada y abre la posibilidad de iniciar un proceso contencioso-administrativo en caso de continuar la inconformidad por lo resuelto.

La Administración, por consiguiente, al emitir la resolución puede:

a) Revocarla: el recurso interpuesto es declarado con lugar, deberá reformarse el acto impugnado.

b) Confirmarla: el recurso es desestimado, la resolución impugnada se confirma.

c) Modificarla: el recurso se declara procedente, pero la resolución objeto de la impugnación se modifica. Puede darse una modificación parcial de la resolución.

El silencio administrativo

En materia de recursos administrativos no podemos dejar de mencionar lo relativo al silencio administrativo, puesto que cuando la voluntad del órgano administrativo no es expresada, surge el silencio administrativo como una garantía para el administrado, como una presunción legal que atribuye una actuación administrativa y deja el camino abierto al proceso contencioso administrativo. La ley sustituye por sí misma la voluntad no declarada.

Nuestra legislación establece que cuando han transcurrido treinta (30) días a partir de la fecha en que el expediente se encuentre en estado de resolver, es decir, cuando se han concedido las audiencias, ha finalizado el plazo otorgado para efectuar las diligencias para mejor resolver (si fuere el caso) y el ministerio o autoridad correspondiente no ha proferido la resolución, se tendrá para el efecto de usar la vía contenciosa-administrativa, por agotada la vía gubernativa y por confirmado el acto o resolución que motivó el recurso. Agrega la ley que «el administrado, si le conviene a su derecho, podrá accionar para obtener la resolución del órgano en que incurrió en el silencio».

Este accionar lo puede realizar el interesado a través de una acción de amparo, cuya ley norma en su artículo 10 inciso f) que toda persona tiene derecho a pedir amparo «cuando las peticiones y trámites ante autoridad administrativa no sean resueltos en el término que la ley establece, o de no haber término, en el de treinta días, una vez agotado el procedimiento correspondiente así como cuando las peticiones no sean admitidas para su trámite» (Ley de Amparo, Exhibición Personal y de Constitucionalidad, Decreto número 1-86 de la Asamblea Nacional Constituyente).

Los recursos administrativos en particular

Los recursos administrativos constituyen la defensa que antecede a cualquier intervención judicial, cuya acción debe ser expedita, además de estar definida de forma clara y simple la clase de recurso de que dispone el administrado para hacer uso de su derecho de petición y de defensa que le otorga la Constitución Política de la República.

La doctrina y las diferentes legislaciones han clasificado los recursos atendiendo aspectos como: la autoridad ante quien se interpone, quién lo interpone, el objeto que se persigue, la materia que trate, el ordenamiento que lo establece, su naturaleza, etc. Tanto Gabino Fraga como José Roberto Dromi y Andrés Sierra Rojas, clasifican los recursos administrativos, inspirados en la división que hace Merk. Así encontramos que los clasifican de la forma siguiente:

Recursos ordinarios

- Los que pueden interponerse en general, ante la misma autoridad que dictó la resolución que agravia al particular, quien también le corresponderá resolver el recurso. Estos recursos agotan la vía administrativa y abren la posibilidad de continuar expresando la inconformidad a través de un proceso judicial (contencioso-administrativo). Produce cierta confusión terminológica la denominación que encontramos que le dan los distintos países, quienes lo llaman de reconsideración, reposición (Guatemala), oposición, advertencia, recurso gracioso, etc., duda que aclararemos cuando revisemos cómo esta regula en nuestra legislación. Este recurso es resuelto por el mismo órgano que lo dictó.

- Los que pueden interponerse para que sean conocidos por la autoridad jerárquica de la entidad que dictó la resolución impugnada (revocatoria, como se denomina en la legislación guatemalteca).

En la teoría del Derecho administrativo el recurso jerárquico es el que con más frecuencia se emplea, por la oportunidad que tiene el administrado que un superior jerárquico revise un acto que le ha resultado lesivo a sus intereses o derechos.

El fundamento de este recurso es la jerarquía como elemento esencial en la administración. Al respecto Rafael Bielsa indica que «la principal virtud del recurso es que reafirma el régimen de Derecho en las Administraciones Públicas, limita lo discrecional y advierte a los funcionarios que sobre ellos hay un poder de revisión, y que, si sus actos no se conforman a la ley, tanto en punto a competencia y forma, como al fin que tienen, por su contenido y dirección, serán revocados.

En ese sentido el recurso jerárquico es educador no solo respecto a los funcionarios, sino también a los administrados, porque ven en él un medio protector de sus derechos e interese legítimos y además porque les sirve de gimnasia cívica, mediante la cual todos colaboran en la buena administración, que es también buena política».

Recursos especiales

Regularmente estos recursos se interponen ante un órgano que no es el superior jerárquico del que dictó el acto objeto del recurso. Algunas legislaciones le llaman de apelación, de alzada, jerárquico impropio, siendo utilizado generalmente para manifestar inconformidad por parte del administrado contra resoluciones emitidas por los órganos superiores de entidades descentralizadas, cuyos actos impugnados son conocidos por el Ejecutivo. Se dice que es un recurso jerárquico impropio en cuanto que el ente no está sometido *stricti iuris* a la jerarquía del Organismo Ejecutivo.

Como hemos comentado, los recursos administrativos aseguran la defensa del administrado frente a la Administración, cuyo diligenciamiento de acuerdo a nuestra legislación debe impulsarse por escrito, observándose el derecho de defensa y asegurando la celeridad, sencillez y eficiencia, como también su gratuidad.

El legislador, con el objeto de evitar confusiones creadas por el variado número de recursos existentes en las diferentes leyes, norma en la Ley de lo Contencioso-Administrativo, Decreto 119-96 del Congreso de la República (artículo 17), que los recursos de revocatoria y reposición serán los únicos medios de impugnación ordinarios en toda la Administración Pública centralizada y descentralizada o autónoma. Respecto a esta disposición, es preciso señalar:

a. Que solamente en ese artículo, se hace alusión a los recursos ordinarios; no hay ninguna regulación sobre otra clase de recursos, como por ejemplo los extraordinarios o especiales. Por lo tanto, excluye de la ley a los recursos extraordinarios, entendidos como tales de acuerdo a la doctrina aquellos que no se establecen para hipótesis concretas.

b. Que la finalidad de limitar el ámbito de los recursos obedece seguramente a la confusión que se presenta tanto para el administrado como para la Administración, por el número, diversidad de denominaciones, plazos, procedimientos, etc., que se encuentra establecidos en diferentes leyes.

c. Algunos órganos de la Administración centralizada y descentralizada o autónoma no aceptan la aplicación la aplicación de la Ley de lo Contencioso-Administrativo y no aplicarla toman como fundamento los argumentos siguientes:

1. La Ley de lo Contencioso-Administrativo no deroga expresamente los artículos de las leyes especiales que regulan lo relativo a los recursos;

2. Que las disposiciones especiales de las leyes prevalecen sobre las disposiciones generales, y

3. Carecen de validez las disposiciones que contradigan a una norma de jerarquía superior, considerándose como tales aquellas que necesitan una mayoría calificada para su aprobación por parte del Congreso de la República. Ejemplo: las leyes orgánicas de las entidades descentralizadas del Instituto Guatemalteco de Seguridad Social.

Criterio de la Corte de Constitucionalidad

En sentencia de fecha doce de agosto de mil novecientos noventa y ocho, la Corte de Constitucionalidad consideró que en la Ley de lo Contencioso-Administrativo, Decreto 119-96 del Congreso de la República, se establecen como únicos medios ordinarios de impugnación en materia administrativa, los recursos de revocatoria y reposición.

En ese sentido, se deroga parcialmente la ley especial que regulaba lo relativo a los recursos a interponer, por ser incompatibles con la Ley de lo Contencioso-Administrativo y por regular en forma completa esta, lo referente a los medios de impugnación ordinarios que deberán ser utilizados en toda la Administración Pública. Esta misma posición ha sido sustentada en otros casos.

Con lo resuelto en dicha sentencia, queda claro que los recursos de revocatoria y reposición son los únicos medios de impugnación que dispone el administrado para impugnar las resoluciones de toda la Administración Pública, sin embargo, en algunas entidades autónomas y descentralizadas, utilizan los establecidos en sus respectivas leyes orgánicas.

VII. LOS CONTRATOS DE LA ADMINISTRACIÓN

Dado el gran número de asuntos que tramitan en la Administración Pública, tiene al igual que las personas individuales necesidad de celebrar contratos que faciliten y le permitan cumplir con los fines que le son propios. Esta no puede cumplir con la prestación de todos los servicios a que está obligada, y recurre por lo tanto a formalizar vínculos con otras personas, los cuales tienen ciertas características que los hacen diferente de la contratación común, acuerdo de voluntades que en Derecho se denominan contratos administrativos.

Bien lo dice Gabino Fraga[19] al indicar que estos contratos tienen una naturaleza peculiar, teniendo en cuenta que una de las partes contratantes es el Estado, ya que la competencia de la Administración y de sus agentes es regulada, no por la ley civil, sino por leyes constitucionales y administrativas. Indica además que esa normativa prescribe requisitos de forma y solemnidades especiales distintas de las que rigen en dichas leyes civiles, imponiendo las leyes administrativas una serie de restricciones en cuanto a los objetivos que pueden ser en materia de contrataciones.

Dada la variedad de causas y circunstancias que motivan al Estado a la contratación de servicios, adquisición de bienes, etc., se ha visto en la necesidad de crear un marco regulatorio. Para esos efectos, en Guatemala se emitió la Ley de Contrataciones del Estado[20], cuyo artículo primero indica que la compra, venta y contratación de bienes, suministros, obras y servicios que requieran los organismos del Estado, sus entidades descentralizadas y autónomas, unidades ejecutoras, las municipalidades y las empresas públicas estatales o municipales, se sujetan a la presente ley y su reglamento. Esta dispone el procedimiento previo de contratación, lo relativo al régimen de cotización y licitación pública, los casos de excepción, los montos, las juntas de cotización y licitación, tipos de contratos, subcontratos y formalidades de estos, liquidación, pagos, etc.

Los elementos de los contratos administrativos regularmente son los mismos en todas las administraciones. Su cumplimiento es un tema de especial relevancia hoy día, puesto que cada vez más se exige su transparencia, teniendo en cuenta el uso de fondos públicos que conlleva. Las administraciones hacen esfuerzos por fiscalizar y eliminar en mayor grado los actos fuera de la ley en la contratación.

En Guatemala, además de la Contraloría General de Cuentas que tiene esa obligación por mandato constitucional, existe un sistema de adquisiciones y contrataciones del Estado denominado GUATECOMPRAS, cuya base legal se encuentra en la misma Ley de Contrataciones del Estado. GUATECOMPRAS es un sistema electrónico, operado a través de Internet, que se utiliza para comprar y contratar bienes y servicios. Inicialmente GUATECOMPRAS se enfocó en brindar mayor transparencia a las compras públicas y hoy permite que las compras y contrataciones sean más rápidas y eficientes. Permite asimismo que las etapas del proceso de adquisiciones y contrataciones estén a la vista de todos. De esta manera los empresarios conocen las oportunidades de negocios, los organismos públicos compradores conocen tempranamente todas las ofertas disponibles y la ciudadanía vigila los procesos y conoce los precios pagados, aumentado la competencia y reduciendo la corrupción.

El catálogo electrónico de contratos abiertos crea una vitrina virtual con los productos seleccionados, sus proveedores, precios y condiciones, haciendo más expeditos tanto el control como el seguimiento de las contrataciones.

Si existiere casos relacionados por controversias derivadas de contratos y concesiones administrativas, se tramitan a través del proceso judicial de lo contencioso-administrativo, cuyo desarrollo encontramos adelante.

VIII. EL DERECHO ADMINISTRATIVO SANCIONADOR

En Derecho administrativo, como en todas las ramas del Derecho, encontramos que la violación de las normas (infracción) tiene un efecto y las posibles violaciones a sus preceptos acarrea la imposición de una sanción al infractor, sanción que debe estar previamente determinada.

En cada país existen normas de Derecho positivo de naturaleza administrativa que imponen obligaciones a los ciudadanos que deben cumplir cuando se producen los presupuestos establecidos en la ley. Por ello es natural que, en caso de inobservancia de la norma jurídica positiva, sea la propia ley la que haya previsto la existencia de la infracción debidamente tipificada, así como la sanción correspondiente, que luego de cumplido el trámite legal, debe imponerse al infractor.

---

[19] Fraga, *op. cit.*, pp. 540 y 541.

[20] Decreto 57-92 del Congreso de la República.

Los administrativistas franceses reconocen que el régimen de sanciones tiene un carácter dual, ya que se trata de una infracción administrativa que tiene como consecuencia una sanción, pues no son meras reparaciones de orden civil ya que pertenecen al poder sancionador de la Administración del Estado.

Cuando hacemos referencia a la infracción, nos estamos refiriendo al quebrantamiento, la violación o el incumplimiento de la ley. Desde el punto de vista del Derecho, representa la denominación genérica de todo lo punible. Por su parte, la sanción es la pena aplicada al infractor por la autoridad competente por transgredir la ley. Para comprender la función a que está llamada cumplir la sanción en el ordenamiento jurídico y también para analizar su régimen jurídico, es necesario comprender el concepto de esta[21].

La sanción además ha sido tomada como sinónimo de pena aplicable para quien comete una infracción. Las sanciones tienen fundamentalmente la finalidad de reprimir conductas antijurídicas. En el Estado de Derecho de cada país existen normas de derecho positivo que imponen obligaciones a los ciudadanos, quienes deben cumplir al momento en que se producen los presupuestos de hecho o de derecho establecidos en la ley. Por ello es natural que, en caso de inobservancia de la norma jurídica positiva, sea la propia ley la que haya previsto la existencia de la infracción debidamente tipificada, así como la consecuencia de ello, la sanción correspondiente, que luego de cumplido el trámite legal, debe imponerse al infractor.

Es importante hacer la distinción entre sanción y coacción. La coacción es el uso que se hace de la fuerza para imponer la sanción; tiene carácter instrumental porque es uno de los medios destinados a hacer efectiva la sanción. La coacción, a diferencia de la sanción, no es un elemento esencial para el precepto jurídico; en determinados casos la sanción se aplica sin necesidad de recurrir a la coacción, aun cuando esta circunstancia sea excepcional. En la generalidad de los casos, la coacción es el instrumento de la sanción.

Las infracciones y sanciones se fundamentan en determinados principios constitucionales básicos. Considerando que las normas que contemplan las infracciones y sanciones son parte del poder punitivo del Estado, deben respetar los principios constitucionales contenidos en la Carta Magna, entre los cuales podemos mencionar los que se describen a continuación.

1. *Principio de legalidad*

Entre estos principios constitucionales destaca el de *legalidad,* que pone en línea prioritaria y exclusiva del Poder Legislativo la determinación del núcleo esencial de la materia prohibida; la norma desarrolladora que solo tiene por función señalar condiciones, circunstancias, límites y otros aspectos claramente complementarios, pero nunca la de entrar a definir la prohibición misma.

El Poder Legislativo en este caso debe aplicar estrictamente el principio de legalidad por la naturaleza misma de su función de creación, derogación y reformas a la ley, y cuando corresponda al propio ordenamiento supremo, como lo indica Roberto Islas Montes[22].

El ejercicio de esa potestad sancionadora corresponde a los órganos administrativos que la tengan expresamente atribuida por disposición de la ley sin que pueda delegarse a órgano distinto. Por consiguiente, ese ejercicio de la potestad sancionatoria de la Administración se encuentra sometida a normas de ineludible observancia, puesto que a su libre voluntad no puede sancionar cualquier hecho que considere constitutivo de infracción ni imponer la sanción sin justificación; esa facultad debe ceñirse a normas legalmente establecidas, graduándolas en la forma y condiciones que también la ley establezca, teniendo siempre presente que la decisión debe fundamentarse en el interés público.

---

21 Barrati, G., *Contributo allo studio della sanzioni administrative*, Giuffre, Milán: 1984, p. 46.

22 Roberto islas montes, señala además sobre este principio que en la función legislativa del mismo es determinante la estricta aplicación de principio de legalidad porque de ello depende la validez de la creación de la ley y por consiguiente que esa creación sea válida, teniendo en consideración que cuando se produce la ley, debe respetarse el ordenamiento supremo y de ninguna manera puede violentarse; el producto de dicha función no puede contradecir ninguna norma suprema, estará sujeto a ella, no debe salirse de ella y no debe estar en conflicto con esta. *Anuario de Derecho Constitucional Latinoamericano*, Montevideo, Uruguay: Fundación Konrad-Adenauer, Mastergraf srl, 2009, p. 105.

En consecuencia, el principio de legalidad en materia de infracciones y sanciones exige que las conductas ilícitas y sanciones estén predeterminadas en la norma legal.

2. *El principio de retroactividad*

Este hace extensivo un principio de origen penal, consecuencia directa del principio de legalidad, a cualquier rama del Derecho en cuanto imponga sanciones. Conforme este principio, tanto en la doctrina científica como en las propias legislaciones, las leyes no tienen efecto retroactivo. Este principio tiene dos aspectos importantes por considerar: un aspecto positivo, el más conocido, el cual reza por la aplicación retroactiva de las normas tributarias sancionadoras que sean favorables al infractor, y un aspecto negativo, que prohíbe la aplicación retroactiva de una norma sancionadora que sea desfavorable al infractor de un acontecimiento que se produjo antes de la vigencia de una nueva ley que no tiene contemplada una conducta infractora; si la tenía prevista se aplica una sanción menor, es decir, serán de aplicación las disposiciones sancionatorias vigentes en el momento de producirse los hechos que constituyan infracción. Un régimen sancionador aplica los dos aspectos.

3. *Principio de tipicidad*

Este principio se relaciona directamente con el de legalidad y establece que la determinación de las infracciones y las correspondientes sanciones se encuentren en la propia ley, mientras que la tipicidad se vincula con la seguridad, la certeza jurídica que propicia la determinación en forma clara de la configuración de los presupuestos para la aplicación de las sanciones y la determinación de estas.

4. *El principio de igualdad*

Según este principio, no deben establecerse excepciones o privilegios que excluyan a unos de lo que se concede a otros en iguales circunstancias, sean estas positivas o negativas; es decir, conlleven un beneficio o un perjuicio a la persona sobre la que recae el supuesto contemplado en la ley. Puntualiza este principio la paridad, la correspondencia, el trato de igual a los mismos, en iguales circunstancias. La igualdad aparece como regla del ejercicio de derechos y deberes constitucionales, corrigiendo los desequilibrios económicos y haciendo efectivo el principio de solidaridad. Este principio se encuentra enlazado con los otros principios rectores; en el caso de las infracciones son la columna vertebral, porque todos los afectados por la aplicación de una sanción por cometer una infracción deberán ser tratados en igualdad, sin discriminación.

5. *El principio de razonabilidad o proporcionalidad*

Este principio constituye la racionalización de la actividad sancionatoria de la Administración, evitando el desbordamiento de la actuación represiva, encausándola dentro de un criterio de ponderación, mesura y equilibrio. Este principio dispone que la sanción de la infracción tributaria debe ser proporcional a la gravedad del ilícito que se pretende castigar. Hace referencia a la adecuada razonabilidad y proporcionalidad que debe existir entre las medidas que el acto involucra y la finalidad que el mismo persigue; constituye uno de los límites del obrar discrecional, operando como medio de defensa de la arbitrariedad en el obrar que pudiera darse de la Administración.

6. *El principio non bis in idem*

Se refiere a que el infractor reciba una sola sanción por su comportamiento, aquella que sea más adecuada a la gravedad de la conducta que ha realizado. El propósito de este principio es impedir que se sancione a una persona dos o más veces por un mismo hecho; por consiguiente, debe existir una identificación personal y de causa.

7. *Principio de presunción de inocencia*

El administrado imputado goza de la presunción de inocencia mientras no se establezca lo contrario. En Guatemala no existe una Ley de Procedimientos Administrativos que determine lo relativo a las infracciones y sanciones, así como el procedimiento para imponerlas; estas se encuentran dispersas en las diferentes leyes y solamente hay unificación de las mismas en materia tributaria. Cuando el afectado no esté de acuerdo con la sanción, puede hacer uso de su derecho de defensa a través de los recursos administrativos. Dado que la Administración actúa como juez y parte en estos casos y el grado de imparcialidad en muchas situaciones es escasa, el administrado puede incluso de continuar su inconformidad acudir al Tribunal de lo Contencioso-Administrativo, quien revisa la juridicidad de la resolución que impone la sanción. Cuando el administrado no cumple voluntariamente con la sanción impuesta y esta es de naturaleza pecuniaria y la Administración no tenga facultad de ejecutarlas en forma directa, puede acudir al Tribunal de lo Económico-Coactivo para hacer efectivo su cumplimiento.

IX. LA DISCRECIONALIDAD ADMINISTRATIVA

La facultad discrecional de la Administración se materializa a través de los actos que se emiten con fundamento en esta, la cual se entiende como «*la libertad de apreciación que tiene la autoridad administrativa para emisión o no de un acto administrativo*», como lo indica Luis Humberto Delgadillo Gutiérrez en su obra *Compendio de Derecho administrativo*. También se ha definido como «*la facultad de escogencia entre comportamientos jurídicamente lícitos, para la satisfacción del interés público, y para la consecución de un fin que se corresponda con la causa del poder ejercido.*»[23] Esa potestad discrecional de la Administración se la otorga la ley. Aquí la Administración aprecia la conveniencia o inconveniencia de emitir su voluntad en determinada forma. Es necesaria, ya que la ley no puede preverlo todo; sin embargo, no se da en forma pura y plena, tiene límites puesto que de lo contrario se abusaría de ella.

La discrecionalidad administrativa a través de la historia de nuestros países ha venido teniendo un desarrollo importante, precisamente por los abusos que se dieron, los cuales, cabe mencionar, no se han dejado de dar, efectuando con ello el Estado de Derecho. Razones por las cuales la Administración debe tener en cuenta para ejercitar esta facultad las circunstancias de tiempo, modo, lugar y oportunidad; antes de aplicar la ley, siempre habrá un proceso intelectivo, tal y como la doctrina y jurisprudencia italiana han expresado; así lo menciona Giannini, quien indica que «la discrecionalidad es un proceso creativo (o categoría histórica)». La discrecionalidad es esencialmente una libertad de opción como acotáramos entre alternativas no incluidas en el texto legal, libradas en la decisión a juicio de la Administración. La propia ley otorga a la Administración la facultad de decidir de tal o cual manera y dar una solución a determinado asunto, teniendo siempre en cuenta el beneficio del interés general como lo establece la propia Constitución Política de la República; en caso contrario se actuaría en forma caprichosa y arbitraria que daría oportunidad al afectado de la decisión de acudir a las instancias que la ley determina para revisar ese acto.

En Guatemala no hay una ley específica como en otros países donde se señalan los límites de esta, como la proporcionalidad, finalidad, formalidad, igualdad, razonabilidad, etc. Para el control de la discrecionalidad administrativa se utiliza como medida jurídica, la acción de amparo, y como medida política, la interpelación, sin perjuicio de la interposición de los recursos administrativos cuando procedan.

X. EL CONTROL JUDICIAL DE LA ADMINISTRACIÓN

1. *Contencioso-Administrativo*

La Constitución Política de la República y la Ley del Organismo Judicial, establecen que la Justicia se imparte de conformidad con las normas de la Carta Magna y demás leyes que integran el sistema jurídico del país. La jurisdicción se ejerce con exclusividad por la Corte Suprema de Justicia y demás tribunales que establezca la ley. Esta jurisdicción, esta facultad de administrar justicia, es única, no es delegable y para su ejercicio en nuestro sistema judicial, se distribuye a varios órganos, entre los cuales encontramos al Tribunal de lo Contencioso-Administrativo.

Se le ha dado rango constitucional a la institucionalidad del ente que tiene a su cargo el control de la juridicidad de los actos de la Administración Pública, como una instancia por medio de la cual los administrados pueden lograr la defensa de sus derechos e intereses, cuando se ven afectados por actos de la Administración.

En la mayor parte de los procedimientos administrativos, la propia Administración juega el papel de juez y parte, por lo que la Administración, por razones de conveniencia o en contraposición con la ley, puede emitir resoluciones que afecten los derechos e intereses del administrado. Ante esa posición,

[23] Virga, Pietro, *Il Provedimento Amministrativo*, Milano: 1972, p. 19.

la Administración debe ser controlada en su actividad por la jurisdicción examinando esos actos. Posición que en doctrina ha sido discutida, puesto que se argumenta que, en respeto a la división de funciones del Estado, debe ser la Administración quien juzgue sus propios actos. Criterio que nuestra legislación no sigue, tal y como se establece en el Decreto número 119-96 del Congreso de la República, Ley de lo Contencioso-Administrativo, que en su parte considerativa destaca la importancia de estructurar un proceso (judicial) que tenga por objeto no solamente garantizar los derechos de los administrados, sino que asegure además la efectiva tutela jurisdiccional de la juridicidad de todos los actos de la Administración Pública, los cuales, se puntualiza, no deben subordinarse a la satisfacción de intereses particulares.

Por lo expresado podemos indicar que, mediante la jurisdicción contencioso- administrativa, un órgano jurisdiccional interviene para resolver jurídicamente sobre los derechos e intereses que fueron afectados por una decisión de la Administración.

2. *El Tribunal de lo Contencioso-Administrativo*

La función jurisdiccional como función específica del Estado tiene como misión especial la de administrar justicia a través de los órganos que establece la ley, especialmente preparados, articulados y estructurados para el desempeño de la misma. Con las particularidades de cada país, la organización jurisdiccional distribuye la tarea de administrar justicia entre los llamados a conocer y decidir en los procesos, es decir, los órganos jurisdiccionales, que pueden clasificarse atendiendo a su composición en:

a) Órganos unipersonales, que están a cargo de un solo y único funcionario (juez), y

b) Órganos colegiados o pluripersonales, integrados por varios funcionarios (magistrados).

Entre estos últimos de acuerdo a nuestra legislación ubicamos al Tribunal de lo Contencioso-Administrativo, el cual, siguiendo el sistema angloamericano, que formula una interpretación distinta de la división de funciones como indicáramos, atribuye a los órganos jurisdiccionales, en este caso a un tribunal colegiado o pluripersonal, la facultad de conocer y resolver las controversias entre particulares y la autoridad administrativa, dejando el control de la legalidad al poder judicial, en virtud que se considera que la función jurisdiccional debe ser realizada precisamente por este poder.

3. *Organización*

La jurisdicción contencioso-administrativa se ejerce en única instancia por el Tribunal de lo Contencioso-Administrativo, que como indicáramos es un órgano colegiado. En Guatemala existen actualmente cinco salas de dicho tribunal, atendiendo a la especialidad. Así, las salas primera y quinta conocen de las contiendas por actos y resoluciones de la Administración Pública en general, y las salas segunda, tercera y cuarta conocen de esas contiendas, pero específicamente relacionadas en materia tributaria.

El Tribunal de lo Contencioso-Administrativo está conformado por tres magistrados titulares y tres suplentes, quienes de conformidad con la Constitución Política (artículo 217) son electos por el Congreso de la República, juntamente con los magistrados de las Cortes de Apelaciones y otros tribunales colegiados, de una nómina que contenga el doble del número a elegir, propuesta por una comisión de postulación integrada por un representante de los rectores de las Universidades del país, quien preside dicha comisión; los decanos de las Facultades de Derecho o Ciencias Jurídicas y Sociales de cada Universidad del país; un número equivalente de miembros electos por la Asamblea General del Colegio de Abogados y Notarios de Guatemala, y por igual número de representantes electos por los magistrados de la Corte Suprema de Justicia. Para ser magistrado del Tribunal de lo Contencioso-Administrativo, debe reunir los requisitos que establece el artículo 207 de la Constitución Política, durará en sus funciones cinco años y puede ser reelecto. Estos órganos colegiados se estructuran internamente de la forma siguiente: el presidente de la Sala, dos magistrados vocales, el secretario, los oficiales, notificadores y el comisario.

4. *Competencia del Tribunal Contencioso-Administrativo*

Los recursos administrativos no constituyen los medios idóneos de protección de los derechos de los particulares, afectados por las decisiones de la Administración, por lo que se hace necesario el control jurisdiccional a través de un proceso adecuado y con autoridad de cosa juzgada como garantía propicia para resolver toda controversia que se suscite en las indicadas situaciones. Por tales circunstancias, surge la jurisdicción contencioso-administrativa como contralor de la juridicidad de la Administración Pública.

La competencia del Tribunal de lo Contencioso-Administrativo deriva específicamente de:

- La Constitución Política de la República, que le atribuye el conocimiento de las contiendas por actos o resoluciones de la Administración y de las entidades descentralizadas y autónomas del Estado, y de las controversias derivadas de contratos administrativos.

- La Ley de lo Contencioso-Administrativo (Decreto 119-96 del Congreso de la República), que establece los casos procedentes que pueden ser sometidos a la competencia del Tribunal de lo Contencioso-Administrativo.

- El Código Tributario que señala que corresponde al Tribunal de lo Contencioso-Administrativo conocer de los recursos (hoy procesos) iniciados contra las resoluciones de los recursos de revocatoria y reposición dictadas por el Ministerio de Finanzas Públicas. Con la creación de la Superintendencia de Administración Tributaria, conoce de los recursos antes citados interpuestos contra las resoluciones emanadas de este ente.

Entre esos casos, encontramos los siguientes:

A. *Contienda por actos y resoluciones de la Administración y de las entidades descentralizadas y autónomas del Estado*

El artículo 19 de la Ley de lo Contencioso-Administrativo menciona este primer caso con el cual puede ponerse en movimiento del órgano jurisdiccional. Doctrinariamente las resoluciones son actos administrativos, puesto que son declaraciones de voluntad de un ente administrativo. La resolución es un acto que decide en forma definitiva un asunto, por lo que estimamos que esta redacción en la ley no es la adecuada; sin embargo, significa que cuando existe controversia, conflicto o contienda derivado de una decisión de la Administración que afecte derechos o intereses de los particulares, puede acudirse a esta jurisdicción.

Como señalamos, la ley habla de actos y resoluciones; sin embargo, establece como requisito *sine qua non* que la resolución (no dice actos) que origine el proceso contencioso-administrativo haya podido remediarse por medio de los recursos puramente administrativos (artículo 19, último párrafo). Lo anterior significa que la resolución ya no sea susceptible de impugnación por haberse resuelto los recursos administrativos, que se haya agotado con ello la vía contencioso-administrativa.

B. *Casos de controversias derivados de contratos y concesiones administrativas*

Contratos administrativos. Para los efectos de la Ley de lo Contencioso Administrativo y la Ley de Contrataciones del Estado, pueden definirse como todo acto por el cual los organismos del Estado, sus entidades descentralizadas y autónomas, unidades ejecutoras, las municipalidades y las empresas pública estatales o municipales, por una parte, y un ente público o privado por otra, expresan su voluntad de adquirir derechos y contraer obligaciones.

Concesiones administrativas. Se entiende por concesión la facultad que el Estado otorga a particulares, para que por su cuenta y riesgo construyan, produzcan, monten, instalen, mejoren, adicionen, conserven, restauren y administren una obra, bien o servicio público, bajo el control de la entidad pública concedente, con o sin ocupación de bienes públicos, a cambio de una remuneración que el particular cobra a los usuarios de la obra, bien o servicio. (Artículo 95 de la Ley de Contrataciones el Estado.)

No obstante lo antes indicado, es importante hacer notar que la Ley de Contrataciones del Estado al hacer alusión a la jurisdicción contencioso-administrativa, norma que toda controversia relativa al cumplimiento, interpretación, aplicación y efectos de los contratos celebrados con motivo de la aplicación de la citada ley, se someterá a la jurisdicción del Tribunal de lo Contencioso Administrativo, siempre que no existiere sometimiento a la jurisdicción arbitral mediante cláusula compromisoria o convenio arbitral.

C. *Por silencio administrativo*

En nuestra legislación los recursos administrativos constituyen un presupuesto procesal previo a acudir al órgano jurisdiccional. Regularmente la etapa final de estos procedimientos la constituye una resolución que declare con lugar o sin lugar el recurso interpuesto. Si transcurre el plazo que fija la ley, 30 días a partir de la fecha en que el expediente se encuentre en estado de resolver y no se adopta una decisión, se reputa que el recurso ha sido rechazado, que el acto impugnado se entiende ha sido confirmado, por agotada la vía gubernativa, quedando por lo tanto expedita la vía judicial a través del proceso contencioso administrativo.

La Administración, al no haber emitido expresamente su decisión, debe entenderse como desestimación del recurso; es una denegatoria tácita como se apuntó. Como explicáramos en el tema relacionado con los recursos administrativos, al hacer referencia al silencio administrativo, el administrado según convenga a sus intereses puede obligar a la Administración a que se pronuncie a través de una acción de amparo.

El administrado puede también acudir al Tribunal de lo Contencioso-Administrativo, puesto que partiendo de la base de la denegatoria ficta de un recurso, por ejemplo, está facultado para iniciar el proceso, teniendo competencia para conocer estos casos el tribunal citado.

Es importante destacar que hay corrientes que estiman que el silencio administrativo es inadmisible en un Estado contemporáneo, puesto que los ordenamientos jurídicos deben establecer la obligación de la respuesta en toda petición del administrado y por ese incumplimiento, como toda violación de una norma jurídica, debe ser sancionada, tanto desde el punto de vista reparatorio como punitivo.

Personalmente, dada la realidad de nuestra Administración, somos partidarios del silencio como medio que dispone el administrado para considerar resuelta desfavorablemente su petición y darle la oportunidad de que la resolución que impugna sea revisada por el órgano judicial competente.

D. *Por acto o resolución que hayan sido declarado lesivo para los intereses del Estado*

Entendemos por lesivo lo que causa daño, lesión, lo que perjudica. Cabanellas define la acción de lesividad como la cualidad que hace anulable por los tribunales de la jurisdicción contencioso-administrativa, un acto de la Administración que lesiona los intereses públicos de orden económico o de otra naturaleza. El Lic. Jorge Mario Castillo González, al referirse a la acción de lesividad, indica que es el derecho de petición que ejercita la propia Administración con el objeto de revocar una resolución administrativa que no puede revocarse de oficio.

En Guatemala por costumbre se ha utilizado la expresión acción de lesividad; la ley solamente habla de acto o resolución que haya sido declarado lesivo. No obstante, la importancia que tiene esta, es regulado con notaria deficiencia en la Ley de lo Contencioso-Administrativo; así encontramos que solamente los siguientes artículos hacen referencia a ello:

> Artículo 20. El último párrafo de este artículo establece que, si el proceso contencioso-administrativo es planteado por la Administración por sus actos o resoluciones, no será necesario que concurran los requisitos siguientes: a) que la resolución haya causado estado, y b) que vulnere un derecho del demandante, reconocido por una ley, reglamento o resolución anterior. Se establece además en esta norma que el acto o resolución lesiva para los intereses del Estado debe así ser declarado en Acuerdo Gubernativo emitido por el Presidente de la República en Consejo de Ministros. Dicha declaración solo podrá hacerse dentro de los tres años siguientes a la fecha de la resolución o acto que la origina.
>
> Artículo 23. Hace referencia al plazo para iniciar el proceso contencioso administrativo; indica que es de tres meses contados a partir de la fecha de la publicación del Acuerdo Gubernativo que declaró lesivo el acto o resolución.

El objeto de iniciar un proceso de esta naturaleza es para que el órgano jurisdiccional (Tribunal de lo Contencioso-Administrativo) decida si la resolución en cuestión es o no lesiva a los intereses del Estado.

5. *Improcedencia del contencioso-administrativo*

Por improcedencia debe entenderse la imposibilidad jurídica que tiene el Tribunal de lo Contencioso-Administrativo de dirimir controversias por los asuntos que específicamente se regulan en la ley, que impide que dicho órgano jurisdiccional analice y resuelva la pretensión de la parte actora.

Al respecto Ignacio Burgoa en su obra *El Juicio de Amparo* manifiesta que «en el ámbito de la abstracción, la improcedencia de la acción se traduce en la imposibilidad de que esta, en concepción genérica, logre su objeto, es decir, la dirección del derecho sobre la cuestión de fondo o substancial que su imaginario ejercicio plantea». En nuestra realidad jurídica, la improcedencia se manifiesta en la existencia de un impedimento para que el órgano jurisdiccional competente analice y resuelva determinados asuntos. Así encontramos que de conformidad con el artículo 21 de la Ley de lo Contencioso-Administrativo, es improcedente este proceso, en los siguientes:

A. *En los asuntos referentes al orden político, militar o de defensa, sin perjuicio de las indemnizaciones que procedan*

Desde el punto de vista doctrinario hay uniformidad en considerar que los actos políticos o de gobierno escapan del control jurisdiccional al que se someten los actos administrativos, en virtud de que la función de gobernar no es la administrar, ya que la función de gobernar es una función de planificación, de dirigir, de establecer directrices, acciones que ocurren antes de que se materialice dicha función en actos administrativos. Por ejemplo, la política económica, la política fiscal, etc., no pueden ser impugnadas a través del contencioso-administrativo. Igual sucede con los asuntos militares y de defensa, que, por tratarse de aspectos de seguridad nacional, tampoco caen en esta competencia. Eso no significa, como dice la ley, pueda indemnizarse a quienes resulten afectados cuando proceda de las acciones derivadas de esos asuntos.

B. *En asuntos referentes a disposiciones de carácter general sobre salud e higiene públicas, sin perjuicio de las indemnizaciones que procedan*

Por la naturaleza de estos asuntos, en los que la salud e higiene son fundamentales para el desarrollo de la población del Estado, el que a través de sus instituciones específicas procura por la prevención, promoción, recuperación, rehabilitación de los habitantes, resultaría contraproducente que las decisiones que se tomen en ese sentido estuvieran sujetas a esta jurisdicción. Lo anterior hace referencia a disposiciones de carácter general, por lo que las decisiones que en particular se tomen en materia de salud e higiene, sí procede su conocimiento a través del contencioso-administrativo.

Aquí como en el anterior inciso, aplica lo referente a la indemnización a que tiene derecho quien resulte afectado por esas decisiones de carácter general.

C. *En los asuntos que sea competencia de otros tribunales*

Como lo establece claramente el Código Procesal Civil y Mercantil, es obligación de los tribunales conocer de oficio las cuestiones de su competencia, bajo pena de nulidad de lo actuado y responsabilidad del funcionario. Es improcedente el contencioso-administrativo cuando conozca de otros asuntos que no estén específicamente señalados en la ley o se no se les haya asignado por parte de la Corte Suprema de Justicia el conocimiento de los mismos. Por ejemplo, el Tribunal de lo Contencioso-Administrativo no puede conocer de los procesos de ejecución, puesto que estos están asignados a los juzgados del ramo civil.

6. *El arbitraje en el Derecho administrativo*

De conformidad con lo considerado en la Ley de Arbitraje de Guatemala,[24] este ha cobrado una especial importancia como un medio alternativo para la resolución de conflictos, teniendo en cuenta que dicho procedimiento contribuye con el descongestionamiento de la carga que tienen los tribunales jurisdiccionales, así como además ayuda a que los conflictos que son susceptibles de resolverse por este medio sean decididos con celeridad y eficacia.

La ley citada se aplica tanto al arbitraje nacional como al internacional, sin perjuicio de cualquier tratado multilateral o bilateral vigente del cual Guatemala sea parte. Se emplea para todos aquellos casos en que la controversia verse sobre materias en que las partes tengan libre disposición conforme a derecho y por disposición de otras leyes se permita el procedimiento arbitral, siempre que el acuerdo arbitral sea válido conforme esta ley.

En materia administrativa, el artículo 51 de esa normativa dispone que una vez que el Estado, las entidades estatales descentralizadas, autónomas y semiautónomas, unidades ejecutoras, las municipalidades y las empresas públicas estatales o municipales, hayan celebrado un convenio arbitral válido, no podrá objetarse la arbitrariedad de la controversia o la capacidad del Estado y de las demás entidades citadas para ser parte del convenio arbitral, al amparo de normas o reglas adoptadas con posterioridad a la celebración de dicho convenio.

---

24 Decreto 67-95 del Congreso de la República de Guatemala.

En Guatemala encontramos que en varias leyes se regula la posibilidad de acudir a estos mecanismos alternos a los tradicionales; por ejemplo, la Ley de Contrataciones del Estado incluye esta posibilidad en su artículo 103, la Ley General de Telecomunicaciones, la Ley del Mercado de Valores y la Ley General de Electricidad; también se tiene la oportunidad de aplicarlo como miembro de la Organización Mundial de Comercio –OMC– a partir del 12 de julio de 1995 y otros tratados que ha suscrito el Estado. Como consecuencia de ello, muchos contratos administrativos hoy día incluyen cláusulas arbitrales para la solución de controversias.

XI. OTROS MEDIOS DE CONTROL DE LA ADMINISTRACIÓN

Como indicáramos en el desarrollo de este trabajo, en Guatemala existen varios medios de control de la Administración; por ejemplo, la Administración está facultada para revisar sus mismas decisiones; los órganos de supervisión que existen en las dependencias; el tribunal de lo Contencioso-Administrativo que le compete examinar la juridicidad de las resoluciones de la Administración. El mismo Congreso de la República ejerce control de la Administración a través de la interpelación de los ministros quienes están en la obligación de presentarse en el Congreso a contestar las interpelaciones que se les formulen por cualquier acto de gobierno, salvo aquellas que se refieran a asuntos diplomáticos u operaciones militares pendientes.

La propia Constitución también contiene un capítulo (III) del Título V específicamente relacionado con el régimen de control y fiscalización, disponiendo que la Contraloría General de Cuentas es una institución técnica descentralizada, con funciones fiscalizadoras de los ingresos, egresos y en general de todo interés hacendario de los organismos del Estado, los municipios, entidades descentralizadas y autónomas, así como de cualquier persona que reciba fondos del Estado o que haga colectas públicas. También están sujetos a esta fiscalización y control los contratistas de obras públicas y cualquier otra persona que, por delegación del Estado, invierta o administre fondos públicos, incluyendo los actos de enajenación de bienes nacionales. Su organización, funcionamiento y atribuciones son determinadas en su ley orgánica[25].

Existen además en el ámbito judicial, los tribunales de cuentas, que contribuyen al control de la Administración a través del juicio de cuentas. Este por objeto de establecer de manera definitiva si el patrimonio nacional o de las instituciones, entidades o empresas sujetas a fiscalización, han sufrido pérdidas en el manejo de su hacienda, la restitución o pago correspondiente en caso de responsabilidad y la imposición de sanciones de acuerdo con la ley.

La Constitución Política de la República de Guatemala prevé la existencia del referido Tribunal, específicamente en el artículo 220, que establece que la función judicial en materia de cuentas será ejercida por los jueces de la primera instancia y el tribunal de segunda instancia de cuentas.

XII. LA RESPONSABILIDAD ADMINISTRATIVA

Al igual que las personas individuales, las personas públicas son también responsables cuando causan un daño como consecuencia de una acción contraria a la ley. Sobre el particular, Benoit señalaba que «*la responsabilidad administrativa es un derecho del particular a ser indemnizado de toda lesión injusta.*» La responsabilidad de la Administración Pública no elimina la del funcionario o autoridad causante directo del daño, pero el particular perjudicado puede optar por exigir la responsabilidad directa a la Administración, y corresponde a esta ejercer cuando proceda la acción de regreso contra aquellos funcionarios o autoridades, para resarcirse de los gastos ocasionados por el deber de indemnizar. Cabe aclarar que esta responsabilidad queda excluida cuando el daño es resultado de circunstancias de fuerza mayor o caso fortuito.

En este orden de ideas y atendiendo a los distintos bienes jurídicos tutelados, el funcionario público puede ser alcanzado por los preceptos incluidos para todos los ciudadanos y por aquellos derivados de su obligación específica. La responsabilidad de estos puede distinguirse en las esferas penal, civil, política y administrativa, las cuales difieren entre sí por el ámbito dentro del cual se desarrollan y por los bienes jurídicos que tutelan.

---

[25] Decreto 31-2002 del Congreso de la República de Guatemala.

Los funcionarios administrativos son depositarios de la ley, no superiores a ella, por lo que deben enmarcar sus actuaciones a la misma como lo señala la Constitución Política. Esta también dispone sobre la responsabilidad por infracción de ley; su artículo 155 indica que cuando un dignatario, funcionario o trabajador del Estado, en el ejercicio de su cargo, infrinja la ley en perjuicio de particulares, el Estado o la institución estatal a quien sirva, será solidariamente responsable por los daños y perjuicios que se causaren. La responsabilidad civil de los funcionarios y empleados públicos podrá deducirse mientras no se hubiere consumado la prescripción, cuyo término será de veinte años. La responsabilidad criminal se extingue, en este caso, por el transcurso del doble del tiempo señalado por la ley para la prescripción de la pena. Ni los guatemaltecos ni los extranjeros podrán reclamar al Estado indemnización por daños o perjuicios causados por movimientos armados o disturbios civiles.

Por otra parte, la Ley de Probidad y Responsabilidades de Funcionarios y Empleados Públicos,[26] la cual es de orden público y de observancia general, define lo que constituye la responsabilidad administrativa, indicando que se da cuando una acción u omisión contraviene el ordenamiento jurídico administrativo y las normas que regulan la conducta del funcionario público, asimismo, cuando se incurriere en negligencia, imprudencia o impericia o bien incumpliendo leyes, reglamentos, contratos y demás disposiciones legales de la institución estatal ante la cual están obligados o prestan sus servicios; además, cuando no se cumplan, con la debida diligencia las obligaciones contraídas o funciones inherentes al cargo, así como cuando por acción u omisión se cause perjuicio a los intereses públicos que tuviere encomendados y ocasionen daños o perjuicios patrimoniales, o bien se incurra en falta o delito. En dicha ley también se indica lo que significa la responsabilidad civil, penal, los grados de responsabilidad de los funcionarios y empleados públicos en ejercicio de su cargo.

La propia Constitución Política de la República en su artículo 155 también contempla lo relativo a la responsabilidad subsidiaria del Estado, que deviene de las infracciones del funcionario o empleado público en ejercicio de su cargo.

Del mismo modo la Ley de Servicio Civil[27] guatemalteca regula lo referente a la responsabilidad de los funcionarios, indicando que es responsabilidad de los Ministros de Estado y de los funcionarios que dirigen las dependencias incorporadas al régimen de servicio civil cumplir y hacer que se cumpla esta ley, en sus respectivas dependencias, detallando los tipos de sanciones que se aplican a los mismos por las violaciones de las disposiciones prohibitivas de esta ley y demás faltas en que se incurra durante el servicio. Por otra parte, el Código Municipal en su artículo 81 norma sobre los derechos, obligaciones, atribuciones y responsabilidades de los empleados municipales, determinados por la ley de la materia, y los reglamentos y disposiciones de la Corporación Municipal. El artículo 69 del mismo cuerpo legal indica que las relaciones laborales entre la municipalidad y sus funcionarios y empleados se rige por la Ley de Servicio Civil Municipal y los reglamentos que sobre la materia emita la Corporación Municipal.

En resumen, la responsabilidad administrativa tiene por objeto sancionar conductas que lesionan el buen funcionamiento de la Administración Pública, originándose en una inobservancia de los deberes inherentes a la calidad de agente público. Al decir de la doctrina, la responsabilidad disciplinaria de los funcionarios públicos se puede definir como el sistema de consecuencias jurídicas de índole sancionador que, aplicable por la propia Administración Pública en ejercicio de poderes inherentes, se imputa en el plano de la relación de función o empleo público a las conductas de servidores públicos violatorias de deberes o prohibiciones exigibles por la ley, con el fin de asegurar, con inmediatez, el adecuado funcionamiento de la Administración Pública.

XIII. EL SERVICIO PÚBLICO

Variados han sido los conceptos que se han dado sobre qué se entiende por servicio público, generando una histórica discusión doctrinaria sobre su significado y alcances. Gabino Fraga sobre el particular indica que «es parte de la actividad estatal creada con el fin de dar satisfacción a una necesidad de interés general que de otro modo quedaría insatisfecha, mal satisfecha o insuficientemente satisfecha». Por su parte, Eric Meza Duarte dice que «es la serie de actividades realizadas por entidades estatales o por su encargada para satisfacer por medio de prestaciones concretas inmediatas e

---

26 Decreto 89-2002 del Congreso de la República de Guatemala y sus reformas.

27 Decreto 1748 del Congreso de la República de Guatemala.

individualizadas una necesidad colectiva y sujetas al régimen de Derecho público que imponga su adecuación, continuidad y regularidad». Casi todos los autores coinciden en que las actividades que tiendan a satisfacer las necesidades públicas pueden considerarse un servicio público, destacando sus características propias como la continuidad, regularidad, igualdad, generalidad, obligatoriedad, sociabilidad, etc.

En la misma Constitución Política de la República se establece la obligatoriedad del Estado de proteger a la persona, siendo su fin supremo la realización de bien común, velando por el desarrollo integral de esta. Lo indicado por el texto constitucional se traduce en que el Estado debe atender los requerimientos de la población mediante la prestación de servicios de incidencia general, que pueden ser prestados por la propia Administración o por particulares mediante los mecanismos que las leyes determinen.

El servicio público es un tema relevante dentro de Derecho administrativo, teniendo en cuenta que corresponde a la Administración por mandato constitucional atenderlo. La realización de esto por otras personas es resultado de la necesidad originada de que la Administración no lo puede hacer todo; se requiere que para ser más eficiente en beneficio de la población se permita que intermediarios puedan prestar esos servicios.

En Guatemala varias son las normas que regulan sobre el servicio público: la Constitución misma como indicáramos, la Ley del Organismo Judicial, la Ley de lo Contencioso-Administrativo y la Ley de Contrataciones del Estado, la cual en forma específica dispone sobre la contratación por parte de terceros para la prestación de servicios públicos y las concesiones.

La clasificación de los servicios públicos atiende a distintas situaciones y circunstancias; muchas de estas han sido asumidas por el propio legislador. Entre esas situaciones podemos identificar por ejemplo la clasificación que los agrupa en servicios generales, indirectos y directos; por su importancia, en esenciales y no esenciales; atendiendo a quien los presta, en estatales, municipales, particulares; por la forma de organización, en autónomo o concesionado; por la naturaleza del servicio, en financieros, culturales, de distribución, informáticos, etc. Todas estas formas tienen que estar reguladas en la ley, donde también se establecen ciertas limitaciones en la prestación de los mismos.

Las concesiones constituyen una de las formas más usuales que utiliza el Estado para transferir a un tercero, durante un período de tiempo determinado, la realización de un servicio público, recibiéndose a cambio una retribución. Esta figura se encuentra regulada específicamente en la Ley del Organismo Ejecutivo, la Ley de Contrataciones del Estado y Código Municipal. Adicional a ello, en la prestación de los servicios públicos encontramos hoy día determinadas figuras que cada vez se hacen más usuales en la Administración y que atienden a razones de conveniencias política, social o económica, entre las que podemos mencionar:

- Privatización. La privatización es un proceso mediante el cual los quehaceres de la Administración son trasladados al sector privado, que genera una transformación de las funciones públicas en funciones de carácter particular. Como todo proceso de esta naturaleza tiene sus ventajas y desventajas, generando una discusión permanente sobre su conveniencia. En Guatemala a través de dicho proceso se han privatizado las telecomunicaciones, la línea área, la electricidad, el correo, etc. Es más, el año anterior (2010), se emitió la Ley de Alianzas para el Desarrollo de Infraestructura Económica,[28] cuyo ámbito de aplicación comprende lo relacionado con los contratos de alianzas para el desarrollo de infraestructura económica, destinados a la creación, la construcción y el desarrollo.

- Utilización, aprovechamiento, mantenimiento, modernización y ampliación de infraestructuras, autopistas, carreteras, puertos, aeropuertos, proyectos de generación, conducción y comercialización eléctrica y ferroviaria, incluyendo la provisión de los equipamientos necesarios para el cumplimiento de la presente Ley y su reglamento.

- La prestación de servicios asociados y otros complementarios a estos. En todos los casos, deberán ser proyectos de infraestructura que se inicien después de la entrada en vigencia de la presente Ley, normativa que incluye la prestación de servicios públicos a cargo de entes de naturaleza privada; estos también pueden ser atendidos por empresas de economía mixta.

---

[28] Decreto 16-2010 del Congreso de la República de Guatemala.

La prestación de los servicios públicos por esas modalidades tiene que tener siempre en cuenta lo dispuesto en el artículo 130 de la Constitución Política de la República, que prohíbe los monopolios y privilegios en perjuicio de la economía nacional.

El Estado protege la economía de mercado e impide las asociaciones que tiendan a restringir la libertad del mercado o a perjudicar a los consumidores.

XIV. LA FUNCIÓN PÚBLICA

La Administración Pública está constituida por un conjunto de órganos y de entidades que tienen a su cargo el desarrollo de una función del Estado dirigida a la prestación de servicios de interés de la generalidad. Toda esa gama de acciones que realiza la Administración se conoce como función pública, cuyos límites y competencias de funcionamiento están establecidos en la ley.

Dentro de la Administración Pública guatemalteca, existen diferentes estratos como antes apuntáramos, representados por la Administración Pública nacional, departamental y municipal, todas con fines comunes: la satisfacción de necesidades básicas de la población, cuyas acciones son ejecutados por los encargados de las entidades correspondientes: los funcionarios y empleados públicos. De aquí surge esa vinculación básica e importante entre los servidores públicos y la Administración. Nuestra Carta Magna cuando hace referencia a la función pública dispone en su artículo 154 que *«Los funcionarios son depositarios de la autoridad, responsables legalmente por su conducta oficial, sujetos a la ley y jamás superiores a ella. Los funcionarios y empleados públicos están al servicio del Estado y no de partido político alguno. La función pública no es delegable, excepto en los casos señalados por la ley, y no podrá ejercerse sin prestar previamente juramento de fidelidad a la Constitución».*

Debe existir un marco legal que regule las relaciones del empleo público, los funcionarios y la Administración Pública. En Guatemala, la Constitución Política de la República dispone en su artículo 108 sobre las relaciones del Estado y sus entidades descentralizadas o autónomas con sus trabajadores, que se rigen por la Ley de Servicio Civil, con excepción de aquellas que se rijan por leyes o disposiciones propias de dichas entidades. Es decir, el estatuto de la función pública de nuestro país se encuentra establecido en la citada ley. En la parte considerativa de la misma señala los objetivos y principios que la inspiran, destacando que esta «debe garantizar a la Nación la eficiente operación de los servicios públicos; afirmar y proteger la dignidad de los trabajadores del Estado; remunerar el correcto desempeño de cada cargo público en forma justa y decorosa; establecer que a igual trabajo desempeñado en igual salario; estabilizar el desempeño de los distintos puestos de la Administración Pública mediante la eliminación de factores de preferencia puramente personal de los respectivos nombramientos, ascensos y despidos; proporcionar que la Administración Pública invierta sus recursos económicos en forma ordenada y cuidadosa en el pago de servicios personales, mantenimiento estos gastos dentro del mínimo compatible con las necesidades del país, y, en especial, reconocer que la relación de trabajo de los empleados del Estado constituye una función pública, cuyo acertado desempeño es fuente de deberes y de derechos especiales».

De lo anteriormente se desprende la existencia de un régimen estatutario establecido que regula la relación de empleo público acorde a los preceptos de la misma Constitución Política de la República, cuyas disposiciones deben ser acatadas por empleados y funciones del sector público; en caso contrario se les aplicarán las sanciones que la Ley de Servicio Civil dispone en su el régimen disciplinario.

XV. EL URBANISMO, ORDENACIÓN TERRITORIAL Y MEDIO AMBIENTE

1. *El urbanismo*

El Diccionario de la Real Academia Española define el urbanismo como «conjunto de conocimientos que se refieren al estudio de la creación, desarrollo, reforma y progreso de los poblados en orden a las necesidades de la vida urbana». El término «urbanismo» procede de la palabra latina *URBS* que significa ciudad. Es un término que se utiliza con frecuencia por la preocupación existente de establecer políticas públicas que tiendan a mejorar las condiciones de las urbes, especialmente sus sistemas urbanos, que incluye la organización y distribución de su población, la construcción pública y privada, zona de influencia, etc.

Esta materia ha sido también preocupación del Derecho, dadas las implicaciones que tiene para la generalidad, haciendo por lo tanto necesaria su regulación. Según Antonio Casare, «el Derecho urbanístico es el conjunto de normas jurídicas que por sí mismas o a través del planeamiento que regulan establecen el régimen urbanístico de la propiedad del suelo y la ordenación urbana, y regulan la actividad administrativa encaminada al uso del suelo, la urbanización y edificación». Hoy día esa dimensión jurídica resulta muy importante, teniendo en cuenta varios fenómenos sociales que se producen, verbigracia, la migración del interior de los países a ciudades grandes, en nuestro caso a la capital de la República.

En Guatemala la Ley de Parcelamientos Urbanos[29] fue emitida atendiendo al problema de crecimiento de las poblaciones urbanas, que originó una intensa demanda de parcelas destinadas a la construcción de casas, situación que dio oportunidad a la iniciativa privada para dedicarse a la creación y negocio de parcelamientos en zonas urbanas y suburbanas, teniendo en cuenta además que por la carencia de una legislación adecuada, el Estado, a través de sus instituciones, no había podido intervenir en las primeras parcelaciones a fin de normar derechos y obligaciones de vendedores y compradores de parcelas, sobre bases de justicia y equidad, ni señalar requisitos de urbanización, drenajes, alumbrado y demás servicios públicos que competen en forma exclusiva a las municipalidades del país. El propio artículo 1° de dicha Ley señala que los parcelamientos deben ajustarse a las leyes y reglamentos de urbanismo y a los planos reguladores que cada municipalidad ponga en vigor de conformidad con la autonomía de su régimen. Esta es una ley de 1961 que necesita actualización, ya que el problema por el que fue emitida aún no ha tenido una solución adecuada, razón por la cual las municipalidades han asumido directamente esa actividad, especialmente en lo relativo a la planificación y desarrollo urbano, que abarca diferentes aspectos, tanto jurídicos como políticos, económicos, sociales y ambientales.

El Código Municipal dedica un capítulo específico al urbanismo, señalando la obligatoriedad de la municipalidad de formular y ejecutar planes de ordenamiento territorial y de desarrollo integral del municipio en los términos establecidos por las leyes. Dispone además que los parcelamientos, urbanizaciones y cualquier otra forma de desarrollo urbano o rural que pretendan realizar o realicen el Estado o sus entidades o instituciones autónomas y descentralizadas, así como las personas individuales o jurídicas que sean calificadas para ello, deberán contar con la aprobación y autorización de la municipalidad bajo cuya jurisdicción se localicen, garantizando como mínimo el establecimiento, funcionamiento y administración de los servicios públicos siguientes: vías, calles, avenidas, camellones y aceras de las dimensiones, seguridades y calidades adecuadas, según su naturaleza; agua potable y sus correspondientes instalaciones, equipos y red de distribución; energía eléctrica pública y domiciliar; alcantarillado y drenajes generales y particulares y áreas verdes para parque, escuela, mercado, terminal de transporte y centro de salud, recreación y deportes, que sean apropiadas y de las dimensiones proporcionales a la población proyectada y de acuerdo a la naturaleza del desarrollo. Corresponderá a la municipalidad velar por el cumplimiento de todos estos aspectos.

La municipalidad de la ciudad de Guatemala, a nuestro criterio, es la que más ha avanzado en ese sentido, dada la densidad de población y servicios que se requieren. El Consejo de la Municipalidad emitió los reglamentos de urbanizaciones y fraccionamientos urbanos en el municipio y de influencia urbana en la ciudad de Guatemala y el reglamento específico de urbanización y construcción de proyectos habitacionales de interés social de dicho municipio. Estos y otros cuerpos legales incluyen disposiciones que permiten mejorar el crecimiento y desarrollo urbano de la ciudad, a través de una adecuada elaboración de proyectos de urbanización, que tienen como fin garantizar la salud, la seguridad, la convivencia social, la participación y el bienestar de la población y sus áreas de influencia.

2. *Ordenación territorial*

Para Ángel Massiris Cabeza la ordenación territorial es «una política de Estado y un proceso planificado de naturaleza política, técnica y administrativa, cuyo objeto central es el de organizar, armonizar y administrar la ocupación y uso del espacio, de modo que estos contribuyan al desarrollo humano ecológicamente sostenible, espacialmente armónico y socialmente justo». La ordenación territorial, aunque actualmente tiene una relevancia mayor, es un aspecto que desde la antigüedad se ha venido mencionando; por ejemplo, los romanos lo tuvieron en cuenta por motivos geopolíticos que les permitían mejorar la distribución de acciones de producción de acuerdo a las aptitudes naturales de sus territorios. Destacan entre los objetivos que persigue el ordenamiento territorial los que siguen: el

29 Decreto 1427 del Congreso de la República.

aprovechamiento eficiente de los recursos naturales no renovables y de manera sostenible los renovables; mejorar su aprovechamiento a través de la delimitación de espacios territoriales y la asignación de usos basados en la aptitud productiva, en el marco de las características sociales y culturales de cada zona del territorio, y dirigir la ocupación integral y armónica del territorio, a través de una estructura de asentamiento poblacional que garantice el acceso a bienes y servicios en todo el territorio.

En general, cuando hacemos referencia a la ordenación territorial, nos estamos refiriendo a la disposición ordenada de los elementos constitutivos del territorio, con base a determinados criterios, entre los cuales se pueden mencionar la población, los recursos naturales, el espacio, el suelo, etc.

Guatemala tiene un territorio cuya extensión es de aproximadamente ciento ocho mil ochocientos ochenta y nueve kilómetros cuadrados, donde viven casi catorce millones de habitantes y su organización político-administrativa se estructura en veintidós departamentos divididos en municipios. Cabe indicar que actualmente no existe una ley de ordenamiento territorial y se encuentra en discusión en el Congreso de la República una iniciativa denominada «Ley marco de ordenamiento y desarrollo territorial de la Nación», que destaca la necesidad de la ordenación territorial como política de Estado para desarrollo sostenible, orientada también a la regulación y promoción de la localización y desarrollo de los asentamientos humanos, actividades económicas y sociales y el desarrollo físico del espacio.

Hoy por hoy se atiende ese proceso en forma no articulada por una serie de leyes que constituyen su asidero legal. Entre esas leyes podemos mencionar las siguientes: Ley de Parcelamiento Urbano, Ley General de Descentralización; Ley de los Consejos de Desarrollo Urbano y Rural, Ley de Áreas Protegidas, Ley de Protección y Mejoramiento del Medio Ambiente, Código de Salud, Ley de Vivienda y Asentamientos Humanos y Ley de Registro de Información Catastral, entre otras.

Cabe mencionar que el Código Municipal en ese sentido dispone que la realización de obras se realice en armonía con el respectivo plan de ordenamiento territorial, y, en su defecto, con el conocimiento y aprobación de la corporación y el Concejo Municipal de Desarrollo Urbano y Rural. Establece también que los planes de ordenamiento territorial y de desarrollo integral del municipio deben respetar, en todo caso, los monumentos y edificios de valor histórico y cultural de las poblaciones y que estos deberán determinar además el uso del suelo dentro del perímetro urbano que se defina, así como los posibles usos del suelo en el área rural externa a dicho perímetro de acuerdo con las tendencias de crecimiento de la ciudad o centro poblado de que se trate.

3. *Medio ambiente*

Cuando se hace referencia a la ordenación territorial, no puede dejar de incluirse el tema ambiental, por la vinculación existente entre ambas materias. Dada la importancia que dicho tema tiene en materia administrativa, surge el llamado Derecho ambiental administrativo, que para la profesora Manuela Mora Ruiz[30] tiene sus comienzos en el siglo XXI; indica que «es un sector consolidado, en el que, finalmente, técnicas novedosas de tutela ambiental, surgidas en la última década, están asentándose como referencias de una estrategia de protección del bien jurídico ambiente de naturaleza esencialmente dinámica.

En dicho sentido, uno de los caracteres del Derecho administrativo ambiental va a ser la compatibilidad entre una línea de continuidad en lo que se refiere a estrategias consolidadas de protección ambiental». Para el profesor Guillermo Cano[31], «el Derecho ambiental comprende normas legales referentes al uso y conservación de todos los bienes y fenómenos y elementos relacionados con el hombre, el entorno natural, el entorno creado y los fenómenos naturales producidos o inducidos por este, en tanto influyan en la calidad del entorno desde el punto de vista del interés humano, la doctrina conducente a su formulación e interpretación, las decisiones jurisprudenciales y los usos y costumbres correlativos».

Compartimos con la profesora Mora Ruiz que esta rama del Derecho sigue siendo un ordenamiento complejo por la multiplicidad de criterios y reglas aplicables y la dificultad de su conocimiento exhaustivo. Debe mencionarse que hay una tendencia también a otorgarle una verdadera autonomía al Derecho ambiental; sin embargo, como otras ramas de este, hay relaciones directas con el Derecho administrativo, constitucional, penal, civil, etc.

---

30 Mora Ruiz, Manuela, «Tendencias del derecho administrativo ambiental: análisis de legislación y jurispru-dencia», Huelva, España, disponible en: http://www.uhu.es/derechoyconocimiento. (Consulta: 3/3/2012.)

31 Cano, Guillermo, *Derecho, política y administración ambientales*, Ediciones de Palma, Buenos Aires: 1978.

Muchas de las Constituciones de los países destacan la necesidad de protección del medio ambiente. Nuestra Carta Magna en su artículo 97 dispone que el Estado, las municipalidades y los habitantes del territorio nacional están obligados a propiciar el desarrollo social, económico y tecnológico que prevenga la contaminación del ambiente y mantenga el equilibrio ecológico. Ese mismo artículo determina además que deben dictarse todas las normas necesarias para garantizar que la utilización y el aprovechamiento de la fauna, de la flora, de la tierra y del agua se realicen racionalmente, evitando su depredación.

A partir de la norma constitucional citada, se han emitido leyes dispersas que buscan tal objetivo, la protección del medio ambiente, minimizando además problemas vinculados con temas como la deforestación e incendios forestales, distribución, consumo, regulación de hídricos, explotación y exploración petrolera y minera, edáficos (suelo), uso de la tierra y empleo de plaguicidas, así como problemas energéticos, atmosféricos, contaminación del aire, problemas visuales y auditivos, etc.

En atención a esa preocupación por el abuso que se ha dado al ambiente y las repercusiones que sigue teniendo el cambio climático en el orbe, se han emitido un buen número de instrumentos de carácter internacional, ratificados varios por el país; son ejemplos: Convenio relativo a los Humedales de Importancia Internacional especialmente como Hábitat de Aves Acuáticas o Convenio de Ramsar; Convenio para la Protección del Patrimonio Mundial Cultural y Natural de Guatemala; Convenio sobre el Comercio Internacional de Especies Amenazadas de Fauna y Flora Silvestres (CITES) en Guatemala; Convenio Marco de las Naciones Unidas sobre el Cambio Climático y el Protocolo de Kyoto en Guatemala; Convenio sobre Diversidad Biológica en Guatemala; Convenio 169 de la OIT sobre Pueblos Indígenas y Tribales en Guatemala; Convenio Internacional sobre Madera Tropical (UNCTAD), y aplicación del Tratado de Libre Comercio (TLC) entre Estados Unidos de América, Centroamérica y República Dominicana, entre otros.

No puede dejar de mencionarse además que, para tal protección, se han formulado políticas públicas que incluyen políticas de concientización, de desarrollo sostenible, de conservación de los recursos naturales y de instrumentalización, así como la creación de entes administrativos en procura de tales fines, sin olvidar que en el ámbito judicial se establecieron juzgados que tienen competencia para conocer delitos de naturaleza ambiental. A partir de la Cumbre de la Tierra de 1992 en Río de Janeiro, se impulsa la creación de ministerios como autoridades superiores en materia de medio ambiente.

En Guatemala se crea el Ministerio de Ambiente y Recursos Naturales, a quien específicamente le corresponde formular y ejecutar las políticas relativas a ese ramo, así como cumplir y hacer que se cumpla el régimen concerniente a la conservación, protección, sostenibilidad y mejoramiento del ambiente y los recursos naturales del país y el derecho humano a un ambiente saludable y ecológicamente equilibrado, debiendo asimismo, prevenir la contaminación del ambiente y disminuir el deterioro ambiental y la pérdida del patrimonio cultural. Sus atribuciones se encuentran establecidas en la Ley del Organismo Ejecutivo. También operan varios órganos administrativos dedicados a la conservación y protección del medio ambiente.

XVI. BIENES PÚBLICOS

Existen diferentes clasificaciones de los bienes: muebles o inmuebles, estos a su vez en inmuebles por su naturaleza, destino y objeto, de dominio público, patrimoniales, etc. Respecto a los de dominio público, según Hauriou, «se puede considerar de dominio público aquellas propiedades administrativas afectas a la utilidad pública y que como consecuencia de esa afectación resultan sometidas a un régimen especial de utilización y de protección».

En varios textos constitucionales se detallan cuáles son los bienes de dominio público, utilizados por la generalidad, regularmente en forma gratuita, que son también imprescriptibles e inalienables; su enajenación se hará en la forma que determine la ley, la cual fijará las limitaciones y formalidades que deben sujetarse. Estos son aprovechados por todos los habitantes, con las restricciones establecidas por la ley, pero para aprovechamientos especiales se necesita concesión otorgada con los requisitos que establecen las leyes respectivas.

El artículo 122 de la Constitución Política de Guatemala enumera los bienes del Estado, incluyendo los de dominio público. Es en el Código Civil (artículo 457) que los bienes del dominio del poder público pertenecen al Estado o a los municipios y se dividen en bienes de uso público común y de uso especial (artículos 458 y 459). Los primeros incluyen:

1. Las calles, parques, plazas, caminos y puentes que no sean de propiedad privada;

2. Los puertos, muelles, embarcaderos, pontones y demás obras de aprovechamiento general, construidos o adquiridos por el Estado o las municipalidades;

3. Las aguas de la zona marítima territorial en la extensión y términos que fije la ley respectiva; los lagos y ríos navegables y flotables y sus riberas; los ríos, vertientes y arroyos que sirven de límite al territorio nacional; las caídas y nacimientos de agua de aprovechamiento industrial, en la forma que establece la ley de la materia, y las aguas no aprovechadas por particulares, y

4. La zona marítimo-terrestre de la República, la plataforma continental, el espacio aéreo y la estratósfera en la extensión y forma que determina la ley.

Los segundos, o sea, los bienes nacionales de uso no común incluyen:

a. Los que están destinados al servicio del Estado, de las municipalidades y de las entidades estatales descentralizadas, y los demás que constituyen su patrimonio;

b. Los de uso público, cuando dejen de serlo de hecho o por virtud de una ley;

c. Los ingresos fiscales y municipales;

d. El subsuelo, los yacimientos de hidrocarburos y los minerales antes de ser extraídos, así como cualquiera otra substancia orgánica o inorgánica del subsuelo;

e. Los terrenos baldíos y las tierras que no sean de propiedad privada;

f. Los que habiendo sido de propiedad particular queden vacantes, y los que adquieran el Estado o las municipalidades por cualquier título legal;

g. Los excesos de propiedades rústicas o urbanas, de conformidad con la ley, y

h. Los monumentos y las reliquias arqueológicas.

La afectación de dichos bienes, están determinados en las leyes específicas, destacando, entre otras, la enajenación por subasta pública, la compraventa, la concesión, el arrendamiento, el usufructo a título gratuito u oneroso, la donación y la permuta. También hay varias leyes que regulan utilización de los mismos, como por ejemplo la Ley de Minas, la Ley de Hidrocarburos, etc.

EL DERECHO ADMINISTRATIVO EN HONDURAS

EDMUNDO ORELLANA[1]

I. EL DERECHO ADMINISTRATIVO Y LA ADMINISTRACIÓN PÚBLICA

1. *Objeto de estudio*

El derecho administrativo estudia la normativa que regula la administración pública en todas sus manifestaciones; en su organización, en sus funciones, en sus procedimientos, en sus relaciones con los sujetos de derecho y en la revisión de sus actos en sede judicial.

Aquí abordaremos, pues, el sistema jurídico hondureño que contiene la normativa reguladora de la administración pública.

2. *Evolución normativa*

A. *Antecedentes*

Durante la dominación española la administración pública hondureña estuvo regulada por las normas que dictaban la Corona, el Virreinato de México y la Capitanía General de Guatemala. La Constitución de Bayona y la Constitución de Cádiz también estuvieron vigentes en Honduras, aunque no incidieron notablemente en la organización y el funcionamiento de su administración pública. Luego de la independencia, su primera regulación republicana se encontró en la primera Constitución de 1825, emitida bajo la vigencia de la Constitución Federal del Estado Centroamericano de 1821.

Inicialmente el Poder Ejecutivo, según la primera Constitución, estaba integrado por el jefe supremo del Estado, y el vicejefe, electos por cuatro años. Para el despacho de los asuntos públicos había un ministro general, de libre nombramiento por el jefe supremo, pero para removerlo se necesitaban dos terceras partes del Consejo Representativo, presidido por el vicejefe e integrado por representantes de todos los departamentos. La hacienda pública estaba a cargo de un intendente general, y el ejército, del comandante general. En cada departamento había un jefe político intendente nombrado por el jefe supremo del Estado de una terna propuesta por el Consejo Representativo y duraba en su cargo cuatro años, y el Ramo Gubernativo estaba a cargo del alcalde designado por aquél. Había una municipalidad en cada pueblo cuya comarca tuviere más de 500 personas; en los que tuvieren menos había un alcalde auxiliar.

En la Constitución de 1839 el Poder Ejecutivo estaba a cargo del presidente, electo directamente por el pueblo. La duración de su cargo era de dos años. En caso de impedimento de este, eran elegidos tres suplentes por la Cámara de Representantes, la cual, vía sorteo, seleccionaba al que lo sustituiría. Los ministros eran tres, propuestos por el presidente y nombrados por la Cámara de Representantes, en los ramos de Relaciones, Guerra y Hacienda. El jefe político del departamento e intendente de Hacienda era nombrado por el presidente. Había municipalidades cuando en la comarca las personas eran más de 500 o tenía 100 casas, cuyas autoridades eran electas. Se reconoce la responsabilidad de los empleados públicos en todos los niveles y se establecen las formas de hacerla efectiva.

En la Constitución de 1848 el periodo presidencial era de cuatro años y señalaba el 1° de febrero como día de inicio y finalización del mismo, indicando que por ninguna circunstancia podía durar un día más. Había un vicepresidente electo por la Asamblea General. No podía nombrar más de dos ministros. Se creó un Consejo de Estado para determinar si había lugar a la formación de causa en caso de los altos funcionarios del Estado, integrado por un senador, un magistrado de la Corte, el ministro o los ministros, el director de Hacienda Pública y hasta dos funcionarios electos por la Asamblea General, en atención a su ilustración y a sus servicios. En lo demás, se seguía el esquema de la Constitución anterior.

---

[1] Se desempeña como profesor de derecho administrativo de la Facultad de Ciencias Jurídicas de la UNAH. Es abogado con doctorado en Bolonia, Italia. Ha laborado como magistrado en la Corte de Apelaciones de lo Contencioso Administrativo. Ha sido primer fiscal general de la República, embajador ante la ONU, diputado propietario y secretario de Estado en los despachos siguientes: Gobernación y Justicia, Relaciones Exteriores, y Defensa. Actualmente alterna la cátedra con el ejercicio profesional.

En la de 1865 se incluyó como requisito para ser presidente "no haber hecho la guerra a esta [a la República] en calidad de caudillo simplemente, o en la de jefe militar, desde la emisión de esta Carta en adelante" (lo que revela el espíritu levantisco de los políticos de la época), y se prohibió la reelección. El número de los ministros lo determinaba el presidente, pero no podía ser menos de dos. En cada departamento había un gobernador nombrado por el presidente para un lapso de dos años. En materia de responsabilidad se disponía que el presidente no podía ser acusado ni sometido a juicio sino hasta después de terminado su periodo. Se establecía que la policía de seguridad solo podía ser confiada a autoridades civiles. En lo demás, seguía igual que las anteriores.

En la de 1873 se sigue el modelo de la anterior, con la única diferencia de que en materia de responsabilidad no se permitía la aprobación de la conducta oficial del presidente mientras estuviere en el ejercicio del cargo. En la de 1880 la denominación de ministros fue sustituida por la de secretarios de Estado, en número de uno o más, nombrados por el presidente.

En la de 1894, además de al vicepresidente, los designados electos anualmente por el Congreso podían sustituir al presidente. Había de tres a seis secretarios de Estado, que podían asistir, sin voto, a las deliberaciones del Congreso. Para la fiscalización de la administración del tesoro nacional se creó el Tribunal Superior de Cuentas, y para representar los intereses de la hacienda pública, un fiscal general, nombrados por el Congreso. El presidente podía ser acusado durante su ejercicio.

La de 1906, que solo estuvo vigente un año, pues en 1908 se decretó que estaba vigente nuevamente la de 1894, el sustituto del presidente era el Consejo de Secretarios de Estado. Los secretarios de Estado no podían exceder de seis ni ser menos de tres. El fiscal general pasó a ser nombrado por el presidente.

La de 1924 prevé que, a falta del vicepresidente, sustituya al presidente quien desempeñe la presidencia de la Corte Suprema de Justicia, y, en defecto de este, el ciudadano que ejerza la presidencia del Congreso o que haya desempeñado este cargo en la última legislatura. El fiscal general pasa nuevamente a ser nombrado por el Congreso. Había de cuatro a siete secretarios de Estado que podían ser objeto de un voto de censura por el Congreso, en cuyo caso el secretario de Estado objeto de la misma cesaba en su cargo inmediatamente.

La de 1936 ordenaba la sustitución del presidente; a falta del vicepresidente, comienza con el presidente del Congreso y sigue con el presidente de la Corte Suprema. El periodo presidencial era de seis años y comenzaba el 1° de enero. No estaba previsto voto de censura para los secretarios de Estado. Esta Constitución se reformó para eliminar la prohibición de reelección, asegurando un total de 16 años en el poder al presidente Tiburcio Carías Andino.

La Constitución de 1957 previó tres designados para sustituir al presidente de la República, electos con este directamente por el pueblo. El periodo presidencial era de seis años y comenzaba el 21 de diciembre. Se requería permiso del Congreso para las ausencias del territorio nacional por más de 30 días. La sustitución del presidente, a falta de los designados, recaía en el Consejo de Ministros, pero este debía convocar a elecciones de manera inmediata. Estaban previstos no menos de nueve secretarios de Estado. Entonces surgió la figura de jefe de las Fuerzas Armadas, que garantizaba la autonomía a estas, al grado de disponer que las diferencias entre el presidente y el jefe de las Fuerzas Armadas correspondía resolverlas al Congreso Nacional. Y se le otorgaba el privilegio de prestar un juramento cuya fórmula era especial para él, diferente del que debían prestar los demás, incluido el propio presidente. Se creó la Contraloría General de la República para fiscalizar a posteriori la hacienda pública y para representar los intereses del Estado. Se creó también la Procuraduría General de la República, a la que se atribuyó la función de ejercer las acciones penales y civiles derivadas de las intervenciones de la Contraloría. Se regularon las "instituciones autónomas", entre las que ya existían el Banco Central y el Banco Nacional de Fomento. Se instituyó el Servicio Civil para regular la relación de servicio entre los servidores públicos y el Estado. Se estableció la presunción de enriquecimiento ilícito de los servidores públicos cuando el aumento de su capital, desde la toma de posesión hasta el cese de sus funciones, fuere notablemente superior al que normalmente podía tener por sueldos o ingresos legales de cualquier tipo, incluyendo los de su cónyuge e hijos.

La Constitución de 1965 establecía que no podía haber menos de 10 secretarías de Estado y reconocía que la capital de la República la constituían las ciudades de Tegucigalpa y Comayagüela, conjuntamente. En lo demás seguía a la anterior.

B. *Regulación en la Constitución vigente*

La Constitución actual está vigente desde 1982. En ella se contienen las bases fundamentales de la administración pública.

Reconoce la función de gobierno como la más alta función del Estado, a la cual se subordinan las demás funciones. Su ejercicio corresponde a los tres poderes -Legislativo, Ejecutivo y Judicial, los cuales son "complementarios e independientes y sin relaciones de subordinación". El gobierno es republicano, democrático y representativo, fundamentado en el principio de la democracia participativa. Distribuye las funciones del Estado entre los poderes Legislativo, Ejecutivo y Judicial.

C. *Poder Ejecutivo*

El capítulo relativo al Poder Ejecutivo regula tres órganos; a saber: Presidencia de la República, Consejo de Ministros o Consejo de Secretarios de Estado, y secretarías de Estado. Estos constituyen la administración centralizada.

D. *Instituciones autónomas y municipalidades*

Las instituciones autónomas y las municipalidades están reguladas por la Constitución de la República. Las primeras están reglamentadas especialmente por la Ley General de la Administración Pública, y las segundas por la Ley de Municipalidades.

3. *Características de la administración Pública hondureña*

"La administración pública tendrá por objeto promover las condiciones que sean más favorables para el desarrollo nacional sobre una base de justicia social, procurando el equilibrio entre su actuación y los derechos e intereses legítimos de los particulares."

Esta disposición ilustra el tipo de administración pública que crea el legislador hondureño. Por ello, establece la planificación como principio rector de la administración pública para fijar sus objetivos y sus metas, racionalizar sus decisiones, hacer un aprovechamiento óptimo de los recursos disponibles, asegurar la acción coordinada de sus órganos o entidades, la evaluación periódica de lo realizado y el control de sus actividades; en consecuencia, se postula la sujeción de la administración pública a los planes nacionales de desarrollo aprobados por el gobierno.

Manda, además, que la creación, modificación o supresión de cualquier órgano o entidad administrativa procederá únicamente previa definición del fin público a satisfacer cuando se acredite su factibilidad económico-administrativa, considerando el costo de su funcionamiento, el rendimiento especializado o, en su caso, el ahorro previsto; y prohíbe que se creen nuevos órganos o entidades que supongan duplicación de otros ya existentes, si al propio tiempo no se suprime o restringe debidamente la competencia de estos.

La desconcentración se reconoce como un medio para hacer más eficiente y eficaz la administración pública y tiene por objeto descongestionar los órganos centrales del Poder Ejecutivo y de las instituciones descentralizadas. Los órganos desconcentrados dependen jerárquicamente de los órganos centrales a los que están vinculados. Solo mediante ley se pueden crear órganos desconcentrados y operar mediante transferencia de funciones.

Se clasifica en desconcentración funcional o geográfica, según que la transferencia de funciones esté determinada por la materia o por el territorio en el que se ejercerán aquéllas. En la primera prevalece la exclusividad en el ejercicio de la competencia y, por ende, la especialidad; en la segunda, las competencias son compartidas con otros órganos, pero son los únicos que la ejercen en la porción geográfica en la que opera. Entre los primeros está la Dirección General de Servicio Civil, cuya competencia es exclusiva en esta materia; entre los segundos se encuentran todos los órganos de las secretarías de Estado o instituciones autónomas, que ejercen funciones en una determinada región o departamento (gobernación departamental, direcciones departamentales de educación o centros regionales universitarios de la Universidad Nacional Autónoma de Honduras [UNAH], por ejemplo).

II. LA ADMINISTRACIÓN PÚBLICA

1. *Organización*

La administración pública hondureña es centralizada y descentralizada. La primera está integrada por los órganos del Poder Ejecutivo y la segunda por las instituciones autónomas y las municipalidades.

La regulación de la administración pública se encuentra en la Ley General de la Administración Pública, elaborada como consecuencia de un diagnóstico que, de la década de los setenta a la década de los ochenta, en el siglo pasado, dirigió la Secretaría Técnica del Consejo Superior de Planificación Económica (Consuplane). De este estudio resultaron los proyectos que luego se transformaron en ley: Ley General de la Administración Pública, Ley de Planificación (derogada en la década de los noventa), Ley de Procedimiento Administrativo y Ley de la Jurisdicción de lo Contencioso-Administrativo. También sirvió, posteriormente, para elaborar la Ley de Contratación del Estado y la Ley de Municipalidades.

2. *La administración Pública central*

Los órganos del Poder Ejecutivo son los siguientes: presidente de la República, Consejo de Ministros y secretarías de Estado.

A. *Presidente de la República*

El órgano superior de la administración pública es el presidente de la República, electo directamente por el pueblo, por mayoría simple para un periodo de cuatro años que empieza el día 27 de enero siguiente a la fecha en que se realiza la elección.

Los requisitos para ser presidente de la República son los siguientes: ser hondureño de nacimiento, mayor de 30 años, estar en el goce de sus derechos políticos y ser del Estado seglar.

Al presidente de la República se le reconocen las siguientes calidades: jefe de la nación, en virtud de la cual representa al Estado, celebra tratados y, previa aprobación del Legislativo, los ratifica; recibe cartas credenciales de los embajadores y recibe a los representantes de los organismo internacionales; jefe del gobierno, por lo que tiene atribuida la función de "dirigir la política general del Estado"; jefe del Poder Ejecutivo, que "ejerce en representación y para beneficio del pueblo", y jefe de la administración pública, por lo que a él corresponde "la administración general del Estado", lo que se traduce, según la Ley General de la Administración Pública (LGAP), en la "suprema dirección y coordinación de la administración pública centralizada y descentralizada".

Los sustitutos del presidente son los tres designados a la Presidencia electos conjuntamente con aquél. Lo pueden sustituir en caso de ausencias temporales y definitivas. En caso de que falten absolutamente los designados, lo sustituirá el presidente del Congreso Nacional y, a falta de este, el presidente de la Corte Suprema de Justicia. Solo en un caso, que la Constitución califica de excepcional, la sustitución corresponderá al Consejo de Ministros, presidido por el secretario de Estado del Interior; a saber: cuando la elección de presidente y designados no estuviere declarada un día antes del 27 de enero.

B. *Consejo de Ministros*

El Consejo de Ministros, o Consejo de Secretarios de Estado, está integrado por los "secretarios de Estado, convocados y reunidos en la forma prevista por la ley". Su presidencia corresponde al presidente de la República y, en su defecto, con instrucciones de este, al secretario de Estado del Interior, y actuará como secretario del mismo, el secretario de Estado en el despacho de la Presidencia.

Sus decisiones se adoptan por simple mayoría. En caso de empate el presidente tiene voto de calidad. Cuando se reúna sin la conducción del secretario del Interior y en ausencia del presidente, las decisiones adoptadas serán confirmadas por este para adquirir validez.

Los secretarios de Estado serán solidariamente responsables por las decisiones adoptadas en Consejo de Ministros, en las sesiones en que hubiesen participado, salvo que en las actas respectivas hubiere dejado constancia de su voto negativo.

Son funciones del Consejo de Ministros las siguientes: autorizar la negociación de operaciones crediticias a largo plazo de la administración pública centralizada o descentralizada; aprobar el proyecto de plan nacional de desarrollo antes de enviarlo al Congreso Nacional; avalar el plan operativo anual; formular y aprobar el proyecto de presupuesto general de ingresos y egresos; aprobar los proyectos de tratados o convenios internacionales que la administración pública se proponga someter a la aprobación del Congreso Nacional; resolver las cuestiones de competencia que se susciten entre dos o más secretarías de Estado; dirimir, en forma definitiva, las cuestiones de competencia que se susciten entre dos o más entidades de la administración pública descentralizada o entre cualquiera de estas y la administración pública centralizada; modificar el presupuesto general de ingresos y egresos de la Republica, en los casos señalados en la Constitución de la República.

Las deliberaciones del Consejo de Ministros son secretas y el presidente podrá declarar reservadas algunas de las decisiones tomadas.

C. *Las secretarías de Estado*

Las secretarías de Estado son los órganos entre los que se distribuyen las competencias que corresponden al Poder Ejecutivo.

Están a cargo de secretarios de Estado nombrados y removidos libremente por el presidente de la República; sin embargo, se reconocen secretarios de Estado sin despacho determinado.

Entre las secretarías de Estado no existe rango jerárquico ni preeminencia alguna; sin embargo, se establece una precedencia para indicar el orden en que deben ser consignadas en los documentos oficiales.

Los suplentes legales de los secretarios de Estado son los subsecretarios, que en algunas secretarías son los titulares de subsecretarías creadas por ley. Los sustituyen en casos de ausencia o impedimento legal. En caso de ausencia o impedimento legal de los sustitutos, el presidente podrá asumir temporalmente la titularidad de la secretaría de Estado o confiársela a otro secretario de Estado. Bajo la dependencia jerárquica inmediata de los secretarios de Estado se encuentran los secretarios generales, la gerencia administrativa y las direcciones generales.

Entre las funciones de los secretarios de Estado destacan las siguientes: presentar anualmente al Congreso Nacional un informe de los trabajos realizados en sus respectivos despachos; acudir al llamado del Congreso Nacional y contestar las interpelaciones que se formulen; asistir a las reuniones del Consejo de Ministros; remitir al Congreso Nacional los proyectos de leyes aprobados por el Consejo de Ministros que versen sobre asuntos de su competencia; emitir los reglamentos de su competencia; decidir sobre asuntos que le confiere la ley o sobre aquellos que le delegue el presidente; ejercer las funciones de dirección, coordinación y control sobre las instituciones descentralizadas que le asigne el presidente de la República; resolver los asuntos de que conozca en única instancia y los recursos administrativos por los que se impugnen decisiones de sus subordinados; refrendar los actos del presidente de la República; resolver los conflictos de competencia que se susciten entre las dependencias de su secretaría de Estado, y delegar atribuciones en los subsecretarios, secretarios generales y directores generales.

3. *La administración Pública*

A. *Las instituciones autónomas*

Las instituciones autónomas tienen las siguientes características: son creadas por ley, tienen patrimonio y personalidad jurídica propia, son titulares de competencias exclusivas, gozan de autonomía y autarquía, se rigen por sus propias leyes y participan en la formación de la política del Estado a la que quedan sometidas en su actuación.

Solamente podrán crearse si garantizan lo siguiente: la mayor eficiencia en la administración de los intereses nacionales; la satisfacción de necesidades colectivas de servicio público sin fines de lucro; la mayor efectividad en el cumplimiento de los fines de la administración pública, y para la gestión de aquellas actividades necesarias para promover el desarrollo económico y social.

Se clasifican en institutos públicos y empresas públicas. Los primeros "son los que se establecen para atender funciones administrativas y prestación de servicios públicos de orden social, tales como la educación y la seguridad social". Las segundas se crean para desarrollar actividades económicas de financiero, industrial o comercial, al servicio de diversos fines y que no adoptan la forma de sociedad mercantil.

Su modificación o extinción requiere una ley aprobada por los dos tercios de votos de los miembros del Congreso Nacional, y antes de su emisión debe contarse con la opinión del Poder Ejecutivo, la cual no es vinculante.

Su organización la componen dos órganos; a saber: el que asume la dirección y el que ejecuta lo que decide este. El primero es la junta directiva; el segundo puede ser el presidente, el gerente o el director, según la denominación que adopte en la ley respectiva.

Con excepción de la UNAH, todas las demás entidades autónomas tienen en sus juntas directivas a secretarios de Estado. En la mayoría también están representados los sectores involucrados en el sector en que se inserta la institución autónoma. Así pueden encontrarse empresarios, obreros, dirigentes gremiales, etcétera.

Los presidentes, los gerentes o los directores son nombrados, por regla general, por el presidente de la República, para un periodo que no podrá exceder de cuatro años.

Los presupuestos de las instituciones autónomas son aprobados por el Congreso Nacional y a este efecto deben remitir a este los respectivos proyectos de presupuesto desglosados. Al final del periodo fiscal deben presentar al gobierno central un informe detallado de los resultados líquidos de las actividades financieras de ese ejercicio económico; asimismo, presentarán un informe sobre el progreso físico y financiero de todos los programas y proyectos en ejecución. Ambos informes serán evaluados y las observaciones y las recomendaciones pertinentes serán remitidas a las instituciones respectivas para su implementación.

El Poder Ejecutivo podrá disponer de las utilidades netas de las instituciones autónomas que realicen actividades económicas, cuando no afecte el desarrollo de las mismas.

La finalidad a la que están destinadas las instituciones autónomas determina la disponibilidad de sus bienes y sus recursos. Ningún gasto, compra o venta se podrá autorizar si no está vinculado con la formulación o ejecución de los programas y proyectos a su cargo.

Los fondos de partidas adicionales justificadas para proyectos o programas específicos no podrán transferirse mientras la institución beneficiada no presente al órgano competente pruebas que garanticen que dichos recursos se destinarán efectivamente a aquellos programas y proyectos.

B. *Las municipalidades o corporaciones municipales*

"Los departamentos, dispone la Constitución, se dividirán en municipios autónomos administrados por corporaciones electas por el pueblo, de conformidad con la ley."

Las municipalidades se rigen por la Ley de Municipalidades y por la Ley de Policía y de Convivencia Social.

Los municipios son creados por ley, independientes de los poderes del Estado; gozan de autonomía política, porque sus autoridades son electas y pueden formular su política de conformidad con la visión que proclame el partido político que se imponga en las elecciones.

El municipio consta de tres elementos; a saber: territorio, población y organización.

El territorio se denomina término municipal, definido como "el espacio geográfico hasta donde se extiende la jurisdicción y competencia de un municipio". No podrá ser inferior de 40 kilómetros cuadrados y debe ser continuo. Siempre estará ubicado dentro de un departamento y sometido a una sola jurisdicción departamental, por lo que ninguna modificación o cambio en el término municipal tendrá el efecto de modificar la extensión del departamento al que pertenece. La población está integrada por los habitantes, que pueden ser nacionales o extranjeros. Estos pueden ser vecinos o transeúntes.

El vecino, a su vez, puede ser residente habitual, residente temporal o con residencia alterna. El residente habitual es el que está domiciliado en el municipio. El residente temporal es el que permanece por un tiempo mayor de seis meses. Cuando sea de residencia alterna, en dos o más municipios, se considerará vecino de aquel en que resida la mayor parte del año, aunque estuviese inscrito también en otro municipio. El transeúnte es el que temporalmente se encuentra en el municipio y no exceda su temporalidad de seis meses.

La organización la constituye la municipalidad, es decir, el órgano de gobierno y de administración del municipio, de carácter deliberativo y legislativo, electo por el pueblo y máxima autoridad dentro del término municipal.

La municipalidad es una persona jurídica cuyo órgano supremo está integrado por las siguientes autoridades electas: un alcalde, a quien corresponde la representación legal, un vicealcalde y regidores. Son electos para un periodo de cuatro años, por mayoría simple y en aplicación al sistema de proporcionalidad que se determina por cocientes y residuos electorales, de modo que en la integración resultan representados todos los que alcancen el mínimo de votos para considerarlos dentro de los cocientes o los residuos electorales municipales.

Para ser munícipe se requiere lo siguiente: ser mayor de 18 años, hondureño de nacimiento, nacido en el municipio o residir consecutivamente por más de cinco años, estar en el pleno ejercicio de sus derechos civiles y políticos, y saber leer y escribir.

Las municipalidades también pueden emitir sus propias normas y son autárquicas, administran independientemente sus recursos y recaudan sus propios ingresos y los impuestos decretados por ley. Los municipios pueden organizarse en mancomunidades para desarrollar proyectos comunes y están adscritos a la Asociación de Municipios de Honduras. La división interna de los municipios se basa en ciudades, aldeas y caseríos. La municipalidad es la persona jurídica responsable de un municipio, que opera bajo la dirección de un órgano colegiado integrado por el alcalde, el vicealcalde y los regidores.

III. JERARQUÍA NORMATIVA Y DE LOS ACTOS ADMINISTRATIVOS

1. *Jerarquía normativa*

El ordenamiento jurídico administrativo está sometido a una jerarquía reconocida en la LGAP.

En su artículo 7 dispone que los actos de la administración pública se ajustan a la siguiente jerarquía normativa: la Constitución de la República, los tratados internacionales ratificados por Honduras, la presente ley, las leyes administrativas especiales, las leyes especiales y generales vigentes en la República, los reglamentos que se emitan para la aplicación de las leyes, los demás reglamentos generales o especiales, la jurisprudencia administrativa y los principios generales del derecho público.

La Constitución de la República se coloca al vértice de esta jerarquía y provee legitimidad al ordenamiento jurídico secundario. La "supremacía constitucional" rige en relación con la legislación secundaria. Ninguna ley puede contradecir a la Constitución. Por consiguiente, si una ley contradice la organización, las competencias o los procedimientos que esta reconoce, o reduce, tergiversa o niega los derechos que en la misma se contienen, puede ser impugnada mediante la "garantía de inconstitucionalidad" ante la Sala de lo Constitucional, por razones de forma o de contenido, y declarada inconstitucional e inaplicable, y la sentencia que profieran estas declaraciones tiene efectos derogatorios. En estos casos, quien presente la inconstitucionalidad debe acreditar que la ley le afecta en su interés personal, directo y legítimo, salvo en el caso de que la presente el juez o el tribunal que conozca de la causa.

Los tratados internacionales pueden ser aprobados aun cuando afecten disposiciones constitucionales, siempre que su aprobación siga el procedimiento de reforma a la Constitución. Sin embargo, no podrán aprobarse tratados que "lesionen la integridad territorial, la soberanía e independencia de la República". En caso de conflicto entre un tratado y una ley secundaria, prevalece el tratado.

Las leyes administrativas secundarias siguen la jerarquía que les impone su carácter. Si es una ley especial, prevalece sobre la ley general; salvo en el caso de la Ley General de la Administración Pública, cuyo estatus es el de una ley marco. Luego siguen las demás leyes generales y especiales vigentes.

Entre los reglamentos, ocupan el primer lugar de la jerarquía los que se emiten para aplicar leyes. Luego siguen los generales o especiales. Vía reglamento la administración pública, sujetándose a la jerarquía superior de la ley, no podrá: alterar el espíritu de la ley, variando el sentido y el alcance de esta; regular materias que sean de la exclusiva competencia del Poder Legislativo, salvo que una ley expresamente autorice dicha regulación; establecer penas, ni prestaciones personales obligatorias, salvo en aquellos casos en que expresamente lo autorice una ley, y vulnerar los preceptos de otro acto de carácter general dictado por un órgano de grado superior.

La jurisprudencia administrativa y los principios generales del derecho ocupan los dos últimos lugares. La primera surge en ocasión del recurso de casación; los segundos, son aquellas ideas esenciales en las que se sustenta el ordenamiento jurídico.

Aquí es oportuno señalar que hasta 2010 rigió la norma que disponía que la Corte Suprema de Justicia declararía sin lugar la admisión del recurso de casación, entre otros casos, cuando se citen como doctrina legal principios que no merezcan tal concepto, según la jurisprudencia de la Corte Suprema, declarada en tres sentencias conformes (artículo 920, relacionado con el 919, Código de Procedimientos); es decir, se generaba jurisprudencia mediante la aplicación idéntica de un mismo principio en tres sentencias conformes dictadas en casación. No era necesario que los juicios fueran idénticos o análogos, pues bastaba que lo fuese el principio aplicado en las consideraciones del fallo, para que se diera la uniformidad exigida por la ley, elevando el principio a la categoría de doctrina legal.

En la jurisdicción de lo contencioso-administrativo nunca se logró esa uniformidad requerida por la ley, por lo que no hay jurisprudencia administrativa. En general, los fallos de la Corte Suprema de Justicia, antes, y los de las salas, ahora, exhiben muy poca calidad científica y una notoria incongruencia entre sí, lo que hace difícil encontrar en los mismos un orden lógico que permita extraer principios o ideas fundamentales que impriman orden y certeza para la producción de doctrina legal vía la casación. Por esta razón hay muy poca doctrina legal en materia civil, laboral, penal, etcétera.

2. *Jerarquía de los actos administrativos*

Los actos de la administración pública son los siguientes: decretos, acuerdos, resoluciones y providencias. Todos estos actos deben ser firmados por el titular del órgano emisor y, con funciones de validación, por el funcionario que la norma indique.

Los decretos ocupan el primer lugar de la jerarquía. Son emitidos en Consejo de Ministros e, individualmente, por el presidente de la República, sobre materias que sean competencia exclusiva de este.

Los acuerdos ocupan el segundo lugar. Son emitidos por el presidente o por los secretarios de Estado en los siguientes supuestos: cuando se decidiere fuera de los procedimientos en que los particulares intervengan como parte interesada y cuando se tratare de actos de carácter general dictados en el ejercicio de la potestad reglamentaria. Las resoluciones ocupan el tercer lugar y son los actos por los cuales se concluye un procedimiento en el que es parte un interesado.

Las providencias ocupan el último lugar de la jerarquía y son las que se emiten para darle curso al procedimiento administrativo.

Los que emita el presidente serán refrendados por el secretario de Estado respectivo. Los que emita el secretario de Estado los autorizará el secretario general. Los demás serán autorizados por el funcionario que indique las normas aplicables.

En virtud de lo anterior, se prohíbe a los órganos y a las entidades de la administración pública lo siguiente: 1) vulnerar, mediante actos de carácter general o particular, las disposiciones, dictadas por un órgano de grado superior; 2) desconocer, mediante la emisión de actos de carácter particular, lo que el mismo órgano o entidad haya dispuesto mediante actos de carácter general; 3) reconocer, declarar o limitar derechos de los particulares, si no tienen atribuidas por ley tales potestades; 4) ejecutar actos que disminuyan, restrinjan o tergiversen derechos y garantías reconocidos por la Constitución de la República.

IV. EL ACTO ADMINISTRATIVO

1. *Noción*

El acto administrativo es toda manifestación de voluntad, de deseo, de conocimiento o de juicio de un órgano de la administración pública en el ejercicio de una potestad administrativa.

No se requiere una declaración o un pronunciamiento formal para configurar el acto administrativo. Puede ser una manifestación expresa o tácita. Lo importante es que no quede duda sobre la intención del órgano emisor.

Todos los actos administrativos son "actos voluntarios" porque presuponen la voluntad de emitirlos; pero no todos son manifestaciones de voluntad. Los hay también que son manifestaciones de deseo, de conocimiento o de juicio. Los primeros son aquellos en los que la voluntad está dirigida a producir los efectos jurídicos, como en el caso de decretos, acuerdos, resoluciones o providencias. En los segundos la voluntad no está dirigida a producir efectos jurídicos, sino al cumplimiento de los actos mismos, como las propuestas (de deseo), los registros o el levantamiento de actas (de conocimiento) y los dictámenes e informes (de juicio).

El acto debe provenir de un órgano de la administración pública central o descentralizada. Sin embargo, la jurisdicción de lo contencioso-administrativo conoce de las impugnaciones contra los actos emitidos por instituciones que no forman parte de la administración pública. Es el caso de las impugnaciones contra los actos de carácter particular general emitidos por los colegios profesionales, y lo relativo al cumplimiento, interpretación, resolución y efectos de los contratos de obra y servicios públicos contratados por estas entidades de derecho público no estatales.

La ley no los califica de actos administrativos pero el legislador entendió que, por su carácter de entidades de derecho público, sus actos, en estas materias, lo conveniente era que se revisaran en esta jurisdicción.

El acto, además, debe ser producto del ejercicio de una potestad administrativa, con lo que se excluyen los actos de ejecución material, los sometidos al derecho privado y los denominados "actos de gobierno"

2. *Elementos*

Los elementos del acto administrativo son los siguientes: órgano, causa o motivo, contenido u objeto, finalidad, procedimiento y forma.

El órgano constituye el elemento subjetivo del acto administrativo. Está constituido, a su vez, por dos elementos; a saber: el objetivo y el subjetivo. El primero lo conforman los requisitos exigidos para asumir la titularidad del órgano y la competencia. El segundo es la persona humana que ostenta la investidura de titular del órgano que lo autoriza para ejercer la competencia.

Los elementos objetivos del acto son la causa o motivo, el objeto o contenido y la finalidad. La causa o motivo son los hechos, los antecedentes o las circunstancias de hecho o de derecho en los que debe sustentarse el acto. El objeto o contenido del acto es el resultado o efecto práctico que se pretende con el acto, es decir, lo que por el acto se dispone. Esta es la parte del acto, cuando se trate de una manifestación de voluntad, denominada "parte dispositiva". La finalidad de los actos será la que resulte de las normas que le atribuyen potestades al órgano emisor, de modo que la finalidad del acto está afectada por la finalidad para la que es atribuida la competencia, incluidas las potestades discrecionales, que deben ejercerse dentro de los límites de las mismas y en función del fin para el que hubiesen sido atribuidas.

Los elementos formales son la forma y el procedimiento. Los actos se producirán por escrito, según el ordenamiento jurídico, pero se admiten excepciones, cuando la ley, las circunstancias o la naturaleza del acto exijan o permitan una forma distinta, como las manifestaciones tácitas (comportamiento de la administración pública que sea unívoco e incompatible con una voluntad distinta) o el silencio administrativo (el positivo, denominado afirmativa ficta, que es la regla general, y el negativo) que son reconocidas por la Ley de Procedimiento Administrativo (LPA) expresamente; las derivadas de las circunstancias o la naturaleza del acto, como la verbal (orden policial de disolver una reunión), los gestos (movimiento de brazos y manos de los agentes de tránsito ordenando el tráfico vehicular), los sonidos (señales acústicas de los silbatos de los agentes de tránsito), las luces (del semáforo) y los signos (las señales en calles y carreteras).

El procedimiento administrativo es el medio por el cual se exterioriza la voluntad de la administración en un acto final con efectos jurídicos.

3. *Caracteres*

La presunción de legitimidad y la ejecutividad o ejecutoriedad son los caracteres del acto administrativo.

Por la presunción de legitimidad se acepta que todos los actos administrativos se emiten con estricto apego a las prescripciones legales. Esta es, sin embargo, una presunción iuris tantum porque admite prueba en contrario. Si el acto no reúne los elementos que la ley exige para su validez, el particular afectado por sus efectos jurídicos puede impugnarlo alegando que no es legítimo. En tanto no se declare su invalidez, el acto goza de la presunción de legitimidad.

Por la ejecutividad o ejecutoriedad los actos son obligatorios desde su emisión y deben cumplirse, y la administración pública goza del privilegio de hacer cumplir por sí misma sus propios actos administrativos. A este efecto, se reconoce el procedimiento de apremio (que se sigue para ejecutar forzadamente las resoluciones, emitidas por la administración pública, contentivas de cantidades líquidas a favor de la administración y a cargo de los administrados), la ejecución subsidiaria (procede cuando se trate de obligaciones cuyo cumplimiento puede ser logrado por personas distintas del obligado, sea por la administración directamente o por un tercero designado por esta) y el cumplimiento forzoso (se sigue cuando la ley lo autorice en el caso de una obligación personalísima de dar, hacer, tolerar o no hacer).

4. *Perfección y eficacia*

El acto es perfecto cuando concurren en él los elementos requeridos para su validez.

La eficacia es un atributo del acto perfecto. Solamente los actos perfectos o válidos son idóneos para producir efectos jurídicos; sin embargo, los que están sometidos a aprobación no surtirán efectos mientras esta no se produzca. Es eficaz, según la LPA, el acto particular que haya adquirido el carácter de firme, y son firmes aquellos actos que no son susceptibles de impugnación.

La eficacia, en todo caso, requiere que el particular conozca el acto cuyo cumplimiento se puede exigir. Para ello se prevé la publicación o la notificación. Los actos de carácter general adquieren eficacia después de su publicación en el diario oficial La Gaceta. Los actos de carácter particular deben notificarse personalmente o mediante tabla de avisos: las resoluciones dentro de un plazo de cinco días; las providencias, cuando perjudiquen a los interesados, en el plazo de dos días; cuando no se pueda notificar personalmente el acto dentro de esos plazos, se hará fijando en la tabla de avisos del despacho la providencia o la parte resolutiva de la resolución.

La notificación personal será practicada por el secretario general de la secretaría de Estado o por el funcionario al que designe la norma respectiva, mediante la entrega de la copia íntegra del acto de que se trata; se dejará constancia en el expediente de que se advirtió al interesado si el acto no pusiere fin a la vía administrativa, los recursos que contra el mismo procedan, el órgano competente para resolver y el plazo para interponerlos. La notificación defectuosa surtirá efecto, sin embargo, desde la fecha en que se haga manifestación expresa en tal sentido por el notificado o se interponga el recurso procedente.

5. *Retroactividad*

La irretroactividad es regla general en el derecho administrativo hondureño. Sin embargo, acepta una excepción. La anulación, dispone la LPA, producirá efecto desde la fecha del acto anulado; es decir, retrotrae los efectos a una fecha anterior a la del acto que declara la anulación.

6. *Invalidez*

El acto administrativo es inválido cuando no reúne todos los elementos que se requieren para su validez. Mientras no se haya declarado su invalidez, el acto goza de la presunción de legitimidad. Pero cuando uno o más elementos que atribuyen idoneidad al acto para su validez presentan irregularidades, se dice que el acto está viciado.

Los grados de invalidez reconocidos son dos; a saber: nulidad y anulabilidad.

La nulidad, también denominada "nulidad de pleno derecho" o "nulidad absoluta", surge cuando el acto carece de alguno de sus elementos, por lo que es imprescriptible, puede ser decretada de oficio aun cuando el acto nulo sea firme y no puede ser objeto de convalidación. Se reconocen como actos nulos los siguientes: los dictados por órgano absolutamente incompetente; aquellos cuyo objeto sea imposible o configure un delito; los dictados prescindiendo total y absolutamente del procedimiento establecido; los que se emitan infringiendo las normas que contienen las reglas esenciales para la formación de la voluntad de los órganos colegiados; los de carácter general que infrinjan los límites señalados a la potestad reglamentaria (alterar el espíritu de la ley, regular materias que sean competencia exclusiva del Congreso Nacional, establecer penas y prestaciones personales obligatorias y vulnerar los preceptos de otro acto de carácter general dictado por un órgano de grado superior), y los que contraríen la jerarquía normativa reconocida en la LGAP.

La anulabilidad se da cuando el acto, no obstante contar con todos sus elementos, presenta vicios o irregularidades en alguno de estos. Son anulables, según la lpa, los actos que incurran en cualquier infracción del ordenamiento jurídico, incluso el exceso de poder y la desviación de poder. Por exceso de poder se entiende la alteración de los hechos, la falta de conexión lógica entre la motivación y la parte dispositiva del acto, la contradicción no justificada del acto con otro anteriormente dictado y cualquier vicio inherente al objeto o contenido del acto. Por desviación de poder se entiende el ejercicio de potestades administrativas para fines distintos de los fijados por la ley.

La anulabilidad presenta las siguientes características: está sujeta a prescripción; cuando es firme no puede revisarse de oficio, pero puede pedirse a la jurisdicción de lo contencioso-administrativo su anulación y es susceptible de convalidación.

Las reglas que rigen para la invalidez son las siguientes: el defecto de forma solo determinará la anulación cuando el acto carezca de los requisitos formales indispensables para alcanzar su fin o dé lugar a la indefensión de los interesados; las actuaciones administrativas realizadas fuera del tiempo establecido solo implicarán la anulación del acto si así lo impusieren la naturaleza del término o plazo y la responsabilidad del funcionario causante de la demora, si a ello hubiere lugar; la invalidez de un acto no implicará la de los sucesivos independientes de aquél; la invalidez de una parte del acto no se comunicará a las demás, excepto en el caso de que estas dependan de aquélla o resulte que, sin la parte viciada, el acto no habría sido dictado; la declaratoria de nulidad de actuaciones incluirá la conservación de aquellos actos y trámites cuyo contenido hubiere permanecido el mismo de no haberse realizado la infracción origen de la nulidad; las cuestiones incidentales de nulidad no suspenderán el curso del procedimiento.

V. PROCEDIMIENTO ADMINISTRATIVO

1. *Delimitación conceptual*

El procedimiento administrativo es una secuencia ordenada de actos, coordinados entre sí, cuya función es permitir que se exteriorice la voluntad de la administración manifestada en un acto final con determinados efectos jurídicos.

Pero el procedimiento administrativo no debe confundirse con la función administrativa, con el expediente administrativo ni con el proceso contencioso-administrativo. Con la primera, porque es por su medio que aquélla se ejerce; con el segundo, porque es la constatación documental de la serie de actos que constituyen el procedimiento administrativo; con el tercero, porque se desarrolla en el seno de la administración pública y sirve de medio para el ejercicio de la función administrativa, contrariamente al proceso contencioso-administrativo que sirve de medio para que ejerza el Poder Judicial la potestad de juzgar en materia contencioso-administrativa. Está regulado por la Ley de Procedimiento Administrativo vigente desde el 1° de enero de 1988.

2. *Principios*

Los principios del procedimiento administrativo son los siguientes: oficialidad, formalismo moderado, celeridad, economía, eficacia, garantía del debido proceso y escrituriedad.

La oficialidad se acepta cuando se dispone que iniciado el procedimiento se impulse de oficio en todos sus trámites, incluso adoptando decisiones como la de abrir a pruebas el procedimiento aun cuando el interesado no lo solicite, siempre que el órgano competente para resolver no tenga por ciertos los hechos alegados por la parte interesada, o bien dictar autos para mejor proveer en iguales condiciones.

El formalismo moderado se reconoce en las reglas de la invalidez que se relacionan en el acápite número 14, así como en la potestad reconocida a la administración de subsanar los actos anulables o a los particulares para subsanar los errores u omisiones formales.

La celeridad, la economía y la eficacia mandan que los trámites no se retrasen injustificadamente, que no se exijan documentos o trámites innecesarios y que los actos produzcan los efectos requeridos. Con estos principios se da plena vigencia a la simplificación administrativa. El debido proceso se traduce en el derecho a ser oído y a ofrecer y producir las pruebas.

El principio de escrituriedad se manifiesta en la necesidad de que se forme un expediente para dejar constancia documental de todos los actos que se producen por los particulares y por el órgano responsable del procedimiento.

3. *Los sujetos*

Los sujetos del procedimiento son dos; a saber: la administración pública, por medio del órgano competente, y los "interesados".

El trámite y la resolución de un procedimiento administrativo corresponde a un órgano que la ley le atribuye expresamente la competencia para ello. No es, pues, cualquier órgano; lo será únicamente el competente, es decir, el titular de la competencia; sin embargo, se admite la delegación como medio para transferir en un inferior el ejercicio de funciones.

El interesado es la persona, natural o jurídica, titular de un derecho subjetivo o de interés legítimo, que promueva el procedimiento y aquellos a quienes pudiere afectar en sus derechos subjetivos o en sus intereses legítimos la resolución que hubiere de dictarse y se apersonen en el mismo espontáneamente, o por citación del órgano competente, para resolver cuando este advierte su existencia durante la sustanciación del procedimiento.

El interesado debe tener capacidad procesal para comparecer en vía administrativa, lo que adquiere, como regla general, a los 21 años. Los menores podrán comparecer cuando las leyes lo permitan (en caso de los derechos políticos). Pero para representarlo en el proceso se requiere la intervención de un profesional del derecho inscrito en el Colegio de Abogados.

4. *Fases*

Las fases del procedimiento son tres: iniciación, desarrollo y terminación.

A. *Iniciación*

El procedimiento podrá iniciarse de oficio o a instancia de parte. Cuando es de oficio, procederá por mandato del órgano competente, bien por propia iniciativa o como consecuencia de una orden del superior jerárquico inmediato, noción razonada de los subordinados o denuncia.

A instancia de parte, cuando esta presente una petición en la que debe relacionar sus datos personales, los hechos y las razones en que la funde y la expresión clara de lo que pide, firmando después de señalar el lugar y la fecha de la misma, a la que acompañará los documentos en que apoye sus peticiones.

Cuando se iniciare a petición de parte interesada, se podrá ampliar la misma siempre que se base en hechos esencialmente idénticos a los invocados en la petición inicial. Igualmente, podrá subsanar la petición cuando no reúna los requisitos que prevé la ley, para lo que el órgano competente concederá un plazo de cinco días.

B. *Desarrollo*

a. *Ordenación*

Los plazos reconocidos en la ley son obligatorios y comienzan a correr desde el día siguiente a la notificación o a la publicación. Si se fija en días, solamente se computarán los hábiles administrativos; si en meses, serán de fecha a fecha; si en años, estos serán naturales; si en horas, se entenderá, cuando sea dentro de un número de horas, que se extiende hasta el último minuto de la última hora, y si fuere después de una determinada hora, se entenderá que inicia en el primer minuto de la hora que sigue a esta; si no hay plazo, se entenderá que es de 10 días.

La prórroga de los plazos sigue las reglas siguientes: se concederá salvo una ley en contrario; solo se dispensará una prórroga; no podrá exceder la mitad del plazo original; debe pedirse antes de expirar el plazo; debe alegarse justa causa; no debe perjudicar a terceros, y contra la providencia que se conceda o deniegue no se admitirá recurso alguno.

La preclusión debe decretarse. Caduca de derecho y se pierde irrevocablemente el trámite o recurso que hubiere dejado de utilizarse, sin necesidad de apremio y sin que se interrumpa el procedimiento. Pero se ordena que se emita la providencia por la cual se tiene por transcurrido el plazo y que se notifique. Y si el interesado presenta el escrito o recurso que proceda antes o dentro del día en que se notifique esta providencia, se admitirá y producirá efectos.

El registro de toda petición, comunicación o cualquier documento que ingrese o se despache debe llevarlo la secretaria general de la secretaría de Estado respectiva, salvo que se trate de un órgano ubicado en un inmueble distinto de esta o sea desconcentrado o se trate de una institución descentralizada, en cuyo caso se llevará por quien dispongan las normas aplicables. El interesado podrá presentar copia simple del escrito que presente a efecto de que se coteje y se le devuelva con nota que exprese la fecha y la hora de presentación, con el sello de la oficina y firma del empleado que la reciba.

b. *Dictámenes*

Pueden ser facultativos u obligatorios y vinculantes o no vinculantes.

Los facultativos son los que se solicitan porque así lo ha acordado el órgano competente para decidir; los obligatorios, los que deben ser solicitados porque la ley lo exige, como es el caso del que debe solicitarse a la asesoría legal cuando la decisión haya de afectar derechos subjetivos o intereses legítimos.

Serán vinculantes cuando la decisión deba sujetarse al dictamen, y no vinculantes cuando el órgano no está obligado a someterse al dictamen.

El plazo para remitirlos es de 15 días, contados desde la fecha en que se reciba la solicitud. En caso de no remitirse, proseguirán las actuaciones sin perjuicio de la responsabilidad del funcionario culpable de la omisión.

c. *Prueba*

Recaerá sobre los hechos que fueren relevantes para la decisión y se acepta cualquier medio de prueba, salvo los que fueren manifiestamente improcedentes, superfluos o meramente dilatorios. El periodo probatorio no podrá ser inferior a 10 días ni superior a 20 y podrá acordarse de oficio o a instancia de parte.

Las reglas son las siguientes: si se tratare de prueba testifical, el órgano competente para resolver interrogará libremente a los testigos, sin perjuicio de los interrogatorios que presente el particular; cuando se trate de prueba pericial, solo el interesado podrá proponer peritos y la administración se limitará a pedir informes de los servidores públicos y de los órganos técnicos, salvo que fuere necesario el nombramiento de peritos; cuando se practiquen fuera del lugar de su sede, para decidir, el órgano competente librará comunicación al órgano estatal o a la municipalidad de la jurisdicción a efecto de que la cumplimente; la administración apreciará libremente y en su conjunto el resultado de las pruebas, de acuerdo con las reglas de la sana crítica.

Finalmente, la administración podrá acordar la práctica de cuantas pruebas se estimen pertinentes para la más acertada decisión del asunto.

d. *Audiencia de los interesados*

Transcurrido el periodo probatorio y, en su caso, practicadas las diligencias de prueba acordadas de oficio por el órgano competente, de oficio se dará vista de las actuaciones a los interesados para que dentro del plazo común de 10 días aleguen sobre lo actuado y sobre el valor y el alcance de las pruebas producidas.

C. *Terminación Puede ser normal o anormal.*

Será normal cuando concluya mediante un acto por el que se estima o desestima lo pedido por el particular; anormal, cuando concluye por desistimiento o caducidad.

a. *Normal*

Termina normalmente el procedimiento mediante una decisión expresa o presunta.

Cuando se trate de una resolución expresa contiene la indicación del órgano que la emite, su fecha y, después de la motivación, la siguiente fórmula: "resuelve:". Será firmada por el titular del órgano y autorizada por el funcionario que indiquen las normas. En la parte resolutiva o dispositiva se decidirán todas las cuestiones planteadas por los interesados y cuantas del expediente resulten, hayan sido o no promovidas por aquéllos. Cuando lo que se pide se puede resolver de plano, en el fondo, se debe notificar en el plazo máximo de 10 días, contados a partir del día siguiente de la presentación del primer escrito; en los demás casos, el plazo para resolver será de 40 días. Cuando la decisión sea presunta estamos ante el silencio administrativo. La LPA establece la regla general de que ante el silencio administrativo opera el silencio positivo, que denomina afirmativa ficta.

Transcurrido el plazo para resolver sin que se hubiere notificado la resolución expresa, el interesado podrá solicitar, ante el superior jerárquico del órgano omiso, dentro de los ocho días hábiles siguientes, la certificación de que ha operado la afirmativa ficta en su favor, la que producirá los efectos legales de la resolución favorable que se pidió. Si la certificación no se emite, la afirmativa ficta tendrá eficacia inmediatamente. Y la forma de acreditarla es mediante la exhibición de la solicitud del trámite respectivo y de la petición que se hizo de la certificación ante el superior jerárquico, lo que se hará constar mediante acta notarial.

b. *Anormal*

El desistimiento y la caducidad de la instancia son las dos formas de terminación anormal del procedimiento administrativo.

El desistimiento podrá ser presentado por escrito en cualquier momento y se resolverá aceptando el desistimiento y archivando las actuaciones. Si se presentara en el trámite de un recurso, el acto impugnado se tendrá por firme. Sin embargo, si fueran varios los interesados apersonados y optan por instar el procedimiento, o la administración aprecia que la cuestión planteada es de tal naturaleza que, por afectar el interés nacional, sea conveniente proseguir con el procedimiento, podrá continuarlo hasta su resolución y el desistimiento solamente tendrá efectos para el que lo solicita.

La caducidad de la instancia podrá declararse cuando por una causa imputable al interesado se hubiere paralizado durante 30 días un procedimiento promovido por este. Sin embargo, cuando la administración aprecie que la cuestión planteada por la petición es de tal naturaleza que, por afectar los intereses generales, conviene proseguir con el procedimiento, podrá continuarlo hasta su resolución. No se podrá decretar la caducidad de la instancia en los casos siguientes: cuando no constare en el expediente que el interesado fue debidamente requerido para la aportación de documento o cumplimiento del trámite legalmente indispensable para la continuación del procedimiento, con apercibimiento de que, de no cumplirlo dentro del plazo de 15 días, se declarará la caducidad de la instancia; cuando el interesado cumpliere el trámite o requisito o justificare las causas que se lo impidan antes de producirse la declaración de la caducidad de la instancia, aunque hubiere transcurrido el plazo legal para acordarla.

D. *Revisión*

La revisión puede ser de oficio o a instancia de parte. La primera procede cuando se declara de oficio la anulación, la modificación, la revocación, la convalidación, la conversión o la rectificación.

A instancia de parte, la revisión se realiza mediante los recursos administrativos de reposición, apelación o revisión, reconocidos en la legislación.

a. *Revisión de oficio*

La anulación, cuando se trate de actos nulos, procederá de oficio y en cualquier momento, por el órgano que dictó el acto o por el superior, previo dictamen favorable de la Procuraduría General de la República.

Cuando se trate de actos anulables, procederá la anulación de oficio cuando el acto infrinja manifiestamente la ley y no haya adquirido el carácter de firme, pudiendo el superior decretar la anulación siempre que hubiere requerido al inferior, cuando se trate de una competencia que la ley expresamente atribuya a este, para que revise el acto, y hubiera emitido su actuación sin motivo justificado, o bien puede decretarlo sin seguir este procedimiento cuando el inferior lo hubiera dictado en el ejercicio de una función delegada por el superior.

La modificación y la revocación procederán cuando desaparecieran las circunstancias que lo motivaron o sobrevinieren otras que, de haber existido a la sazón, el acto no habría sido dictado, y cuando el acto no fuere oportuno o conveniente a los fines del servicio para el cual se dicta. Producirán efecto desde su fecha, contrario a la anulación que produce efecto desde la fecha del acto cuya anulación se decreta.

Las potestades de anulación, modificación y revocación no podrán ejercerse cuando por prescripción de acciones, por el tiempo transcurrido o por otras circunstancias, su ejercicio resultara contrario a la equidad, al derecho de los particulares o a las leyes. En todo caso, solamente darán lugar a indemnización cuando esta esté prevista expresamente en una ley.

La convalidación consiste en subsanar los vicios de que adolezcan los actos anulables, pero no podrá convalidarse de oficio si se hubiere interpuesto recurso.

Cuando un acto nulo, sin embargo, contiene todos los requisitos constitutivos de otro distinto, podrá ser convertido en este y producirá sus efectos si, en su caso, así lo consintiere el interesado. Esta es la figura de la conversión.

La rectificación consiste en la enmienda de errores materiales o de hecho y de errores aritméticos, siempre que con ello no se altere lo sustancial del acto o la decisión, y puede llevarse a cabo en cualquier momento.

b. *Revisión en vía de recurso*

Los recursos administrativos se dividen en ordinarios y extraordinarios. Los primeros son los de reposición y apelación. El segundo es el de revisión.

El de reposición y apelación tiene por objeto los siguientes actos: los definitivos; los de carácter general, cuando se estén aplicando, y los de trámite, cuando imposibiliten la continuación del procedimiento o causen indefensión. El de revisión procede contra los actos firmes.

Estarán legitimados para impugnar, mediante recursos administrativos, los titulares de derechos subjetivos o de intereses legítimos afectados por el acto impugnado. En el caso del recurso de revisión se reconoce legitimación a la Procuraduría General de la República para interponerlo en interés de legalidad de la actividad administrativa.

Serán motivos de impugnación, en el caso de la reposición y la apelación, cualquier infracción del ordenamiento jurídico, incluso el exceso de poder y la desviación de poder. También por razones vinculadas a la oportunidad y conveniencia del acto impugnado, cuando el acto fuere dictado en ejercicio de potestades discrecionales.

En el recurso extraordinario de revisión los motivos de impugnación son los siguientes: que el acto se hubiere dictado con evidente y manifiesto error de hecho, que afecte la cuestión de fondo, siempre que dicho error resulte plenamente demostrado de los documentos incorporados al expediente; que después de adoptada la resolución aparezcan documentos decisivos ignorados por fuerza mayor al dictarse la resolución o de imposible aportación entonces al expediente, y que la resolución se fundamente en documento que al tiempo de adoptarse aquélla ignorase alguno de los interesados haber sido reconocido y declarado falso en sentencia judicial firme, o cuya falsedad se reconociera o declarara después.

El recurso de reposición se presenta ante el órgano que hubiere dictado el acto impugnado, dentro de los 10 días siguientes al de la notificación del acto impugnado, y su resolución se notificará dentro de los 10 días después de su interposición; si transcurre este plazo sin haberse notificado se entenderá desestimado en virtud del silencio negativo. El efecto de la resolución, expresa o presunta, es poner fin a la vía administrativa.

El recurso de apelación procede contra los actos dictados en primera instancia y se interpone dentro del plazo de 15 días contados a partir del día siguiente de su notificación. Se presenta el escrito ante el órgano que emite el acto impugnado, quien lo remitirá al superior jerárquico dentro de los cinco días siguientes a la interposición del recurso, junto con el expediente y un informe para ilustrar a este en relación con la decisión adoptada objeto del recurso. Si no existieran otros interesados y no acordara la producción de prueba, la resolución se notificará dentro de un plazo de un mes, contado desde el día siguiente al de la interposición; en caso de que no se notifique en ese plazo se entenderá desestimado.

El recurso de revisión se interpone ante el órgano superior de la administración de que se trate, dentro de los dos años siguientes a la fecha de notificación de la resolución impugnada, en el supuesto señalado cuando se dicte con evidente y manifiesto error de hecho; en los demás casos el plazo será de dos meses, contados desde el día en que hubieran sido descubiertos los documentos ignorados o desde que quedó firme la sentencia judicial. La resolución se dictará dentro de los dos meses siguientes a su interposición.

El procedimiento común de los recursos se ajustará en lo pertinente al procedimiento administrativo que regula la LPA. Del escrito de recurso se dará traslado a los demás interesados, si los hubiere, para que en el plazo de seis días expongan cuanto estimen pertinente; de oficio o a petición de parte podrá acordarse la producción de prueba cuando el órgano competente estimare que los elementos reunidos en las actuaciones no son suficientes para resolver el caso; producida la prueba, de oficio se dará vista de las actuaciones a los interesados para que dentro del plazo común de 10 días aleguen sobre todo lo actuado y sobre el valor y el alcance de las pruebas producidas.

En la resolución que ponga fin al recurso se decidirán todas las cuestiones planteadas por los interesados y cuantas se deriven del expediente. Si se tratare de actos definitivos o providencias, en los recursos de reposición y apelación se resolverá la confirmación, la anulación, la revocación o la modificación de la resolución impugnada, sin perjuicio de los derechos de terceros; si se estimare procedente el recurso de revisión, se declarará la nulidad total o parcial de la resolución impugnada, mandando que se practiquen de oficio las actuaciones que procedan; cuando se tratare de actos de carácter general, se resolverá confirmar, reformar o derogar, total o parcialmente, el acto impugnado, sin perjuicio de que subsistan los actos firmes dictados en aplicación del mismo; en caso de que se derogue o se reforme, la resolución debe publicarse en el diario oficial La Gaceta. No se podrán resolver por delegación recursos de apelación o de revisión contra actos dictados por el propio órgano al que se han conferido las facultades delegadas.

VI. JURISDICCIÓN DE LO CONTENCIOSO-ADMINISTRATIVO

1. *Introducción*

La Constitución de 1965 contenía una norma que disponía lo siguiente: "Créase el Tribunal Contencioso Administrativo. La ley reglamentará su organización, funcionamiento y atribuciones". Luego, la de 1982, dispuso en su artículo 318: "Créase la jurisdicción de lo contencioso administrativo. La ley establecerá la competencia de los tribunales de la materia, así como su organización y funcionamiento".

No obstante, fue hasta el 1° de julio de 1988 que entró en vigencia la Ley de la Jurisdicción de lo Contencioso Administrativo (LJCA), pero se aprobó el día 20 de noviembre de 1987. Se concedió una vacatio legis de más de seis meses para que los profesionales del derecho se prepararan para esta nueva jurisdicción, que en esa época era totalmente desconocida por estos profesionales.

2. *Los sujetos procesales*

Los sujetos del proceso contencioso-administrativo son el órgano jurisdiccional y las partes. Los Juzgados de Letras actúan en primera o única instancia; las Cortes de Apelaciones en segunda instancia, y en materia de casación corresponde a la Corte Suprema de Justicia, por medio de la sala respectiva.

Las partes son el demandante, el demandado y el coadyuvante. El demandante podrá ser el administrado o la administración. El primero es la persona natural o jurídica con capacidad procesal y legitimación para demandar, pero no podrá incoar el juicio cuando actúe por delegación o como mero agente o mandatario de la entidad cuyo acto se impugne. La administración podrá demandar la ilegalidad o la anulación de un acto propio, firme y creador de algún derecho subjetivo, siempre que acredite haber declarado en sede administrativa que el acto impugnado es lesivo a los intereses públicos que representa. El demandado puede ser el Estado, las instituciones autónomas, las municipalidades, los entes públicos no estatales o las personas a cuyo favor derivaran derechos del propio acto impugnado.

El coadyuvante es la parte que interviene adhiriéndose a la pretensión de una de las partes. Será coadyuvante del demandado la persona que, teniendo interés directo en el mantenimiento del acto impugnado, interviene en el proceso adhiriéndose a la pretensión del demandado; igualmente, el que interviene en el proceso incoado por la administración, adhiriéndose a la pretensión de esta por tener interés en la misma. Se subordina a la parte a cuya pretensión se adhiere, por lo que no se le permite actuar de manera independiente.

La representación y la defensa del Estado corresponde a la Procuraduría General de la República por mandato constitucional; la representación de las instituciones autónomas corresponde al órgano que ostente la representación legal; la representación de las municipalidades corresponde al alcalde, quien tiene la representación legal de la entidad. En los dos últimos casos, la defensa corresponde a profesionales del derecho.

En el caso de los particulares, su comparecencia está determinada por su capacidad procesal. Si son menores de 21 años, comparecerá su representante legal, salvo en los casos previstos en la ley en que puede comparecer personalmente. La defensa estará a cargo de profesionales del derecho.

3. *Los actos revisables*

Los actos de carácter particular o general de la administración pública, sujetos al derecho administrativo, son los que se pueden revisar en esta jurisdicción.

Los actos administrativos de carácter particular o general que reconoce la legislación hondureña son los decretos, los acuerdos, las resoluciones y las providencias, emitidos por el presidente de la República, el Consejo de Ministros los secretarios de Estado, los órganos inferiores de las secretarías de Estado con competencias atribuidas por la ley para decidir, y los órganos supremos de las instituciones autónomas y de las municipalidades.

Los actos administrativos particulares que pueden ser revisados en esta jurisdicción deben ser, además, definitivos y no susceptibles de ulterior recurso en vía administrativa. Son actos que concluyen o ponen fin al procedimiento administrativo, pero contra los cuales no procede recurso administrativo alguno. La resolución final de un director general pone fin al procedimiento administrativo de primera instancia; se trata, en consecuencia, de un acto definitivo, pero aún es susceptible de ser impugnado mediante el recurso de apelación ante su superior jerárquico, por lo que, mientras no se agote este recurso, no podrá ser revisado en esta jurisdicción. En cambio, la resolución de un secretario de Estado, en única o segunda instancia, sí puede ser revisada porque contra ella no cabe ya ningún recurso administrativo, por cuanto no existe una instancia jerárquica reconocida en la ley para decidir impugnaciones.

Los actos de trámite también pueden ser revisados en esta jurisdicción, aun cuando su función sea darle curso al procedimiento y no resolver el fondo de las peticiones, pero solo excepcionalmente. Esto sucede cuando no sean susceptibles de ulterior recurso administrativo y decidan, directa o indirectamente, el fondo del asunto, de tal modo que pongan término a la vía administrativa o hagan imposible o suspendan su continuación.

Los actos de carácter general pueden impugnarse directa o indirectamente. Directa será cuando se impugne el acto de carácter general; indirecta, cuando la acción se dirija contra los actos particulares que se produjeran en aplicación de los actos de carácter general, fundada en que estos no son conforme a derecho.

4. *Actos no revisables*

No pueden ser revisados por esta jurisdicción los siguientes actos: firmes, confirmatorios de actos firmes, que sean reproducción de otros anteriores ya firmes, que pongan término a la vía administrativa como previa a la judicial, y los que se dicten en virtud de una ley que expresamente los excluya de la vía contencioso-administrativa.

A. *Acto firme*

Es el que no se recurre en tiempo y forma o el consentido expresamente.

No recurrir en tiempo y forma significa dejar transcurrir los plazos para interponer los recursos de reposición o de apelación, según sea el caso, sin utilizarlos. En apariencia el transcurso de estos plazos tiene el efecto de convertir un acto definitivo en un acto firme. Sin embargo, la preclusión tiene una regulación especial, como se dijo oportunamente.

A pesar de haber transcurrido el plazo, el interesado puede interponer el recurso que proceda, cuando lo haga antes o dentro del día de la notificación de la providencia por la cual se hace constar de oficio el transcurso del plazo. En conclusión, mientras este trámite no haya concluido, no puede entenderse que el acto definitivo se ha convertido en un acto firme.

Que el acto firme esté consentido expresamente significa que el interesado debe manifestar de manera inequívoca su plena conformidad con el acto emitido, como cuando se desiste de un recurso de apelación, porque el efecto inmediato es que el acto impugnado queda firme.

Existe un caso en el que el acto firme sí puede ser revisado en esta jurisdicción: cuando fuere nulo de pleno derecho y esté surtiendo efectos. Sin embargo, la sentencia que se dicte en estos casos solamente podrá anular el acto con el objeto de que no se siga aplicando, pero no podrá reconocer ninguna situación jurídica a favor del demandante.

B. *Actos confirmatorios o de reproducción de actos firmes*

Los actos confirmatorios de actos firmes son aquellos que se emiten para confirmar un acto firme. Por ejemplo, cuando no se admite un recurso de apelación.

Los que son reproducción de actos firmes son los que se producen cuando el órgano se pronuncia por segunda vez en el mismo sentido sobre cuestiones ya resueltas en un acto dictado anteriormente.

C. *Resoluciones que ponen término a la vía administrativa como previa a la vía judicial*

La LPA establece que, para incoar una demanda en materia de derecho privado contra el Estado, previamente debe cumplirse con un requisito.

Ese requisito es que debe plantearse un reclamo administrativo en el que se expongan los mismos hechos y fundamentos de derecho que se invocarán en la demanda judicial que se interpondrá.

El objeto es evidente. Darle a la administración la oportunidad de decidir sobre las pretensiones a plantear judicialmente, para evitar el juicio que puede resultar innecesario.

Estos reclamos no plantean cuestiones de derecho administrativo ni cuestiones que pueden ser conocidas por esta jurisdicción, por lo cual quedan excluidas de su conocimiento.

D. *Actos excluidos expresamente por una ley*

La exclusión debe ser expresa y debe contenerse en una ley emitida por el Congreso Nacional.

5. *Cuestiones excluidas, incluidas y prejudiciales*

Las cuestiones que no son del conocimiento de esta jurisdicción son las siguientes: las de orden civil, mercantil, laboral, penal o agrarios, y aquellas que, aunque relacionadas con actos de la administración pública, se atribuyan por una ley a otra jurisdicción; y las que se susciten sobre los actos de relación entre los poderes del Estado con motivo de las relaciones internacionales, la defensa del territorio nacional y el mando y la organización militar, sin perjuicio de las indemnizaciones que fueren procedentes y cuya determinación sí corresponde a la jurisdicción de lo contencioso-administrativo.

Esta jurisdicción conoce de las cuestiones siguientes:

a) Las referentes al cumplimiento, interpretación, resolución, rescisión y efectos de los contratos administrativos de obra pública, suministros, consultoría y demás regulados por la Ley de Contratación del Estado, y todo lo relativo a los contratos de servicios profesionales o técnicos que celebren los poderes del Estado.

b) Las que se susciten sobre la responsabilidad patrimonial del Estado y de las entidades estatales.

c) La ejecución de las resoluciones que se adopten en aplicación de la Ley de la Carrera Judicial y que tengan por objeto reintegros o pago de indemnizaciones.

d) Las relativas a los actos, particulares o generales, emitidos por las entidades de derecho público, como colegios profesionales y cámaras de comercio e industrias, siempre que la ley no los someta a una jurisdicción especial, así como el cumplimiento, interpretación, resolución y efectos de los contratos celebrados por estas entidades, cuando tuvieren por finalidad obras y servicios públicos de toda especie.

e) Las que una ley le atribuya especialmente. La competencia en esta jurisdicción se extiende al conocimiento y la decisión de las cuestiones prejudiciales e incidentales no pertenecientes a la materia, directamente relacionadas con un juicio contencioso administrativo, salvo las de carácter penal. La decisión que se tome, empero, no surtirá efectos fuera del proceso y podrá ser revisada por la jurisdicción correspondiente.

6. *La improrrogabilidad de la competencia y la falta de jurisdicción*

La extensión y los límites de la jurisdicción están delimitados en la LJCA, por lo que no puede haber confusión en cuanto al conocimiento de las cuestiones que son propias de la misma ni puede ser alterada por la voluntad de las partes.

La falta de jurisdicción, por ende, puede ser declarada, incluso de oficio, previa audiencia de las partes. El fondo de la pretensión formulada no puede ser examinada por estos tribunales, si se trata de una cuestión propia de otra jurisdicción, lo que puede decidir, de oficio, mediante resolución fundada e indicando a las partes la jurisdicción que se estime competente, y si la parte demandante comparece ante esta en el plazo de 10 días se entenderá presentada en la fecha que se inició el plazo señalado para presentar la demanda.

7. *Las Pretensiones*

A. *Noción*

Son las peticiones concretas sobre las cuales las partes exigen que el juez se pronuncie en un determinado sentido. La pretensión en esta jurisdicción solamente puede ser deducida en relación con un acto administrativo que sea revisable por esta jurisdicción o con una cuestión de las que quedan comprendidas dentro de su conocimiento.

La pretensión está condicionada por la legitimación. No se puede conocer de las pretensiones de quien no tenga legitimación para ello, aun cuando tenga capacidad procesal. La calificación puede darse en dos momentos, en las defensas previas y en la sentencia definitiva, cuando se puede decretar la inadmisibilidad, justamente, por la falta de legitimación.

B. *Clases de pretensiones*

Son tres; a saber: pretensión de anulación, pretensión de reconocimiento de una situación jurídica individualizada y pretensión de adopción de las medidas necesarias para el pleno restablecimiento de la situación jurídica individualizada.

Por la pretensión de anulación se persigue que el tribunal se pronuncie sobre lo siguiente: que se declare procedente la acción; que se declare la ilegalidad del acto impugnado; que se decrete su anulación, total o parcial.

La legitimación, en estos casos, se reconoce a quien tenga interés legítimo y directo. No se requiere ser titular de un derecho subjetivo. También se reconoce una legitimación especial cuando se trate de entidades estatales y no estatales, en cuyo caso se exige, además, la denominada legitimación corporativa, en el sentido de que el acto impugnado afecta directamente los intereses que representa la entidad respectiva.

Por la pretensión de reconocimiento de una situación jurídica individualizada se persigue que el tribunal se pronuncie sobre una situación jurídica concreta alterada por el acto impugnado, a favor del actor, cuya legitimación debe sustentarse en la titularidad de un derecho subjetivo lesionado por el acto impugnado.

En estos casos, la pretensión de anulación debe plantearse como previa a esta pretensión, porque para obtener esta primero debe declararse procedente la acción, ilegal el acto y decretar su anulación. El tribunal, después de resolver la pretensión de anulación, debe pronunciarse sobre el derecho subjetivo y la lesión concreta que a este le ha ocasionado el acto impugnado.

Por la pretensión de adopción de las medidas necesarias para el pleno restablecimiento de la situación jurídica individualizada se persigue ya no una declaración, sino una decisión que puede incluir hasta una condena, imponiéndole a la administración una obligación de hacer, de no hacer o de dar. En el caso de un despido, por ejemplo, además de las pretensiones anteriores, se pedirá el reintegro y, a título de daños y perjuicios, el pago de los salarios caídos. La legitimación será la misma de la pretensión anterior: la titularidad de un derecho subjetivo lesionado por el acto impugnado.

8. *Procedimiento ordinario*

A. *Requisitos para la presentación de la demanda*

Para incoar la acción contencioso-administrativa el actor debe agotar previamente la vía administrativa. Se entenderá agotada la vía administrativa cuando se hubieren interpuesto, en tiempo y forma, los recursos administrativos previstos en la ley y cuando la ley lo disponga expresamente.

En todo caso, debe interponerse el recurso de reposición cuando el acto final del procedimiento emanare directamente de un órgano superior de la respectiva jerarquía administrativa y por ello no fuere susceptible de ulterior recurso administrativo. La acción podrá deducirse indistintamente contra el acto objeto del recurso; que se resolviere este expresamente o por silencio administrativo, o contra ambos a la vez. Sin embargo, cuando de manera expresa se reforme el acto impugnado en la resolución de la reposición, la acción se deducirá contra esta.

No se requerirá el requisito señalado en el párrafo anterior cuando se tratare de un acto presunto, de un acto no manifestado por escrito o de un acto de carácter general cuando se impugnare directamente.

Cuando fuere la administración la que solicitare la nulidad de sus propios actos, debe previamente declararlos lesivos a los intereses públicos, de carácter económico o de cualquier naturaleza, en el plazo de cuatro años, a contar a partir de la fecha en que hubiere sido dictado.

B. *Presentación de la demanda*

El plazo para presentar la demanda es de 30 días, atendiendo las siguientes reglas: cuando procediere la notificación personal, el plazo comenzará a contarse desde el día siguiente a esta; cuando no proceda la notificación personal, el plazo se iniciará a partir del día siguiente al de la publicación; cuando se trate de una denegación presunta, el plazo comenzará a partir del día hábil siguiente a aquel en que se entiende desestimada la petición.

Para la administración, el plazo es de dos meses, contados a partir del día hábil siguiente a la declaración de lesividad de la resolución impugnada.

Presentada la demanda, dentro de las 48 horas siguientes se procederá a su admisión, si procediere. En el mismo auto se ordenará la publicación sucinta del contenido de la misma, en el diario oficial La Gaceta, con la finalidad de que quien tenga interés pueda apersonarse en el proceso.

C. *Inadmisibilidad de la demanda*

Podrá declararse inadmisible la demanda cuando conste cualquiera de las siguientes causas: falta de jurisdicción o incompetencia; que la acción se deduce contra alguno de los actos no susceptibles de impugnación; que ha expirado el plazo para la presentación de la demanda; que no se ha agotado la vía administrativa.

Previamente, el juzgado hará saber a las partes el o los motivos en que se funde, para que dentro de los 10 días siguientes se pronuncien al respecto. En caso de que se funde en que no se ha agotado la vía administrativa, se concederá al actor un plazo de 10 días para que presente el recurso de reposición, y si acredita, dentro de los cinco días siguientes, la interposición, quedará en suspenso el procedimiento. Contra el auto que acordare la inadmisibilidad procederán los recursos legales respectivos.

D. *Contestación*

El demandado tendrá 20 días hábiles para contestar la demanda, los que se contarán a partir del día siguiente al emplazamiento. Salvo los coadyuvantes, que se entenderán emplazados por la publicación sucinta del contenido de la demanda ordenada por el tribunal.

Con la contestación, la administración demandada acompañará el expediente administrativo respectivo, que de no presentarse completo podrá el actor pedir al juez que se presenten los antecedentes para completarlo, y este procederá y acordará lo pertinente.

Si no se presenta la contestación en tiempo y forma, se declarará en rebeldía a la administración demandada, en cuyo caso se solicitará el expediente al órgano en que se encuentre, bajo la responsabilidad personal de su titular.

E. *Defensas previas*

No se oponen al fundamento jurídico-material de la pretensión sino a los requisitos procesales de la acción.

La ley reconoce las siguientes: las que se fundan en los mismos motivos para declarar inadmisible la acción en sentencia definitiva; la litis pendencia, y la falta de agotamiento de la vía administrativa.

Pueden presentarlas los demandados y los coadyuvantes dentro de los cinco días hábiles siguientes al emplazamiento. Si no se alegan las defensas previas dentro de este plazo, no se les dará curso ni se atenderán.

Se tramitarán en pieza separada y no interrumpirán el curso del procedimiento, por lo que no se suspende el plazo para contestar la demanda. Del escrito de defensas previas se dará traslado a la parte demandante y se fijará una audiencia dentro de los cinco días hábiles siguientes al que se acordare el traslado, a la cual comparecerán las partes para alegar lo pertinente.

La resolución que declare con lugar las defensas previas declarará también la inadmisibilidad de la demanda. Contra la resolución que las declare sin lugar no cabrá recurso alguno.

F. *Prueba*

Si la cuestión debatida es de puro derecho, o cuando hubiere conformidad entre las partes acerca de los hechos, no procederá el recibimiento a prueba.

La apertura a pruebas procede únicamente cuando exista disconformidad en los hechos y estos sean de indudable trascendencia para la resolución del caso.

El juzgado puede decretar de oficio o a instancia de parte el recibimiento a pruebas. Pero en el segundo supuesto se acordará siempre que en los escritos de demanda o contestación se expresen con claridad los puntos de hecho sobre los que haya de versar la prueba.

El periodo de prueba será de 30 días para proponer y ejecutar la prueba, pudiéndose ampliar hasta por 20 días más cuando hubiere de evacuarse prueba fuera del departamento en que esté el juzgado. Los medios de prueba son los reconocidos por la legislación procesal civil.

Las reglas especiales que se aplican en este proceso son las siguientes: no puede obligarse a la administración pública a absolver posiciones por medio de sus agentes, pero estos están obligados a suministrar los informes que el juzgado solicite. Los interrogatorios se formularán para el titular del órgano autor del acto impugnado, que serán contestados por los agentes públicos a quienes se refieren los hechos, bajo su responsabilidad personal, y se entenderán dados bajo juramento.

Concluida la fase probatoria, el juez podrá acordar, antes o después de la citación para sentencia, la práctica de cualquier diligencia de prueba que estime procedente, la cual debe ejecutarse dentro del plazo de 20 días. Cuando se acordare después de la citación para sentencia, el plazo para proferirla quedará en suspenso a partir del acuerdo respectivo y el resultado de estas diligencias se pondrá a disposición de las partes para las alegaciones pertinentes.

Concluido el periodo probatorio, de oficio se acordará la unión a los autos de las pruebas practicadas y que se pongan a disposición de las partes por 10 días hábiles comunes para que estas presenten sus conclusiones, en cuyo escrito el demandante podrá solicitar que en la sentencia se formule pronunciamiento concreto sobre la existencia y la cuantía de daños y perjuicios de cuyo resarcimiento se trate, si constaren ya probados en autos.

En el mismo auto en que se decrete finalizada la fase de conclusiones se citará a las partes para sentencia.

G. *Sentencia*

Se dictará dentro de los 10 días hábiles siguientes al auto de citación para sentencia. En la sentencia se contraerá a lo siguiente: inadmisibilidad de la acción y procedencia o improcedencia de la acción.

Cuando la sentencia declare inadmisible la acción, podrá hacerlo por cualquiera de las circunstancias siguientes: falta de jurisdicción; cuando se interpusiere por persona incapaz, no representada debidamente o no legitimada; cuando tuviere por objeto actos no revisables en esta jurisdicción; que recayere sobre cosa juzgada; que la demanda se presente fuera de los plazos legales; que el escrito adolezca de defectos formales que impidan verter pronunciamiento en cuanto al fondo del asunto.

La sentencia podrá declarar improcedente la acción cuando se ajustare a derecho el acto impugnado.

Las sentencias por las cuales se declare inadmisible o improcedente la acción solo producirán efectos entre las partes.

La sentencia declarará procedente la acción cuando el impugnado incurriere en cualquier infracción del ordenamiento jurídico, incluso el exceso de poder y la desviación de poder. En este supuesto, la sentencia contendrá los siguientes pronunciamientos: declarar la ilegalidad del acto impugnado y decretar su nulidad, parcial o total; reconocer la situación jurídica individualizada, si se hubiere pedido, y adoptar cuanta medida sea necesaria para su pleno restablecimiento y reconocimiento; y, si, además, se pide el resarcimiento de daños o perjuicios, se declarará el derecho, pero la determinación de los mismos quedará diferida al periodo de ejecución de sentencia, salvo que la cuantía de los mismos constare ya probada en autos.

H. *Ejecución de las sentencias*

La ejecución se dictará por el tribunal que emite la sentencia en primera instancia y se llevará a cabo por medio del órgano que emitió el acto objeto de la acción.

Firme que sea la sentencia, el juez, dentro de los cinco días hábiles siguientes, ordenará su ejecución al órgano respectivo, el cual habrá de adoptar las resoluciones que procedan y practicar lo que exija el cumplimiento de las declaraciones contenidas en el fallo.

Efecto inmediato de la sentencia pasada por autoridad de cosa juzgada, es que el acto declarado nulo en la misma quedará sin efecto alguno.

Cuando la administración sea condenada al pago de cantidades líquidas, lo hará de acuerdo con las disponibilidades presupuestarias. Si hubiere necesidad de reformar el presupuesto para cumplir con la condena, debe procederse a la misma, y transcurridos 12 meses desde la fecha de recepción de la comunicación, ordenando la ejecución de la sentencia, sin que esta se hubiese ejecutado, el juzgado, a petición de parte, ejecutará la sentencia procediendo de conformidad con los trámites del procedimiento de apremio, entendiendo por este el embargo de bienes suficientes para hacer efectivas las obligaciones de dar, cuando estas consistan en entregar determinadas cantidades de dinero.

Las cantidades líquidas reconocidas en la sentencia que condenen al Estado o a sus entidades, devengarán, por ministerio de ley, intereses comerciales durante los seis meses siguientes a su ejecutoria, y moratorios después de este término.

A quienes se ordenare el cumplimiento de la sentencia no podrán excusarse en la obediencia jerárquica; igualmente, la renuncia no exonera de responsabilidad al funcionario que haya recibido la orden de ejecutar la sentencia antes de presentarla.

9. *Terminación anormal del Proceso contencioso-administrativo*

Son tres las formas de terminación anormal del proceso contencioso administrativo; a saber: desistimiento, allanamiento, cesación de la materia litigiosa y caducidad. El actor podrá desistir de la demanda antes de dictarse la sentencia y se decidirá en un auto o providencia que emitirá el juez declarando terminado el proceso y archivando las actuaciones, sin condena de costas, salvo que se considere que hubo mala fe. Pero si fueren varios los demandantes, el proceso continuará respecto de los que no desistan. El demandado podrá allanarse a la pretensión y el juez, sin más trámite, dictará sentencia de conformidad con las pretensiones del demandante, salvo si ello supusiere una infracción del ordenamiento jurídico o fuere demandada la administración pública, en cuyo caso dictará la sentencia que estime justa y conforme a derecho. La Procuraduría General de la República puede allanarse a la pretensión del demandante solo cuando esté autorizada en acuerdo emitido por el Poder Ejecutivo. En todo caso, si ella entiende que el acto impugnado no se ajusta a derecho, lo hará saber así en comunicación razonada al secretario de Estado respectivo o superior del que dependa el órgano emisor del acto, para que acuerde lo que estimare procedente, y solicitará al juez la suspensión del juicio por un mes.

Si se decide el allanamiento, el proceso continuará respecto de los que no se hubieren allanado. Si la administración reconoce totalmente al actor, en vía administrativa, las pretensiones deducidas judicialmente, y fuere del conocimiento del tribunal, este declarará terminado el proceso en cualquier instancia y ordenará el archivo de los autos. Podrá reiniciarse el proceso, sin embargo, si después de terminado el proceso la administración revoca la decisión de reconocer totalmente en vía administrativa las pretensiones al actor.

La caducidad de la instancia procederá cuando por cualquier causa imputable al actor se haya paralizado el proceso durante seis meses. El tribunal emitirá el auto declarando terminado el proceso y ordenando el archivo de las actuaciones.

10. *Procedimientos especiales*

La LJCA reconoce tres procedimientos especiales; a saber: en materia tributaria, en materia de personal y en materia de licitaciones o concursos.

El procedimiento en materia tributaria se sustanciará cuando la acción impugne un acto sobre fijación o liquidación de impuestos, contribuciones, tasas, multas, y demás rentas o créditos públicos definitivamente establecidos en vía administrativa. Los plazos del procedimiento ordinario quedan reducidos a la mitad, cuando se trate de la presentación y la contestación de la demanda, la proposición y la evacuación de prueba y la formulación de conclusiones.

En materia personal, se tramitarán las acciones contra las cancelaciones o separaciones de servidores públicos que estén protegidos por una ley especial o los nombrados para periodos determinados. En estos casos, la acción podrá interponerse sin agotar previamente la vía administrativa y los plazos serán los mismos que en el procedimiento descrito en el párrafo anterior. Las sentencias que se dicten en este procedimiento anularán el acto impugnado, dispondrán la restitución del actor y condenarán al pago de salarios caídos o bien al pago de la indemnización que corresponda y los sueldos a partir de la cancelación, si así lo solicitare. La sentencia que disponga la restitución del actor también decretará la nulidad del nombramiento del sustituto.

Por el procedimiento especial en materia de licitaciones y concursos podrán impugnarse directamente los actos de adjudicación de los contratos en general. El plazo para presentar la demanda es de cinco días; cinco días para contestarla, y la evacuación de las pruebas no podrá exceder de ocho días. Sin embargo, el tribunal podrá reducir prudencialmente estos plazos, en supuestos de urgencia. Contra la sentencia que se dicte en este procedimiento no se admitirá recurso alguno.

11. *Los incidentes*

Las cuestiones incidentales que se susciten en el proceso deben tramitarse en pieza separada y sin suspender el curso de los autos.

La suspensión del acto impugnado debe tramitarse como incidente y procede cuando la ejecución del acto impugnado (que no se interrumpe con la presentación de la demanda) hubiere de ocasionar daños o perjuicios de reparación imposible o difícil.

Se podrá pedir en cualquier estado del proceso, en primera o en segunda instancia. Del escrito de suspensión se dará vista a la administración por el plazo de tres días para su contestación, y presentada esta, o transcurrido el plazo, el tribunal resolverá lo procedente. Si se decreta la suspensión y se considera que puede resultar algún daño o perjuicio a los intereses públicos o de tercero, se exigirá caución suficiente para responder por los mismos. Esta se constituirá en depósito de dinero en efectivo, valores públicos o aval bancario. Mientras la caución no se constituya, la suspensión no se llevará a efecto.

Las cuestiones incidentales de nulidad no implicarán la de los sucesivos que fueren independientes de los actos nulos, y en la sentencia que se dicte se dispondrá la consumación de aquellos actos cuyo contenido hubiere permanecido el mismo, de no haberse cometido la infracción origen de la nulidad.

Los defectos formales podrán ser subsanados para evitar nulidades. De oficio, o como consecuencia del alegato de una de las partes, el tribunal ordenará la subsanación a la parte responsable del defecto procesal, y si este consistiere en la falta de agotamiento de la vía administrativa, se concederá un plazo para la presentación del recurso administrativo respectivo.

VII. LOS CONTRATOS ADMINISTRATIVOS

1. *Introducción*

A. *Regulación*

Originalmente los contratos administrativos se adjudicaban con apego a la Ley Orgánica de la Proveeduría General de la República de 1958 y a la Ley Orgánica del Presupuesto y sus disposiciones generales. Estas disposiciones se aprueban anualmente; por eso la regulación en esta materia carecía de estabilidad porque cada año podían agregarse o suprimirse disposiciones aplicables.

Con la emisión de la primera Ley de Contratación del Estado, de 1985, se sistematizó el ordenamiento sobre los procedimientos de selección y los contratos administrativos.

Por razones desconocidas, a instancia de los contratistas se derogó esa primera ley y se emitió la vigente, de 2001.

En todo caso, en la Constitución de la República se encuentra la justificación de la Ley de Contratación del Estado. En esta se ordena que la adjudicación de los contratos del Estado se haga mediante procedimientos de selección de conformidad con la ley.

B. *Jerarquía normativa*

Siguiendo la Ley General de la Administración Pública, se establece la siguiente jerarquía normativa:

1) Constitución de la República. 2) Instrumentos internacionales relativos a la contratación administrativa. 3) Ley de Contratación del Estado y demás normas legales relativas a la contratación administrativa. 4) Ley General de la Administración Pública, normas legales relativas a la administración financiera y demás regulaciones legislativas relacionadas con la actividad financiera. 5) Reglamento de la Ley de Contratación del Estado. 6) Los demás reglamentos especiales que se dicten en materias relacionadas con la contratación administrativa. 7) El pliego de condiciones o bases del concurso que rijan cada procedimiento de contratación.

También se incluyen los principios generales del derecho y la jurisprudencia administrativa.

C. *Ámbito de aplicación de la LCE*

Los contratos del Estado sujetos a esta ley son los de obra pública, suministro de bienes o servicios y consultoría.

La LCE es aplicable a la administración pública centralizada y descentralizada y a los poderes Legislativo y Judicial. También al Tribunal Nacional de Elecciones, el Ministerio Público, el Comisionado de los Derechos Humanos, la Contraloría General de la República, la Dirección de Probidad Administrativa, la Procuraduría General de la República y demás organismos especializados creados por ley.

D. *Supletoriedad de la LCE*

La LCE será de aplicación supletoria en los siguientes contratos:

1) Contratos de gestión de servicios públicos, de concesión de uso del dominio público o de concesión de servicios u obras públicas. En este caso, la regulación corresponde a las leyes especiales que tienen por objeto estas figuras jurídicas. Sin embargo, la supletoriedad está limitada a los principios generales contenidos en la LCE.

2) Contratos de compraventa, permuta, donación, arrendamiento, préstamo u otros de contenido patrimonial que celebre la administración pública, sin perjuicio de las solemnidades o los requisitos de forma que para la validez de dichos contratos exigiere el derecho privado; e igualmente, lo concerniente a sus efectos y a su extinción, que serán regulados por el derecho privado, salvo lo que ordenen disposiciones especiales.

En este supuesto, la supletoriedad se limita a la preparación, adjudicación o formalización de estos contratos. Es decir, exclusivamente lo concerniente a las reglas que regulan los procedimientos de contratación, con las adecuaciones del caso.

E. *Materias excluidas de la LCE*

Del ámbito de aplicación de la LCE, se excluyen los siguientes contratos o negocios jurídicos de la administración:

1) La prestación por personas naturales de servicios profesionales o técnicos distintos de los que son objeto de los contratos de consultoría, es decir, los que tienen por objeto los servicios (profesionales o técnicos) "prestados por personas naturales a requerimiento de los organismos de la administración pública, centralizada o descentralizada, para desarrollar actividades relacionadas con su funcionamiento o administración, que demandan conocimientos especializados y que no pueden realizarse con personal regular y permanente".

2) Las relaciones de servicio de los funcionarios y empleados públicos y los contratos regulados por la legislación laboral.

3) La relación entre la administración y los particulares derivada de la prestación de servicios públicos que impliquen el pago por estos últimos de una tarifa o de una tasa de aplicación general, como el de agua potable y el de energía eléctrica.

4) Las operaciones que realice la administración con los particulares para el expendio al público de papel sellado, timbres, alcohol u otras especies fiscales.

5) Los contratos o convenios de colaboración que celebren el gobierno central con instituciones descentralizadas, instituciones autónomas o municipalidades, o con otros organismos públicos, así como los que celebren estos organismos entre sí.

6) Los empréstitos u otras operaciones de crédito público regulados por la legislación especial sobre la materia, así como los servicios financieros prestados por el Banco Central de Honduras o por otras entidades financieras públicas.

2. *Los Procedimientos de selección*

A. *Los principios que rigen en estos procedimientos*

Los principios son los siguientes: legalidad, sana y buena administración, libertad de pactos, eficiencia, publicidad, transparencia, igualdad y libre competencia.

El de legalidad se expresa por medio de la disposición constitucional que contiene la siguiente fórmula: los servidores del Estado no tienen más facultades que las que expresamente les confiere la ley.

El de buena y sana administración exige que la actividad administrativa se apegue a las reglas de la experiencia, no jurídicas, como simplicidad, celeridad, economía, rendimiento y prontitud.

El de libertad de pactos consiste en que la administración puede concertar contratos, pactos o condiciones que convengan al interés público.

El de eficiencia se expresa en tres niveles. El primero que surge con la obligación de planificar la actividad administrativa para satisfacer sus necesidades oportunamente y en las mejores condiciones de costo y calidad. El segundo privilegia el contenido sobre la forma. El tercero reclama el uso de la tecnología de punta para gestionar los sistemas de contratación.

El de publicidad postula la necesidad de garantizar el acceso a la información sobre la actividad de contratación para garantizar la participación del mayor número posible en los procedimientos de selección.

El de transparencia exige que los procedimientos ofrezcan las mismas condiciones de oportunidad a todos los oferentes y la confianza de que la información suministrada por ellos será usada exclusivamente para los fines de la selección por parte de la administración.

El de igualdad plantea que todos los oferentes sean objeto del mismo tratamiento en atención a la valoración de sus propuestas.

El de libre competencia proclama que la oferta será seleccionada aplicando el método objetivo de evaluación y comparación.

B. *Los procedimientos*

Los procedimientos reconocidos son los siguientes: licitación, concurso y contratación directa.

C. *Licitación*

a. *Noción*

Este es el procedimiento utilizado para adjudicar los contratos en cuya celebración lo importante es determinar previamente el precio más conveniente.

b. *El precio más conveniente*

El precio más conveniente puede ser el más bajo. Pero no siempre el más bajo es el más conveniente. Ése es el caso del precio anormalmente bajo, que la ley califica como "sin fundamento o especulativo".

También cuando se toman en cuenta otros criterios objetivos de evaluación, en atención a la naturaleza de la prestación, las condiciones del financiamiento o los beneficios ambientales, o las condiciones del bien a adquirir. Por ejemplo, la compatibilidad de equipos o la disponibilidad de repuestos, en el caso del suministro.

c. *Contratos que se adjudican por este procedimiento*

Por la licitación se adjudican los contratos en los que el precio es lo más importante. Por este procedimiento se adjudican los contratos de obra pública y suministro.

d. *Clases de licitación*

La licitación puede ser pública o privada. Será pública cuando el costo del contrato exceda de una determinada cantidad, que anualmente se fija en las disposiciones generales del presupuesto. Una modalidad de esta es la internacional.

Será privada cuando no exceda de esa cantidad, y en los casos siguientes: cuando por el objeto del contrato no haya más de tres potenciales contratistas; cuando por circunstancias imprevistas o por otras razones de apremiante urgencia surjan necesidades cuya atención apremiante no haya podido preverse; cuando por la seguridad de las instalaciones destinadas a la prestación del servicio no convenga la licitación pública; cuando surja una carestía de productos de uso esencial, cuya adquisición fuere necesaria en el menor tiempo posible; cuando una licitación pública se declare desierta o fracasada.

e. *Requisitos para la licitación*

Previamente a la licitación pública, la administración debe cumplir con ciertos requisitos; a saber: autorización para contratar; identificación de la fuente de financiamiento; pliego de condiciones; precalificación.

En el caso de la licitación privada se siguen los mismos preparativos, con excepción del pliego de condiciones y la precalificación. El primero no es obligatorio, pero se prevé que se elaborará cuando se "estime necesario"; la precalificación, en cambio, solo es exigible en la pública, y el órgano responsable de la contratación debe acudir al Registro de Proveedores y Contratistas, y, cuando fuere descentralizado, también a su propio registro.

f. *Inicio del procedimiento*

Se inicia el procedimiento de licitación con el denominado "expediente de contratación", responsabilidad del órgano encargado de la contratación.

g. *Invitación a presentar ofertas*

El siguiente paso en el procedimiento es la invitación a presentar ofertas, que, en el caso de la licitación pública, debe publicarse en el diario oficial La Gaceta y por lo menos en un diario de circulación nacional. La invitación no siempre es general. En el caso de la obra pública, la invitación se hará únicamente a los que resulten precalificados; en el caso del suministro, únicamente cuando se exija precalificación. La invitación es eso: una simple invitación; carece de fuerza para obligar; no es, pues, una oferta de contrato, por lo que puede ser revocada, modificada o suspendida, siempre que sea antes de la presentación de ofertas, sin que ello implique responsabilidad de su parte. De la invitación surgen actuaciones como el retiro del pliego de condiciones, al cual deben apegarse estrictamente en la elaboración de la oferta, cumpliendo todos los requisitos que en ese pliego se exijan para la elaboración de dicha oferta. Estos requisitos son los subjetivos (conciernen a la persona del oferente), los objetivos (se refieren al contenido de la oferta) y los formales (el trámite, la documentación y la instrumentación de la oferta).

h. *La presentación de la oferta*

Con la presentación de la oferta, según la ley, se presume la declaración responsable de que el oferente reúne todas y cada una de las condiciones exigidas para contratar con la administración, sin perjuicio de su comprobación. También se presume la aceptación incondicional por el oferente de las cláusulas del pliego de condiciones. Se trata, pues, de una auténtica oferta de contrato presentada por el oferente a la administración.

Solo se presenta una oferta. Sin embargo, se aceptan las ofertas alternativas, que son las que se ofrecen como alternativa a la oferta básica y obligatoria, proponiendo su propio proyecto, condiciones y documentación técnica. Se trata de una variación de la principal, pero solamente se acepta cuando se plantea en el pliego de condiciones.

La oferta puede ser retirada sin responsabilidad de parte del oferente, pero antes de que venza el plazo para presentarla. En este caso, el oferente podrá presentarla nuevamente siempre que el plazo no haya vencido.

Toda oferta debe ser recibida siempre que se cumplan los requisitos para su presentación. Pero su recepción solo obliga a la evaluación de la oferta por parte de la administración.

i. *Apertura, admisión y mantenimiento de las ofertas*

La apertura de las ofertas se sigue con las formalidades que prevé la legislación. Se da inicio a la audiencia, se abren y se leen las ofertas y se levanta el acta respectiva, que debe contener la firma de los asistentes.

La admisión de las ofertas no se traduce en una aceptación de las mismas. No genera derechos ni obligaciones. Solo surge el interés legítimo de que la oferta sea evaluada con apego a las reglas legales y las previstas en el pliego de condiciones, cuya aceptación incondicional se presume con la presentación de la oferta.

El oferente debe sostener la oferta una vez que vence el plazo de presentarla y por ello se reconoce la garantía de mantenimiento de oferta que debe presentarse junto con esta.

j. *Oferta con financiamiento del interesado*

Se reconoce la oferta con financiamiento del interesado. En este caso, la administración advertirá en el pliego de condiciones que el financiamiento lo suministrará el oferente. Aquí, la legislación aplicable, además de la LCE, será la que regule el crédito público.

k. *Adjudicación*

La adjudicación se basará en el informe de evaluación que realice la comisión de evaluación designada por el órgano responsable de la contratación.

La evaluación debe ceñirse a las reglas de la legislación y del pliego de condiciones. Se verificará que la oferta se presenta cumpliendo las condiciones establecidas en el pliego de condiciones; se hará el análisis comparativo de las ofertas, y se determinará el precio más conveniente o si la oferta responde a los otros criterios objetivos de evaluación contenidos en el pliego de condiciones.

El dictamen de la comisión es obligatorio y vinculante. De modo que el órgano responsable de la adjudicación debe someterse al dictamen de la comisión; en caso contrario, debe revocar la licitación, porque no está autorizado a modificar el dictamen de esa comisión. Por eso, el dictamen es una auténtica pre-adjudicación.

En el dictamen deben colocarse los oferentes según la evaluación que se les haya asignado. Así, el que ocupe el primer lugar será a quien se adjudique el contrato, salvo que no acepte.

La adjudicación es un acto jurídico emitido por el órgano responsable de la contratación y consiste en declarar que a un determinado oferente se le asigna un determinado contrato.

Cuando el oferente a quien se adjudica el contrato no acepta o no lo formaliza por causas a él imputables, dentro del plazo señalado al efecto, se adjudicará el contrato al oferente que hubiere quedado en segundo lugar, y si esto no fuere posible, al que ocupa el que sigue, y así sucesivamente.

A los que no acepten o no formalicen el contrato a tiempo se les ejecutará la garantía de mantenimiento de oferta.

l. *Licitación desierta o fracasada*

Será desierta aquella licitación a la que no concurra el mínimo de oferentes previstos en el pliego de condiciones. Será fracasada en los casos siguientes: cuando se hubiere omitido en el procedimiento alguno de los requisitos esenciales previstos en la LCE o en sus disposiciones reglamentarias; cuando las ofertas no se ajusten a los requisitos esenciales establecidos en el reglamento o en el pliego de condiciones; cuando ningún oferente acepte la adjudicación; cuando se comprobare que ha existido un entendimiento malicioso entre los oferentes. En estos casos, se procede a una nueva licitación.

D. *Concurso*

a. *Noción*

Por este procedimiento de selección de contratistas se determina quién de los participantes tiene la mayor capacidad técnica, científica, cultural o artística para ejecutar el contrato.

b. *Contratos que se adjudican por este procedimiento*

Este procedimiento se utiliza para adjudicar contratos en los que prevalezca el elemento personal, es decir, donde se considere la creatividad, la originalidad y los conocimientos profesionales o técnicos.

Los contratos de consultoría, definidos por la LCE como aquellos por los cuales se efectúan "estudios, diseños, asesoría, coordinación o dirección técnica, localización de obras, preparación de términos de referencia y presupuesto, programación o supervisión técnica de obras u otros trabajos de la misma naturaleza", son los que se adjudican mediante el procedimiento de concurso.

c. *Pre-inversión*

Todo proyecto pasa por dos etapas; a saber: la Pre-inversión y la inversión. La primera es la que precede a la ejecución de la obra o a la compra del suministro, y consiste en la idea del proyecto, los estudios de prefactibilidad y factibilidad, el diseño y la fase de negociación del financiamiento. La segunda consiste en la construcción de la obra, la instalación de la maquinaria, la apertura y el mantenimiento de una obra pública, la puesta en operación de una fábrica y su evaluación, etcétera.

La Pre-inversión es la etapa más exigente porque demanda creatividad, originalidad y también conocimientos especializados en el orden científico y técnico. Durante su proceso se generan los proyectos, se evalúan todos los factores que determinan su factibilidad y se diseñan con precisión todos sus detalles. Es en esta etapa que se requiere de prestaciones personales que garanticen la calidad del contrato. No se busca el precio más conveniente, sino quién es el más idóneo para ejecutar el contrato, desde el punto de vista científico, técnico, cultural o artístico.

En toda la etapa de Pre-inversión prevalece el concurso, ya que es el medio por el que se adjudican los contratos de consultoría, los cuales permiten identificar a las empresas o a las personas que respondan a los requerimientos de idoneidad señalados. En la inversión prevalecen los contratos de obra pública o de suministro, por lo que será la licitación el procedimiento al que más se recurre.

d. *Clases de concurso*

El concurso puede se publicó o privado. Será público cuando exceda de la cantidad que anualmente se establece en las disposiciones generales de presupuesto, y privado cuando no exceda de esta cantidad.

No existe en la legislación ningún otro criterio para distinguir estos dos tipos de concurso más que el señalado en el párrafo anterior.

e. *Requisitos previos al concurso*

Los requisitos previos al concurso son los siguientes: autorización para contratar; identificación de la fuente de financiamiento; términos de referencia; presupuesto estimado de costos; cuando proceda, precalificación.

La precalificación procede en la adjudicación de los contratos de consultoría para el diseño o la supervisión de obras públicas o cuando lo dispongan las bases del concurso.

f. *Procedimiento*

Se sigue el mismo procedimiento de la licitación con las variantes que se describen a continuación.

Se presentan dos ofertas por cada oferente. La oferta técnica y la oferta económica. En la oferta técnica no se incluyen costos y su contenido es el desarrollo de los términos de referencia, que constituyen la guía para su elaboración; sin embargo, los oferentes podrán proponer modificaciones, ampliaciones o adiciones cuando las bases del concurso lo soliciten. En la oferta económica se desarrolla el formato de presupuesto presentado en las bases, desglosando detalles de costos y hombres-meses. Los sistemas para fijar los costos son los siguientes: costos más honorarios fijos, precio alzado o cualquier otro procedimiento técnico fundamentado y cierto que permita determinar su valor en forma justa.

Los factores de ponderación de las ofertas están previstos en la LCE; a saber: la experiencia en la especialidad del trabajo; los antecedentes en el cumplimiento de contratos anteriores; la conveniencia del plan de trabajo y el enfoque propuesto en relación con los términos de referencia; la capacidad, idoneidad y disponibilidad apropiada del personal propuesto, y la capacidad financiera del oferente, si se tratare de supervisión de obras o de otros contratos en que fuere requerido.

La evaluación corresponde a la comisión de evaluación que se creará oportunamente. Se inicia con la oferta técnica y solo entre los miembros de esta comisión. De esta evaluación resulta el orden de mérito en el que se colocan las ofertas, de acuerdo con la valoración que se les asigne a sus respectivas ofertas técnicas, y determina el orden de los oferentes a efecto de negociar la oferta económica. Por eso se dice que el orden de mérito opera como una adjudicación provisional.

El único límite para la inclusión de las ofertas en el orden de mérito es que no superen la calificación mínima que se fije en las bases. Sin embargo, cuando se trate de contratos de consultoría en los que se exija precalificación, el número no pasará de seis, porque hasta esa cantidad puede llegar el número de precalificados, según la LCE.

La oferta económica del oferente cuya oferta técnica ocupa el primer lugar del orden de mérito, será la única que se abrirá, y se invitará al oferente a negociarla dentro del plazo que se fije. Las demás ofertas económicas se mantendrán cerradas y con la debida reserva.

En la evaluación de la oferta económica se analizan los costos directos (los que se originan directamente de la ejecución de las prestaciones objeto del contrato y que pueden acreditarse para su desembolso o reembolso), los indirectos (cargas sociales y gastos generales de administración) y la utilidad (porcentaje que se reconoce como compensación, entre otros conceptos, por riesgo, responsabilidad, conocimientos, experiencia y disponibilidad en la ejecución del contrato), sobre la base de los términos de referencia y del desglose que de los mismos realice el consultor en su oferta técnica.

Si no se llega a ningún acuerdo con el que ocupa el primer lugar, se invitará a negociar al segundo mejor calificado, y así sucesivamente, hasta adjudicar el contrato, sin perjuicio de que, si procediere, se declare fracasado.

Si se llega a un acuerdo, la comisión elevará su informe al órgano responsable de la contratación y este adjudicará definitivamente el contrato. Inmediatamente después se formalizará el mismo.

Cuando no concurra el mínimo de oferentes previsto en las bases, el concurso se declarará desierto. Se declarará fracasado en los casos siguientes: cuando las ofertas técnicas sean desestimadas por no haber sido elaboradas de conformidad con el pliego de condiciones; cuando ninguna de las ofertas técnicas obtenga una calificación igual o superior a la mínima fijada; cuando en la fase de negociación de las ofertas económicas ninguno de los oferentes llegue a un acuerdo con la administración; cuando se haya omitido en el procedimiento alguno de los requisitos esenciales establecidos en la LCE o en las disposiciones reglamentarias; cuando se comprobare que ha habido colusión.

E. *Contratación directa*

a. *Excepción a la regla general*

La regla general es que los contratos deben ser adjudicados mediante licitación o concurso, pero la misma Constitución reconoce las excepciones a esta regla. Los casos en que se puede prescindir de esos procedimientos son dos; a saber: en la adjudicación de contratos que tengan por objeto proveer a las necesidades ocasionadas por un estado de emergencia y en la de aquellos en que por su naturaleza no puedan celebrarse sino con persona determinada.

A esta forma de contratar la LCE la denomina contratación directa y constituye la excepción a aquella regla general. Se trata, entonces, de un procedimiento de excepción y, como toda excepción, solamente procederá en los supuestos previstos taxativamente en la LCE.

b. *Noción*

La contratación directa es un procedimiento excepcional por medio del cual el Estado y sus entidades pueden contratar directamente, en los casos previstos de manera expresa en la ley, la prestación de un servicio, la adquisición o la venta de un bien o la ejecución de una obra, sin someterse a licitación o concurso.

c. *Supuestos reconocidos en la LCE*

La contratación directa, según la lce, procederá en los siguientes casos:

1) Cuando tenga por objeto proveer a las necesidades ocasionadas por una situación de emergencia.

2) Cuando se trate de adquisición de repuestos u otros bienes o servicios especializados cuya fabricación o venta sea exclusiva de quienes tengan patente o marca de fábrica registrada, siempre que no hubiere sustituto conveniente.

3) Cuando se trate de obras, suministros o servicios de consultoría cuyo valor no exceda los montos establecidos en las disposiciones generales del presupuesto, en cuyo caso podrán solicitarse cotizaciones a los posibles oferentes sin las formalidades de la licitación privada.

4) Cuando las circunstancias exijan que las operaciones del gobierno se mantengan secretas.

5) Cuando se trate de la acuñación de moneda y la impresión de papel moneda.

6) Cuando se trate de trabajos científicos, técnicos o artísticos especializados.

7) Cuando se hubiere programado un estudio o diseño por etapas se podrá contratar el diseño o la supervisión de las que faltaren con el mismo consultor que haya realizado las anteriores en forma satisfactoria.

d. *Autorización*

Cualquiera que sea el caso, el órgano responsable de la contratación necesitará autorización para contratar mediante este procedimiento.

3. *Los contratos administrativos*

Los contratos administrativos típicos son: obra pública, suministro y consultoría.

4. *Contrato de obra Pública*

A. *Definición legal*

Es el celebrado por la administración, con una o más personas naturales o jurídicas, para la construcción, reforma, reparación, conservación o demolición de bienes que tengan naturaleza inmueble, o para la realización de trabajos que modifiquen la forma o la sustancia del suelo o del subsuelo, a cambio de un precio. Se consideran expresamente contratos de obra pública los que se celebren para ejecutar lo siguiente:

1) La construcción y el mantenimiento de carreteras, instalaciones ferroviarias, puertos, presas, puentes, edificios, aeropuertos, acueductos, obras de control de inundaciones, instalaciones varias y otras análogas de ingeniería.

2) La realización de trabajos que modifiquen la forma o la sustancia del terreno o del subsuelo, como dragados, inyecciones, perforaciones y otros semejantes.

3) La reforma, reparación, conservación o demolición de las obras indicadas en los incisos anteriores.

También se consideran contratos de obra pública los denominados llave en mano. Son aquellos por "los cuales el contratista se obliga a proporcionar, mediante un único contrato, todos o algunos de los siguientes elementos: los diseños técnicos, servicios de ingeniería, financiamiento, construcción, así como, en su caso, el terreno necesario o el suministro e instalación de plantas, equipos u otros similares, incorporados a la obra".

B. *Características*

En este contrato la prestación del contratista siempre se ejecutará sobre bienes inmuebles, ya sea para construirlo, reformarlo, repararlo, conservarlo o demolerlo.

Las prestaciones, en este tipo de contratos, comprenderán, por supuesto, las que se ejecutan sobre el suelo y el subsuelo, modificando su forma o su sustancia.

C. *Requisitos previos a su ejecución*

Son de dos tipos; a saber: los que corren a cargo de la administración y los que deben ser cumplidos por el contratista.

Los que corren a cargo de la administración son los siguientes: adquirir el inmueble sobre el que ejecutará las prestaciones el contratista, incluyendo derechos de vía y la constitución de servidumbres; tener a disposición bancos de materiales; obtener los permisos que se requieran, incluyendo las licencias ambientales, y, en definitiva, todas las facilidades que se especifiquen en el contrato.

Los que corren a cargo del contratista son los siguientes:

1) Garantía de cumplimiento del contrato y, si lo hubiere, garantía de anticipo de fondos.

2) Programa detallado de ejecución de la obra, indicando el costo estimado por etapas, de conformidad con lo que indiquen los documentos de licitación. El programa deberá ser aprobado por el órgano responsable de la contratación.

3) Nómina del personal técnico asignado para la dirección y ejecución de la obra, incluyendo un plan de organización.

4) Documentos que acrediten la disponibilidad del equipo y maquinaria que se emplearán en la obra. La disponibilidad podrá acreditarla con documentos que avalen su propiedad, arrendamiento o cualquier otra modalidad prevista en las leyes, garantizando que dicho equipo y dicha maquinaria estarán en el lugar de la ejecución del contrato al inicio de la ejecución. También estarán obligados a describir el equipo y la maquinaria.

5) Los demás que se indiquen en el reglamento o en el pliego de condiciones de la licitación.

D. *Ejecución*

Las prestaciones comenzarán a ejecutarse desde el momento en que se reciba la orden de inicio.

Las prestaciones se ejecutarán con apego estricto al contrato, a las modificaciones que se aprueben legalmente y a las instrucciones por escrito que, en interpretación técnica del contrato y demás documentos, fueren impartidas al contratista por el supervisor designado por la administración.

La ejecución del contrato se realizará por cuenta y riesgo del contratista, sin perjuicio de su derecho a que se mantenga el equilibrio económico-financiero del contrato en la forma prevista en la LCE y en su reglamento.

La administración no asumirá ante el contratista más responsabilidades que las previstas y derivadas del respectivo contrato.

Las fallas y los desperfectos que ocurran durante la ejecución del contrato serán responsabilidad del contratista, cuando las causas le fueren imputables, por lo que cualquier falla o defecto deberá ser reparado por el contratista, a su propio costo; igualmente, cuando proceda a ejecutar trabajos no autorizados por escrito.

También será responsable por las deficiencias o imprevisiones del diseño, o en la ejecución de la supervisión, cuando conociéndolas no las denunciare o en el caso de los contratos llave en mano. Los daños y perjuicios causados a terceros serán de responsabilidad del contratista, cuando le fueren imputables.

Será también responsabilidad del contratista la custodia y la vigilancia de las obras hasta su entrega definitiva. Para ello debe tener en cuenta su naturaleza y se ajustará, en todo, a lo estipulado en el contrato. No será responsabilidad del contratista durante la ejecución lo siguiente: fallas o desperfectos cuyas causas no le fueren imputables al contratista; fallas o desperfectos producidos por fuerza mayor o caso fortuito, debidamente calificados, y deficiencias o imprevisiones en el diseño o en la ejecución de la supervisión, salvo en los supuestos indicados oportunamente.

E. *Pago de las obras*

El sistema de pago será el que se hubiere pactado, ya sea sobre la base de cantidades de obra y precios unitarios fijos, precio global o precio alzado, costos más honorarios fijos, u otras formas.

El pago se hará de acuerdo con las cantidades de obra ejecutada, ajustándose a la modalidad convenida, y se sustentará en la documentación presentada correctamente por el contratista.

F. *Revisión de precios*

Los precios convenidos en el contrato son invariables. Sin embargo, en circunstancias especiales se reconoce que el contratista podrá solicitar el aumento de los precios cuando los convenidos en el contrato, en la parte que aún no ha sido ejecutada, sufrieren alteración en el mercado.

La revisión de precios consiste, entonces, en el ajuste de los precios estipulados en el contrato, por las alteraciones que los mismos sufran en el mercado. Pero esto no solamente juega a favor del contratista, sino también a favor de la administración. Por eso reconoce el ajuste por decrementos en los precios convenidos en el contrato.

Todo factor que incida en el costo de la obra estará comprendido en el ajuste para el reconocimiento de mayores costos, entre los cuales tenemos la inflación, la devaluación monetaria y nuevas leyes.

El ajuste se hará mensualmente; es decir, se aplicarán las fórmulas de revisión de precios a las facturas o estimaciones por obra ejecutada que deberá presentar el contratista a la administración para fines de pago. Se aplicará sobre la base de los precios iniciales, siempre que consten acreditadas tales variaciones, partiendo de la relación entrelos respectivos precios en la fecha en que se aplique la revisión y en la fecha de referencia prevista en el pliego de condiciones y en el contrato.

Están excluidos del reconocimiento de incrementos los materiales adquiridos con el anticipo recibido por el contratista, los pagados con anticipación y los incrementos que se produzcan dentro de la prórroga otorgada por causas imputables al contratista.

G. *Supervisión*

La supervisión tendrá por objeto la verificación de la correcta ejecución del contrato y corresponde a la administración ejercerla por medio de su propio personal o de consultores contratados.

Cuando se contrataren consultores, serán seleccionados mediante el concurso respectivo. En el ejercicio de la supervisión, el responsable de la misma estará obligado a oír al contratista antes de adoptar las decisiones o recomendaciones que correspondan. El supervisor será responsable ante la administración por sus acciones u omisiones, en caso de dolo o negligencia.

H. *Terminación y recepción*

Terminada sustancialmente la obra, el órgano responsable de la contratación procederá a su recepción.

Se entiende por terminación sustancial la conclusión de la obra o la sección o etapa respectiva, de acuerdo con los planos, especificaciones y demás documentos contractuales, de manera que, luego de las comprobaciones que procedan, pueda ser recibida definitivamente y puesta en servicio, atendiendo su finalidad.

Previamente a su recepción, desde luego, deberá verificarse que la obra esté conforme con los planos, especificaciones y demás documentos contractuales.

La recepción puede hacerse por entregas parciales o a la terminación total de la obra. La recepción por entregas parciales solamente procede cuando se hubiere pactado la ejecución y entrega por partes. La recepción de la obra terminada totalmente solo procederá cuando se hubiere constatado que la obra se ejecutó conforme con los planos, especificaciones y demás documentos contractuales. En todo caso, si se ha pactado la garantía de calidad, la recepción será definitiva hasta que venza el plazo de esta.

5. *Contrato de suministro*

A. *Definición legal*

Es "el contrato celebrado por la administración con una persona natural o jurídica que se obliga, a cambio de un precio, a entregar uno o más bienes muebles o a prestar un servicio de una sola vez o de manera continuada y periódica".

Entre los contratos de suministro reconocidos tenemos los siguientes:

1) Transporte de bienes.

2) Aseo o higienización de edificios u otras instalaciones públicas.

3) Vigilancia.

4) Seguros de bienes o de personas.

5) Adquisición a cualquier título de equipos o de sistemas de informática.

6) Los servicios de reproducción electrónica de datos o documentos.

7) La reparación o el mantenimiento de equipos.

8) Los servicios de alimentación.

9) El arrendamiento de equipos.

10) Reparaciones menores de inmuebles u otras instalaciones públicas.

11) Los servicios de publicidad, edición e imprenta.

12) Cualquier otro servicio en el que no prevalezca el esfuerzo intelectual.

También serán considerados contratos de suministro las obras accesorias de instalación y montaje de los bienes, siempre que el valor de tales obras accesorias no tenga un precio mayor al de los bienes objeto de la instalación o montaje.

B. *No son considerados contratos de suministro*

No serán considerados contratos de suministro el diseño de programas específicos de informática o de cualquier otro servicio en el que prevalezca el esfuerzo intelectual. No están comprendidos los discos compactos que contengan programas de informática que se pueden adquirir en el mercado.

C. *Características*

Por este contrato solo podrán adquirirse bienes muebles. Estos, según nuestra legislación, son las cosas "que pueden transportarse de un lugar a otro, sea moviéndose ellas a sí mismas, sea que solo se muevan por una fuerza externa. Se excluyen, por lo tanto, los bienes inmuebles, que son "las cosas que no pueden transportarse de un lugar a otro, como las tierras y las minas, y las que adhieren permanentemente a ellas, como los edificios, los árboles".

Otra característica es que la obligación de dar o hacer a cargo del contratista puede ejecutarse de una sola vez o de manera continuada y periódica.

D. *Ejecución*

El contratista está obligado a entregar los bienes o a prestar el servicio como se hubiere previsto en el contrato, en el tiempo, el lugar y las condiciones convenidas, sujetándose a los requerimientos técnicos y administrativos pactados.

Cuando la naturaleza del suministro lo requiera, el contrato debe garantizar la entrega oportuna de repuestos y piezas de recambio y el entrenamiento del personal que se hará cargo de la operación de la maquinaria o del equipo que constituya el objeto del contrato.

En todo caso, el contratista estará obligado a acreditar que tiene derecho al uso de las patentes o que es titular de los derechos de autor, en relación con los bienes o servicios que se ha obligado a entregar.

Mientras no se entreguen los bienes, el contratista es el responsable de los mismos. Por eso, cualquier pérdida, avería, daño o perjuicio ocasionado a los bienes mientras estén en poder del contratista, es decir, antes de su entrega, correrá bajo su exclusiva responsabilidad, salvo en el caso en que la administración incurra en mora de recibirlos.

E. *Mora*

Podrá incurrir en mora tanto el contratista como la administración. El contratista incurrirá en mora cuando incumpla los plazos o el sitio de la entrega. En este caso, se entenderá incurso en mora sin que se requiera de previa notificación de la administración.

La administración incurrirá en mora cuando no reciba en la fecha convenida en el contrato los bienes o servicios que el contratista se obligó a entregar. Sin embargo, para que la administración sea considerada en mora, es preciso que el contratista formule la denuncia, indicando que no ha podido entregar los bienes o servicios en el plazo convenido, porque la administración no ha atendido sus solicitudes de recepción de los mismos, presentadas antes del vencimiento del plazo de entrega.

Cuando se produjeren pérdidas, averías o perjuicios a los bienes mientras la administración se encuentre en mora de recibirlos, la responsabilidad será de esta. El contratista, en este caso, tendrá derecho a reclamar indemnización, previa demostración de los hechos.

F. *Plazos*

Cuando se hubiere fijado un plazo en el contrato, la recepción provisional se hará dentro de este plazo y en el lugar convenido. Cuando se incurra en mora, según lo dicho, se aplicará la multa prevista en el contrato, sin perjuicio de la resolución del mismo, con ejecución de garantía, cuando procediere.

Cuando no se hubiere establecido plazo en el contrato para la recepción definitiva, se entenderá que deberá practicarse dentro de los 20 días hábiles siguientes a la recepción provisional, previa notificación al contratista. Este plazo podrá prorrogarse una sola vez cuando las circunstancias del caso lo requieran. Evidentemente, las circunstancias las calificará discrecionalmente la administración.

G. *Inspección*

Cuando se trate de bienes que deban ser producidos, el órgano encargado de la contratación podrá inspeccionar el proceso de fabricación de los mismos. Para ese fin, podrá ordenar, mediante la contratación de empresas calificadas, o realizar, por medio del personal que designe, análisis, ensayos o pruebas de los materiales a emplear o de los productos terminados, establecer otros sistemas de control de calidad y tomar cuantas disposiciones estime convenientes para asegurar el estricto cumplimiento de lo convenido.

H. *Entrega*

Los bienes deben ser entregados de conformidad con las condiciones del contrato, es decir, dentro de los plazos convenidos y con la calidad técnica especificada.

Los gastos de transporte, seguros, servicios portuarios o aduaneros y de entrega de los bienes en el lugar convenido serán responsabilidad del contratista. Sin embargo, podrá eximírsele de esta responsabilidad si así se pacta en el contrato. Pero si en este nada se dice sobre quién corre con los gastos, se entenderá que corresponden al contratista.

La entrega, en todo caso, se considerará realizada cuando los bienes o servicios hayan sido materialmente recibidos por la administración. Se entenderán recibidos materialmente cuando se hubiere suscrito el acta correspondiente. El plazo de entrega de los suministros se contará a partir de la fecha de recepción de la carta de crédito por el beneficiario, o de la recepción de la correspondiente orden de compra cuando se establezca otra modalidad de pago. Para la recepción de los bienes se integrará una comisión especial, conformada por tres miembros designados por la administración.

I. *Recepción*

La recepción de los bienes es responsabilidad de la comisión especial, en presencia del representante del contratista.

La recepción tendrá carácter provisional, levantándose el acta respectiva, y los recibos o constancias que se firmen quedarán sujetos a la recepción definitiva.

Si de las inspecciones, pruebas y verificaciones que efectúe la administración dentro del plazo convenido resultare que los bienes no se encuentran en estado de ser recibidos por defectos o averías visibles, o cuando ocurran faltantes o cualquier otra circunstancia calificada, se hará constar en el acta.

En este caso, se girarán instrucciones precisas al contratista para que ejecute, según proceda, una de las siguientes acciones: subsanar los defectos o averías que se hubieren descubierto, o, en su caso, proceder a una nueva entrega de conformidad con lo pactado.

La recepción definitiva procederá cuando después de realizadas las inspecciones, pruebas y verificaciones, se comprobare que los bienes se encuentran en estado de ser recibidos, porque cumplen con los requerimientos de calidad, especificaciones y demás condiciones del contrato, o se ha cumplido con lo ordenado en la recepción provisional.

Cuando se hubiere pactado la garantía de calidad, la recepción definitiva será hasta que esta haya caducado.

Cuando el suministro consista en servicios, estos se entenderán recibidos de acuerdo con lo convenido y las modalidades que le son propias.

J. *Certificación de calidad de los productos*

Es responsabilidad del contratista que los bienes sean producidos en los plazos señalados y con la calidad técnica que responda a las especificaciones convenidas, pero la administración debe asegurarse de que la calidad sea la prevista en las especificaciones contenidas en el contrato. Por ello está autorizada para contratar empresas especializadas en la materia de que se trate o a profesionales calificados, atendiendo al proyecto o programa de que se trate, para que certifiquen la calidad de los productos.

K. *Pago*

El precio podrá pagarse de una sola vez o mediante erogaciones parciales, contra entrega parcial del suministro, según lo convenido en el contrato. Los pagos se considerarán pagos a cuenta.

Si se tratare de servicios que deban entregarse o prestarse en periodos de tiempo determinados, se establecerán las modalidades particulares de pago.

Si se trata de bienes que deben ser importados, los precios se cotizarán en el lugar que indique el pliego de condiciones respectivo, con exclusión de los impuestos aduaneros de importación. El pago de servicios portuarios o aduaneros será responsabilidad del contratista.

El contrato podrá disponer el pago mediante carta de crédito a favor del contratista o mediante cualquier otro método de pago utilizable en el comercio internacional.

L. *Plazo de garantía*

Las garantías deben constituirse en forma legal, siempre que estén pactadas. Si no se hubiere previsto expresamente en el contrato, serán aplicables las reglas legales generales.

Si durante el plazo de la garantía se acreditase la existencia de vicios o defectos ocultos en la cosa vendida, el contratista estará obligado a su reposición o a su reparación, si ello fuere suficiente, sin perjuicio de que la administración proceda, en su caso, a ejecutar la garantía de calidad o a reclamar las demás indemnizaciones que correspondan.

Durante el plazo de garantía, el contratista tendrá derecho a ser oído y a hacer recomendaciones sobre la utilización de los bienes vendidos, incluyendo, en su caso, la supervisión de su aplicación.

6. *Contrato de consultoría*

A. *Definición legal*

El contrato de consultoría es aquel por el cual una persona, natural o jurídica, a cambio de un precio, se obliga a prestar servicios específicos a la administración en la medida y con los alcances que esta determine, para efectuar estudios, diseños, asesoría, coordinación o dirección técnica, localización de obras, preparación de términos de referencia y presupuesto, programación o supervisión técnica de obras, u otros de la misma naturaleza.

La adquisición de programas de informática está comprendida dentro de este concepto.

B. *Característica*

La característica fundamental de este contrato es que la prestación a la que se obliga el contratista es, esencialmente, intelectual, ya que para su ejecución se requiere creatividad, originalidad y conocimientos profesionales o técnicos.

C. *Importancia de este contrato*

Estos contratos contienen los llamados términos de referencia, que consisten en la descripción detallada de los objetivos, las prestaciones que se deben ejecutar, la metodología, etcétera, de modo que si estos están preparados con precisión y por quien posea el conocimiento técnico o profesional sobre el objeto del contrato, la confección del estudio o del diseño se desarrolla sin contratiempos importantes, la supervisión es más efectiva y, lo más importante, la calidad del estudio o diseño estará asegurada.

No se exagera cuando se afirma que el éxito en la ejecución física de un proyecto cualquiera se encuentra precisamente en la elaboración de los términos de referencia. En efecto, si la carretera, el edificio público, el puente, etcétera, es diseñado con las adecuadas especificaciones técnicas o profesionales, la supervisión sobre la construcción será fácil de ejecutar y, en consecuencia, la construcción de la obra será eficiente y de alta calidad, quedando con ello garantizada la satisfacción de la necesidad colectiva que se perseguía atender. Por eso se puede afirmar, sin caer en la exageración, que en ellos se encuentra el éxito o el fracaso anticipado de los proyectos.

D. *Ejecución*

El contratista ejecutará el contrato con sujeción a sus cláusulas, incluyendo los correspondientes términos de referencia y de acuerdo con las instrucciones que para su interpretación gire la administración al contratista. Será responsabilidad del contratista la calidad de los trabajos que desarrolle. En los contratos de diseño, supervisión o dirección técnica de obras también será responsable de los errores y las omisiones en que incurra, incluyendo métodos inadecuados o cualquier otra actuación que pudiera causar consecuencias negativas para la administración o para terceros. Será el órgano responsable de la contratación el competente para determinar si la prestación ejecutada por el contratista se ajusta a los términos de referencia y demás prescripciones para su ejecución, requiriendo, en su caso, las correcciones que pudieran corresponder.

E. *Pago*

Las prestaciones que debe ejecutar el contratista tienen un precio y este se fijará mediante cualquier modalidad que permita determinar su valor en forma justa. Los sistemas de pago que menciona la LCE son los siguientes: costos más honorarios fijos y precio alzado.

Costos más honorarios fijos es el procedimiento que se debe utilizar cuando determinados costos son susceptibles de cuantificarse en la negociación de la oferta económica; pero otros costos, en cambio, no pueden ser fijados con precisión porque la cantidad de trabajo a realizarse solamente la determinará el desarrollo de la ejecución del contrato, en atención a cuestiones técnicas o de conveniencia.

Precio alzado procede cuando las partes están en capacidad de determinar con exactitud y por anticipado la cantidad de trabajo a realizar, el plazo dentro del cual se ejecutarán todas las actividades y, en general, todo lo concerniente a la ejecución eficiente y eficaz del contrato, de modo que la posibilidad de una variación es prácticamente inexistente.

F. *Revisión de precios*

El reconocimiento de la revisión de precios en estos contratos queda limitado a aquellos cuyo objeto sea el diseño o la supervisión de obras públicas. Los ajustes de costos procederán cuando las variaciones de los precios se den en cualquiera de los siguientes casos: cuando la ejecución del contrato se prolongue por más de 12 meses y cuando, siendo menor de este plazo, se presenten tasas de inflación superiores a lo estimado en los documentos contractuales.

G. *Recepción*

La recepción de los trabajos objeto del contrato de consultoría tiene el mismo tratamiento que el de los contratos anteriores.

7. *Las garantías*

A. *Tipos*

Las garantías reconocidas son las siguientes: de mantenimiento de oferta, de cumplimiento, de calidad y de anticipo de fondos.

Se acreditarán mediante las fianzas y las garantías bancarias emitidas por instituciones debidamente autorizadas, cheques certificados, u otras análogas que establezca el reglamento de la LCE.

El reglamento agrega lo siguiente: "Los bonos del Estado representativos de obligaciones de la deuda pública, que fueren emitidos de conformidad con la Ley de Crédito Público". En este caso, la garantía debe inscribirse en el registro del Banco Central de Honduras, en el que figuren anotados dichos valores, quedando inmovilizados y afectos a las obligaciones garantizadas, con excepción de los rendimientos que generen.

Otras garantías, de carácter eventual, están previstas también en la legislación. Entre estas tenemos las siguientes: la garantía que debe constituirse para responder por materiales, instalaciones y demás medios que la administración facilite al contratista para la ejecución, que está prevista en el artículo 175 del reglamento, y las "garantías de funcionamiento", previstas para el suministro, según el artículo 239, numeral 3, del reglamento.

B. *Instituciones garantes*

Solamente podrán aceptarse garantías otorgadas por entidades garantes que reúnan los siguientes requisitos: no encontrarse en mora con cualquier órgano u organismo de la administración, central o descentralizada, como consecuencia de la falta de pago de garantías ejecutadas; no hallarse en situación de suspensión de pagos o de liquidación forzosa; no estar suspendida la autorización para el ejercicio de su actividad, y obligarse en forma solidaria con el garantizado, con renuncia expresa del beneficio de excusión. Todas las garantías reconocidas por la LCE tienen carácter de título ejecutivo.

C. *Garantía de mantenimiento de oferta*

La garantía de mantenimiento de oferta se constituye antes de la vigencia del contrato, por lo que es precontractual, pero expira dentro de su vigencia. Solo procede en la licitación, porque en este procedimiento la oferta debe mantenerse invariable durante todo su desarrollo y hasta la suscripción del contrato. Se constituye para asegurar el mantenimiento del precio y de las demás condiciones de la oferta.

Esta garantía tiene otras funciones. Por un lado, asegurar que el contrato se suscriba, ya que expira hasta que se presente la garantía de cumplimiento; por el otro, asegurar que la ejecución se inicie a tiempo, porque la orden de inicio se emite hasta que la garantía de mantenimiento de oferta es sustituida por la garantía de cumplimiento.

Si no es sustituida por esta, se declara resuelto el contrato y se ejecuta la garantía de mantenimiento de oferta. La garantía será equivalente, por lo menos, a 2% del valor de la oferta, y se presentará junto con esta.

D. *Garantía de cumplimiento*

En los contratos de obra pública y de suministro se constituye antes de la orden de inicio para asegurar el cumplimiento de todas las obligaciones estipuladas en el contrato a cargo del contratista, cuyo plazo será el que se hubiere fijado en el pliego de condiciones.

La garantía será equivalente a 15% del valor del contrato, pero cuando se pacten entregas periódicas o diferidas, que cubran periodos mayores de 12 meses, la garantía de cumplimiento se constituirá por 15% del valor estimado de los bienes o servicios a entregar durante el año. En este caso, la garantía deberá renovarse 30 días antes de cada vencimiento.

Se puede exigir que se constituya por el doble del monto previsto en la ley, cuando se presente una oferta anormalmente más baja en relación con las demás ofertas o con el presupuesto estimado.

La vigencia de esta garantía durará hasta tres meses después del plazo previsto para la ejecución de la obra o la entrega del suministro y será devuelta cuando se constituya la garantía de calidad, cuando proceda. La modificación puede darse en la vigencia o en el valor de la garantía.

La modificación de la vigencia procede cuando se modifica el plazo de ejecución del contrato por un término mayor de dos meses, cuando se hubiere convenido. La modificación en el valor de la garantía procede en dos casos; a saber: cuando se modifica el plazo de ejecución y cuando se aumenta el valor del contrato.

Cuando se modifica el plazo de ejecución, será obligación del contratista ampliar la vigencia de la garantía de cumplimiento de manera que venza tres meses después del nuevo plazo establecido, pero el valor se calculará sobre el monto pendiente, siempre que lo anterior hubiere sido ejecutado satisfactoriamente, acreditado mediante certificación expedida por la unidad ejecutora.

Cuando se aumente el valor del contrato, por el incremento de las prestaciones del contratista, se modificará el valor de la garantía calculándolo sobre el estimado de costos de lo que esté pendiente de ejecución en el contrato objeto de la modificación.

E. *Garantía de cumplimiento en el contrato de consultoría*

En estos contratos la garantía de cumplimiento se constituirá mediante retenciones equivalentes a 10% de cada pago parcial por concepto de honorarios. Pero si el contrato de consultoría tiene por objeto el diseño o la supervisión de obras, también será exigible una garantía equivalente a 15% de honorarios con exclusión de costos.

F. *Garantía de calidad*

Se constituye cuando se reciban definitivamente las obras o la entrega de suministros y realizada la liquidación del contrato. Con ella se asegura, por parte del contratista, que la obra o el suministro recibido responde a las especificaciones técnicas y demás estipuladas en el contrato y, en consecuencia, se responsabiliza por cualquier vicio o defecto.

No responde por cualquier vicio o defecto, porque solo asegura los que no son aparentes, es decir, los que no pueden ser captados a simple vista: los ocultos. Los visibles pueden reclamarse para su rectificación o reparación, previamente a la recepción definitiva.

La calidad de los materiales podría ubicarse entre los ocultos, porque cualquier defecto o vicio que presenten, en general no está a la vista; igualmente, podría omitir algunas especificaciones técnicas, cuyas consecuencias negativas no son percibidas a simple vista y sus manifestaciones solo pueden ser conocidas pasado algún tiempo.

La garantía de calidad sustituye a la garantía de cumplimiento. Procede únicamente cuando se hubiere pactado, atendiendo a la naturaleza de la obra o de los bienes. No se incluye en los contratos de consultoría.

El monto de la garantía de calidad será equivalente a 5% del valor del contrato. La vigencia de esta garantía inicia antes de la expiración de la garantía de cumplimiento y su duración será la que se determine en el contrato.

G. *Garantía de anticipo de fondos*

Esta es equivalente a 100% del monto del anticipo de fondos que se hubiere pactado.

El anticipo de fondos se produce cuando el contratista todavía no ha ejecutado ninguna prestación para la ejecución de la obra; por eso la administración debe asegurarse de que será devuelto totalmente; es decir, exigir que la garantía sea de 100 por ciento.

Lo que asegura esta garantía es la correcta inversión del pago anticipado a cuenta de la ejecución del contrato.

La vigencia de esta garantía durará hasta que se reintegre totalmente el anticipo.

VIII. EXPROPIACIÓN

1. *Principio constitucional y legislación*

La Constitución de la República establece que nadie puede ser privado de su propiedad sino por causa de necesidad o interés público calificados por la ley o por resolución fundada en la ley, y sin que medie previa indemnización justipreciada.

Sin embargo, en caso de guerra o conmoción interior, la indemnización podrá ser posterior, pero el pago correspondiente se hará en un plazo máximo de dos años, contados a partir de la fecha en que concluya el estado de emergencia.

Dos son las leyes que regulan la potestad expropiatoria por causa de necesidad o de interés público. La Ley de Reforma Agraria regula las expropiaciones para dotar a los campesinos de tierra para integrarse a la producción nacional. Analizaremos únicamente las dos primeras. La Ley de Expropiación Forzosa es de 1914 y la Ley de Municipalidades es de 1991.

2. *Titular de la Potestad*

Históricamente solo dos instituciones son titulares de la potestad de expropiación; a saber: el Estado y las municipalidades.

Posteriormente se reconoció esta potestad a otras instituciones, destacándose, entre ellas, el Instituto Nacional Agrario.

Cuando la expropiación sea de interés nacional o departamental, la competencia es del Poder Ejecutivo. Cuando la expropiación sea de interés local, la competente será la municipalidad.

3. *Contenido de la Potestad*

El contenido de la potestad expropiatoria es la privación de la propiedad. La privación de la propiedad debe ser coactiva y decretada de conformidad con la ley. No obstante, lo anterior, la Ley de Expropiación Forzosa también regula la "ocupación temporal". Esta figura es admitida en casos de incendio, terremoto, inundación, epidemia u otro fenómeno análogo, y se entiende como la ocupación de la propiedad, con carácter temporal, por orden de autoridad competente, para todos los usos que se estimen convenientes. En este caso, no procede indemnización; sin embargo, tendrán derecho a ella los que sean perjudicados indebidamente por actos de los funcionarios públicos, de conformidad con las leyes.

Habrá que enmarcar estos hechos dentro de la figura jurídica del estado de emergencia.

4. *Regla general Para las municipalidades*

Cuando existan motivos de utilidad pública e interés social para llevar a cabo un proyecto de infraestructura en una propiedad privada, la municipalidad está obligada a utilizar la expropiación como medio de adquisición de la propiedad privada sobre la que se ejecutará el proyecto.

Cuando existan estos motivos, y siempre que sean de las obras expresamente señaladas en las leyes, solo excepcionalmente se admite que la municipalidad pueda adquirir un bien inmueble de propiedad privada mediante contratación. En este caso, debe adquirirlo por su valor catastral, si no existen otros medios disponibles, pero debe dejar evidencia de estas circunstancias.

5. *Requisitos*

Son requisitos para proceder a la expropiación, los siguientes: 1) Declaración de utilidad pública e interés social de la obra o proyecto. 2) Declaración de que su ejecución exige indispensablemente el todo o parte del inmueble que se pretende expropiar. 3) Justiprecio de lo que se haya de enajenar o ceder. 4) Pago efectivo del precio que representa la indemnización de lo que forzosamente se enajena o cede.

6. *Motivos de la expropiación*

Los motivos de la expropiación, como se adelantó, son la utilidad pública y el interés social.

La Constitución reconoce como motivos o causas la "necesidad o el interés público". La Ley de Expropiación Forzosa reconoce la "utilidad pública y la necesidad pública". La Ley de Municipalidades(lm), por su parte, reconoce la "utilidad pública y el interés social".

Estas regulaciones reflejan la evolución de nuestro derecho. Por un lado, la Ley de Expropiación Forzosa de 1914 reconocía los motivos aceptados en la época; nuestra Constitución, de 1982, sustituye la "necesidad pública" por el "interés público", y, finalmente, nuestra LM, de 1991, sustituye el "interés público", por el "interés social".

La Ley de Expropiación Forzosa identifica la "utilidad y la necesidad pública" en las "obras de utilidad y necesidad pública" y proporciona la siguiente definición: serán obras de utilidad y necesidad pública las que tengan por objeto principal y directo proporcionar al Estado, a uno o más departamentos, o a uno o más municipios, cualesquiera usos o mejoras que cedan al bien general. Entre estas obras menciona las siguientes: la erección de nuevos pueblos, plazas o calles; la construcción de vías de comunicación, de edificios para la beneficencia o para la instrucción; la construcción de fuertes, murallas y demás medios de defensa.

Nuestra Constitución no precisa a qué se refiere el interés público. De modo que habrá que considerar el concepto tradicional.

Incluir el "interés social" en sustitución de la "necesidad pública" y del "interés público", al lado de la "utilidad pública", seguramente está motivado en el sistema instituido para nuestro proceso de reforma agraria.

Originalmente, el significado atribuido a la "utilidad y necesidad pública" por la Ley de Expropiación Forzosa fue suficiente para sustentar legítimamente la privación del derecho de propiedad, de un particular, sobre un bien inmueble. La "utilidad y necesidad pública" siempre fueron vinculadas al "interés público", cuya característica fundamental es su preeminencia sobre el interés privado. Sus alcances, entonces, quedan restringidos a la satisfacción del "interés público". En este contexto, la administración pública como titular del interés público se impone sobre el particular, titular del interés privado. De modo que era suficiente que el bien inmueble proporcionara una utilidad directa a la administración pública para la ejecución de un proyecto, para que el derecho subjetivo de propiedad de un particular sobre un bien inmueble cediera ante el derecho preeminente del Estado o del municipio. Por ello, "utilidad y necesidad pública" vienen a ser lo mismo que "obras de utilidad y necesidad pública".

De lo expuesto arriba se deduce que lo dispuesto en la Constitución no constituye realmente un avance, puesto que puede interpretarse que dice lo mismo que la Ley de Expropiación Forzosa.

Con el proceso de reforma agraria muchos conceptos sufrieron transformaciones, incluso radicales. La propiedad dejó de ser objeto de un derecho absoluto para convertirse en un objeto cuyo atributo de "función social" relativiza ese derecho subjetivo. La expropiación, entonces, ya no encontraba su justificación únicamente en la satisfacción del interés público, considerado en abstracto, sino en el beneficio efectivo que puedan recibir sectores determinados de la población, caracterizados por su precaria situación económica. En la "utilidad y necesidad pública", por consiguiente, la satisfacción del "interés público", como interés general, es el beneficio para la administración pública, que se concreta en la utilidad proporcionada para la ejecución de proyectos administrativos; en cambio, con la satisfacción del "interés social" se pretende conformar un orden social más justo; es decir que la beneficiada directa es la sociedad o un sector de esta, y no necesariamente la administración pública.

La categoría "utilidad pública", entonces, queda reservada para la expropiación cuando el beneficiario directo es la administración pública; la categoría "interés social", en cambio, es aplicable cuando el beneficiario directo es la sociedad o un sector de esta. Sin embargo, podría argumentarse que esta diferencia queda superada en el terreno práctico, porque, además de que ambas son causas o motivos de expropiación, la causa o motivo de "utilidad pública" está indisolublemente ligada al destino del bien expropiado, e incluso a sus efectos, y estos son directamente útiles para la administración, pero indirectamente también lo son para la sociedad. Es decir que en la utilidad final ambas categorías quedan reducidas a una sola. Lo mismo podría predicarse del "interés social"; esto es, que, aunque directamente beneficia a la sociedad o a un sector de esta, también le es útil a la administración, puesto que le permite actualizar su condición de conformadora del orden social. Sin embargo, queda lo más importante: en la causa o motivo de "interés social" se persigue la conformación de un orden social más justo, cuestión que no está planteada en la causa de "utilidad pública".

7. *Destino del bien expropiado*

La causa de la expropiación determina su destino. Por ello, como veremos más adelante, se exige como requisito que se acredite que sin el inmueble o parte suya es imposible llevar a cabo la obra cuya "utilidad pública e interés social" ha sido declarada.

El destino del bien expropiado lo ofrece la legislación. La Ley de Expropiación Forzosa lo liga a los usos o las mejoras que pueda proporcionar a obras, como erección de nuevos pueblos, plazas o calles; construcción de vías de comunicación y de edificios para la beneficencia o para la instrucción, y construcción de fuertes, murallas y demás medios de defensa.

La LM y su reglamento reconocen como destino del bien expropiado las obras de seguridad, ornato, embellecimiento de barrios, apertura o ampliación de calles, carreteras, edificaciones para mercados, rastros públicos, plazas, parques, jardines públicos, áreas de recreo y deportes, construcción de terminales de transporte urbano e interurbano, centros educativos, clínicas y hospitales, represas, sistemas de agua potable y su tratamiento, así como de desechos sólidos, zonas de oxigenación, áreas para la urbanización de protección a la biodiversidad, áreas verdes, cuencas y sus afluentes, y otras obras públicas de necesidad comunitaria o municipal calificadas por la corporación municipal.

Entre estos existen destinos vinculados estrechamente con la "utilidad pública", como calles, plazas, fuertes, murallas, etcétera; en cambio, otros tienen un carácter prevalentemente social, como zonas de oxigenación, áreas de urbanización de protección a la biodiversidad, cuencas y sus afluentes, etcétera.

El bien expropiado, entonces, sufre una transformación que puede ser jurídica o material. Será jurídica cuando se agota en la sustitución de un propietario por otro; será material cuando sirva para una obra pública. En todo caso, su destino debe estar previamente comprometido con la efectividad de los programas o proyectos estatales o municipales o de la acción conformadora de un orden social más justo. Se debe enmarcar, entonces, dentro de una planificación o programación cuya realización depende del bien o de los bienes a expropiar.

Si el bien expropiado no es destinado al fin por el cual se declara la "utilidad pública y el interés social", la expropiación se torna inválida por razón de la causa.

8. *Indemnización*

La indemnización es, justamente, lo que diferencia a la expropiación de la confiscación. En esta, la privación de la propiedad se efectúa sin que proceda la indemnización. La indemnización resulta de las operaciones periciales practicadas sobre el inmueble expropiado, con el objeto de establecer su justiprecio.

Tal indemnización es el resarcimiento reconocido a los dueños de los bienes expropiados, que comprende el valor de estos y los daños y perjuicios irrogados por la privación coactiva de la propiedad.

Por el valor de los bienes se entiende únicamente el objetivo. Esto es, el referido a las cualidades intrínsecas del bien expropiado y a las circunstancias de lugar y tiempo. En las primeras se considera su valor actual y potencial. Estas últimas son las que se refieren a su valor en el mercado y al momento en que se efectúa la privación coactiva de la propiedad. No podrá alegarse, por tanto, que el valor del bien cambió posteriormente, por el impulso de la oferta y la demanda.

Por daños y perjuicios debe entenderse lo que el Código Civil entiende por tales. Por daño, el valor de la cosa; por perjuicio, el de la ganancia que haya dejado de obtener el dueño del bien. Sin embargo, los daños y perjuicios quedan limitados a lo que debe el deudor de buena fe, es decir, únicamente los previstos o que se hayan podido prever. Por ejemplo, si se trata de una casa de habitación, la mudanza que implica para la familia a otra residencia o lugar; si se tratare de un predio, sobre el cual se pretendía construir un edificio o desarrollar un proyecto urbanístico o turístico, y su dueño hubiere contratado arquitectos, ingenieros y otros profesionales para elaborar la documentación relativa a la ejecución del proyecto, los honorarios de estos. Pero si la expropiación fracciona un predio sobre el cual se desarrolla actualmente un proyecto urbanístico o turístico, los daños y perjuicios no deben limitarse al valor actual, sino que deben comprender también el valor potencial, es decir, el que resulta de las cualidades para su explotación real; en el ejemplo, el proyecto se está ejecutando con los permisos legales otorgados por la autoridad que está expropiando, de manera que no se trata de una fantasía, porque existe la posibilidad real, razonable y factible de que el valor del bien aumente significativamente.

Para la justa apreciación de los daños y perjuicios se debe excluir, entonces, el mayor valor que pudiera obtener el bien expropiado a consecuencia de las obras a que estuviere destinada la expropiación, los valores afectivos y otros factores similares.

Cuando se trate de predios del Estado, del municipio o sobre aquellos en que los particulares únicamente tengan dominio útil, la indemnización quedará limitada al valor de las mejoras.

En todo caso, la indemnización debe ser previa a la perfección de la expropiación, y de una sola vez, es decir, completa o única. Salvo la excepción previamente indicada.

9. *Procedimiento*

El proceso expropiatorio tiene dos momentos. Uno administrativo y otro judicial.

El administrativo es el que debe sustanciarse para la declaración de que la ejecución de la obra pública o el proyecto, declarado de utilidad pública e interés social, exige indispensablemente el todo o parte del inmueble que se pretende expropiar.

La expropiación es declarada por el Poder Ejecutivo o por la municipalidad respectiva. Esta previamente debe declarar la "utilidad pública e interés social" emitiendo el acuerdo respectivo. Formulada esta declaración, la municipalidad debe emplazar al propietario del inmueble o a su representante para que en el término de 10 días hábiles presente la documentación y la información siguiente: identificación del propietario; escritura pública de dominio; gravámenes que pesan sobre el predio; valor catastral y/o valor declarado; monto del impuesto sobre bienes inmuebles pagado en los últimos tres años.

La declaratoria de expropiación debe estar precedida por un procedimiento administrativo sumario, caracterizado por la audiencia al interesado. La excepción contemplada en el artículo 9 de la Ley de Expropiación Forzosa actualmente es inaplicable, porque la Constitución de la República exige que en los casos de "apremio y otras medidas de igual naturaleza en materia civil [...] siempre deberá ser oído el afectado".

Declarada la utilidad pública y el interés social de la obra o proyecto, debe seguirse el procedimiento establecido en el Código de Procedimientos, en su título xiv, llamado "De la expropiación por causa de utilidad pública".

La fase jurisdiccional del procedimiento expropiatorio consiste fundamentalmente en que el juez, que será aquel en cuya jurisdicción se encuentre el bien o los bienes que han de expropiarse, declare el valor de los bienes y perjuicios, previa citación de las partes para el nombramiento de tres peritos, por estas o, en su defecto, por el juez, cuya función será hacer un avalúo circunstanciado de los bienes por expropiar y de los daños y perjuicios que con la expropiación se causaren al propietario. Si no hubiere conformidad en los tres dictámenes, se tendrá como justiprecio de los bienes el tercio de la suma de las tres operaciones periciales, salvo que entre ellas hubiere notable diferencia, en cuyo caso el tribunal modificará prudencialmente ese valor.

La declaración del tribunal se publicará por medio de avisos que se insertarán por lo menos cinco veces en un periódico local, si lo hubiere, o en el diario oficial La Gaceta, en caso contrario, y por medio de carteles fijados durante 15 días en la puerta del tribunal.

Vencido este plazo, y no habiendo oposición de terceros, el tribunal ordenará que el precio de la expropiación se entregue al propietario, o si estuviere él ausente del departamento o se negare a recibir, que se consigne dicho valor en un establecimiento de crédito o en persona de responsabilidad, salvo que hubiere juicios pendientes sobre el bien expropiado, en cuyo caso se consignará a la orden del tribunal, para que sobre él se hagan valer los derechos de los litigantes.

Verificado el pago o la consignación, se ordenará el otorgamiento dentro del segundo día de la respectiva escritura, la cual será firmada por el juez a nombre del vendedor, si este se negare a hacerlo o estuviere ausente del departamento.

No será obstáculo para la expropiación ninguna de las siguientes circunstancias:

1) Las traslaciones de dominio, cualquiera que sea el título que las produzca. En este caso, el nuevo dueño se considerará subrogado en las obligaciones y los derechos del anterior.

2) Las acciones de terceros sobre el bien por expropiarse, derivadas de hipotecas u otros gravámenes. En este supuesto, los derechos de los reclamantes se considerarán transferidos de la cosa a su precio o indemnización.

Por ello, en este caso la ley prevé que el precio se consignará a la orden del tribunal, para que sobre él se hagan valer los derechos de los litigantes.

3) Haber sido vencido el actual poseedor de los bienes expropiados en el juicio de propiedad. En este supuesto, la enajenación judicial se considerará firme y el que fuere declarado dueño podrá ejercer los derechos a que se refiere el número anterior.

10. *Perfección*

La expropiación se considerará perfeccionada hasta que la indemnización haya sido entregada al dueño o a los dueños del bien expropiado, o, en su caso, se hubiere consignado la misma en los términos indicados en la ley.

Se declarará transferida la propiedad hasta que se haga la entrega o verificada la consignación. Con esto se cumple el mandato constitucional que dispone que la indemnización debe ser previa.

Sin embargo, la misma Constitución permite que la expropiación declarada por la municipalidad se perfeccione antes de hacer efectiva la indemnización. Este es el caso de guerra o conmoción interior. El pago, empero, se hará en un plazo máximo de dos años, contados a partir de concluido el estado de emergencia.

11. *Recuperación del bien expropiado*

Si la cosa expropiada no se destinase, por cualquier causa o circunstancia, en el término de un año, al objeto que motivó la expropiación, el dueño anterior puede recobrarla legalmente en el estado en que se enajenó, consignando la indemnización que recibió por ella.

La ley, entonces, no admite excepciones. No importa que la causa o circunstancia sea el caso fortuito o la fuerza mayor. El bien puede ser recobrado por el dueño anterior, si al término de un año no se le ha dado el destino por el que se expropió.

IX. LA RESPONSABILIDAD DEL ESTADO

1. *La responsabilidad*

A. *Introducción*

La responsabilidad contractual del Estado está regulada por las reglas generales contenidas en el Código Civil, en el Código de Comercio, en la Ley de Contratación del Estado y en las demás leyes aplicables.

La responsabilidad extracontractual, en cambio, está regulada en la Constitución de la República, en el Código Civil y en la Ley de la Jurisdicción de lo Contencioso Administrativo.

B. *Responsabilidad en el Código Civil*

Las reglas sobre responsabilidad extracontractual contenidas en el Código Civil regularon el tema para todas las personas, naturales o jurídicas, hasta la aprobación de la actual Constitución de la República, en la que se incluyeron disposiciones para normar la materia en relación con el Estado.

En la regulación sobre la responsabilidad por hechos de tercero, cuando interviene culpa o negligencia, aquel texto normativo dispone lo siguiente: "El Estado es responsable en este concepto cuando obra por mediación de un agente especial; pero no cuando el daño hubiese sido causado por el funcionario a quien propiamente corresponda la gestión practicada, en cuyo caso será aplicable lo dispuesto en el artículo anterior".

Con esta referencia al artículo anterior, alude a la responsabilidad por hechos propios: "El que por acción u omisión causa daño a otro, interviniendo culpa o negligencia, está obligado a reparar el daño causado".

Cuando se elaboró el Código Civil hondureño, sus redactores decidieron tomar estos artículos del Código Civil español, y fueron aplicados siguiendo la interpretación negativa que el Tribunal Supremo español fijó en su oportunidad.

Se entendió por nuestros tribunales y por nuestros juristas que el Estado no es responsable por los daños inferidos en la esfera jurídica de los particulares como consecuencia de la gestión de los servidores públicos, porque no cabe suponer en el Estado culpa ni aun negligencia en la organización de los servicios públicos y en la designación de sus agentes, sino, por el contrario, la previsión humanamente posible para que cada servicio responda al bien general.

Nunca se planteó el caso del "agente especial" que, en España, posteriormente, permitió aceptar la responsabilidad del Estado cuando el daño fuera resultado de la actuación de un "agente especial", porque en este cabe imputarle una culpa *in eligendo*. De modo que no se puede concluir cuál hubiese sido la posición de los tribunales.

Mucho influyó en la actitud de los tribunales el hecho de que hasta hace muy poco era opinión común, incluso en la universidad, que la gestión estatal, casi en su totalidad, estaba fuera del alcance de los tribunales. No se concebía que se pudiese demandar al Estado ante los tribunales, lo que fue evidente cuando entró en vigencia la Ley de la Jurisdicción de lo Contencioso Administrativo, aprobada en contra de la opinión de muchos reconocidos juristas hondureños y cuestionada en su aplicación, al extremo de que hubo, en sus primeros años de vigencia, más de un intento de derogarla por considerarla un atentado contra el Estado. Lo que se repitió con la vigente Ley de Justicia Constitucional, cuya aplicación generó, recién aprobada, un conflicto entre los poderes Judicial y Legislativo en el que el Congreso Nacional amenazó con la destitución a todos los magistrados de la Corte Suprema de Justicia.

C. *La responsabilidad en la Constitución vigente*

a. *Introducción*

En la Constitución se reconoce la responsabilidad patrimonial del Estado, solidaria y directa, en el capítulo XIII titulado "De la responsabilidad del Estado y de sus servidores".

b. *Responsabilidad solidaria*

En el supuesto de que se haya contraído por muchas personas o para con muchas la obligación de una cosa divisible, el Código Civil manda lo siguiente: "Por virtud de la convención, del testamento o de la ley, puede exigirse a cada uno de los deudores o por cada uno de los acreedores el total de la deuda, y entonces la obligación es solidaria o insolidum. La solidaridad debe ser expresamente declarada en todos los casos en que no la establece la ley".

La Constitución reconoce la responsabilidad solidaria cuando dispone lo siguiente: "Si el servidor público, en el ejercicio de su cargo, infringe la ley en perjuicio de particulares, será civil y solidariamente responsable junto con el Estado o con la institución estatal a cuyo servicio se encuentre, sin perjuicio de la acción de repetición que estos pueden ejercitar contra el servidor responsable, en los casos de culpa o dolo".

El particular que resulte perjudicado por la actuación, dolosa o culpable, de un servidor público, en el ejercicio de su cargo y en infracción de la ley, puede demandarlo de manera directa en los tribunales respectivos. Esta situación es la que siempre ha existido en el país, según lo descrito antes.

Lo novedoso es que puede demandar al Estado de manera directa porque lo hace solidariamente responsable por los actos de los servidores públicos. Siempre que el daño sea resultado de una infracción a la ley, el particular puede demandar directamente al Estado. Y no solo al Estado. También puede demandar a cualquier institución estatal a cuyo servicio se encuentre el servidor público responsable del daño.

El Estado, las instituciones autónomas y las municipalidades son, pues, solidariamente responsables por los daños que produzcan los servidores públicos cuando infrinjan la ley en el ejercicio de sus cargos.

Lo dispuesto en la Constitución, sin embargo, no fue posible hacerlo efectivo hasta que funcionaron los tribunales de lo contencioso administrativo. Antes era imposible porque la jurisdicción civil estaba sumisamente sometida al criterio que se deja anotado en la letra B de este acápite.

Desde las primeras sentencias, los tribunales contencioso-administrativos ratificaron lo dispuesto en la Constitución en todos los casos que ha conocido sobre esta materia.

c. *Responsabilidad objetiva*

La evolución de la teoría de la responsabilidad permite que en la actualidad coexista la concepción subjetiva de la responsabilidad con la concepción objetiva de la misma. Al lado de la responsabilidad por culpa de un sujeto determinado, se acepta la responsabilidad por el daño causado por un comportamiento lícito; es decir, por un comportamiento que no está en contra de leyes, reglamentos, etcétera, sino conforme a ellos.

Los servicios públicos que son responsabilidad del Estado deben prestarse con apego a las reglas estrictas de una buena y diligente gestión. La interrupción de los mismos, cuando no provenga de un estado de emergencia, debe imputarse directamente al Estado, no necesariamente a sus servidores. Una falla técnica, producida por el desperfecto de la pieza de una maquinaria, puede ocurrir, a pesar del diligente mantenimiento de los encargados del mismo, y esa falla convertirse en la causa de la interrupción del servicio de la energía eléctrica o de cualquier otro de los que presta el Estado, las instituciones autónomas o las municipalidades.

Cualquiera que sea el criterio aplicable para justificar la responsabilidad objetiva del Estado, el riesgo o cualquier otro, habrá que admitir que la ocurrencia de los hechos impone la necesidad de que la justicia decida sobre las cuestiones que inevitablemente se plantean en relación con este tema.

d. *Esto es lo que ha sucedido en Honduras.*

La Constitución vigente se pronunció en el sentido de reconocer que junto a la responsabilidad solidaria existe lo que denomina responsabilidad civil, que, a juicio de los tribunales contencioso-administrativos, desde su creación, es una aceptación clara de que el constituyente separó la concepción subjetiva de la responsabilidad de la concepción objetiva de la responsabilidad, dejando librada a una ley su regulación. Literalmente dice así: "La ley regulará la responsabilidad civil del Estado, así como la responsabilidad civil solidaria, penal y administrativa de los servidores del Estado".

La jurisdicción de lo contencioso-administrativo, efectivamente, desde su creación ha venido sentando el criterio de que el Estado hondureño es responsable por el funcionamiento de los servicios, de modo que cualquier daño que resulte por el mal funcionamiento de los mismos, es imputable al Estado por el hecho de ocurrir el mal funcionamiento y ser el responsable de la prestación. Todos los casos se resuelven fundamentándose en este criterio.

e. *Acción de repetición*

La responsabilidad solidaria del Estado por los actos o hechos de sus servidores públicos plantea la cuestión de la obligación de repetir contra este cuando se demande al Estado y resulte condenado.

La disposición transcrita en la letra anterior, en su parte final dice lo siguiente: "Sin perjuicio de la acción de repetición que estos pueden ejercitar contra el servidor responsable, en los casos de culpa o dolo".

En caso de resultar condenado el Estado, la institución autónoma o la municipalidad, en la que preste sus servicios el servidor público responsable directo del daño, tiene la obligación de recuperar lo pagado del servidor o los servidores públicos responsables. No se trata, pues, de una facultad potestativa, sino de un deber ineludible del Estado o de la institución de que se trate. Corresponde a los órganos legalmente competentes accionar para recuperar lo pagado en virtud de la condena judicial.

Son muchos los casos en que se ha condenado al Estado, a las instituciones autónomas y a las municipalidades por los daños inferidos a particulares por los servidores públicos a su servicio. Sin embargo, ninguna acción se ha intentado en estos casos. Nada de lo pagado se ha recuperado, a pesar de que algunos fallos de los tribunales contencioso administrativos contienen alusiones a esa obligación cuando condenan al Estado o a sus entidades.

La obligación de repetir aplica únicamente para los casos de culpa o dolo en el que el Estado es solidario con sus servidores. No es el caso de la responsabilidad objetiva, porque en este no es posible identificar a un servidor público responsable directamente del daño, ya que la culpa, la negligencia o el dolo no son requisitos para el reconocimiento de la responsabilidad. Lo pagado en los casos de responsabilidad objetiva no es recuperable.

f. *Jurisdicción*

La jurisdicción competente para juzgar la responsabilidad extracontractual del Estado, de las instituciones autónomas y de las municipalidades, es la contencioso-administrativa.

Entre las cuestiones que la LJC expresamente incluye dentro de la competencia de los tribunales de esta jurisdicción están las que se susciten en relación con la responsabilidad patrimonial del Estado, como oportunamente se señaló en este trabajo. No será competente, en cambio, cuando la demanda se dirija directamente contra el servidor público causante del daño o cuando en contra de este se ejerza la acción de repetición por el Estado, la institución autónoma o la municipalidad.

2. *La responsabilidad de los servidores Públicos*

Sobre este tema la Constitución de la República dispone lo siguiente:

1) Los servidores del Estado no tienen más facultades que las que expresamente les confiere la ley. Todo acto que ejecutaren fuera de la ley es nulo e implica responsabilidad.

2) Los funcionarios son depositarios de la autoridad, responsables legalmente por su conducta oficial, sujetos a la ley y jamás superiores a ella. Ningún funcionario o empleado, civil o militar, está obligado a cumplir órdenes ilegales o que impliquen la comisión de un delito.

3) Si el servidor público, en el ejercicio de su cargo, infringe la ley en perjuicio de particulares, será civil y solidariamente responsable junto con el Estado o con la institución estatal a cuyo servicio se encuentre.

4) El capítulo ii, título iii, contiene una serie de derechos o garantías individuales que se colocan como límites al ejercicio del poder público y por ello el Estado no puede, ni aun mediante una ley, disminuirlos, restringirlos ni tergiversarlos.

Los servidores públicos, entonces, solo podrán emitir y ejecutar aquellos actos que las leyes les permitan y, a su vez, no "aplicarán leyes y disposiciones gubernativas, o de cualquier orden, que regulen el ejercicio de los derechos y garantías reconocidos en esta Constitución, si los disminuyen, restringen o tergiversan". Si emitieren o ejecutaren actos que violen la Constitución o las leyes, serán responsables civilmente frente a los particulares afectados y frente al mismo Estado.

3. *La responsabilidad civil, penal y administrativa de los servidores públicos*

La responsabilidad civil del servidor público está sometida al régimen especial que se analiza en el apartado anterior. En todo caso, la Constitución dispone que las acciones para deducir la responsabilidad civil a los servidores públicos prescriben en 10 años, contados a partir de la fecha en que el servidor haya sido cesado en el cargo en el que incurrió en responsabilidad.

La responsabilidad penal, que surge por acciones u omisiones tipificadas como delitos o faltas, está regulada en el Código Penal. Como servidor público una persona incurre en ilícitos propios de su investidura, distintos de los que comete como ciudadano común. Entre estos delitos se encuentran los siguientes: los cometidos contra el ejercicio de los derechos individuales, sancionados en la Constitución; prevaricación; infidelidad en la custodia de documentos; violación de secretos; desobediencia y denegación de auxilio; anticipación, prolongación y abandono de funciones públicas; usurpación de atribuciones y nombramientos ilegales; abuso contra la honestidad; cohecho; malversación de caudales públicos, y fraudes y exacciones ilegales. El plazo para perseguir judicialmente la responsabilidad penal prescribe en el doble del tiempo señalado por la ley penal, según la Constitución, contado a partir del cese de las funciones en el cargo en el cual el servidor público incurrió en la responsabilidad, salvo en el caso de que por acción u omisión dolosa y por motivos políticos se causare la muerte de una persona.

La responsabilidad disciplinaria es la que se da en quien se encuentra sujeto a una relación de supremacía especial, por la inobservancia de los deberes impuestos legal y administrativamente. En esa supremacía especial encuentra su fundamento la potestad disciplinaria por la cual se sanciona a quien, sujeto a esa relación, infringe sus deberes y sus obligaciones.

La infracción administrativa se denomina falta, que puede ser: grave, menos grave y leve. Las sanciones se aplican según la falta cometida. La amonestación privada, verbal o escrita, se aplica a las faltas leves; la suspensión sin goce de sueldo hasta por ocho días se aplica a las faltas menos graves, y el descenso y el despido, a las faltas graves.

Por medio del procedimiento disciplinario se ejerce la potestad disciplinaria, de modo que ninguna sanción puede imponerse sin seguir este procedimiento. Su trámite es el siguiente: se notificará por escrito al supuesto infractor los hechos que se le imputan, la sanción a aplicarse de no ser estos desvirtuados, y el lugar, el día y la hora de la audiencia de descargo; esta se celebra en el lugar donde presta sus servicios el supuesto infractor y ante el jefe de la dependencia o ante quien este delegue, con la presencia del infractor y de dos testigos, uno nominado por la dependencia y otro por el imputado. Todo lo actuado se hará constar en acta; la no comparecencia del imputado se tendrá como aceptación de los cargos, salvo justa causa; si de lo aportado por el imputado resulta evidente su inocencia, se archivará el expediente; si no se hubieren desvirtuado los cargos, se procederá a tramitar la sanción.

El Régimen del Servicio Civil es el reconocido por la Constitución para la carrera administrativa, en el Poder Ejecutivo, en las instituciones autónomas y en las municipalidades. Sin embargo, la misma Constitución dispone, contradictoriamente, que los trabajadores de las instituciones autónomas están regulados por "el régimen jurídico aplicable a los trabajadores en general", es decir, por el Código del Trabajo.

Reconoce, además, el Estatuto del Docente como régimen normativo de la carrera docente. El legislador, por su parte, ha creado otros regímenes especiales, contrariando lo dispuesto en la Constitución. Este es el caso del Estatuto del Empleado Médico y para los miembros de otros gremios cuando la relación de servicio se configure con el Estado, las instituciones autónomas o las municipalidades.

X. EL RÉGIMEN DE PERSONAL

1. *Carrera administrativa*

"Carrera" es el sistema que permite la selección, permanencia y continuidad de personas capaces y debidamente calificadas para el desempeño de las funciones públicas; dicho sistema está organizado en cuerpos o cuadros atendiendo a la jerarquía administrativa y a la similitud de las funciones, de modo que cada miembro del personal pueda recorrer los diferentes niveles durante la vigencia de la relación de servicio.

Quien ingresa a una carrera asume el servicio a título profesional; es decir, hace de la relación de servicio un medio normal y permanente de vida, fuente primordial de la satisfacción de sus necesidades. Por esta razón, recibe el nombre de "servidor de carrera" o "servidor profesional".

2. *Las carreras reconocidas en nuestra legislación*

Los regímenes creados en nuestra Constitución para regular la relación de servicio tienen por objeto el establecimiento de un sistema racional de administración de personal, sometido a métodos científicos basados en el sistema de méritos, para ofrecer estabilidad a los servidores profesionales.

Por lo anterior, cada uno de esos regímenes crea y regula una carrera específica; a saber: el Régimen del Servicio Civil, la "carrera administrativa"; el Estatuto del Docente Hondureño, la "carrera docente"; la Ley de la Carrera Judicial, la "carrera judicial"; la ley respectiva, la "carrera militar".

3. *Los regímenes*

Los regímenes reconocidos por nuestra legislación son, por tanto, los siguientes: régimen de la carrera docente, régimen de la carrera judicial, régimen del servicio civil y régimen de la carrera militar. De nuestro estudio excluiremos las carreras judicial y militar, por no pertenecer al ámbito de estudio del derecho administrativo.

4. *El régimen de la carrera docente*

A. *El mandato constitucional*

La Constitución de la República establece que la carrera del docente se regulará por el Estatuto del Docente, por el cual se garantiza a los profesionales en ejercicio de la docencia la estabilidad en el trabajo, un nivel de vida acorde con su elevada misión y una jubilación justa.

B. *El docente*

"Docente" es, según nuestra Constitución, "quien administra, organiza, dirige, imparte o supervisa la labor educativa y que sustenta como profesión el magisterio" y su formación es "función y responsabilidad exclusiva del Estado". Los docentes en servicio tienen un privilegio muy especial: "Están exentos de toda clase de impuestos sobre los sueldos que devengan y sobre las cantidades que ulteriormente perciban en concepto de jubilación".

C. *La carrera docente*

La carrera docente, según el Estatuto del Docente, es el ingreso a un puesto regulado por este, el ejercicio del magisterio como profesión, la capacitación y el desarrollo en servicio, la evaluación del desempeño y el correspondiente régimen de distribuciones, estímulos y correctivos, hasta el retiro de servicios.

D. *Requisitos de ingreso*

Para ingresar a la carrera docente se requiere:

1) Ser hondureño por nacimiento.

2) Estar en el goce de los derechos civiles.

3) Acreditar la identidad y los requisitos para ocupar el puesto conforme al presente estatuto y sus instrumentos operativos.

4) Estar afiliado a un colegio magisterial y solvente.

5) Estar inscrito en el escalafón de la carrera docente.

E. *El reclutamiento*

El reclutamiento se lleva a cabo mediante concursos generales y especiales. Los primeros se efectúan anualmente; los segundos, que se practican para cada puesto, se producirán cada vez que surja una vacante.

F. *El Sistema Nacional de Selección*

Este sistema es el responsable de la selección de personal docente del servicio oficial; su función es organizar y efectuar el reclutamiento de candidatos, seleccionar al docente que ocupará cada puesto en aplicación del ed y de sus reglamentos, y vigilar la actuación de los funcionarios y los empleados en lo que se relacione con el reclutamiento y la selección de docentes.

5. *El régimen del servicio civil*

A. *El régimen*

El Régimen del Servicio Civil, según la Constitución, es aplicable a todos aquellos que se encuentren fuera de la carrera docente, de la carrera militar y de la carrera judicial. Es decir, quedan comprendidos todos los servidores públicos, salvo los que formen parte de estas carreras.

La Ley de Servicio Civil dispone en su artículo 2 que el "Régimen del Servicio Civil comprenderá a los servidores del Poder Ejecutivo, cuyo ingreso al servicio se haya efectuado llenando las condiciones y requisitos que establezca esta ley y sus reglamentos. Las mismas disposiciones serán aplicables a los funcionarios y empleados de las municipalidades".

B. *Los requisitos de ingreso*

Los requisitos para ingresar al Régimen del Servicio Civil son los siguientes: 1) ser hondureño mayor de 18 años de edad y estar en posesión de los documentos necesarios para acreditar su identidad personal; 2) tener comprobantes de que está al día en el pago de sus impuestos o exento de ellos; 3) acreditar buena salud y buena conducta; 4) llenar las condiciones especiales exigidas para el cargo; 5) haber sido aprobado en los exámenes de competencia, de conformidad con los requisitos establecidos en esta ley; 6) haber obtenido el nombramiento respectivo, y 7) haber pasado satisfactoriamente el periodo de prueba.

C. *Órganos del Régimen del Servicio Civil*

Los órganos del Régimen del Servicio Civil son los siguientes: la Autoridad Nominadora, el Consejo del Servicio Civil, el Tribunal Ad Hoc y la Dirección General del Servicio Civil.

a. *La Autoridad Nominadora*

La Constitución de la República atribuye al presidente de la República la función de "nombrar y remover libremente a los secretarios de Estado y subsecretarios de Estado, y a los demás funcionarios y empleados cuyo nombramiento no esté atribuido a otras autoridades".

La Ley de Servicio Civil, por su parte, entiende por Autoridad Nominadora "al presidente de la República, a través de la respectiva secretaría de Estado, y todo funcionario o entidad que tenga facultades legales para nombrar servidores públicos".

El presidente puede delegar esta función en los secretarios de Estado, de conformidad con la LGAP.

b. *El Consejo del Servicio Civil*

Es un órgano colegiado integrado por tres miembros propietarios y tres suplentes, nombrados por el presidente de la República por un periodo de seis años.

En su primera sesión, los miembros propietarios elegirán, de ellos, al presidente del Consejo, quien dirige las actividades de este, y a los vocales primero y segundo del mismo, quienes durarán un año en sus funciones y podrán ser reelectos, lo que se hará constar en acta. La principal función de los vocales será sustituir, por su orden, al presidente en casos de ausencia temporal.

Las atribuciones más importantes del Consejo son las siguientes: asesorar al Poder Ejecutivo, al director general y a las demás instituciones comprendidas en el Régimen del Servicio Civil, en la orientación de la política de la institución en materia de administración de personal, y conocer y resolver lo siguiente: las reclamaciones en contra de las disposiciones del director general, los conflictos que se suscitaren entre las autoridades nominadoras en lo referente a la aplicación de esta ley, o entre estas y la dirección general; las reclamaciones en contra de los despidos, traslados y demás resoluciones de las autoridades nominadoras, previo informe del director general; conocer en revisión los reglamentos y las disposiciones que para la mejor aplicación de la ley emita la Dirección General del Servicio Civil, previo a su aprobación por el Poder Ejecutivo.

c. *La Dirección General del Servicio Civil*

Esta depende directamente del presidente de la República y es el órgano ejecutivo encargado de planificar, organizar, desarrollar, ejecutar y administrar políticas, funciones, programas y actividades relacionadas con el Régimen del Servicio Civil.

El director general es nombrado por el presidente de la República y su suplente legal es el subdirector.

6. *Regímenes especiales*

A *Lo dispuesto en la Constitución*

Oportunamente se señalaba que solo existen cuatro carreras de los servidores públicos cuyo régimen reconoce la Constitución. Estas son las siguientes: carrera administrativa, carrera docente, carrera judicial y carrera militar.

No obstante, el legislador ha creado regímenes especiales para algunos servidores públicos. Estos regímenes especiales son los siguientes: régimen para los servidores del Poder Legislativo, régimen del servicio exterior, régimen para los médicos, régimen para los dentistas, régimen para los químico-farmacéuticos y régimen para los fiscales.

Con lo anterior, el legislador está reconociendo que existen variaciones en la carrera administrativa. Estas son las siguientes: carrera del servidor del Poder Legislativo, carrera diplomática, carrera de médico empleado, carrera de cirujano dentista empleado, carrera de químico-farmacéutico empleado, carrera de fiscal.

No excluiremos el régimen de los servidores del Poder Legislativo porque la jurisdicción que conoce de las cuestiones que se suscitan en relación con este régimen es la jurisdicción de lo contencioso-administrativo.

B. *Régimen de los servidores del Poder Legislativo*

a) Ley que los regula Mediante decreto 151-1993 se emitió la Ley del Estatuto Laboral de los Empleados Públicos del Poder Legislativo. Por esta ley se regulan las relaciones laborales entre los empleados y el Poder Legislativo. Comprende, desde luego, solamente a quienes hayan ingresado cumpliendo los requisitos de esta ley.

b) Excluidos. Además de los diputados, están excluidos los siguientes: quienes presten servicios con carácter interino y los que por la temporalidad de sus trabajos no tengan la condición de empleados del Poder Legislativo; quienes se encuentren en periodo de prueba, y los trabajadores pagados por el sistema de planilla.

c) Los requisitos Los requisitos para tener la protección de esta ley son los siguientes: ser hondureño por nacimiento; ser mayor de 18 años o menor de esta edad pero mayor de 16,232 autorizados legalmente; estar en pleno ejercicio de sus derechos civiles; llenar las condiciones para el cargo, y haber pasado satisfactoriamente el periodo de prueba.

d) El inicio de la protección. Esta comienza cuando finaliza el periodo de prueba, cuya duración máxima es de 60 días. En ese momento, según la ley, la persona tiene derecho al nombramiento, cuya vigencia se retrotraerá al día en que se inició el periodo de prueba.

e) La selección de personal. Esta es función de la Oficina de Personal del Congreso Nacional, que también será competente para todo movimiento de ascenso, traslado o separación del cargo de los empleados.

f) Autoridad Nominadora. El presidente del Congreso Nacional es la Autoridad Nominadora.

Es su responsabilidad, entonces, emitir todas las acciones de personal que correspondan en relación con los empleados de este poder del Estado.

g) No protege la estabilidad. La ley no reconoce expresamente la estabilidad del servidor del Poder Legislativo. En el artículo 10, que contiene los derechos que a este se le reconocen, no se encuentra la estabilidad. De modo que puede ser trasladado, descendido y suspendido discrecionalmente.

h) Se autoriza despedir injustamente. La ley autoriza a la Autoridad Nominadora a despedir injustamente. El artículo 17 señala las causas de despido justificado, pero dispone que en caso de despido injustificado se pagarán las siguientes prestaciones e indemnizaciones: las vacaciones causadas y las vacaciones proporcionales, en su caso; aguinaldo proporcional, en su caso; cesantía equivalente a un mes de salario por cada año trabajado, hasta un límite de 15 años, o el valor proporcional cuando no hubiere cumplido un año, y el preaviso equivalente a un mes de salario por cada año trabajado, hasta un límite de dos años, o la proporción correspondiente cuando no hubiere cumplido el año completo.

El despido solamente tiene un requisito; a saber: "haber escuchado suficientemente los descargos del inculpado, mediante el procedimiento que establezca el reglamento de esta ley". Sin embargo, el reglamento no se ha emitido todavía.

C. *Régimen del Servicio Exterior*

a) Ley que lo regula. Este régimen está regulado por la Ley del Servicio Exterior de Honduras, contenida en el decreto 82-1984, que crea la "carrera diplomática".

b) La carrera diplomática. A la carrera diplomática pertenecen únicamente los que figuren en el escalafón diplomático, quienes serán considerados diplomáticos de carrera. La carrera diplomática comienza con la categoría de tercer secretario y termina con la de embajador extraordinario y plenipotenciario.

Serán inscritos en el escalafón diplomático las siguientes personas:

1) Quienes ingresen en la carrera por haber cumplido los requisitos establecidos en la ley.

2) Quienes soliciten su incorporación a la carrera diplomática y acrediten haber desempeñado cargos diplomáticos durante un periodo no menor de tres años.

3) Los funcionarios diplomáticos que ostenten cargo de embajador y tengan formación universitaria, o post universitaria en derecho internacional, relaciones internacionales, diplomacia, economía internacional y otras disciplinas afines, o hayan ejercido cátedra universitaria en materias relacionadas con el campo internacional durante cinco años como mínimo. Estos no tendrán que llenar el requisito del tiempo de servicio a que se refiere el número anterior.

En el escalafón diplomático se inscribirán por rigurosa antigüedad en cada una de las categorías de la escala jerárquica que establece la ley.

c) Los diplomáticos que no son de carrera. Quien se desempeñe en cargos diplomáticos remunerados sin estar incorporado en el escalafón diplomático, gozará, mientras ejerza su cargo, del estatus de diplomático y de los demás derechos reservados a los funcionarios de carrera, excepto los siguientes: inamovilidad que le asegura estabilidad; ascensos a las distintas categorías del escalafón diplomático; consideración del periodo escolar de sus dependientes, para los efectos de traslado o rotación.

d) Requisitos para ingresar a la carrera diplomática. Los requisitos son los siguientes: ser hondureño de nacimiento; estar en el pleno ejercicio de sus derechos civiles y políticos; no ser mayor de 60 años; gozar de buena salud y no adolecer de grave defecto físico; no tener antecedentes penales y ser de conducta moral intachable; ser graduado de la Escuela de Diplomacia y Relaciones Internacionales o de un centro de educación superior del país o del extranjero debidamente incorporados, y presentar la respectiva solicitud.

e) La escala jerárquica de la carrera diplomática.

Esta escala jerárquica es la siguiente: 1) Embajador extraordinario y plenipotenciario. 2) Ministro. 3) Ministro consejero. 4) Consejero. 5) Primer secretario. 6) Segundo secretario. 7) Tercer secretario.

D. *Régimen del médico empleado*

a) Ámbito de la ley Este régimen está regulado por la Ley del Estatuto del Médico Empleado, contenida en el decreto 167-85.

No se limita al sector público. Regula las relaciones de trabajo entre médico y empleador, estatal o privado. "Médico" será únicamente el registrado debidamente en el Colegio Médico de Honduras.

b) Naturaleza del régimen creado Este régimen creado no es simplemente una variación del régimen del servicio civil, porque regula dos relaciones; a saber: la relación de servicio, que se instituye entre el médico y el Estado y sus entidades, y la relación de trabajo, que surge entre el médico y el empleador particular, es decir, hospitales particulares, clínicas particulares, etcétera.

c) Privilegios reconocidos en la ley Los médicos gozan, no de derechos, sino de verdaderos privilegios reconocidos por la ley. Entre estos privilegios están los siguientes:

1) Como parte de la estabilidad, ningún médico podrá ser trasladado sin su consentimiento expreso y sin causa debidamente justificada. Esto significa que, aunque exista la "causa debidamente justificada", si el médico no expresa su consentimiento, el traslado no puede acordarse. En todos los demás regímenes, el traslado, siempre que se justifique, procede independientemente de la voluntad del servidor público, quien solo queda exonerado por circunstancias especiales, debidamente acreditadas.

2) La jornada ordinaria de trabajo es de seis horas, por tiempo completo. La jornada diaria por tiempo completo para los demás servidores es de ocho horas.

3) Para fijar el pago de las vacaciones no se toma en cuenta el salario que se devenga. El importe de las vacaciones se fija tomando como base el promedio del salario ordinario por el devengado durante los últimos seis meses, de modo que, si recientemente ha desempeñado un puesto de mayor jerarquía por ascenso interino, por ejemplo, tiene derecho a que se le compute el sueldo que devengó durante ese interinato.

4) Pueden acumular cargos públicos remunerados. El único límite impuesto es el "traslape" de jornadas diarias, entendiéndose por este lo siguiente: "cuando el inicio de la jornada u horario siguiente está comprendido antes de la hora de la conclusión de la jornada que antecede". Un médico, en consecuencia, puede acumular un cargo administrativo o político (secretario de Estado, director general, diputado, alcalde, regidor, etcétera), dos cargos de jornadas ordinarias siempre que no exista traslape (por ejemplo uno de tiempo completo y el otro de medio tiempo), uno de guardia (que puede ser con presencia física o por llamada, también denominada "sin permanencia intrahospitalaria", pero que, en todo caso, tendrá un salario equivalente a una jornada ordinaria diurna de seis horas) y uno de jornada por hora.

5) Por cada cargo público remunerado acumulado tiene derecho a vacaciones remuneradas, aguinaldo y catorceavo mes. Cada cargo público que acumula es una relación distinta entre el Estado o la entidad estatal y el médico empleado. En consecuencia, por cada puesto se le paga salario; por lo tanto, se le reconocen, cada año, vacaciones remuneradas, aguinaldo y catorceavo mes.

6) Gozan de permisos muy especiales. El patrono, estatal o privado, debe concederles licencia en el caso de resultar electos a un cargo de elección popular por todo el tiempo que este dure. Al médico electo a un cargo de elección popular debe otorgársele licencia no remunerada por todo el periodo para el que resulte electo.

7) Además de las indemnizaciones en caso de remoción, tiene el privilegio de recibir una bonificación. Cuando fuere removido tendrá derecho a percibir una indemnización equivalente a un mes de sueldo por cada año de servicio sin exceder 15 meses, y al pago de dos meses en concepto de preaviso.

8) Resultan eximidos de responsabilidad en el ejercicio de sus funciones si el Estado no les provee medios y recursos óptimos. Si el Estado no les proporciona las condiciones y los recursos óptimos para un apropiado ejercicio profesional, no serán responsables en el desempeño de sus funciones. Es evidente que aquí se refiere a la responsabilidad administrativa, porque la penal y la civil no dependen de estos factores.

9) La renuncia debe ser aceptada inmediatamente

Es el único servidor público cuya renuncia debe ser aceptada de inmediato, sin importar las necesidades del servicio.

10) La renuncia le concede el goce de derechos muy especiales. La renuncia, según la ley, le da "derecho a percibir el porcentaje determinado por esta ley, para los casos de terminación unilateral de la relación de trabajo". Cuando la terminación de la prestación del servicio fuere por renuncia, se le otorgará una bonificación por sus servicios prestados no inferiores a 60%, calculado con base en lo que le corresponde como indemnización y preaviso.

11) Finalmente, tiene el privilegio de invocar, indistintamente, la Ley del Estatuto del Empleado Médico, la Ley del Servicio Civil, el Código de Trabajo y demás leyes aplicables, "cuando le sean más favorables".

Es el único servidor público que puede invocar, según su conveniencia, cualquier ley vigente en materia de personal, para exigir el disfrute de derechos que no han sido reconocidos expresamente en la ley que regula su relación de trabajo específica. Es más, se le reconoce que también gozará de cualquier compensación no prevista que en el futuro se reconozca a los servidores públicos o a los trabajadores, estatales o privados.

Hasta hace muy poco gozaban de otro privilegio: su sueldo base se calculaba tomando como referencia el salario mínimo decretado por el gobierno y era ajustado automáticamente. Cada aumento anual del salario mínimo ajustaba de manera automática el sueldo base del médico empleado, que sin especialización equivalía a 12 salarios mínimos y con especialización a 14 salarios mínimos

E. *Los demás regímenes*

a. *De los cirujanos dentistas y químico-farmacéuticos*

En el caso de la Ley del Estatuto Laboral del Cirujano Dentista se repiten los siguientes privilegios que están previstos para el médico empleado: goza de todos los derechos y las garantías que dispone la Constitución de la República, el presente estatuto, las leyes laborales, las Ley del Servicio Civil, leyes de previsión social, y las demás leyes y reglamentos correspondientes que se aplican en materia social y laboral; en el marco del derecho a la estabilidad en el trabajo o empleo, no podrá ser trasladado sin su consentimiento expreso y sin causa debidamente justificada; su jornada diurna es de seis horas, y goza de licencia no remunerada en caso de cargos de elección popular.

En el caso de la Ley del Estatuto Laboral del Químico Farmacéutico se repiten los mismos privilegios: que se le apliquen todos los derechos y las garantías que dispone la Constitución de la República, el presente estatuto, las leyes laborales, la Ley del Servicio Civil, las leyes de previsión social, así como las demás leyes y reglamentos que se apliquen en materia social y laboral; en el marco del derecho a la estabilidad en el trabajo o empleo, no podrá ser trasladado sin su consentimiento expreso y sin causa debidamente justificada, y goza de licencia no remunerada para desempeñar cargos de elección popular. Ambos regímenes no son simplemente una variación del servicio civil. También comprenden a los que prestan sus servicios en la empresa privada.

b. *De los fiscales*

Corresponde al fiscal general de la República emitir el Estatuto de la Carrera del Ministerio Público, que está vigente desde 1995.

Lo novedoso de este régimen de personal es lo siguiente: el periodo de prueba es de un año como máximo; entre sus derechos se reconoce un seguro médico, hospitalario y de vida, mientras se desempeñe en la carrera, pagado por el Ministerio Público; las sanciones disciplinarias podrán impugnarse ante el Consejo de Personal; la sanción de despido solamente procede cuando el Consejo de Personal resuelve que esa es la sanción que procede, después de agotarse el procedimiento que se inicia con la solicitud de la División de Recursos Humanos pidiendo que se aplique la sanción de destitución ante el Consejo de Personal, en cuyo trámite el supuesto infractor debe ser oído para su defensa; este será suspendido del ejercicio del cargo a partir de la fecha de la solicitud en que se pide la imposición de la sanción de despido.

Nos ocupamos de este régimen porque las cuestiones que se susciten en aplicación del mismo serán de conocimiento de la jurisdicción de lo contencioso-administrativo.

BIBLIOGRAFÍA

1. *Extranjera*

Para estudiar el derecho administrativo en general, se recomienda consultar toda la bibliografía autorizada.

2. *Nacional*

Para estudiar el derecho administrativo hondureño, se recomienda consultar las siguientes obras:

FLORES VALERIANO, Enrique, *Curso de derecho administrativo*, Editorial Universitaria.

MONCADA SILVA, Efraín, *Derecho administrativo y administración pública*, Tegucigalpa, Editorial Universitaria.

- *Democracia y elecciones municipales*, Tegucigalpa, Editorial Universitaria.

- *Ensayos constitucionales*, Tegucigalpa, Impresos Cerrato, 2009.

ORELLANA, Edmundo, Introducción al régimen jurídico de las instituciones autónomas, Tegucigalpa, Editorial Universitaria, 1983.

- *El régimen del servicio civil: la relación de servicio*, Tegucigalpa, Editorial Universitaria, 1984.

- *La reforma administrativa en Honduras: un imperativo impostergable*, Tegucigalpa, Editorial Universitaria, 1986.

- *Análisis de la Ley de la Jurisdicción de lo Contencioso Administrativo*, Tegucigalpa, ilanud, 1987.

- *La Ley de Procedimiento Administrativo*, Tegucigalpa, Editorial Universitaria, 1990.

- *Origen, naturaleza, extensión y límites de la jurisdicción de lo contencioso-administrativo*, Tegucigalpa, Editorial Universitaria, 1990.

- *Procedimientos especiales en la jurisdicción de lo contencioso-administrativo*, Tegucigalpa, Editorial Universitaria, 1990.

- *Terminación normal y anormal del proceso contencioso-administrativo*, Tegucigalpa, Editorial Universitaria, 1990.

- *Los procedimientos de selección en la Ley de Contratación del Estado*, Tegucigalpa, Editorial Universitaria, 1991.

- *Los sujetos y el objeto del proceso contencioso-administrativo*, Editorial Universitaria, 1993.

- *Régimen jurídico de las municipalidades en Honduras*, Editorial Universitaria, 2003.

- *La contratación administrativa en Honduras*, Editorial Universitaria, 2003.

- *Curso de derecho administrativo*, tomo II, vol. i, Editorial Universitaria, 2003.

- *Curso de derecho administrativo*, tomo I, 10a ed., Edigrafic, 2010. (La primera edición fue de 1984.)

PANORAMA GENERAL DEL DERECHO ADMINISTRATIVO MEXICANO

JORGE FERNÁNDEZ RUIZ

I. MODELO REGULATIVO DE LA ADMINISTRACIÓN PÚBLICA, BASE CONSTITUCIONAL, CONCEPTO Y FUENTES DEL DERECHO ADMINISTRATIVO

Estructuralmente, se puede entender la administración pública como el conjunto de áreas del sector público del Estado que, mediante el ejercicio de la función administrativa, la prestación de los servicios públicos, la ejecución de las obras públicas y la realización de otras actividades socioeconómicas de interés público trata de lograr los fines del Estado.

En México, la administración pública se ubica en diferentes ámbitos: Federación, Distrito Federal, Estados y municipios, en los tres primeros, la estructura y la actividad de la administración pública federal tienen mayor presencia en el ámbito del Poder Ejecutivo, sin que ello signifique que solo ahí se encuentren, puesto que también están presentes, si bien en menor medida, en las esferas del Poder Legislativo y del Poder Judicial, lo mismo que en las de los otros órganos a los que la Constitución confiere autonomía.

La regulación de la administración pública mexicana asienta su base en la Constitución, cuyo artículo 90 dispone que la administración pública federal será centralizada y paraestatal –aun cuando esto solo aplique a la inserta en el Poder Ejecutivo–, y prevé la expedición de la Ley Orgánica de la Administración Pública Federal y de la Ley Federal de las Entidades Paraestatales, para distribuir los negocios del orden administrativo de la Federación que estén a cargo de las secretarías de Estado y departamentos administrativos, definir las bases de creación de las entidades paraestatales de la administración pública federal y regular la interrelación de las partes integrantes de esta.

De igual modo, el artículo 122 constitucional previene, en su base tercera, que el Estatuto de Gobierno del Distrito Federal organizará la administración pública de dicha entidad, mediante la determinación de los lineamientos generales para la distribución de atribuciones entre los órganos centrales, desconcentrados y descentralizados, tarea a cargo de la Ley Orgánica de la Administración Pública del Distrito Federal, cuya expedición compete a la Asamblea Legislativa del Distrito Federal.

Por su parte, el artículo 115 constitucional, en su fracción II, confiere a los ayuntamientos municipales facultades para aprobar, de acuerdo con las leyes que deben expedir las legislaturas de los Estados, los bandos de policía y gobierno, reglamentos, circulares y disposiciones administrativas de carácter general, que organicen la administración pública municipal y regulen las materias, procedimientos, funciones y servicios públicos de su competencia.

En cuanto a la administración pública de los Estados de la República, la Constitución particular de cada uno de ellos, establece las bases de su regulación, habida cuenta que el artículo 124 de la Constitución Federal previene que las facultades que no estén expresamente concedidas por ella a la Federación, se entienden reservadas a los Estados; por lo que al no conferir al Congreso Federal facultad para legislar en materia de administración pública de los Estados, tal actividad corresponde a sus respectivas legislaturas. En este orden de ideas, el artículo 41 de la Constitución Política del Estado de Querétaro, incluye entre las facultades atribuidas a la Legislatura del Estado, legislar sobre todo aquello que la Constitución de los Estados Unidos Mexicanos no conceda expresamente al Congreso de la Unión.

Los referidos preceptos constitucionales conforman en México, la base del derecho administrativo, el cual tiene una estrecha vinculación con el poder público, especialmente con el órgano en el que se inserta el área más grande de la administración pública, lo que le da un notorio matiz político, empero, con afán de precisar el concepto de derecho administrativo, conviene hacer las siguientes consideraciones:

El derecho administrativo no se ocupa de toda la estructura, organización y funcionamiento ni de la actividad total del sector público del Estado, sino solo de una de sus partes: la administración pública, cuyo universo rebasa los límites del Poder Ejecutivo, habida cuenta de la existencia de sendas áreas de administración pública en el Poder Legislativo, en el Poder Judicial y en los órganos a los que la Constitución confiere autonomía, aun cuando el área mayor de la misma se inserte en el Poder Ejecutivo.

El derecho administrativo también atañe a las relaciones de las dependencias y entidades de la administración pública entre sí y de ellas con otras instituciones del Estado y con los particulares.

En consecuencia, se puede explicar al derecho administrativo como el conjunto de normas y principios del derecho público que rigen la estructura, organización y funcionamiento de las diversas áreas de la administración pública, de las relaciones de estas entre sí, así como de sus relaciones con las demás instituciones del Estado y con los particulares.

La expresión fuentes del derecho invoca el origen de la normativa jurídica, es decir, los actividades o procedimientos mediante los cuales se crea, modifica, sustituye o deroga la norma jurídica; origen que se aclara con la distinción de tres tipos de fuentes: materiales, históricas, y formales.

Se entiende por fuentes materiales o reales del derecho, los hechos y acontecimientos y fenómenos sociales, incluidos los avances tecnológicos, que determinan la expedición, el sentido, la modificación y derogación de las normas jurídicas. El avance científico relativo a los trasplantes de órganos o a la clonación, al internet y a la firma electrónica, lo mismo que el fenómeno de la corrupción mueven al legislador a normar las actividades respectivas, por lo que tales avances son, sin duda, fuentes materiales del derecho administrativo.

Las fuentes históricas son los ordenamientos jurídicos antiguos o recientes que rigieron aspectos de la conducta externa humana y ya no están vigentes; por ejemplo, las leyes de secretarías y departamentos de Estado, que antecedieron a la Ley Orgánica de la Administración Pública Federal en vigor, constituyen fuentes históricas del derecho mexicano, cuyos preceptos fueron retomados por el legislador para la elaboración del derecho vigente.

En tanto que, por fuentes formales del derecho, se pueden entender las actividades realizadas para la creación, expedición, modificación y derogación de dichas normas, en cuyo caso hablamos de actividades legislativas, sociales y jurisdiccionales.

En rigor, es la actividad legislativa y no la ley, la fuente del derecho, así se trate del administrativo, porque, como bien hace notar Eduardo García Máynez: "así como la fuente de un río no es el agua que brota del manantial, sino el manantial mismo, la ley no representa el origen, sino el resultado de la actividad legislativa".[1]

Como productos de la actividad formal o materialmente legislativa, podemos distinguir: la Constitución, el tratado internacional, la ley, el reglamento y la circular o similar disposición administrativa de carácter general, caracterizados como ordenamientos que contienen las normas del derecho administrativo.

II. ORGANIZACIÓN ADMINISTRATIVA FEDERAL, LOCAL Y MUNICIPAL

La organización administrativa admite diversas formas, entre las que destacan la centralización, la desconcentración y la descentralización administrativas que, lejos de excluirse, coexisten y se complementan, pues la racionalización del funcionamiento de la administración pública constituye el objeto común de ellas.

La centralización es una forma organizacional empleada tanto en el ámbito político como en la esfera administrativa del Estado, consistente en reunir en un punto de convergencia, configurado como un ente central, la toma de decisiones del poder público. La centralización puede ser política o administrativa.

La centralización administrativa descansa en su organización jerárquica estructurada piramidalmente de tal manera que los órganos inferiores se subordinan a los inmediatos superiores y estos a los contiguos de arriba y así sucesivamente hasta llegar al vértice de la pirámide que es el órgano supremo de la administración, investido de la máxima autoridad, que conlleva una amplia potestad sobre sus subalternos merced a la cual los designa, manda, organiza, supervisa, disciplina y remueve, conforme a un modelo de relación jerárquica que le es característico, mediante el ejercicio de los poderes de nombramiento, de remoción, de mando, de decisión, de vigilancia, de disciplina, de revisión, y de resolución de conflictos de competencia.

---

1 García Máynez, Eduardo, *Introducción al estudio del derecho*, 34ª ed., México, Porrúa, 1982, p. 52.

Según el artículo 1° de la Ley Orgánica de la Administración Pública Federal, la Presidencia de la República, las Secretarías de Estado, los Departamentos Administrativos y la Consejería Jurídica del Ejecutivo Federal, conforman la administración pública centralizada, la cual se organiza jerárquicamente bajo el mando y dirección del titular del Poder Ejecutivo.

La Presidencia de la República es el conjunto de unidades administrativas directamente adscritas al titular del Ejecutivo Federal, cuya estructura se modifica a su arbitrio.

La Secretaría de Estado es una unidad administrativa de alto rango, de carácter político-administrativo, adscrita a la administración pública centralizada, prevista en el artículo 90 constitucional, para apoyar al Ejecutivo Federal en el ejercicio de sus atribuciones políticas y administrativas, así como para el despacho de los negocios del orden administrativo de su competencia. Su creación, modificación, fusión o extinción, solo puede realizarse mediante ley, según previene el artículo 90 constitucional. Según la Ley Orgánica de la Administración Pública Federal, las secretarías de Estado:

> Conducirán sus actividades en forma programada, con base en las políticas y prioridades de la planeación nacional, que establezca el Ejecutivo Federal. (Artículo 9)
>
> Formularán, respecto de los asuntos de su competencia, los proyectos de leyes, reglamentos, decretos, acuerdos y órdenes del Ejecutivo Federal. (Artículo 12)
>
> Tendrán al frente de cada una de ellas a un secretario de Estado, quien para el despacho de los asuntos de su competencia será auxiliado por los subsecretarios, oficial mayor, directores, subdirectores, jefes y subjefes de departamento, oficina, sección o mes y demás funcionarios previstos en el reglamento interior respectivo. (Artículo 14)
>
> Pueden contar con órganos administrativos desconcentrados que les estén jerárquicamente subordinados, con facultades específicas para resolver sobre la materia y dentro del ámbito territorial que se determine en cada caso. (Artículo 17)
>
> Se determinarán las atribuciones de sus unidades administrativas en su respectivo reglamento interior, mismo que será expedido por el Presidente de la República. (Artículo 18)
>
> Establecerán sus correspondientes servicios de apoyo administrativo en materia de planeación, programación, presupuesto, informática, estadística, recursos humanos, recursos materiales, contabilidad, fiscalización, archivos y demás necesarios. (Artículo 20)

La estructura orgánica de la secretaría de Estado se puede resumir, en términos generales, de la siguiente manera:

Secretario
Subsecretarios
Oficial Mayor
Contralor Interno
Coordinadores Generales
Directores Generales
Subdirectores Generales
Directores de Área
Subdirectores
Jefes de Departamento
Subjefes de Departamento
Jefes de Oficina
Subjefes de Oficina
Jefes de Sección
Jefes de Mesa.

EL CATÁLOGO ACTUAL DE SECRETARÍAS DE ESTADO DEL GOBIERNO FEDERAL ES EL SIGUIENTE:

Secretaría de Gobernación
Secretaría de Relaciones Exteriores
Secretaría de la Defensa Nacional
Secretaría de Marina
Secretaría de Seguridad Pública

Secretaría de Hacienda y Crédito Público
Secretaría de Desarrollo Social
Secretaría de Medio Ambiente y Recursos Naturales
Secretaría de Energía
Secretaría de Economía
Secretaría de Agricultura, Ganadería Desarrollo Rural, Pesca y Alimentación
Secretaría de Comunicaciones y Transportes
Secretaría de la Función Pública
Secretaría de Educación Pública
Secretaría de Salud
Secretaría del Trabajo y Previsión Social
Secretaría de la Reforma Agraria
Secretaría de Turismo

En México, hasta finales del siglo XX, estuvo prevista en la administración pública federal centralizada la posible existencia de dos tipos de Departamento Administrativo, cuyo rango era notoriamente desigual; el de menor rango era una unidad administrativa identificada como parte integrante de una dirección o subdirección, la cual dependía a su vez de la dirección general de una Secretaría de Estado.

El departamento administrativo de mayor rango era el previsto en los artículos 90, 92 y 93 constitucionales, explicable como un órgano administrativo superior de la administración pública centralizada al que se atribuyen funciones técnicas cuyo titular dependía directamente del presidente de la República, quien estaba facultado para nombrarlo y removerlo libremente. En la actualidad es una especie extinguida, pues no existe ninguno de este tipo. La reforma de los artículos constitucionales 90, 92 y 93 publicada el 2 de agosto de 2007 suprimió la figura del departamento administrativo de alto rango, sin embargo, la Ley Orgánica de la Administración Pública Federal, aún la considera en sus títulos primero y segundo, aún cuando en la realidad ya no exista ningún departamento administrativo de alto rango.

La Consejería Jurídica del Ejecutivo Federal es una dependencia de la Administración Pública Federal Centralizada, dependiente directamente del titular del Poder Ejecutivo, quien lo nombra y remueve libremente, de rango equiparable al de las secretarías de Estado, destinada a brindar asesoría y apoyo técnico-jurídico al Presidente de la República, e intervenir en la formulación, suscripción y trámite de los instrumentos legales que el mismo deba suscribir, así como representarlo legalmente en ciertos casos.

Conforme al artículo 2° de la Ley Orgánica de la Administración Pública del Distrito Federal, integran su Administración pública centralizada, la Jefatura de Gobierno del Distrito Federal, las Secretarías, la Procuraduría General de Justicia del Distrito Federal, la Oficialía Mayor, la Contraloría General del Distrito Federal y la Consejería Jurídica y de Servicios Legales. La Secretaría de Seguridad Pública y la Procuraduría General de Justicia del Distrito Federal, como señala el artículo 15 de la Ley Orgánica de la Administración Pública del Distrito Federal, se rigen por sus respectivas leyes orgánicas. El esquema de la administración pública centralizada del Distrito Federal es el siguiente:

Jefe de Gobierno del Distrito Federal	Oficial Mayor
Secretarios	Contralor General
Procurador General de Justicia del Distrito Federal	Consejero Jurídico y de Servicios Legales

De acuerdo al artículo 15 de la Ley Orgánica de la Administración Pública del Distrito Federal, las Secretarías del Gobierno del Distrito Federal, son las siguientes:

Secretaría de Gobierno	Secretaría de Salud
Secretaría de Desarrollo Urbano y Vivienda	Secretaría de Finanzas
Secretaría de Desarrollo Económico	Secretaría de Transportes y Vialidad
Secretaría del Medio Ambiente	Secretaría de Seguridad Pública
Secretaría de Obras y Servicios	Secretaría de Turismo
Secretaría de Desarrollo Social	Secretaría de Cultura

Como señala el artículo 15 de la Ley Orgánica de la Administración Pública del Distrito Federal, la Procuraduría General de Justicia del Distrito Federal, se sitúa en el ámbito orgánico del Distrito Federal y se rige por su propia ley orgánica.

Compete a la Contraloría General del Distrito Federal el despacho de las materias relativas al control y evaluación de la gestión pública de las dependencias, órganos desconcentrados y entidades paraestatales del Distrito Federal.

A semejanza de la administración pública federal centralizada, su homóloga del Distrito Federal cuenta con la Consejería Jurídica y de Servicios Sociales, a la que principalmente compete el despacho de los asuntos relativos a la orientación, asistencia, publicación oficial y coordinación de asuntos jurídicos; a la elaboración y revisión de los proyectos de iniciativas de leyes y decretos que vaya a presentar el Jefe de Gobierno a la Asamblea Legislativa; así como a la elaboración y revisión de los proyectos de reglamentos, decretos, acuerdos y demás instrumentos jurídicos y administrativos que se sometan a consideración del Jefe de Gobierno.

En los Estados de la República, la Administración pública centralizada, está a cargo del Gobernador del Estado y por lo general se integra con la Secretaría de Gobierno, las demás Secretarías para el despacho de los diversos ramos, la Procuraduría General de Justicia del Estado y, en algunos casos, con órganos administrativos de diversa denominación a los que se encargan sendos ramos, cuyos titulares acuerdan directamente con el Gobernador.

En el Estado de México, según se infiere del artículo 19 de su Ley Orgánica de la Administración Pública, su administración centralizada queda bajo la jefatura del Gobernador del Estado, y se integra, además, con las siguientes dependencias:

Secretaría General de Gobierno	Secretaría de Desarrollo Agropecuario
Secretaría de Finanzas	Secretaría de Desarrollo Económico
Secretaría de Salud	Secretaría de Turismo
Secretaría del Trabajo	Secretaría de Desarrollo Metropolitano
Secretaría de Educación	Secretaría de la Contraloría
Secretaría de Desarrollo Social	Secretaría de Comunicaciones
Secretaría de Desarrollo Urbano	Secretaría de Transportes
Secretaría del Agua y de Obra Pública	Secretaría del Medio Ambiente

El Procurador General de Justicia depende del gobernador, es el titular del ministerio público y funge como consejero jurídico del gobierno.

El titular de la Secretaría General de Gobierno tiene el monopolio del refrendo de leyes, decretos, reglamentos, y demás disposiciones que el Gobernador promulgue o expida, de acuerdo a lo dispuesto por los artículos 80 de la Constitución local; y suple al gobernador en sus faltas temporales que excedan de quince días pero no de sesenta, en los términos del artículo 73 de la Constitución particular del Estado.

Las demás secretarías tienen igual rango entre sí, y sus titulares, lo mismo que el de la Secretaría General de Gobierno, se auxilian de los subsecretarios, directores, subdirectores, jefes de unidad, jefes de departamento y demás servidores públicos que establezcan otras disposiciones legales y los reglamentos; su representación esquemática, bajo el mando del gobernador del Estado, es la siguiente:

Gobernador del Estado de México	Directores
Secretario General de Gobierno	Subdirectores
Secretarios	Jefes de Unidad
Subsecretarios	Jefes de Departamento

Acorde con el artículo 17 de la Ley Orgánica de la Administración Pública del Estado de México, tanto el Secretario General de Gobierno, como los demás secretarios, independientemente de sus funciones específicas, pueden formular proyectos de ley, reglamentos, decretos y acuerdos de las materias de su competencia; y están facultados para celebrar contratos y suscribir convenios por acuerdo del Ejecutivo, en dichas materias.

En la esfera municipal existe una administración específica propia. Así, por ejemplo, la fracción I del artículo 73 de la Constitución particular del Estado de Jalisco, dispone:

Cada Municipio será administrado por un Ayuntamiento de elección popular que residirá en la cabecera de la municipalidad y no habrá ninguna autoridad intermedia entre este y el gobierno del Estado.

La administración municipal usa, también, las formas organizacionales de la centralización, descentralización y desconcentración administrativas, que dan lugar a la administración municipal centralizada, descentralizada y desconcentrada, respectivamente.

La Administración centralizada municipal queda bajo el mando del presidente municipal y se suele integrar, en los municipios importantes, con la secretaría, la sindicatura, la tesorería, la o las oficialías mayores, y las direcciones, los departamentos, las administraciones, y las oficinas u otras dependencias administrativas que se encargan de la prestación de servicios públicos o de actividades específicas.

La desconcentración administrativa consiste en el traslado parcial de la competencia y el poder decisorio de un órgano superior a uno inferior, ya sea preexistente o de nueva creación, dentro de una relación de jerarquía entre ambos, por cuya razón, el órgano desconcentrado se mantiene en la estructura de la administración centralizada. En la desconcentración administrativa, la normativa, la planeación y el control, permanecen centralizados, no así la tramitación y la facultad decisoria que se transfieren al órgano desconcentrado.

La desconcentración administrativa está expresamente prevista en el orden jurídico mexicano, por medio de la figura del órgano desconcentrado; el artículo 17 de la Ley Orgánica de la Administración Pública Federal, establece:

> Para la más eficaz atención y eficiente despacho de los asuntos de su competencia, las Secretarías de Estado y los Departamentos Administrativos podrán contar con órganos administrativos desconcentrados que les estarán jerárquicamente subordinados y tendrán facultades específicas para resolver sobre la materia y dentro del ámbito territorial que se determine en cada caso, de conformidad con las disposiciones legales aplicables.

Se pueden señalar como características del órgano desconcentrado que:

- Se inserta en la administración pública centralizada;
- Forma parte de la estructura orgánica de una secretaría de Estado, de la que depende jerárquicamente;
- Carece de personalidad jurídica propia;
- Tiene asignado un conjunto de bienes patrimoniales determinados;
- Cuenta con partidas presupuestales específicas;
- Tiene facultad decisoria en determinada materia o territorio, o en la prestación de un servicio público específico
- Es creado mediante una ley del Congreso o por un acto del Poder Ejecutivo.

El Archivo General de la Nación y el Servicio de Administración Tributaria son algunos de los más de sesenta órganos desconcentrados de la administración pública federal.

El Gobierno del Distrito Federal también utiliza la figura del órgano desconcentrado dentro de la estructura de su administración centralizada. El artículo 91 de su Estatuto de Gobierno, dispone:

> Para la eficaz atención y eficiente despacho de los asuntos de su competencia, el jefe de gobierno del Distrito Federal podrá constituir órganos desconcentrados que estarán jerárquicamente subordinados al propio de jefe de gobierno, o bien, a la dependencia que este determine. Los titulares de estos órganos serán nombrados y removidos libremente por el jefe de gobierno.

Entre los órganos desconcentrados del Gobierno del Distrito Federal podemos citar la Comisión de Vialidad y Transporte Urbano y el Servicio Público de Localización Telefónica.

En los Estados de la República la administración centralizada también incluye la administración desconcentrada; en Chiapas, por ejemplo, el artículo 18 de la Ley Orgánica de la Administración Pública, establece: "Para la mejor atención y despacho de los asuntos de su competencia, las dependencias del Ejecutivo podrán contar con unidades administrativas desconcentradas que les estarán jerárquicamente subordinadas y tendrán facultades específicas para resolver sobre la materia o dentro del ámbito territorial que se determine en cada caso."

En la administración pública del Estado de Oaxaca figuran entre otros órganos desconcentrados, la Comisión Agraria Mixta y la Comisión de Límites.

La descentralización administrativa es una forma organizativa de la administración pública, en cuya virtud se confiere personalidad jurídica propia a ciertos entes a los que se les otorga relativa autonomía orgánica respecto del órgano central, para encargarles la realización de actividades administrativas; se instrumenta mediante la creación de personas jurídicas de derecho público, distintas al Estado, bajo diversas modalidades. En México admite dos formas: por servicio, y por colaboración.

En México, el producto de la descentralización administrativa por servicio es el organismo público descentralizado, que tiene por modelo al establecimiento público francés y sus características son las siguientes:

- Su establecimiento mediante ley o decreto
- Personalidad jurídica propia
- Patrimonio propio
- Estatuto y regulación específicos
- Realización de una actividad técnica
- Tutela y vigilancia por parte de la administración central

Entre los más de ochenta organismos públicos descentralizados de la administración pública federal, destacan Petróleos Mexicanos, Comisión Federal de Electricidad y el Instituto Mexicano del Seguro Social.

El artículo 98 del Estatuto de Gobierno del Distrito Federal coincide con la definición del artículo 45 de la Ley Orgánica de la Administración Pública Federal, al establecer: "Los organismos descentralizados serán las entidades con personalidad jurídica y patrimonio propio, creadas por decreto del jefe de gobierno del Distrito Federal o por ley de la Asamblea Legislativa del Distrito Federal, cualquiera que sea la estructura legal que adopten. (...)"

Entre los organismos descentralizados del Distrito Federal destacan: el Servicio de Transportes Eléctricos del Distrito Federal, el Sistema de Transporte Colectivo (Metro) y el Sistema de Agua Potable de la Ciudad de México.

La descentralización administrativa por servicio también es aprovechada por las administraciones públicas de los Estados de la República, especialmente para la prestación de algunos servicios públicos, a través de la figura del organismo público descentralizado. En los términos del artículo 49 de la Ley Orgánica de la Administración Pública del Estado de Campeche:

> Son organismos descentralizados las entidades creadas por disposición del Congreso del Estado o por el Gobernador, con personalidad y patrimonio propio, cualquiera que sea la estructura legal que adopten, siempre que reúnan los siguientes requisitos:
>
> I. Que su patrimonio se constituya total o parcialmente con recursos o bienes del Estado o de otros organismos descentralizados, aportaciones o concesiones que le otorgue el Gobierno del Estado o el Gobierno Federal; y
>
> II. Que su objetivo o fines sean la prestación de un servicio público o social, la explotación de bienes o recursos estatales, la investigación científica o tecnológica y la obtención y aplicación de recursos para fines de asistencia o seguridad social.

Entre los organismos públicos descentralizados de la administración pública paraestatal del Estado de Jalisco figuran: "Sistema de Transporte Colectivo de la Zona Metropolitana" y "Sistema de Tren Eléctrico Urbano", dedicados al servicio público de transporte urbano.

Diversos municipios aprovechan también, dentro del esquema de la descentralización administrativa por servicio, la figura del organismo público descentralizado; por ejemplo, en el Municipio de Naucalpan del Estado de México, la prestación del servicio público de suministro de agua potable está a cargo del organismo público descentralizado, con personalidad jurídica y patrimonio propios, denominado "Organismo Público Descentralizado para la Prestación de Servicios de Agua Potable, Alcantarillado y Saneamiento".

III. EL PROCEDIMIENTO ADMINISTRATIVO

La doctrina mexicana entiende el procedimiento administrativo como el conjunto sistematizado de formalidades, requisitos y trámites establecidos para realizar o impugnar un acto administrativo.[2]

La Ley Federal de Procedimiento Administrativo, publicada en el Diario Oficial de la Federación de 4 de agosto de 1994, rige la actuación administrativa de la Administración Pública Federal centralizada, y también de sus organismos descentralizados en lo relativo a sus actos de autoridad, a los servicios que el Estado preste de manera exclusiva y a los contratos que los particulares solo puedan celebrar con el mismo, conforme a los principios, enunciados en su artículo 13, de economía, celeridad, eficacia, legalidad, publicidad y buena fe.

El principio de economía predica la eliminación de formalidades, requisitos y trámites innecesarios,[3] la interpretación del silencio administrativo a través de las figuras de la afirmativa y la negativa fictas, así como de la caducidad de la instancia cuando el impulso corresponda al interesado y no lo haga, según previene el artículo 18 del citado ordenamiento legal.

El principio de celeridad expresamente enunciado en la Ley en cita, está presente en varios de sus artículos, como el artículo 17 que establece un plazo máximo de tres meses para que la dependencia u organismo descentralizado resuelva lo que corresponda, y de no hacerlo operará la negativa ficta.

El principio de eficacia tiene como consecuencia que el acto administrativo sea eficaz y exigible, según establece el artículo 9 de la Ley Federal de Procedimiento Administrativo, a partir de que surta efectos la notificación legalmente efectuada, salvo que otorgue un beneficio al particular, en cuyo caso será exigible desde la fecha en que se dictó o en la señalada para iniciar su vigencia, Cuando el acto administrativo requiere aprobación de instancia distinta a la que lo emite, carecerá de eficacia en tanto no se dé dicha aprobación.

1. *El principio general de legalidad*

El principio de legalidad se puede enunciar en dos sentidos: positivo y negativo; en el primer sentido se explica en la máxima latina: "*quae non sunt permissae, prohibita intelliguntur*", traducible como: lo que no está permitido se considera prohibido; en cambio, en sentido negativo, el principio de legalidad es expresado por la fórmula latina "*permissum videtur in omne quod no prohibitum; quae non sunt prohibita, permissae intelliguntur*, cuyo significado se puede resumir en la frase: lo que no está prohibido está permitido.

El orden jurídico mexicano emplea ambos sentidos de sujeción a la legalidad, pero aplica el primero a unos sujetos y el segundo a otros distintos, toda vez que los sujetos de derecho público, o sean, los órganos del Estado, las autoridades, se rigen por el sentido positivo, habida cuenta que solo pueden hacer lo que la normativa jurídica expresamente les faculta, como lo ha sostenido el Pleno de la Suprema Corte de Justicia de la Nación al determinar textualmente, lo que, en rigor, viene a ser la definición del principio de legalidad: "Las autoridades solo pueden hacer lo que la ley les permite";4 en tanto que los particulares, por sujetarse a la legalidad en sentido negativo, pueden hacer lo que el orden jurídico vigente no les prohíba.

El artículo 16 constitucional incorpora expresamente el principio de legalidad al orden jurídico mexicano al imponer tres condiciones a todo acto de autoridad que implique molestia al gobernado: *i.* que se exprese por escrito, *ii.* que provenga de autoridad competente, y *iii.* Que se funde y motive la causa legal del procedimiento.

El principio de publicidad orienta también, en el ordenamiento jurídico mexicano, al procedimiento administrativo, en diversos casos, como los de licitación pública para la contratación de adquisición de bienes o servicios o ejecución de obra pública, que de conformidad con el artículo 134 constitucional, deben efectuarse mediante convocatoria pública para que libremente se presenten proposiciones en sobre cerrado que será abierto públicamente, en consonancia con lo establecido en el inciso 5 del artículo III de la Convención Interamericana de la Corrupción, suscrita en caracas el 29 de marzo de 1996.

---

2 *Vid.* Serra Rojas, Andrés, Derecho administrativo, 12ª ed., México, Porrúa, 1983, t. 2, p. 273.

3 El artículo 15 de la Ley Federal de Procedimiento Administrativo previene: La Administración Pública Federal no podrá exigir más formalidades que las expresamente previstas en la Ley.

4 Apéndice de jurisprudencia de 1917 a 1965 del Semanario Judicial de la Federación. Sexta Parte, Núm. 47, p. 108.

2. *El principio general de la buena fe*

El principio de buena fe hace referencia lo mismo a la certeza de un individuo de que hace o posee alguna cosa con derecho legítimo, que a la convicción o suposición de la licitud y justicia de un acto, o a la creencia de que un acto o hecho jurídico es cierto o verdadero; en consecuencia, el principio de buena fe genera en quien obra de buena fe, derechos y beneficios, lo mismo que exime de responsabilidades, con lo que sirve de puente entre el derecho y la ética.

En suma, el principio de buena fe predica la concordancia entre el acto y la conciencia, entre la acción y la intención, en cuya virtud se adquieren derechos o beneficios como en el caso de la prescripción, o se liberan responsabilidades o cancelan deberes.

Además de los principios expresamente mencionados en el artículo 13 de la Ley Federal de Procedimiento Administrativo, rige también al procedimiento administrativo el principio de impulsión de oficio, habida cuenta que, en los términos del artículo 14 de dicho ordenamiento, puede iniciarse de oficio; y de conformidad con el artículo 18 de la misma ley, continuará de oficio, sin perjuicio del impulso que puedan darle los interesados.

Aparte de los referidos principios, el orden jurídico mexicano incluye en la regulación del procedimiento administrativo los principios del debido proceso, de moralidad administrativa, de seguridad jurídica y de supremacía del interés público sobre el interés privado.

El principio general del debido proceso se puede enunciar como la prohibición de afectar los derechos de los gobernados sin cubrir ciertas condiciones y requisitos que incluyen el respeto de la garantía de audiencia, la prohibición de tribunales especiales y leyes privativas, y la fundamentación y motivación de las resoluciones judiciales dictadas por autoridad competente.

El principio general del debido proceso informa desde sus cimientos al ordenamiento jurídico mexicano en materia administrativa, toda vez que inspira los artículos 13, 14 y 16 constitucionales, cuya esencia recogen los artículos 72, 73 y 74 de la Ley Federal de Procedimiento Administrativo; artículos 13, 64 y 65 de la Ley Federal de Responsabilidades de los Servidores Públicos, y el artículo 21 de la Ley Federal de Responsabilidades Administrativas de los Servidores Públicos.

El principio general de moralidad administrativa también es fundamental en el procedimiento administrativo, porque la conducta de los servidores públicos que lo conducen debe orientarse por criterios de legalidad, lealtad, justicia, imparcialidad, eficiencia, eficacia y honradez.

El principio de moralidad administrativa informa a nuestra Constitución política en sus artículos 113 y 134, así como a los artículos 47 de la Ley Federal de Responsabilidades de los Servidores Públicos y 7 de la Ley Federal de Responsabilidades Administrativas de los Servidores Públicos, el último de los cuales a la letra dispone: "Será responsabilidad de los sujetos de la Ley ajustarse, en el desempeño de sus empleos, cargos o comisiones, a las obligaciones previstas en esta, a fin de salvaguardar los principios de legalidad, honradez, lealtad, imparcialidad y eficiencia que rigen en el servicio público."

El principio general de seguridad jurídica conforma un pilar insustituible del procedimiento administrativo, por ser, como explica Joseph T. "la garantía dada al individuo de que su persona, sus bienes y sus derechos no serán objeto de ataques violentos que, si estos llegan a producirse le serán aseguradas por la sociedad protección y reparación."[5]

La seguridad jurídica es, pues, principio determinante del procedimiento administrativo que se habrá de traducir en la garantía que el estado debe dar, a través del orden jurídico, de preservar y proteger no solo la vida y la integridad física de todo individuo, sino también sus libertades, bienes y derechos contra todo acto indebido ya sea de otros particulares o de las autoridades, ya que estas últimas solo podrán afectar a la esfera del gobernado en ciertas condiciones y previa satisfacción de requisitos específicos que, según Ignacio Burgoa Orihuela constituyen las garantías de seguridad jurídica, pues como bien hace notar:

> Estas implican, en consecuencia, el conjunto general de condiciones, requisitos, elementos y circunstancias previas a que debe sujetarse una cierta actividad estatal autoritaria para generar una afectación válida de diferente índole en la esfera del gobernado, integrada por el *summum* de sus derechos subjetivos.

[5] Delos, Joseph T, Le Fur, Louis *et al*, *Los fines del derecho*, trad. Daniel Kuri Breña, 4ª ed., México, UNAM, 1967, p. 47.

Por ende, un acto de autoridad que afecte el ámbito jurídico particular de un individuo como gobernado, sin observar dichos requisitos, condiciones, elementos o circunstancias previos, no será válido a la luz del derecho.[6]

El principio de supremacía del interés público sobre el interés privado se inserta formalmente en el orden jurídico mexicano a través de diversos artículos constitucionales: 3, 25, 27 y 28, entre otros, y que en materia administrativa atañen especialmente a los procedimientos administrativos de expropiación y de concesión de servicios públicos y de bienes del dominio de la Federación.

IV. EL ACTO ADMINISTRATIVO, SU EJECUCIÓN, PRINCIPIO DE AUTOTUTELA, LOS RECURSOS EN VÍA ADMINISTRATIVA

Conviene tener presente, al ocuparnos del acto administrativo, que la Administración realiza actos administrativos de distintas clases, entre otras, unilaterales y plurilaterales, individuales y generales.

Actos administrativos unilaterales son los realizados por la Administración mediante su sola declaración unilateral de voluntad, como ocurre en la imposición de una multa, y pueden clasificarse en individuales o generales.

Actos administrativos plurilaterales son los nacidos del acuerdo entre la Administración y otro u otros sujetos, como la celebración de un contrato de obra pública.

Se consideran individuales los actos unilaterales de la Administración con efectos jurídicos respecto de una o varias personas determinadas, acerca de uno o varios casos específicos, como sucede en el otorgamiento de un permiso para expendio de licores o de una licencia de construcción, que confieren autorizaciones específicas a sus titulares.

En cambio, se entienden generales los actos unilaterales de la Administración que producen efectos jurídicos respecto de un conglomerado indeterminado o una generalidad de personas o casos, como ocurre, por ejemplo, con los reglamentos administrativos expedidos por el Poder Ejecutivo, considerados materialmente como leyes, por tratarse de normas generales, abstractas, generales y obligatorias, emitidas por la Administración.

Con un criterio objetivo o material se considera que, en sentido amplio, el acto administrativo es el realizado en ejercicio de la función administrativa, que produce efectos jurídicos. Mas, resulta de poca utilidad el sentido amplio de la noción de acto administrativo porque en una misma categoría engloba actos realizados en ejercicio de la función administrativa, de muy diversa índole, como son, por ejemplo, los unilaterales y los bilaterales; por ello conviene formular una noción de acto administrativo en un sentido restringido.

En este orden de ideas, un extenso sector de la doctrina admite la formulación de una definición restringida de acto administrativo que excluya a los actos contractuales y a los actos generales de la administración, es decir, a los contratos y a los reglamentos administrativos, para referirse tan solo a sus actos unilaterales individuales.

Así, en sentido restringido, podemos entender al acto administrativo como la declaración unilateral de voluntad de un órgano del poder público en ejercicio de la función administrativa, con efectos jurídicos directos respecto de casos individuales específicos.

Los efectos jurídicos de referencia se traducen en la creación, modificación o extinción de derechos y obligaciones en favor o a cargo de sujetos individuales específicos, o en la determinación de las condiciones para la creación, modificación o extinción de derechos y obligaciones para un caso específico.

Caracterizan al. acto administrativo en sentido restringido, la presunción de legitimidad y la ejecutoriedad; la primera trata de significar que el acto administrativo se ha producido con apego al Derecho aplicable. En tanto que, el carácter de ejecutoriedad del acto administrativo en sentido restringido admite dos sentidos, conforme al primero, que es obligatorio o exigible y por tanto debe cumplirse; y, en un segundo sentido, que entraña una fuerza especial, gracias a la cual la Administración puede ejecutar coactivamente el acto contra la oposición de los interesados, sin tener que contar con el concurso del órgano jurisdiccional.

---

6 Burgoa Orihuela, Ignacio, *Las garantías individuales*, 6ª ed., México, Porrúa, 1970, p. 494.

Para el artículo 3° de La Ley Federal de Procedimiento Administrativo, son elementos y requisitos del acto administrativo, sin aclarar cuáles son unos y otros:

- Ser expedido por órgano competente, a través de servidor público, y en caso de que dicho órgano fuere colegiado, reúna las formalidades de la ley o decreto para emitirlo:
- Tener objeto que pueda ser materia del mismo, determinado o determinable, preciso en cuanto a las circunstancias de tiempo y lugar, y previsto por la ley;
- Cumplir con la finalidad de interés público regulado por las normas en que se concreta, sin que puedan perseguirse otros fines distintos;
- Hacer constar por escrito y con la firma autógrafa de la autoridad que lo expida, salvo en aquellos casos en que la ley autorice otra forma de expedición;
- Estar fundado y motivado;
- Ser expedido sujetándose a las disposiciones relativas a l procedimiento administrativo previstas en esta Ley:
- Ser expedido sin que medie error sobre el objeto, causa o motivo, o sobre el fin del acto, o respecto a la referencia específica de identificación del expediente, documentos o nombre completo de las personas;
- Ser expedido sin que medie dolo o violencia en su emisión
- Mencionar el órgano del cual emana;
- Ser expedido señalando lugar y fecha de emisión;
- Tratándose de actos administrativos deban notificarse deberá hacerse mención de la oficina en que se encuentra y puede ser consultado el expediente respectivo;
- Tratándose de actos administrativos recurribles deberá hacerse mención de los recursos que procedan; y
- Ser expedido decidiendo expresamente todos los puntos propuestos por las partes o establecidos por la ley.

En la doctrina mexicana, aun cuando no existe unanimidad, se mencionan con insistencia como elementos del acto administrativo el sujeto, la voluntad, el objeto, el motivo, el fin, y la forma.

En el acto administrativo en sentido restringido se detecta un sujeto activo y otro pasivo, el primero viene a ser el órgano competente del Estado, que produce el acto mediante la emisión de la declaración unilateral de voluntad con efectos jurídicos subjetivos; el papel de sujeto pasivo corresponde al particular a quien afecta el acto jurídicamente.[7]

La voluntad es considerada como un elemento esencial del acto administrativo, aun cuando un sector importante de la doctrina entiende que no es un elemento sino un presupuesto de tal acto.

Al margen de la discusión doctrinal, en el acto administrativo la voluntad está referida al sujeto activo, o sea, al órgano emisor; debe carecer de vicios por error, dolo, violencia o cualquier otra causa; no puede ser tácita y debe declararse expresamente en los términos previstos por la norma jurídica aplicable, a efecto de que el sujeto pasivo quede debidamente enterado y, por tanto, en condiciones de cumplir con las obligaciones que el acto le impone y de ejercer los derechos que le confiere.

El objeto en el acto administrativo en sentido restringido consiste en lo que el sujeto activo del mismo decide, certifica u opina, debiendo ser lícito, cierto, determinado, física y jurídicamente posible, razonable y moral.

Uno de los presuntos elementos más discutidos del acto administrativo en sentido restringido es el motivo, al que alguno identifican como la causa, que puede entenderse como la apreciación y valoración de los hechos y de las circunstancias en que se realizan, que el sujeto activo lleva a cabo para emitir su correspondiente declaración unilateral de voluntad.

Incluido por diversos autores dentro de los elementos del acto administrativo, el fin, o finalidad del mismo, viene a ser el efecto que el sujeto activo se propone alcanzar con su realización.

Sin perjuicio de que se reconozca o no como un elemento del acto administrativo, el fin debe ser de interés público, estar apegado a la ley, figurar dentro de la competencia del sujeto activo, y tratar de alcanzarse mediante actos establecidos en la ley.

---

[7] *Vid.* Martínez Morales, Rafael I., *Derecho administrativo*. Segundo Curso, México, Harla, 1991, p. 219.

Cuando falta cualquiera de estos requisitos se dice que hay desvío de poder, es decir que el sujeto activo del acto administrativo ha aplicado la potestad de que está investido para fines distintos a los previstos en la ley.

Muchos autores que estudian el tema reconocen a la forma, es decir, a la manera de exteriorizar la voluntad del sujeto activo que realiza el acto, como uno de los elementos del acto administrativo. Según observara Gabino Fraga: "A diferencia de lo que ocurre en el derecho privado, la forma en el derecho administrativo tiene normalmente el carácter de una solemnidad necesaria no solo para la prueba sino principalmente para la existencia del acto y es que en esta última rama del Derecho el elemento formal constituye una garantía automática de la regularidad de la actuación administrativa."[8]

En cuanto a la ejecución del acto administrativo, en razón de su carácter de ejecutoriedad, se puede ejecutar coactivamente contra la oposición de los interesados, sin que la autoridad u órgano que lo emita requiera contar con el concurso del órgano jurisdiccional.

Respecto del acto administrativo, el principio de autotutela entraña la facultad de la Administración Pública de corregirlo, perfeccionarlo e, incluso, revocarlo. La omisión de los elementos y requisitos señalados en las fracciones de la I a la X, del artículo 3° de la Ley Federal de Procedimiento Administrativo, producen la nulidad del acto administrativo, misma que será declarada por el superior jerárquico de la autoridad que lo emita, salvo que provenga del titular de una dependencia, en cuyo caso la nulidad la declarará él mismo.

En la labor de corregir, perfeccionar y, en su caso, revocar, el acto administrativo se inscribe el recurso administrativo que conlleva el ánimo de la Administración de hacerlo sin intervención de otros órganos del poder público y lo identifica como un instrumento de autocontrol de la misma, para mantener su actuación dentro de los límites de la normativa aplicable; lo que no impide considerar al recurso administrativo como un instrumento de defensa del interesado contra los excesos de la Administración Pública cometidos en su perjuicio, por la violación de sus derechos subjetivos.

En los términos del artículo 83 de la Ley Federal de Procedimiento Administrativo, los actos y resoluciones de las autoridades administrativas que pongan fin al procedimiento administrativo, a una instancia o resuelvan un expediente, pueden ser impugnados por los interesados afectados, mediante la interposición del recurso de revisión o, en ciertos casos, por la vía jurisdiccional.

El recurso de revisión previsto en la Ley Federal de Procedimiento Administrativo, publicada en el Diario Oficial del 4 de agosto de 1994, substituyó a diversos recursos previstos en diferentes leyes administrativas, que fueron derogados por el artículo segundo de la ley en cita, pero dejó intocados los establecidos en las materias de carácter fiscal, responsabilidades de los servidores públicos, justicia agraria y laboral, así como al Ministerio Público en ejercicio de sus funciones constitucionales.

El artículo 86 de la Ley Federal de Procedimiento Administrativos previene que el escrito de interposición del recurso de revisión deberá expresar:

- El órgano administrativo a quien se dirige
- El nombre del recurrente y del tercer perjudicado, si lo hubiere
- El lugar que señale para efectos de notificaciones
- El acto que se recurre y fecha en que se le notificó o tuvo conocimiento del mismo
- Los agravios que se le causen
- En su caso, copia de la resolución o acto que se impugna y de la notificación correspondiente
- Tratándose de actos que por no haberse resuelto en tiempo se entiendan negados, deberá acompañarse el escrito de iniciación del procedimiento, o el documento sobre el cual no hubiere recaído resolución alguna
- Las pruebas que ofrezca, que tengan relación inmediata y directa con la resolución o acto impugnado debiendo acompañar las documentales con que cuente, incluidas las que acrediten su personalidad cuando se actúe en nombre de otro o de personas morales.

---

8 Fraga, Gabino, *Derecho administrativo*, 29ª ed., México, Porrúa, 1990, p. 270.

V. LOS CONTRATOS DE LA ADMINISTRACIÓN

El más pragmático de los criterios para establecer el carácter administrativo de un contrato es el criterio legal, conforme al cual solo serán administrativos los contratos que la ley determine como tales; pese a su pragmatismo, el criterio legal es objetable porque podría el legislador llegar a considerar como administrativos contratos estrictamente de Derecho privado celebrados por la Administración pública, sin que por ello adquieran, en rigor, tal carácter.

En nuestra opinión, debe prevalecer el criterio mixto, conforme al cual se pueden considerar contratos administrativos, aquellos en los que una de las partes es una persona de Derecho público, en ejercicio de función administrativa, con observancia de formalidades especiales, y posible contenido de cláusulas exorbitantes del Derecho privado y no contrarias al Derecho público, destinados a la satisfacción de necesidades de carácter general o del interés público, o al logro de la utilidad pública, cuyas controversias que susciten deberán ser de la competencia de órgano jurisdiccional facultado para conocer de asuntos de Derecho administrativo.

La idea del contrato administrativo supone que, por lo menos en ciertos casos, los actos bilaterales en que participa la Administración son contratos con peculiaridades propias que impiden asimilarlos a los moldes contractuales del Derecho privado.

En este orden de ideas, el eminente profesor venezolano Allan Randolph Brewer Carías observa cómo la Administración pública realiza actos bilaterales que, de acuerdo a su contenido, son de naturaleza contractual; de ellos deriva una relación jurídica de Derecho Administrativo, lo cual evidencia su sometimiento a ciertas normas jurídicas, muchas de las cuales son distintas de las del Derecho Privado. "Estos contratos forman, dentro de los contratos de la administración, la categoría particular de los contratos administrativos."[9]

El contrato administrativo es una forma de crear obligaciones, y sus correlativos derechos, como resultado de una relación bilateral consensual, frecuentemente caracterizada por la situación privilegiada que una de las partes -la Administración pública- guarda respecto de la otra -un particular-, en lo concerniente a las obligaciones pactadas, sin que por tal motivo disminuyan los derechos económicos atribuidos a la otra parte.

1. *Principios rectores del contrato administrativo*

La teoría del contrato administrativo y su regulación jurídica descansan en diversos principios; entre ellos destacan los de legalidad, continuidad, mutabilidad, y equilibrio financiero.

De acuerdo con el principio de legalidad, el contrato administrativo debe sujetarse a un régimen jurídico determinado con precisión. En México, la Ley de Adquisiciones y Servicios del Sector Público y la Ley de Obras Públicas y Servicios Relacionados con las Mismas, regulan los contratos administrativos relativos a la adquisición y arrendamiento de bienes muebles, obra pública y prestación de servicios de diversa naturaleza, que celebren las unidades administrativas de la Presidencia de la República, las secretarías de Estado, los departamentos administrativos, la Procuraduría General de la República, los organismos descentralizados, las empresas de participación estatal y fideicomisos públicos de la Administración Pública Federal; así como los que celebren las entidades federativas con cargo total o parcial a fondos federales.

Conforme al principio de continuidad, la ejecución de los contratos administrativos no debe interrumpirse ni retrasarse, a efecto de que puedan alcanzar cabal y oportunamente su finalidad.

De conformidad con el principio de mutabilidad, el contrato administrativo -merced al *ius variandi* de la Administración pública-, dentro de ciertos límites puede ser unilateralmente modificado por esta, en aras del interés público, y en clara contradicción al principio contractual proveniente del Derecho romano *pacta sunt servanda*, por lo cual se suele considerar al de mutabilidad como el más importante de los principios rectores del contrato administrativo.

De acuerdo con el principio del equilibrio financiero, conocido también como principio de la ecuación financiera, en el contrato administrativo se debe mantener el equilibrio financiero establecido

---

9 Brewer Carías, Allan Randolph, *Las instituciones fundamentales del derecho administrativo y la jurisprudencia venezolana*, Caracas, 1964, p 182.

en su celebración, a efecto de que las partes no resulten perjudicadas -o que los perjuicios ocasionados se reduzcan a su mínima expresión-, por una relación que pierde equidad, ya por causas imputables al Estado o a la Administración pública, bien por causas no imputables al Estado, para lo cual se emplean mecanismos diversos como aquellos a que se refieren el llamado "hecho del príncipe", y la teoría de la imprevisión.

2. *Elementos del contrato administrativo*

Dentro de los elementos del contrato administrativo conviene distinguir entre los esenciales y los no esenciales, entendidos los primero como los indispensables para que exista el contrato, en cambio, la ausencia de los no esenciales no impide que el contrato exista. Entre los elementos esenciales del contrato, se pueden distinguir los básicos y los presupuestos; los primeros son los esenciales en sentido estricto: consentimiento y objeto; en tanto que los elementos presupuestos son aquellos que están implícitos en los básicos, como es el caso de los sujetos, que vienen a ser un elemento esencial presupuesto en el consentimiento, al igual que la causa lo viene a ser en el objeto.

A. *El consentimiento*

Doctrina, legislación y jurisprudencia se unifican para considerar al consentimiento -acuerdo de voluntades en torno a un fin común- como causa esencial del contrato administrativo, creador de derechos y obligaciones, para cuya existencia se requiere, pues, de la voluntad de los sujetos o partes y de su coincidencia para generar el consentimiento y, con él, el contrato mismo; voluntad que se exterioriza a través de una manifestación realizada en la forma señalada en la norma jurídica aplicable.

En consecuencia, en mi opinión, la forma no es un elemento del contrato, sino un requisito que habrá de satisfacerse tanto respecto al consentimiento y en particular a la manifestación de la voluntad, como a la instrumentación del contrato.

En otro orden de ideas, recordemos la necesidad de preservar la voluntad contra todo vicio que la violente o deforme; el error, el dolo y la violencia son los vicios más señalados en la doctrina, que afectan al consentimiento, respecto de los contratos administrativos.

Cualquier contrato es imposible sin los sujetos o partes que lo celebran, en los contratos administrativos una de las partes habrá de ser un órgano del poder público en cumplimiento de función administrativa; el otro sujeto será un particular. El órgano del poder público podrá ser un órgano administrativo, lo mismo que uno legislativo o uno jurisdiccional, pero siempre en cumplimiento de una función administrativa, y dotado de competencia para la celebración del contrato respectivo. Por tal razón, en opinión de quien esto escribe, la competencia es un requisito que debe satisfacer el órgano público contratante y no un elemento del contrato.

El otro sujeto del contrato administrativo, o sea, el particular, deberá satisfacer el requisito de tener capacidad para contratar, y lo mismo podrá ser una persona física que una persona jurídica; además, puede quedar sujeto a satisfacer requisitos especiales como pudiera ser, por ejemplo, su inscripción en un padrón de proveedores.

B. *El objeto*

Otro elemento esencial y básico de todo contrato es su objeto, el cual debe ser cierto, posible, lícito y determinado o determinable en cuanto a su especie, y consiste en la creación o transmisión de derechos y obligaciones -objeto directo- o, tratándose del objeto indirecto, en la cosa que el obligado debe dar o en el hecho que debe hacer o no hacer. A diferencia del contrato de derecho privado, la cosa objeto del contrato administrativo puede no estar en el comercio.

C. *La causa*

En el contrato administrativo, se considera a la causa como un elemento esencial, presupuesto o implícito en el objeto; se entiende por causa el móvil o principio impulsor de la voluntad de las partes para su celebración, siendo diferente la causa del órgano público a la de su cocontrante, cuando este es un particular, en cuyo caso no tiene mayor relevancia; no así la causa del órgano público contratante, cuya importancia es de tal magnitud que si desaparece, el contrato administrativo se extingue, lo cual significa que es la causa impulsora de la voluntad del órgano público, y no la del particular cocontratante, la que configura a este elemento esencial de dicho contrato.

Fuertemente imbricada con la causa, la finalidad o telos del contrato es mencionada, por algunos autores, como uno de sus elementos esenciales, por cierto, implícito o presupuesto en el objeto del mismo, habida cuenta que la finalidad explica el por qué de tal objeto.

D. *El régimen jurídico especial*

Hay quienes ven en el régimen jurídico especial un elemento esencial del contrato administrativo, y señalan que este es regido por reglas exorbitantes del Derecho privado, de tal suerte que aun cuando determinados privilegios del órgano público contratante no consten expresamente en el contrato, deberán hacerse valer cuando sea necesario, destacando entre ellos su posible modificación y aun su rescisión unilateral, así como su ejecución directa.

Sin poner en duda los referidos privilegios del órgano del poder público en los contratos administrativos que celebre, lo que no admitimos es considerar al régimen jurídico especial que los establece, como elemento esencial de tales contratos, por no ser parte integrante de ellos, sino condición de validez, o sea, requisito indispensable de los mismos, toda vez que deben ser regulados por normas jurídicas exorbitantes del Derecho privado, so pena de no ser contratos administrativos.

E. *La licitación*

En nuestra opinión, la licitación no es un elemento -y mucho menos esencial- del contrato administrativo, sino que se trata de un requisito procedimental exigible en muchos de tales contratos; si fuese un elemento esencial sería imprescindible en todos ellos, lo cual no ocurre así, entre otras razones por urgencia, por existir un único posible cocontrante, o por las que aduce el citado artículo 134 constitucional, para asegurar al Estado las mejores condiciones disponibles en cuanto a precio, calidad, financiamiento y demás circunstancias pertinentes.

En consecuencia, la licitación no constituye ni siquiera un elemento no esencial del contrato administrativo, sino un requisito previo a su celebración que se satisface mediante un procedimiento administrativo específico mediante el cual se selecciona -de entre todos los aspirantes cuya idoneidad moral, técnica y financiera quedó previamente comprobada-, al cocontratante que haya presentado la mejor oferta, que no necesariamente la más baja o la más alta.

3. *Los contratos administrativos más usuales en el orden jurídico mexicano*

En México, la Ley de Adquisiciones, Arrendamientos y Servicios del Sector Público nombra y regula tres tipos de contratos, con ello los determina como contratos nominados; todos ellos principales, sinalagmáticos, onerosos, conmutativos y formales, a saber: de adquisición de bienes muebles, de arrendamiento de bienes muebles, y de servicios relativos a bienes muebles; igual ocurre con la Ley de Obras Públicas y Servicios Relacionados con las Mismas respecto del contrato de obra pública y el de servicios relacionados con la misma; y con la Ley del Servicio Público de Energía Eléctrica acerca del contrato de suministro de energía eléctrica.

Se trata en todos esos casos de contratos administrativos, tanto por ser siempre la administración pública una de sus partes como por estar regulados por un régimen jurídico de derecho público, que en nuestro país está inserto, principalmente, en el artículo 134 constitucional y en las tres leyes mencionadas, todas ellas de orden público.

Tales contratos son principales, por subsistir por sí mismos y tener fin propio; son sinalagmáticos, por generar obligaciones recíprocas tanto para la Administración pública como para su cocontratante; son a título oneroso, por obtener cada una de las partes sendas prestaciones a cambio de otras que han de realizar, consideradas como equivalentes; son conmutativos, por ser ciertas, desde su celebración, las prestaciones a cargo de las partes; y son formales porque deben constar por escrito y para suscribirlos la Administración pública debe cubrir varias formalidades.

A. *Contrato de adquisición de bienes muebles*

El de adquisición de bienes muebles, es uno de los más usuales contratos administrativos nominados, mediante el cual la Administración pública se provee de los bienes muebles necesarios para el desempeño de sus actividades.

B. *Contrato de arrendamiento de bienes muebles*

Regulado en México principalmente por los mismos ordenamientos jurídicos relativos al de adquisición de bienes muebles, el contrato administrativo de arrendamiento de bienes muebles es celebrado por la Administración pública para tener el uso temporal de ciertos equipos -por ejemplo, fotocopiadoras-, mediante el pago de una renta.

C. *Contrato de servicios relativos a bienes muebles*

La Ley de Adquisiciones, Arrendamientos y Servicios del Sector Público también regula expresamente el contrato de los servicios relativos a bienes muebles, el que versa básicamente sobre los seguros, la maquila, transportación, reconstrucción, reparación, conservación, limpieza y vigilancia de la maquinaria, el equipo, los vehículos y, en general, los bienes muebles propiedad de la administración pública, así como los estudios técnicos relativos a la adquisición de los mismos.

D. *Contrato de obra pública*

Para muchos, el de obra pública es el contrato administrativo por antonomasia, mediante el cual un sujeto a quien se denomina contratista se obliga a construir, reconstruir, reformar, reparar, mantener, o demoler un bien inmueble, mediante el pago de un precio que se obliga a pagarle otro sujeto que siempre ser un órgano de la Administración pública.

En la configuración del contrato de obra pública se puede advertir una etapa preliminar que comprende su planeación, programación y presupuestación; una etapa ejecutiva que inicia con la autorización de la obra e incluye, además, la selección del contratista -y en su caso la licitación respectiva-, la adjudicación del contrato, su celebración y firma, la ejecución de la obra, su control y vigilancia, y la recepción de la obra; por último, una etapa final que atañe a la extinción del contrato, a la devolución de garantías, o en su caso a hacerlas efectivas, a la evicción y saneamiento, y a la aplicación de sanciones.

En la legislación federal mexicana, la etapa preliminar de planeación, programación y presupuestación queda regulada en el capítulo único del título segundo de la Ley de Obras Públicas y Servicios Relacionados con las Mismas; la parte procedimental del contrato de obra pública se regula en los títulos tercero y cuarto de dicho ordenamiento, en tanto que la parte final se ve normada en los títulos séptimo y octavo de dicha ley.

De acuerdo a la normativa vigente, el contrato de obra pública admite tres modalidades o tipos: sobre la base de precios unitarios, a precio alzado, y el tipo mixto, como lo establece el artículo 45 de la referida ley, al disponer:

> Para los efectos de esta Ley, los contratos de obra pública podrán ser de cuatro tipos:
>
> I. Sobre la base de precios unitarios, en cuyo caso el importe de la remuneración o pago total que deba cubrirse al contratista se hará por unidad de concepto de trabajo terminado;
>
> II. A precio alzado, en cuyo caso el importe de la remuneración o pago total fijo que deba cubrirse al contratista será por los trabajos totalmente terminados y ejecutados en el plazo establecido.
>
> [...]
>
> III. Mixto, cuando contengan una parte de los trabajos sobre la base de precios unitarios y otra, a precio alzado.
>
> IV. Amortización programada, en cuyo caso el pago total acordado en el contrato de las obras públicas relacionadas con proyectos de infraestructura, se efectuará en función del presupuesto aprobado para cada proyecto.

E. *Contrato de suministro de energía eléctrica*

El contrato administrativo de suministro se puede explicar como aquel en que una de las partes es una administración pública en ejercicio de función pública, en virtud del cual una de ellas surte a la otra de un determinado bien o producto, en el momento, cantidad o volumen y calidad que esta última lo requiere, a cambio de una remuneración periódica en dinero, con sujeción a un régimen exorbitante del derecho ordinario.

En principio, el bien o producto a que se refiere el suministro viene a satisfacer una necesidad del suministrado y, en consecuencia, su entrega se habrá de producir siempre que se presente dicha necesidad, la cual se caracteriza por ser en unos casos periódica o cuando menos repetitiva, y en otros continua, pero siempre duradera; se trata, pues, de una necesidad hasta cierto punto insaciable, que genera en los contratantes un interés permanente de asegurar su satisfacción oportuna; luego entonces, en el contrato de suministro, tanto la necesidad como el interés de satisfacerla y la satisfacción misma son duraderos.

En el contrato administrativo de suministro la administración pública puede desempeñar el papel de cualesquiera de sus partes, suministrador o suministrado, supuestos que dan lugar a dos modalidades diferentes de dicho negocio contractual; desde luego la más usual es aquella en que el suministrador es una entidad de la administración pública, como ocurre en el contrato de suministro de energía eléctrica, previsto en la Ley del Servicio Público de Energía Eléctrica, celebrado por particular con el organismo descentralizado de la administración pública federal que presta el servicio público de suministro de energía eléctrica: Comisión Federal de Electricidad.

En México, participan en la regulación jurídica del contrato administrativo de suministro de energía eléctrica los artículos 27, 28, 73 y 90 constitucionales; la Ley Orgánica de la Administración Pública Federal, la Ley del Servicio Público del Servicio de Energía Eléctrica, la Ley Federal del Procedimiento Administrativo y la Ley Federal de Protección al Consumidor.

Las últimas reformas de la Ley de Adquisiciones, Arrendamientos y Servicios del Sector Público y de la Ley de Obras Públicas y Servicios Relacionados con las Mismas, han dado lugar al establecimiento del sistema de Compranet, del Registro Único de Proveedores, del Registro Único de Contratistas y del Padrón de testigos sociales.

CompraNet es el sistema electrónico de información pública gubernamental sobre obras públicas, adquisiciones, arrendamientos y servicios del sector público, que ofrece información a cerca de los programas anuales en tales materias, de la administración pública federal; el registro único de proveedores; el padrón de testigos sociales; el registro de proveedores sancionados; las convocatorias a la licitación y sus modificaciones; las invitaciones a cuando menos tres personas; las actas de las juntas de aclaraciones, del acto de presentación y apertura de proposiciones y de fallo; los testimonios de los testigos sociales; los datos de los contratos y los convenios modificatorios; las adjudicaciones directas; las resoluciones de la instancia de inconformidad que hayan causado estado, y las notificaciones y avisos correspondientes. Dicho sistema es de consulta gratuita y constituye un medio por el cual se desarrollan procedimientos de contratación.

El Registro Único de Proveedores y el Registro Único de Contratistas son una especie intrascendente de guías telefónicas de proveedores y contratistas que no generan efectos constitutivos de derechos u obligaciones.

El testigo social es una figura inútil e inocua, prevista para participar en todas las etapas de los procedimientos de licitación pública de la contratación administrativa, en los que se les confiere voz y se les autoriza a emitir un testimonio final con sus observaciones y en su caso recomendaciones, mismo que tiene difusión en las páginas electrónicas de la administración pública federal, en CompraNet, y se integra al expediente respectivo.

VI. EL DERECHO ADMINISTRATIVO SANCIONADOR

Para reprimir o castigar a los infractores del orden jurídico, el Estado aplica sanciones de distinto tipo: penales y administrativas, la imposición de las primeras se hace de acuerdo a los principios y normas del Derecho Penal y queda a cargo de la autoridad judicial; en cambio, las segundas son impuestas, de conformidad con los principios y preceptos del Derecho Administrativo, por la autoridad administrativa.

En México, el Derecho Administrativo sancionador encuentra fundamento en el artículo 21 constitucional, que en su parte relativa establece: “Compete a la autoridad administrativa la aplicación de sanciones por las infracciones de los reglamentos gubernativos y de policía, las que únicamente consistirán en multa o arresto hasta por treinta y seis horas; pero si el infractor no pagare la multa que se le hubiese impuesto, se permutará este por el arresto correspondiente, que no excederá en ningún caso de treinta y seis horas.”

Para el ámbito municipal, el artículo 115 constitucional confiere a los ayuntamientos la facultad de aprobar los bandos o reglamentos de policía y gobierno, de acuerdo con las leyes en materia municipal que deberán expedir las legislaturas de los Estados.

En la práctica, el catálogo de sanciones administrativas se amplía, tanto en el ámbito federal como en el local y el municipal, con la incorporación de otras previstas en los ordenamientos correspondientes, como la amonestación y el trabajo comunitario; así, en el artículo 18 del Reglamento de Policía y Buen Gobierno del Municipio de Guadalajara, publicado en la Gaceta Municipal de 29 de mayo de 2000, se dispuso:

Las sanciones aplicables a las infracciones son:

I.- AMONESTACIÓN VERBAL O POR ESCRITO: es la exhortación, pública o privada, que el Juez haga al infractor;

II.- MULTA: es la cantidad de dinero que el infractor debe de pagar a la Tesorería del Ayuntamiento y la cual será de uno a cien días de salario mínimo general vigente en el momento de la comisión de la infracción;

III.- ARRESTO: es la privación de la libertad por un periodo hasta de 36 horas, que se cumplirá en lugares diferentes a los destinados a la detención de indiciados, procesados o sentenciados; y

IV.- TRABAJO COMUNITARIO: es la labor física realizada por el infractor consistente en el barrido de calles, jardines, camellones, reparación de centros comunitarios, mantenimiento de monumentos así como de bienes muebles e inmuebles públicos y privados. (Reforma aprobada en sesión ordinaria del Ayuntamiento celebrada el 22 de octubre de 2009 y publicada el 30 de noviembre de 2009)

VII. LA DISCRECIONALIDAD ADMINISTRATIVA

Alude la discrecionalidad administrativa a la potestad de la Administración Pública de actuar libre y prudencialmente en el ejercicio de las atribuciones de su competencia, de acuerdo a su arbitrio y buen juicio.

De acuerdo con el principio de legalidad, la Administración Pública solo puede hacer lo que la normativa jurídica le autoriza, empero, en ciertos casos, la autoridad administrativa puede actuar con libertad en razón de que la norma aplicable le permite hacer una libre apreciación de la oportunidad y conveniencia para la toma de decisiones, o cuando menos para actuar dentro de ciertos límites o elegir entre diversas alternativas; tales circunstancias generan la facultad discrecional, como consecuencia de que la normativa aplicable no determina si debe ejercitarse y, en tal caso, cuándo y como habrá de ejercerse, ni tampoco el sentido en que se ejercite. En opinión de Miguel Acosta Romero:

> La facultad discrecional consiste en la facultad que tienen los órganos del Estado para determinar su actuación o abstención y, si deciden actuar, qué límite le darán a su actuación, y cuál será el contenido de la misma; es la libre apreciación que se le da al órgano de la Administración Pública, con vista a la oportunidad, la necesidad, la técnica, la equidad, o razones determinadas, que puede apreciar circunstancialmente en cada caso, todo ello, con los límites consignados en la ley.[10]

La facultad discrecional puede ser absoluta, amplia o restringida; en el primer caso, pueden las autoridades actuar sin ninguna cortapisa; a este respecto, la Suprema Corte de Justicia ha establecido:

> En nuestro sistema legal, en principio no existe la facultad discrecional absoluta, que permite a las autoridades actuar o tomar decisiones sin tener que dar ninguna explicación de sus actos, pues la jurisprudencia de la Suprema Corte ha establecido que el uso de facultades discrecionales deberá ser razonado adecuadamente, y que ese uso puede ser revisado por los tribunales, en cuanto a los razonamientos que lo apoyan deben invocar correctamente las circunstancias del caso, apreciar debidamente los hechos pertinentes y no violar las reglas de la lógica.
>
> (Segunda Sala. Amparo directo DA-333/70.- Ramón García Manzano. 30 de marzo de 1971)

[10] Acosta Romero, Miguel, *Teoría general del derecho administrativo*, México, Porrúa, 1997, p 1002.

Tratándose de la facultad discrecional amplia, la autoridad puede optar entre ejercitarla o no. Por ejemplo, el artículo 33 constitucional confiere al Ejecutivo de la Unión la facultad exclusiva de hace abandonar el territorio nacional a todo extranjero cuya permanencia juzgue inconveniente.

En cambio, la facultad discrecional restringida obliga al órgano depositario de la misma a ejercerla, pero le confiere cierto margen de libertad para determinar su sentido o alcance, dentro de los límites predeterminados en la norma aplicable. Por ejemplo, para nombrar a los Ministros de la Suprema Corte de Justicia, el Presidente de la República, obligadamente debe someter una terna a consideración del Senado; mas para la integración de la terna el Presidente no tiene más restricción que los requisitos a cubrir por quienes figuren en ella.

Desde luego, la discrecionalidad administrativa no es sinónimo de arbitrariedad administrativa, aun cuando el abuso del ejercicio de la facultad discrecional se convierta en arbitrariedad que implique desvío de poder, apartado del interés público implícito en la finalidad de todo acto administrativo. Al respecto, se transcribe la siguiente resolución de la Suprema Corte de Justicia de la Nación:

> El ejercicio de la facultad discrecional está subordinado a la regla del artículo 16 de la Constitución federal, en cuanto este precepto impone a las autoridades la obligación de fundar y motivar los actos que puedan traducirse en molestias a la posesión y derechos de los particulares. Aunque dicho ejercicio implica un juicio subjetivo del autor del acto que no puede ni debe sustituirse por el criterio del juez, sí está sujeto al control de este último, por lo menos cuando el juicio subjetivo no es racional, sino arbitrario y caprichoso, y cuando es enteramente injusto o contrario a la equidad; y puede añadirse que dicho control es procedente cuando en el aludido juicio no se hayan tomado en cuenta las circunstancias de hecho, o sean alteradas injustificadamente, así como en los casos en que el razonamiento sea ilógico o contrario a los presupuestos generales del Derecho. (Apéndice de Jurisprudencia de 1917 a 1965 del Semanario Judicial de la Federación, Sexta Época, tercera parte, vol. IV, A. R. 6489/55)

La Constitución Política de los Estados Unidos Mexicanos no emplea la locución discrecionalidad administrativa, ni tampoco la de facultades discrecionales lo que no impide que otorgue a la administración pública diversas facultades que la doctrina identifica como discrecionales, como la prevista en su artículo 21, de imponer sanciones por las infracciones de los reglamentos gubernativos y de policía.

El ejercicio de facultades discrecionales no exime a la Administración Pública de respetar las garantías y derechos de los particulares y, en consecuencia, queda subordinado a la observancia de los principios de legalidad y seguridad jurídica contenidos en el artículo 16 constitucional, y, de no ser así, sujeto al control judicial, como determinó la Suprema Corte de Justicia en la resolución que a continuación se transcribe:

> Puede controlarse en el amparo el uso de las facultades discrecionales cuando las mismas se ejecutan en forma arbitraria y caprichosa, cuando la decisión de la autoridad no invoca circunstancias de hecho, o cuando el razonamiento en que la resolución se apoya sea ilógico. (Segunda Sala. Amparo en revisión 5848/60, Daniel Gragoso Chapa, 23 dew noviembre de 1960, Vol. XLI, tercera parte.)

VIII. EL CONTROL JUDICIAL DE LA ADMINISTRACIÓN: CONTENCIOSO ADMINISTRATIVO Y OTROS MODOS DE SOLUCIÓN DE CONTROVERSIAS, EN ESPECIAL LOS ARBITRAJES

Entre los actos más importantes del poder público figuran los relacionados con el tesoro público, de ahí la importancia de garantizar a los contribuyentes, que aportan una porción de sus riquezas para el sostenimiento del Estado, la seguridad de que el producto de sus contribuciones se emplea en los propósitos autorizados legalmente.

Uno de los peligros permanentes en todo Estado es la posible corrupción de sus agentes; el propósito de prevenirla y evitarla demanda su control, mediante el desempeño de una actividad dirigida a vigilar, verificar, comprobar y evaluar las actividades de los órganos, dependencias y servidores públicos a cuyo cargo está el manejo de los fondos, valores, recursos, bienes y derechos del propio Estado.

En México el control y vigilancia de la administración pública se da desde fuera y desde dentro de la misma; en el primer caso, por medio de los órganos jurisdiccionales, del órgano legislativo, del órgano de fiscalización superior, que en el ámbito federal es la Auditoría Superior de la Federación, y del *ombudsman*; desde dentro, la administración pública federal ejerce la función de fiscalización a través de la Secretaría de la Función Pública, de la Secretaría de Hacienda y Crédito Público, de las contralorías internas de cada una de sus dependencias y entidades, así como por medio del recurso administrativo. Situación parecida ocurre en la administración pública del Distrito Federal y en las de los Estados.

En el control externo de la administración pública encontramos la presencia de dos sujetos: el sujeto activo o controlador y el sujeto pasivo que es la administración pública controlada. En el orden jurídico mexicano, son sujetos activos del control externo: los órganos jurisdiccionales, el órgano legislativo, el órgano de fiscalización superior y el *ombudsman.*

Ciertos órganos jurisdiccionales fungen como sujetos activos del control externo de la administración pública, caracterizados: *i.*- por ser independientes de la administración pública; *ii*- porque su control versa sobre la posible inconstitucionalidad o ilegalidad del acto impugnado de la administración pública; *iii.*- porque actúan en razón de una acción procesal ejercida por un demandante que lo mismo puede ser una autoridad o un administrado, y *iv.*- porque sus resoluciones pueden anular o dejar insubsistente el acto administrativo viciado.

El control externo de la administración pública por medio de los órganos jurisdiccionales puede ser de dos tipos: el control de constitucionalidad y el control de legalidad, que admiten diversas modalidades, como son la controversia constitucional, el amparo administrativo, y el contencioso administrativo.

Se puede explicar la controversia constitucional como la contienda jurídica suscitada entre órdenes normativos diferentes o entre distintos órganos depositarios de las funciones del poder público; el artículo 105 constitucional confiere competencia a la Suprema Corte de Justicia de la Nación para conocer de controversias constitucionales, salvo las relativas a la materia electoral, en once supuestos específicos previstos en la fracción II de dicho numeral, como son los que se den entre:

- La Federación y un Estado o el distrito Federal;
- La Federación y un Municipio
- El Poder Ejecutivo y el Congreso de la Unión; aquél y cualquiera de las Cámaras de este o, en su caso, la Comisión Permanente, sean como órganos federales o del Distrito Federal;
- Un Estado y otro
- El Distrito Federal y un Municipio
- Dos municipios de diversos Estados
- Dos poderes de un mismo Estado, sobre la constitucionalidad de sus actos o disposiciones generales
- Un estado y uno de sus municipios, sobre la constitucionalidad de sus actos o disposiciones generales
- Un Estado y un municipio de otro Estado, sobre la constitucionalidad de sus actos o disposiciones generales
- Dos órganos de gobierno del Distrito Federal, sobre la constitucionalidad de sus actos o disposiciones generales.
- Toda resolución de la Suprema Corte de Justicia de la Nación que declaré inválida una disposición general de los Estados o de los Municipios impugnadas por la Federación, de los municipios impugnadas por los Estados, o entre el Poder Ejecutivo y el Congreso de la Unión o de sus Cámaras o Comisión Permanente; o entre dos poderes de un mismo Estado; o entre dos órganos de gobierno del Distrito Federal, tendrá efectos *erga omnes*, a condición de que sea aprobada por una mayoría de por lo menos ocho votos. En los casos restantes, las resoluciones de la Suprema Corte de Justicia de la Nación solo surtirán efectos respecto de las partes en la controversia.

De esta suerte, el máximo órgano jurisdiccional del país puede ejercer control externo sobre la administración pública federal, a instancias de los órganos legislativos federales: Congreso de la Unión, Cámara de Diputados, Cámara de Senadores y Comisión Permanente; o de un Estado, del Distrito Federal o de un municipio, respecto de la constitucionalidad de sus actos o disposiciones generales.

En México, el juicio de amparo constituye la última instancia de impugnación de los procedimientos administrativos y contencioso administrativos, por actos realizados en violación de los derechos de una persona por la administración pública; cuando la sentencia que pone fin al mismo concede el amparo, y el acto reclamado es de carácter positivo, deberán volver las cosas al estado que guardaban antes de la realización del acto; y cuando el acto reclamado sea de carácter negativo, o sea, que se trate de una omisión, el efecto del amparo, como señala el artículo 80 de la Ley de Amparo, será obligar a la autoridad responsable a que obre en el sentido de respetar la garantía de que se trate y a cumplir, por su parte, lo que la misma garantía exija. En ambos casos la protección solo beneficia al quejoso, o sea a la parte actora en el juicio de amparo, pues no tiene efectos *erga omnes*.[11]

Siempre que los actos o las resoluciones administrativas no sean impugnables ante tribunal administrativo, podrán combatirse en la vía de amparo, ante Juzgado de Distrito, a condición de agotar ante la propia administración los recursos administrativos oponibles, de conformidad con el principio de definitividad Ley de Amparo, artículo 73 "El juicio de amparo es improcedente: (...) XV (...)] Empero, dicho precepto previene que:

> No existe obligación de agotar tales recursos o medios de defensa, si el acto reclamado carece de fundamentación.

Alude el contencioso administrativo tanto a la jurisdicción atribuida a determinados órganos estatales para conocer de las controversias jurídicas suscitadas por la aplicación y ejecución de la normativa administrativa, como al proceso que da curso a esas controversias.

Lo contencioso administrativo conlleva, pues, la idea de controversia derivada de la actividad de la administración pública puesta en juicio ante un órgano jurisdiccional en virtud de la pretensión de su contraparte, habida cuenta que la administración goza de la prerrogativa que le permite hacerse justicia a sí misma, a condición de actuar de acuerdo a los lineamientos del procedimiento administrativo preestablecido, lo que se traduce en una actuación legítima.

En México, el contencioso administrativo está presente cuando menos desde la época colonial, a través de las audiencias y chancillerías reales, cuyas facultades incluían las de controlar los actos administrativos de los virreyes y gobernadores.

Juan de Solórzano y Pereyra, en el capítulo tercero del libro quinto de su Política Indiana (1776) relata cómo, al pacificarse y poblarse de españoles los lugares conquistados, se empezaron a dar entre ellos muchos pleitos y contiendas, por lo que fue forzoso permitirles abogados y procuradores que los guiasen y ayudasen en ellos, así como erigir en cada provincia Audiencias y Chancillerías Reales adonde las partes pudieran recurrir en apelación de las sentencias y agravios que les hubiesen hecho los alcaldes ordinarios o corregidores, a imitación de las de España, a las que se equiparaban en potestad y autoridad.[12]

Ya en el México independiente, la Ley Quinta de la Constitución Centralista de 1836, en la fracción VI de su artículo 12 incluyó entra las atribuciones de la Corte Suprema de Justicia, la de conocer de las disputas judiciales que se muevan sobre contratas o negociaciones celebradas por el Supremo Gobierno.

Mas, la sistematización del contencioso administrativo en México tiene lugar a mediados del siglo XIX a promoción del jurista aguascalentense Teodosio Lares, a la sazón senador de la República, quien en sus catorce Lecciones de derecho administrativo,[13] dictadas en el Ateneo Mexicano en 1851 y publicadas el año siguiente, diseñó un modelo de tribunal contencioso administrativo que después, durante la dictadura santanista, trataría de establecer en la práctica, mediante la Ley para el Arreglo de lo Contencioso Administrativo, expedida en 25 de mayo de 1853 por el general Antonio López de Santa-Anna, en su carácter formal de Presidente de México, con el refrendo de su ministro de justicia, Teodosio Lares.

En las lecciones octava y novena continúa el análisis de la de la administración contenciosa, en la novena, con fundamento en la separación de los poderes ejecutivo y judicial, el jurista hidrocálido postulaba la necesidad de una jurisdicción administrativa que conociera y decidiera de lo contencioso administrativo, para lo cual recurría al argumento usado por la incipiente doctrina francesa de que juzgar a la administración era administrar.

La lección décima la ocupa nuestro personaje para justificar la separación de los poderes administrativo y judicial, en tanto que en las lecciones undécima y duodécima las dedica al estudio de

---

11 *Vid.* Burgoa Orihuela, Ignacio, *El juicio de amparo*, 32ª ed., México, Porrúa, 1995, p. 184.

12 Solórzano y Pereyra, Juan, *Política indiana*, Madrid, Imprenta Real de la Gazeta, 1776, t. II, p. 273.

13 Lares, Teodosio, *Lecciones de derecho administrativo*, México, Imprenta de Ignacio Cumplido, 1852.

las atribuciones del poder judicial; pasando, en la lección trece, al estudio del poder administrativo, reservando la última lección, o sea, la decimacuarta al examen de la jurisdicción administrativa, tanto graciosa como contenciosa, de su naturaleza, sus grados y la forma con que deben proceder los tribunales administrativos. Las ideas del eminente jurista de Aguascalientes, expuestas en estas lecciones, se reflejaron posteriormente en el texto de la llamada Ley Lares.

La Ley para el Arreglo de lo Contencioso Administrativo, de 25 de mayo de 1853, estaba inspirada en la doctrina y legislación francesas, la Ley Lares fue un intento frustráneo de sustituir el sistema judicialista adoptado por la Constitución de 1824, que encomendaba a los tribunales ordinarios la resolución de las controversias suscitadas entre los particulares y la administración, por el modelo francés; este ordenamiento jurídico, que no llegó a tener eficacia, se integró con solo catorce artículos, el primero de los cuales excluyó a la autoridad judicial del conocimiento de las cuestiones administrativas, las que, en los términos de su artículo 2°, eran, principalmente, las relativas a:

- Las obras públicas
- Los contratos celebrados por la Administración
- Las rentas nacionales
- Los actos administrativos que tuvieran por objeto el interés general de la sociedad

De conformidad con el artículo 3 de la Ley de referencia, el conocimiento de las controversias suscitadas por la actuación de la administración pública no se encargaba a un organismo autónomo con jurisdicción y decisiones propias sino que era la misma administración activa la que conocía de tales cuestiones, toda vez que disponía que los ministros de Estado, el Consejo, los Gobernadores de los Estados conocieran de las cuestiones administrativas, en la forma y de la manera que se previniera en el Reglamento, según el cual, las reclamaciones de los particulares contra la administración pública debían ser presentadas ante el ministerio a cuyo ramo perteneciera la materia sobre la que versara la reclamación, o que hubiera dictado la medida administrativa reclamada; o bien, en su caso, ante el gobernador del Estado respectivo.

En su artículo 4, la ley en comentario dispuso la existencia, en el Consejo de Estado, de una sección compuesta de cinco abogados nombrados por el presidente de la República, para conocer de lo contencioso administrativo.

Además, la ley en análisis prohibió a los tribunales judiciales despachar mandamientos de ejecución o dictar providencia de embargo en contra de los caudales del erario o bienes nacionales, ni contra los fondos o bienes de los Estados y ayuntamientos, ni contra los establecimientos públicos dependientes de la administración; asimismo les prohibió proceder contra los agentes de la administración, por crímenes o delitos cometidos en el ejercicio de sus funciones, sin la previa consignación de la autoridad administrativa.

La Ley de Justicia Fiscal de 27 de agosto de 1936 retomó la idea de Teodosio Lares de un ente jurisdiccional, cuyos fallos se emitían a nombre del Ejecutivo federal, formalmente inserto en el área de la administración pública, para dirimir las controversias surgidas entre esta y los gobernados, en materia tributaria federal; se trataba, pues, de un órgano de jurisdicción delegada, según se desprende del artículo 1° de dicho ordenamiento que disponía: "Se crea el Tribunal Fiscal de la Federación, con las facultades que esta ley le otorga. El Tribunal Fiscal dictará sus fallos en representación del Ejecutivo de la Unión, pero será independiente de la Secretaría de Hacienda y Crédito Público y de cualquiera autoridad administrativa."

La creación del Tribunal Fiscal de la Federación generó una fuerte discusión acerca de su constitucionalidad, que cesó cuando, indirectamente, dicho Tribunal adquirió rango constitucional merced a la reforma de la fracción I del artículo 104 de la Constitución Política de los Estados Unidos Mexicanos, publicada en el Diario Oficial de la Federación de 30 de diciembre de 1946, cuyo segundo párrafo dispuso: "En los juicios en los que la Federación está interesada, las leyes podrán establecer recursos ante la Suprema Corte de Justicia contra las sentencias de segunda instancia o contra las de tribunales administrativos creados por ley federal, siempre que dichos tribunales estén dotados de plena autonomía para dictar sus fallos."

Otra reforma a la fracción I del artículo 104 constitucional, publicada en el Diario Oficial de la Federación de 25 de octubre de 1967, introdujo el texto siguiente a efecto de conferir plena autonomía, al Tribunal de referencia, para emitir sus fallos: "Las leyes federales podrán instituir tribunales de lo contencioso-administrativo dotados de plena autonomía para dictar sus fallos, que tengan a su cargo dirimir las controversias que se susciten entre la administración pública federal o del Distrito Federal y los particulares, estableciendo las normas de su organización, su funcionamiento, el procedimiento y los recursos contra sus resoluciones.

Una nueva reforma constitucional, publicada en el Diario Oficial de la Federación de 10 de agosto de 1987, transfirió el precepto anterior a la fracción XXIX-H del artículo 73 de nuestra Ley fundamental, a efecto de que el Congreso tuviera facultad: "Para expedir leyes que establezcan tribunales de lo contencioso administrativo dotados de plena autonomía para dictar sus fallos, y que tengan a su cargo dirimir las controversias que se susciten entre la administración pública federal y los particulares, estableciendo las normas para su organización, su funcionamiento, el procedimiento y los recursos contra sus resoluciones".

Actualmente, en los términos de la Ley Orgánica del Tribunal Federal de Justicia Fiscal y Administrativa, publicada en el Diario Oficial de la Federación de 15 de diciembre de 1995, el Tribunal Federal de Justicia Fiscal y Administrativa es un tribunal administrativo, dotado de plena autonomía para dictar sus fallos; se integra por una Sala Superior y por las Salas Regionales, cuyos magistrados son nombrados por el Presidente de la República, con la aprobación del Senado o, e sus recesos, por la Comisión Permanente.

De acuerdo con su Ley Orgánica, el Tribunal Federal de Justicia Fiscal y Administrativa es competente para conocer de los juicios que se promuevan contra las siguientes resoluciones definitivas:

- Las dictadas por autoridades fiscales federales y organismos fiscales autónomos, en que se determine la existencia de una obligación fiscal, se fije en cantidad líquida o se den las bases para su liquidación.
- Las que nieguen la devolución de un ingreso, de los regulados por el Código Fiscal de la Federación, indebidamente percibido por el Estado o cuya devolución proceda de conformidad con las leyes fiscales.
- Las que impongan multas por infracción a las normas administrativas federales.
- Las que causen un agravio en materia fiscal distinto al que se refieren las fracciones anteriores.
- Las que nieguen o reduzcan las pensiones y demás prestaciones sociales que concedan las leyes en favor de los miembros del Ejército, de la Fuerza Aérea y de la Armada Nacional o de sus familiares o derechohabientes con cargo a la Dirección de Pensiones Militares o al Erario Federal, así como las que establezcan obligaciones a cargo de las mismas personas, de acuerdo con las leyes que otorgan dichas prestaciones.
- Cuando el interesado afirme, para fundar su demanda que le corresponde un mayor número de años de servicio que los reconocidos por la autoridad respectiva, que debió ser retirado con grado superior al que consigne la resolución impugnada o que su situación militar sea diversa de la que le fue reconocida por la Secretaría de la Defensa Nacional o de Marina, según el caso; o cuando se versen cuestiones de jerarquía, antigüedad en el grado o tiempo de servicios militares, las sentencias del Tribunal Fiscal solo tendrán efectos en cuanto a la determinación de la cuantía de la prestación pecuniaria que a los propios militares corresponda, o a las bases para su depuración.
- Las que se dicten en materia de pensiones civiles, sea con cargo al Erario Federal o al Instituto de Seguridad y Servicios Sociales de los Trabajadores del Estado.
- Las que se dicten sobre interpretación y cumplimiento de contratos de obras públicas, adquisiciones, arrendamientos y servicios celebrados por las dependencias de la Administración Pública Federal.
- Las que nieguen la indemnización o que, por su monto, no satisfagan al reclamante y las que impongan la obligación de resarcir los daños y perjuicios pagados con motivo de la reclamación, en los términos de la Ley Federal de Responsabilidad Patrimonial del Estado o de las leyes administrativas federales que contengan un régimen especial de responsabilidad patrimonial del Estado;
- Las que requieran el pago de garantías a favor de la Federación, el Distrito Federal, los Estados y los Municipios, así como sus organismos descentralizados.
- Las que traten las materias señaladas en el artículo 94 de la Ley de Comercio Exterior.

- Las dictadas por las autoridades administrativas que pongan fin a un procedimiento administrativo, a una instancia o resuelvan un expediente, en los términos de la Ley Federal de Procedimiento Administrativo.
- Las que decidan los recursos administrativos en contra de las resoluciones que se indican en las demás fracciones de este artículo.
- Las que se funden en un tratado o acuerdo internacional para evitar la doble tributación o en materia comercial, suscrito por México, o cuando el demandante haga valer como concepto de impugnación que no se haya aplicado en su favor alguno de los referidos tratados o acuerdos;
- Las que se configuren por negativa ficta en las materias señaladas en este artículo, por el transcurso del plazo que señalen el Código Fiscal de la Federación, la Ley Federal de Procedimiento Administrativo o las disposiciones aplicables o, en su defecto, en el plazo de tres meses, así como las que nieguen la expedición de la constancia de haberse configurado la resolución positiva ficta, cuando esta se encuentre prevista por la ley que rija a dichas materias, salvo en aquellos casos en los que se pudiere afectar el derecho de un tercero, reconocido en un registro o anotación ante autoridad administrativa;
- Las sanciones y demás resoluciones emitidas por la Auditoría Superior de la Federación, en términos de la Ley de Fiscalización y Rendición de Cuentas de la Federación, y
- Las señaladas en las demás leyes como competencia del Tribunal.

Para los efectos de la competencia del Tribunal federal de Justicia Fiscal y Administrativa, las resoluciones se considerarán definitivas cuando no admitan recurso administrativo o cuando la interposición de este sea optativa.

En lo concerniente a los Estados de la República, a partir de la reforma al artículo 116 constitucional, publicada en el Diario Oficial de la Federación de 17 de marzo de 1987, primero en su fracción IV y actualmente en la V: "Las constituciones y leyes de los Estados podrán instituir tribunales de lo contencioso administrativo dotados de plena autonomía para dictar sus fallos, que tengan a su cargo dirimir las controversias que se susciten entre la administración pública estatal y los particulares, estableciendo las normas para su organización, su funcionamiento, el procedimiento y los recursos contra sus resoluciones."

En lo tocante al Distrito Federal, en virtud de la reforma al artículo 122 constitucional publicada en el Diario Oficial de la Federación de 25 de octubre de 1993, se otorgó a la Asamblea de Representantes del Distrito -y en la actualidad, a la Asamblea Legislativa del Distrito Federal- facultad para expedir la Ley Orgánica del Tribunal de lo Contencioso Administrativo del Distrito Federal.

> El Tribunal de lo Contencioso Administrativo del Distrito Federal, de acuerdo a su Ley Orgánica publicada en la Gaceta Oficial del Distrito Federal el 10 de septiembre de 2009, es un tribunal administrativo, dotado de plena jurisdicción y autonomía para dirimir las controversias entre los particulares y las autoridades de la Administración Pública del Distrito Federal; está compuesto de una Sala Superior integrada por siete magistrados, y por cinco Salas Ordinarias de tres magistrados cada una. Además, cuando a juicio de la Sala Superior, las necesidades del servicio lo requieran, se formarán Salas Auxiliares.
>
> Actualmente, a escala planetaria, coexisten básicamente dos esquemas distintos para el desempeño de la tarea de juzgar a la administración: el monista y el esquema dual francés. Mas, al margen de la eventual fusión de los modelos existentes para juzgar a la administración, lo más importante es que todo sistema de justicia administrativa garantice un juicio justo ante un juzgador imparcial e independiente.

En su fracción IV, el artículo 74 constitucional confiere a la Cámara de Diputados dos facultades exclusivas, consistentes, la primera, en aprobar anualmente el Presupuesto de Egresos de la Federación, que conlleva el control presupuestal de la administración pública federal; y la segunda, en la revisión de la Cuenta Pública, que entraña el control del gasto, a efecto de comprobar si la administración pública se ajustó a los montos y criterios señalados en el presupuesto y al cumplimiento de los objetivos contenidos en los programas respectivos.

El artículo 79 constitucional define a la entidad de fiscalización superior de la Federación, como una dependencia de la Cámara de Diputados, aunque con autonomía técnica y de gestión, encargada de fiscalizar los ingresos y egresos; el manejo, la custodia y la aplicación de fondos y recursos de los Poderes de la Unión y, por tanto, de la administración pública federal.

En lo que atañe a la fiscalización que debe realizarse desde el ámbito exterior de las instituciones públicas, en nuestro país, los artículos 73, 74 y 79 constitucionales prevén la existencia de una entidad de fiscalización superior que, con autonomía técnica y de gestión, se encargue de fiscalizar en forma posterior el manejo, la custodia y la aplicación de fondos y recursos de los Poderes de la Unión y de los entes públicos federales, así como de la fiscalización de los recursos federales que ejerzan las entidades federativas, los municipios y los particulares; dicha entidad de fiscalización superior, según establece la fracción III del artículo 2° de la Ley de Fiscalización Superior de la Federación, es la Auditoría Superior de la Federación.

De conformidad con lo dispuesto en el artículo 79 constitucional, la Auditoría Superior de la Federación tiene autonomía técnica y de gestión en el ejercicio de sus atribuciones y para decidir sobre su organización interna, funcionamiento y resoluciones, en los términos que disponga la ley, y entre sus atribuciones figuran las de:

- Fiscalizar en forma posterior los ingresos y egresos; el manejo, la custodia y la aplicación de fondos y recursos de los Poderes de la Unión y de los entes públicos federales, a través de los informes que se rendirán en los términos que disponga la ley; y de fiscalizar los recursos federales que ejerzan las entidades federativas, los municipios y los particulares.

- Entregar el informe del resultado de la revisión de la Cuenta Pública a la Cámara de Diputados a más tardar el 31 de marzo del año siguiente al de su presentación.

- Investigar los actos u omisiones que impliquen alguna irregularidad o conducta ilícita en el ingreso, egreso, manejo, custodia y aplicación de fondos y recursos federales, y efectuar visitas domiciliarias, únicamente para exigir la exhibición de libros, papeles o archivos indispensables para la realización de sus investigaciones, sujetándose a las leyes y a las formalidades establecidas para sus cateos.

- Determinar los daños y perjuicios que afecten a la Hacienda Pública Federal o al patrimonio de los entes públicos federales y fincar directamente a los responsables las indemnizaciones y sanciones pecuniarias correspondientes, así como promover ante las autoridades competentes el fincamiento de otras responsabilidades; promover las acciones de responsabilidad a que se refiere el Título Cuarto de esta Constitución, y presentar las denuncias y querellas penales, en cuyos procedimientos tendrá la intervención que señale la ley.

Según establece el artículo 14 de la Ley de Fiscalización Superior de la Federación, el propósito de la revisión y fiscalización superior de la Cuenta Pública consiste en determinar:

- Si los programas y su ejecución se ajustan a los términos y montos aprobados.

- Si las cantidades correspondientes a los ingresos o a los egresos, se ajustan o corresponden a los conceptos y a las partidas respectivas.

- El desempeño, eficiencia, eficacia y economía, en el cumplimiento de los programas con base en los indicadores aprobados en el presupuesto.

- Si los recursos provenientes de financiamiento se obtuvieron en los términos autorizados y se aplicaron con la periodicidad y forma establecidas por las leyes y demás disposiciones aplicables, y si se cumplieron los compromisos adquiridos en los actos respectivos.

- El resultado de la gestión financiera de los Poderes de la Unión y los entes públicos federales, con posterioridad a la conclusión de los procesos correspondientes.

- Si en la gestión financiera se cumple con las leyes, decretos, reglamentos y demás disposiciones aplicables en materia de sistemas de registro y contabilidad gubernamental; contratación de servicios, obra pública, adquisiciones, arrendamientos, conservación, uso, destino, afectación, enajenación y baja de bienes muebles e inmuebles; almacenes y demás activos y recursos materiales.

- Si la recaudación, administración, manejo y aplicación de los recursos federales, y si los actos, contratos, convenios, concesiones u operaciones que las entidades fiscalizadas celebren o realicen, se ajustan a la legalidad, y si no han causado daños o perjuicios en contra del Estado en su Hacienda Pública Federal o al patrimonio de los entes públicos federales.

- Las responsabilidades a que haya lugar.

- La imposición de las sanciones resarcitorias correspondientes en los términos de ley.

La "Procuraduría de Pobres" representa el primer antecedente histórico del *ombudsman* en México; fue creada en San Luis Potosí por Decreto número 18 del Congreso local, del 5 de marzo de 1847, publicado en el número 74 del periódico potosino *La Época,* del 11 de marzo de 1847.

En la actualidad, la institución del *ombudsman* se ha establecido en México, de acuerdo a un esquema federal estructurado en dos ámbitos: el de las entidades federativas, y el ámbito nacional; juntos integran el sistema nacional de *ombudsman* para protección de los derechos humanos.

En el referido sistema encontramos dos instancias: la primera a cargo de los organismos públicos creados por el Congreso de la Unión y las legislaturas de los estados en cada una de las entidades federativas, para la protección de los derechos humanos. Tales organismos locales conocen de quejas en contra de actos u omisiones de naturaleza administrativa, cometidos por cualquier autoridad o servidor público local, salvo que se trate de asuntos electorales, laborales y jurisdiccionales.

La segunda instancia está a cargo de la Comisión Nacional de Derechos Humanos, la cual conoce de inconformidades que se presentan respecto de las recomendaciones, de los acuerdos y de las omisiones de los organismos que tienen a su cargo la primera instancia, por medio de dos recursos distintos: el recurso de queja y el de impugnación.

Tratándose de quejas presentadas contra actos u omisiones de naturaleza administrativa, cometidos por autoridad o servidor público federal, con excepción de los del Poder Judicial de la Federación, existe una única instancia, la cual está a cargo de la Comisión Nacional de Derechos Humanos.

Las quejas presentadas al *ombudsman* nacional o local no afectan el ejercicio de otros medios de defensa que pueda tener el interesado, ni interrumpen o suspenden los plazos preclusivos.

Tanto los organismos públicos locales de protección de derechos humanos como la Comisión Nacional mencionada, emiten recomendaciones públicas autónomas *no vinculatorias,* que obtienen divulgación en los medios masivos de comunicación, se dictan por los titulares de cada comisión u organismo equivalente, sin recibir instrucciones ni consignas de nadie; y no tienen carácter obligatorio, o sea, las autoridades o servidores públicos a quienes se dirigen, no tienen la obligación legal de cumplirlas.

El presidente de la Comisión Nacional de Derechos Humanos viene a ser el *ombudsman* nacional, por tener, como ya se dijo, competencia en todo el territorio del país, para conocer de presuntas violaciones de derechos humanos imputadas a los servidores públicos federales, con excepción de los del Poder Judicial Federal.

Entre las atribuciones principales de la Comisión Nacional de Derechos Humanos, relacionadas con el control de la administración pública, figuran las de:

- Recibir quejas por presuntas violaciones a derechos humanos, sin que las mismas afecten el ejercicio de otros derechos o medios de defensa que puedan corresponder a los afectados, ni suspender o interrumpir plazos preclusivos.
- Conocer e investigar presuntas violaciones de derechos humanos por: i) actos u omisiones administrativas de carácter federal; ii) ilícitos cometidos por particulares con la anuencia o tolerancia de algún servidor público o autoridad, o cuando estos últimos se nieguen infundadamente a ejercer las funciones que legalmente les correspondan en relación con tales ilícitos.
- Formular recomendaciones públicas autónomas, no vinculatorias.
- Conocer y decidir sobre los recursos interpuestos contra las recomendaciones y acuerdos emitidos por los organismos públicos de protección de derechos humanos de las diversas entidades federativas, o contra las omisiones o la inactividad de dichos organismos, o por insuficiencia en el cumplimiento de las recomendaciones de los mismos.
- Supervisar el respeto a los derechos humanos en el sistema penitenciario y de readaptación social del país.

Ante la Comisión Nacional de Derechos Humanos, el procedimiento será sencillo y breve, de acuerdo con los principios de inmediatez, concentración y rapidez.

Para el control interno de la administración pública se utiliza el recurso administrativo, al que nos referimos en páginas anteriores, y la realización de diversas acciones desarrolladas, en el ámbito federal, principalmente por medio de la Secretaría de la Función Pública, de la Secretaría de Hacienda y Crédito Público y de la Contraloría de cada una de sus dependencias y entidades.

Entre las atribuciones de fiscalización y control conferidas a la Secretaría de la Función Pública, sobresalen las siguientes:

- Inspeccionar el ejercicio del gasto público federal y su congruencia con los presupuestos de egresos;
- Vigilar el cumplimiento de las normas de control y fiscalización por parte de las dependencias y entidades de la Administración Pública Federal;
- Realizar las auditorías que se refieran a las dependencias y entidades en sustitución o apoyo de sus propios órganos de control;
- Vigilar el cumplimiento, por parte de las dependencias y entidades de la administración pública federal, de las disposiciones en materia de planeación presupuestación, ingresos, financiamiento, inversión, deuda, patrimonio, fondos y valores;
- Realizar auditorías y evaluaciones a las dependencias y entidades de la Administración Pública Federal, con el objeto de promover la eficiencia en su gestión y propiciar el cumplimiento de los objetivos contenidos en sus programas;
- Inspeccionar y vigilar, directamente o a través de los órganos de control, que las dependencias y entidades de la Administración Pública Federal cumplan con las normas y disposiciones en materia de: sistemas de registro y contabilidad, contratación y remuneraciones de personal, contratación de adquisiciones, arrendamientos, servicios, y ejecución de obra pública, conservación, uso, destino, afectación, enajenación y baja de bienes muebles e inmuebles, almacenes y demás activos y recursos materiales de la Administración Pública Federal;
- Designar a los auditores externos de las entidades, así como a los delegados de la propia Secretaría ante las dependencias y órganos desconcentrados de la Administración Pública Federal centralizada, y comisarios en los órganos de gobierno o vigilancia de las entidades de la Administración Pública Paraestatal;
- Designar y remover a los titulares de los órganos internos de control de las dependencias y entidades de la Administración Pública Federal, así como a los de las áreas de auditoría, quejas y responsabilidades de tales órganos;
- Recibir y registrar las declaraciones patrimoniales que deban presentar los servidores públicos de la Administración Pública Federal, y verificar su contenido.

A través de sus subsecretarías, de la Procuraduría Fiscal de la Federación y de la Tesorería de la Federación, la Secretaría de Hacienda y Crédito Público fiscaliza y controla a las dependencias y entidades de la administración pública federal, en ejercicio de facultades expresas que le confieren la Ley Orgánica de la Administración Pública Federal, la Ley Federal de las Entidades Paraestatales, la Ley de Presupuesto, Contabilidad y Gasto Público Federal, otros ordenamientos legales y el Decreto que aprueba el Presupuesto Anual de Egresos de la Federación.

En el ámbito interno de cada dependencia y entidad de la administración pública federal, el control y fiscalización es ejercido por su Contraloría Interna, cuyo titular, al igual que los de sus áreas de auditoría, quejas y responsabilidades, son designados por la Secretaría de la Función Pública, de la que dependen jerárquica y funcionalmente, a partir de la reforma del artículo 37 de la Ley Orgánica de la Administración Pública Federal, publicada en el Diario Oficial de la Federación de 24 de diciembre de 1996.

Otro medio para resolución de controversias en que la Administración Pública es parte es el arbitraje, que de esta suerte incide en su control, y representa una forma heterocompositiva de solución del litigio, toda vez que es dictada por un tercero imparcial, generalmente como consecuencia de cláusula compromisoria o de compromiso arbitral.

Tanto la Ley de Adquisiciones, Arrendamientos y Servicios del Sector Público, como la Ley de Obras Públicas y Servicios Relacionados con las Mismas -ambas en el segundo párrafo de su respectivo artículo 15- prevén la posibilidad de recurrir al arbitraje para la solución de controversias suscitadas con motivo de la interpretación o aplicación de dichas leyes que incluyen idéntica disposición del tenor siguiente:

> Solo podrá convenirse compromiso arbitral respecto de aquellas controversias que determine la Contraloría mediante reglas de carácter general, previa opinión de la Secretaría y de la Secretaría de Comercio y Fomento Industrial; ya sea en cláusula compromisoria incluida en el contrato o en convenio independiente.

IX. OTRAS TÉCNICAS DE CONTROL DE LA ADMINISTRACIÓN

El control de la administración pública, por parte de los órganos legislativos está previsto principalmente en los artículos constitucionales 73, fracción XXIV; 74, fracciones IV y V; 76, fracción VII; 79 y 93; así, el primero de los artículos señalados otorga facultad al Congreso de la Unión para expedir la ley que regule la organización de la entidad de fiscalización superior de la federación, a la que el legislador ordinario ha denominado Auditoría Superior de la Federación.

El artículo 74 constitucional, en su fracción IV, confiere a la Cámara de Diputados dos facultades exclusivas, consistentes, la primera, en aprobar anualmente el Presupuesto de Egresos de la Federación, que conlleva el control presupuestal de la Administración Pública federal; y la segunda, en la revisión de la Cuenta Pública, que entraña el control del gasto público, a efecto de comprobar si se ajustó a los montos y criterios señalados en el presupuesto y al cumplimiento de los objetivos contenidos en los programas respectivos.

Por su parte, la fracción V del artículo 73 constitucional otorga a la Cámara de Diputados la facultad exclusiva de conocer de las imputaciones que se hagan a los ocupantes de los altos cargos de la administración pública federal: secretarios de despacho, y directores generales, o sus equivalentes, de organismos descentralizados, empresas de participación estatal mayoritaria, sociedades y asociaciones asimiladas a estas y fideicomisos públicos, y fungir como órgano de acusación en los juicios políticos que contra ellos se instauren, facultad que, obviamente, está destinada a controlar la actuación de dichos funcionarios de la administración pública.

Otro tanto puede decirse de la fracción VII del artículo 76 constitucional, que confiere al Senado la facultad exclusiva de erigirse en jurado de sentencia para conocer en juicio político de las faltas u omisiones que cometan los servidores públicos de la administración pública federal, mencionados en el párrafo anterior, y que redunden en perjuicio de los intereses públicos fundamentales y de su buen despacho.

El artículo 79 constitucional define a la entidad de fiscalización superior de la Federación, como una dependencia de la Cámara de Diputados, aunque con autonomía técnica y de gestión, encargada de fiscalizar los ingresos y egresos; el manejo, la custodia y la aplicación de fondos y recursos de los Poderes de la Unión y, por tanto, de la administración pública federal.

El artículo 93 constitucional establece a cargo de los órganos legislativos tres medidas de control respecto de las dependencias y entidades de la administración pública federal, a saber: la obligación de los secretarios del despacho de dar cuenta al Congreso, luego que esté abierto el periodo de sesiones ordinarias, del estado que guarden sus respectivos ramos; la posibilidad de que cualquiera de las Cámaras legislativas cite a dichos funcionarios, y a los titulares de los organismos descentralizados y empresas de participación estatal mayoritaria, para que informen cuando se discuta una ley o se estudie un negocio relativo a sus respectivos ramos; y la facultad de las Cámaras para integrar comisiones para investigar el funcionamiento de las mencionadas entidades paraestatales.

Los antecedentes de la primera de las referidas medidas de control establecidas en el artículo 93 constitucional, se remontan a la Constitución de 1824, que dispuso: “Los secretarios del despacho darán a cada cámara, luego que estén abiertas sus sesiones anuales, cuenta del estado de su respectivo ramo.”

El 6 de diciembre de 1977 se publicó en el Diario Oficial de la Federación la adición del tercer párrafo al artículo 93 constitucional, del tenor siguiente: “Las Cámaras, a pedido de una cuarta parte de sus miembros, tratándose de los diputados, y de la mitad, si se trata de los senadores, tienen la facultad de integrar comisiones para investigar el funcionamiento de dichos organismos descentralizados y empresas de participación estatal mayoritaria. Los resultados de las investigaciones se harán del conocimiento del Ejecutivo Federal.”

Como se advierte fácilmente, las referidas facultades de control de la administración pública atribuidas por el artículo 93 constitucional son bastante inocuas, porque en el sistema presidencialista vigente, a diferencia del parlamentario, las críticas que puedan hacer las Cámaras legislativas a los secretarios del despacho y a los titulares de las entidades paraestatales, no tienen mayor repercusión, habida cuenta que dichas críticas o censuras no son traducibles en sanciones.

X. LA RESPONSABILIDAD ADMINISTRATIVA

La voz castellana responsabilidad proviene del latín *respondere*, traducible como estar obligado. Entre los muchos conceptos formulados al respecto, se entiende por responsabilidad la capacidad de un sujeto de derecho de conocer y aceptar las consecuencias de sus actos realizados consciente y libremente. En otro sentido, viene a ser la relación de causalidad existente entre el acto y su autor, o sea, la capacidad de responder por sus actos. En un sentido más concreto, la responsabilidad se traduce en el surgimiento de una obligación o merecimiento de una pena en un caso determinado o determinable, como resultado de la ejecución de un acto específico.

Por responsabilidad, también se puede entender la obligación que tiene una persona de subsanar el perjuicio producido, o el daño causado a un tercero, porque así lo disponga una ley, lo requiera una convención originaria, lo estipule un contrato, o se desprenda de ciertos hechos ocurridos, independientemente de que en ellos exista o no, culpa del obligado a subsanar.

Se hace distinción entre responsabilidad moral y responsabilidad jurídica; la primera es producto de la falta, de la infracción al deber moral; toda persona, como consecuencia necesaria de la libertad de la voluntad y de la imputabilidad fundada en ella, debe responder de sus actos ante su conciencia, ante su entorno ético, y admitir las consecuencias ineludibles de su actuación.

Empero, moralmente la persona solo será imputable, y por ende responsable, cuando tenga el suficiente conocimiento moral y su voluntad no se trabe por algún impulso demasiado poderoso o por la sorpresa. Igualmente reducen o cancelan de plano la imputabilidad y la responsabilidad, diferentes tipos de afecciones mentales.

La responsabilidad jurídica, en cambio, demanda el sometimiento de los hechos a la reacción jurídica frente al daño, reacción cuya finalidad -consistente en la represión del mal causado- se alcanza a través del derecho, mediante el traslado de la carga del perjuicio a un sujeto diferente del agraviado; tal sujeto distinto habrá de sufrir -con, sin y aun contra su voluntad- la referida reacción jurídica, por encontrarse en situación de responsabilidad.

En México, la actividad de los servidores públicos puede originarles responsabilidad jurídica de diversos tipos, a saber: política, penal, civil y administrativa; el título cuarto de la Constitución Política de los Estados Unidos Mexicanos se ocupa de las responsabilidades de los servidores públicos y patrimonial del Estado, y en su artículo 109 hace referencia expresa a la responsabilidad política, penal y administrativa, a cuyo efecto previene:

> I. Se impondrán, mediante juicio político, las sanciones indicadas en el artículo 110 (destitución del servidor público e inhabilitación para desempeñar empleo o cargo público) a los servidores públicos señalados en el mismo precepto (altos funcionarios públicos), cuando en el ejercicio de sus funciones incurran en actos u omisiones que redunden en perjuicio de los intereses públicos fundamentales o de su buen despacho.
>
> No procede el juicio político por la mera expresión de las ideas.
>
> II. La comisión de delitos por parte de cualquier servidor público será perseguida y sancionada en los términos de la legislación penal, y
>
> III. Se aplicarán sanciones administrativas a los servidores públicos por los actos y omisiones que afecten la legalidad, honradez, lealtad, imparcialidad y eficiencia que deban observar en el desempeño de sus empleos, cargos o comisiones.
>
> Los procedimientos para la aplicación de las sanciones mencionadas se desarrollarán autónomamente. No podrán imponerse dos veces por una sola conducta sanciones de la misma naturaleza.

La Ley Federal de Responsabilidades Administrativas de los Servidores Públicos incluye en su artículo 8 un catálogo de obligaciones para dichas personas; la inobservancia de cualquiera de ellas da lugar a fincar responsabilidad administrativa al infractor. Las obligaciones de referencia son las siguientes:

> I.- Cumplir el servicio que le sea encomendado y abstenerse de cualquier acto u omisión que cause la suspensión o deficiencia de dicho servicio o implique abuso o ejercicio indebido de un empleo, cargo o comisión;

II.- Formular y ejecutar los planes, programas y presupuestos correspondientes a su competencia, y cumplir las leyes y la normatividad que determinen el manejo de recursos económicos públicos;

III.- Utilizar los recursos que tenga asignados y las facultades que le hayan sido atribuidas para el desempeño de su empleo, cargo o comisión, exclusivamente para los fines a que están afectos;

IV.- Rendir cuentas sobre el ejercicio de las funciones que tenga conferidas y coadyuvar en la rendición de cuentas de la gestión pública federal, proporcionando la documentación e información que le sea requerida en los términos que establezcan las disposiciones legales correspondientes;

V.- Custodiar y cuidar la documentación e información que por razón de su empleo, cargo o comisión, tenga bajo su responsabilidad, e impedir o evitar su uso, sustracción, destrucción, ocultamiento o inutilización indebidos;

VI.- Observar buena conducta en su empleo, cargo o comisión, tratando con respeto, diligencia, imparcialidad y rectitud a las personas con las que tenga relación con motivo de este;

VII.- Comunicar por escrito al titular de la dependencia o entidad en la que preste sus servicios, las dudas fundadas que le suscite la procedencia de las ordenes que reciba y que pudiesen implicar violaciones a la ley o a cualquier otra disposición jurídica o administrativa, a efecto de que el titular dicte las medidas que en derecho procedan, las cuales deberán ser notificadas al servidor público que emitió la orden y al interesado;

VIII.- Abstenerse de ejercer las funciones de un empleo, cargo o comisión, por haber concluido el periodo para el cual se le designó, por haber sido cesado o por cualquier otra causa legal que se lo impida;

IX.- Abstenerse de disponer o autorizar que un subordinado no asista sin causa justificada a sus labores, así como de otorgar indebidamente licencias, permisos o comisiones con goce parcial o total de sueldo y otras percepciones;

X.- Abstenerse de autorizar la selección, contratación, nombramiento o designación de quien se encuentre inhabilitado por resolución de autoridad competente para ocupar un empleo, cargo o comisión en el servicio público;

XI.- Excusarse de intervenir, por motivo de su encargo, en cualquier forma en la atención, tramitación o resolución de asuntos en los que tenga interés personal, familiar o de negocios, incluyendo aquellos de los que pueda resultar algún beneficio para él, su cónyuge o parientes consanguíneos o por afinidad hasta el cuarto grado, o parientes civiles, o para terceros con los que tenga relaciones profesionales, laborales o de negocios, o para socios o sociedades de las que el servidor público o las personas antes referidas formen o hayan formado parte.

El servidor público deberá informar por escrito al jefe inmediato sobre la atención, trámite o resolución de los asuntos a que hace referencia el párrafo anterior y que sean de su conocimiento, y observar sus instrucciones por escrito sobre su atención, tramitación y resolución, cuando el servidor público no pueda abstenerse de intervenir en ellos;

XII.- Abstenerse, durante el ejercicio de sus funciones, de solicitar, aceptar o recibir, por si o por interpósita persona, dinero, bienes muebles o inmuebles mediante enajenación en precio notoriamente inferior al que tenga en el mercado ordinario, donaciones, servicios, empleos, cargos o comisiones para sí, o para las personas a que se refiere la fracción XI de este artículo, que procedan de cualquier persona física o moral cuyas actividades profesionales, comerciales o industriales se encuentren directamente vinculadas, reguladas o supervisadas por el servidor público de que se trate en el desempeño de su empleo, cargo o comisión y que implique intereses en conflicto. esta prevención es aplicable hasta un año después de que se haya retirado del empleo, cargo o comisión.

Habrá intereses en conflicto cuando los intereses personales, familiares o de negocios del servidor público puedan afectar el desempeño imparcial de su empleo, cargo o comisión.

Una vez concluido el empleo, cargo o comisión, el servidor público deberá observar, para evitar incurrir en intereses en conflicto, lo dispuesto en el artículo 9 de la ley;

XIII.- Desempeñar su empleo, cargo o comisión sin obtener o pretender obtener beneficios adicionales a las contraprestaciones comprobables que el estado le otorga por el desempeño de su función, sean para él o para las personas a las que se refiere la fracción XI;

XIV.- Abstenerse de intervenir o participar indebidamente en la selección, nombramiento, designación, contratación, promoción, suspensión, remoción, cese, rescisión del contrato o sanción de cualquier servidor público, cuando tenga interés personal, familiar o de negocios en el caso, o pueda derivar alguna ventaja o beneficio para él o para las personas a las que se refiere la fracción XI;

XV.- Presentar con oportunidad y veracidad las declaraciones de situación patrimonial, en los términos establecidos por la ley;

XVI.- Atender con diligencia las instrucciones, requerimientos o resoluciones que reciba de la secretaria, del contralor interno o de los titulares de las áreas de auditoría, de quejas y de responsabilidades, conforme a la competencia de estos;

XVII.- Supervisar que los servidores públicos sujetos a su dirección, cumplan con las disposiciones de este artículo;

XVIII.- Denunciar por escrito ante la secretaria o la contraloría interna, los actos u omisiones que en ejercicio de sus funciones llegare a advertir respecto de cualquier servidor público que pueda constituir responsabilidad administrativa en los términos de la ley y demás disposiciones aplicables;

XIX.- Proporcionar en forma oportuna y veraz, toda la información y datos solicitados por la institución a la que legalmente le competa la vigilancia y defensa de los derechos humanos;

XX.- Abstenerse, en ejercicio de sus funciones o con motivo de ellas, de celebrar o autorizar la celebración de pedidos o contratos relacionados con adquisiciones, arrendamientos y enajenación de todo tipo de bienes, prestación de servicios de cualquier naturaleza y la contratación de obra pública o de servicios relacionados con esta, con quien desempeñe un empleo, cargo o comisión en el servicio público, o bien con las sociedades de las que dichas personas formen parte. por ningún motivo podrá celebrarse pedido o contrato alguno con quien se encuentre inhabilitado para desempeñar un empleo, cargo o comisión en el servicio público;

XXI.- Abstenerse de inhibir por sí o por interpósita persona, utilizando cualquier medio, a los posibles quejosos con el fin de evitar la formulación o presentación de denuncias o realizar, con motivo de ello, cualquier acto u omisión que redunde en perjuicio de los intereses de quienes las formulen o presenten;

XXII.- Abstenerse de aprovechar la posición que su empleo, cargo o comisión le confiere para inducir a que otro servidor público efectúe, retrase u omita realizar algún acto de su competencia, que le reporte cualquier beneficio, provecho o ventaja para si o para alguna de las personas a que se refiere la fracción XI;

XXIII.- Abstenerse de adquirir para sí o para las personas a que se refiere la fracción XI, bienes inmuebles que pudieren incrementar su valor o, en general, que mejoren sus condiciones, como resultado de la realización de obras o inversiones públicas o privadas, que haya autorizado o tenido conocimiento con motivo de su empleo, cargo o comisión. esta restricción será aplicable hasta un año después de que el servidor público se haya retirado del empleo, cargo o comisión, y

XXIV.- Abstenerse de cualquier acto u omisión que implique incumplimiento de cualquier disposición legal, reglamentaria o administrativa relacionada con el servicio público.

El incumplimiento a lo dispuesto en el presente artículo dará lugar al procedimiento y a las sanciones que correspondan, sin perjuicio de las normas específicas que al respecto rijan en el servicio de las fuerzas armadas.

Para la imposición de las sanciones administrativas se sigue el siguiente procedimiento previsto en el artículo 21 de la Ley Federal de Responsabilidades de los Servidores Públicos:

Se cita al presunto responsable a una audiencia, notificándole que deberá comparecer personalmente a rendir su declaración en torno a los hechos que se le imputen y que puedan ser causa de responsabilidad en los términos de la ley, y demás disposiciones aplicables. La notificación respectiva deberá expresar el lugar, día y hora en que tendrá verificativo la audiencia; la autoridad ante la cual se desarrollará esta; los actos u omisiones que se le imputen al servidor público y el derecho de este a comparecer asistido de un defensor. Una vez notificado, si el servidor público deja de comparecer sin causa justificada a la audiencia, se tendrán por ciertos los actos u omisiones que se le imputan.

Concluida la audiencia, se concederá al presunto responsable un plazo de cinco días hábiles para que ofrezca los elementos de prueba que estime pertinentes y que tengan relación con los hechos que se le atribuyen. Desahogadas las pruebas que fueren admitidas, la autoridad competente resolverá dentro de los cuarenta y cinco días hábiles siguientes sobre la inexistencia de responsabilidad o impondrá al infractor las sanciones administrativas correspondientes y le notificará la resolución en un plazo no mayor de diez días hábiles. La resolución correspondiente, en su caso, se notificará para los efectos de su ejecución al jefe inmediato o al titular de la dependencia, según corresponda, en un plazo no mayor de diez días hábiles.

La autoridad competente podrá ampliar el plazo para dictar la resolución a que se refiere el párrafo anterior, por única vez, hasta por cuarenta y cinco días hábiles, cuando exista causa justificada a juicio de las propias autoridades;

Durante la sustanciación del procedimiento la autoridad competente para resolver el asunto podrá practicar todas las diligencias tendientes a investigar la presunta responsabilidad del servidor público denunciado, así como requerir a este y a las dependencias o entidades involucradas la información y documentación que se relacione con la presunta responsabilidad, estando obligadas estas a proporcionarlas de manera oportuna. Si la autoridad encontrara que no cuenta con elementos suficientes para resolver o advirtieran datos o información que impliquen nueva responsabilidad administrativa a cargo del presunto responsable o de otros servidores públicos, podrá disponer la práctica de otras diligencias o citar para otra u otras audiencias, y

Previa o posteriormente al citatorio al presunto responsable, la autoridad competente para conocer del asunto podrá determinar la suspensión temporal de su empleo, cargo o comisión, si a su juicio así conviene para la conducción o continuación de las investigaciones; tal suspensión no prejuzga sobre la responsabilidad que se le impute, salvedad que la resolución respectiva hará constar expresamente. Dicha suspensión suspenderá los efectos del acto que haya dado origen a la ocupación del empleo, cargo o comisión, y regirá desde el momento en que sea notificada al interesado.

La suspensión cesará cuando así lo resuelva la autoridad que conozca del asunto, independientemente de la iniciación o continuación del procedimiento a que se refiere el presente artículo en relación con la presunta responsabilidad del servidor público. en todos los casos, la suspensión cesará cuando se dicte la resolución en el procedimiento correspondiente.

Si el servidor público suspendido temporalmente no resultare responsable de los hechos que se le imputan, la dependencia o entidad donde preste sus servicios lo restituirá en el goce de sus derechos y le cubrirá las percepciones que debió recibir durante el tiempo en que se halló suspendido.

Se requiere autorización del Presidente de la República para dicha suspensión si el nombramiento del servidor público de que se trate incumbe al titular del Poder Ejecutivo. Asimismo, se requiere autorización de la Cámara de Senadores, o en su caso de la Comisión Permanente, si dicho nombramiento requirió ratificación de aquélla en los términos de la Constitución Política de los Estados Unidos Mexicanos.

Si la autoridad difunde la suspensión del servidor público, y la resolución definitiva del procedimiento fuere de no responsabilidad, esta circunstancia deberá hacerse pública por la propia autoridad.

En lo que hace a la responsabilidad del Estado, mediante reforma publicada en el Diario Oficial de la Federación de 14 de junio de 2002, que adicionó un segundo párrafo al artículo 113 constitucional, se dispuso:

> La responsabilidad del Estado por los daños que, con motivo de su actividad administrativa irregular cause en los bienes o derechos de los particulares, será objetiva y directa. Los particulares tendrán derecho a una indemnización conforme a las bases, límites y procedimientos que establezcan las leyes.

XI. El servicio público, los mercados de interés general (liberalización, privatización, regulación) y su régimen de competencia.

El 16 de diciembre de 2005, se cumplió el sesquicentenario de la emisión, en Francia, del *arrêt* Rotschild, cuyas ideas inspiraron al Comisario David en la elaboración de sus conclusiones que, a su vez, orientaron al Tribunal de Conflictos en la elaboración del célebre arrêt Blanco dictado el 6 de febrero de 1873, rescatado en su esencia por Georges Teissier para proponer al servicio público como el fundamento de una teoría integral de la competencia y aun del derecho administrativo, expuesta en su tratado *La responsabilité de la puissance publique*,[14] en clara adhesión a las ideas de referencia, conforme a las cuales el servicio público emerge como un subproducto del deslinde de competencias.

---

[14] París, Paul Dupont, Editeur, 1906.

Como consecuencia de su redescubrimiento por Teissier en 1906, las ideas y nociones del arrêt Blanco sobre el servicio público fueron cada vez más citadas y empleadas en las resoluciones de los tribunales franceses ordinarios, administrativos y de conflictos; Teissier mismo, por ejemplo, las utilizó en sus conclusiones para el arrêt Feutry.

Como es sabido la noción del servicio público no se limitó a ser una pauta para el deslinde de competencias ni tampoco se circunscribió a la jurisprudencia francesa sino que incrementó tremendamente su importancia e impactó fuertemente en la doctrina, al grado que León Duguit consideró que la noción del servicio público sustituye al concepto de soberanía como fundamento del derecho público, porque en su opinión "El Estado no es un poder que manda, es un grupo de individuos que tiene una fuerza que debe emplear en crear y dirigir los servicios públicos. La noción de servicio público deviene la noción fundamental del derecho público moderno."[15]

Sin embargo, la importancia y magnitud que Duguit pretendió dar a la noción de servicio público no se pudo mantener, pues pronto se redujo a ser considerada como una parte de la actividad de la administración pública.

Contribuyó a la reducción de la importancia de la noción del servicio público la circunstancia de que su diseño y desarrollo se ha visto afectado seriamente por un problema de carácter semántico, cuya consecuencia consiste tanto en denominar de distinta manera una misma actividad, como en emplear una misma denominación para varias actividades diferentes; por tal motivo, lo que para unos autores es servicio público, para otros viene a ser función pública o cometido esencial y viceversa, que con esos y otros nombres llaman a una misma actividad, sin ponerse de acuerdo en ese diálogo de sordos a que se refiere Marcel Walline, en el que "no hay posibilidad de entendimiento cuando cada uno de los que discuten da diferente significado a las mismas palabras."[16]

Es evidente que la evolución de la idea y del concepto de servicio público es diferente en cada país, a lo cual contribuye la asimetría de las economías de los Estados de la comunidad internacional y la diversidad de desarrollo económico, social, político y cultural de los mismos, circunstancia que redunda en requerimientos distintos de categorías, instituciones y normas jurídicas, reflejada en la variedad de sistemas y órdenes jurídicos vigentes que registra el Derecho comparado, lo cual ocurre, en buena medida, porque lo que es bueno para los países desarrollados, no siempre lo será para los subdesarrollados; ya que los primeros exportan capital, tecnología y productos terminados; los segundos, exportan deuda, mano de obra y materias primas.

Es pertinente la anterior reflexión porque algunos autores promueven la idea de que el servicio público ha perdido su razón de ser, habida cuenta de la transformación radical de las circunstancias económicas, sociales, políticas y culturales que le dieron origen; en esta tesitura, el profesor Gaspar Ariño Ortiz ha señalado: "El servicio público fue un instrumento de progreso y también de socialización, especialmente en los Estados pobres, a los que permitió mejorar la situación de todos. Pero su ciclo ha terminado. Cumplió su misión y hoy -como dice José Luis Villar- hay que hacerle un digno entierro."[17] Mas la opinión, muy respetable, del distinguido jurista español, quizá pueda ser aplicable a España -aun cuando contradiga el artículo 128 de la Constitución española-, en su calidad de miembro de la Unión Europea, mas no válida para todos los países, dada la asimetría de sus economías y la diversidad de desarrollo económico, social, político y cultural de los mismos, toda vez que en algunos, la idea de servicio público sigue siendo un instrumento de gran valía.

Así ocurre en México, donde ha logrado consenso considerar al servicio público -en una de sus acepciones-, como una actividad técnica destinada a satisfacer una necesidad de carácter general, con sujeción a un régimen exorbitante del derecho privado; esta idea está implícita en diversos artículos constitucionales que hacen referencia a servicios públicos específicos, como el de educación, el de correos, el de telégrafos, el de transporte ferroviario, el de suministro de energía eléctrica, el de suministro de agua potable, el de drenaje, el de alumbrado público, el de limpia y recolección de residuos sólidos, el de panteones y el de rastro.

---

15 Duguit, León, *Las transformaciones del derecho público*, trad. Adolfo Posada y Ramón Jaén, Madrid, Librería Española y Extranjera, 1926, p. 85)

16 Walline, Marcel, "La noción de servicio público", *La Ley*, t. 75, julio-septiembre, Buenos Aires, 1954, p. 1.

17 Ariño Ortiz, Gaspar, et al, "Significado actual de la noción del servicio público", El nuevo servicio público,

Cabe hacer notar que la Constitución mexicana emplea también la locución servicio público, en el sentido de actividad personal -obligatoria o no- realizada en beneficio del Estado, con o sin remuneración, o sea, de empleo o cargo público remunerado o no; también se interpreta como actividad a desarrollar en ejercicio del poder público, así como de organización de medios para desempeño de tareas gubernamentales o logro de fines estatales.

En su acepción de satisfactor de necesidades de carácter general, el servicio público es una técnica de protección al usuario que permite colectivizar la satisfacción de necesidades de carácter general, con lo cual se evita que cada usuario se procure la satisfacción de su propia necesidad, lo que redunda en una división del trabajo, en una reducción del costo del satisfactor y una mayor calidad del mismo; por ello debe figurar entre los objetivos del Estado mexicano -con 60 de los 104 millones de habitantes sumidos en la pobreza- asegurar la prestación de los servicios públicos de la mejor manera posible y velar por la seguridad y el interés de sus usuarios, por lo que habrá de perfeccionarse su marco jurídico, para lo cual es necesario diferenciar al servicio público de la función pública, de la obra pública y de otras actividades socioeconómicas de interés público.

En su finalidad, el servicio público entraña la aspiración solidaria de poner al alcance de todo individuo, al menor costo posible y bajo condiciones que garanticen su seguridad, el aprovechamiento de la actividad técnica de satisfacer una necesidad de carácter general, en la que cada quien puede identificar su propia necesidad individual.

El servicio público se ha tratado de explicar de acuerdo con diversos criterios, entre los que destacan el orgánico y el funcional cuya contraposición el profesor italiano Arnaldo de Valles propuso resolver mediante la distinción de los servicios públicos en propios e impropios.

De acuerdo con las ideas del profesor De Valles, el servicio público puede explicarse como una actividad técnica destinada al público para satisfacer una necesidad de carácter general, bajo un régimen jurídico especial, exorbitante del derecho privado; cuando tal actividad la reconoce la ley como servicio público y la desempeña directamente la Administración pública o, indirectamente, por medio de particulares en quienes delega su ejecución, por ejemplo, bajo el régimen de concesión, estaremos frente a un servicio público propio o propiamente dicho.

En cambio, si la actividad técnica destinada a satisfacer una necesidad de carácter general no está considerada por la ley como servicio público y, por tanto, puede ser desarrollada directamente por particulares, por no estar atribuida a la Administración pública ni al Estado, estaremos entonces ante un servicio público impropio o impropiamente dicho, por lo que no es una creación de la ley, sino que deriva de un permiso, de una licencia o autorización de carácter administrativo que destraba el ejercicio de un derecho individual limitado, de realizar una actividad privada que, a diferencia de la actividad comercial ordinaria, obliga a su titular a prestar el servicio a quienquiera que lo requiera y en el orden en que se presente, con apego a una regulación jurídica especial que rebasa la órbita del derecho ordinario.

Para que un servicio público lo sea, debe estar investido de ciertos caracteres jurídicos esenciales, sin los cuales queda desnaturalizado, por cuya razón el Estado tiene la obligación de asegurar que dicho servicio revista tales rasgos distintivos o caracteres esenciales, a efecto de garantizar la idónea satisfacción de la necesidad de carácter general que trata de satisfacer, en cualquier caso en que esta se individualice, pues como apunta Marcel Waline: "El servicio público es el más enérgico de los procedimientos de intervención administrativa, última *ratio* del Estado para asegurar la satisfacción de una necesidad colectiva cuando la iniciativa privada, por una razón cualquiera, no es suficiente para asegurarla."[18]

La doctrina reconoce como caracteres jurídicos esenciales del servicio público a la generalidad, a la igualdad, a la regularidad y a la continuidad, a los que algunos autores agregan otros, aisladamente.

Tanto la legislación como la jurisprudencia y la doctrina se han preocupado por definir al servicio público, y como se puede comprobar fácilmente, es en la legislación en donde se ha registrado el menor número de intentos definitorios de esta categoría jurídica, lo que contrasta con la doctrina, en la que existen tantas definiciones como autores se han ocupado del servicio público.

---

[18] Walline, Marcel, *Manuel elementaire de droit admiistratif*, París, Sirey, 1933, p. 333.

La Ley del Régimen Patrimonial y del Servicio Público del Distrito Federal, define al servicio público en los siguientes términos:

> Artículo 128.- Para efectos de esta ley, se entiende por servicio público la actividad organizada que se realice conforme a las leyes vigentes en el Distrito Federal, con el fin de satisfacer necesidades de interés general en forma obligatoria, regular y continua, uniforme y en igualdad de condiciones.

En México, aun cuando la jurisprudencia ha tenido una participación modesta en torno a la idea del servicio público, ello no ha sido obstáculo para hacer algunos pronunciamientos que incluyen definiciones del servicio público como la que se transcribe a continuación:

> LEY DE VÍAS GENERALES DE COMUNICACIÓN, SERVICIO PÚBLICO EN RELACIÓN CON LA.- El artículo 124 de la Ley de Vías Generales de Comunicación previene que las maniobras de carga, alijo, estiba, etc., que se presten en relación con las vías generales de comunicación y medios de transporte, se consideran como servicios públicos y se necesitará permiso para realizarlas; (...) Y estas operaciones están confirmadas por la noción de servicio público, consistiendo este en la actividad que se desarrolla para satisfacer una necesidad colectiva de carácter económico o cultural, mediante prestaciones que por virtud de norma especial del poder público, deben ser regulares, continuas y uniformes. (Apéndice de Jurisprudencia de 1917 a 1965 del Semanario Judicial de la Federación. Tercera Parte, Segunda Sala, p. 191).

Por mi parte estimo que el servicio público es toda actividad técnica destinada a satisfacer una necesidad de carácter general, de manera uniforme, regular y continua, con sujeción a un régimen jurídico exorbitante del derecho privado, en beneficio indiscriminado de toda persona.

El servicio público es clasificado por la doctrina en atención a diferentes criterios, así por razón de competencia, en México se clasifican en federales, de las entidades federativas, municipales y concurrentes.

La Constitución federal mexicana, en sus artículos 27 y 28, reserva al Estado la prestación de ciertos servicios públicos, como el de suministro de energía eléctrica y el de correos. Además, en el último de los citados artículos, previene que la sujeción a regímenes de servicio solo podrá llevarse a cabo mediante ley, y establece la posibilidad, en caso de interés general, de concesionar la prestación de servicios públicos de la Federación, sujetándose a las leyes, salvo las excepciones que las mismas establezcan.

En las dos últimas décadas del siglo XX se dio en México un fuerte impulso a la reprivatización de grandes áreas del sector público, como las de teléfonos, banca y ferrocarriles; además, la banca dejó de ser considerada por la Constitución como servicio público, por lo que se convirtió en un servicio público impropio o impropiamente dicho

Del texto constitucional mexicano se infieren como servicios públicos federales, los de correos, telégrafos, suministro de energía eléctrica, telefonía, transporte ferroviario y aéreo, entre otros; y se consideran servicios públicos concurrentes, los de educación, seguridad social, salud y transporte automotor. En tanto que, la fracción III del artículo 115 constitucional, a partir de la reforma de 1999, nos da un catálogo que incluye los siguientes:

Agua potable, drenaje, alcantarillado, tratamiento y disposición de sus aguas residuales;
Alumbrado público;
Limpia, recolección, traslado, tratamiento y disposición final de residuos;
Mercados y centrales de abasto;
Panteones;
Rastro;
Calles, parques y jardines y su equipamiento;
Seguridad pública y tránsito.

Las constituciones particulares de los Estados de la República abren la posibilidad de concesionar los servicios públicos municipales, empero, en ellas se prohíbe la concesión de los servicios públicos de seguridad pública y tránsito, lo que evidencia la circunstancia de que no se trata de servicios públicas sino de funciones públicas, entendidas como actividades esenciales del Estado que conllevan el ejercicio de su imperio, de su potestad, de su autoridad, vamos, de su soberanía, sin cuyo ejercicio el ente estatal se encamina a su desaparición, por cuya razón son indelegables; además, en algunos Estados también se prohíbe concesionar el servicio público de suministro de agua potable.

XI. LA FUNCIÓN PÚBLICA

En México, en el universo de servidores públicos se distinguen dos categorías: de base y de confianza, estos últimos, a su vez, pueden clasificarse en miembros del servicio civil de carrera y servidores públicos de libre designación.

Las relaciones laborales del personal de base son reguladas por la Ley Federal de los Trabajadores al Servicios del Estado, Reglamentaria del Apartado B del Artículo 123 Constitucional, mas, en los términos del artículo 8 de la misma, no están considerados dentro del régimen de la citada Ley los trabajadores de confianza a que se refiere el artículo 5; los miembros del Ejército y Armada Nacional con excepción del personal civil de las Secretarías de la Defensa Nacional y de Marina; el personal militarizado o que se militarice legalmente; los miembros del Servicio Exterior Mexicano; el personal de vigilancia de los establecimientos penitenciarios, cárceles o galeras y aquellos que presten sus servicios mediante contrato civil o que sean sujetos al pago de honorarios.

La Ley Federal de Trabajadores al Servicio del Estado previene que los trabajadores de base gozan de inamovilidad en el empleo, mas los de nuevo ingreso no serán inamovibles sino después de seis meses de servicios sin nota desfavorable en su expediente; al respecto dicho ordenamiento legal dispone:

> Artículo 6. Son trabajadores de base: Los no incluidos en la enumeración anterior y que, por ello, serán inamovibles. Los de nuevo ingreso no serán inamovibles sino después de seis meses de servicios sin nota desfavorable en su expediente.

En los términos del artículo 14 de la Ley Federal de los Trabajadores al Servicio del Estado, serán condiciones nulas y no obligarán a los trabajadores, aun cuando las admitieren expresamente, las que estipulen:

- Una jornada mayor de la permitida por esta ley;
- Las labores peligrosas o insalubres o nocturnas para menores de dieciséis años;
- Una jornada inhumana por lo notoriamente excesiva o peligrosa para el trabajador, o para la salud de la trabajadora embarazada o el producto de la concepción;
- Un salario inferior al mínimo establecido para los trabajadores en general, en el lugar donde se presten los servicios, y
- Un plazo mayor de quince días para el pago de sus sueldos y demás prestaciones económicas.

Los titulares de las dependencias de los Poderes de la Unión, y por ende, de la Administración Pública Federal, de conformidad con el artículo 43 de la Ley Federal de los Trabajadores al Servicio del Estado, están obligados a:

- Preferir en igualdad de condiciones, de conocimientos, aptitudes y de antigüedad, a los trabajadores sindicalizados respecto de quienes no lo estuvieren; a quienes representen la única fuente de ingreso familiar; a los que con anterioridad les hubieren prestado servicios y a los que acrediten tener mejores derechos conforme al escalafón. Para tales efectos, en cada una de las dependencias se formarán los escalafones de acuerdo con las bases establecidas en el título tercero de dicha ley;
- Cumplir con todos los servicios de higiene y de prevención de accidentes a que están obligados los patrones en general;
- Reinstalar a los trabajadores en las plazas de las cuales los hubieren separado y ordenar el pago de los salarios caídos, a que fueren condenados por laudo ejecutoriado. En los casos de supresión de plazas, los trabajadores afectados tendrán derecho a que se les otorgue otra equivalente en categoría y sueldo;
- De acuerdo con la partida que en el Presupuesto de Egresos se haya fijado para tal efecto, cubrir la indemnización por separación injustificada cuando los trabajadores hayan optado por ella y pagar en una sola exhibición los sueldos o salarios caídos, prima vacacional, prima dominical, aguinaldo y quinquenios en los términos del laudo definitivo.
- Proporcionar a los trabajadores los útiles, instrumentos y materiales necesarios para ejecutar el trabajo convenido;
- Cubrir las aportaciones que fijen las leyes especiales, para que los trabajadores reciban los beneficios de la seguridad y servicios sociales comprendidos en los conceptos siguientes:

➢ Atención médica, quirúrgica, farmacéutica y hospitalaria, y en su caso, indemnización por accidentes de trabajo y enfermedades profesionales.

➢ Atención médica, quirúrgica, farmacéutica y hospitalaria en los casos de enfermedades no profesionales y maternidad.

➢ Jubilación y pensión por invalidez, vejez o muerte.

➢ Asistencia médica y medicinas para los familiares del trabajador, en los términos de la Ley del Instituto de Seguridad y Servicios Sociales de los Trabajadores del Estado.

➢ Establecimiento de centros para vacaciones y para recuperación, de guarderías infantiles y de tiendas económicas.

➢ Establecimiento de escuelas de Administración Pública en las que se impartan los cursos necesarios para que los trabajadores puedan adquirir los conocimientos para obtener ascensos conforme al escalafón y procurar el mantenimiento de su aptitud profesional.

➢ Propiciar cualquier medida que permita a los trabajadores de su Dependencia, el arrendamiento o la compra de habitaciones baratas.

➢ Constitución de depósitos en favor de los trabajadores con aportaciones sobre sus suelos básicos o salarios, para integrar un fondo de la vivienda a fin de establecer sistemas de financiamiento que permitan otorgar a estos, crédito barato y suficiente para que adquieran en propiedad o condominio, habitaciones cómodas e higiénicas; para construirlas, repararlas o mejorarlas o para el pago de pasivos adquiridos por dichos conceptos. Las aportaciones que se hagan a dicho fondo serán enteradas al Instituto de Seguridad y Servicios Sociales de los Trabajadores del Estado, cuya Ley regulará los procedimientos y formas conforme a los cuales se otorgarán y adjudicarán los créditos correspondientes.

• Proporcionar a los trabajadores que no estén incorporados al régimen de la Ley del Instituto de Seguridad y Servicios Sociales de los Trabajadores del Estado, las prestaciones sociales a que tengan derecho de acuerdo con la ley y los reglamentos en vigor;

• Conceder licencias a sus trabajadores, sin menoscabo de sus derechos y antigüedad y en los términos de las Condiciones Generales de Trabajo, en los siguientes casos:

➢ Para el desempeño de comisiones sindicales.

➢ Cuando sean promovidos temporalmente al ejercicio de otras comisiones, en dependencia diferente a la de su adscripción.

➢ Para desempeñar cargos de elección popular.

➢ A trabajadores que sufran enfermedades no profesionales, en los términos del artículo 111 de la presente Ley, y

➢ Por razones de carácter personal del trabajador.

• Hacer las deducciones, en los salarios, que soliciten los sindicatos respectivos, siempre que se ajusten a los términos de esta ley.

• Integrar los expedientes de los trabajadores y remitir los informes que se le soliciten para el trámite de las prestaciones sociales, dentro de los términos que señalen los ordenamientos respectivos.

Por su parte, el artículo 44 de la ley en cita establece como obligaciones de los trabajadores de base, las siguientes:

• Desempeñar sus labores con la intensidad, cuidado y esmero apropiados sujetándose a la dirección de sus jefes y a las leyes y reglamentos respectivos.
• Observar buenas costumbres dentro del servicio.
• Cumplir con las obligaciones que les impongan las condiciones generales de trabajo.
• Guardar reserva de los asuntos que lleguen a su conocimiento con motivo de su trabajo.
• Asistir puntualmente a sus labores;
• No hacer propaganda de ninguna clase dentro de los edificios o lugares de trabajo, y
• Asistir a los institutos de capacitación, para mejorar su preparación y eficiencia.

Vengo de decirlo, las relaciones laborales del personal de base son reguladas por la Ley Federal de los Trabajadores al Servicios del Estado, mas, en los términos del artículo 8 de la misma:

Quedan excluidos del régimen de esta Ley los trabajadores de confianza a que se refiere el artículo 5; los miembros del Ejército y Armada Nacional con excepción del personal civil de las Secretarías de la Defensa Nacional y de Marina; el personal militarizado o que se militarice legalmente; los miembros del Servicio Exterior Mexicano; el personal de vigilancia de los establecimientos penitenciarios, cárceles o galeras y aquellos que presten sus servicios mediante contrato civil o que sean sujetos al pago de honorarios.

De conformidad con el artículo 5 de la LFTSE, son trabajadores de confianza, en términos generales, los que desempeñan tareas de dirección, inspección, vigilancia, fiscalización, auditoría, manejo de fondos o valores, control de adquisiciones y contratos, almacenes e inventarios, así como labores de investigación científica, asesoría y consultoría, así como las actividades propias de los agentes del ministerio público, de policía y de las secretarías particulares.

Implica el servicio civil de carrera la profesionalización de los servidores públicos basada en requisitos específicos de ingreso, permanencia y ascenso, que reconocen y valoran los méritos, incluye, por tanto, un proceso de formación profesional integral que conlleva una permanente capacitación y actualización, por lo que puede entenderse como un sistema regulador del ingreso, permanencia y promoción, fundado en el desempeño y capacidad profesional.

La idea del servicio civil de carrera está orientada, pues, por el propósito de profesionalizar a los servidores públicos a efecto de dar continuidad a los programas del sector público, para lo cual se requiere propiciar la permanencia en el empleo de ciertos servidores públicos que se capaciten y se mantengan actualizados en el desempeño idóneo de las tareas a su cargo, habida cuenta que se trata de servidores públicos especializados, ubicados en los mandos medios y en los inmediatos a los mandos superiores del aparato burocrático.

Con un enfoque sistémico, se pueden determinar como elementos del servicio civil de carrera, los siguientes:

- Un elemento normativo, consistente en la ley o estatuto que lo rige.
- Un elemento meritorio para la selección, permanencia y ascenso del personal, consistente en el catálogo de méritos que deben tomarse en cuenta, con determinación del valor de cada uno de ellos.
- Un esquema de permanencia en el empleo, basado en la calidad de desempeño.
- Una clasificación sistematizada de puestos
- Un tabulador de puestos con inclusión de los correspondientes salarios
- Un programa de capacitación y desarrollo de personal

La permanencia en el empleo del personal del servicio civil de carrera abate el costo de preparación y capacitación del mismo, al evitarse que cada nueva administración substituya al personal capacitado con personal impreparado, lo que redunda en el aprovechamiento de los cuadros profesionales de experiencia y alta capacitación, lo que, a su vez, propicia la continuidad de planes y proyectos de mediano y largo plazo.

En razón de su seguridad en el empleo, el servidor público de carrera se ubica en una posición intermedia entre el personal de base y el de confianza no adscrito al servicio de carrera. En rigor, el servidor público de carrera viene a ser personal de confianza, habida cuenta que desempeña tareas o labores de las que se acaban de mencionar.

El servidor público que ocupa cargo de confianza no incluido en la plantilla de personal del servicio de carrera, u ocupándolo, lo hace de manera provisional en tanto se adjudica en firme a una persona específica, se considera personal de confianza de libre designación, el cual carece de inamovilidad en el empleo, a diferencia del personal de confianza del servicio civil de carrera, cuya permanencia en el empleo está condicionada a que apruebe los programas de capacitación, las evaluaciones anuales y, en su caso, los exámenes especiales que le correspondan.

La Ley del Servicio Civil de Carrera en la Administración Pública Federal, publicada en el diario Oficial de la Federación de 10 de abril de 2003, rebasa el contenido de su denominación, habida cuenta que se aplica a solo una parte la administración pública federal inserta en el Poder Ejecutivo, o sea, a la administración pública centralizada, por lo que no es aplicable a la administración pública paraestatal y menos, aún, a las áreas de la administración pública insertas en los otros Poderes de la Unión, y en los órganos a los que la Constitución confiere autonomía, lo que impide conformar un modelo maestro de servicio civil de carrera para todo el ámbito federal, circunstancia que propicia la indeseable proliferación de modelos diferentes de servicio civil de carrera para los servidores públicos de la Federación, con incremento evidente de la selva semántica y jurídica que trata de regular la administración de los recursos humanos federales. Por ello el ordenamiento de referencia inicia con la siguiente acotación:

> Artículo 1. La presente ley tiene por objeto establecer las bases para la organización, funcionamiento y desarrollo del sistema de Servicio Profesional de Carrera en las dependencias de la Administración Pública Federal Centralizada.

Las entidades del sector paraestatal previstas en la Ley Orgánica de la Administración Pública Federal podrán establecer sus propios sistemas de servicio profesional de carrera tomando como base los principios de la presente Ley.

- Contenida en ochenta artículos –más seis transitorios- distribuidos en cuatro títulos que incluyen trece capítulos, la LSPCAPF crea al Servicio Profesional de Carrera como un mecanismo destinado a garantizar la igualdad de oportunidades para ingresar a la función pública, basado en el mérito, orientado por el propósito de promover el desarrollo de la función pública en beneficio de la sociedad.
- La ley en comento encomienda la dirección del Servicio Profesional de Carrera del Poder Ejecutivo Federal, a la Secretaría de la Función Pública y atribuye su operación a cada una de las dependencias de la administración pública federal, excluyendo de su afiliación al mismo al personal que preste sus servicios en la Presidencia de la República, así como a los rangos de Secretarios de Despacho, Jefes de Departamento Administrativo, subsecretarios, oficiales mayores, Jefe o Titular de Unidad y cargos homólogos; los miembros de las fuerzas armadas, del sistema de seguridad pública y seguridad nacional, del Servicio Exterior Mexicano y asimilado a este; personal docente de los modelos de educación preescolar, básica, media superior y superior; de las ramas médica, paramédica y grupos afines; miembros de los gabinetes de apoyo, así como el personal asilado a un sistema legal de servicio civil de carrera, o que preste sus servicios mediante contrato, sujeto al pago por honorarios en las dependencias. En consecuencia, el servicio civil de carrera, solo atañe a los rangos de director general, director de área, subdirector de área, jefe de departamento y personal de enlace; los referidos rangos incluyen los niveles de adjunto, homólogo u otro equivalente, sin importar la denominación que se le asigne.
- El servidor público de base podrá ingresar al servicio profesional de carrera a condición de contar con licencia o de haberse separado de la plaza que ocupa, toda vez que no puede permanecer activo en ambas situaciones.
- La Ley del Servicio Profesional de Carrera de la Administración Pública Federal atribuye a los servidores públicos de carrera, los derechos siguientes:
- Disfrutar de estabilidad y permanencia en el servicio en los términos y condiciones previstas en la propia ley.
- Obtener el nombramiento de servidor público de carrera cuando cubra los requisitos señalados en la ley.
- Recibir las remuneraciones inherentes a su cargo, así como los demás beneficios y estímulos que se establezcan.
- Ascender a un cargo diferente una vez cumplidos los requisitos y procedimientos señalados en la ley.
- Obtener capacitación y actualización profesional para el mejor desempeño de sus actividades.
- Ser evaluado de acuerdo con los principios rectores de la ley y conocer el resultado de los exámenes correspondientes, en un plazo no mayor de sesenta días.
- Siempre que no resulte aprobado en alguna evaluación, ser evaluado de nuevo previa la capacitación respectiva, de acuerdo con lo que la ley prevé.
- Ser miembro del Comité de selección para designar a un servidor público de la jerarquía inmediata inferior.
- Emplear los medios de defensa establecidos en la ley, para impugnar las resoluciones dictadas en aplicación de la misma.
- Obtener indemnización en los términos de ley, siempre que sea despedido injustificadamente.
- Los demás derivados de la ley, de su reglamento y demás ordenamientos aplicables.

• Por contra, los servidores públicos de carrera tienen a su cargo las siguientes obligaciones

• Realizar sus labores con estricto apego a los principios de legalidad, objetividad, imparcialidad, eficiencia y demás que rigen al servicio profesional de carrera.

• Desarrollar sus tareas con el debido cuidado y esmero, con observancia de las instrucciones impartidas por sus superiores jerárquicos.

• Participar en las evaluaciones establecidas para su permanencia y desarrollo en el servicio profesional de carrera.

• Aportar los elementos objetivos requeridos para la evaluación de los resultados de su desempeño.

• Participar en los programas de capacitación obligatoria que comprende la actualización, especialización y educación formal, sin menoscabo de otras condiciones de desempeño que deba cubrir, en los términos de su nombramiento.

• Guardar reserva de la información, documentación y en general, de los asuntos que maneje, de acuerdo con lo dispuesto en la ley de la materia.

• Asistir puntualmente a sus labores y respetar los horarios de actividades.

• Entregar la información y documentación necesarias al funcionario que se designe para suplirlo en sus ausencias temporales o definitivas.

• Abstenerse de incurrir en actos u omisiones que pongan en riesgo la seguridad del personal, bienes y documentación u objetos de la dependencia o de las personas que allí se encuentren.

• Excusarse de conocer de asuntos que puedan implicar conflicto de intereses con las funciones que desempeña dentro del servicio.

• Las demás establecidas en la normativa aplicable.

• En esquema sistémico, el Servicio Profesional de Carrera se integra con siete subsistemas, a saber: Subsistema de Planeación de Recursos Humanos; Subsistema de Ingreso; Subsistema de Desarrollo Profesional; Subsistema de Capacitación y Certificación de Capacidades; Subsistema de Evaluación del Desempeño; Subsistema de Separación; y Subsistema de Control y Evaluación.

• La ley en comentario establece una estructura orgánica del Servicio Profesional de Carrera, conforme a la cual la Secretaría de la Función Pública es la encargada de dirigir su funcionamiento en todas las dependencias, para lo cual cuenta con el apoyo de un Consejo Consultivo cuyo propósito estriba en hacer recomendaciones generales y opinar sobre los lineamientos, políticas, estrategias y líneas de acción que aseguren y faciliten el desarrollo del Servicio. Además, se prevé, en cada dependencia, la existencia de un Comité encargado de operar el Servicio en la misma, de acuerdo con la normatividad emitida para tal efecto, por la Secretaría de la Función Pública.

• No obstante, sus defectos, la Ley del Servicio Profesional de Carrera en la Administración Pública Federal -obviamente perfectible-, representa un paso importante en la racionalización y mejoramiento de la administración pública mexicana.

XII. EL URBANISMO, MEDIO AMBIENTE Y ORDENACIÓN DEL TERRITORIO

El término urbanismo aparece en el Diccionario de la Real Academia Española de 1956 definido como "conjunto de conocimientos que se refieren al estudio de la creación, desarrollo, reforma y progreso de los poblados en orden a las necesidades de la vida urbana".

También se suele explicar como conjunto de medidas técnicas, administrativas, económicas y sociales que se refieren al desarrollo de los poblados.

En el siglo XX se registra en México, como en otros países de América Latina, una transformación radical en la conformación de la distribución de la población en rural y urbana, ya que al inicio de esa centuria el 75% era rural y el 25 % urbana, situación que se invirtió al dar comienzo el siglo XXI.

Así, el fenómeno de la urbanización, entendida como acción de generar suelo urbano, o sea, de convertir en ciudad, pueblo o villa, un predio rural, es de enorme trascendencia en el México contemporáneo, sin embargo, el ejercicio de la potestad planificadora ha carecido de orden, método y sistema, lo que ha redundado en una perversión de la planificación urbanística, cuyos nocivos efectos sobre la ordenación racional del territorio y el medio ambiente tienen un elevado costo social, ambiental y económico, producto de un confuso derecho urbanístico, suma de numerosos ordenamientos jurídicos yuxtapuestos, que nada aclaran y nada proponen para remediar el caos normativo, pero sí acusan la ausencia de una política pública adecuada en materia de generación de suelo urbano y vivienda.

Además de la Constitución, inciden en la conformación del derecho urbanístico mexicano, numerosos ordenamientos legales, entre los que destacan la Ley Agraria y la Ley General de Asentamientos Humanos.

La Ley Agraria en vigor, reglamentaria del artículo 27 constitucional en materia agraria y de observancia general en toda la República, constituye uno de los ordenamientos legales más importantes del marco jurídico de la generación de suelo urbano en México, habida cuenta que la mancha urbana crece obviamente a expensas del espacio rural, cuyas tierras, ya sean agrícolas, ganaderas o forestales, se sujetan a regímenes jurídicos específicos, según se trate de tierras ejidales, comunales, de pequeña propiedad, de sociedades mercantiles o civiles; o bien, de terrenos baldíos o nacionales.

Con la participación de los productores y pobladores del campo canalizada por medio de sus órganos representativos, el Ejecutivo Federal debe formular programas anuales y de mediano plazo encaminados a lograr el desarrollo integral del agro mexicano, a cuyo efecto, en cada uno de ellos, se especificarán las metas, los recursos y su distribución geográfica y por objetivos, así como las instituciones responsables y los plazos de ejecución respectivos.

Desde la perspectiva jurídica, y en razón de las posibles formas de su tenencia, el suelo del territorio nacional, entendido como superficie de la tierra, se puede clasificar en tierras ejidales, tierras comunales, tierras de pequeña propiedad, tierras de sociedades mercantiles o civiles, y los terrenos baldíos y nacionales.

En los términos de los artículos 43 y 44 de la Ley Agraria, son tierras ejidales las que han sido dotadas al núcleo de población ejidal o incorporadas al régimen ejidal; unas y otras se clasifican en tierras: para el asentamiento humano; de uso común; y parceladas. Cuando las tierras ejidales se ubican en zonas urbanas, se someten a una regulación especial.

Conforme a lo dispuesto en los artículos 23, fracción VII, 63 y 64 de la ley en comento, son tierras ejidales destinadas al asentamiento humano, las determinadas por la Asamblea del ejido para integrar el área necesaria para el desarrollo de la vida comunitaria del ejido, la cual se compondrá de los terrenos en que se ubique la zona de urbanización y su fundo legal -igual protección se dará a la parcela escolar, a la unidad agrícola industrial de la mujer y a la unidad productiva para el desarrollo integral de la juventud ; con excepción de los solares de la zona de urbanización del ejido, dicha área será irreductible, imprescriptible e inembargable, salvo cuando se aporte parte de ella al municipio o entidad correspondiente, para dedicarla a los servicios públicos, en cuyo caso, la Procuraduría Agraria deberá constatar dicho destino.

Respecto de las tierras destinadas al asentamiento humano, la Ley Agraria previene:

- Siempre que el poblado ejidal se asiente en tierras ejidales, la Asamblea podrá acordar que se determine la zona de urbanización de la manera más conveniente, con respeto de los derechos parcelarios y de la normativa aplicable; así como que se delimite la reserva de crecimiento del poblado, de acuerdo con las leyes de la materia.

- La intervención de las autoridades municipales correspondientes, para la localización, deslinde y fraccionamiento de la zona de urbanización y de su reserva de crecimiento.

- Siempre que la Asamblea constituya la zona de crecimiento, deberá separar las superficies necesarias para los servicios públicos correspondientes.)

- Al constituirse la zona de urbanización, todo ejidatario tendrá derecho a recibir un solar -que será de propiedad plena de su titular- cuya extensión será determinada por la Asamblea, con la participación del municipio correspondiente, de acuerdo con la legislación aplicable en materia de fraccionamientos y los usos y costumbres de cada región. La asignación de los solares a los ejidatarios será hecha por la Asamblea de acuerdo con el plano aprobado por ella e inscrito en el Registro Agrario Nacional, en el que también se inscribirá el acta respectiva; los certificados expedidos por dicho Registro constituirán los títulos oficiales respectivos. En los ejidos en los que ya esté constituida el área de urbanización y asignados los solares, los títulos se expedirán a favor de sus legítimos poseedores.

- La propiedad de cada solar se acreditará con el certificado expedido por el Registro Agrario Nacional que constituye el título oficial correspondiente, el cual deberá inscribirse en el Registro Público de la Propiedad de la correspondiente entidad; los actos jurídicos subsecuentes relativos a los solares referidos serán regulados por el derecho común.

De conformidad con el artículo 74 de la Ley Agraria, la propiedad de las tierras de uso común es inalienable, imprescriptible e inembargable (salvo cuando se transmita el dominio de las mismas a sociedades mercantiles o civiles en las que participen el ejido o los ejidatarios, en los términos del artículo 75 de dicha ley). El reglamento interno del ejido regulará el uso, aprovechamiento, acceso y conservación de sus tierras de uso común, así como los derechos y obligaciones de ejidatarios y avecindados, respecto de las mismas.

El ejidatario tiene derecho al aprovechamiento, uso y usufructo de su parcela; y de acuerdo con el artículo 81 de la Ley Agraria, si la mayor parte de las parcelas de un ejido han sido delimitadas y asignadas a los ejidatarios, con las formalidades previstas en la ley, la Asamblea podrá acordar que los ejidatarios que así lo deseen asuman el dominio pleno sobre sus respectivas parcelas, en cuyo caso, los ejidatarios interesados habrán de solicitar al Registro Agrario Nacional que las parcelas respectivas se den de baja en dicho Registro, el cual deberá expedir el título de propiedad respectivo a efecto de que se inscriba en el Registro Público de la Propiedad que corresponda. Desde el momento de la cancelación de la inscripción respectiva en el Registro Agrario Nacional, tales tierras dejarán de ser ejidales y quedarán sujetas a la regulación del derecho común.

Gozarán del derecho del tanto, sobre la primera enajenación de las parcelas cuyos titulares hubieren adoptado su dominio pleno: los familiares del enajenante, las personas que las hayan trabajado por más de un año, los ejidatarios, los avecindados y el núcleo de población ejidal -en ese orden-; derecho que deberá ejercerse dentro de un término de treinta días contados a partir de la notificación al comisariado ejidal, el que estará obligado a publicar de inmediato en los lugares más visibles del ejido, la relación de los bienes o derechos a enajenar.

Siempre que los terrenos de un ejido estén dentro del área de crecimiento de un centro de población, los núcleos de población ejidal podrán beneficiarse de la urbanización de sus tierras, en cuyo caso, su incorporación al desarrollo urbano quedará sometido a la normativa aplicable en materia de asentamientos humanos.

Se prohíbe la urbanización de tierras ejidales situadas en áreas naturales protegidas, si se contrapone a lo previsto en la declaratoria respectiva.

De conformidad con el artículo 89 de la Ley Agraria, en la enajenación de terrenos ejidales situados en las áreas reservadas para el crecimiento de un centro de población, a favor de personas ajenas al ejido, se debe respetar el derecho de preferencia de los gobiernos de los estados y municipios, previsto en la Ley General de Asentamientos Humanos.

El reconocimiento de la calidad de comunidad a los núcleos agrarios hace que sean inalienables, imprescriptibles e inembargables las tierras comunales, excepto cuando se aportan a una sociedad.

Es facultad de la comunidad determinar el uso de sus tierras, así como dividirlas en diferentes porciones de acuerdo con sus distintas finalidades.

Los ejidos, previa satisfacción de los requisitos establecidos en los artículos 23, fracción XIII y 103 de la Ley Agraria, podrán adoptar el régimen de comunidad. De igual manera, las comunidades, previa satisfacción de los requisitos señalados en los artículos 24 a 28, 31 y 104 de dicho ordenamiento legal, podrán adoptar el régimen ejidal.

Las autoridades deberán proteger las tierras de los grupos indígenas, en los términos de la ley que reglamente el artículo 4° y el segundo párrafo de la fracción VII del artículo 27 constitucional.

La superficie de las tierras de pequeña propiedad individual tiene límites diferentes, según se trate de tierras agrícolas, forestales y ganaderas; si rebasan los límites respectivos, deberán ser fraccionados, en su caso, y enajenadas en los términos de la normativa aplicable.

La superficie máxima de la pequeña propiedad agrícola varía de acuerdo con la calidad de la tierra y el tipo de cultivo al que se dedique; así, una hectárea de riego equivale a dos de temporal, a cuatro de agostadero de buena calidad, o a ocho de monte o de agostadero en zonas áridas; bajo tal entendido, la pequeña propiedad de tierras agrícolas de riego podrá tener una superficie máxima de cien hectáreas; mas, si se dedica al cultivo de algodón podrán ser hasta ciento cincuenta hectáreas; y hasta trescientas hectáreas, si se destina al cultivo de plátano, caña de azúcar, café, henequén, hule, palma, vid, olivo, quina, vainilla, cacao, agave, nopal o árboles frutales.

La superficie máxima de la pequeña propiedad forestal es de ochocientas hectáreas.

La superficie máxima de la pequeña propiedad ganadera será la necesaria para mantener hasta quinientas cabezas de ganado mayor o su equivalente en ganado menor, de acuerdo con el coeficiente de agostadero ponderado de la región respectiva. (Artículo 120) La pequeña propiedad ganadera cuyas tierras se conviertan en forestales, seguirá considerándose pequeña propiedad aun cuando su superficie sea mayor de ochocientas hectáreas.

Las sociedades mercantiles o civiles podrán ser propietarias de tierras agrícolas, ganaderas o forestales cuya superficie no exceda a veinticinco veces los límites de la pequeña propiedad individual.

Tanto los terrenos baldíos como los nacionales, son inembargables e imprescriptibles.

Se consideran baldíos, los terrenos de la nación que no han salido de su dominio por título legalmente expedido y que no han sido deslindados ni medidos.

Se consideran terrenos nacionales, los baldíos deslindados y medidos conforme a la Ley; así como los que recobre la Nación.

En lo que concierne al aprovechamiento urbano y al equilibrio ecológico, el ejercicio de los derechos de propiedad contemplados en la Ley Agraria, queda sujeto a lo dispuesto en la Ley General de Asentamientos Humanos, la Ley del Equilibrio Ecológico y la Protección al Ambiente y las demás leyes aplicables.

El Registro Agrario Nacional es un órgano desconcentrado de la Secretaría de la Reforma Agraria, para el control de la tenencia de la tierra y la seguridad documental concerniente a la aplicación de la Ley Agraria; en él se deben inscribir los documentos en que consten las operaciones originales y las modificaciones que afecten la propiedad de las tierras y los derechos legalmente constituidos sobre la propiedad ejidal, comunal y de las sociedades.

En los términos del artículo 4° de la Ley Agraria, es obligación del Ejecutivo Federal promover el desarrollo integral y equitativo del sector rural y, con tal propósito, promover el fomento de las actividades productivas y de las acciones sociales a efecto de incrementar el bienestar de la población y su participación en la vida nacional; tareas en las que podrán colaborar las organizaciones de productores, por medio de propuestas de políticas de desarrollo y fomento al campo, planteadas al Ejecutivo Federal.

En el ámbito de su respectiva competencia, las dependencias y entidades de la administración pública federal están obligadas a:

- Fomentar el cuidado y conservación de los recursos naturales;
- Promover su aprovechamiento racional y sostenido a fin de preservar el equilibrio ecológico;
- Propiciar el mejoramiento de las condiciones de producción;
- Promover y, en su caso, participar en obras de infraestructura e inversiones, a fin de aprovechar el potencial y aptitud de las tierras, en beneficio de los pobladores y trabajadores del campo.

De igual manera, de conformidad con el artículo 6° de la ley en comento, las dependencias y entidades de la administración pública federal, en el ámbito de su respectiva competencia, deben:

- Propiciar la canalización de recursos de inversión y crediticios para la capitalización del campo;
- Fomentar la consolidación de predios y parcelas en unidades productivas;
- Propiciar la constitución de asociaciones (lícitas) entre ejidatarios, comuneros y pequeños propietarios, con fines productivos;
- Promover la investigación científica y técnica, así como su aprovechamiento por parte de los productores rurales;
- Apoyar la capacitación, organización y asociación de los productores, a fin de optimizar la producción, transformación y comercialización de los productos agrícolas;
- Asesorar a los trabajadores rurales, y
- Propiciar el equilibrado desarrollo social y regional del sector rural.

En los términos del artículo 4° de la ley en análisis, y para la debida aplicación de la misma, el Ejecutivo Federal debe promover la coordinación de sus acciones con las de los gobiernos de las entidades federativas y de los municipios.

La Ley Agraria en comentario, carece de normas fiscales y crediticias que tengan relación con la generación de suelo urbano.

El título décimo de la Ley Agraria se ocupa de la justicia agraria. Los juicios agrarios tienen por propósito sustanciar, dirimir y resolver las controversias que surjan a raíz de la aplicación de dicha ley, y se sujetarán al procedimiento previsto en la misma; empero, cuando en esta no exista disposición expresa, se aplicará supletoriamente el Código Federal de Procedimientos Civiles, en todo lo que resulte indispensable para completar las disposiciones de este título.

En todo juicio agrario en que estén involucrados los grupos indígenas, de conformidad con el artículo 164 de la ley cuyo análisis nos ocupa, los tribunales están obligados a:

- Asegurarse de que los indígenas tengan traductores;
- A tomar en cuenta los usos y costumbres de cada grupo, en tanto no contravengan lo dispuesto por la Ley Agraria ni afecten derechos de tercero;
- A suplir la deficiencia de los planteamientos de derecho de las partes, siempre que se trate de núcleos de población ejidales o comunales, o de ejidatarios o comuneros.

La ley Agraria carece de normas técnicas que tengan relación directa con la generación de suelo urbano.

Por su parte, la Ley General de Asentamientos Humanos en vigor, es otro de los ordenamientos legales más importantes del marco jurídico de la generación de suelo urbano en México, habida cuenta que sus disposiciones son de orden público e interés social.

De conformidad con la fracción II del artículo 1°, figura dentro del objeto de la ley en comento, establecer las normas básicas para planear y regular, tanto el ordenamiento territorial de los asentamientos humanos, como la fundación, conservación, mejoramiento y crecimiento de los centros de población; así como fijar los principios que rijan las provisiones, reservas, usos y destinos de áreas y predios que regulen la propiedad en los centros de población.

En su artículo 3°, la ley en análisis orienta el ordenamiento territorial de los asentamientos humanos y el desarrollo urbano de los centros de población, a elevar el nivel y calidad de vida de la población rural y urbana, por medio de diversas acciones sustentadas implícitamente en una planeación adecuada.

Para los efectos del párrafo tercero del artículo 27 constitucional –de imprimir a la propiedad privada las modalidades que dicte el interés público-, la ley de referencia considera de interés público la determinación de provisiones, reservas, usos y destinos de áreas y predios de los centros de población, contenidas en los planes y programas de desarrollo urbano.

Asimismo, para los efectos del párrafo segundo del citado artículo 27 constitucional –que permite las expropiaciones a condición de que sean por causa de utilidad pública--, la ley en comentario incluye en su catálogo de utilidad pública, la ejecución de planes o programas de desarrollo urbano.

El artículo 7° de la referida ley confiere a la Federación atribuciones en materia de planeación del desarrollo urbano, consistentes en:

- Proyectar y coordinar la planeación del desarrollo regional, con la participación que corresponda a los gobiernos estatales y municipales;
- Prever a nivel nacional las necesidades de reservas territoriales para el desarrollo urbano con la intervención, en su caso, de la Secretaría de la Reforma Agraria, considerando la disponibilidad de agua determinada por la Secretaría de Agricultura, Ganadería, Desarrollo Rural, Pesca y Alimentación, y regular en coordinación con los gobiernos estatales y municipales los mecanismos para satisfacer dichas necesidades;
- Elaborar, apoyar y ejecutar programas para el establecimiento de provisiones y reservas territoriales para el adecuado desarrollo de los centros de población, en coordinación con las dependencias y entidades de la administración pública federal correspondientes y los gobiernos estatales y municipales, y con la participación de los sectores social y privado;
- Asesorar a los gobiernos estatales y municipales que lo soliciten, en la elaboración y ejecución de sus planes o programas de desarrollo urbano y en la capacitación técnica de su personal;
- Proponer a las autoridades de las entidades federativas la fundación de centros de población.

En materia de planeación del desarrollo urbano, el artículo 8° de la ley en análisis confiere a las entidades federativas, las atribuciones consistentes en:

- Legislar en materia de ordenamiento territorial de los asentamientos humanos y de desarrollo urbano de los centros de población, atendiendo a las facultades concurrentes previstas en la Constitución federal;

- Formular, aprobar y administrar el programa estatal de desarrollo urbano, así como evaluar y vigilar su cumplimiento;

- Autorizar la fundación de centros de población;

- Participar en la planeación y regulación de las conurbaciones, en los términos de esta ley y de la legislación estatal de desarrollo urbano;

- Apoyar a las autoridades municipales que lo soliciten, en la administración de la planeación del desarrollo urbano.

Las atribuciones de los municipios, en lo concerniente a la planeación del desarrollo urbano, la Ley de la materia, en su artículo 9, las hace consistir en:

- Formular, aprobar y administrar los planes o programas municipales de desarrollo urbano, de centros de población y los demás que de estos deriven, así como evaluar y vigilar su cumplimiento, de conformidad con la legislación local;

- Proponer la fundación de centros de población;

- Participar en la planeación y regulación de las conurbaciones, en los términos de esta Ley y de la legislación local.

En lo que atañe a la planeación del ordenamiento territorial de los asentamientos humanos, en su artículo capítulo tercero la Ley General de Asentamientos Humanos dispone:

- Integrar a la planeación y regulación del ordenamiento territorial de los asentamientos humanos y del desarrollo urbano de los centros de población, como parte del Sistema Nacional de Planeación democrática, con carácter de política sectorial coadyuvante en el logro de los objetivos de los planes: nacional, estatales y municipales de desarrollo; encomendando dicha planeación, de manera concurrente, a la Federación, las entidades federativas y los municipios;

- Instrumentar la planeación y regulación del ordenamiento territorial de los asentamientos humanos y del desarrollo urbano de los centros de población, mediante el Programa Nacional de Desarrollo Urbano, los programas estatales de desarrollo urbano, los planes o programas de desarrollo urbano, los programas de desarrollo urbano de centros de población, así como los programas de desarrollo que, determinados por la ley en análisis y la legislación estatal de desarrollo urbano, deriven de los antes señalados; todos ellos se regirán por dicha ley y, en su caso, la legislación estatal de desarrollo urbano y los reglamentos y demás normas administrativas estatales y municipales.

- Sujetar a las previsiones del Plan Nacional de Desarrollo, el Programa Nacional de Desarrollo Urbano, en cuyo contenido habrán de figurar los lineamientos, políticas y estrategias generales referentes al ordenamiento territorial de los asentamientos humanos, al desarrollo urbano de los centros de población, al ordenamiento territorial de los asentamientos humanos, a la prevención de impactos negativos en el ambiente urbano y regional derivados de la fundación y desarrollo de los centros de población, a la orientación de la inversión pública y privada hacia proyectos prioritarios para el desarrollo urbano del país, a las metas generales relativas a la calidad de vida en los centros de población, a los requerimientos globales de reservas territoriales para el desarrollo urbano, así como a los mecanismos e instrumentos financieros para lograr ese desarrollo.

- En materia de desarrollo urbano, el Plan Nacional será aprobado por el Presidente de la República y los planes o programas estatales o municipales de centros de población y sus derivados, serán aprobados por las respectivas autoridades locales, debiendo quedar a consulta del público en las dependencias que los apliquen.

- La participación de los sectores social y privado en la formulación y modificación de los planes o programas de desarrollo urbano será determinada por la legislación estatal de la materia, la cual sujetará la aprobación y, en su caso, la modificación de tales y programas a un procedimiento, conforme al cual la autoridad estatal o municipal competente dará aviso público del inicio del proceso de planeación y formulará el proyecto de plan o programa de desarrollo urbano que difundirá ampliamente, a efecto de que, dentro de un plazo determinado y mediante audiencias públicas a celebrar conforme a un calendario específico, formulen sus observaciones por escrito a la autoridad competente, la cual, fundamentará la respuesta correspondiente mediante la modificación del proyecto o señalando las razones de la improcedencia de sus observaciones, quedando a consulta de los interesados -modificación y respuesta- durante el plazo previsto en la normativa estatal, antes de la aprobación del plan o programa respectivo, mismo que -cumplidas todas sus formalidades- podrá aprobarse y publicarse en el órgano de difusión del gobierno del Estado y en los periódicos de mayor circulación de la entidad federativa o municipio correspondiente y, en su caso, en el bando municipal respectivo.

- Dentro de los plazos previstos por la legislación local, deben ser inscritos en el Registro Público de la propiedad, los planes o programas municipales de desarrollo urbano, de centros de población y sus derivados.

- La exigencia del cumplimiento de los planes o programas de desarrollo urbano, así como la observancia de la Ley General de Asentamientos Humanos y de la legislación estatal de desarrollo urbano, serán de la responsabilidad de las autoridades de la Federación, de las entidades federativas y de los municipios, en la esfera de sus respectivas competencias.

- Los planes o programas de desarrollo urbano deberán atender los criterios generales de regulación ecológica de los asentamientos humanos contenidos en la Ley General del Equilibrio Ecológico y la Protección al Ambiente y en las normas oficiales mexicanas en materia ecológica.

En lo que a conurbaciones concierne, el capítulo cuarto de la Ley General de Asentamientos Humanos previene:

- La planeación y regulación de manera conjunta y coordinada, por parte de la Federación, las entidades federativas y los municipios respectivos -en el ámbito de sus competencias- del fenómeno de conurbación, siempre que se refiera a dos o más entidades federativas.

- La delimitación de la zona conurbada mediante convenio que celebren la Federación, las entidades federativas y los municipios respectivos, siempre que se refiera a dos o más entidades federativas; convenio que deberá publicarse en el Diario Oficial de la Federación, en los órganos de difusión oficial de las entidades federativas y en un periódico de circulación de la zona conurbada, y que contendrá el compromiso asumido por la Federación, las entidades federativas y los municipios, para planear y regular conjunta y coordinadamente los centros de población conurbados, de conformidad con un programa de ordenación de la zona conurbada; así como la integración y organización de una comisión de conurbación permanente que funcionará como instrumento de coordinación institucional y de concertación de acciones e inversiones con los sectores social y privado, y formulará y aprobará el programa de ordenación de la zona conurbada, cuyo contenido detalla el artículo 24 de la Ley en comentario.

- La aprobación de los programas de ordenación de zonas conurbadas por las comisiones de conurbación correspondientes, dará lugar a que los municipios respectivos, en el ámbito de sus jurisdicciones, determinen en sus planes o programas de desarrollo urbano, las reservas, usos y destinos de áreas y predios.

El capítulo quinto de la Ley General de Asentamientos Humanos vincula la regulación a la propiedad en los centros de población, con la planeación, a efecto de que:

- Los planes o programas municipales de desarrollo urbano determinen las acciones específicas para la conservación, mejoramiento y crecimiento de los centros de población, así como establecer la zonificación correspondiente, siempre que el Ayuntamiento expida el Programa de Desarrollo Urbano del centro de población respectivo.

- La legislación estatal de desarrollo urbano establezca las disposiciones para la formulación y aprobación de los planes o programas de desarrollo urbano; (Artículo 32, F. II) y señale para las acciones de crecimiento de los centros de población, las disposiciones para la determinación de la s áreas de reserva para la expansión de dichos centros, que se preverán en los planes o programas de desarrollo urbano.

- Corresponda a los municipios la zonificación de los centros de población ubicados dentro de su territorio, mediante los planes o programas de desarrollo urbano respectivos.

El capítulo sexto de la ley en análisis se ocupa de las reservas territoriales, y en lo que a planeación toca, dispone que la participación social, en materia de asentamientos humanos, debe comprender la formulación, modificación, evaluación y vigilancia del cumplimiento de los planes o programas de desarrollo urbano, así como la determinación y control de la zonificación, usos y destinos de áreas y predios de los centros de población.

La Ley General de Asentamientos Humanos tiene por objeto determinar la concurrencia de la Federación, de las entidades federativas y de los municipios, para la ordenación de los asentamientos humanos en el territorio nacional; y entiende por ordenamiento territorial de los asentamientos humanos, el proceso de distribución equilibrada y sustentable de la población y de las actividades económicas en el territorio nacional, cuyo fin es el mejoramiento del nivel y de la calidad de vida de la población, mediante diversas acciones entre las que destacan la estructuración interna de los centros de población y la dotación suficiente y oportuna de infraestructura, equipamiento y servicios urbanos; el ordenado aprovechamiento de la propiedad inmobiliaria en los centros de población; y la regulación del mercado de los terrenos.

En relación con el derecho de la nación a imponer a la propiedad privada las modalidades que dicte el interés público, la ley en cita imprime tal carácter a la determinación de provisiones, reservas, usos y destinos de áreas y predios de los centros de población, que figure en los planes o programas de desarrollo urbano; (Artículo 4°) y de conformidad con su artículo 5°, entre otras acciones, considera de utilidad pública:

- La fundación, conservación, mejoramiento y crecimiento de los centros de población;
- La ejecución de planes o programas de desarrollo urbano;
- La constitución de reservas territoriales para el desarrollo urbano y la vivienda;
- La regularización de la tenencia de la tierra en los centros de población;
- La edificación o mejoramiento de vivienda de interés social y popular;

De conformidad con el artículo 7° de la ley de referencia, corresponden a la Federación, a través de la Secretaría de Desarrollo Social, entre otras atribuciones, las de prever a nivel nacional, las necesidades de reservas territoriales para el desarrollo urbano con la intervención, en su caso, de la Secretaría de la Reforma Agraria, considerando la disponibilidad de agua determinada por la Secretaría del Medio Ambiente y Recursos Naturales, y regular, en coordinación con los gobiernos estatales y municipales los mecanismos para satisfacer dichas necesidades.

En los términos del artículo 8° de la ley en análisis, compete a las entidades federativas, en el ámbito de sus respectivas jurisdicciones, entre otras atribuciones, las siguientes:

- Legislar en materia de ordenamiento territorial de los asentamientos humanos y de desarrollo urbano de los centros de población;

- Formular, aprobar y administrar el Programa Estatal de Desarrollo Urbano;

- Autorizar la fundación de centros de población;

- Coordinarse con la Federación, con otras entidades federativas y con sus municipios, para el ordenamiento territorial de los asentamientos humanos y el desarrollo urbano de los centros de población, y

- Participar en la constitución y administración de reservas territoriales, la regularización de la tenencia de la tierra urbana, la dotación de infraestructura, equipamiento y servicios urbanos de los centros de población.

En tanto que, de acuerdo con el artículo 9° de la Ley General de Asentamientos Humanos, corresponde a los municipios, en el ámbito de sus respectivas jurisdicciones, entre otras atribuciones, las de:

- Formular, aprobar y administrar los planes o programas municipales de desarrollo urbano, de centros de población;

- Regular las reservas, usos y destinos de áreas y predios en los centros de población;

- Administrar la zonificación prevista en los planes o programa de desarrollo urbano, de centros de población;

- Proponer la fundación de centros de población:

- Participar en la regulación de las conurbaciones;

- Expedir las autorizaciones, licencias o permisos de uso de suelo, construcción, fraccionamientos, subdivisiones, fusiones, relotificaciones y condominios, de conformidad con las disposiciones jurídicas locales, planes o programas de desarrollo urbano y las reservas, usos y destinos de áreas y predios;

- Participar en la creación y administración de reservas territoriales para el desarrollo urbano.

- Los municipios ejercerán sus atribuciones en materia de desarrollo urbano a través de los cabildos de los Ayuntamientos o con el control y la evaluación de estos.

Independientemente del régimen jurídico que les corresponda, las áreas y predios de todo centro de población se sujetan a las disposiciones que en materia de ordenación urbana emitan las autoridades competentes con apego a la normativa jurídica aplicable; su fundación requiere decreto expedido por la legislatura de la respectiva entidad federativa, el que determinará la provisión de tierras y definirá su categoría político administrativa; y solo podrá efectuarse en tierras susceptibles para el aprovechamiento urbano.

La legislación estatal de desarrollo urbano señalará para las acciones de crecimiento de los centros de población, las disposiciones para la determinación de la participación de los municipios en la incorporación de porciones de la reserva a la expansión urbana y su regulación de crecimiento.

Estarán previstos en las legislaciones locales los casos en que no se requiera -o cuando menos se simplifique su trámite- autorización, permiso o licencia para el uso de suelo urbano, construcciones, subdivisiones de terrenos y demás trámites administrativos conexos a los anteriores.

Los terrenos ejidales, comunales y de propiedad federal podrán ser incorporados al desarrollo urbano, a condición de ser necesarios para la ejecución de un plan o programa de desarrollo urbano.

Se condiciona la regularización de la tenencia de la tierra para su incorporación al desarrollo urbano, a que derive de una acción de mejoramiento urbano prevista en el plan o programa de desarrollo urbano aplicable; a que solo sean beneficiarios de la regularización quienes ocupen un predio y no sean propietarios de otro inmueble en el centro de población de que se trate, sin que nadie se pueda beneficiar con más de un lote y predio cuya superficie no podrá ser mayor de la que determínela legislación y los planes o programas de desarrollo urbano aplicables.

Cuando los predios ubicados en las zonas de reserva determinadas en los planes o programas de desarrollo urbano vayan a ser objeto de enajenación a título oneroso, las entidades federativas y los municipios, tendrán el derecho de preferencia para adquirirlos en igualdad de condiciones, por lo que los propietarios de los predios o, en su caso, los notarios, jueces y autoridades administrativas correspondientes, tendrán obligación de notificarlo a la entidad federativa y al municipio que corresponda, a efecto de que, dentro de un plazo máximo de treinta días naturales, ejerzan su derecho de preferencia.

De conformidad con la Ley General de Asentamientos Humanos, el ordenamiento territorial de los asentamientos humanos debe tratar de mejorar el nivel y calidad de vida de la población, entre otras acciones, mediante el control de riesgos y contingencias ambientales y urbanos en los centros de población.

Compete a la Secretaría de Desarrollo Social verificar, en coordinación de la Secretaría de Hacienda y Crédito Público, la sujeción de las acciones e inversiones de las dependencias y entidades de la administración pública federal, a la legislación y planes o programas en materia de desarrollo urbano; así como vigilar las acciones y obras que dichas dependencias y entidades realicen directamente o en coordinación con las entidades federativas y los municipios, o con los sectores social y privado.

A las entidades federativas compete, entre otras atribuciones, imponer medidas de seguridad y sanciones administrativas a quienes infrinjan las normas jurídicas y los programas estatales de desarrollo urbano, en los términos previstos en la legislación local.

Por su parte, los municipios tienen competencia para controlar y vigilar las reservas, usos y destinos de áreas y predios en los centros de población, así como para adoptar medidas de seguridad e imponer sanciones administrativas a los infractores de las normas jurídicas, planes o programas de desarrollo urbano y reservas, usos y destinos de áreas y predios, de conformidad con lo previsto en la legislación local.

En lo concerniente a la ejecución de acciones de conservación y mejoramiento de los centros de población, la legislación estatal de desarrollo urbano debe incluir disposiciones para el control de riesgos y contingencias ambientales y urbanos en los centros de población.

Además de las normas de la Ley General de Asentamientos Humanos relativas al control del desarrollo urbano que acabamos de citar, dicho ordenamiento legal dedica a ese tema su capítulo noveno, conforme al cual:

- Los actos, convenios contratos relativos a la propiedad o cualquier otro derecho relativo al aprovechamiento de áreas o predios, que contravengan la normativa jurídica federal y local de la materia y los planes o programas de desarrollo, no surtirán efectos; lo que significa que no surtirán efectos los permisos, autorizaciones o licencias que infrinjan lo establecido en los planes o programas de desarrollo urbano.

- En consecuencia, los notarios y demás fedatarios públicos, antes de autorizar escrituras de actos, convenios y contratos relativos a la propiedad u otro derecho referente al aprovechamiento de áreas y predios, previa comprobación de la existencia de las constancias, autorizaciones, permisos o licencias expedidas por las autoridades competentes, las que deberán señalarse o insertarse en los correspondientes instrumentos públicos, sin que pueda inscribirse ningún acto, convenio, contrato o afectación en los registros públicos de la propiedad o en los catastros, que contravenga lo dispuesto en la legislación de desarrollo urbano y en los planes o programas de desarrollo urbano.

- Incurren en responsabilidad y por consiguiente serán sancionados de acuerdo a las disposiciones jurídicas aplicables, las autoridades que expidan los planes o programas municipales de desarrollo urbano, de centros de población y de los derivados de estos, si no tramitan oportunamente su inscripción en el Registro Público de la Propiedad que corresponda, así como el titular del mismo que omita efectuarla o lo haga con deficiencia.

- Siempre que se encuentren en proceso construcciones, fraccionamientos, condominios, cambio de uso de suelo u otros aprovechamientos de inmuebles que infrinjan las normas jurídicas de desarrollo urbano o los planes o programas de la materia, quienes residan en el área y resulten directamente afectados, podrán exigir que se apliquen las medidas de seguridad y sanciones respectivas.

De acuerdo con la Ley General de Asentamientos Humanos, el ordenamiento territorial de los asentamientos humanos debe tratar de mejorar el nivel y calidad de vida de la población, entre otras acciones, mediante el fomento de centros de población de dimensiones medias.

A efecto de asegurar la disponibilidad de suelo para los diferentes usos y destinos que determinen los planes o programas de desarrollo urbano y garantizar el cumplimiento de los mismos, la Federación, por conducto de la Secretaría de Desarrollo Social, suscribirá acuerdos de coordinación con las entidades de la administración pública federal, las entidades federativas y los municipios y, en su caso, convenios de concertación con los sectores social y privado, en los que, entre otros aspectos, se precisarán:

- Las acciones e inversiones a que se comprometan la Federación, la entidad federativa, los municipios y, en su caso, los sectores social y privado;

- Los mecanismos para articular la utilización de suelo y reservas territoriales y, de ser necesaria, la regularización de la tenencia de la tierra urbana, con la dotación de infraestructura, equipamiento y servicios urbanos;

- Las medidas que den lugar al aprovechamiento de áreas y predios baldíos que cuenten con infraestructura, equipamiento y servicios urbanos. (Artículos 40 y 41

Independientemente de las normas de la Ley General de Asentamientos Humanos relativas al control del desarrollo urbano a las que nos acabamos de referir, dicho ordenamiento legal dedica a ese tema su capítulo octavo, conforme al cual, la Federación, las entidades federativas y los municipios fomentarán la coordinación y la concertación de acciones en inversiones entre los sectores público, social y privado para la canalización de inversiones en reservas territoriales, infraestructura equipamiento y servicios urbanos; la satisfacción de necesidades complementarias en esos rubros, generadas por las inversiones y obras federales; el fortalecimiento de las administraciones públicas estatales y municipales para el desarrollo urbano; y la aplicación de tecnologías que protejan al ambiente, reduzcan los costos y mejoren la calidad de la urbanización.

De acuerdo con su artículo 1°, La Ley General de Asentamientos Humanos tiene por objeto establecer las bases organizacionales para que la Federación, las entidades federativas y los municipios, concurran en la ordenación y regulación de los asentamientos humanos; así como emitir las normas básicas para la planeación y regulación de los asentamientos humanos y la fundación y desarrollo de los centros de población; fijar los principios para determinar las provisiones, reservas, usos y destinos de áreas y predios en los centros de población; y definir las bases para la participación social en esta materia.

En los términos del artículo 6° de la Ley General de Asentamientos Humanos, la Federación, las entidades federativas y los municipios ejercerán de manera concurrente, en el ámbito de sus respectivas competencias, las atribuciones asignadas al Estado en las materias de ordenamiento territorial de los asentamientos humanos y de desarrollo urbano de los centros de población.

En la normativa jurídica local deberán estar previstos los casos en que no se requerirá autorización, permiso o licencia para el uso del suelo urbano, así como los casos en que deba simplificarse el trámite respectivo.

A efecto de que la Federación, las entidades federativas y los municipios lleven a cabo acciones coordinadas en materia de reservas territoriales para el desarrollo urbano, la secretaría de Desarrollo Social suscribirá acuerdos de coordinación con las entidades de la administración pública federal, las entidades federativas y los municipios, así como convenios de concertación con los sectores social y privado, con base en los cuales, la citada Secretaría promoverá la transferencia, enajenación o destino de terrenos de propiedad federal para el desarrollo urbano, a favor de las entidades de la administración pública federal, de las entidades federativas, de los municipios y de los promotores privados; así como la asociación u otra forma de participación que determinen los núcleos agrarios para aprovechar los terrenos ejidales y comunales para el desarrollo urbano y evitar su ocupación irregular; y promoverá asimismo la adquisición o expropiación de terrenos ejidales o comunales, a favor de la Federación, de los estados y de los municipios.

Compete a la Secretaría de Desarrollo Social promover y apoyar mecanismos de financiamiento para el desarrollo urbano, con la participación de la administración pública federal, de los gobiernos estatales y municipales, de las instituciones de crédito y de diversos grupos sociales.

En su carácter sectorial, el Programa Nacional de Desarrollo Urbano determinará, con sujeción a las previsiones del Plan Nacional de Desarrollo, los mecanismos e instrumentos financieros para el desarrollo urbano.

Uno de los requisitos para la incorporación de terrenos ejidales, comunales y de propiedad federal, al desarrollo urbano, consiste en el planteamiento de esquemas financieros para su aprovechamiento y para la dotación de infraestructura, equipamiento y servicios urbanos.

Tanto la Federación como las entidades federativas y los municipios, están obligados a promover la coordinación y la concertación de acciones e inversiones entre los sectores público, social y privado, para el establecimiento de mecanismos e instrumentos financieros para el desarrollo urbano y el otorgamiento de incentivos fiscales, tarifarios y crediticios, en beneficio del ordenamiento territorial de los asentamientos humanos y el desarrollo urbano de centros de población.

En coordinación con la Secretaría de Desarrollo Social, la de Hacienda y Crédito Público tomará las medidas adecuadas para evitar que las instituciones de crédito autoricen operaciones que infrinjan la legislación o los planes o programas de desarrollo urbano.

XIII. BIENES PÚBLICOS

La Ley General de Bienes Nacionales expedida en 2004 determina los bienes que constituyen el patrimonio de la Nación, el régimen de dominio público de los bienes de la Federación y de los inmuebles de los organismos descentralizados de carácter federal, la distribución de competencias entre las dependencias administradoras de inmuebles; las bases para la integración y operación del Sistema de Administración Inmobiliaria Federal y Paraestatal y del Sistema de Información Inmobiliaria Federal y Paraestatal, incluyendo la operación del Registro Público de la Propiedad Federal; las normas para la adquisición, titulación, administración, control, vigilancia y enajenación de los inmuebles federales y los de propiedad de las entidades; las bases para la regulación de los bienes muebles propiedad de las entidades, y la normatividad para regular la realización de avalúos sobre bienes nacionales.

En los términos previstos en la Ley General de Bienes Nacionales, son bienes nacionales:

Los recursos naturales de la plataforma continental y los zócalos submarinos de las islas; de todos los minerales o substancias que en vetas, mantos, masas o yacimientos, constituyan depósitos cuya naturaleza sea distinta de los componentes de los terrenos, tales como los minerales de los que se extraigan metales y metaloides utilizados en la industria; los yacimientos de piedras preciosas, de sal de gema y las salinas formadas directamente por las aguas marinas: los productos derivados de la descomposición de las rocas, cuando su explotación necesite trabajos subterráneos; los yacimientos minerales u orgánicos de materias susceptibles de ser utilizadas como fertilizantes; los combustibles minerales sólidos; el petróleo y todos los carburos de hidrogeno sólidos, líquidos o gaseosos; y el espacio situado sobre el territorio nacional, en la extensión y términos que fije el derecho internacional.

Las aguas de los mares territoriales en la extensión y términos que fije derecho internacional; las aguas marinas interiores; las de las lagunas y esteros que se comuniquen permanente o intermitentemente con el mar; las de los lagos interiores de formación natural que estén ligados directamente a corrientes constantes; las de los ríos y sus afluentes directos o indirectos, desde el punto del cauce en que se inicien las primeras aguas permanentes, intermitentes o torrenciales, hasta su desembocadura en el mar, lagos, lagunas o esteros de propiedad nacional; las de las corrientes constantes o intermitentes y sus afluentes directos o indirectos, cuando el cauce de aquellas en toda su extensión o en parte de ellas, sirva de limite al territorio nacional o a dos entidades federativas, o cuando pase de una entidad federativa a otra o cruce la línea divisoria de la república; las de los lagos, lagunas o esteros cuyos vasos, zonas o riberas, estén cruzados por líneas divisorias de dos o más entidades o entre la república y un país vecino; o cuando el límite de las riberas sirva de lindero entre dos entidades federativas o a la república con un país vecino; las de los manantiales que broten en las playas, zonas marítimas, cauces, vasos o riberas de los lagos, lagunas o esteros de propiedad nacional, y las que se extraigan de las minas; y los cauces, lechos o riberas de los lagos y corrientes interiores en la extensión que fije la ley. las aguas del subsuelo pueden ser libremente alumbradas mediante obras artificiales y apropiarse por el dueño del terreno, pero cuando lo exija el interés público o se afecten otros aprovechamientos, el ejecutivo federal podrá reglamentar su extracción y utilización y aun establecer zonas vedadas, al igual que para las demás aguas de propiedad nacional.

La zona económica exclusiva situada fuera del mar territorial y adyacente a este, que se extenderá a doscientas millas náuticas, medidas a partir de la línea de base desde la cual se mide el mar territorial. En aquellos casos en que esa extensión produzca superposición con las zonas económicas exclusivas de otros Estados, la delimitación de las respectivas zonas se hará en la medida en que resulte necesario, mediante acuerdo con estos Estados.

La plataforma continental y los zócalos submarinos de las islas, cayos y arrecifes.

Los fuertes, los cuarteles, almacenes de depósito y demás bienes inmuebles destinados por el gobierno de la Unión al servicio público o al uso común

Los bienes de uso común a que se refiere el artículo 7 de la Ley a saber:

El espacio aéreo situado sobre el territorio nacional, con la extensión y modalidades que establezca el derecho internacional;

Las aguas marinas interiores, conforme a la Ley Federal del Mar;

El mar territorial en la anchura que fije la Ley Federal del Mar;

Las playas marítimas, entendiéndose por tales las partes de tierra que por virtud de la marea cubre y descubre el agua, desde los límites de mayor reflujo hasta los límites de mayor flujo anuales;

La zona federal marítimo terrestre;

Los puertos, bahías, radas y ensenadas;

Los diques, muelles, escolleras, malecones y demás obras de los puertos, cuando sean de uso público;

Los cauces de las corrientes y los vasos de los lagos, lagunas y esteros de propiedad nacional;

Las riberas y zonas federales de las corrientes;

Las presas, diques y sus vasos, canales, bordos y zanjas, construidos para la irrigación, navegación y otros usos de utilidad pública, con sus zonas de protección y derechos de vía, o riberas en la extensión que, en cada caso, fije la dependencia competente en la materia, de acuerdo con las disposiciones legales aplicables;

Los caminos, carreteras, puentes y vías férreas que constituyen vías generales de comunicación, con sus servicios auxiliares y demás partes integrantes establecidas en la ley federal de la materia;

Los inmuebles considerados como monumentos arqueológicos conforme a la ley de la materia;

Las plazas, paseos y parques públicos cuya construcción o conservación esté a cargo del Gobierno Federal y las construcciones levantadas por el Gobierno Federal en lugares públicos para ornato o comodidad de quienes los visiten, y

Los demás bienes considerados de uso común por otras leyes que regulen bienes nacionales.

Los bienes muebles e inmuebles de la Federación;

Los bienes muebles e inmuebles propiedad de las entidades;

Los bienes muebles e inmuebles propiedad de las instituciones de carácter federal con personalidad jurídica y patrimonio propios a las que la Constitución Política de los Estados Unidos Mexicanos les otorga autonomía, y

Los demás bienes considerados por otras leyes como nacionales.

Los bienes nacionales se sujetan al régimen de dominio público o a la regulación específica que señalen las leyes respectivas.

De conformidad con lo dispuesto por la Ley General de Bienes Nacionales, se sujetan al régimen de dominio público de la Federación:

Los bienes señalados en los artículos 27, párrafos cuarto, quinto y octavo; 42, fracción IV, y 132 de la Constitución Política de los Estados Unidos Mexicanos;

Los bienes de uso común a que se refiere el artículo 7 de la Ley General de Bienes Nacionales;

Las plataformas insulares en los términos de la Ley Federal del Mar y, en su caso, de los tratados y acuerdos internacionales de los que México sea parte;

El lecho y el subsuelo del mar territorial y de las aguas marinas interiores;

Los inmuebles nacionalizados a que se refiere el Artículo Decimoséptimo Transitorio de la Constitución Política de los Estados Unidos Mexicanos;

Los inmuebles federales que estén destinados de hecho o mediante un ordenamiento jurídico a un servicio público y los inmuebles equiparados a estos conforme a esta Ley;

Los terrenos baldíos, nacionales y los demás bienes inmuebles declarados por la ley inalienables e imprescriptibles;

Los inmuebles federales considerados como monumentos arqueológicos, históricos o artísticos conforme a la ley de la materia o la declaratoria correspondiente;

Los terrenos ganados natural o artificialmente al mar, ríos, corrientes, lagos, lagunas o esteros de propiedad nacional;

Los inmuebles federales que constituyan reservas territoriales, independientemente de la forma de su adquisición;

Los inmuebles que formen parte del patrimonio de los organismos descentralizados de carácter federal;

Los bienes que hayan formado parte del patrimonio de las entidades que se extingan, disuelvan o liquiden, en la proporción que corresponda a la Federación;

Las servidumbres, cuando el predio dominante sea alguno de los anteriores;

Las pinturas murales, las esculturas y cualquier obra artística incorporada o adherida permanentemente a los inmuebles sujetos al régimen de dominio público de la Federación;

Los bienes muebles de la Federación considerados como monumentos históricos o artísticos conforme a la ley de la materia o la declaratoria correspondiente;

Los bienes muebles determinados por ley o decreto como monumentos arqueológicos;

Los bienes muebles de la Federación al servicio de las dependencias, la Procuraduría General de la República y las unidades administrativas de la Presidencia de la República, así como de los órganos de los Poderes Legislativo y Judicial de la Federación;

Los muebles de la Federación que por su naturaleza no sean normalmente sustituibles, como los documentos y expedientes de las oficinas, los manuscritos, incunables, ediciones, libros, documentos, publicaciones periódicas, mapas, planos, folletos y grabados importantes o raros, así como las colecciones de estos bienes; las piezas etnológicas y paleontológicas; los especímenes tipo de la flora y de la fauna; las colecciones científicas o técnicas, de armas, numismáticas y filatélicas; los archivos, las fonograbaciones, películas, archivos fotográficos, magnéticos o informáticos, cintas magnetofónicas y cualquier otro objeto que contenga imágenes y sonido, y las piezas artísticas o históricas de los museos;

Los meteoritos o aerolitos y todos los objetos minerales, metálicos pétreos o de naturaleza mixta procedentes del espacio exterior caídos y recuperados en el territorio mexicano en términos del reglamento respectivo;

Cualesquiera otros bienes muebles e inmuebles que por cualquier vía pasen a formar parte del patrimonio de la Federación, con excepción de los que estén sujetos a la regulación específica de las leyes aplicables, y

Los demás bienes considerados del dominio público o como inalienables e imprescriptibles por otras leyes especiales que regulen bienes nacionales.

De acuerdo con lo establecido por la Ley General de Bienes Nacionales, se consideran bienes de uso común:

El espacio aéreo situado sobre el territorio nacional, con la extensión y modalidades que establezca el derecho internacional;

Las aguas marinas interiores, conforme a la Ley Federal del Mar;

El mar territorial en la anchura que fije la Ley Federal del Mar;

Las playas marítimas, entendiéndose por tales las partes de tierra que por virtud de la marea cubre y descubre el agua, desde los límites de mayor reflujo hasta los límites de mayor flujo anuales;

La zona federal marítimo terrestre;

Los puertos, bahías, radas y ensenadas;

Los diques, muelles, escolleras, malecones y demás obras de los puertos, cuando sean de uso público;

Los cauces de las corrientes y los vasos de los lagos, lagunas y esteros de propiedad nacional;

Las riberas y zonas federales de las corrientes;

Las presas, diques y sus vasos, canales, bordos y zanjas, construidos para la irrigación, navegación y otros usos de utilidad pública, con sus zonas de protección y derechos de vía, o riberas en la extensión que, en cada caso, fije la dependencia competente en la materia, de acuerdo con las disposiciones legales aplicables;

Los caminos, carreteras, puentes y vías férreas que constituyen vías generales de comunicación, con sus servicios auxiliares y demás partes integrantes establecidas en la ley federal de la materia;

Los inmuebles considerados como monumentos arqueológicos conforme a la ley de la materia;

Las plazas, paseos y parques públicos cuya construcción o conservación esté a cargo del Gobierno Federal y las construcciones levantadas por el Gobierno Federal en lugares públicos para ornato o comodidad de quienes los visiten, y

Los demás bienes considerados de uso común por otras leyes que regulen bienes nacionales.

DERECHO ADMINISTRATIVO NICARAGÜENSE

KARLOS NAVARRO*

I. EVOLUCIÓN Y MODELO REGULATIVO DE LA ADMINISTRACIÓN PÚBLICA, BASE CONSTITUCIONAL Y CONCEPTO DE DERECHO ADMINISTRATIVO Y FUENTES

Pocos países han tenido una evolución tan compleja y problemática como la que ha experimentado Nicaragua a lo largo de su historia. La inestabilidad política y las alternancias en el poder, no solo de las personas o los grupos políticos, sino también de las ideologías y concepciones económicas y sociales, han sido más que frecuentes.

Este factor no podía dejar de afectar a la evolución del ordenamiento jurídico encargado de encauzar y dirigir la realidad social, política y económica subyacente a la misma. Afirmación especialmente cierta para una rama tan apegada a la política y a los cambios sociales como lo es el Derecho administrativo. Realidad, como es sabido, extraordinariamente sensible a las transformaciones sociales.

La más marcada consecuencia que esto ha traído consigo ha sido la incapacidad para llevar a cabo la construcción del ordenamiento jurídico administrativo desde una perspectiva unitaria, pues se ha erigido como fruto de impulsos diversos, procedentes de las más diversas influencias, que han ido configurando un conglomerado variable, imposible de incardinar en ninguna de las familias o construcciones jurídicas clásicas. Ningún país del mundo puede afirmar, ciertamente, que su Derecho se enmarque de forma absoluta en una tradición jurídica determinada, sin embargo, el caso de Nicaragua es al respecto destacable, dada la intensidad, y sobre todo la confusión, con lo que a lo largo de su convulsa historia se ha ido produciendo esa mixtura de soluciones jurídicas diversas.

Eso explica, en buena medida que, a pesar de existir, como es evidente, dada la entidad y riqueza histórica de un país como Nicaragua, un importante aparato administrativo desde muy temprano, no exista en este país un sistema desarrollado de Derecho administrativo. En la regulación jurídica de esa estructura pública es frecuente encontrar figuras y conceptos propios del Derecho administrativo continental europeo, de base francesa (piénsese, por ejemplo, en la figura de la concesión administrativa, que aparece frecuentemente en la normativa de Nicaragua); que conviven con soluciones jurídicas procedentes de otras latitudes (la influencia norteamericana debe ser también aquí, como en tantos otros campos, especialmente reseñada).

A ello se añade un factor bastante común en toda Latinoamérica, como es la tendencia a reproducir las instituciones jurídicas europeas y estadounidenses.

De nuevo aquí Nicaragua asume un papel destacado, pues precisamente en la materia que nos ocupa, se manifiesta una notable carencia de construcciones originales en sentido estricto, y se percibe un tratamiento de la materia deudor en exceso de los estudios llevados a cabo en otras latitudes.

Los efectos de esta intensa importación se ven agravados por la más que marcada carencia en el tratamiento de la materia por la doctrina nicaragüense, que se ha ocupado bastante pocos de los problemas iusadministrativos. Esto no impide, por supuesto, que existan también en este país algunos

* Karlos Navarro. Doctor en Derecho Administrativo, Universidad de Salamanca, España. Master en derecho administrativo, tributario y aduanero, Centro Universitario Villanueva, Universidad Complutense de Madrid, España. Master en Historia, Universidad de San Petersburgo. Master en Historia y Ciencias Política, Universidad Centroamericana. Licenciado en Derecho, historia y pedagogía. Ha coordinado las comisiones de parte de la Asamblea Nacional para la elaboración de los proyectos de ley del Régimen Jurídico de las Administraciones Publicas y Procedimiento Administrativo Común y de lo Contencioso Administrativo. Ha participado en la redacción de las leyes de Costa, de aguas, de Educación, etc. Coordinador de Postgrado Universidad Nacional Autónoma de Nicaragua. Miembro de la Real Academia de Legislación y Jurisprudencia de España. De la Academia de Derecho de Costa Rica, Paraguay, Argentina, Salvador. Miembro del Foro Iberoamericano de Derecho Administrativo. Presidente de la Academia de Legislación y Jurisprudencia de Nicaragua. Profesor honorario de la Universidad para la Paz, de Naciones Unidas.

estudios, muy meritorios además, sobre el tema[1]. Pero son tan solo excepciones particulares, simples islas en un inmenso océano de olvido. Motivado, quizás, por la escasa aplicación práctica que esta rama del Derecho ha tenido hasta el momento en Nicaragua.

En su conjunto, todos estos factores determinan que el Derecho administrativo de Nicaragua se presente como un conjunto que adolece de un alto grado de irracionalidad, en cuanto ofrece, con carácter general, la visión de un agregado de soluciones técnicas, correctas individualmente consideradas, pero carentes de una verdadera conexión lógica y, sobre todo, en gran medida extrañas, en el sentido de que parecen haberse anexionado desde fuera, como algo ajeno, y no, como sería deseable, como fruto de una adaptación y adecuación progresiva a la realidad jurídica, social, política y económica nicaragüenses.

Como señala Ivanega[2], un sistema no puede recibir un juicio positivo o negativo sino es desde su aplicación práctica. Se hace, por ello, imposible, en nuestra opinión, enjuiciar de forma global los distintos sistemas administrativos que en uno u otro momento ha ido adoptando Nicaragua, pues ninguno de ellos ha tenido una implantación real lo suficientemente intensa como para concluir acerca de su adecuación.

Pero la mayor dificultad que, sin duda alguna, sigue encontrando esta rama del Derecho que nos ocupa en Nicaragua, es la persistencia de notables lagunas en su ordenamiento jurídico administrativo. Durante los últimos años esta rama del Derecho va ganando, lenta pero decididamente, posiciones y, sobre todo a partir de las reformas constitucionales de 1995, ha experimentado un desarrollo de importancia verdaderamente reseñable.

Pero este decidido impulso no puede ocultar aún la existencia de dos grandes lagunas. Por un lado, la falta de algunos textos legales básicos para la existencia de un auténtico sistema de Derecho administrativo. Sin necesidad de descender a un estudio de detalle, creemos que queda debidamente acreditada la certeza de este hecho por la inexistencia aún hoy en día de una ley de procedimiento administrativo y régimen jurídico básico de la Administración pública. Texto jurídico básico y crucial en todo régimen administrativo que se precie, que ni ha existido ni existe en Nicaragua.

Por otro lado, y quizás aún más dramático que lo anterior, es la falta de una tradición en la materia. Carencia que se manifiesta además en todos los ámbitos posibles: empleo público, abogacía, jurisprudencia y doctrina. Ello hace que las leyes administrativas se perciban en la práctica como elementos extraños y desconocidos, que encuentran un obstáculo insalvable para su aplicación práctica en su rotunda novedad para los operadores jurídicos llamados a aplicarla.

Un panorama plagado de problemas, como puede ya deducirse de estas páginas iniciales, pero también de esperanzas. Los últimos tiempos están siendo testigos de una delicada y compleja operación que trata de poner en marcha un sistema de Derecho administrativo avanzado, equiparable al de los países más avanzados del planeta.

1. Los presupuestos constitucionales del derecho administrativo nicaragüense. Uno de los rasgos más característicos del Derecho administrativo de nuestro tiempo es su constitucionalización. La existencia de un substrato constitucional que contenga los principios y fundamentos básicos del régimen jurídico de la Administración es un presupuesto ineludible del Estado de Derecho Constitucional, lo que marca la necesidad de examinar el marco constitucional como paso previo para el estudio del sistema administrativo de cualquier país.

Esta tarea no dejaba de entrañar serias dificultades en Nicaragua, pues si había un gran olvidado en la Constitución nicaragüense de 1987 era, sin duda, la Administración Pública.

1 Así, puede citarse la obra de Palma Martínez, *Derecho Administrativo, Teórico y Positivo*, Editorial Nuevos Horizontes, Managua, 1947; bastantes años más tarde vio la luz la obra de Rizo Oyanguren, A., *Manual Elemental de Derecho Administrativo*, Editorial Universitaria, León, Nicaragua, 1992; recientemente, la bibliografía sobre la materia se ha visto enriquecida por una notable obra de Escorcia, Flavio Jorge: Derecho Administrativo, Juan Bautista Arrien, púbico en el año 2009, *Derecho Administrativo*. Editorial UCA. En el año 2010, se publicó la obra *Derecho Administrativo* tomo I de Karlos Navarro y Miguel Ángel Sendin. El doctor Jesús González Pérez, en la presentación de esta obra, dice, que con esta obra el derecho administrativo nicaragüense pasa “de la adolescencia a la madurez”.

2 Indica Miriam Ivanega que los “sistemas-administrativos, financieros, económicos, jurídicos no son buenos ni malos en sí mismos. En realidad, sus beneficios, o la ausencia de ellos, deben rendirse con relación a la aplicación efectiva que puedan tener en un Estado determinado”. Ivanega, Miriam Mabel, *Mecanismos de control público y argumentaciones de responsabilidad*, Buenos Aires, Editorial Ábaco de Rodolfo Desalma, 2003, p. 285.

Sin embargo en la reforma constitucional del año 2014, se reforma el artículo 131, y se agregó el párrafo cuarto que dice: "La Administración Pública centralizada, descentralizada o desconcentrada sirve con objetividad a los intereses generales y está sujeta en sus actuaciones a los principios de legalidad, eficacia, eficiencia, calidad, imparcialidad, objetividad, igualdad, honradez, economía, publicidad, jerarquía, coordinación, participación, transparencia y a una buena administración con sometimiento pleno al ordenamiento jurídico del Estado. La ley regula el procedimiento administrativo, garantizando la tutela administrativa efectiva de las personas interesadas, con las excepciones que esta establezca"

2. Las fuentes en el derecho administrativo nicaragüense. Se ha abierto paso en el Derecho constitucional moderno la consideración de que la Constitución no es una simple declaración de buenas intenciones o propósitos políticos, pues, como destaca Meilán Gil, por más que sea "expresión de un pacto político, la Constitución es una norma jurídica"[3].

Así ocurre, sin duda, en Nicaragua. Siendo, en consecuencia, la Constitución la norma suprema del ordenamiento jurídico nicaragüense, lo que supone que ostenta supremacía formal o material, esto es, ninguna norma puede modificar o derogar la Constitución o parte de la misma (supremacía formal) y ninguna norma puede tener un contenido contrario a lo establecido en la Constitución (supremacía material).

Así lo establece clara y expresamente la propia Norma Fundamental en su art. 182, al señalar que la "Constitución Política es la carta fundamental de la República; las demás leyes están subordinadas a ella. No tendrán valor alguno las leyes, tratados, órdenes o disposiciones que se le opongan o alteren sus disposiciones".

Esa superioridad normativa encuentra justificación tanto en un criterio formal como en uno material. Formalmente es Norma Suprema porque emana de un poder normativo de mayor entidad que el ordinario (poder constituyente); desde el punto de vista material, encuentra su mayor fuerza en la esencialidad de su contenido, pues recoge los valores básicos sobre los que se basa la convivencia social, proclama y garantiza los derechos de los ciudadanos y recoge las estructuras fundamentales a las que se atribuye el poder público.

Este carácter básico es el que exige que la Constitución no sea una norma exhaustiva y que ofrezca una regulación cerrada y agotadora de la vida social, sino que debe limitarse a establecerse un marco esencial, lo suficientemente preciso como para dotar a la sociedad de un cariz y perfil propio, pero suficientemente amplio para acoger las diversas tendencias políticas que puedan imponerse en cada momento. Debe, en definitiva, permitir un ámbito de maniobra al poder normativo ordinario, esto es, al que en cada momento asuma por voluntad popular el poder político, apto para poder desarrollar su programa político conforme a su propia ideología.

El mecanismo procesal a través del cual se hace efectiva esta supremacía es el recurso por inconstitucionalidad, que se podrá interponer por cualquier ciudadano y contra cualquier ley, decreto o reglamento que se oponga a lo prescrito en la Constitución Política (art. 187 CN).

Esta superioridad jerárquica va mucho más allá de la simple invulnerabilidad de sus preceptos por las normas inferiores, alcanzando a generar un deber de inspiración positiva, esto es, viola la Constitución la simple ignorancia de su contenido, que debe informar toda la práctica jurídica.

De aquí se deriva, entre otras cosas, la obligación de interpretar todo el ordenamiento jurídico nicaragüense a la luz de los preceptos constitucionales, pues estos son la referencia última de toda norma jurídica, y el elemento inspirador que debe estar presente en la realización de cualquier operación jurídica. Convirtiéndose, así, la Norma Fundamental en el elemento clave que convierte el ordenamiento jurídico en una unidad, dotada de coherencia.

De este principio se derivan dos reglas básicas de especial trascendencia para la aplicación del Derecho. En primer lugar, obliga a que entre las diversas interpretaciones posibles de una ley se deba optar siempre por aquella que sea más acorde con los valores y principios recogidos en la Constitución.

---

3 Meilán Gil, "El principio de participación en la Constitución Española", en *Revista Iberoamericana de Derecho Público y Administrativo,* núm. 5, 2005, p. 29. Apunta H. H. Calderón Morales que la "Constitución como ley fundamental es algo más que un simple programa de gobierno, o expresión de deseos; es, como su nombre lo indica, una verdadera ley Suprema". Calderón Morales, "El Derecho Constitucional y el Derecho Administrativo en Guatemala", en *El marco constitucional del Derecho administrativo en Iberoamérica*, Quito, 2006, p. 55.

En segundo lugar, antes de declarar la inconstitucionalidad de una ley debe indagarse si existe alguna interpretación conforme a la Constitución, en cuyo caso se salvará la constitucionalidad de aquélla, imponiéndose esa interpretación.

También consecuencia de la supremacía constitucional es que sea la Norma Máxima quien regule, al menos en sus aspectos esenciales, el proceso de producción del Derecho, regulando los poderes normativos de los distintos entes estatales dotados de este.

La Constitución, en cuanto norma básica que rige los designios de una Sociedad, tiende a configurarse como una norma dotada de una especial estabilidad, que no debe ser, en consecuencia, objeto de reforma más que con carácter excepcional, pues su permanencia asienta e incrementa su prestigio y su autoridad.

No ha sido esta en la práctica la situación de la Constitución de Nicaragua, que ha sido objeto hasta la fecha de un número considerable de reformas desde su promulgación. Mutabilidad que debe ser enjuiciada críticamente, en nuestra opinión.

Es cierto que la reforma constitucional es una circunstancia totalmente normal en cualquier país democrático, dado que difícilmente un texto legal va a poder sentar soluciones jurídicas válidas para dar respuesta a todas las cuestiones que la vida social, siempre mutable e imprevisible, pueda plantear. Sin embargo, el elevado número de reformas sufridas por la Norma Básica de Nicaragua y su entidad nos parecen excesivas, por lo que entendemos que mantener esa tendencia reformadora podría perjudicar y dificultar que esta adquiera la solidez y fuerza que requiere para cumplir la alta función que está llamada a desempeñar.

Se suele distinguir entre Constituciones rígidas y flexibles, según estén sujetas a procedimientos especialmente onerosos de reforma, distintos de los ordinarios, y específicamente previstos en ellas o no.

La Constitución de Nicaragua se cuenta en este segundo caso, por lo que tiene que ser considerada, sin duda alguna, como una Constitución rígida, pues solo puede ser derogada o modificada a través de los procedimientos expresamente previstos por ella misma a tal efecto. Elemento que tiene que ser valorado positivamente, pues al incorporar sus propios procedimientos de reforma, se hace posible la adaptación de la normativa fundamental sin quebrar la continuidad jurídica, lográndose, con ello, compatibilizar la necesidad de adaptarse a las nuevas circunstancias con la estabilidad que precisa una norma fundamental.

En Nicaragua se distinguen dos procedimientos diferentes, dependiendo de que se trate de una reforma total o parcial de la Norma Máxima.

No es muy claro y preciso el criterio que permita deslindar cuando nos encontramos ante una reforma parcial y una total. No obstante, parece evidente que debe entenderse como total no solo la revisión que afecte a la totalidad de la Norma Máxima, sino también toda aquella que afecte a una parte sustancial de la misma o que implique un cambio radical del régimen político, económico o social.

El procedimiento para la reforma parcial comienza con una iniciativa de reforma parcial, que debe adoptar el Presidente de la República o un tercio de los diputados de la Asamblea Nacional (art. 191 CN). En ella se deberá señalar el o los artículos que se pretenden reformar con expresión de motivos (art. 192 CN).

Esa iniciativa deberá ser enviada a una comisión especial que dictaminará en un plazo no mayor de sesenta días (art. 192 CN). El proyecto de reforma recibirá a continuación el trámite previsto para la formación de la ley, si bien deberá ser discutida en dos legislaturas (art. 192 CN).

La aprobación de la reforma requerirá del voto favorable del sesenta por ciento de los diputados (art. 194 CN). Aprobada esta será promulgada por el Presidente de la República, que carece de derecho al veto en este caso (art. 194 CN).

En cuanto a la reforma total, la iniciativa de reforma corresponde a la mitad más uno de los diputados de la Asamblea Nacional (art. 191 CN). A partir de aquí seguirá los mismos trámites que se prevén para la reforma parcial en todo lo que sea conducente a su presentación y dictamen. Una vez aprobada la iniciativa de reforma total, la Asamblea Nacional fijará un plazo para la convocatoria de elecciones de Asamblea Nacional Constituyente, conservando hasta la instalación de esta su mandato la Asamblea Nacional (art. 193 CN).

La vieja Constitución conservara la vigencia hasta la aprobación de la nueva por la Asamblea Nacional Constituyente (art. 193 CN).

La aprobación de la iniciativa de reforma total requerirá los dos tercios del total de los diputados (art. 194 CN).

Las reformas de la Constitución, totales o parciales no necesitan sanción del poder ejecutivo (art. 141 CN). En caso de que Presidente de la República no promulgara ni publicara el proyecto de la reforma, el Presidente de la Asamblea Nacional mandará publicarlas por cualquier medio de comunicación social escrito, entrando en vigencia desde dicha fecha, sin perjuicio de su posterior publicación en La Gaceta, Diario Oficial, la que deberá hacer mención de la fecha de su publicación en los medios de comunicación social (art. 141 CN).

1. *La ley*

A. *Concepto y características*

Al término ley se le pueden asimilar significados diversos. Así, frente a un concepto amplio de la misma, por el que se entendería toda norma escrita (concepto material de ley); se utiliza un concepto técnico más restringido, por el que se conoce al producto jurídico emanado del Poder Legislativo que, en cuanto tal, asume un valor determinado en el sistema de fuentes del Derecho (ley formal). Es obviamente este segundo el que a nosotros interesa y en el que nos vamos a centrar.

En el Derecho de Nicaragua se deben distinguir, tomando en lo esencial la tipología elaborada por Flavio Escorcia, tres grandes tipos de leyes: leyes constitucionales, leyes especiales y leyes ordinarias[4].

Las leyes ordinarias pueden definirse desde el punto de vista negativo, como aquellas que no son ni constitucionales ni especiales. Pero no se gana gran cosa con dicha definición. Es más correcto, por ello, categorizarlas como aquellas cuya aprobación se lleva a cabo siguiendo el procedimiento legislativo ordinario previsto en los arts. 140-143 CN.

Se convierten con ello en la categoría o tipo básico de ley, del que se desglosan determinados textos legales, cuya aprobación sujeta la Constitución a requisitos especiales. Dentro de las leyes no ordinarias se pueden distinguir a su vez dos tipos, uno específico, calificado por la propia Constitución como constitucionales; y otro, genérico, en el que se agruparían todos los supuestos de leyes no ordinarias que no son constitucionales, que vamos a designar, siguiendo la tipología ya mencionada de Flavio Escorcia, como leyes especiales.

Las leyes constitucionales se caracterizan porque su reforma exige que se siga el procedimiento establecido para la reforma parcial de la Constitución, con la excepción del requisito de las dos legislaturas (art. 195 CN). No necesitan sanción del Poder Ejecutivo (art. 141 CN). Son leyes constitucionales la Ley Electoral, la Ley de Emergencia y la Ley de Amparo (art. 184 CN).

Las leyes especiales vendrían a constituir una categoría residual en la que se incluyen todos aquellos supuestos en los que, sin exigirse los requisitos que determinan la calificación como ley constitucional, se impone un procedimiento de aprobación que presenta alguna peculiaridad respecto al exigido para aprobar leyes ordinarias. En realidad, no son una categoría uniforme, pues el rasgo específico que las convierte en especial varía según el supuesto de que se trate.

Lo más usual es que ese elemento específico sea la exigencia de una mayoría cualificada para su aprobación. Así, por ejemplo, la Ley de Municipios, cuya aprobación y reforma requiere del voto favorable de la mayoría absoluta de los diputados (art. 177 CN); o la ley reguladora del régimen de autonomía de los pueblos indígenas y las comunidades étnicas de la Costa Atlántica, que requiere para su aprobación y reforma de la mayoría establecida para la reforma de las leyes constitucionales (art. 181 CN).

Sin embargo, en ocasiones, la peculiaridad es de otra naturaleza, cómo, por ejemplo, la Ley de Presupuesto General de la República, que se convierte en especial por corresponder exclusivamente al Presidente de la República la iniciativa legislativa para su aprobación (art. 113 CN).

---

4 Escorcia, Flavio Jorge, *Op. cit.*, nota 2, p. 105.

2. *Reglamento*

A. *Concepto*

El reglamento es una norma de carácter general dictada por el Gobierno o la Administración, que se caracteriza por tener rango inferior a la ley, y estar, por tanto, subordinada a esta, no pudiendo tener un contenido contrario a la misma, pues en tal caso sería nula.

Existen dos grandes corrientes a la hora de fijar la naturaleza del reglamento. En algunas tradiciones jurídicas se enfatiza su elemento formal, esto es, su procedencia del ejecutivo y no del legislador, en detrimento de su aspecto material, es decir, su carácter normativo que lo diferencia de las resoluciones singulares. Perspectiva desde la que se considera al reglamento como un determinado tipo de acto administrativo (acto administrativo de carácter general).

Frente a ello, en otras familias jurídicas se da una mayor trascendencia al elemento material antes citado, entendiendo, en consecuencia, al reglamento como una realidad de naturaleza esencialmente normativa, radicalmente diferente al acto administrativo. Es esta última postura la que rige en Nicaragua, donde se parte de la consideración del reglamento y el acto administrativo como dos figuras jurídicas diferenciadas.

Esta diferenciación no se recoge expresamente en el Derecho nicaragüense, pero se puede inferir fácilmente del art. 14 LJ, que establece que se podrá impugnar ante la jurisdicción contencioso administrativa "los actos, resoluciones, disposiciones generales". Esa referencia a las disposiciones generales, como algo distinto a los actos administrativos debe entenderse realizada, sin duda, a los reglamentos.

B. *Atribución de la potestad reglamentaria*

El reglamento es una manifestación normativa propia del Poder Ejecutivo. El poder reglamentario corresponde, en consecuencia, al Gobierno y la Administración. Huelga justificar la necesidad de la atribución de este poder normativo al ejecutivo, pues hoy en día es una realidad pacíficamente admitida su necesidad, consecuencia necesaria de la incapacidad del poder legislativo para dar respuesta a la elevada y multiforme demanda de normas jurídicas que exige toda sociedad. El poder reglamentario se hace así imprescindible para colaborar con el legislativo en la normación de las relaciones sociales, bien ocupándose de desarrollar aspectos procedimentales, técnicos o de organización o dando respuesta a cuestiones especialmente volátiles, que requieren de respuestas normativas más rápidas que las que proporciona el legislador.

La Constitución de Nicaragua no otorga, sin embargo, expresamente ese poder al conjunto del Gobierno y de la Administración, sino tan solo a un órgano concreto de la misma: el Presidente de la República. Así lo hace, concretamente, el art. 150. 10 CN, según el cual, es atribución del Presidente de la República reglamentar "las leyes que lo requieran".

3. *Tratados internacionales*

Los Tratados Internacionales son una fuente tradicional del Derecho en prácticamente todos los países de nuestro entorno de creciente importancia durante los últimos años debido a la profunda internacionalización de las relaciones sociales y jurídicas de todo tipo que hemos vivido durante los últimos años.

Por tales se debe entender los acuerdos celebrados por el Estado de Nicaragua con otros Estados soberanos o con otros sujetos de Derecho Internacional Público. Desde el punto de vista formal se pueden plasmar en instrumentos muy diversos (acuerdos, convenios, protocolos, etc.).

El elemento más reseñable de los Tratados Internacionales como fuente del Derecho es que están dotados de una doble dimensión, internacional e interna, que surgen como consecuencia de que no sean mero fruto de la voluntad del Estado, sino de un compromiso de este con otros sujetos de Derecho internacional. Dicho compromiso vincula al estado en el plano internacional, con independencia de las circunstancias que concurran en el ámbito interno.

Esto no impide, obviamente, que en el ámbito interno también sean fuente del Derecho, pues una vez suscritos válidamente los Tratados Internacionales pasan a integrarse en el ordenamiento jurídico de Nicaragua, como cualquier otra norma interna.

Corresponde la negociación, celebración y firma de los Tratados Internacionales al Presidente de la República (art. 150.8 CN). Mientras que su aprobación corresponde a la Asamblea Nacional (art. 138.12 CN).

Dichos instrumentos deberán ser presentados a la Asamblea Nacional en un plazo de quince días a partir de su suscripción; solamente podrán ser dictaminados y debatidos en lo general y deberán ser aprobados o rechazados en un plazo no mayor de sesenta días a partir de su presentación en la Asamblea Nacional. Vencido el plazo, se tendrá por aprobado para todos los efectos legales.

4. *Jurisprudencia*

El término jurisprudencia es susceptible de ser interpretado con sentidos y significados muy diversos. Sin embargo, en un sentido técnico preciso, que es con el que lo utilizamos aquí, se refiere a la doctrina emanada de las resoluciones judiciales. Si bien, aún tomado en este sentido técnico, es posible diferenciar dos grandes conceptos de jurisprudencia.

Por un lado, se puede definir a la doctrina como la doctrina que puede extraerse de las resoluciones que dictan todos los órganos judiciales al ejercitar la función de juzgar y hacer ejecutar lo juzgado.

Esta línea es la que se ha seguido por una parte de la doctrina nicaragüense para definir la jurisprudencia. En tal sentido se pronuncia Rizo Oyanguren, que la define como las "decisiones de los Tribunales resolviendo cuestiones de derecho".

Algunos autores, sin embargo, ofrecen una definición más estricta, según la cual solo sería jurisprudencia la doctrina emanada de las resoluciones dictadas por el Tribunal Supremo del país.

Esta posición la ha defendido dentro de la doctrina nicaragüense Flavio Escorcia, que define la jurisprudencia como "un conjunto de sentencias que determinan un criterio acerca de un problema jurídico omitido u oscuro en los textos positivos o en otras fuentes del Derecho. Es decir, la jurisprudencia es la interpretación que el Tribunal Supremo de un país, establece en los asuntos de que conoce, es la práctica judicial constante"[5].

La doctrina nicaragüense oscila entre las dos concepciones. Así, una parte de la misma tiende a considerar que la jurisprudencia no es fuente del Derecho, sino un simple medio para fijar la interpretación de las leyes (Rizo Oyanguren; Flavio Escorcia). En tal sentido, señala el primero de ellos que en "principio la jurisprudencia no debe considerarse como una fuente, porque la función judicial de donde proviene no tiene por finalidad crear el Derecho, sino aplicarlo en los casos en que haya controversia, de tal manera que, por regla general, la jurisprudencia constituye un medio importante para fijar la interpretación de las leyes"[6].

La postura contraria es defendida, sin embargo, por Escobar Fornos, que considera que "decir que la jurisprudencia no es fuente de Derecho significa desconocer aquellas situaciones que la ley no es capaz de resolver y que el juez tiene que llenar la laguna legal; aquellas situaciones en que la ley es oscura, con vaguedades o contradictoria, en cuyo caso el juez tiene discrecionalidad y creatividad jurídica para aclarar, determinar y resolver; el valor normativo que adquiere la jurisprudencia cuando es obligatoria sometiendo a los jueces y tribunales inferiores como si fuera una ley; la función de los jueces y tribunales que actualizan el Derecho a los nuevos tiempos que así lo demandan, o sea, la aplicación del viejo Derecho a casos que quizás jamás pensó el legislador; la creatividad de ciertas sentencias de los tribunales constitucionales; las deficiencias de los argumentos y reglas de hermenéutica que por sí solas en ocasiones no ayudan a los jueces y tribunales a fallar los casos, y en otras con contradictorias, por lo que el juez debe ser prudente y creativo en la decisión del caso; en fin, a una serie de situaciones en que el juez es creativo.

Con carácter general, la jurisprudencia no genera un efecto vinculante sobre los demás tribunales, ni siquiera respecto al propio órgano judicial que la dictó. De tal forma que un órgano judicial puede apartarse de los precedentes judiciales, propios o ajenos, si bien con determinadas limitaciones, deberá aportar justificación suficiente y objetiva de los motivos de ese apartamiento.

---

5 Flavio Escorcia: *Derecho*... p. 136-137.

6 Rizo Oyanguren: *Manual Elemental*... p. 57. En sentido similar se pronuncia también Flavio Escorcia: *Derecho*... . 136-137.

Dicha doctrina luce claramente en el art. 13 LOPJ, que establece que los "Jueces y Magistrados deben resolver de acuerdo a los fallos judiciales precedentes y solo podrán modificarlos explicando detalladamente las razones que motiven el cambio de interpretación".

Esta disposición supone, sin duda, un importante paso en la búsqueda por unificar la jurisprudencia de los distintos órganos integrantes del Poder Judicial[7].

5. *El precedente administrativo*

Se entiende por precedente administrativo la doctrina que puede extraerse de las resoluciones dictadas por la Administración en asuntos sustancialmente idénticos.

El Derecho administrativo de Nicaragua no recoge referencias específicas en orden a la consideración o no del precedente administrativo como fuente del Derecho. Entendemos que debe darse por buena, en consecuencia, la tesis mayoritaria que rige en la Teoría General del Derecho, que niega a esta figura el carácter de auténtica fuente del Derecho, careciendo, en consecuencia, de carácter vinculante, y siendo posible, por ello, que la Administración pueda apartarse en principio de este.

Esto no supone, no obstante, que el precedente carezca totalmente de relevancia práctica, pues como consecuencia del juego de dos principios generales del Derecho, el de igualdad y el de confianza legítima, parece lógico entender que la Administración está obligada cuando se aparta de sus precedentes a justificar con base a criterios objetivos esa decisión, pues caso contrario se estaría produciendo una grave vulneración de los dos principios antes citados.

6. *Doctrina científica*

Cuando hablamos de doctrina científica nos referimos a los resultados derivados de la labor docente e investigadora de los expertos en Derecho. En Nicaragua, Escobar Fornos la ha definido como "las investigaciones, estudios, obras y exposiciones de los jurisconsultos"[8].

No existen en el ordenamiento jurídico de Nicaragua referencias específicas al papel de la doctrina como fuente del Derecho. El tratamiento de la cuestión no difiere, en consecuencia, del que se ha realizado por la ciencia jurídica con carácter general en otros países.

Cabe, por tanto, dar por buena para el Derecho nicaragüense la posición más difundida que niega a la doctrina el carácter de auténtica fuente del Derecho, siendo tan solo un medio para conocer este. Su valor no es, en consecuencia, más que la capacidad de la influencia que le proporciones la autoridad de su autor o de lo argumentos en los que se apoye[9].

En tal sentido se ha pronunciado la doctrina nicaragüense que se ha enfrentado a dicha cuestión. En dicha línea se pronuncia Rizo Oyanguren, que la sitúa como a la jurisprudencia no en las fuentes del derecho propiamente dichas, sino entre las fuentes indirectas del Derecho.

Señala este autor que la "doctrina es fuente indirecta, en cuanto contribuye a la elaboración del Derecho escrito. En efecto, la doctrina orienta la labor legislativa, pero no llega a alcanzar categoría de precepto legal.

---

7 Señala Escobar Fornos que este precepto es "un avance en la uniformidad de la jurisprudencia en manos de todo el poder judicial. No es únicamente una uniformidad general formulada por la Corte Suprema de Justicia, sino una uniformidad exigida para cada juzgado y Tribunal de Apelaciones, y la Corte Suprema de Justicia para evitar que los funcionarios judiciales, irrespetando el principio de legalidad o igualdad, fallen constantemente en forma diferente un mismo caso". *Las fuentes del*... p. 762.

8 A lo que añade que sin "pretender agotar sus finalidades, los juristas se dedican a proponer reformas legislativas; al estudio de las normas jurídicas, con objeto de sistematizar el Derecho y cada una de sus ramas; descubrir los principios generales del Derecho y de cada una de sus ramas; estudiar e interpretar la ley para facilitar su aplicación y señala las reglas de la interpretación; criticar la jurisprudencia de los jueces y tribunales. Estos suelen fundar sus sentencias en la opinión de los jurisconsultos". *Las fuentes de*... p. 753.

9 En tal sentido se pronuncia Albaladejo, que señala que la doctrina científica no "es fuente del Derecho, sino puro medio para conocerlo (fuente de conocimiento).

Esta doctrina no tiene más valor que el que le confiera la autoridad científica del autor que la defiende o el que le proporcionen los argumentos en que se la apoya; pero no obliga a los tribunales a fallar según ella, aunque sea unánime. Cosa distinta es la conveniencia de estudiarla para poder medir su valor intrínseco y decidir sobre la conveniencia o inconveniencia de seguirla". *Derecho*... p. 138. En el mismo sentido, Lacruz Berdejo y otros: *Elementos de*... p. 186.

Si en Roma las respuestas de los jurisconsultos a las interpelaciones jurídicas llegaron a obtener fuerza legal, son muy distintas las circunstancias políticas de los tiempos que corren para que ellos puedan merecer las manifestaciones de la opinión científica igual trato.

Como vemos la doctrina no tiene imperatividad propia de la ley, por cuanto no procede de un órgano del Estado, tiene, en cambio, la imperatividad de la lógica y de buen sentido, que justifica su carácter de fuente indirecta del Derecho Administrativo"[10].

En el mismo sentido se pronuncia también Escobar Fornos, que señala, además, como en el sistema moderno se aplican preferentemente respecto a la misma no solo los preceptos escritos, sino también la jurisprudencia de los tribunales[11]. Si debe, sin embargo, hacerse algunas precisiones acerca de la peculiar evolución de la doctrina científica en el campo del Derecho administrativo en Nicaragua.

El primer dato que debe destacarse es el escaso tratamiento científico de esta materia entre los juristas Nicaragüenses, que han dirigido con mayor frecuencia a otras áreas del Derecho[12]. Eso no impide, en cualquier caso, que se hayan producido relevantes aportaciones, que han jugado, sin duda, un papel relevante en la implantación y consolidación de esta parte del ordenamiento jurídico.

Debe citarse, a nuestro juicio, como primera gran obra de la doctrina iusadministrativa Nicaragüense la pionera obra de I. Palma Martínez, editada en Managua en 1947[13]. El segundo gran hito de la doctrina nicaragüense se debe situar, en nuestra opinión, bastante más tarde, a la altura de 1992, fecha en la que ve la luz el Manual elaborado por Rizo Oyanguren[14]. Más recientemente, en el año 2002, ha aparecido una relevante aportación, la de Flavio Escorcia[15]. En el 2010, Derecho Administrativo Tomo I y II de Karlos Navarro y Miguel Ángel Sendin, considerada por el tratadista español Jesús González Pérez, como la obra que ha llevado de la "adolescencia a la madurez" esta rama del derecho en Nicaragua.

Aunque no se hayan plasmado en obras de carácter general, sino en estudios sobre temas específicos, debe darse también un sitio prevalente a las imprescindibles aportaciones de dos autores básicos en el universo de administrativistas nicaragüenses. En primer lugar, sin duda, C. M. LÓPEZ, autor cuya obra ha sido, a nuestro juicio, decisiva para el desarrollo del Derecho administrativo de Nicaragua. En segundo lugar, se debe hacer también mención destacada a la más que prometedora obra de Arrien Somarriba[16]. En conjunto son, sin embargo, escasas importancias para la importancia histórica y entidad del Estado de Nicaragua, que merecería contar con una doctrina administrativista más desarrollada. Contrasta, además, esta escasez con las urgencias y necesidades del ordenamiento jurídico de Nicaragua, que presenta como nota más acusada de su carácter severas deficiencias y carencias. Hasta el punto que a pesar de los importantísimos avances de los últimos años, se puede seguir diciendo que constituye una rama del Derecho en proceso de consolidación.

Estas lagunas del Derecho administrativo nicaragüense hacen que la necesidad de las soluciones doctrinales, que pueden contribuir a aportar soluciones y respuestas a los jueces y demás operadores jurídicos, sea más acusada que en otros países. Lo que hace que estas carencias doctrinales se noten aún con mayor intensidad.

---

[10] Rizo Oyanguren: *Manual Elemental...* p. 57-58.

[11] Señala Escobar Fornos que la doctrina "ya no es una fuente igual o superior a la ley, sino auxiliar de la ley. En el sistema actual, el Derecho depende más de los jueces que de la opinión de los jurisconsultos, prevaleciendo sobre esta fuente la ley. No se concibe una Ley de Citas o algo similar en esta época. Las legislaciones no la reconocen como fuente formal, sino como real". *Las fuentes de...* p. 754-756.

[12] Señala al respecto C. M. López que "el derecho administrativo en nuestra patria presenta niveles muy modestos. ha sido, más bien, una rama del Derecho Público un tanto descuidada y a veces desvalorizada. Son pocos sus cultivadores. Sigue siendo un Derecho para unos cuantos iniciados. Casi diríamos que se trata de un Derecho esotérico. Nuestros autores, por otra parte, han sido muy escasos. Además, no todo lo que se ha escrito tiene la misma calidad. La existencia de obras generales es limitadísima". "Prólogo", al libro de J. Flavio Escorcia: *Derecho Administrativo*. León. Nicaragua, 2002. *p.* 7-8.

[13] Palma Martínez, I.: *Derecho Administrativo, Teórico y Positivo*, Editorial Nuevos Horizontes, Managua, 1947.

[14] Rizo Oyanguren, A.: *Manual Elemental de Derecho Administrativo*. Editorial Universitaria, León, Nicaragua, 1992.

[15] Véase, por ejemplo, López; C. M.: "Concepto y naturaleza del procedimiento administrativo", *Revista Académica de la Universidad Centroamerica nº 11,* pp. 27/45.

[16] Véase, por ejemplo, sus trabajos Arríen Somarriba, J. B.: "El contencioso-administrativo en Nicaragua", en *Cuadernos de Investigación de la UCA nº 7. Colección Jurisprudencia*. También "Los recursos administrativos en España y Nicaragua", *Clase de Derecho Contencioso-administrativo* (folleto). Universidad Centroamericana. Derecho Administrativo (Acto, procedimiento, recursos, contrato y contencioso administrativo. UCA. 2010.

Aparte de ello, los estudios existentes adolecen, además, de una importante dolencia, su excesivo apego a las soluciones pensadas y orquestadas para otros ordenamientos jurídicos. Es cierto que la situación del Derecho nicaragüense impone en muchos casos este recurso. Sin embargo, sería deseable, en nuestro sentir, que las opiniones doctrinales de los iusadministrativistas se orquestasen en mayor medida desde la problemática y necesidades específicas del Derecho de Nicaragua, dejando a un lado las soluciones foráneas, no siempre adecuadas y aplicables a los problemas y características de este Estado.

II. ORGANIZACIÓN ADMINISTRATIVA, EN ESPECIAL EL ESTADO Y LOS MUNICIPIOS

Si por derecho administrativo entendemos, el Derecho Público interno que regula la organización y actuación de la Administración; su estudio comprende un aspecto estático -organización-, como un aspecto dinámico -actuación- de la Administración.

Garrido Fallas, considera que la Administración Pública la entiende: a) en el sentido subjetivo, el conjunto de organismos estatales encuadrados dentro del llamado poder ejecutivo del Estado, y b) en sentido objetivo, la actividad desarrollada por dicho poder ejecutivo, excluida la actividad política o de gobierno. Y el derecho administrativo -añade-, es la parte del derecho público que determina la organización y comportamiento de la administración pública, disciplinando sus relaciones jurídicas con los administrados.

Desde el punto de vista de la organización del Estado, la Constitución Política de Nicaragua, en su artículo 129, establece que "los poderes Legislativo, Ejecutivo, Judicial y Electoral son independientes entre sí y se coordinan armónicamente, subordinados únicamente a los intereses supremos de la nación y a lo establecido en la presente Constitución".

En el Capítulo III, sobre el Poder Ejecutivo, el artículo 144, de la Constitución señala que "El poder Ejecutivo lo ejerce el Presidente de la República, quien es Jefe de Estado, Jefe de Gobierno y Jefe Supremo del Ejército de Nicaragua".

Y, la misma Constitución, en el Título IX, Capítulo I, artículo 175, de los Municipios, señala: "El territorio nacional se dividirá para su administración, en departamentos, regiones autónomas de la Costa Atlántica y municipios. Las leyes de la materia determinarán su creación, extensión, número, organización, estructura y funcionamiento de las diversas circunscripciones territoriales.

De este artículo podemos comprender, que la Administración Central del Estado está bajo la dependencia del Gobierno Central, a través de los distintos Ministerios, Secretaria de Estados, Direcciones Generales, etc. Constituyen también Administración Pública, las administraciones de base territorial: Las regiones Autónomas de la Costa Atlántica y los municipios. Y, también las circunscripciones Departamentales, las que son formadas por la agrupación de varias entidades municipales.

Es evidente que en la Constitución Política no se define lo que es organización administrativa, solo se atiende a la realidad política primaria de lo que es administración, un conjunto orgánico dirigido por el Gobierno.

1. *La organización de la Administración Pública*

La Administración Pública es la principal actividad que corresponde desarrollar al Poder Ejecutivo para la prestación de los servicios públicos. En nuestro país de conformidad a lo que establece el artículo 144 de la Constitución, un Poder Ejecutivo, mismo que se deposita en un solo individuo al que se le denomina como Presidente de la República.

En Nicaragua, el Poder Ejecutivo es unipersonal y se deposita su ejercicio en el Presidente de la República quien es, al mismo tiempo, jefe de Estado, jefe de gobierno y jefe de la Administración Pública. Así pues, además de la función administrativa, el Poder Ejecutivo desarrolla funciones de gobierno y de Estado.

El presidente de la república para auxiliarse en el desarrollo de la actividad administrativa del Estado, cuenta con una serie de entidades administrativas que le prestan auxilio y que, por razón de jerarquía, dependen de él, bien sea de manera directa o indirecta.

La doctrina reconoce que las dependencias que auxilian al Poder Ejecutivo para el desempeño de la actividad administrativa y la prestación del servicio público se organizan de tres formas diversas: la centralización, la desconcentración, la descentralización.

A. *La centralización administrativa*

La centralización administrativa es la forma fundamental en la cual se encuentran organizadas las entidades públicas de carácter administrativo. La principal cualidad de la centralización administrativa es que las entidades centralizadas se encuentran relacionadas entre sí por un vínculo jerárquico. En la cúspide de la Administración Pública centralizada se encuentra el Presidente de la República y subordinados a él se localizan todos aquellos órganos públicos inferiores. Como autoridad administrativa, el Presidente de la República constituye el jefe de la administración. Ocupa el lugar más alto de la jerarquía administrativa, concentrando en sus manos los poderes de decisión, de mando y jerárquico necesarios para mantener la unidad en la administración

Las órdenes y la toma de decisiones de la administración pública centralizada descienden invariablemente del órgano mayor al inferior, de tal manera que todas las entidades administrativas guardan un orden y obedecen a los imperativos que emite la cúspide de la organización central.

La Ley de organización, competencia y procedimientos del poder ejecutivo (290) en su artículo 4 define de la siguiente manera la centralización administrativa:

> "es una forma de organización administrativa, integrada en un régimen jerarquizado, en la que un conjunto de órganos se estructuran unos respecto a otros, de arriba hacia abajo, formando una unidad que se logra y se mantiene en virtud de las determinaciones del Presidente de la República. Los Ministerios de Estado son entes centralizados, no tienen autonomía de ningún tipo, patrimonio ni personalidad jurídica propia"

De acuerdo a esta definición podemos decir que la centralización administrativa presenta los siguientes elementos:

a) Concentración del poder público.

b) Concentración del nombramiento de funcionarios y empleados, es decir que el poder central tiene la facultad de designar a los funcionarios y empleados de la administración así como revocar los nombramientos.

c) Concentración de poder de decisión y la competencia técnica, esto logra reunir en un organismo todas las actividades, en virtud de la técnica de la división del trabajo.

B. *Órganos centralizados de Nicaragua*

Entre los órganos centralizados están:

1. La presidencia de la república, bajo la dirección del presidente de la república, quien es el jefe de estado, jefe de gobierno y jefe supremo del ejército.

2. Vicepresidencia de la república y de acuerdo con el artículo 145 Cn. Desempeña las funciones que señala la constitución y las que les delegue el presidente de la república directamente o a través de la ley, asimismo sustituye en el cargo al presidente, en casos de falta temporal o definitiva.

3. Los ministros de estados. Bajo la dirección de un ministro y un vice ministro. Los ministerios son los principales organismos a través de los cuales se impulsan las políticas del estado y las funciones públicas. Tienen jurisdicción en toda la República sus funciones son permanentes y ejercen sus funciones en un ministerio.

C. *La descentralización Administrativa en Nicaragua*

La Ley de organización, competencia y procedimientos del poder ejecutivo (290), define en su artículo 4 la descentralización Administrativa, como: "una forma de organización administrativa en la cual se confiere a través de una Ley a un órgano, autonomía técnica y administrativa. Se le otorga patrimonio propio y personalidad jurídica, existiendo control o tutela del Presidente de la República o del Ministerio al que estén vinculados. El Director del ente es nombrado por el Presidente de la República o por la autoridad establecida de acuerdo a su Ley Creadora".

De a la Ley de organización, competencia y procedimientos del poder ejecutivo descentralización es una forma jurídica en que se organiza la Administración Pública, mediante la creación de entes públicos por el legislador, dotados de personalidad jurídica y patrimonio propio, y responsables de una actividad específica de interés público. A través de esta forma de organización y acción administrativas, que es la descentralización administrativa, se atienden fundamentalmente servicios públicos específicos.

No obstante, su autonomía, las entidades descentralizadas se encuentran sometidas a las actividades de control y vigilancia de la Administración Pública Central.

La descentralización permite la solución rápida de los asuntos administrativos, los intereses locales son mejor atendidos por las personas de la misma localidad, permite una atención más directa y cercana a los problemas.

Las funciones de los Entes Descentralizados se encuentran establecidas en sus Leyes Orgánicas. Además, de los entes descentralizados que señala la ley 290, están los municipios y las regiones autónomas de la Costa Atlántica de Nicaragua, las cuales constituyen el grado máximo de descentralización política o territorial del estado, reconocida directamente por la constitución y sus leyes especiales. Las universidades comprendidas en la ley No. 89 de las instituciones de educación superior de Nicaragua.

III. EL PROCEDIMIENTO ADMINISTRATIVO

A lo largo de la historia del Derecho administrativo nicaragüense se ha carecido de una ley única que regule el Procedimiento Administrativo, razón por la que tradicionalmente dicha materia ha sido regulada por una normativa dispersa e incoherente, provocando que rijan en la actualidad una multiplicidad inmensa procedimientos administrativos, carentes de la más mínima uniformidad e incluso, en ocasiones, contradictorios entre sí.

Esta vacío legal ha tratado de ser suplido a través de mecanismos diversos que, como ya dijimos, han provocado que rijan toda una serie de procedimientos administrativos diseminado en un gran número de leyes especiales, en las que se han fijado procedimientos propios y diferentes entre sí, generando así una enorme confusión e inseguridad jurídica para los administrados, que carecen de una vía única y coherente que desde la que sustanciar sus pretensiones y peticiones frente al Estado en su calidad de administrador.

La necesidad impostergable de una ley que regule esta área de actividad de la Administración, quedo plasmado en la Ley 290, Ley de Organización Competencia y Procedimientos del Poder Ejecutivo, en su artículo 46 establece “Lo no previsto sobre procedimiento administrativo en la presente ley se regulara de conformidad con lo que establezca la ley de la materia”.

El 22 de Octubre de 1997, la Corte Suprema de Justicia presentó ante la Asamblea Nacional un Proyecto de Ley de Procedimiento Administrativo y de lo Contencioso administrativo, cuyo Título I estaba dedicado al Procedimiento administrativo. En este proyecto de ley, por razones de técnica legislativa se obvió este Título primero.

En el año 2001 la bancada sandinista, retomó este Título, y lo presentó como iniciativa de Ley en la Asamblea Nacional. El referido proyecto contemplaba: 1) La finalidad de la ley, como la eficaz satisfacción del interés público en el quehacer de la administración y su ámbito de aplicación es toda la actuación pública, sujeta al derecho administrativo. 2) La iniciación del procedimiento administrativo, que se puede producir de oficio o a petición de parte interesada. 3) La ordenación e instrucción del procedimiento administrativo, ocupándose de la necesidad de que se impulse de oficio en todos sus trámites, las normas de actuación administrativa, los medios de prueba y la audiencia del interesado. 4) Terminación del procedimiento administrativo por medio de resolución motivada, la notificación, la ejecutoriedad del acto administrativo y el silencio administrativo. 5) Los recursos en la vía administrativa, comprendiendo el de revisión y el de apelación. 6) Normas comunes al acto administrativo, la nulidad y anulabilidad de los actos. 7) El agotamiento de la vía administrativa. 8) La irrevocabilidad de los actos administrativos declarativos de derechos en la vía administrativa.

A pesar del notable esfuerzo de los redactores de este proyecto de Ley, era evidente, que presentaba notables carencias.

1. *Elaboración y Estructura del proyecto de ley*

A mediados del año 2010, la Comisión de Justicia de la Asamblea Nacional, que preside el diputado José Palléis, formo una comisión técnica, coordinada por quien escribe estas líneas, para redactar el proyecto de ley. La Comisión de justicia de la Asamblea Nacional consulto y nombro de manera oficial, una comisión de asesores internacionales que estuvo conformada por los destacados juristas, entre los que destacan Jesús González Pérez, José Luis Melian Gil, Jaime Rodríguez Arana, José Antonio Moreno

Molina, Javier Barnes, Miguel Ángel Sendin García (España), Ernesto Jinesta Lovo (Costas Rica), Jorge Danos (Perú), Sven Muller-Grune (Alemania), Pedro Aberastury (Argentina) y Juan Pablo Cajarville (Uruguay). Todos ellos ayudaron de manera generosa, y fueron guiados más por el afán que Nicaragua tuviera una legislación moderna en esta materia. A todos, le agradezco su colaboración.

El proyecto de ley fue consultado ampliamente con la Procuraduría General de la República de Nicaragua, la Fiscalía de la República de Nicaragua, Corte Suprema de Justicia, el Consejo Superior de la Empresa Privada, el Ejército de Nicaragua, la Policía de Nicaragua, Catedráticos universitarios, abogados de prestigio, red de consumidores y la sociedad civil.

Asimismo, se realizó un seminario en la sede de la Asamblea Nacional, en donde se recibió observaciones al proyecto. La Corte Suprema de Justicia, por medio de su Vice-Presidente Doctor Marvin Aguilar, y la Procuraduría General de la República, por medio del Procurador Hernán Estrada, realizaron observaciones al proyecto, las cuales fueron acertadas y contribuyeron a mejorar el proyecto de ley. Asimismo, el presidente de la Comisión de Justicia, pidió un dictamen, a la Escuela Gallega de Administración Pública.

En la actualidad, el proyecto de ley ha sido presentado a la Primer Secretaria de la Asamblea Nacional, y en los próximo meses pasara al plenario para su discusión y posterior aprobación

IV. EL ACTO ADMINISTRATIVO, SU EJECUCIÓN, PRINCIPIO DE AUTO-TUTELA, LOS RECURSOS EN VÍA ADMINISTRATIVA

El estudio del acto administrativo debe comenzar, obviamente, con su definición. Cuestión en absoluta fácil, pues es la de acto administrativo una noción que se ha caracterizado desde siempre, y se sigue caracterizando, por su complejidad y por las dificultades que ofrece su delimitación.

No obstante, en el Derecho de Nicaragua la cuestión se ve facilitada notablemente, dado que dicha figura aparece definida expresamente el art. 2. 1 LJ, que establece que acto administrativo es "la declaración o manifestación de voluntad, juicio o conocimiento expresada en forma verbal o escrita o por cualquier otro medio que, con carácter general o particular, emitieren los órganos de la Administración Pública y que produjere o pudiere producir efectos jurídicos".

Se trata de una definición clásica, que coincide en lo esencial con una definición de Zanobini, muy difundida, y aceptada por un sector muy amplio de la doctrina.

1. *Elementos del acto administrativo*

Se entiende por elementos o requisitos del acto administrativo un conjunto de requerimientos que deben concurrir en los mismos para que este sea válido y produzca sus efectos normales.

A. *Elementos subjetivos*

El primer grupo de requisitos que deben concurrir en el acto administrativo hace referencia al sujeto que los dicta. Se trata de la necesidad de que el acto provenga de quien tiene la capacidad y cumple los requisitos necesarios para poder dictarlo.

Tratándose de la Administración pública que, como es sabido, no es más que una ficción, una persona jurídica sin sustancia real, que opera, por tanto, no por sí misma, pues es materialmente imposible, sino a través de las personas físicas que la componen (autoridades y empleados públicos), debe distinguirse entre los requisitos subjetivos que deben concurrir en el sujeto en cuanto órgano y los que recaen sobre la persona titular del órgano.

En cuanto a los requisitos relativos al titular del órgano, vienen a constituir un conjunto de condicionantes que operan sobre la persona física que ocupa la titularidad del órgano al que corresponde dictar el acto.

El primero de esos requisitos es la regularidad de la investidura, esto es, que el nombramiento del funcionario o autoridad que sea titular del órgano sea válido. Lo que excluye la legitimidad para dictar del acto tanto a la persona que carece totalmente de ese nombramiento, actuando, por tanto, como un impostor, como a los supuestos en los que el nombramiento ha cesado ya, o todavía no se había recibido.

En segundo lugar, es preciso que el titular del órgano se encuentre en situación de imparcialidad respecto al asunto que trata de resolver. Entendiendo que no se dará esta cuando concurra alguna causa que comprometa esta, haciéndole tomar partido por motivos propios a favor de alguna determinada posición.

Un ejemplo en tal sentido en el ordenamiento jurídico de Nicaragua lo encontramos en el art. 13 LCE, que establece:

> no podrá participar en cualquier etapa de proceso de licitación, el servidor público que tenga en esta un interés personal, familiar o comercial, incluyendo aquellas licitaciones de las que pueda resultar algún beneficio para el mencionado servidor público, su cónyuge o sus parientes hasta el tercer grado de consanguinidad y segundo por afinidad. Esta prohibición rige aún en el caso de levantamiento de incompatibilidades.

El incumplimiento de esta condición, sin embargo, no tiene siempre trascendencia anulatoria, pues se suele considerar que, sin perjuicio de la responsabilidad en que pueda incurrir el empleado o autoridad pública responsable, la intervención de persona en la que no concurre los requisitos de imparcialidad exigidos por el ordenamiento jurídico no invalida por sí misma el acto, sino que es preciso para que ese efecto se produzca que dicha circunstancia afecte a la legalidad objetiva del acto.

En todo caso, hay que tener presente la efectiva capacidad de influencia del sujeto que debió abstenerse, pues si la intervención de este carecía de entidad suficiente como para influir en el contenido del acto, nunca podrá tener virtualidad invalidatoria.

Por último, será preciso que en la autoridad o funcionario cumplan los requisitos generales para poder actuar jurídicamente, esto es, que esté dotado de capacidad de obrar y que no concurran en él vicios del consentimiento, bien sean error dolo o violencia.

Aunque no hay una absoluta uniformidad en la solución, debe tenerse en cuenta que la concurrencia de esta falta de capacidad o vicios de la voluntad se valora de forma diferente en el Derecho administrativo que en el Derecho civil. Así, como punto de partida debe admitirse, como señala un sector de la doctrina, que no afectarán a la validez del acto si este es conforme con el ordenamiento jurídico.

Si bien esta solución debe matizarse, aceptando la posición de aquellos que admiten esta solución como regla general, pero excluyéndola para aquellos supuestos en los que se ejercitan potestades discrecionales. Supuesto de excepción al que se debe añadir también, como de forma certera, en nuestra opinión, postula otro sector de la doctrina, el vicio consistente en la violencia. Tanto en el primer caso, por no existir parámetros que permitan concluir acerca de lo acertado de la decisión, como en el segundo, por constituir una infracción penal determinante, como veremos, de la nulidad de pleno derecho, el acto debe ser invalidado en todo caso por la concurrencia de estos vicios.

No obstante, se debe admitir la validez del acto conforme al ordenamiento jurídico, aunque se trate de ejercicio de potestades discrecionales en dos supuestos. En primer lugar, cuando la capacidad de influencia del sujeto en que concurre el vicio de voluntad fuese insuficiente para determinar el contenido del acto, y no haya tenido, en consecuencia, incidencia en el mismo.

En segundo lugar, cuando se trate de supuestos en los que, aun existiendo un ámbito de discrecionalidad, se ha podido reducir esta a una única solución por las circunstancias concurrentes en el caso, que hacían inviable legalmente otra decisión que la adoptada. En dicho supuesto parece que sería totalmente inútil decretar la nulidad del acto.

En cuanto a los requisitos del órgano propiamente dicho, el primero de ellos es que se haya atribuido la correspondiente potestad a la Administración pública de que se trate, presupuesto previo para el valido actuar de los órganos que la integran.

Existiendo esta, es preciso que el órgano que dicta el acto esté dotado de la correspondiente competencia. Debiéndose entender por tal la atribución a ese órgano concreto de la aptitud para poder desarrollar legalmente el conjunto de tareas que se le asignen. De este modo, la competencia va a fijar la medida de la potestad atribuida a cada órgano. El art. 14 LJ declara expresamente que tendrá trascendencia anulatoria la falta de competencia.

C. *Elemento teleológico*

El elemento teleológico del acto administrativo es el fin de este, debiéndose entender por tal aquel objetivo que el órgano autor del acto pretende conseguir con su emisión. Este componente del acto administrativo entraña una gran relevancia, pues la Administración no puede hacer uso de sus potestades sino es para perseguir la finalidad específica para la que se atribuyen estas. La utilización de sus poderes para otro objetivo distinto sea legal o no, vicia el acto administrativo, provocando su invalidez. A esta desviación del fin propio que debe pretender el acto se la denomina desviación de poder.

Así lo ratifica el ordenamiento jurídico nicaragüense, que define la desviación de poder como "el ejercicio de potestades administrativas para fines distintos de los establecidos por el ordenamiento jurídico o que no concordaren con el logro del interés público y el bien común" (art. 2. 6 LJ), y lo dota de trascendencia invalidante, en cuanto el art. 14 LJ lo incluye entre los elementos que deben servir de base para el examen de la legalidad de los actos y disposiciones generales.

Entiéndase que no se trata de la exigencia de una genérica persecución del interés público, sino de la persecución del fin concreto y específico que el ordenamiento jurídico pretendía tutelar al otorgar ese poder a la Administración.

De lo que se deriva que la desviación de poder no implica necesariamente la persecución de un fin ilícito, ni siquiera es preciso que se trate de un fin privado o egoísta de los agentes públicos, basta con que sea un fin distinto a aquel para el que se atribuyó la potestad, incluso aunque este sea un fin público perfectamente lícito.

Hay, no obstante, una parte de la doctrina que distingue entre uno y otro supuesto, reservando para los casos de persecución de un fin privado o ilícito la denominación de "abuso de poder", como conducta de mayor gravedad que la simple "desviación de poder", que serían, para esta parte de la doctrina, únicamente los supuestos de persecución de un fin público distinto al previsto en la norma. El gran problema que plantea la aplicación práctica de esta figura es, sin duda, la dificultad que presenta la prueba de la misma, pues hay que acreditar la existencia de una determinada intención, lo cual no es ni mucho menos fácil. No es necesario, en cualquier caso, una prueba directa, imposible por otra parte en la mayor parte de los supuestos, sino que se admite también la prueba indirecta, esto es, a través de indicios capaces de generar convicción suficiente en el órgano fiscalizador.

D. *Elementos objetivos*

El acto administrativo debe tener un contenido posible, tanto física como legalmente, ser lícito y determinado o determinable.

El elemento del acto administrativo, sin duda alguna, más polémico es el de la causa, que ha generado una considerable polémica doctrinal en el ámbito administrativo, hasta el punto de que una parte de la doctrina ha tomado partido por eludirla, por su carácter extremadamente conflictivo.

Para un sector de la doctrina se debe entender por tal el interés público o fin específico que se pretende satisfacer en el caso concreto, esto es, la adecuación del contenido del acto al fin que justifica la atribución de la potestad que se ejercita. Otros entienden por tal el supuesto fáctico o hechos determinantes previstos en la norma para que se dé la consecuencia jurídica en ella prevista. Hay también quien considera que causa es la representación y valoración que el sujeto realiza de los hechos. Se ha defendido, igualmente, que por tal debe entenderse el móvil o motivo de la realización del acto, esto es, las circunstancias de hecho y de Derecho que determinan su emisión.

En nuestra opinión, el fin concreto que produce el acto constituye el elemento finalista de este, que queda perfectamente cubierto a través de la desviación de poder. Es, por ello, más adecuado considerar como causa los hechos determinantes.

De esta forma, el substrato fáctico subyacente al acto se convierte en elemento del mismo, permitiendo el control de dos aspectos relevantes: a) la constatación de los hechos a los que se liga el ejercicio de la potestad; b) la valoración de los hechos y, con ello, la adecuación de la solución que ofrece el acto administrativo a los hechos que lo justifican.

E. *Elementos formales*

La forma del acto administrativo es el medio material del que se sirve este para manifestarse en el exterior, haciéndose perceptible por los sentidos.

Lo más habitual es que el acto administrativo adquiera forma escrita, pues así lo exige la necesidad de constancia y prueba de este, que se deriva, a su vez, de tres factores: su carácter recepticio, que hace precisa su notificación o publicación; su capacidad para crear, modificar o extinguir relaciones jurídicas; y el hecho de que sean fruto de la intervención de una pluralidad de órganos o sujetos, que hace preciso dejar constancia de su intervención.

Debe aclararse, no obstante, que cuando hablamos de escritura debemos hacerlo en sentido amplio, incluyendo no solo los escritos que constan en formato papel, sino también lo que consta en otro tipo de soportes proporcionados por las nuevas tecnologías, como por ejemplo los de tipo informático.

En algunas ocasiones, sin embargo, el acto administrativo utiliza otros medios de hacerse presente, como la forma verbal (por ejemplo, una orden directa de un superior a un subordinado) o incluso, aunque hay quien considere lo contrario, otros modos de exteriorización (como, por ejemplo, un faro o un semáforo).

En principio, el acto administrativo no tiene por qué plegarse a un formato formal determinado, pero en ocasiones el ordenamiento jurídico puede prever que asuma un determinado modo de manifestación.

Dentro de los elementos formales debe citarse, sin duda, la tramitación del oportuno procedimiento administrativo. Como en su momento veremos con detalle, este es una garantía tanto del acierto de las decisiones de la Administración como de la adecuada defensa de los derechos de los ciudadanos, lo que lo convierte en un requisito esencial para la adopción de cualquier acto administrativo. El art. 14 LJ establece que tendrá trascendencia anulatoria "el quebrantamiento de las formas esenciales".

Parece que debe entenderse de dicha estipulación que invalidara el acto la falta absoluta de procedimiento, o la tramitación tan nimia que se equipare a esta, y la omisión de trámites que, por su importancia, deban considerarse formas esenciales.

F. *Motivación del acto administrativo*

Hablamos de motivación administrativa para referirnos a la exteriorización de las razones fácticas y jurídicas que conducen a la adopción de un determinado acto administrativo, con un determinado contenido. Así lo confirma el Derecho positivo, que establece que la motivación del acto administrativo es "la expresión de las razones que hubieren determinado la emisión de toda providencia o resolución administrativa" (art. 2. 10 LJ).

No tiene que consistir necesariamente en un examen agotador de todos los elementos del acto y las razones que llevan al mismo. En realidad, la extensión y profundidad de la motivación dependerá de las circunstancias que concurran en cada concreto acto. Lo decisivo es que no se quede en una mera formula convencional, que no aclare cómo se llegó al resultado final, sino que ofrezca una argumentación que deje constancia del proceso mental y jurídico que han conducido a la toma de esta decisión, que permita a los destinatarios del acto y a los órganos administrativos o judiciales que, en caso de recurso, deban enjuiciar su validez, tomar conocimiento suficiente de los motivos que le han conducido a tomar esa decisión.

En todo caso, deberá dejar constancia de la adecuación del acto al fin público que lo justifica, y si se trata de un acto discrecional, de las razones que llevaron a elegir la solución adoptada entre las diversas legalmente posibles.

La motivación es, por tanto, una exigencia del principio de transparencia, que responde a una triple motivación: a) persuadir a los afectados por el acto de su razón de ser, evitando futuras impugnaciones; b) precisar con mayor certeza el sentido del acto adoptado, facilitando su interpretación, c) facilitar el ulterior control en vía de recurso del acto.

Aunque algunos autores han considerado que la motivación constituye un elemento objetivo, se suele considerar que constituye un requisito formal: la exigencia de que se hagan expresos formalmente los motivos que llevaron a la adopción del acto (lo que constituye algo distinto que los propios motivos del acto).

La falta, insuficiencia u oscuridad de la motivación, que causare perjuicio o indefensión al administrado, determinará la anulabilidad de la providencia o disposición, la que podrá ser declarada en sentencia en la vía contencioso-administrativa" (art. 2. 10 LJ).

Nótese, por tanto, que no basta con la mera falta de motivación o con el carácter defectuoso de esta para que pueda determinar la invalidez del acto, sino que es preciso, además, que produzca efectos nocivos en el administrado.

2. *Los recursos administrativos*

A. *Concepto de recurso administrativo*

Como ya sabemos, cuando no estamos de acuerdo con un acto administrativo podemos impugnarlo solicitando su anulación. A dicha actuación, que va a dar lugar a un procedimiento de revisión del acto por parte de órgano competente para ello, es a lo que denominamos recurso. Esa impugnación se puede realizar tanto en vía administrativa como en vía judicial, esto es, presentando un recurso ante la propia Administración (vía administrativa, mediante la presentación de un recurso administrativo); o ante un órgano judicial (vía contencioso-administrativa, presentando un recurso contencioso-administrativo).

El recurso administrativo se puede definir, en consecuencia, como una vía para la impugnación de los actos administrativos ante la propia Administración a instancia del interesado, que se traduce en la tramitación de un procedimiento administrativo de revisión de la legalidad de la actuación implicada.

B. *Fundamento de los recursos administrativos*

El recurso administrativo es una institución con la que se persigue una triple finalidad. En primer lugar, es una garantía para la defensa de los derechos de los ciudadanos, en cuanto va a permitir a estos reaccionar contra aquellos actos administrativos con los que estén disconformes. En segundo lugar, son un mecanismo de control de la actividad de la Administración, pues a través de ellos se opera una revisión de la legalidad de la misma. Por último, en tercer lugar, operan como un privilegio procesal de la Administración, pues van a permitir que esta, antes de verse demandada, cuente con una posibilidad de reconsiderar sus actuaciones.

3. *Clases de recursos administrativos*

Existen dos tipos de recursos administrativos: Recurso de Revisión en Vía Administrativa y Recurso de Apelación en Vía Administrativa.

Recurso de Revisión en Vía Administrativa es, según establece el art. 2. 15 LJ, "el reclamo que se interpone ante el propio órgano que hubiere dictado el acto administrativo para que lo revise y resuelva él mismo".

Nótese que se trate de un tipo de recurso que va a resolver el mismo órgano que dictó la resolución que impugnamos. Eso va a hacer difícil, como es fácilmente deducible, su apreciación, pues supone volver a presentar a una misma persona la misma cuestión que antes resolvió de forma negativa. No obstante, sirve como una vía que permite reconsiderar sus decisiones al órgano que las dictó, lo que puede resultar especialmente útil en los casos en que no tuvo presente determinados datos o cometió un error de apreciación del que puede apercibirse al enjuiciar el recurso.

Se puede encontrar ejemplos de recurso de revisión en el art. 40 LM.

Al recurso de revisión se deben asimilar los supuestos en los que la legislación específica contempla recursos que deben ser interpuestos y resueltos ante el mismo órgano que dictó la resolución, aunque se les de otra denominación. Así, el art. 126 LCAM habla de recurso de reposición.

Recurso de Apelación en Vía Administrativa es "el reclamo que se interpone en contra del acto administrativo ante el órgano que lo dicto, con el objeto de que la impugnación sea resuelto por la autoridad superior de dicho órgano" (art. 2. 16 LJ).

En este caso, aunque el recurso lo interponemos ante el mismo órgano que nos dictó el acto, no lo resuelve este, sino su superior. Esto da en principio mayores posibilidades de apreciación, pues es un órgano diferente al que dictó la resolución. Si bien, no debe olvidarse que no deja de ser su superior y, por tanto, un órgano vinculado al que dictó la resolución, por lo que tampoco suele ser muy frecuente la apreciación de este tipo de recursos.

No existe disposición alguna que limite las causas de impugnación, por lo que debemos entender que ambos recursos (Recurso de Revisión en Vía Administrativa y Recurso de Apelación en Vía Administrativa) son recursos ordinarios, en los que podrá hacerse valer cualquier causa con fuerza invalidante, bien sea determinante de la nulidad de pleno Derecho o de la anulabilidad.

V. LOS CONTRATOS ADMINISTRATIVOS

En Nicaragua la primera Ley de Contrataciones Administrativas del Estado se aprobó en el año de 1981, y es reglamentada hasta el año 1991. Dichas normas respondían a una época histórica con un Estado gigante de carácter centralista, que además por la situación de guerra y bloqueo económico en que se encontraba, se veía obligado a realizar las compras estatales de una forma directa tanto a proveedores nacionales y en muchos casos incluso a proveedores extranjeros.

A mediados de la década de los noventa comienza un proceso de reducción del Estado y descentralización administrativa, acompañado por los grandes cambios económicos propios del proceso de globalización. Como resultado de los factores anteriores se produce una gran actividad adquisitiva de la Administración Pública, que junto a la aprobación de varias leyes administrativas y en la coyuntura de la reforma constitucional de 1995, además de cierta presión de los organismos internacionales, originan la aprobación y publicación de una nueva Ley de Contratos del Estado, ley 323.

Esta ley en enero del año 2000 es reglamentada y reformada en dos ocasiones. Adicionalmente, se cuenta en Nicaragua con una ley en materia de contrataciones municipales ley 622, con su respectivo reglamento.

El 8 de noviembre del 2010, es aprobada la nueva Ley de Contrataciones Administrativas del Sector Público (737) y su reglamento (decreto 75-2010) Entró en vigor, el 8 de febrero del 2011.

1. *La figura del contrato administrativo*

Junto a la actividad administrativa unilateral, se manifiesta también una actividad administrativa bilateral, de la que destaca notoriamente la contratación administrativa.

Acción pública inevitable en la práctica, dado que es frecuente que la Administración no pueda cubrir sus necesidades de bienes, servicios o personal de todo tipo a través de su propia organización, viéndose obligada, en consecuencia, a contratar en el mercado dichos medios.

El contrato administrativo está dotado además de singular importancia en las sociedades modernas, tanto en el ámbito económico como jurídico, dado el importante volumen de negocio que se mueve a través del mismo que ha llevado aparejada en la mayor parte de los casos de un no menor grado de corrupción.

Desde el punto de vista teórico se ha discutido profusamente, aunque hay quien considera se trata de una discusión puntillosa e irresoluble, carente de sentido y de una solución única, si la naturaleza del contrato administrativo es común a la del sujeto privado.

Habiéndose tomado partido en la actualidad, de manera manifiesta, por la consideración de que el contrato administrativo no es una figura autónoma y diferente del contrato civil, pues no pasa de ser un contrato tal y como se lo entendería en el Derecho civil, sujeto a algunas modulaciones específicas.

Se trata, por tanto, de una simple modalidad contractual caracterizada por ser realizado por la Administración para el ejercicio de sus competencias en cumplimiento de sus fines de interés público.

2. *Ámbito de aplicación*

El ámbito de aplicación de la LCSP viene delimitado por una cláusula general, que es, posteriormente, objeto de precisión detallada en preceptos posteriores.

Con carácter general la ley se aplicará a la "preparación, adjudicación, ejecución y extinción de las contrataciones administrativas, celebradas por los organismos y entidades que forman parte del Sector Público." (art. 1 LCSP).

De dicho precepto se puede deducir un ámbito de aplicación subjetiva y un ámbito objetivo. El ámbito subjetivo sería los organismos o entidades del Sector Público. Noción que se concreta de forma minuciosa en el art. 3 LCSP, que enumera que sujetos quedan comprendidos dentro de esa noción.

3. *Principios de la contratación*

La LCSP contiene una regulación expresa de los principios que van a informar la contratación administrativa, que concreta en ocho grandes reglas: Principio de Eficacia, Publicidad, Transparencia, Igualdad y libre concurrencia, Vigencia Tecnológica, de Control, Debido Proceso e Integridad.

4. *Requisitos previos para contratar*

En principio, por exigencia del principio de igualdad, todo ciudadano tiene derecho a ser adjudicatario de un contrato administrativo. Esto no supone, obviamente el derecho a ser en todo caso contratista, sino la titularidad de un interés legítimo, que le permite concurrir en el procedimiento de licitación para competir por la adjudicación, sin que pueda ser discriminado en dicha pugna por criterio alguno distinto a la mayor ventaja que la oferta implique para el interés público que pretende satisfacer el contrato.

Sin embargo, esto no es obstáculo para que se fijen algunas limitaciones dirigidas a garantizar la capacidad y solvencia del contratista, que pueden determinar la exclusión de la licitación de aquellos que no los cumplan, sin demérito alguno del principio de igualdad.

Para ser proveedor de bienes o servicios o contratista de obras del Estado, cualquiera que sea la modalidad de contratación, es necesario tener capacidad para contratar, que otorga el cumplimiento de los requisitos recogidos en el art. 17 LCSP, esto es:

1. Tener capacidad para obligarse y contratar, conforme al derecho común.
2. No estar incurso en ninguna situación de prohibición o inhibición, en los términos de la presente Ley.
3. No encontrarse en convocatoria de acreedores, quiebra o liquidación.
4. No encontrarse en interdicción judicial.
5. Estar registrado en el registro de proveedores.

Sin embargo, de acuerdo al art. 17, cada entidad u órgano contratante podrá establecer requisitos adicionales y de carácter especial en los documentos bases, utilizados según el proceso de contratación, los que deben ser proporcionales al valor y complejidad del objeto a contratar. Dichos requisitos, sin embargo, deberán justificarse técnicamente en los estudios y documentos previos en función del tipo de contrato de que se trate y no podrán tener una intención discriminatoria orientada a vulnerar o violar el principio de igualdad y libre concurrencia en las contrataciones.

Ahorra, en el artículo 18 con detalle se establecen quienes tienen la prohibición para ser oferentes o proveedores del estado.

5. *Órganos de la contratación*

El órgano rector del sistema de Administración de Contrataciones del Sector Público, para la Administración Central, autonómica por territorio o por funciones, es la Dirección General de Contrataciones del Estado.

Las funciones de esta dirección se encuentran en el artículo 9, de LCSP.

El área de Adquisiciones es la máxima autoridad administrativa de cada órgano o entidad del Sector Público. Dentro de sus funciones está el asegurarse que, dentro de la misma, exista un área de Adquisiciones encargada de: participar en coordinación con las áreas solicitantes en la planificación y programación anual de las contrataciones; operar los procedimientos de contratación; resguardar la información relacionada con el proceso y con la ejecución de los contratos administrativos, y brindar asesoría, apoyo administrativo y técnico a las áreas solicitantes.

El área de Adquisiciones es un Órgano de Ejecución y dependerá de la máxima autoridad administrativa, debiendo en todo caso seguir las directrices técnicas expedidas por la DGCE, de conformidad con sus competencias legales.

Cuando el volumen de las operaciones o la organización territorial lo haga necesario, podrá existir más de un Área de Adquisiciones en cada órgano o entidad, quedando estas sujetas a la supervisión funcional del Área de Adquisiciones Central y supeditadas, en el caso de unidades de administración desconcentradas, a la máxima autoridad administrativa del órgano o entidad.

El Comité de evaluación, es la máxima autoridad administrativa de cada órgano o entidad del Sector Público que pretenda conducir un procedimiento de licitación, concurso o contrataciones simplificadas, excepto para contrataciones menores, deberá integrar un Comité de Evaluación que estará a cargo de recomendar la evaluación y calificación de las ofertas presentadas y la elaboración del informe respectivo, con las atribuciones y responsabilidades que se establecerán en el Reglamento de la presente Ley.

El Comité de Evaluación se constituirá mediante una resolución de la máxima autoridad administrativa del órgano o entidad licitante y deberá estar compuesto por personal de reconocida calidad técnica y experiencia.

El Comité de Evaluación estará conformado, como mínimo, por tres miembros:

1. El Coordinador del Área de Adquisiciones;
2. Un Asesor Jurídico del órgano o entidad contratante; y
3. Un experto en la materia de que trate la adquisición.

Si el número de miembros del Comité fuese ampliado, el total de ellos será siempre número impar.

6. *Procedimiento de la Contratación Administrativa*

El procedimiento de contratación es un elemento esencial de la teoría de los contratos administrativos, en cuanto va a ser el instrumento a través de que se persiguen diversos objetivos, no diferentes a los que trata de lograr el procedimiento administrativo con carácter general, pero de especial trascendencia en el ámbito de la contratación administrativa. En primer lugar, asegura la ordena actuación de la Administración a la hora de contratar. Pero sobre todo, en segundo lugar, garantiza la elección de la oferta más adecuada, con lo que se satisfacen dos exigencias esenciales: la igualdad de los distintos candidatos que optan a la selección, pues van a recibir un trato desigual solo en la medida en que existan razones objetivas que lo justifiquen; a lo que se añade la tutela del interés público, que se va a venir obviamente beneficiado al optarse por la oferta más ventajosa para el mismo.

A. *Procedimientos de contratación*

Los procedimientos de contratación aparecen regulados en el art. 27 LCSP, que distingue: 1. Licitación: a) Publica, b) Selectiva. 2. Contratación simplificada. 3. Contrataciones Menores. 4. Por Concurso.

La LCASP, define que Licitación es el procedimiento administrativo de carácter concursal mediante el cual el órgano o entidad del Sector Público realiza un llamado público, convocando a los interesados para que, sujetándose al pliego de bases y condiciones, formulen propuestas, de entre las cuales seleccionará y aceptará la mejor oferta.

B. *Etapas comunes del procedimiento de contratación administrativa*

El procedimiento de la contratación administrativa se divide en cinco fases: i) Preparatoria o de actividades previas, ii) Esencial o de selección del oferente, iii) Integrativa o de adjudicación, iv) Ejecución del contrato y, v) Evaluación.

Las tres fases comunes en el procedimiento de la licitación pública son las siguientes: fase preparatoria, la fase esencial y la fase integrativa.

a. *Fase preparatoria*

En esta fase se cumplen los presupuestos que tornan jurídicamente posible la manifestación de voluntad contractual administrativa. Es puramente interna de la Administración, sin intervención ni participación de los administrados, oferentes o terceros interesados. Incluye los análisis jurídicos, contables, financieros, económicos, políticos y de factibilidad física de la obra o servicio objeto de la futura contratación, la imputación previa de conformidad al crédito presupuestario y la elaboración del pliego de condiciones.

Los actos correspondientes a esta fase y que están contenidos en la LCASP son: Resolución de inicio (art. 30), Elaboración de pliego de bases y condiciones de licitación (art. 31 y art. 32).

b. *Fase esencial*

Esta fase comprende la licitación propiamente dicha, o sea, los actos dirigidos a lograr la manifestación de la voluntad común del ente público licitante y de un tercero contratista. En esta fase, como en la siguiente, las relaciones que se entablan son bilaterales, afectan o pueden afectar a terceros. Se desarrolla a través del llamado a licitación, la publicación del anuncio, la apertura de las ofertas, la admisión de oferentes, el estudio de las propuestas, la preadjudicación y la adjudicación.

Los actos correspondientes a esta fase y que están contenidos en la LCASP son: Convocatoria a licitación (art. 33), Aclaraciones y homologación del pliego de condiciones (art. 34), Corrección del pliego de base y condiciones (art. 35), Presentación de las ofertas (art. 36, art. 37, art. 38, art. 39 y art. 40), Modificación o retiro de las ofertas presentadas (art. 41), Aclaración de ofertas (art. 44), Descalificación del oferente (art. 45), Rechazo de las ofertas (art. 46) y Elaboración del dictamen de recomendación (art. 47).

c. *Fase integrativa*

La fase integrativa o de adjudicación da lugar a la voluntad objetiva y a su exteriorización en un contrato, perfeccionado en la forma en que el derecho positivo lo prevea, ya sea notificación de la adjudicación, aprobación de la adjudicación, homologación o instrumentación escrita.

Los actos correspondientes a esta fase y que están contenidos en la LCASP son: Resolución de adjudicación (art. 48), Re-adjudicación (art. 49), Declaración de licitación desierta (art. 50) y Suspensión o cancelación del procedimiento de licitación (art. 51).

3. Requisitos previos al inicio de una contratación. El art. 21 de la LCASP, establece que previo al inicio de un procedimiento de contratación, la entidad contratante deberá contar, según sea el caso, con los estudios requeridos, diseños, especificaciones generales y técnicas, debidamente concluidos, y el presupuesto. Asimismo, que estos documentos se asentaran en el expediente administrativo que se levantará para tal efecto y se harán públicos de la manera que establezca el Reglamento de forma que puedan ser tenidos en cuenta por los interesados en la elaboración de sus ofertas.

El mismo art. 21 establece, lo que se puede señalar como novedades, que la responsabilidad por el contenido de los estudios, diseños y especificaciones del proceso será del área técnica de la entidad contratante, y que en aquellos proyectos que involucren obra pública, los mismos deberán seguir los parámetros mínimos que para el efecto señale la DGCE mediante instructivo, de manera que se cuente con los requeridos para tal propósito de conformidad con lo que establezca el Reglamento de esta Ley.

Adicionalmente, establece que diez días antes de expedir la resolución de inicio de las licitaciones, los estudios, diseños y especificaciones se harán públicos junto con el proyecto del pliego de bases y condiciones, a efecto de que cualquier persona los examine y haga observaciones sobre los mismos. Las observaciones recibidas formarán parte de los antecedentes administrativos del proceso, sin que la entidad contratante esté en la obligación de responderlas o de incorporarlas.

La estimación del monto del contrato, a efectos de seleccionar el procedimiento de contratación correspondiente, es otro de los requisitos que se debe cumplir previo a iniciar cualquier proceso de contratación. El art. 22 de la LCASP establece que para esta estimación se deberá elaborar, según fuere el caso, el Presupuesto que contemple, entre otros elementos, todos los costos que implica el contrato, incluyendo el precio, fletes, seguros, comisiones, intereses, previsión sobre reajuste de precios, tributos, si procedieren, derechos, primas y cualquier otra suma que debiera precisarse.

3.1. Etapas y procedimientos de la licitación pública. a. Fase preparatoria. a.1 Resolución de inicio. El procedimiento se iniciará con una resolución motivada, emitida por la máxima autoridad administrativa de la entidad contratante. En esta se debe establecer el objeto de la contratación, la finalidad pública que se persigue satisfacer, una referencia de la justificación dentro del Presupuesto o del Plan Nacional de Inversiones y la elaboración del Pliego de bases y condiciones que regirá el proceso (art. 30 LCASP).

a.2 Elaboración de pliego de bases y condiciones de licitación. El pliego de bases y condiciones es un documento que tiene particular importancia en la regulación de la actividad contractual de la Administración. Es el conjunto de cláusulas formuladas unilateralmente por el licitante. La denominación "pliego de bases y condiciones" comprende, en principio, distintos instrumentos escritos que contienen normas jurídicas, ya sean de alcance general o particular, reguladoras del procedimiento de contratación en su preparación y posterior adjudicación. No obstante, el licitante puede encomendar la elaboración del pliego a un tercero, el que una vez efectuado lo discutirá con el órgano que tiene a su cargo la contratación.

El pliego de bases y condiciones de la licitación es la principal fuente de donde se derivan los derechos y obligaciones de las partes intervinientes, y al cual hay que acudir, en primer término, para resolver todas las cuestiones que se promuevan, tanto mientras se realiza la licitación como después de la adjudicación, durante la ejecución del contrato.

El pliego de cláusulas particulares, que ha de ser aprobado por el órgano de contratación antes de iniciarse el procedimiento de contratación (art. 74 RG), es una de las más claras manifestaciones de las tradicionales prerrogativas que ostenta la Administración en la contratación pública, que hacen de esta una contratación especial, distinta de la contratación común entre particulares, pues una de las partes, la Administración, tiene la facultad de establecer, a priori, las pautas que regirán el procedimiento de adjudicación, de obligada aceptación y cumplimiento por los terceros, aun indeterminados, que estén interesados en que se les adjudique el contrato.

La facultad del licitante para imponer unilateralmente, con efectos vinculantes, las cláusulas y condiciones que regularán la preparación y ejecución del contrato, resulta de la finalidad de la actividad de la Administración y de las modalidades propias de su exteriorización. Ello implica plena sujeción a la ley y adhesión a las cláusulas del pliego.

El art. 31 de la LCASP, lo define como el documento o conjunto de documentos escritos o electrónicos que conforme el procedimiento establecido en dicha Ley, recogen las condiciones jurídicas, económicas y técnicas al que ha de ajustarse la licitación, la adjudicación y formalización del contrato y la ejecución del mismo. Regulando la forma en que la Entidad Contratante determinará la mejor oferta al objeto licitado, las prestaciones, términos y condiciones del contrato que eventualmente sea adjudicado. El pliego de bases y condiciones de la licitación deberá ser elaborado y aprobado por el Área de Adquisiciones en coordinación con las áreas técnicas y solicitantes. Debiendo contener toda la información necesaria para que el oferente pueda formular válidamente su oferta.

b. Fase esencial. En la fase anterior se debieron cumplir los presupuestos que tornan jurídicamente posible la manifestación de voluntad contractual administrativa. El art. 74 del RGLCASP, a fin de garantizar lo anterior, establece que toda convocatoria de procedimiento de contratación deberá contar previamente con la aprobación de las bases que servirán para regular el respectivo proceso, así como de sus estudios previos, so pena de nulidad.

b.1. Convocatoria a licitación. La licitación se inicia en el momento en que la Administración Pública manifiesta expresa y abiertamente su intención de encontrar a un particular, que pretenda junto con ella, celebrar un contrato para la prestación de diversos servicios y en determinadas condiciones.

La convocatoria a la licitación pública es la invitación general e indeterminada que se formula a todos los posibles interesados en contratar con la Administración Pública.

El art. 33 de la LCASP establece que el llamado a licitación lo hará el Área de Adquisiciones del organismo o entidad licitante. El cual, deberá publicarse en el portal único de contratación o en los medios que para el efecto disponga el Reglamento

b2. Aclaraciones y homologación del pliego de condiciones. El art. 34 de la LCASP indica que en toda Licitación, el órgano o entidad licitante, por conducto del Área de Adquisiciones, tendrá la obligación de señalar lugar, hora y fecha límite para recibir y aclarar cualquier duda que tuvieren los pliegos de bases y condiciones.

En toda Licitación Pública, dentro de los cinco (5) días hábiles del período de presentación de ofertas, habrá una reunión de homologación de la que se elaborará un acta en la que se deben incluir los acuerdos del caso. El acta se hará llegar a todos los oferentes a través de cualquier medio establecido en el pliego (art. 34 LCASP).

En todo caso en los procesos de licitación, podrán los oferentes, dentro del primer tercio del plazo para presentar ofertas, formular objeción escrita ante el área de adquisiciones, cuando se considere que el pliego de bases y condiciones es contrario a los principios y disposiciones del procedimiento aplicable, o cuando el pliego vulnere las normas en que debe fundarse art. 34 LCASP).

b.3 Corrección del pliego de base y condiciones. El órgano o entidad licitante, por intermedio del Área de Adquisiciones y dentro de un plazo no mayor de tres (3) días hábiles contados después de celebrada la reunión de la homologación, podrá efectuar modificaciones de oficio o a petición de cualquier proveedor participante, con el objeto de precisar o aclarar el pliego de bases y condiciones. Para tales efectos, el Área de Adquisiciones deberá elaborar "Acta Motivada" y notificarla a los proveedores participantes a través de los medios establecidos en el pliego (art. 35 LCASP).

La corrección podrá ser modificación simple o modificación sustancial; será modificación simple aquella que no cambie el objeto de la contratación, ni constituyan una variación fundamental en la concepción original de esta, en este caso, se mantendrá el plazo original acordado de la fecha de la apertura.

La corrección podrá ser una modificación sustancial, cuando se introduzca una alteración importante considerada trascendente o esencial en la concepción original del objeto de la contratación. El Plazo de la apertura de ofertas deberá ampliarse hasta por un cincuenta por ciento (50%) del plazo original establecido en el pliego de bases y condiciones art. 34 LCASP).

b.4 Presentación de las ofertas. La presentación de la propuesta no es un acto administrativo, ya que lo emite el administrado licitador, oferente o proponente, estando sujeta al cumplimiento de requisitos formales, cuya omisión puede determinar la ineficacia de la oferta, ya que ello autorizaría el rechazo de la propuesta al abrirse los sobres el día señalado al efecto, salvo que se tratare de irregularidades consideradas irrelevantes por el derecho vigente.

De acuerdo al art. 36 LCASP, las ofertas podrán presentarse por escrito o en forma electrónica, siempre que en este último caso se cumplan las condiciones que para el efecto establezca el Reglamento con el propósito de asegurar la inalterabilidad de las mismas.

En cuanto al plazo que tendrá el oferente para presentar su oferta, el art. 36 LCASP establece que no podrá ser menor de treinta días calendario, los que serán contados a partir de la convocatoria, salvo que el organismo adquirente resuelva ampliar el término indicado considerando la magnitud, complejidad del proyecto. Las contrataciones cubiertas por los acuerdos comerciales internacionales, se regirán por las disposiciones acordadas en dichos instrumentos.

Las ofertas recibidas por el órgano o entidad licitante una vez vencido el plazo para su presentación se devolverán, sin abrir, a los oferentes que las hayan presentado.

En toda licitación, podrán participar distintos oferentes en consorcio. Para utilizar este mecanismo, será necesario acreditar ante el organismo o entidad licitante la existencia de un Acuerdo de Consorcio, en el cual se regulen, por lo menos, los términos de su relación con el organismo o entidad licitante. Los términos de la participación en el Consorcio que se informen al órgano o entidad licitante no podrán modificarse unilateralmente por ninguno de los oferentes. Para cualquier variación que se pretenda introducir en el Acuerdo de Consorcio, una vez que ha sido presentado al organismo o entidad licitante, será necesario contar con el previo consentimiento del mismo (art. 37 LCASP).

Las partes del consorcio responderán solidariamente ante el organismo o entidad licitante por todas las consecuencias derivadas de su participación y de la participación del consorcio en el proceso de contratación o en la ejecución del contrato.

Un oferente que participe como parte de un consorcio en un proceso licitatorio no podrá participar en el mismo proceso individualmente o como parte de otro consorcio.

En la licitación pública no se requiere un número mínimo de licitadores. La existencia de solo una propuesta no invalida ni afecta en modo alguno la legitimidad del procedimiento, salvo que el ordenamiento jurídico, por disposición expresa, exija un número mínimo de proponentes.

La licitación, debidamente publicada, podrá ser adjudicada cuando se presentare una única oferta. En tal caso, el Comité de Evaluación podrá recomendar la adjudicación de la licitación al oferente único, siempre y cuando, una vez evaluada, considere que esta oferta satisface los requisitos exigidos en el pliego de bases y condiciones y que conviene a los intereses del órgano o entidad licitante (art. 39 LCASP).

Las ofertas presentadas tendrán validez y estarán sujetas al plazo establecido por el órgano o entidad licitante en el pliego de bases y condiciones (art. 40 LCASP).

Esta consideración implica que durante ese plazo los oferentes no pueden retirar su propuesta, y si lo hacen perderán la garantía de seriedad que hubieren otorgado.

b.5 Apertura de las ofertas presentadas. En el lugar, día y hora determinados en los avisos para celebrar el acto, se procederá a abrir los sobres que contienen las propuestas. Estarán presentes los funcionarios designados por el organismo licitante y los proponentes que desearen presenciarlo.

La apertura de las ofertas es la etapa procedimental por la que se dan a conocer públicamente las ofertas que oportunamente se recibieron. Constituye un acto formal. Las leyes imponen que se levante un acta, en la cual se refleje todo lo acontecido durante su desarrollo.

Dicha acta constituye un requisito de validez de tal diligencia, ya que en dicho documento se deja sentado todo lo que ahí aconteció y en la que se incluyen las observaciones realizadas por los oferentes respecto de la irregularidad de tal acto.

El art. 42 de la LCASP establece que las ofertas presentadas ante la entidad licitante serán abiertas en forma pública, presencial o electrónica, en las condiciones que para tal efecto determine el Reglamento.

b.6 Modificación o retiro de las ofertas presentadas. Los oferentes podrán modificar o retirar sus ofertas antes de que venza el plazo límite para su presentación por los mismos medios por lo que fue enviada. El retiro o modificación de la oferta posterior al plazo límite fijado para la presentación de la misma dará lugar al inicio del procedimiento administrativo sancionador establecido en la presente Ley (art. 41 LCASP).

b.7 Aclaración de ofertas. Durante la etapa de evaluación, el Comité de Evaluación a través del Área de Adquisiciones podrá solicitar a los oferentes, por escrito o en forma electrónica, aclaraciones de sus ofertas. Las aclaraciones, deberán hacerse por escrito o en forma electrónica, dentro del plazo señalado y no podrán alterar el contenido de la oferta original, ni violentar el Principio de Igualdad entre los oferentes. Las aclaraciones a que se refiere el presente artículo deberán ser presentadas por los oferentes dentro del plazo máximo de dos días hábiles a partir de la fecha de recepción de la solicitud de aclaración y darse a conocer al resto de oferentes (art, 44 LCASP).

b.8 Descalificación del oferente. El Comité de Evaluación descalificará al oferente en los siguientes supuestos: 1. Cuando el oferente no satisficiere los requisitos de idoneidad legal, técnica y financiera, establecidos en la presente Ley y pliego de bases y condiciones. 2. Cuando estuviere incurso en situaciones de prohibición para presentar ofertas o se encontrase sancionado de conformidad con la presente Ley. 3. Cuando el oferente faltare a la verdad en los documentos presentados o en los hechos declarados dentro del procedimiento de licitación, o se presenten evidentes inconsistencias entre los documentos entregados o las afirmaciones realizadas por el proponente y la realidad (art. 45 LCASP).

b.9 Rechazo de las ofertas. El Comité de Evaluación rechazará las ofertas en los siguientes supuestos: a. Cuando la oferta no estuviese firmada por el oferente o su representante legal debidamente acreditado. b. Cuando el oferente presente oferta de diferentes entidades comerciales con un mismo producto sin estar autorizado en el pliego de bases y condiciones. c. Cuando el oferente presente más de una oferta, sin estar autorizado ello en el pliego de bases y condiciones. 4. Cuando el oferente no presentare las garantías requeridas (art. 46 LCASP).

El Comité de Evaluación, también rechazará las ofertas en los siguientes supuestos: a. Cuando las ofertas no cumplan con los requisitos esenciales establecidos en el pliego de bases y condiciones. b. Contenga un precio ruinoso o no remunerativo para el oferente, que dé lugar a presumir su incumplimiento en las obligaciones contractuales por insuficiencia de la retribución establecida, previa indagación con el oferente con el propósito de averiguar si este satisface las condiciones de participación y será capaz de cumplir los términos del contrato. c. Cuando el oferente no presente las aclaraciones a su oferta en el plazo y condiciones reguladas por la Ley (art. 46 LCASP).

b.10 Elaboración del dictamen de recomendación. La adjudicación, etapa que concluye el procedimiento preparatorio de la voluntad administrativa contractual, por lo general no se hace en el mismo acto en que se abren los sobres ni inmediatamente después, sino que, de modo previo, el órgano competente del ente licitante solicita el asesoramiento de oficinas y órganos consultivos que analizan las propuestas en orden a los requisitos jurídicos, técnicos y económico-financieros, exigidos por los pliegos de condiciones y demás normativa aplicable a la licitación.

La apertura y la admisión de la oferta están separadas de la adjudicación por una etapa de trámite interna, durante la cual el licitante estudia, coteja y finalmente elige la oferta ajustada a su requerimiento.

El Comité de Evaluación, utilizando los criterios contenidos en el pliego de bases y condiciones, recomendará la adjudicación total o parcial de la licitación al oferente u oferentes, que ajustándose a los requisitos del pliego de bases y condiciones, haya presentado la mejor oferta, así mismo, deberá recomendar el orden de prelación con que fueron seleccionadas; o recomendar la declaratoria de desierta total o parcialmente de la licitación en los supuestos que la Ley señala (art. 47 LCASP).

Para tales efectos, se elaborará un dictamen detallado del análisis y comparación de todas las ofertas, exponiendo las razones precisas en que fundamenta su recomendación.

c. Fase integrativa. La adjudicación tiene lugar una vez concluida la etapa de valoración de las propuestas.

Constituye el acto administrativo, emitido por el licitante, por el que se declara la oferta más conveniente y simultáneamente se la acepta, individualizando la persona del contratista. Importa una declaración unilateral de voluntad emitida por el licitante, por medio de sus órganos competentes, y dirigida a la celebración del contrato. Con ella se distingue la mejor oferta y se elige al licitador más idóneo, atribuyéndole la ejecución de la obra, servicio o suministro objeto de la contratación.

c.1 Resolución de adjudicación. La adjudicación constituye un acto de la Administración Pública que contiene la decisión unilateral del órgano convocante, que determina cuál es la propuesta más ventajosa y, en consecuencia, la declara aceptada.

La máxima autoridad administrativa de la entidad u organismo licitante, deberá dictar una resolución motivada para adjudicar total o parcialmente la licitación, declararla desierta o cancelarla de acuerdo a lo dispuesto en la presente Ley (art. 48 LCASP).

Una vez emitida la resolución será notificada a los oferentes, en caso de que estos no recurran contra ella, en el plazo establecido, será firme y se publicará.

c.2 Re adjudicación. La re adjudicación podrá realizarse al oferente que hubiere sido calificado en el orden de prelación cuando el adjudicado original haya sido notificado para firmar el contrato y no lo hiciere dentro del plazo fijado en la notificación por la entidad licitante o no presentare la documentación necesaria para la formalización del contrato (art. 49 LCASP).

Así mismo, cuando por cualquier razón termine anticipadamente el contrato sin haberlo ejecutado en más del treinta por ciento (30%) del mismo, la entidad podrá optar por adjudicar el contrato al siguiente oferente de la prelación, en cuyo caso se ajustará proporcionalmente el valor de su oferta (art. 49 LCASP).

c.3 Declaración de licitación desierta. El art. 50 LCASP, establece las situaciones en las que la máxima autoridad administrativa del organismo o entidad licitante, mediante resolución motivada, deberá declarar desierta la licitación, siendo estas:

1. Cuando no se presentare oferta alguna.

2. Cuando se rechazaren todas las ofertas, fundamentando en tal supuesto, las razones técnicas y económicas basado en el incumplimiento del pliego de bases y condiciones.

3. Cuando en el proceso de evaluación se comprueban errores sustanciales respecto a las especificaciones contempladas en el pliego de bases y condiciones.

4. Cuando no esté de acuerdo con el dictamen del Comité de Evaluación, fundamentando su desacuerdo en razones de interés público.

Cuando se declare desierta una licitación, se podrá iniciar nuevamente el proceso con una reducción del cincuenta por ciento (50%) en los plazos, previa revisión del pliego de bases y condiciones que sirvió de base en la licitación, incluyendo los ajustes que sean necesario sin que se altere el objeto a contratar.

La resolución que tenga por desierta un proceso de contratación, no hará incurrir en responsabilidad contractual o pre-contractual alguna al órgano o entidad licitante.

c.4 Suspensión o cancelación del procedimiento de licitación. El licitante tiene la posibilidad de desistir del procedimiento antes de la perfección del contrato, aunque ya se hayan evaluado las ofertas.

Así el art. 51 de la LCASP establece que si durante el desarrollo del procedimiento de contratación administrativa se suscitan situaciones de caso fortuito o fuerza mayor que impidan el normal desarrollo del procedimiento cuya solución pueda ser superada dentro de un plazo prudencial que no sea superior a treinta (30) días calendarios y que no afecte el monto y objeto de la contratación, la entidad contratante podrá mediante Resolución motivada suspender el proceso de contratación administrativa, indicando expresamente el plazo de suspensión y las razones que lo motivan, pudiendo reiniciar el procedimiento de la contratación.

Si las circunstancias acontecidas por cualquiera de estas causas no puedan ser resueltas con la prontitud requerida dada la naturaleza de la contratación, la entidad deberá cancelar la misma, motivando mediante Resolución Administrativa tal circunstancia.

En ambos casos, no implica responsabilidad alguna para la entidad u organismo contratante.

Esta resolución deberá ser notificada a los oferentes y publicarse en el portal único de contratación del órgano rector.

c.5 Formalización y liquidación del contrato. Es importante determinar el momento en el cual se perfecciona y entra en vigencia el contrato de la Administración, el que dependerá del modo en que se lleve a cabo dicho perfeccionamiento. El mismo se sujeta al derecho positivo, pues existen disposiciones específicas para algunos supuestos.

Nuestro derecho positivo establece en el RGLCASP, "la relación contractual se perfecciona con la firma del contrato en su caso y la recepción de orden de compra o de servicio por el proveedor adjudicatario" (art. 219 RGLCASP).

La formalización de un contrato administrativo no requerirá de escritura pública, salvo cuando lo requiera el derecho común. Los contratos administrativos derivados de un proceso ordinario de contratación tendrán el carácter de documentos públicos con fuerza ejecutiva. (art. 70 LCASP)

Está facultada para suscribir los contratos que se deriven de la aplicación de la presente Ley, la autoridad máxima administrativa de la entidad u organismo contratante o la persona que esta designe especialmente mediante resolución administrativa. (art. 70 LCASP)

En los procesos de licitación y concurso, una vez se encuentre firme la resolución de adjudicación, el organismo o entidad contratante deberá proceder a formalizar el contrato con el adjudicatario, de acuerdo con el modelo incluido en las bases de la contratación y las disposiciones legales y reglamentarias pertinentes. En las contrataciones simplificadas quedará a opción de la entidad contratante (art. 70 LCASP).

Todo contrato administrativo de tracto sucesivo deberá liquidarse dentro de los cuatro (4) meses siguientes a su terminación. De no ser posible la liquidación de mutuo acuerdo, con posterioridad al periodo mencionado la entidad podrá liquidar unilateralmente, previa observancia del debido proceso (art. 70 LCASP).

VI. EL DERECHO ADMINISTRATIVO SANCIONADOR

El tránsito del Estado liberal no intervencionista al Estado social y democrático de Derecho que se ha ido produciendo desde la mitad del siglo XX, ha dado lugar a una legislación cada vez más amplia y compleja, que a su vez plantea el problema de su garantía y de la forma de castigar sus infracciones.

Cuando los ciudadanos infringen el ordenamiento jurídico pueden ser objeto de sanciones. Las sanciones se podrían definir como técnicas de protección de los correspondientes bienes jurídicos en que se concreta el interés general y que son determinadas por la comunidad jurídica. A través de las sanciones se consigue un control represivo y preventivo de la vida social, en orden a la eficacia del ordenamiento jurídico.

Dentro de las infracciones del sistema jurídico, se distingue entre aquéllas que afectan a los bienes de más relevancia para la comunidad, las cuales son objeto de sanciones penales a imponer en exclusiva por los Jueces y Tribunales del orden penal, y aquellas otras infracciones de menor importancia que pueden ser objeto de sanciones impuestas por las Administraciones Públicas.

Desde una perspectiva puramente teórica, el poder represor es un poder que debería corresponder en exclusiva a los jueces; sin embargo, razones prácticas hacen imposible que los Jueces y Tribunales, titulares naturales del "*ius puniendi*", puedan encargarse de todo el aparato represivo del Estado. Tal modelo resultaría imposible de poner en práctica en nuestros días. De ahí que junto al poder de los jueces haya que reconocer igualmente a las Administraciones Públicas una cuota del "*ius puniendi*" del Estado.

En cualquier caso, debe destacarse que no existe una diferencia de naturaleza entre la sanción penal y la administrativa; ambas son, por igual, manifestaciones del poder punitivo estatal. La elección entre una y otra es cuestión de política legislativa. Sin embargo, solo los procesos judiciales pueden imponer penas privativas de libertad.

Podría decirse que la única diferencia conceptual entre el Derecho Penal y el ordenamiento administrativo sancionador radica en la competencia que, en un caso, es judicial y, en otro, administrativa. Las demás diferencias no caben sino calificarlas como de intolerables excepciones a los principios de libertad y seguridad que inspiran el Estado de Derecho.

La sanción administrativa es, por tanto y al igual que la pena, un mal infringido a un ciudadano por un hecho o conducta constitutiva de infracción, es decir, tipificada legal y previamente como tal. La sanción puede constituir tanto en la obligación de satisfacer una cantidad de dinero (multa), como en la pérdida de una ventaja, una expectativa o un derecho, esto es, de una situación subjetiva favorable constituida por el Derecho Administrativo (ej.: revocación del permiso de conducir).

En la actualidad en Nicaragua, las sanciones administrativas se extienden de una forma muy considerable, a través de una legislación muy dispersa y en la mayoría de los casos son de un rango reglamentarios: circulares, ordenanzas autonómicas o municipales, lo que da como consecuencia una inseguridad jurídica.

Por lo tanto, se ha hecho necesario poner fin a este estado de cosas, y, dentro del proyecto de ley del Régimen Jurídico de las Administraciones Públicas y Procedimiento Administrativo Común, en su Capítulo V, del artículo 102 al 114, se establece el procedimiento sancionador.

En el proyecto de ley se establece que las sanciones administrativas que las autoridades competentes deban imponer a las personas estarán inspiradas en los principios de legalidad, tipicidad, presunción de inocencia, proporcionalidad, procedimiento punitivo e irretroactividad. Y, solamente podrán ser sancionados por hechos constitutivos de infracción administrativa, las personas individuales o colectivas que resulten responsables. Las infracciones prescribirán en el término de dos (2) años. Las sanciones impuestas se extinguirán en el término de un (1) año. La prescripción de las sanciones quedará interrumpida mediante la iniciación del procedimiento de cobro.

Las etapas del procedimiento sancionador será la iniciación, que formalizará con la notificación a los presuntos infractores con los cargos imputados. La tramitación, en la cual los presuntos infractores en el plazo de quince (15) días hábiles a partir de su notificación podrán presentar todas las pruebas, alegaciones, documentos e informaciones que crean convenientes a sus intereses. Y, la terminación, en la cual, vencido el término de prueba,

La autoridad administrativa correspondiente en el plazo de treinta (30) días emitirá resolución que imponga o desestime la sanción administrativa. Contra la resolución de referencia procederán los recursos administrativos de revisión y apelación.

VII. CONTENCIOSO ADMINISTRATIVO

La ley de la jurisdicción contenciosa administrativa se aprobó el 18 de Mayo del 2000. Publicado en La Gaceta No. 140 y 141 del 25 y 26 de Julio del 2000.

El dieciocho de junio del año dos mil uno, José Antonio Bolaños Tercero, presento ante la Corte Suprema de Justicia de Nicaragua, un recurso de inconstitucionalidad, contra de la Ley de Regulación de la Jurisdicción de lo Contencioso–Administrativo.

El recurrentes, expresaba en su recurso, que el artículo 119 de la ley, en su párrafo segundo viola la Constitución Política de Nicaragua, al establecer como causal de destitución de los Magistrados de la Sala de lo Contencioso Administrativo del Supremo Tribunal, por la Asamblea Nacional, el no fallar en el plazo fijado por dicha ley, asumiendo dicho órgano legislativo facultades de juzgar y ejecutar lo juzgado, que son propias del Poder Judicial de conformidad con los Arts. 158 y 159 de nuestra Constitución Política, constituyéndose la Asamblea Nacional en un Tribunal de Justicia, invadiendo el ámbito de competencia del Poder Judicial, contradiciendo los Arts. 34 numerales 3), 4) y 9), 129, 158, 19 y 130, todos de la Constitución Política.

1. *Sentencia Número 40, declarando inconstitucional, parcialmente la ley de la Jurisdicción de lo Contencioso Administrativo*

La Corte Suprema de Justicia, en la Sentencia Número 40, y de conformidad con los considerandos hechos y artículos 424, 426 y 436 Pr. y artos. 6, 17, 18 y 19 de la Ley de Amparo, los suscritos Magistrados de la Corte Suprema de Justicia Los magistrados de la Corte Suprema de Justicia, en la Sentencia Número 40, resolvieron, HA LUGAR AL RECURSO DE INCONSTITUCIONALIDAD, interpuesto por JOSÉ ANTONIO BOLAÑOS TERCERO, mayor de edad, casado, Abogado y Notario, del domicilio de Granada, en su carácter de ciudadano, en contra del Art. 119, párrafo segundo de la Ley No. 350 "Ley de Regulación de la Jurisdicción Contencioso-Administrativo", en consecuencia declarase la inaplicabilidad de dicha norma.

La declaración de inconstitucionalidad parcial, tuvo como consecuencia directa que la competencia de la Sala de lo Contencioso Administrativo de la Corte Suprema de Justicia, quedo limitada, durante casi nueve años (2001-2010) al conocimiento, de las impugnaciones de Disposiciones de carácter general, y solamente, en el año 2010, la Sala decidió comenzar a conocer y resolver a partir del año 2010, todas las materias propias del ámbito y extensión del contencioso-administrativo expuestas en los artículos 1, 14 y 15 de la Ley No. 350[17].

En parte, apunta Juan Bautista Arrien, esto se debió a los siguientes factores: Primero: la incidencia doctrinaria de dos obras de Derecho Administrativo de autores nicaragüenses: una del Dr. Karlos Navarro y otra de mi autoría. Segundo: la sentencia de inconstitucionalidad de la Ley No. 350, no afecto ni el artículo 14 ni el 15 de dicha normativa que contiene el ámbito y extensión del contencioso nicaragüense, por lo que sin ningún problema la Sala es competente para conocer demandas en contra de actos administrativos; y por último, y no por ello menos importante, la labor de asesoría del Dr. Cairo Manuel López Sánchez, asesor de la Sala de lo Contencioso-Administrativo de la Corte Suprema de Justicia de Nicaragua (2005-2010) y uno de los redactores de la Ley No. 350.

Finalmente, y producto de la sentencia de inconstitucionalidad a la que ha sido sometida la ley no. 350 se ha organizado una Comisión en la Asamblea Nacional para que se elabore una nueva ley de la Jurisdicción Contenciosa Administrativa, que estará coordinada por el doctor Karlos Navarro, y asesorada por importantes administrativas del ámbito Iberoamericano, entre los que podemos mencionar a Jesús González Pérez, José Luis Meilán Gil, Jaime Rodríguez Arana, José Antonio Moreno Molina, Javier Barnes (España), Ernesto Jinesta Lobo (Costa Rica), Jorge Fernández Ruiz, Francisco Eduardo Velázquez, Francisco J. Gorjón Gómez y Alma Patricia Domínguez (México), Carlos Botassi y Alejandro Pérez Hualde (Argentina), Rogelio Gestal (Brasil), Giuseppe Franco Ferrari (Italia), Sven Muller-Grune y José Martínez (Alemania) y Juan Bautista Arrien (Nicaragua).

VIII. LA RESPONSABILIDAD ADMINISTRATIVA

En el reconocimiento de la responsabilidad de la Administración se ha seguido una evolución histórica que no ha culminado sino hasta bien entrado el siglo XX. En el origen de la Administración, no se reconocía en modo alguno su responsabilidad, ni en la Edad Media, ni en los Estados absolutos. Ni los reyes, ni las Administraciones dependientes de ellos, respondían por los daños que causaban. Es el principio general del Derecho de que "*el rey no puede errar*". Incluso, con la Revolución Francesa, el principio no cede; es decir, se sigue manteniendo la falta de responsabilidad de la Administración Pública.

Sin embargo, en el siglo XX se va a comenzar a reconocer una responsabilidad de la Administración del Estado en determinados casos. Conforme el Estado se va transformando de liberal a social, la Administración va asumiendo más competencias, actúa en más campos y, como consecuencia de ello, existe también un riesgo mayor de causar daños a los ciudadanos.

En un primer momento, en Nicaragua es reconocida la responsabilidad en el campo del derecho privado: Civil y mercantil. Se trata de una responsabilidad indirecta y subjetiva, basada en la noción de culpa.

Sin embargo, es en la Constitución de 1987, en el artículo 131 que se establece la responsabilidad patrimonial del Estado por las lesiones que como consecuencia de las acciones u omisiones de los funcionarios públicos en el ejercicio de sus funciones, sufran los particulares en sus bienes, derecho e intereses.

---

[17] Se puede consultar la sentencia no. 1 – 2009, del veintiocho de agosto del dos mil nueve, de las diez de la mañana emitida por la Sala de lo Contencioso – Administrativo de la Corte Suprema de Justicia que en su considerando II, sostiene que dicha Sala tiene competencia no solo para conocer demandas en contra de Disposiciones de carácter general sino también en contra de actos de aplicación individual una vez agotada la vía administrativa. Por su parte, en el considerando IV de la misma sentencia se sostiene que: *La presente demanda contencioso administrativo, es una de las primeras que ESTA SALA DE LO CONTENCIOSO ADMINISTRATIVO está resolviendo en contra de un acto administrativo de tipo particular, concreto e individualizado, pues solo había conocido y admitido demandas en contra de actos administrativos de carácter general, abstractos e impersonales,* como el resuelto en la Sentencia No. 4, dictada a las 12:30 p.m., del 26 de marzo de 2007, entre "El Cazador Sociedad Anónima", Vs. El Presidente de la República, Ing. Enrique Bolaños, por haber dictado el Decreto No. 28-2005, Reglamento a la Ley No. 510, Ley Especial para el Control y Regulación de Armas de Fuego y Municiones, Explosivos y otras materias relacionadas, así como otras demandas de tipo general como aumento en tarifas de agua y energía eléctrica. Comentario a esta sentencia: puede leerse en: Juan Bautista Arrién Somarriba: "Sistema de juzgados y tribunales de lo contencioso-administrativo en Nicaragua" Tesis doctoral. Inédita.

Este precepto constitucional ha sido desarrollado, por el proyecto de ley del Régimen Jurídico de las Administraciones Públicas y Procedimiento Administrativo Común, en los artículos del 115 al 119.

De manera clara establece que: "Los ciudadanos tendrán derecho a ser indemnizados por las Administraciones Públicas correspondientes, de toda lesión que sufran en cualquiera de sus bienes y derechos, salvo en los casos de fuerza mayor, siempre que la lesión sea consecuencia de un mal funcionamiento de los servicios públicos. Y en todo caso, el daño alegado habrá de ser efectivo, evaluable económicamente e individualizado con relación a una persona o grupo de personas. Para hacer efectiva la responsabilidad patrimonial, los ciudadanos exigirán directamente a la Administración Pública correspondiente las indemnizaciones por los daños y perjuicios causados por las autoridades y personal a su servicio.

En el proyecto de ley, solamente se incluyó la responsabilidad de las Administraciones Públicas, por el mal funcionamiento de los servicios públicos, que comprende no solo las conductas ilegales o culpables de los agentes públicos sino, también, el mal funcionamiento de los servicios; es decir, el funcionamiento por debajo de las medidas de calidad exigibles y que causen un daño al ciudadano.

De esta forma, la responsabilidad se configura de una forma unitaria con un régimen de Derecho Administrativo aplicable a todas las Administraciones Públicas y que protege por igual a todos los ciudadanos. Asimismo, tiene un alcance general; es decir, comprende todo tipos de actuaciones extracontractuales de las Administraciones Públicas, la responsabilidad es directa sin exigir a los ciudadanos que identifiquen al funcionario, y por último la responsabilidad tiene un carácter objetivo. Para que se reconozca no se debe acreditar la existencia de una conducta culpable de los agentes públicos, sino, únicamente, que el daño es consecuencia del mal funcionamiento de los servicios públicos. La nota de la objetividad distingue la responsabilidad de la Administración de la responsabilidad civil, ya que esta última es una responsabilidad subjetiva.

IX. EL SERVICIO PÚBLICO: LIBERALIZACIÓN, PRIVATIZACIÓN Y REGULACIÓN

A pesar de ser la idea del servicio público una de las instituciones básicas del Derecho Administrativo, no existe una definición estable de la misma. Históricamente, es una técnica relativamente reciente, aunque no es su modernidad lo que produce su falta de categorización, sino más bien su estrecha relación con la realidad histórica y política, que explica tanto su falta de precisión, como su constante evolución.

1. *El Servicio Público en la Constitución de Nicaragua.*

El servicio público nace en Nicaragua desde el campo puramente económico, acompañado de las consecuencias jurídicas de la actuación positiva del Estado, que lo acompaña en su actuación como título de potestad de la Administración.

El 9 de enero de 1987, la Asamblea Nacional de Nicaragua culminó su labor constituyente, con la aprobación de la nueva Constitución Política, que fue promulgada de forma inmediata por el Presidente de la República.

En 1995 el texto constitucional fue reformado, el régimen político había cambiado y el Estado estaba bajo la dirección de fuerzas políticas que se inclinaban hacia la empresa privada. Hacia la intervención de los sujetos privados en el mundo económico más que hacia el Estado. Sin embargo, esto no deslindaba las responsabilidades del Estado a la hora de dirigir la economía, garantizar y promover el desarrollo integral del país (Art. 99).

Debido a la reforma Constitucional, en particular los artículos 99, 104, 105 del Capítulo I. ECONOMÍA NACIONAL, se logró adecuar el texto constitucional a los objetivos del Gobierno, y de esta forma trazar la política económica que ha seguido el Estado de Nicaragua en la última década.

Conforme a los principios constitucionales, "es obligación del Estado promover, facilitar y regular la prestación de los servicios públicos básico de energía, comunicación, agua, transporte, infraestructura vial, puertos y aeropuertos a la población, y derecho inalienable de la misma el acceso ellos. Las inversiones privadas y sus modalidades y las concesiones de explotación a sujetos privados en estas áreas serán reguladas por la Ley de cada caso. Los servicios de educación, salud y seguridad social son deberes indeclinables del Estado, que está obligado a prestarlos sin exclusiones, a mejorarlos y ampliarlos. Las instalaciones e infraestructura de dichos servicios propiedad del Estado, no pueden ser enajenadas bajo ninguna modalidad" (art. 105)

2. *La privatización de los servicios público*

El 25 de febrero de 1990, en cumplimiento de los Acuerdos de Estipulas, se efectuaron elecciones para elegir al Presidente y Vice-Presidente de la República, representantes ante la Asamblea Nacional y Concejales municipales.

El resultado de las elecciones fue el triunfo de la coalición de Partidos Políticos identificado como Unión Nacional Opositora (UNO). En los primeros años de gobierno, la Presidenta VIOLETA BARRIOS DE CHAMORRO implementó un programa de reforma del Estado. A través del proceso de reforma del Estado se privatizaron 351 empresas que anteriormente fueron propiedad estatal. La privatización, tenía por objetivo: a) La reconversión y modernización del aparato productivo; b) El saneamiento de las finanzas del estado; c) El incremento en la generación de empleos, inversión, producción y exportaciones.

De esta forma, el gobierno de Nicaragua concibe la privatización como uno de los instrumentos principales de la estrategia de desarrollo, de la racionalización del estado, y de la modernización de los sectores productivos. La transferencia al sector privado de empresas y de activos se enmarca dentro del más amplio contexto de ajuste estructural, y de una política de apertura al comercio internacional que tenía como objetivos centrales fomentar la competitividad internacional de la economía y lograr un aumento en los niveles de vida a través de la creación de empleos.

X. LA FUNCIÓN PUBLICA

En la Constitución de 1939 en su artículo 321, es donde aparece por primera vez el mandato constitucional de "crear un Servicio Civil organizado con los funcionarios que no tengan "carácter político".

La Constitución de 1950 en su artículo 299, estipulaba la creación de un "Servicio Civil organizado con los servidores públicos que no tengan carácter político". Y, también, en la Constitución de 1974, se recogía este mismo artículo.

La vigente Constitución de 1987, de manera clara establece crear un régimen de Servicio Civil y Carrera Administrativa (art. 131).

A finales del año 2003, se aprueba la Ley del Servicio Civil y de Carrera Administrativa. Esta ley, tiene por objeto, regular el régimen del Servicio Civil y de la Carrera Administrativa, para garantizar la eficiencia de la Administración Pública y los derechos y deberes de los servidores públicos. Asimismo, establece, el principio de estabilidad, sobre el mérito, capacidad, especialización, profesionalismo, para que el servidor público sea de carrera.

El artículo 7, establece las categorías de los Servidores Públicos:

Funcionarios Públicos: Todas las personas naturales que dirige la función pública por nombramiento para desarrollar carrera o por contratación temporal, que ocupa puestos de nivel de jerarquía correspondiente al Servicio Directivo. Los denominados Funcionarios Públicos. Principales electos directa o indirectamente no forman parte del Servicio Civil.

Empleados Públicos: Todas las personas naturales que ejecutan y operativizan la función pública en virtud de una contratación indeterminada para desarrollar carrera o por contratación temporal.

1. *Ámbito de Aplicación*

El Ámbito de aplicación del Servicio Civil, comprende a los funcionarios y empleados públicos al servicio del Poder Legislativo, Ejecutivo, Poder Judicial, Poder Electora, Entes Autónomos y Gubernamentales, municipios o órganos de las Regiones Autónomas de la Costa Atlántica.

Se exceptúan del ámbito de aplicación del Servicio Civil, los que laboran y prestan servicios en las empresas públicas estatales, universidades y centro de educación técnica superior, ejército y los Funcionarios Públicos Principales: elegidos directa o indirectamente en los Poderes del Estado, las Entidades Autónomas, y los Gobiernos Municipales y Regionales.

2. *Órganos del Servicio Civil*

Los Órganos del Servicio Civil, son los siguientes:

1. Comisión de Apelación del Servicio Civil.
2. Comisión Nacional del Servicio Civil.
3. Ministerio de Hacienda y Crédito Público.
4. Instancias de Recursos Humanos.

XI. URBANISMO Y ORGANIZACIÓN TERRITORIAL

En el año de 1956 se decreta la Ley de Urbanismo como una solución al ordenamiento habitacional de Nicaragua. Sin embargo, esta Ley no tiene un contenido solido por lo que se somete una reforma en el año de 1958.

Los responsables de la aplicación de la Ley de Urbanismo fue una tarea asignada a la antigua Oficina de Urbanismo, así se consideraron los reglamentos de desarrollo urbano y las normas técnicas obligatorias nicaragüenses (NTON). A partir de la aplicación de la Ley de Urbanismo, Nicaragua empieza a sufrir transformaciones en la situación habitacional.

Sin embargo, el terremoto de 1972 y la guerra civil de los años ochenta, tuvo como consecuencia, por una parte, la destrucción de la ciudad de Managua, y por otra, la inmigración del campesinado a la ciudad, lo que produjo un desorden, un caos habitacional.

Esto ha impulsado a los distintos gobiernos a buscar soluciones e iniciar de forma consensuada la redacción de una nueva ley de urbanismo. La iniciativa inicial fue inspirada en la experiencia de las leyes de urbanismo de Chile y España. Sin embargo, dicha iniciativa ha sufrido varias modificaciones. En enero del 2004 la iniciativa de ley fue introducida a la primera secretaria de Asamblea Nacional.

1. *Competencias del MTI y Gobiernos Municipales en materia de urbanismo*

En base al cumplimiento de la Ley 290 en arto. 24 inciso g, se establece que el Ministerio de Transporte e Infraestructura (MTI) le corresponde "formular, proponer y supervisar la aplicación de las normas técnicas nacionales del sector de la construcción, vivienda y desarrollo urbano..., así mismo en el reglamento de la Ley se le dan las funciones de revisar y actualizar leyes y reglamentos de desarrollo urbano".

De acuerdo al decreto 98-2000 de la Ley 337 creadora del sistema nacional de prevención, mitigación a atención a desastres, retoma las funciones de la ley 290 y "asigna al MTI funciones a la elaboración de normativas técnicas en el campo de urbanismo y construcción, a fin de reducir los riesgos ante la ocurrencia de diversos fenómenos naturales".

Por su parte se establece a la vez que el Gobierno Municipal tiene competencia en materia de urbanismo de acuerdo a la Ley de municipios (Ley 40), título II: Art. 7. inciso 5, las siguientes atribuciones generales:

La elaboración, aprobación administración de su respectivo plan de ordenamiento territorial municipal.

La elaboración, aprobación y administración de plan de desarrollo urbano de su municipio, los planes reguladores y cualquier otro plan pertinente del territorio bajo su circunscripción.

La formulación y aprobación de ordenanzas municipales con reglamentos y otros instrumentos de orden urbanístico, sin que contravengan las NTON para su paliación en el ámbito municipal.

Definición de tasas por servicios urbanísticos incluidas en sus respectivos planes de árbitros.

XII. BIENES PÚBLICOS EN NICARAGUA

La Constitución Política de Nicaragua, presenta un profundo vacío jurídico en los que respecta a los bienes públicos, ya que no define como, por ejemplo, la española cuales son los bienes de dominio público.

En Nicaragua, la Constitución Política en su artículo 99 es la única disposición constitucional que hace referencia a bienes privados y públicos del Estado y es de destacar que tal referencia es muy superficial ya que únicamente hace mención de los mismos, sin determinar por lo menos cuales son estos; y sin presentar mayores argumentaciones al respecto.

Este artículo dice literalmente: "El Estado es responsable de promover el desarrollo integral del país, y como gestor del bien común deberá garantizar los intereses y las necesidades particulares, sociales, sectoriales y regionales de la nación. Es responsabilidad del Estado proteger, fomentar y promover las formas de propiedad y gestión económica y empresarial privada, estatal, cooperativa, asociativa, comunitaria y mixta, para garantizar la democracia económica y social".

En estas circunstancias, si los bienes del Estado no son definidos claramente en la Constitución, puede ser estos objeto de abuso, y arbitrariedades; y de tal forma, habría que recurrir al ordenamiento jurídico existente, en todo caso que no se oponga a la Constitución, subordinada a ella y relacionado a la materia.

La actual constitución tampoco presenta mayores disposiciones sobre los bienes públicos del Estado, únicamente se limita a hacer mención de ellos como bienes que gozan de protección del Estado sin especificar cuáles son. Tampoco, precisa, cuáles son los bienes públicos del Estado.

1. *Distinción entre dominio público y dominio privado*

La división de los bienes de las colectividades públicas en bienes de dominio público y bienes de dominio privado y la diversidad de régimen jurídico se generaliza en los sistemas jurídicos de origen francés, como el nuestro. Los bienes de dominio público ostentan un régimen público exorbitante más intenso que se superpone al régimen básico de los simplemente patrimoniales.

En nuestro país, el Código Civil en el artículo 611, hace mención de los bienes públicos del Estado, lo que podría interpretarse como una clasificación de los mismos:

> "Son públicas las cosas naturales o artificiales, apropiadas o producidas por el Estado o corporaciones públicas, y mantenidas bajo su administración, de las cuales es lícito a todos, individual o colectivamente, utilizarse, con las restricciones impuestas por la ley o por los reglamentos administrativos" Pertenecen a esta categoría:
>
> - Los caminos, puentes viaductos construidos y mantenidos a expensa de la administración general o municipal.
>
> - Las aguas saladas de las costar, marismas, ensenadas, bahías, ríos y lechos de los mismos.
>
> - Los Lagos y lagunas y los canales y corrientes de agua dulce navegables o flotables con sus respectivos lechos o álveos, y las fuentes públicas.

Entre los bienes de la Administración existen los que pertenecen a una categoría especial que son los destinados a utilidad pública en beneficio de la colectividad, siendo específicamente el fin social al que están destinados.

En el sentido ante expuesto, es verdaderamente importante señalar que dentro de esta categoría especial de bienes se encuentran las aguas por formar parte del patrimonio del Estado por lo que este es el principal órgano gestor de una protección jurídica especial.

La legislación y la jurisprudencia, establece que las reglas que determinan que los bienes de dominio público no son susceptibles de propiedad privada, y que determinan el establecimiento de los principios de imprescriptibilidad, inalienabilidad e inembargabilidad.

2. *La definición de bienes de dominio público en la Ley de Zona Costera*

La ley para el desarrollo de la Zona Costera, realizaba un notable avance conceptual, al definir claramente en su artículo 5, "Definiciones Generales" que "Son bienes de dominio público aquellos bienes propiedad del Estado destinados al uso y servicio de toda la población, y cuyo aprovechamiento y disfrute de manera lícita puede hacerse de manera individual o colectiva, en estricto apego a las regulaciones establecidas en las leyes, reglamentos y disposiciones administrativas. Estos bienes están sometidos a un régimen jurídico especial cuya administración le corresponde al Estado. Tienen las siguientes características: No enajenables, inembargables e imprescriptibles y no están sujetos a tributo alguno.

Al establecer la ley de Costa una definición de lo que es bienes de dominio público, sin duda alga es un avance significativo en la conceptualización pero aun más es un progreso significativo, en el ordenamiento del Estado de Nicaragua.

XIII. LA EXPROPIACIÓN POR CAUSA DE INTERÉS SOCIAL

Armando Rizo en su Manual de derecho administrativo, define la expropiación, como un "acto administrativo por medio del cual la Administración impone coactivamente a un particular la obligación de ceder su propiedad mediante ciertos requisitos, de los cuales el más importante es el pago de la indemnización correspondiente como compensación que al particular se le otorga por la privación de su propiedad".

La ley de expropiación (229), fue aprobada el 3 de marzo de 1976. La ley tiene por objeto la expropiación de bienes o derechos cualquiera que fuere la persona o entidad a quien pertenezcan, siempre y cuando, existiera una causa de interés social.

Para la expropiación de bienes o derecho, deberá hacerse la declaración de utilidad pública o de interés social, cuya que será publicada en "La Gaceta", Diario Oficial, y en otros medios informativos que se consideren convenientes, indicando que las personas que se crean con derecho sobre dichos bienes tendrán un término máximo de quince días para comparecer ante la oficina señalada al efecto, con el objeto de llegar directamente con ellos a un avenimiento sobre el monto y forma de pago de la indemnización. Si dentro de ocho días de haberse presentado no se llegase a ese avenimiento, se procederá al juicio de expropiación.

La demanda de expropiación será presentada por la Unidad Ejecutora a favor del beneficiario y se ventilará en juicio civil por los trámites especiales ante cualquiera de los Jueces de lo Civil del Distrito de la jurisdicción donde estuvieren situados los bienes afectados, o ante el Juez del domicilio del demandado, a elección del expropiante.

El artículo 11, establece que el juicio de expropiación versará, en su caso, sobre los siguientes puntos:

a) El monto de la indemnización;

b) Si la expropiación debe ser total o parcial; y

c) Si los bienes o derechos objeto de la demanda están afectados o no por la declaración de utilidad pública o de interés social en que dicha demanda se basa. La sentencia definitiva será apelable dentro de tercero día para ante la Sala Civil de la Corte de Apelaciones respectiva, sin que contra la sentencia que dicte este Tribunal proceda ningún recurso ordinario, ni extraordinario. La apelación se admitirá en un solo efecto.

Las demás resoluciones, autos o providencias que se dicten en el juicio de expropiación, no admitirán recurso alguno de las partes; pero estas podrán reproducir su articulación ante el Tribunal de Alzada al expresar agravios en la tramitación del recurso de apelación.

En ningún caso tendrán cabida incidentes o tercerías de cualquier naturaleza, aunque la entable el propietario mismo, y que tiendan a impedir la expropiación o a suspender o retardar la ejecución de la sentencia del Juez.

Las acciones que tercero o terceros tengan sobre el bien objeto de expropiación, o sobre el monto de la indemnización quedan a salvo y se ventilarán conforme los procedimientos del derecho común.

Los derechos del reclamante en este caso quedarán garantizados preferentemente por el monto de la indemnización, y el bien expropiado libre de todo gravamen.

CONCLUSIÓN

El Derecho administrativo y la idea de Administración pública son dos elementos extremadamente variables, entre otros motivos, por la mutabilidad del contexto histórico en el que están llamados a operar. Diagnóstico inapelable, pues la Historia prueba que la idea de Administración pública ha sido objeto de drásticas transformaciones para adaptarse al momento histórico en el que estaba llamada a operar.

No podía ser menos: si la Administración Pública y el Derecho Administrativo se implican recíprocamente y si, como recuerda Forsthoff, "cada época de la historia de los Estados produce un tipo de Administración caracterizada por sus fines peculiares y por los medios de que se sirve"[18], esa

[18] Forsthoff, Ernest. *Tratado de Derecho Administrativo*, trad. esp. Madrid: IEP, 1958, p. 35.

conformación histórica de la Administración condiciona también el perfil de esa sumisión al Derecho que va a dar pie, a partir de un momento histórico (el siglo XVIII), a nuestra disciplina.

Si por una parte el Derecho Administrativo, como todo fenómeno jurídico, pero quizá de manera característica, no es una mera construcción lógica, sino también un producto de la historia[19], de la cultura; la Administración pública está conformada por instituciones organizativas que están al servicio de los ciudadanos, circunscrita por la normativa jurídica de cada momento.

Es esa historicidad y consiguiente relatividad del Derecho Administrativo (al tiempo, producto y factor coadyuvante de la evolución de las organizaciones Políticas) es la que explica, además de su auténtico significado, la dificultosa construcción de su concepto y ese incesante fluir de teorías formuladas al hilo de las vicisitudes históricas de su desarrollo.

Sin embargo, en la actualidad, ya no se concibe al Derecho Administrativo como un sistema aislado, encerrado en los moldes que le vieron nacer, es decir, como Derecho típicamente nacional, con poder o de autoridad, y con vocación "ejecutiva". Los tiempos actuales, Administración pública y el Derecho que la rige han sufrido importantes evoluciones y transformaciones que han modificado en muchos aspectos su configuración. Si bien esto no impide que sigan perviviendo importantes elementos de continuidad[20].

Estas modificaciones muy heterogéneas, casi siempre polémicas y discutidas, encuentran, sin embargo, como nexo común, la búsqueda de un mismo objetivo que en líneas generales no parece muy discutido, si bien sí que lo son las formas y medios para llevarlo a cabo. Esa finalidad no parece ser otra que la modernización de la Administración, superando el viejo modelo burocrático, para lograr así una mejor satisfacción de las necesidades que la Sociedad plantea a esta[21].

Así, la globalización e internacionalización de la acción administrativa, la corresponsabilidad del sector privado en numerosas tareas, o el singular protagonismo de no pocas Administraciones –como organismos reguladores independientes y las agencias independientes– en la realización de políticas públicas de notable impacto, no son sino una muestra de ello.Asimismo, es de destacar que Los fundadores de las Comunidades Europeas y del Sistema de integración centroamericano, no previeron la existencia de una Administración pública europea y centroamericana. Establecieron el principio de ejecución indirecta del Derecho comunitario en virtud del cual serían los Estados miembros y, más en concreto, sus Administraciones nacionales quienes se encargarían de ejecutar las disposiciones emanadas de las instituciones comunitarias o, si se quiere expresar, en otros términos, serían los aparatos administrativos de los Estados miembros

En un inicio, el concepto de Administración pública comunitaria fue producto de la elaboración de la jurisprudencia del TJCE. El Tratado de Lisboa por primera vez hace una referencia expresa a la Administración pública europea.En Centroamérica, al igual que en Europa en un inicio, las Administraciones de cada Estado, es la encargada de ejecución del derecho comunitario. Sin embargo, no se ha construido una Administración pública central, como en Europa. Asimismo, no están presentes organismos, agencias especializadas y descentralizadas en apoyo de los Estados miembros, por lo tanto, no existe una Administración comunitaria central.

Por tal motivo, al no existir una Administración comunitaria central es necesario construirla tomando el ejemplo de la Unión Europea.

---

19 Villar Palasí. José Luis. *Derecho Administrativo.* Introducción v teoría de las normas, Madrid: Universidad de Madrid. 1968, p. 91-92.

20 Apunta Muñoz Machado que, afirmar "que el derecho administrativo de los comienzos del siglo XXI se nutre de técnicas marcadamente distintas del que se elaboró al empezar el siglo XIX, con el primer constitucionalismo, es seguramente una obviedad. Por supuesto muchas instituciones básicas que lo identifican como rama autónoma permanecen. Pero los cambios han sido intensos". Muñoz Machado, Santiago. *Tratado de derecho administrativo y derecho público*. IUSTEL. Madrid, España. p. 82.

21 Segarra Ortiz, considera que "las coincidencias en los discursos modernizadores sobre la reforma del Estado y las administraciones públicas se deben fundamentalmente, a que comparten similares claves de diagnóstico en cuanto a aquello que se pretende superar: el modelo clásico-burocrático de organización de las administraciones y de los servicios públicos. Es decir, los distintos fenómenos reformadores parecen intentar alumbrar, independientemente de quien los formule, un nuevo modelo de gestión pública o, dicho de otro modo, una nueva forma de pensar sobre la acción de gobernar y sobre cómo ha de materializarse esta". Segarra Ortiz, Miguel Vicente. "*Los servicios públicos una exigencia de nuestro tiempo*", en *Revista Española de Derecho de la Unión Europea* 7, 2004. p. 12.

PANORAMA GENERAL DEL DERECHO ADMINISTRATIVO EN PANAMÁ

CARLOS GASNELL ACUÑA*

INTRODUCCIÓN

Esta actualización del esquema general del Derecho Administrativo Panameño obedece a la oportunidad brindada a mi persona por el coordinador de este proyecto el Doctor Santiago González-Varas, de reseñar en unas cuantas líneas sujetas a parámetros aportados por la coordinación, los antecedentes del derecho administrativo en Panamá y la realidad actual sobre ciertas materias importantes para esta disciplina.

La tarea descriptiva resulta relativamente sencilla; sin embargo, el análisis de las normas ante la falta en Panamá, de una tradición doctrinal en materia de Derecho Administrativo, no lo es.

El desarrollo de temas de Derecho Administrativo en tratados, manuales o revistas especializadas en Panamá, es nulo en algunas materias y escaso y desactualizado en otras, pudiendo rescatarse obras puntuales, como la de Eduardo Morgan Jr., publicada en 1961 y reeditada en 1982 sobre el tema de los Recursos Contencioso Administrativos, aún con plena vigencia y obras como la de Javier Sheffer Tuñón (miembro de la comisión redactora de la Ley de procedimiento administrativo aprobada en el año 2000) denominada "El Procedimiento Administrativo en Panamá".

Son destacables también el Manual de Derecho Administrativo Panameño de Manuel Bernal; José Antonio Carrasco y Lastenia domingo, y el Manual de Derecho Administrativo de Jaime Jované. También es necesario resaltar las obras, trabajos y monografías de Heriberto Araúz, César Quintero, Arturo Hoyos, Rigoberto González, Ramiro Esquivel, Abilio Batista, Edgardo Molino Mola, Feliciano Sanjur, Adán Arnulfo Arjona, Víctor Benavides, Janina Small, Jaime Franco, José Antonio Carrasco, Arturo Hoyos, Roy Arosemena, Ernesto Cedeño, Carlos Ayala Montero, Maruja Galvis y Marelissa Abrego, así como las compilaciones de Jorge Fábrega Ponce, y los aportes recientes de Jaime Jované, Antonio Moreno, Tiara Villarreal, y mi persona, entre otros juristas que han contribuido en las últimas décadas a que tengamos una incipiente doctrina en materia de Derecho Administrativo, aunque con una marcada tendencia hacia la parte procesal.

Ruego me disculpen si se me ha escapado alguna obra o persona que haya realizado escritos o realizado algún aporte importante a la literatura jurídica sobre temas del Derecho Administrativo panameño.

De igual manera son destacables, artículos publicados en revistas jurídicas como la revista *Lex del Colegio Nacional de Abogados*, la *Revista Iustitia et Pulchritudo de la Universidad Santa María la Antigua*, el *Semanario Jurídico y Empresarial de Sistemas Jurídicos S.A.*, la *Revista Administración Pública al Día*, la *Revista Gestión Pública de la Procuraduría de la Administración* junto con sus *Cuadernos Administrativos*, la *Revista del Tribunal Administrativo de Contrataciones Públicas*, y en revistas editadas en la Universidad de Panamá por estudiantes; como la *Revista Novum Ius*.

En consecuencia, nuestra jurisprudencia en materia administrativa, ante la escasez de las fuentes nacionales se alimenta en gran medida de la doctrina proveniente de España, Colombia, Argentina, Francia e Italia. Solamente hay que analizar las sentencias de la Sala Tercera de la Corte Suprema de Justicia para observar la alusión a doctrina extranjera, lo cual hace necesario que los administrativistas panameños nos esforcemos, a pesar de la falta de apoyo e incentivos para la investigación, por realizar aportes a la doctrina que sirvan de base para el debate sobre los diferentes temas del derecho administrativo, tan necesario para avanzar en materia de organización administrativa, contar con mejores procedimientos administrativos, mayor responsabilidad de la Administración por la mala prestación de los servicios públicos, sanciones administrativas respetando criterios de proporcionalidad, contrataciones

---

* Licenciado en Derecho y Ciencias Políticas por la Universidad de Panamá. Posee un Postgrado en Derecho Administrativo otorgado por la Universidad de Salamanca, una Maestría en Derecho Administrativo y Tributario por la Universidad Complutense de Madrid y obtuvo el Título de Doctor en Derecho por la Universidad Complutense de Madrid en el año 2015. A nivel académico, es profesor de Derecho Administrativo en la Universidad Santa María la Antigua (USMA). Es actualmente socio-fundador de CGA Abogados y Consultores.

públicas más eficientes y transparentes, en fin, una administración pública que se maneje de acuerdo a los parámetros que indica la Ley, pero que se vaya modernizando de acuerdo a las más modernas tendencias relacionadas con la buena gestión pública.

I. BASE CONSTITUCIONAL, CONCEPTO DE DERECHO ADMINISTRATIVO Y FUENTES

1. *Evolución y modelo regulativo de la Administración Pública*

Reconocidos autores han sostenido que si alguna rama del derecho tuvo un desarrollo particular e importante en el siglo XX en Europa, es el Derecho Administrativo. Afirmación que puede entenderse por la gran cantidad de normas que se dictaron en la mayoría de los países de Europa de una u otra manera impregnando con normas de carácter administrativo casi la totalidad de las actuaciones de los particulares.

Latinoamérica no escapa a esta realidad, produciéndose en el siglo XX, un gran desarrollo normativo en materia administrativa y específicamente a partir de la década de 1970 una proliferación de leyes de procedimiento administrativo, la mayoría por influencia de la Ley de Procedimiento Administrativo Española de 1958, algunas modificando o compilando las normas existentes, y otras creando una nueva Ley de procedimiento administrativo tal como lo ha documentado Brewer Carías.[1] Panamá se subió a este tren, expirado el siglo XX, aprobando por primera vez, en julio de 2000, su primera Ley de Procedimiento Administrativo.

Durante los primeros años de la República, luego de nuestra separación de Colombia en 1903 y una vez aprobada la Constitución en 1904, se adopta el modelo de administración centralista con independencia de poderes y autonomía provincial y municipal muy limitada.

La Ley 37 de 1904, autorizó al Poder Ejecutivo el nombramiento de una comisión permanente para la aprobación de los Códigos Nacionales, sin embargo, esta iniciativa no prosperó hasta 1913. En este lapso, se aplicaron en Panamá leyes de carácter administrativo, aunque cónsonas con la Constitución de 1904, heredadas de la tradición jurídica colombiana, entre otras leyes aprobadas por la Asamblea Nacional.

En 1913, luego de diez años de vida republicana, bajo el gobierno de Belisario Porras, se designan las comisiones codificadoras, una de las cuales dio nacimiento al Código Administrativo. Resulta pertinente transcribir parte del mensaje del presidente Belisario Porras, dirigido a los señores diputados con motivo de la presentación del informe de la comisión codificadora, en 1916:

> ".....Una nacionalidad naciente tiene, pues la obligación primordial de definir y garantizar los derechos y deberes de los ciudadanos, y para ello es preciso emprender la labor legislativa, para cristalizarla luego en una legislación que responda satisfactoriamente a las necesidades individuales y colectivas.
>
> No era posible proseguir aferrados al tradicionalismo jurídico colombiano y pretender administrar justicia por medio de cartabones antiguos, mohosos y de prácticas ineficaces, dilatorias o contraproducentes. Era preciso iniciar nuevas tareas y vaciar nuestra legislación sobre nuestras propias costumbres y sobre nuestras legítimas necesidades...."

En la exposición de motivos del Código Administrado Panameño de 1916, se destaca lo siguiente:

> "No hay leyes cuya codificación se haga más imperiosa que las leyes administrativas. Son estas las que más generalmente necesitan conocer empleados públicos y particulares, poco familiarizados con el derecho, y por tanto, cuando esas leyes se hallan diseminadas en distintos volúmenes y unas han sido derogadas y otras reformadas, se hace imposible su aplicación.
>
> Desde 1870, no se ha hecho en el istmo ninguna codificación de las leyes administrativas, y por consiguiente las dificultades que dejamos apuntadas existen en el país con grave perjuicio para los asociados...."

Con estas declaraciones fue aprobado el primer Código Administrativo de la República de Panamá, que entró en vigor en noviembre de 1918. El Código está dividido en cuatro libros.

---

1 Brewer-Carías, Allan R. *Principios del Derecho Administrativo en América Latina*, Legis S.A., ediciones, Bógotá, 2003, p. IXL

El libro primero contiene los "asuntos fundamentales" y está dividido en títulos, destinados a regular las siguientes materias: división territorial, censo de población y estadística, nacionalidad y ciudadanía, extranjería y naturalización, elecciones, instrucción pública e imprenta nacional. El libro segundo regula el régimen político y municipal. El libro tercero regulatorio de la policía y el libro cuarto para la regulación de "asuntos varios", entre los que figuraban: personal en el servicio diplomático y consular, correos, inmigración, patentes de invención y marcas de fábrica, fomento, cuerpo de bomberos y servicio civil.

La mayoría de las materias contenidas en estos títulos ha sido actualizada a través de las diferentes constituciones que se han aprobado en la República de Panamá, y de leyes especiales y complementarias.

2. *Base Constitucional del Derecho Administrativo*

Panamá se separó de Colombia el 3 de noviembre de 1903. La primera Ley colombiana de lo contencioso-administrativo, fue aprobada en 1904 (Ley 27 de 1904) por lo que puede sostenerse que Panamá durante su periodo de unión a Colombia (1821-1903), no conoció el control jurisdiccional de la administración y este no fue contemplado en la Constitución de 1904. Este dato es importante, porque nuestro país ante la falta de una tutela contra los actos y arbitrariedades de la administración tiene que crear su propia solución jurídica a partir de su realidad como república independiente.

El Código Administrativo aprobado en 1916, no estableció normas claras y detalladas sobre administración pública y procedimiento administrativo. Se limitó en el Título VI (Administración Pública) del libro II (Régimen Político y Municipal) a establecer principios básicos, pero a pesar de la falta de normas de procedimiento administrativo y de una jurisdicción contencioso-administrativa, tal como lo señala Eduardo Morgan Jr., "en un régimen liberal no podían quedar los ciudadanos sujetos a las decisiones arbitrarias del órgano o poder administrador, so pretexto de la irresponsabilidad jurídica del Estado"[2].

En consecuencia, tal como lo documenta este autor, en ciertas materias los tribunales ordinarios tenían competencia especial atribuida expresamente en la Ley, como ocurría con los Acuerdos de los Consejos Municipales atacables de ilegalidad ante esta instancia y en cuanto a los actos de la administración pública en general, la Corte Suprema de Justicia, consideró que en ausencia de tribunales especiales de lo Contencioso-Administrativo, correspondía a ella el conocimiento de las acciones que se interpusieran contra dichos actos.

Esta doctrina, según sostiene Morgan Jr., fue cambiada en una sentencia de la década de 1920. Expresa, que la Corte Suprema de Justicia, en defensa del principio de separación de los poderes, sostuvo que mientras no se estableciera la Jurisdicción Contencioso-Administrativa, los tribunales de justicia carecen de competencia para conocer de la legalidad de los actos del Poder Ejecutivo; sin embargo, la Corte Suprema en sentencias anteriores y posteriores estableció claramente que el Estado es responsable por los daños que causare a los particulares con sus actuaciones y que estos podían demandar la indemnización correspondiente a través de un juicio ordinario.[3]

En la Constitución de 1941, en el título XV relativo a las instituciones de garantía, se establecen los principios que sirven de base a la Ley 135 de 1943, que regula por primera vez en Panamá el Contencioso Administrativo y a la vez se crea un Tribunal de lo Contencioso Administrativo independiente del Poder Judicial. Este tribunal independiente, tuvo su influencia en el Derecho Administrativo Francés, donde el control de la Legalidad de los actos de la administración lo ejerce el Consejo de Estado, que pertenece a la propia Administración.

La Constitución de 1946, tal como lo plantea Morgan Jr., salva los errores de apreciación de la institución del contencioso, incurridos por la Constitución de 1941, cambiando el término decidir, por revisar e incluyendo la acción de nulidad como la garantía que puede ejercer cualquier persona contra el acto o norma con inferior jerarquía a la Ley que un particular considere que contraviene una norma con rango legal.[4]

---

2 Morgan Jr. Eduardo. *Los Recursos Contencioso Administrativos de Nulidad y de Plena Jurisdicción en el Derecho Panameño*. Editorial Talleres Gráficos, 1982, p. 29.

3 Morgan Jr. *Op Cit.*, p. 31-45.

4 Morgan Jr. *Op. Cit*, p. 49.

En 1956 se reforma la Constitución de 1946 y el control de la Legalidad de los actos administrativos ya no será ejercido por el Tribunal de lo Contencioso Administrativo, el cual será eliminado adscribiéndose sus funciones a la Corte Suprema de Justicia. Esta transformación obedeció a la cada vez mayor injerencia del Ejecutivo en el Tribunal de lo Contencioso Administrativo, lo que trastocó su independencia.

La Constitución de 1972, recoge en su artículo 188, el contenido de la reforma de 1956 a la Constitución de 1946, manteniendo como una atribución constitucional y legal de la Corte Suprema de Justicia, el ejercicio de la jurisdicción contencioso-administrativa sobre los actos, resoluciones, órdenes o disposiciones que ejecuten, adopten o expidan, en ejercicio de sus funciones o pretextando ejercerlas, los servidores públicos y autoridades nacionales, provinciales, municipales y de las entidades públicas autónomas o semiautónomas, otorgándole amplísimas facultades, lo cual no solamente le permite conocer o revisar los actos provenientes de los funcionarios de la Administración, sino los de cualquier autoridad pública, en ejercicio de funciones administrativas, incluso las de la propia Corte Suprema de Justicia, lo cual es considerado por algunos sectores como una falla técnica del sistema.

La Constitución Política de 1972, con todas las reformas adoptadas hasta el 2004, sigue manteniendo el espíritu del artículo 188, no obstante, hay una ampliación de las garantías del administrado, incluyéndose dentro del control jurisdiccional de la Sala Tercera de la Corte Suprema de Justicia, no solamente los actos, resoluciones y disposiciones, sino también las omisiones y la prestación deficiente o defectuosa de los servicios públicos. De igual modo se sustituye el concepto de acción popular por acción pública, como sustento para interponer la acción de nulidad (recurso objetivo).

3. *Concepto de Derecho Administrativo y sistema de fuentes del Derecho Administrativo en Panamá:*

El derecho administrativo en Panamá nace de la necesidad de regular la actuación del Estado, representado por la administración o administraciones, a lo interno, y a lo externo en sus relaciones jurídico-administrativas con los administrados. El Código Administrativo de 1916 y todas las normas posteriores que regulan la organización interna de las Administraciones Públicas como entes, distintos del Poder Ejecutivo y del Estado como persona jurídica, diferenciación defendida por García de Enterría[5], y las relaciones con los particulares, nacen como producto de la sujeción de todas las personas, incluido el Estado y las Administraciones Públicas, al Estado de Derecho.

De este modo, el Derecho Administrativo en Panamá, podría conceptualizarse como el conjunto de normas que regula la relación entre los órganos del Estado, las dependencias del poder ejecutivo, los organismos descentralizados y demás entes delegatarios de competencias administrativas, en ejercicio de su función administrativa, tanto en su dimensión interna como en las relaciones jurídicas que producen efectos jurídicos de carácter favorable, o desfavorable para los terceros, con la consecuente tutela de estos actos y disposiciones por parte de entes distintos de las administraciones públicas.

En cuanto a las fuentes del Derecho Administrativo, si seguimos el criterio desarrollado por un gran sector de la doctrina administrativa que reconoce el Derecho Administrativo como el derecho de las administraciones públicas en ejercicio de la función administrativa, independientemente del órgano u organismo que la preste, siempre la Constitución será la base de la cual debe partir el estudio de nuestra disciplina.

Las fuentes del Derecho Administrativo se encuentran en la Constitución Política, en las distintas leyes que dicta el poder legislativo, en los Decretos Leyes y en los reglamentos del poder ejecutivo contenidos en Decretos Ejecutivos (Dictados por el Presidente y el Ministro relacionado con el tema a reglamentar) en las resoluciones, tanto de carácter general en forma de reglamento, como particular en forma de actos administrativos, y a nivel interno, resueltos, órdenes y circulares.

Un papel determinante como fuente de Derecho Administrativo, ante la falta de positivización del procedimiento, lo desempeñaba la jurisprudencia de la Sala Tercera de lo Contencioso Administrativo, la Costumbre y los principios Generales del Derecho invocados por esta Sala, como informadores del Derecho Administrativo, teniendo como base el Código Civil panameño. Igual solución integradora plantea Ramón Parada respecto al derecho español, frente a la negación del reconocimiento de la costumbre como fuente del derecho administrativo en Alemania y Francia y el reconocimiento de los

5 García de Enterría, Eduardo y Fernández, Tomás-Ramón. *Curso de Derecho Administrativo* Tomo I, duodécima edición, Civitas ediciones, 2004, p. 44-52.

principios generales del derecho como fuentes que se han positivizado con el tiempo por el legislador, animado por una doctrina científica muy pendiente del derecho comparado.[6]

La Ley 38 de 2000, ley panameña de procedimiento administrativo, establece la jerarquía de las normas en materia administrativa, indicando expresamente que en las decisiones y demás actos que profieran, celebren o adopten las entidades públicas, el orden jerárquico de las disposiciones que deben ser aplicadas será: la Constitución Política, las leyes o decretos con valor de Ley y los reglamentos, de igual manera establece expresamente la jerarquía normativa en el ámbito municipal y a nivel de las juntas comunales y juntas locales.

II. ORGANIZACIÓN ADMINISTRATIVA

Respecto a la Administración Pública, la Constitución Política Panameña, dota al Estado de su esquema organizativo, reconoce que el poder emana del pueblo y lo ejerce el Estado a través de tres poderes, estableciendo las funciones privativas que le corresponden a cada uno, y los que requieren de colaboración y coordinación.

La propia Constitución establece expresamente cuáles serán las funciones legislativas, judiciales y administrativas de la Asamblea Nacional. Las legislativas consisten en expedir las leyes necesarias para el cumplimiento de los fines y el ejercicio de las funciones del Estado declarados en la Constitución. Además de expedir, modificar, reformar o derogar los Códigos Nacionales y aprobar todo tipo de leyes, a propuesta de quienes tengan iniciativa legislativa, la Constitución en el artículo 159, establece funciones legislativas específicas sobre temas de administración pública, entre estas:

> "Determinar, a propuesta del Órgano Ejecutivo, la estructura de la administración nacional mediante la creación de Ministerios, Entidades Autónomas, Semiautónomas, Empresas Estatales y demás establecimientos públicos, y distribuir entre ellos las funciones y negocios de la Administración, con el fin de asegurar la eficacia de las funciones administrativas"

Las legislativas están contempladas en el artículo 160 y se reducen básicamente a conocer de las acusaciones o denuncias que se presenten contra el Presidente de la República y los Magistrados de la Corte Suprema de Justicia, y juzgarlos, si a ello diere lugar, por actos ejecutados en el ejercicio de sus funciones en perjuicio del libre funcionamiento del poder público o violatorios de esta Constitución o las leyes.

Las Administrativas, van desde examinar las credenciales de sus propios miembros, dar votos de censura contra los Ministros de Estado cuando estos, a juicio de la Asamblea Nacional, sean responsables de actos atentatorios o ilegales, o de errores graves que hayan causado perjuicio a los intereses del Estado e incluso aprobar, reformar o derogar el decreto de estado de urgencia y la suspensión de las garantías constitucionales, conforme a lo dispuesto en esta Constitución.

De igual modo los poderes ejecutivo y judicial tienen funciones que no son exclusivamente de ejecución o de administración de justicia. Estas funciones administrativas que tienen su amparo en la Constitución se desarrollan a través de normas de Derecho Administrativo y son reguladas por este.

La Constitución Política panameña, regula la Nacionalidad y la Extranjería, Los derechos Fundamentales y Sociales, la Familia, el Trabajo, el Régimen Ecológico y Agrario, los Derecho Políticos, el Régimen Municipal y Provincial, la Hacienda Pública, la Economía Nacional, el Régimen de los Servidores Públicos, además establece los organismos de control y garantía de la mayoría de derechos y funciones.

El Manual de Organización del Sector Público de la República de Panamá publicado por la Dirección de Desarrollo Institucional del Estado del Ministerio de Economía y Finanzas y actualizado al año 2009, señala que además del Órgano Ejecutivo, Legislativo y Judicial, el Poder Público cuenta además con nueve (9) organismos independientes la mayoría con tareas de fiscalización: la Contraloría General de la República; la Defensoría del Pueblo; el Ministerio Público (Procuraduría General de la Nación, la Procuraduría de la Administración, y el Instituto de Medicina Legal y Ciencias Forenses); Fiscalía General Electoral; Tribunal Electoral; Tribunal Administrativo de Contrataciones Públicas;

---

6 Parada Ramón. *Derecho Administrativo* Tomo I, Parte General, decimocuarta edición, editorial Marcial Pons, 2003, p. 72-80.

Tribunal de Cuentas; Fiscalía de Cuenta; y la Superintendencia de Bancos, así como la Superintendencia de Seguros y Reaseguros (La cual no es mencionada en dicho manual, pero forma parte de los entes de fiscalización cumpliendo funciones similares a las de la Superintendencia de Bancos, pero en el área de los seguros).

Además existen 24 instituciones descentralizadas, y tres (3) empresas públicas: Agencia del Área Económica Especial Panamá-Pacífico; Autoridad Aeronáutica Civil; Autoridad de Protección al Consumidor y Defensa de la Competencia; Autoridad del Transporte y Tránsito Terrestre; Autoridad Marítima de Panamá; Autoridad Nacional de los Servicios Públicos; Autoridad Panameña de Seguridad de Alimentos; Comisión Nacional de Valores; Consejo de Administración del Sistema de Ahorro y Capitalización de Pensiones de los Servidores Públicos; Instituto Conmemorativo Gorgas de Estudios de la Salud; Instituto Nacional de Formación Profesional y Capacitación para el Desarrollo Humano; Sistema Estatal de Radio y Televisión; Universidad Marítima Internacional de Panamá; la Zona Franca del Barú; la Empresa de Generación Eléctrica S.A.; la Dirección General de Contrataciones Públicas; Autoridad de los Recursos Acuáticos de Panamá; Secretaría Nacional de Discapacidad; Sistema Único de Manejo de Emergencias 911; Instituto Panameño de Deportes, Autoridad Nacional de Aduanas; Autoridad de Turismo de Panamá, Instituto Nacional de la Mujer; y la Secretaría Nacional de Niñez, Adolescencia y Familia. En el año 2010 se crearon adicionalmente la Empresa Nacional de Autopistas (ENA) y la Autoridad Nacional de Aseo, y algunas secretarias elevaron su rango a Autoridad como ocurrió con la Autoridad Nacional para la Innovación Gubernamental.

El Derecho Administrativo, tiene que regular el conjunto de relaciones que van a nacer a partir de todas las instituciones que van a realizar funciones administrativas y debe garantizar el ejercicio de los derechos, el control del ejercicio del poder y las relaciones que nazcan entre las diferentes instituciones y los administrados, así como de las instituciones entre sí.

III. ACTO ADMINISTRATIVO, SU EJECUCIÓN Y EL PRINCIPIO DE AUTOTUTELA

1. *Acto Administrativo*

El concepto de acto administrativo, antes de la aprobación de la Ley 38 de 31 de julio de 2000, no se encontraba en ningún cuerpo normativo. Obedecía a una construcción jurisprudencial sobre la base de los actos recurribles y los no recurribles ante la Sala Tercera de lo Contencioso Administrativo.

En consecuencia, para determinar cuándo nos encontrábamos frente a un acto administrativo, había que escudriñar en la doctrina contenida en la jurisprudencia de la dicha Sala, en el texto de alguna consulta absuelta por la Procuraduría de la Administración como asesora legal de la administración pública, así como en la doctrina contenida en textos de Derecho Administrativo.

El definir el acto administrativo en la doctrina jurisprudencial, como ya sostuvimos, era importante principalmente, para efecto de determinar que actos administrativos eran o no, susceptibles de ser revisados en la vía contencioso-administrativa.

Ante la jurisdicción contencioso-administrativa, solamente son recurribles los actos definitivos o que causen estado. El artículo 42 de la Ley 135 de 1943, del capítulo II, del título II, desarrolla lo referente al procedimiento ante el tribunal. Analicémoslo con detenimiento:

> Artículo 42. Para ocurrir en demanda ante el tribunal de lo Contencioso-Administrativo es necesario que se haya agotado la vía gubernativa, lo que se entenderá cuando los actos o resoluciones respectivas no son susceptibles de ninguno de los recursos establecidos en los artículos 33, 38, 39 y 41 *(Derogados por el artículo 206 de la Ley 38 de 2000),* o se han decidido, ya se trate de actos o resoluciones definitivas, o de providencias de trámite, si estas últimas deciden directa o indirectamente el fondo del asunto, de modo que le pongan término o hagan imposible su continuación.

Esta norma y la jurisprudencia que contenía conceptos sobre todo de la doctrina colombiana, argentina y española, venían a informar a la administración sobre el concepto de acto administrativo, tanto en su dimensión conformadora de una relación jurídica positiva o favorable como negativa o de gravamen.

En Latinoamérica algunas leyes de procedimiento administrativo definen el acto administrativo en su articulado, otras no lo hacen expresamente.

Brewer-Carías considera que las definiciones orgánicas son totalmente inconvenientes por conducir a pensar que la Ley de Procedimiento solamente se aplica a la administración pública como organización que ejerce el Poder Ejecutivo, por lo que se inclina por las definiciones funcionales, aunque no sean expresas, que permiten identificar el acto administrativo como las manifestaciones o declaraciones de las entidades, emitidas en ejercicio de funciones administrativas.[7]

La ley 38 de 2000, además de desarrollar a través de su articulado, tal vez a nivel inconsciente, una suerte de teoría del acto administrativo además desarrolla un concepto de acto administrativo que incluye hasta los elementos del mismo.

El artículo 201, numeral 1, dentro del título denominado "glosario", indica lo siguiente:

> Art. 201. Los siguientes términos, utilizados en esta Ley y sus reglamentos, deben ser entendidos conforme a este glosario:
>
> 1. Acto Administrativo. Declaración emitida o acuerdo de voluntad celebrado, conforme a derecho, por una autoridad u organismo público en ejercicio de una función administrativa del Estado, para crear, modificar, transmitir o extinguir una relación jurídica que en algún aspecto queda regida por el derecho administrativo.
>
> Todo acto administrativo deberá formarse respetando sus elementos esenciales:
>
> competencia, salvo que esta sea delegable o proceda la sustitución; objeto, el cual debe ser lícito y físicamente posible; finalidad, que debe estar acorde con el ordenamiento jurídico y no encubrir otros propósitos públicos y privados distintos, de la relación jurídica que se trate; causa, relacionada con los hechos, antecedentes y el derecho aplicable; motivación, comprensiva del conjunto de factores de hecho y de derecho que fundamentan la decisión; procedimiento, que consiste en el cumplimiento de los trámites previstos por el ordenamiento jurídico y los que surjan implícitos para su emisión; y forma, debe plasmarse por escrito, salvo las excepciones de la Ley, indicándose expresamente el lugar de expedición, fecha y autoridad que lo emite. (Lo subrayado es nuestro)

Esta definición tan abarcadora, de carácter funcional, siguiendo a Brewer Carías, para no caer en equívocos y pensar que toda declaración que no siga al pie de la letra el contenido propuesto por la definición deja de ser un acto administrativo con efectos jurídicos desde que nace y cumple con las formalidades mínimas o es imperfecto y por lo tanto susceptible de ser declarada nulo, debe leerse en conjunto con el título de la ley que desarrolla lo referente a la invalidez de los actos administrativos.

Cómo se puede observar, la norma que contiene los requisitos para que un acto pueda ser recurrido ante el Contencioso Administrativo requiera de la existencia formal de un acto, o en su defecto, del silencio administrativo de la Administración. Las actuaciones materiales de la Administración tienen que ser demandadas mediante el procedimiento de reparación directa, y resulta algo dificultoso demandar situaciones que constituyen simple inactividad de la administración, ya sea formal o material. El Contencioso Administrativo en Panamá sigue siendo revisor de la actuación de la Administración a pesar de la apertura que ha manifestado la jurisprudencia al adoptar el principio de tutela judicial efectiva cuando exista una violación de los derechos subjetivos del demandante, a pesar de que el mencionado principio ha sido más utilizado por la jurisprudencia para flexibilizar el excesivo formalismo de la normativa contencioso-administrativa.

En sentencia de 15 de junio de 2010, la Sala Tercera de lo Contencioso Administrativo, reiterando la jurisprudencia sobre esta materia, respecto a la apelación de la Procuraduría de la Administración de una demanda cuya corrección se presentó fuera del plazo otorgado por la Ley para la presentación de la demanda de Plena Jurisdicción, una vez ejecutoriado el acto administrativo (dos meses) señaló lo siguiente:

> "A juicio del resto de los Magistrados que integran la Sala Tercera, la acción promovida se ajusta a lo que la doctrina denomina 'Tutela Judicial Efectiva'.
>
> En este orden de ideas y en vista que el demandante persigue el acceso al proceso, a este Tribunal le parece relevante citar lo expresado por el jurista Francisco Chamorro Bernal, en su obra *La Tutela Judicial Efectiva* en relación a la situación planteada:

7 *Op. Cit.* p. 185.

'Una vez reconocido el acceso a la Jurisdicción, la siguiente garantía comprendida en el derecho a la Tutela Judicial Efectiva es la del acceso al proceso o procesos judiciales que se hallen establecidos por la ley para que, a través de él, el Órgano Jurisdiccional pueda pronunciarse sobre la cuestión planteada por el ciudadano. Tal derecho, como el de la tutela en general, es un derecho de configuración legal.

Cuando las exigencias formales obstaculizan de modo excesivo o irrazonable el ejercicio del derecho fundamental, o si en el caso concreto esos requisitos han perdido su finalidad o su incumplimiento puede convertirse en una falta subsanable, es cuando la inadmisión puede resultar desmesurada y vulneradora del derecho fundamental en juego.' (Chamorro Bernal, Francisco, *La Tutela Judicial Efectiva*, Bosch, Barcelona, 1994, p. 49)"

Como se puede observar en Panamá, se ha adoptado, a través de la jurisprudencia, la doctrina de la Tutela Judicial efectiva, sin embargo para sustituir el carácter revisor del Contencioso y otorgarle un sentido realmente tutelador al mismo, es necesario reformar todo el sistema de acceso a la Justicia Contencioso Administrativa, de forma que existan mayores garantías de que se van a analizar pretensiones sobre los actos, prescindiéndose en gran medida de las exigencias de excesivos requisitos formales. Existen a nuestro alrededor números ejemplos de avances en esta materia, tales como la fórmula planteada por España y Colombia, y la reforma integral llevada a cabo por Costa Rica que reemplazo prácticamente de forma total el carácter revisor del Contencioso Administrativo.

2. *Ejecución de los actos administrativos y principio de Autotutela*

Los actos administrativos en el derecho panameño gozan de presunción de validez. El artículo 46 de la Ley 38 de 2000, señala expresamente que las órdenes y demás actos administrativos en firme, del Gobierno Central o de las entidades descentralizadas de carácter individual tienen fuerza obligatoria inmediata, y serán aplicados mientras sus efectos no sean suspendidos, no se declaren contrarios a la Constitución Política, a la Ley o a los reglamentos generales, por parte de los tribunales competentes.

Un acto administrativo se considerará firme, cuando luego de notificados los afectados, ha transcurrido el plazo que señala el procedimiento general o especial, sin que se hayan interpuesto los recursos ordinarios en vía administrativa, o estos han sido resueltos favorable o desfavorablemente. Los recursos de Reconsideración y Apelación interpuestos en debida forma suspenden la ejecución del acto administrativo sin necesidad de entrega de caución por parte del recurrente, lo cual puede operar en contra de la Administración en caso de recursos abiertamente dilatorios, interpuestos con el ánimo de afectar a un tercero o a la propia administración que requiere celeridad y fluidez en el ejercicio de sus funciones. La Ley 22 de 2006 creó la Figura del Tribunal Administrativo de Contrataciones Públicas y el Recurso de Impugnación ante este tribunal, para cuya interposición se requiere la consignación de una fianza.

La Ley 38 de 2000, recoge en su articulado el principio de autotutela de los actos administrativos, lo que se traduce en que la Administración no requiere de autorizaciones externas para lograr la ejecución forzosa de sus actos. De esta forma, ajustándose a la Ley y al procedimiento administrativo, al igual que otorga una licencia, puede fijar sanciones de ejecución directa sin necesidad de autorización judicial. En Panamá, una gran cantidad de entidades públicas incluso cuentan con una jurisdicción coactiva que les permite dictar medidas cautelares para garantizar la correcta aplicación de los actos administrativos sancionatorios.

Dentro de la propia Ley de Procedimiento Administrativo se incluyen limitaciones al principio de autotutela, como la contenida en el artículo 62 que restringe a las entidades públicas la posibilidad de revocación o anulación de oficio de una resolución en firme, en la que se reconozcan o declaren derechos a favor de terceros, salvo cuatro excepciones bien definidas en la Ley:

1. Si ha sido emitida sin competencia.
2. Cuando el beneficiario haya incurrido en declaraciones o haya aportado pruebas falsas para obtenerla
3. Si el afectado consiente en la revocatoria
4. Cuando así lo disponga una norma especial

La Ley de Procedimiento Administrativo originalmente condicionaba el ejercicio de la revocación de los actos administrativos a la opinión de otras instancias (Procuraduría de la Administración si el acto había sido dictado por una Autoridad con competencia en toda la República), sin embargo, esta norma fue derogada eliminándose esta obligación por parte de la entidad que revoca el acto.

En Panamá, no se contempla la declaración de lesividad, desarrollada en la legislación española para la anulabilidad de los actos favorables a los particulares, por lo que en caso de existencia de alguna causal que haga anulable un acto en firme, debe procederse a demandar el acto ante la jurisdicción Contenciosa Administrativa, sin declaración previa.

3. *La Discrecionalidad Administrativa.*

La Constitución Nacional, obliga al Estado a someterse al principio de estricta legalidad. Sin embargo, el desarrollo de la Constitución a través de normas no impide que se establezca la posibilidad de discrecionalidad administrativa en el tratamiento de determinadas materias que, por razones técnicas, es necesario un campo de maniobra cómodo para la administración, siempre dentro del marco de la ley.

Garrido Falla y José Fernández Pastrana, respecto al ejercicio de potestades discrecionales sostienen que si la motivación puede tener una importancia secundaria en los actos reglados, adquiere especial relieve con los actos discrecionales, donde es exigible un "plus" de justificación en relación con la opción elegida por la administración, con el concreto entendimiento del concepto jurídico indeterminado que haya de interpretar en cada caso, o con la apreciación de los hechos que justificación su decisión.[8]

La Ley 38 de 2000, además de mencionar la motivación en la definición de acto administrativo, como elemento del mismo, que debe contemplar el conjunto de factores de hecho y de derecho que fundamentan la decisión, indica en su artículo 155 los actos que deben ser motivados, algunos de los cuales, importamos de la legislación española:

1. Los que afecten derechos subjetivos;
2. Los que resuelvan recursos;
3. Los que se separen del criterio seguido en actuaciones precedentes de idéntica naturaleza o del dictamen de organismos consultivos; y
4. Cuando así se disponga expresamente por la ley.

La Ley de Procedimiento Administrativo, olvidó regular expresamente los actos discrecionales. Observamos en el artículo 34, que se invocan principios de buenas prácticas administrativas, al indicar expresamente que todas las actuaciones administrativas en todas las entidades públicas se efectuarán con arreglo a las normas de informalidad, imparcialidad, uniformidad, economía, celeridad y eficacia, garantizando la realización oportuna de la función administrativa. De igual forma para los funcionarios públicos se contempla el mandato de ajustar sus actuaciones a los principios de lealtad al Estado, honestidad y eficiencia, sin embargo, no hay una remisión expresa a la motivación de las actuaciones.

En consecuencia, para que exista la obligación de motivación de los actos discrecionales, habrá que analizar si existe este principio u obligación en la Ley especial, o verificar si con la decisión discrecional se afectan derechos subjetivos para obligar al Estado a la aplicación del artículo 155 de la Ley 38 de 2000, exigiendo la motivación detallada, incluso de los actos discrecionales.

IV. EL PROCEDIMIENTO ADMINISTRATIVO

1. *Generalidades del Procedimiento*

Hasta el año 2000, la república de Panamá no contaba con una ley que regulara el procedimiento administrativo común. El procedimiento administrativo, ante la falta de un procedimiento general, se desarrollaba de acuerdo con las leyes y reglamentaciones de las diferentes instituciones y ante la falta de estas, sobre la base de los principios del procedimiento judicial (Código Judicial o de Enjuiciamiento Civil) compatibles con el proceso ante la Administración y los poderes exorbitantes de la misma. De igual modo el procedimiento estaba informado por la Ley de lo Contencioso Administrativo y la doctrina jurisprudencial de la Sala Tercera de lo Contencioso Administrativo que servía de orientación a la Administración para delimitar conceptos y procedimientos.

[8] Garrido Falla, Fernando y Fernández Pastrana, José María. *Régimen Jurídico y Procedimiento de las Administraciones Públicas (Un estudio de la Ley 30/92),* Editorial Civitas, S.A., segunda edición, Madrid, 1995, p. 173, 174.

Como antecedentes legislativos concretos como lo ha reseñado Sheffer en su obra el Procedimiento Administrativo en Panamá, antes de la aprobación de la Ley 38 de 2000, solamente había normas anacrónicas del Código Administrativo, un apartado de la Ley 135 de 1943 que regula sin profundidad los recursos en la vía administrativa y otras normas inoperantes que regularon el derecho de petición de base constitucional, y otras leyes de los años ochenta (Ley 33 de 1984 y la Ley 20 de 1985), que en su momento introdujeron una serie de principios importantes para el desenvolvimiento de los trámites en los despachos administrativos de las dependencias oficiales, con uniformidad, coherencia, invitando a la economía procesal y ausencia de formalidades para tramitar las peticiones.[9]

Cabe resaltar que, a diferencia del procedimiento administrativo común, dentro del Código Fiscal, desde la década de los sesenta es posible encontrar normas claras y completas que regulan el procedimiento tributario, las cuales fueron reformadas en el año 2010 adecuándolas de alguna forma al procedimiento administrativo general, principalmente en lo que se refiere a la supletoriedad de dicho procedimiento.

Como consecuencia del vacío normativo, siguiendo la corriente latinoamericana de aprobación de leyes de procedimiento administrativo, y ante la necesidad imperiosa de contar con un instrumento efectivo para hacer frente a las arbitrariedades de la Administración, a través de la Ley 38 de 31 de julio de 2000, se aprueba el estatuto orgánico de la Procuraduría de la Administración, y se regula el procedimiento administrativo general, además de dictarse otras disposiciones, la cual se convierte como ya lo indicáramos, en la primera Ley de procedimiento administrativo panameña.

La Ley 38 de 2000 regula la organización interna de la Procuraduría General de la Administración, sus competencias y funciones. En cuanto al procedimiento administrativo general; regula su aplicación directa y supletoria, el derecho de petición y consulta, el tema de la invalidez y revocatoria de los actos administrativos, manejo de expedientes administrativos, las notificaciones y citaciones y un título detallado sobre incidentes y pruebas en el proceso administrativo.

Respecto a los recursos que se pueden interponer ante la Administración, se modifica la fórmula de interposición y la cantidad de los recursos que caben en la vía administrativa, derogando lo que expresaba la Ley de lo Contencioso Administrativo de 1943 que obligaba a interponer en la vía administrativa tanto el recurso de reconsideración (reposición o revocatoria en otras legislaciones) como el de apelación (alzada o jerárquico) de forma subsidiaria, para poder acceder al contencioso. Con la Ley 38 de 2000 se interponen los recursos de forma separada.

Tanto el Recurso de Reconsideración como el de Apelación, por regla general contenida en la Ley 38 de 2000, se conceden en efecto suspensivo, salvo que exista una Ley especial que conceda otro efecto a los mismos. La Ley 38 de 2000, no contiene normas expresas sobre medidas cautelares ni adicionales sobre el acto ni relacionadas con la suspensión de los efectos más allá de la decisión que decide el recurso en la última instancia de la vía administrativa, por lo que debe entenderse que una vez decidido el recurso de forma desfavorable al administrado, el acto puede ejecutarse en su contra con las consecuencias negativas que esto conlleva, lo cual es valorado por la administración ante la posibilidad de interposición de recursos ante el contencioso-administrativo. Restará a la sala de lo contencioso-administrativo en vía jurisdiccional, decretar si procede la suspensión del acto administrativo en sede judicial.

La Ley de procedimiento administrativo, incorpora a su normativa el recurso de hecho, ante el inmediato superior de la autoridad que denegó la concesión del recurso de apelación o que lo concedió en un efecto distinto al que corresponde y el recurso de revisión administrativa como una alternativa cuando la administración haya incurrido en violaciones expresas.

La Ley 38 de 2000, prevé la posibilidad de interponer un recurso extraordinario, el de revisión. Se incluyen nueve supuestos que podrían servir de sustento a este recurso, entre ellos: carencia absoluta de competencia, falta de oportunidad para presentar o practicar pruebas, entre otros que constituyen un exceso, frente a un tratamiento más restringido observado en otras legislaciones como la española, venezolana, costarricense, hondureña y argentina.

La Ley contiene una innovación no siempre usual en materia de técnica legislativa: un glosario que forma parte del articulado, con más de 100 definiciones que ayudan a interpretar los conceptos vertidos en la Ley, lo cual puede ser orientador o desorientador dependiendo del contexto, no obstante, dichas definiciones han servido de sustento jurisprudencial para delimitar el alcance de ciertos conceptos aplicados a una realidad concreta.

---

9 Sheffer Tuñon, Javier. *El Procedimiento Administrativo*. Editorial Sistemas Jurídicos, S.A. 2002. p. 38-41.

La definición de acto administrativo que contiene la Ley en su numeral primero del artículo 201, es un ejemplo claro de los problemas interpretativos que puede conllevar el restringir un concepto dentro de la Ley para efectos orientadores o de interpretación. Esto lo analizaremos al desarrollar el tema referente al acto administrativo.

Algunos sectores de la comunidad jurídica panameña consideran que en cierta medida el procedimiento administrativo se judicializó al trasladar esquemas del Código Judicial o Ley de enjuiciamiento civil al ámbito administrativo, en donde el Estado siempre ha tenido una posición diferente a la del administrado.

De acuerdo a Jaime Franco cuando se afirma que la Ley 38 de 2000 ha judicializado el proceso administrativo se alude a la introducción de conceptos, figuras jurídicas y términos propios del procedimiento judicial dentro del procedimiento administrativo o gubernativo.

Un ejemplo claro, indica Franco, se observa con la aparición de impedimentos y recusaciones, la aceptación de la acción exhibitoria como medio de aseguramiento de prueba, la sana crítica como principio de apreciación de las pruebas, el desistimiento de la petición, el recurso de revisión, figuras que demuestran la tendencia del legislador a judicializar este procedimiento y que han producido mayor demora en la tramitación de los asuntos administrativos cuando este debe ser un procedimiento sencillo, sin formalidades, que le permita a la Administración Pública revisar sus propias actuaciones a instancia del administrado.[10]

Frente a las críticas sobre la judicialización, algunas muy fundadas, la Ley 38 de 2000, representa un primer aporte tendiente a equilibrar el poder del Estado frente al administrado, y atemperar en alguna medida el exceso de discrecionalidad administrativa tan perjudicial para la seguridad jurídica. La práctica determinará las reformas necesarias para convertir el procedimiento en una herramienta para el administrado que no ahogue a la Administración.

A pesar de no existir estadísticas concretas con relación a la utilización de las herramientas que pone al servicio de los ciudadanos la Ley de Procedimiento Administrativo para evitar los abusos y arbitrariedades de la Administración, puede sostenerse que en Panamá no hay una cultura muy extendida entre los ciudadanos de hacer uso de estos recursos.

Entre las reformas que sufrió esta legislación podemos destacar la eliminación del informe previo y favorable de la Procuraduría de la Administración cuando las instituciones revoquen un acto administrativo de contenido favorable al amparo de la norma que permite realizar esta acción sujeta a las causales expresa que señala la Ley de Procedimiento Administrativo.

Esta ley, ya cumplió más de veinte años, y requiere una revisión y actualización, para adecuarla a las nuevas tendencias. Por ejemplo, los procedimientos electrónicos no están contemplados, y la fórmula de notificar los actos administrativos contemplada en la ley, no previó que la tecnología iba a reemplazar al papel, por lo que, ante la falta de normativa especial, la Ley 38 de 2000, como ley supletoria, no ofrece muchas alternativas de solución ante la existencia de procedimientos electrónicos y actos administrativos electrónicos producto de dichos procedimientos.

2. *Recursos en la Vía Administrativa*

Antes de la aprobación de la Ley 38 de 2000, los recursos administrativos estaban regulados dentro de la Ley 135 de 1943 de lo contencioso administrativo. Esta Ley en el Título II, artículo 33, preveía la posibilidad de interponer los recursos ordinarios de reconsideración (reposición), ante el funcionario de primera instancia, y el de apelación (alzada o jerárquico) ante el superior inmediato.

El artículo 34 de dicha norma establecía la fórmula para la interposición de los recursos:

> "De uno u otro recurso o de ambos, podrá hacerse uso dentro de cinco días útiles a partir de la notificación personal o dentro de los cinco días de fijación del edicto, cuando hubiere lugar a ello".

Esta fórmula de presentar los recursos de forma conjunta (reconsideración y apelación) crea lo que se denomina subsidiariedad. Se presenta el recurso de reconsideración con apelación en subsidio, restando al recurrente solamente sustentar el recurso subsidiariamente interpuesto en caso de denegación del recurso de reconsideración.

---

10 Franco, Jaime. "La Judicialización del Procedimiento Administrativo", Semanario Jurídico y Empresarial de Sistemas Jurídicos S.A., 9 de octubre de 2004.

Esta construcción de la jurisprudencia panameña interpretó la norma contenida en el artículo 34, en el sentido de obligar al particular a interponer la reconsideración en susidio cuando interponía el recurso de reconsideración, porque de lo contrario no podía apelar, imposibilitándose el agotamiento de la vía administrativa, requisito fundamental para acceder al contencioso-administrativo.

La Ley 38 de 2000, derogó todas las normas de la ley de la jurisdicción contenciosa administrativa reguladoras de los recursos en la vía administrativa e introdujo importantes modificaciones en esta materia.

Se eliminó la subsidiariedad de los recursos de reconsideración (reposición) y apelación (alzada), además de la apelación directa, como fórmulas obligatorias para agotar la vía administrativa y acceder al contencioso, permitiéndose la interposición independiente de ambos recursos.

Se introdujo expresamente el recurso de hecho y el recurso de revisión administrativa como recursos extraordinarios, de acuerdo con el modelo español, pero en un exceso de supuestos como ya lo explicamos al analizar el procedimiento administrativo.

3. *El control judicial de la Administración: contencioso administrativo y otros modos de solución de controversias, en especial los arbitrajes*

A. *Control judicial de la Administración*

Los actos administrativos y las demás expresiones de la potestad reglamentaria tienen su organismo de control en la Jurisdicción Contencioso-Administrativa. En Panamá, está jurisdicción fue creada a través de la Ley 135 de 1943, modificada por la Ley 33 de 1946, e indirectamente por el Acto Legislativo No. 2 de 1956 que incorporó la "Jurisdicción Contencioso-Administrativa" a la Corte Suprema de Justicia, eliminando el tribunal independiente creado en 1943. Desde entonces esta legislación no ha sido revisada, presentando ciertos elementos de excesiva formalidad a pesar de la tendencia de la jurisprudencia a ir eliminando ciertos formalismos en la presentación y sustentación de los recursos.

Ante la Sala Tercera de lo Contencioso Administrativo; compuesta por tres magistrados, los particulares afectados por el acto, resolución, orden o disposición podrán demandar su revisión e interponer el Recurso de Plena Jurisdicción (subjetivo), siguiendo la denominación acuñada en Francia, con el objeto de lograr la reparación de los derechos subjetivos. Por otro lado, cualquier persona natural o jurídica, incluso extranjera, puede ejercitar la acción popular (Acción de Nulidad) tendiente al control de la legalidad, cuando la administración haya incurrido en "injuria contra derecho".[11]

La Ley 135 de 1943, excluye actos administrativos del control jurisdiccional de la Sala. Expresamente los siguientes:

1. Las resoluciones de los funcionarios o autoridades del orden administrativo que tengan origen en un contrato civil celebrado por la Nación o el Municipio. (Distinción que no es contemplada en las nuevas regulaciones sobre contratación pública).
2. Las resoluciones que se dicten en los juicios de policía de naturaleza penal o civil.
3. Las correcciones disciplinarias impuestas al personal de la fuerza pública y del cuerpo de policía, excepto cuando impliquen suspensión, postergación para el ascenso o separación del cargo de empleados inamovibles según la Ley.

En cuanto a aspectos procedimentales; para recurrir ante la Sala Tercera de lo contencioso-administrativo es preciso agotar la vía gubernativa o administrativa, salvo cuando la instancia que dicta el acto administrativo es la instancia de mayor jerarquía dentro del ente administrativo.

La norma entiende como agotada la vía administrativa cuando los actos o resoluciones no son susceptibles de los recursos ordinarios que caben en esta vía, o se han decidido, ya se trate de actos o resoluciones definitivas o de providencias de trámite, si estas últimas deciden directamente el fondo del asunto, de modo que le pongan término o hagan imposible su continuación.

La Acción de Nulidad es imprescriptible, mientras que la acción encaminada a obtener la reparación de derechos subjetivos a través del Recursos de Plena Jurisdicción prescribe al cabo de dos meses contados a partir de la publicación, notificación o de realizado el hecho o la operación administrativa que el particular considere violatoria de sus derechos y de la Ley.

---

[11] Término introducido con la modificación del artículo 22 de la Ley 135 de 1943, por la Ley 33 de 1946, que guarda relación con la violación a la Ley por parte de la Administración.

C. La posibilidad de adjudicar con la presentación de una propuesta. Esta norma es positiva porque permite a la Administración adjudicar en primera convocatoria, cuando haya una propuesta válida, es decir, cuando la propuesta presentada cumpla con todos los requisitos exigidos en el pliego de cargos, además de presentar un precio por debajo del estimado o precio oficial.

D. La creación de la Dirección de Contrataciones Públicas como un ente autónomo independiente, pero adscrito al Ministerio de Economía y Finanzas. La transformación de esta Dirección en entidad autónoma es positiva para el logro de los altos objetivos que se pretenden alcanzar con la aprobación de la nueva Ley, además de representar un reconocimiento a la importancia del tema de la contratación pública para efectos de la eficiente ejecución presupuestaria.

E. La incorporación del portal "PanamaCompra" como parte del sistema de contratación pública. El Sistema Electrónico de Contrataciones Públicas denominado "PanamaCompra" ya había sido creado en septiembre de 2005 por medio de una Ley que convertía en obligatorio su uso por parte de todas las entidades públicas. La Ley 22 de 2006, incorpora el portal a todo el sistema de contratación pública. Queda de parte de la sociedad civil el identificar las irregularidades que se puedan observar a través del portal y denunciarlas. Por otra parte, es necesario destacar que el portal actualmente se encuentra en su primera etapa. Se prevé que en la segunda etapa se generalice la posibilidad de presentar ofertas en línea.[14]

F. El Tribunal de Contrataciones Públicas. La incorporación de este Tribunal al sistema tiene su antecedente en el Tribunal de Contrataciones Públicas de Chile creado por la Ley 19,886 de 30 de julio de 2003, sin embargo, la adaptación panameña está rodeada de particularidades. En Chile este Tribunal está adscrito al Órgano Judicial y su creación se debe a la falta de un Tribunal Contencioso Administrativo[15]**, mientras que en Panamá es un ente administrativo que reemplaza la vía administrativa de recurso en diferentes materias. Está conformado por tres miembros designados por el Presidente de la República, por un periodo de cinco (5) años, nombrados de forma escalonada, quienes no podrán ser destituidos, salvo por las razones que indica la ley.**[16]

G. Se crea un procedimiento de Contratación por Mérito para materias como la ciencia y la cultura. Es un procedimiento que persigue la contratación de reconocidos profesionales para el desarrollo de proyectos culturales, científicos y de otras áreas afines en donde lo más importante es la trayectoria de los profesionales y el contenido de la propuesta, lo cual será evaluado con criterios distintos a los acostumbrados.

H. Se regulan dentro de la ley las prórrogas y multas. Anteriormente estaban reguladas por un resuelto del Ministerio de Economía y Finanzas (número 46) declarado ilegal por la Sala Tercera de la Corte Suprema de Justicia. La Contratación Pública tiene como finalidad obtener un suministro, servicio o la construcción de una obra de acuerdo con lo pactado en el pliego y en el contrato. La Resolución del Contrato por incumplimiento es el fin último de la contratación por lo

---

[14] El Decreto Ejecutivo 188 de 27 de noviembre de 2009 reglamenta los procedimientos de selección de contratista vía electrónica en el Sistema Electrónico de Contrataciones PanamaCompra.

[15] Transcribo la autocrítica del Tribunal de Contrataciones Públicas que hace el propio presidente de este tribunal, don Francisco Fernández Fredes: "...muchos países como Francia, España, Argentina o Perú, entre otros, poseen tribunales de ámbito jurisdiccional amplio en lo contencioso administrativo para resolver controversias que se susciten en las relaciones entre el Estado y los particulares. **En Chile lo que se ha ido creando es una sumatoria de tribunales específicos por materias muy singularizadas y a eso responde este tribunal de la contratación.** A mí personalmente me hubiera gustado más establecer un tribunal de lo Contencioso-Administrativo de competencia más amplia en primera instancia y en segunda instancia someter esto a la Cortes de Apelaciones a través de una jurisdicción especializada en salas Contencioso-Administrativa, que es el modelo español". Según el Presidente del Tribunal, **la denominación exacta de este órgano judicial colegiado debería haber sido Tribunal de Licitación Pública**, porque no interviene ni en la fase previa a la aprobación de las bases ni en eventuales controversias que se promuevan después de la adjudicación del contrato, ni tampoco durante la ejecución de este..." (fuente: boletín electrónico ChileCompra Informa N° 33, octubre 2005)

[16] La competencia originaria del Tribunal fue modificada a través de dos normas. La ley 41 de 2008 incluye la competencia del Tribunal para conocer del recurso de apelación contra la resolución administrativa del contrato y la inhabilitación del contratista. La Ley 69 de 2009 incluye la competencia del Tribunal para conocer sobre la Resolución por la cual se rechazan las propuestas.

que el eficiente manejo de las prórrogas y las multas por incumplimiento pueden actuar como fórmula para disuadir a los contratistas de incumplir las cláusulas contractuales y para que el Estado en última instancia opte por la resolución administrativa del contrato.

I. La creación del Registro de Proponentes. Este Registro existió hasta la aprobación de la Ley 4 de 13 de enero de 1998. La inscripción en el mismo otorgaba derecho a un certificado de postor. Una de las causas de su exclusión de la Ley, fue su incompatibilidad con las normas de la Organización Mundial de Comercio. En vez de eliminarlo lo saludable hubiese sido su modificación para adecuarlo a la normativa internacional. Ahora fue restablecido para clasificar a los proponentes y exigirles el cumplimiento de requisitos formales previa participación en un procedimiento de licitación.

En principio este Registro debería evitar que se evalúen en los actos públicos aspectos que ya fueron verificados al otorgarse la certificación de inscripción, permitiendo que las entidades se concentren en evaluar solamente las condiciones especiales de cada acto público.

J. Aumento del periodo de inhabilitación por incumplimiento de contratos. Se establece un periodo de inhabilitación para contratar con el Estado de entre tres (3) meses y tres (3) años, lo cual dependerá de la reincidencia y del monto del contrato incumplido (Artículo 370 D.E. 366 de 2006) lo cual representa una advertencia disuasoria para los que pretendan especular con los contratos estatales. Ante la discrecionalidad otorgada a las instituciones para establecer la sanción, sobre la base de los dos supuestos mencionados, se tendrán que aplicar adicionalmente criterios de proporcionalidad al momento de imponer la correspondiente sanción.

La contratación pública debe aspirar a convertirse en un sistema eficiente que permita la adjudicación a la mejor propuesta, lo cual se puede lograr a través de un registro de proponentes debidamente reglamentado, la utilización efectiva de los Convenios Marco, estudios de mercado que permitan determinar los precios promedio de lo que requiere la Administración para satisfacer los intereses colectivos, metodologías de evaluación más uniformes, reglas claras para proceder a la modificación del contrato por diversos motivos, entre ellos el equilibrio contractual, utilización de tecnología en todo el proceso, garantizando la no exclusión de las zonas apartadas y de quienes no tienen acceso a la tecnología y mecanismos ágiles, simples y no excesivamente restrictivos, para la solución de controversias. Nuestro sistema va en el camino correcto en algunas materias, pero en muchas hace falta realizar los ajustes necesarios. Se requiere realizar un análisis de cada una de ellas para verificar fortalezas, debilidades y riesgos. El tema del equilibrio contractual y la modificación del contrato sobre la base del interés público es uno de ellos.

La ejecución de obras públicas por el sistema de Concesión Administrativa está regulada en un cuerpo normativo distinto al de los contratos típicos del Estado. Esto obedece a las especiales connotaciones que tiene esta fórmula de contratación, relacionadas con el interés público, lo cual permite que todas las obras, así como las mejoras y derechos dimanantes del objeto de la concesión, pasen libres de costo al Estado a la terminación de la concesión.

En función de esta particularidad, se aprueba la Ley 5 de 1988, reguladora del régimen de las concesiones administrativas en Panamá, para la ejecución de obras de interés público, aplicable a la construcción, mejora, mantenimiento, conservación, restauración y explotación de carreteras, autopistas, y otras obras que el Consejo de Gabinete califique como de interés público. Esta Ley contiene un procedimiento de adjudicación distinto con precalificación obligatoria, así como normas sobre beneficios fiscales, caducidad y rescate administrativo de la concesión, que no contempla la Ley de Contratación Pública.

La última reforma de la Ley 22 de 2006, no introdujo cambios en cuanto a los procedimientos licitatorios, pero si en materia de transparencia y lucha contra la corrupción, aunque con resultados difíciles de medir. En general los cambios más significativos pueden concretizarse así:

La Inhabilitación de contratar con el Estado por participación en acto de corrupción producto de sentencias decretadas por un tribunal nacional o extranjero; La Promoción de empresas nacionales y locales; Mayor importancia de la ética y la transparencia en las contrataciones públicas; Inclusión de aspectos medioambientales, sociales y éticos en los pliegos de cargos; Mayor protagonismos de los licitantes en las reuniones previas y homologación de los pliegos; Restricción al acceso a la información en contratos relativos a la seguridad pública. Modificación de las reglas para la presentación de acciones de reclamo ante la Dirección General de Contrataciones Públicas.

VII. LA RESPONSABILIDAD ADMINISTRATIVA

El Código Administrativo de la república de Panamá aprobado en 1916 no contenía normas expresas sobre responsabilidad administrativa. En la Ley 135 de 1943 de lo Contencioso-Administrativo, a pesar de no encontrarse expresamente regulada la responsabilidad patrimonial de la administración por las lesiones o los daños que cause a los particulares por la acción u omisión en el ejercicio de sus funciones, si hay referencias indirectas sobre la responsabilidad del Estado y su reconocimiento.

En el capítulo que desarrolla el procedimiento ante el tribunal, el artículo 43-A indica en su primer párrafo, lo siguiente:

> "Si la acción intentada es la de nulidad de un acto administrativo, se individualizará este con toda precisión; y si se demanda el restablecimiento de un derecho, deberán indicarse las prestaciones que se pretenden, ya que se trate de indemnizaciones o de modificación o reforma del acto demandado o del hecho u operación administrativa que causa la demanda..."

Si bien esta norma es anterior a la constitución vigente, está en directa relación con el artículo 203 de la misma. Este artículo respecto a las atribuciones de la Corte Suprema de Justicia, indica lo siguiente:

> .... 2. La jurisdicción contencioso administrativa respecto de los actos, omisiones, prestación defectuosa o deficiente de los servicios públicos....A tal fin, la Corte Suprema de Justicia con audiencia del Procurador de la Administración, podrá anular los casos acusados de ilegalidad; restablecer el derecho particular violado; estatuir nuevas disposiciones en reemplazo de las impugnadas y pronunciarse perjudicialmente acerca del sentido y alcance de una acto administrativo o de su valor legal.

El artículo 16 de la ley 33 de 1946, era más claro respecto a la responsabilidad administrativa, sin embargo, fue derogado y sus normas sobre responsabilidad no fueron reproducidas por la Ley 38 de 2000, que regula el procedimiento administrativo en Panamá. Este artículo señalaba lo siguiente:

> "La apreciación de las responsabilidades a que haya lugar, ya se trate de las patrimoniales de los funcionarios, o de las principales o subsidiarias del Estado, o de las entidades públicas autónomas o semiautónomas, corresponderá al Tribunal de los Contencioso-Administrativo".

En materia de Responsabilidad Patrimonial del Estado, es necesario distinguir entre la responsabilidad directa del Estado o sus administraciones públicas, lo que engloba la función administrativa que ejercen todos los órganos del Estado y la responsabilidad de los funcionarios que prestan sus servicios al Estado.

Por medio de la sentencia de 12 de septiembre de 2008, se condenó al Estado panameño a pagar la suma de OCHENTA Y NUEVE MIL QUINIENTOS VEINTIOCHO BALBOAS CON 81/100 (B/.89,528.81), en concepto de indemnización por daños materiales y morales, sufridos por el delito de lesiones personales del que fue víctima por parte de LUIS CARLOS MARTÍNEZ, miembro de la Policía Nacional, que actuaba en ejercicio de sus funciones.

En esta sentencia, se establece claramente como operaba el régimen de responsabilidad subsidiaria del Estado antes de la aprobación del artículo 129 del Código Penal Vigente que establece a responsabilidad solidaria del Estado.

> "De acuerdo a la legislación penal vigente a la fecha en que se produjo el hecho generador de la obligación, se tiene que el principio de responsabilidad civil originada del delito para aquellas personas que resulten culpables de los mismos se contempla en el artículo 119 del Código Penal.
>
> Este supuesto de responsabilidad se extiende al Estado, en los casos de actos delictivos incurridos por funcionarios de entidades públicas, en el desarrollo de funciones propias de su cargo, de acuerdo a lo regulado en el artículo 126 del Código Penal, que dice así:
>
> > '126. El Estado, las instituciones públicas autónomas, semi-autónomas o descentralizadas así como los municipios, responderán subsidiariamente en el monto de los daños y perjuicios derivados de los hechos punibles cometidos por sus servidores con motivo del desempeño de sus cargos.'
>
> Conforme al alcance de esta norma, los servidores públicos son responsables, y subsidiariamente lo es el Estado, por los daños producidos en atención al delito cometido, con la reserva de que la conducta delictiva del funcionario debe ser declarada por un tribunal penal.

En referencia al régimen de responsabilidad establecido en el artículo 126 del Código Penal, la Sala Tercera en Resolución de 27 de diciembre de 2007, expresó lo siguiente:

'... la comisión de un delito por un servidor público en el desempeño del cargo también genera responsabilidad para el Estado, debido a que el daño se produce como consecuencia directa del funcionamiento de los servicios públicos que le tuvieren encomendados al servidor y no a la actuación particular o privada ajena al cumplimiento de sus funciones.

Es esta extensión del ámbito de la específica actividad de la entidad estatal lo que le genera responsabilidad, solo que subsidiaria, requiriendo para su reconocimiento el establecimiento de la responsabilidad penal del funcionario, de conformidad con lo dispuesto en el artículo 126 del Código Penal.' (Demanda Contencioso-Administrativa de Indemnización interpuesta por el licenciado Rubén Cogley, en representación de MAYLIN HIM HURTADO, para que se condene al Municipio de Panamá y/o la Dirección Municipal de Aseo Urbano y Domiciliario, al pago de CIENTO VEINTIOCHO MIL SETECIENTOS VEINTIÚN BALBOAS (B/.128,721.00), en concepto de daños materiales y morales que fueron causados por accidente de tránsito)

De los párrafos del fallo recién trascrito, se infiere que, para obtener el resarcimiento del Estado a consecuencia de este tipo de daños, se requiere previa sentencia condenatoria emitida por un tribunal penal, contra el funcionario público causante del delito originario del daño. Luego de declarada la responsabilidad penal respectiva, de considerarse que han resultados daños a consecuencia del delito, le compete a la Sala Tercera de la Corte conocer de la responsabilidad civil por ese delito, y determinar la cuantía de la indemnización solicitada, de prosperar la pretensión.

El razonamiento expuesto descarta el argumento del Procurador de la Administración, de que el Estado solo está llamado a responder de manera subsidiaria si el funcionario que originó el hecho dañoso es declarado responsable en juicio penal y civil, y el mismo no puede hacer frente a las obligaciones derivadas de la última, ya que reiteramos que en estos casos, lo que se requiere es un pronunciamiento judicial que establezca la responsabilidad penal imputable al funcionario público cuya actuación genero el daño."

Por otro lado, además de la responsabilidad directa e indirecta del Estado, también hay que distinguir la responsabilidad contractual de la extracontractual.

Al respecto, en un auto, de 12 de agosto de 2010, que declaró la admisibilidad de una demanda contencioso-administrativa de indemnización por daños y perjuicios, se sienta con claridad la doctrina jurisprudencial de la Sala en esta materia.

"En torno a las demandas de indemnización, cuyo argumento central ha descansado en la responsabilidad extracontractual del Esta do Panameño, la Sala ha emitido pronunciamientos como el que a continuación se detalla:

'...Para resolver, claro es que el fundamento de responsabilidad extracontractual del Estado en nuestra legislación se deriva de lo que está contenido en los artículos 1644 y 1645 del Código Civil, y con la modificación de la que este último fue objeto mediante la Ley N° 18 de 31 de julio de 1992, importante resulta señalar que está expresamente contemplada al prever "la responsabilidad directa del Estado" cuando el daño es causado por conducto del funcionario a quien propiamente corresponde la gestión practicada dentro del ejercicio de sus funciones. Sobre la responsabilidad extracontractual del Estado, la Sala ha conceptuado que tiene claro fundamento en las normas de la Constitución Nacional que en nuestro medio están previstas en el Título III de los Derechos y Deberes Individuales y Sociales, Capítulo 1°, sobre las Garantías Fundamentales, específicamente los artículo 17 y 18. Así vemos que en el artículo 17 de la Constitución Nacional se instituye la concepción social de los fines del Estado, al preverse que las autoridades de la República serán instituidas para proteger en sus vidas, honra y bienes a los nacionales donde quiera que se encuentren y a los extranjeros que estén bajo su jurisdicción..." Por su parte, el artículo 18 de la Constitución Nacional prevé el principio de la responsabilidad personal de los funcionarios públicos por infracción a la Constitución o de la Ley o por extralimitación de funciones en el ejercicio de esta. Dicha responsabilidad extracontractual tiene, pues, un fundamento de derecho público, postura que ha sido también la mantenida por la Corte Suprema de Justicia y el Consejo de Estado en Colombia en relación con el artículo 16 de la Constitución de 1886 de ese país, norma que es el antecedente del artículo 17 de nuestra Constitución (CFR. Ureta Manuel S., "El fundamento Constitucional de la responsabilidad extracontractual del Estado" en *La Responsabilidad de la Administración Pública en Colombia, España, Francia e Italia* , autores varios, Universidad Externado de Colombia, 1986, p. 163 a 181). (Sentencia de 2 de junio de 2003: Moisés de Mayo vs. Ministerio de Gobierno y Justicia) (*Cfr*. Sentencia de 2 de agosto de 2007: José Delgado vs. Policía Nacional)'

Precisado que la responsabilidad civil extracontractual del Estado, es el sustento de la indemnización demandada por el señor GERARDO SIMEÓN, el Tribunal de alzada advierte que el contenido de la demanda en la parte referente a las disposiciones legales infringidas, es claro al explicar que el accidente de tránsito que le ha ocasionado lesiones permanentes en al cuerpo del prenombrado, tiene orígenes en el hecho que produjo el policía Benigno Chavarría mientras ejercía funciones que le fueron asignadas por sus superiores.

En este sentido, afirmó el demandante en su libelo que "...No se trata de una actuación personal de un servidor público buscando finalidad privada, por el contrario, al estar bajo órdenes superiores, este actúa dentro del nexo causal, en procura de satisfacer un servicio público". Adicionó que el Ministerio Público es solidariamente responsable con la Policía Nacional, toda vez que el automóvil que propició el accidente era un vehículo particular carente de las mecánicas necesarias, que se encontraba ligado a un proceso penal y estaba bajo comiso, pero fue utilizado a sabiendas de esta condición para circular en vías públicas con la aprobación de las autoridades respectivas.

Esbozado en detalle el fundamento de la demanda de indemnización presentada estima el resto de la Sala que su contenido recalca el uso de un carro decomisado carente de mantenimiento para prestar el servicio de policía y con ello el mal funcionamiento de un servicio público. Siendo esto así, consideramos que a través de la misma se advierte claramente la ocurrencia de un daño, originado por un servidor público mientras prestaba un servicio público".

En sentencia de 2 de febrero de 2009 y 2 de junio de 2003, la Sala dejó sentado que nuestra tradición jurídica contencioso administrativa, particularmente la colombiana y la francesa es reiterada en cuanto a que la responsabilidad extracontractual del Estado surge cuando concurren tres elementos a saber: 1. La falla del servicio público por irregularidad, ineficiencia o ausencia del mismo; 2. El daño o perjuicio; 3. La relación de causalidad directa entre la falla del servicio público y el daño.

A través de la Sentencia de 20 de noviembre de 2009, al conceptuar sobre el sentido y alcance del artículo 1644 del Código Civil en particular, la Sala manifestó que para que se configure el mal funcionamiento del servicio público deben acreditarse los siguientes elementos:

"La existencia de una conducta culposa o *negligente.* La presencia de un daño directo, cierto y susceptible de ser cuantificado; y La demostración del nexo de causalidad entre el resultado dañoso y la conducta del agente provocador del evento."

Estos antecedentes jurisprudenciales, sirvieron de base para declarar en sentencias dictadas en el año 2010, que la Autoridad del Tránsito y Transporte Terrestre ni el Estado panameño son responsables por el incendio del Bus que prestaba el servicio de transporte público en el que fallecieron un número plural de personas, ya que como han señalado de manera recurrente las sentencias sobre el caso, no se configuró el mal funcionamiento del servicio público, ni se pudo probar la falla del servicio público por parte del Estado, como detonante de los daños causados, responsabilizándose por los mismos únicamente al dueño y conductor del bus tal y como, sobre la base de la sentencia condenatoria penal.

Estas sentencias han sido sumamente comentadas en la opinión pública, en atención a que el servicio de transporte público en Panamá funciona de acuerdo a un sistema de concesión de cupos individuales y la fiscalización del servicio público de transporte por parte de las autoridades es bastante deficiente.

Para finalizar, es necesario destacar que a través de la Resolución Resolución 017 de 17 de marzo de 2006, se creó dentro de la estructura del Ministerio Público la Fiscalía Superior Especializada en Asuntos Civiles, con sede en la Provincia de Panamá, con mando y jurisdicción en toda la República, y competencia privativa en el Primer Distrito Judicial de Panamá, la cual tiene entre sus funciones:

a. Defender los intereses del Estado o del Municipio en los procesos civiles, según los casos y representar al Estado en los procesos que se instauren en contra de este en la jurisdicción civil.

b. Promover y sostener los procesos civiles necesarios para la defensa de los bienes e intereses del Estado, observando las instrucciones que sobre el particular reciba el Órgano Ejecutivo, y representar activamente al Estado en las demandas civiles que contra este se sigan ante la Corte Suprema de Justicia...

De manera que a partir del 2006 el Ministerio Público participa activamente dentro de los procesos por Responsabilidad Extracontractual que se le siguen al Estado.

VIII. EL SERVICIO PÚBLICO, LOS MERCADOS DE INTERÉS GENERAL (LIBERALIZACIÓN, PRIVATIZACIÓN, REGULACIÓN) Y SU RÉGIMEN DE COMPETENCIA

La Constitución panameña, en el artículo 282, dentro del título correspondiente a la "Economía Nacional", contiene los principios regulatorios de las empresas de utilidad pública. Se indica expresamente, que el Estado creará por medio de entidades autónomas o semiautónomas o por otros medios adecuados, empresas de utilidad pública y que asumirá cuando fuese necesario al bienestar colectivo y mediante expropiación e indemnización, el dominio de las empresas de utilidad pública pertenecientes a particulares, si en cada caso lo autoriza la Ley.

Relacionado con este artículo, el 286 indica que el Estado promoverá la creación de empresas particulares y establecerá empresas estatales e impulsará la creación de las mixtas, en las cuales participará el Estado y podrá crear las estatales, para atender las necesidades sociales y la seguridad e intereses públicos.

La noción de servicio público en Panamá se relativizó con el efecto de la ola de privatizaciones de la década de los años noventa. A través de la Ley 16 de 14 de julio de 1992 con sustento en los citados artículos de la Constitución, se establece y regula el Proceso de Privatización de Empresas, Bienes y Servicios Estatales, hasta ese momento propiedad del sector público o realizados por este sector.

Los servicios públicos prestados directamente por el Estado, como la telefonía y el suministro de energía eléctrica, sufrieron un proceso de privatización en la citada década, mientras que la prestación del servicio de agua potable sigue en manos del Estado y es prestado directamente a través de una entidad autónoma denominada Instituto de Acueductos y Alcantarillados Nacionales (IDAAN)

Mediante la Ley 5 de 1995, se transforma la estructura legal del servicio de telefonía de empresa pública a privada y se le convierte en una sociedad anónima denominada INTEL, S.A. Se faculta al Gobierno Nacional a vender en licitación pública internacional, hasta el 49% de sus acciones, garantizándole al comprador un contrato de concesión para la prestación y explotación del servicio de Telecomunicaciones en exclusividad por cinco (5) años y un contrato de plena administración de la empresa.

Así, el 29 de mayo de 1997, le hicieron efectivo el traspaso de las acciones a CABLE & WIRELESS INTERNACIONAL, quien en el primer acto de la Junta Directiva decide cambiarle el nombre a la empresa de INTEL, S.A. a CABLE & WIRELESS PANAMA, S.A. El Estado mantiene el 49% de las acciones, estando el restante 2% en manos de los empleados de la empresa prestadora del servicio.

Esta privatización de la telefonía comprendía un contrato de exclusividad total por cinco años para los servicios locales, de larga distancia nacional e internacional, telefonía pública y alquiler de circuitos de voz, entre otros servicios.

En enero del 2003 se inició el mercado de libre competencia de los servicios de telecomunicaciones mencionados y aunque el Ente Regulador de los Servicios Públicos ya ha otorgado las respectivas concesiones para operar los servicios de comunicaciones, hasta el año 2004 eran 25 los que estaban operando y disputándose el mercado, prestando servicios tales como telecomunicación básica, local e internacional, terminales de teléfonos públicos y semipúblicos, telefonía móvil celular bandas, sistema de troncales convencionales, busca personas, Internet para uso público y otros servicios.[17]

El proceso de liberalización y privatización del servicio eléctrico en Panamá se produce principalmente a partir de la ley 6 de 3 de febrero de 1997, por la cual "Se dicta el marco regulatorio e institucional para la prestación del servicio público de electricidad". (con anterioridad se dictó la Ley 26 de 29 de enero de 1996, por la cual se crea el Ente Regulador de los Servicios Públicos, con funciones de control de los operadores del sector).

[17] Informe sobre las Telecomunicaciones en Panamá preparado por Doris Nieto. Contraloría General de la República. Septiembre de 2004.

El esquema utilizado fue la segmentación del antiguo Instituto de Recursos Hidráulicos y Electrificación (IRHE), Institución autónoma de Derecho Público integrada verticalmente, que realizaba todas las actividades y tenía asignadas todas las funciones del sector eléctrico en Panamá.

Con la Ley 6 de 1997, se produce la separación de las actividades de generación, transmisión y distribución eléctrica, así como restricciones para desarrollar estas actividades de forma conjunta. La actividad se divide en cuatro empresas de generación, una empresa de transmisión y 3 empresas de Distribución.

Todas las empresas se constituyeron como sociedades anónimas con un 100% de acciones estatales. Luego se procedió a la venta del 49% de las acciones de las empresas de generación y distribución a inversores privados, reservándose un porcentaje de acciones para la compra por parte de los trabajadores de estas empresas. La empresa de transmisión (ETESA) hasta la fecha se mantiene como sociedad 100% de propiedad estatal.

Es importante señalar que la participación del sector privado en la prestación del servicio de energía eléctrica se produce a través de la mencionada compra de acciones de las empresas resultantes del Instituto de Recursos Hidráulicos y Electrificación (IRHE), y a través de concesiones o licencias para nuevas empresas que tengan intención de instalarse en Panamá, como en efecto ha sucedido, sin dejar de mencionar que la Ley permite la posibilidad de que el Estado panameño cree nuevas empresas para operar dentro del sector, en un futuro.[18]

En el año 2011, se aprobó la Ley 43 de 2011, que reorganizó la Secretaría Nacional de Energía, estableciendo entre sus funciones el impulsar la apertura del sector eléctrico, hacia una matriz energética diversificada, capaz de disminuir: costos, impactos sociales y ambientales adversos, vulnerabilidad y dependencia de recursos limitado; promover un mercado competitivo; maximizar la eficiencia energética del sistema energético nacional; propiciar un marco normativo que facilite las reglas para un sistema eléctrico más eficiente; y trabajar de forma consultiva con todos los componentes del sector energético ya sean de sector público o privado del país.

Recientemente, por iniciativa del Órgano Ejecutivo, se aprobó la Ley 162 de 2022, que incentiva la movilidad eléctrica en el transporte terrestre, con el propósito de reducir la emisión de gases de efecto invernadero, aumentando el uso de energías renovables.

Cabe resaltar que la Ley 6 de 1997, amparada por el artículo 284 de la Constitución, en su artículo 3 determina que las actividades privatizadas seguirán formando parte de un servicio público, imponiéndosele requisitos de calidad de servicio, control de tarifas y otras regulaciones sobre elementos importantes de este sector.

Tanto el contrato ley que sirvió de base al servicio público de telefonía como el que sustenta el de electricidad prestados por particulares, están sujetos al control de un ente regulador de los servicios públicos. A este ente le corresponde la función normativa de carácter técnico, de regulación y fiscalización sobre la prestación de los servicios públicos.

El Ente Regulador de los Servicios Públicos fue creado a través de la Ley 26 de 29 de enero de 1996 y tiene sus competencias bien delimitadas. Se le otorga el poder de regular y controlar la prestación de los servicios públicos de abastecimiento de agua potable, alcantarillado sanitario, electricidad, telecomunicaciones, radio y televisión, así como la transmisión y distribución de gas natural, sin perjuicio que una Ley especial incluya dentro de la categoría de servicio público bajo su regulación y control otros servicios.

Con posterioridad cambia su denominación y actualmente el ente regulador detenta el nombre de Autoridad de los Servicios Público (ASEP) con facultades para otorgar concesiones y también imponer sanciones.

IX. EL DERECHO ADMINISTRATIVO SANCIONADOR

La Constitución Panameña, no contiene una norma expresa que haga alusión a la potestad sancionadora de la Administración, sin embargo la Constitución reconoce el principio del "non bis in

[18] Rivera S. Jorge. *El Mercado Mayorista de Electricidad en Panamá*, Tesis de Grado para optar por el Título de Licenciado en Derecho y Ciencias Política, Universidad de Panamá. 2003, p. 11-14.

idem" en materia de faltas administrativas dentro de la garantía al debido proceso, y el artículo 33 de la Constitución, expresa que solamente podrán sancionar sin juicio previo los jefes de la fuerza pública a sus subalternos por faltas disciplinarias y los capitanes de buques y aeronaves para mantener el orden a bordo.

La Corte Suprema de Justicia, ha reconocido en materia administrativa, la garantía del debido proceso contenida en la Constitución, que sirve de garantía para que toda persona sea juzgada por autoridad competente, conforme a los trámites legales y a no más de una vez por la misma causa penal, administrativa, policiva o disciplinaria.

En sentencia de 18 de marzo de 1999, (antes de la aprobación de la Ley 38 de 2000, reguladora del procedimiento administrativo general) la Corte Suprema de Justicia sostuvo lo siguiente:

> Si bien ambos son distintos, existe una tendencia a la judicialización del procedimiento administrativo no contencioso, y sobre todo, al procedimiento administrativo sancionador, que con frecuencia ejerce la Administración Pública en nuestros países.
>
> Esta judicialización conlleva crecientemente el reconocimiento del derecho de defensa y, en algunos casos, del mismo debido proceso en el procedimiento administrativo....
>
> Dicho principio incluye en el procedimiento administrativo sancionador aspectos tales como el derecho del administrado a ser oído; a que se le notifique; a ser sancionado por una entidad competente; a que se produzca la contradicción... y sobre todo, la facultad de hacer uso de los medios de impugnación previstos en la Ley 135 de 1943 contra el acto administrativo sancionador....
>
> Considera la Corte debidamente fundada la alegación del representante judicial de los amparistas pues resultan palmarias las irregularidades mediante las cuales se emitieron los actos impugnados, ya que los documentos contentivos de la actuación de la autoridad demandada, se observa de manera clara, la ausencia de un procedimiento previo a la sanción que les permitiera a los sancionados ser oídos, aportar pruebas en su defensa y contradecir la pretensión punitiva de la administración.[19]

La Ley 38 de 2000, a diferencia de la legislación española, no contiene un título dedicado a la regulación de los principios de la potestad sancionadora y del procedimiento sancionador. En consecuencia, a falta de procedimiento especial consignado en norma legal o reglamentaria, se aplicarán los procedimientos y reglas que se le aplican a todos los procesos sujetos al procedimiento general o común. La facultad de imponer sanciones por las infracciones al ordenamiento jurídico, se encuentran en las leyes que regulan materias específicas. Por ejemplo, la Ley General de Ambiente de la República de Panamá, Ley 41 de 1998, establece sanciones administrativas por infracciones medioambientales:

> Artículo 114. La violación a las normas contempladas en la presente Ley constituye infracción administrativa, y será sancionada por la Autoridad Nacional del Ambiente con multa que no excederá de diez millones de balboas con cero centésimo (B/.10,000,000.00). El monto de la sanción corresponderá a la gravedad de la infracción o reincidencia del infractor, de acuerdo con lo establecido en los reglamentos respectivos.
>
> El Administrador Nacional del Ambiente impondrá multas hasta de un millón de balboas con cero centésimo (B/.1,000,000.00).
>
> Las multas de un millón un balboas (B/.1,000,001.00) a diez millones de balboas (B/.10,000,000.00), serán impuestas por el Consejo Nacional del Ambiente.
>
> Accesoriamente, la Autoridad Nacional del Ambiente queda facultada para ordenar al infractor el pago del costo de limpieza, mitigación y compensación del daño ambiental, sin perjuicio de las responsabilidades civiles y penales que correspondan.
>
> Esta norma, como muchas dentro de nuestro ordenamiento, no contiene un procedimiento sancionador especial, por lo que se tendrá que seguir el procedimiento administrativo común contenido en la Ley 38 de 2000 y respetarse las garantías al debido proceso contenidas en la Constitución.

---

[19] Sentencia del Pleno de la Corte Suprema de Justicia de 18 de marzo de 1999. Amparo de Garantías Constitucionales incoado por Ubaldo Davis vs Ministerio de Gobierno y Justicia).

En Panamá hay un sinnúmero de normas que no contienen una graduación de las infracciones para efecto de la interposición de la respectiva sanción. De igual manera se pueden observar normas con rango inferior a la Ley que establecen sanciones administrativas, así como sanciones administrativas en blanco contempladas en leyes, que permiten a los reglamentos desarrollar todos los aspectos de la infracción y la respectiva sanción. Es necesario que se aprueben normas de procedimiento administrativo general que dicten pautas en materia de sanciones administrativas.

Ante la falta de normas en materia de procedimiento administrativo sancionador la jurisprudencia se ha encargado de aclarar cómo deben aplicarse las sanciones por infracciones administrativas. La sentencia de 23 de julio de 2007 dictada por la Sala Tercera de la Corte Suprema de Justicia sienta el criterio jurisprudencial en la materia:

> A este respecto, lo primero que cabe observar es que en el presente caso estamos ante un proceso administrativo sancionador, en el que la entidad fiscalizadora de los fondos del SIACAP le impuso a PROGRESO una multa, inicialmente de B/.100,000.00 y luego rebajada a B/.40,000.00, "por el incumplimiento del numeral 3 del artículo 19 de la Ley 8 de 6 de febrero de 1997" (ver f. 2).
>
> En tal sentido, salta a la vista que la Resolución No. 001 de 5 de febrero de 2004 fue dictada sin que, previamente, se hubiesen formulado cargos a PROGRESO y consecuentemente, sin que esta hubiese tenido oportunidad de ofrecer sus descargos, de aportar pruebas y alegar. Así se colige de los autos y en particular, del expediente administrativo dentro del cual se impuso la sanción (ver fs. 32-51), donde consta que la citada resolución tuvo como base únicamente documentación acopiada oficiosamente por la propia demandada, entre la cual resalta el informe relativo a la actividad desplegada por PROGRESO en el mes de agosto de 2003 (ver f. 45), al igual que la certificación rendida por la Oficial de Inspección y Análisis de Mercados e Intermediarios de Valores de la Comisión Nacional de Valores (ver f. 43), mediante los cuales se acreditó la compra de bonos de Banistmo por un monto de B/.4.0 millones.
>
> Los hechos expuestos, relativos a la infracción del debido proceso, se infieren incluso de los argumentos expuestos por la Procuraduría de la Administración en la contestación de la demanda y en sus alegatos, donde afirma que "Los descargos planteados por Progreso constan en el recurso de reconsideración que fue sustentado oportunamente..." (ver fs. 77 y 213). Tal afirmación, a juicio de la Sala, se aparta de una sana interpretación de la garantía del debido proceso, que exige que el afectado tenga oportuno conocimiento de los cargos que existen en su contra, de modo que no solo pueda rebatirlos, sino también aportar las pruebas que estime necesarias para una defensa eficaz. Pretender que con la sola interposición de un recurso de reconsideración contra una resolución condenatoria se satisface el debido proceso, no es más que corroborar un reconocimiento a medias de este derecho.
>
> Los razonamientos expuestos son cónsonos con el contenido del numeral 31 del artículo 201 de la Ley 38 de 2000 que venimos mencionando, el cual incluye como elementos integrantes del debido proceso "dar el derecho a audiencia o ser oído a las partes interesadas, el derecho a proponer y practicar pruebas, el derecho a alegar y el derecho a recurrir".

X. EXPROPIACIÓN FORZOSA

El instituto de la expropiación forzosa está consignado en la Constitución Política panameña. La ley 57 de 1946 en desarrollo del artículo 46 de la Constitución Política de 1946 desarrolló aspectos procedimentales del mismo procurando buscar un equilibrio entre el interés público y el derecho de propiedad de los particulares expropiados. A pesar de la aprobación de una nueva constitución, los postulados contenidos en esta norma se han mantenido vigentes, mientras que el procedimiento una vez que se haya determinado que es necesaria la expropiación por motivos de utilidad pública, está contenido en el Título XVI del Libro Segundo del Código Judicial.

La Ley 57 de 1946 delimita con claridad, qué debe entenderse por utilidad pública e interés social (respectivamente) en sus artículos 1 y 2. El artículo 1 al respecto señala lo siguiente:

> "Se declaran obras de utilidad pública la apertura y construcción de calles y de vías de toda clase en el territorio de la República; los terrenos necesarios para tales obras, así como los destinados para caminos vecinales de cualquier clase que ellos sean, y los ensanches y mejoras de cualesquiera clases en las vías de comunicaciones que se dejan mencionadas; los acueductos, acequias,

oleoductos y todas las demás obras análogas para el servicio público; las vías férreas, telegráficas y telefónicas; los parques, estaciones, aeropuertos, etc. Y cualesquiera de índole similar que sean necesarias para el servicio público".

En relación con el interés social para que haya una correcta diferenciación, el artículo 2 indica lo siguiente:

> "Se declaran obras de interés social: las escuelas, bibliotecas, casas para obreros, hospitales, casa-cuna, sanatorios, preventorios y toda obra análoga que redunde en beneficio social".

La Constitución Política de 1972, modificó parcialmente el texto de la Constitución de 1946, manteniendo dos tipos distintos de expropiaciones, lo cual se explica con claridad en la sentencia de inconstitucionalidad dictada por el Pleno de la Corte Suprema de Justicia el 12 de julio de 2010:

La figura de la expropiación, dentro del ordenamiento constitucional panameño se encuentra descrita en los supuestos enunciados por el segundo párrafo del artículo 48 y por el artículo 51 de la Carta Política. De las normas en cuestión, la primera dispone que, "por motivos de utilidad pública o de interés social definidos en la Ley, puede haber expropiación mediante juicio especial e indemnización." Mientras que la segunda expresa:

> "Artículo 51. En caso de guerra, de grave perturbación del orden público o de interés social urgente, que exijan medidas rápidas, el Ejecutivo puede decretar la expropiación u ocupación de la propiedad privada.
>
> Cuando fuese factible la devolución del objeto ocupado, la ocupación será solo por el tiempo que duren las circunstancias que la hubieren causado.
>
> El Estado es siempre responsable por toda expropiación que así lleve a cabo el Ejecutivo y por los daños y perjuicios causados por la ocupación, y pagará su valor cuando haya cesado el motivo determinante de la expropiación."

El análisis de las normas descritas ha llevado al Pleno a identificar dos clases de expropiaciones, una ordinaria contenida en el artículo 48 de la Carta Política, y una extraordinaria, amparada en el artículo 51.

En el caso de la expropiación ordinaria, la misma ocurre cuando una Ley señala los motivos de utilidad pública o de interés social que el bien que va a ser expropiado debe satisfacer. En este supuesto, es necesario que un Juez decrete la expropiación, fije la indemnización, y que el Estado pague el monto establecido, antes de que se haga la transferencia del bien; mientras que, la expropiación extraordinaria la Constitución otorga al Órgano Ejecutivo la facultad para decretar la expropiación de un bien o su ocupación material, cuando existan motivos derivados de un estado de guerra, de grave perturbación del orden público o de interés social urgente, que exijan la toma de medidas inmediatas para atender tales situaciones. Esta facultad que se atribuye al Órgano Ejecutivo es desarrollada por el legislador.

El monto a indemnizar, tanto en la expropiación ordinaria como en la extraordinaria, lo fijará el Juez. Cabe señalar que, en el supuesto de la expropiación extraordinaria, el proceso de fijación de la indemnización debe realizarse inmediatamente a la disposición administrativa que la ordena.

En la citada sentencia se declaró inconstitucional el Decreto Ejecutivo 48 de 24 de mayo de 2006, suscrito por el Presidente de la República con la Ministra de Vivienda, por medio del cual se dispuso expropiar por motivo de interés social urgente, a favor del Banco Hipotecario Nacional, la Finca N° 3390, en atención a que la decisión acusada se excedió de los parámetros que exigen la recta interpretación del artículo 51 de la Constitución Política cuando se dan los supuestos para la expropiación extraordinaria.

XI. MEDIOAMBIENTE

La Ley 41 de 1998 crea la Autoridad Nacional del Ambiente como órgano descentralizado, la cual desarrolla la política nacional del medioambiente, y como indica el artículo 3 de la Ley, estas políticas están constituidas por el conjunto de medidas, estrategias y acciones, establecidas por el Estado, que orientan, condicionan y determinan el comportamiento del sector público y privado, de los agentes económicos y de la población en general, en la conservación, uso, manejo y aprovechamiento de los recursos naturales y del ambiente.

En su Título IV, "De los Instrumentos para la Gestión Ambiental", la Ley destaca como uno de los instrumentos fundamentales para la gestión ambiental, la Ordenación Ambiental del Territorio, en conjunto con el mecanismo de evaluación del impacto ambiental.

La Ley 41 de 1998, para proteger las áreas excluidas del desarrollo urbano, crea el Sistema Nacional de Áreas Protegidas, conformado por todas las áreas protegidas legalmente establecidas, o que se establezcan, por leyes, decretos, resoluciones o acuerdos municipales. La regulación de estas áreas representa un importante mecanismo de control en manos de la Autoridad Nacional del Ambiente, que le permite adjudicar concesiones de administración y concesiones de servicios, a los municipios, gobiernos provinciales, patronatos, fundaciones y empresas privadas que desarrollen proyectos comerciales cónsonos con el medioambiente, de acuerdo con estudios técnicos previos.

El Decreto Ejecutivo 59 de 2000, reglamenta la Ley General de Ambiente de la República de Panamá, regulando detalladamente el proceso de evaluación de impacto ambiental, estableciendo categorías, contenidos mínimos y términos de referencia de los estudios, introduciendo incluso, un procedimiento administrativo especial para la tramitación de la aprobación de estos estudios.

La Ley establece normas sobre responsabilidad ambiental, que contemplan multas por infracciones administrativas ambientales, que ascienden hasta B/.10,000,000.00. La responsabilidad administrativa es independiente de la responsabilidad civil por daños al ambiente, así como de la penal que pudiere derivarse de los hechos punibles o perseguibles. Se reconocen igualmente en la legislación ambiental los intereses colectivos y difusos para legitimar activamente a cualquier ciudadano u organismo civil, en los procesos administrativos, civiles y penales por daños al ambiente.

El 14 de septiembre de 2009, la Sala Tercera de la Corte Suprema de Justicia (resolviendo un Recurso de Plena Jurisdicción) dictó una sentencia que sienta un importante precedente en materia de protección ambiental en Panamá. Dicha Sala declaró legal la Resolución No. AG-0407-2007 del 8 de agosto de 2007, dictada por la Autoridad Nacional del Ambiente, que resolvió lo siguiente:

> "PRIMERO: Sancionar a la empresa CORPORACIÓN PLAYA BLANCA S.A., a través de su representante legal Rodolfo Espino, con multa de sesenta mil setecientos treinta y cinco balboas con diez centavos (B/.60,735.10), por desarrollo de actividad en área ambientalmente frágil, sin contar con Estudio de Impacto Ambiental aprobado.
>
> SEGUNDO: Comunicar igualmente a la empresa, que deberá cancelar un monto de veinticuatro mil seiscientos treinta y cinco balboas (B/.24,635.00) en concepto de indemnización ecológica, por el área afectada producto de la eliminación de humedales y vegetación.
>
> TERCERO: Se ordena a la empresa igualmente la recuperación del área afectada, y la implementación de las medidas recomendadas en los informes que integran el presente expediente.

La sentencia utilizó como sustento el principio de precaución que exige tomar medidas para reducir la posibilidad de que el ambiente sufra un daño grave a pesar de que se ignore la probabilidad precisa de que este ocurra.

Sigue sosteniendo la sentencia que en ese sentido, el artículo 23 de la Ley 41 de 1998, establece que las actividades, obras o proyectos, públicos o privados, que por su naturaleza, características, efectos, ubicación o recursos pueden generar riesgo ambiental, requerirán de un estudio de impacto ambiental previo al inicio de su ejecución, de acuerdo con la reglamentación de la ley. Estas actividades, obras o proyectos, deberán someterse a un proceso de evaluación de impacto ambiental, inclusive aquellos que se realicen en la cuenca del Canal y comarcas indígenas.

En relación con lo anterior, el artículo 112 de la Ley 41 de 1998 establece que el incumplimiento de las normas de calidad ambiental, o del estudio de impacto ambiental, así como de las leyes y reglamentaciones pertinentes, será sancionado por la ANAM con amonestación escrita, suspensión temporal o definitiva de actividades de la empresa o multa, según sea el caso. Complementariamente, el artículo 114 *ibídem*, indica que el Administrador Nacional del Ambiente impondrá multas hasta por un millón de balboas, por la violación de las normas contenidas en dicha Ley.

Las previsiones normativas antes examinadas permitieron a la Sala apreciar la potestad legal de la Autoridad Nacional del Ambiente para expedir el acto impugnado, dejando claramente establecido que fue el desarrollo de una actividad sin contar con el estudio de impacto ambiental y el incumplimiento de los permisos requeridos por parte empresa Corporación Playa Blanca S.A., lo que propició la sanción pecuniaria impuesta por la resolución demandada.

De allí, que devienen sin sustento las afirmaciones de la parte actora, en el sentido de que la citada entidad carecía de competencia para expedir la resolución censurada y para sancionar a la empresa Corporación Playa Blanca, S.A.

Es necesario destacar también, que en materia penal, a través de la Ley 5 de 28 de enero de 2005 se adicionó un título al Código Penal, denominado "Delitos Contra el Ambiente", el cual fue posteriormente modificado y de acuerdo al Texto Único del Código Penal publicado en la Gaceta Oficial Digital 26519, este aparece como "Delitos contra el Ambiente y el Ordenamiento Territorial", tomando en cuenta que el tema ambiental necesita de una protección integral que abarque la protección del ordenamiento territorial. De este modo el Código Penal castiga conductas delictivas contra los recursos naturales, la vida silvestre, tramitación fraudulenta relacionada con el urbanismo, y los delitos contra los animales domésticos.

BIBLIOGRAFÍA

ABREGO, Marelissa. *La Jurisdicción Contencioso Administrativa en Panamá y la Tutela Cautelar*. Editorial Universal Books, Panamá, 2008.

ARAÚZ, Heriberto.

_______ *Curso de Derecho Procesal Administrativo. La Jurisdicción Contencioso Administrativa en Panamá*. Editorial Universal Books, Panamá, 2004.

_______ *La Vía Gubernativa*. Editorial Universal Books, Panamá, 2010.

ARJONA, Adán Arnulfo. "La Evolución de lo Contencioso Administrativo en la Era Republicana". Ediciones Iuris – Procuraduría de la Administración, Panamá 2003.

Autores Varios. *Derecho Administrativo Iberoamericano (Discrecionalidad, Justicia Administrativa y Entes Reguladores*. Volumen II. Editado por el Congreso Iberoamericano de Derecho Administrativo (Jaime RODRÍGUEZ-ARANA MUÑOZ, Víctor Leonel BENAVIDES PINILLA, Javier SHEFFER TUÑÓN y Migue Ángel SENDÍN GARCÍA; editores), Panamá, 2009.

BREWER-CARÍAS, Allan R. *Principios del Procedimiento Administrativo en América Latina*. Legis Editores S.A., Colombia, 2003.

CEDEÑO, Ernesto. *Los Recursos Legales Formales en el Proceso Administrativo* (enfocados, en el marco de la contratación estatal panameña). Editorial Universal Books, Panamá, 2004.

FRANCO, Jaime. *La Judicialización del Procedimiento Administrativo*, Semanario Jurídico y Empresarial de Sistemas Jurídicos S.A., 9 de octubre de 2004.

GALVIS, Maruja. *Requisitos Formales de la Demanda Contenciosa Administrativa de Plena Jurisdicción (Análisis legal, doctrinal y jurisprudencial)*, Editorial Universal Books, Panamá, 2008.

GARCÍA de ENTERRÍA, Eduardo y FERNÁNDEZ, Tomás-Ramón. *Curso de Derecho Administrativo*, Tomo I, duodécima edición, Civitas ediciones, 2004.

GARRIDO FALLA, Fernando y FERNÁNDEZ PASTRANA, José María. *Régimen Jurídico y Procedimiento de las Administraciones Públicas (Un estudio de la Ley 30/92)*, Editorial Civitas, S.A., segunda edición, Madrid, 1995.

GASNELL ACUÑA, Carlos.

_______ "El Origen del Contencioso-Administrativo y el Modelo Adoptado por Panamá". Panamá, 2009.

_______ *La Ley de Contratación Pública y su Decreto Reglamentario*. Ediciones G, Panamá 2010.

GONZÁLEZ, Rigoberto. *El Habeas Data*. Formato electrónico, 2002. Publicado en la página electrónica de la Defensoría del Pueblo. www.defensoriadelpueblo.gob.pa.

HOYOS, Arturo. *El Derecho Contencioso-Administrativo en Panamá (1903-2005): Una introducción Histórica de Derecho Comparado y Jurisprudencial*. Editorial Sistemas Jurídicos, Panamá, 2005.

MORGAN Jr., Eduardo. *Los Recursos Contencioso Administrativos de Nulidad y de Plena Jurisdicción en el Derecho Panameño*. Editorial Talleres Gráficos, 1982.

PARADA, Ramón. *Derecho Administrativo*. Tomo I, Parte General, decimocuarta edición, editorial Marcial Pons, 2003.

SHEFFER TUÑON, Javier. *El Procedimiento Administrativo en Panamá*. Editorial Sistemas Jurídicos, S.A., Panamá, 2002.

PANORAMA DEL DERECHO ADMINISTRATIVO EN EL PARAGUAY

LUIS ENRIQUE CHASE PLATE*

LA ADMINISTRACIÓN EN EL DERECHO PARAGUAYO

Un motivo de preocupación en el Paraguay ha sido siempre, precisamente, la eficiencia, y los mecanismos para garantizar la calidad y transparencia de la actuación administrativa, y de la función pública, en general. En este sentido, sigue siendo una prioridad dinamizar la Administración, introducir reformas profundas que tengan en cuenta su complejidad y la imperiosa necesidad de ampliar y reforzar la protección de los ciudadanos frente a la pesada burocracia. En el Paraguay, se requiere un marco jurídico común para toda la Administración del Estado, sea la central del Poder Ejecutivo y sus órganos, como la Departamental y las Municipalidades.

Ha sido siempre un grave problema, en el Paraguay, en el campo legislativo y en otras esferas, la confusión del *principio de legalidad de la Administración* con el *principio de licitud.* El primero corresponde al Derecho Público; es el sometimiento pleno de la Administración al Derecho. El segundo, pertenece al Derecho Privado; significa la *autonomía de la voluntad,* que consagra el Artículo 9, última parte de la Constitución paraguaya, que reza "nadie está obligado a hacer lo que la ley no ordena ni privado de lo que ella no prohíbe". Esta confusión se debe, como enseña Gordillo[1], "a una formación muy detallada en derecho privado, producto de los programas de estudio clásicos de las distintas universidades, y a una escasa formación en derecho administrativo. Afirma el reconocido tratadista que "a ello debe agregarse que el margen de aplicación del derecho civil a la administración pública es cada vez más reducido en el mundo moderno, a punto tal que puede sostenerse que en el presente el derecho civil no es aplicable, en principio, a ningún campo de la actividad administrativa. Esta afirmación puede ser discutible, pero la tendencia es clara hacia la restricción de la aplicación del derecho civil en el plano administrativo". Enseña Gordillo que "fundamentalmente, la sistematización del derecho civil no explica ni ordena ninguno de los grandes problemas que preocupan al derecho administrativo: no toma en cuenta -como no puede ser de otro modo- la división de poderes y funciones, la estructura de la administración pública, la naturaleza del órgano y su actividad, etc.".

EL PROCEDIMIENTO ADMINISTRATIVO

El proyecto de ley de procedimientos administrativos, que se ha convertido en Ley de la República del Paraguay (Ley No. 6715 de 29 de setiembre de 2021), ha entrado en vigencia el 29 de setiembre de 2022.

He trabajado a invitación de la Cámara de Diputados primero y después de la Cámara de Senadores del Congreso paraguayo, con la única intención de contribuir en la mejora de nuestro ordenamiento jurídico administrativo principalmente para ordenar la Administración y e intensificar, la protección de los derechos de los ciudadanos. Vale destacar que, para asesorar al Congreso, con el Profesor Marco Aurelio González Maldonado, hemos trabajado y comparado diversas leyes similares de otros países (como España, Argentina, Mendoza, Perú, Uruguay, Chile, República Dominicana, El Salvador), así como la doctrina de esos países. Dicha comparación es siempre importante porque adelanta los posibles conflictos interpretativos que podrían generar las normas que se proyectaban para nuestro país.

Además de ello, nuestras recomendaciones las hemos compartido con eminentes profesores especialistas en la materia, como Ricardo Rivero Ortega (Rector de la Universidad de Salamanca, con vasta experiencia en la asesoría en la elaboración de proyectos de leyes similares en América Latina), Ismael Farrando (conocido profesor de Derecho administrativo y coautor del proyecto de ley de la Provincia de Mendoza, Argentina), y Augusto Durán Martínez (eminente catedrático uruguayo y

* Profesor Titular de Derecho Administrativo y de Derecho Constitucional de la Universidad Nacional de Asunción. Presidente del Instituto Paraguayo de Derecho Administrativo y Constitucional.

1 Gordillo, Agustín. *Tratado de Derecho Administrativo*. Tomo 3. *El Acto Administrativo*. p. I-2 y I-3. Buenos Aires 2000.

referente regional por sus profusas obras que abordan y explican los institutos procedimentales del Derecho administrativo). También han colaborado en importantes seminarios, los ilustres profesores Jaime Rodríguez-Arana Muñoz y Allan Brewer-Carias, en otros. Dichos profesores nos han brindado su valioso parecer, en una sesión virtual de las Comisiones de Asuntos Constitucionales y de Legislación de la Cámara de Diputados del Paraguay. Ello fue posible por el enorme cariño que tienen al Paraguay y con la única intención de colaborar con el desarrollo del Derecho administrativo de mi país.

Esta experiencia internacional no nos alejó de la idiosincrasia paraguaya y de su sistemática jurídica, pues nos hemos cuidado de guardar las simetrías correspondientes. No obstante, como se legislaba sobre una materia que hasta el momento existía poco precedente legal en Paraguay, los textos que sugerimos incorporar solo pretendían otorgar un marco claro y conveniente para el correcto funcionamiento de las instituciones públicas paraguayas, en sus relaciones de poder con los administrados.

En dicho marco, cabe resaltar que hemos intentado hacer agregados al texto aprobado por el Senado y hacer solo mínimas correcciones, cuidándonos de no tocar en lo posible (más allá de lo necesario) el texto sometido a la consideración legislativa de la Cámara de Diputados. Como se podrá apreciar, la orientación de nuestra contribución fue siempre el respeto de los principios del debido procedimiento administrativo, que se inscriben en la órbita del derecho fundamental a la buena administración, un derecho de los ciudadanos y una obligación para la Administración. No es un mero derecho subjetivo, es un derecho que consagra el respeto a la dignidad humana y es la base y esencia de toda Constitución y del Estado de Derecho, frente al uso arbitrario del poder.

Los principios son el origen, justificación y orientación de las normas jurídicas, y sobre los que descansan el mismo derecho administrativo. Constituyen el motor que significó el cambio de concepción del derecho administrativo, de derecho del poder a derecho del ciudadano, en tutela de la dignidad humana. La administración pública es un servicio a la comunidad que debe realizar el justo equilibrio entre interés público y respeto de los derechos particulares, sin acciones desmedidas ni injustificadas.

En ese marco, el derecho a la buena administración surge como consecuencia de que el Derecho administrativo paraguayo, debía amoldarse con el principio constitucional del Estado social y democrático de Derecho. Este concepto de Estado trae consigo una nueva manera de mirar, entender y estudiar al Derecho y en especial al Administrativo, ya que se imbrica en la teoría del Estado, la ciencia y filosofía política, para recordarnos los valores esenciales de la vida en sociedad: la vigencia del Derecho natural, más allá del texto formal de las leyes, implicaba la sujeción a los derechos fundamentales del hombre. Es una manera correcta de entender la separación de poderes y el deber de equilibrio entre ellos. La vigencia plena de los derechos fundamentales, el deber general de solidaridad y de participación ciudadana. Estos son los ejes que deben guiar a la Administración pública para que el servidor cumpla (y el ciudadano exija) su rol de tutelar el interés público.

LA FUNCIÓN PUBLICA

La función pública tiene un ámbito que puede ser: el Poder Ejecutivo, el Poder Judicial o el Poder Legislativo. Las tres funciones que conforman la organización del Estado, si bien son todas funciones públicas, las mismas tienen características diferentes. Son especies de un género, de un todo indivisible.

El *principio de división de poderes* es primordial para la organización del Estado y el sistema democrático. Montesquieu elaboró una teoría clave para el Derecho Constitucional, que no está basada en el vacío histórico, sino en su observación de como funcionaban las instituciones inglesas. El maestro García-Pelayo[2] explica, con extraordinaria claridad, el pensamiento de Montesquieu, reduciendo a sistema racional la realidad británica, tal como él interpretaba, al "establecer una teoría clave para el derecho constitucional liberal". El principio de separación de poderes "se expresa, en los dos postulados siguientes: a) cada función capital del Estado (legislativa, ejecutiva y judicial) ha de tener un titular distinto (poderes); b) en el marco de esta separación, los poderes se vinculan recíprocamente mediante un sistema de correctivos y de vetos (statuer y empecher)".

2 García-Pelayo, Manuel. *Derecho Constitucional Comparado*. Segunda Edición, 1951. Manuales de la Revista de Occidente. Madrid 1951. p. 141 y ss.

Decía el prominente profesor, -Primer presidente del Tribunal Constitucional de España, según la Constitución de 1978- que "este sistema aparece como resultado de un proceso lógico racional para asegurar la vigencia de la libertad".

Cassese[3] dice que, del hecho de no haberlo entendido –el principio de "división de poderes"- se ha derivado graves daños para la ciencia del derecho; "unos daños que se han reflejado, afectándola, sobre la organización democrática del Estado". El conocido autor italiano nos refiere sobre el Poder Ejecutivo y el origen de la fórmula y su realización en las Constituciones inglesa y francesas del siglo XIX. Afirma que "quien lea atentamente a Montesquieu no podrá dejar de notar, con la sensibilidad que hoy tenemos por los problemas sociales, que el autor francés pensaba que el conflicto existente entre la Corona (y la nobleza que se agrupaba en torno ella) y la burguesía podía ser resuelto confiando a la una el poder gobernar y a la otra el poder de legislar. En pocas palabras: el principio de la llamada "división de poderes" no era más que la solución política a un conflicto existente en la sociedad entre dos clases".

Una es la función Pública que se realiza en el ámbito del Poder Administrador, por su estructura jurídica-política, los cometidos y la forma de gestión y de actuación; otra, la función pública judicial, que se realiza en la administración de justicia; así, como diferente, también, la función que realiza la Legislatura.

El Art. 1, primera parte de la Ley No. 1.626 de 27 de diciembre de 2.000 de la Función Pública determina que: "tiene por objeto regular la situación jurídica de los funcionarios y de los empleados públicos, el personal de confianza, el contratado y el auxiliar, que presten servicio en la Administración Central, en los entes descentralizados, los gobiernos departamentales y las municipalidades, la Defensoría del Pueblo, la Contraloría General de la República, la Banca pública y los demás organismos y entidades del Estado". El segundo párrafo del Art 1 de la Ley expresa que "Las leyes especiales vigentes y las que se dicten para regular las relaciones laborales entre el Personal de la Administración Central con los respectivos organismos y entidades del Estado, se ajustaran a las disposiciones de esta Ley, aunque deban contemplar situaciones especiales".

El Art. 3 de la Constitución paraguaya, consagra el principio de separación de poderes, en forma clara y precisa, al determinar que: *"El gobierno es ejercido por los poderes Legislativo, Ejecutivo y Judicial, en un sistema de independencia, equilibrio, coordinación y reciproco control. Ninguno de estos poderes puede atribuirse, ni otorgar a otro ni a persona alguna, individual o colectiva, facultades extraordinarias o la suma del Poder Público. La dictadura esta fuera de la Ley".*

LA ORGANIZACIÓN Y CODIFICACIÓN DEL DERECHO ADMINISTRATIVO. PERMANENTE MUTACIÓN

La cuestión de la codificación del Derecho Administrativo –dice López Meirelles[4]- tiene colocado a los doctrinadores en tres posiciones: los que niegan sus ventajas, los que admiten la codificación parcial y los que propugnan por la codificación total. La opinión del conocido autor esta filiada a esta última corriente, por entender que la reunión de los textos administrativos en un solo cuerpo de ley es perfectamente ejecutable, a ejemplo de lo que ocurre con las demás ramas del derecho, ya codificados, pues propiciará a la Administración y a los administrados mayor seguridad y facilidad en la observancia y aplicación de las normas administrativas. (La traducción es nuestra).

El maestro Marienhoff[5], al enfocar este tema expresa que "la idea de codificar el derecho administrativo ha provocado disparidades de criterio en el terreno doctrinario. Un sector de tratadistas se pronuncia a favor de la codificación de ese derecho: al efecto, algunos de dichos autores consideran el derecho administrativo en su totalidad, en tanto que otros solo contemplan como posible la codificación de los *principios fundamentales* que ya adquirieron cierto grado de madurez o cristalización. Otro sector de tratadistas niega la posibilidad de codificar el derecho Administrativo". Expresa el conocido autor los motivos que se han dado para justificar la imposibilidad de codificar el Derecho Administrativo, argumentos que a su vez han sido rebatidos. Entre los argumentos negativos, que han sido rebatidos, que señala Marienhoff, están:

---

3 Cassese, Sabino. "El Poder Ejecutivo en los Sistemas Parlamentarios de Gobierno". *Revista Vasca de Administración Pública*. Iraila Abendua 1992, Septiembre-Diciembre. 34 (II)

4 Lopes Meirelles, Hely. *Direito Administrativo Brasileiro*. 24 Edicao.41 y 42. Sao Paulo, Brazil. 1999.

5 Marienhoff, Miguel S. *Tratado de Derecho Administrativo*. Tomo I. p. 314 al 320. Editorial Abeledo- Perrot. Buenos Aires, Argentina. 1970.

a) *Abundancia y amplitud de la materia.* A ello se contestado que solo se trata de codificar las normas de carácter *"fundamental"*, que, representando la base de la actividad administrativa, constituyen un *todo orgánico, de vigencia constante.*
b) Inestabilidad y contingencia de la materia.
c) *Falta de orden.* "Se ha contestado que este argumento implica una petición de principio, un círculo vicioso, por cuanto si bien es exacta esa falta de orden, ella constituye un motivo más para proceder a la codificación, ya que cuando esta se haya logrado aparecerá el orden que ahora no existe".

Afirmaba el catedrático de la Universidad de La Plata: "No hay, pues, razón alguna que obste a la codificación del derecho administrativo, en los términos y condiciones a que hice referencia. Tal codificación es *útil y necesaria".* Dice también que "esto último resulta fácilmente comprensible en nuestro país, donde, en materia administrativa y al menos en el orden *nacional,* existe una inmensa cantidad de leyes, decretos y resoluciones, cuya existencia no todos conocen, aparte de que es difícil llegar a conocerla en su integridad, todo ello sin perjuicio de que muchos de esos textos están parcialmente derogados o modificados. La codificación, aparte de sus otras ventajas innegables, tendería a facilitar el conocimiento del Derecho".

Indudablemente, estas valiosas observaciones de Marienhoff, que transcribimos, para comprender en su realidad el sentido de la codificación del Derecho Administrativo, parecen como escritas para el Paraguay, en donde existe un verdadero caos en las normas reglamentarias. No es posible seguir con este *desorden,* legislativo y reglamentario, en materia administrativa. Pongamos solo el ejemplo de lo que ocurre en materia tributaria, en donde se está viendo un inusitado desorden orgánico, que trae una gran confusión para la propia administración y los contribuyentes. En los últimos anos, se ha producido en Paraguay, una verdadera *inflación de leyes,* como si el gran número de leyes constituya la real y auténtica garantía de un Estado de Derecho.

Enseñaba Sohm[6], que "Justiniano y sus consejeros podían contemplar con orgullo su labor, que constituía una verdadera victoria, condensando en un Código más de dos milenos de historia jurídica. Donde antes existía un caos en la doctrina, alzase ahora un mundo armónico, animado por el espíritu de los nuevos tiempos". La labor compiladora de Justiniano, recogió con carácter definitivo todo el Derecho vigente, con más de dos milenios de historia jurídica. La perdurabilidad del derecho romano se debe, precisamente, al *Corpus Juris* de Justiniano y en donde alcanza su definitiva consagración. "Ya nada importaba que sucumbiese el Imperio político de Roma: el derecho romano tenía fuerzas sobradas para sobrevivirle".

Mariano Brito[7], al estudiar las fuentes del Derecho Administrativo, se refería a la *movilidad esencial* del Derecho Administrativo. Afirma, pensando como José Luis Meilán Gil, con meditación profunda, que: "tal vez, en ese ámbito de apreciación de las fuentes se comprenda y comparta la referencia doctrinal a la *"movilidad esencial"* del Derecho Administrativo y la constatación del *"drama íntimo del Derecho Administrativo"*: su innata aspiración a ser un Derecho Común cuando la inestabilidad de su materia le inclina a ser un derecho episódico, y con ello, "algo consustancial al Derecho Administrativo: su servidumbre respecto de la oportunidad y su apego a la política".

Rodríguez-Arana Muñoz[8], al explicar el Derecho Administrativo desde la Constitución, y su esencia *eminentemente instrumental* dice: "Sabemos bien que el terreno sobre el que siempre se ha movido el Derecho Administrativo ha sido, es y será, movedizo y, por ello, mudable, pues el ordenamiento jurídico administrativo – y también la propia Administración Pública –tiene una clara dimensión instrumental; en la medida que debe hacer presente y garantizar el interés general". "Pero el interés general, -dice el catedrático de la Universidad de La Coruña- que es un concepto jurídico indeterminado, probablemente admite diferentes entendimientos en función del módulo constitucional en el que nos encontremos.

---

6 Sohm, Rodolfo. *Instituciones de Derecho Privado Romano. Historia y Sistema.* p. 114 a 120. 17 Edición. Madrid MCMXXVIII.

7 Brito, Mariano R. *Derecho Administrativo. Su Permanencia – Contemporaneidad –Prospectiva.* Universidad de Montevideo. Montevideo 2004. p. 26

8 Rodríguez-Arana Muñoz, Jaime. *Derecho Administrativo Español.* p. 10 y 11. Editorial Porrúa. Universidad Nacional Autónoma de México. México, 2005

No es igual el concepto que se puede manejar de Derecho Administrativo en el Estado liberal de Derecho, que la versión que puede plantear el modelo de Estado social y democrático de Derecho"

En igual sentido, sostenía Vidal Perdomo[9], al explicar la *complejidad y mutabilidad* del Derecho Administrativo y realizar una comparación entre el Derecho Civil y el Derecho Administrativo. Dice que el Derecho Civil refleja el papel de la autonomía de la voluntad en la creación de relaciones jurídicas y en la concepción de la sociedad sobre el derecho de propiedad, el otro es manifestación de la intervención del Estado y de la organización que haya dispuesto al efecto en función del interés público. Expresa que "de ahí se desprende que el derecho administrativo es menos universal, más próximo a las realidades de cada nación, como que es el resultado de las urgencias sociales de cada una". Sostiene el autor colombiano que "mientras que el derecho civil tiene categorías netamente definidas, el derecho administrativo está en permanente creación. Seguidor como es del proceso de la acción del Estado, se adapta y cambia a medida que la injerencia del interés general se acentúa". Afirmaba Vidal Perdomo que el derecho administrativo hay que buscarlo en la Constitución, en los códigos, en las numerosas leyes que puedan existir, en las leyes particulares a ciertos temas que con frecuencia se expiden, en la nutrida normatividad que surge de los actos de las principales autoridades administrativas, en las decisiones de la jurisprudencia. Al referirse (por supuesto a una codificación) a que esta búsqueda difícil desalienta y que puede llegar a pensarse que "tal defecto, si como tal se considera, puede corregirse con la expedición de códigos que reúnan las principales normas sobre la materia, trae una clara conclusión: "Vano empeño, pues es indudable que dichos estatutos no pueden tener, por las circunstancias anotadas, la perennidad que generalmente han tenido los códigos civiles, si es que puede llegar a fundirse en estatutos de esa índole toda la dinámica de la vida política, económica y social de los Estados que se vierte en el Derecho Administrativo. Por tales circunstancias, los movimientos de codificación en este ramo no han resultado exitosos, salvo en el campo procesal".

Cassagne[10], al explicar la codificación del Derecho Administrativo y los problemas que plantea en la Argentina expresa: "Terreno propicio para una legislación contingente y en constante cambio o adaptación a las nuevas, súbitas o impostergables necesidades de la sociedad, el derecho administrativo ofrece, en virtud de la peculiaridad de su conformación, una resistencia casi natural a ser encerrado y cristalizado en un cuerpo de normas orgánico homogéneo y sistemático, como es un Código. Pero ni la multiplicidad de las disposiciones administrativas ni su falta de orden e inestabilidad constituyen obstáculos para aceptar la posibilidad de una codificación parcial o por materias, ni aun de una codificación general de los fundamentales principios de cada una de las instituciones en materia de procedimiento administrativo; esas dificultades, que se hallaron presentes en su momento respecto al derecho civil y al derecho comercial, demuestran en realidad que es necesario encauzar los principios y normas de aquellas materias del derecho administrativo donde fuera conveniente realizar su codificación".

Silva Cimma[11], enseñaba en la Universidad de Chile y se formulaba la pregunta de si "es posible intentar la codificación del Derecho Administrativo. Afirma el autor chileno que es difícil perseguir una *estructura definitiva de la Administración*, cuyo estudio es parte fundamental de esta rama del derecho. Concluye que "todo hace pensar que es una quimera cualquier intento serio de codificabilidad del Derecho Administrativo". Pero aun así "esta idea no se opone a la conveniencia indiscutible de ir buscando una armonía jurídica en la legislación que atañe a conglomerados de instituciones o Servicios afines o de los empleados del Estado"

Se ha intentado en el Paraguay la codificación del Derecho Administrativo. El Proyecto de *Ley de Administración Pública*, denominado, denominado, en su tiempo, "Código Administrativo" por la Cámara de Diputados, reglaba en general a la Administración del Estado. Originalmente, fue presentado como un "Anteproyecto de Ley de Administración Pública", por el Instituto de Investigaciones Jurídicas (DERECHO PÚBLICO) de la Universidad Nacional de Asunción., integrado, en ese entonces, por los catedráticos Salvador Villagra Maffiodo, Luis Enrique Chase Plate, Carlos A. Mersán, Ramón Silva Alonso y Miguel Ángel Pangrazio. La labor fue realizada, teniendo como base, los borradores de

---

9 Vidal Perdomo, Jaime. *Derecho Administrativo*. p. 11,12. Doceava edición 2004. Universidad del Rosario. Facultad de Jurisprudencia. Bogotá, Colombia.

10 Cassagne, Juan Carlos. *Derecho Administrativo*. Tomo I. p. 199. Abeledo-Perrot. Buenos Aires, 1998

11 Silva Cimma, Enrique. *Derecho Administrativo Chileno y Comparado. Introducción y Fuentes*. p. 119. Editorial Jurídica de Chile. 1996.

Salvador Villagra Maffiodo. Se argumentó en el Congreso que, el Proyecto constituía un verdadero Código Administrativo no contencioso, y que, de aprobarse por el Parlamento, sería uno de los instrumentos jurídicos más importantes de la nación, que vendría a regular la actividad de la Administración Central, los Departamentos, las municipalidades, los entes descentralizados, la empresas concesionarias del Estado, para la correcta actuación de los agentes de toda la administración pública y la protección de los particulares en su relación con la misma. Nos atrevemos a manifestar que, el Anteproyecto, de aprobarse, hubiera tenido trascendencia similar, dentro del campo del Derecho Público que el que tuvo el Proyecto de Código Civil, hoy vigente, para el campo del Derecho Privado. Examinaron, el Anteproyecto, eminentes jurisconsultos, como el maestro Eduardo García de Enterría, en España, y en la Argentina, Jorge Luís Maiorano. En su oportunidad, significamos que, ha sido un lugar común por mucho tiempo y aún sigue siéndolo en parte, la aseveración de que el derecho Administrativo, no solamente es incodificable por la heterogeneidad de sus materias sino también indeseable su codificación por su dinamismo que lo hace esencialmente modificable. Pero el movimiento contrario ha avanzado ostensiblemente.

Por eso es por lo que, el *Proyecto de Ley de Administración Pública*, denominado *Código Administrativo*, en el ámbito legislativo paraguayo, tuvo un valor jurídico singular, porque ha sido el fruto de un esfuerzo extraordinario para compendiar, en un *corpus juris*, materias tan disímiles y heterogéneas. El Proyecto, fue presentando, en varias ocasiones al Parlamento, pero en ninguno de los periodos parlamentarios ha recibido la sanción correspondiente; sea porque las cuestiones políticas-partidarias tenían prioridad o, porque un documento técnico-jurídico de esta naturaleza, resultaba extremadamente complejo y dificultoso para la atención o aprehensión de los parlamentarios. El Proyecto fue presentado, nuevamente la última vez, al Congreso paraguayo, como parte integrante de la AGENDA LEGISLATIVA PRIORITARIA del "PROGRAMA FORTALECIMIENTO DE LAS INSTITUCIONES DEMOCRÁTICAS"[12], del Banco Interamericano de Desarrollo.

Esta característica de la mutabilidad de las materias del Derecho Administrativo le ha llevado a afirmar al profesor Villagra Maffiodo[13], con relación a su codificación, que "no es difícil convencerse de que una codificación general de leyes administrativas no sería posible ni recomendable. Imposible, dada la heterogeneidad de las materias contenidas en esas leyes, y no deseable porque una codificación general paralizaría su necesaria adecuación a las transformaciones económicas y sociales y hasta a los cambios tecnológicos e ideológicos de nuestro tiempo". Decía el ilustre catedrático que "*codificaciones parciales si son posibles y convenientes*, como un Código de procedimiento administrativo que sería de evidente utilidad y no sujeto a cambios constantes, pues serviría cualesquiera fuesen las transformaciones que experimenten las leyes administrativas de fondo".

LA MATERIA DEL PROYECTO DE LEY

El proyecto regula la materia contenciosa administrativa y las materias excluidas de dicha jurisdicción. Creemos que deben estar excluidas de la jurisdicción contencioso administrativa, las siguientes:

1. Las cuestiones de Derecho Laboral y Penal del fuero común u ordinario, salvo que se trate de sanciones administrativas y las resoluciones de la Dirección del Trabajo del Ministerio de Justicia y Trabajo, en general;
2. Las cuestiones de inconstitucionalidad cuyo conocimiento compete a la Corte Suprema de Justicia. Planteada la inconstitucionalidad por vía de excepción con la demanda contencioso-administrativa, se elevarán sus antecedentes a la Corte, para lo cual el interesado presentará copias de las piezas pertinentes. El trámite de la demanda contencioso-administrativa proseguirá entonces hasta el estado de sentencia, a las resultas de la que dicte la Corte Suprema de Justicia;

Las materias incluidas deberían ser las siguientes:

---

12 INFORME FINAL. AGENDA LEGISLATIVA PRIORITARIA. PROGRAMA "FORTALECIMIENTO DE LAS INSTITUCIONES DEMOCRÁTICAS II. Banco Interamericano de Desarrollo. Congreso Nacional. Carlos Romero Pereira Coordinador General. Luis Enrique Chase Plate Consultor. Asunción, 1 de abril de 2002.

13 Villagra Maffiodo, Salvador. *Principios de Derecho Administrativo*. p. 38. Editorial El Foro. Asunción, 1981.

a) La aplicación de los reglamentos por las autoridades administrativas en las materias de la Dirección General del Trabajo;
b) Los Contratos de la Administración en general. El Tribunal aplicará el Derecho administrativo a los actos administrativos de intervención de la Administración en la ejecución del contrato y el Derecho Común a las demás cuestiones de índole puramente contractual;
c) Las cuestiones relativas a funcionarios y reclutados, no a los contratados, salvo en la parte del Derecho Administrativo aplicable a estos últimos. Si en un mismo caso están involucradas cuestiones laborales y administrativas, prevalecerá el fuero de estas últimas;
d) Los actos discrecionales y actos de gobierno solo en cuanto incurran en extralimitación o desviación de poder.

LA FUNCIÓN POLÍTICA O GOBERNATIVA

Es preciso considerar la función administrativa bajo dos aspectos diferentes, que tienen su propia dimensión en el campo del Derecho Público, a saber: **la función política o gubernamental y la función administrativa.** Consideramos que esta distinción es necesaria, para ubicar al Poder Ejecutivo, en el reparto de las competencias de los poderes. Hay una tendencia a eliminar el vocablo "poder" para substituirlo por el de "función", pues este último se adecua con mayor precisión a un Estado social, pluralista y democrático de derecho.

No obstante, lo indefinido, en cuanto a su función, es el órgano gubernamental que se adapta con mayor espontaneidad a las "condiciones de emergencia". "Verdadero instrumento de progreso o regresión" como lo denominó Demichelli, ha sido en la realidad constitucional latinoamericana, la función que ha invadido todos los otros poderes, el legislativo y el judicial, desde los albores de la independencia. Cuando Luis XIV afirmó el ESTADO SOY YO, dijo, como apunta un pensador, desde el vértice del gobierno.

La función pública tiene un ámbito que puede ser: el Poder Ejecutivo, el Poder Judicial o el Poder Legislativo. Las tres funciones que conforman la organización del Estado, si bien son todas funciones públicas, las mismas tienen características diferentes. Son especies de un género, de un todo indivisible.

Una es la función Pública que se realiza en el ámbito del Poder Administrador, por su estructura jurídica-política, los cometidos y la forma de gestión y de actuación; otra, la función pública judicial, que se realiza en la administración de justicia; así, como diferente, también, la función que realiza la Legislatura.

CONCEPTO DE ADMINISTRACIÓN

En primer término, debe intentarse esclarecer, que es la Administración Pública, para el derecho. Nace la Administración como elaboración del Derecho y no como concesión del soberano. Dentro de la esfera del Estado, se plantea la diferencia de la actividad del Poder Ejecutivo: como persona jurídica y, como función política.

Cuando tratamos de diferenciar las funciones del Ejecutivo y la Administración, con las del Legislativo y la Judicial, podemos sintetizar en la idea de ACCIÓN FRENTE A DECLARACIÓN. Es decir, que la administración es acción, la actividad material que realiza el Ejecutivo para cumplir los fines del Estado. Ninguna función del Estado se identifica más profundamente con el elemento teleológico, como la Administración.

El Poder Ejecutivo realiza múltiples funciones, entre ellas la de administrar, que entraña precisamente la función del Estado-Persona. De ahí es que García de Enterría[14], sostenga que "el intento de aislar una abstracta función estatal de administrar, para edificar sobre la misma el objeto formal del Derecho Administrativo como disciplina, ha sido uno de los esfuerzos más prolongados y más sutiles en la historia de nuestra ciencia -y también uno de los más baldíos-. Administrar será acción (frente a declaración, como propia de las funciones legislativa y judicial), o acción singular y concreta, o acción organizada, o acción de conformación social, o gestión de los servicios públicos (esta tesis dominó la primera mitad de este siglo en Francia), o actuación bajo formas jurídicas peculiares".

[14] García de Enterría, Eduardo y Fernández, Tomas-Ramon. *Curso de Derecho Administrativo*. Tomo I, p. 22. Madrid 1982.

LOS CONTRATOS DE DERECHO PÚBLICO

La tendencia predominante de la legislación comparada se inclina a establecer un régimen jurídico propio de los Contratos Administrativos. En este sentido, los contratos que celebre la Administración pueden tener carácter administrativo o carácter privado. La doctrina y la jurisprudencia en el Paraguay, sostiene que los contratos administrativos se rigen en cuanto a su preparación, adjudicación, efectos y extinción por el Derecho Administrativo. Si no existe texto expreso de la ley, supletoriamente se aplicarán las restantes normas análogas de leyes administrativas y, en su defecto las normas de Derecho Privado.

Los principales contratos en ejecución en el Paraguay, que precisan ser regulados por una Ley especial, son los de **EJECUCIÓN DE OBRA PÚBLICA, LA GESTIÓN DE SERVICIOS PÚBLICOS, LOS DE CONSULTORÍA Y ASISTENCIA,** y aquellos que celebren las Administraciones Públicas, que consistan en la realización de trabajos concretos y específicos no habituales.

Los contratos privados que también puede celebrar la Administración en el Paraguay, son, en particular, los contratos de compraventa, donación, permuta, arrendamiento, y demás negocios jurídicos similares sobre bienes inmuebles, propiedades incorporales y valores negociables.

García de Enterría y Tomás-Ramón Fernández[15], afirman: "en Derecho Francés y en Derecho Español (únicos que, con el belga y alguno hispanoamericano y del tercer mundo de influencia francesa, reconocen la figura), la discusión está hoy centrada en si los "contratos administrativos" son o no son sustantivamente distintos de los contratos civiles, no ya en si son o no (con la excepción aludida sobre la concesión) verdaderos contratos que todos los aceptan llanamente. Como ha notado entre nosotros S. Martín-Retortillo, la objeción referente a la desigualdad de las partes es del todo convencional puesto que el postulado de la igualdad en el contrato no se ha predicado nunca de la posición de las partes, sino de la articulación causal de las respectivas prestaciones, la cual es indudable que se produce en el seno de estos peculiares contratos, esencialmente configurados, como ya hemos notado, en base a la función del intercambio de bienes y servicios".

Pero, la evolución del Derecho tiende hacia la unificación de los contratos de la Administración. La incorporación de un Estado a la Unión Europea exige la adecuación de su legislación interna al ordenamiento jurídico comunitario, que se manifiesta por las Directivas sobre los Contratos, a todas las Administraciones Públicas, por ser del Derecho Comunitario. Creemos que, esa misma exigencia, podría manifestarse en el ámbito del Mercosur.

La doctrina francesa sustenta la tesis de la existencia de dos categorías de contratos; dentro del género de los Contratos de la Administración: la especie denominada "contrato administrativo", diferente de los "contratos del derecho común". Existen Contratos de la Administración que no son del derecho común. Dice De Laubadere[16]: "En el derecho francés la división de los contratos de la administración en dos categorías a saber: los administrativos propiamente dichos y los denominados de derecho privado, celebrados por la administración, reviste una importancia especial en razón de sus consecuencias contenciosas. En efecto, dos tipos de consecuencia se derivan de esta distinción. Por una parte, las consecuencias de fondo; en gran medida, como se demostrará a lo largo de este trabajo, las reglas aplicables a los contratos administrativos difieren, a veces profundamente, de las que rigen a los contratos de derecho privado celebrados por la administración. En segundo lugar, las consecuencias contenciosas; la competencia para conocer en los litigios relativos a los contratos de la administración pertenece a la jurisdicción administrativa si se trata de contratos administrativos y a la jurisdicción judicial cuando sean de derecho común".

Para el ámbito jurídico paraguayo, en defecto de una Ley Administrativa especial, el problema radica en qué medida se rigen unos y otros por el Derecho Administrativo y el Derecho Común; esa es la primera dificultad. De ahí que, aun cuando algunos contratos, participan más de las características de los del Derecho Público, en otros prevalece el Derecho Privado; ninguno de los dos escapa por completo del ámbito del Derecho Administrativo como del Derecho Privado.

---

15 García de Enterría, Eduardo - Fernández, Tomás Ramón. *Curso de Derecho Administrativo*. Tomo I. Madrid, España, 1982. p. 571.

16 De Laubadere. André. *Contratos de la Administración*. Mendoza, Argentina. 1977. p. 8.

La actuación de la Administración Pública se realiza, esencialmente, por las formas siguientes: 1. por medio de *declaraciones o decisiones unilaterales* que constituyen los *actos administrativos; 2.* mediante *declaraciones productoras de efectos jurídicos*; son actos sucesivos que no proceden de una sola voluntad sino de dos o más sujetos, como por ejemplo una autorización, el nombramiento de un funcionario, o la tutela ejercida por un órgano superior sobre otro subordinado. Se requiere la conformidad del administrado; son actos condición; 3. los actos de gestión, despojados de imperium, los que se perfeccionan con la participación del administrado, por medio del acto bilateral denominado contrato, como declaración conjunta o simultánea

En el Paraguay, podrá ser objeto de Contrato de Concesión, la explotación de minerales o recursos naturales del dominio del Estado (Art. 112 de la Constitución). El art.112 de la Constitución dice: "Corresponde al Estado el dominio de los hidrocarburos, minerales sólidos, líquidos y gaseosos que se encuentran en estado natural en el territorio de la República, con excepción de las sustancias pétreas, terrosas y calcáreas. El Estado podrá otorgar concesiones a personas o empresas públicas o privadas, mixtas, nacionales o extranjeras, para la prospección, la exploración, la investigación, el cateo o la explotación de yacimientos, por tiempo limitado. La ley reglará el régimen económico que contemple los intereses del Estado, los de los concesionarios y los de los propietarios que pudieran resultar afectado".

El maestro paraguayo Salvador Villagra Maffiodo denominaba *"Contratos Administrativos" típicos* a la *función pública, Concesión de Servicio Público, Obra Pública, Suministro y Empréstito.* Los contratos principales serían los cinco nombrados. Sin embargo, esta enumeración no es excluyente; existen o puede haber otros contratos de la administración, como, por ejemplo, "El Contrato de riesgo". Bien señala Villagra que los primeros están más atados al régimen del Derecho Administrativo y, los últimos, más librados de este derecho y más sujetos a la aplicación del Derecho Privado. Me atrevo a expresar, después de haber analizado las llamadas notas distintivas de los contratos de la administración, que podría concluir que estas, no constituyen argumento eficaz para sustentar la diferencia

LA ORGANIZACIÓN DE LA ADMINISTRACIÓN PARAGUAYA

La Organización de la administración tiene principios fundamentales. Principios insertos en el derecho positivo, que conforman el orden constitucional; y que no han sido inventados por el constituyente paraguayo, ni por el legislador paraguayo, sino que forman parte del derecho público comparado y de la ciencia de la administración.

En las ciencias jurídicas es difícil inventar algo nuevo y original. El derecho es una ciencia cultural que transita muy lentamente en el devenir histórico. Porque es sumamente difícil y peligroso inventar, en el vacío histórico, del campo de derecho. La sociedad vive en reforma constante, existe un continuo reciclase, de hechos, normas y conductas; todo nos hace pensar en su raíz mítica, en las reglas de conducta de hace miles de años, cuando el hombre estaba bajo el primado divino, aun antes de que el Derecho Romano conformara y sirviera de fuente a la formulación del derecho viviente actual.

Esto es precisamente, porque la naturaleza humana presenta caracteres similares en todos los tiempos. No habrían cambiado los apetitos y las pasiones humanas, sino los usos y las costumbres, con las variedades influidas por la técnica y la tecnología del hombre actual. Aquel hombre que existió en los años finales de la República Romana, en los últimos días de Julio César, cuando los idus de marzo, sigue siendo igual al de nuestro siglo, pero con otros miedos y terrores.

Las necesidades fisiológicas eran las mismas; los apetitos eran idénticos, y el derecho entonces está formado por la personalidad humana. La misión del derecho, su objetivo, es regular la vida del ser humano en una sociedad que es viejísima. De manera que en las sociedades primitivas existían normas jurídicas, algunas confundidas con las normas religiosas, otras con las normas morales. Había confusión entre derecho y religión, entre derecho y moral. El pontífice era el juez supremo. Pero, evidentemente, la conclusión es que esas normas de convivencia humana son tan viejas como la humanidad. La definición de Ulpiano *est constant et perpetua voluntas jus suum cuique tribuere*, aceptada por los escolásticos, teólogos y jusnaturalistas, sigue latente y vigente.

La organización de la administración paraguaya está basada en el principio fundamental de la *unidad de la administración.* Un principio que está sustentado en el Art. 238 inciso 1 de la Constitución de la República del Paraguay, que atribuye al Presidente de la República, la *dirección de la administración general del país*. Constituye la función más importante del Presidente de la República. El diccionario de la Real Academia Española dice que Administrar significa lo siguiente: "gobernar, ejercer la autoridad o el mando sobre un territorio y sobre las personas que lo habitan". Esta es la primera acepción. La segunda dice que Administrar es "dirigir una institución". Sin lugar a dudas, quien ejerce el cargo de Presidente de la República del Paraguay debe asumir con la máxima responsabilidad esta sustancial obligación de dirigir el Estado, por medio de la administración del país. Si el Presidente, por negligencia o ineptitud, no cumple este mandato constitucional, incurre en una causal de enjuiciamiento político, por mal desempeño de sus funciones. El Art. 282 ratifica *el carácter de titular de la administración del Estado* del Presidente de la República. Por de pronto, no nos referiremos a esa primera parte del precepto constitucional, (Art. 238 inc.1) que determina como deber y atribución de quien ejerce la Presidencia de la República... *representar al Estado*. En este carácter, ejerce la representación jurídica del Estado y solo él puede obligarlo, por medio de actos, contratos y convenios nacionales e internacionales. Su mayor aplicación puede hallase en el campo del Derecho Internacional, en donde el Jefe del Estado, el Presidente de la República, representa a la Nación o al país ante los otros Estados y organismos internacionales. El inc.1 tiene estrecha relación con el inc.7 sobre el manejo de las relaciones exteriores de la República. El Presidente recibe a los jefes de misiones diplomáticas de los países extranjeros y admite a sus cónsules y designa Embajadores, con acuerdo del Senado.

Pero este principio de *unidad de la administración* no es otra cosa que la *unidad de mando*. En toda administración civil, como en la organización militar, debe necesariamente existir unidad de mando. La administración pública tiene una organización jurídica piramidal, en cuyo vértice está el Presidente de la República. Existen tres postulados fundamentales, que nacen del principio de la unidad: los principios de coordinación, subordinación y jerarquía. La organización de la Administración está basada en una estructura jerárquica. A simple vista puede verse, sin ningún esfuerzo, en cualquier Ministerio, organización, o ente público. En primer lugar, se encuentra el Ministro, luego el Viceministro, los directores de departamentos, los directores de secciones, los jefes de divisiones, etc. y así en cualquier empresa pública. También podrá observarse este tipo de organización piramidal en la actividad y en la empresa privada. Si faltara este temperamento, la organización pública o la privada, sería un verdadero caos, una jungla en la que imperaría el desorden, la anarquía y el mando del más fuerte y poderoso.

Este sistema fundado en la organización jerárquica, en donde el Presidente puede ordenar a sus subordinados, y el Ministro al Viceministro y así sucesivamente, de escalón en escalón, no se da en los otros poderes del Estado.

LA JURISDICCIÓN CONTENCIOSA-ADMINISTRATIVA

Uno de los derechos fundamentales del ciudadano, del particular frente al Estado, es el de impugnar los actos administrativos, cuando le producen una lesión o daño, cualquiera sea el origen, la administración nacional, departamental o municipal; inclusive cuando excepcionalmente, están dictados por la Corte Suprema de Justicia o las Cámaras Legislativas. Las garantías e intereses de los administrados deben ser tutelados por los tribunales, por una jurisdicción especial, denominada *contenciosa administrativa*. Por la formación de los jueces paraguayos, nos inclinamos hacia el sistema continental europeo, frente al sistema inglés. La complejidad de la actuación de la administración exige especialización de funciones.

Señala Brewer-Carías[17], que "la jurisdicción contencioso-administrativa debe verse básicamente como un instrumento judicial destinado a asegurar la protección del administrado frente a la Administración y contra las arbitrariedades de los funcionarios, y no como un instrumento judicial para proteger a la Administración frente a los ciudadanos. Por ello, se impone la revisión de muchos aspectos del contencioso-administrativo, a los efectos de que se convierta en un efectivo instrumento para la reducción de las prerrogativas de la Administración frente a los ciudadanos, de manera que la regla sea el control de la misma y lo excepcional sean las prerrogativas que pueda invocar".

---

[17] Brewer-Carías, Allan R. "Consideraciones sobre El Contencioso-Administrativo como un Derecho Constitucional a la tutela judicial frente a la Administración". *Liber Amicorum.* Homenaje al Profesor José Muci-Abraham. Caracas, Venezuela. 1994. p. 331.

El proceso ante la jurisdicción contenciosa-administrativa no es de casación, sino, propiamente, una primera instancia jurisdiccional. Esta es también la opinión de Sindulfo Blanco[18], al decir que, "en conclusión, a la luz de la normativa legal y constitucional vigente en el país, el grado atribuible a la Primera Sala equivale a un juzgado de Primera Instancia. El hecho de que sus decisiones puedan ser apeladas directamente ante la Corte Suprema de Justicia no puede ser motivo de alarma".

El sistema paraguayo actual es judicialista, lo que implica que toda lesión de derecho administrativo, todo daño causado a un particular por el Estado, tiene la tutela de un Tribunal competente, dentro del Poder Judicial. Está concebido como una primera instancia, y se sigue un auténtico juicio o proceso entre partes, de naturaleza contradictoria e inquisitiva. El Tribunal examina las pretensiones del demandante que impugna una resolución administrativa previa, por cuya razón, se trata de una acción y de un recurso, a la vez. La Jurisdicción tiene una función revisora, y el particular, puede aducir en esta vía, para obtener la declaración de nulidad de los actos ilegítimos de la Administración.

La Constitución paraguaya, Art. 265, primera parte, dice: "Se establece el Tribunal de Cuentas. La Ley determinará su composición y su competencia". La mayoría de los Convencionales de la Asamblea Constituyente de 1992, no han comprendido la función ni el rol del Tribunal de lo Contencioso-administrativo, con esta vaga, estéril y neutra redacción. Lo grave del caso es que, el Congreso puede dictar una ley, a la vista del texto constitucional, mediante la que se determine una competencia diferente a la que actualmente tiene el Tribunal de Cuentas. Por ejemplo, puede establecer que el Tribunal de Cuentas tendrá competencia en asuntos deportivos o en cualquier otra materia que no tenga relación alguna con lo contencioso-administrativo. La ley sería constitucional, desde el momento, que el único marco que pone límites a las potestades legislativas es la propia Constitución. La Asamblea Constituyente cometió un craso error, en estas circunstancias, al "desjerarquizar" o suprimir la competencia del Tribunal de Cuentas, que ya la Constitución de 1967 le había adjudicado, dejándole a la deriva, a los vaivenes de la legislación. Se desaprovechó también la magnífica oportunidad de avanzar, y corregir la denominación de "Tribunal de Cuentas", de la Constitución de 1940 y la de 1967, sustituyéndola por la de *Tribunal de lo contencioso-administrativo.*

El Art. 85 de la Constitución de 1940 determinaba que "el Tribunal de Cuentas entenderá en los juicios de lo contencioso administrativo y en el examen y aprobación de las cuentas de inversión del dinero público". La Constitución de 1967, Art. 203, decía: "El Tribunal de Cuentas será dividido en dos salas. La primera tendrá competencia exclusiva en los juicios contencioso administrativos; la segunda, en el control de las cuentas de inversiones del Presupuesto General de la Nación, sobre cuya ejecución informará anualmente al Poder Ejecutivo y a la Cámara de Diputados. La ley podrá ampliar sus atribuciones".

La Ley N° 879, de 2 de diciembre de 1981, modificada por la Ley N 963, de 26 de noviembre de 1982, y recientemente por la Ley 2248/03, que sanciona el Código de Organización Judicial, Art. 30, determinaba que "el Tribunal de Cuentas se compone de dos salas, integrados por no menos de tres miembros cada una. Compete a la primera entender en los juicios contencioso-administrativos en las condiciones establecidas por la ley en la materia; y a la segunda el control de las cuentas de inversión del Presupuesto General de la Nación, conforme a lo dispuesto en la Constitución". Pero, he ahí que la Constitución vigente de 1992, nada dispone, pues deja al Tribunal de Cuentas, al arbitrio de lo que el legislador pueda entender sobre la materia, lo que vuelve la existencia y la competencia del Tribunal de Cuentas, en extremo, azarosa.

La Sala del Tribunal de Cuentas, a la que compete entender en los juicios contencioso administrativos tiene apenas un soporte legal, el Art. 30 de la Ley 879/81 Código de Organización Judicial y la Ley 2248/03. La Convención Nacional Constituyente que elaboro la Constitución paraguaya abandonó a la jurisdicción contenciosa administrativa. Al no darle función y competencia específica, le descendió de la jerarquía constitucional a la simple jerarquía legal. Pues como expresé, la ley, en el futuro, puede darle una competencia que no sea la propia de lo contencioso-administrativo. De ahí, el peligro de su supresión, por vía legislativa.

La terminología que emplea la Constitución no es la más acertada. Se trata de un recurso y acción a la vez, de acuerdo a la Ley 1462/35. Recurso, por cuanto se interpone contra una resolución o acto

[18] Blanco, Sindulfo. Tesis sobre "Jurisdicción Contencioso-Administrativa". Asunción, 1994. p. 61

administrativo previo, y acción, porque se puede aducir, y el Tribunal tiene la más amplia potestad de revisar la legalidad de los actos administrativos impugnados. La denominación más apropiada para este órgano jurisdiccional es "Tribunal de lo Contencioso-administrativo", o "Sala de lo Contencioso-administrativo". La denominación "Tribunal de Cuentas" sería acertada cuando se refiera a una Sala de control de las cuentas de inversión del tesoro público, que no ejerce funciones jurisdiccionales. Pero en este lugar, también se nos planteaba un conflicto que exigía solución legislativa inmediata. Afirmamos antes de la promulgación de la Ley 2248/03 que la Sala de control del Tribunal de Cuentas debía, forzosamente, ser suprimida, pues invadía la esfera de competencia de la Contraloría General de la República. Pangrazio[19], en un valioso estudio, al comentar la Constitución de 1992, llega a la misma conclusión, cuando dice que *"la legislación comparada nos señala que el Tribunal de Cuentas es designado con propiedad en otros países con el nombre de Tribunal de lo Contencioso-Administrativo. La tendencia actual es reservar la instancia judicial para los casos controvertidos en sede del Tribunal de Cuentas o Tribunal de lo Contencioso-Administrativo. La aprobación de las cuentas de inversión del dinero público se reserva a la instancia administrativa a cargo de la Contraloría General de la República para evitar superposiciones de funciones".*

Alberto Ramón Real[20], tempranamente desaparecido, en una ponencia sobre la solución constitucional tradicional uruguaya y el contencioso administrativo, presentado al II Congreso Brasileiro de Direito Administrativo del año 1976, sintetizó la naturaleza de la justicia administrativa. Decía Real:

I) Es necesaria la existencia de una justicia administrativa especializada en los litigios administrativos, integrada por jueces que, además de una sólida formación jurídica en derecho público, tengan conocimientos amplios de ciencia de la administración y de las exigencias prácticas de la vida administrativa.

II) Es igualmente posible organizar una buena justicia administrativa como parte del Poder Judicial tradicional latinoamericano, (de inspiración estadounidense), o como entidad funcionalmente autónoma, prevista en la constitución y regulada por leyes especiales".

Refiere Real que esta última solución, que era la uruguaya vigente en ese momento, recibió el caluroso apoyo del ilustre profesor portugués Marcelo Caetano.

EL CONTROL PÚBLICO

Nadie puede restar la importancia del Control Público, en una Democracia. En el Paraguay existe el control político o legislativo y desde luego el control administrativo y jurisdiccional que implica el control sobre actos reglados, discrecionales y políticos.

Existe una opinión mayoritaria sobre el sentido actual del control, Interno y Externo, que debería ser siempre posterior y no vinculante. Se traduce en sugerencias y recomendaciones a la autoridad. Actualmente, predomina en el control interno. A futuro, extensión al control externo.

Las tendencias actuales del Control interno indican que son la emanación de la potestad del Jerarca. Primordialmente de gestión y también de legalidad. El Presidente de la Republica-dirige la administración general del país y a los Ministros del Poder Ejecutivo que tienen la dirección y la gestión de los negocios públicos.

Control Público externo.

Esencialmente de las actividades económicas y financieras del Estado, a cargo de la Contraloría General de la República. Bienes públicos y patrimonio del Estado. Ejecución y liquidación del Presupuesto General de la Nación. La tendencia es hacia el control siempre posterior. Hay quien sostiene el fracaso del órgano en el Paraguay. Ponen como ejemplo el caso de un ex Contralor que mereció la cárcel publica, imputado de 18 graves delitos y crímenes. Abuso de y desviación de poder de un Ex Contralor.

---

19 Pangrazio, Miguel Ángel. *Tratado de Derecho Público*. Asunción, 1996. p. 509.

20 Real, Alberto Ramón. La Codificación del Derecho Administrativo General en Alemania Federal. Montevideo, Uruguay, 1978.

Control jurisdiccional.

Con competencia asignada a tribunales contenciosos-administrativos o la justicia ordinaria con las diferencias conocidas para cada caso. Competencia en materia de legalidad, siempre a posteriori, y en materia de derechos humanos-

Control Parlamentario.

De actos políticos o administrativos en razón de la labor fiscalizadora encomendada al Parlamento, la Cámara de Senadores y la Cámara de Diputados.

LA LEY DE LA FUNCIÓN PÚBLICA

Detengo mi atención, por más tiempo, en esa función que se realiza dentro del campo de la Administración, es decir, dentro del área del Poder Ejecutivo y sus órganos, de los Gobiernos Departamentales y de las Municipalidades. Las funciones judiciales y legislativas están regidas por normas constitucionales y legales específicas.

No se discute la importancia de la función pública de la administración. Es necesario comprender los distintos actos y las diferentes funciones que se realizan en estos Poderes del Estado. Cuando nos referimos a la función pública administrativa, estamos indicando un sistema de organización, Constitucional, Jurídica y Política, diferente que la organización del Poder Judicial o de las Cámaras Legislativas.

Entendemos que buscar una definición a la tarea administrativa pública, es resumir una forma de actuación del Estado, y esa forma de actuación, se refiere al accionar en el campo de la Administración, propia del Poder Ejecutivo.

No es posible diseñar o elaborar un Proyecto de Ley del Funcionario Público sin el estudio previo de la naturaleza jurídica de la función pública, a la luz del Derecho Administrativo. En primer lugar, debe conocerse que es la Función Pública. Esa era la preocupación que teníamos cuando el Congreso paraguayo consideraba el Proyecto, hoy sancionado y promulgado, convertido en ley: si realmente, los parámetros discutidos estaban encuadrados conforme a los principios del instituto jurídico autónomo, como es la función pública. Existían proyectos que obedecían, exclusivamente, a propósitos de tinte político y comercial, o a una ideología dominante. Dichos Proyectos pretendían alterar la naturaleza jurídica de la función pública, y como consecuencia, anular las conquistas sociales, incorporadas al derecho positivo paraguayo, que han tenido como faro, la doctrina y la jurisprudencia en la materia. Hay derechos, como el *derecho al cargo*, cuyo reconocimiento, son el resultado de una larga lucha por la estabilidad y la seguridad laboral, mientras no se haya cometido delitos inherentes al cargo o contra la administración pública. El derecho al cargo significa que ningún funcionario puede ser sancionado sin sumario administrativo previo, con el derecho a la defensa

La principal preocupación ha sido, precisamente, determinar la vigilancia que los deberes y derechos fundamentales del trabajador público sean respetados, y conformar cualquier nueva Ley dentro de aquellos parámetros establecidos por la Constitución y los tratados internacionales sobre los Derechos Humanos.

La función pública, como instituto jurídico, esta inexorablemente ligada con la reforma permanente del Estado, en beneficio de la nación y de la gente. Con cuanta sabiduría se preguntaba Mariano Brit[21]) "¿Hacia dónde va el Estado? ¿Cuál será su rol de aquí en más, o por lo menos, por el período presupuestal? ¿Cómo se define aquel? ¿Mera cuestión pragmática, que ha de evaluarse atendiendo solo a los efectos prácticos, introduciendo de alguna manera también en la ciencia jurídica el método filosófico que divulgara principalmente William James?

LA GESTIÓN DE SERVICIOS PÚBLICOS

El tema de las privatizaciones ha concitado un largo debate en el Paraguay, por su relación directa con los **BIENES PÚBLICOS**, que deben estar al servicio del bienestar del pueblo y el interés de la nación. El dueño de los bienes públicos, en definitiva, es el pueblo, y el Estado, está encargado de su administración, conservación y vigilancia. Se trata de una cuestión que atañe no solo al Derecho, sino

21 Brito, Mariano R. "Las Nuevas Formas de Gestión de los Cometidos Estatales". *Anuario de Derecho Administrativo*. Tomo VI. Montevideo, Uruguay. 1988. p. 10.

principalmente, a la Ciencia de la Administración. En la discusión política, que a veces la pasión enardeció, incidieron de modo esencial, las diversas escuelas económicas desde el punto de vista de las soluciones y las experiencias recientes. Hay quienes enfocaron la cuestión, adheridos a la escuela liberal o a la neoliberal; otros a la socialista, numerosos con una tendencia hacia el cristianismo social, y otros al marxismo. No pretendemos hacer una exposición ideológica, apenas un esbozo del problema, enfocado desde el Derecho Administrativo, de cuyo contenido forma parte. Pero hay algo que es una realidad: la cuestión sigue influenciada por el curso de los cambios políticos en el mundo. Todavía no hemos visto la última razón.

Se trata de la gestión de los servicios públicos, de los que no podemos prescindir en la vida actual. Tienen como objeto satisfacer, de modo continuo, necesidades colectivas. Los suministros de energía eléctrica, de agua potable y las telecomunicaciones, son servicios públicos básicos, que, en el Paraguay, los presta el Estado, por medio de empresas públicas. En algunos casos, la explotación, por medio de la concesión de servicio público, está cargo de empresas privadas, como el de la telefonía celular, sin hilos. El interrogante apunta a lo siguiente: ¿estos servicios deben seguir siendo administrados por el Estado o pasar su explotación a manos particulares?

Vidal Perdomo[22], explicaba con claridad, la noción jurídica y la crisis de la teoría del servicio público, que no analizo en este trabajo, por su carácter elemental. Sin embargo, transcribo su advertencia, por considerar que se ajusta a la realidad actual. Dice Vidal Perdomo: "La pretensión" de los ciudadanos de ser cada vez más y mejor atendidos por el Estado aumenta en forma prodigiosa la acción gubernamental, y la localización de los ideales sociales no en el goce de las libertades sino en cantidad de prestaciones que se reciben de la autoridad, además de limar la capacidad de esfuerzo personal, pone naturalmente en riesgo la democracia, pues ante un Estado que ofrezca mil soluciones a la vida diaria, las gentes pueden entregar su libertad a cambio de esa seguridad anhelada. Así se explica que en el presente siglo hayan sido tan de recibo las ideologías totalitarias, aquellas que prometen la felicidad a los gobernados con desprecio de los valores de la libertad, y el respaldo que varios núcleos humanos le han dado a tales formas de organización estatal; así también puede explicarse el auge del populismo en países asediados de necesidades. El ideal democrático, por el contrario, busca, con dificultad obviamente, un equilibrio entre el aumento del poder estatal para poder atender sus nuevas funciones y el respeto del cuadro de la libertad que constituye su esencia".

En el Paraguay, en décadas pasadas, siguiendo una moda regional, se intentó la privatización de las principales empresas autárquicas del Estado, de servicios públicos, de agua potable y alcantarillado sanitario, energía eléctrica, telefonía y comunicaciones, el ferrocarril, la flota mercante y aérea, correos y otras de no menor envergadura. Hubo como un furor en querer vender todo, deshacerse de las empresas del Estado, con el argumento de que no daban ganancias y que eran deficitarias. Estos agentes del Estado no tenían el más pálido conocimiento de la Ciencia y el Derecho Administrativo, de que las empresas de servicio público del Estado no debían de perseguir propósitos de lucro. Había detrás de las intenciones de un ministro del Poder Ejecutivo, vender todo a precio vil; pero la intención oculta era negociar con estas ventas y con grupos simulados, adquirir a través de prestanombres. La trampa pretendía dejar caer financieramente estas empresas para justificar las ventas. Por suerte, para el país, al final el Congreso paraguayo, mediante el clamor popular, no aprobó estos proyectos de leyes de privatizaciones. No se pretendía establecer un sistema de concesiones sino la venta directa de las empresas. Todo coincidía con los vientos de una década de neoliberalismo, en que la tendencia de los países vecinos fue transferir todas las empresas públicas. Para que las ventas sean más fáciles, se transformaron las empresas autárquicas en Sociedades Anónimas, regidas por el Derecho Privado, en donde la mayoría absoluta de las acciones quedaban a nombre del Estado. La adquisición de las acciones por los particulares, entonces se volvió muy sencilla y simple, pues se podía utilizar las normas imperantes del Código Civil paraguayo. Pero para beneficio del país, no se vendieron. Ya todo estaba descubierto.

CREACIÓN DE SERVICIO PÚBLICO

En ocasión del estudio y elaboración del Anteproyecto de Ley de Administración Pública o Código Administrativo, en el Instituto de Investigaciones Jurídicas de la UNA, llegamos a la conclusión de que, la creación de servicio estatal o municipal ("servicio público" en sentido estricto) es materia reservada

[22] Vidal Perdomo, Jaime. *Derecho Administrativo*. Séptima Edición Actualizada. Bogotá, Colombia, 1980. p. 241.

a la ley, tanto si va a ser concedida su explotación a una empresa privada o administrado bajo gestión directa: si concesión, en virtud de la prescripción constitucional que reserva su otorgamiento al Congreso, y si gestión directa, en razón de que la creación de un servicio estatal es atribuir una nueva función a la Administración y requerirá la asignación de recursos que es materia reservada a la ley.

En este punto conviene diferenciar al permisionario de servicio privado reglamentado del concesionario de servicio público. Si la actividad así reglamentada es un servicio o industria creado, organizado o prestado por empresas privadas, se tendrá un servicio privado de interés general reglamentado (servicio público en sentido amplio), en el que el servicio sigue perteneciendo a la empresa privada, y el "status" del que lo presta es el de "permisionario", regido por el Derecho Privado y solo en cuanto a su reglamentación por el Derecho Administrativo. En cambio, si el servicio o industria es creado u organizado por ley u ordenanza municipal como perteneciente al Estado o al Municipio y concede su realización o explotación a una empresa privada, esta es "concesionaria" del servicio o industria que sigue siendo parte de la Administración. La explotación se realiza por cuenta propia del concesionario, único responsable ante los usuarios del servicio y terceros en general.

Para una noción más precisa de la diferencia existente entre permisionario y concesionario, transcribo la nota del Anteproyecto: "Son fundamentales las diferencias existentes entre el "status" del "permisionario" y del "concesionario": el "permiso" es un acto administrativo unilateral, puede ser conferido por tiempo ilimitado, el permisionario puede retirarse del servicio en cualquier tiempo cumpliendo los requisitos reglamentarios y retira el patrimonio invertido que le pertenece; en tanto que la "concesión" es un contrato, por prescripción constitucional no puede ser por tiempo ilimitado, el concesionario no puede retirarse antes del vencimiento del contrato y a su término se trasfiere al Estado o Municipalidad la parte del patrimonio que deber haber sido amortizado en el tiempo limitado de la concesión. Es la ley u ordenanza la que debe hacer la distinción, pero con frecuencia no lo hace y entonces la calificación de permisionario o concesionario debe inferirse de las características que son propias de una u otra configuración jurídica: obligación de prestar el servicio o explotar la industria por determinado tiempo, percibir tasas, ejercer servidumbre que solo pueden atribuirse a la Administración, es exclusiva de la concesión; en tanto que la posibilidad de retirarse del servicio o de la industria en cualquier tiempo, el cobro de precios y no de tasas, el régimen igualitario del que rige para otras empresas privadas, es revelador del "status" de permisionario, el que no hace más que ejercer la libertad de comercio, industria y trabajo, sometido en el caso al requisito del permiso previo".

Conviene advertir que el otorgamiento de exoneraciones fiscales u otras ventajas para el establecimiento de industrias nuevas, explotación de recursos naturales de dominio del Estado, inversión de capitales, etc. no es "concesión de servicio público" en el sentido contemplado más adelante, y no se rige por las reglas de esta sino por leyes especiales, aunque si se halla también sometido (el otorgamiento de dichas ventajas) a la exigencia de autorización legal y limitación de tiempo, por la prescripción constitucional del Art. 112.

EL MONOPOLIO DE LOS SERVICIOS PÚBLICOS

El monopolio de los Servicios Públicos ha sido atacado de inconstitucional, ya durante la vigencia de la Constitución de 1967. Viola el Art. 107 de la Constitución de 1992, que garantiza la competencia en el mercado y no permite la creación de monopolios.

EL PRINCIPIO DE SUBSIDIARIEDAD

En el Paraguay, el Estado asumió la gestión directa de los servicios públicos, en una época -mitad del siglo XX- por el desinterés del capital privado para su construcción y explotación. El fin de la segunda guerra mundial, trajo el auge de las nacionalizaciones. Hoy, la situación es algo diferente, las condiciones socioeconómicas han cambiado. El interés público, exige una solución a los problemas en la materia, que persiga solo la plena satisfacción de las necesidades colectivas del pueblo y el bien común. Posteriormente, en el año 2000 por una mala gestión pública, de dudoso contenido ético, se transformó en sociedades anónimas las grandes empresas públicas que prestaban los servicios de agua potable y alcantarillado sanitario, las telefonías y comunicaciones digitales y el Ferrocarril del Estado paraguayo. El propósito resultó un fracaso, pues no fue sino con la intención simulada de vender estas empresas a precio vil, a conocidos mercaderes de la política.

Para suerte del país, estos propósitos oscuros no pudieron llevarse a cabo, por la advertencia y denuncia de algunos ciudadanos valientes que descubrieron la trampa y el sucio negociado.

Si el Estado se manifiesta incapaz de administrar con eficiencia y de satisfacer la demanda del servicio, existe otra opción: la solución mediante el sistema de concesión de servicio público; sea este estatal o municipal. No es una invención, existe una larga experiencia en Europa y en Norteamérica. La prestación directa del servicio asume el Estado Paraguayo, ante la ausencia del capital y la iniciativa privada, en cumplimiento de los deberes emanados del principio de subsidiariedad. Las empresas públicas existentes en el país son subsidiarias de las privadas. El legislador debe buscar una solución para la inmediata "desmonopolización", de los servicios públicos, que pueda dar participación a las empresas privadas, preservando el cuantioso patrimonio de las empresas públicas, bienes públicos del pueblo.

EL REQUISITO CONSTITUCIONAL DE LA CONCESIÓN

El requisito constitucional para la concesión de servicio público es la autorización legislativa. El Art. 202 in. 11 de la Constitución, ordena: Son deberes y atribuciones del Congreso...***autorizar, por tiempo determinado, concesiones para la explotación de servicios públicos nacionales, multinacionales o de bienes del Estado***, así como para la extracción y transformación de minerales sólidos, líquidos y gaseosos". Sostiene Gordillo[23], cuando se refiere a la concesión o licencia de servicios públicos, la necesidad de autorización legislativa, lo siguiente: "Solo el Congreso puede dar concesiones de monopolios o privilegio. Tal como dice Marienhoff su otorgamiento "es, siempre, de competencia legislativa". "dado el concepto de privilegio, va de suyo que todo lo atinente a su existencia y extensión es de interpretación restrictiva. No hay "privilegios implícitos". Este principio se halla indirectamente violado cuando la ley autoriza al Poder Ejecutivo nacional a hacer todo el proceso de otorgamiento, fijar bases y condiciones, etc. A partir del Art. 76 de la Constitución de 1994 se trata de una atribución legislativa que no puede ya delegarse al Poder Ejecutivo por no tratarse de cuestiones internas de administración. A mayor abundamiento, cuando el Poder Ejecutivo o sus órganos dependientes interpretan o modifican cláusulas del pliego o del contrato a favor del concesionario o licenciatario están igualmente excediendo el marco constitucional de competencia. Si lo hacen sin previa audiencia pública la inconstitucionalidad se agrava". Como puede observarse, esta opinión de Gordillo es, de singular importancia y además concluyente, pues contiene también la posición del maestro Marienhoff.

---

[23] Gordillo, Agustín. *Tratado de Derecho Administrativo*. Tomo 1. Parte General. 4° edición. Buenos Aires, Argentina. 1997. p. XI-30 y XI-31.

PANORAMA GENERAL DEL DERECHO ADMINISTRATIVO EN EL PERÚ

JORGE ELÍAS DANÓS ORDÓÑEZ*

I. EVOLUCIÓN Y MODELO REGULATIVO DE LA ADMINISTRACIÓN PÚBLICA, BASE CONSTITUCIONAL Y CONCEPTO DE DERECHO ADMINISTRATIVO Y FUENTES

1. *Base Constitucional del Derecho Administrativo*

En el Perú la Constitución de 1993 no contiene una regulación específica referida a los órganos o entidades que conforman la Administración Pública, porque al igual que su predecesora (la Carta de 1979) se limita a establecer un Capítulo referido a la Función Pública que regula a grandes trazos el régimen de los funcionarios y servidores públicos, es decir del personal que presta servicios a la Administración Pública.

En el proyecto que hacia el año 2002 la Comisión de Constitución del Congreso elaboró con el objeto de realizar una reforma integral de la Constitución, si se contemplaba un Capítulo especial dedicado a establecer el marco constitucional de la Administración Pública en el Perú, aplicable al universo de entidades administrativas, en los niveles nacional, regional y local, por lo que de aprobarse dicho texto se estaría por primera vez singularizando el régimen constitucional de la Administración Pública en el Perú, estableciéndose de manera expresa que su objetivo principal es la gestión de los intereses generales o colectivos que la propia Constitución o el ordenamiento jurídico le encomiendo promover, gestionar, tutelar o garantizar[1].

La única norma que con carácter general formula una caracterización de la Administración Pública en el Perú, es el artículo I del Título Preliminar de la Ley de Procedimiento Administrativo General N° 27444[2-3] (en adelante: LPAG), precepto que a la vez que delimita el ámbito subjetivo de su aplicación, determina las entidades que forman parte de la Administración Pública a los efectos de sujetarlas a la aplicación de la referida ley.

El citado precepto comprende dentro de la Administración Pública a todas las entidades estatales, ya sea de nivel nacional, regional o local que realicen actividades "en virtud de potestades administrativas", como es el caso de los ministerios, las regiones y las municipalidades, las instituciones

---

* Profesor categoría principal en los cursos de Derecho Administrativo en la Facultad de Derecho de la Pontificia Universidad Católica del Perú. Presidente de la Asociación Peruana de Derecho Administrativo. Presidente de la Comisión designada por el Ministerio de Justicia mediante Resolución Ministerial N° 194-97-JUS que elaboró el proyecto que fuera aprobado por el Congreso como Ley de Procedimiento Administrativo General. Asociado fundador del Foro Iberoamericano de Derecho Administrativo- FIDA. Ex presidente de la Asociación Iberoamericana de Estudios de Regulación - ASIER. Integrante de la Red Internacional de Bienes Públicos y del Instituto Internacional de Derecho Administrativo -IIDA. Socio del Estudio Echecopar abogados. datitster@gmail.com

1 La aprobación por el Congreso de la República del referido proyecto de reforma constitucional, en cuya elaboración tuvimos oportunidad de colaborar como asesor de la Comisión de Constitución, quedo trunca por razones de oportunidad política. Sobre el Capítulo que contiene dedicado a la Administración Pública hemos realizado un análisis en: "La Constitucionalización de la Administración Pública", publicado en: *Revista Peruana de Derecho Público. Administrativo y Constitucional*. N° 4. Lima, Enero-Junio 2002, p. 13.

2 Nos referimos al Texto Único Ordenado de la Ley N° 27444 Ley de Procedimiento Administrativo General aprobado mediante Decreto Supremo N° 004-2019-JUS.

3 *Art. I°.- Ámbito de aplicación de la ley. La presente ley será de aplicación para todas las entidades de la Administración Pública. Para los fines de la presente Ley, se entenderá por "entidad" o "entidades" de la Administración Pública: El Poder Ejecutivo, incluyendo Ministerios y Organismos Públicos Descentralizados; El Poder Legislativos; El Poder Judicial; Los Gobiernos Regionales; Los Gobiernos Locales; Los Organismos a los que la Constitución Política del Perú y las leyes confieren autonomía. Las demás entidades y organismos, proyectos y programas del Estado, cuyas actividades se realizan en virtud de potestades administrativas y, por tanto, se consideran sujetas a las normas comunes de derecho público, salvo mandato expreso de ley que las refiera a otro régimen; y Las personas jurídicas bajo el régimen privado que prestan servicios públicos o ejercen función administrativa, en virtud de concesión, delegación o autorización del Estado, conforme a la normativa de la materia.*

públicas descentralizadas, los organismos descentralizados autónomos, los proyectos especiales o cualquier otro tipo de órganos o entidades que formen parte del Poder Ejecutivo, las Regiones o las Municipalidades, así como a los organismos constitucionales autónomos que son entidades estatales que no forman parte de la clásica tríada de poderes (Ejecutivo, Legislativo, Judicial) y que reciben directamente de la Constitución sus caracteres básicos, es decir: su composición, órganos de gobierno y métodos de designación de sus miembros, estatus institucional y competencias, como es el caso de la Contraloría General de la República, la Superintendencia de Banca y Seguros, el Banco Central de Reserva, el Jurado Nacional de Elecciones, y los demás previstos por la Constitución.

Como se puede apreciar, de manera similar que, en otros ordenamientos, en el Perú la Administración Pública está conformada por un conjunto o agregado de organizaciones que constituyen un poder público institucionalizado, forma parte del Estado, pero no solo del Poder Ejecutivo, porque también está presente en otros poderes del Estado y en los niveles de Gobierno Regional y Local, así como en los denominados organismos constitucionales.

En el ámbito del Poder Ejecutivo, es decir del Gobierno Nacional, compete a este ejercer el papel director (motor o centro de mando) pero solo respecto de la Administración Pública a su cargo. La Administración Pública que forma parte del Poder Ejecutivo está subordinada al Gobierno, lo que no debe significar que este al servicio del partido político de turno, porque su misión institucional debería ser el servicio de la sociedad, del bien común y de los intereses generales, lo cual debería tener como consecuencia que en el futuro una Administración Pública debidamente institucionalizada ("profesionalizada") pueda operar como eventual mecanismo de control interno, o freno, de eventuales excesos por parte del poder político.

En este punto conviene precisar que en el Perú las Regiones y las Municipalidades son entidades públicas no solo administrativas sino también políticas porque sus autoridades son elegidas mediante sufragio directo, gozan de autonomía política, lo que determina que sus relaciones entre sí y con el Gobierno Nacional se rijan no por el principio de jerarquía, sino por el de cooperación o coordinación, además de ostentar potestades legislativas en su respectiva circunscripción.

También están comprendidos en la relación de entidades consideradas como Administración Pública para la LPAG, los órganos auxiliares de los Poderes Legislativo y Judicial solo en cuanto realicen actividades materialmente administrativas sujetas al derecho público, como sucede en asuntos de personal, gestión patrimonial y administración financiera, cuando tramitan procedimientos administrativos de licitación, concurso o adjudicación directa para la contratación de obras, adquisición de bienes o servicios, entre otros, o como en el caso del Poder Judicial cuando cumple determinadas actuaciones administrativas como la entrega de certificaciones (constancias), etc.

Asimismo, se señala de manera expresa que las personas jurídicas particulares, organizadas bajo el régimen jurídico privado, que prestan servicios públicos o ejercen actividad administrativa, ya se trate en virtud de concesión, delegación o autorización estarán sujetas a las normas de procedimiento administrativo en sus relaciones con otros particulares, en lo que fuera aplicable de acuerdo con su naturaleza privada, tal como sucede en las relaciones entre los concesionarios de servicios públicos y los usuarios de los mismos, que aunque se lleva a cabo entre dos sujetos privados (las empresas concesionarias y los usuarios), al estar de por medio la realización de una actividad legalmente calificada de carácter público dicha relación está en considerable medida reglada por normas de carácter administrativo.

En el mismo dispositivo se establece que las entidades estatales que ejerzan potestades de carácter administrativo estarán indefectiblemente sujetas a las normas comunes de derecho público, salvo que una norma legal les permita expresamente apartarse del citado régimen de derecho público, regla cuya finalidad es evitar "la huida" del Derecho Administrativo de las entidades públicas, lo que no significa desconocer que en determinados aspectos las entidades administrativas pueden estar sometidas a otras ramas del derecho, pero en cuanto ejercen prerrogativas de poder público el derecho preponderante es precisamente el Derecho Público.

En cuanto a la dimensión institucional y finalista de la Administración Pública como servidora de los intereses generales, dicha orientación está consagrada en el artículo III del Título Preliminar de la LPAG, cuando a la vez de establecer la finalidad de la citada ley, señala que corresponde a la Administración Pública servir exclusivamente "a la protección del interés general, garantizando los derechos e intereses de los administrados y (que su actuación se realice) con sujeción al ordenamiento constitucional y jurídico en general", dispositivo legal que enfatiza la misión institucional de la Administración Pública en orden a la satisfacción de los intereses generales, en armonía con los derechos de los particulares y sometido al ordenamiento jurídico.

Como se señaló al comienzo de este trabajo, aunque la Constitución Peruana no contiene un precepto que regule el régimen de Administración Pública de manera específica, si consagra una serie de principios y reglas que a no dudarlo configuran la base de los aspectos fundamentales del Derecho Administrativo, entre los cuales cabe mencionar:

a) La organización del Gobierno con carácter descentralizado en tres niveles territoriales: nacional, regional y local, a cargo del Poder Ejecutivo, de las Regiones y las Municipalidades, que cumplen funciones de orden político y también de carácter administrativo;

b) La vinculación de la Administración Pública a los derechos de la persona consagrados por la Constitución.

c) Los mecanismos de control de la Administración, que comprende (i) los de carácter político a través de los procedimientos parlamentarios de interpelación y censura de ministros, estación de preguntas, comisiones investigadoras, pedidos de información a la Administración Pública, invitaciones a funcionarios públicos, etc.; (ii) los controles de carácter jurídico que se materializan mediante el proceso contencioso administrativo (art. 148°) y los procesos constitucionales de amparo, habeas corpus, de cumplimiento y habeas data para la protección de los derechos fundamentales, o el proceso de acción popular para el control de la legalidad de las normas reglamentarias (art. 200°); (iii) los controles mediante mecanismos de democracia semidirecta complementarios de la democracia representativa como es el caso de los procesos de consulta popular para la revocación de las autoridades elegidas, remoción de autoridades designadas, exigencia de rendición de cuentas, iniciativa legislativa popular para proponer dispositivos de ámbito regional y municipal y referéndum para la aprobación de normas legales (arts. 31° y 32°); (iv) los controles a cargo de organismos constitucionales especializados como la Defensoría del Pueblo que supervisa el cumplimiento de los deberes de la administración estatal y la prestación de los servicios públicos a la ciudadanía (art. 162°) y la Contraloría General de la República que supervisa la legalidad de la ejecución del presupuesto, de las operaciones de la deuda externa y de los actos de las instituciones sujetas a control (art. 82°).

d) Los mecanismos sobre participación ciudadana en el ejercicio de las funciones administrativas[4] (art. 2°, núm. 5 y arts. 32°, 181°, 197° y 199°) y el derecho de todo ciudadano para solicitar sin expresión de causa el acceso a la información que obra en poder de la Administración Pública (art. 2°, numeral 5).

e) Las reservas constitucionales para que determinadas actuaciones solo puedan ser decididas o realizadas por instancias jurisdiccionales, las que a su vez constituyen límites a la actividad de la Administración Pública, en particular a su potestad de autotutela ejecutiva, tal es el caso de la consagración del derecho a la inviolabilidad del domicilio (art. 2°, núm.), la prohibición de la incautación, intercepción o intervención de las comunicaciones y documentos privados (art. 2°, núm. 10), y la prohibición de disolución de personas jurídicas (art. 2°, núm. 13), actuaciones que solo pueden realizarse en virtud de por mandato judicial.

f) Las reglas que disciplinan el rol del Estado y de la Administración Pública en la economía dentro de un sistema de economía social de mercado, entre las que se cuenta el deber de orientar el desarrollo del país, la actividad prioritaria en las áreas de salud, educación, promoción del empleo y seguridad, así como garantizar la prestación de servicios públicos y supervisar su funcionamiento (art. 58°), la restricción para que el Estado solo pueda actuar de manera subsidiaria en la actividad empresarial (art. 60°), el rol de protección de la libre competencia (art. 61°), la protección de los intereses de los consumidores y usuarios (art. 65°), así como el principio de legalidad presupuestaria (art. 77°) conforme al cual la administración económica y financiera del Estado se rige por el presupuesto que anualmente corresponde aprobar al Congreso de la República.

---

4 Hemos desarrollado el tema en: "La participación ciudadana en el ejercicio de las funciones administrativas en el Perú", trabajo presentado como ponencia al III Foro Iberoamericano de Derecho Administrativo celebrado en la Universidad de la Coruña del 6 al 8 de octubre 2004 dedicado al "Principio de Participación en el Derecho Administrativo Iberoamericano" en homenaje al Profesor Dr. José Luis Meilán Gil.

g) Las reglas de producción y jerarquía de las principales fuentes de derecho (art. 51°) que conforman el ordenamiento jurídico-administrativo, tal es el caso de la potestad para aprobar leyes o normas con dicho rango (art. 102°, núm. 1), la potestad del Poder Ejecutivo para dictar disposiciones reglamentarias (art. 118° núm. 8), la atribución conferida a las Regiones y las Municipalidades para que puedan expedir ordenanzas regionales o municipales (art. 246°, núm. 6 y 248°), respectivamente, con rango de ley, en su respectiva jurisdicción, así como normas reglamentarias.

h) Se consagra la potestad de expropiación por parte del Estado, la que solo opera por causa de seguridad nacional o necesidad pública declarada por ley expedida por el Congreso de la República y previo pago en efectivo de por parte del Estado de indemnización justipreciada que compense el precio del bien materia de expropiación (art. 70°), y se establece el régimen básico de los bienes de dominio público (art. 73°) caracterizándoles como inalienables e imprescriptibles, sin perjuicio de que pueden ser entregados en concesión a los particulares para su aprovechamiento económico. Asimismo, se califica a los recursos naturales como "patrimonio de la nación" (art. 66°).

i) Se consigna un Capítulo específico titulado "Función Pública" que establece los aspectos básicos del régimen jurídico del personal de la Administración Pública, entre los que se cuenta la reserva a ley para regular la carrera administrativa de los servidores públicos (art. 40°), la obligación de presentar declaración jurada de bienes y rentas de los funcionarios o servidores que administran o manejan fondos del Estado (art. 41°), entre otras reglas.

2. *Fuentes del Derecho Administrativo*

Como es usual en otros ordenamientos, las reglas de producción de las principales fuentes del Derecho que conforman el ordenamiento jurídico-administrativo peruano se encuentran en la Constitución Política, la que establece el principio de jerarquía normativa (at. 51°[5]), regula el régimen de los Tratados Internacionales (arts. 55° a 57°), la potestad del Congreso para aprobar leyes (art. 102°, núm. 1), el régimen de la función legislativa y de las leyes formales (arts. 103° a 106°), la potestad del Poder Ejecutivo para dictar disposiciones reglamentarias (art. 118°, núm. 8), la atribución conferida a las Regiones y las Municipalidades para que puedan expedir ordenanzas regionales o municipales (art. 246°, núm. 6 y 248°), respectivamente, con rango de ley (art. 200, núm. 4), en su respectiva jurisdicción, así como normas reglamentarias.

En cuanto norma que regula los modos de producción del derecho una de las funciones esenciales de la Constitución consiste en definir el reparto de la capacidad normativa dentro del ordenamiento, lo que se traduce en una distribución del poder político al interior de la comunidad. La norma constitucional precisa los órganos estatales titulares de potestad normativa (Congreso, Gobierno, Regiones, Municipios, etc.), el procedimiento de elaboración de las normas, los tipos normativos a través de los cuales se expresa la producción legislativa (Tratados Internacionales, leyes, leyes orgánicas, decretos legislativos, decretos de urgencia, reglamentos, Ordenanzas, etc.), los principios de estructuración del ordenamiento en función de los criterios de jerarquía[6] o competencia, las reglas para su entrada en vigencia y los mecanismos constitucionales u ordinarios para cuestionar su compatibilidad constitucional o legalidad.

En cuanto a las fuentes del Derecho Administrativo, sin perjuicio de la regulación constitucional de las principales fuentes del derecho en general acotada anteriormente, en el ordenamiento administrativo peruano el artículo V del Título Preliminar de la LPAG consagra un listado ordenado de fuentes bajo el título de "Fuentes del procedimiento administrativo", que no obstante el aparente carácter circunscrito de su ámbito (exclusivamente al procedimiento administrativo) en verdad sistematiza con carácter general las fuentes del derecho para gran parte del ámbito del Derecho Público.

El único precedente de una regulación semejante en el Derecho Público Peruano, lo constituye el Código Tributario que desde 1966 consagró en la norma III de su Título Preliminar las fuentes del Derecho Tributario. Sin embargo, dado el carácter circunscrito al campo del Derecho Tributario de dicho precepto, los integrantes de la Comisión que elaboraron el anteproyecto que dio origen a la vigente

---

[5] Constitución. *Artículo 51°.- "La Constitución prevalece sobre toda norma legal; la ley, sobre las demás normas de inferior jerarquía, y así sucesivamente. La publicidad es esencial para la vigencia de toda norma del Estado"*

[6] Constitución *artículo 200°.- Son garantías constitucionales: (....) 4. La Acción de Inconstitucionalidad, que procede contra las normas que tienen rango de ley: leyes, decretos legislativos, decretos de urgencia, tratados, reglamentos del Congreso, normas regionales de carácter general y ordenanzas municipales que contravengan la Constitución por la forma o en el fondo".*

LPAG, consideraron indispensable la adopción de una norma que precise con carácter general las fuentes del derecho para todo el ámbito de lo público, porque las transformaciones operadas en las últimas décadas trajeron como consecuencia el surgimiento de una pluralidad de centros productores de disposiciones administrativas, tal es el caso no solo de los entes territoriales dotados de facultades normativas como las regiones y los municipios, sino también de diferentes entidades públicas a los que en mayor o menor medida y acierto, las leyes les atribuyen expresamente facultades para dictar disposiciones de carácter reglamentario de mucha gravitación en los derechos y deberes de los particulares, como es el caso de los organismos reguladores de servicios públicos y de concesiones de infraestructura, entre varios otros.

En dicho contexto, como señala el Profesor Juan Carlos Morón[7], integrante de la Comisión que elaboró el citado precepto, en su redacción se cumplieron dos objetivos: (i) En primer lugar proclamar la autonomía legal y dogmática del Derecho Administrativo respecto de otras ramas del ordenamiento jurídico, tomando en consideración los caracteres nucleares del mismo en tanto que Derecho aplicable a la actuación de las entidades de la Administración Pública que justifican su independencia respecto de otros regímenes legales[8], y (ii) en segundo lugar, el orden escalonado en que se presenta la relación de fuentes, responde al objetivo de precisar la jerarquía interna de las citadas fuentes, es decir el orden de su aplicación a los casos concretos y las preeminencias que deberán tomarse en cuenta para resolver las posibles contradicciones que se encuentren entre ellas.

El artículo I del citado artículo V proclama la autonomía del Derecho Administrativo respecto de otras ramas del ordenamiento jurídico, tomando en consideración los caracteres nucleares del mismo.

3. *Principios del Procedimiento Administrativo*

El hito más importante en la recepción de los Principios Generales por la legislación positiva administrativa peruana lo constituye la LPAG, que consagra un verdadero régimen de los principios del procedimiento administrativo consistente en:

- El establecimiento de una extensa relación de principios acompañados de sus correspondientes definiciones, reconociendo expresamente la existencia de otros Principios Generales del Derecho Administrativo no enunciados por la citada norma.

- La consagración de la mayor parte de las funciones que toca cumplir a los principios enunciados: (i) interpretativa, (ii) integradora y (iii) como fuente del derecho.

- El establecimiento de principios especiales que disciplinan el ejercicio de la potestad sancionadora de la administración pública.

- El mandato legal expreso para que la Administración Pública desempeñe sus funciones acatando los principios.

Respecto de la relación de principios consagrados por la LPAG[9], esta ley ha cuidado de precisar que el citado elenco de principios del procedimiento administrativo tiene carácter meramente enunciativo porque deja la puerta abierta para la aplicación de otros Principios Generales del Derecho

---

7 En: "Comentarios a la Nueva Ley del Procedimiento Administrativo General", primera edición, Gaceta Administrativa Lima, 2001, p. 49.

8 Como señala el Profesor Ramón Huapaya dicha regla tiene el propósito de reivindicar la aplicación de las normas específicas de Derecho Administrativo para la regulación de los procedimientos seguidos ante entidades administrativas, en contraste con quienes pretenden la aplicación indiscriminada de los preceptos del Código Procesal Civil a los procedimientos administrativos, en: "El artículo V de la Ley de Procedimiento Administrativo General o el Derecho Administrativo como ordenamiento jurídico", publicado en *AAVV "Comentarios a la Ley del Procedimiento Administrativo General*, Ley N° 27444", Segunda parte, Ara Editores, Lima, 2003, p. 91 y 94.

9 *Art IV.- Principios del procedimiento administrativo. 1.- El procedimiento administrativo se sustenta fundamentalmente en los siguientes principios, sin perjuicio de la vigencia de otros principios generales del Derecho Administrativo: 1.1 Principio de legalidad....; 1.2 Principio del debido procedimiento...; 1.3 Principio de impulso de oficio...; 1.4 Principio de razonabilidad...; 1.5 Principio de imparcialidad ...; 1.6 Principio de informalismo ...; 1.7 Principio de presunción de veracidad ...; 1.8 Principio de conducta procedimental ...; 1.9 Principio de celeridad ...; 1.10 Principio de eficacia ...; 1.11 Principio de verdad material ...; 1.12 Principio de participación ...; 1.13 Principio de simplicidad ...; 1.14 Principio de uniformidad ...; 1.15 Principio de predictibilidad ...; 1.16 Principio de privilegio de controles posteriores ...; 1.17 Principio de ejercicio legítimo del poder...; 1.18 Principio de responsabilidad....; 1.19 Principio de acceso permanente.... .*

Administrativo[10], como sucede con los principios específicos que disciplinan el ejercicio de la potestad sancionadora administrativa contemplados por el artículo 248° de la LPAG, o aquellos principios que están expresamente consagrados en otros dispositivos administrativos especiales, como es el caso de los principios recogidos en el artículo 2° de la norma legal que regula las contrataciones y adquisiciones del Estado que dispone expresamente la aplicación a los procedimientos administrativos competitivos de selección de contratistas (licitación, concurso público, etc.) de los principios de: libertad de concurrencia; igualdad de trato; transparencia; publicidad; competencia; eficacia y eficiencia; vigencia tecnológica; sostenibilidad ambiental y social; equidad e integridad.

La Comisión que elaboró el anteproyecto que dio origen a la vigente LPAG de manera deliberada solo incorporó principios que regulan la actividad o actuación administrativa, es decir que tienen repercusión en los procedimientos administrativos, excluyendo a los principios que informan la organización de la Administración Pública tales como: descentralización, desconcentración de procesos decisorios, jerarquía, coordinación, etc., porque entendieron que se trataba de principios que no correspondían a una ley reguladora de las actuaciones en general de la administración pública porque serían más bien apropiados para alguna futura ley que estableciera las bases generales de la administración pública en el Perú.

Los principios generales del procedimiento administrativo consagrados por la LPAG tienen por objeto acentuar el carácter servicial de la Administración Pública en favor de los ciudadanos, que son los destinatarios o beneficiarios de la correspondiente actividad administrativa, lo que se pone de manifiesto en el énfasis garantista de su redacción y se verifica en el establecimiento a los largo del texto de la LPAG de obligaciones y deberes que se le imponen a las autoridades y funcionarios en la tramitación de los procedimientos administrativos.

Cada uno de los principios del procedimiento administrativo enunciados expresamente por la LPAG es acompañado de su respectiva definición lo que permite precisar los alcances, procurar el mejor cumplimiento de las funciones que la ley asigna a los principios y facilitar su aplicación por parte de los operadores públicos (administración y jueces) o privados. Es previsible que debido al carácter esencialmente dinámico de los principios su contenido sea progresivamente enriquecido por la jurisprudencia o la propia práctica administrativa, como ya ha sucedido con algunos de los citados principios, principalmente los que constituyen proyecciones de principios constitucionales (debido proceso, etc.), en virtud de la jurisprudencia del Tribunal Constitucional recaída en procesos constitucionales para la tutela de derechos fundamentales.

La mayor parte de los principios del procedimiento administrativo enunciados por la LPAG aunque tienen operatividad por sí mismos y determinan, en muchos casos, obligaciones y deberes genéricos de actuación para las entidades de la Administración Pública en sus relaciones con los particulares, encuentran su desarrollo en mandatos concretos en el cuerpo de la citada ley. Tal es el caso, entre varios otros, del principio de verdad material que obliga a la Administración a resolver ajustándose a los hechos reales, sin limitarse a los a los que hayan sido alegados y probados por los interesados, para lo cual debe agotar todos los medios a su alcance para recopilar toda la prueba vinculada al asunto sometido a su conocimiento. Dicho principio tiene manifestaciones prácticas en el artículo 174.1° de la LPAG que faculta a la Administración para que de oficio pueda producir pruebas, a fin de obtener un conocimiento cabal de los hechos, en el artículo 178° que permite solicitar documentos a otras autoridades y en el artículo 180° que faculta requerir a los administrados su colaboración para la obtención de pruebas.

Pero la LPAG no se restringe a establecer una extensa relación de principios del procedimiento administrativo con carácter meramente enunciativo desarrollando su definición, porque en el numeral 2) del citado artículo IV se ha cuidado de establecer claramente las tres funciones que cumplen los referidos principios de carácter normativo, interpretativo y supletorio:

- Constituyen pautas directrices que ayudan al intérprete al momento de dotar sentido a las normas de la ley puesto que actúan en concurso con los criterios de interpretación jurídica. El funcionario de las entidades administrativas que se encuentre en el dilema de optar entre varis posibles interpretaciones de una norma de procedimiento administrativo debe optar por la interpretación que esté más conforme a los principios administrativos.

---

[10] Dice el numeral 1) del art. II de la Ley de Procedimiento Administrativo General que el procedimiento administrativo se sustenta fundamentalmente en la relación de principios que establece la ley "*sin perjuicio de la vigencia de otros Principios Generales del Derecho Administrativo*" y en el último párrafo del numeral 2) del mismo artículo se reitera que "*La relación de principios anteriormente enunciados no tiene carácter taxativo*".

- Al estar contemplados en una norma legal los principios forman parte del ordenamiento jurídico y como tales forman parte del bloque de legalidad que sirve de parámetro para las entidades estatales dotadas de potestad reglamentaria las que al momento de dictar disposiciones administrativas de carácter general, de rango subordinado a la ley, deberán ajustarse a ellos.

- Sirven para suplir los vacíos o lagunas del ordenamiento administrativo porque operan como virtuales normas subsidiarias para integrar el derecho y en tal virtud resolver el problema de las situaciones que no están reguladas por norma alguna.

La LPAG considera a los Principios del Derecho Administrativo en general dentro de la relación de fuentes del procedimiento administrativo, con la prevención de que junto con la jurisprudencia, las resoluciones dictadas por tribunales administrativos que establezcan criterios interpretativos de alcance general y los pronunciamientos vinculantes de aquellas entidades que absuelven consultas sobre la interpretación de normas jurídicas, los Principios generales del Derecho Administrativo (y no solo los principios de procedimiento) constituyen fuentes del Derecho que sirven para interpretar y delimitar el campo de aplicación del ordenamiento jurídico.

El carácter vinculante de los Principios expresamente consagrados por la LPAG es reiterado el artículo 86°[11] al establecer una relación de deberes de las autoridades en los procedimientos administrativos entre los que se cuenta la obligación de desempeñar sus funciones ciñéndose a los principios del procedimiento administrativo.

Pero no solo la LPAG se refiere a los Principios de Derecho Administrativo en el ordenamiento jurídico peruano, también la ley reguladora del proceso contencioso administrativo, en el precepto en que regula el principio de integración conforme al cual los jueces no pueden dejar de resolver en caso de defecto o deficiencia de la ley, dispone que en tales casos están obligados a aplicar los principios del Derecho Administrativo. Similar es la regulación contenida en el Código Tributario porque en su Título Preliminar contiene una norma que dispone que en caso de vacíos de las normas tributarias las entidades administrativas o jurisdiccionales encargadas de resolver los asuntos sometidos a su conocimiento aplicarán supletoriamente en primer lugar los Principios del Derecho Tributario, y en su defecto, los Principios del Derecho Administrativo y los Principios Generales del Derecho.

En nuestra opinión, incluso podría afirmarse que en el ordenamiento jurídico peruano en las materias de carácter administrativo se ha producido en las últimas dos décadas una amplia difusión de la práctica de que los nuevos cuerpos legales que abordan la regulación de una determinada materia contengan una relación de principios ad hoc que inspiran la comprensión de sus alcances y facilitan su operatividad por parte de los operadores. Sin lugar a duda, se trata de una corriente legislativa inspirada en la LPAG, que como ya se ha dicho ha sido el primer cuerpo legal que consagró una extensa relación de principios de Derecho específicos del procedimiento administrativo. Constituye ejemplo de la anotada tendencia un buen número de las disposiciones dictadas por los organismos reguladores de servicios públicos y de concesiones de infraestructura en ejercicio de sus potestades normativas, especialmente los reglamentos de carácter autónomo que se dictan regulando el trámite de diversos procedimientos administrativos especiales los que por regla general son aprobados cuidando de consagrar una relación de principios que tienen por objetivo constituir los parámetros o pautas para la aplicación e interpretación del reglamento en cuestión, los mismos que se aplican sin perjuicio de que puedan ser de aplicación supletoria los principios del procedimiento administrativo previstos en la LPAG u otros principios del Derecho Administrativo.

Como se puede apreciar en el Derecho Administrativo peruano existe una marcada preferencia por el desarrollo legislativo de los principios en lugar de su enunciación o descubrimiento por la jurisprudencia. La razón de esta preferencia porque las normas legales que regulan las materias centrales del Derecho Administrativo contengan su propia relación de principios ad hoc reside en que en nuestro ordenamiento la jurisprudencia no ha cumplido el rol capital que ha desempeñado en otros países, como es el caso paradigmático del Consejo de Estado de Francia que como señala el profesor García de Enterría[12] creó el Derecho Administrativo Francés sobre la base de la exposición y sistematización de principios o criterios de decisión de formulación de carácter esencialmente jurisprudencial antes que

---

11 LPAG. Art. 86.- *Deberes de las autoridades en los procedimientos. Son deberes de las autoridades respecto del procedimiento administrativo y de sus partícipes, los siguientes:2. Desempeñar sus funciones siguiendo los principios del procedimiento administrativo previstos en el Título Preliminar de esta ley.*

12 En: Prólogo a la obra del profesor Franck Moderne, *Principios Generales del Derecho Público*. Editorial Jurídica de Chile. 2005, p. 14.

legal. En el Perú la jurisprudencia emitida por los tribunales que conocen de los procesos para el control judicial de las actuaciones de la administración pública no ha cumplido dicho rol por diversas razones cuyo análisis en profundidad excedería los alcances del presente trabajo, pero que podemos sistematizar en: (i) la ausencia o reducida especialización de los magistrados encargados para resolver los procesos contencioso administrativos, (ii) el apego a una concepción y (iii) la escasa o nula publicidad de las sentencias recaídas en procesos contencioso-administrativos, lindante con la clandestinidad, y su poca vocación para establecer criterios interpretativos de carácter general, lo que trae como consecuencia que en el Derecho Administrativo peruano muy pocas veces se pueda utilizar una sentencia del Poder Judicial como precedente jurisprudencial, fuente de principios o criterios para resolver controversias en materia administrativa.

El papel no cumplido por los órganos especializados en lo contencioso administrativo del Poder Judicial ha sido tímidamente sustituido por la jurisprudencia de algunos tribunales administrativos, que en el ordenamiento peruano tienen la calidad de órganos administrativos competentes para resolver las controversias que se generan en ámbitos muy técnicos y especializados respecto de los cuales el legislador considera necesario el pronunciamiento en última instancia administrativa de tribunales conformados por funcionarios seleccionados por su conocimiento técnico en la materia[13], lo que de manera indirecta facilitaría su resolución en caso la controversia sea llevada ante el Poder Judicial.

Sin embargo ha sido el Tribunal Constitucional peruano quien especialmente durante esta década ha cumplido un rol destacado en el enunciado jurisprudencial de los Principios del Derecho Administrativo o del Derecho Público en general, claro está principalmente respecto de los principios que se derivan del ordenamiento constitucional y que constituyen la clave de bóveda de importantes sectores del ordenamiento administrativo, como sucede con los principios constitucionales que inspiran el régimen de la contratación estatal, de los servicios públicos, del régimen de los funcionarios y servidores públicos, de la potestad sancionadora, etc., entre otros campos del Derecho Administrativo.

II. ORGANIZACIÓN ADMINISTRATIVA. EL ESTADO, LAS REGIONES Y LOS MUNICIPIOS

La Constitución peruana no contiene una regulación general de la administración pública, tarea que es implícitamente encomendada a los poderes constituidos, otorgando en dicho aspecto una amplia libertad de configuración al legislador ordinario para crear y estructurar entidades administrativas (organismos públicos y empresas estatales, entre otras modalidades) según las necesidades y objetivos públicos, dentro de los grandes parámetros que establece la norma Constitucional.

El artículo 43° de la Constitución de 1993 establece que el Estado peruano "*es uno e indivisible*", que su Gobierno "*es unitario, representativo y descentralizado, y se organiza según el principio de separación de poderes*". El carácter unitario del Estado supone la existencia de un sistema de órganos de gobierno de carácter nacional que actúan sus poderes para todo el territorio del país (los clásicos poderes públicos y los organismos constitucionalmente autónomos), además de un ordenamiento jurídico de carácter nacional (que como veremos convine con subsistemas jurídicos de alcances regional y local). El carácter descentralizado hace referencia a que los órganos centrales o nacionales no ejercen en exclusividad la totalidad del poder estatal, sino que lo hacen de manera conjunta o simultánea con organizaciones territoriales (Regiones y Municipalidades) dotadas de autonomía política, económica y administrativa en los asuntos de su competencia y por ende con capacidad para la autodeterminación de sus propios intereses.

La jurisprudencia del Tribunal Constitucional peruano14, señala que una interpretación sistemática de la Constitución permite afirmar que el Estado peruano no es "unitario descentralizado", porque esta

---

[13] Tal es el caso del Tribunal Fiscal, del Consejo de Minería, del Tribunal de contrataciones del Estado, del Tribunal Registral, del Tribunal de Defensa de la Competencia y de la Propiedad Industrial, entre otros.. Hemos analizado el régimen de los tribunales administrativos y su rol como mecanismos de control de la administración pública en: "El proceso contencioso administrativo en el Perú", publicado en *AAVV*: "De-recho Procesal. II Congreso Internacional. Lima, 2002. Fondo de desarrollo editorial de la Universidad de Lima, p. 373 y 374.

[14] Especialmente la sentencia recaída en el proceso de inconstitucionalidad promovido por el gobierno nacional contra las ordenanzas regionales que declaraban patrimonio cultural la hoja de coca recaída los expedientes N° 0020-2005-

expresión corresponde a un tipo de Estado unitario complejo "*en el que la descentralización solamente se presenta en un ámbito administrativo, más no en un ámbito político*", que no es la opción escogida por la Constitución peruana, porque en los citados Estados *las entidades descentralizadas no gozan de verdadera autonomía, pues si bien tienen importantes potestades reglamentarias y ejecutivas, estas, finalmente, reducen su cometido a la ejecución de las leyes estatales*".

Para el supremo intérprete de la Constitución peruana, la Carta fundamental "*no solo ha conferido a los gobiernos descentralizados (regiones y municipios) autonomía administrativa, sino también económica, y, lo que es más importante, autonomía política. Esta última se traduce, de un lado, en la elección de sus órganos por sufragio directo (...) , y, de otro, en la capacidad de dictar normas con rango de ley* (...)".

Esa es la razón por la cual el citado Tribunal prefiere caracterizar al Estado peruano como "unitario y descentralizado", en el que si bien "*la unidad estatal continúa siendo el fundamento de la organización y marcha de la estructura del Estado, y consecuentemente de su sistema jurídico (...)*", los gobiernos descentralizados, es decir las regiones y las municipalidades, gozan de autonomía política – normativa (así como administrativa y económica), que conlleva la facultad de crear derecho (aunque circunscrito al respectivo ámbito territorial y sometido a la Constitución y otras normas de desarrollo) y no solo de ejecutarlo, democratizando de esa forma el ejercicio del poder para promover el desarrollo integral del país.

De esa manera al consagrar la Constitución peruana tres niveles de Gobierno (nacional, regional y local), esta estructura nos permite caracterizar a la administración pública en función del ámbito territorial en que desarrolla sus funciones en:

A).- Administración Pública Nacional.- Integrada por el Poder Ejecutivo, sus ministerios, organismos públicos, comisiones, empresas estatales, proyectos y programas especiales, pero también por los organismos constitucionales autónomos creados directamente por la Constitución y los órganos de los poderes legislativo y judicial que ejercen funciones administrativas, las cuales constituyen entidades que ejercen funciones en todo el territorio nacional.

B).- Administración Pública Regional.- Comprende a los órganos y entidades públicas que forman parte de la estructura organizativa de los Gobiernos Regionales. En este punto es conveniente aclarar que conforme al diseño constitucional temporalmente la administración a nivel regional se encuentra titularizada en los denominados Gobiernos Regionales que ejercen competencia en el ámbito de la circunscripción geográfica de los departamentos hasta que progresivamente se creen las respectivas Regiones sobre la base de la integración mediante referéndum de dos o más circunscripciones departamentales contiguas relacionadas "*histórica, cultural, administrativa y económicamente, conformando unidades geoeconómicas sostenibles*" (art. 190°).

C).- Administración Pública local o municipal.- Comprende a las Municipalidades Provinciales y Distritales, así como los órganos y entidades que conforman su organización.

La Constitución peruana como sus pares de Latinoamérica opta por un régimen decididamente presidencialista, matizado con algunas instituciones de origen parlamentario, importadas con la finalidad de atemperar el enorme poder que en nuestros sistemas políticos ejerce el Presidente de la República que es el único funcionario del gobierno elegido a nivel nacional y que goza por tanto de legitimidad democrática directa muy intensa.

La dirección del Poder Ejecutivo corresponde al Presidente de la República que a tenor del artículo 110° de la Constitución "*es el Jefe de Estado y personifica a la Nación*", lo que le concede funciones de representación, coordinación y decisión de las altas políticas del Estado. Pero además la Constitución en el numeral 3) del artículo 118° le confiere la función de "Dirigir la política general del Gobierno" por lo que el Presidente de la República del Perú a la vez de ser jefe de estado cumple las funciones de jefe de Gobierno, a diferencia de los países de régimen parlamentario en los cuales dichos roles no se concentran en una sola persona.

El peso gravitante del Presidente de la República en el Poder Ejecutivo ha determinado que históricamente las Constituciones peruanas cuando listan las funciones y competencias que corresponde

PI/TC y 0021-2005-PI/TC, de 27 de setiembre del 2005. Las referencias son a los fundamentos jurídicos 44, 45, 48 y 57 de la citada sentencia.

cumplir al Poder Ejecutivo en su conjunto optan por singularizar la atribución de las mismas en la persona del Presidente de la República[15].

Conforme a la Constitución además del Presidente de la República también forman parte del Poder Ejecutivo: el Consejo de Ministros, la Presidencia del Consejo de Ministros y los Ministros.

El Consejo de Ministros que es otra institución importada por los constituyentes de los países regidos por un sistema parlamentario, opera como un espacio de coordinación y decisión mediante la reunión periódica de los Ministros, bajo la presidencia del Presidente del Consejo de Ministros, o del Presidente de la República cuando lo convoca o asiste a sus sesiones, para ejercer las competencias que le confiere la Constitución y la ley[16].

El presidente del Consejo de Ministros quien como todo Ministro es designado (y removido) por el Presidente de la República, cumple labores de coordinación intersectorial y es el portavoz autorizado del Gobierno después del Presidente de la República. Los artículos 18° y 19° la Ley N° 29158, Ley Orgánica del Poder Ejecutivo (en adelante: LOPE) disponen que el Presidente del Consejo de Ministros[17]: *"Apoya al Presidente de la República en la gestión de la política general del Gobierno", "Propone objetivos del gobierno en el marco de la Política General del Gobierno", "Coordina las relaciones con los demás poderes del Estado, los organismos constitucionales, gobiernos regionales, gobiernos locales y la sociedad civil*" y *"Coordina las políticas nacionales de carácter multisectorial; en especial, las referidas al desarrollo económico y social; asimismo, formula las políticas nacionales en su respectivo ámbito de competencia, el proceso de descentralización y de la modernización de la administración pública".* Conforme al artículo 17° de la citada LOPE es el titular de un despacho ministerial denominado Presidencia del Consejo de Ministros responsable de la coordinación de las políticas nacionales y sectoriales del Poder Ejecutivo. A diferencia de los países de régimen parlamentario en el Perú el Presidente del Consejo de Ministros no cumple funciones de jefe de gobierno porque como se ha señalado anteriormente dicha función ha sido expresamente conferida al propio Presidente de la República. Sin embargo la Constitución vigente dispone en su artículo 130° que todo nuevo Presidente del Consejo de Ministros debe concurrir al Congreso de la República dentro de los 30 días de haber asumido sus funciones, en compañía de los demás Ministros, "*para exponer y debatir la política general del Gobierno y las principales medidas que requieren su gestión*", estando obligado a formular cuestión de confianza al pleno del Congreso, procedimiento que el reglamento del Congreso le ha denominado "voto de investidura" por la similitud con figuras similares en países de régimen parlamentario. Esto confirma lo señalado anteriormente de como el régimen político peruano no obstante estar configurado como un régimen típicamente presidencial importa figuras de los regímenes parlamentarios (voto de investidura, el propio Consejo de Ministros, la necesidad del refrendo ministerial de los actos del Presidente de la República, la interpelación parlamentaria, la censura, la estación de preguntas, etc.) con la finalidad de equilibrar los poderes asignados al Presidente de la República, aunque en la práctica este conserva el protagonismo en el gobierno.

Los Ministros son designados por el Presidente de la República a propuesta del Presidente del Consejo de Ministros. El artículo 119° de la Constitución confiere a los Ministros como función esencial "La dirección y la gestión de los servicios públicos", texto que como se puede apreciar ha sido redactado utilizando un concepto decimonónico de servicios públicos como sinónimo de la totalidad de los asuntos públicos a su cargo[18]. Los Ministros son titulares de los Ministerios, organizaciones administrativas que el artículo 22° de la LOPE las define como los "*organismos del Poder Ejecutivo que comprenden uno o v arios sectores, considerando su homogeneidad y finalidad*", mediante los cuales se "*...diseñan,*

---

15 Así sucede con el artículo 118° de la Constitución vigente que lista una relación de competencias formalmente asignadas al Presidente de la República algunas de las cuales solo pueden ser ejercidas por él directamente, pero otras son de competencia del Gobierno en términos generales o de los entes que lo integran

16 Las atribuciones están consagradas en el artículo 125° de la Constitución y en el artículo 16° de la Ley N° 29158, Ley Orgánica del Poder Ejecutivo.

17 Son competencias que el legislador deriva del artículo 123° de la Constitución, precepto que también la asigna la función de refrendar los decretos legislativos, los decretos de urgencia y los demás decretos y resoluciones que señalen la Constitución y la ley.

18 Concepción que hemos criticado en nuestro trabajo sobre "El régimen de los servicios públicos en la Constitución Peruana", publicado en: *AAVV*. Orlando Vignolo – Coordinador. *Teoría de los Servicios Públicos*. Lima, Grigley, 2009, p. 17. Hoy en día le LOPE precisa en su artículo 22.3 que los Ministros de Estado "son responsables de la dirección y gestión de los asuntos públicos de su competencia".

establecen, ejecutan y supervisan políticas nacionales y sectoriales, asumiendo la rectoría respecto de ellas...". Les corresponde definir los objetivos estratégicos de las entidades (organismos públicos y empresas, etc.) que se encuentran adscritos a su sector. Los Ministerios son creados, fusionados o disueltos mediante ley ordinaria a propuesta del Poder Ejecutivo. No requieren de ley orgánica porque se ha interpretado que este tipo de norma que necesitan de una mayoría calificada para su aprobación por el Congreso de la República[19] solo es exigible para dictar la regulación del Poder Ejecutivo en su conjunto mediante la respectiva LOPE, que como dice su artículo 1° "...establece los principios y las normas básicas de organización, competencias y funciones del Poder Ejecutivo (...)". Se observa que, aunque el artículo 24° de la LOPE establece la estructura orgánica común de todos los Ministerios, el ámbito de competencia y la estructura básica de cada uno de los citados Ministerios se deberá establecer en su respectiva Ley de Organización y Funciones de creación. Colaboran también en el desarrollo pormenorizado de la organización de los Ministerios los denominados Reglamentos de Organización y Funciones que son aprobados por Decreto Supremo con el voto aprobatorio del Consejo de Ministros.

Aunque no sean parte del régimen constitucional de la organización administrativa del Poder Ejecutivo, también forman parte del Poder Ejecutivo: los Organismos Públicos, las Comisiones, los programas y proyectos especiales, y las empresas de propiedad del Estado. Los Organismos Públicos son entidades descentralizadas funcionalmente20 del Poder Ejecutivo con personalidad jurídica de derecho público, presupuesto propio y autonomía administrativa definida por su ley de creación, pero vinculados en mayor o menor medida a las políticas generales y sectoriales del Gobierno. Se crean cuando se estima que el desarrollo de determinadas funciones públicas no puede cumplirse adecuadamente mediante órganos que forman parte de un Ministerio. Entre las razones que generalmente se utilizan para su creación se cuenta: (i) la marcada especialización de ciertas funciones; (ii) la necesidad de dotar de mayor autonomía (técnica, administrativa, presupuestal, y hasta política, etc.) a la gestión o ejercicio de determinadas funciones, y (iii) la prioridad política que se asigna al desarrollo de las referidas funciones en determinadas coyunturas.

La LOPE en su artículo 28° distingue entre dos tipos de organismos públicos, los (a) ejecutores y (b) los especializados y estos últimos a su vez tienen dos sub especies: (i) los organismos reguladores y (ii) los organismos técnicos especializados. Los organismos ejecutores están sujetos a los lineamientos técnicos del respectivo Ministerio al que deben estar adscritos y la formulación de sus objetivos y estrategias es coordinada con estos, son dirigidos por un jefe cuyo cargo es de confianza, pudiendo contar por excepción con un Consejo Directivo cuando atiendan asuntos de carácter multisectorial. En cambio, los organismos públicos especializados gozan de un mayor grado de independencia para ejercer sus funciones con arreglo a su ley de creación. Dentro de esta clase los organismos reguladores se crean para actuar en ámbitos especializados de regulación de mercados o para garantizar el adecuado funcionamiento de mercados no regulados, razón por la cual se les confiere el máximo grado de autonomía funcional dentro de la estructura del Poder Ejecutivo para garantizar su neutralidad política[21], son dirigidos por un Consejo Directivo cuyos miembros son elegidos mediante concurso público y están adscritos a la Presidencia del Consejo de Ministros, lo que denota la importancia que se les asigna en la estructura de la administración pública y a la vez permite desvincularlos formalmente de los Ministerios que establecen las políticas sectoriales de desarrollo de las industrias que son materia de su actividad regulatoria. Finalmente, los organismos técnicos especializados del Poder Ejecutivo se crean para hacerse cargo de políticas de Estado de largo plazo, de carácter multisectorial o intergubernamental que

---

[19] Conforme al artículo 106° de la Constitución mediante las leyes orgánicas se "*regula la estructura y funcionamiento de las entidades del Estado previstas en la Constitución, así como también las otras materias cuya regulación por ley orgánica está establecida en la Constitución (...)*", lo que determina que el estatuto organizativo a nivel legal de los poderes del Estado en sus tres niveles territoriales (a excepción del Congreso de la República que se rige por su reglamento con fuerza de ley) y los organismos constitucionalmente autónomos tiene que ser aprobado mediante una ley orgánica que para su aprobación requiere el voto de más de la mitad del número legal de miembros del Congreso.

[20] Que sin embargo el artículo 28° de la LOPE define como "entidades desconcentradas del Poder Ejecutivo" seguramente con el propósito de distinguirlas de la descentralización territorial que se desarrolla a nivel regional y local.

[21] Hemos analizado el régimen de los organismos reguladores de los servicios públicos en nuestro trabajo: "Los organismos reguladores de los servicios públicos en el Perú: su régimen jurídico, organización, funciones de resolución de controversias y de reclamos de usuarios", publicado en la obra colectiva *Derecho Administrativo*, que recoge las ponencias presentadas al Primer Congreso peruano de Derecho Administrativo, El Jurista, Lima, 2004, p. 417 y ss.

requieren de un alto grado de independencia funcional, o para establecer instancias funcionalmente independientes que otorguen o reconozcan derechos a los particulares para el ingreso a los mercados o el desarrollo de actividades económicas oponibles a otros sujetos de los sectores público o privados, conforme a la LOPE deben ser dirigidos por un Consejo Directivo, pero paradójicamente a pesar de que formalmente se pretende otorgársele independencia funcional, la LOPE dispone que deben sujetarse a los lineamientos técnicos del Ministerio al que están adscritos con quien coordinan sus objetivos y estrategias, así como la aprobación de su política de gasto en el marco de la política general del Gobierno.

Actualmente existen en el Poder Ejecutivo alrededor de 40 organismos públicos algunos de los cuales tienen una dimensión (presupuestal y administrativa) mayor que algunos Ministerios.

Conforme al diseño constitucional todas las entidades públicas del Poder Ejecutivo requieren estar adscritas a un Ministerio para que el respectivo Ministro pueda ser eventualmente el responsable político ante el Congreso de la República en razón de la potestad de dirección general que le compete. Se trata a no dudar de otra institución de origen parlamentario que se complementa con el artículo 120° de la Constitución que dispone la nulidad de los actos del Presidente de la República que carecen de refrendación ministerial y que se basa en que el Presidente de la República no es pasible de responsabilidad política ante el Parlamento.

Las competencias del Poder Ejecutivo están consagradas por la Constitución y las respectivas leyes sectoriales. Es indudable que el Presidente y los Ministros ejercen funciones de gobierno y administrativas. Las funciones de gobierno o dirección política son jurídica y cualitativamente diferentes a las funciones de carácter administrativo, estas últimas desarrolladas principalmente a través de su propia organización administrativa[22]. La Ley N° 27783, Ley de Bases de la Descentralización (en adelante: LBD[23]) establece en su artículo 26°[24] una relación de competencias que caracteriza como exclusivas y excluyentes del Gobierno Nacional y establece el régimen de las competencias que son compartidas con las otros dos niveles de gobierno, es decir aquellas en las que intervienen dos o más niveles de gobierno, que comparten fases sucesivas de los procesos implicados, debiendo la ley indicar la función específica y responsabilidad que corresponde a cada nivel. Las competencias calificadas como exclusivas del Gobierno Nacional (en este caso entendido como sinónimo del Poder Ejecutivo) no son materia del proceso de transferencia gradual de competencias a los gobiernos territoriales descentralizados.

Aunque en virtud de lo establecido por el artículo 25° de la Ley de Bases de la Descentralización el Gobierno Nacional es identificado con el Poder Ejecutivo considero importante tener presente que los Organismos Constitucionalmente autónomos creados por la Constitución de 1993 (Banco Central de Reserva, Superintendencia de Banca y Seguros, Contraloría General, etc.) son entidades que ejercen competencias principalmente de carácter administrativo[25], que constitucionalmente no son considerados

---

22 Como bien señala el Profesor Víctor Baca aunque la Constitución no proporciona argumentos para realizar una distinción subjetiva entre Gobierno y Administración, si realiza la distinción entre la función de Gobierno y la función de administración porque su artículo 118° le confiere al Presidente de la República la función de "*Dirigir la política general del Gobierno*" (numeral 3) y también "*Ejercer las demás **funciones de gobierno y administración** que la Constitución y las leyes le encomiendan*", en *Los actos de Gobierno. Un estudio sobre su naturaleza y régimen jurídico*. Universidad de Piura, 2003, p. 168.

23 La ley de Bases de la descentralización aprobada con carácter de ley orgánica desarrolla los preceptos constitucionales referidos al Capítulo de la Descentralización articulando las competencias entre los tres niveles territoriales de Gobierno, sin perjuicio de la regulación que en cumplimiento del mandato constitucional mediante leyes orgánicas se desarrolla la estructura y funcionamiento del Poder Ejecutivo, de las Regiones y los Gobiernos Locales.

24 *Art. 26°.- Competencias exclusivas: 26.1 Son competencias exclusivas del gobierno nacional: a) Diseño de políticas nacionales y sectoriales; b) Defensa, Seguridad nacional y Fuerzas Armadas; c) Relaciones Exteriores; d) Orden Interno, policía nacional, de fronteras y de prevención de delitos; e) Justicia; f) Moneda, Banca y Seguros; g)Tributación y endeudamiento público nacional; h)Régimen de comercio y aranceles; i)Regulación y gestión de la marina mercante y la aviación comercial; j) Regulación de los servicios públicos de su responsabilidad; k) Regulación y gestión de la infraestructura pública de carácter y alcance nacional; l) Otras que señale la ley, conforme a la Constitución Política del Estado. 26.2 No son objeto de transferencia ni delegación las funciones y atribuciones inherentes a los sectores y materias antes señaladas".*

25 De los organismos constitucionales creados por la Constitución peruana dos de ellos ejercen funciones jurisdiccionales: tal es el caso del Tribunal Constitucional y del Jurado Nacional de Elecciones, que desarrolla

parte del Poder Ejecutivo pero sin lugar a dudas ejercen las competencias que la Constitución y sus leyes orgánicas les confieren, con carácter exclusivo y excluyente, en todo el territorio nacional, razón por la que en nuestra opinión deberían ser considerados como organismos integrantes del concepto de Gobierno Nacional. Adicionalmente sustentamos nuestra posición en que la LOPE, norma legal cronológicamente posterior a la citada Ley de Bases de la Descentralización, establece en su artículo 1°[26] que el Poder Ejecutivo forma parte del Gobierno Nacional y por tanto no identifica el nivel Nacional de Gobierno exclusivamente con el Poder Ejecutivo.

Asimismo, la Constitución peruana consagra un conjunto de organismos que constituyen una categoría a los que se le reconoce en forma expresa autonomía para gestionar las competencias encomendadas, son entidades que no forman parte de la trilogía clásica de los poderes del Estado y que ejercen sus competencias a nivel nacional

Los organismos constitucionales autónomos tienen en común estar consagrados por la Constitución, de la cual reciben directamente su estatus y sus competencias esenciales, y es la misma Constitución la que configura la composición y la forma de designación o elección de sus órganos directivos, para garantizar su autonomía respecto de los poderes políticos[27].

Se les atribuye competencia para ejercer funciones estatales de carácter muy variado y especializado, algunas son esencialmente de carácter administrativo (Banco Central de Reserva, Registro Nacional de Identificación y Estado Civil, Oficina nacional de Procesos Electorales), otras consisten en la supervisión de determinados mercados (Superintendencia de Banca y Seguros), otras son de carácter jurisdiccional o vinculadas a dicha función (es el caso del Tribunal Constitucional, el Jurado Nacional de Elecciones, el Ministerio Público y la Junta Nacional de Justicia), también de tutela de los derechos fundamentales (Defensoría del Pueblo), y funciones de control de la administración pública (Contraloría).

Como ya se ha señalado la estructura y funcionamiento de estos organismos por mandato constitucional requiere ser desarrollada mediante leyes orgánicas.

Por mandato constitucional[28] la descentralización constituye una política permanente del Estado de carácter obligatorio para los poderes públicos, cuyo objetivo fundamental es el desarrollo integral del país. Históricamente la base de la descentralización territorial en el Perú han sido los gobiernos locales o municipalidades de carácter provincial o distrital, que suman algo más de 1,800.

En la actualidad el énfasis del proceso de descentralización está puesto en la conformación de Regiones cuyos respectivos Gobiernos han comenzado a operar desde el 1° de enero del año 2003

---

simultáneamente funciones de carácter administrativo y de tribunal electoral. El Ministerio Público ejerce funciones de apoyo a la Justicia.

26 LOPE. Artículo 1.- " *Objeto de la Ley.- La presente Ley Orgánica establece los principios y las normas básicas de organización, competencias y funciones del Poder Ejecutivo,* ***como parte del Gobierno Nacional****; las funciones , atribuciones y facultades legales del Presidente de la República y del Consejo de Ministros; las relaciones entre el Poder Ejecutivo y los Gobiernos Regionales y Locales; la naturaleza y requisitos de creación de Entidades Públicas y los Sistemas Administrativos que orientan la función pública, en el marco de la Constitución Política del Perú y la Ley de Bases de la Descentralización*".

27 Sobre el concepto de organismo constitucional: García Pelayo, Manuel: "El "status" del Tribunal Constitucional". En *Revista Española de Derecho Constitucional*, N° 1, Madrid, 1981, p. 20; Gómez Montoso, Ángel J. "El conflicto entre órganos constitucionales". Centro de Estudios Constitucionales, Madrid, 1992, p. 310; Trujillo Rincón, María Antonia. *Los Conflictos entre órganos constitucionales del Estado*. Publicaciones del Congreso de los Diputados, Madrid. 1995, p. 42; Danós O., Jorge "Aspectos orgánicos del Tribunal Constitucional", en *Lecturas sobre temas constitucionales* N° 10, CAJ, Lima, p. 290. y Donayre M., Christian "Entre la autonomía y la autarquía del Jurado Nacional de Elecciones: la irreversibilidad de sus decisiones en sede jurisdiccional en cuestión", en: *Revista Derecho* N° 59, PUCP, Lima 2007, p. 118.

28 La Constitución de 1993 ha sido parcialmente objeto de reforma en el Capítulo referido a Descentralización mediante la Ley de Reforma Constitucional N° 27680 de 7 de marzo del 2002, para dar cobertura al reinicio del proceso de descentralización que posteriormente ha sigo legislativamente desarrollado a través de las leyes N° 27783 de Bases de la Descentralización de 17 de julio del 2002, la Ley N° 27867 Orgánica de Regiones de 18 de noviembre del 2002, la Ley N° 27927 Orgánica de Municipalidades de 27 de mayo del 2003, el Decreto N° 955 de Descentralización Fiscal de 5 de febrero del 2004, la Ley N° 28273 del Sistema de Acreditación de los Gobiernos Regionales y Locales de 9 de julio de 2004 y la Ley N° 28274 de Incentivos para la integración y conformación de regiones también de 9 de julio de 2004. Mediante la Ley N° 30305 de 5 de marzo del 2015 se han reformado los artículos 191°, 194° y 203° de la Constitución referidos a la organización y autoridades de los Gobiernos Regionales y los Gobiernos Locales.

Existen 24 Gobiernos Regionales creados sobre la base de los antiguos Departamentos (que eran simples demarcaciones territoriales), sus autoridades (Gobernador Regional e integrantes del Consejo Regional) se eligen por sufragio directo por un período de 4 años. Gozan de autonomía política, económica y administrativa, ejercen actividades de Gobierno, desarrollan competencias normativas (Ordenanzas y Decretos Regionales) y administrativas que pueden tener el carácter exclusivo, compartido con otros niveles de gobierno o delegables de un nivel de gobierno a otro. En virtud de una reforma constitucional[29] pueden crear y administrar tributos vinculados por las actividades que realicen a favor de los usuarios de sus servicios, es decir contribuciones, licencias, tasas (no impuestos). Su objetivo principal es el fomento del desarrollo regional sostenible, así como organizar y conducir la gestión pública regional de acuerdo a las competencias, que le son transferidas por el Gobierno Nacional de manera ordenada y progresiva.

Desde el punto de vista político la descentralización comporta la transferencia de poder de decisión a los niveles regional y municipales, cuyas autoridades elegidas están envestidas de la autonomía necesaria para la toma de decisiones en sus respectivas circunscripciones territoriales. Desde el punto de vista administrativo la descentralización implica la transferencia de gran parte de las competencias y funciones del Poder Ejecutivo que por mandato constitucional debe realizarse progresivamente (proceso gradual) conforme a un conjunto de criterios definidos legalmente tomando en cuenta la capacidad de gestión efectiva del Gobierno Regional que recepciona las competencias. Desde el punto de vista económico la descentralización debería originar una gradual redistribución de los recursos del Gobierno Nacional hacia las entidades descentralizadas territoriales, a fin de que estas puedan financiar las funciones y servicios que se le transfieren para que puedan proporcionarlas en condiciones óptimas a la población

Resulta por tanto indispensable que la transferencia gradual de funciones y competencias administrativas que se transfieran a los Gobiernos Regionales se acompañen de los correspondientes recursos para financiar su prestación, de lo contrario la calidad de las prestaciones será deficiente. La experiencia de las municipalidades por los graves problemas que afrontan la mayor parte de ellas derivado de la carencia de ingresos suficientes para cumplir las competencias administrativa asignadas hace evidente que la ausencia de recursos financieros impide que una organización administrativa pueda cumplir eficientemente su rol de protección de los intereses generales, poniendo en cuestión la viabilidad económica de un buen número de dichos gobiernos locales[30].

Como siguiente etapa del proceso de descentralización se ha previsto la conformación y creación de las futuras Regiones[31] para lo que se requiere que se integren o fusionen dos o más circunscripciones departamentales colindantes y que la propuesta sea aprobada por las poblaciones involucradas mediante la realización de procesos de referéndum, para lo cual se han previsto los procedimientos, plazos e incluso incentivos financieros para la conformación de las citadas Regiones.

Por mandato constitucional la Capital de la República está sujeta a un régimen especial de Municipalidad Metropolitana desarrollado por la Ley 27972 Orgánica de Municipalidades, no integra ninguna Región pero conforme al artículo 65° de la Ley N° 27867 Orgánica de Gobiernos Regionales en la provincia de lima se le reconoce a la Municipalidad Metropolitana de Lima las competencias y funciones propias de un gobierno regional, la que posee autonomía política, económica y administrativa en los asuntos de su competencia regional y municipal.

---

[29] Ley N° 28390 de 17 de noviembre del 2004 para la reforma Constitucional del artículo 74° de la Constitución que regula el poder tributario.

[30] Es recomendable la lectura del Informe de la Defensoría del Pueblo N° 133 (2008), titulado "Uso o abuso de la autonomía municipal? El desafió del desarrollo local", en el que se analiza el marco conceptual bajo el cual se organiza el Estado en sus tres niveles de Gobierno, así como se describe y analiza el procedo de descentralización y sobre todo los problemas detectados en el ejercicio de la autonomía municipal.

[31] Como ya se señaló hoy en día en el Perú solo existen con carácter transitorio (que viene durando casi 20 años) los "Gobiernos Regionales" con sus autoridades debidamente elegidas asentados sobre la tradicional demarcación departamental . La siguiente fase indispensable del proceso de descentralización es que se constituyan las "Regiones" sobre la base de la integración de la población de dos o más departamentos, siempre que se apruebe mediante referéndums de las respectivas poblaciones.

Como se ha señalado anteriormente en el Perú las Regiones y las Municipalidades son instancias de Gobierno territorial que ejercen funciones no solo de carácter administrativo sino también de orden político o de gobierno porque sus autoridades son elegidas mediante sufragio directo y gozan por mandato constitucional y legal de autonomía política, lo que determina que sus relaciones entre sí y con el Gobierno Nacional se rijan no por el principio de jerarquía, sino por el de cooperación o coordinación, además de ostentar potestades legislativas en su respectiva circunscripción[32].

En el plano legal el artículo 2° de la Ley N° 27868, Ley Orgánica de Gobiernos Regionales (en adelante: LOGR) les asigna calidad de personas jurídicas de derecho público. En cuanto a su organización, el artículo 191° de la Constitución dispone en forma explícita que tienen una estructura básica conformada por: (i) el Consejo Regional, como órgano normativo y fiscalizador del Gobierno Regional, integrado por el Presidente y el Vicepresidente Regional y los Consejeros de las provincias los que son elegidos por sufragio directo por un período de 4 años; (ii) la Presidencia Regional, en calidad de órgano ejecutivo del Gobierno Regional, elegido por sufragio directo con un Vicepresidente por un período de 4 años y (iii) el Consejo de Coordinación Regional, con carácter de órgano consultivo y de coordinación del Gobierno Regional con las Municipalidades, integrado por los Alcaldes Provinciales y por representantes de la sociedad civil.

La organización del órgano ejecutivo del Gobierno Regional no es materia regulada por la Constitución sino de desarrollo por parte de la LOGR, que en su artículo 12° dispone que se organiza en Gerencias Regionales coordinadas y dirigidas por una Gerencia General, además de contar con órganos de línea, apoyo, asesoramiento y control que se establece en el reglamento de organización y funciones que apruebe el respectivo Consejo Regional.

Conforme al artículo 194° de la Constitución las Municipalidades provinciales y distritales son los órganos de gobierno local. Cuenta cada una con sus autoridades (alcalde y concejales) elegidos democráticamente por los vecinos, quienes además pueden ejercer los mecanismos de democracia semidirecta (solicitud de revocatoria de autoridades elegidas, pedido de rendición de cuentas, etc.) que establece el ordenamiento jurídico. A las municipalidades en el Perú se les reconoce autonomía de carácter político, económico y administrativo, que se manifiesta en el ejercicio de potestades de carácter normativo porque aprueban disposiciones de carácter general (Ordenanzas municipales y Decretos) que rigen en su respectiva circunscripción, tienen ingresos propios derivados de los tributos que administran y reciben transferencias del gobierno nacional por concepto de coparticipación de los ingresos de algunos tributos y desde la óptica administrativa básicamente constituyen entidades prestadoras de servicios públicos locales (limpieza pública, administración del dominio público, regulación del urbanismo, etc.) con las limitaciones presupuestales y de recursos humanos que endémicamente padecen. El nuevo marco jurídico de las entidades descentralizadas pretende transformarles en agentes del desarrollo y de la economía a nivel local.

El artículo I del Título Preliminar de la Ley N° 27972, Ley Orgánica de Municipalidades (en adelante: LOM) define a las municipalidades como los órganos de gobierno promotores del desarrollo local, con personería jurídica de derecho público.

El artículo 194° de la Constitución dispone que la estructura orgánica de los Gobiernos Locales la conforman: (i) el Consejo Municipal como órgano normativo y fiscalizador, integrado por el Alcalde y los regidores elegidos por sufragio directo por un período de cuatro (4) años y (ii) la Alcaldía, como órgano ejecutivo del Gobierno Local, cuyo titular es elegido por sufragio directo y que conforme al artículo 6° de la LOM tiene la calidad de representante legal de la municipalidad, teniendo a su cargo la dirección de la misma debido a su carácter de máxima autoridad administrativa.

La reforma Constitucional aprobada mediante la Ley N° 30305 ha prohibido la reelección inmediata de los Alcaldes (y de los Gobernadores Regionales)

Como se ha señalado anteriormente en el Perú las Regiones y las Municipalidades son instancias de Gobierno territorial que ejercen funciones no solo de carácter administrativo sino también de orden

---

32 La Ley N° 27783 de Bases de la Descentralización define en su artículo 8° a la autonomía de gobierno como "*el derecho y la capacidad efectiva del gobierno en sus tres niveles, de normar, regular y administrar los asuntos públicos de su competencia...*", luego en el art. 9° define legalmente a cada una de las autonomías de orden político, administrativo y económico. Respecto de la autonomía política la define como: "*...la facultad de adoptar y concordar las políticas, planes y normas en los asuntos de su competencia, aprobar y expedir sus normas, decidir a través de sus órganos de gobierno y desarrollar las funciones que le son inherentes*".

político o de gobierno porque sus autoridades son elegidas mediante sufragio directo y gozan por mandato constitucional y legal de autonomía política, lo que determina que sus relaciones entre sí y con el Gobierno Nacional se rijan no por el principio de jerarquía, sino por el de cooperación o coordinación, además de ostentar potestades legislativas en su respectiva circunscripción[33].

III. EL PROCEDIMIENTO ADMINISTRATIVO

1. *Clases de Procedimiento Administrativo*

Al Perú le corresponde la distinción de haberse dotado de la primera normativa de procedimiento administrativo general dictada en América Latina, aunque con rango reglamentario. Nos referimos al denominado "Reglamento de Normas Generales de Procedimientos Administrativos", aprobado mediante Decreto Supremo N° 006-67-SC del 11 de noviembre de 1967, claramente inspirado por la Ley de Procedimiento Administrativo Española de 1958 de gran influencia en la mayor parte de las leyes reguladoras del procedimiento administrativo de los países de nuestro entorno[34].

La nueva Ley N° 27444 de Procedimiento Administrativo General, vigente desde el 11 de octubre del año 2001[35], tiene por objetivo modernizar la regulación del procedimiento administrativo en el ordenamiento nacional, adecuándolo a las profundas reformas producidas en la organización de la Administración Pública y el régimen jurídico-administrativo a lo largo de las tres décadas anteriores.

La Ley de Procedimiento Administrativo General asume que el gran reto del Derecho Administrativo ha consistido siempre en aunar garantías y eficacia, para lo cual dota a la Administración Pública de los instrumentos que le permitan realizar con eficacia el interés general de la sociedad, pero a la vez establece mecanismos para garantizar las posiciones subjetivas de los ciudadanos en sus relaciones con la Administración.

Entre los aportes más significativos de la citada Ley se encuentra el conjunto de principios que regulan la actuación de la Administración Pública en sus relaciones con los ciudadanos consagrados por el artículo IV de su Título Preliminar, los cuales constituyen los elementos estructurales o fundamentales de la regulación de los procedimientos administrativos, pero no solo de los contenidos en dicha ley sino también del gran número de procedimientos especiales o sectoriales existentes en virtud del carácter supletorio de toda ley general y por mandato expreso del numeral 3) del artículo II del Título Preliminar[36].

La LPAG es una de las normas capitales del Derecho Administrativo peruano, porque constituye el referente normativo necesario para el funcionamiento de las entidades que conforman la administración pública en el Perú.

Mediante la regulación del procedimiento administrativo se disciplina la actividad de la administración pública. El funcionario está sujeto a un cauce formal legalmente establecido que: le obliga a realizar determinadas actuaciones, le faculta a utilizar potestades exorbitantes, le impone el deber de sujetarse a una extensa relación de principios que tienen por finalidad procurar el mejor cumplimiento de las funciones la ley les asigna, todo ello dentro de un marco constitucional que a la par de establecer los cometidos que debe cumplir la administración y sus funcionarios, consagra los derechos fundamentales de las personas que la administración debe respetar y defender, así como hacer posible su vigencia.

---

33 La Ley N° 27783 de Bases de la Descentralización define en su artículo 8° a la autonomía de gobierno como "*el derecho y la capacidad efectiva del gobierno en sus tres niveles, de normar, regular y administrar los asuntos públicos de su competencia...*", luego en el art. 9° define legalmente a cada una de las autonomías de orden político, administrativo y económico. Respecto de la autonomía política la define como: "*...la facultad de adoptar y concordar las políticas, planes y normas en los asuntos de su competencia, aprobar y expedir sus normas, decidir a través de sus órganos de gobierno y desarrollar las funciones que le son inherentes*".

34 Así lo señala el ilustre profesor Jesús González Pérez en el Prólogo a la obra del Profesor Venezolano Allan Brewer-Carías, *Principios del Procedimiento Administrativo en América Latina*, Legis, Bogotá, 2003, p. XX.

35 Aprobada por el Congreso de la República en base a un anteproyecto preparado por una Comisión de juristas designadas por el Ministerio de Justicia en 1997 y que tuve el honor de presidir. Sobre el tema: Jorge Danós Ordóñez "El proceso de elaboración y aprobación de la nueva Ley del Procedimiento Administrativo General" y "Comentarios a la nueva Ley del Procedimiento Administrativo General". En: *AAVV*. Comentarios a la Ley de Procedimiento Administrativo General. Ara Editores. Lima 2001, p. 17 y 37 respectivamente y ss.

36 *Art. II, núm. 3): "Las autoridades administrativas al reglamentar los procedimientos especiales, cumplirán con seguir los principios administrativos, así como los derechos y deberes de los sujetos del procedimiento, establecidos en la presente ley".*

El procedimiento administrativo es un mecanismo diseñado legalmente para encauzar jurídicamente la actividad de la administración pública, constituye uno de los instrumentos centrales que nuestro ordenamiento administrativo establece para el control jurídico de la actuación de las entidades administrativas.

Cuando el régimen legal dispone que la administración pública está obligada a desarrollar las funciones que tiene a su cargo sujetándose a las reglas de un procedimiento administrativo legalmente establecido, su propósito es asegurar que las entidades que forman parte de ese complejo organizativo conocido como administración pública cumplan los cometidos que tienen legalmente asignados para la tutela de los intereses públicos que atañen a la colectividad, pero sin menoscabo de los derechos de los particulares. La regulación de todo procedimiento administrativo tiene o debe tener como regla para su diseño, de una parte, el procurar armonizar la necesidad de establecer instrumentos o prerrogativas para asegurar la eficacia de la actuación administrativa en orden a la protección de los intereses públicos y, por otra, la garantía de los derechos de los ciudadanos.

En todo ordenamiento jurídico es frecuente que existan numerosas leyes que regulan procedimientos administrativos especiales, es decir aplicables únicamente para un ámbito o el ejercicio de una determinada función de la administración pública; la ventaja de contar con una ley de procedimiento administrativo general reside en que permite reconducir a un conjunto de reglas comunes toda la actuación de la administración pública y que por tanto no será necesario que el legislador se vea en la necesidad de crear un nuevo procedimiento administrativo especial todas las veces que regule alguna competencia o función de la administración pública porque las pautas o las reglas que encauzan su actividad estarán reguladas por las normas de procedimiento administrativo general.

Nos parece importante resaltar es que desde la reforma que fuera introducida por el Decreto Legislativo 1272 en diciembre del 2016, la LPAG ya no es solo una ley que regula un procedimiento administrativo general que permite a las entidades administrativas materializar las potestades administrativas que le han sido conferidas a la realidad de un caso concreto, a excepción de los regímenes en las que existe un régimen legal que regule un procedimiento administrativo especial, situación en cual la LPAG como toda norma general debe ceder su aplicación en beneficio de una ley de procedimiento especial y en todo caso restringirse a aplicarse solo supletoriamente, en lo no previsto por la norma de procedimiento administrativo especial, porque a partir de la citada reforma se ha establecido que además de ser una ley general es también una ley que contiene normas comunes para las actuaciones de la función administrativa del Estado y en consecuencia es de aplicación en todos los procedimientos administrativos desarrollados por la entidades administrativas, incluyendo los regulados por normas de procedimiento especial, cuyo marco legal no puede imponer condiciones menos favorables a los administrados que las previstas en la LPAG[37].

En otras palabras la LPAG sigue siendo una norma que establece un cauce estándar para que las entidades administrativas ejecuten las atribuciones y competencias que el ordenamiento jurídico le confiere a través de la tramitación de procedimientos administrativos, pero también debe considerársele el repositorio de normas de procedimiento administrativo comunes para todas las entidades administrativas, que no pueden prescindir de su aplicación, a pesar de que su actividad pueda estar regida por una norma de procedimiento administrativo especial, porque expresamente se dispone que dichas normas comunes de procedimiento constituyen el referente obligado para todas las entidades administrativas, por tal razón en caso de conflicto entre la regulación administrativa común y la especial, el operador debe preferir aplicar la regla de procedimiento contenida en la norma común.

A diferencia de España en la que el carácter común de su ley de procedimiento administrativo nacional está determinado por la Constitución que le otorga al Estado la posibilidad de conformar un ordenamiento procedimental administrativo de carácter nacional, sin perjuicio de las normas de procedimiento administrativo que pueda aprobar cada Comunidad Autónoma, con el objetivo que los ciudadanos gocen de los mismos derechos básicos en relación a las administraciones públicas a nivel nacional, en el caso peruano el carácter común de parte de las normas contenidas en la LPAG, que determina que en situación de conflicto entre la norma de procedimiento administrativo especial y las normas de carácter común de la LPAG el operador tenga que preferir por mandato de la misma LPAG la

---

37 Art. II.- Contenido. 1. La presente ley contiene las normas comunes para las actuaciones de la función administrativa del Estado y regula todos los procedimientos administrativos desarrollados en las entidades incluyendo los procedimientos especiales. 2. Las leyes que crean y regulan los procedimientos especiales no podrán imponer condiciones menos favorables a los administrados que las previstas en la presente ley. (….) [subrayados nuestros]

aplicación de lo dispuesto por dicho cuerpo legal, esta regla de preferencia por las normas comunes del procedimiento administrativo es establecida por la propia LPAG la que cuenta con el respaldo de la Constitución, en la medida que la mayor parte de los dispositivos que integran las denominadas normas comunes de los procedimientos administrativos tienen como base y fundamento la Constitución (como sucede con los principios del procedimiento administrativo y los principios de la potestad sancionadora administrativa, entre otras normas) y que también tiene base constitucional en el derecho a la igualdad de trato que la LPAG procura garantizar que los administrados gocen de un mismo conjunto de garantías básicas en sus relaciones con las entidades administrativas en el Perú.

Sin embargo, la LPAG no ha establecido de manera expresa cuales son las normas específicas que contiene que gozan del referido carácter común para todos los procedimientos administrativos, a diferencia de sus restantes normas que serían las ordinarias reguladoras del procedimiento administrativo general. En algún trabajo anterior[38] he sostenido que en mi opinión ese es el caso de las siguientes materias, que en gran medida tienen una clara impronta garantista para los privados:

- Los principios del procedimiento administrativo.
- Los requisitos, las reglas de validez y de notificación de los actos administrativos.
- Las normas sobre simplificación administrativa.
- El régimen del silencio administrativo
- Los dispositivos que establecen los derechos de los administrados con respecto al procedimiento administrativo y los deberes de las autoridades en los procedimientos.
- El régimen de los mecanismos de revisión de oficio y los de parte (los recursos) de los actos administrativos.
- Los principios de la potestad sancionadora y las reglas garantistas del procedimiento administrativo sancionador.

Que la LPAG, además de ser una ley general, consagre normas comunes de obligatoria aplicación en todos los procedimientos administrativos especiales, responde a la necesidad de que exista un mínimo común denominador de las garantías esenciales de los administrados en todos los procedimientos administrativos que tramiten las entidades públicas, las que escudadas en normas especiales que regulan su marco de actuación, incluso muchas veces autogeneradas (como es el caso de las municipalidades que aprueban procedimientos administrativos mediante Ordenanzas), actúan prescindiendo de las citadas garantías de los administrados, pretextando que por estar consignadas en una ley general podía ser preteridas en beneficio de las normas especiales, no obstante la evidente inspiración constitucional de tales garantías.

Prueba de la intensa resistencia que manifiestan algunas entidades administrativas para regir sus actividades por normas comunes que constituyan las garantías mínimas de todo procedimiento administrativo, es que paradójicamente algunas de las entidades que podemos considerar se cuentan entre las más modernas de la administración pública peruana, como es el caso de la Superintendencia Nacional de Administración Tributaria–SUNAT, el Organismo Supervisor de las Contrataciones Estatales–OSCE, la Superintendencia de Banca y Seguros – SBS y la Contraloría General de la República entre otras entidades, de inmediato procuraron la aprobación de disposiciones legales que les sirvieran de escudos para apartarse de todo o parte de la regulación de la LPAG o de relegar todo su contenido nuevamente a un rol meramente supletorio, justificándose nuevamente en una pretendida especialidad de su quehacer administrativo.

Pero no obstante la anotada tendencia centrífuga de algunas entidades administrativas, llegado a este punto consideramos importante resaltar que en el ordenamiento administrativo peruano la LPAG mediante la asignación del carácter legal de normas comunes a las partes más garantistas de su contenido, ha dispuesto que las garantías nucleares de los administrados en los procedimientos administrativos sean respetadas en todas las actividades que realicen las entidades administrativas, incluso las regidas por normas especiales de procedimiento que, como ya se dijo, no pueden imponer condiciones menos favorables que las previstas en las normas comunes de la citada LPAG.

---

[38] "Las razones de la reforma de la Ley de Procedimiento Administrativo peruana. De ley general a ley que también contiene las normas comunes para todas las actuaciones administrativas". En: "Estudios de Derecho Administrativo. El Derecho Administrativo Iberoamericano. Innovación y reforma". Libro *Homenaje al profesor Juan Carlos Cassagne*. Juan Carlos Morón y Jorge Danós O. (Coordinadores) Tomo I. Gaceta Jurídica. Lima 2018. p. 235.

La vigencia en el ordenamiento jurídico peruano de una regulación general del procedimiento administrativo responde a la necesidad de garantizar un conjunto de principios constitucionales aplicables a la actividad de la administración pública en sus relaciones con los ciudadanos, tal es el caso de los principios de seguridad jurídica, legalidad, igualdad y debido procedimiento, entre otros.

Un régimen uniforme de procedimiento administrativo aplicable a las actuaciones de las entidades administrativas en general permite que sus funcionarios adquieran mayor conocimiento y destreza en la aplicación del citado marco legal generando predictibilidad para los particulares destinatarios de la actividad administrativa, quienes también se benefician de que las veces que tienen que realizar un trámite ante las entidades administrativas se sujetará a un régimen general conocido por todos.

Todo procedimiento administrativo encauza, disciplina la actividad de la administración pública y por ende la vigencia de una ley de procedimiento administrativo general aplicable al ejercicio de las diversas funciones que tienen a su cargo las entidades administrativas garantiza el principio de legalidad, porque permite que los particulares puedan controlar la sujeción de las citadas entidades al marco legal que regula su actividad en general.

Asimismo, la vigencia de un marco legal regulador de un procedimiento administrativo general que desarrolla las reglas básicas del derecho fundamental al debido procedimiento y de otros principios y derechos directamente vinculados (deber de motivación de las decisiones administrativas, razonabilidad, respeto del derecho de defensa etc.) en consonancia con la jurisprudencia constitucional sobre la materia, acentúa la garantía de los citados derechos en el ámbito de la administración pública.

En su elaboración la LPAG fue concebida para erigirse en un instrumento legal para promover la modernización de la administración pública, mejorando los términos de las relaciones entre la administración pública y los ciudadanos, facilitando el acceso de estos y potenciando sus derechos, sin menoscabo de los prerrogativas o potestades exorbitantes que se le otorga a la administración para asegurar el cumplimiento de los cometidos que tiene constitucional y legalmente asignados, los que deben ejercerse en equilibrio o armonía con los derechos fundamentales de las personas en el marco de un Estado Social y Democrático de Derecho como el peruano.

En la práctica, desde su vigencia la LPAG ha sido tomada como un referente para la interpretación y aplicación de las normas que regulan procedimientos administrativos especiales, no solo en lo que respecta a su necesaria aplicación supletoria o complementaria a las normas especiales, o a la proyección que ejercen los principios del procedimiento administrativo consagrados en el artículo IV de su Título Preliminar, sino que progresivamente varias de los desarrollos e instituciones que contiene han pasado a formar parte del acervo común de las entidades administrativas que en forma frecuente interpretan las normas de procedimiento especial que regulan su actuación en función de las reglas de la citada LPAG, lo que es muchas veces estimulado por los particulares que reclaman la aplicación de los aspectos más garantistas de la LPAG, más aún cuando están involucrados la vigencia de principios y la protección de derechos de orden constitucional desarrollados ampliamente por la jurisprudencia constitucional.

Desde su entrada en vigencia en octubre del año 2001 la LPAG ha sido objeto de varias reformas legislativas siendo las más importantes las introducidas mediante los Decretos Legislativos N° 1029 y N° 1272. Pero en nuestra opinión el impacto de las citadas reformas legales ha sido inferior a la influencia que ejerce la jurisprudencia del Tribunal Constitucional en el desarrollo de los aspectos constitucionales del procedimiento administrativo y las garantías de los privados en sus relaciones con la administración pública. Dicha jurisprudencia constitucional ha enriquecido la lectura de la LPAG y orientado su aplicación en concordancia con los principios y derechos constitucionales de las personas. El Tribunal Constitucional ha señalado en numerosa jurisprudencia el origen constitucional de algunos de los principios del procedimiento administrativo (legalidad, debido procedimiento, razonabilidad, etc.), los requisitos para ejercer potestades exorbitantes como la nulidad de oficio de los actos administrativos (la exigencia de escuchar previamente al posible afectado), la necesidad de que la aplicación de las garantías previstas en la Constitución para la función jurisdiccional sea matizada en su traslado al ámbito del procedimiento administrativo (la instancia plural no constituye una exigencia constitucional en los procedimientos administrativos), el fundamento constitucional de la mayor parte de los principios establecidos por la LPAG que rigen el ejercicio de la potestad sancionadora administrativa (tipicidad, irretroactividad, presunción de licitud, en *bis in idem*, prohibición de *reformatio in peius*, etc.) y la relación del régimen de los recursos administrativos con la garantía del derecho de defensa de los privados y la exigencia de la debida motivación de los actos administrativos, entre otros.

En cuanto al ámbito subjetivo, la LPAG conforme al artículo I de su Título Preliminar, es aplicable a todas a todas las entidades estatales de los tres niveles de gobierno territorial (nacional, regional, local) que ejercen funciones administrativas. No comprende a las empresas estatales en las actividades que realicen en el mercado con sus clientes porque entiende que se rigen por el derecho privado, lo que no niega que en las demás actuaciones que realicen sujetas a disposiciones de carácter público (como la ley de contrataciones del Estado, etc.) deban aplicar cuando corresponda las normas de procedimiento administrativo. La referencia en el numeral 8) a personas jurídicas privadas que prestan servicios públicos o ejercen función administrativa comprende, entre otras, a las empresas concesionarias que, por mandato de los organismos reguladores que supervisan sus actividades, deberán sujetarse a las normas de procedimiento administrativo dictadas por tales entidades para regular sus relaciones con los usuarios y con otras empresas operadoras. En verdad el citado artículo I no tuvo como propósito establecer una clasificación de las entidades estatales que conforman la administración pública o que ejercen funciones administrativas, porque se consideraba que dicho objetivo debería ser cumplido por una ley que desarrolle las bases de la organización de la administración pública con carácter general que todavía no se ha dictado, pero en la práctica se puede verificar que son numerosas las leyes que se han aprobado en los últimos años que se remiten a dicho dispositivo para caracterizar a los poderes y organismos estatales que se considera conforman la administración pública en el Perú.

El artículo 29° de la Ley, ubicado en el Capítulo que regula las reglas generales del procedimiento administrativo establece un concepto del mismo acorde con la doctrina al uso, definiéndolo como el conjunto o sucesión de actos y diligencias tramitados por la administración pública conducentes a la emisión de un acto administrativo definitivo que decida sobre el fondo de la materia y que genere efectos sobre los administrados.

Uno de los aspectos que caracteriza la regulación del procedimiento administrativo en nuestro país es la regla establecida por el artículo 32° de la LPAG conforme al cual las entidades administrativas están obligadas a clasificar todos los procedimientos administrativos que se inicien a pedido de parte, ya se trate como (a) procedimientos de aprobación automática, en los que la solicitud del interesado es considera aprobada desde el mismo momento de su presentación ante la entidad competente, o como (b) procedimientos sujetos a evaluación previa por parte de la administración, caso este último en que de producirse el vencimiento del plazo previsto legalmente sin que las entidades hayan emitido su pronunciamiento deben determinarse los supuestos en que i) opera el silencio administrativo negativo, de modo que el particular puede considerar rechazada su petición e interponer los recursos correspondientes o de ser el caso acudir ante el Poder Judicial, o ii) el silencio administrativo positivo en base el cual el interesado puede entender aprobada su solicitud al vencimiento del plazo previsto para que administración resuelva, otorgándosele preponderancia este último tipo de silencio[39].

Asimismo todas las entidades que forman parte de la administración pública en el Perú tienen la obligación de contar cada una con un Texto Único de Procedimientos Administrativos (en adelante: TUPA) a su cargo, pero solo de los procedimiento administrativos que se inicien a solicitud de parte a requerimiento de los interesados (no los procedimientos que se inicien de oficio), en el que se consigne la clasificación de los procedimientos administrativos conforme a las modalidades descritas en el párrafo anterior, se compilen en forma clara y taxativa los requisitos y los costos que pueden exigírsele pagar a los particulares, con el objeto de generar transparencia y predictibilidad en la actuación de la administración . La aprobación de los mencionados TUPA debe realizarse mediante Decreto Supremo refrendado por el titular del respectivo sector (Ministerio) del Poder Ejecutivo, por Ordenanza en el caso de las Regiones y las Municipalidades o por resolución del titular en el caso de organismos constitucionalmente autónomos. Las entidades están obligadas a revisar y aprobar su respectivo TUPA

---

[39] La obligación de todas las entidades administrativas de clasificar los procedimientos administrativos iniciados a pedido de parte en procedimientos de aprobación automática o de evaluación previa, en este último caso con aplicación del silencio administrativo positivo o negativo, y de consignarlos como se verá a continuación en el respectivo Texto Único de Procedimiento Administrativo–TUPA, fue introducida por primera vez en el ordenamiento administrativo peruano en al año 1991 con el objeto de adecuar el funcionamiento de la administración pública al en ese entonces nuevo marco jurídico que redefinía el nuevo rol del Estado en la economía y potenciaba la iniciativa empresarial privada razón por la cual se dictó el Decreto Legislativo N° 757 denominado "Ley marco para el crecimiento de la inversión privada" que estableció las citadas medidas como parte de un conjunto que respondía a la finalidad de eliminar las trabas o restricciones administrativas que pudieran entorpecer el desarrollo de las actividades económicas restringiendo la libre iniciativa privada y restando competitividad a las empresas.

por lo menos cada dos años, pero pueden hacerlo antes cuando se produzcan modificaciones legales o de otra índole que alteren su contenido. Mediante la Ley Nº 29091 se ha dispuesto que solo debe publicarse en el Diario Oficial el Peruano la norma que aprueba el respectivo TUPA pero ya no este documento, el que solo deberá ser publicado en la respectiva página web institucional de cada entidad y el Portal de Servicios al Ciudadano y Empresas que administra la Presidencia del Consejo de Ministros.

La LPAG establece un conjunto de criterios que deben seguir las entidades administrativas para clasificar en los TUPA los procedimientos administrativos de su competencia. Así respecto de los procedimientos administrativos de aprobación automática el numeral 4) del artículo 33° establece que deben clasificarse como tales aquellos en los que la respectiva solicitud del particular es aprobada desde el momento de su presentación ante la autoridad competente, los procedimientos conducentes a la obtención de licencias, autorizaciones o similares que habiliten para el ejercicio continuado de actividades profesionales, sociales, económicas o laborales en el ámbito privado, siempre que no se afecten derechos de terceros. Es decir, comprende aquellos procedimientos en los que la Administración Pública restringe su actividad de control de la actividad económica privada a la simple exigencia de una comunicación de los interesados a la Administración.

En cuanto a los procedimientos que deben clasificarse como de evaluación previa por la Administración respecto de los cuales en caso la entidad competente no resuelva dentro de los plazos fijados por la ley pueda ser de aplicación ya sea el silencio administrativo positivo o el negativo, conforme a los criterios establecidos por los artículos 35° y 38° de la LPAG que responden al objetivo de potenciar la aplicación del silencio administrativo positivo en los procedimientos administrativos que los particulares siguen ante las entidades públicas.

Como se sabe el silencio administrativo es una técnica creada por el derecho administrativo para evitar que los particulares se perjudiquen por la demora o dilación de la administración en resolver los procedimientos administrativos a su cargo. Constituye un remedio formal puesto en manos de los particulares para reaccionar frente a un funcionamiento patológico de la administración pública.

Conforme hemos señalado en algún trabajo anterior[40] el silencio administrativo de tipo negativo constituye una simple ficción legal de efectos meramente procesales, establecido en beneficio de los particulares para permitirles el acceso a la impugnación judicial de las decisiones administrativas. Conviene destacar que no es equiparable a un acto administrativo presunto de sentido desestimatorio, porque se trata más bien de un hecho al cual la ley le asigna efectos jurídicos (a voluntad del interesado), que no expresa decisión alguna de la administración y que tampoco constituye una modalidad de terminación del procedimiento administrativo, razón por la que a pesar de que se venza el plazo para pronunciarse la Administración permanece en la obligación de resolver el procedimiento mientras que no se le comunique que el particular ha optado por interponer el recurso administrativo que corresponda para acudir a la siguiente instancia administrativa (de ser el caso) o, que ha sometido el asunto a conocimiento de una instancia jurisdiccional mediante la interposición de la correspondiente demanda ante el Poder Judicial[41].

A diferencia de las características descritas del silencio administrativo de carácter negativo, la otra modalidad de silencio administrativo, es decir el positivo, sí puede ser considerado un verdadero acto administrativo tácito de la administración en sentido favorable a las pretensiones del particular. Más aún a diferencia del silencio negativo en el que la falta de pronunciamiento de la administración dentro de los plazos previstos por la ley no la exime de resolver las cuestiones planteadas si el particular no ha optado por utilizarlo, en el caso del silencio administrativo positivo el vencimiento del plazo para que la Administración adopte una decisión supone el otorgamiento automático de lo pretendido por el particular de modo que la administración ya no puede resolver tardíamente en forma expresa en sentido contrario al positivo o revocar libremente el acto administrativo tácito producido[42]. Por excepción, solo en los casos en que la Administración considere que el contenido del acto administrativo tácito producido como consecuencia del silencio administrativo positivo es contrario al ordenamiento jurídico conforme lo

---

40 En "El silencio administrativo como técnica de garantía del particular frente a la inactividad formal de la Administración". Publicado en la *Revista Ius et Veritas*, Lima, Año VII, Nº 13, p. 227.

41 Estas características del silencio administrativo negativo están legislativamente consagradas en los numerales 3), 4) y 5) del artículo 199° de la LPAG.

42 Estas características del silencio administrativo positivo están legislativamente consagrados en los numerales 1) y 2) del artículo 199° de la LPAG.

prevé el numeral 3) del artículo 10° de la LPAG, podrá utilizar la facultad que le confiere el artículo 213° de la citada ley para proceder de oficio a declararlo nulo, siempre que se cumpla rigurosamente con los requisitos establecidos en este último precepto.

En este punto conviene aclarar que no obstante que conforme al diseño original de la LPAG la mayor parte de los procedimientos administrativos deberían haber sido clasificados por las entidades administrativas en sus respectivos TUPAS como de evaluación previa con silencio positivo, por cuanto solo escapan a dicha categoría los procedimientos que expresamente han sido clasificados por el artículo 33.4 como procedimientos de aprobación automática o los que a tenor del artículo 38.1 habían sido taxativamente considerados como procedimientos de evaluación previa con silencio negativo, es verdad que en la práctica dicho mandato legal no había sido respetado por un número importante de las entidades públicas que en la oportunidad de aprobar sus TUPAS preferían clasificar sus procedimientos administrativos preponderando la aplicación del silencio administrativo negativo, confiadas en que no existía en el ordenamiento administrativo algún mecanismo efectivo que les obligara a corregir dicho situación de incumplimiento de la LPAG.

A diferencia de los supuestos en los que conforme al artículo 35° de la LPAG debe operar el silencio administrativo positivo: 1) En todos los procedimientos iniciados a instancia de parte no sujetos al silencio administrativo taxativo contemplado en el artículo 38°; 2) en los procedimientos recursivos destinados a cuestionar la desestimación de una solicitud cuando el particular haya optado por la aplicación del silencio administrativo; la determinación de los casos en que debe operar el silencio administrativo negativo a tenor de lo establecido por el artículo 38.1 de la LPAG se realiza fundamentalmente en función de la potencial afectación de los intereses públicos que puedan estar presentes en el reconocimiento u otorgamiento de lo que solicita el particular y que constituyen precisamente la justificación de que la administración pública tenga a su cargo la tramitación del respectivo procedimiento como es el caso de la salud, el medio ambiente, los recursos naturales, la seguridad ciudadana, entre otros intereses de la colectividad expresamente previstos por el citado precepto de la LPAG. Esto no niega que hay casos en que el silencio administrativo se aplica en función del tipo de procedimiento administrativo (como sucede con los procedimientos trilaterales y de inscripción registral), pero lo importante es tener presente que la forma como el artículo 38.1 de la LPAG una ley general determina los casos en que se aplica el silencio administrativo negativo es siempre menos precisa que la manera como se determinan los supuestos del silencio positivo, porque se apela a conceptos jurídicos indeterminados de alcances necesariamente amplios como lo constituyen los distintos intereses públicos o de la colectividad que están en juego lo que trae como consecuencia que finalmente la determinación de qué clase de silencio administrativo aplicar en los procedimientos de evaluación previa dependa finalmente de lo que se establezca en los respectivos TUPAS de las entidades y no derive directamente de la ley.

Lamentablemente, no se ha derogado una regla introducida al texto del numeral 199.1 de la LPAG que amplía el plazo para que opere el silencio administrativo positivo, de tal forma que al plazo ordinario de treinta (30) días hábiles que prevé el artículo 153° de la citada ley para los procedimientos administrativos de evaluación previa, debe sumarse un plazo adicional de cinco (5) días para que la entidad notifique su decisión al administrado. De este modo se ha generado la paradoja de que la administración pública cuenta con dos plazos diferentes para concluir los procedimientos administrativos de evaluación previa a su cargo, según la modalidad de silencio administrativo que corresponda conforme a su respectivo TUPA, porque en los casos que pueda ser de aplicación el silencio administrativo negativo (siempre a opción del interesado) el plazo para resolver sigue siendo de treinta (30) días hábiles pero en los procedimientos que se sujetan al régimen del silencio administrativo positivo el plazo se amplía a treinta y cinco (35) días para comprender los cinco (5) días adicionales que se le ha otorgado a la administración para poder notificar su decisión. En nuestra opinión esta diferencia de plazos respecto de una misma modalidad de procedimiento administrativo (evaluación previa) carece de justificación alguna y resulta manifiestamente antitécnica, además de que en su aplicación a casos concretos puede generar controversias para dilucidar si es que la administración cumplió o no realmente con resolver dentro del plazo ordinario de treinta (30) días hábiles y que los cinco (5) días adicionales que puede haber tomado para comunicar su decisión fueron o no exclusivamente empleados para realizar la correspondiente notificación.

Aunque conforme a los artículos 35.2 y 36.1 de la LPAG en los procedimientos administrativos de evaluación previa sujetos a silencio positivo, la petición del administrado se considera aprobada, si vencido el plazo establecido o máximo para pronunciarse, la entidad no hubiera notificado el pronunciamiento correspondiente, no siendo necesario expedirse pronunciamiento o documento alguno para que el administrado pueda hacer valer su derecho, porque basta la copia del escrito o del formato presentado conteniendo el sello oficial de recepción, o en el caso de procedimientos administrativos electrónicos, basta el correo electrónico que deja constancia del envío de la solicitud, el artículo 37.1 de la LPAG permite que los administrados si lo consideran pertinente pueden presentar una Declaración Jurada, ante la propia entidad que configuro dicha aprobación ficta, con la finalidad de acreditar documentalmente la producción del silencio administrativo positivo.

No cabe duda de que la presentación de la referida declaración jurada constituye una decisión voluntaria del beneficiado por el silencio administrativo positivo, quien puede optar por presentarla o no, porque como ya se dijo el silencio administrativo positivo opera automáticamente al vencimiento de los plazos legales para que la administración notifique su decisión (35 días en total), conforme al artículo 199.1 de la LPAG.

Pero el objetivo de potenciar la aplicación del silencio positivo a los procedimientos administrativos también ha traído consigo que se enfatice el deber de la administración pública de cumplir con realizar acciones de fiscalización posterior en los procedimientos administrativos sujetos a aprobación automática o a evaluación previa, de conformidad con lo dispuesto por el artículo 34° de la LPAG. Para tal efecto se ha dictado el Decreto Supremo N° 096-2007-PCM que establece las reglas para que las entidades administrativas utilicen el sistema de fiscalización mediante muestreo con el objeto de comprobar la autenticidad y veracidad de las declaraciones, documentos, informaciones y traducciones presentadas por los administrados, de modo que en caso de determinarse la comisión de fraude o falsedad se apliquen las consecuencias establecidas en el numeral 34.3; es decir se proceda a declarar la nulidad del acto administrativo sustentado en la documentación falsa, se imponga al infractor una multa además de ponerse en conocimiento del Ministerio Público para que formule la acción penal que pueda corresponder.

El artículo 48° de la LPAG establece una extensa relación de documentación que las entidades administrativas están prohibidas de solicitar a los particulares está inspirado en las normas precedentes de simplificación administrativa, en particular en la parte referida al principio de eliminación de exigencias y formalidades costosas, en virtud del cual la documentación que se prohíbe a la Administración solicitar tiene por propósito evitar generar cargas innecesarias a los administrados y que se dificulte asimismo la labor de la propia Administración.

En lo que respecta a los derechos de tramitación de los procedimientos administrativos los artículos 53° y 54° de la LPAG establecen las pautas para la determinación de su cuantía y las formalidades para su aprobación. La regla general es que el importe de los derechos debe guardar correspondencia con el costo para que para la entidad administrativa significa tramitar el respectivo procedimiento administrativo, lo que guarda correspondencia con el concepto de tasa como modalidad de tributo vinculado con una actividad de la administración, consagrado en el Código Tributario y en la Ley de Tributación Municipal. Para efectos de controlar los excesos, se restringe la posibilidad de que se señalen derechos de trámite que superen el importe de una Unidad Impositiva Tributaria (unidad de referencia), ya que establece que solo que en caso se pueda acreditar que los costos de ejecución de un determinado procedimiento administrativo superan dicho monto se podrá acoger a un régimen de excepción que está pendiente de establecerse mediante un decreto supremo que hasta la fecha no ha sido dictado.

En cuando a las formalidades para el establecimiento de los derechos por la tramitación de procedimientos administrativos consideramos que se pueden aprobar en la misma oportunidad que se aprueba el respectivo TUPA de la respectiva entidad, porque conforme al artículo 44° de la LPAG los TUPAS son aprobados coincidentemente mediante las mismas normas que sirven para el establecimiento de las tasas tributarias (Decreto Supremo y Ordenanzas regionales o municipales). En tal sentido no compartimos la opinión de quienes sostienen que los derechos de tramitación requieren ser aprobados por la norma correspondiente con carácter previo a su incorporación en el TUPA de la entidad, porque aunque sea correcto que los TUPA no pueden innovar el ordenamiento jurídico, es decir crear nuevos procedimientos o establecer nuevos requisitos, debido a que solo tienen por objetivo recopilar y reseñar las reglas de procedimiento administrativo preexistente en orden de promover la transparencia de la administración y facilitar el acceso del particular, nos parece excesivamente formalista y burocrático exigir que los derechos sean previamente aprobados cuando dicha decisión puede ser adoptada por las autoridades competentes en la misma norma que aprueba el respectivo TUPA.

2. *La terminación del Procedimiento*

La LPAG regula los dos tipos de terminación del procedimiento administrativo reconocidos por la doctrina: la terminación normal, que se produce por la emisión de la resolución que decide las cuestiones planteadas en el procedimiento o que se derivan del mismo y las formas de terminación anormal que se producen cuando el procedimiento termina sin que se haya producido el acto final resolutorio de las cuestiones de fondo, en tales casos el procedimiento no llega a su fin por voluntad expresada directamente por los administrados como es el caso del desistimiento y de la renuncia, o indirectamente como es el caso del abandono y ciertos supuestos del silencio administrativo.

De conformidad con el numeral 198.2 de la LPAG la resolución que pone fin al procedimiento estará impedida de vulnerar el principio denominado "*reformatio in peius*" en virtud del cual con motivo de una petición formulada por un particular no se puede agravar la situación inicial del administrado, sin perjuicio de que la Administración pueda incoar de oficio un nuevo procedimiento.

Probablemente una de las principales innovaciones introducidas por la LPAG en lo relativo a la terminación del procedimiento administrativo resida en el artículo 199°[43] que regula el régimen y las consecuencias del silencio administrativo, sin perjuicio de otras normas dispersas en el mismo proyecto que establecen el tipo de silencio aplicable en casos concretos.[44]

El citado precepto parte de una concepción del silencio administrativo en función de la modalidad positiva o negativa como haya sido establecido por la norma procedimental pertinente. Para la Ley, conforme hemos señalado anteriormente, el silencio administrativo de carácter negativo es una simple ficción legal de efectos meramente procesales, establecido en beneficio del particular para permitirle el acceso a la impugnación judicial de las decisiones administrativas. El silencio administrativo negativo combate la omisión, el retardo o la demora de la Administración en cumplir su deber de resolver. No es equiparable a un acto administrativo tácito o presunto, porque en verdad no se trata de un acto administrativo en sentido desestimatorio, es más bien un hecho al cual la ley le asigna efectos jurídicos que no expresa voluntad alguna de la Administración, carece de sentido en si mismo si no es para ser impugnado por decisión del administrado. Por dicha razón el numeral 3) del artículo 199° señala que el silencio negativo faculta al administrado la interposición de los recursos administrativos o el inicio de los procesos judiciales pertinentes si fuera el caso, el numeral 5) establece expresamente que el silencio administrativo no inicia el cómputo de plazos ni términos para su impugnación porque no se trata de un verdadero acto administrativo y correlativamente el numeral 4) establece que aunque opere el silencio administrativo por el solo vencimiento del plazo para terminar el procedimiento administrativo la Administración no la exime de la obligación de resolver de manera expresa hasta que el particular opte por interponer los recursos administrativos o iniciar los procesos judiciales que la ley le franquea.

El silencio administrativo de carácter positivo en cambio si genera un verdadero acto administrativo tácito de la Administración porque en dicho supuesto se entiende otorgado lo pedido por el Administrado si su petición se ajusta a lo previsto en el ordenamiento jurídico. A diferencia del silencio negativo en el que la falta de pronunciamiento de la Administración dentro de los plazos previstos por la ley no la

---

43 *Art. 199°.- Efectos del silencio administrativo. 199.1 Los procedimientos administrativos sujetos a silencio administrativo positivo quedarán automáticamente aprobados en los términos en que fueron solicitados si transcurrido el plazo establecido o máximo, al que se adicionará el plazo máximo señalado en el numeral 24.1 del artículo 24, la entidad no hubiera comunicado al administrado el pronunciamiento. La declaración jurada a la que se refiere el artículo 37 no resulta necesaria para ejercer el derecho resultante del silencio administrativo positivo ante la misma entidad. 199.2 El silencio administrativo tiene para todos los efectos el carácter de resolución que pone fin al procedimiento, sin perjuicio de la potestad de nulidad de oficio prevista en el artículo 213 de la presente Ley. 199.3 El silencio administrativo negativo tiene por efecto habilitar al administrado la interposición de los recursos administrativos y acciones judiciales pertinentes.199.4 Aun cuando opere el silencio administrativo negativo, la administración mantiene la obligación de resolver, bajo responsabilidad, hasta que se le notifique que el asunto ha sido sometido a conocimiento de una autoridad jurisdiccional o el administrado haya hecho uso de los recursos administrativos respectivos. 199.5 El silencio administrativo negativo no inicia el cómputo de plazos ni términos para su impugnación. 199.6 En los procedimientos sancionadores, los recursos administrativos destinados a impugnar la imposición de una sanción estarán sujetos al silencio administrativo negativo. Cuando el administrado haya optado por la aplicación del silencio administrativo negativo, será de aplicación el silencio administrativo positivo en las siguientes instancias resolutivas.*

44 He trabajado el tema en: "El silencio administrativo como técnica de garantía del particular frente a la inactividad formal de la Administración". Publicado en *Revista Ius Et veritas* N° 13. 1996, p. 225 y ss.

exime de resolver las cuestiones planteadas si el particular no ha optado por interponer el recurso administrativo o la demanda judicial correspondiente, en el caso del silencio positivo el vencimiento del plazo para que la Administración adopte una decisión supone el otorgamiento de la autorización o licencia solicitada por el particular de modo que la Administración ya no puede resolver en forma expresa en sentido contrario al otorgamiento positivo o revocarlo, salvo que su contenido se oponga al ordenamiento jurídico y, en consecuencia, solo en ese supuesto la Administración podrá declararlo nulo mediante el procedimiento de revisión de oficio establecido en el artículo 213° de la Ley.

Respecto de la característica del silencio administrativo negativo el numeral 5) del artículo 199° establece en forma expresa que su producción no inicia el cómputo de plazos para su impugnación, lo cual es confirmado por el numeral 4) del artículo 18° de la Ley del Proceso Contencioso administrativo (en adelante: LPCA)[45] según el cual cuando con motivo de la tramitación de un procedimiento administrativo en una instancia que agota la vía administrativa se produce el silencio negativo no se computara plazo para que el interesado pueda interponer la correspondiente demanda. Adicionalmente se establece que carece de eficacia el pronunciamiento realizado por la administración no obstante haber sido notificada con la demanda contenciosa administrativa que pone de manifiesto la decisión del interesado de utilizar el silencio negativo. Asimismo, si el pronunciamiento expreso de la administración se emite luego de producido el silencio negativo, pero antes de que se le notifique a la administración que el interesado ha interpuesto la demanda, se faculta al actor para solicitar al órgano jurisdiccional que conoce del proceso contencioso administrativo que incorpore como pretensión la impugnación de dicho acto administrativo expreso o la conclusión del proceso.

Como ya se ha comentado anteriormente el numeral 6) al artículo 199° dispone que en los procedimientos administrativos que se inicien con motivo de los recursos administrativos que interpongan los interesados para impugnar la aplicación de una sanción se aplicará por regla general el silencio administrativo negativo, a excepción de aquellos casos en los que el particular haya optado previamente por la aplicación del silencio negativo en una instancia administrativa recursiva anterior, caso en el cual si será de aplicación el silencio administrativo positivo en las siguientes instancias que deberían resolver el recurso administrativo que se haya interpuesto.

En el artículo 202° de la LPAG se establece que el denominado abandono como forma de terminación anormal del procedimiento, solo se produce en los procedimientos iniciados a solicitud del administrado y siempre que dicho particular haya incumplido con la realización de algún trámite que le haya sido requerido. El abandono nunca puede producirse por el mero transcurso del tiempo ni por razones imputables a la Administración porque está rigurosamente obligada a ceñirse al principio de impulso de oficio en todos los trámites del procedimiento.

Finalmente, creo conveniente recordar que la LPAG regula de manera específica a los que denomina "procedimientos administrativos trilaterales" (arts. 229° a 238°) para encauzar aquellos supuestos en los que la ley confiere potestades a los órganos de la administración pública para resolver en sede administrativa controversias que enfrente a dos o más particulares entre sí, sin perjuicio de que en caso de inconformidad con lo resuelto por la administración la parte que se siente afectada en virtud del derecho a la tutela judicial puede acudir a la justicia para cuestionar la legalidad de la decisión administrativa.

Al respecto es necesario tener presente que a diferencia de los ordenamientos de algunos países de nuestro entorno cuya jurisprudencia o doctrina acepta que la administración pública pueda ejercer facultades de carácter jurisdiccional, en el Perú nuestro marco constitucional no permite que las entidades administrativas puedan ejercer potestades jurisdiccionales porque se trata de una función estatal reservada al Poder Judicial o a los organismos previstos constitucionalmente (Tribunal Constitucional, Jurado Nacional de Elecciones, etc.). En dicho contexto la LPAG peruana al caracterizar como "procedimientos administrativos trilaterales" a aquellos que sirven de cauce para que la administración pública pueda ejercer las competencias cuando la ley le encarga resolver controversias entre dos particulares está cumpliendo con el citado mandato constitucional al señalar que el ejercicio de dichas competencias tiene carácter administrativo y de ni ninguna manera jurisdiccional.

---

45 Ley N° 27584, Ley que Regula el Proceso Contencioso Administrativo, conforme al Texto Unico Ordenado aprobado mediante Decreto Supremo N° 011-2019-JUS.

3. *El relacionamiento electrónico con los ciudadanos*

El marco legal que regula en el Perú los modos de relacionamiento de la administración con los ciudadanos por medios electrónicos, especialmente en lo referido al procedimiento administrativo digital, tradicionalmente ha sido disperso y asistemático[46]. No obstante la LPAG contiene preceptos que hacen referencia al régimen del procedimiento administrativo electrónico (art. 30), a los actos administrativos realizados a través del medio electrónico (art. 30.3), al expediente electrónico (art. 31) a la notificación electrónica (art. 20.4), la recepción documental por la administración de medios de transmisión de datos a distancia (arts. 134 y 136.6), lo cierto es que la operatividad de algunas de los citados dispositivos depende de la expedición de normas reglamentarias que dispongan su aplicación, seguramente en función de la disponibilidad de los medios personales y de equipamiento necesarios para que puedan desarrollarse y de que la normativa complementaria que regula aspectos complementarios, pero indispensables para que los procedimientos administrativos electrónicos puedan desarrollarse en su verdadera dimensión, como es el caso de: la firma digital, los mecanismos de seguridad de la información, la interoperabilidad, etc, lleguen también a funcionar y proporcionen el soporte interno que se requiere para que los procedimientos administrativos se puedan desarrollar por medios electrónicos[47].

La pandemia iniciada en el año 2020 ha forzado a la administración pública peruana para incrementar las posibilidades de relacionarse con los privados por medios electrónicos, a través del establecimiento de lo que a veces se tiende a denominar mesas de partes virtuales, aunque en ocasiones solo se trata de una dirección de correo electrónico para recepcionar escritos, comunicaciones y documentación remitida por los privados, y a través de las notificaciones electrónicas de sus decisiones (actos administrativos); en resumen mediante la recepción y respuesta por medios digitales a los administrados, pero a pesar de ello manteniendo muchas veces el modelo papel, porque en su tramitación al interior de la administración los documentos que se reciben y los que se produce la propia administración durante la tramitación del procedimiento son convertidos a papel para formar un expediente tradicional, solo que su resultado (el acto administrativo) es digitalizado para ser comunicado al destinatario.

La pandemia también ha puesto en evidencia que hace falta un cambio cultural en la administración pública peruana y en los niveles políticos de gobierno para entender que la digitalización del procedimiento administrativo : i) no se restringe a las comunicaciones con los privados al comenzar y al concluir el respectivo procedimiento, conservando en esencia el modelo papel[48]; ii) que la digitalización debe servir para mejorar los servicios al ciudadano, simplificar los procedimientos administrativos, hacerlos más ágiles y potenciar la comunicación de los ciudadanos con la administración, y que no está diseñada solo para facilitar el trabajo de los funcionarios, sin importar las garantías de los ciudadanos, como hoy día parece ser el criterio predominante en el Perú; iii) que en un país con grandes desigualdades sociales, culturales como el Perú, es imperativo garantizar que se facilite el acceso a la población que no tenga acceso a los medios digitales o no tenga el conocimiento suficiente para utilizarlos, de modo que no se genere la paradoja que los medios digitales les restrinjan el acceso a los servicios de la administración pública.

En febrero del año 2021 se ha aprobado mediante Decreto Supremo N° 029-2021-PCM el reglamento de la Ley de Gobierno Digital que establece disposiciones sobre las condiciones, requisitos

---

46 Ley 27269 de firmas y certificados digitales (2000), DS 052-2008-PCM reglamento de la ley de firmas y certificados digitales, Decreto Legislativo 1412 que aprueba la ley de gobierno digital (2018), DS 033-2018-PCM crea la plataforma digital única del estado peruano y establecen disposiciones adicionales para el desarrollo del Gobierno digital; Decreto de Urgencia 006-2020 que crea el sistema nacional de transformación digital, Decreto de Urgencia 007-2020 que aprueba el marco de confianza digital y dispone medidas para su fortalecimiento, entre otras normas.

47 Sobre el tema: Juan Carlos Morón, Derechos de los administrados y nuevas tecnologías. Reflexiones sobre la buena administración electrónica en el Perú. Gestión pública & control. Gaceta Jurídica. Lima 2020. También: Ramón Huapaya Tapia. "Reflexiones para el tránsito de una administración electrónica hacia una administración digital en el ordenamiento jurídico peruano". Publicado en: *AAVV* Diego Zegarra (Coordinador) La proyección del Derecho Administrativo Peruano. Estudios por el centenario de la Facultad de Derecho de la PUCP. Palestra. Lima 2019. p. 43 y ss.

48 Un clamoroso ejemplo lo constituye la ley 31170 publicada el pasado 21 de abril del presente año que establece un plazo de 12 meses para que todas las entidades de la administración pública implementen la mesa de partes digital y la notificación electrónica, es verdad que respetando los principios, derechos y garantías de los administrados, pero en el fondo con una visión reduccionista de los alcances de la digitalización de los procedimientos administrativos.

y uso de las tecnologías y medios electrónicos en el procedimiento administrativo, que es hasta la fecha el dispositivo que en buena medida ha desarrollado con mayor grado de precisión los aspectos claves del marco normativo del procedimiento administrativo digital, como es el caso del régimen del documento electrónico (art. 35 y ss), el expediente electrónico (art. 39 y ss), la recepción documental (art. 46 y ss), la gestión archivística digital (art. 49 y ss), la casilla única electrónica como domicilio digital para que los privados reciban comunicaciones de todas las entidades de la administración pública (art. 53 y ss) y la notificación digital (art. 59 y ss), además de establecer reglas sobre las reuniones digitales de los privados con la administración (art. 63 y ss), entre otras materias que también regula y que componen lo que podría denominarse la fase interna de la digitalización en la administración cuyo desarrollo en forma previa constituye condición indispensable para que la administración pueda desarrollar externamente la digitalización en sus relaciones con los ciudadanos a través de los procedimiento administrativos, como es el caso del régimen de: la denominada identidad digital del Estado Peruano (art. 9 y ss), los servicios digitales del estado peruano, incluyendo la plataforma digital única del estado peruano para la orientación al ciudadano (art. 23 y ss), el marco de gobernanza y gestión de datos del estado peruano (art. 66 y ss), el marco de interoperabilidad del estado peruano (art. 79 y ss), y el marco de seguridad digital (art. 94 y ss), entre otros varios temas.

Consideramos que el citado reglamento constituye un indudable avance a nivel normativo para establecer las orientaciones que deberían regir el desarrollo de los procedimientos administrativos electrónicos en el Perú, aunque podamos discrepar de algunos aspectos de su contenido, en los que nos parece que no se privilegia en su adecuada dimensión opciones que debería permitir mayores garantías a los ciudadanos en sus relaciones digitales con la administración pública. Sin embargo, conviene llamar la atención que se trata de una norma cuyo contenido es esencialmente prospectivo, es decir que, como es usual en todos los procesos de digitalización de la administración pública a nivel comparado, establece plazos y un verdadero cronograma para que la mayor parte de los procesos que regula puedan llegar a implementarse en la realidad.

Que los referidos plazos se puedan cumplir para que la administración pública inicie un proceso ordenado y homogéneo de digitalización de los procedimientos administrativos mediante los cuales ser relacionan con los privados, dependerá que los niveles políticos de Gobierno tomen consciencia de que la digitalización no se reduce a recibir y remitir información por medios electrónicos y que se requiere inversión en capacitación y recursos para que las entidades y su personal puedan operar utilizando los nuevos medios tecnológicos, pero siempre teniendo como centro de su actuación a los ciudadanos.

Como en todos los aspectos de la regulación de los procedimientos administrativos, el proceso de digitalización de los mismos exige que a la par que se potencian las posibilidades de que la administración actué de manera eficaz en el cumplimiento de las tareas que se asigna el ordenamiento jurídico para la realización de los cometidos públicos a su cargo, se preste especial atención a las garantías de los derechos de los ciudadanos, facilitándoseles el acceso y preservando los principios básicos que rigen las relaciones entre la administración y los destinatarios de la actividad administrativa[49].

IV. EL RÉGIMEN DE LOS ACTOS ADMINISTRATIVOS: REGLAS DE VALIDEZ, SILENCIO ADMINISTRATIVO, PRINCIPIO DE AUTOTUTELA, LA REVISIÓN DE LOS ACTOS EN VÍA ADMINISTRATIVA

1. *Definición*

La LPAG no solo establece las reglas que regulan el cauce formal por el que debe discurrir la actividad de la Administración Pública en sus relaciones con los ciudadanos, sino que también comprende la regulación del régimen de los actos administrativos, como producto típico de la actuación administrativa o resultado final de los procedimientos administrativos, estableciendo sus elementos

---

[49] Como señala Eva Mª Menéndez Sebastián, "…la implementación de lo electrónico no puede ser el fin a perseguir, sino un medio en el logro de la satisfacción eficaz del interés general" en: *Las garantías del interesado en el procedimiento administrativo electrónico*. Tirant Lo Blanch. Valencia 2017, p 16 e Isaac Martín Delgado "…el principal reto que se plantea en relación con el proceso de digitalización de la administración: lograr una mayor eficacia en el ejercicio de la función de administrar sin restringir el ámbito de protección de los ciudadanos frente al poder público", en: *AAVV El procedimiento administrativo y el régimen jurídico de la administración pública desde la perspectiva de la innovación tecnológica*. IVAP- IUSTEL- Madrid 2020. p. 24.

esenciales, la forma de elaboración y las reglas para determinar la validez y eficacia de los mismos, independizando su tratamiento legislativo respecto de institutos análogos como el acto jurídico regulado por el Código Civil.

El numeral 1) del artículo 1° de la LPAG consagra una definición de acto administrativo coincidente con las definiciones más usuales de la doctrina y la legislación comparada. El acto administrativo constituye una manifestación de voluntad, lo que supone siempre la exteriorización de un proceso intelectual de cognición o juicio que conforme al artículo 5°.1 puede consistir en una decisión, opinión o constatación por parte de la administración y que está destinada a producir efectos jurídicos sobre los intereses, obligaciones o derechos de los administrados. Por tal razón no son consideradas actos administrativos por el numeral 1.2.2) las actuaciones puramente materiales de la administración que se realicen desprovistas de la cobertura de un acto administrativo, las cuales son conocidas como hechos administrativos porque no implica una exteriorización intelectual sino puramente material.

Asimismo, los actos administrativos deben proceder de una autoridad, funcionario u organismo que forma parte de la Administración Pública, lo cual excluye a los actos jurídicos que realicen los administrados para iniciar, o al interior de, un procedimiento administrativo como cuando presentan solicitudes, interponen recursos, etc. Por ser un acto de carácter esencialmente unilateral tampoco están comprendidos los contratos que celebre el Estado con los privados o los convenios interadministrativos por cuanto son producto de un acuerdo de voluntades y no de una decisión administrativa unilateral. Además, los actos administrativos deben ser producto del ejercicio de potestades regidas por normas del derecho público, lo que también excluye a las actuaciones que en ocasiones lleva a cabo la Administración sujetándose a las normas del derecho privado como cualquier particular.

En el numeral 1.2.1) del citado artículo 1° se precisa que los actos de administración interna de las entidades administrativas, en ocasiones también conocidos por la equívoca denominación de "actos de la administración", no estarán regulados por las normas de la Ley, salvo en lo que se refiere a las disposiciones del Título Preliminar y por aquellas normas de la Ley que expresamente los comprenda como es el caso de los artículos 7° ("Régimen de los actos de administración interna") y 28° ("Comunicaciones al interior de la administración") entre otros, lo cual se justifica en la necesidad de permitirle a la Administración organizarse internamente de forma más dinámica según criterios de celeridad, flexibilidad y eficacia, ya que se trata de actuaciones que no están sujetas a las mismas garantías y requisitos que los actos administrativos que si tienen repercusión sobre los particulares. La LPAG regula lo que podríamos denominar las "actuaciones externas" de las entidades administrativas, es decir la actividad orientada a producir efectos jurídicos en el exterior de la organización administrativa.[50]

El artículo 2°[51] tácitamente proscribe toda posibilidad de que la Administración pueda dictar actos administrativos sujetos a condición, término o modo, porque condiciona dicha posibilidad de "modalización" de los actos a que una ley previamente lo autorice, sujeto además al cumplimiento de una serie de requisitos rigurosos, con la finalidad de garantizar el principio de legalidad y la seguridad jurídica.

2. *Revisión de los actos en vía administrativa*

La LPAG sistematiza en dos Capítulos los mecanismos de revisión de los actos administrativos de oficio por la propia Administración y los medios de impugnación a instancia de los interesados.

La posibilidad de que la Administración pueda declarar la nulidad de oficio de sus propios actos administrativos cuando padezcan de vicios de nulidad y agraven el interés público o lesionen derechos

---

[50] Respecto del acto administrativo se puede revisar a Juan Carlos Morón Urbina. "El nuevo régimen de los actos administrativos en la Ley N° 27444", publicado en *AAVV*. Comentarios a la Ley de Procedimiento Administrativo General Ley N° 27444. Segunda parte. Ara Editores, Lima 2003. p. 153 y ss.

[51] *Art. 2°.- Modalidades del acto administrativo. 2.1 Cuando una ley lo autorice, la autoridad, mediante decisión expresa, puede someter el acto administrativo a condición, término o modo, siempre que dichos elementos incorporables al acto, sean compatibles con el ordenamiento legal, o cuando se trate de asegurar con ellos el cumplimiento del fin público que persigue el acto.*

fundamentales constituye una de las atribuciones más importantes conferidas a la Administración en nuestro ordenamiento jurídico y es objeto de frecuentes controversias en su aplicación[52].

La citada potestad es consagrada por el artículo 213° de la Ley ubicado en el Título dedicado a regular la revisión de los actos en sede administrativa que se puede promover ya sea de oficio por decisión de la propia Administración o mediante recursos administrativos interpuestos por los que se consideran perjudicados para impugnar una decisión administrativa. La nulidad de oficio como su nombre lo indica constituye uno de los tres mecanismos de revisión de oficio previstos por la Ley, los otros dos lo constituyen la rectificación de errores materiales establecida por el artículo 212° que permite corregir los errores de redacción o de cálculo incurridos en la emisión de los actos administrativos y la revocación prevista por el artículo 214° como una potestad que genera la extinción de actos administrativos con fundamento en razones de oportunidad, mérito o conveniencia por causa de interés público.

La revocación de los actos administrativos se diferencia de la nulidad de oficio en los siguientes aspectos:

(i) La nulidad de oficio solo procede fundada en estrictas razones jurídicas de legalidad respecto de actos administrativos que padecen los vicios contemplados en el artículo 10° de la Ley (vicios de legalidad), en cambio la revocación tiene lugar por razones de mera oportunidad o conveniencia con el interés público (vicios de mérito);

(ii) La nulidad de oficio solo puede ser declarada en sede administrativa por el funcionario que ocupa un escalón jerárquicamente superior al que expidió el acto que se invalida y solo en el caso de que el acto administrativo haya sido emitido por una autoridad que no está sometida a subordinación jerárquica, la nulidad deberá ser declarada por el mismo autor (artículo 213.2), mientras que la revocación solo puede ser declarada por la autoridad de mayor jerarquía de la entidad competente (último párrafo del artículo 214.1);

(iii) La nulidad de oficio es una potestad otorgada a la Administración por el artículo 213° de la Ley que constituye un deber para la misma porque está obligada a ejercerla siempre que se encuentre ante un acto de su autoría que padezca de vicios que determinen su nulidad de pleno derecho y perjudiquen el interés público o lesionen derechos fundamentales , en cambio la revocación constituye una facultad discrecional que la Administración puede actuar a su libre arbitrio, invocando razones de oportunidad o conveniencia para el interés público, pero que el artículo 214° de la LPAG no la confiere a la Administración con carácter general sino en supuestos concretos muy restringidos para evitar que su aplicación respecto de actos declarativos o constitutivos de derechos o intereses legítimos de los particulares vulnere la seguridad jurídica;

(iv) La nulidad de oficio tiene efectos *ex tunc* que se retrotraen a la fecha de expedición del acto invalidado (artículo 12.1), mientras que la revocación es de índole constitutiva y solo surte efectos a futuro o ex nunc (artículo 214.1);

(v) La nulidad de oficio puede ser declarada en sede administrativa pero también promovida por la propia Administración autora del acto viciado contrario al interés público para que la revisión de la legalidad corra a cargo del Poder Judicial mediante el proceso contencioso administrativo en los casos que haya prescrito el plazo de dos años para declarar la nulidad en sede administrativa (artículo 213.3), o se trate de actos administrativos emitidos por tribunales administrativos (artículo 213.5) los que no pueden ser anulados en sede administrativa, en cambio la revocación solo puede ser obra de una estimación o valoración realizado por la propia Administración porque solo a ella corresponde evaluar la adecuación del acto en cuestión a las razones de oportunidad, mérito o conveniencia para el interés público;

(vi) Finalmente, por regla general, la potestad de declarar la nulidad de oficio de un acto administrativo esta sujeta a plazo, ya sea de dos años a contar desde que el acto quedo consentido (artículo 213.3) , de tres años para que la Administración al vencimiento del plazo anterior promueva la revisión por el Poder Judicial (artículo 213.4), o de dos años para instar la revisión judicial de las resoluciones de los tribunales administrativos (artículo 213.5); mientras que la revocación no esta condicionada a plazo para su ejercicio.

---

[52] Sobre el tema el ilustre profesor Jesús González Pérez ha estudiado el régimen peruano en: "La revisión de los actos en vía administrativa en la ley del procedimiento administrativo general". En: *Revista Peruano de Derecho Público*. N° 2. Lima 2001. p. 35 y ss.

En cuanto al fundamento o la justificación de la potestad anulatoria que el ordenamiento administrativo confiere a la Administración Pública para revisar de oficio sus propios actos administrativos existen en la doctrina comparada dos posiciones al respecto: la adoptada por la casi totalidad de los autores españoles quienes atribuyen a la autotutela administrativa el fundamento de la potestad de la anulación de oficio, entendida como una prerrogativa otorgada a la Administración para la realización de los intereses públicos sin necesidad de acudir al Poder Judicial, y la posición de quienes como el recordado/profesor argentino Julio Rodolfo Comadira[53] encuentra en el "interés público comprometido en la vigencia de la juridicidad", es decir en la salvaguarda del principio de legalidad, "el fundamento en virtud del cual debe reconocerse a la Administración, como poder inherente al ejercicio de la función administrativa, la posibilidad de anular oficiosamente sus actos ilegítimos", para restablecer inmediatamente la vigencia de la juridicidad vulnerada con la presencia de un acto administrativo ilegítimo.

Para el profesor Comadira no cabe sostener que la potestad conferida a la Administración para la anulación de oficio de sus actos administrativos encuentre su fundamento en la prerrogativa de autotutela decisoria porque implicaría confundir la descripción de la forma normal y habitual de actuar por parte de la Administración con la explicación o justificación de la anulación de oficio de sus actos por la Administración, que en su opinión solo se encuentra en la necesidad de salvaguardar el principio de juridicidad en toda actuación administrativa.

La nulidad de oficio es una vía para la restitución de la legalidad afectada por un acto administrativo viciado que constituye un auténtico poder-deber otorgado a la Administración que esta obligada a adecuar sus actos al ordenamiento jurídico. El pedido o solicitud formulada por un particular para que la Administración ejercite la potestad de declarar la nulidad de oficio de sus actos no tiene el carácter ni puede tramitarse como un recurso porque conforme al artículo 11.1 de la Ley los administrados solo pueden plantear la nulidad de los actos administrativos que les afecten mediante los recursos administrativos previstos en la ley y dentro de los plazos establecidos legalmente para interponerlos. Por dicha razón la solicitud presentada luego de vencido el plazo para recurrir el acto administrativo en cuestión solo puede merecer el trato de una comunicación o denuncia formulada a título de colaboración con la entidad para que tome conocimiento del posible vicio que aqueja a uno de sus actos. En nuestra opinión no cabe duda que la potestad contemplada por el artículo 213° de la Ley es siempre una actuación de oficio, en el sentido de que se inicia siempre a iniciativa de la propia Administración, que no reconoce al denunciante la calidad de interesado. La entidad administrativa autora del acto puede descubrir por si misma en alguno de sus actos de la existencia de alguna de las causales de invalidez o ser puesta en conocimiento o enterada del vicio en virtud de comunicación o denuncia de los interesados, que en este caso no puede tener más relevancia que la de excitar el celo de la Administración.

Conforme al artículo 213° de la Ley la potestad de la Administración Pública de declarar la nulidad de oficio de sus propios actos no solo está sujeta al estricto cumplimiento de los requisitos establecidos por dicho precepto, sino que en determinados supuestos se transforma en la potestad de promover ante el Poder Judicial la revisión de sus propios actos mediante el proceso contencioso administrativo.

El primer requisito que debe cumplirse es que la nulidad de oficio solo procede respecto de actos que padecen de vicios de nulidad de pleno derecho por las causales contempladas en el artículo 10° de la Ley. No cabe declarar la nulidad de oficio de los actos que padecen de vicios no trascendentes o leves porque en tales casos la Administración debe proceder de oficio a su subsanación en aplicación de las reglas de conservación establecidas por el artículo 14° de la Ley. La potestad de la Administración de invalidar de oficio sus actos solo puede actuarse cuando medien razones de estricta legalidad que la obliguen al control de sus propias actuaciones para depurar o invalidar aquellas que resulten aquejadas de graves vicios de invalidez absoluta y radical contrarios al ordenamiento jurídico.

En segundo lugar conforme al artículo 213.1 no basta que los actos administrativos objeto de la potestad de nulidad de oficio estén afectados por vicios graves que determinen su invalidez absoluta, sino que además deben agraviar el interés público, o lesionar derechos fundamentales, lo que trasciende el estricto ámbito de los intereses de los particulares destinatarios del acto viciado porque se exige que para ejercer la potestad de nulificar de oficio sus propios actos la Administración determine, previa evaluación, el perjuicio para los intereses públicos que le compete tutelar o realizar.

---

53 Comadira, Julio Rodolfo. *La anulación de oficio del acto administrativo*. Editorial Ciencias de la Administración. Buenos Aires. 1998. p. 55 a 58.

El tercer requisito de tipo competencial consiste en que la nulidad de oficio solo puede ser declarada por el funcionario que ocupa una posición jerárquicamente superior de aquél que expidió el acto que se invalida[54], pero no cualquier superior sino solo aquél superior jerárquico materialmente competente, es decir el superior que hubiera podido conocer del caso en la hipótesis que se interpusiera un recurso administrativo para impugnar el acto administrativo cuestionado. Una interpretación contraria, que favorezca la posibilidad de que cualquier superior jerárquico en sentido lato anule de oficio el acto administrativo, desconocería las reglas esenciales de competencia, haciendo perder el sentido de que la legislación administrativa establezca instancias competentes para la tramitación de un procedimiento administrativo. La única excepción en la que la nulidad de oficio no es declarada por el superior jerárquico, es el caso de los actos administrativos producidos por una autoridad administrativa que no está sometida a subordinación jerárquica, caso en el cual la nulidad será declarada por el mismo funcionario que lo expidió (artículo 213.2), regla concordante con la prevista en el artículo 11.2 de la Ley.

El cuarto requisito es de carácter temporal, la nulidad de oficio puede ser declarada por la Administración, aunque el acto administrativo en cuestión haya quedado firme, lo que de conformidad al artículo 212°[55] de la Ley se produce una vez vencidos los plazos legales para que los interesados puedan interponer recursos administrativos, pero siempre dentro del plazo de dos años a contar desde la fecha en que el acto haya quedado consentido (artículo 213.3). Por tanto, a diferencia de otros países que en sus ordenamientos administrativos han establecido que la potestad de la Administración para invalidar sus propios actos administrativos puede ejercerse en cualquier momento, sin plazos límites, fundado en que solo procede respecto de actos administrativos viciados de nulidad absoluta, es decir definitivamente contrarios al ordenamiento legal y que por ende no pueden convalidarse por el simple transcurso del tiempo o la falta de impugnación oportuna por los interesados, en la Ley si se han establecido plazos para que la Administración Pública pueda ejercer de oficio dicha potestad, ya sea para invalidar sus actos en sede administrativa o para promover su revisión a cargo del Poder Judicial.

Existe un quinto requisito establecido en el tercer párrafo del artículo 213.2 que fuera primigeniamente establecido por la jurisprudencia del Tribunal Constitucional con sustento en los principios-derechos constitucionales del debido procedimiento y de defensa, nos referimos a la obligación de las autoridades administrativas de otorgar al administrado destinatario del acto en cuestión (que por ende podría ser afectado o perjudicado por su posible declaratoria de nulidad) la oportunidad para que dentro de un plazo adecuado (que la ley establece no debe ser menor de 5 días) pueda formular los argumentos que estime convenientes para apuntalar la legalidad del citado acto administrativo. Así en la sentencia recaída en el Expediente No. 0884-2004-AA/TC (Caso Eusebia Judith Buendía Fernández), el Tribunal declaró que:

> "*En el presente caso, aun cuando la emisión de la citada resolución afectaba derechos e intereses de la actora, no se le ha concedido a esta la oportunidad de defenderlos. Así, si bien es cierto que la norma atributiva de la potestad de anulación (artículo 202° de la Ley del Procedimiento Administrativo General) no lo indica expresamente, "(...) deriva razonablemente del principio del debido procedimiento administrativo y de los artículos 3.5, 161.2, 187.2, que ninguna autoridad administrativa podrá dictar una anulación de oficio, sin otorgar anteladamente audiencia al interesado para que pueda presentar sus argumentos a favor de la sostenibilidad del acto que le reconoce derecho o intereses. Adicionalmente a ello, la resolución anulatoria de oficio debe ser notificada a los administrados concernidos a fin de que tengan la posibilidad de controlar su legalidad.*"[56]

Este requisito que se deriva de la jurisprudencia constitucional tiene como base legal el artículo 172.2° de la LPAG al disponer que únicamente es posible dictar actos de gravámenes (es decir actos extintivos de derechos) contra algún administrado, solo después de haberse otorgado un plazo perentorio no menor de cinco días para presentar sus alegatos o las pruebas que estime pertinentes.

Como se puede apreciar en nuestro ordenamiento administrativo el legislador ha procurado armonizar la obligación de la Administración de cautelar de oficio la legalidad de sus propios actos con

---

[54] Lo que encuentra fundamento en el poder jurídico de control que en la organización administrativa ejercen los superiores jerárquicos respecto de los subordinados.

[55] *Artículo 212°.- Acto firme.- "Una vez vencidos los plazos para interponer los recursos administrativos se perderá el derecho a articularlos quedando firme el acto".*

[56] Fundamento Tercero de la referida sentencia.

las exigencias que la protección de la seguridad jurídica impone al actuar de la Administración en un Estado de Derecho y como resultado de la armonización de dichos intereses contrapuestos (legalidad versus seguridad) ha establecido límites temporales precisos en el plazo para ejercer la potestad de invalidar de oficio sus propios actos en sede administrativa o mediante el recurso a la vía judicial, a cuyo vencimiento el acto en cuestión adquiere firmeza.

Conviene recordar a manera de reseña histórica sobre la evolución de los plazos establecidos en nuestro régimen administrativo para que la Administración Pública pueda revisar de oficio la legalidad de sus actos que en el Reglamento de Normas Generales de Procedimientos Administrativos aprobado mediante Decreto Supremo N° 006-SC de 21 de noviembre de 1967, que constituye la primera norma que estableció el régimen de un procedimiento administrativo general en el Perú, los preceptos que regulaban la denominada "nulidad de resoluciones" (artículos 112° al 115°) no establecieron límite temporal alguno para que la Administración pudiera ejercer la potestad de declarar la nulidad de oficio en sede administrativa de sus propios actos, de lo que se concluye que la Administración podía invalidar de oficio sus actos en cualquier momento[57]. Fue recién con motivo de las modificaciones dispuestas por el Decreto Ley N° 26111 de diciembre de 1992, que elevó a rango de ley el citado reglamento, que se estableció en el segundo párrafo del artículo 110° un plazo de seis (6) meses para que la Administración pueda declarar la nulidad de oficio de sus actos en sede administrativa[58], precepto que fuera recogido en la compilación aprobada mediante Decreto Supremo N° 02-94-JUS de enero de 1994 con el título de Texto Único Ordenado de la Ley de Normas Generales de Procedimientos Administrativos[59]. Posteriormente mediante la primera disposición final y complementaria de la Ley N° 26960 de mayo de 1998 se modificaron los artículos 109° y 110[60] del citado Texto Único Ordenado para ampliar de seis (6) meses a tres (3) años el plazo que se le otorgaba a la Administración para invalidar de oficio sus actos ilegítimos en sede administrativa y por primera vez se estableció de manera expresa que al vencimiento de dicho plazo la Administración podía demandar la nulidad de sus propios actos ante el Poder Judicial aunque se le otorgó carácter imprescriptible a esta última potestad. Casi tres años después el Tribunal Constitucional mediante Sentencia recaída en un proceso de inconstitucionalidad dejó sin efecto la primera disposición final y complementaria de la citada ley N° 26960 y por ende virtualmente suprimió la potestad de la Administración de declarar la nulidad de oficio prevista en la ley de normas generales de procedimientos administrativos[61] hasta la entrada en vigencia de la LPAG el 11 de octubre del 2001 que restableció la potestad de la Administración de revisar de oficio la legalidad de sus propios actos.

Como se ha señalado anteriormente el artículo 213° de la Ley establece que la nulidad de oficio puede ejercerse tanto respecto de aquellos actos que han sido materia de impugnación por los interesados en la vía administrativa mediante los recursos administrativos previstos legalmente, como respecto de aquellos actos que no han sido impugnados dentro de los plazos establecidos legalmente y que por tanto

---

57 Así opinaba el Dr. Antonio Valdez Calle que integró la Comisión que elaboró el proyecto que sirvió de base para la aprobación del citado reglamento en sus *Comentarios a las Normas Generales de Procedimientos Administrativos*, Lima 1969, quien en la p. 108 comenta que "...no hay inconveniente para aceptar el ejercicio de la revisión de oficio en cualquier momento".

58 Plazo que fuera criticado por el doctor Valentín Paniagua Corazao en: ¿Ley de Normas Generales de Procedimiento Administrativo o Ley General de Procedimiento(s) Administrativo(s)?, *Revista Ius Et Veritas* N° 6, 1993, p. 17, para quien el establecimiento de un plazo de seis meses para que la Administración pudiera declarar la nulidad de oficio sus actos les parecía injustificadamente reducido.

59 TUO de la Ley de Normas Generales de Procedimientos Administrativos. Artículo 110.- *"..........La facultad de la Administración Pública para declarar la nulidad de las resoluciones administrativas prescribe a los seis (6) meses, contados a partir de la fecha en que han quedado consentidas".*

60 Artículo 110°.- *"...La facultad de la Administración Pública para declarar la nulidad de las resoluciones administrativas prescribe a los tres (3) años, contados a partir de la fecha en que hayan quedado consentidas".* Artículo 109°.- *"...En caso haya caducado el plazo correspondiente, el Estado deberá interponer la acción de nulidad ante el Poder Judicial. Dicha acción es imprescriptible, salvo ley expresa en contrario".*

61 Sentencia del Tribunal Constitucional recaída en el proceso de inconstitucionalidad promovido por la Defensoría del Pueblo contra la Ley N° 26960, publicado en el *Diario Oficial El Peruano* del 27-6-2001, p. 205197. El Tribunal consideró que se violaba el principio de igualdad al otorgar facultad al Estado para promover la revisión de sus propios actos ante el Poder Judicial en cualquier momento con carácter imprescriptible, mientras que a los particulares se le establecía un plazo notablemente más breve para acceder a la tutela judicial mediante el proceso contencioso administrativo.

se consideran firmes, y de aquellos actos que habiendo sido impugnados y resuelto desfavorablemente por el Administración el respectivo recurso formulado por los interesados no son oportunamente impugnados en sede administrativa o judicial y por tanto se consideran consentidos por los obligados.

Es importante resaltar que en todos los casos descritos en el párrafo anterior el plazo de dos años otorgado a la Administración para declarar de oficio la invalidez en sede administrativa de sus propios actos no se empieza a computar a partir de que dichos actos hayan sido emitidos o notificados, sino más bien a partir de la fecha en que hayan quedado consentidos o adquirido firmeza.

Conforme al inciso d) del artículo 228.2[62] de la Ley las resoluciones de la Administración Pública que declaren de oficio la nulidad de sus propios actos agotan la vía administrativa y por ende no pueden ser objeto de impugnación por los interesados en sede administrativa, los que solo podrán cuestionarlos ante el Poder Judicial a través del proceso contencioso administrativo o de los procesos constitucionales correspondientes si se considera afectado en algún derecho constitucional.

Al vencimiento del citado plazo de dos años la Administración pierde la potestad de declarar la nulidad de oficio de sus propios actos en sede administrativa pero de conformidad con el artículo 213.4 de la Ley no pierde la potestad de promover ante el Poder Judicial la revisión de sus actos mediante el proceso contencioso administrativo, porque se establece de manera expresa que puede demandar la nulidad de sus propios actos vía el proceso contencioso administrativo dentro del plazo de tres años que comienzan a computarse a partir de la fecha en que prescribe la potestad para declarar la nulidad de oficio en sede administrativa (dos años desde que el acto quedo consentido).

En otras palabras, el ordenamiento administrativo peruano establece el plazo de dos años para que la Administración pueda ejercer la potestad de declarar unilateralmente la nulidad de oficio de sus propios actos, pero el vencimiento de dicho plazo sin que la potestad haya sido ejercida solo menoscaba la posibilidad de que la invalidez de oficio pueda ser producida en sede administrativa, porque la Administración conserva la potestad de promover la revisión de la legalidad de sus actos administrativos a través del proceso contencioso administrativo que se interponga ante el Poder Judicial dentro de los tres años siguientes a contar desde la fecha en que prescribió el plazo de un año para que la nulidad sea declarada en sede administrativa[63].

Como se puede apreciar el legislador peruano ha querido armonizar la tensión entre los principios de legalidad y seguridad jurídica, estableciendo el plazo de dos años para que la Administración pueda unilateralmente declarar en sede administrativa la nulidad de sus propios actos, pero a cuyo vencimiento en garantía de la imparcialidad y objetividad solo se le permite dentro del plazo de tres años adicionales acudir ante el Poder Judicial para que sea otro poder del Estado, es decir un tercero imparcial, el que verifique la legalidad de los actos emitidos por la Administración promotora del proceso contencioso administrativo[64].

El plazo de tres años que se le reconoce a la Administración Pública para demandar ante el Poder Judicial la revisión de la legalidad de sus propios actos administrativos (a contar desde el vencimiento del plazo de un año para declarar la nulidad en sede administrativa) no puede ser comparado con el plazo de tres meses que el numeral 1) del artículo 18° de la LPCA otorga a los particulares para interponer la

---

62 *Artículo 228°.- Agotamiento de la vía administrativa.-*

............228.2 Son actos que agotan la vía administrativa: ....d) El acto que declara de oficio la nulidad o revoca otros actos administrativos en los casos a que se refieren los artículos 213° y 214° de esta ley.... "

63 Con la modificación de la LPAG dispuesta por el Decreto Legislativo N° 1272 al régimen de la nulidad de oficio de los actos administrativos se ha retomado la propuesta contenida en la versión original del Anteproyecto elaborado por la Comisión constituida por el Ministerio de Justicia mediante Resolución Ministerial N° 198-97 JUS de 22 de setiembre de 1997 que sirvió base para la aprobación de la Ley N° 27444, que propuso establecer plazos más amplios que los que fueron finalmente primigeniamente aprobados en la citada ley: dos (2) años para declarar la nulidad en sede administrativa y tres (3) años, a contar desde el vencimiento del plazo anterior, para promover la revisión a cargo del Poder Judicial mediante el proceso contencioso administrativo.

64 Dice el profesor Juan Carlos Morón "El proceso de lesividad: El contencioso promovido por la Administración", "Proceso y Justicia", *Revista de Derecho Procesal Civil* N° 3, Lima 2002, p 33, que el mencionado tipo de proceso "...se fundamenta en la voluntad legislativa de evitar que la Administración se irrogue de modo ilimitado temporalmente la verificación unilateral de la legitimidad de un acto que ella misma ha dictado y cuyos efectos se han incorporado ya al patrimonio del administrado. Con su incorporación se pretende resguardar a los administrados de avasallamientos administrativos, premuniéndole un escenario en el cual le sea más factible ejercer su derecho de defensa".

correspondiente demanda para iniciar un proceso contencioso administrativo a fin de cuestionar los actos administrativos contrarios al ordenamiento jurídico que lesionan sus derechos o intereses, porque este último plazo más breve se establece para quienes constituyen parte interesada en la actuación administrativa correspondiente a fin de que puedan demandar la tutela judicial respecto de actos que consideran perjudiciales y a quienes el ordenamiento jurídico normalmente les exige un mínimo de diligencia en la utilización de los mecanismos establecidos legalmente para la protección de sus derechos. En cambio, el plazo de tres años conferido a la Administración Pública para demandar al Poder Judicial la revisión de la legalidad de sus actos se establece en tutela no de intereses propios de la Administración sino para restituir la legalidad afectada por actuaciones de las entidades administrativas y la protección de los intereses públicos que tiene legalmente encomendados. Resulta evidente que el legislador ha querido otorgar potestades a la Administración con el objeto de que realice el control de sus propios actos (autocontrol), para que el sometimiento de las entidades administrativas a la legalidad no este supeditado a los intereses de los particulares y que sea la propia Administración la que verifique en sede administrativa o inste al Poder judicial a revisar la adecuación al ordenamiento jurídico de sus actos administrativos, en tutela de los intereses públicos que esta llamada a defender.

Finalmente, en el artículo 213.5 de la Ley se establece un tratamiento especial para la revisión de oficio de los actos emitidos por tribunales administrativos creados para resolver controversias en última instancia administrativa, respecto de los cuales no cabe que ninguna autoridad administrativa extraña a los mismos, cualquiera fuera su jerarquía, pueda declarar la nulidad de sus actos en sede administrativa, porque solo procede que la Administración demande su nulidad ante el Poder Judicial mediante un proceso contencioso administrativo para lo cual se le confiere un plazo de tres (3) años computados desde que el acto en cuestión quedó firme.

Como se puede apreciar el artículo 213.5 glosado veda toda posibilidad de que las resoluciones de los tribunales administrativos puedan ser declaradas nulas de oficio en sede administrativa por una autoridad ajena a los citados órganos, aunque se trate del Ministro titular del sector del cual formen parte; la única posibilidad que establece la ley para su revisión de oficio es que la instancia competente de la Administración Pública interponga la correspondiente demanda para que sea otro poder el Estado, es decir el Poder Judicial, quien en vía contenciosa administrativa revise la legalidad de la resolución en cuestión.

Consideramos que el objetivo de la ley al no permitir que se declare la nulidad de oficio en sede administrativa de los actos de los tribunales administrativos por una instancia ajena a los mismos, es preservar el estatus de dichos órganos creados con el propósito de resolver en última instancia administrativa las controversias que el legislador estima conveniente sean atendidas por órganos colegiados especializados en las materias generalmente de índole sumamente técnico que son sometidas a su conocimiento.

En lo que respecta a la facultad de contradicción se establece que solo son impugnables aquellos actos de las autoridades administrativas que se pronuncian en forma definitiva sobre las materias sometidas a su conocimiento, no pudiendo impugnarse los actos de mero trámite. Al respecto es importante recordar que el procedimiento administrativo es definido por el artículo 29° de la ley de la LPAG como el conjunto o sucesión de actos y diligencias tramitados por la administración pública conducentes a la emisión de un acto administrativo definitivo que decida sobre el fondo de la materia y que genere efectos sobre los administrados. A efectos de determinar cuáles de los actos generados durante la tramitación de un procedimiento administrativo pueden ser objeto de impugnación por los posibles interesados o afectados, en la LPAG también se distingue entre actos administrativos de trámite y actos administrativos definitivos, así como entre actos de trámite que afectan gravemente a los partícipes en un procedimiento administrativo y que por tanto pueden ser directamente impugnados por los afectados y los actos administrativos de trámite que no participan de esa característica y por tanto no pueden impugnarse separadamente del acto administrativo definitivo que resuelve el tema de fondo sometido a decisión de la administración.

Conforme al artículo 217.2 de la LPAG procede interponer recursos contra los actos administrativos definitivos que ponen fin a la instancia y se pronuncian sobre el fondo del asunto y solo por excepción contra los actos administrativos de trámite que determinen la imposibilidad de continuar el procedimiento o produzcan indefensión.

Se entiende por actos administrativos definitivos aquellos que ponen fin a una instancia del procedimiento administrativo, sea la primera o una ulterior, decidiendo sobre el fondo de la cuestión planteada[65].

Es importante distinguir al acto administrativo definitivo respecto de otros dos conceptos que podrían llevar a confusión, nos referimos a: (i) los actos que causan estado, es decir los que agotan la vía administrativa, contra los cuales no cabe recurso alguno en sede administrativa porque solo procede su cuestionamiento ante el Poder Judicial mediante el proceso contencioso administrativo; y (ii) los actos firmes[66], que son aquellos no impugnados dentro de los plazos legales y que por ende han quedado consentidos, perdiendo los interesados toda posibilidad de cuestionarlos, al margen de que causen o no estado. El acto administrativo firme es un acto irrecurrible o insusceptibles de ser impugnado en vía administrativa o en sede judicial, en doctrina se dice metafóricamente que genera efectos de "cosa juzgada administrativa".

Un acto administrativo que causa estado es un acto administrativo definitivo y no de trámite que agota la vía administrativa, pero en cambio no todo acto administrativo definitivo constituye un acto que causa estado, porque puede suceder que no agote la vía administrativa y pueda, por tanto, impugnársele en vía de recurso.

Los actos administrativos de trámite son actos instrumentales para el dictado de otro acto administrativo final, al que preparan y hacen posible, son actos destinados a ser asumidos o modificados (absorbidos) por un acto decidor posterior, que sirven para impulsar el procedimiento, y a diferencia de los actos definitivos no ponen término al procedimiento administrativo porque carecen de contenido decisorio y voluntad resolutiva sobre el tema de fondo.

Por regla general los actos de trámite no son impugnables en forma directa o autónomamente antes que se produzca la resolución final (definitiva), por las siguientes razones: (i) porque no expresan la voluntad definitiva de la Administración Pública; (ii) porque no producen efectos de resolución, dado que no se pronuncian sobre el fondo del asunto puesto que se trata de simples eslabones de un procedimiento en el que se emitirá un acto decisorio final y, principalmente, (iii) porque no inciden en forma efectiva y suficiente sobre la esfera jurídica de los particulares, alterando, modificando y/o extinguiendo sus derechos.

Señala García-Trevijano[67] un argumento adicional de carácter práctico que justifica la regla general de la irrecurribilidad autónoma de los actos de trámite, reside en la necesidad de facilitar la actividad administrativa evitando que se perjudique o paralice el funcionamiento de la Administración Pública como podría suceder si los administrados impugnarán todos y cada uno de los actos de trámite que fueran sucediéndose a lo largo de la tramitación del respectivo procedimiento administrativo, de forma que se impida o dificulte gravemente su efectiva conclusión.

Solo por excepción, en la LPAG se contempla dos casos de actos de trámite o intermedios que si pueden ser recurridos directamente sin necesidad de esperar la emisión posterior de una resolución o acto administrativo definitivo: (i) se trata de aquellos actos que determinan la imposibilidad de continuar el procedimiento administrativo, porque en estos casos se frustra o clausura el procedimiento de tal manera que no podrá dictarse acto definitivo, adquiriendo los citados actos de trámite virtual o indirectamente un carácter equiparable al de actos definitivos, y (ii) de aquellos actos de trámite que generan indefensión para los particulares. A decir de CIERCO[68] este último supuesto es el caso de:

"*...aquellos actos intermedios que ora impidan a los sujetos afectados adquirir la condición de interesados (piénsese, por ejemplo, en la negativa de la Administración a admitir la personación del titular de un interés legítimo vinculado al objeto del procedimiento), ora liquiden o limiten el*

---

65 Canosa, Armando. *Los recursos administrativos*. Editorial Abaco. Buenos Aires 1996, p. 93. Dice Juan Carlos Morón que los actos administrativos definitivos: "Son los actos que deciden el procedimiento y concluyen la instancia administrativa, cualquiera que sea su contenido", en "El nuevo régimen de los actos administrativos en la Ley N° 27444", publicado en *AAVV. Comentarios a la Ley de Procedimiento Administrativo General Ley N° 27444*. Segunda parte. Ara Editores, Lima 2003. p. 153

66 *LPAG Artículo 222°.- Acto Firme. Una vez vencidos los plazos para interponer los recursos administrativos se perderá el derecho a articularlos quedando firme el acto.*

67 García – Trevijano Garnica, José Antonio. *La impugnación de los actos administrativos de trámite*. Editorial Montecorvo. Madrid 1993, p. 81 y 105.

68 Cierco Seira, César. *La participación de los interesados en el procedimiento administrativo*. Publicaciones del Real Colegio de España. Bolonia 2002. p. 281, 282.

ejercicio de los poderes instrumentales que a los mismos asisten en el seno del iter administrativo (impidiendo el acceso a un determinado documento, reduciendo el plazo previsto para la presentación de alegaciones, rechazando la práctica de una prueba, omitiendo el trámite de audiencia, entre otras hipótesis)…".

La posibilidad de impugnar aquellos actos de trámite que imposibiliten la continuación de un procedimiento administrativo, como sucedería si se declara la inadmisibilidad de un pedido o, se rechaza la interposición de un recurso administrativo, por falta de presentación de algún documento o por incumplimiento de algunos de los requisitos exigidos por ley, se justifica porque si no se permitiera a la parte interesada interponer recursos contra los citados actos se le generaría una grave situación de indefensión debido a que si como consecuencia no se va a dictar posteriormente un acto final que resuelva el fondo de la cuestión planteada, entonces no tendrían acto alguno contra el cual recurrir.

Como se puede apreciar lo relevante para determinar el carácter impugnable o inimpugnable de manera separada de un acto de trámite no se deriva de su situación en el procedimiento administrativo, sino exclusivamente de la magnitud de los efectos perjudiciales que pueda producir en alguno de los participantes en el citado procedimiento. Como bien señala VILLAR[69] un acto administrativo de trámite puede tener dimensiones diferentes según se enjuicie desde la perspectiva de uno u otro destinatario. Para el particular excluido de un procedimiento el acto de trámite que lo dispone puede ser impugnado mediante el respectivo recurso administrativo de manera semejante a un acto definitivo, puesto que lesiona sus intereses. Por el contrario, para todos aquellos participantes en los que no se da esta circunstancia, el acto será de puro trámite y por tanto no recurrible.

Respecto de los actos de trámite que no impiden continuar un procedimiento administrativo ni producen indefensión y que por tanto no son susceptibles de impugnación separada o independiente mediante recursos, los interesados pueden ejercer su derecho de defensa utilizando las siguientes vías: (i) durante la tramitación de los procedimientos administrativos los afectados por actos de trámite de carácter irregular tienen a su vez dos opciones: a) Pueden formular queja contra los defectos de tramitación ante el superior jerárquico de la autoridad que trámite el procedimiento, invocando el artículo 169° de la LPAG; b) también pueden presentar escritos o alegaciones directamente ante la autoridad que está instruyendo el procedimiento administrativo en base al artículo 172.1° de la LPAG para expresar su desacuerdo u oposición a los actos de trámite que considera irregular con la esperanza de motivar su evaluación por parte de la Administración cuando expida la resolución final; asimismo, (ii) al concluir el procedimiento administrativo los afectados pueden canalizar su cuestionamiento a la regularidad de los actos de trámite a través de la impugnación de la legalidad del acto administrativo definitivo o resolución final mediante la interposición del respectivo recurso administrativo o demanda judicial, si fuera el caso, de modo que al cuestionar el acto definitivo y conclusivo del procedimiento se estaría impugnando también los actos de trámite que le hayan precedido y que han sido absorbidos por el posterior acto final.

Precisamente a las dos últimas de las posibilidades descritas se refiere la parte final del numeral 217.2 de la LPAG cuando establece que la contradicción a los actos no trámite que no son susceptibles de impugnarse separadamente mediante recurso administrativo "*deberá alegarse por los interesados para su consideración en el acto que ponga fin al procedimiento administrativo y podrán impugnarse con el recurso administrativo que, en su caso, se interponga contra el acto definitivo*", norma que a pesar de emplear la expresión "deberá" en términos imperativos, en nuestra opinión, no obliga a que los interesados deban previamente formular sus cuestionamientos a los actos de trámite durante la tramitación del procedimiento como requisito para luego interponer recurso contra el acto administrativo definitivo que resuelve el fondo del asunto. En otras palabras, la falta de denuncia o comunicación por el afectado de las irregularidades durante la tramitación de un procedimiento administrativo no precluye la posibilidad de su utilización en la oportunidad que se interpongan los recursos administrativos contra el acto definitivo que resuelve las cuestiones de fondo.

Recapitulando el numeral 2) del artículo 217° de la LPAG precisa que son impugnables no solo los actos definitivos que ponen fin a la respectiva instancia administrativa sino eventualmente también los actos de trámite que impidan continuar el procedimiento o los que produzcan indefensión, como sucede en otros ordenamientos administrativos del derecho comparado.

---

69 Villar Ezcurra, José Luis. "Los actos administrativos de trámite: el acto reiterativo y la indefensión del particular". *Revista de Administración Pública* N° 86, 1978, p. 336 y 337.

La regla general continúa siendo sin embargo que, a diferencia del proceso civil, los actos de trámite no pueden impugnarse independientemente porque en todo caso los posibles vicios que puedan haberse cometido se impugnarán mediante el recurso que se presente contra la resolución final.

La LPAG contempla la posible interposición de dos tipos de recursos: reconsideración, y apelación[70].

Al respecto el recurso de reconsideración es de carácter voluntario por naturaleza. Su régimen esta regulado por el artículo 219° de la LPAG que establece los siguientes caracteres:

a) Es un recurso de carácter opcional, su no utilización no impide que los legitimados puedan deducir directamente el recurso de apelación para que sea resuelto por el superior jerárquico;

b) Se interpone para que lo resuelva el mismo órgano, autoridad o instancia administrativa que dictó el acto administrativo que es objeto de la impugnación;

c) Constituye requisito indispensable de procedencia la presentación de nueva prueba que se ha entendido que necesariamente debe acompañarse al momento de interponer el recurso. Dicha exigencia de presentación de nueva prueba se justifica en la medida que el recurso de reconsideración esta diseñado para interponerse ante la misma autoridad o instancia que ya emitió un pronunciamiento o decisión con un contenido discrepante al que motiva la impugnación y por tanto el legislador ha entendido que la única forma de permitir su posible reevaluación consiste en que el recurrente aporte nuevos elementos de prueba que permitan a la autoridad u órgano que conoce del recurso revisar los fundamentos de hecho de su decisión[71].

Se trata, por tanto, de un recurso administrativo que tiene por finalidad primordial cuestionar los fundamentos de hecho del acto administrativo impugnado, lo que no impide que también puedan utilizarse en el recurso argumentos adicionales o complementarios de carácter jurídico que deberá tomar en cuenta la autoridad encargada de resolver el respectivo recurso de reconsideración.

El artículo 220° de la LPAG establece los principales caracteres del recurso de apelación que se reseñan a continuación:

a) A diferencia del recurso de reconsideración, el de apelación es un recurso necesario para agotar la vía administrativa cuando el acto que se impugna a sido dictado por una autoridad u órgano administrativo sometido a subordinación jerárquica en el procedimiento administrativo.

b) El recurrente debe fundar o sustentar su recurso de apelación en la diferente interpretación de las pruebas producidas o en cuestiones de carácter jurídico. Esto no impide que puedan presentarse nuevas pruebas y cuestionar los fundamentos de hecho del acto administrativo que se impugna[72].

c) Debe presentarse ante la autoridad que expidió la resolución impugnada para que eleve lo actuado al superior jerárquico quien deberá resolver el respectivo recurso.

El plazo para la interposición de los referidos recursos de reconsideración y de apelación regulado por el artículo 218.2 de la LPAG es de quince (15) días hábiles a contar desde el día siguiente al de la notificación de la actuación que se impugna, más el término de la distancia. El plazo para resolverlos es de treinta (30) días hábiles.

Conforme al artículo 144.1 de la LPAG los plazos expresados en días deben ser contados a partir del día hábil siguiente de aquel en que se produjo la notificación y como todos los plazos establecidos por una norma de carácter administrativo deben ser computados en días hábiles consecutivos, excluyendo del cómputo aquellos no laborables, según lo establece el artículo 145.1° de la LPAG.

---

70 Las reformas dispuestas por el Decreto Legislativo N° 1272 en diciembre del 2016 modificaron el artículo 218° de la LPAG suprimiendo el recurso de revisión, estableciendo que solo cuando una ley o Decreto Legislativo lo hayan previsto en forma expresa procede la interposición de dicho recurso.

71 Como bien señala Juan Carlos Morón para abrir la posibilidad de que la autoridad instructora pueda cambiar el sentido de su decisión "la ley exige que se presente a la autoridad un hecho tangible y no evaluado con anterioridad, que amerite la reconsideración", en: *Comentarios a la Ley del Procedimiento Administrativo General. Gaceta Jurídica*. Lima 2021, Tomo II . p. 228.

72 En contra: Christián Guzmán Napuri. *El procedimiento Administrativo*, Ara Editores, Lima 2007, p. 280, para quien el recurso de apelación en la LPAG "no admite la presentación de nueva prueba"

Solo cuando el cómputo del último día de un plazo establecido legalmente recaiga en un día inhábil, o por cualquier otra circunstancia la atención al público ese día no funciones durante el horario normal, el plazo debe entenderse prorrogado al primer día hábil siguiente.

En caso de que la administración no cumpla con resolver los recursos planteados dentro del plazo de treinta (30) días hábiles establecidos por la LPAG, el artículo 225° de la misma remite a otros dos dispositivos que establecen en qué casos se produce el silencio administrativo positivo o el negativo:

- En el caso de procedimientos iniciados a pedido de parte en los que opere el silencio administrativo negativo conforme al artículo 38.1 de la LPAG, si el interesado utiliza el referido silencio para interponer alguno de los recursos legalmente previstos y este tampoco es resuelto dentro del plazo anteriormente referido, entonces por mandato de lo previsto en el numeral 2 del artículo 35.1 de la LPAG se produce el silencio administrativo positivo a favor del recurrente.

- En el caso de los procedimientos también iniciados a pedido de parte no sujetos al silencio administrativo negativo, pero en los que la administración ha emitido un pronunciamiento expreso que ha sido objeto de recurso por el interesado, si este procedimiento recursivo no es resuelto dentro del respectivo plazo por mandato del numeral 1 del artículo 35.1 de la LPAG se produce el silencio administrativo positivo en favor del recurrente.

No queda del todo claro en la LPAG el régimen del silencio administrativo aplicable en el caso de los recursos administrativos que se interpongan contra decisiones emanadas de los procedimientos iniciados de oficio, en los que sin embargo entendemos que es de aplicación el silencio administrativo negativo, a excepción de los procedimientos sancionadores en los que el artículo 199.6[73] de la LPAG establece que los procedimientos recursivos iniciados contra una sanción estarán sujetos al silencio administrativo negativo, pero en los casos en que el sancionado hubiera optado por utilizar dicho silencio negativo para interponer un primer recurso como podría ser el de reconsideración, si es primer recurso tampoco es resuelto dentro del plazo legal, entonces se producirá el silencio administrativo positivo a favor del recurrente. Sin embargo se presenta la paradoja de que el plazo que tiene la primera instancia administrativa para resolver y notificar su decisión respecto del recurso de reconsideración interpuesto es de treinta (30) días hábiles, mientras que en la segunda instancia administrativa a la que puede recurrir en apelación el particular para cuestionar la citada sanción el plazo que tiene la administración para resolver y notificar su decisión en la que opera el silencio administrativo positivo en aplicación del artículo 199.1[74] de la LPAG es en total de treinta y cinco días (35) hábiles, es decir sumando cinco (5) días adicionales al plazo máximo supuestamente para darle más plazo para que pueda notificar su decisión, a cuyo vencimiento opera automáticamente el silencio administrativo positivo a favor del recurrente liberándolo de la sanción impuesta .

La jurisprudencia del Tribunal Constitucional peruano[75] ha establecido que en la utilización de los citados recursos por quienes se consideren afectados por una actuación administrativa que consideran impugnable, no se les puede exigir al pago de tasas o derechos tributarios para ejercer su derecho a la defensa porque significaría consagrar el principio de *solve et repete*, como requisito para agotar la vía administrativa y por ende sería contrario al derecho de acceso a la jurisdicción y a la defensa.

---

[73] *Artículo 199. Efectos del silencio administrativo (...) 199.6. En los procedimientos sancionadores, los recursos administrativos destinados a impugnar la imposición de una sanción estarán sujetos al silencio administrativo negativo. Cuando el administrado haya optado por la aplicación del silencio administrativo negativo, será de aplicación el silencio administrativo positivo en las siguientes instancias resolutivas.*

[74] LPAG *Artículo 199.- Efectos del silencio administrativo 199.1. Los procedimientos administrativos sujetos a silencio administrativo positivo quedarán automáticamente aprobados en los términos en que fueron solicitados si transcurrido el plazo establecido o máximo, al que se adicionará el plazo máximo señalado en el numeral 24.1 del artículo 24, la entidad no hubiere notificado el pronunciamiento respectivo. La declaración jurada a la que se refiere el artículo 37 no resulta necesaria para ejercer el derecho resultante del silencio administrativo positivo ante la misma entidad. (....)*

[75] Nos referimos a la STC recaída en el expediente 3741-2004-AA/TC del 14 de noviembre del 2005, caso Ramón Hernando Salazar Yarlenque, fundamentos jurídicos 31 al 51.

Una relativamente reciente reforma legislativa[76] ha dispuesto que ya no sea necesario que los recursos administrativos sean autorizados por abogados para facilitar el ejercicio del derecho de defensa por los administrados.

El artículo 226.1 recoge el principio de ejecutividad de los actos administrativos conforme al cual por regla general la impugnación de los actos administrativos no les resta obligatoriedad, exigibilidad o vinculatoriedad para sus destinatarios, a excepción de dos posibles situaciones: a) que exista una disposición legal expresa que establezca la regla contraria, como sucede con el artículo 258.2 de la propia LPAG cuando establece que las sanciones administrativas solo serán ejecutivas cuando pongan fin a la vía administrativa y cuando se interponen los recursos administrativos previstos en el Código Tributario contra actuaciones de la administración tributaria, entre otros ejemplos, o b) que la propia Administración dicte medida cautelar de suspensión en los casos previstos por el artículo 226.2 y regulado por los numerales siguientes del citado dispositivo.

Como se sabe la ejecutividad constituye uno de los atributos del acto administrativo derivado del cual la sola oposición o impugnación del administrado no impide su ejecución o suspende sus efectos, porque de lo contrario el cumplimiento de las funciones de la administración pública y principalmente la tutela de los intereses públicos que tiene encomendados se vería afectados.

El Tribunal Constitucional peruano en la Sentencia recaída en el Expediente N° 00015-2005-AI, de 5 de enero del 2006, señala en su fundamento jurídico N° 44 que "la ejecutividad del acto administrativo está referido al atributo de eficacia, obligatoriedad, exigibilidad, así como al deber de cumplimiento que todo acto regularmente emitido conlleva a partir de su notificación; está vinculado a la validez del acto administrativo"[77].

Recapitulando conforme a nuestro régimen jurídico-administrativo las decisiones de la administración pública, no obstante que el administrado se oponga a ellas, producen plenos efectos jurídicos para sus destinatarios, salvo en las dos situaciones anteriormente descritas: (i) que la ley establezca que la sola impugnación del particular produce automáticamente la suspensión de la eficacia del acto impugnado, como sucede con las sanciones administrativas por mandato del artículo 258.2 de la LPAG, o (ii) que la autoridad a quien competa resolver el respectivo recurso administrativo disponga de oficio o a pedido de parte la suspensión de la ejecución del acto administrativo impugnado, siempre que se cumplan los requisitos establecidos en el artículo 226.2 de la LPAG.

En lo que respecta a la ejecutoriedad, constituye una de las prerrogativas exorbitantes con que cuenta la administración pública para hacer cumplir sus actos administrativos utilizando algunos de los medios de ejecución forzosa de autotutela ejecutiva que la propia ley le confiere, venciendo la posible resistencia de los destinatarios de los mismos, a excepción que se presente alguna de las siguientes tres situaciones: (i) Que una disposición legal expresa disponga la regla contraria, como sucedería cuando se impugna por ejemplo una multa, conforme a lo previsto en el anteriormente citado artículo 258.2 de la LPAG y en los supuestos establecidos en la Ley del Procedimiento de Ejecución Coactiva[78] (en adelante: LPEC) y en el Código Tributario respecto de los actos administrativos que determinan obligaciones tributarias y que han sido impugnados, entre otros ejemplos; (ii) Por mandato judicial como podría ser el caso de una medida cautelar que disponga la suspensión de la actuación administrativa impugnada, o

---

76 Decreto Legislativo N° 1272 de diciembre del 2016 que modifico el texto del artículo 221° suprimiendo el párrafo que exigía que los recursos debían ser "autorizados por letrado".

77 Sobre el tema: Juan Carlos Morón "La suspensión de la cobranza coactiva por la interposición de la demanda contenciosa administrativa – Una apreciación constitucional", en *Actualidad Jurídica*, Tomo 142, Gaceta Jurídica, Lima, 2005, p. 16. También: José Antonio Tirado "La ejecución forzosa de los actos administrativos en la Ley N° 27444", publicado en *AAVV. Comentarios a la Ley de Procedimiento Administrativo General Ley N° 27444*. Segunda parte. Ara Editores, Lima 2003. p. 355.

78 Nos referimos a la Ley N° 26979, Ley de Procedimiento de Ejecución Coactiva conforme al Texto Único Ordenada aprobado mediante Decreto Supremo N° 018-2008-JUS. Su artículo 9.1 establece que una obligación contenida en un acto administrativo no podrá ser objeto de ejecución forzosa mediante esa vía cuando mientras sea objeto de recurso en la vía administrativa. Asimismo, el inciso c) del artículo 22° de la citada LPEC dispone que los ejecutores coactivos no pueden iniciar el procedimiento coactivo de obligaciones en favor del Estado hasta esperar que venza establecido legalmente para que el particular pueda impugnar el acto o la resolución administrativa que establece la obligación. Finalmente, conforme al inciso e) del artículo 16.1 de la citada LPEC constituye causal de suspensión del procedimiento de ejecución coactiva que se encuentre en trámite un recurso administrativo presentado dentro de los plazos legales contra el acto administrativo que sirve de título para la ejecución

(iii) Que los referidos actos estén sujetos a condición o plazo conforme lo haya autorizado una ley en forma expresa.

En el caso específico de las sanciones administrativa, los recursos administrativos para impugnarlas están sujetos al siguiente régimen previsto por la LPAG:

- Como ya se dijo el artículo 258.2 de LPAG dispone la suspensión de la ejecutividad de los actos administrativos que impongan una sanción cuando ha sido recurrida, hasta que se agote la vía administrativa. Sin embargo, no se establece la misma previsión respecto de las medidas correctivas que conforme al artículo 251.1[79] se pueden imponer de forma conjunta con una sanción, con el objeto de restablecer la legalidad infringida.
- El artículo 258.3[80] establece la prohibición de la reforma en peor, de modo que la resolución de un recurso administrativo contra una sanción nunca puede tener como resultado que se agrave la sanción impugnada, porque violaría el derecho de defensa y el debido procedimiento administrativo.
- Por regla general, en los casos de los procedimientos recursivos contra sanciones administrativas es de aplicación el silencio administrativo negativo, pero como ya se mencionó anteriormente en aplicación del artículo 199.6 de la LPAG tratándose de recursos de apelación contra sanciones administrativas operará el silencio administrativo positivo, en aquellos casos en los que el citado recurso de apelación hubiera sido interpuesto en segunda instancia invocando el silencio administrativo negativo producido con motivo del trámite no resuelto en plazo de un primer recurso de reconsideración contra la sanción impuesta, liberando automáticamente al apelante de la sanción impugnada.
- En el procedimiento administrativo recursivo contra una sanción no opera el plazo de caducidad que el artículo 259° de la LPAG establece para resolver los procedimientos administrativos sancionadores.

Finalmente, en lo que respecta al agotamiento de la vía administrativa el artículo 218° de la LPAG establece las reglas para precisar en qué situaciones se puede considerar cumplido dicho requisito de modo que quede expedito el camino para que los particulares puedan impugnar judicialmente las resoluciones administrativas que consideran violan sus derechos o atentan contra sus intereses legítimos[81].

V. LOS CONTRATOS DE LA ADMINISTRACIÓN

1. *La contratación de bienes, servicios y de obras*

En el Perú la actividad contractual de la Administración Pública ha sido tradicionalmente amplia, diversa y compleja, no obstante, lo cual durante mucho tiempo careció de una regulación legislativa sistemática, lo que sumado a la ausencia de jurisprudencia relevante sobre la materia, constituyen factores que no han abonado a una correcta comprensión de la naturaleza de las instituciones en juego y de la propia legislación de la materia.

---

79 LPAG *Artículo 251. -Determinación de la responsabilidad 251.1 Las sanciones administrativas que se impongan al administrado son compatibles con el dictado de medidas correctivas conducentes a ordenar la reposición o la reparación de la situación alterada por la infracción a su estado anterior, incluyendo la de los bienes afectados, así como con la indemnización por los daños y perjuicios ocasionados, las que son determinadas en el proceso judicial correspondiente. Las medidas correctivas deben estar previamente tipificadas, ser razonables y ajustarse a la intensidad, proporcionalidad y necesidades de los bienes jurídicos tutelados que se pretenden garantizar en cada supuesto concreto. (.....)*

80 LPAG Artículo 251. *-Determinación de la responsabilidad 251.1 Las sanciones administrativas que se impongan al administrado son compatibles con el dictado de medidas correctivas conducentes a ordenar la reposición o la reparación de la situación alterada por la infracción a su estado anterior, incluyendo la de los bienes afectados, así como con la indemnización por los daños y perjuicios ocasionados, las que son determinadas en el proceso judicial correspondiente. Las medidas correctivas deben estar previamente tipificadas, ser razonables y ajustarse a la intensidad, proporcionalidad y necesidades de los bienes jurídicos tutelados que se pretenden garantizar en cada supuesto concreto. (.....)*

81 Sobre el tema: Jorge Danós Ordóñez. "Las resoluciones que ponen fin al procedimiento administrativo. Las llamadas resoluciones <<que causan estado»". En: *Revista de la Academia de la Magistratura* N° 1, Lima 1998. p. 207 y ss.

A diferencia de otros países en que se regula un régimen especial de los aspectos sustantivos de los contratos administrativos, en el Perú el énfasis de la legislación tradicionalmente estuvo dedicado preferentemente a la regulación de los procedimientos administrativos de carácter competitivo a los que la Administración debe sujetarse para poder formar su voluntad de adjudicar un contrato, me refiero principalmente a los procedimientos de licitación, concursos o de adjudicación directa. Lo relativo al régimen sustantivo de los contratos que el Estado suscribe recién ha comenzado a ser progresivamente desarrollado en los últimos años por la legislación, que se había limitado a establecer muy pocas reglas que obligatoriamente deben consignarse en los contratos.

Por las razones expuestas, la mayor parte de la doctrina que ha trabajado el tema en nuestro medio[82] está de acuerdo en que no puede hablarse en el Perú de un concepto sustantivo de contrato administrativo, porque se carece de legislación y de jurisprudencia que haya reconocido u otorgado en general caracteres exorbitantes a los contratos administrativos, no cuando menos en el mismo grado como son caracterizados en otros países en los que la legislación, doctrina y jurisprudencia han tenido un mayor protagonismo en el tema. En mi opinión el régimen jurídico de los contratos en los que participa el Estado dependerá de las reglas específicas del régimen que regule los procedimientos administrativos de selección y principalmente la modalidad contractual, así como los intereses públicos en juego, y no una genérica calificación como contrato administrativo o privado.

El énfasis colocado en la regulación de los procedimientos administrativos de selección de contratistas se deriva de la propia norma Constitucional que establece lo siguiente:

> *"Artículo 76º.- Las obras y la adquisición de suministros con utilización de fondos o recursos públicos se ejecutan obligatoriamente por contrata y licitación pública, así como también la adquisición o enajenación de bienes.*
>
> *La contratación de servicios y proyectos cuya importancia y cuyo monto señala la Ley de Presupuestos se hace por concurso público. La ley establece el procedimiento, las excepciones y las respectivas responsabilidades".*

En lo referido a la contratación de servicios, obras o suministros por parte del Estado rige actualmente la denominada "Ley de Contrataciones del Estado", aprobada mediante la Ley N° 30225[83] (en adelante LCE), esta ley integra en un solo cuerpo legal el régimen que regula los procesos de contratación de todas las entidades administrativas, de los tres niveles de gobierno territorial, incluidas las empresas del Estado, para la adquisición de bienes y servicios y para la contratación de obras. La LCE no recoge en forma expresa un concepto sustantivo de contrato administrativo y por tanto no sigue la tónica de los ordenamientos de otros países que establecen diferencias entre los contratos del Estado que denominan "administrativos" y los contratos también estatales pero que remiten su regulación al derecho privado.

La LCE y su Reglamento[84] regulan principalmente los procedimientos administrativos de selección de contratistas (licitación pública, concurso público, adjudicación simplificada, selección de consultores individuales, comparación de precios, subasta inversa electrónica y contratación directa.), además de lo que denomina métodos especiales de contratación para adquirir bienes y servicios sin realizar procedimientos de selección (mediante los Catálogos electrónicos de Acuerdo Marco, como producto de la formalización de Acuerdos Marco), es decir la fase precontractual, estableciendo normas aplicables a la fase de ejecución de los contratos (reglas sobre perfeccionamiento de los contratos, clausulas anticorrupción, los plazos, las modificaciones a los contratos, la subcontratación, la resolución y nulidad de los contratos, adelantos, pago, garantías, penalidades, régimen de culminación de la ejecución

---

[82] Sobre el tema: Diego Zegarra Valdivia. *El Contrato Ley*. Gaceta Jurídica Editores. Lima 1997. p. 62 y ss; Mario Linares. "El Contrato Estatal. Teoría general del contrato estatal". *Análisis del TUO. de la Ley de contrataciones y adquisiciones del Estado y su Reglamento*. Editorial Grijley Lima 2002. p. 1 y ss. El profesor Iñigo Sanz Rubiales de la Facultad de Derecho de Valladolid analiza las singularidades anotadas de los contratos del Estado en el ordenamiento administrativo peruano en su ponencia presentada al Primer Congreso peruano de Derecho Administrativo celebrado los días 22, 23 y 24 de abril del 2004 titulada "Algunos problemas de la regulación de los contratos públicos en el Derecho Peruano", publicada en *AAVV. "Derecho Administrativo".* Edición de la Asociación Peruana de Derecho Administrativo y Jurista Editores. Lima, 2004. p. 649 y ss.

[83] Nos referimos al Texto Único Ordenado de la Ley N° 30225, Ley de Contrataciones del Estado aprobado mediante Decreto Supremo N° 082-2019-EF de marzo del 2019

[84] Reglamento de la Ley N° 30225, Ley de Contrataciones del Estado aprobado mediante Decreto Supremo N° 344-2018-EF, posteriormente modificado por el Decreto Supremo N° 162-2021-EF.

contractual y responsabilidad del contratista), dedicando una sección especial de dichas previsiones normativas para los contratos de obras; establece que el Organismo Supervisor de las Contrataciones del Estado (en adelante: OSCE) se encarga de supervisar el cumplimiento de la normativa de contrataciones del Estado[85] y configura a un Tribunal Administrativo encargado de resolver en última instancia administrativa las controversias que se generen entre los postores y las entidades administrativas convocantes durante la fase o etapa precontractual, sin perjuicio de que sus resoluciones puedan ser cuestionadas ante el Poder Judicial mediante el proceso contencioso administrativo. Respecto de las controversias que se susciten durante la vida del contrato (fase de ejecución) la LCE dispone que deben ser resueltas obligatoriamente en la vía arbitral. En resumen, la citada ley perfila un régimen legal que regula los procesos de contratación estatal exclusivamente destinados a la adquisición de bienes, servicios, suministros y la contratación de obras con recursos públicos, no distinguiendo entre contratos administrativos ni entre contratos privados de la administración, porque adopta el concepto de un único tipo de contrato que podemos denominar contrato de estado o contrato estatal.

La citada LCE establece una regulación unitaria, aunque solo de una parcela, por cierto que muy importante, de la contratación administrativa que involucra los contratos de adquisición de bienes y servicios, suministro y de obra, pero que no regula la totalidad del universo contractual del Estado. Como vamos a describir a continuación, los demás contratos que suscribe el Estado están sometidos a marcos legales especiales en los que sin embargo se puede constatar que muchas veces coexiste un régimen legal general con diversos regímenes especiales, en función del tipo de prestación o actividad a desarrollar o del nivel de gobierno que realiza la contratación.

Los tipos más frecuentes de contratos que suscribe el Estado Peruano y con mayor desarrollo normativo son[86]:

- Los contratos para realizar adquisiciones de bienes, servicios, suministro, consultoría y ejecución de obras;

- Las concesiones para la explotación de recursos naturales o de bienes de dominio público, la prestación de servicios públicos y la explotación de obras públicas de infraestructura;

- Los contratos-ley o convenios de estabilidad jurídica;

- Los contratos para la disposición de bienes del Estado;

- Los convenios interadministrativos;

- Los convenios financieros del Estado (endeudamiento interno y externo);

- Los contratos de personal.

Como ya se ha dicho la LCE regula exclusivamente las adquisiciones de bienes, suministros, consultoría y ejecución de obras con recursos públicos, comprende a todas las entidades del Estado de los tres niveles de Gobierno (nacional, regional y local) y a las empresas estatales. Sus disposiciones por regla general no se aplican a los otros procedimientos de contratación que realiza el Estado[87], como es el caso de los contratos de concesión, de disposición de bienes del Estado, los contratos leyes, etc., que cuentan con sus propios marcos legales, no obstante que algunas normas del régimen de la LCE podrían ser aplicables a otros ámbitos de la contratación administrativa, como es el caso de los principios que consagra en su artículo 2°, algunos de los cuales constituyen principios comunes en todos los ámbitos de la contratación administrativa (principios de libertad de concurrencia, igualdad de trato, transparencia, publicidad, competencia, etc.), independientemente de la naturaleza y régimen del vínculo contractual.

---

85 Mediante el Decreto Legislativo N° 1439 de setiembre del 2018 que crea el Sistema Nacional de Abastecimiento se ha dispuesto que la rectoría de dicho sistema, que comprende el régimen de la LCE, corresponda a la Dirección General de Abastecimiento que es un órgano de línea del Ministerio de Economía y Finanzas, relegando a OSCE como ya se dijo a un rol supervisor del cumplimiento de la normativa.

86 Participa de la misma opinión: Ricardo Salazar Chavez “Régimen de contratación Estatal en el Perú”. En: *AAVV*. Ponencias presentadas en el seminario – taller internacional: “La contratación estatal: propuesta de estrategias para impulsar el desarrollo con transparencia y equidad”. CONCUCODE, Lima, 2005, p. 82.

87 A excepción del régimen de los impedimentos para contratar con el Estado regulado por el artículo 11° de la LCE que dispone que rige “cualquiera sea el régimen de contratación aplicable”.

En nuestra opinión la LCE no consagra un concepto de contrato administrativo como sinónimo de un régimen de exorbitancia en donde la Administración Pública necesariamente goza de una posición de superioridad con poderes y prerrogativas unilaterales para imponerse en el contenido de la relación contractual, justificado en el rol que le compete de tutela de los intereses generales.

Los procedimientos administrativos de selección antes mencionados constituyen mecanismos de formación o preparación de la voluntad de la Administración y de gestación del respectivo contrato (fase precontractual), que no se confunden con el contrato mismo. Estos contratos que suscriben las entidades estatales para la ejecución de obras o adquisiciones de bienes o servicios se perfeccionan de manera diferente a lo previsto por el Código Civil peruano, puesto que conforme a este último cuerpo legal se genera el contrato cuando la aceptación llega a ser conocida por el oferente[88], mientras que los contratos de adquisiciones que suscriben las entidades estatales en el Perú no se perfeccionan con la mencionada notificación de la aceptación, que podría ser similar a la notificación del acto administrativo de adjudicación de la buena pro al postor ganador, puesto que esta decisión administrativa podría ser impugnada por otros postores lo que tendría como consecuencia la suspensión del respectivo procedimiento de selección hasta que se resuelva la controversia en sede administrativa. En el régimen diseñado por la LCE el contrato de adquisición o de obra se perfecciona recién con la suscripción del mismo, una vez concluido el procedimiento de selección respectivo[89].

En caso se generen controversias durante el trámite de los procedimientos administrativos de selección, es decir desde la convocatoria hasta antes de la suscripción del contrato, los postores pueden presentar un recurso de apelación que solo podrá interponerse luego de otorgada la buena pro para que sea resuelto por el titular de la propia entidad administrativa convocante o, solo en el caso que el valor referencial del proceso supere un monto equivalente a más o menos 60,000 dólares, por el Tribunal de Contrataciones del Estado del OSCE, agotándose con sus respectivas resoluciones la vía administrativa. El postor impugnante deberá acompañar a su recurso de apelación una garantía equivalente al tres por ciento (3%) del valor referencial del procedimiento de selección o del item que impugne, la que será ejecutada en caso se declare infundado su recurso (artículo 41.5 LCE).

Con motivo de la interposición del citado recurso de apelación se suspende el trámite de los procedimientos administrativos de selección hasta que sea resuelto. La LCE ha establecido plazos excepcionalmente breves para la interposición del citado recurso y para su resolución por las entidades competentes, con el objeto de que no se dilaten afectando los requerimientos por parte de la Administración de adquisiciones necesarias para su funcionamiento.

Contra lo resuelto por el mencionado tribunal administrativo de OSCE cabe la interposición de demanda contenciosa administrativa ante el Poder Judicial, cuya mera presentación no suspende automáticamente lo resuelto por el referido tribunal administrativo a menos que durante el proceso se obtenga del juez de la causa una medida cautelar en dicho sentido.

Respecto de los conflictos que se pueden generar desde que se inicia la ejecución del contrato hasta su culminación ya se ha comentado anteriormente que la LCE ha establecido que la vía obligada para resolver toda controversia es la conciliación o el arbitraje (artículo 45°). El laudo que se expida con motivo de un proceso de arbitraje no puede ser objeto de impugnación ante el Poder Judicial, salvo los casos excepcionales taxativamente contemplados en el artículo 62° la Ley General de Arbitraje.

La LCE le asigna al Tribunal de Contrataciones de OSCE (artículo 50°) la competencia para imponer sanciones de i) multa; ii) de inhabilitación por un período de tiempo a los proveedores, participantes, postores y contratistas que contravengan las disposiciones legales, de modo que durante la vigencia de la sanción los infractores estarán impedidos de participar en procedimientos de contratación con el Estado y de iii) inhabilitación definitiva, consistente en la privación permanente del ejercicio del derecho a participar en cualquier procedimiento de selección con el Estado.

---

88 Código Civil: *"Art. 1373°.- El contrato queda perfeccionado en el momento y lugar en que la aceptación es conocida por el oferente"*.

89 Reglamento de la LCAE: *"art. 137°.- Perfeccionamiento del contrato.- El contrato se perfecciona con la suscripción del documento que lo contiene...(...)."* Regla radicalmente diferente a la que establece el derecho español en el que los contratos estatales se perfeccionan con el acto administrativo de adjudicación. Abunda en esta característica el profesor José Luis Martínez López – Muñiz "Naturaleza de los contratos públicos a la luz del derecho español, su fundamento y sus consecuencias". En: *Derecho Administrativo*. Obra colectiva en homenaje al profesor Miguel S. Marienhoff. Juan Carlos Cassagne Director. Abeledo – Perrot. Buenos Aires, 1998, p. 953.

Pero como ya se explicó al iniciar esta sección la LCE solo regula una parte de la actividad pre o contractual de la Administración Pública en el Perú, es decir solo cuando el Estado es el adquirente y egresa recursos públicos con tal fin, pero no regula, por ejemplo, la hipótesis en que el Estado sea el vendedor y más bien obtiene ingresos por sus operaciones. Estos casos están normados por las disposiciones que regulan el régimen de administración de los bienes del Estado[90] que establece que para disponer de tales bienes la Administración deberá ceñirse por regla general al procedimiento de subasta pública.

En lo que respecta a las concesiones la Carta Política de 1993 contiene dos preceptos que establecen su marco constitucional, tal es el caso de los artículos 66º[91] referido a recursos naturales y 73º[92] referido a concesiones sobre bienes de dominio público.

Las concesiones en el Perú están sujetas a una pluralidad de regímenes legales, dependiendo del tipo de bienes (recursos naturales, infraestructura, etc.), del tipo de actividades que pueden ser otorgados en concesión (servicios públicos, etc.), o incluso del nivel de Gobierno (nacional, regional o local) que otorga la concesión.

2. *Las concesiones de recursos naturales*

Respecto de las concesiones de recursos naturales, tradicionalmente han estado reguladas por leyes sectoriales que establecen específicamente el régimen de concesiones de cada uno de dichos recursos, así sucede tradicionalmente con la minería, los recursos forestales (bosques, etc.) y otros.

La minería ha sido y es hoy en día una de las actividades económicas más importantes en el Perú. Por dicha razón durante mucho tiempo la legislación minera ha sido tácitamente considerada el referente nacional de una actividad económica cuyo régimen legal contempla como figura central a la concesión, como título habilitante que el Estado utiliza para otorgar a los privados derecho para aprovechar y explotar recursos mineros.

De conformidad con el antes citado artículo 66° de la Constitución que reserva a ley orgánica la determinación de las condiciones para la utilización y otorgamiento de los recursos naturales a favor de particulares, se ha aprobado la Ley N° 26821 Orgánica para el aprovechamiento sostenible de los recursos naturales, que en su artículo 19° remite a las leyes especiales que existen para cada recurso natural (leyes de minería, forestal, de hidrocarburos, de aguas, pesca, etc.) el establecimiento de las diferentes modalidades de otorgamiento de derechos a los particulares para la explotación de los recursos naturales, título habilitante que no se restringe solo a la concesión, porque en muchos casos se utilizan las figuras de las licencias, autorizaciones, permisos, contratos de acceso y contratos de explotación, entre otros mecanismos para otorgar derechos de uso o explotación de los recursos naturales en favor de los particulares, figuras administrativas que a tenor del artículo 24° de la citada ley orgánica *"(...) tienen los mismos alcances que las concesiones contempladas en la presente ley, en lo que les sea aplicable."*

Incluso el artículo 23° de la mencionada ley regula, con carácter general, el régimen de las concesiones de recursos naturales[93], sin perjuicio de los que establezcan las leyes especiales de cada recurso natural que utilicen dicha modalidad.

---

[90] Nos referimos a la Ley N° 29151, Ley General del Sistema Nacional de Bienes del Estado del año 2007, cuyo texto Único Ordenado ha sido aprobado mediante el Decreto Supremo 019-2019-VIVIENDA y su reglamento conforme a su texto vigente aprobado mediante Decreto Supremo N° 008-2021-VIVIENDA de abril del 2021. Con motivo de la reforma dispuesta por el Decreto Legislativo N° 1439, que crea el Sistema Nacional de Abastecimiento el régimen de adquisición y disposición final de los inmuebles (edificaciones) del Estado ha sido regulado mediante la Directiva N° 0002-2021-EF/54.01 de la Dirección General de Abastecimiento del Ministerio de Economía y Finanzas.

[91] Constitución: "*art. 66º.- Los recursos naturales, renovables y no renovables, son patrimonio de la Nación. El Estado es soberano en su aprovechamiento. Por ley orgánica se fijan las condiciones de su utilización y de su otorgamiento a particulares. La concesión otorga a su titular un derecho real, sujeto a dicha norma legal*".

[92] Constitución: "*art. 73º.- Los bienes de dominio público son inalienables e imprescriptibles. Los bienes de uso público pueden ser concedidos a particulares conforme a ley, para su aprovechamiento económico*".

[93] Ley Orgánica de Recursos Naturales: "*art. 23º.- La concesión, aprobada por leyes especiales, otorga al concesionario el derecho para el aprovechamiento sostenible del recurso natural concedido, en las condiciones y con las limitaciones que establezca el título respectivo. La concesión otorga a su titular el derecho de uso y disfrute del recurso natural concedido y, en consecuencia, la propiedad de los frutos y productos a extraerse. Las concesiones pueden ser otorgadas a plazo fijo o indefinido. Son irrevocables en tanto el titular cumpla las*

Utilizan la figura de la concesión: la ley general de minería; la Ley N° 26848 Orgánica de recursos geotérmicos; la ley N° 27308 forestal y de fauna silvestre para los recursos forestales maderables y no maderables, que exige la realización de procedimientos administrativos de subasta y concurso público para otorgar la concesión en algunos casos[94]; y la ley de telecomunicaciones para la que el uso del espacio radioeléctrico requiere de una concesión u autorización previa del servicio de telecomunicaciones correspondiente. La realización de actividades de servicios turísticos y recreativos en un área natural protegida es autorizada también mediante la técnica concesional.

Recurren en cambio a otras figuras administrativas, que se expresan en actos administrativos que por naturaleza son unilaterales, para otorgar derechos de aprovechamiento de recursos naturales a favor de los particulares: La ley N° 29338 general de recursos hídricos (licencias, autorizaciones o permisos de uso de agua) y la ley general de pesca aprobada mediante Decreto Ley N° 25977[95]. En cambio, la ley N° 26221 orgánica de hidrocarburos, aunque no utiliza el mecanismo de las concesiones, ni tampoco el de las licencias, autorizaciones o permisos administrativos, si recurre a otras figuras contractuales como es el caso de los que denomina contratos de licencia y contratos de servicios, para autorizar a los privados llevar a cabo actividades de exploración y/o explotación de hidrocarburos.

Como se puede apreciar constituye una opción del legislador utilizar la figura administrativa que más se acomode a los fines públicos en juego a fin de otorgar derechos a los particulares para la explotación de recursos naturales, por tal razón algunas leyes sectoriales recurren a la concesión ya sea que se exprese en un simple acto administrativo (minería) o que se formalice en un contrato suscrito entre el Estado en su rol de concedente y el concesionario particular (recursos forestales, geotérmicos, etc.), mientras que otras leyes prefieren la utilización de las figuras de las licencias, autorizaciones o permisos (aguas, pesca)[96], que normalmente se manifiestan en decisiones unilaterales de la administración y no en contratos, a excepción de la ley de hidrocarburos que contempla los contratos de licencia y de servicios. Sin embargo, en el ordenamiento jurídico peruano se tiende a considerar que las figuras contractuales, en tanto que determinan con precisión los derechos y obligaciones recíprocas de las partes, generan mayor seguridad jurídica para los inversionistas.

En cualquier caso, comoquiera que la explotación de los recursos naturales, por expreso mandato del citado artículo 66° de la Constitución, es objeto de especial control por parte del Estado, debido a que la Constitución les confiere la calidad de "patrimonio de la nación" y carácter de bienes de dominio público destinados al uso o aprovechamiento colectivo, debiendo garantizarse su utilización sostenible para no atentar contra el medio ambiente, es indispensable tener presente que los regímenes sectoriales someten a las concesiones y a las otras figuras que se utilizan para otorgar derechos para el aprovechamiento de recursos naturales a condiciones, requisitos y reglas de supervisión y de policía administrativa en general, con la finalidad precisamente de garantizar los intereses públicos en juego.

3. *Las concesiones de servicios públicos*

Las concesiones sobre actividades calificadas legalmente como servicios públicos están reguladas por diversas leyes sectoriales que establecen el marco legal para el desarrollo de la respectiva actividad, así sucede en telecomunicaciones, electricidad o energía y saneamiento.

---

obligaciones que esta ley o la legislación especial exijan para mantener su vigencia. Las concesiones son bienes incorporales registrables. Pueden ser objeto de disposición, hipoteca, cesión y reivindicación, conforme a las leyes especiales. El tercero adquirente de una concesión deberá sujetarse a las condiciones en que fue originariamente otorgada. La concesión, su disposición y la constitución de derechos reales sorbe ella, deberán inscribirse en el registro respectivo".

94 El formato de los contratos de concesión forestal con fines maderables aprobado mediante Resolución Jefatural N° 131-2003-INRENA de 18 de setiembre del 2003. Es la única concesión de recursos naturales en que se ha previsto en la cláusula 34 del formato de contrato que las controversias entre Estado concedente y los concesionarios pueden resolverse mediante arbitraje.

95 El art. 43° de la ley establece que para realizar operaciones de pesca se requiere obtener "permiso de pesca" y que solo se exige concesión cuando se pretenda la utilización o explotación de infraestructura pesquera de propiedad del Estado o la realización de actividades de acuicultura en terrenos públicos, fondos o aguas marinas o continentales.

96 La jurisprudencia del Tribunal Constitucional Peruano recaída en el Expediente N° 00013-2007-AI, de 13 de julio del 2007, ha señalado que el artículo 14° de la Ley de Radio y Televisión que permite el uso del espacio radioeléctrico mediante autorización "...*habrá de entenderse como una concesión*", por mandato del artículo 66° de la Constitución y de lo regulado por el artículo 24° de la Ley N° 26921 Orgánica de recursos naturales.

La ley general de telecomunicaciones[97] establece que modalidades de servicios son caracterizados como servicios públicos y por tanto requieren del otorgamiento de concesiones para su desarrollo por privados y en qué casos al no recibir la misma calificación los otros servicios el título habilitante puede consistir en licencias, autorizaciones, permisos o en un simple registro. El régimen vigente que determina que servicios requieren de concesión para ser prestados por particulares (los servicios públicos) no parece ser coherente con las clasificaciones que establece la propia ley ni estar acorde con los desarrollos que se experimentan en otros ordenamientos, en los que la liberalización de gran parte de las actividades de telecomunicaciones para introducir mayor competencia en el mercado, en beneficio de los propios usuarios, ha significado dejar de caracterizarlas formalmente como servicios públicos y por tanto sustituir la técnica concesional por otros títulos habilitantes menos rigurosos y de más fácil acceso para los agentes económicos interesados en prestar los servicios (que pueden consistir en simples comunicaciones de los interesados, registro, etc.).

Todas las concesiones en telecomunicaciones se formalizan en un contrato, cuyo texto se basa en un formato aprobado administrativamente, en el que son partes el Ministerio de Transportes y Telecomunicaciones y la empresa privada que recibe la concesión. Sin embargo, existen otros actores respecto de los cuales es importante adelantar la mención. Me refiero a PROINVERSIÓN que es la entidad del Gobierno Nacional que tradicionalmente ha tenido a su cargo conducir los procesos de promoción de la inversión privada en la privatización de empresas del Estado y en el otorgamiento de concesiones de servicios públicos y de infraestructuras, dirigida por un grupo de ministros titulares de los sectores involucrados[98], y a los organismos reguladores supervisores de la inversión privada en las actividades de servicios públicos, que en el caso de las telecomunicaciones es más conocido por las siglas OSIPTEL, el mismo que de conformidad con el artículo 18° de su Reglamento General[99] tiene por objetivo general: "*regular, normar, supervisar y fiscalizar, dentro del ámbito de los servicios públicos de telecomunicaciones el comportamiento de las empresas operadoras, las relaciones de dichas empresas entre sí, y las de estas con los usuarios, garantizando la calidad y eficiencia del servicio brindado al usuario, regulando el equilibrio de las tarifas y facilitando al mercado una explotación y uso eficiente de los servicios públicos de telecomunicaciones*".

En el Perú el proceso de apertura del mercado de las telecomunicaciones comenzó en el año 1994 con la privatización de las dos mayores empresas estatales encargadas de prestar dichas actividades y el otorgamiento de nuevos contratos de concesión a la empresa adjudicataria del respectivo procedimiento de selección, que fusionó las empresas adquiridas bajo la nueva denominación de Telefónica del Perú S.A. Dichos contratos de concesión establecieron un primer período de concurrencia limitada (exclusividad o monopolio legal) de cinco años seguido de una etapa de apertura a la competencia y en base a la autorización dispensada por la Ley N° 26285 de desmonopolización progresiva en materia de prestación de los servicios públicos de telecomunicaciones tienen carácter de contrato-ley, lo que significa la estabilización de las cláusulas que configuran la relación concesional entre el Estado y el Concesionario, así como del marco normativo que resulta de aplicación a la misma vigente a la fecha de suscripción del contrato. Asimismo, las controversias que se pueden suscitar respecto del contrato de concesión se deben resolver en la vía arbitral, lo que ha tenido como consecuencia que algunas decisiones del organismo regulador (OSIPTEL) en ejercicio de las atribuciones que le confiere la ley han sido materia de impugnación en la vía arbitral.

---

97 Según Texto Único Ordenado aprobado por Decreto Supremo N° 013-93-TCC de 28 de abril de 1993, reglamento aprobado por Decreto Supremo N° 06-94-TCC, el mismo que ha sido objeto de múltiples modificaciones. Las citadas normas pueden ser consultadas en: http://www.osiptel.gob.pe/ Es importante tener presente los "Lineamientos de política de apertura del mercado de telecomunicaciones en el Perú" aprobados mediante Decreto Supremo N° 020-98-MTC de 4 de agosto de 1998 que contiene una sección dedicada a "Política de concesiones".

98 Aunque en los últimos años 15 o más años progresivamente el Ministerio de Economía y Finanzas ha venido asumiendo cada vez un mayor rol protagónico porque el marco legal (promovido por dicho Ministerio) le ha otorgado la potestad de aprobar las políticas y lineamientos de promoción y desarrollo de la inversión privada en proyectos públicos de cumplimiento obligatorio para todas las entidades públicas que intervienen en dichos procesos, incluyendo a PROINVERSION.

99 Aprobado por Decreto Supremo N° 008-2001-PCM, del 2 de febrero del 2001.

En materia de electricidad la ley de concesiones eléctricas100 ha segmentado el negocio eléctrico en cuatro etapas (generación, transmisión, distribución y comercialización) a fin de abrir el mercado a la participación de inversionistas privados con el objeto de generar competencia, y por tal razón establece de manera expresa que actividades son consideradas servicios públicos por lo que el ingreso de particulares al mercado está sujeto a la obtención de una concesión y que etapas del negocio eléctrico no tienen dicha calificación para las que es suficiente una autorización por parte del ministerio competente.

Las concesiones las otorga el Ministerio de Energía y Minas por plazo indefinido, debe convocarse a un procedimiento público de subasta solo en caso se genere concurrencia de solicitudes de otros interesados para la misma concesión, el otorgamiento se produce mediante Resolución Suprema, la misma que aprueba el respectivo contrato de concesión que se sujeta a los contenidos establecidos por la ley y el reglamento que constituyen su marco legal.

Otra actividad también vinculada a la energía que utiliza la técnica concesional para que los particulares puedan desarrollarla es la distribución de gas natural por red de ductos la que es calificada como servicio público por el artículo 79° de la Ley 26221 Orgánica de Hidrocarburos[101], y que también se materializa en un acto administrativo que se formaliza mediante un contrato. Estas concesiones pueden ser otorgadas por licitación o concurso público convocado por la entidad concedente o a solicitud de parte, pero en caso de suscitarse concurrencia de solicitudes la entidad administrativa competente debe convocar a subasta

En el ámbito de las actividades vinculadas a la energía la fiscalización de las obligaciones derivadas de los contratos de concesión corresponde al respectivo organismo regulador, conocido por sus siglas OSINERGMIN, el que como todo organismo regulador de servicios públicos en el Perú esta dotado de un conjunto de potestades de carácter público (cumple funciones de supervisión reguladora, normativa, fiscalizadora, solución de controversias entre empresas y solución de reclamos de los usuarios) que se les atribuye para cumplir de la manera más eficaz el objetivo de protección de los intereses generales que constituye su cometido[102].

En el ámbito de los servicios de saneamiento la ley N° 26338, Ley general de los servicios de saneamiento del 24 de julio de 1994 y su reglamento aprobado por Decreto Supremo N° 09-95-PRS establecen que corresponde a las municipalidades provinciales de la respectiva circunscripción otorgar las concesiones para la prestación de tales servicios, a excepción del ámbito de la empresa estatal (SEDAPAL) que presta servicios en Lima, caso en el que el contrato de concesión deberá suscribirse con el Ministerio de Vivienda, Saneamiento y Construcción. Sin embargo, tenemos entendido que hasta la fecha no se ha formalizado ninguna concesión porque, a excepción de la empresa SEDAPAL, todas las empresas de saneamiento existentes son de propiedad precisamente de las respectivas municipalidades, razón por la que seguramente no se ha considerado necesario formalizar la relación. El único caso que está próximo a concretarse es el de la concesión de saneamiento para prestar servicios en las provincias de Tumbes, Zarumilla y Contralmirante Villar que en estos momentos está siendo materia de un proceso de promoción de inversión privada con participación de PROINVERSIÓN conforme al cual la empresa adjudicataria de la licitación suscribirá con las respectivas municipalidades provinciales un contrato de concesión que delimitará las relaciones entre la empresa de propiedad privada prestadora de los servicios públicos de saneamiento y las municipalidades provinciales concedentes, lo que sin lugar a dudas redundará en mayor seguridad jurídica para la primera.

---

100 Aprobada mediante Decreto Ley N° 25844 de 6 de noviembre de 1992, y reglamentada mediante Decreto Supremo N° 009-93-EM de 19 de febrero de 1993.

101 Reglamentada mediante Decreto Supremo N° 042-99-EM de 14 de setiembre de 1999 que aprueba el "Reglamento de Distribución de gas Natural por red de ductos". Analiza el régimen de las concesiones de distribución de gas naturales el Perú: Ramón Huapaya "Análisis del marco jurídico aplicable al servicio público de distribución de gas natural por red de ductos". Trabajo inédito.

102 En el Perú el régimen común en materia de organización y competencias de los organismos reguladores en el Perú ha sido establecido por la Ley N° 27332 denominada "Ley Marco de organismos reguladores de la inversión privada en servicios públicos" y su reglamento aprobado mediante Decreto Supremo N° 024-2005-PCM, de 8 de junio del 2005. He analizado el tema en: "Los organismos reguladores de los servicios públicos en el Perú: Su régimen jurídico, organización, funciones de resolución de controversias y de reclamos de usuarios". Publicado en colectivo: "Inversión privada en servicios públicos". *Revista Peruana de Derecho de la Empresa*. N° 57, Lima 2004, p. 59 y ss.

Aunque no se trata propiamente de una concesión de servicios de saneamiento, porque corresponde más a la naturaleza de una concesión de obra pública, es pertinente traer a colación que en el año 1999 el entonces Ministerio de la Presidencia, como resultado también de un proceso de promoción de la inversión privada que se tramitó mediante una licitación, suscribió un contrato de concesión con la empresa AGUA AZUL para la realización de obras de infraestructura hidráulica que sirviera para canalizar y realizar el tratamiento de las aguas superficiales y subterráneas del río Chillón, las que son vendidas a la empresa SEDAPAL.

4. *Las concesiones de infraestructuras públicas*

La inversión privada en el desarrollo de las infraestructuras públicas se inició en el Perú a comienzos de la última década del siglo pasado a través de los denominados procesos de promoción privada en servicios e infraestructuras públicas, en especial a través de los contratos de concesión, en los que a diferencia de los clásicos contratos de obras el Estado no financia totalmente las obras, sino que además no se restringe a encargarle al privado solo la construcción o ejecución de la obra, sino también la gestión, operación y mantenimiento de la infraestructura construida durante la vida útil del proyecto, que especialmente en los casos de una infraestructura de transporte implica la prestación de un servicio público a los usuarios de la misma[103].

Pero posteriormente a partir del año 2008 el marco legal de las concesiones en general fue progresivamente sustituido por un nuevo régimen de promoción de la inversión privada en Asociaciones Público-Privadas (en adelante APPs), que desde entonces ha sido objeto de sucesivas reformas legales.

Al respecto, las Apps son legalmente caracterizadas[104] como una de las modalidades de participación de la inversión privada en proyectos públicos, en la que se distribuyen de manera adecuada los riesgos del proyecto[105] y se destinan recursos preferentemente del sector privado para el desarrollo de los citados proyectos, buscando de garantizar niveles de servicios óptimos para los usuarios.

Se implementan mediante contratos de largo plazo, en los que la titularidad de las inversiones realizadas en la infraestructura puede mantenerse, revertirse o ser transferidas al Estado, es decir que no necesariamente en todos los casos tiene desde su construcción la condición jurídica de un bien de dominio público.

A diferencia de los ordenamientos de otros países en el Perú las Asociaciones Público Privadas – APPs no son una modalidad contractual de contornos específicos, porque constituyen más bien un rotulo o etiqueta general de todos aquellos contratos mediante los que las entidades estatales pueden propiciar la participación del sector privado en infraestructuras públicas, tales como la concesión, asociación en participación, contratos de gerencia, contratos de riesgo compartido, así como cualquier otra modalidad contractual permitida por la ley. Conforme ha sido comentado anteriormente dichos contratos de APPs se emplean en forma directa y específica para el desarrollo de infraestructuras públicas y en forma

---

103 La bibliografía existente sobre las diferencias entre obra pública y contratos APPs o de concesiones es vasta. Cito como referencia el documento del Banco Mundial elaborado por José Luis Bonifaz titulado: "Asociaciones Público-Privadas versus Obra Pública: una comparación para el caso de redes viales en Perú y la Región. Red de Análisis y Buenas Prácticas en Asociaciones Público-Privadas Bien Público Regional" (2021) que se puede revisar en : banco mundial Asociaciones-público-privadas-versus-obra-publica-Una-comparacion-para-el-caso-de-redes-viales-en-Peru - y-la-region 2021.pdf

La naturaleza de servicio público de los servicios que brinda el concesionario de la infraestructura a los usuarios de la misma es explicado por el profesor Gaspar Ariño Ortiz dice para quien: «la construcción de la obra es un simple presupuesto de lo que en realidad es el objeto del contrato, que consiste en su explotación, porque aquí es donde se encuentra la finalidad de interés público o, si se quiere, la «necesidad para los fines del servicio público», en: «Contrato de Obra, Concesión de Obra, Concesión de Servicio Público: ¿son técnicas intercambiables?», en *Revista de Derecho Administrativo*, Circulo de Derecho administrativo N° 7, Lima 2009, p. 12 y ss.

104 Artículo 29.1 de la ley de Apps.

105 Los denominados "Lineamientos para la asignación de riesgos en los contratos de asociaciones público privadas" han sido aprobados mediante Resolución Ministerial N° 167-2016-EF/15. Pueden revisarse en: https://www.mef.gob.pe/contenidos/inv_privada/normas/anexo_RM167_2016_EF15.pdf. Asimismo pueden encontrarse reglas al respecto en los denominados "Lineamientos para el diseño de contratos de asociación público – privada" aprobados mediante Resolución Ministerial N° 001-2019-EF/ 68.01 que se pueden revisar en: https://www.mef.gob.pe/contenidos/archivos-descarga/Lineamientos_disenno_contratos_APP.pdf y también en la denominada "Guía Metodológica de Asociaciones Público Privadas" elaborada también por el Ministerio de Economía y Finanzas y que se puede revisar en: https://www.mef.gob.pe/contenidos/archivos-descarga/ Guia_Metodologica_APP_RD004_2020EF6801.pdf

indirecta cuando se otorgan para la prestación de servicios públicos que requieren con carácter indispensable del despliegue de infraestructuras, como es el caso de las denominadas infraestructuras en red.

Las APPs pueden originarse: i) ya sea por iniciativa pública de las entidades estatales, es decir del Gobierno Nacional, los Gobiernos Regionales y Gobiernos Locales o municipalidades, o ii) por el sector privado mediante la presentación de iniciativas privadas que tengan como finalidad la realización de un proyecto de infraestructura o de servicios públicos mediante la modalidad contractual de APPs.

Las iniciativas privadas tienen por expreso mandato legal el carácter de peticiones de gracia, lo que significa que el derecho del proponente se agota con su presentación, sin posibilidad de cuestionar las evaluaciones que realice la entidad y solo en el caso que la iniciativa sea declarada de interés, la cual debe publicitarse y se presenten terceros también interesados en la ejecución del mismo proyecto, se deberá convocar a un procedimiento competitivo de selección, lo que implicará que recién en ese momento dejará de tener la calidad de petición graciable[106]. Solo en el caso que ningún tercero manifieste interés em la ejecución del proyecto, se procederá a la adjudicación directa a favor del proponente de la iniciativa privada[107].

Cuestión fundamental en el régimen legal de la APPs en el Perú es la obligación de clasificar cada uno de los proyectos que se acometan, en alguna de las siguientes categorías: (a) Autosostenible, que es el caso de los proyectos de inversión que requieren una demanda mínima o nula garantía financiera por parte del Estado o que en la hipótesis de requerir garantías no financieras del Estado estas tengan una probabilidad nula o mínima de demandar el uso de recursos públicos y (b) Cofinanciada, en el caso de aquellos proyectos que requieren del otorgamiento de cofinanciamiento (subsidio) o del otorgamiento o contratación de garantías financieras o no financieras por parte del Estado, que tengan una probabilidad significativa de demandar el uso de los recursos públicos. De la clasificación del proyecto en alguna de las citadas categorías dependerá la mayor o menor complejidad de las reglas de tramitación aplicables y de la necesaria participación de otras entidades estatales, como es el caso del Ministerio de Economía y Finanzas, casi omnipresente en las principales fases del proceso de gestación y tramitación de los proyectos de AAPs en infraestructura, cuyo intervención el marco legal hace indispensable y con carácter vinculante, especialmente cuando se trata de APPS cofinanciadas porque involucran la utilización de recursos públicos[108].

Conforme al régimen legal de planeamiento de las infraestructuras las APPs, independientemente de su clasificación como autosostenibles o cofinanciadas (subsidiada), o por su origen (iniciativa pública o iniciativa privada), deben desarrollarse cumpliendo las fases de: i) Planeamiento y Programación, ii) Formulación y Estructuración; iii) Transacción y iv) Ejecución contractual, la primera de las cuales responde esencialmente a la necesidad de planificación.

La fase de formulación comprende el diseño del proyecto y/o la evaluación del mismo, realizándose los estudios técnicos que justifican el desarrollo del proyecto para consolidarlos en el documento denominado "Informe de Evaluación" que contiene la información necesaria esencialmente para definir si

---

106 Art. 45.5 Ley Apps. El trámite de una iniciativa privada encargadas a a la agencia de promoción de la del Gobierno Nacional – PROINVERSION es desarrollado por la Directiva N° 004 2019 denominada "gestión de iniciativas privadas", que puede revisarse en: https://busquedas.elperuano.pe/normaslegales/aprueban-la-directiva-no-004-2019-proinversion-denominada-acuerdo-no-93-1-2019-cd-1832004-1/

107 Sobre el régimen de iniciativas privadas en proyectos de servicios públicos y concesiones se puede revisar a: Morón U., Juan Carlos. "La generación por iniciativa privada de proyectos públicos: La nueva colaboración público-privada y el interés público", en: *Derecho & Sociedad*, N° 24, Lima 2005, p. 277 y ss; Martin Tirado, Richard. "Balance y perspectivas del régimen de las iniciativas privadas en el Perú", publicado en: *AAVV Constitución, economía y empresa en el Perú* (Christian Donayre M. Coordinador), UPC, Lima 2010, p. 19 y ss, también Maravi Sumar, Milagros. "Las iniciativas privadas cofinanciadas", en: *Revista del Círculo de Derecho Administrativo* N° 13, Asociaciones Público – Privadas, Lima 2013, p. 91 y ss; asimismo Vilcanqui V., Patricia "Las iniciativas privadas en proyectos de inversión: creatividad, ¿cuándo limitar y cuando no?, en: *Revista del Círculo de Derecho Administrativo* N° 12, Tomo I, *Regulación de servicios públicos e infraestructuras*, Lima 2012, p. 291 y ss.

108 Compartimos plenamente la opinión de la profesora Milagros Maraví para quien el afán del Ministerio de Economía y Finanzas "con el único propósito de controlar y tener injerencia decisiva en las Asociaciones Público Privadas (APPs) en el Perú, (…) no ha traído beneficios para las mismas, sino todo lo contrario, ha conllevado a una virtual parálisis porque como se dice coloquialmente << se les pasó la mano>> en "El rol rector del Ministerio Economía y Finanzas en las APPS". en *AAVV* El Derecho Administrativo como instrumento al servicio del Ciudadano. Memorias del VIII Congreso de Derecho Administrativo. Palestra, Lima 2018, p. 249.

es técnica, económica y legalmente conveniente desarrollar un proyecto como APP[109]. Para los efectos de esta ponencia que describe y compara los aspectos jurídicos más importantes de las distintas modalidades de realización de infraestructuras públicas en el ordenamiento jurídico peruano nos interesa transcribir los criterios de elegibilidad de los proyectos de APP establecidos por el artículo 44.8 del reglamento de la correspondiente ley[110] con el objeto de evaluar y determinar los beneficios de desarrollar un proyecto como APP frente al régimen del contrato de obra regulado por la LCE:

"1. Nivel de transferencia de riesgos.

2. Capacidad de medición o verificación de la disponibilidad y calidad del servicio.

3. Ventaja y limitaciones de la obra pública tradicional.

4. Tamaño del proyecto que justifique los costros del Proceso de Promoción de APP.

5. Competencia por el mercado.

6. Factores relacionados al éxito del proyecto.

7. Financiamiento por usuarios".

La fase de estructuración comprende el diseño del proyecto ya como APP, incluyendo su estructuración económica financiera, la asignación de riesgos, la elaboración de las bases y el diseño inicial del correspondiente contrato, o en el caso de iniciativas privadas la correspondiente declaratoria de interés de la propuesta.

La fase de transacción corresponde más bien a la de salida al mercado del proyecto de APP mediante el correspondiente procedimiento administrativo competitivo de selección para su adjudicación, el cual podría realizarse mediante licitación pública, concurso de proyectos integrales, entre otros. Concluye con la firma del respectivo contrato de APP que puede tener como plazo un máximo 60 años, dando inicio a la fase de ejecución contractual.

Con el mismo objetivo de establecer las diferencias entre esta modalidad contractual para la realización de infraestructuras con financiamiento privado por contraste con el régimen legal de las obras que se ejecutan exclusivamente con financiamiento estatal, nos parece gráfico transcribir los criterios, que con carácter meramente enunciativo se establecen en el artículo 57.2 del reglamento de la Ley de APPs, para la selección de la oferta más adecuada (el factor de competencia), los cuales deberán estar definidos en las correspondientes bases del procedimiento de selección en función de las características propias como ha sido diseñado el proyecto de infraestructura:

"1. Menor cofinanciamiento.

2. Mayor retribución al Estado

3. Niveles de servicio.

4. Nivel tarifario y su estructura.

5. Solución técnica propuesta.

6. Inversiones o servicios adicionales.

7. Menor valor presente de los ingresos.

8. Otros....".

En cuanto al financiamiento, en el caso de los proyectos de APP clasificados como autosostenibles o autofinanciados, es decir con capacidad propia de generación de ingresos, de forma tal que el concesionario puede alcanzar la viabilidad financiera para construir y operar la infraestructura con la tarifa, peaje o precio que se cobre a los usuarios, generalmente en forma directa por el concesionario, durante la etapa de operación del proyecto. Por dicha razón los contratos de APPs incluyen cláusulas relativas al régimen tarifario, ya sea que se determinen el contrato o con intervención del respectivo organismo regulador.

En el caso de las APPs clasificadas como cofinanciadas, en las que no es posible generar ingresos suficientes de los usuarios para que sea viable económico y financieramente, corresponde al contrato regular la participación del Estado en el cofinanciamiento del proyecto durante: i) la etapa de construcción, ii) la etapa operación de la respectiva infraestructura y iii) por operación y mantenimiento del proyecto. El cofinanciamiento en la etapa de construcción denominado en algunos contratos "pago por obras" tiene por objetivo fundamental aminorar la carga financiera del inversionista privado en proyectos que requieren altos niveles de inversión, pero sin alterar los riesgos de diseño y construcción

---

[109] Artículo 44.1 del Reglamento de la ley de APPs. Existen "Lineamientos para el desarrollo de las fases de formulación y estructuración en los proyectos de Asociaciones Público Privadas" aprobados mediante Resolución Directoral N° 005-2016-EF/68.01 que pueden revisarse en: https://www.mef.gob.pe/contenidos/ archivos-descarga/LineamientosFormulacion_Estructuracion_APP.pdf

[110] Criterios que han servido de base para elaborar los denominados "Lineamientos para la aplicación de los criterios de elegibilidad de los proyectos de asociación público privada" que en resumen señalan que su objetivo es "identificar la opción que ofrece mayor valor por dinero para la sociedad" y que pueden revisarse en: https://www.mef.gob.pe/contenidos/archivos-descarga/2_criterios_elegibilidad.pdf

generalmente atribuidos al privado. En cambio, las modalidades de cofinanciamiento a pagar por el Estado durante la etapa de operación pueden ser más variadas y comprender pagos por la a) inversión de capital en la ejecución de la obra, y/o b) por la gestión del proyecto y su mantenimiento, generalmente en función de que se hayan alcanzado determinados hitos en el avance o culminación de tramos de la infraestructura y/o que se cumpla con los niveles de servicio establecidos en el contrato.

La etapa de construcción de la obra cuenta como es tradicional en el Perú con un supervisor de obra contratado por el Estado y la etapa de operación de la infraestructura es supervisada por alguno de los reguladores de servicios públicos, que en el caso de infraestructura de transporte público de carácter nacional (puertos aeropuertos, carreteras, líneas férreas y tren urbano) dicho rol corresponde cumplir a OSITRAN, entidad que tiene a su cargo la supervisión del cumplimiento de los contratos de APPs y de ejercer las potestades que el marco legal peruano reconoce a los organismos reguladores de servicios públicos (en telecomunicaciones, energía y saneamiento) y de infraestructuras de transporte de carácter nacional, como es precisamente el caso de OSITRAN.

Sin embargo, como también lo hemos anticipado, no toda la regulación de las modalidades de desarrollo de infraestructuras financiadas con participación privada se encuentra en la ley de APPs, porque en el Perú los ordenamientos legales sectoriales de los principales servicios públicos (telecomunicaciones, electricidad, saneamiento, etc.) y de otras actividades en las que corresponde al Estado promover las infraestructuras (riego, educativa, etc.), contienen regulaciones especiales respecto del régimen sustantivo de las infraestructuras asociadas al servicio o actividad de servicio o de interés público que se desarrolla.

Tal es el caso de las concesiones de telecomunicaciones, de infraestructura hidráulica, de infraestructura de tratamiento de residuos, como las de otros diversos ámbitos en las que los marcos legales especiales o sectoriales establecen las reglas para el desarrollo de las infraestructuras, las relaciones entre operadores y con los usuarios de las infraestructuras, identifican las entidades administrativas que tienen competencia respecto de la infraestructura o servicio en cuestión, etc., las que constituyen materias que no están contenidas en el antes citado marco legal de las APPs, pero que condicionan el contenido de los respectivos contratos con los concesionarios y también principalmente el proceso de ejecución de la infraestructura y su explotación por parte de los concesionarios. También establecen las reglas para permitir el uso compartido de las infraestructuras ya sea entre empresas de la misma actividad para permitir la generación de espacios de competencia o el uso de las infraestructuras por parte de empresas de giros diferentes, para generar eficiencias en la utilización de los recursos.

Los referidos marcos legales especiales de infraestructuras no solo regulan lo que hemos denominado el régimen sustantivo de algunas infraestructuras sectoriales, sino que en algunos casos otorgan potestad a la respectiva entidad administrativa titular o responsable (ministerios, organismos públicos, municipalidades) para que pueda realizar sus propios procesos de otorgamiento de concesiones que se tramitan por reglas diferentes a las de la Ley de APPs.

Asimismo se constata la existencia de Programas o Proyectos Especiales del Gobierno Nacional[111] dedicados a la promoción del desarrollo de servicios e infraestructuras públicas con una fuerte impronta social, para hacer posible su acceso a sectores de la población en zonas rurales o de menores ingresos que lo requieren, los que también están dotados de marcos legales especiales que les facultan otorgar concesiones o recurrir a otras modalidades contractuales para desarrollar infraestructuras, utilizando los fondos públicos que disponen para cofinanciarlas (subsidiarlas) en atención a los beneficios sociales que deberían proporcionar.

Recapitulando, el ordenamiento jurídico peruano carece de un régimen unitario en materia de concesiones. Predomina le legislación sectorial en concesiones de recursos naturales y de servicios públicos y aunque en el caso de concesiones de infraestructura se manifiesta alguna tendencia hacia la concordancia e integración a nivel de la legislación nacional[112], sin embargo la legislación dispersa sobre

---

111 Conforme a los numerales 38.2 y 38.3 de la Ley N° 29158, Ley Orgánica del Poder Ejecutivo, los Programas son estructuras funcionales creadas para atender un problema o situación crítica, o implementar una política pública específica, en el ámbito de competencia de la entidad a la que pertenecen; y, los Proyectos Especiales son un conjunto articulado y coherente de actividades orientadas a alcanzar uno o varios objetivos en un período limitado de tiempo, siguiendo una metodología definida y solo se crean para atender actividades de carácter temporal.

112 Con las únicas excepciones de la Ley N° 27943 del Sistema Portuario Nacional y su Reglamento aprobado mediante Decreto Supremo N° 003-2004-MTC que establecen algunas reglas especiales para los procesos de promoción de la

la materia, agravada por las normas que han dictado algunas municipalidades para los procesos de promoción de la inversión privada en obras o servicios públicos de sus respectivas circunscripciones, perjudica los objetivos propuestos.

Las concesiones que se otorgan para la explotación de recursos naturales por regla general se materializan en actos administrativos que no se formalizan en contratos, a excepción de las concesiones en recursos forestales en que los contratos de concesión se suscriben sobre la base de un formato de contrato aprobado administrativamente. La regla inversa se presenta en materia de concesiones de servicios públicos, en que todas las concesiones que otorga el Estado se materializan en un contrato, con la singularidad que en el caso eléctrico las normas sectoriales establecen que la concesión se materializa en un acto administrativo que luego puede formalizarse en un contrato. Tratándose de infraestructura pública, aunque la ley de la materia define a la concesión como un acto administrativo, todas las concesiones se materializan en un contrato. La razón de la preferencia porque la concesión se materialice o formalice en un contrato estriba en la mayor seguridad jurídica que se estima generará para el inversionista determinar con precisión sus derechos y obligaciones en un documento que sea vinculante al Estado en su carácter de concedente[113].

El otorgamiento de concesiones en servicios de telecomunicaciones y electricidad no siempre esta precedido de un procedimiento público, competitivo, de selección de postores (licitación, concurso, etc.), porque la legislación sectorial de la materia solo lo requiere en determinadas situaciones, como en el régimen eléctrico que solo exige convocar al procedimiento de subasta cuando se presenta concurrencia de solicitudes respecto de una misma área de concesión.

Sin embargo, la experiencia demuestra que cuando se encarga a PROINVERSIÓN la realización de los procesos de promoción de la inversión privada en algunos servicios públicos mediante concesiones, como ha sucedido con la entrega en concesión de una banda para telefonía móvil o la entrega en concesión de los servicios de saneamiento en determinadas provincias, se convocan a procedimientos administrativos de selección aplicando las normas establecidas en la Ley de APPs, aunque una vez otorgadas las respectivas concesiones de servicios públicos se sujetan a sus respectivos marcos legales.

Las concesiones de infraestructura pública por regla general se otorgan previa realización de un procedimiento administrativo de selección (licitación o concurso de proyectos especiales), sujeto a reglas de transparencia, libre competencia, igualdad de postores, etc. Pero como el régimen de explotación de dichas infraestructuras (carreteras, aeropuertos, vías férreas, etc.) tradicionalmente ha carecido de un marco legal específico que establezca las reglas de la actividad, porque en la etapa previa al proceso de concesiones probablemente se han entendido suficientemente garantizados los intereses públicos mediante la administración de las infraestructuras a cargo de empresas estatales, el respectivo contrato de concesión en los hechos contiene el marco regulatorio de las actividades a cargo del concesionario que serán objeto de supervisión por parte de OSITRAN en su rol de organismo regulador en la materia. La excepción a esta regla lo constituyen el régimen legal de la actividad portuaria que establece la regulación aplicable a las actividades y servicios que se realicen en o utilicen las infraestructuras portuarias.

5. *Los contratos leyes o convenios de estabilidad jurídica*

En el ordenamiento jurídico peruano los contratos-leyes constituyen un instituto consagrado constitucionalmente (art. 62°) que se funda en la necesidad del Estado de promover la inversión de capital privado en los distintos sectores de la economía del país, mediante los cuales el Estado otorga a los cocontratantes determinadas seguridades jurídicas que implican reconocerles un estatuto jurídico

---

inversión privada en infraestructura portuaria y de la Ley N° 27782 y su reglamento aprobado mediante Decreto Supremo N° 001-2003-MINCETUR que tienen por objeto el desarrollo de proyectos de inversión privada en la actividad turística en la zona del denominado Proyecto Playa Hermosa–Tumbes.

113 Participa de la similar opinión Diego Zegarra. *Servicio Público y regulación. Marco institucional de las Telecomunicaciones en el Perú*, Lima, Palestra, 2005, p. 368 para quien la bilateralidad del contrato de concesión constituye una garantía del concesionario frente al poder estatal; en la misma línea Enrique Delgado en: "La discrecionalidad Administrativa en la Emisión de Títulos Habilitantes para operar servicios de telecomunicaciones. En: *Revista Derecho y Sociedad Asociación Civil*, N° 26, Lima, agosto 2006, p. 177 dice que "aunque la concesión implica un trámite complejo, al estar contenido en un contrato se hace más valioso para el inversionista que una simple autorización que podría ser revocada más fácilmente…".

particular, convirtiendo en inalterables las reglas jurídicas vigentes al momento de suscripción del contrato, de tal suerte que aún fueren modificadas o derogadas dichas reglas durante las vigencia del contrato por actos del Estado en general (especialmente los legislativos), no le serán aplicables.

En otras palabras, el contrato-ley o también denominado convenio de estabilidad jurídica, tiene por efecto la ultraactividad del marco legal vigente a la fecha de suscripción del convenio, su consagración constitucional impide que el Estado pueda modificar unilateralmente sus términos, incluyendo la vía legislativa[114].

El Tribunal Constitucional Peruano en la sentencia que dictó con motivo del proceso de inconstitucionalidad promovido por un grupo de Congresistas cuestionando la constitucionalidad del carácter de contrato-ley que tiene el contrato de concesión de Telefónica del Perú S.A. para la prestación de los servicios públicos de telecomunicaciones tuvo oportunidad de pronunciarse sobre la naturaleza y alcances de los contratos-leyes señalando que[115]:

> "*Por su propia naturaleza, a través del contrato – ley, el Estado busca atraer inversiones privadas (de capital) a in de que promuevan aquellas actividades que el Estado considera que vienen siendo insuficientemente desarrolladas, de acuerdo con los planes y objetivos que se pueden haber trazado en el diseño de la política económica del Estado. Tienen como contenido propiciar un marco de seguridad a los inversionistas ....*".

En opinión del intérprete supremo de la Constitución en el Perú:

> "*Mediante el contrato-ley ....los Estados han previsto fórmulas contractuales mediante las cuales se ha otorgado a los cocontratantes ámbitos de seguridad jurídica, a fin de favorecer la inversión privada dentro de sus economías*".

Existen dos regímenes legales de contratos –ley: el que podemos denominar régimen general y varios regímenes especiales. El primero, el régimen general, está contenido en el Decreto Legislativo N° 662 "Ley de Promoción de la Inversión Extranjera" y en el Decreto Legislativo N° 757 "Ley Marco para el crecimiento de la inversión privada", ambos reglamentados por el Decreto Supremo N° 162-92-EF "Reglamento de los Regímenes de Garantía de la Inversión Privada". Conforme a este régimen general para acceder a la suscripción de un convenio de estabilidad jurídica los inversionistas deberán efectuar como mínimo aportes dinerarios canalizados a través del sistema financiero nacional, al capital de una empresa establecida o por establecerse, o formalizar inversiones de riesgo con terceros por un monto que no sea inferior a US $ 10 millones para los sectores de minería e hidrocarburos ni a US $ 5 millones para los demás sectores[116]. El respectivo el contrato-ley le garantizará al inversionista y, en algunos casos, a la empresa receptora de la inversión, la intangibilidad del marco legal de determinados regímenes que involucran materias tributarias, laborales y otros[117].

Los montos mínimos de inversión indicados son de aplicación también a las empresas que suscriban contratos de concesión. La redacción de los respectivos contratos- ley esta predeterminado legalmente en el anexo del citado reglamento.

---

[114] Han trabajado el tema de los contratos – leyes: Diego Zegarra Valdivia. *El contrato – ley. Los contratos de estabilidad jurídica*. Gaceta Jurídica Editores, Lima, 1997; Antonio Pinilla Cisneros. *Los contratos – Ley en la legislación peruana*. Universidad de Lima. 1999; José Daniel Amado y Luis Miranda. "La seguridad jurídica en la contratación con el Estado: el contrato –ley". En: *Themis*. N° 33, Lima; Oscar Trelles De Belaúnde "El contrato administrativo, el contrato ley y los contratos de concesión de servicios públicos". En *Themis* N° 44, Lima, p. 237 y Jorge Santisteban de Noriega." Constitución, privatización y servicios públicos. El blindaje jurídico que protege a los contratos – ley en el Perú". En: *Homenaje a Jorge Avendaño*. Fondo Editorial Pontificia Universidad Católica del Perú, Lima 2004, p. 577.

[115] Sentencia del Tribunal Constitucional Expediente N° 005-2003-AI/TC de 3 de octubre del 2003 interpuesta por un grupo de Congresistas de la República. El texto se puede revisar en: http://www.tc.gob.pe/cgi-bin/searchtout.cgi

[116] Montos de inversión mínima establecidos por el artículo 2 de la Ley N° 27342 de 1 de septiembre del 2000 que modifica el artículo 11° del Decreto Legislativo N° 662 sobre requisitos de inversión.

[117] Las seguridades y garantías que el marco legal que denominamos general de los contratos - ley expresamente establece comprende las siguientes materias: régimen tributario del impuesto a la renta; régimen de libre disponibilidad de divisas; derecho de libre remesa de utilidades, dividendos, capitales y otros ingresos; no discriminación; los regímenes de contratación de trabajadores; los regímenes de promoción de exportaciones y en el caso específico de los contratos de arrendamiento financiero la estabilidad total del régimen tributario.

Los regímenes legales especiales de los contratos-ley son relativamente numerosos, pero podemos clasificarlos en dos grupos: Los regímenes que extienden el carácter de convenio de estabilidad jurídica a otros contratos, y en segundo lugar los regímenes legales que autorizan la suscripción de contratos ley respecto de determinadas actividades económicas.

El primer grupo en verdad esta integrado solo por una norma legal: la Ley N° 26285 de desmonopolización progresiva de los servicios públicos de telecomunicaciones que estableció en su artículo 3° que: "*Los contratos de concesión que celebre el Estado para la prestación de servicios públicos de telecomunicaciones tienen el carácter de contrato-ley*", en cuya virtud la calidad de contrato-ley es otorgado al contenido íntegro de los contratos de concesión suscritos en la materia, lo que en nuestro concepto comporta tanto la estabilización de las cláusulas que configuran dicha relación entre el Estado y el Concesionario, así como el marco normativo que resulta de aplicación de la misma. El único contrato de concesión en servicios públicos de telecomunicaciones suscrito bajo este régimen que goza del carácter de contrato-ley es el contrato con la empresa Telefónica con motivo del proceso de promoción de la inversión privada en telecomunicaciones iniciado en 1994.

El segundo grupo de regímenes especiales de convenios de estabilidad jurídica está conformado por varias leyes sectoriales de diversas actividades económicas, que establecen reglas diferentes para acceder a la suscripción de dichos contratos-ley y cuyos alcances difieren en parte del régimen general. Así sucede en la actividad minera en que la ley respectiva en sus artículos 155° y 157° establece requisitos mínimos de producción para acceder a la garantía de estabilidad jurídica respecto de materias más amplias que las previstas en el régimen general, porque por ejemplo comprende la estabilidad de todo el régimen tributario vigente al momento de suscribirse el tributo, a diferencia del régimen general que garantiza solo la estabilidad del régimen de un determinado tributo.

El artículo 25.2 de la Ley de Apps remite al artículo 19° del régimen de promoción de la inversión privada en obra pública de infraestructura y servicios públicos contenido en el Texto Único Ordenado aprobado mediante Decreto Supremo N° 059 -96-PCM, el cual establece los concesionarios de servicios públicos e infraestructuras podrán acceder a la suscripción de contratos leyes en garantía de su inversión, los que tendrán el mismo plazo de duración que la concesión, los que a diferencia del régimen general comprenden también el régimen de recuperación anticipada del Impuesto General a las Ventas que permite a los inversionistas para que bajo ciertas condiciones puedan utilizar el crédito fiscal derivado de sus compras antes de comenzar a operar.

El Reglamento de la ley general de pesca en su artículo 119° establece que las empresas que cuenten con licencia para realizar actividades pesqueras podrán acogerse al régimen general de los contratos - leyes ampliando la garantía al régimen legal de acceso a la actividad pesquera y las materias propias del ordenamiento legal pesquero.

Un régimen de contratos-ley que no encaja en ninguno de los grupos descritos es el establecido por el artículo 63° de la Ley N° 26221 Orgánica de Hidrocarburos que implícitamente asigna carácter de contrato-ley a los contratos de licencia o de servicios mediante los cuales el Estado otorga autorización a particulares para realizar actividades de exploración y/o explotación de hidrocarburos, estableciendo que el Estado garantiza a los suscriptores de los mencionados contratos de licencia o de servicios el carácter inalterable de los regímenes cambiarios y tributarios vigentes a la fecha de su celebración. Idéntico régimen es aplicado a las inversiones que se realicen en plantas de procesamiento de gas natural por mandato de la Ley N° 28176 de promoción de la inversión en las citadas actividades, sumándose a la garantía el régimen de recuperación anticipada del Impuesto General a las Ventas.

Finalmente, es pertinente recordar que la ley orgánica de municipalidades en su artículo 40° faculta a dichos órganos de gobierno local a suscribir contratos-leyes con los particulares que realicen inversiones en el ámbito de su jurisdicción otorgándoles seguridades exclusivamente respecto de los tributos municipales, estableciendo que los conflictos derivados de la ejecución de dichos convenios de estabilidad serán resueltos mediante arbitraje.

VI. EL DERECHO ADMINISTRATIVO SANCIONADOR

1. *La evolución del régimen legal de la potestad sancionadora en el Perú*

Hasta antes de la entrada en vigencia de la LPAG el ordenamiento jurídico-administrativo peruano carecía de una regulación que estableciese los principios rectores y lineamientos generales para al ejercicio de la potestad sancionadora por las entidades administrativas y la consiguiente tramitación de los procedimientos sancionadores[118].

Numerosas leyes y normas de variado rango desarrollaban diversos aspectos del régimen administrativo sancionador, pero circunscribiéndose a sus respectivos ámbitos sectoriales. En este período las normas propendían a la tipificación de las conductas consideradas ilícitos administrativas y al establecimiento de las correspondientes sanciones a aplicarse en caso de incurrir en dichas infracciones y no aspiraban a regular otros aspectos de lo sancionador. Las pocas veces que alguna normal legal sectorial desarrollaba alguna institución mediante el establecimiento de alguna regla vinculada a la aplicación de la potestad sancionadora, como podría ser el caso de la determinación de plazos especiales de prescripción o de reglas también especiales para su cómputo, la eficacia de esta regulación quedaba circunscrita al ámbito o sector de aplicación propio de la norma especial que establecía dicha regulación, sin posibilidad alguna de extraer principios o reglas generales aplicable a otros regímenes legales sancionadores.

La anotada carencia en nuestro medio de un marco de referencia, es decir de reglas jurídicas que disciplinen con carácter general el ejercicio de la potestad sancionadora en sus múltiples manifestaciones, no fue cubierta por la jurisprudencia contenciosa administrativa o constitucional, que durante ese período no prestó mayor atención a la materia, desaprovechando las oportunidades que le brindaba el conocer de procesos en los que los demandantes reclamaban el control del ejercicio de la potestad sancionadora, sin llegar a establecer criterios o enunciar principios que hubieran ayudado al desarrollo de un mínimo común para la determinación de un sistema normativo homogéneo de la potestad sancionadora y la racionalización de su aplicación en los casos concretos.

En otros países, dotados de un régimen jurídico-administrativo semejante al nuestro, la labor precursora de carácter depurador sobre el régimen de la potestad sancionadora respecto de las aristas menos compatibles con un estado democrático de derecho fue cumplida precisamente por la jurisprudencia que, adelantándose a los desarrollos legales que se dictaron posteriormente, fue creando progresivamente un marco de obligada referencia tanto para el legislador a la hora de tipificar las infracciones y de establecer las correspondientes sanciones, como y principalmente para la administración en el ejercicio de la potestad sancionadora en los casos concretos llamados a su conocimiento. Los principios y reglas enunciadas por la magistratura abrieron camino con el objetivo de racionalizar la potestad sancionadora de la administración en un contexto legal desfavorable, en el que a la ausencia de normas constitucionales o de un régimen legal general que sistematizase las pautas para el ejercicio de la potestad sancionadora se sumaba la enorme fragmentación de la legislación sancionadora administrativa, que se encontraba también dispersa en numerosas normas sectoriales, sin posibilidad de articularse bajo criterios generales que facilitasen el control de su aplicación por la administración, en desmedro de los derechos de los particulares. Incluso, en dichos países, los criterios y principios enunciados primigeniamente por la jurisprudencia sirvieron de fuente inspiradora para los constituyentes y los legisladores ordinarios cuando en su oportunidad decidieron desarrollar normativamente la potestad sancionadora administrativa.

En el Perú las deficiencias generadas por la ausencia de un régimen jurídico que ordenase con carácter general los aspectos centrales de la potestad sancionadora de la administración diseminada a lo largo de toda la normativa sectorial se acrecentaron porque durante la última década del siglo pasado se produjeron dos procesos, vinculados entre sí, que tuvieron importante repercusión sobre el régimen jurídico-legal de lo sancionador administrativo. El primero fue el cambio del rol del Estado en la economía que paso de cumplir un rol protagónico actuando directamente en el mercado a través de empresas estatales, a desempeñar un rol esencialmente regulador, mediante el establecimiento de marcos legales que determinaron las reglas para que la actividad de los agentes económicos se realizará en armonía con los cometidos públicos que corresponde al Estado procurar satisfacer. Como consecuencia del proceso descrito por el cual el Estado pasó a desempeñar un papel regulador en la economía peruana, se acentuó la necesidad de fiscalizar el cumplimiento de los respectivos marcos legales y por ende de utilizar la potestad sancionadora como mecanismo para castigar las conductas que vulneraban el ordenamiento regulador y desalentar la repetición de dichos ilícitos. El notorio incremento de la utilización de la potestad sancionadora en este período como instrumento indispensable para asegurar el

118 En su oportunidad llamamos la atención sobre este problema en nuestro trabajo: "Notas acerca de la potestad sancionadora de la administración pública", publicado en *Ius Et Veritas* Nº 10, Lima 1995, p. 151 y ss.

acatamiento por los agentes económicos de los ordenamientos sectoriales dictados en ejercicio de la potestad regulatoria, no fue debidamente acompañado del establecimiento de reglas comunes o generales de carácter garantista para los administrados. Por el contrario, la dispersión o atomización del régimen legal de lo administrativo sancionador se agravó porque diversas disposiciones legales entregaron la potestad de tipificar las infracciones y las correspondientes sanciones mediante normas de rango meramente reglamentario a numerosos organismos administrativos, que simultáneamente cumplían funciones de fiscalización y de aplicación de la potestad sancionadora, mediante la determinación de la comisión o no de una infracción y la aplicación de las correspondientes sanciones. En otras palabras, durante el período indicado, se experimentó un notable potenciamiento de la potestad sancionadora de la administración pública en el Perú, especialmente en sectores relevantes de la actividad económica, pero confiado a la racionalidad de las propias entidades administrativas, con el riesgo de que en muchos casos ellas mismas tipificaban las conductas consideradas ilícitos, determinaban la comisión de las infracciones e imponían las correspondientes sanciones, sin contar con un marco legal sistematizador de los aspectos centrales de la potestad sancionadora que les sirviera de parámetro para no afectar las garantías y derechos de los particulares.

2. *La configuración de un régimen general de la potestad y del procedimiento administrativo sancionador por la Ley Nº 27444, Ley del Procedimiento Administrativo General*

La entrada en vigencia de la LPAG en noviembre del año 2001 trajo consigo por primera vez en el ordenamiento jurídico-administrativo peruano el establecimiento de un régimen sistematizador de las reglas y principios esenciales para el desarrollo y aplicación de la potestad sancionadora.

La comisión que elaboró el proyecto de la referida ley[119], tomando en consideración el contexto descrito en la parte inicial de esta sección y el derecho comparado sobre la materia, juzgó indispensable dedicar un Capítulo a regular la potestad y el procedimiento administrativo sancionador[120]. No estimó contrario al espíritu y cometido de elaborar una ley general de procedimiento administrativo aplicable a todas las actuaciones de las entidades administrativas el consignar una sección dedicada específicamente a lo sancionador administrativo por dos razones: en primer lugar porque constituía una necesidad apremiante en el ordenamiento jurídico peruano reforzar la seguridad jurídica mediante el establecimiento de un régimen legal que sistematizase los principios sustanciales y las reglas generales de procedimiento a los que debe acomodarse la administración pública en el ejercicio de dicha potestad, una de las más intensas de las que tiene atribuida por su incidencia sobre los derechos de los particulares. En segundo lugar, porque la sistematización del régimen general de los aspectos sustantivos de la potestad sancionadora y singularmente de un procedimiento administrativo especial de tanta importancia como el sancionador, sintonizaba plenamente con los objetivos codificadores de las normas de procedimiento administrativo general que animaban a la citada comisión. En tal sentido la regulación del régimen general de lo sancionador administrativo en el Capítulo correspondiente de la LPAG (arts. 247º a 259º) aunque formalmente denominado "Procedimiento sancionador", en un Título dedicado precisamente a regular dos procedimientos administrativos especiales, el denominado trilateral y el sancionador que nos ocupa, es plenamente compatible con la tónica de la LPAG, porque desarrolla los aspectos generales de un procedimiento administrativo especial, estableciendo el cauce por el cual deben desenvolverse las actuaciones de la administración pública que ejerzan la potestad sancionadora basada en sus respectivas normas sectoriales especiales[121].

---

119 Comisión de juristas designada por el Ministerio de Justicia mediante la Resolución Ministerial Nº 194-97-JUS que elaboró un proyecto de ley que sirvió de base para la aprobación de la vigente LPAG.

120 Confirma esta opinión el profesor Juan Carlos Morón que integró en forma destacada la Comisión que elaboró el proyecto de ley que dio origen a la LPAG: "...quienes conformamos la comisión elaboradora del anteproyecto adoptamos conscientemente la decisión de diseñar las pautas mínimas comunes para que todas las entidades administrativas con aptitud para la aplicación de sanciones sobre los administrados, la ejerzan de manera democrática, previsible y no arbitraria", en: "Comentarios a la Ley de Procedimiento administrativo General", *Gaceta Jurídica*, Lima, 2021, Tomo II, p. 401.

121 Como bien señala Juan Carlos Morón el criterio general - especial de las normas administrativas es relativo porque "una misma disposición puede ostentar ambas calidades, según sea la calidad de la otra norma administrativa con la cual se le compare", de este modo la regulación del procedimiento sancionador es especial respecto de las demás normas de la LPAG, pero general si se contrasta con otras normas legales sancionadoras especiales como las contenidas en el Código Tributario, en las normas de los regímenes de servicios públicos, etc. en: "Comentarios a la Ley de Procedimiento administrativo General", *Gaceta Jurídica*, 7ta Edic, Lima, 2008, p. 31.

Sin embargo, la LPAG avanzó más allá de lo indicado porque no se limita a consignar los lineamientos esenciales de lo que podríamos llamar un procedimiento administrativo sancionador general. Más bien establece un conjunto de reglas generales sustantivas, compuesto por una relación de principios y otras instituciones, válidas para la aplicación de cualquier régimen sancionador sectorial especial, es decir consagra lo que virtualmente podría denominarse la parte general del Derecho Administrativo Sancionador.

En tal sentido, la regulación realizada por la LPAG de los aspectos sustantivos de la potestad sancionadora y de las reglas esenciales del procedimiento administrativo sancionador se erige como el vértice (eje central), y, por ende, punto de referencia obligado de un ordenamiento administrativo complejo, como es el caso del sancionador, compuesto por numerosas regulaciones sectoriales que atendiendo a las peculiaridades de las actividades o materias de su competencia, desarrollan temas específicos, la mayor parte de las veces aplicables exclusivamente en sus respectivos ámbitos, como la tipificación de las conductas consideradas infractoras y de las correspondientes sanciones.

La regulación general realizada por la LPAG de esa parcela muy importante de la actividad administrativa, legislativamente disgregada en numerosas normas sectoriales, fortalece la seguridad jurídica así como los derechos y las garantías subjetivas de los particulares sometidos al ejercicio de dicha facultad exorbitante de la administración, cumpliendo el cometido de toda legislación de carácter administrativo de armonizar o compatibilizar las potestades otorgadas a la administración exclusivamente para la tutela de los intereses públicos con los derechos y garantías de los privados[122].

Por tal razón, en modo alguno puede considerarse que la LPAG afecta la extensión del poder y la intensidad de la potestad sancionadora de la administración desarrollada en nuestro ordenamiento jurídico por las normas sectoriales correspondientes. Como se sabe prácticamente no existe ámbito de intervención administrativa que no incluya la consiguiente dotación a la administración pública de potestades sancionadoras como un instrumento necesario para garantizar su efectividad. Los principios y reglas generales, sustantivas y de procedimiento del régimen de la potestad sancionadora consagradas por la LPAG tienen por objeto racionalizar el ejercicio de dicha potestad mediante el sometimiento de la administración pública a un conjunto de normas básicas, la mayor parte de las cuales se derivan de la Constitución procurando el equilibrio con los derechos de los particulares, sin descuidar los cometidos públicos que se pretenden garantizar a través de la potestad sancionadora.

Recapitulando, en la temática de lo sancionador administrativo en el ordenamiento administrativo peruano hay un antes y después de la regulación que sobre la materia contiene la LPAG[123]. Antes de esta norma solo podíamos encontrar regulaciones sumamente dispersas, fragmentadas, sectoriales es decir aplicables únicamente a ámbitos específicos de la actuación administrativa, cuyo común denominador era haber sido diseñadas exclusivamente desde la perspectiva de los funcionarios públicos con el objeto de facilitar a las entidades administrativas el ejercicio de dicha potestad, con casi ninguna preocupación por la búsqueda de la armonía o equilibrio que necesariamente debería existir con los derechos de los privados que son destinatarios de la actividad administrativa y menos aún consciencia de los derechos, garantías y principios constitucionales que han de necesariamente observarse en el ejercicio de la potestad sancionadora de la administración pública.

En los últimos años tres aspectos han tenido una especial incidencia en el régimen de lo sancionador administrativo en el Perú:

i) La jurisprudencia constitucional sobre la potestad sancionadora de la administración que hasta la fecha ha dictado el Tribunal Constitucional peruano ha tenido como consecuencia la reinterpretación en clave constitucional de las reglas y principios garantistas que sobre la materia contiene la LPAG. La línea seguida por el Tribunal Constitucional ha supuesto la concreción de los derechos fundamentales y

122 Dice la profesora Elisenda Malaret: "...es preciso no olvidar en ningún momento que el gran reto del derecho administrativo como derecho peculiar, como derecho propio de la Administración, ha sido siempre aunar garantías y eficacia", tomado de "El derecho de la administración pública: derecho público y privado: la relevancia de los principios constitucionales", publicado en *AAVV* Derecho Público y derecho privado en la actuación de la administración pública. Marcial Pons. 1999, p. 12.

123 La Ley N° 27444 de procedimiento Administrativo General peruana ha sido objeto de diversas modificaciones, la más importante de las cuales ha sido la dispuesta por el Decreto Legislativo N° 1272 de enero del año 2017 que introdujo varias reformas al régimen del procedimiento administrativo sancionador a las que haremos referencia en este trabajo .

los principios constitucionales reguladores de la potestad punitiva del Estado en la interpretación de los principios y reglas positivizados en el Capítulo regulador de la potestad y del procedimiento sancionador en la LPAG. De esa manera se potencia ostensiblemente el rango jurídico de la mayor parte de dichas disposiciones legales haciendo indisponible su acatamiento por el legislador que ni siquiera mediante la aprobación de leyes especiales sobre la materia podría apartarse de dichas reglas y principios de carácter constitucional, lo que es más evidente en el caso de la administración pública, que está obligada a la aplicación de los referidos principios y reglas garantistas en la tramitación de los respectivos procedimientos administrativos sancionadores.

ii) En la misma línea garantista es pertinente resaltar que el texto del artículo 247.2 de la LPAG al disponer que los principios de la potestad sancionadora administrativa consagrados por el artículo 248° de dicho cuerpo legal, así como la estructura y garantías establecidas para el procedimiento sancionador en el Capítulo correspondiente de la citada norma legal, se aplican preferentemente a las disposiciones sobre la misma materia que puedan estar contenidas en leyes especiales, invirtió la regla del principio de especialidad de las normas jurídicas, en beneficio de la prevalencia de las garantías de los administrados sujetos a la potestad sancionadora de la administración[124].

En nuestra opinión la preferencia de los principios generales de la potestad sancionadora y de las reglas garantistas del procedimiento administrativo sancionador establecidos en la LPAG respecto de las leyes sancionadoras especiales sobre la materia, tiene como fundamento adicional que en materia sancionadora realmente es muy difícil que pueda operar el principio de la especialidad normativa que predica la aplicación preferente de la norma especial sobre la general basado en la premisa que la norma especial es la que mejor se adapta al supuesto de hecho[125], porque la mayor parte de las leyes especiales que con carácter sectorial regulan la potestad sancionadora de la administración circunscriben su contenido a la tipificación de las infracciones y correspondientes sanciones a aplicarse exclusivamente en sus respectivos ámbitos y muy raras veces desarrollan aspectos que podrían considerarse vinculados al régimen general de la potestad sancionadora y menos aún se apartan deliberadamente de los principios y reglas generales.

ii) Finalmente, también es importante poner de relieve que, a partir de la reforma del texto del artículo II la LPAG en enero del 2017 dispuesta por el Decreto Legislativo N° 1272, a su carácter tradicional de ley general y por tanto supletoria respecto de los procedimientos administrativos especiales creados por normas legales sectoriales, le ha sumado a la LPAG el erigirse como un cuerpo legal que simultáneamente contiene normas comunes obligatorias para todos los procedimientos administrativos que deben necesariamente acatar todas las entidades administrativas sin excepción, con independencia de las leyes sectoriales que regulen procedimientos especiales, razón por la cual consideramos que los principios y las reglas de carácter garantista que rigen la actividad sancionadora de la administración forman parte del contenido común de la LPAG y por lo tanto son de obligatoria aplicación y/o cumplimiento en todos los procedimientos administrativos sancionadores que tramiten las entidades de la administración pública en el Perú[126].

Culminada esta primera parte introductoria sobre los aspectos generales del régimen de lo sancionador administrativo en el Perú realizaremos a continuación la presentación de los ejes principales de la regulación del procedimiento administrativo sancionador en la LPAG, cuerpo legal que contiene las reglas esenciales para la tramitación de los procedimientos sancionadores por parte de cualquier entidad de la administración pública peruana, sin perjuicio de las precisiones o reglas especiales que pueden ser establecidas por normas legales sectoriales, pero que en ningún caso podrán apartarse de las garantías básicas establecidas por la LPAG para dicho tipo de procedimiento que como ya se dijo tienen fundamento constitucional.

---

124 Hemos analizado este tema en: "La preferencia de los principios de la potestad sancionadora establecidos en la Ley de Procedimiento Administrativo General respecto de las normas especiales sobre la materia", publicado en el libro colectivo *Modernizando el Estado para un país mejor*, que recoge las ponencias presentadas al IV Congreso Nacional de Derecho Administrativo, Editorial Palestra, Lima 2010, p. 859 y ss.

125 Respecto del principio de la aplicación del principio especialidad normativa en el Derecho Administrativo: José Antonio Tardío Pato, "El principio de especialidad normativa (lex specialis) y sus aplicaciones jurisprudenciales", publicado en *Revista de Administración Pública* N° 162, Madrid, 2003, p. 189 y ss.

126 Hemos trabajado sobre el tema en: "Las razones de la reforma de la Ley de Procedimiento Administrativo Peruana: de Ley General a Ley que también contiene las normas comunes para todas las actuaciones administrativas", a ser publicado próximamente en el *Libro Homenaje al Profesor Juan Carlos Cassagne*.

3. *Las implicancias del principio del debido procedimiento administrativo en el ámbito de lo sancionador*

La consagración del principio del debido procedimiento en el ámbito de lo sancionador administrativo en la LPAG[127] comprende tres garantías las cuales enunciaremos a continuación en el orden de prevalencia que nosotros le asignamos para luego desarrollarlas:

- La obligación de que toda sanción administrativa que se pretenda aplicar solo puede haber sido establecida como consecuencia de un previo procedimiento administrativo sancionador, lo que significa que no es posible jurídicamente aplicar sanciones de plano.

- La obligación de que a continuación de la notificación de cargos al imputado comunicándole el inicio del procedimiento administrativo sancionador se le otorgue la oportunidad de ejercer su derecho de defensa mediante la presentación de sus descargos.

- La obligación que las fases instructora y resolutiva del procedimiento sancionador estén a cargo de diferentes funcionarios, para generar condiciones que promuevan la objetividad e imparcialidad.

En nuestra opinión la garantía más importante comprendida en los alcances del principio del debido procedimiento, que como sabemos además de su consagración en la LPAG tiene fundamento directo en la Constitución, consiste en el reconocimiento del derecho de toda persona a no ser sancionado sino como consecuencia de la tramitación de un procedimiento administrativo sancionador que le haya permitido al imputado ejercer legítimamente su derecho de defensa.

En tal sentido el ordenamiento jurídico administrativo peruano prohíbe tajantemente que las entidades de la administración pública puedan imponer sanciones directas o de plano que no hayan sido producto de un procedimiento administrativo sancionador en el que necesariamente se haya dado oportunidad al imputado para poder exponer y presentar lo que considere conveniente para su defensa.

La potestad asignada a la administración pública para determinar la posible comisión de ilícitos administrativos requiere que la administración inicie formalmente la tramitación de un procedimiento administrativo durante el cual se identifiquen y comprueben los hechos cuya licitud o ilicitud va a ser evaluada, se escuche lo que tiene que decir al respecto el imputado y se realice la correspondiente valoración de sus descargos, porque debe entenderse que la administración cumple correctamente su función de tutela de los intereses públicos cuya protección tiene encomendada no mediante la aplicación indiscriminada de sanciones carentes de fundamento fáctico y/o legal, en suma arbitrarias, sino mediante el ejercicio legítimo y razonado de las potestades que se les confiere para lo cual resulta indispensable escuchar y evaluar lo que puede decir en su defensa el procesado a efectos de adoptar una decisión tomando en cuenta todos los elementos de juicio disponibles.

Lamentablemente cabe constatar que principalmente a nivel local los regímenes legales de algunas municipalidades, como un residuo de épocas que deberían estar hace mucho tiempo superadas, todavía contemplan en las ordenanzas que regulan el régimen de su potestad sancionadora supuestos en los que habilitan a sus funcionarios para aplicar sanciones de plano, es decir sin estar precedido de un procedimiento administrativo, lo cual indudablemente es contrario a la más elemental interpretación del principio del debido procedimiento administrativo sancionador.

La segunda garantía en orden de prelación comprendida en los alcances del principio que venimos comentando es la que exige que a continuación de la decisión de la administración de iniciar un procedimiento sancionador se le notifique al imputado de los cargos que se le formulan otorgándole un plazo, que en ningún caso puede ser inferior a cinco (5) días hábiles, para que presente sus alegaciones y utilice los medios probatorios que considere conveniente. Esta garantía tiene dos objetivos: i) establecer el cauce formal para que el procesado tenga la oportunidad de ejercer su derecho de defensa desde el inicio del correspondiente procedimiento administrativo sancionador y ii) que la administración también pueda contar con elementos de juicio proporcionados por quien es el sujeto de la actuación administrativa a efectos de realizar una evaluación considerando todas las aristas de la materia sometida a su competencia para poder cumplir con eficiencia la función encomendada.

---

127 "Artículo 248°.- Principios de la potestad sancionadora administrativa.- La potestad sancionadora de todas las entidades está regida adicionalmente por los siguientes principios especiales:… 2.- Debido procedimiento.- No se pueden imponer sanciones si que se haya tramitado el procedimiento respectivo, respetando las garantías del debido procedimiento. Los procedimientos que regulen el ejercicio de la potestad sancionadora deben establecer la debida separación entre la fase instructora y la sancionadora, encomendándolas a autoridades distintas".

En ese sentido la obligación impuesta a la administración pública de otorgarles un plazo a los administrados para ejercer su derecho de defensa apenas notificados comunicándoles el inicio del procedimiento administrativo sancionador fue en nuestra opinión probablemente la más importante de las garantías procedimentales que consagro la LPAG cuando comenzó a regir el año 2001, porque en la etapa anterior la regla general era la contraria, es decir que los marcos legales y la práctica administrativa predominante aceptaba la imposición de sanciones administrativa de plano la mayor parte de las veces sin previo procedimiento administrativo o sin otorgar posibilidad al procesado para efectuar sus descargos, porque se entendía erróneamente que el derecho de defensa estaba plenamente satisfecho con la oportunidad que tenían los sancionados para interponer los correspondientes recursos administrativos recién en un momento posterior al de la imposición de la correspondiente sanción.

La tercera garantía cuyo análisis vamos a efectuar con mayor desarrollo en un momento posterior es la obligación de establecer en la regulación del procedimiento administrativo sancionador la debida separación entre la fase instructora y la sancionadora, encomendándose su tramitación a autoridades distintas con el objeto de que el funcionario instructor que tiene a su cargo la decisión de iniciar un procedimiento sancionador en base a los elementos de juicio puestos a su disposición, de imputar los cargos al procesado, evaluar sus descargos y de acopiar los elementos de prueba suficiente para adquirir convicción e informar acerca de la existencia o no de una infracción imputable al procesado, no sea el mismo que el funcionario resolutor al que se le otorga competencia en la fase posterior para sobre la base de lo trabajado por el instructor y tomando en cuenta los medios de defensa aportados por el imputado pueda determinar, se supone que con mayor dosis de imparcialidad y objetividad, la existencia o no de responsabilidad administrativa y de aplicar la correspondiente sanción de ser el caso.

Mas adelante haremos referencia como es que a partir de la reforma de la LPAG dispuesta por el Decreto Legislativo N° 1272 el énfasis puesto en que las fases instructora y resolutora del procedimiento administrativo sancionador estén a cargo de funcionarios diferentes, ha dado lugar que se establezca que en caso el instructor como producto de sus actuaciones considere que se ha cometido una infracción esta obligado a formular un informa final de instrucción que también debe ser notificado al procesado para que pueda ejercer su derecho de defensa presentando sus descargos en un plazo no menos de cinco (5) días hábiles.

Para finalizar el análisis de cómo el principio del debido procedimiento consagrado en la LPAG se proyecta sobre el procedimiento administrativo sancionador conviene tener presente que además de lo enunciado en el precepto contenido en el Capítulo dedicado a regular específicamente lo sancionador[128], en el Título Preliminar de la citada ley se consagra también el mismo principio conteniendo garantías adicionales exigibles en todo tipo de procedimiento administrativo, incluyendo el sancionador[129].

4. *Modalidades de inicio de un procedimiento administrativo sancionador*

Conforme lo establece la LPAG el procedimiento sancionador se inicia siempre de oficio. Entendemos que esta regla se justifica por las siguientes razones: i) porque constituye el ejercicio de una potestad exclusivamente otorgada a la administración para aplicar castigos (sanciones) a quienes transgredan el ordenamiento jurídico; ii) porque una de sus funciones más importantes es promover el cumplimiento del marco legal por la vía de desalentar la comisión de ilícitos mediante la amenaza de la imposición de sanciones.

---

128 Numeral 2) del artículo 248° de la LPAG glosado en el pié de página anterior.

129 "Artículo IV.- Principios del procedimiento administrativo. 1.- El procedimiento administrativo se sustenta fundamentalmente en los siguientes principios sin perjuicio de la vigencia de otros principios generales del Derecho Administrativo: (...) 1.2. Principio del debido procedimiento. - Los administrados gozan de los derechos y garantías implícitos al procedimiento administrativo. Tales derechos y garantías comprenden, de modo enunciativo mas no limitativo, los derechos a ser notificados; a acceder al expediente; a refutar los cargos imputados; a exponer argumentos y a presentar alegatos complementarios; a ofrecer y producir pruebas; a solicitar el uso de la palabra, cuando corresponda; a obtener una decisión motivada, fundada en derecho, emitida por la autoridad competente, y en un plazo razonable; y a impugnar las decisiones que los afecten. ...".

El precepto correspondiente de la LPAG[130] es enfático al disponer que el procedimiento sancionador se inicia siempre de oficio, ya sea por iniciativa propia del funcionario competente para decidir su inicio, quien también puede adoptar dicha decisión: i) por petición motivada de otros órganos o entidades administrativos, o ii) por denuncia de terceros.

Corresponde a las leyes especiales que regulan los procedimientos sancionadores en ámbitos sectoriales específicos determinar al interior de las organizaciones administrativas los órganos a los que se asigna competencia para decidir el inicio de un procedimiento administrativo sancionador, así como los requisitos y formalidades que debe cumplir.

La posibilidad que al interior de la propia administración se peticione el inicio de un procedimiento sancionador se produce con mayor frecuencia cuando ha sido precedido de un procedimiento administrativo de fiscalización (supervisión o inspección), con motivo del cual el órgano competente para fiscalizar verifica que se han producido incumplimientos de las obligaciones exigibles a los administrados y que en consecuencia existe justificación para recomendar el inicio de un procedimiento sancionador para determinar las responsabilidades administrativas que correspondan legalmente. Así lo prevé la LPAG al establecer las modalidades de conclusión de la actividad de fiscalización[131].

En la LPAG el rol del denunciante es el de un colaborador con la administración para la tutela de los intereses públicos, porque pone en conocimiento de la administración la comisión de una posible infracción para que el órgano competente evalúe la pertinencia o no de iniciar un procedimiento administrativo sancionador[132].

La LPAG le niega en forma expresa al denunciante de una infracción o ilícito administrativo la calidad de parte en el procedimiento administrativo sancionador[133] .

Tenemos convicción que durante el proceso de elaboración de la LPAG se conocía que en la vida real se presentan situaciones en las que el denunciante es a su vez el perjudicado o agraviado con la conducta contraria al ordenamiento legal y que en consecuencia puede tener un interés directo en que la autoridad competente conozca de su situación, sancione al infractor e incluso pueda dictar medidas correctivas que favorezcan la restitución de sus derechos afectados, sin embargo queda claro que la opción de la LPAG que es una norma que sirve de común denominador para la tramitación de procedimientos sancionadores en todos los casos que no son regulados por una ley especial, es que el denunciante no tiene la calidad de parte y por ende no puede realizar las actuaciones que le correspondería de tener esa posición en el procedimiento administrativo. En nuestra opinión, la opción de la LPAG es que corresponde al legislador, en los casos especiales que se justifique por la índole de los intereses públicos y derechos subjetivos que podrían ser afectados, determinar en que marcos sectoriales existe justificación y es conveniente que legalmente se le asigne la calidad de parte al denunciante perjudicado e identificar los derechos que se le reconoce podrá ejercer en el respectivo procedimiento administrativo sancionador.

Al no otorgarle la LPAG al denunciante la condición de parte en un procedimiento administrativo sancionador, en nuestra opinión trae como consecuencia que no tenga legitimidad para recurrir de la decisión de no iniciar un procedimiento sancionador del órgano que conoce de su denuncia, ni tampoco para impugnar la resolución que pueda disponer el archivo del procedimiento o imponer una sanción

130 “Artículo 255.- Procedimiento sancionador.- Las entidades en el ejercicio de su potestad sancionadora se ciñen a las siguientes disposiciones: 1.- El procedimiento sancionador se inicia siempre de oficio, bien por propia iniciativo o como consecuencia de orden superior, petición motivada de otros órganos o entidades o por denuncia”.

131 “Artículo 245.- Conclusión de la actividad de fiscalización.- 245.1.- Las actuaciones de fiscalización podrán concluir en: (….) 4.- La recomendación del inicio de un procedimiento con el fin de determinar las responsabilidades administrativas que correspondan”.

132 “Artículo 116.- Derecho a formular denuncias.- 116.1.- Todo administrado está facultado para comunicar a la autoridad competente aquellos hechos que conociera contrarios al ordenamiento, sin necesidad de sustentar la afectación inmediata de algún derecho o interés legítimo, ni que por esta actuación sea considerado sujeto del procedimiento. (….)”.

133 Además del precepto citado en el pie de página anterior que establece que el denunciante no es “considerado sujeto del procedimiento” que se pueda iniciar (siempre de oficio) a partir de su denuncia, el numeral 6) del artículo 255° de la LPAG solo le reconoce al denunciante el derecho a ser notificado con la resolución que pone fin al procedimiento administrativo sancionador, ya sea que aplica una sanción al imputado o que dispone el archivo del procedimiento. Sobre el tema: José Antonio Tirado “Función y posición del denunciante en el procedimiento administrativo sancionador: reflexiones críticas sobre el llamado trilateral – sancionador”. en: *AAVV* Derecho Administrativo en el Siglo XXI. XII Congreso Internacional de Derecho Administrativo. Adrus editores, Lima 2013, Volumen I, p. 613 y ss.

inferior a la que crea conveniente. ¿Cabe preguntarse si es posible que el denunciante pueda desistirse de su denuncia? Consideramos que independientemente del sentido de la respuesta que podamos brindar lo importante es que al iniciarse el procedimiento siempre de oficio por decisión de la autoridad competente, el desistimiento del denunciante sería intrascendente y no afectaría la continuidad del procedimiento. ¿También es posible preguntarse si el denunciante puede asistir a las audiencias que podrían producirse durante la tramitación de un procedimiento administrativo sancionador, presentar pruebas o acceder a la información que obra en el expediente del procedimiento? Consideramos que son actividades de cuestionable procedencia si partimos de la premisa que la LPAG en forma expresa le niega la calidad de parte al denunciante de un hecho supuestamente infractor, asignándole más bien el rol de un colaborador con la administración en la protección de los intereses públicos que podrían ser vulnerados[134-135].

Finalmente, a veces se discute si es que el funcionario a cargo de decidir el inicio o no de un procedimiento sancionador, tiene facultad discrecional para determinar que no se inicie el respectivo procedimiento a pesar de tener certeza que se ha producido una infracción o ilícito administrativo, porque el reconocimiento de dicha facultad podría entrar en contradicción con el principio de legalidad. La LPAG no establece norma alguna al respecto, seguramente por contener las reglas comunes para la tramitación de los procedimientos administrativos sancionadores ha preferido que corresponda a la legislación sectorial establecer en qué casos es posible que el funcionario a pesar de tener elementos de juicio suficientes para iniciar un procedimiento sancionador, está facultado legalmente para no hacerlo. En algunas legislaciones especiales o sectoriales si se regulan supuestos en los que se faculta en forma expresa al funcionario competente para decidir no iniciar un procedimiento sancionador, en atención a la tutela de otros intereses públicos que el legislador también quiere garantizar.

En algunas de dichas normas especiales se le faculta al funcionario no iniciar un procedimiento sancionador cuando la conducta en cuestión es catalogada legalmente como no conforme a las reglas de materialidad, o en los casos en que se dispone que no se inicie un procedimiento sancionador cuando el privado reconoce su condición de infractor, ha procedido a enmendar su conducta y se ha comprometido a no incurrir en los mismos ilícitos[136].

5. *La posibilidad de realizar investigaciones preliminares*

La LPAG faculta para que antes de iniciar un procedimiento administrativo sancionador el órgano o funcionario competente para decidirlo pueda realizar investigaciones con el objeto de obtener información que le permita adquirir indicios u obtener convicción acerca de la pertinencia de iniciarlo[137].

---

134 Sin embargo, en la práctica algunas entidades administrativas le confieren algún grado de participación menor (principalmente para presentar pruebas) al denunciante que invoca la condición de tercero en el procedimiento administrativo sancionador fundado en su condición de perjudicado o agraviado por el procesado, basándose en una interpretación bastante laxa del artículo 69° de la LPAG que regula la condición de los terceros administrados en un procedimiento administrativo.

135 Conforme al régimen de acceso a la información público regulado por el Texto Único Ordenado de la Ley N° 27806, aprobado mediante Decreto Supremo N° 043-2003-PCM, los terceros ajenos a un procedimiento administrativo sancionador no podrán invocar el derecho de acceso a la información pública para acceder a "la información vinculada a investigaciones en trámite referidas al ejercicio de la potestad sancionadora de la administración pública" porque se trata de información que el artículo 17°, numeral 3) de la citada ley le otorga la calidad de confidencial.

136 Reglamento de incentivos, infracciones y sanciones de OSITRAN aprobado mediante Resolución del Consejo Directivo N° 009-2018-CD OSITRAN.: "Artículo 85°.- Excepciones a la obligación de iniciar un Procedimiento Administrativo Sancionador. (….) 85. 2 .- Como acto excepcional y discrecional, la Gerencia de Supervisión y Fiscalización se encuentra facultada a decidir no dar inicio al procedimiento administrativo sancionador, si como consecuencia de los resultados de la acción de supervisión y luego que se haya realizado el correspondiente análisis costo – beneficio, tomando en cuenta las circunstancias de cada caso en concreto y la conducta de la Entidad Prestadora encuentra que no se ha generado grave daño a los Usuarios o no se ha producido una grave afectación al interés público involucrado, al Concedente o a OSITRAN. (…..)"

137 "Artículo 255°.- Procedimiento sancionador .- Las entidades en el ejercicio de su potestad sancionadora se ciñen a las siguientes disposiciones: (….) 2.- Con anterioridad al inicio del procedimiento se podrán realizar actuaciones previas de investigación, averiguación e inspección con el objeto de determinar con carácter preliminar si concurren circunstancias que justifiquen su iniciación".

Consideramos que se trata de una potestad que podría utilizarse principalmente cuando se reciben denuncias o el propio funcionario competente obtiene información por otros medios pero que considera necesario recabar mayores elementos de juicio para adoptar la decisión de iniciar un procedimiento sancionador.

No creemos que la referida potestad de realizar investigaciones preliminares pueda duplicar o sustituir las investigaciones que se realicen con motivo del procedimiento específico de fiscalización regulado por la LPAG[138] que imponen deberes a las entidades que realizan la referida actividad de fiscalización así como derechos y deberes a los administrados fiscalizados y que como ya se dijo anteriormente puede concluir recomendando al órgano o funcionario competente iniciar un procedimiento sancionador con el fin de determinar las responsabilidades administrativas que correspondan.

En nuestra opinión las investigaciones previas al inicio de un procedimiento sancionador que pueda llevar a cabo el funcionario competente no deberían ser utilizadas como un mecanismo para adelantar la actividad probatoria que conforme al marco legal corresponde más bien realizar durante el procedimiento administrativo sancionador con participación del imputado, garantizando sus derechos al debido procedimiento, a la defensa y a la presunción de inocencia.

6. *La imputación de cargos. Contenido y la posibilidad de modificarlos*

Decidida la incoación de un procedimiento administrativo sancionador por parte de la autoridad competente, el órgano instructor debe comunicar los cargos que se le imputan al procesado, otorgándole un plazo perentorio en ningún caso inferior a los cinco (5) días para que presente sus descargos[139].

La notificación de los cargos debe comprender[140]:

- Los hechos cuya realización se le impute a título de cargo;
- La calificación jurídica de las infracciones administrativas que los hechos imputados pueden constituir;
- Las sanciones que podrían imponerse;
- La autoridad competente para determinar la comisión de la infracción y la correspondiente sanción y la norma legal que le atribuye dicha competencia.

Cabe preguntarse si los cargos contenidos en la notificación inicial pueden o no ser modificados durante la tramitación del procedimiento sancionador. La LPAG no contiene norma alguna que faculte a hacerlo o que establezca el procedimiento para realizar alguna modificación. Por el contrario, se establece en forma expresa que la resolución final del procedimiento no puede basarse en hechos diferentes a los determinados durante el procedimiento, aceptando sin embargo que pueda modificarse su valoración jurídica[141].

En nuestra opinión la LPAG no permite que una vez imputados los cargos, durante la tramitación del procedimiento sancionador puedan modificarse los hechos que se imputan al procesado a título de

---

138 Título IV, Capítulo II "La actividad de fiscalización", incorporado a partir de la reforma dispuesta por el Decreto Legislativo N° 1272, arts. 239° a 246°.

139 "Artículo 172.- Alegaciones.- (….) 172.2.- En los procedimientos administrativos sancionadores (….), se dicta resolución solo habiéndole otorgado un plazo perentorio no menor de cinco días para presentar sus alegatos, o las correspondientes pruebas de descargos. Artículo 254°.- Caracteres del procedimiento sancionador.- 254.1 Para el ejercicio de la potestad sancionadora se requiere obligatoriamente haber seguido el procedimiento legal o reglamentariamente establecido caracterizado por: (….) 3.- Notificar a los administrados los hechos que se le imputen a título de cargo, la calificación de las infracciones que tales hechos pueden constituir y la expresión de las sanciones que, en su caso, se le pudieran imponer, así como la autoridad competente para imponer la sanción y la norma que le atribuya tal competencia. Artículo 253.- Procedimiento sancionador.- las entidades en el ejercicio de su potestad sancionadora se ciñen a las siguientes disposiciones: (….) 3.- Decidida la iniciación del procedimiento sancionador, la autoridad instructora del procedimiento formula la respectiva notificación de cargo al posible sancionado (….) para que presente sus descargos por escrito en el plazo que no podrá ser inferior a cinco días hábiles contados a partir de la fecha de la notificación".

140 Sobre el tema: Juan Carlos Morón. *Comentarios a la ley del Procedimiento Administrativo general*. Tomo II. 12ª edición, Lima, 2017, p. 490 y ss.

141 "Artículo 258.- Resolución.- 258.1.- En la resolución que ponga fin al procedimiento no se podrán aceptar hechos distintos de los determinados en el curso del procedimiento, con independencia de su diferente valoración jurídica".

cargo[142]. En caso la administración advierta o repare la existencia de otros hechos posiblemente constitutivos de infracción, diferentes a los que motivaron el inicio de un procedimiento sancionador, que ameritarían ejercer su potestad sancionadora deberán iniciar un nuevo procedimiento sancionador, con las formalidades que se requieren.

La LPAG no contiene la misma prevención respecto de la posibilidad de modificar la calificación jurídica de la infracción imputada durante la tramitación del procedimiento, ya sea para considerar que se ha cometido un ilícito menor o más grave que el originalmente imputado.

En resumen, la LPAG establece la información que necesariamente debe contener la imputación de los cargos al posible sancionado para que pueda ejercer su derecho de defensa. Durante el trámite del procedimiento administrativo la administración no podrá en ningún caso ampliar o modificar los hechos imputados en perjuicio del procesado, pero si podrá modificar la calificación jurídica de dichos hechos para determinar el tipo de infracción cometida y la clase o magnitud de la sanción aplicable.

7. *Los descargos del imputado*

Conforme hemos afirmado anteriormente el derecho del imputado a ser informado de los términos de la imputación tiene vinculación directa con los derechos constitucionales a la defensa y al debido procedimiento administrativo, cuyo contenido cuando se manifiestan como principios del procedimiento administrativo se encuentra desarrollado en la LPAG[143].

El acusado en un procedimiento sancionador tiene derecho a desplegar toda la actividad que considere conveniente para desarrollar su defensa mediante alegaciones y presentar los medios de prueba necesarios para su estrategia de defensa.

¿Cabe preguntarse si es que tiene carácter preclusivo el plazo mínimo de cinco (5) días que se le otorga al imputado para presentar sus descargos? En otras palabras, en caso de haberse vencido el plazo establecido en la notificación que le comunica al acusado, la incoación de un procedimiento administrativo sancionador se considera que ha perdido o menoscabado en alguna medida la posibilidad de ejercer su derecho de defensa? La respuesta es obviamente negativa[144]. El artículo 155° de la LPAG proscribe la preclusión procesal en los procedimientos previstos por el citado cuerpo legal, salvo que se establezca lo contrario en procedimientos especiales[145], además de que el citado numeral 4) del artículo 252.1 establece expresamente que la abstención del ejercicio del derecho a presentar descargos no puede considerar "elemento de juicio en contrario a su situación".

En el régimen de la LPAG el vencimiento del plazo para que el imputado pueda ejercer su derecho de defensa al inicio del procedimiento sancionador no le impide presentar en cualquier momento

---

142 Participa de la misma opinión Diego Zegarra Valdivia "La resolución en el procedimiento administrativo sancionador", en AAVV La Ley de Procedimiento Administrativo General. Diez años después. Libro de ponencias de las Jornadas por los 10 años de la ley de procedimiento administrativo general. Palestra, Lima 2011, p 350 y ss., para quien los cargos imputados "(….) se constituyen en un límite para el contenido de la resolución administrativa porque no es posible que la administración pueda, producto de la instrucción, sancionar al administrado respecto de hechos respecto de los que no ha ejercido su derecho a la defensa, ni por cargos que no han sido observados con anterioridad".

143 Además de los artículos 172.2 y 255, numeral 3) de la LPAG anteriormente glosados, también el numeral 4) del artículo 255° establece dicha obligación para la administración que simultáneamente es un derecho para el imputado, de otorgarle "un plazo de cinco días para formular sus alegaciones y utilizar los medios de defensa admitidos por el ordenamiento jurídico conforme al numeral 172.2 de artículo 172°, sin que la abstención de este derecho pueda considerarse elemento de juicio en contrario a su situación". Sobre el tema: Willy Pedreschi Garcés. "Análisis sobre la potestad sancionadora de la administración pública y el procedimiento administrativo sancionador", en: *AAVV* Comentarios a la Ley de Procedimiento Administrativo General, Ley N° 27444. Segunda parte. Ara editores , Lima 2003, p. 552.

144 Participa de la misma opinión: Christian Guzmán Napurí. *Manual del Procedimiento Administrativo General,* 2da Edic. Instituto Pacífico, Lima 2016, p. 683.

145 "Artículo 155.- Unidad de vista.- Los procedimientos administrativos se desarrollan de oficio, de modo sencillo y eficaz sin reconocer formas determinadas, fases procesales, momentos procedimentales rígidos para realizar determinadas actuaciones o responde a precedencia entre ellas, salvo disposición en contrario de la ley en procedimientos especiales".

alegaciones o elementos de prueba para que sean considerados durante la tramitación del respectivo procedimiento[146].

8. *La separación de las funciones de instrucción y decisión como garantía de imparcialidad*

Aunque la LPAG no lo establece en forma expresa, implícitamente el procedimiento administrativo sancionador se articula en base a dos fases: i) la instrucción y ii) la resolución del procedimiento[147].

Como se puede apreciar la LPAG en principio ha querido incrementar los niveles de objetividad e imparcialidad de los funcionarios que participan en el procedimiento sancionador a través de la anotada diferenciación entre las fases de instrucción y de resolución.

El ejercicio de las citadas funciones de instrucción y resolución estarán a cargo de los órganos o funcionarios que determine la entidad administrativa conforme a su organización interna. En la práctica algunas entidades administrativas han encomendado el rol de instructores a funcionarios que forman parte del órgano, dirección o gerencia a cuyo titular se le asigna la función resolutoria del procedimiento sancionador. De esa manera muchas veces se presenta una relación jerárquica entre instructor y resolutor en los procedimientos sancionadores.

Al instructor del procedimiento sancionador le corresponde notificar su inicio al imputado, recibir y evaluar sus descargos, realizar todas las actuaciones probatorias que considere conveniente o que hayan sido presentadas o propuestas por el acusado utilizando las facultades que le confiere la LPAG y concluir su tarea preparando un informe final de instrucción formulando su opinión acerca de la existencia o no de infracción en base a los elementos de hecho (pruebas) recopilados y a su evaluación jurídica.

En el citado informe final el instructor deberá en primer lugar determinar si considera que se ha cometido o no una infracción, y de ser el caso, proponer cuál es la sanción a aplicar. En caso su conclusión es que se ha acreditado la existencia de una infracción deberá determinar: i) las conductas probadas que se consideren infracciones; ii) la norma legal que tipifica la sanción a aplicarse y iii) la sanción que se propone aplicar

En principio podría afirmarse que el referido informe de instrucción no es vinculante para el funcionario competente para resolver el procedimiento sancionador, aunque constituye probablemente el insumo más importante que tendrá a su disposición. Por esa razón la LPAG le otorga potestad a la autoridad resolutora para "disponer la realización de actuaciones complementarias, siempre que las considere indispensables para resolver el procedimiento".

Sin embargo, podríamos reflexionar que sucede en la hipótesis que el instructor concluya su informe opinando que no se ha cometido una infracción, porque en dicha situación no se entiende cual sería la necesidad de notificar al procesado para que presente nuevamente descargos cuando lo están exonerando de responsabilidad. Por tanto, podríamos concluir que el informe de instrucción que determine la no existencia de infracción si debería ser vinculante para la autoridad resolutora. En sintonía con esta interpretación en la mayoría de las normas de desarrollo sectoriales de los procedimientos sancionadores se ha establecido que el informe final de instrucción concluyendo que no se ha cometido alguna

---

146 Por tal razón nos parece antijurídico que en el artículo 74.4 del Reglamento de Infracciones y Sanciones de la Contraloría aprobado mediante Resolución N° 100-2018-CG, se disponga que: "La presentación extemporánea del escrito de descargos no obliga a la evaluación de su contenido ni da lugar a retraso en la emisión del pronunciamiento".

147 LPAG. "Artículo 255.- Procedimiento sancionador.- Las entidades en el ejercicio de su potestad sancionadora se ciñen a las siguientes disposiciones: (….) 5.- Concluida, de ser el caso, la recolección de pruebas, la autoridad instructora del procedimiento concluye determinando la existencia de una infracción y, por ende, la imposición de una sanción; o la no existencia de infracción. La autoridad instructora formula un informe final de instrucción en el que se determina, de manera motivada, las conductas que se consideren probadas constitutivas de infracción, la norma que prevé la imposición de sanción; y, la sanción propuesta o la declaración de no existencia de infracción, según corresponda. Recibido el informe final, el órgano competente para decidir la aplicación de la sanción puede disponer la realización de actuaciones complementarias, siempre que las considere indispensables para resolver el procedimiento. El informe final de instrucción debe ser notificado al administrado para que formule sus descargos en un plazo no menor de cinco (5) días hábiles".

infracción por el imputado tiene como consecuencia la terminación del respectivo procedimiento sancionador[148].

Respecto de la obligación de notificar al procesado el informe final de instrucción para que también en dicha etapa pueda efectuar sus descargos respecto de las conclusiones a las que ha arribado el instructor, sabemos que no existe una interpretación uniforme acerca de a quien corresponde la competencia para realizar dicha notificación, porque en las normas de desarrollo de algunos procedimientos sectoriales se ha considerado que compete realizar la notificación al instructor y en otras al resolutor.

Sin embargo, en nuestra opinión más importante resulta definir cuál es el impacto en el procedimiento de los descargos que pueda formular el procesado respecto del informe de instrucción, en particular si solo corresponde su evaluación por el resolutor, o si es que deberían ser materia de evaluación por el instructor quien estaría obligado a preparar un nuevo informe de instrucción en el que expresa su opinión motivada acerca de lo alegado por el imputado. Nosotros nos inclinamos por esta última interpretación, es decir debe corresponder al instructor una vez conocido los descargos que presente el acusado evaluar los mismos y producir de ser el caso un nuevo informe que sería elevado al resolutor para que ejerce las competencias que la LPAG le confiere[149].

9. *La prueba. ¿A quién corresponde la carga? El derecho a acceder al expediente*

La probanza en el procedimiento administrativo sancionador está regida por varios principios la mayor parte de los cuales tienen fundamento directo en la Constitución. Es el caso:

Del principio al debido procedimiento administrativo, que entre otras garantías comprende a título enunciativo los derechos "a acceder al expediente, a refutar los cargos imputados; a exponer argumentos y a presentar alegatos complementarios; a ofrecer y a producir pruebas (...)[150]".

El principio de verdad material conforme al cual la autoridad administrativa solo podrá resolver cuanto tenga convicción o absoluta certeza sobre los hechos que sirven de base para sus decisiones[151], para lo cual la LPAG le otorga potestades para practicar un conjunto bastante amplio de medios probatorios válidos en derecho para que pueda requerirlos o actuarlos en cualquier momento del procedimiento[152].

El principio de impulso de oficio que obliga a las autoridades administrativas a realizar de oficio las actuaciones probatorias necesarias "para la determinación, conocimiento y comprobación de los datos en virtud de los cuales deba pronunciarse la resolución", sin perjuicio del derecho de los administrados a proponer o proporcionar pruebas para su defensa[153].

---

148 Es el caso del artículo 75.2 del Reglamento de Infracciones y Sanciones de la Contraloría aprobado mediante Resolución N° 100-2018-CG que refiriéndose al informe final de instrucción dispone lo siguiente: "(...) En caso el pronunciamiento determine la inexistencia de infracción, se emite la resolución correspondiente y dispone el archivo del expediente, la cual se notifica al administrado y se comunica a la entidad". También lo establece el Reglamento del Procedimiento Administrativo Sancionador del Organismo de Evaluación y Fiscalización Ambiental –OEFA, aprobado mediante Resolución N° 027-2017-OEFA/CD, "Artículo 8.- Informe final de Instrucción.- (...) 8.2 .- Solo en caso se determine la existencia de una o más infracciones, el Informe Final de Instrucción se notifica al administrado, otorgándose un plazo improrrogable de cinco (5) días hábiles para presentar sus descargos. 8.3.- En caso no se determine la existencia de infracciones, en el Informe Final de Instrucción se recomienda el archivo del procedimiento".

149 Reglamento de incentivos, infracciones y sanciones de OSITRAN aprobado mediante Resolución del Consejo Directivo N° 009-2018-CD OSITRAN: "Artículo 93.3.- Recibidos los descargos (...) serán evaluados por la Jefatura de Fiscalización la cual emitirá un nuevo informe, en un plazo no mayor de veinte (20) días (...)".

150 Principio del debido procedimiento consagrado en el numeral 1.2 del artículo IV del Título Preliminar de la LPAG, anteriormente glosado.

151 Título Preliminar, artículo IV, "Numeral 1.11.- Principio de verdad material.- En el procedimiento, la autoridad administrativa competente deberá verificar plenamente los hechos que sirven de motivo a sus decisiones, para lo cual deberá adoptar todas las medidas probatorias necesarias autorizadas por la ley, aun cuando no hayan sido propuestas por los administrados o hayan acordado eximirse de ellas. (....)"

152 En el Capítulo VI Instrucción del Procedimiento de la LPAG, arts 170° a 191° en el que se regula todo lo referido al régimen de las actuaciones probatorias

153 Principio regulado en el numeral 1.3) del artículo IV del Título Preliminar de la LPAG y también enunciado en los artículos 170.1 y 173.1 del mismo cuerpo legal.

El Principio de presunción de ilicitud que en el ámbito de lo penal se conoce como de presunción de inocencia, conforme al cual se presume que el administrado ha actuado con sujeción al ordenamiento jurídico y que repercute con especial incidencia en el ámbito de la prueba en lo sancionador administrativo[154].

En lo sancionador administrativo, por imperio del citado principio de presunción de licitud, la carga de la prueba recae necesariamente en los órganos que tramitan el procedimiento sancionador, estando a su cargo la demostración razonada de que el acusado ha cometido la conducta reprochada que configura la infracción administrativa, de la culpabilidad del procesado y del perjuicio que pueda haber ocasionado[155]. Toda duda razonable sobre la comisión de una infracción tiene que resolverse a favor administrado, absolviéndolo de la imputación.

El procesado en un procedimiento sancionador debe contar con las garantías que le permitan la posibilidad de rebatir las pruebas de cargo que pretenda utilizar en su contra la administración. Una de dichas garantías es la de participar en la práctica de las pruebas o también denominado principio de "contradicción probatoria" que se expresa en la obligación por parte de la administración de poner en conocimiento del procesado con la suficiente antelación el lugar, fecha y la hora en que habrán de practicarse, para que pueda ejercer su derecho a la defensa y de ser el caso controvertir la prueba[156].

Vinculado a la garantía del control de las pruebas, la LPAG es enfática al consagrar el derecho de todo administrado para acceder y de obtener copias en cualquier momento a la información que obra en el expediente que recoge las actuaciones del respectivo procedimiento administrativo[157]. Se trata de un derecho diferente al derecho constitucional de acceso a la información pública que permite a cualquier ciudadano solicitar en virtud del principio de transparencia de los asuntos públicos la información que obra en poder de la administración, para lo cual en caso de negativa por la administración se ha previsto un proceso constitucional ad hoc para demandar su protección como es el caso del habeas data. Sin embargo en nuestra opinión el derecho de acceder a la información del expediente del procedimiento administrativo en el que se tiene la condición de parte, es decir la calidad de procesado en el caso de los procedimientos administrativos sancionadores, es mucho más potente porque están en juego los derechos constitucionales al debido procedimiento y a la defensa de los acusados, razón por la cual se trata de un derecho cuyo ejercicio se rige por el principio de simplicidad y en tal sentido se prevé en forma expresa que puede ejercerse verbalmente y que debe ser otorgado de inmediato en la oficina en la que se encuentre el expediente del procedimiento[158].

La LPAG no establece propiamente una etapa probatoria o un plazo máximo para que el acusado presente pruebas. El plazo mínimo de cinco (5) días que se prevé para que ejerza su defensa respecto de los cargos que le imputan al iniciar el procedimiento sancionador, no impide que pueda presentar las pruebas que considere convenientes en cualquier momento de la tramitación del procedimiento administrativo, antes de que este culmine[159]. Solo en algunos procedimientos sancionadores regulados

---

154 LPAG "Artículo 248°.- Principios de la potestad sancionadora.- Numeral 9) Presunción de licitud.- Las entidades deben presumir que los administrados han actuado apegados a sus deberes mientras no cuenten con evidencia en contrario".

155 El texto Único Ordenado de la LPCA establece en el segundo párrafo de su artículo 33° que cuando el sancionado cuestione judicialmente la aplicación de sanciones administrativas o medidas correctivas en su contra, la carga de la prueba se invierte en su favor, porque corresponde a la administración durante el proceso judicial acreditar los hechos en los que ha basado su decisión.

156 "Artículo 174- Actuación probatoria.- 174.2.- La autoridad administrativa notifica a los administrados, con anticipación no menor de tres días, la actuación de prueba, indicando el lugar, fecha y hora".

157 Lo regula esencialmente en el artículo 169 de la LPAG, pero también lo consagra a título de principio del procedimiento administrativo en el artículo IV, numeral 1.19) del Título Preliminar y como uno de los derechos de los administrados en el procedimiento administrativo en el numeral 3) del artículo 64° del mismo cuerpo legal.

158 Sobre el derecho de acceso al expediente administrativo ad intra por quien es parte en el mismo: Ernesto Jinesta L. "Debido procedimiento administrativo" en: *AAVV Derecho Administrativo en el Siglo XXI*. XII Congreso Internacional de Derecho Administrativo. Adrus editores, Lima 2013, Volumen I, p. 586 y ss.

159 "Artículo 172.- Alegaciones.- 172.1.- Los administrados pueden en cualquier momento del procedimiento formular alegaciones, aportar los documentos u otros elementos de juicio, los que serán analizados por la autoridad, al resolver". Opina en el mismo sentido: Roberto Shimabukuro Makikado "La instrucción del procedimiento administrativo", en: *AAVV Comentarios a la Ley de Procedimiento Administrativo general*, Ley N° 27444. Segunda parte. Ara editores , Lima 2003, p. 302.

por normas especiales se establecen plazos máximos para que los procesados puedan presentar las pruebas para su defensa[160].

Los artículos 171.2 y 175 de la LPAG establecen una relación de los medios de prueba susceptibles de actuarse en el procedimiento sancionador bastante amplia, porque comprende: i) la presentación de documentos e informes; ii) la presentación de pericias; iii) testimonios, iv) inspecciones y v) cualquier otra prueba, salvo aquellos medios prohibidos por disposición legal expresa.

En el caso de procedimientos administrativos sancionadores que hayan sido precedidos por previos pronunciamientos en la jurisdicción penal, la administración sancionadora debe atenerse a lo que haya determinado una sentencia penal en la apreciación de los hechos, razón por la cual los mismos hechos ya no podrán ser objeto de prueba en el procedimiento sancionador que se tramita, correspondiendo a la administración únicamente evaluar sus consecuencias jurídicas[161]. En sintonía con la necesaria vinculación de los procedimientos sancionadores a los hechos probados en la vía penal, se faculta en forma expresa a la administración para ejercer la potestad de revisión de oficio de aquellas resoluciones administrativas recaídas en un procedimiento sancionador que estuvieren fundadas en hechos contradictorios a los probados por resoluciones judiciales firmes[162].

10. *Medidas de carácter provisional*

La LPAG faculta en su artículo 256° a las autoridades que tramitan el procedimiento administrativo sancionador (instructor o resolutor) para disponer la adopción de medidas de carácter provisional, que tienen la condición de cautelares, entendemos que con el objetivo de tutelar o proteger los intereses públicos que podrían ser puestos en peligro o afectados por las conductas cuya licitud está siendo evaluada[163]. Por mandato del artículo 157° de la LPAG solo es posible disponer la aplicación de las medidas provisionales taxativamente permitidas por una norma legal (tipicidad).

La necesaria correspondencia que debe existir entre los intereses públicos que se pretende tutelar y los tipos de medidas cautelares que se pueden establecer determina lo siguiente: i) que las medidas deben ser proporcionales a los objetivos que se pretenden garantizar, ii) que no deben adoptarse medidas "que puedan causar perjuicio de difícil o imposible reparación a los interesados o que impliquen violación de sus derechos", iii) que las medidas no deben extenderse más allá de lo necesario para cumplir sus objetivos y que en consecuencia la autoridad puede revocarlas cuando compruebe que ya no son indispensables y iv) que pueden ser modificadas para adaptarlas cuando se ha alterado la situación que motivo su dictado.

Por su carácter de cautelares las medidas adoptadas se deberán compensar, en cuanto sea posible, con la sanción que pueda ser impuesta en el procedimiento sancionador.

La LPAG dispone que las medidas cautelares necesariamente se extinguen en dos situaciones: i) Por regla general con la resolución que pone fin al procedimiento, pero en consonancia con lo dispuesto por el artículo 258.2, se autoriza a la autoridad competente para resolver el recurso administrativo que haya sido

---

160 En el art. 90° del Reglamento de incentivos, infracciones y sanciones de OSITRAN anteriormente citado se establece un "período de actuación de pruebas" de 30 días contados a partir del vencimiento del plazo para presentar los descargos, que podría ser ampliado hasta 20 días adicionales. En el artículo 75.1 del Reglamento de Infracciones y Sanciones de la Contraloría también antes citado se establece que una vez se notifique al procesado que el órgano instructor se encuentra expedito para emitir su pronunciamiento "(….) no está obligado a evaluar o valorar en el pronunciamiento los escritos, alegatos o medios de prueba que sean presentados con posterioridad a la notificación de la declaración de expedito, sin menoscabo de su incorporación al expediente y eventual consideración en la fase sancionadora como prueba de oficio".

161 "Artículo 254.- Caracteres del procedimiento sancionador.- 254.1.- Para el ejercicio de la potestad sancionadora se requiere obligatoriamente haber seguido el procedimiento legal o reglamentariamente establecido caracterizado por: (….) 2. Considerar que los hechos probados por resoluciones judiciales firmes vinculan a las entidades en sus procedimientos sancionadores".

162 "Artículo 254- Caracteres del procedimiento sancionador.- 254.2.- La administración revisa de oficio las resoluciones administrativas fundadas en hechos contradictorios con los probados en las resoluciones judiciales con calidad de cosa juzgada, de acuerdo con los procedimientos de revisión de oficio".

163 Sobre el tema: Juan Carlos Morón. Comentarios a la ley del Procedimiento Administrativo general. Tomo II. 12ª edición, Lima, 2017, p. 499 y ss. También: Christian Guzmán Napurí "Medidas cautelares, provisionales, correctivas y reparativas en el procedimiento sancionador", en *AAVV Derecho Administrativo en el Siglo XXI.* XII Congreso Internacional de Derecho Administrativo. Adrus editores, Lima 2013, Volumen I, p. 677 y ss.

interpuesto por el sancionado, para "mantener las medidas acordadas o adoptar otras hasta que dicte el acto de resolución del recurso"; y ii) Cuando el procedimiento administrativo sancionador haya caducado por vencimiento del plazo para su tramitación.

11. *Caducidad del procedimiento sancionador*

La LPAG establece un régimen de caducidad que extingue el procedimiento administrativo sancionador cuando se excede el plazo máximo legalmente establecido para resolver y notificar la correspondiente resolución que finaliza su tramitación, determinando la imposibilidad de continuarlo y en consecuencia el archivo de sus actuaciones[164].

En la LPAG el plazo previsto con carácter general para resolver los procedimientos sancionadores, que como sabemos solo se inician de oficio, es de nueve (9) meses a contar desde la fecha de notificación de la imputación de cargos al procesado. Excepcionalmente se permite que la autoridad encargada de la tramitación del respectivo procedimiento, que en nuestra opinión se refiere al instructor o al resolutor según la etapa del procedimiento en que se encuentre, puede disponer ampliar el referido plazo, con carácter previo a su vencimiento, mediante resolución motivada hasta por tres (3) meses adicionales, lo que significa que en ningún caso el plazo para la tramitación de los procedimientos administrativos sancionadores que se regulan por la LPAG pueden exceder los doce (12) meses en total.

Es importante tener presente que la caducidad (también llamada perención) por vencimiento del plazo para resolver solo opera respecto del trámite de los procedimientos administrativos sancionadores, la caducidad no se aplica en los procedimientos que se inicien a partir de los recursos administrativos que interpongan los afectados contra las resoluciones que determinan su responsabilidad administrativa y en consecuencia les aplican sanciones[165]. El vencimiento de los plazos legalmente previstos para que se resuelven los procedimientos administrativos recursivos solo determinará la aplicación de la modalidad de silencio administrativo que la LPAG establece y que analizaremos en la parte final de esta ponencia.

La caducidad del procedimiento administrativo sancionador por mandato legal opera automáticamente al vencimiento del plazo máximo para resolver, por tanto debe ser apreciada de oficio por el órgano a cargo de la tramitación del citado procedimiento, pero también puede ser solicitada por el procesado, para que la administración declare expresamente la caducidad con carácter meramente declarativo de unos efectos que se produjeron al vencimiento del plazo para resolver y no con carácter constitutivo.

Conforme a la LPAG la caducidad tiene las siguientes consecuencias:

- La primera es la extinción del procedimiento sancionador que se estaba tramitando;

- La segunda es que permite que la administración pueda iniciar el trámite de un nuevo procedimiento sancionador, en la medida que potestad sancionadora de la administración no hubiera prescrito;

- La tercera es que se considera que el procedimiento administrativo sancionador que ha sido declarado caduco por no concluir su tramitación dentro de los plazos máximos legales "no interrumpe la prescripción", lo que en nuestra opinión a pesar de hacer referencia erróneamente a la figura de la interrupción no prevista en el precepto de la LPAG que regula la prescripción,

---

164 "Artículo 259.- Caducidad administrative del procedimiento sancionador 1. El plazo para resolver los procedimientos sancionadores iniciados de oficio es de nueve (9) meses, contado desde la fecha de notificación de la imputación de cargos. Este plazo puede ser ampliado de manera excepcional, como máximo por tres (3) meses, debiendo el órgano competente emitir una resolución debidamente sustentada, justificando la ampliación del plazo, previo a su vencimiento. La caducidad no aplica al procedimiento recursivo. Cuando conforme a ley las entidades cuenten con un plazo mayor para resolver la caducidad operará al vencimiento de este. 3. Transcurrido el plazo máximo para resolver, sin que se notifique la resolución respectiva, se entiende automáticamente caducado el procedimiento y se procederá a su archivo. 3. La caducidad es declarada de oficio por el órgano competente. El administrado se encuentra facultado para solicitar la caducidad del procedimiento en caso el órgano competente no la haya declarado de oficio. 4. En el supuesto que la infracción no hubiera prescrito, el órgano competente evaluará el inicio de un nuevo procedimiento sancionador. El procedimiento caducado no interrumpe la prescripción". (....)

165 Hemos trabajado sobre el régimen de la caducidad del procedimiento administrativo sancionador y sus consecuencias en: "La prescripción de las infracciones, de la ejecución de las sanciones y la caducidad (perención) del procedimiento administrativo sancionador", publicado en: *AAVV Derecho Administrativo en el Siglo XXI*, Congreso Internacional de Derecho Administrativo, Adrus editores, Perú 2013, Volumen I, p 693 y ss.

debemos entender que se refiere a la suspensión del cómputo del plazo de prescripción que se genera cuando se inicia el procedimiento sancionador[166]. En otras palabras, cuando se produce la caducidad de un procedimiento sancionador se toma como si nunca hubiese existido, por tanto, debe entenderse que nunca se produjo la suspensión del cómputo del plazo de prescripción al iniciarse dicho procedimiento y en consecuencia el plazo de prescripción se contabilizará desde el principio ("se reactivará"), como si el plazo nunca hubiera sido suspendido.

Como la figura de la caducidad del procedimiento administrativo sancionador es una institución de relativamente reciente incorporación por mandato del Decreto Legislativo N° 1272 al régimen del procedimiento administrativo sancionador de la LPAG, se ha previsto en una disposición complementaria transitoria[167] que la caducidad de los procedimientos administrativos sancionadores que se encontraban en trámite a la fecha de entrada en vigencia del citado Decreto Legislativo (el 22 de diciembre del 2016) solo se produciría respecto de aquellos cuya tramitación no hubiera concluido al cumplirse el plazo de un año contado desde la citada fecha (el 22 de diciembre del 2017).

12. *Terminación del procedimiento sancionador*

Como todo procedimiento administrativo el sancionador puede concluir de dos maneras:

- Normal.- Cuando el procedimiento concluye con una resolución: i) ya sea cuando se absuelve al procesado, ii) se determina que se ha cometido una infracción y por tanto se le aplica una sanción, o iii) se declara la prescripción de la potestad para sancionar, o iv) que se ha producido alguna de las causales de eximentes de la responsabilidad por infracciones contempladas en el numeral 1) del artículo 255° de la LPAG.

- Anormal.- Cuando caduca el procedimiento sancionador, que como sabemos se produce cuando vence el plazo máximo legalmente establecido para que la administración concluya con la tramitación de citado procedimiento y cumpla con emitir una resolución.

La LPAG contiene un artículo específico[168] que regula diversos aspectos referidos a las resoluciones que se dicten para finalizar un procedimiento sancionador, las que reseñamos a continuación:

- Conforme se ha comentado anteriormente, una de las más importantes garantías del derecho a la defensa es que la administración no puede resolver un procedimiento sancionador en base a hechos diferentes a los imputados al acusado (debe respetar el principio de congruencia), sin perjuicio de que pueda otorgarle una diferente valoración jurídica.

- Se establece que la sanción impuesta solo puede ejecutarse cuando dicha decisión haya quedado firme por no haberse cuestionado, o en caso de haber sido impugnada por el sancionado mediante la interposición de recursos administrativos, recién cuando se haya agotado la vía administrativa. Como ya se ha referido anteriormente en este trabajo se trata de una excepción a la regla general de la ejecutividad y en consecuencia también de la ejecutoriedad de los actos administrativos que se justifica en la protección del derecho a la defensa de los sancionados. Sin embargo, a efectos de que la administración pueda tutelar los intereses públicos que considere puedan estar siendo afectados se le faculta para poder disponer medidas cautelares con la finalidad de preservarlos.

---

166 "Artículo 252.- Prescripción. 252.2 (...)El cómputo del plazo de prescripción solo se suspende con la iniciación del procedimiento sancionador a través de la notificación al administrado de los hechos constitutivos de infracción que les sean imputados a título de cargo, de acuerdo a lo establecido en el artículo 253, inciso 3 de esta Ley. Dicho cómputo deberá reanudarse inmediatamente si el trámite del procedimiento sancionador se mantuviera paralizado por más de veinticinco (25) días hábiles, por causa no imputable al administrado".

167 Disposiciones Complementarias Transitorias.- (…) Décima.- Para la aplicación de la caducidad prevista en el artículo 257 del presente Texto Único Ordenado de la Ley N° 27444, Ley del Procedimiento Administrativo General, se establece un plazo de un (1) año, contado desde la vigencia del Decreto Legislativo N° 1272, para aquellos procedimientos sancionadores que a la fecha se encuentran en trámite.

168 LPAG "Artículo 258.- Resolución.- 258. 1.- En la resolución que ponga fin al procedimiento no se podrán aceptar hechos distintos de los determinados en el curso del procedimiento, con independencia de su diferente valoración jurídica. 258. 2.- La resolución será ejecutiva cuando ponga fin a la vía administrativa. La administración podrá adoptar las medidas cautelares precisas para garantizar su eficacia, en tanto no sea ejecutiva. 256. 3. Cuando el infractor sancionado recurra o impugne la resolución adoptada, la resolución de los recursos que interponga no podrá determinar la imposición de sanciones más graves para el sancionado".

- En los procedimientos administrativos que resuelven los recursos que se interpongan contra las resoluciones que determinan responsabilidad para el imputado y le aplican sanciones, no cabe la denominada *reformatio in peius* también conocida como reforma peyorativa, es decir no es posible que se agravie su situación inicial, porque de suceder dicha situación se estaría desalentando el ejercicio del derecho defensa[169].

13. *Medidas correctivas*

Las medidas correctivas son aquellas decisiones que el ordenamiento faculta a la administración sancionadora a adoptar acompañando a una sanción para disponer la restitución de la legalidad quebrantada por la infracción cometida. No tienen naturaleza sancionadora porque no constituyen castigos (aflicciones) que se aplican a los infractores, por tanto, no lesionan el principio de nen bis in ídem, su finalidad es obligar al autor del ilícito para que reponga la situación alterada por la infracción a su estado anterior, en otras palabras, revertir los efectos nocivos de sus acciones u omisiones y restablecer la legalidad de su conducta, en tutela de los intereses públicos protegidos por el ordenamiento administrativo[170].

Respecto de las medidas correctivas la LPAG establece el siguiente régimen[171]:

- La LPAG faculta a la administración sancionadora para dictar medidas correctivas que acompañen a las resoluciones que determinen responsabilidad por la comisión de una infracción administrativa y apliquen sanciones administrativas;

- Aunque la LPAG no lo establezca en forma expresa entendemos que en principio pueden ser dictadas de oficio, pero en los casos que una ley lo autorice también podrían ser solicitadas por quien se le reconozca legitimidad para formular ese pedido[172];

- Las modalidades de medidas correctivas que se decidan requieren haber sido previamente tipificadas, lo cual sucede en normas de procedimiento administrativo sancionador especiales;

- Las medidas correctivas que se dispongan deben ser razonables y proporcionales en función de los bienes jurídicos tutelados (los intereses generales) que se proponen tutelar en cada caso;

- Mediante las medidas correctivas no es posible disponer el reconocimiento o pago de daños y perjuicios en beneficio de los perjudicados por la infracción cometida, porque se trata de una materia que requiere el ejercicio de la función jurisdiccional la que constitucionalmente esta residenciada en el Poder Judicial o, de ser el caso, en la vía arbitral.

Entendemos que en caso de incumplimiento de las medidas correctivas que se dispongan acompañando el ejercicio de la potestad sancionadora, la administración estará facultada para utilizar cualquiera de los medios de ejecución forzosa de los actos administrativos (autotutela ejecutiva) que el

---

169 Sobre el tema: Juan Carlos Morón "Los principios delimitadores de la potestad sancionadora de la administración pública en la ley Peruana", publicado en *Advocatus* N° 13, 2005, p. 237 y ss.

170 Sobre el tema Juan Carlos Morón "Los actos – medidas (medidas correctivas, provisionales, reparadoras y de seguridad) y la potestad sancionadora de la Administración", publicado en *Revista del Círculo de Derecho Administrativo de la PUCP*, N° 9, Lima 2010. También: Jorge Danós O. Notas acerca de la potestad sancionadora de la administración pública", publicado en *revista Ius Et Veritas* N° 10, Lima 1995, pg 156 y Noelia Carreras Schabauer "Medidas de policía administrativa y régimen jurídico del servicio público: uso de las medidas correctivas en el Perú". En *AAVV Derecho PUCP. Revista de la facultad de Derecho*. Fondo editorial. Pontifica Universidad católica del Perú. N° 67, Lima 2011, p. 487 y ss.

171 Artículo 251. –"Determinación de la responsabilidad.- 251.1.- Las sanciones administrativas que se impongan al administrado son compatibles con el dictado de medidas correctivas conducentes a ordenar la reposición o la reparación de la situación alterada por la infracción a su estado anterior, incluyendo la de los bienes afectados, así como con la indemnización por los daños y perjuicios ocasionados, las que son determinadas en el proceso judicial correspondiente. Las medidas correctivas deben estar previamente tipificadas, ser razonables y ajustarse a la intensidad, proporcionalidad y necesidades de los bienes jurídicos tutelados que se pretenden garantizar en cada supuesto concreto".

172 Es el caso de los consumidores o usuarios a los que el Código de protección al consumidor aprobado mediante la Ley N° 29571 les faculta solicitar medidas correctivas complementarias y medidas correctivas reparadoras con el objeto de revertir la conducta infractora del proveedor y de resarcirle las consecuencias patrimoniales negativas, revirtiendo la situación al estado anterior (arts 114 a 116)

artículo 205 de la LPAG establece[173], con excepción del procedimiento de ejecución coactiva en los casos en que la medida correctiva consista en disponer que el infractor realice directamente acciones en beneficio directo e individualizado al afectado, porque la citada potestad de ejecución coactiva solo puede utilizarse para la ejecución forzosa de obligaciones en beneficio de la administración pública.

En los últimos 10 o 15 años en el ordenamiento jurídico – administrativo peruano las medidas correctivas han experimentado un significativo apogeo, principalmente en las disposiciones que desarrollan el procedimiento administrativo sancionador de los organismos reguladores pero también en varios otros marcos legales como es el caso paradigmático del citado Código de protección de defensa del consumidor, en ese contexto es que la LPAG establece las reglas comunes a las que debe necesariamente sujetarse la administración sancionadora para poder utilizar las medidas correctivas como herramientas jurídicas para revertir los efectos de la conducta infractora y evitar que esta se repita en el futuro, en consonancia con los intereses públicos.

VII. EL CONTROL JUDICIAL DE LA ADMINISTRACIÓN PÚBLICA. PROCESO CONTENCIOSO ADMINISTRATIVO, LOS PROCESOS CONSTITUCIONALES Y ARBITRAJES

1. *El Proceso contencioso-administrativo*

El proceso contencioso administrativo en el Perú esta expresamente consagrado en el artículo 148° de la Constitución[174] como un mecanismo para el control judicial de la legalidad de la actividad de la Administración Pública, mediante el cual los ciudadanos pueden acudir ante el Poder Judicial cuestionando las decisiones administrativas que afecten sus derechos e intereses.

En el ordenamiento jurídico peruano el proceso contencioso administrativo es una garantía esencial del Estado de Derecho, porque constituye un mecanismo creado para controlar que la Administración Pública actúe subordinada al marco jurídico que regula su actividad (la Constitución, las leyes y los reglamentos), permitiendo a los ciudadanos acudir a otro Poder del Estado (el Judicial) demandando que evalúe si las actuaciones de la Administración son contrarias o no a Derecho.

De lo expuesto se puede apreciar que la consagración a nivel constitucional del proceso contencioso administrativo cumple los siguientes objetivos: (i) Garantiza el equilibrio entre los poderes del Estado, porque permite que lo decidido por las entidades y órganos que conforman la Administración Pública, o que ejercen funciones administrativas, en cualquiera de sus tres niveles de Gobierno, es decir nacional, regional y local, pueda ser revisado a pedido de los interesados por otro poder distinto y autónomo como lo es el Poder Judicial; (ii) Refuerza el principio de legalidad que fundamenta a la Administración Pública, porque conforme a la arquitectura Constitucional toda acción administrativa debe sujetarse al ordenamiento jurídico preestablecido, razón por la que se confiere al Poder Judicial la potestad de verificar en sede jurisdiccional la legalidad de las actuaciones administrativas impugnadas; (iii) Consagra el derecho subjetivo de los particulares para poder cuestionar ante el Poder Judicial todas las decisiones administrativas que les afecten, demandando la satisfacción jurídica de sus pretensiones contra la Administración Pública, lo que constituye un verdadero derecho a la tutela judicial efectiva frente a la Administración que también está amparado por los Tratados Internacional que sobre Derechos Humanos ha refrendado el Perú; (iv) Correlativamente establece una tácita reserva constitucional para que el control jurisdiccional de la legalidad de la actividad administrativa se realice exclusivamente a través del Proceso Contencioso Administrativo, como el proceso ordinario destinado especialmente al control jurisdiccional de la legalidad de la actuación administrativa y no mediante otros procesos (de orden civil, etc.), a excepción de los procesos constitucionales destinados a la tutela de los derechos fundamentales que sirven también subsidiariamente para el control de las acciones administrativas

---

[173] "Artículo 207.- Medios de ejecución forzosa.- 207.1.- La ejecución forzosa por la entidad se efectuará respetando siempre el principio de razonabilidad, por los siguientes medios: a. Ejecución coactive; b. Ejecución subsidiaria; c. Multa coercitiva; d. Compulsión sobre las personas"-

[174] *Art. 148°.- Las resoluciones administrativas que causen estado son susceptibles de impugnación mediante la acción contenciosa administrativa.*

(amparo, habeas data, proceso de cumplimiento, etc.)[175]; (v) al consagrarse el proceso contencioso administrativo se impide que el legislador pueda aprobar normas que excluyan determinadas actuaciones administrativas del ámbito del citado proceso declarándolas exentas o inmunes a un eventual control jurisdiccional (se proclama la universalidad del control); que se restrinja irrazonablemente el acceso de los particulares ante la Justicia para iniciar el citado proceso; que se reduzcan las potestades de la magistratura en orden a ejercer sin restricciones el control jurídico de la Administración o, finalmente; que se desnaturalice el cauce establecido legalmente impidiendo a los particulares acceder a la tutela jurisdiccional respecto de la Administración Pública.

En este punto conviene enfatizar que el proceso contencioso administrativo, no obstante estar expresamente consagrado en la Constitución peruana, no participa de la naturaleza de los procesos constitucionales establecidos en el artículo 200° del texto constitucional[176], por las siguientes razones: (i) su objeto directo no es el control de la constitucionalidad de las normas jurídicas, ni tampoco la sola protección de los derechos constitucionales, porque mediante el proceso contencioso administrativo los particulares afectados pueden cuestionar todo tipo de actuaciones administrativas por cualquier motivo de contrariedad al derecho, enjuiciando tanto la inconstitucionalidad como la ilegalidad de las actuaciones administrativas impugnadas, y asimismo demandar el reconocimiento de derechos incluso de origen legal y no solo constitucional; (ii) a diferencia de los procesos constitucionales para la tutela de los derechos fundamentales que son remedios extraordinarios para la protección inmediata o de urgencia de los citados derechos amenazados o vulnerados, sometidos a plazos de tramitación muy breves y carentes de etapa probatoria, el proceso contencioso administrativo es un proceso ordinario, específico y preferente para el control jurídico de las decisiones administrativa, en cuyo trámite las partes pueden actuar con amplitud los medios probatorios; (iii) mientras que en los procesos constitucionales cabe la posibilidad que los demandantes puedan acudir en último grado ante el Tribunal Constitucional en caso el Poder Judicial no estime sus demandas, el proceso contencioso administrativo se tramita exclusivamente ante las instancias del Poder Judicial; (iv) Finalmente, conforme al penúltimo párrafo del artículo 200º de la Constitución se ha establecido una reserva a ley orgánica para la regulación del trámite de los procesos constitucionales, requisito formal que no se aplica para el proceso contencioso administrativo que puede ser objeto de regulación por una ley ordinaria.

Como se sabe, en el derecho comparado existen dos grandes sistemas para el control jurisdiccional de la Administración Pública: (i) El que considera la creación de un ente especializado, ajeno incluso a los órganos jurisdiccionales ordinarios, como es el caso del Consejo de Estado en Francia y Colombia; y (ii) el sistema adoptado por los países en los que se crea una jurisdicción especializada, dedicada al control jurisdiccional de la administración, pero formando parte de la estructura del Poder Judicial. En el Perú, la ubicación del artículo 148° de la Constitución que consagra el proceso contencioso administrativo dentro del Capítulo dedicado al Poder Judicial indica que nuestro ordenamiento opta por el sistema judicialista para el diseño de los mecanismos de control jurisdiccional de la actuación de la administración pública[177], razón por la cual la legislación de desarrollo ha previsto la creación de jueces y salas especializadas en lo contencioso administrativo, atendiendo a que los asuntos que podrían ser ventilados en los procesos contencioso administrativos por su diversidad y carácter complejo componen un conjunto muy amplio y heterogéneo de materias que requieren de magistrados con suficiente especialización porque las técnicas y los principios propios del Derecho Administrativo y del Derecho Público en general son diferentes a las del Derecho Privado y no es fácil acertar en su interpretación y aplicación por quienes carecen de especialización en las mencionadas ramas del derecho.

Es importante resaltar que si bien el artículo 148º de la Constitución que consagra el proceso contencioso administrativo hace referencia a "las resoluciones administrativas" como objeto del proceso contencioso administrativo, cabe tener presente que la consagración constitucional del citado proceso en

---

175 *LPCA Artículo 3°.- Exclusividad del proceso contencioso administrativo.- Las actuaciones de la administración pública solo pueden ser impugnadas en el proceso contencioso administrativo, salvo los casos en que se puedan recurrir a los procesos constitucionales.*

176 *Art. 200°.- Son garantías constitucionales: 1.- La Acción de Habeas Corpus......., 2.- La Acción de Amparo....., 3.- La Acción de Habeas Data......., 4.- La Acción de Inconstitucionalidad......, 5.- La Acción Popular......., 6.- La Acción de Cumplimiento........*

177 He trabajado el tema en: "El Proceso contencioso administrativo en el Perú", publicado en: *Derecho Procesal.* II Congreso Internacional. Universidad de Lima. Fondo de Desarrollo Editorial. Lima, 2002, p. 350. También se puede leer en: www.bidding.com.br/ev_ibero/artigos.html

nuestra opinión tiene dos efectos: (i) el proceso contencioso administrativo no está concebido exclusivamente como un "proceso al acto", que restrinja las potestades de los jueces a solo determinar la validez o no del acto impugnado, como si se tratase de una segunda instancia simplemente revisora del procedimiento tramitado en sede administrativa, porque en concordancia con el derecho a la tutela jurisdiccional consagrado por el numeral 3) del artículo 139° de la Constitución[178] y los Tratados internacionales de los que el Perú es parte, lo correcto es que el contencioso administrativo se configure como un proceso que tiene por objeto no solo la declaración judicial de invalidez de las actuaciones administrativas contrarias al ordenamiento jurídico, sino también el restablecimiento para el particular de las situaciones ilegítimamente perturbadas por la Administración Pública, por lo que el verdadero objeto del proceso es lo que el demandante pretende ante los tribunales ("la pretensión"), y el papel del acto administrativo impugnable (las denominadas "resoluciones") se reduce a un mero presupuesto de procedibilidad, no pudiendo condicionar este último el alcance de las potestades judiciales; (ii) el control a través del proceso contencioso administrativo debe implicar la plena justiciabilidad del universo de las actuaciones de la Administración Pública, y no solo de los actos administrativos expresos, por lo cual debe incluir a la inercia o el comportamiento omisivo de la Administración cuando constituya violación de un deber legal y las meras actuaciones materiales o actividades de ejecución de las entidades administrativas sin estar precedidas de un acto administrativo que le sirva de cobertura.

Conforme al artículo 148° de la Constitución, la condición que deben reunir los actos administrativos para ser cuestionados ante el Poder Judicial es que causen estado, es decir que agoten o pongan fin a la vía administrativa porque fijan de manera definitiva la voluntad de la Administración, constituyendo la manifestación final de la acción administrativa respecto de la cual no es posible la interposición de otro recurso administrativo, debiendo entenderse que ello ocurre cuando se ha llegado al funcionario superior con competencia para decidir en definitiva sobre el acto impugnado, por lo que únicamente su pronunciamiento podría ser objeto de cuestionamiento ante el Poder Judicial[179]. Las reglas sobre la forma como el particular puede cumplir dicho requisito están establecidas en el artículo 228° de la LPAG que ha regulado los recursos y los actos mediante los cuales el particular puede entender por agotada la vía administrativa, a fin de acceder a la tutela judicial mediante el proceso contencioso administrativo.

Las reglas de desarrollo del proceso contencioso administrativo están contenidas en la antes citada LPCA[180], que es la primera norma legal que reguló en forma específica en el Perú el citado proceso[181], cuyas modificaciones posteriores, entre ellas la más importante dispuesta por el Decreto Legislativo N° 1067 de junio del 2008, han sido recopiladas en el Texto Unido Ordenado del que hemos dado cuenta anteriormente en este trabajo.[182]

La citada ley fue aprobada por el Congreso de la República sobre la base de un proyecto elaborado por una Comisión de juristas designada para dicho propósito por el Ministerio de Justicia, mediante Resolución Ministerial N° 174-2000-JUS y que al autor de este trabajo le correspondió el honor de presidir, la que preparó un texto que fuera difundido por el Diario Oficial en una separata especial publicada el 5 de julio del 2001, acompañado de una prolija Exposición de Motivos.

---

178 *Art. 139°.- Son principios y deberes de la función jurisdiccional: ....3.- La observancia del debido proceso y la tutela jurisdiccional...... ".*

179 He analizado los conceptos "causar estado" y "agotar la vía administrativa" como sinónimos en: "Las resoluciones que ponen fin al procedimiento administrativo. Las llamadas resoluciones <<que causan estado>>"en *revista Ius Et Veritas* N° 16, Lima, 1988, pg. 151 y en la *Revista de la Academia de la Magistratura* N° 1, Lima 1998, pg. 209. También en: "El proceso contencioso administrativo en materia Tributaria", en *revista Themis* N° 41, Lima, 2000.

180 Ley N° 27584 cuya entrada en vigencia se dilató seis (6) meses desde el 17 de abril del 2002 hasta junio del mismo año por mandato de un Decreto de Urgencia que utilizó como justificación el infundado temor del Gobierno de una posible avalancha de ejecuciones de obligaciones pecuniarias en su contra, que nunca se dio.

181 Sobre el tema: Giovanni F. Priori Posada. *Comentarios a la Ley del proceso Contencioso Administrativo*. Ara Editores. Lima 2009. 4ta. Edición, p 59. También: Ramón Huapaya Tapia. *Tratado del Proceso Contencioso Administrativo*, Jurista Editores, Lima 2006, p. 377. Juan José Diez Sánchez. "Comentarios en torno a la ley del proceso contencioso administrativo del Perú". En: la obra colectiva promovida por la Asociación Peruana de Derecho Administrativo titulada *Derecho Administrativo*, que recoge las ponencias presentadas al Primer Congreso Nacional de Derecho Administrativo celebrado en la Pontificia Universidad Católica del Perú en abril del 2004. Jurista Editores, Lima, 2004, p. 167 y ss.

182 Aprobado mediante Decreto Supremo N° 011-2019-JUS

La LPCA a la vez que proclama la universalidad del control jurisdiccional de toda actuación administrativa en ejercicio de potestades reguladas por el derecho administrativo, establece con fines meramente ilustrativos (no taxativos) una relación de actuaciones impugnables que comprende obviamente en primer lugar a los actos administrativos, al silencio administrativo, la inercia o cualquier otra omisión formal de la administración pública, a la simple actuación material de la administración sin cobertura formal, a las actividades de ejecución de actos administrativos que transgredan el marco legal (ejem: excesos en el procedimiento de cobranza coactiva), a las actuaciones sobre el personal dependiente de la administración pública ya sea bajo el régimen de la carrera administrativa o el régimen laboral privado y a las controversias sobre la ejecución de los contratos suscritos por la administración pública cuando no sea obligatorio el sometimiento a la vía arbitral, como es el caso de casi todos los contratos administrativos que suscribe la administración pública peruana, razón por la cual en el Perú la casi totalidad de las controversias que se generan entre los contratistas privados y el Estado durante la ejecución de un contrato con el Estado se resuelve a través de procesos arbitrales (art. 4°).

El contencioso administrativo es diseñado como un proceso de plena jurisdicción, o como la doctrina administrativa le denomina "de carácter subjetivo", de modo que el juez no se limita a solo revisar la legalidad de los actos administrativos, sino que tiene encomendado la protección y la satisfacción de los derechos e intereses de los demandantes afectados por actuaciones administrativas[183]. Entre las pretensiones que los demandantes pueden formular en el proceso, las que pueden acumularse, sea de forma originaria o sucesiva, se encuentran: que se declare la nulidad, total o parcial, o la ineficacia del acto administrativo cuestionado; el reconocimiento o restablecimiento del derecho o interés jurídicamente tutelado y la adopción de las medidas o actos necesarios para tales fines; la declaración de contrario a derecho y el cese de toda actuación material que no se sustente en un acto administrativo; que se ordene a la administración pública la realización de una determinada actuación a la que se encuentre obligada por mandato de la ley o en virtud de acto administrativo firme y que se le condene al pago de indemnización por el daño causado por alguna actuación administrativa (art. 5°).

En lo que respecta a la pretensión indemnizatoria para exigir la responsabilidad patrimonial extracontractual de la administración, como hemos señalado en otro trabajo[184], si bien es positiva la evolución que ha experimentado el régimen legal del proceso contencioso administrativo que con las reformas introducidas por el Decreto Legislativo N° 1067 a partir del año 2008 se ha consignado por primera vez en la relación de pretensiones que se pueden exigir en los procesos contenciosos administrativos a la pretensión indemnizatoria por el daño causado por la Administración pero condicionándola a que solo opere siempre y cuando se plantee en forma acumulativa a alguna de las otras pretensiones que se exijan en la correspondiente demanda, sin embargo la realidad ha demostrado que dicha condicionalidad ha afectado gravemente en la práctica su operatividad[185].

Asimismo se establece que el contencioso administrativo es el cauce procesal para aquellos supuestos excepcionales en que las leyes administrativas (art. 213.4 de la LPAG) facultan a la administración pública para demandar ante el Poder Judicial la declaración de nulidad de sus propios actos administrativos declarativos de derechos a favor de un particular, dentro del plazo de los dos años siguientes al vencimiento del plazo de un año con que cuenta la Administración para declarar su nulidad de oficio en sede administrativa[186]. La ley exige que la administración pública para hacer uso de la citada

---

183 Sobre el tema: Eloy Espinosa – Saldaña Barrera. "El nuevo proceso contencioso administrativo peruano: ¿Principio del fin de nuestro amparo alternativo?". En: Normas Legales. Tomo 319, Volumen II, Lima, Diciembre 2002, p. 1 y ss. También publicado en: *Jurisdicción Constitucional*, impartición de justicia y debido proceso. Ara Editores, Lima, 2003, p. 253 y ss.

184 En: "Fundamentos de la responsabilidad patrimonial extracontractual de la administración pública en el Perú", ponencia presentada al XIII Foro Iberoamericano de Derecho Administrativo, publicada en *La responsabilidad patrimonial de la administración pública*. Coordinadores: Jaime Rodríguez Arana y otros, Universidad Panamericana, México 2014, Tomo II, p. 417.

185 Participa de la misma opinión crítica: Luis Alberto Huamán Ordóñez. *El proceso contencioso administrativo. Opus cit*, 164 y 165 y 287 a 289; también Giovanni F. Priori Posada. *Comentarios a la Ley del proceso Contencioso Administrativo, opus cit*, p. 138 a 142 quien considera que como consecuencia de dicha restricción el afectado no estaría impedido de poder derivar la pretensión indemnizatoria por sí sola al proceso y juez civil, quebrando el principio de especialidad que es propio del proceso contencioso administrativo.

186 Sobre el tema: Juan Carlos Morón Urbina. "El proceso de lesividad: El contencioso promovido por la Administración". En: Proceso & Justicia. *Revista de Derecho Procesal*. Editada por la asociación civil Taller de

facultad de interponer demanda contenciosa administrativa contra sus propios actos emita previamente una resolución motivada en la que se identifique el vicio de legalidad en que incurre el acto administrativo en cuestión y el agravio que produce al interés público (segundo párrafo del art. 13°). En tal caso tendrá la calidad de demandado el particular que podría ser perjudicado por la eventual declaración judicial de nulidad del acto administrativo que le reconoce derechos (numeral 5 del art. 15°).

La LPCA establece principios específicos del proceso contencioso - administrativo, atendiendo a la singularidad de la materia administrativa que es objeto de controversia, sin perjuicio de los demás principios del derecho procesal en general, y de los principios que establece el Título Preliminar del Código Procesal Civil.

Entre los principios consagrados se encuentra el "principio de integración" conforme al cual los jueces por mandato Constitucional no pueden dejar de administrar justicia por vacío o deficiencia de la ley. En tales situaciones la citada ley establece que si durante la tramitación de los procesos contencioso-administrativos se determina la existencia de defecto o deficiencia de la ley sustantiva aplicable al caso que es objeto del proceso, los jueces deberán integrar los vacíos o lagunas utilizando los principios propios del Derecho Administrativo. A tal efecto conviene recordar conforme ha sido reseñado en la primera parte de este trabajo que en LPAG se consagra una extensa relación de "Principios del Procedimiento Administrativo" en el artículo IV de su Título Preliminar[187], los que han sido puntualmente definidos con el deliberado propósito de facilitar su aplicación.

Otro principio consagrado es el de "igualdad procesal", conforme al cual las partes durante la tramitación del proceso deberán ser tratadas con igualdad, sin admitir privilegios que beneficien.

El "principio de favorecimiento del proceso" está vinculado al principio más conocido como "*in dubio pro actione*" y según la Exposición de Motivos del Proyecto que dio origen a la LPCA, en caso de que los jueces encargados de tramitar el proceso tengan duda razonable acerca de la procedencia de la demanda, deberán preferir darle trámite sin perjuicio de poder verificar el cumplimiento o no de los requisitos de procedibilidad a lo largo del proceso". El objetivo es facilitar el acceso a los ciudadanos a la tutela judicial efectiva, a fin de evitar que interpretaciones en exceso formalistas menoscaben su derecho constitucional a cuestionar judicialmente actuaciones administrativas que consideren ilegales.

Finalmente, se establece el principio de "suplencia de oficio" por el cual los jueces del contencioso administrativo deben suplir las deficiencias formales de las partes, así como disponer la subsanación de las mismas en un plazo razonable. (Artículo 2°).

En cuanto a los órganos jurisdiccionales encargados de resolver el proceso contencioso administrativo, la ley consagra la creación de jueces de primera instancia y de salas de la Corte Superior, especializados en lo Contencioso Administrativo, con el objetivo de obtener mayor efectividad en las técnicas de control jurisdiccional de la administración pública. En los distritos judiciales del país en los que no exista juez o Sala Especializada en lo Contencioso Administrativo será competente el Juez en lo Civil o el Juez mixto, o en su caso la Sala Civil correspondiente. Se establece que el proceso deberá iniciarse por regla general ante el juez especializado en la materia y sus resoluciones pueden apelarse ante la respectiva sala especializada de la respectiva Corte Superior (art. 11°). La Corte Suprema cumple un rol exclusivamente casatorio (arts. 35° y 36°), salvo aquellos casos en que el objeto de la demanda verse sobre actuaciones del Banco Central de Reserva del Perú (BCR), la Superintendencia del Mercado de Valores (SMV) y la Superintendencia de Banca, Seguros y Administradoras Privadas de Pensiones (SBS) y de la Superintendencia Nacional de Salud, en el que es competente, en primera instancia la Sala Especializada en lo Contencioso Administrativo de la Corte Superior respectiva, en segunda instancia la

---

Derecho. N° 3, Lima, p. 30 y ss. También: Ramón Huapaya Tapia. "Algunos temas puntuales en relación a la regulación normativa del proceso contencioso – administrativa de <<agravio>> o de lesividad en la ley que regula el proceso contencioso administrativo del Perú", publicado en: *Administración Pública, Derecho Administrativo y Regulación*. Ara Editores, Lima 2011, p. 463.

[187] Se consagran y definen los principios de: legalidad, debido procedimiento, impulso de oficio, razonabilidad, imparcialidad, informalismo, presunción de veracidad, conducta procedimental, celeridad, eficacia, verdad material, participación, simplicidad, uniformidad, predictibilidad y privilegio de controles posteriores, sin perjuicio de la vigencia de otros posibles principios generales del Derecho Administrativo.

Sala Civil de la Corte Suprema y si se interpone recurso de casación la competencia recae en la Sala Constitucional y Social también de la Corte Suprema[188].

En nuestra opinión no existe justificación alguna para que la Corte Suprema, es verdad que a través de Salas diferentes, pueda pronunciarse dos veces en un mismo proceso. El legislador ha desnaturalizado la casación al permitir que proceda respecto de resoluciones dictadas por una sala de la propia Corte Suprema, olvidando que su propósito es la unificación de la jurisprudencia y que ello solo se justifica respecto de sentencias dictadas por instancias judiciales inferiores a la del más alto tribunal de justicia nacional. Dicho error ha motivado que de manera incoherente se haya otorgado la competencia para resolver la apelación de las sentencias de las salas especializadas en lo contencioso-administrativo de la Corte Superior nada menos que a la Sala Civil de la Corte Suprema, en lugar de la respectiva sala especializada en materia administrativa de dicho alto tribunal, a la que se le ha relegado a resolver precisamente los recursos de casación.

El artículo 13° de la LPCA reconoce legitimidad para obra activa a quien afirme ser titular de una situación jurídica sustancial protegida que ha sido o está siendo vulnerada por una actuación administrativa. También lo tiene la entidad administrativa facultada por el artículo 213.4 de la LPAG para pedir al Poder Judicial declare la nulidad de sus propios actos administrativos. Asimismo, el artículo 14° de la LPCA otorga legitimación activa para la tutela de intereses difusos afectados por actuaciones administrativas, considerando para tales efectos como titulares de la misma a organismos constitucionales autónomos como el Ministerio Público, la Defensoría del Pueblo, así como cualquier persona natural o jurídica.

Por lo que respecta a la legitimación pasiva en el proceso contencioso-administrativo, resulta pertinente destacar los siguientes supuestos recogidos en el artículo 15°:

- El numeral 4, referido al caso de los procedimientos administrativos trilaterales, es decir, aquellos que se siguen entre dos o más particulares ante las entidades de la Administración Pública[189]. En tal supuesto, tienen legitimidad para obrar pasiva tanto la entidad administrativa que realizó la actuación que es objeto de cuestionamiento como el otro administrado que participó en el respectivo procedimiento.

- El numeral 5, que otorga legitimidad a los particulares titulares de los derechos cuya nulidad sea pretendida en sede judicial por la entidad administrativa demandante que lo expidió.

- El numeral 6, en virtud del cual se otorga legitimidad a la entidad que expidió el acto administrativo impugnado en los supuestos excepcionales en los que una norma legal faculta a otra entidad para ser la titular de la pretensión de la declaración de nulidad en sede judicial.

Por mandato legal se ha suprimido el rol que anteriormente cumplía el Ministerio Público como dictaminador en los procesos contenciosos administrativos (emisión de opinión previa a la sentencia y en casación) porque se consideró que no aportaba y más bien dilataba el trámite de los procesos, pero mantiene la calidad de parte activa cuando asume el rol de actor en tutela de intereses difusos.

Finalmente, el artículo 16° de la LPCA establece como regla general que la representación y defensa judicial de las entidades administrativas está a cargo de la respectiva Procuraduría (regidas por lo establecido en el Decreto Legislativo N° 1326 que reestructura el Sistema administrativo de Defensa Jurídica del Estado y crea la Procuraduría General del Estado), salvo aquellos casos en que una norma legal regule con carácter especial el mecanismo a través del cual se verificará dicha representación judicial, como sucede con las entidades del Gobierno Central que se encuentran facultadas por ley expresa para ello, como es el caso de la Superintendencia Nacional de Administración Tributaria (SUNAT) y el Instituto Nacional de Defensa de la Competencia y de la Propiedad Intelectual (INDECOPI).

El artículo 18° de la LPCA establece el plazo de tres meses como regla general para que los afectados por alguna actuación de la administración pública puedan interponer la correspondiente demanda contenciosa administrativa, a contar desde el conocimiento o notificación de la actuación impugnada, lo que ocurra primero. En los casos en que se haya producido silencio administrativo

[188] Según el segundo párrafo del artículo 11° de la LPCA cuyo texto ha sido modificado por la Primera Disposición Complementaria Modificatoria del Decreto Legislativo N° 1158 del 2013.

[189] El régimen general aplicable a dichos procedimientos administrativos se encuentra regulado, con carácter general, en los artículos 229° a 238° de la LPAG.

negativo u otras formas de inactividad formal de la Administración Pública no se computa plazo para que los interesados interpongan su demanda porque se entiende que es responsabilidad de cargo de la Administración Pública el no emitir oportunamente su pronunciamiento.

Cuando se pretenda cuestionar actuaciones materiales que no se sustenten en actos administrativos el plazo para presentar la demanda será de tres meses desde el día siguiente en que se tomó conocimiento de las referidas actuaciones. Respecto de los terceros que no hayan participado en el respectivo procedimiento administrativo que da origen a alguna actuación administrativa pero que resulten afectados por la misma, podrán interponer su correspondiente demanda contenciosa administrativa dentro de los plazos reseñados computados a partir del momento en que haya tomado conocimiento de la actuación que pretenden cuestionar (penúltimo párrafo del art. 18° de la LPCA).

Respecto del requisito del agotamiento de la vía administrativa impuesto por la Constitución para la procedencia del proceso contencioso administrativo, su cumplimiento debe atenerse como ya se dijo anteriormente a lo preceptuado por el artículo 228° de la LPAG, pero en caso de duda razonable sobre la procedencia de la demanda o falta de precisión del marco legal respecto del agotamiento de la vía, los respectivos órganos jurisdiccionales deben guiarse por el principio de favorecimiento del proceso en virtud del cual se exige al Juez la admisión de la demanda en caso de duda razonable sobre la procedencia de la demanda o falta de precisión del marco legal respecto del agotamiento de la vía previa (numeral 3 del artículo 2° de la LPCA) .

Frente a lo expuesto, el artículo 20° de la LPCA ha previsto diversas excepciones a la exigencia de agotamiento de la vía previa en casos puntuales que cuentan con la respectiva justificación:

1. La vía administrativa es inexistente en el caso que sea la propia Administración la que interpone la demanda para que se declare la nulidad contra los actos por ella emitidos.
2. Se cuestionen omisiones en la actuación material o cumplimiento del ordenamiento por la Administración Pública, para los cuales se ha previsto un trámite previo especial semejante al contemplado para el caso del proceso de cumplimiento.
3. Se trate de terceros ajenos al procedimiento administrativo que afecta sus derechos o intereses, por cuanto que el agotamiento de la vía administrativa les sería imposible al no haber formado parte del procedimiento.
4. Cuando la pretensión planteada en la demanda esté referida al derecho al contenido esencial del derecho a la pensión y, haya sido denegada en la primera instancia de la sede administrativa.

En cuanto al cauce procesal, el régimen legal vigente contempla dos tipos de modalidades del proceso contencioso administrativo: A) el denominado Proceso Urgente, que debería tramitarse en forma sumaria y por ende ser más breve, referido únicamente a tres pretensiones[190] y siempre que se cumplan determinados requisitos especiales (artículo 25° LPCA) y B) el denominado Proceso Ordinario, que viene a ser propiamente el proceso específico (normal, regular) del proceso contencioso administrativo (artículo 27° LPCA) y mediante el cual se tramitan las pretensiones que no corresponden al Proceso Urgente.

En materia de pruebas, si bien el texto inicial de la LPCA aprobada por el Congreso, a contracorriente de las modernas tendencias doctrinales en la materia, restringió la actividad probatoria en el contencioso administrativo exclusivamente a las actuaciones recogidas en el procedimiento administrativo, por la vía de prohibir la incorporación al proceso la probanza de hechos nuevos o no alegados en la etapa prejudicial[191], la reforma al texto del artículo 30° dispuesta en el año 2008 por el Decreto Legislativo N° 1067, morigeró parcialmente dicha restricción al establecer que no operaría

---

[190] (i) que el juez ordene a la Administración Pública el cese de cualquier actuación material que no se sustente en un acto administrativo previo, (ii) que se ordene a la administración pública enmendar su inercia cuando está obligada realizar una actuación, o (iii) que la pretensión este referida a materia previsional en cuanto se refiera al contenido esencial del derecho a la pensión

[191] Calificó la referida restricción a la actividad probatoria como una quiebra sustancial a la complitud de la plena jurisdicción en el diseño del régimen legal del proceso contencioso: Juan José Diez "Comentarios en torno a la ley del proceso contencioso administrativo del Perú", publicado en: "*Derecho Administrativo*". Libro de Ponencias del Primer Congreso Nacional de Derecho Administrativo, Jurista, Lima 2004, p. 191.

cuando se produzcan hechos nuevos o que se trate de hechos que hayan sido conocidos con posterioridad al inicio del proceso[192].

Sn embargo la tesis correcta en nuestra opinión, es la que sostiene que en el contencioso-administrativos los jueces deben "enjuiciar el litigio con plenitud de jurisdicción resolviendo las pretensiones de las partes a la vista de los hechos acreditados en el momento de dictar sentencias, hayan sido probados en el proceso o fuera de él".

Las medidas cautelares son admitidas con amplitud en la ley del proceso contencioso-administrativo peruano, porque pueden solicitarse incluso antes de iniciado o dentro del proceso de conformidad con las normas del Código Procesal Civil (Artículo 37° LPCA). Se establece que son especialmente procedentes las medidas de innovar y de no innovar (Artículo 39 LPCA).

Aparte de los requisitos típicos que se requiere para su otorgamiento (peligro en la demora y verosimilitud del derecho) se exige adicionalmente que exista adecuación entre la medida cautelar solicitada con la pretensión que está llamada a asegurar (Artículo 38° LPCA). Con ello se pretende que los jueces realicen una revisión de la pertinencia de la medida cautelar solicitada, con relación a la finalidad práctica que se quiere lograr en el proceso. En tal sentido, somos de la opinión, que, si el Juez no considera que la medida cautelar específicamente solicitada sirve para garantizar la eficacia de la pretensión, puede ordenar se trabe otra medida cautelar, siempre que esta se adecue a la finalidad práctica que se quería lograr con la solicitada.

Asimismo, se ha establecido en el antepenúltimo párrafo del artículo 38° de la LPCA que para la ejecución de una medida cautelar el demandante deberá ofrecer contra-cautela atendiendo a la naturaleza de la pretensión que se quiere asegurar y que en el caso específico de pretensiones contra actuaciones administrativas con contenido pecuniario el juez podrá requerir la necesidad de otorgar una contra-cautela distinta a la caución juratoria, como podría ser una fianza bancaria, la consignación de una suma de dinero o una hipoteca.

La única restricción está contemplada en el artículo 616° del Código Procesal Civil que prohíbe el otorgamiento de medidas cautelares para futura ejecución forzada en contra de entidades estatales[193], por lo que no cabe en vía de medida cautelar solicitar el pago de sumas de dinero contra la administración pública porque el legislador del Código adjetivo parte de la premisa que "el Estado es siempre solvente". Esta regla, sin embargo; no restringe las posibilidades de ejecución de las sentencias en contra del Estado.

Respecto del régimen de las medidas cautelares en los procesos contencioso administrativos en el Perú, en los últimos años se han dictado disposiciones legales para establecer requisitos y reglas que hacen más difíciles y gravosas el acceso de los justiciables a dichas medidas cautelares en tres regímenes sectoriales: en las controversias en el ámbito de lo tributario cuando se cuestionen las decisiones que dicta en última instancia administrativa el Tribunal Fiscal o en general la Administración Tributaria[194]; en las controversias respecto de los derechos administrativos que otorga el Ministerio que regula actividad de pesca en lo referido al uso, aprovechamiento, extracción o explotación de recursos naturales hidrobiológicos[195] y para cuestionar las sanciones administrativas o el ejercicio de cualquiera de sus

---

192 Participa de la crítica a las restricciones que impuso el Congreso en el texto primigenio de la ley aprobada en lo referido al régimen de las pruebas: Eloy Espinosa-Saldaña en "Notas sobre el anteproyecto de ley del proceso contencioso administrativo hoy en debate en el Perú", publicado en: *Derecho Administrativo innovación, cambio y eficacia*. Libro de s del Sexto Congreso Nacional de Derecho Administrativo, Thomson Reuters, Lima 2014, p. 497 a 548, en el que da cuenta de las propuestas contenidas en un proyecto de ley elaborado por una Comisión designada por el Ministerio de Justicia en el año 2013 para proponer reformas a la ley del proceso contencioso administrativo; también es crítico de las citadas restricciones al régimen de las pruebas: Luis Alberto Huamán Ordóñez. *El proceso contencioso administrativo. Opus cit*, y Giovanni F. Priori Posada. *Comentarios a la Ley del proceso Contencioso Administrativo, opus cit*, p 219.

193 *CPC, artículo 616°.- Casos especiales de improcedencia.- No proceden medidas cautelares para futura ejecución forzada contra los Poderes Legislativo, Ejecutivo y Judicial, el Ministerio Público, los órganos constitucionales autónomos, los Gobiernos Regionales y Locales y las universidades.*

Tampoco proceden contra bienes de particulares asignados a servicios públicos indispensables que presten los Gobiernos referidos en el párrafo anterior, cuando con su ejecución afecten su normal desenvolvimiento.

194 Decreto Legislativo N° 1121° que reforma el artículo 159° del Código Tributario que regula las medidas cautelares judiciales en materia tributaria, modificado posteriormente en forma parcial por el art. 7° de la Ley N° 30230.

195 Ley N° 29639 de diciembre del 2010.

funciones por parte del Organismo de Evaluación y Fiscalización Ambiental - OEFA[196]. El común denominador de los requisitos que las normas específicas de los referidos regímenes exigen es que el interesado debe presentar una contra cautela consistente en una garantía, ya sea real o una carta fianza de carácter bancario o financiero, por el importe del asunto o tema en discusión. No se acepta en ningún caso la caución juratoria como contra cautela. En el caso de la actividad de pesca la única garantía que puede acreditar el solicitante es la carta fianza

En nuestra opinión las exigencias glosadas en los tres ámbitos descritos constituyen una limitación inconstitucional al derecho a la tutela jurisdiccional efectiva en su manifestación de acceso al otorgamiento de medidas cautelares, porque restringen a los justiciables acceder a la tutela cautelar imponiéndole por vía legal a los jueces la obligación de exigir requisitos y ceñirse a procedimientos que tienen como consecuencia que se reduzcan los medios que tienen a su disposición los justiciables para defenderse de los posibles abusos de la administración pública, debido a que la dilación del trámite del proceso judicial pueda convertir en irreparable la lesión en sus derechos[197].

En lo que respecta al régimen de ejecución de las sentencias, la LPCA fortalece las potestades de los jueces para velar porque los funcionarios de la Administración Pública cumplan las sentencias recaídas en los procesos contencioso-administrativos (arts. 43° y 44°). En cuanto a la ejecución de sentencias que condenen al Estado a pagar sumas de dinero es importante tener presente el artículo 46° de la LPCA que establece las reglas que regulan el cumplimiento o ejecución de las citadas sentencias por parte de la Administración Pública, mediante el establecimiento de topes presupuestales y de plazos para cumplirlas que deben ser interpretadas y cumplidas de conformidad con la jurisprudencia del Tribunal Constitucional peruano[198] (que entre otras reglas establece que el plazo razonable de ejecución no debería superar los 5 años[199]) para que dichas normas sean aplicadas de manera compatible con los derechos fundamentales a la tutela judicial efectiva, a la igualdad, a la cosa juzgada e incluso el propio derecho a la efectividad de las resoluciones judiciales reconocido también por la jurisprudencia del Tribunal Constitucional peruano[200].

Lamentablemente en los últimos 15 o casi 20 años ha sido frecuente en el Perú el establecimiento por medios legales diferentes a la LPCA de graves restricciones a la posibilidad de ejecutar sentencias que condenen al Estado al pago de obligaciones pecuniarias, no obstante las citadas sentencias del Tribunal Constitucional e incluso reiterados informes de la Defensoría del Pueblo sobre la materia que llaman la atención sobre la inconstitucionalidad de las repetidas veces que por medios legislativos se ha dotado al Estado de un régimen legal que le permita resistirse al cumplimiento de sentencias judiciales

---

[196] Ley N° 30011 de abril del 2013, que incorpora el artículo 20-A titulado "Ejecutoriedad de las resoluciones de OEFA", a la Ley N° 29325, Ley del Sistema Nacional de Evaluación y Fiscalización Ambiental.

[197] Critican duramente las exigencias establecidas para el otorgamiento de medidas cautelares en materia tributaria: Giovanni Priori Posada "El inconstitucional proceso contencioso administrativo tributario: la progresiva eliminación de las garantías procesales", en: *Libro Homenaje a Carlos Montoya Anguerry*, PUCP, Lima 2014, p. 314 y ss; Samuel Abad Y. y Jorge Danós Ordóñez "La inconstitucional regulación de las medidas cautelares contra la Administración Tributaria y el Tribunal Fiscal", en: *Revista del Instituto peruano de Derecho Tributario* N° 56, Lima 2013, Tomo II, p. 15 a 36.

[198] En especial con la sentencia recaída en los procesos de inconstitucionalidad tramitados con los expedientes N° 0015-2001-AI, 0016-2001-AI y 004-2002-AI (acumulados), del 1° de febrero del 2004, verdadero leading case nacional en la materia

[199] "*A juicio de este colegiado, establecer un plazo máximo de 5 años para que el Estado cubra proporcionalmente la totalidad de una obligación declarada en una resolución judicial resulta razonable y, por ende, constitucional. Pero no es razonable ni constitucional el incumplimiento de sentencias judiciales que, teniendo ya más de 5 años de dictadas, no hayan sido presupuestadas conforme a la legislación vigente al tiempo de ser expedidas dichas sentencias; en consecuencia corresponde investigar al Ministerio Público si los funcionarios públicos que incumplieron con presupuestar las deudas del Estado procedieron o no dolosamente*", Sentencia recaída en los procesos de inconstitucionalidad tramitados con los expedientes N° 0015-2001-AI, 0016-2001-AI y 004-2002-AI (acumulados), FFJJ N° 55.

[200] "*El derecho a la ejecución de las sentencias judiciales no es sino una concreción específica de la exigencia de efectividad que garantiza el derecho a la tutela jurisdiccional, y que no se agota allí, ya que por su propio carácter tiene una vis expansiva que se refleja en otros derechos constitucionales (v. Gr. El derecho que un proceso dure un plazo razonable, etc.). El derecho a la efectividad de las resoluciones judiciales garantiza que lo decidido en una sentencia se cumpla y que la parte que obtuvo un pronunciamiento de tutela, a través de una sentencia favorable, sea repuesta en su derecho y compensada, si hubiera a ello, por el daño sufrido*". Sentencia recaída en los expedientes N°s 015-AI, 016-AI y 004-AI/Tc (acumulados) FFJJ N°11.

condenatorias de pago de sumas de dinero[201]. Se tiene entendido que felizmente en algunos casos los jueces invocando el segundo párrafo del artículo 138 de la Constitución[202] que les permite ejercer el control difuso de inconstitucionalidad han procedido a ejecutar directamente sus sentencias, inaplicando al caso concreto las normas que pretenden restringir sus poderes, por considerarlas contrarias a los derechos de los justiciables consagrados en la Constitución. La jurisprudencia constitucional peruana ha sido enfática en disponer que el Estado debe cumplir con las sentencias que le condenan al pago de sumas de dinero, estableciendo incluso por vía jurisprudencial reglas que el legislador, la administración pública y los propios jueces deben tener en cuenta en la regulación, cumplimiento y ejecución de las sentencias de condena.

El artículo 45.1 de la LPCA establece que el personal al servicio de la Administración Pública, cualquiera fuera el régimen de su vinculación con la misma, se encuentra sujeto a la obligación de cumplir la sentencia emitida en el proceso, actuando como parte sometida plenamente al control del Poder Judicial; en virtud de lo cual se indica que el mismo se encuentra prohibido de calificar el contenido de la sentencia o sus fundamentos, restringir sus efectos o interpretar sus alcances, quedando obligados a realizar todos los actos necesarios para la completa ejecución de la resolución judicial. Conviene precisar que, en el cumplimiento del deber de ejecutar las sentencias estimatorias recaídas en los procesos contencioso-administrativos, el personal al servicio de la Administración no actúa en ejercicio de potestades administrativas propias, sino como parte vencida en juicio, en igualdad de condiciones respecto del demandante y sometida a la potestad de la jurisdicción para dictar sentencia e imponer su contenido.

2. *Vía Arbitral*

Uno de los aspectos que diferencia el régimen del proceso contencioso administrativo en el Perú respecto de los referentes comparados, es que toda controversia contractual que se pueda producir entre los privados y el Estado en una relación contractual se tiene que ventilar por regla general necesariamente en la vía arbitral.

El recurso al proceso arbitral como mecanismo establecido por el legislador peruano para resolver las controversias del Estado en sus relaciones contractuales con privados en materia de compras públicas (adquisición de bienes, prestación de servicios y contratación de obras), fue introducido por primera vez en la Ley N° 26850 denominada "Ley de contrataciones y adquisiciones del Estado" de 1997, que ha servido de base para todas las normas posteriores que han modificado o vuelto a regular desde entonces el régimen de compras públicas en el Perú, como es el caso de la vigente ley N° 30225 Ley de Contrataciones del Estado (en adelante LCE)[203].

La introducción del arbitraje en el régimen de compras públicas estuvo fundada en 4 razones: (i) promover la celeridad en la solución de las controversias; (ii) asegurar que la resolución este a cargo de profesionales especialistas en la materia; (iii) que los procesos arbitrales son más simples y expeditivos que los judiciales y (iv) las reglas de trámite de los procesos arbitrales son más flexibles y menos engorrosas y formalistas que las judiciales.

De las razones reseñadas por nuestra parte no tenemos duda que la principal que justificó que el propio Estado adoptara el arbitraje como el mecanismo por excelencia para resolver sus controversias

---

201 Sobre la materia: Victor Baca Oneto. "La ejecución de sentencias condenatorias de la Administración. En especial, el caso del embargo de dinero público" publicado en *Revista de Derecho Administrativo* N° 2, Lima 2006, p. 167; José Antonio Tirado "Las reglas aplicables a la ejecución de sentencias contra entidades públicas en la ley del proceso contencioso administrativo", publicado en: *Derecho Administrativo innovación, cambio y eficacia.* Libro de ponencias del Sexto Congreso Nacional de Derecho Administrativo, Thomson Reuters, Lima 2014, p. 497 a 548; Samuel Abad "Cuando el Estado no cumple: el difícil camino para ejecutar una sentencia en los procesos contencioso administrativos", publicado en *El Derecho Administrativo y la modernización del Estado peruano*. Ponencias presentadas en el tercer Congreso Nacional de Derecho Administrativo (Lima, 2008)", Grijley, Lima 2008, p. 17 a 39; Francisco Eguiguren P. "La inejecuciòn de las sentencias por incumplimiento de entidades estatales. Algunas propuestas de solución", en *IUS ET VERITAS*, N° 18, Lima, pg 96.

202 *Constitución, artículo 138°, segundo párrafo.- En todo proceso, de existir incompatibilidad entre una norma constitucional y una legal, los jueces prefieren la primera. Igualmente, prefieren la norma legal sobre todo otra norma de rango inferior.*

203 Ley N° 30225 conforme a la versión recogida en el Texto Único Ordenado aprobado mediante Decreto Supremo N° 082-2019-EF, reglamentada mediante Decreto Supremo 344350-2018-EF.

con los contratistas privados fue la mayor celeridad de los procesos arbitrales en comparación con los procesos judiciales, con el objeto de reducir sustancialmente los problemas que se generarían de que importantes sectores de la población sean afectados porque el Estado no podría contar oportunamente con los bienes, servicios y obras indispensables para poder atender las necesidades de la colectividad, las que podrían verse paralizadas durante un dilatado litigio judicial. Hoy día en el Perú un proceso contencioso administrativo en promedio puede demorarse en su tramitación de 4 a más años, o en el mejor de los casos más de 3 años, en cambio un proceso arbitral en materia de compras estatales puede demorar máximo un año y medio y en promedio un año. Para el legislador de 1997 que el marco legal de compras públicas estableciese el arbitraje como mecanismo obligatorio de solución de controversias con los contratistas ofrecía a los agentes económicos privados: (i) la reducción de importantes costos de transacción, porque se suprime a los proveedores el riesgo de tener que litigar ante el Poder Judicial lo que encarecería los precios ofrecidos al Estado; y (ii) mayores garantías de imparcialidad, porque en el caso de que el arbitraje este a cargo de un tribunal cada una de las partes puede designar a uno de los árbitros y los escogidos a su vez elegir al presidente.

Pero probablemente otro de los aspectos jurídicos que ha influido decisivamente en la determinación del Estado peruano de que todos los conflictos derivados de sus relaciones contractuales, en materia de concesiones y asociaciones público-privadas, como en el régimen de compras públicas, deben obligatoriamente resolverse en la vía arbitral, es el marco constitucional claramente favorecedor de dicho mecanismo.

Son tres los preceptos de la Constitución Política que otorgan cobertura constitucional al arbitraje en contrataciones públicas en el Perú, los que transcribimos a continuación (los énfasis son nuestros):

Artículo 62°.- (...) Los conflictos derivados de la relación contractual solo se solucionan en la vía arbitral o en la judicial, según los mecanismos de protección previsto en el contrato o contemplados en la ley (...).

Artículo 63°.- (...) El Estado y las demás personas de derecho público pueden someter las controversias derivadas de la relación contractual a tribunales constituidos en virtud de tratados en vigor. Pueden también someterlas a arbitraje nacional o internacional, en la forma que disponga la ley.

Principios de la Administración de Justicia

Artículo 139°.- Son principios y derechos de la función jurisdiccional:

1. La unidad y exclusividad de la función jurisdiccional. No existe ni puede establecerse jurisdicción alguna independiente, con excepción de la militar y arbitral.

Como se puede apreciar el artículo 62° de la Constitución transcrito equipara a la vía arbitral al mismo nivel que la judicial como un medio con aptitud para resolver las controversias que se generen entre los participantes de un contrato.

El artículo 63° también constitucional faculta en forma expresa al Estado y por ende a todas las entidades de derecho público en general a someter las controversias derivadas de sus relaciones contractuales a arbitraje nacional o internacional y el numeral 1) del artículo 139° Constitucional le otorga carácter jurisdiccional a la vía arbitral, que en consecuencia adquiere la calidad de jurisdicción especial[204].

El Estado peruano se ha servido de dicha cobertura constitucional favorable al arbitraje para desde el año 1997 disponer legislativamente que el único cauce para que se resuelvan las controversias respecto de los contratos de compras públicas sea obligatoriamente el arbitraje, de modo que todo postor que tiene interés en contratar con el Estado y postula presentado sus propuestas en un procedimiento administrativo de selección de contratistas tiene previo conocimiento que toda controversia que se produzca durante la relación contractual que pueda entablar con el Estado en caso de obtener la buena pro, solo podrá resolverse mediante un proceso arbitral que en el ordenamiento jurídico peruano por mandato constitucional tiene carácter jurisdiccional.

[204] El Tribunal Constitucional peruano ha tenido ocasión de referirse a la constitucionalización del arbitraje en su jurisprudencia recaída en el expediente N° 06167-2005-HC (Caso Fernando Cantuarias Salaverry).

En la misma medida la norma legal que regula con carácter general los procesos arbitrales en el Perú, nos referimos al Decreto Legislativo N° 1071, denominado Ley General de Arbitraje (en adelante: LGA) enuncia en su artículo 4° que las entidades administrativas pueden someter a arbitraje las controversias derivadas de los contratos y convenios que celebre.

(a) Carácter obligatorio

El régimen legal de las compras públicas en el Perú determina que toda controversia surgida desde la firma del respectivo contrato con la administración pública referida a la ejecución, interpretación, resolución inexistencia, ineficacia, nulidad e invalidez del contrato, deberá obligatoriamente resolverse mediante arbitraje, luego de haberse descartado la conciliación en caso haberse pactado esta última.

Las posible dudas sobre la constitucionalidad de la obligatoriedad del arbitraje como el único medio para resolver las controversias contractuales con el Estado respecto del régimen de compras públicas, excluyendo al Poder Judicial del conocimiento de dichas materias que como sabemos tiende más bien a ser la regla general en los ordenamiento regidos por un ordenamiento de Derecho Administrativo similar al peruano, fue rápidamente superada porque se entiende que al establecerse legalmente en el régimen que regula las compras estatales la regla de que toda controversia contractual con el Estado solo puede resolverse mediante un proceso arbitral, los agentes económicos que quieren participar como postores presentándose en los procedimientos administrativos de selección convocados han tenido conocimiento de dicha regla y por tanto tiene que haber sido materia de su evaluación al momento de considerar su participación o no como postores para en caso de obtener la buena pro para contratar con el Estado.

(b) Materias arbitrables y no arbitrables

La regla general es que el arbitraje es el medio para solucionar las controversias que se originan a partir de la suscripción del contrato y durante toda la etapa de ejecución contractual. A continuación, sintetizamos los temas más comunes o que con mayor frecuencia son materia de proceso arbitrales en la contratación estatal:

- Aspectos vinculados a la ejecución de las prestaciones contractuales.
- Aspectos vinculados a la interpretación, resolución, nulidad e invalidez del contrato.
- Ampliaciones del plazo contractual y en caso de obras el pago de mayores gastos generales.
- Discrepancias respecto de valorizaciones o metrados
- Conformidad de la recepción de las prestaciones en el caso de bienes y servicios.
- Liquidación del contrato de ejecución o consultoría de obras.
- La legalidad de las penalidades aplicadas.
- Procedencia de la ejecución de las garantías.
- Procedencia de indemnizaciones por daños y perjuicios
- Aspectos vinculados al pago y los intereses por la mora en el pago.
- Posibles defectos o vicios ocultos.

Se excluye expresamente la posibilidad de que se discuta mediante un proceso arbitral la decisión de la entidad contratante o de la Contraloría General de aprobar o no la ejecución de prestaciones adicionales a las pactadas en el respectivo contrato, así como las pretensiones referidas a enriquecimiento sin causa o indebido, pago de indemnizaciones o cualquier otra que se derive u origine en la falta de aprobación de las citadas prestaciones adicionales, razón por la que las controversias sobre dichas decisiones podrían ser materia de impugnación en sede administrativa y eventualmente mediante el correspondiente proceso contencioso administrativo ante el Poder Judicial, pero no en vía arbitral.

(c) Plazos para iniciar el arbitraje

La regla general es que el arbitraje solo puede iniciarse desde que el respectivo contrato entra en vigencia hasta en cualquier momento anterior a la fecha de culminación del contrato, que en el caso de la adquisición de bienes y servicios se produce luego de que el funcionario competente otorgue conformidad de la recepción de las prestaciones a cargo del contratista y se efectúe el correspondiente pago al contratista y en el caso de los contratos de ejecución y de consultoría de obras la culminación definitiva del contrato se produce luego de haber quedado consentida la liquidación y efectuado el pago que corresponda.

La única excepción a la regla de que el arbitraje debe iniciarse antes de que culmine el contrato se produce cuando se imputa al contratista responsabilidad por vicios ocultos en los bienes y servicios y obras con posterioridad a la fecha en que la entidad contratante otorgó su conformidad, razón por la cual el plazo para solicitar el arbitraje se computa recién desde ese momento.

El reglamento de la LCE establece plazos de caducidad específicos para iniciar el arbitraje respecto de ciertas controversias que se pueden producir durante el desarrollo de la relación contractual en los que el plazo promedio es de quince (15) días hábiles desde que se producen los hechos que pueden ser materia de discusión arbitral.

(d) Modalidad o tipo de arbitraje

El marco legal del ordenamiento que hemos dado en llamar de compras públicas en el Perú establece que el arbitraje puede estar a cargo de un árbitro unipersonal o de un tribunal arbitral conformado por tres (3) árbitros, lo que en la práctica depende de la cuantía involucrada.

En caso de que la respectiva cláusula arbitral no contenga indicación al respecto, o en caso de duda, será resuelto por árbitro único. Se exige que el árbitro único o el Presidente del respectivo Tribunal Arbitral que se nombre tengan que ser abogados y contar con especialización acreditada en Derecho Administrativo, arbitraje y contrataciones con el Estado.

El arbitraje obligatoriamente es de derecho, por tanto, no es posible que en la contratación pública se realice un arbitraje de equidad o de conciencia.

En tal sentido se establece expresamente un orden de prelación normativa conforme al cual los árbitros al resolver deberán aplicar el Régimen de la LCE y su Reglamento, así como las normas de derecho público y supletoriamente las de derecho privado, pero manteniendo obligatoriamente este orden de preferencia en la aplicación del derecho sustantivo al momento de resolver.

El arbitraje institucional debe estar a cargo de una institución arbitral a la que se le encomienda la organización y administración del proceso arbitral[205]. Se ha establecido que solo será posible pactar el arbitraje ad hoc tratándose de contratos de bienes, servicios y consultoría en general cuyos montos contractuales sean menores o iguales a un importe equivalente a 25,000 dólares, porque la experiencia ha demostrado que se prefería dicho tipo de arbitrajes en un importante porcentaje de los casos pero que no ofrecían las mismas garantías de transparencia, independencia e imparcialidad que un arbitraje institucional.

(e) Principales aspectos procesales

Dependiendo de que se haya pactado en el respectivo convenio arbitral la realización de un arbitraje institucional o uno ad hoc, la solicitud que plantee la parte interesada dando inicio al proceso arbitral debe dirigirla en el primer caso ante la correspondiente institución arbitral escogida, mientras que tratándose de los arbitrajes ad hoc, que operan bajo esa modalidad ya sea porque se pacto en el contrato o simplemente porque no se pactó que el arbitraje fuera institucional, la solicitud que da inicio al arbitraje se dirige a la otra parte por escrito, incluyendo la designación del árbitro cuando corresponda, además de un resumen informativo de la controversia a ser sometida a arbitraje y su cuantía, de manera referencial y con fines únicamente informativos.

La instalación del árbitro unipersonal o, en su caso del tribunal arbitral, trae como consecuencia de que en caso se haya imputado al contratista la posible comisión de alguna de las infracciones administrativas tipificadas en el Régimen de la LCE se deba suspender la tramitación del procedimiento administrativo sancionador a cargo de la sala competente para ejercer la potestad sancionadora del Tribunal administrativo de OSCE[206], a efectos de garantizar la vigencia de los derechos al debido procedimiento y al de defensa, lo que permite que previamente se dilucide a través del proceso arbitral la legalidad o conformidad al contrato de la conducta del contratista y que la decisión adoptada mediante el correspondiente laudo por el tribunal arbitral tenga que ser considerada por la sala del Tribunal de OSCE para determinar la responsabilidad o no del supuesto infractor.

---

205 Las instituciones arbitrales de mayor prestigio en el Perú son: El Centro de Conciliación y Arbitraje de la Pontificia Universidad Católica del Perú; el Centro de Conciliación y Arbitraje Nacional e Internacional de la Cámara de Comercio de Lima, el Centro de Arbitraje de AMCHAM Perú, el Centro de Conciliación, Arbitraje y Peritaje del Colegio de Ingenieros del Perú, Consejo Departamental de Lima y es obligado referirse al Sistema Nacional de Arbitraje de OSCE.

206 Es el Organismo Supervisor de las Contrataciones del Estado – OSCE que entre sus diversas funciones tiene a su cargo velar y promover el cumplimiento de dicho marco legal; supervisar y fiscalizar en forma selectiva y aleatoria los procesos de contratación, administrar el Registro Nacional de Proveedores (RNP); operar el Sistema Electrónico de las Contrataciones del estado (SEACE) e imponer sanciones a los proveedores inscritos en el RNP que contravengan el citado marco legal.

La facultad para dictar medidas cautelares está regulada por la LGA[207]. Si una parte se encuentra interesada en obtener una medida cautelar pero todavía no se instala el árbitro único o tribunal arbitral la solicitud se debe plantear ante un juez para que la evalúe y resuelva, cuya decisión puede ser objeto de impugnación mediante un recurso de apelación para que lo resuelva el grado superior del propio Poder Judicial, pero en la hipótesis que se haya iniciado el proceso arbitral deberá reconducirse el recurso de modo que se tramite como recurso de reconsideración para que lo resuelva el árbitro unipersonal o tribunal arbitral recién instalado.

Las medidas cautelares solo pueden ser solicitadas por las partes del proceso, no rige el principio de congruencia, pero si el de adecuación, el o los árbitros pueden dictar una medida cautelar distinta a la solicitada en tanto se cumpla con el propósito de asegurar la eficacia de la decisión arbitral y cause menos perjuicio a la parte que la soportará. Para dictar una medida cautelar se requiere oír a la otra parte, salvo que se demuestre que ello volvería ineficaz la medida y contra la resolución de los árbitros que responden a la solicitud de otorgamiento de la medida cautelar solo cabe recurso de reconsideración que ellos deben resolver. En cuanto a la ejecución de la medida cautelar otorgada en principio debería corresponder a los propios árbitros que la conceden, salvo que la ejecución implique el uso de la fuerza pública, caso en el cual la ejecución de la medida cautelar dictada por los árbitros solo podría corresponder al Poder Judicial.

(f) Régimen de los árbitros

Si las partes pactan en el respectivo contrato someter al arbitraje a la administración de una institución arbitral se deberán seguir las reglas de designación de árbitros de dicho centro de arbitraje.

Como se ha señalado anteriormente, la regla es que corresponde a las partes pactar si el arbitraje debe ser resuelto por árbitro único o por un tribunal arbitral conformado por tres (3) árbitros.

Cuando las partes no hayan pactado la forma de designación del árbitro único o los árbitros, corresponderá a OSCE designar el árbitro único si es que no se hubiera llegado a un acuerdo entre las partes. Asimismo se dispone que en el caso corresponda la conformación de un tribunal arbitral, OSCE será competente para designar el árbitro que la parte renuente no haya querido designar a pesar del requerimiento de la parte que solicita el inicio del arbitraje; o, que en el caso que los dos (2) árbitros efectivamente designados por cada una de las partes (contratista y entidad pública contratante)no hayan podido ponerse de acuerdo para designar al tercer árbitro dentro de los plazos legales, corresponderá también a OSCE designarlo.

Se exige que los árbitros sean y permanezcan durante el desarrollo del arbitraje independientes e imparciales respecto de las partes, lo cual constituye una condición indispensable para garantizar su objetividad, esa es la razón por la cual se les prohíbe tener cualquier tipo de relación personal, profesional o comercial con las partes.

En caso contrario los árbitros pueden ser objeto de recusación la que se resolverá conforme a las reglas del correspondiente centro arbitral en caso de haberse pactado encargársele la administración del arbitraje, o por OSCE en los casos de arbitrajes ad hoc y en los administrados por dicha entidad quien resolverá sobre la recusación y a designar al árbitro sustituto en caso de declararla fundada.

Los árbitros están sometidos a las reglas y deberes que establece el Código de Ética que aprueba OSCE[208] y el reglamento de la LCE, creándose un Consejo de Ética facultado para imponer sanciones de amonestación, suspensión temporal o inhabilitación permanente para ejercer el cargo de árbitro, en caso de contraer las infracciones que transgredan los principios de independencia, imparcialidad, transparencia y buena conducta procedimental[209].

207 Arts. 47° y 48°.

208 Código de Etica para el arbitraje en contrataciones con el Estado aprobado mediante Resolución N° 028-2016 - osce/PRE

209 La LCE dispone que el referido Código de Etica de OSCE será también aplicable "de manera supletoria" a los arbitrajes administrados por una institución arbitral que no tenga aprobado un Código de Ética o, que teniéndolo no tipifique la infracción cometida por el árbitro o no establezca la sanción aplicable. Asimismo, crea un Consejo de Ética que se encarga de determinar la comisión de infracciones y de imponer las sanciones respectivas pero integrado por funcionarios designados por tres Ministerios del Poder Ejecutivo, lo que para algunos no garantiza su objetividad o imparcialidad, además de significar un excesivo reglamentarismo del arbitraje con el Estado.

(g) Laudo

El laudo tiene carácter definitivo, inapelable, definitivo y obligatorio para las partes, tiene valor de cosa juzgada y conforme a la Ley de Arbitraje[210] si la parte obligada no cumple con lo ordenado por el laudo en la forma y plazos establecidos, la parte interesada podrá pedir la ejecución del laudo a la autoridad judicial competente, ejecutándose como una sentencia.

Uno de los aspectos que distingue el arbitraje en materia de contrataciones con el Estado es que los árbitros están obligados a remitir el laudo a OSCE, dentro de los cinco (5) días hábiles de notificado a las partes, para su registro y publicación en el SEACE, en la página web institucional de OSCE[211], lo cual garantiza la publicidad de los mismos y acceso a cualquier persona que esté interesada en analizarlos, lo cual es coherente con el principio constitucional de publicidad que debe regir toda actuación de la administración pública y lo diferencia con el arbitraje que se realiza entre privados en el cual por el contrario la regla es la confidencialidad.

Precisamente la Contraloría General de la República ha tomado en cuenta los laudos arbitrales que figuran en el referido SEACE emitidos durante el período 2003-2013 para realizar un interesante estudio de sus resultados y tendencias con el objeto de formular recomendaciones que puedan servir para que las entidades administrativas mejoren su desempeño durante los procesos de contratación y en el patrocinio de sus intereses en los procesos arbitrales[212]. Sin embargo, en el citado Informe la Contraloría General deja constancia que los 2,796 laudos arbitrales del citado período 2003-2013 registrados en el portal web de OSCE no constituye el universo de todos los laudos arbitrales emitidos en el ámbito de la contratación pública de compras en el Perú, porque el registro de laudos arbitrales en el portal web de OSCE solo ha sido obligatorio a partir del año 2008.

A diferencia de lo que sucede en otros países que también han acogido, aunque con matices, la posibilidad de que en determinados ámbitos de la contratación estatal las controversias entre las partes se puedan resolver en vía arbitral y que permiten el control judicial amplio de los laudos arbitrales, en el Perú la única vía de impugnación del laudo es el denominado recurso de anulación ante el Poder Judicial pero que solo tiene por objeto la revisión de la validez formal de los laudos, es decir no está destinado para revisar el fondo de lo resuelto por los árbitros[213].

Se establece la obligación de que las sentencias del Poder Judicial que resuelvan de manera definitiva el recurso de apelación contra laudos también sean remitidas a OSCE, para su registro y publicación en la página web institucional de dicha entidad[214].

Un aspecto polémico durante algún tiempo en el Perú fue la posibilidad de impugnar los laudos arbitrales mediante los procesos constitucionales, en especial el amparo, cuando alguna de las partes alegaba la afectación de algún derecho constitucional, porque podía producirse el peligro que por esa vía se abriera la posibilidad de que los jueces o el Tribunal Constitucional ingresaran a revisar el contenido de los laudos arbitrales y en consecuencia se postergase vía procesos constitucionales la definición de una controversia ya resuelta en vía arbitral.

La referida polémica ha sido zanjada jurisprudencialmente por el Tribunal Constitucional peruano[215] que ha establecido con carácter de precedente vinculante las siguientes reglas para la procedencia del amparo contra laudos:

---

210 La tipificación de las infracciones éticas que pueden cometer los árbitros sancionables por el Consejo de Ética ora en el artículo 216° del Reglamento según texto modificado por el Decreto Supremo N° 056-2017-EF.

211 Los laudos pueden revisarse en: http://www.osce.gob.pe/descarga/arbitraje/laudos/arbitraje1.asp

212 "El Arbitraje en las Contrataciones Públicas durante el periodo 2003-2013". Contraloría general de la República. Lima 2015, http://doc.contraloria.gob.pe/estudios-especiales/estudio/Estudio-Arbitraje-Online.pdf

213 Decreto Legislativo N° 1071, Ley de Arbitraje, art. 62°.- Recurso de anulación. 1.- Contra el laudo solo podrá interponerse recurso de anulación. Este recurso constituye la única vía de impugnación del laudo y tiene por objeto la revisión de su validez por las causales taxativamente establecidas en el artículo 63°. 2.- El recurso se resuelve declarando la validez o la nulidad del laudo. Está prohibido bajo responsabilidad, pronunciarse sobre el fondo de la controversia o sobre el contenido de la decisión o calificar los criterios, motivaciones o interpretaciones expuestas por el tribunal arbitral.

214 Puede revisarse la relación y el texto de las citadas sentencias en: http://www.osce.gob.pe/descarga/arbitraje/sentencias_judiciales/sentencias.asp

215 Nos referimos a la sentencia recaída en el expediente N° 00142-2011-PA/TC de fecha 21 de setiembre del 2011, que se puede revisar en: http://www.tc.gob.pe/jurisprudencia/2011/00142-2011-AA.html

- El amparo "arbitral" debe ser considerado un mecanismo excepcional, razón por la cual no procederá su uso para pretensiones referidas a la protección de derechos constitucionales vinculados al debido proceso o tutela procesal efectiva, la existencia de convenio arbitral o la arbitrabilidad de las cuestiones sometidas por las partes al arbitraje, toda vez que dichas cuestiones deben controvertirse mediante el recurso de anulación ante el Poder Judicial al que ya hicimos referencia.

- El referido amparo "arbitral" solo procede en tres situaciones específicas: a) Cuando el sentido del laudo arbitral vulnere precedentes vinculantes expedidos por el propio Tribunal Constitucional; b) Cuando los árbitros hayan ejercido control difuso de constitucionalidad y por ende en el ejercicio de sus facultades jurisdiccionales inaplicado por considerarla inconstitucional en el caso concreto sometido a su conocimiento una norma legal que había sido declarada constitucional por el Tribunal Constitucional o el Poder Judicial; y c) Cuando un tercero ajeno al proceso arbitral interponga el amparo sustentado en la afectación de sus derechos constitucionales a consecuencia del laudo pronunciado en dicho proceso arbitral.

- La procedencia del amparo en los supuestos a) y b) a que se refiere el párrafo anterior está supeditada a que los interesados primero hayan planteado sus cuestionamientos ante los propios árbitros y que estos hayan tenido oportunidad para pronunciarse en primer lugar sobre dichos cuestionamientos.

- La sentencia recaída en un proceso de amparo que declare fundada la demanda podrá declarar la nulidad total o parcial del laudo arbitral y el mandato de emisión por los árbitros de una nuevo, pero el Tribunal Constitucional cuida de señalar que no corresponde a los jueces o al propio Tribunal en ningún caso resolver acerca de la cuestión de fondo que fuera materia del arbitraje.

(h) La Junta de Resolución de Disputas

La LCE incluye a las denominadas Juntas de Resolución de Disputas como un medio adicional de solución de controversias en una fase previa al arbitraje exclusivamente para los contratos de obra, con el objeto de que puedan prevenirse o resolverse durante la ejecución de la obra, desde el inicio del contrato hasta la recepción total de la obra

Las Juntas de Resolución de Disputas deberían servir para evitar la excesiva tendencia a arbitrarizar las controversias en los contratos de obra, otorgando a las partes un medio para solucionar los conflictos que se generen durante la obra en marcha, evitando su paralización, situación que privaría al Estado de poder contar en los plazos previstos con las obras o infraestructuras necesarias para satisfacer las necesidades de la colectividad y que tendría la ventaja adicional de reducir los costos y la dilación que implica esperar la solución de dichas controversias en un arbitraje, aunque sean sustancialmente menores que en el caso que las controversias tuvieran que ser resueltas mediante procesos judiciales.

(i) El arbitraje como medio de solución de controversias en contratos de concesión y de asociaciones público-privadas APPs.

Desde que se iniciaron a comienzos de la última década del siglo pasado lo que en el ordenamiento peruano se han denominado los "Procesos de Promoción de la Inversión Privada" en materia de servicios públicos y concesiones principalmente de infraestructura, los contratos de concesión o de transferencia de activos de empresas privatizadas que suscribieron el Gobierno Nacional (Poder Ejecutivo) y los inversionistas privados, consagraron al arbitraje como el medio de solución de controversias, en lugar de la vía judicial, por las mismas razones de mayor celeridad, especialización y flexibilidad que justificaron que posteriormente hacia el año 1997 el arbitraje se extendiera como el medio de solución de controversias también en la contratación de compras públicas. Posteriormente los contratos que con la misma finalidad suscribieron los Gobiernos Regionales y los Gobiernos Locales (municipalidades) también incluyeron a la vía arbitral como el mecanismo para la solución de controversias entre los concesionarios privados y las citadas entidades estatales.

Como se ha comentado al iniciar este trabajo, en la actualidad el Decreto Legislativo N° 1362, que regula la Promoción de la Inversión Privada mediante Asociaciones Público – Privadas y Proyectos en activos (en adelante: Ley de APPs) y sus sucesivas modificaciones, dispone en su artículo 56° que todos los contratos que son comprendidos bajo dicha denominación genérica deberán incluir la vía arbitral como mecanismo de solución de controversias. En el numeral 3) del artículo 132.1 del Reglamento de la citada Ley de Apps[216] se dispone que, si en la cláusula arbitral del respectivo contrato se distingue entre controversias de naturaleza técnica y de naturaleza no técnica, las primeras deben ser sometidas a arbitraje de conciencia y las segundas a arbitraje de derecho, permitiendo que incluso estas últimas puedan ser sometidas a arbitraje de conciencia cuando ello resulte pertinente. Asimismo, en el artículo 132.2 se establece que las entidades públicas contratantes o concedentes a los efectos y conformar el Tribunal Arbitral, deben tener como pauta escoger preferentemente a profesionales con experiencia mínima de cinco (5) años en la materia controvertida o a abogados con el mismo tiempo de experiencia en materia de regulación o concesiones, según la materia de la controversia.

Tema muy importante regulado por el régimen de APPs y que ha generado controversias en el medio jurídico peruano es el referido a las materias arbitrables en dichas modalidades de contratos. El numeral 1) del artículo 132.1 del citado Reglamento de la Ley de APPs ha establecido que solo son arbitrables las controversias sobre "materias de libre disposición de las partes" y su artículo 133.1 dispone que no pueden someterse a los mecanismos de solución de controversias regulados por la Ley de APPs (arbitraje, amigable componedor, junta de resolución de disputas) las decisiones de los organismos reguladores de las inversiones privadas en servicios públicos y concesiones de infraestructura, cuando se emiten en ejercicio de sus potestades administrativas y que de ordinario primero son materia de impugnación en sede administrativa y luego mediante el respectivo proceso contencioso administrativo ante el Poder Judicial.

En nuestra opinión no cabe duda que en principio la vía legalmente prevista en el ordenamiento administrativo peruano para cuestionar las decisiones de los organismos reguladores, que nunca son parte de los contratos de concesión o de APPs, no es la arbitral, sino los mecanismos propios de impugnación de cualquier otra decisión administrativa de una entidad pública, es decir los recursos administrativos y si la resolución de dichos recursos en sede administrativa no satisface al interesado, en ejercicio de su derecho de tutela jurisdiccional, puede interponer una demanda contenciosa administrativa.

Sin embargo consideramos que en aquellos casos en los que el organismo regulador toma como parámetro o criterio para verificar el cumplimiento de sus obligaciones por el concesionario, reglas o compromisos contenidos en los respectivos contratos de concesión o de APPs, y en base a ellos ejercita las potestades administrativas que el marco legal establece y que muchas veces los propios contratos recogen, si debería ser procedente que se discuta en vía arbitral si la interpretación o alcance de las cláusulas contractuales pactadas por el inversionista con el concedente, que utiliza como parámetro o criterio de referencia el organismo regulador para el ejercicio de sus potestades, es o no es la correcta.

El artículo 56.3 de la Ley de APPs y el artículo 133° de su Reglamento han establecido que la entidad pública concedente o titular de un proyecto que es objeto de APP que es parte de un proceso arbitral debe garantizar la participación oportuna de los organismos reguladores en los procesos arbitrales, para coadyuvar al debido patrocinio del Estado, en aquellos procesos arbitrales en los que se discutan decisiones y materias vinculadas a la competencia de dichos organismos reguladores. Corresponde a los árbitros que conforman el tribunal arbitral permitir la participación del organismo reguladores competente.

También se han previsto otros dos medios de solución de controversias, previos al arbitraje: el Amigable Componedor y la Junta de Resolución de Disputas. La figura del Amigable Componedor solo opera en aquellos contratos en los que se haya pactado una etapa de Trato Directo previa al inicio de un arbitraje nacional, caso en el cual las partes en cualquier momento de la referida etapa podrán acordar la intervención de un tercero neutral, al que se le denomina Amigable Componedor, quien podrá ser designado directamente por las partes o delegar su designación a un Centro Arbitral.

Luego que las partes presentan por escrito sus posiciones y se lleva a cabo una audiencia en las que las exponen, el Amigable Componedor deberá citar a audiencia para exponer y entregar su informe ó formula de solución a las partes, las que podrán aceptarla total o parcialmente, caso en el cual lo acordado por las partes tendrá los efectos de una transacción.

En nuestra opinión esta figura del Amigable Componedor servirá principalmente para que los funcionarios de las entidades estatales que son parte de la controversia puedan adquirir progresivamente

[216] Nos referimos al Decreto Supremo N° 240-2018-EF que aprueba el Reglamento del Decreto Legislativo N° 1362, que regula la Promoción de la Inversión Privada mediante Asociaciones Público-Privadas y Proyectos en Activos.

mayor proclividad a conciliar o transar que la que han venido demostrando hasta la fecha, debido al temor al supuesto peligro que existe de la posible imputación de responsabilidad por los órganos de control, porque podrán fundamentarse en la opinión de un tercero neutral, imparcial e independiente, que incluso puede ser de una nacionalidad diferente al de las partes.

Para facilitar el acuerdo entre las partes y que no se generen prevenciones o recelos para la presentación de propuestas o posiciones por las partes durante la intervención del Amigable Componedor, se prohíbe que las partes puedan presentar como medio probatorio en un proceso administrativo, arbitral o judicial ningún documento presentado o declaración realizada por las partes o el Amigable Componedor durante el respectivo procedimiento, salvo que dichos documentos o declaración puede ser obtenido en forma independiente por la parte que esté interesada en presentarlo (artículo 127.3 del Reglamento de la Ley de APPs).

En cuanto a la Junta de Resolución de Disputas se dispone que en los contratos en los que la inversión supere en promedio los 100 millones de dólares puede pactarse para que en la etapa previa al inicio del arbitraje nacional las partes puedan someter sus controversias a la referida Junta, a solicitud de cualquiera de ellas, cuyos integrantes podrán ser designados de manera directa por las partes o encargada su designación a un Centro Arbitral. La decisión que adopte la Junta tendrá carácter obligatorio para las partes, lo cual no limita su facultad de poder llevar la controversia a la vía arbitral.

3. *Los Tribunales Administrativos*

En el Perú se constata la existencia de un número importante de tribunales administrativos (más de 50) que en ejercicio de potestades plenamente administrativas y no jurisdiccionales resuelven en última instancia administrativa una buena parte de las controversias con la administración planteadas por los privados mediante recursos administrativos. Incluso algunos de dichos tribunales administrativos tienen a su cargo la resolución de controversias entre los privados sobre temas de interés público, que se tramitan a través de los denominados procedimientos administrativos trilaterales[217].

Son órganos que forman parte de la administración pública, integrados por profesionales que en el ejercicio de sus competencias son considerados funcionarios públicos que son designados, muchas veces en base a un concurso público de méritos, en virtud de su conocimiento especializado en las materias sectoriales específicas que son objeto de su competencia, que resuelven en forma colegiada, a los cuales se les otorga autonomía e independencia para que puedan evaluar con objetividad decisiones que han sido previamente adoptadas por otros órganos o entidades administrativas, sin perjuicio de que el que se considere afectado por la resolución del respectivo tribunal administrativo pueda cuestionarla mediante el respectivo proceso contencioso administrativo antes el Poder Judicial.

Los citados Tribunales resuelven controversias administrativas de los temas más variados: tributario[218], registral, minero, protección administrativa de la libre competencia en el mercado, controversias entre empresas concesionarias y usuarios de servicios públicos, controversias entre servidores públicos con sus respectivas entidad públicas empleadoras, controversias sobre la aplicación

---

[217] Es el caso de los tribunales administrativos de los organismos reguladores de servicios públicos (OSIPTEL, OSINERGMIN, OSITRAN, etc.) que resuelven, también en última instancia administrativa controversias entre empresas concesionarias operadoras y entre estas y sus respectivos usuarios. Se trata de los procedimientos que la LPAG ha caracterizado como "procedimientos administrativos triangulares" (arts. 229 al 238) , que son aquellos mediante los cuales la administración pública resuelve por mandato legal controversias entre dos o más particulares, sin perjuicio de que los descontentos puedan impugnar la resolución que se emita ante el Poder Judicial por vía contenciosa administrativa. Por tanto, puede suceder que cualquiera de los privados que tiene la condición de parte (el usuario o la empresa operadora de un servicio público) no esté de acuerdo con la resolución dictada por el tribunal administrativo respectivo y que interponga una demanda contenciosa - administrativa para la tutela de sus pretensiones. En tales casos podemos observar se estarían ventilando en el proceso contencioso - administrativo controversias entre dos privados que de no existir una vía administrativa previa obligatoria hubieran resuelto sus controversias mediante un proceso probablemente civil.

[218] He reflexionado sobre el régimen del Tribunal Fiscal peruano como tribunal de carácter administrativo en: "El proceso contencioso administrativo en materia tributaria". En: *Themis revista de derecho*. N° 41. Lima 2000, p. 73 y ss.

de sanciones administrativas en materia ambiental, la impugnación a las actuaciones de las entidades públicas que tramitan procedimientos de selección bajo el régimen de compras estatales, etc[219-220].

La experiencia acumulada en el Perú respecto del funcionamiento de los citados colegiados que resuelven en última instancia administrativa los recursos contra decisiones previas de la administración pública, en los sectores o materias en las que operan, ha evidenciado los siguientes aspectos positivos que en nuestra opinión justifican su existencia:

- Sustituyen las decisiones sobre los recursos administrativos que de otro modo le hubiera correspondido resolver en última instancia administrativa al titular de la respectiva entidad, por decisiones de un colegiado integrado por profesionales versados en las materias sometidas a su conocimiento y que resuelven con carácter eminentemente técnico, exento de las consideraciones políticas o de otra índole que de lo contrario podrían predominar en un titular de una entidad.

- Aunque en la mayor parte de los casos forman parte de la misma entidad administrativa cuyos órganos de línea han emitido las decisiones que son objeto de impugnación, al ser una instancia de resolución distinta que no forma parte de los órganos o instancia que emitieron las resoluciones recurridas, se genera las condiciones para que puedan realizar una evaluación en mayor medida objetiva e imparcial, considerando lo resuelto en instancias administrativas anteriores, pero también lo aportado por los recurrentes

- Las estadísticas -que no es el caso citar- demuestran que los procesos contencioso-administrativos iniciados contra resoluciones dictadas por tribunales administrativos son sustancialmente inferiores que el número de demandas que se interponen contra los actos administrativos emitidos por las demás entidades de la administración pública, lo que demuestra que la existencia de tribunales administrativos desalienta la excesiva litigiosidad judicial en contra de las decisiones de la administración pública que agotan la vía administrativa.

VIII. SERVICIO PÚBLICO, LOS MERCADOS DE INTERÉS GENERAL. LIBERALICOMO ZACIÓN, PRIVATIZACIÓN, REGULACIÓN Y SU RÉGIMEN DE COMPETENCIA

1. *La reforma del Estado en la década de los 90'*

Para poder brindar una visión panorámica que permita entender la situación actual de los servicios públicos y los mercados de interés general en el Perú es indispensable remontarnos al proceso de reforma del Estado operado a partir de la década de los 90 con los inicios del Gobierno del entonces electo democráticamente Ingeniero Alberto Fujimori.

El eje central de la reforma estuvo centrado en la necesidad de equilibrar las cuentas fiscales de un país que al terminar la década de los 80' padecía de una severa crisis fiscal, hiperinflación y el aislamiento del sistema financiero internacional.

En dicho contexto la reforma emprendida del Estado sintonizó plenamente con un modelo económico mundial de carácter liberal[221] que preconizaba la reducción del aparato estatal y la apertura de los mercados a la competencia.

En lo funcional los aspectos más importantes de la reforma pueden sintetizarse en lo siguiente:

---

219 La regulación del régimen de los tribunales administrativos en el Perú tiende a ser dispersa porque son creados por normas legales que regulan sectores específicos (minería, tributario, libre competencia, marco legal de contrataciones estatales, registral, aguas, forestal, resolución de reclamos de usuarios, resolución de controversias entre empresas concesionarias de servicios públicos, etc.), a excepción de la referencia puntual que hace de ellos la LPAG respecto de sus resoluciones (numeral 2.8) del art. V del Título Preliminar y del régimen especial para declarar la nulidad de oficio de sus resoluciones (art. 213.5)

220 El primer intento de establecer una regulación común para dichos tribunales administrativos es el contenido en el anteproyecto de ley de bases de la administración pública elaborado por un grupo de trabajo designado por el Ministerio de Justicia que tuvimos el honor de integrar que se puede revisar en: www. minjus.gob.pe/wp-content/uploads/2014/10/Anteproyecto-de-Ley-de-Bases-de-la-Administración-Pública1

221 Henry Pease "La Autocracia Fujimorista. Del Estado intervencionista al Estado mafioso". Pontificia Universidad Católica del Perú y Fondo de Cultura Económica. Lima, 2003, p. 192, señala que la reforma del Gobierno lo colocó en la línea del documento denominado "Consenso de Washington" que propuso un conjunto de políticas de corte neoliberal que proponían una profunda reducción del aparato del Estado para concentrarlo en las funciones básicas o esenciales.

- Se aprobaron dispositivos legales con el objetivo de liberalizar mercados en los que habitualmente el Estado ejercía el monopolio o se encontraba en manos de pocos agentes económicos y sometido a fuertes distorsiones en perjuicio de los consumidores. En igual medida se desregularon actividades económicas sometidas a intensas intervenciones administrativas, la mayor parte de las veces injustificadas, con el fin de permitir su desarrollo en condiciones de competencia, reservándose para la administración pública un rol básicamente supervisor.
- Se transfirió al sector privado la prestación de servicios desarrollados por el Estado, principalmente los de carácter empresarial, mediante los procesos de privatización de la propiedad de empresas públicos y/o de sus activos y de otorgamiento de concesiones a empresas privadas para la prestación de actividades calificadas jurídicamente como servicios públicos y para la explotación de obras públicas de infraestructura, principalmente de transporte (puertos, aeropuertos, carreteras, etc.)
- Los procesos de privatización y de promoción de la inversión privada mediante el otorgamiento de concesiones y otras modalidades generaron la notable reducción del número de empresas del Estado heredadas de la década anterior que se encontraban la mayor parte de las veces en situación deficitaria, asimismo en consonancia con la referida reorientación del papel del Estado en la economía se crearon organismos reguladores de los servicios públicos (telecomunicaciones, electricidad, saneamiento) y de las concesiones de obras públicas de infraestructura (puertos, aeropuertos, carreteras, vías ferroviarias) claramente inspirados en los modelos de los países anglosajones, con el objeto de garantizar un tratamiento técnico de la regulación y supervisión de las actividades económicas calificadas como servicios públicos, o que se desarrollan en condiciones de monopolio natural o poco competitivas y las que requieren para su desarrollo la utilización de redes e infraestructuras. Los mencionados organismos reguladores fueron creados como entidades dotadas cada una de personalidad jurídica de derecho público, con presupuesto propio y autonomía dentro del marco de la ley, actualmente adscritas a la Presidencia del Consejo de Ministros, porque conforme al marco constitucional peruano ninguna entidad que forma parte del Poder Ejecutivo puede depender directamente del Presidente de la República, porque se requiere que toda entidad del Gobierno este adscrita a un Ministro para que sea el responsable político ante el Parlamento. No obstante, tratándose de los organismos reguladores se postula su absoluta independencia orgánica respecto de las directrices políticas del Gobierno, con el objeto de neutralizar la intervención política sobre sus decisiones a fin de garantizar su autonomía técnica en el desarrollo de las competencias asignadas[222].

Sin embargo, no todos los organismos reguladores fueron creados con anterioridad al proceso de transferencia de propiedad de empresas estatales al sector privado y/o otorgamiento de concesiones a empresas privadas. Tal es el caso de OSIPTEL que se constituyó antes de la privatización de las acciones de las empresas públicas de telefonía[223] y de OSITRAN que fuera creado en fecha previa al inicio del proceso de otorgamiento de concesiones de infraestructura de transporte de uso público[224]. En cambio, OSINERG fue creado[225] años después del inicio del proceso de transferencia de la propiedad de empresas estatales y del establecimiento del nuevo marco regulador del sector eléctrico.

El caso de SUNASS es especial porque se trata de un organismo que fue creado en el marco del proceso de reestructuración del sector saneamiento desarrollado durante los primeros años de la década pasada[226] por el cual los servicios de agua potable y alcantarillado que eran de responsabilidad de una

---

222 Para el profesor Julio Comadira "La independencia funcional de los entes reguladores es, asimismo, decisiva, porque la experiencia ha demostrado que el poder político es no pocas veces incapaz de sustraerse a las tendencias de sacrificar los objetivos a largo plazo en aras de las metas diarias de la política", en "Reflexiones sobre la regulación de los servicios privatizados y los entes reguladores", publicado en *Derecho Administrativo*, Abeledo Perrot, Bs As., 1996, p. 253.

223 Mediante Decreto Legislativo de 5/11/1991. Sobre el tema: Karina Izaguirre "La Privatización de las Telecomunicaciones", en *AAVV "Implementación de políticas públicas en el Perú"*. Editores: Augusto Alvarez Rodrich y Gabriel Ortiz De Zevallos. Editorial Apoyo. Lima, 1995, p. 42.

224 Creado mediante Ley N° 26917, pub: 23/1/1998.

225 Mediante ley N° 26734 , pub: 31/12/1996, posteriormente se le agregaron competencia para la supervisión de la normativa ambiental y de seguridad en las actividades de extracción de hidrocarburos y de mineras por lo cual sus siglas cambiaron a OSINERGMIN

226 Creada mediante Decreto Ley N° 25965 de 19/12/1992, aprobándose su ley general N° 26284 el 27/12/1993.

empresa estatal nacional (SENAPA) fueron transferidos a las municipalidades provinciales y distritales, con excepción de la empresa de saneamiento de Lima - Callao (SEDAPAL) que mantiene su calidad de empresa del gobierno nacional.

2. *La Ley Marco de Organismos Reguladores*

Las notables diferencias en la evolución de la normatividad de cada uno de los organismos reguladores determinó que se aprobará la Ley Nº 27332 denominada "Ley Marco de organismos reguladores de la inversión privada en servicios públicos"[227] con el propósito de establecer normas básicas comunes de organización y funcionamiento de tales entidades.

La citada ley precisa las entidades comprendidas en su ámbito de aplicación (como ya se dijo: OSIPTEL, OSINERGMIN, SUNASS Y OSITRAN); determina la ubicación de las citadas entidades en la estructura del Estado; clasifica las funciones que les corresponde ejercer (supervisora, reguladora, normativa, fiscalizadora y sancionadora, solución de controversias entre empresas y de reclamos de los usuarios); las hace responsable de la supervisión de las actividades de postprivatización; potencia sus potestades de investigación; dispone que la dirección de los citados organismos corresponde a su respectivo Consejo Directivo y determina su composición y régimen de sus integrantes; establece que los organismos reguladores contarán con un Tribunal de Solución de Controversias; que se financian con el denominado "aporte por regulación" que recaudan e las empresas y entidades bajo su ámbito y que su personal se sujeta al régimen laboral de la actividad privada.

Conviene tener presente que la citada ley Nº 27332 no reemplaza las leyes preexistentes que establecen el régimen legal de cada organismo regulador las cuales siguen vigentes, aunque su aplicación debe adecuarse al nuevo marco legal.

Desde su aprobación han entrado en vigencia otras leyes que modifican aspectos puntuales del régimen de algunos organismos reguladores: tal es el caso de la Ley Nº 27336[228] denominada "Ley de desarrollo de las funciones y facultades del organismo supervisor de la inversión privada en telecomunicaciones-OSIPTEL" con el deliberado objetivo de potenciar sus potestades de supervisión y sanción a las entidades prestadoras bajo su ámbito de competencia; y la ley Nº 27699[229] denominada "Ley complementaria de fortalecimiento institucional del organismo supervisor de la inversión en energía - OSINERG" con propósito similar a la anterior ley mencionada.

A fin de adecuar el régimen de los organismos reguladores a lo dispuesto por la nueva Ley Marco, en su oportunidad el Poder Ejecutivo dictó los nuevos Estatutos para cada uno de los organismos reguladores[230] y posteriormente los ha dotado de Reglamentos de Organización y Funciones – ROF.

De la revisión de las citadas disposiciones, en términos generales, se puede apreciar el esfuerzo realizado en homogenizar en la medida de lo posible el régimen básico de los organismos reguladores en orden a reforzar su autonomía y potenciar sus potestades, pero se puede constatar que siguen pendientes de abordar otros temas que deberían ser objeto de desarrollo en futuras reformas legislativas.

3. *Naturaleza Jurídica de los Organismos Reguladores . Ubicación en la estructura del Estado*

Conforme al art. 2º de la Ley Marco los reguladores "son organismos públicos descentralizados adscritos a la Presidencia del Consejo de Ministros con personería de derecho público interno y con autonomía administrativa, funcional, técnica, económica y financiera". Como se puede apreciar se trata de entidades que forman parte del Poder Ejecutivo, dotadas de personalidad jurídica y de un régimen que pretende garantizarles una especial autonomía técnica y funcional respecto del poder político.

En sus orígenes varios de los organismos reguladores recién creados, fueron colocados en el ámbito del Ministerio del sector al que pertenece la actividad regulada. Posteriormente se consideró que esta vinculación podía ser negativa porque restringía la autonomía del regulador al exponerlo en mayor

---

227 Publicada el 29/7/2000 y reglamentada mediante Decreto Supremo Nº 032-2001-PCM, pub: 29/3/2001.

228 Publicada el 5/8/2000.

229 Publicada el 16/4/2002.

230 El Reglamento General de OSIPTEL aprobado por D.S. Nº 008-2001-PCM, pub: 2/2/2001; el Reglamento General de SUNASS aprobado por D.S. Nº 017-2001-PCM, pub: 21/2/2001; el Reglamento General de OSITRAN aprobado por D.S. Nº 010-2001-PCM, pub: 7/2/2001 y Reglamento General de OSINERG aprobado por D.S. Nº 054-2001-PCM, pub: 9/5/2001.

medida a la injerencia del ministerio encargado de orientar la política del sector y fueron transferidos a la órbita del Ministerio de Economía y Finanzas, para finalmente adscribirlos a la Presidencia del Consejo de Ministros sector menos comprometido con una actividad regulada específica. Lo que como veremos más adelante, no obsta para que el ministerio del sector participe en la designación de los Directores del organismo proponiendo cuando menos a uno de sus integrantes.

Se trata pues de entidades con personalidad jurídica de derecho público, dotadas de una organización, con presupuesto propio y autonomía dentro del marco de la ley. Como ya se ha señalado, conforme a nuestro diseño constitucional no pueden depender directamente del Presidente de la República, porque se requiere que toda entidad del Poder Ejecutivo este adscrita a un Ministro para que sea el responsable político ante el Parlamento, razón por la que se les adscribe a la Presidencia del Consejo de Ministros, lo cual a la vez denota la importancia que se les asigna en la estructura de la administración pública.

Asimismo, con fecha posterior (finales del año 2007) la Ley Nº 29158, Nueva Ley Orgánica del Poder Ejecutivo, ha reconocido de manera expresa el estatus especial de los organismos reguladores de los servicios públicos en el ordenamiento jurídico peruano porque los ha caracterizado en la categoría jurídica de "organismos públicos especializados" que gozan de un mayor grado de autonomía respecto de otras entidades públicas que también forman parte del Gobierno nacional[231].

Se trata pues de entidades con personalidad jurídica de derecho público, dotadas de una organización, con presupuesto propio y autonomía dentro del marco de la ley. Conforme a nuestro diseño constitucional no pueden depender directamente del Presidente de la República, porque se requiere que toda entidad del Poder Ejecutivo este adscrita a un Ministro para que sea el responsable político ante el Parlamento, razón por la que se les adscribe a la Presidencia del Consejo de Ministros, lo que denota la importancia que se les asigna en la estructura de la administración pública y a la vez permite desvincularlos formalmente de los Ministerios que establecen las políticas sectoriales de desarrollo de las industrias que son materia de su actividad regulatoria.

La ley marco de los organismos reguladores y las leyes y demás disposiciones reglamentarias especiales que disciplinan su régimen establecen el conjunto de funciones y potestades de carácter público (Supervisora, Reguladora, Normativa, Fiscalizadora, Solución de controversias entre empresas y Solución de reclamos de los usuarios) que se les atribuye para cumplir de la manera más eficaz el objetivo de interés general que constituye su cometido.

En el caso del Perú en principio podemos afirmar que los organismos reguladores de la inversión privada en servicios públicos son entidades que actúan dentro del marco de la normativa vigente establecida para cada tipo de servicio público y la que se derive de los respectivos contratos de concesión, cuya misión es de carácter supervisor o de control de la actividad desarrollada por las empresas prestadoras de servicio público y de los compromisos contraídos en los citados contratos de concesión, que ejercen potestades de regulación económica principalmente en materia de determinación de tarifas, promoción de la competitividad en los mercados, determinación de niveles de calidad y cobertura del servicio, y garantía de las condiciones de acceso a la actividad y utilización de las redes, con el objeto de generar condiciones de competencia donde fuere posible, pero que concurren con los Ministerios de los respectivos sectores en el ejercicio de otras manifestaciones de dicha función reguladora, aunque con matices, a quienes también corresponde dictar normas que inciden de manera decisiva sobre la prestación de los servicios públicos.

El proyecto de reforma constitucional elaborado por la Comisión de Constitución del Congreso de la República propuso otorgarles rango constitucional a los organismos reguladores de servicios públicos,

---

231 "*Artículo 32.- Organismos Reguladores. Los Organismos Reguladores: 1. Se crean para actuar en ámbitos especializados de regulación de mercados o para garantizar el adecuado funcionamiento de mercados no regulados, asegurando cobertura de atención en todo el territorio nacional. 2. Están adscritos a la Presidencia del Consejo de Ministros. 3. Dentro de sus respectivos ámbitos de competencia, tienen funciones supervisoras, reguladoras, normativas, fiscalizadoras y sancionadoras; y de solución de controversias y reclamos, en los términos previstos por la Ley de la materia. 4. Definen sus lineamientos técnicos, sus objetivos y estrategias. 5. Determinan su política de gasto de acuerdo con la política general de Gobierno. 6. Están dirigidos por un Consejo Directivo. Sus miembros son designados mediante concurso público. La ley establece los requisitos y el procedimiento para su designación. Solo podrán ser removidos en caso de falta grave e incompetencia manifiesta debidamente comprobada, y con el voto aprobatorio del Consejo de Ministros. La Ley establece el procedimiento para su cese*".

como ya sucede en nuestro ordenamiento constitucional con otras entidades como es el caso de la Superintendencia de Banca y Seguros que fuera consagrada como organismo constitucional desde la Carta de 1979. Según dicho proyecto los organismos reguladores de los servicios públicos e infraestructura de uso público, cuyo número y denominación específica no identifica el proyecto, tendrían personalidad jurídica de derecho público y autonomía dentro de sus respectivas leyes orgánicas. Les corresponderá "supervisar, regular y fiscalizar la prestación de los servicios públicos y la racional utilización de la infraestructura nacional de uso público, y de cautelar los intereses de los usuarios, los inversionistas y del Estado". El gobierno de cada organismo regulador estaría a cargo de un Consejo Directivo integrado por cinco (5) miembros designados por el Poder Ejecutivo, como el día de hoy, pero su Presidente necesitará ratificación del Senado. Como se puede apreciar con el nuevo diseño constitucional propuesto los organismos reguladores de servicios públicos se independizarían del Poder Ejecutivo y no formarían parte de ninguno de los tres clásicos poderes del Estado, porque tendrían la calidad de organismos constitucionalmente autónomos, en los que si bien los poderes con legitimidad democrática y con responsabilidad directa ante el electorado participan en la designación de sus titulares (el Ejecutivo designa a los Directores y el Senado ratifica al Presidente), y en la aprobación de las normas que regulan su actividad (su ley orgánica y las normas que establecen la disciplina de cada actividad regulada), sin embargo no tendrían injerencia jerárquica directa sobre los mismos, lo que las independiza de los poderes políticos.

Precisamente uno de los principales problemas que se plantea el día de hoy en la doctrina especializada que trata acerca de los organismos reguladores en otros países es su difícil anclaje constitucional, principalmente en los países latinoamericanos, porque su característica más distintiva que reside en postular su absoluta independencia orgánica respecto de las directrices políticas del Gobierno no parece ser plenamente compatible con sus respectivos ordenamientos constitucionales.

La pretensión de "despolitizar" la actividad de los reguladores, de garantizarles independencia funcional ha sido enérgicamente defendida por el profesor Julio Comadira[232] en los siguientes términos: "La independencia funcional de los entes reguladores es, asimismo, decisiva, porque *la experiencia ha demostrado que el poder político es no pocas veces incapaz de sustraerse a las tendencias de sacrificar los objetivos a largo plazo en aras de las metas diarias de la política*". En opinión del profesor Juan Carlos Cassagne[233] la función básica de los entes regulatorios "consiste en lograr una armonía participativa entre los intereses en juego y contribuir de ese modo que se alcance la armonía social ....Entre los objetivos que se han atribuido a los entes regulatorios se destacan el relacionado con la promoción de la competencia, la defensa del mercado y de las libertades económicas de las personas vinculadas a la prestación de los Servicios Públicos, junto a la justicia y racionalidad de las tarifas. *Esta nueva función estatal, que viene a proteger el funcionamiento eficiente de todo el ciclo económico con el propósito de mejorar la calidad de vida de las personas, viene a invertir la función que antaño cumplía el Estado en el campo de la regulación económica, donde el poder de policía operaba mediante mecanismos que alteraban artificialmente la oferta y la demanda o las decisiones que corresponden al mercado*".

Comenta la profesora Carmen Chinchilla[234] que "Las Administraciones Independientes, de origen anglosajón, aparecen como alternativa a las Administraciones tradicionales en ámbitos que, por diversas razones, reclaman un mayor grado de autonomía funcional y, además de eso, una verdadera independencia gubernamental. Se ha dicho, por ello, que con ellas se persigue "despolitizar" la Administración......El problema que plantean estos <<nuevos poderes>> es que suponen una excepción al principio constitucional que proclama la dependencia de la Administración respecto del Gobierno...Es claro que en los ámbitos <<administrados>> por este tipo de entes, el Gobierno ni dirige la administración, ni ejerce la función ejecutiva ni tampoco la potestad reglamentaria. Consecuencia de ello es que una vez roto el vínculo de dependencia gubernamental, estas Administraciones aparecen como entes que no responden "políticamente" ante nadie......Se trataría pues, de una parte del poder ejecutivo sin otra responsabilidad que la que se derive del control de los tribunales que, obvio es decirlo,

---

232 En: "Reflexiones sobre la regulación de los servicios privatizados y los entes reguladores (con especial referencia al Enargas, Enre, CNT y Etoss).", publicado en: *Derecho Administrativo*. Abeledo Perrot. Bs As. 1996, p. 253

233 "Los nuevos entes regulatorios". Revista de Derecho Administrativo Nº 14, pg. 489 y ss.

234 "Dos grandes momentos en cien años de derecho administrativo: la década de los cincuenta y la constitución de 1978". En: *AAVV El derecho español en el siglo XX*. Colección Garrigues y Andersen. Marcial Pons. 2000, p. 59 y 60.

limitan su función al control de la legalidad de los actos de estos entes; un control -hay que señalarlo- que en muchos casos resulta muy difícil de realizar, dada la enorme complejidad y el contenido técnico de la legislación aplicable a muchos de estos sectores, como es el caso, por ejemplo de las telecomunicaciones, el mercado de valores o la defensa de la competencia".

En opinión de Bilbao Ubillus[235], que comparto plenamente porque considero que sus apreciaciones sirven también para describir el contexto de las entidades reguladoras peruanas, las agencias independientes, a diferencia de otros organismos que también forman parte del Poder Ejecutivo, no están sometidas a una relación de jerarquía con los órganos matrices de dicho Poder, la que es más bien "sustituida <<por una técnica de control próxima a la tutela>>, respetuosa de esa esfera de autonomía técnica, razón por la que "..no proceden, en consecuencia, las órdenes o instrucciones concretas, ni las facultades disciplinarias sobre el personal u órganos de dirección, ni la sustitución de sus actos por otros que dicten órganos de la Administración central del Estado, y tampoco la aplicación de un control sobre sus decisiones que exceda del de mera legalidad, ni la posibilidad de recurrir sus actos mediante un recurso ordinario ante el Departamento ministerial correspondiente (agotan normalmente la vía administrativa)". Citando a otro autor, precisa que "...lo que se pretende no es tanto privar al Gobierno de sus poderes, como regularlos para objetivarlos, para neutralizarlos políticamente". Para Bilbao Ubillus las autoridades administrativas independientes "...se insertan dentro del poder ejecutivo y disfrutan de una <<independencia relativa>>, puesto que los lazos con el Gobierno y el Parlamento no se rompen del todo. Se mantienen abiertos una serie de cauces que permiten al Gobierno influir en el funcionamiento de estos organismos, cauces que no existen, por ejemplo, en el caso de los órganos judiciales".

4. *Funciones*

La ley marco de los organismos reguladores y las leyes y demás disposiciones reglamentarias especiales que disciplinan su régimen establecen el conjunto de funciones y potestades de carácter público (Supervisora, Reguladora, Normativa, Fiscalizadora, Solución de controversias entre empresas y Solución de reclamos de los usuarios) que se les atribuye para cumplir de la manera más eficaz el objetivo de interés general que constituye su cometido.

5. *Diferencias con el concedente*

En la bibliografía latinoamericana de Derecho Administrativo que analiza el régimen de los organismos reguladores de servicios públicos existe un sector de autores que postulan la necesidad de distinguir entre el papel atribuido al ente regulador y rol que le corresponde al Estado concedente. Al respecto para Raúl Canosa[236] el órgano de control, como órgano independiente técnicamente especializado, tiene por tarea principal "...fiscalizar que el servicio se preste de acuerdo con la normativa vigente y conforme a esta y el contrato de concesión respectivo…, asegurando la mejor calidad de aquél en beneficio de los usuarios y si fuere procedente en la actividad de que se trate asegurar la competencia entre los distintos operadores. A ello debe agregarse el control de cumplimiento de todas las obligaciones asumidas por el concesionario por contrato…"; mientras que "...en cambio, el concedente debe reservarse la difícil tarea de fijación de políticas para el sector, lo que incluye todas aquellas cuestiones relativas a la celebración de contratos y otorgamiento de licencias y concesiones, como así también modificación en interpretación de dichos instrumentos, funciones de desarrollo normativo, etc. ...". Similar posición es expresada por Guido Tawil[237] para quien el papel atribuido a los entes reguladores debe ser necesariamente distinto al del Estado concedente a fin de evitar conflictos de interés y de asegurar la transparencia del sistema. "Mientras que los entes reguladores deben ser esencialmente organismos técnicos independientes del poder político cuyo objetivo es verificar y asegurar la calidad de los servicios comprometidos, el Estado concedente es una de las partes en una relación contractual

---

235 "Las agencias independientes: un análisis desde la perspectiva jurídico- constitucional". En : *AAVV "Privatización y liberalización de servicios"*. Anuario de la Facultad de Derecho de la Universidad Autónoma de Madrid N° 3 (1999), p. 166.

236 "Lineamientos para la conformación de un ente de control del transporte terrestre". *AeDP* N° 13, 2000, Ad Hoc. Bs As. p. 59.

237 "A propósito de la tutela cautelar frente a las decisiones de los nuevos entes reguladores". En: *AA VV. Derecho Administrativo*, Obra colectiva en Homenaje al Profesor Miguel Marienhoff. Director - Juan Carlos Cassagne; Abeledo - Perrot. Bs As 1998, p. 1354.

de derecho público cuya actividad se rige por criterios políticos y que, como tal, carece de la independencia necesaria para pronunciarse en situaciones de conflicto con aquél a quien le transfirió el servicio".

De las lecturas glosadas parece derivarse que para los autores citados la tarea principal de los organismos reguladores de servicios públicos es el desempeño de funciones de carácter supervisor o de control, porque los lineamientos políticos generales del servicio público en cuestión, a decir de Oscar Aguilar Valdez[238] necesariamente deben estar prefijados ya sea en el respectivo marco regulatorio, que deberá ser sancionado por un órgano con clara legitimación política y con responsabilidad directa ante el electorado, o a través de los contratos de concesión que en tal virtud se constituyen "....en una suerte de fuente de legalidad administrativa *inter partes* que, paralelamente, actúa como límite formal externo a la actuación del regulador. Adicionalmente, téngase en cuenta que, sin perjuicio del carácter contractual que reviste la concesión de servicios públicos, muchas de sus disposiciones -las denominadas en el derecho francés como cláusulas *reglamentarias*- configuran un verdadero marco regulatorio del servicio, establecido en función de criterios de índole política, económica y social y ajenos a la competencia propia del *ente regulador"*.

Es en ese sentido que para algunos autores, como Jorge Salomóni[239] la diferencia existente entre las agencias reguladoras norteamericanas y los entes reguladores de otros países como Argentina, consiste en que las agencias regulatorias independientes del derecho norteamericano tienen potestad para dictar los marcos regulatorios de la actividad que les compete regular, es decir para establecer el régimen jurídico de una determinada actividad económica mediante su producción normativa con carácter exclusivo, porque no existe en la estructura del gobierno de dicho país otras autoridades que detenten tal potestad, en cambio, en el derecho argentino los entes reguladores son también titulares de potestad regulatoria, por habérseles delegado en la mayoría de los casos, el ejercicio del poder de policía en materia de servicios públicos de la jurisdicción federal, pero a diferencia de los primeros ejercen la potestad regulatoria no en forma exclusiva sino concurrente con el Poder Ejecutivo Nacional.

Las razones esbozadas por algunos autores que explican la no siempre fácil adaptación institucional del modelo de las agencias regulatorias norteamericanas a otros regímenes residen en que en el derecho de dicho país están ausentes las categorías jurídicas de "servicio público" y de "contrato administrativo de concesión" que si existen en el modelo de ordenamiento administrativo como el nuestro y que predeterminan en gran parte los poderes del concedente y de los organismos reguladores.

En el caso del Perú en principio podemos afirmar que los organismos reguladores de la inversión privada en servicios públicos son entidades que actúan dentro del marco de la normativa vigente establecida para cada tipo de servicio público[240] y la que se derive de los respectivos contratos de concesión, cuya principal función es de carácter supervisor o de control de la actividad desarrollada por las empresas prestadoras de servicio público y de los compromisos contraídos en los citados contratos de concesión, que ejercen potestades de regulación económica principalmente en materia de determinación de tarifas, promoción de la competitividad en los mercados, determinación de niveles de calidad y cobertura del servicio, y garantía de las condiciones de acceso a la actividad y utilización de las redes, pero que concurren con los ministerios de los respectivos sectores en el ejercicio de otras manifestaciones de dicha función reguladora, aunque con matices, a quienes también corresponde dictar normas que inciden de manera decisiva sobre la prestación de los servicios públicos.

La situación descrita es fácil de comprobar en el ámbito de los reguladores de suministro de electricidad- OSINERGMIN; del servicio de saneamiento-SUNASS y del supervisor de la inversión privada en infraestructura de transporte público-OSITRAN. Tiene mayores matices en el caso del regulador de telecomunicaciones- OSIPTEL.

---

[238] "El acto administrativo regulatorio". En: *AAVV. "Acto administrativo y reglamento"*. Jornadas Organizadas por la Universidad Austral. Facultad de Derecho. Ediciones RAP. Bs As. 2002.

[239] En: *Teoría General de los Servicios Públicos*. Edit. Ad Hoc. Bs As. 1999. p 410 y 411.

[240] Sobre la evolución del concepto de servicio público en el Perú: Diego Zegarra Valdivia. "La noción de servicios públicos en el sistema jurídico peruano: Una aproximación". Presentada como Ponencia al Primera Congreso Peruano de Derecho Administrativo celebrado el 22, 23 y 24 de abril del 2004. En: *AAVV. Derecho Administrativo*. Asociación Peruana de Derecho Administrativo y Jurista Editores. Lima, 2004. p. 511 y ss.

En el caso de OSINERGMIN es claro que se crea[241] como un organismo de carácter esencialmente supervisor y fiscalizador del cumplimiento de las disposiciones legales y técnicas relacionadas con los subsectores de electricidad e hidrocarburos, así como el cumplimiento de las normas legales y técnicas, referidas a la conservación y protección del medio ambiente en el desarrollo de dichas actividades. Como se puede apreciar, a diferencia de los demás organismos reguladores su competencia abarca la supervisión de actividades de hidrocarburos que no constituyen servicios públicos, sino actividades privadas en las existe un marcado interés público en fiscalizar su realización seguramente con el objeto de resguardar la seguridad de las personas y del medio ambiente. Pero lo más resaltante es que el Ministerio del sector (Ministerio de Energía y Minas) que cuenta con una órgano de línea especializado en la materia (la Dirección General de Electricidad) retiene importantes funciones de carácter normativo (por ejemplo la aprobación del Código Nacional de Electricidad-Suministro), mientras que la función de determinar las tarifas de energía eléctrica de acuerdo a los criterios establecidos en la ley de la actividad (Ley N° 25844 de concesiones eléctricas) es otorgada a otro organismo denominado Comisión de Tarifas Eléctricas, que se integró recién a OSINERGMIN a partir de lo dispuesto por la Tercera Disposición Complementaria y Final de la Ley Marco de organismos reguladores.

En el caso del regulador de los servicios de saneamiento- SUNASS la evolución normativa de la actividad ha determinado que a partir de la expedición de la denominada ley de fomento y desarrollo del sector saneamiento[242] se distinga con mayor precisión las funciones del ente rector (el Ministerio de Vivienda, Construcción y Saneamiento creado por la Ley N° 27792) de las del regulador. De conformidad con el artículo 5° de la citada ley al ente rector le corresponde, entre otras funciones, formular la política del sector, adoptando las correcciones y demás medidas que correspondan, promover el desarrollo y la sostenibilidad de los servicios, proporcionar asistencia técnica para el desarrollo de los servicios, etc.

El caso del ente supervisor de la inversión privada en infraestructura de transporte de uso público-OSITRAN presenta algunos matices, porque de conformidad con su ley de creación[243] le corresponde regular el comportamiento de los mercados en los que actúan las empresas públicas o privadas que realizan actividades de explotación de infraestructura de transporte de uso público, así como el cumplimiento de los contratos de concesión, "...cautelando en forma imparcial y objetiva los intereses del Estado, de los inversionistas y de los usuarios, en el marco de las políticas y normas que dicta el Ministerio de Transportes y Comunicaciones a fin de garantizar la eficiencia en la explotación de la infraestructura bajo su ámbito". Como se puede observar aparte de la expresa mención a las políticas que dicte el Ministerio del sector correspondiente a través de órganos especializados[244], que tienen competencias para otorgar licencias de operaciones y aprobar normas técnicas para la construcción y mantenimiento de la infraestructura, etc.; gran parte del marco normativo de la actividad a supervisar por OSITRAN esta predeterminado por los respectivos contratos de concesión, elaborados muchas veces sobre la base de consideraciones de índole política, económica y social ajenos a la competencia propia del ente regulador. Para el profesor Agustín Gordillo[245] "...el que concede u otorga un monopolio no debe ser quien lo controle", porque es indispensable que el ente de control sea imparcial para que opere como un árbitro que solucione los conflictos entre los agentes económicos del sector. Es conveniente mencionar en el caso peruano se da la singularidad que el proceso de promoción de la inversión privada en la privatización de empresas del Estado y en el otorgamiento de concesiones de servicios públicos y en obras públicas, es conducido por un ente especializado del Poder Ejecutivo actualmente denominado PROINVERSION, dirigido por un grupo de ministros titulares de los sectores involucrados. Sin perjuicio de que el otorgamiento del respectivo contrato de concesión corresponde sin lugar a duda al sector correspondiente.

El caso del organismo regulador en materia de telecomunicaciones-OSIPTEL es probablemente el más complejo y que más aristas presenta para su análisis. De conformidad con el artículo 18° de su

---

241 Mediante ley N° 26734

242 Decreto Legislativo N° 908, pub: 3/8/2000.

243 Ley N° 26917, pub: 23/1/1998.

244 La Dirección General de Aeronáutica Civil cuenta con una Dirección de Infraestructura Aeroportuaria; La Dirección General de Transporte Acuático cuenta con una Dirección de Puertos; la Dirección General de Caminos cuenta con una Dirección de Infraestructura Víal; la Dirección General de Ferrocarriles cuenta con una Dirección de Infraestructura Víal Ferroviaria.

245 *Tratado de Derecho Administrativo*. Tomo 1. Fundación de Derecho Administrativo. Bs As. 1997. p. XV-3.

Reglamento General tiene por objetivo general: "regular, normar, supervisar y fiscalizar, dentro del ámbito de los servicios públicos de telecomunicaciones el comportamiento de las empresas operadoras, las relaciones de dichas empresas entre sí, y las de estas con los usuarios, garantizando la calidad y eficiencia del servicio brindado al usuario, regulando el equilibrio de las tarifas y facilitando al mercado una explotación y uso eficiente de los servicios públicos de telecomunicaciones", tareas que como se puede apreciar son la usuales de un organismo regulador. El Ministerio de Transportes y Comunicaciones es competente para establecer la política y estrategias del sector, otorgar concesiones y administrar el uso del espacio radioeléctrico, en lo referente al servicio público de telecomunicaciones. Desde el año 2007 se transfirieron de OSIPTEL al Ministerio de Transportes y Comunicaciones la administración del Fondo de Inversión en Telecomunicaciones-FITEL, al cual aportan todas las empresas del sector, con el objetivo de generar el acceso universal a fin de financiar la provisión de servicios de telecomunicaciones en áreas rurales y lugares considerados de preferente interés social. Asimismo, el contrato de concesión suscrito con la empresa Telefónica del Perú que marcó en 1994 el inicio del proceso de apertura de la competencia en el sector, contiene diversas cláusulas, especialmente las referidas a materia tarifaria, que repercute en la disciplina del sector.

En resumen, consideramos que los aspectos que distinguen el marco normativo de los organismos reguladores peruanos con las agencias reguladoras del derecho norteamericano son los siguientes: (i) Nuestro ordenamiento le otorga la categoría jurídica de servicio público a determinadas actividades en función de su carácter esencial para satisfacer necesidades colectivas, por lo que el Estado debe garantizar su prestación lo que no significa que deba apropiarse materialmente de la actividad; (ii) Existe un marco legislativo específico (ley y reglamentos de desarrollo) para cada actividad considerada servicio público que establece en gran parte la disciplina del sector; (iii) los contratos de concesión de servicios públicos, en especial los de concesiones de obra pública de infraestructura de transportes, también establecen el marco regulatorio de la actividad; y (iv) aunque con matices, los organismos reguladores de servicios públicos concurren en la función normativa de la actividad de servicio público que les compete con el Ministerio del sector correspondiente.

Recapitulando, conforme se puede apreciar en el Perú, como en otros países, la principal razón por la que se crean los organismos reguladores de servicios públicos estriba en la necesidad de distinguir entre la función de determinación de las políticas que van a ordenar con carácter general el desarrollo de las actividades consideradas servicios públicos, tarea que corresponde a los poderes del Estado con legitimidad democrática directa (Congreso y Poder Ejecutivo) y que por ende responden ante el electorado por sus decisiones, respecto de las funciones de supervisión de la prestación de los servicios y de determinación de las tarifas a ser cobradas por los operadores de servicios públicos, tareas que requieren ser ejercidas por entidades administrativas de carácter eminentemente técnico dotadas de autonomía funcional.

En el ordenamiento jurídico peruano vigente se considera servicios públicos a aquellas actividades de contenido económico y de carácter prestacional expresamente calificadas como tales por el legislador, en virtud de su carácter esencial o indispensable para la vida de las personas en colectividad.

La categoría servicio público hace referencia a un régimen jurídico especial solo aplicable a las actividades que el legislador expresamente califica como tales porque las considera esenciales y que se caracteriza porque somete a los operadores al cumplimiento de determinados principios que se desarrollan y adoptan manifestaciones concretas en el régimen legal que regula cada uno de los indicados servicios: (i) generalidad o igualdad, conforme al cual no se le puede negar a ninguna personal el acceso a los servicios; (ii) continuidad en la prestación debido al carácter indispensable de los mismos, (iii) regularidad para asegurar parámetros mínimos de calidad en las prestaciones y (iv) adaptabilidad a la evoluciones técnicas en las condiciones de prestación de los servicios[246].

A diferencia de los ordenamientos de otros países, el papel del Estado Peruano en los servicios públicos no consiste en prestar directamente la actividad sino generar las condiciones, es decir establecer el marco institucional, para asegurar que los servicios sean proporcionados a los ciudadanos y que puedan ser desarrollados por operadores privados que acceden a la actividad en virtud de contratos de concesión.

---

[246] Estos principios han sido expresamente recogidos por la jurisprudencia del Tribunal Constitucional Peruano recaída en el Expediente N° 00034-2004-PI/TC del 15 de febrero del 2005, la que hemos reseñado en nuestro trabajo "El régimen de los servicios públicos en la Constitución peruana", publicada en el *Libro Colectivo coordinado por el Dr. Orlando Vignolo, Teoría de los Servicios Públicos*, Editorial Grigley, Lima 2009, p. 13 y ss.

Al respecto deben tenerse presente los artículos 58° y 60° de la Constitución política peruana. El primero de los preceptos constitucionales citados es uno de los principales del régimen económico en la Constitución porque consagra la economía social de mercado, en un régimen que reconoce la primacía de la iniciativa privada en la economía y que señala como rol del Estado orientar el desarrollo del país, así como actuar preferentemente, entre otras áreas, precisamente en materia de servicios públicos. Sin embargo, dicha obligación asignada al Estado debe relacionarse con el artículo 60° que consagra el principio de subsidiariedad de la actividad empresarial del Estado conforme al cual este solo puede desarrollar actividad empresarial en los sectores en los que no haya oferta privada o, aun existiendo dicha oferta, ella resulte insuficiente.

Como puede apreciarse en el ordenamiento jurídico peruano, el rol del Estado en los servicios públicos consiste en garantizar la prestación de los mismos mediante el establecimiento de los marcos legales necesarios que aseguren las condiciones para su desarrollo preferentemente a cargo de operadores privados. En un estado social y democrático de derecho que consagra la economía social de mercado la responsabilidad del Estado respecto de los servicios públicos de contenido económico y de carácter prestacional se justifica en la obligación asignada al Estado de generar las condiciones materiales indispensables que permitan a los ciudadanos obtener el pleno ejercicio de sus derechos constitucionales. Desde esta perspectiva los servicios públicos refuerzan la legitimidad del Estado respecto de sus ciudadanos.

Como se ha señalado anteriormente corresponde a los poderes públicos elegidos establecer mediante norma expresa de rango legal que actividades económicas son sometidas al régimen jurídico de servicio público, atendiendo a su carácter esencial. Pero comoquiera que la Constitución no predetermina que actividades específicas son calificadas servicios públicos, esto hace que el servicio público sea un concepto instrumental, que el legislador puede asignar a una actividad económica específica en base a las consideraciones antes enunciadas, pero también puede decidir retirar dicha calificación "despublificando" a la actividad que anteriormente había calificado como servicio público, con el objeto de liberalizarla, cuando considera que los mismos objetivos que le llevaron a aplicarle el citado régimen de servicio público pueden ser cumplidos mediante un régimen diferente que sin embargo le permita asegurar el cumplimiento de determinadas metas públicas[247].

En el Perú no existe una ley que regule con carácter general el régimen de los servicios públicos que establezca reglas comunes para todas las actividades que reciben dicha calificación. Rigen diversas normas que regulan sectorialmente actividades económicas a las que se ha asignado, en todo o a segmentos de las mismas, el régimen de los servicios públicos, cuyos alcances y consecuencias depende de lo establecido en la respectiva legislación sectorial, pero que tienen como parámetro común el conjunto de los principios reseñados anteriormente.

Sin embargo, no se tendría una visión panorámica del régimen jurídico de los servicios públicos de contenido económico en el Perú si se omite señalar que actualmente dicho régimen coexiste con otra técnica de intervención administrativa en la economía denominada regulación económica que tiene su origen directo en el derecho norteamericano[248].

La expresión regulación es de carácter anfibológico, es decir expresa múltiples significados, generalmente se le considera sinónimo de un determinado régimen legal aplicado a una actividad económica en concreto (la regulación de la industria farmacéutica, regulación del transporte, etc.), pero también como el ejercicio por parte de entidades públicas de una función ("potestad de regulación") para establecer las reglas de juego a las cuales deben sujetarse los agentes económicos en el desarrollo de sus actividades.

La regulación económica que conocemos es la técnica de intervención administrativa que surge en los Estados Unidos para ser aplicada en aquellas actividades económicas que en dicho país reciben la

---

247 Como ha sucedido en varios países en los que el legislador priva de la calificación de servicio público a actividades que venían operando con dicha calidad, porque considera que al prestarse en mercados altamente competitivos, por la existencia de varios operadores que compiten por ofrecer mejores servicios y precios a los usuarios, los fines públicos que sustentaron la declaración de servicio público, es decir que el Estado asume la garantía de la prestación del servicio a los ciudadanos, se encuentran satisfechos.

248 He trabajado sobre el concepto jurídico de la técnica de regulación económica en el colectivo dirigido por Jaime Rodríguez -Arana y Libardo Rodríguez: *Curso de Derecho Administrativo Iberoamericano*, Editorial Comares / INAP, Granada 2015, pg 559 y ss.

denominación de utilidad general (public utilities), destinadas para ser utilizadas por todos los ciudadanos o las empresas, en las que la existencia de monopolios naturales que impiden la competencia, la presencia de fallas de mercado y la situación de asimetría de información entre las empresas prestadoras y sus clientes, justifican las potestades de intervención del Estado sobre las empresas, para impedir que el excesivo poder económico privado de las empresas que operan en situación de monopolio natural genere distorsiones que afecten negativamente a los individuos, tutelando el bienestar general.

La técnica de la regulación económica en el sentido que hemos descrito llega al Perú de la mano del proceso de reforma económica con la apertura a capitales privados de la posibilidad de invertir en el desarrollo de actividades económicas caracterizadas tradicionalmente en nuestro medio como servicios públicos o en la explotación de obas de infraestructuras principalmente de transportes, que tienen en común una importante incidencia en la vida colectiva del país, porque como ya se dijo se trata de actividades dirigidas a satisfacer necesidades esenciales para los ciudadanos en orden a proporcionar las condiciones materiales mínimas para su desarrollo e indispensables para la actividad de los agentes económicos .

Las dos técnicas de intervención administrativa descritas: la calificación legal de una actividad como servicio público y la regulación económica de las actividades esenciales en las que no opera la competencia entre las empresas proveedoras por la existencia de monopolios naturales, si bien en sus países de origen constituyeron la respuesta a consideraciones socio –económicas de diferente índole, en nuestro medio rigen simultáneamente la actividad de las empresas operadoras de los servicios públicos y a los concesionarios de infraestructura[249].

De las técnicas descritas, singularmente la regulación económica es la que requiere de una organización institucional especializada que pueda garantizar su ejercicio técnico e imparcial para ser eficiente e impedir que pueda ser utilizada en forma sesgada en beneficio exclusivo de alguno de los diferentes intereses en juego (políticos o económicos) en perjuicio de la sostenibilidad de la propia industria y finalmente e los propios usuarios.

IX. LA FUNCIÓN PÚBLICA

La Constitución Política vigente en el Perú, al igual que su predecesora la Carta de 1979, contiene un Capítulo específico referido a la función pública en el cual se establece los lineamientos básicos de su régimen jurídico que deberá ser materia de ulterior desarrollo legislativo. En nuestra opinión la existencia del citado Capítulo dedicado a la función pública denota una clara toma de postura del constituyente por un régimen organizativo del personal al servicio del Estado ceñido a procesos técnicos de carrera administrativa y no por el régimen laboral privado que se encuentra regulado por otros preceptos constitucionales que como veremos más adelante pueden tener una aplicación supletoria pero con matizaciones al régimen del personal público.

La opción organizativa del personal al servicio del Estado por la que opta la Constitución Política vigente claramente definida por las características propias de un régimen de carrera administrativa significa que su personal estará sujeto a un conjunto de procesos técnicos (concurso para ingresar, capacitación, promoción, evaluaciones, etc.) que permiten asegurar su especialización en el ejercicio de las funciones de carácter administrativo que se le asignan. El citado precepto constitucional no permite que en el futuro el legislador pueda disponer sin más la aplicación a todo el personal de la administración pública del régimen laboral ordinario propio de los trabajadores del sector privado, como en su momento lo pretendían algunos proyectos de los proyectos de Ley General del Trabajo.

El mandato constitucional expresamente establecido en el artículo 40° de la Constitución de que el personal de la administración pública este sujeto a un régimen de carrera administrativa, no impide que puedan existir varias modalidades o regímenes especiales de carrera siempre que las especificidades propias de la actividad, las necesidades de la organización u otras razones lo justifiquen, como sucede en la actualidad en nuestro país con la denominada carrera magisterial, el régimen de los jueces y fiscales o del régimen de los integrantes de la Fuerza Armada y de la Policía Nacional, entre otros casos.

---

[249] Dice el Profesor Juan Carlos Cassagne: "En rigor, el servicio público, como síntesis de una actividad prestacional que satisface necesidades primordiales de los habitantes, constituye el objeto de la regulación económica", en: "*La crisis de los servicios públicos en argentina*", AAVV., Universidad Católica Argentina, Editorial Universitas Argentina, 2006, p. 381.

Consideramos que la realidad ha demostrado que tampoco prohíbe que por excepción mediante norma con rango legal se pueda disponer que el personal de algunas entidades estatales pueda estar regido por el régimen laboral privado siempre que existan razones que justifiquen la opción por dicho sistema.

Así, en el artículo 39° de la Constitución se proclama que: *"Todos los funcionarios y trabajadores públicos están al servicio de la Nación"*, estableciéndose a continuación un orden de jerarquía entre los más altos funcionarios que comienza con el Presidente de la República.

Por otro lado, el artículo 40° del mismo texto constitucional es el precepto que consagra de manera expresa el régimen de carrera administrativa, estableciendo textualmente que:

> *"La ley regula el ingreso a la carrera administrativa, y los derechos y deberes y responsabilidades de los servidores públicos. No están comprendidos en dicha carrera los funcionarios que desempeñan cargos políticos o de confianza. Ningún funcionario o servidor público puede desempeñar más de un empleo o cargo público remunerado, con excepción de uno o más por función docente.*
>
> *No están comprendidos en la función pública los trabajadores de las empresas del estado o de sociedades de economía mixta.*
>
> *Es obligatoria la publicación periódica en el diario oficial de los ingresos que, por todo concepto, perciben los altos funcionarios, y otros servidores públicos que señala la ley, en razón de sus cargos".*

La jurisprudencia del Tribunal Constitucional recaída en el proceso de inconstitucionalidad contra varios artículos de la Ley N° 28175, Ley Marco del Empleo Público, ha establecido que conforme a nuestro régimen constitucional la carrera administrativa constituye *"un bien jurídico garantizado por la Constitución"* cuyo desarrollo corresponde al legislador[250].

En consecuencia, en el Fundamento Jurídico N° 55) de la misma sentencia ha señalado que los servidores públicos comprendidos en el régimen de la carrera administrativa no pueden estar sujetos a un contrato de trabajo (como sucede en el régimen laboral privado), sino a las fuentes normativas que disciplinan el régimen del empleo público.

La Defensoría del Pueblo ha señalado que el artículo 40° de la Constitución no solo constitucionaliza la carrera administrativa, cuya existencia no puede ser desconocida por el legislador, "sino que demás ha establecido una reserva de ley para la determinación del estatuto de los servidores públicos"[251].

Como se puede apreciar el propio artículo 40° de la Constitución ha cuidado de precisar en forma expresa a quienes no se considera comprendidos en el régimen de la carrera administrativa, tal es el caso de los funcionarios que desempeñan cargos políticos o de confianza, debido principalmente al carácter temporal del ejercicio de sus cargos, y de los trabajadores de las empresas del Estado o de sociedades de economía mixta, los cuales no ejercen potestades de carácter público y tradicionalmente se han regido por el régimen laboral privado como es lo normal por el tipo de organización (empresarial) en la que laboran.

Sin embargo, cuando el citado artículo 40° de la Constitución establece que: "No están comprendidos en la función pública los trabajadores de las empresas del Estado o de sociedades de economía mixta", en nuestra opinión solo está disponiendo que el personal de tales empresas no forme parte del régimen legal de la carrera administrativa, pero no impide que para otros efectos legales puedan ser considerados personal que trabaja para el Estado.

Consideramos que el citado precepto constitucional no está afirmando que los trabajadores de las empresas del Estado no deben encontrarse comprendidos en ninguna de las normas del Capítulo IV de la Constitución referidas a la función pública, porque es evidente que, por ejemplo, si se encuentran sujetos al mandato establecido en los artículo 41° y último párrafo del propio artículo 40° de la Constitución que establecen la obligación de los funciones y servidores públicos que señale la ley de presentar declaración jurada de bienes y rentas al tomar posesión de sus cargos, durante el ejercicio y al

---

250 STC recaída en el Expediente N° 008-2005-PI/TC, de 12 de agosto del 2005, con motivo de la demanda interpuesta por don Juan José Gorriti y más de cinco mil ciudadanos, Fundamento Jurídico N° 44.

251 Informe Defensorial N° 1 "El cese por causal de excedencia: evaluando los alcances del Decreto Ley N° 26903", aprobado mediante Resolución Defensorial N° 014-97-DP", p. 17.

cesar de estos, interpretación constitucional que se encuentra respaldada por la ley N° 31227 de junio del 2021 que transfiere a la Contraloría General de la República la competencia para recibir y ejercer el control, fiscalización y sanción respecto a la declaración jurada de intereses de autoridades, servidores y candidatos a cargos públicos, que de manera expresa en el inciso k) del artículo 3° comprende dentro de los sujetos obligados a presentar declaración jurada de intereses, al Presidente y a los miembros de los directorios de las empresas del Estado.

El Tribunal Constitucional en la sentencia recaída en los expedientes N° 0025-2005-PI/TC y N° 0026-2005-PI/TC de 25 de abril del 2006 a propósito de señalar que el concepto de función pública en la Constitución comprende: (i) a la función pública representativa y (ii) a la función pública no representativa, ha establecido que:

> "Una interpretación *constitucionalmente adecuada* del concepto <<función pública>> exige entenderlo de manera amplia, esto es, desde el punto de vista material como el desempeño de funciones en las entidades públicas del Estado. La determinación de este aspecto ha de efectuarse casuísticamente.....". (FFJJ N° 52)

Como se puede apreciar el Tribunal Constitucional peruano postula un concepto constitucional de función pública que no puede reducirse a la simple discusión de ser o no considerado dentro de la categoría de "funcionario Público" regulado por la ley que regula el servicio civil, porque dependerá del ejercicio efectivo de funciones públicas.

En nuestro ordenamiento jurídico las leyes aprobadas en los últimos años con el propósito de garantizar que la conducta de quienes prestan servicios al Estado se enmarque dentro de los parámetros de la transparencia y la buena gestión inexorablemente han comprendido a los trabajadores de las empresas del Estado dentro del concepto de funcionarios y/o servidores públicos, porque es innegable que perciben sus remuneraciones por cuenta del Estado y participan de la gestión de la una organización estatal, como son las empresas del Estado, aunque están organizadas bajo formas jurídicas privadas.

En nuestra opinión los citados dispositivos legales no son inconstitucionales porque respetan la prohibición constitucional de no comprender a los trabajadores de la empresas estatales dentro del régimen de la carrera administrativa, pero si les extiende la aplicación de las reglas que disciplinan la conducta de los trabajadores o empleados públicos en general (funcionarios y servidores públicos) para garantizar el cumplimiento de los objetivos de resguardar el buen uso de los recursos públicos y la buena marcha de las citadas entidades.

Además de la Ley Orgánica del Sistema Nacional de Control y de la Contraloría General y del Código Penal, también es el caso del Código de Ética de la Función Pública aprobado mediante la ley N° 27815 que establece los Principios, Deberes y Prohibiciones éticos para los servidores públicos de las entidades de la Administración Pública, comprende dentro de este concepto, en el segundo párrafo de su artículo 1°, a las empresas del Estado. Por dicha razón cuando en su artículo 4° define el concepto de servidor público establece que se considera como tal a todo aquel que trabaje para las entidades de la Administración Pública, para lo cual "no importa el régimen jurídico de la entidad en la que se preste servicios ni el régimen laboral o de contratación que este sujeto". Incluso, el artículo 11° del Reglamento del Citado Código establece modalidades de sanciones diferenciadas según se trate de empleados públicos sujetos a vínculo laboral, o al régimen de carrera administrativa.

Cuando el artículo 40° de la Constitución prohíbe que los funcionarios o servidores públicos puedan desempeñar más de un empleo o cargo público remunerado, con excepción de uno más por función docente está comprendiendo a todo aquél que tenga una relación de carácter laboral con la administración pública, ya se trate del régimen de carrera administrativa o del régimen laboral ordinario. El fundamento de este precepto constitucional es impedir que se produzcan situaciones de privilegio o beneficio patrimonial personal en provecho de quienes puedan acceder a dos remuneraciones pagadas por el Estado, en atención a la naturaleza de los recursos públicos, que son de titularidad de toda la colectividad y deben estar destinados a satisfacer los intereses de la comunidad. En opinión de Marcial Rubio.[252] "*Se busca con esta disposición evitar que las personas con poder, o que tienen protectores con poder, acumulen cargos y remuneraciones, de manera que en vez de trabajar se beneficien ilícitamente con los caudales públicos*".

---

[252] En: *Estudio de la Constitución Política de 1998*. Pontificia Universidad Católica del Perú. Fondo Editorial 1999. Vol. 2, p. 422.

La prohibición de percibir doble remuneración por cuenta del Estado es una regla consagrada directamente por la Constitución y que se proyecta sobre la totalidad de las relaciones de empleo que mantenga el Estado con sus trabajadores, ya se trate de relaciones de carácter funcionarial o de carrera administrativa general o especializada (militares, policías, maestros, etc.), o de relaciones jurídicas de carácter laboral ordinario, a través de entidades públicas que tienen asignado dicho régimen (la mayor parte de organismos públicos) o de empresas del Estado; entidades que no obstante estar organizadas y realizar sus operaciones comerciales conforme a normas de derecho privado, no dejan de formar parte del Estado y por ende están sujetas a diversas normas legales que buscan garantizar la buena administración de los recursos asignados por el Estado a sus empresas, como es el caso de las Ley de contrataciones y adquisiciones del Estado, las Directivas que emite Fondo Nacional de Financiamiento de la Actividad Empresarial del Estado- FONAFE, la Ley del Sistema nacional de Control, entre varias otras.

En nuestra opinión, la citada prohibición de doble percepción de remuneración por parte del Estado constituye un mandato constitucional que por las razones anotadas anteriormente (impedir situaciones de privilegio económico o de abuso de poder) se aplica cualquiera fuera la relación jurídica de empleo (funcionarial o laboral privada) que mantenga el trabajador con una entidad estatal, ya se trate de una organización de carácter administrativa (ministerio, región, municipalidad, etc.) o empresa del Estado, que le devengue una retribución, remuneración, emolumento, o ingreso bajo cualquier denominación, siempre que la fuente de financiamiento constituyan recursos públicos, del tesoro o pagados a través de empresas estatales cuyos recursos -como bien señala Juan Carlos Morón Urbina[253]- califican como recursos públicos para fines de control.

En el artículo 41° de la Constitución se consagra un conjunto de reglas en orden a garantizar la transparencia y la responsabilidad en el ejercicio de la función pública, en tal sentido se establece la obligación de los funcionarios y servidores públicos de presentar declaración jurada de bienes y rentas al tomar posesión del cargo, durante el ejercicio y al cesar de los mismos, las mismas que son publicadas en el Diario Oficial. Se faculta al Fiscal de la Nación para proceder a formular denuncia ante el Poder Judicial contra funcionarios respecto de los cuales se presuma enriquecimiento ilícito y se establece que debe duplicarse el plazo ordinario de prescripción de delitos contra el patrimonio cuando el afectado es el Estado.

Finalmente, el artículo 42° reconoce los derechos de sindicación y huelga de los servidores públicos, excluyendo de su ejercicio a los funcionarios del Estado con poder de decisión y los que desempeñen cargos de confianza o de dirección, así como los miembros de las Fuerzas Armadas y de la Policía Nacional. Por mandato del artículo 153° de la Constitución los miembros del Ministerio Público y del Poder Judicial también se encuentran excluidos en el goce de los derechos de libertad sindicar y huelga.

Si bien la negociación colectiva no ha sido recogida en el Capítulo de la Constitución referido a la Función Pública, la jurisprudencia del Tribunal Constitucional recaída en el proceso de inconstitucionalidad interpuesto para que se declare la inconstitucionalidad de varios artículos de la Ley N° 28175, Ley Marco del Empleo Público, señala que en el Perú es posible aplicar al régimen de personal público el modelo de convenio colectivo de tipo "vertical", conforme al cual "*la normatividad estatal limita en términos bastante específicos el poder negocial de los trabajadores y empleadores*", mientras que respecto de los trabajadores de la actividad privada rige el modelo de negociación colectiva de tipo "horizontal", por el cual "*la normatividad estatal deja en gran medida a la discrecionalidad de las partes de la relación negocial, los alcances de las convenciones colectivas*". En la misma sentencia el Tribunal Constitucional enfatiza que existen restricciones de carácter constitucional para las negociaciones colectivas de los servidores públicos, porque "*...estas deberán efectuarse considerando el límite constitucional que impone un presupuesto equilibrado y equitativo, cuya aprobación corresponde al Congreso de la República, ya que las condiciones de empleo en la administración pública se financian con recursos de los contribuyentes y de la Nación*"[254].

Lima, 4 de Septiembre del 2022

---

[253] En: *Comentario al art. 40°. La Constitución Comentada. Análisis artículo por artículo*. Obra colectiva. Director Walter Gutiérrez. Gaceta Jurídica. Congreso de la República del Perú. Tomo 1, p. 665.

[254] STC recaída en el Expediente N° 008-2005-PI/TC, de 12 de agosto del 2005, Fundamento Jurídico N° 32° y 53°.

INTRODUÇÃO
AO DIREITO ADMINISTRATIVO PORTUGUÊS*

JOÃO CAUPERS**

I. EVOLUÇÃO E MODELO REGULADOR DA ADMINISTRAÇÃO PÚBLICA, BASE CONSTITUCIONAL, CONCEITO DE DIREITO ADMINISTRATIVO E FONTES

1. *O direito administrativo português moderno: nascimento, evolução e fontes*

É habitual fazer remontar as origens do moderno direito administrativo português ao ano de 1832, quando o governo liberal do rei D. Pedro IV se encontrava sediado na ilha da Terceira. O país vivia então uma guerra civil, que só terminaria dois anos depois, com a vitória dos liberais.

Todavia, a influência das novas conceções políticas nascidas com a Revolução Francesa – nomeadamente o princípio da separação de poderes, tal como o teorizara Montesquieu– já se haviam começado a fazer sentir em Portugal, primeiro com o governo de ocupação francês, liderado pelo General Junot, em princípios do século XIX, depois com a aprovação da primeira Constituição Portuguesa, em 1820.

Mas foi no ano de 1832 que foram publicados os célebres Decretos n°s. 23, 24 e 25, que procederam à reorganização da justiça, da administração pública e da administração tributária, segundo um modelo tão "francês", que até o preâmbulo dos diplomas foi parcialmente traduzido de um manual de direito administrativo escrito naquela língua[1].

Fez então a sua entrada em Portugal o chamado *sistema de administração executiva*, inspirado nas seguintes ideias principais:

– sujeição da administração pública a regras próprias, originalmente de fonte jurisprudencial, que vieram a constituir um novo ramo do direito, o direito administrativo;

– poder conferido à administração pública, em áreas mais ou menos extensas da sua atividade, de tomar decisões suscetíveis de se projetarem na esfera jurídica de terceiros sem prévia validação de um tribunal;

– controlo da administração pública por tribunais especiais, os tribunais administrativos.

O direito administrativo português tem como fonte primeira a CRP.

Se não parece demasiado complexo apontar o sentido da distinção, no plano material, entre normas de direito constitucional e normas de direito administrativo, associando as primeiras aos aspetos fundamentais da estruturação da coletividade –designadamente no que respeita aos intervenientes na vida política desta– e ligando as segundas à organização da administração pública, ao exercício da atividade administrativa pública e ao relacionamento desta com os cidadãos, já a distinção no plano formal é mais complicada: de facto, encontram-se na CRP inúmeras normas que fazem parte do direito administrativo, como ocorre com o artigo 199.° (competência administrativa do Governo), com os artigos 235.° a 265.° (autarquias locais) e com os artigos 266.° a 272.° (administração pública). Esta circunstância não deve causar estranheza, uma vez que a lei fundamental (por isso que é *fundamental*) contém normas estruturadoras dos diversos ramos do direito – do direito penal ao direito fiscal, do direito do trabalho ao direito da família. Pode mesmo dizer-se, por isso, que o direito constitucional tem uma natureza diversa da de todos os outros ramos do direito.

---

* Principais abreviaturas: CA - Código Administrativo; CCP – Código dos Contratos Públicos; CPA – Código do Procedimento Administrativo; CPTA – Código de Processo nos Tribunais Administrativos; CRP – Constituição da República Portuguesa; ETAF – Estatuto dos Tribunais Administrativos e Fiscais; RRCEEPCP – Regime da Responsabilidade Civil Extracontratual do Estado e das demais Pessoas Colectivas Públicas; STA – Supremo Tribunal Administrativo; TCA – Tribunal Central Administrativo

** Professor Catedrático da Faculdade de Direito da Universidade Nova de Lisboa e Presidente do Tribunal Constitucional, e Vera Eiró, Professora Auxiliar da Faculdade de Direito da Universidade Nova de Lisboa e Presidente do Conselho de Administração da Entidade Reguladora dos Serviços de Águas e Resíduos (ERSAR).

1 Tratou-se da obra de Charles-Jean Bonnin, *Abrégé des principes d'administration*, cuja terceira edição foi publicada em Paris, em 1829.

Num plano inferior à CRP, encontramos um grande conjunto de leis – leis da Assembleia da República, decretos-leis do Governo, decretos legislativos regionais, (das regiões autónomas dos Açores e da Madeira) – que constituem a maioria das fontes de direito administrativo.

Mas não só o direito nacional português constitui fonte do direito administrativo aplicável em Portugal. Existe já um significativo conjunto de regras jurídicas de produção europeia (da União Europeia) que delineiam os traços e estabelecem os princípios de um direito administrativo europeu. O núcleo duro deste direito, com especial relevância para o direito administrativo, é sobretudo constituído pelas normas europeias relativas à contratação pública e pelas normas de proteção ambiental, constantes de diversos instrumentos normativos, que têm influenciado decisivamente as legislações nacionais dos Estados membros da União Europeia.

O conjunto das normas de direito administrativo é imenso: à medida que o Estado foi penetrando na complexa teia do tecido social, alargando a sua intervenção a áreas cada vez maiores, o direito administrativo foi crescendo exponencialmente. A sua codificação global não é, pois, realizável. Contudo, Portugal tem uma antiga tradição – que remonta aos primórdios do constitucionalismo – de codificação do direito da administração local, tradição que se projetou na sucessão de Códigos Administrativos publicados durante os séculos XIX e XX, mas que se perdeu depois de 1974.

Em época mais recente surgiu e desenvolveu-se um movimento, no sentido da codificação do direito adjetivo da administração pública – com inúmeros exemplos no direito comparado –, que esteve na origem do Código do Procedimento Administrativo de 1992, revisto em 1996 e depois revogado e substituído pelo Código do Procedimento Administrativo de 2015, alterado em 2020.

A regulamentação legal do contencioso administrativo, antes dispersa e incoerente, foi também reformada e resistematizada em dois diplomas legais – um novo Estatuto dos Tribunais Administrativos e Fiscais e o Código de Processo nos Tribunais Administrativos.

Ainda no âmbito do movimento da codificação do Direito Administrativo e fortemente marcado pela transposição de diretivas europeias (na sua versão atual, as diretivas 2014/23/UE, 2014/24/UE e 2014/25/UE, aplicáveis aos procedimentos de formação dos contratos públicos), foi aprovado e revisto o Código dos Contratos Públicos (CCP) que, em grandes linhas, regula o procedimento de formação dos contratos públicos e o regime de execução dos contratos administrativos.

2. *Os princípios constitucionais do direito administrativo e a sua consagração legislativa*

A. *O princípio da legalidade administrativa*

Como corolário da separação de poderes, o princípio da legalidade recebeu o estatuto de princípio fundamental do direito administrativo: a administração pública passou a ter de fundar as suas atuações, qualquer que seja a respetiva natureza, na lei. Os cidadãos – agora já não súbditos – passaram a ser titulares de direitos face à administração pública e a dispor de instrumentos, nomeadamente judiciais, para os fazerem valer.

O princípio da legalidade perdeu brilho durante os períodos em que Portugal esteve sujeito a regimes políticos autoritários, chegando a apresentar um valor quase simbólico, como sucedeu durante o chamado «Estado Novo» (1926-1974).

Hoje, após a revolução democrática de 1974, na época do Estado social de direito, o princípio consagrado na CRP (artigo 266.º, nº 2) e no CPA (artigo 3.º), apresenta os seguintes traços:

a) O primado da lei sobre a administração deixa de assentar numa legitimidade diferente – e inferior – desta, uma vez que uma e outra se fundam na CRP (para os liberais, o primado da lei sobre a administração era um corolário da superioridade da legitimidade parlamentar, assente no sufrágio, sobre a legitimidade do rei, de caráter dinástico);

b) Em consequência, a reserva de lei já não traça a fronteira entre a legislação e a administração, mas entre a competência legislativa do parlamento e a do governo;

c) O conceito de lei geral e abstrata entra em crise, aparecendo, ao lado da *Rechtgesetz*, a *Massnahmegesetz,* a lei-medida ou lei-providência;

d) Desaparece o conceito de lei em sentido material enquanto referido ao estatuto de liberdade dos cidadãos, tornando-se crescentemente difícil a distinção entre a lei e o regulamento administrativo;

e) A subordinação da administração pública à lei passa a ser entendida como subordinação ao «bloco legal», isto é, a um vasto conjunto integrado pela CRP, pelos princípios gerais, pelo direito internacional, pelo direito da União Europeia, pelas leis ordinárias, pelos regulamentos, pelos contratos administrativos, enfim, por muitos comportamentos administrativos unilaterais susceptíveis de consolidar situações jurídicas dos particulares.

O primado da lei reveste duas facetas: uma primeira, negativa, traduz-se na circunstância de os órgãos e agentes da administração pública não poderem praticar atos contrários à lei; outra, positiva (também designada por *precedência da lei*), consubstancia-se na necessidade de habilitação legal para os atos da administração pública.

B. *O princípio da proporcionalidade*

O termo *proporcionalidade* corresponde, em matemática, a uma ideia de variação correlativa de duas grandezas; enquanto conceito jurídico-administrativo, as grandezas conexionadas são os benefícios decorrentes da decisão administrativa para o interesse público prosseguido pelo órgão decisor e os respetivos custos, medidos pelo inerente sacrifício de interesses dos particulares (também se pode designar esta ideia por *racionalidade* da decisão).

O conceito jurídico-administrativo de proporcionalidade, conforme consagrado na CRP (artigo 266.º, n.º 2) e no CPA (artigo 7.º), decompõe-se em três níveis de apreciação:

a) A *adequação* do comportamento administrativo à prossecução do interesse público visado;

b) A *exigibilidade* do comportamento administrativo, tendo este de constituir condição indispensável da prossecução do interesse público;

c) A *proporcionalidade* em sentido estrito ou *relação custos-benefícios,* isto é, a existência de uma proporção entre as vantagens decorrentes da prossecução do interesse público e os sacrifícios inerentes dos interesses privados.

O princípio da proporcionalidade, reconhecido no artigo 266.º, n.º 2, da CRP, obriga a administração pública a provocar com a sua decisão a menor lesão de interesses privados compatível com a prossecução do interesse público em causa.

C. *Os princípios da igualdade, da imparcialidade e da boa fé*

O princípio da igualdade, inscrito nos artigos 13.º e 266.º, n.º 2, da CRP, obriga a administração pública a tratar igualmente os cidadãos que se encontrarem em situação objetivamente idêntica e desigualmente aqueles cuja situação for objetivamente diversa. A principal dificuldade reside em que esta objetividade depende sempre dos valores prosseguidos pelo ordenamento jurídico. Essencial, para que este princípio seja respeitado, é, por um lado, que as diferenças de tratamento radiquem em critérios que apresentem uma conexão bastante com os fins a prosseguir com a regulação jurídica; por outro lado, que aqueles valores sejam considerados positivamente pelo ordenamento jurídico.

Este princípio envolve uma limitação ao exercício de poderes discricionários, constrangendo a administração pública à sua utilização uniforme em circunstâncias idênticas (a alínea d) do n.º 1 do artigo 152.º do CPA tem o objetivo de possibilitar a verificação do respeito por esta obrigação).

O princípio da imparcialidade, consagrado no artigo 266.º, n.º 2, da CRP, inscreve-se também no relacionamento da administração pública com os cidadãos: procura, por um lado, assegurar que a tomada da decisão administrativa leve em consideração todos os interesses, públicos e privados, relevantes – e só estes –, por outro, evitar que a prossecução de um interesse público se confunda com quaisquer interesses privados com que a atividade administrativa possa contender ou se possa envolver.

O princípio da imparcialidade determina que a administração pública não deve favorecer nem prejudicar especialmente nenhum interesse privado; para reduzir os riscos de tal tratamento privilegiado ou discriminatório, impõe o afastamento dos titulares dos órgãos e agentes da administração pública da resolução de assuntos susceptíveis de afectarem os seus interesses privados enquanto cidadãos.

A projeção prática do princípio concretiza-se nos impedimentos, nas escusas e nas suspeições:

– os impedimentos consubstanciam situações de proibição de intervenção (cfr. artigo 69.º do CPA);

– as escusas e as suspeições são situações em que não existe proibição absoluta de intervenção, mas em que esta deve ser excluída por iniciativa do próprio titular do órgão ou agente – a escusa – ou do cidadão interessado – a suspeição (cfr. artigo 73.º CPA).

O princípio da boa fé, consagrado no artigo 266.º, n.º 2, da CRP e 10.º do CPA, não apresenta especificidade no que respeita à sua aplicação à administração pública. Sobressaem, porém, os dois limites negativos que ele coloca à atividade administrativa pública:

a) A administração pública não deve atraiçoar a confiança que os particulares interessados puseram num certo comportamento seu;

b) A administração pública também não deve iniciar o procedimento administrativo legalmente previsto para alcançar um determinado objetivo com o propósito de atingir um objetivo diverso, ainda que de interesse público.

II. ORGANIZAÇÃO ADMINISTRATIVA, EM ESPECIAL O ESTADO E OS MUNICÍPIOS

A atividade administrativa pública é desenvolvida em parte no âmbito do Estado e em parte fora deste. Distinguiremos, por isso, a administração estadual e a administração autónoma.

A administração estadual pode ser exercida por órgãos e serviços da própria pessoa coletiva pública Estado – uma vez que o Estado dispõe de personalidade jurídica reconhecida pelo direito interno (diversa da personalidade jurídica internacional, naturalmente) –, falando-se então em administração direta; mas pode também ser prosseguida por pessoas colectivas distintas do Estado, mas que este criou – ou em cuja instituição participou ativamente – temos a administração indireta ou instrumental (a *mittelbäre Staatsverwaltung* dos alemães) .

A administração direta é integrada, na sua maior parte, por órgãos e serviços submetidos à hierarquia do Governo, ou seja, dependentes de um membro deste – é a administração subordinada. Uma parte mais reduzida da administração estadual direta, porém, escapa a tal hierarquia, em geral porque o respetivo estatuto assenta numa ligação privilegiada à Assembleia da República. É o caso, entre outros, do Provedor de Justiça (o *ombudsman* português) ou da Comissão Nacional de Eleições. Cientes embora da delicadeza do termo, chamamos-lhe administração independente.

A administração direta subordinada do Estado pode abranger todo o território nacional (ou continental) – é a administração central – ou somente uma porção deste território (uma circunscrição) – é a administração periférica (ou local). O principal órgão da administração central do Estado é o Governo. Compõe-se do Primeiro-Ministro, dos ministros, dos secretários de Estado e dos subsecretários de Estado. A reunião dos ministros toma o nome de Conselho de Ministros. As principais regras relativas à composição, às funções e ao funcionamento do Governo constam dos artigos 200.º a 204.º da CRP e da lei orgânica de cada Governo.

Os diferentes ministérios encontram-se organizados em direções-gerais e departamentos (e inspeções-gerais e secretarias-gerais), que se dividem em direções de serviços, estas em divisões e repartições, e estas em secções.

A divisão administrativa mais utilizada pela administração periférica do Estado é a correspondente às áreas de jurisdição das comissões de coordenação e desenvolvimento regional, resultante da divisão do território continental português em cinco zonas. Utilizam-na, entre outros, os Ministérios da Educação e da Saúde.

No âmbito da administração indireta do Estado devemos distinguir dois grandes grupos de pessoas coletivas: as que possuem personalidade jurídica pública e as que a não têm.

No primeiro grupo, o das pessoas colectivas de estatuto público, encontramos duas categorias: os institutos públicos e as entidades públicas empresariais. Estas últimas têm todas as características das empresas, nomeadamente uma estrutura organizativa que procura assegurar a sobrevivência do ente através das receitas obtidas com a venda de bens ou a prestação de serviços. Entre outros traços distintivos, possuem um órgão próprio de fiscalização e a sua contabilidade segue as regras da contabilidade industrial – e não da contabilidade pública.

Os institutos públicos constituem um conjunto heterogéneo de pessoas coletivas que apresentam entre si de comum a personalidade jurídica pública, a criação pelo Estado (ou por outra pessoa coletiva pública de base territorial) – que lhes fixa os objetivos e interfere ativamente na respetiva prossecução –

e a estrutura não empresarial (a parte mais significativa das suas receitas provém de dotações do orçamento do Estado).

Da administração indireta do Estado (ou de uma região autónoma ou de uma autarquia local) fazem igualmente parte entidades coletivas sem personalidade jurídica pública – as pessoas coletivas de estatuto privado. Estão neste caso as empresas públicas sob forma societária, criadas pelo Estado (eventualmente associado a outras pessoas coletivas públicas) ou por outra ou outras pessoas coletivas públicas legalmente habilitadas para tal, sob a forma de sociedade anónima.

Note-se a propósito que, nos termos do Decreto-Lei n.º 133/2013, de 03 de outubro, na redação constante da Lei n.º 42/2016, de 28 de dezembro, o conceito de empresa pública designa duas espécies de unidades empresariais:

a) As entidades públicas empresariais, dotadas, como se disse, de personalidade jurídica pública e criadas por decreto-lei;

b) As outras empresas públicas, desprovidas de personalidade jurídica pública e criadas como sociedades constituídas nos termos da lei comercial.

Em conjunto, estes dois grupos de empresas públicas – e um terceiro, constituído pelas empresas participadas –, formam o setor empresarial do Estado.

Sublinhe-se ainda que todas as empresas públicas se regem, em princípio, pelas normas jurídicas aplicáveis às empresas privadas. Regras próprias do direito público somente se aplicam, nos termos dos respetivos estatutos, às empresas habilitadas a exercer poderes de autoridade e, em matéria de extinção das unidades, às entidades públicas empresariais. Deve notar-se, porém, que o Tribunal Constitucional português entendeu já que regras de direito administrativo se deveriam aplicar à atividade das empresas públicas, porquanto a "*adopção de formas de direito privado não afasta o carácter público do substrato financeiro e patrimonial dessas entidades e o carácter público da actividade que desempenham e dos meios de que se servem ou comprometem*"[2].

Outro grupo de exemplos de pessoas coletivas de estatuto privado integrantes da administração indireta do Estado é constituído pelas fundações e associações criadas por este para prosseguir objetivos seus.

A administração autónoma (correspondente à *Selbstverwaltung* dos alemães ou à *autarchia* dos italianos) é constituída por pessoas coletivas que não foram criadas pelo Estado, prosseguindo interesses públicos próprios das coletividades que as instituíram.

Até há não muito tempo, propendia-se para considerar que todas as entidades públicas integrantes da administração autónoma apresentavam uma base territorial, remotamente originada nas relações de vizinhança. Hoje, admite-se que, para além deste tipo de entidades – regiões autónomas e autarquias locais –, também integram a administração autónoma entidades públicas de origem associativa, fundadas em relações de proximidade distinta da geográfica, designadamente a solidariedade profissional – são as associações públicas.

Tal como fizemos relativamente à administração indireta do Estado, também na administração autónoma se devem distinguir as entidades dotadas de personalidade jurídica pública daquelas que dela não dispõem. Todavia, a distinção mais importante a fazer não é essa, mas uma outra, que assenta precisamente na existência ou inexistência do elemento territorial. Este elemento encontra-se presente nas regiões autónomas e nas autarquias locais – umas e outras pessoas coletivas públicas.

A diferença entre as regiões autónomas e as autarquias locais assenta no grau de descentralização: enquanto as primeiras, por exigência constitucional, possuem, para além de uma administração pública própria, um órgão legislativo de natureza parlamentar e um governo, as segundas apenas dispõem de uma administração pública própria. As primeiras são fruto da descentralização política; as segundas, da descentralização administrativa.

As autarquias locais são pessoas coletivas públicas de base territorial correspondentes aos agregados de residentes em diversas circunscrições do território nacional português, que asseguram a

2 Acórdão do Tribunal Constitucional nº 496/2010, de 15 de dezembro (Processo nº 964/09, 3ª Secção, Relator Vítor Gomes).

prossecução de interesses comuns resultantes da proximidade geográfica, mediante a actividade de órgãos próprios representativos das populações.

A existência das autarquias locais assenta no princípio da autonomia local, consagrado no nº 1 do artigo 6.º da CRP: o nº 1 do artigo 3.º da Carta Europeia de Autonomia Local define este princípio como impondo o reconhecimento do direito e da capacidade efetiva de as autarquias locais regulamentarem e gerirem, nos termos da lei, sob sua responsabilidade e no interesse das respetivas populações, uma parte importante dos assuntos públicos.

Esta parte importante dos assuntos públicos que às autarquias locais deve caber é determinável com base no princípio da subsidiariedade, consagrado, tanto no referido n.º 1 do artigo 6.º da CRP, como no n.º 3 do artigo 4.º da Carta Europeia de Autonomia Local: os interesses das populações devem ser prosseguidos pelas entidades públicas que se encontram mais próximas daquelas, sem prejuízo da eficiência económica e do respeito pelos princípios da igualdade e da solidariedade entre os cidadãos. Em termos práticos, dir-se-á que, em princípio, tudo quanto puder ser eficazmente decidido e executado ao nível autárquico não deve ser atribuído ao Estado e aos seus agentes.

São os seguintes os traços essenciais do regime constitucional das autarquias locais:

a) Reserva absoluta de lei da Assembleia da República quanto à criação, extinção e modificação territorial das autarquias locais (cfr. artigos 164o, alínea n), e 236o, nº 4, da CRP);

b) Reserva relativa de lei da Assembleia da República quanto ao estatuto das autarquias locais, incluindo o regime das finanças locais (cfr. artigos 165.º, n.º 1, alínea q), e 237.º, n.º 1, da CRP);

c) As autarquias locais devem dispor, pelo menos, de dois órgãos colegiais, um deliberativo e outro executivo, sendo o primeiro eleito por sufrágio universal, direto e secreto pelo método da representação proporcional (cfr. artigo 239.º da CRP);

d) As autarquias locais dispõem de património e finanças próprios (cfr. artigo 238.º, n.º 1, da CRP);

e) As autarquias locais exercem poder regulamentar próprio (cfr. artigo 241.º da CRP);

f) Sobre as autarquias locais o Estado apenas exerce tutela administrativa de legalidade (cfr. artigos 242.º, nº 1, da CRP, e 2.º e 3.º da Lei nº 27/96, de 1 de agosto).

A CRP reconhece três espécies de autarquias locais: as freguesias, os municípios e as regiões administrativas (cfr. artigo 236.º, nº 1). Estas últimas não chegaram a ser instituídas, mercê do resultado desfavorável do referendo realizado em 1998.

O município é a única autarquia local portuguesa com uma existência histórica estável; pode mesmo considerar-se o único ponto de referência organizativo da administração local do nosso país. A freguesia é a autarquia local de expressão territorial mais reduzida.

Fazem parte da administração autónoma não territorial diversas pessoas coletivas, umas com personalidade jurídica pública, outras sem esta. As primeiras repartem-se por duas espécies: as associações públicas e os consórcios públicos.

As associações públicas são pessoas coletivas públicas de tipo associativo criadas por grupos de cidadãos com interesses públicos próprios específicos, com a finalidade de prosseguir estes. As ordens profissionais são os exemplos mais conhecidos deste tipo de entidades públicas.

Pese embora a sua importância, estas entidades não dispõem de um regime jurídico geral; todavia, os traços essenciais de tal regime constam do no.4 do artigo 267.º da CRP, disposição preocupada sobretudo em assegurar a sua democraticidade.

Os consórcios públicos são também pessoas coletivas públicas de tipo associativo que reúnem as entidades públicas que as instituíram na prossecução de interesses públicos comuns. As áreas metropolitanas constituem exemplos destes consórcios. As universidades públicas integram também, em nosso entender, a administração autónoma. Todavia, à luz do Regime Jurídico das Instituições do Ensino Superior, aprovado pela Lei n.º 62/2007, de 10 de setembro, o regime legal subsidiário aplicável às universidades públicas é o aplicável às demais pessoas coletivas públicas, designadamente a lei-quadro dos institutos públicos. Neste contexto, parece razoável entender-se que o legislador quis integrar as universidades públicas na administração indireta do Estado.

A administração autónoma não territorial integra ainda, como se disse, entidades coletivas desprovidas de personalidade jurídica pública. Encontram-se nestas condições tanto entes de natureza associativa, como de natureza fundacional.

As instituições particulares de solidariedade social podem revestir as formas jurídicas de associação ou de fundação e as suas finalidades situam-se no amplo domínio da solidariedade social – educação, proteção na doença e na velhice, habitação social, formação profissional, integração social, nomeadamente (cfr. artigo 63.°, n.° 5, da CRP). As misericórdias e as mutualidades constituem os mais conhecidos exemplos destas entidades.

As entidades auto-reguladoras são pessoas coletivas privadas de natureza associativa ou societária que exercem principalmente funções de regulação das atividades desenvolvidas pelos seus membros. Como exemplos deste tipo de entidades podem apontar-se as federações desportivas, as comissões vitivinícolas e as bolsas.

Os princípios fundamentais da organização administrativa pública encontram-se nos n.°s 1 e 2 do artigo 267.° da CRP.

O princípio da desburocratização exige que os métodos de trabalho da administração pública evitem diligências e formalidades inúteis e facilitem a vida dos cidadãos.

O princípio da aproximação dos serviços às populações recomenda, não só a instalação física dos serviços públicos em locais próximos daqueles em que se encontram os destinatários da sua atividade, mas também que tais serviços sejam integrados nas pessoas coletivas públicas de menor âmbito territorial compatível com a sua eficiência (princípio da subsidiariedade, já mencionado).

O princípio da participação dos interessados na gestão efetiva dos serviços públicos aconselha a adopção por estes de modelos de administração participada, designadamente por via da instituição de órgãos representativos de interesses.

O princípio da descentralização administrativa determina que os interesses públicos que a atividade administrativa pública visa satisfazer não estejam somente a cargo do Estado, mas também de outras pessoas coletivas públicas.

Para se poder falar em verdadeira descentralização administrativa é ainda indispensável que estas pessoas coletivas públicas tenham a sua existência constitucionalmente assegurada, disponham de órgãos eleitos, tenham a sua esfera de atribuições garantida por lei e não estejam sujeitas a interferências do Estado, salvo quanto à tutela de legalidade.

É o que sucede em Portugal com as autarquias locais, resultado da descentralização de base territorial, uma vez que a CRP garante a sua existência e as suas atribuições; que dispõem necessariamente de um órgão colegial eleito; e que o Estado apenas exerce sobre os órgãos autárquicos tutela administrativa de legalidade.

Do ponto de vista jurídico, existe, pois, entre nós uma verdadeira descentralização administrativa territorial.

O mesmo não se pode afirmar da descentralização administrativa de base não territorial: o Estado não tem o dever constitucional, nem legal, de criar institutos públicos ou empresas públicas – ou, sequer, de assegurar a continuidade daqueles que hoje existem. O Estado deve, é certo, orientar-se no sentido da descentralização administrativa de base não territorial (cfr. artigos 6.°, n° 1, e 267.°, n° 2); mas a CRP, contrariamente ao que ocorre com a descentralização de base territorial, não contém regras que a assegurem. O que não deve causar admiração, considerando que institutos públicos e entidades públicas empresariais são, como se disse, pessoas coletivas públicas de natureza instrumental.

O princípio da desconcentração recomenda que em cada pessoa coletiva pública as competências necessárias à prossecução das respetivas atribuições não sejam todas confiadas aos órgãos de topo, mas distribuídas pelos diversos níveis organizativos. Esta distribuição não tem, porém, a sua medida regulada na CRP, o que significa que se trata de um princípio constitucional orientador da organização administrativa pública cuja concretização se encontra, em larga medida, nas mãos do legislador ordinário.

III. O PROCEDIMENTO ADMINISTRATIVO

Entende-se por procedimento administrativo a sucessão ordenada de atos e formalidades que visam assegurar a correta formação ou execução da decisão administrativa e a defesa dos direitos e interesses legítimos dos particulares.

É hoje aceite que se verifica uma tendência acentuada para a ritualização da atividade administrativa. Esta tendência encontra-se intimamente associada à crescente dificuldade na determinação clara dos interesses públicos prosseguidos por algumas decisões administrativas mais complexas, de que sobressaem as decisões tomadas no domínio do planeamento territorial.

A ritualização, impondo a ponderação de múltiplos interesses contraditórios relevantes no processo de formação da decisão, surge assim como uma alternativa à pré-definição rigorosa dos interesses públicos a prosseguir com aquela, assegurando-lhe uma relativa incontestabilidade (fala-se mesmo em legitimação da decisão).

O procedimento administrativo comum encontra-se hoje regulado no Código de Procedimento Administrativo de 2015 que veio substituir o Código do Procedimento Administrativo de 1992.

Seguindo uma tradição que remonta ao projeto de código 1968, o CPA não trata apenas do procedimento administrativo propriamente dito, dando-se mesmo a circunstância, um tanto insólita, de a sua Parte III apresentar epígrafe idêntica ao nome do próprio código: *Do Procedimento Administrativo.*

Para além desta, o código tem uma primeira parte dedicada às disposições gerais, uma segunda relativa aos órgãos da administração pública, e uma quarta, regulando a atividade administrativa. Regula, pois, bem mais do que o procedimento administrativo.

Muito embora o legislador não tenha começado por aí, sublinhamos a definição do perímetro da Administração Pública, escrita em letra maiúscula, representando um afloramento da conceção orgânica desta.

Na identificação de tal perímetro, o legislador português incluiu entidades, nas alíneas b) a d), e órgãos, na alínea a) do nº 4 do art. 2.º do CPA.

A Administração Pública é assim integrada por pessoas coletivas – as autarquias locais e as suas associações e federações de direito público, as entidades administrativas independentes, os institutos públicos e as associações públicas – e por órgãos de pessoas coletivas – do Estado e das regiões autónomas.

Partindo desta identificação, podem estabelecer-se diferentes âmbitos de aplicação das disposições do CPA, que se indicarão por ordem crescente de amplitude.

1.º As disposições que integram a Parte II do CPA, relativas aos órgãos da Administração Pública, apenas se aplicam dentro dos limites do perímetro desta (nº 2).

2.º Os princípios gerais da atividade administrativa, consagrados nos artigos 3.º a 19.º, e as normas de concretização constitucional, incluídas nos artigos 82.º a 85.º (direito à informação), 100.º e 121.º a 125.º (participação dos cidadãos na formação das decisões que lhes digam respeito), 110.º a 114.º (notificações) e 152.º a 154.º (fundamentação dos atos administrativos), também se aplicam exclusivamente no perímetro da Administração Pública, mas a todas as suas atuações, ainda que de gestão privada ou de natureza meramente técnica (nº 3).

3.º As disposições que respeitam ao procedimento e à atividade administrativa (Partes III e IV do CPA) são aplicáveis às condutas de quaisquer entidades, independentemente da sua natureza, adotadas no exercício de poderes públicos ou reguladas de modo específico por disposições de direito administrativo (nº 1) – o mesmo vale por dizer no exercício de uma atividade materialmente administrativa.

Na impossibilidade de tratar aqui, *pari passu*, a marcha do procedimento administrativo, vamos concentrar a nossa atenção na participação dos interessados na tomada da decisão administrativa, que constitui a mais importante novidade introduzida na prática administrativa pelo CPA.

Em obediência a um imperativo constitucional, o CPA estabelece o princípio da participação dialógica na formação da decisão administrativa. Esta participação pode ocorrer em qualquer fase do procedimento, mas é obrigatória antes da tomada da decisão final, pois somente assim estará assegurada a possibilidade de esta ser influenciada pela manifestação de vontade dos interessados (cfr. artigo 121.º, nº 1, do CPA).

Regra geral, a audiência dos interessados realiza-se no termo da instrução, mas pode não suceder assim, no caso de o instrutor do procedimento haver promovido diligências instrutórias complementares sugeridas pelos próprios interessados (cfr. artigo 125.º do CPA).

A audiência pode realizar-se por escrito ou oralmente, dependendo de escolha do instrutor, mas estabelecendo o CPA regras para qualquer dos casos (cfr. artigos 122.º, 123.º e 124.º).

Existem algumas situações em que a audiência dos interessados não se realiza ou pode não se realizar (cfr. artigo 124.º do CPA).

Os motivos desta dispensa devem constar da decisão final, para que, perante uma eventual impugnação judicial desta, o tribunal administrativo possa apreciar se houve ou não ofensa de um imperativo constitucional (artigo 124.º, nº 2).

As razões da dispensa reconduzem-se às seguintes circunstâncias:

a) A inutilidade da audiência – ou porque a decisão da administração é inteiramente favorável aos interessados, ou porque estes já se pronunciaram sobre as questões relevantes para a decisão e sobre as provas produzidas [alíneas e) e f)];

b) A impossibilidade, por facto imputável aos interessados, de fixar nova data para a realização da audiência cujo adiamento aqueles haviam solicitado [alínea b)];

c) A urgência da decisão [alínea a)];

d) A previsibilidade razoável de a realização da audiência poder prejudicar a execução ou a utilidade da decisão [alínea c)];

e) A circunstância de o número de interessados a ouvir ser tão elevado que a audiência seja impraticável [alínea d)].

IV. O ATO ADMINISTRATIVO, SUA EXECUÇÃO, PRINCÍPIO DA AUTOTUTELA, INVALIDADE, REVOGAÇÃO E RECURSOS ADMINISTRATIVOS

1. *Conceito de ato administrativo*

O ato administrativo é, antes de mais, um *ato jurídico*, ou seja, uma conduta voluntária geradora de efeitos de direito. A exigência da voluntariedade da conduta, mesmo com a especificidade apontada, permite excluir do conceito de ato administrativo os factos jurídicos em sentido estrito, nos quais se não revela qualquer conduta voluntária, ainda que reconstruída com base na vontade normativa – por exemplo, o decurso do tempo, com os efeitos jurídicos conhecidos, nomeadamente a caducidade e a prescrição – e as chamadas operações materiais da administração pública, em que ocorrem condutas voluntárias mas não orientadas para a produção de efeitos jurídicos específicos pré-determinados.

Note-se que estas atividades da administração pública não são estranhas ao direito, uma vez que produzem consequências jurídicas, no plano da responsabilidade da administração pública. Elas não são, porém, condutas orientadas para a produção de efeitos jurídicos, não integrando, por isso, o conceito de ato administrativo.

Em segundo lugar, o ato administrativo é um *ato unilateral*, isto é, uma declaração de vontade para cuja perfeição é desnecessária a contribuição de qualquer outra; nisto se distingue de um contrato, que é sempre um negócio jurídico bilateral.

Pode suceder que o ato administrativo somente possa ser praticado após uma manifestação de vontade de outrem; ou que a produção dos seus efeitos esteja dependente de uma manifestação de vontade concordante da parte de alguém. Mas não se transforma por isso num contrato.

Muito embora a distinção conceptual entre ato administrativo e contrato seja clara, não é menos certo que a tendência atual em Portugal para substituir a atividade unilateral da administração pública por formas participadas, concertadas ou contratualizadas de atividade administrativa contribui para reduzir, no plano prático, o seu alcance.

Em terceiro lugar, tendo em conta que o ato administrativo nasceu no quadro do princípio da separação de poderes, ele deveria, na conceção originária, ser sempre um ato da administração pública, isto é – um ato praticado por um órgão pertencente a uma organização pública.

Cedo se percebeu, contudo, que os outros poderes do Estado, designadamente o poder legislativo e o poder judicial, também praticam, complementarmente com os atos que os caracterizam – atos legislativos e atos jurisdicionais, respetivamente –, atos que em nada se distinguem dos tipicamente praticados por órgãos da administração pública. Imagine-se uma sanção disciplinar aplicada pelo

Presidente da Assembleia da República a um funcionário do parlamento ou o indeferimento, pelo juiz de um tribunal, de um requerimento de um funcionário judicial que pretendia gozar férias interpoladas. Estes atos são exatamente iguais a muitos outros quotidianamente praticados por órgãos da administração pública. Independentemente da exata qualificação jurídica do seu autor, o ato administrativo é sempre um comportamento adoptado *no exercício de uma actividade de natureza administrativa pública* (ou, se se preferir, no desempenho da função administrativa que pode, inclusivamente, ser levada a cabo por um particular).

Em quarto lugar, o ato administrativo é sempre um ato que visa produzir efeitos jurídicos numa situação individual e concreta.

O ato contrapõe-se à norma, esta tradicionalmente marcada pela generalidade – pluralidade de destinatários – e pela abstração – multiplicidade de situações abrangidas. Note-se que esta distinção enfrenta dificuldade crescentes, devidas, nomeadamente, à proliferação das leis-medida ou leis-providência, que não apresentam a susceptibilidade de aplicação potencialmente ilimitada, típica das normas jurídicas tradicionais. Seja como for, este elemento do conceito de ato administrativo é indispensável, sendo ele que possibilita a distinção entre o ato administrativo e o regulamento administrativo.

Por último, o ato administrativo consubstancia uma *decisão*, isto é, uma conduta que quer e pode, digamos, "mudar o mundo": não se trata apenas – como no primeiro elemento da definição – da produção de consequências jurídicas. Trata-se, sim, de projetar estas consequências na esfera jurídica de alguém, por forma a que esta pessoa ou entidade veja alterada, em sentido favorável ou em sentido desfavorável, a sua situação jurídica perante a administração pública.

Quando é solicitado um parecer a um órgão consultivo, este produz um ato jurídico, que traduz uma certa forma de ver o problema que lhe foi colocado. Quando a consulta é imposta pela lei, o órgão consultado sabe que a sua audição (ou a falta dela) produz efeitos jurídicos, possibilitando a tomada de uma decisão formalmente correcta; em qualquer caso, sabe também que a sua opinião produz ainda outros efeitos jurídicos, na justa medida em que condiciona o órgão com competência para decidir.

Mas também sabe que este condicionamento é limitado: em regra, o órgão com competência dispositiva sobre a matéria pode decidir em sentido oposto ao do parecer, sendo certo que terá, nesta hipótese, de fundamentar o seu ato – e de o fazer com especial cuidado, pois terá contrariar os argumentos do parecer.

Por outras palavras: o órgão consultivo sabe que o seu estatuto competencial lhe permite influenciar uma alteração no mundo; mas também sabe que esse mesmo estatuto não lhe permite determinar essa alteração.

Esta somente pode resultar da vontade do órgão com competência dispositiva sobre a matéria. É exatamente por isto que um parecer não estatui, não é uma decisão. E é também por esta razão que eventual impugnação judicial visa o ato – a decisão – e não a opinião – o parecer.

O que dissemos sobre o parecer aplica-se, por identidade de razão, às informações burocráticas, às diligências instrutórias e a outros comportamentos geradores de efeitos jurídicos, mas também desprovidos de sentido decisório.

Em suma, adotamos um conceito de ato administrativo composto de cinco elementos e que pode ser assim formulado: o ato administrativo é um ato jurídico unilateral, externo, com caráter decisório, praticado no exercício de poderes jurídico-administrativos e destinado a produzir efeitos jurídicos numa situação individual e concreta.

2. *A execução do ato administrativo*

A execução de atos administrativos está sujeita a princípios e regras, inscritos nos artigos 176.° a 183.° do CPA:

a) O princípio da legalidade da execução (n.° 1 do artigo 176.°), abrange hoje também a tipicidade das formas de execução; note-se que se inclui a previsão de que a execução administrativa do ato possa também ter lugar «em situações de urgente necessidade pública, devidamente fundamentada»;

b) A regra do ato administrativo prévio (cfr. artigo 177.°, n.° 1, do CPA); no sentido de reforçar esta exigência – que se afigura uma exigência do próprio Estado de direito –, o legislador determinou explicitamente a autonomização da decisão de proceder à execução relativamente ao ato administrativo que se pretende executar; aquela decisão, autónoma e devidamente fundamentada, é acompanhada da indicação do conteúdo da execução e dos respetivos termos; com ela se inicia o procedimento de execução, estando sujeita a notificação ao interessado (artigo 177.º, n.ºs 2 e 3);

c) O princípio da proporcionalidade, já referido noutro ponto, e que adquire aqui uma relevância especial (cfr. artigo 178.º, n.º 1, do CPA);

d) O princípio da observância dos direitos fundamentais e do respeito devido à pessoa humana (cfr. artigo 178.º, n.º 2, do CPA).

O CPA prevê três formas de execução do ato administrativo (existindo outras reguladas em leis avulsas), que se distinguem entre si pela finalidade da execução:

a) O pagamento de obrigação pecuniária, prevista no artigo 179.º (pagamento de quantia certa):

b) A entrega de uma coisa, regulada no artigo 180.º (entrega de coisa certa);

c) A adoção de um comportamento material, de que trata o artigo 181.º (prestação de facto).

A execução de obrigações pecuniárias tem carácter necessariamente judicial, consequência da remissão para «o processo de execução fiscal, tal como regulado na legislação do processo tributário» (artigo 179.º, nº1)..

3. *A invalidade do ato administrativo*

A invalidade do ato administrativo é o juízo de desvalor emitido sobre ele em resultado da sua desconformidade com a ordem jurídica. As duas causas geralmente admitidas da invalidade são a ilegalidade e os vícios da vontade.

A prática de um ato administrativo inválido não se encontra sempre sujeita ao mesmo regime legal; de acordo com a gravidade da invalidade, pode ser aplicável o regime da nulidade, mais severo, ou o regime da anulabilidade.

O regime da nulidade, de acordo com o artigo 162.º do CPA, apresenta os seguintes traços:

– o ato nulo é ineficaz *ab initio*;

– a nulidade é insanável e o ato nulo é passível de impugnação contenciosa ilimitada no tempo;

– o órgão da Administração competente para a anulação administrativa ou um tribunal administrativo podem declarar a nulidade;

– a sentença judicial que declare a nulidade tem natureza declarativa;

– assiste aos funcionários públicos confrontados com um ato nulo o direito de desobediência e aos cidadãos, em circunstâncias idênticas, o direito fundamental de resistência (cfr. artigo 21.º da CRP).

O artigo 162.º do CPA contém, como n.º 3, uma disposição inovatória, que flexibiliza o regime da nulidade e que permite «a atribuição de efeitos jurídicos a situações de fato decorrentes de atos nulos, de harmonia com os princípios da boa-fé, da proteção da confiança e da proporcionalidade ou outros princípios jurídicos constitucionais, designadamente associados ao decurso do tempo».

Segundo o artigo 165.º, n.º 2, do CPA, «a anulação administrativa é o ato administrativo que determina a destruição dos efeitos de outro ato, com fundamento em invalidade».

O regime da anulabilidade, previsto no artigo 163.º do CPA, tem as seguintes características:

– o ato anulável é eficaz até ser anulado, embora a anulação possa produzir efeitos retroativos ao momento da sua prática (artigo 163.º, n.º 2);

– a anulabilidade sana-se pelo decurso do tempo, pelo que o ato somente pode ser anulado dentro dos prazos previstos (artigo 163.º, n.º 4);

– o ato administrativo pode ser anulado pela própria Administração ou pelos tribunais administrativos (artigo 163.º, n.º 3);

– a anulação, administrativa ou decorrente de sentença judicial, tem natureza constitutiva;

– não assiste, aos funcionários públicos, o direito de desobediência, nem aos cidadãos, o direito de resistência, uma vez que o ato goza da chamada "presunção de legalidade" até ser anulado.

Também a produção dos efeitos da anulação é objeto de modelação. Sendo que atualmente a produção de efeitos retroativos da anulação é apenas uma possibilidade.

Em nome do princípio do aproveitamento do ato administrativo, o efeito anulatório não se produz nas seguintes situações:

a) Quando não existem alternativas válidas ao ato ou que este teria, de qualquer modo, sido praticado com o mesmo conteúdo [alíneas a) e c)];

b) Quando, tratando-se de vício formal ou procedimental, a finalidade prosseguida haja sido, apesar disso, alcançada [alínea b)].

O regime da anulabilidade, imposto por razões de segurança e certeza jurídicas, é o regime regra. O regime da nulidade é excecional e aplica-se apenas aos atos expressamente previstos no artigo 161.° do CPA; o regime da anulabilidade é aplicável a todos os restantes atos administrativos inválidos (cfr. artigo 163.° do CPA).

4. *A revogação do ato administrativo*

A regra geral é a da revogabilidade dos atos administrativos. Eles só não podem ser revogados se tal revogação consubstanciar um ato contrário à lei – ou porque a prática do ato revogando decorreu de imposição legal ou porque dele resultaram para a administração obrigações legais ou direitos irrenunciáveis.

Os atos constitutivos de direitos enfrentam, em nome da proteção da confiança e da boa-fé, sérias limitações à revogação.

De acordo com o n.° 6 do artigo 167.° do CPA, consideram-se de boa-fé os beneficiários do ato revogado que, à data da sua prática, desconheciam, sem culpa, a existência de fundamentos passíveis de determinar a revogação do ato.

Essas limitações são de natureza temporal e de natureza material.

As primeiras traduzem-se no estabelecimento de um prazo limite de um ano, prorrogável fundamentadamente por mais dois, prazo esse contado da data do conhecimento da superveniência ou da alteração das circunstâncias (artigo 167.°, n.° 4).

As segundas encontram-se enumeradas no n.° 2 do artigo 167.°: ou pressupõem que a revogação favorece os beneficiários do ato – alíneas a) e b); ou assentam na «superveniência de conhecimentos técnicos e científicos ou em alteração objetiva das circunstâncias de facto» – alínea c); ou, ainda, se a lei tal admitir, têm como fundamento a reserva de revogação [alínea d)].

Não obstante a lei, uma vez mais preocupada com os beneficiários de boa-fé, ter reconhecido a estes o direito a indemnização pelo sacrifício, prevê ainda que possam ter direito a uma indemnização correspondente «ao valor económico do direito eliminado ou da parte do direito que tiver sido restringida (...) quando a afetação do direito, pela sua gravidade ou intensidade, elimine ou restrinja o conteúdo essencial desse direito».

5. *Autotutela executiva*

O chamado privilégio de execução prévia (ou autotutela executiva) consiste no poder conferido à Administração Pública de, uma vez definido o direito aplicável ao caso, impor as consequências de tal definição aos seus destinatários, mesmo contra a oposição destes e sem a prévia intervenção de um tribunal (execução coerciva por via administrativa).

Nos dias de hoje é muito discutível que a autotutela executiva deva ser ainda considerada uma regra.

O artigo 175.° do CPA começa por anunciar o estabelecimento do «regime comum aplicável aos procedimentos administrativos dirigidos à obtenção, através de meios coercivos, da satisfação de obrigações pecuniárias, da entrega de coisa certa, da prestação de factos ou ainda do respeito por ações ou omissões em cumprimento de limitações impostas por atos administrativos», dando a ideia de que a autotutela executiva será excecional.

No mesmo sentido aponta o artigo 183.°, ao estabelecer que «sempre que, nos termos do presente Código e demais legislação aplicável a satisfação de obrigações ou o respeito por limitações decorrentes de atos administrativos não possa ser imposto coercivamente pela Administração, esta pode solicitar a respetiva execução ao tribunal administrativo competente, nos termos do disposto na lei processual administrativa». O sentido desta norma parece ser o seguinte: quando não se verificarem exceções que permitam a execução administrativa, então aplica-se a regra da execução jurisdicional.

E que exceções são, segundo a lei, essas?

a) A execução coerciva de obrigações pecuniárias, autorizada pelo n.º 2 do artigo 176.º do CPA;

b) A necessidade de fazer face a «situações de urgente necessidade pública», coberta pela norma da parte final do n.º 1 do artigo 176.º.

6. *As garantias administrativas*

Os recursos administrativos constituem garantias administrativas que se prendem com pedidos de reapreciação de uma decisão administrativa apresentados à própria administração pública e podem fundar-se na ilegalidade ou no demérito do comportamento administrativo.

O CPA regula três espécies de garantias administrativas: a reclamação, o recurso hierárquico e os recursos administrativos especiais. Entre a reclamação e os recursos existe uma essencial diferença de natureza: enquanto a primeira opera entre o particular e o autor do ato, os segundos exigem a intervenção de um terceiro. Uma e outros podem servir de veículo à impugnação de atos administrativos ou à reação contra a omissão legal da prática destes (artigo 184.º, n.º 1, do CPA).

A reclamação consiste no *pedido de reapreciação do ato administrativo ou da omissão dirigido, respetivamente, ao seu autor ou ao órgão que teria competência para o praticar* (artigo 191.º, n.º 1).

O *recurso hierárquico* consiste no pedido de reapreciação do ato administrativo dirigido ao superior hierárquico do seu autor (cfr. artigo 93.º, n.º 1, do CPA).

O recurso hierárquico é dirigido ao mais elevado superior hierárquico do autor do ato recorrido (cfr. artigo 194.º, do CPA). Quanto à tramitação do recurso hierárquico, o aspeto mais relevante é a previsão da intervenção dos contra-interessados – isto é, daqueles que são titulares de um interesse oposto ao do recorrente (cfr. artigo 195.º, n.º 1, do CPA) – e da intervenção do autor do ato recorrido, podendo mesmo o recurso ser decidido, em sentido favorável ao recorrente, por este (cfr. artigo 195.º, n.º 2 e n.º 3, do CPA).

Um ponto merece especial atenção. A capacidade de decisão do superior hierárquico não é sempre a mesma: pode, em qualquer caso, com fundamento nos poderes hierárquicos, confirmar ou revogar o ato recorrido ou, ainda, declarar a respetiva nulidade; mas apenas pode modificar ou substituir aquele ato se a competência do autor do ato não for exclusiva (se o for, então o superior hierárquico carece de competência dispositiva sobre a matéria).

Os *recursos administrativos especiais* apenas existem se e na medida em que a lei os preveja. Admitem-se quatro modalidades:

- o recurso interposto para órgão da mesma pessoa coletiva que exerça poderes de supervisão sobre o autor do ato;

- o recurso interposto para o órgão colegial dos atos ou omissões de um ou vários dos seus membros;

- o recurso interposto para órgão de outra pessoa coletiva que exerça poderes de tutela ou superintendência;

- o recurso para o delegante ou subdelegante dos atos praticados pelo delegado ou subdelegado (artigo 199.º, n.º 2).

V. OS CONTRATOS DA ADMINISTRAÇÃO PÚBLICA

1. *Origem e conceito*

Em Portugal, nem sempre se admitiu a possibilidade de a administração pública se vincular através de contratos: a ligação entre a atividade administrativa pública e a ideia de autoridade, compreensível numa época em que esta atividade tinha natureza essencialmente ablativa, levou a que se considerasse que a unilateralidade era característica daquela. Naturalmente que num período, como o atual, em que a administração pública desenvolve atividades cada vez mais diversificadas, muitas delas de prestação e de conformação, e intensifica o apelo à colaboração dos cidadãos na prossecução dos interesses públicos – tendendo, por isso mesmo, a exibir cada vez menos a sua autoridade –, tais reservas deixaram de fazer sentido.

O reconhecimento da capacidade da administração pública para se vincular por contrato não implicou que se considerasse que esta se vinculava contratualmente em termos idênticos aos particulares. Nasceu então a ideia de que os contratos em que a administração pública outorgava constituíam necessariamente uma espécie de contratos diferente dos outros, contratos típicos da administração pública, *contratos administrativos*.

Neste contexto, o Código dos Contratos Públicos aprovado em 2008, que regula o procedimento de formação dos contratos públicos e o regime da execução dos contratos administrativos, manteve uma distinção que vinha já de lei anterior: o contrato administrativo é, nalguns dos seus elementos essenciais, diferente do contrato civil e está hoje colocado no mesmo plano do ato administrativo, enquanto meio normal de exercício da atividade administrativa pública.

A par da categoria contrato administrativo e sob a decisiva influência do direito da União Europeia – hostil a qualificações jurídicas de que possam resultar limitações à aplicação subjetiva das suas normas –, o CCP inclui disposições que regulam o procedimento de formação dos designados contratos públicos. Cientes de que esta se tratará apenas de uma regra geral – que sofre algumas exceções de que não cuidaremos neste espaço – poder-se-á dizer que os contratos administrativos são uma espécie dentro do género contrato público. Por outras palavras, o procedimento de formação dos contratos administrativos segue, na maioria das vezes, as regras de formação dos designados contratos públicos.

2. *A formação dos contratos públicos*

Em Portugal, o princípio constitucional da igualdade marca – ainda antes da intensa influência exercida pelo direito da União Europeia – a especificidade da contratação pública na fase da formação do contrato: por força dele, a lei estabelece normas detalhadas quanto à escolha do co-contratante, limitando sensivelmente a liberdade contratual dos órgãos administrativos.

As normas em causa encontram-se maioritariamente inscritas na Parte II do CCP e resultam, por um lado, da necessidade de transpor as diretivas europeias de contratação pública, e, por outro lado, do intuito do legislador de impor regras de publicidade e de concorrência a toda a contratação levada a cabo por poderes públicos (as entidades adjudicante que são elencadas nos artigos 2.º e 7.º do CCP e que incluem, para além dos demais: o Estado, as regiões autónomas, as autarquias locais, os institutos públicos, as fundações públicas, as associações públicas, as entidades reguladoras independentes.

As formas que pode revestir tal escolha são tipificadas na lei e correspondem a diferentes tipos de procedimentos: o ajuste direto, a consulta prévia, o concurso público, o concurso limitado por prévia qualificação, o procedimento por negociação, a parceria para a inovação e o diálogo concorrencial.

A regra geral nesta matéria é, para contratos acima de determinado valor, a da obrigatoriedade de realização de concurso público ou do concurso limitado por prévia qualificação (cfr. artigo 19º do CCP). Procedimentos estes que, também em função do tipo e do valor do contrato a celebrar, deverão ou não ser publicitados no jornal oficial da União Europeia.

A liberdade contratual da administração pública não é limitada somente pelas regras legais relativas à escolha do contraente privado: também a liberdade de conformação do conteúdo da relação contratual está condicionada pela proibição da exigência de prestações desproporcionadas ou que não tenham uma relação direta com o objecto do contrato (cfr. artigo 281.º do CCP).

Registe-se, por último, que os contratos públicos, salvo algumas excepções, estão sujeitos à forma escrita (cfr. artigo 94.º do CCP).

3. *Espécies de contratos administrativos*

O CCP determina que reveste a natureza de contrato administrativo aqueles em que pelo menos uma das partes seja um contraente público e que se integrem em qualquer uma das seguintes categorias:

a) Contratos legal ou contratualmente qualificados como contratos administrativos;

b) Contratos legal ou contratualmente submetidos a um regime de direito público;

c) Contratos com objeto passível de ato administrativo;

d) Outros contratos incidindo sobre o exercício de poderes públicos;

e) Contratos que confiram ao co-contratante direitos especiais sobre coisas públicas;

f) Contratos que atribuam ao co-contratante o exercício de funções dos órgãos do contraente público;

g) Contratos que a lei submeta, ou admita que sejam submetidos, a um procedimento de formação regulado por normas de direito público e em que a prestação do co-contratante possa condicionar ou substituir, de forma relevante, a realização das atribuições do contraente público.

A formulação atual do CCP impõe uma noção ampla de contrato administrativo que, ao contrário do que sucedia com o regime anterior, deixa pouco espaço para a administração celebrar contratos civis. Por isso mesmo, e sem prejuízo de algumas poucas excepções, quase que se pode dizer que todos os contratos celebrados pela administração pública são contratos administrativos.

Apesar desta abrangência do conceito de contrato administrativo, o CCP regula em especial seis tipos de contratos administrativos. São eles:

a) O *contrato de empreitada de obras públicas,* contrato oneroso através do qual um particular se encarrega de executar, ou de conceber e executar, uma obra pública (artigo 343.º, nº 1, do CCP);

b) O *contrato de concessão de obras públicas,* por via do qual um particular se encarrega de executar, ou de conceber e executar, uma obra pública, adquirindo, em contrapartida, o direito de a explorar, eventualmente recebendo um preço (artigo 407.º, nº 1, do CCP);

c) O *contrato de concessão de serviços públicos,* mediante o qual o co-contratante assume o encargo de gerir um serviço público durante um certo período de tempo, fazendo-o em nome próprio e sob sua responsabilidade, sendo pago através dos resultados financeiros da sua gestão ou remunerado pelo contraente público (artigo 407.º, nº 2, do CCP);

d) O *contrato de aquisição de bens móveis,* que não passa de um contrato de compra e venda em que o comprador é um contraente público (artigo 431.º, nº 1, do CCP);

e) O *contrato de aquisição de serviços,* que é um contrato oneroso de prestação de serviços em que estes são prestados a um contraente público (artigo 437.º do CCP).

4. *A execução dos contratos administrativos*

A administração pública (enquanto contraente público), por força da especial natureza dos interesses que prossegue, dispõe de alguns poderes durante a execução do contrato administrativo (cfr. artigo 302.º do CCP).

Dentre estes destaca-se:

a) O poder de dirigir o modo de execução das prestações devidas;

b) O poder de fiscalizar o modo de execução do contrato;

c) O poder de modificar unilateralmente o conteúdo do contrato e o modo de execução das prestações previstas neste por razões de interesse público;

d) O poder de aplicar as sanções previstas no contrato para a sua inexecução;

e) O poder de resolver unilateralmente o contrato;

f) O poder de, nalguns casos muito limitados, ordenar a cessão da posição contratual no contrato.

Note-se que não se pode dizer que todos estes poderes são exclusivos dos contratos administrativos: diversos deles existem, por exemplo, nos contratos de empreitada regidos pela lei civil, como é o caso do poder de fiscalização e do poder de dirigir o modo de execução das prestações contratuais. O poder de modificação unilateral é aquele que parece mais estranho aos contratos jurídico-privados.

5. *O contencioso contratual*

Os litígios diretamente relacionados com os contratos administrativos são dirimidos por tribunais administrativos. Neste âmbito deve distinguir-se o designado contencioso pré-contratual (onde se discute a validade dos atos incluídos no procedimento pré-contratual podendo, ou não, alargar-se o objeto do litígio ao contrato que, na pendência da ação, venha a ser celebrado) do contencioso contratual (no qual se inscrevem os litígios relacionados com a validade do contrato propriamente dito e com a sua execução).

O contencioso pré-contratual português foi intensamente marcado pelas diretivas de contratação pública, mais concretamente pelas designadas Diretivas Recursos (diretiva 89/665/CEE e 92/13/CEE, na redação dada pela diretiva 2007/66/CE).

Neste contexto, há a sublinhar a existência de uma especial via de ação de natureza urgente, na qual o tribunal administrativo conhece da validade dos atos praticados por entidades adjudicantes (onde se incluem, para além dos demais, os poderes públicos já referidos) no âmbito de procedimentos de formação de contratos abrangidos pelas diretivas de contratação pública.

Mais concretamente, trata-se do designado contencioso pré-contratual de natureza urgente, regulado nos artigos 100.º e seguintes do CPTA, que se vai aplicar aos litígios relativos à validade de atos pré-contratuais (aqui se incluindo os documentos concursais), inseridos nos procedimentos de formação dos contratos de empreitada, de concessão, de prestação de serviços e de fornecimento de bens.

Esta ação especial caracteriza-se pelos prazos curtos para a respetiva propositura e pela natureza urgente da sua tramitação.

No que respeita ao contencioso contratual, o CPTA possibilita a impugnação direta do contrato – com fundamento em invalidade própria ou derivada. Esta impugnação poderá ser levada a cabo pelas partes do contrato, pelo Ministério Público, por quem tenha sido prejudicado pelo fato de não ter sido adotado o procedimento pré-contratual legalmente exigido, por quem tenha impugnado um ato administrativo relativo à formação do contrato, por quem, tendo participado no procedimento que precedeu à celebração do contrato alegue que o clausulado não corresponde aos termos da adjudicação, por quem alegue que o clausulado do contrato não corresponde aos termos inicialmente estabelecidos e que justificadamente o tinham levado a não participar no procedimento pré-contratual, embora preenchesse os requisitos necessários para o efeito, pelas pessoas titulares ou defensoras de direitos subjetivos ou interesses legalmente protegidos aos quais a execução do contrato cause ou possa previsivelmente causar prejuízos (artigo 77.º-A, do CPTA).

VI. O DIREITO ADMINISTRATIVO SANCIONATÓRIO

A administração é ainda competente para iniciar procedimentos de natureza contra-ordenacional que poderão resultar na aplicação de coimas e, consoante os casos, de sanções acessórias.

O procedimento contra-ordenacional encontra-se regulado, nos seus termos gerais, no Decreto-Lei n.º 433/82, de 27 de outubro, sucessivamente alterado por diversos diplomas legais, que é usualmente designado por Regime Geral das Contra-Ordenações. Os princípios gerais aplicáveis ao procedimento contra-ordenacional reconduzem-se, nalguma medida, aos princípios gerais de direito penal. Em suma, podem apontar-se os seguintes princípios gerais:

a) Princípio da legalidade - só será punido como contraordenação o facto descrito e declarado passível de coima anterior ao momento da sua prática (artigo 2.º do DL 433/82);

b) Princípio da irretroatividade - só são contra-ordenações as condutas que, à prática do ato, eram já qualificadas pela lei como condutas sancionadas com a aplicação de uma coima e, consoante o caso, de uma sanção acessória;

c) Princípio da tipicidade – as condutas que poderão resultar na prática de uma condenação estão pré-determinadas na lei;

d) Princípio da proporcionalidade – o montante da coima bem como a sanção acessória que venha a ser aplicada ao autor da prática do facto são proporcionais ao grau de culpa do agente, à gravidade do facto ilícito praticado e – nalgumas situações – ao benefício económico que o agente retirou da prática da contra-ordenação.

Os procedimentos de contra-ordenação extinguem-se por efeito da prescrição. Os prazos de prescrição são determinados por lei e contam-se a partir do momento da prática da contra-ordenação.

Para além dos princípios gerais elencados, a lei impõe um especial procedimento que precede a decisão final administrativa de condenação ao pagamento de uma coima e, consoante os casos, de uma sanção acessória. Incluem-se neste procedimento normas que garantem o direito de audição e defesa do arguido, o direito de o arguido a fazer-se acompanhar por advogado e a possibilidade de a decisão administrativa final ser impugnada junto dos tribunais.

Mais recentemente, foi aprovado um regime geral das contra-ordenações económicas (Decreto-Lei n.º 9/2021, de 29 de janeiro), existindo ainda outros regimes especiais relevantes como seja, por exemplo, as contra-ordenações de natureza ambiental (Lei n.º 50/2006, de 29 de agosto alterada por último pela Lei n.º 25/2019, de 26 de março) destinado a sancionar a violação de disposições legais e regulamentares relativas ao ambiente.

VII. A DISCRICIONARIDADE ADMINISTRATIVA

O termo discricionaridade remete-nos para a ideia de escolha, de fazer uma coisa quando a lei permitiria que se tivesse feito outra. Mas evoca também a ideia de escolha parametrizada, isto é, escolha dentro de certos limites.

A decisão discricionária tem de assentar numa racionalidade própria, suscetível de algum tipo de controlo; não pode radicar num capricho (isso seria uma escolha arbitrária, perfeitamente lícita quando feita por um cidadão, mas inaceitável se feita por um órgão da administração pública).

Os parâmetros a que deve obedecer a escolha discricionária podem delimitar um espaço maior ou menor, conferindo à decisão uma dose de liberdade muito variável.

Quanto maior for o espaço de liberdade deixado ao decisor, menores serão as vinculações da decisão – entenda-se, os aspetos desta condicionados de forma mais ou menos precisa pela lei. Discricionaridade e vinculação são, assim, dois «ingredientes» que qualquer decisão administrativa comporta, em proporções variáveis.

Para designar esta realidade, dizemos que qualquer decisão comporta o exercício de *poderes vinculados* e de *poderes discricionários*. Em rigor, os ditos poderes vinculados não são poderes mas verdadeiros deveres (os anglo-saxónicos designam o poder vinculado por *duty*); poderes (*powers,* para os anglo-saxónicos) são somente os poderes discricionários (não faz muito sentido dizer que se *pode* fazer algo que se *deve* fazer).

Podem distinguir-se dois grandes tipos de vinculações.

As vinculações a que chamamos *absolutas* são estabelecidas, de forma positiva, direta ou indiretamente, por regras jurídicas que, uma vez contrariadas, invalidam a decisão. Constituem exemplos destas vinculações:

– a competência para a tomada da decisão, a finalidade desta e os pressupostos factuais da mesma;

– o mesmo se diga da forma, quando legalmente fixada, e das formalidades que a lei as exija;

As vinculações que designamos por *tendenciais*, decorrem, de forma negativa, de normas constitucionais que estabelecem princípios condutores da atividade administrativa, condicionando toda e qualquer decisão administrativa que comporte uma qualquer margem de liberdade: princípios da prossecução do interesse público, da proteção dos direitos e interesses dos cidadãos, da igualdade, da imparcialidade, da proporcionalidade, da boa fé e da justiça. Como estes princípios são padrões de otimização do comportamento administrativo, o juízo sobre o seu desrespeito não é absoluto, isto é, a invalidade de uma determinada decisão depende de se poder considerar que ela não incorpora o grau de otimização exigível de um daqueles princípios.

Encontram-se sujeitos a este juízo de conformidade ou desconformidade tendencial com os princípios aspetos como a opção entre tomar e não tomar a decisão, o conteúdo desta, o momento da sua tomada e o modo da decisão (condições, termos, etc.).

Note-se que a ponderação dos aspetos vinculados da decisão administrativa não deve ser representada através de uma espécie de verificação instantânea efetuada no momento da consumação da decisão: não é neste momento que se deve verificar se a decisão respeita positivamente todas as vinculações absolutas e não ofende qualquer das vinculações tendenciais.

Por força da crescente ritualização do procedimento administrativo, o espaço de liberdade da decisão vai-se estreitando ao longo do tempo, à medida que o *iter* procedimental vai sendo percorrido.

Este elemento temporal é indispensável para se avaliar a legalidade da decisão administrativa: o espaço decisional vai sendo delimitado por etapas sucessivas, balizadas pelas diferentes vinculações, podendo mesmo acontecer que a preocupação com o tempo conduza o decisor, na busca de uma harmonização oportuna dos interesses envolvidos, a praticar alguns atos administrativos que não representam ainda uma decisão em sentido próprio.

A discricionaridade não resulta de um esquecimento ou de uma incapacidade de previsão do legislador, mas de uma opção deste: considerou que, para melhor prosseguir um determinado interesse público, a administração pública deveria poder escolher um de entre vários conteúdos decisionais – aquele que, no entender do órgão decisor, melhor prosseguisse tal interesse. O legislador quis que este dispusesse de uma certa margem de liberdade de decisão, por forma a poder adaptar esta à diversidade das condições da vida que poderiam justificar a sua tomada.

A escolha discricionária não se confunde com a determinação do sentido e alcance da norma legal, designadamente no que respeita aos conceitos vagos e indeterminados: a interpretação jurídica é sempre uma atividade vinculada, no sentido de que o texto da norma apenas comporta *um* sentido e *um* alcance corretos; tudo o mais não serão interpretações alternativas, serão interpretações incorretas.

O que pode suceder é que, interpretada correctamente uma norma de direito administrativo, se haja de concluir que o legislador, optando pela incompleição da regulação legal, confiou ao órgão decisor uma certa liberdade de apreciação das circunstâncias que rodeiam a tomada da decisão, concedendo-lhe alguma latitude.

Mas também pode resultar da análise da norma algo de diferente, isto é, a conclusão de que o legislador, utilizando conceitos vagos ou indeterminados, apenas quis obrigar o órgão decisor – ou quem quer que faça a aplicação da norma – ao respetivo preenchimento, por forma a possibilitar tal aplicação.

A primeira hipótese corresponde à discricionaridade, o mesmo não ocorrendo com a segunda, que se situa no domínio da vinculação. É comum identificar a primeira com a falta de controlo jurisdicional; esta identificação resulta da verificação de que a decisão que a lei não prescreve não pode ser objeto dos poderes de intervenção juiz.

O futuro da discricionaridade parece balizado por duas tendências de sinal contrário: enquanto a intensificação da intervenção do Estado na vida social e a crescente tecnicidade da ação administrativa são fatores que favorecem a discricionaridade, já o aprofundamento e reforço das garantias dos cidadãos recomendam o estreitamento do campo da discricionaridade, alargando as vinculações e melhorando a eficácia dos princípios que a condicionam.

VIII. CONTROLO JUDICIAL DA ADMINISTRAÇÃO PÚBLICA – A JUSTIÇA ADMINISTRATIVA E OUTROS MODOS DE SOLUÇÃO DOS LITÍGIOS, EM ESPECIAL A ARBITRAGEM

1. *Origem e noção*

O fundamento teórico último do contencioso administrativo residia no princípio da separação de poderes. Isto não significa que seja inconcebível um sistema de garantias contra a administração pública fora da influência daquele princípio: quer antes dizer que o sistema de justiça administrativa português assentou historicamente na ideia de separação da administração e da justiça, tal como foi importada de França após a revolução de 1820.

O nosso sistema de justiça administrativa foi erigido sobre uma certa conceção do princípio da separação de poderes, de origem francesa, que rejeitava, como incompatível com aquele princípio, a possibilidade de os tribunais comuns julgarem os comportamentos da administração pública (como acontecia, e acontece ainda, em países como o Reino Unido e os EUA). O resultado desta conceção foi a *dualidade de jurisdições*: a jurisdição administrativa, destinada à revisão da legalidade de decisões da administração pública, como instrumento da composição de litígios emergentes de relações jurídico-administrativas, e a jurisdição comum, encarregada da composição dos conflitos inter-privados de interesses.

A primeira concretização histórica em Portugal do modelo francês foi o *sistema do administrador-juiz*: nascido da evolução do recurso hierárquico, depositava ainda nas mãos da administração pública, embora com a intervenção necessária de um órgão colegial especificamente vocacionado para a apreciação das contestações aos comportamentos administrativos, a decisão destas.

O *sistema dos tribunais administrativos,* adotado entre nós em 1930, assentou na criação de órgãos especiais da administração pública, de tipo jurisdicional, que julgavam as impugnações das decisões administrativas.

Este sistema sofreu, a partir de 1974, uma transformação fundamental, que se concretizou no processo de jurisdicionalização dos tribunais administrativos e que teve os seguintes marcos:

1°. O Decreto-Lei n°.250/74, de 12 de junho, procedeu à transferência dos tribunais administrativos do âmbito da Presidência do Conselho de Ministros para o Ministério da Justiça;

2°. O n°.3 do artigo 212° da CRP previu a existência de tribunais administrativos integrados no poder judicial;

3°. O Decreto-Lei n°.256-A/77, de 17 de junho, jurisdicionalizou o processo de execução das sentenças dos tribunais administrativos, até aí objeto de decisão de natureza política;

4°. O artigo 16° do antigo Estatuto dos Tribunais Administrativos e Fiscais (1984) determinou a eleição do presidente do Supremo Tribunal Administrativo pelos seus pares (anteriormente era nomeado pelo Governo).

É, em geral, reconhecido, que as reformas de 1984-1985 – e as alterações de 1996 – levaram ao limite as possibilidades de introduzir alterações pontuais positivas num quadro normativo que era ainda, no essencial, o do contencioso administrativo assente na ideia de revisão de legalidade e de subsequente destruição jurídica das decisões unilaterais da administração consideradas ilegais.

Omitindo detalhes, em 2002 viram a luz do dia as Leis n°s.13/2002 (Estatuto dos Tribunais Administrativos e Fiscais) e 15/2002 (Código de Processo nos Tribunais Administrativos)[3]. Representaram uma profunda alteração organizativa e funcional do contencioso administrativo português – doravante bem merecedor da designação de *justiça administrativa.*

Com data de 19 de fevereiro de 2003, foi publicada a Lei n°.4-A/2003, cujos artigos 1° e 2° adiaram a entrada em vigor da Reforma de 2002 (tanto do ETAF, como do CPTA) para o dia 1 de janeiro de 2004.

O último passo relevante prende-se com a aprovação do Decreto-Lei n.° 214-G/2015, de 2 de outubro que veio rever o CPTA e o ETAF (entre outros diplomas). De entre as novidades introduzidas destaca-se a abertura da justiça administrativa aos meios de resolução alternativa de litígios admitindo-se, em particular, que a validade de atos administrativos seja conhecida em árbitros. Trata-se de uma alteração profunda da justiça administrativa portuguesa, que ainda hoje merece discussão. O CPTA e o ETAF sofreram entretanto outras alterações sendo a última delas a que resulta da aprovação da Lei 56/2021, de 16 de agosto (que alterou o CPTA) e Lei n.° 114/2019, de 12 de setembro (que alterou o ETAF).

2. *Natureza e órgãos da jurisdição administrativa*

A jurisdição administrativa resulta de uma determinação constitucional. Ao contrário do que ocorria com a redação original da lei fundamental, o artigo 209.°, n°. 1, alínea b), da CRP não se limita a permitir a existência de uma categoria diferenciada de tribunais administrativos e fiscais: impõe tal existência.

Note-se, porém, que, não obstante os tribunais administrativos constituírem a jurisdição *comum* com competência em matéria de litígios emergentes de relações jurídico-administrativas, não constituem a jurisdição *exclusiva* no que respeita aos conflitos emergentes de tais relações. Na verdade, as leis atribuem aos tribunais comuns (judiciais) a resolução de diversos tipos de litígios decorrentes de relações jurídicas desta espécie, como sucede com o contencioso dos atos notariais e registais, com o contencioso das contra-ordenações e com os litígios relativos aos montantes das indemnizações devidas por expropriações por utilidade pública.

A orgânica dos tribunais administrativos comporta três instâncias ou graus de jurisdição:

A primeira instância é preenchida pelos *tribunais administrativos e fiscais*, atualmente em número de dezasseis.

A segunda instância é ocupada pelos *tribunais centrais administrativos* Sul e Norte.

Na última instância encontra-se o *Supremo Tribunal Administrativo.*

---

[3] Publicadas no *Diário da República* dos dias 19 e 22 de fevereiro, respetivamente.

3. *Âmbito da jurisdição administrativa*

A atual lei, no nº.1 do artigo 4º do ETAF, contém uma enumeração exemplificativa dos litígios que considera incluídos no âmbito da jurisdição administrativa. Complementarmente, inclui a delimitação negativa desta, nos nºs.2 e 3.

São excluídos do âmbito da jurisdição administrativa a apreciação de litígios que tenham por objeto a impugnação de:

a) Atos praticados no exercício da função política e legislativa;

b) Decisões jurisdicionais proferidas por tribunais não integrados na jurisdição administrativa e fiscal;

c) Atos relativos ao inquérito e instrução criminais, ao exercício da ação penal e à execução das respetivas decisões.

Estão igualmente excluídas do âmbito da jurisdição administrativa e fiscal:

a) A apreciação das ações de responsabilidade por erro judiciário cometido por tribunais pertencentes a outras ordens de jurisdição, assim como das correspondentes ações de regresso;

b) A apreciação de litígios decorrentes de contratos de trabalho, ainda que uma das partes seja uma pessoa coletiva de direito público, com exceção dos litígios emergentes do vínculo de emprego público;

c) A apreciação de atos materialmente administrativos praticados pelo Conselho Superior da Magistratura e seu Presidente;

d) A fiscalização de atos materialmente administrativos praticados pelo Presidente do Supremo Tribunal de Justiça;

e) A apreciação de litígios emergentes das relações de consumo relativas à prestação de serviços públicos essenciais, incluindo a respetiva cobrança coerciva.

A jurisdição administrativa é competente para apreciar as questões de responsabilidade civil emergente de atos das funções política, legislativa e jurisdicional.

Por outro lado, a jurisdição administrativa é competente para a apreciação de todas as questões de responsabilidade civil que envolvam pessoas coletivas de direito público, independentemente de tais questões se regerem por um regime de direito público ou por um regime de direito privado.

No domínio da contratação pública e de acordo com o disposto nas alíneas b) e e) do nº.1 do artigo 4º do ETAF, a jurisdição administrativa tem competência relativa àvalidade de atos pré-contratuais e interpretação, validade e execução de contratos administrativos ou de quaisquer outros contratos celebrados nos termos da legislação sobre contratação pública, por pessoas coletivas de direito público ou outras entidades adjudicantes.

4. *Os juízes e o ministério público*

Ao juiz – tratando-se de tribunal singular – ou aos juízes – no caso de tribunal coletivo – cabe a delicada missão de solucionar o litígio.

Os juízes dos tribunais administrativos têm um estatuto próprio, essencialmente integrado pelas normas dos artigos 57º a 84º do ETAF. Beneficiam das garantias de independência dos outros magistrados judiciais; são também abrangidos por idêntico regime de incompatibilidades, só podendo ser responsabilizados pelas suas decisões nos mesmos e muito limitados casos previstos na lei (cfr. artigo 3º do ETAF).

A configuração dos poderes dos juízes dos tribunais administrativos decorre do disposto no artigo 3º do CPTA.

Antes de mais, tem de se acentuar que o juiz da jurisdição administrativa não tem por missão controlar o mérito ou a oportunidade da atuação administrativa pública, apenas lhe cabendo julgar do cumprimento pela administração pública das normas e princípios jurídicos a que deve obediência (cfr. nº.1).

A reafirmação desta ideia é tanto mais importante quanto o CPTA veio possibilitar a condenação da administração pública pelos tribunais administrativos à prática de um ato administrativo legalmente devido (algo semelhante à *Verflichtungsklage* germânica): o legislador quis deixar claro que esta nova capacidade do juiz administrativo se destina a melhorar o controlo da jurisdicidade da atividade administrativa pública e não a transformar a jurisdição administrativa num "governo de juizes", montado sobre os escombros do princípio da separação de poderes, num quadro em que as valorações subjacentes às decisões tomadas pelos órgãos da administração pública seriam substituídas pelas valorações judiciais.

Dentro dos limites decorrentes deste princípio, a lei permite que o juiz administrativo atribua a sentenças proferidas contra a administração pública os efeitos de um ato administrativo que deveria ter sido praticado e, em oposição às normas e princípios jurídicos que impunham tal prática, não o foi (cfr. nº.3).

A lei permite também ao juiz administrativo fixar aos órgãos da administração pública prazos para cumprir os deveres que o tribunal decida impor-lhes e aplicar-lhes sanções pecuniárias pelo desrespeito de tais prazos (cfr. nº.2).

Por último, a lei autoriza o juiz administrativo, em determinadas circunstâncias, a juntar vários processos, a fim de simplificar e acelerar a respetiva decisão.

O artigo 51º do ETAF comete ao ministério público as funções de representação do Estado, de defesa da legalidade democrática e de promoção da realização do interesse público. Neste quadro, o ministério público continua a exercer a ação pública, assistindo-lhe igualmente legitimidade para interpor recursos e para solicitar ao STA que proceda à uniformização de jurisprudência.

O ministério público tem também a faculdade de se substituir ao autor da ação, nos casos em que este se tenha afastado do processo, nomeadamente por desistência – isto, naturalmente, quando entender que a defesa da legalidade impõe que o processo seja levado até ao seu termo.

Nos casos, que são a maioria, em que o ministério público não é autor, nem se substitui a este, os seus poderes processuais encontram-se regulados nos artigos 85º e 146º, nº1, do CPTA:

a) Tem vista do processo no momento da citação da entidade demandada e dos contra-interessados, ou logo após a distribuição, no caso dos recursos;

b) Pode solicitar a realização de diligências instrutórias e pronunciar-se sobre o mérito da causa.

O ministério público dispõe ainda de outras faculdades, reguladas no mesmo preceito, especificamente nos processos de natureza impugnatória; dispõe igualmente de faculdades especiais no domínio da tutela cautelar (cfr. artigo 130º, nº.2, do CPTA) e no âmbito da solução de conflitos de competência jurisdicional e de atribuições (cfr. artigo 136º do CPTA).

5. *Os grandes princípios do processo administrativo*

A. *O princípio do acesso à justiça administrativa*

Nas sociedades modernas os conflitos de interesses entre os cidadãos não se resolvem mediante o uso individual da força: são decididos por órgãos especialmente concebidos para tal função, dotados de características próprias – de entre as quais avultam a independência e a imparcialidade –, aos quais os cidadãos apresentam os seus pleitos, os tribunais. Compreende-se, assim, que seja indispensável que o cidadão que entende, bem ou mal, que a ordem jurídica protege um seu interesse possa pedir a um desses órgãos que tome as providências adequadas a garantir a proteção desse interesse.

É precisamente este o sentido do princípio do acesso à justiça, consignado no artigo 20º da CRP, e que surge aqui configurado como um direito subjetivo público, o direito de ação. Se a ordem jurídica reconhecesse a alguém a titularidade de um direito mas não lhe garantisse a faculdade de para ele pedir protecção judicial, restaria ao titular tentar fazê-lo valer pelos seus próprios meios. E teríamos a barbárie em vez da civilização.

Todos nós temos, pois, o direito de pedir a um tribunal – e se tivermos razão, de obter deste – que defenda os nossos interesses.

No domínio das relações jurídico-administrativas, porém, não é suficiente a afirmação de tal direito. Na realidade, uma tradição hiper-formalista, ciosamente defendida, fez com que a história do contencioso administrativo português seja também (sobretudo até à reforma de 1984/1985), nalguma medida, uma história da denegação – ou, pelo menos, da dificultação – do acesso à justiça.

A manipulação sofisticada de conceitos como o de contencioso de mera legalidade, de ato definitivo, de recurso hierárquico necessário, de indeferimento tácito, etc., etc., transformou o acesso à jurisdição administrativa numa "corrida de obstáculos", em que as barreiras se iam colocando progressivamente mais alto, à medida que o "atleta" ia revelando maior cansaço.

Compreende-se, assim, que o legislador do CPTA tenha aprofundado o princípio, subsumindo nele a ideia de promoção do acesso à justiça, constante do artigo 7° do CPTA. O que agora se diz é que o princípio do acesso à justiça abrange também a interpretação das normas jurídicas que regulam tal acesso: este só é efetivamente garantido se essas normas forem interpretadas pelo tribunal no sentido de promover pronúncias sobre o mérito das pretensões formuladas. Trata-se de recuperar a velha fórmula *in dubio pro actione.*

Por outras palavras: as normas que integram o ordenamento jurídico da justiça administrativa devem ser interpretadas por forma a favorecer a composição efetiva dos litígios jurídico-administrativos.

Fazer justiça implica, em geral, na nossa sociedade, dar razão a uma das partes – e não explicar por que motivos se não dá razão a nenhuma delas.

B. *O princípio da tutela jurisdicional efetiva*

Mas o legislador português não ficou satisfeito com este aprofundamento do princípio do acesso à justiça.

Começando por adotar a expressão "tutela jurisdicional efetiva" como epígrafe, o artigo 2° do CPTA desenvolveu e pormenorizou o conteúdo do princípio. Respigamos do n°.1 deste preceito quatro ideias que se nos afiguram fundamentais:

1ª. A tutela jurisdicional efetiva impõe justiça "à medida", ou seja, uma intervenção judicial especificamente concebida para conferir proteção eficaz e adequada à pretensão deduzida em juízo;

2ª. A tutela jurisdicional efetiva exige justiça oportuna, isto é, justiça tão rápida quanto possível (é a ideia de *celeridade processual*);

3ª. A tutela jurisdicional efetiva recomenda aquilo que designaríamos por «flexibilidade» da instância, isto é, que o processo se possa adaptar às vicissitudes da vida; é esta ideia que explica as disposições relativas à modificação objetiva da instância (artigos 45° e 63° do CPTA), à alteração da instância (artigo 70° do CPTA) ou à substituição do ato impugnado, quando este haja sido revogado com eficácia retroativa e substituído por outro (artigo 64°, n°.1, do CPTA); com a desejável flexibilidade da instância se relaciona ainda a possibilidade de o tribunal administrativo decidir questão que se inclua no âmbito de jurisdição distinta da administrativa, muito embora a decisão da questão prejudicial produza efeitos restritos ao processo em que foi suscitada (cfr. artigo 15° do CPTA);

4ª. A tutela jurisdicional efetiva reclama justiça estável, ou seja, decisões jurisdicionais definitivas sobre o direito aplicável ao litígio (com *força de caso julgado*).

E não se ficou por aqui: receoso de que o tribunal de primeira instância não compreendesse totalmente o absoluto empenho do legislador no sentido do reforço do acesso à justiça administrativa e da efetiva tutela jurisdicional, garantiu que, independentemente de quaisquer razões, sempre que o processo fosse dado por concluído sem que o mérito da causa houvesse sido apreciado, a decisão que assim determinasse seria passível de recurso (cfr. artigo 142°, n°.3, alínea d).

C. *O princípio da igualdade das partes*

O artigo 6° do CPTA consagra o princípio da igualdade efetiva das partes no processo, o que implica a paridade simétrica das posições das partes perante o tribunal.

Este princípio geral do processo civil – e agora, também, do processo administrativo contencioso – desdobra-se em vários subprincípios, dos quais destacaríamos dois:

a) O princípio do contraditório, hoje com o sentido do reconhecimento às partes de idênticos poderes para influenciarem ativamente o desenvolvimento e a decisão do processo;

b) O princípio da igualdade de armas, que garante às partes o equilíbrio dos meios de intervenção processual a que podem recorrer no sentido de tentar fazer prevalecer em tribunal as posições que sustentam.

Note-se que, se falamos em equilíbrio e não em igualdade é porque, se há domínio em que a diversidade de posições entre as partes pode justificar um tratamento desigual, é exatamente na jurisdição administrativa. Daí que se compreenda que a nova lei mantenha a obrigação de a administração enviar ao tribunal o processo administrativo e demais documentos respeitantes à matéria em litígio (artigo 8°, n°.3, do CPTA).

Ao contrário do particular, a administração pública não pode ocultar do tribunal factos e circunstâncias que lhe sejam inconvenientes, o que se compreende, dado que, por muito subjetiva que seja a conceção do acesso à justiça administrativa, não é possível olvidar que a administração prossegue necessariamente um interesse público, não estando em juízo para defender meros interesses privados (talvez por esta razão, o legislador preferiu enquadrar aquela obrigação no princípio da cooperação e boa fé processual). Esta desigualdade, desfavorável à administração pública, assenta, pois, num traço específico desta.

O CPTA, no artigo 6°, põe termo a uma das mais criticadas desigualdades, favoráveis à administração, decorrentes do quadro legal anterior: a impossibilidade de o tribunal condenar a administração pública como litigante de má fé.

D. *O princípio da cumulação de pedidos*

Este princípio assume uma importância muito particular na justiça administrativa. Fundamentalmente por duas razões: por um lado, porque as circunstâncias que justificam em geral as cumulações de pedidos assumem aqui grande relevo, pela frequência com que a tutela jurisdicional efetiva do interesse do autor exige que ele peça e obtenha do tribunal proteção para várias pretensões; por outro lado, porque a lei anterior, muito embora autorizando as cumulações, impunha a estas condições tais que as inviabilizava quase por completo.

Daí que o legislador afirme agora, enfaticamente, que *é permitida a cumulação de pedidos **sempre** que*... (artigo 4°. n°.1, do CPTA). O que isto significa é que a lei reconhece hoje, como princípio, que todas as pretensões que alguém deseje formular contra uma entidade pública e que tenham a ver com os mesmos factos ou, até, com as mesmas normas jurídicas, devem sê-lo em simultâneo.

Pretende-se desta forma, e muito louvavelmente, pôr termo a uma longa tradição de tratamento judicial autónomo de cada pretensão, que forçava o interessado a uma interminável "romagem" através das instâncias da jurisdição administrativa, em busca, não do tempo – que, uma vez perdido, não volta mais –, mas da miragem de uma protecção jurisdicional eficaz. Note-se ainda que a enumeração constante do n°. 2 do mesmo artigo 4° tem carácter meramente exemplificativo.

E. *O princípio da cooperação e da boa fé processual*

Sob a designação de princípio da cooperação e da boa fé processual, o artigo 8° do CPTA agrupou duas ideias base: a cooperação e a economia processual.

Da ideia de cooperação entre o tribunal e as partes extraiu, sobretudo, consequências para a administração pública litigante, fazendo recair sobre esta diversos deveres: o dever de remeter ao tribunal o processo administrativo e demais documentos relevantes, já referido, e o dever de comunicar ao tribunal as vicissitudes suscetíveis de influírem no tratamento jurisdicional da causa – a revogação do ato administrativo impugnado, por exemplo.

Da ideia de economia processual extraiu o corolário de que as partes não devem requerer a realização de diligências que não tenham utilidade para a composição do litígio, nem adotar expedientes dilatórios, isto é, comportamentos que apenas sirvam para fazer perder tempo.

6. *Os meios processuais*

A. *Noção*

Cada pretensão dirigida aos tribunais administrativos deve adotar um determinado meio processual, isto é, uma forma tipificada de a veicular, sem o que não pode ser recebida pelo tribunal.

Os meios processuais próprios da jurisdição administrativa distribuem-se por dois grupos: os *meios principais* e os *meios acessórios*. A diferença entre uns e outros assenta no critério da autonomia: a utilização de cada meio principal é independente do eventual uso de qualquer outro meio processual; já a utilização de um meio acessório se encontra na dependência de outro meio processual, este de carácter principal.

Os meios processuais principais, pelo seu lado, também se podem subdividir em dois grupos: os meios processuais *urgentes* – que beneficiam de regras que visam acelerar a sua tramitação – e os outros meios processuais – que são tramitados a uma velocidade, digamos, normal.

Na nossa lei atual os meios processuais principais urgentes são:

a) O contencioso de atos administrativos em matéria eleitoral da competência dos tribunais administrativos;

b) O contencioso de atos administrativos praticados no âmbito de procedimentos de massa;

c) O contencioso dos atos relativos à formação de contratos;

d) A intimação para a prestação de informações, consulta de processos ou passagem de certidões;

e) A intimação para proteção de direitos, liberdades e garantias.

O outro meio processual principal é a ação administrativa.

Depois da reforma de 2015, o processo declarativo administrativo concretiza-se numa só forma de ação, que se intitula ação administrativa. Esta forma de ação veio, assim, substituir simultaneamente a ação administrativa especial (ainda sucessora, em certa medida, do antigo recurso contencioso de anulação) e a ação administrativa comum.

O processo civil continua subsidiariamente aplicável, mas foi propósito da reforma de 2015 o de consagrar um verdadeiro modelo de tramitação próprio dos litígios administrativos e adequado às especialidades desta jurisdição.

Quanto aos meios processuais acessórios, encontram-se englobados no grupo dos processos cautelares.

Na impossibilidade de detalharmos todos os meios processuais, referimos apenas em maior detalhe a intimação para proteção de direitos liberdades e garantias (infra) e que, através da ação administrativa, podem dirigir-se ao tribunal administrativo impugnações, com o objetivo de obter do tribunal a anulação ou a declaração da nulidade de um ato administrativo (cfr. artigo 37.º, n.º 1, alínea a), e 50.º, n.º 1, do CPTA).

Na ação administrativa pode também ser formulado um pedido condenatório, com o qual se pretende obter do tribunal que obrigue um órgão da administração pública a praticar um ato administrativo legalmente devido (cfr. artigo 66.º do CPTA).

Na ação administrativa pode ainda impugnar-se normas e pedir a condenação à emissão de normas podendo ser formulando um pedido relativo à declaração da ilegalidade de uma norma regulamentar ou da sua omissão (cfr. artigo 72.º, n.º 1, do CPTA).

O pedido nas ações administrativas relativas a contratos prende-se com a apreciação da sua validade ou da sua execução. Neste âmbito, e muito embora não haja essa referência expressa nos artigos 77.º-A e 77.º-B, é ainda possível formular pedidos relativos à interpretação de contratos.

C. *Intimação para protecção de direitos, liberdades e garantias*

A intimação para protecção de direitos, liberdades e garantias é uma novidade absoluta introduzida em 2002, nada existindo de comparável no direito administrativo português anterior. Inspira-se, provavelmente, no recurso de amparo mexicano e no mandado de segurança brasileiro.

A ideia parece ser a de colocar à disposição dos interessados um meio rápido e flexível de obter tutela para um direito fundamental da espécie direitos, liberdades e garantias, ameaçado, no seu exercício em tempo útil, por um comportamento positivo ou omissivo da administração pública. Pensemos, por exemplo, na proibição de uma manifestação para protestar contra a vinda a Lisboa de um chefe de Estado estrangeiro: a intimação da administração poderá ser utilizada para assegurar que o direito de manifestação é exercido no dia pretendido pelos manifestantes, isto é, o próprio dia da chegada, e não em momento posterior, em que já não produzirá o mesmo efeito.

Para ser admissível o recurso a este meio processual, a lei (artigo 109º, nº.1, do CPTA) exige que não seja possível ou suficiente para assegurar o exercício, em tempo útil, do direito em causa, o decretamento provisório de uma providência cautelar. Isto significa que o legislador tratou esta intimação como um meio processual de carácter supletivo, sujeitando-a a um pressuposto processual específico negativo.

A tramitação da intimação encontra-se regulada nos nºs.1, 2 e 3 do artigo 110º e 110.º - A e no artigo 111º do CPTA.

Sublinhamos os seguintes aspetos:

– os prazos fixados são bastante reduzidos, refletindo a urgência da decisão;

– a faculdade que assiste ao juiz, quando reconheça a possibilidade de lesão eminente e irreversível do direito, liberdade ou garantia, de encurtar ainda mais os prazos fixados ou substituir a notificação do requerido para responder por escrito pela realização de uma audiência oral, no termo da qual tomará a sua decisão;

– a faculdade de que o juiz dispõe de o juiz notificar o autor para alterar a petição inicial substituindo-a por um requerimento cautelar e de, em situações excecionais, decretar provisoriamente a providência cautelar que considerar adequada ao caso.

A decisão do processo, quando favorável ao autor, determina sempre o comportamento que o intimado deve adotar, podendo ainda incluir a fixação de um prazo para o mesmo e a identificação do responsável (cfr. artigo 111.º, nº.2, do CPTA).

O tribunal pode conferir à decisão efeitos sub-rogatórios, isto é, atribuir-lhe os efeitos do ato administrativo que a administração pública devesse ter praticado; todavia, isto somente é possível quando tal ato fosse estritamente vinculado, ou seja, quando a administração não pudesse legalmente ter optado pela prática de ato diverso. Os casos mais comuns em que esta situação pode ocorrer correspondem, como a própria lei refere, a atos de execução de um ato administrativo anteriormente praticado (cfr. artigo 109º, nº.3, do CPTA).

Note-se que o eventual incumprimento da intimação sujeita o intimado ao pagamento de uma sanção pecuniária compulsória, isto é, uma multa diária por cada dia de incumprimento da intimação, para além da responsabilidade civil, disciplinar e criminal a que houver lugar (cfr. artigos 111º, nº.4, e 169º do CPTA).

7. *Arbitragem*

É essencial tomar em consideração as origens do direito administrativo para compreender os obstáculos na procura de um "território" jurídico favorável à arbitragem, no âmbito de um litígio entre uma pessoa coletiva pública e um particular, cujo objeto constitua matéria regulada pelo direito administrativo.

O principal obstáculo decorre da indisponibilidade da competência. As competências são incontestavelmente poderes jurídicos mas não constituem direitos subjectivos. Se admitirmos que os direitos subjetivos são faculdades jurídicas orientadas para a realização de um interesse próprio do seu titular, teremos que aceitar que as competências, apesar de serem poderes jurídicos, não são verdadeiros direitos subjetivos. Na verdade, elas visam a realização de um interesse que não é próprio do órgão administrativo, ou seja, um interesse público da coletividade – estadual ou outra – que instituiu a pessoa coletiva pública a que tal órgão pertence.

Uma vez que as competências são verdadeiros poderes funcionais, o seu exercício não está confiado ao livre arbítrio do órgão administrativo: a autonomia da vontade – que permite a qualquer pessoa, em princípio, dispor dos seus direitos – dá lugar ao respeito pela legalidade, acarretando a indisponibilidade dos poderes funcionais. Na medida em que a arbitragem pode exigir uma certa "gestão" dos poderes jurídicos dos órgãos da administração pública, ela pode ser dificultada pela indisponibilidade destes poderes.

Olhando para os artigos que no CPTA regulam a arbitragem, salta a vista a distinção entre a arbitragem *ad hoc* – para a qual se escolhem, pontualmente, os árbitros – e a arbitragem permanente ou institucional – confiada a entidades estáveis, especificamente habilitadas a resolver determinadas espécies de conflitos. Não por se tratar de uma distinção inovadora, mas porque o legislador a tomou como ponto de partida para aquilo que se poderia designar por "geometria variável" da arbitragem.

O CPTA na sua versão inicial de 2002 veio estabelecer como possível a arbitragem sobre litígios relacionados com contratos administrativos e responsabilidade civil da Administração Pública, e sobre litígios relativos a três outras matérias:

– funcionalismo público;

– sistemas públicos de proteção social;

– urbanismo.

Se a abertura à via arbitral em matéria de contratos e de responsabilidade da administração correspondia a uma tradição portuguesa, não merecendo, por isso, especial referência, as restantes matérias constituíram novidade.

No que respeita à possibilidade do recurso à arbitragem para resolver questões relativas a atos administrativos, a lei de 2002 adotou uma formulação claramente restritiva: somente poderiam ser submetidos a arbitragem litígios relativos a atos legais não constitutivos de direitos, visto que apenas estes podem ser revogados com fundamento em inconveniência. Poderemos pensar, quer em atos que concedem vantagens aos interessados, como os relativos à utilização privativa de bens do domínio público, pacificamente considerados como precários, quer em atos constitutivos de encargos ou sujeições, como as sanções disciplinares.

Na referência legislativa a sistemas públicos de proteção social, admitimos estarem incluídos litígios emergentes, designadamente, das relações jurídicas de segurança social; por exemplo, o conflito relativo ao alegado direito ao subsídio de desemprego, que a Administração entende não existir, ou ao montante do mesmo, quando seja controvertido. Não estamos, porém, seguros de que a arbitragem pudesse funcionar nestes casos, uma vez que as prestações de segurança social são objeto de direitos subjetivos públicos, cujas atribuição e liquidação estão apenas dependentes da verificação de certos pressupostos precisamente enumerados e descritos na lei.

Já quanto às questões urbanísticas, a previsão da via arbitral surgia adequada: dada a natureza das relações jurídicas multipolares que caracterizam o direito do urbanismo e a complexidade técnica e económica de muitos litígios – imagine-se a aplicação de mecanismos de compensação urbanística – a arbitragem apresenta inúmeras possibilidades.

A reforma de 2015 do CPTA (depois complementada pela alteração de 2019) veio alterar de forma relevante o âmbito das matérias administrativas que podem ser submetidas a arbitragem. Em particular, podem hoje estar sujeitos a arbitragem administrativa:

– questões respeitantes a contratos, incluindo a anulação ou declaração de nulidade de atos administrativos relativos à respetiva execução;

– questões respeitantes a responsabilidade civil extracontratual, incluindo a efetivação do direito de regresso, ou indemnizações devidas nos termos da lei;

– questões relativas à validade de atos administrativos;

– questões respeitantes a relações jurídicas de emprego público, quando não estejam em causa direitos indisponíveis e quando não resultem de acidente de trabalho ou de doença profissional;

A alteração mais relevante a este propósito prende-se com a submissão à arbitragem das questões relacionadas com a validade de atos administrativos.

Trata-se de uma opção do legislador que se adequa à configuração constitucional dos tribunais arbitrais, enquanto categoria de tribunal, tal como estabelece o artigo 209.º, n.º 2, da CRP. Todavia esta abertura à sujeição em árbitros daquele que é o principal objeto da justiça administrativa – o conhecimento das questões relacionadas com a validade de atos administrativos – poderá suscitar diferentes questões práticas de difícil resolução.

O CPTA consagra ainda diversos outros aspetos de relevo para a arbitragem de onde se destaca:

– a obrigatoriedade de publicidade das decisões arbitrais, depois do seu trânsito em julgado;

– a obrigatoriedade de, nos litígios sobre questões de legalidade, os árbitros deverem obrigatoriamente decidir segundo o direito constituído; nesta medida, os árbitros não poderão pronunciar-se sobre a conveniência ou oportunidade da atuação administrativa, nem julgar segundo a equidade.

IX. OUTRAS TÉCNICAS DE CONTROLO DA ADMINISTRAÇÃO

A conformidade da atividade administrativa pública com o princípio da legalidade – e com outros princípios – que deve respeitar impõe a existência de instrumentos e mecanismos adequados de controlo. Estes podem operar no interior da administração pública ou fora dela.

a) No primeiro caso, temos o *auto-controlo*, que aproveita a organização da administração pública e a respetiva atividade para a vigiar; surgem então as reclamações e os recursos administrativos, bem como a atividade dos órgãos inspectivos;

b) No segundo caso, temos o *hetero-controlo*, que observa a administração pública do lado de fora desta; aparecem então o controlo parlamentar e o controlo jurisdicional, que já referimos.

Forma peculiar de hetero-controlo é o controlo da legalidade financeira assegurado pelo Tribunal de Contas.

O Tribunal de Contas é um órgão do Estado que exerce simultaneamente competências que se inscrevem no âmbito da função jurisdicional e competências consultivas e de controlo situadas no âmbito da função administrativa. Por um lado, profere verdadeiras sentenças, as quais podem consistir, nomeadamente, na condenação de quem seja responsável pela utilização indevida de dinheiros públicos; por outro, dá parecer sobre a Conta Geral do Estado e as contas das regiões autónomas e fiscaliza e audita a gestão financeira das organizações públicas.

X. A RESPONSABILIDADE CIVIL EXTRACONTRATUAL DA ADMINISTRAÇÃO PÚBLICA

A responsabilidade de que aqui falamos consubstancia-se na obrigação que recai sobre uma pessoa coletiva que, atuando sob a égide de regras de direito público e fora do âmbito de uma relação contratual, tiver causado prejuízos aos particulares.

O objetivo primeiro da responsabilização do Estado e de outras entidades envolvidas no exercício de atividades administrativas públicas é a transferência do dano sofrido pelo lesado para o seu causador, através do pagamento de uma quantia em dinheiro, a indemnização. Esta responsabilização comporta duas grandes modalidades:

a) A *responsabilidade subjetiva*, assim designada por envolver um juízo de censura, que pode ou não ser presumido, sobre o comportamento do causador do dano, juízo que recebe a designação de culpa;

b) A *responsabilidade objetiva*, que pode não radicar em qualquer reprovação do comportamento do causador do dano, antes decorrendo, por via de regra, de comportamentos que, não obstante perfeitamente aceitáveis no plano social, são especialmente vantajosos para aquele que, adotando-os, causa o prejuízo, conduzindo a lei a entender que devem ser por ele suportados.

A responsabilidade objetiva comporta duas subespécies:

– a *responsabilidade pelo risco*, produzida por um comportamento especialmente perigoso para terceiros e que foi causa de um dano (a utilização legítima de armas de fogo por agentes da autoridade, por exemplo);

– a *responsabilidade pela prática de atos ilícitos*, resultante da prática de um ato ilícito não culposo, causador de um prejuízo.

A *responsabilidade do Estado* encontra-se enquadrada pelos artigos 22.º e 271.º da CRP e regulada no Regime da Responsabilidade Extracontratual do Estado e das demais Pessoas Coletivas Públicas, aprovado pelo Lei 67/2007, de 31 de dezembro, revisto pela Lei 31/2008, de 17 de Julho (RRCEEPCP).

O âmbito subjetivo e objetivo de aplicação das regras inscritas no RRCEEPCP é delimitado pelo seu artigo 1º: elas aplicam-se ao *Estado* e às *demais pessoas coletivas de direito público* (e aos titulares dos seus órgãos, funcionários, trabalhadores e agentes públicos) pelos danos que estas possam causar no *exercício da função legislativa, jurisdicional e administrativa*.

O RRCEEPCP aplica-se ainda aos danos causados por pessoas de direito privado (incluindo os respetivos trabalhadores, titulares de órgãos sociais, representantes legais ou auxiliares), por ações ou omissões adotados no exercício de poder público ou reguladas por disposições ou princípios de direito administrativo.

Para os casos em que não seja possível demonstrar – no âmbito da organização dos serviços – a efetiva autoria do facto ilícito, o RRCEEPCP distinguiu a designada culpa pessoal da *culpa funcional* (ou funcionamento anormal dos serviços): a primeira legitima uma censura do comportamento do titular do órgão ou do agente, enfim, da pessoa que atuou em nome da entidade pública; a segunda, legitima uma censura do comportamento da pessoa coletiva pública cujo órgão ou agente esteve na origem do dano. Esta última tem como fundamento o direito reconhecido aos cidadãos a um funcionamento normal e adequado dos serviços públicos. Exemplos de culpa funcional são constituídos pelas deficiências de vigilância e controlo (presos evadidos, loucos), pela falta de manutenção de estradas, por atrasos, erros e omissões e, ainda, por informações incorretamente prestadas, promessas incumpridas e por alterações imprevisíveis do comportamento administrativo.

No âmbito da responsabilidade civil por factos ilícito praticados no exercício da função administrativa, presume-se a culpa do agente. Quer isto dizer que a condenação do Estado ao pagamento de uma indemnização dependerá, nestes casos, da demonstração da ilicitude do ato, do dano e do nexo de causalidade. A averiguação do grau de culpa do agente que causou o dano será relevante apenas para a repartição da responsabilidade. Assim, a responsabilidade do Estado ou outra entidade pública é exclusiva: (a) quando o autor da conduta ilícita haja atuado no exercício da função administrativa e por causa desse exercício, com culpa leve (artigo 7.º, n.º 1); (b) quando os danos causados sejam imputáveis ao funcionamento anormal do serviço, mas não tenham resultado de um comportamento concretamente determinado ou não seja possível apurar a respetiva autoria (artigo 7.º, n.º 3). Se o agente atuou com dolo ou culpa grave, no exercício das suas funções e por causa desse exercício, o Estado ou outra entidade pública são solidariamente responsáveis com o titular do órgão, funcionário ou agente (artigo 8.º, n.º 2).

A *responsabilidade objetiva pelo risco* está regulada no artigo 11.º do RRCEEPCP. A sua razão de ser assenta na ideia de compensar as vantagens que o exercício de determinadas atividades particularmente perigosas proporciona àquele que as exerce, ou em favor de quem são exercidas, com o dever de suportar os danos que elas causem a terceiros. As situações mais frequentes de responsabilidade pelo risco ocorrem nos domínios das obras públicas, do armazenamento e manipulação de explosivos, do mau funcionamento de semáforos e do chamado «risco social» – motins, guerra, etc.

O RRCEEPCP prevê ainda casos em que o Estado é chamado a indemnizar quando a sua atuação – lícita – provoca danos especiais e anormais (artigo 16.º). Trata-se de casos que não consubstanciam verdadeiras situações de responsabilidade, porquanto a indemnização, mais do que uma consequência da prática do ato, consubstancia pressuposto da validade do ato danoso. Nestes casos, nem todos os danos são indemnizáveis: na verdade, constitui pressuposto específico da obrigação de indemnizar que o prejuízo incida sobre uma pessoa ou um grupo, sem afetarem a generalidade das pessoas, e que ultrapasse os custos próprios da vida em sociedade. A razão de ser deste regime é o princípio da justa repartição dos encargos públicos: não seria justo que aquele que sofreu um prejuízo causado por um comportamento administrativo praticado no interesse e para proveito da coletividade não fosse ressarcido.

É este regime de indemnização pelo sacrifício que explica que uma expropriação por utilidade pública faça nascer na esfera jurídica do expropriado o direito a uma indemnização, que a própria CRP exige *justa.* É também este princípio que serve de fundamento ao direito a uma indemnização em face da inexecução da sentença de um tribunal administrativo, justificada por uma causa legítima de inexecução.

XI. OS SERVIÇOS PÚBLICOS, OS MERCADOS DE INTERESSE GERAL (LIBERALIZAÇÃO, PRIVATIZAÇÃO E REGULAÇÃO) E AS SUAS COMPETÊNCIAS

O estado atual da organização dos serviços públicos em Portugal apresenta-se complexo e marcado de forma decisiva pelo contexto económico e financeiro gerado pela designada crise da dívida soberana.

Tradicionalmente, vem-se entendendo que existem em Portugal atividades que, por força de imperativos de natureza social, devem ser desenvolvidas e *prestadas* aos utentes de forma gratuita ou a um preço abaixo do seu custo real. Este entendimento encontra consagração constitucional em determinadas áreas, como sejam a da educação e a da saúde. Mais concretamente, pode ler-se na CRP que todos têm direito à protecção da saúde e que este direito é realizado, designadamente, "*através de um serviço nacional de saúde universal e geral e, tendo em conta as condições económicas e sociais dos cidadãos, tendencialmente gratuito*"; em relação à educação, o legislador constituinte estabeleceu que ao Estado incumbe "*assegurar o ensino básico universal, obrigatório e gratuito*" (artigos 64.º e 74.º da CRP).

Estas atividades – que incluem a saúde, a educação, os transportes, os correios, o fornecimento de energia, as telecomunicações – eram inicialmente garantidas e prestadas pelo Estado diretamente ou por entidades (que podiam ou não assumir uma natureza empresarial) totalmente detidas pelo Estado.

Fruto da entrada de Portugal no espaço comunitário (que ocorreu em 1986) começaram-se a sentir no território nacional os ventos liberalizadores da União que, atividade a atividade, foram determinando a necessidade de garantir condições de acesso a determinados mercados em condições de igualdade a todos os operadores (independentemente da sua nacionalidade). Assim, mercados como o das telecomunicações e da energia passaram de um só operador de natureza pública (por via de regra responsável para totalidade da atividade) para vários operadores de natureza pública e privada. Nestes casos, garante-se, por um lado, a separação de diferentes atividades relevantes num mesmo setor (por exemplo, a separação da atividade de transporte de energia ou de gás das atividades de comercialização e de produção de energia e de gás) e o acesso ao mercado em condições de igualdade a todos os operadores.

Como contraponto deste movimento liberalizador, foram criadas em Portugal entidades administrativas cuja principal função se traduz na *regulação* dos mercados, de forma a garantir, por um lado, que os interesses dos utentes são cabalmente garantidos e que o serviço prestado cumpre os requisitos técnicos aplicáveis, e, por outro lado, que os operadores respeitam as regras de funcionamento daquele mercado. À semelhança do que sucede noutros países – e resultado também da necessidade de cumprir e de transpor diretivas europeias – em Portugal a regulação de mercado é feita de forma setorial. Deste modo, a competência de cada uma das entidades reguladoras é determinada, em primeiro lugar, em função de uma específica atividade.

Enquanto características comuns a todas as entidades reguladoras encontramos:

a) Uma natureza administrativa *especial*, porquanto se trata de entidades que, sendo entidades públicas e integradas na organização administrativa do Estado, não estão subordinadas ao poder executivo; trata-se, portanto, de entidades orgânica e funcionalmente independentes do poder executivo, não podendo os seus órgãos ser destituídos pelo Governo antes do termo do respetivo mandato;

b) São entidades que se pretendem neutras e imparciais, cuja atuação se orienta apenas e tão só por critérios de natureza eminentemente técnica;

c) São entidades que gozam de poderes de autoridade – podem dar início a processos de natureza contra-ordenacional e aplicar coimas e sanções acessórias; por via de regra, podem igualmente determinar – quando a atividade em causa não esteja completamente liberalizada – as tarifas a cobrar pelos operadores pelo fornecimento dos serviços em causa.

Exemplos de entidades reguladoras em Portugal serão: o Banco de Portugal, a Comissão de Mercado dos Valores Mobiliários, a Entidade Reguladora dos Serviços Energéticos (estas foram as três primeiras entidades reguladoras criadas em Portugal). A par destas entidades, existem ainda, o Instituto de Seguros de Portugal; a Autoridade da Concorrência; a Autoridade Nacional de Comunicações e Autoridade Nacional da Aviação Civil; a Autoridade da Mobilidade e dos Transportes; a Entidade Reguladora dos Serviços de Águas e Resíduos e a Entidade Reguladora da Saúde.

Deve notar-se que o movimento liberalizador que referimos – que se fez sentir especialmente na última década do século XX e primeira década do século XXI – conhece agora outros contornos associados à planeada privatização total ou parcial de algumas entidades que se mantinham sob o controlo do Estado.

Acompanhando esta tendência privatizadora, os poderes das entidades reguladoras surgem fortalecidos, de forma a garantir a cabal prossecução do interesse público e, sobretudo, o desenvolvimento das atividades que se mantêm de interesse geral.

XII. OS RECURSOS HUMANOS DA ADMINISTRAÇÃO PÚBLICA

Até bem recentemente, vigorava em Portugal o chamado modelo de carreira na função pública. De acordo com o modelo vigente até 2008 e sempre que se tratasse de satisfazer as necessidades permanentes e próprias dos serviços, as pessoas entravam para o serviço da Administração Pública – usualmente através de um procedimento de natureza concursal – e aí ficavam, muitas vezes, a vida inteira, sendo regularmente promovidas a partir de uma posição de entrada até uma posição de topo na carreira que haviam abraçado. Nestes casos, as pessoas ingressavam numa determinada carreira e, sobretudo, enquadravam-se num estatuto específico, o de funcionário público. Quando se tratasse da satisfação de necessidades conjunturais ou pontuais (casos mais raros), aplicar-se-ia aos trabalhadores contratados um regime laboral de direito privado.

O quadro legal aplicável aos trabalhadores que exercem funções públicas encontra-se hoje consolidado num diploma legal único, a LGTFP – Lei Geral do Trabalho em Funções Públicas.

O n.º 1 do artigo 1.º da lei anuncia a sua aplicação ao vínculo de trabalho em funções públicas.

As designações que historicamente foram dadas a estes trabalhadores variaram no tempo, quase sempre ao sabor de intenções e pré-compreensões de base ideológica, desde os tempos, que parecem já longínquos, em que se falava de "funcionários públicos".

O uso desta expressão foi objeto de grande controvérsia após a instauração do regime democrático. Na revisão constitucional de 1982 a expressão utilizada pela Constituição funcionários e agentes do Estado e das demais entidades públicas foi substituída pela expressão trabalhadores da Administração Pública e demais agentes do Estado e outras entidades públicas, expressão ainda hoje constante do artigo 269.º. Com a alteração quis-se simbolizar que os "funcionários públicos" eram trabalhadores tendencialmente como os outros, quando muito uma outra espécie do género "trabalhadores". Mas a epígrafe do artigo continuou a ser regime da função pública: a função pública continuou a existir – deixou foi de ser utilizada na lei fundamental a substantivação do seu sujeito – o funcionário público.

O abandono pela lei da expressão funcionários públicos não representou, porém, a morte das dicotomias tradicionais inerentes: funcionários e agentes (não funcionários); trabalhadores em regime de direito público e trabalhadores em regime de direito privado. O que sucedeu é que elas foram redesenhadas.

O quadro atual assenta numa dupla distinção.

Em primeiro lugar, entre o vínculo de emprego público e o contrato de prestação de serviços. Distinguem-se entre si porque o segundo não pressupõe a subordinação jurídica do prestador àquele que recebe a prestação, como sucede com o primeiro (cfr. artigo 6.º, n.º 1). Trata-se, afinal, da distinção habitual entre o contrato de trabalho e o contrato de prestação de serviços.

A segunda distinção é específica do ambiente juspúblico, diferenciando o contrato de trabalho em funções públicas, a nomeação e a comissão de serviço. Sendo o primeiro o regime regra, faz sentido explicitar o âmbito dos outros dois.

A comissão de serviço constitui a forma tradicional do exercício de funções públicas por quem já é detentor de um vínculo com um empregador público. O exemplo clássico é constituído pelos cargos dirigentes [cfr. artigo 9.º, n.º 1, alínea a)].

A nomeação é utilizada relativamente ao exercício de funções no âmbito de certas áreas de administração e de determinadas atividades:

a) Forças Armadas;
b) Representação externa do Estado;
c) Informações de segurança;
d) Investigação criminal;
e) Segurança pública;
f) Inspeção

O critério subjacente a esta enumeração trata-se, no essencial, de trabalhadores que se encontram envolvidos no exercício de funções públicas de alguma forma relacionadas com o exercício da autoridade e, por isso, situadas no âmago da atividade administrativa pública. Trata-se, além do mais, de funções que, pela sua especificidade, não encontram paralelo na atividade privada.

É isso que explica que a nomeação seja um ato administrativo unilateral – reveste a forma de despacho, diz o n.º 1 do artigo 41.º –, cujos efeitos dependem da aceitação do nomeado (cfr. artigo 42.º, n.º 1). Herda assim a natureza do antes designado "ato administrativo de provimento".

Quanto aos restantes trabalhadores, o artigo 7.º manda aplicar-lhes o regime de contrato de trabalho em funções públicas, distinguindo neste dois tipos: os contratos por tempo indeterminado e os contratos a termo resolutivo.

XIII. OS BENS DO DOMÍNIO PÚBLICO

Em Portugal, o enquadramento jurídico fundamental do domínio público consta do artigo 84.º da CRP.

A primeira observação que esta disposição suscita é a de que o legislador constitucional optou por qualificar certos bens como integrantes do domínio público. Pertencem ao domínio público:

a) As águas territoriais com os seus leitos e os fundos marinhos contíguos, bem como os lagos, lagoas e cursos de água navegáveis ou flutuáveis, com os respetivos leitos;

b) As camadas aéreas superiores ao território acima do limite reconhecido ao proprietário ou superficiário;

c) Os jazigos minerais, as nascentes de águas mineromedicinais, as cavidades naturais subterrâneas existentes no subsolo, com excepção das rochas, terras comuns e outros materiais habitualmente usados na construção;

d) As estradas;

e) As linhas férreas nacionais.

Apesar da enumeração que referimos, a legislador constitucional não reservou para si o monopólio da qualificação dos bens do domínio público, antes estendendo ao legislador ordinário a possibilidade de aquela qualificação ser ampliada.

O legislador constitucional utilizou, em simultâneo, vários critérios para determinar a dominialidade. Qualquer destes critérios assenta, todavia, na ideia de afetação, trate-se de afetação, direta ou indireta, ao uso público ou afetação ao funcionamento de um serviço público.

Atualmente não existe em Portugal um regime geral aplicável aos bens do domínio público. O regime dos bens do domínio público resulta, portanto, de vários diplomas avulsos. Ainda assim, é possível indicar os principais traços do regime material da dominialidade que são os seguintes:

a) A inalienabilidade, não podendo os bens do domínio público ser objeto de compra e venda ou de outro negócio jurídico-privado dispositivo, oneroso ou gratuito;

b) A imprescritibilidade, não sendo possível a aquisição de bens dominiais por usucapião;

c) A impenhorabilidade, não podendo estes bens ser penhorados para satisfação de dívida em fase de execução judicial.

A forma mais habitual de utilização dos bens dominiais em Portugal é o designado uso comum, o uso declarado lícito para todos ou para uma categoria delimitada de particulares –, também designado uso não excludente, uma vez que um número não determinado de pessoas pode utilizar em simultâneo o bem.

Este tipo de uso dos bens dominiais é o que melhor se compreende, considerada a origem histórica e a natureza dos bens dominiais. Todavia, certos bens dominiais têm a sua utilidade condicionada a formas de utilização ou exploração que implicam a exclusão de outros possíveis interessados. É o que ocorre, por exemplo, com as fontes de água minero-medicinal. Seja para utilização termal, seja para engarrafamento, é forçoso conceder a exploração a alguém – ou não haverá utilização possível.

Assim se percebe a razão de ser dos chamados usos privativos, que apresentam natureza excludente, visto que apenas são permitidos a alguns. Por isso envolvem o pagamento de uma taxa, de alguma forma compensadora das utilidades extraídas.

O uso privativo não consiste necessariamente na exploração económica do bem: isso acontece no caso das águas minero-medicinais que indicámos mas já não ocorre quando se pense num cais privativo de uma empresa de siderurgia. Neste caso, a empresa utiliza o espaço dominial apenas como instrumento da sua atividade produtiva – cargas e descargas de matéria-prima e de produto acabado –, não prestando a terceiros quaisquer serviços.

Existem ainda casos em que o uso privativo surge combinado com a exploração do bem dominial: imagine-se uma empresa concessionária do transporte ferroviário numa via férrea nacional que cede espaços nos átrios das estações para afixação de publicidade a um certo bem à empresa produtora deste.

Os usos privativos são sempre titulados, isto é, assentam em instrumento jurídico bastante. Considerando a legislação dispersa sobre a matéria, existem atualmente dois títulos jurídicos possíveis para os usos privativos: a licença e a concessão. Idealmente, seria atribuída uma licença quando o uso fosse de curta duração ou de simples regulação.

A concessão estaria reservada para os casos em que a relação jurídica a estabelecer entre a Administração e o particular se revelasse mais complexa e densa.

No panorama legislativo português atual não se encontram, todavia, normas que revelem este tipo de distinção, sendo usadas as licenças e as concessões aparentemente sem nenhum critério definido.

BIBLIOGRAFIA PORTUGUESA

QUEIRÓ, Afonso. *Lições de Direito Administrativo,* 2.ª edição, Coimbra, 1976;

FREITAS DO AMARAL, Diogo. *Curso de Direito Administrativo*, I, 4ª ed., e II, 3ª ed., Almedina, Coimbra, 2015 e 2016.;

IDEM, *Conceito e natureza do recurso hierárquico,* Coimbra, 1981;

FREITAS DO AMARAL, Diogo e AROSO DE ALMEIDA, Mário *Grandes Linhas da Reforma do Contencioso Administrativo,* Coimbra, 2002;

CAUPERS E VERA EIRÓ, João, *Introdução ao Direito Administrativo*, 12ª edição, Lisboa, 2016;

VIEIRA DE ANDRADE, José Carlos. *A Justiça Administrativa – (Lições)*, 19ª edição, Coimbra, 2021;

SÉRVULO CORREIA, José Manuel. *Noções de Direito Administrativo,* Lisboa, 1982;

IDEM, *Legalidade e Autonomia Contratual nos Contratos Administrativos,* Coimbra, 1987, pp. 179 a 197;

IDEM, *Direito do Contencioso Administrativo I,* Coimbra, 2005;

CAETANO, Marcello. *Manual de Direito Administrativo,* Coimbra, Volume, 10.ª edição, 1980 (reimpressão) e II Volume, 9.ª edição (reimpressão);

REBELO DE SOUSA, Marcelo e SALGADO MATOS, André, *Direito Administrativo Geral. Introdução e princípios fundamentais*, Tomo I, Lisboa, 2008;

DIAS GARCIA, Maria Da Glória, *Da Justiça Administrativa em Portugal,* Lisboa, 1994;

IDEM, *A responsabilidade civil do Estado e demais pessoas colectivas públicas*, Lisboa, 1997;

JOÃO ESTORNINHO, Maria, *A fuga para o direito privado,* Coimbra, 1996;

IDEM, *Requiem pelo contrato administrativo,* Coimbra, 1990;

AROSO DE ALMEIDA, Mário, *Teoria geral do Direito Administrativo,* Coimbra, *9ª Edição, 2022*

IDEM *Manual de Processo Administrativo*, Almedina, 6ª Edição, 2022;

DE OLIVEIRA, Mário Esteves, *Direito Administrativo,* 2.ª edição, Coimbra, 1984;

OTERO, Paulo, *Legalidade e Administração pública. O Sentido da Vinculação Administrativa à Jurisdicidade*, Coimbra, 4ª reimp, 2019;

IDEM, *Manual de Direito Administrativo*, I, Reimp., Almedina, Coimbra, 2013

OTERO, Paulo e GONÇALVES, Pedro (ORG.), *Tratado de Direito Administrativo Especial*, Volume I, Coimbra, 2009; Volumes II e III, Coimbra 2010;

GONÇALVES, Pedro, *Manual de Direito Administrativo*, I, Almedina, Coimbra, 2019;

SOARES, Rogério, *Direito Administrativo,* Coimbra, 1978;

PEREIRA DA SILVA, Vasco. *Em busca do acto administrativo perdido,* Coimbra, 1996.

PANORAMA DEL DERECHO ADMINISTRATIVO EN PUERTO RICO

WILLIAM VÁZQUEZ IRIZARRY*

I. EVOLUCIÓN Y MODELO REGULATIVO DE LA ADMINISTRACIÓN PÚBLICA

1. *Influencia del Derecho Público de los Estados Unidos y aspectos generales del ordenamiento puertorriqueño*

Entender la evolución y el desarrollo del Derecho Administrativo en Puerto Rico supone comenzar aclarando algunos aspectos históricos. Aunque la relación de Puerto Rico como colonia de España duró cerca de 400 años y dio pie a que nuestro ordenamiento jurídico se cimentara sobre una base civilista, ese desarrollo debe ser cualificado en varios renglones a raíz del cambio de soberanía en 1898. Ese año, Puerto Rico pasó a ser un territorio de los Estados Unidos producto de la victoria de este último país en la llamada Guerra Hispanoamericana.[1]

A partir de ese momento, nuestro sistema de derecho se convirtió en uno mixto, donde el andamiaje legal construido a base de un sistema de códigos pasó a coexistir con el uso de la jurisprudencia como fuente de derecho a la usanza del sistema del "common law" o derecho común de los Estados Unidos.[2] Con mayor o menor énfasis en los extremos "ley escrita" y "jurisprudencia", esa es la relación que persiste hoy día. Sin embargo, si invocamos la distinción derecho privado-derecho público, la influencia norteamericana es más dramática todavía. En lo relativo a la organización y el funcionamiento del Estado, el cambio de soberanía tuvo el efecto de incorporar el modelo de gobierno de Estados Unidos. Esto es, desde una clásica estructura de separación de poderes legislativo, ejecutivo y judicial, hasta el modelo de organismos públicos denominados agencias administrativas.[3]

La transformación de nuestras instituciones inició a través de leyes aprobadas por el Congreso de los Estados Unidos que dotaron a Puerto Rico de un gobierno civil que sustituyó el régimen militar que imperó tras la invasión de 1898. Este esquema fue eventualmente superado con la aprobación de una ley del Congreso en 1950 que autorizó que el pueblo de Puerto Rico adoptara una constitución para regir sus asuntos internos. De este modo, en 1952 se aprobó la Constitución del Estado Libre Asociado de Puerto Rico.[4] La misma sigue una estructura clásica que atiende la organización del gobierno y una carta de derechos. Allí se consigna la creación de tres poderes: el legislativo, que recae en una Asamblea Legislativa compuesta de un Senado y una Cámara de Representantes; el ejecutivo, en manos de un Gobernador; y el judicial a ser ejercido por un Tribunal Supremo y por aquellos otros tribunales que se establezcan por ley. En atención a lo último, el sistema judicial actual consiste en el referido Tribunal Supremo, un foro intermedio denominado Tribunal de Apelaciones y el Tribunal de Primera Instancia.

A diferencia de la tradición del Derecho Público continental, en nuestra constitución no hay reconocimiento expreso a la administración pública. En términos de Derecho Administrativo hemos emulado un sistema legal, el de Estados Unidos, cuya concepción, desarrollo y operación descansa en tres grandes temas: la figura de la agencia administrativa reguladora, el control de la arbitrariedad por medio de una ley que impone uniformidad en los principales procesos administrativos (la adjudicación y la reglamentación) y las garantías constitucionales del debido proceso de ley. Veamos los aspectos generales de cada tema y cómo han incidido en el desarrollo del Derecho Administrativo en Puerto Rico.

---

* Catedrático de Derecho Administrativo Universidad de Puerto Rico

1 Dos obras relevantes sobre la relación jurídico-constitucional entre Puerto Rico y Estados Unidos, son José Trias Monge, *Puerto Rico: las penas de la colonia más antigua del mundo*, San Juan, 1999 y J.J. Álvarez González, *Derecho Constitucional de Puerto Rico y Relaciones Constitucionales con los Estados Unidos – Casos y Materiales*, Bogotá, 2009, pp. 387-590.

2 *Véase* J. Trias Monge, *El choque de dos culturas jurídicas en Puerto Rico*, San Juan, 1991.

3 A través del escrito intercambio el uso de "administración pública" y "agencia administrativa" para referirme al organismo público que sirve como unidad institucional elemental del procedimiento administrativo en Puerto Rico.

4 *Véase* Álvarez González, *op. cit.*, pp. 8-11. J. Trias Monge, *III Historia Constitucional de Puerto Rico*, Río Piedras, 1982.

Antes de continuar con la discusión de los temas, es menester señalar el escenario puntual en el cual se escribe este ensayo. En el 2016 Puerto Rico entró en una situación de impago de su deuda soberana, lo cual tuvo el efecto de que el Congreso de los Estados Unidos determinara intervenir mediante la adopción de una ley titulada en inglés el "Puerto Rico Oversight, Management and Economic Stability Act" de 2016 (PROMESA). Esta ley creó un ente denominado Junta de Supervisión Fiscal para Puerto Rico, compuesta por siete miembros nombrados por el Presidente de los Estados Unidos y un miembro ex oficio nombrado por el Gobernador de Puerto Rico. El objetivo era iniciar un proceso de quiebra ante un tribunal de los Estados Unidos y propiciar la reestructuración del pago de la deuda. El proceso ha supuesto variadas y controversiales transformaciones estructurales dentro del gobierno, muchas con miras a reducir gastos y lograr eficiencias. Esto ha incluido la adopción de "planes fiscales" para cada uno de los entes de gobierno que tiene deudas propias, con variadas restricciones en el margen de actuación. Aunque mucho del andamiaje estructural de los procesos administrativos son los históricos, hay que reconocer el impacto de estos desarrollos recientes en la gestión pública de Puerto Rico.

2. *La agencia administrativa reguladora y el sistema constitucional*

Si nos enfocamos en la evolución de la administración pública, el precedente histórico en Estados Unidos suele situarse en la segunda mitad del Siglo XIX con el desarrollo de esa nación como potencia industrial a nivel mundial y su expansión geográfica a nivel continental. Los problemas requerían soluciones que trascendían la capacidad de los gobiernos locales y para esto la creación de nuevos organismos administrativos a nivel del gobierno federal. El caso emblemático fue la Comisión Interestatal de Comercio ("Interstate Commerce Commission") creada mediante ley del Congreso de los Estados Unidos en el 1887 y que poco tiempo después fue estructurada como un ente con variados atributos de autonomía.[5]

Lo anterior es importante pues a partir de ese momento, y en el trascurso de las próximas décadas, el Congreso continuó creando otras entidades de este tipo. Sus características principales eran: (1) estar bajo la dirección de un cuerpo compuesto por varios funcionarios denominado junta o comisión, (2) nombramiento de estos funcionarios por un término extendido y (3) restricciones para que su destitución por parte del Presidente tuviera que ser por justa causa con el derecho a algún tipo de audiencia. Los últimos dos puntos están estrechamente relacionados. Los términos usualmente eran de cinco o siete años, siendo lo más importante que excedieran los cuatro años en el cargo, del presidente que los nombraba. Aunque este conservaba la facultad de destituirlos, no podía ser por su plena voluntad sino condicionado de la manera antes descrita. Esto estaba predicado en la idea de que estos nuevos organismos eran creados para atender problemas de carácter técnico que requerían un conocimiento especializado. Se estimaba que el tipo de determinación que estaban llamados a tomar no debían responder a consideraciones políticas. Si las decisiones requerían conocimiento especializado, la dirección debía entonces recaer en expertos, no en políticos. La manera de lograr esto era aislando a estos funcionarios a través del diseño estructural descrito. Este objetivo estaba tan claro que incluso se plasmó en la forma en que estos organismos han sido denominados desde entonces en el sistema de gobierno de los Estados Unidos: agencias independientes.

Estos entes reguladores debían cumplir su encomienda mediante dos funciones básicas: la adjudicación y la reglamentación. Lo primero suponía la autoridad para resolver controversias, ya fuera entre el Estado y los ciudadanos o incluso entre ciudadanos privados. Lo segundo, la potestad reglamentaria, implicaba la creación de normas de aplicación general con fuerza de ley. En ambos casos se trataba de funciones que la agencia administrativa recibía por vía de una delegación del poder legislativo, es decir, del Congreso de los Estados Unidos. Aquí se encuentra una de las controversias fundacionales del Derecho Administrativo norteamericano.

Se trata del planteamiento de que, bajo el sistema constitucional de ese país, no era posible que tal tipo de delegación se hiciera a un ente adscrito al poder ejecutivo. Dicha posibilidad se consideraba contraria al principio de separación de poderes, conforme al cual el poder ejecutivo debía limitarse a aplicar las leyes, no a legislar ni a adjudicar controversias.

---

[5] S.G. Breyer, R.B. Stewart, C.R. Sunstein, A. Vermeule y M.E. Herz, *Administrative Law and Regulatory Policy*, 7 edición, New York, 2011, pp. 15-29 (2011).

El dilema culminó por partida doble en el 1935 con dos fallos del Tribunal Supremo de los Estados Unidos. *Panama Refining Co. v. Ryan*, 293 US 388 (1935) y *A.L.A. Schechter Poultry Co. v. United States*, 295 US 495 (1935). Culminó en el sentido de que finalmente ese foro dictaminó que, en efecto, la Constitución norteamericana supone límites al tipo de delegación que puede recibir una agencia administrativa. En ambos fallos se declararon inconstitucionales disposiciones de ley por constituir una delegación indebida. Sin embargo, el debate también culminó en tanto el Tribunal Supremo de ese país nunca más ha resuelto que una ley es inválida por ese argumento.

A partir de entonces, siempre que se han suscitado impugnaciones de este tipo, los tribunales han solido descartarlas invocando la doctrina de los principios inteligibles. Esta postula que la delegación de poderes por parte del Congreso es válida siempre que la ley incluya unos "principios inteligibles" que permitan guiar la discreción de la agencia administrativa al momento de poner en vigor el mandato legislativo.

Existe un amplio consenso doctrinal de que la falta de invalidaciones posteriores no responde tanto a un ejemplar ejercicio de claridad por parte del poder legislativo, como a una actitud en extremo generosa de los tribunales al momento de evaluar la existencia de principios inteligibles. A esto debemos añadir que el sostenimiento de la práctica de delegación estuvo también predicado en consideraciones de necesidad.

Adviértase que el desarrollo de este tipo de entidad pública tuvo un auge vertiginoso precisamente durante la presidencia de Roosevelt en la década de los 30's y en el contexto de la implantación de las políticas del Nuevo Trato. Las mismas eran una respuesta a los problemas ocasionados por la Gran Depresión y estuvieron marcadas por una alta dosis de intervención estatal, incluyendo la creación de nuevas agencias administrativas con mayores poderes. En tales circunstancias haber invalidado la creación de estos organismos hubiera representado dejar desprovista a la administración en el poder de sus principales instrumentos de acción.

Toda esta disposición favorecedora a la existencia de las agencias administrativas se combinó con una manera particular de entender el ejercicio de la tutela judicial al momento de ser objeto de impugnación las decisiones que estas emitían. Si los organismos administrativos operaban a base de un conocimiento especializado y contaban con una estructura organizacional que creaba condiciones óptimas para ello, los tribunales podían tener confianza en la calidad decisional de dicho proceso. De ahí que el surgimiento del Estado administrativo en los Estados Unidos estuviera atado desde sus inicios al concepto de que los tribunales deben deferencia a las actuaciones de las agencias.[6]

Todo lo anterior tuvo un desarrollo paralelo en Puerto Rico mediante la creación de órganos administrativos por la Asamblea Legislativa, bajo supuestos y un diseño similar al de las agencias independientes. Al momento de nuestros tribunales comenzar a atender impugnaciones a sus decisiones, el proceder fue básicamente incorporar las mismas doctrinas que estaban elaborando los tribunales federales en los Estados Unidos.

3. *Uniformidad en procesos*

En un inicio, y durante gran parte del pasado siglo, la ordenación y el diseño de los procesos administrativos en Puerto Rico fueron atendidos por la ley orgánica o habilitadora de cada agencia administrativa. Esto se reflejaba particularmente en la función de adjudicación. La ley de cada administración pública o agencia describía el procedimiento para la resolución de controversias. Aunque es cierto que muchos aspectos procesales se repetían, el ordenamiento debía tolerar en ocasiones la existencia de importantes variaciones.

Donde primero se atendió el tema de la uniformidad de los procesos fue en la potestad reglamentaria mediante la aprobación en 1957 de una Ley de Reglamentos. Luego de esto, hubo que esperar hasta 1988 para la creación de una Ley de Procedimiento Administrativo Uniforme (LPAU) de aplicación a prácticamente todos los organismos públicos en las principales funciones administrativas. Ley Núm. 170 de 12 de agosto de 1988. Luego de un breve intento de reforma en el 2016 de la citada ley, la Asamblea Legislativa aprobó la Ley Núm. 38-2017, conocida ahora como la Ley de Procedimiento Administrativo del Gobierno de Puerto Rico. Sin una clara justificación jurídica, la Ley Núm. 38-2107 terminó siendo una reaprobación de la ley original de 1988, según se encontraba vigente a diciembre de 2016.

---

6 Para una discusión sobre el concepto de la deferencia dentro del sistema jurídico de los Estados Unidos, véase G. Lawson & G.I. Seidman, *Deference. The Legal Concept and the Legal Practice*, New York, 2020.

Antes de la aprobación de la Ley Núm. 170 de 1988, hubo desarrollos del Derecho Administrativo que merecen señalarse, pues el hecho de que hubieran transcurrido décadas sin una ley de procedimiento común podría dar una impresión incorrecta sobre el funcionamiento del sistema. La realidad es que durante ese tiempo existió bastante armonía entre los procesos en las diversas agencias. Hay varias razones para ello. De un lado, por más variantes que pudieran existir entre las leyes, el proceso también se guiaba por principios generales de Derecho Administrativo que habían desarrollado los tribunales federales de Estados Unidos y que fueron incorporados en sus fallos por el Tribunal Supremo de Puerto Rico.

Esto generaba puntos de cohesión no solo en la interpretación judicial de distintas leyes, sino en la misma aplicación de los procesos por parte de las distintas agencias. De otra parte, en el caso específico de los procesos adjudicativos, el desarrollo del Derecho Constitucional en la segunda mitad del Siglo XX supuso reconocer una serie de garantías mínimas procesales que el Estado debe respetar a una persona sujeta a una adjudicación donde se pueda ver afectado un interés de propiedad o libertad.[7] A medida que los tribunales interpretaban la extensión del derecho constitucional a un debido proceso de ley, fueron identificando garantías procesales que pasaron a ser el mínimo que debe respetar toda administración pública. Esto terminó siendo otro elemento unificador.

El desarrollo de una ley uniforme en Puerto Rico fue posterior al que hubo en el sistema norteamericano. Allí hubo una preocupación muy temprana por el potencial de arbitrariedad que suponía dotar a los nuevos organismos públicos con tantos poderes dentro de una estructura que, si bien garantizaba autonomía, también levantaba cuestionamientos elementales de legitimidad. Esto dio paso a que en 1946 se adoptara la Ley de Procedimiento Administrativo ("Administrative Procedure Act", conocido por sus siglas APA). Esta ley fue sin lugar a duda un punto de referencia fundamental para la adoptada en Puerto Rico en el 1988, aunque con variaciones importantes.

Un elemento adicional de uniformidad es lo concerniente a la revisión por parte de los tribunales. La LPAU establecía como regla general que la parte adversamente afectada por una decisión final de una administración pública podía acudir en revisión judicial ante el Tribunal de Apelaciones. Es preciso aclarar que este tribunal intermedio tiene como función primordial atender los recursos que se presentan para apelar sentencias del Tribunal de Primera Instancia.

Su competencia incluye las revisiones de decisiones administrativas, pero no se dedica exclusivamente a ello. En ese sentido, en Puerto Rico no existe una jurisdicción contencioso-administrativa.

4. *Algunas consideraciones generales adicionales*

Antes de continuar con un examen más detallado del Derecho Administrativo en Puerto Rico, es pertinente aclarar unos últimos puntos que pueden diferenciarlo de la experiencia general en Iberoamérica. Lo primero es el énfasis que ha tenido en las pasadas décadas el tema de las garantías constitucionales a un debido proceso de ley. Más que un derecho que tome en cuenta normas constitucionales como límite para el diseño de procesos, en ocasiones la impresión más bien es de un proceso que es definido desde su inicio por consideraciones constitucionales de derechos individuales.

Esto es en extremo positivo desde la perspectiva de un Derecho Administrativo que sirve como instrumento de control del poder estatal. Sin embargo, no deja de suponer algunas limitaciones. Por ejemplo, una óptica centrada en la relación Individuo-Estado puede resultar limitante al momento de tener que atender controversias jurídicas enmarcadas al interior de la administración. Tal es el caso de reclamos de garantías procesales en conflictos entre organismos públicos.

De otra parte, y como veremos más adelante, un tema como el de la contratación por el Estado no se considera parte del Derecho Administrativo. Aunque ello no quiere decir que el asunto no es en efecto tratado en un marco jurídico particular, su exclusión apunta a una visión muy limitada del Derecho Administrativo donde el mismo termina siendo igualado al contenido de la LPAU. En este sentido, el contacto con otras tradiciones jurídicas cobra importancia por cuanto crea condiciones para un entendimiento mucho más amplio de la relación entre derecho, proceso y Estado.

---

[7] D. Fernández Quiñones, *Derecho administrativo y ley de procedimiento administrativo uniforme*, Bogotá, 2000, pp. 307-371.

II. ORGANIZACIÓN ADMINISTRATIVA: EL ESTADO Y LOS MUNICIPIOS

Como antes indicamos, la organización administrativa del Estado no es un tema que sea objeto de atención particular en el texto constitucional. En todo caso, se consignan al menos algunos asuntos básicos. Primero, la llamada cláusula de investidura dispone que el "Poder Ejecutivo se ejercerá por un Gobernador, quien será elegido por voto directo en cada elección". Constitución de Puerto Rico, artículo 4, sección 1. Por otro lado, se establece que para el ejercicio de dicho poder "el Gobernador estará asistido de Secretarios de Gobierno que nombrará con el consejo y consentimiento del Senado". Constitución de Puerto Rico, artículo 4, sección 5. Dichos secretarios son quienes dirigen las unidades administrativas conocidas como departamentos ejecutivos, cuya creación, consolidación o reorganización la Constitución coloca en manos de la Asamblea Legislativa, así como la facultad para definir sus funciones. Constitución de Puerto Rico, artículo 3, sección 16.

Aunque la Constitución hace referencia a "departamentos ejecutivos", en realidad el entendido siempre ha sido que se refiere a organismos públicos dentro de la rama ejecutiva. El concepto "departamento" se suele reservar para las entidades que dirige un "secretario", cuyo nombramiento por el gobernador requiere el consejo y consentimiento del Senado.

En realidad, la taxonomía de tipos de entidades tiene varios puntos de referencia que usualmente gravitan alrededor de la relación de control o autonomía que tengan en referencia a la figura del gobernador. Esto incluye en algunos casos el ostentar una personalidad jurídica propia. Visto en esos términos, podemos comenzar agrupando bajo la persona legal del Estado Libre Asociado de Puerto Rico a todas aquellas entidades que no poseen su propia personalidad jurídica, sino que son unidades de lo que suele denominarse el "gobierno central". Esto incluye organismos bajo el nombre de "departamentos", "oficinas" o "administraciones" que operan bajo la dirección de un funcionario nombrado por el gobernador y que puede ser removido por este en cualquier momento. También incluye aquellas "juntas" y "comisiones" que son dirigidas por un cuerpo de funcionarios que suelen tener nombramientos por un término extendido y que solo pueden ser destituidos por justa causa y conforme a unas garantías procesales mínimas.

De otra parte, están los órganos que gozan de su propia personalidad jurídica. El caso extremo son las corporaciones públicas, concepto que hace referencia a empresas estatales que, sin perder su naturaleza de entidad pública, cuentan con una estructura operacional más parecida a la del sector privado, incluyendo la capacidad para recaudar sus propios ingresos. También están las llamadas instrumentalidades públicas. Estas gozan de personalidad jurídica, pero no cuentan con la capacidad de generar sus propios ingresos ni están bajo la dirección de una estructura al estilo corporativo.

Todos los organismos públicos antes descritos operan a nivel nacional. En términos de subdivisiones políticas, la única que reconoce la Constitución de Puerto Rico son los gobiernos locales constituidos como municipios, de los cuales hay setenta y ocho. El trato que le brinda la Constitución a los municipios oscila entre una visión legalista y una orgánica. De un lado se dispone expresamente que su existencia está supeditada a lo que determine la Asamblea Legislativa, cuerpo que ostenta la facultad para "crear, suprimir, consolidar y reorganizar municipios, modificar sus límites territoriales y determinar lo relativo a su régimen y función". Constitución de Puerto Rico, artículo 6, sección 1. Esto responde a lo que en Estados Unidos se conoce como la doctrina "Dillon", conforme a la cual los municipios son considerados criaturas legislativas y únicamente pueden actuar de acuerdo a la autoridad que les ha conferido el poder legislativo.[8]

En este sentido, no hay cabida para reclamar espacios de autonomía como elemento inherente al funcionamiento de un gobierno local. Cualquier pretensión en esa dirección debe desprenderse de un mandato legislativo.

Existe, sin embargo, una interesante limitación a procesos de eliminar o consolidar municipios que supone un enfoque orgánico respecto a la naturaleza de esta unidad política. Se trata de la condición conforme a la cual cualquier medida en esa dirección requiere ser "ratificada, en referéndum, por la mayoría de los electores capacitados que participen en el mismo en cada uno de los municipios a suprimirse o consolidarse". Constitución de Puerto Rico, artículo 6, sección 1. Por tanto, la facultad legislativa no es absoluta y se supedita a un criterio básico de autodeterminación por parte de los habitantes de los municipios afectados.

[8] G.E. Frug, *City Making*, Princeton, 1999, pp. 26-53.

Lo anterior explica la dimensión constitucional. Ahora bien, en términos de política pública, la norma vigente es el Código Municipal de 2020, Ley Núm. 107-2020, que opera como una ley base del gobierno municipal y sus principales procesos de administración. Dicho Código procura reconocer amplias facultades a los gobiernos municipales y establece una estructura de delegación de competencias que el gobierno central puede transferir a los municipios. Aunque el tipo de competencia puede variar, el enfoque principal gira en torno a la delegación de autoridad para planificar el ordenamiento territorial.

El gobierno municipal procura reproducir parcialmente el esquema de separación de poderes al contar con un ejecutivo a cargo de un Alcalde y un legislativo en manos de una Legislatura Municipal. Mientras el primero ostenta un poder de gobierno y una potestad reglamentaria a nivel municipal, el segundo tiene la capacidad de generar normas con fuerza de ley de aplicación limitada al territorio del municipio. Estas suelen ser denominadas ordenanzas municipales.

Sobre el sitial de los municipios en la estructura del Estado, cabe reconocer una perenne tensión entre la noción fundacional de que los municipios son meras criaturas creadas por la legislatura y sujetas al control e interés del gobierno central, y el continuo reclamo de mayor autonomía. Al respecto, es importante resaltar el Artículo 1.005 del Código Municipal, el cual establece por vía legislativa una norma interpretativa en previsión a futuras controversias judiciales. Dispone así que:

> Los poderes y facultades conferidos a los municipios por este Código, excepto disposición en contrario, se interpretarán liberalmente a favor de los municipios, en armonía con la buena práctica de política pública fiscal y administrativa, de forma tal que siempre se propicie el desarrollo e implementación de la política pública enunciada en este Código de garantizar a los municipios las facultades necesarias en el orden jurídico, fiscal y administrativo, para atender eficazmente las necesidades y el bienestar de sus habitantes. A menos que se disponga por ley lo contrario, toda lista contenida en la misma con respecto a las facultades de los municipios y las actividades objeto de clarificación se interpretará como números apertus, lo que siempre ha sido la intención legislativa.

Es justo afirmar que esta disposición no ha tenido el efecto contundente que supone el lenguaje citado. Con esto me refiero a que no ha servido como punto de referencia importante a la hora del Tribunal Supremo atender controversias relativas al alcance de los poderes de los municipios.

III. EL PROCEDIMIENTO ADMINISTRATIVO

Las principales funciones administrativas se rigen por la ya citada Ley de Procedimiento Administrativo Uniforme del Gobierno, Ley Núm. 38-2017, y que tiene precisamente el propósito de uniformar los procesos relacionados a agencias administrativas en cinco grandes renglones: reglamentación, adjudicación, revisión judicial de las adjudicaciones, permisos y licencias y facultades de investigación. Salvo contados casos donde se privilegia la excepción, prácticamente todo tipo de organismo público dentro del poder ejecutivo debe seguir los requisitos establecidos en la LPAU al momento de descargar alguna de las funciones descritas.

1. *Reglamentación*

En el caso de la potestad reglamentaria, el proceso comienza con la publicación de un aviso en un periódico o diario de circulación general en Puerto Rico. El aviso debe tener dos versiones, una en español y otra en inglés, que serán publicadas en el periódico y "en la red de internet". Este requisito debe ser visto en el contexto de la inexistencia en Puerto Rico de un boletín oficial donde se publiquen documentos formales y oficiales por el Estado.

El aviso pretende notificar a la ciudadanía que la agencia se propone "adoptar, enmendar o derogar una regla o reglamento". El mismo indica que existe un borrador del reglamento y brinda la oportunidad para que todo aquel interesado presente comentarios escritos en un término de treinta (30) días. El proceso es necesario para la adopción de un nuevo reglamento, enmiendas a uno existente o incluso para su derogación.

Además del aviso general, la ley dispone un procedimiento más particularizado cuando el reglamento afecte de forma específica a una comunidad de residentes. En tales casos, la agencia debe realizar dos gestiones adicionales. La primera es publicar el mismo aviso en un periódico regional que circule en el área donde ubique la comunidad afectada. La segunda es pautar un anuncio radial en la emisora de difusión local de mayor audiencia o cercanía a la comunidad afectada. La ley llega al detalle de disponer que el referido anuncio radial será pautado en por lo menos dos ocasiones en el horario entre las siete de la mañana y las siete de la noche. Este anuncio en la radio debe indicar la fecha en que se publicó el aviso en el periódico, de modo que los radioescuchas tengan una noción precisa del término disponible para presentar comentarios.

La ley es específica en cuanto al contenido del aviso. El mismo debe incluir: 1) un resumen o explicación breve de los propósitos de la propuesta acción; 2) una cita de la norma que autoriza la acción; 3) la forma, el sitio, los días y las horas en que se podrán someter comentarios por escrito o por correo electrónico o solicitar por escrito una audiencia oral sobre la propuesta y; 4) el lugar físico y la dirección electrónica donde estará disponible el texto completo de la reglamentación a adoptarse.

Publicado el aviso y asumiendo que la agencia recibe comentarios escritos, la ley es algo vaga en qué hará con los mismos. Lo más concreto que indica es el mandato de que la agencia considere, "además de los comentarios escritos y orales que le hayan sometido, su experiencia, competencia, técnica, conocimiento especializado, discreción y juicio". Sección 2.4 de LPAU. En este momento la agencia realiza su determinación final en cuanto al contenido del reglamento y lo adopta. Sin embargo, su eventual vigencia está todavía supeditada a un trámite donde el reglamento es enviado al Departamento de Estado de Puerto Rico. Allí, el Secretario de Estado, quién está facultado en la ley para adoptar requisitos de forma para todos los reglamentos, pasa juicio en torno al cumplimiento del reglamento correspondiente con los mismos. De haber sido el documento presentado conforme a las normas establecidas, el Secretario de Estado procede a publicar en dos periódicos de circulación general y dentro de los veinticinco días siguientes a su presentación, "una síntesis del contenido de cada reglamento". Esta parte de la LPAU atiende la necesidad de que la norma reglamentaria que está siendo adoptada con fuerza de ley cumpla con criterios básicos de publicidad.

Este último requisito de publicación hay que observarlo en conjunto con lo dispuesto en la ley en torno a la vigencia del reglamento. Como regla general, los reglamentos en Puerto Rico comienzan a regir a partir de los treinta (30) días de ser presentados en el Departamento de Estado. Se contemplan, sin embargo, tres excepciones: 1) que una ley especial disponga un término distinto; 2) que una ley especial permita que la agencia adopte un término distinto en un reglamento y; 3) que el reglamento sea uno de "emergencia". Esto último se refiere a la Sección 2.13 de LPAU, la cual contempla que un reglamento tenga vigencia inmediata cuando el Gobernador así lo certifique debido a una emergencia o a "cualquier otra circunstancia que lo exija". Esta acción puede ocurrir en cualquier momento, incluso antes del mismo aviso. Es por eso que la ley se encarga de aclarar que, aun cuando el reglamento esté vigente producto de una certificación como la descrita, la agencia debe completar posteriormente cualquier procedimiento omitido al momento de la vigencia inmediata. El Tribunal Supremo ha resuelto que esta determinación de emergencia debe ser motivada. *Centro Médico del Turabo v. Depto. de Salud*, 181 DPR 72 (2011).

Hay otros requisitos que debe cumplir un organismo público en caso de que el reglamento a ser aprobado impacte a pequeños negocios, definidos como aquellos con quince empleados o menos. Conforme a la Ley Núm. 454-2000, Ley de Flexibilidad Administrativa y Reglamentaria para el Pequeño Negocio, se trata de requisitos dirigidos a reducir el impacto de sanciones económicas en determinadas circunstancias donde el negocio tome medidas correctivas de manera diligente tras un incumplimiento con normas regulatorias. De igual manera se promueve la adopción de agendas que anuncien futuros actos regulatorios e impone a todo organismo que interese adoptar un reglamento, el requisito de preparar un análisis de flexibilidad administrativa.

Aunque antes indiqué que en Puerto Rico no existe el equivalente a un boletín oficial del Estado, es menester señalar que de todos modos la LPAU contempla la publicación de los reglamentos compilados en una obra bajo el nombre de "Reglamentos del Estado Libre Asociado de Puerto Rico". Esta publicación existió por varios años y dejó de ser actualizada hace mucho tiempo. El problema que esto representa en términos de difusión de las normas reglamentarias se ha visto en gran parte mitigado por el internet. La LPAU fue enmendada en el año 2008 a los efectos de ordenar al Secretario de Estado mantener, de forma permanente, copia de todos los reglamentos en la página cibernética de dicho departamento de gobierno.[9]

---

9 Departamento de Estado de Puerto Rico, http://www.estado.gobierno.pr/.

La información está disponible en un formato que no solo hace accesible al público los reglamentos vigentes, sino incluso los derogados, lo cual facilita el examen histórico de estos documentos públicos.

Otro desarrollo interesante es la aprobación de la Ley Núm. 48-2018, "Ley de la Revisión e Implementación de Reglamentos Administrativos". Mediante esta legislación, se creó la Comisión Conjunta para la Revisión e Implementación de Reglamentos Administrativos, compuesta por miembros de ambas cámaras legislativas y con la función evaluar reglamentos propuestos o ya aprobados. El objetivo es asegurar que el reglamento sea cónsono con la intención legislativa de la ley habilitadora; que la entidad administrativa tenga autoridad para adoptarlo y ponderar si la reglamentación es excesiva. Aunque podemos reconocer esto como un intento de dotar al poder legislativo con un rol de fiscalización sobre la potestad reglamentaria ejercida por los organismos ejecutivos, es necesario apuntar que tras varios años después de creada, la Comisión Conjunta nunca ha estado en funciones.

Por último, son variadas las controversias que suscita la adopción e implementación de reglamentos por parte de los organismos públicos en Puerto Rico. Además de situaciones de índole procesal, un tópico elemental e importante es que el reglamento a ser adoptado debe estar enmarcado en una autorización legislativa, lo cual no solo sirve como base legal, sino también como límite a su alcance. Esto puede siempre suscitar alguna discusión puesto que el requisito de que el reglamento este enmarcado dentro de los contornos de la ley que lo posibilita, debe conciliarse con el reconocimiento de que, de ordinario, entre ley y reglamento existe una relación de generalidad y especificidad. Esto último, conllevando grados de discreción interpretativa por parte del organismo público respecto al mandato legislativo recibido.

Otro tema de ocasional atención por los tribunales es la utilización por los entes públicos de instrumentos conocidos como cartas circulares o, como más recientemente han sido denominados por la Sec. 2.20 de la LPAU, los llamados "documentos guía". Aunque son mecanismos útiles para manejar asuntos internos de la agencia e incluso como herramienta de comunicación con la comunidad objeto de regulación, en ocasiones su redacción u objetivos pueden resultar parecidos a los de un reglamento. En tales casos, su adopción puede ser impugnada bajo un argumento de que se trata de un reglamento adoptado sin cumplir con los requisitos de ley.

2. *Adjudicación*

La adjudicación administrativa de una controversia se enmarca en un proceso formal donde la LPAU reconoce cuatro derechos básicos: 1) la notificación de una querella, 2) la presentación de evidencia, 3) una adjudicación imparcial y 4) que la decisión sea una basada en el expediente. Sección 3.1 de LPAU. A renglón seguido, la LPAU elabora cuáles son los principales pasos a seguir para la resolución de la disputa. Es importante señalar que la propia ley se encarga de aclarar que estos son requisitos aplicables a casos de adjudicación "formal". De ser el proceso de adjudicación uno informal, son muy limitadas las disposiciones de ley que aplican. Un elemento adicional es que todas las agencias deben contar con un reglamento de adjudicación.

Un proceso formal ordinario comienza con la presentación de una querella mediante la cual una parte informa a la otra la naturaleza y base legal de su reclamación. Se trata de un proceso con importantes componentes de oralidad y en el cual la responsabilidad principal recae en los representantes legales de las partes. Aunque la adjudicación administrativa pretende ser más ágil y flexible que el proceso judicial, la realidad es que guardan similitud en muchos aspectos. Esto responde en parte a que, si bien el proceso administrativo no exige contar con representación legal, en la práctica es usual que estos jueguen un rol protagónico, con el efecto de elevar el nivel de formalidad.

Respecto a las partes del proceso, la controversia se dilucida entre un querellante y un querellado. De todos modos, la ley reconoce la posibilidad de que un tercero solicite intervenir. Esto lo puede hacer cualquier persona "que tenga un interés legítimo en un procedimiento adjudicativo ante una agencia", para lo cual debe someter una solicitud por escrito debidamente fundamentada. Sección 3.5 de LPAU. La ley indica que al momento de ponderar dicha solicitud la agencia tomará en consideración los siguientes factores: 1) que el interés del solicitante se pueda ver afectado por el proceso; 2) que no existan medios alternos en derecho para proteger adecuadamente dicho interés; 3) que el mismo esté debidamente representando por las partes ya presentes; 4) que la participación del interventor pueda ayudar a preparar un expediente más completo; 5) que su participación pueda tener el efecto de dilación excesiva; 6) que represente o sea portavoz de otros grupos y; 7) que pueda aportar información y conocimientos especializados que no estarían disponibles de otro modo. Es de crucial importancia señalar que la ley dispone que al momento de aplicar estos criterios la agencia debe hacerlo "de manera liberal".

Esencial a todo el proceso de adjudicación es quién lo preside y quién adjudica. Aunque la ley dispone que quien toma la decisión final es quien dirige la administración pública, esto no siempre es así. Por otro lado, y aun en el supuesto que es el jefe de la agencia administrativa quien adjudica, lo normal es que este no asume personalmente la responsabilidad de presidir el manejo del proceso adjudicación. Es por ello que la ley establece que el proceso lo pueden dirigir dos tipos de personas. Una primera alternativa es que sea un "oficial examinador" quien recibe y pondera tanto la prueba como los argumentos de las partes y descarga su responsabilidad por medio de un informe que somete con recomendaciones a la dirección de la administración pública. Será allí donde se adjudique de forma final la controversia. Por otra parte, la ley también contempla que la dirección de la agencia delegue la autoridad para adjudicar en la persona que preside el proceso. En ese caso, a este se le denomina "juez administrativo" y debe ser funcionario o empleado de la agencia. En este caso no emite un mero informe, sino la resolución final. Valga señalar que el Tribunal Supremo ha interpretado estas disposiciones de forma sumamente liberal al validar que funcionarios puedan adjudicar siempre que cuenten con una delegación a tales efectos, independientemente que se les denomine oficiales examinadores. *Tosado Cortés v. AEE,* 165 DPR 377 (2005).

Otro punto relevante es quiénes son estos oficiales examinadores y jueces administrativos. Al menos en el caso de los últimos, con mayor responsabilidad en tanto han recibido la delegación para adjudicar, la ley se encarga de indicar que deben ser funcionarios o empleados de la agencia. Por otro lado, se dispone que un oficial examinador no tiene que ser abogado, lo cual parecería implicar que los jueces administradores, quienes adjudican, sí deben serlo. La otra implicación de lo descrito es que un oficial examinador no tendría que ser funcionario o empleado de la agencia. De hecho, es práctica común que las administraciones públicas utilicen para esta función a abogados en la práctica privada de la profesión a quienes se les otorga un contrato de servicios profesionales. En todo caso lo más importante es que también en este punto el fallo en Tosado Cortés flexibilizó el mandato legislativo al interpretar no solo que los oficiales examinadores pueden recibir una delegación para adjudicar, sino que lo que pueden hacer aun cuando sean abogados por contrato y no laboren en la agencia administrativa.

Resulta de interés indicar que la LPAU confiere de forma expresa inmunidad al personal encargado de procesar y adjudicar controversias a nivel administrativo. Esto es, se le exime de responsabilidad civil por las recomendaciones que realice como parte de sus funciones, estando lo anterior consignado a que: 1) actúe con imparcialidad, de buena fe y de manera razonable, sabiendo que su conducta no es ilegal; 2) al ejercer sus funciones, no incurra en violaciones de principios legales establecidos, ni a los cánones que rijan su profesión. Sec. 3.3 de la LPAU.

Es también oportuno recordar que una adjudicación puede producirse bajo dos escenarios principales. En el primero, la administración pública asume el rol de querellante y el ciudadano es el querellado. En el segundo, la controversia es entre dos personas privadas.

El escenario de la agencia como parte promovente levanta el problema conocido como combinación de funciones. Esto es, un funcionario de una administración pública presenta la querella ante esa misma institución, quien entonces designa un oficial examinador o a un juez administrativo que responde a la institución, para que presida el proceso.

Durante el mismo es de esperar que ambas partes, querellante y querellado, estén representados por abogados y en el caso del primero será también un funcionario de la agencia. El resultado final también lo decide la misma agencia. Lo anterior plantea para muchos un problema esencial de ser juez y parte en un proceso. La contestación que se da para ello es que la combinación de funciones se da a nivel institucional y no personal. *Henríquez v. C.E.S.*, 120 DPR 194 (1987) y *Garriga Villanueva v. Municipio de San Juan*, 176 DPR 182 (2009).

Respecto al proceso ordinario del litigio en los tribunales ordinarios, el proceso de adjudicación en las agencias prescinde de la fase de intercambio de prueba. Esto es, aunque las partes tienen un derecho fundamental a presentar prueba el día de la audiencia y a refutar la que se presente en su contra, como norma general esto no supone la oportunidad de solicitar información o documentos a la parte contraria de forma previa y en preparación a la audiencia. La ley exceptúa los procesos donde el Estado es la parte promovente, en cuyo caso la parte querellada tiene derecho a utilizar los mecanismos de intercambio de prueba. Esto suele incluir la remisión formal de preguntas a la otra parte a través de lo que se conoce como un interrogatorio o bien un requerimiento de documentos. También se permite la utilización de estos mecanismos cuando el reglamento de adjudicación de la agencia así lo contemple y quien presida el proceso lo autorice.

La ley no requiere una audiencia como requisito en toda adjudicación. Si la controversia es una que se remite a un aspecto de mera interpretación legal, sin necesidad de desfilar prueba testifical, la LPAU permite que se dicte una resolución sumaria.[10] Esto no quiere decir que sea puramente optativo para la administración pública celebrar o no una audiencia. Si la naturaleza de la controversia supone que su adjudicación solo es posible dirimiendo la credibilidad de testigos, resolver la misma sin una audiencia pudiera constituir un abuso de discreción. Esto último es un fundamento para impugnar la determinación administrativa.

En los casos en que se celebre una audiencia, la misma será pública a menos que una parte solicite lo contrario mediante escrito debidamente fundamentado y así lo autorice el funcionario que presida el proceso "si entiende que puede causar daño irreparable a la parte peticionaria". Sección 3.11 de LPAU. La ley dispone que la audiencia debe ser conducida con relativa informalidad reconociendo a ambas partes la oportunidad "para una divulgación completa de todos los hechos y cuestiones en discusión, la oportunidad de responder, presentar evidencia y argumentar, conducir contrainterrogatorio y someter evidencia en refutación, excepto según haya sido restringida o limitada por las estipulaciones en la conferencia con antelación a la vista". Sección 3.13 de LPAU. Esto último se refiere a una reunión que convoca la administración pública previo a la audiencia con el objetivo de planificar cómo esta habrá de desarrollarse.

Ya sea previa celebración de audiencia o mediante la evaluación de argumentos por escrito de las partes, el proceso de adjudicación concluye con la preparación de una orden o resolución final por parte de la administración pública. Como regla general, la misma debe ser emitida dentro de noventa (90) días desde que el caso quede sometido por las partes. Esta orden debe poner fin a todas las controversias. En términos de contenido, debe "incluir y exponer separadamente determinaciones de hecho si estas no se han renunciado, conclusiones de derecho, que fundamentan la adjudicación, la disponibilidad del recurso de reconsideración o revisión según sea el caso". Sección 3.14 de LPAU.

Nótese dos componentes fundamentales de la decisión final. De un lado, la estructura de determinaciones de hecho y conclusiones de derecho reproduce lo que el ordenamiento exige a las sentencias dictadas por los tribunales. El efecto funcional de esto es exigir que la determinación administrativa sea una motivada. De otra parte, es requisito indispensable que se señalen los remedios posteriores que tiene disponible la parte que no resulte satisfecha por la orden o resolución final. Esto no se limita a mencionar los recursos disponibles, sino que supone expresar los términos aplicables para acudir a los foros disponibles en busca de amparo y especificar cuáles son estos. Procede invalidar una determinación que incumpla con estos requisitos de notificación.

Los recursos posteriores a la decisión final de la agencia son dos: la reconsideración ante la propia administración pública y la revisión judicial ante el Tribunal de Apelaciones. La parte adversamente afectada por la decisión final tiene veinte (20) días para solicitar reconsideración, luego de lo cual se activan variados términos para que la agencia administrativa actúe. En todo caso es fundamental apuntar que la mera presentación de una solicitud de reconsideración suspende el término para acudir en revisión ante los tribunales.

En vista de que el proceso ulterior ante los tribunales descansa en el expediente generado durante el proceso adjudicativo ante la administración pública, la ley procura ser cuidadosa al definir sus contornos, incluyendo exigir la creación en cada agencia de una unidad para el archivo de los expedientes oficiales. "El expediente de la agencia constituirá la base exclusiva para la acción de la agencia en un procedimiento adjudicativo bajo este capítulo y para la revisión judicial ulterior". Sección 3.18 de LPAU.

Otro aspecto importante es lo dispuesto en la LPAU para situaciones de emergencia. Bajo el nombre de "procedimiento de acción inmediata", se autoriza que una administración pública use procedimientos adjudicativos emitiendo órdenes sin escuchar antes a la parte afectada cuando "exista un peligro inminente para la salud, seguridad y bienestar público o que requiera acción inmediata de la agencia".

---

[10] El carácter "sumario" no se refiere a que el proceso de algún modo es resumido o abreviado en cuanto a la atención de los asuntos en controversias. En este caso se trata estrictamente de poder prescindir de la audiencia.

Sección 3.17 de LPAU. Esta autoridad para tomar medidas extraordinarias está limitada a aquellas acciones necesarias dentro de las circunstancias que activan el procedimiento y debe concretarse en una orden o resolución que "incluya una concisa declaración de las determinaciones de hecho, conclusiones de derecho y las razones de política pública que justifican la decisión de la agencia de tomar acción específica". Si bien lo anterior supone obviar la garantía de la persona afectada ser escuchada previo a que se afecten sus derechos, la jurisprudencia ha reconocido que circunstancias de alto interés público puede así justificarlo. *San Geronimo Caribe Project v. ARPE*, 174 DPR 640 (2008). Es importante consignar que en tanto las circunstancias lo permitan, luego de emitida este tipo de orden la administración pública debe completar "prontamente" cualquier procedimiento que hubiese sido requerido ordinariamente.

Aunque el tema de la inacción de una administración pública no ha recibido atención particular en la jurisprudencia, la Ley sí lo contempla. La LPAU se encarga de establecer que, si una agencia decide no iniciar un procedimiento adjudicativo o descontinua uno comenzado, debe notificar por escrito a las partes su determinación, los fundamentos para la misma y el recurso de revisión disponible.

Hasta el momento hemos descrito los aspectos primordiales de un proceso de adjudicación formal. Como explicamos, la LPAU también reconoce que las agencias administrativas pueden realizar procedimientos informales, aunque por su propia naturaleza evita definir cómo deben operar. En todo caso se encarga de especificar dos aspectos en los cuales dichos procesos deben regirse por la LPAU: las reconsideraciones y las revisiones judiciales. La Ley solo atiende de forma específica un tipo de proceso informal y se trata de las subastas. En el caso de las adjudicaciones finales de subastas rige lo relativo a reconsideración y revisión judicial, pero con términos más abreviados.

Por último, debemos reiterar que uno de los objetivos de la adjudicación administrativa fue crear un proceso alterno al judicial en busca no solo de un conocimiento especializado, sino también de una mayor agilidad y flexibilidad en el proceso. De ahí que el tema de la duración del proceso guarde particular relevancia. En esa dirección, la LPAU dispone que, a partir del momento de su presentación, toda controversia sometida a un procedimiento administrativo debe ser resuelta dentro de un término de seis (6) meses, salvo "circunstancias excepcionales". Sobre este punto, la jurisprudencia también ha sido flexible y ha establecido que solo se trata de un término directivo que puede ser prorrogado por la administración pública. *Junta Exam. Tec. Méd. v. Elías*, et al., 144 DPR 483 (1997).

3. *Investigación*

Como principio general, a la agencia administrativa se le reconocen amplios poderes para solicitar información e investigar organismos que ley le autoriza a reglamentar y supervisar. *Cooperativa Cafeteros v. Colón Torres*, 84 DPR 278 (1961). Es necesario que lo solicitado sea pertinente a las funciones de la agencia y que la misma así justifique su requerimiento de información. Sin embargo, se espera que los tribunales sean liberales al evaluar el uso de estas facultades. Los límites reconocidos a esta autoridad se reducen a lo siguiente: 1) que la investigación esté dentro de la autoridad de agencia, 2) el requerimiento no sea demasiado indefinido y 3) la información solicitada sea razonablemente relevante. Esto suele resumirse en el principio de que el requerimiento no sea irrazonable. *Comisionado de Seguros v. Bradley*, 98 DPR 21 (1969).

Sin embargo, más allá de este criterio general de razonabilidad, la jurisprudencia ha encontrado variadas limitaciones de rango constitucional a los procesos de investigación de las administraciones públicas. Así, se ha resuelto que las investigaciones administrativas están sujetas, por norma general, a la garantía provista por Constitución contra allanamientos, registros e incautaciones irrazonables. Constitución de Puerto Rico, artículo 2, sección 10. Véase además *ELA v. Coca Cola*, 115 DPR 197 (1984).

La regla general al interpretar dicha disposición constitucional es que todo registro, allanamiento o incautación que se realice, no importa su índole penal o administrativo, es irrazonable *per se* de llevarse a cabo sin orden judicial previa. Los objetivos históricos de esta garantía son: proteger la intimidad y dignidad de los seres humanos, amparar sus documentos y pertenencias, e interponer figura del juez entre los funcionarios y la ciudadanía para ofrecer mayor garantía de razonabilidad a la intrusión.

Se han reconocido circunstancias que pueden justificar variaciones de la norma, incluyendo el consentimiento directo o indirecto al registro, circunstancias de emergencia (por ejemplo, incautación de alimentos contaminados) o que algún objeto o documento sea observado a simple vista. Sin embargo, siguen siendo excepciones. La norma general es que: "en ausencia de consentimiento o circunstancias apremiantes, como hemos indicado, un registro administrativo no puede realizarse sin orden judicial fundada en causa probable". *ELA v. Coca Cola,* 115 DPR en la p. 212.

Al amparo de estos principios desarrollados por la jurisprudencia, la LPAU reconoce la capacidad de las administraciones públicas para realizar tanto requerimientos de información, como para realizar inspecciones o registros. Los requerimientos de información pueden hacerse a personas sujetas a la autoridad de la agencia "al amparo de las leyes que administran y dentro de la zona de intereses contemplados en las mismas". Sección 6.2 de LPAU. La ley reconoce el derecho de la persona que es objeto del requerimiento a impugnarlo por medio de un procedimiento adjudicativo formal. No obstante, dicha impugnación "solo podrá fundamentarse en que el requerimiento de información sea irrazonable o exceda la autoridad de la agencia por no tener relación alguna con la zona de intereses contemplados en la ley o leyes de que se trate". Por otro lado, cuando se trata de una inspección, la misma puede llevarse a cabo sin previa orden judicial en casos limitados. Estos son: 1) casos de emergencia o que afecten la seguridad o salud pública, 2) al amparo de facultades de "licenciamiento, concesión de franquicias, permisos u otras similares" y; 3) que la información es obtenible a simple vista o en sitios públicos por mera observación. Sección 6.1 de LPAU.

Debemos añadir una excepción al registro sin orden creado por la jurisprudencia. En el fallo *Pueblo v. Ferreira Morales,* 147 DPR 238 (1998), el Tribunal Supremo acogió la excepción elaborada por los tribunales de los Estados Unidos, conforme a la cual existen determinadas circunstancias bajo las cuales un registro administrativo a un "negocio altamente reglamentado" es permisible sin orden judicial previa. Según la doctrina, cierto tipo de comercio o industria se aparta de la norma general en cuanto a los requisitos de orden judicial y causa probable que deben ser satisfechos bajo los estándares constitucionales. Esta distinción se fundamenta en el interés sustancial de Estado sobre determinadas áreas, que, de ordinario, se manifiesta mediante la existencia de una amplia y rigurosa reglamentación gubernamental aplicable a la industria en cuestión. La rigurosidad de la reglamentación gubernamental sobre determinada industria o comercio atenúa la expectativa de intimidad que razonablemente puede albergar una persona. Nótese los elementos que deben concurrir para que se pueda invocar esta excepción. A partir del fallo Ferreira Morales la razonabilidad de un registro en una industria íntimamente reglamentada depende de que se cumplan con los siguientes requisitos: 1) existencia de un interés sustancial que fundamente el esquema regulador de la agencia que realiza el registro; 2) que el esquema regulador del comercio o actividad realizada adelanta el interés del Estado; y 3) si el esquema regulador contiene suficientes garantías en cuanto a certeza y regularidad de los registros, de forma tal que constituya un sustituto adecuado al requisito constitucional de previa orden judicial.

4. *Licencias y permisos*

La LPAU establece normas muy generales para el tema de autorizaciones estatales del tipo permiso o licencia. Se dispone que las agencias deben establecer para estos casos un "procedimiento rápido y eficiente" para el cual es necesario que adopten por reglamento normas para la "tramitación de los referidos documentos y los términos dentro de los cuales se completará el proceso de consideración de la licencia, franquicia, permiso, endoso y similares". Sección 5.1 de LPAU. El objetivo de rapidez y eficiencia se refuerza al establecerse un término directivo de treinta (30) días para la "expedición de aprobaciones", el cual puede ser abreviado o extendido por las agencias. Por último, la ley dispone que en el caso de que la administración pública deniegue el permiso o licencia, la persona afectada tiene derecho a impugnar dicha decisión por medio de un procedimiento adjudicativo formal.

En una de las contadas ocasiones en que el Tribunal Supremo se ha expresado sobre esta parte de la LPAU, enfrentó como pregunta la posibilidad de que un competidor pueda o no intervenir en el proceso de concesión de un permiso o licencia. El fallo interpretó que un tercero carece un derecho formal a intervenir en un proceso de solicitud de permiso, más allá de que la administración abra el mismo a comentarios o celebre una audiencia. *PRT* v. *Junta,* 179 DPR 177 (2010).

El tema de los permisos se distingue por haber recibido en las pasadas décadas mucha atención en la opinión pública. En ocasiones, el gobierno ha descansado en la construcción como instrumento para impulsar la economía. Sin embargo, igualmente se ha lamentado respecto a la ineficiencia de su propio proceso de permisos. De otro lado, grupos organizados alrededor del tema del medioambiente, así como comunidades impactadas por estos desarrollos, han levantado la voz de alerta ante lo que consideran es un gobierno dispuesto a sacrificar el cumplimiento con la política pública ambiental.

Bajo un convencimiento de que el tema es realmente uno de diseño del proceso, en el año 2009 el gobierno dio paso a la adopción de la Ley para la Reforma del Proceso de Permisos de Puerto Rico. Ley Núm. 161-2009. Esta ley estableció un nuevo marco legal y administrativo para el manejo de la solicitud, evaluación, concesión y denegación de permisos por el gobierno y para ello creó un nuevo ente llamado Oficina de Gerencia de Permisos. Se adoptó así un proceso administrativo especial para este tipo de determinación que, si bien sigue lineamientos ordinarios, tiene ciertas particularidades. Por ejemplo, en la búsqueda de eficiencia se dispone que funcionará mediante un sistema de información computadorizado a través el cual se presentará todo documento de manera electrónica. Sin embargo, este intento de reforma nunca se ha podido considerar exitoso, siendo ejemplo de ellos su principal dimensión normativa, la adopción de un denominado "Reglamento Conjunto", cuerpo llamado a compilar las normas reglamentarias de todas las agencias relativas al sector de los permisos. El proceso dispuesto por ley para adoptar este Reglamento Conjunto tiene diversas particularidades y la realidad es que variados esfuerzos de cumplir la encomienda han sido impugnados con éxito en el foro judicial.

IV. EL ACTO ADMINISTRATIVO

El Derecho Administrativo de Puerto Rico no contempla la figura del acto administrativo. Sin embargo, ello no significa que la actuación de las administraciones públicas no esté sujeta a principios de legalidad en cuanto a sus fundamentos, requisitos de realización y efectos. Aunque esto no se atiende en legislación integral del tema, algunos aspectos están contenidos en la LPAU. No obstante, los elementos más pertinentes al tema han sido realmente establecidos mediante jurisprudencia.

Por ejemplo, el principio más elemental lo recoge la llamada doctrina *ultra vires*, según el cual una administración pública solo puede actuar conforme le ha sido autorizado por ley. En todo caso, el problema ha surgido al momento de interpretar si, en efecto, el poder legislativo ha conferido una autoridad o poder en específico o no. En gran medida, el asunto ha sido propiciado por la propia jurisprudencia al momento de identificar la posibilidad de que una delegación de poderes se efectúa no solo de forma directa y expresa, sino también de forma implícita o bien casi por inferencia. El Tribunal Supremo ha reconocido reclamos de autoridad por parte de una administración pública al amparo de que los poderes reclamados, si bien no fueron expresamente consignados en la ley, resultan necesarios para poder cumplir con los objetivos encomendados por el propio legislador a la agencia concernida. *Quiñones Irizarry v. San Rafael Estates*, 143 DPR 756 (1997).

Otra norma que resulta de aplicación a toda actuación administrativa es la relativa a los actos propios. Al Estado no le es oponible el principio conforme al cual una persona no puede obrar en contra de sus propios actos. Recordemos que este principio opera en beneficio de quien descansó en la representación de la primera persona y que ahora se vería afectado por el cambio de posición. Aunque consideraciones elementales de equidad lo sostienen, en el caso de que esa primera persona sea el Estado, hay un principio superior. Se trata de la necesidad de que prevalezca la legalidad. El Tribunal Supremo ha indicado al respecto que "[n]o se puede pretender, pues, que una actuación administrativa de dudosa corrección impida a la agencia pertinente que se corrija optando por evitar su repetición." *Del Rey v. J.A.C.L.*, 107 DPR 348, 355-56 (1978). Resulta interesante que incluso se le reconoce una dimensión constitucional al tópico en tanto sostener la actuación ilegal supondría un trato desigual para el favorecido en detrimento de todo el resto de la ciudadanía a quien se le aplica la norma legalmente válida. Esto se plantea como una violación al derecho constitucional a la igual protección de las leyes.

Un tercer principio de aplicación general a todo acto administrativo es la presunción de regularidad. Aunque el Tribunal Supremo no suele elaborar sobre su procedencia, este ha afirmado reiteradamente que los procedimientos y determinaciones de las agencias administrativas gozan de una presunción de regularidad y corrección. *Hernández v. Centro Unido de Detallistas,* 168 DPR 592 (2006). Cuando se aplica a determinaciones adjudicativas de las agencias se suele invocar el conocimiento especializado de las agencias y la doctrina de deferencia judicial como modo de justificar la presunción. *Vélez Rodríguez v. ARPE*, 167 DPR 684 (2006). Sin embargo, ya indicamos que la doctrina igualmente es invocada para actos más generales en forma de "procedimientos".

En este sentido, cabría también aducir que de algún modo se pretende dotar de mayor seguridad jurídica a las actuaciones de la administración pública.

En la sección previa sobre "procesos administrativos" discutimos varios aspectos de lo que al fin y al cabo son requisitos que la LPAU exige para la realización de determinadas actuaciones administrativas. Sin embargo, conviene enfatizar dos asuntos que, en el caso particular de la adjudicación de controversias, exceden lo dispuesto por ley y que es realmente necesario reconocer como principios generales del Derecho Administrativo en Puerto Rico. Me refiero a la decisión final de una adjudicación en términos de: 1) su notificación y 2) que sea motivada.

Habíamos indicado que la LPAU recoge requisitos que debe tener toda notificación de una adjudicación final. La omisión de incluir los remedios disponibles para una persona adversamente afectada, los foros adecuados donde buscar amparo y el término disponible para ello, invalidan la notificación. No estamos ante un mero requisito de ley sino ante un principio fundamental de lo que es una notificación informada y adecuada. Las consecuencias jurídicas de una decisión administrativa dependen, pues, de que se garantice un debido proceso de ley a los ciudadanos. Más que un principio, estamos ante una norma de rango constitucional. *IM Winner v. Junta de Subastas*, 151 DPR 30 (2000).

Por otro lado, la LPAU también establece cómo debe estar estructurada toda decisión final en un formato de determinaciones de hecho y de conclusiones de derecho. Como indicamos, esto de por sí supone que las decisiones finales producto de una adjudicación formal sean motivadas.

Nótese que en lo anterior solo hago referencia a las adjudicaciones formales pues a eso se limita lo requerido por la LPAU. Al mismo tiempo, sin embargo, habíamos dicho que la propia ley reconoce que las agencias administrativas pueden adjudicar mediante procedimientos informales. La pregunta es entonces, ¿cuáles deben ser los criterios de contenido de este tipo de decisión?

En las pasadas décadas, el Tribunal Supremo ha emitido una serie de decisiones consignando que si bien las adjudicaciones en procesos informales no tienen requisitos legales específicos, se trata después de todo de determinaciones administrativas que tienen que estar motivadas. Se ha expresado que este principio general de motivar o fundamentar las decisiones cumple varios propósitos: 1) proporciona una oportunidad de ejercer de manera adecuada la función de tutela judicial, 2) fomenta que la administración pública adopte determinaciones de forma cuidadosa y razonada disminuyendo la posible arbitrariedad, 3) ayuda a la parte afectada a entender la actuación administrativa y a tomar decisiones en torno a los remedios posteriores disponibles, 4) promueve la uniformidad dentro de la propia administración y 5) evita que los tribunales se apropien de funciones que corresponden a la administración como organismo especializado. *Rivera Santiago v. Secretario de Hacienda,* 119 DPR 265 (1987).

El asunto no deja de representar un reto en tanto resulta difícil establecer con precisión el grado de suficiencia que debe contener la decisión en estos casos. Esto también ha sido reconocido por el Tribunal Supremo, siendo su expresión reiterada que la decisión debe estar fundamentada, "aunque sea de forma sumaria y sucinta". *L.P.C. & D., Inc. v. Autoridad de Carreteras*, 149 DPR 869 (1999).

V. LOS CONTRATOS DE LA ADMINISTRACIÓN

1. *Consideraciones generales*

Al principio advertimos que el Derecho Administrativo en Puerto Rico no incluye en su ámbito de estudio los contratos gubernamentales. Distinto a otros países, no contamos con legislación que codifique en un solo cuerpo lo relacionado a la contratación de personas naturales o jurídicas con el gobierno. Ante esa realidad, hubo momentos en que asumía como norma que en principio la contratación con organismos públicos se regía entonces por la doctrina general de contratos del Código Civil. De hecho, el Tribunal Supremo llegó a expresar que la interpretación de los contratos con el gobierno debía evaluarse como contratos entre personas privadas: "Como norma general, para los efectos de la aplicación de las disposiciones y doctrinas referentes a los contratos, el Estado Libre Asociado de Puerto Rico se considera como un contratante privado". *De Jesús González v. Autoridad de Carreteras,* 148 DPR 255, 267 (1999).

Una postura como esta puede tratar de ser justificada con dos tipos de argumentos. El primero es que no hace falta disposición especial alguna puesto que las relaciones contractuales se dan entre personas y el Estado interactúa en ese ámbito mediado por su personalidad jurídica. En ese sentido, lo que aplicaría a cualquier parte contratante debiera entonces servir como derecho u obligación para el

Estado. El segundo argumento observa el trato particular al Estado con escepticismo por cuanto puede representar más bien una instancia de privilegios. En protección del ciudadano que contrata con el Estado y merece un trato equitativo, no existe un régimen especial.

Lo cierto es que cualquiera que sea la razón, hoy día es más difícil afirmar la inexistencia de un régimen especial de contratación gubernamental. Esto pues como cuestión de realidad, con el paso del tiempo se ha adoptado variada legislación, mediante la cual se establecen un sinnúmero de requisitos que debe cumplir todo contrato con el gobierno. Por otro lado, la propia jurisprudencia ha generado interpretaciones donde se muestra muy consciente de las consecuencias de lo que decida sobre los recursos públicos implicados en la reclamación. Cabe afirmar entonces que, por constituir un asunto de gran interés para el funcionamiento y la fiscalización gubernamental, la jurisprudencia y la legislación especial han sentado bases restrictivas para la contratación con el gobierno.

Antes de explicar estos desarrollos debemos situar el contexto en que se producen. En primer lugar, hay un marco de referencia constitucional para el tema a través de dos disposiciones de la Constitución que impactan la contratación con el gobierno. De un lado, la Sección 9 del Artículo 6 expresa que: "Las propiedades y los fondos públicos serán utilizados exclusivamente para fines públicos y para el sostenimiento y funcionamiento de las instituciones del Estado, siempre fundamentando el uso en una disposición legal". Asimismo, la sección 10 del mismo artículo establece que: "Ninguna ley concederá compensación adicional a un funcionario, empleado, agente o contratista por servicios al gobierno, después que los servicios hayan sido prestados o después que se haya formalizado el contrato...". Podemos apreciar en ambas instancias una política pública a favor del buen manejo de fondos públicos.

En esa misma dirección, un tema recurrente en todo lo relacionado a la contratación con el Estado es la preocupación por la corrupción. Mucha de la legislación reciente, más que crear contornos generales de obligaciones y derechos de las partes en relaciones contractuales con el Estado, en realidad responde a preocupaciones fundamentales en torno al control y fiscalización de los fondos públicos. Algo parecido sucede con la jurisprudencia. El rol asumido por los tribunales.

Es interesante ver la manera en que el propio Tribunal Supremo ha entendido su rol al momento de atender controversias producto de reclamaciones en contra del gobierno por incumplimiento contractual. Podemos comenzar por un extremo flexible y receptivo a reclamos en contra del Estado. El fallo en *Plan de Bienestar de Salud v. Alcalde de Cabo Rojo*, 114 DPR 697 (1983) supuso que un gobierno municipal tuviera que desembolsar fondos públicos para atender una deuda con empleados públicos producto de un acuerdo que no cumplía con las formalidades de la ley. Para justificar esta decisión, el Tribunal Supremo invocó el principio de que, en ausencia de régimen especial, los contratos con el gobierno se rigen por la teoría general de los contratos. Entonces, determinó que en determinadas circunstancias la doctrina de enriquecimiento injusto es aplicable, aunque una de las partes sea un organismo público.[11]

Sin embargo, con posterioridad a ese fallo el Tribunal Supremo ha estado renuente a validar reclamos de esta índole. En las decisiones posteriores a la mencionada, el elemento consistente fue personas que habían realizado obras o servicios para el Estado y que no recibieron el pago correspondiente. La respuesta general del Tribunal Supremo fue eximir al ente público demandado de cumplir con la obligación de pagar, aun cuando se había beneficiado del servicio brindado. En *Morales v. Municipio de Toa Baja,* 119 DPR 682 (1987) el Tribunal Supremo rehusó aplicar la doctrina de enriquecimiento injusto a favor de un contratista independiente aun cuando el municipio se había beneficiado de la construcción realizada. En este caso, se trataba de un contrato verbal que no cumplía con las formalidades de ley, lo cual llevó al Tribunal a concluir que las actuaciones del municipio fueron *ultra vires* y, por lo tanto, no podían tener efecto a favor del contratista. En otros dos casos, *Hatton v. Municipio de Ponce*, 134 DPR 1001 (1994) y *en Fernández v. Municipio de San Juan,* 147 DPR 824 (1999) también se eximieron a los municipios de pagar las obligaciones con contratistas privados por entender que, ante el incumplimiento con formalidades impuestas por la ley, no había que desembolsar dinero del erario.

[11] Antes, el Tribunal Supremo había establecido que "[l]a doctrina de enriquecimiento injusto es casi tan antigua como el derecho mismo. Es un corolario de equidad. Lo que equivale a decir que es un corolario del concepto de la justicia mismo". Silva v. Comisión Industrial 91 DPR 891, 898 (1965). La doctrina de enriquecimiento injusto "informa todo el ordenamiento jurídico". ELA v. Cole, 164 DPR 608, 624 (2005).

Conviene explicar que mediante estas decisiones el Tribunal Supremo procuró dar una interpretación muy rigurosa a requisitos dispersos en varias leyes. Sin embargo, hay una en particular que recibió especial atención. Se trata del análisis que hiciera sobre la Ley Núm. 18 de 30 de octubre de 1975, la cual establece que toda entidad gubernamental debe mantener un registro de los contratos que otorgue, incluyendo las enmiendas que se hagan. La Ley dispone además, que la agencia deberá remitir copia de dichos contratos a la Oficina del Contralor dentro de los quince (15) días de haberlo otorgado.[12] Al interpretar el alcance de esta ley el Tribunal Supremo comenzó a expresar en sus fallos que al contratar con el gobierno era necesario dar cumplimiento formal a los siguientes requisitos: 1) que el acuerdo se reduzca a un documento escrito, 2) que se mantenga un registro fiel de los contratos, 3) que se remita copia a la Oficina del Contralor y 4) que se acredite la certeza de tiempo en cuanto al cumplimiento con haberse realizado y otorgado el contrato quince días antes. *Ocasio v. Municipio de Maunabo*, 121 DPR 37 (1988).

Este último requisito fue uno de los que más controversia generó producto de escenarios donde la administración por alguna razón no había remitido la copia del contrato a la Oficina del Contralor dentro del término dispuesto por ley. El Tribunal llegó incluso a resolver que dicha omisión hacía nulo el contrato. *Las Marías Reference Laboratory Corp. v. Municipio de San Juan*, 159 DPR 868 (2003). El asunto requirió la intervención del poder legislativo y la ley de 1975 fue objeto de una enmienda mediante la Ley Núm. 17 del 31 de mayo de 2004.

A partir de entonces se aclaró que el incumplimiento con remitir copia del contrato a la Oficina del Contralor no conlleva la nulidad del mismo, sino la prohibición de efectuar desembolsos o requerir servicios hasta que se cumpla el requisito.[13]

El hecho de que la Asamblea Legislativa tuviera que rectificar el efecto de una decisión del Tribunal no debe en modo alguno desmerecer el importante rol que juega la Oficina del Contralor en el proceso de contratación gubernamental. Aunque el esquema original de la ley era que cada agencia administrativa debía crear su propio registro de contratos y la remisión de una copia al Contralor era para propósitos de facilitar sus auditorias, hoy día la realidad es otra. Con el beneficio de recibir copia de todos los contratos gubernamentales otorgados en Puerto Rico, la Oficina del Contralor se dio a la tarea de crear su propio registro de contratos y actualmente el mismo está disponible en el portal de Internet del organismo. Se trata de una contribución fundamental en términos de transparencia en cuanto el registro cuenta con un sistema de búsqueda que permite identificar datos básicos de los contratos, incluyendo la agencia contratante, la persona contratada, el tipo de servicio y la cuantía del contrato.[14]

Hoy día el enfoque sigue siendo la aplicación rigurosa de los requisitos. Es normal ver entonces expresiones como esta en los fallos del Tribunal Supremo: "las partes que contratan con cualquier entidad gubernamental sin cumplir con los requisitos de contratación gubernamental se arriesgan a asumir la responsabilidad por sus pérdidas". *Rodríguez Ramos* v. *ELA*, 190 DPR 448, 461 (2014).

2. *La legislación especial*

En términos de legislación especial, podemos comenzar reseñando el Código de Ética para Contratistas, Suplidores, y Solicitantes de Incentivos Económicos del Gobierno de Puerto Rico, (el "Código de Contratistas"), adoptado originalmente como La Ley Núm. 84-2002, y luego convertido en el Título VI de la Ley Núm. 2-2018, el Código Anticorrupción para el Nuevo Puerto Rico. Este Código de Contratistas aplica a todas las personas naturales o jurídicas que deseen realizar negocios con el gobierno de Puerto Rico. La conducta de los empleados o funcionarios públicos en relación a personas con relaciones contractuales con el Estado está parcialmente regulada en la Ley Núm. 1-2012, conocida como la "Ley Orgánica de la Oficina de Ética Gubernamental". El Código de Contratistas viene a ser la contraparte en el sector privado. El Código impone varias obligaciones a quien desee contratar con el gobierno, incluyendo entre las siguientes:

---

[12] El Contralor de Puerto Rico es el encargado de examinar los ingresos y manejos de cuentas y desembolsos del Estado, de sus agencias, organismos y municipios. Dicha autoridad le fue conferida en el artículo 3, sección 22 de la Constitución.

[13] Para un recuento más detallado del tema, véase W. Vázquez Irizarry, "Análisis del Término del Tribunal Supremo 2008-09, "Derecho Administrativo", 79 *Revista Jurídica de la Universidad de Puerto Rico* 647, 687-694 (2010).

[14] *Véase* http://www.ocpr.gov.pr/indice_registro_de_contratos.htm.

- Divulgar toda la información necesaria y no confidencial para que las agencias puedan evaluar las transacciones a realizarse.
- Cotizar a base de precios justos por sus servicios, considerando la experiencia, la preparación académica y los conocimientos técnicos.
- Cobrar por sus servicios mediante la presentación de una factura en la que se certifique su corrección, que los servicios fueron prestados en su totalidad o los bienes entregados dentro del tiempo límite establecido, y que no se ha recibido compensación por los mismos.
- No ofrecer bienes o gratificaciones a servidor público o ex-servidor público o miembros de la unidad familiar de estos, con la que interese establecer, o haya establecido, una relación contractual, directa o indirectamente. En el caso de un ex servidor público, la prohibición se extenderá por un año a partir del cese de sus funciones.
- Ninguna persona utilizará la información confidencial, adquirida como consecuencia de alguna gestión que le haya sido encomendada mediante contrato por el gobierno, para fines ajenos a la encomienda contratada, ni para obtener ventaja económica para él, para un miembro de su unidad familiar o para cualquier otra persona, negocio o entidad.
- Ninguna persona mantendrá relaciones contractuales o de negocio con un servidor público, o miembro de su unidad familiar, que tenga el efecto de menoscabar la independencia de criterio del funcionario en el desempeño de sus funciones. Se prohíbe a toda persona mantener relaciones contractuales con ex servidores públicos durante un año a partir del momento en que hayan dejado de ocupar sus cargos, si en el desempeño de sus funciones gubernamentales participaron directamente en transacciones entre las agencias ejecutivas y la persona.
- Toda persona deberá certificar que no representa intereses particulares en casos o asuntos que impliquen conflicto de intereses, o de política pública, entre la agencia ejecutiva y los intereses particulares que represente.

El compromiso de regirse por lo dispuesto en el Código de Ética es requisito indispensable para contratar con el gobierno. Además, esto incluye como condición para contratar o participar de una subasta, la presentación de una declaración jurada informando si la persona natural o jurídica o un oficial corporativo, ha sido convicta o se ha declarado culpable de cualquiera de los delitos enumerados en la Sec. 6.8 de la Ley Núm. 8-2017, Ley de Administración y Transformación de los Recursos Humanos en el Gobierno de Puerto Rico o por cualquiera de los delitos contenidos en el Código de Ética.

Por otro lado, en caso de convicción por determinados delitos, el Código dispone una inhabilitación para contratar con el gobierno por un periodo de diez (10) años, contados a partir de la fecha en que se termine de cumplir la sentencia. Los delitos incluyen algunos contenidos en la Ley Orgánica de la Oficina de Ética Gubernamental, otros dispuestos en el Código Penal, los tipificados en el propio Código de Ética, así como "cualquier otro delito grave que involucre el mal uso de los fondos o propiedad pública", incluyendo algunos de la Ley Núm. 8-2017.

Hay otra ley relevante que tiene el objetivo de uniformar los procesos de contratación de servicios profesionales con el gobierno. La Ley Núm. 237-2004, aplica a contratistas naturales o jurídicos que acuerden ofrecer servicios profesionales al gobierno. La ley establece un principio de contratación por necesidad excepcional. Dispone que la contratación de servicios profesionales o consultivos será excepcional y "se utilizará únicamente cuando la entidad gubernamental no cuente a no pueda utilizar los recursos internos a ser contratados, o cuando el *expertise*, destreza o experiencia del contratista sea necesario para la consecución de los fines para lo cual es contratado".

Superado lo anterior, estos contratos deben cumplir con varios requisitos incluyendo los siguientes:

- Debe ser prospectivo y toda entidad gubernamental pagará únicamente por servicios rendidos.
- Debe formalizarse por escrito e incluir su base legal.
- Debe establecer la fecha de otorgamiento y de vigencia del contrato. Por regla general, las agencias no pueden otorgar contratos que cubran más de un año fiscal para no comprometer presupuestos futuros.
- Los servicios tienen que estar descritos detalladamente.
- Establecer la cuantía máxima a pagarse y la forma de pago.

- Requerir una factura específica, desglosada y acompañada de un informe que detalle los servicios prestados y las horas invertidas en la prestación de los servicios.
- Los honorarios estarán basados en el valor real que tienen en el mercado los servicios a prestarse.

Además de lo anterior, la ley contiene un extenso listado de cláusulas que debe incluir todo contrato. Muchas de ellas suponen certificaciones de que no se tiene deuda con el gobierno en variados renglones.

3. *El proceso de selección y la contratación de obra pública*

Como regla general, la identificación de un contratista para la adquisición de bienes o servicios está sujeta a un proceso de selección competitivo denominado subasta. Si bien la LPAU regula todo el proceso de adjudicaciones administrativas, el propio estatuto indica que su alcance se limita a adjudicaciones formales, quedando excluidos "procedimientos informales cuasi-judiciales" como las subastas. Como indicamos, a estos procesos únicamente le son aplicables las disposiciones de la LPAU relativas a la reconsideración y la revisión judicial. En todos los demás asuntos, la regulación del proceso de subastas queda en manos de cada dependencia pública, sujeto a las disposiciones legales especiales que pudieran existir y la reglamentación que la propia agencia adopte.

Un desarrollo reciente en ese sentido es la Ley Núm. 73-2019, la Ley de la Administración de Servicios Generales para la Centralización de las Compras del Gobierno de Puerto Rico de 2019. Esta ley aspira a regir los procesos de compras y subastas de bienes, obras y servicios no profesionales en prácticamente todas las entidades gubernamentales de la Rama Ejecutiva. En el caso de la Rama Judicial, la Asamblea Legislativa y los municipios, se dispone que estos podrán, "de forma voluntaria", adoptar los procesos de compras y subastas de bienes, obras y servicios establecidos por la ley. Estos procesos están llamados a ser realizados de manera centralizada por un ente conocido como la Administración de Servicios Generales. Cabe indicar que se trata de un esquema que se había intentado desarrollar en ocasiones previas, pero que no funcionó por cuanto la apreciación de los diferentes organismos es que los procesos de la Administración de Servicios Generales eran ineficientes y el ente fue incapaz de generar las economías de escala que eran de esperar en procesos de compra de gran volumen. Ley Núm. 73-2019 es un nuevo intento de buscar eficiencias bajo un modelo de compras centralizado.

En tanto ese nuevo esquema tiene su desarrollo, es posible identificar los contornos que de ordinario tienen los procesos de subastas a través del sector público. En el fallo *R & B Power v. ELA*, 170 DPR 606 (2007) el Tribunal Supremo explicó el proceso ordinario de subasta del siguiente modo:

> En términos generales, el procedimiento de subasta formal consta de varias etapas, a saber: la preparación por parte del ente gubernamental de los pliegos de condiciones y especificaciones, el aviso de subasta al público, el recibo y posterior apertura pública de las propuestas selladas recibidas, la evaluación y estudio de las mismas por un comité evaluador, la recomendación del comité respecto la adjudicación de la buena pro, la adjudicación de esta y la notificación a todos los licitadores. Una vez sometidos los pliegos de licitación y abiertos estos, los mismos no admiten modificaciones. La apertura de los pliegos de licitación se efectúa públicamente ante todos los licitadores. No hay cabida en este proceso para la negociación de los términos sometidos entre agencia y licitador.

Ahora bien, lo anterior meramente describe el método tradicional de adquisición bajo las subastas. En ocasiones las agencias optan por otro mecanismo, el requerimiento de propuestas o como se le conoce por sus siglas en inglés, RFP ("request for proposal"). Para explicarlo, el Tribunal Supremo ha esbozado los siguientes puntos:

- Se trata de un mecanismo alterno a la subasta para adquirir bienes y servicios y se recurre al mismo para la adquisición de bienes o servicios especializados que involucran temas altamente técnicos y complejos, o bien cuando son escasos los competidores cualificados.
- Su característica principal es que admite negociación, además de su flexibilidad e informalidad.
- El documento enumera los requisitos y factores que se utilizarán para la adjudicación y a los cuales el licitador tiene que ser responsivo. Los factores cuentan a su vez con un valor o peso a ser considerado en el momento de la adjudicación. Se entiende que existe un mayor grado de discreción en la selección en comparación con la subasta tradicional.

- El documento incluye el proceso a ser realizado, su itinerario y los términos del contrato a ser adjudicado.

Lo anterior en modo alguno agota la discusión sobre el proceso de selección. De un lado, el Tribunal Supremo también ha reconocido la posibilidad de procedimientos híbridos. En los mismos, sin llegar a convertirse en un RFP, se permite que el proceso de subasta incorpore reuniones individuales con los proponentes para fines de aclaración. En todo caso el encuentro debe contar con garantías de transparencia y lo acontecido quedar consignado como parte del expediente oficial.

De igual manera, se considera permisible que los licitadores sometan comentarios escritos en torno a ofertas de sus competidoras. Se trata de acciones que el proceso ordinario de subasta no contempla, pero que el Tribunal Supremo entiende que tampoco están prohibidos y que propenden a una evaluación más informada por parte de la agencia administrativa. *Caribbean Communications Solutions* v. *Policía*, 176 DPR 978 (2009).

De otra parte, es preciso mencionar la adopción de legislación que crea un proceso de selección alterno para el tipo de contrato que suele denominarse asociación pública-privada. En el caso de Puerto Rico el tema fue objeto de atención especial al aprobarse la Ley Núm. 29-2009. Esta autoriza a todos los organismos públicos a establecer mediante contrato Alianzas Público-Privadas en determinados renglones dispuestos en la ley y dispone el funcionamiento del proceso de cualificación de proponentes, su selección y la negociación del contrato. Además, incluye un sinnúmero de cláusulas que deben contener los contratos de este tipo.

Por último, hace décadas es política pública que los procesos de construcción de obra pública deban responder a unas normas uniformes conocidas como condiciones generales para la contratación de obras públicas. El documento existente se volvió obsoleto hace tiempo y no es utilizado por todos los organismos públicos, lo cual da al traste con el objetivo original. Es por eso que hace ya varios años se ha discutido la necesidad de revisar y actualizar estas normas.

Para esto se aprobó la Ley Núm. 218-2010, conocida como Ley de Documentos Uniformes para la Contratación de Programación, Gerencia, Diseño, Inspección y Construcción de Obras Públicas en Puerto Rico. La ley de por sí no contiene las normas uniformes, sino que crea un comité asesor a los fines de que sea este quien confeccione las mismas.

Este cuerpo debe evaluar el conjunto de "leyes, reglamentos y disposiciones contractuales de las agencias en la contratación de obras públicas que incluyen servicios de diseño, gerencia de construcción, inspección de obras y de construcción, entre otros, como parte del desarrollo de dichas obras públicas". Art. 2. Al amparo de esta ley, el Departamento de Transportación y Obras Públicas adoptó el Reglamento Núm. 7998 de 3 de marzo de 2011, sobre Condiciones Generales Uniformes para la Contratación de Obras Públicas en Puerto Rico.

VI. EL DERECHO ADMINISTRATIVO SANCIONADOR

El reproche social ante el incumplimiento con normas de leyes o reglamentos se manifiesta a través de la otorgación a las agencias administrativas de poderes para castigar dichos incumplimientos. La facultad para sancionar no acarrea mayor discusión siempre que esta se derive claramente de una autorización legislativa.

Aunque indicamos que la LPAU como norma general se limita a establecer procesos uniformes para facultades concedidas a la administración pública por una ley particular, en el tema del poder sancionador hay una excepción. Se trata de la multa administrativa, en cuyo caso la LPAU opera como ley autorizadora al conferirle a todas las agencias administrativas la autoridad para imponer multas administrativas por incumplimiento a leyes y reglamentos, hasta un máximo de cinco mil ($5,000) dólares por infracción. Sección 7.1 de LPAU. Alejándose nuevamente y de forma excepcional de la uniformidad, se reconoce que, si alguna otra ley autoriza una multa mayor, esta última disposición prevalecerá.

Más allá de lo anterior cualquier otra sanción que la administración pública quiera imponer debe estar debidamente consignada en una ley que así lo habilite. Depende del asunto que se trate habrá sanciones que atiendan problemáticas particulares. Por ejemplo, para el caso de una persona que opere una actividad bajo una licencia o permiso del Estado, su incumplimiento podría en algunos casos suponer una revocación del permiso o bien una suspensión del mismo por un periodo de tiempo.

De otra parte, la jurisprudencia ha sido muy clara en reconocer que al momento de decidir utilizar sus poderes sancionadores, la determinación administrativa también debe gozar de gran deferencia. El Tribunal ha expuesto que en estos casos se le reconoce a la administración "mucha discreción para seleccionar las sanciones que le ayuden a cumplir con los objetivos estatutarios, siempre que haya obrado dentro del marco de su conocimiento especializado y de la ley." *Associated Insurance v. Comisionado*, 144 DPR 425 (1997). Después de todo, al momento de pasar juicio en un proceso de impugnación de la decisión, la tutela judicial "no depende de si el tribunal considera que la sanción sea muy fuerte o no. La determinación de si la sanción es la que corresponde imponer en cada caso es esencialmente de naturaleza administrativa".

A manera de crítica corresponde señalar que nuestro ordenamiento carece de un reconocimiento claro de que las determinaciones realizadas en contextos de un proceso sancionador constituyen un ejercicio del poder punitivo del Estado. Esto tiene como consecuencia la ausencia de una discusión necesaria respecto a los límites de la potestad sancionadora. Sin lugar a duda es un área que requiere mayor desarrollo.

VII. LA DISCRECIONALIDAD ADMINISTRATIVA

La discreción de las administraciones públicas se considera como un principio general del Derecho Administrativo, aunque no deja de presentar algunas dificultades. Esto se debe a distintos enfoques para atender el concepto que en ocasiones pueden resultar contradictorios.

La explicación más general es que la discreción es una consecuencia natural de la delegación de poderes que la Asamblea Legislativa hace a la administración pública. A través de la ley se disponen los parámetros conforme a los cuales corresponde a los funcionarios de la agencia administrativa ejercer su discreción en torno a la aplicación de la normas legales y reglamentarias. Ha indicado al respecto el Tribunal Supremo: "El legislador establece las normas generales, tan amplias que puedan dejar al administrador un margen adecuado de libertad para complementar las normas legislativas mediante la aplicación de su juicio experimentado, pudiendo desenvolverse la agencia en un área de análisis, apreciación y discreción administrativa, siempre y cuando que esa discreción tenga una base de razonabilidad". *Debién v. Junta de Contabilidad*, 76 DPR 96, 104 (1954).

La discreción a la cual se refiere lo anterior es requerida por el legislador, pero también resulta necesaria para un eficiente funcionamiento del proceso administrativo. Ahora bien, el problema perenne es precisamente uno de control pues la discreción administrativa no puede ser absoluta. *Rodríguez Lamberty v. Secretario*, 86 DPR 258, 265 (1962). Respecto a sus límites el mismo Tribunal Supremo ha expresado que las decisiones de una agencia administrativa "no pueden ser arbitrarias, caprichosas, fraudulentas o desprovistas de base razonable en la prueba". *Debién v. Junta de Contabilidad*, 76 DPR en la pág. 105.

Sin embargo, es preciso advertir que hay otros fallos que enfocan el tema de la discreción administrativa de una manera que parece contradecir la posibilidad de tutela judicial. Se trata de decisiones donde el Tribunal Supremo hace referencia al concepto "discreción administrativa" para referirse a un tipo de determinación que no está sujeta a revisión judicial por los tribunales. En *Luce v. Junta de Relaciones del Trabajo*, 82 DPR 96 (1961) se debía determinar si la decisión de una administración pública de no presentar una querella en contra de un sindicato en un contexto de regulación de relaciones obrero-patronal era revisable por los tribunales. Allí se concluyó que no procedía debido a que se trataba de una determinación que responde a la discreción administrativa de la agencia administrativa, por lo que descansa en su sano juicio y responde a su política administrativa especializada. Lo mismo se reiteró luego en *Federación de Maestros v. Molina Torres*, 160 DPR 571 (2003), donde el Tribunal Supremo expresó que esto deriva de jurisprudencia de los Estados Unidos conforme a la cual "existe una presunción de no revisabilidad con relación a las determinaciones administrativas que han sido encomendadas a la discreción de la agencia".

Aunque la explicación del Tribunal Supremo es muy limitada, hay partes del fallo donde se contrapone la discreción administrativa a la "discreción legal". Esta última sí estaría sujeta a la revisión por parte de los tribunales.

La contradicción solo es aparente si consideramos el contexto del tipo de discreción implicada en los dos fallos citados. En ambos casos se trataba de la determinación de una agencia administrativa de no presentar una querella. Esto es, la decisión de no iniciar un proceso en contra de una persona por entender que no se había configurado un incumplimiento a leyes y reglamentos. Por analogía se trata de la clásica determinación del ministerio público sobre si procede iniciar o no un proceso criminal. La razón por la cual se entiende que este tipo de decisión es "discrecional" en el sentido de no ser "revisable", es porque los tribunales carecen de los criterios adecuados para poder sustituir el juicio de los funcionarios en estos casos sin que terminen imponiendo sus propias visiones de cómo administrar.

Lo anterior es una postura válida, pero aceptar eso es muy distinto a justificar las expresiones tan generales que termina haciendo el Tribunal Supremo en los referidos fallos, donde parece equiparar discreción a no revisión. Son decisiones que procede ver realmente en el contexto limitado antes explicado.

De hecho, la realidad es que su alcance es aún más cerrado si lo vemos a la luz de lo dispuesto en la sección 3.16 de LPAU, donde se indica que una agencia tiene un deber de notificar su decisión de no iniciar un procedimiento adjudicativo y que la persona afectada puede impugnar dicha determinación en recurso de revisión ante los tribunales. Se trata de una norma muy reveladora en tanto parecer limitar ese espacio de discrecionalidad absoluta que antes discutíamos.

VIII. EL CONTROL JUDICIAL DE LA ADMINISTRACIÓN

1. *Foro judicial*

Como ya explicamos, en Puerto Rico no existen tribunales especiales dedicados a atender las controversias administrativas. El sistema judicial está dividido en tres niveles: Tribunal de Primera Instancia, Tribunal de Apelaciones y el Tribunal Supremo. Como norma general corresponde al Tribunal de Apelaciones atender los recursos de revisión judicial que presente la parte adversamente afectada por una determinación final de la agencia administrativa.

No obstante, el ordenamiento también contempla la posibilidad de que en determinadas circunstancias una parte acuda al foro judicial a través de lo que se denominan recursos extraordinarios. Estos casos no suponen un procedimiento previo ante la agencia, por lo que se deja a un lado el requisito de acudir ante el Tribunal de Apelaciones.

Estos recursos extraordinarios se ven por lo regular ante el Tribunal de Primera Instancia del mismo modo que cualquier litigio civil.

2. *Naturaleza de la revisión judicial*

El recurso de revisión judicial que se presenta ante el Tribunal de Apelaciones descansa en un expediente administrativo. Aunque en Puerto Rico el sistema de justicia se rige por el principio de la oralidad y la adjudicación administrativa no es la excepción, ese formato procesal realmente se da a nivel de la agencia administrativa. En la etapa de revisión por parte de los tribunales el proceso gira en torno al expediente que se haya generado previamente en el trámite administrativo.

La LPAU dispone los criterios generales para el ejercicio de la tutela judicial en estos recursos. En el caso de las determinaciones de hechos, indica que las "decisiones de las agencias serán sostenidas por el tribunal, si se basan en evidencia sustancial que obra en el expediente administrativo." Sección 4.5 de LPAU. Mientras, las "conclusiones de derecho serán revisables en todos sus aspectos por el tribunal". *Id.*

Lo anterior debe ser visto en el contexto de una práctica reiterada del Tribunal Supremo de enmarcar todo análisis de revisión judicial bajo una política amplia de deferencia a las decisiones administrativas de las agencias. En una de sus expresiones más recientes al respecto el Tribunal indicó: "Es norma firmemente establecida que los tribunales apelativos deben conceder gran deferencia a las decisiones emitidas por las agencias administrativas, debido a la vasta experiencia y conocimiento especializado que les han sido encomendados". *Asoc. de Farmacias* v. *Caribe Specialty*, 179 DPR 923 (2010).

Es necesario acotar que, en el caso de las conclusiones de derecho, lo dispuesto por la LPAU en términos de reconocer potestad completa de revisión a los tribunales, ha sido objeto de modificación por el Tribunal con un enfoque hacía la deferencia. Lo indicado en la ley "no significa que lo tribunales, al ejercer su función revisora, puedan descartar libremente las conclusiones e interpretaciones de derecho de las agencias y sustituir el criterio de estas por el propio". *Rebollo v. Yiyi Motors*, 161 DPR 69, 77

(2004). Lo importante es distinguir "entre cuestiones de interpretación estatutaria, en la que los tribunales son especialistas, y cuestiones propias de la discreción o pericia administrativa". *Adorno Quilez v. Hernández,* 126 DPR 191, 195 (1990).

3. *Finalidad*

La revisión está limitada por el principio de finalidad conforme al cual la tutela judicial solo está disponible cuando la agencia administrativa haya emitido una determinación final que ponga fin a todas las controversias. Una decisión administrativa se considera final cuando la actuación de la agencia represente la culminación de un proceso decisorio y el mismo determine todos los derechos y obligaciones de las partes. *Comisionado de Seguros v. Universal*, 167 DPR 21 (2006).

Si en el trayecto del proceso administrativo la agencia hace determinaciones sobre algún aspecto parcial de la controversia o bien en torno a algún incidente procesal, no hay oportunidad de acudir de forma inmediata e interlocutoria a los tribunales. La parte que se considere afectada debe esperar hasta que se adjudique todo para entonces incluir sus planteamientos en un recurso de revisión ante el Tribunal de Apelaciones.

4. *Legitimación activa*

La LPAU es clara en que solo una parte adversamente afectada puede acudir ante el Tribunal de Apelaciones. Esto supone entonces la aplicación de criterios de legitimación activa donde el peticionario ante el foro judicial acredite (1) que fue parte en el proceso administrativo y (2) que la determinación final le afectó adversamente.

El asunto ha generado dificultades en tiempos recientes luego de fallos donde el Tribunal Supremo ha asumido un enfoque extremadamente riguroso al evaluar si la persona que impugna judicialmente demostró ser una parte adversamente afectada. *Fundación Surfrider* v. *ARPE*, 178 DPR 563 (2010) y *Lozada Sánchez* v. *AEE*, 184 DPR 898 (2012). El problema es cómo conciliar este tipo de visión restrictiva con una política de apertura a la participación en los procesos a nivel administrativos. Una persona puede ser bienvenida al proceso ante la administración pública bajo criterios muy liberales sobre quién puede participar, solo para encontrar posteriormente que no satisfizo los del tribunal para poder impugnar judicialmente la decisión.[15]

5. *Término*

El recurso de revisión judicial debe ser presentado en un término improrrogable de treinta (30) días. En el caso de una impugnación de subasta el término es de veinte (20) días.

6. *Efectos del recurso sobre la determinación*

La mera presentación de un recurso de revisión judicial no suspende o paraliza los efectos de la determinación administrativa. Si la parte que recurre al foro judicial entiende que ello es necesario e imprescindible para salvaguardar la eficacia de su reclamo, debe presentar una solicitud al Tribunal de Apelaciones a esos efectos.

7. *Agotamiento de remedios*

La LPAU incorpora una norma que por décadas constituyó un principio fundamental del Derecho Administrativo. Se trata del requisito de que previo a la impugnación judicial de una decisión administrativa, la parte afectada haya agotado todos los remedios administrativos ante la administración pública. Aunque está consignada en la ley, en un principio se le consideró una norma de autolimitación judicial de carácter esencialmente práctico. La misma propiciaba que la decisión administrativa reflejara la posición final de la administración pública y evitaba así una intervención judicial a destiempo que interfiriera con el cauce normal del proceso administrativo. *AAA* v. *Unión Independiente*, 199 DPR 638 (2018).

La norma está sujeta, sin embargo, a varias excepciones que permiten preterir el cauce administrativo. Estas son cuando: 1) el remedio administrativo sea inadecuado, 2) el requerir su

15 Para un comentario más detallado sobre este asunto, véase W. Vázquez Irizarry, Análisis del Término del Tribunal Supremo 2009-10, "Derecho Administrativo", 80 *Revista Jurídica de la Universidad de Puerto Rico* 637 (2011).

agotamiento resultare en un daño irreparable al solicitante y en el balance de intereses no se justifica agotar dichos remedios, 3) se alegue la violación sustancial de derechos constitucionales de patente intensidad, 4) sea inútil agotar los remedios por la dilación excesiva en los procedimientos, 5) sea un caso claro de falta de autoridad, o 6) sea un asunto estrictamente de derecho y no es necesaria la pericia administrativa. Sección 4.3 de LPAU.

8. *Reglamentos*

Por último, la LPAU contempla un procedimiento especial para la impugnación de reglamentos supeditado a su vigencia. Conforme a la Sección 2.7 de la LPAU, dentro de los treinta (30) días siguientes a la vigencia del reglamento se puede presentar ante el foro judicial una acción dirigida a impugnar la validez de su faz de un reglamento por el incumplimiento sustancial con las disposiciones de la ley. El Tribunal Supremo ha interpretado que esta acción de impugnación está disponible durante esos treinta días para cualquier persona, independientemente de que reclame verse afectado o no por el reglamento aprobado. Esto es, pues el incumplimiento por parte de la agencia constituye de por si un daño concreto. *Sierra Club* v. *JP*, 203 DPR 596 (2019).

IX. LA RESPONSABILIDAD ADMINISTRATIVA

En Puerto Rico rige la doctrina de inmunidad del Estado en cuanto a la responsabilidad administrativa. Conforme a esta, el soberano, en este caso el Estado Libre Asociado de Puerto Rico (ELA), no puede ser demandado sin su consentimiento, ya sea en sus tribunales o en cualquier otro tribunal. Dicho consentimiento fue brindado de forma condicionada mediante la Ley Núm. 104 de 29 de junio de 1955, conocida como la Ley de Reclamaciones y Demandas contra el Estado. El Estado autorizó a ser demandado en todos los casos de reivindicación de bienes o por daños causados a la propiedad o por el deslinde de fincas rústicas. También lo permitió en los casos que la causa de acción del reclamante se funde en la Constitución o en cualquier ley o reglamento o en cualquier contrato expreso o tácito con el gobierno. Por último, cuando se reclaman daños y perjuicios alegando que fueron causados por la culpa o negligencia de un empleado o funcionario del ELA.

Estas tres circunstancias específicas en las cuales el Estado autorizó ser demandado han sido de análisis e interpretación por parte del Tribunal Supremo, particularmente en lo que respecta a daños y perjuicios causados por la culpa o negligencia de un empleado, agente o funcionario del ELA. Al respecto, la jurisprudencia ha establecido que para que un demandante pueda prevalecer en una reclamación contra el Estado basado en esa tercera circunstancia, este debe presentar la prueba necesaria a los fines de demostrar lo siguiente: (1) que la persona que le causó el daño era agente, funcionario o empleado del Estado y que estaba actuando en su capacidad oficial al momento de causar el daño; (2) que el funcionario, agente o empleado actuó dentro del marco de su función; (3) que la actuación del empleado del Estado fue negligente y no intencional, y que existe una relación causal entre la conducta culposa y el daño producido. *Gómez v. ELA*, 163 DPR 800 (2005).

No obstante, si bien es cierto que como norma general el ELA no responde cuando el daño fue creado directamente por actos intencionales de sus funcionarios, agentes o empleados, puede darse el caso que sí responda por la existencia de otros actos negligentes separados que resultan ser co-causantes del daño. *Negrón v. Orozco Rivera*, 113 DPR 712 (1983). Es importante señalar que la demanda puede presentarse directamente en contra del empleado o, en la alternativa, en contra del ELA, o en contra de ambos, aunque no puede haber acumulación de indemnizaciones.

En otros términos, el demandante puede tratar de recobrar tanto del Estado como del empleado, pero no de ambos, independientemente de la cantidad otorgada por el tribunal.

Lo que una persona puede recobrar por una demanda contra el ELA en acciones de daños y perjuicios contra la persona o propiedad se encuentra limitada por la Ley Núm. 104 a una cantidad de setenta y cinco mil ($75,000) dólares por daños causados por acción u omisión de cualquier funcionario, agente o empleado del Estado, o cualquier otra persona actuando en capacidad oficial y dentro del marco de su función, cargo o empleo, interviniendo culpa o negligencia. Cuando la acción u omisión causare daños y perjuicios a más de una persona, o cuando sean varias las causas de acción a que tenga derecho un solo perjudicado, la cantidad es hasta un máximo de ciento cincuenta mil ($150,000) dólares. Artículo 2 de la Ley Núm. 104.

De llegarse a emitir una sentencia contra el Estado, esta no puede incluir el pago de intereses por periodo alguno anterior a la sentencia, ni concederá daños punitivos. Tampoco se pueden imponer honorarios de abogado o intereses por temeridad contra el Estado. Asimismo, tal sentencia impedirá toda otra acción por parte del reclamante, por razón de la misma cuestión o materia, contra el funcionario, agente o empleado cuyo acto u omisión dio origen a la acción; y la sentencia contra el funcionario, agente o empleado impedirá igualmente toda acción contra el Estado.

En cuanto a algunos procesos que la Ley Núm. 104 establece para llevar la reclamación contra el Estado, esta expresa que toda persona que decida demandar al Estado por daños a la persona o a la propiedad, causados por culpa o negligencia de dicho Estado, debe presentar una notificación escrita al Secretario de Justicia en la cual explique en forma clara y concisa, la fecha, sitio, causa y naturaleza general del daño sufrido, el lugar donde recibió tratamiento médico en primera instancia, entre otros detalles. Artículo 2A(a). El propósito del requisito de notificación y de los términos específicos es darle la oportunidad al Estado de investigar los hechos que producen la demanda con suficiente tiempo. Como norma general, esta notificación deberá presentarse dentro de los noventa (90) días siguientes a la fecha en que el reclamante tuvo conocimiento de los daños que reclama. Artículo 2A(c) de la Ley Núm. 104. No obstante, si la persona queda incapacitada mental o físicamente, la notificación deberá darse dentro de los próximos treinta (30) días a la fecha en que cese la incapacidad. Por su parte, si la persona quien sufre el daño es un menor de edad o una persona sujeta a tutela, la ley requiere que quien ejerza la patria potestad o el tutor, según sea el caso, presente la reclamación dentro del mismo plazo de noventa (90) días. Los mencionados términos pueden estar sujetos a que alguna persona plantea una "justa causa" y quede eximida de cumplir con el mencionado requisito de notificación.

Otro punto importante que incluye la Ley Núm. 104 es una lista de situaciones en las cuales el Estado no puede ser demandado. Específicamente el Artículo 6 niega la posibilidad de demandar al Estado cuando el acto u omisión de un funcionario, agente o empleado se produce en alguno de los siguientes casos:

1) en el cumplimiento de una ley o reglamento, aun cuando estos resultaren ser nulos;

2) en el desempeño de una función de carácter discrecional, aun cuando hubiera abuso de discreción;

3) en la imposición y cobro de contribuciones;

4) constitutivo de acometimiento, agresión u otro delito contra la persona; encarcelación ilegal; arresto ilegal; persecución maliciosa; libelo; difamación y; falsa representación e impostura;

5) ocurrida fuera de la jurisdicción territorial del Estado;

6) en el desempeño de operaciones de combate por las fuerzas navales o militares en casos de guerra, invasión, rebelión y otra emergencia, debidamente declaradas como ates por las autoridades pertinentes.

Ni los municipios ni las corporaciones públicas están cubiertas por la Ley Núm. 104. Sin embargo, los municipios cuentan con el Código Municipal de 2020, que incluye disposiciones similares a la Ley Núm. 104 en cuanto a las circunstancias no autorizadas a demandar y las cuantías. Por su parte, las corporaciones públicas pueden ser demandadas como cualquier otra corporación y el Estado no responde por las negligencias de esta. Respecto a ambos casos, el Tribunal Supremo ha sido claro en establecer que el ELA es una persona y las corporaciones públicas o los municipios tienen personalidad jurídica distinta. *Rivera v. Garrido*, 134 DPR 840 (1993).

Por otro lado, más allá de la Ley Núm. 104, existen otras circunstancias bajo las cuales el ELA puede ser civilmente responsable por daños y perjuicios. Entre ellas está cuando se cause daño por desperfectos, falta de reparación o de protección suficiente para el viajero en cualquier vía de comunicación perteneciente al ELA y a cargo del Departamento de Transportación y Obras Públicas, excepto donde se pruebe que los elementos de referencia fueron causados por la violencia de los elementos y que no hubo tiempo suficiente para remediarlos. Artículo 404 del Código Político de Puerto Rico.

Por último, la discusión anterior concierne a la responsabilidad patrimonial del Estado. Un asunto distinto es que un empleado o funcionario sea demandado en su carácter personal por sus actuaciones en gestiones oficiales. En este caso el patrimonio que respondería es el personal. Aunque no existe prohibición en ley para ello, que tal tipo de reclamación acontezca no deja de preocupar al Estado.

Después de todo el temor a ser objeto de una demanda pudiera ocasionar que algunas personas competentes rechacen ocupar cargos públicos. En otros casos pudiera propiciar que una persona que ya ocupe el cargo opte por no tomar decisiones riesgosas, aunque las mismas sean las más aconsejables desde el punto de vista del interés público.

Para atender dicha preocupación la Ley de Pleitos contra el Estado contempla que un funcionario o exfuncionario demandado en su carácter oficial por alegada violación de derechos civiles, pueda solicitar al Secretario de Justicia que le brinde representación legal. Artículos 12-14 de la Ley Núm. 104. En caso de que eventualmente recaiga una sentencia en su contra, la persona puede hacer una solicitud separada para que sea el gobierno quien asuma el pago del dictamen judicial. Ambas decisiones son revisables en los tribunales. *Torres Santiago* v. *Depto. de Justicia*, 181 DPR 969 (2011).

X. EL SERVICIO PÚBLICO

1. *Consideraciones generales*

En relación con los servicios públicos en Puerto Rico, hay dos aclaraciones de rigor. De un lado se trata de otro tema donde la relación con los Estados Unidos es relevante pues algunas de las actividades que serían objeto de regulación en temas de servicios públicos están bajo la autoridad superior del gobierno federal de los Estados Unidos. Esto es así en variados ángulos de asuntos como la regulación de las telecomunicaciones o la prohibición de prácticas monopolísticas.

Por otra parte, una realidad que distingue el servicio público en este país es que, en lo concerniente al menos a la electricidad y el agua, ambos permanecen todavía en manos de empresas estatales. Esto requiere ser cualificado, sin embargo, por experiencias históricas donde alguna fase de la administración y operación de estas empresas ha estado bajo contratación de una compañía privada. En el caso de la Autoridad de Acueductos y Alcantarillados, la operación estuvo en manos privadas entre 1995 y 2004. Por su parte, en el caso de la Autoridad de Energía Eléctrica la gestión de distribución y transmisión del sistema eléctrico está hoy día contratada a un privado, mientras que la fase de generación de energía sigue en manos de la empresa pública. Véase la Ley Núm. 120-2018, Ley para Transformar el Sistema Eléctrico de Puerto Rico.

Respecto a estructuras gubernamentales reguladoras del servicio público, mediante un Plan de Reorganización aprobado en el 2018, se creó la Junta Reglamentadora de Servicio Público de Puerto Rico. Al crear el organismo se consolidaron las siguientes agencias: la Junta Reglamentadora de Telecomunicaciones, la Comisión de Servicio Público, la Comisión de Energía, la Administración de Energía de Puerto Rico y la Oficina Independiente de Protección al Consumidor. Véase, además, la Ley Núm. 211-2019, Ley de Ejecución del Plan de Reorganización de la Junta Reglamentadora de Servicio Público de Puerto Rico.

2. *Establecimiento y control de tarifas*

El manejo de las tarifas depende de si el servicio lo presta el gobierno o meramente lo regula. En el caso que lo preste, en principio la ley orgánica de cada corporación pública dispone la autoridad del organismo para atender el tema. Sin embargo, hay un proceso dispuesto por ley que regula de manera uniforme el proceso de revisión de tarifas. Se trata de la Ley Uniforme para la Revisión y Modificación de Tarifas, Ley Núm. 21 de 31 de mayo de 1985. La misma tiene el propósito de garantizar a los abonados o usuarios de servicios públicos procedimientos administrativos adecuados y uniformes para la revisión y modificación de las tarifas.

En esencia se establece un procedimiento de audiencia pública donde se expone a comentarios públicos las tarifas en vigor y las propuestas. El proceso está a cargo un oficial examinador quien debe rendir un informe a la junta de directores de la corporación pública concernida, el cual estará igualmente disponible para comentarios del público. Una vez el cuerpo directivo toma una determinación final, la ley contempla una reserva de autoridad de la Asamblea Legislativa. Se dispone que la decisión "respecto a cambios en tarifas podrá ser revisada por la Asamblea Legislativa mediante resolución concurrente o mediante resolución de cualquiera de sus Cuerpos." Artículo 5 de la Ley.

En el caso que sea el sector privado el que preste el servicio, lo ordinario es que haya una administración con la responsabilidad de pautar las tarifas. Ese es el caso con algunos servicios de transporte marítimo. Ley Núm. 223 de 13 de septiembre de 1996. Sin embargo, hay notables excepciones a lo anterior. Por ejemplo, en el caso de contratos de alianzas público-privadas, la ley reconoce a la empresa con quien se contrate la facultad para "determinar, fijar, alterar, imponer y cobrar derechos, rentas, tarifas y cualquier otro tipo de cargo para la prestación del Servicio o Función" contratado. Artículo 10(c) de la Ley Núm. 29-2009. En todo caso solo debe cumplir con los procedimientos de cambios de tarifa que contemple el propio contrato.

Por último, la Asamblea Legislativa ha entendido que circunstancias especiales pueden ameritar un trato particular en el tema de tarifas. La Ley Especial de Justicia Tarifaria de Utilidades para Residenciales Públicos, Ley Núm. 69-2009, establece una política de ese tipo en el caso particular de estos complejos de residencias subsidiados por el Estado. En concreto, la ley dispone que las empresas públicas del agua y la electricidad establecerán una tarifa fija mensual para los clientes que residan en uno de estos complejos de vivienda pública y, en caso de balances vencidos, deben conceder un plan de pago dispuesto por la propia ley.

La explicación previa sobre tarifas está supeditada a las restricciones impuestas a las empresas estatales en virtud del proceso de reestructuración de deuda bajo la Ley PROMESA. Como indicamos, hay unos documentos titulados "planes fiscales" que determinan por un periodo de tiempo el manejo de temas fiscales y tarifarios, a los fines de garantizar ingresos suficientes para mantener la operación, mientras se satisface el pago a los acreedores del proceso de quiebra.

3. *Impugnación de cargos y suspensión de servicios*

La Ley para Establecer Requisitos Procesales Mínimos para la Suspensión de Servicios Públicos Esenciales, Ley Núm. 33 de 27 de junio de 1985, garantiza a los usuarios una adecuada oportunidad de objetar la corrección y procedencia de los cargos facturados. Esto incluye el derecho a una notificación de la decisión de suspender el servicio por falta de pago y una divulgación de la totalidad del procedimiento establecido.

Aunque toda entidad que provea servicios esenciales a la ciudadanía debe disponer de un procedimiento administrativo para la suspensión del servicio por falta de pago, como mínimo debe contener lo que se explica a continuación. A partir del envío de una factura de cobro el abonado tiene veinte días para pagar u objetar y solicitar una investigación. Como regla general se debe informar el resultado de la misma dentro de los sesenta días de la objeción original. Si el resultado le es adverso, el abonado tendrá diez días para pagar u objetar la decisión ante otro funcionario, quien tendrá veinte días para resolver tal solicitud. Esta decisión se notificará por escrito al abonado, quien, si la decisión le es adversa, tendrá diez días para pagar o solicitar una revisión y audiencia ante el director ejecutivo de la autoridad concernida.

Si el abonado solicita la revisión y audiencia deberá pagar, previo a su celebración, una cantidad igual al promedio de la facturación de consumo mensual o bimensual, según fuere el caso, tomándose como base el historial de consumo del abonado durante los 12 meses precedentes. En esta última etapa la entidad nombrará a un abogado por contrato para que actúe como examinador o árbitro y dilucide los planteamientos del abonado, dentro de noventa días. En ningún momento mientras se desarrollen estos procedimientos la entidad podrá suspender el servicio.

Si se resuelve en contra del abonado, este deberá pagar el balance de la deuda en un plazo de veinte días, aunque se puede establecer un plan de pago. Si el abonado incumple, el servicio puede ser suspendido. El abonado tendrá veinte días para recurrir en revisión al Tribunal de Primera Instancia. El tribunal revisará la decisión del examinador a base del récord administrativo y solo en cuanto a las conclusiones de derecho. Las determinaciones de hecho serán concluyentes para el tribunal si están sostenidas por evidencia sustancial.

Si el resultado de audiencia o revisión judicial es favorable al abonado, la autoridad le devolverá o acreditará cualquier cantidad que este haya pagado en exceso más intereses a razón de un diez por ciento anual. Ahora, si el abonado no efectúa el pago y no utiliza ni agota el procedimiento establecido para objetar cargos, la autoridad podrá suspenderle el servicio. La suspensión se efectuará en una fecha posterior al término de veinte días a partir del envío de la notificación de suspensión y nunca ocurrirá un viernes, sábado, domingo o día feriado, ni el día laborable anterior a este último. Dicha notificación no podrá efectuarse antes de transcurrido el término de quince días que tiene el abonado para pagar u objetar y solicitar una investigación de la factura de cobro.

Al abonado perfeccionar el contrato de servicio se le informa por escrito este procedimiento. Además, en toda factura que se le curse se le advertirá de los veinte días que tiene para pagar u objetar la misma.

Por último, toda autoridad que haya programado con, por lo menos, quince (15) días de antelación, la interrupción del servicio público que brinda, notificará dicha interrupción del servicio, con, por lo menos, cuarenta y ocho (48) horas de antelación a los abonados afectados. Dicha notificación podrá llevarse a cabo a través de los medios de comunicación. En el caso particular de la Autoridad de Acueductos y Alcantarillados, deberá notificar al abonado, en un término de cuarenta y ocho (48) horas previo a la suspensión del servicio por falta de pago. Dicha notificación deberá ser, pero sin limitarse, mediante mensaje automático generado vía llamada telefónica y a través de los medios electrónicos disponibles.

XI. LA FUNCIÓN PÚBLICA

1. *En general*

La estructura del servicio de personal en Puerto Rico tiene regímenes que se diferencian a base de tres sectores principales: gobierno central, corporaciones o empresas públicas y municipios. Cada uno de estos cuenta con sus propias leyes y organismos reguladores. Como punto de coincidencia todos operan en función de dos grandes categorías de empleados: los de confianza y los de carrera. Los empleados de confianza son aquellos que "intervienen o colaboran sustancialmente en la formulación de la política pública" y son por tanto de libre selección y remoción. En cambio, el empleado de carrera ocupa un cargo cumpliendo con determinados requisitos y compitiendo para el mismo. Solo puede ser destituido previa formulación de cargos y por justa causa.

Otra norma que uniforma toda la función pública es el principio del mérito. El mismo supone que todos los empleados públicos "serán seleccionados, ascendidos, retenidos y tratados en todo lo referente a su empleo sobre la base de la capacidad, sin discrimen por razones de raza, color, sexo, nacimiento, edad, origen o condición social, ni por sus ideas políticas o religiosas, condición de veterano, ni por impedimento físico o mental".

2. *Gobierno central*

Durante las pasadas décadas la principal legislación que regía la organización de la función pública en Puerto Rico fue la Ley Núm. 5 de 14 de octubre de 1975. La misma fue concebida como una legislación de avanzada, cuyo propósito principal fue establecer el principio de mérito como el que gobernaría todo lo relativo al personal del servicio público. Para esto se estableció que todos los empleados públicos, a excepción de los excluidos por la propia ley, estarían cubiertos por un solo sistema de personal.

Se aspiraba a que, una vez unificado el personal del servicio público bajo una sola administración, se fortalecería el principio del mérito y todo empleado sería seleccionado, adiestrado, ascendido y retenido en su empleo en consideración únicamente a sus capacidades y mérito.

El aspecto centralizado del sistema descansaba en un organismo administrativo denominado Oficina Central de Administración de Personal. Por otro lado, en todas aquellas decisiones que retenía cada administración y en torno a la cuales el empleado resultaba afectado, este tenía la oportunidad de presentar una apelación mediante un recurso administrativo ante otro organismo denominado Junta de Apelaciones del Sistema de Administración de Personal.

El desarrollo posterior debe verse en el contexto del debate en torno a la sindicación de empleados. Se planteaba si era o no conveniente brindarles el derecho a los empleados del gobierno central de poder negociar convenios colectivos con el gobierno. Sobre este tema la Constitución de Puerto Rico dispone en su Carta de Derechos que "[l]os trabajadores de empresas, negocios y patronos privados y de agencias o instrumentalidades del gobierno que funcionen como empresas o negocios privados, tendrán derecho a organizarse y a negociar colectivamente con sus patronos por mediación de representantes de su propia y libre selección para promover su bienestar". Constitución de Puerto Rico, artículo 2, sección 17. La sección 18 añade que para asegurar ese derecho, estos tendrán "el derecho a la huelga, a establecer piquetes y a llevar a cabo otras actividades concertadas legales".

Como bien señalan estas disposiciones, la Constitución cobija el derecho a organizase y el derecho a huelga de los empleados del sector privado y de las "instrumentalidades del gobierno que funcionen como empresas o negocios privados". Esto no significaba, sin embargo, que se prohibía hacer extensivo el derecho a organizarse a otros empleados como determinación de política pública.

Eso fue precisamente lo que ocurrió al aprobarse la Ley Núm. 45 del 25 de febrero de 1998. La política de dicha ley, conocida como la Ley de Relaciones del Trabajo para el Servicio Público de Puerto Rico, especifica que "[l]a organización de sindicatos de empleados del sector público y la negociación colectiva deberán orientarse por criterios de productividad y de mejoramiento de los servicios al pueblo al menor costo posible". Esta ley enfatiza la aplicación del principio de mérito y establece mecanismos de quejas y arbitraje para resolver disputas. Precisa señalar que tal derecho a negociar excluyó de forma clara y directa el derecho a la huelga.

La adopción de esta ley supuso una transformación radical del servicio público en el gobierno central. Aunque todavía quedaban empleados a quienes no cubría la nueva legislación sobre sindicación, el número se había reducido dramáticamente y no había una plena armonización en cuanto a cómo tratar el principio de mérito en el nuevo escenario. Esto dio paso entonces a la aprobación de nueva legislación, la Ley para la Administración de los Recursos Humanos en el Servicio Público del Estado Libre Asociado de Puerto Rico, Ley Núm. 184 del 3 de agosto de 2004.

Se creó así un Sistema de Administración de los Recursos Humanos cónsono con la realidad de grandes grupos de empleados sujetos a negociación colectiva, sin trastocar por ello la Ley Núm. 45 de 1998. La ley de 2004 conservó el organismo central de asuntos de personal, pero con una función esta vez más de asesoramiento, dejando el grueso de las decisiones en manos de cada administración. El organismo se llamó Oficina de Capacitación y Asesoramiento en Asuntos Laborales y de Administración de Recursos Humanos.

Sin embargo, años después se aprobó nueva legislación mediante la Ley para la Administración y Transformación de los Recursos Humanos en el Gobierno de Puerto Rico, Ley Núm. 8-2017. Ahora el organismo rector se llamaría Oficina de Administración y Transformación de los Recursos Humanos en el Gobierno de Puerto Rico y estaría llamado a operar bajo el enfoque de que el gobierno es un "empleador único", lo cual suponía tener como premisa básica la posibilidad de movilidad de empleados entre todos los organismos de gobierno. Sería razonable afirmar que este modelo del empleador único no ha llegado a tener desarrollo o impacto significativo en la función pública.

Las diferentes leyes han incluido la creación de organismos apelativos para las controversias que pudiera generar su aplicación. En el caso de la ley de sindicación de empleados, se trataba de la Comisión de Relaciones del Trabajo del Servicio Público. Mientras, la ley de sistema de personal del gobierno central creó la Comisión Apelativa del Sistema de Administración de Recursos Humanos del Servicio Público, la cual reemplazó la Junta que existía desde 1975. Tan reciente como el año 2010 ambas entidades fueron fusionadas bajo una "Comisión Apelativa del Servicio Público". Plan de Reorganización Núm. 2 de 26 de julio de 2010.

3. *Corporaciones o empresas públicas*

Como ya indicamos, la Constitución expresamente reconoce el derecho de los empleados de entidades públicas que operen como negocios privados a negociar e incluso el derecho a la huelga. Esto ha significado históricamente que los empleados de corporaciones públicas en Puerto Rico están cobijados por las mismas leyes que aplican a los empleados del sector privado. En este caso la legislación principal es la Ley Núm. 130 del 8 de mayo de 1945, conocida como la Ley de Relaciones del Trabajo de Puerto Rico. En términos institucionales esta ley creó la Junta de Relaciones del Trabajo de Puerto Rico, el cual opera fundamentalmente como un foro adjudicativo de controversias que surgen al amparo de la aplicación de la ley.

4. *Empleados municipales*

Puerto Rico cuenta con setenta y ocho municipios, cada uno con su estructura de gobierno. El Código Municipal de 2020 incluye en su Libro II, un Capítulo VI dedicado al tema de recursos humanos donde se establece un sistema de personal para el gobierno municipal. Según la legislación, la estructura de sistema de personal será establecida por cada municipio y se regirá por el principio de mérito. El sistema municipal debe ser cónsono con las guías que prepare la Oficina de Administración y Transformación de los Recursos Humanos del Gobierno de Puerto Rico en virtud de la Ley 8-2017. Así también, cada municipio deberá adoptar un reglamento uniforme de Administración de Recursos Humanos donde clasifique los puestos y la retribución uniforme de los empleados.

5. *La regulación ética en el servicio público de Puerto Rico*

Puerto Rico cuenta con una Ley de Ética Gubernamental que creó la Oficina de Ética Gubernamental y estableció un Código de Ética que reglamenta la conducta de todos los funcionarios y ex funcionarios de la rama ejecutiva del gobierno de Puerto Rico, incluyendo a los empleados de las corporaciones públicas y municipios. La Ley Orgánica de la Oficina de Ética Gubernamental del Estado Libre Asociado de Puerto Rico, Ley Núm. 1-2012, tiene el objetivo de promover y preservar la integridad de los funcionarios e instituciones públicas del Gobierno. El Código establece determinadas prohibiciones en la conducta de los empleados, dispone circunstancias donde la actuación puede ser objeto de dispensa y define las sanciones administrativas y penales que conlleva su incumplimiento.

XII. EL URBANISMO Y ORDENACIÓN DEL TERRITORIO

La atención de temas relativos a la ordenación del territorio y el urbanismo se enmarca en el choque de políticas públicas respecto a la correcta y más conveniente distribución de competencias. De un lado existen procesos centralizados creados en la década de los 40's y reafirmados en los 70's, que resultaron impactados por desarrollos en los 90's tendentes a reconocer mayores poderes en este renglón a los gobiernos municipales. Sin embargo, las décadas posteriores han evidenciado una tendencia a centralizar nuevamente el tema.

Un primer punto de referencia es el organismo administrativo llamado Junta de Planificación, organizado por la Ley Núm. 75 de 24 de junio de 1975 como un cuerpo colegiado de siete miembros nombrados por el Gobernador. Con amplias facultades, la Junta de Planificación tiene el fin de proteger los intereses y bienestar de la ciudadanía en general en el descargo de la política púbica de planificación y zonificación.

En términos de ordenación territorial la Junta está llamada a preparar planes de usos de terrenos los cuales designarán la distribución, localización, extensión, e intensidad de los usos de los terrenos para propósitos urbanos, rurales, agrícolas, de explotación minera, bosques, conservación y protección de los recursos naturales, recreación, transportación y comunicaciones, generación de energía, y para actividades residenciales, comerciales, industriales, educativas, públicas e institucionales. Se le faculta además para adoptar reglamentos en los siguientes renglones: zonificación, control de uso de playas, balnearios y otros cuerpos de agua y lotificación de terrenos. Al respecto ha expresado el Tribunal Supremo que "la zonificación o rezonificación y las consultas de ubicación son los instrumentos por excelencia a través de los cuales la Junta puede desempeñar su poder [para] implantar la política pública de planificación y urbanismo." *Borschow Hospital & Medical Supplies, Inc.* v. *Junta de Planificación*, 177 DPR 545 (2009).

La ley que crea la Junta reconoce un espacio importante a la participación ciudadana en el proceso de planificación de Puerto Rico. Para hacer esto realidad se le impone a la Junta la obligación de promover esfuerzos de orientación a la ciudadanía sobre el proceso de planificación, así como proveer la información necesaria que coloque a todo ciudadano en "una posición de igualdad para su participación efectiva en los procesos de planificación".

Es menester indicar que muchas de estas encomiendas han sido completadas solo de forma parcial. De hecho, en un momento dado la política pública sobre estos temas tomó un rumbo distinto. Mediante la Ley de Municipios Autónomos de 1991, la Asamblea Legislativa reenfocó los esfuerzos de planificación y ordenación territorial hacia los gobiernos municipales. Aunque dicha ley contemplaba una política general para posibilitar la transferencia de competencias del gobierno central a los municipios, las disposiciones más elaboradas y sofisticadas al respecto eran las relacionadas a ordenación territorial.

Se estableció, así como política pública que los municipios pudieran aspirar a la adopción de Planes de Ordenación. Una vez adoptado un plan de este tipo que abarcara la totalidad del municipio, se podía traspasar al gobierno municipal algunas competencias de los organismos administrativos nacionales con responsabilidad en esta área.

El proceso de adopción de estos planes de ordenación debía incluir la participación de la ciudadanía en el proceso de elaboración y aprobación. Además, los planes debían ser compatibles con las políticas públicas y con los planes generales para Puerto Rico, así como con los planes regionales y de otros municipios, particularmente con los planes de los municipios colindantes.

Este proceso también tuvo sus tropiezos, ya sea por la lentitud de muchos municipios en desarrollar sus planes de ordenación o por la resistencia de la propia Junta de Planificación en poner en vigor un proceso real de transferencia de competencias. Esto justifica en parte que en el 2004 surgiera una nueva iniciativa que volvía a la visión de planificación centralizada.

La Ley Núm. 550 de 3 de octubre de 2004 creó una oficina adscrita a la Junta de Planificación con la encomienda de formular un Plan de Uso de Terrenos. Dispone la ley que dicho Plan "consistirá en el instrumento de planificación principal que regirá la política pública del Gobierno del Estado Libre Asociado de Puerto Rico con relación al uso de los terrenos, el desarrollo y la conservación de los recursos naturales". Aunque esta ley dispone que no tiene el efecto de revocar ningún poder delegado a los municipios, establece claramente que "la Junta de Planificación puede revisar los planes de ordenamiento territorial a la luz de establecer una política pública coherente e integral que se recoja a través del Plan de Uso de Terrenos de Puerto Rico." Artículo 13 de la Ley.

Más recientemente, la Junta de Planificación ha querido desarrollar cambios en sus políticas a través de la adopción de un Reglamento Conjunto al amparo de la Ley Núm. 161-2009.

Al momento de publicarse este ensayo la última versión de este cuerpo normativo, el Reglamento Conjunto 2020, es objeto de impugnación judicial en los tribunales de Puerto Rico. Esto motivado por alegaciones de incumplimiento con requisitos procesales, así como problemas sustantivos respecto a modificaciones en usos que la ley no permite realizar vía reglamento. Mientras, la Junta de Planificación ha anunciado un proceso para discutir la adopción de un nuevo Reglamento Conjunto 2022. Parece acertado afirmar que la discusión de temas de ordenamiento territorial en Puerto Rico seguirá permeada por controversias.

DERECHO ADMINISTRATIVO DOMINICANO

OLIVO A. RODRÍGUEZ HUERTAS*

I. EVOLUCIÓN Y MODELO REGULATIVO DE LA ADMINISTRACIÓN PÚBLICA, CONCEPTO DE DERECHO ADMINISTRATIVO, BASE CONSTITUCIONAL Y FUENTES

- **Consideraciones generales**

1. En la República Dominicana, el derecho aplicable a la función pública administrativa del Estado se inscribe en las reglas y principios del derecho administrativo continental europeo, de origen francés.

2. Los órganos y entidades administrativas, para el cumplimiento de sus fines, se encuentran investidos de prerrogativas de poder público que le permiten, de manera unilateral, adoptar decisiones que afectan la situación jurídica de las personas; para el cumplimiento de sus finalidades constitucionales, realizan actividades de prestación y fomento; asumen funciones de regulación de las actividades de servicio público, así como de numerosas actividades económicas de interés general que los particulares, en base a su derecho a libre iniciativa, realizan; el personal público se encuentra sujeto, desde su ingreso a la Administración Pública, a un régimen estatutario; en fin, los actos administrativos que emiten, los contratos administrativos que suscriben, la responsabilidad en que incurren por el daño causado a las personas; los bienes -tanto los que conforman su dominio privado, como los de dominio público que gestiona-, se encuentran sometidos a un estatuto particular.

3. Asimismo, y a diferencia de lo que sucede con los particulares, los órganos y entes administrativos se encuentran sometidos en la República Dominicana a un conjunto de disposiciones que condicionan su actuación, tales como el principio de legalidad o juridicidad administrativa, el respeto de un debido proceso administrativo para el dictado de actos administrativos y reglamentos, el principio de legalidad presupuestaria, la exigencia de planeación en la contratación de bienes, servicios, obras y concesiones; procedimientos de selección de contratistas en base de criterios, entre otros, de objetividad, igualdad, publicidad y transparencia, sin los cuales no pueden proceder a la suscripción de un contrato.

- **Previsión de la enseñanza del Derecho administrativo**

4. En República Dominicana la previsión de la enseñanza del régimen jurídico particular de la función administrativa estatal remonta sus raíces al año 1848[1], apenas cuatro años después de ser proclamada nuestra independencia de la República de Haití, año en el cual se dispuso, de

---

* Licenciado en Derecho Universidad Eugenio María de Hostos (1987). Máster en Derecho de la Contratación Pública (2010) y Especialista en Fiscalidad Internacional (2007), ambos de la Universidad Castilla-La Mancha-España. Profesor de Derecho Administrativo de la Pontificia Universidad Católica Madre y Maestra (PUCMM), de la Universidad Iberoamericana (UNIBE) y del Instituto Global de Altos Estudios en Ciencias Sociales (IGLOBAL), de la República Dominicana. Co-autor de las obras "Manual Teórico-Práctico de Libre Acceso a la Información Pública", "Aspectos Dogmáticos, Criminológicos y Procesales del Lavado de Activos" y "Constitución Comentada". Miembro del Foro Iberoamericano de Derecho Administrativo, de la Asociación e Instituto Iberoamericano de Derecho Público y Administrativo "Prof. Jesús González Pérez", y de la Asociación Internacional de Derecho Administrativo. Miembro Honorario de la Asociación Mexicana de Derecho Administrativo. Miembro del Consejo Consultivo de la Revista de Derecho Público de Venezuela.

1 En fecha 8 de mayo del año 1848, se promulga la Ley No. 138, mediante la cual se establece un Colegio Seminario en la Capital de la República. El artículo 10 de la ley dispuso que en dicho Colegio se impartieran siete cátedras, entre las que figuraban una de derecho patrio y **ciencia administrativa**.

manera oficial, la enseñanza de una cátedra de "derecho patrio y **ciencia administrativa**", ordenándose como libro de texto la obra del francés Charles-Jean Bonnin denominada ***Principios de Administración Pública***.

5. El profesor mexicano Omar Guerrero, en un Estudio introductorio a una reimpresión de la obra de Bonnin auspiciada por el Fondo de Cultura Económica en el año 2004, señala que del contenido de la obra de Bonnin se advierte "un efecto social fructuoso, pues señalaría al ciudadano sus relaciones con la administración y sería la base de la enseñanza de las leyes administrativas en las escuelas de derecho. Sería también un instrumento de utilidad para el poder judicial, especialmente en relación con los actos administrativos"[2]. El Código Administrativo que adjunta a sus *Principios de Administración Pública*, a decir del citado profesor mexicano, constituía "un cosmos jurídico de garantías del ciudadano ante la administración pública".

6. No obstante lo señalado anteriormente, cuando oficialmente se dispuso en la Republica Dominicana la enseñanza de esta rama del derecho público con la denominación específica de ***Derecho administrativo***, lo fue el 20 de octubre del año 1852, fecha en la que el entonces presidente Buenaventura Báez, quien se formó en Francia en la última parte de la tercera década del Siglo XIX[3], emitió el Decreto 282, en el que se hace constar, como fundamento para el establecimiento de dos Colegios Nacionales "la imperiosa necesidad en que se halla la República de formar hombres capaces de servirla en los diferentes ramos de su Administración".

7. A los fines invocados en el señalado Decreto 282, se dispuso la enseñanza de diversas áreas temáticas, como las ciencias filosóficas, las ciencias políticas y las ciencias médicas. El derecho administrativo figuraba como una de las clases de las ciencias políticas:

> "Art. 7. Las ciencias políticas se dividirán en cuatro clases: una comprenderá el derecho natural y civil; otra la política o derecho constitucional y legislación civil y criminal; otra la economía política; y la otra la táctica parlamentaria, derecho práctico, medicina legal, **derecho administrativo** y derecho de gentes".

8. La importancia de incluir la enseñanza de esta disciplina del derecho público continuó presente en la República Dominicana, como lo demuestra el hecho de que el 23 de febrero del año 1879, mediante Decreto 1750, al disponerse el establecimiento de un instituto de instrucción superior denominado "**Ilustre Universidad literaria**", el Derecho administrativo figuró entre las asignaturas que deberían ser objeto de enseñanza:

> "Art. 1° Se establece un instituto de instrucción superior científica que tendrá por nombre, "Ilustre Universidad literaria".
>
> Art. 2° En ella se enseñarán las siguientes asignaturas: idioma latino; filosofía intelectual y física; derecho romano; legislación patria civil, de comercio y penal; teoría de los procedimientos; practica forense; derecho internacional y diplomático; **derecho administrativo**; economía política; medicina, comprendiendo higiene pública y privada, fisiología, patología interna, anatomía, terapéutica, toxicología, medicina legal y materia medica; cirugía, comprendiendo anatomía general y especial del cuerpo humano, procedimientos operatorios y obstetricia; botánica; química; farmacia; matemáticas; agrimensura; ingeniería civil.
>
> Art. 3° Habrá ocho catedráticos, a saber: de idioma latino y filosófica intelectual y física; de derecho romano, y legislación patria civil, de comercio y penal; de teoría de los procedimientos, practica forense y derecho internacional y diplomático; **de derecho administrativo** y economía política; de higiene pública y privada, fisiología, patología

---

2 Principios de Administración Pública. Charles-Jean Bonnin. Fundación de Cultura Económica. México. Edición 2004. p. 94.

3 Sang. Mu-Kien A. Buenaventura Báez. El Caudillo del Sur (1844-1878). INTEC. p. 25 y 199.

interna, anatomía, terapéutica, toxicología, medicina legal y materia médica; de anatomía general y especial del cuerpo humano, procedimientos operatorios, y obstetricia; de botánica, química y farmacia; de matemáticas, agrimensura e ingeniería civil".

9. En el primer cuarto del siglo XX, nuevos eventos se producen en relación con la enseñanza del derecho administrativo dominicano. En 1912, el presidente provisional Dr. Ramón Báez, mediante el Decreto No. 5376 puso en vigor el Código Orgánico y Reglamentario de Educación Común, instrumento normativo a través del cual se reglamentó, en un solo texto, la educación primaria, secundaria y universitaria.

10. En lo que respecta a la educación universitaria, el artículo 874 de ese Código, dispuso incluir en el segundo curso de la Facultad de Derecho y Ciencias Políticas de la Universidad de Santo Domingo, la asignatura "***Derecho Administrativo Dominicano***", conjuntamente con las de Derecho Romano, Derecho Civil y Derecho Penal.

11. Asimismo, el artículo 885 del mencionado Código dispuso que la Facultad de Derecho tuviera adscrita una "Escuela de Estudios Administrativos y Financieros" en la que se otorgaba un título de "Diploma de Bachiller en Estudios Administrativos y Financieros". Entre las materias que se impartían para obtener ese grado académico figuraba el "***Derecho administrativo***".

12. Algunos años después, en 1918, y ya en plena intervención militar norteamericana, el Gobernador Militar H. S. Knapp, Almirante del U.S. Navy, emitió la Orden Ejecutivo No. 145 contentiva, entre otras normas relativas a la educación, la ley general de estudios, que en su artículo 45 exigía, para obtener el título de Licenciado en Derecho Civil, aprobar una materia denominada "***Legislación administrativa dominicana***":

> "Art. 45.- Las materias requeridas para obtener el título de Licenciado en Derecho Civil son: Derecho Constitucional, Derecho Civil, Derecho Penal, **Legislación administrativa dominicana,** Derecho Comercial, Derecho Internacional Público, Derecho Internacional Privado, Procedimiento Civil y Procedimiento Criminal".

13. El maestro fundador del derecho administrativo dominicano, Manuel De Jesús Troncoso de la Concha, explica el cambio introducido en la denominación de la asignatura derecho administrativo dominicano por el de ***legislación administrativa dominicana***, de la siguiente manera:

> "Cuando en el año de 1917 se iba a proceder a la reforma de las leyes del servicio de Educación, los señores Jacinto R. de Castro y Julio Ortega Frier, miembros de la comisión encargada de preparar el proyecto de reformas, propusieron que en el grupo de las asignaturas del plan de estudios de la Facultad de Derecho se sustituyese la expresión DERECHO ADMINISTRATIVO por la de LEGISLACIÓN ADMINISTRATIVA DOMINICANA. Explicaron su proposición diciendo –y esto era exacto- que el estudio del Derecho Administrativo en nuestra Universidad se circunscribía a la exposición de los principios generales de esa rama de la ciencia jurídica, con muy poca aplicación de ellos a la legislación nacional, de lo cual resultaba que los alumnos quedaban ayunos del examen de muchas leyes dominicanas del orden administrativo cuyo conocimiento era indispensable. Su móvil era, así, que, al adoptarse, como lo fue, la nueva denominación, se pusiese de relieve el pensamiento de la ley de que, si bien se necesitaba el estudio de aquellos principios, no se necesitaba menos el de la organización legal de los servicios administrativos en la República Dominicana[4]".

14. Lo referido en el punto anterior, tuvo influencia en la doctrina nacional, ya que, precisamente, la otra gran obra de enseñanza del derecho administrativo en la República

[4] Troncoso De La Concha, Manuel De Jesús. Elementos de Derecho Administrativo. Imprenta Listín Diario. 1938. Prefacio. Esta obra fue objeto de una actualización en la década de los 80 del siglo pasado, la que estuvo a cargo del Dr. Raymundo Amaro Guzmán.

Dominicana, de la autoría de Manuel A. Amiama, fue titulada "**PRONTUARIO DE LEGISLACIÓN ADMINISTRATIVA DOMINICANA**"[5].

15. No se dispone de información que conduzca a identificar quien o quienes impartieron el derecho administrativo en el Siglo XIX. La única, y más remota, referencia de persona que haya impartido la materia derecho administrativo o legislación administrativa dominicana, es la del profesor Troncoso De La Concha, quien afirma haberla impartido a partir del año 1919.

- **Las primeras definiciones**

16. Independientemente de la denominación que se haya utilizado para la enseñanza del Derecho administrativo, la realidad es que, en la República Dominicana, el estudio de esta disciplina autónoma del derecho público, comprende tanto los principios generales, como la legislación administrativa, lo que se refleja en las definiciones que han brindado los dos grandes estudiosos de nuestro Derecho administrativo, los ya mencionados profesores Manuel De Jesús Troncoso De La Concha y Manuel A. Amiama.

17. Para Troncoso De La Concha, el Derecho administrativo "es el conjunto de los principios y reglas por los cuales se rige la actividad del Estado en cuanto se refiere al cumplimiento de los fines de esa actividad y a la determinación de los medios para llevarlos a cabo[6]".

18. Por su parte, Amiama define el derecho administrativo como "la parte o rama del Derecho Público que estudia de una manera sistemática, y con vistas al establecimiento de principios y reglas generales, la organización de la Administración Pública, las atribuciones de los organismos y funcionarios que la constituyen, las facultades de los particulares derivadas de las leyes administrativas, resultado de esas leyes, y los medios a que se puede recurrir para remediar la violación de esos derechos[7]".

19. Desde hace bastante tiempo, los vacíos derivados de la ausencia de legislación administrativa dominicana sobre la mayor parte de las categorías jurídicas que conforman el derecho administrativo, dio lugar a suplirlos, acudiendo a los principios generales del derecho administrativo.

20. La ley Núm. 1494, de 1947, que instituyó la jurisdicción contenciosa administrativa en República Dominicana, dispuso que todas "las sentencias del Tribunal Superior Administrativo se fundamentarán en los preceptos de carácter administrativo que rijan el caso controvertido **y en los principios que de ellos se deriven** y en caso de falta o insuficiencia de aquellos, los preceptos adecuados de la legislación civil"[8].

21. Ya en este siglo, la ley 13-07 del año 2007, al conferir competencia a los Juzgados de Primera Instancia para conocer de las contestaciones que surjan entre las personas y las administraciones locales, consigna expresamente que al "estatuir sobre estos casos los juzgados de primera instancia **aplicarán los principios y normas del Derecho Administrativo** y sólo recurrirán de manera excepcional, en ausencia de éstos, a los preceptos adecuados de la legislación civil"[9].

22. En la actualidad, a pesar de la impresionante transformación de la legislación administrativa dominicana, que hoy día cuenta con reglas y principios positivizados aplicables a una gran parte de las instituciones del derecho administrativo, la jurisprudencia suple aquellos vacíos acudiendo a principios generales del derecho administrativo no escritos, y en ausencia de

---

5 La primera versión mimeografiada de esta obra apareció en el año 1953.

6 Troncoso De La Concha, Manuel De Jesús. *Elementos de Derecho Administrativo Dominicano*, Cuarta Edición, p. 7.

7 Amiama, Manuel A. Prontuario de Legislación Administrativa Dominicana, Editorial Tiempo, 1987, p. 5.

8 Articulo 29

9 Artículo 3.

estos con textos del derecho común[10]. Como muestra de ello, la Suprema Corte de Justicia en sentencia Núm 4, de fecha 3 de julio de 2001, señaló que "la concesión de los servicios telefónicos a favor de la recurrente por el Gobierno Dominicano, es un contrato administrativo, considerado de utilidad pública e interés general, sujeto a la vigilancia y tutela del Estado; **que esto implica la atribución de ciertas prerrogativas cuyos efectos, salvo situaciones excepcionales, son exorbitantes del derecho común, tanto frente al concesionario como frente a particulares que no han sido partes en el acuerdo de concesión, por lo que considera que tienen una eficacia erga omnes**". Asimismo, en otra ocasión recurre al derecho común:

> "La jurisdicción contenciosa debe en caso de lagunas o cuando resulte de dificultosa aplicación la ley contenciosa administrativa, o conlleve a resultados injustos e irracionales, acudir a los preceptos adecuados de la legislación civil, tal y como expone el artículo 29 de la Ley núm. 1494-47 que instituye la Jurisdicción Contencioso Administrativa. De la interpretación del artículo anteriormente citado, esta Tercera Sala infiere que, si bien es cierto que la competencia normal de la jurisdicción contenciosa administrativa se relaciona con la solución de los conflictos jurídicos entre los particulares y los poderes públicos mediante la aplicación del Derecho Administrativo, nada impide que ese órgano jurisdiccional utilice el derecho privado, a fin de cumplir con el cometido o finalidad buscada. La idea anteriormente expuesta deriva del principio de sujeción de la administración pública al ordenamiento jurídico en general, implicando no solo respetar las normas de carácter administrativo, sino también las que emanan principalmente del derecho privado. Adicionalmente, **cabe resaltar que el carácter supletorio de la legislación civil en materia contencioso administrativa, es decir, cuando esta se encuentra apoderada, de un asunto de naturaleza contractual, en el que las normas administrativas resulten inexistentes o ambiguas, puede auxiliarse de la legislación civil, por resultar supletoria en la materia, tal y como expresa el referido artículo 29 de la Ley núm. 1494-47**, razones por las cuales se desestima el medio fundamentado en la incorrecta aplicación de la ley"[11].

- **Base constitucional y demás fuentes**
    - **Constitución y bloque de constitucionalidad**

23. En el ordenamiento jurídico dominicano los valores, principios y reglas contenidos en la Constitución tiene valor normativo en su integridad, y sujetan en virtud del principio de supremacía constitucional a todas las personas y órganos que ejercen potestades públicas. Así lo dispone expresamente el articulo 6 de la Carta Fundamental del Estado:

> Artículo 6.- **Supremacía de la Constitución**. Todas las personas y los órganos que ejercen potestades públicas están sujetos a la Constitución, norma suprema y fundamento del ordenamiento jurídico del Estado. Son nulos de pleno derecho toda ley, decreto, resolución, reglamento o acto contrarios a esta Constitución.

24. El texto constitucional dominicano tiene un alcance extensivo de su jerarquía cuando dispone que los "tratados, pactos y convenciones relativos a derechos humanos, suscritos y ratificados por el Estado dominicano, tienen jerarquía constitucional y son de aplicación directa e inmediata por los tribunales y demás órganos del Estado"[12]. Ese alcance se extiende a las decisiones del Tribunal Constitucional que "son definitivas e irrevocables y constituyen precedentes vinculantes para los poderes públicos y todos los órganos del Estado"[13].

---

[10] Mas adelante se deja constancia de esa utilización en temas como contratos y responsabilidad patrimonial de la Administración.

[11] SCJ. Sentencia núm. 111, de fecha 29 de septiembre de 2021. El resaltado es nuestro (ORH).

[12] Articulo 74, numeral 3.

[13] Artículo 184.- Tribunal Constitucional. Habrá un Tribunal Constitucional para garantizar la supremacía de la Constitución, la defensa del orden constitucional y la protección de los derechos fundamentales. Sus

25. Es por ello que en el derecho dominicano se reconoce la noción de "bloque de constitucionalidad", incorporada originalmente por vía pretoriana mediante la Resolución 1920 dictada por el Pleno de la Suprema Corte de Justicia, en fecha 13 de noviembre de 2003:

> "Atendido, a que la República Dominicana, tiene sistema constitucional integrado por disposiciones de igual jerarquía que emanan de dos fuentes normativas esenciales: a) la nacional, formada por la Constitución y la jurisprudencia constitucional local tanto la dictada, mediante el control difuso como por el concentrado, y b) la internacional, compuesta por los pactos y convenciones internacionales, las opiniones consultivas y las decisiones emanadas de la Corte Interamericana de Derechos Humanos; fuentes normativas que en su conjunto, conforme a la mejor doctrina, integran lo que se ha denominado, el bloque de constitucionalidad, al cual está sujeta la validez formal y material de toda legislación adjetiva o secundaria[14]".

26. Conforme se puede apreciar, en el ordenamiento jurídico dominicano, la noción de "bloque de constitucionalidad" comprende normas de orígenes, nacional y supranacional, otorgándole carácter vinculante a la doctrina que sirve de sustento a la jurisprudencia en materia constitucional, así como a las opiniones consultivas y a la jurisprudencia emanada de la Corte Interamericana de Derechos Humanos, ampliando así la esfera de protección de las personas en sus relaciones con los órganos del Estado que ejercen función administrativa[15], ya que como ha proclamado la jurisprudencia[16], es un requisito para la validez de las normas y de los actos administrativos su conformidad con el Bloque de Constitucionalidad.

27. A diferencia de las constituciones que nos han regido a partir de la primera constitución proclamada el 6 de noviembre de 1844, el texto de la carta fundamental del Estado que nos rige a partir del 26 de enero de 2010, es la que más se ha ocupado de temas con incidencia en el derecho administrativo[17].

28. En efecto, la Constitución dominicana dedica un capítulo, dentro del título del Poder Ejecutivo, a la Administración Pública, en el que se abordan los principios que sirven de pauta a su actuación, tales como los de eficacia, jerarquía, igualdad, transparencia, economía, publicidad, coordinación, y el de sometimiento pleno al ordenamiento jurídico del Estado[18].

29. Asimismo, se constitucionaliza la función pública[19], se dispone que el dictado de actos administrativos debe estar precedido de un procedimiento administrativo[20], la aplicación del

---

decisiones son definitivas e irrevocables y constituyen precedentes vinculantes para los poderes públicos y todos los órganos del Estado. Gozará de autonomía administrativa y presupuestaria.

14 Esta noción del Bloque de Constitucionalidad se aplica a partir del dictado de la Resolución 1920, con bastante frecuencia en la Jurisprudencia en materia constitucional de la Suprema Corte de Justicia, tanto las que son producto del control concentrado de constitucionalidad, como del control difuso.

15 Entre los principios rectores de la ley Orgánica del Tribunal Constitucional y de los procedimientos constitucionales núm. 137-11, figura el de Vinculatoriedad: "***Las decisiones del Tribunal Constitucional y las interpretaciones que adoptan o hagan los tribunales internacionales en materia de derechos humanos, constituyen precedentes vinculantes para los poderes públicos y todos los órganos del Estado***" (Articulo 7, numeral 13).

16 Sentencia del 4 de agosto de 2004, de la Cámara Penal de la Suprema Corte de Justicia: "una norma o acto, público o privado, es válido cuando, además de su conformidad formal con el bloque de constitucionalidad, esté razonablemente fundado y justificado dentro de los principios de la norma superior".; que, para garantizar esos principios la Constitución nacional en su artículo 46, dispone. "Son nulos de pleno derecho toda ley, decreto, resolución o acto contrario a esta Constitución".

17 Brewer-Carias, Allan R. Las bases constitucionales del Derecho Administrativo en la República Dominicana. Memorias del Congreso Internacional de Derecho Administrativo "Dr. Raymundo Amaro Guzmán. Editorial Jurídica Venezolana Internacional, 2015. p. 35 y 36.

18 Artículo 138.

19 Art. 138.1 y 142.

20 Art. 138.2

debido proceso en el ámbito administrativo[21], los aspectos básicos de los ministerios[22], de los organismos autónomos y descentralizados[23], la vigilancia o tutela administrativa a que estos últimos están sujetos[24], la administración local[25], la responsabilidad de los entes públicos y sus funcionarios[26], el régimen de los servicios públicos y de otras actividades de interés general[27], la potestad sancionadora de la Administración[28], el régimen básico de la expropiación forzosa[29], así como la distinción, dentro de los bienes que integran el patrimonio público, aquellos que forman parte del dominio público de los que pertenecen al dominio privado[30], y, finalmente, el control jurisdiccional de la Administración[31].

30. La jurisprudencia de la Suprema Corte de Justicia ha resaltado el efecto que ha producido en el derecho administrativo dominicano la cláusula del "*Estado Constitucional y Democrático de Derecho*", incorporado en el texto supremo de la nación a partir de la Constitución del 26 de enero de 2010, como un freno "ante las actuaciones arbitrarias, ilegales y caprichosas de los funcionarios administrativos":

> "en el derecho administrativo contemporáneo ya no estamos en presencia de una administración absolutista y todopoderosa, como ocurrió en la época del estado de policía medieval, donde la administración se colocaba por encima de los particulares, como si fuera un dios del olimpo bajo el falso mito de que sin importar lo que hiciera, sus actos siempre debían ser considerados como fieles ejecutorias para preservar el interés público en contra del particular, que era visto como su contrincante; sino que, actualmente, en los sistemas constitucionales contemporáneos como el nuestro, estos conceptos absolutistas y dictatoriales han sido abandonados y hoy en día la administración debe ser vista como un ente liberal, imparcial e independiente, que si bien debe velar por el interés publico o el bien común, también debe tutelar y preservar la libertad y los derechos individuales, todo ello bajo el marco de un Estado Constitucional y Democrático de Derecho que requiere que la Administración actúe en base a un conjunto de principios y reglas que preserven un debido proceso, que respeten y garanticen las libertades y derechos que han sido adquiridos legítimamente por los individuos, los que no pueden ser vulnerados ni desconocidos por un accionar irracional por parte de la administración, como ocurrió en la especie"[32].

31. Mas recientemente, la Suprema Corte de Justicia insiste en esa transformación, con las siguientes palabras: "se opera en el Derecho administrativo dominicano como consecuencia del prisma del derecho administrativo contemporáneo que rige en un Estado Social y Democrático de Derecho, como es el nuestro, donde los ciudadanos no son súbditos ni inertes, sino que son personas dotadas de derechos y de dignidad humana, las normas del debido proceso adquieren una especial relevancia y como muestra de ello, la Ley núm. 107/13, que regula las relaciones de las personas con la administración y el procedimiento administrativo, en su artículo 4 y bajo la denominación de derecho a la buena administración contempla un catálogo de derechos subjetivos de orden administrativo que deben ser respetados por la Administración Pública en sus

---

21 Articulo 69, numeral 10.

22 Arts. 134-136

23 Art. 141

24 Art. 141

25 Arts. 196 y ss.

26 Art. 148

27 Art. 147

28 Art. 40.13 y 40.17

29 Art. 51.1

30 Art. 93.2, letra b).

31 Artículos 139, 164 y 165.

32 SCJ. Sentencia No. 16, de fecha 11 de mayo de 2011.

relaciones con las personas, dentro de los cuales se encuentra su derecho a presentar quejas y reclamaciones ante la administración y a recibir respuesta en tiempo oportuno"[33].

32. Igual contribución ha hecho en este sentido el Tribunal Constitucional dominicano, que en una de sus primeras sentencias, deja clara la importancia de la naturaleza del Estado dominicano, como un Estado social y democrático de derecho, sin importar que la atribución que se ejerza, sea conferida por la Constitución al Jefe del Estado:

> "U) Llegados a este punto, conviene recordar que la discrecionalidad que la Constitución reconoce al Presidente de la República no es absoluta y, por el contrario, encuentra límites en la naturaleza del Estado Social y Democrático de Derecho vigente entre nosotros desde la entrada en vigencia de la actual Constitución del veintiséis (26) de enero de dos mil diez (2010); V) El fundamento de la vigencia real y concreta del Estado Social y Democrático de Derecho reside en la efectividad y prevalencia de los derechos fundamentales, y sus garantías, consagrados en la misma Constitución y las leyes, especialmente, para el caso concreto, aquellas que regulan el funcionamiento de la Policía Nacional, de forma que la referida discrecionalidad no sea confundida con la arbitrariedad; W) En todo caso, la existencia del Estado Social y Democrático de Derecho contradice la vigencia de prácticas autoritarias, incluso en instituciones como las militares y policiales en las que, por su propia naturaleza, prevalece una jerarquía rígida y una línea de autoridad sin espacios para el cuestionamiento. Sin embargo, en ellas también han de prevalecer los derechos fundamentales, a propósito del derecho de defensa como parte del debido proceso, de aquellos militares y policías a los que se les impute la comisión de hechos ilegales y que, si estos fueran probados, deban ser sancionados"[34].

- **Fuentes infra-constitucionales**

33. El Derecho administrativo dominicano se nutre, además de las disposiciones contenidas en la Constitución, y en las demás normas que conforman junto a la misma, el denominado "bloque de constitucionalidad", de una diversidad de fuentes, en su inmensa mayoría plasmadas en textos escritos, pero también, muy excepcionalmente, recurre a fuentes no positivizadas en el ordenamiento jurídico.

34. Aunque en sentido general esas fuentes tienen un origen local, cada vez resultan más importante, fuentes de origen externo a nuestro ordenamiento jurídico, aunque incorporadas en nuestro sistema jurídico, con carácter vinculante, por mandato expreso de la Constitución[35].

35. Las fuentes escritas de origen interno se encuentran conformadas por las leyes, orgánicas y ordinarias, que emanan del Poder Legislativo; los tratados internacionales sobre materias que no corresponden directamente a los derechos humanos; los reglamentos expedidos por autoridades administrativas, a nivel nacional o local, o, que no siéndolo[36], ejercen función administrativa[37]. Por su parte, las fuentes no escritas la conforman los principios generales del derecho administrativo, no incorporados en la legislación positiva.

---

33 SCJ. Sentencia núm. 115, de fecha 24 de febrero de 2021.

34 TC/0048/12.

35 Artículo 26.- Relaciones internacionales y derecho internacional. La República Dominicana es un Estado miembro de la comunidad internacional, abierto a la cooperación y apegado a las normas del derecho internacional, en consecuencia: 1) ***Reconoce y aplica las normas del derecho internacional, general y americano, en la medida en que sus poderes públicos las hayan adoptado***; 2) ***Las normas vigentes de convenios internacionales ratificados regirán en el ámbito interno, una vez publicados de manera oficial***.

36 Caso del Tribunal Constitucional, Suprema Corte de Justicia y Tribunal Superior Electoral.

37 La jurisprudencia constitucional de la Suprema Corte de Justicia ha reconocido que autoridades administrativas distintas del presidente de la República tienen competencia para dictar reglamentos de ejecución de las Leyes. En una sentencia dictada en fecha 15 de marzo de 2006, en ocasión de una acción

- Leyes orgánicas y leyes ordinarias.

36. En el ámbito de la Ley, el rol que le corresponde al Poder Legislativo es de importancia primordial, ya que de conformidad a la Constitución es atribución del legislador crear los Ministerios, entre las que son distribuidas las grandes competencias administrativas del Estado, de donde se desprende que, la desconcentración de competencias en órganos subordinados, le corresponde también al legislador; crear y asignar competencias a los organismos autónomos o entidades descentralizadas funcionalmente, así como a los Municipios y Distritos Municipales. Por otra parte, es tarea del legislador, todo lo atinente a la limitación de derechos.

37. Varias leyes que tienen una gran incidencia en aspectos vitales de la actividad administrativa del Estado, como la ley de la seguridad social[38], la ley de función pública[39] y la ley de municipios[40], han sido estructuradas en base a principios que sirven de pauta de interpretación para el resto del articulado de esas leyes.

- **Tratados internacionales, sobre materias que no corresponden directamente a los derechos humanos**

38. Los tratados internacionales, distintos a los de derechos humanos, tienen igualmente una importancia trascendente en el sistema de fuentes del derecho administrativo dominicano, sobre todo aquellos relativos a temas de naturaleza económica, como los relacionados con la Organización Mundial del Comercio (OMC), el Tratado de Libre Comercio entre Centroamérica, República Dominicana y los Estados Unidos, conocido, por sus siglas en inglés, como DR CAFTA[41]; y en materia de transparencia, como la Convención Interamericana contra la Corrupción, que contienen disposiciones que son directamente aplicables en el ordenamiento jurídico interno[42].

---

directa de inconstitucionalidad de la Ley de Registro Inmobiliario, dijo: "en el estado actual de nuestro ordenamiento jurídico y conforme la Constitución de la República, el Presidente de la República es el encargado de cuidar de la fiel ejecución de las leyes, en virtud del poder general que en ese sentido le acuerda el artículo 55, numeral 2 que le confiere la facultad de dictar normas de aplicación general obligatorias para sus destinatarios; que, sin embargo, dada la imposibilidad de que el Primer Mandatario vele personalmente por la aplicación de todas las leyes, el poder de reglamentación ha sido extendido a otras entidades de la administración pública o descentralizadas de esta, razón por la cual dicha facultad puede ser ejercida, además del Presidente de la República, por la autoridad u organismo público al que la constitución o la ley haya dado la debida autorización". Este criterio es cónsono con la opinión de la destacada administrativista dominicana Rosina De La Cruz Alvarado: "El principio es pues, que sólo el Presidente de la República es titular del Poder Reglamentario, sin embargo, ese principio conoce temperamentos, ya que puede ser atribuido, en virtud de un texto legal a un Secretario de Estado o a un organismo descentralizado, como ocurre con nosotros con la Junta Monetaria y como veremos que ha sido atribuido a la Administración Tributaria". (El Poder Reglamentario de la Administración Tributaria, artículo aparecido en Estudios Jurídicos, Volumen IV, Número I, Enero-Abril 1994),

[38] La Ley 87-01, que instituye el Sistema Dominicano de la Seguridad Social consagra en su Artículo 3 los principios fundamentales del Sistema: universalidad, obligatoriedad, integralidad, unidad, equidad, solidaridad, libre elección, pluralidad, separación de funciones, flexibilidad, participación, gradualidad, equilibrio financiero.

[39] La Ley 41-08, de Función Pública, establece en su Artículo 3, los siguientes principios fundamentales: mérito personal, igualdad de acceso, estabilidad, equidad retributiva, flexibilidad organizacional, irrenunciabilidad, tutela jurisdiccional.

[40] La Ley 176-07 del Distrito Nacional y los Municipios señala en su Artículo 6, como principios los siguientes: descentralización, desconcentración, subsidiariedad, concurrencia, coordinación, eficiencia, eficacia, equidad, transparencia, participación, concertación.

[41] El DR-CAFTA, generó una importante transformación de numerosas leyes administrativas y el dictado de una Ley de Contrataciones Públicas.

[42] Artículos 26.1 y 26.2 de la Constitución de la República.

■ Reglamentos

39. En términos generales, el reglamento se define "como una disposición administrativa de carácter general y de rango inferior a la ley, pero que es auténtico derecho y pasa a integrar el ordenamiento jurídico"[43]. El objetivo que se busca con el reglamento es "contribuir a la concreción de la ley y se encuentra, por consiguiente, subordinada a lo dispuesto por ella sin que sea factible alterar o suprimir su contenido ni tampoco reglamentar materias cuyo contenido esté reservado al legislador"[44], por lo que "no deben contrariarla ni rebasar su esfera de aplicación"[45].

40. Por otra parte, conforme a nuestra jurisprudencia el "reconocimiento de la potestad reglamentaria no supone en modo alguno transgresión al Derecho cuando dicha facultad haya sido ejercida de manera legítima"[46]. Asimismo, se "considera como un acto del obrar administrativo, con carácter supletorio de la ley, son normas inferiores y secundarias que tienen existencia en virtud de un poder otorgado por el legislador a un órgano de la Administración y que producen efectos generales[47]. Adicionalmente, dice la jurisprudencia, que su creación "por el propio legislador y otorgado a la Administración, no por mera casualidad ni de manera espontánea, sino justamente con la finalidad de que el órgano de la Administración competente legalmente pueda complementar a través de reglamentos sobre asuntos no legislados, pero que expresamente la ley delega en ellos"[48].

41. La potestad para dictar reglamentos, señala la jurisprudencia administrativa, "es atribuida en principio por la Constitución, pero puede ser atribuida también por el legislador[49], en cuyo caso, queda sujeta al ámbito y condiciones fijados previamente por la ley"[50].

42. En la doctrina constitucional dominicana, al abordar el tema de la clase de reglamentos, se hace una distinción entre reglamentos ejecutivos y reglamentos independientes.

43. "Los reglamentos ejecutivos son aquellos que se dictan con el fin de completar una ley anterior, cuando esta lo ha previsto expresamente, cuando el legislador invita al órgano a reglamentar la ley (reglamento invitado) o cuando, en ausencia de indicación expresa de la ley, el Poder Ejecutivo facultado constitucionalmente o el órgano autorizado por el legislador para dictar reglamentos ejerce espontáneamente su poder reglamentario (reglamento complementario"[51]. Mientras que los reglamentos independientes, contrario a los primeros no "tienen como finalidad el desarrollo de normas legales previas en la materia de que se trate y lo que regulan son materias de las que no se ha ocupado el legislador o de las que se ha ocupado de manera fragmentaria"[52].

44. Respecto de la tipología de reglamentos, tanto la jurisprudencia constitucional, como la judicial, han tenido pronunciamientos.

45. El Tribunal Constitucional dominicano ha distinguido entre "reglamentos auto organizativos y reglamentos normativos. Los primeros se refieren a aquellas disposiciones que

43 TC/0415/15.

44 SCJ. Sentencia Núm. 55, del 21 de junio de 2019.

45 SCJ. Sentencia Núm. 55, del 21 de junio de 2019.

46 SCJ. Sentencia Núm. 269, de fecha 16 de diciembre de 2020.

47 SCJ. Sentencia Núm. 62, de fecha 28 de diciembre de 2016.

48 SCJ. Sentencia Núm. 269, de fecha 19 del mes de diciembre de 2020.

49 Sin embargo, para dictar un reglamento autoorganizativo no se necesita tener habilitación "porque no entrañan obligaciones para los particulares" (TC/0048/20).

50 TC/0415/15. "15. Que la potestad reglamentaria, delegada a la Administración Pública para dictar reglamentos que, en términos generales, se definen como una disposición administrativa de carácter general y de rango inferior a la ley, entendiéndose que dichas medidas están subordinadas a los límites y competencias de su ámbito de aplicación". SCJ. Sentencia Núm. 55, de fecha 21 del mes de junio de 2019.

51 Jorge Prats, Eduardo. Derecho Constitucional. Volumen I. Cuarta Edición, p. 341.

52 Jorge Prats, Eduardo. Derecho Constitucional. Volumen I. Cuarta Edición, p. 341.

regulan la organización, procesos y estatura internos del órgano de la Administración que los dicta; es decir, tienen efectos ad intra. Los reglamentos normativos conciernen a normas de carácter general cuyos efectos jurídicos recaen sobre los particulares; es decir, tienen efectos ad extra"[53].

46. Mientras que la Suprema Corte de Justicia ha dicho que: "Nuestra Constitución Política en su artículo 128, numeral 1, literal b), expresamente otorga la facultad de expedir reglamentos al Presidente de la República cuando fuere "necesario", pero dicha facultad reglamentaria ha sido extendida a otros órganos de la administración pública cuando así lo autoriza una ley. 21. Esta potestad reglamentaria autorizada a la administración pública por una ley para dictar reglamentos que hagan posible su ejecución mediante complementación, precisión o concreción, está subordinada a los límites y competencias señalada en la ley de referencia. Que el carácter subordinado de los reglamentos ejecutivos implica no solo que no pueden emitirse sin una ley previa para cuya pormenorización normativa están destinados, sino que su validez jurídico-constitucional depende de ella en cuanto no deben contrariarla ni rebasar su esfera de aplicación"[54].

47. La jurisprudencia del Tribunal Constitucional ha destacado la singularidad del reglamento, señalando que "de su ejercicio, dimana auténtico derecho objetivo, y por ende es, a su vez, fuente, aunque sea parcial, del ordenamiento… sin que quepa el sistema de apropiación casuística, ocasional de potestades"[55]. Ha dicho igualmente el máximo intérprete de la Constitución, que, al no tener rango de ley, el reglamento se encuentra afectado "por el principio de jerarquía normativa que las subordina, precisamente, a la ley, dado que *el reglamento es secundario, subalterno, inferior y complementario de las leyes, por cuanto es un producto de la administración*, a diferencia de la ley que se legitima en la voluntad popular. En la misma decisión, este órgano señala que: La heteronomía de los reglamentos implica no sólo que no pueden expedirse sin una ley previa a cuya pormenorización normativa están destinados, sino que su validez jurídico-constitucional depende de ella en cuanto *no deben contrariarla ni rebasar su ámbito de aplicación*"[56].

48. Desde el punto de vista cuantitativo, el reglamento constituye una fuente de primordial importancia en el Derecho administrativo dominicano. Ello obedece a la presencia cada vez mayor en nuestro ordenamiento jurídico de leyes marco, como acontece en los ordenamientos sectoriales del medio ambiente, de la actividad de intermediación financiera, de los mercados de valores, de la seguridad social, de telecomunicaciones, de la salud, de la electricidad, de la administración aeronáutica, por solo citar algunos.

49. Desde el punto de vista subjetivo, en la República Dominicana se ha producido un proceso de expansión respecto de las autoridades con competencia para su dictado[57], lo que ya

---

[53] TC/0048/20. En la sentencia TC/601/18, de fecha 10 de diciembre de 2018, el Tribunal Constitucional, expresa que los organismos de la Administración poseen, en principio, la potestad de reglamentar aquellos asuntos que permitan asegurar su capacidad de autoorganización y autoadministración interna.

[54] SCJ. Sentencia Núm. SCJ-TS-22-0632, de fecha 24 del mes de junio de 2022. "A excepción del poder reglamentario autónomo, no puede expedirse un reglamento sin que se refiera a una ley, y se funde precisamente en ella para proveer en forma general y abstracta en lo necesario para la aplicación de dicha ley a los casos concretos que surjan" SCJ. Sentencia Núm. 55, del 21 del mes de junio de 2019.

[55] TC/0508/21.

[56] TC/0415/15.

[57] "12.2.6. La facultad reglamentaria parte de principio de que la administración debe participar en la formación del ordenamiento jurídico ejerciendo una potestad que le confiere la ley**, es decir, a partir de la habilitación positiva con el sistema normativo**….La administración puede ejercer los poderes que le son conferidos por el ordenamiento, mediante la potestad reglamentaria, siempre que ésta se mueva, naturalmente, dentro de su ámbito propio. Esta posibilidad de ejercer potestades de la Administración es importante, pero no lo es como la precisión de que ha de ser hecha, precisamente, a través de la creación de derecho objetivo, es decir,

había sido reconocido en la doctrina nacional[58], habiendo señalado también la jurisprudencia constitucional que "en el estado actual de nuestro ordenamiento jurídico y conforme la Constitución de la República, el Presidente de la República es el encargado de cuidar de la fiel ejecución de las leyes, en virtud del poder general que en ese sentido le acuerda el artículo 55, numeral 2 que le confiere la facultad de dictar normas de aplicación general obligatorias para sus destinatarios; que, sin embargo, dada la imposibilidad de que el Primer Mandatario vele personalmente por la aplicación de todas las leyes, el poder de reglamentación ha sido extendido a otras entidades de la administración pública o descentralizadas de esta, razón por la cual dicha facultad puede ser ejercida, además del Presidente de la República, por la autoridad u organismo público al que la constitución o la ley haya dado la debida autorización"[59].

50. Ese criterio ha sido refrendado por el Tribunal Constitucional dominicano creado en la Constitución proclamada el 26 de enero de 2010. En efecto, el máximo interprete constitucional dijo al respecto, en su sentencia **TC/0415/15,** lo siguiente:

> "10.3. Entrando al análisis del fondo de la presente acción, es preciso referirse a la potestad reglamentaria y su titularidad. En virtud del principio de separación de los poderes, la potestad normativa es la función que propiamente corresponde al Poder Legislativo; sin embargo, de manera excepcional esta potestad puede resultar atribuida a las otras ramas del poder, incluida aquella en la que se enmarca la Administración, atendiendo a la necesidad de que la misma complete las tareas del legislador a través del establecimiento de una serie de normas complementarias o de desarrollo, en el entendido de que la ley no puede ni debe entrar a regularlo todo. Del universo temático que el legislador tiene que analizar para llevar a cabo la función que la Constitución le encomienda, deriva su imposibilidad práctica de regular todos los detalles que la materialidad de la ley requiera para que se dé cumplimiento efectivo a la norma"[60].

---

mediante un reglamento, sin que quepa el sistema de apropiación casuística y ocasional de potestades" **TC/0508/21.**

58 "El principio es pues, que sólo el Presidente de la República es titular del Poder Reglamentario, sin embargo, ese principio conoce temperamentos, ya que puede ser atribuido, en virtud de un texto legal a un Secretario de Estado o a un organismo descentralizado, como ocurre con nosotros con la Junta Monetaria y como veremos que ha sido atribuido a la Administración Tributaria". (El Poder Reglamentario de la Administración Tributaria, artículo de Rosina De La Cruz Alvarado, aparecido en Estudios Jurídicos, Volumen IV, Número I, Enero-Abril 1994).

59 Sentencia dictada por la Suprema Corte de Justicia en fecha 15 de marzo de 2006, en momentos en que ejercía competencia en materia de control concentrado de constitucionalidad.

60 En esta sentencia el Tribunal Constitucional hizo también un análisis sobre los orígenes históricos del reglamento como categoría jurídica, así como respecto de la atribución constitucional del Poder Ejecutivo para dictar reglamentos en nuestro país: "**10.4. Originalmente la titularidad de la potestad reglamentaria ha sido atribuida al Poder Ejecutivo, como resultado de una compleja evolución histórica que ha tenido como factor determinante la confrontación entre el Parlamento y la Corona, durante el siglo XVI en Inglaterra y finales del XVIII en Francia. En Inglaterra, la oposición del Parlamento terminó provocando la "Glorious Revolution", con el Bill of Rights de 1689, que consagró la sumisión del Monarca a las normas emanadas del Parlamento, de modo que no podría ni suspenderlas ni dispensar su cumplimiento. En Francia, a partir de la revolución francesa, la superioridad del Poder Legislativo sobre el Ejecutivo, conllevó necesariamente la superioridad de la potestad legislativa sobre la reglamentaria; sin embargo, las necesidades de gobierno y creciente relevancia del Ejecutivo a lo largo del proceso revolucionario produjeron su reconocimiento constitucional, surgiendo el término reglamento en la Constitución bonapartista del 13 de diciembre de 1799, cuando se plasma en la norma constitucional, la doctrina imperante del poder reglamentario del Ejecutivo con subordinación total a la Ley. 10.5. De manera expresa, en la República Dominicana con la reforma constitucional del 19 de febrero de 1858, se le atribuye al Poder Ejecutivo la facultad de dictar reglamentos, pero sólo para asegurar el cumplimiento de las leyes y decretos del Congreso. Esta condición varió con la reforma** constitucional **de 1924, puesto que en el artículo 49.3, le confiere al Presidente de la República una**

- Principios generales del derecho no positivizados

51. En lo que respecta a las fuentes no escritas, hasta hace apenas una década, los principios generales del derecho administrativo no incorporados en la legislacion administrativa, encontraron en esta rama del derecho público un amplio campo de aplicación debido a la ausencia de regulación general de muchas de las instituciones esenciales del Derecho Administrativo, tales como, la actividad y la organización administrativa, el acto y el contrato administrativo, el procedimiento administrativo, los recursos administrativos, el régimen de los bienes públicos[61].

II. PRINCIPIO DE LEGALIDAD Y DISCRECIONALIDAD ADMINISTRATIVA

- **Principio de legalidad o juridicidad**

52. El Diccionario Panhispánico del Español Jurídico, se refiere al principio de legalidad de la manera siguiente: "Principio jurídico que sustenta el Estado de derecho, en virtud del cual los poderes públicos están sometidos a la ley y al derecho"[62].

53. Este principio se encuentra consagrado expresamente en la Constitución dominicana, en la legislación administrativa que regula la organización de la Administración pública, así como la que regula el procedimiento administrativo.

54. En efecto, el artículo 138 de la Carta Fundamental del Estado, cuando establece los principios de actuación administrativa dispone que la "Administración Pública está sujeta en su actuación a los principios de eficacia, jerarquía, objetividad, igualdad, transparencia, economía, publicidad y coordinación, ***con sometimiento pleno al ordenamiento jurídico del Estado***".

55. A la luz del texto constitucional antes citado, se puede advertir que, en el ordenamiento jurídico dominicano, el tradicional principio de legalidad queda comprendido dentro del concepto más amplio de "juridicidad", en virtud del cual no sólo se prohíbe contravenir la ley, sino también a las diversas fuentes de derecho que conforman el sistema jurídico vigente[63].

56. En la legislación administrativa dominicana, la Ley Núm. 247-12, que regula la organización de la Administración Pública, recoge el "principio de juridicidad" de la manera siguiente:

> "**Principio de juridicidad**. La Administración Pública se organiza y actúa de conformidad con el principio de juridicidad, por el cual la asignación, distribución y ejecución de las competencias de los entes y órganos administrativos se sujeta a lo dispuesto

---

facultad genérica de dictar reglamentos sin vincular su poder reglamentario al poder de ejecución propio de la rama ejecutiva, sino considerando que la reglamentación supone una voluntad propia de formación".

61 En materia de identificación de principios generales, la Ley Monetaria y Financiera No. 183-02[61], hizo un aporte importante al derecho administrativo dominicano al identificar, como tales, los siguientes: legalidad, seguridad jurídica, interdicción de la arbitrariedad, motivación de los actos que restrinjan la esfera jurídica de los interesados, jerarquía normativa, eficacia, razonabilidad, economía, transparencia, celeridad, preclusión de plazos, publicidad y debido proceso. A estos principios debemos agregarle otros igualmente incorporados en la Ley 183-02, como el principio de inderogabilidad singular de los reglamentos[61], el de presunción de legalidad de los actos administrativos[61], el principio de ejecutoriedad[61], el principio de ausencia de efectos suspensivos de los recursos administrativos[61].

62 Muñoz Machado, Santiago (director). *Diccionario Panhispánico del Español Jurídico*. Madrid: Real Academia Española, Santillana, 2017, p. 1593.

63 Sánchez Morón, Miguel. Derecho Administrativo. Parte General. Madrid: Tecnos, 14ta. ed., 2018, p. 86-88.

por la Constitución, las leyes y los reglamentos dictados formal y previamente conforme al derecho"[64].

57. Por su parte, la Ley Núm. 107-13, al regular los principios que sujetan la actuación de la Administración pública, el primero que enumera, es precisamente el principio de juridicidad:

> "Artículo 3. Principios de la actuación administrativa. En el marco del respeto al ordenamiento jurídico en su conjunto, la Administración Pública sirve y garantiza con objetividad el interés general y actúa, especialmente en sus relaciones con las personas, de acuerdo con los siguientes principios: **1. Principio de juridicidad**: En cuya virtud toda la actuación administrativa se somete plenamente al ordenamiento jurídico del Estado".

58. Ha sido criterio constante del Tribunal Constitucional, que el principio de legalidad constituye uno de los principales pilares del Estado Constitucional de Derecho. De manera textual, ha establecido lo siguiente:

> "El principio de legalidad es uno de los principios pilares del estado constitucional de derecho, de la seguridad jurídica, del cual no están exentos los poderes públicos, y que su finalidad es que las personas tengan, de antemano, conocimiento de cómo deben conducirse, qué pueden o no hacer, cuál será la consecuencia de su acción u omisión y a qué se van a enfrentar en caso de no actuar conforme a un determinado precepto legal, pues la ley, al acordar una pena, tiene como propósito evitar lesiones de derecho, por acogerse la amenaza que entraña el anunciado castigo"[65].

59. La jurisprudencia en materia administrativa emanada de la Suprema Corte de Justicia, se ha referido al principio de legalidad como "la obligación que se impone a toda persona, institución y órgano de someter su actuación al mandato legal; y es en este sentido que el principio de legalidad constituye un límite y una condición de las actuaciones de la Administración"[66]. También se ha referido al principio de legalidad como:

> "es una obligación que se impone a toda persona, institución y órgano de someter su actuación administrativa al mandato legal y que constituye un límite racional y una condición de las actuaciones de la administración; de manera que se hace ineludible, la determinación, por parte de los jueces del mérito del recurso contencioso administrativo, de si se encuentra ante un supuesto de hecho, conforme con el cual, la Administración Pública tiene autorización legal para hacer determinada actuación (vinculación positiva); o si por el contrario, se encuentra ante un supuesto en el cual la norma no hace una mención expresa de un mandato de hacer; pero no indica un impedimento a la actuación administrativa (vinculación negativa), esta última sujeta al análisis, y consecuente carga motivacional, de la existencia de la materialización de la protección efectiva de los derechos de los administrados y del interés general, en virtud del derecho fundamental a la buena administración, positivizado de manera implícita en los artículos 138, 139, y 146 de nuestra Constitución"[67].

---

64 Articulo 12.2, Ley Orgánica de la Administración Pública núm. 247-12.

65 Sentencias TC/0200/13 de fecha 7 de noviembre de 2013; TC/0344/14 de fecha 23 de diciembre de 2014; TC/0667/16 de fecha 14 de diciembre de 2016, dictadas por el Tribunal Constitucional.

66 SCJ. Sentencia núm. 1, del 19 de noviembre de 2008. En esta misma sentencia la Suprema Corte de Justicia fundamenta el alcance de este principio señalando que "el Estado, como ente rector de las relaciones en sociedad, no sólo establece los lineamientos y normas a seguir, sino que en un sentido más amplio tiene la obligación de establecer seguridad jurídica al ejercer su poder de imperio; que en este sentido, la seguridad jurídica es la garantía dada al individuo de que, su persona, bienes y derechos no serán objeto de ataques violentos o que, si éstos llegaran a producirse le serian asegurados por el Estado su protección y reparación por procedimientos regulares, establecidos previamente

67 SCJ. Sentencia núm. 267, de fecha 16 de diciembre de 2020.

60. Mas recientemente, el alto órgano judicial, se ha referido al principio de legalidad, utilizando el alcance propio de la juridicidad, aludiendo que el mismo constituye uno "de los pilares sobre los que se fundamenta el derecho administrativo contemporáneo", señalando además, en cuanto a su alcance, que "la Constitución y la ley definen las atribuciones de los órganos que ejercen el poder público, a las cuales deben ajustarse las actividades que realicen. En suma, la administración está sometida de manera plena a la ley y a derecho, por lo que desbordar este cerco constituye una infracción que apareja enmienda por parte del o de los órganos jurisdiccionales competentes"[68].

61. En el derecho administrativo dominicano, el principio de legalidad o juridicidad que condiciona la actuación administrativa comprende una doble vertiente, una, de orden material y alcance absoluto, como lo constituye la atribución o potestad; y la otra, de carácter formal, relativa al debido proceso que ha de seguir la Administración en el ejercicio de las competencias que le hayan sido atribuidas.

62. En lo que respecta a la vertiente material, la ley orgánica de la Administración Publica Núm. 247-12 dispone, que la "competencia es el conjunto de facultades y responsabilidades asignadas a cada órgano o entidad pública para el cumplimiento de sus atribuciones".

63. También en la ley Ley Núm. 107-13, sobre los derechos de las personas en sus relaciones con la Administración y de procedimiento administrativo, consagra el principio del ejercicio normativo del poder:

> "10. Principio de ejercicio normativo del poder: En cuya virtud la Administración Pública ejercerá sus competencias y potestades dentro del marco de lo que la ley les haya atribuido, y de acuerdo con la finalidad para la que se otorga esa competencia o potestad, sin incurrir en abuso o desviación de poder, con respeto y observancia objetiva de los intereses generales[69].

64. En lo que respecta a la dimensión formal del principio de legalidad o juridicidad, el ordenamiento jurídico dominicano lo recoge tanto a nivel constitucional, como legal. En efecto, el articulo 69.15 del texto fundamental del Estado dispone que "las normas del debido proceso se aplicarán a toda clase de actuaciones judiciales y administrativas". Asimismo, la Constitución dominicana dispone una reserva de ley para regular el "procedimiento a través del cual deben producirse las resoluciones y actos administrativos, garantizando la audiencia de las personas interesadas, con las excepciones que establezca la ley[70]".

65. A nivel legislativo, la ley Núm. 107-13, recoge entre sus principios, el de debido proceso, con el siguiente contenido:

> "22. Principio de debido proceso: Las actuaciones administrativas se realizarán de acuerdo con las normas de procedimiento y competencia establecidas en la Constitución y las leyes, con plena garantía de los derechos de representación, defensa y contradicción"[71].

66. La jurisprudencia constitucional dominicana se ha referido a esta vertiente formal del principio de legalidad o juridicidad señalando que, el "debido proceso no solo ha de ser observado en aquellos casos que se ventilan en el ámbito de los órganos encargados de impartir justicia, sino que todas las instituciones estatales donde se llevan a cabo procedimientos que pueden afectar o limitar de algún modo derechos fundamentales de los ciudadanos están en la obligación de respetar las garantías que integran el debido proceso"[72].

---

[68] SCJ-TS-22-0206, de fecha 31 de marzo de 2022. En igual sentido: SCJ-TS-22-1227, de fecha 16 de diciembre de 2022.

[69] Articulo 3, numeral 10.

[70] Artículo 138, numeral 2).

[71] Artículo 3.

[72] TC/0119/14.

67. En otra sentencia, ha dicho el supremo interprete constitucional, que en "el ámbito administrativo, hemos señalado que el debido proceso constituye un conjunto de garantías que deben ser observadas en todo procedimiento administrativo o judicial, espacios en los que opera como mecanismo de protección para la autonomía y la libertad del ciudadano y también como límite al ejercicio del poder público, así como una garantía genérica que resguarda los derechos del administrado durante la actuación del poder de la Administración que, a su vez, implica el sometimiento de la actuación administrativa a reglas previamente establecidas, las cuales no pueden comportar restricciones o arbitrariedades contra el administrado"[73].

68. La jurisprudencia de la Suprema Corte de Justicia no ha sido ajena al tema "Que el debido proceso, en el ámbito del derecho administrativo, encuentra su fundamento sustantivo en el artículo 69, numeral 10 de la Constitución dominicana que establece que las normas del debido proceso se aplicaran a toda clase de actuaciones judiciales y administrativas y por tanto las garantías mínimas contempladas por dicho texto y que conforman el debido proceso deben también ser resguardadas en todo procedimiento administrativo"[74].

69. Finalmente, en lo que respecta al contenido del principio de legalidad o juridicidad que sujeta la actuación administrativa, es importante señalar que en el derecho administrativo dominicano, si bien es cierto que se integra por un conjunto de reglas y principios de derecho público, recogidos, principalmente, en la Constitución y en la legislación administrativa, ello no es óbice para que normas provenientes del derecho privado también integren el parámetro de juridicidad. Al respecto, ha dicho la jurisprudencia que "el principio de sujeción de la administración pública al ordenamiento jurídico en general", implica "no solo respetar las normas de carácter administrativo, sino también las que emanan principalmente del derecho privado", cuando proceda su aplicación supletoria[75].

- **La discrecionalidad administrativa**

70. En la doctrina administrativa dominicana, el Prof. Manuel A. Amiama, al analizar el tema del acto administrativo desde el punto de vista de su relación con la ley, señaló lo siguiente:

> "Desde el punto de vista de su relación con la ley, se clasifican en actos reglados y actos discrecionales. Acto discrecional es el que se produce cuando la Administración ejercita una facultad que le otorga la ley para obrar libremente. Acto reglado es el que está determinado en todos sus aspectos por una norma legal".

71. Como se advierte del anterior concepto, el acto discrecional conlleva un margen de libertad que el legislador deja en manos de la Administración, no fijando por adelantado todos los aspectos relativos al acto de que se trate.

72. En la legislación administrativa dominicana, se reconoce ese espacio de libertad para el administrador público, pues este no es un autómata, necesita margen de libertad para valorar en cada caso, ante una pluralidad de opciones, cual es la más conveniente al interés general.

73. La Ley 1494, de 1947, al instituir en la República Dominicana la jurisdicción contenciosa-administrativa consagró el control de los actos dictados en ejercicio de una potestad discrecional, incluyendo los casos de desviación de poder, es decir, cuando el funcionario público competente hace uso de la facultad fundado en motivos ajenos a los propósitos de interés público en virtud de la cual le ha sido conferida la potestad que ampara el acto administrativo discrecional.

74. El Tribunal Constitucional dominicano ha dicho al respecto, que la "potestad discrecional administrativa consiste en la libre apreciación que se deja a la Administración Pública en circunstancias muy limitadas para hacer o no hacer según lo que esta considere

---

[73] TC/0304/15.

[74] SCJ. Sentencia núm. 115, de fecha 24 de febrero de 2021.

[75] SCJ. Sentencia núm. 111, de fecha 29 de septiembre de 2021.

pertinente para el interés general. La discrecionalidad bien entendida no da lugar a la arbitrariedad. Es en virtud de ese margen de discrecionalidad que se les permite a los gobernantes la libertad de designar en determinadas posiciones a aquellas personas que gozan de su confianza para la orientación y conducción de los planes institucionales"[76].

75. Por su parte, la jurisprudencia de la Suprema Corte de Justicia ha señalado que "la facultad discrecional de la Administración significa, que la propia ley, en aplicación del principio de legalidad administrativa, le permite al Administrador que sea él quien aprecie la oportunidad o conveniencia del acto a los intereses públicos, eligiendo con cierta amplitud la situación de hecho ante la que se adoptará una decisión, o la decisión que se adoptará ante una situación de hecho"[77].

76. Asimismo, ha dicho el alto órgano judicial que: "la decisión recurrida ante dicha jurisdicción proviene de un acto discrecional que le permite a la Administración escoger libremente entre dos o más posibilidades igualmente justas, siempre que su decisión esté debidamente motivada y que su actuación se enmarque dentro de los principios que sostienen el ordenamiento administrativo"[78]. Igualmente, que "la facultad discrecional de la Administración significa, que la propia ley, en aplicación del principio de legalidad administrativa, le permite al Administrador que sea él quien aprecie la oportunidad o conveniencia del acto a los intereses públicos, eligiendo con cierta amplitud la situación de hecho ante la que se adoptará una decisión"[79].

77. En materia de actos administrativos que sean el resultado del ejercicio de una facultad discrecional, la legislación administrativa establece que la "motivación se considerará un requisito de validez de todos aquellos actos administrativos que se pronuncien sobre derechos, **tengan un contenido discrecional** o generen gasto público"[80], sancionando, con la nulidad de pleno derecho, a los actos administrativos "carentes de motivación, cuando sea el resultado del ejercicio de potestades discrecionales".

78. La jurisprudencia dominicana aprecia la importancia de la motivación en materia de actos administrativos dictados en ejercicio de una potestad discrecional señalando "que en los actos discrecionales la sujeción al control de juridicidad se concreta en la motivación; ya que, a mayor discrecionalidad mayor posibilidad de arbitrariedad, y por lo tanto, a diferencia de los actos reglados -que se suplen de la norma- la discrecionalidad requiere, necesariamente, motivación"[81].

79. Igual ocurre en materia de la emisión de reglamentos por parte de órganos de la Administración Pública, ya que de conformidad al párrafo II del artículo 30 de la ley Núm. 107-13 "incurrirán en nulidad de pleno Derecho la infracción o desconocimiento de los principios o reglas" previstos en el artículo 31 de la referida ley, entre los que figura el recogido en el numeral 7 de dicho artículo, que textualmente dispone lo siguiente:

> "7. Ponderación y motivación. El órgano promotor habrá de elaborar la propuesta definitiva tomando en consideración los estudios, informes y evaluaciones que, en su caso, se hayan utilizado en el procedimiento.

---

76 TC/0133/22.

77 SCJ. Sentencia núm. 15, de fecha 18 de enero de 2012.

78 SCJ. Sentencia núm. 10, de fecha 4 de diciembre de 2013.

79 SCJ. Sentencia núm. 16, de fecha 29 de octubre de 2014.

80 Párrafo II, Articulo 9 de la Ley No. 107-13 sobre los Derechos de las Personas en sus Relaciones con la Administración y de Procedimiento Administrativo.

81 SCJ. Sentencia núm. 16, de fecha 29 de octubre de 2014.

La Administración responsable habrá de ponderar igualmente las alegaciones y los intereses hechos valer por los interesados y el público en general. ***Antes de la aprobación definitiva, la Administración habrá de motivar adecuadamente las razones de las opciones que resulten elegidas, a la vista de las distintas alternativas".***

80. Un aspecto que figura recurrentemente, tanto en la jurisprudencia constitucional, como en la emanada de la Suprema Corte de Justicia, al referirse al tema de la discrecionalidad administrativa, lo es la distinción de la discrecionalidad, respecto de prácticas autoritarias o de arbitrariedad.

81. En ese sentido, el Tribunal Constitucional dominicano ha señalado que "que la discrecionalidad que la Constitución reconoce al Presidente de la República no es absoluta y, por el contrario, encuentra límites en la naturaleza del Estado Social y Democrático de Derecho vigente entre nosotros desde la entrada en vigencia de la actual Constitución del veintiséis (26) de enero de dos mil diez (2010)"[82]; "la existencia del Estado Social y Democrático de Derecho contradice la vigencia de prácticas autoritarias"[83]; "que la referida discrecionalidad no sea confundida con la arbitrariedad"[84].

82. Por su parte, la jurisprudencia de la Suprema Corte de Justicia ha señalado que "la discrecionalidad no significa arbitrariedad ni ilegitimidad, ni que la Administración pueda actuar en contra de la normativa jurídica"[85]; "que a mayor discrecionalidad mayor posibilidad de arbitrariedad"[86].

83. Finalmente, la jurisprudencia dominicana se ha pronunciado respecto del alcance de los poderes del juez en materia administrativa, cuando enjuicie actos administrativos dictados en ejercicio de una potestad reglada o de una potestad discrecional:

> "Es de principio en la materia contencioso-administrativa, que cuando los funcionarios u organismos administrativos están investidos, como en el presente caso, de una facultad discrecional, el hecho de que se produzca un recurso contra una decisión de tales funcionarios u organismos en la materia de que se trate, **no transfiere a los órganos jurisdiccionales a que se recurra esa facultad discrecional**; que el poder de anular o modificar las decisiones administrativas causantes de estado y de sustituir esas decisiones por otras, en los casos de recursos bien fundados, solo existe en los órganos jurisdiccionales cuando se trata del ejercicio por los funcionarios u órganos administrativos de facultades regladas por la ley"[87].

III. ORGANIZACIÓN ADMINISTRATIVA DOMINICANA.

- Consideraciones generales

84. Se entiende por organización administrativa el conjunto de órganos administrativos a través de los cuales el Estado, y las demás personas jurídicas de derecho público, procuran satisfacer en condiciones de eficacia, objetividad, igualdad, transparencia, publicidad, coordinación y eficiencia, el interés general y las necesidades de las personas, con sometimiento pleno al ordenamiento jurídico del Estado.

85. En la República Dominicana, las personas jurídicas de las que forman parte los órganos administrativos son, a nivel territorial, el Estado, el Distrito Nacional, los municipios y los

82 TC/0048/12.

83 TC/0048/12.

84 TC/0048/12.

85 SCJ. Sentencia núm. 15, de fecha 18 de enero de 2012.

86 SCJ. Sentencia núm. 16, de fecha 29 de octubre de 2014.

87 SCJ. Sentencia de fecha 20 del mes de mayo de 1957.

distritos municipales. A nivel funcional, se encuentran los organismos autónomos y descentralizados del Estado.

86. El concepto Estado, como persona jurídica se encuentra esparcido en numerosas partes del texto fundamental del Estado[88], mientras que la personalidad jurídica del Distrito Nacional, los municipios y los distritos municipales, figuran expresamente recogidos de manera conjunta en el artículo 199 de la Constitución[89]. En lo que respecta a la personalidad jurídica de los organismos autónomos y descentralizados, figura prevista en el artículo 141 de ese mismo texto[90].

87. Desde la Constitución también se derivan algunos aspectos de los órganos básicos que conforman los entes de la Administración Pública. En lo que respecta al Estado, a nivel orgánico se identifican como parte de éste, a la *Presidencia de la Republica*[91], cuyo titular tiene a su cargo dirigir "la política interior y exterior, la administración civil y militar"; a los *Ministerios y viceministerios*[92], para el despacho de los asuntos de gobierno; así como al *Consejo de Ministros*[93], que tiene como "finalidad organizar y agilizar el despacho de los aspectos de la Administración Pública en beneficio de los intereses generales de la Nación y al servicio de la ciudadanía".

88. En el caso, del Distrito Nacional y los municipios, la Constitución dominicana dispone que el "gobierno del Distrito Nacional y el de los municipios estarán cada uno a cargo del ayuntamiento, constituido por dos órganos complementarios entre sí, el *Concejo de Regidores* y la *Alcaldía"*. El Concejo de Regidores, es un órgano exclusivamente normativo, reglamentario y de fiscalización. La Alcaldía es el órgano ejecutivo, encabezado por un alcalde, cuyo suplente se denominará vicealcalde[94]. En lo que respecta a los distritos municipales, el texto supremo establece que su gobierno estará a cargo de una *Junta de Distrito*, integrada por un *director,* que actuará como órgano ejecutivo, y, una *Junta de Vocales,* con funciones normativas, reglamentarias y de fiscalización[95].

89. Desde el punto de vista de los órganos que lo integran, nada dice el articulo 141 de la Constitución, en lo que respecta a los organismos autónomos y descentralizados del Estado, por lo que su configuración es tarea del legislador al momento de instituirlos.

90. Si bien es cierto que la mayor parte de la función administrativa pública se encuentran a cargo de los órganos y entes administrativos señalados, en la Constitución figuran directamente otros entes y órganos que realizan funciones de naturaleza administrativa, algunos de los cuales la propia Constitución atribuye personalidad jurídica, y otros, funcionan en base a la personalidad jurídica del Estado. Ejemplo de los primeros, lo tenemos en el Banco Central de la Republica

---

88 Brewer-Carías, Allan R. Las bases constitucionales del Derecho Administrativo en la República Dominicana. Memorias del Congreso Internacional de Derecho Administrativo "Dr. Raymundo Amaro Guzmán. Editorial Jurídica Venezolana Internacional, 2015.

89 Artículo 199.- Administración local. El Distrito Nacional, los municipios y los distritos municipales constituyen la base del sistema político administrativo local. Son personas jurídicas de Derecho Público, responsables de sus actuaciones, gozan de patrimonio propio, de autonomía presupuestaria, con potestad normativa, administrativa y de uso de suelo, fijadas de manera expresa por la ley y sujetas al poder de fiscalización del Estado y al control social de la ciudadanía, en los términos establecidos por esta Constitución y las leyes.

90 **Artículo 141.- Organismos autónomos y descentralizados.** La ley creará **organismos autónomos y descentralizados en el Estado**, provistos de personalidad jurídica, con autonomía administrativa, financiera y técnica. Estos organismos estarán adscritos al sector de la administración compatible con su actividad, bajo la vigilancia de la ministra o ministro titular del sector. La ley y el Poder Ejecutivo regularán las políticas de desconcentración de los servicios de la administración pública.

91 Artículos 122 y 128.

92 Artículos 134 al 136.

93 Articulo 137.

94 Articulo 201.

95 Párrafo, Artículo 201. La ley Núm.

Dominicana -cuyo órgano superior lo es un órgano colegiado también previsto constitucionalmente, la Junta Monetaria-[96], la Junta Central Electoral[97] y la Cámara de Cuentas[98]; mientras que de los segundos, lo son, la Contraloría General de la Republica[99], el Consejo Nacional de la Magistratura[100], el Consejo del Poder Judicial[101], el Consejo Superior del Ministerio Público[102] y la Defensa Pública[103].

91. A estos órganos y entes previstos en la Constitución, se ha referido el Tribunal Constitucional en su sentencia TC/0001/15, de fecha 28 de enero del año 2015:

> "9.1.3. Oportuno es destacar que los órganos constitucionales autónomos: a) constituyen órganos fundamentales del Estado, pues están situados en el vértice de la organización política en posición de relativa paridad e independencia respecto de los poderes públicos tradicionales; b) escapan a toda línea jerárquica y a los controles de vigilancia y tutela jurídica de la autoridad rectora de la Administración Pública; c) reciben directamente de la Constitución su estatus y competencias esenciales que definen su posición institucional en la estructura del Estado; d) concretan externamente las formas de gobierno y el Estado manifiesta a través de ellos su voluntad con la máxima eficacia formal. Cabe agregar que los parámetros bajo los cuales ejercen sus funciones no pasan por los criterios inmediatos del momento, sino que al ser órganos troncales o supremos preservan el equilibrio institucional de la República y participan con el conjunto de poderes públicos en la dirección política del Estado. Son, en definitiva, órganos extrapoderes, ya que no se adscriben ni subordinan orgánicamente a ninguno de los tres poderes clásicos, tienen funciones independientes, reconocidas y garantizadas en la Constitución, y son capaces de emitir actos definitivos que actualizan el orden jurídico político fundamental"[104].

---

96 Artículo 225.- Banco Central. El Banco Central de la República es una entidad de Derecho Público con personalidad jurídica, patrimonio propio y autonomía funcional, presupuestaria y administrativa. El articulo 223 de la Constitución señala que "a la Junta Monetaria como órgano superior del Banco Central".

97 Artículo 212.- Junta Central Electoral. La Junta Central Electoral es un órgano autónomo con personalidad jurídica e independencia técnica, administrativa, presupuestaria y financiera, cuya finalidad principal será organizar y dirigir las asambleas electorales para la celebración de elecciones y de mecanismos de participación popular establecidos por la presente Constitución y las leyes. Tiene facultad reglamentaria en los asuntos de su competencia… Párrafo II.- Serán dependientes de la Junta Central Electoral el Registro Civil y la Cédula de Identidad y Electoral.

98 Artículo 248.- Control externo. La Cámara de Cuentas es el órgano superior externo de control fiscal de los recursos públicos, de los procesos administrativos y del patrimonio del Estado. Tiene personalidad jurídica, carácter técnico y goza de autonomía administrativa, operativa y presupuestaria.

99 Artículo 247.- Control interno. La Contraloría General de la República es el órgano del Poder Ejecutivo rector del control interno, ejerce la fiscalización interna y la evaluación del debido recaudo, manejo, uso e inversión de los recursos públicos y autoriza las órdenes de pago, previa comprobación del cumplimiento de los trámites legales y administrativos, de las instituciones bajo su ámbito, de conformidad con la ley.

100 Conforme a los artículos 178 al 183, le corresponde la designación de los magistrados que conforman el Tribunal Constitucional, la Suprema Corte de Justicia y el Tribunal Superior Electoral. Adicionalmente, le corresponde la evaluación de desempeño de los magistrados de la Suprema Corte de Justicia.

101 Artículo 156.- Funciones. El Consejo del Poder Judicial es el órgano permanente de administración y disciplina del Poder Judicial.

102 De conformidad a los artículos 174 y 175 de la Constitución, este Consejo es el órgano de gobierno, administración y disciplina del Ministerio Publico.

103 Artículo 176.- Defensa Pública. El servicio de Defensa Pública es un órgano del sistema de justicia dotado de autonomía administrativa y funcional, que tiene por finalidad garantizar la tutela efectiva del derecho fundamental a la defensa en las distintas áreas de su competencia.

104 El Tribunal Constitucional sin embargo ha excluido a la Contraloría General de la República de ser un órgano extra poder, no obstante ser un órgano constitucional: "tanto el constituyente, como el legislador han reconocido que la Contraloría General de la República no tiene competencia para ejercer el control interno de los otros poderes y órganos constitucionales autónomos" TC/0305/14.

92. En la legislación administrativa dominicana, también se hace referencia a las personas jurídicas de derecho público que figuran identificadas como tal en la Constitución, haciendo una distinción, entre el ente (persona jurídica) y el órgano administrativo, como parte integrante de la primera:

> "Artículo 6.- Entes y órganos administrativos. La Administración Pública está conformada por entes y órganos administrativos. Constituyen entes públicos, el Estado, el Distrito Nacional, los municipios, los distritos municipales y los organismos autónomos y descentralizados provistos de personalidad jurídica de derecho público, titulares de competencias y prerrogativas públicas. Los órganos son las unidades administrativas habilitadas a ejercer en nombre de los entes públicos las competencias que se les atribuyen"[105].

- **Régimen legal**

93. En adición a las disposiciones constitucionales ya expuestas, la organización de la Administración Pública en la República Dominicana se encuentra prevista, fundamentalmente, en la ley orgánica de la Administración Pública Núm. 247-12, de fecha 9 de agosto de 2012. No obstante, en lo que respecta a las administraciones locales, se encuentran regidas, además, por la ley Núm. 176-07, del Distrito Nacional y los Municipios[106].

  - Ley orgánica de la Administración Pública.
    - Contenido general

94. Uno de los objetivos que contempla la ley orgánica de la Administración Pública dominicana lo es el establecimiento de un conjunto de principios rectores y reglas básicas de la organización y funcionamiento de la Administración Pública[107].

95. En su amplio contenido, la ley 247-12, establece un concepto de función administrativa[108], determina el objetivo principal de la Administración Pública[109], su conformación en entes y órganos administrativos[110], los requisitos para su creación[111], así como un mandato para que se asegure la separación orgánica de las actividades de regulación y supervisión de servicios públicos al momento de su creación[112].

96. La normativa dominicana regula, igualmente, las formas de organización administrativa, central y descentralizada del Estado, tanto a nivel territorial como funcional. Dentro de la administración central se dispone la persona jurídica que sirve de cobertura a los órganos que la conforman[113]; identifica y establece atribuciones a sus órganos principales, como lo constituyen la Presidencia de la Republica[114], el Consejo de Ministros[115], los Ministerios y Vice-ministerios[116],

105 Ley orgánica de la Administración Publica Núm. 247-12, de fecha 9 de agosto del año 2012.
106 Esta ley es de fecha 17 de julio del año 2007.
107 Artículo 1.
108 Artículo 2.
109 Artículo 5.
110 Artículo 6.
111 Articulo 7.
112 Artículo 9.
113 Artículo 13.
114 Artículos 16 y 17.
115 Artículo 20.
116 Artículos 28 y 32.

así como los Gabinetes Ministeriales[117], los Consejos Consultivos, las Comisiones y Comisionados presidenciales[118], así como las Gobernaciones provinciales[119].

97. En lo que respecta a la administración pública descentralizada, se regula lo relativo a los tipos de descentralización, tanto la descentralización territorial[120], como la descentralización funcional[121], que corresponde a los organismos autónomos y descentralizados del Estado creados por el legislador, y en relación a estos últimos, los requisitos para su creación[122], el régimen de adscripción y tutela, que por mandato constitucional le corresponde al ministerio que ejerce la rectoría del sector[123].

98. Finalmente, la ley orgánica de la Administración Pública consagra las reglas aplicables a la competencia de los órganos administrativos[124], y los conflictos que puedan suscitarse a lo interno de la Administración[125]; la desconcentración administrativa, como técnica de distribución de competencias en el seno de una misma persona jurídica pública[126]; la delegación de competencias[127], y finalmente, la avocación administrativa y sus límites[128].

■ **Principios de organización**

99. La normativa dominicana en materia de organización administrativa establece una serie de principios[129], como el *principio de unidad* de la Administración Pública, que se logra a través de la jerarquía y la tutela administrativa[130]; el *principio de racionalidad*[131], en virtud del cual el tamaño y la estructura organizativa interna de los entes y órganos administrativos debe ser consistentes y proporcionales a las competencias asignadas; el *principio de responsabilidad fiscal de la organización*[132], orientado a que la creación de órganos y entes administrativos se encuentre acompañada de fuentes de ingresos de igual o mayor magnitud a la necesaria para permitir su funcionamiento; los *principios de competencia*[133] *y jerarquía*[134], así como, finalmente, el *principio de simplicidad y cercanía organizativa*[135].

■ **Formas de organización administrativa**

100. En la República Dominicana el Estado es de naturaleza unitaria. Expresamente la Constitución de la República lo señala en su Artículo 193:

---

[117] Articulo 33.

[118] Artículos 35 y 36.

[119] Articulo 38.

[120] Articulo 40

[121] Articulo 41.

[122] Artículos 50 y 51.

[123] Artículos 52 y 53.

[124] Articulo 55.

[125] Articulo 56.

[126] Artículo 70.

[127] Artículos 57 a 69.

[128] Artículos 77 al 80.

[129] La ley Núm. 247-12, establece otros principios, mas vinculados al funcionamiento y no a la organización administrativa, como los de juridicidad, lealtad institucional, coordinación, eficacia, eficiencia, transparencia y publicidad, entre otros.

[130] Artículo 12, numeral 1.

[131] Artículo 12, numeral 8.

[132] Artículo 12, numeral 9.

[133] Artículo 12, numeral 14.

[134] Artículo 12, numeral 15.

[135] Artículo 12, numeral 16.

Artículo 193.- Principios de organización territorial. La República Dominicana es un ***Estado unitario*** cuya organización territorial tiene como finalidad propiciar su desarrollo integral y equilibrado y el de sus habitantes, compatible con sus necesidades y con la preservación de sus recursos naturales, de su identidad nacional y de sus valores culturales. La organización territorial se hará conforme a los principios de unidad, identidad, racionalidad política, administrativa, social y económica.

101. No obstante la naturaleza unitaria del Estado dominicano coexiste desde el punto de vista de la organización administrativa, a nivel territorial, tanto la centralización como la descentralización administrativa.

- **Administración Pública Central**

102. La administración central del Estado, se encuentra integrada por un conjunto de órganos cuyas competencias administrativas se extienden a todo el territorio nacional, y sus actos se imputan al Estado, como persona jurídica[136].

103. La máxima autoridad de la Administración Pública dominicana, y, de manera particular, en la administración pública central, lo es el presidente de la República, a quien, en adición a sus facultades constitucionales, le son atribuídas, entre otras, la dirección de las tareas de gobierno y la actividad de conjunto de la administración pública central y de la administración descentralizada funcionalmente; resolver sobre la inhibición o la recusación del funcionario llamado a conocer de la alzada cuando este no tenga un superior jerárquico; resolver los conflictos de competencias administrativas que se presenten entre distintos ministerios, así como entre los ministerios y los organismos autónomos que no tengan una misma adscripción; la potestad de delegar competencias legales en un ministerio, asi como la delegación de firma de los actos masivos de alcance concreto[137].

104. Dentro de la Administración Pública central, los ministerios constituyen las unidades básicas del Poder Ejecutivo, siendo su titular, el Ministro, la autoridad superior de la Administración en un ámbito determinado del Estado, para lo cual "dispone de prerrogativas jerárquicas, de tutela administrativa y de supervisión necesarias para garantizar la adecuada organización y funcionamiento de su sector"[138].

105. A tales fines, la normativa dominicana dispone que de manera general le corresponde a cada ministerio "la planificación, dirección, coordinación y ejecución de la función administrativa del Estado, encargados en especial de la formulación, adopción, seguimiento, evaluación y control de las políticas, estrategias, planes generales, programas, proyectos y servicios en las materias de su competencia y sobre las cuales ejercen su rectoría"[139].

106. La ley Núm. 247-12, enumera una apreciable cantidad de atribuciones comunes a todos los Ministros, en adición a las ya señaladas anteriormente, y a las que, de manera específica, les atribuya la ley de creación del ministerio. Entre las más significativas figuran, las de representar el ministerio; la facultad de nombrar los funcionarios de carrera y de estatuto simplificado tanto del ministerio, como de los órganos que le estén desconcentrados; ejercer la administración, inspección y resguardo de los bienes y servicios asignados al ministerio; ejercer la particpación accionaria del Estado en las empresas públicas que le estén adscritas; comprometer y ordenar los gastos del ministerio; suscribir en representación del Estado los contratos relacionados con los asuntos propios del ministerio; resolver los recursos administrativos que les corresponda resolver, agotando su decisión la vía administrativa; resolver los conflictos de competencia surgidos entre los órganos que le estén subordinados, así como entre los organismos autónomos que le estén

---

[136] Artículo 13.

[137] Articulo 19.

[138] Artículo 25.

[139] Articulo 24.

adscritos; y, proponer al presidente de la República los anteproyectos de leyes y reglamentos que resulten necesarios para la buena marcha de su sector[140].

107. En lo que respecta al funcionamiento interno, la legislación dominicana regula la organización interna de los ministerios, y para la buena marcha de su sector, en materia de coordinación, planificación, seguimiento y evaluación, cuentan con *vice-ministerios*[141], cuyos titulares, junto al ministro, conforman un *Gabinete Ministerial*, cuya agenda y preparación de reuniones asume el Director de Gabinete, que es un funcionario de libre confianza y remoción del ministro.

- **Administración Pública Descentralizada**

108. En la organización administrativa dominicana, como ya se ha señalado, existe también la descentralización administrativa, como forma de organización administrativa que conlleva la transferencia de competencias o funciones administrativa a personas jurídicas públicas diferentes del Estado, para que las ejerzan en su propio nombre y bajo su propia responsabilidad[142].

109. Esa descentralización puede ser tanto funcional, como territorial, conforme se exponer a continuación.

  - **Descentralización funcional**

110. La legislación dominicana en materia de organización administrativa del Estado dispone, que la "descentralización funcional es la transferencia de competencias a personas jurídicas de derecho público, *organizadas enforma de organismos autónomos y descentralizados del Estado*, dotados de patrimonio propio, autonomía administrativa, financiera y técnica, con las competencias o atribuciones específicas que determine la ley que los crea"[143].

111. La creación de organismos autónomos y descentralizados del Estado, como forma de expresión de la descentralización funcional, esta sujeta a unos requisitos comunes en cuanto a su creación[144], y estarán sujetos a un régimen de adscripción y tutela por parte del ministerio rector de su sector de competencia funcional "con el propósito de garantizar la coherencia política de la acción de gobierno, bajo el principio de unidad de la Administración Pública"[145]. A esos fines dispone la ley Núm. 247-12, que serán atribuciones de los ministerios en relación a los organismos autónomos y descentralizados que le estén adscritos, las siguientes:

---

140 Artículo 28.

141 Artículo 31. La ley determinará los viceministerios que se necesiten en cada ministerio, nunca más de seis (6), para dirigir, coordinar, evaluar y controlar un subsector homogéneo de la actividad sustantiva asignada al ministerio, bajo el estricto criterio de racionalidad y adecuación al sector ministerial. Los viceministros serán directamente responsables ante el ministro o la ministra por el desarrollo de su gestión y el cumplimiento efectivo de sus competencias.

142 Articulo 39.

143 Artículo 41. Por su parte, el articulo 50 de la ley, dispone que los "organismos autónomos y descentralizados son entes administrativos provistos de personalidad jurídica de derecho público o privado, distinta de la del Estado y dotados de patrimonio propio, autonomía administrativa, financiera y técnica, con las competencias o atribuciones especificas que determine la ley que los crea". El resaltado es nuestro (ORH).

144 El articulo 51 de la ley Núm. 247-12, dispone que la ley que cree un organismo autónomo y descentralizado del Estado contendrá: el señalamiento preciso de su misión, competencias y actividades a su cargo; la autonomía y prerrogativas que se le otorgan; la descripción de la integración de su patrimonio y de sus fuentes ordinarias de ingresos; su estructura organizativa interna a nivel superior, con indicación de sus órganos administrativos y el señalamiento de su jerarquía y atribuciones; los mecanismos particulares de control de tutela que ejercerá el ministerio u órgano de adscripción respectivo; los demás requisitos que exija la presente ley.

145 Artículo 52.

"**Artículo 53.- Atribuciones de los órganos de adscripción respecto de los entes descentralizados.** Los ministerios, respecto de los entes descentralizados que les estén adscritos, tienen las siguientes atribuciones mínimas:

1. Definir la política a desarrollar por tales entes, a cuyo efecto formularán las directivas generales que sean necesarias;

2. Aprobar los planes y el anteproyecto de presupuesto de los entes que les estén adscritos;

3. Ejercer permanentemente funciones de coordinación, supervisión, evaluación y control e informar al o a la Presidente de la República;

4. Informar periódicamente a los órganos nacionales rectores de los sistemas nacionales de apoyo acerca de la ejecución de los planes por parte de los entes;

5. Proponer al o a la Presidente de la República, las reformas necesarias a los fines de crear, modificar o suprimir los entes descentralizados que respectivamente les estén adscritos;

6. Las demás que determinen las leyes".

- **Descentralización territorial**

112. En lo que respecta a la descentralización territorial, el legislador dominicano la ha descrito como "un proceso de transferencia de la titularidad y ejercicio de atribuciones y competencias de la Administración Central a las divisiones político-administrativas del territorio, dedicadas a la atención de sus necesidades[146]". Esas divisiones político-administrativas la conforman, el Distrito Nacional, los municipios y los distritos municipales, conforme dispone el artículo 199 de la Constitución:

"**Artículo 199.- Administración local.** El Distrito Nacional, los municipios y los distritos municipales constituyen la base del sistema político administrativo local. Son personas jurídicas de Derecho Público, responsables de sus actuaciones, gozan de patrimonio propio, de autonomía presupuestaria, con potestad normativa, administrativa y de usos de suelo, fijados de manera expresa por la ley ***y sujetos al poder de fiscalización del Estado*** y al control social de la ciudadanía, en los términos establecidos por esta Constitución y las leyes".

113. Esa regulación contenida en la Constitución, revela la naturaleza esencialmente centralista del Estado Dominicano, ya que no atribuye competencias específicas a los Municipios, lo que es dejado a la discreción del legislador, aún en un tema tan particular como en materia de uso de suelo. Por otra parte, los arbitrios que dispongan crear, no pueden colidir con los impuestos nacionales, el comercio intermunicipal o de exportación, ni con la Constitución o las Leyes[147]; y, por demás, se encuentran sometidos al poder de fiscalización del Estado, a través de la Contraloría General de la República, y, en materia de contrataciones públicas, de la Dirección General de Contrataciones Públicas, órgano desconcentrado del Ministerio de Hacienda.

114. No obstante lo señalado anteriormente respecto de la preponderancia de la centralización administrativa, es importante señalar que la Constitución tiene un mandato claro orientado al objetivo de que las gestiones de los asuntos colectivos sean brindados por aquella autoridad administrativa que esté más próxima al ciudadano, en específico por la Administración local, conforme se desprende del artículo 204, de la Carta Fundamental del Estado:

"**Artículo 204.- Transferencia de competencias a los municipios.** El Estado propiciará la transferencia de competencias y recursos hacia los gobiernos locales, de conformidad con esta Constitución y la ley. La implementación de estas transferencias conllevará políticas de desarrollo institucional, capacitación y profesionalización de los recursos humanos".

---

[146] Artículo 40.

[147] Artículo 200.

115. En lo que respecta a las relaciones interadministrativas entre el Estado, el Distrito Nacional, los municipios y los distritos municipales, se encuentran reguladas, en principio, en la Constitución de la República. En efecto, el texto supremo del Estado dispone que el Poder Ejecutivo debe autorizar la enajenación de inmuebles[148] y aprobar los contratos que suscriban cuando constituyan en garantía inmuebles o rentas municipales[149].

116. A nivel legislativo, la ley Núm. 176-07, del Distrito Nacional y los Municipios, enumera en su artículo 12, un conjunto de principios aplicables a las relaciones interadministrativas de los ayuntamientos municipales y la administración central del Estado, tales como los de colaboración, de coordinación, de concurrencia, de subsidiariedad, de información mutua, y de respeto a sus respectivas competencias.

117. A fin de asegurar el cumplimiento de estos principios básicos de las relaciones interadministrativas, la legislación dominicana y confiere legitimación al Poder Ejecutivo para impugnar jurisdiccionalmente las ordenanzas, reglamentos, resoluciones y acuerdos dictados por los Ayuntamientos por infracción del ordenamiento jurídico[150]; y, a los Ayuntamientos, para impugnar los actos y disposiciones dictados por el Poder Ejecutivo y sus órganos administrativos dependientes, cuando estos lesionen la independencia y autonomía funcional del Municipio[151].

IV. PROCEDIMIENTO ADMINISTRATIVO

- **Consideraciones generales**

118. El procedimiento administrativo, entendido como sistema "lineal de trámites seriados, concatenados y jurídicamente regulados, que, con o sin la intervención de otras personas, se desarrolla por órganos que ejercen funciones ejecutivas de cualquier nivel (estatal, regional, local, etc.), sirviéndoles de cauce formal obligatorio para producir, modificar, extinguir o ejecutar, en el ámbito de su competencia, una disposición final, válida, eficaz y fundada en derecho, con el carácter de acto o reglamento administrativo"[152], tiene en la República Dominicana unas bases constitucionales.

119. En efecto, la Carta Fundamental del Estado, a partir del 26 de enero de 2010[153], no sólo dispone que las normas del debido proceso aplican en sede administrativa[154], sino que, también manda al legislador a regular el "procedimiento a través del cual deben producirse las

---

148 Artículo 128.3, letra d.

149 Artículo 55, numeral 26.

150 Artículo 102 de la Ley 176-07

151 Artículo 104 de la Ley 176-07

152 Diccionario panhispánico del español jurídico - RAE

153 Con anterioridad ninguno de los textos constitucionales que nos han regido contenía disposición alguna relativa al procedimiento administrativo.

154 Art. 69.10 Las normas del debido proceso se aplicarán a toda clase de actuaciones judiciales y administrativas. Asimismo, a partir del reconocimiento en nuestro ordenamiento jurídico de la noción del bloque de constitucionalidad por parte de la Suprema Corte de Justicia en el año 2002, en la que se consideró como integrante de este bloque a los Tratados Internacionales de Derechos Humanos, así como a la interpretación de sus textos por parte de órganos jurisdiccionales supranacionales, en materia de actos administrativos que afecten los derechos y obligaciones de las personas, por aplicación del artículo 8.1 de la Convención Americana de Derechos Humanos, los órganos y entidades de la administración se encontraban obligados, a respetar un debido proceso administrativo, lo que conllevaba el derecho de ser oído del posible afectado, con carácter previo al dictado del acto para el cual estuvieran facultados. Hay que señalar que, algunas leyes que en ese momento facultaban a órganos administrativos para aplicar sanciones administrativas, así lo establecían de manera expresa, como el artículo 72, de la Ley Monetaria y Financiera No. 183-02; el artículo 111 de la Ley del Mercado de Valores No. 19-00, y el artículo 82.2 de la Ley General de Telecomunicaciones No. 153-98.

resoluciones y actos administrativos, garantizando la audiencia de las personas interesadas, con las excepciones que establezca la ley"[155].

120. Asimismo, la Constitución dominicana contiene unos principios de actuación administrativa que tienen una incidencia directa en los procedimientos administrativos, como son los de eficacia, objetividad, imparcialidad, igualdad, transparencia, publicidad y coordinación[156].

121. En cumplimiento del mandato constitucional, el legislador dictó la ley Núm. 107-13 sobre los derechos de las personas en sus relaciones con la Administración y de procedimiento administrativo.

122. Hasta ese momento, no existía en el ordenamiento jurídico dominicano una ley que, con carácter general, regulara el procedimiento administrativo que debían seguir los órganos y entidades administrativas para el dictado de los actos administrativos de alcance concreto[157], contrario a lo sucedido en materia de actos de la Administración de naturaleza reglamentaria, que, a partir de la entrada en vigor de la ley Núm. 200-04 de libre acceso a la información publica, dispuso que las entidades públicas que pretendan adoptar reglamentos relativos a requisitos o formalidades que rigen las relaciones entre los particulares y la Administración o se exijan a las personas para el ejercicio de sus derechos y actividades, tienen la obligación de publicarlo con suficiente antelación a su expedición[158]. El reglamento de la ley detalla el procedimiento consultivo previo común, en esta materia[159].

123. El hecho de que no existiera un régimen general de procedimiento administrativo hasta el año 2013, no significa que no existiera en algunos ordenamientos sectoriales contemplados en la legislación administrativa dominicana, reglas de procedimiento administrativo que deben seguirse para el dictado de sus actos administrativos y reglamentos, como es el caso de las leyes sobre prácticas desleales de comercio y medidas de salvaguarda[160], y la de defensa de la competencia[161].

124. Incluso, en el ámbito monetario y financiero, la ley Núm. 183-02[162] dispuso el dictado de un reglamento de procedimiento administrativo en base al cual, los órganos y entidades que conforman la Administración Monetaria y Financiera deben ejercer las competencias administrativas que le son asignadas. El artículo 4, letra e) de la referida ley, señala que ese reglamento debe respetar los principios de legalidad, seguridad jurídica, interdicción de la arbitrariedad, motivación de los actos que restrinjan la esfera jurídica de los interesados, jerarquía normativa, eficacia, razonabilidad, economía, transparencia, celeridad, preclusión de plazos, publicidad y debido proceso.

---

155 Articulo 138.2.

156 Artículos 138, y 138.1.

157 No obstante, existió la paradoja de que algunas leyes administrativas previas a la ley 107-13, contienen disposiciones de las que parecería inferirse su existencia. Es el caso, por citar ejemplos, de la Ley General de Medio Ambiente y Recursos Naturales No. 64-00, que al referirse en el párrafo II, del Artículo 167, a la revocación de las autorizaciones señala que las mismas se "aplicarán conforme al proceso administrativo correspondiente mediante resolución administrativa motivada y hecha por escrito, la cual deberá ser notificada por acto de alguacil y **podrá ser recurrida conforme al procedimiento administrativo**"; y de la Ley 176-07, del Distrito Nacional y los Municipios, que tiene un capítulo[157] dedicado al procedimiento administrativo, y a pesar de que estipula un reenvío reglamentario al Concejo Edilicio, máxima autoridad normativa y fiscalizadora de los Municipios, adelanta que la tramitación administrativa, en el ámbito municipal se desarrolla, mediante procedimientos de economía, eficacia y coordinación, incentivando la implementación de procedimientos informáticos.

158 Artículo 23, de la ley 200-04, de fecha 13 del mes de julio de 2004.

159 Artículos 45 y siguientes del Decreto No. 130-05, de fecha 25 de febrero del 2005.

160 Ley 1-02, de fecha 18 de enero del 2002.

161 Ley 42-08, de fecha 16 de enero de 2008.

162 Esta ley es de fecha 21 del mes de noviembre de 2002.

125. Finalmente, en lo que respecta a estos antecedentes, la Suprema Corte de Justicia había sentado jurisprudencia en el sentido de que el "Estado Constitucional y Democrático de Derecho" requiere "que la Administración actúe en base a un conjunto de principios y reglas que preserven un debido proceso, que respeten y garanticen las libertades y derechos que han sido adquiridos legítimamente por los individuos, los que no pueden ser vulnerados ni desconocidos por un accionar irracional por parte de la administración[163]". Asimismo, con ocasión de un acto administrativo de revocación de licencia de casino, el alto órgano judicial censura la violación de procedimientos especiales previsto en la ley sobre la materia:

> *"Que lo expuesto anteriormente permite verificar, que el Tribunal a-quo actuó correctamente y sin incurrir en las violaciones denunciadas por la recurrente en el cuarto y quinto medio de casación, ya que dicho Tribunal procedió a ordenar la revocación de la licencia de casinos expedida por la Secretaría de Estado de Finanzas al comprobar que la misma había sido otorgada en violación a los procedimientos especiales previstos por la Ley No. 351 sobre Casinos, la cual en su artículo 1 condiciona la concesión de dicha licencia a que la misma sea otorgada con sujeción a los requisitos consignados en la misma, dentro de los cuales se encuentran las medidas de publicidad a cargo del Ministro de Finanzas con el interés de salvaguardar el derecho de los terceros, medidas que dicho tribunal pudo establecer que no fueron cumplidas en la especie y así lo expresa en su sentencia"*[164].

- **Régimen actual**

126. Con carácter general, como ya se ha dicho, el procedimiento para el dictado de actos administrativos y de reglamentos, por parte de órganos y entes que ejercen función administrativa, se encuentra previsto, fundamentalmente, en la ley Núm. 107-13, sobre los derechos de las personas en sus relaciones con la Administración y de procedimiento administrativo.

127. En lo que respecta al procedimiento para la emisión de actos de naturaleza reglamentaria, no solo resulta aplicable la ley Núm. 107-13, sino, además, la ley Núm. 167-21, de mejora regulatoria y simplificación de trámites[165], así como su reglamento de aplicación[166].

128. La ley Núm. 107-13, como ya se ha señalado anteriormente, tiene una vocación de generalidad cuando la normativa, al atribuir una competencia a un órgano o ente público, para el dictado de actos administrativos, no establezca reglas de procedimiento, o, el previsto resulte insuficiente, caso este ultimo, en que sus disposiciones aplican supletoriamente[167]. Asimismo aplica supletoriamente, en materia de procedimiento para el dictado de actos administrativos de naturaleza sancionadora, así como en materia de recursos administrativos, casos ambos contemplados en la misma ley.

129. Por otra parte, y como se advierte de lo señalado anteriormente, la ley Núm. 107-13 tiene unas particularidades en lo que respecta al procedimiento para determinados tipos de actos administrativos, mas allá del ya aludido en materia de sanciones administrativas, como es el caso del procedimiento para dictar actos administrativos producto del ejercicio de potestad arbitral[168]. Asimismo, en el caso dominicano, es en la misma ley que se regulan los procedimientos

---

163 SCJ. Sentencia del 11 de mayo de 2011.

164 SCJ. Sentencia de fecha 14 de agosto del 2002.

165 Publicada en la Gaceta Oficial Núm. 11030, de fecha 12 del mes agosto de 2021.

166 Decreto Núm. 486-22, de fecha 24 del mes de agosto de 2022.

167 Párrafo II, articulo 15 de la ley 107-13: "Las normas de este capítulo tienen carácter supletorio de las disposiciones de la presente ley que se refieren al procedimiento sancionador y del procedimiento de recurso administrativo. Asimismo, tienen carácter supletorio en los procedimientos administrativos contenidos en leyes sectoriales".

168 Artículos 32 y 33.

administrativos, que se establecen las reglas de procedimiento que deben seguir los organos administrativos colegiados para conformar su voluntad[169].

- **Aspectos generales de la actuación administrativa en materia de procedimientos para el dictado de actos administrativos**

130. La ley 107-13, dispone que el procedimiento administrativo que deben seguir los órganos y entes públicos para el dictado de actos administrativos, procura "garantizar el acierto de la decisión administrativa, al tiempo que se asegura la protección de los derechos e intereses de las personas"[170].

131. Con tal propósito, la normativa dominicana de procedimiento administrativo vincula sus reglas, a derechos de las personas en su relación con la administración[171], así como a principios[172] y deberes[173], que deben ser observadas por quienes ejercen función administrativa.

132. Igualmente, la legislación dominicana establece un conjunto de reglas que conforman el derecho de las personas a una buena administración Pública, que se concreta, entre otros aspectos de interés para el procedimiento administrativo para el dictado de actos, en un derecho a una tutela administrativa efectiva, a presentar por escrito peticiones, de actuar a través de un representante, a recibir atención especial y preferente si se trata de personas en situación de discapacidad, niños, adolescentes, mujeres gestantes, adultos mayores; a conocer el estado de los procedimientos administrativos que le afecten, a ser oído siempre antes de que se adopten medidas que le puedan afectar desfavorablemente, al acceso a los expedientes administrativos que le afecten, a formular alegaciones en cualquier momento del procedimiento administrativo y a una respuesta oportuna y eficaz[174].

133. Estos derechos atinentes a la buena administración, a pesar de que no figuran en la Constitución dominicana como un derecho fundamental, ha sido reconocidos como tal, por un precedente vinculante del Tribunal Constitucional dominicano:

> "En virtud del artículo 12, numeral 6), de la citada ley orgánica de la Administración Pública "debe garantizar la efectividad de los servicios públicos y otras actividades de interés general, en especial su cobertura universal, continua y de calidad. Todo procedimiento administrativo debe lograr su finalidad y evitar dilaciones indebidas". Este mandato normativo da existencia actual a lo que se ha configurado como un derecho fundamental nuevo entre nosotros, denominado "derecho al buen gobierno o a la buena administración". Como tal, el reconocimiento normativo del derecho fundamental a la buena administración ha partido de la Recomendación n° R (80) 2, adoptada por el Comité de Ministros del Consejo de Europa el 11 de marzo de 1980 relativa al ejercicio de poderes discrecionales por las autoridades administrativas, así como de la jurisprudencia tanto comunitaria como del Tribunal Europeo de Derechos Humanos. La jurisprudencia en el ámbito europeo ha ido paulatinamente configurando el contenido de este derecho fundamental a la buena administración «atendiendo a interpretaciones más favorables para el ciudadano europeo a partir de la idea de una excelente gestión y administración pública en beneficio del conjunto de la población de la Unión Europea. Este derecho se encuentra implícitamente en el texto de nuestra Constitución, específicamente artículos 138, 139, y 146, los cuales se han concretizado legalmente en la referida ley orgánica, plasmando de forma más concreta en nuestro ordenamiento este principio constitucional. 11.9. Los mandatos precedentemente resumidos configuran el denominado "derecho a la buena administración", designación que

169 Articulo 55.

170 Párrafo I, artículo 15.

171 Artículo 4.

172 Artículo 3.

173 Artículo 5.

174 Articulo 4.

hace taxativamente la Ley núm. 107-13, cuya vigencia ha sido postergada hasta el dos mil quince (2015), pero que debe considerarse, en relación con el asunto de que se trata, como un derecho actualmente dimanante de las obligaciones puestas a cargo de la Administración Pública por la Constitución de la República y otras normas"[175].

134. En lo que respecta a los principios, la normativa dominicana dispone que, en las relaciones de procedimiento administrativo, los órganos y entes con que se relacionen las personas, deben observar, entre otros, los de juridicidad, servicio objetivo, imparcialidad, debido proceso, ejercicio normativo del poder, eficacia, celeridad, racionalidad y relevancia[176].

135. Desde el ámbito de los deberes de los servidores administrativos que se relacionan con las personas en los procedimientos administrativos, la ley Núm. 107-13 dispone, que estos deben fomentar la tutela administrativa efectiva, resolver los procedimientos en plazo razonable, garantizar el debido proceso, facilitar la presentación de peticiones, facilitar la actuación de las personas que lo deseen a través de un representante, entregar copia sellada de los escritos que se presenten, identificar el responsable de la resolución del procedimiento administrativo de que se trate, notificar las resoluciones que afecten a las personas en el mas breve plazo posible, oír siempre a las personas antes de que sean adoptadas resoluciones que les afecten desfavorablemente, facilitar la formulación de alegaciones en cualquier momento del procedimiento[177].

136. El plazo contemplado en la legislación administrativa dominicana para la finalización de los procedimientos administrativos es de dos meses, el cual puede ser prorrogado por un mes adicional[178]. Si el órgano competente no decide expresamente el procedimiento iniciado "incurrirá en una inactividad administrativa contraria a derecho", teniendo los interesados derecho "a la tutela judicial efectiva frente a la inactividad", manteniendo la Administración la "obligación de resolver expresamente el procedimiento iniciado"[179].

- **Procedimiento administrativo para el dictado de actos administrativos**

137. Al igual que las leyes de procedimiento administrativo que existen en América Latina, la legislación dominicana de procedimiento administrativo general contenido en la ley 107-13, prevé la existencia de un expediente administrativo conformado por un conjunto de documentos "indiciados y ordenados cronológicamente sobre un asunto determinado"[180], las reglas relativas a la capacidad de obrar, y a quienes considerar como interesados en un procedimiento administrativo, los mecanismos para asegurar la objetividad, así como los plazos en que deben ser concluidos estos procedimientos.

138. Desde el punto de vista estructural, el procedimiento para el dictado de actos administrativos consta de las tres etapas clásicas contenidas en las leyes sobre la materia en el

175 TC 0322/14.

176 Articulo 3.

177 Artículo 6.

178 Párrafo III, articulo 20.

179 Párrafo II, articulo 28: Cuando la Administración no decida expresamente el procedimiento iniciado, en los plazos establecidos en la ley, incurrirá en una inactividad administrativa contraria a derecho. El funcionario público que omitiere dar respuesta oportuna al procedimiento previamente iniciado comprometerá su responsabilidad personal, sin perjuicio del derecho de los interesados a la tutela judicial efectiva frente a la inactividad de la Administración. La Administración mantendrá en todos los casos obligación de resolver expresamente el procedimiento iniciado.

180 Articulo 21.

ámbito comparado, esto es, una fase de iniciación[181], una fase de instrucción o investigación[182], y, finalmente, la de finalización[183].

- **Fase de iniciación**

139. La legislación dominicana se refiere a esta primera etapa disponiendo que, el procedimiento para el dictado de actos administrativos "se iniciará de oficio o a instancia de parte interesada"[184], y también "por denuncia interpuesta por cualquier persona[185]", haciendo exigible, en el primer caso, que la "iniciación del procedimiento habrá de ser motivada adecuadamente[186]".

140. Cuando se trate de un procedimiento administrativo a instancia de parte interesada, la normativa regula el contenido que ha de tener la solicitud[187], se consagran reglas para solventar aspectos del órgano competente[188], o de inobservancia de los requisitos de la solicitud[189], con su sistema de consecuencia[190].

141. En el curso de un procedimiento administrativo, la ley 107-13 consagra la posibilidad de que se puedan adoptar medidas provisionales que aseguren "la eficacia de la resolución que en el caso ponga fin al procedimiento administrativo", las que podrán ser acordadas de manera simultánea al inicio del procedimiento, o, inmediatamente, con posterioridad a este[191].

142. Incluso, y de manera excepcional, la legislación establece la posibilidad de adoptar medidas provisionales "con anterioridad al inicio del procedimiento, de oficio o a solicitud de parte, cuando media una situación de urgencia y sea necesaria para la protección provisional de los intereses implicados"[192], caso este último en el cual la medida debera ser confirmada, modificada o levantadas en el acuerdo de iniciación del procedimiento, quedando sin efecto si "no se inicia el procedimiento en un lapso no mayor de 15 días hábiles"[193].

- **Fase de instrucción e investigación**

143. La regulación dominicana del procedimiento administrativo general, acorde a la naturaleza del Estado dominicano, como un Estado social y democrático de derecho, confiere una importancia fundamental a esta fase del procedimiento administrativo, al margen de que el acto que al final se emita, sea de naturaleza favorable o desfavorable. En efecto, puede leerse en los considerando que preceden al texto de la ley Núm. 107-13, lo siguiente:

> "CONSIDERANDO SÉPTIMO: Que el mandato de la Carta Fundamental del Estado de incorporar con carácter general en la Administración Pública el procedimiento administrativo, en adición a garantizar la vigencia efectiva de la cláusula constitucional del Estado Democrático, constituye un instrumento esencial que posibilita el acierto de las

---

181 Artículos 22 al 25.

182 Artículos 26 y 27.

183 Articulo 28.

184 Articulo 22.

185 Párrafo II, articulo 22.

186 Párrafo I, articulo 22. La ley 107-13 establece en el párrafo II del articulo 22 que con "anterioridad al acuerdo de inicio del procedimiento, el órgano competente podrá razonadamente abrir un periodo de información con el fin de determinar si procede o no iniciarlo. Dicho acuerdo habrá de ser igualmente motivado. La Administración no podrá prejuzgar en esta fase preliminar ni dictar ninguna decisión que, de manera definitiva, afecte a los interesados".

187 Articulo 23.

188 Párrafo II, articulo 23.

189 Párrafo IV, articulo 23.

190 Párrafo IV, articulo 23.

191 Párrafo I, articulo 25.

192 Párrafo I, articulo 25.

193 Párrafo II, articulo 25.

decisiones administrativas y potencializa el respeto de los derechos fundamentales de las personas en su relación con la Administración y demás órganos y entes que ejercen función de naturaleza administrativa en el Estado.

CONSIDERANDO OCTAVO: Que, asimismo, el procedimiento administrativo tiene la virtud de generar una mayor aceptación y consenso en los destinatarios de las decisiones administrativas, ya que les permite la obtención de información adecuada y una mejor ponderación de los intereses en juego, evitando la conflictividad judicial o, en su caso, facilitando su ulterior enjuiciamiento, lo que inspira confianza, seguridad jurídica y atracción de la inversión económica."

144. Como se advierte de su lectura, esta fase de instrucción o investigación del procedimiento administrativo tiene como meta que los órganos administrativos, al ejercer sus competencias, obtengan información adecuada, puedan realizar una ponderación de los intereses en juego, y asi lograr el acierto en la decisión administrativa que se adopte en el marco del mismo.

145. Por ello, en el articulado de la ley, se insiste en el propósito contenido en los considerandos de la ley Núm. 107-13, previamente transcritos, señalando que la "administración ha de adoptar decisiones bien informadas. El procedimiento administrativo constituye un instrumento para la obtención y el tratamiento de la información necesaria para adoptar la mejor decisión de que se trate en cada caso"[194].

146. Los actos de instrucción en el marco de un procedimiento administrativo deberán ser realizados de oficio por el órgano administrativo competente, sin perjuicio del derecho de los interesados a proponer aquellas actuaciones que consideren pertinentes[195].

147. El régimen dominicano general de procedimiento administrativo establece, con carácter no cerrado, algunos medios a los que puede recurrir la Administración en la fase de instrucción:

> "Artículo 27. Actos de instrucción o investigación. Los actos de instrucción o investigación podrán consistir, entre otros, en los siguientes medios: a. Cualquier medio de prueba admitido en Derecho y practicado de conformidad con los principios característicos de la legislación procesal. B. Informes, análisis, evaluaciones y, en general, estudios, que resulten pertinentes u obligatorios, sean o no vinculantes. c. La participación activa de todos los interesados."

148. Dispone asimismo la ley Núm. 107-13 que las "actuaciones para la obtención y tratamiento de la información necesaria para adoptar una decisión bien informada podrán consistir en cualquier medio, como la cooperación, asistencia e intercambio de información con otras administraciones competentes, o las consultas a los expertos", pudiendo asimismo "recabarse la colaboración informativa de otras agencias y administraciones especializadas de otros Estados, o de organismos internacionales"[196], actuaciones todas que deben ser realizadas sujetas "a los principios de transparencia, igualdad, contradicción y fiabilidad o consistencia"[197].

149. Por otra parte, a los interesados en el procedimiento administrativo les asiste el "derecho de aportar los documentos y datos que consideren relevantes, así como hacer las alegaciones y observaciones oportunas sobre éstos, a lo largo de todo el procedimiento, hasta el momento anterior a la resolución definitiva"[198], los que la "Administración estará obligada a valorar"[199].

---

194 Articulo 26.

195 Párrafo II, articulo 26.

196 Párrafo I, articulo 26.

197 Párrafo II, articulo 26.

198 Párrafo IV, articulo 26.

199 Parte in fine párrafo IV, articulo 26.

150. Incluso, la ley faculta a los interesados en un procedimiento administrativo a "colaborar activamente en la instrucción del procedimiento siempre que las normas aplicables del sector de que se trate no lo prohíban, asumiendo entonces la responsabilidad de presentar con su solicitud de permiso o autorización, o su mera comunicación, según proceda, los estudios pertinentes, sean de carácter técnico, científico, económico, legal o medioambiental, costeados por el propio interesado[200]", correspondiéndole en este caso a la Administración "constatar la fiabilidad y consistencia de los estudios aportados"[201].

- **Fase de finalización**

151. El procedimiento administrativo previsto en la legislación administrativa dominicana debe concluir normalmente con el dictado del acto administrativo que se plasma en una resolución "que debe dar respuesta congruente y razonada a todas las cuestiones planteadas en el mismo"[202].

152. Sin embargo, en algunas circunstancias, en el derecho administrativo dominicano el procedimiento no desemboca en el dictado de un acto administrativo, como es el caso, de los procedimientos administrativos iniciados a solicitud de parte interesada, si se produce el "desistimiento del solicitante". Igual sucede, si el interesado "renuncia al derecho, siempre y cuando se trate de un derecho renunciable", en los casos de "imposibilidad material de continuarlo por causas sobrevenidas", por "declaración de caducidad, por transcurso del tiempo sin realizar alguno de sus trámites esenciales" o, por la "celebración de un convenio, acuerdo o pacto, en los casos en que la normativa sectorial así lo permita[203].

  - **Procedimiento administrativo para el dictado de reglamentos, planes y programas de alcance general**

153. En lo que respecta al ejercicio de la potestad reglamentaria de la Administración, la ley Núm. 107-13 también regula en el ordenamiento jurídico dominicano, los principios que deben ser observado por los órganos y entes administrativos que la tengan atribuida.

154. Al igual que en materia del procedimiento para el dictado de actos administrativos, la finalidad del procedimiento para el dictado de reglamentos, planes y programas de alcance general, procura "que la Administración Pública obtenga la información necesaria[204]", adoptar una decisión "bien informada"[205] que le permita "garantizar el acierto del texto reglamentario, plan o programa"[206].

155. Las normas contenidas en la ley Núm. 107-13 en materia de procedimiento de elaboración reglamentaria, tiene unas características especiales, ya que como de manera precisa dispone el artículo 30, sus disposiciones "tienen por objeto establecer los estándares mínimos y obligatorios de los procedimientos administrativos que procuran la adopción de reglamentos, planes y programas, que poseen un alcance general"[207]. Asimismo, manda a canalizar "el diálogo con otros órganos y entes públicos, con los interesados y el público en general, con ponderación de las políticas sectoriales y derechos implicados y promoviendo el derecho fundamental a la participación ciudadana como sustento de la buena gobernanza democrática"[208].

---

[200] Párrafo III, articulo 26.

[201] Parte in fine párrafo III, articulo 26.

[202] Articulo 28.

[203] Articulo 28.

[204] Articulo 30.

[205] Articulo 31, numeral 2.

[206] Articulo 31, numeral 2.

[207] Articulo 30.

[208] Articulo 30.

156. Por ello, las disposiciones aplicables a las fases de iniciación, instrucción y finalización del procedimiento para la elaboración de reglamentos, planes y programas de alcance general figuran concebidos a títulos de principios mínimos que deben ser agotados, sobre todo en las dos primeras fases, normas que han venido a ser completadas por la ley 167-21, de mejora regulatoria y simplificación de trámites, y desarrolladas en el Decreto 486-22, contentivo de su reglamento de aplicación.

157. La inobservancia de los principios y reglas procedimentales recogidos en el artículo 31 de la ley Núm. 107-13, da lugar a que el reglamento, plan o programa de alcance general incurra "en nulidad de pleno Derecho"[209].

158. La jurisprudencia dominicana ha censurado la transgresión del debido proceso en materia reglamentaria: "la administración actuante, al dictar la norma objeto de control por ante los jueces de fondo impugnada, no llamó a los posibles afectados a una audiencia para escuchar sus posibles reparos, violentando con ello el debido proceso administrativo establecido en los artículos 69.10 y 138.2 de la Constitución, texto este último que exige expresamente la referida audiencia de la personas interesadas en la solución de los procedimientos administrativos a cargo de la administración pública"[210].

159. No obstante, en otra sentencia, la Suprema Corte de Justicia atempera la consecuencia de la nulidad de pleno derecho por inobservancia de los principios y reglas previsto en la ley Núm. 107-13, para la emisión de reglamentos, planes y programas de alcance general:

> "17. De los textos anteriores se infiere, que el artículo 31 de la ley de referencia, establece unos criterios y principios netamente formales cuya aplicación administración para su aprobación, es decir, para tomar una decisión que no sea depende de la cantidad y calidad de la información que necesita la materialmente injusta, así como al grado de discrecionalidad que posea por ausencia de reglamentación legal sobre el tema, lo cual implica una ponderación o verificación de relación entre el vicio formal que se alega y la incorrección material del contenido del acto en cuestión. 18. Debe añadirse, que la aplicación de los requisitos formales de los actos depende, de igual manera, de los derechos materiales que hayan podido ser vulnerados con la transgresión del vicio formal que se invoque, con lo cual se trata de mantener o preservar actos de contenido correcto. Es decir, debe haber una relación directa entre el vicio de forma y la decisión de fondo, donde se advierta que la omisión formal en que incurra la administración hubiera podido hacer variar el contenido de la actuación administrativa en cuestión; situación que no se percibe en la especie, ya que del estudio del expediente no se advierte que se haya alegado vicio material alguno capaz de alterar la decisión a que arribó la administración en el reglamento atacado, tal y como se apreciará más adelante, lo cual torna en inoperante la nulidad pretendida, ya que ella solo generaría una regresión del procedimiento con iguales consecuencia futuras ya sabidas de antemano"[211].

- **Fase de iniciación**

160. En lo que respecta a la fase de iniciación del procedimiento administrativo, si bien el órgano o ente administrativo investido con la potestad para el dictado de reglamentos, planes y programas de alcance general es quien regularmente tiene la iniciativa de elaboración del anteproyecto normativo, también es abierta, en cuanto a permitir, si así lo dispusiera la legislación sectorial, que el anteproyecto de reglamento, de plan o programa sea presentado por la iniciativa privada[212].

---

209 Parte *in fine*, párrafo II, articulo 30.

210 SCJ. Sentencia Núm. 5, de fecha 21 de junio de 2019.

211 SCJ. Sentencia Núm. 110, de fecha 31 del mes de enero de 2020.

212 Articulo 31, numeral 1.

161. En esta fase de iniciación, otra característica de la normativa dominicana es que se prevé la posibilidad de que se abra a la participación del público, de los interesados en el texto, y a la colaboración interadministrativa, "a los momentos iniciales o de elaboración de las prioridades y esquemas del borrador"[213].

162. En relación a este ultimo aspecto, el reglamento de la ley Núm. 167-21, de mejora regulatoria y simplificación de trámites, contenido en el Decreto 486-22, expedido por el Poder Ejecutivo en fecha 24 de agosto de 2022, dispone que las "autoridades convocantes podrán realizar consultas con anterioridad a la elaboración del borrador de proyecto de regulación y del Reporte Preliminar de Análisis de Impacto Regulatorio, así como para la formulación de su agenda o planificación regulatoria, con el fin de obtener información sobre el problema a resolver, la necesidad de la regulación, sus objetivos y las posibles alternativas regulatorias y no regulatorias para solucionar el problema, de forma que se garantice que dichas consultas contribuyan al proceso regulatorio"[214]. Los párrafos I y II de este articulo 26 del reglamento, agregan lo siguiente:

> **PÁRRAFO I.** Las consultas previas podrán ser con actores relevantes afectados por el problema de política pública y potencialmente afectados por la futura regulación, los órganos y entes de la Administración Pública, y las personas o instituciones con conocimientos técnicos o cualquier otro actor que el ente u órgano de la Administración Pública entienda pertinente que pueda aportar al proceso de redacción y análisis correspondientes.
>
> **PÁRRAFO II.** Las modalidades de consultas previas que se producen en el seno del procedimiento de elaboración regulatoria podrán extenderse también a los momentos iniciales o de elaboración de las prioridades y esquemas del borrador de la propuesta regulatoria, conforme lo establecido en el artículo 31 de la Ley núm. 107-13, sobre los Derechos de las Personas en sus Relaciones con la Administración y de Procedimiento Administrativo.

- **Fase de instrucción**

163. En cuanto a la fase de instrucción, etapa esencial para el logro del acierto en el texto del reglamento, plan o programa, la legislación dominicana manda a recabar "los estudios, evaluaciones e informes de naturaleza legal, económica, medioambiental, técnica o científica que sean pertinentes"[215], a la "audiencia de los ciudadanos"[216], directamente afectados "o a través de las asociaciones que les representen"; promover la "participación del público en general, con independencia de que se vea o no afectado directamente por el proyecto de texto reglamentario, plan o programa"[217]; "facilitar y recabar la colaboración de los demás órganos y entes públicos, cuando resulte necesario o conveniente en razón de los efectos significativos que pueda producir, mediante las consultas o informes oportunos"[218].

164. El reglamento de la ley de mejora regulatoria y simplificación de trámites, refuerza las disposiciones contenidas en la ley Núm. 107-13, respecto de la colaboración de otros órganos y entes públicos en materia de reglamentos de alcance general, disponiendo en el articulo 29 lo siguiente:

---

213 Artículo 31, numeral 6.

214 Articulo 26.

215 Articulo 31, numeral 2.

216 Articulo 31, numeral 4.

217 Articulo 31, numeral 4

218 Articulo 31, numeral 5.

ARTÍCULO 29. Consultas con otros entes y órganos de la Administración Pública. Las autoridades convocantes consultarán y recabarán información de otros entes y órganos de la Administración Pública que estén relacionados con el problema a resolver, la propuesta regulatoria o la regulación resultante, cuando resulte necesario o conveniente en razón de los efectos que pueda producir. Particularmente, deben ser consultadas las instituciones públicas a cargo de la implementación, monitoreo o puesta en ejecución de las regulaciones, en los casos que corresponda. Estas consultas buscan facilitar la coordinación y colaboración administrativa, crear procesos de implementación eficientes y evitar duplicidad, conforme lo establecido en el artículo 31 de la Ley núm. 107-13, sobre los Derechos de las Personas en sus Relaciones con la Administración y de ProcedimientoAdministrativo.

165. La ley Núm. 167-21, de mejora regulatoria y simplificación de trámites, regula los plazos en materia de consulta pública y la exigencia previa de un análisis de impacto regulatorio[219], disponiendo una diferenciación en función de si la propuesta regulatoria, cumple o no, con "criterios económicos y sociales significativos", que son identificados en la ley[220]:

> Artículo 23.- Plazo de consulta pública. El plazo para someter a consulta pública las propuestas de regulaciones económicas y sociales significativas, será de cuarenta y cinco (45) días hábiles.
>
> Párrafo I: Para aquellas propuestas de regulación que no cumplan con los criterios económicos y sociales significativos, el plazo será de veinte (20) días hábiles.
>
> Párrafo II: Las propuestas de regulación que cumplan con los criterios económicos y sociales significativos, deberán ser sometidas a consulta pública junto a su respectivo análisis de impacto regulatorio.

166. Por su parte, el reglamento de la ley Núm. 167-21 regula el contenido del aviso de inicio de consulta pública[221], los formatos que pueden utilizar para la realización de las

219 **Análisis de Impacto Regulatorio (AIR)**: Es el instrumento de política pública que permite determinar si los beneficios de las regulaciones superan sus costos y evaluar objetivamente si estas son necesarias y se justifican para la consecución de objetivos de política pública. (Articulo 3, numeral 2.

220 **Artículo 7.- Criterios económicos y sociales significativos**. Se consideran regulaciones económicas y sociales significativas, aquellas que se enmarcan dentro de los siguientes criterios: 1) Crean nuevas obligaciones para los administrados o hacen más estrictas las obligaciones existentes. 2) Crean o modifican trámites, exceptuando cuando la modificación simplifica 3) Reducen o restringen derechos o prestaciones para los administrados. 4) Establecen definiciones, clasificaciones, restricciones, caracterizaciones o cualquier otro término de referencia, que afecten o puedan afectar los derechos, obligaciones, prestaciones o trámites de los administrados.

221 **PÁRRAFO II.** Las autoridades convocantes deberán incluir en el Aviso de Inicio de Consulta pública la siguiente información: a) Título de la propuesta regulatoria o regulación. b) Autoridad convocante e información de contacto. c) Fecha de inicio y fecha de cierre de la consulta pública. d) Canales habilitados para que el público en general pueda participar en la Consulta pública. e) Medios por los cuales se puede acceder o solicitar los documentos sometidos a consulta. f) Posibles grupos o sectores afectados.

consultas[222], asi como respecto de la incorporación de cambios en la propuesta regulatoria resultantes del proceso de consulta publica[223].

- **Fase de finalización**

167. Esos amplios medios, así como los mecanismos participativos con que dispone la Administración competente para la emisión de reglamentos, planes y programas de alcance general, se encuentran resguardados con el mandato de ponderación y motivación recogido en el numeral 7 del articulo 31 de la ley Núm. 107-13, por lo que el órgano administrativo promotor de la iniciativa normativa "habrá de elaborar la propuesta definitiva tomando en consideración los estudios, informes y evaluaciones que, en su caso, se hayan utilizado en el procedimiento", debiendo "ponderar igualmente las alegaciones y los intereses hechos valer por los interesados y el público en genera", incluyendo la obligación de "motivar adecuadamente las razones de las opciones que resulten elegidas, a la vista de las distintas alternativas"[224].

168. Finalmente, en lo que respecta a la entrada en vigencia, la legislación dominicana "requiere su previa e íntegra publicación en la Gaceta Oficial o en un diario de circulación nacional o local"[225], caso este último aplicable a los reglamentos, planes o programas de alcance general emitidas por los entes de la Administración local.

V. ACTO ADMINISTRATIVO

- **Consideraciones generales**

169. El acto administrativo, como concepto jurídico, fue incorporado en nuestro ordenamiento en el año 1947, al instituirse, mediante ley, una jurisdicción contenciosa administrativa[226].

170. La legislación administrativa lo define como "toda declaración unilateral de voluntad, juicio o conocimiento realizada en ejercicio de función administrativa por una Administración

---

222 **ARTÍCULO 34. Formatos de consulta.** Las autoridades convocantes deberán realizar las consultas públicas mediante el portal del Registro Único de Mejora Regulatoria. Si la autoridad convocante tiene un portal institucional, deberá colocar un enlace en el mismo para la participación en la consulta pública. **PÁRRAFO I.** Las autoridades convocantes podrán, además, utilizar los siguientes formatos para realizar las consultas: a) **Consultas en reuniones:** Las autoridades convocantes podrán convocar reuniones presenciales o virtuales para recibir comentarios. La autoridad convocante deberá informar con tiempo razonable y por medios apropiados la información relativa al lugar, medio, hora y duración de la consulta, forma de obtención de los documentos relativos a la consulta previo a su inicio, formato en que podrán ser remitidos los comentarios u observaciones, así como cualquier otra información relevante para garantizar la participación oportuna y efectiva en la consulta. b) **Consultas por mensajería:** Las autoridades convocantes podrán habilitar una dirección física, electrónica o cualquier otro medio digital donde el público en general y los actores interesados podrán hacer llegar sus comentarios, observaciones, correspondencias y documentos de apoyo a las propuestas sometidas a consulta. En este caso, la dirección deberá ser publicada en el aviso de la consulta.

223 **PÁRRAFO II.** Si, como consecuencia de los comentarios recibidos, se produjeran cambios en la propuesta regulatoria o el Análisis de Impacto Regulatorio realizado, la autoridad convocante tendrá un plazo de cuarenta y cinco (45) días hábiles para su incorporación, conforme lo establece el artículo 18 de este Reglamento. En caso de que este plazo necesite ser extendido, la autoridad convocante lo comunicará públicamente por medio del Registro Único de Mejora Regulatoria.

224 El reglamento de la ley de mejora regulatoria y simplificación de tramites dispone que independientemente "del medio a través del cual hayan sido recibidos los comentarios, la autoridad convocante deberá responderlos, indicando si serán incorporados o no al proyecto regulatorio y justificando la razón. La autoridad convocante podrá agrupar aquellos comentarios similares para dar una respuesta conjunta" (Párrafo III, articulo 36 Decreto 486-22).

225 Articulo 31, numeral 8.

226 Artículo 3, Ley 1494, del 9 de agosto de 1947.

Pública, o por cualquier otro órgano u ente público que produce efectos jurídicos directos, individuales e inmediatos frente a terceros[227]".

171. En la doctrina, uno de los maestros fundadores del derecho administrativo dominicano, Manuel A. Amiama, se refería a los actos administrativos como aquellos "actos jurídicos y materiales con que se exterioriza, en cada caso concreto e individual, la potestad del Estado, en el curso de su misión normal y habitual"[228]. Mas resumidamente, Amiama señala que el acto administrativo es "un acto del Estado que determina situaciones jurídicas para casos individuales"[229].

172. Por su parte, la jurisprudencia de la Suprema Corte de Justicia se ha referido al acto administrativo como "una declaración unilateral efectuada en el ejercicio de la función administrativa, que produce efectos jurídicos individuales en forma directa"[230]; o, como "la decisión o resolución administrativa, con efectos individuales frente a terceros, dictada por la administración en el ejercicio de una potestad administrativa distinta de la reglamentaria"[231].

173. La Constitución de la República menciona la figura jurídica del acto administrativo al disponer, como reserva de ley, el procedimiento para su dictado. "La ley regulará: ...2) El procedimiento a través del cual deben producirse las resoluciones y **actos administrativos**, garantizando la audiencia de las personas interesadas, con las excepciones que establezca la ley"[232].

174. Adicionalmente, por imperativo constitucional, la actuación administrativa en general se encuentra sometida a unos principios y mandatos comunes de actuación administrativa, como son los de objetividad, eficacia, eficiencia, economía, igualdad, transparencia, publicidad[233], "régimen de incompatibilidades de los funcionarios que aseguren su imparcialidad"[234], aplicación del debido proceso en el ámbito administrativo[235], principios todos que impactan tanto el procedimiento para el dictado de los actos administrativos, como el régimen de sus efectos y ejecución.

- **Distinción del acto administrativo respeto del reglamento, como categorías jurídicas distintas**

175. En la República Dominicana, tanto la doctrina, como la legislación y la jurisprudencia, con anterioridad al vigente régimen general del acto administrativo contenido en la ley Núm. 107-13[236], se mostró dividida respecto de si incluir o no, a los actos de alcance general de naturaleza normativa o reglamentaria, como actos administrativos.

  - **Doctrina**

176. En la obra "**Fundamentos de Derecho Administrativo**"[237], su autor, Vinicio Tobal, define el acto administrativo como "un acto del Estado que determina situaciones jurídicas tanto para casos generales como para casos individuales". Al referirse al régimen de publicidad de los actos administrativos, incluye, dentro de los mismos, a los reglamentos:

---

227 Artículo 8, ley No. 107-13 sobre los Derechos de las Personas en sus Relaciones con la Administración y de Procedimiento Administrativo.

228 Prontuario de Legislación Administrativa Dominicano. Edición mimeografiada 1953, p. 16.

229 Prontuario de Legislación Administrativa Dominicano. Edición mimeografiada 1953, p. 17.

230 Sentencia núm. 62 del 28 de diciembre de 2016, Boletín Judicial núm. 1273, p. 2202-2225.

231 Sentencia núm. 63 del 23 de julio de 2014, Boletín Judicial núm. 1244, p. 1966-1973.

232 Artículo 138.

233 Artículo 138.2.

234 Artículo 138.1.

235 Artículo 69.10.

236 Artículos 8 y siguientes.

237 Primera Edición. Año 1992, p. 59.

"Como es bien sabido, la publicación es el conjunto de hechos que tienen por objeto llevar a conocimiento del público un texto jurídico. Es decir, la publicación tiene por finalidad enterar a todos los ciudadanos de la existencia de una Ley, Decreto, Reglamento, Ordenanza, Resolución y, en fin, cualquier acto administrativo del Estado. La jurisprudencia francesa establece como regla general que los actos administrativos reglamentarios deben ser publicados y los individuales notificados".

177. En el mismo sentido, Héctor Dotel Matos, en su "**Manual de Derecho Administrativo**"[238], realiza una clasificación del acto administrativo que incluye dentro de los mismos, a los reglamentos:

"El acto reglamentario es aquel que "dispone por vía general", esto es, que pronuncia una regla abstracta y general de conducta, adaptable al conjunto de los ciudadanos o al menos a una categoría de individuos que no son designados por el nombre. Por ejemplo, cuando un sindico plasma una ordenanza de policía por la cual establece las prescripciones aplicables sobre el territorio de su municipio, esas prescripciones ajustables sobre el territorio de su municipio tienen en esas demarcaciones territoriales, un "alcance general". Las prescripciones citadas se imponen a toda persona sobre ese territorio. **Existe ahí un acto administrativo reglamentario**".

178. Por su parte, René Mueses Henríquez, en su "**Derecho Administrativo Dominicano**", no obstante incluir a los actos de contenido reglamentario como actos administrativos, al referirse a la publicidad[239], advierte, en su referida obra, "que aparentemente el legislador ha querido excluir los reglamentos y los decretos del concepto de acto administrativo" previsto en la Ley 1494, de 1947, que instituye la jurisdicción contenciosa-administrativa.

179. Desde el año 1956, el más completo de los estudiosos dominicanos del derecho público, el extinto profesor Manuel A. Amiama, en la primera versión mimeografiada de su obra "**Prontuario de Legislación Administrativa Dominicana**", había considerado como simplista el conceptualizar a los reglamentos, como actos administrativos:

"Esta tesis parece la más concorde con la historia y con la realidad, y a favor de ella militan las siguientes razones: 1°. La conservación del poder reglamentario por el Poder Ejecutivo se ha considerado siempre como una atemperación al sistema de la separación de los poderes, lo que no sería cierto si los reglamentos se reputaran como actos administrativos; 2°. De lo anterior, ha resultado la tendencia seguida a consagrar expresamente la potestad reglamentaria para el Presidente de la República. 3°. Materialmente, esto es, por su alcance y naturaleza normativa, los reglamentos son similares a las leyes, de tal modo que es frecuentísimo el caso de que determinados reglamentos son convertidos en leyes, por la acción del Congreso, sin un solo cambio de palabra. 4°. La protección jurídica de los administradores contra los reglamentos arbitrarios está organizada como la que existe contra los actos administrativos ilegales[240]".

180. Desde la doctrina constitucional dominicana, el Profesor Eduardo Jorge Prats[241], aborda la discusión precisando la distinción entre los actos administrativos y los actos de la Administración de contenido reglamentario:

---

[238] Editorial Santillana. Año 2005, p. 97.

[239] "La regla establecida por la jurisprudencia es que los actos administrativos REGLAMENTARIOS deben ser publicados y los individuales NOTIFICADOS. La PUBLICACIÓN es la medida por medio de la cual se lleva a conocimiento de los interesados el reglamento…La NOTIFICACIÓN permite, por el contrario, a los destinatarios individuales estar informados especialmente de las disposiciones que los interesan". Página 96.

[240] Segunda Edición. Año 1987, p. 47.

[241] Derecho Constitucional. Volumen I, Segunda Edición. Editora Gaceta Judicial. p. 510.

"Tradicionalmente los reglamentos han sido distinguidos de los actos administrativos -que es el otro contenido posible de las mismas formas que los reglamentos revisten- acudiendo al criterio de la generalidad. Se afirma así que los reglamentos son disposiciones de carácter general que afectan a una pluralidad indeterminada de individuos, mientras que los actos administrativos serían esencialmente singulares e individuales. A pesar de que este criterio es válido para la generalidad de los casos, el mismo resulta insuficiente debido a que hay actos que, a pesar de ser administrativos, revisten un carácter general: una orden de policía que prohíbe transitar por cierto lugar es el mejor ejemplo de estos actos administrativos generales. Por esta insuficiencia del criterio de la generalidad para distinguir los reglamentos de los actos administrativos, la doctrina mayoritariamente acude a la distinción entre ambos a partir del carácter innovador de los reglamentos. En efecto, los reglamentos innovan el ordenamiento introduciendo en este una norma de carácter permanente, que perdura en el tiempo, contrario a los actos administrativos que, aun en la hipótesis de ser generales, se agotan con su cumplimiento y no adicionan nada a la normativa vigente".

- **Legislación**

181. Sin embargo, leyes como las de telecomunicaciones[242], monetaria y financiera[243], parecerían no excluir a los reglamentos de los actos administrativos, estableciendo incluso, en el caso de las telecomunicaciones[244] y de la administración municipal[245], el recurso directo contra los actos administrativos de alcance general, de naturaleza normativa, por ante la jurisdicción contenciosa administrativa.

182. Un caso que de manera particular merece ser comentado, es el de la ley general de defensa de la competencia Núm. 42-08, que de forma directa reconoce como acto administrativo a los actos de contenido reglamentario dictados por los órganos reguladores de sectores económicos:

> **"Artículo 20.- Relación con otros entes reguladores de mercado. Los actos administrativos destinados a dictar reglamentos** o a resolver procesos administrativos sancionadores planteados ante otros entes reguladores del mercado diferentes a la Comisión, siempre que estén relacionados con el objeto de esta ley, deberán ser enviados a la Comisión para su examen junto con la documentación que los respalda".

---

242 Ley Núm. 153-98, de fecha 19 de marzo de 1998.

243 En la obra **Derecho de la Regulación Monetaria y Financiera**, Editorial Jus Novum, 2008, p. 124-125, Eduardo Jorge Prats y Omar Victoria Contreras, al referirse al catalogar los actos de la Administración Monetaria y Financiera -AMF- como actos administrativos expresan lo siguiente: "El Artículo 4 de la LMF establece el "régimen jurídico de los actos regulatorios y de los recursos" contra estos actos. La denominación utilizada por el legislador es la de "actos regulatorios" con lo cual quiere connotar que, a través de estos, la AMF lleva a cabo todo lo que se encuentra bajo el ámbito de la regulación, vale decir, "la fijación de políticas, reglamentaciones, ejecución, supervisión y aplicación de sanciones, en los términos establecidos en esta Ley y en los Reglamentos dictados para su desarrollo". El régimen jurídico de estos actos regulatorios es un régimen de Derecho Administrativo, lo cual queda claro con la adopción del Derecho Administrativo como el Derecho común de la regulación del sistema monetario y financiero y con las características que tipifican estos actos regulatorios, presunción de legalidad, ejecutoriedad, los cuales son elementos que tipifican a los actos administrativos".

244 Artículo 96 de la Ley 153-98.

245 Artículo 102, de la Ley 176-07, del Distrito Nacional y los Municipios.

- **Jurisprudencia**

183. El Tribunal Constitucional dominicano con anterioridad a la entrada en vigor de la ley Núm. 107-13, incluye, como actos administrativos, aquellos que tienen carácter normativo y alcance general[246], y lo distingue de los actos administrativos de efectos particulares[247].

184. Por su parte, la Suprema Corte de Justicia, con anterioridad a la entrada en vigor de la ley Núm. 107-13, asume el concepto de acto administrativo establecido en su articulo 8, que excluye a los actos de la administración de contenido reglamentario de los actos administrativos:

> "Considerando, que en cuanto al planteamiento de que la comunicación cuestionada constituye un acto administrativo, esta Suprema Corte de Justicia considera pertinente establecer que un acto administrativo es la decisión o resolución administrativa, con efectos individuales frente a terceros, dictada por la administración en el ejercicio de una potestad administrativa distinta de la reglamentaria"[248].

185. Más recientemente, la Suprema Corte de Justicia, realiza unas consideraciones donde establece, a la luz de la ley Núm. 107-13, la diferencia material entre el reglamento y el acto administrativo:

> "12. En efecto, según el artículo 8 de la Ley núm. 107-13, el acto administrativo es toda declaración unilateral de voluntad, juicio o conocimiento realizada en ejercicio de función administrativa por una administración pública que produce efectos jurídicos directos, individuales e inmediatos frente a terceros. De aquí se desprende que, conforme expresa el ordenamiento jurídico dominicano vigente, una de las características esenciales del acto administrativo, como tipología especifica de la actividad administrativa que se desprende de la función administrativa, es que produce efectos individuales, particulares, subjetivos o concretos frente a terceros. Esto, contrario a los reglamentos, que producen efectos generales e imperdibles y objetivos, tal y como se deriva del artículo 30 del mismo instrumento legal (ley 107-13). 13. De la diferencia que propone la Ley núm. 107-13 entre el acto administrativo y el reglamento es que, en el caso del acto administrativo siempre será posible identificar sus destinatarios, ello sin importar la cantidad de personas afectadas, mientras que los reglamentos están dirigidos a personas que no pueden identificarse con anterioridad a su emisión. 14. Otra diferencia material entre el reglamento y el acto administrativo consiste en que el primero innova de manera definitiva el ordenamiento jurídico, situación de la que carece el segundo[249]".

- **Regulación actual del Acto administrativo**

186. A partir de la entrada en vigor de la ley Núm. 107-13, sobre derechos de las personas en su relación con la administración y de procedimiento administrativo, el ordenamiento jurídico dominicano no sólo establece un concepto respecto del acto administrativo, sino que además

---

246 Sentencia TC/0041/13, del 15/3/2013, punto 3.1.9.5: "… Los actos administrativos de carácter normativo y alcance general son susceptibles de ser impugnados mediante la acción directa, pues al tratarse de un control abstracto o de contenido de la norma, el TC verifica si la autoridad pública responsable de producir la norma observó los valores, principios y reglas de la constitución y del bloque de constitucionalidad (supremacía constitucional)".

247 Sentencia TC/0041/13, del 15/3/2013, punto 3.2.9.5: "Los actos administrativos de efectos particulares y que solo inciden en situaciones concretas, deben ser tutelados mediante la acción en amparo si se violan derechos fundamentales (Art. 75 de la LOTCPC) o por la jurisdicción contenciosa-administrativa en caso de violarse situaciones jurídicas o derechos no fundamentales dentro del ámbito administrativo, estando la decisión final sujeta a un recurso de revisión constitucional de sentencias (Art. 53 de la LOTCPC), por lo que no escapa en ningún caso al control de la justicia constitucional".

248 Sentencia núm. 63 del 23 de julio de 2014, Boletín Judicial núm. 1244, p. 1966-1973.

249 Sentencia núm. SCJ-TS-22-0632 del 24 de junio de 2022, B.J. núm. 1339, p. 5489-5498.

positiviza su régimen jurídico, tanto de formación del acto, como también sus características esenciales en torno a su presunción de validez, de ejecutividad y ejecutoriedad, de eficacia, invalidez y de su régimen de revisión y revocación.

- **Concepto**

187. El articulo 8 de la ley Núm. 107-13, define el acto administrativo como "toda declaración unilateral de voluntad, juicio o conocimiento realizada en ejercicio de función administrativa por una Administración Pública, o por cualquier otro órgano u ente público que produce efectos jurídicos directos, individuales e inmediatos frente a terceros".

188. El Tribunal Constitucional dominicano en su sentencia del 5 de junio de 2023 expresa que, de conformidad a nuestra legislación "un acto administrativo para ser considerado como tal, tendría que cumplir con todos los requisitos que establece la definición que ofrece la citada norma y, concretamente, queremos destacar **los relativos a efectos jurídicos directos, individuales e inmediatos frente a terceros**. Estas características constituyen elementos esenciales del concepto de acto administrativo de acuerdo con la doctrina especializada"[250].

189. Por su parte, la jurisprudencia de la Suprema Corte de Justicia también ha destacado como características esenciales del acto administrativo "como tipología especifica de la actividad administrativa que se desprende de la función administrativa, **es que produce efectos individuales, particulares, subjetivos o concretos frente a terceros**"[251]. También ha dicho que "el acto administrativo es una declaración unilateral efectuada en el ejercicio de la función administrativa, que produce **efectos jurídicos individuales en forma directa**"[252].

190. Asimismo, el supremo intérprete constitucional dominicano, se ha referido a las tipologías de los actos administrativos, señalando que estos "pueden ser muy variados y van desde la concesión de una beca, la licencia de conducir o de portar arma, permiso para abrir un establecimiento, multa de tránsito, entre otras"[253].

- **Elementos de validez**

191. La ley Núm. 107-13 establece como requisitos para la validez de los actos administrativos, el que los mismos sean dictados por órgano competente, respetando el procedimiento establecido y la finalidad prevista por el ordenamiento jurídico, siendo indispensable, además, la motivación, cuando el acto administrativo se pronuncie sobre derechos, tenga un contenido discrecional o genere gasto público. Así se recoge en el artículo 9 de dicha ley:

> Artículo 9. Requisitos de validez. Sólo se considerarán válidos los actos administrativos dictados por órgano competente, siguiendo el procedimiento establecido y respetando los fines previstos por el ordenamiento jurídico para su dictado.
>
> Párrafo I. Para garantizar la posibilidad de su fiscalización, quedará constancia escrita del contenido de los actos administrativos, incluidos los verbales, con identificación de sus responsables.
>
> Párrafo II. La motivación se considerará un requisito de validez de todos aquellos actos administrativos que se pronuncien sobre derechos, tengan un contenido discrecional o generen gasto público, sin perjuicio del principio de racionalidad previsto en el Artículo 3 de esta ley.

- **Órgano competente**

192. En lo que respecta a la competencia como requisito esencial de los actos administrativos, esta ha sido definida por la ley orgánica de la Administración Pública como "el

---

250 TC/0333/23.

251 Sentencia núm. SCJ-TS-22-0632 del 24 de junio de 2022, B.J. núm. 1339, p. 5489-5498

252 Sentencia núm. 62 del 28 de diciembre de 2016, B.J núm. 1273, p. 2202-2225.

253 Sentencia TC/0333/23, del 5 de junio de 2023.

conjunto de facultades y responsabilidades asignadas a cada órgano o entidad pública para el cumplimiento de sus atribuciones"[254].

193. Respecto de este requisito, la jurisprudencia dominicana ha señalado que "dentro de los elementos de validez del acto administrativo se encuentra el hecho de que haya sido dictado por funcionario competente y con la calidad habilitante para ello conforme con la normativa legal o reglamentaria vigente"[255]. Asimismo, ha dicho que de "la lectura del referido artículo, se verifica el hecho de que el Ayuntamiento no puede dictar actos administrativos sin contar con un texto legal que lo faculte para tal atribución, por lo que, en el presente caso, el tribunal a quo falló correctamente al establecer en sus fundamentos que el Consejo Municipal del Ayuntamiento del Municipio Santo Domingo Norte, entidad que emitió la resolución núm. 70-2010, la cual quedó anulada mediante la sentencia que hoy se impugna, se excedió las atribuciones que le confiere la ley que rige la materia[256]".

- **Procedimiento**

194. Tal y como ya se ha indicado en otra parte de este escrito, el ordenamiento jurídico administrativo dominicano establece un régimen general de procedimiento administrativo que deben seguir los órganos competentes para el dictado de actos administrativos, cuando la legislación que le confiere potestad para ello, no establece un procedimiento particular.

195. Con posterioridad a la Constitución dominicana del 26 de enero de 2010, que estableció el debido proceso en sede administrativa, así como un mandato de ley que regule el procedimiento para el dictado de actos administrativos, el Tribunal Constitucional creado por la referida constitución, comenzó a sentar doctrina sobre el tema:

> "nuestra Constitución establece en su artículo 69 las garantías mínimas que deben ser respetadas particularmente para las medidas que tiendan a afectar en alguna medida algún derecho, y de manera específica señala que "[l]as normas del debido proceso se aplicarán a toda clase de actuaciones judiciales y administrativas", con lo cual dicha obligación se extiende al momento de aplicar una sanción administrativa o tomar medidas sancionatorias, como es el caso en concreto. Adicionalmente, en su artículo 138.2, nuestra Carta Magna establece que "[e]l procedimiento a través del cual deben producirse las resoluciones y actos administrativos, garantizando la audiencia de las personas interesadas, con las excepciones que establezca la ley"[257].

> "el respeto al debido proceso y, consecuentemente, al derecho de defensa, se realiza en el cumplimiento de supuestos tales como la recomendación previa a la adopción de la decisión sancionatoria; que dicha recomendación haya sido precedida de una investigación; que dicha investigación haya sido puesta en conocimiento del afectado; y que éste haya podido defenderse"[258].

> "Tal y como ha indicado este tribunal, la importancia de la protección del debido proceso reside en "la posibilidad de que se garantice a la persona poder contestar cada argumento esgrimido en su contra, su derecho a la defensa y el derecho a ser asistida de manera oportuna técnica y jurídicamente" (Sentencia TC/0011/14), posibilidad que no se garantizó ni se pretendió garantizar en la imposición de las medidas por parte del Concejo de Regidores"[259].

---

[254] Articulo 55, Ley 247-12 de agosto de 2012.

[255] Sentencia núm. 269 de fecha 16 de diciembre de 2020, B.J. núm. 1321, p. 6237-6244

[256] Sentencia núm. 35 de fecha 31 de julio de 2019, B.J. núm. 1304, p. 4223-4233. En el caso se consideró que la decisión adoptada entraba dentro de la competencia de la Alcaldía y no del Consejo Municipal.

[257] TC/226/14.

[258] TC/ 0048/12.

[259] TC 226/14.

196. Por su parte, la Suprema Corte de Justicia se ha referido al debido proceso administrativo, señalando que "el debido proceso, en el ámbito del derecho administrativo, encuentra su fundamento sustantivo en el artículo 69, numeral 10 de la Constitución dominicana que establece que las normas del debido proceso se aplicaran a toda clase de actuaciones judiciales y administrativas y por tanto las garantías mínimas contempladas por dicho texto y que conforman el debido proceso deben también ser resguardadas en todo procedimiento administrativo"[260].

- **Finalidad**

197. La jurisprudencia dominicana se ha referido a este requisito de validez de los actos administrativos señalando "que el fin del acto administrativo debe enraizarse con el fin último que la ley se propuso al otorgar la potestad en cuyo ejercicio aquel se dictó, y en tal sentido debe precisarse que el fin del acto es un presupuesto de legalidad"[261].

- **Motivación**

198. Este ha sido uno de los requisitos que debe cumplir la Administración para la validez de los actos administrativos que se pronuncien sobre derechos, tengan un contenido discrecional o generen gasto público.

199. Muy tempranamente, en una de sus primeras sentencias el Tribunal Constitucional dominicano se refirió a este requisito, en un momento en que la exigencia hoy día prevista en la ley Núm. 107-13 para el dictado de actos administrativos no existía, señalando que, no obstante "el legislador no establece requisitos para que el Ministerio de Interior y Policía revoque las referidas licencias, lo cual deja abierta la posibilidad de que dicha facultad sea ejercida de manera arbitraria. En este orden, el Tribunal considera que para que el mencionado texto legal sea conforme a la Constitución, el mismo debe interpretarse en el sentido de que el Ministerio de Interior y Policía, debe dar motivos razonables y por escrito cuando revoca una licencia de porte y tenencia de arma de fuego"[262].

200. Asimismo, en otro caso, el máximo intérprete constitucional dominicano señaló que:

> "Sobre el particular, este tribunal ha señalado que es necesario que se provean motivos razonables y por escrito cuando se trata de actos administrativos que tengan como fin variar la situación jurídica del administrado (Sentencia TC/0010/12). Por lo cual, un acto que pretenda imponer una serie de medidas dirigidas a la afectación del derecho de propiedad debe ser realizado, como mínimo, respetando la garantía del debido proceso donde los hechos imputados puedan ser controvertidos entre la administración que evalúa la situación y el administrado que está siendo evaluado"[263].

201. La jurisprudencia de la Suprema Corte de Justicia también ha resaltado la importancia de la motivación como requisito de validez de los actos administrativos, señalando que la "motivación de los actos administrativos es uno de los requisitos esenciales para su validez conforme con lo previsto por el artículo 9 de la Ley núm. 107-13 de relaciones de las personas con la administración y procedimiento administrativo, sobre todo de aquellos actos que se pronuncian sobre derechos subjetivos de las personas, como ocurrió en el presente caso, lo que

---

[260] Sentencia núm. 115 del 24 de febrero de 2021, B.J. núm. 1323, p. 6090-6108.

[261] Sentencia núm. 62 del 28 de diciembre de 2016, B.J. núm. 1273, p. 2202-2225.

[262] TC 0010/12. El fundamento utilizado por el Tribunal Constitucional se basó en "el riesgo que supone para la sociedad la tenencia y porte de armas por particulares, el Estado, a través del Ministerio de Interior y Policía se ha reservado el derecho de otorgar y revocar las referidas licencias".

[263] TC 226/14.

impedía que los jueces del tribunal a quo pudieran validar un acto de desvinculación de un servidor público que no establecía cuáles fueron las razones que sostenían esa decisión"[264].

202. Por otra parte, la alta corte judicial también ha señalado que:

> "el derecho fundamental a un debido proceso establecido en el artículo 69 de la Constitución, así como el párrafo II del artículo 9 y el párrafo I del artículo 14, ambos de la Ley núm. 107-13 sobre Procedimiento Administrativo, ordenan, bajo pena de nulidad, que la administración pública motive suficientemente sus actuaciones, la cual debe incluir la prueba de todos los hechos y circunstancias que justifican la actuación de que se trate, principalmente si afecta derechos e intereses, tal y como en el caso de la suspensión de los efectos de un contrato suscrito entre la administración pública y el administrado, lo cual es robustecido por el artículo 26 de la referida Ley núm. 107-13, que obliga a toda administración pública a recabar todas las pruebas necesarias a los fines de obtener información de calidad y decidir de manera correcta y veraz con respecto del tema por ella considerado. 20. En cuanto a esto, es bien sabido que, este deber de motivar, no se cumple si el órgano decisor no exhibe, de manera pública, las razones que, según su parecer, justifiquen la decisión de que se trate, todo precisamente para garantizar: 1) que exista un control democrático por parte de la ciudadanía en general de que los poderes públicos están sujetos al derecho (derechos de participación política democrática); y 2) principalmente, y en lo que se decide por medio de esta sentencia, para que los interesados puedan ejercer su derecho a la defensa -de acuerdo a lo previsto en el artículo 69.2 de la Constitución dominicana-, en la fase de control jurisdiccional de los actos que consideren contrarios a derecho, ya que sin esta externalización de las razones y pruebas que supuestamente justifican el acto impugnado, no podrá el perjudicado defenderse correctamente respecto del mismo acto"[265]

- **Presunción de validez**

203. Una característica propia en derecho administrativo lo constituye la presunción de validez de los actos administrativos que adoptan las autoridades administrativas en el ejercicio de sus competencias. El legislador dominicano incorporó este principio general en el artículo 10 de la ley Núm. 107-13:

> Artículo 10. Presunción de Validez. Todo acto administrativo se considera válido en tanto su invalidez no sea declarada por autoridad administrativa o jurisdiccional de conformidad a esta ley.

204. En la doctrina dominicana se ha señalado que los "actos administrativos se presumen válidos, salvo clausulas accesorias o condiciones adicionales asociadas a su comunicación a los destinatarios, por un elemental principio de debido proceso y por la consideración a demostrar para con todas las personas que se relacionen con la Administración pública"[266].

205. La jurisprudencia, constitucional y judicial, también se ha referido a la presunción de validez de los actos administrativos:

> "Así pues, hasta tanto el acto en cuestión no haya sido expulsado del ordenamiento jurídico, por ejemplo, siendo revocado por la administración en cuestión o declarado nulo por la jurisdicción contenciosa-administrativa, debe presumirse su validez.

264 Sentencia núm. 90 del 20 de diciembre de 2019, B.J. núm. 1309, p. 4099-4106.

265 SCJ. Sentencia núm. TS-23-0014 de fecha 31 de enero de 2023. En igual sentido, SCJ. Sentencia núm. 198, de fecha 8 de julio de 2020.

266 Rivero Ortega, Ricardo; Ortega Polanco, Francisco. Manual de Derecho Administrativo. Iglobal, 2011, p. 105.

Por tanto, la Administración está atada por el contenido de los actos que ella misma emite mientras estén vigentes, sin poder alegar que los efectos que de estos se desprenden no son consecuencia de su accionar"[267].

"los actos dictados por la Administración Pública son válidos y componen una presunción de legalidad que es lo que permite a los administrados realizar actuaciones e inversiones en base a los derechos reconocidos, otorgados y protegidos por dichos actos. Tal permanencia es lo que, en definitiva, provee de confianza y seguridad jurídica a los administrados sobre un acto que es ejecutivo, tiene eficacia jurídica, fuerza obligatoria y que, finalmente, debe cumplirse en la forma en que fue dictado"[268].

"Las alcaldías o ayuntamientos son organismos integrantes de la Administración Pública, por tanto, forman parte del Estado y, como tales, tienen entre sus más altos fines y propósitos garantizar la seguridad jurídica y la más amplia participación democrática de los ciudadanos que residen en el ámbito de sus demarcaciones territoriales, con apego a los postulados de la Constitución de la República y las leyes. En ese mismo orden, procede aseverar que las resoluciones emitidas por tales organismos poseen una singular fuerza jurídica y, por tanto, siempre han de estar investidas de la legitimidad que se les reconoce a los actos emanados de toda autoridad pública, en razón de que se da por sentado que ésta, por lo general, actúa en el marco de las potestades que la ley le atribuye, cuidando no incursionar en áreas que escapen a su órbita competencial"[269].

"Por su parte, de la lectura del fallo impugnado debemos advertir que en lo concerniente a la apreciación de la Resolución emitida por Pro Consumidor, la cual fue declarada válida por el tribunal a quo, es necesario indicar que de conformidad con los dispuesto en el artículo 10 de la Ley núm. 107-13, sobre los Derechos de las Personas en sus Relaciones con la Administración y de Procedimiento Administrativo, todo acto administrativo se considera válido en tanto su invalidez no sea declarada por autoridad administrativa o jurisdiccional de conformidad con la ley, presumiéndose válido hasta tanto sea declarado nulo. En tal sentido, esta presunción de validez se reconoce por la ley solo si el acto está sujeto al derecho administrativo, derecho aplicable cuando las administraciones actúan en la órbita de sus competencias atendiendo y tutelando los específicos intereses públicos que la ley confía a cada una de ellas"[270].

206. Resulta importante destacar una precisión realizada por la jurisprudencia de la Suprema Corte de Justicia respecto de la presunción de validez del acto administrativo y el fardo probatorio en sede jurisdiccional. A propósito de un acto administrativo de naturaleza tributaria, dijo, el más alto órgano judicial, que "es menester indicar que la presunción de validez de los actos administrativos establecida en el artículo 10 de la mencionada Ley núm. 107-13 no crea una inversión del fardo probatorio en materia tributaria que contradiga lo antes indicado, ya que esa presunción solo alcanza la existencia jurídica del acto en cuestión y no con respecto a la veracidad de su contenido, es decir, la prueba, los hechos y circunstancias que condicionan y configuran las

---

267 TC/0094/14.

268 TC/0226/14.

269 TC/0242/13.

270 SCJ. Sentencia Núm. SCJ-TS-22-0093, de fecha 25 del mes de febrero de 2022. En igual sentido SENTENCIA DEL 31 DE AGOSTO DE 2021, NÚM. 103: "es bien sabido que, el concepto de validez introduce elementos valorativos que tienen connotaciones relacionadas con los principios y valores superiores a la ley en sentido estricto y, por consiguiente, sugieren una referencia a un concepto de legitimidad que va más allá de la mera legalidad. La razón es que su origen está relacionado con el sistema democrático representativo y la finalidad que persiguen las administraciones públicas, a saber, servir con objetividad los intereses generales. Esta presunción de validez se reconoce por la ley solo si el acto está sujeto al derecho administrativo, derecho aplicable cuando las administraciones actúan en la órbita de sus competencias atendiendo y tutelando los específicos intereses públicos que la ley confía a cada una de ellas".

obligaciones tributarias no son afectadas o reguladas por dicho texto"[271]; matización que realiza la alta corte porque "si la administración debe ser creída en lo que dice, no debiendo demostrar la veracidad de sus actos y afirmaciones, dicha situación implicaría una imposibilidad para controlar sus actos a pesar del referido mandato previsto en el citado artículo 139 constitucional, careciendo de objeto y sentido la institución de control jurisdiccional de los actos de la administración pública"[272].

- **Ejecutividad y ejecutoriedad**

207. La ejecutividad del acto administrativo "implica su capacidad de producir efectos y la obligación de ser acatados por sus destinatarios desde el momento en que se dictan[273]". Por su parte, la ejecutoriedad alude a la posibilidad que tiene la Administración de imponer lo decidido, en determinados tipos de actos administrativos, pudiendo en algunos casos proceder a su ejecución de manera forzosa.

208. En el ordenamiento jurídico dominicano la ejecutividad y ejecutoriedad del acto administrativo se encuentra prevista en la ley 107-13, que dispone lo siguiente:

> Artículo 11. Efectos de los actos administrativos. Los actos administrativos válidamente dictados, según su naturaleza, serán ejecutivos y ejecutorios cuando se cumplan sus condiciones de eficacia, en los términos de la ley.

- **Eficacia**

209. El despliegue de los efectos de lo decidido en un acto administrativo varía, en función de si el mismo es de naturaleza favorable o desfavorable. En el primer caso, es decir si se trata de actos administrativos favorables o creadores de derechos, puede surtir sus efectos desde la fecha de su emisión; mientras que, si se trata de actos administrativos desfavorables, los mismos sólo resultan eficaces a partir de su notificación. La legislación administrativa dominicana así lo dispone expresamente:

> Artículo 12. Eficacia de los actos administrativos. Los actos administrativos que otorguen beneficios a las personas se entienden eficaces a partir de la fecha de su emisión. La eficacia de los actos que afecten desfavorablemente a terceros requerirá la notificación a los interesados del texto íntegro de la resolución y la indicación de las vías y plazos para recurrirla. La Administración deberá acreditar el intento diligente de notificación en el lugar indicado por el interesado antes de dar por cumplido este trámite.

---

271 SCJ. Sentencia Núm. 198, de fecha 8 del mes de julio de 2020. En esta misma sentencia dijo la alta corte judicial: "Estos criterios aplican perfectamente cuando se trata, tal y como sucede en la especie, en determinaciones basadas en incongruencias detectadas por declaraciones hechas por terceras personas, todo lo cual deberá ser aportado por la administración tributaria al tenor de lo dicho precedentemente, añadiéndose que el fisco es quien se encuentra en mejor condición de probar las incongruencias que alega ante la jurisdicción contencioso tributaria, en ocasión del examen de la validez y control de la legalidad del acto administrativo que se impugna, máxime cuando las inconsistencias halladas por la administración tributaria se fundamentan en las informaciones recabadas por la administración tributaria a través del cruce de información de terceros, entendemos que la administración debe aportar el correspondiente expediente administrativo o cualquier medio de prueba que permita constatar al órgano jurisdiccional que sus hallazgos se encuentran conforme con la verdad material; en consecuencia, procede acoger este primer medio de casación y casar con envío ese aspecto del fallo impugnado". En igual sentido, **SCJ-TS-23-0014 del 31 de enero de 2023:** "21. Es pertinente reiterar, que si bien este goza de una presunción de legitimidad, de veracidad y de legalidad establecido en el artículo 10 de la mencionada Ley núm. 107-13, no crea una inversión del fardo probatorio que contradiga lo antes indicado, ya que esa presunción solo alcanza la existencia jurídica del acto en cuestión y no respecto de la veracidad de su contenido, es decir, la prueba, los hechos y circunstancias de los fundamentos legales y fácticos de sus decisiones".

272 SCJ. Sentencia Núm. 198, de fecha 8 del mes de julio de 2020.

273 Definición de ejecutividad - Diccionario panhispánico del español jurídico - RAE

210. Como se puede advertir de la lectura del texto legal dominicano que rige la eficacia de los actos administrativos desfavorables, es importante resaltar que no basta la notificación para que el acto pueda desplegar sus efectos, ya que es necesario para que ello ocurra, que la notificación contenga adjunta el texto íntegro de la resolución contentiva del acto administrativo, y que, además, se indique en la notificación, las vías y plazos para recurrirla con que dispone el afectado.

211. Por otra parte, la normativa dominicana prevé que, excepcionalmente, la eficacia de ciertos actos administrativos queda subordinados a un mecanismo de publicidad. Dispone el párrafo I del artículo 12 de la ley Núm. 107-13, que la "publicación de los actos podrá sustituir a la notificación cuando el acto tenga por destinatarios a una pluralidad indeterminada de personas o en los casos de procedimientos de concurrencia competitiva, indicándose en este último caso el medio válido para la publicación"[274]. Igualmente acontece cuando "lo exijan las normas o el interés público lo aconseje y no se perjudique la intimidad u otros derechos de las personas"[275].

212. La jurisprudencia emanada de la Suprema Corte de Justicia, se ha referido al tema de la eficacia, señalando:

> "13. Sobre la eficacia de los actos administrativos, la Ley núm. 107- 13, señala en su artículo 12, que los actos administrativos que otorguen beneficios a las personas se entienden eficaces a partir de la fecha de su emisión. La eficacia de los actos que afecten desfavorablemente a terceros requerirá la notificación a los interesados del texto íntegro de la resolución y la indicación de las vías y plazos para recurrirla. La Administración deberá acreditar el intento diligente de notificación en el lugar indicado por el interesado antes de dar por cumplido este trámite… 14. De los referidos textos de ley antes transcritos, esta Tercera Sala es de criterio que, cuando se trate de actos administrativos desfavorables cuyos afectados son plenamente identificables, deberán ser notificados a estos últimos suministrando el texto íntegro del acto en cuestión, debiendo señalarse, además, las vías y plazos para recurrirlo. En ese sentido, tanto la notificación de un acto desfavorable como la indicación de las vías administrativas o judiciales que pueda invocar a su favor el afectado, son necesarios legalmente para que el acto sea válido y pueda hacer correr los plazos, porque de lo contrario no será válido para el cómputo de los plazos atinentes a la vía administrativa o judicial que se intentare, a menos que haya intervenido alguna subsanación de la referida irregularidad, la cual tendrá lugar cuando el interesado realice actuaciones que supongan el conocimiento del contenido y alcance del acto de que se trate, o interponga cualquier recurso que proceda en derecho"[276].

213. Finalmente, en nuestro ordenamiento jurídico administrativo se prevé, como otro mecanismo que puede afectar el despliegue de la eficacia de los actos administrativos, al caso de que estos contengan "cláusulas accesorias estableciendo en su contenido condición, término o modo"[277].

- **Medios de ejecución**

214. La ley Núm. 107-13, sigue también la línea de las legislaciones sobre procedimiento administrativo de España y de la mayor parte de los países de América Latina, que permite distintos medios, en función de su naturaleza, para la ejecución de los actos administrativos, siempre y cuando estos no se encuentren suspendidos[278]. Dispone en ese sentido lo siguiente:

---

274 La ley

275 Párrafo II, articulo 12, ley 107-13.

276 SCJ. Sentencia núm. SCJ-TS-22-1245, de fecha 16 del mes de diciembre de 2022.

277 Párrafo II, articulo 12, ley 107-13

278 Párrafo I, articulo 29, ley 107-13.

Artículo 29. Medios de ejecución. Para la ejecución de las resoluciones finalizadoras de los procedimientos administrativos, podrán utilizarse los siguientes medios: a. Embargo y apremio sobre el patrimonio, de conformidad con la normativa contenida en el Código Tributario. B. Ejecución subsidiaria, encomendando a persona distinta la realización del acto, a costa del obligado. C. Multa coercitiva, con independencia de las sanciones administrativas que pudieran imponerse. d. Excepcionalmente, la compulsión sobre las personas, para las obligaciones personales de no hacer o soportar.

215. La normativa dominicana contiene un mandato, que condiciona la aplicación por parte de la Administración, de los medios de ejecución. En ese sentido dispone que "deberán respetarse los derechos fundamentales y el principio de proporcionalidad, optando en todo caso por el medio menos gravoso que sirva para cumplir las resoluciones administrativas"[279].

- **Invalidez**

216. Otro aspecto de mucha importancia para el derecho administrativo dominicano ha resultado la incorporación en nuestro sistema jurídico de un régimen respecto de la invalidez o nulidad que pueden afectar a los actos administrativos.

217. En efecto, el artículo 14 de la ley Núm. 107-13, establece como sanción de invalidez de los actos administrativos, una nulidad de pleno derecho, así como una sanción menos intensa, que da lugar a su mera anulabilidad.

218. La distinción resulta de suma importancia, ya que en los supuestos que dan lugar a la nulidad de pleno derecho, le permite a la Administración perseguirla en cualquier momento "siempre y cuando no se haya producido prescripción de acciones, o si por cualquier circunstancia su activación contraríe la equidad, la buena fe o la confianza legítima"[280]. Sin embargo, si estamos en presencia de un acto administrativo afectado de una causal de anulabilidad, la Administración solo dispone de un plazo de un año para activar el procedimiento administrativo que precede a la acción jurisdiccional en nulidad de su propio acto.

219. Los casos que prevé la legislación administrativa dominicana que dan lugar a la nulidad de pleno derecho de los actos administrativos son, aquellos "que subviertan el orden constitucional, vulneren cualquiera de los derechos fundamentales reconocidos en la Constitución, los dictados por órgano manifiestamente incompetente o prescindiendo completamente del procedimiento establecido para ello, los carentes de motivación, cuando sea el resultado del ejercicio de potestades discrecionales, los de contenido imposible, los constitutivos de infracción penal y los que incurran en infracciones sancionadas expresamente con nulidad por las leyes"[281].

220. Por su parte, se consideran anulables "actos administrativos que incurran en cualquier infracción del ordenamiento jurídico, los que vulneren las normas de procedimiento, los que carezcan de motivación suficiente en el ejercicio de potestades administrativas regladas, y los que se dicten en desviación de poder por cuanto aun respetando las formas externas de su producción se aparten del fin para el que se otorgó la potestad"[282].

221. Por otra parte, la legislación dominicana ha incorporado el principio general de conservación del acto administrativo. Al respecto dispone la ley Núm. 107-13, lo siguiente:

"Párrafo II. Los meros defectos de forma, de competencia o de procedimiento, o el incumplimiento de plazos que no determinen caducidad o prescripción no presuponen necesariamente la anulabilidad de los actos, sin perjuicio de la exigencia de

279 Párrafo II, articulo 29, ley 107-13.

280 Párrafo I, articulo 45, ley 107-13.

281 Articulo 14, ley 107-13.

282 Párrafo I, articulo 14, ley 107-13.

responsabilidades a los servidores públicos incumplidores de formas o tiempos. En particular, cuando la decisión de la Administración resulte materialmente correcta, los defectos de forma o de procedimiento no acarrean su anulabilidad, salvo que el acto carezca de los requisitos formales indispensables para alcanzar su fin o dé lugar a la indefensión de los interesados.

Párrafo III. Se conservarán los elementos de los actos no afectados por vicios de invalidez. La invalidez de un acto no se trasmitirá necesariamente a los sucesivos del procedimiento que sean independientes del nulo o anulable. Los actos inválidos que contengan elementos constitutivos de otro válido producirán los efectos de éste. Los actos anulables podrán ser convalidados subsanando sus defectos de competencia o procedimiento, con efectos desde su fecha o retroactividad para el caso de ser favorables y cumplir los requisitos del Artículo 9 de esta ley"[283].

222. La jurisprudencia dominicana ha dicho que el "principio de conservación del acto administrativo previsto en el párrafo III del artículo 14 de la ley 107-13 antes transcrito, permite a la administración declarar la invalidez parcial de los actos administrativos siempre y cuando contengan actuaciones independientes desde el punto de vista lógico en relación con los vicios constatados. Es decir, que estos últimos no alteren o afecten la parte del acto que se estima válida. En ese sentido, será posible declarar nula algunas de las actuaciones constitutivas de un acto administrativo, permitiendo la validez de otra u otras"[284].

- **Revisión y revocación**
  - Revisión actos administrativos favorables

223. La normativa reguladora de los actos administrativos en la República Dominicana establece un régimen legal para la revisión de los actos administrativos favorables o creadores de derechos que hayan sido dictados en violación del ordenamiento jurídico.

224. A diferencia del régimen español en materia de revisión de actos administrativos ilegales, el ordenamiento jurídico administrativo no distingue en el tipo de nulidad que afecte el acto, sea esta una nulidad de pleno derecho, o la anulabilidad, para exigir que, en ambos casos, la nulidad deba ser perseguida por la Administración, previa declaración de lesividad, por ante la jurisdicción contenciosa administrativa. Dispone el artículo 45 de la ley 107-13:

> Artículo 45. Declaración de lesividad de actos favorables. Los órganos administrativos podrán declarar, por iniciativa propia o a solicitud de interesado, lesivos para el interés público los actos favorables para los interesados nulos o anulables, a fin de proceder a su ulterior impugnación ante la jurisdicción contencioso-administrativa.

225. Si contempla la legislación dominicana una diferencia, en función del tipo de vicio que afecte la validez del acto administrativo, ya que si el mismo es de nulidad "el proceso de lesividad puede iniciarse en cualquier momento, siempre y cuando no se haya producido prescripción de acciones, o si por cualquier circunstancia su activación contraríe la equidad, la buena fe o la

283 Artículo 14, ley 107-13.

284 SCJ. Sentencia Núm. SCJ-TS-22-0429, de fecha 31 de mayo de 2022. Dijo, además, la Suprema Corte de Justicia que "se trata de dos actuaciones administrativas que si bien es cierto están contenidas en un mismo instrumento o acto, ambas son independientes de manera total, no solo en relación con el vicio constatado, sino que poseen un régimen jurídico reglado bien diferenciado para su dictado, lo que permite declarar la invalidez parcial del acto examinado", y que "la nulidad de la sanción administrativa impuesta por la Dirección General de Aduanas (DGA) por ausencia de texto legal expreso que la consagre dispuesta en la sentencia impugnada, no afecta de manera directa la reliquidación impositiva llevada a cabo por ese mismo órgano recaudador tributario, razón por la que hicieron bien los jueces del fondo al declarar la nulidad parcial del acto atacado".

confianza legítima"[285]. Por el contrario, si el vicio fuera de anulabilidad "el proceso de lesividad debe iniciarse antes de transcurrido un año desde el dictado del acto"[286].

226. En uno u otro caso, el procedimiento de declaración de lesividad de un acto administrativo favorable puede ser iniciado de oficio por la propia Administración autora del acto, o a solicitud de interesado, teniendo la facultad la Administración en este último caso, de "inadmitir motivadamente las solicitudes de inicio del proceso de lesividad cuando carezcan manifiestamente de fundamento, sean contrarias a la buena fe o a la confianza legítima[287]".

227. La jurisprudencia dominicana ha dicho que "todo procedimiento administrativo, incluyendo el de declaratoria de lesividad, debe cumplir con las garantías mínimas que, de acuerdo con el artículo 69 de la Constitución dominicana, conforman el debido proceso", señalando igualmente que "el procedimiento de declaración de lesividad sigue las reglas generales del procedimiento común; es decir, la declaratoria de lesividad en sede administrativa, en la ley Núm. 107-13, no precisa de un procedimiento particular, sino que se aplica el procedimiento supletorio previsto en la referida norma a partir de su artículo 15, con las exigencias de que la resolución declarando la lesividad se dicte antes de haber transcurrido el plazo desde que se dictó el acto administrativo que se declara nulo y de que expresamente haga constar que el acto anulado contenía declaración perjudicial –lesiva- para el interés público"[288].

- **Revocación actos administrativos desfavorables**

228. En lo que respecta a la revocación de los actos administrativos de gravamen o desfavorables, la legislación administrativa dominicana permite que los órganos administrativos de los cuales hayan emanado puedan revocarlo en cualquier momento "siempre que tal revocación no constituya dispensa o exención no permitida por las leyes, o sea contraria a la igualdad, al interés público o al ordenamiento jurídico"[289].

229. Por otra parte, en aquellos casos que den lugar a la corrección de errores materiales que se hayan deslizado en un acto administrativo, la ley 107-13 permite su rectificación[290].

230. Tanto si se trata de revocación de actos de gravamen o desfavorables, como de rectificación de errores materiales, de hecho o aritméticos, la normativa dominicana exige que los actos en que consten "habrán de ser motivadas y hacerse públicas periódicamente la relación de las efectuadas"[291].

VI. CONTRATOS DE LA ADMINISTRACIÓN

- **Consideraciones generales**

231. **Se considera como contrato administrativo aquel** "en el que una de las partes es una administración pública u organismo dependiente de la misma, que tiene como causa una finalidad de interés público o general y que se caracteriza por su sometimiento a un régimen jurídico especial .

232. La Constitución de la República Dominicana, al incorporar algunas previsiones en materia de contrato, utiliza[292] "la de "contratos del Estado" superando la clásica denominación de

[285] Párrafo I, Articulo 45, ley 13-07.

[286] Párrafo II, Articulo 45, ley 13-07.

[287] Párrafo III, articulo 45, ley 13-07.

[288] SCJ. Sentencia Núm. TS-23-1451, de fecha 15 de diciembre de 2023.

[289] Articulo 46, Ley 107-13.

[290] Párrafo I, Articulo 46 de la Ley 107.13.

[291] Párrafo II, Articulo 46 de la Ley 107.13.

[292] Artículo 220.

"contrato administrativo" que ha sido tan difundida en el derecho administrativo contemporáneo particularmente como noción contrapuesta a unos supuestos contratos de derecho privado de la Administración"[293].

233. Otras disposiciones contenidas en el texto constitucional se refieren a distintos aspectos aplicables a los contratos del Estado, como son las relativas a: las concesiones mineras y de hidrocarburos[294]; a que en las concesiones de explotación de recursos naturales y de prestación de servicios públicos, debe asegurarse la existencia de contraprestaciones o contrapartidas adecuadas al interés público y al equilibrio medioambiental[295]; la exigencia de la aprobación por el Congreso de los contratos que celebre el Poder Ejecutivo cuando contengan disposiciones relativas a la afectación de las rentas nacionales, a la enajenación de bienes del Estado, al levantamiento de empréstitos o cuando estipulen exenciones de impuestos en general[296]; la exigencia de autorización del Presidente de la Republica para que los ayuntamientos puedan vender inmuebles o suscribir contratos que constituyan en garantías inmuebles o rentas municipales[297]; la de permitir que las controversias derivadas de la relación contractual entre los entes públicos y personas físicas o jurídicas extranjeras domiciliadas en el país pueden ser sometidas a jurisdicciones constituidas en virtud de tratados internacionales vigentes o a arbitrajes nacional e internacional[298].

234. Asimismo, por imperativo constitucional, la actuación administrativa en general se encuentra sometida a unos principios comunes de actuación administrativa establecidos en el artículo 138, como son los de objetividad, eficacia, eficiencia, economía, igualdad, transparencia, publicidad, generándose así un espacio de unidad común en un aspecto esencial de la contratación pública, como lo constituye la escogencia del contratista público, sin importar el régimen jurídico de derecho público o de derecho privado, que rija su ejecución.

235. Recientemente, el Tribunal Constitucional dominicano, siguiendo la identificación de contratos administrativos contenido en la ley Núm. 1494 de 1947, ha señalado que "en el contexto del ejercicio de la potestad administrativa que tiene la administración pública en el manejo de los intereses públicos, existen los contratos administrativos, los cuales son el instrumento que permite a la administración contratar con los particulares, teniendo por objeto concesiones de servicios u obras públicas, así como el uso y goce de las dependencias del dominio público del Estado por parte de particulares"[299].

236. Asimismo, ha dicho el máximo interprete constitucional dominicano que "cuando hablamos de un "contrato administrativo" nos referimos a una forma jurídica o acto jurídico que se realiza mediante acuerdo entre la Administración y otro sujeto de derecho, es decir, no se trata de un acto que emana de la voluntad unilateral de la Administración, sino de un acuerdo de voluntades, en el que la Administración es una de las partes contratantes"[300].

- **Antecedentes**

237. La figura jurídica del contrato administrativo aparece en la legislación de la Republica Dominicana, bajo esa denominación, en el año 1947, al instituirse mediante la ley 1494 la

293 Brewer-Carías, Allan R.. Bases constitucionales del Derecho Administrativo en la República Dominicana Texto de la Conferencia Inaugural del Congreso Internacional de Derecho Administrativo celebrado con ocasión del para el XI Foro Iberoamericano de Derecho Administrativo, Santo Domingo, República Dominicana, 12 de septiembre de 2012.

294 Artículo 17.

295 Articulo 50.3

296 Artículos 93.1.k y 128.1.d; 244.

297 Artículo 128.3.d).

298 Artículo 220.

299 Sentencia TC0009/15, de fecha 20 de febrero de 2015. Punto 10.5

300 Sentencia TC/0524/18, de fecha 5 de diciembre de 2018.

jurisdicción contenciosa-administrativa[301]. Esa ley, al regular la competencia de este órgano jurisdiccional dispuso que le correspondía conocer y decidir las cuestiones relativas al cumplimiento, caducidad, rescisión, interpretación y efectos de los contratos administrativos, identificándose como tales, a las concesiones de servicio público, a los contratos de obras públicas, así como a los contratos que versen sobre el uso y goce de las dependencias del dominio público.

238. Con anterioridad a la ley 1494 de 1947, varias leyes de naturaleza administrativa contenían disposiciones respecto de determinados contratos en los que intervenían el Estado, así como los municipios. Tal es el caso de la ley Núm. 5243, del 25 de junio de 1913, que hacía obligatorio el concurso para la realización de obras públicas nacionales o municipales[302]; la ley Núm. 1421 de 1937, sobre arrendamientos de bienes del Estado; la ley Núm. 524, de 1941, que establece un sistema permanente para la venta de bienes inmuebles del dominio privado del Estado; la ley Núm. 921, del 23 de junio de 1945, sobre concesiones del uso del dominio público para conducción y distribución de energía eléctrica.

239. Asimismo, con posterioridad a la ley Núm. 1494 de 1947, y sin utilizar el calificativo de "contratos administrativos", la legislación administrativa dominicana preveía, en el ámbito municipal[303], la existencia de contratos para realización de vías y obras públicas municipales, para la administración y explotación de establecimientos o servicios públicos municipales, el arrendamientos y venta de inmuebles municipales. En el ámbito nacional, los contratos de suministro (aprovisionamiento) y de prestación de servicios, regulados por la Ley 295 de Aprovisionamiento del Gobierno, de fecha 30 de junio de 1966, así como la ley Núm. 105, de fecha 16 de marzo de 1967, que sometía a concurso todas las obras de ingeniería y arquitectura.

240. En lo que respecta al campo jurisprudencial, la Suprema Corte de Justicia, como Corte de Casación, aun en ausencia de una legislacion general en materia de contratos de la Administración, consideró correcta una decisión de una Sala Capitular de un Ayuntamiento que revocó una adjudicación realizada por el Síndico para el diseño de un hipódromo por no contar con previsión presupuestaria.

241. Asimismo, en una Sentencia que figura en el Boletín Judicial 968, la Suprema Corte de Justicia consideró que la revocación unilateral de un contrato de concesión con una empresa telefónica hecha por un municipio no era ilegal, por no tratarse de un simple contrato entre particulares, sino de una concesión de servicio público. Igualmente, en sentencia Núm 4, de fecha 3 de julio de 2001, la Suprema Corte de Justicia, señaló que "la concesión de los servicios telefónicos a favor de la recurrente por el Gobierno Dominicano, es un contrato administrativo, considerado de utilidad pública e interés general, sujeto a la vigilancia y tutela del Estado; que esto implica la atribución de ciertas prerrogativas cuyos efectos, salvo situaciones excepcionales, son exorbitantes del derecho común, tanto frente al concesionario como frente a particulares que no han sido partes en el acuerdo de concesión, por lo que considera que tienen una eficacia erga omnes".

- **Contratos administrativos y contratos privados de la Administración**

242. En el derecho administrativo dominicano, siguiendo la tradición francesa, se asimila la distinción entre contratos administrativos y contratos privados de la Administración, lo que

[301] Artículo 3, Ley 1494 de 1947.

[302] En el año 1967, por su parte, mediante la Ley 105 se establece un régimen de concurso para la adjudicación de todas las obras de ingeniería y arquitectura cuando el valor supere los diez mil pesos dominicanos (RD$10,000.00), normativa que alcanza a los entes públicos de la administración nacional y local

[303] Entonces ley de organización municipal Núm. 3455, del 21 de diciembre de 1952

conduce a excluir las controversias que se susciten sobre los contratos en que la administración o un órgano administrativo autónomo obre como persona jurídica de derecho privado"[304].

243. La jurisprudencia dominicana se ha referido a esa distinción entre los contratos administrativos y los contratos de la Administración regidos por el derecho privado, señalando que "el Contrato suscrito entre la Comisión Aeroportuaria y Spady González, S. A., representada por el señor Robert Allen Loinaz Ariza, con relación al arrendamiento de un local comercial en el Aeropuerto Internacional Gregorio Luperón, no se trata de un servicio público de interés general, ni de un contrato administrativo, por lo que por su naturaleza, no es competencia de la Jurisdicción Contencioso Administrativa, sino que le son aplicables las normas del derecho común, ya que la relación contractual surgida es un servicio de índole civil, presentándose como una persona de derecho privado, en lo que atañe a las simples relaciones entre particulares; que si bien es cierto que al tenor del citado artículo 3 de la Ley No. 1494, el Tribunal Superior Administrativo es la jurisdicción competente para conocer y decidir en primera y última instancia, las cuestiones relativas a los contratos administrativos entre los municipios y los particulares, no menos cierto es que en la especie se trata de un contrato de índole civil, por tener cuestiones relativas a arrendamientos de locales comerciales, derivado de una litis de índole privada, que son competencia de los Tribunales de Primera Instancia, por lo que el Tribunal Superior Administrativo no tiene competencia para estatuir sobre esa materia"[305].

244. Mas recientemente, la jurisprudencia de la Suprema Corte de Justicia dominicana ha profundizado los razonamientos sobre el tema, desde el punto de vista del régimen aplicable en cuanto a su ejecución y efectos, en función de si el contrato es un contrato administrativo o un contrato de la Administración sometido al derecho privado:

> "la expresión "contratos administrativos" utilizada por el transcrito artículo 3 de la ley 1494-47, del año 1947 no puede ser considerada carente de contenido dogmático, pues ya para ese tiempo en el derecho comparado era conocido que la administración pública podía suscribir dos (2) tipos diferentes de contratos, los cuales conforman el binomio contratos administrativos contratos privados de la administración. En ese sentido, lo que se quiere establecer es que la expresión "contratos administrativos" inserta en la Ley núm. 1494-47 implica: a) una aceptación implícita de carácter dogmático de la existencia de dos (2) clases de contratos que pueden ser suscritos por la administración pública; y b) que esos dos (2) tipos de contratos (contratos administrativos y contratos de derecho privado) producen efectos diferentes, uno de los cuales es la competencia de los tribunales que deben conocer de su interpretación, ejecución y cumplimiento. Decimos que la Ley núm. 1494-47 permite la dicotomía antes mencionada en razón a que la letra "f" de su artículo séptimo establece que no corresponde conocer al Tribunal Superior Administrativo el conocimiento de las cuestiones de índole civil y comercial en las que la administración actúe como una persona de derecho privado"[306].

245. Igualmente, esa misma sentencia, entra en otra consideración muy importante relativo a la distinción entre estos contratos, haciendo una separación del procedimiento de selección del contratista privado por parte de las entidades públicas, y el régimen aplicable al contrato en cuanto a sus efectos, recurriendo a la doctrina de los actos separables:

> "Sin perjuicio de lo anterior, debemos señalar que la controversia en la especie no gira en torno a las formalidades previas a la celebración del contrato (selección del contratista), que es de lo que se ocupa principalmente la mencionada ley núm. 340-06, sino de problemas

---

[304] Articulo 3, letra f. "No corresponden al Tribunal Superior Administrativo…f) Las cuestiones de índole civil, comercial y penal, y todas aquellas en que la administración o un órgano administrativo autónomo obre como persona jurídica de derecho privado".

[305] SCJ. Sentencia Núm. 6, de fecha 9 de noviembre de 2012.

[306] SCJ. Sentencia Núm. 99, de fecha 29 de septiembre de 2021.

relativos al cumplimiento y ejecución de un contrato de compraventa, siendo aplicable de ese modo la teoría de los actos separables, la cual permite que se aplique una normativa común para todos los contratos suscritos por la administración pública, ya sean estos de naturaleza administrativa o privada (zona común entre ambos), en cuanto a los aspectos previos a la contratación, mientras que su interpretación y ejecución serán regidas por del Derecho Administrativo o el derecho civil, según el caso"[307].

- **Régimen contratos de bienes, obras y servicios**

246. En el año 2006, fue dictada en la República Dominicana la norma más completa en materia de contratación pública de toda su historia, como lo es la ley Núm. 340-06, sobre contratación pública de bienes, obras, servicios y concesiones.

247. Tratándose la contratación pública de una de las formas que asume la actividad administrativa, cualesquiera de los procedimientos de selección de contratistas, estarán sujetos en común a los principios constitucionales a que se sujeta el accionar de la Administración Pública, como los de objetividad, eficacia, eficiencia, economía, transparencia, publicidad establecidos en el articulo 138 de la Constitución dominicana, como ya se ha señalado anteriormente.

248. En el caso concreto de la contratación administrativa sujeta a la ley Núm. 340-06, esa normativa establece un conjunto de principios administrativos en la materia, como los de eficiencia, igualdad y libre competencia, transparencia y publicidad, flexibilidad, equidad, responsabilidad, moralidad y buena fe, reciprocidad, participación y razonabilidad[308].

249. No obstante su vocación de generalidad, este instrumento normativo excluye expresamente[309]: (a) los procesos de compras y contrataciones relacionados con operaciones de crédito público, la contratación de empleo público, las adquisiciones con fondos de caja chica y las que se deriven de acuerdos de préstamos o donaciones con otros Estados o entidades de derecho público internacional; y (b) los contratos sujetos a un régimen especial[310], como lo constituyen los relativos a la enajenación de bienes inmuebles del dominio privado del Estado, las concesiones mineras, las concesiones de servicios públicos de telecomunicaciones, concesiones para distribución y generación de electricidad, entre otros.

250. A estas exclusiones se agrega a partir de la ley núm. 47-20, los contratos de alianza público-privada. que incorpora en el ordenamiento jurídico administrativo dominicano, norma que dispone expresamente la derogación de los artículos de la ley Núm. 340-06 que se refirieran a las concesiones[311], disponiendo asimismo "toda referencia a los términos concesión o concesiones contenida en los artículos que no hayan sido derogados" de manera expresa[312].

251. No obstante, la ley de alianzas público-privada dispuso que, en los casos de vinculación público-privada orientada a cualquier obra o activo cuyo uso permite satisfacer necesidades de interés colectivo, incluyendo los bienes públicos, que sin embargo no se ajusten a la definición de alianza público-privada establecida la ley, se regirán de manera supletoria bajo el procedimiento de licitación de la ley Núm. 340-06, del 18 de agosto de 2006, sobre compras y

307 SCJ. Sentencia Núm. 99, de fecha 29 de septiembre de 2021.

308 Art 3, de la Ley 340-06

309 Articulo 6.

310 Articulo 5.

311 Artículo 97.- Derogación. Quedan derogados los artículos 46, 47, 48, 49, 50, 57, 58, 59, 60, 51, 52, 53, 54, 55, 56, 57, 58, 59, 60, 61, 62, 63 y 64 de la Ley No. 340-06, del 18 de agosto de 2006, sobre Compras y Contrataciones de Bienes, Servicios, Obras y Concesiones y sus reglamentos

312 Artículo 98.- Supresión de término. Queda suprimido de la Ley No. 340-06, del 18 de agosto de 2006, sobre Compras y Contrataciones de Bienes, Servicios, Concesiones y Obras, toda referencia a los términos concesión o concesiones contenida en los artículos que no han sido derogados

contrataciones de bienes, servicios, obras y concesiones y sus modificaciones, cuando la legislación sectorial aplicable a los mismos no disponga de procedimientos competitivos[313].

- **Especificaciones generales sobre los contratos de bienes, obras y servicios previstos en la Ley 340-06, y sus modificaciones**

252. La ley Núm. 340-06, y sus modificaciones, establece un marco jurídico común aplicable a los contratos de obras, bienes y servicios en los que intervengan los órganos de la Administración Central Estado, las entidades descentralizadas territorial y funcionalmente, así como los demás órganos y entes constitucionales. Asimismo, y con carácter general deben recurrir a su normativa los contratos que sean realizados por sujetos privados con fondos públicos.

253. Dada la característica de la contratación en el sector público, el marco jurídico general que le resulta aplicable comprende esencialmente cuatro aspectos: un primero, relativo a la planeación contractual; otro, relativo a los procedimientos de selección de contratistas; un tercero, al régimen aplicable a la ejecución del contrato; y, por último, el control administrativo.

i. Planeación contractual y presupuesto

254. La Constitución de la República Dominicana dedica la Sección II del Capítulo II de su Título XI a la planificación, prescribiendo que el proceso de planificación e inversión pública se rige por su ley específica[314].

255. De conformidad a los Artículos 39 y 40 de la ley Núm. 498-06[315], es imprescindible cumplir con los requisitos de pre-inversión[316] establecidos en dicha ley y priorizados en el Plan Nacional Plurianual de Inversión Pública actualizado, para poder proceder a la contratación de obras de inversión pública.

---

313 Párrafo I.- Quedan fuera del alcance de la presente ley los permisos, licencias, autorizaciones y las denominadas concesiones establecidas en leyes sectoriales, cuando no se ajusten.

Párrafo II.- En los casos a que se refiere el párrafo I de este artículo, se regirán por su respectiva legislación, y cuando corresponda, se regirán de manera supletoria bajo el procedimiento de licitación de la Ley No. 340-06, del 18 de agosto de 2006, sobre Compras y Contrataciones de Bienes, Servicios, Obras y Concesiones y sus modificaciones.

314 Ley 498-06, del año 2006.

315 Artículo 39 de la Ley 498-06 sobre el Sistema Nacional de Planificación e Inversión Pública. Para la autorización del inicio de operaciones de crédito público que tengan por objeto el financiamiento de proyectos de inversión, será imprescindible que los mismos hayan cumplido con los requisitos de preinversión establecidos en esta ley y estén priorizados en el Plan Nacional Plurianual de Inversión Pública actualizado. Artículo 40 de la Ley 498-06 sobre el Sistema Nacional de Planificación e Inversión Pública. Los Organismos e instituciones contempladas en esta ley no podrán incorporar en sus presupuestos ningún proyecto de inversión que no haya sido previamente recomendado como viable por el Secretariado Técnico de la Presidencia y deberán contar con financiamiento asegurado para la ejecución total del mismo.

316 Artículo 33 de la Ley 498-06 sobre el Sistema Nacional de Planificación e Inversión Pública. El Ciclo de proyectos de inversión pública comprende las siguientes fases: a) **Preinversión**. Comprende la elaboración del perfil y los estudios de prefactibilidad y factibilidad que abarca todos los análisis que se deben realizar sobre un proyecto desde que el mismo es identificado a nivel de idea y los estudios que se hagan hasta que se toma la decisión de su ejecución, postergación o abandono. Los Estudios deben abarcar, como mínimo, tanto la prefactibilidad y factibilidad técnica, económica, social y ambiental, así como el incremento en la capacidad productiva que originará y el impacto que sobre los gastos corrientes tendrá el proyecto una vez puesto funcionamiento, tanto en lo que respecta a los gastos de operación como a los de mantenimiento; b) **Inversión**. Comprende la inclusión en los presupuestos de los organismos del Sector Público, la decisión de la modalidad de ejecución y ejecución física del proyecto. Esta fase culmina con la puesta en marcha del proyecto; c) **Evaluación ExPost**. Comprende los impactos efectivos derivados de la puesta en ejecución del proyecto, con relación a los estimados en la fase de preinversión.

256. De igual forma, los órganos públicos[317] no pueden incorporar ningún proyecto de inversión, sin que el mismo haya sido recomendado como viable por el ministro de Economía, Planificación y Desarrollo y, además, sin las garantías de que el financiamiento para la ejecución de proyecto esté asegurado.

257. Lo anteriormente señalado se complementa con la facultad de objetar un determinado proyecto de inversión pública con que dispone el Ministerio de Economía, Planificación y Desarrollo. En tal sentido, el artículo 4, literal "o" de la ley Núm. 496-06[318] establece dentro de las facultades de este órgano la objeción o no de un determinado proyecto para que pueda ser incluído en el Plan Nacional Plurianual y el Presupuesto Plurianual del Sector Público.

258. Estas disposiciones en materia de planificación e inversión pública se encuentran estrechamente relacionadas con la ley Núm. 340-06, sobre contratación pública, ya que por mandato expreso de esta normativa las entidades contratantes están obligadas a elaborar, en base a las políticas que dicte sobre inversión pública el Ministerio de Economía, planes y programas anuales de contratación, los que deben ser consistentes con las apropiaciones presupuestarias aprobadas en cada ejercicio y con el plan de inversiones públicas.

259. Por mandato expreso de la ley sobre control interno, la Administración Pública no puede celebrar ningún contrato sin que exista balance de apropiación disponible para cubrir el compromiso contraído[319].

ii. Procedimientos de selección de contratistas

260. El artículo 16 de la ley Núm. 340-06, establece en su artículo 16, los procedimientos de selección a los que se sujetarán las contrataciones públicas de obras, bienes, servicios y concesiones, tomando como base el monto envuelto en el contrato.

261. De forma expresa reconoce como procedimientos de selección de contratistas, la licitación pública (nacional o internacional), licitación restringida, sorteos de obras, comparación de precios y subasta inversa[320].

262. La determinación del procedimiento a utilizar para escoger al contratista público, la legislación administrativa dominicana utiliza "umbrales topes", los cuales son calculados multiplicando el Presupuesto de Ingresos Corrientes del Gobierno Central aprobado por el Congreso Nacional, por los factores que se indican legalmente[321].

263. La modalidad de selección a utilizar será la correspondiente al umbral más cercano e inmediatamente inferior al presupuesto o costo estimado de la obra, bien o servicio a contratar. Sin embargo, de estimarse conveniente, podrían utilizarse modalidades con umbrales superiores.

264. La ley Núm. 340-06 establece, que los pliegos de condiciones deberán contener la metodología de evaluación o calificación para la selección del o los proveedores del bien o servicio a contratar. La adjudicación se hará en favor del oferente cuya propuesta cumpla con los requisitos y sea calificada como la más conveniente para los intereses institucionales y del país,

---

317 Artículo 4 de la Ley 498-06 sobre el Sistema Nacional de Planificación e Inversión Pública. Están sujetos a las regulaciones previstas en esta ley y sus reglamentaciones, los organismos del Sector Público que integran los siguientes agregados institucionales: a) El Gobierno Central; b) Las Instituciones Descentralizadas y Autónomas no Financieras; c) Las Instituciones Públicas de la Seguridad Social; d) Las Empresas Públicas no Financieras; e) Las Instituciones Descentralizadas y Autónomas Financieras; f) Las Empresas Públicas Financieras; y g) Los Ayuntamientos de los Municipios y Distrito Nacional.

318 Artículo 4 de la Ley 496-06 que crea la Secretaría de Estado de Economía, Planificación y Desarrollo (SEEPYD). (..) o) Otorgar la no objeción a los proyectos de inversión pública, independiente de su fuente de financiamiento, que serán incluidos en el Plan Nacional Plurianual y el Presupuesto Plurianual del Sector Público.

319 Art. 7.7 de la Ley 10-07, del año 2007.

320 Articulo 16.

321 Artículo 17.

teniendo en cuenta el precio, la calidad, la idoneidad del oferente y demás condiciones que se establezcan en la reglamentación, de acuerdo con las ponderaciones puestas a conocimiento de los oferentes a través de los pliegos de condiciones respectivos[322].

265. Cuando se trate de la compra de un bien o de un servicio de uso común incorporado al catálogo respectivo, se entenderá en principio, como oferta más conveniente la de menor precio.

266. La ley Núm. 340-06[323], consagran situaciones excepcionales en los que no se aplican los procedimientos ordinarios de selección del contratista público, como en los casos relativos a la seguridad nacional, situaciones de emergencia nacional, situaciones de urgencias, casos de obras científicas, técnicas, artísticas o restauración de monumentos históricos, bienes o servicios con exclusividad, casos de proveedor único, construcción, instalación o adquisiciones de oficinas para el servicio exterior, casos resultantes de rescisión de contratos cuya terminación no exceda el cuarenta por ciento (40%), compras destinadas a promover el desarrollo de las micro, pequeñas y medianas empresas, contratación de publicidad a través de medios de comunicación.

267. No obstante, la excepcionalidad, en los casos de procedimientos realizados en base a la urgencia o la emergencia, la administración no puede escoger de manera directa, y los mismos están sujetos a procedimientos de publicidad. En el caso de procedimientos de urgencia, la normativa reglamentaria hace énfasis en la transparencia y difusión de la convocatoria en procura de la mayor cantidad de oferentes posibles.

268. La legislación administrativa dominicana en materia de compras y contrataciones de obras, bienes y servicios, es abierta a la participación como oferentes, de empresas extranjeras, en los procedimientos de selección de contratistas.

269. De manera concreta el artículo 16 de la ley, al establecer que la licitación pública es uno de los procedimientos de selección, dispone que podrá ser nacional o internacional, individualizando tres casos en específicos en los cuales la licitación pública internacional es obligatoria: (a) cuando la compra o contratación esté cubierta por un tratado o acuerdo en vigor con la República Dominicana y otro Estado u organismo multilateral o bilateral de crédito; (b) cuando, previamente, una evaluación técnica indique que los oferentes nacionales no tienen suficiente capacidad para proveer los bienes o servicios o ejecutar los proyectos u obras; y (c) cuando una licitación pública nacional previa se haya declarado desierta.

270. La República Dominicana es parte del Tratado de Libre Comercio con Centroamérica y Estados Unidos (DR-CAFTA, por sus siglas en inglés); del Acuerdo de Asociación Económica Unión Europea-CARIFORO (EPA, por sus siglas en inglés); y de la Convención de las Naciones Unidas contra la Corrupción. Estos instrumentos normativos internacionales contienen una extensa regulación en materia de contratación pública[324] que resultan aplicables, en virtud de la disposición contenida en el artículo 26.2 de la Constitución de la República, que textualmente dispone que "las normas vigentes de convenios internacionales ratificados regirán en el ámbito interno, una vez publicados de manera oficial".

271. Por otra parte, de conformidad a la ley Núm. 322, del 2 de junio de 1981, para que una empresa o persona física extranjera pueda participar en concursos, sorteos o mediante cualquier otra modalidad de adjudicación de obras públicas, debe asociarse a una empresa nacional o de capital mixto[325], teniendo esto su excepción en el marco de tratados internacionales.

---

322 Artículo 26.

323 Párrafo del Artículo 6 de la Ley.

324 El Capítulo 9 del DR-CAFTA está dedicado a la Contratación Pública. Por su parte, el EPA contiene la regulación en materia de Contratación Pública en su Capítulo 3. La Convención de las Naciones Unidas contra la Corrupción contiene su normativa en materia de contratación pública en el artículo 9.

325 El artículo 79 de la Ley 340-06, dispone que "se considerará incorporada a la presente ley la Ley No. 322, del 2 de junio de 1981, sobre la participación de empresas extranjeras en la contratación y ejecución de

272. A fin de posibilitar la participación de oferentes extranjeros en los procesos de licitación pública internacional, las personas físicas o jurídicas extranjeras que no tengan domicilio en la República Dominicana no necesitan estar inscritas previamente en el Registro de Proveedores del Estado. En caso de que resulte adjudicataria, deberán proceder a realizar su inscripción en un plazo no mayor de diez (10) días hábiles a partir de la notificación de la adjudicación[326].

iii. Contenido y forma de los contratos.

273. La legislación dominicana dispone que los contratos que realicen las entidades publicas para la adquisición de bienes o la contratación de obras y servicios, para considerarse válido, deberán contener "cláusulas obligatorias referidas a: antecedentes, objeto, plazo, precio, ajuste de precios, equilibrio económico financiero, garantías, modificación, terminación, resolución, arbitraje, nulidad, sanciones y bonificaciones, si ello se ha acordado, liquidación, solución de controversias"[327].

274. Estos contratos podrán formalizarse indistintamente, por escrito, en soporte papel o formato digital, debiendo, en ambos casos, ajustarse al modelo que forme parte del pliego de condiciones[328].

iv. Régimen aplicable a la ejecución del contrato

275. En la República Dominicana, el reconocimiento de la existencia de poderes unilaterales en la ejecución de contratos que suscriban las entidades públicas ha sido el resultado de la noción francesa de "contrato administrativo", introducido en nuestra legislación, mediante la ley Núm 1494 de 1947.

276. Con anterioridad a la ley Núm. 340-06, estos poderes operaban de manera implícita, sin necesidad de textos, a titulo de principios generales del derecho administrativo. Así fue reconocido por la jurisprudencia al referirse a un contrato de concesión de servicios telefónicos como un típico contrato administrativo "sujeto a la vigilancia y tutela del Estado; que esto implica la atribución de ciertas prerrogativas cuyos efectos, salvo situaciones excepcionales, son exorbitantes del derecho común, tanto frente al concesionario como frente a particulares que no han sido partes en el acuerdo de concesión, por lo que considera que tienen una eficacia erga omnes"[329].

277. En la actualidad, a partir del año 2006, los contratos para la adquisición de bienes, así como para la realización de obras y de prestación de servicios, esas prerrogativas o potestades típicas de los contratos administrativos, han sido positivizadas en el ordenamiento administrativo dominicano.

- **Potestades de la Administración contratantes**

278. El articulo 31 de la ley Núm. 340-06, establece que en la contratación pública comprendida dentro de su ámbito de aplicación, la entidad pública contratante tiene la potestad unilateral de:

i. interpretar administrativamente los contratos y resolver las dudas que ofrezca su cumplimiento;

---

proyectos de obras del Estado, contenida en la Gaceta Oficial No. 9556, se aplicará en forma compatible a la presente ley y los acuerdos o convenios internacionales suscritos por la República Dominicana. Para ello esta ley faculta al Poder Ejecutivo y al Órgano Rector tomar todas las medidas que estime necesarias. El Poder Ejecutivo expedirá en reemplazo del Reglamento No. 5786, del 2 de junio de 1981, aquel que se ajuste a las condiciones de esta ley".

326 Artículos 21 y siguientes del Decreto No. 543-12 de fecha seis (6) de septiembre de dos mil doce (2012), contentivo del Reglamento de aplicación de la Ley 340-06.

327 Articulo 28.

328 Articulo 27.

329 SCJ. Sentencia Núm. 4, de fecha 3 de julio de 2001.

ii. modificar, aumentando o disminuyendo, hasta un veinticinco por ciento (25%), el monto del contrato original en materia de obras, a condición de que se mantenga el objeto del contrato y obedezcan a circunstancias que fueron imprevisibles en el momento de iniciarse el proceso de contratación; porcentaje que se eleva a un cincuenta por ciento (50%), si se trata de un contrato de servicios[330].

iii. suspender temporalmente el contrato por causas técnicas o económicas o por circunstancias de fuerza mayor;

iv. poder de control, inspección y dirección de la contratación;

v. imponer sanciones por incumplimiento del contratista;

vi. proceder a la ejecución directa del contrato.

279. Aunque no se lista entre las potestades en materia de contratación pública, la de rescisión unilateral, la normativa si se refiere a que la revocación del contrato por razones de oportunidad, mérito o conveniencia no generará derecho a indemnización[331].

280. A pesar de que en la normativa contractual pública de la República Dominicana no figura de manera específica la manera en que se ejercen esas potestades unilaterales, a la luz del conjunto del ordenamiento jurídico del Estado a la cabeza del cual figuran las disposiciones constitucionales y el resto de normas que conforman el bloque de constitucionalidad, en su ejercicio las entidades públicas deben respetar un debido proceso administrativo, previsto sin distinción alguna en el artículo 69.10 de la Constitución de la República, para lo cual aplica supletoriamente el procedimiento administrativo para el dictado de actos administrativos regulado en la ley 107-13, que regula las relaciones de las personas con la Administración y de procedimiento administrativo.

- **Derecho de los contratistas**

281. El régimen de la contratación pública dominicana también se ocupa de regular los derechos que le asisten a los particulares que se vinculan con las entidades públicas para la adquisición de bienes, la realización de obras públicas y la prestación de servicio.

282. En efecto, el artículo 32 de la ley 340-06, le reconoce a los contratistas con el sector público, los derechos siguientes:

i. El derecho a los ajustes correspondientes de las condiciones contractuales, cuando ocurrieren acontecimientos extraordinarios o imprevisibles, con relación a las condiciones existentes al momento de la presentación de propuestas, que devuelvan el equilibrio económico del contrato.

ii. El de ejecutar el contrato por sí, o mediante cesión o subcontratación hasta un cincuenta por ciento (50%) del monto del contrato, siempre que se obtenga la previa y expresa autorización de la administración.

iii. La obligación de cumplir las prestaciones por sí en todas las circunstancias, salvo caso fortuito o fuerza mayor, o por actos o incumplimiento de la autoridad administrativa, que hagan imposible la ejecución del contrato.

283. La jurisprudencia dominicana se ha referido a uno de los derechos que le asiste a los contratistas particulares en el ámbito de la contratación pública, como lo es el relativo al

---

330 La vigente legislación dominicana prohíbe expresamente la modificación en materia de contratos de bienes o suministros. Con anterioridad a la Ley 340-06, señalaba que de "acuerdo con la concepción más moderna sobre la modificación de los contratos públicos o administrativos, esta se debe hacer por interés público, y no sólo porque se alteren las situaciones generales e impersonales, o lo que es igual, porque sufran variación las disposiciones reglamentarias del pliego de condiciones, pues si así fuesen no se distinguirían de los contratos civiles" (Tobal, Vinicio. Derecho Administrativo.).

331 Párrafo, artículo 31.

restablecimiento del equilibrio económico del contrato[332]. En efecto, mediante sentencia de fecha 12 de febrero del año 2012, la Suprema Corte de Justicia dijo que "el equilibrio económico supone que el Estado otorgue, a favor del particular, una protección de carácter financiero en ocasión de las situaciones extraordinarias, posteriores a la celebración del contrato, imprevistas e imprevisibles, ajenas a las partes o imputables a una actuación legal de la contratante, que puedan en su conjunto alterar la ecuación financiera del contrato administrativo, y por tanto poner en peligro inminente la materialización de una obra o servicio público en perjuicio del interés general. No pudiendo ser desconocido que "El equilibrio financiero del contrato no es sinónimo de gestión equilibrada de la empresa () no constituye una especie de seguro del contratista contra los déficits eventuales del contrato", luego de lo cual señala la alta corte de justicia que:

> "El equilibrio económico en la contratación administrativa, por su naturaleza financiera a favor de solo uno de los contratantes, procede en las circunstancias siguientes: 1) La alteración debe darse por acontecimientos que no puedan ser imputables a la parte que reclama el restablecimiento; 2)La alteración debe darse por acontecimientos posteriores a la presentación de la propuesta o celebración del contrato; 3) La alteración debe superar las contingencias previsibles".

284. Asimismo, en otra sentencia posterior, la Suprema Corte de Justicia se pronuncia sobre la compensación indemnizatoria derivada del derecho del contratista que se vincula con las entidades estatales para el suministro de bienes, la realización de obras y la prestación de servicios, señalando que:

> "Respecto de la compensación indemnizatoria, es preciso indicar que el equilibro económico-financiero del contrato administrativo supone darle curso a la indemnización que debe recibir el particular en los casos en los cuales haya que restablecer, después de haberse cumplido ciertas condiciones que no viene al caso mencionar, una perdida equivalente o correspondencia entre las obligaciones pactadas"[333].

v. Control administrativo

285. El control no jurisdiccional de los contratos públicos es ejercido en República Dominicana por la misma entidad contratante, por la Dirección General de Contrataciones Públicas (DCGP), órgano desconcentrado del Ministerio de Hacienda, así como por el órgano constitucional de control interno, la Contraloría General de la República.

286. La Dirección General de Contrataciones Públicas es competente para realizar control de legalidad de los procesos públicos de contratación. La DGCP puede iniciar investigación de oficio, o a petición de parte interesada, sobre presuntas contravenciones a la normativa de contrataciones públicas. A la vez, es competente para conocer de toda reclamación o impugnación realizada por un proveedor, pudiendo tomar las medidas precautorias oportunas mientras se encuentre pendiente la resolución de una impugnación, para preservar la oportunidad de corregir un potencial incumplimiento a la Ley y sus reglamentos, lo que incluye la suspensión de la adjudicación de un contrato o la ejecución de un contrato que ya ha sido adjudicado[334].

---

332 La doctrina dominicana fundadora del Derecho Administrativo hace referencia a la teoría de la imprevisión sobre la base de la jurisprudencia administrativa francesa y fundamentada en la equidad: "Es contrario a la equidad que se compele al concesionario a hacer inversiones extrañas a todo cálculo razonable, especialmente cuando por causa de sucesos extraordinarios se producen alzas que no pudieron preverse[332]" (Troncoso De La Concha, Manuel De Jesús. Elementos de Derecho Administrativo Dominicano. Primera Edición 1938, p.199). Asimismo, Manuel A. Amiama, al referirse a las concesiones de obras y servicios públicos señalaba que a diferencia de lo que ocurre en otros contratos es deber del Estado de "bonificar al concesionario, cuando por causas imprevisibles y fuera de su acción, el régimen económico de la concesión se desequilibra en su perjuicio. La teoría que apoya esta solución se llama "teoría de la imprevisión" o "teoría del riesgo imprevisible[332]" (Prontuario de Legislación Administrativa Dominicana. Edición 1953, p. 122).

333 SCJ. Sentencia Núm. 11, de fecha 29 de septiembre de 2011.

334 Artículos 67 y 71.

287. Los participantes en un proceso de selección de contratistas podrán impugnar ante la entidad contratante, debiendo esta pronunciarse al respecto, luego de realizar un control de legalidad y apego al contenido del pliego de condiciones.

288. La legislación dominicana confiere a la Dirección General de Contrataciones Públicas la potestad de verificar que las entidades comprendidas en el ámbito de la Ley apliquen en materia de compras y contrataciones de bienes, servicios, obras y concesiones las normas establecidas por la Ley, sus reglamentos, así como las políticas, planes, programas y metodologías. Así mismo, recibir las sugerencias y reclamaciones de los proveedores, estén o no inscritos en el Registro de Proveedores del Estado, así como tomar medidas precautorias oportunidad, mientras se encuentre pendiente la resolución de una impugnación para preservar la oportunidad de corregir un incumplimiento potencia de la Ley, incluyendo la suspensión de la adjudicación de un contrato o la ejecución de un contrato que ya ha sido adjudicado[335].

289. Por otra parte, la ley que regula el control financiero interno[336] establece en su artículo 7.7 que las entidades públicas están obligadas a remitir a la Unidad de Auditoría Interna respectiva, copia auténtica de todo contrato de bienes, servicios, obras y concesiones que requiera un egreso de fondos públicos, con sus respectivos soportes en papel o en formato digital. La celebración de estos contratos sólo podrá hacerse previa comprobación, por parte del funcionario responsable de su firma, del correspondiente balance de apropiación disponible para cubrir el compromiso contraído. Derivado de esta obligación, y por mandato constitucional, el Contralor General de la República, en su condición de rector del control interno, no puede autorizar órdenes de pago sin comprobar el cumplimiento de los trámites legales y administrativos[337].

- **Especificaciones generales sobre los contratos de alianza publico privado.**

290. En el año 2020, mediante la ley Núm. 47-20 de alianzas público-privadas, se incorporó en el ordenamiento jurídico dominicano un nuevo tipo contractual, el contrato de alianza público-privada definido como "el acto jurídico vinculante suscrito entre los agentes públicos y privados mediante el cual se establecen las condiciones de la alianza público-privada para la provisión, diseño, construcción, financiación, prestación, gestión, operación, mantenimiento y administración total o parcial de bienes o servicios de interés social"[338].

291. Al establecer este nuevo tipo contractual, la ley Núm. 47-20 dispuso la derogación del régimen normativo general del contrato de concesión de bienes, obras y servicios públicos contenido en la ley Núm. 340-06, lo que no significó la sustitución de ese típico contrato administrativo, por el de contrato de alianza público-privada, ya que este último sólo será aplicable en caso de que, por una parte, el Consejo Nacional de Alianzas Público-Privadas decide la pertinencia o conveniencia de ejecutar la iniciativa bajo el esquema y la tipologia de alianzas público-privadas[339]; y, por otra parte, se cumpla con los elementos de la definición de alianza público-privada que figura en la ley, que conlleva, entre otros aspectos fundamentales, el de ser un contrato de largo plazo, inversión total o parcial por parte del agente privado, aportes tangibles o intangibles por parte del sector público, una distribución de riesgos entre ambas partes y una remuneración asociada al desempeño[340].

292. Por ello, aquellos contratos de concesiones establecidos en leyes sectoriales, sino se ajustan a la definición de alianza publico privada se regirán, por su respectiva legislación, y, en ausencia de disposiciones relativas al procedimiento de selección de concesionario "de manera

335 Articulo 36.

336 Ley 10-07, del año 2007.

337 Artículo 247 de la Constitución.

338 Artículo 4, numeral 11).

339 Articulo 16, numerales 1) y 2).

340 Articulo 4, numeral 6).

supletoria bajo el procedimiento de licitación de la Ley No. 340-06, del 18 de agosto de 2006, sobre Compras y Contrataciones de Bienes, Servicios, Obras y Concesiones y sus modificaciones"[341].

293. La celebración de contratos de alianza público-privada, pueden tener por origen tanto proyectos de alianza público-privada de iniciativa pública[342], como de iniciativa privada[343], previa selección del contratista privado adjudicado a través de un proceso competitivo[344].

294. La ley Núm. 47-20 dispone que los contratos de alianzas público-privadas establecerán, "los términos y condiciones que regularán la provisión, el diseño, la construcción, la financiación, la prestación, la gestión, la operación, el mantenimiento o la administración total o parcial de bienes o servicios de interés social y ***establecerá una distribución de riesgos apropiada entre el agente público y el agente privado de forma que se transfiera una parte significativa de los riesgos al agente privado***, a cambio de una remuneración que puede consistir en el cobro de tarifas, derechos, tasas, transferencias de recursos del Estado, ***pagos*** por disponibilidad o cualquier otra modalidad prevista contractualmente, y ***cuyo cobro se vincula al desempeño establecido en el contrato***, el cual permanecerá bajo el monitoreo y fiscalización de la autoridad contratante"[345].

295. Por ello, la normativa dominicana de alianzas publico-privadas establece un contenido mínimo de los contratos, entre los cuales, por su naturaleza especial, es importante destacar lo relativo a las características, especificaciones, estándares técnicos, niveles de desempeño y calidad para la ejecución de la obra y/o prestación de los servicios; posibilidad de variación del valor del contrato, conjuntamente con las condiciones para la solicitud de la variación;[346] el modelo financiero; el régimen tarifario y de remuneración por la contraprestación de los servicios asociada al desempeño; el esquema de distribución de beneficios y utilidades entre agente público y agente privado; la matriz de riesgos, incluyendo el esquema de distribución y transferencia de riesgos entre las partes, con total o parcial transferencia de riesgos hacia el agente privado de aquellos riesgos que está en mayor capacidad de gestionar, lo que no podrá en ningún caso ser objeto de modificación[347]; esquema de tratamiento de riesgos por caso fortuito o de fuerza mayor; condiciones para la renegociación del contrato y los límites a la misma[348]; posibilidad de

---

341 Párrafos I y II, del articulo 2 de la ley; "Párrafo I.- Quedan fuera del alcance de la presente ley los permisos, licencias, autorizaciones y las denominadas concesiones establecidas en leyes sectoriales, cuando no se ajusten a la definición de alianza público-privada establecida en el artículo 4 de esta ley. Párrafo II.- En los casos a que se refiere el párrafo I de este artículo, se regirán por su respectiva legislación, y cuando corresponda, se regirán de manera supletoria bajo el procedimiento de licitación de la Ley No. 340-06, del 18 de agosto de 2006, sobre 4 Compras y Contrataciones de Bienes, Servicios, Obras y Concesiones y sus modificaciones".

342 Articulo 29, numeral 1).

343 Articulo 29, numeral 2.

344 Párrafo XI.- Concluido el proceso de selección competitiva del adjudicatario, en caso de que el adjudicatario fuera distinto al originador privado, este último tendrá derecho a reembolso de costos de los estudios realizados y presentados durante la fase de presentación de la iniciativa, el cual deberá ser cubierto en su totalidad por el adjudicatario. En ningún caso este reembolso será superior al 2% del gasto de capital previsto en la inversión.

345 Articulo 61.

346 Articulo 70.

347 Articulo 71.

348 Artículo 75.- Modificación de contratos. Cualquier modificación de los contratos de alianzas público-privadas deberá ser sometida a la aprobación del Consejo Nacional de Alianzas Público-Privada, salvo los casos expresamente excluidos en el o los reglamentos de esta ley. Párrafo.- En los casos en que dicha modificación conlleve, de forma firme o contingente y sin haberse incluido en el contrato original aprobado, la enajenación de bienes del Estado, la afectación de rentas nacionales, la realización de operaciones de crédito público o cuando implique exenciones de impuestos, la modificación del contrato correspondiente deberá ser aprobada por el Congreso Nacional, según lo estipulado en la Constitución y las leyes.

prórrogas de los plazos pactados, conjuntamente con las condiciones para la solicitud de prórroga; y, supuestos de rescisión y terminación unilateral y anticipada del contrato y de sus efectos, así como los términos y condiciones para llevarlas a cabo[349], entre otros[350].

296. En lo que respecta al plazo de vigencia, y la posibilidad de prórroga a su vencimiento, la legislación dominicana sobre contratos de alianza público-privada, dispone que el plazo original estará en función de la naturaleza y objeto del bien o servicio a contratar ,teniendo como objetivo que el adjudicatario pueda obtener el retorno de la inversión[351], sin que en ningún caso el plazo pueda ser superior a cuarenta (40) años[352], disponiendo asimismo, que en caso de prórroga, este no "podrá superar la mitad del tiempo pactado" originalmente[353].

297. Por mandato legal, las partes en los contratos de asociación público privada están sometidas a unas obligaciones mínimas.

298. En lo que respecta a la autoridad contratante, la ley dominicana de alianzas publico-privadas pone a su cargo, en cuanto respecta a la administración y supervisión del contrato, las siguientes: "1) Velar por la estabilidad y equilibrio contractual, según lo establecido en el contrato de alianzas público-privadas. 2) Obtener los derechos de los servicios. 3) Rescatar el servicio por causas de afectación a la utilidad pública, según lo establecido en el contrato de alianzas público-privadas. 4) Velar porque sean solamente las tarifas que resulten del acuerdo contractual las que se estén cobrando por la prestación del servicio. 5) Supervisar todas las etapas de las alianzas público-privadas, calidad de ejecución, certificar la inversión, cumplimiento de la operación, cumplimiento de los niveles de servicio y estándares de desempeño, hasta la liquidación del contrato. 6) Aplicar al adjudicatario las multas o premios estipulados en el contrato"[354].

299. Por su parte, en lo que concierne al particular adjudicatario de un contrato de alianza público-privada, entre otras obligaciones previstas en la ley, los pliegos de condiciones y en el contrato, tendrá las de: "1) Cumplir las funciones otorgadas contractualmente con apego a las normas del derecho público, en cuanto a las relaciones que mantiene con la autoridad contratante encargada de la administración del contrato y a aquellas vinculadas con otras entidades del sector público. 2) Mantener el régimen económico del contrato, según lo establecido en el contrato de alianzas público-privadas. 3) Cumplir con los plazos establecidos en el contrato y con las condiciones de disponibilidad, calidad y estándares de desempeño del bien o servicio de interés social establecidos en el contrato. 4) Entregar toda la información en relación al contrato de

---

349 El artículo 72 de la ley 47-20, señala a causales que dan lugar a la terminación unilateral y anticipada de contratos de alianza publico-privada: "1) Incumplimiento de las obligaciones contraídas por el adjudicatario. 2) Estado de notoria insolvencia del contratante, a menos que se mejoren las garantías entregadas o las existentes sean suficientes para garantizar el cumplimiento del contrato. 3) Por exigirlo el interés público o la seguridad nacional, en ambos casos relacionados con incumplimientos graves que afecten o pongan en riesgo la entrega de los bienes o servicios públicos. 4) Por circunstancias de caso fortuito o fuerza mayor que hagan imposible el cumplimiento del contrato, circunstancia que deberá ser demostrada de manera fehaciente por la parte que la alegue. 5) Omisiones o falsedades por parte del adjudicatario en la propuesta presentada. 6) Por la facultad del Estado de resolución unilateral, en cuyo caso deberá compensar al adjudicatario por la inversión realizada y por los daños emergentes sufridos, según lo establezca el contrato. En cualquier caso, no se aplicarán compensaciones por lucro cesante, quedando las mismas excluidas como criterios de indemnización. 7) Las demás causales que se establezcan en esta ley o en el contrato".

350 El articulo 63 de la ley 47-20, enumera al menos 28 temas que deben contener los contratos de asociación público-privado.

351 Párrafo I, articulo 69: "Cada proyecto de alianzas público-privadas deberá justificar en términos financieros y técnicos el plazo que se pacta en cada contrato".

352 Articulo 69.

353 Párrafo II, articulo 69: "La posibilidad de prórrogas de los plazos pactados en un proyecto de alianzas público-privadas deberá estar prevista en el pliego de condiciones y en el contrato original, conjuntamente con las condiciones para la solicitud de prórroga, y en ningún caso".

354 Articulo 73.

alianzas público-privadas que le sea requerida por el Estado"[355]. Asimismo, como responsable del cumplimiento del contrato debe "asegurar la calidad del servicio, asumir la responsabilidad resultante de eventuales faltas, omisiones o negligencias, incluyendo incremento en los costos y retrasos en la entrega de las obras, no pudiendo prevalecerse de la falta de un tercero subcontratado para justificar ningún incumplimiento al contrato suscrito"[356].

300. Finalmente, en la ley Núm. 47-20, se prevén, como causas que dan lugar a la extinción de los contratos, el mutuo acuerdo, el cumplimiento del objeto contractual, la imposibilidad de ejecución de su objeto, por decisión de órgano jurisdiccional judicial o arbitral, según haya sido pactado[357], por la llegada del término, así como por aquellas otras razones que hayan sido previstas en el contrato de alianza público-privada[358].

VII. SERVICIO PÚBLICO, MERCADOS DE INTERÉS GENERAL Y SU RÉGIMEN DE COMPETENCIA

- **Servicio Público**
- **Consideraciones generales**

301. Sobre el servicio público, el diccionario panhispánico del español jurídico dice que es la actividad "más caracterizadora de las administraciones públicas que agrupa todas las organizaciones, actividades y funciones que tienen por objeto prestaciones de bienes y servicios en beneficio de los ciudadanos"[359].

302. En la República Dominicana el "estudio metódico del servicio público se remonta a las cátedras del profesor Manuel de Jesús Troncoso de la Concha, impartidas a los estudiantes de la Universidad Autónoma de Santo Domingo a finales de los años treinta; y la tesis que impera en su obra es fundamentalmente organicista inspiradas en las ideas de Duguit y Hauriou, sobre el servicio público y las prerrogativas del poder público"[360].

303. En esta etapa fundadora del derecho administrativo dominicano, otro gran maestro, Manuel A. Amiama, "entendía, que los servicios públicos son el conjunto de organizaciones y procedimientos que realizan efectivamente la actividad administrativa del Estado. En ese sentido el profesor Amiama era partidario de la Teoría Funcionalista donde el servicio público tiene dos aspectos uno estático y el otro dinámico. El primero en cuanto a la finalidad de la administración al prestar el servicio público; y el segundo en cuanto a la modalidad de gestión y la calidad con la cual sería prestada"[361].

---

355 Artículo 74.

356 Párrafo, articulo 67.

357 Artículo 76.- Mecanismos de solución de controversias. Los mecanismos de solución de controversias deben estar previstos en el contrato. Párrafo I.- Las partes podrán pactar mecanismos alternativos de solución de controversias tales como: la renegociación, la conciliación, la mediación y el arbitraje, los cuales no son limitativos. Párrafo II.- En caso de que un contrato de alianzas público-privadas no establezca los mecanismos alternativos de solución de controversia, se someterá a la jurisdicción contenciosa administrativa.

358 Articulo 64.

359 Definición de servicio público - Diccionario panhispánico del español jurídico - RAE.

360 Blanco, Pedro. Regulación Constitucional de los servicios públicos y otras actividades de interés general. Memorias del Congreso Internacional de Derecho Administrativo "Dr. Raymundo Amaro Guzmán. Editorial Jurídica Venezolana Internacional, 2015, p. 601.

361 Blanco, Pedro. Regulación Constitucional de los servicios públicos y otras actividades de interés general. Memorias del Congreso Internacional de Derecho Administrativo "Dr. Raymundo Amaro Guzmán. Editorial Jurídica Venezolana Internacional, 2015, p. 602.

304. Sobre la base de una "noción estricta y técnico-jurídica del servicio público comprendería las actividades de prestación destinadas a satisfacer necesidades colectivas de los ciudadanos, pero individualmente sentidas cuya titularidad se atribuye por el legislador a la Administración. Es lo que se conoce como la publicación de la actividad, pues deja pertenecer a la esfera jurídica de los particulares para atribuirse por una decisión legislativa a la Administración Pública que la asume como propia. Consecuencia de esta atribución, la Administración titular del servicio es plenamente responsable de su gestión, y podrá decidir si lo presta ella misma o recurre a la colaboración de los particulares"[362].

- **Distinción entre la actividad de servicio público y otras actividades económicas de interés general**

305. Ese concepto de *publicatio* o declaratoria formal mediante ley de una actividad de naturaleza prestacional asumida por la Administración Pública como servicio público, ha dado lugar a que en la República Dominicana, así como es en el resto de los países con los que compartimos la tradición jurídica de un derecho administrativo de origen continental europeo, se distinga de otras actividades, que al igual que las del servicio público, satisfacen necesidades de interés colectivo, pero que sin embargo son asumidas, en ejercicio del derecho a la libre iniciativa privada o libertad de empresa, por los particulares.

306. Entre actividad prestacional declarada como servicio público, y actividad privada en ámbitos en que son satisfechas necesidades colectivas, existen aproximaciones, ya que unas y otras, se encuentran sometidas a una intensa regulación pública, y, por otra parte, la actividad de servicio público, aunque de titularidad estatal, puede ser ejercida por los particulares de manera indirecta, originalmente, a través de la figura contractual tradicional de la concesión administrativa, pero que, como se indica más adelante, hoy día en el sistema imperante en la República Dominicana, se han liberalizado los títulos habilitantes que le permiten a los particulares prestar servicios públicos, siendo la concesión una de sus modalidades.

307. La jurisprudencia administrativa emanada de la Suprema Corte de Justicia, establece una distinción entre servicios públicos, servicios de utilidad pública y servicios esenciales. Dijo al respecto la alta corte judicial dominicana:

> "Considerando, que ciertamente, como lo afirma el recurrente principal, son conceptos diferentes los de servicios públicos, servicios de utilidad pública y servicios esenciales: por servicios públicos debe entenderse toda actividad que tienda a satisfacer necesidades colectivas; ahora bien, si esta actividad es cumplida por particulares, el servicio recibirá el nombre de utilidad pública, la noción de servicios esenciales es mucho más restringida, pues la misma se circunscribe a identificar un servicio cuya paralización es susceptible de poner en peligro la vida, salud, seguridad de las personas en toda o parte de la población, razón por la cual un servicio público o de utilidad pública será esencial si su paralización pone en peligro la vida, salud o seguridad de las personas, en caso contrario, no lo es del todo lo que se infiere que todo servicio esencial es necesariamente público o de utilidad pública, pero no todo servicio público o de utilidad pública es de naturaleza esencial"[363].

308. Por su parte, el Tribunal Constitucional dominicano, en su sentencia TC/0064/19, hace suya esa distinción realizada por la Suprema Corte de Justicia:

> "g. Es importante precisar con la jurisprudencia de la Suprema Corte de Justicia que …son conceptos diferentes los de servicios públicos, servicios de utilidad pública y servicios esenciales: por servicios públicos debe entenderse toda actividad que tienda a satisfacer necesidades colectivas; ahora bien, si esta actividad es cumplida por particulares, el servicio

---

[362] Carbonell Porras, Eloísa. Comentarios a la Constitución de la República Dominicana. La Ley. 1ra edición, 2012. Tomo II, p. 809 y 810.

[363] SCJ. Sentencia Núm. 53, de fecha 27 de mayo de 2015.

recibirá el nombre de utilidad pública, la noción de servicios esenciales es mucho más restringida, pues la misma se circunscribe a identificar un servicio cuya paralización es susceptible de poner en peligro la vida, salud, seguridad de las personas en toda o parte de la población, razón por la cual un servicio público o de utilidad pública será esencial si su paralización pone en peligro la vida, salud o seguridad de las personas, en caso contrario, no lo es del todo lo que se infiere que todo servicio esencial es necesariamente público o de utilidad pública, pero no todo servicio público o de utilidad pública es de naturaleza esencial".

309. Finalmente, otro elemento que debe ser resaltado, es que, en el ordenamiento jurídico dominicano, actividades que satisfacen necesidades de interés colectivo, a pesar de no ser declarados por ley como un servicio público, sin embargo, ameritan para su prestación del emblemático título habilitante característico de actividades sometidas a la publicatio, como es la concesión administrativa[364].

- **Bases constitucionales y legales.**

310. En el ordenamiento constitucional dominicano, el servicio público es definido en función de su finalidad. En efecto, el artículo 147 de la Constitución dice que los "servicios públicos están destinados a satisfacer las necesidades de interés colectivo. Serán declarados por ley".

311. Refiriéndose al concepto constitucional de servicio público contenido en la Constitución dominicana, el profesor Allan R. Brewer Carias ha dicho que "el servicio público es siempre de una actividad, es decir, de un conjunto de operaciones y tareas a cargo de un sujeto de derecho, consistente en dar o hacer algo a favor de otros, en suma, de prestar. Se trata, por tanto, de una actividad prestacional; pero no de cualquier tipo de prestación sino de una que es de interés general de toda la población, es decir, de la colectividad en general y por tanto, de interés colectivo, por lo que los sujetos a los cuales se destina son todos, es decir, el público en general"[365].

312. Asimismo, al preverse la exigencia de que la actividad de interés colectivo sea declarada por ley, "la misma queda sustraída de las que pueden ser desarrolladas libremente por los particulares, en el sentido que esencialmente y conforme se establezca en las leyes (reserva legal), el Estado puede limitarlas y restringirlas"[366].

313. Al conllevar una limitación extrema a un derecho fundamental como la libertad de empresa, la declaratoria como servicio público de una actividad, conocida como "*publicatio*" en el ámbito del Derecho administrativo, está sujeta en la República Dominicana a los principios de subsidiaridad[367] y razonabilidad[368] que la Constitución consagra[369].

314. Por otra parte, en la doctrina sobre la previsión de reserva de ley contenida en el artículo 147 de la Constitución, se ha señalado que "hay que diferenciar el contenido de la reserva de ley,

---

364 A título de ejemplo, es el caso de la actividad de generación de electricidad no hidráulica, que la ley general de electricidad Núm. 125-01, de fecha 26 de julio de 2001, exige como título habilitante una concesión administrativa que se regula en los artículos 41 y siguientes de la ley.

365 Brewer-Carías, Allan R. Las bases constitucionales del Derecho Administrativo en la República Dominicana. Memorias del Congreso Internacional de Derecho Administrativo "Dr. Raymundo Amaro Guzmán. Editorial Jurídica Venezolana Internacional, 2015, p. 35.

366 Brewer-Carías, Allan R. Las bases constitucionales del Derecho Administrativo en la República Dominicana. Memorias del Congreso Internacional de Derecho Administrativo "Dr. Raymundo Amaro Guzmán. Editorial Jurídica Venezolana Internacional, 2015, p. 35.

367 Articulo 219

368 Articulo 74.2

369 Rodríguez Huertas, Olivo Andrés. Comentarios al artículo 147 de la Constitución de la Republica. Constitución Comentada, Finjus, 4ta. Edición, 2015, p. 321 y 322.

que comprendería la formal declaración del servicio como público, de la reglamentación de desarrollo, que no estaría necesariamente vinculada con la Ley estatal. Se trata de los reglamentos de servicio público que se aprueba por la Administración titular del servicio para disciplinar como deben prestarse y gestionarse"[370].

315. Las actividades prestacionales de la Administración Pública que en la República Dominicana han sido calificadas normativamente como servicio público, tienen en unos casos alcance nacional, y de manera considerable de alcance local.

316. En lo que respecta a los primeros, con jurisdicción nacional, la propia Constitución de la República identifica como servicio público, a los de radio y televisión[371], y, en ese mismo sector, al regularlos integralmente en la ley general de telecomunicaciones Núm. 153-98, del 27 de mayo de 1998, se agrega como servicio público, el de transporte de telecomunicaciones[372].

Asimismo, en el ordenamiento jurídico administrativo dominicano se califica como una actividad de servicio público, el de transporte de pasajeros y el servicio de transporte en taxi[373], el de distribución de electricidad[374],

317. Por su parte, la legislación en materia municipal establece como servicios públicos, los de cementerios y servicios fúnebres, recolección, tratamiento y disposición final de los desechos sólidos urbanos y rurales y limpieza vial[375]. El artículo 210 de la ley contiene una fórmula más amplia al señalar que son "servicios públicos municipales los que presten los municipios en el ámbito de sus competencias propias, coordinadas o delegadas".

- **Modos de prestación**

318. La prestación de las actividades que el Estado se haya reservado mediante ley, no es incompatible en nuestro ordenamiento jurídico con que los mismos sean brindados por particulares.

319. La Constitución dominicana prevé, en efecto, que el "Estado garantiza el acceso a servicios públicos de calidad, **directamente o por delegación**, mediante concesión, autorización, asociación en participación, transferencia de la propiedad accionaria u otra modalidad contractual, de conformidad con esta Constitución y la ley" liberalizando así, el clásico título concesional en la materia.

320. Esa posibilidad de que los particulares puedan, a través de uno de esos títulos habilitantes, asumir la satisfacción de necesidades de interés colectivo sometidas por el Estado a la *publicatio*, es una expresión de que en el marco constitucional dominicano "desde el momento en el cual una actividad se configura como un servicio público a cargo de los entes públicos esto no significa ni implica que el Estado necesariamente se deba o haya reservado la actividad para ser desarrollada exclusivamente por sus órganos y excluida del ámbito de la libertad económica de los particulares (lo que sucedería en caso de establecerse un monopolio, art. 50.1, Constitución), sino que en relación con ella, ésta no puede desarrollarse libremente, sino sometida a las limitaciones o restricciones que legalmente se establezcan y requiriéndose para ello, en

---

370 Carbonell Porras, Eloísa. Comentarios a la Constitución de la República Dominicana. La Ley. 1ra edición, 2012. Tomo II, página 813. El artículo 212 de la ley Núm. 176-07, del Distrito Nacional y los Municipios dispone que los "actos de gestión de los servicios municipales en sus relaciones con los usuarios estarán sometidos a las normas del propio servicio aprobadas por el concejo municipal y la ley".

371 Artículo 63, numeral 11.

372 Artículo 1.

373 Ley No. 63-17, de Movilidad, Transporte Terrestre, Tránsito y Seguridad Vial de la República Dominicana, de fecha 21 del mes de febrero de 2017.

374 Ley Núm. 125-01, de fecha 26 del mes de julio de 2001.

375 Artículo 20, ley Núm. 176-07, de fecha 17 del mes de julio de 2007.

general o una concesión (art. 53.3, Constitución), una autorización o cualquier tipo de autorización o habilitación"[376].

321. En esos casos, la Constitución dispone que el "Estado puede otorgar concesiones por el tiempo y la forma que determine la ley, cuando se trate de explotación de recursos naturales o de la prestación de servicios públicos, asegurando siempre la existencia de contraprestaciones o contrapartidas adecuadas al interés público y al equilibrio medioambiental"[377].

322. En el ámbito local, la ley Núm. 176-06, del Distrito Nacional y los municipios dispone que los servicios municipales podrán gestionarse mediante alguna de las siguientes formas:

> "A) **Gestión directa**: a) Gestión por la propia entidad municipal. b) Organismo autónomo municipal. c) Entidad pública empresarial municipal. d) Sociedad mercantil municipal, cuyo capital social pertenezca íntegramente al municipio o a un ente público de la misma. B) **Gestión indirecta**: a) Concesión o delegación. b) Gestión interesada. c) Arrendamiento. d) Sociedad mercantil y cooperativas legalmente constituidas cuyo capital social pertenezca parcialmente al municipio. e) Consorcio"[378].

323. En este mismo ámbito, la ley dispone que la "gestión indirecta o mediante sociedad mercantil de capital social mixto de determinadas competencias, no incluirá las transferencias de las atribuciones de las que impliquen ejercicio de autoridad"[379].

- **Principios que rigen la actividad de servicio público**

324. La actividad prestacional de servicio público, por imperativo constitucional se encuentra sujeto a un conjunto de principios que deben ser observados en su prestación.

325. La Constitución dominicana dispone que los servicios públicos prestados por el Estado o por los particulares, deben ser brindados acorde a los principios de universalidad, accesibilidad, eficiencia, transparencia, responsabilidad, continuidad, calidad, razonabilidad y equidad tarifaria[380], con lo cual quedan cubiertos la igualdad de los ciudadanos ante el servicio, la continuidad y regularidad de su prestación, y de la adaptabilidad o mutabilidad de las condiciones de prestación del servicio[381].

326. El Tribunal Constitucional refiriéndose al régimen constitucional de los servicios públicos analizó el tema de la contraprestación en materia de prestación del servicio, señalando:

> "u. Respecto a la prestación por parte del Estado de servicios públicos, la Constitución, en su artículo 147 numeral 2, dispone: «Los servicios públicos prestados por el Estado o por los particulares, en las modalidades legales o contractuales, deben responder a los principios de universalidad, accesibilidad, eficiencia, transparencia, responsabilidad, continuidad, calidad, razonabilidad y equidad tarifaria; **De ello se infiere que en principio los servicios básicos ofrecidos por el Estado están sujetos al pago de contribución económica siempre que este sea razonable y equitativa**"[382].

327. Por su parte, la Suprema Corte de Justicia se ha referido a la característica de la adaptabilidad o mutabilidad de los servicios públicos:

---

376 Brewer-Carias, Allan R. Las bases constitucionales del Derecho Administrativo en la República Dominicana. Memorias del Congreso Internacional de Derecho Administrativo "Dr. Raymundo Amaro Guzmán. Editorial Jurídica Venezolana Internacional, 2015, p. 35 y 36.

377 Artículo 50.3.

378 Artículo 211. El resaltado es nuestro (ORH).

379 Párrafo, articulo 211.

380 Artículo 147, numeral 2.

381 Carbonell Porras, Eloísa. Comentarios a la Constitución de la República Dominicana. La Ley. 1ra edición, 2012. Tomo II, p. 814.

382 TC/0536/18. El resaltado es nuestro (ORH).

"que al tratarse de un derecho derivado de un régimen de concesión para la prestación de un servicio público de titularidad estatal, esto conlleva a que el particular que ha obtenido dicha concesión no pueda ejercer su derecho a la libre iniciativa privada, sino simplemente, el derecho a la iniciativa privada que le ha sido concedido taxativamente por la Administración en su calidad de poder concedente, en el que goza de amplias facultades para controlar, supervisar y modular la concesión otorgada, con apego al ordenamiento jurídico vigente, **lo que incluye su potestad de modificar los instrumentos legales empleados para su gestión, como ocurrió en la especie y que estas reformas o modificaciones puedan ser aplicadas de forma inmediata sobre concesiones ya otorgadas, las que en lo adelante deben sujetar sus actuaciones a estas nuevas regulaciones**, sin que con ello tampoco se violente el principio de irretroactividad de la ley, como establece erróneamente el Tribunal a-quo en su sentencia, ya que el régimen jurídico de las habilitaciones administrativas le atribuye al Indotel la función permanente de supervisar y controlar el cumplimiento de las condiciones establecidas en dicho régimen, para la satisfacción de los objetivos generales del servicio de telecomunicaciones, dentro de los que se encuentra el de radiodifusión y **esto supone el sometimiento pleno de la hoy recurrida, en su calidad de concesionaria a todo el ordenamiento jurídico que regula este sector, no sólo al momento en que obtuvo su autorización, sino también al posterior, producto de las reformas o modificaciones que se realicen respecto del mismo; ya que en virtud del carácter de orden público que tienen las regulaciones sobre Telecomunicaciones, estas constituyen reglas mínimas de aplicación inmediata que se imponen a todas las concesiones de estos servicios, puesto que constituyen limitaciones legales al principio de la libertad contractual, dada la naturaleza del derecho de las telecomunicaciones**"[383].

- **Regulación de servicios públicos**

328. Finalmente, en lo que respecta a la regulación de las actividades declaradas por ley como servicio público, la Constitución dispone que la "regulación de los servicios públicos es facultad exclusiva del Estado. La ley podrá establecer que la regulación de estos servicios y de otras actividades económicas se encuentre a cargo de organismos creados para tales fines"[384].

329. En el ordenamiento jurídico dominicano, el Estado, mediante ley, ha puesto la regulación de actividades de servicio público a cargo de organismos autónomos y descentralizados del Estado, como acontece con la Superintendencia de Electricidad, el Instituto Dominicano de las Telecomunicaciones, el Instituto Nacional de Tránsito y Transporte Terrestre.

340. Por otra parte, la ley orgánica de la Administración Pública Núm. 247-12, establece que las "leyes que creen entes y órganos administrativos respetarán la naturaleza de las misiones públicas y asegurarán la separación orgánica de las actividades de regulación y de operación de los servicios públicos"[385].

- **Mercados de interés general**

341. En la República Dominicana, la mayoría de los textos constitucionales que han estado vigentes a lo largo de nuestra historia republicana, incluyendo la vigente Constitución del año 2015, han consagrado como uno de los derechos de toda persona, la libertad de empresa, comercio e industria, lo que significa que los ciudadanos, de manera personal o a través de sociedades comerciales, pueden dedicarse libremente a la actividad económica de su elección.

342. El artículo 50 de la Carta Fundamental del Estado, dispone:

---

383 SCJ. Sentencia de fecha 26 de agosto del año 2009. El resaltado es nuestro (ORH). En igual sentido

384 Artículo 147, numeral 3.

385 Artículo 9.

"Artículo 50.- Libertad de empresa. El Estado reconoce y garantiza la libre empresa, comercio e industria. Todas las personas tienen derecho a dedicarse libremente a la actividad económica de su preferencia, sin más limitaciones que las prescritas en esta Constitución y las que establezcan las leyes. 1) No se permitirán monopolios, salvo en provecho del Estado. La creación y organización de esos monopolios se hará por ley. El Estado favorece y vela por la competencia libre y leal y adoptará las medidas que fueren necesarias para evitar los efectos nocivos y restrictivos del monopolio y del abuso de posición dominante, estableciendo por ley excepciones para los casos de la seguridad nacional".

343. Asimismo, la Constitución, en el titulo relativo al régimen económico[386], prescribe que el "Estado fomenta la iniciativa económica privada, creando las políticas necesarias para promover el desarrollo del país"[387]. Dispone también que la "actividad empresarial, pública o privada, recibe el mismo trato legal"[388], en aquellos casos en que el Estado, bajo "el principio de subsidiaridad...por cuenta propia o en asociación con el sector privado y solidario" ejerza la "actividad empresarial con el fin de asegurar el acceso de la población a bienes y servicios básicos y promover la economía nacional"[389].

344. Dentro de las actividades económicas que pueden ejercer las personas, en ejercicio de su derecho de libre iniciativa privada o libertad de empresa, se encuentran algunas que por su potencialidad lesiva al interés general, el Estado las somete a una intensa regulación pública, que encuentra como fundamento disposiciones constitucionales como la prevista en el artículo 50, que luego de establecer que "las personas tienen derecho a dedicarse libremente a la actividad económica de su preferencia" dispone que "sin más limitaciones que las prescritas en esta Constitución y las que establezcan las leyes"; y, el ya señalado artículo 147, numeral 3, que dispone que, al igual en materia de actividades prestacionales que el Estado se haya reservado mediante declaratoria por ley como servicio público, la "ley podrá establecer que la regulación de estos servicios **y de otras actividades económicas** se encuentre a cargo de organismos creados para tales fines"[390].

345. Por ello, una cantidad apreciable de actividades económicas, que al igual que en materia de servicios públicos, satisfacen necesidades colectivas, se encuentran sometidas a un intenso sistema regulatorio, que en el modelo organizativo dominicano, se pone a cargo de organismos autónomos y descentralizados del Estado, en su mayor parte con un régimen reforzado en provecho de los autoridades reguladoras[391].

346. Entre los sectores económicos a los que nos estamos refiriendo, que cuentan con autoridades reguladoras, figuran los que operan en el ámbito de las prestaciones de salud y pensiones en el ámbito de la seguridad social, cuya regulación corresponde a las Superintendencias de Salud y Riesgos Laborales y, de Pensiones[392]; las empresas en el campo de la actividad aseguradora, cuyo regulador lo es la Superintendencia de Seguros[393]; las empresas de generación de electricidad de origen no hidráulico, reguladas por la Superintendencia de Electricidad[394]; las

386 Titulo XI.

387 Artículo 219.

388 Artículo 221.

389 Artículo 219.

390 El resaltado es nuestro (ORH).

391 Muchas de las leyes de los órganos reguladores de actividades económicas, incluyendo los que regulan los servicios públicos establecen, además de condiciones de idoneidad, un periodo de inamovilidad. A partir de la Constitución proclamada el 26 de enero de 2010, la facultad de libre nombramiento y remoción del Presidente de la República sobre los altos cargos de la Administración, encuentra limitación ya que el texto fundamental del Estado dispone que la remoción en estos casos debe hacerse de conformidad a la ley.

392 Ley Núm. 87-01, del Sistema Dominicano de Seguridad Social, de fecha 9 del mes de mayo de 2001.

393 Ley 146-02, sobre seguros y fianzas de la República Dominicana, de fecha 26 del mes de julio del año 2002.

394 Ley Núm. 125-01, de fecha 26 del mes de julio de 2001.

empresas que operan en los mercados de valores, que tiene a la Superintendencia del Mercado de Valores como regulador[395], entre otros.

347. Mención aparte merece, el caso de la regulación monetaria y financiera, cuya regulación tiene base directa en la Constitución dominicana, a cargo de una Junta Monetaria[396], que es órgano superior de la Administración Monetaria y Financiera, de la que forma parte la Superintendencia de Bancos, que regulan a las entidades de intermediación financiera[397].

- **Empresas en régimen de Monopolio**

348. El articulo 50.1 de la Constitución de la República dispone que no "se permitirán monopolios, salvo en provecho del Estado. La creación y organización de esos monopolios se hará por ley".

349. El origen de esa prohibición hunde sus raíces en la Constitución dominicana de 1874, que quiso poner fin en nuestro país a una situación que existió en diferentes ocasiones, con anterioridad a su prohibición, en las que se conferían mediante leyes, privilegios especiales y derechos con carácter de exclusividad, en provecho de particulares para la explotación de determinadas actividades económicas.

350. Derivado de esa prohibición, nuestro ordenamiento constitucional sólo admite el establecimiento de monopolios en provecho del Estado, y para ello se requiere el dictado de una ley orgánica. Esa reserva, con carácter monopólico, conlleva la exclusión de la actividad no sólo de la libre iniciativa de los particulares, sino de su gestión indirecta y, por supuesto, por razones lógicas de la libre competencia.

351. En la actualidad, algunas actividades económicas son desarrolladas por el Estado en régimen monopólico. Tales son los casos de la generación de electricidad hidráulica y la transmisión de electricidad[398], así como la prestación de riesgos laborales[399].

352. La reserva de actividad que contempla la Constitución se denomina, en la doctrina constitucional y administrativa como "**monopolio de derecho**", concepto este que es distinto al de "**monopolio de hecho**" de una actividad económica no reservada al Estado, que pueden resultar de circunstancias fácticas, como: (i) que ningún otro particular le interese incursionar en una misma actividad; (ii) cuando habiendo una pluralidad de empresas, una de ellas tenga un segmento muy significativo del mercado; y (iii) como producto de concentraciones económicas, a través de fusiones y otros mecanismos de controles verticales.

- **Libre competencia**

353. Las situaciones aludidas en el punto anterior, son frecuentes en una economía de mercado, como la imperante en la República Dominicana, y la respuesta que brinda el Estado en protección del interés general, lo es un marco regulatorio de defensa de la competencia.

354. La Constitución, en el artículo 50, numeral 1, luego de prohibir el "**monopolio de derecho**" en provecho de particulares, dispone que el "**Estado favorece y vela por la competencia libre y leal y adoptara las medidas que fueren necesarias para evitar los efectos**

---

395 Ley Núm. 249-17, del Mercado de Valores de la República Dominicana, de fecha 12 de diciembre de 2017.

396 Artículo 223.- Regulación del sistema monetario y financiero. La regulación del sistema monetario y financiero de la Nación corresponde a la Junta Monetaria como órgano superior del Banco Central.

397 Ley Núm. 183-02, de fecha 21 del mes de noviembre del año 2002.

398 Párrafo IV, articulo 41 Ley Núm. 125-01, de fecha 26 del mes de julio de 2001

399 Ley No. 397-19, de fecha 30 de septiembre de 2009.

nocivos y restrictivos del monopolio y del abuso de posición dominante", reconociendo así al lado del "**monopolio de derecho**" la existencia de "**monopolios de hecho**"[400].

355. Aunque en algunos ordenamientos sectoriales, como los de telecomunicaciones y electricidad, se contemplan regímenes particulares de defensa de la competencia, en el año 2008 se promulgó en República Dominicana la Ley General de Defensa de la Competencia No. 42-08, de fecha 16 del mes de enero del año 2008. Dicha ley contiene las normas básicas para enfrentar entre otros aspectos el "**monopolio de hecho**" que resulta de conductas anticompetitivas en la actividad económica, producto de prácticas concertadas entre competidores, abuso de posición dominante y competencia desleal.

356. A diferencia de otras legislaciones en el derecho comparado, la regulación general dominicana sobre defensa de la competencia no contempla el control de las concentraciones económicas, fundamentalmente a través de fusiones y otros medios, que conduzcan al control de la toma de decisiones de una empresa competidora y en consecuencia a establecer un "*monopolio de hecho*".

357. El marco regulatorio dominicano en la materia es de carácter reactivo frente a situaciones de abuso de posición dominante y practicas concertadas. En estos casos, previo respeto de un debido proceso administrativo, la Comisión Nacional de Defensa de la Competencia está facultada para sancionar, impartir órdenes e imponer obligaciones a aquellas empresas cuyo comportamiento ponga en peligro el libre funcionamiento del mercado[401].

VIII. LA RESPONSABILIDAD PATRIMONIAL DE LA ADMINISTRACIÓN

- **Consideraciones generales**

358. En el derecho administrativo dominicano, la doctrina fundadora del derecho administrativo se refirió a la responsabilidad del Estado señalando que "nuestros tribunales han fundado la responsabilidad en las disposiciones de los Arts. 1382 y siguientes del Código Civil"[402].

359. Por su parte, el profesor Manuel A. Amiama señalaba en 1953, que en la "Republica Dominicana este principio esta sólidamente asentado, no ya por aplicación del artículo 1382 y siguientes del Código Civil, sino del principio superior de Justicia que él formula, aplicable en todas las ramas del Derecho, tanto interno como internacional"[403].

360. A nivel legislativo, la primera ley que en la República Dominicana abordó el tema de la responsabilidad patrimonial en el ámbito estatal, de manera específica y con carácter general, lo fue una ley del 18 de diciembre de 1936, la que sin embargo se limitó a establecer, que toda "acción contra el Estado, que tenga por causa el daño o perjuicio causado por una ley, decreto, resolución o reglamento dictados constitucionalmente por los poderes públicos, cuando dicha acción proceda, se prescribe por dos años".

---

400 Artículo 217.- Orientación y fundamento. El régimen económico se orienta hacia la búsqueda del desarrollo humano. Se fundamenta en el crecimiento económico, la redistribución de la riqueza, la justicia social, la equidad, la cohesión social y territorial y la sostenibilidad ambiental, **en un marco de libre competencia**, igualdad de oportunidades, responsabilidad social, participación y solidaridad.

401 Artículo 31.

402 Troncoso De La Concha, Manuel de Jesús. Elementos de Derecho Administrativo. Editora Montalvo, 1943. Segunda Edición. p. 140. En la misma obra (pagina 328), refiriéndose a la responsabilidad civil de los municipios (entonces comunes) decía igualmente que los "tribunales dominicanos no han vacilado nunca en considerar responsables a las comunes en el sentido anteriormente expresado, fundándose en las disposiciones del derecho común (Código Civil, articulo 1382 y 1384)".

403 Prontuario de Legislación Administrativa Dominicano. Cátedras mimeografiadas impartidas en la Universidad de Santo Domingo, año 1953.

361. Lo cierto es que, a lo largo de la mayor parte de nuestra vida republicana, como afirmara una voz autorizada del derecho administrativo dominicano, la "responsabilidad del Estado por los daños que cause con su actividad, no ha sido nunca objeto de grandes debates" en la República Dominicana, y tampoco "ha dado lugar a la existencia de un abundante contencioso de este tipo", lo que atribuye, al "carácter fuertemente caudillista que desde la fundación de la República, ha tenido entre nosotros el ejercicio del Poder Ejecutivo", así como, a "la idea generalizada sobre la insolvencia del Estado" la "noción de la inembargabilidad del Estado, que impide, una vez obtenida la sentencia que condena al Estado a pagar una indemnización, una ejecución eficaz de la nación"[404].

362. En el ámbito de la administración monetaria y financiera, la ley Núm. 183-02, consagró un régimen particular de responsabilidad patrimonial en perjuicio de las autoridades y funcionarios al servicio de dicha administración, cuando autoricen, permitan o de cualquier modo toleren la concesión de financiamiento por parte del Banco Central a entidades públicas o privadas, en violación a la ley, consagrando un sistema de salvamento de voto como forma de liberarse de responsabilidad[405].

363. La ley Núm. 10-04, que instituye el Sistema Nacional de Control y Auditoría, faculta a la Cámara de Cuentas, órgano de fiscalización externo del Estado, a determinar, mediante acto administrativo, la responsabilidad civil de los servidores públicos en ocasión de la administración de recursos públicos, cuando por acción u omisión causen una lesión al patrimonio público[406].

364. En el año 2008, a nivel legislativo se dio un gran paso de avance en la República Dominicana, mediante la ley Núm. 41-08 de función pública, que incorporó un régimen general de responsabilidad patrimonial, incluso solidaria, de los entes públicos y sus funcionarios. En efecto, los artículos 90 y 91 de la ley disponen textualmente lo siguiente:

> **"Artículo 90.-** El Estado y el servidor público o miembros del órgano colegiado actuante serán solidariamente responsables y responderán patrimonialmente por los daños y perjuicios causados por la acción u omisión del funcionario actuante. La Jurisdicción Contenciosa Administrativa será competente para conocer de dichos incumplimientos y para establecer las indemnizaciones correspondientes.
>
> **Artículo 91.-** En los casos en que la persona perjudicada no haya dirigido su acción reclamatoria de daños y perjuicios contra el funcionario responsable, el Estado, condenado a resarcir el perjuicio causado por la gestión dolosa, culposa o negligente de dicho funcionario, podrá ejercer contra éste una acción en repetición. El Procurador General Administrativo podrá, de oficio, ejercer en representación del Estado, la acción en repetición contra el funcionario responsable".

365. Los textos anteriormente transcritos, consagran, como ya he señalado, en un régimen de responsabilidad solidaria entre el Estado y el servidor público que por acción u omisión cause un daño a un particular, así como el derecho de repetición en provecho del Estado frente a su funcionario, cuando el daño indemnizado sea el producto de la gestión dolosa, culposa o negligente de éste.

366. Ese régimen legal, incorporado posteriormente en la Constitución a partir del 26 de enero de 2010, así como el posterior desarrollo legislativo contenido en la ley Núm. 107-13 sobre derechos de las personas en sus relaciones con la Administración y de procedimiento administrativo, unido a un gran activismo jurisprudencial, ha transformado la visión expuesta a finales de siglo pasado por la profesora Rosina De La Cruz Alvarado.

---

404 De La Cruz Alvarado, Rosina. La Responsabilidad de las Personas Públicas. Revista Estudios Jurídicos, Volumen VII, Número I, Enero-Abril 1997.

405 Artículo 6, letra d), de la Ley 183-02.

406 Artículos 45 y siguientes.

- **Fundamento constitucional**

367. La responsabilidad del Estado y demás entes públicos, así como de sus funcionarios, es una exigencia constitucional derivada de la naturaleza de la Republica Dominicana como un Estado de Derecho.

368. Es que como expresara un destacado maestro del derecho administrativo español "la indemnización expropiatoria y el resarcimiento de daños son los institutos jurídicos básicos que garantizan la integridad patrimonial de los particulares frente a los poderes públicos. Ambos institutos comparten la función de dejar indemnes los patrimonios privados que sean sacrificados o que resulten lesionados por la acción administrativa[407]".

369. La Constitución dominicana, recoge expresamente el tema de la responsabilidad civil o patrimonial de los entes públicos y sus funcionarios, en su artículo 148:

> Articulo 148. Responsabilidad civil. Las personas jurídicas de derecho público y sus funcionarios o agentes serán responsables, conjunta y solidariamente, de conformidad con la ley, por los daños y perjuicios ocasionados a las personas físicas o jurídicas por una actuación u omisión administrativa antijurídica".

370. Como se aprecia de su lectura, el texto constitucional dominicano pone el énfasis en la responsabilidad de tipo subjetiva, al establecer que en los casos en que los daños y perjuicios que se ocasionen a una persona, física o jurídica, se originen en una acción u omisión antijurídica, es decir, contraria al ordenamiento jurídico del Estado, estos deben responder de manera solidaria con el ente público del que formen parte.

371. El hecho de que la Constitución dominicana sólo contemple una situación de responsabilidad subjetiva, no significa que en el texto fundamental se excluya la responsabilidad objetiva derivado del sacrificio especial impuesto a un particular por una decisión lícita de los órganos que conforman los entes públicos, y que los primeros no tienen el deber de soportar, pues el mismo encuentra fundamento en otros principios de raigambre constitucional, como el de igualdad ante la ley y el de igualdad ante las cargas públicas. Obviamente, en los casos de responsabilidad objetiva, los funcionarios públicos no responderán de manera solidaria con el ente público, ya que esto queda circunscrito, por razones obvias, a los casos de responsabilidad subjetiva[408].

372. La jurisprudencia del Tribunal Constitucional dominicano se ha referido al tema de la responsabilidad civil de los entes públicos y sus funcionarios consagrado en el articulo 148 de la Carta Fundamental del Estado, diciendo "que resulta pertinente considerar que el Estado, a través de sus poderes públicos y en el marco de sus facultades constitucionales, se ve comprometido a resguardar la integridad física, psíquica y moral de las personas, mediante la expedición de leyes que crean y organizan órganos y organismos para la regulación y control de las actividades que conlleven algún nivel de riesgo para la seguridad pública. Para llevar a cabo estas tareas, las entidades públicas y los funcionarios encargados de expedir, supervisar y vigilar el cumplimiento de los requisitos exigidos por las leyes, quedan sujetos a las consecuencias jurídicas consignadas en el artículo 148 de la Constitución de la República, el cual establece que: "las personas jurídicas de derecho público y sus funcionarios o agentes serán responsables, conjunta y solidariamente,

---

407 Leguina, Jesús. Discurso de investidura como doctor honoris causa por la Universidad de Castilla-La Mancha.

408 Brewer-Carias, Allan R. Bases Constitucionales del Derecho Administrativo y del Proceso Contencioso Administrativo en Republica Dominicana. Editorial Jurídica Venezolana Internacional, 2014. Pagina 88: "La Constitución, en definitiva, sólo reguló un supuesto de responsabilidad subjetiva (solidaria y conjunta del funcionario y del Estado) por actuaciones "antijurídicas" de los funcionarios, lo que no excluye que un perjuicio singular o individualizado ocasionado con motivo de una actividad administrativa lícita también pueda generar responsabilidad del Estado, fundado en el principio constitucional de igualdad ante las cargas públicas".

de conformidad con la ley, por los daños y perjuicios ocasionados a las personas físicas o jurídicas por una actuación u omisión administrativa antijurídica"[409].

373. Por su parte, la jurisprudencia emanada de la Suprema Corte de Justicia ha señalado, interpretando el articulo 148 de la Constitución, que "la responsabilidad patrimonial de la Administración Pública descansa en disposiciones constitucionales previstas en el artículo 148, y en esta materia, en el artículo 90 de la Ley núm. 41-08, que somete a la solidaridad el patrimonio del servidor público actuante, siempre que se pueda determinar una conducta antijurídica por parte de la administración"[410].

- **Régimen legal**

374. El legislador dominicano establece el régimen de la responsabilidad patrimonial de los entes públicos y sus funcionarios, tanto en la ley orgánica de la Administración Pública Núm. 247-12, como en la ley Núm. 107-13, sobre derecho de las personas en su relación con la Administración y de procedimiento administrativo.

375. En el caso de la ley que regula la organización administrativa del Estado, la normativa dominicana consagra el principio de responsabilidad civil y penal, como uno de los principios fundamentales de la organización y funcionamiento de la Administración Pública[411], disponiendo textualmente lo siguiente:

> "Principio de responsabilidad civil y penal. Los entes y órganos administrativos comprometen su responsabilidad civil y penal por los daños causados por la falta de sus órganos y servidores en el desempeño de la función administrativa, independientemente de las acciones que podrá intentar para resarcirse del perjuicio propio causado por el dolo o la falta grave e inexcusable del servidor"[412].

376. Por su parte, la ley Núm. 107-13, no se limita a establecer la responsabilidad no sólo a nivel de principios, sino que, además, lo prevé como integrante del derecho a la buena administración que recoge y también desarrolla el régimen común[413] en que opera la responsabilidad patrimonial de la Administración y de sus funcionarios[414].

377. En lo que respecta a los principios, la ley de derechos de las personas en sus relaciones con la Administración y de procedimiento administrativo, establece en el articulo 3, numeral 17, el principio de responsabilidad: "Por el que la Administración responderá de las lesiones en los bienes o derechos de las personas ocasionados como consecuencia del funcionamiento de la actividad administrativa. Las autoridades y sus agentes asumirán las consecuencias de sus actuaciones de acuerdo con el ordenamiento jurídico".

378. Asimismo, al establecer el derecho de las personas a una buena administración, incluye dentro del mismo, el derecho "a una indemnización justa en los casos de lesiones de bienes o derechos como consecuencia de la actividad o inactividad de la Administración"[415].

379. En lo que respecta al plazo dentro del cual debe ser ejercida la pretensión indemnizatoria derivada de la responsabilidad regulada en la ley Núm. 107-13, el articulo 60 establece una diferenciación en función de si el daño es o no continuado. En el primer caso,

---

409 TC/0100/14. En igual sentido TC/0187/15.

410 SCJ. Sentencia TS-22-005, de fecha 25 de febrero de 2022.

411 Articulo 12.

412 Articulo 12, numeral 17.

413 "**Párrafo IV.** Las reclamaciones de responsabilidad patrimonial se regirán por la presente ley, salvo en aquellos supuestos en que normas sectoriales que sean también de aplicación a la Administración Pública establezcan un régimen especial de responsabilidad". Artículo 57.

414 Artículos 57 y ss.

415 Articulo 4, numeral 10, ley Núm. 107-13.

dispone que el "derecho a reclamar prescribe a los dos años de producida la actuación pública causante del daño o, en su caso, de la manifestación de sus efectos lesivos". Si se trata por el contrario de "daños continuados, el plazo comenzará a computar desde el momento en que se conozca el alcance definitivo del daño".

380. Si se tratara de daños originados en un acto administrativo declarado posteriormente como ilegal mediante sentencia firme, la parte in fine del artículo 60 de la ley Núm. 13-07 dispone que en materia de daños continuados, el plazo comenzará a computar desde el momento en que se conozca el alcance definitivo del daño.

- **Responsabilidad subjetiva y responsabilidad objetiva**

381. El derecho administrativo dominicano contempla expresamente tanto la responsabilidad subjetiva, como la responsabilidad objetiva. En efecto, en el artículo 57, así como en su párrafo I[416], de la ley Núm. 107-13, dispone lo siguiente:

> "***Artículo. 57. Responsabilidad subjetiva***. *El derecho fundamental a la buena administración comprende* ***el derecho de las personas a ser indemnizados de toda lesión que sufran en sus bienes o derechos como consecuencia de una acción u omisión administrativa antijurídica***. *Corresponde a la Administración la prueba de la corrección de su actuación.*
>
> ***Párrafo I. Excepcionalmente, se reconocerá el derecho de los ciudadanos a ser indemnizados incluso en ausencia de funcionamiento irregular, a la vista de las circunstancias del caso y, en especial, de la naturaleza de la actividad generadora de riesgos o de la existencia de sacrificios especiales o singulares en beneficio de la generalidad de los ciudadanos, derivados del ejercicio lícito de potestades administrativas***"[417].

382. La Suprema Corte de Justicia dominicana, en funciones de Corte de Casación, ha precisado la distinción de la responsabilidad patrimonial estatal, tanto objetiva como subjetiva[418]:

> "*4. Esta Corte de Casación entiende preciso indicar, que* ***la responsabilidad patrimonial del Estado puede ser tanto objetiva como subjetiva, diferenciándose en que la primera no necesita de la comisión de una falta por parte de la administración pública y la segunda, necesariamente supone que la administración pública incurra, en el ejercicio de su función administrativa, en una actuación u omisión antijurídica***. *Para que se constate responsabilidad en el primer caso, no es necesario el establecimiento previo de una falta a cargo de la administración, sino la verificación de un daño ocasionado por la actividad administrativa, mientras que en último caso, que es el que nos ocupa en la especie, debe de probarse la existencia de los elementos constitutivos de la responsabilidad patrimonial del Estado, que coinciden con los del derecho común y que aplicados a la materia administrativa son: a) una conducta que implique una falta al provenir de una acción u omisión antijurídica de la administración; b) que esta conducta haya originado un daño a una persona; y c) el vínculo de causalidad que debe existir entre la falta y el daño*'"[419].

383. La indemnización derivada tanto, de la responsabilidad subjetiva como objetiva, puede ser reclamada "por cualquier ciudadano, por los propios empleados públicos y por otro ente público, siempre que hayan sufrido un daño como consecuencia de una actuación u omisión administrativa"[420].

---

416 Ley Núm. 107-13.

417 La negrita y el resaltado es nuestro (ORH).

418 SCJ. Sentencia Núm. SCJ-TS-23-0779, de fecha 31 de julio de 2023.

419 El resaltado es nuestro (ORH).

420 Artículo 58, ley Núm. 107-13.

- **Elementos constitutivos de la responsabilidad patrimonial subjetiva de los entes públicos**

384. Ha sido obra de la jurisprudencia la sistematización en República Dominicana de los elementos que deben encontrarse reunidos para que se configure la responsabilidad patrimonial estatal de tipo subjetiva, los cuales "coinciden con los del derecho común[421]".

385. En ese sentido, la Suprema Corte de Justicia ha indicado que "para la determinación de este tipo de responsabilidad, los jueces del fondo deben identificar y señalar los siguientes elementos: a) **una conducta que implique una falta producto de una acción u omisión antijurídica de la administración**; b) que **esta conducta haya originado un daño a una persona**; y c) el **vínculo de causalidad que debe existir entre la falta y el daño**"[422].

- **Acción u omisión antijuridica.**

386. Como ya se ha dicho, la responsabilidad patrimonial de naturaleza subjetiva obedece a una conducta antijuridica de la Administración. De ahí que para declarar su responsabilidad debe quedar establecida ese proceder contrario a Derecho.

387. Sin embargo, la jurisprudencia matiza este punto exigiendo que se haga un uso abusivo de la potestad para que se pueda generar una falta imputable a la Administración:

> "15. Esta Tercera Sala de la Suprema Corte de Justicia, a fin de dar respuesta al segundo alegato de la parte recurrente obviando el primero por ser erróneo al referirse a un procedimiento administrativo sancionador que no es el caso juzgado en la especie, considera, que **el hecho de que el tribunal a quo revocara la resolución de determinación, al establecer que los ejercicios fiscales a los que se refería la misma se encontraban prescritos y que al mismo tiempo decidiera rechazar la demanda accesoria en reparación de daños y perjuicios incoada por la actual parte recurrida, no puede ser considerado como una contradicción, ya que el rechazo de esta demanda se sustentó al comprobar que no se configuraban los elementos para declarar la responsabilidad patrimonial de la administración porque la determinación practicada en la especie por la actual parte recurrente entra dentro de sus facultades y por tanto, para que pudiera quedar comprometida su responsabilidad a consecuencia del ejercicio de la determinación, es preciso que se demuestre que al ejercerla haya hecho un uso abusivo de su derecho que pueda generar una falta**, tal como fue decidido por dichos jueces, lo que no colide con la revocación del acto administrativo de determinación por las razones que constan en su decisión"[423].

388. La jurisprudencia ha identificado, también, como una actividad antijuridica, un caso en el que "se reclama una compensación relacionada a una actividad antijurídica referente al procedimiento expropiatorio, entre las que se puede incluir el retraso en la fijación del precio o en los daños causados por la mora del no pago a tiempo"[424]. También ha considerado que "el no pago, a tiempo, de beneficios laborales en el momento en que estipula la ley es sin duda alguna una falta (actuación administrativa antijurídica) que genera el daño creado por todo atraso en pagar sumas de dinero"[425].

---

[421] SCJ. Sentencia Núm. SCJ-TS-23-0779, de fecha 31 de julio de 2023. En una primera sentencia sobre el tema, la alta corte judicial dijo que "la responsabilidad patrimonial, al igual que el régimen de responsabilidad civil común, se encuentran condicionadas por la existencia de todos los elementos que la configuran" (Sentencia Núm. SCJ-TS-22-0444, de fecha 31 de mayo de 2022).

[422] SCJ. Sentencia Núm. SCJ-TS-22-0444, de fecha 31 de mayo de 2022. En igual sentido, SCJ. Sentencia Núm. SCJ-TS-23-0779, de fecha 31 de julio de 2023. El resaltado es nuestro (ORH).

[423] SCJ. Sentencia Núm. 83, de fecha 20 de diciembre de 2019. El resaltado es nuestro (ORH).

[424] SCJ. Sentencia Núm. 80, de fecha 20 de diciembre de 2019.

[425] SCJ. Sentencia Núm. 25, de fecha 31 de julio de 2019.

- **Daño indemnizable**

389. En lo que respecta al daño indemnizable, la ley dominicana dispone que son indemnizables "los daños de cualquier tipo, patrimonial, físico o moral, por daño emergente o lucro cesante, siempre que sean reales y efectivo. La prueba del daño corresponde al reclamante"[426].

390. La jurisprudencia se ha referido a este tema, destacando que la existencia de un daño indemnizable es indispensable para que sea acogida una pretensión de responsabilidad patrimonial:

> "Es preciso indicar, que por mandato expreso de lo señalado en el artículo 59 de la Ley núm. 107-13, ***no puede existir responsabilidad sin la verificación de un daño indemnizable, en razón de que la pretensión de responsabilidad patrimonial del Estado se encuentra fundada en el detrimento personal -o perjuicio- sufrido por el administrado a causa del funcionamiento anormal o antijurídico de la administración***[427], teniendo los administrados el deber de acreditar tal daño ante los jueces del fondo, así como la existencia de un vínculo entre el daño y la actuación administrativa lesiva; en la especie se advierte que la parte hoy recurrente se limitó a depositar la sentencia de adjudicación como justificación del daño, sin que de la sola existencia de un proceso de embargo inmobiliario que terminó con la indicada sentencia, se pudiera deducir la ocurrencia de un daño directo, efectivo e inmediato producido por la no ejecución de la sentencia, ni mucho menos un vínculo entre la no inscripción en el presupuesto y la adjudicación de uno de sus inmuebles, de manera que los elementos constitutivos de la responsabilidad civil invocada no fueron debidamente acreditados ante la jurisdicción contencioso administrativa municipal"[428].

391. Igualmente la Corte de Casación dominicana, ha distinguido el daño no económico o daño moral, del daño material diciendo que en "el contexto del **daño no económico**, o lo que es igual, moral... la Suprema Corte de Justicia ha precisado que este ***constituye un sufrimiento interior, una pena, un dolor, cuya existencia puede ser evidente en razón de su propia naturaleza o ser fácilmente presumible de los hechos concretos de la causa***; de ahí que ha sido juzgado que para fines indemnizatorios este tipo de perjuicio se trata de un elemento subjetivo que los jueces del fondo aprecian, en principio, soberanamente; mientras que el **daño material es el perjuicio de orden patrimonial que se refiere a la pérdida o disminución sufrida a causa de la afectación de un bien valuable en dinero, el cual en su desdoblamiento se clasifica en daño emergente, entendido como la pérdida sufrida directamente en la cosa, y lucro cesante, que se refiere a la "ganancia" o "provecho" dejado de percibir como consecuencia del hecho"[429].**

392. Respecto de los poderes de los jueces cuando conocen de pretensiones indemnizatorias producto de un daño moral, la Suprema Corte de Justicia ha dicho que si bien "los jueces de fondo tienen un papel soberano para la fijación y evaluación del daño moral, pudiendo evaluar a discreción el monto de las indemnizaciones" es su deber "motivar sus decisiones, aun cuando los

---

426 Artículo 59, ley Núm. 107-13.

427 El resaltado es nuestro (ORH).

428 SCJ. Sentencia Núm. 219, de fecha 8 de julio de 2020.

429 SCJ. Sentencia Núm. 122, de fecha 24 de marzo de 2021. Con anterioridad había dicho la Corte de Casación dominicana que "en la especie, los jueces del fondo apreciaron la existencia de un daño por la "**omisión de pago oportuno" por la pérdida coactiva de la propiedad, pero sin establecer el método o criterio mediante el cual arribaron a la fijación de las sumas que servirían como compensación de los daños causados**, para lo cual bien pudieron utilizar mecanismos de indexación monetaria ordenados de manera judicial (intereses judiciales), por ser el más adecuado para compensar daños causados por el retraso en el pago de sumas de dinero. Que dicha situación constituye el vicio denunciado por el recurrente referente a la insuficiencia de motivación, lo que provoca la casación del fallo examinado" (SCJ. Sentencia Núm. 80, de fecha 20 de diciembre de 2019).

daños a cuantificar sean morales", ampliando sus consideraciones en este punto diciendo "que la evaluación del daño extrapatrimonial debe ser realizada tomando en cuenta la personalidad de la víctima, es decir, sus condiciones propias y la forma en que ha sido impactada por el hecho que le ha dañado"[430].

393. La jurisprudencia dominicana hace extensiva la responsabilidad patrimonial derivada de daños morales, a las personas jurídicas. En efecto, ha dicho que "el daño moral y su propia existencia sólo tiene sentido en el ser humano; ***sin embargo, del concepto mismo del daño moral se infiere que es el infringido a la dignidad, a la estima moral y por tanto, aun cuando esto se traduce frecuentemente como un daño al patrimonio, no por ello, el daño moral resultaría inexistente para las personas jurídicas, toda vez que son pasibles de recibir un daño moral al perder el prestigio profesional o el buen nombre***"[431].

394. Por otra parte, la ley Núm. 107-13 dispone que, la "intervención culpable de la victima en la producción del daño excluirá o moderará la responsabilidad administrativa, a la vista de las circunstancias del caso"[432].

- **Causas exoneratorias de la responsabilidad subjetiva.**

395. Los entes públicos quedan exonerados de responsabilidad subjetiva en los casos de fuerza mayor:

> "**Párrafo II.** No son imputables a la Administración los daños derivados de fuerza mayor. Se considera como tal a aquellos eventos inevitables ajenos al ámbito de actuación administrativa"[433].

- **Requisitos para que opere la responsabilidad solidaria entre los entes públicos y sus funcionarios.**

396. Como ya se ha señalado, la Constitución y la legislación administrativa dominicana consagran la responsabilidad subjetiva solidaria en materia de responsabilidad patrimonial de la Administración.

397. La ley Núm. 107-13, sujeta esa responsabilidad solidaria a que medie, por parte del funcionario responsable, "dolo o imprudencia grave"[434].

398. Le ha correspondido a la jurisprudencia establecer los requisitos para que opere la responsabilidad patrimonial de la Administración y de sus funcionarios, señalando que:

> "a) se trata de un caso de responsabilidad subjetiva, debiendo establecerse una actuación u omisión antijurídica; b) haber una concurrencia entre el órgano y el servidor público para producir el daño de que se trate; y c) si la especie involucró dolo o imprudencia grave en la comisión del perjuicio, lo cual no se presume y su prueba está a cargo de quien la alega por aplicación supletoria del derecho común, la cual es posible siempre que se respete las particularidades del derecho administrativo"[435].

---

430 SCJ. Sentencia Núm. 122, de fecha 24 de marzo de 2021. "En el caso analizado no se tomaron en cuenta el grado de relación ni de desamparo (no todos reciben el mismo impacto), las edades (la indemnización es mayor mientras menor sea la víctima, la duración del daño las expectativas y proyecto de vida de cada una de las victimas (una persona joven tendría que soportar el daño más tiempo que una anciana cuyas expectativas son menores), entre otras situaciones relevantes, por cuanto permiten evaluar con más justeza el daño causado, en este caso una muerte, por lo general irreparable".

431 SCJ. Sentencia Núm. 137, del 23 de abril de 2018. El resaltado es nuestro (ORH).

432 Párrafo III, articulo 58.

433 Articulo 57, ley Núm. 107-13.

434 Párrafo II, Artículo 58: "Los entes públicos y sus funcionarios serán conjunta y solidariamente responsables por los daños ocasionados por una actuación u omisión administrativa antijurídica siempre que medie dolo o imprudencia grave".

435 Sentencia Núm. 219, de fecha 8 de julio de 2020.

399. La jurisprudencia dominicana ha insistido mucho en el grado de participación del funcionario para que proceda la solidaridad en esta materia. En ese sentido, ha dicho que "**la solidaridad** entre el órgano de la administración y el funcionario o servidor público actuante **no opera de pleno derecho**, sino que los jueces del fondo están en la obligación de acreditar el grado de participación o vinculación de dicho funcionario en la comisión de los hechos sobre los cuales se ha declarado la responsabilidad solidaria"[436]. Asimismo, en otro caso, analizando el párrafo II del artículo 58 de la ley Núm. 107-13, precisó que:

> "para que ella se produzca **es necesario que la actuación administrativa haya sido el producto de un acto realizado con la intención de hacer el daño de que se trate (dolo) o que el grado de imprudencia sea de una naturaleza tal, que sea imposible explicarlo en términos racionales sin recurrir a la figura de la presunción de dolo**"[437].

400. En este último fallo, el alto tribunal dominicano matiza el tema, involucrando incluso la teoría del levantamiento del velo, al decir que para que "las pretensiones de oponibilidad de las obligaciones pecuniarias indicadas en una sentencia irrevocable y cuyo objeto es hacer extensivo al patrimonio de un funcionario público el crédito reconocido a favor del administrado, puedan proceder en buen derecho, **se hace necesario la constatación de la existencia de un vínculo de naturaleza tal que permita apreciar el control del funcionario público en la acción u omisión constitutiva como hecho generador del crédito reconocido en la sentencia que se pretende le sea oponible (cumplimiento del requisito de concurrencia) esto en razón de que la responsabilidad debe ser personal y proporcional a las actuaciones puntuales que realicen los funcionarios; es decir, una cosa es pretender daños y perjuicios en ocasión de la inejecución de la sentencia contra un funcionario que impide la materialización de la ejecución y otra es pretender, como al efecto pretende el hoy recurrente, que la obligación derivada del crédito reconocido en una sentencia le sea extendida al funcionario público**, para lo cual resultaría necesario acudir a la figura del "levantamiento del velo" de donde se deviene la oponibilidad a la persona física por encima de la personalidad jurídica de la Administración Pública"[438].

- **Regímenes particulares de responsabilidad patrimonial de los entes públicos**
  - **El caso de los daños ocasionados en la ejecución de una obra publica o la prestación de un servicio público concesionado**

401. En el ordenamiento jurídico dominicano, se encuentra previsto un régimen particular de responsabilidad cuando el daño ocasionado a una persona se produce con motivo de la ejecución, por parte de un contratista particular, de una obra pública. Igual acontece, si el daño indemnizable acontece en un servicio publico concesionado.

---

436 SCJ. Sentencia Núm. 80, de fecha 24 de febrero de 2016.

437 SCJ. Sentencia Núm. 25, de fecha 31 de julio de 2019. El resaltado es nuestro (ORH).

438 SCJ. Sentencia Núm. 25, de fecha 31 de julio de 2019. "El levantamiento del velo o la oponibilidad de obligaciones consignadas en una decisión contra un funcionario público, tiene aplicación cuando se utiliza la personalidad jurídica de la Administración Pública con fines contrarios a las buenas prácticas administrativas, por ende -como ocurre en el derecho comercial- "() la ley y el juez deben prescindir de tal personalidad, porque no puede emplearse con fines ilícitos, de engaño o de fraude"; esto en razón de que esta figura "pretende evitar el empleo abusivo de la persona jurídica para eludir el principio de responsabilidad patrimonial universal". Dentro de las principales causales para levantar el "velo administrativo" y así hacer oponible una condenación al funcionario público, se encuentra el uso de la personalidad jurídica de la Administración Pública con fines de abuso de derecho, la cual requiere, conforme a la doctrina predominante, que las proposiciones fácticas establecidas en el recurso contencioso administrativo "pongan de manifiesto la circunstancia objetiva (ejercicio anormal) y la subjetiva (voluntad de perjudicar)"; sin olvidar que "solo cabe acudir a esta doctrina cuando el abuso es patente, manifiesto y solo imbuido de la intención de dañar". El resaltado es nuestro (ORH).

402. En ambos casos, la ley Núm. 107-13, dispone que el particular afectado podrá demandar conjuntamente a la Administración concernida y al contratista y concesionario "debiendo abonar la indemnización aquel que hubiera causado el daño"[439]. La atribución de responsabilidad en estos casos incumbirá a la Administración "si el daño deriva de un defecto en el proyecto elaborado por la Administración o de una orden dada por ella"[440], y en caso contrario "responderá el contratista o concesionario"[441].

- **El caso de la responsabilidad por actuaciones jurisdiccionales en el ámbito judicial**

403. La responsabilidad patrimonial del Estado es reconocida también, de manera especial, para indemnizar el daño que se deriva de actuaciones en el campo judicial, ocasionada por la revisión de sentencias firmes condenatorias, así como por privación preventiva de libertad de personas que posteriormente resultan absueltas en el juicio penal.

404. El Código Procesal Penal dominicano dispone en sus artículos 255 al 258

> "**Art. 255.- Revisión**. Cuando, ***a causa de la revisión de la sentencia el condenado es absuelto o se le impone una pena menor, debe ser indemnizado en razón del tiempo de privación de libertad o inhabilitación sufrida o por el tiempo sufrido en exceso***. La multa o su exceso le es devuelta. En caso de revisión por aplicación de una ley o jurisprudencia posterior más benigna, en caso de amnistía o indulto, no se aplica la indemnización de que trata el presente articulo.
>
> **Art. 256.- Determinación**. Al resolver favorablemente la revisión que origina la indemnización, el tribunal fija su importe a razón de un día de salario base del juez de primera instancia por cada día de prisión o de inhabilitación injusta. La aceptación de la indemnización fijada anteriormente impide demandar ante los tribunales competentes por la vía que corresponda, a quien pretenda una indemnización superior.
>
> **Art. 257.- Medidas de coerción. También corresponde esta indemnización cuando se declare que el hecho no existe, no reviste carácter penal o no se compruebe la participación del imputado, y este ha sufrido prisión preventiva o arresto domiciliario durante el proceso.**
>
> **Art. 258.- Obligación. El Estado está siempre obligado al pago de la indemnización, sin perjuicio de su derecho a repetir contra algún otro obligado**. A tales fines, el juez o tribunal impone la obligación solidaria, total o parcial, a quienes hayan contribuido dolosamente o por culpa grave al error judicial. En caso de medidas de coerción sufridas injustamente, el juez o tribunal puede imponer la obligación, total o parcialmente, al denunciante o al querellante que haya falseado los hechos o litigado con temeridad"[442].

405. La jurisprudencia administrativa dominicana, al referirse a la responsabilidad derivada de la imposición de una medida de coerción restrictiva de libertad, ha dicho lo siguiente:

> "22. Dicho texto prevé la responsabilidad del Estado por prisión preventiva, incluso cuando esta no es contraria a derecho (legítima), en los casos en que, ante los jueces del fondo, los hechos imputados no existan, no revistan carácter penal o no se compruebe la participación del imputado y este ha sufrido prisión preventiva o arresto domiciliario durante el proceso. 23. La responsabilidad por haberse dispuesto la medida de coerción relativa a prisión preventiva seguida posteriormente por una sentencia de absolución ante los jueces del fondo, tal y como ocurre en la especie, parte del hecho de que, de conformidad con el

---

439 Párrafo III, articulo 58.

440 Párrafo III, articulo 58.

441 Párrafo III, articulo 58.

442 El resaltado es nuestro (ORH).

ordenamiento jurídico, es posible que contra una persona haya sido ordenada una prisión provisional respetuosa del principio de proporcionalidad y de la normativa prevista al efecto para ese instituto jurídico por el Código Procesal Penal y que posteriormente los jueces del fondo decidan que el imputado no participó en el delito de que se trata. Aquí no ha ocurrido un error judicial de los jueces que ordenaron la medida de coerción y mucho menos un mal funcionamiento del servicio judicial tal cual ha sido definido anteriormente. Ahora bien, ello no es impedimento para el reclamo de una indemnización, ya que, es esos casos, la misma encuentra sustento en la garantía estatal debida a los derechos fundamentales. En ese caso específico, al derecho a la libertad personal establecida en el artículo 40 de nuestra Carta Magna"[443].

406. En esa misma sentencia, la Suprema Corte de Justicia vincula el texto del articulo 257 del Código Procesal Penal, con la regla excepcional consagrada en la ley Núm. 107-13, para los casos de responsabilidad objetiva por sacrificio particular:

> "si bien es cierto que la medida de prisión preventiva tiene como finalidad asuntos de interés general -como serían el orden público inherente a la persecución penal que se logra con la presencia del imputado en el juicio, o la seguridad y solidaridad social- no puede exigirse a los individuos o particulares un sacrificio importante a su libertad personal en atención al referido interés público y general que actúa como sustento de la indicada prisión preventiva. En ese sentido interviene en su auxilio el párrafo I del artículo 57 de la Ley núm. 107-13 que reconoce "...el derecho de los ciudadanos a ser indemnizados, incluso en ausencia de funcionamiento irregular, a la vista de las circunstancias del caso y, en especial, de la naturaleza de la actividad generadora de riesgos o la existencia de sacrificios especiales o singulares en beneficio de la generalidad de los ciudadanos, derivados del ejercicio lícito de potestades administrativas". 25. **Así las cosas, en estos casos de sacrificios importantes al derecho fundamental a la libertad personal en favor del interés general, la indemnización económica es la última garantía del artículo 40 de la Constitución Dominicana**"[444].

407. En lo que respecta al monto indemnizatorio regulado por el artículo 256 del Código Procesal Penal para los casos de daños derivados de un error judicial, posteriormente constatado en una sentencia de revisión penal, la Suprema Corte de Justicia ha dicho que aunque no se prevé fórmula compensatoria alguna en los casos de daños derivados de medida de coerción privativa de libertad, analógicamente esa regla de cálculo debe ser aplicada en estos casos:

> "26. En cuanto a la indemnización, los textos que rigen legalmente de manera específica el caso que nos ocupa, que hemos dicho son los artículos del 255 al 258 del Código Procesal Penal, establecen que su importe sería de un día de salario base del juez de primera instancia por cada día de prisión injusta. Esto es así en vista de que esta es la forma de calcular la indemnización en caso de revocación de sentencia firme por haberse acogido un recurso de revisión penal según el artículo 258 del instrumento legal antes referido, **lo cual provoca que sea imposible, por un asunto de analogía, que la compensación económica en el caso que nos ocupa sea menor, ya que el daño al bien jurídico protegido resulta ser idéntico: la libertad personal, aunque ambas especies tengan un fundamento jurídico diferente**"[445].

---

443 SCJ. Sentencia Núm. SCJ-TS-22-0524, de fecha 31 de mayo de 2022.

444 SCJ. Sentencia Núm. SCJ-TS-22-0524, de fecha 31 de mayo de 2022. El resaltado es nuestro (ORH).

445 SCJ. Sentencia Núm. SCJ-TS-22-0524, de fecha 31 de mayo de 2022. El resaltado es nuestro (ORH).

- **El caso de la responsabilidad contractual**

408. Contrario a la responsabilidad extracontractual de los entes públicos, no existe en la República Dominicana un régimen particular aplicable a la responsabilidad derivada del incumplimiento contractual por parte de un ente público[446].

409. El catedrático español Emilio Guichot, al examinar el régimen de la responsabilidad en la Constitución y la legislación administrativa dominicana, se refiere a los textos previstos en los artículos 57 y siguientes de la ley Núm. 107-13, como "el nuevo marco normativo de responsabilidad extracontractual de la Administración Pública en la República Dominicana"[447].

410. Para que no quede ninguna duda de que los textos de la ley Núm. 107-13 no reglamentan la responsabilidad contractual en que incurran los entes públicos, el párrafo artículo 58 enfatiza que "será de aplicación el régimen de responsabilidad extracontractual regulado en este Título..."[448].

411. Como ya se ha expuesto en este estudio, en el ámbito jurídico dominicano se recurre al derecho privado de forma supletoria cuando las normativas específicas del derecho público resultan insuficientes[449]. De ahí que la Suprema Corte de Justicia, en funciones de Corte de Casación, se ha referido a este vacío de la legislación administrativa en materia contractual, lo que sin dudas comprende el tema de la responsabilidad derivada de la inejecución contractual:

> "30) La idea anteriormente expuesta deriva del principio de sujeción de la administración pública al ordenamiento jurídico en general, implicando no solo respetar las normas de carácter administrativo, sino también las que emanan principalmente del derecho privado. Adicionalmente, **cabe resaltar** que **el carácter supletorio de la legislación civil en materia contencioso administrativa**, es decir, cuando esta se encuentra apoderada, **de un asunto de naturaleza contractual**, **en el que las normas administrativas resulten inexistentes** o ambiguas, puede auxiliarse de la legislación civil, por resultar supletoria en la materia, tal y como expresa el artículo 29 de la Ley núm. 1494-47, razones por las cuales se desestima el medio fundamentado en la incorrecta aplicación de la ley"[450].

---

446 Freund Mena, Sigmund. Ley No. 107-13 (Comentada y anotada) Sobre los derechos de las personas en sus relaciones con la Administración y de procedimiento administrativo. Santo Domingo de Guzmán: Librería Jurídica Internacional, 1era ed., 2016, p. 622: La responsabilidad extracontractual: que no encuentra su fundamento en un contrato sino en una falta (responsabilidad por falta o subjetiva), o sin que necesariamente exista una falta, sino como fruto de la misma actividad lícita de la Administración cuando provoca un daño (responsabilidad sin falta u objetiva). Es de esta última responsabilidad a la que este artículo se refiere, la cual está sujeta a características especiales, aún bajo la influencia de ciertas normas aplicables al derecho común…El resaltado es nuestro (ORH).

447 Guichot, Emilio. La responsabilidad administrativa en la Constitución de la República Dominicano y en el proyecto de ley de derechos de las personas en sus relaciones con la administración y de procedimiento administrativo. Comparación con la regulación española y valoración. En Rodríguez-Arana Muñoz, Jaime, Rodríguez Huertas, Olivo A., Sendin García, Miguel Ángel y Castaños Guzmán, Servio Tulio (Ed.). Memorias del Congreso Internacional de Derecho Administrativo "Dr. Raymundo Amaro Guzmán". Santo Domingo de Guzmán: Editorial Jurídica Venezolana International, 2015, p. 731.

448 La Ley núm. 340-06 sobre Compras y Contrataciones de Bienes, Servicios y Obras, de fecha 18 de agosto de 2006, reguló ciertas características del contrato público, sin concebir, en caso de controversia, un plazo de prescripción para las acciones que pretendan el cumplimiento de las obligaciones nacidas de estos tipos contractuales

449 En Sentencia núm. 033-2021-SSEN-00572 de fecha 30 de junio de 2021, dictada por la Tercera Sala de la Suprema Corte de Justicia se consideró que "cabe resaltar que el carácter supletorio de la legislación civil en materia contencioso administrativa, es decir, cuando esta se encuentra apoderada, en ocasión de la verificación de la legalidad de un acto administrativo, tiene la facultad de examinar ampliamente si la decisión, actuación u omisión administrativa transgrede el ordenamiento jurídico, pudiendo auxiliarse perfectamente de la legislación civil, por resultar supletoria en la materia, tal y como expresa el artículo 29 de la Ley núm. 1494-47, anteriormente descrito".

450 SCJ. Sentencia Núm. 111, de fecha 29 de septiembre de 2021.

412. La jurisprudencia ha ido mas allá, reconociendo que el régimen jurídico en materia de responsabilidad derivada de la inejecución de contratos en el ámbito público sea un contrato administrativo o un contrato de la Administración sometido al derecho privado, lo es el previsto en el derecho común:

> "En el caso que nos ocupa, la naturaleza administrativa del contrato no ha sido objeto de controversia, no obstante, es necesario indicar que, aunque existen diferencias entre los contratos administrativos y los **contratos privados de la administración regidos por el derecho común, tanto en Derecho Administrativo como en el derecho común, el punto fundamental de la responsabilidad contractual es la convención que liga a las partes contratantes, de la cual nacen obligaciones recíprocas y su incumplimiento requiere la intervención de la justicia. La figura del incumplimiento de las obligaciones suele ser definida de forma negativa a través de su antónimo, en el sentido de que se trata de la situación contraria al cumplimiento de la obligación exigible. A este respecto, Adriano de Cupis ha señalado: incumplimiento quiere decir comportamiento opuesto a aquel en que se concreta el cumplimiento, y, en consecuencia, falta de ejecución, o ejecución inexacta de la prestación".**[451]

IX. FUNCIÓN PÚBLICA

- **Consideraciones generales**

413. A partir de la Constitución proclamada el 26 de enero del año 2010, la función pública en los órganos y entes que conforman la Administración Pública en la República Dominicana, fue constitucionalizada.

414. En efecto, la Carta Fundamental del Estado determina la naturaleza estatutaria de la función pública, la cual define como "un régimen de derecho público basado en el mérito y la profesionalización para una gestión eficiente y el cumplimiento de las funciones esenciales del Estado"[452]. En opinión de la Suprema Corte de Justicia:

> "13. El artículo 142 de la Constitución proclama que el Estatuto de la Función Pública es un régimen de derecho público basado en el mérito y la profesionalización para una gestión eficiente y el cumplimiento de las funciones esenciales del Estado. 14. Lo anterior significa que, para la administración prestar servicios públicos con eficiencia, el régimen de función pública debe respetar el mérito en lo que concierne a la forma de ingreso y ascenso de los funcionarios públicos, para lo cual utilizará el instrumento de la correcta evaluación de sus capacidades, así como para determinar el grado de profesionalización que ostentan para ocupar las posiciones de que se trate. 15. **Un sistema de función pública que actúe de espaldas al mérito y la profesionalización de sus empleados está destinado a sacrificar los principios de la administración pública relativos a la eficacia, objetividad e igualdad previstos de manera expresa por el artículo 138 de la Constitución**".

415. La Constitución dominicana establece, además, una reserva de ley en la materia, al disponer en el artículo 138 que la ley regulará el "estatuto de los funcionarios públicos, el acceso a la función pública con arreglo al mérito y capacidad de los candidatos, la formación y capacitación especializada, el régimen de incompatibilidades de los funcionarios que aseguren su imparcialidad en el ejercicio de las funciones legalmente conferidas".

---

[451] SCJ. Sentencia Núm. 99, de fecha 29 del mes de septiembre de 2021.

[452] Artículo 142.

Ese estatuto funcionarial también debe contener la regulación de "ascenso, evaluación del desempeño, permanencia y separación del servidor público de sus funciones"[453].

416. La reserva de ley en el ámbito de la función pública se extiende igualmente, por mandato constitucional, al régimen de compensación de los servidores de la Administración Pública, al prescribir que la "ley establecerá las modalidades de compensación de las y los funcionarios y empleados del Estado, de acuerdo con los criterios de mérito y características de la prestación del servicio"[454].

417. A fin de garantizar la estabilidad de los servidores públicos que ingresen en la carrera administrativa, la Constitución dispone que su separación "en violación al régimen de la Función Pública, será considerada como un acto contrario a la Constitución y a la ley"[455].

418. Estas disposiciones constitucionales en materia de función pública se encuentran desarrolladas en la actualidad, en la ley de función pública Núm. 41-08, de fecha 16 de enero de 2008, en sus reglamentos de aplicación, así como en la ley Núm. 105-13 sobre Regulación Salarial del Estado dominicano, de fecha 6 de agosto del 2013.

- **Antecedentes**

419. El carácter estatutario de la función pública[456], consagrado constitucionalmente como ya se señaló a partir de la Constitución del año 2010, hunde sus raíces en el ordenamiento juridico dominicano en la ley Núm. 2059 de fecha 22 de julio de 1949[457] que estableció en su artículo 1 que "los funcionarios del Estado, el Distrito de Santo Domingo, las Comunes, los Distritos Municipales, los establecimientos públicos, nacionales o municipales y sus dependencias, no estarán sujetos a las disposiciones de las leyes sobre seguros sociales, accidentes del trabajo ni otras leyes sobre trabajo, pero estarán en cambio al amparo de las leyes y reglamentos que constituyen el estatuto de los funcionarios y empleados públicos".

420. De esa disposición legal se derivaron varias consecuencias: i. la legislación laboral no les aplicaba a los funcionarios o empleados públicos; ii. los litigios entre los funcionarios o empleados públicos y el Estado, los municipios o las instituciones autónomas escapaban al procedimiento laboral; y, iii. los funcionarios y empleados públicos no podían liberarse de sus obligaciones sin que su dimisión fuera aceptada, mientras que los asalariados gozan del derecho de desahucio en los contratos de trabajo por tiempo indefinido[458].

421. En la doctrina laboralista dominicana, el profesor Rafael Alburquerque, afirmaba en 1969 que "en principio la función pública es incompatible con el contrato de trabajo". "La jurisprudencia, guiada por un afán de justicia y equidad, va más lejos aún, y desconociendo completamente los términos de la Ley 2059, permite que las instituciones autónomas del Estado, con o sin carácter comercial puedan sujetar a sus servidores al régimen del Código de Trabajo. El vínculo contractual entre las Instituciones Autónomas del Estado y sus servidores o, en caso

---

453 Parte in fine del articulo 142. El artículo 143 de la Constitución insiste en el régimen estatutario al disponer que la "ley determinará el régimen estatutario requerido para la profesionalización de las diferentes instituciones de la Administración Pública".

454 Artículo 144.

455 Artículo 145.

456 SCJ. Sentencia Núm. SCJ-TS-22-0870, de fecha 31 de agosto de 2022: "el agente o empleado público es aquella persona que presta servicios remunerados a favor del Estado como contrapartida de la enajenación de su fuerza de trabajo. Este vínculo empleado-Estado, en principio, está regido por el Derecho Público (administrativo), es decir, dicha relación pertenece al ámbito del derecho público, desde el cual se discuten dos posturas en torno a su naturaleza jurídica, ya que algunos la consideran como un acto unilateral (estatuto), mientras que otros la perfilan como una relación bilateral (contrato)".

457 Modificada por la Ley No. 143 del 9 de febrero de 1964.

458 Alburquerque, Rafael F. "El Status Jurídico-Laboral del Personal Público". En "Estudios Jurídicos", Tomo I, Volumen II, Ediciones Capeldom, Santo Domingo, 1969, p. 307.

contrario, el carácter de funcionario o empleado público debe ser determinado, según el criterio de la Suprema Corte de Justicia por la Ley que crea el organismo autónomo respectivo. La Ley 2059 sólo subsistiría para el personal de la Administración Pública y los Municipios, considerado por ésta como funcionarios y empleados públicos y, como tales, regidos por su propio estatuto. El contrato de trabajo ve así su alcance desbordado hasta estratos insospechados y el Derecho del Trabajo, en su evolución constante, irrumpe con fuerza en el campo del Derecho Administrativo para limitar estrechamente la noción de función pública y otorgar status de trabajador a muchos servidores del Estado"[459].

422. El 20 de mayo de 1991, fue promulgada la ley Núm. 14-91, sobre Servicio Civil y la Carrera Administrativa, constituyendo junto a sus reglamentos "las normas reguladoras de las relaciones de trabajo y conducta entre el Poder Ejecutivo y los empleados y funcionarios civiles que están al servicio de sus distintas dependencias Oficiales. Sus disposiciones se aplican al personal de Secretarías de Estado, de Las Direcciones Nacionales y Generales, y demás organismos que dependen directamente del Poder Ejecutivo, tanto en el Distrito Nacional como en las provincias"[460]. Expresamente quedaba excluido de la aplicación de esta ley "el personal de los organismos autónomos y municipales del Estado"[461].

423. Por su parte, el Código de Trabajo promulgado en 1992, estableció en su Principio III, lo siguiente:

> "Principio III. El presente Código tiene por objeto fundamental regular los derechos y obligaciones de empleadores y trabajadores y proveer los medios de conciliar sus respectivos intereses. Consagra el principio de la cooperación entre el capital y el trabajo como base de la economía nacional. Regula, por tanto, las relaciones laborales, de carácter individual y colectivo, establecidas entre trabajadores y empleadores o sus organizaciones profesionales, así como los derechos y obligaciones emergentes de las mismas, con motivo de la prestación de un trabajo subordinado. **No se aplica a los funcionarios y empleados públicos, salvo disposición contraria de la presente ley o de los estatutos especiales aplicables a ellos. Tampoco se aplica a los miembros de las Fuerzas Armadas y de la Policía Nacional. Sin embargo, se aplica a los trabajadores que prestan servicios en empresas del Estado y en sus organismos oficiales autónomos de carácter industrial, comercial, financiero o de transporte**"[462].

424. El ya citado laboralista dominicana, Dr. Rafael Alburquerque, insiste nuevamente en la naturaleza estatutaria y no contractual en el ámbito de la función pública, afirmando que "si la calidad de empleador depende de la existencia del contrato de trabajo, **el Estado no podrá ser sujeto del Derecho del trabajo, pues sus vínculos laborales con su personal están determinados por una relación estatutaria regida pro el Derecho administrativo. Cierto que el servidor público presta sus servicios en estado de subordinación, pero esta dependencia no deriva del contrato, como sucede con el trabajador privado, sino del jus imperium, esto es, del poder especial de supremacía propio del Estado**"[463]. Agrega que "**quedan bajo el régimen jurídico del Código de Trabajo las personas que prestan servicios en las instituciones del Estado, siempre que sean de naturaleza comercial, industrial, financiera o de transporte. La naturaleza de la institución autónoma será determinante**.

---

459 Alburquerque, Rafael F. "El Status Jurídico-Laboral del Personal Público". En "Estudios Jurídicos", Tomo I, Volumen II, Ediciones Capeldom, Santo Domingo, 1969, p. 316-317.

460 Artículo 1, Ley No. 14-91 que crea el Servicio Civil y la Carrera Administrativa.

461 Artículo 2.i, Ley No. 14-91 que crea el Servicio Civil y la Carrera Administrativa.

462 El resaltado es nuestro (ORH).

463 Alburquerque, Rafael. "Derecho del Trabajo", Tomo I. Librería Jurídica Virtual, Santo Domingo, 2003, p. 236.

Precisar este carácter resulta muy fácil cuando en la institución autónoma desaparece el espíritu del servicio público y es sustituido por el afán de lucro, con lo cual se pierde la esencia propia de todo establecimiento público"[464].

- **Régimen actual**
  - **Generalidades**

425. El Tribunal Constitucional dominicano ha dicho que en "un sentido estricto, se entiende la función pública, como el conjunto de principios y reglas que se aplican a quienes tienen vínculo laboral subordinado con los distintos organismos del Estado"[465].

426. Por su parte, respecto de los servidores públicos, el máximo intérprete constitucional ha señalado que se aplica a "toda persona que desempeñe un empleo, cargo o comisión de cualquier naturaleza para el Estado. Es una categoría que define un tipo de relación laboral, salarial, de obligaciones, responsabilidades y cargas dependientes de un nombramiento para el desempeño de una función pública"[466].

427. En la actualidad, el régimen estatutario que regula en la República Dominicana el acceso a la función pública, ascenso, régimen ético y de incompatibilidades, evaluación de desempeño, formación y capacitación especializada, permanencia y separación de los servidores públicos, se encuentra recogido, básicamente, en la ley Núm. 41-08, de fecha 4 de enero de 2008.

428. A diferencia de la ley Núm. 14-91, de servicio civil y carrera administrativa, la ley de funcion pública del año 2008, es aplicable a los servidores públicos del Estado, los Municipios y las entidades autónomas. En otras palabras, quedan comprendido dentro de sus disposiciones los servidores públicos de la administración central del Estado, así como de las entidades descentralizadas, funcional y territorialmente[467].

429. Sin embargo, la ley Núm. 41-08 dispone en su artículo 2, la exclusión de sus disposiciones a quienes ocupan cargos por elección popular, los miembros de la Junta Central Electoral, y de la Cámara de Cuentas. Asimismo, quedan excluidos quienes mantienen relación de empleo con órganos y entidades del Estado bajo el régimen del Código de Trabajo, y finalmente, el personal militar y policial, aunque esté asignado a órganos de seguridad e inteligencia del Estado[468].

430. Por otra parte, el ejercicio la función pública se rige por una serie de principios, como los de mérito personal, igualdad de acceso, estabilidad en los cargos de carrera, equidad retributiva, jus variandi, irrenunciabilidad y tutela judicial[469].

431. Asimismo, la ley Núm. 41-08 contiene una clasificación de los servidores públicos, establece el régimen de derechos individuales[470] y colectivos[471], así como el régimen ético y disciplinario que les resulta aplicable[472].

---

464 Alburquerque, Rafael. "Derecho del Trabajo", Tomo I. Librería Jurídica Virtual, Santo Domingo, 2003, p. 240-241. El resaltado es nuestro (ORH).

465 TC/0481/17.

466 TC/0481/17.

467 No obstante, la ley de función pública Núm. 41-08

468 Ha dicho el Tribunal Constitucional dominicano que "conviene aclarar que el hecho de que la Ley núm. 41-08, de Función Pública, excluya de su ámbito de aplicación al personal policial, no significa que su función este desprovista de ese carácter, sino más bien, que su régimen estatutario es objeto de regulación especial conforme al mandato contenido en el artículo 256 de la Constitución dominicana". TC/0481/17.

469 Artículo 3, de la Ley 41-08.

470 Artículos 58 y siguientes de la Ley 41-08.

471 Artículos 67 y siguientes de la Ley 41-08.

472 Artículos 77 y siguientes de la Ley 41-08.

432. Una vieja institución del derecho administrativo, como lo es la teoría del funcionario de hecho, quedó incorporada de manera formal en la legislación administrativa dominicana, a través de la ley Núm. 41-08, que en el párrafo I del Artículo 33, dispone que "**todo nombramiento o contratación efectuado sin el cumplimiento de lo dispuesto en el presente artículo será nulo sin perjuicio del tiempo que hubiera transcurrido, lo cual no afectará la validez de los actos y actividades efectuados por la persona**"[473].

433. La doctrina administrativa dominicana se había referido a la teoría del funcionario de hecho: "Se da el nombre de funcionarios de hecho, o de facto, a las personas que ejercitan todas las atribuciones correspondientes a una función pública con toda la apariencia de tener para ello una completa investidura legal, pero en realidad, con ciertas fallas en esa investidura". Respecto de los efectos jurídicos de estos actos, "la opinión general de los tratadistas, y el criterio de la jurisprudencia, es que a los actos de los funcionarios de hecho debe reconocerse igual validez jurídica que a los actos de los funcionarios regulares" [474].

434. La jurisprudencia dominicana, con anterioridad a la ley de función pública, había reconocido, **la teoría del funcionario de hecho** señalando que "si bien es cierto que un alguacil suspendido en funciones por una de las causas previstas en la ley debe abstenerse de ejecutar los actos y notificaciones propios de su ministerio mientras esa suspensión perdure, **no es menos cierto que la estabilidad del orden jurídico y el interés general requieren que los efectos de los actos emanados de funcionarios públicos en esa situación, se les reconozca la misma validez que a los actos de los funcionarios regulares, en razón de que no es justo que los particulares sin culpa alguna e ignorantes de la suspensión, se perjudiquen en relación con los actos que le conciernen vinculados con la administración pública, al tener esos funcionarios toda la apariencia de que actuaban regularmente; que este tipo de funcionario público es el que es calificado por el derecho administrativo y la jurisprudencia como funcionario de facto o de hecho, cuyos actos son tenidos por válidos, salvo prueba de concierto fraudulento, de lo que no hay constancia de que ocurriera**"[475].

435. En relación a la ley de función pública, han sido dictado varios reglamentos de aplicación que abordan las relaciones laborales en la Administración Pública[476], el reclutamiento y selección de personal[477], la evaluación del desempeño y promoción de servidores y funcionarios[478] y la estructura organizativa, cargos y política salarial[479].

436. Finalmente, el régimen estatutario de los servidores públicos contenido en la ley Núm. 41-08, se encuentra completado, como ya se ha indicado, por las disposiciones de la ley Núm. 105-13 sobre regulación salarial del Estado dominicano, de fecha 6 de agosto del 2013.

- **Categoría de servidores públicos**

437. La legislación administrativa dominicana en materia de función pública hace una clasificación de los servidores públicos, en cuatro categorías, a saber:

---

473 El resaltado es nuestro (ORH).

474 Amiama, Manuel A., Prontuario de Legislación Administrativa Dominicana, p. 149 y 150. El profesor Manuel De Jesús Troncoso de la Concha se había referido también a esta teoría señalando que era una de las materias más interesantes del Derecho Administrativo. (Elementos de Derecho Administrativo, p. 105).

475 SCJ. Sentencia de fecha 18 de abril de 2000.

476 Decreto 523-09

477 Decreto 524-09

478 Decreto 525-09

479 Decreto 527-09

"1. Funcionarios o servidores públicos de libre nombramiento y remoción; 2. Funcionarios o servidores públicos de carrera; 3. Funcionarios o servidores públicos de estatuto simplificado; 4. Empleados temporales"[480].

438. En lo que respecta a los servidores públicos de libre nombramiento y remoción, la normativa dominicana establece que se trata de personas que ocupan *cargos de alto nivel*[481], por lo que respecto de ellos existe libre nombramiento y remoción[482].

439. Ese mismo régimen de libre nombramiento y remoción, resulta también extensivo a los *funcionarios públicos de confianza*, por desempeñar "puestos expresamente calificados por sus funciones de asesoramiento especial o la asistencia directa a los funcionarios de alto nivel"[483]. Entre esos cargos figuran los de secretarios, ayudantes, asesores y asistentes[484].

440. En lo que respecta a los *funcionarios o servidores públicos de carrera administrativa*, se trata de aquellos servidores que "habiendo concursado públicamente y superado las correspondientes pruebas e instrumentos de evaluación" ha sido nombrado para desempeñar "un cargo de carácter permanente clasificado de carrera".

441. A diferencia de aquellos que desempeñen cargos de alto nivel, o puestos de confianza de estos, los servidores públicos incorporados en la carrera administrativa sólo perderán dicha condición en los casos que expresamente determinados por la ley, previo cumplimiento del procedimiento administrativo correspondiente y formalizado mediante acto administrativo. El cese contrario a derecho se saldará con la reposición del servidor público de carrera en el cargo que venía desempeñando, y el abono de los salarios dejados de percibir[485].

442. En lo que respecta a los servidores públicos de *estatuto simplificado*, la legislación dominicana en materia de función pública dispone que se trata de aquellos servidores seleccionados para desempeñar tareas de servicios generales y oficios diversos, como mantenimiento, conservación y servicio de edificios, equipos e instalaciones; vigilancia, custodia, portería y otros análogos; producción de bienes y prestación de servicios que no sean propiamente administrativos; y los que desempeñen tareas que no puedan ser incluidas en cargos o puestos de trabajo de función publica[486].

443. Los servidores de *estatuto simplificado*, en función de la naturaleza de su labor, no disfruta de derecho regulado de estabilidad en el empleo, ni de otros propios de los funcionarios de carrera administrativa, pero si del resto de derechos y obligaciones del servidor público[487].

444. Finalmente, la otra categoría recogida en la ley de función pública dominicana lo es la, de los *empleados temporales,* a los que se le exige cumplir con los requisitos para desempeñar un puesto de carrera que se encuentre pendiente de ser cubierto, pero su nombramiento en esta

---

480 Artículo 18, ley Núm. 41-08.

481 El articulo 20 de la ley Núm. 41-08, establece que son cargos de alto nivel 1. Ministros, Consultor Jurídico del Poder Ejecutivo, Contralor General de la República, y Procurador General de la República; 2. Viceministros de Estado, titulares de organismos autónomos y descentralizados del Estado y otros de jerarquía similar o cercana del Presidente de la República y de los altos ejecutivos de las instituciones públicas; 3. Directores Nacionales y Generales y Subdirectores; 4. Administradores, Subadministradores, Jefes y Subjefes, Gerentes y Subgerentes, y otros de naturaleza y jerarquía similares; 5. Gobernadores Civiles y otros representantes del Poder Ejecutivo en el Distrito Nacional y en las provincias.

482 Artículo 19, ley Núm. 41-08.

483 Párrafo I, artículo 21 ley 41-08.

484 Artículo 21. Existe un control en este tema a cargo del Ministerio de Administración Pública autorizará en cada caso, y después del análisis correspondiente, la creación de cargos para el asesoramiento especial o la asistencia directa a los funcionarios de alto nivel (Parrafo III, articulo 21, ley Núm. 41-08).

485 Párrafo, articulo 23, ley Núm. 41-08.

486 Articulo 24, ley Núm. 41-08.

487 Párrafo, articulo 24.

calidad, sin importar el tiempo transcurrido, "no le otorgará derecho alguno para su ingreso en la carrera administrativa"[488].

- **Nombramiento de servidores públicos**

445. Conforme a la Carta Sustantiva de la Nación el Presidente de la República, en su condición de jefe de gobierno, tiene la facultad de:

> "nombrar los ministros y viceministros y demás funcionarios públicos que ocupen cargos de libre nombramiento o cuya designación no se atribuya a ningún otro organismo del Estado reconocido por esta Constitución o por las leyes, así como aceptarles su renuncia y removerlos[489]" y "designar los y las titulares de los órganos y organismos autónomos y descentralizados, así como aceptarles su renuncia y removerlos, de conformidad con la ley"[490].

446. Por su parte, la ley orgánica de la Administración Publica Núm. 247-12, establece como una atribución común de los ministros, la de "nombrar a los funcionarios o funcionarias de carrera y de estatuto simplificado de su respectivo ministerio, así como de los órganos que les estén desconcentrados, previo cumplimiento de los requisitos establecidos en el Estatuto de la Función Pública"[491].

447. En el ámbito de la Administración local, la facultad de nombrar a los funcionarios y empleados de los Ayuntamientos compete al Alcalde, quien debe expedir los mismos "de conformidad con la Ley de Servicio Civil y Carrera Administrativa"[492].

- **Derechos, deberes y prohibiciones**

448. El régimen estatutario de los servidores públicos consagra un conjunto de derechos generales y especiales, estos últimos en función de la categoría de servidor público de que se trate, pero también establece un conjunto de deberes y prohibiciones para quienes tengan ese vínculo estatutario.

- **Derechos generales y especiales**
- **Derechos generales**

449. En lo que respecta a los derechos, el ordenamiento jurídico dominicano en materia de función pública establece unos derechos que resultan comunes a todos los servidores públicos, y otros, que resultan especiales para los servidores público de carrera administrativa y de estatuto simplificado.

450. Entre los derechos generales comunes a todos los servidores públicos, figuran, entre otros, los de percibir una remuneración, así como los beneficios y compensaciones establecidos legalmente; recibir inducción, formación y capacitación adecuadas; *disfrutar de las licencias y permisos; recibir el beneficio de las prestaciones sociales, jubilaciones y pensiones que les correspondan,* recibir un tratamiento justo en las relaciones interpersonales con compañeros de trabajo, superiores y subalternos, derivadas de las relaciones de trabajo[493].

---

488 Párrafo II. El nombramiento de personal temporal se extenderá por un plazo máximo de hasta seis (6) meses, durante el cual deberá procederse a la cobertura legalmente establecida. Si transcurrido dicho plazo el puesto no ha sido objeto de convocatoria para su provisión no podrá seguir siendo desempeñado. Párrafo III. Son causas de cese del personal temporal la desaparición de las circunstancias que dieron lugar a su nombramiento, la provisión del puesto por personal de carrera, el vencimiento del plazo, y las demás que determinan la pérdida de la condición de empleado público.

489 Art. 128.2, letra a).

490 Art. 128.2, letra b)

491 Articulo 28, numeral 22.

492 Articulo 60, numeral 4, ley 176-07.

493 Articulo 58.

451. Constituye igualmente un derecho general de todos los servidores públicos, de naturaleza colectiva, como lo constituye el derecho a organizarse, así como también a separarse de las asociaciones de servidores públicos de las que formen parte[494].

- **Derechos especiales**

452. En el caso de los servidores de la carrera administrativa, en adición a estos derechos generales, les corresponden otros derechos especiales, como el de la titularidad de un cargo permanente de la administración pública clasificado como de carrera; la estabilidad en la carrera administrativa; la promoción dentro de la carrera; el de ser ascendidos por sus méritos, a cargos de mayor nivel y remuneración; y, el de ser restituido en su cargo cuando su cese resulte contrario a derecho, caso en el cual le asiste, además, el derecho a recibir los salarios dejados de percibir entre la fecha de la desvinculación y la fecha de la reposición[495].

453. Por su parte, el estatuto dominicano de la función pública le reconoce a los servidores de estatuto simplificado que tengan mas de un año de vinculación de servicio, en los casos de cese injustificado, a una indemnización equivalente a un sueldo de un mes por cada año de trabajo o fracción superior a seis ***(6)***meses, sin que el monto de la indemnización pueda exceder los salarios de dieciocho (18) meses de labores[496]. Asimismo, tiene el derecho a no ser desvinculado injustamente cuando en razón del tiempo de servicio sea acreedor de una pensión o jubilación, y mantenerse percibiendo su salario hasta el momento en que se concrete su pensión o jubilación.

454. Cuando se trate de una servidora pública de estatuto simplificado que se encuentre en situación de embarazo, le asiste, también, como derecho especial, el derecho a no ser despedida, salvo que se trate de un acto administrativo disciplinario por faltas de tercer grado[497].

- Deberes

455. El estatuto funcionarial dominicano comprende también un conjunto de deberes que resultan comunes a todos los servidores públicos, como los de cumplir y hacer cumplir la Constitución y el resto de las normas que conforman el ordenamiento jurídico, así como también las disposiciones de carácter interno consagradas en manuales, instructivos, circulares etc.; prestar el servicio personalmente con dedicación, eficiencia, eficacia, honestidad e imparcialidad en las funciones que se le encomienden; cumplir la jornada de trabajo, dedicando la totalidad del tiempo al desempeño íntegro y honesto de sus funciones; obedecer toda orden de su superior jerárquico; dar un tratamiento cortés y considerado a sus superiores, compañeros de labores y subordinados, así como con el público; guardar la reserva y confidencialidad que requieren los asuntos relacionados con su trabajo; guardar la reserva y confidencialidad que requieren los asuntos relacionados con su trabajo, entre otras[498].

- Prohibiciones

456. En lo que respecta a las prohibiciones, los servidores públicos tienen expresamente prohibidas en el ejercicio de sus funciones, entre otras, las de solicitar, aceptar o recibir, directamente o por medio de persona interpuesta, gratificaciones, dadivas, obsequios, comisiones o recompensas, como pago por actos inherentes a sus cargos; prestar, a titulo particular y en forma remunerada, servicios de asesoría o de asistencia al Estado, relacionados con las funciones propias de sus cargos; *aceptar designación para desempeñar en forma simultanea mas de un cargo del Estado;* asistir al lugar de trabajo en estado de embriaguez o bajo el influjo de drogas o sustancias estupefacientes; participar en actividades oficiales en las que se traten temas sobre los cuales el servidor publico tenga intereses particulares económicos, patrimoniales o de índole

[494] Artículo 67.

[495] Artículo 59.

[496] Articulo 60.

[497] Articulo 61.

[498] Articulo 79.

política que en algún modo planteen conflictos de intereses; servir intereses de partidos en el ejercicio de sus funciones, y en consecuencia, organizar o dirigir demostraciones, pronunciar discursos partidistas, distribuir propaganda de carácter político, o solicitar fondos para los mismos fines, así como utilizar con este objetivo los bienes y fondos de la institución; actuar en aquellos casos en que tengan intereses particulares que planteen conflictos de intereses para el servidor público[499].

- **Régimen disciplinario**

457. Todos los servidores de la Administración Pública dominicana se encuentra sometido a un régimen disciplinario que pueden dar lugar a sanciones que en función de su gravedad podrían llegar hasta la destitución del servidor público, pertenezca o no a la carrera administrativa.

458. El régimen dominicano de sanciones disciplinarias en la función pública establece no sólo los tipos de sanciones que pueden ser aplicadas[500], sino que, además, enumera los tipos de falta que puedan dar lugar a su aplicación[501], la autoridad facultada para su aplicación, así como el procedimiento disciplinario que debe agotarse, para poder imponer la sanción[502], y los recursos de que disponen los servidores públicos afectados, tanto en sede administrativa, como en sede jurisdiccional[503].

- **Desvinculación**

459. La relación estatutaria de los servidores públicos, puede llegar a su finalización, al margen de los casos originados en un procedimiento disciplinario por faltas de tercer grado contempladas en la ley de función publica[504].

---

499 Articulo 80.

500 Artículo 79.

501 Artículo 80.

502 SCJ. Sentencia Núm. 81, de fecha 30 de junio de 2021: "Con relación a lo expuesto precedentemente, cabe destacar que existen principios específicos para el procedimiento disciplinario en la función pública, que emanan de los tratados internacionales y tiene configuración constitucional, como resulta entre otros el principio del debido proceso, según el cual todo servidor público debe ser escuchado antes de ser sancionado; que asimismo la Ley núm. 41-08 sobre Función Pública, ha previsto un procedimiento disciplinario que garantiza al servidor público, procesado disciplinariamente, los principios básicos, por lo que el incumplimiento de estos principios es causa de nulidad del proceso. Adicionalmente, resulta imperioso dejar por establecido que aunque la administración tenga ciertos elementos que pudieran evidenciar la existencia de un hecho constitutivo de una falta disciplinaria a cargo de un servidor del Estado, la correlativa sanción que prevé el ordenamiento jurídico relacionada con la infracción de que se trate solo puede ser impuesta después del agotamiento del debido proceso estipulado en la ley, el cual consiste en el desarrollo legislativo de los derechos fundamentales previstos en el artículo 69 de la Constitución".

503 Artículos 72 al 76.

504 SCJ. Sentencia Núm. SCJ-TS-22-1245, de fecha 16 de diciembre de 2022: "23. Aquí debe destacarse que la Ley núm. 41-08 sobre Función Pública no establece como derecho de la administración la terminación incautada de los servidores públicos, ya que toda desvinculación tiene que estar justificada por una de las causales previstas expresamente para tales fines por dicha legislación en su artículo 84.3; lo cual tiene como consecuencia que todo cese del cargo de un empleado público que no esté amparado en una falta previamente cometida, deberá ser considerado contrario a derecho, tal y como correctamente determinó el tribunal a quo". Asimismo ha dicho: "23. Asimismo, ha sido criterio de esta Tercera Sala de la Suprema Corte de Justicia que: a) la conveniencia en el servicio no puede figurar como causa válida, capaz de provocar la pérdida de derechos económicos al servidor, de una desvinculación laboral debido a que dicha situación vaciaría de contenido el principio Constitucional del Derecho Fundamental al Trabajo establecido en el artículo 62 de nuestra Carta Magna, el cual aplica al empleo público por su propia naturaleza general y en razón de que todas las garantías de dicho texto benefician a los servidores públicos en tanto en cuanto no sean incompatibles con la finalidad del servicio público; b) una potestad muy discrecional de la administración, tal y como es "la conveniencia en el servicio", no puede constituir justa causa de la terminación de un

460. La normativa dominicana contempla la figura de la *revocación* de nombramiento que permite a la autoridad que lo haya expedido dejar sin efecto el mismo por constatar con posterioridad a la designación que el nombramiento se produjo por actuaciones fraudulentas, o en sentido general por no cumplir con todos las exigencias previstas en el ordenamiento jurídico[505].

461. Por su parte, se utiliza el termino *destitución*, para referirse a la decisión de carácter administrativo expedida por autoridad competente para separar a un servidor publico[506]. Si el servidor publico pertenece a la carrera administrativa solo procede por una de las causas que contemple la ley de función publica, por aplicación de una sanción disciplinaria de destitución, siendo necesario en ambos casos, cumplir con un debido proceso administrativo, y estar debidamente motivada[507]. La jurisprudencia dominicana se ha pronunciado al respecto:

> "14. El principio que garantiza la permanencia y estabilidad de los cargos de carrera dentro del régimen de la función pública, exige que la separación de los servidores públicos que pertenezcan a este régimen se fundamente en un debido proceso, lo que implica una decisión debidamente motivada, ya que solo de esta forma es que se puede proteger la estabilidad y permanencia de dichos funcionarios como lo consagra la Constitución y la Ley núm. 41-08 sobre Función Pública; que por tanto, el hecho de que de acuerdo con sus leyes orgánicas, la hoy recurrente goce de la facultad de desvincular a sus empleados, esto no significa que pueda ejercer esta actuación sin establecer las causas que sirvieron de base para la separación o desvinculación de un servidor público, por lo que al no cumplirse con la exigencia de la debida motivación, se afectaría la estabilidad que constituye uno de los principios fundamentales del régimen de carrera administrativa, lo que atenta contra el debido proceso y consecuentemente el acto administrativo que no cumpla con esta regla deviene en un acto arbitrario que no puede ser confirmado por la jurisdicción de lo contencioso administrativo al ejercer el control de legalidad que la Constitución pone a su cargo, tal como fue juzgado por dichos jueces, lo que permite validar su decisión"[508].

462. En los casos de funcionarios de libre nombramiento y remoción, como son los cargos de alto nivel, y sus funcionarios de confianza, la destitución se produce a la libre discreción de la autoridad competente para designar[509]. Sin embargo, la jurisprudencia dominicana ha hecho una importante distinción en función de si la destitución obedece o no a la imputación de faltas en el ejercicio de la función:

> 17. La regla general es que los servidores públicos de alto nivel pueden ser removidos de manera "libre", lo que implica que es facultad de la administración pública hacerlos cesar en sus puestos de trabajo sin tener que, de manera previa, imputar y probar la comisión de alguna falta en el desempeño de sus funciones. Esta facultad de remover al empleado sin alegar falta previa puede ejercerse sin el agotamiento del debido proceso administrativo, ya que la función procesal de este instituto en estos casos es darle la oportunidad al servidor, contra quien se indilga una falta de naturaleza disciplinaria, para que ejerza su derecho a la defensa. 18. Sin embargo, **en los casos como el que nos ocupa, cuando un empleado de**

---

contrato en perjuicio del servidor, siendo necesario para ello la intervención de una falta a cargo de este último; y c) en todo caso el artículo 60 de la Ley núm. 41-08 sobre Función Pública, debe ser interpretado en el sentido de que corresponde a la administración la prueba de los hechos que justifican la terminación del contrato de función pública de que se trate, todo por interpretación analógica favorable al titular del derecho (artículo 74.4 de la Constitución), derivada del principio de presunción de inocencia, también supremo" (SCJ. Sentencia Núm. SCJ-TS-22-0686, de fecha 29 de julio de 2022).

505 Articulo 93.

506 Articulo 94.

507 Párrafo 2, articulo 94.

508 SCJ. Sentencia Núm. 90, de fecha 20 de diciembre de 2019.

509 Párrafo 1, articulo 94.

alto nivel no es removido libremente al tenor de lo dicho en el numeral anterior, sino que se procede a su "destitución" como sanción por haber cometido una falta disciplinaria de tercer grado al tenor del artículo 84 de la Ley núm. 41-08, debe reconocerse su derecho al debido proceso a los fines de que pueda defenderse de la imputación hecha en su contra. 19. Lo anterior en vista de que, en el escenario jurídico relacionado a que un empleado de alto nivel pueda removerse libremente sin que la administración tenga que invocar una causa específica al efecto, promover su destitución como sanción por haber cometido faltas disciplinarias constituye una actuación que no solo tiene la intención de provocar la pérdida de su empleo, sino que tendría eventualmente consecuencias adicionales que afectarían sensiblemente en su vida social y laboral futura, en franca transgresión a los derechos al trabajo (artículo 62 de la Constitución) y al libre desarrollo de la personalidad (artículo 43 constitucional)[510].

463. Adicionalmente, la Suprema Corte de Justicia concluye señalando que "cuando un empleado de libre remoción haya sido destituido por la comisión de una falta sin mediar el debido proceso, tal y como ocurrió en la especie, dicha irregularidad por omisión al indicado debido proceso no da lugar al reingreso a su antiguo puesto de labor, sino que faculta al reclamo de una indemnización por responsabilidad patrimonial a favor del servidor en cuestión"[511]. En igual sentido se ha pronunciado la jurisprudencia del Tribunal Constitucional que ha señalado que "no sería constitucionalmente admisible que los funcionarios de libre remoción y los funcionarios de confianza puedan exigir la reincorporación a sus antiguas funciones, precisamente porque el ejercicio de las funciones que éstos desempeñan depende de la facultad discrecional del presidente de la República"[512].

464. Aunque la ley de función pública no lo contempla, la jurisprudencia ha hecho una importante precisión también cuando la destitución se aplique a un servidor público de estatuto simplificado. En efecto, la Suprema Corte de Justicia ha dicho que resulta "útil recordar que en el régimen de la función pública no existe un derecho propiamente dicho de la administración a desvincular sin causa a los servidores de estatuto simplificado, ya que según la Ley núm. 41- 08, sobre Función Pública, el "cese injustificado", alude inevitablemente a una justa causa prevista legalmente (faltas de tercer grado previstas en el artículo 84), y es sancionada con la indemnización prevista en el artículo 60 de la referida norma legal"[513].

Asimismo, el alto órgano judicial ha señalado en otra decisión que:

---

510 SCJ. Sentencia Núm. SCJ-TS-22-0314, de fecha 31 de marzo de 2022. El resaltado es nuestro ORH.

511 SCJ. Sentencia Núm. SCJ-TS-22-0314, de fecha 31 de marzo de 2022. La razón para esa conclusión la da la misma sentencia: @24. Sin embargo, la normativa constitucional y legal de la función pública no contempla el derecho a la estabilidad en el empleo de los servidores de libre remoción, sino únicamente con respecto a los empleados pertenecientes a la carrera administrativa. Este derecho consiste, conforme a los artículos 23 y 59 de la ley de función pública, en un doble privilegio: a) el empleado que se beneficia de la estabilidad solamente pierde su empleo por una causa prevista expresamente en la ley que lo rige (núm. 41-08); y b) en caso de cesación contraria a la ley, tendrá derecho a ser reincorporado a su antiguo puesto de trabajo, debiendo, en ese caso, ser indemnizado por el monto de los salarios dejados de percibir a partir de la fecha de su desvinculación. En síntesis, podría reconocerse que la estabilidad en el empleo público consiste en la posibilidad del servidor de ser reinstalado en su empleo en caso de haber sido desvinculado sin la constatación de una justa causa prevista en ley. Dicha ventaja, para los casos del derecho administrativo de la función pública, recae únicamente en los empleados incorporados a la carrera administrativa. 25. Es por la anterior razón que la desvinculación contraria a derecho de los demás empleados públicos, distintos a los de carrera administrativa, como serían los de estatuto simplificado o de libre remoción por ser de alto nivel u ocupar puestos de confianza, se traduce en la posibilidad de reclamar los daños y perjuicios".

512 TC/0135/22.

513 SCJ. Sentencia Núm. SCJ-TS-22-005, de fecha 25 de febrero de 2022.

"la figura del funcionario o servidor de estatuto simplificado no debe verse de forma excluyente con respecto de los derechos y condiciones que adquieren los sujetos con esta categoría de servidor público. Al contrario, no obstante, a que el párrafo del artículo precedente alude a que este personal no gozará del derecho de estabilidad en el empleo y aquellos inherentes a esta clasificación, el verdadero sentido de ello no es excluir a estos servidores de la protección de los derechos fundamentales, muy específicamente los relativos al debido proceso y la tutela judicial efectiva...la desvinculación de un funcionario de estatuto simplificado debe estar precedida de un proceso disciplinario respetuoso del debido proceso administrativo previsto en el artículo 87 de la ley de función pública, pues los mismos disfrutan del resto de los derechos y obligaciones del servidor público que se no relacionen directamente a la estabilidad en el empleo, ello según el párrafo del artículo 24 de la citada ley de función pública"[514].

465. A diferencia de las consecuencias cuando se trata de servidores públicos de libre nombramiento y remoción por desempeñar cargo de alto nivel o puesto de confianza en caso de falta, cuando se trata de "funcionarios de estatuto simplificado se contrae a los previsto en el párrafo del artículo 23 de la ley de función pública núm. 41-08, es decir: a que el cese contrario a derecho se saldará con la reposición del funcionario público de carrera en el cargo que venía desempeñando y el abono de los salarios dejados de percibir. Por esa razón, se infiere que en el caso de los funcionarios de estatuto simplificado su cese contrario a derecho no se saldará con la reinstalación en su antiguo puesto de trabajo ni con el abono de los salarios caídos, sino que el mismo deberá ser beneficiado con las indemnizaciones previstas en el artículo 60 de la ley de función pública, o con cualquiera otra que la jurisdicción administrativa tenga a bien asignar"[515].

466. Este último aspecto ha sido analizado también por la jurisprudencia, en perspectiva comparada de los servidores públicos que pertenezcan a la carrera administrativa y los servidores de estatuto simplificado:

"La estabilidad en el empleo que se predica de los empleados de carrera administrativa y no de los funcionarios de estatuto simplificado se contrae a los previsto en el párrafo del artículo 23 de la ley de función pública núm. 41-08, es decir: a que el cese contrario a derecho se saldará con la reposición del funcionario público de carrera en el cargo que venía desempeñando y el abono de los salarios dejados de percibir.

Por esa razón, se infiere que en el caso de los funcionarios de estatuto simplificado su cese contrario a derecho no se saldará con la reinstalación en su antiguo puesto de trabajo ni con el abono de los salarios caídos, sino que el mismo deberá ser beneficiado con las indemnizaciones previstas en el artículo 60 de la ley de función pública, o con cualquiera otra que la jurisdicción administrativa tenga a bien asignar"[516].

467. Otras formas contempladas en la legislación dominicana como manera de terminación del vínculo estatutario de la función pública, es la renuncia, cuyo efecto no opera automáticamente ya que el mismo debe ser debidamente aceptado por la autoridad competente, o se extiende aceptada el día siguiente de cumplido el plazo de sesenta días para su aceptación.

En este caso, el servidor público renunciante debe entregar a la autoridad competente, bajo inventario, los equipos, archivos, documentos y demás bienes que tenga bajo su custodia[517].

---

514 SCJ. Sentencia Núm. SCJ-TS-22-0314, de fecha 31 de marzo de 2022.

515 SCJ. Sentencia Núm. 78, de fecha 31 de agosto de 2021.

516 SCJ. Sentencia Núm. 78, de fecha 31 de agosto de 2021. En igual sentido, SCJ. Sentencia Núm. 129, de fecha 16 de septiembre de 2020.

517 Articulo 95.

468. Finalmente constituyen situaciones particulares de terminación los casos de pensión o jubilación por antigüedad en el servicio, asi como la invalidez absoluta debido a lesiones que incapaciten al servidor público para el cumplimiento de sus deberes estatutarios. Igualmente, opera la terminación de la relación estatutaria, cuando como consecuencia de la supresión del cargo de carrera administrativa que ocupa el servidor, no resulte posible dentro de determinado plazo su reubicación en otro cargo.

X. DERECHO ADMINISTRATIVO SANCIONADOR

- **Consideraciones generales**

469. El diccionario panahispánico del español jurídico ha definido la potestad sancionadora en el ámbito de la Administración Pública, como la "potestad de la Administración para imponer sanciones a los ciudadanos por la comisión de las infracciones administrativas que estén previstas como tales en la ley, y de acuerdo con el procedimiento legalmente previsto"[518].

470. En el ordenamiento jurídico dominicano se reconoce la posibilidad de conferir, mediante ley, potestad sancionadora a órganos y entes de la Administración Pública. En efecto la Carta Sustantiva de la Nación, en el artículo 40, numeral 17, dispone lo siguiente:

> "En el ejercicio de la potestad sancionadora establecida por las leyes, la Administración Pública no podrá imponer sanciones que de forma directa o subsidiaria impliquen privación de libertad".

471. Asimismo, la Constitución dominicana consagra el principio de tipicidad en materia sancionadora al disponer que "nadie puede ser condenado o sancionado por acciones u omisiones que en el momento de producirse no constituyan infracción penal o administrativa"[519].

472. La jurisprudencia del Tribunal Constitucional dominicano se ha referido a esta potestad constitucional señalando que en base a lo dispuesto en el articulo 40.17 de la Constitución en el ordenamiento jurídico dominicano "queda establecido que entre las potestades que por ley, puede tener la Administración está la de sancionar determinadas violaciones a las leyes, por lo que se infiere que el legislador dispone una reserva de ley para establecer una variedad de sanciones administrativas, entre las que pueden figurar multas administrativas"[520].

---

[518] https://dpej.rae.es/lema/potestad-sancionadora.

[519] Articulo 40, numeral 13.

[520] TC/0020/17.

473. La jurisprudencia emanada de la Suprema Corte de Justicia ha distinguido las sanciones administrativas de cargas compensatorias[521], de potestades de fiscalización, inspección o supervisión[522], y, finalmente, de las medidas preventivas[523].

- **Antecedentes**

474. Con anterioridad a la Constitución del 26 de enero del año 2010, la posibilidad de que órganos de la Administración Pública pudieran aplicar sanciones administrativas fue objeto de discusión en el ámbito doctrinario dominicano.

475. El mas remoto cuestionamiento a la potestad sancionadora de la Administración lo encontramos en el Prontuario de Legislación Administrativa Dominicano, publicado en 1953. Su autor, Manuel A. Amiama, al tratar el tema del "Derecho penal administrativo" decía:

> "554.- **Jurisdicción.- Las multas administrativas**.- Dado nuestro régimen constitucional y el criterio que siempre se ha tenido entre nosotros acerca de la naturaleza del Poder Judicial, la aplicación de las penas por infracción a las leyes administrativas se ha atribuido siempre a los tribunales penales comunes u ordinarios. En numerosos casos, la competencia se atribuye a los Jueces de Paz, en interés de los administrados, para que no tengan que desplazarse hasta las cabeceras de Provincia, que es donde funcionan los tribunales de primera instancia. El derecho al recurso de oposición, el de apelación y el de casación es la regla general. **En el período de la ocupación militar (1916-1924), se trató de introducir en nuestro régimen penal administrativo el sistema de las multas administrativas, esto es, el de multas pronunciables por autoridades administrativas, especialmente en materia de aduanas, de rentas internas y de inmigración. En 1947, multas de esta clase figuraron en la Ley sobre Seguro Sociales.**

---

521 SCJ. Sentencia Núm. 23, de fecha 14 de diciembre de 2016. "Considerando, que del examen de los conceptos anteriores y adentrándonos en los fines que persigue la norma podemos concluir que el fin buscado por la misma no es el de castigar una inconducta de las distribuidoras por la transgresión de una norma de interés social y por tanto sancionable con multas y otras penas punitivas, sino que el fin perseguido de acuerdo al contenido de dicho texto es el de procurar la devolución o reintegración de los montos cobrados en exceso a los usuarios del servicio de energía eléctrica por errores imputables a las empresas distribuidoras, lo que indica que tal como reza dicho artículo **se trata de una compensación o reintegro de valores a título de reparación o indemnización y no de una sanción de multa**, como pretende la hoy recurrente; ya que la multa se caracteriza por ser una sanción pecuniaria a consecuencia de la contravención de una regla de interés social, por lo que es perseguida por el Estado a través de sus órganos correspondientes y sus fondos están destinados para ingresar al erario público, lo que no aplica en el presente caso, puesto que tal como lo establece dicho texto la medida establecida por el mismo se corresponde con una compensación reparadora en provecho de los usuarios afectados para ser reintegrada al patrimonio personal de los mismos". El resaltado es nuestro (ORH).

522 SCJ. Sentencia Núm. SCJ-TS-22-0576, de fecha 24 de junio de 2022: "19. Esto parte de la consigna de que, si bien es cierto que, como resultado del ejercicio de las potestades de fiscalización, inspección o supervisión puede evidenciarse o constatarse la comisión de irregularidades o contravenciones al ordenamiento jurídico vigente, ello en modo alguno podrá considerarse asimilado al ejercicio de la potestad sancionadora administrativa como una actividad instructiva en un procedimiento sancionador". El resaltado es nuestro (ORH).

523 SCJ. Sentencia Núm. SCJ-TS-22-0576, de fecha 24 de junio de 2022: "20. Ahora bien, en el supuesto de que resultase de esas inspecciones el conocimiento de una situación de riesgo para la salud de los consumidores podrá Proconsumidor adoptar medidas cautelares; para prevenir riesgos o daños, como sería la retirada de un producto del mercado. Pero hay que dejar bien claro que dichas medidas, por su función, no constituyen una sanción propiamente dicha. Es que una sanción no es una medida preventiva, sino un castigo por violentar el ordenamiento jurídico. En definitiva, son dos situaciones conceptuales muy diferentes y no asimilables la una a la otra".

Este sistema repugna a nuestro régimen jurídico y en las leyes netamente nacionales está excluido. Por otra parte, en los casos en que subsisten esas multas, es siempre posible recurrir contra ellas, bien sea por la vía judicial, o por la contencioso-administrativa"[524].

476. Justo al comienzo de este siglo, el profesor Julio Miguel Castaños Guzmán, en su su obra "*El Poder Judicial y las Sanciones Tributarias*"[525], cuestionó también la constitucionalidad del reconocimiento legislativo de un poder sancionador en manos de órganos administrativos, bajo el entendido de que el mismo resultaba contrario al principio de separación de poderes que, a su entender, confiere exclusivamente el ejercicio del jus puniendi, de la cual la potestad sancionadora de la Administración es una manifestación, al Poder Judicial.

477. Sostuvo Castaños Guzmán, que la Administración no es una jurisdicción de ningún tipo y por tanto no puede juzgar y tampoco, nadie puede ser juzgado más que por un juez imparcial. Se inscribe en la doctrina según la cual, en ausencia de texto constitucional que expresis verbis faculte a la Administración a sancionar no puede considerarse como constitucional dicha capacidad, pues supone una violación a los principios de derecho de defensa y al de ser juzgado por un tribunal imparcial[526].

478. Sin embargo, casi finalizando el pasado siglo, el constitucionalista dominicano Eduardo Jorge Prats, defendió la constitucionalidad de las sanciones administrativas, aún en ausencia de previsión constitucional expresa:

> "El poder sancionador de la Administración es una realidad jurídica innegable. La legislación dominicana no solo contempla la facultad de la Administración de imponer sanciones a los contribuyentes en materia tributaria, sino que también en materia de inmigración, de tránsito terrestre, de sanidad pública, de telecomunicaciones, de aduanas y de medio ambiente, la Administración, a través de sus órganos y dependencias competentes, ejerce su poder represivo sobre los administrados"[527].

479. Fundamentó entonces, Jorge Prats, esa potestad sancionadora de la Administración, en "la primacía de la Administración frente a los particulares, de la ejecutoriedad de sus actos y de las necesidades del funcionamiento de sus órganos que no podrían verse limitados al necesitar el respaldo judicial para hacer cumplir y ejecutar sus prescripciones. No constituye una violación al principio de separación de poderes sino una consagración de la interdependencia de las funciones del Estado"[528].

480. Desde finales de la década del pasado siglo, y, cada vez más en lo que va del presente siglo, legislaciones sectoriales en la República Dominicana, incorporan regímenes sancionadores administrativos en ámbitos como, las telecomunicaciones[529], el medio ambiente y los recursos

---

524 El resaltado es nuestro (ORH).

525 Ediciones Capeldom. Santo Domingo. Año 2000.

526 Citado por Guerrero, Juan Manuel. Constitucionalismo Dominicano y Potestad Sancionatoria de la Administración. Artículo aparecido en la Revista de Administración Publica No. 5 .

527 Jorge Prats, Eduardo. Constitucionalidad de las Sanciones Administrativas. Estudios Jurídicos. Volumen VI, número 1, p. 39.

528 Jorge Prats, Eduardo. Constitucionalidad de las Sanciones Administrativas. Estudios Jurídicos. Volumen VI, número 1, p. 47. El autor concluye sus consideraciones diciendo que por "el momento, la eliminación de las sanciones administrativas podría significar la parálisis de la función ejecutiva. Un plan doctrinario más modesto, pero, sin lugar a dudas más eficaz, sería aprender a domar ese monstruo, ese ogro filantrópico que es la Administración cuando ejerce su potestad sancionadora, mediante el descubrimiento y análisis minucioso de los limites constitucionales de dicha potestad" (p. 50).

529 Ley 153-98, de fecha 19 de marzo de 1998.

naturales[530], la electricidad[531], la intermediación financiera[532], los mercados de valores[533], y la seguridad social[534], la migración[535], de lavado de activos y financiamiento del terrorismo[536], entre otros.

481. No obstante, algunos de estos regímenes no cumplen las exigencias del Estado Constitucional de Derecho para resultar admisibles, tal como lo constituye el importante ámbito de la administración medioambiental cuyo régimen sancionador es absolutamente deficiente y "se aprecia un imperdonable descuido de la descripción de los tipos penales y administrativos que se pretenden asimilar a conductas antijurídicas" como ha tenido ocasión de señalar con mucha precisión el profesor Juan Manuel Guerrero De Jesús[537].

482. Hoy día, tras la proclamación de la Constitución del 26 de enero del año 2010, el debate respecto de la constitucionalidad de la potestad sancionadora de la Administración conferida por la ley, ha perdido todo interés, ya que la Carta Fundamental del Estado reconoce expresamente, como hemos visto anteriormente, la potestad sancionadora de la Administración, como una manifestación del jus puniendi estatal, tal y como lo reconoce nuestra jurisprudencia:

> "25. Esta vinculación obligatoria a la expresa manifestación del legislador de habilitar el ius puniendi del Estado a favor de la Administración Pública, se manifiesta en la aplicación de las leyes penales por los tribunales que desarrollan dicha jurisdicción y en la actuación de la administración pública al imponer sanciones a las conductas calificadas como infracciones por el ordenamiento. Esta última es la que se conoce como potestad sancionadora de la administración que se viene mencionando más arriba en esta decisión y cuya activación supone el incumplimiento de obligaciones públicas de los administrados, las que bien pueden imponerse por la ley (entiéndase normas jurídicas) o por un acto especial de la autoridad administrativa, en el ejercicio de una facultad conferida por la misma ley"[538].

- **Régimen actual**

483. El régimen, tanto sustantivo como formal, de la potestad sancionadora de la Administración en el ordenamiento jurídico dominicano, en adición a lo dispuesto en la Constitución, se encuentra desarrollado en la ley Núm. 107-13, sobre derechos de las personas en sus relaciones con la administración y de procedimiento administrativo.

484. Dicho texto legal dedica los artículos 35 al 44, a todos los aspectos concernidos en torno a la potestad sancionadora de la Administración, como los de reserva de ley, tipicidad, responsabilidad, reglas de gradualidad de las sanciones, la prescripción, así como los aspectos del procedimiento administrativo para su imposición, que comprende entre otros aspectos, un mandato reglamentario, un conjunto de principios, así como el régimen probatorio en el curso del procedimiento.

---

530 Ley 64-00, de fecha 18 del mes de agosto del año 2000.
531 Ley 125-01, de fecha 26 de julio del año 2001.
532 Ley 183-02, de fecha 21 del mes de noviembre del año 2002.
533 Ley 249-17, de fecha 19 del mes de diciembre del año 2017.
534 Ley 87-01, de fecha 5 del mes de abril del año 2001.
535 Ley 285-04, de fecha 15 de agosto de 2004.
536 Ley 155-17, de fecha 1 de junio del año 2017.
537 Artículo citado.
538 SCJ. Sentencia Núm. 84, de fecha 20 de junio de 2021.

485. Por otra parte, de los textos mencionados, se desprenden una serie de principios que operan en el ámbito de la potestad sancionadora de la administración, como los de legalidad[539], tipicidad[540], retroactividad de efecto favorable[541], proporcionalidad[542], favorabilidad[543] y non bis in idem[544].

- **Aspectos sustantivos**
  - **Legalidad y tipicidad**

486. En el ordenamiento jurídico dominicano no existe un poder sancionador genérico de la Administración. Para que un órgano o ente administrativo pueda aplicar sanciones es necesario que de forma expresa la ley se lo atribuya[545].

487. La jurisprudencia así lo ha dicho también, resaltando además que la reserva de ley constituye una garantía ciudadana:

> "En ese orden, es menester indicar que, al tratarse de un alegato de nulidad de actuaciones relacionadas con la potestad sancionatoria de la administración pública, las actuaciones impugnadas debieron estar amparadas en el principio de legalidad.
>
> **Es decir, una norma con rango de ley es la que debe facultar a la administración para imponer tipos de sanciones** que no impliquen la privación de la libertad para los administrados, todo de conformidad con el numeral 17) del artículo 40 de la Constitución dominicana"[546].
>
> "13. Hay que tener en cuenta que **la potestad sancionadora tiene potencialidad seria para restringir los derechos subjetivos de los ciudadanos, por lo que su uso arbitrario atenta directamente contra la clausula del Estado de Derecho.**
>
> **Así las cosas, debe entenderse que la reserva de ley en materia de dicha potestad constituye una garantía ciudadana con la finalidad de que ella solo repose en órganos idóneos a fin de evitar excesos en su aplicación**. En ese sentido, en términos constitucionales, debe ser la ley (Poder Legislativo) la que atribuya esa potestad a la administración como garantía ciudadana, no los jueces, lo cual, tal y como se lleva dicho, se desvirtúa cuando una ley es confusa, debiendo el Poder Judicial, en esos casos, negar el reconocimiento de la referida potestad sancionadora a la administración, para no invadir su esfera competencial (usurpación de funciones)"[547].

488. Por otra parte, en materia sancionadora existe una legalidad reforzada, ya que en adición a la potestad expresa para aplicar sanciones, la ley debe indicar cuales hechos o conductas son

---

539 Artículo 35.

540 Artículo 36.

541 Párrafo II, artículo 37. Las disposiciones legales sancionadoras producirán efecto retroactivo en cuanto favorezcan al presunto infractor. Serán de aplicación a los hechos que constituyan infracción administrativa en el momento de su vigencia.

542 Párrafo II, artículo 38.

543 Párrafo III, artículo 38.

544 Artículo 40. Non bis in idem. No podrán ser objeto de sanción los hechos que hayan merecido sanción penal o administrativa en aquellos casos en que se aprecie identidad de sujeto, hecho y fundamento.

545 Artículo 35.

546 SCJ. Sentencia Núm. 91, de fecha 28 de abril de 2021. El resaltado es nuestro (ORH).

547 SCJ. Sentencia Núm. SCJ-TS-22-0576, de fecha 24 de junio de 2022. El resaltado es nuestro (ORH).

tipificados como infracciones o ilícitos administrativos[548], así como el alcance de las sanciones que pueden se aplicadas[549].

489. En lo que respecta a la tipicidad, la legislación dominicana permite la colaboración reglamentaria siempre y cuando su contenido se limite a "especificar o graduar las infracciones o sanciones legalmente establecidas con la finalidad de una más correcta y adecuada identificación de las conductas objeto de las infracciones o de una más precisa determinación de las sanciones a que haya lugar"[550].

- **Gradualidad de las sanciones**

490. Por su parte, la ley Núm. 107-13, al regular la potestad sancionadora de la Administración, establece unas reglas particulares que afectan, tanto la estructuración por parte del legislador del monto de las sanciones administrativas de naturaleza pecuniaria, como la discrecionalidad de la Administración en cuanto a la determinación de la sanción que vaya a aplicar.

491. En efecto, el legislador dominicano dispone que las "sanciones pecuniarias aplicables a la comisión de las infracciones tipificadas no podrán ser más beneficiosas para el infractor que el cumplimiento de las normas infringidas"[551].

492. En cuanto a la discrecionalidad en la determinación de la sanción que vaya a aplicar "se deberá guardar la debida adecuación entre el hecho constitutivo de la infracción y la sanción efectivamente aplicada que, en todo caso, deberá determinarse, en cuanto a su graduación, atendiendo a la existencia de intencionalidad o reiteración, a la naturaleza de los perjuicios causados, y a la reincidencia por comisión en el término de un año de más de una infracción de la misma naturaleza cuando así haya sido declarado por resolución firme[552]". Asimismo, en aquellos casos "en que sea posible elegir entre varias sanciones, se elegirá la menos gravosa para el presunto infractor"[553].

- **Sujetos pasibles. Solidaridad**

493. Las sanciones administrativas podrán recaer en el derecho administrativo sancionador dominicano tanto sobre las personas físicas, como de las personas jurídicas[554]. La aplicación de una sanción administrativa es compatible "con la exigencia al infractor de la reposición de la situación alterada a su estado originario, así como con la indemnización de daños o perjuicios causados por la infracción"[555].

---

548 Artículo 36. La jurisprudencia ha dicho al respecto: "20. La Constitución dominicana en su artículo 40.17 instituye una reserva de ley en materia de potestad sancionadora de la administración pública, **lo cual implica que, tanto la atribución de esa potestad a un órgano determinado, como la tipificación de la conducta sancionable, deben estar expresamente configuradas en una norma de rango legal**. Debe dejarse por sentado aquí, que la ley que atribuya la competencia a una administración pública para dictar sanciones administrativas no debe plantear ninguna duda al respecto, ya que esto deja en manos de otro poder del Estado (Poder Judicial o Poder Jurisdiccional, según sea el caso) la decisión sobre una garantía ciudadana que la Constitución quiso estuviera en manos del Poder Legislativo" SCJ. Núm. 84, de fecha 30 de junio de 2021. En igual sentido: SCJ. Sentencia Núm. SCJ-TS-22-0576, de fecha 24 de junio de 2022. El resaltado es nuestro (ORH).

549 Por mandato constitucional, recogido además en la Ley Núm. 107-13, las sanciones administrativas no podrán implicar en ningún caso la privación de libertad.

550 Párrafo I, artículo 36.

551 Párrafo I, artículo 38.

552 Párrafo II, artículo 38.

553 Párrafo III, articulo 38.

554 Artículo 38.

555 Párrafo I, artículo 38.

494. Asimismo, el legislador dominicano consagra la solidaridad en materia de sanciones administrativas en los casos en que una pluralidad de personas concurran a la infracción administrativa[556]. Igualmente aplica la solidaridad, en los supuestos en que la sanción administrativa aplique en casos donde existe un "deber de prevenir la comisión de infracciones administrativas", caso en el cual "las personas físicas o jurídicas sobre las que recaiga tal obligación responderán subsidiaria o solidariamente según corresponda"[557].

- **Prescripción**

495. La ley 107-13 consagra un régimen de prescripción supletorio en materia de aplicación de sanciones administrativas, en los casos en que las leyes que establezcan un régimen sancionador administrativo no lo hicieren. En este supuesto "las infracciones muy graves prescribirán a los cinco años, las graves a los tres años y las leves al año"[558], plazo cuyo cómputo "empieza a contar desde el día en que la infracción se hubiere cometido"[559].

496. Igualmente, la aplicación de la sanción administrativa prescribe en los mismos plazos, esta vez computado "desde el día siguiente a aquel en que adquiera firmeza la resolución sancionadora"[560].

- **Aspectos formales**

497. A pesar de que la Constitución dominicana dispone que una ley regulará el procedimiento para el dictado de actos administrativos[561], la ley Núm. 107-13, al regular el régimen sancionador administrativo manda un "pertinente procedimiento diseñado en el Reglamento General de la potestad sancionadora de la Administración Pública"[562], el cual aún se encuentra pendiente de su dictado, por lo que, salvo en los ordenamiento sectoriales que contenga el procedimiento a seguir en la materia, en el resto de los casos debe aplicar el procedimiento administrativo común para el dictado de actos administrativos[563].

498. No obstante, ese vacío se ve cubierto parcialmente, ya que la legislación dominicana recoge unos principios comunes del régimen sancionador en el derecho comparado, que deben ser observados en el curso de un procedimiento administrativo sancionador.

- **Principios particulares**

499. En efecto, todo procedimiento administrativo sancionador deberá tomar en consideración, por mandato del articulo 42 de la ley Núm. 107-13, los siguientes principios:

---

556 Párrafo II, artículo 38.

557 Párrafo III, artículo 38.

558 Artículo 39.

559 Párrafo I, artículo 39. Ese texto también dispone que el "plazo sólo podrá interrumpirse, con notificación al interesado, cuando se inicie el procedimiento sancionador. En caso de que el expediente sancionador estuviera paralizado durante más de un mes por causa inimputable al presunto infractor, se reanudará el plazo de la prescripción".

560 Párrafo II, artículo 39. Ese texto también dispone que "sólo podrá interrumpirse, con notificación al interesado, cuando se inicie el procedimiento sancionador. En caso de que el expediente sancionador estuviera paralizado durante más de un mes por causa inimputable al presunto infractor, se reanudará el plazo de la prescripción.

561 Articulo 138, numeral 2.

562 Artículo 37. Ese reglamento deberá ser común tanto para la Administración nacional como para la Administración local.

563 Párrafo II, artículo 15. "Las normas de este capítulo tienen carácter supletorio de las disposiciones de la presente ley que se refieren al procedimiento sancionador y del procedimiento de recurso administrativo. Asimismo, tienen carácter supletorio en los procedimientos administrativos contenidos en leyes sectoriales". El resaltado es nuestro (ORH).

1. Separación entre la función instructora y la sancionadora, que se encomendará a funcionarios distintos y, si es posible, de otros entes públicos.

2. Garantía del derecho del presunto responsable a ser notificado de los hechos imputados, de las infracciones que tales hechos puedan constituir y de las sanciones que, en su caso, se le puedan imponer, así como de la identidad de los instructores, de la autoridad competente para sancionar y de la norma jurídica que atribuya tales competencias.

3. Garantía del derecho del presunto responsable a formular las alegaciones y uso de los medios de defensa procedentes, los cuales deberán ser considerados en la decisión del procedimiento.

4. Garantía de los derechos de las personas, en la medida en que el presunto responsable es parte interesada en el procedimiento administrativo sancionador.

5. Adopción, cuando proceda, y en virtud de acuerdo motivado, de las medidas provisionales que sean necesarias para asegurar la eficacia de la resolución final que pudiera dictarse.

6. Garantía de la presunción de inocencia del presunto responsable mientras no se demuestre lo contrario[564].

- **Fase de instrucción**

500. Las reglas y principios particulares relativos a la potestad sancionadora de la administración consagrados en la legislación administrativa dominicana, comprenden de manera importante, en la etapa de instrucción del procedimiento, el aspecto probatorio de las infracciones administrativas, disponiendo a cargo de la Administración la carga de la prueba[565], regulando las comprobaciones realizadas por autoridad administrativa competente que se hagan constar en acta, como la exigencia de "ser motivados y argumentados concretamente", y su carácter de juris tantum, al poder ser "desvirtuados por prueba en contrario alegada por el presunto responsable"[566].

501. Asimismo, en la fase de instrucción del procedimiento sancionador la autoridad instructora debe observar principios constitucionales como los de objetividad e imparcialidad, por lo que deberá practicar "de oficio o se admitirán a propuesta del presunto responsable cuantas pruebas sean necesarias para la determinación de los hechos y posibles responsabilidades"[567].

502. La jurisprudencia dominicana el deber de la Administración en el campo de la prueba en los procedimientos administrativos sancionadores, diciendo que "al tratarse de hidrocarburos, compuestos orgánicos que se caracterizan por ser sustancias que arden y pueden ser quemadas (compuestos combustibles), el Ministerio debió, a juicio de esta Corte de Casación, **profundizar en su investigación mediante el auxilio de instrumentos especiales que le**

---

[564] SCJ. Sentencia Núm. 145, de fecha 29 de octubre de 2021: "En torno a la violación del principio de presunción de inocencia, una vez consagrado el cumplimiento del debido proceso administrativo, el cual está compuesto por un plexus de garantías que deben ser observadas en todo procedimiento administrativo o judicial, espacios en los que opera como mecanismo de protección para la autonomía y libertad del ciudadano y también como límite al ejercicio del poder público, presupuestos que fueron observados por los jueces de fondo al validar el agotamiento previo de un proceso administrativo con la inclusión del derecho de defensa y oportunidad de presentación de pruebas de Rafael Bienvenido Percival Peña y, asimismo, el examen pormenorizado de los elementos que configuraron la violación del hoy recurrente respecto de los hechos acaecidos, lo que se traduce en el cumplimiento de las disposiciones del artículo 69 de la Constitución dominicana, respecto de la tutela judicial efectiva y un debido proceso tanto en sede administrativa como en sede jurisdiccional, por lo que procede el rechazado de las denuncias realizadas contra la sentencia impugnada".

[565] Artículo 43. Este artículo también dispone que "los hechos probados por resoluciones judiciales penales firmes vincularán a la Administración pública respecto de los procedimientos sancionadores que tramiten".

[566] Párrafo I, artículo 43.

[567] Párrafo II, artículo 43.

permitieran extender su peritaje de forma tal que pudiera cubrir todos los detalles y despejar toda duda razonable para dictar el Acto Administrativo sancionador en perjuicio de la recurrida"[568].

503. Asimismo, en este campo de la prueba, la jurisprudencia ha censurado la regla de que la carga probatoria en el ejercicio de la potestad sancionadora de la Administración, le corresponde a ésta:

> "En efecto, en la especie se trata del ejercicio de la potestad sancionadora por parte de la Dirección General de Impuestos Internos (DGII) sobre la base de que supuestamente el contribuyente cometió infracciones que ameritaban tal proceder, lo cual imponía a los jueces del fondo la verificación del cumplimiento del artículo 43 de la Ley núm. 107-13 la cual establece que: En el procedimiento administrativo sancionador la carga de la prueba corresponderá a la administración. Los hechos probados por resoluciones judiciales penales firmes vincularán a la administración pública respecto de los procedimientos sancionadores que se tramiten..., situación que se transgredió, sin lugar a duda, en el momento en que el tribunal a quo motivó su decisión en la falta de pruebas del contribuyente"[569].

- **Fase de finalización**

504. La finalización del procedimiento administrativo sancionador desemboca en el dictado de la resolución contentiva, sea del acto administrativo sancionador, o del descargo de procedimiento sancionador. Esa resolución en todo caso "habrá de ser motivada y deberá resolver todas y cada una de las cuestiones planteadas en el expediente correspondiente, sin que se puedan aceptar hechos distintos de los determinados en el curso del procedimiento"[570].

505. Por otra parte, en el caso de que el procedimiento administrativo concluya con un acto administrativo sancionador, la ejecutividad de la misma queda diferida a que se ponga fin a la vía administrativa, es decir, que se agoten los recursos de reconsideración y jerárquico que puedan ser interpuestos en su contra[571].

XI. URBANISMO, MEDIO AMBIENTE Y ORDENACIÓN DEL TERRITORIO

- **Ordenación del territorio y urbanismo**

506. En la República Dominicana los temas relativos al urbanismo y a la ordenación del territorio no han tenido mucho desarrollo.

507. Sin embargo, el texto constitucional proclamado el 26 de enero de 2010, confiere especial trascendencia a lo relativo a la ordenación del territorio, a los que dedica, dentro del Título X, los artículos 193 al 195:

TÍTULO IX

DEL ORDENAMIENTO DEL TERRITORIO Y DE LA ADMINISTRACIÓN LOCAL

CAPÍTULO I

DE LA ORGANIZACIÓN DEL TERRITORIO

> **Artículo 193**.- Principios de organización territorial. La República Dominicana es un Estado unitario cuya organización territorial tiene como finalidad propiciar su desarrollo integral y equilibrado y el de sus habitantes, compatible con sus necesidades y con la

[568] SCJ. Sentencia Núm. 8, de fecha 5 de septiembre de 2012. El resaltado es nuestro (ORH).

[569] SCJ. Sentencia Núm. 89, de fecha 30 de junio de 2021.

[570] Artículo 44.

[571] Párrafo, artículo 44.

preservación de sus recursos naturales, de su identidad nacional y de sus valores culturales. La organización territorial se hará conforme a los principios de unidad, identidad, racionalidad política, administrativa, social y económica.

Artículo 194.- Plan de ordenamiento territorial. Es prioridad del Estado la formulación y ejecución, mediante ley, de un plan de ordenamiento territorial que asegure el uso eficiente y sostenible de los recursos naturales de la Nación, acorde con la necesidad de adaptación al cambio climático.

Artículo 195.- Delimitación territorial. Mediante ley orgánica se determinará el nombre y los límites de las regiones, así como de las provincias y de los municipios en que ellas se dividen.

508. La ley Núm. 496-06, que crea el Ministerio de Economía, Planificación y Desarrollo, contempla en su estructura una Dirección General de Ordenamiento y Desarrollo Territorial, a la que hace responsable de "la ordenación, el ordenamiento y la formulación de las políticas públicas de desarrollo sostenible en el territorio, como expresión espacial de la política económica, social, ambiental y cultural de la sociedad. Tiene la responsabilidad de la coordinación intersectorial e interinstitucional, entre los diferentes niveles de la administración pública y los entes privados a nivel municipal, provincial, regional y sectorial que inciden en el diseño, formulación, implementación, gestión y evaluación, de la ordenación y ordenamiento urbano, rural y calificación de usos de suelo[572]".

509. Asimismo, la ley general de medio ambiente y recursos naturales dedica un capítulo al tema del ordenamiento del territorio, en función de variables medioambientales[573].

510. Por su parte, en el ámbito de la Administración local, la ley del Distrito Nacional y los Municipios Núm. 176-07, establece como una competencia propia de los Ayuntamientos municipales lo relativo a la ordenación del territorio, planeamiento urbano, gestión del suelo y disciplina urbanística[574].

511. A los fines indicado anteriormente, la ley que regula los entes locales en la República Dominicana dispone, que en cada "ayuntamiento habrá una oficina de planeamiento urbano, cuyo objetivo central es asistir técnicamente al ayuntamiento y a las comunidades en el diseño, elaboración y ejecución de los planes de desarrollo del municipio, y regular y gestionar el planeamiento urbanístico, uso de suelo y edificación en las áreas urbanas y rurales del territorio nacional[575]".

512. Con el propósito de articular estas competencias, con las de las autoridades nacionales, el mismo texto legal dispone que los ayuntamientos coordinaran la formulación y evaluación de los planes y programas de desarrollo urbano y rural, con los planes y programas de desarrollo regional, provincial y nacional[576].

- **Ley de Regiones Únicas de Planificación**

513. Mediante la ley Núm. 345-22, de fecha 29 de julio de 2022, se regula en la República Dominicana, en cumplimiento del artículo 195 de la Constitución, las Regiones Únicas de Planificación.

514. Dicha ley tiene por objetivo "propiciar un mejor desarrollo a escala nacional, regional y local, que incluye municipios y distritos municipales, en todas las acciones de los diferentes

---

572 Artículo 13.

573 Artículos 30-32 de la Ley 64-00

574 Art. 19 de la Ley

575 Art. 126 de la Ley.

576 Párrafo del Art. 126 de la Ley.

estamentos del Estado, orientando las políticas, planes, programas y proyectos de inversión pública para asegurar una mayor cohesión territorial"[577].

515. Por mandato del legislador dominicano, la delimitación del territorio en regiones únicas de planeación, "se estructurará en diez regiones conformadas por sus respectivas provincias y municipios"[578], y corresponde al Ministerio de Economía, Planificación y Desarrollo, en su calidad de órgano rector del Sistema Nacional de Planificación e Inversión Pública "coordinar la implementación de la regionalización del territorio nacional"[579].

- **Ley de Ordenamiento Territorial**

516. El 22 de diciembre de 2022, el Poder Ejecutivo promulgó la ley de ordenamiento territorial, uso de suelo y sentamientos humanos Núm. 368-22.

517. Dicha ley se corresponde con un mandato expreso previsto en el artículo 194 de la Constitución, que considera una <prioridad del Estado la formulación y ejecución, mediante ley, de un plan de ordenamiento territorial que asegure el uso eficiente y sostenible de los recursos naturales de la Nación>.

518. La ley 368-22 establece en su artículo 19, que serán instrumentos de planificación del ordenamiento territorial los siguientes:

1) El Plan Nacional de Ordenamiento Territorial.

2) Los Planes Regionales de Ordenamiento y Desarrollo Territorial.

3) Los Planes Municipales de Ordenamiento Territorial.

4) Los Planes Especiales de impacto supramunicipal.

519. Estos planes se encuentran en fase de elaboración algunos, y otros, en trámite de consulta pública.

- **Medio Ambiente**

520. En lo que respecta al tema del medio ambiente, la Constitución lo trata en el Titulo de los Derechos Fundamentales:

> **Articulo 67.- Protección del medio ambiente.** Constituyen deberes del Estado prevenir la contaminación, proteger y mantener el medio ambiente en provecho de las presentes y futuras generaciones. En consecuencia:
>
> 1) Toda persona tiene derecho, tanto de modo individual como colectivo, al uso y goce sostenible de los recursos naturales; a habitar en un ambiente sano, ecológicamente equilibrado y adecuado para el desarrollo y preservación de las distintas formas de vida, del paisaje y de la naturaleza;
>
> 2) Se prohíbe la introducción, desarrollo, producción, tenencia, comercialización, transporte, almacenamiento y uso de armas químicas, biológicas y nucleares y de agroquímicos vedados internacionalmente, además de residuos nucleares, desechos tóxicos y peligrosos;
>
> 3) El Estado promoverá, en el sector público y privado, el uso de tecnologías y energías alternativas no contaminantes;
>
> 4) En los contratos que el Estado celebre o en los permisos que se otorguen que involucren el uso y explotación de los recursos naturales, se considerará incluida la obligación de conservar el equilibrio ecológico, el acceso a la tecnología y su transferencia, así como de restablecer el ambiente a su estado natural, si éste resulta alterado;

---

[577] Articulo 1.

[578] Artículo 7.

[579] Artículo 10.

5) Los poderes públicos prevendrán y controlarán los factores de deterioro ambiental, impondrán las sanciones legales, la responsabilidad objetiva por daños causados al medio ambiente y a los recursos naturales y exigirán su reparación. Asimismo, cooperarán con otras naciones en la protección de los ecosistemas a lo largo de la frontera marítima y terrestre.

521. La ley general sobre medio ambiente y recursos naturales Núm. 64-00[580], y sus numerosos reglamentos de desarrollo, además de las disposiciones contenidas en Convenios Internacionales Medioambientales, y la ley sectorial de áreas protegidas[581], constituyen el régimen jurídico administrativo en la materia, que contiene, entre otros aspectos, lo relativo a la organización administrativa, los títulos administrativos habilitantes (licencias, permisos y auditorías ambientales, etc.), régimen penal y de responsabilidad civil, marco jurídico de los bosques y las aguas.

XII. BIENES PÚBLICOS

522. El marco jurídico administrativo de la República Dominicana reconoce, en lo que respecta a los bienes públicos, a los bienes del dominio público y a los bienes del dominio privado.

523. La distinción entre uno y otro es que, los bienes del dominio público, al estar permanentemente afectados al uso público o de los servicios públicos, se caracterizan por no ser enajenables y son además imprescriptibles; mientras que los bienes del dominio privado son prescriptibles y pueden ser enajenados de conformidad a los procedimientos constitucionales y legales[582].

524. La base para la distinción desde el punto de vista de su enajenación o no, se encuentra directamente en la Constitución de la República, que al describir las atribuciones del Congreso Nacional señala que existen unos bienes estatales que están sujetos a conservación y fructificación, y otros, los del dominio privado que pueden ser enajenados[583].

525. La Constitución dominicana identifica como pertenecientes al dominio público, los "ríos, lagos, lagunas, playas y costas nacionales"[584].

526. La jurisprudencia del Tribunal Constitucional al referirse al patrimonio nacional dijo, que "está constituido por una masa de bienes de los cuales unos son de dominio privado y otros de dominio público. Esta última categoría de bienes no es susceptible de propiedad privada porque les pertenece a todos los dominicanos"[585].

527. La identificación de los bienes del dominio público en la legislación adjetiva parte de los artículos 538 y siguientes del Código Civil, que contiene una enumeración que ha sido objeto de crítica en la doctrina administrativa dominicana, entre otras razones, porque deja sin delimitación ciertas zonas del dominio público que no poseen delimitación propia, como las

---

580 De fecha 18 del mes de agosto de 2000.

581 Ley 202-04, de fecha 30 del mes de julio de 2004.

582 El Tribunal Constitucional dominicano se ha referido a esa distinción en su TC/0014/2014: "f. La importancia de esta diferenciación de los bienes de dominio público y patrimoniales radica en que la salina marina de Puerto Alejandro o cualquier otra salina que se encuentre en otro municipio en el territorio nacional, no es ni un bien ni un patrimonio propiedad de un municipio, sino que es un recurso natural patrimonio de la Nación, conforme lo establece el artículo 14 de la Constitución, y en concordancia con lo establecido en la Ley 5775, en el sentido de que los municipios que territorialmente se encuentren en los lugares donde las salinas marítimas radiquen, podrán explotar y administrar dicho recurso natural, y también mediante arrendamiento con particulares, siempre y cuando estos paguen los arbitrios municipales al ayuntamiento correspondiente de conformidad con la ley.

583 Artículo 93.2, letra b).

584 Párrafo, artículo 15.

585 TC/0194/13.

orillas del mar; incluye como bienes de esa naturaleza bienes que en realidad forman parte de su dominio privado, como es el caso de los bienes en desherencia y vacantes; y finalmente, reconoce como enajenables y prescriptibles bienes que declara como dominio público[586].

528. Algunas leyes administrativas identifican, en adición al Código Civil, bienes del dominio público. Es el caso, entre otras, de la ley sobre vías de comunicación de 1938, y la ley sobre medio ambiente y recursos naturales No. 64-00, que establece los bienes del dominio público marítimo terrestre[587].

529. La ley Núm. 176-07, del Distrito Nacional y los municipios, por su parte hace una clasificación de los bienes que conforman el patrimonio de los entes locales, semejante a la ya expuesta más arriba, con la única diferencia de que, siguiendo la terminología española, denomina a los bienes del dominio privado, como bienes patrimoniales.

530. El artículo 179 de la Ley 176-07, señala que son bienes de uso público local, los caminos y carreteras, plazas, calles, paseos, parques, aguas, fuentes, canales y demás obras públicas de aprovechamiento o utilización general. Asimismo, califica como bienes de servicio público los destinados al cumplimiento de servicios públicos de responsabilidad del ayuntamiento, tales como palacios municipales y en general, edificios que sean sede del mismo, mataderos, mercados, hospitales, hospicios, museos y similares, y finalmente, los espacios destinados a áreas verdes en las urbanizaciones.

531. La jurisprudencia constitucional dominicano ha resaltado la importancia de los bienes del dominio público:

> "11) En los textos precedentemente transcritos se evidencia la enorme importancia asignada por la Constitución y las leyes a los bienes que pertenecen al dominio público, puesto que en dichos textos se consagra de manera expresa su inalienabilidad, inembargabilidad e imprescriptibilidad. El nivel de protección de los indicados bienes se advierte, además, porque para que el Congreso Nacional pueda reducir las áreas protegidas se exige un quórum agravado: el voto de las dos terceras partes de los integrantes de ambas cámaras legislativas"[588].

---

586 Amiama, Manuel A. Ob. Cit., p. 166-167.

587 Artículo 147.- Los bienes de dominio público marítimo-terrestre son: 1) Las riberas del mar y de las rías, que incluye: La zona marítimo-terrestre o espacio comprendido entre la línea de bajamar, escorada o máxima viva equinoccial y el límite hasta donde alcanzan las olas en los mayores temporales conocidos o, cuando lo supere, el de la línea de pleamar máxima viva equinoccial. Esta zona se extiende también por las márgenes de los ríos hasta el sitio en donde se haga sensible el efecto de las mareas; La franja marítima de sesenta (60) metros de ancho a partir de la pleamar, según lo prescribe la Ley 305, de fecha 30 de abril de 1968; Las marismas, albuferas, marjales, esteros; Los terrenos bajos que se inundan como consecuencia del flujo y reflujo de las mareas, de las olas o de la filtración del agua del mar; Las playas o zonas de depósito de materiales sueltos tales como arenas, gravas y guijarros, incluyendo escarpes, bermas y dunas, tengan o no vegetación, formadas por la acción del mar o del viento marino, u otras causas naturales o artificiales; 2) El mar territorial y las aguas interiores, con su lecho y subsuelo; 3) Los recursos naturales de la zona económica y la plataforma continental; 4) Las accesiones a la ribera del mar por depósito de materiales o por retirada del mar, cualesquiera que sean las causas; 5) Los terrenos ganados al mar como consecuencia directa o indirecta de obras, y los desecados en su ribera; 6) Los terrenos invadidos por el mar que pasan a formar parte de su lecho por cualquier causa; 7) Los acantilados sensiblemente verticales que están en contacto con el mar o con espacios de dominio marítimo-terrestre hasta su coronación; 8) Los terrenos deslindados como dominio público que, por cualquier causa, han perdido sus características naturales de playa, acantilado o zona marítimo terrestre; 9) Los islotes y cayos en aguas interiores y mar territorial, o aquellos que estén formados o se formen por causas naturales; 10) Los terrenos incorporados por los concesionarios para completar la superficie de una concesión de dominio público marítimo-terrestre; 11) Los terrenos colindantes con la ribera del mar que se adquieran para su incorporación al dominio público marítimo-terrestre; 12) Las obras e instalaciones construidas por el Estado en dicho dominio; 13) Las obras e instalaciones de costas y señalización marítima; 14) Los puertos y las instalaciones portuarias.

588 TC/0194/13.

532. En lo que respecta, a la enajenación de los bienes del dominio privado del Estado y los entes locales, ambos se encuentran sujetos a requisitos constitucionales. En el caso del Estado, ya se ha referido en otra parte de este trabajo, que requieren la aprobación del Congreso Nacional cuando supere determinado valor, y, en lo que respecta a los de los inmuebles del Distrito Nacional y los Municipios, necesitan la autorización del Poder Ejecutivo.

XIII. CONTROL JURISDICCIONAL DE LA ADMINISTRACIÓN PÚBLICA: CONTENCIOSO-ADMINISTRATIVO, CONTENCIOSO-ELECTORAL, CONTROL CONSTITUCIONAL Y OTROS MODOS DE SOLUCIÓN DE CONTROVERSIAS, EN ESPECIAL EL ARBITRAJE

- Consideraciones generales

533. En la República Dominicana, la actuación de los órganos y entes que ejercen función administrativa en el Estado, pueden dar lugar al ejercicio de acciones de naturaleza jurisdiccional.

534. La jurisdicción natural para conocer de esas controversias, lo es la jurisdicción contenciosa administrativa. Sin embargo, otras jurisdicciones conocen también de acciones relacionadas con actuaciones realizadas por órganos y entes de naturaleza administrativa, como el Tribunal Superior Electoral y el Tribunal Constitucional. En el ámbito de las contestaciones con las administraciones locales, lo conoce el Juzgado de Primera Instancia de los tribunales ordinarios.

- **Control por la jurisdicción contenciosa administrativa**
- **Antecedentes históricos a nivel constitucional**

535. En la evolución constitucional dominicana, desde la primera Constitución proclamada el 6 de noviembre de 1844, el control jurisdiccional de la Administración ha estado a cargo de tribunales ubicados en el Poder Judicial, pero también, como particularidad, en una etapa, el contencioso administrativo era atribución del Poder Legislativo. A partir de 1947 y hasta el año 2007, las funciones de jurisdicción contenciosa administrativa fueron ejercidas por la Cámara de Cuentas. La Constitución proclamada en el año 2010, constitucionaliza la jurisdicción contenciosa administrativa, como una jurisdicción especializada en el ámbito del Poder Judicial.

536. En el período comprendido entre la Constitución del 6 de noviembre de 1844, y hasta la Constitución que resultó de la reforma constitucional de 1874[589], era atribución de la Suprema Corte de Justicia conocer de las controversias que se suscitaran en ocasión de los contratos suscritos por el Poder Ejecutivo y sus agentes[590].

537. En ese mismo período, los litigios interadministrativos entre el Estado y las reparticiones territoriales, como las Comunas, la competencia para dirimirlas le correspondía al Poder Legislativo[591]. Igual atribución competencial dirimente figuró en las Constituciones de

---

[589] Artículo 131, numeral Octavo Constitución de 1844; Artículo 100, numeral 6 Constitución de febrero de 1854; Artículo 45, numeral 6 Constitución de diciembre de 1854; Articulo 98, numeral 6 Constitución 1858; Articulo 86, numeral 5 Constitución 1865; Articulo 70, numeral 7 Constitución 1866; Articulo 45, numeral 6 Constitución 1872; y Articulo 71, numeral 7 Constitución 1874.

[590] La Constitución atribuyó también esta competencia a la Suprema Corte de Justicia en el artículo 61, numeral 9.

[591] Artículo 67, numeral Octavo Constitución de 1844; Articulo 52, numeral 6 Constitución de febrero de 1854; Articulo 26, numeral 23 Constitución diciembre 1854; Articulo 58, numeral 15 Constitución 1858; Articulo 51, numeral 16 Constitución 1865; Articulo 37, numeral 22 Constitución 1866; Articulo 26, numeral 8 Constitución 1872; y Articulo 40, numeral 22 Constitución 1874.

1875, 1880, 1881, 1887, 1896 y 1907[592]. Las Constituciones de diciembre de 1854[593], así como la proclamada en 1872[594], conferían además al Poder Legislativo, la potestad de resolver todas las dificultades o cuestiones de derecho público que se suscitaran en la marcha de la Administración.

538. A partir de la Constitución de 1875, y hasta la Constitución de 1907, los litigios contenciosos administrativos eran atribución del Poder Legislativo[595], y cuando éste poder del Estado se encontraba en receso, **la competencia era ejercida por la Suprema Corte de Justicia**[596].

539. Las constituciones de 1924, 1927, 1929 y 1934, otorgaron competencia a la Suprema Corte de Justicia para dirimir los litigios interadministrativos, no haciendo referencia alguna al resto de las contestaciones contencioso-administrativa que fueran elevadas por los afectados por decisiones de los órganos administrativos.

540. Sin embargo, existieron en la República Dominicana, algunos tribunales administrativos no integrados en el ámbito del Poder Judicial, así como otros órganos administrativos con funciones materialmente jurisdiccionales, de los cuales fueron emblemáticos los Consejos de Aduanas, los Tribunales de Aguas, las Juntas Electorales y la Cámara de Cuentas, entre otros, lo que suscitó, a comienzos del siglo pasado, una interesante polémica respecto de la constitucionalidad o no de esos tribunales administrativos.

541. Precisamente, esa duda sobre la constitucionalidad de los tribunales administrativos, dio lugar a que en la reforma constitucional de 1942 se dispusiera, como una atribución del Congreso, la de crear o suprimir tribunales para conocer de los asuntos contencioso-administrativo[597], atribución que se mantuvo en todos los textos constitucionales que nos rigieron hasta la proclamación de la Constitución del 26 de enero de 2010[598], la que, como ya se ha señalado, incorpora en la Constitución a la jurisdicción contenciosa-administrativa como una jurisdicción especializada en el ámbito del Poder Judicial, conformada por Tribunales Superiores Administrativos y Tribunales Contencioso-Administrativo de primera instancia.

- **Antecedentes históricos a nivel legislativo**

542 No obstante, en el año 1947, se promulgó la Ley 1494, mediante la cual se instituyó en la República Dominicana un órgano jurisdiccional de alcance nacional e instancia única, denominado Tribunal Superior Administrativo, encargado de conocer las controversias que se produjeran entre las personas y la administración, por los actos y contratos administrativos.

543. Algunos años después, mediante la Ley 2690, del 23 de enero de 1951, el ejercicio de las funciones de Tribunal Superior Administrativo le fue conferida a la Cámara de Cuentas, en adición a sus atribuciones constitucionales de control financiero externo del Estado.

---

592 Artículo 38, numeral 23 Constitución 1875; Articulo 25, numeral 23 Constitución 1880; Articulo 25, numeral 23, Constitución 1881; Articulo 25, numeral Vigésimo tercero Constitución 1887; Articulo 25, numeral Vigésimo tercero Constitución 1896; Articulo 23, numeral 23 Constitución 1907.

593 Artículo 26, numeral Octavo.

594 Artículo 26, numeral 8.

595 Artículo 51, párrafo Único Constitución 1875; Articulo 22, numeral 8 Constitución 1878; Articulo 22, numeral 8 Constitución 1879; Articulo 51, numeral 16 Constitución 1865; Articulo 37, numeral 22 Constitución 1866; Articulo 26, numeral 8 Constitución 1872.

596 Artículo 67, numeral 11 Constitución 1880; Articulo 70, numeral 11 Constitución 1881; Articulo 69, numeral Decimo Constitución 1887; Articulo 69, numeral 10 Constitución 1896; Articulo 66, numeral Decimo Constitución 1907.

597 Artículo 33, numeral 12, Constitución de 1942.

598 Constituciones de 1947, 1955, 1959, 1960, 1961, 1963, 1966, 1994 y 2002.

544. El sistema de justicia administrativa contenido en la Ley 1494, de 1947, fue una especie del modelo francés de justicia administrativa delegada, ya que los jueces del Tribunal Superior Administrativo serían designados por el Poder Ejecutivo, y sus decisiones no se encontraban sujetas al control de casación por parte de la Suprema Corte de Justicia. En otras palabras, el Tribunal Superior Administrativo no surge como un tribunal del orden judicial, y es a partir del año 1956, cuando se estableció un vínculo con el Poder Judicial, permitiendo el recurso de casación por ante la Suprema Corte de Justicia.

545. La Ley 1494, de 1947, se inspiró en la ley española de Santamaría de Paredes de 1888, al establecer los requisitos para que las personas pudieran interponer los recursos contenciosos administrativos por ante el Tribunal Superior Administrativo, con excepción de la impugnación de los actos discrecionales, por desviación de poder, que el régimen dominicano, a diferencia del español, consagró de forma expresa; exigiendo además la necesidad de agotar los recursos administrativos como condición para poder acceder a la justicia contenciosa administrativa, y en los casos de recursos contra la aplicación de impuestos u otros títulos públicos, multas y recargos era necesario además el previo pago (principio *solve et repet*).

546. En el año 1992, al promulgarse el 16 de mayo de 1992, el Código Tributario de la República Dominicana, se creó, en el ámbito del Poder Judicial, el Tribunal Contencioso Tributario, de instancia única y alcance nacional, competente para conocer las controversias contenciosas en el ámbito de la Administración Tributaria, manteniéndose el resto del contencioso administrativo en la órbita jurisdiccional del Tribunal Superior Administrativo.

547. Asimismo, mediante la ley monetaria y financiera Núm. 183-02, del xx del mes de diciembre del año 2002, se crea un Tribunal Contencioso Administrativo de lo Monetario y Financiero al cual se le atribuyó el conocimiento de los recursos contencioso-administrativo interpuestos frente a los actos y resoluciones dictados por los entes y organos que conforman la Administración Monetaria y Financiera. Este Tribunal nunca fue puesto en funcionamiento, ya que el Senado de la Republica, a quien entonces competía su integración, nunca designó a sus integrantes.

548. En el año 2007, la ley 13-07, de "*Transición hacia el Control Jurisdiccional de la Administración*", constituyó una reforma trascendental para la efectiva protección de los derechos de las personas y el fortalecimiento del Estado de Derecho en la República Dominicana, ya que puso a cargo de órganos jurisdiccionales ubicados en el Poder Judicial el control contencioso administrativo[599], y de los recursos de amparo frente a los actos de las autoridades públicas que vulneren derechos fundamentales[600]; eliminó el requisito de la obligatoriedad de agotar la vía administrativa para acceder a la justicia administrativa, convirtiendo los recursos administrativos en potestativos para el ciudadano afectado[601]; y amplió el radio de competencia de la jurisdicción contenciosa administrativa, para extenderla a las acciones en materia de responsabilidad patrimonial de las entidades públicas y sus funcionarios, los casos de vías de hecho administrativa, de expropiación forzosa, así como del control de los actos de las personas públicas

---

599 Estos órganos jurisdiccionales son el Tribunal Contencioso Tributario y Administrativo, y los Juzgado de Primera Instancia, que conocen del contencioso administrativo municipal.

600 **Artículo 1.- Traspaso de Competencias.** Se dispone que en lo sucesivo las competencias del Tribunal Superior Administrativo atribuidas en la Ley No. 1494, de 1947, y en otras leyes, así como las del Tribunal Contencioso Administrativo de lo Monetario y Financiero, sean ejercidas por el Tribunal Contencioso Tributario instituido en la Ley 11-92, de 1992, el que a partir de la entrada en vigencia de la presente ley se denominará Tribunal Contencioso Tributario y Administrativo.

601 **Artículo 4.- Agotamiento facultativo vía Administrativa.** El agotamiento de la vía administrativa será facultativo para la interposición de los recursos, contencioso administrativo y contencioso tributario, contra los actos administrativos dictados por los órganos y entidades de la administración pública, excepto en materia de servicio civil y carrera administrativa.

no estatales, de manera específica, de las Corporaciones Profesionales cuando actúen investidas de prerrogativas de poder público[602].

549. Es importante resaltar que esa reforma legislativa, procuró, además, la efectividad de las decisiones de la justicia contenciosa administrativa[603], haciendo efectivo el derecho fundamental a la tutela cautelar, al establecer un adecuado sistema de medidas cautelares[604] a cargo del Presidente del Tribunal, las que pueden ser solicitadas aún antes de la interposición del recurso contencioso administrativo[605]; las solicitudes de adopción de medidas cautelares que sean interpuestas frente a los actos administrativos de naturaleza sancionadora producen un efecto suspensivo sobre el acto sancionador; y, en adición, la demanda en suspensión de ejecución de sentencia interpuesta ante la Suprema Corte de Justicia, contra las decisiones adoptadas por el Tribunal Contencioso Tributario y Administrativo o el Presidente o de una de sus salas en materia de medidas cautelares, no tienen efecto suspensivo[606].

- **Control jurisdiccional por la jurisdicción contenciosa administrativa**

550. La Constitución de la República Dominicana proclamada en el año 2010, le da un respaldo trascendental a la jurisdicción contenciosa administrativa, al incorporarla directamente

---

602 Párrafo del Artículo 1 de la Ley 13-07.

603 Hay que reconocer que la Cámara de Cuentas en funciones de Tribunal Superior Administrativo otorgó medidas cautelares en el curso de la instrucción de procedimientos contencioso administrativo, a pesar de que no existía un texto que de forma expresa las previera. En una sentencia del 10 de septiembre del año 2002, señaló que "es de principio que para que la suspensión provisional de la ejecución de un acto administrativo tenga lugar es necesario la reunión de los siguientes elementos: 1) que el acto impugnado sea ejecutorio por su propia naturaleza; 2) que su ejecución sea susceptible de causar al solicitante de la suspensión perjuicios graves; 3) que los motivos en que se apoya la solicitud de suspensión tengan carácter de seriedad".

604 **Artículo 7.- Medidas Cautelares.** El recurrente podrá solicitar, en cualquier momento del proceso, por ante el Presidente del Tribunal Contencioso Tributario y Administrativo, la adopción de cuantas medidas cautelares sean necesarias para asegurar la efectividad de una eventual sentencia que acoja el recurso contencioso administrativo o contencioso tributario. Esta petición se someterá mediante instancia separada del recurso principal. Una vez recibida, el Presidente del Tribunal, o el de una de sus Salas que designe mediante auto, convocará a las partes a una audiencia pública que celebrará dentro de los cinco (5) días siguientes, a los fines de escuchar sus argumentos y conclusiones, debiendo fallar el asunto en un plazo no mayor de cinco (5) días.

Párrafo I. Requisitos para la adopción de Medidas Cautelares. El Presidente del Tribunal Contencioso Tributario y Administrativo, o el de una de sus Salas, adoptará la medida cautelar idónea siempre que: (a) Pudieran producirse situaciones que impidieren o dificultaren la efectividad de la tutela que pudiera otorgarse en la sentencia; (b) De las alegaciones y documentos aportados por el solicitante, sin prejuzgar el fondo del asunto, parezca fundada la pretensión; y (c) No perturbare gravemente el interés público o de terceros que sean parte en el proceso. Si de la medida cautelar pudieran derivarse perjuicios podrá exigirse la constitución de una garantía o acordarse las medidas que sean adecuadas para evitar o paliar dichos perjuicios. En este caso la medida cautelar adoptada no se llevará a efecto hasta que se acredite el cumplimiento de la garantía.

605 **Párrafo IV, del Articulo 7. Medidas cautelares anticipadas.** Las medidas cautelares podrán ser solicitadas al Presidente del Tribunal Contencioso Tributario y Administrativo, antes de iniciarse el proceso contencioso administrativo. En caso de que la medida cautelar sea concedida, el recurso contencioso administrativo o contencioso tributario deberá presentarse en el plazo previsto en esta ley; de lo contrario, se ordenará su levantamiento y se condenará a la parte solicitante al pago de las costas. En caso de que el administrado haya interpuesto recurso en vía administrativa el plazo para interponer el recurso contencioso administrativo o contencioso tributario, a los fines de este párrafo, se computa a partir del momento en que se haya agotado la vía administrativa.

606 En la práctica judicial dominicana esta previsión de la Ley 13-07, ha sido de capital importancia, ya que el Tribunal Contencioso Tributario y Administrativo juzga en instancia única, y un mecanismo al que con frecuencia acudía la autoridad para hacer inefectiva la tutela judicial conferida al beneficiario de la decisión, era recurrir de manera inmediata, en casación, la sentencia y demandar, al mismo tiempo, la suspensión de la ejecución, con cuya notificación automáticamente quedaba suspendida en virtud del artículo 12 de la Ley de Procedimiento de Casación dominicana.

en su texto, y previendo un doble grado de jurisdicción, lo que actualmente es una tarea pendiente del Poder Legislativo, que no ha tenido éxito en la aprobación de una ley de la jurisdicción contenciosa-administrativa acorde a la Carta Fundamental del Estado.

551. En efecto, la Constitución dispone que la "Jurisdicción Contencioso Administrativa estará integrada por tribunales superiores administrativos y tribunales contencioso administrativos de primera instancia", estableciendo como una reserva de ley lo relativo a sus "atribuciones, integración, ubicación, competencia territorial y procedimientos serán determinados por la ley"[607].

552. En el articulo 165, establece atribuciones jurisdicciones que competen a los tribunales superiores administrativos:

> "1) Conocer de los recursos contra las decisiones en asuntos administrativos, tributarios, financieros y municipales de cualquier tribunal contencioso administrativo de primera instancia, o que en esencia tenga ese carácter; 2) Conocer de los recursos contenciosos contra los actos, actuaciones y disposiciones de autoridades administrativas contrarias al Derecho como consecuencia de las relaciones entre la Administración del Estado y los particulares, si éstos no son conocidos por los tribunales contencioso administrativos de primera instancia; 3) Conocer y resolver en primera instancia o en apelación, de conformidad con la ley, las acciones contencioso administrativas que nazcan de los conflictos surgidos entre la Administración Pública y sus funcionarios y empleados civiles; 4) Las demás atribuciones conferidas por la ley".

553. Entre las atribuciones que tiene la jurisdicción contenciosa-administrativa, además del control de juridicidad prevista en la Constitución dominicana respecto de los actos administrativos y reglamentos de los órganos que conforman la Administración del Estado, y de las reclamaciones en el ámbito contencioso funcionarial, la legislación administrativa le atribuye conocer las acciones relativas al cumplimiento, caducidad, rescisión, interpretación, y efectos de los contratos administrativos, como igualmente, las que versen sobre el uso y goce de las dependencias del dominio público del Estado y de los entes que conforman la Administración Local[608]. Igualmente, la legislación dispone que le corresponde resolver, las pretensiones en materia de responsabilidad patrimonial del Estado y las demás personas jurídicas de derecho público, así como de sus funcionarios; las acciones en relación a los actos y disposiciones adoptados por las corporaciones profesionales en el ejercicio de potestades públicas; los procedimientos relativos a la expropiación forzosa por causa de utilidad pública o interés social; los casos de vía de hecho administrativa[609]; y los litigios interadministrativos entre los Municipios y la Administración Central del Estado[610].

554. Por mandato legal, en la República Dominicana, se establece en el ámbito de lo contencioso-administrativo, la posibilidad de adoptar medidas cautelares, cuya competencia es asignada al presidente del Tribunal Superior Administrativo[611]. Sin embargo, en materia de actos y disposiciones de la Administración Tributaria y de la Administración Monetaria y Financiera,

---

607 Articulo 164.

608 Articulo 3, ley Núm. 1494, de fecha 9 de agosto de 1947.

609 Párrafo, articulo 1, ley Núm. 13-07, de fecha 5 de febrero de 2007.

610 Párrafo V, articulo 15, ley Núm. 176-07, de fecha 17 del mes de julio de 2007.

611 Párrafo I, articulo 7. **El Presidente del Tribunal Contencioso Tributario y Administrativo, o el de una de sus Salas**, adoptará la medida cautelar idónea siempre que: (a) Pudieran producirse situaciones que impidieren o dificultaren la efectividad de la tutela que pudiera otorgarse en la sentencia; (b) De las alegaciones y documentos aportados por el solicitante, sin prejuzgar el fondo del asunto, parezca fundada la pretensión; y (c) No perturbare gravemente el interés público o de terceros que sean parte en el proceso. Si de la medida cautelar pudieran derivarse perjuicios podrá exigirse la constitución de una garantía o acordarse las medidas que sean adecuadas para evitar o paliar dichos perjuicios. En este caso la medida cautelar adoptada no se llevará a efecto hasta que se acredite el cumplimiento de la garantía.

la competencia no corresponde al presidente del Tribunal Superior Administrativo, sino que la misma debe ser conocida en formación colegial por una de las salas que conforman el Tribunal[612].

555. Por razones eminentemente prácticas y de cercanía, la ley Núm. 13-07 otorgó competencia en el ámbito de las administraciones locales, a los juzgados de primera instancia:

> "Artículo 3.- Contencioso Administrativo Municipal. El Juzgado de Primera Instancia en sus atribuciones civiles, con la excepción de los del Distrito Nacional y la Provincia de Santo Domingo, serán competentes para conocer, en instancia única, y conforme al procedimiento contencioso tributario, de las controversias de naturaleza contenciosa administrativa que surjan entre las personas y los municipios, entre las que se incluyen las demandas en responsabilidad patrimonial contra el municipio y sus funcionarios por actos inherentes a sus funciones, con la sola excepción de las originadas con la conducción de vehículos de motor, así como los casos de vía de hecho administrativa incurrido por el municipio. Al estatuir sobre estos casos los juzgados de primera instancia aplicarán los principios y normas del Derecho Administrativo y sólo recurrirán de manera excepcional, en ausencia de éstos, a los preceptos adecuados de la legislación civil".

556. En lo que respecta a las medidas cautelares en el contencioso-administrativo local, la ley dispone que su adopción, así como su modificación o levantamiento, serán solicitadas al Juez de los Referimientos de la jurisdicción civil[613].

- **Control jurisdiccional por la jurisdicción constitucional**

557. La Constitución dominicana dispone en su artículo 185, lo siguiente:

> Artículo 185.- Atribuciones. El Tribunal Constitucional será competente para conocer en única instancia: 1) Las acciones directas de inconstitucionalidad contra las leyes, decretos, reglamentos, resoluciones y ordenanzas, a instancia del Presidente de la República, de una tercera parte de los miembros del Senado o de la Cámara de Diputados y de cualquier persona con interés legítimo y jurídicamente protegido; 2) El control preventivo de los tratados internacionales antes de su ratificación por el órgano legislativo; 3) Los conflictos de competencia entre los poderes públicos, a instancia de uno de sus titulares; 4) Cualquier otra materia que disponga la ley.

- **Acciones directas de inconstitucionalidad**

558. Como se advierte de su contenido, los actos normativos que emanen de los órganos y entes que conforman la Administración Pública, o que, en todo caso, ejerzan funciones administrativas en el Estado, son pasibles de acciones directas de inconstitucionalidad por ante el Tribunal Constitucional.

559. El Tribunal Constitucional dominicano se ha referido a esa atribución señalando que los "actos administrativos de carácter normativo y alcance general son susceptibles de ser impugnados mediante la acción directa, pues al tratarse de un control abstracto o de contenido de la norma, el tribunal constitucional verifica si la autoridad pública responsable de producir la norma observó los valores, principios y reglas de la Constitución de la República y del bloque de constitucionalidad (supremacía constitucional)"[614].

---

612 Párrafo III. En todo lo relativo a los actos emanados de la Administración Tributaria, integrada por la Dirección General de Aduanas y la Dirección General de Impuestos Internos, así como de la Administración Monetaria y Financiera, las medidas cautelares se regirán de conformidad con las disposiciones establecidas en la Ley 11-92, de fecha 16 de mayo de 1992 y sus modificaciones (Código Tributario de la República Dominicana), la Ley No. 3489 de fecha 14 de octubre de 1953 y sus modificaciones, y la Ley Monetaria y Financiera No. 183-02, de fecha 21 de noviembre del 2002, y las demás leyes que rigen dichas materias, según apliquen.

613 Párrafo V, artículo 7 de la ley Núm. 13-07.

614 TC/0041/13.

560. Incluso, el Tribunal Constitucional ha hecho extensiva la acción directa de inconstitucionalidad a los actos administrativos de naturaleza no normativa, siempre y cuando sean el resultado de la ejecución de una atribución directamente conferida en la Constitución a un órgano o ente constitucional:

> "Los actos administrativos producidos en ejecución directa e inmediata de la Constitución y en ausencia de una ley que los norme, aún no ostenten un alcance general o normativo, pueden ser impugnados mediante la acción directa en inconstitucionalidad al tratarse de actuaciones que la Ley Sustantiva ordena realizar bajo ciertas formalidades de tiempo o modo y a los fines de que se garantice la supremacía constitucional, el tribunal debe verificar el cumplimiento íntegro y cabal del mandato constitucional[615]".

- **Conflictos de competencia**

561. Aunque el texto fundamental del Estado, cuando asigna competencia al Tribunal Constitucional para conocer en materia de conflictos de competencia, se refiere a aquellos que se produzcan "entre los poderes públicos"[616], la ley Núm. 137-11, Orgánica del Tribunal Constitucional y de los procedimientos constitucionales[617], en su artículo 59, lo hace extensivo a "los que surjan entre cualquiera de estos poderes y entre órganos constitucionales, entidades descentralizadas y autónomas, los municipios u otras personas de Derecho Público, o los de cualquiera de éstas entre si":

> Artículo 59.- Conflictos de Competencia. Le corresponde al Tribunal Constitucional resolver los conflictos de competencia de orden constitucional entre los poderes del Estado, así como los que surjan entre cualquiera de estos poderes y entre órganos constitucionales, entidades descentralizadas y autónomas, los municipios u otras personas de Derecho Público, o los de cualquiera de éstas entre sí, salvo aquellos conflictos que sean de la competencia de otras jurisdicciones en virtud de lo que dispone la Constitución o las leyes especiales.

562. La jurisprudencia del Tribunal Constitucional dominicano ha decidido como como un conflicto constitucional de competencia el suscitado "entre la Junta Central Electoral (JCE) y el Poder Ejecutivo, a través de la Dirección General de Contrataciones Públicas (DGCP), dependencia del Ministerio de Hacienda; conflicto que se origina por la pretensión de la entidad dependiente del Ejecutivo de conocer de recursos jerárquicos contra actuaciones del órgano constitucional electoral":

> "11.22. Este tribunal considera que limitar la autonomía constitucional mediante la vigilancia, supervisión o control de un ente infraconstitucional equivale a transferir, por vía legal, una potestad constitucional a una entidad distinta a la que ha decidido el constituyente, por lo que, en consecuencia, se pierde la independencia de los poderes y órganos y se atenta gravemente contra los artículos 4 y 6 de nuestra Carta Magna. Resulta inaceptable que una entidad de rango legal pueda incidir sobre decisiones que emanen de poderes u órganos constitucionales, sin que no se pueda deducir interferencia; sobre todo, si normas posteriores a las que le atribuye la facultad han sido modificadas, bien sea por leyes de naturaleza orgánica, o por efecto de la entrada en vigencia de la Constitución de 2010"[618].

563. Asimismo, en un caso elevado ante el Tribunal Constitucional como un conflicto de competencia entre dos entes de la Administración local previstos constitucionalmente, un Distrito Municipal contra un Municipio, respecto de atribuciones en materia de uso de suelo, la alta corte constitucional dominicana señaló:

---

[615] TC/0041/13.

[616] Articulo 185. El resaltado es nuestro (ORH).

[617] Promulgada en fecha 13 de julio de 2011.

[618] TC/0305/14.

"12.1.18. Una interpretación armónica que trascienda la redacción literal y en concordancia con los principios de interpretación y armonización que procuran optimizar los niveles de protección constitucional, nos permite advertir que en la conformación de los entes locales, la Constitución reconoce una distinción jerárquica entre los municipios y los distritos municipales, de donde se infiere que, si estos últimos son el producto del proceso de desconcentración sin dejar de pertenecer al municipio, resulta lógico admitir que se produzca una mayor atribución de competencia al órgano superior que al receptor de la transferencia de funciones, pues de lo contrario el constituyente habría creado entes locales de la misma categoría, y en consecuencia, con las mismas facultades y competencias".

- **Revisión de sentencias en materia de amparo**

564. En el ordenamiento jurídico dominicano, la Constitución establece en su articulo 72, que toda "persona tiene derecho a **una acción de amparo** para **reclamar** ante los tribunales, por sí o por quien actúe en su nombre, **la protección inmediata de sus derechos fundamentales**, no protegidos por el hábeas corpus, cuando resulten vulnerados o amenazados por la acción o la omisión de toda autoridad pública o de particulares, **para hacer efectivo el cumplimiento de una ley o acto administrativo**, **para garantizar los derechos e intereses colectivos y difusos**. De conformidad con la ley, el procedimiento es preferente, sumario, oral, público, gratuito y no sujeto a formalidades"[619].

565. Por su parte, la ley Núm. 137-11, Orgánica del Tribunal Constitucional y de los procedimientos constitucionales, confiere competencia para conocer de las acciones de amparo contra actos u omisiones de la autoridad administrativa, a la jurisdicción contenciosa administrativa[620].

566. Asimismo, la ley Núm. 137-11, confiere competencia para conocer las acciones de amparo contra los actos u omisiones de los órganos de la Administración local, así como también de los emanados "de una autoridad administrativa nacional que tenga su sede en un municipio", a los juzgados de primera instancia que corresponda el municipio[621], teniendo esto como excepción, exclusivamente, si la administración local cuya acción u omisión origina la acción de amparo tiene su sede en el Distrito Nacional o en la Provincia Santo Domingo, en cuyo caso el tribunal competente lo es en la actualidad el Tribunal Superior Administrativo[622].

567. En esta materia al Tribunal Constitucional le corresponde la última palabra, ya que todas "las sentencias emitidas por el juez de amparo pueden ser recurridas en revisión por ante el Tribunal Constitucional en la forma y bajo las condiciones establecidas en esta ley"[623].

---

619 El resaltado es nuestro (ORH).

620 Artículo 75.- Amparo contra Actos y Omisiones Administrativas. La acción de amparo contra los actos u omisiones de la administración pública, en los casos que sea admisible, será de la competencia de la jurisdicción contencioso administrativa.

621 DISPOSICIÓN TRANSITORIA PRIMERA: Hasta tanto se establezca la jurisdicción contenciosa administrativa de primer grado, cuando el acto u omisión emane de una autoridad municipal distinta a la del Distrito Nacional y los municipios y distritos municipales de la provincia Santo Domingo, será competente para conocer de la acción de amparo el juzgado de primera instancia que corresponda a ese municipio. DISPOSICIÓN TRANSITORIA SEGUNDA: Asimismo, será competente para conocer de las acciones de amparo interpuestas contra los actos u omisiones de una autoridad administrativa nacional que tenga su sede en un municipio, el juzgado de primera instancia que corresponda a dicho municipio.

622 Se trata de una atribución de competencia provisional, hasta tanto sea aprobada la ley de la jurisdicción contenciosa administrativa, y se establezcan en todo el país los Tribunales contencioso administrativo de primera instancia.

623 Articulo 94, ley Núm. 137-11.

- **Control jurisdiccional por el Tribunal Superior Electoral**

568. En la República Dominicana, la función administrativa en el ámbito electoral electoral se encuentra a cargo de un ente constitucional autónomo que se denomina Junta Central Electoral[624].

569. No obstante su naturaleza administrativa, las acciones jurisdiccionales contra los actos y disposiciones que emanen de la Junta Central Electoral, no son competencia de los órganos que conforman la jurisdicción contenciosa administrativa, sino del Tribunal Superior Electoral, que es una alta corte prevista en el articulo 214 de la Constitución dominicana:

> "Artículo 214.- Tribunal Superior Electoral. El Tribunal Superior Electoral es el órgano competente para juzgar y **decidir con carácter definitivo sobre los asuntos contencioso electorales** y estatuir sobre los diferendos que surjan a lo interno de los partidos, agrupaciones y movimientos políticos o entre éstos. Reglamentará, de conformidad con la ley, los procedimientos de su competencia y todo lo relativo a su organización y funcionamiento administrativo y financiero"[625].

570. De manera expresa, el artículo 334 de la ley Núm. 20-23, orgánica del régimen electoral[626], le atribuye al Tribunal Superior Electoral, competencia para conocer "de las impugnaciones contra las resoluciones emitidas por la Junta Central Electoral con motivo de: 1) El reconocimiento o disolución de partidos, agrupaciones y movimientos políticos; 2) El orden en la boleta electoral; 3) La distribución del financiamiento público; 4) La utilización de los recursos y medios de difusión masiva; 5) Las medidas cautelares; 6) Las sanciones administrativas electorales; y 7) Cualquier otro acto electoral o acto administrativo de contenido electoral, siempre que afecten derechos políticos electorales previstos en la Constitución de la República, las leyes, reglamentos de la Junta Central Electoral, estatutos y demás disposiciones reglamentarias de los partidos, agrupaciones y movimientos políticos"[627].

---

624 Artículo 212.- Junta Central Electoral. La Junta Central Electoral es un órgano autónomo con personalidad jurídica e independencia técnica, administrativa, presupuestaria y financiera, cuya finalidad principal será organizar y dirigir las asambleas electorales para la celebración de elecciones y de mecanismos de participación popular establecidos por la presente Constitución y las leyes. Tiene facultad reglamentaria en los asuntos de su competencia.

625 El resaltado es nuestro (ORH).

626 Promulgada el 17 de febrero de 2023.

627 Con anterioridad a la promulgación de la ley Núm. 20-23, se suscitó un conflicto de competencia entre la Junta Central Electoral y el Tribunal Superior Electoral que fue resuelto por el Tribunal Constitucional mediante sentencia TC/0282/17, del 29 de mayo de 2017. En esa sentencia el máximo intérprete de la Constitución dijo lo siguiente: "9.23. La normativa legal que rige el reconocimiento de los partidos políticos en el país dispone un procedimiento meramente administrativo que es gestionado por la Junta Central Electoral (JCE). Ninguna norma legal atribuye al Tribunal Superior Electoral (TSE) capacidad para controlar jurisdiccionalmente los actos administrativos que emite la Junta Central Electoral (JCE) durante el procedimiento de reconocimiento de los partidos políticos. Esto puede explicarse en razón de que el partido en formación carece de personalidad jurídica, en los términos del artículo 46 de la Ley núm. 275-97, antes del reconocimiento de la Junta Central Electoral (JCE) y, en consecuencia, no tiene legitimación para entablar una controversia que entre en la esfera competencial del Tribunal Superior Electoral (TSE). Esto puede inferirse del mandato del artículo 214 de la Constitución cuando señala que el Tribunal Superior Electoral (TSE) será competente para conocer de los asuntos contenciosos electorales y diferendos que surjan a lo interno de los partidos, agrupaciones y movimientos políticos o entre éstos. Así que, para poder ser parte en un conflicto electoral, el partido o la agrupación política primero debe existir jurídicamente, y luego podrá ejercer las prerrogativas que la Constitución y la ley le confieren como organización que habrá de concurrir en el proceso electoral para asegurar la formación de la voluntad ciudadana en el marco del pluralismo político. Todo lo cual impone concluir que, **en el ordenamiento jurídico vigente, las contestaciones contra la decisión adoptada por la Junta Central Electoral (JCE) en el reconocimiento de los partidos políticos carecen de eficacia contencioso-electoral y, por tanto, no entran en la esfera competencial del**

- **Control a través del mecanismo arbitral**

571. Por otra parte, desde el punto de vista de control de la actividad administrativa estatal, la Constitución de la República reconoce la figura del arbitraje como mecanismo para dirimir controversias con los entes públicos:

> "el Estado y las demás personas de Derecho Público pueden someter las controversias derivadas de la relación contractual a jurisdicciones constituidas en virtud de tratados internacionales vigentes. Pueden también someterlas a arbitraje nacional e internacional, de conformidad con la ley"[628].

572. Con anterioridad a la incorporación constitucional del arbitraje en la reforma constitucional del año 2010, la legislación dominicana habia previsto la posibilidad de resolver las controversias con los entes públicos a través del arbitraje.

573. La primera de ellas, lo fue la ley Núm. 340-06, sobre compras y contrataciones públicas de fecha 18 del mes de agosto de 2006, que dispuso que las "controversias que se generen en la ejecución de los contratos, serán resueltas, ya sea en forma directa entre las partes o a través de arbitraje, utilizando los instrumentos disponibles en las cámaras, colegios de profesionales o entidades jurisdiccionales correspondientes. En todo contrato se establecerá el procedimiento de arbitraje, conforme a lo dispuesto en el reglamento y a lo contemplado en los tratados de los cuales la República Dominicana sea parte"[629].

574. Asimismo, mediante la ley Núm. 489-08, sobre arbitraje comercial incluye dentro las materias objeto de arbitraje "aquellas en las que el Estado fuere parte", disponiendo que cuando "el arbitraje sea internacional y una de las partes sea el Estado dominicano o uno extranjero, o bien una sociedad, organización o empresa propiedad o controlada por un Estado, esa parte no podrá invocar las prerrogativas de su propio derecho o principios de soberanía, para sustraerse de las obligaciones emanadas del convenio arbitral"[630]. Asimismo, se regula lo relativo a la forma y representacion del Estado en arbitrajes, tanto en el plano local, como internacional[631].

Tribunal Superior Electoral (TSE), sino que al tratarse de un acto meramente administrativo puede ser impugnado ante la jurisdicción contencioso-administrativa en los términos regulados por la Constitución y la ley". El resaltado es nuestro (ORH).

[628] Artículo 220.

[629] Artículo 68.

[630] Artículo 2.

[631] ARTÍCULO 5.- Representación del Estado. 1. Tratándose de un arbitraje en el que el Estado dominicano sea parte, la notificación de la demanda arbitral deberá realizarse en manos de la Procuraduría General de la República y la Contraloría General de la República, quienes informarán sobre el mismo, de inmediato, a la Consultoría Jurídica del Poder Ejecutivo. Si la parte demandada es una institución descentralizada o autónoma del Estado, el demandante notificará la demanda arbitral tanto a la institución correspondiente como a la Procuraduría General de la República y a la Contraloría General de la República. 2. Tratándose de un arbitraje en el que el Estado dominicano sea parte, derivado de Tratados de Libre Comercio y Acuerdos de Inversión, la notificación se hará a la Autoridad Nacional Coordinadora, que es la Dirección de Comercio Exterior y Administración de Tratados Comerciales Internacionales de la Secretaría de Estado de Industria y Comercio. Dicha Dirección notificará desde su inicio a la Consultoría Jurídica del Poder Ejecutivo de todas las demandas recibidas en estas materias. 3. La representación del Estado por ante el tribunal arbitral podrá ser asumida por los funcionarios públicos que por ley ostenten la calidad de representante legal o bien por los mandatarios *ad litem* instituidos por éstos o por la Consultoría Jurídica del Poder Ejecutivo. La designación del representante del Estado en el procedimiento arbitral de que se trate deberá ser realizada y notificada a la parte demandante en un plazo de diez (10) días a partir de la notificación de la demanda arbitral, salvo aplicación de reglas particulares en el caso de arbitrajes administrados, en los cuales regirá lo dispuesto en el reglamento de la institución que administra el arbitraje. Al vencimiento de dicho plazo iniciará el plazo que corresponda para la presentación de la defensa del Estado como demandado. 4. La Procuraduría General de la República y la Consultoría Jurídica del Poder Ejecutivo se asegurarán de que los representantes del Estado posean la experiencia y el conocimiento necesarios, tanto en la materia objeto del

575. Mas recientemente, la ley Núm. 47-20, de alianzas público-privadas, de fecha 20 del mes de febrero del año 2020, contempla el arbitraje entre los mecanismos alternativos de solución de controversias que se deriven de los contratos sobre la materia objeto de su regulación[632].

XIV. OTRAS TÉCNICAS DE CONTROL DE LA ADMINISTRACIÓN

- **Consideraciones generales**

576. La actividad administrativa en la República Dominicana está sujeta a otros controles, distintos de los que ejercen los órganos jurisdiccionales del Poder Judicial, así como el Tribunal Constitucional y el Tribunal Superior Electoral.

577. Estos controles, por un lado, son llevados a cabo, en primer lugar, por el Poder Legislativo, pero también, por los órganos y entes constitucionales que tienen encomendados el control financiero, interno y externo, del Estado. También participa el Defensor del Pueblo[633] y, finalmente, "la sociedad a través de los mecanismos establecidos en las leyes".

- **Control por el Poder Legislativo**

578. De esos controles participan desde el punto de vista orgánico en el ámbito del Poder Legislativo, de manera conjunta las cámaras que conforman el Congreso Nacional, y, en determinados casos, una sola de ella.

579. De manera conjunta, al Congreso Nacional, conformado por el Senado y la Cámara de Diputados, el ordenamiento constitucional les atribuye funciones en materia de fiscalización y control[634], en materia de aprobación y rechazo del estado de recaudación e inversión de las rentas[635]; el examen anual de todos los actos del Poder Ejecutivo[636]; la citación e invitación de los ministros y de los titulares de los organismos autónomos por ante las comisiones permanentes o especiales del Congreso[637]; y la interpelación de "los ministros y viceministros, al Gobernador del Banco Central y a los directores o administradores de organismos autónomos y descentralizados del Estado, así como a los de entidades que administren fondos públicos sobre asuntos de su competencia"[638].

580. Es igualmente atribución conjunta de las cámaras que conforman el Poder Legislativo, la de aprobar los contratos que celebre el Poder Ejecutivo, cuando contengan disposiciones relativas a la afectación de las rentas nacionales, a la enajenación de bienes del Estado, al levantamiento de empréstitos o cuando estipulen exenciones de impuestos en general, cuando exceden en su valor de doscientos salarios mínimos del sector público[639].De manera individual, al Senado de la República le compete realizar actos de control, como los de "aprobar o desaprobar

---

arbitraje como en procedimiento arbitral mismo. La instancia arbitral apoderada del caso deberá requerir ab initio el acto de notificación al Estado, sin cuya constancia el arbitraje no podrá celebrarse, a pena de nulidad.

632 Artículo 76.- Mecanismos de solución de controversias. Los mecanismos de solución de controversias deben estar previstos en el contrato. Párrafo I.- Las partes podrán pactar mecanismos alternativos de solución de controversias tales como: la renegociación, la conciliación, la mediación y el arbitraje, los cuales no son limitativos. Párrafo II.- En caso de que un contrato de alianzas público-privadas no establezca los mecanismos alternativos de solución de controversia, se someterá a la jurisdicción contenciosa administrativa.

633 Articulo 190.

634 Artículo 93.2

635 Articulo 93, numeral 2, letra a).

636 Articulo 93, numeral 2), letra d).

637 Artículo 93, numeral 2, letra c), y articulo 94.

638 Artículo 95.

639 Artículo 128.2, letra d), de la Constitución.

los nombramientos de embajadores y jefes de misiones permanentes acreditados en el exterior que le someta el presidente de la República"[640]; y, el de "aprobar o desaprobar el envío al extranjero de tropas en misiones de paz, autorizadas por organismos internacionales, fijando las condiciones y duración de dicha misión"[641].

581. El Tribunal Constitucional dominicano se ha referido a la función de control del Poder Legislativo. En ese sentido ha señalado que:

> "11.21. La función de control del Congreso Nacional no puede reducirse a procedimientos determinados, ya que abarca la totalidad de sus actuaciones como órgano de representación popular. Así, en primer lugar, el control legislativo de los órganos constitucionales se manifiesta a través de la adopción de la ley orgánica que habría de regirlos. Esta constituye una forma de control primaria, porque el legislador actúa en el momento de formación de la normativa que delimita y condiciona el ejercicio de sus facultades y competencias, siempre y cuando no vulnere el núcleo esencial de la autonomía constitucional. El control del Poder Legislativo también se hace patente en la aprobación del presupuesto que han de aplicar anualmente los órganos constitucionales. Preciso es destacar aquí, asimismo, que incumbe al Legislativo, y no al Ejecutivo, la facultad constitucional de modificar las iniciativas presupuestarias de los órganos constitucionales autónomos. El Poder Ejecutivo al hacerlo en provecho de sus dependencias y en desmedro de los órganos constitucionales autónomos, lesiona la independencia presupuestaria de los mismos dificultando o eliminando sus planes operativos anuales y estratégicos. Por último, el control del legislador se ejercita, a posteriori, a través de la rendición de cuentas de los órganos constitucionales, la evaluación de los informes que con relación a ellos elabora la Cámara de Cuentas, así como mediante el juicio político y otros mecanismos constitucionales a los que se encuentran sujetos los titulares de los órganos extrapoderes"[642].

- **Control financiero interno y externo**

582. La Carta Fundamental del Estado dispone que "el control y fiscalización sobre el patrimonio, los ingresos, gastos y uso de los fondos públicos se llevará a cabo por el Congreso Nacional, la Cámara de Cuentas, la Contraloría General de la República, en el marco de sus respectivas competencias" [643].

  - **Control por la Contraloría General de la República**

583. En lo que respecta a la Contraloría General de la República, la Constitución dominicana dispone que es "el órgano del Poder Ejecutivo rector del control interno, ejerce la fiscalización interna y la evaluación del debido recaudo, manejo, uso e inversión de los recursos públicos y autoriza las órdenes de pago, previa comprobación del cumplimiento de los trámites legales y administrativos, de las instituciones bajo su ámbito"[644].

584. La jurisprudencia constitucional ha señalado que, respecto de los órganos y entes de relevancia constitucional, no se extiende la jurisdicción del control interno a cargo de la Contraloría General de la República, por ser este órgano dependiente del Poder Ejecutivo: "Aunque es un ente público prefigurado por la Constitución, carece de la autonomía necesaria para ser considerada un auténtico órgano extra poder"[645].

Ha dicho, además, el Tribunal Constitucional dominicano:

---

[640] Articulo 80, numeral 2.

[641] Articulo 80, numeral 7.

[642] TC/0305/14.

[643] Articulo 246.

[644] Artículo 247.

[645] TC/0305/14.

> "11.16. Este tribunal entiende que las actuaciones administrativas de los órganos que tienen autonomía constitucional, como el caso de la Junta Central Electoral, no pueden estar sujetas al control administrativo o financiero ejercido por una dependencia del Poder Ejecutivo u otra instancia infraconstitucional, procurando debilitar la potestad que tiene esa entidad para reglamentar los asuntos de su competencia o las acciones que de ella se deriven. Esa facultad conlleva la potestad de decidir todo lo relativo a sus actos, entre los cuales pueden mencionarse la regulación de los derechos y deberes de sus servidores públicos, mediante el establecimiento de normas que garanticen la idoneidad y estabilidad en el empleo, la remuneración, contratación, retiro y jubilación de sus servidores; lo relativo al sistema de contratación de bienes, obras y servicios que se realicen en el marco de los principios legales vigentes y de la moral administrativa"[646].

- **Control por la Cámara de Cuentas**

585. Por su parte, la Cámara de Cuentas "es el órgano superior externo de control fiscal de los recursos públicos, de los procesos administrativos y del patrimonio del Estado"[647], a la que la Constitución le atribuye lo siguiente:

> "Artículo 250.- Atribuciones. Sus atribuciones serán, además de las que le confiere la ley: 1) Examinar las cuentas generales y particulares de la República; 2) Presentar al Congreso Nacional los informes sobre la fiscalización del patrimonio del Estado; 3) Auditar y analizar la ejecución del Presupuesto General del Estado que cada año apruebe el Congreso Nacional, tomando como base el estado de recaudación e inversión de las rentas presentado por el Poder Ejecutivo, de conformidad con la Constitución y las leyes, y someter el informe correspondiente a éste a más tardar el 30 de abril del año siguiente, para su conocimiento y decisión; 4) Emitir normas con carácter obligatorio para la coordinación interinstitucional de los órganos y organismos responsables del control y auditoría de los recursos públicos; 5) Realizar investigaciones especiales a requerimiento de una o ambas cámaras legislativas".

586. En opinión del Tribunal Constitucional dominicano, la competencia de la Cámara de Cuentas va mucho mas allá de la fiscalización de la gestión financiera estatal:

> "11.19. En ese sentido, el artículo 248 de la Constitución dispone que la Cámara de Cuentas es el órgano superior de control externo del Estado, correspondiéndole la vigilancia de la gestión de los recursos públicos y la protección del patrimonio público, así como fiscalizar que los procesos administrativos se ajusten a sólidas políticas, prácticas y principios de gestión pública. Puede apreciarse, entonces, que la competencia de este órgano va mucho más allá de la sola gestión financiera. La fiscalización sobre la adecuada tramitación de los procesos administrativos remite a un amplio abanico de competencias que se extienden a la verificación sobre el respeto de los contenidos de los términos de referencia en los procesos públicos de licitación para la adjudicación de obras, entre otras muchas cuestiones de alto interés para la ciudadanía. Cabe agregar, además, que el artículo 30 de la ley núm. 10-04 precisa que el control externo cubre tanto la evaluación de la "legalidad y confiabilidad de la información presentada en los estados financieros y presupuestarios" (auditoría financiera), como la verificación de "si los resultados esperados por las instituciones del Estado y sus programas se están logrando con observancia de la ética, así como con criterios de eficiencia, de economía y adecuado cuidado del ambiente" (auditoría de gestión)"[648].

---

[646] TC/0345/14.

[647] Artículo 248.

[648] TC/0305/14.

587. A diferencia del alcance jurisdiccional de la Contraloría General de la República, la jurisprudencia del Tribunal Constitucional, si extiende el control de la Cámara de Cuentas, a los órganos y entes de relevancia constitucional:

> "la propia Carta Magna traza los lineamientos para que sus actividades administrativas, al igual que las de los otros órganos constitucionales, estén sometidas a supervisión y control: primero, a través de la Cámara de Cuentas de la República, en su rol de órgano de control fiscal externo; segundo, por la vía jurisdiccional que ejercen el Tribunal Superior Administrativo, la Suprema Corte de Justicia y el Tribunal Constitucional, en el marco de sus respectivas competencias; y, tercero, del Congreso Nacional a través de los mecanismos de control político, legislativo y presupuestario"[649].

- **Control por el Defensor del Pueblo**

588. El Defensor del Pueblo se encuentra previsto en la Constitución dominicana como una "autoridad independiente en sus funciones"[650], cuya función esencial es la de "contribuir a salvaguardar los derechos fundamentales de las personas y los intereses colectivos y difusos establecidos en esta Constitución y las leyes, en caso de que sean violados por funcionarios u órganos del Estado, por prestadores de servicios públicos o particulares que afecten intereses colectivos y difusos"[651].

589. La ley que regula el Defensor del Pueblo Núm. 19-01, de fecha 1 del mes de febrero del 2001, lo inviste con "plenos poderes y facultades a fin de iniciar, de oficio o a petición de parte, cualquier investigación que conduzca al esclarecimiento de actos u omisiones del sector público y de las entidades no públicas que prestan servicios públicos"[652], pudiendo "inspeccionar las oficinas públicas y aquellas entidades prestadoras de servicios públicos, sin previo aviso, y requerir de ellas todos los documentos e informaciones necesarias para materializar su labor, los cuales les serán suministrados de forma gratuita"[653].

590. Las facultades del Defensor del Pueblo comprenden, sin carácter limitativo, las de realizar sus investigaciones sobre actos administrativos opuestos a la ley o reglamentos y acciones u omisiones arbitrarias, injustas, irrazonables, ofensivas, discriminatorias por parte de entes de la administración pública o de personas físicas o morales que presten servicios públicos[654].

591. Las potestades del Defensor del Pueblo no comprende la facultad de modificar o anular actos de la administración, pero puede sugerir cambios en los criterios que han servido de base para crearlos o aplicarlos"[655]. No obstante, si de las investigaciones realizadas "resulta comprometida la responsabilidad del funcionario implicado, el Defensor del Pueblo tendrá la potestad de amonestarlo con la finalidad de que enmiende su error"[656], y en caso, de que advierta que "se verifica la ocurrencia de violaciones a la ley que constituyan delito, lo comunicará al ministerio público para que éste inicie las pesquisas de lugar"[657].

592. La jurisprudencia del Tribunal Constitucional le ha reconocido al Defensor del Pueblo "capacidad procesal para actuar en justicia[658]", así como calidad para interponer acción directa de

---

649 TC/0305/14.

650 Artículo 190.

651 Articulo 191.

652 Articulo 3.

653 Párrafo, articulo 3.

654 Artículo 17.

655 Párrafo I, artículo 17.

656 Artículo 15.

657 Articulo 16.

658 TC/0042/23.

inconstitucionalidad si el acto impugnado afecta derechos fundamentales de las personas o derechos colectivos y difusos[659].

- **Control social**

593. Como ya se ha señalado anteriormente, la Constitución dominicana incluye entre los mecanismos de control, el control "por la sociedad a través de los mecanismos establecidos en las leyes".

594. Entre los mecanismos establecidos en el ordenamiento jurídico dominicano para viabilizar el control social de la función administrativa estatal, algunos son mecanismos para acceder a la información pública que reposa en los archivos de los órganos y entes públicos, y otros, se trata de mecanismo de monitoreo de la actividad contractual pública.

  - **Libre acceso a la información pública**

595. El libre acceso a la información pública ha sido una herramienta de transcendental importancia para la transformación de la conducta del secreto con que tradicionalmente operaron las instituciones públicas dominicanas, constituyendo una herramienta básica para ejercer el control por parte de la ciudadanía respecto del uso e inversión de los recursos públicos.

596. La ley dominicana que regula la materia dispone[660], que los órganos constitucionales, los órganos y entes de la administración pública, los municipios, las sociedades comerciales con participación estatal, los partidos políticos, así como las agrupaciones privadas, con o sin fin de lucro, que reciban financiamiento estatal están sujetos a recibir por parte de la ciudadanía pedidos de acceso a la información[661].

597. La ley de acceso a la información pública consagra el principio de publicidad como regla aplicable a todos los actos y actividades de los órganos y entes públicos sujetos a su aplicación por lo cual los obliga a tener a disposición permanente del público una serie de informaciones trascendentes para posibilitar el control social de la actividad administrativa estatal:

> "a) Presupuestos y cálculos de recursos y gastos aprobados, su evolución y estado de ejecución; b) Programas y proyectos, sus presupuestos, plazos, ejecución y supervisión; c) Llamado a licitaciones, concursos, compras, gastos y resultados; d) Listados de funcionarios, legisladores, magistrados, empleados, categorías, funciones y remuneraciones, y la declaración jurada patrimonial cuando su presentación corresponda por ley; e) Listado de beneficiarios de programas asistenciales, subsidios, becas, jubilaciones, pensiones y retiros; f) Estado de cuentas de la deuda pública, sus vencimientos y pagos; g) Leyes, decretos, resoluciones, disposiciones, marcos regulatorios y cualquier otro tipo de normativa; h) Índices, estadísticas y valores oficiales; i) Marcos regulatorios legales y contractuales para la prestación de los servicios públicos, condiciones, negociaciones, cuadros tarifarios, y sanciones; j) Proyectos de regulaciones que pretendan adoptar mediante reglamento o actos de carácter general, relacionadas con requisitos o formalidades que rigen las relaciones entre los particulares y la administración o que se exigen a las personas para el ejercicio de sus derechos y actividades; y k) Proyectos de reglamentación, de regulación de servicios, de actos y comunicaciones de valor general, que determinen de alguna manera la forma de protección de los servicios y el acceso de las personas de la mencionada entidad"[662].

---

659 TC/0248/20.

660 Ley Núm. 200-04, de fecha 13 del mes de julio del año 2004.

661 Artículo 1.

662 Artículos 3 y 23.

- **Veeduría social**

598. La veeduría social en materia de contrataciones públicas en la República Dominicana[663] se ejerce a través de las Comisiones de Veeduría Ciudadana, órganos de "carácter cívico, voluntario, proactivo y ad honórem", integrados por personas que "no tienen relación de dependencia con ninguna institución del Estado"[664], y cumpliendo así con uno de los deberes fundamentales de las personas, establecido constitucionalmente, como el de velar "por el fortalecimiento y calidad de la democracia, el respeto del patrimonio público y el ejercicio transparente de la función pública"[665].

599. En ese sentido las Comisiones de Veeduría Ciudadana "tienen como objetivo el promover mecanismos de vigilancia y control social de las contrataciones públicas", a fin de "mejorar la calidad del gasto y la transparencia en el uso de los recursos públicos"[666]. Tienen como objetivos específicos los siguientes[667]:

1. Desarrollar actividades de control social de las instituciones objeto de la veeduría, a fin de verificar que, en sus procesos de compras, las mismas cumplen con la Ley No. 340-06 sobre Compras y Contrataciones de Bienes, Servicios, Obras y Concesiones del Estado y su Reglamento contenido en el Decreto No. 543-12.

2. Monitorear los procesos de compras y contrataciones, ejecutados en las distintas modalidades y el uso adecuado de los recursos públicos en las compras y contrataciones de obras, bienes y servicios de las instituciones públicas, así como el desempeño de las autoridades y servidores públicos responsables.

3. Fortalecer los mecanismos de vigilancia y control de las contrataciones públicas en las instituciones objeto de la veeduría, con el fin de promover mejores prácticas de transparencia, a través de la auditoría, la investigación y la supervisión de los ciudadanos.

4. Fortalecer los procesos de participación ciudadana en el seguimiento y el control de los proyectos, obras y servicios públicos de la institución objeto de la veeduría.

5. Realizar recomendaciones a la institución donde haya sido integradas, al Ministerio de la Presidencia y a la Dirección General de Contrataciones Públicas, relacionadas con el manejo transparente y la inversión eficiente de los recursos públicos de las instituciones objeto de la veeduría, de acuerdo al presupuesto aprobado para la institución, la Estrategia Nacional de Desarrollo, el Plan Plurianual del Sector Público, el Plan Estratégico de cada institución y de sus planes operativos y de compras.

6. Realizar aportes, desde las experiencias desarrolladas por las CVC, que contribuyan a la mejora del marco regulatorio del Sistema Nacional de Compras y Contrataciones Públicas.

7. Establecer vínculos de colaboración con otras comisiones y con organizaciones de la sociedad civil y la academia, que complementen los trabajos asignados a las Comisiones de Veeduría.

600. Para el logro de esas finalidades, las Comisiones de Veeduría Ciudadana están facultadas, entre otras, para solicitar información y documentos que sean necesarios para el desempeño de sus funciones; vigilar que los procesos de contrataciones se realicen de acuerdo con las normas legales vigentes; evaluar la fase de gerenciamiento de contratos de las obras físicas y los servicios públicos concedidos por la institución objeto de la veeduría, tomando en cuenta los tiempos de ejecución y el cumplimiento de los pagos establecidos en el contrato; solicitar a la

---

[663] Decreto 188-14.

[664] Articulo 4, Decreto 188-14.

[665] Articulo 75, numeral 12.

[666] Decreto 183-15.

[667] Articulo 7, Decreto 183-15.

Dirección General de Contrataciones Públicas, cuando fuera necesario, la designación de peritos o técnicos, previamente seleccionados por las Comisiones para el apoyo de las mismas; y establecer procedimientos y metodologías que contribuyan a la sistematización de las informaciones recabadas[668].

- **Jurisprudencia constitucional sobre el control social**

601. El Tribunal Constitucional dominicano se ha referido a esos distintos mecanismos de control social:

> "11.15. Cabe agregar que en el diseño institucional de la Carta Magna de 2010, no existe posibilidad alguna de que una entidad administrativa subordinada a un poder del Estado, incluyendo al Ejecutivo, pueda ser configurada legalmente como intermediaria entre la ciudadanía y los otros poderes u órganos constitucionales para asegurar el control social de la ejecución de los fondos públicos. Nuestra Constitución reconoce la función y el deber de la ciudadanía de velar por el uso correcto del patrimonio público y el ejercicio transparente de la función pública; pero el control social que en relación a este deber dispone el artículo 246 de la Constitución es ejercido por el pueblo en forma directa, conforme a la ley, en armonía con las previsiones del artículo 2. En ese sentido, existen mecanismos como el regulado por la Ley General de Libre Acceso a la Información Pública, núm. 200-04, del 28 de junio de 2004, así como las Comisiones de Veeduría Ciudadana, que regula el Decreto núm. 188-14, del 4 de junio de 2014, para vigilar, dar seguimiento y monitorear los procesos de compras y contrataciones públicas de bienes, servicios, obras y concesiones, con irrestricto apego a la Ley Núm. 340-06, sobre Compras y Contrataciones Públicas de Bienes, Servicios, Obras y Concesiones y sus modificaciones, del 6 de diciembre de 2006. Estas comisiones podrán acceder a la Cámara de Cuentas para canalizar sus observaciones y sugerencias"[669].

602. Asimismo, el máximo intérprete de la Constitución dominicana ha señalado que "el derecho al libre acceso a la información pública tiene como finalidad controlar el uso y manejo de recursos públicos y, en consecuencia, ponerle obstáculos a la corrupción administrativa"[670].

---

668 Articulo 9, Decreto 183-15.

669 TC/0303/14.

670 TC/0042/12.

PANORAMA GENERAL DEL DERECHO ADMINISTRATIVO URUGUAYO

CARLOS E. DELPIAZZO*

I. MODELO REGULATIVO DE LA ADMINISTRACIÓN PÚBLICA. BASES CONSTITUCIONALES. CONCEPTO DE DERECHO ADMINISTRATIVO Y FUENTES

La República Oriental del Uruguay nació a la vida independiente el 25 de agosto de 1825, jurándose la primera Constitución patria el 18 de julio de 1830. La misma fue objeto de sucesivas modificaciones, siendo las principales las de 1917, 1934, 1942, 1952, 1967 (última codificada) y 1997[1].

Como resultado de esa evolución, el país tiene una organización unitaria, en la que el Estado (persona jurídica mayor) se expresa a través de los tres clásicos Poderes de Gobierno, sin perjuicio de la existencia de Entes Autónomos, Servicios Descentralizados y Gobiernos

Departamentales (personas jurídicas menores) que manifiestan respectivamente la descentralización funcional o por servicios los dos primeros y la descentralización territorial los últimos[2].

A través de ese devenir, al igual que en otras naciones, se ha verificado entre nosotros una **constitucionalización del Derecho Administrativo**[3], que ha permitido identificar un conjunto de bases políticas, económicas, sociales y jurídicas de la Administración pública uruguaya[4].

Entre las *bases políticas* se agrupan las que determinan la existencia soberana del Estado, la forma de gobierno, el ejercicio del poder público, las bases de la ciudadanía y el sufragio, los derechos fundamentales, los cometidos estatales esenciales, el régimen de control, el estatuto de los funcionarios públicos y la responsabilidad del Estado.

Entre las *bases sociales* se incluyen la protección de la familia, el perfeccionamiento físico, moral e intelectual de los habitantes, la protección del trabajador y la regulación de la seguridad social.

Entre las *bases económicas* se encuentran las reglas y principios que regulan la actividad de los particulares -en principio libre salvo limitación legal- y la intervención del Estado.

---

* Doctor en Derecho y Ciencias Sociales por la Universidad Mayor de la República Oriental del Uruguay. Profesor Emérito de la Facultad de Derecho de dicha Universidad. Director de la Especialización y Maestría en Derecho Administrativo y Gestión Pública en la Facultad de Derecho de la misma Universidad. Catedrático de Derecho Administrativo en dicha Maestría y en la Facultad de Derecho de la Universidad de Montevideo. Ex Catedrático de Derecho Informático y de Derecho Telemático en la Facultad de Derecho de la Universidad Mayor de la República. Ex Director de la Escuela de Posgrado de dicha Facultad. Ex Decano de la Facultad de Derecho de la Universidad Católica del Uruguay Dámaso Antonio Larrañaga. Autor de 85 libros y más de 600 trabajos publicados en el país y en el exterior. Profesor Invitado del Instituto Nacional de Administración Pública (España). Profesor Visitante de la Especialización en Derecho Administrativo de la Universidad de Belgrano (Argentina). Profesor Extraordinario Visitante de la Universidad Católica de Salta (Argentina). Miembro del Comité Académico de la Maestría de Derecho Administrativo de la Facultad de Derecho de la Universidad Austral (Argentina) y de la Comisión Académica del Programa de Doctorado de Derecho Administrativo Iberoamericano liderado por la Universidad de La Coruña (España). Ex Director y miembro del Instituto Uruguayo de Derecho Administrativo, del Instituto de Derecho Administrativo de la Universidad Notarial Argentina, de la Asociación Argentina de Derecho Administrativo, de la Asociación de Derecho Público del Mercosur, de la Asociación Centroamericana de Derecho Administrativo, de la Academia Internacional de Derecho Comparado, de la Asociación Iberoamericana de Derecho Administrativo, y del Instituto Internacional de Derecho Administrativo. Secretario General del Foro Iberoamericano de Derecho Administrativo. Miembro de Número de la Academia Nacional de Derecho y de la Academia Nacional de Economía del Uruguay

[1] Ver: Héctor Gros Espiell. *Evolución constitucional del Uruguay,* (F.C.U., Montevideo, 2003), 3ª edición actualizada.

[2] Carlos E. Delpiazzo. "Bases conceptuales de la organización administrativa uruguaya", en *Rev. de Administración Pública Uruguaya*. Montevideo, 1998, Nº 22, p. 61 y ss.; y "Estructura del Estado Uruguayo", en Carlos de Cores Helguera (Coordinador) – "*El Derecho en Uruguay*", Reus, Madrid, 2017, p. 67 y ss.

[3] Carlos E. Delpiazzo. "Marco constitucional del Derecho Administrativo Uruguayo", en *V Foro Iberoamericano de Derecho Administrativo*, Quito, 2006, p. 105 y ss.; y Alberto Ramón Real - "Bases constitucionales de la Administración Pública", en *Rev. de la Facultad de Derecho y Ciencias Sociales,* Montevideo, 195), Año X, Nº 1-2, p. 417 y ss.

[4] Daniel Hugo Martins. *Introducción al Derecho Administrativo*", F.C.U., Montevideo, 1982, p. 95 y ss.

Entre las *bases jurídicas* se destacan las disposiciones que refieren a la forma de elaboración de las diferentes normas que contempla el ordenamiento jurídico, así como a su control, la subordinación al principio de juridicidad y la plena vigencia del Estado democrático de Derecho.

Como consecuencia de la confluencia de tales bases fundantes, la Administración pública uruguaya aparece connotada por su esencial servicialidad, la que se concreta en el servicio a los intereses colectivos, de lo que deriva su naturaleza instrumental o vicarial para el logro del bien común, su ser para otros, a fin de que los componentes del cuerpo social -todos- puedan alcanzar plenamente sus fines propios.

Con ese marco, el **Derecho Administrativo uruguayo** ha tenido un significativo desenvolvimiento, tanto desde su consideración como rama del Derecho cuanto desde el punto de vista científico[5].

Bajo el primer enfoque, el Derecho Administrativo *en tanto que Derecho*, es una parte del Derecho público, conjuntamente con el Derecho Constitucional, al que se encuentra íntimamente ligado. Perteneciendo al género del Derecho público, la diferencia específica que permite alcanzar su concepto radica en su objeto: regula la organización de la Administración, tanto en lo que refiere a su estructura (aspecto estático) como a su funcionamiento (aspecto dinámico), y la actividad de esta, tanto la concretada en actos jurídicos (aspecto teórico) como en operaciones materiales (aspecto práctico), que se realiza a través del ejercicio servicial de la función administrativa (aspecto teleológico).

En su esencia, el Derecho Administrativo se nos presenta como un intento permanente de hacer compatible las prerrogativas de la Administración con las garantías de la libertad del administrado, en función del fin trascendente de la obtención del bien común[6].

Por otra parte, *en cuanto ciencia* que tiene por objeto el estudio de la rama jurídica que viene de caracterizarse, el Derecho Administrativo es una disciplina de formación reciente ya que nace como consecuencia de la aparición del Estado constitucional (fines del siglo XVIII), desarrollándose a partir del último cuarto del siglo XIX. Quiere decir que existió Administración antes que Derecho Administrativo.

En nuestro país[7], la Cátedra de Derecho Administrativo en la Universidad de la República se creó el 15 de febrero de 1878, siendo su primer catedrático Carlos María Ramírez, quien ya enseñaba nociones de la asignatura desde 1871 en la Cátedra de Derecho Constitucional. No obstante, fue Carlos María De Pena quien desempeñó efectivamente la Cátedra desde 1887. Fue seguido por Rodolfo Sayagués Laso, Alberto Demichelli, Juan José Carbajal Victorica y Aparicio Méndez, el "arquitecto" de la teoría de la organización administrativa en nuestro país mediante su trilogía compuesta por "La Teoría del Órgano", "La Jerarquía" y "Sistemas Orgánicos".

Sin desconocer el aporte de otros Profesores, el gran "constructor" del Derecho Administrativo nacional fue Enrique Sayagués Laso a través de su "Tratado de Derecho Administrativo" y de su magisterio.

Fallecido trágicamente Sayagués Laso en 1965, una pléyade de Profesores continuaron su labor, destacándose, entre quienes ya no están, Alberto Ramón Real y Héctor Barbe Pérez, cuya obra, desde distintas ópticas, tuvo el común denominador de centrar en la persona humana la perspectiva de análisis de la disciplina. También cabe recordar a Héctor Giorgi como el "orfebre" del contencioso administrativo de anulación, a Julio A. Prat como el "actualizador", y a Daniel Hugo Martins y Héctor Frugone Schiavone, como los dos "artífices" de la parte especial del Derecho Administrativo.

La consolidación de la disciplina en sus fundamentos éticos y jurídicos tuvo como protagonistas a Mariano R. Brito, José Aníbal Cagnoni y Juan Pablo Cajarville Peluffo, que durante muchos años volcaron su mejor esfuerzo a la docencia activa. Después de los Profesores indicados, ocupamos la

---

5 Carlos E. Delpiazzo. *Derecho Administrativo Uruguayo*", Porrúa - UNAM, México, 2005, p. 8 y ss.

6 Carlos E. Delpiazzo. "Bien común, sociedad y Estado", en *Rev. de Derecho de la Universidad de Montevideo*, Año XI, 2012, N° 21, p. 81 y ss.; y "*Dignidad humana y Derecho*", U.M., Montevideo, 2001, p. 17, 41, 75 y 88 y ss.

7 Daniel Hugo Martins. "Los primeros cien años de la enseñanza del Derecho Administrativo en la Facultad de Derecho y Ciencias Sociales de la Universidad de la República", en *Rev. Uruguaya de Derecho Constitucional y Político*, Montevideo, 1996, tomo XII, N° 67-71, p. 553 y ss.

Cátedra de Derecho Administrativo en la Facultad de Derecho de la Universidad de la República, Augusto Duran Martínez y quien esto escribe, seguidos luego por Felipe Rotondo y Cristina Vázquez[8].

A su vez, habilitada la creación de Universidades privadas a partir de 1985, el primer catedrático de Derecho Administrativo en la hoy Universidad de Montevideo fue quien esto escribe (1990) y el primer catedrático en la Universidad Católica del Uruguay fue Augusto Duran Martínez (1994).

Entre las **fuentes principales del Derecho Administrativo**, cabe referirse a los principios generales de Derecho, la Constitución, los actos legislativos (tanto nacionales como departamentales), el reglamento, y las fuentes del nuevo Derecho de la integración del Mercosur, sin perjuicio de otras de importancia dispar[9] y de la creciente incidencia de las propias del Derecho Administrativo Global[10].

Respecto a los *principios generales de Derecho*, es posible hacer coincidir su concepto con su designación (a través de las tres palabras que componen su nombre)[11].

En primer lugar, son principios por cuanto constituyen los soportes primarios estructurales del sistema jurídico todo, al que prestan su contenido.

En segundo lugar, son reglas de carácter general porque trascienden un precepto concreto y no se confunden con apreciaciones singulares o particulares.

En tercer lugar, los principios generales son de Derecho ya que se trata de fórmulas técnicas del mundo jurídico y no de simples criterios morales, buenas intenciones o vagas directivas.

Desde el punto de vista de su jerarquía, participan de la suprema eficacia normativa de la Constitución e incluso cabe sostener que se ubican por encima de la misma por ser anteriores a ella, que los reconoce nominadamente en el art. 332 e innominadamente en el art. 72, a cuyo tenor "La enumeración de derechos, deberes y garantías hecha por la Constitución, no excluye los otros que son inherentes a la personalidad humana o que se derivan de la forma republicana de gobierno".

Además, constituyen fuente directa y principal de nuestro Derecho porque "sería ontológicamente absurdo y lógicamente contradictorio que siendo principios generales solo se apliquen si no hay texto, sino que los textos deben estar de acuerdo a los principios y los principios de acuerdo a la naturaleza de las cosas"[12].

En cuanto a la *Constitución*, cabe definirla, desde el punto de vista formal, como el conjunto de normas sancionadas por el procedimiento establecido expresamente a esos efectos, y desde el punto de vista material, como el conjunto de disposiciones fundamentales relativas a la organización estatal (parte orgánica) y a los derechos y deberes individuales (parte dogmática).

Su jerarquía de máximo nivel positivo deriva de la eficacia formal en ella misma reconocida, la que no puede ser modificada sino por las vías en ella previstas, incidiendo sobre el ordenamiento preexistente con fuerza innovativa[13].

---

8 Carlos E. Delpiazzo. "Panorama del Derecho Administrativo uruguayo a través de sus protagonistas", en Gladys Camacho Cepeda (Editora) - "*El Derecho Administrativo en América Latina. Homenaje al Prof. Rolando Pantoja Bauzá*, Editorial Jurídica de Chile, Santiago, 2016, p. 401 y ss.

9 Carlos E. Delpiazzo - "Derecho Administrativo General" (Montevideo, 2020), volumen 1, tercera edición actualizada y ampliada, capítulos 5 a 11.

10 Carlos E. Delpiazzo - "Impacto de la globalización en las fuentes del Derecho Administrativo", en José Araujo Juárez y Víctor Hernández Mendible (Coordinadores) – *Retos del Derecho Público en la tercera década del siglo XXI. Libro Homenaje al Prof. José Luis Villegas Moreno*, Editorial Jurídica Venezolana Internacional, Caracas, 2021, p. 141 y ss.

11 Carlos E. Delpiazzo. "Reconocimiento de los principios generales de Derecho en el Derecho Administrativo uruguayo", en Jaime Arancibia y José Ignacio Martínez (Coordinadores) - *La primacía de la persona. Estudios en homenaje al Prof. Eduardo Soto Kloss*, Legal Publishing, Santiago de Chile, 2009, p. 229 y ss.; y Mariano R. Brito, Juan Pablo Cajarville Peluffo, Carlos E. Delpiazzo y Augusto Duran Martínez, *Los principios en el Derecho Administrativo Uruguayo,* A.M.F., Montevideo, 2009.

12 Héctor Barbe Pérez. "Los principios generales de Derecho como fuente de Derecho Administrativo", en *Estudios en memoria de Juan José Amézaga*, Montevideo, 1958, p. 37 y ss.

13 Carlos E. Delpiazzo. "La Constitución como fuente principal del Derecho Administrativo Uruguayo", en *Rev. de Direito Administrativo & Constitucional*, Belo Horizonte, 2010, Año 10, N° 40, p. 73 y ss.

Entre las fuentes de carácter legislativo, corresponde mencionar a las *leyes* propiamente dichas y a los llamados *decretos de las Juntas Departamentales*, a los que la Constitución reconoce "fuerza de ley en su jurisdicción" (art. 260).

En nuestro Derecho, no se prevé la existencia de *decretos leyes* (actos emanados del Poder Ejecutivo con eficacia normativa de leyes), usándose tal denominación para designar a los actos legislativos de los gobiernos de facto, convalidados a su finalización.

Por lo tanto, en cuanto a su caracterización, cabe decir que, mientras las leyes son (a nivel de la persona pública mayor Estado) actos emanados del Poder Legislativo conforme a alguno de los procedimientos constitucionalmente previstos para ello, los decretos de las Juntas Departamentales son (a nivel de las entidades estatales menores de base territorial denominadas Gobiernos Departamentales) actos, también legislativos, dictados según los procedimientos previstos en la Carta al efecto, limitados a las materias departamental y municipal.

Desde el punto de vista de su jerarquía, los actos legislativos se ubican por debajo de la Constitución rígida, por lo que su eventual contradicción con ella determina inconstitucionalidad o derogación[14].

Respecto al *reglamento*, cabe decir que, en el Derecho positivo uruguayo, su caracterización es la de un tipo de acto administrativo según resulta de claras normas constitucionales, legales y reglamentarias; se trata del acto unilateral de la Administración que crea normas jurídicas generales, por oposición al acto administrativo en sentido estricto como el acto de la Administración que produce efectos subjetivos[15].

En nuestro país, el reglamento es siempre acto administrativo sometido a la ley, afirmación que es válida aún respecto a los llamados reglamentos autónomos.

El desarrollo del llamado *Derecho de la integración* en el ámbito del Mercado Común del Sur (Mercosur) ha aparejado un significativo aporte creador de normas jurídicas constitutivas de un ordenamiento jurídico nuevo[16].

A diferencia del Tratado de Roma de 25 de marzo de 1957, constitutivo de la Comunidad Económica Europea y de modo similar a lo acontecido en el ámbito del Pacto Andino, el Tratado fundacional del Mercosur suscrito en Asunción el 26 de marzo de 1991 no previó un elenco de fuentes ni reguló sus efectos y relaciones, limitándose a establecer los elementos básicos del procedimiento para llegar a la conformación de un mercado común y un sistema orgánico provisional a tal fin.

Será recién en el Protocolo de Brasilia para la solución de controversias firmado el 17 de diciembre de 1991 donde se establecerá un primer enunciado del ordenamiento de fuentes del Mercosur. De acuerdo a su art. 19, de modo coherente con lo previsto en los arts. 1 y 25, dicho ordenamiento está constituido por las disposiciones del Tratado de Asunción, los acuerdos celebrados en el marco del mismo, las Decisiones del Consejo del Mercado Común, las Resoluciones del Grupo Mercado Común, como así también "los principios y disposiciones del Derecho internacional aplicables en la materia".

Tales disposiciones reconocen un Derecho originario conformado por el Tratado de Asunción con sus anexos y los acuerdos celebrados en el marco del mismo, y un Derecho derivado formado por los actos jurídicos emanados del Consejo del Mercado Común y del Grupo Mercado Común que el Protocolo denomina Decisiones y Resoluciones respectivamente. Asimismo, suponen un ordenamiento normativo jerárquico ya que el Derecho derivado está subordinado al originario, y dentro del Derecho derivado, las Resoluciones del Grupo Mercado Común se encuentran subordinadas a las Decisiones del Consejo del Mercado Común en virtud de la diferente posición institucional de estos órganos[17].

---

[14] Carlos E. Delpiazzo. "La ley y el reglamento. Características, tipos y marco normativo en Uruguay", en *Memorias del VI Foro Iberoamericano de Derecho Administrativo*, Universidad Externado de Colombia, Bogotá, 2007, p. 289 y ss.

[15] Carlos E. Delpiazzo. "Acto administrativo y reglamento en el Derecho uruguayo", en *Jornadas sobre Acto Administrativo y Reglamento*, Edit. Ciencias de la Administración, Buenos Aires, 2002, p. 571 y ss.

[16] Carlos E. Delpiazzo. "Alcances y límites del Derecho de la Integración", en *Rev. de Derecho Público,* Montevideo, 1998, Nº 13, p. 45 y ss.; y "El Derecho de la Integración frente a la Constitución uruguaya", en *Rev. Actualidad en el Derecho Público*, Buenos Aires, 1999, Nº 9, p. 107 y ss.

[17] Carlos E. Delpiazzo - "Fuentes del Derecho de la Integración", en *A.A.V.V. - "El Derecho de la Integración del Mercosur*", U.M., Montevideo, 1999, p. 67 y ss.

Con la aprobación del Protocolo de Ouro Preto de 17 de diciembre de 1994, se dedica el capítulo V a regular específicamente las "Fuentes Jurídicas del Mercosur". Al tenor de su art. 41, "las fuentes jurídicas del Mercosur son:

I- El Tratado de Asunción, sus Protocolos y los instrumentos adicionales o complementarios;

II- Los acuerdos celebrados en el marco del Tratado de Asunción y sus Protocolos;

III- Las Decisiones del Consejo del Mercado Común, las Resoluciones del Grupo Mercado Común y las Directivas de la Comisión de Comercio del Mercosur, adoptadas desde la entrada en vigor del Tratado de Asunción".

Agrega el art. 42 que "las normas emanadas de los órganos del Mercosur previstos en el art. 2 de este Protocolo -que son aquellos "con capacidad decisoria, de naturaleza intergubernamental: el Consejo del Mercado Común, el Grupo Mercado Común y la Comisión de Comercio del Mercosur"- tendrán carácter obligatorio y, cuando sea necesario, deberán ser incorporadas a los ordenamientos jurídicos nacionales mediante los procedimientos previstos por la legislación de cada país".

De dicho cuadro normativo, se desprende que el denominado Derecho originario o primario del Mercosur está conformado por los *tratados internacionales* que lo estructuran o modifican. Son acuerdos de voluntades entre los Estados participantes, cuyo contenido material presenta cierta similitud con las Constituciones nacionales: enunciado programático, creación de órganos y reparto de competencias.

A nivel del Derecho derivado o secundario, corresponde hacer referencia, en primer término, a las *Decisiones*, respecto a las cuales el art. 9° del Protocolo de Ouro Preto establece que "el Consejo del Mercado Común se pronunciará mediante Decisiones, las que serán obligatorias para los Estados partes".

De este modo, superando la indiferenciación que resultaba del Tratado de Asunción -cuyo art. 16 se refería a "las decisiones del Consejo del Mercado Común y del Grupo Mercado Común- se viene a precisar que se denominan Decisiones solo los actos emanados del "órgano superior del Mercosur" (art. 3° del citado Protocolo), al que se le atribuye la supremacía institucional y jerárquica de la organización.

Lamentablemente, no se ha definido el alcance ni las características propias de este tipo de fuente formal del Mercosur.

En segundo término, otros actos típicos dentro del Derecho derivado del Mercosur lo constituyen las *Resoluciones*. Más allá del sentido habitual de la expresión en el Derecho Administrativo para individualizar a las normas particulares y concretas creadas por acto administrativo, el art. 15 del Protocolo de Ouro Preto establece que "el Grupo Mercado Común se pronunciará mediante Resoluciones, las cuales serán obligatorias para los Estados partes".

En consecuencia, se trata de la denominación atribuida a los actos emanados del "órgano ejecutivo del Mercosur" (art. 10 de dicho Protocolo), el cual está subordinado jerárquicamente al Consejo del Mercado Común.

Al igual que en el caso de las Decisiones, no se precisan el alcance y los atributos de las Resoluciones, salvo su subordinación a aquéllas.

En tercer término, cabe mencionar las *Directivas*, que, en el ámbito del Mercosur, no responden al concepto técnico que aporta el Derecho Administrativo ni a la noción positiva que surge del tratado fundacional de la actual Unión Europea.

Por el contrario, siguiendo la misma técnica usada para las Decisiones y Resoluciones, el art. 20 del Protocolo de Ouro Preto dispone que "la Comisión de Comercio del Mercosur se pronunciará mediante Directivas o Propuestas". Y añade: "Las Directivas serán obligatorias para los Estados partes".

Ello significa que estamos en presencia de una fuente nominada de Derecho derivado -los actos jurídicos emergentes de la Comisión de Comercio- cuyo alcance y peculiaridades tampoco se definen.

En cuarto término, debe tenerse presente que la precedente enumeración de fuentes no se considera taxativa, por lo que la doctrina suele agregar *otras fuentes*, tales como el Derecho Internacional, la jurisprudencia, la doctrina y los principios generales de Derecho.

Respecto a la jerarquía de las indicadas fuentes del Mercosur, para determinar la pirámide jurídica y la relación de sus componentes con los distintos actos jurídicos que conforman el ordenamiento interno de cada uno de los Estados que lo componen, es preciso atender a su eficacia formal.

En lo que refiere al primer aspecto, si bien no se ha establecido una jerarquización expresa de las diversas normas que constituyen el ordenamiento jurídico del Mercosur, es evidente que el Derecho originario constituido por los Tratados y Protocolos constitutivos posee mayor valor y fuerza que el Derecho derivado emergente de los órganos por ellos creados.

A su vez, dentro de las normas de Derecho derivado, la jerarquía queda determinada según el órgano que la dictó. En consecuencia, las Decisiones emanadas del órgano superior del Mercosur prevalecerán sobre las Resoluciones del órgano ejecutivo, y estas sobre las Directivas, en la medida que la Comisión de Comercio aparece como un órgano subordinado al Grupo Mercado Común.

Quiere decir que los diversos actos jurídicos de los órganos del Mercosur tienen distinto valor y fuerza no por su diferente naturaleza sino por la distinta posición institucional de los órganos de los cuales emanan.

Con relación al segundo de los indicados aspectos, es decir, la relación de cada fuente de Derecho del Mercosur con los distintos actos jurídicos que conforman el ordenamiento interno del Estado uruguayo, en la medida que el Derecho originario se incorpora formalmente al mismo por la vía de la ley, es preciso reputar al Derecho derivado como sub-legal.

Junto a las indicadas fuentes, pueden señalarse *otras fuentes* del Derecho Administrativo uruguayo, tales como los tratados, los contratos que celebra la Administración, los convenios colectivos del sector público, los actos administrativos, las prescripciones administrativas de orden interno, la doctrina, la jurisprudencia, las costumbres, prácticas y precedentes[18].

II. ORGANIZACIÓN ADMINISTRATIVA

La organización administrativa uruguaya se desenvuelve a través de la persona pública mayor Estado y de las personas públicas estatales menores que expresan la descentralización funcional (Entes Autónomos y Servicios Descentralizados) y la descentralización territorial (Gobiernos Departamentales)[19].

De acuerdo a la Constitución, la persona pública mayor **Estado** manifiesta su voluntad, en el ámbito de sus respectivas competencias, a través de los Poderes Ejecutivo, Legislativo y Judicial, y de los tres órganos de creación constitucional, separados y distintos de los Poderes de Gobierno, a saber: Tribunal de Cuentas, Corte Electoral y Tribunal de lo Contencioso Administrativo.

Si bien es frecuente identificar al Estado con la Administración Central (en sentido amplio), estrictamente la noción de Administración Central (en sentido restringido) suele referirse al Poder Ejecutivo.

Respecto al mismo, cabe señalar que la expresión Poder Ejecutivo tiene un doble significado orgánico[20] ya que designa a uno de los tres Poderes de gobierno (sistema orgánico) y al jerarca máximo del mismo (órgano):

a) como sistema orgánico, se trata de un sistema centralizado compuesto básicamente por el órgano jerarca del mismo nombre, que lo encabeza, los Ministerios y sus dependencias; y

b) como órgano jerarca, el Poder Ejecutivo es un órgano cuyas formas de actuación y composición ha dado lugar a pluralidad de enfoques a partir de la interpretación de los textos constitucionales.

En cuanto al *Poder Ejecutivo como órgano jerarca* del sistema orgánico del mismo nombre, el art. 149 de la Constitución es la norma clave para desentrañar los dos aspectos señalados.

Respecto a sus formas de actuación, establece la citada norma que "El Poder Ejecutivo será ejercido por el Presidente de la República actuando con el Ministro o Ministros respectivos, o con el Consejo de Ministros, de acuerdo a lo establecido en esta Sección y demás disposiciones concordantes".

---

18 Carlos E. Delpiazzo - "Fuentes del Derecho Administrativo", en Jaime Rodríguez Arana y Libardo Rodríguez (Directores) – "Curso de Derecho Administrativo Iberoamericano", Comares - INAP, Granada, 2015, p. 125 y ss.

19 Carlos E. Delpiazzo - *Bases conceptuales de la organización administrativa uruguaya, cit.*, p. 65.

20 Carlos E. Delpiazzo - *Derecho Administrativo Especial*, A.M.F., Montevideo, 2015, volumen 1, tercera edición actualizada y ampliada, capítulo 2.

Quiere decir que el texto constitucional reconoce dos forma directas y normales de actuación del órgano, sin perjuicio de las formas indirectas (derivadas de la delegación de atribuciones) y de la excepcional (constituida por la actuación del Presidente de la República solo).

En cuanto a las formas directas y normales, corresponde hacer referencia en primer término a la forma innominada "acuerdo", consistente en la conjunción de voluntades del Presidente de la República con un Ministro (acuerdo singular), con varios Ministros (acuerdo plural) o con la totalidad de los Ministros (acuerdo general).

La segunda forma directa y normal de actuación del órgano Poder Ejecutivo es en Consejo de Ministros al cual la Constitución (art. 160 y concordantes) reserva determinado ámbito privativo de competencia[21].

Son formas indirectas de actuación del órgano Poder Ejecutivo las resultantes de lo previsto en el art. 168, núm. 24 y en el art. 181, nums. 8° y 9°, que refieren a la delegación de atribuciones[22].

Respecto a la composición y naturaleza del órgano, de lo que viene de decirse resulta que el órgano Poder Ejecutivo, ya funcione en forma de acuerdo del Presidente de la República con el Ministro o Ministros respectivos, ya funcione en Consejo de Ministros presidido por el Presidente de la República, está compuesto por los mismos cargos que, aisladamente, componen además los órganos unipersonales Presidencia de la República y Ministerios. Cuando el Presidente de la República vota en el Consejo de Ministros o acuerda con uno o varios Ministros una resolución gubernativa, no ejercita la competencia del órgano Presidencia de la República, del mismo modo que tampoco los Ministros ejercitan, en tales casos, la competencia de los órganos unipersonales de que son también titulares.

A partir de tal constatación, puede afirmarse que el órgano jerarca Poder Ejecutivo es un órgano simple, pluripersonal y potenciado (en el sentido de que sus titulares los son en virtud de su carácter de soportes de otros órganos: Presidencia de la República y Ministerios), sin perjuicio de reconocer que, excepcionalmente, puede asumir la forma de un órgano simple y unipersonal: la Presidencia de la República.

En cuanto a los *Ministerios*, constituyen verdaderos complejos orgánicos formados por un órgano jerarca -también llamado Ministerio- y los órganos subordinados a este, los cuales se caracterizan por su centralización derivada en lo organizativo y por su desconcentración en lo funcional.

Quiere decir que, al igual que acontece con el Poder Ejecutivo, la expresión Ministerio tiene en nuestra Constitución una doble significación orgánica[23] ya que designa al subsistema y a su jerarca:

a) como subsistema orgánico, refiere a la repartición administrativa del Poder Ejecutivo (como Poder de Gobierno) que comprende un conjunto de servicios que se concentran por razón de materia; y

b) como jerarca, alude al órgano simple y unipersonal, de previsión constitucional, que encarna una forma de centralización dentro de la centralización.

En tanto que sistema orgánico, cada Ministerio está compuesto por el aludido órgano jerarca, que recibe el mismo nombre, y por un conjunto de dependencias, llamadas presupuestalmente Unidades Ejecutoras, que no siempre son órganos y que, en su organización interna, se subdividen en múltiples reparticiones, dependiendo de su complejidad, que ordinariamente se denominan Divisiones, Departamentos y Secciones (yendo del mayor nivel al menor nivel dentro de la jerarquía).

En todos los Ministerios, por disposición constitucional, existe un Subsecretario, que ingresa con el Ministro a su propuesta, y cesa con él, pudiendo sustituirlo interinamente (arts. 183 y 184). A su vez, por mandato legal, en cada Ministerio existe un Director General de Secretaría de Estado. Las atribuciones de uno y otro fueron deslindadas por Decreto de 7 de mayo de 1934, complementado por Decreto de 28 de abril de 1944.

---

21 Ver: Aníbal Luis Barbagelata - "El Consejo de Ministros en la Constitución Nacional", Biblioteca de Publicaciones Oficiales de la Facultad de Derecho y Ciencias Sociales, Montevideo, 1950.

22 Horacio Cassinelli Muñoz. "La delegación de atribuciones en la Constitución uruguaya", en *Cuaderno de la Facultad de Derecho y Ciencias Sociales* N° 19, Montevideo, 1967, p. 149 y ss.

23 Carlos E. Delpiazzo. *Derecho Administrativo Especial, cit.,* volumen 1, tercera edición actualizada y ampliada, p. 47 y ss.

Por lo que refiere al Ministerio como órgano, el mismo tiene una posición constitucional doble ya que, por un lado, está subordinado al órgano Poder Ejecutivo mientras que, por otro lado, tiene la calidad de jerarca de los servicios integrantes del subsistema respectivo. Este fenómeno, denominado de centralización derivada o de centralización en la centralización, no se da respecto de la masa funcional del sistema sino de aquellas funciones propias del jerarca como tal. En virtud de esta figura, un órgano -en el caso, el Ministerio- sin ver alterada su posición o grado en la línea funcional, recibe potestades jerárquicas propias, adquiriendo la calidad de jerarca derivado.

Al cargo de Ministro se accede por designación del Presidente de la República, que lo hará atendiendo a las perspectivas de apoyo parlamentario que, a su criterio, reúna el candidato, sin perjuicio de la facultad de requerir de la Asamblea General un voto de confianza (art. 174 de la Constitución).

Al presente existen los siguientes 14 Ministerios:

1) el Ministerio del Interior es el continuador del Ministerio de Gobierno, que se remonta al año 1856, en que se separa del Ministerio de Relaciones Exteriores, constituyendo un solo Ministerio de Gobierno y Relaciones Exteriores desde el 22 de diciembre de 1828;

2) el Ministerio de Relaciones Exteriores tiene igual génesis ya que fue creado como Ministerio de Gobierno y Relaciones Exteriores el 22 de diciembre de 1828 por el Gobierno Provisorio designado por la Asamblea General Constituyente y Legislativa;

3) el Ministerio de Economía y Finanzas fue creado como Ministerio de Hacienda por ley de 8 de marzo de 1830, recibiendo su nombre actual en virtud del art. 103 de la ley N° 13.835 de 7 de enero de 1970;

4) el Ministerio de Defensa Nacional fue instituido el 22 de diciembre de 1828 como Ministerio de Guerra y Marina, recibiendo su nombre actual en el año 1933;

5) el Ministerio de Educación y Cultura reconoce como antecedente al Ministerio de Justicia, Culto e Instrucción Pública creado por la ley N° 1.603 de 22 de enero de 1883, pasando a llamarse Ministerio de Instrucción Pública y Previsión Social por ley N° 9.463 de 19 de marzo de 1935 y recibiendo su nombre actual por el art. 172 de la ley N° 13.835 de 7 de enero de 1970;

6) el Ministerio de Transporte y Obras Públicas fue creado como Ministerio de Obras Públicas por la ley N° 3.147 de 12 de marzo de 1907 y su denominación actual proviene del decreto ley N° 14.218 de 11 de julio de 1974;

7) el Ministerio de Industria, Energía y Minería fue creado como Ministerio de Industria, Trabajo e Instrucción Pública por la ley N° 3.147 de 12 de marzo de 1907, desgajándose luego los cometidos de Trabajo y de Instrucción Pública y agregándose los de Energía y Minería conforme al art. 288 de la ley N° 16.170 de 28 de diciembre de 1990;

8) el Ministerio de Trabajo y Seguridad Social tiene como antecedente el ya mencionado Ministerio de Industria, Trabajo e Instrucción Pública creado por la citada ley N° 3.147 de 12 de marzo de 1907, pasando luego a llamarse Ministerio de Industria y Trabajo por la ley N° 9.463 de 19 de marzo de 1935, y recibiendo su denominación y competencia actual en virtud de la reforma constitucional de 1966;

9) el Ministerio de Salud Pública fue creado por la ley N° 9.202 de 12 de enero de 1934;

10)el Ministerio de Ganadería, Agricultura y Pesca fue creado como Ministerio de Ganadería y Agricultura por la ley N° 9.463 de 19 de marzo de 1935 y su nombre actual fue establecido por el art. 301 de la ley N° 15.809 de 8 de abril de 1986;

11) el Ministerio de Turismo fue previsto en la reforma constitucional de 1966 como parte del entonces Ministerio de Transporte, Comunicaciones y Turismo, siendo creado como tal por el art. 83 de la ley N° 15.851 de 24 de diciembre de 1986, transformado luego en Ministerio de Turismo y Deporte por el decreto ley N° 17.866 de 21 marzo de 2005 hasta el dictado de la ley N° 19.331 de 20 de julio de 2015 cuyo art. 12 dispuso su denominación actual;

12) el Ministerio de Vivienda y Ordenamiento Territorial fue creado como Ministerio de Vivienda, Ordenamiento Territorial y Medio Ambiente por la ley N° 16.112 de 30 de mayo de 1990 (art. 1°), recibiendo su nombre actual por imperio del art. 303 de la ley N° 19.889 de 9 de julio de 2020;

13) el Ministerio de Desarrollo Social fue creado por la ley N° 17.866 de 21 de marzo de 2005; y

14) el Ministerio de Ambiente fue creado por el art. 290 de la ley N° 19.889 de 9 de julio de 2020;

Por lo que refiere a la *Presidencia de la República*, también constituye un verdadero complejo orgánico compuesto por el órgano Presidencia de la República y múltiples dependencias, entre las que se destacan la Secretaría de la Presidencia de la República, la Oficina de Planeamiento y Presupuesto, la Oficina Nacional del Servicio Civil y la Casa Militar. A su vez, de cada una de ellas dependen otras reparticiones, tal como acontece, en el caso de la Oficina de Planeamiento y Presupuesto, con el Instituto Nacional de Estadística y la Agencia para el Desarrollo del Gobierno de Gestión Electrónica y la Sociedad de la Información y el Conocimiento (AGESIC).

Si bien se ha discutido si el órgano Presidencia de la República integra el Poder Ejecutivo o, por el contrario, encarna exclusivamente la Jefatura de Estado fuera del ámbito del Poder Ejecutivo, varias consideraciones de texto y de contexto parecen avalar la primera posición[24].

Desde el punto de vista textual de la Constitución, fácil resulta constatar que no existe ninguna Sección ni Capítulo de la Carta destinado exclusivamente a la Presidencia de la República, sino que las menciones a la Presidencia de la República o a las potestades del Presidente de la República actuando sin los Ministros aparecen básicamente en la Sección IX, que refiere al Poder Ejecutivo (sin perjuicio de otras referencias en otras partes de la Constitución, como en la Sección X, relativa a los Ministros, que son designados y cesados por el Presidente de la República).

A su vez, contextualmente, la Presidencia de la República goza de una posición de preeminencia ya que si el Presidente de la República tiene la potestad discrecional de cesar a los Ministros, es evidente que jamás perderá una votación en el Consejo de Ministros si realmente lo desea. Siendo así, aparece como el orientador de la política del Poder Ejecutivo y, por ende, inviste la Jefatura de Gobierno (además de la Jefatura de Estado), aun cuando las decisiones se adopten formalmente en Consejo de Ministro.

Pasando al ámbito de la Administración descentralizada, en el régimen constitucional uruguayo, la descentralización funcional o por servicios se expresa a través de los llamados **Entes Autónomos y Servicios Descentralizados** a que refiere la Sección XI de la Carta[25].

Tradicionalmente, se ha considerado a los Entes Autónomos y a los Servicios Descentralizados como personas jurídicas públicas (porque están reguladas primordialmente por el Derecho público), estatales (porque pertenecen a la organización jurídica de la colectividad que llamamos Estado en sentido amplio) y menores (por oposición al Estado entendido en sentido restringido como la persona pública mayor) dirigidas por órganos ordinariamente colegiados pero que pueden ser también unipersonales, que tienen a su cargo el desenvolvimiento de cometidos de carácter nacional. La diferencia entre unos y otros se ha radicado en que mientras los Entes Autónomos poseen la totalidad o generalidad de poderes de administración y actúan con autonomía bajo cierto control de la Administración central, los Servicios Descentralizados poseen amplios (aunque menores) poderes de administración y están sometidos a un control tutelar más intenso de la Administración central[26].

Según se ha destacado, en ambas denominaciones aparecen dos conceptos teóricos -el de autonomía (consistente en la potestad de dictar su propio ordenamiento jurídico) y el de descentralización (que implica la ruptura del vínculo jerárquico)- y dos conceptos de Derecho positivo -el de Ente Autónomo y el de Servicio Descentralizado- pero esos conceptos no se corresponden sino que se cruzan ya que tanto los Entes Autónomos como los Servicios Descentralizados son autónomos y son descentralizados, aunque los primeros poseen mayor grado de autonomía y de descentralización que los segundos[27].

Al presente existen los siguientes 12 Entes Autónomos:

---

24 Augusto Duran Martínez. "La Presidencia de la República: naturaleza, posición institucional, situación de su personal y resolución de recursos administrativos", en *Rev. Uruguaya de Derecho Constitucional y Político*, Montevideo, 1985, tomo II, N° 7, p. 2 y ss.

25 Carlos E. Delpiazzo. *Derecho Administrativo Especial, cit.,* volumen 1, tercera edición actualizada y ampliada, capítulo 5.

26 Jorge Silva Cencio. *La descentralización por servicios en la Constitución de 1967*, F.C.U., Montevideo, 1971; y Julio A. Prat. *Los Entes Autónomos en la descentralización funcional uruguaya*, A.M.F., Montevideo, 1971.

27 Horacio Cassinelli Muñoz - "Derecho Público", F.C.U., Montevideo, 1999, p. 246.

1) el Banco de la República Oriental del Uruguay (BROU), creado como banco comercial y de fomento por la ley N° 2.480 de 4 de agosto de 1896 y cuya carta orgánica, luego de sucesivas modificaciones y complementos a la ley N° 9.808 de 2 de enero de 1939, es la ley N° 18.716 de 24 de diciembre de 2010;

2) el Banco de Seguros del Estado (BSE), creado por la ley N° 3.935 de 27 de diciembre de 1911 con el cometido de realizar contratos de seguros, originalmente con monopolio en la materia, cuya carta orgánica fue establecida por la ley N° 18.243 de 27 de diciembre de 2007;

3) la Administración Nacional de Usinas y Trasmisiones Eléctricas (UTE), creada por la ley N° 4.273 de 21 de octubre de 1912 con el cometido de proveer a terceros de energía eléctrica y cuya carta orgánica fue aprobada por el decreto ley N° 15.031 de 4 de julio de 1980;

4) el Banco Hipotecario del Uruguay (BHU), institucionalizado por la ley N° 5.343 de 22 de noviembre de 1915 y cuya carta orgánica está básicamente contenida en el decreto ley N° 15.100 de 23 de diciembre de 1980, sin perjuicio de modificaciones posteriores;

5) la Administración Nacional de Combustibles, Alcohol y Portland (ANCAP), creada por la ley N° 8.764 de 15 de octubre de 1931 con el cometido de explotar y administrar el monopolio del alcohol y carburante nacional y de importar, rectificar y vender petróleo y sus derivados, así como fabricar portland;

6) la Administración de Ferrocarriles del Estado (AFE), creada por la ley N° 11.859 de 19 de setiembre de 1952 con el cometido de realizar transporte de pasajeros y carga por vías férreas, y cuya carta orgánica vigente está contenida en el decreto ley N° 14.396 de 1° de julio de 1975;

7) el Banco de Previsión Social (BPS), creado por el art. 195 de la Constitución de 1967 con el cometido de coordinar los servicios estatales de seguridad social, y cuya carta orgánica está contenida en las leyes N° 15.800 de 17 de enero de 1986 y N° 16.170 de 28 de diciembre de 1990 (arts. 546 a 553);

8) el Banco Central del Uruguay (BCU), creado por el art. 196 de la Constitución de 1967 y cuya carta orgánica se aprobó por la ley N° 16.696 de 30 de marzo de 1995, modificándose por la ley N° 18.401 de 24 de octubre de 2008;

9) el Instituto Nacional de Colonización (INC), creado por la ley N° 11.029 de 12 de enero de 1948 con el objetivo de promover una racional subdivisión de la tierra y su adecuada explotación.

10) la Universidad de la República (UdelaR), que desarrolla su competencia a nivel superior (según lo previsto en su ley orgánica N° 12.549 de 16 de octubre de 1958);

11) la Administración Nacional de Educación Pública (ANEP), que lo hace en el ámbito de la enseñanza inicial, primaria, secundaria y técnico profesional (conforme a lo establecido en la ley N° 15.739 de 28 de marzo de 1985 y sus modificativas, especialmente la ley N° 18.437 de 12 de diciembre de 2008); y

12) la Universidad Tecnológica (UTEC), creada por la ley N° 19.043 de 28 de diciembre de 2012 con el fin principal de formar profesionales en las diversas áreas del conocimiento tecnológico, en consonancia con las necesidades de desarrollo integral del país.

A su vez, existen hoy los siguientes 14 Servicios Descentralizados:

1) la Administración Nacional de Puertos (ANP), creada por la ley N° 5.495 de 21 de julio de 1916 con los cometidos de brindar los servicios que demanda el embarque y desembarque, lanchaje, remolque, salvamento y otras actividades portuarias, y cuyo régimen actual está contenido principalmente en la ley de reforma portuaria N° 16.246 de 8 de abril de 1992;

2) la Administración de Obras Sanitarias del Estado (OSE), creada por la ley N° 11.907 de 19 de diciembre de 1952 con el cometido de prestar los servicios de agua potable en todo el territorio nacional y de alcantarillado en los departamentos del interior;

3) la Administración Nacional de Telecomunicaciones (ANTEL), con competencia en materia de telecomunicaciones, cuya carta orgánica está contenida en el decreto ley N° 14.235 de 25 de julio de 1974, sin perjuicio de modificaciones posteriores;

4) la Administración Nacional de Correos (ANC), cuyo estatuto para el desempeño de las actividades postales está dado por el art. 747 de la ley N° 16.736 de 5 de enero de 1996; y

5) la Agencia Nacional de Vivienda (ANV), creada y regulada por los arts. 9 a 34 de la ley N° 18.125 de 27 de abril de 2007, con el fin de promover y facilitar el acceso a la vivienda, así como contribuir a la elaboración e implementación de políticas públicas en materia de hábitat urbano.

6) el Instituto del Niño y Adolescente del Uruguay (INAU), creado como Instituto Nacional del Menor (INAME) por la ley N° 15.977 de 14 de setiembre de 1988, en sustitución del anterior Consejo del Niño;

7) la Administración de los Servicios de Salud del Estado (ASSE), convertida en Servicio Descentralizado por la ley N° 18.161 de 29 de julio de 2007;

8) el Instituto Uruguayo de Meteorología (INUMET), creado por la ley N° 19.158 de 25 de octubre de 2013;

9) el Servicio Descentralizado instituido por la ley N° 19.307 de 29 de diciembre de 2014 con el nombre de Sistema Público de Radio y Televisión Nacional (SPRTN);

10) la Fiscalía General de la Nación (FGN), transformada en Servicio Descentralizado por la ley N° 19.334 de 14 de agosto de 2015;

11) la Junta de Transparencia y Ética Pública (JUTEP), configurada como Servicio Descentralizado por la ley N° 19.340 de 28 de agosto de 2015;

12) el Instituto Nacional de Inclusión Social Adolescente (INISA) creado como tal por la ley N° 19.367 de 31 de diciembre de 2015;

13) la Unidad Reguladora de los Servicios de Energía y Agua (URSEA), a la cual el art. 238 de la ley N° 19.889 de 9 de julio de 2020 atribuyó la naturaleza de Servicio Descentralizado; y

14) la Unidad Reguladora de los Servicios de Comunicaciones (URSEC), a la cual el art. 256 de la misma ley N° 19.889 definió como Servicio Descentralizado.

Bajo el título "Del gobierno y de la administración de los Departamentos", la Constitución dedica la Sección XVI a los **Gobiernos Departamentales**, que son la expresión institucional y personificada de la descentralización de base geográfica o territorial[28].

Mientras que al momento de aprobarse la primera Constitución (1830), el territorio nacional se dividía en 9 Departamentos, al presente, existen 19 Departamentos[29].

En tal sentido, el art. 262 -que encabeza dicha Sección- comienza diciendo que "El gobierno y la administración de los Departamentos, con excepción de los servicios de seguridad pública, serán ejercidos por una Junta Departamental y un Intendente" (inc. 1°), aludiendo a los dos órganos principales mediante los cuales manifiestan su voluntad las entidades descentralizadas de base territorial, que son los Gobiernos Departamentales.

Significa que la asignación de competencia se realiza no solo en base a un criterio material sino también en consideración a un determinado territorio, que es el Departamento. Consecuentemente, el Departamento es el ámbito espacial sobre el que se ejercita la competencia de la persona jurídica Gobierno Departamental y de sus órganos.

En la medida que la Constitución diferencia lo departamental de lo local o municipal y manda a la ley establecer "la materia departamental y la municipal, de modo de delimitar los cometidos respectivos de las autoridades departamentales y locales" (art. 262, inc. 3°), la noción de Gobierno Departamental no puede identificarse actualmente con la de Municipio.

Además, desde el punto de vista de nuestro Derecho positivo, con la aprobación de la ley N° 18.567 de 13 de setiembre de 2009, el Municipio es el nombre dado a la autoridad local (art. 1°, inc. 1°), precisándose que "su circunscripción territorial urbana y suburbana deberá conformar una unidad, con personalidad social y cultural, con intereses comunes que justifiquen la existencia de estructuras políticas representativas y que faciliten la participación ciudadana" (inc. 2°)[30].

---

28 Carlos E. Delpiazzo. "Nuevas perspectivas de la descentralización", en *Reflexiones sobre la reforma constitucional de 1996*, F.C.U., Montevideo, 1997, p. 107 y ss.

29 Carlos E. Delpiazzo. "*Organización territorial uruguaya*", en Carlos De Cores Helguera (Coordinador) – "*El Derecho en Uruguay*", Reus, Madrid, 2017, p. 107 y ss.

30 Carlos E. Delpiazzo. "*Autoridades departamentales y municipales*" (A.M.F., Montevideo, 2010), p. 9 y ss.

Con relación a la organización de las personas jurídicas Gobiernos Departamentales, es posible tomar como punto de partida el citado art. 262 de la Constitución, a cuyo tenor el gobierno y la administración de los Departamentos "serán ejercidos por una Junta Departamental y un Intendente" (inc. 1°), sin perjuicio de que "podrá haber una autoridad local en toda población que tenga las condiciones mínimas que fijará la ley" (inc. 2°).

De acuerdo a lo previsto en el art. 273, "La *Junta Departamental* ejercerá las funciones legislativas y de contralor en el Gobierno Departamental. Su jurisdicción se extenderá a todo el territorio del Departamento"[31].

En cuanto a su integración, dispone el art. 263 que "Las Juntas Departamentales se compondrán de treinta y un miembros", sin perjuicio de que, al tenor del art. 269, "La ley sancionada con el voto de dos tercios del total de los componentes de cada Cámara podrá modificar el número de miembros de las Juntas Departamentales". Serán elegidos directamente por el pueblo (art. 270) y quedarán sujetos a rigurosas prohibiciones e incompatibilidades (arts. 290 a 294).

Respecto a la *Intendencia*, la expresión tiene un doble significado orgánico ya que designa a un sistema orgánico de la persona jurídica Gobierno Departamental y al órgano máximo de dicho sistema, cuyo titular es el Intendente, al que corresponden "las funciones ejecutivas y administrativas" (art. 274)[32].

Como sistema orgánico, la Intendencia se organiza internamente conforme a las reglas de la centralización y está compuesto básicamente por el órgano jerarca del mismo nombre, que lo encabeza, y por las dependencias que la Constitución prevé (arts. 277 a 280), además de las autoridades locales subordinadas.

Comenzando por el órgano jerarca Intendencia, corresponde señalar que se trata de un órgano simple y unipersonal compuesto por un solo cargo, el de Intendente, al cual se accede por elección del cuerpo electoral departamental (art. 270), quedando su titular sometido a un estatuto jurídico previsto en la propia Constitución y en la ley orgánica departamental.

Por debajo del Intendente, el art. 277 de la Constitución prevé la figura del Secretario, el cual "será nombrado por cada Intendente y cesará con él, salvo nueva designación, pudiendo ser removido o reemplazado transitoriamente en cualquier momento" (inc. 2°). Se trata de un funcionario de particular confianza del Intendente, el cual "firmará los decretos, las resoluciones y las comunicaciones con el Secretario o el funcionario que designe, requisito sin el cual nadie estará obligado a obedecerlos" (inc. 1°). Significa que la firma del Secretario constituye un requisito de autenticación sin que se requiera la voluntad del Secretario para el perfeccionamiento del acto de que se trate.

Seguidamente, el art. 278 establece que "El Intendente podrá atribuir a comisiones especiales la realización de cometidos específicos, delegando las facultades necesarias para su cumplimiento". Dichas comisiones especiales constituyen grupos de individuos comisionados por el Intendente para actuar en conjunto, misionalmente, al fin especial resultante del encargo atribuido específicamente. Para el desempeño del mismo, la Constitución prevé expresamente que el Intendente les proveerá de "las facultades necesarias" mediante una de las modalidades de la centralización, cual es la delegación de atribuciones.

También dependen del Intendente los Directores Generales de Departamento, que son algo así como los Ministros del Intendente. Respecto a los mismos, dispone el art. 279 que "El Intendente determinará la competencia de las direcciones generales de departamento y podrá modificar su denominación". Añade el art. 280 que "Los directores generales de departamento ejercerán los cometidos que el Intendente expresamente delegue en ellos". Quiere decir que las Direcciones Generales de Departamento son órganos dependientes del Intendente, que actúan mediante desconcentración, o sea, en ejercicio de atribuciones propias (las que se hayan determinado por acto legislativo departamental o mediante reglamento conforme al art. 279) o a través de la delegación de las atribuciones que le haga el Intendente (según la previsión del art. 280).

---

31 Carlos E. Delpiazzo. "*Derecho Administrativo Especial*" *cit.*, volumen 1, tercera edición actualizada y ampliada, p. 155 y ss. y 165 y ss.

32 Carlos E. Delpiazzo. *Derecho Administrativo Especial*, *cit.*, volumen 1, tercera edición actualizada y ampliada, p. 157 y ss. y 168 y ss.

Finalmente, corresponde referirse a las *Autoridades locales* ya que, al tenor del art. 262, inc. 2° de la Constitución, "podrá haber una autoridad local en toda población que tenga las condiciones mínimas que fijará la ley. También podrá haberla, una o más, en la planta urbana de las capitales departamentales, si así lo dispone la Junta Departamental a iniciativa del Intendente".

De acuerdo al art. 1° de la citada ley N° 18.567, dichas autoridades locales -antes denominadas Juntas Locales conforme a lo previsto en la Disposición Transitoria y Especial letra Y)- se llamarán Municipios[33].

En orden a su integración, el art. 287 de la Carta prevé que "el número de miembros de las autoridades locales, que podrán ser unipersonales o pluripersonales, su forma de integración en este último caso, así como las calidades exigidas para ser titular de las mismas, serán establecidos por la ley".

Agregaba la Disposición Transitoria y Especial letra Y) de la Constitución que, mientras no se dicte dicha ley, "se llamarán Juntas Locales y tendrán cinco miembros", que podrán ser electivos o designados por el Intendente.

A partir de la ley N° 18.567, se establece que "*se denominarán Municipios*" (art. 1°) y que "serán órganos integrados por cinco miembros y sus cargos serán de carácter electivo", distribuyéndose por el sistema de representación proporcional integral (art. 9°)[34].

A su vez, el art. 288 de la Constitución faculta a la ley a ampliar las facultades de gestión de las autoridades locales en las poblaciones que, sin ser capital del departamento, cuenten con más de diez mil habitantes u ofrezcan interés nacional para el desarrollo del turismo, pudiendo declararlas electivas.

Por lo tanto, a partir de los textos constitucionales, era posible clasificar a las autoridades locales en atención a su composición, a su competencia y a la forma de nombramiento de sus integrantes:

a) en atención a su composición, se distinguían las autoridades locales unipersonales (a las cuales la Constitución no da un nombre) y las autoridades locales pluripersonales (las cuales se llamarán Juntas Locales y tendrán cinco miembros según lo previsto en la Disposición Transitoria y Especial letra Y);

b) conforme al criterio de la competencia, se distinguían las Juntas Locales comunes o simples y aquéllas de competencia ampliada; y

c) según su forma de integración, se distinguían las Juntas Locales designadas y las electivas.

Con la entrada en vigencia de la ley N° 18.567 y sus modificativas, resulta lo siguiente:

a) en atención a su composición, todas las autoridades locales son pluripersonales (las cuales se llaman Municipios y tienen cinco miembros);

b) conforme al criterio de la competencia, se mantiene la distinción entre autoridades locales comunes o simples y de competencia ampliada; y

c) según su forma de integración, las autoridades locales pasan a ser electivas.

Quiere decir que, interpretando armónicamente las disposiciones constitucionales (especialmente el art. 288) y legales referidas, resulta que no todas las autoridades locales son iguales, sino que es posible considerar distintos tipos de Municipios.

En primer lugar, cabe mencionar los *Municipios comunes*, cuya creación compete a la Junta Departamental -mediante acto legislativo departamental- a propuesta del Intendente (art. 273, núm. 9°), siempre que se cumplan las condiciones que la ley determine (art. 288).

De acuerdo a lo previsto en el art. 1° de la ley N° 18.567, "Cada Municipio tendrá una población de al menos dos mil habitantes y su circunscripción territorial urbana y suburbana deberá conformar una unidad, con personalidad social y cultural, con intereses comunes que justifiquen la existencia de estructuras políticas representativas y que faciliten la participación ciudadana" (inc. 2°).

---

33 Carlos E. Delpiazzo. "Autoridades departamentales y municipales" *cit.*, p. 28 y ss.

34 Carlos E. Delpiazzo. *El Municipio en el Derecho Uruguayo*, en Teresita Rendon Huerta Barrera (Coordinadora) – *Derecho Municipal Multinacional*, Porrúa, México, 2015, p. 635 y ss.

No obstante, agrega la disposición que "Podrá haber un Municipio en aquellas poblaciones que no alcancen el mínimo de habitantes requerido por el presente artículo, si así lo dispone la Junta Departamental a iniciativa del Intendente. Para la constitución de Municipios dentro de las capitales departamentales se requerirá iniciativa del Intendente y aprobación de la Junta Departamental" (inc. 3°).

En concordancia con la doctrina tradicional relativa a las Juntas Locales comunes, las normas citadas sugieren que los Municipios simples son órganos integrantes del sistema orgánico Intendencia y, por ende, subordinados jerárquicamente al Intendente, dotados de cierta desconcentración.

En segundo lugar, corresponde referir a los *Municipios de competencia ampliada*, cuya creación compete al Poder Legislativo -mediante ley formal- a iniciativa del respectivo Gobierno Departamental (art. 288).

Superando divergencias anteriores, la normativa vigente confirma el criterio de que todos los Municipios, sean simples o de competencia ampliada, se encuentran sometidos a la jerarquía del Intendente ya que sus decisiones quedan sometidas al recurso de apelación y las Juntas Locales Autónomas y Electivas preexistentes a su dictado "se convertirán en Municipios, de acuerdo con las disposiciones de la presente ley, manteniendo además de las facultades de gestión en esta previstas, las establecidas en las leyes" respectivas (art. 22 de la ley).

Teniendo en cuenta que el reiteradamente citado art. 262 de la Constitución dispone en su inc. 3° que "La ley establecerá la materia departamental y la municipal, de modo de delimitar los cometidos respectivos de las autoridades departamentales y locales, así como los poderes jurídicos de sus órganos", es fácil inferir que la competencia de las autoridades locales está acotada a la materia municipal.

Sobre el particular, en forma coherente con lo postulado precedentemente, cabe caracterizar a la *materia municipal* por su referencia a todos aquellos asuntos de predominante interés local, frente al interés departamental (propio de la materia departamental) o nacional (propio de la materia atribuida a los órganos nacionales), la que es definida en el art. 7° de la ley N° 18.567.

Respecto a los Municipios comunes, a partir de la aprobación de la ley N° 18.567 y sus modificativas, se distingue entre las atribuciones y los cometidos de los Municipios (arts. 12 y 13).

Por lo que refiere a los Municipios de competencia ampliada, en la medida que la ampliación de sus facultades de gestión está confiada a la ley nacional (art. 288 de la Constitución), dependerá de cada acto legislativo la concreta delimitación de las atribuciones y cometidos asignados a cada uno de ellos por encima del régimen mínimo emergente de la ley N° 18.567.

Resta agregar que la ley N° 18.567 ha querido dar nombre a los integrantes de los Municipios y, asimismo, asignarles determinadas atribuciones propias, sin perjuicio de las específicas del órgano que componen[35].

De acuerdo al art. 11, inc. 1° de dicha ley N° 18.567, "El primer titular de la lista más votada del lema más votado dentro de la respectiva circunscripción territorial se denominará Alcalde y presidirá el Municipio", mientras que "Los restantes miembros se denominarán Concejales".

En caso de ausencia temporal o definitiva, el Alcalde será sustituido en sus funciones por el titular electo que le siga en la misma lista o, en su defecto, por el primer titular de la segunda lista más votada del lema más votado en la circunscripción (art. 11, inc. 2°).

Conforme al Capítulo IV de la multicitada ley N° 18.567 se normatiza acerca "De las atribuciones y cometidos del Municipio y sus integrantes", de modo que se distingue entre las atribuciones y cometidos del órgano municipal (arts. 12 y 13) y las atribuciones de los Alcaldes y los demás Concejales como integrantes del mismo (arts. 14 y 15).

Aunque la mayoría de dichas atribuciones confiadas a los Alcaldes y Concejales son de propuesta y colaboración, también las hay de administración activa, en cuyo caso puede entenderse que se verifica una suerte de desconcentración -aunque limitada- dentro de la desconcentración.

[35] Carlos E. Delpiazzo. *Autoridades departamentales y municipales*, *cit.*, p. 38 y ss.

III. PROCEDIMIENTO ADMINISTRATIVO

En la medida que el Derecho le fija a la Administración tareas a cumplir y fines a perseguir, sus órganos deben seguir un determinado cauce o camino para hacerlo. En el Derecho uruguayo, desde la década de los sesenta, las normas de procedimiento administrativo se han codificado por vía de reglamento de directa aplicación en el ámbito de la Administración central -actualmente rige el Reglamento de Procedimiento Administrativo (RPA) aprobado por el Decreto N° 500/991 de 27 de setiembre de 1991[36]- y de indirecta aplicación (a través de su adopción por cada una) en el ámbito de las Administraciones descentralizadas[37].

En orden a su **caracterización**, puede decirse que el procedimiento administrativo es la serie, secuencia o sucesión de actos jurídicos y operaciones materiales que constituye el elemento ordenador y sistematizador del desenvolvimiento de la función administrativa.

En palabras del art. 168 de nuestro RPA, se trata del "conjunto de trámites y formalidades que debe observar la Administración en el ejercicio de sus poderes", lo que evidencia su unidad formal, su unidad de fin y su carácter instrumental ya que:

a) implica un conjunto de actos y operaciones materiales coordinados entre sí, coligados los unos con los otros, según un orden secuencial de trámites y formalidades;

b) persigue un fin, que ordinariamente es el dictado de un acto administrativo, encauzando la actividad administrativa en orden a la eficacia de su gestión y, al mismo tiempo, garantizando el respeto de los derechos e intereses particulares involucrados; y

c) tiene una naturaleza instrumental no solo respecto al dictado o ejecución de un acto (inmediatamente) sino al logro del interés público o bien común (mediatamente) que debe presidir todo el obrar de la Administración.

Aún cuando no corresponde atribuir a la cuestión más importancia que la terminológica, es conveniente hablar de procedimiento y no de proceso, para reservar esta última expresión para la secuencia de actos jurídicos y operaciones materiales que se cumple ante los órganos jurisdiccionales cuando actúan en el ejercicio de la función jurisdiccional.

En rigor, más que de procedimiento administrativo (en singular), procede hablar de procedimientos administrativos (en plural) ya que existen distintos tipos que pueden clasificarse en atención a diversos criterios:

a) tomando en cuenta su regulación, se distingue entre el procedimiento administrativo común o general y los especiales o técnicos (como son el procedimiento expropiatorio, los procedimientos de selección en la contratación administrativa, los procedimientos disciplinarios del sumario y la investigación administrativa, etc.);

b) atendiendo a su alcance, cabe diferenciar entre procedimientos internos y externos según afecten real o potencialmente solo a agentes de la Administración o a terceros ajenos a ella;

c) en función de quien lo inicia, el procedimiento administrativo puede ser de oficio o a instancia de uno o más interesados; y

d) teniendo en consideración su objeto, es posible distinguir entre el procedimiento preparatorio de un acto a recaer sobre un determinado tema planteado y el procedimiento recursivo o de impugnación, que apunta a la revisión de un acto ya dictado (originario) mediante la emisión de otro a recaer frente a los recursos (derivado).

---

[36] Carlos E. Delpiazzo. *Texto Ordenado de Procedimiento Administrativo*, F.C.U., Montevideo, 2019, quinta edición actualizada y ampliada.

[37] Carlos E. Delpiazzo. "El procedimiento administrativo y las nuevas tecnologías de la información", en *Rev. Uruguaya de Derecho Constitucional y Político* (Montevideo, 1992), tomo VIII, N° 48, p. 420 y ss.

De acuerdo al art. 2º del RPA, se explicita un conjunto de **principios generales** 38, enumerándolos de la siguiente forma: "La Administración pública debe servir con objetividad los intereses generales con sometimiento pleno al Derecho y debe actuar de acuerdo con los siguientes principios generales:

a) imparcialidad;
b) legalidad objetiva;
c) impulsión de oficio;
d) verdad material;
e) economía, celeridad y eficacia;
f) informalismo en favor del administrado;
g) flexibilidad, materialidad y ausencia de ritualismos;
h) delegación material;
i) debido procedimiento;
j) contradicción;
k) buena fe, lealtad y presunción de verdad salvo prueba en contrario;
l) motivación de la decisión; y
m) gratuidad.

Los principios señalados servirán también de criterio interpretativo para resolver las cuestiones que puedan suscitarse en la aplicación de las reglas de procedimiento".

La **regulación positiva** del desenvolvimiento del procedimiento administrativo común (aunque también, con variantes, de los procedimientos especiales) permite su disección en etapas o momentos 39.

En cuanto a su *inicio*, según el art. 15 del RPA, el procedimiento administrativo puede comenzarse de oficio por la Administración o ser promovido por un interesado.

En el primer caso, "la autoridad competente puede actuar por disposición de su superior, por propia iniciativa, a instancia fundada de los correspondientes funcionarios o por denuncia" (art. 15 y ss.).

En cambio, cuando el procedimiento comienza a instancia de uno o más interesados, la "petición o exposición que se formule ante cualquier órgano administrativo se efectuará en papel simple (florete, fanfold o de similares características)", pudiendo utilizarse también "formularios proporcionados por la Administración", sin perjuicio de la comparecencia "por fax u otros medios similares de transmisión a distancia" (art. 19).

Las presentaciones deberán ser suscritas por los gestionantes "con su firma usual" (art. 21) y "acompañarse de copia o fotocopia firmada, la que será devuelta al interesado con la constancia de la fecha y hora de la presentación, de los documentos que se acompañan y de la oficina receptora" (art. 22).

En cuanto al contenido de las peticiones, el art. 119 impone la identificación del peticionario, la exposición clara de los hechos y fundamentos de Derecho en que se apoya, y la solicitud concreta que se efectúa.

Ordinariamente, el inicio de un procedimiento administrativo da lugar a la *formación de un expediente*. No obstante, de acuerdo al art. 30 del RPA, "los procedimientos administrativos que se sustancien por escrito, se harán a través de expedientes o formularios".

Mientras que el expediente administrativo es la acumulación en legajo de todos los documentos relativos a un asunto, los formularios son impresos que contienen los espacios necesarios para registrar

---

[38] Carlos E. Delpiazzo - *El procedimiento administrativo en Uruguay*, para Jaime Rodríguez Arana y Luis José Bejar (Coordinadores), "*El procedimiento administrativo iberoamericano*", Porrúa-Universidad Panamericana, México, 2010; "El principio de contradicción en el procedimiento administrativo de impugnación", en *Rev. Uruguaya de Estudios Administrativos*, Montevideo, 1980, Año IV, N° 2, p. 99 y ss.; y "De la publicidad a la transparencia en la gestión administrativa", en *Rev. de Derecho*, Montevideo, 2003, Año II, Nº 3, p. 113 y ss.

[39] Carlos E. Delpiazzo. *Derecho Administrativo General. cit.*, volumen 1, tercera edición actualizada y ampliada, capítulo 17; y Carlos E. Delpiazzo (Coordinador). "Estudios sobre el Procedimiento Administrativo. En conmemoración de los 30 años del Decreto Nº 500/991 de 27 de setiembre de 2021" (U.M., Montevideo, 2021).

la información propia de los procedimientos administrativos repetitivos, en forma ordenada y secuencial, constituyéndose en una guía para usuarios y funcionarios en cuanto a los pasos a seguir para resolver un asunto.

Respecto a los expedientes, dice el art. 34 del RPA que solo se formarán con "aquellos asuntos que se documentan por escrito siempre que sea necesario mantener reunidas todas las actuaciones para resolver". Por el contrario, "no se formará expediente con aquellos documentos que por su naturaleza no tengan relación directa con un acto administrativo ni lo hagan necesario, ni sea de ellos menester para la sustanciación de un trámite" (art. 36).

"Los expedientes se formarán siguiendo el ordenamiento regular de los documentos que lo integran, en forma sucesiva y por orden de fechas" (art. 35) y "se identificarán por su número correlativo anual único para todo el organismo" (art. 37). A continuación de la carátula y antes de toda actuación, será puesta la hoja de tramitación (art. 38).

Según el art. 48 del RPA, "toda actuación deberá realizarse a continuación de la inmediata anterior" y "en caso de quedar entre actuaciones espacios en blanco, se anularán mediante línea cruzada". Añade el art. 49 que "toda pieza documental de más de una hoja deberá ser foliada con guarismos en forma manuscrita o mecánica". Cuando "haya que realizar algún desglose se dejará constancia en el expediente, colocándose una hoja en el lugar ocupado por el documento o la actuación desglosada, poniéndole la misma foliatura de las actuaciones que se separan y sin alterar la del expediente" (art. 54), en tanto que "cada vez que se agregue un expediente se hará por cordón" (art. 55).

Con relación a los formularios, su uso está impuesto en los procedimientos administrativos reiterativos (art. 39 y ss.), debiendo tramitarse sin formar expediente (art. 42).

El impulso a la *sustanciación* del trámite administrativo corresponde a la Administración, "a cuyos efectos la autoridad correspondiente practicará las diligencias y requerirá los informes y asesoramientos que correspondan, sin perjuicio de la impulsión que puedan darle los interesados" (art. 56).

Durante dicha sustanciación, se procurará el menor desplazamiento material del expediente, el que "solo podrá remitirse a otros órganos o entes administrativos siempre que les corresponda dictaminar o lo requiera el correspondiente procedimiento especial" (art. 63).

Un aspecto relevante en la sustanciación del trámite lo constituye la interactuación entre la Administración y los demás sujetos actuantes, las *comunicaciones* entre los cuales se realizan a través de notificaciones tendientes a llevar a conocimiento del destinatario un acto o un hecho jurídicamente relevante (art. 91 y ss.).

El *diligenciamiento de pruebas* en el procedimiento administrativo común puede disponerse de oficio o a pedido de un interesado (art. 71 del RPA).

El objeto de la prueba serán "los hechos relevantes para la decisión", los que "podrán acreditarse por cualquier medio de prueba no prohibido por la ley" (art. 70, inc. 1º), a saber: documentos, declaraciones de testigos, careos, peritajes o informes.

"La valoración de la prueba se efectuará de conformidad con las reglas contenidas en el Código General del Proceso" (art. 70, inc. 2º). Conforme a dichas reglas, las pruebas se apreciarán tomando en cuenta cada una de las producidas y en su conjunto, racionalmente, de acuerdo con las reglas de la sana crítica, salvo texto legal que expresamente disponga una regla de apreciación diversa (art. 140 del CGP), y para inferir del hecho conocido el hecho a probar se aplicarán las reglas de la experiencia común extraídas de la observación de lo que normalmente acaece (art. 141 del CGP).

Una de las manifestaciones del goce, en el procedimiento administrativo, de los derechos y garantías inherentes al debido proceso, la constituye la *vista de las actuaciones*.

En los procedimientos iniciados a petición de un interesado, "terminada la instrucción o vencido el término de la misma, cuando de los antecedentes resulte que pueda recaer una decisión contraria a la petición formulada, o se hubiere deducido oposición, antes de dictarse resolución, deberá darse vista por el término de diez días a la persona o personas a quienes el procedimiento refiera. Al evacuar la vista, el interesado podrá pedir el diligenciamiento de pruebas complementarias" (art. 75).

Asimismo, "en los procedimientos administrativos seguidos de oficio, con motivo de la aplicación de sanciones o de la imposición de un determinado perjuicio a determinado administrado, no se dictará resolución sin previa vista al interesado por el término de diez días para que pueda presentar sus descargos y las correspondientes probanzas y articular su defensa" (art. 76).

En todos los casos, el derecho a tomar vista de las actuaciones "comprende no solo la facultad de revisar y leer las actuaciones, sino también la de copiar o reproducir por cualquier medio, todo o parte de ellas" (art. 78). "También podrá el interesado retirar el expediente de la oficina para su estudio, siempre que tal retiro no represente un obstáculo para el trámite normal que se esté cumpliendo o un perjuicio cierto para los derechos de otros interesados. En tal caso, se deberá dar fotocopia del expediente a costa del peticionante" (art. 79).

En cuanto a la *finalización* del procedimiento administrativo, de acuerdo al mandato del art. 85 del RPA, "una vez concluida la sustanciación del expediente, la autoridad competente deberá dictar resolución", sin perjuicio de que el trámite pueda terminar también por desistimiento de lo peticionado o renuncia del interesado a su derecho (art. 86) o por paralización por causas imputables al promotor (art. 89).

Evidentemente, el acto jurídico decisorio es la modalidad más importante de terminación del procedimiento administrativo.

Al respecto, cuando dicho acto es escrito, debe revestir la forma que regulan los arts. 123 y 124 del RPA. Según el primero, "todo acto administrativo deberá ser motivado, explicándose las razones de hecho y de Derecho que lo fundamentan". Conforme al segundo, "debe constar de una parte expositiva y una dispositiva" en la forma que detalla la disposición.

Finalizado el procedimiento administrativo, procede el *archivo* del expediente (art. 90).

Sin perjuicio de su amplia recepción por el RPA, la **incidencia de las nuevas tecnologías de la información** en el procedimiento administrativo fue desarrollada, con posterioridad a su vigencia, inicialmente por virtud de la ley N° 16.736 de 5 de enero de 1996, de cuyos arts. 694 a 697 resulta que 40:

a) se promueve la aplicación de medios informáticos y telemáticos por las Administraciones públicas, garantizando a los administrados el pleno acceso a las informaciones que les conciernan o sean de su interés;

b) se reconoce a las actuaciones que se realicen por medios informáticos validez y valor probatorio "idénticos" a los que se tramiten por medios convencionales;

c) se asigna plena validez a las notificaciones personales realizadas por correo electrónico u otros medios informáticos o telemáticos; y

d) se regulan aspectos de la documentación electrónica.

Reglamentando dichas disposiciones legales, el Decreto N° 65/998 de 10 de marzo de 1998 reguló el procedimiento administrativo electrónico incidiendo en cada uno de los momentos del procedimiento administrativo para contemplar su tramitación electrónica 41.

Más tarde, la ley N° 17.243 de 29 de junio de 2000 impuso al Estado, a los Entes Autónomos y a los Servicios Descentralizados (art. 24) y facultó a los Gobiernos Departamentales (art. 26) a implantar el expediente electrónico para la sustanciación de todas las actuaciones administrativas, disponiendo los actos jurídicos y operaciones materiales tendientes a su logro en el menor tiempo posible.

Prescindiendo de otras normas intermedias, el art. 8° de la ley N° 18.600 de 21 de setiembre de 2009 dispuso que "El Estado, los Gobiernos Departamentales, los Entes Autónomos, los Servicios Descentralizados y, en general, todos los órganos del Estado podrán ejecutar o realizar actos, celebrar contratos y expedir cualquier documento, dentro de su ámbito de competencia, suscribiéndolos por medio de firma electrónica o firma electrónica avanzada" (inc. 1°), exceptuándose "aquellas actuaciones

[40] Carlos E. Delpiazzo - "Informatización de la actividad administrativa. Hacia el expediente electrónico en Uruguay", en *Rev. Actualidad en el Derecho Público*, Buenos Aires, 1997, N° 6, p. 3 y ss.; y "Regulación del procedimiento administrativo electrónico", en *A.A.V.V. - "Procedimiento Administrativo Electrónico"*, O.N.S.C., Montevideo, 1998, p. 151 y ss.

[41] Carlos E. Delpiazzo - "Informatización de la actividad administrativa. Hacia el expediente electrónico en Uruguay", en *Rev. Actualidad en el Derecho Público*, Buenos Aires, 1997, N° 6, p. 3 y ss.; "Regulación del procedimiento administrativo electrónico", en *Procedimiento Administrativo Electrónico*, O.N.S.C., Montevideo, 1998, p. 151 y ss.; "Nuevo horizonte para la automatización administrativa en Uruguay. A propósito de la aprobación del Decreto N° 65/998 sobre procedimiento administrativo electrónico", en *Rev. Derecho de la Alta Tecnología*, Buenos Aires, 1998, Año X, N° 116, p. 24 y ss.; e "Informatización del procedimiento administrativo común", en *VI Congreso Iberoamericano de Derecho e Informática*, Montevideo, 1998, p. 776 y ss.

para las cuales la Constitución de la República o la ley exijan una solemnidad que no sea susceptible de cumplirse mediante documento electrónico o requiera la concurrencia personal de la autoridad o funcionario que deba intervenir en ellas" (inc. 2°).

Dicha ley vino a modificar significativamente el ordenamiento jurídico preexistente en los siguientes aspectos principales[42]:

a) Distingue entre firma electrónica y firma electrónica avanzada, definiendo a la primera como "los datos en forma electrónica anexos a un documento electrónico o asociados de manera lógica con el mismo, utilizados por el firmante como medio de identificación" (art. 3°, lit. J) y a la segunda como "la firma electrónica que cumple los siguientes requisitos (art. 31, lit. K):

- requerir información de exclusivo conocimiento del firmante, permitiendo su identificación unívoca;

- ser creada por medios que el firmante pueda mantener bajo su exclusivo control;

- ser susceptible de verificación por terceros;

- estar vinculada a un documento electrónico de tal modo que cualquier alteración subsiguiente en el mismo sea detectable; y

- haber sido creada utilizando un dispositivo de creación de firma técnicamente seguro y confiable y estar basada en un certificado reconocido válido al momento de la forma".

b) Diferencia los efectos de una y otra, atribuyéndole a la simple firma electrónica "eficacia jurídica cuando fuese admitida como válida por las partes que la utilizan" (art. 5°) y considerando que "la firma electrónica avanzada tendrá idéntica validez y eficacia que la firma autógrafa consignada en documento público o en documento privado con firmas certificadas, siempre que esté debidamente autenticada por claves u otros procedimientos seguros" (art. 6°).

c) Define la infraestructura nacional de certificación electrónica (art. 11), creando una Unidad especializada en el ámbito de la AGESIC con funciones de acreditación, control, regulación y represión (art. 12 y ss.).

d) Dispone que el Registro de Prestadores de Servicios de Certificación Acreditados será llevado por la Unidad de Certificación Electrónica y establece los requisitos, obligaciones y responsabilidades de los prestadores (art. 16 y ss.), así como el régimen de los certificados reconocidos (art. 21 y ss.).

e) Deroga el ya mencionado art. 25 de la ley N° 17.243 (art. 28) y, en su lugar, dedica sendas disposiciones a regular el empleo de la firma electrónica y de la firma electrónica avanzada en los órganos del Estado (arts. 8° y 9°).

Mención aparte merecen los arts. 157 a 160 de la ley N° 18.719 de 27 de diciembre de 2010, que establecieron reglas y principios en materia de interoperabilidad administrativa[43], siendo reglamentados por el Decreto N° 178/013 de 11 de junio de 2013, que regula el intercambio de información entre entidades públicas[44].

Más cerca en el tiempo, conforme al Decreto N° 276/013 de 3 de setiembre de 2013, se deroga el citado Decreto N° 65/998 y, en su lugar, se dicta un nuevo reglamento sobre procedimiento administrativo electrónico[45].

En el mismo se distingue entre procedimiento administrativo electrónico, expediente electrónico y actuación administrativa electrónica[46]:

---

42 María José Viega y Beatriz Rodríguez. "Documento y firma. Equivalentes funcionales en el mundo electrónico", CADE, Montevideo, 2012, p. 43 y ss.

43 Carlos E. Delpiazzo. "Criterios para la ponderación entre interoperabilidad y privacidad en las Administraciones públicas", en *Anales del XV Congreso Iberoamericano de Derecho e Informática*, Buenos Aires, 2011.

44 Carlos E. Delpiazzo. "A propósito de la reglamentación de la interoperabilidad", en Anuario *Derecho Informático*, F.C.U., Montevideo, 2014, tomo XIV, p. 262 y ss.

45 Carlos E. Delpiazzo. "Acerca de la nueva regulación del procedimiento administrativo electrónico", en *Anuario "Derecho Informático"*, F.C.U., Montevideo, 2014, tomo XIV, p. 282 y ss.

46 Carlos E. Delpiazzo - "Procedimientos administrativos y nuevas tecnologías. A propósito de su nuevo marco normativo", en *Estudios de Derecho Administrativo*, La Ley Uruguay, Montevideo, 2014, N° 10, p. 49 y ss.

a) el *procedimiento administrativo electrónico* se define como la "sucesión o secuencia de actuaciones en soporte electrónico de naturaleza administrativa" (art. 2°, lit. D);

b) respecto al *expediente electrónico*, previamente definido en el art. 2° del derogado Decreto N° 65/998 y en el art. 24, inc. 2° de la vigente ley N° 17.243, se establece que "el procedimiento administrativo electrónico se documentará en un expediente electrónico", el cual "podrá instrumentarse a través de formularios o seguir todas las etapas necesarias para la formación de la voluntad administrativa" (art. 3°), de modo que el expediente electrónico es el soporte del procedimiento administrativo electrónico; y

c) la *actuación administrativa electrónica* es "aquella producida por un sistema informático estatal sin necesidad de intervención de una persona física en cada caso singular, que incluye la producción de actos de trámite, resolutorios o meros actos de comunicación". (art. 2°, lit. A).

Siguiendo el orden utilizado para describir el régimen precedente, cabe señalar que el Decreto contempla que "El procedimiento administrativo electrónico comprende las etapas de iniciación, sustanciación, finalización y archivo" (art. 5°), dedicando el capítulo IV a las comunicaciones y notificaciones electrónicas (arts. 26 a 31) y el V a la seguridad de la información (arts. 32 a 38).

En función de las nuevas tecnologías, la trasmisión escrita puede ser reemplazada por la trasmisión electrónica, aspecto al cual el Decreto N° 276/013 dedica su capítulo IV, titulado "Comunicaciones y notificaciones electrónicas"[47].

Por mandato del Decreto N° 276/013, "Los órganos de la Administración Central garantizarán la seguridad de la información en el desarrollo del procedimiento administrativo electrónico" (art. 32) y, por ende, "serán responsables de garantizar la seguridad de la información en el ámbito de su competencia" (art. 35)[48].

IV. ACTO ADMINISTRATIVO Y RECURSOS ADMINISTRATIVOS

Para la **caracterización del acto administrativo** como manifestación fundamental de la actividad administrativa, debe tenerse en cuenta, *en primer término*, que se trata de un acto jurídico, a diferencia de un mero hecho (acontecimiento de la naturaleza o comportamiento material) ya que el acto administrativo implica una exteriorización intelectiva proveniente de su autor, realizada mediante la palabra escrita, oral, u otro signo convencional o ideográfico dirigido a la mente del o de los destinatarios del acto[49].

Dando un *segundo paso*, dentro del universo de los actos jurídicos, el acto administrativo (en sentido amplio) ha sido definido por la doctrina uruguaya como una declaración de voluntad de la Administración destinada a producir efectos jurídicos[50].

Con más rigor técnico, se ha dicho que "acto administrativo es todo acto jurídico dictado por un órgano estatal en ejercicio de función administrativa; y puesto que en el Derecho positivo uruguayo la función administrativa solo puede definirse residualmente, también la definición de acto administrativo resulta residual: son administrativos todos los actos jurídicos emanados de un órgano estatal que no puedan definirse, ni con el criterio orgánico formal de principio en nuestro Derecho positivo, ni en virtud de una norma especial, como Constitución, ley, decreto departamental con fuerza de ley en su jurisdicción o sentencia, ni integren el procedimiento que conduce al dictado de cualesquiera de estos actos, ni el cumplido por los órganos jurisdiccionales o sus dependencias para hacer ejecutar lo juzgado"[51].

---

47 Gonzalo Uriarte Audi - "Régimen de notificaciones electrónicas y ejercicio profesional", en *Rev. de la Facultad de Derecho*, Montevideo, 2010, N° 27, p. 195 y ss.

48 Carlos E. Delpiazzo - "El principio de seguridad jurídica en el mundo virtual", en *Rev. de Derecho de la Universidad de Montevideo*, Año VI (2007), N° 11, p. 7 y ss., y en *Anuario "Derecho Informático"*, F.C.U., Montevideo, 2007, tomo VII, p. 25 y ss.

49 Carlos E. Delpiazzo. "Notas para una caracterización actual del acto administrativo", en *Anuario de Derecho Administrativo*, Montevideo, 2002, tomo IX, p. 25 y ss.

50 Enrique Sayagues Laso. "*Tratado de Derecho Administrativo*", Montevideo, 1963, tomo I, p. 389 y ss.

51 Juan Pablo Cajarville Peluffo. *Dos Estudios de Derecho Administrativo*, Editorial Universidad, Montevideo, 1988, p. 73.

En sentido coincidente, el RPA establece en su art. 120 que "Acto administrativo es toda manifestación de voluntad de la Administración que produce efectos jurídicos" (inc. 1°).

Por su amplitud, la precedente caracterización del acto administrativo abarca todas las manifestaciones de voluntad administrativa, cualesquiera sean sus efectos (generales o individuales) o la forma como surgen (actos unilaterales o plurilaterales), excluyendo las manifestaciones de voluntad provenientes de los órganos de las personas públicas no estatales en el entendido de que estas no son Administraciones públicas en el sentido de órganos estatales actuando en función administrativa.

Por lo tanto, *en tercer lugar*, en la medida que en el Derecho positivo uruguayo la noción amplia de acto administrativo abarca al reglamento, es necesario avanzar hacia su definición en sentido estricto a través de la precisa determinación de la diferencia específica entre el acto administrativo y el reglamento.

Al respecto, tal diferencia específica resulta de la **regulación positiva** contenida en el ya citado art. 120 del RPA en base a la caracterización de las normas creadas por el acto administrativo en sentido amplio mediante la combinación de dos criterios clasificatorios, a saber:

a) el que distingue entre general y particular, atendiendo a los sujetos a los que la norma se aplica; y

b) el que diferencia entre abstracto y concreto, en función de la hipótesis de hecho sobre que la norma dispone.

Teniendo en cuenta dichos dos pares de características, el art. 120 identifica las cuatro categorías resultantes, de la siguiente forma:

a) "Llámase Reglamento a las normas generales y abstractas creadas por acto administrativo" (inc. 2°).

b) "Llámase Resolución a las normas particulares y concretas creadas por acto administrativo" (inc. 3°).

c) "Llámase Disposición General a las normas generales y concretas creadas por acto administrativo" (inc. 4°).

d) "Llámase Reglamento Singular a las normas particulares y abstractas creadas por acto administrativo" (inc. 5°).

Agrega el art. 121 que "Los actos referidos en los incs. 2, 4 y 5 del artículo anterior -o sea, el Reglamento, la Disposición General y el Reglamento Singular- cuando fueren dictados por el Poder Ejecutivo recibirán el nombre de Decretos y cuando fueren dictados por los Ministerios se denominarán Ordenanzas.

Por otra parte, para la **caracterización de los recursos administrativos**, antes de ahora he destacado que son medios que el Derecho objetivo establece, en virtud de los cuales los afectados en su derecho o interés por un acto administrativo, mediante la interposición de un acto o petición, ejercen el derecho de principio de obtener que la Administración lo revise en vía administrativa dictando un nuevo acto administrativo[52].

Desde el punto de vista de su **regulación positiva**, el régimen de los recursos administrativos se encuentra contenido en la Constitución y desarrollado por la vía de ley orgánica del Tribunal de lo Contencioso Administrativo y sus modificativas, sin perjuicio de las disposiciones contenidas en el RPA[53].

De acuerdo al art. 317 de la Constitución, "Los actos administrativos pueden ser impugnados con el recurso de revocación, ante la misma autoridad que los haya cumplido, dentro del término de diez días, a contar del día siguiente de su notificación personal, si correspondiere, o de su publicación en el Diario Oficial".

---

52 Carlos E. Delpiazzo - "Régimen jurídico de los recursos administrativos", F.C.U., Montevideo, 1984, p. 33.

53 Carlos E. Delpiazzo - "Los recursos administrativos. Enfoque comparado regional", en *Rev. de Administración Pública Uruguaya*, Montevideo, 1999, N° 27, p. 99 y ss.; y "Recursos administrativos nos Directos brasileiro, uruguayo e argentino", en *A.A.V.V. - "As leis de processo administrativo"*, Malheiros, Sao Paulo, 2000, p. 242 y ss.

> "Cuando el acto administrativo haya sido cumplido por una autoridad sometida a jerarquías, podrá ser impugnado, además, con el recurso jerárquico, el que deberá interponerse conjuntamente y en forma subsidiaria, al recurso de revocación".
>
> "Cuando el acto administrativo provenga de una autoridad que según su estatuto jurídico esté sometida a tutela administrativa, podrá ser impugnado por las mismas causas de nulidad previstas en el artículo 309, mediante recurso de anulación para ante el Poder Ejecutivo, el que deberá interponerse conjuntamente y en forma subsidiaria al recurso de revocación".
>
> "Cuando el acto emane de un órgano de los Gobiernos Departamentales, se podrá impugnar con los recursos de reposición y apelación en la forma que determine la ley".

Agrega el art. 318 de la Carta que "Toda autoridad administrativa está obligada... a resolver los recursos administrativos que se interpongan contra sus decisiones, previos los trámites que correspondan para la debida instrucción del asunto, dentro del término de ciento veinte días, a contar de la fecha de cumplimiento de del último acto que ordene la ley o el reglamento aplicable".

> "Se entenderá desechada la petición o rechazado el recurso administrativo, si la autoridad no resolviera dentro del término indicado".

La transcripta normativa constitucional ha sido desarrollada y complementada por actos jurídicos subordinados. Prescindiendo de otros antecedentes, el régimen vigente está configurado básicamente por la ley modificativa de la ley orgánica del Tribunal de lo Contencioso Administrativo Nº 15.869 de 22 de junio de 1987, con los ajustes realizados por los arts. 40 y 41 de la ley Nº 17.292 de 25 de enero de 2001[54].

De acuerdo al art. 4º de dicha ley Nº 15.869, "La acción de nulidad no podrá ejercerse si previamente no ha sido agotada la vía administrativa. A este efecto los actos administrativos, expresos o tácitos, deberán ser impugnados con el recurso de revocación ante el mismo órgano que los haya dictado, dentro de los diez días corridos y siguientes al de su notificación personal o publicación en el Diario Oficial. Si el acto administrativo no ha sido notificado personalmente ni publicado en el Diario Oficial, el interesado podrá recurrir en cualquier momento".

> "Cuando el acto administrativo haya sido dictado por un órgano sometido a jerarquía deberá interponerse además, en forma conjunta y subsidiaria, el recurso jerárquico para ante el jerarca máximo de dicho órgano".
>
> "Cuando el acto administrativo haya sido dictado por el Directorio o Director General de un Servicio Descentralizado, deberá interponerse además, en forma conjunta y subsidiaria, el recurso de anulación para ante el Poder Ejecutivo".
>
> "Cuando el acto administrativo haya sido dictado por un órgano sometido a jerarquía en un Servicio Descentralizado, deberán interponerse además, en forma conjunta y sucesivamente subsidiaria, el recurso jerárquico para ante el Directorio o Director General, y el recurso de anulación para ante el Poder Ejecutivo".
>
> "Cuando el acto administrativo haya sido dictado por un órgano de un Gobierno Departamental, deberá ser impugnado mediante el recurso de reposición ante ese órgano (artículo 317 de la Constitución), dentro de los diez días corridos y siguientes al de su notificación personal o su publicación en el Diario Oficial. Si el acto administrativo no ha sido notificado personalmente ni publicado como se indica, el interesado podrá recurrirlo en cualquier momento".
>
> "Cuando el acto administrativo haya sido dictado por un órgano de un Gobierno Departamental y si el mismo estuviere sometido a jerarquía, deberá interponerse además, en forma conjunta y subsidiaria, el recurso de apelación para ante el jerarca máximo de dicho órgano (artículo 317 de la Constitución)".

---

[54] Carlos E. Delpiazzo. "Texto Ordenado del Decreto ley orgánico del Tribunal de lo Contencioso Administrativo", F.C.U., Montevideo, 2022.

A continuación, agrega el art. 5° de la misma ley, con la redacción dada por el art. 41 de la ley N° 17.292, que "A los ciento cincuenta días siguientes al de la interposición de los recursos de revocación o de reposición, a los doscientos días siguientes a la interposición conjunta de los recursos de revocación y jerárquico, de revocación y anulación, o de reposición y apelación, y a los doscientos cincuenta días siguientes al de la interposición conjunta de los recursos de revocación, jerárquico y de anulación, si no se hubiere dictado resolución sobre el último recurso se tendrá por agotada la vía administrativa".

A su tiempo, establece el art. 6°, según el texto dado por el citado art. 41 de la ley N° 17.292, que, "Vencido el plazo de ciento cincuenta días o el de doscientos, en su caso, se deberán franquear, automáticamente, los recursos subsidiariamente interpuestos reputándose fictamente confirmado el acto impugnado".

"El vencimiento de los plazos a que se refiere el inciso anterior no exime al órgano competente para resolver el recurso de que se trate, de su obligación de dictar resolución sobre el mismo (artículo 318 de la Constitución). Si esta no se produjera dentro de los treinta días siguientes al vencimiento de los plazos previstos en el inciso primero, la omisión se tendrá como presunción simple a favor de la pretensión del actor en el momento de dictarse sentencia por el Tribunal respecto de la acción de nulidad que aquel hubiere promovido".

En cuanto a las **clases de recursos administrativos**, según viene de decirse, el art. 317 de la Constitución regula los recursos administrativos de revocación, jerárquico y de anulación en el ámbito nacional, y se refiere a los de reposición y apelación en el ámbito departamental, cuya regulación confía a la ley (que identificó su régimen con el de los recursos de revocación y jerárquico respectivamente, con plausible propósito de uniformización).

En cuanto a la caracterización de cada uno de dichos recursos, es posible definirlos atendiendo a sus rasgos específicos[55].

En tal sentido, puede decirse que el *recurso de revocación* (y, por ende, el de reposición) es aquel que se plantea ante el mismo órgano que dictó el acto, con el objeto de obtener su revocación, reforma o sustitución, en mérito a razones de juridicidad o conveniencia.

A su vez, el *recurso jerárquico* (y, por lo tanto, también el de apelación) es aquel que se plantea para ante el jerarca máximo del órgano que dictó el acto, con el objeto de obtener su revocación, reforma o sustitución, en mérito a razones de juridicidad o conveniencia.

Finalmente, el *recurso de anulación* es aquel que se plantea para ante el Poder Ejecutivo como órgano de tutela administrativa respecto del Servicio Descentralizado del que emanó el acto, con el objeto de obtener su revocación, exclusivamente en mérito a razones de juridicidad.

La determinación de la **procedencia de cada recurso** supone realizar una investigación de menor a mayor, cuya importancia es fundamental en el Derecho uruguayo debido a que el agotamiento de la vía administrativa -que se alcanza a través de la interposición de los recursos correspondientes[56]- es un presupuesto de admisibilidad de la acción anulatoria ante el Tribunal de lo Contencioso Administrativo.

Para determinar el o los recursos procedentes en cada caso, en primer término, debe precisarse qué órgano dictó el acto administrativo lesivo, ya que es precisamente ante él que debe interponerse el recurso de revocación.

En segundo lugar, corresponde determinar la posición jerárquica de dicho órgano dentro del sistema que integra, a fin de elucidar la pertinencia del recurso jerárquico en caso de que se encuentre subordinado a otro.

La tercera etapa apunta al esclarecimiento de la naturaleza jurídica del sistema orgánico al que pertenece la autoridad que dictó el acto administrativo, y tiene por finalidad determinar la procedencia del recurso de anulación que, según se dijo, solo procede contra los actos de los Servicios Descentralizados por razones de legalidad y es resuelto por el Poder Ejecutivo.

---

[55] Carlos E. Delpiazzo. *Derecho Administrativo General, cit.*, volumen 2, tercera edición actualizada y ampliada, p. 368 y ss.

[56] Carlos E. Delpiazzo. *Agotamiento de la vía administrativa*, en *Rev. de Administración Pública Uruguaya* (Montevideo, 1987), Año II, N° 5, p. 55 y ss.

V. CONTRATOS DE LA ADMINISTRACIÓN

Negada por unos y controvertida por otros, la contratación administrativa es actualmente una indiscutible realidad, que constituye uno de los medios a través de los cuales se manifiesta la actividad administrativa[57].

Para su **caracterización**, debe tenerse presente que el contrato como categoría jurídica, al igual que otras instituciones del Derecho, se ha desarrollado preferentemente en algunas ramas del mismo. Pero ese desarrollo preeminente en una determinada disciplina no es suficiente para concluir que esa institución -en el caso el contrato- pertenece de manera exclusiva a una disciplina o rama del Derecho. En efecto, la mayoría de las figuras jurídicas trascendentes son comunes a los distintos sectores del orden jurídico. Nadie puede decir que la propiedad es un instituto exclusivo del Derecho civil, aunque aparezca definido el dominio en el Código Civil; de la misma manera nadie puede decir que el contrato es un instituto típico y propio de una determinada rama del Derecho. Se trata de instituciones del Derecho que trascienden las distintas parcelas científicas en que puede dividirse el análisis del Derecho y se convierten en verdaderos institutos propios de la teoría general, susceptibles por lo tanto de ser analizados desde distintos ángulos o perspectivas.

Por eso, he insistido reiteradamente antes de ahora que el contrato es una categoría abstracta, es un género que se adjetiva o califica en determinadas especies, cuando a sus caracteres básicos que son los definitorios del género se le agregan las notas que lo singularizan en sus diversas especies[58].

Los caracteres básicos del género contractual están dados por el acuerdo de voluntades generador de obligaciones, que existe en todo contrato, sea de la especie que sea. A su vez, la doctrina ha señalado una diversidad de criterios tendientes a contestar la pregunta de qué es lo propio y particular de la contratación administrativa que permite distinguirla de otras áreas de la contratación.

A nuestro criterio, las notas específicas singularizantes del contrato de la Administración son las que derivan básicamente de los siguientes dos aspectos:

a) la singularidad de la Administración como tal; y

b) la presencia del fin público que caracteriza toda la actuación de la Administración.

En base a ambos datos, es dable advertir cómo existen elementos que permiten diferenciar los contratos de la Administración de los que no lo son.

En primer lugar, habrá aspectos formales diferenciales ya que cuando interviene la Administración, ella actúa según reglas y principios que le son propios.

En segundo lugar, en cuanto al fin, se perseguirá un interés público o una utilidad pública. Debe descartarse en este sentido la expresión servicio público para no connotar aquella vieja doctrina que prácticamente identificaba al servicio público con el Derecho público.

En tercer lugar, en función de estos dos criterios de la singularidad de la Administración y del carácter teleológico o finalista de su actuación, se deriva la posibilidad de distinguir distintos tipos de contratos en orden al régimen jurídico a que estén sometidos. Así, la Administración podrá celebrar contratos regulados exclusivamente por el Derecho público, como ocurre por ejemplo con la concesión de servicio público o con el contrato de obra pública; contratos análogos con ciertas figuras contractuales de Derecho privado, como el contrato de suministro que guarda analogía con el contrato de compraventa de bienes muebles; o contratos celebrados por la Administración que son típicos del Derecho privado, como por ejemplo la hipoteca.

---

[57] Carlos E. Delpiazzo. *Régimen de los contratos públicos en Uruguay*, en Ernesto Jinesta Lobo (Coordinador) – *El régimen de los contratos públicos*, Temis, Bogotá, 2019, p. 293 y ss.; *Panorama de la contratación pública uruguaya*", en José Luis Benavides y Pablo Moreno (Editores). "La contratación pública en América Latina", Universidad Externado de Colombia, Bogotá, 2016, p. 598 y ss.; "La contratación pública en Uruguay", en José A. Moreno Molina y Andry Matilla Correa (Coordinadores) - *Contratos públicos en España, Portugal y América Latina*, Difusión, Madrid, 2008), p. 707 y ss.; "Estado actual de la contratación administrativa", en *Rev. de Derecho Público*, Montevideo, 2000, N° 17, p. 111 y ss.; y "Caracteres e innovaciones en la contratación administrativa", en *Rev. de Direito Administrativo & Constitucional,* Curitiba, 2003, N° 13, p. 97 y ss.

[58] Carlos E. Delpiazzo. *Manual de Contratación Administrativa,* Editorial Universidad, Montevideo, 1996, tomo 1, tercera edición actualizada, p. 18 y ss.; *Contratación Administrativa*, U.M., Montevideo, 1999, reedición 2005, p. 9 y ss.; y *Contratación Administrativa*, Clásicos Jurídicos Uruguayos de F.C.U., Montevideo, 2019, edición aumentada y puesta al día, p. 15 y ss.

No obstante, aún en esta última hipótesis de celebración de contratos regidos por el Derecho privado, la singularidad que deriva de la participación de la Administración y el fin público perseguido determinan que haya igualmente regulación por el Derecho público, aún en este tercer tipo de contratos y así, por ejemplo, las normas sobre competencia para contratar serán normas típicamente de Derecho público. Igualmente, las normas que refieren al procedimiento a seguir para seleccionar a la contraparte con la cual contratar también van a estar reguladas por el Derecho público. Asimismo, el modo como se forma la voluntad del órgano público estatal está regido por normas de Derecho público que hacen a su competencia, y la forma a través de la cual se manifiesta esa voluntad de la Administración también está regulada por el Derecho público.

Quiere decir que cuando se habla de que la Administración celebra contratos típicos de Derecho privado la alusión al Derecho privado prácticamente está referida exclusivamente al objeto contractual ya que, en orden a la competencia, al procedimiento, a la voluntad y a la forma regirá siempre un conjunto de normas típicas de Derecho público.

La **regulación positiva** de la contratación administrativa en nuestro país no se encuentra codificada en disposiciones orgánicas sobre la materia sino dispersa en múltiples normas que regulan los procedimientos administrativos de selección de los cocontratantes -especialmente la licitación pública- y distintos aspectos de los diversos contratos posibles[59].

Dentro de ese cuadro normativo, reviste particular importancia el Texto Ordenado de la Ley de Contabilidad y Administración Financiera (TOCAF), el cual dedica su capítulo III a tratar "De la competencia para gastar y pagar y las formas de contratar"[60].

De acuerdo al mismo, la determinación del procedimiento de selección de cocontratante a seguir dependerá que el contrato implique u origine una deuda, genere un crédito o no tenga por resultado, ni una deuda, ni un crédito.

En el primer caso, es decir, cuando del contrato se deriva una erogación para la Administración, el art. 33 del TOCAF dispone que el contrato se celebrará "mediante la licitación pública u otro procedimiento competitivo expresamente previsto". Quiere decir que nuestro Derecho consagra un amplio sistema de restricción. No obstante, esta regla admite excepciones, como ocurre con los procedimientos alternativos de la contratación directa, y la adquisición de algunos bienes, especialmente inmuebles[61].

En el segundo caso, o sea, cuando del contrato se deriva una entrada o recurso, el mismo art. 33 establece que el mismo se realizará mediante los procedimientos de remate o licitación pública. Sin embargo, de modo semejante a lo que acontece en la situación anterior, la ley prevé procedimientos especiales para el arrendamiento de inmuebles, la aceptación de donaciones y la enajenación de bienes inmuebles.

En el tercer caso, o sea, cuando el contrato es económicamente neutro ya que no genera como resultado ni una deuda ni un crédito, nos encontramos frente a la hipótesis de la permuta, regulada por el art. 38 del TOCAF.

Especial referencia merece el art. 131 del TOCAF[62], a cuyo tenor "Los principios generales de actuación y contralor de los organismos estatales en materia de contrataciones serán:

a) flexibilidad;

b) delegación;

c) ausencia de ritualismo;

d) principio de materialidad frente al formalismo;

[59] Ver: Carlos E. Delpiazzo. *Normas y principios de la contratación administrativa*, F.C.U., Montevideo, 2002.

[60] Ver: Carlos E. Delpiazzo. *Texto Ordenado de Contabilidad y Administración Financiera*, F.C.U., Montevideo, 2021, décimo sexta edición actualizada.

[61] Carlos E. Delpiazzo, Gabriel Delpiazzo Anton y Natalia Veloso Giribaldi. "Contratación Administrativa. Modificaciones introducidas por la LUC N° 19.889 de 9 de julio de 2020", F.C.U., Montevideo, 2019.

[62] Carlos E. Delpiazzo. "Eficacia aplicativa de los principios generales de Derecho en la contratación administrativa", en *Anuario de Derecho Administrativo*, tomo XIII, p. 65 y ss.; y "*Los principios generales en la contratación pública*", en Juan Carlos Cassagne y Enrique Rivero Isern (Directores), "*La contratación pública*", Hammurabi, Buenos Aires, 2007, tomo 1, p. 543 y ss.

e) principio de veracidad salvo prueba en contrario;

f) publicidad, igualdad de los oferentes y concurrencia en los procedimientos competitivos para el llamado y la selección de ofertas".

Los principios antes mencionados servirán también de criterio interpretativo para resolver las cuestiones que puedan suscitarse en la aplicación de las disposiciones pertinentes".

VI. DERECHO ADMINISTRATIVO SANCIONADOR

El denominado Derecho administrativo sancionador se edifica sobre la base del tríptico compuesto por la infracción, el procedimiento y la sanción[63].

Respecto a la **infracción**, se trata del supuesto de hecho habilitante del ejercicio del poder jurídica de sancionar atribuido a un órgano de la Administración[64].

En cuanto al **procedimiento**, consiste en el conjunto de trámites y formalidades que debe seguir la Administración para el dictado del acto administrativo sancionatorio, de acuerdo con lo que disponga el ordenamiento jurídico.

Los procedimientos administrativos en materia represiva tienen distinto grado de regulación, destacándose por su mayor grado de desenvolvimiento y regulación el disciplinario. En su ámbito, especialmente en las áreas menos desarrolladas, adquieren especial importancia los principios generales de Derecho[65], pudiendo hacerse caudal en el caso de tres bloques de principios[66], a saber:

a) los principios generales de Derecho aplicables a todo procedimiento administrativo y, por ende, también al sancionatorio;

b) los principios propios del procedimiento administrativo, también aplicables al caso; y

c) los principios específicos de cada procedimiento destinado a la aplicación de sanciones.

En el *primer bloque de principios*, cabe destacar especialmente el principio del debido procedimiento reconocido en la Constitución, en las leyes y en normas de Derecho internacional aprobadas por la República, el cual está consustanciado con la esencia misma del Estado de Derecho[67].

Por eso, la garantía de defensa aparece en el art. 66 de la Constitución en favor de los funcionarios sobre los cuales recaiga una investigación administrativa sobre irregularidades, omisiones o delitos, y en virtud del art. 72 en favor de todos los demás sujetos y de los propios funcionarios públicos, siempre que se trate de dictar una resolución que los afecte en sus derechos o intereses, como derecho inherente tanto a la personalidad humana como a la forma republicana de gobierno.

Tal como se ha destacado a propósito del RPA, en el ámbito de la Administración el debido procedimiento implica los siguientes elementos básicos que dicho reglamento recoge[68]:

a) Derecho a ser oído, esto es, a exponer sus razones antes del dictado de la resolución, lo que presupone:

- la publicidad de las actuaciones respecto de las partes intervinientes, vale decir, el leal conocimiento de las actuaciones administrativas, lo que se concreta en el derecho a examinar el expediente todas las veces que se estime conveniente o necesario (arts. 77 y 78) y el de retirar el expediente de la oficina para su estudio (arts. 79 y 217).

---

63 Carlos E. Delpiazzo - "Concepto de sanción administrativa y tipos", en *Estudios de Derecho Administrativo* (La Ley Uruguay, Montevideo, 2010), Nº 2, p. 211 y ss.

64 Susana Lorenzo - "*Sanciones administrativas*", Faira, Montevideo, 1996, p. 68 y ss.

65 Natalia Veloso Giribaldi (Coordinadora). "*Principios del Derecho Administrativo Sancionador*", U.M., Montevideo, 2021.

66 Juan Pablo Cajarville Peluffo. "*Procedimiento administrativo*", Idea, Montevideo, 1992, p. 20 y ss.; y Augusto Duran Martínez. "Principios del procedimiento disciplinario", en *A.A.V.V. - "Procedimiento administrativo*", UCUDAL, Montevideo, 1991, p. 82; y Cristina Vázquez (Coordinadora). "*Derecho Administrativo Sancionatorio*", F.C.U., Montevideo, 2019, Parte I.

67 Héctor Frugone Schiavone - "Principios fundamentales del procedimiento administrativo", en *A.A.V.V. - "Procedimiento Administrativo"*, Acali, Montevideo, 1977, p. 35 y ss.

68 Héctor Frugone Schiavone - "Principios del procedimiento administrativo", en *A.A.V.V. - "El nuevo procedimiento administrativo,* Pronade, Montevideo, 1991, p. 35 y 36.

La calificación de secreto, confidencial o reservado de la documentación o piezas solo se justifica en casos excepcionales y previa reglamentación (arts. 80 y 81).

- la oportunidad de alegar sus medios de defensa antes de emitirse el acto (arts. 75,76, y 216).

- que se tomen en cuenta y aprecien en su justo valor los argumentos aducidos y los hechos probados.

- derecho a hacerse patrocinar por abogado (arts. 77, 79, 82, 102 y 201), siendo obligatorio en materia de recursos administrativos (art. 156).

b) Derecho a ofrecer y producir pruebas y a controlar la producción de la prueba propia y la que sustancia la Administración de oficio (arts. 71 y 72).

c) Derecho a una decisión fundada (arts. 85, 106, 145 y 148).

En el *segundo bloque de principios*, es decir, los que son propios de toda la actividad administrativa, se incluyen los principios de legalidad objetiva, verdad material, impulsión de oficio, delegación material, informalismo en favor del administrado, economía, celeridad y eficacia, flexibilidad y ausencia de ritualismos, y gratuidad.

En cuanto al *tercer bloque de principios*, corresponde destacar al específico principio que podría denominarse de legalidad sancionatoria, el cual contiene dos elementos fundamentales: la tipicidad y la proporcionalidad. Mientras que la primera implica la delimitación del acto u omisión punibles, la proporcionalidad supone la razonable adecuación de la sanción a la falta.

Finalmente, con relación a la **sanción,** cabe decir que constituye un típico acto administrativo a través del cual se manifiesta el poder sancionatorio de los órganos de la Administración que han recibido de la ley tal potestad de castigar frente a un apartamiento del orden jurídico preestablecido[69].

VII. DISCRECIONALIDAD ADMINISTRATIVA

En orden a su caracterización, tradicionalmente, se enseñó entre nosotros que, en el desarrollo de su actividad, la Administración se encuentra sometida al marco normativo aplicable, a veces con precisión y otras veces en forma genérica, distinguiéndose a partir de tal constatación entre actos administrativos reglados y discrecionales respectivamente. Consecuentemente, se definió a la discrecionalidad como la posibilidad de apreciar la oportunidad o conveniencia de la acción administrativa dentro de ciertos límites[70].

Sin embargo, más recientemente, se ha puesto el acento en que la discrecionalidad, más que una nota del acto es un atributo de la situación previa a su dictado en que se encuentra el agente público competente para decidir, seleccionando la conducta que mejor concurra a la obtención del fin debido[71]. Así caracterizada, como la aptitud de apreciar el cuándo y el cómo del obrar administrativo, parece claro que ella cesa cuando la Administración elige entre los comportamientos legales posibles[72].

En efecto, dictado el acto -resultado de esa aptitud de opción- este no se distingue sustancialmente del acto emitido en el marco de una situación reglada.

Como toda actividad administrativa, la actividad discrecional debe desarrollarse conforme a la regla de Derecho, la cual le impone, entre otros, los siguientes **límites**[73]:

a) de razonabilidad;

b) de desviación de poder;

---

69 Aparicio Méndez - "Las sanciones administrativas", en *La Justicia Uruguaya*, Montevideo, 1940, tomo I, sección Doctrina, p. 7 y ss.

70 Enrique Sayagues Laso - "*Tratado de Derecho Administrativo*" *cit.,* tomo I, p. 405 y ss.

71 Mariano R. Brito - "De la razonabilidad del acto administrativo: la cuestión de su contralor jurisdiccional anulatorio", en *Rev. de la Facultad de Derecho y Ciencias Sociales*, Montevideo, 1979, Año XXIII, N° 3-4, p. 171 y ss.

72 Mariano R. Brito - "La aptitud del acto administrativo para el fin debido: supuesto de principio en que reposa la discrecionalidad", en *Estudios de Derecho Administrativo en homenaje al centenario de la Cátedra de Derecho Administrativo*, Montevideo, 1979, tomo II, p. 29 y ss.

73 Carlos E. Delpiazzo - "*Derecho Administrativo General*" *cit.,* volumen 1, tercera edición actualizada y ampliada, capítulo 15.

c) de buena fe; y

d) de carácter técnico.

A dichos límites, deben agregarse los impuestos por los principios generales de Derecho que, en nuestro ordenamiento jurídico, integran el concepto de "regla de Derecho" según lo explicita el art. 23, lit. a) del decreto ley orgánico del Tribunal de lo Contencioso Administrativo Nº 15.524 de 9 de enero de 1984 y que gravitan en el control de la actividad discrecional[74].

En primer lugar, la idea de *razonabilidad* es uno de los más valiosos estándares jurídicos de nuestro tiempo, que constituye un límite infranqueable a toda actividad del Estado.

La razonabilidad del comportamiento se debe apreciar en primer lugar según las reglas de la lógica.

Además, la razonabilidad debe apreciarse según las reglas técnicas de la materia de que se trate.

Aún desde la valoración jurídica, la razonabilidad implica ponderar adecuadamente los intereses contenidos en el sector del ordenamiento jurídico que vincula la actuación respectiva. Es que la actividad administrativa, en cuanto medio para la obtención de un fin, debe ser apta o idónea para obtenerlo y esta es una cuestión de legitimidad y no de mérito porque la vinculación de la Administración al fin debido es cuestión de legitimidad y no de oportunidad o conveniencia.

En definitiva, el principio de razonabilidad impone que toda intervención pública sobre la actividad de los ciudadanos sea idónea, indispensable y proporcionada, es decir, adecuada en relación al fin debido, necesaria respecto a los demás medios igualmente eficaces, y proporcionada en la ecuación costo beneficio y en el respeto de los derechos involucrados.

En opinión del Tribunal de lo Contencioso Administrativo, "la jurisprudencia debe siempre controlar si las potestades discrecionales se ejercieron razonablemente, pues el ámbito de libertad de la Administración no autoriza un ejercicio arbitrario de sus atribuciones (así: sentencia Nº 205 de 15 de mayo de 1989).

En segundo lugar, cabe señalar que la incorporación de la *desviación de poder* a nuestro ordenamiento significó la afirmación positiva de que la actividad administrativa tiene un fin debido y la consagración también positiva de la regla según la cual la no coincidencia del fin querido (designio o intención) con aquél, vicia y hace anulable al acto dictado con violación de este límite de la discrecionalidad.

Al respecto, ha dicho el Tribunal de lo Contencioso Administrativo que "La desviación de poder se particulariza por trasuntar un contenido o elemento subjetivo, psicológico, caracterizado por la voluntad -generalmente encubierta o disimulada- de lograr determinado fin" (así: sentencia Nº 846 de 6 de noviembre de 1991).

El señalamiento de fines puede hacerse expresamente o no en las disposiciones legales de competencia, pero en todo caso esos fines se imponen al órgano público y, por ende, se configura la desviación de poder cuando dicho órgano público se aparta de la finalidad respectiva.

En tercer lugar, la *buena fe* significa que el hombre cree y confía que una declaración de voluntad surtirá en un caso concreto sus efectos usuales, o sea, los mismos que ordinaria y normalmente ha producido en casos iguales. Quiere decir que la confianza que los administrados depositan en la Administración debe ser honrada por esta a través de la estabilidad de sus propias normas y criterios, la modificación de los cuales en perjuicio de aquellos es siempre causal de ilegitimidad y supuesto de responsabilidad.

En cuarto lugar, la discrecionalidad que las normas jurídicas otorgan a la Administración no significa que esta pueda actuar en contra de las *reglas técnicas* correspondientes, siendo valor pacíficamente aceptado que los vicios sobre la operación técnica inciden en la legitimidad del acto.

En quinto lugar, la actividad discrecional de la Administración está limitada por los *principios generales de Derecho* en tanto reglas de Derecho susceptibles de ser apreciadas en su cumplimiento en cada caso.

---

74 Carlos E. Delpiazzo – "Alcance del control jurisdiccional de la discrecionalidad administrativa", en César Perez Novaro y Marcelo Patritti Isasi (Coordinadores) – *"Actualidad y perspectivas en el Derecho Público"* F.C.U., Montevideo, 2021, p. 573 y ss.

La actividad discrecional se opone a la reglada (siendo ambas legítimas), por lo que procede su **distinción de la arbitrariedad** con la que no se confunde (ya que esta siempre contraria a la regla de Derecho). Al actuar arbitrariamente, el funcionario público está agrediendo al orden jurídico, actuando por fuera de él. En cambio, al obrar discrecionalmente, el funcionario está cumpliendo con su deber de elegir el medio más adecuado para dar satisfacción al interés público por fuerza de una indeterminación normativa.

A partir de la definición contenida en el Diccionario de la Lengua Española, resulta que arbitraria es la actuación o proceder contrarios a la justicia, a la razón o a las leyes, guiados solo por la voluntad o el capricho, de modo que confluyen dos elementos: uno objetivo (la contrariedad a la justicia, la razón o la ley) y otro subjetivo (que esa contrariedad se funde exclusivamente en la pura voluntad o capricho del agente).

Por eso, bien se ha dicho que la acción arbitraria "se nos presenta como fruto de una voluntad débil o desfalleciente. Es una voluntad que desoye los dictados de la razón que la impulsan en dirección a su verdadero bien y que se deja arrastrar por las inclinaciones de los apetitos inferiores que la conducen al desorden. Por ello, se dice que la arbitrariedad es la voluntad no gobernada por la razón, sino por el apetito o por el capricho o antojo"[75].

Nuestra jurisprudencia contencioso administrativa se ha ocupado de controlar el ejercicio de la discrecionalidad administrativa y sus límites, distinguiéndola especialmente de la arbitrariedad.

VIII. CONTROL JURISDICCIONAL DE LA ADMINISTRACIÓN

Cuando se habla del "control jurisdiccional de la Administración" se alude genéricamente a la comprobación de la regularidad de lo actuado o de lo proyectado u omitido (control) por los órganos públicos actuando en función administrativa (Administración), realizada por órganos jurisdiccionales y mediante procesos jurisdiccionales que culminan con una sentencia[76].

En sentido amplio, suele utilizarse la expresión "contencioso administrativo" para designar al universo de "contenciosos" (vale decir, contiendas o pleitos) "administrativos" (o sea, referidos a la materia regida por el Derecho Administrativo, o a la actividad administrativa, o en que es parte la Administración).

No obstante, nuestro constituyente utilizó la expresión "contencioso administrativo" con *un sentido restringido*, limitándolo básicamente al contencioso de anulación de los actos administrativos dictados por las entidades estatales, a cargo del Tribunal de lo Contencioso Administrativo, sin perjuicio del contencioso interadministrativo compartido con la Suprema Corte de Justicia, quedando en manos de los tribunales del Poder Judicial la jurisdicción represiva y por lesión de derechos e intereses legítimos. Por lo tanto, nuestro "contencioso administrativo" refiere específicamente a la jurisdicción y competencia del Tribunal de lo Contencioso Administrativo, siendo que nuestro régimen consagra un régimen de pluralidad de jurisdicciones y aún de pluralidad de competencia dentro del Poder Judicial[77].

En efecto, bajo el título de la Sección XVII, "De lo Contencioso Administrativo", nuestra Constitución organiza en cinco Capítulos la composición e integración del Tribunal de lo Contencioso Administrativo (arts. 307 y 308), su competencia anulatoria de los actos administrativos "contrarios a una regla de Derecho o con desviación de poder" (art. 309 y ss.), la existencia y actuación del Procurador del Estado en lo Contencioso Administrativo (art. 314 y ss.), el agotamiento de la vía administrativa mediante la interposición de los recursos administrativos correspondientes como requisito previo a la acción de nulidad (art. 317 y ss.), y la posibilidad de crear por ley "órganos inferiores dentro de la jurisdicción contencioso administrativa" (art. 320).

---

75 Héctor Frugone Schiavone - "La discrecionalidad administrativa", en *Rev. de la Facultad de Derecho y Ciencias Sociales*, Montevideo, 1982, Año XXVI, N° 1, p. 79 y ss.

76 Carlos E. Delpiazzo. "*Desafíos actuales del control*", F.C.U., Montevideo, 2001, p. 57 y ss.

77 Carlos E. Delpiazzo. "Apuntes para una revisión del contencioso administrativo uruguayo", en *Rev. de la Facultad de Derecho*, Montevideo, 2000, N° 17, p. 51 y ss.; "Imprescindible reorganización de lo contencioso administrativo", en *Rev. de Derecho de la Universidad de Montevideo*, Montevideo, 2007, Año VI, N° 12, p. 123 y ss.; y "Nuevamente sobre soluciones posibles a los problemas organizativos del contencioso anulatorio", en *Rev. de Derecho de la Universidad de Montevideo*, Montevideo, 2010, Año IX, N° 18, p. 89 y ss.

El Tribunal de lo Contencioso Administrativo es un órgano jurisdiccional especializado independiente de los tres Poderes de gobierno, el cual fue instituido en la reforma constitucional de 1952, atribuyéndole, de modo exclusivo, el contencioso de anulación de los actos administrativos dictados por las entidades estatales y, de modo compartido con la Suprema Corte de Justicia, el contencioso interadministrativo; a su vez, se facultó a la ley para asignarle el conocimiento del contencioso de reparación, quedando en manos del Poder Judicial la jurisdicción represiva y por lesión de derechos e intereses legítimos, aunque por la interpretación mayoritariamente seguida, en caso de provenir dicha lesión de actos administrativos, debía obtenerse su anulación como condición previa a la acción de reparación patrimonial. Con la reforma constitucional de 1997 se ha puesto fin a dicho condicionamiento de la acción reparatoria al establecer en el nuevo texto del art. 312 que "el actor podrá optar entre pedir la anulación del acto o la reparación del daño por este causado".

Consecuentemente, nuestra Constitución ha organizado el proceso contencioso administrativo de anulación no como un juicio al acto (contencioso objetivo) sino como un litigio entre partes (contencioso subjetivo) en el que se cuestiona la legitimidad del acto.

En su mérito, corresponde distinguir entre los requisitos de admisibilidad y de fondo de la acción anulatoria de actos administrativos que se sustancia ante el Tribunal de lo Contencioso Administrativo[78].

La Constitución regula los **presupuestos de admisibilidad de la acción anulatoria** en los arts. 309 y 319, los que permiten distinguir entre los relativos al acto objeto de impugnación, a la persona del accionante, y a la interposición de la acción.

En cuanto a las condiciones requeridas para que un acto sea susceptible de impugnación ante la jurisdicción anulatoria, derivan de la naturaleza del mismo y de sus caracteres.

En primer lugar, debe enfatizarse que el Tribunal de lo Contencioso Administrativo conoce, en instancia única, de las demandas de nulidad contra actos administrativos. Por lo tanto, quedan excluidos los actos legislativos y jurisdiccionales.

Aclara el decreto-ley N° 15.524 de 9 de enero de 1984 que se consideran objeto de acción de nulidad "los actos administrativos unilaterales, convencionales o de toda otra naturaleza" (art. 23, lit. a), "los que sean separables de los contratos" (art. 23, lit b) y "los que se hayan dictado durante la vigencia de la relación estatutaria que vincula al órgano estatal con el funcionario público" (art. 23, lit. c), sean de efectos particulares o generales (según surge del art. 25).

En segundo lugar, debe tratarse de actos administrativos "definitivos", es decir, a cuyo respecto se haya agotado la vía administrativa mediante la interposición de los recursos correspondientes y la autoridad competente se haya pronunciado (expresa o fictamente) sobre los mismos. Como dice el art. 24 del decreto-ley N° 15.524, los actos definitivos "constituyen la última manifestación de voluntad" de la Administración.

En tercer lugar, el acto debe ser susceptible de causar agravio en sentido jurídico (no material) o, en términos del citado art. 24, ser "creador de la situación jurídica lesiva que se resiste con la acción de nulidad".

Con referencia a los requisitos relativos a la persona del accionante, la Constitución reclama la titularidad de un derecho subjetivo o de un interés directo, personal y legítimo violado o lesionado por el acto.

Respecto a los requisitos referentes a la interposición de la acción, cabe señalar que la misma debe formularse por escrito (art. 58 y ss. del decreto-ley N° 15.524) y presentarse "son pena de caducidad" dentro de los 60 días corridos y siguientes al agotamiento de la vía administrativa (art. 9° de la ley N° 15.869), plazo que se suspende durante las Ferias judiciales y la llamada Semana de Turismo (art. 10 de dicha ley) y que se puede reabrir en caso de pronunciamiento expreso posterior a la configuración ficta de dicho agotamiento.

---

[78] Carlos E. Delpiazzo - "La justicia administrativa en Uruguay", en Germán Cisneros, Jorge Fernández Ruiz y Miguel Alejandro López Olvera (Coordinadores) – *Justicia Administrativa*, UNAM, México, 2007, p. 147 y ss.; "Los contenciosos administrativos de anulación y reparación en el Derecho uruguayo", en *Revista de Derecho Público*, Caracas, 2006, N° 108, p. 7 y ss.; "Régimen contencioso administrativo uruguayo", en Jaime Rodríguez Arana y Marta García (Coordinadores) - *La Jurisdicción Contencioso Administrativa en Iberoamérica*, Editorial Jurídica Venezolana, Caracas, 2014, p. 437 y ss.; y *Derecho Administrativo General, cit.* volumen 2, tercera edición actualizada y ampliada, capítulo 34.

Los **presupuestos de fondo de la acción anulatoria**, surgen del mencionado art. 309 de la Carta, a cuyo tenor la jurisdicción anulatoria alcanza a los actos administrativos "contrarios a la regla de Derecho o (dictados) con desviación del poder".

En cuanto a la *contrariedad a la regla de Derecho*, que configura la ilegitimidad del acto, cabe señalar que el art. 23, lit. a) del decreto-ley Nº 15.524 -en norma que reitera a la letra el texto del anterior art. 345 de la ley Nº 13.318 de 28 de diciembre de 1964- considera tal, "todo principio de derecho o norma constitucional, legislativa, reglamentaria o contractual".

Al respecto, corresponde destacar la importancia de las referencias a los principios generales de Derecho y a los contratos como reglas de Derecho, lo que disipa toda duda acerca de la posibilidad de juzgamiento por el Tribunal de lo Contencioso Administrativo de los actos que sean violatorios de principios incluso no expresados en el Derecho positivo[79] o que impliquen un apartamiento unilateral por la Administración de lo pactado con eficacia vinculante para ambas partes[80].

Por otra parte, aunque pueda parecer innecesario, el multicitado art. 23, lit. a) del decreto-ley Nº 15.524 agrega a la *desviación de poder* constitucionalmente prevista, los supuestos de *abuso y exceso de poder*, no contemplados en la norma antecedente.

IX. OTRAS TÉCNICAS DE CONTROL DE LA ADMINISTRACIÓN

Además del control jurisdiccional (ejercido por los órganos del Poder Judicial y por el Tribunal de lo Contencioso Administrativo) y del control parlamentario, la Constitución prevé el control administrativo de la gestión económico financiera de la Administración.

A su vez, por vía legislativa, se ha desarrollado el control administrativo interno de dicha gestión, y lo que ha dado en llamarse el control social, sin perjuicio de nuevas manifestaciones del control[81].

Respecto al **control externo**, en su triple fase de previo, permanente y posterior, de la juridicidad de la gestión económico financiera de las entidades estatales está a cargo del Tribunal de Cuentas[82].

De acuerdo a la Constitución, el Tribunal de Cuentas está integrado por siete miembros designados por la Asamblea General (arts. 208 y 209) y es configurado como un órgano que "actuará con autonomía funcional" (art. 210), es decir, que integra la persona pública estatal mayor sin hacer parte de los Poderes de gobierno. Su competencia se define diciendo que le corresponde "la vigilancia de la ejecución de los presupuestos y la función de contralor de toda gestión relativa a la Hacienda Pública" (art. 228).

Según lo previsto en el art. 111 del Texto Ordenado de la Ley de Contabilidad y Administración Financiera (TOCAF) vigente[83], encabeza el sistema orgánico de control externo de la gestión económico-financiera estatal, pudiendo llevar a cabo su labor por sí o mediante un conjunto de órganos y funcionarios que actúan bajo su dirección.

Desde el punto de vista estructural, dicho sistema está compuesto por un centro primario, que es el propio Tribunal de Cuentas, y por múltiples centros secundarios, constituidos por los órganos y funcionarios que actúan bajo su dirección o superintendencia.

Desde el punto de vista funcional, se trata de un sistema instituido a los solos efectos del cumplimiento de la concreta actividad de control asignada, mediante modalidades en el ejercicio de la competencia.

---

79 Carlos E. Delpiazzo - "Recepción de los principios generales de Derecho por el Derecho positivo uruguayo", en *A.A.V.V. - "Los principios en el Derecho Administrativo Iberoamericano*. Actas del VII Foro Iberoamericano de Derecho Administrativo", Netbiblo, La Coruña, 2008, p. 607 y ss.

80 Carlos E. Delpiazzo - "Contencioso de los contratos administrativos", en *Anuario de Derecho Administrativo*, Montevideo, 2000, tomo VIII, p. 155 y ss.; y "Los contratos como reglas de Derecho", en Jaime Rodríguez Arana y otros (Coordinadores) - *Fuentes del Derecho Administrativo. IX Foro Iberoamericano de Derecho Administrativo*, R.A.P., Buenos Aires, 2010, p. 667 y ss.

81 Carlos E. Delpiazzo (Coordinador). "*El control de la actividad administrativa*", Temis, Bogotá, 2018.

82 Carlos E. Delpiazzo."Tribunal de Cuentas" , A.M.F., Montevideo, 1982, p. 35 y ss.

83 Carlos E. Delpiazzo. "Génesis y evolución del TOCAF", en Carlos E. DELPIAZZO (Coordinador) – *Comentarios al TOCAF sobre la Hacienda Pública*, U.M., Montevideo, 2012, p. 11 y ss.

Como solución de principio, toda la competencia de control externo está concentrada en el Tribunal de Cuentas. Pero como la eficacia del control previo y concomitante exige que el mismo sea realizado en las propias oficinas de los órganos o entidades objeto de fiscalización, el constituyente (en el art. 211, lit. B) y el legislador (en el art. 50 de la ley N° 16.736 de 5 de enero de 1996) han habilitado, facultativamente, la desconcentración no privativa de esa competencia.

En cuanto al control previo, el art. 211, lit. B) de la Constitución asigna al Tribunal de Cuentas la competencia de "intervenir preventivamente en los gastos y los pagos, conforme a las normas reguladoras que establecerá la ley y al solo efecto de certificar su legalidad, haciendo, en su caso, las observaciones correspondientes"[84].

Desde el punto de vista orgánico, se trata de los gastos y pagos de todos los órganos y organismos que integran el Estado en sentido amplio, es decir, la persona jurídica Estado, los Entes Autónomos, los Servicios Descentralizados y los Gobiernos Departamentales. Si bien ello no está dicho a texto expreso, surge con nitidez de la parte final del lit. B) de la misma disposición, que habilita a realizar el control preventivo de referencia "por intermedio de los respectivos contadores o funcionarios que hagan sus veces" de los organismos que configuran la descentralización territorial y por servicios en nuestro país.

Quiere decir que el Tribunal de Cuentas ejerce su competencia de control externo en la faz preventiva, de tres modos:

a) directamente;

b) por intermedio de los Contadores de los Gobiernos Departamentales, Entes Autónomos y Servicios Descentralizados; y

c) por intermedio de Contadores auditores.

Cuando el Tribunal de Cuentas ejercita directamente su competencia de control preventivo de los gastos y los pagos, caben dos opciones:

a) "certificar su legalidad" cuando los mismos se hayan dispuesto cumpliendo las exigencias legales y reglamentarias pertinentes; o

b) formular las "observaciones correspondientes" cuando del examen que practique surja alguna irregularidad.

En el primer caso, se agota la etapa de fiscalización, mientras que en el segundo la consecuencia jurídica de esas observaciones en la suspensión del procedimiento administrativo de formación del acto; se opera lo que se denomina el "efecto impeditivo" del actuar ilegítimo del órgano administrativo controlado ya que se traba el perfeccionamiento del acto respectivo.

Ese efecto impeditivo provoca la apertura de un verdadero incidente dentro del procedimiento, el que se sustancia con un traslado al órgano del cual emanó el proyecto observado, el que puede asumir dos actitudes:

a) si acepta las observaciones y corrige dicho proyecto, queda concluido el incidente sigue adelante el trámite principal; y

b) si rechaza las observaciones, debe dictar un acto de insistencia y comunicarlo al Tribunal de Cuentas (tal como establece el art. 211, lit. B cuando dispone que "si el ordenador respectivo insistiera, lo comunicará al Tribunal sin perjuicio de dar cumplimiento a lo dispuesto").

Por lo tanto, en caso de insistencia, el procedimiento del gasto o pago sigue su curso bajo la responsabilidad exclusiva del ordenador. Pero "si el Tribunal de Cuentas, a su vez, mantuviera sus observaciones, -también puede desistir de ellas dejándolas sin efecto- dará noticia circunstanciada a la Asamblea General, o a quien haga sus veces, a sus efectos" (art. 211, lit. B, inc. 2°).

Cuando la competencia del Tribunal de Cuentas es ejercida por intermedio de los Contadores de los Entes Autónomos, Servicios Descentralizados y Gobiernos Departamentales, se asiste a una hipótesis de desconcentración no privativa en que existe una competencia compartida o acumulativa cuyo ejercicio por dichos Contadores está condicionado a una manifestación de voluntad del Tribunal de Cuentas como cabeza del sistema.

---

84 Carlos E. Delpiazzo. *Derecho Administrativo Especial*, *cit.*, volumen 1, tercera edición actualizada y ampliada, p. 325 y ss.

Es que la Constitución configura una situación en que el Contador respectivo debe tolerar la existencia de una doble jerarquía: una principal o dominante, que es la propia del organismo al que pertenece (Ente Autónomo, Servicio Descentralizado o Gobierno Departamental) y otra accesoria o específica, que es la determinada por la subordinación al Tribunal de Cuentas.

Cuando la competencia es ejercida por intermedio de los Contadores auditores, la situación se encuadra en lo previsto en el art. 113 del TOCAF, según el cual "las funciones de control que le competen al Tribunal de Cuentas podrán ser ejercidas por intermedio de sus propios auditores designados para actuar en las Contadurías Generales, Contadurías Centrales o Servicios de Contabilidad que hagan sus veces en toda la Administración Pública centralizada o descentralizada" (inc. 1°).

Aclara la norma que "en los casos en que el Tribunal hubiere cometido a sus auditores... la función de intervención preventiva de gastos y pagos a que refiere el art. 211, lit. B) de la Constitución de la República, las observaciones que formulen estos dentro del límite atribuído a su competencia, se entenderán como realizadas por el Tribunal de Cuentas" (inc. 4°), sin perjuicio de que este "podrá avocar dicho control" (inc. 5°).

Del tenor de la norma parcialmente transcripta se infiere que, ordinariamente, el Contador auditor será un funcionario "designado" por el Tribunal de Cuentas, el cual pertenecerá a sus cuadros funcionales (en cuyo caso estará íntegramente subordinado al Tribunal de Cuentas) o podrá pertenecer a la organización controlada, como ocurre con los Contadores centrales (en cuyo caso se verificará una situación de jerarquía múltiple).

Desde el punto de vista del procedimiento de actuación del Contador auditor, establece el art. 114 del TOCAF que, en caso de observación del gasto o pago, "deberá documentar su oposición y si el ordenador respectivo insistiera en el mismo, se comunicará tal resolución al Tribunal sin perjuicio de dar cumplimiento al acto dispuesto bajo la exclusiva responsabilidad de dicho ordenador".

En cuanto al control permanente, establece el art. 211, lit. E) de la Constitución, que compete al Tribunal de Cuentas "intervenir en todo lo relativo a la gestión financiera de los órganos del Estado, Gobiernos Departamentales, Entes Autónomos y Servicios Descentralizados, y denunciar, ante quien corresponda, todas las irregularidades en el manejo de fondos públicos e infracciones a las leyes de presupuesto y contabilidad" [85].

El doble objeto del control permanente está definido por la disposición transcripta precedentemente.

Por una parte, respecto a la intervención en la gestión financiera estatal, ella aparece definida con similar amplitud en el art. 228 de la Constitución (que refiere a "toda gestión relativa a la Hacienda Pública") y en el art. 94 del TOCAF (que alude a "los actos y la gestión económico-financiera").

Por otra parte, en cuanto a la denuncia de irregularidades, corresponde destacar que el mismo ratifica el papel del Tribunal de Cuentas en cuanto a que el mismo se limita a controlar sin asumir funciones decisorias propias de los órganos de administración activa.

En cuanto al control posterior, de acuerdo al art. 211, lit. C) de la Constitución, compete al Tribunal de Cuentas examinar "la rendición de cuentas y gestiones de todos los órganos del Estado, inclusive Gobiernos Departamentales, Entes Autónomos y Servicios Descentralizados, cualquiera sea su naturaleza, así como también en cuanto a las acciones correspondientes en caso de responsabilidad, exponiendo las consideraciones y observaciones pertinentes"[86].

Con relación al primer aspecto edictado por el precepto constitucional, no hay un efecto jurídico inmediato cuando el Tribunal de Cuentas informa sobre las rendiciones de cuentas. En cambio, cuando opina sobre la gestión de los titulares de los diversos órganos del Estado, es dable advertir un efecto jurídico en el caso previsto en el art. 192 de la Constitución, que establece que los Directores de los Entes Autónomos, Servicios Descentralizados "podrán ser reelectos o designados para otro Directorio o Dirección General siempre que su gestión no haya merecido observación del Tribunal de Cuentas, emitida por lo menos por cuatro votos conformes de sus miembros". Se trata de un efecto que no puede salvarse con la insistencia; desde que el Tribunal se pronuncia, esa persona no puede ser reelecta ni designada par otro órgano de los indicados.

---

[85] Carlos E. Delpiazzo. *Derecho Administrativo Especial, cit.*, volumen 1, tercera edición actualizada y ampliada, p. 331 y 332.

[86] Carlos E. Delpiazzo. *Derecho Administrativo Especial, cit.*, volumen 1, tercera edición actualizada y ampliada, p. 332 y ss.

La competencia del Tribunal de Cuentas relativa al examen de las rendiciones de cuentas, se complementa con lo preceptuado en el literal D) del art. 211, que le impone presentar anualmente a la Asamblea General una memoria contentiva de las mismas.

A su vez, el art. 114 del TOCAF dispone que "todo funcionario o empleado, como así también toda persona natural o jurídica que perciba fondos en carácter de recaudador, depositario o pagador, o que administre, utilice o custodie otros bienes o pertenencias del Estado, con o sin autorización legal, está obligado a rendir cuenta documentada o comprobable de su versión, utilización o gestión".

Con relación al segundo aspecto edictado por el lit. C) del art. 211, corresponde señalar que la intervención del Tribunal "en cuanto a las acciones correspondientes en caso de responsabilidad", es también aquí de dictamen e información, de naturaleza administrativa y no jurisdiccional.

El Título VI del TOCAF desarrolla el precepto constitucional en sus arts. 137 a 148. La solución de principio que emerge de dicho conjunto normativo es que se compromete directamente la responsabilidad administrativa "por el apartamiento de las normas aplicables, de los objetivos y metas previstos, y el apartamiento inexcusable de los principios y procedimientos de buena administración, en todos los casos en lo relativo al manejo de dineros o valores públicos y a la custodia o administración de bienes estatales" (art. 119, inc. 3°)[87].

Con relación al **control interno**, al tenor del art. 104 del TOCAF, "El sistema de control interno de los actos y la gestión económico financiera está encabezado por la Auditoría Interna de la Nación" -que es una dependencia del Ministerio de Economía y Finanzas dotada de desconcentración- a la cual corresponde

a) realizar auditorías de cumplimiento y de gestión, sobre los órganos comprendidos dentro de su ámbito de competencia, conforme a las normas y criterios técnicos que emita o adopte para el ejercicio de la función de auditoría interna;

b) ejercer la superintendencia técnica de todas las Unidades de Auditoría Interna que actúen, por creación o adhesión, en el sistema de auditoría interna gubernamental;

c) promover, mediante la emisión de normas técnicas u otros mecanismos eficientes a tal efecto, el enfoque de riesgos en el sistema de control interno gubernamental; y

d) promover un sistema de información de auditoría interna gubernamental.

A diferencia del control externo a cargo del Tribunal de Cuentas (que es previo, permanente y posterior), el que la ley confía a la Auditoría Interna de la Nación, además de interno, es un *control selectivo y posterior*, abarcando los aspectos presupuestales, económicos, financieros, patrimoniales, normativos y de gestión, así como la evaluación de programas y proyectos (art. 105).

Concluidas sus actuaciones de control, la Auditoría Interna de la Nación producirá informes, de los que deberá dar vista al organismo controlado antes de adoptar resolución (art. 109). Posteriormente, elevará al Poder Ejecutivo copia de la resolución que dicte y "semestralmente hará público un informe sintético de los resultados de las auditorías efectuadas" (art. 110).

Finalmente, en cuanto al **control social**, bajo tal denominación, el capítulo III de la ley anticorrupción N° 17.060 de 23 de diciembre de 1998 contiene tres disposiciones jerarquizadoras del principio de transparencia en el obrar de los servidores públicos[88].

En primer término, el art. 5° ordena que "Los organismos públicos darán amplia publicidad a sus adquisiciones de bienes y contrataciones de servicios".

A renglón seguido, establece el art. 6° que "El Poder Ejecutivo... llevará a cabo periódicamente campañas de difusión en materia de transparencia pública y responsabilidad de los funcionarios públicos, así como sobre los delitos contra la Administración Pública y los mecanismos de control ciudadano". Finalmente, agrega el art. 7° que "Los actos, documentos y demás elementos relativos a la función pública pueden ser divulgados libremente, salvo que por su naturaleza deban permanecer reservados o secretos o hayan sido declarados tales por ley o resolución fundada. En todo caso, bajo la responsabilidad a que hubiere lugar por Derecho".

---

87 Carlos E. Delpiazzo - "Responsabilidad de los funcionarios públicos y de los concesionarios de servicios públicos", en *Rev. de Direito Administrativo & Constitucional*, Curitiba, 2000, N° 3, p. 39 y ss.

88 Carlos E. Delpiazzo. *Desafíos actuales del control, cit.*, p. 97 y ss.

Obsérvese que la normativa transcripta pone el énfasis en el acceso por los integrantes del cuerpo social a la información relativa al quehacer administrativo, avanzando un paso más respecto a la clásica publicidad de su actividad al prever que esa información pueda ser divulgada libremente por el medio que sea. Se ingresa así en el amplio campo del nuevo principio general de transparencia, a través del cual "se quiere dar un paso más respecto a la publicidad... como que la publicidad implica mostrar, pero la transparencia implica algo más que mostrar, implica dejar ver; simplemente que el actuar de la Administración se deje ver como a través de un cristal"[89].

X. RESPONSABILIDAD ADMINISTRATIVA

La **evolución constitucional** uruguaya permite distinguir tres períodos en la materia[90].

En primer lugar, bajo la vigencia de las Constituciones de 1830 y 1917, nada se estableció al respecto, por lo que la responsabilidad del Estado se hizo valer jurisprudencialmente a partir del art. 21 del Código Civil, que considera personas jurídicas "y por consiguientes capaces de derechos y obligaciones civiles", entre otros al Estado.

Más tarde, en la reforma constitucional de 1934, se produjo una significativa modificación al establecerse la responsabilidad primaria de los funcionarios y subsidiaria del Estado, cuya aplicación planteó serias dificultades interpretativas. Decía el art. 24: "Será civilmente responsable cualquier funcionario que, en ejercicio de la función pública que le estuviere confiada, y con incumplimiento de los deberes que el cargo le impone, cause perjuicio a un tercero" (inc. 1º). Y agregaba: "Responderán subsidiariamente, el Estado, los Municipios, los Entes Autónomos o Servicios Descentralizados, o el órgano público de que dependa el funcionario, quienes serán parte necesaria en los juicios que se promuevan al efecto, y tendrán el derecho de repetir contra aquél lo que hubieren pagado en caso de condenación" (inc. 2º).

El **régimen vigente de responsabilidad de la Administración** es el que resulta de la reforma constitucional de 1952, la cual invierte la solución anterior, consagrando la responsabilidad estatal directa. De acuerdo al nuevo art. 24, que permanece incambiado hasta el presente, "El Estado, los Gobiernos Departamentales, los Entes Autónomos, los Servicios Descentralizados y, en general, todo órgano del Estado, serán civilmente responsables del daño causado a terceros, en la ejecución de los servicios públicos confiados a su gestión o dirección".

La referencia de la norma transcripta a "la ejecución de los servicios públicos" ha planteado vacilaciones acerca de su alcance. Al respecto, puede decirse que hoy existe consenso acerca de que dicha expresión está usada en un sentido amplio que hace aplicable el precepto a todos los daños ocasionados por sujetos de Derecho público en el ejercicio de la función administrativa, sin perjuicio de opiniones en el sentido de que cubriría también la responsabilidad derivada del ejercicio de la función jurisdiccional o aún toda la actividad estatal[91].

En consecuencia, la responsabilidad de cualquier Administración frente al damnificado es directa, obligándola a indemnizar pecuniariamente tanto por los actos como por los hechos y omisiones que ocasionaren perjuicio. Cabe observar que la norma bajo examen establece el principio general de la

---

[89] Carlos E. Delpiazzo. "La regulación legal del control social y transparencia", en *Rev. de Antiguos Alumnos del IEEM*, Montevideo, 2002, Año 5, Nº 1, p. 29 y ss.; "Control social de la Administración y transparencia", en *Rev. Ius Publicum*, Santiago de Chile, 2003, Nº 11, p. 43 y ss.; y "De la publicidad a la transparencia en la gestión administrativa", *en Rev. de Derecho de la Universidad de Montevideo*, Año II (2003), Nº 3, p. 113 y ss.

[90] Carlos E. Delpiazzo. "*Estudios sobre la responsabilidad de la Administración*", U.M., Montevideo, 2009, p. 17 y ss.; "Responsabilidad de la Administración en Uruguay", en *Rev. Iberoamericana de Administración Pública*, INAP, Madrid, 2003, Nº 10, p. 31 y ss.; y "Responsabilidad del Estado y de los concesionarios de servicios públicos", en *Anuario de Derecho Administrativo*, Montevideo, 1999, tomo VII, p. 51 y ss.

[91] Carlos E. Delpiazzo - "Despliegue del principio de responsabilidad en el Estado constitucional de Derecho", en *Rev. de Derecho Público*, Montevideo, 2015, Nº 47, p. 27 y ss.; e "Interdicción de la irresponsabilidad administrativa en el Estado constitucional de Derecho", en Jaime Rodríguez Arana y otros (Coordinadores) – *La responsabilidad patrimonial de la Administración. XIII Foro Iberoamericano de Derecho Administrativo*, Universidad Panamericana, México, 2014, tomo 1, p. 189 y ss.

responsabilidad de los entes estatales pero no determina cuándo surge dicha responsabilidad, es decir, cuál es el criterio de imputación que debe seguirse[92].

Sobre el particular, el comienzo del siglo XXI encuentra a Uruguay ante la curiosa situación de que doctrina y jurisprudencia nacionales discrepan acerca de cuándo surge la responsabilidad administrativa, es decir, si ella obedece a fundamentos de tipo subjetivo o de tipo objetivo ya que los criterios de imputación no son otra cosa que criterios particulares que consagran el fundamento de la responsabilidad. Mientras que la doctrina actual del Derecho público se inclina decididamente por la responsabilidad objetiva de las entidades estatales, la jurisprudencia de los tribunales se orienta prácticamente sin fisuras en el sentido de la responsabilidad subjetiva, acudiendo frecuentemente a la aplicación de la legislación civil.

Por lo que refiere al **régimen vigente de responsabilidad de los funcionarios públicos**, el mismo surge del art. 25 de la Constitución, a cuyo tenor "Cuando el daño haya sido causado por sus funcionarios, en el ejercicio de sus funciones o en ocasión de ese ejercicio, en caso de haber obrado con culpa grave o dolo, el órgano correspondiente podrá repetir contra ellos, lo que hubiere pagado en reparación"[93].

A partir de la lectura conjunta de los citados arts. 24 y 25, se ha interpretado que la responsabilidad patrimonial frente a terceros recae siempre sobre la Administración, no siendo posible accionar directamente contra el funcionario, salvo en caso de actos personalísimos. Significa que, una vez hecha efectiva la responsabilidad de la entidad estatal correspondiente, será esta la única legitimada para hacer valer la responsabilidad del funcionario, por vía de repetición, en base a un criterio definidamente subjetivo: debe haberse obrado con "culpa grave o dolo", excluyéndose la culpa simple, la mera negligencia o el error excusable. Para hacer efectiva la responsabilidad del funcionario, se ha dispuesto por vía reglamentaria que "toda resolución que disponga el pago de indemnización por responsabilidad civil del Estado ordenará, además, la iniciación, una vez que se cancele la obligación, del procedimiento administrativo a fin de determinar si corresponde promover la acción de repetición contra el funcionario o funcionarios públicos responsables del daño".

Sin perjuicio de lo antedicho, el art. 211, lit. C) de la Constitución comete al Tribunal de Cuentas dictaminar "en cuanto a las acciones correspondientes en caso de responsabilidad" al examinar las rendiciones de cuentas y gestiones de todas las entidades estatales. Asimismo, el art. 213 alude a "las responsabilidades y garantías a que quedarán sujetos los funcionarios públicos que intervienen en la gestión del patrimonio del Estado" como materia a incluir en la Ley de Contabilidad y Administración Financiera. Consecuentemente, el TOCAF dedica el Título VI (arts. 137 y ss.) al tema de la responsabilidad funcional, incluyendo la patrimonial.

Más allá de tales disposiciones parciales, la solución de principio es que se compromete directamente la responsabilidad patrimonial del funcionario toda vez que se cause un daño al patrimonio de la entidad estatal. En tal sentido, en materia financiero-contable, el mencionado TOCAF prevé que "la responsabilidad alcanza mancomunada y solidariamente a todos los que resuelvan, dispongan, ejecuten o intervengan en la formación de actos u ocurrencia de hechos" que se aparten de la normativa aplicable (art. 139), debiendo el jerarca respectivo promover el procedimiento de investigación que corresponda (art. 140), al cabo del cual, si no existieran responsabilidades, se archivará el expediente. En cambio (art. 147), si se hubiere configurado responsabilidad, pero no hubiere perjuicio para el erario, se dispondrán las medidas disciplinarias adecuadas; y si se hubiere configurado responsabilidad y perjuicio, se adoptarán medidas disciplinarias y se promoverá acción judicial de reparación. "A los efectos de la acción civil -termina diciendo el art. 147- el testimonio de la resolución administrativa y en coincidencia con el dictamen del Tribunal de Cuentas, constituirá presunción simple de la entidad del perjuicio a reclamar"[94]. Cabe agregar que "el cese de funciones no exime de responsabilidad civil al

---

92 Carlos E. Delpiazzo - "Acerca de la imputación de la responsabilidad del Estado en el Derecho comparado actual", en *Suplemento de Derecho Administrativo de Rev. El Derecho*, Buenos Aires, 2000, Año XXXVIII, Nº 9975, p. 17 y ss.

93 Carlos E. Delpiazzo - *Responsabilidad de los funcionarios públicos y de los concesionarios de servicios públicos, cit.*, p. 39 y ss.

94 Daniel Hugo Martins - "La responsabilidad civil de los funcionarios públicos por daños causados a la Administración", en *Tercer Coloquio sobre Contenciosos de Derecho Público, Responsabilidad del Estado y*

exfuncionario" (art. 126) y que "las responsabilidades específicas en materia financiero-contable y las civiles emergentes... prescriben a los diez años a contar de la fecha del acto o hecho que diera origen a las mismas" (art. 127).

XI. SERVICIO PÚBLICO Y MERCADOS DE INTERÉS GENERAL

Al estudiar los cometidos del Estado, **tradicionalmente** se ha distinguido en nuestro país entre los cometidos esenciales, los servicios públicos, los servicios sociales, la actuación estatal en el campo de la actividad privada, y los aspectos administrativos de la regulación de la actividad privada[95].

En ese marco, se han definido a los servicios públicos como aquellos desarrollados por entidades estatales o por su mandato expreso, para satisfacer necesidades colectivas impostergables mediante prestaciones suministradas directa e inmediatamente a los individuos bajo un régimen de Derecho público[96]. No obstante, tal delimitación instrumental no puede considerarse acabada y definitiva ya que la propia noción de servicio público se encuentra hoy requerida de una reconstrucción histórica y conceptual[97].

A comienzos de siglo, necesidades prácticas y no meras especulaciones teóricas fueron las que llevaron a la doctrina francesa a intentar superar la ausencia de textos claros que deslindaran la competencia de los tribunales administrativos frente a los tribunales judiciales comunes mediante un principio general que permitiera reconocer cuáles son los litigios de competencia del juez administrativo, trazando las fronteras con la jurisdicción judicial. En ese contexto, los autores de la escuela de Burdeos establecieron como criterio definidor del Derecho administrativo y, por ende, de la jurisdicción administrativa, el del servicio público, caracterizado esquemáticamente por tres elementos básicos:

a) un elemento teleológico, significado porque se tratará de una actividad tendiente a satisfacer necesidades de interés general;

b) un elemento subjetivo u orgánico, consistente en que la actividad estuviera a cargo de una entidad estatal; y

c) un elemento formal, expresado en que la actividad se regule primordialmente por el Derecho público.

La amplitud de tal noción encerró el germen de su crisis, conduciendo a su posterior acotamiento para designar el conjunto de actividades destinadas a satisfacer necesidades colectivas impostergables mediante prestaciones desarrolladas por entidades estatales (solución de principio) o por su mandato expreso (solución de excepción efectivizada a través de concesiones), ordinariamente con exclusividad, es decir, con exclusión de otros prestadores ya que la "publicatio" del servicio apareja su exclusión del campo de la libertad de los particulares.

En función de tales características, respecto a la lista de servicios públicos, corresponde formular dos puntualizaciones importantes.

En primer lugar, en la medida que la "publicatio" determinante de la calificación de una actividad como servicio público debe realizarse por ley, dicha enumeración es esencialmente variable y cambiante, no solo de un ordenamiento jurídico a otro, sino dentro de un mismo país en distintos momentos.

En segundo lugar, corresponde distinguir entre servicios públicos propios e impropios, considerando tales a aquellos que tienen de común con los propios la satisfacción en forma continua de necesidades colectivas pero que, en la medida que no han sido determinados como tales por ley formal, no son prestados ni concedidos por el Estado, sino que se trata, en realidad, de actividades privadas de interés público.

Jurisdicción, Edit. Universidad, Montevideo, 1997, p. 155 y ss.; y Felipe Rotondo Tornaria - "Responsabilidad del funcionario", en *Estudios Jurídicos en memoria de Alberto Ramón Real*, F.C.U., Montevideo, 1996, p. 470 y ss.

95 Enrique Sayagues Laso - "Los cometidos estatales", en *Rev. de la Facultad de Derecho y Ciencias Sociales,* Montevideo, 1973, Año XVII, p. 356 y ss.; y *Tratado de Derecho Administrativo, cit.*, tomo I, p. 47 y ss.

96 Enrique Sayagues Laso - "*Tratado de Derecho Administrativo*" *cit.*, tomo I, p. 65.

97 Carlos E. Delpiazzo - "Construcción y evolución de la noción de servicio público", en Andry Matilla, José Luis Prado y Luis Gerardo Rodríguez (Coordinadores) - "*Ensayos de Derecho Público en conmemoración del sesquicentenario del natalicio de León Duguit*", Monterrey, 2011, p. 109 y ss.

Modernamente, las restricciones propias del régimen clásico de los servicios públicos -económicamente monopólicos, de mínimos, uniformes- aparejan una nueva crisis y el afloramiento del llamado "nuevo modelo de servicios públicos competitivos" y, consecuentemente, la noción de "servicio universal"[98].

Es que la evolución tecnológica reciente y la apertura de los mercados ha dado lugar a la multiplicación de servicios, cuyo disfrute por todos los ciudadanos debe ser garantizada sobre la base de principios como la no discriminación o la transparencia. Ello ha llevado a que la distinción entre las prestaciones de mercado y las prestaciones de servicio universal se funde en que estas últimas son modalidades a las que el mercado, por sí solo, no daría respuesta y la autoridad entiende que deben ser cubiertas porque constituyen un estándar mínimo al que todos tienen derecho. Así, la apertura de los servicios a la competencia y a las leyes de mercado (frente a la idea tradicional de que todo servicio público, como actividad reservada, confiere exclusividad), se caracteriza básicamente por las siguientes notas:

a) la no calificación como servicio público de una actividad o sector en su conjunto sino solo de algunas tareas o actuaciones concretas dentro de aquél, de modo que, en lugar de declarar servicio público a las telecomunicaciones, lo que hay que hacer es precisar cuáles son las obligaciones o cargas de servicio universal que hay que garantizar a todos (lo que exige la diferenciación de prestaciones tales como el servicio de telefonía básica y los servicios de valor agregado);

b) el abandono del concepto de reserva, con todo el régimen jurídico que este concepto lleva consigo (de titularidad de la actividad a favor del Estado, de la concesión como transferencia, etc.); y

c) la sustitución de un régimen cerrado (de exclusividad) por un régimen abierto a la entrada en el sector, bajo un sistema de autorización reglamentada y de imposición (unilateral o contractual) de cargas u obligaciones destinadas a garantizar determinadas prestaciones al público, que se impondrán de modo vinculante a todos cuantos actúen en el sector (con la consiguiente compensación económica).

Asimismo, con el advenimiento de los procesos de transformación estatal pautados por privatizaciones, desestatizaciones, desmonopolizaciones, asociaciones y otros instrumentos[99], aparecen los llamados marcos regulatorios de distintas actividades, acompañados de la creación de entes u órganos encargados de su aplicación y desarrollo. En tal sentido, los **entes u órganos de regulación y control** no son otra cosa que instrumentos de que se sirve el Estado para promover la competencia, asegurar las prestaciones y proteger a los usuarios[100].

Para hacerlo, suelen estar dotados de poderes jurídicos de distinta naturaleza y extensión. Al respecto, el panorama es amplísimo y abarca desde las clásicas potestades administrativas vinculadas con la fiscalización de los servicios y el cumplimiento de las condiciones fijadas para los mismos (por ejemplo, en los contratos de concesión), hasta la aplicación de sanciones, pasando por el régimen tarifario. Asimismo, se advierte una rica gama de poderes reglamentarios, tanto en materia de seguridad y procedimientos técnicos, como de medición y facturación de los consumos, control y uso de medidores, calidad de las prestaciones, y resolución de controversias.

Conforme al modelo norteamericano, el principio inspirador de las llamadas "Agencias" o Comisiones" reguladoras es obtener una administración técnica independiente y sustraída de las alternativas de la vida política. El arquetipo de estas Comisiones fue la Reserva Federal en materia de regulación monetaria y bancaria, y el modelo se ha utilizado para el control de los servicios públicos. Los procedimientos de las agencias norteamericanas están basados en la publicidad, la contradicción y la objetividad de los actos.

---

98 Carlos E. Delpiazzo - "*Derecho Administrativo Especial*" *cit.*, volumen 1, tercera edición actualizada y ampliada, p. 579 y ss.; y "*Derecho de las Telecomunicaciones*", U.M., Montevideo, 2005, p. 18 y ss.

99 Carlos E. Delpiazzo - "Instrumentos usados para la reforma del Estado en Uruguay", en *Rev. de Derecho del Mercosur*, Buenos Aires, 1997, Año 1, Nº 2, p. 67 y ss.

100 Mariano R. Brito y Carlos E. Delpiazzo - "*Derecho Administrativo de la Regulación Económica,* U.M. Montevideo, 1998, p. 60 y ss.

En países con estructuras institucionales que responden más al modelo francés, se ha enfatizado principalmente en la configuración de una Administración participativa, neutral, respetuosa del mercado y de la sociedad.

Desde el punto de vista estático o de la teoría de la organización, algunos países han optado por la configuración de "entes" reguladores y de control personificados mientras que otros han establecido simplemente "órganos" reguladores y de control dentro de entidades estatales ya existentes.

En esta segunda situación, se plantea la alternativa de tener un solo órgano regulador y de control o tener varios.

En la hipótesis de erigir multiplicidad de órganos reguladores y de control, la opción es implantarlos descentralizadamente o en forma centralizada al Poder Ejecutivo.

A su vez, en el caso de pluralidad de órganos reguladores dependientes del Poder Ejecutivo, cabe imaginar su funcionamiento en el ámbito de cada uno de los Ministerios sectoriales o fuera de ellos. En el caso de la Constitución uruguaya, ambas opciones son jurídicamente posibles y se han dado en la realidad 101.

Desde el punto de vista dinámico o de la teoría de la actividad, una primera aproximación al examen de estos entes u órganos revela su inserción en un marco de reparto de competencias, en el que corresponde diferenciar:

a) la planificación y fijación de políticas a cargo del Poder Ejecutivo;

b) la regulación y el control a cargo de entes u órganos con creciente especialización y autonomía técnica;

c) la prestación de la actividad concreta, tanto por operadores públicos como privados.

En el Derecho positivo uruguayo, prescindiendo de otros antecedentes, la ley N° 16.832 de 17 de junio de 1997 creó la *Unidad Reguladora de la Energía Eléctrica* (UREE) como dependencia del Poder Ejecutivo -sin indicación de su posición institucional específica, la que fue determinada posteriormente por la ley N° 17.296 de 21 de febrero de 2001, que la ubicó en el ámbito de la Comisión de Planeamiento y Presupuesto (art. 98)- dirigida por una Comisión integrada por tres miembros designados por el Poder Ejecutivo (art. 2°).

Luego, la citada ley N° 17.296 creó la *Unidad Reguladora de Servicios de Comunicaciones* (URSEC) "como órgano desconcentrado del Poder Ejecutivo" (art. 70) y la dotó de autonomía técnica (art. 74), sin perjuicio de ajustes introducidos por la legislación posterior. Dicha Unidad también fue puesta bajo la dirección de una Comisión de tres miembros designados por el Poder Ejecutivo cuyos integrantes quedan sometidos a un riguroso estatuto jurídico (arts. 75 a 79).

Desde el punto de vista de su competencia, el ámbito de actuación de la URSEC alcanza no solo a las actividades de telecomunicaciones sino también a las postales (arts. 71 y 73)[102].

Posteriormente, por imperio de la ley N° 17.598 de 13 de diciembre de 2002, se creó la *Unidad Reguladora de Servicios de Energía y Agua* (URSEA) como un órgano desconcentrado del Poder Ejecutivo (art. 1°), dotado de autonomía técnica (art. 3°), suprimiéndose la UREE (art. 22)[103].

Como su nombre lo indica, el ámbito de actuación de la URSEA alcanza no solo a las actividades referidas a la energía eléctrica sino también al gas natural, el agua potable, el saneamiento y los combustibles (arts. 1° y 15).

Al presente, por imperio de la ley N° 19.889 de 9 de julio de 2020, ambas Unidades Reguladoras - la URSEC y la URSEA- han sido configuradas como Servicios Descentralizados con un Directorio de tres miembros cada uno de ellos, manteniendo su competencia en razón de materia.

Asimismo, corresponde hacer referencia a la *Comisión de Promoción y Defensa de la Competencia* (CPDC) creada por la ley N° 18.159 de 20 de julio de 2007 como repartición desconcentrada y con

---

101 Carlos E. Delpiazzo - *Desafíos actuales del control, cit.*, p. 16.

102 Carlos E. Delpiazzo – *Derecho de las Telecomunicaciones, cit.*, p. 57 y ss.

103 Carlos E. Delpiazzo – *Derecho Administrativo Especial, cit.*, volumen 1, tercera edición actualizada y ampliada, p. 670 y ss. y volumen 2, tercera edición actualizada y ampliada, p. 486 y ss.

autonomía funcional del Ministerio de Economía y Finanzas[104] y a las Unidades instituidas en el ámbito de la Agencia para el Desarrollo del Gobierno de Gestión Electrónica y la Sociedad de la Información y del Conocimiento (AGESIC) dependiente de la Presidencia de la República: la *Unidad Reguladora y de Control de Datos Personales* (URCDP) creada por la ley N° 18.331 de 11 de agosto de 2008 y la *Unidad de Acceso a la Información Pública* (UAIP) creada por la ley N° 18.381 de 17 de octubre de 2008[105].

XII. FUNCIÓN PÚBLICA

En el Uruguay, rige una **noción amplia** de funcionario público, tanto a nivel positivo como doctrinario[106].

Así, según el art. 1° del Estatuto del Funcionario aprobado por el decreto-ley N° 10.388 de 13 de febrero de 1943, "Considerase funcionario público a toda persona que, nombrada por autoridad competente, participa en el funcionamiento de un servicio público permanente, mediante el desempeño de un empleo remunerado, que acuerda derecho a jubilación".

A su vez, el art. 175 del Código Penal dispone que: "A los efectos de este Código, se reputan funcionarios a todos los que ejercen o desempeñan una función retribuida o gratuita, permanente o temporaria, de carácter administrativo, legislativo o judicial en el Estado, en el Municipio o en cualquier ente público".

Por su parte, a los efectos jubilatorios, la ley N° 9.940 de 2 de julio de 1940 considera funcionarios públicos a "todas aquellas personas que prestan servicios en los cuadros activos de la Administración del Estado", siempre que reúnan las condiciones que se detallan.

La doctrina nacional del Derecho administrativo ha adoptado también un concepto amplio de funcionario público, entendiendo por tal todo individuo que ejerce funciones públicas en una entidad estatal, incorporado mediante designación u otro procedimiento legal.

De lo que viene de decirse se desprende que la doble condición de trabajadores y de dependientes de entidades estatales que reúnen los funcionarios públicos enmarca su régimen jurídico, cuyas **bases constitucionales** han sido desarrolladas por la ley y los reglamentos[107].

De acuerdo al art. 53 de la Constitución, "el trabajo está bajo la protección especial de la ley". Se trata de una disposición tuitiva del trabajo en sí mismo, como aplicación de energías intelectuales o corporales en forma que redunde en beneficio de la colectividad, que da la posibilidad de ganar el sustento; el trabajo es originaria y radicalmente una cualidad o atributo inherente a la persona humana, que es rasgo de su ser peculiar y que revela al hombre en su aptitud creadora.

Afirmado dicho principio básico, el art. 54 de la Carta manda reconocer un conjunto de derechos "a quien se hallare en una relación de trabajo o servicio, como obrero o empleado", es decir, en una situación de dependencia, sin tener en cuenta al sujeto subordinante y a la naturaleza (pública o privada) de la relación motivante de la subordinación.

Tomando como base esta normativa de máximo rango, se ha postulado la existencia de un Derecho general del trabajo que prima sobre el Derecho privado del contrato de trabajo y sobre el Derecho administrativo de la función pública, abriendo cauce a una corriente juspublicista de opinión que sustenta la existencia de una regulación del trabajo como hecho en sus diversos aspectos, aplicable a todo trabajador genéricamente considerado[108].

---

104 Carlos E. Delpiazzo – "Régimen administrativo de defensa de la competencia", en *Rev. La Ley Uruguay. Legislación, Jurisprudencia y Doctrina,* Montevideo, 2008, N° 2, p. 123 y ss.

105 Augusto Duran Martínez – *Derecho a la protección de datos personales y al acceso a la información pública*, (A.M.F., Montevideo, 2012), segunda edición actualizada y ampliada.

106 Carlos E. Delpiazzo - *Derecho Administrativo Uruguayo, cit.,* p. 343 y ss.; y *Derecho Administrativo General, cit.,* volumen 2, p. 29 y ss.

107 Carlos E. Delpiazzo - "Profesionalización de la función pública en Uruguay", en *La profesionalización de la función pública en Iberoamérica,* Instituto de Administración Pública de España, Madrid, 2002, p. 241 y ss.

108 Carlos E. Delpiazzo - "El trabajador ante el Derecho Laboral y el Derecho Administrativo", en *Rev. Transformación, Estado y Democracia,* O.N.S.C., Montevideo, 2006, N° 31, p. 82 y ss.

Según el art. 58 de la Constitución, "los funcionarios están al servicio de la Nación y no de una fracción política". A partir de esta disposición, se introduce la consideración de los elementos que perfilan la específica situación jurídica de los funcionarios públicos: la naturaleza pública del vínculo de subordinación y la estatalidad del sujeto subordinante.

Precisamente, el conjunto de normas que establecen los derechos, deberes y garantías de los funcionarios públicos en cuanto tales, es decir, en la medida en que se encuentran vinculados con la Administración por una relación funcional, constituye el *"estatuto del funcionario" en sentido material.*

En cambio, por *"estatuto del funcionario" en sentido formal* se entiende determinado acto regla, generalmente llamado así por la Constitución, expresamente previsto por esta, cuyo contenido integra el estatuto material, y cuyo procedimiento de formación, contenido y órganos competentes para su dictado están establecidos en la Constitución, según se verá seguidamente.

Mientras que las Constituciones de 1830 y de 1917 solo incluyeron escasas disposiciones en materia de funcionarios públicos y la Carta de 1934 consagró un régimen de estatuto formal único librado a la ley, las Constituciones de 1952 y la de 1967 impusieron un **régimen de estatutos formales múltiples**, que es el actualmente vigente.

Tal diversidad responde en buena medida a la arquitectura constitucional de la organización administrativa uruguaya, en la que es posible distinguir la persona pública mayor Estado (integrada por el Poder Ejecutivo, el Poder Legislativo, el Poder Judicial, y los órganos de creación constitucional Tribunal de lo Contencioso Administrativo, Tribunal de Cuentas y Corte Electoral), los Entes Autónomos y Servicios Descentralizados, y los Gobiernos Departamentales.

De acuerdo al art. 59, "la ley establecerá el Estatuto del Funcionario sobre la base fundamental de que el funcionario existe para la función y no la función para el funcionario. Sus preceptos se aplicarán a los funcionarios dependientes:

A) Del Poder Ejecutivo, con excepción de los militares, policías y diplomáticos, que se regirán por leyes especiales.

B) Del Poder Judicial y del Tribunal de lo Contencioso Administrativo, salvo en lo relativo a los cargos de la Judicatura.

C) Del Tribunal de Cuentas.

D) De la Corte Electoral y sus dependencias, sin perjuicio de las reglas destinadas a asegurar el contralor de los partidos políticos.

E) De los Servicios Descentralizados, sin perjuicio de lo que a su respecto se disponga por leyes especiales en atención a la diversa índole de sus cometidos".

Conforme a esta norma, *el primer estatuto formal* -que la Carta llama "Estatuto del Funcionario"- comprende a casi todos los funcionarios de la Administración centralizada (con excepción de los que tienen a su cargo los cometidos esenciales) y a los de los Servicios Descentralizados. Su aprobación debe hacerse por ley, al igual que los estatutos particulares de los funcionarios excluidos en atención a la especificidad de sus funciones.

En segundo lugar, según el art. 62, "los Gobiernos Departamentales sancionarán el Estatuto para sus funcionarios".

Puesto que existen 19 Departamentos, hay 19 Estatutos departamentales, cada uno de los cuales abarca al personal respectivo. Su aprobación debe realizarse por decreto de la Junta Departamental, es decir, por un acto con valor y fuerza de ley en su jurisdicción, emanado del órgano legislativo departamental.

En tercer término, en el ámbito de los Entes Autónomos, la Constitución distingue entre las denominadas "empresas públicas" integrantes del dominio industrial y comercial del Estado y los Entes de enseñanza. Respecto a los primeros, establece el art. 63 que "los Entes Autónomos comerciales e industriales proyectarán, dentro del año de promulgada la presente Constitución, el Estatuto para los funcionarios de su dependencia, el cual será sometido a la aprobación del Poder Ejecutivo". En cuanto a los segundos, el art. 204, inc. 2° prevé que sus Consejos Directivos "establecerán el Estatuto de sus funcionarios".

Quiere decir que cada Ente Autónomo tendrá su propio estatuto formal abarcativo de todos sus funcionarios. Su aprobación se materializa a través de reglamentos autónomos, que en el primer caso emanan del Poder Ejecutivo (decreto) y en el segundo del órgano jerarca respectivo (ordenanza).

En último término, a nivel del Poder Legislativo, el art. 107 prevé que "cada Cámara nombrará sus Secretarios y el personal de su dependencia, de conformidad con las disposiciones reglamentarias que deberá establecer".

En consecuencia, habrá un estatuto formal para el personal de la Cámara de Senadores y otro para el de la Cámara de Representantes, aprobados por reglamentos emanados de cada una de ellas.

En materia de **ingreso a la función pública**, sin desconocer la existencia de regímenes especiales, la normativa vigente prescribe el concurso como procedimiento de principio para la selección de personal, sin perjuicio del sorteo.

Consecuentemente, las designaciones de funcionarios que se realicen en contravención a dichas reglas, "serán nulas de pleno derecho, sin perjuicio de la responsabilidad en que el jerarca designante haya incurrido", según lo prescripto por el art. 7º de la ley Nº 16.127 de 7 de agosto de 1990.

Ahora bien: en algunas oportunidades la Administración acude al instrumento contractual para la obtención de los recursos humanos que necesita. Cuando ello acontece, puede ocurrir que el contratado se incorpore a la función pública o que no se verifique tal incorporación. En la primera de estas dos hipótesis, estaremos en presencia de un contrato de función pública, lo que conduce a la caracterización del "funcionario público contratado", cuya noción se obtiene por oposición a la de "funcionario público presupuestado"[109].

Nuestra Constitución habla de "funcionarios presupuestados" en el art. 60, al establecer "la carrera administrativa para los funcionarios presupuestados de la Administración Central, que se declaran inamovibles".

Quiere decir que el constituyente quiso asociar el sistema de la carrera administrativa al carácter profesional y permanente en el desempeño de la función pública por oposición a quienes lo hacen de modo transitorio o a término.

En realidad, la palabra "presupuestado" deriva del sustantivo "presupuesto", por lo que se ha entendido que funcionarios presupuestados son aquellos que son titulares de cargos previstos en las planillas de la ley presupuestal sancionada conforme a lo dispuesto en la Sección XIV de la Constitución y a lo establecido en los arts. 85, núm. 13 y 86 de la misma.

Contrariamente a lo expresado precedentemente, existen funcionarios que no ocupan cargos, sino que se incorporan a la Administración con cargo a Partidas de Jornales y Contrataciones, como lo establece el art. 229 de la Constitución. Al no tener cargos asignados, dichos funcionarios no pueden entrar, por definición, dentro de la categoría de "presupuestados" razón por la cual se los llama "extrapresupuestados" o, más usualmente, "contratados".

Si bien ambas categorías -presupuestados y contratados- están comprendidas dentro del amplio concepto de funcionario público aceptado en nuestro país, existen diferencias específicas entre ellas, que pueden sistematizarse de la siguiente forma.

En primer lugar, mientras el funcionario presupuestado ingresa a la Administración en un cargo vacante previsto en las planillas de la ley presupuestal (art. 60 y concordantes), el funcionario contratado se incorpora con cargo a partidas para contrataciones (art. 229).

En segundo lugar, en tanto los funcionarios presupuestados son de carrera (con excepción de los de carácter político o de particular confianza estatuidos con los requisitos establecidos en el art. 60, inc. 4º), los funcionarios contratados están excluidos de la carrera administrativa, por lo que carecen, entre otros, del derecho al ascenso.

---

109 Carlos E. Delpiazzo - "Contratación y presupuestación de funcionarios públicos", en *Estudios sobre el Presupuesto Nacional*, C.G.N., Montevideo, 1986, tomo II, p. 2 y ss.; y "Criterios sustentados por la Contaduría General de la Nación en materia de funcionarios públicos contratados", en *Revista Uruguaya de Estudios Administrativos*, Montevideo, 1978, Año II, N° 1, p. 123 y ss.

En tercer lugar, mientras que los funcionarios presupuestados pueden ser inamovibles o amovibles según estén amparados o no por las reglas especiales que para su destitución establece la propia Constitución, los funcionarios contratados son siempre amovibles.

Como consecuencia de lo expresado, en tanto los funcionarios presupuestados tienen derecho a la permanencia en el cargo, los contratados son funcionarios a término, por lo que solo tienen derecho a la permanencia en el ejercicio de la función en tanto no se disponga la rescisión por razones de mejor servicio o por circunstancias imputables al cocontratante, o no se verifique la extinción del contrato por vencimiento del plazo pactado.

Por otra parte, la Constitución consagra un contenido mínimo de todos los estatutos formales.

Así, en primer lugar, de acuerdo al art. 58, se establece que "los funcionarios están al servicio de la Nación y no de una fracción política. En los lugares y las horas de trabajo, queda prohibida toda actividad ajena a la función, reputándose ilícita la dirigida a fines de proselitismo de cualquier especie.

No podrán constituirse agrupaciones con fines proselitistas utilizándose las denominaciones de reparticiones públicas o invocándose el vínculo que la función determine entre sus integrantes"[110].

En su mérito, superando anterior dispersión reglamentaria, en virtud de la ley N° 19.823 de 18 de setiembre de 2019 se aprobó el Código de Ética en la Función Pública con un amplio alcance[111].

Un segundo principio emerge del acápite del art. 59, según el cual "la ley establecerá el Estatuto del Funcionario sobre la base fundamental de que el funcionario existe para la función y no la función para el funcionario".

En tercer lugar, el art. 61 prevé la materia propia del estatuto a través del siguiente mandato contentivo de una enumeración no exhaustiva: "establecerá las condiciones de ingreso a la Administración, reglamentará el derecho a la permanencia en el cargo, al ascenso, al descanso semanal y al régimen de licencia anual y por enfermedad, las condiciones de la suspensión o del traslado; sus obligaciones funcionales y los recursos administrativos contra las resoluciones que los afecten, sin perjuicio de lo dispuesto en la Sección XVII" (que trata "De lo contencioso administrativo").

Por lo tanto, quedan excluidos de la materia estatutaria los aspectos concernientes a la estructuración interna de la Administración en lo que refiere a la composición y funcionamiento de sus órganos y las relaciones entre órganos y cargos, así como su ordenamiento en escalafones[112].

Es habitual que, entre los derechos de los funcionarios públicos, se incluya el derecho a la permanencia en el cargo, el cual consiste en continuar en él mientras duren las condiciones exigidas y a no ser removido sino por los procedimientos legales.

Ello significa que nuestro Derecho consagra un régimen de estabilidad funcional que no es absoluto. En consecuencia, se impone realizar algunas puntualizaciones.

En primer lugar, cabe destacar que la estabilidad no se adquiere por el solo acto de la designación sino que debe verificarse la exitosa extinción del provisoriato cuya duración ha oscilado legalmente entre seis y dieciocho meses. Transcurrido el plazo anterior y previa evaluación, el funcionario será incorporado en un cargo presupuestado, mientras que la no aprobación de la evaluación determinará la rescisión automática del provisoriato.

---

[110] Carlos E. DELPIAZZO – "Ética y Administración Pública" (La Ley Uruguay, Montevideo, 2017), capítulos 4 a 6; "Ética en el ejercicio de la función administrativa", en Rev. Iberoamericana de Derecho Público y Administrativo (San José de Costa Rica, 2003), N° 3, p. 27 y ss.; "Juridización de la ética pública", en Rev. Ius Publicum (Santiago de Chile, 2005), N° 15, y en Rev. de Derecho de la Universidad de Montevideo (Montevideo, 2004), Año III, N° 6, p. 7 y ss.; "Etica en la función pública", en "Ética y Función Pública" (Quito, 2005), p. 10 y ss.; "Imperiosa revalorización de la ética pública", en Rev. de la Red de Expertos Iberoamericanos en Gestión Pública, Año 2008, N° 3, p. 4 y ss.; y "Etica no exercicio da funçao administrativa", en Rev. Informativo de Direito Administrativo e Responsabilidade Fiscal (Curitiba, 2001), N° 5, p. 420 y ss.

[111] Carlos E. DELPIAZZO - "Acerca del llamado Código de Ética en la Función Pública. Primera lectura de la ley N° 19.823 de 18/9/2019", en La Justicia Uruguaya (Montevideo, 2019), tomo 157, p. 111 y ss.; y "Importancia práctica de los Códigos de Ética en la función pública", en Carlos E. DELPIAZZO y Natalia VELOSO GIRIBALDI (Editores) – "Presente y futuro de la función pública en Iberoamérica" (La Ley Uruguay, Montevideo, 2021), p. 625 y ss.

[112] Carlos E. DELPIAZZO - "Cargos y escalafones en la organización administrativa", en Anuario de Derecho Administrativo (Montevideo, 1994), tomo II, p. 124 y ss.; y "La definición de escalafones es materia presupuestal y no estatutaria", en Rev. de Administración Pública Uruguaya (Montevideo, 1986), N° 2, p. 35 y ss.

En segundo lugar, la Constitución distingue en los arts. 60 y 62 entre funcionarios inamovibles y amovibles, a los efectos de su destitución. Son inamovibles los funcionarios presupuestados de la Administración Central y de los Gobiernos Departamentales, los cuales solo pueden ser destituidos por las causales de ineptitud, omisión o delito, debidamente comprobadas, y previa venia de la Cámara de Senadores o, en su receso, de la Comisión Permanente (art. 168, núm.. 10) o de la Junta Departamental respectiva, en su caso (art. 274, núm.. 5º). En cambio, son amovibles pudiendo ser destituidos por el órgano que los nombró, sin necesidad de comprobar determinadas causales, los funcionarios policiales y militares (art. 168, núm.. 14), los del Poder Judicial (art. 239, núm. 7º), los demás que la ley declare tales (arts. 60 y 168, núm.. 14) y, tácitamente, al no disponer la Constitución norma alguna acerca de su destitución, los funcionarios de los Entes Autónomos y Servicios Descentralizados.

En tercer lugar, no debe olvidarse que los funcionarios contratados son normalmente a término, por lo que solo tienen derecho a la permanencia en el ejercicio de la función en tanto no se verifique la extinción del contrato por vencimiento del plazo establecido, siempre que no medien circunstancias imputables al funcionario o de mejor servicio que determinen la finalización anticipada.

Finalmente, corresponde hacer una referencia al **régimen disciplinario** de los funcionarios públicos, entendido como el conjunto de normas y principios que regulan el poder y el procedimiento disciplinarios. Como tal, se integra en trilogía estrechísima, con el procedimiento, la infracción y la sanción disciplinarias, no debiendo perderse de vista su referencia ineludible al funcionario en cuanto hombre-persona que trabaja en desarrollo de sus potencias[113].

Sobre el particular, nuestro RPA regula en su Libro II los procedimientos administrativos especiales de la investigación administrativa y del sumario administrativo, cuyas previsiones aparecen incorporadas como Libro IX al TOFUP.

Conforme al art. 182 del RPA, “La investigación administrativa es el procedimiento tendiente a determinar o comprobar la existencia de actos o hechos irregulares o ilícitos dentro del servicio o que lo afecten directamente aun siendo extraños a él, y a la individualización de los responsables”.

En cambio, según el art. 183 del RPA, “El sumario administrativo es el procedimiento tendiente a determinar o comprobar la responsabilidad de los funcionarios imputados de la comisión de falta administrativa y a su esclarecimiento”.

XIII. URBANISMO, MEDIO AMBIENTE Y ORDENACIÓN DEL TERRITORIO

Por lo que refiere al **urbanismo**, interesa destacar tres aspectos fundamentales de la gestión urbanística confiada a los Gobiernos Departamentales: la categorización del suelo, el desarrollo de marcos específicos, y la policía de la edificación[114].

Por lo que refiere a la *categorización del suelo,* corresponde destacar en primer lugar que la ley de ordenamiento territorial Nº 18.308 de 18 de junio de 2008 ratifica “la competencia exclusiva del Gobierno Departamental para la categorización del suelo en el territorio del Departamento”, sin perjuicio de señalar que “El suelo se podrá categorizar en: rural, urbano o suburbano” (art. 30), caracterizando cada una de esas especies, lo que encarta una limitación para los Gobiernos Departamentales, que no podrán desconocer la ley en su ámbito.

En cuanto al suelo categoría rural, la ley no lo define positivamente, sino que se limita a señalar que comprende “las áreas que los instrumentos de ordenamiento territorial categoricen como tales”, distinguiendo las siguientes subcategorías (art. 31):

a) rural productiva, cuando el destino principal sea la actividad agraria, pecuaria, forestal o similar, minera o extractiva, o tenga aptitud para la producción rural; y

b) rural natural, cuando se persiga el fin de mantener el medio natural, la biodiversidad o proteger el paisaje u otros valores patrimoniales, ambientales o espaciales.

---

113 Carlos E. Delpiazzo. *Derecho Administrativo General, cit.,* volumen 2, tercera edición actualizada y ampliada, p. 97 y ss.

114 Carlos E. Delpiazzo. *Derecho Administrativo Especial, cit.,* volumen 1, tercera edición actualizada y ampliada, p. 554 y ss.

Respecto al suelo categoría urbana, comprende "las áreas de territorio de los centros poblados, fraccionadas, con las infraestructuras y servicios en forma regular y total, así como aquellas áreas fraccionadas parcialmente urbanizadas en las que los instrumentos de ordenación territorial pretenden mantener o consolidar el proceso de urbanización", distinguiendo las siguientes subcategorías (art. 32):

a) urbana consolidada, cuando se trate de áreas urbanizadas dotadas al menos de redes de agua potable, drenaje de aguas pluviales, red vial pavimentada, evacuación de aguas servidas, energía eléctrica y alumbrado público, todo ello en calidad y proporción adecuada a las necesidades de los usos a que deban destinarse las parcelas; y

b) urbana no consolidada, cuando se trate de áreas en las que aun existiendo un mínimo de redes de infraestructuras, las mismas no sean suficientes para dar servicio a los usos previstos, o cuando se trate de zonas degradadas o en desuso.

Con relación al suelo categoría suburbana, comprende "las áreas de suelo constituidas por enclaves con usos, actividades e instalaciones de tipo urbano o zonas en que estas predominen, dispersos en el territorio o contiguos de los centros poblados", tales como instalaciones y construcciones habitacionales, turísticas, residenciales, deportivas, recreativas, industriales, de servicio, logística o similares (art. 33).

Agrega el art. 34 que "Solo se podrá transformar un suelo incluido dentro de una categoría en otra, en áreas con el atributo de potencialmente transformable".

En lo que refiera al *desarrollo de marcos específicos,* la ley orgánica departamental N° 9.515 de 28 de octubre de 1935 pone a cargo del Intendente: "determinar las zonas inaptas, por su carácter de inundables, para la construcción de viviendas" (art. 35, núm. 17), "conservar, cuidar y reglamentar las servidumbres constituidas en beneficio de los pueblos y de los bienes de que esté en posesión la comunidad, para que queden expeditas al servicio público" (art. 35, núm. 19), administrar las propiedades del departamento (art. 35, núm. 20), velar por la conservación de las playas (art. 35, núm. 21), "ejercer la policía higiénica y sanitaria de las poblaciones, sin perjuicio de la competencia que corresponde a las autoridades nacionales" (art. 35, núm. 24), "organizar y cuidar la vialidad pública" y ejecutar las obras respectivas (art. 35, núm. 25 y 38), y "dictar reglas para la edificación en los centros urbanos" (art. 35, núm. 26), pudiendo percibir ingresos por el otorgamiento de permisos "para edificación, reedificación y construcciones urbanas en general" (art. 46, núm. 21, lit. a).

Dichas disposiciones fueron complementadas por la ley N° 18.308, cuyo art. 83, núm. 4 efectuó dos agregados a la competencia de los órganos departamentales.

Por un lado, el lit. a) de la citada disposición añadió a la competencia de la Junta Departamental desarrollada en el art. 19 de la ley N° 9.515, la siguiente: "35) Dictar reglas para la edificación, en todo el territorio del Departamento, siendo de su cargo:

a) la regulación normativa de la actividad de ordenamiento del ámbito territorial departamental;

b) formular y aprobar las ordenanzas y demás instrumentos de ordenamiento territorial; y

c) el contralor de la actividad administrativa de ordenamiento territorial".

Por otro lado, el lit. b) de la misma disposición agregó a la competencia del Intendente edictada en el citado art. 35 de la ley N° 9.515, el siguiente numeral: "43) La actividad administrativa de ordenamiento territorial, en todo el territorio del Departamento, especialmente:

a) elaborar directa o indirectamente los instrumentos de ordenamiento territorial y someterlos a la aprobación de la Junta Departamental sin perjuicio de las facultades de esta en la materia; y

b) ejercer las potestades de policía territorial, siendo de su cargo la autorización del ejercicio del derecho a construir, demoler, fraccionar, utilizar o localizar actividades en los terrenos y en general toda modificación predial, a través del otorgamiento de los permisos y autorizaciones correspondientes.

Precisamente, bajo el título de "Policía territorial", el art. 68 de la ley dispone que "Los Gobiernos Departamentales ejercerán la policía territorial mediante los instrumentos necesarios", desarrollando las atribuciones respectivas en el art. 69.

A su vez, la ley de centros poblados N° 10.723 de 21 de abril de 1946 (con las modificaciones introducidas por las leyes N° 10.866 de 25 de octubre de 1946 y N° 13.493 de 20 de julio de 1966), también actualizada por la ley N° 18.308, confiere a los Gobiernos Departamentales competencia en materia de ordenamiento territorial para autorizar la subdivisión de predios con destino a la formación de centros urbanos, así como aprobar el trazado y apertura de vías de tránsito.

Con relación a la *policía de la edificación,* desde el punto de vista del Derecho positivo, numerosas disposiciones legales y emanadas de las Juntas Departamentales han ido perfilando las potestades de policía de la edificación de que disponen los Gobiernos Departamentales.

En tal sentido, interesa destacar la ley N° 1.816 de 8 de julio de 1885 que tempranamente estableció que "toda persona que haya de edificar, reedificar o refaccionar edificios, abrir puertas o ventanas al frente de ellos, alterar la forma o dimensiones de las existentes, cercar terrenos y construir o reformar veredas, deberá solicitar de las Juntas Económico Administrativas o de las Comisiones Auxiliares el permiso correspondiente" (art. 1°). Para ello estableció un conjunto de "reglas que deberán observarse" (arts. 11 a 29), incluyendo facultades inspectivas (art. 33) y consagrando importantes poderes de control, tales como "mandar suspender toda y cualquier obra por no ajustarse al proyecto aprobado" (art. 34) y aplicar multas en casos de infracción "sin perjuicio de dejar las obras en las condiciones prescriptas, demoliendo y reconstruyendo lo que fuere necesario" (art. 37).

Asimismo, por su importancia, corresponde citar el art. 35, núm. 26 de la ley orgánica departamental N° 9.515, a cuyo tenor se faculta al Intendente Municipal a "Dictar reglas para la edificación en los centros urbanos, siendo de su cargo:

a) Ejercer las facultades que sobre la construcción de cercos y veredas acuerdan las leyes vigentes a las autoridades municipales; y

b) Intervenir especialmente en la construcción de las salas de espectáculos públicos, así como en las de las de casas de inquilinato, de apartamentos, y de todo edificio destinado a contener aglomeración de personas".

Por imperio de la ley N° 17.657 de 17 de junio de 2003, modificativa de la ley N° 17.188 de 20 de setiembre de 1999, se incorpora a las competencias del Intendente según el referido art. 35, "la facultad de denegar la autorización para la instalación de establecimientos de grandes superficies comerciales" (art. 7°), entendiendo por tales aquellos que "consten de un área total destinada a exposición y venta al público de un mínimo de 200 m^2" (art. 1°).

Quiere decir que, frente a la hipótesis de apartamiento de lo prescripto o autorizado, los órganos de los Gobiernos Departamentales pueden suspender la ejecución de obras, en forma total o parcial, aplicar sanciones al infractor (como multas u observaciones), y llegar a la demolición o reconstrucción de lo que fuere necesario, previa intimación.

En materia de **protección del medio ambiente**, los Gobiernos Departamentales conservan competencia concurrente con el Estado, aun cuando el art. 8° de la ley N° 17.283 consagra la primacía institucional del Poder Ejecutivo al atribuirle, a través del entonces Ministerio de Vivienda, Ordenamiento Territorial y Medio Ambiente (MVOTMA) –hoy, Ministerio de Ambiente- "la coordinación exclusiva de la gestión ambiental integrada del Estado y de las entidades públicas en general".

Sin perjuicio de lo antedicho, con fines de sistematización abreviada, puede decirse que el desenvolvimiento de este cometido se concreta de diversos modos, aunque siempre con intensidad de presencia y poderes jurídicos, en los siguientes sectores principales: aire, suelo, agua, flora y fauna, costas, clima y áreas naturales protegidas[115].

En primer lugar, la protección del *aire* se alcanza mediante la fijación y control de estándares de calidad del mismo y de niveles máximos de partículas y gases nocivos liberados o producidos por diversas fuentes, que suelen agruparse en fijas o estacionarias (como las industrias) y móviles (como los medios de transporte).

Con carácter general, el art. 17 de la ley N° 17.283 establece que "Queda prohibido liberar o emitir a la atmósfera, directa o indirectamente, sustancias, materiales o energía, por encima de los límites máximos o en contravención de las condiciones que establezca el Ministerio de Vivienda, Ordenamiento Territorial y Medio Ambiente. A tales efectos, dicho Ministerio tendrá en cuenta los niveles o situaciones que puedan poner en peligro la salud humana, animal o vegetal, deteriorar el ambiente o provocar riesgos, daños o molestias graves a seres vivos o bienes".

---

[115] Carlos E. Delpiazzo. *Derecho Administrativo Especial, cit.,* volumen 1, tercera edición actualizada y ampliada, capítulo 18.

Con respecto a las fuentes móviles de contaminación del aire, ya la ley N° 10.007 de 5 de abril de 1941 prohibió dentro de los centros urbanos la circulación de vehículos que usen carburantes pesados sin los dispositivos o medios que eviten el escape de humo o de un exceso de gases tóxicos (art. 1°), y obligó a que todo vehículo, aunque utilice carburantes livianos, tenga todas las partes que integran su motor en condiciones de normal funcionamiento para que la carburación y combustión se hagan con el menor desprendimiento de humo y gases tóxicos (art. 2°).

En segundo lugar, en la medida que no puede ser considerado aisladamente, los instrumentos jurídicos aplicables para la protección del *suelo* guardan estrecha interrelación con los dirigidos a la tutela del agua y del aire, así como con los destinados a la regulación de sus distintos usos.

En nuestro país, el decreto ley de conservación de suelos N° 15.239 de 23 de diciembre de 1981 declara "de interés nacional promover y regular el uso y la conservación de los suelos y de las aguas superficiales destinadas a fines agropecuarios" y establece que "Es deber del Estado velar por prevenir y controlar la erosión y degradación de los suelos, las inundaciones y la sedimentación en cursos de agua y en los lagos y lagunas naturales y artificiales" (art. 1°).

Agrega el art. 3° que el Ministerio de Ganadería, Agricultura y Pesca "coordinará y dirigirá todas las actividades tendientes a lograr un uso y manejo adecuado del suelo", entre las que se destacan:

a) realizar estudios e investigaciones conducentes a la clasificación de las tierras según su uso y manejo adecuado y a determinar las causas del proceso erosivo;

b) determinar las normas técnicas básicas que deberán aplicarse en el manejo, conservación y recuperación de suelos;

c) fiscalizar el cumplimiento de dichas normas técnicas básicas; y

d) prohibir la realización de determinados cultivos o prácticas de manejo suelos y aguas en las zonas que corresponda.

En tercer lugar, respecto al *agua*, corresponde señalar que, de acuerdo al agregado realizado al art. 47 en la reforma constitucional de 2004, "la gestión sustentable" de los recursos hídricos y "la preservación del ciclo hidrológico" se consideran "asuntos de interés general", "siendo la primera prioridad el abastecimiento de agua potable a poblaciones".

Para la preservación de la calidad de las aguas, el Código de Aguas aprobado por el decreto ley N° 14.859 de 15 de diciembre de 1978 establece una regla general prohibitiva y excepciones susceptibles de ser dispuestas por la Administración.

De acuerdo a la regla general contenida en el art. 144, "Queda prohibido introducir en las aguas o colocar en lugares desde los cuales pueden derivar hacia ellas, sustancias, materiales o energía susceptibles de poner en peligro la salud humana o animal, deteriorar el medio ambiente natural o provocar daños", a cuyo efecto "el Ministerio competente dictará las providencias y aplicará las medidas necesarias para impedirlo" y "podrá disponer la suspensión preventiva de la actividad presuntamente peligrosa, mientras se realicen los estudios o trabajos dirigidos a impedir la contaminación".

Con carácter de excepción, el art. 145 faculta al Ministerio competente a "permitir las actividades mencionadas en el artículo anterior en los siguientes casos:

a) cuando el cuerpo receptor permita los procesos naturales de regeneración; y

b) cuando el interés público en hacerlo sea superior al de la conservación de las aguas, sin perjuicio de las medidas que se adopten para prevenir el daño o advertir el peligro".

En cuarto lugar, desde larga data nuestro país ha tenido la preocupación de velar por su *flora y fauna* y ha adherido a normas internacionales de carácter tuitivo en la materia, como es el caso de la Convención para la Protección de la Flora, de la Fauna y de las Bellezas Escénicas Naturales de los Países de América (1940), ratificada por la ley N° 13.776 de 17 de octubre de 1969.

Por lo que refiere a la protección de la flora, la norma más importante a tener en cuenta es la llamada ley forestal N° 15.939 de 28 de diciembre de 1987, la cual define los bosques (art. 4°) y los clasifica en protectores, de rendimiento y generales (art. 8°), prohibiendo la destrucción de los bosques protectores (art. 22), la corta y cualquier operación que atente contra la supervivencia del monte indígena (art. 24), y la destrucción de los palmares naturales (art. 25), y estableciendo normas de prevención de enfermedades e incendios (art. 28 y ss.). Asimismo, prevé un régimen de fiscalización y sanciones a cargo del MGAP (art. 68 y ss.).

Por su parte, el régimen tutelar de la fauna ha estado tradicionalmente centrado en la prohibición y regulación de la caza y captura de determinadas especies, de conformidad con lo previsto en la ley N° 9.481 de 4 de julio de 1935, con los ajustes introducidos por los arts. 274 y 275 de la ley N° 16.736 de 5 de enero de 1996 y sus reglamentaciones, que cometen al Ministerio de Ganadería, Agricultura y Pesca (MGAP) el otorgamiento de los permisos de caza de ejemplares de fauna silvestre.

A su vez, respecto a la fauna acuática, la ley N° 13.833 de 29 de diciembre de 1969 establece diversas restricciones tendientes a la preservación, conservación y explotación racional de las riquezas marinas, incluidas en el mar territorial y plataforma continental (que el art. 269 de la ley N° 16.736 declara del dominio y jurisdicción del Estado). Modernamente, a influjo del Convenio sobre la Diversidad Biológica (1992) aprobado por ley N° 16.408 de 27 de agosto de 1993, se ha introducido en nuestro ordenamiento el concepto de biodiversidad o diversidad biológica, abarcativo de la variabilidad de organismos vivos de cualquier fuente.

En ese marco, el art. 22 de la ley N° 17.283 declara "de interés general la conservación y el uso sostenible de la diversidad biológica, como parte fundamental de la política nacional ambiental" y comete al MVOTMA establecer "medidas de identificación, seguimiento y conservación de la biodiversidad, así como asegurar la sostenibilidad de la utilización que de sus componentes se realice y coordinar con facultades suficientes los cometidos y funciones de otras entidades públicas y privadas en materia de conservación y uso de las especies y sus hábitat".

En íntima conexión con lo que viene de decirse, corresponde al Ministerio sectorial velar por la bioseguridad, aplicando "las medidas necesarias para prevenir y controlar los riesgos ambientales derivados de la creación, manipulación, utilización o liberación de organismos genéticamente modificados como resultado de aplicaciones biotecnológicas" (art. 23).

En quinto lugar, el régimen vigente en materia de *costas* es el previsto en los arts. 153 y 154 del Código de Aguas, con las modificaciones introducidas por los arts. 192 y 193 de la ley N° 15.903 de 10 de noviembre de 1987.

De acuerdo al art. 153, en su redacción actual, se establece una faja de defensa en la ribera del Océano Atlántico, del Río de la Plata, del Río Uruguay y de la Laguna Merín, de 250 metros (salvo cuando existiesen rutas nacionales o ramblas costaneras abiertas y pavimentadas a una distancia menor) y se dispone que "cualquier acción a promoverse en la faja de defensa de costas que modifique su configuración natural, requerirá la autorización previa del Ministerio competente, quien la denegará cuando dicha acción pueda causar efectos perjudiciales a la configuración o estructura de la costa".

Agrega el art. 26 de la ley N° 17.283 que se entiende "por modificación perjudicial a la configuración y estructura de la costa toda alteración exógena del equilibrio dinámico del sistema costero o de alguno de sus componentes o factores determinantes".

La contravención del régimen de protección de la faja de defensa costera "será sancionada por el Ministerio competente, según los casos, con la obligación de eliminar los efectos de las acciones promovidas, restituyendo a la faja su conformación original, o con la prohibición de extraer materiales. En caso de demora o resistencia, o demora en el cumplimiento de la obligación de eliminar los efectos de las acciones y de restituir a la faja su conformación original, el Ministerio podrá hacerlo por sí mismo, siendo de cargo del infractor los gastos que ello ocasione. Conjuntamente con la sanción anterior, se impondrá una multa entre los límites de 100 y 5.000 Unidades Reajustables, según la gravedad de la infracción" (texto actual del art. 154).

Complementariamente, la ley N° 18.308 estableció que, sin perjuicio de las referidas normas sobre defensa de la faja costera, "el litoral de los ríos de la Plata, Uruguay, Negro, Santa Lucía, Cuareim y Yaguarón, así como el litoral Atlántico nacional y las costas de la Laguna Merim, serán especialmente protegidos por los instrumentos de ordenamiento territorial" (art. 50, inc. 1°).

En sexto lugar, en materia de protección del *clima*, la actividad estatal está encuadrada en el marco de la acción internacional en la materia.

Así, respecto a la capa de ozono, la autoridad nacional competente para la instrumentación y aplicación del Convenio de Viena para la Protección de la Capa de Ozono (1985), aprobado por ley N° 15.986 de 16 de noviembre de 1988, y del Protocolo de Montreal relativo a las Sustancias Agotadoras de la Capa de Ozono (1987) y sus enmiendas, aprobado por ley N° 16.157 de 12 de noviembre de 1990, tiene el mandato legal de establecer "los plazos, límites y restricciones a la producción, comercialización y uso de las sustancias que afectan la capa de ozono" (art. 18 de la ley N° 17.283).

Igualmente, respecto al cambio climático, compete al Ministerio del ramo como autoridad nacional de aplicación de la Convención de las Naciones Unidas sobre el tema (1992) aprobada por la citada ley N° 16.517, establecer "las medidas de mitigación de las causas y de adaptación de las consecuencias del cambio climático y, en forma especial, reglamentará las emisiones de los gases de efecto invernadero".

En séptimo lugar, en materia de *áreas naturales protegidas,* sin perjuicio de otros antecedentes y de convenciones internacionales de las que el país forma parte, el régimen vigente en la materia está constituido por la ley N° 17.234.

A los efectos de la misma, "se entiende por Sistema Nacional de Áreas Naturales Protegidas el conjunto de áreas naturales del territorio nacional, continentales, insulares o marinas, representativas de los ecosistemas del país que, por sus valores ambientales, históricos, culturales o paisajísticos singulares, merezcan ser preservados como patrimonio de la nación, aun cuando las mismas hubieran sido transformadas parcialmente por el hombre" (art. 1°).

De acuerdo al art. 3°, "El Sistema Nacional de Áreas Naturales Protegidas estará integrado por las áreas que sean clasificadas en las siguientes categorías de definición y manejo:

a) Parque nacional: aquellas áreas donde existan uno o varios ecosistemas que no se encuentren significativamente alterados por la explotación y ocupación humana, especies vegetales y animales, sitios geomorfológicos y hábitats que presenten un especial interés científico, educacional y recreativo, o comprendan paisajes naturales de una belleza excepcional.

b) Monumento natural: aquella área que contiene normalmente uno o varios elementos naturales específicos de notable importancia nacional, tales como una formación geológica, un sitio natural único, especies o hábitats o vegetales que podrían estar amenazados, donde la intervención humana, de realizarse, será de escasa magnitud y estará bajo estricto control.

c) Paisaje protegido: superficie territorial continental o marina, en la cual las interacciones del ser humano y la naturaleza, a lo largo de los años, han producido una zona de carácter definido, de singular belleza escénica o con valor de testimonio natural, y que podrá contener valores ecológicos o culturales.

d) Sitios de protección: aquellas áreas relativamente pequeñas que poseen valor crítico, dado que:- Contienen especies o núcleos poblacionales relevantes de flora o fauna.

- En ellas se cumplen etapas claves del ciclo biológico de las especies.
- Tienen importancia significativa para el ecosistema que integran.
- Contienen manifestaciones geológicas, geomorfológicos o arqueológicas relevantes".

La incorporación al Sistema Nacional de Áreas Naturales Protegidas regirá, bajo las correspondientes categorías de manejo, tanto para las áreas naturales públicas como privadas (art. 5°, con la redacción dada por el art. 362 de la ley N° 17.930), declarándose de utilidad pública la expropiación de aquellas áreas "en las que el cambio de dominio sea necesario para su integración o mantenimiento dentro del Sistema Nacional de Áreas Naturales Protegidas" (art. 6°, con el texto dado por el art. 363 de la ley N° 17.930).

Finalmente, una consideración especial merece la ley N° 16.466 de 19 de enero de 1994 (art. 1°), en virtud de la cual se declara "de interés general y nacional la protección del medio ambiente contra cualquier tipo de depredación, destrucción o contaminación, así como la prevención del impacto ambiental negativo o nocivo y, en su caso, la recomposición del medio ambiente dañado por actividades humanas"[116].

Conforme a dicha ley, quedan sometidas a la realización previa de un estudio de impacto ambiental un conjunto de actividades, construcciones y obras, tanto públicas como privadas (art. 6°).

Con relación al **ordenamiento territorial**, considerado a texto expreso por el legislador como un cometido esencial del Estado, no se descarta la actuación de los Gobiernos Departamentales[117].

---

[116] Marcelo J. Cousillas. "*Evaluación del impacto ambiental*", I.E.E.M., Montevideo, 1994, p. 81 y ss.

[117] Carlos E. Delpiazzo. "El ordenamiento territorial como cometido esencial del Estado", en *Rev. de Derecho Público*, Montevideo, 2006, N° 29, p. 79 y ss.

Tres aspectos se destacarán a continuación en la materia: los instrumentos de ordenamiento territorial, las zonas turísticas de interés nacional y los llamados polos de desarrollo[118].

En primer lugar, por lo que refiere a los *instrumentos de ordenamiento territorial,* de acuerdo al art. 8° de la ley N° 18.308, la planificación y ejecución del ordenamiento territorial se realizará a través de los siguientes instrumentos (inc. 1°) cuyas características formales y de contenido la ley regula detalladamente:

a) en el ámbito nacional: Directrices Nacionales y Programas Nacionales;

b) en el ámbito regional: Estrategias Regionales;

c) en el ámbito departamental: Directrices Departamentales, Ordenanzas Departamentales y Planes Locales;

d) en el ámbito interdepartamental: Planes Interdepartamentales; y

e) Instrumentos Especiales.

La misma norma añade el señalamiento de dos aspectos comunes a los mencionados instrumentos, a saber:

a) que en su elaboración "se observarán los principios de información, participación, cooperación y coordinación entre las entidades públicas, sin perjuicio del respeto a la competencia atribuida a cada una de ellas" (inc. 2°); y

b) que dichos instrumentos serán "complementarios y no excluyentes" de otros planes e instrumentos destinados a la regulación de actividades con incidencia en el territorio dispuestos en la legislación específica correspondiente (inc. 3°).

En segundo lugar, con relación a las *zonas turísticas de interés nacional,* la Constitución de 1967 introdujo como novedad en el art. 85, núm. 9 de la Carta la atribución al Poder Legislativo de competencia para "declarar de interés nacional zonas turísticas que serán atendidas por el Ministerio respectivo".

Más allá de la evidente finalidad del constituyente de posibilitar la creación de un régimen promocional de determinadas zonas del país por su interés turístico nacional, no surge claro del texto transcripto qué alcance tiene el verbo "atender" y cómo se articulan las competencias del Estado (al que pertenece el "Ministerio respectivo" como parte del sistema orgánico Poder Ejecutivo) y del Gobierno Departamental en cuyo territorio se encuentre la zona turística acreedora de la calificación de "interés nacional" (y no departamental).

Sobre el particular, se sostuvo que el agregado no tiene más valor que el enunciativo ya que nada impedía que la ley declarara de interés turístico una zona del país, con los efectos que quisiera darle, de modo que el cometer al Ministerio respectivo la atención de esas zonas no significa que salgan de la competencia de los Gobiernos Departamentales. Contrariamente, se interpretó que la expresión "serán atendidas" debe entenderse en el sentido de que se le concede al Ministerio respectivo la administración y dirección de las mismas, la cual podrá realizarse según lo determine la ley directamente o a través de una repartición con cierto grado de desconcentración, pero siempre dentro de su esfera de acción.

Desde una postura intermedia, se postuló que la norma constitucional produce una desmunicipalización cuyo alcance será determinado por el legislador al escoger la forma en que será atendida la zona respectiva.

Por imperio del art. 17 del decreto ley de turismo N° 14.335 de 23 diciembre de 1974 se dispuso que "La atención a las zonas turísticas declaradas de interés nacional, previstas en el art. 85, núm. 9° de la Constitución de la República, será llevada a la práctica mediante convenios celebrados entre los Gobiernos Departamentales correspondientes y el Poder Ejecutivo".

Esta opción por la vía convencional fue reiterada en el decreto ley N° 14.792 de 8 de junio de 1978, cuyo art. 1° declaró zona turística de interés nacional el área ocupada por el Cantegril Country Club y Club de Golf de Punta del Este. Al tenor de su art. 2°, "La atención, conservación, fomento y aprovechamiento para fines públicos de los centros de atracción turística anteriormente citados se efectuará mediante convenios celebrados entre el Poder Ejecutivo y la Intendencia Municipal de

118 Carlos E. Delpiazzo. "*Derecho Administrativo Especial*" *cit.,* volumen 1, tercera edición actualizada y ampliada, capítulo 17.

Maldonado". A su vez, el art. 3° destaca la primacía del Poder Ejecutivo en la zona turística declarada de interés nacional al disponer que "Los fraccionamientos y enajenaciones de inmuebles así como cualquier otro cambio de destino a concretarse en el área determinada en el art. 1°, podrán realizarse siempre que se preserven las bellezas y recursos naturales actuales, que signifiquen motivo de atracción y retención del turista, debiendo contar para ello con la autorización del Poder Ejecutivo", la que deberá ser previa y cuya ausencia "hará que los actos o contratos celebrados sean nulos de pleno derecho" (art. 3°).

Distinta técnica fue la seguida por la ley N° 17.555 de 18 de setiembre de 2002, cuyo art. 36 declaró de interés nacional, conforme a lo dispuesto por el núm. 9° del art. 85 de la Constitución, las siguientes zonas turísticas:

a) costa sobre el Océano Atlántico, desde el balneario La Coronilla al balneario Punta del Diablo (Departamento de Rocha), comprendida en una faja de 30 kilómetros a partir de la costa mencionada, incluyendo la zona del Parque Santa Teresa;

b) área aledaña a la Central Hidroeléctrica Constitución, en Palmar (Departamento de Soriano);

c) zona de Rincón del Bonete aledaña a la Central Hidroeléctrica Dr. Gabriel Terra (Departamento de Tacuarembó);

d) represa de Cuñapirú (Departamento de Rivera);

e) parque Bartolomé Hidalgo (Departamento de Soriano); y

f) área aledaña a Central Hidroeléctrica de Baygorria (Departamentos de Durazno y Río Negro).

De acuerdo al art. 37 de dicha ley, se establece que "Para la explotación de las zonas turísticas declaradas de interés nacional en el artículo precedente, se comete al Ministerio de Turismo la realización de los correspondientes llamados a expresiones de interés y llamados a licitación, así como la definición de los procedimientos a seguir hasta la adjudicación o declaración de desierto en su caso, con aprobación del Poder Ejecutivo".

En tercer lugar, entre las técnicas de desarrollo regional a que alude el párrafo final del art. 50 de la Constitución, pueden ubicarse los llamados *polos de desarrollo*, entendidos como unidades autónomas de desarrollo acelerado cuya instalación implica una concepción global donde en forma armónica se complemente la población, el medio ambiente, los recursos naturales, las posibilidades energéticas, los mercados consumidores (que pueden ser endógenos o exógenos a la región a desarrollar), las vías de comunicación, la previsión de una autoridad encargada de la planificación y ejecución de lo proyectado, que actúe coordinadamente con las demás autoridades (nacionales y departamentales), y la aplicación de una metodología que permita optimizar la ecuación costo - beneficio, tanto desde el punto de vista económico como social y cultural.

En nuestro país, se encaró como un polo de desarrollo el área de Salto Grande, prefigurada en el tratado binacional con Argentina de 1946 ratificado por la ley N° 12.517 de 13 de agosto de 1958.

Más explícitamente, el decreto ley N° 15.643 de 17 de octubre de 1984 creó en el ámbito de la Presidencia de la República la Unidad Ejecutora llamada "Vértice Noroeste" (VERNO), cuyo "objetivo general será la implementación del desarrollo económico social de la zona Vértice Noroeste delimitada al norte por el río Cuareim, al sur por los ríos Arapey Grande y Arapey Chico y al este por el arroyo Yucutujá, cañada Capibara y arroyo Ceballos Grande" (art. 1°).

Posteriormente, el art. 56 de la ley N° 15.903 de 10 de noviembre de 1987 sustituyó la denominación de la mencionada Unidad Ejecutora por la de "Dirección de Proyectos de Desarrollo", extendiendo su actuación a otros polos de desarrollo regional, además del VERNO, tales como el de las Cuencas Lechera y Arrocera y el del Eje Tacuarembó - Rivera.

XIV. BIENES PÚBLICOS

Para desarrollar las actividades a su cargo, las diversas Administraciones públicas necesitan, además de personal, bienes y recursos.

En cuanto a los bienes, establece el art. 80 del ya citado TOCAF que "Integran el patrimonio del Estado (en sentido amplio) el derecho de dominio y los demás derechos reales sobre los bienes inmuebles, muebles y semovientes, así como los derechos personales que, por institución expresa de la ley o por haber sido adquiridos por sus organismos y entes, son de propiedad nacional en los términos de los arts. 477 y 478 del Código Civil".

Al respecto, corresponde distinguir entre el dominio público y el dominio privado, tanto desde el punto de vista conceptual como positivo.

En orden a la **caracterización del dominio público**, el art. 477 del Código Civil establece en su inc. 1° que "Los bienes de propiedad nacional cuyo uso pertenece a todos los habitantes del Estado, se llaman bienes nacionales de uso público o bienes públicos del Estado"[119].

Quiere decir que se consagra el criterio de la afectación al uso directo por los habitantes, lo que resulta confirmado por la enumeración que realiza el art. 478, a cuyo tenor son bienes nacionales de uso público:

a) las calles, plazas y caminos públicos;

b) los puertos, abras, ensenadas y costas del territorio oriental, en la extensión que determinen las leyes especiales;

c) los ríos o arroyos navegables o flotables en todo o parte de su curso;

d) las riberas de esos ríos o arroyos, en cuanto al uso que fuera indispensable para la navegación;

e) el agua corriente aún de los ríos no navegables o flotables, en cuanto al uso para las primeras necesidades de la vida, si hubiere camino que la haga accesible; y

f) los puentes, canales y demás obras públicas, construidas y conservadas a expensas de la Nación.

Dicha enumeración no es de carácter taxativo, según resulta del principio general del art. 477 y lo confirma el art. 479 cuando, luego de mencionar prácticamente a todos los bienes mencionados en el art. 478, alude en general a "todos los bienes nacionales de uso público".

De la referida normativa es posible inferir que, en nuestro Derecho positivo, integran el dominio público los bienes corporales o incorporales, muebles o inmuebles, pertenecientes a cualquier entidad estatal, destinados al uso público.

El **régimen jurídico de los bienes del dominio público** es consecuencial de su especial situación de destinación e indisponibilidad, que los hace:

a) inalienables;

b) imprescriptibles; y

c) inembargables.

En primer lugar, son inalienables porque su afectación al uso público de todos los habitantes los excluye del comercio, tal como lo confirma el art. 1668 del Código Civil, al que se remite el art. 477 ya citado. En virtud de su inalienabilidad, no pueden ser hipotecados ni gravados con derechos reales.

En segundo lugar, son imprescriptibles por iguales fundamentos, según resulta también de la remisión del mencionado art. 477 a los arts. 1193 y 1194 del Código Civil, el primero de los cuales declara imprescriptibles los bienes que no están en el comercio, mientras que el segundo reconoce que los bienes de propiedad privada del Estado son susceptibles de prescripción.

En tercer lugar, su ajenidad al comercio apareja su inembargabilidad, corroborada por el art. 381, núm. 8° del Código General del Proceso (CGP) y por el art. 2363, núm. 11 del Código Civil.

En cuanto a la utilización de los bienes del dominio público, corresponde distinguir entre su uso común (abierto a todos los habitantes sin determinación especial de destinatario) y las utilizaciones privativas (por personas determinadas, mediando concesión).

El uso común es, en principio, libre y gratuito, lo que no enerva la posibilidad de que se requieran ciertas formalidades (como autorizaciones) o pagos (como es el caso de los peajes o los parquímetros). El habitante se encuentra frente a los bienes del dominio público en una situación jurídica de derecho público perfecto respecto a su uso común.

---

119 Carlos E. Delpiazzo. *Derecho Administrativo Uruguayo, cit.*, p. 366 y ss.; y *Derecho Administrativo General, cit.*, volumen 2, tercera edición actualizada y ampliada, p. 118 y ss.

Excepcionalmente, los bienes del dominio público pueden ser objeto de utilizaciones privativas siempre que, con ellas, no se altere sustancialmente su destinación al uso común. Según sus fines, las mismas pueden tener diversos objetivos, tales como facilitar actividades privadas (como la colocación de mesas de cafés en plazas), procurar un mejor uso de ciertos bienes conforme a su destino habitual (como la colocación de carpas y sombrillas en las playas), o posibilitar que el bien dominial cumpla cabalmente su fin (como los puestos de venta en mercados). El titular del uso privativo no tiene un derecho preexistente al mismo sino que su derecho deriva de la concesión por la Administración competente del uso del bien dominial de que se trate.

Respecto al origen y cese de la dominialidad, que enmarcan el régimen jurídico de Derecho público reseñado, conviene distinguir entre los bienes naturales y los artificiales.

El nacimiento de la dominialidad de los bienes naturales acaece por el solo hecho de su existencia siempre que estén destinados al uso público. En cambio, si se trata de bienes artificiales, su dominialidad surgirá de la ley que disponga su afectación al uso público o, no existiendo ley, del destino efectivo del mismo por acto expreso o implícito de la Administración.

A su vez, la extinción de la dominialidad de los bienes naturales depende de la ley, sin perjuicio de causas naturales. Respecto a los bienes artificiales, si la dominialidad fue establecida por ley, solo por ley puede verificarse la desafectación. En cambio, no mediando ley en el origen, cabe concebir que la desafectación acaezca mediante acto administrativo.

Por otra parte, la **caracterización del dominio privado** de las entidades estatales resulta del inc. 2° del multicitado art. 477 del Código Civil, el cual dispone que "Los bienes de propiedad nacional cuyo uso no pertenece generalmente a los habitantes, se llaman bienes privados del Estado o bienes fiscales"[120].

Añade el art. 481 del mismo Código Civil que también "Son bienes fiscales todas las tierras que, estando situadas dentro de los límites del Estado, carecen de otro dueño". Igualmente, "Los bienes vacantes y los de las personas que mueren sin dejar herederos, pertenecen también al Fisco; y, en general, es propiedad fiscal todo lo que por leyes especiales está declarado serlo o se declare en adelante".

En cuanto al **régimen jurídico de los bienes del dominio privado** o fiscal de las entidades estatales, corresponde señalar que carecen de reglas generales aplicables uniformemente a todos ellos, en virtud de su heterogeneidad. Sin perjuicio de ello, es posible sistematizar los principales atributos que enmarcan su régimen jurídico diciendo que:

a) están regidos por leyes especiales;

b) su enajenación requiere ley;

c) son prescriptibles;

d) suelen ser inembargables; y

e) están excluidos de toda imposición.

En primer lugar, al tenor del art. 483 del Código Civil, "La administración y enajenación de los bienes fiscales se rigen por leyes especiales".

En segundo lugar, si bien los bienes del dominio privado no son inalienables, su enajenación requiere de una norma legal autorizante. Así lo dispone el art. 483 del Código Civil, en solución reiterada en el art. 37 de la ley orgánica departamental N° 9.515 de 28 de octubre de 1935 para los bienes de propiedad departamental, y en el art. 69 del TOCAF, con alcance general.

Es valor aceptado que las autorizaciones legales pueden ser de carácter específico (cuando refieren a un determinado bien) o de carácter genérico (cuando habilitan la enajenación de los inmuebles que se encuentren comprendidos en el supuesto previsto por la norma respectiva).

En tercer lugar, los bienes del dominio privado del Estado "están sujetos a prescripción conforme a lo dispuesto por en el Título respectivo del Libro Tercero" del Código Civil, según reza la parte final del art. 483 y lo ratifica el art. 1194 del mismo Código.

---

[120] Carlos E. Delpiazzo. *Derecho Administrativo Uruguayo, cit.*, p. 369 y ss.; y *Derecho Administrativo General, cit.*, volumen 2, tercera edición actualizada y ampliada, p. 122 y ss.

En cuarto lugar, puesto que los bienes privados o fiscales son enajenables y prescriptibles, parecería lógico admitir que pueden ser embargados para responder al pago de las obligaciones del ente público propietario de los mismos. Sin embargo, la ley suele establecer la inembargabilidad.

Así, de acuerdo al art. 2363, núms. 10 y 11 del Código Civil, "No son embargables: ... Las contribuciones y rentas públicas ya sean nacionales o municipales (y) Las propiedades públicas, sean nacionales o fiscales". A su vez, conforme a lo previsto en el art. 381, num. 8 del CGP, se establece más escuetamente que "No se trabará embargo en los siguientes bienes: ... Las propiedades y rentas públicas y municipales".

A partir de que la embargabilidad es de principio y la inembargabilidad de excepción, queda excluida toda interpretación extensiva y se impone un criterio estricto para establecer el alcance de dichos textos legales, cuya fórmula no es universal y comprensiva de todos los bienes y derechos estatales, sino que se limita a "propiedades" y "rentas".

Consecuentemente, se ha sostenido que la expresión "propiedades" debe ser entendida en su sentido natural y obvio, que alude a inmuebles, en tanto que la expresión "rentas", interpretada en su contexto histórico, alude a los ingresos que las entidades estatales perciben por tributos u otros conceptos, por lo que debe inferirse que procede la embargabilidad de otros bienes y de créditos, tales como fondos en cuentas bancarias, vehículos o mobiliario.

En quinto lugar, sucesivas leyes han declarado con carácter más o menos amplio que los bienes del dominio privado de las entidades estatales están fuera de toda imposición nacional o departamental, habiéndose discutido jurisdiccionalmente la regularidad constitucional respecto a la última.

Montevideo, marzo de 2022

PANORAMA DEL DERECHO ADMINISTRATIVO EN VENEZUELA

ALLAN R. BREWER-CARÍAS*

I. INTRODUCCIÓN: ALGUNOS PRINCIPIOS FUNDAMENTALES

El derecho administrativo[1] es la rama del derecho público que regula la organización, funcionamiento y actividades de la Administración Pública como complejo orgánico del Estado, el ejercicio de la función administrativa, y las relaciones del Estado con los ciudadanos. Como derecho del Estado y de los ciudadanos es, por tanto, una rama del derecho público que encuentra en la Constitución su fundamento detallado.

Por eso se habla en el mundo contemporáneo, de la constitucionalización del derecho administrativo, lo que ha ocurrido precisamente en la etapa de desarrollo y consolidación del derecho público y, por ende, del derecho constitucional y del derecho administrativo, que se inició en Venezuela con la elaboración de la Constitución de 1947, de muy corta vigencia[2], y luego del interregno autoritario, con la redacción y entrada en vigencia de la Constitución de 23 de enero de 1961[3], bajo cuyo manto normativo se produjo, además, tanto el proceso de democratización del país como de la conformación del Estado social y democrático de derecho.[4]

Fue precisamente durante las casi cuatro décadas de aplicación de este texto fundamental de 1961, el que más tiempo de vigencia ha tenido en toda la historia constitucional venezolana, cuando se configuraron los principios fundamentales del derecho público que condicionan tanto al derecho constitucional como al derecho administrativo contemporáneos, y que fueron recogidos por la Constitución de 30 de diciembre de 1999[5].

---

* Profesor emérito, Universidad Central de Venezuela. Adjunct Professor of Law, Columbia Law School (2006-2008)

1 Las obras generales sobre derecho administrativo que se han publicado en Venezuela, son las siguientes: J.M. Hernández Ron, *Tratado elemental de derecho administrativo,* Editorial Las Novedades, C.A., Caracas, 1942; Tomás Polanco, *Derecho Administrativo Especial,* Facultad de Derecho, Universidad Central de Venezuela, Caracas 1958; Cesar Tinoco R., *Nociones de Derecho Administrativo y Administración Pública*, Editorial Arte, Caracas 1958; Antonio Moles Caubet, *Lecciones de Derecho Administrativo (1ª edición 1960)*, Editorial Mohingo, Caracas 1975, pp. 15-72; Eloy Lares Martínez, *Manual de Derecho Administrativo*. (1ª edición; 1964), Facultad de Ciencias jurídicas y Políticas, Universidad Central de Venezuela, 12ª edición, Caracas, 2001; Allan R. Brewer-Carías, *Las Instituciones fundamentales del derecho administrativo y la jurisprudencia venezolana*, Facultad de Derecho, Universidad Central de Venezuela, Caracas 1964; Allan R. Brewer-Carías, *Derecho Administrativo*, Tomo I, Facultad de Ciencias Jurídicas y Políticas, Universidad Central de Venezuela, Caracas 1975; Allan R. Brewer-Carías, *Derecho Administrativo*, 2 Vols., Universidad Externado de Colombia, Bogotá 2005; Armando Rodríguez García y Gustavo Urdaneta Troconis, *Derecho Administrativo I* (Guía de Estudio), Facultad de Ciencias Jurídicas y Políticas, Universidad Central de Venezuela, Caracas, 1982; Armando Rodríguez García y Gustavo Urdaneta Troconis, *Derecho Administrativo II,* Universidad Nacional Abierta, Caracas, 1983; José Peña Solís, *Lineamientos del Derecho Administrativo* (Volumen I: La organización administrativa venezolana; Volumen II: El Derecho Administrativo y sus fuentes), Facultad de Ciencias Jurídicas y Políticas, Universidad Central de Venezuela, Caracas, 1997; José Peña Solís, *Manual de Derecho Administrativo*. Adaptado a la Constitución de 1999. Volumen Primero. TSJ, Caracas, 2000; Antonio Izquierdo Torres, *Derecho Administrativo Especial*. Caracas, 1997; Allan R. Brewer-Carías, *Tratado de Derecho Administrativo*, 6 vols,, Editorial Tompson Aranzadi, Madrid 2013; Editorial Jurídica Venezolana, Caracas, 2013.

2 Véase Allan R. Brewer-Carías, *Las Constituciones de Venezuela*, Academia de Ciencias Políticas y Sociales, Caracas, 1997, pp. 991 y ss.

3 Véase Allan R. Brewer-Carías, *La Constitución y sus Enmiendas*, Editorial Jurídica Venezolana, Caracas, 1991; Allan R. Brewer-Carías, *Evolución histórica del Estado,* Tomo I de *Instituciones Políticas y Constitucionales*, Universidad Católica del Táchira-Editorial Jurídica Venezolana, Caracas-San Cristóbal, 1996, pp. 391 y ss.

4 Véase Allan R. Brewer-Carías, *Cambio Político y Reforma del Estado en Venezuela. Contribución al estudio del Estado Democrático y Social de Derecho*, Editorial Tecnos, Madrid, 1975.

5 La Constitución de 1999 fue aprobada mediante referendo el 15-12-1999 y publicada en *Gaceta Oficial* N° 36.660 de 30-12-1999. Posteriormente fue publicada con correcciones en *Gaceta Oficial* N° 5.453 Extraordinario de fecha 24-03-2000. Véase Allan R. Brewer-Carías, *La Constitución de 1999. Derecho Constitucional Venezolano,* Editorial Jurídica Venezolana, 2 Tomos, Caracas, 2004. En 2009 se aprobó la Enmienda Constitucional No. 1. Véase en *Gaceta Oficial* No. 5.908 Extra. de 19-02-2009.

Entre esos principios fundamentales, que se conforman como bases constitucionales del derecho administrativo construidos paulatinamente por la doctrina y la jurisprudencia durante las décadas de vigencia de la Constitución de 1961, en esta Introducción, nos queremos referir a los siguientes:[6] en *primer lugar*, el principio de la supremacía constitucional y de la aplicación directa de la Constitución; en *segundo lugar*, el principio de la formación del derecho por grados y de la jerarquía de los actos estatales; en *tercer lugar,* el principio de legalidad; en *cuarto lugar*, el principio de la múltiple personalidad del Estado; y en *quinto lugar*, el principio de la separación de poderes, del carácter inter orgánico de las funciones del Estado y del carácter inter funcional de los actos estatales.

1. *El principio de la supremacía constitucional y de la aplicación directa de la Constitución*

El primero de los principios del derecho público en general, y por supuesto del derecho administrativo, es el de la supremacía constitucional regulado en forma expresa en el artículo 7 de la Constitución, que precisa que "La Constitución es la norma suprema y el fundamento el ordenamiento jurídico", a la cual quedan sujetos "todas las personas y los órganos que ejercen el Poder Público"; constituyendo, además, como uno de los deberes constitucionales de los ciudadanos y funcionarios, el "cumplir y acatar" la Constitución (Art. 131).

Por supuesto, para que una Constitución sea efectivamente la ley suprema de una sociedad, debe ser producto de ella misma, del acuerdo, pacto o consenso de sus componentes y no de imposiciones de un grupo sobre otros. Las Constituciones impuestas por un grupo al resto de los integrantes de la sociedad, generalmente tienen no solo una precaria supremacía, sino una duración limitada a la permanencia en el poder del grupo que la impuso.

Siendo la Constitución la norma suprema, la misma, por una parte, tiene aplicabilidad inmediata en el orden interno, y no admite que puede haber una norma superior a ella, salvo en relación con el régimen de los derechos humanos. Esto implica que la Constitución debe considerarse como una norma obligatoria, con fuerza coactiva inmediata y por sí misma[7], que crea derechos y obligaciones directamente ejercibles y exigibles. Esto tiene particular importancia precisamente en materia de derecho administrativo, cuyas normas en gran parte son reguladoras del ejercicio de los derechos fundamentales, pues implica que aún en ausencia de leyes reglamentarias, tales derechos pueden ejercerse, quedando proscritas las llamadas normas constitucionales programáticas[8].

Respecto de estas, por otra parte, ya la antigua Corte Suprema de Justicia había modificado su antigua jurisprudencia que admitía las normas programáticas,[9] estableciendo que dichas normas no cabían en el orden constitucional, lo que por supuesto ratifica expresamente en el artículo 22 de la Constitución al disponer que la falta de ley reglamentaria de los derechos humanos no menoscaba el ejercicio de los mismos; es decir, que para poder ejercerse los derechos constitucionales no se requiere de ley preexistente, bastando con la norma constitucional o de los respectivos tratados, pactos o convenios internacionales. Sobre ello, sin embargo, la Sala Constitucional se ha reservado, sin fundamento constitucional alguno, la potestad de resolver sobre la aplicabilidad inmediata de las normas constitucionales relativas a derechos humanos cuando no exista ley reglamentaria, contrariando el

---

6 Véase Allan R. Brewer-Carías, *Principios fundamentales del derecho público (constitucional y administrativo)*, Editorial Jurídica venezolana, Caracas 2005.

7 Véase Allan R. Brewer-Carías, *Evolución histórica del Estado*, Tomo I de *Instituciones Políticas y Constitucionales*, Universidad Católica del Táchira-Editorial Jurídica Venezolana, Caracas-San Cristóbal, 1996, pp. 501 a 505. En tal sentido la Sala Constitucional ha indicado en sentencia No 2073 de 04-08-2003 que "La aplicación inmediata de la Constitución, con el fin de que ella tenga vigencia inmediata y otorgue la cobertura constitucional, aun antes que se dicten las leyes que desarrollen los preceptos constitucionales, ha sido doctrina de esta Sala contenida en fallos de 20 de enero de 2000, 30 de junio de 2000 y 22 de agosto de 2001 (casos: Emery Mata, Dilia Parra y Asodeviprilara)", en *Revista de Derecho Público*, N° 83-96, Editorial Jurídica Venezolana, Caracas, 2003, p. 214. Véase, además, sentencia de la misma sala Constitucional No. 1387 de 21-11-2000, en *Revista de Derecho Público*, N° 84, Editorial Jurídica Venezolana, Caracas, 2000, p. 286.

8 Véase José Rafael Mendoza Mendoza, "Normas programáticas u operativas", en *Libro Homenaje a Rafael Caldera: Estudios sobre la Constitución*, Tomo I, Facultad de Ciencias Jurídicas y Políticas, Universidad Central de Venezuela, Caracas, 1979, pp. 151-166.

9 Véase las referencias en Allan R. Brewer-Carías, *Evolución histórica del Estado.* Tomo I de *Instituciones Políticas y Constitucionales*, Universidad Católica del Táchira-Editorial Jurídica Venezolana, Caracas-San Cristóbal 1996, pp. 501-505.

sentido de la previsión constitucional.[10] Pero en general sobre el carácter normativo de la Constitución y el tema de las "normas programáticas", la Sala Político Administrativa del Tribunal Supremo, ha afirmado que "la Constitución no puede consagrar cláusulas programáticas de las cuales pueden emerger derechos posteriores a la acción legislativa, ni tampoco depender de la programada actividad gubernativa sujeta siempre a la interacción de ingresos y gastos, y a la supuesta programación presupuestaria"[11].

Ahora bien, en particular, en cuanto a los preceptos orgánicos de la Constitución, es decir, a las normas relativas a los órganos que ejercen el Poder Público y sus competencias, el tema de la aplicación inmediata del texto fundamental es esencial. En efecto, la Constitución entre otras, cumple una función organizadora de la cual se desprenden, a su vez, tres principios básicos acerca del modo como se relacionan los órganos titulares de los Poderes Públicos:

> "En primer lugar, el principio de competencia, el cual actúa como un instrumento ordenador del ejercicio del poder una vez que este es legitimado; seguidamente, el principio de separación de poderes, conforme al cual la Constitución le asigna a diversas instituciones la operación de determinadas funciones públicas en torno a un ámbito objetivo más o menos específico; y tercero: el principio de legalidad, elemento esencial del Estado de Derecho y del sistema democrático. Dichos principios, en tanto fundamentales del Estado de Derecho, exigen la distribución de funciones entre diversos órganos y la actuación de estos con referencia a normas prefijadas, ya sea como un modo de interdicción de la arbitrariedad o como mecanismos de eficiencia en el cumplimiento de los cometidos del Estado; pero, al mismo tiempo, y a través de su correcta aplicación y de su recto desempeño, garantizan los objetivos de unidad política y convivencia pacífica."[12]

Este principio de la aplicabilidad inmediata de la Constitución tiene un particular interés para el derecho administrativo, en el sentido de que, en ausencia de ley reglamentaria, la competencia de los órganos del Estado o el régimen de ejercicio de los derechos fundamentales es el que está establecido en la Constitución[13], no pudiendo la Administración, dado el principio de la reserva legal, suplir la ausencia de la ley reguladora.

En particular, por supuesto, respecto de los derechos constitucionales, la aplicación inmediata de las normas constitucionales contentivas de garantías de los mismos ha sido criterio general sostenido por la jurisprudencia[14].

La consecuencia de la consagración expresa del principio de la supremacía constitucional es, por una parte, la previsión en el propio texto constitucional, de todo un sistema para la protección y garantía de esa supremacía constitucional frente a las leyes a través del control de su constitucionalidad; lo cual, sin duda, constituye uno de los pilares fundamentales del constitucionalismo contemporáneo y del Estado de Derecho. Entre ellos está, por una parte, la previsión del control difuso y concentrado de la constitucionalidad de las leyes; y por la otra, la obligación de todos los jueces de asegurar la integridad de la Constitución (Art. 334).

Ahora bien, en materia de derechos humanos, el principio de la supremacía constitucional cede ante las normas de los tratados, pactos y convenciones internacionales relativos a derechos humanos, suscritos y ratificados por Venezuela, los que no solo tienen también jerarquía constitucional, sino que

---

10 Véase sentencia N° 332 de 14-03-2001 (Caso: *INSACA vs. Ministerio de Sanidad y Asistencia Social*), en *Revista de Derecho Público*, N° 85-88, Editorial Jurídica Venezolana, Caracas, 2001, p. 492.

11 Sentencia No. 885 -5-10-2000, (Caso: *José Rojas y otros vs. Instituto Nacional de Hipódromos*), en *Revista de Derecho Público*, N° 84, Editorial Jurídica Venezolana, Caracas, 2000, p. 106. Véase también sentencia de la Sala Constitucional N° 51 de 19-05-2000, *Revista de Derecho Público*, N° 82, Editorial Jurídica Venezolana, Caracas, 2000, pp. 139-141.

12 Véase sentencia N° 23 de 22-01-20031 (Caso: *Interpretación del artículo 71 de la Constitución*), en *Revista de Derecho Público*, N° 93-06, Editorial Jurídica Venezolana, Caracas, 2003, p. 530.

13 Ha dicho la Sala Constitucional: "Es un hecho bastante generalizado que los derechos fundamentales y la normativa que se refiere a la creación de órganos de los poderes públicos y su habilitación, en la mayoría de las Constituciones vigentes en distintos países, son considerados de aplicación inmediata y directa", en sentencia No. 2748 de 20-12-2001, en *Revista de Derecho Público*, N° 85-88 Editorial Jurídica Venezolana, Caracas, 2001, pp. 390.

14 Véase sentencia de la Sala Constitucional N° 609 de 25-3-2002 (*Caso: Universidad Yacambú vs. Juzgado Segundo de Primera Instancia del Trabajo y Estabilidad Laboral de la Circunscripción Judicial del Estado Lara*) en *Revista de Derecho Público*, N° 89-92 Editorial Jurídica Venezolana, Caracas, 2002, p. 147.

incluso prevalecen en el orden interno (constitucional o legal), conforme lo establece el artículo 23 de la propia Constitución, "en la medida en que contengan normas sobre su goce y ejercicio más favorables a las establecidas en esta Constitución y en las leyes de la República", siendo además "de aplicación inmediata y directa por los tribunales y demás órganos del Poder Público." Así se ha decidido, por ejemplo, en relación con previsiones de la Convención Interamericana sobre Derechos Humanos, a las cuales se ha dado carácter prevalente en relación con la legislación procesal;[15] aun cuando la tendencia jurisprudencial de la Sala Constitucional haya sido restrictiva, al punto de haberse reservado dicha Sala, la competencia para declarar tal prevalencia, despojando a los jueces de su potestad.[16]

2. *El principio de la formación del derecho por grados*

El segundo principio fundamental del derecho público es el principio de la jerarquía de las normas o de la formación del derecho por grados, de particular interés para el derecho administrativo, dado que la actividad de la Administración que por esencia regula, es siempre una actividad de carácter sub-legal, es decir, de ejecución directa e inmediata de la legislación y solo de ejecución indirecta y mediata de la Constitución.

En efecto, en todos los ordenamientos jurídicos modernos siempre se encuentra una distinción entre, las normas que integran la Constitución en sí misma, como derecho positivo superior y las normas que son sancionadas por una autoridad con poderes derivados de la Constitución. En otras palabras, particularmente en aquellos sistemas con Constituciones escritas, siempre puede establecerse una distinción entre la norma constitucional y legislación ordinaria y luego, entre la legislación y las normas dictadas en ejecución de la misma; pudiendo decirse que las normas que integran el ordenamiento jurídico siempre se organizan deliberada o espontáneamente en forma jerárquica, de manera que existen normas en un nivel superior que siempre prevalecen sobre otras normas de nivel inferior.

De ello deriva, como se ha dicho, el segundo principio fundamental del derecho público en la Constitución de 1999: el de la formación del derecho por grados, que tiene su origen en la teoría de Hans Kelsen sobre el orden jurídico como sistema de normas de derecho, el cual constituye una unidad con la multitud de normas que lo integran porque está estructurado en forma jerarquizada. Ello permite determinar la relación jerárquica que existe entre el conjunto normas o de reglas de derecho que forman el ordenamiento, de manera que cada norma del mismo normalmente deriva de otra que determina la forma en que es creada, y esta cadena de derivaciones tiene su vértice precisamente en un *Grundnorm* o Constitución, que constituye la última razón que justifica la existencia de todas las normas del sistema.[17]

Esta "Teoría de la pirámide jurídica," como el mismo Kelsen la denominó,[18] o de la formación escalonada del sistema jurídico,[19] con la Constitución en la cúspide, fue desarrollada particularmente en el campo del derecho administrativo por Adolf Merkl,[20] de la misma llamada "Escuela de Viena," particularmente en relación con las funciones del Estado, de manera que la función administrativa siempre es de carácter sub legal, es decir, de ejecución directa de la legislación y solo indirecta de la Constitución. La teoría, en todo caso, proporciona un buen método de orden lógico para construir un sistema contentivo de los diversos niveles normativos del ordenamiento jurídico de cualquier Estado contemporáneo. También suministra una explicación lógica para determinar la validez formal de cada uno de esos niveles normativos.

---

15 Véase sentencia de la Sala Político Administrativa N° 802 de 13-4-2000 (Caso: *C.A., Electricidad del Centro (ELECENTRO) y Compañía Anónima de Electricidad de los Andes (CADELA) vs. Precompetencia)*, en *Revista de Derecho Público*, N° 82, Editorial Jurídica Venezolana, Caracas, 2000, pp. 270 y ss.

16 Véase sentencia de la Sala Constitucional N° 1942 de 15-07-2003, *Revista de Derecho Público*, N° 93-96, Editorial Jurídica Venezolana, Caracas, 2003, pp. 137.

17 Véase H. Kelsen, *Teoría General del Derecho y del Estado*, Universidad Nacional Autónoma de México, Imprenta Universitaria, México, D.F., 1958, p. 146; H. Kelsen, *General theory of Law and State,* trans. Wedberg, rep. 1901, pp. 110 y ss.; H. Kelsen, *Teoría pura del Derecho,* Buenos Aires, 1981, p. 13.

18 Véase H. Kelsen, *Teoría General del Estado*, trad. Luis Legaz Lacambra, Editora Nacional, México, 1954, p. 325.

19 Véase Robert Walter, *La doctrina del Derecho de Hans Kelsen*, Universidad Externado de Colombia, Bogotá 1999, pp. 55 y ss.; Juan Carlos Upegui Mejía, "La teoría del escalonamiento normativo y la creación de normas constitucionales. Un análisis aplicado al caso colombiano" en Luis Villar Borda (comp.), *Hans Kelsen 1881-1973*, Universidad Externado de Colombia, Bogotá 2004, pp. 175 y ss.

20 Véase Adolfo Merkl, *Teoría General del Derecho Administrativo,* Madrid, 1935, pp. 7-62. Véase también H. Kelsen, "La garantie jurisdictionnelle de la Constitution (La Justice constitutionnelle)", *Revue du Droit Public et de la Science Politique en France et a l'étranger,* París, 1928, pp. 197-257.

En efecto, el derecho positivo de cualquier Estado consiste no solo en las leyes como actos formales emanados del Parlamento, sino también en otros actos normativos, como los decretos leyes, los reglamentos y los principios generales del derecho. Todos estos preceptos que hacen que el ordenamiento jurídico se aplique en un momento determinado, no solo tienen orígenes diferentes sino también diferentes jerarquías o grados distintos, de manera que no se pueden considerar como normas coordinadas situadas en yuxtaposición[21]. Al contrario, todo ordenamiento jurídico tiene una estructura jerarquizada con sus normas distribuidas en diferentes niveles, más o menos una sobre la otra. Dentro de esta jerarquía, necesariamente debe haber una conexión formal entre las normas, pues a pesar de sus orígenes y características diferentes, están orgánicamente relacionadas.

En consecuencia, el ordenamiento jurídico no puede ser interpretado como un mero agregado de componentes inorgánicos y desordenados, o simplemente como una mera yuxtaposición causal de normas. Al contrario, para poder comprender a cabalidad el ordenamiento jurídico de un Estado, todos esos componentes deben organizarse en forma jerárquica, de manera que formen un sistema jurídico con diferentes tipos de normas unificadas y relacionadas. En otras palabras, deben responder a un orden sistemático, con relaciones de dependencia entre las diferentes partes, partiendo de la existencia de una base común de validez, con la forma de ley fundamental y superior (Constitución), de manera que la creación de una norma legal siempre se basa en otra norma legal.

Por ejemplo, la sanción de leyes ordinarias o actos del Parlamento está regulada por la Constitución;[22] y la potestad para reglamentar las leyes y la forma en que debe hacerse, está regulada por las leyes formales. En cuanto a las decisiones judiciales y a las actuaciones de los tribunales, las mismas están sujetas a normas legales establecidas en leyes formales y en reglamentos. Asimismo, los actos administrativos están sometidos a las leyes ordinarias, y a los reglamentos; y así sucesivamente.

Con este método, en consecuencia, en el análisis global del ordenamiento jurídico se puede establecer una distinción entre aquellos actos de Estado que se dictan en ejecución directa e inmediata de la Constitución, es decir, que son dictados directamente en ejercicio de poderes constitucionales,[23] y aquéllos cuya ejecución no está directamente relacionada con la Constitución y que se dictan en ejercicio directo de poderes establecidos en normas de derecho inferiores a la Constitución. Estos son actos de ejecución directa e inmediata de la legislación y de ejecución indirecta y mediata de la Constitución.

Este principio de la formación del derecho por grados es uno de los principios fundamentales del derecho público que adoptó la Constitución de 1999; conforme a la cual todas las actuaciones del Estado derivan de la ejecución de la Constitución como norma suprema "cúspide del ordenamiento jurídico,"[24] en forma escalonada y sucesiva, configurándose entonces dos tipos de actividades estatales: aquéllas que se realizan en ejecución directa e inmediata de la Constitución; y aquellas que son de ejecución directa e inmediata de la Legislación y, por tanto, de ejecución indirecta y mediata de la Constitución.[25]

En efecto, partiendo de la consideración de la Constitución como norma suprema y como fundamento del ordenamiento jurídico, como lo declara incluso su artículo 7, hay actividades que realizan determinados órganos del Estado en cumplimiento de atribuciones establecidas directa y exclusivamente en la Constitución, como las leyes o la actividad de gobierno del Presidente de la República. Además, hay otras actividades de los órganos del Estado que se realizan en cumplimiento de

21 H. Kelsen, *Teoría pura…, cit.,* p. 147.

22 Por ejemplo, la Sala Político Administrativa, en sentencia No 733 de 30-03-2000 al referirse a las "leyes en sentido formal, es decir, aquellos actos generales y abstractos sancionados por un *cuerpo legislativo"*, entiende, "si se toma en cuenta la estructura jerárquica del ordenamiento jurídico" que "las disposiciones de carácter legal se encuentran inmediatamente después del texto Constitucional", en *Revista de Derecho Público*, N° 81, Editorial Jurídica Venezolana, Caracas, 2000, p. 216.

23 Nos correspondió proponer en la Comisión Constitucional de la Asamblea Nacional Constituyente en septiembre de 1999, la incorporación al artículo 336,2 de la Constitución de 1999 de la expresión actos "dictados en ejecución directa e inmediata de esta Constitución" a los efectos de precisar las competencias del Tribunal Supremo de Justicia en materia del control concentrado de la constitucionalidad.

24 Véase sentencia de la Sala Constitucional No. 833 de 25-5-2001, en *Revista de Derecho Público*, N° 85-88, Editorial Jurídica Venezolana, Caracas, 2001, p. 373

25 Véase sobre el sistema jerarquizado o graduado del orden jurídico en el orden constitucional venezolano Allan R. Brewer-Carías, *Derecho Administrativo,* Tomo I, Ediciones de la Facultad de Derecho, Caracas, 1975, pp. 373 y ss.; *Evolución Histórica del Estado,* Tomo VI de *Instituciones Políticas y Constitucionales,* Universidad Católica del Táchira-Editorial Jurídica Venezolana, Caracas, San Cristóbal, 1996, pp. 107-117.

atribuciones establecidas no solo en la Constitución sino básicamente en las leyes, donde por principio existe o puede y debe existir un cuerpo legislativo que las regule. Por ejemplo, la actividad judicial y, precisamente, la actividad administrativa.

El primer grupo de actividades, es decir, las realizadas en ejecución directa e inmediata de la Constitución, precisamente por ello solo están y pueden estar sometidas a lo que dispone el texto fundamental, no teniendo competencia el Legislador para regularlas mediante leyes,[26] siendo su resultado, básicamente, los actos legislativos (leyes y los *interna corporis*), los decretos leyes y los actos de gobierno. En cambio, las actividades realizadas en ejecución directa e inmediata de la legislación e indirecta y mediata de la Constitución, precisamente por ello, además de estar sometidas al texto fundamental (como toda actividad estatal), están sometidas a las regulaciones establecidas, además de en la Constitución, en las leyes y en las otras fuentes del derecho.

Estas actividades que se realizan en ejecución directa e inmediata de la Constitución, por otra parte, solo están sometidas al control de constitucionalidad a cargo de la Jurisdicción Constitucional que corresponde a la Sala Constitucional del Tribunal Supremo (Arts. 334, 336,2 y 4); en cambio, las actividades que se realizan en ejecución directa de la legislación e indirecta de la Constitución, están sometidas al control de constitucionalidad y de legalidad que corresponden a las otras Jurisdicciones del Poder Judicial, tanto a las ordinarias, como sucede con las apelaciones y la Casación en lo que concierne a la actividad judicial; como a la Jurisdicción Contencioso-Administrativa y a la Jurisdicción Contencioso-Electoral (Arts. 259, 297) cuando se trata de actividades administrativas.[27]

Las actividades administrativas, por tanto y por esencia, constituyen actividades estatales que se realizan siempre en ejecución directa e inmediata de la legislación y por tanto, en ejecución indirecta y mediata de la Constitución; y precisamente por ello es que son esencialmente de carácter sub-legal, aun cuando en un momento dado no se haya dictado la legislación correspondiente que las regule en concreto. Por ello, los actos dictados en ejecución directa e inmediata de la Constitución, es decir, de rango legal conforme a la teoría de la formación escalonada del orden jurídico, están sometidos al control de constitucionalidad por parte de la Sala Constitucional (Jurisdicción Constitucional), ya que no son actos en cuya emisión el órgano respectivo pueda estar condicionado por ley alguna.[28] En cambio, los de carácter sublegal están sometidos no solo a la Constitución sino a la ley, el reglamento y las otras fuentes del derecho, y por eso es que su control corresponde a la Jurisdicción contencioso administrativa y en su caso, a la Jurisdicción contencioso electoral.

De lo anterior resulta que toda actividad administrativa que interesa al derecho administrativo es, ante todo, desde el punto de vista formal, una actividad que siempre es de carácter sub-legal, es decir, de ejecución directa e inmediata de la legislación (así las leyes reglamentarias correspondientes no se hayan dictado) y de ejecución indirecta y mediata de la Constitución. Por supuesto, también las actividades judiciales son siempre de carácter sub-legal, siendo la diferencia entre una y otra de carácter orgánico, en el sentido que las actividades judiciales siempre las realizan órganos autónomos e independientes en ejecución de la función jurisdiccional, como lo son los órganos que ejercen el Poder Judicial. En consecuencia, y en particular para el derecho administrativo, los actos administrativos

---

26 Por ello la Sala Constitucional en sentencia No. 6 de 27-1-2000 se refiere a que "dichas actuaciones tienen una relación directa con la Constitución que es el cuerpo normativo de más alta jerarquía dentro del ordenamiento jurídico en un Estado de Derecho contemporáneo", en *Revista de Derecho Público*, No. 81, Editorial Jurídica venezolana, Caracas 2000, pp. 212, 215. Dichos actos, por tanto, ha dicho la Sala Político Administrativa del Tribunal Supremo en sentencia de 14-09-1993 "desde el punto de vista de su rango, son equiparables a la ley"; citada en sentencia de la misma Sala No. 954 de 27-4-2000, en *Revista de Derecho Público*, N° 82, Editorial Jurídica Venezolana, Caracas, 2000, pp. 556 y ss.

27 Como lo ha señalado la Sala Constitucional del Tribunal Supremo de Justicia en sentencia N° 1268 de 06-07-2004 al referirse a los actos dictados por la Dirección Ejecutiva de la Magistratura del propio Tribunal Supremo: "por cuanto no se trata, el que fue impugnado, de un acto del Poder Público que hubiere sido dictado en ejecución directa de la Constitución, sino en ejercicio de función administrativa y, por ende, de rango sub-legal, no es la jurisdicción constitucional que ejerce esta Sala la que tiene competencia para su control. Por el contrario, y de conformidad con el artículo 259 de la Constitución, corresponde a la jurisdicción contencioso-administrativa el conocimiento de la demanda de nulidad que en su contra se formuló y así se decide". Véase en *Revista de Derecho Público*, N° 99-100, Editorial Jurídica Venezolana, Caracas, 2004, p. 230.

28 Véase lo expuesto por la Sala Constitucional en el sentido de que de todos los actos dictados en ejecución directa e inmediata de la Constitución pertenecen a la jurisdicción constitucional, en sentencia No. 357 de 11-5-2000 en *Revista de Derecho Público*, N° 82, Editorial Jurídica Venezolana, Caracas, 2000, p. 447

dictados en ejercicio de las diversas funciones del Estado son actos que por esencia tienen rango sub-legal,[29] por lo que, no hay ni puede haber actos administrativos que se dicten en ejecución directa e inmediata de la Constitución.

3. *El principio de la legalidad*

Siguiendo la configuración que había establecido la Constitución de 1961[30], la Constitución de 1999 formalmente declaró al Estado venezolano como un Estado de derecho (además de democrático y social y de justicia) (Art. 2), lo que implica, ante todo, la necesaria sumisión de todas las actuaciones de los órganos del Estado al ordenamiento jurídico preestablecido,[31] compuesto no solo por la Constitución y las leyes, sino por el conjunto de reglamentos y normas dictados por las autoridades competentes. De ello deriva el tercer principio fundamental del derecho público que es el principio de la legalidad vinculado al sistema de fuentes del derecho.

Este principio, en relación con los órganos de la Administración Pública adquiere importancia fundamental para el derecho administrativo, y le impone siempre a los órganos que la integran la obligación de actuar con arreglo a lo establecido en la ley y en las otras normas jurídicas que regulan su actividad;[32] y no solo las establecidas por los órganos del Estado, sino las que establezcan los tratados internacionales, particularmente en materia de derechos humanos que como se ha dicho tienen rango constitucional e, incluso, supra constitucional; y las que emanen de órganos supranacionales, como habían sido las normas de la Comunidad Andina de Naciones hasta 2006, hasta cuando Venezuela fue Miembro de la misma.

Como lo ha puntualizado la Sala Constitucional del Tribunal Supremo de Justicia, en sentencia N° 85 de 24-01-2002 (Caso: *Deudores hipotecarios vs. Superintendencia de Bancos*):

> "El poder se ejerce únicamente a través de normas jurídicas, por lo que la ley regula toda la actividad Estatal y en particular la de la administración; y parte de la esencia del concepto consiste en el control judicial de la legalidad desde lo que se va a considerar la norma suprema: la Constitución la cual encabeza una jerarquía normativa, garantizada por la separación de poderes. Tal concepción está recogida en la vigente Constitución, donde toda la actividad Estatal está regida por la ley: leyes que emanan del Poder Legislativo y otros Poderes, y reglamentos que dicta el Poder Ejecutivo, sin que estos últimos puedan contradecir la letra o el espíritu de la ley; mientras que la constitucionalidad es controlada judicialmente mediante el control difuso o el control concentrado de la Constitución"[33].

Por ello, este tercer principio fundamental del derecho público en la Constitución de 1999 es el de la sumisión de todos los órganos del Estado al derecho o a la legalidad, integrada esta tanto por la norma suprema que es la Constitución (Art. 7), como por todas las demás fuentes del ordenamiento jurídico y que se aplican a los diversos órganos del Estado, conforme al principio antes referido de la formación del derecho por grados.

---

29 La Sala Constitucional en sentencia No 266 de 25-4-2000 ha considerado que los actos administrativos como actos de carácter sublegal son los "actos, normativos o no, dictados en ejecución directa de una ley y en función administrativa", en *Revista de Derecho Público*, N° 82, Editorial Jurídica Venezolana, Caracas, 2000, pp. 569.

30 Véase en general Allan R. Brewer-Carías, *Cambio político y reforma del Estado en Venezuela. Contribución al estudio del Estado Democrático y Social de Derecho*, Editorial Tecnos, Madrid 1975.

31 Véase Antonio Moles Caubet, "Estado y derecho (configuración jurídica del Estado)", en *Studia Jurídica*, N° 1, Universidad Central de Venezuela, Caracas, 1957, pp. 257-340.

32 Véase Antonio Moles Caubet, "El principio de la legalidad y sus implicaciones", en *Revista de la Facultad de Derecho,* N° 50, Universidad Central de Venezuela, Caracas, 1972, pp. 67-100 y N° 51 Universidad Central de Venezuela, Caracas, 1972, pp. 85-124; trabajos que luego fueron publicados como *El principio de legalidad y sus implicaciones,* Universidad Central de Venezuela, Facultad de Derecho, Publicaciones del Instituto de Derecho Público, Caracas, 1974. Véase además, Antonio Moles Caubet, "Implicaciones del principio de legalidad", en *Archivo de Derecho Público y Ciencias de la Administración*, Vol. II, Instituto de Derecho Público, Facultad de Derecho, Universidad Central de Venezuela, Caracas, 1970-71, pp. 137-174; Eloy Lares Martínez, "El principio de la legalidad aplicada a la Administración" (Discurso de incorporación como Individuo de Número), en *Boletín de la Academia de Ciencias Políticas y Sociales,* N° 35 Año XXXI, Caracas, abril-noviembre 1967, pp. 45-92; Henrique Meier, "El principio de la legalidad administrativa y la Administración Pública", en *Revista de Derecho Público* N° 5, Editorial Jurídica Venezolana, Caracas enero-marzo 1981, pp. 45-56.

33 Véase en *Revista de Derecho Público* N° 89-92, Editorial Jurídica Venezolana, Caracas, 2002, p. 92.

En tal sentido, el artículo 137 de la Constitución recoge la clásica formula de nuestro constitucionalismo, al establecer que "la Constitución y las leyes definen las atribuciones de los órganos que ejercen el Poder Público, a las cuales deben sujetarse las actividades que realicen"; y el artículo 141, al precisar los principios que en particular rigen la Administración Pública, establece que sus órganos deben actuar "con sometimiento pleno a la ley y al derecho".

Por tanto, conforme a este principio de sumisión del Estado a la ley y al derecho, es decir, al principio de legalidad, todas las actividades de los órganos del Estado y de sus autoridades y funcionarios, deben realizarse conforme a la ley y dentro de los límites establecidos por la misma.

Pero por supuesto, "legalidad," en el derecho constitucional contemporáneo, no es solo la sumisión a la "ley formal" como acto sancionado por el Parlamento, como sucedía en el Siglo XIX con respecto a las acciones administrativas y como consecuencia del principio de la supremacía de la ley, sino que quiere decir sumisión al ordenamiento jurídico, incluyendo a la Constitución y a otras fuentes de derecho, incluyendo "las normas generales y abstractas, previamente establecidas, sean o no de origen legislativo, e inclusive provenientes de esa misma autoridad."[34]

Es evidente que el principio de legalidad, por su ámbito, desempeña un papel mucho más importante en el segundo nivel de ejecución del ordenamiento jurídico, es decir, en aquellos actos del Estado dictados en ejecución directa e inmediata de la legislación, y en ejecución indirecta y mediata de la Constitución, que es el ámbito propio del derecho administrativo. Aquí, el principio de legalidad se ha desarrollado en el pleno sentido de la palabra, particularmente con referencia a la Administración Pública, dando origen al control judicial de la legalidad de los actos administrativos (Jurisdicción contencioso-administrativa y Jurisdicción contencioso-electoral) y, por consiguiente, al propio derecho administrativo. Sobre ello, la Sala Político Administrativa del Tribunal Supremo en sentencia No. 1724 de 27 de julio de 2000 ha señalado:

> "En virtud de ello, el principio en referencia, por lo que respecta al ámbito de la Administración Pública, se produce a través de la atribución de potestades, que supone la constitución del título que habilita su actuación y define los límites del ejercicio del Poder Público, es decir, los órganos administrativos no pueden actuar más allá de los límites fijados por sus potestades, y es por eso que constituye un elemento fundamental en la organización administrativa. En efecto, como elemento de organización, es claro que las potestades son atribuidas en atención al órgano que habrá de ejercerlas y más ampliamente, en función de todo el marco de la organización de la Administración. En consecuencia, las potestades no son ni deben ser determinadas por el titular de un determinado cargo"[35].

La consecuencia de los principios de supremacía constitucional y de legalidad en Venezuela ha sido el establecimiento de un sistema jurídico de carácter universal y cerrado en materia de control judicial, en el sentido que ninguno de los actos estatales puede escapar al control del Tribunal Supremo de Justicia y de los demás tribunales que controlan la constitucionalidad (Art. 336) y la legalidad de los mismos (Arts. 259, 297). El control judicial de los actos estatales conforme a la Constitución, por tanto, además de corresponder a las jurisdicciones ordinarias, en particular corresponde a la Jurisdicción Constitucional, a la Jurisdicción Contencioso Administrativa y a la Jurisdicción Contencioso Electoral.

4. *El principio de la múltiple personalidad jurídica del estado*

El cuarto principio que condiciona al derecho público en la Constitución de 1999 deriva de la forma del Estado, como forma federal, consistente en el principio de la distribución vertical o territorial del Poder Público, lo que implica el principio de la múltiple personalidad jurídica del Estado. Este principio tiene particular importancia para el derecho administrativo pues en un Estado federal como el que deriva de la distribución vertical del Poder Público, incluso podría distinguirse un derecho administrativo estadal y municipal.

---

34 Véase sentencia No. 488 de 30-3-2004 (Caso: *Impugnación de los artículos 11 y 91 numeral 29 de la Ley de la Contraloría General de la República y del Sistema Nacional de Control Fiscal*). en *Revista de Derecho Público* N° 97-98, Editorial Jurídica Venezolana, Caracas, 2004, p. 180.

35 Véase en *Revista de Derecho Público* N° 83, Editorial Jurídica Venezolana, Caracas, 2001, p. 105. Citada también en sentencia de la misma Sala Político Administrativa No. 1560 de 19-7-2001, en *Revista de Derecho Público* N° 85-88, Editorial Jurídica Venezolana, Caracas, 2001, p. 50.

En efecto, el artículo 136 de la Constitución de 1999 organiza al Estado con forma federal mediante un sistema de "división vertical" del Poder Público en tres estratos o niveles: Nacional, Estadal y Municipal,[36] atribuyendo su ejercicio a los diversos órganos de las personas político territoriales a las cuales se asigna competencias exclusivas en los tres niveles, además de las competencias concurrentes entre ellas. En la Constitución de 1999, incluso se formuló expresamente este principio de la distribución territorial del Poder Público,[37] al establecer dicha norma que "El Poder Público se distribuye entre el Poder Municipal, el Poder Estadal y el Poder Nacional." De esta norma se debe destacar, por una parte, el concepto de funciones del Estado[38] y por la otra, el concepto de fines del Estado expresamente definidos en el artículo 3° de la Constitución. Ambos conceptos originan dos principios fundamentales del derecho público en la Constitución con particular importancia para el derecho administrativo: el de las funciones del Estado y el del Estado social y democrático de derecho y de justicia; los cuales se estudian más adelante.

En el texto constitucional, en todo caso, de acuerdo con el principio de la distribución vertical del Poder, se pueden encontrar disposiciones que se refieren en general al Poder Público, las cuales, por tanto, rigen respecto de los órganos de los tres niveles territoriales (nacional, estadal y municipal); y disposiciones específicamente destinadas a cada uno de esos niveles.

Ahora bien, la consecuencia fundamental del principio de la distribución vertical del poder público es que el Estado está conformado por diversas entidades político-territoriales que actualizan la personalidad jurídica del Estado. El Estado, por tanto, en el ámbito interno no es una persona jurídica, sino que está conformado por varias personas jurídicas estatales. En el único ámbito en el cual el Estado es una persona jurídica única, en realidad, es en el ámbito de las relaciones jurídicas internacionales. Tal como lo ha resumido la Sala Constitucional en sentencia No. 285 de 4 de marzo de 2004:

> "en Venezuela existe una división político-territorial a tres niveles –República, Estados y Municipios-, y los entes de cada uno de ellos gozan de personalidad jurídica (la República, que es una sola; 23 Estados y 335 Municipios). Aparte de esa triple personificación, el Derecho Político conoce dos términos adicionales de suma relevancia: Estado y Nación.

---

[36] Sobre la distribución vertical y horizontal del Poder Público, véase sentencia de la Sala Constitucional N° 355 de 11-5-2000, *Revista de Derecho Público*, N° 82, Editorial Jurídica Venezolana, Caracas, 2000, pp. 342 y ss.

[37] Véase en general, sobre el Poder Público y la forma del Estado, Carlos Luis Carrillo Artiles, "La composición del poder público en la Constitución de la República Bolivariana de Venezuela", *Libro Homenaje a Enrique Tejera París, Temas sobre la Constitución de 1999,* Centro de Investigaciones Jurídicas (CEIN), Caracas, 2001, pp. 51 a 76; C. Kiriadis Ionghi, "Notas sobre la estructura orgánica del Estado venezolano en la Constitución de 1999", en *Temas de Derecho Administrativo: Libro Homenaje a Gonzalo Pérez Luciani,* Volumen I, Tribunal Supremo de Justicia-Editorial Torino, Caracas, 2002, pp. 1031-1082; e Hildegard Rondón de Sansó, "Las transformaciones fundamentales en la organización y dinámica del Estado derivadas de la Constitución de 1999", en *Temas de Derecho Administrativo: Libro Homenaje a Gonzalo Pérez Luciani,* Volumen II, Tribunal Supremo de Justicia-Editorial Torino, Caracas, 2002, pp. 619-644; Allan R. Brewer-Carías, "La descentralización política en la Constitución de 1999: Federalismo y Municipalismo (una reforma insuficiente y regresiva)" en *Boletín de la Academia de Ciencias Políticas y Sociales*, N° 138, Año LXVIII, enero-diciembre 2001, Caracas, 2002, pp. 313-359; y publicado también en *Provincia. Revista Venezolana de Estudios Territoriales*, N° 7, julio-diciembre 2001, II Etapa, Centro Iberoamericano de Estudios Provinciales y Locales (CIEPROL), Universidad de los Andes, Mérida, 2001, pp. 7-92; Allan R. Brewer-Carías, "Consideraciones sobre el régimen de distribución de competencias del Poder Público en la Constitución de 1999" en Fernando Parra Aranguren y Armando Rodríguez García Editores, *Estudios de Derecho Administrativo. Libro Homenaje a la Universidad Central de Venezuela*, Tomo I, Tribunal Supremo de Justicia, Caracas, 2001, pp. 107-136; Allan R. Brewer-Carías, "Consideraciones sobre el régimen constitucional de la organización y funcionamiento de los Poderes Públicos", en *Revista Derecho y Sociedad* de la Universidad Monteávila, N° 2 (abril), Caracas, 2001, pp. 135-150; Ricardo Combellas, *Derecho Constitucional: una introducción al estudio de la Constitución de la República Bolivariana de Venezuela,* Mc Graw Hill, Caracas, 2001, pp. 121 y ss; Cecilia Sosa Gómez, "La organización política del Estado venezolano: el Poder Público Nacional", en *Revista de Derecho Público*, N° 82 (abril-junio), Editorial Jurídica Venezolana, Caracas, 2000, pp. 71-83; María V. Espina Molina y Ornella Bernabei Zaccaro, "Nueva estructura del Estado venezolano", en *Comentarios a la Constitución de la República Bolivariana de Venezuela"*, Vadell Hermanos, Editores, Caracas, 2000, pp. 65-116; César A. Loaiza Moyetones, "Los órganos del Estado", en *Derecho Constitucional. General y Particular. Actualizado con la Constitución de la República Bolivariana de Venezuela del 24-03-2000,* Tomo I, Universidad Santa María, Caracas, pp. 151-175.

[38] Véase Allan R. Brewer-Carías, *El Poder Público: Nacional, Estadal y Municipal,* Tomo II de *Instituciones Políticas y Constitucionales,* Universidad Católica del Táchira-Editorial Jurídica Venezolana, Caracas-San Cristóbal, 1996, pp. 111 y ss.

El Estado, al menos entre nosotros, es visto como la personificación de la República a efectos internacionales (en el entendido de que solo la República tiene poder para las relaciones exteriores) e incluso como la forma de englobar el conjunto de personas públicas a ciertos efectos nacionales…"[39]

Por tanto, en el ámbito interno, el "Estado" como tal no es una persona jurídica, sino un conjunto de personas jurídicas que son las personas jurídicas estatales, y cuyo embrión surge del sistema constitucional de distribución vertical o territorial del Poder Público, como "Estado federal descentralizado" (Art. 4); el cual como se ha dicho, da origen a la República, a los estados y a los municipios. En consecuencia, tratándose de un Estado con forma federal, el "Estado" está básicamente conformado por un conjunto de personas jurídicas que conforman la organización política en el territorio como son la República, los estados y los municipios, y por otras personas jurídicas estatales producto de la descentralización política y funcional.

Estas personas jurídicas estatales, como sujetos de derecho cuyos órganos conforman la Administración Pública, son las que constituyen objeto de regulación por parte del derecho administrativo porque, en definitiva, son las que establecen las relaciones jurídico-administrativas con los otros sujetos de derecho y los administrados. En tal ámbito, en la Constitución se establecen dos clasificaciones respecto de las personas jurídicas. La *primera,* que distingue entre las personas jurídicas estadales, que forman parte de la organización general del Estado en sus tres niveles territoriales o, si se quiere, del sector público; y las personas jurídicas no estatales, que no forman parte del Estado o del sector público; y la *segunda*, que distingue según la forma jurídica que adoptan las personas jurídicas, entre personas jurídicas de derecho público, como por ejemplo, los institutos autónomos; y personas jurídicas de derecho privado, como las sociedades anónimas del Estado (*empresas del Estado, o empresas públicas* conforme las denominan los artículos 189,1 y 184,4, respectivamente, de la Constitución).

5. *El principio de la separación orgánica de poderes, el carácter interorgánico de las funciones del Estado y el carácter interfuncional de los actos estatales*

A. *La separación orgánica de poderes*

El quinto principio del derecho público, esencial para el derecho administrativo, es el de la división horizontal o separación orgánica de poderes,[40] que origina órganos independientes y autónomos entre sí que ejercen las diversas ramas del Poder Público que en la Constitución de 1999 formalmente son cinco: Legislativa, Ejecutiva, Judicial, Ciudadana y Electoral. Ello origina cinco complejos orgánicos diferenciados y separados del Estado, y que a nivel nacional son, respectivamente: la Asamblea Nacional,; el Presidente, sus Ministros y el resto de los órganos del denominado "Ejecutivo Nacional"; el Tribunal Supremo de Justicia y los demás tribunales de la República, así como la Dirección Ejecutiva de la Magistratura y los otros órganos de gobierno y administración del Poder Judicial; el Ministerio Público o Fiscalía General de la República, la Contraloría General de la República y la Defensoría del Pueblo; y el Consejo Nacional Electoral, así como sus Comisiones y Juntas. Estos cinco conjuntos orgánicos se encuentran separados, son autónomos e independientes entre sí, y cada uno de ellos tiene sus competencias constitucionales y legales específicas.[41]

Ahora bien, conforme a lo establecido en el artículo 136 de la Constitución, "cada una de las ramas del Poder Público tiene sus funciones propias, pero los órganos a los que incumbe su ejercicio colaborarán

---

39 Caso: *Interpretación del artículo 304 y otros de la Constitución*, en *Revista de Derecho Público*, Nº 97-98, Editorial Jurídica Venezolana, Caracas, 2004, p. 278.

40 Véase en general, Manuel García Pelayo, "La división de poderes y la Constitución Venezolana de 1961", en *Libro Homenaje a Rafael Caldera: Estudios sobre la Constitución*, Tomo III, Facultad de Ciencias Jurídicas y Políticas, Universidad Central de Venezuela, Caracas, 1979, pp. 1403 y 1420; Hildegard Rondón de Sansó, "La separación de los poderes en Venezuela", en *Libro Homenaje a Rafael Caldera: Estudios sobre la Constitución*, Tomo III, Facultad de Ciencias Jurídicas y Políticas, Universidad Central de Venezuela, Caracas, 1979, pp. 1369-1403.

41 Véase, en relación con la Constitución de 1999, Hildegard Rondón de Sansó "Las transformaciones fundamentales en la organización y dinámica del Estado derivadas de la Constitución de 1999", en *Temas de Derecho Administrativo - Libro Homenaje a Gonzalo Pérez Luciani*, Volumen II. Tribunal Supremo de Justicia, Caracas, 2002, pp. 619-643; Jorge C. Kiriakidis Longhi "Notas sobre la estructura orgánica del Estado venezolano en la Constitución de 1999", en *Temas de Derecho Administrativo - Libro Homenaje a Gonzalo Pérez Luciani*, Volumen I. Tribunal Supremo de Justicia, Caracas, 2002, pp. 1031-1082.

entre sí en la realización de los fines del Estado"; lo que significa que la asignación de funciones propias a los órganos que ejercen los Poderes Públicos, no implica que cada uno de siempre tenga el ejercicio exclusivo de alguna función estatal específica.[42] Tal como ha reconocido la Sala Constitucional en sentencia N° 3098 del 13 de diciembre de 2004 (Caso: *Nulidad de artículos de la Ley Orgánica de la Justicia de Paz*), el principio de separación de poderes "no implica, ni mucho menos, una división rígida de órganos y funciones," admitiéndose por el principio de colaboración, hasta cierto punto, la existencia de:

> "una confusión funcional entre ellos, es decir, que cada una de las ramas del Poder Público puede ejercer excepcionalmente competencias que, por su naturaleza, corresponderían, en principio, a las otras y de allí que la Administración Pública cuente con potestades normativas (*V.gr.* la potestad reglamentaria) y jurisdiccionales (V.gr. resolución de conflictos entre particulares) y los órganos deliberantes y judiciales cumplan ciertas funciones típicamente administrativas (*V.gr.* la organización interna de sus dependencias y la potestad disciplinaria respecto de sus funcionarios, entre otras)".[43]

Por tanto, todos los órganos del Estado, en una u otra forma ejercen todas las funciones del Estado, lo que responde al principio del ejercicio inter orgánico de las funciones del Estado, el cual también tiene especial importancia para el derecho administrativo, pues permite identificar a la función administrativa y su ejercicio por los diversos órganos del Estado.

Es decir, tal como la antigua Corte Suprema de Justicia lo había señalado, la división de la potestad estatal (el Poder Público) en ramas y la distribución de su ejercicio entre diversos órganos, no coincide exactamente con la "separación" de las funciones estatales[44]. Por tanto, el hecho de que exista una separación orgánica "de poderes" no implica que cada uno de los órganos que lo ejercen tenga necesariamente el ejercicio exclusivo de ciertas funciones, pues paralelamente a las "funciones propias" de cada órgano del Estado, estos ejercen funciones que por su naturaleza son similares a las que ejercen otros órganos estatales.[45] En otras palabras, paralelamente a sus funciones propias, realizan funciones distintas a aquellas que les corresponden por su naturaleza.[46]

En la expresión constitucional por "función" ha de entenderse la acción que desarrollan los órganos estatales o la actividad que desempeñan como tarea que les es inherente, en el sentido que solo en ejercicio del Poder Público pueden cumplirse; o en términos de la Sala Político Administrativa del Tribunal Supremo, de funciones 'esenciales' que el Estado, por medio de sus distintos poderes públicos, está obligado a satisfacer tanto por imperativo constitucional, como legal."[47] De ahí que la función es toda actividad de la propia esencia y naturaleza de los órganos estatales y, por tanto, indelegable, salvo que exista una autorización constitucional. Entonces, las diversas funciones del Estado son solo las

---

42 Véase Allan R. Brewer-Carías, *Derecho Administrativo*, Tomo I, Universidad Central de Venezuela, Caracas, 1975, pp. 373 y ss.

43 Sentencia N° 3098 de la Sala Constitucional (Caso: *nulidad artículos Ley Orgánica de la Justicia de Paz*) de 13-12-2004, en *Gaceta Oficial* N° 38.120 de 02-02-2005 y en *Revista de Derecho Público*, N° 99-100, (julio-diciembre, 2004), Editorial Jurídica Venezolana, Caracas, 2004, pp. 139 y ss.

44 Véase por ejemplo, sentencia de la antigua Corte Federal (CF) de 19-6-53, en *Gaceta Forense)* N° 1, 1953, p. 77; y sentencias de la antigua Corte Suprema de Justicia en Sala Político Administrativa de 18-7-63, en *Gaceta Forense,* N° 41, 1963, pp. 116 y 117; de 27-5-68, en *Gaceta Forense* N° 60, 1969, pp. 115 y ss.; y de 9-7-69, en *Gaceta Forense* N° 65, 1969, pp. 70 y ss.

45 Véase la sentencia de la antigua Corte Federal de 19-6-53, en *Gaceta Forense* N° 1, 1953, p. 77; y la sentencia de la antigua Corte Federal y de Casación en Sala Político-Administrativa de 18-7-63, en *Gaceta Forense* N° 41, 1963, p. 116.

46 Véase sentencia de la Corte Suprema de Justicia en Sala Político Administrativa de 18-7-63, en *Gaceta Forense* N° 41, 1963, pp. 116 y 117.

47 Véase la sentencia No. 1286 de 06-06-2000, en *Revista de Derecho Público*, N° 82, Editorial Jurídica Venezolana, Caracas 2000, p. 148.

diversas formas a través de las cuales se manifiesta la actividad estatal;[48] y ellas no están atribuidas en forma exclusiva a los órganos del Estado.[49]

B. *Las diversas funciones del Estado*

En el mundo contemporáneo estas funciones como tareas inherentes a los órganos del Estado pueden reducirse a las siguientes cinco funciones: función normativa, función política, función administrativa, función jurisdiccional y función de control; a las cuales se pueden reconducir todas las actividades del Estado.

Estas funciones, realizadas en ejercicio del Poder Público por los órganos estatales, sin embargo, como se dijo, no están encomendadas con carácter exclusivo a diferentes órganos, sino que se ejercen por varios de los órganos estatales. Como lo ha precisado la Sala Constitucional del Tribunal Supremo, "los distintos poderes del Estado pueden dictar actos que rebasan o escapan de su función natural, verbigracia, la facultad del Poder del Ejecutivo de reglamentar leyes, o en el caso específico del Poder Judicial, la facultad del Juez de imponer multas, o destituir funcionarios, los cuales constituyen actos distintos a su función, cual es la de emitir actos o decisiones judiciales."[50]

En efecto, la función normativa en el Estado contemporáneo es aquella actividad estatal que se manifiesta en la creación, modificación o extinción de normas jurídicas de validez general[51]. La función normativa del Estado, en esta forma, si bien se atribuye como función propia al órgano que ejerce el Poder Legislativo, es decir, a la Asamblea Nacional, a los Consejos legislativos y a los Concejos Municipales, se realiza también por otros órganos del Poder Público.[52]

En el nivel nacional, ante todo, la potestad de dictar leyes corresponde esencialmente a la Asamblea Nacional actuando como cuerpo legislador (Art. 203); otros órganos que ejercen el Poder Público también realizan esta función creadora de normas jurídicas,[53] como cuando reglamentan las leyes (Art. 236,10); incluso en algunos casos con rango y valor de ley, lo que ocurre cuando se produce una delegación legislativa y se habilita al Presidente para dictar decretos leyes (Art. 236,8). Igualmente, el Tribunal Supremo de Justicia ejerce la función normativa cuando dicta los reglamentos necesarios a los efectos de asegurar la dirección y gobierno del Poder Judicial (Art. 267);[54] al igual que los órganos del

---

48 Véase Allan R. Brewer-Carías, *Las Instituciones Fundamentales del Derecho Administrativo y la Jurisprudencia Venezolana.*, Universidad Central de Venezuela, Caracas, 1964, p. 105. Véase en general, sobre las funciones del Estado: María E. Soto Hernández y Fabiola del Valle Tavares Duarte "Funciones del Estado en la Constitución de la República Bolivariana de Venezuela de 1999", en *Estudios de Derecho Público-Libro Homenaje a Humberto J. La Roche*, Volumen II. Tribunal Supremo de Justicia, Caracas, 2001, pp. 414-457; Gonzalo Pérez Luciani, "Funciones del Estado y actividades de la Administración", *Revista de Derecho Público*, N° 13, enero-marzo, Editorial Jurídica Venezolana, Caracas, 1983, pp. 21-30.

49 El carácter flexible, no rígido ni absoluto, del principio en su aplicación en Venezuela, ha sido destacado repetidamente por la jurisprudencia de la Corte Suprema. En particular, véase sentencias de la Corte Federal y de Casación en Sala Político Administrativa de 23-2-50 en *Gaceta Forense,* N° 4, 1950, pp. 84 a 39; de la Corte Federal y de Casación en Corte Plena de 26-5-51 en *Gaceta Forense,* N° 8, 1952, p. 114; y sentencias de la Corte Suprema de Justicia en Sala Político Administrativa de 18-7-63 en *Gaceta Forense,* N° 41, 1963, pp. 117-118; de 27-5-68 en *Gaceta Forense,* N° 60, 1969, pp. 115 a 118; de 22-4-69 en *Gaceta Forense,* N° 64, 1969, pp. 5 a 15; de 9-7-69, en *Gaceta Forense,* N° 65, 1969, pp. 70 a 74; y de 1-6-72, en *Gaceta Oficial* N° 1.523, extraordinario, de 1-6-72, p. 9. Véase, además, Allan-R. Brewer-Carías, "Algunas bases del Derecho Público en la jurisprudencia Venezolana", en *Revista de la Facultad* de Derecho, Universidad Central de Venezuela, N° 27, Caracas, 1963, pp. 143 y 144. Las referencias jurisprudenciales pueden también consultarse en Allan R. Brewer-Carías, *Jurisprudencia de la Corte Suprema (1930-1973) y Estudios de Derecho Administrativo,* Tomo I, (El ordenamiento constitucional y funcional del Estado), Caracas, 1975, pp. 147 y ss.

50 Véase sentencia No. 21 de 23-01-2002 en *Revista de Derecho Público*, N° 89-92, Editorial Jurídica Venezolana, Caracas 2002, p. 203.

51 Véase la sentencia de la antigua Corte Suprema de Justicia en Sala Político Administrativa de 18-7-63, en *Gaceta Forense,* N° 41, 1963, p. 116.

52 Véase sentencia No. 713 de 30-03-2000, en *Revista de Derecho Público*, N° 81, Editorial Jurídica Venezolana, Caracas 2000, p. 191.

53 Véase la sentencia de la Sala Constitucional No. 1447 de 03-06-2003 (Caso: *Impugnación del artículo 22 de la Ley Orgánica Del Trabajo*), en *Revista de Derecho Público*, N° 93-96, Editorial Jurídica Venezolana, Caracas 2003, p. 192.

54 Véase, por ejemplo, Art. 36, párrafos 1,10,12, *Gaceta Oficial* N° 6.684 Extra. de 19-01-2022. Véase, Laura Louza Scognamiglio "La potestad reglamentaria del Poder Judicial", en *Ensayos de Derecho Administrativo-Libro Homenaje a Nectario Andrade Labarca,* Volumen II, Tribunal Supremo de Justicia, Caracas, 2004, pp. 9-45.

Poder Ciudadano cuando dictan los reglamentos establecidos en las leyes reguladoras de su actividad,[55] y el Consejo Nacional Electoral cuando reglamenta las leyes electorales (Art. 293,1).[56]

Por tanto, la función normativa, como actividad privativa e inherente del Estado mediante la cual sus órganos pueden crear, modificar o extinguir con carácter general las normas del ordenamiento jurídico, se ejerce por los cinco grupos de órganos estatales en ejercicio del Poder Público. Dicha función normativa, por tanto, si bien es una "función propia" de la Asamblea Nacional, no es una función privativa y exclusiva de ella, pues los otros órganos estatales también la ejercen. Sin embargo, lo que sí es función privativa y exclusiva de la Asamblea Nacional es el ejercicio de esa función normativa en una forma determinada: como cuerpo legislador y mediante la emisión de los actos estatales denominados "leyes" y de los *interna corporis* (Reglamento Interior y de Debates), que, además, son actos dictados ejerciendo atribuciones establecidas directamente en la Constitución sin condicionamiento legal alguno. Los otros órganos estatales que ejercen la función normativa, en cambio, si bien realizan una función creadora dentro del ordenamiento jurídico, a excepción de los decretos leyes habilitados (dictados por el Presidente de la República una vez que se ha dictado la ley habilitante), lo hacen a través de actos administrativos de efectos generales (como los Reglamentos), y siempre bajo el condicionamiento de las leyes y nunca en ejecución directa e inmediata solo de una norma constitucional.

Mención aparte merece otra función primordial aparte que ha ido delineándose en el Estado contemporáneo, distinta de la función administrativa, por medio de la cual el Presidente de la República ejerce sus actividades como jefe del Estado y jefe del Gobierno de la República[57], dirigiendo la acción de gobierno (Arts. 226; 236,2). A través de esta función política, el Presidente de la República puede adoptar decisiones en virtud de atribuciones que le son conferidas directamente por la Constitución, en general sin condicionamiento legal alguno, de orden político, las cuales, por tanto, exceden de la administración normal de los asuntos del Estado. Ello ocurre, por ejemplo, cuando dirige las relaciones exteriores, convoca a sesiones extraordinarias a la Asamblea Nacional y cuando la disuelve (Arts. 236,4,9,20). También puede considerarse que ejerce la función política, cuando decreta los estados de excepción y restringe garantías constitucionales, incluso, en este caso, a pesar de que la Constitución dispuso que una Ley Orgánica deba regular la materia (Art. 338).[58] La característica fundamental de esta función política es que está atribuida en la Constitución directamente al Presidente de la República, es decir, al nivel superior de los órganos que ejercen el Poder Ejecutivo, no pudiendo otros órganos ejecutivos ejercerla.

Los órganos que ejercen el Poder Ejecutivo en esta forma realizan fundamentalmente dos funciones propias: la función política y la función administrativa[59]. La función política, como función del Presidente de la República, se ejerce en ejecución directa de atribuciones constitucionales, en general sin condicionamiento legal alguno, traduciéndose en actos estatales de rango legal; en tanto que la función administrativa se traduce en actos estatales de rango sub-legal[60].

---

55 Artículos 3; 14,2; y 28 de la Ley Orgánica de la Contraloría General de la República y del Sistema Nacional de Control Fiscal; Artículos 14, 29; de la Ley Orgánica de la Defensoría del Pueblo en *Gaceta Oficial*, N° 37.995 de 05-08-2004.

56 Además, artículos 32 y 29 de la Ley Orgánica del Poder Electoral en *Gaceta Oficial* N° 37.573 de 19-11-2002.

57 Aun cuando en algunos casos podría no haber coincidencia, podría decirse que, en general, el Presidente de la República ejerce sus atribuciones de jefe del Estado en ejercicio de la función política, y de jefe del Ejecutivo Nacional, en ejercicio de la función administrativa.

58 Véase la Ley Orgánica sobre Estados de Excepción (Ley N° 32), *Gaceta Oficial* N° 37.261 de 15-08-2001.

59 La distinción entre "gobierno y administración" es comúnmente empleada por la Constitución, por ejemplo, en los artículos, 6, 18, 160, 169, 171, 174, 178, 185, 187, 236, 239, 251, 267. En tal sentido, al referirse a los órganos del Poder Ejecutivo de los Estados en la Constitución de 1961, la antigua Corte Suprema señaló lo siguiente: "El artículo 21 de la Constitución atribuye al Gobernador del Estado, el gobierno y la administración de la Entidad, como Jefe del Ejecutivo del Estado y Agente del Ejecutivo Nacional o en su respectiva circunscripción. En esta forma, el Poder Ejecutivo Estadal realiza funciones de gobierno, como poder político y funciones que atienden a otra actividad distinta, como poder administrador". Véase sentencia de la Corte Suprema de Justicia en Sala Político Administrativa de 30-6-66, en *Gaceta Forense,* N° 52, 1968, p. 231. *Cfr.*, sobre la distinción entre función administrativa y función política como actividades que se realizan en ejercicio del Poder Ejecutivo , el voto salvado a la sentencia de la Corte Suprema de Justicia en Corte Plena de 29-4-65, Imprenta Nacional, 165, pp. 53 y ss.; y *Doctrina de la Procuraduría General de la República (Doctrina PGR)*, 1963, Caracas, 1964, pp. 179 y 180.

60 Sobre la distinción entre los actos del Poder Ejecutivo dictados en ejecución directa de la Constitución o en ejecución directa de la ley, véase sentencia de la Corte Suprema de Justicia en Sala Político Administrativa de 13-2-68, en

Pero si bien la función política se ejerce con el carácter de función propia por el Presidente de la República en ejercicio del Poder Ejecutivo, ello tampoco se realiza con carácter excluyente, ya que la Asamblea Nacional en ejercicio del Poder Legislativo también realiza la función política, sea a través de actos parlamentarios sin forma de ley[61], sea mediante leyes[62]. En estos casos, lo que es exclusivo de uno u otros órganos es la forma de su ejecución en los casos autorizados por la Constitución: la función política mediante decretos ejecutivos (actos de gobierno), se realiza en forma exclusiva por el Presidente de la República; y mediante leyes o actos parlamentarios sin forma de ley, por la Asamblea nacional.

Además de la función normativa y de la función política, los órganos estatales realizan la función jurisdiccional, es decir, conocen, deciden o resuelven controversias entre dos o más pretensiones, es decir, controversias en las cuales una parte esgrime pretensiones frente a otra. La Sala Constitucional del Tribunal Supremo ha dicho que:

> "La función jurisdiccional, en contraste con las funciones legislativa y ejecutiva, tiene por objeto el declarar la voluntad de la ley respecto a una determinada controversia jurídica, la cual tiene nacimiento en la inconformidad de un sujeto que, considerándose asistido por un derecho subjetivo contenido en un precepto o norma jurídica, denuncia la conducta de otro sujeto como lesiva de su particular situación jurídica."[63]

El ejercicio de la función jurisdiccional se ha atribuido como función propia al Tribunal Supremo de Justicia y a los tribunales de la República, pero aquí también ello no implica una atribución exclusiva y excluyente, sino que, al contrario, otros órganos estatales pueden ejercer la función jurisdiccional. En efecto, los órganos que ejercen el Poder Ejecutivo,[64] realizan funciones jurisdiccionales cuando las autoridades administrativas deciden controversias entre partes, dentro de los límites de su competencia.[65] En tales casos dictan actos administrativos, impropiamente denominados por la jurisprudencia, como "actos cuasi jurisdiccionales"[66] o como "actos cuasi judiciales."[67] En estos casos, como lo ha precisado

---

Gaceta Forense, N° 59, 1969, p. 85. En todo caso, una cosa es atribuir a la función política rango legal y otra es atribuirle "naturaleza legislativa". El decreto de restricción de garantías constitucionales, por ejemplo, tiene rango legal, por cuanto puede "restringir" temporalmente la vigencia de una ley, lo que implica que la modifique ni la derogue. Si la derogara, el acto tendría "naturaleza legislativa". Sobre esta confusión, véase *Doctrina PGR,* 1971, Caracas, 1972, p. 189.

61 Por ejemplo, cuando autoriza al Presidente de la República para salir del territorio nacional. Art. 187,17 de la Constitución; o cuando reserva al Estado determinadas industrias o servicios, Art. 302.

62 La ley que decreta una amnistía, por ejemplo. Art. 186,5 de la Constitución.

63 Véase sentencia de la sala Constitucional No. 35 de 18-02-2000 (Caso: *Juan G. Medina O. vs. Juzgado de Primera Instancia Agraria de la Circunscripción Judicial del Area Metropolitana de Caracas*) en Revista de Derecho Público, N° 81, Editorial Jurídica Venezolana, Caracas, 2000, p.100. Véase igualmente la sentencia de la misma Sala Constitucional No. 2673 de 14-12-2001 (Caso: *DHL Fletes Aéreos, C.A. y otras vs. Sala Político-Administrativa del Tribunal Supremo de Justicia*) en *Revista de Derecho Público*, N° 85-86, Editorial Jurídica Venezolana, Caracas, 2001, p. 314.

64 Véase sentencias de la Corte Suprema de Justicia en Sala Político Administrativa de 18-7-63, en *Gaceta Forense,* N° 41, 1963, pp. 116 y 117; de 27-5-68, en *Gaceta Forense,* N° 60, 1969, pp. 115 y 118; y de 9-7-69, en *Gaceta Forense,* N° 65, 1969, pp. 70 y ss.

65 Cuando la Administración decide, por ejemplo, la oposición a una solicitud de registro de marca de fábrica, conforme a la Ley de Propiedad Industrial, *Gaceta Oficial* N° 25.227 de 10-12-1956; cuando decide la oposición a una solicitud de otorgamiento de una concesión de explotación forestal, conforme a la Ley de Aguas (Art. 6), en *Gaceta Oficial* N° 38.595, Extr., de 2-1-2007; o cuando la Superintendencia de Protección y Promoción a la Libre Competencia decide un conflicto entre empresas competidoras, conforme a la Ley Antimonopolio, *Gaceta Oficial* N° 40.549 de 18-11-2014.

66 Véase, por ejemplo, sentencia de la Sala Constitucional del Tribunal Supremo de Justicia No. 2855 de 20-11-2002 (Caso: *Impugnación de varios artículos del Decreto con Fuerza de Ley de Tierras y Desarrollo Agrario),* en *Revista de Derecho Público*, N° 89-92, Editorial Jurídica Venezolana, Caracas, 2002, p. 330.

67 Véase las sentencias de la Corte Primera de lo Contencioso Administrativo de 30-03-2000 (Caso: Pedro J. Valente y otra vs. República-Dirección de Inquilinato), en *Revista de Derecho Público*, N° 81, Editorial Jurídica Venezolana, Caracas, 2000, p. 203; N° 1062 de 03-08-2000, en *Revista de Derecho Público*, N° 83, Editorial Jurídica Venezolana, Caracas, 2000, p. 235; y en el caso Pedro José Valente y Rafaella Valente vs. Juzgado Superior Cuarto en lo Civil y Contencioso Administrativo de la Circunscripción Judicial de la Región Capital, expediente N° 99-21995, en *Revista de Derecho Público*, N° 93-96, Editorial Jurídica Venezolana, Caracas, 2003, p 414.

la Sala Constitucional, "se trata de situaciones en las que la autoridad administrativa administra justicia, decidiendo una controversia inter partes en forma similar a como lo hace la autoridad judicial."[68]

Por tanto, la función jurisdiccional como actividad privativa e inherente del Estado mediante la cual sus órganos deciden controversias y declaran el derecho aplicable en un caso concreto, se ejerce por diversos órganos estatales en ejercicio del Poder Público: por el Tribunal Supremo de Justicia y los Tribunales de la República, en ejercicio del Poder Judicial; y por los órganos administrativos en ejercicio del Poder Ejecutivo Nacional.

La función jurisdiccional, por tanto, si bien es una "función propia" de los órganos judiciales, no es una función privativa y exclusiva de ellos, pues otros órganos estatales también la ejercen. Es decir, el "ejercicio de la jurisdicción [no está] supeditada a la jurisdicción ejercida por el poder judicial."[69] Sin embargo, lo que sí es una función privativa y exclusiva de los tribunales es el ejercicio de la función jurisdiccional a través de un proceso (Art. 257) en una forma determinada: con fuerza de verdad legal, mediante actos denominados sentencias. Los demás órganos del Estado que realizan funciones jurisdiccionales lo hacen a través de actos administrativos condicionados por la legislación.

Además de la función normativa, de la función política y de la función jurisdiccional, los órganos del Estado también ejercen la función de control, cuando vigilan, supervisan, fiscalizan y velan por la regularidad del ejercicio de otras actividades estatales o de las actividades de los administrados y particulares.

El ejercicio de esta función de control se ha atribuido como función propia a los órganos que ejercen el Poder Ciudadano, pero en este caso, ello tampoco implica una atribución exclusiva y excluyente, sino que, al contrario, los otros órganos estatales pueden ejercer la función jurisdiccional.[70]

En efecto, la Asamblea Nacional, en ejercicio del Poder Legislativo ejerce la función de control sobre el gobierno y la Administración Pública Nacional y los funcionaros ejecutivos (Art. 187,3; 222);[71] el Presidente de la República como Jefe del Ejecutivo Nacional ejerce las funciones de control jerárquico en relación con los órganos de la Administración Pública (Art. 226), y los órganos que ejercen el Poder Ejecutivo ejercen facultades contraloras sobre las actividades de la propia Administración[72] y además, controlan las actividades de los particulares, de acuerdo a la regulación legal de las mismas. Por su parte, el Consejo Nacional Electoral, en ejercicio del Poder Electoral, ejerce el control de las actividades de los órganos subordinados (Art. 293); de las elecciones y de las organizaciones con fines políticos (Art. 293); y el Tribunal Supremo de Justicia ejerce la función de control de constitucionalidad y legalidad de los actos del Estado (Art. 259; 336).

---

68 Véase No. 1318 de 2 de agosto de 2001 (Caso: *Nicolás J. Alcalá R. vs. Juzgado Primero de Primera Instancia del Tránsito y del Trabajo del Segundo Circuito de la Circunscripción Judicial del Estado Bolivar*), en *Revista de Derecho Público*, N° 85-88, Editorial Jurídica Venezolana, Caracas, 2001, p. 254.

69 Es el caso de la función jurisdiccional ejercida por los jueces de paz, que no están integrados en el Poder Judicial, sino en la administración municipal. La sala Constitucional, por ello ha señalado que "No puede considerarse que esta forma (la alternativa) de ejercicio de la jurisdicción, esté supeditada a la jurisdicción ejercida por el poder judicial, por lo que a pesar de su naturaleza jurisdiccional, estos Tribunales actúan fuera del poder judicial, sin que ello signifique que este último poder no pueda conocer de las apelaciones de sus fallos, cuando ello sea posible, o de los amparos contra sus sentencias... tanto es parte de la actividad jurisdiccional, pero no por ello pertenece al poder judicial, que representa otra cara de la jurisdicción, la cual atiende a una organización piramidal en cuya cúspide se encuentra el Tribunal Supremo de Justicia, y donde impera un régimen disciplinario y organizativo del cual carece, por ahora, la justicia alternativa". Véase sentencia de 05-10-2000 (Caso: *Héctor Luis Quintero),* citada en sentencia N° 3098 de la Sala Constitucional (Caso: *Nulidad artículos Ley Orgánica de la Justicia de Paz*) de 13-12-2004, en *Gaceta Oficial* N° 38.120 de 02-02-2005 y en *Revista de Derecho Público*, N° 99-100, (julio-diciembre, 2004), Editorial Jurídica Venezolana, Caracas, 2004, pp. 139 y ss.

70 Sobre la actividad electoral, como típica función administrativa, o más precisamente como "función de control", se pronunció la Sala Constitucional en su sentencia N° 3098 (Caso: *Nulidad artículos Ley Orgánica de la Justicia de Paz*) de 13-12-2004. Véase en *Gaceta Oficial* N° 38.120 de 02-02-2005 y en *Revista de Derecho Público*, N° 99-100, (julio-diciembre, 2004), Editorial Jurídica Venezolana, Caracas, 2004, pp. 139 y ss.

71 Véase Allan R. Brewer-Carías, "Aspectos del control político sobre la Administración Pública", *Revista de Control Fiscal*, N° 101 (abril-junio), XXII (1981), Contraloría General de la República, Caracas, pp. 107-130.

72 Véase sentencia de la Corte Primera de lo Contencioso Administrativa No. 1553 de 29-11-2000 (Caso: *Instituto de Previsión, Capacitación y Desarrollo Humano (INPRECADES) y otro vs. Consejo Nacional de Universidades),* en *Revista de Derecho Público*, N° 84, Editorial Jurídica Venezolana, Caracas, 2000, p. 123.

Por tanto, la función de control como actividad privativa e inherente del Estado mediante la cual sus órganos supervisan, vigilan y controlan las actividades de otros órganos del Estado o de los administrados, se ejerce por diversos órganos estatales en ejercicio del Poder Público: por la Contraloría General de la República, el Ministerio Público o la Defensoría del Pueblo, en ejercicio del Poder Ciudadano; por la Asamblea Nacional, en ejercicio del Poder legislativo; por el Tribunal Supremo de Justicia y los Tribunales de la República, en ejercicio del Poder Judicial; y por los órganos administrativos en ejercicio del Poder Ejecutivo Nacional y del Poder Electoral. La función de control, por tanto, si bien es una "función propia" de los órganos que ejercen el Poder Ciudadano, no es una función privativa y exclusiva de ellos, pues todos los otros órganos estatales también la ejercen.

Por último, aparte de la función creadora de normas jurídicas de efectos generales (función normativa), de la función de conducción y ordenación política del Estado (función política o de conducción del gobierno), de la función de resolución de controversias entre partes declarando el derecho aplicable en casos concretos (función jurisdiccional), y de la función de vigilancia o fiscalización de actividades estatales y de los particulares (función de control), el Estado ejerce la función administrativa, como gestor del interés público, a través de la cual las personas jurídicas estatales entran en relación con los particulares, como sujetos de derecho.[73]

De allí la distinción entre la función de crear el derecho (normativa), de aplicar el derecho imparcialmente (jurisdiccional), y de actuar en relaciones jurídicas como sujeto de derecho, al gestionar el interés público (administrativa).[74]

En las dos primeras, el Estado, al crear el derecho o al aplicarlo, es un tercero en las relaciones jurídicas que surjan; en la última, en cambio, el Estado es parte de la relación jurídica que se establece entre la Administración y los particulares,[75] como sujeto de derecho gestor del interés público. De allí que la personalidad jurídica del Estado se concretice en el orden interno, básicamente cuando sus órganos ejercen la función administrativa.

Ahora bien, al igual que lo que sucede con la función normativa, política, jurisdiccional y de control, la función administrativa tampoco está atribuida con carácter de exclusividad a alguno de los órganos del Poder Público. Por ello, si bien la función administrativa puede considerarse como función propia de los órganos ejecutivos y electorales, concretizada básicamente a través de actos administrativos, ello no significa que la ejerzan con carácter exclusivo y excluyente. Al contrario, todos los otros órganos del Estado también ejercen la función administrativa, como por ejemplo, la Asamblea Nacional, al autorizar diversos actos de los órganos ejecutivos o al dictar actos relativos a su personal o servicios administrativos, realizan la función administrativa.[76] Por su parte, los órganos que ejercen el Poder

---

73 Véase, Allan R. Brewer-Carías, *Las Instituciones Fundamentales..., cit.,* p. 115. Si el Estado legisla, tal como lo señala Santi Romano, "no entra en relaciones de las cuales él, como legislador, sea parte: las relaciones que la ley establece o de cualquier modo contempla se desenvuelven después entre sujetos diversos del Estado o bien con el mismo Estado, pero no en su aspecto de legislador sino en otros aspectos mediante órganos diversos de los del Poder Legislativo". Véase, "Prime Pagine di un Manuale de Diritto Amministrativo", en *Scritti Minori*, Milano 1950, p. 363, *cit.,* por J. M. Boquera Oliver, *Derecho Administrativo*, Vol. I, Madrid, 1972, p. 59. "Cuando el Estado juzga - señala J. González Pérez-, no es parte interesada en una relación jurídica; no es sujeto de derecho que trata de realizar sus peculiares intereses con arreglo al Derecho... cuando el Estado juzga satisface las pretensiones que una parte esgrime frente a otra; incide como tercero en una relación jurídica, decidiendo la pretensión ante él deducida con arreglo al ordenamiento jurídico", en *Derecho Procesal Administrativo*, Madrid, 1966, Tomo II, p. 37.

74 En este sentido, antigua la Corte Suprema ha señalado al referirse a la función administrativa, que en ella el Estado "no realiza una función creadora dentro del ordenamiento jurídico, que es la función legislativa, ni conoce ni decide acerca de las pretensiones que una parte esgrime frente a otra, que es la función judicial; sino que es sujeto de derecho, titular de intereses, agente propio de la función administrativa...". Véase sentencias de la Sala Político Administrativa, de la antigua Corte Suprema de Justicia de 18-7-63, en *Gaceta Forense,* N° 41, Caracas 1963, pp. 116 y ss., de 27-5-68, en *Gaceta Forense,* N° 60, Caracas 1969, pp. 115 y ss.; de 9-7-69 en *Gaceta Forense,* N° 65, Caracas 1969, pp. 70 y ss. En estas sentencias, sin embargo, como veremos, la Corte confunde la función estatal con el acto estatal.

75 Véase sentencia de la Sala Político Administrativa, de la antigua Corte Suprema de Justicia de 13-3-67, en *Gaceta Forense* N° 55, Caracas 1968, p. 107.

76 Véase sentencia de la Sala Político Administrativa, de la antigua Corte Suprema de Justicia de 18-7-63, en *Gaceta Forense,* N° 41, Caracas 1963, pp. 116 y 117; y de 27-5-68, en *Gaceta Forense,* N° 60, Caracas 1969, p. 115.

Judicial o el Poder Ciudadano realizan la función administrativa, al dictar actos concernientes a la administración del personal o de los servicios de los órganos, o al imponer sanciones.[77]

En esta forma, la función administrativa, como actividad privativa e inherente del Estado mediante la cual sus órganos, en ejercicio del Poder Público, entran en relaciones jurídicas con los administrados, se puede realizar por los órganos administrativos, en ejercicio del Poder Ejecutivo Nacional y del Poder Electoral; por la Asamblea Nacional, en ejercicio del Poder Legislativo; y por los tribunales de la República, en ejercicio del Poder Judicial. La función administrativa, por tanto, si bien es una "función propia" de los órganos ejecutivos y electorales, no es una función privativa y exclusiva de ellos, pues los otros órganos estatales también la ejercen dentro del ámbito de sus respectivas competencias constitucionales y legales. El acto administrativo, como concreción típica pero no única del ejercicio de la función administrativa, puede emanar de todos los órganos estatales en ejercicio del Poder Público, teniendo en todo caso carácter sub-legal.

De todo lo anterior resulta, por tanto, que el concepto de funciones del Estado es distinto al de poderes del Estado. El Poder Público, sus ramas o distribuciones, constituye en sí mismo una situación jurídica constitucional individualizada, propia y exclusiva de los órganos del Estado, mediante cuyo ejercicio estos realizan las funciones que le son propias. Las funciones del Estado, por su parte, constituyen las actividades propias e inherentes al Estado.[78] La noción de Poder es entonces previa a la de función: esta se manifiesta como una actividad estatal específica realizada en ejercicio del Poder Público (de una de sus ramas o distribuciones), por lo que no puede existir una función estatal sino cuando se realiza en ejercicio del Poder Público, es decir, de la potestad genérica de obrar que tiene constitucionalmente el Estado. Poder y función son, por tanto, distintos elementos en la actividad del Estado: el Poder Público como situación jurídico-constitucional, tiene su fuente en la propia Constitución y existe la posibilidad de ejercerlo desde el momento en que está establecido en ella; la función estatal, en cambio, presupone siempre el ejercicio del Poder Público por un órgano del Estado, y solo cuando hay ejercicio concreto del Poder Público es que se realiza una función estatal.

De lo anteriormente expuesto resulta, por tanto, que a nivel de cada una de las cinco ramas del Poder Público nacional (o de las dos ramas de los poderes públicos estadales y municipales), si bien existe una diferenciación orgánica con la asignación de funciones propias a cada uno de los órganos, el ejercicio de las mismas por dichos órganos, en general, no es exclusivo ni excluyente. En otras palabras, existen órganos legislativos nacionales, estadales y municipales[79]; órganos ejecutivos nacionales, estadales y municipales; órganos de control nacionales, estadales y municipales; y órganos judiciales y electorales exclusivamente nacionales; pero las funciones normativas, política, administrativas, jurisdiccionales y de control del Estado no coinciden exactamente con aquella división o separación orgánica.

De allí que como principio general de la aplicación del principio de la separación de poderes en el régimen constitucional venezolano, puede afirmarse que la "división del Poder" no coincide exactamente con la "separación de funciones."[80] Por ello, no solo en múltiples oportunidades los órganos del Estado,

---

77 *Idem.* Véase, además, sentencia de la Corte Primera de lo Contencioso Administrativa de 0 06-2000 (Caso: *Julio Rico A. vs. Juzgado Vigésimo Segundo de Primera Instancia en lo Penal y de Salvaguarda del Patrimonio Público de la Circunscripción Judicial del Distrito Federal y Estado Miranda*), en *Revista de Derecho Público*, N° 82, Editorial Jurídica Venezolana, Caracas, 2000, pp. 286 y 415. Véase Allan R. Brewer-Carías, "Consideraciones sobre la impugnación de los actos de registro en la vía contencioso-administrativa" en libro *Homenaje a Joaquín Sánchez Coviza,* Universidad Central de Venezuela, Caracas, 1975.

78 *Cfr.,* Allan R. Brewer-Carías, *Las Instituciones Fundamentales del Derecho Administrativo y la jurisprudencia venezolana*, Universidad Central de Venezuela, Caracas, 1964, pp. 105 y ss.

79 Véase, por ejemplo, sentencia de la Sala Político Administrativa, de la antigua Corte Suprema de Justicia de 14-3-62 en *Gaceta Forense*, N° 35, Caracas 1962, pp. 177 y ss.

80 En tal sentido, expresamente se pronunció la antigua Corte Suprema en varias oportunidades. Véase, por ejemplo, la Sentencia de la antigua Corte Federal de 19-6-53 en *Gaceta Forense,* N° 1, Caracas 1953, p. 77; Sentencia de la Corte Suprema de Justicia en Sala Político Administrativa de 18-7-63 en *Gaceta Forense,* N° 41, 1963 pp. 116 y 117; Sentencia de la Corte Suprema de Justicia en Sala Político Administrativa de 27-5-63 en *Gaceta Forense,* N° 60, 1969, pp. 115 y ss.; y Sentencia de la Corte Suprema de Justicia en Sala Político Administrativa de 9-7-69 en *Gaceta Forense,* N° 65, 1969, pp. 70 y ss. No tiene sentido, por tanto, el intento que se hizo en la Ley Orgánica del Poder Municipal de 2005, y luego en su reforma de 2010, por identificar determinadas "funciones" con los órganos municipales: la "función ejecutiva", desarrollada por el alcalde a quien corresponde el gobierno y la administración;

además de sus "funciones propias" ejercen funciones que por su naturaleza deberían corresponder a otros órganos, sino que también en múltiples oportunidades la Constitución permite y admite la intervención o interferencia de unos órganos en las funciones propias de otros. Estos dos aspectos de la situación de la separación de poderes en Venezuela requieren, indudablemente, un tratamiento separado.

C. *El principio del carácter inter-funcional de los actos estatales*

De lo anteriormente expuesto sobre el principio del carácter inter-orgánico del ejercicio de las funciones estatales, resulta como se ha dicho, que la separación orgánica de poderes no coincide con la distribución de funciones. Pero, en el ordenamiento jurídico venezolano, el ejercicio de una función del Estado por determinado órgano del mismo, tampoco conduce necesariamente a la emisión de determinados actos estatales, es decir, tampoco hay coincidencia entre las funciones del Estado y los actos jurídicos que emanan de la voluntad estatal.[81] Ello conlleva a otro principio del derecho administrativo venezolano que es el del carácter inter-funcional de los actos estatales, de particular importancia en virtud de que, precisamente, los actos administrativos, como los otros actos estatales se dictan en ejercicio de varias funciones estatales.[82]

En efecto, tal como hemos señalado, la Asamblea Nacional en ejercicio del Poder Legislativo puede ejercer funciones normativas, políticas, jurisdiccionales, de control y administrativas, pero los actos que emanan de la misma al ejercer dichas funciones no son necesariamente ni uniformes ni correlativos. Cuando la Asamblea Nacional ejerce la función normativa, es decir, crea normas jurídicas de carácter general actuando como cuerpo legislador, dicta *leyes* (Art. 203), pero cuando lo hace en otra forma distinta, por ejemplo, al dictar sus reglamentos internos, ello lo hace a través de *actos parlamentarios sin forma de ley* (Art. 187,19). Ambos son actos legislativos, pero de distinto valor normativo. Cuando la Asamblea Nacional ejerce la función política, es decir, interviene en la formulación de las políticas nacionales, lo hace a través de *leyes* (Art. 303) o a través de *actos parlamentarios sin forma de ley* (Art. 187,10). Cuando la Asamblea Nacional ejerce sus funciones de control del gobierno y la Administración Pública también dicta *actos parlamentarios sin forma de ley* (Art. 187,3).

Por último, en cuanto al ejercicio de la función administrativa por la Asamblea Nacional, ella puede concretizarse en *leyes* (187,9),[83] en *actos parlamentarios sin forma de ley* (Art. 187,12) o en *actos administrativos* (Art. 187,22).

Por su parte, cuando los órganos que ejercen el Poder Ejecutivo, particularmente el Presidente de la República, realizan la función normativa, esta se concretiza en *decretos-leyes* y *reglamentos (actos administrativos de efectos generales)* (Art. 236,10; 266,5).

---

la "función deliberante" que corresponde al Concejo, integrado por Concejales; la "función de control fiscal" que corresponde a la Contraloría Municipal; y la "función de planificación", que es ejercida en corresponsabilidad con el Consejo Local de Planificación Pública (Art. 75). Aparte de que en esta enumeración no siempre se trata de "funciones" del Estado, la coincidencia legal es imposible. Véase la Ley de 2005 en *Gaceta Oficial* N° 38.204 del 08-06-2005 y la de 2010 en *Gaceta Oficial* N° 6.015 Extraordinario del 28 de diciembre de 2010.

81 La distinción entre funciones del Estado que la doctrina ha realizado, muchas veces se confunde al querer identificar un tipo de acto jurídico estatal con la función ejercida por el Estado. Nosotros mismos hemos incurrido en esta confusión, en Allan R. Brewer-Carías, *Las Instituciones Fundamentales del Derecho Administrativo y la jurisprudencia venezolana*, Caracas, 1964, pp. 108 y ss. En igual confusión incurrió la jurisprudencia de la Corte Suprema. Véase sentencias de la Corte Suprema de Justicia en Sala Político Administrativa de 18-7-63, en *Gaceta Forense,* N° 41, 1963, pp. 116 y ss.; de 27-5-68, en *Gaceta Forense,* N° 60, 1969, pp. 115 y ss.; y de 9-7-69, en *Gaceta Forense,* N° 65, 1969, pp. 70 y ss. Asimismo, en Venezuela, a pesar de su atento de "distinguir" actividad de función, Gonzalo Pérez Luciani incurre en igual confusión al afirmar que "la actividad que tomada globalmente sea relevante jurídicamente se puede decir que es una *función*", en "Actos administrativos que en Venezuela escapan al Recurso Contencioso-Administrativo", *Revista de la Facultad de Derecho*, Universidad Católica Andrés Bello, N° 6, Caracas, 1967-1968, p. 196.

82 Véase Allan R. Brewer-Carías, *Derecho Administrativo*, Tomo I, Universidad central de Venezuela, Caracas, 1975, pp. 391 y ss.; y "El problema de la definición del acto administrativo en *Libro Homenaje al Doctor Eloy Lares Martínez*, Tomo I, Facultad de Ciencias Jurídicas y Políticas, Universidad Central de Venezuela, Caracas, 1984, pp. 25-78.

83 En el pasado, por ejemplo, eran las leyes aprobatorias de contratos estatales conforme al artículo 126 de la Constitución de 1961.

En el caso de los *decretos-leyes*[84], estos pueden ser *decretos leyes* delegados dictados en virtud de una habilitación legislativa (Art. 203; 236,8), *decretos leyes* de organización ministerial (Art. 236,20)[85] y *decretos leyes* de estados de excepción (Art. 236,7), los cuales tienen rango y valor de ley. Pero el Presidente de la República también realiza la función política, al dictar *actos de gobierno*, que son actos emanados en ejecución directa e inmediata de la Constitución (Art. 236,2,4,5,6,19,21), y se caracterizan frente a los actos administrativos, en que tienen el mismo rango que las leyes.[86] Los actos administrativos en cambio, siempre tienen rango sublegal, es decir, se dictan por los órganos ejecutivos en ejecución de atribuciones directamente establecidas en la legislación, y solo en ejecución indirecta y mediata de la Constitución.[87] Pero además, en los casos de ejercicio de la función jurisdiccional, de la función de control y de la función administrativa, los órganos ejecutivos dictan, por ejemplo, *actos administrativos* (Art. 259; 266,5).

En cuanto a los órganos que ejercen el Poder judicial, cuando por ejemplo el Tribunal Supremo de Justicia ejerce la función normativa, dicta reglamentos (actos administrativos de efectos generales), cuando ejerce la función administrativa y la función de control sobre la administración y gobierno del Poder Judicial (Art. 267), dicta *actos administrativos*; y cuando ejerce la función jurisdiccional, dicta *actos judiciales* (*sentencias*) (Art. 266, 336); y los primeros están sometidos al control de los órganos de la Jurisdicción Contencioso-Administrativa. Como lo ha dicho la Sala Constitucional del Tribunal Supremo de Justicia en sentencia N° 1268 de 6 de julio de 2004 (Caso: *Yolanda Mercedes Martínez del Moral vs. Comisión Judicial de la Sala Plena del Tribunal Supremo de Justicia*), respecto de un acto administrativo dictado por un órgano del propio Tribunal Supremo en ejercicio de funciones de administración y gobierno del Poder Judicial:

> "En consecuencia, por cuanto no se trata, el que fue impugnado, de un acto del Poder Público que hubiere sido dictado en ejecución directa de la Constitución, sino en ejercicio de función administrativa y, por ende, de rango sublegal, no es la jurisdicción constitucional que ejerce esta Sala la que tiene competencia para su control. Por el contrario, y de conformidad con el artículo 259 de la Constitución, corresponde a la jurisdicción contencioso-administrativa el conocimiento de la demanda de nulidad que en su contra se formuló y así se decide"[88].

El acto judicial, por su parte, se distingue del acto administrativo, si bien no mediante el criterio formal de su graduación en el ordenamiento jurídico ya que ambos son dictados en ejecución directa e inmediata de la legislación y en ejecución indirecta y mediata de la Constitución, sí con base al criterio

---

84 Véase en general, sobre los decretos leyes, Antonio Moles Caubet, *Dogmática de los Decretos-Leyes, Lección inaugural Curso 1974*, Universidad Central de Venezuela, Facultad de Derecho, Centro de Estudios para Graduados Caracas, 1974; Eloisa Avellaneda Sisto, "Los Decretos Leyes", *Revista de Control Fiscal*, N° 105, abril-junio, XXIII (1982), Contraloría General de la República, Caracas, 1982, pp. 55-116; Eloísa Avellaneda Sisto, "Los decretos del Presidente de la República", *Revista de la Facultad de Derecho de la Universidad Católica Andrés Bello*, N° 48 (diciembre), Caracas, 1993, pp. 345-387; Eloísa Avellaneda Sisto "El régimen de los Decretos-Leyes, con especial referencia a la Constitución de 1999", en *Estudios de Derecho Administrativo–Libro Homenaje a la Universidad Central de Venezuela*, Volumen I. Tribunal Supremo de Justicia, Caracas, 2001, pp. 69-105; José Peña Solís "Análisis crítico de la doctrına de la Sala Constitucional del Tribunal Supremo de Justicia sobre las leyes orgánicas y los decretos leyes orgánicos", en *Ensayos de Derecho Administrativo-Libro Homenaje a Nectario Andrade Labarca,* Volumen II. Tribunal Supremo de Justicia, Caracas, 2004, pp. 375-414; y Allan R. Brewer-Carías, "Los actos ejecutivos en la Constitución venezolana y su control judicial "en *Reflexiones sobre el constitucionalismo en América,* Colección Cuadernos de la Cátedra Fundacional Doctor Charles Brewer Maucó "Historia del Derecho en Venezuela", Universidad Católica Andrés Bello, N° 2, Editorial Jurídica Venezolana, Caracas, 2001, pp. 187-241.

85 Véase sobre estos decretos, Daniel Leza Betz, "La organización y funcionamiento de la administración pública nacional y las nuevas competencias normativas del Presidente de la República previstas en la Constitución de 1999: al traste con la reserva legal formal ordinaria en el Derecho Constitucional venezolano", *Revista de Derecho Público*, N° 82 (abril-junio), Editorial Jurídica Venezolana, Caracas, 2000, pp. 19-55; Gerardo Rupérez Caníbal, "La flexibilización de la reserva legal organizativa en el ámbito de la administración pública nacional", *Revista de Derecho*, N° 8, Tribunal Supremo de Justicia, Caracas, 2003, pp. 435-452.

86 Véase Juan D. Alfonso Paradisi, "Los actos de gobierno", *Revista de Derecho Público*, N° 52, octubre-diciembre, Editorial Jurídica Venezolana, Caracas, 1992, pp. 5-23; Pablo Marín Adrián, "Actos de gobierno y la sentencia de la Corte Suprema de Justicia del 11 de marzo de 1993", *Revista de Derecho Público*, N° 65-66 (enero-junio), Editorial Jurídica Venezolana, Caracas, 1996, pp. 497-519.

87 En este sentido es que podría decirse que la actividad administrativa se reduce a ejecución de la ley.

88 Véase en *Revista de Derecho Público*, N° 99-100, (julio-diciembre, 2004), Editorial Jurídica Venezolana, Caracas, 2004, pp. 229 y ss.

orgánico y a otro criterio formal. Desde el punto de vista orgánico, el acto judicial está reservado a los tribunales, con carácter de exclusividad, ya que solo estos pueden dictar sentencias; y desde el punto de vista formal, la declaración de lo que es derecho en un caso concreto que realizan los órganos judiciales, se hace mediante un acto que tiene fuerza de verdad legal, que solo las sentencias poseen.

Por su parte, cuando los órganos que ejercen el Poder Ciudadano realizan la función de control (Art. 274; 281; 289), la función normativa y la función administrativa, la misma se concreta en *actos administrativos de efectos generales* (*reglamentos*) *o de efectos particulares* (Art. 259; 266,5). Igualmente, cuando los órganos que ejercen el Poder Electoral realizan la función normativa (Art. 293,1), dictan *actos administrativos de efectos generales* (*reglamentos*) (Art. 293,1); y cuando realizan la función administrativa (Art. 293,3) y de control (Art. 293,9), la misma se concreta en *actos administrativos* (Art. 259; 266,5).

En esta forma, el ejercicio de la función normativa se puede manifestar, variablemente, a través de leyes, actos parlamentarios sin forma de ley, decretos-leyes y reglamentos (actos administrativos de efectos generales); el ejercicio de la función política, a través de actos de gobierno, leyes y actos parlamentarios sin forma de ley; el ejercicio de la función jurisdiccional, a través de actos parlamentarios sin forma de ley, actos administrativos y sentencias; el ejercicio de la función de control, a través de leyes, actos parlamentarios sin forma de ley, actos administrativos y sentencias; y el ejercicio de la función administrativa, a través de leyes, actos parlamentarios sin forma de ley y actos administrativos. En cuanto a los actos administrativos, estos pueden emanar de la Asamblea Nacional, actuando en función administrativa y en función de control; de los tribunales, actuando en función normativa, en función de control y en función administrativa; de los órganos que ejercen el Poder Ejecutivo (Administración Pública Central) cuando actúan en función normativa, en función jurisdiccional, en función de control y en función administrativa; de los órganos que ejercen el Poder Ciudadano actuando en función normativa, en función de control y en función administrativa; y de los órganos que ejercen el Poder Electoral actuando también en función normativa, en función de control y en función administrativa.

Los actos administrativos en esta forma, y contrariamente a lo que sucede con las leyes, con los actos parlamentarios sin forma de ley, con los decretos-leyes, con los actos de gobierno y con las sentencias judiciales, no están reservados a determinados órganos del Estado, sino que pueden ser dictados por todos ellos y no solo en ejercicio de la función administrativa, sino de todas las otras funciones del Estado.

II. MODELO REGULATIVO DE LA ADMINISTRACIÓN PÚBLICA, BASE CONSTITUCIONAL. CONCEPTO DE DERECHO ADMINISTRATIVO Y FUENTES

La regulación fundamental sobre la Administración Pública en Venezuela está en la propia Constitución de 1999[89], en cuyo *Capítulo I* relativo a "De las disposiciones generales", del *Título IV* sobre "El Poder Público" de la Constitución, se incorporó una *Sección Segunda* relativa específicamente a "De la Administración Pública", con tres artículos: el 141, que establece los principios de la Administración Pública; el 142, sobre la creación de entidades descentralizadas; y el 143, que consagra el derecho a la información administrativa y de acceso a los documentos oficiales. Dichas normas, por supuesto, se aplican a todo el universo de órganos que conforman la Administración Pública, y no solo a los que ejercen el Poder Ejecutivo.

1. *La connotación orgánica de la Administración*

En efecto, en Venezuela, conforme a la forma federal que siempre ha tenido el Estado, conforman la Administración Pública, ante todo, los órganos que ejercen el Poder Ejecutivo de las personas jurídicas estatales que integran la Federación, en sus tres niveles territoriales que son la República, los Estados y los Municipios. Estos órganos son los que en general se identifican en el lenguaje jurídico común como "el Poder Ejecutivo," que comprende a la Presidencia de la República y a los Ministerios a nivel nacional

[89] La Constitución de 1999 originalmente publicada en *Gaceta Oficial* N° 36.860 de 30 de diciembre de 1999 y republicada en la *Gaceta Oficial* N° 5.453 Extraordinaria del 24 de marzo de 2000; fue objeto de una Enmienda Constitucional No. 1 en 2009 publicada en *Gaceta Oficial* N° 5.908 Extra. de 19-02-2009. Véase sobre el régimen constitucional relativo a la Administración Pública en la Constitución, Allan R. Brewer-Carías, *La Constitución de 1999. Derecho Constitucional Venezolano*, Tomo I, Editorial Jurídica Venezolana, Caracas 2004, pp. 276 y ss.

(Ejecutivo Nacional), a las Gobernaciones de los Estados en el nivel estadal (Ejecutivo Estadal) y a las Alcaldías (Ejecutivo Municipal) en el nivel municipal. Esos grupos de órganos conforman lo que se denomina en general, la "Administración Central," que, de acuerdo con la Ley Orgánica de la Administración Pública de 2008, "en el ejercicio de sus funciones, los mismos deberán sujetarse a los lineamientos dictados conforme a la planificación centralizada."[90]

Pero también integran la Administración Pública, las entidades descentralizadas funcionalmente de cada una de las mencionadas personas estatales político-territoriales, que actúan siempre adscritas y bajo el control de tutela de los órganos ejecutivos de las mismas, sea que hayan sido constituidas mediante ley con forma jurídica de derecho público, como, por ejemplo, los institutos autónomos; o con forma jurídica de derecho privado, como por ejemplo las empresas o fundaciones del Estado. Estas entidades conforman lo que en general se denomina la "Administración Pública Descentralizada".

Pero en el caso de Venezuela una descripción como la anterior de la Administración Pública en sentido orgánico, sin duda, resulta insuficiente, pues hay otros órganos de las personas jurídicas estatales político-territoriales que pueden considerarse como parte de la Administración Pública, y sin embargo no ejercen el Poder Ejecutivo. En consecuencia, si bien todos los órganos del Estado que ejercen el Poder Ejecutivo están integrados en la Administración Pública; sin embargo, no todos los órganos que conforman la Administración Pública ejercen el Poder Ejecutivo del Estado, pues hay órganos de la Administración Pública que no dependen jerárquicamente del Presidente de la República, ni de los Gobernadores, ni de los Alcaldes, distintos del Poder Ejecutivo, y que ejercen otros Poderes Públicos.

Concentrándonos en el nivel nacional del Estado, es decir, en la República, conforme a la penta división del Poder Público establecida en la Constitución (art. 136), el mismo a nivel nacional se divide en cinco ramas que son las tres clásicas de los Poderes Legislativo, Ejecutivo y Judicial, a los cuales se agregaron los Poderes Ciudadano y Electoral, a cargo todos, de órganos estatales autónomos e independientes entre sí. Por ello, además de aquéllos órganos que ejercen el Poder Ejecutivo, los órganos estatales que ejercen el Poder Ciudadano (el Ministerio Público o Fiscalía General de la República, la Contraloría General de la República y la Defensoría del Pueblo)[91] y los que ejercen el Poder Electoral (el Consejo Nacional Electoral y sus Juntas y Comisiones),[92] si bien son autónomos e independientes del Poder Ejecutivo Nacional y de los otros Poderes Públicos, sin embargo, también son órganos que forman parte de la Administración Pública de la República, aun cuando no sean parte de la "Administración Central."

Igualmente, también conforman la Administración Pública de la República, los órganos de administración y gobierno del Poder Judicial que a partir de la Constitución de 1999 (al eliminarse en antiguo Consejo de la Judicatura) son dependientes del Tribunal Supremo de Justicia, en particular, la Dirección Ejecutiva de la Magistratura y sus diversas dependencias[93].

Ahora bien, para regular específicamente a la Administración Pública Central de la República (que ejerce el Poder Ejecutivo Nacional) y a la Administración Pública Descentralizada Nacional, en 2001 se dictó la Ley Orgánica de la Administración Pública, cuyas normas, se decía, también eran aplicables supletoriamente, a las Administraciones Públicas estadales y municipales, y "a los demás órganos del

---

90 Esta Ley Orgánica, inicialmente sancionada en 2001, ha sido objeto de múltiples reformas, la última de las cuales en 2014 (Decreto Ley N° 1.424, *Gaceta Oficial* N° 6.147 Extra. de 17-11-2014.). Véase en general sobre el régimen legal de la Administración Pública, Allan R. Brewer-Carías, Rafael J. Chavero Gazik y Jesús María Alvarado Andrade, *Ley Orgánica de la Administración Pública. Decreto Ley No. 6217 de 15-07-2008*, Editorial Jurídica Venezolana, Caracas, 2008.

91 Regulados en general en la Ley Orgánica del Poder Ciudadano (*Gaceta Oficial* N° 37.310 de 25-10-2001), y en particular en la Ley Orgánica del Ministerio Público (*Gaceta Oficial* N° 38.647 de 19-03-2007), Ley Orgánica de la Defensoría del Pueblo (*Gaceta Oficial* N° 37.995 de 5-8-2004) y Ley Orgánica de la Contraloría General de la República y del Sistema Nacional de Control Fiscal (*Gaceta Oficial* N° 6.013 Extra. de 23-12-2010) Véase en general, sobre el régimen legal del Poder Ciudadano, Allan R. Brewer-Carías et al., *Ley Orgánica del Poder Ciudadano.(Ley Orgánica del Poder Ciudadano, Ley Orgánica de la Defensoría del Pueblo, Ley Orgánica del Ministerio Público, Ley Orgánica de la Contraloría General de la República)*, Editorial Jurídica Venezolana, Caracas 2005.

92 Regulados en la Ley Orgánica del Poder Electoral (*Gaceta Oficial* N° 37.573 de 19-11-2002).

93 Regulada en la Ley Orgánica del Tribunal Supremo de Justicia (*Gaceta Oficial* N° 6.684 Extraordinario de 19-1-2022). Véase en general en Allan R. Brewer-Carías y Víctor Hernández Mendible, *Ley Orgánica del Tribunal Supremo de Justicia,* Editorial Jurídica Venezolana, Caracas, 2010.

Poder Público" (art. 1) distintos al Poder Ejecutivo. Sin embargo, como muestra del proceso de centralización que se ha desarrollado en el país desde 2000, a partir de la reforma de esa Ley Orgánica de 2008 se ha venido estableciendo directamente que sus normas "serán aplicables a la Administración Pública, incluidos los estados, distritos metropolitanos y municipios, quienes deberán desarrollar su contenido dentro del ámbito de sus respectivas competencias." (art. 2); disponiendo que sus normas se aplican "supletoriamente a los demás órganos y entes del Poder Público" distintos a los del Poder Ejecutivo.

Ahora bien, respecto de todo este complejo orgánico del Estado, que es la Administración Pública, la Constitución dispone que "está al servicio de los ciudadanos" (art. 141); lo que se reitera en el artículo 5° de la Ley Orgánica. En la Ley de 2001 en lugar de "ciudadanos," se había utilizado la palabra "particulares" pus en la Constitución "ciudadano" responde al concepto más restringido de ciudadanía relativo a los titulares de derechos políticos (art. 39). A partir de la reforma de 2008 se sustituyó por la palabra "personas," agregando que, en su actuación, la Administración Pública está dirigida a la atención de los requerimientos de las personas y la satisfacción de sus necesidades," brindando especial atención a las de carácter social" (art. 5).

Por su parte, el artículo 3 de la Ley Orgánica agrega que el "principal objetivo" de la organización y funcionamiento de la Administración Pública, es hacer efectivos los principios, valores y normas consagrados en la Constitución y, en especial, garantizar a todas las personas, el goce y ejercicio de los derechos humanos; lo que conforme se indica en el artículo 19 de la Constitución, implica "garantizar a todas las personas, conforme al principio de progresividad y sin discriminación alguna, el goce y ejercicio irrenunciable, indivisible e interdependiente de los derechos humanos." Por ello, el artículo 5 de la Ley Orgánica también precisa que la Administración Pública debe asegurar a todas las personas la efectividad de sus derechos cuando se relacionen con ella; y además, debe tener entre sus objetivos, la continua mejora de los procedimientos, servicios y prestaciones públicas, de acuerdo con las políticas que se dicten.

2. *La connotación material de la Administración*

Pero adicionalmente a la connotación orgánica, en el derecho administrativo venezolano, la expresión Administración Pública también tiene un sentido material, al identificarse el concepto también con unas *actividades* estatales realizadas con vistas a satisfacer el interés general del propio Estado o de la sociedad, generalmente por los órganos que la integran.

Estas actividades se caracterizan, ante todo, conforme al sistema de formación del derecho por grados que adopta la Constitución, porque son siempre de carácter sub-legal, pues se trata de actividades realizadas en ejecución directa e inmediata de la legislación y solo indirecta y mediata de la Constitución.

Esta actividad administrativa, por otra parte, no solo la cumplen los órganos de la Administración Pública en sentido orgánico antes identificados (órganos de las personas jurídicas estatales que ejercen el Poder Ejecutivo, el gobierno y administración del Poder Judicial, el Poder Ciudadano y el Poder Electoral); sino también, otros órganos del Estado como los que ejercen el Poder Legislativo (la Asamblea Nacional, los Consejos Legislativos de los Estados y los Concejos Municipales), o el Poder Judicial (el Tribunal Supremo de Justicia y demás Tribunales de la República) cuando ejercen la función administrativa (por ejemplo, administran su cuerpo de funcionarios o entran en relación con los particulares) o la función normativa de carácter sub-legal emitiendo, por ejemplo, actos reglamentarios. La actividad administrativa como objeto del derecho administrativo, por ello, está también esencialmente vinculada al ejercicio de las diversas funciones del Estado (normativa, de gobierno, administrativa, jurisdiccional y de control).

Además, la actividad administrativa que interesa al derecho administrativo muchas veces se realiza por particulares o por personas jurídicas de derecho privado, incluso, de carácter no estatal, pero que en virtud de la expresa previsión de ley ejercen prerrogativas del Poder Público.

Así sucede, por ejemplo, con ciertos actos de las Universidades privadas o de las Federaciones deportivas, como serían los actos sancionatorios, en los casos regulados respectivamente en la Ley de Universidades o en la Ley del Deporte, y que son considerados como actos administrativos[94].

---

[94] Véase Allan R. Brewer-Carías, *Estado de Derecho y Control Judicial*, Instituto Nacional de Administración Pública, Alcalá de Henares, Madrid 1987, pp. 498 y ss.

Finalmente, no toda la actividad que realizan algunos órganos que configuran la Administración Pública del Estado como, por ejemplo, la que realiza el Presidente de la República, constituye actividad administrativa, sino, como se ha dicho, solo las actividades que sean de carácter sub-legal. El Jefe del Ejecutivo Nacional y otros órganos del Estado, en efecto, además de realizar actividades en ejecución directa e inmediata de la legislación e indirecta y mediata de la Constitución, ejercen actividades que son formal y sustancialmente distintas de la anterior, realizadas en ejecución directa e inmediata de la Constitución como son las actividades de gobierno.[95] De ello, resultan los actos de gobierno que si bien interesan al derecho administrativo, no se pueden considerar como formando parte de la actividad administrativa.[96]

3. *Administración Pública, derecho administrativo, personalidad jurídica*

Por otra parte, debe indicarse que si bien la Administración Pública, tanto en su connotación orgánica como en su sentido material, constituye el objeto por excelencia del derecho administrativo, no todo el derecho que regula a la Administración Pública, es decir, a los órganos estatales que la conforman o a las actividades administrativas, es derecho administrativo. En otros términos, en el mundo del derecho no existen sujetos de derecho o actividades respecto de los cuales pueda decirse que exclusivamente se rigen por una sola rama del derecho. Así como no se puede decir que las sociedades anónimas sean sujetos de derecho que solo se regulan por el Código de Comercio, pues también están sometidas al Código Civil, al Código Penal y a todas las leyes de derecho administrativo que por ejemplo regulan diversos sectores de la economía (bancos, seguros, mercado de capitales, etc.); en igual sentido, los órganos de la Administración Pública, además de estar sometidos al derecho administrativo, también están sometidos al derecho civil y al derecho mercantil, por ejemplo.

Por lo demás, esos sujetos de derecho o personas jurídicas estatales que interesan al derecho administrativo no tienen una configuración uniforme, pues pueden tener la forma de las personas jurídicas de derecho público o la forma jurídica de las personas jurídicas de derecho privado. Por ello, a los órganos de la Administración Pública, si bien regidos por el derecho administrativo, sin embargo, en una forma u otra siempre se les interaplica de manera variable, tanto un régimen de derecho público como un régimen de derecho privado[97].

El derecho administrativo, por supuesto, tiene siempre una preponderancia en esta interaplicación, pero el mismo no comprende la totalidad de las normas que se aplican a los órganos de la Administración Pública del Estado ni a la actividad administrativa del mismo. En otras palabras, la Administración Pública se rige por el derecho administrativo, aun cuando en forma no exclusiva ni excluyente.

4. *Encuadramiento del derecho administrativo y sus fuentes*

En todo caso, de lo anterior resulta que, por supuesto, la definición de la Administración Pública como objeto del derecho administrativo sigue siendo esencial para la definición de esta rama del derecho, la cual consideramos que tiene que estar basada en la descripción de dicho objeto. Por ello, bien podría señalarse que el derecho administrativo es aquella rama del derecho público que regula los sujetos de derecho o personas jurídicas que conforman al Estado; la Administración Pública como complejo orgánico de esas personas jurídicas estatales, su organización y funcionamiento; el ejercicio de la función

95 Véase Allan R. Brewer-Carías, *La justicia constitucional,* Tomo VI de *Instituciones Políticas y Constitucionales,* Universidad Católica del Táchira-Editorial Jurídica Venezolana, Caracas-San Cristóbal 1996, pp. 199-226; y "Comentarios sobre la doctrina del acto de gobierno, del acto político, del acto de Estado y de las cuestiones políticas como motivo de inmunidad jurisdiccional de los Estados en sus Tribunales nacionales», en *Revista de Derecho Público*, Nº 26, Editorial Jurídica Venezolana, Caracas, abril-junio 1986, pp. 65-68.

96 Sobre el sistema jerarquizado o graduado del orden jurídico, creación de la denominada Escuela Vienesa, véase Hans Kelsen, *Teoría Pura del Derecho*, Buenos Aires 1981, p. 135 y ss; Adolf Merlk, *Teoría General del Derecho Administrativo*, Madrid 1935, pp. 7-62. Sobre dicho sistema en el constitucionalismo venezolano, véase Allan R. Brewer-Carías, *Evolución Histórica del Estado, Tomo VI de Instituciones Políticas y Constitucionales,* Universidad Católica del Táchira, Editorial Jurídica Venezolana, Caracas-San Cristóbal 1996, pp. 107-117. Véase igualmente en Allan R. Brewer-Carías, *Principios Fundamentales del Derecho Público (Constitucional y Administrativo),* Editorial Jurídica Venezolana. Caracas, 2005.

97 Véase Allan R. Brewer-Carías, "La interaplicación del Derecho Público y del Derecho Privado a la Administración Pública y el proceso de huida y recuperación del Derecho Administrativo" en *Las formas de la actividad administrativa. II Jornadas Internacionales de Derecho Administrativo Allan Randolph Brewer-Carías, Caracas, 1996,* Fundación Estudios de Derecho Administrativo (FUNEDA), Caracas, 1996, pp. 23 a 73.

administrativa dentro de las funciones del Estado; la actividad administrativa, siempre de carácter sublegal realizada por los órganos de las personas jurídicas estatales en ejercicio de las funciones normativas, jurisdiccional o administrativas, o la realizada por los particulares a quienes la ley ha autorizado para ello, su régimen y control; y las relaciones jurídicas que se establecen entre las personas jurídicas estatales o las que desarrollan la actividad administrativas, y los administrados, que moldea las formas de la actividad administrativa.

Con una definición como esta, por supuesto, no cabe hacer intento alguno de adoptar un criterio único para definir el derecho administrativo[98]. No se trata, por tanto, ni de una definición orgánica, ni de una definición material, ni de una definición formal, pues no existe un criterio clave absoluto para definir el derecho administrativo ni su objeto: la Administración Pública. La definición debe elaborarse con la mezcla de los diversos criterios, lo que además responde al contenido heterogéneo y mutable de la actividad administrativa del Estado.

En cuanto a la jerarquía de las fuentes del derecho aplicable a la Administración, la Ley Orgánica de la Administración Pública expresa formalmente el principio de legalidad vinculándolo a la competencia, así:

> Artículo 4°. La Administración Pública se organiza y actúa de conformidad con el principio de legalidad, por el cual la asignación, distribución y ejercicio de sus competencias se sujeta a lo establecido en la Constitución de la República Bolivariana de Venezuela, las leyes y los actos administrativos de carácter normativo dictados formal y previamente conforme a la ley, en garantía y protección de las libertades públicas que consagra el régimen democrático, participativo y protagónico.

Se destaca de esta norma, como se dijo, tanto la indicación formal de la jerarquía de las fuentes del derecho: 1) la Constitución, 2) las leyes y 3) los actos administrativos normativos; como la referencia al principio teleológico de la sumisión a la ley, cuyo fin es la garantía y protección de las libertades públicas propias del régimen democrático. Las fuentes del derecho, además, para ser tales, deben haberse dictado formal y previamente a la actividad que se regule, lo que implica la proscripción de la retroactividad de la ley.

III. LA ORGANIZACIÓN ADMINISTRATIVA NACIONAL, ESTADAL Y MUNICIPAL

1. *Administración y federación*

Como se ha dicho, dada la forma federal del Estado en Venezuela, que conforme al artículo 4 de la Constitución se lo define como un "Estado federal descentralizado," hay tres niveles fundamentales de órganos que integran la Administración Pública y que ejercen el Poder Ejecutivo, por lo que se puede distinguir una Administración Pública Nacional cuyo Jefe es el Presidente de la República; una Administración Pública Estadal,[99] cuyos Jefes, en cada uno de los 23 Estados de la Federación, son los Gobernadores; y una Administración Pública Municipal cuyos Jefes, en cada uno de los 338 Municipios del país, son los Alcaldes. Todos esos funcionarios son electos mediante sufragio universal, directo y secreto.

Como se dijo, la Constitución y la Ley Orgánica de la Administración Pública contienen principios que se aplican a la Administración Pública de todos los niveles territoriales; y en cuanto a las regulaciones específicas, las mismas se encuentran establecidas en las leyes nacional y estadales y en las Ordenanzas municipales que se dicten por los respectivos órganos titulares de la potestad organizativa. Estos son los que de acuerdo con el artículo 15 de la Ley Orgánica de la Administración Pública pueden crear, modificar y suprimir dichos órganos.

---

98 Véase Allan R. Brewer-Carías, "El concepto de derecho administrativo en Venezuela" en *Revista de Administración Pública*, N° 100-102, Vol. I, Madrid, enero-diciembre 1983, pp. 685-704, y en *Estudios de Derecho Administrativo,* Universidad Colegio Mayor Nuestra Señora del Rosario, Bogotá, 1986, pp. 7-24. Con el título "Bases constitucionales del Derecho Administrativo en Venezuela" en *Revista de Derecho Público*, N° 16, Editorial Jurídica Venezolana, Caracas, octubre-diciembre 1983, pp. 5-20; y *El Derecho Público en Venezuela y Colombia*, *Archivo de Derecho Público y Ciencias de la Administración*, Vol. VII, 1984-1985, Instituto de Derecho Público, Facultad de Ciencias Jurídicas y Políticas, Universidad Central de Venezuela, Caracas, 1986, pp. 215-231.

99 La palabra "estadal" es un venezolanismo jurídico, y se usa para identificar lo que concierne a los Estados.

Por tanto, la titularidad de la potestad organizativa solo puede ser asignada por la Constitución o la ley.[100]

2. *Potestad organizativa, reserva legal y delegación legislativa*

En cuanto a la Constitución, esta atribuye a la Asamblea Nacional potestad organizativa respecto de la Administración Pública Nacional (art. 187,9), así como respecto de otros órganos del Poder Público Nacional como los del Poder Ciudadano (arts. 273, 290); y los del Poder Electoral (art. 292).

La Asamblea Nacional también tiene atribuida la titularidad de la potestad organizativa en materia de organización de los Municipios y demás entidades locales, con la obligación de establecer diferentes regímenes para dicha organización (art. 169).

La Constitución, por otra parte, en relación con la Administración Pública Nacional, estableció la reserva legal solo en relación con la creación de los institutos autónomos (art. 142); pero en cuanto a la organización de la Administración Pública Nacional centralizada, asignó la potestad organizativa al Presidente de la República, en Consejo de Ministros, "dentro de los principios y lineamientos" señalados en la Ley Orgánica (art. 236,20).

En efecto, de acuerdo con lo establecido en el artículo 236.20 de la Constitución, corresponde al Presidente de la República en Consejo de Ministros, fijar el número, organización y competencia de los ministerios y otros organismos de la Administración Pública Nacional, así como también la organización y funcionamiento del Consejo de Ministros, dentro de los principios y lineamientos que señale la correspondiente ley orgánica.

Se varió, en esta forma, de manera sustancial, el sistema de la Constitución de 1961, que seguía la tradición constitucional iniciada desde el siglo XIX, y que rigidizaba la organización ministerial que solo la ley podía determinar (art. 193).

En desarrollo de esta potestad organizativa de rango constitucional atribuida al Presidente de la República en Consejo de Ministros, el artículo 58 de la Ley Orgánica le atribuye la facultad para fijar, mediante decreto, "el número, denominación, competencia y organización de los ministerios y otros órganos de la Administración Pública Nacional, con base en parámetros de adaptabilidad de las estructuras administrativas a las políticas públicas que desarrolla el Poder Ejecutivo Nacional y en los principios de organización y funcionamiento establecidos en la presente ley".

Conforme a esta atribución, el Presidente de la República ha dictado numerosos decretos, sobre organización y funcionamiento de la Administración Pública Central, donde se regulan los Ministerios y se enumeran sus competencias. En dichos decretos se han establecido, además, la estructura organizativa básica de cada Ministerio, integrada por el Despacho del Ministro y los Despachos de los Viceministros; estando estos últimos integrados en orden jerárquico descendente así: Direcciones Generales, Direcciones de línea y Divisiones (arts. 16 y 17).

Cada Ministerio, en todo caso, debe estar regulado internamente por un Reglamento Orgánico dictado también por el Presidente en Consejo de Ministros, "previa propuesta del respectivo Ministro" (art. 18), en el cual se debe determinar la estructura y las funciones de los Viceministros y de las demás dependencias que integran cada Ministerio (art. 17).

Uno de los principios fundamentales de la organización administrativa es que los órganos de la Administración Pública deben estar jerárquicamente ordenados y relacionados de conformidad con la distribución vertical de atribuciones en niveles organizativos; estando los órganos de inferior jerarquía, sometidos a la dirección, supervisión y control de los órganos superiores de la Administración Pública con competencia en la materia respectiva (art. 28).

3. *Organización de la Administración Pública Nacional*

Como se dijo, la Ley Orgánica de la Administración Pública, básicamente regula la organización de la Administración Pública Nacional *ejecutiva* (art. 2), estableciendo en sus normas, la clasificación clásica general de la misma que distingue la Administración Pública Central del Poder Nacional (Título III) y de la Administración Pública Nacional Descentralizada funcionalmente (Capítulo II, Título IV). Para ello, la ley Orgánica distingue, entre los órganos y los entes.

---

[100] Véase Allan R. Brewer-Carías, *Principios del Régimen Jurídico de la Organización Administrativa Venezolana, cit.*, pp. 21 y ss.

Así, conforme al artículo 15 de la misma, se entiende como "órganos, las unidades administrativas de la República, de los estados, de los distritos metropolitanos y de los municipios a los que se les atribuyan funciones que tengan efectos jurídicos, o cuya actuación tenga carácter regulatorio; y se entiende que tiene "el carácter de ente, toda organización administrativa descentralizada funcionalmente con personalidad jurídica propia; sujeta al control, evaluación y seguimiento de sus actuaciones por parte de sus órganos rectores, de adscripción y de la Comisión Central de Planificación."

A esta distinción clásica se agregó, a partir de la reforma de la ley Orgánica de 2008, una nueva organización en la Administración Pública nacional denominada "misiones", definidas como "aquellas creadas con la finalidad de satisfacer las necesidades fundamentales y urgentes de la población" (art. 15), y que se han establecido con las más variadas formas jurídicas, sin orden ni concierto, excluidas en muchos casos de la aplicación de las normas de la ley que en general se dirigen a los órganos y entes, formalizándose una práctica desordenada de organización que había venido implementándose.[101]

A. *Administración Central*

En cuanto a la organización de la Administración Pública Nacional Central, el artículo 45 de la LOAP distingue dos tipos de *órganos superiores* de la misma: los órganos superiores de dirección y los órganos superiores de consulta, los cuales ejercen el Poder Ejecutivo en los términos del artículo 225 de la Constitución.

La Ley Orgánica enumera como órganos superiores de dirección de la Administración Pública Central a los siguientes: el Presidente de la República, el Vicepresidente Ejecutivo, el Consejo de Ministros, los Ministros y los Viceministros. En cuanto a los órganos superiores de consulta de la Administración Pública Central, el artículo 45 de la LOAP enumera los siguientes: la Procuraduría General de la República, el Consejo de Estado, el Consejo de Defensa de la Nación, los gabinetes sectoriales y los gabinetes ministeriales, los cuales también ejercen el Poder Ejecutivo (art. 225 C).

B. *Administración descentralizada*

Además de los principios relativos a la organización de la Administración Pública central nacional, la LOAP establece el régimen general de la organización de la administración pública descentralizada tanto nacional, como estadal y municipal; mediante la creación de personas jurídicas (entes) a las cuales se transfiere la titularidad de determinadas competencias y la responsabilidad de ejecutarlas (arts. 29 y 32 LOAP). Conforme a lo indicado en el artículo 29 de la LOAP, esta descentralización funcional puede realizarse mediante la creación de personas jurídicas con forma de derecho público o con forma de derecho privado.[102] En cuanto a los entes descentralizados funcionalmente con forma de derecho público, dice la misma norma, están conformados por aquellas "personas jurídicas creadas y regidas por normas de derecho público y que podrán tener atribuido el ejercicio de potestades públicas;" y en cuanto a los entes descentralizados funcionalmente con forma de derecho privado, están conformados por "las personas jurídicas constituidas de acuerdo a las normas del derecho privado y podrán adoptar o no la forma empresarial de acuerdo a los fines y objetivos para los cuales fueron creados y en atención a si la fuente fundamental de sus recursos proviene de su propia actividad o de los aportes públicos, respectivamente."

Entre las primeras, a las cuales -como se indicó- se puede atribuir el ejercicio de potestades públicas, está la figura de los institutos públicos (que tradicionalmente se habían denominado como "institutos autónomos," término que la Constitución conservó, art. 142), los cuales se definen en el artículo 95 de la LOAP, como las "personas jurídicas de derecho público de naturaleza fundacional," creadas por ley nacional, estadal u ordenanza municipal, dotadas de patrimonio propio, con las competencias determinadas en estas.103 A partir de la reforma de la Ley Orgánica de 2008 eliminó la tradicional indicación de que el patrimonio de estos entes descentralizados también era "independiente de la República, de los estados, de los distritos metropolitanos y de los municipios, según sea el caso."

---

101 Véase Allan R. Brewer-Carías, "El sentido de la reforma de la Ley Orgánica de la Administración Pública", *Revista de Derecho Público. Estudios sobre los decretos leyes 2008*, No. 115, (julio-septiembre 2008), Editorial Jurídica Venezolana, Caracas 2008, pp. 155-162.

102 Véase Allan R. Brewer-Carías, *Principios del Régimen Jurídico de la Organización Administrativa... cit.,* pp. 115 y ss.

103 Véase Jesús Caballero Ortiz, *Los Institutos Autónomos,* Caracas 1985.

Ahora bien, las formas jurídicas de derecho público estatales no se agotan en los institutos públicos, los cuales sin embargo son los únicos que regula la Ley Orgánica, pues también los establecimientos públicos corporativos, como las universidades nacionales y los Colegios profesionales y aquellas personas jurídicas de derecho público específicas, como el Banco Central de Venezuela (art. 318, Constitución), son formas jurídicas de derecho público estatales para la descentralización funcional.

La creación de los institutos públicos solo puede realizarse mediante ley, conforme lo establece el artículo 142 de la Constitución, a cuyo efecto, el artículo 97 de la LOAP dispone lo que la ley nacional, estadal u ordenanza que cree un instituto autónomo debe contener.

En cuanto a las formas jurídicas de derecho privado de la Administración Pública descentralizada funcionalmente, la LOAP regula detalladamente a las empresas del Estado, las fundaciones del Estado y las asociaciones y sociedades civiles del Estado (arts. 102-116). En particular, en cuanto a las empresas del Estado en el artículo 102 de la LOAP, en lo que sin duda fue un error o dislate, pues sería contradictorio con lo previsto en el artículo 29, las definió como "personas jurídicas de derecho público constituidas de acuerdo a las normas de derecho privado"(sic) sin indicar que se trata de sociedades mercantiles, en las cuales la República, los estados, los distritos metropolitanos y los municipios, o alguno de los entes descentralizados funcionalmente regulados en la Ley Orgánica, solos o conjuntamente, tengan una participación mayor al 50% del capital social.[104] La Ley Orgánica, en consecuencia autoriza a las personas jurídicas político territoriales para constituir estas empresas, presumiblemente como "sociedades anónimas" incluso "con un único accionista," al hacer mención a "derechos societarios" y a la titularidad de "acciones" (art. 105).

A los efectos del control de tutela y de gestión, las entidades descentralizadas nacionales deben estar adscritas a los órganos de la administración pública central nacional, es decir, básicamente a los ministerios respectivos (Arts. 117-118 LOAP).

4. *La "Administración Pública" del Estado Comunal paralela a la del Estado Constitucional*

Debe destacarse, por otra parte, la creación en 2010 de una "Administración Pública" paralela a la que se regula en la Ley Orgánica de la Administración Pública, establecida no solo fuera de su ámbito normativo sino del ámbito regulatorio de la propia Constitución donde se regula al Estado Constitucional cuyos órganos ejercen el Poder Público en la antes señalada penta división del Poder; y es la que conforma la "Administración Pública del Estado Comunal," conformada por una serie de órganos que ejercen un "Poder Popular." Ello se ha establecido en un conjunto de las Leyes Orgánicas dictadas a partir de diciembre de 2010, referidas al Poder Popular, a las Comunas, al Sistema Económico Comunal, a la Planificación Pública y Comunal y a la Contraloría Social,[105] que completaron la normativa iniciada con las Leyes Orgánicas de los Consejos Comunales[106] y del Consejo Federal de Gobierno,[107] la reforma de la Ley Orgánica del Poder Público Municipal,[108] y las reformas de las Leyes de los Consejos Estadales de Planificación y Coordinación de Políticas Públicas, y de los Consejos Locales de Planificación Pública.[109]

Mediante ese conjunto normativo, se ha creado una Administración Pública de un "Estado Comunal," denominado también como "socialista," conformado por las Comunas y los Consejos Comunales, que se han establecido en paralelo a los Municipios y demás entidades locales, con funcionarios que no son electos mediante sufragio, y dispuestos para progresivamente vaciar a estos últimos de competencias y recursos.

---

104 Véase Allan R. Brewer-Carías, *Régimen de las Empresas Públicas en Venezuela,* Caracas 1981.

105 Todas publicadas en *Gaceta Oficial* N° 6.011 Extra. de 21-12-2010. Además, la Ley Orgánica de Planificación Pública y Popular, en *Gaceta Oficial* N° 6.148 Extra. de 18-11-2014.

106 Inicialmente sancionada en 2006, fue reformada en 2009. Véase Ley Orgánica de los Consejos Comunales (*Gaceta Oficial* N° 39.335 de 28-12-2009).

107 Véase en *Gaceta Oficial* N° 5.963 Extra. de 22-02-2010.

108 Véase en *Gaceta Oficial* N° 6.015 Extra. de 28-12-2010.

109 Ambas publicadas en *Gaceta Oficial* N° 6.184 Extra. de 3-6-2015.

Otros órganos y entidades creadas han sido las diversas organizaciones socio productivas de un Sistema Económico Comunal, al margen no solo del derecho mercantil, sino del derecho de las empresas públicas.[110]

IV. EL PROCEDIMIENTO ADMINISTRATIVO

La actividad administrativa, ejercida o no por los órganos de las personas jurídicas estatales que conforman la Administración Pública, en todo caso, conforme al principio de legalidad, debe ejercerse por los órganos competentes, ciñéndose a lo establecido en la Constitución y en las leyes, y en particular, conforme al procedimiento legalmente establecido. Las actuaciones realizadas por órganos incompetentes, o sin observancia del procedimiento legalmente prescrito, por tanto, constituyen vías de hecho y vician los actos dictados de nulidad absoluta.

El principio de la legalidad, además, se erige en la Constitución como un principio en el cual se fundamenta la Administración Pública, definiéndoselo como "el sometimiento pleno a la ley y al derecho" (art. 141), destacándose, además, como una de las misiones fundamentales de los órganos del Poder Ciudadano, el velar por "la aplicación del principio de la legalidad en toda la actividad administrativa del Estado" (art. 274).

Ahora bien, uno de los principales signos formales del afianzamiento del principio de la legalidad, ha sido precisamente el sometimiento de la actuación de la Administración Pública a normas procedimentales que aseguren a los administrados un trato justo, basado en la buena fe y en la confianza legítima, mediante la previsión de un procedimiento formalmente regulado, en el cual se garantice el derecho a la defensa y, en general, el debido procedimiento administrativo. A tal efecto, Venezuela no ha escapado a la tendencia general que se puede observar en América Latina[111] siguiendo el modelo español de 1958,[112] de la codificación del procedimiento administrativo; habiéndose sancionado en 1982, la Ley Orgánica de Procedimientos Administrativos,[113] cuyas disposiciones se han complementado, además, con las de la propia Ley Orgánica de La Administración Pública antes mencionada y de la Ley de Simplificación de Trámites Administrativos de 1999.[114] Estas últimas dictadas para racionalizar las tramitaciones que realizan los particulares ante la Administración Pública; mejorar su eficiencia, pertinencia y utilidad, a fin de lograr mayor celeridad y funcionalidad en las mismas; reducir los gastos operativos; obtener ahorros presupuestarios; cubrir insuficiencias de carácter fiscal y mejorar las relaciones de la Administración Pública con los ciudadanos.

Por otra parte, en cuanto a los principios del procedimiento administrativo, debe destacarse que es el artículo 141 de la Constitución el que dispone que la Administración Pública se fundamenta en "los principios de honestidad, participación, celeridad, eficacia, eficiencia, transparencia, rendición de cuentas y responsabilidad en el ejercicio de la función pública, con sometimiento pleno a la ley y al derecho"; principios que repite el artículo 12 de la Ley Orgánica de la Administración Pública al precisar que la actividad de la Administración Pública se desarrollará con base en "los principios de economía, celeridad, simplicidad administrativa, eficacia, objetividad, imparcialidad, honestidad, transparencia, buena fe y confianza". Asimismo, dispone la Ley que dicha actividad se debe efectuar dentro de parámetros de racionalidad técnica y jurídica, lo que ya se configura como un límite a la discrecionalidad.

---

110 Véase Allan R. Brewer-Carías, Claudia Nikken, Luis A. Herrera Orellana, Jesús María Alvarado Andrade, José Ignacio Hernández y Adriana Vigilanza, *Leyes Orgánicas sobre el Poder Popular y el Estado Comunal (Los Consejos Comunales, Las Comunas, La Sociedad Socialista Y El Sistema Económico Comunal),* Editorial Jurídica Venezolana, Caracas 2011.

111 Véase Allan R. Brewer-Carías, *Principios del procedimiento Administrativo en América Latina*, Universidad del Rosario, Editorial Legis, Bogotá, 2003.

112 Véase Allan R. Brewer-Carías, *Principios del Procedimiento Administrativo*, Editorial Civitas, Madrid, 1990.

113 Véase la Ley Orgánica de Procedimientos Administrativos en *Gaceta Oficial* N° 2818 *Extraordinaria* de 1-7-81. Véase, además, en Allan R. Brewer-Carías et al., *Ley Orgánica de Procedimientos Administrativos*, Editorial Jurídica Venezolana, 12 edición, Caracas 2001, pp. 175 y ss.; y Allan R. Brewer-Carías, *El derecho administrativo y la Ley Orgánica de Procedimientos Administrativos,* Editorial Jurídica Venezolana, Caracas 1982.

114 Véase *Gaceta Oficial* N° 36.845 de 7-12-99. Véase además en Allan R. Brewer-Carías et al., *Ley Orgánica de Procedimiento Administrativos, cit.,* pp. 199 y ss.

Tales principios, con anterioridad también se habían definido en la Ley Orgánica de Procedimientos Administrativos de 1982, en cuyo artículo 30 se enumeran los de "economía, eficacia, celeridad e imparcialidad". Este conjunto de principios expresados formalmente en la Constitución y las leyes, sin duda, constituyen un arsenal de instrumentos para la protección de los administrados frente a la Administración Pública que, sin duda, alimenta el ámbito del control que los órganos de la jurisdicción contencioso administrativa puedan ejercer sobre la actividad administrativa.

Con la Ley Orgánica de Procedimientos Administrativos, por tanto, se consolidó la formalización o juridificación del derecho administrativo, al positivizarse lo que anteriormente había venido construyendo la jurisprudencia, con gran esfuerzo y lentamente, sobre la base de identificar principios generales de la disciplina.[115] En esa forma, a partir de la entrada en vigencia de la Ley Orgánica se hizo más segura la posibilidad del control judicial efectivo de la actividad de la Administración Pública, habiéndose erigido dicha Ley en la fuente del derecho administrativo formal más importante, con base en la cual la jurisprudencia ha continuado enriqueciendo nuestra disciplina, como fuente complementaria o accesoria.

La Ley Orgánica de Procedimientos Administrativos, siguiendo la orientación de las leyes similares de América Latina, establece una regulación detallada de los actos administrativos, estableciendo el proceso de su formación, los requisitos de validez, de carácter formal y de orden sustantivo, en particular, la competencia y la motivación de los mismos, su expresión formal expresa o tácita (silencio administrativo), el principio de su irrevocabilidad cuando creen o declaren derechos a favor de particulares, los vicios de nulidad que pueden afectarlos, y que sin embargo permiten su revisión en cualquier momento, aún de oficio, y los recursos para su reconsideración o su revisión jerárquica.

V. EL ACTO ADMINISTRATIVO, SU EJECUCIÓN, PRINCIPIO DE AUTOTUTELA, LOS RECURSOS EN VÍA ADMINISTRATIVA

Como se ha dicho, una de las regulaciones medulares de la Ley Orgánica de Procedimientos Administrativos, por supuesto, y siguiendo la orientación de todas las leyes similares dictadas en América Latina conforme al modelo de la Ley española de 1958, es la relativa a los actos administrativos, su formación, sus efectos, su ejecución y su control interno mediante los recursos administrativos.[116] En esta materia, las principales regulaciones de la Ley Orgánica se refieren a la previsión de un lapso para la adopción de las decisiones, lo que permite poder accionar contra la carencia administrativa; la regulación de los trámites procedimentales, garantizándose el derecho a la defensa (acceso al expediente; pruebas; notificaciones; recursos); los vicios de nulidad absoluta de los actos administrativos (vicios de orden público o de pleno derecho), como la incompetencia manifiesta, la ausencia absoluta y total de procedimiento, o los vicios en el objeto; y las regulaciones sobre la ejecución forzosa de los actos administrativos, mediante multas. En Venezuela, salvo mediante dichas multas pecuniarias, la Administración Pública no puede sin embargo afectar el patrimonio de los administrados, sino acudiendo a la vía judicial.

Pero al igual que en la generalidad de los países iberoamericanos, el tema medular respecto de los actos administrativos, por supuesto, y particularmente a los efectos de asegurar su control judicial por los órganos de la jurisdicción contencioso-administrativa, es el de su definición, o más propiamente, el de su caracterización particularmente entre los diversos actos estatales.

Conforme al antes mencionado principio que tiene rango constitucional en Venezuela, de la formación del derecho por grados partiendo de la Constitución, puede decirse que toda la actividad administrativa es, ante todo, desde el punto de vista formal, una actividad que siempre es de carácter sublegal, es decir, de ejecución directa e inmediata de la legislación (así las leyes reglamentarias correspondientes no se hayan dictado) y de ejecución indirecta y mediata de la Constitución. Por supuesto, también las actividades judiciales son siempre de carácter sublegal, siendo la diferencia entre una y otra de carácter orgánico, en el sentido que las actividades judiciales siempre las realizan órganos autónomos e independientes en ejecución de la función jurisdiccional, como lo son los órganos que ejercen el Poder Judicial.

---

115 Véase, por ejemplo, Allan R. Brewer-Carías, *Las Instituciones Fundamentales del derecho administrativo y la Jurisprudencia venezolanas*, Universidad Central de Venezuela, Caracas 1964.

116 Véase Allan R. Brewer-Carías, *El derecho administrativo y la Ley Orgánica de Procedimientos Administrativos*, Editorial Jurídica Venezolana, Caracas, 1982, pp. 133. y ss.

Ahora bien, conforme a lo anteriormente expuesto, tanto desde el punto de vista formal como orgánico, esas actividades administrativas pueden distinguirse de las otras actividades estatales, en particular de las legislativas, de gobierno y judiciales.

En efecto, la actividad legislativa está conformada por los actos legislativos, que son las leyes (arts. 187,1 y 203) y los actos parlamentarios sin forma de ley (actos privativos e *interna corporis*) (art. 187). Las leyes, incluso, son formalmente definidas en la Constitución, como los actos sancionados por la Asamblea Nacional como cuerpo legislador (Art. 203). También pueden considerarse como actos legislativos los decretos leyes o decretos con fuerza de ley, dictados por el Presidente de la República previa autorización por una ley habilitante (arts. 203; 236, 8). Todos estos actos legislativos son actos de ejecución directa e inmediata de la Constitución, incluso en los casos de los decretos ley; y su definición es tanto orgánica como formal: orgánica, pues se definen según el órgano que los dicta; y formal, por la graduación que tienen en el ordenamiento jurídico, de ser actos dictados en ejecución directa e inmediata de la Constitución o de rango de ley. Todos estos actos estatales están sometidos al control judicial constitucional que corresponde a la Jurisdicción Constitucional (Sala Constitucional del Tribunal Supremo de Justicia).

Los actos del gobierno, por su parte, como se dijo, son los actos dictados por el Presidente de la República en ejercicio solo de atribuciones constitucionales, y que por ello, no pueden estar regulados o limitados por la Asamblea Nacional mediante leyes. Es el caso, por ejemplo, del nombramiento del Vicepresidente Ejecutivo, de la concesión de indultos, de la convocatoria de la Asamblea Nacional a sesiones extraordinarias, y de la disolución de la Asamblea Nacional (Art. 236,3,9,19,21). Los actos de gobierno también son actos de ejecución directa e inmediata de la Constitución, y su definición es tanto orgánica como formal: orgánica, pues se definen según el órgano que los dicta; y formal, por la graduación que tienen en el ordenamiento jurídico, de ser actos dictados en ejecución directa e inmediata de la Constitución. Por ello están sometidos al control judicial constitucional por parte de la Jurisdicción Constitucional (Sala Constitucional del Tribunal Supremo de Justicia).

Los actos judiciales y más propiamente, las sentencias, también se definen por el elemento orgánico y el formal: son actos que solo pueden emanar de los Tribunales, y tienen unos efectos precisos de verdad legal definidos en el ordenamiento y derivados del valor de cosa juzgada. Se trata, siempre, de actos de carácter sublegal, es decir, dictados en ejecución directa e inmediata de la ley e indirecta y mediata de la Constitución, correspondiendo su control a los propios tribunales, incluyendo el control de casación ante las Salas de Casación del Tribunal Supremo de Justicia.

En la definición de los actos legislativos, de gobierno y judiciales, por lo tanto, hay una identificación entre órgano y acto, además de criterios formales derivados de la formación del derecho por grados, y no necesariamente se definen según criterios materiales o derivados de la función que se ejerce al dictarlos. Por ejemplo, los actos legislativos pueden no tener contenido normativo; y pueden haberse dictado en ejercicio de funciones administrativas o de gobierno; y los actos de gobierno, pueden en cambio tener contenido normativo.

En cambio, en la definición de la actividad administrativa y, en particular, de los actos administrativos, los criterios anteriores no se pueden aplicar en forma lineal, pues estos no se pueden identificar ni orgánica ni funcionalmente: son dictados por los cinco grupos de órganos estatales que ejercen el Poder Público, y se pueden dictar en ejercicio de todas las funciones estatales. Así, tan acto administrativo es un reglamento dictado por cualquier órgano de la Administración Pública o por los Tribunales en ejercicio de la función normativa, como un acto de ejecución presupuestaria o de personal dictado por los órganos de la Administración Pública, los Tribunales o la Asamblea Nacional en ejercicio de la función administrativa; o un acto dictado por los órganos de la Administración Pública en ejercicio de la función jurisdiccional, al decidir una solicitud o un recurso administrativo.

La definición del acto administrativo, por tanto, en contraste con los otros actos estatales, requiere de una mezcla de criterios, dado el carácter heterogéneo de los mismos:[117] Se emplea el criterio orgánico, al identificar como actos administrativos los actos emanados de la Administración Pública como complejo orgánico en ejercicio de las funciones normativa, jurisdiccional o administrativa del Estado. Se utiliza el criterio material, al identificar como actos administrativos los actos dictados por los

[117] Véase en general, Allan R. Brewer-Carías, "El problema de la definición del derecho administrativo" en *Libro Homenaje al profesor Eloy Lares Martínez,* Tomo I, Universidad Central de Venezuela, Caracas 1984, pp. 25-78.

Tribunales en ejercicio de las funciones administrativa y normativa, los actos dictados por la Asamblea Nacional en ejercicio de funciones administrativas, e incluso, los dictados por entidades privadas autorizadas por ley en ejercicio de funciones normativas y administrativas; y en todo caso, conforme al criterio formal, siempre que se trate de actos de carácter sub-legal, es decir, dictados en ejecución directa e inmediata de la legislación e indirecta y mediata de la Constitución, razón por la cual están sometidos al control judicial por parte de la jurisdicción Contencioso Administrativa (Art. 259, Constitución).

En todo caso, respecto de los actos administrativos, rige el principio de la autotutela, en el sentido de que la Administración Pública puede revisar sus propios actos, corregir errores materiales e incluso revocarlos, siempre que no hayan creado o declarado derechos a favor de particulares. Los vicios de nulidad absoluta de los actos administrativos, taxativamente enumerados en la Ley Orgánica de Procedimientos Administrativos (Art. 19): por ejemplo, incompetencia manifiesta, ausencia absoluta de procedimiento, vicio en el objeto), sin embargo, conforme a la propia ley Orgánica (Art. 83), pueden motivar su revisión en cualquier tiempo, incluso de oficio, siempre garantizándose el debido procedimiento administrativo.

Además, los administrados pueden requerir el control de la legalidad y de la oportunidad de los mismos ante la propia Administración Pública mediante el ejercicio de los recursos administrativos tradicionales, es decir, del recurso jerárquico (o de apelación ante el superior jerárquico), del recurso de reconsideración (que se ejerce ante la misma autoridad que dictó el acto) y del recurso de revisión (ante el superior jerárquico por hechos sobrevenidos) regulados todos en la Ley Orgánica de Procedimientos Administrativos. Estos recursos administrativos permiten a los interesados exigir el control de la legalidad de los actos dentro de la propia Administración, además de que les permite exigir un control y revisión de la oportunidad de los actos cuestionados. Es decir, en el ámbito administrativo puede decirse que además de la garantía de la legalidad, existe la garantía del control de la oportunidad o inoportunidad de una actuación administrativa.

Por último, en relación con los actos administrativos, además de aquéllos con efectos particulares, están los que tienen efectos generales, es decir, contenido normativo. Entre estos últimos, están los Reglamentos que en Venezuela son actos administrativos.

En relación con los reglamentos rige, por supuesto, el principio de la reserva legal establecido en la Constitución, como consecuencia del cual, el artículo 87 de la Ley Orgánica de la Administración Pública dispone que los reglamentos no pueden regular materias objeto de reserva de ley, ni infringir normas con dicho rango. Además, sin perjuicio de su función de desarrollo o colaboración con respecto a la ley, los reglamentos no pueden tipificar delitos, faltas o infracciones administrativas, establecer penas o sanciones, así como tributos, cánones u otras cargas o prestaciones personales o patrimoniales de carácter público.

Además, conforme al artículo 88 de la LOAP, la elaboración de los reglamentos de leyes debe ajustarse obligatoriamente al siguiente procedimiento:

1. La iniciación del procedimiento de elaboración de un reglamento se debe llevar a cabo por el ministerio competente según la materia, mediante la elaboración del correspondiente proyecto, al que se debe acompañar un informe técnico y un informe sobre su impacto o incidencia presupuestaria.

2. A lo largo del proceso de elaboración se debe recabar, además de los informes, los dictámenes correspondientes y cuantos estudios y consultas se estimen convenientes para garantizar la eficacia y la legalidad del texto.

3. Elaborado el texto se debe someter a consulta pública para garantizar el derecho de participación de las personas, de conformidad con lo dispuesto en los artículos 138 y siguientes de la propia Ley Orgánica. Durante el proceso de consulta las personas, directamente o a través de las comunidades organizadas, pueden presentar propuestas y formular opiniones sobre la gestión de los órganos y entes de la Administración Pública, así como participar en la elaboración de los instrumentos de contenido normativo (art. 138).

4. Aprobado el reglamento por el Presidente de la República en Consejo de Ministros, entrará en vigencia con su publicación en la Gaceta Oficial de la República, salvo que el mismo disponga otra cosa.

Lo importante de este régimen de consulta pública, es que la ley orgánica es que conforme al artículo 140 de la misma ley Orgánica, se prohíbe a los órganos o entes públicos aprobar normas o remitir a otra instancia proyectos normativos que no sean sometidos a consulta pública, sancionándose como nulas de nulidad absoluta, las normas que sean aprobadas por los órganos o entes públicos o propuestas por estos a otras instancias sin que hayan sido consultadas según el procedimiento establecido (Art. 140).

VI. LOS CONTRATOS DEL ESTADO

1. *Los contratos de interés público*

En materia de contratos del Estado, en la Constitución de 1999, como en tantas otras materias, puede decirse que se consolidó un importante proceso de constitucionalización del derecho administrativo de los contratos públicos.[118] En dicho texto, en efecto, en relación con los contratos públicos o contratos de la Administración, se regulan los contratos celebrados por las personas jurídicas *estatales*; denominándolos como "contratos de interés público," expresión equivalente en general a la de contratos públicos, del Estado o estatales.[119]

En efecto, en la sección cuarta relativa a "De los contratos de interés público" del Capítulo I "Disposiciones fundamentales" del Título IV "Del Poder Público" de la Constitución, se regula el régimen de los mismos, de manera que la denominación genérica comprende tres especies de contratos, de acuerdo con el sistema constitucional de distribución vertical del Poder Público: contratos de interés público *nacional*, contratos de interés público *estadal* y contratos de interés público *municipal* (art. 150), los cuales son los suscritos, respectivamente, por los tres órdenes de personas jurídicas estatales mencionadas (la República, los Estados y los Municipios), las cuales, en general, ejercen el Poder Público en sus tres niveles territoriales, respectivamente.

En consecuencia, todos los contratos tanto de interés nacional, como de interés estadal o municipal, son, por supuesto, contratos de "interés público" (artículo 150, 151) en el mismo sentido que la noción de Poder Público (Título IV de la Constitución) comprende al Poder Nacional, a los Poderes de los Estados y al Poder Municipal.[120]

En consecuencia, un contrato de interés público nacional es aquél que interesa al ámbito nacional (en contraposición al ámbito estadal o municipal), porque ha sido celebrado por una persona jurídica estatal nacional, de derecho público (la República o un instituto público) o de derecho privado (empresa del Estado). Por tanto, no serán contratos de interés público *nacional* aquéllos que son de interés público estadal o municipal, celebrados por personas jurídicas estatales de los Estados o de los Municipios, incluyendo los institutos públicos y empresas del Estado de esas entidades político-territoriales.[121]

2. *La superada noción de "contratos administrativos"*

La noción de "contrato administrativo", en cambio, no tiene rango constitucional en Venezuela y legalmente solo se había utilizado hasta 2010, en la Ley Orgánica del Tribunal Supremo de Justicia a los efectos de atribuir competencia al órgano de mayor jerarquía de la Jurisdicción Contencioso Administrativa (la Sala Político Administrativa del Tribunal Supremo) para conocer de las controversias relativas a los mismos. En ausencia de una ley general sobre contratos del Estado o sobre contratos administrativos, ello originó en el pasado, por supuesto, una intensa actividad jurisprudencial y doctrinal

---

118 Véase Allan R. Brewer-Carías, "Algunos aspectos del proceso de constitucionalización del Derecho administrativo en Venezuela", en *V Jornadas internacionales de Derecho Administrativo Allan Randolph Brewer Carías, Los requisitos y vicios de los actos administrativos,* FUNEDA, Caracas, 2000, pp. 21 a 37.

119 Véase Allan R. Brewer-Carías, *Contratos Administrativos*, Editorial Jurídica Venezolana, Caracas, 1992, pp. 28 y ss.

120 Véase Allan R. Brewer-Carías, *El Poder Público: Nacional, Estadal y Municipal,* Tomo II, *Instituciones Políticas y Constitucionales*, Universidad católica del Táchira, Editorial Jurídica venezolana, Caracas-San Cristóbal, *1996,* pp. 11 y ss.

121 Véase en general, Jesús Caballero Ortiz, "Los contratos administrativos, los contratos de interés público y los contratos de interés nacional en la Constitución de 1999", en *Estudios de Derecho Administrativo: Libro Homenaje a la Universidad Central de Venezuela,* Volumen I, Imprenta Nacional, Caracas, 2001, pp. 139-154; Allan R. Brewer-Carías, "Los contratos de interés público nacional y su aprobación legislativa" en *Revista de Derecho Público,* N° 11, Caracas, 1982, pp. 40 a 54; Allan R. Brewer-Carías, *Contratos Administrativos,* Caracas, 1992, pp. 28 a 36; Allan R. Brewer-Carías, *Debate Constituyente (Aportes a la Asamblea nacional Constituyente),* Tomo II, *op. cit.,* p. 173.

tendiente a identificar dichos contratos administrativos, los cuales en definitiva se enmarcaron por su objeto vinculado a la prestación de un servicio público o a las obras públicas o por la inclusión en los mismos de las llamadas cláusulas exorbitantes del derecho común.

El problema central, en esta materia para la determinación de qué debía entenderse por contrato administrativo, había girado en torno a la distinción entre contratos administrativos y contratos de derecho privado de la Administración; con ocasión de la previsión, en la derogada Ley Orgánica de la Corte Suprema de Justicia de 1976, que atribuía expresa y exclusivamente a la Sala Político-Administrativa de la Corte Suprema de Justicia (Art. 42, Ord. 14) la competencia referida en materia de "contratos administrativos".

A pesar de dicha norma y de su equivalente en la también derogada Ley Orgánica del Tribunal Supremo de Justicia de 2004[122] (Art. 5, párrafo 1°,25), sin embargo, estimamos que la distinción no tenía sustantividad firme, ya que no había ni puede haber contratos de derecho privado de la Administración, regidos exclusivamente por el derecho privado, que excluyan el conocimiento de los mismos a la jurisdicción contencioso-administrativa.[123] En realidad, todos los contratos que celebra la Administración están sometidos en una forma u otra al derecho público y a todos se les aplica también el derecho privado, teniendo según su objeto, un régimen preponderante de derecho público o de derecho privado;[124] por lo que estimábamos que la distinción no tenía fundamento alguno, y menos cuando en Venezuela nunca ha habido dualidad de jurisdicciones (judicial y administrativa) que fue lo que en Francia, en cambio, fue el verdadero sustento de la distinción.[125]

Así como no puede haber acto unilateral dictado por los funcionarios públicos que no sea un acto administrativo, tampoco existen contratos celebrados por la Administración que no estén sometidos en alguna forma al derecho público, por lo que la terminología empleada en las ahora derogadas Leyes Orgánicas de la Corte Suprema de 1976 y del Tribunal Supremo de 2004, en realidad, a lo que había conducido era a confusiones, contradicciones y dilaciones. Por ello pronto, no había demanda que se intentase en relación a contratos celebrados por la Administración en la cual no se plantease el problema de la competencia: si la demanda se intentaba ante la jurisdicción ordinaria, se alegaba la naturaleza administrativa del contrato; en cambio, si se intentaba ante el Tribunal Supremo de Justicia, se alegaba el carácter de derecho "privado" del contrato.

Todo ello, así como la discusión sobre los contratos administrativos como categoría específica en los contratos del Estado, puede decirse que desapareció al eliminarse de la Ley Orgánica del Tribunal Supremo de 2010 la noción misma de contrato administrativo y no incluirse la misma en la ley Orgánica de la Jurisdicción Contencioso Administrativa de ese mismo año[126] para la delimitación de la competencia judicial; y además, al no haberse empleado la terminología en la Ley sobre Contrataciones Públicas de 2008, reformada luego en 2010 y 2014.[127] Esta, en efecto, habla de contratos del Estado o contratos públicos, y en cuanto a la atribución de competencia entre los diversos tribunales de la Jurisdicción Contencioso Administrativa para conocer de controversias sobre contratos suscritos por

---

122 Véase Ley Orgánica del Tribunal Supremo de Justicia (*Gaceta Oficial* N° 37.042 de 19-05-2004). Véase en general en Allan R. Brewer-Carías, *Ley Orgánica del Tribunal Supremo de Justicia,* Editorial Jurídica Venezolana, Caracas, 2004.

123 Véase Allan R.Brewer-Carías, «La evolución del concepto de contrato administrativo» en *El Derecho Administrativo en América Latina, Curso Internacional,* Colegio Mayor de Nuestra Señora del Rosario, Bogotá 1978, pp. 143-167; *Jurisprudencia Argentina*, N° 5.076, Buenos Aires, 13-12-1978, pp. 1-12; *Libro Homenaje al Profesor Antonio Moles Caubet*, Tomo I, Facultad de Ciencias Jurídicas y Políticas, Universidad Central de Venezuela, Caracas, 1981, pp. 41-69; y Allan R. Brewer-Carías, *Estudios de Derecho Administrativo,* Bogotá, 1986, pp. 61-90; y «Evoluçao do conceito do contrato administrativo» en Revista de Direito Publico N° 51-52, Sao Paulo, julio-diciembre 1979, pp. 5-19.

124 Véase Allan R. Brewer-Carías, *Contratos Administrativos*, Caracas, 1992, pp. 46 y ss.; y "La interaplicación del derecho público y del derecho privado a la Administración Pública y el proceso de huida y recuperación del derecho administrativo" en *Las Formas de la Actividad Administrativa. II Jornadas Internacionales de Derecho Administrativo Allan Randolph Brewer-Carías*, Fundación de Estudios de Derecho Administrativo, Caracas, 1996, pp. 59 y ss.

125 Véase Jesús Caballero Ortiz, "¿Deben subsistir los contratos administrativos en una futura legislación?", en *El Derecho Público a comienzos del siglo XXI. Estudios homenaje al Profesor Allan R. Brewer-Carías,* Tomo II, Instituto de Derecho Público, UCV, Editorial Civitas Ediciones, Madrid, 2003, pp. 1773 y ss.

126 Véase Ley Orgánica de la Jurisdicción Contencioso Administrativa (*Gaceta Oficial* 39.451 de 22-6-2010).

127 Véase Ley de Contrataciones Públicas en *Gaceta Oficial* N° 6.154 Extraordinario de 19-11-2014.

entes públicos, la Ley Orgánica de la misma no establece distinción alguna entre contratos administrativos y otros que podrían no serlo, de manera que todas las demandas sobre contratos públicos son del conocimiento de los tribunales de la jurisdicción contencioso administrativa.

Por otra parte, debe recordarse que la determinación de cuándo se estaba en presencia de un contrato administrativo o no, dependía en mucho del interés circunstancial de la Administración, pues además de que todo contrato que celebre tienen algún interés público envuelto o se celebra vinculado a un servicio público, las llamadas cláusulas exorbitantes del derecho común que caracterizan a los contratos administrativos, no necesitan estar expresas en el texto del contrato, sino que son inherentes a las potestades de la Administración y se presumen en los contratos estatales. Dependía, por tanto, del recurso que hiciera la Administración en un momento dado a estas cláusulas (por ejemplo, para rescindir el contrato), para que el contrato se calificara o no de administrativo, lo que hacía insegura la distinción. De allí, incluso las dudas y variaciones jurisprudenciales, particularmente con relación a contratos municipales de compra-venta de inmuebles municipales, que llevó a la antigua Corte Suprema a considerarlos algunas veces como contratos administrativos[128] y otras veces como contratos de derecho privado.[129]

3. *El régimen constitucional de los contratos públicos*

En todo caso, la Constitución establece un conjunto de regulaciones relativas a todos los contratos del Estado, y que, por supuesto, se aplican también a los llamados contratos administrativos.

En cuanto a las incompatibilidades o prohibiciones, por ejemplo, la Constitución establece una prohibición general a los funcionarios públicos, más genéricamente, a quienes estén al servicio de los órganos de las personas estatales, de celebrar contrato alguno con ellas (art. 145). Además, el artículo 190 de la Constitución prohíbe a los diputados a la Asamblea Nacional ser propietarios, administradores o directores de empresas que contraten con personas jurídicas estatales.

Por otra parte, la Constitución de 1999 regula en algunas normas específicas la posibilidad de contratos de interés público inter-gubernamentales o interadministrativos, es decir, celebrados ente personas jurídicas estatales. Los primeros serían aquéllos que se celebran entre la República y los Estados o Municipios, o entre estos, y que, por lo general, derivan de los procesos de descentralización política y, en particular, de transferencia de competencias entre los entes territoriales.

En efecto, el artículo 157 de la Constitución establece que la Asamblea Nacional, por mayoría de sus integrantes, puede atribuir a los Municipios o a los Estados determinadas materias de la competencia nacional, a fin de promover la descentralización. Con fundamento en una norma similar que estaba en la Constitución de 1961, en 1989 se dictó la Ley Orgánica de Descentralización, Delimitación y Transferencia de Competencias del Poder Público,[130] en la cual se regularon los contratos inter-gubernamentales que se debían celebrar entre la República y los Estados, precisamente, para el desarrollo de procesos de transferencia de competencias nacionales hacia los Estados y de asunción por estos de las mismas.

La Constitución de 1999 regula, ahora, además, la posibilidad de que los Estados descentralicen y transfieran los servicios y competencias que gestionen a los Municipios, siempre que los mismos estén en capacidad de prestarlos, así como la administración de los respectivos recursos dentro de las áreas de competencias concurrentes entre ambos niveles territoriales del Poder Público (art. 165). Ello también puede dar origen a contratos intergubernamentales de orden local para materializar las transferencias y regular la gestión de las mismas.

Además, entre estos contratos de interés público intergubernamentales están los acuerdos de mancomunidad municipal, mediante los cuales los Municipios se pueden asociar para la realización de una actividad en común (art. 170). También están los contratos de interés público interterritoriales, es decir, aquéllos suscritos por los Municipios entre sí o entre la República y los Municipios o los Estados

---

128 Sentencia de 11-08-83, *Revista de Derecho Público*, Nº 16, Editorial Jurídica Venezolana, Caracas, 1983, p. 164.

129 Sentencia de 26-06-80, *Revista de Derecho Público*, Nº 4, Editorial Jurídica Venezolana, Caracas, 1980, p. 146.

130 Véase en *Gaceta Oficial* Extra. Nº 4.153 de 28-12-1989, estando actualmente vigente la Ley Orgánica de Descentralización, Delimitación y Transferencia de Competencias del Poder Público, publicada en G.O N° 39.140 del 17-3-2009. Véase, además, en Allan R. Brewer-Carías et al, *Leyes y Reglamentos para la descentralización política de la Federación*, Colección Textos Legislativos, N° 11, Editorial Jurídica Venezolana, Caracas 1990.

y los Municipios para fines de interés público. En tal sentido, el artículo 170 de la Constitución establece que los Municipios pueden "acordar entre sí o con los demás entes públicos territoriales, la creación de modalidades asociativas inter-gubernamentales para fines de interés público relativos a materias de su competencia". De ello deriva la posibilidad de contratos de interés público de carácter asociativo, inter-gubernamentales.

Debe señalarse, por último, en relación con estos contratos intergubernamentales e interadministrativos, que la Constitución regula la competencia de la jurisdicción contencioso-administrativa para conocer de controversias derivadas de la ejecución de los mismos, así como las controversias administrativas que se susciten entre la República, algún Estado, Municipio u otro ente público, cuando la otra parte sea alguna de esas mismas entidades, como las que pueden resultar de un contrato intergubernamental. Estas controversias deben ser resueltas por el Tribunal Supremo de Justicia en Sala Político-Administrativa (art. 266,4). La Constitución, además, autoriza al legislador para atribuir la competencia jurisdiccional para resolver las controversias administrativas cuando se trate de controversias entre Municipios de un mismo Estado, a otros tribunales, por supuesto, de la jurisdicción contencioso administrativa (art. 259).

Otro aspecto específico de la constitucionalización del régimen de los contratos estatales se refiere al régimen del dominio público y de los servicios públicos, en el sentido de que la propia Constitución prevé el régimen de concesiones para la explotación de los bienes que sean "recursos naturales propiedad de la Nación", las cuales pueden ser otorgadas con exclusividad o sin ella, por tiempo determinado, y asegurando, siempre, la existencia de contraprestaciones o contrapartidas adecuadas al interés público" (art. 113). En cuanto a las concesiones mineras, en particular, se dispone en el artículo 156,16 de la Constitución que "el Ejecutivo Nacional no podrá otorgar concesiones mineras por tiempo indefinido"[131].Todas estas concesiones, por supuesto, son contratos estatales. Por lo que se refiere a los servicios públicos, en los casos en los que se los regula de manera de permitir la actuación de los particulares solo mediante concesión, como sucede en los casos de servicios públicos municipales o domiciliarios, rige el mismo principio constitucional antes indicado relativo a las concesiones establecido en el artículo 113.

La Constitución regula, además, otros contratos de interés público estadal y municipal al establecer los principios para que los Estados y los Municipios descentralicen y transfieran "a las comunidades y grupos vecinales organizados" los servicios que estos gestionen, previa demostración de su capacidad para prestarlo (art. 184).

A tal efecto, los Estados y Municipios deben promover la transferencia de servicios en materia de salud, educación, vivienda, deporte, cultura, programas sociales, ambiente, mantenimiento de áreas industriales, mantenimiento y conservación de áreas urbanas, prevención y protección vecinal, construcción de obras y prestación de servicios públicos.

En todos estos casos, para lograr esos objetivos los Estados y Municipios pueden establecer convenios, es decir, celebrar contratos de interés público estadal o municipal con las comunidades y grupos vecinales organizados, cuyos contenidos deben estar orientados por los principios de interdependencia, coordinación, cooperación y corresponsabilidad (art. 184,1).

4. *Las cláusulas obligatorias en los contratos públicos*

Por otra parte, siguiendo la orientación de la Constitución de 1961, la Constitución de 1999 ha establecido la incorporación obligatoria y tácita en todos los contratos de interés público, de una serie de cláusulas, entre las cuales destacan las de inmunidad de jurisdicción y la llamada cláusula "Calvo"; y a ciertos de ellos, una cláusula de protección ambiental. Además, regula las cláusulas de temporalidad en las concesiones administrativas de explotación de recursos naturales, de servicios públicos y de carácter minero.

En cuanto a la cláusula de inmunidad de jurisdicción, el artículo 151 de la Constitución establece el principio de la inmunidad relativa en el sentido de que:

---

[131] Véase Allan R. Brewer-Carías, "Prologo" sobre "El régimen constitucional aplicable a las concesiones de obras y servicios públicos", en Alfredo Romero Mendoza et al., *Régimen Legal de las Concesiones Públicas,* Caracas 2000, pp. 9 a 16.

"En los contratos de interés público, si no fuere improcedente de acuerdo con la naturaleza de los mismos, se considerará incorporada, aun cuando no estuviera expresa, una cláusula según la cual las dudas y controversias que puedan suscitarse sobre dichos contratos y que no llegaren a ser resueltas amigablemente por las partes contratantes, serán decididas por los Tribunales competentes de la República, de conformidad con sus leyes..."

Se trata, realmente, de una cláusula obligatoria en el sentido de que todo contrato que suscriba una persona jurídica estatal en los tres niveles territoriales del Poder Público e, incluso, en los niveles de descentralización funcional, deben contener esta cláusula cuyo objeto es, primero, asegurar que la interpretación, aplicación y ejecución de esos contratos debe someterse a la ley venezolana; y segundo, que las controversias y dudas que de ellos surjan deben también someterse al conocimiento de los tribunales venezolanos.[132]

En todo caso, en el citado artículo 151 de la Constitución de 1999, el régimen de la inmunidad jurisdiccional previsto se aparta del carácter absoluto tradicional que tenía en el siglo XIX, establecido originalmente en la Constitución de 1892 (art. 147), y como se ha dicho, encaja dentro de la llamada "inmunidad relativa de jurisdicción."[133] Por ello, la norma prescribe que la cláusula debe estar presente en todos los contratos de la Administración "si no fuere improcedente de acuerdo con la naturaleza de los mismos", lo que convierte la cláusula en una de inmunidad relativa de jurisdicción.[134] Esta relatividad de la inmunidad de jurisdicción deriva, en todo caso, de la naturaleza de la actividad del Estado o sus entes públicos regulada en el contrato, más que en su finalidad, que siempre es pública, admitiéndose la excepción al principio de la inmunidad basada por ejemplo, en el carácter comercial de las actividades que realice un Estado, sobre todo en el ámbito de las contrataciones internacionales. Con esta cláusula, en particular, encontró fundamento constitucional la posibilidad del arbitraje internacional conforme a la Ley de Promoción y Protección de Inversiones de 1999 sustituida luego por la Ley Constitucional de Inversión Extranjera Productiva,[135] a la Ley Orgánica sobre promoción de la inversión privada bajo el régimen de concesiones de 1999,[136] y con arreglo en los múltiples Tratados Bilaterales de protección de Inversiones suscritos por la República, básicamente en el marco del Convenio sobre arreglo de diferencias relativas a inversiones entre Estados y Nacionales de otros Estados (CIADI).[137]

Por supuesto, para la determinación de la naturaleza de los contratos no se pueden dar fórmulas universales. Por ejemplo, se han planteado discusiones sobre la naturaleza de tales contratos en materia de empréstitos públicos, tanto en el derecho financiero como en el derecho internacional. En todo caso, utilizando la vieja distinción entre actos de autoridad y actos de gestión, nadie podría afirmar que un contrato de empréstito público no sea un acto de autoridad ni un contrato de interés público. Por ello, dicho criterio no puede utilizarse para determinar la relatividad de la inmunidad de jurisdicción, pues la solución al problema no se puede basar en la consideración de si el Estado suscribe el contrato haciendo uso de su soberanía o de sus poderes públicos, o si son o no contratos de la Administración; sino en la naturaleza de las operaciones. En el caso de los empréstitos, sin duda, el juez llamado a conocer de un problema judicial en relación a ellos debe conocer, en realidad, de cuestiones mercantiles y comerciales. Por eso, y con base en la excepción prevista en la Constitución, los contratos de empréstito no contienen las cláusulas de inmunidad de jurisdicción y, por tanto, están sometidos en su ejecución, la cual, además, en general, se produce fuera del país, a las leyes y tribunales donde se realiza la operación e, incluso, a tribunales arbitrales.

---

132 Véase por ejemplo Alfredo Morles H., "La inmunidad de Jurisdicción y las operaciones de Crédito Público" en *Estudios sobre la Constitución, Libro Homenaje a Rafael Caldera,* tomo III, Caracas, 1979, pp. 1.701 y ss.

133 Sobre la inclusión de esta cláusula en la Constitución de 1999, véase Allan R. Brewer-Carías, *Debate Constituyente (Aportes a la Asamblea Nacional Constituyente),* Tomo I, Fundación de Derecho Público, Caracas 1999, pp. 209 a 233; y *Debate Constituyente (Aportes a la Asamblea Nacional Constituyente),* Tomo II, Fundación de Derecho Público, Caracas 1999, pp. 174 y 175.

134 Véase Allan R. Brewer-Carías, *Contratos Administrativos, cit.,* pp. 130 a 137.

135 Véase Ley Constitucional de Inversión Extranjera Productiva (*Gaceta Oficial* N° 41.310 de 29-12-2017)

136 Véase Ley Orgánica sobre promoción de la inversión privada bajo el régimen de concesiones, en *Gaceta Oficial* Extra. N° 5.394 de 25-10-1999

137 Véase *Ley Aprobatoria del Convenio sobre arreglo de diferencias relativas a inversiones entre Estados y Nacionales de otros Estados* (*Gaceta Oficial* N° 35.685 de 03-04-1995. Venezuela, sin embargo, denunció el Convenio según declaración publicada en Gaceta N°: 39.972 del 26-07-2012.

La segunda cláusula de carácter obligatorio, de rango constitucional regulada en el artículo 151 de la Constitución, reprodujo exactamente el texto del artículo 127 de la Constitución de 1961, y es la llamada cláusula "Calvo," que implica que en los contratos de interés público también se debe considerar incorporada una cláusula que establece que por "ningún motivo" ni causa, la ejecución de los mismos "puede dar origen a reclamaciones extranjeras."[138] El origen de esta cláusula se remonta a la Constitución de 1893 en la cual, al regularse los contratos de interés público, se señaló que los mismos en ningún caso podían ser motivo de reclamaciones internacionales. Esta cláusula establece, por tanto, la improcedencia de reclamaciones diplomáticas de Estados extranjeros contra el Estado venezolano, actuando aquellos Estados por cuenta de súbditos extranjeros, y parte del supuesto de que los extranjeros en el territorio del Estado venezolano se hallan en las mismas condiciones que los nacionales, por lo que, si tienen alguna reclamación que formular cuando se puedan considerar lesionados, deben acudir únicamente a los tribunales nacionales. El objeto de la cláusula, en definitiva, es impedir que las divergencias que puedan surgir entre partes en un contrato estatal, en el cual una parte fuera un ciudadano extranjero, pudieran ser consideradas como de naturaleza internacional.

Con relación a las concesiones administrativas, como contratos estatales, también puede identificarse en el ordenamiento constitucional venezolano, otra cláusula de carácter obligatorio y que tiene su fundamento en el citado artículo 113 de la Constitución, que regula las concesiones para la explotación de recursos naturales propiedad de la Nación o para la prestación de servicios de naturaleza pública, las cuales solo pueden otorgarse "por tiempo determinado." En el mismo sentido, el artículo 156,16 de la Constitución prohíbe el otorgamiento de "concesiones mineras por tiempo indefinido." Es evidente, por tanto, de acuerdo con estas normas, la posibilidad de que el Estado otorgue con carácter de exclusividad, concesiones para la explotación de bienes públicos o la prestación de servicios públicos por tiempo limitado. La temporalidad, así, puede considerarse como una característica de todas las concesiones por lo que las leyes especiales que las regulan prevén, en general, lapsos variables, pero siempre precisos, de duración de las mismas.

En este sentido, por ejemplo, las concesiones de servicios públicos municipales, de acuerdo con la Ley Orgánica de Régimen Municipal, solo pueden tener un plazo máximo de 20 años;[139] y las concesiones para el aprovechamiento de las aguas, conforme a la Ley de Aguas deben tener una duración máxima de 20 años.[140] Asimismo, las concesiones de obras y servicios públicos previstas en la Ley Orgánica sobre Promoción de la Inversión Privada bajo el Régimen de Concesiones,[141] deben tener una duración máxima de 50 años. Por último, en cuanto a las concesiones mineras, la duración de las mismas de acuerdo a la Ley de Minas es de 20 años prorrogable (art 25).[142]

Por otra parte, el artículo 129 de la Constitución exige la inclusión en los contratos que celebre la República (contratos de interés público nacional celebrados por la República), de una cláusula de protección ambiental[143] en los siguientes términos:

> "En los contratos que la República celebre con personas naturales o jurídicas, nacionales o extranjeras, o en los permisos que se otorguen, que afecten los recursos naturales, se considerará incluida aún cuando no estuviere expresa, la obligación de conservar el equilibrio ecológico de permitir el acceso a la tecnología y la transferencia de la misma en condiciones mutuamente convenidas y de restablecer el ambiente a su estado natural si este resultara alterado, en lo términos que fije la ley".

Se debe destacar de esta norma, que se trata de una cláusula de protección ambiental constitucionalmente obligatoria solo respecto de los contratos de interés público *nacional*, que celebre la República. En consecuencia, puede considerarse que no es obligatoria en los contratos de interés público estadal ni municipal, que celebren, por ejemplo, los Estados y Municipios; así como tampoco

138 Véase Allan R. Brewer-Carías, *Contratos Administrativos, cit.*, pp. 137 y ss.

139 Véase Ley Orgánica del Poder Público Municipal (*Gaceta Oficial* N° 6.015 Extra. de 28-12-2010).

140 Véase Ley de Aguas (*Gaceta Oficial* N° 38.595 de 02-01-2007.

141 Véase Ley Orgánica sobre promoción de la inversión privada bajo el régimen de concesiones, en *Gaceta Oficial* Extra. N° 5.394 de 25-10-1999.

142 Véase *Ley de Minas,* Decreto-Ley N° 295 (*Gaceta Oficial* Extra. N° 5.382 de 28-09-1999.)

143 Véase, en general, Alberto Blanco-Uribe Quintero, "La tutela ambiental como derecho-deber del Constituyente. Base constitucional y principios rectores del derecho ambiental", en *Revista de Derecho Constitucional,* N° 6 (enero-diciembre), Editorial Sherwood, Caracas, 2002, pp. 31-64.

sería constitucionalmente obligatoria en los contratos de interés público nacional que celebren otras personas jurídicas estatales distintas a la República, como los institutos autónomos o empresas del Estado nacionales.

5. *La aprobación legislativa en materia de contratos públicos*

En cuanto a la aprobación legislativa de los contratos de interés público nacional, la Constitución de 1999, a propuesta nuestra[144], cambió radicalmente la previsión del artículo 126 de la Constitución de 1961, que materialmente sometía *todos* los contratos de interés público nacional a la aprobación legislativa, salvo las excepciones (contratos normales en el desarrollo de la Administración Pública y aquellos para los cuales la ley no establecía la aprobación legislativa) lo que terminó convirtiéndose en la regla. Por ello, el artículo 150 de la Constitución de 1999, siguiendo la orientación mencionada de la práctica legislativa e interpretativa, ahora se limita a señalar que "la celebración de los contratos de interés público nacional requerirá la aprobación de la Asamblea Nacional solo *en los casos que determine la ley"*. En consecuencia, solo cuando mediante ley se determine expresamente que un contrato de interés público nacional debe someterse a la aprobación de la Asamblea, ello se convierte en un requisito de eficacia del contrato (art. 182,9). Es el caso, por ejemplo, de los contratos para la formación de empresas mixtas para la explotación petrolera,[145] que es una industria que fue nacionalizada desde 1975.

Sin embargo, la Constitución exige la autorización obligatoria por parte de la Asamblea Nacional, (art. 150; 187,9) solo respecto de los contratos de interés público (no solo nacional, sino estadal o municipal) que se celebren con Estados o entidades oficiales extranjeras o con sociedades no domiciliadas en Venezuela, así como respecto de los traspasos de esos contratos a dichas entidades.

6. *El régimen legal de los contratos públicos*

En 2008 se sancionó por primera vez en el país, una Ley de Contrataciones Públicas, la cual fue reformada en 2010 y 2014.[146] La misma, sin embargo, y a pesar de su denominación, no regula universalmente la "contratación pública", es decir, toda la actividad contractual del Estado (los contratos del Estado o los contratos públicos) a cargo de las personas jurídicas estatales, tal y como sucede, por ejemplo, en términos generales, en España, sucesivamente con la Ley de Contratos del Estado (1965), la Ley de Contratos de las Administraciones Públicas (1995) o la Ley de Contratos del Sector Público (2007); y en Colombia, con la Ley de Contratos del Estado (1993).

La Ley, en efecto, no se configuró como cuerpo normativo general, destinado a regular todos los contratos del Estado celebrados por todas las personas jurídicas estatales, sino que se ha limitado su alcance, y está destinada, básicamente, a regular el procedimiento de selección de contratistas (licitación) y solo respecto de ciertos (no todos) los contratos públicos. Por ello, la única Ley precedente que se derogó expresamente con la nueva Ley fue la vieja Ley de Licitaciones,[147] por lo que en su parte medular, sigue siendo un cuerpo normativo destinado a regular el régimen de selección de contratistas (arts. 36 a 92) en ciertos contratos públicos. Sin embargo, a las tradicionales previsiones de la Ley de Licitaciones sobre selección de contratistas, la nueva Ley agregó, un nuevo Título general sobre la "Contratación" (art. 93 a 131), con normas que deben regir respecto de todos los contratos del Estado que caen dentro del ámbito de aplicación que son solamente los destinados a la "adquisición de bienes, prestación de servicios y ejecución de obras" (art. 1), suscritos por personas jurídicas estadales, a las cuales la Ley ha agregado a los Consejos Comunales. Pero incluso, respecto de los contratos sometidos a la normativa legal, la propia Ley excluye a aquellos celebrados "en el marco del cumplimiento de acuerdos internacionales de cooperación entre la República Bolivariana de Venezuela y otros Estados, incluyendo

---

144 Véase Allan R. Brewer-Carías, *Debate Constituyente (Aportes a la Asamblea nacional Constituyente),* Tomo II, *op. cit.*, pp. 175 a 177.

145 Véase Ley Orgánica de Hidrocarburos (*Gaceta Oficial* N° 38.493 de 4-8-2006).

146 Véase Ley de Contrataciones Públicas, en *Gaceta Oficial* N° 38895 de 25-03-2008. Véase el texto de la reforma de 2010 en *Gaceta Oficial* N° 39.503 de 6-9-2010 y de la reforma de 2014 en *Gaceta Oficial* N° 6.154 Extra. de 19-11-2014.

147 Decreto Ley N° 1555 de fecha 13 de noviembre de 2001, *Gaceta Oficial* N° 5556 de 13-11-2001. Véase sobre dicha Ley los comentarios que hicimos en Allan R. Brewer-Carías, "El régimen de selección de contratistas en la Administración Pública y la Ley de Licitaciones" en *Revista de Derecho Público*, N° 42, Editorial Jurídica Venezolana, Caracas, abril-junio 1990, pp. 5-25.

la contratación con empresas mixtas constituidas en el marco de estos convenios" (art. 4); y respecto de las previsiones específicas en materia de "selección de contratistas," la ley excluye a los contratos para la prestación de servicios profesionales y laborales; para la prestación de servicios financieros; para la adquisición y arrendamiento de bienes inmuebles; para la adquisición de obras artísticas, literarias o científicas; para "las alianzas comerciales y estratégicas" para la adquisición de bienes y prestación de servicios entre personas naturales o jurídicas y los órganos o entes contratantes; para los servicios básicos indispensables para el funcionamiento del órgano o ente contratante; y para la adquisición de bienes, la prestación de servicios y la ejecución de obras, encomendadas a los órganos o entes de la administración pública (art. 5).

Con estas exclusiones y ámbito reducido, se trata en todo caso, como se dijo, de una Ley reguladora básicamente del proceso de selección de contratistas, con normas generales respecto, entre otros aspectos, los poderes de la Administración para controlar los contratos (art. 95), en especial, respecto de los contratos de obra (arts. 112-115); los poderes de modificación de los contratos y el régimen de variación de precios y ajustes contractuales (arts. 106-111); el régimen de la nulidad de los mismos (art. 99), las garantías de cumplimiento, (arts. 99-102), y el régimen de los anticipos (arts. 103-105); el régimen de los pagos (arts. 116-119), el régimen de la terminación de los contratos (arts. 120-127), y las causas de rescisión unilateral de los contratos (arts. 127-129); y finalmente, el régimen sancionatorio (arts. 130-131).

VII. EL DERECHO ADMINISTRATIVO SANCIONADOR

La más importante de las garantías constitucionales, además del acceso a la justicia y el derecho a la tutela judicial efectiva, es que la justicia y en general, la función jurisdiccional se ejerza e imparta de acuerdo con las normas establecidas en la Constitución y las leyes, es decir, en el curso de un debido proceso, cuyos principios conforme se establece expresamente en la misma Constitución, se aplican no solo en las actuaciones judiciales sino administrativas. Ello tiene, en consecuencia, una importante repercusión en relación con la potestad sancionadora de la Administración, la cual necesariamente está sometida a las garantías del debido proceso.

Estas garantías al debido proceso[148], además, se han regulado detalladamente en el artículo 49, y han sido analizadas extensamente por el Tribunal Supremo de Justicia, calificándoselas como una "garantía suprema dentro de un Estado de Derecho"[149], de manera que "cualquiera sea la vía escogida para la defensa de los derechos o intereses legítimos, las leyes procesales deben garantizar la existencia de un procedimiento que asegure el derecho de defensa de la parte y la posibilidad de una tutela judicial efectiva"[150].

En particular, en relación con el procedimiento sancionatorio, la jurisprudencia ha precisado las siguientes garantías derivadas del debido proceso: el derecho a que la decisión se adopte por el órgano competente (en materia judicial, el Juez natural: numeral 4 del artículo 49); el derecho a la presunción de inocencia (numeral 2 del artículo 49); el derecho a la defensa y a ser informado de los cargos formulados (numeral 1 del artículo 49); el derecho a ser oído (numeral 3 del artículo 49); el derecho a un procedimiento sin dilaciones indebidas (numeral 8 del artículo 49); el derecho a utilizar los medios de prueba pertinentes para su defensa (numeral 1 del artículo 49); el derecho a no confesarse culpable y

148 Véase en general, Antonieta Garrido de Cárdenas, "La naturaleza del debido proceso en la Constitución de la República Bolivariana de Venezuela de 1999", en *Revista de Derecho Constitucional,* N° 5 (julio-diciembre), Editorial Sherwood, Caracas, 2001, pp. 89-116; Antonieta Garrido de Cárdenas, "El debido proceso como derecho fundamental en la Constitución de 1999 y sus medios de protección", en *Bases y principios del sistema constitucional venezolano (Ponencias del VII Congreso Venezolano de Derecho Constitucional realizado en San Cristóbal del 21 al 23 de Noviembre de 2001),* Volumen I, pp. 127-144.

149 Véase sentencia N° 123 de la Sala Constitucional (Caso: *Sergio J. Meléndez*) de 17 de marzo de 2000, en *Revista de Derecho Público*, N° 81, (enero-marzo), Editorial Jurídica Venezolana, Editorial Jurídica Venezolana, Caracas 2000, p. 143.

150 Véase sentencia de la sala Constitucional N° 97 de 15 de marzo de 2000 (Caso: *Agropecuaria Los Tres Rebeldes* en *Revista de Derecho Público*, N° 81, (enero-marzo), Editorial Jurídica Venezolana, Caracas 2000, p. 148.

no declarar contra sí misma (numeral 5 del artículo 49); y el derecho a la tutela efectiva de los derechos e intereses del procesado (artículo 26 de la Constitución)[151].

Aplicados los principios del artículo 49 de la Constitución a los procedimientos administrativos sancionatorios, resulta entonces el siguiente régimen:

El ordinal 1° del artículo 49 comienza por establecer no solo el derecho a la *defensa,* sino a la *asistencia jurídica* (de abogado) los que considera como derechos inviolables en *todo estado y grado* de la investigación y del procedimiento. Adicionalmente, precisa que toda persona tiene derecho a ser notificada de los cargos por los cuales se la investiga, de *acceder a las pruebas* y de *disponer del tiempo* y de los medios adecuados para ejercer su *defensa.*

En particular, en relación con el derecho a la defensa el mismo ha sido amplio y tradicionalmente analizado por la jurisprudencia destacándose, por ejemplo, que

> "En cuanto al procedimiento de determinación e imposición de sanciones por ilícitos tributarios, el derecho a la defensa se concreta en el derecho de los sujetos pasivos de la relación tributaria a ser debidamente notificados de cualquier acto administrativo que afecten sus derechos subjetivos o sus intereses particulares legítimos y directos; en la oportunidad que tiene el administrado para formular los descargos que le permita desvirtuar lo imputado por la Administración en el acta fiscal debidamente notificada; en el derecho del contribuyente o responsable para promover y controlar, en tiempo oportuno, la producción de cualquier prueba razonable y legalmente pertinente, antes de que la Administración adopte la decisión final sobre el fondo del asunto debatido; en el derecho a tener el libre acceso al expediente administrativo; en el derecho a conocer oportunamente las razones de hecho y de derecho que fundamentan el acto administrativo determinativo o sancionatorio, lo cual le permitirá accionar ante los organismos competentes; y en poder impugnar en la vía administrativa o judicial un acto administrativo emitido por la Administración tributaria, que afecte, en cualquier forma, sus derechos como contribuyente o responsables[152].

Por otra parte, ha sido por la prevalencia del derecho a la defensa que la Sala Constitucional, siguiendo la doctrina constitucional establecida por la antigua Corte Suprema de Justicia[153], ha desaplicado normas que consagran el principio *solve et repete*, como condición para acceder a la justicia contencioso-administrativa, por considerarlo inconstitucional[154].

En la Constitución de 1999, además, en forma explícita se estableció el principio de que "Toda persona se presume inocente mientras no se pruebe lo contrario" (ordinal 2° del artículo 49), conforme al cual "una persona acusada de una infracción no puede ser considerada culpable hasta que así lo declare una decisión condenatoria precedida de un procedimiento suficiente para procurar su dimanación.

l particular tiene entonces derecho a ser presumido inocente, lo que equivale a que su eventual condena sea precedida por "una actividad probatoria suficiente con la participación del acusado y con un adecuado razonamiento del nexo causal entre la norma y la situación concreta, sin que base la mera sospecha o conjetura"[155].

El ordinal 3° del artículo 49, regula, además el derecho de toda persona a ser oída en cualquier clase de proceso, con las debidas garantías y dentro del plazo razonable determinado legalmente, por el órgano administrativo competente e imparcial establecido con anterioridad. Este derecho comprende por supuesto, el derecho de formular alegatos y presentar pruebas en el procedimiento.

De acuerdo con el mismo artículo 49,1 de la Constitución, como parte del debido procedimiento se establece la garantía fundamental en materia probatoria, conforme a la cual se consideran como nulas *las pruebas* obtenidas mediante violación del debido proceso.

---

151 Véase sentencia N° 224 de 24-02-2000, *idem*, pp. 136 y ss.

152 Véase la sentencia N° 3682 de 19 de diciembre de 1999, de la Sala Político Administrativa de la antigua Corte Suprema de Justicia en *Revista de Derecho Público,* N° 79-80, Editorial Jurídica Venezolana, Caracas 1999.

153 Véase en Allan R. Brewer-Carías, *La justicia contencioso-administrativa,* Tomo VII, *Instituciones Políticas y Constitucionales, cit.*, pp. 196 y ss.

154 Véase la sentencia de la Sala Constitucional N° 321 de 22 de febrero de 2002 (Caso: *Papeles Nacionales Flamingo, C.A. vs. Dirección de Hacienda del Municipio Guacara del Estado Carabobo)* en *Revista de Derecho Público*, N° 89-92, Editorial Jurídica Venezolana, Caracas 2002.

155 Véase sentencia de la Corte Primera de lo Contencioso Administrativo N° 315 de 19 de marzo de 2001, en *Revista de Derecho Público,* N° 85-88, Editorial Jurídica Venezolana, Caracas 2001, pp. 103 y ss.

El mismo artículo 49,1 de la Constitución, también como manifestación del derecho a la defensa consagra el derecho de toda persona declarada culpable a recurrir de la decisión sancionatoria, con lo que se regula el derecho a la doble instancia que consiste en la efectiva posibilidad de revisión de las decisiones dictadas con ocasión de un procedimiento, esto es, de someter una la decisión al conocimiento posterior de un órgano de mayor jerarquía en la pirámide organizativa de la Administración. Con esta disposición, adquiere rango constitucional el derecho al recurso jerárquico en los procedimientos administrativos.

El ordinal 6° del artículo 49 recoge el principio tradicional de que ninguna persona puede ser sancionada por actos u omisiones que no fueren previstos como delitos, faltas o infracciones en leyes preexistentes; principio que por supuesto es aplicable a los procedimientos sancionatorios.

Además, en materia sancionatoria también tiene rango constitucional el principio *non bis in idem* que recoge el ordinal 7° del artículo 49 de la Constitución, al establecer que ninguna persona puede ser sometida a un procedimiento sancionatorio por los mismos hechos en virtud de los cuales hubiese sido sancionado anteriormente.

VIII. LA DISCRECIONALIDAD ADMINISTRATIVA

La discrecionalidad se da, como lo ha señalado la jurisprudencia venezolana, cuando el ordenamiento jurídico le otorga al funcionario cierta libertad para elegir entre uno y otro curso de acción, para hacer una u otra cosa, o hacerla de una u otra manera, apreciando la oportunidad o conveniencia de la medida a tomarse[156]. En los casos de ejercicio de poderes discrecionales, es la ley la que permite a la Administración apreciar la oportunidad o conveniencia del acto según los intereses públicos, sin predeterminar cuál es la situación de hecho. En esos casos, la Administración tiene la elección, sea de las circunstancias ante las cuales dictará el acto, sea del acto que se dictará ante una situación de hecho, por lo que es posible afirmar que "la potestad discrecional es más una libertad de elección entre alternativas igualmente justas"[157].

Por ello, en algunas de las leyes de procedimientos administrativos se ha regulado el ejercicio de la potestad discrecional, entendida como la posibilidad que da la ley al funcionario de adoptar decisiones según su apreciación de la oportunidad y conveniencia, pudiendo normalmente adoptar varias decisiones que de acuerdo a la apreciación de los hechos y a la finalidad de la norma, todas, si se aplican, podrían ser igualmente justas.

En todo caso, si algo ha caracterizado al derecho administrativo en las últimas décadas en todos los países iberoamericanos, es el proceso de redefinición del ámbito de la discrecionalidad y de limitación de la misma. Este puede decirse que es el signo común del derecho administrativo y, en particular, de las leyes de procedimiento administrativo.

El esfuerzo de la doctrina y de la jurisprudencia de las últimas décadas ha consistido, entonces, en deslastrar a los funcionarios de ciertas áreas de actuación que antes se consideraban como parte del poder discrecional y que, progresivamente, se han ido eliminando de dicho ámbito, como es el caso de la utilización de "conceptos jurídicos indeterminados" en la atribución de competencias. Como lo precisó la Sala Político-Administrativa de la antigua Corte Suprema de Justicia de Venezuela, al distinguir los conceptos jurídicos indeterminados, de las llamadas potestades discrecionales: "Mientras estas dejan al funcionario la posibilidad de escoger según su criterio una entre varias soluciones justas, no sucede lo mismo cuando se trata de la aplicación de un concepto jurídico indeterminado. Se caracterizan estos últimos por ser conceptos que resulta difícil delimitar con precisión en su enunciado, pero cuya aplicación no admite sino una sola solución justa y correcta, que no es otra que aquélla que se conforme con el espíritu, propósito y razón de la norma. La aplicación del concepto jurídico indeterminado por la

---

156 Véase Allan R. Brewer-Carías, "Los límites a la actividad discrecional de las autoridades administrativas", » en *Ponencias Venezolanas al VII Congreso Internacional de Derecho Comparado* (*Uppsala, agosto 1966*), publicaciones del Instituto de Derecho Privado, Facultad de Derecho, Universidad Central de Venezuela, Caracas 1966, pp. 255-279; en *Revista de la Facultad de Derecho*, N° 2, Universidad Católica Andrés Bello, Caracas 1966, pp. 9-35; y en *Jurisprudencia de la Corte Suprema 1930-1974 y Estudios de Derecho Administrativo, Tomo I: El Ordenamiento Constitucional y Funcional del Estado*, Caracas 1975, pp. 15-41.

157 Corte Primera de lo Contencioso Administrativo, sentencia de 1-6-2001.

Administración Pública constituye una actividad reglada y por consiguiente sujeta al control de legalidad por parte del órgano jurisdiccional competente”[158].

Por otra parte, en la Ley Orgánica de Procedimientos Administrativos debe destacarse el esfuerzo por establecer límites a la discrecionalidad, en el artículo 12 al disponer que “Aun cuando una disposición legal o reglamentaria deje alguna medida o providencia a juicio de la autoridad competente, dicha medida o providencia deberá mantener la debida proporcionalidad y adecuación con el supuesto de hecho y con los fines de la norma, y cumplir los trámites, requisitos y formalidades necesarios para su validez y eficacia”.

En todo caso, con enunciados de esta naturaleza en una ley de procedimiento administrativo, sin duda el juez contencioso administrativo dispone de efectivas herramientas para controlar la legalidad de la actuación de la Administración, más allá de los aspectos formales de tal actuación.

IX. EL CONTROL JUDICIAL DE LA ADMINISTRACIÓN: CONTENCIOSO-ADMINISTRATIVO Y OTROS MODOS DE CONTROL DE LA ADMINISTRACIÓN, EN ESPECIAL LOS ARBITRAJES

1. *El control judicial de la constitucionalidad y legalidad de los actos estatales*

Conforme al sistema establecido en la Constitución venezolana, todos los actos estatales están sometidos al derecho y todos son controlables judicialmente por razones de constitucionalidad o de legalidad. Aquí está la consecuencia de la consagración del principio de la legalidad y la garantía del Estado de derecho.

Este sistema de control judicial de las actuaciones del Estado puede decirse además, que es de carácter universal y cerrado, en el sentido que ninguno de los actos estatales puede escapar al control del Tribunal Supremo de Justicia y de los demás Tribunales que controlan la constitucionalidad y la legalidad de los mismos; control que se ejerce, en general, además de a través de la Jurisdicción Ordinaria, a través de la Jurisdicción Constitucional, de la Jurisdicción Contencioso Administrativa y de la Jurisdicción Contencioso Electoral.[159]

En efecto, los actos estatales dictados en ejecución directa e inmediata de la Constitución, es decir, las leyes, los actos parlamentarios sin forma de ley, los actos ejecutivos de rango y valor de ley (decretos-leyes), y los actos de gobierno están sometidos exclusivamente al control de la constitucionalidad que está a cargo de la Jurisdicción Constitucional que corresponde a la Sala Constitucional del Tribunal Supremo de Justicia.

En cuanto a las sentencias, estas están sometidas al control judicial ordinario mediante las apelaciones y, en materia de legalidad, al recurso de extraordinario de casación ante las Salas de Casación Civil, de Casación Social y de Casación Penal del Tribunal Supremo de Justicia.

Y en cuanto a los actos administrativos, al ser de carácter sublegal, como ya se ha dicho, están sometidos al control judicial tanto por parte de la Jurisdicción Contencioso-Administrativo como de la Jurisdicción Contencioso Electoral. La primera la integran la Sala Político-Administrativa del Tribunal Supremo de Justicia y los demás tribunales que se han establecido por la ley; y la segunda, la integra básicamente la Sala Electoral del mismo Tribunal Supremo de Justicia, a los efectos específicos del control de legalidad e inconstitucionalidad de los actos administrativos dictados por los órganos que ejercen el Poder Electoral (Consejo Nacional Electoral, sus Comisiones y órganos subalternos).

Lo importante a señalar sobre este control contencioso administrativo es que el mismo se realiza en relación con *todos* los actos administrativos, pudiendo los tribunales competentes declarar su nulidad, así sean actos administrativos emanados no solo de los órganos de la Administración Pública, sino de los órganos legislativos, de los tribunales, e incluso de entidades privadas.

---

158 Véase sentencia Nº 100 de 19-05-83 en *Revista de Derecho Público,* Nº 34, Editorial Jurídica Venezolana, Caracas, 1988, p. 69.

159 Véase Allan R. Brewer-Carías, *Justicia contencioso administrativa,* Tomo VII, *Instituciones Políticas y Constitucionales*, Universidad Católica del Táchira, Editorial Jurídica Venezolana, Caracas-San Cristóbal, 1997.

2. *La jurisdicción contencioso administrativa*

La jurisdicción contencioso-administrativa, por otra parte, se constitucionalizó en Venezuela desde 1961, en una norma que ahora está contenida en el artículo 259 de la Constitución de 1999[160], cuyo texto es el siguiente:

> "La jurisdicción contencioso-administrativa corresponde al Tribunal Supremo de Justicia y a los demás tribunales que determina la ley. Los órganos de la jurisdicción contencioso-administrativa son competentes para anular los actos administrativos generales o individuales contrarios a derecho, incluso por desviación de poder; condenar al pago de sumas de dinero y a la reparación de daños y perjuicios originados en responsabilidad de la Administración; conocer de reclamos por la prestación de servicios públicos y disponer lo necesario para el restablecimiento de las situaciones jurídicas subjetivas lesionadas por la actividad administrativa".

Ha sido precisamente con base en esta norma constitucional que la jurisprudencia de la antigua Corte Suprema de Justicia fue elaborando las bases del sistema contencioso administrativo en el país,[161] las cuales, desarrolladas por la doctrina nacional,[162] condujeron en 1976 a la sanción de la Ley Orgánica de la Corte Suprema de Justicia,[163] en cuyas normas se reguló el procedimiento contencioso-administrativo ante la sala Político Administrativa de dicha Corte. En las Disposiciones Transitorias de esa Ley, además, se reguló la organización de la jurisdicción contencioso-administrativo, con indicación de los diversos tribunales que la integraban, además de la Sala Político Administrativa de la antigua Corte Suprema: la Corte Primera de lo Contencioso Administrativo (en 2004 se creó una Corte Segunda) y ocho Tribunales Superiores Contencioso-Administrativos ubicados en las diversas regiones del país.

En la Ley Orgánica del Tribunal Supremo de Justicia sancionada en mayo de 2004,[164] se volvieron a regular los principios del procedimiento contencioso administrativo (Arts. 18 a 21) siguiendo literalmente lo que establecía la derogada Ley Orgánica de la Corte Suprema; conservándose, además, la organización de la Jurisdicción transitoriamente hasta que se dictase la Ley especializada sobre lo contencioso administrativo.

---

160 Véase en general Allan R. Brewer-Carías, *Ley Orgánica del Tribunal Supremo de Justicia. Procesos y procedimientos constitucionales y contencioso-administrativos*, Editorial Jurídica Venezolana, Caracas 2004.

161 En cuanto a la jurisprudencia, véase en Allan R. Brewer-Carías, *Jurisprudencia de la Corte Suprema 1930-74 y Estudios de Derecho Administrativo,* Tomo V, *La Jurisdicción Contencioso-Administrativa,* Vol. 1 y 2, Instituto de Derecho Público, Facultad de Derecho, Universidad Central de Venezuela, Caracas, 1978; Allan R. Brewer-Carías y Luis Ortiz Álvarez, *Las grandes decisiones de la jurisprudencia Contencioso-Administrativa*, Caracas, 1996; y Luis Ortiz-Álvarez, *Jurisprudencia de medidas cautelares en el contencioso-administrativo (1980-1994),* Editorial Jurídica Venezolana, Caracas, 1995.

162 Véase Allan R. Brewer-Carías, *Estado de Derecho y Control Judicial,* Madrid, 1985, pp. 281 y ss; Allan R.Brewer-Carías, *Contencioso Administrativo,* Tomo VII, *Instituciones Políticas y Constitucionales,* Caracas-San Cristóbal, 1997; Antonio Canova González, *Reflexiones para la reforma del sistema contencioso administrativo venezolano,* Editorial Sherwood, Caracas, 1998; Víctor Hernández-Mendible, *Tutela judicial cautelar en el contencioso administrativo*, Vadell Hermanos editores, Caracas, 1998. Véase además, las siguientes obras colectivas: *El Control Jurisdiccional de los Poderes Públicos en Venezuela,* Instituto de Derecho Público, Facultad de Ciencias Jurídicas y Políticas, Universidad Central de Venezuela, Caracas, 1979; *Contencioso Administrativo en Venezuela,* Editorial Jurídica Venezolana, tercera edición, Caracas, 1993; *Derecho Procesal Administrativo,* Vadell Hermanos editores, Caracas, 1997; *8ª Jornadas "J.M. Domínguez Escovar" (Enero 1983), Tendencias de la jurisprudencia venezolana en materia contencioso-administrativa,* Facultad de Ciencias Jurídicas y Políticas, U.C.V., Corte Suprema de Justicia; Instituto de Estudios Jurídicos del Estado Lara, Tip. Pregón, Caracas, 1983; *Contencioso Administrativo, I Jornadas de Derecho Administrativo Allan Randolph Brewer-Carías,* Funeda, Caracas, 1995; *XVIII Jornadas "J.M. Domínguez Escovar, Avances jurisprudenciales del contencioso-administrativo en Venezuela,* 2 Tomos, Instituto de Estudios Jurídicos del Estado Lara, Diario de Tribunales Editores, S.R.L. Barquisimeto, 1993.

163 Ley Orgánica de la Corte Suprema de Justicia del 30 de julio de 1976 en *Gaceta Oficial* N° 1.893, Extraordinaria del 30-07-76. Véase Allan R. Brewer-Carías y Josefina Calcaño de Temeltas, *Ley Orgánica de la Corte Suprema de Justicia*, Editorial Jurídica Venezolana, Caracas 1989.

164 Véase la Ley Orgánica del Tribunal Supremo de Justicia (LOTSJ), *Gaceta Oficial*, N° 37942 de 20-05-2004. Véase Allan R. Brewer-Carías, *Ley Orgánica del Tribunal Supremo de Justicia*, Editorial Jurídica Venezolana, Caracas 2004. La reciente reforma de esa Ley fue publicada en *Gaceta Oficial* N° 6.684 Extraordinario de 19-01-2022

Esa ley especializada que se dictó en 2010 es la Ley Orgánica de la Jurisdicción Contencioso Administrativa,[165] en la cual, conforme a la orientación constitucional, se configura a la jurisdicción contencioso administrativa como una jurisdicción especial integrada al Poder Judicial. En Venezuela, por tanto, el derecho administrativo no construyó con base en la distinción entre las competencias de la jurisdicción judicial y una jurisdicción administrativa, que siguiendo la orientación del derecho administrativo francés, se siguió por ejemplo en Colombia. En Venezuela, al contrario, la tradición ha sido la existencia de una competencia especializada de determinados tribunales para conocer de litigios en los cuales interviene la Administración, pero integrados en el Poder Judicial.[166] En esos tribunales, por otra parte, se materializa el derecho de las personas a la tutela judicial efectiva[167] frente a las acciones de la Administración, a través del desarrollo de un conjunto de procesos contencioso administrativos.

3. *Los diversos procesos contencioso administrativos en la Ley de 2010*

De acuerdo con la Ley Orgánica de la Jurisdicción Contencioso Administrativa, en efecto, el sistema de los procesos contencioso administrativos resulta directamente del conjunto de atribuciones que se asignan en la misma a los diversos órganos de la Jurisdicción Contencioso Administrativa, que son la Sala Político Administrativa del Tribunal Supremo, en su cúspide de la organización judicial contencioso administrativa, y en orden descendente, los Juzgados Nacionales de la Jurisdicción Contencioso Administrativa, los Juzgados Superiores Estadales de la Jurisdicción Contencioso Administrativa y los Juzgados Municipales de la Jurisdicción Contencioso Administrativa.

Las competencias judiciales establecidas en los artículos 23, 24, 25 y 26, dan origen a los siguientes procesos contencioso administrativos: (i) el proceso contencioso administrativo de las demandas patrimoniales;[168] (ii) el proceso contencioso administrativo de las demandas contra las vías de hecho;[169] (III) el proceso contencioso administrativo en materia de prestación servicios públicos;[170] (iv) el proceso contencioso administrativo de anulación de actos administrativos;[171] (v) el proceso contencioso administrativo contra las carencias administrativas; (vi) el proceso contencioso administrativo de las controversias administrativas; y (vii) el proceso contencioso administrativo de la interpretación de las leyes.

Debe señalarse además que en la Ley Orgánica se atribuyó competencia en el artículo 24.6 a los Juzgados Nacionales de la Jurisdicción Contencioso Administrativa para conocer de "los juicios de expropiación intentados por la República, en primera instancia," con la apelación para ante la Sala Político Administrativa del Tribunal Supremo, y cuyo procedimiento se regula en la Ley de Expropiación por causa de utilidad pública o social de 2002.[172]

---

165 Véase la Ley Orgánica de la Jurisdicción Contencioso Administrativa (*Gaceta Oficial* 39.451 de 22-6-2010). Véase sobre la ley, Allan R. Brewer-Carías y Víctor Hernández Mendible, *Ley de la Jurisdicción Contencioso Administrativa*, Editorial Jurídica Venezolana, Caracas 2010.

166 Martín Pérez Guevara, "Prólogo", en Allan R. Brewer-Carías, *Jurisprudencia de la Corte Suprema 1930-74 y Estudios de Derecho Administrativo,* Tomo II. Ordenamiento Orgánico y Tributario del Estado, Instituto de Derecho Público, Facultad de Derecho, Universidad Central de Venezuela, Caracas, 1976, pp. 1-10.

167 Véase en general, Ingrid Cancelado Ruíz, "La tutela judicial efectiva y la ejecución de sentencias condenatorias de la Administración Pública a la luz de la Constitución de 1999", en *Revista de Derecho Constitucional,* N° 4 (enero-junio), Editorial Sherwood, Caracas, 2001, pp. 75-139; Rafael G. Prado Moncada, "De nuevo sobre el derecho a la tutela judicial efectiva (Avances normativos a raíz de la Constitución de 1999)", en *Revista de Derecho Administrativo,* N° 9 (mayo-agosto), Editorial Sherwood, Caracas, 2000, pp. 93-119.

168 Véase Miguel Ángel Torrealba Sánchez, "Las demandas de contenido patrimonial en la Ley Orgánica de la Jurisdicción Contencioso Administrativa," en *Comentarios a la Ley Orgánica de la Jurisdicción Contencioso Administrativa,* Vol, II, FUNEDA, Caracas, 2011, pp. 299-340.

169 Véase Miguel Ángel Torrealba Sánchez, *La vía de hecho en Venezuela*, FUNEDA, Caracas, 2011.

170 Véase Jorge Kiriakidis, "Notas en torno al Procedimiento Breve en la Ley Orgánica de la Jurisdicción Contencioso Administrativa," *Comentarios a la Ley Orgánica de la Jurisdicción Contencioso Administrativa,* Vol, II, FUNEDA, Caracas, 2011, pp. 167-193.

171 Véase en general la obra colectiva, *Comentarios a la Ley Orgánica de la Jurisdicción Contencioso Administrativa,* Vol, I y II, FUNEDA, Caracas, 2010 y 2011, respectivamente.

172 Véase en *Gaceta Oficial* N° 37.475 de 01-07-02. Véanse los comentarios sobre esta ley en Allan R. Brewer-Carías, Gustavo Linares Benzo, Dolores Aguerrevere Valero y Caterina Balasso Tejera, *Ley De Expropiación Por Causa De Utilidad Pública O Interés Social,* Editorial Jurídica Venezolana, Caracas 2002.

A. *Los procesos contencioso administrativos de las demandas patrimoniales*

En primer lugar, están los procesos contencioso administrativos de las demandas patrimoniales contra entes públicos o que estos puedan intentar, a cuyo efecto, el artículo 23 atribuye a la Sala Político Administrativa del Tribunal Supremo, competencia para conocer de:

1. Las demandas que se ejerzan contra la República, los estados, los municipios, o algún instituto autónomo, ente público, empresa, o cualquier otra forma de asociación, en la cual la República, los estados, los municipios u otros de los entes mencionados tengan participación decisiva, si su cuantía excede de setenta mil unidades tributarias (70.000 U.T.), cuando su conocimiento no esté atribuido a otro tribunal en razón de su especialidad.

2. Las demandas que ejerzan la República, los estados, los municipios, o algún instituto autónomo, ente público, empresa, o cualquier otra forma de asociación, en la cual la República, los estados, los municipios o cualquiera de los entes mencionados tengan participación decisiva, si su cuantía excede de setenta mil unidades tributarias (70.000 U.T.), cuando su conocimiento no esté atribuido a otro tribunal en razón de su especialidad.

10. Las demandas que se interpongan con motivo de la adquisición, goce, ejercicio o pérdida de la nacionalidad o de los derechos que de ella derivan.

11. Las demandas que se ejerzan con ocasión del uso del espectro radioeléctrico.

12. Las demandas que le atribuyan la Constitución de la República o las leyes especiales, o que le correspondan conforme a estas, en su condición de máxima instancia de la Jurisdicción Contencioso Administrativa.

13. Las demás demandas derivadas de la actividad administrativa desplegada por las altas autoridades de los órganos que ejercen el Poder Público, no atribuidas a otro tribunal.

23. Conocer y decidir las pretensiones, acciones o recursos interpuestos, en el caso de retiro, permanencia, estabilidad o conceptos derivados de empleo público del personal con grado de oficiales de la Fuerza Armada Nacional Bolivariana.

Por su parte el artículo 24 de la Ley Orgánica asigna a los Juzgados Nacionales de la Jurisdicción Contencioso Administrativa, competencia para conocer de:

1. Las demandas que se ejerzan contra la República, los estados, los municipios, o algún instituto autónomo, ente público, empresa o cualquier otra forma de asociación, en la cual la República, los estados, los municipios u otros de los entes mencionados tengan participación decisiva, si su cuantía excede de treinta mil unidades tributarias (30.000 U.T.) y no supera setenta mil unidades tributarias (70.000 U.T.), cuando su conocimiento no esté atribuido expresamente a otro tribunal, en razón de su especialidad.

2. Las demandas que ejerzan la República, los estados, los municipios, o algún instituto autónomo, ente público, empresa o cualquier otra forma de asociación, en la cual la República, los estados, los municipios u otros de los entes mencionados tengan participación decisiva, si su cuantía excede de las treinta mil unidades tributarias (30.000 U.T.) y no supera setenta mil unidades tributarias (70.000 U.T.), cuando su conocimiento no esté atribuido a otro tribunal en razón de su especialidad.

8. Las demandas derivadas de la actividad administrativa contraria al ordenamiento jurídico desplegada por las autoridades de los órganos que ejercen el Poder Público, cuyo control no haya sido atribuido a la Sala Político-Administrativa o a los Juzgados Superiores Estadales de la Jurisdicción Contencioso Administrativa.

Conforme al artículo 25 de la Ley Orgánica, a los Juzgados Superiores Estadales de la Jurisdicción Contencioso Administrativa se les asigna competencia para conocer de:

1. Las demandas que se ejerzan contra la República, los estados, los municipios, o algún instituto autónomo, ente público, empresa o cualquier otra forma de asociación, en la cual la República, los estados, los municipios u otros de los entes mencionados tengan participación decisiva, si su cuantía no excede de treinta mil unidades tributarias (30.000 U.T.), cuando su conocimiento no esté atribuido a otro tribunal en razón de su especialidad.

2. Las demandas que ejerzan la República, los estados, los municipios, o algún instituto autónomo, ente público, empresa o cualquier otra forma de asociación, en la cual la República, los estados, los municipios u otros de los entes mencionados tengan participación decisiva, si su cuantía no excede de treinta mil unidades tributarias (30.000 U.T.), cuando su conocimiento no esté atribuido a otro tribunal en razón de su especialidad.

8. Las demandas derivadas de la actividad administrativa contraria al ordenamiento jurídico de los órganos del Poder Público estadal, municipal o local.

Una de las innovaciones de la Ley Orgánica de 2010 en la conformación del proceso contencioso administrativo de las demandas de contenido patrimonial, como antes se ha dicho, como lo propusimos en 2004,[173] fue haber eliminado la referencia a demandas que pudieran derivarse de "contratos administrativos," que en el pasado había condicionado la distribución de competencias judiciales en la materia, atribuyéndose a los órganos de la misma todas las cuestiones concernientes a los contratos de la Administración, cualquiera que sea su naturaleza, según la cuantía.

La Ley 2010, por tanto, ha regulado la competencia en materia de demandas de contenido patrimonial, independientemente de que sean derivadas de responsabilidad contractual o extracontractual, y la misma ha sido solo distribuida entre los diversos Juzgados según la cuantía. Por tanto, conflictos derivados de la ejecución de contratos del Estado, contratos públicos o contratos administrativos corresponden según la cuantía a los diversos tribunales de la jurisdicción.

B. *Los procesos contencioso administrativos de las demandas contra las vías de hecho administrativas*

En segundo lugar, está el proceso contencioso administrativo de las demandas contra las vías de hecho administrativas, a cuyo efecto, el artículo 23.4 asigna a la Sala Político Administrativa del Tribunal Supremo, competencia para conocer de "las reclamaciones contra las vías de hecho atribuidas a las altas autoridades antes enumeradas."

Por su parte el artículo 24.4 de la Ley Orgánica asigna a los Juzgados Nacionales de la Jurisdicción Contencioso Administrativa, competencia para conocer de "Las reclamaciones contra las vías de hecho atribuidas a las autoridades a las que se refiere el numeral anterior."

Y conforme al artículo 25.5 de la Ley Orgánica, a los Juzgados Superiores Estadales de la Jurisdicción Contencioso Administrativa se les asigna competencia para conocer de "las reclamaciones contra las vías de hecho atribuidas a autoridades estadales o municipales de su jurisdicción."

C. *Los procesos contencioso administrativos de las demandas relativas a los servicios públicos*

En tercer lugar, está el proceso contencioso administrativo de las demandas de los servicios públicos a las cuales se refiere el artículo 259 de la Constitución; conforme al cual la Ley Orgánica, que creó como innovación fundamental en la organización de la Jurisdicción Contencioso Administrativa a los Juzgados de Municipio de la Jurisdicción Contencioso Administrativa, de carácter unipersonal (art. 21), les asignó la específica competencia de conocer de las demandas que interpongan los usuarios o usuarias o las organizaciones públicas o privadas que los representen, por la prestación de servicios públicos (art. 21,1).

La LOJCA 2010, por su parte, atribuyó a los órganos de la Jurisdicción competencia en materia de reclamos por la prestación de los servicios públicos y el restablecimiento de las situaciones jurídicas subjetivas lesionadas por los prestadores de los mismos (art. 9,5), de modo que el conocimiento de la materia corresponde de manera exclusiva a los Juzgados de Municipio de la Jurisdicción Contencioso Administrativa, teniendo la competencia única de conocer de "las demandas que interpongan los usuarios o usuarias o las organizaciones públicas o privadas que los representen, por la prestación de servicios públicos" (art. 26,1).

---

173 Véase Allan R. Brewer-Carías, *Ley Orgánica del Tribunal Supremo de Justicia*, Editorial Jurídica Venezolana, Caracas, 2004, p. 219.

D. *Los procesos contencioso administrativos de anulación de los actos administrativos*

En cuarto lugar, está el proceso contencioso administrativo de anulación, a cuyo efecto el artículo 23 de la Ley, al igual que la norma contenida en el artículo 26 de la Ley Orgánica del Tribunal Supremo de Justicia, asigna a la Sala Político Administrativa, competencia para conocer de:

5. Las demandas de nulidad contra los actos administrativos de efectos generales o particulares dictados por el Presidente o Presidenta de la República, el Vicepresidente Ejecutivo o Vicepresidenta Ejecutiva de la República, los Ministros o Ministras, así como por las máximas autoridades de los demás organismos de rango constitucional, si su competencia no está atribuida a otro tribunal.

6. Las demandas de nulidad que se ejerzan contra un acto administrativo de efectos particulares y al mismo tiempo el acto normativo sub-legal que le sirve de fundamento, siempre que el conocimiento de este último corresponda a la Sala Político-Administrativa.

El artículo 24 de la Ley, por su parte, asigna competencia a los Juzgados Nacionales de la Jurisdicción Contencioso Administrativa para conocer de:

5. Las demandas de nulidad de los actos administrativos de efectos generales o particulares dictados por autoridades distintas a las mencionadas en el numeral 5 del artículo 23 de esta Ley y en el numeral 3 del artículo 25 de esta Ley, cuyo conocimiento no esté atribuido a otro tribunal en razón de la materia.

El artículo 25 de la Ley Orgánica, además, asigna a los Juzgados Superiores Estadales de la Jurisdicción Contencioso Administrativa competencia para conocer de:

3. Las demandas de nulidad contra los actos administrativos de efectos generales o particulares, dictados por las autoridades estadales o municipales de su jurisdicción, con excepción de las acciones de nulidad ejercidas contra las decisiones administrativas dictadas por la Administración del trabajo en materia de inamovilidad, con ocasión de una relación laboral regulada por la Ley Orgánica del Trabajo.

6. Las demandas de nulidad contra los actos administrativos de efectos particulares concernientes a la función pública, conforme a lo dispuesto en la ley.

En cuanto al procedimiento en los casos de demandas de nulidad de los actos administrativos, deben destacarse varios aspectos específicos que resultan de las disposiciones de la Ley Orgánica de 2010.

En primer lugar, está el tema de la legitimación activa en los procesos de nulidad de los actos administrativos respecto de los cuales la Ley Orgánica de 2010 omitió toda regulación, lo que implica que el interés para recurrir debe estar condicionado básicamente por los efectos producidos por los actos impugnados. En cuanto a los actos administrativos de efectos generales, la legitimación para impugnarlos y para hacerse parte en los juicios, en nuestro criterio debe corresponder a cualquiera que alegue un simple interés en la anulación o en el mantenimiento del acto impugnado, por lo que consideramos que el carácter popular de la acción contra los actos administrativos de efectos generales no ha variado.

En cuanto a la impugnación de los actos administrativos de efectos particulares, debe recordarse que tradicionalmente se había establecido para la admisibilidad de las acciones, que el recurrente tuviese un interés personal, legítimo y directo[174] en la impugnación. Se consideraba, así, que tratándose de actos individuales o de efectos particulares, en principio, en el proceso solo podían "actuar los sujetos a quienes directamente afecta el acto administrativo,"[175] es decir, "los que tuvieran un interés legítimo en su anulación."[176] Esta noción de interés personal, legítimo y directo, fue precisada con acuciosidad por la Corte Primera de lo Contencioso- Administrativa en su sentencia del 13 de octubre de 1988 (Caso: *Cememosa*), al clarificar que por interés legítimo "debe entenderse como la existencia de una tutela legal sobre la pretensión del actor;" que *el interés sea personal* "alude a la de que el actor haga valer en su

---

[174] Véase Allan R. Brewer-Carías, "Aspectos de la legitimación activa en los recursos contencioso-administrativos contra los actos administrativos de efectos particulares", en *Revista de Derecho Público,* N° 16, Editorial Jurídica Venezolana, Caracas, 1983, pp. 227-233.

[175] Véase en *Gaceta Forense,* N° 27, pp. 127-132. Véase además en Allan R. Brewer-Carías, *Jurisprudencia de la Corte Suprema*, Tomo V, Vol. I, *cit.*, p. 293.

[176] Véase *Gaceta Oficial* N° 14.72 Extra, de 11-06-71.

nombre o en el de un sujeto o comunidad a los cuales representa, su pretensión; "y que el interés sea directo, se refiere a "que el efecto del acto recaiga sobre el actor" y que "el acto esté destinado al actor." En fin, la exigencia apunta a que "el impugnante sea el afectado, el que recibe los efectos inmediatos de la decisión sobre su esfera de intereses."[177]

Esta exigencia, sin embargo, comenzó a variar en 2000, mediante sentencia de la Sala Político Administrativa del Tribunal Supremo, en efecto, N° 873 de 13 de abril de 2000 (Caso: *Banco FIVENEZ vs. Junta de Emergencia Financiera*), en la cual consideró que con la Constitución de 1999, había "quedado tácitamente derogado el criterio legitimador exigido en la Ley Orgánica de la Corte Suprema de Justicia, pues dicho criterio resulta incompatible con los principios que establece la nueva Constitución (Disposición Derogatoria única de la Constitución de 1999), al menos en lo que respecta a la exigencia de que el interés legitimador sea personal y directo." La Sala concluyó entonces indicando que "el interés para recurrir que exige la nueva Constitución, obviamente, sigue siendo "legítimo", ya que el ordenamiento jurídico no puede proteger intereses ilegítimos." Sin embargo, por lo que respecta al interés directo, la Sala lo consideró sin aplicación por lo que el recurrente en estos procesos de nulidad, "cuando el particular pueda obtener de la impugnación del acto administrativo una ventaja o evitar un perjuicio, aunque no exista una relación inmediata entre la situación derivada o creada por el acto administrativo" debe admitirse la impugnación al ser "titular de un 'interés indirecto', lo cual lo legitima para ejercer el recurso contencioso administrativo." Consideró la Sala, en consecuencia, que es suficiente para impugnar tanto actos de efectos particulares como actos de efectos generales, "que se tenga un interés conforme con el ordenamiento jurídico, aunque dicho interés no sea personal y directo." Además, señaló la Sala que en lo que respecta a la exigencia de que el interés sea "personal," que "la nueva Constitución permite el acceso a la justicia para la defensa de los intereses "difusos" y "colectivos," concluyendo entonces que "el concepto de interés previsto en la nueva Constitución abarca los intereses estrictamente personales, así como los intereses comunes de cuya satisfacción depende la de todos y cada uno de los que componen la sociedad." Terminó la Sala Político Administrativa aclarando que, en todo caso, "no puede confundirse la legitimación por simple interés legítimo que exige la nueva Constitución con la denominada acción popular" en cuyo caso "al particular deberá admitírsele la interposición del recurso con independencia de que pueda ostentar un derecho o interés lesionado."[178]

Pero a pesar de este criterio jurisprudencial de 2000, la Ley Orgánica de 2004 repitió en su texto la norma de la derogada Ley Orgánica de 1976 (norma que había sido considerada tácitamente derogada por la Constitución por la Sala Político Administrativa del Tribunal Supremo), exigiéndose el interés personal, legítimo y directo como condición de legitimidad para interponer el recurso contencioso de anulación contra los actos administrativos de efectos particulares (Art. 21, párrafo 9°); razón por la cual continuó siendo, hasta 2010, la condición básica de la legitimación para intentar demandas de nulidad de actos administrativos de efectos particulares o para hacerse parte en los juicios. A partir de 2010, sin embargo, como se dijo, ni la Ley Orgánica de la Jurisdicción Contencioso Administrativa, ni la Ley Orgánica del Tribunal Supremo de Justicia establecieron condición alguna de interés del recurrente para intentar acciones contencioso administrativas contra actos de efectos particulares.

Otro aspecto que debe mencionarse en relación con el proceso contencioso de anulación de los actos administrativos, tal como se regula en los artículos 76 a 96 de la Ley Orgánica de 2010, es que las normas de procedimiento que en ellos se establecen solo se refieren a las demandas en las cuales solo se solicite la nulidad de un acto administrativo. Sin embargo, en muchos casos, la demanda de nulidad de los actos administrativos no se agota con la sola pretensión de anulación de los mismos, sino que la demanda de anulación puede estar acompañada de otras pretensiones procesales de contenido patrimonial conforme se establece en el artículo 259 de la Constitución. En estos últimos casos, sin embargo, la Ley Orgánica no estableció procedimiento específico, por lo que además de aplicarse el procedimiento previsto para las demandas de nulidad, con las notificaciones y emplazamientos, en nuestro criterio debe efectuarse la citación del ente demandado, por ejemplo, en cabeza del Procurador General, como representante de la República[179].

---

[177] Véase *Revista de Derecho Público,* N° 82, Editorial Jurídica Venezolana, Caracas, 2000, pp. 445 ss.

[178] Véase en *Revista de Derecho Público,* N° 82, Editorial Jurídica Venezolana, Caracas, 2002, pp. 582-583.

[179] Lo cierto es que, en la práctica, y a pesar de que puedan no estar involucrados intereses patrimoniales del Estado, las notificaciones han venido practicándose, invocándose para ello lo previsto en los artículos 110 y 111 de la Ley Orgánica de la Procuraduría General de la República (*Gaceta Oficial* N° N° 6.210 Extraordinario del 30-12-15.

Debe mencionarse que con la Ley Orgánica, como se ha dicho, quedó totalmente rota la tradicional dicotomía del contencioso de anulación, por un lado, y del contencioso de los derechos, por el otro,[180] de manera que en el contencioso de los actos administrativos, además de la anulación del acto, la pretensión del recurrente y la decisión del juez puede ser de condena a la Administración al pago de sumas de dinero, de reparación de daños y perjuicios y de restablecimiento de las situaciones jurídicas subjetivas lesionadas por el acto anulado. Esas pretensiones pueden tener su origen básicamente en la responsabilidad de la Administración derivada del acto administrativo ilegal.

Para estos fines, en todo caso, la legitimación del recurrente tiene que ser algo más que "el simple interés legítimo" del cual hablaba la Sala Político Administrativa, como antes se ha dicho, y tendrá que ser propia de además, un interés personal y directo, cuando no un derecho subjetivo.[181]

Por último, en esta materia de los procesos contencioso administrativos de anulación, debe mencionarse que conforme al artículo 8 de la Ley Orgánica de 2010, además de los actos administrativos de efectos generales y particulares, también pueden ser objeto de control judicial las "actuaciones bilaterales," lo que apunta, sin duda, a los contratos públicos. Esto se había establecido en la derogada Ley Orgánica de 2004, que expresamente preveía la posibilidad de la impugnación por ilegalidad o inconstitucionalidad de los contratos o acuerdos celebrados por la Administración cuando afectasen los intereses particulares o generales, legítimos, directos, colectivos o difusos de los ciudadanos, atribuyéndose la legitimidad a personas extrañas a la relación contractual (Art. 21, párrafo 2°). La Ley Orgánica de 2010, sin embargo, en esta materia, tampoco reguló procedimiento contencioso específico alguno.

E. *Los procesos contencioso administrativos contra las carencias administrativas*

En quinto lugar, está el proceso contencioso administrativo que regula la Ley Orgánica, que es el establecido contra la carencia administrativa, a cuyo efecto, el artículo 23 –al igual que el artículo 26,3 de la Ley Orgánica del Tribunal Supremo de Justicia-, asigna a la Sala Político Administrativa, competencia para conocer de:

3. La abstención o la negativa del Presidente o Presidenta de la República, del Vicepresidente Ejecutivo o Vicepresidenta Ejecutiva de la República, de los Ministros o Ministras, así como de las máximas autoridades de los demás órganos de rango constitucional, a cumplir los actos a que estén obligados por las leyes.

Por su parte el artículo 24 de la Ley Orgánica le asigna a los Juzgados Nacionales de la Jurisdicción Contencioso Administrativa, competencia para conocer de:

3. La abstención o la negativa de las autoridades distintas a las mencionadas en el numeral 3 del artículo 23 de esta Ley y en el numeral 4 del artículo 25 de esta Ley.

Y conforme al artículo 25 de la Ley Orgánica, los Juzgados Superiores Estadales de la Jurisdicción Contencioso Administrativa son competentes para conocer de:

4. La abstención o la negativa de las autoridades estadales o municipales a cumplir los actos a que estén obligadas por las leyes.

F. *Los procesos contencioso administrativos de las controversias administrativas*

El sexto proceso contencioso administrativo previsto en la Ley es el proceso contencioso administrativo de las controversias administrativas, a cuyo efecto, el artículo 23 –al igual que el artículo 26 de la Ley Orgánica del Tribunal Supremo de Justicia-, asigna a la Sala Político Administrativa, competencia para conocer de:

7. Las controversias administrativas entre la República, los estados, los municipios u otro ente público, cuando la otra parte sea una de esas mismas entidades, a menos que se trate de controversias entre municipios de un mismo estado.

---

180 Véanse los comentarios de A. Moles Caubet sobre lo que llamó "el contencioso mixto", en "'Rasgos generales de la jurisdicción contencioso administrativa" en Instituto de Derecho Público, *El control jurisdiccional de los Poderes Públicos en Venezuela,* Caracas, 1979, pp. 67-77; Nelson Rodríguez García, *El sistema contencioso-administrativo venezolano y la jurisdicción contencioso-administrativa*, Valencia, 1982, pp. 76-77.

181 *Idem,* pp. 74-75.

8. Las controversias administrativas entre autoridades de un mismo órgano o ente, o entre distintos órganos o entes que ejerzan el Poder Público, que se susciten por el ejercicio de una competencia atribuida por la ley.

Y conforme al artículo 25 de la Ley Orgánica, los Juzgados Superiores Estadales de la Jurisdicción Contencioso Administrativa son competentes para conocer de:

9. Las controversias administrativas entre municipios de un mismo estado por el ejercicio de una competencia directa e inmediata en ejecución de la ley.

G. *Los procesos contencioso administrativos de interpretación de las leyes*

El séptimo proceso contencioso administrativo es el de interpretación de las leyes, a cuyo efecto el artículo 23.21 –al igual que el artículo 26,20 de la Ley Orgánica del Tribunal Supremo de Justicia-, asigna a la Sala Político Administrativa, con exclusividad, competencia para conocer de "los recursos de interpretación de leyes de contenido administrativo."

Se precisó, en esta forma, frente a la competencia general de todas las Salas para interpretar las leyes, que lo que corresponde a la Sala Político Administrativa en exclusividad es solo la interpretación de las leyes de "contenido administrativo."

4. *Acciones y demandas contencioso administrativas y los procedimientos*

A los efectos del desarrollo de estos procesos, conforme a la Ley Orgánica, se han puesto a disposición de que quienes los puedan iniciar, como lo hemos señalado en otro lugar,[182] las siguientes siete acciones contencioso-administrativas: en primer lugar, las demandas de contenido patrimonial contra los entes públicos; en segundo lugar, las demandas en relación con la prestación de servicios públicos; en tercer lugar, las demandas contra las vías de hecho administrativas; en cuarto lugar, las demandas contra las conductas omisivas de la Administración; en quinto lugar, las demandas de nulidad de los actos administrativos; en sexto lugar, las demandas de interpretación de leyes administrativas, y en séptimo lugar, las demandas para la solución de las controversias administrativas.

Por otra parte, la Ley Orgánica de 2010 estableció en relación a todos estos procesos, un conjunto de normas procesales comunes a todas las demandas, dividiendo arbitrariamente los procedimientos que deben seguirse en los procesos, solo en tres tipos:

Primero, el procedimiento aplicable al proceso contencioso administrativo de las demandas de contenido patrimonial;

Segundo, un procedimiento denominado "breve," aplicable (i) al proceso contencioso administrativo de las demandas de contenido no patrimonial o indemnizatorio y en especial, las ejercidas con ocasión de la omisión, demora o deficiente prestación a los servicios públicos; (ii) al proceso contencioso administrativo de las demandas contra las vías de hecho; y (iii) al proceso contencioso administrativo de las demandas contra la abstención o carencia de la Administración; y

Tercero, un procedimiento común aplicable (i) al proceso contencioso administrativo de anulación de los actos administrativos; (ii) al proceso contencioso administrativo para la interpretación de leyes; y (iii) al proceso contencioso administrativo para la solución de controversias administrativas.

Esta división de los procedimientos contencioso administrativos, como hemos dicho, fue hecha en forma arbitraria, sin explicación alguna de la agrupación de procesos, mezclando así en un procedimiento, procesos que nada tienen en común. No se entiende, por ejemplo, por qué a los procesos contencioso administrativos contra la carencia o abstención administrativas no se aplicó, por ejemplo, el mismo procedimiento establecido para los procesos contencioso administrativos de anulación de actos administrativos; o por qué a los procesos contencioso administrativos de demandas contra vías de hecho, no se aplicó el mismo procedimiento establecido para los procesos contencioso administrativos de las demandas de contenido patrimonial.

---

[182] Véase Allan R. Brewer-Carías, "Introducción General al Régimen de la Jurisdicción Contencioso Administrativa," en Allan R. Brewer-Carías y Víctor Hernández Mendible, *Ley Orgánica de la Jurisdicción Contencioso Administrativa,* Editorial Jurídica Venezolana, Caracas 2010, pp. 9-151. Véase, además, Allan R. Brewer-Carías, "Los diversos tipos de acciones y recursos contencioso-administrativos en Venezuela", en *Revista de Derecho Público,* N° 25, Editorial Jurídica Venezolana, Caracas, 1986, pp. 6 ss.

5. *La protección contencioso administrativa de los intereses colectivos y difusos*

Una de las innovaciones importantes en materia de tutela judicial efectiva frente a la Administración fue la consagración del derecho de acceso a la justicia con expresa mención de la protección judicial de los intereses colectivos y difusos,[183] y no solo de los intereses subjetivos y particulares. Los intereses difusos han sido caracterizados por la Sala Constitucional del Tribunal Supremo como los que conciernen a la calidad de la vida (condiciones básicas de existencia) de toda la comunidad o sociedad, que se difunden entre todos los individuos de la comunidad. Este *derecho o interés difuso*, ha agregado la Sala Constitucional, "debido a que la lesión que lo infringe es general (a la población o a extensos sectores de ella), vincula a personas que no se conocen entre sí, que individualmente pueden carecer de nexo o relaciones jurídicas entre ellas, que en principio son indeterminadas, unidas solo por la misma situación de daño o peligro en que se encuentran como miembros de una sociedad, y por el derecho que en todos nace de que se les proteja la calidad de la vida, tutelada por la Constitución". Por tanto, es la afectación o lesión común de la calidad de vida, que atañe a cualquier componente de la población o de la sociedad como tal, independientemente de las relaciones jurídicas que puedan tener con otros de esos indeterminados miembros, lo que lo caracteriza.

Los daños al ambiente o a los consumidores, son así, por ejemplo, daños que afectan intereses difusos, así ocurra en una determinada localidad, pues tienen efectos expansivos que perjudican a los habitantes de grandes sectores del país y hasta del mundo, y responden a la prestación indeterminada de protección al ambiente o de los consumidores. Esa lesión a la población, que afecta con mayor o menor grado a todo el mundo, que es captado por la sociedad conforme al grado de conciencia del grupo social, es diferente a la lesión que se localiza concretamente en un grupo, determinable como tal, aunque no cuantificado o individualizado, como serían los habitantes de una zona del país afectados por una construcción ilegal que genera problemas de servicios públicos en la zona. Estos intereses concretos, focalizados, son en cambio, los *colectivos*, referidos a un sector poblacional determinado (aunque no cuantificado) e identificable, aunque individualmente, dentro del conjunto de personas existe o puede existir un vínculo jurídico que los une. De ello dedujo la Sala Constitucional que "Son los *difusos* los de mayor cobertura, donde el bien lesionado es más generalizado, ya que atañe a la población en extenso, y que, al contrario de los *derechos e intereses colectivos*, surgen de una prestación de objeto indeterminado; mientras que en los *colectivos*, la prestación puede ser concreta, pero exigible por personas no individualizables". Los intereses difusos por ejemplo, se refieren a los daños al ambiente; en cambio, es un interés colectivo "El interés de los vecinos de una urbanización, o un barrio, que se ve desmejorado en sus servicios públicos por una construcción, por ejemplo, también responde a un bien jurídico suprapersonal, pero es determinable, localizable en grupos específicos, y ese es el interés que permite la acción colectiva"[184].

Si bien la Constitución atribuye expresamente al Defensor del Pueblo la competencia de amparar y proteger los derechos e intereses legítimos, colectivos y difusos de las personas contra las arbitrariedades, desviaciones de poder y errores cometidos en la prestación de los servicios públicos, interponiendo cuando fuere procedente las acciones necesarias para exigir al Estado el resarcimiento a los administrados de los daños y perjuicios que les sean ocasionados con motivo del funcionamiento de los servicios públicos (art. 281,2), la legitimación activa para proteger esos derechos e intereses colectivos y difusos no está reservada en exclusiva a dicho funcionario.

183 Véase en general, José L. Villegas Moreno, "Los intereses difusos y colectivos en la Constitución de 1999", en *Revista de Derecho Constitucional*, N° 2 (enero-junio). Editorial Sherwood, Caracas, 2000, pp. 253-269; Ana E. Araujo García, "El principio de la tutela judicial efectiva y los intereses colectivos y difusos", en *El Derecho Público a comienzos del siglo XXI. Estudios homenaje al Profesor Allan R. Brewer-Carías,* Tomo III, Instituto de Derecho Público, Universidad Central de Venezuela, Editorial Civitas, Madrid 2003, pp. 2703-2717; Ana Elvira Araujo, "El principio de la tutela judicial efectiva y los intereses colectivos y difusos", *Revista de derecho del Tribunal Supremo de Justicia,* N° 4, Caracas, 2002, pp. 1 a 29; Mariolga Quintero Tirado, "Aspectos de una tutela judicial ambiental efectiva", en *Nuevos estudios de derecho procesal, Libro Homenaje a José Andrés Fuenmayor,* Vol. II, Tribunal Supremo de Justicia, Colección Libros Homenaje, N° 8, Caracas, 2002 pp. 189 a 236; Flor M. Ávila Hernández, "La tutela de los intereses colectivos y difusos en la Constitución venezolana de 1999", en *El Derecho Público a comienzos del siglo XXI. Estudios homenaje al Profesor Allan R. Brewer-Carías,* Tomo III, *op. cit.*, pp. 2719-2742.

184 Véase sentencia de la Sala Constitucional N° 656 de 30-06-2000, Caso: *Defensor del Pueblo vs. Comisión Legislativa Nacional*. Citada en la sentencia de la Sala Constitucional N° 279 de 19-2-2002 (Caso: *Ministerio Público vs. Colegio de Médicos del Distrito Capital*) como Caso: *Dilia Parra Guillén*, en *Revista de Derecho Público,* N° 89-92, Editorial Jurídica Venezolana, Caracas 2002.

Cualquier persona legitimada para intentar una acción contencioso-administrativa puede invocar la representación de intereses difusos o colectivos, siempre que "el que acciona lo haga en base no solo a su derecho o interés individual, sino en función del derecho o interés común o de incidencia colectiva"; que "la razón de la demanda (o del amparo interpuesto) sea la lesión general a la calidad de vida de todos los habitantes del país o de sectores de él, ya que la situación jurídica de todos los componentes de la sociedad o de sus grupos o sectores, ha quedado lesionada al desmejorarse su calidad común de vida"; y "que exista un vínculo, así no sea jurídico, entre quien demanda en interés general de la sociedad o de un sector de ella (interés social común), nacido del daño o peligro en que se encuentra la colectividad (como tal)[185].

6. *El recurso al arbitraje en materia de contratos públicos*

La Constitución, por otra parte, en su artículo 258 remite a la Ley para promover el arbitraje, la conciliación, la mediación y cualesquiera otros medios alternativos para la solución de conflictos.[186] En lo que se refiere al arbitraje, en materia administrativa ello está aceptado, tal como se regula en el ámbito interno en la Ley de Arbitraje Comercial,[187] y en el ámbito internacional, siempre que conforme a la naturaleza del objeto del contrato, por ejemplo por su carácter comercial, pueda establecerse la cláusula arbitral conforme al artículo 151 de la Constitución,[188] conforme se ha analizado anteriormente.

X. OTRAS TÉCNICAS DE CONTROL DE LA ADMINISTRACIÓN

Además del control judicial de la Administración Pública, la Constitución establece el control parlamentario y el control fiscal.

1. *El control político sobre la Administración*

En cuanto al primero, se atribuye a la Asamblea Nacional y a sus Comisiones, a cuyo efecto, el artículo 222 de la Constitución, dispone que la Asamblea Nacional puede ejercer su función de control mediante los siguientes mecanismos: las interpelaciones, las investigaciones, las preguntas, las autorizaciones y las aprobaciones parlamentarias previstas en la Constitución y en la ley y cualquier otro mecanismo que establezcan las leyes y su reglamento. En ejercicio del control parlamentario, la Asamblea pueda declarar la responsabilidad política de los funcionarios públicos[189] y solicitar al Poder Ciudadano que intente las acciones a que haya lugar para hacer efectiva tal responsabilidad.

Por otra parte, tanto la Asamblea como sus Comisiones pueden realizar las investigaciones que juzguen convenientes en las materias de su competencia, de conformidad con el reglamento (art. 223).

Por último, debe destacarse que conforme al artículo 224, el ejercicio de la facultad de investigación no afecta las atribuciones de los demás poderes públicos. Sin embargo, en cuanto a los jueces, estos están obligados a evacuar las pruebas para las cuales reciban comisión de la Asamblea Nacional y de sus Comisiones.[190]

De acuerdo con el artículo 223 de la Constitución, todos los funcionarios públicos están obligados, bajo las sanciones que establezcan las leyes, a comparecer ante dichas Comisiones y a suministrarles las

---

185 Véase sentencia N° 1048 de 17-08-2000 (Caso: *William Ojeda vs. Consejo Nacional Electoral*), en *Revista de Derecho Público*, N° 83, (julio-septiembre), Editorial Jurídica Venezolana, Caracas 2000, pp. 325 y ss.

186 Sobre el arbitraje como medio alternativo de justicia véase la sentencia de la Sala Constitucional del Tribunal Supremo N° 186 de 14-02-2001, en *Revista de Derecho Público*, N° 85-88, Editorial Jurídica Venezolana, Caracas, 2001, pp. 253 y ss.

187 Artículo 4 de la *Ley de Arbitraje Comercial* (*Gaceta Oficial* N° 36. 430 de 07-04-1998. Véase, Allan R. Brewer-Carías, "El arbitraje y los contratos de interés nacional," en *Seminario sobre la Ley de Arbitraje Comercial*, Academia de Ciencias Políticas y Sociales, Caracas 1999, pp. 169-186.

188 Véase Allan R. Brewer-Carías, "Algunos comentarios a la Ley de Promoción y Protección de Inversiones: Contratos Públicos y Jurisdicción," en Irene Valera (Coord.), *Arbitraje comercial interno e internacional. Reflexiones teóricas y experiencias prácticas*, Academia de Ciencias Políticas y Sociales, Caracas 1999, pp. 279-288.

189 Véase sobre esto Allan R. Brewer-Carías "Aspectos del control político sobre la Administración Pública" en *Revista de Control Fiscal,* N° 101, Contraloría General de la República, Caracas, 1981, pp. 107 a 130.

190 Véase Allan R. Brewer-Carías, "Los poderes de investigación de los cuerpos legislativos y sus limitaciones, con particular referencia a los asuntos secretos", *Revista de Derecho Público,* N° 10, Editorial Jurídica Venezolana, Caracas, 1982, pp. 25 a 42.

informaciones y documentos que requieran para el cumplimiento de sus funciones. Esta obligación comprende también a los particulares; quedando a salvo los derechos y garantías que la Constitución consagra.

A los efectos de asegurar la aplicación de esta norma constitucional en 2001 se dictó la Ley Sobre el Régimen para la Comparecencia de Funcionarios y Funcionarias Públicos y los o las Particulares ante la Asamblea Nacional o sus Comisiones[191], con el objeto, precisamente, de establecer las normas que rigen la comparecencia de funcionarios públicos y los particulares ante la Asamblea Nacional o sus Comisiones, así como las sanciones por el incumplimiento a las mismas. Dicha Ley dispone que la Asamblea Nacional, o sus Comisiones, en el ejercicio de sus atribuciones constitucionales puede acordar, conforme a su Reglamento, la comparecencia ante la plenaria, o ante sus Comisiones, de todos los funcionarios públicos, así como de los particulares "preservando los derechos fundamentales, garantías y principios constitucionales, a los fines del cumplimiento efectivo de las funciones de control y de investigación parlamentaria que sobre el Gobierno nacional, estadal y municipal, y sobre la administración descentralizada, le correspondan" (art. 3).

Cuando con motivo de la comparecencia de un funcionario público, persona natural o representantes de personas jurídicas, se determinen fundados indicios que hagan presumir la existencia de ilícitos administrativos que comprometan el patrimonio público, conforme se establece en el artículo 19 de la Ley, "las actuaciones de la Asamblea Nacional o de la Comisión respectiva constituyen medios de prueba vinculantes, para que la Contraloría General de la República abra la averiguación correspondiente sobre la responsabilidad administrativa de las personas involucradas". Si en esos casos se determinan fundados indicios de la comisión de ilícitos penales, también dispone el artículo 20 de la Ley que "las Actas de las comparecencias constituyen actuaciones preliminares similares a las exigidas en la fase preparatoria del juicio penal" las cuales adminiculadas deben ser pasadas al Ministerio Público para que ejerza la acción correspondiente contra las personas involucradas.

2. *El control fiscal de la Administración*

Pero además del control parlamentario, la Administración Pública está sometida al control fiscal por parte de la Contraloría General de la República que es uno de los órganos del Poder Ciudadano; y que conforme al artículo 287 de la Constitución, es el órgano de control, vigilancia y fiscalización de los ingresos, gastos, bienes públicos y bienes nacionales, así como de las operaciones relativas a los mismos. Goza de autonomía funcional, administrativa y organizativa, y orienta su actuación a las funciones de inspección de los organismos y entidades sujetas a su control[192].

Entre las atribuciones de la Contraloría General de la República, conforme al artículo 289 de la Constitución, además de la ya señalada, están las de controlar la deuda pública, inspeccionar y fiscalizar los órganos, entidades y personas jurídicas del sector público sometidos a su control; practicar fiscalizaciones, disponer el inicio de investigaciones sobre irregularidades contra el patrimonio público, así como dictar las medidas, imponer los reparos y aplicar las sanciones administrativas a que haya lugar de conformidad con la ley; instar al Fiscal General de la República a que ejerza las acciones judiciales a que hubiere lugar con motivo de las infracciones y delitos cometidos contra el patrimonio público y de los cuales tenga conocimiento en el ejercicio de sus atribuciones; y ejercer el control de gestión y evaluar el cumplimiento y resultado de las decisiones y políticas públicas de los órganos, entidades y personas jurídicas del sector público sujetos a su control, relacionadas con sus ingresos, gastos y bienes.

A los efectos de desarrollar estos principios constitucionales relativos al sistema nacional de control fiscal (art. 290), se ha sancionado la Ley Orgánica de la Contraloría General de la República y del Sistema Nacional de Control Fiscal[193], la cual en su artículo 9, sujeta a sus disposiciones y al control, vigilancia y fiscalización de la Contraloría General de la República, a todos los órganos y entidades del Estado, en los tres niveles territoriales.

---

191 Véase Ley Sobre el Régimen para la Comparecencia de Funcionarios y Funcionarias Públicos y los o las Particulares ante la Asamblea Nacional o sus Comisiones (Ley N° 30), en *Gaceta Oficial* N° 37.252 del 2 de agosto de 2001.

192 Véase José Ignacio, Hernández G., "La Contraloría General de la República", *Revista de Derecho Público,* N° 83 (julio-septiembre), Editorial Jurídica Venezolana, Caracas 2000, pp. 21-38.

193 *Gaceta Oficial* N° 6.013 del 23-12-2010.

XI. LA RESPONSABILIDAD ADMINISTRATIVA

Uno de los principios de rango constitucional más importantes en relación con el derecho administrativo en Venezuela, es el de la responsabilidad administrativa, tanto de los funcionarios como de la Administración Pública, es decir, de las personas jurídicas estatales de cuyos órganos administrativos aquéllos son titulares.

1. *La responsabilidad de los funcionarios públicos*

En efecto, un principio fundamental que rige para todos los órganos del Estado, es decir, que ejercen el Poder Público, y por supuesto, para la Administración Pública, es el regulado en el artículo 139 de la Constitución, que recoge otra norma tradicional de nuestro constitucionalismo, y es el principio de la responsabilidad individual de los funcionarios públicos en el ejercicio del Poder Público[194]. Dispone dicha norma que "El ejercicio del Poder Público acarrea responsabilidad individual por abuso o desviación de poder o por violación de esta Constitución o de la Ley". Esta norma recoge el principio del artículo 121 de la Constitución de 1961, pero agregando a la ahora la "desviación de poder" dentro de los supuestos que generan responsabilidad del funcionario; vicio de los actos administrativos que reafirma su rango constitucional.

En consecuencia, la responsabilidad de los funcionarios que causen daños al ejercer el Poder Público, se puede originar cuando ello ocurra por abuso de poder, es decir, por el llamado vicio en la causa de los actos estatales (falso supuesto, por ejemplo); por desviación de poder, que es el vicio en la finalidad del acto estatal, al usarse el poder conferido para perseguir fines distintos a los establecidos en la norma atributiva de competencia; y en general, por violación de la Constitución o de la Ley, es decir, en general, por contrariedad al derecho.

La Constitución, por otra parte, y también siguiendo una larga tradición de nuestro constitucionalismo, reitera el principio de la responsabilidad de los funcionarios públicos, pero en particular, respecto de los actos que dicten, ordenen o ejecuten, que violen o menoscaben los derechos garantizados constitucionalmente; responsabilidad que puede ser civil, penal y administrativa, sin que pueda servirles de excusa órdenes superiores que reciba el funcionario (art. 25). Este mismo principio lo repite el artículo 8 de la Ley Orgánica de la Administración Pública, en relación con los funcionarios de la misma.

En estos casos, y sin perjuicio del derecho de acceso a la justicia establecido en la Constitución (art. 26) y la ley, los particulares cuyos derechos humanos hayan sido violados o menoscabados por un acto u orden de un funcionario público pueden, directamente o a través de su representante, acudir ante el Ministerio Público para que este ejerza las acciones a que hubiere lugar para hacer efectiva "la responsabilidad civil, laboral, militar, penal, administrativa o disciplinaria" en que hubiere incurrido dicho funcionario. Igualmente, pueden acudir ante la Defensoría del Pueblo para que esta inste al Ministerio Público a ejercer dichas acciones y, además, para que la Defensoría del Pueblo solicite ante el Consejo Moral Republicano que adopte las medidas a que hubiere lugar con respecto a tales funcionarios, de conformidad con la ley.

A los efectos, incluso, de la posibilidad de exigencia de responsabilidad, la Ley Orgánica establece el principio de rendición de cuentas, al disponer su artículo 14 que las autoridades y funcionarios de la Administración Pública deben "rendir cuentas de los cargos que desempeñen en los términos y condiciones que determine la ley."

2. *La responsabilidad patrimonial de la Administración*

Por otra parte, una de las innovaciones importantes de la Constitución de 1999 en materia de régimen general del ejercicio del Poder Público, es la previsión expresa del principio de la responsabilidad patrimonial del Estado; es decir, de las personas jurídicas estatales, básicamente las que resultan de la distribución vertical del Poder Público (Repúblicas, Estados y de Municipios), por los daños y perjuicios que causen los funcionarios en ejercicio de sus funciones.

---

[194] Véase en general, Jesús Caballero Ortiz, "Consideraciones fundamentales sobre la responsabilidad administrativa en Francia y en España y su recepción en la Constitución venezolana de 1999", en *Estudios de Derecho Público: Libro Homenaje a Humberto J. La Roche Rincón,* Volumen II. Tribunal Supremo de Justicia, Caracas, 2001, pp. 255-271; Luis A. Ortiz-Álvarez, "La responsabilidad patrimonial del Estado y de los funcionarios públicos en la Constitución de 1999", en *Estudios de Derecho Administrativo: Libro Homenaje a la Universidad Central de Venezuela,* Volumen II. Imprenta Nacional, Caracas, 2001, pp. 149-208.

En la Constitución de 1961 el principio de la responsabilidad del Estado, por supuesto, que se deducía de la previsión del artículo 47 que establecía que las personas no podían pretender que los entes estatales los indemnizaren sino por daños causados por "autoridades legítimas en ejercicio de su función pública"; y del artículo 206, que regulaba la jurisdicción contencioso administrativa (equivalente al artículo 259 de la Constitución de 1999), al atribuirle a los tribunales de dicha jurisdicción, competencia para dictar sentencias de condena "al pago de sumas de dinero y a la reparación de daños y perjuicios originados en responsabilidad de la Administración".

A propuesta nuestra[195] se incluyó en la nueva Constitución una norma expresa en la materia, con el siguiente texto:

Artículo 140: El Estado responderá patrimonialmente por los daños que sufran los particulares en cualquiera de sus bienes y derechos, siempre que la lesión sea imputable al funcionamiento de la Administración Pública.

La expresión "funcionamiento de la Administración Pública", de carácter muy genérico, permite que la responsabilidad del Estado se origine cuando la lesión se derive del funcionamiento normal o anormal de los servicios públicos a cargo del Estado o en general, de la actividad administrativa realizada por la Administración Pública, como estructura orgánica.[196]

Se observa, ante todo, que, conforme a este artículo, la responsabilidad es del "Estado", es decir, de las personas jurídicas estatales en particular, de la República, de los Estados y de los Municipios en sus respectivos niveles territoriales, por el funcionamiento de sus Administraciones Públicas.

Ahora bien, en cuanto a la expresión "Administración Pública" utilizada en este artículo, en todo caso, debe interpretarse conforme se utiliza la expresión en el Título IV de la Constitución, donde está ubicada, abarcando no solo la Administración Pública conformada por los órganos que ejercen el Poder Ejecutivo, en los y tres niveles político territoriales, sino la conformada por los órganos que ejercen el Poder Ciudadano y el Poder Electoral, así como la Administración Pública que constituye la Dirección Ejecutiva de la Magistratura del Tribunal Supremo de Justicia y las unidades administrativas de la Asamblea Nacional.

La redacción de la norma, sin embargo, podría plantear dudas sobre su aplicación a los casos de responsabilidad del Estado legislador, causada, por ejemplo, al sancionar una ley, la cual, sin embargo, deriva de los principios generales del derecho público[197]. En cuanto a la responsabilidad del Estado por actos judiciales o de los jueces, esta, sin embargo, sí está regulada expresamente en los artículos 49,8 y 255 de la Constitución.

---

195 Véase Allan R. Brewer-Carías, *Debate Constituyente (Aportes a la Asamblea nacional Constituyente),* Tomo II, Fundación de Derecho Público, Editorial Jurídica Venezolana, Caracas 1999, pp. 184 y ss.

196 Véase en general, Luis Ortiz Álvarez, *La Responsabilidad Patrimonial de la Administración Pública,* Caracas, 1995; Margarita Escudero León, "Reflexiones sobre la ejecución de sentencias que condenan al Estado al pago de sumas de dinero", en *El Derecho Público a comienzos del siglo XXI. Estudios homenaje al Profesor Allan R. Brewer-Carías,* Tomo II, Instituto de Derecho Público, UCV, Civitas Ediciones, Madrid, 2003, pp. 2310-2329; María E. Soto, "Régimen constitucional de la responsabilidad extracontractual de la Administración Pública", en *Revista LEX NOVA del Colegio de Abogados del Estado Zulia,* N° 239, Maracaibo, 2001, pp. 49-72; Luis A. Ortiz-Álvarez, "La responsabilidad patrimonial del Estado y de los funcionarios públicos en la Constitución de 1999", en *Estudios de Derecho Administrativo: Libro Homenaje a la Universidad Central de Venezuela,* Volumen II, Imprenta Nacional, Caracas, 2001, pp. 149-208; Ana C. Núñez Machado, "La nueva Constitución y la responsabilidad patrimonial del Estado", en *Comentarios a la Constitución de la República Bolivariana de Venezuela",* Vadell Hermanos Editores, Caracas, 2000, pp. 35-64; Abdón Sánchez Noguera, "La responsabilidad del Estado por el ejercicio de la función jurisdiccional en la Constitución venezolana de 1999", en *Revista Tachirense de Derecho,* N° 12 (enero-diciembre). Universidad Católica del Táchira, San Cristóbal, 2000, pp. 55-74; Luis Ortiz-Álvarez, "La responsabilidad patrimonial del Estado y de los funcionarios públicos en la Constitución de 1999", en *Revista de Derecho Constitucional,* N° 1 (septiembre-diciembre), Editorial Sherwood, Caracas, 1999, pp. 267-312; Ana C. Núñez Machado, "Reflexiones sobre la interpretación constitucional y el artículo 140 de la Constitución sobre responsabilidad patrimonial del Estado", en *Revista de Derecho Administrativo,* N° 15 (mayo-diciembre), Editorial Sherwood, Caracas, 2002, pp. 207-222; Alfonso Rivas Quintero, *Derecho Constitucional,* Paredes Editores, Valencia-Venezuela, 2002, pp. 276 y ss.

197 Véase Carlos A. Urdaneta Sandoval, "El Estado venezolano y el fundamento de su responsabilidad patrimonial extracontractual por el ejercicio de la función legislativa a la luz de la Constitución de 1999", en *Revista de Derecho Constitucional,* N° 5 (julio-diciembre), Editorial Sherwood, Caracas, 2001, pp. 247-301;

El principio de la responsabilidad patrimonial del Estado, por la actividad de la Administración Pública, por otra parte, lo reitera el artículo 13 de la Ley Orgánica de la Administración Pública, el cual aun cuando en forma impropia se dispone que la responsabilidad patrimonial sería de la "Administración Pública", cuando esta en realidad no es sujeto de derecho ni persona jurídica. La norma, en efecto, señala:

> "La Administración Pública será responsable ante las personas por la gestión de sus respectivos órganos, de conformidad con la Constitución de la República Bolivariana de Venezuela y la ley, sin perjuicio de la responsabilidad de cualquier índole que corresponda a los funcionarios por su actuación".

La Administración Pública responderá patrimonialmente por los daños que sufran las personas, siempre que la lesión sea imputable a su funcionamiento.

La "Administración Pública," en efecto, no puede ser responsable pues no es un sujeto de derecho; la responsabilidad es de las personas jurídicas estatales político-territoriales (República, Estado, Municipios, Distritos Metropolitana), o descentralizadas (*p.e.* institutos autónomos) que la Constitución comprende en la expresión "Estado."

La Sala Constitucional ha sentado criterio de que la Constitución de 1999 establece un régimen amplio, integral y objetivo de la responsabilidad patrimonial del Estado que se erige en garantía de los particulares frente a las actuaciones dañosas de la Administración, mucho más amplio del establecido en la Constitución de 1961, del cual "no cabe duda que dicha responsabilidad debe ser apreciada de manera objetiva descartándose la culpa del funcionario como fundamento único del sistema indemnizatorio". En consecuencia, la Sala apartándose del criterio restringido que había sido establecido por la Sala Político Administrativa[198], resolvió que "la responsabilidad patrimonial del Estado no debe ser considerada como una garantía en favor de los entes públicos; por el contrario, su consagración constitucional exige que la misma sea interpretada por los jueces en sentido amplio y progresista como una garantía patrimonial del administrado frente a las actuaciones de la Administración generadoras de daño."[199]

XII. EL SERVICIO PÚBLICO Y LOS MERCADOS DE INTERÉS GENERAL (LIBERALIZACIÓN, PRIVATIZACIÓN Y REGULACIÓN) Y SU RÉGIMEN DE COMPETENCIA

1. *Principios constitucionales del sistema económico*

Siguiendo, en cierta forma, las orientaciones de la Constitución de 1961, en materia de Constitución Económica[200] la Constitución de 1999 estableció un sistema económico de economía mixta y social de mercado[201] que se fundamenta en la libertad económica, pero que debe desenvolverse conforme a principios de justicia social, que requieren de la intervención del Estado.[202]

---

198 Véase la sentencia N° 943 de 15-05-2001.

199 Véase la sentencia N° 2818 de 19-11-2002 (Caso: *Ramón Oscar Carmona Vásquez),* en *Revista de Derecho Público,* N° 89-92, Editorial Jurídica Venezolana, Caracas, 2002, pp. 113 y ss.

200 Véase Allan R. Brewer-Carías, "Reflexiones sobre la Constitución Económica" en *Estudios sobre la Constitución Española. Homenaje al Profesor Eduardo García de Enterría,* Madrid 1991, pp. 3839 a 3853; Ignacio de León, "A cinco años de la Constitución Económica de 1999. Un balance de la gestión," Jesús María Casal, Alfredo Arismendi y Carlos Luis Carrillo Artiles (Coord.), *Tendencias Actuales del Derecho Constitucional. Homenaje a Jesús María Casal Montbrun,* Tomo II, Universidad Central de Venezuela/ Universidad Católica Andrés Bello, Caracas, 2008, pp. 379-406.

201 Véase lo que expusimos ante la Asamblea, en Allan R. Brewer-Carías, *Debate Constituyente*, Tomo III, *op. cit.,* pp. 15 a 52.

202 Véase en general, Henrique Meier, "La Constitución económica," en *Revista de Derecho Corporativo*, Vol. 1, N° 1. Caracas, 2001, pp. 9-74; Dagmar Albornoz, "Constitución económica, régimen tributario y tutela judicial efectiva," en *Revista de Derecho Constitucional*, N° 5 (julio-diciembre), Editorial Sherwood, Caracas, 2001, pp. 7-20; Ana C. Núñez Machado, "Los principios económicos de la Constitución de 1999," en *Revista de Derecho Constitucional,* N° 6 (enero-diciembre), Editorial Sherwood, Caracas, 2002, pp. 129-140; Claudia Briceño Aranguren y Ana C. Núñez Machado, "Aspectos económicos de la nueva Constitución," en *Comentarios a la Constitución de la República Bolivariana de Venezuela*, Vadell Hermanos, Editores, Caracas, 2000, pp. 177 ss., Jesús Ollarves Irazábal, "La vigencia constitucional de los Derechos Económicos y Sociales en Venezuela," *Libro Homenaje a Enrique*

En esa orientación, precisamente se inscribe el contenido del artículo 299, al prescribir que el régimen socioeconómico de la República se fundamenta en los siguientes principios: justicia social, democratización, eficiencia, libre competencia, protección del ambiente, productividad y solidaridad, a los fines de asegurar el desarrollo humano integral y una existencia digna y provechosa para la colectividad.

El sistema económico, por tanto, se fundamenta en la libertad económica, la iniciativa privada y la libre competencia, pero con la participación del Estado como promotor del desarrollo económico, regulador de la actividad económica, y planificador con la participación de la sociedad civil. Este sistema de economía mixta como lo ha sido precisado por la Sala Constitucional del Tribunal Supremo, en sentencia N° 117 de 6 de febrero de 2001, está basado en la idea de que la Constitución:

> "propugna una serie de valores normativos superiores del régimen económico, consagrando como tales la libertad de empresa en el marco de una economía de mercado y fundamentalmente el del Estado Social de Derecho (Welfare State, Estado de Bienestar o Estado Socialdemócrata), esto es un Estado social opuesto al autoritarismo. Los valores aludidos se desarrollan mediante el concepto de libertad de empresa, que encierra, tanto la noción de un derecho subjetivo "a dedicarse libremente a la actividad económica de su preferencia," como un principio de ordenación económica dentro del cual se manifiesta la voluntad de la empresa de decidir sobre sus objetivos. En este contexto, los Poderes Públicos, cumplen un rol de intervención, la cual puede ser directa (a través de empresas) o indirecta (como ente regulador del mercado)".[203]

Ello, según el criterio de la misma Sala Constitucional, permite "determinar el grado de flexibilidad de nuestra Constitución Económica dentro de la economía de mercado, el cual puede tener como contenido la economía social de mercado o la economía dirigida o controlada de mercado, adaptándose de esta forma, a las necesidades de su tiempo..."; de lo que concluyó la Sala señalando que se patentiza "el carácter mixto de la economía venezolana," esto es, "un sistema socioeconómico intermedio entre la economía de libre mercado (en el que el Estado funge como simple programador de la economía, dependiendo esta de la oferta y la demanda de bienes y servicios) y la economía interventora (en la que el Estado interviene activamente como el "empresario mayor")."

Ello se desprende, por otra parte, del propio texto de la Constitución, que promueve expresamente, "la actividad económica conjunta del Estado y de la iniciativa privada en la persecución y concreción de los valores supremos consagrados en la Constitución,"[204] garantizando tanto la libertad económica o el derecho de las personas al libre ejercicio de las actividades económicas de su preferencia (art. 112), como la propiedad privada (art. 115), y en particular, prohibiendo la confiscación (art. 116) y regulando la expropiación (art. 115), garantizando el pago de una justa y oportuna compensación.

2. *La actividad administrativa y su incidencia en la esfera de los administrados*

La actividad administrativa, por esencia, incide en la esfera jurídica de los administrados, y en materia económica, en la libertad económica. En este campo, como en todo el del derecho administrativo, este, además de regular a la Administración Pública como complejo orgánico, el ejercicio de la función administrativa y la propia actividad administrativa del Estado, regula también las relaciones entre las personas jurídicas estatales como sujetos de derecho actuando a través de los órganos de la Administración Pública, y los administrados, como consecuencia de la gestión del interés público que, en concreto, aquéllas tienen que asumir.

En estas relaciones está otro de los elementos claves del derecho administrativo contemporáneo: el necesario equilibrio, en un régimen democrático, que tiene que establecerse entre los poderes y prerrogativas de los órganos de la Administración Pública y los derechos de los particulares o administrados, lo cual plantea unas especiales exigencias en un régimen de derechos y garantías ciudadanas.

Tejera París, Temas sobre la Constitución de 1999, Centro de Investigaciones Jurídicas (CEIN), Caracas, 2001, pp. 159 a 192; Rafael Ortiz Ortiz, "Derechos fundamentales y las actividades económicas de interés general," en *Revista de Derecho,* N° 22, Tribunal Supremo de Justicia, Caracas, 2006, pp. 123-202.

203 Véase en *Revista de Derecho Público,* N° 85-88, Editorial Jurídica Venezolana, Caracas, 2001, pp. 212-218.

204 *Idem.* Véase sobre dicha sentencia, José Ignacio Hernández, "Constitución económica y privatización (Comentarios a la sentencia de la Sala Constitucional del 6 de febrero de 2001)," en *Revista de Derecho Constitucional,* N° 5, julio-diciembre-2001, Editorial Sherwood, Caracas, 2002, pp. 327-342.

En esta forma, ante el elenco de derechos y garantías que declara la Constitución, corresponde a la legislación propia del derecho administrativo su regulación, actualización, limitación y protección concretas, y con ello la de las diversas formas de la actividad administrativa, que corresponden a las clásicas formas o cometidos de: policía, fomento, servicio público, control y gestión de los asuntos públicos.

La primera, la actividad de policía, quizás la más clásica de las actividades administrativas, siempre resulta en definitiva en una limitación a los derechos constitucionales; la segunda, la actividad de fomento, se manifiesta en la política el estímulo al desarrollo pleno de los mismos derechos ciudadanos, con particulares connotaciones en el ámbito económico; la tercera, la actividad de servicio público, en esencia es la obligación prestacional impuesta al Estado consecuencia directa de derechos ciudadanos previstos constitucional o legalmente; la cuarta, la actividad de control, corresponde a todas las acciones del Estado de control de la actuación tanto de los órganos de la Administración Pública como de los propios administrados en relación con sus actividades reguladas; y la quinta forma de la actividad administrativa, la de gestión del interés general, que puede manifestarse, entre otros, en el campo de la economía cuando el Estado gestiona incluso directamente actividades dentro del sistema de economía mixta establecido en la Constitución.

En esta forma, la actividad administrativa, materialmente hablando, no puede concebirse sin su incidencia directa en la esfera jurídica de los particulares, pues, en definitiva, aquella se concreta en una regulación, limitación, estímulo, satisfacción, control o protección de los derechos y garantías constitucionales.

La materia administrativa, por tanto, está conformada por todas aquellas regulaciones que permiten al Estado actuar en concreto, realizando cometidos y prestaciones, y que a la vez se configuran como limitaciones a los derechos y garantías constitucionalmente permitidas, por lo que bien podría decirse que el derecho administrativo, materialmente hablando, es el derecho de las limitaciones y regulaciones al ejercicio de esos derechos.

3. *El régimen de los servicios públicos*

Ahora bien, en particular en relación con los servicios públicos, a pesar de las sucesivas crisis que ha tenido en la historia del derecho administrativo, esa noción continúa siendo clave para nuestra disciplina. Incluso, su carácter escurridizo y multivalente no puede impedir que se pueda definir el concepto como referido a las actividades prestacionales que debe asumir el Estado, tendientes a satisfacer necesidades generales o colectivas, en cumplimiento de una obligación constitucional o legal y que los particulares no tienen derecho a desarrollar "libremente."[205]

De esta definición resulta lo siguiente:

En *primer lugar,* que se trata siempre de una actividad, es decir, de un conjunto de operaciones y tareas a cargo de un sujeto de derecho, consistente en dar o hacer algo a favor de otros, en suma, de prestar. Se trata, por tanto, de una actividad prestacional; pero no de cualquier tipo de prestación sino de una que es de interés de todos, de interés público o colectivo por lo que los sujetos a los cuales se destina son todos, es decir, al público en general.

En *segundo lugar,* esa actividad prestacional corresponde cumplirla obligatoriamente al Estado, es decir, a los entes públicos, por estar así establecido en la Constitución o en una Ley. Por tanto, no toda actividad prestacional de interés público que realicen los entes públicos puede considerarse como un servicio público, sino solo aquellas que estos asumen en cumplimiento de una obligación constitucional o legal, lo que implica la regularidad y continuidad.

---

[205] Véase Allan R. Brewer-Carías, "Comentarios sobre la noción del servicio público como actividad prestacional del Estado y sus consecuencias" en *Revista de Derecho Público*, N° 6, Editorial Jurídica Venezolana, Caracas, abril-junio 1981, pp. 65-71 "El régimen constitucional de los servicios públicos» en *El nuevo servicio público. Actividades reservadas y regulación de actividades de interés general (electricidad, gas, telecomunicaciones y radiodifusión) VI Jornadas Internacionales de Derecho Administrativo Allan Randolph Brewer-Carías, Caracas 2002*, Fundación de Estudios de Derecho Administrativo, Caracas 2003, pp. 19-49; José Ignacio Hernández G., "Un ensayo sobre el concepto de servicio público en el derecho venezolano", *Revista de Derecho Público*, N° 89-92, Editorial Jurídica Venezolana, Caracas 2002, pp. 47-75.

En *tercer lugar,* tratándose de una actividad prestacional que corresponde como obligación al Estado, de acuerdo al principio de alteridad, los particulares, es decir, el público en general, tienen un correlativo derecho constitucional o legal a recibir la prestación, el cual, como todo derecho, debe ser esencialmente justiciable y protegible.

En *cuarto lugar,* desde el momento en el cual una actividad se configura como servicio público a cargo de los entes públicos, la misma queda sustraída de las que pueden ser desarrolladas libremente por los particulares. No es que necesariamente la actividad queda excluida del ámbito de la libertad económica de los particulares, sino que en relación con ella, esta no puede desarrollarse libremente.

Es decir, la libertad económica, como derecho de toda persona de "dedicarse libremente a la actividad económica de su preferencia" (art. 112 de la Constitución), está limitada, constitucional o legalmente, en una proporción inversa al grado de asunción de la actividad por parte del Estado.

En todo caso, la idea clave a los efectos de la conceptualización jurídica del servicio público, es la existencia de una obligación constitucional o legal a cargo del Estado para la realización de la actividad prestacional. Ello contribuye a deslindar a los servicios públicos de las actividades prestacionales que el Estado realiza, por ejemplo, como mero empresario, que no se ejecutan en virtud del cumplimiento de obligación constitucional o legal algunas, y respecto de las cuales existe el derecho de los particulares a desarrollarlas libremente.

En consecuencia, la declaración de una actividad como servicio público que, por tanto, se cumple por el Estado en ejecución de una obligación constitucional o legal, da origen a dos consecuencias fundamentales en relación con los particulares y el mercado:

Por una parte, que con motivo de la obligación jurídica del Estado surge una relación jurídica, en cuyo otro extremo está como correlativo a la obligación, un derecho de los administrados a percibir la prestación de tales servicios públicos; y por otra parte, que la presencia del Estado como prestador de servicios públicos restringe, a la vez, la libertad económica de los administrados.

El servicio público así entendido, se presenta entonces siempre, como una restricción a la libertad económica de los particulares. Por ello es que la creación de un servicio público, es decir, el establecimiento de la obligación prestacional a cargo del Estado solo puede tener su origen directamente en la Constitución o en la ley, pues solo en esos textos, conforme al principio de la reserva legal previsto en la propia Constitución (art. 112), es que puede limitarse o restringirse la libertad económica.

Esta consecuencia de la noción de servicio público es la más importante desde el punto de vista jurídico; que cuando una actividad prestacional se erige en servicio público, es decir, se impone obligatoriamente al Estado, sea a la República, a los Estados o a los Municipios, se restringe automáticamente la libertad económica de los particulares en el sentido de que no pueden, libremente, ejercer dicha actividad.

Es evidente, por supuesto, que el ámbito de esta restricción no es uniforme, pues depende de la regulación concreta que se establezca en la Constitución o en la ley. Las normas pueden establecer una variada gama de restricciones a la libertad económica que pueden ir desde la exclusión total de la actividad económica de los particulares en el ámbito de la actividad prestacional, por ejemplo, cuando el Estado se la reserva con carácter de exclusividad; hasta la previsión de una concurrencia casi sin restricciones, entre la actividad pública y la actividad privada, pasando por los supuestos en los cuales, a pesar de que el Estado se reserve el servicio, los particulares pueden prestarlo mediante concesión.

Por tanto, según la intensidad de la restricción a la libertad económica que acarrea la consideración de una actividad como servicio público, se pueden distinguir tres grandes categorías de servicios públicos: los servicios públicos exclusivos y excluyentes; los servicios públicos exclusivos, pero concedibles; los servicios públicos concurrentes.

La primera categoría de servicios públicos abarca aquellos reservados al Estado en forma absoluta, de manera que los particulares no pueden, en forma alguna, prestarlos. La Constitución, en general, salvo en relación con los servicios públicos vinculados a la seguridad de la Nación y a los fines del Estado, no establece directamente ningún servicio público de esta naturaleza, pero permite que la ley los pueda establecer en determinados supuestos. En efecto, el artículo 302 de la Constitución establece expresamente la posibilidad que tiene el Estado de reservarse, mediante Ley Orgánica, y por razones de conveniencia nacional, "industrias, explotaciones, *servicios y bienes de interés público*".

De acuerdo a este artículo, por tanto, mediante ley orgánica podría establecerse un servicio público para ser prestado en forma exclusiva por el Estado, excluyendo a los particulares del ámbito del mismo. Una reserva de este tipo tendría por efecto fundamental establecer una exclusión a la libertad económica de los administrados, la cual no podría desarrollarse, en forma alguna, respecto del servicio reservado. En estos casos, la reserva de servicios provocaría el establecimiento de un *monopolio de derecho* a favor del Estado, configurándose el supuesto del artículo 302 de la Constitución como una excepción a la prohibición de los monopolios que regula el artículo 113 de la propia Constitución. En el ordenamiento jurídico actual no existe ningún servicio público de esta naturaleza.

Una segunda categoría de servicios públicos estaría configurada por aquellos que, aun siendo atribuidos en forma obligatoria y exclusiva al Estado, es decir, a la República, a los Estados o a los Municipios, y estando reservados a los entes públicos, ello no se ha hecho en forma excluyente, por lo que mediante concesión podría permitirse a los particulares la prestación de los mismos en determinadas condiciones. La Constitución ha regulado, en muchas normas esta categoría de servicios públicos, como servicios públicos exclusivos y no excluyentes, por tanto, concedibles, a cuyo efecto ha regulado en general, en el artículo 113 que cuando se trate de "prestación de servicios de naturaleza pública con exclusividad o sin ella, el Estado podrá otorgar concesiones por tiempo determinado, asegurando siempre la existencia de contraprestaciones o contrapartidas adecuadas al interés público."

Esta norma establece, por tanto, que cuando se trate de una actividad declarada como servicio público exclusivo del Estado, pero no excluyente, sea que se vaya a prestar en forma exclusiva o no, el Estado puede otorgar concesiones por tiempo determinado. Por supuesto, corresponde a la Ley la determinación del carácter exclusivo del servicio que permita, sin embargo, que su prestación se pueda conceder a los particulares.

La consecuencia de ello es que, en virtud de la reserva, los particulares no tendrían libertad económica respecto de las actividades que configuran estos servicios, es decir, en esos supuestos, los particulares *no tienen derecho* a realizar las actividades económicas que los configuran. Pueden, sí, obtener ese derecho mediante un acto administrativo bilateral, que es la concesión de servicio público, a través de la cual se transfiere a los particulares un derecho que antes no tenían y que se constituye por dicho acto.

En relación con estos servicios, y con excepción de los de carácter municipal (abastecimiento de aguas,[206] recolección de desechos sólidos, transporte público de pasajeros) o de prestación local,[207] puede decirse que en Venezuela se ha venido produciendo un proceso de liberalización, de manera que el régimen de concesión no encuentra ahora regulación sino excepcionalmente, por ejemplo, en materia de transporte, como el ferroviario[208] o de instalaciones portuarias.[209] En materia de telecomunicaciones, en cambio, puede decirse que la actividad económica se liberalizó, correspondiendo al Estado la regulación del servicio a través del ente regulador como es la Comisión Nacional de Telecomunicaciones creada en la Ley Orgánica de Telecomunicaciones.[210] En sentido similar, el servicio eléctrico también se ha liberalizado conforme a la Ley Orgánica del Servicio Eléctrico,[211] correspondiendo a la Comisión Nacional de Energía, como ente regulador, el control de las actividades particulares en ese campo. En ambos casos, sujetas a la obtención de autorizaciones, permisos y licencias.

Un tercer tipo de servicio público está configurado por aquellas actividades prestacionales también impuestas obligatoriamente al Estado, pero respecto de las cuales el ordenamiento constitucional también consagra un derecho de los particulares a prestarlos, como sucede, por ejemplo, en materia de servicios educativos y de atención a la salud. En estos casos, el establecimiento de una actividad como servicio público lo que produce, como consecuencia, es una limitación a la libertad económica de los particulares, que requieren para ello, por ejemplo, de un registro ante la autoridad pública. No se trata,

---

[206] Ley Orgánica para la Prestación de los Servicios de Agua Potable y de Saneamiento (Ley N° 75), *Gaceta Oficial* N° 38.763 de 6-09-2007.

[207] Por ejemplo, la Ley de Armonización y Coordinación de Competencias de los Poderes Públicos Nacional y Municipal para la Prestación de los Servicios de Distribución de Gas con fines domésticos y de Electricidad (Decreto-Ley N° 1.507) *Gaceta Oficial* N° 37.319 de 07-11-2001.

[208] Ley del Transporte Ferroviario Nacional (*Gaceta Oficial* N° 5.889 Extra. de 31-7-2008).

[209] Véase Ley General de Puertos (*Gaceta Oficial* N° 39.140 de 17-03-2009).

[210] Véase Ley Orgánica de Telecomunicaciones (*Gaceta Oficial* N° 39.610 de 7-2-2011).

[211] Véase Ley Orgánica de Reorganización del Sector Eléctrico (*Gaceta Oficial* N° 39.494 de 24-8-2010).

por tanto, de que la actividad económica se excluya del ámbito de los particulares, como sucede en los casos anteriores, sino de una limitación a su ejercicio. Por ello, en estos casos, el derecho de los particulares a prestar los servicios está establecido directamente en el ordenamiento jurídico, y lo único que en este se establece son los mecanismos de control, para asegurar que los servicios se presten en forma adecuada al interés general envuelto.

4. *La nacionalización de actividades económicas*

Conforme al sistema económico establecido en la Constitución, de economía mixta, el ámbito de lo público y de lo privado es correlativo, pudiendo variar conforme las políticas gubernamentales, siempre resguardando el núcleo esencial de los derechos. Pero en Venezuela, en forma diametralmente distinta a la tendencia contemporánea de reducción de las actividades públicas directas, al contrario, en la primera década del siglo XXI lo que se ha visto ha sido una expansión del sector público y la asunción forzosa y, en algunos casos, mediante la nacionalización, de actividades económicas.

La Constitución de 1999, en efecto, había establecido en el régimen de intervención del Estado en la economía, el régimen de la creación de empresas estatales (Art. 300); el régimen de la nacionalización petrolera y el régimen de la reserva de actividades económicas al Estado.[212]

Sobre estos últimos aspectos, el artículo 302 de la Constitución, luego de intensos debates[213] estableció que "el Estado se reserva, mediante la ley orgánica respectiva y por razones de conveniencia nacional, la actividad petrolera". En esta forma, la reserva de la industria petrolera que se había efectuado mediante la Ley Orgánica que reserva al Estado la Industria y el Comercio de los Hidrocarburos de 1975,[214] adquirió rango constitucional en el texto de 1999, pero conforme lo estableciera la ley orgánica respectiva, la cual siempre está sujeta a modificaciones. La reserva, por tanto, puede considerarse que no es ni rígida ni absoluta, sino flexible, conforme lo establezca la ley orgánica respectiva.[215]

En particular, en todo caso, en la Constitución (Art. 303) se estableció expresamente que por razones de soberanía económica, política y de estrategia nacional "el Estado conservará la totalidad de las acciones de Petróleos de Venezuela, S.A"., o del ente creado para el manejo de la industria petrolera, exceptuando la de las filiales, asociaciones estratégicas, empresas y cualquier otra que se haya constituido o se constituya como consecuencia del desarrollo de negocios de Petróleos de Venezuela, S.A. En esta forma, lo que de acuerdo con la Constitución debe permanecer como propiedad de la República (no del Estado) son las acciones de PDVSA, es decir, del holding de la industria petrolera, pero no de las filiales, las cuales son, en realidad, las que realizan las actividades económicas en la industria. En todo caso, mediante la Ley Orgánica de Hidrocarburos de 2001, reformada en 2006,[216] se ratificó la nacionalización de la industria petrolera previéndose sin embargo el régimen necesario para el establecimiento de empresas mixtas, con capital mayoritario del Estado, para la explotación petrolera. En 2007, dicho régimen fue forzosamente impuesto a los Convenios de Asociación que venían ejecutándose desde los años noventa para la explotación petrolera, con participación de empresas extranjeras, a los cuales se obligó a transformarse en empresas mixtas.[217]

---

212 Véase en general, Víctor Rafael Hernández-Mendible, José Ignacio Hernández G, Allan R. Brewer-Carías y José Araujo-Juárez, *Nacionalización, Libertad de Empresa y Asociaciones Mixtas*, Editorial Jurídica Venezolana, Caracas, 2008

213 Véase *Gaceta Constituyente (Diario de Debates), Noviembre 1999-Enero 2000,* Sesión de 14-11-99, N° 44, pp. 3 ss. Véase nuestro voto salvado en primera discusión en Allan R. Brewer-Carías, *Debate Constituyente,* Tomo III, *op. cit.,* pp. 209 y 210.

214 Véase nuestros comentarios sobre ese proceso en Allan R. Brewer-Carías, "Aspectos organizativos de la industria petrolera nacionalizada," en *Archivo de Derecho Público y Ciencias de la Administración,* Instituto de Derecho Público UCV, Vol. III, Tomo I, Caracas 1981, pp. 407 a 492.

215 Así se reguló, en la Ley Orgánica de Hidrocarburos de 2001, reformada en 2006, *Gaceta Oficial* N° 38.493 de 4-8-2006, mediante la cual se derogó la Ley de Nacionalización Petrolera de 1975.

216 Véase Ley Orgánica de Hidrocarburos (*Gaceta Oficial* N° 38.493 de 4-8-2006);

217 Véase en general, Ley de Regularización de la Participación Privada en las Actividades Primarias Previstas en el Decreto N° 1.510 con Fuerza de Ley Orgánica de Hidrocarburos (*Gaceta Oficial* N° 38.419 de 18-4-2006); Ley de Migración a Empresas Mixtas de los Convenios de Asociación de la Faja Petrolífera del Orinoco; así como de los Convenios de Exploración a Riesgo y Ganancias Compartidas (Decreto Ley N° 5.200) (*Gaceta Oficial* N° 38.632 de 26-02-2007); Ley sobre los Efectos del Proceso de Migración a Empresas Mixtas de los Convenios de Asociación

El mismo artículo 302 de la Constitución, también establece que el Estado se puede reservar, mediante ley orgánica, y por razones de conveniencia nacional, industrias, explotaciones, servicios y bienes de interés público y de carácter estratégico. En este caso, distinto al de la industria petrolera ya reservada desde 1975, se trata de una previsión que sigue la orientación del artículo 97 de la Constitución de 1961, y que se refiere tanto a otras actividades ya reservadas en el pasado (por ejemplo la industria del mineral de hierro), como a la posibilidad, en el futuro, que se pueda dictar una reserva de actividades económicas de interés público o de carácter estratégico.[218] Ha sido precisamente el caso, por ejemplo, de la reserva al Estado de la industria del cemento, la industria siderúrgica, las actividades y servicios conexos con los hidrocarburos, y el oro.[219]

5. *La estatización de actividades económicas y el "sistema económico comunal"*

Por otra parte, en cuanto al régimen de las regulaciones legales a las actividades económicas, la expansión del sector público ha llevado al ahogamiento progresivo del sector privado, por las regulaciones draconianas que progresivamente se han venido estableciendo, con regímenes sancionatorios que ha autorizado a la Administración a ocupar y apropiarse de industrias y servicios, incluso sin compensación, configurándose como confiscaciones administrativas.

En 2007, se pretendió que muchas de estas acciones fueran constitucionalizadas, mediante una propuesta de reforma constitucional que sin embargo, fue rechazada en referendo realizado en diciembre de 2007.[220] Sin embargo, en evidente fraude a la voluntad popular y a la propia Constitución, ese rechazo popular no solo no ha impedido que las reformas se hayan implementado inconstitucionalmente en diversos aspectos mediante leyes, como ocurrió en materia económica, inicialmente mediante el Decreto Ley Nº 6.130 de 2008, contentivo de la Ley para el Fomento y Desarrollo de la Economía Popular,[221] la cual se ha derogado en 2010 mediante la Ley Orgánica del Sistema Económico Comunal (LOSEC),[222] en la cual se ha establecido materialmente una nueva "Constitución Económica" para el país, en paralelo a la prevista en la Constitución, pero que cambia de raíz el sistema constitucional al pretender establecer un sistema económico comunista, denominado Sistema Económico Comunal.

En efecto, el 21 de diciembre de 2010, la Asamblea Nacional junto con otras leyes relativas al Poder Popular y al Estado Comunal, como antes se ha dicho, sancionó la Ley Orgánica del Sistema Económico Comunal,[223] buscando sustituir el sistema económico de economía mixta consagrado en la Constitución

---

de la Faja Petrolífera del Orinoco; así como de los Convenios de Exploración a Riesgo y Ganancias Compartidas *(Gaceta Oficial* Nº 38.785 del 08-10-2007). Véase sobre este proceso en Allan R. Brewer-Carías, "La estatización de los convenios de asociación que permitían la participación del capital privado en las actividades primarias de hidrocarburos sucritos antes de 2002, mediante su terminación anticipada y unilateral y la confiscación de los bienes afectos a los mismos", en Víctor Hernández Mendible (Coordinador), *Nacionalización, Libertad de Empresa y Asociaciones Mixtas*, Editorial Jurídica Venezolana, Caracas 2008, pp. 123-188

218 Véase nuestro voto salvado en primera discusión en Allan R. Brewer-Carías, *Debate Constituyente,* Tomo III, *op. cit.* pp. 210 y 211.

219 Véase Ley Orgánica de Ordenación de las Empresas Productoras de Cemento, Decreto Ley Nº6.091, *Gaceta Oficial* Nº 5.886 Extra. de 18-6-2008); Ley Orgánica de Ordenación de las Empresas que Desarrollan Actividades en el Sector Siderúrgico en la Región de Guayana, Decreto Ley Nº 6.058 *Gaceta Oficial* Nº 38.928 de 12-5- 2008; Ley Orgánica que reserva al Estado bienes y servicios conexos a las actividades primarias de Hidrocarburos, *Gaceta Oficial* Nº 39.173 de 7-5-2009; Decreto Ley Nº 2.165 con Rango, Valor y Fuerza de Ley Orgánica que Reserva al Estado las Actividades de Exploración y Explotación del Oro, así como las Conexas y Auxiliares a Estas, *Gaceta Oficial* Nº 6.210 Extra. de 30-12-2015.

220 Véase Allan R. Brewer-Carías, "La reforma constitucional en Venezuela de 2007 y su rechazo por el poder constituyente originario," en José Ma. Serna de la Garza (Coord.), *Procesos Constituyentes contemporáneos en América latina. Tendencias y perspectivas*, Universidad Nacional Autónoma de México, México 2009, pp. 407-449; "La proyectada reforma constitucional de 2007, rechazada por el poder constituyente originario," en *Anuario de Derecho Público 2007,* Año 1, Instituto de Estudios de Derecho Público de la Universidad Monteávila, Caracas 2008, pp. 17-65; "La reforma constitucional en Venezuela de 2007 y su rechazo por el poder constituyente originario," en *Revista Peruana de Derecho Público,* Año 8, Nº 15, Lima, Julio-Diciembre 2007, pp. 13-53.

221 Véase en *Gaceta Oficial* Nº 5.890 Extra. de 31-07-2008.

222 Véase en *Gaceta Oficial* Nº 6.011 Extra. de 21-12-2010.

223 Véase Ley Orgánica del Sistema Económico Comunal (*Gaceta Oficial* Nº 6.011 Extra. de 21-12-2010). Véase, Allan R. Brewer-Carías, "*Introducción General al Régimen del Poder Popular y del Estado Comunal (O de cómo en el siglo XXI, en Venezuela se decreta, al margen de la Constitución, un Estado de Comunas y de Consejos Comunales,*

de 1999, por un sistema económico socialista o comunista, por el cual nadie ha votado y, al contrario, ha sido rechazado popularmente,[224] concebido, tal como se lo define en el artículo 2, como:

> "el conjunto de relaciones sociales de producción, distribución, intercambio y consumo de bienes y servicios, así como de saberes y conocimientos, desarrolladas por las instancias del Poder Popular, el Poder Público o por acuerdo entre ambos, a través de organizaciones socio productivas bajo formas de propiedad social comunal."

Se trata, por tanto, de un sistema económico que se debe desarrollar exclusivamente "a través de organizaciones socio-productivas bajo formas de propiedad social comunal" que conforme a la Ley son solamente las empresas del Estado Comunal creadas por las instancias del Poder Público; las empresas públicas creadas por los órganos que ejercen del Poder Público; las unidades productivas familiares; o los grupos de trueque, donde está excluida toda iniciativa privada y la propiedad privada de los medios de producción y comercialización de bienes y servicios.

Es en consecuencia, un sistema económico socialista que se ha implantado mediante ley, violentando completamente el sistema de economía mixta que garantiza la Constitución donde se establece, al contrario, como se dijo, como uno de los principios fundamentales del sistema constitucional, tanto la libertad económica como el derecho de propiedad privada.

En la Ley Orgánica del Sistema Económico Comunal se regula, por tanto, un sistema económico que pretende cambiar la estructura el Estado y cuya aprobación solo hubiera podido ser posible a través de la convocatoria de una Asamblea Constituyente (ni siquiera mediante reforma o enmienda constitucional), de un sistema de economía mixta a un sistema económico estatista o controlado por el Estado, mezclado con previsiones propias de sociedades primitivas y lugareñas que en el mundo globalizado de hoy ya simplemente no existen, que presuponen la miseria como forma de vida, para regular y justificar el "trueque" como sistema, pensando quizás en sociedades agrícolas o recolectoras; y para crear una moneda al margen de la de curso legal que es el Bolívar, llamando así como "moneda comunal," como medio de intercambio de bienes y servicios, a los viejos "vales" de las haciendas de hace más de un siglo, donde el campesino estaba confinado al ámbito geográfico de la economía que controlaba estrictamente el hacendado.

Por ello es que este sistema económico comunal se lo concibe como la "herramienta fundamental para construcción de la nueva sociedad," que supuestamente debe regirse solo "por los principios y valores socialistas" que en esta Ley Orgánica, sin fundamento histórico alguno, se declara que supuestamente se inspira en la "doctrina de Simón Bolívar" (Art. 5).

A tal efecto, reducida la propiedad privada a la mínima expresión, en la Ley se define la "propiedad social" como:

> "El derecho que tiene la sociedad de poseer medios y factores de producción o entidades con posibilidades de convertirse en tales, esenciales para el desarrollo de una vida plena o la producción de obras, bienes o servicios, que por condición y naturaleza propia son del dominio del Estado; bien sea por su condición estratégica para la soberanía y el desarrollo humano integral nacional, o porque su aprovechamiento garantiza el bienestar general, la satisfacción de las necesidades humanas, el desarrollo humano integral y el logro de la suprema felicidad social" (Art. 6.15).

Con ello se reafirma que el sistema económico comunal que se regula, está basado exclusivamente en la propiedad pública, del Estado (dominio del Estado), sobre los medios de producción, de manera que en la práctica, no se trata de ningún derecho que sea "de la sociedad," sino del aparato Estatal, cuyo desarrollo, regido por un sistema de planificación centralizada, elimina toda posibilidad de libertad económica e iniciativa privada, y convierte a las "organizaciones socio productivas" en meros apéndices del aparato estatal.

---

y se establece una sociedad socialista y un sistema económico comunista, por los cuales nadie ha votado)," en Allan R. Brewer-Carías, Claudia Nikken, Luis A. Herrera Orellana, Jesús María Alvarado Andrade, José Ignacio Hernández y Adriana Vigilanza, *Leyes Orgánicas sobre el Poder Popular y el Estado Comunal (Los consejos comunales, las comunas, la sociedad socialista y el sistema económico comunal)*, Editorial Jurídica Venezolana, Caracas 2011, pp. 9-182.

224 El rechazo popular se efectuó mediante el referendo de diciembre de 2007 en el cual se rechazó la reforma constitucional en la cual se proponía su creación; y en las elecciones parlamentarias de septiembre de 2010, en la cual el Pueblo mayoritariamente voló contra el Presidente y sus políticas socialistas.

El sistema omni-comprensivo que se regula, al contrario, está basado en la "propiedad social comunal" y que debe ser desarrollada tanto por el Estado Constitucional (los órganos del Poder Público) como por el Estado Comunal (instancias del Poder Popular), como se dijo, exclusivamente a través de "organizaciones socio-productivas bajo formas de propiedad comunal." Nada de esto, sin embargo, ha sido implementado en la última década. Este sistema económico comunal como se dijo, se había comenzado a regular ilegalmente, al margen de la Constitución, violentándola, teniendo por finalidad, entre otras, impulsar dicho sistema "a través de un modelo de gestión sustentable y sostenible para el fortalecimiento del desarrollo endógeno (Art. 3.2); "fomentar el sistema económico comunal en el marco del modelo productivo socialista, a través de diversas formas de organización socio productiva, comunitaria y comunal en todo el territorio nacional (Art. 3.3); e "incentivar en las comunidades y las comunas los valores y principios socialistas para la educación, el trabajo, la investigación, el intercambio de saberes y conocimientos, así como la solidaridad, como medios para alcanzar el bien común.(Art. 3.8).

En este contexto socialista, la Ley Orgánica definió el "modelo productivo socialista" como el:

> "modelo de producción basado en la *propiedad social*, orientado hacia la eliminación de la *división social del trabajo* propio del modelo capitalista. El modelo de producción socialista está dirigido a la satisfacción de necesidades crecientes de la población, a través de nuevas formas de generación y apropiación así como de la *reinversión social del excedente*." (Art. 6.12).

Se trata en consecuencia, de una Ley mediante la cual se pretendió, además, cambiar el sistema capitalista y sustituirlo a la fuerza por un sistema socialista, imponiendo un sistema comunista.[225]

Para ello, y como mecanismo para eliminar toda forma de generar riqueza y con ello, de trabajo libre y empleo, la Ley Orgánica de 2010 declaró como pieza esencial del nuevo sistema económico comunal, la necesaria "reinversión social del excedente," como principio esencial que rige las organizaciones socio productivas, definida como "el uso de los recursos remanentes provenientes de la actividad económica de las organizaciones socio productivas, en pro de satisfacer las necesidades colectivas de la comunidad o la comuna, y contribuir al desarrollo social integral del país" (Art. 6.19). Con este principio, los redactores de la Ley incorporaron a su articulado, otros de los pilares del sistema comunista, tal como fue concebido por Marx y Engels, como contrapuesto al sistema capitalista, y es la necesaria "reinversión social de excedente" producto de la actividad económica. Basada, por tanto, en los principios utópicos comunistas de la "propiedad social de los medios de producción," la "eliminación de la división social del trabajo" y la "reinversión social del excedente," la Ley Orgánica del Sistema Económico Comunal se concibió sin duda para implantar en Venezuela el sistema comunista como contrario al sistema capitalista.

Para ello, Ley Orgánica establece un ámbito omi-comprensivo de aplicación, al establecer, formalmente, que se aplica, por una parte "a las comunidades organizadas, consejos comunales, comunas y todas las instancias y expresiones del Poder Popular, en especial a las organizaciones socio productivas que se constituyan dentro del sistema económico comunal," es decir, a todo el ámbito del Estado Comunal; y por la otra, "de igual manera, a los órganos y entes del Poder Público y las organizaciones del sector privado, en sus relaciones con las instancias del Poder Popular" (Art. 3), es decir, a todos los órganos y entes del Estado Constitucional y a todas las instituciones, empresas y personas del sector privado. Es decir, es una Ley tendiente a implementar el comunismo en todos los órdenes.

Como antes se ha dicho, de acuerdo con esta Ley Orgánica, las organizaciones socio productivas serían los "actores" fundamentales diseñados para dar soporte al sistema económico comunal, siendo a través de ellas que se desarrolla el "modelo productivo socialista" que propugna, definidas como las:

---

225 Para lo cual sus redactores, basándose quizás en algún "Manual" vetusto de revoluciones comunistas fracasadas, parafrasearon en la Ley, lo que Carlos Marx y Federico Engels escribieron hace más de 150 años, en 1845 y 1846, sobre la sociedad comunista, en el conocido libro *La Ideología Alemana*, al referirse a la sociedad primitiva de la época, en muchas partes aún esclavista y en todas, preindustrial, afirmando que la propiedad es "el derecho de suponer de la fuerza de trabajo de otros" y declarando que la "división del trabajo y la propiedad privada" eran "términos idénticos: uno de ellos, referido a la esclavitud, lo mismo que el otro, referido al producto de esta."Véase Karl Marx and Frederich Engels, "The German Ideology," en *Collective Works*, Vol. 5, International Publishers, New York 1976, p. 47. Véanse además los textos pertinentes en http://www.educa.madrid.org/cms_tools/files /0a24636f-764c-4e03-9c1d-6722e2ee60d7/Texto%20Marx%20 y %20Engels.pdf"

"unidades de producción constituidas por las instancias del Poder Popular, el Poder Público o por acuerdo entre ambos, con objetivos e intereses comunes, orientadas a la satisfacción de necesidades colectivas, mediante una economía basada en la producción, transformación, distribución, intercambio y consumo de bienes y servicios, así como de saberes y conocimientos, en las cuales el trabajo tiene significado propio, auténtico; sin ningún tipo de discriminación" (Art. 9).

Esta afirmación legal, que también proviene de los viejos Manuales comunistas basados en las apreciaciones de Marx y Engels en las sociedades anteriores a las europeas de mitades del siglo XIX sobre el trabajo asalariado, su explotación y carácter esclavista y discriminatorio, particularmente en relación con las mujeres,[226] lo cual no tiene ninguna relación con la actualidad en ningún país occidental. Ahora bien, ese trabajo con sentido "propio y auténtico," y "sin discriminación," al que se refiere la Ley Orgánica, supuestamente se garantizaría a través de las organizaciones socio-productivas reguladas en la ley, mediante las cuales, en forma exclusiva, se desarrollaría la economía del país, y que conforme al artículo 10 de la Ley Orgánica, son solo cuatro: primero, las empresas del Estado Comunal; segundo, las empresas públicas del Estado Constitucional; tercero, las unidades productivas familiares; y cuarto, los grupos de trueque. O sea, que del trabajo en empresas privadas en las cuales los trabajadoras tienen herramientas para lograr mejores condiciones que ha sido una de las bases del sistema económico del país, se querría pasar al trabajo exclusivamente en empresas de carácter público, creadas por las instancias del Estado Comunal y por los órganos y entes del Estado Constitucional, sometidas todas a una planificación centralizada, en las cuales no puede haber movimientos sindicales u organizaciones de trabajadores libres que puedan presionar para el logro de mejores condiciones laborales, y donde el "empresario" en definitiva resultaría ser un burócrata de un régimen autoritario que usa el "excedente" para su propio confort, explotando a los asalariados alienados.

En todo caso, este sistema de economía comunal, en la Ley para el Fomento y Desarrollo de la Economía Popular de 2008, se había establecido como un sistema altamente centralizado bajo el control del Ejecutivo Nacional, como "órgano rector," que se ejercía por órgano del Ministerio del Poder Popular para las Comunas y Protección Social (Art. 6). La Ley Orgánica del Sistema Económico Comunal estableció en cambio que el Ministerio de las Comunas, "es el órgano coordinador de las políticas públicas relacionadas con la promoción, formación, acompañamiento integral y financiamiento de los proyectos socio productivos, originados del seno de las comunidades, las comunas o constituidos por entes del Poder Público conforme a lo establecido en el Plan de Desarrollo Económico y Social de la Nación, las disposiciones de la Ley, su Reglamento y demás normativas aplicables" (art 7). Sin embargo, de las competencias que se atribuyen, resulta todo un sistema centralizado que conduce el Ejecutivo Nacional.

Precisamente por ello, el sistema de producción socialista que se regula en la Ley Orgánica es también un sistema económico sometido a una planificación centralizada, conforme a la cual está proscrita toda iniciativa privada, controlado además por el Ejecutivo nacional directamente.

En esta materia, con base en las atribuciones que los artículos 112 y 299 de la Constitución otorgan al Estado en materia de planificación, aun cuando con la especificación de que debe ser democrática, participativa y de consulta abierta, en 2001 se dictó el Decreto Ley N° 1.528 de Ley Orgánica de Planificación, posteriormente modificado por la Ley de la Comisión Central de Planificación, y posteriormente por la Ley Orgánica de Planificación Popular de 2010, con acentuado carácter centralista y nada democrático.[227]

6. *Desestatización de actividades económicas*

El 8 de octubre de 2020, la Asamblea Nacional Constituyente aprobó una llamada "Ley Constitucional" (figura por demás inexistente en el ordenamiento constitucional venezolano, conforme

---

226 Al referirse al trabajo en la misma obra la *Ideología Alemana*, Marx y Engels hablaron de la "explotación del hombre por el hombre": y se refirieron a la "distribución desigual, tanto cuantitativa como cualitativamente, del trabajo y de sus productos." *Idem*.

227 Véase la Ley Orgánica de Planificación y Popular (*Gaceta Oficial* N° 6.148 Extra. de 18-11-2014); y el Decreto con Rango, Valor y Fuerza de Ley de Ley de Reforma Parcial de la Ley Orgánica de Creación de la Comisión Central de Planificación (*Gaceta Oficial* N° 39.604 de 28-1-2011) Véase los comentarios a esta última en Allan R. Brewer-Carías, "Comentarios sobre la inconstitucional creación de la Comisión Central de Planificación, centralizada y obligatoria," en *Revista de Derecho Público*," N° 110, (abril-junio 2007), Editorial Jurídica Venezolana, Caracas 2007, pp. 79-89.

al cual el único órgano con competencia para sancionar leyes es la Asamblea Nacional), denominada *Ley antibloqueo para el desarrollo nacional y la garantía de los derechos humanos,*[228] mediante la cual se pretendió básicamente en la obtención de "recursos adicionales" (art. 18), mediante la implementación de un "cambio" de política económica consistente en desestatizar, desnacionalizar y privatizar indiscriminadamente, y en secreto, la economía, y realizar nuevos negociaciones de financiamiento público, para supuestamente atender necesidades en el país; pero todo ello, subvirtiendo totalmente el ordenamiento jurídico. Con esta ley se produjo una ruptura del ordenamiento jurídico, al establecerse que sus normas forman un *marco normativo de un rango supra-legal*, prevaleciendo sus disposiciones sobre las leyes orgánicas y las leyes ordinarias.

La ley además reguló una *potestad sin límites para que el Ejecutivo Nacional pueda "inaplicar" en casos específicos las normas de rango legal* que estime necesarias para perseguir los propósitos de la Ley (art. 19), así como *"inaplicar" para casos específicos, es decir, singularmente, los reglamentos y demás normas de rango sublegal*, cuya aplicación estime que es contraproducente para cumplir con los fines de Ley (art. 19). Toda esta normativa, además, se previó que podía aplicarse en *régimen de ausencia total de transparencia*, al preverse no solo inaplicar las leyes sobre licitación y contratación pública (arts. 21 y 28), sino que todos "los procedimientos, actos y registros efectuados con ocasión de la implementación de alguna de las medidas" establecidas en la Ley que "suponga la *inaplicación de normas* de rango legal o sublegal," son declarados *"secretos y reservados"* (art. 42).

Lo anterior equivale a una subversión completa del orden jurídico del Estado, totalmente incompatible con los principios más elementales del Estado de derecho, materializándose en la "regulación" o establecimiento formal de la "inaplicabilidad" de las leyes, en secreto, por el Ejecutivo Nacional.[229]

XIII. LA FUNCIÓN PÚBLICA

En la Constitución de 1999 se han establecido los principios fundamentales relativos al régimen de los funcionarios públicos, a los efectos de guiar el establecimiento más de un Estatuto de la función pública que para la carrera administrativa como lo establecía la Constitución de 1961 (art. 122); a cuyo efecto, la Asamblea Nacional sancionó en 2002 la Ley del Estatuto de la Función Pública.[230]

Conforme a la Constitución, en dicho Estatuto se establecieron las normas sobre el ingreso, ascenso, traslado, suspensión y retiro de los funcionarios de la Administración Pública. La Constitución, además, exigió que en el Estatuto se previera la incorporación de los funcionarios a la seguridad social[231]. La Constitución, además remitió a la ley para determinar las funciones y requisitos que deben cumplir los funcionarios públicos para ejercer sus cargos (art. 144)[232].

En cuanto a los principios constitucionales, debe destacarse que el artículo 145 de la Constitución, dispone en general, que los funcionarios públicos deben estar al servicio del Estado y no de parcialidad alguna, precisando, incluso, que su nombramiento y remoción no puede estar determinado por la afiliación u orientación política.

---

228 Véase *Gaceta Oficial* N° 6.583 Extra. de 12-10-2020.

229 Véase sobre esta Ley: Allan R. Brewer-Carías, "La Ley Antibloqueo: una monstruosidad jurídica para desaplicar, en secreto, la totalidad del ordenamiento jurídico," en *Boletín de la Academia de Ciencias Sociales y Políticas*, No 161, Julio diciembre 2020, Homenaje al Dr. José Andrés Octavio, Caracas, pp. 1499-1520. Disponible en https://www.acienpol.org.ve/wp-content/uploads/2021/03/BOLETIN-161-jul-dic-2020.pdf

230 Véase *Gaceta Oficial* N° 37.522 del 6 de septiembre de 2002. Véase en general, Jesús Caballero Ortiz, "Bases constitucionales del derecho de la función pública", *Revista de Derecho Constitucional,* N° 5, julio-diciembre-2001, Editorial Sherwood, Caracas, 2002, pp. 21 a 46.

231 Véase nuestra propuesta en Allan R. Brewer-Carías, *Debate Constituyente (Aportes a la Asamblea Nacional Constituyente),* Tomo II, *op. cit.* p. 182. Véase en general Allan R. Brewer-Carías, *El Estatuto del funcionario público en la Ley de Carrera Administrativa,* Caracas, 1971.

232 En general, sobre el régimen constitucional de los funcionarios públicos, véase Antonio de Pedro Fernández, "Algunas consideraciones sobre la función pública en la Constitución de la República Bolivariana de Venezuela", en *Estudios de Derecho Administrativo: Libro Homenaje a la Universidad Central de Venezuela,* Volumen I, Imprenta Nacional, Caracas, 2001, pp. 307-342.

Ahora bien, en cuanto a los cargos en la Administración Pública, la Constitución estableció, con carácter general, que los cargos "son de carrera" (artículo 146), exceptuando los de elección popular, los de libre nombramiento y remoción, los contratados, los obreros al servicio de la Administración Pública y los demás que determine la Ley.

La consecuencia del principio de la carrera es que el ingreso de los funcionarios públicos y a los cargos de carrera, en principio deben realizarse mediante concurso público, fundamentado en principios de honestidad, idoneidad y eficiencia; los cuales lamentablemente no se han implementado, proliferando los cargos de libre nombramiento y remoción. En cuanto al ascenso, la Constitución también dispone que deben estar sometidos a métodos científicos basados en el sistema de méritos, y el traslado, suspensión y retiro debe ser de acuerdo con el desempeño de los funcionarios. La reducción fáctica de los cargos de carrera, en todo caso, hacen inaplicables estas normas.

En cuanto a las remuneraciones, el artículo 147 establece un principio general de disciplina del gasto público, en el sentido de que para la ocupación de cargos públicos de carácter remunerado es necesario que sus respectivos emolumentos estén previstos en el presupuesto correspondiente. Las escalas de salarios en la Administración Pública, dado su carácter estatutario, se deben establecer reglamentariamente conforme a la ley.

La Constitución, por otra parte, recogió el principio que estaba en el artículo 229 de la Constitución de 1961, conforme al cual, el Poder Nacional, por ley orgánica, puede establecer límites razonables a los emolumentos que devenguen los funcionarios públicos tanto municipales y estadales, como nacionales. La materia quedó así consolidada como una competencia del Poder Nacional que corresponde a la Asamblea Nacional (y escapa de la competencia de los Consejos Legislativos)[233], y en ejecución de dicha norma en 2002, con reforma en 2011, se dictó la Ley Orgánica de Emolumentos, Pensiones y Jubilaciones de los Altos Funcionarios y Altas Funcionarias del Poder Público posteriormente declarada nula por la Sala Constitucional.[234]

Además, la Constitución previó que la ley nacional también debe establecer el régimen de las jubilaciones y pensiones de los funcionarios públicos nacionales, estadales y municipales, siguiendo la orientación que se había establecido en la Enmienda N° 2 de la Constitución de 1961, sancionada en 1983. En esta forma, en cuanto al régimen de remuneraciones y pensiones, el Poder Nacional tiene competencias expresas para su regulación respecto de los tres niveles territoriales.

La Constitución estableció, además, algunos principios relativos a incompatibilidades respecto de los funcionarios públicos. Así, conforme al artículo 148, y siguiendo la orientación del artículo 123 de la Constitución de 1961, nadie puede desempeñar a la vez más de un destino público remunerado, a menos que se trate de los cargos académicos, accidentales, asistenciales o docentes que determine la ley. Se eliminó de las excepciones la referencia a los cargos edilicios y electorales que establecía el texto de 1961 (art. 123).

En todo caso, la aceptación de un segundo destino que no sea de los exceptuados siempre implica la renuncia del primero, salvo cuando se trate de suplentes, mientras no reemplacen definitivamente al principal.

En cuanto a las jubilaciones o pensiones se estableció en la Constitución que nadie puede disfrutar más de una, salvo los casos expresamente determinados en la ley.

El artículo 145 de la Constitución, por otra parte, estableció el principio de que quien esté al servicio de los Municipios, de los Estados, de la República "y demás personas jurídicas de derecho público o de derecho privado estatales", no puede celebrar contrato alguno con ellas, ni por sí ni por interpuesta persona, ni en representación de otro, salvo las excepciones que establezca la ley.

---

233 Véase sentencia de la Sala Constitucional N° 2399 de 29-08-03 (Caso: *Interpretación de las normas contenidas en los artículos 4 del Régimen Transitorio de Remuneraciones de los más Altos Funcionarios de los Estados y Municipios, Comisión Legislativa Nacional de 2000)*.

234 Véase Ley Orgánica de Emolumentos, Pensiones y Jubilaciones de los Altos Funcionarios y Altas Funcionarias del Poder Público (*Gaceta Oficial* N° 39.592 de 12-1-2011), declarada inconstitucional mediante sentencia N° 686, de la Sala Constitucional del Tribunal Supremo de Justicia, en fecha 14 de agosto de 2017 (Caso: Neidy Carmen Rosal González) publicada en la *Gaceta Oficial* N° 41.216 de 17-08-2017.

Se destaca, de esta norma, la referencia a la clasificación de las personas jurídicas en el derecho público, en sus dos vertientes, que hemos propuesto desde hace años: por una parte, las personas jurídicas de derecho público y las personas jurídicas de derecho privado, según la forma de creación; y por la otra, las personas jurídicas estatales y las personas jurídicas no estatales, según su integración o no a la organización general del Estado.[235]

XIV. EL URBANISMO, EL MEDIO AMBIENTE Y LA ORDENACIÓN DEL TERRI-TORIO

1. *Los derechos ambientales y la protección del medio ambiente*

En la Constitución de 1999, también constituyó una novedad en cuanto a la regulación de los derechos constitucionales, el conjunto de normas contenidas en el Capítulo relativo a los derechos ambientales[236].

En el mismo, en el artículo 127, se establece que es un derecho y un deber de cada generación proteger y mantener el ambiente en beneficio de sí misma y del mundo futuro. Además, toda persona tiene derecho individual y colectivamente a disfrutar de una vida y de un ambiente seguro, sano y ecológicamente equilibrado. La consecuencia de estos derechos es que el Estado debe proteger el ambiente, la diversidad biológica, genética, los procesos ecológicos, los parques nacionales y monumentos naturales y demás áreas de especial importancia ecológica. Se agrega, además, que es una obligación fundamental del Estado, con la activa participación de la sociedad, garantizar que la población se desenvuelva en un ambiente libre de contaminación, en donde el aire, el agua, los suelos, las costas, el clima, la capa de ozono, las especies vivas, sean especialmente protegidos, de conformidad con la ley. Por último, la Constitución prohíbe, además, la patentabilidad del genoma de los seres vivos, remitiéndose a la ley que se refiere a los principios bioéticos la regulación de la materia.

El artículo 156 de la Constitución atribuye como competencia exclusiva del Poder Nacional "las políticas *nacionales* y la legislación en materia... (de) ambiente, aguas... y ordenación del territorio" (ord. 23); y "la legislación sobre ordenación urbanística" (ord. 19). Además, la Constitución atribuye a los Municipios competencia exclusiva, en cuanto concierne a la vida local, en materia de "protección del ambiente y cooperación con el saneamiento ambiental" (art. 178,4).

En todo caso la ley fundamental en esta materia la constituye la Ley Orgánica del Ambiente, habiendo regido el texto sancionado en 1976 hasta que se promulgó la vigente de 2006,[237] regulándose las actividades susceptibles de contaminar el ambiente y el régimen de autorizaciones administrativas correspondiente.

Además, el artículo 178,4 de la Constitución le atribuye en forma exclusiva a los Municipios, en cuanto concierne a la vida local, competencias en materia de "protección del ambiente y cooperación con el saneamiento ambiental". El artículo 184 de la Constitución, además, confirma la competencia de Estados y Municipios en materia de "servicios ambientales".

---

235 Véase Allan R. Brewer-Carías, "La distinción entre las personas públicas y las personas privadas y el sentido general de la problemática actual de la clasificación de los sujetos de derecho" en *Revista de la Facultad de Derecho,* N° 57, UCV, Caracas, 1976, pp. 115 a 135. La distinción se puede apreciar, también, por ejemplo, en el texto del artículo 322.

236 Véase en general, Fortunato González Cruz, "El ambiente en la nueva Constitución venezolana", en *El Derecho Público a comienzos del siglo XXI. Estudios homenaje al Profesor Allan R. Brewer-Carías,* Tomo III, Instituto de Derecho Público, UCV, Civitas Ediciones, Madrid, 2003, pp. 2917-2923; Germán Acedo Payáres, "La Constitución de la República Bolivariana de Venezuela de 1999 y los denominados 'Derechos Ambientales", en *El Derecho Público a comienzos del siglo XXI. Estudios homenaje al Profesor Allan R. Brewer-Carías,* Tomo III, Instituto de Derecho Público, UCV, Civitas Ediciones, Madrid, 2003, pp. 2925-2978; Alberto Blanco-Uribe Quintero, "La tutela ambiental como derecho-deber del Constituyente. Base constitucional y principios rectores del derecho ambiental", en *Revista de Derecho Constitucional, N° 6 (enero-diciembre).* Editorial Sherwood, Caracas, 2002, pp. 31-64; Alberto Blanco-Uribe Quintero, "El ciudadano frente a la defensa jurídica del ambiente en Venezuela", en *El Derecho Público a comienzos del siglo XXI. Estudios homenaje al Profesor Allan R. Brewer-Carías,* Tomo III, Instituto de Derecho Público, UCV, Civitas Ediciones, Madrid, 2003, pp. 2995-3008; y Véase Luciano Parejo Alfonso, "El derecho al medio ambiente y la actuación de la Administración Pública", en *El Derecho Público a comienzos del siglo XXI. Estudios homenaje al Profesor Allan R. Brewer-Carías,* Tomo III, Instituto de Derecho Público, UCV, Civitas Ediciones, Madrid, 2003, pp. 2979-2994.

237 Véase la Ley Orgánica del Ambiente en *Gaceta Oficial* N° 31.004 de 16-06-1976 y Gaceta Oficial N° 5.833 de 22-12-2006.

Debe indicarse, además, que el artículo 129 de la Constitución ha elevado a rango constitucional el requisito que hasta ese momento tenía rango reglamentario, de exigir que todas las actividades susceptibles de generar daños a los ecosistemas deben ser previamente acompañadas de estudios de impacto ambiental y socio cultural. El mismo artículo 129 de la Constitución dispone además que el Estado debe impedir la entrada al país de desechos tóxicos y peligrosos, así como la fabricación y uso de armas nucleares, químicas y biológicas, remitiendo a una ley especial la regulación del uso, manejo, transporte y almacenamiento de las sustancias tóxicas y peligrosas.

Por otra parte, como ya se ha señalado, el mismo artículo 129 de la Constitución establece que en los contratos que la República celebre con personas naturales o jurídicas, nacionales o extranjeras, o en los permisos que se otorguen, que involucren los recursos naturales, se debe considerar incluida aun cuando no estuviera expresa, la obligación de conservar el equilibrio ecológico, de permitir el acceso a la tecnología y la transferencia de la misma en condiciones mutuamente convenidas y de restablecer el ambiente a su estado natural si este resultara alterado, en los términos que fije la ley.

2. *La política de ordenación del territorio y el régimen de la ordenación urbanística*

En cuanto a la política de ordenación del territorio, el artículo 128 de la Constitución impone al Estado la obligación de desarrollar una política de ordenación del territorio atendiendo a las realidades ecológicas, geográficas, poblacionales, sociales, culturales, económicas, políticas, de acuerdo con las premisas del desarrollo sustentable, que incluya la información, consulta y participación ciudadana. Una ley orgánica debe desarrollar los principios y criterios para este ordenamiento, con lo que se remite a la Ley Orgánica para la Ordenación del Territorio de 1983[238]. Adicionalmente, el artículo 178 le atribuye expresamente a los Municipios competencia exclusiva, en cuanto concierne a la vida local, en materia de "ordenación territorial", y el artículo 184 confirma la competencia de Estados y Municipios en la materia, por ejemplo, al referirse al "mantenimiento de áreas industriales".

En materia de urbanismo, se trata de una materia de la competencia concurrente de las entidades político territoriales, de manera que el artículo 184 de la Constitución, atribuye competencia tanto a los Estados como a los Municipios en materia de "mantenimiento y conservación de áreas urbanas". Además, el Poder Nacional tiene competencia exclusiva para el establecimiento, coordinación y unificación de normas y procedimientos técnicos para obras de ingeniería, de arquitectura y de urbanismo y la legislación sobre ordenación urbanística, (art. 156,19). Adicionalmente el Poder Municipal tiene competencia exclusiva, en cuanto concierne a la vida local, en materia de ordenación urbanística, parques, jardines, plazas, balnearios, otros sitios de recreación, arquitectura civil, nomenclatura y ornato público (art. 178,1). Se trata, por tanto, de una materia de la competencia concurrente entre el Poder Nacional, el Poder Estadal y el Poder Municipal, que ha sido regulada detalladamente en la Ley Orgánica de Ordenación Urbanística de 1987[239], en la cual además del sistema de planes, se establece el marco regulatorio del control urbanístico que ejercen las autoridades locales mediante el otorgamiento de las constancias de variables urbanas fundamentales, tanto para las urbanizaciones como para las edificaciones.

XV. LOS BIENES PÚBLICOS

La Constitución de 1999, por primera vez en el constitucionalismo venezolano, declaró como del dominio público una serie de bienes, régimen que, con anterioridad, solo estaba regulado en el Código Civil y, más, recientemente en algunas leyes especiales.

---

238 *Gaceta Oficial* N° Extra. 3.238 de 11-08-1983. Véase, además, Allan R. Brewer-Carías, *Ley Orgánica para la Ordenación del Territorio*, Caracas, 1983. Sobre el tema de la ordenación territorial se planteó una discusión por un fugaz intento de reforma a la Ley de 1983, según puede leerse en Allan R. Brewer-Carías, *El curioso e insólito caso de la ley orgánica para la planificación y gestión de la ordenación del territorio, sancionada en septiembre de 2005 y derogada en febrero 2007, sin haber entrado en vigencia*, en *Revista de Derecho Público*, N° 109, (enero-marzo, 2007), Editorial Jurídica Venezolana, Caracas 2007, pp. 65-74.

239 *Gaceta Oficial* N° 33.868 de 16-12-1987. Véase, además, Allan R. Brewer-Carías et al, *Ley Orgánica de Ordenación Urbanística*, Editorial Jurídica Venezolana, Caracas, 1988.

En esta forma, la Constitución declara como bienes del dominio público a los yacimientos mineros y de hidrocarburos (Art. 12), pero con anterioridad a esta constitucionalización, ya la Ley de Minas de 1999 lo había establecido (art. 2), así como la Ley Orgánica de Hidrocarburos Gaseosos de 1999 (art. 1).[240] La Constitución, por otra parte, también declara que "las costas marinas son bienes del dominio público" (art. 12); lo cual se complementó en la Ley de Conservación y Saneamiento de Playas de 2000 (art. 2) y se reguló en la Ley de Zonas Costeras.[241] Por otra parte, en cuanto a las aguas, el artículo 304 de la Constitución establece que "Todas las aguas son del dominio público de la Nación, insustituibles para la vida y el desarrollo...", lo que también se reguló en la Ley de Aguas.[242]

Además, otras normas constitucionales también regulan bienes del dominio público, aun cuando sin utilizar este calificativo jurídico: se trata, por ejemplo, de las "armas de guerra" respecto de las cuales el artículo 324 declara que solo el Estado puede poseerlas y usarlas, de manera que "todas las que existan, se fabriquen o se introduzcan en el país *pasarán a ser propiedad* de la República sin indemnización ni proceso" (art. 324). Por otra parte, el artículo 303 de la Constitución dispone que "por razones de soberanía económica, política y de estrategia nacional, el Estado *conservará* la totalidad de las acciones de Petróleos de Venezuela, S.A., o del ente creado para el manejo de la industria petrolera", lo que implica una declaratoria indirecta de dominio público de dichas acciones societarias, que son inalienables.

Ahora bien, la declaratoria de todos estos bienes como del dominio público en la propia la Constitución, implica limitaciones a la potestad contractual de los entes públicos, particularmente por la inalienabilidad de los mismos, lo que implica la prohibición de cualquier contrato de interés público que pueda significar la enajenación de estos bienes.

Sin embargo, la propia Constitución prevé el régimen de concesiones para la explotación de los bienes que sean "recursos naturales propiedad de la Nación", las cuales pueden ser otorgadas con exclusividad o sin ella, por tiempo determinado, y asegurando, siempre, la existencia de contra-prestaciones o contrapartidas adecuadas al interés público" (art. 113).

En cuanto a las concesiones mineras, en particular, se dispone en el artículo 156,16 de la Constitución que "el Ejecutivo Nacional no podrá otorgar concesiones mineras por tiempo indefinido"[243].

Aparte de estas disposiciones constitucionales, por supuesto, los bienes del dominio público se han definido tradicionalmente en el Código Civil conforme al criterio de la afectación al uso público, como las vías públicas, los ríos, los lagos, el mar y las plazas y fuertes de guerra (Art. 534).

Por otra parte, de acuerdo con el artículo 542 del Código Civil se consideran como tierras baldías los bienes inmuebles que no tengan dueño, los cuales se configuran como parte del dominio privado de los Estados de la Federación. Por ello, el artículo 164,5 de la Constitución ahora le atribuye a los Estados la administración de las tierras baldías, aun cuando "el régimen" de las mismas debe ser establecido por ley nacional (art. 156,16).

Como bienes del dominio privado de los Estados, las tierras baldías pueden ser objeto de contratación, en el sentido de que por ejemplo, pueden ser enajenadas o arrendadas, con una sola excepción que establece la Constitución y es en relación con las tierras baldías existentes en las dependencias federales y en las islas fluviales o lacustres las cuales "no podrán enajenarse y su aprovechamiento solo podrá concederse en forma que no implique, directa ni indirectamente, la transferencia de la propiedad de la tierra" (art. 13).

Las "dependencias federales" a que alude esta norma son las islas marítimas no integradas en el territorio de un Estado de la federación, así como las islas que se formen o aparezcan en el mar territorial o en el que cubra la plataforma continental (art. 7 y 11).

---

240 Véase *Ley Orgánica de Hidrocarburos Gaseosos,* Decreto-Ley N° 310 (*Gaceta Oficial* N° 36.793 de 23-09-1999).

241 Véase Ley de Zonas Costeras, Decreto-Ley N° 1.468 (*Gaceta Oficial* N° 37.349 de 19-12-2001).

242 Véase Ley de Aguas (*Gaceta Oficial* N° 38.595 de 02-01-2007).

243 Véase Allan R. Brewer-Carías, "Prologo" sobre "El régimen constitucional aplicable a las concesiones de obras y servicios públicos", en Alfredo Romero Mendoza (Coordinador) et al., *Régimen Legal de las Concesiones Públicas,* Caracas 2000, pp. 9 a 16.

Entre los bienes inmuebles de los Municipios, la Constitución define a los ejidos, presumiendo, además, que son tales, "los terrenos situados dentro del área urbana de las poblaciones del Municipio, carentes de dueño, sin menoscabo de legítimos derechos de terceros, válidamente constituidos" (art. 181). Los ejidos, a pesar de que conforme al artículo 181 de la Constitución "son inalienables e imprescriptibles"; la misma norma agrega que "solo podrán enajenarse previo el cumplimiento de las formalidades previstas en las ordenanzas municipales y en los supuestos que las mismas señalen".

En relación con los baldíos y ejidos, por supuesto, también se aplica el régimen de concesiones antes indicado, conforme al mencionado artículo 113 de la Constitución.

Nueva York, julio 2022

ÍNDICE GENERAL

NOTA INTRODUCTIVA 9

EL DERECHO ADMINISTRATIVO ARGENTINO
Juan Carlos Cassagne

I. EVOLUCIÓN Y MODELO REGULATIVO DE LA ADMINISTRACIÓN PÚBLICA, BASE CONSTITUCIONAL Y CONCEPTO DE DERECHO ADMINISTRATIVO Y FUENTES 11
1. Base constitucional 11
2. Órganos constitucionales 12
3. Los tratados y su jerarquía constitucional 12
4. La Ley: caracteres y régimen jurídico 13
A. El decreto-ley 14
B. El reglamento 14
5. Reglamentos ejecutivos o de ejecución 16
6. Reglamentos autónomos o independientes 17
7. Reglamentos delegados 17
8. Reglamentos de necesidad y urgencia 18
9. Instrucciones de servicio, circulares y reglamentos de organización 20
10. Convenciones colectivas de trabajo 20
11. Principios generales del Derecho 21
12. La equidad 21
13. La Costumbre. Clasificación 21
14. Los precedentes administrativos 22
15. El papel de la jurisprudencia 22
II. ORGANIZACIÓN ADMINISTRATIVA, EN ESPECIAL EL ESTADO Y LOS MUNICIPIOS 22
1. El gobierno federal y la distribución de competencias según la Constitución Nacional 22
2. El Poder Ejecutivo Nacional 23
3. Competencia del Poder Ejecutivo 23
4. La Administración descentralizada 24
A. Distintas formas jurídicas que puede revestir la descentralización administrativa 24
5. El procedimiento administrativo 25
6. El procedimiento declarativo de impugnación. Recursos, reclamaciones y denuncias 26
III. EL ACTO ADMINISTRATIVO, SU EJECUCIÓN, PRINCIPIO DE AUTOTUTELA, LOS RECURSOS ENVÍA ADMINISTRATIVA 27
1. Estructura unilateral o bilateral de la declaración. La unilateralidad o bilateralidad pueden referirse tanto a su formación como a sus efectos 27
2. Efectos del acto administrativo 28
3. Alcance general o individual del acto administrativo 28
4. Ejecutoriedad del acto administrativo 29

IV. LOS CONTRATOS DE LA ADMINISTRACIÓN 30
1. El contrato interadministrativo 32
2. Contratos de la administración regidos parcialmente por el derecho privado 33
3. Algunas consecuencias que genera la distinción entre los contratos administrativos y los contratos privados 33
A. La interpretación del contrato administrativo 33
B. Un supuesto especial: la procedencia de la exceptio non adimpleti contractus y la rescisión o resolución del contrato administrativo ante el incumplimiento de la Administración 34
C. El poder modificatorio de la Administración en los contratos administrativos 34
4. Síntesis final 35
V. EL DERECHO ADMINISTRATIVO SANCIONADOR 36
1. Diferentes sanciones que aplica la administración: las sanciones penales administrativas y su trascendencia 36
2. La distinción entre delitos y contravenciones o faltas: vigencia y ocaso del llamado derecho penal administrativo 37
3. El fenómeno de la despenalización 38
4. La falta o contravención como figura típica del derecho penal administrativo 38
5. Jurisdicción nacional y provincial para legislar en materia de contravenciones e infracciones administrativas 39
6. El procedimiento sancionatorio 41
7. Distintas clases de sanciones penales-administrativas 41
8. Extinción de las sanciones penales de policía administrativa 42
VI. LA DISCRECIONALIDAD ADMINISTRATIVA 43
1. Distintos tipos de discrecionalidad 43
2. Los conceptos jurídicos indeterminados como técnica de reducción de la discrecionalidad 43
3. La llamada discrecionalidad técnica 44
4. La admisión de un círculo o bloque de discrecionalidad y el control de los tribunales judiciales sobre los actos de contenido parcialmente discrecional 45
VII. EL CONTROL JUDICIAL DE LA ADMINISTRACIÓN: CONTENCIOSO-ADMINISTRATIVO Y OTROS MODOS DE SOLUCIÓN DE CONTROVERSIAS, EN ESPECIAL LOS ARBITRAJES 46
VIII. OTRAS TÉCNICAS DE CONTROL DE LA ADMINISTRACIÓN 46
IX. LA RESPONSABILIDAD ADMINISTRATIVA 47
1. La regulación de la responsabilidad del Estado en la Argentina 47
2. Ámbito de aplicación de la Ley 26.944 49
3. Lineamientos generales de la Ley 26.944 49
X. EL SERVICIO PÚBLICO, LOS MERCADOS DE INTERÉS GENERAL (LIBERALIZACIÓN, PRIVATIZACIÓN, REGULACIÓN) Y SU RÉGIMEN DE COMPETENCIA 50
1. La técnica del servicio público. La publicatio y la concepción objetiva como ejes de la noción jurídica 50
2. La configuración de un concepto sobre el servicio público 52
3. Los servicios públicos impropios. Las actividades de interés público. Los llamados servicios sociales 53

4. Régimen jurídico: reglas generales relativas al funcionamiento de los servicios públicos ... 54
XI. EL RÉGIMEN DE PARTICIPACIÓN PÚBLICO – PRIVADA PARA EL DESARROLLO DE INFRAESTRUCTURAS PÚBLICAS ... 56
1. Principales características de la ley 27.328 ... 57
XII. FUNCIÓN PÚBLICA ... 58
XIII. EL URBANISMO, MEDIO AMBIENTE Y ORDENACIÓN DEL TERRITORIO ... 59
XIV. BIENES PÚBLICOS ... 60

PANORAMA DEL DERECHO ADMINISTRATIVO EN BOLIVIA

Juan Lixmar Zoto

I. EVOLUCIÓN Y MODELO REGULATIVO DE LA ADMINISTRACIÓN PÚBLICA, BASE CONSTITUCIONAL Y CONCEPTO DE DERECHO ADMINISTRATIVO Y FUENTES ... 63
II. FUENTES DEL DERECHO ADMINISTRATIVO ... 64
III. ORGANIZACIÓN ADMINISTRATIVA, EN ESPECIAL EL ESTADO Y LOS MUNICIPIOS ... 65
1. Administración General del Estado ... 65
2. Administraciones de las Unidades Territoriales ... 66
3. Administraciones regionales e indígenas originarias campesinas ... 67
IV. EL PROCEDIMIENTO ADMINISTRATIVO ... 67
1. Principios del Procedimiento Administrativo y sus fases de desarrollo ... 68
2. Los sujetos del procedimiento ... 69
3. La inactividad de la Administración. El silencio administrativo ... 69
V. EL ACTO ADMINISTRATIVO, SU EJECUCIÓN, PRINCIPIO DE AUTOTUTELA, LOS RECURSOS EN VÍA ADMINISTRATIVA ... 70
1. Elementos del acto administrativo ... 70
2. Los recursos en vía administrativa ... 71
VI. LOS CONTRATOS DE LA ADMINISTRACIÓN ... 71
1. Legislación, ámbito de aplicación y exclusiones ... 72
2. Clases de contratos ... 73
3. Modalidades de contratación y adjudicación ... 74
VII. EL DERECHO ADMINISTRATIVO SANCIONADOR ... 75
1. Legislación aplicable, principios y procedimiento ... 76
VIII. LA DISCRECIONALIDAD ADMINISTRATIVA ... 77
IX. EL CONTROL JUDICIAL DE LA ADMINISTRACIÓN: CONTENCIOSO ADMINISTRATIVO Y OTROS MODOS DE SOLUCIÓN DE CONTROVERSIAS ... 78
1. El Contencioso-administrativo en la Constitución Política del Estado de 2009. La incertidumbre sobre su permanencia ... 80
X. OTRAS TÉCNICAS DE CONTROL DE LA ADMINISTRACIÓN ... 81
1. Técnicas de control constitucional ... 81
2. La Acción de Amparo Constitucional ... 81
3. Acción de Inconstitucionalidad ... 81
4. Acción de Cumplimiento ... 82
5. Acción Popular ... 82

6. Técnicas de control legislativas y administrativas ... 82
XI. LA RESPONSABILIDAD ADMINISTRATIVA ... 83
XII. EL SERVICIO PÚBLICO, LOS MERCADOS DE INTERÉS GENERAL (LIBERALI-ZACIÓN, PRIVATIZACIÓN, REGULACIÓN) Y SU RÉGIMEN DE COMPETENCIA ... 85
1. Evolución de los mercados de interés general, privatización, capitalización, regulación y nacionalización ... 85
XIII. LA FUNCIÓN PÚBLICA ... 87
XIV. EL URBANISMO, MEDIO AMBIENTE Y ORDENACIÓN DEL TERRITORIO ... 88
XV. BIENES PÚBLICOS ... 90
1. Bienes de dominio público ... 90
2. Bienes de dominio privado ... 92
BIBLIOGRAFÍA ... 93

O DIREITO ADMINISTRATIVO NO ORDENAMENTO JURÍDICO BRASILEIRO
Guilherme Carvalho

I. EVOLUÇÃO E MODELO REGULATÓRIO DA ADMINISTRAÇÃO PÚBLICA, BASE CONSTITUCIONAL, CONCEITO DE DIREITO ADMINISTRATIVO E FONTES ... 95
1. Conceito de Direito Administrativo ... 96
2. Base constitucional do Direito Administrativo no Brasil ... 97
3. Fontes do Direito Administrativo ... 98
II. ORGANIZAÇÃO ADMINISTRATIVA NO BRASIL ... 98
III. O PROCEDIMENTO ADMINISTRATIVO ... 99
IV. O ATO ADMINISTRATIVO, SUA EXECUÇÃO, PRINCÍPIO DA AUTOTUTELA, OS RECURSOS NA VIA ADMINISTRATIVA ... 101
V. OS CONTRATOS DA ADMINISTRAÇÃO ... 102
1. O regime de contratação da Administração Pública Direta, Autárquica e Fundacional ... 102
2. O regime de contratação da Administração Pública Indireta ... 106
3. O regime de contratação do Terceiro Setor ... 106
VI. O DIREITO ADMINISTRATIVO SANCIONADOR ... 107
1. A Improbidade Administrativa ... 107
2. A Lei Anticorrupção ... 108
3. O Processo Administrativo Disciplinar ... 109
VII. A DISCRICIONARIEDADE ADMINISTRATIVA ... 110
VIII. O CONTROLE JUDICIAL DA ADMINISTRAÇÃO: MÉTODOS ALTERNATIVOS DE SOLUÇÃO DE CONTROVÉRSIAS ... 111
IX. OUTRAS TÉCNICAS DE CONTROLE DA ADMINISTRAÇÃO ... 112
X. A RESPONSABILIDADE ADMINISTRATIVA ... 113
XI. O SERVIÇO PÚBLICO, OS MERCADOS DE INTERESSE GERAL (LIBERALIZAÇÃO, PRIVATIZAÇÃO) E SEU REGIME DE COMPETÊNCIA ... 115
XII. A FUNÇÃO PÚBLICA ... 116
XIII. O URBANISMO, MEIO AMBIENTE E ORDENANAÇÃO DO TERRITÓRIO ... 118
XIV. BENS PÚBLICOS ... 121

BIBLIOGRAFÍA 122

PANORAMA GENERAL DEL DERECHO ADMINISTRATIVO CHILENO

Alejandro Vergara Blanco

I. MODELO REGULATIVO DE LA ADMINISTRACIÓN PÚBLICA, BASE CONSTITUCIONAL. CONCEPTO DE DERECHO ADMINISTRATIVO Y FUENTES 127
TEXTOS NORMATIVOS FUNDAMENTALES: 130
BIBLIOGRAFÍA BÁSICA: 130
II. ORGANIZACIÓN ADMINISTRATIVA 130
TEXTOS NORMATIVOS FUNDAMENTALES 132
BIBLIOGRAFÍA BÁSICA: 132
III. EL PROCEDIMIENTO ADMINISTRATIVO 133
TEXTOS NORMATIVOS FUNDAMENTALES: 136
BIBLIOGRAFÍA BÁSICA: 136
IV. EL ACTO ADMINISTRATIVO 137
TEXTOS NORMATIVOS FUNDAMENTALES: 138
BIBLIOGRAFÍA BÁSICA: 138
V. LOS CONTRATOS DE LA ADMINISTRACIÓN 139
TEXTOS NORMATIVOS FUNDAMENTALES: 140
BIBLIOGRAFÍA BÁSICA: 140
VI. DERECHO ADMINISTRATIVO SANCIONADOR 140
TEXTOS NORMATIVOS FUNDAMENTALES: 143
BIBLIOGRAFÍA BÁSICA: 143
VII. LA DISCRECIONALIDAD ADMINISTRATIVA 143
TEXTOS NORMATIVOS FUNDAMENTALES: 145
BIBLIOGRAFÍA BÁSICA: 145
VIII. CONTROL JUDICIAL (JURISDICCIONAL) DE LA ADMINISTRACIÓN. EL CONTENCIOSO ADMINISTRATIVO 145
TEXTOS NORMATIVOS FUNDAMENTALES: 150
BIBLIOGRAFÍA BÁSICA: 150
IX. OTRAS TÉCNICAS DE CONTROL DE LA ADMINISTRACIÓN: "LA CONTRALORÍA GENERAL DE LA REPUBLICA" 151
TEXTOS NORMATIVOS FUNDAMENTALES: 152
BIBLIOGRAFÍA BÁSICA: 153
X. LA RESPONSABILIDAD ADMINISTRATIVA 153
TEXTOS NORMATIVOS FUNDAMENTALES: 154
BIBLIOGRAFÍA 154
XI. EL SERVICIO PÚBLICO (MERCADO, PRIVATIZACIÓN, REGULACIÓN) 155
TEXTOS NORMATIVOS FUNDAMENTALES: 156
BIBLIOGRAFÍA 156
XII. FUNCIÓN PÚBLICA 157
TEXTOS NORMATIVOS FUNDAMENTALES 158
BIBLIOGRAFÍA 158
XIII. URBANISMO, MEDIO AMBIENTE Y ORDENACIÓN DEL TERRITORIO 158
TEXTOS NORMATIVOS FUNDAMENTALES 160

BIBLIOGRAFÍA BÁSICA: 160
XIV. BIENES PÚBLICOS 160
TEXTOS NORMATIVOS FUNDAMENTALES 165
BIBLIOGRAFÍA BÁSICA: 165

PANORAMA GENERAL DEL DERECHO ADMINISTRATIVO EN COLOMBIA

Jaime Orlando Santofimio Gamboa
Andrés Mauricio Briceño Chaves

I. EVOLUCIÓN Y MODELO REGULATIVO DE LA ADMINISTRACIÓN PÚBLICA, BASE CONSTITUCIONAL Y CONCEPTO DE DERECHO ADMINISTRATIVO Y FUENTES 167
1. Evolución del modelo de administración pública en Colombia 167
2. Organización del Estado y de la administración. El Estado unitario en Colombia 170
3. Concepto de derecho administrativo. 172
4. Fuentes del derecho administrativo colombiano 173
A. La Constitución Política como fuente del derecho administrativo colombiano 173
B. La ley como fuente del derecho administrativo colombiano 175
C. El Reglamento o acto administrativo de carácter general como fuente del derecho administrativo colombiano 176
D. Los principios generales del derecho como fuente del derecho administrativo 177
E. La Jurisprudencia como fuente del derecho administrativo colombiano 178
F. La costumbre y el precedente administrativo como fuentes del derecho administrativo colombiano 179
G. El derecho internacional como fuente del derecho administrativo colombiano 180
II. ORGANIZACIÓN ADMINISTRATIVA, EN ESPECIAL EL ESTADO Y LOS MUNICIPIOS 181
1. Organización administrativa del Estado 181
2. Organización territorial. Las entidades territoriales 182
3. Los municipios 183
III. EL PROCEDIMIENTO ADMINISTRATIVO 184
1. Justificación de su existencia en el derecho administrativo colombiano 184
2. El derecho positivo de los procedimientos administrativos. Procedimiento general 188
3. Procedimientos especiales 189
4. Relaciones entre las normas del código de procedimientos administrativos, el procedimiento general de la ley 1437 de 2011 y los múltiples procedimientos especiales que rigen para diversas materias 191
5. Competencia para la expedición de procedimientos administrativos 191
6. Excepciones a la aplicación de los procedimientos administrativos para la expedición de actos administrativos 192
7. El procedimiento administrativo y la tecnología 193
8. El Concepto de acto administrativo en el derecho administrativo colombiano ... 194
A. El Acto administrativo de contenido individual. Concepto. 194

9. El acto administrativo de contenido general. Reglamento 199
10. El acto administrativo de contenido mixto 201
IV. LOS CONTRATOS DE LA ADMINISTRACIÓN. LOS LLAMADOS CONTRATOS ESTATALES EN EL DERECHO ADMINISTRATIVO COLOMBIANO 202
1. El dilema del derecho público y del privado en el contrato estatal colombiano .. 202
2. El concepto de contrato estatal 207
3. El sistema de compra pública moderno 208
4. El Derecho administrativo sancionador 208
5. La discrecionalidad administrativa 210
V. EL CONTROL JUDICIAL DE LA ADMINISTRACIÓN: CONTENCIOSO-ADMINISTRATIVO Y OTROS MODOS DE SOLUCIÓN DE CONTROVERSIAS, EN ESPECIAL LOS ARBITRAJES 213
1. El modelo colombiano de lo contencioso administrativo 213
2. Acciones contenciosas administrativas. Medios de control. Evolución 217
3. Las controversias contractuales ante la justicia arbitral 224
4. Otras técnicas de control a la administración 225
A. Las acciones constitucionales como instrumentos de la Jurisdicción Contenciosa Administrativa 225
5. La responsabilidad administrativa 227
6. El servicio público, los mercados de interés general (liberalización, privatización, regulación) y su régimen de competencia 228
VI. LA FUNCIÓN PÚBLICA 236
1. Las bases constitucionales de la función pública 236
2. El concepto de servidor público 237
3. La carrera administrativa 237
VII. EL URBANISMO, MEDIO AMBIENTE Y ORDENACIÓN DEL TERRITORIO 238
1. El urbanismo y la ordenación del territorio en Colombia 238
2. El medio ambiente 242
3. Bienes públicos 244
BIBLIOGRAFIA 245

DERECHO ADMINISTRATIVO COSTARRICENSE

Dr. Aldo Milano S.

I. INTRODUCCIÓN 249
II. MODELO REGULATIVO DE LA ADMINISTRACIÓN PÚBLICA COSTARRICENSE, BASE CONSTITUCIONAL, CONCEPTO DE DERECHO ADMINISTRATIVO Y FUENTES 249
1. Costa Rica, un Estado Constitucional de Derecho 249
2. Fuentes del Derecho Administrativo Costarricense 250
A. Normas escritas 250
B. Normas no escritas 251
III. ORGANIZACIÓN ADMINISTRATIVA, EN ESPECIAL EL ESTADO Y LOS MUNICIPIOS 252
1. Del estado central 252
A. El Presidente de la República 252

B. Del Poder Ejecutivo 253
C. Del Consejo de Gobierno 253
2. De la administración descentralizada 253
A. Las Corporaciones Municipales 253
B. Las Instituciones Autónomas 254
IV. EL PROCEDIMIENTO ADMINISTRATIVO 255
1. Procedimiento Administrativo y Constitución 255
2. Tipología y régimen jurídico 257
V. EL ACTO ADMINISTRATIVO, SU EJECUCIÓN, PRINCIPIO DE AUTOTUTELA, LOS RECURSOS EN VÍA ADMINISTRATIVA 258
1. Generalidades del régimen jurídico del acto administrativo en Costa Rica 258
2. De los recursos en vía administrativa 262
VI. LOS CONTRATOS ADMINISTRATIVOS 263
VII. EL DERECHO ADMINISTRATIVO SANCIONADOR 266
VIII. LA DISCRECIONALIDAD ADMINISTRATIVA 268
IX. EL CONTROL JUDICIAL DE LA ADMINISTRACIÓN: CONTENCIOSO ADMINIS-TRATIVO Y OTROS MODOS DE SOLUCIÓN DE CONTROVERSIAS, EN ESPECIAL, LOS ARBITRAJES 270
1. Del Contencioso Administrativo 270
2. Del arbitraje y otros modos de solución de controversias 272
A. La Ley sobre Resolución Alterna de Conflictos y Promoción de la Paz Social N° 7727 del nueve de diciembre de mil novecientos noventa y siete 272 272
B. La Ley de Expropiaciones No. 7495 272
C. La Ley de la Contratación Administrativa N° 7494 del dos de mayo de mil novecientos noventa y cinco 273
D. La Ley General de Concesión de Obras Públicas con Servicios Públicos N° 7762 del catorce de abril de mil novecientos noventa y ocho y su reglamento 274
E. Ley General de Contratación Pública No. 9986 del 27 de mayo de 2021 ... 274
X. OTRAS TÉCNICAS DE CONTROL DE LA ADMINISTRACIÓN 275
1. Del control político 275
2. Del control de la Hacienda Pública 275
3. La Defensoría de los Habitantes. Una magistratura de influencia 276
XI. LA RESPONSABILIDAD ADMINISTRATIVA 277
XII. EL SERVICIO PÚBLICO Y LOS MERCADOS DE INTERÉS GENERAL 280
1. Generalidades 280
2. ¿Mercados de Interés General? El caso de la energía eléctrica y las telecomunicaciones 283
A. Del servicio público de suministro de energía eléctrica 284
B. De las telecomunicaciones 285
XIII. LA FUNCIÓN PÚBLICA 286
XIV. URBANISMO Y MEDIO AMBIENTE 289
1. Breves notas del Derecho Urbanístico Costarricense 289
2. Líneas generales del Derecho Administrativo Ambiental Costarricense 292
XV. BIENES PÚBLICOS 295

EL DERECHO ADMINISTRATIVO EN CUBA: PANORAMA GENERAL
Amed Ramírez Sánchez

I. INTRODUCCIÓN 299
II. EVOLUCIÓN HISTÓRICA DEL DERECHO ADMINISTRATIVO EN CUBA 300
III. CONCEPTO DE DERECHO ADMINISTRATIVO 309
IV. BASE CONSTITUCIONAL DEL DERECHO ADMINISTRATIVO CUBANO 310
V. FUENTES DEL DERECHO ADMINISTRATIVO CUBANO 316
VI. ORGANIZACIÓN ADMINISTRATIVA, EN ESPECIAL EL ESTADO Y LOS MUNICIPIOS 326
VII. EL ACTO ADMINISTRATIVO, SU EJECUCIÓN, PRINCIPIO DE AUTOTUTELA, LOS RECURSOS EN VÍA ADMINISTRATIVA 335
VIII. EL CONTRATO ADMINISTRATIVO Y EL DERECHO ADMINISTRATIVO CUBANO 339
IX. EL DERECHO ADMINISTRATIVO SANCIONADOR 345
X. LA DISCRECIONALIDAD ADMINISTRATIVA 346
XI. EL CONTROL JUDICIAL DE LA ADMINISTRACIÓN: CONTENCIOSO-ADMINIS-TRATIVO 349
XII. OTRAS TÉCNICAS DE CONTROL DE LA ADMINISTRACIÓN 357
XIII. LA RESPONSABILIDAD ADMINISTRATIVA 360
XIV. EL SERVICIO PÚBLICO 367
XV. LA FUNCIÓN PÚBLICA 371
XVI. EL URBANISMO, MEDIO AMBIENTE Y ORDENACIÓN DEL TERRITORIO 373
XVII. BIENES PÚBLICOS 375

UNA VISIÓN SOBRE EL DERECHO ADMINISTRATIVO EN EL ECUADOR
Joffre Campaña Mora

HACIA UN CONCEPTO DE DERECHO ADMINISTRATIVO. EL SISTEMA DE FUENTES 379
I. LA ORGANIZACIÓN ADMINISTRATIVA - EL ESTADO, LOS CONSEJOS PROVINCIALES, LOS MUNICIPIOS Y LAS JUNTAS PARROQUIALES 380
II. EL PROCEDIMIENTO ADMINISTRATIVO 382
III. EL ACTO ADMINISTRATIVO, SU EJECUCIÓN, PRINCIPIO DE AUTOTUTELA Y LOS RECURSOS EN VÍA ADMINISTRATIVA 383
IV. LOS CONTRATOS DE LA ADMINISTRACIÓN 386
V. EL DERECHO ADMINISTRATIVO SANCIONADOR 388
VI. LA DISCRECIONALIDAD ADMINISTRATIVA 389
VII. EL CONTROL JUDICIAL DE LA ADMINISTRACIÓN: CONTENCIOSO-ADMINIS-TRATIVO Y OTROS MODOS DE SOLUCIÓN DE CONTROVERSIAS, EN ESPECIAL LOS ARBITRAJES 391
VIII. OTRAS TÉCNICAS DE CONTROL DE LA ADMINISTRACIÓN 393
IX. LA RESPONSABILIDAD ADMINISTRATIVA 394

X. EL SERVICIO PÚBLICO, LOS MERCADOS DE INTERÉS GENERAL (LIBERALIZACIÓN, PRIVATIZACIÓN, REGULACIÓN) Y SU RÉGIMEN DE COMPETENCIA 396
XI. LA FUNCIÓN PÚBLICA 397
XII. MEDIO AMBIENTE, URBANISMO Y ORDENACIÓN DEL TERRITORIO 398
XIII. BIENES PÚBLICOS 399
XIV. A MANERA DE CONCLUSIÓN 401

PANORAMA GENERAL DEL DERECHO ADMINISTRATIVO SALVADOREÑO
Henry Alexander Mejia

I. EVOLUCIÓN Y MODELO REGULATIVO DE LA ADMINISTRACIÓN PÚBLICA, BASE CONSTITUCIONAL Y EL SISTEMA DE FUENTES 403
1. Instituciones administrativas coloniales 403
2. Evolución de la legislación administrativa salvadoreña y su estado actual 404
3. Bases constitucionales y principios de la Administración Pública 404
4. Sistemas de fuentes formales del derecho administrativo salvadoreño 405
II. LA ORGANIZACIÓN ADMINISTRATIVA, EN ESPECIAL EL ESTADO Y LOS MUNICIPIOS 406
1. Órgano Ejecutivo 407
2. La descentralización dentro de la Administración pública salvadoreña 407
A. La descentralización Institucional 407
B. Descentralización Territorial: Los Municipios 408
III. EL ACTO ADMINISTRATIVO, SU EJECUCIÓN, PRINCIPIO DE AUTOTUTELA, LOS RECURSOS EN VÍA ADMINISTRATIVA 409
1. Delimitación Conceptual 409
2. Características de acto administrativo 410
3. Efectos del acto administrativo 411
4. Estabilidad de acto administrativo 412
5. Presunción de legalidad 413
6. Ejecutoriedad y principio de autotutela 413
7. Los recursos en vía administrativa 414
A. Aspectos básicos 414
B. Elementos de los recursos administrativos 414
IV. EL PROCEDIMIENTO ADMINISTRATIVO EN EL SALVADOR 416
1. Consideraciones generales 416
2. La Ley de Procedimientos Administrativos: de necesidad imperiosa a su implementación efectiva 417
3. Sistematización de los procedimientos administrativos al entrar en vigencia la LPA 418
4. Tipología de procedimientos administrativos 419
5. Silencio administrativo 420
A. Silencio positivo 420
B. Silencio negativo 421
V. POTESTAD SANCIONADORA DE LA ADMINISTRACIÓN 422
1. Orígenes 422

2. Evolución en El Salvador ... 424
3. Facetas de la potestad sancionadora. Sistemas ad extra y ad intra ... 426
4. Principios constitucionales que rigen la potestad sancionadora de la Administración.. 426
5. Sanciones administrativas ... 427
   A. Ámbito conceptual ... 427
   B. Distinción con otras medidas que imponen gravámenes ... 428
   C. Clases de sanciones administrativas ... 430

VI. LA CONTRATACIÓN PÚBLICA EN EL SALVADOR ... 431
1. Ideas iniciales ... 431
2. Noción conceptual ... 432
   A. Acto jurídico bilateral ... 432
   B. La finalidad de interés público ... 433
   C. Prerrogativas exorbitantes de la Administración ... 433
   D. Sistematización de la regulación jurídica de los contratos administrativos . 433
3. Instituciones administrativas que gestionan las compras públicas ... 435
4. Tipos de contratos administrativos regulados en la LACAP ... 435
   A. Contrato de adquisición de bienes ... 435
   B. Contrato de suministro ... 436
   C. Contrato de obra pública ... 436
   D. Contrato de consultoría ... 437
   E. Contratos de concesión ... 437
5. Contrato de concesión de recursos naturales y subsuelo ... 439
   F. Contrato de arrendamiento de bienes muebles ... 440
6. Formas para resolver conflictos derivados de los contratos administrativos ... 440
   A. Consideraciones previas ... 440
   B. Modificación de los mecanismos alternos para resolver conflictos ... 441

VII. CONTROL CONTENCIOSO ADMINISTRATIVO DE LOS ACTOS, ACTUACIONES Y OMISIONES DE LA ADMINISTRACIÓN ... 442
1. Ideas generales ... 442
2. Sistemas contenciosos administrativos ... 442
   A. Consejo de Estado francés ... 442
   B. Modelo anglosajón ... 443
   C. Modelo judicialista ... 444
3. Desarrollo de la jurisdicción contencioso administrativa en El Salvador ... 444
   A. Antecedentes ... 444
   B. Ley de 1979 ... 445
   C. Ley de 2018 ... 446
4. Organización y competencia de la jurisdicción contencioso administrativo en El Salvador ... 446
   A. Tribunales de Primera Instancia ... 446
   B. Cámaras de Segunda Instancia ... 447
   C. Sala de lo Contencioso Administrativo ... 448
5. Ámbito material de la jurisdicción contencioso administrativo en El Salvador .. 448
   A. Actuaciones y omisiones sujetas al proceso contencioso administrativo 448

B. Actividad no impugnable ... 452
C. Asuntos atribuidos a otras jurisdicciones administrativas especiales ... 452
D. Exclusiones de actuaciones que se derivan de aplicación directa de la Constitución ... 453
VIII. EL SERVICIO PÚBLICO, LOS MERCADOS DE INTERÉS GENERAL (LIBERALIZACIÓN, PRIVATIZACIÓN, REGULACIÓN) Y SU RÉGIMEN DE COMPETENCIA ... 454
1. Inicios de la privatización ... 454
2. Reforma Constitucional y privatización de algunos servicios Públicos ... 454
3. Entes reguladores y servicios públicos ... 455
IX. REGULACIÓN JURÍDICA DEL EMPLEO PÚBLICO ... 456
1. Fundamento constitucional de la carrera administrativa ... 456
2. Regulación sectorial de los servidores públicos ... 457
X. RESPONSABILIDAD PATRIMONIAL DE LOS FUNCIONARIOS PÚBLICOS Y DEL ESTADO ... 457
1. Responsabilidad patrimonial de la administración ... 457
A. Ideas iniciales ... 457
2. Sistemas de responsabilidad patrimonial de la administración ... 459
A. Responsabilidad subjetiva y directa para el funcionario ... 459
B. Responsabilidad solidaria ... 460
C. Responsabilidad objetiva y directa para la Administración ... 461
XI. REGULACIÓN JURÍDICA DE LOS BIENES PÚBLICOS ... 462
1. Concepto ... 462
2. Regulación y protección de los bienes nacionales ... 462
XII. URBANISMO, MEDIO AMBIENTE Y ORDENACIÓN DEL TERRITORIO ... 463
1. Derecho urbanístico y ordenación del territorio ... 463
2. Derecho del medio ambiente ... 464
A. Reconocimiento del Derecho a un medio ambiente sano ... 464
B. Legislación básica protectora del medio ambiente ... 465
BIBLIOGRAFÍA ... 466

DERECHO ADMINISTRATIVO EN ESPAÑA

Santiago González-Varas Ibáñez

I. EVOLUCIÓN Y MODELO REGULATIVO DE LA ADMINISTRACIÓN PÚBLICA, BASE CONSTITUCIONAL Y CONCEPTO DE DERECHO ADMINISTRATIVO Y FUENTES ... 469
II. ORGANIZACIÓN ADMINISTRATIVA, EN ESPECIAL EL ESTADO Y LOS MUNICIPIOS ... 473
III. EL PROCEDIMIENTO ADMINISTRATIVO ... 473
IV. ACTOS Y DISPOSICIONES ... 475
V. LOS CONTRATOS DE LA ADMINISTRACIÓN ... 479
VI. EL DERECHO ADMINISTRATIVO SANCIONADOR ... 482
VII. LA DISCRECIONALIDAD ADMINISTRATIVA ... 483

VIII. EL CONTROL JUDICIAL DE LA ADMINISTRACIÓN: CONTENCIOSO-ADMINISTRATIVO Y OTROS MODOS DE SOLUCIÓN DE CONTROVERSIAS, EN ESPECIAL LOS ARBITRAJES 484
IX. OTRAS TÉCNICAS DE CONTROL DE LA ADMINISTRACIÓN 485
X. LA RESPONSABILIDAD ADMINISTRATIVA 485
XI. EL SERVICIO PÚBLICO, LOS MERCADOS DE INTERÉS GENERAL (LIBERALIZACIÓN, PRIVATIZACIÓN, REGULACIÓN) Y SU RÉGIMEN DE COMPETENCIA 487
XII. LA FUNCIÓN PÚBLICA 489
XIII. EL URBANISMO, MEDIO AMBIENTE Y ORDENACIÓN DEL TERRITORIO 491
XIV. BIENES PÚBLICOS 493

DERECHO ADMINISTRATIVO EN GUATEMALA

Rolando Escobar Menaldo

I. EVOLUCIÓN DEL DERECHO ADMINISTRATIVO EN GUATEMALA 495
II. CARACTERÍSTICAS Y FUNDAMENTO JURÍDICO DE LA ADMINISTRACIÓN PÚBLICA 495
III. FUENTES DEL DERECHO ADMINISTRATIVO 497
IV. ORGANIZACIÓN ADMINISTRATIVA: EL ORGANISMO EJECUTIVO Y LOS MUNICIPIOS 497
1. Organismo Ejecutivo 497
2. Del municipio 499
3. Marco legal de la organización municipal 501
V. EL PROCEDIMIENTO ADMINISTRATIVO 503
1. Concepto 503
2. Características 504
3. Principios 504
4. Desarrollo del procedimiento 504
VI. EL ACTO ADMINISTRATIVO, SU EJECUCIÓN, PRINCIPIO DE AUTOTUTELA, LOS RECURSOS EN LA VÍA ADMINISTRATIVA 506
1. Acto administrativo 506
2. Su ejecución 507
3. Principio de autotutela 508
4. Los recursos en la vía administrativa 508
VII. LOS CONTRATOS DE LA ADMINISTRACIÓN 515
VIII. EL DERECHO ADMINISTRATIVO SANCIONADOR 516
1. Principio de legalidad 517
2. El principio de retroactividad 518
3. Principio de tipicidad 518
4. El principio de igualdad 518
5. El principio de razonabilidad o proporcionalidad 518
6. El principio non bis in idem 518
7. Principio de presunción de inocencia 518
IX. LA DISCRECIONALIDAD ADMINISTRATIVA 519
X. EL CONTROL JUDICIAL DE LA ADMINISTRACIÓN 519

1. Contencioso-Administrativo 519
2. El Tribunal de lo Contencioso-Administrativo 520
3. Organización 520
4. Competencia del Tribunal Contencioso-Administrativo 520
A. Contienda por actos y resoluciones de la Administración y de las entidades descentralizadas y autónomas del Estado 521
B. Casos de controversias derivados de contratos y concesiones administrativas 521
C. Por silencio administrativo 521
D. Por acto o resolución que hayan sido declarado lesivo para los intereses del Estado 522
5. Improcedencia del contencioso-administrativo 522
A. En los asuntos referentes al orden político, militar o de defensa, sin perjuicio de las indemnizaciones que procedan 523
B. En asuntos referentes a disposiciones de carácter general sobre salud e higiene públicas, sin perjuicio de las indemnizaciones que procedan 523
C. En los asuntos que sea competencia de otros tribunales 523
6. El arbitraje en el Derecho administrativo 523
XI. OTROS MEDIOS DE CONTROL DE LA ADMINISTRACIÓN 524
XII. LA RESPONSABILIDAD ADMINISTRATIVA 524
XIII. EL SERVICIO PÚBLICO 525
XIV. LA FUNCIÓN PÚBLICA 527
XV. EL URBANISMO, ORDENACIÓN TERRITORIAL Y MEDIO AMBIENTE 527
1. El urbanismo 527
2. Ordenación territorial 528
3. Medio ambiente 529
XVI. BIENES PÚBLICOS 530

EL DERECHO ADMINISTRATIVO EN HONDURAS

Edmundo Orellana

I. EL DERECHO ADMINISTRATIVO Y LA ADMINISTRACIÓN PÚBLICA 533
1. Objeto de estudio 533
2. Evolución normativa 533
A. Antecedentes 533
B. Regulación en la Constitución vigente 534
C. Poder Ejecutivo 535
D. Instituciones autónomas y municipalidades 535
3. Características de la administración Pública hondureña 535
II. LA ADMINISTRACIÓN PÚBLICA 535
1. Organización 535
2. La administración Pública central 536
A. Presidente de la República 536
B. Consejo de Ministros 536
C. Las secretarías de Estado 537

3. La administración Pública 537
    A. Las instituciones autónomas 537
    B. Las municipalidades o corporaciones municipales 538

III. JERARQUÍA NORMATIVA Y DE LOS ACTOS ADMINISTRATIVOS 539
1. Jerarquía normativa 539
2. Jerarquía de los actos administrativos 540

IV. EL ACTO ADMINISTRATIVO 540
1. Noción 540
2. Elementos 541
3. Caracteres 541
4. Perfección y eficacia 542
5. Retroactividad 542
6. Invalidez 542

V. PROCEDIMIENTO ADMINISTRATIVO 543
1. Delimitación conceptual 543
2. Principios 543
3. Los sujetos 543
4. Fases 544
    A. Iniciación 544
    B. Desarrollo 544
    C. Terminación Puede ser normal o anormal. 545
    D. Revisión 546

VI. JURISDICCIÓN DE LO CONTENCIOSO-ADMINISTRATIVO 548
1. Introducción 548
2. Los sujetos procesales 548
3. Los actos revisables 548
4. Actos no revisables 549
    A. Acto firme 549
    B. Actos confirmatorios o de reproducción de actos firmes 549
    C. Resoluciones que ponen término a la vía administrativa como previa a la vía judicial 549
    D. Actos excluidos expresamente por una ley 550
5. Cuestiones excluidas, incluidas y prejudiciales 550
6. La improrrogabilidad de la competencia y la falta de jurisdicción 550
7. Las Pretensiones 550
    A. Noción 550
    B. Clases de pretensiones 551
8. Procedimiento ordinario 551
    A. Requisitos para la presentación de la demanda 551
    B. Presentación de la demanda 551
    C. Inadmisibilidad de la demanda 552
    D. Contestación 552
    E. Defensas previas 552
    F. Prueba 552

G. Sentencia 553
H. Ejecución de las sentencias 553
9. Terminación anormal del Proceso contencioso-administrativo 554
10. Procedimientos especiales 554
11. Los incidentes 555
VII. LOS CONTRATOS ADMINISTRATIVOS 555
1. Introducción 555
A. Regulación 555
B. Jerarquía normativa 555
C. Ámbito de aplicación de la LCE 556
D. Supletoriedad de la LCE 556
E. Materias excluidas de la LCE 556
2. Los Procedimientos de selección 556
A. Los principios que rigen en estos procedimientos 556
B. Los procedimientos 557
C. Licitación 557
D. Concurso 559
E. Contratación directa 561
3. Los contratos administrativos 562
4. Contrato de obra Pública 562
A. Definición legal 562
B. Características 562
C. Requisitos previos a su ejecución 562
D. Ejecución 562
E. Pago de las obras 563
F. Revisión de precios 563
G. Supervisión 563
H. Terminación y recepción 564
5. Contrato de suministro 564
A. Definición legal 564
B. No son considerados contratos de suministro 564
C. Características 564
D. Ejecución 565
E. Mora 565
F. Plazos 565
G. Inspección 565
H. Entrega 565
I. Recepción 566
J. Certificación de calidad de los productos 566
K. Pago 566
L. Plazo de garantía 566
6. Contrato de consultoría 567
A. Definición legal 567
B. Característica 567

C. Importancia de este contrato 567
D. Ejecución 567
E. Pago 567
F. Revisión de precios 568
G. Recepción 568
7. Las garantías 568
A. Tipos 568
B. Instituciones garantes 568
C. Garantía de mantenimiento de oferta 568
D. Garantía de cumplimiento 569
E. Garantía de cumplimiento en el contrato de consultoría 569
F. Garantía de calidad 569
G. Garantía de anticipo de fondos 569
VIII. EXPROPIACIÓN 570
1. Principio constitucional y legislación 570
2. Titular de la Potestad 570
3. Contenido de la Potestad 570
4. Regla general Para las municipalidades 570
5. Requisitos 570
6. Motivos de la expropiación 571
7. Destino del bien expropiado 572
8. Indemnización 572
9. Procedimiento 573
10. Perfección 574
11. Recuperación del bien expropiado 574
IX. LA RESPONSABILIDAD DEL ESTADO 574
1. La responsabilidad 574
A. Introducción 574
B. Responsabilidad en el Código Civil 574
C. La responsabilidad en la Constitución vigente 575
2. La responsabilidad de los servidores Públicos 577
3. La responsabilidad civil, penal y administrativa de los servidores públicos 577
X. EL RÉGIMEN DE PERSONAL 578
1. Carrera administrativa 578
2. Las carreras reconocidas en nuestra legislación 578
3. Los regímenes 578
4. El régimen de la carrera docente 578
A. El mandato constitucional 578
B. El docente 578
C. La carrera docente 579
D. Requisitos de ingreso 579
E. El reclutamiento 579
F. El Sistema Nacional de Selección 579
5. El régimen del servicio civil 579

A. El régimen 579
B. Los requisitos de ingreso 579
C. Órganos del Régimen del Servicio Civil 579
6. Regímenes especiales 580
A Lo dispuesto en la Constitución 580
B. Régimen de los servidores del Poder Legislativo 581
C. Régimen del Servicio Exterior 581
D. Régimen del médico empleado 582
E. Los demás regímenes 583
BIBLIOGRAFÍA 584

PANORAMA GENERAL DEL DERECHO ADMINISTRATIVO MEXICANO

Jorge Fernández Ruiz

I. MODELO REGULATIVO DE LA ADMINISTRACIÓN PÚBLICA, BASE CONSTITUCIONAL, CONCEPTO Y FUENTES DEL DERECHO ADMINISTRATIVO 585
II. ORGANIZACIÓN ADMINISTRATIVA FEDERAL, LOCAL Y MUNICIPAL 586
III. EL PROCEDIMIENTO ADMINISTRATIVO 592
1. El principio general de legalidad 592
2. El principio general de la buena fe 593
IV. EL ACTO ADMINISTRATIVO, SU EJECUCIÓN, PRINCIPIO DE AUTOTUTELA, LOS RECURSOS EN VÍA ADMINISTRATIVA 594
V. LOS CONTRATOS DE LA ADMINISTRACIÓN 597
1. Principios rectores del contrato administrativo 597
2. Elementos del contrato administrativo 598
A. El consentimiento 598
B. El objeto 598
C. La causa 598
D. El régimen jurídico especial 599
E. La licitación 599
3. Los contratos administrativos más usuales en el orden jurídico mexicano 599
A. Contrato de adquisición de bienes muebles 599
B. Contrato de arrendamiento de bienes muebles 600
C. Contrato de servicios relativos a bienes muebles 600
D. Contrato de obra pública 600
E. Contrato de suministro de energía eléctrica 600
VI. EL DERECHO ADMINISTRATIVO SANCIONADOR 601
VII. LA DISCRECIONALIDAD ADMINISTRATIVA 602
VIII. EL CONTROL JUDICIAL DE LA ADMINISTRACIÓN: CONTENCIOSO ADMINIS-TRATIVO Y OTROS MODOS DE SOLUCIÓN DE CONTROVERSIAS, EN ESPECIAL LOS ARBITRAJES 603
IX. OTRAS TÉCNICAS DE CONTROL DE LA ADMINISTRACIÓN 612
X. LA RESPONSABILIDAD ADMINISTRATIVA 613
XI. LA FUNCIÓN PÚBLICA 620
XII. EL URBANISMO, MEDIO AMBIENTE Y ORDENACIÓN DEL TERRITORIO 624

XIII. BIENES PÚBLICOS 634

DERECHO ADMINISTRATIVO NICARAGÜENSE

Karlos Navarro

I. EVOLUCIÓN Y MODELO REGULATIVO DE LA ADMINISTRACIÓN PÚBLICA, BASE CONSTITUCIONAL Y CONCEPTO DE DERECHO ADMINISTRATIVO Y FUENTES 639
1. La ley 643
A. Concepto y características 643
2. Reglamento 644
A. Concepto 644
B. Atribución de la potestad reglamentaria 644
3. Tratados internacionales 644
4. Jurisprudencia 645
5. El precedente administrativo 646
6. Doctrina científica 646
II. ORGANIZACIÓN ADMINISTRATIVA, EN ESPECIAL EL ESTADO Y LOS MUNICIPIOS 648
1. La organización de la Administración Pública 648
A. La centralización administrativa 649
B. Órganos centralizados de Nicaragua 649
C. La descentralización Administrativa en Nicaragua 649
III. EL PROCEDIMIENTO ADMINISTRATIVO 650
1. Elaboración y Estructura del proyecto de ley 650
IV. EL ACTO ADMINISTRATIVO, SU EJECUCIÓN, PRINCIPIO DE AUTO-TUTELA, LOS RECURSOS EN VÍA ADMINISTRATIVA 651
1. Elementos del acto administrativo 651
A. Elementos subjetivos 651
C. Elemento teleológico 652
D. Elementos objetivos 653
E. Elementos formales 653
F. Motivación del acto administrativo 654
2. Los recursos administrativos 655
A. Concepto de recurso administrativo 655
B. Fundamento de los recursos administrativos 655
3. Clases de recursos administrativos 655
V. LOS CONTRATOS ADMINISTRATIVOS 656
1. La figura del contrato administrativo 656
2. Ámbito de aplicación 656
3. Principios de la contratación 656
4. Requisitos previos para contratar 657

5. Órganos de la contratación 657
6. Procedimiento de la Contratación Administrativa 658
A. Procedimientos de contratación 658
B. Etapas comunes del procedimiento de contratación administrativa 658
VI. EL DERECHO ADMINISTRATIVO SANCIONADOR 664
VII. CONTENCIOSO ADMINISTRATIVO 665
1. Sentencia Número 40, declarando inconstitucional, parcialmente la ley de la Jurisdicción de lo Contencioso Administrativo 665
VIII. LA RESPONSABILIDAD ADMINISTRATIVA 666
IX. EL SERVICIO PÚBLICO: LIBERALIZACIÓN, PRIVATIZACIÓN Y REGULACIÓN 667
1. El Servicio Público en la Constitución de Nicaragua. 667
2. La privatización de los servicios público 668
X. LA FUNCIÓN PUBLICA 668
1. Ámbito de Aplicación 668
2. Órganos del Servicio Civil 668
XI. URBANISMO Y ORGANIZACIÓN TERRITORIAL 669
1. Competencias del MTI y Gobiernos Municipales en materia de urbanismo 669
XII. BIENES PÚBLICOS EN NICARAGUA 669
1. Distinción entre dominio público y dominio privado 670
2. La definición de bienes de dominio público en la Ley de Zona Costera 670
XIII. LA EXPROPIACIÓN POR CAUSA DE INTERÉS SOCIAL 671
CONCLUSIÓN 671

PANORAMA GENERAL DEL DERECHO ADMINISTRATIVO EN PANAMÁ

Carlos Gasnell Acuña

INTRODUCCIÓN 673
I. BASE CONSTITUCIONAL, CONCEPTO DE DERECHO ADMINISTRATIVO Y FUENTES 674
1. Evolución y modelo regulativo de la Administración Pública 674
2. Base Constitucional del Derecho Administrativo 675
3. Concepto de Derecho Administrativo y sistema de fuentes del Derecho Administrativo en Panamá: 676
II. ORGANIZACIÓN ADMINISTRATIVA 677
III. ACTO ADMINISTRATIVO, SU EJECUCIÓN Y EL PRINCIPIO DE AUTOTUTELA 678
1. Acto Administrativo 678
2. Ejecución de los actos administrativos y principio de Autotutela 680
3. La Discrecionalidad Administrativa. 681
IV. EL PROCEDIMIENTO ADMINISTRATIVO 681
1. Generalidades del Procedimiento 681
2. Recursos en la Vía Administrativa 683
3. El control judicial de la Administración: contencioso administrativo y otros modos de solución de controversias, en especial los arbitrajes 684

A. Control judicial de la Administración ... 684
4. El Arbitraje en materia administrativa ... 685
V. OTRAS TÉCNICAS DE CONTROL DE LA ADMINISTRACIÓN ... 687
1. Control Previo y Posterior de los Actos de Manejo de Fondos Públicos ... 687
2. La Defensoría del Pueblo ... 687
3. El Habeas Data ... 687
VI. CONTRATACIÓN PÚBLICA ... 688
VII. LA RESPONSABILIDAD ADMINISTRATIVA ... 691
VIII. EL SERVICIO PÚBLICO, LOS MERCADOS DE INTERÉS GENERAL (LIBERALIZACIÓN, PRIVATIZACIÓN, REGULACIÓN) Y SU RÉGIMEN DE COMPETENCIA ... 694
IX. EL DERECHO ADMINISTRATIVO SANCIONADOR ... 695
X. EXPROPIACIÓN FORZOSA ... 697
XI. MEDIOAMBIENTE ... 698
BIBLIOGRAFÍA ... 700

PANORAMA DEL DERECHO ADMINISTRATIVO EN EL PARAGUAY

Luis Enrique Chase Plate

LA ADMINISTRACIÓN EN EL DERECHO PARAGUAYO ... 703
EL PROCEDIMIENTO ADMINISTRATIVO ... 703
LA FUNCIÓN PUBLICA ... 704
LA ORGANIZACIÓN Y CODIFICACIÓN DEL DERECHO ADMINISTRATIVO. PERMA-NENTE MUTACIÓN ... 705
LA MATERIA DEL PROYECTO DE LEY ... 708
LA FUNCIÓN POLÍTICA O GOBERNATIVA ... 709
CONCEPTO DE ADMINISTRACIÓN ... 709
LOS CONTRATOS DE DERECHO PÚBLICO ... 710
LA ORGANIZACIÓN DE LA ADMINISTRACIÓN PARAGUAYA ... 711
LA JURISDICCIÓN CONTENCIOSA-ADMINISTRATIVA ... 712
EL CONTROL PÚBLICO ... 714
Control Público externo. ... 714
Control jurisdiccional. ... 715
Control Parlamentario. ... 715
LA LEY DE LA FUNCIÓN PÚBLICA ... 715
LA GESTIÓN DE SERVICIOS PÚBLICOS ... 715
CREACIÓN DE SERVICIO PÚBLICO ... 716
EL MONOPOLIO DE LOS SERVICIOS PÚBLICOS ... 717
EL PRINCIPIO DE SUBSIDIARIEDAD ... 717
EL REQUISITO CONSTITUCIONAL DE LA CONCESIÓN ... 718

PANORAMA GENERAL DEL DERECHO ADMINISTRATIVO EN EL PERÚ
Jorge Elías Danós Ordóñez

I. EVOLUCIÓN Y MODELO REGULATIVO DE LA ADMINISTRACIÓN PÚBLICA, BASE CONSTITUCIONAL Y CONCEPTO DE DERECHO ADMINISTRATIVO Y FUENTES 719
1. Base Constitucional del Derecho Administrativo 719
2. Fuentes del Derecho Administrativo 722
3. Principios del Procedimiento Administrativo 723
II. ORGANIZACIÓN ADMINISTRATIVA. EL ESTADO, LAS REGIONES Y LOS MUNICIPIOS 726
III. EL PROCEDIMIENTO ADMINISTRATIVO 734
1. Clases de Procedimiento Administrativo 734
2. La terminación del Procedimiento 742
3. El relacionamiento electrónico con los ciudadanos 744
IV. EL RÉGIMEN DE LOS ACTOS ADMINISTRATIVOS: REGLAS DE VALIDEZ, SILENCIO ADMINISTRATIVO, PRINCIPIO DE AUTOTUTELA, LA REVISIÓN DE LOS ACTOS EN VÍA ADMINISTRATIVA 745
1. Definición 745
2. Revisión de los actos en vía administrativa 746
V. LOS CONTRATOS DE LA ADMINISTRACIÓN 758
1. La contratación de bienes, servicios y de obras 758
2. Las concesiones de recursos naturales 762
3. Las concesiones de servicios públicos 763
4. Las concesiones de infraestructuras públicas 766
5. Los contratos leyes o convenios de estabilidad jurídica 770
VI. EL DERECHO ADMINISTRATIVO SANCIONADOR 772
1. La evolución del régimen legal de la potestad sancionadora en el Perú 772
2. La configuración de un régimen general de la potestad y del procedimiento administrativo sancionador por la Ley N° 27444, Ley del Procedimiento Administrativo General 774
3. Las implicancias del principio del debido procedimiento administrativo en el ámbito de lo sancionador 777
4. Modalidades de inicio de un procedimiento administrativo sancionador 778
5. La posibilidad de realizar investigaciones preliminares 780
6. La imputación de cargos. Contenido y la posibilidad de modificarlos 781
7. Los descargos del imputado 782
8. La separación de las funciones de instrucción y decisión como garantía de imparcialidad 783
9. La prueba. ¿A quién corresponde la carga? El derecho a acceder al expediente . 784
10. Medidas de carácter provisional 786
11. Caducidad del procedimiento sancionador 787
12. Terminación del procedimiento sancionador 788
13. Medidas correctivas 789

VII. EL CONTROL JUDICIAL DE LA ADMINISTRACIÓN PÚBLICA. PROCESO CONTENCIOSO ADMINISTRATIVO, LOS PROCESOS CONSTITUCIONALES Y ARBITRAJES 790
1. El Proceso contencioso-administrativo 790
2. Vía Arbitral 799
3. Los Tribunales Administrativos 807
VIII. SERVICIO PÚBLICO, LOS MERCADOS DE INTERÉS GENERAL. LIBERALICOMO ZACIÓN, PRIVATIZACIÓN, REGULACIÓN Y SU RÉGIMEN DE COMPETENCIA 808
1. La reforma del Estado en la década de los 90' 808
2. La Ley Marco de Organismos Reguladores 810
3. Naturaleza Jurídica de los Organismos Reguladores . Ubicación en la estructura del Estado 810
4. Funciones 813
5. Diferencias con el concedente 813
IX. LA FUNCIÓN PÚBLICA 818

INTRODUÇÃO AO DIREITO ADMINISTRATIVO PORTUGUÊS

João Caupers

I. EVOLUÇÃO E MODELO REGULADOR DA ADMINISTRAÇÃO PÚBLICA, BASE CONSTITUCIONAL, CONCEITO DE DIREITO ADMINISTRATIVO E FONTES 823
1. O direito administrativo português moderno: nascimento, evolução e fontes 823
2. Os princípios constitucionais do direito administrativo e a sua consagração legislativa 824
A. O princípio da legalidade administrativa 824
B. O princípio da proporcionalidade 825
C. Os princípios da igualdade, da imparcialidade e da boa fé 825
II. ORGANIZAÇÃO ADMINISTRATIVA, EM ESPECIAL O ESTADO E OS MUNICÍPIOS 826
III. O PROCEDIMENTO ADMINISTRATIVO 829
IV. O ATO ADMINISTRATIVO, SUA EXECUÇÃO, PRINCÍPIO DA AUTOTUTELA, INVALIDADE, REVOGAÇÃO E RECURSOS ADMINISTRATIVOS 831
1. Conceito de ato administrativo 831
2. A execução do ato administrativo 832
3. A invalidade do ato administrativo 833
4. A revogação do ato administrativo 834
5. Autotutela executiva 834
6. As garantias administrativas 835
V. OS CONTRATOS DA ADMINISTRAÇÃO PÚBLICA 835
1. Origem e conceito 835
2. A formação dos contratos públicos 836
3. Espécies de contratos administrativos 836
4. A execução dos contratos administrativos 837
5. O contencioso contratual 837

VI. O DIREITO ADMINISTRATIVO SANCIONATÓRIO 838
VII. A DISCRICIONARIDADE ADMINISTRATIVA 839
VIII. CONTROLO JUDICIAL DA ADMINISTRAÇÃO PÚBLICA – A JUSTIÇA ADMINISTRATIVA E OUTROS MODOS DE SOLUÇÃO DOS LITÍGIOS, EM ESPECIAL A ARBITRAGEM 840
1. Origem e noção 840
2. Natureza e órgãos da jurisdição administrativa 841
3. Âmbito da jurisdição administrativa 842
4. Os juízes e o ministério público 842
5. Os grandes princípios do processo administrativo 843
A. O princípio do acesso à justiça administrativa 843
B. O princípio da tutela jurisdicional efetiva 844
C. O princípio da igualdade das partes 844
D. O princípio da cumulação de pedidos 845
E. O princípio da cooperação e da boa fé processual 845
6. Os meios processuais 845
A. Noção 845
C. Intimação para protecção de direitos, liberdades e garantias 846
7. Arbitragem 847
IX. OUTRAS TÉCNICAS DE CONTROLO DA ADMINISTRAÇÃO 849
X. A RESPONSABILIDADE CIVIL EXTRACONTRATUAL DA ADMINISTRAÇÃO PÚBLICA 849
XI. OS SERVIÇOS PÚBLICOS, OS MERCADOS DE INTERESSE GERAL (LIBERALIZAÇÃO, PRIVATIZAÇÃO E REGULAÇÃO) E AS SUAS COMPETÊNCIAS 850
XII. OS RECURSOS HUMANOS DA ADMINISTRAÇÃO PÚBLICA 851
XIII. OS BENS DO DOMÍNIO PÚBLICO 853
BIBLIOGRAFIA PORTUGUESA 854

PANORAMA DEL DERECHO ADMINISTRATIVO EN PUERTO RICO

William Vázquez Irizarry

I. EVOLUCIÓN Y MODELO REGULATIVO DE LA ADMINISTRACIÓN PÚBLICA 855
1. Influencia del Derecho Público de los Estados Unidos y aspectos generales del ordenamiento puertorriqueño 855
2. La agencia administrativa reguladora y el sistema constitucional 856
3. Uniformidad en procesos 857
4. Algunas consideraciones generales adicionales 858
II. ORGANIZACIÓN ADMINISTRATIVA: EL ESTADO Y LOS MUNICIPIOS 859
III. EL PROCEDIMIENTO ADMINISTRATIVO 860
1. Reglamentación 860
2. Adjudicación 862
3. Investigación 865
4. Licencias y permisos 866
IV. EL ACTO ADMINISTRATIVO 867

V. LOS CONTRATOS DE LA ADMINISTRACIÓN 868
1. Consideraciones generales 868
2. La legislación especial 870
3. El proceso de selección y la contratación de obra pública 872
VI. EL DERECHO ADMINISTRATIVO SANCIONADOR 873
VII. LA DISCRECIONALIDAD ADMINISTRATIVA 874
VIII. EL CONTROL JUDICIAL DE LA ADMINISTRACIÓN 875
1. Foro judicial 875
2. Naturaleza de la revisión judicial 875
3. Finalidad 876
4. Legitimación activa 876
5. Término 876
6. Efectos del recurso sobre la determinación 876
7. Agotamiento de remedios 876
8. Reglamentos 877
IX. LA RESPONSABILIDAD ADMINISTRATIVA 877
X. EL SERVICIO PÚBLICO 879
1. Consideraciones generales 879
2. Establecimiento y control de tarifas 879
3. Impugnación de cargos y suspensión de servicios 880
XI. LA FUNCIÓN PÚBLICA 881
1. En general 881
2. Gobierno central 881
3. Corporaciones o empresas públicas 882
4. Empleados municipales 882
5. La regulación ética en el servicio público de Puerto Rico 883
XII. EL URBANISMO Y ORDENACIÓN DEL TERRITORIO 883

DERECHO ADMINISTRATIVO DOMINICANO

Olivo A. Rodríguez Huertas

I. EVOLUCIÓN Y MODELO REGULATIVO DE LA ADMINISTRACIÓN PÚBLICA, CONCEPTO DE DERECHO ADMINISTRATIVO, BASE CONSTITUCIONAL Y FUENTES 885
II. PRINCIPIO DE LEGALIDAD Y DISCRECIONALIDAD ADMINISTRATIVA 897
III. ORGANIZACIÓN ADMINISTRATIVA DOMINICANA. 902
IV. PROCEDIMIENTO ADMINISTRATIVO 910
V. ACTO ADMINISTRATIVO 921
VI. CONTRATOS DE LA ADMINISTRACIÓN 935
VII. SERVICIO PÚBLICO, MERCADOS DE INTERÉS GENERAL Y SU RÉGIMEN DE COMPETENCIA 949
VIII. LA RESPONSABILIDAD PATRIMONIAL DE LA ADMINISTRACIÓN 957
IX. FUNCIÓN PÚBLICA 969
X. DERECHO ADMINISTRATIVO SANCIONADOR 981
XI. URBANISMO, MEDIO AMBIENTE Y ORDENACIÓN DEL TERRITORIO 989

XII. BIENES PÚBLICOS ... 992
XIII. CONTROL JURISDICCIONAL DE LA ADMINISTRACIÓN PÚBLICA: CONTENCIOSO-ADMINISTRATIVO, CONTENCIOSO-ELECTORAL, CONTROL CONSTITUCIONAL Y OTROS MODOS DE SOLUCIÓN DE CONTROVERSIAS, EN ESPECIAL EL ARBITRAJE ... 994
XIV. OTRAS TÉCNICAS DE CONTROL DE LA ADMINISTRACIÓN ... 1004

PANORAMA GENERAL DEL DERECHO ADMINISTRATIVO URUGUAYO

Carlos E. Delpiazzo

I. MODELO REGULATIVO DE LA ADMINISTRACIÓN PÚBLICA. BASES CONSTITUCIONALES. CONCEPTO DE DERECHO ADMINISTRATIVO Y FUENTES ... 1011
II. ORGANIZACIÓN ADMINISTRATIVA ... 1016
III. PROCEDIMIENTO ADMINISTRATIVO ... 1025
IV. ACTO ADMINISTRATIVO Y RECURSOS ADMINISTRATIVOS ... 1030
V. CONTRATOS DE LA ADMINISTRACIÓN ... 1034
VI. DERECHO ADMINISTRATIVO SANCIONADOR ... 1036
VII. DISCRECIONALIDAD ADMINISTRATIVA ... 1037
VIII. CONTROL JURISDICCIONAL DE LA ADMINISTRACIÓN ... 1039
IX. OTRAS TÉCNICAS DE CONTROL DE LA ADMINISTRACIÓN ... 1041
X. RESPONSABILIDAD ADMINISTRATIVA ... 1045
XI. SERVICIO PÚBLICO Y MERCADOS DE INTERÉS GENERAL ... 1047
XII. FUNCIÓN PÚBLICA ... 1050
XIII. URBANISMO, MEDIO AMBIENTE Y ORDENACIÓN DEL TERRITORIO ... 1054
XIV. BIENES PÚBLICOS ... 1061

PANORAMA DEL DERECHO ADMINISTRATIVO EN VENEZUELA

Allan R. Brewer-Carías

I. INTRODUCCIÓN: ALGUNOS PRINCIPIOS FUNDAMENTALES ... 1065
1. El principio de la supremacía constitucional y de la aplicación directa de la Constitución ... 1066
2. El principio de la formación del derecho por grados ... 1068
3. El principio de la legalidad ... 1071
4. El principio de la múltiple personalidad jurídica del estado ... 1072
5. El principio de la separación orgánica de poderes, el carácter interorgánico de las funciones del Estado y el carácter interfuncional de los actos estatales ... 1074
A. La separación orgánica de poderes ... 1074
B. Las diversas funciones del Estado ... 1076
C. El principio del carácter inter-funcional de los actos estatales ... 1082
II. MODELO REGULATIVO DE LA ADMINISTRACIÓN PÚBLICA, BASE CONSTITUCIONAL. CONCEPTO DE DERECHO ADMINISTRATIVO Y FUENTES ... 1084
1. La connotación orgánica de la Administración ... 1084
2. La connotación material de la Administración ... 1086
3. Administración Pública, derecho administrativo, personalidad jurídica ... 1087
4. Encuadramiento del derecho administrativo y sus fuentes ... 1087

III. LA ORGANIZACIÓN ADMINISTRATIVA NACIONAL, ESTADAL Y MUNICIPAL ... 1088
1. Administración y federación ... 1088
2. Potestad organizativa, reserva legal y delegación legislativa ... 1089
3. Organización de la Administración Pública Nacional ... 1089
A. Administración Central ... 1090
B. Administración descentralizada ... 1090
4. La "Administración Pública" del Estado Comunal paralela a la del Estado Constitucional ... 1091
IV. EL PROCEDIMIENTO ADMINISTRATIVO ... 1092
V. EL ACTO ADMINISTRATIVO, SU EJECUCIÓN, PRINCIPIO DE AUTOTUTELA, LOS RECURSOS EN VÍA ADMINISTRATIVA ... 1093
VI. LOS CONTRATOS DEL ESTADO ... 1096
1. Los contratos de interés público ... 1096
2. La superada noción de "contratos administrativos" ... 1096
3. El régimen constitucional de los contratos públicos ... 1098
4. Las cláusulas obligatorias en los contratos públicos ... 1099
5. La aprobación legislativa en materia de contratos públicos ... 1102
6. El régimen legal de los contratos públicos ... 1102
VII. EL DERECHO ADMINISTRATIVO SANCIONADOR ... 1103
VIII. LA DISCRECIONALIDAD ADMINISTRATIVA ... 1105
IX. EL CONTROL JUDICIAL DE LA ADMINISTRACIÓN: CONTENCIOSO-ADMINISTRATIVO Y OTROS MODOS DE CONTROL DE LA ADMINISTRACIÓN, EN ESPECIAL LOS ARBITRAJES ... 1106
1. El control judicial de la constitucionalidad y legalidad de los actos estatales ... 1106
2. La jurisdicción contencioso administrativa ... 1107
3. Los diversos procesos contencioso administrativos en la Ley de 2010 ... 1108
A. Los procesos contencioso administrativos de las demandas patrimoniales . 1109
B. Los procesos contencioso administrativos de las demandas contra las vías de hecho administrativas ... 1110
C. Los procesos contencioso administrativos de las demandas relativas a los servicios públicos ... 1110
D. Los procesos contencioso administrativos de anulación de los actos administrativos ... 1111
E. Los procesos contencioso administrativos contra las carencias administrativas ... 1113
F. Los procesos contencioso administrativos de las controversias administrativas ... 1113
G. Los procesos contencioso administrativos de interpretación de las leyes ... 1114
4. Acciones y demandas contencioso administrativas y los procedimientos ... 1114
5. La protección contencioso administrativa de los intereses colectivos y difusos . 1115
6. El recurso al arbitraje en materia de contratos públicos ... 1116
X. OTRAS TÉCNICAS DE CONTROL DE LA ADMINISTRACIÓN ... 1116
1. El control político sobre la Administración ... 1116
2. El control fiscal de la Administración ... 1117
XI. LA RESPONSABILIDAD ADMINISTRATIVA ... 1118

1. La responsabilidad de los funcionarios públicos 1118
2. La responsabilidad patrimonial de la Administración 1118
XII. EL SERVICIO PÚBLICO Y LOS MERCADOS DE INTERÉS GENERAL (LIBERALIZACIÓN, PRIVATIZACIÓN Y REGULACIÓN) Y SU RÉGIMEN DE COMPETENCIA 1120
1. Principios constitucionales del sistema económico 1120
2. La actividad administrativa y su incidencia en la esfera de los administrados 1121
3. El régimen de los servicios públicos 1122
4. La nacionalización de actividades económicas 1125
5. La estatización de actividades económicas y el "sistema económico comunal" . 1126
6. Desestatización de actividades económicas 1129
XIII. LA FUNCIÓN PÚBLICA 1130
XIV. EL URBANISMO, EL MEDIO AMBIENTE Y LA ORDENACIÓN DEL TERRITORIO 1132
1. Los derechos ambientales y la protección del medio ambiente 1132
2. La política de ordenación del territorio y el régimen de la ordenación urbanística 1133
XV. LOS BIENES PÚBLICOS 1133